2025年度版

夢をかなえる
大学受験案内

東進ハイスクール・東進衛星予備校 編

東進ブックス

はじめに

大学受験とは、やがて自らの力で世界に踏み出していくにあたっての人生のターニングポイントとなるものです。

では、どのような“一歩”を踏み出せばいいのでしょうか。それは、今から入学後の大学生活をイメージすること、さらには卒業後に向けて自らの「夢」を思い描き、成し遂げたいと心に決めた「志」を掲げることです。

高校までは、一定の決められたルールとごく限られた能力の範囲で評価がなされます。しかし、現実の社会では、専門知識の有無だけでなく、論理的課題解決能力、コミュニケーション能力、人を思いやる度量や気配り、危機管理能力や説明責任を果たす力、これらを総合したところの「リーダーシップ」など多種多様な力が求められます。これらは学科試験だけで一律に、一様に測れるものではありません。

若者である皆さんは、「今ここ」で、将来どんな仕事にも就くことができる「時間と可能性」を有しています。これは「特権」です。だからこそ、大学入学前から明確な目標＝「夢」を持って努力し続ければ、たいていの仕事に就くことができ、あるいは専門職の有資格者として堂々たる仕事ができる境遇を得られるでしょう。

人生は、大学に入学した時点で決まる（あるいは、自分勝手に決めてしまう）ものではありません。大学を卒業するまでの日々の中で、どのような力を身につけるのかによって、その後の人生は大きく左右されます。今からの数年間が人生の分かれ道となるかもしれないのです。

◆　◆　◆　◆　◆　◆

大学は、人生の目的を果たすための「道具」です。大学には皆さんの「夢」をかなえるための「道具」と「資源」（リソース）がそろっています。

時代の課題や危機に対応するために学部・学科の新設や再編を行う大学、国内外の大学や企業、研究所などとの連携により大学の「知」を積極的に発信する大学、高度情報社会や少子高齢化・人口減少社会、地方創生などの課題に向けて技術開発や「人財」育成を行う大学、グローバル社会で活躍するための武器の一つとなる語学力を培うべく、言語の「４技能」を重視した入試制度や学修カリキュラムを導入する大学など、全国の様々な大学が組織改革に取り組んでいます。

それらの大学の中から、自ら求め、自ら進んで、「夢」をかなえるために必要なもの・ことを見つけ出し、最大限かつ有効に使いこなしてください。その努力は必ず報われ、「夢」の実現にぐっと近づきます。

◆◆◆◆◆◆

大学に入学することとは、「何のために学ぶのか？」「何のために働くのか？」「自分の人生をどう生きるのか？」という、一生の生き方やテーマ（ライフミッション）を見つけ、そのスタートラインに立つことです。「大学選び」は、偏差値という“ものさし”の目盛りを読み取るだけで終始するものではありません。

大学は、その建学の精神や理念に則り、入学試験から教育・研究、卒業または修了までの方針（アドミッションポリシー、カリキュラムポリシー、ディプロマポリシー）を掲げています。じっくりと目を通してみてください。

それらの具体的なカタチが、各大学のキャンパスに広がる「道具」であり「資源」ですが、活かせるかどうかは皆さん次第です。何かの「答え」があらかじめ用意されているわけではありません。答えのない課題に取り組む力を身につけていけるか、大学は多様な試験やカリキュラムなどを通して、学生自身の「構え」をじっと見ているはずです。

◆◆◆◆◆◆

念願の志望校合格を勝ち取ったにもかかわらず、大学入学後に大学選びを後悔することのないように、本書との出会いが皆さんの「夢」を描き、「志」を掲げるきっかけとなれば幸いです。その一助となる情報を本書から見いだしてもらえることを心から願っています。

——全国の受験生に向けて

東進ハイスクール・東進衛星予備校

2025年度版

夢をかなえる 大学受験案内

東進ハイスクール・東進衛星予備校 編

巻頭特集

国内190大学、海外32大学ガイド

国立大学［71校］

本書の使い方

How to use this book

※ 本書は、原則として2023年末調査時までの「2024年度」に関する内容となっています。2024・25年度新設・改組に関する情報は、調査時点での公表内容に従って掲載しています。

※ 本書掲載内容は、大学公表資料から独自に編集したものです。最新情報や詳細は大学発行のパンフレットや募集要項、ホームページ等で必ず確認してください。

本書の概要

本書は、全国の約800の大学の中から、人気度や難易度、特徴的な教育プログラムを持つ大学など、受験生の「夢をかなえる」190大学を厳選した大学受験案内です。他の受験案内誌と比べ各大学ページの情報量が多く、「どのような大学なのか」「何が学べるのか」「どんな入試制度があるのか」などが詳しくわかる構成になっています。

190大学のうち、特に志願者数の多い人気校や難関校を本書では主要25大学と呼び、他の165大学と比べてよりページを割いて大きく紹介しています。主要25大学には大学基本情報や学部学科紹介、入試要項の他、現役大学生の「ナマの声」を掲載。進学後の姿を具体的にイメージすることができます。

巻頭／巻末

巻頭では大学教育や入試、巻末では海外の大学に関する特集を組み、各大学の個別情報だけでなく、大学受験の総合的な知識が得られる構成になっています。

さらに巻末には、5つの付録がついています。東進偏差値による「偏差値一覧」や、東進の全国模試データによる「合格者成績推移データ一覧」では、志望校の難易度や志望校に合格した先輩たちの成績（模試の平均得点率の年間推移）が一目でわかります。「学費一覧」には190大学の初年度納入額の詳細を、「全国大学一覧」には190大学以外の全国大学の名称、問い合わせ先、学問分野を一覧で示しています。他、資料が簡単に請求できる「全国大学資料請求番号一覧」も収録しています。

主要25大学一覧

【国立大学】北海道大学、東北大学、千葉大学、東京大学、東京科学大学、一橋大学、名古屋大学、京都大学、大阪大学、神戸大学、九州大学

【私立大学】青山学院大学、学習院大学、慶應義塾大学、上智大学、中央大学、東京理科大学、法政大学、明治大学、立教大学、早稲田大学、同志社大学、立命館大学、関西大学、関西学院大学

大学ページの見方

※ 末尾に「＊」が付されている項目は主要25大学のみ、「▼」が付されている項目は主要25大学以外となります。

主要25大学

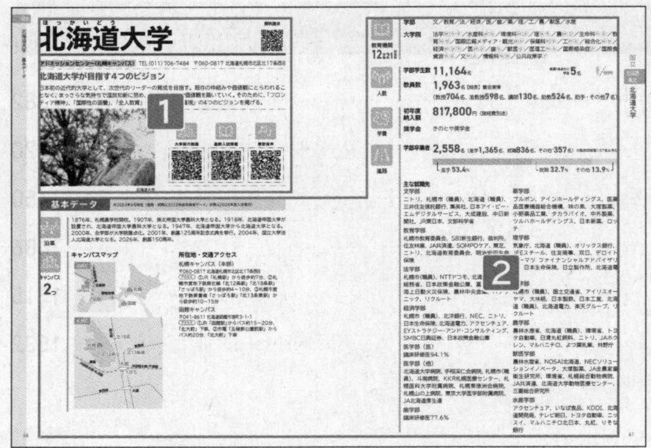

主要25大学以外

1 共通データ

① **入試関連問い合わせ先**── 受験生対象の問い合わせ先名称、電話番号（メールアドレス）、住所を掲載。キャンパスが複数ある大学は問い合わせ先のキャンパス名を（　）内に記載しています。

② **大学概要**── 大学の基本理念や建学の精神について紹介。

③ **QRコード**── 読み取ることで、資料請求、大学紹介動画、最新入試情報、校歌音声*のサイトにアクセスできます。

■ **資料請求**：大学発行資料の取り寄せ専用サイトにアクセスできます（色付きのQRコードは大学公式サイトに接続）。

■ **大学紹介動画**：大学の紹介動画が視聴できます（動画のない一部の大学は大学ホームページに接続）。

■ **最新入試情報**：大学の入試サイトにアクセスできます。

■ **校歌音声***：校歌の音声を聴くことができます。

④ **キャンパス▼**── 原則として、学部設置のキャンパスを記載しています。

2 基本データ

① **沿革・歴史**── 大学の設立から今日までの変遷を、大学名称の変更や学部の新設・改組を中心に記載。

② **キャンパスマップ***── 各キャンパスの位置と最寄駅、路線を表した地図です。

③ **所在地・交通アクセス***── 各キャンパス名と住所、主な交通手段を紹介しています（主要25大学では学部設置以外のキャンパスも取り扱っています）。

④ **教育機関**

■ **学部**：原則として2024年度に募集された学部名を列記（通信制を除く）。2025年度改組・開設予定の学部（設置構想中を含む）は名称の末尾に※印を付しています。

■ **大学院**：原則として2024年度に募集された研究科名を列記（通信制を除く。公表分は2025年度改組・新設後の研究科名にて記載）。
Ⓜ修士課程と博士課程前期の研究科であることを表します。Ⓓ博士課程後期と一貫制博士課程の研究科であることを表します。Ⓟ専門職大学院の研究科であることを表します。

■ **その他**：通信教育部、短期大学部の設置有無を案内しています。

⑤ **学生・教員数**

■ **学部学生数**：調査時点での学部に在籍している学生数（総数。原則として留学生を含む）。

■ **教員数**：調査時点での教員数。大学組織以外に所属する教員は原則として省いています。非常勤を含むかどうかは大学によって異なります。

■ **代表者氏名**：原則として2024年4月以降の代表者氏名、肩書きを記載。

⑥ **学費・奨学金**

■ **学費**：初年度納入額を掲載。学部によって金額が変わる場合は最低金額・最高金額を載せています（夜間主を除く。国立大学は回答のあった大学のみ諸経費を含めて表示）。詳細は巻末の学費一覧を参照してください。

■ **主な奨学金制度**：学部生対象の奨学金制度を紹介。

⑦ **進路・就職**── 卒業者の進路状況ならびに主な就職先を紹介。

■ **学部卒業者**：進学＝大学院研究科、大学学部、短大本科、専攻科、別科、専修学校、外国の学校等への進学者、就職＝正規の職員、自営業者等、正規の職員等でない者として就職した者、その他＝臨床研修医、一時的な仕事に就いた者、進学あるいは就職準備中、その他、不詳の者。ただし、大学の公表資料に従い、進学・就職・その他を上記と異なる集計結果としている場合や、本書独自の集計によって大学の公表資料と人数が不一致の場合があります。

■ **主な就職先**：主要25大学は学部ごと、それ以外の大学は大学全体の就職先を掲載。就職先のうち民間企業の名称は商号を用いていますが、一部略称にて表記しています。

3 学部学科紹介

主要25大学

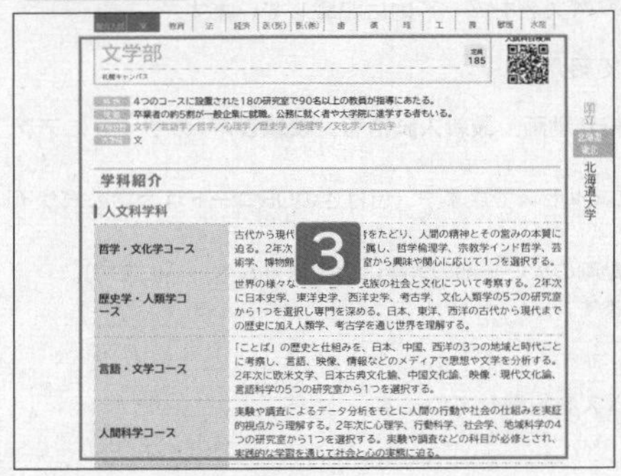

主要25大学以外

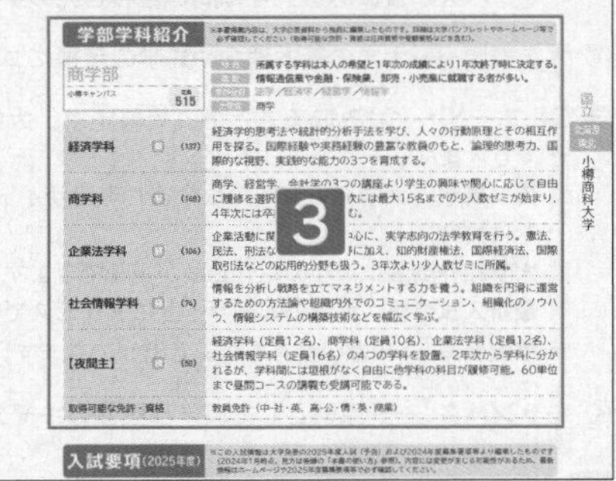

① **学部紹介**――学部名の他、入学定員、所属キャンパス、特色、進路、学問分野、関連大学院を掲載。

■ **入学定員**：2024年度（あるいは2025年度予定）の学部入学定員。夜間主の定員を含んでいます。

■ **所属キャンパス**：入学から卒業まで、どのキャンパスで学ぶのかがわかるよう、キャンパス名を記載。年次や学科によって分かれる場合は、学年や学科名を併記しています。

■ **特色**：学部全体の特徴について、わかりやすくまとめたものです。

■ **進路**：卒業後の主な進路を紹介。

■ **学問分野**：学部で主に学べる学問分野を表示しています（次表参照）。

■ **大学院**：学部に直結する大学院研究科（修士課程、博士課程〔前期／一貫制〕）の名称を掲載。基礎となる学部組織のない独立研究科についても、関連性が認められる場合は関連大学院として名称を表記しています。

【学問分野・分類一覧表】

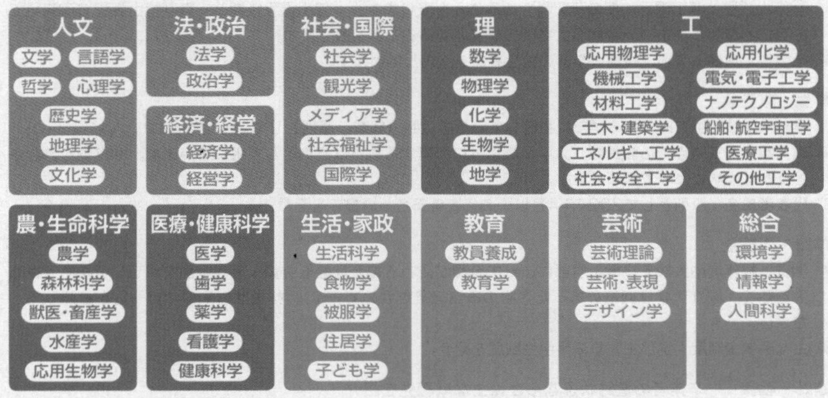

② **学科紹介**――各学科の入学定員や特色、教育・研究内容などを掲載。

■ **学科名**：各学部に所属している学科名称を記載しています。

■ **学科定員**：各学科の入学定員を記載（入学時一括募集の学科は、定員の記載を省略している場合もある）。

■ **アイコン**：昼夜開講制（または一部／二部）の学科は昼夜のアイコンを、2024～25年度新設・改組の学科は新改のアイコンを表示しています。

■ **学科紹介**：各学科の特色や教育・研究内容、ディプロマ・ポリシー（育てたい人物像）について説明しています。

③ **取得可能な免許・資格**――その学部で取得できる免許や資格を紹介。1学科のみ取得できるものであっても表記しています。建築士などの受験資格や社会教育主事などの任用資格についても掲載してい

ますが、運転免許など学部教育と直接関係のないものは省いています。

④ **その他プログラム**── 教養課程や学部等連係課程（学部の枠組みを超えた学位プログラム）において、各大学の学則に定める学部ではない課程・プログラムについては、「その他プログラム」として学部学科紹介とは別に紹介。

4 入試要項

※ 入試要項は、大学発表の2025年度入試（予告）および2024年度募集要項等より編集したものです（2024年1月時点）。内容には変更が生じる可能性があるため、最新情報はホームページや2025年度募集要項等で必ず確認してください。
また、入試結果や試験日等の基本情報は「大学入試科目検索システム」をご利用ください（p.12参照）。

主要25大学

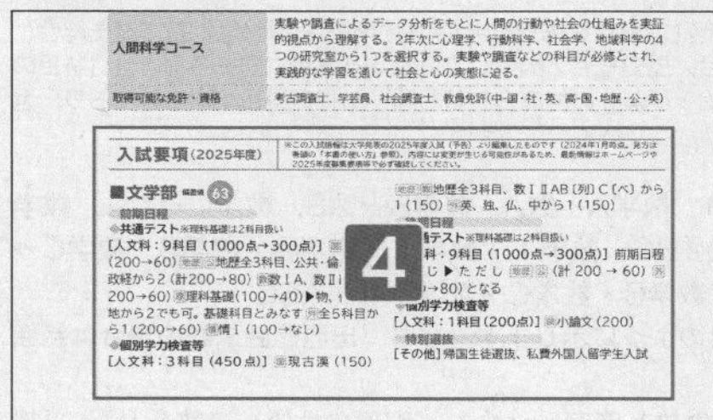

主要25大学以外

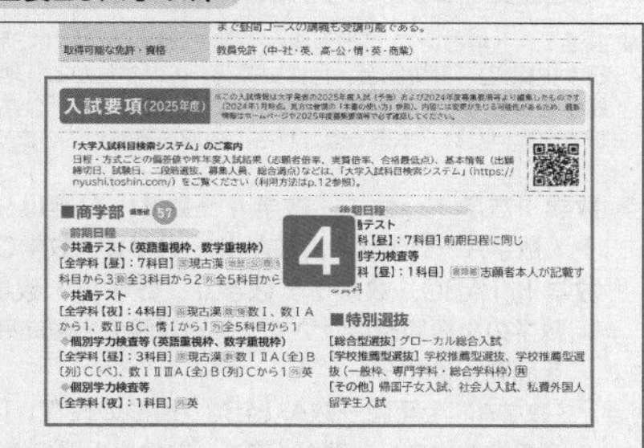

① **学部名**── 2024年度または2025年度入試にて募集のある学部を掲載。募集単位が学部組織と異なる場合は、入試要項の学部名と学部学科紹介の学部名が一致しません（例：東京大学）。

② **偏差値**── 学部名横の丸数字は、その学部の偏差値（合格可能性50%以上）を表します。医学部は学科別に偏差値を表示しています。

③ **試験日程名**

■ **一般選抜【国公立大学】**：「**前期日程**」、「**中期日程**」、「**後期日程**」の表記で統一（試験日程が独自の国際教養大を除く）。

■ **一般選抜【私立大学】**：個別試験のみの場合は「**一般選抜**」、共通テストと個別試験の両方が課せられる場合は「**共通テスト併用入試**」、共通テストのみの場合は「**共通テスト利用入試**」の表記を用いています。

■ **特別選抜**：「**総合型選抜**」「**学校推薦型選抜**」を掲載。その他の特別選抜は「その他」としています。
主要25大学は学部ごと、それ以外の大学は全学部学科でまとめて最後に記載しています。実施内容の詳細は省略し試験方式名のみ紹介しているため、募集する学部学科や出願資格・要件などを含む詳細は、各大学の募集要項かホームページで必ず確認してください。なお、科目等履修生対象のものや、編入学試験は省略しています。

④ **試験方式名**── 試験日程名の下に記載。国公立大学の一般選抜は、「共通テスト」「個別学力検査等」で名称を統一しています。

⑤ **学科名、科目数**──［　　］内は、該当する学科・専攻と受験する科目数です。

■ **学科名**：該当の試験方式で募集される学科を掲載。学部組織によって、一部省略する場合があります。

■ **科目数**：受験が必要な科目数を掲載。「小論文」や「面接」なども1科目と数え、「調査書」が点数化されている場合も1科目とします。

⑥ **教科名の表記と内容**

国 国語　地歴 地理・歴史　公 公民　数 数学　理 理科　外 外国語　情 情報　総合 総合問題
筆記 筆記試験　論 小論文　面 面接　音 音楽　美 美術　家 家庭科　実技 実技　書類審 書類審査
課題 提出課題　その他 その他

⑦ **科目名の表記と内容**

2025年度入試

◆ **国語**：現代の国語→現、言語文化→現古漢、論理国語→現（古漢）、文学国語→現（古漢）、国語表現

→現、古典研究→古漢

※ 本書では国語の出題範囲を「現代文」「古文」「漢文」とし、実際に出題される科目内容を表しています。「現古漢」とある場合は「現代文、古文、漢文」が出題され、1科目とします。

◆ **地理歴史**：「地理総合、地理探究」→地総・地理、「歴史総合、日本史探究」→歴総・日、「歴史総合、世界史探究」→歴総・世、地理総合→地総、歴史総合→歴総、地理探究→地理、日本史探究→日、世界史探究→世

◆ **公民**：「公共、倫理」→公共・倫、「公共、政治・経済」→公共・政経、公共→公共、倫理→倫、政治・経済→政経

◆ **地理歴史・公民**：「地理総合／歴史総合／公共」→地総・歴総・公共

※ 共通テストにおいて、「地理総合／歴史総合／公共」は3科目のうち2科目を選択します。「地理総合、地理探究」「歴史総合、日本史探究」「歴史総合、世界史探究」のいずれかと「地理総合／歴史総合／公共」で受験する場合、同一名称を含む科目の組み合わせはできません。また、「公共、倫理」と「公共、政治・経済」の組み合わせも同一名称の科目が含まれており、選択できないため、本書ではこれらの注釈を省略しています。

◆ **数学**：数学Ⅰ→数Ⅰ、数学Ⅱ→数Ⅱ、数学Ⅲ→数Ⅲ、数学A→数A、数学B→数B、数学C→数C、数学Ⅰ・数学A→数学ⅠA、数学Ⅱ・数学B・数学C→数ⅡBC、数学Ⅰ・数学Ⅱ・数学A・数学B・数学C→数学ⅠⅡABC、数学Ⅰ・数学Ⅱ・数学Ⅲ・数学A・数学B・数学C→数学ⅠⅡⅢABC

■ **数学の出題範囲について**：個別試験の出題範囲は次のように示します。なお、出題範囲未詳の場合は範囲を記載しません。

〈数学A〉全範囲→数A〔全〕、「図形の性質」「場合の数と確率」→数A、「図形の性質」→数A〔図〕、「場合の数と確率」→数A〔確〕、「数学と人間の活動」→数A〔活〕

〈数学B〉全範囲→数B〔全〕、「数列」「統計的な推測」→数B、「数列」→数B〔列〕、「統計的な推測」→数B〔統〕、「数学と社会生活」→数B〔社〕

〈数学C〉全範囲→数C〔全〕、「ベクトル」「平面上の曲線と複素数平面」→数C、「ベクトル」→数C〔ベ〕、「平面上の曲線と複素数平面」→数C〔複〕、「数学的な表現」→数C〔表〕

◆ **理科**：物理基礎→物基、化学基礎→化基、生物基礎→生基、地学基礎→地基、物理→物、化学→化、生物→生、地学→地、物理基礎・物理→物基・物、化学基礎・化学→化基・化、生物基礎・生物→生基・生、地学基礎・地学→地基・地

※ 共通テストにおいて、基礎を付す科目は「物理基礎／化学基礎／生物基礎／地学基礎」の4科目から2科目を選択します。本書ではこれを「理科基礎」と表記し、選択した2科目を1科目扱いとします。

◆ **外国語**：英語→英、ドイツ語→独、フランス語→仏、中国語→中、韓国語（朝鮮語）→韓、ロシア語→露、スペイン語→西

■ **英語「リスニング」について**：共通テストの「英語」では、原則として「リーディング」と「リスニング」が課せられます。

〈リスニングを課す場合の表記〉共通テスト：英、個別試験：英▶リスニング含む

〈リスニングを課さない場合の表記〉共通テスト：英（×L）、個別試験：英

◆ **情報**：情報Ⅰ→情Ⅰ、情報Ⅱ→情Ⅱ

2024年度入試

◆ **国語**：現代文→現、古文→古、漢文→漢

※ 国語の範囲について：大学発表の募集要項などでは国語の出題範囲を「国語総合」などとしていますが、本書ではそれらを「現代文」「古文」「漢文」とし、実際に出題される科目内容を表しています。本書で「現古漢」とある場合は「現代文、古文、漢文」が出題され、1科目とします。

◆ **地理歴史**：世界史A→世A、世界史B→世B、日本史A→日A、日本史B→日B、地理A→地理A、地理B→地理B

◆ **公民**：現代社会→現社、倫理→倫、政治・経済→政経、「倫理、政治・経済」→倫政

※ 共通テストにおいて、地理歴史・公民は同一名称を含む科目の組み合わせで2科目選択することはできないため、本書ではその注釈を省略しています。「同一名称を含む科目の組み合わせ」とは、世界史Aと世界史B、日本史Aと日本史B、地理Aと地理B、倫理と「倫理、政治・経済」、政治・経済と「倫理、政治・経済」の組み合わせを指します。

◆ **数学**：数学Ⅰ→数Ⅰ、数学Ⅱ→数Ⅱ、数学Ⅲ→数Ⅲ、数学A→数A、数学B→数B、数学Ⅰ・数学A→数ⅠA、数学Ⅱ・数学B→数ⅡB、簿記・会計→簿、情報関係基礎→情
数学Ⅰ・数学Ⅱ・数学Ⅲ→数ⅠⅡⅢ、数学Ⅰ・数学Ⅱ・数学Ⅲ・数学A・数学B→数ⅠⅡⅢAB

※「簿記・会計」と「情報関係基礎」は受験資格が限定される場合があります。詳細は各大学の募集要項を確認してください。

◆ **理科**：2025年度入試に同じ

◆ **外国語**：2025年度入試に同じ

2025年度入試　**2024年度入試**

◆ **その他**──主要科目以外は、総合 筆記 論 面 音 美 家 実技 書類審 課題 その他のいずれかのアイコンを用いて表記しています。

- 総合：総合問題。
- 筆記：筆記試験。
- 論：小論文や論述試験が課される場合に用います。
- 面：面接。個人面接や集団面接、口頭試問など。
- 実技：音楽や体育など実技を伴う試験が課される場合に用います。
- 書類審：調査書や自己推薦書などの提出書類の審査が行われる場合に用います。
- 課題：レポートなど提出課題が課される場合に用います。
- その他：他の教科・科目では表せない出題内容の際に用います。

◆ **英語外部試験**：英検®やTEAP、TOEFL®、TOEIC®などの英語資格・検定試験は、本書では総じて「英語外部試験」としています。教科名については、大学の指定する教科にそろえ、「外国語」あるいは「その他」を用います。各資格・試験の詳細は各大学の募集要項を参照してください。

◆ **全科目選択可能**──共通テストにおいて、同一教科内の全科目から選択できる場合は科目名を列記せず、教科別に「全○科目」とまとめて表します。複数教科の全科目から選択できる場合は「地歴公数理全○科目」というように“教科名＋全○科目”の表記を用います。

◆ **配点**＊──科目合計数と各入試科目の最後にある（　）内の数字は、配点を表します。

■ **得点換算について**：国公立大学の入試は、一次試験（共通テスト）と二次試験（個別試験）の総合点での判定が一般的です。共通テストの配点は大学が独自に変更してよいことになっており、例えば国語は素点だと200点満点ですが、大学によっては100点とするなど配点が変わるケースがあります。本書では、得点換算が行われる場合「素点→換算後の配点（最終合否に用いる配点）」と矢印を用いて表示します。

例
前期日程
◆共通テスト
［人文社会：8科目（1000点→700点）］国現古漢（200→100）地歴公地歴全3科目、公共・倫、公共・政経から2（計200→250）数数ⅠA、数ⅡBC（計200→100）理全5科目から1（100）外全5科目から1（200→100）情情Ⅰ（100→50）

⑧ **募集人員等一覧表**＊──2024年度あるいは2025年度入試の一般選抜、特別選抜の募集人員を掲載。国立大学は2段階選抜（倍率）、配点も併記しています。

5 その他

① **大学ギャラリー**──キャンパス風景や建物の内外観、学園祭や講義の様子など、大学の雰囲気がわかる写真を2～6枚程度掲載（一部の大学は省略）。
② **コラム**──大学独自の就職支援や国際交流について詳しく紹介（一部の大学は省略）。
③ **Student's Voice**＊──各大学に通う学生ならではの「受験対策」「大学生活の様子」「将来の夢・職業」などを紹介（所属や学年などは取材記事制作時のもの）。

大学入試科目検索システム 利用方法

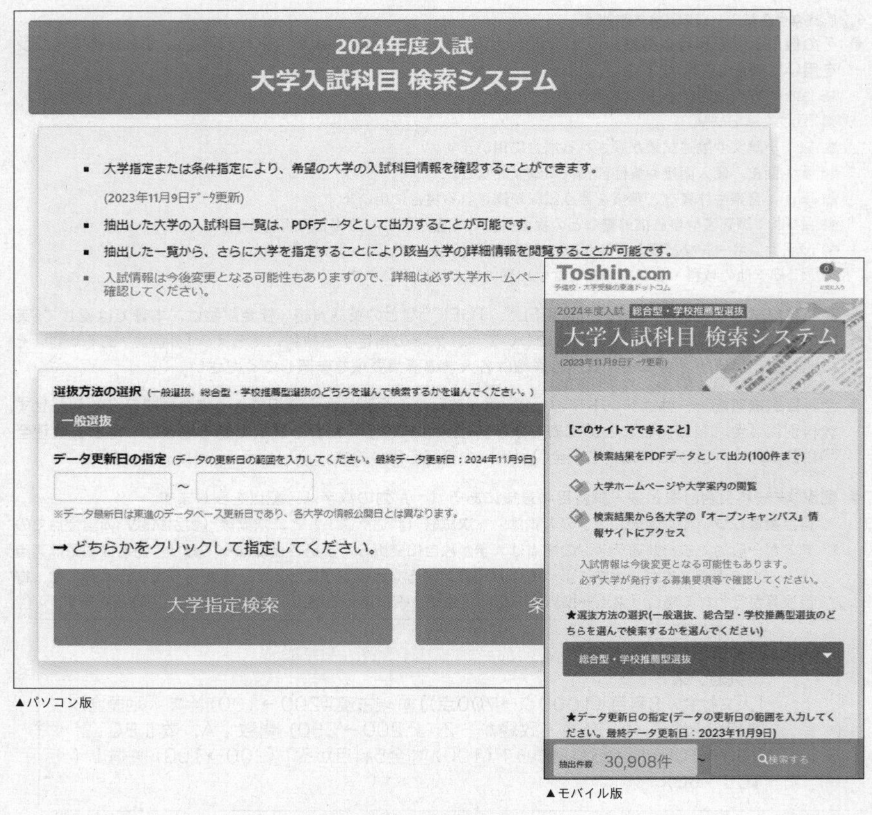

▲パソコン版

▲モバイル版

特長

- ☑ 一般選抜、総合型・学校推薦型選抜の入試情報が検索できる！
- ☑ キーワードで検索できるから、複数の大学も同時に閲覧可能！
- ☑ 入試科目や偏差値、配点、入試結果など知りたい情報が一目でわかる！
- ☑ 検索結果はPDFで保存・印刷ができる！

利用方法

1 サイトTOP　※サイト内でパソコン版とモバイル版の切り替えもできます。

▲大学入試科目検索システム

「選抜方法の選択」の項目から「一般選抜」または「総合型・学校推薦型選抜」を選びましょう。次に、キーワードもしくは条件を指定し検索します。志望校が決まっている場合は「大学指定検索」、志望校が未定の場合は「条件指定検索」がオススメです。

〈URL〉 https://nyushi.toshin.com/daigaku/

2 指定検索

「大学指定検索」では、大学名、学部・学科名から大学を探すことができます。複数の大学を検索することも可能です（一度に入力できるのは10大学まで）。「条件指定検索」では、設置区分、入試科目、学部系統、都道府県などの条件を指定することができます。

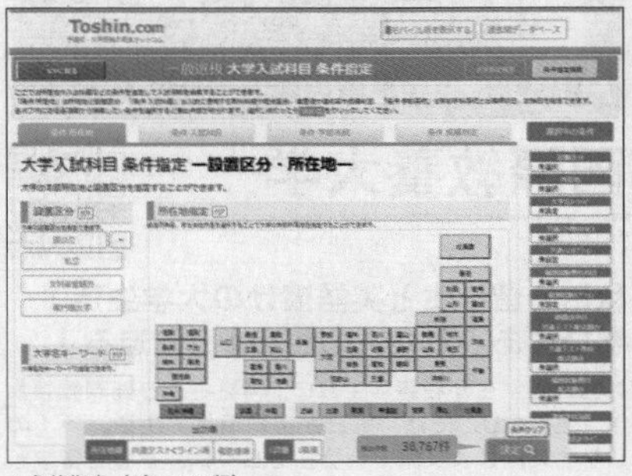

▲条件指定（パソコン版）

3 検索結果

抽出結果は100件まで表示されます。結果表示の並べ替えも可能です。モバイル版では、★マークを押すと「お気に入り」に99件まで保存できます。また、本書に掲載されている大学のオープンキャンパス情報も閲覧することができます。

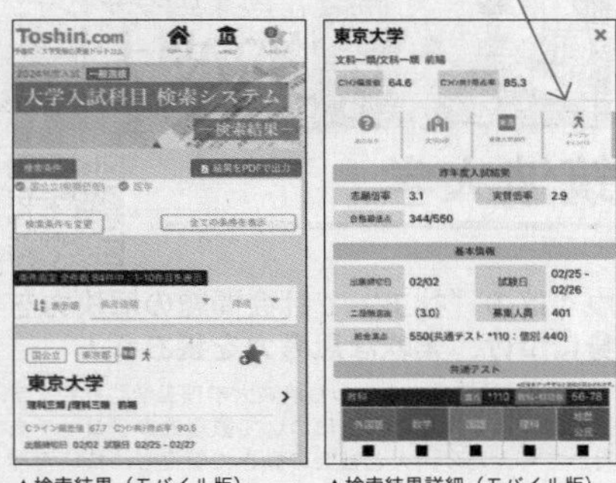

▲検索結果（モバイル版）　▲検索結果詳細（モバイル版）

4 PDF出力

抽出結果一覧は100件までPDFに出力、印刷できます。

東進　大学入試科目一覧

番号	Cライン 共通テスト得点率	偏差値	大学名	学部名	学科・専攻名	日程・方式	志願倍率	実質倍率	合格最低点	出願締切・試験日	二段階選抜・募集人員	総合満点	満点	教科科目数	外国語	数学	国語	選択	理科	地歴公民・その他	指定
11	81.0	62.3	国 弘前大学	医	医	前期–青森県定着枠	7.2	5.1	105 3/1 500	02/02	((5.0))	1500	1000	5–7	200(R:L=1:1)	200	200	D	300	100	第1
										02/25–02/26	8		500							500	
【備考】【共】数学：数ⅠA100点、数ⅡB100点。【個】面接：個人面接。書類：志望理由書。																					
12	84.8	64.6	国 東北大学	医	医	前期	3.1	2.4	非公表	02/02	(3.5)	1200	250	5–7	50	50	50	D	50	50	第1
										02/25–02/26	75		950	3–5	250	250			250	200	
【備考】【共】外語：独、仏、中、韓の選択可。数学：数ⅠA25点、数ⅡB25点。簿、情の選択可。【個】資格：CEFR(A2)が出願要件。外語：独、仏の選択可。書類：主体性評価チェックリスト。																					
13	80.7	62.2	国 秋田大学	医	医	前期	4.2	3.3	720/950	02/02	(5.0)	950	550	5–7	100(R:L=4:1)	100	100	D	200	50	第1
										02/25–02/26	55		400	2–2	100	100				200	
【備考】【共】外語：独、仏、中、韓の選択可。数学：数ⅠA50点、数ⅡB50点。簿、情の選択可。【個】書類：履歴書。																					
14	82.1	63.0	国 山形大学	医	医	前期–一般枠	5.4	4.8	(1175)/1600	02/02	((5.0))	1600	900	5–7	200(R:L=1:1)	200	200	D	200	100	第1
										02/25–02/26	60		700	3–4	200	200			200	100	
【備考】【共】外語：独、仏の選択可。数学：数ⅠA100点、数ⅡB100点。																					
15	81.7	62.7	国 山形大学	医	医	前期–地域枠	3.4	2.9	(1175)/1600	02/02	((5.0))	1600	900	5–7	200(R:L=1:1)	200	200	D	200	100	第1
										02/25–02/26	8		700	3–4	200	200			200	100	
【備考】【共】外語：独、仏の選択可。数学：数ⅠA100点、数ⅡB100点。【個】書類：志望の動機。																					
16	81.7	62.8	公 福島県立医科大学	医	医	前期–一般枠	10.5	(3.1)	(895)/1310	02/02	((4.0))	1310	650	5–7	150(R:L=3:2)	150	150	D	150	50	第1
										02/25–02/26	45		660	3–4	200	200			200	60	
【備考】【共】数学：数ⅠA75点、数ⅡB75点。簿、情の選択可。																					
17	81.5	62.8	公 福島県立医科大学	医	医	前期–地域枠	4.0	(3.1)	(895)/1310	02/02	((4.0))	1310	650	5–7	150(R:L=3:2)	150	150	D	150	50	第1
										02/25–02/26	30		660	3–4	200	200			200	60	
【備考】【共】数学：数ⅠA75点、数ⅡB75点。簿、情の選択可。																					
18	75.1	59.1	国 筑波大学	理系Ⅰ	理系Ⅰ	前期–総合選抜	2.2	2.1	1574/2400	02/02	(4.0)	2400	900	5–7	200(R:L=4:1)	200	200	D	200	100	第1
										02/25	154		1500	3–4	500	500			500		
【備考】【共】外語：独、仏、中、韓の選択可。数学：数ⅠA100点、数ⅡB100点。簿、情の選択可。【個】外語：独、仏、中の選択可。理科：物250点。																					

東進TV

大学・学部選びのための動画サイト

「あこがれの大学のキャンパス・学生の雰囲気は？」「学部で何を学べるの？」など“君の知りたい！”に応える情報をお届け！

注目の大学

筑波大学

茨城県

つくばの“社工”で社会問題の解決力を身につけ、柔軟な思考力を養おう！

つくばの“社工”、すなわち筑波大学理工学群社会工学類では、社会課題の解決について数理的アプローチを用いて考えたり、人と社会の動きに着目し、持続可能な未来社会を提案したりしています。最先端の社会実装学を実験都市つくば・筑波研究学園都市で学びましょう！

国際教養大学

秋田県

秋田で留学生と英語漬けの大学生活！学びにあふれたAIU生の1日に迫る！

外国人留学生が在籍学生数の1/4を占める国際教養大学（通称AIU）では、毎日が英語漬けの生活。多くの留学生に囲まれ英語で会話する日々は、まるで留学しているかのようです。そのような環境下で学生たちは何を学び、どのように過ごしているのでしょうか？AIU生の1日に迫ります。

大阪公立大学

大阪府

数学から自然科学の全分野まで、ナノから宇宙まで、幅広く学べる！

理学部と工学部から2つの研究室をご紹介！　理学部は自然界の現象を解明することを目標に数学と自然科学の全分野を学べる学部です。一方、工学部は世の中の課題を技術で解決することを目標にナノから宇宙までを深く学べる学部です。それぞれどのような研究をしているのか、見てみましょう！

東京理科大学

東京都

理科大生のキャンパスの１日に密着！学科を超えた大学生活とは!?

10学科の特色を生かし、学科の枠組みを超えた研究を行っている東京理科大学創域理工学部（取材当時：理工学部）。新たな科学技術を創造する研究とは？　新しい環境での生活に、どんな研究のヒントが隠れている？学科を超えた研究・実力主義の大学生活を探ります。

岐阜大学

岐阜県

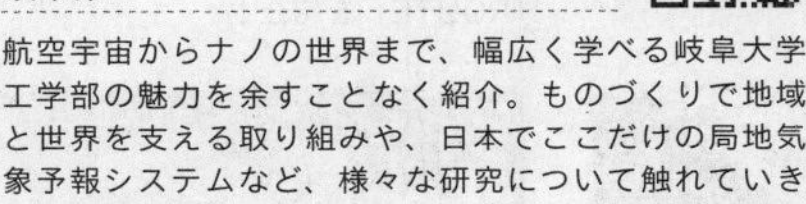

航空宇宙からナノの世界まで、幅広く学べる岐阜大学工学部の魅力を余すことなく紹介。ものづくりで地域と世界を支える取り組みや、日本でここだけの局地気象予報システムなど、様々な研究について触れていきます。

広島大学

広島県

広島大学教育学部では、優れた教員や生涯学習社会の各職業分野で活躍するリーダーの育成を目標に、幼児教育から生涯教育まで、また教育学や心理学などが幅広く学べるカリキュラムが設けられています。広島大学教育学部で夢をカタチにしましょう！

九州大学

福岡県

課題解決能力を身につけられる共創学部。従来の学部とどのような違いがあるのでしょうか？　学びの目的や、授業の内容、留学について学生に聞いてみました。外国語で専門分野を学び地球規模の課題解決を目指すなど、学部での学びをとことん掘り下げます！

宮城大学

宮城県

AIとカメラで農業と日本の自給率に貢献する取り組みなど、食産業学群での研究について紹介します。生産・加工から流通・消費まで食に関わるマネジメントが学べる食産業学群で、日本の食を支え、地域から世界まで幅広い食の未来を開拓してみませんか？

早稲田大学

東京都

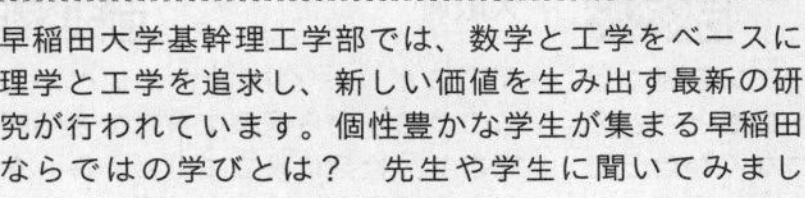

早稲田大学基幹理工学部では、数学と工学をベースに理学と工学を追求し、新しい価値を生み出す最新の研究が行われています。個性豊かな学生が集まる早稲田ならではの学びとは？　先生や学生に聞いてみました！

立命館大学

京都府

ものづくりの伝統に支えられ、基礎となる理学から応用となる工学まで幅広く学べる立命館大学理工学部は、4学系8学科の多様な学生と先生方との研究交流が可能。あなたの興味関心ある分野で可能性を伸ばせます。理工学部での学びを見てみましょう！

北海道教育大学

北海道

北海道教育大学は、全道に5つのキャンパスを擁する日本最大の単科教員養成大学。人が人を育てる、北海道教育大学札幌校を紹介。

埼玉大学

埼玉県

情報技術の基礎を学び、最先端技術を身につけることができる埼玉大学工学部情報工学科の学びを紹介します。

横浜国立大学

神奈川県

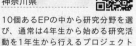

10個あるEPの中から研究分野を選び、通常は4年生から始める研究活動を1年生から行えるプロジェクト「ROUTE」を紹介！

富山大学

富山県

「水」をキーワードに学部を紹介。富山の大自然を研究しながら地球規模の環境問題に取り組み、地球と未来に貢献しませんか？

徳島大学

徳島県

「宇宙と地球の実験を比べて世界初」「ものづくり×AIでスマート農業」「技術と分野の融合で社会に貢献」など様々な研究を紹介！

大分大学

大分県

九州でここだけ！　現代社会に必要な福祉を幅広く学べる国立大学。「介護・医療などの分野を超えて学ぶ」とは？

横浜市立大学

神奈川県

文理の枠組みを超え、マーケティングやビジネスに必要な知識とスキルを養うデータサイエンス学部。先生や学生に聞いてみました。

福井県立大学

福井県

生物について幅広い知識を持つ人材や農のスペシャリストを育てる生物資源学部。自然豊かな環境で、思う存分研究しませんか？

龍谷大学

京都府

「食」の多様な力を理解し、未来の「いのち」を支える学びとは？　多種多様な素晴らしい研究について先生や学生に伺いました！

専修大学

東京都

開放感あるキャンパス、模擬授業、学生イベント、充実の学食など盛り沢山。自然豊かで広大な生田キャンパスからご案内します！

明治大学

東京都

「自分自身のオンリーワンを見つける」というコンセプトのもと、どのように日本と世界をつなぐか自分で考え、デザインします。

関西大学

大阪府

AI・ロボット・VRでナノレベルのものづくりから医療に貢献できる研究まで、社会に役立つ「しくみ」を創出する研究に迫ります！

巻頭特集

- **大学進学に向けて** —入試概要と最新の受験情報—
  - 2025年度入試の動向
  - 大学入試の全体像
  - 大学入学共通テスト
  - 国公立大学入試
  - 私立大学入試
  - 特別選抜
  - 英語外部試験の活用
  - 大学進学に必要な費用
- **海外留学について**
- **社会で活躍する先輩からのメッセージ**

巻頭特集

2025年度入試の動向

2025年度入試は出題科目が新学習指導要領に切り替わり、出題傾向も変更が予想されています。昨今の大学入試の動向を鑑(かんが)みながら、2025年度入試における注意点を確認していきましょう。

■大学全入時代と二極化

18歳人口は1992年の約205万人をピークに、2022年には約110万人にまで減少しており、将来的には100万人を下回ることが予想されています。一方、4年制大学の数は1992年の523校から2025年には約800校となる見込みで大幅に増加しています。大学進学率も、92年当時は26.4%でしたが、30年間で60%近くまで上昇しています。このような大学入試を取り巻く環境の変化を説明する上で欠かせないキーワードが、「**大学全入時代**」と「**大学の二極化**」です。

「大学全入時代」とは、大学への志願者総数と定員の総数が等しくなり、大学を選ばなければ志願者が大学に行ける時代ということです。18歳人口の減少と大学数の増加によって、志願者の何割が大学に入れたかを示す収容力が急速に高まっており、一部の大学では受験すればほぼ全員が合格するような状態となっています。

その一方で、難関大学や有名大学は人気が集中して競争率が下がらず、**合格しやすい大学と合格しにくい大学との二極化が進んでいる**のです。

■「理高文低」の傾向

受験人口減少の影響で、各大学では**学生数を確保するために様々な改革を行っています**。例えば、多くの大学で特色ある学部の新設・改組が行われていますが、このような大学の改革は、受験生の将来を考えると歓迎すべきことといえます。

こうした改組は志望動向にも影響を与えており、増加傾向にある文理融合系の学問の中でも、データサイエンスを扱う学部は人気が高まっています。また、新型コロナウイルスの影響で2020年度から求人倍率が低下したことで、理系志望の受験生が増える「**理高文低**」の傾向が強まりました。特に女子の理系志望者の増加が顕著であり、このような状況を受け、女子大で理工系や情報系学部の新設が続いています。

●主な理工系・情報系新設学部(女子大)

大学名	学部名	開設年度
お茶の水女子大学	共創工学部	2024年度
奈良女子大学	工学部	2022年度
日本女子大学	建築デザイン学部	2024年度
武庫川女子大学	社会情報学部	2023年度

● 大学志願者数と進学率の推移

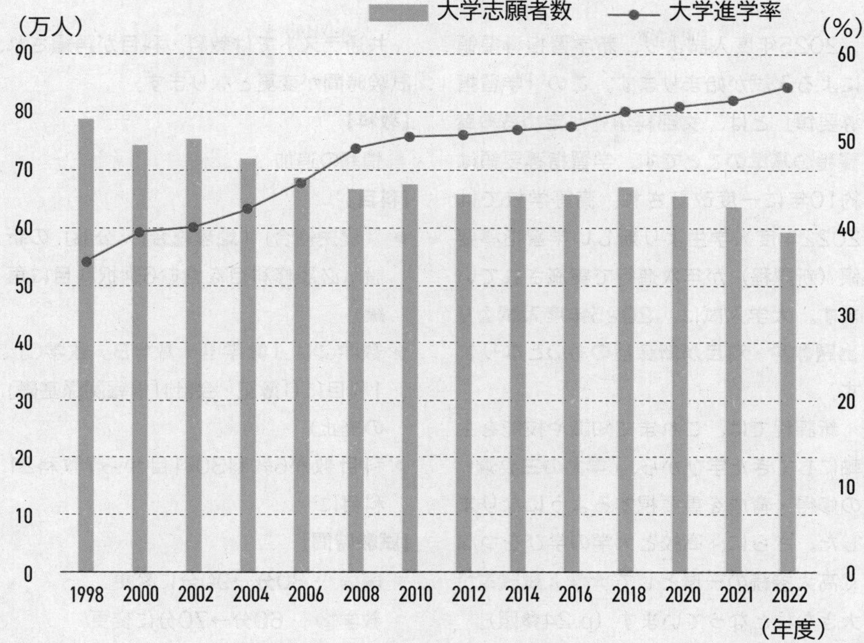

※進学率は、大学（学部）入学者の高校卒業者（過年度卒を含む）に対する割合を示す（文部科学省「学校基本調査」「文部科学統計要覧」より）

今後の入試動向

大学の二極化が進むことで、今後はより一層志望校選びが大切になってきます。自分の将来をよく考え、興味のある大学や学部について十分に検討した上で志望校を決めるようにしましょう。

志望校合格に向け、受験生や大学、入試の動きを把握することも大切です。ここ数年の入試結果やこれまでのデータを踏まえ、動向をまとめましたので、参考にしてください。

【今後の入試動向のポイント】

● 地元志向から都市部の大学へ

新型コロナウイルス感染拡大の影響で、地元志向にあった志望動向は、国公立大・私立大ともに都市部の大学に戻りつつある。

● 英語外部試験、特別選抜の利用拡大

私立大は英語外部試験（p.36参照）を利用した入試の拡大が見込まれる。また、学校推薦型選抜や総合型選抜（p.32参照）で早期合格を目指す傾向が強まっている。

● 資格取得、情報系学部への人気集中

日本経済は緩やかな回復基調にあるものの、依然として先行き不透明なことから、就職に直結しやすい資格が取得できる学部や、情報・通信系、農・水産系の学部に人気が集まっている。一方、国際・外国語系学部は不人気傾向にある。

■2025年度入試の特徴

2025年度入試より、新学習指導要領による入試が始まります。この「学習指導要領」とは、**文部科学省が定める教育課程の基準のこと**です。学習指導要領は約10年に一度改訂され、高等学校では2022年度入学生より新しい学習指導要領（新課程）が年次進行で実施されています。大学入試は、**2025年度入試より出題教科・科目が新課程のもの**となります。

新課程では、これまで知識や技能を主軸にしてきた学びから、「**学力の三要素**」の修得・育成を重要視するようになりました。さらに、高校と大学の学びをつなぐ高大接続の一環として**大学入試改革**が大きな柱となっています（p.24参照）。

新課程となり、大学入試の出題教科・科目が変更されるとともに、大学入学共通テスト（以下、**共通テスト**）では出題傾向も変わることが予想されています。各大学の個別試験においても、従来の入試問題から変更される可能性がありますので、募集要項や大学ホームページなどで発表される変更点をよく理解し、新課程に対応した模試を積極的に受けるなど十分な対策をしておきましょう。

なお、2025年度入試では旧課程履修者（既卒者）に配慮した経過措置が取られます。既卒者は、新課程ではなく旧課程の出題科目を選択することが可能です。大学によって対応が異なりますので、志望校が発行する資料をよく確認してください。

■共通テストの変更点

共通テストでは教科・科目が再編され、試験時間が変更となります。

【教科】

- **情報**の追加

【科目】

- 「**歴史総合**」「**地理総合**」「**公共**」の新設（必履修科目を含む6選択科目に再編）
- **数学②**は「**数学Ⅱ・数学B・数学C**」1科目に（「簿記・会計」「情報関係基礎」の廃止）
- 科目数が6教科30科目から7教科21科目に

【試験時間】

- **国語**… 80分→90分に変更
- **数学②**… 60分→70分に変更
- **情報**… 60分
- **理科**…①と②に試験時間が分かれていたのが、1グループにまとめられる

変更の詳細は、次ページの表で確認してください。

● 2025年度共通テストにおける出題教科・科目の変更について

教科	2024年度まで	2025年度
国語	『国語』	『国語』
地理歴史	『世界史A』『世界史B』 『日本史A』『日本史B』 『地理A』『地理B』	『地理総合、地理探究』 『歴史総合、日本史探究』 『歴史総合、世界史探究』
公民	『現代社会』 『倫理』 『政治・経済』 『倫理、政治・経済』	『地理総合／歴史総合／公共』 『公共、倫理』 『公共、政治・経済』
数学①	『数学Ⅰ』『数学Ⅰ・数学A』	『数学Ⅰ』『数学Ⅰ・数学A』
数学②	『数学Ⅱ』『数学Ⅱ・数学B』 『簿記・会計』『情報関係基礎』	『数学Ⅱ、数学B、数学C』
理科	（理科①） 『物理基礎』『化学基礎』 『生物基礎』『地学基礎』 （理科②） 『物理』『化学』『生物』『地学』	『物理基礎／化学基礎／生物基礎／地学基礎』 『物理』『化学』『生物』『地学』
外国語	『英語』『ドイツ語』『フランス語』 『中国語』『韓国語』	『英語』『ドイツ語』『フランス語』 『中国語』『韓国語』
情報	―	『情報Ⅰ』

※2024年1月調査時点（最新の情報は必ず大学入試センターのホームページ等公表資料を確認すること）

● 2025年度共通テストにおける試験時間（配点）の変更について

教科	2024年度まで	2025年度
国語	80分（200点※） ※現代文100点、古文50点、漢文50点	90分（200点※） ※現代文110点、古文45点、漢文45点
地理歴史 公民	【1科目選択】60分（100点） 【2科目選択】130分※（200点） ※うち解答時間120分	変更なし
数学①	70分（100点）	変更なし
数学②	60分（100点）	70分（100点）
理科	『理科①』 【2科目選択】60分（100点） 『理科②』 【1科目選択】60分（100点） 【2科目選択】130分※（200点） ※うち解答時間120分	【1科目選択】60分（100点） 【2科目選択】130分※（200点） ※うち解答時間120分
外国語	『英語』 【リーディング】80分（100点） 【リスニング】60分※（100点） ※うち解答時間30分 『英語』以外【筆記】80分（200点）	変更なし
情報	―	60分（100点）

※2024年1月調査時点（最新の情報は必ず大学入試センターのホームページ等公表資料を確認すること）

大学入試の全体像

「大学を受験する」と一口に言っても、志望校や利用する選抜方式によって出願方法や試験日程、試験科目などは大きく異なります。大学入試の全体像を把握し、志望校の入試制度を理解することが合格への第一歩です。

■大学入試の種類

大学入試には「**一般選抜**」と「**特別選抜**」があります。一般選抜は「**大学入学共通テスト**」と「**個別学力検査**」で構成される学力試験です。特別選抜は一般選抜以外の選抜方式を指し、代表的なものとして「**総合型選抜**」と「**学校推薦型選抜**」が挙げられます。一般選抜は高卒（見込）、高校卒業程度認定試験合格者（旧大検合格者）ならば受験できますが、特別選抜は大学の定めた条件を満たさなければ受験できません。

■一般選抜の概要

国公立大学では、一次試験として共通テスト、二次試験として各大学で実施する個別試験を課し、これらを総合して合否を判定します。一次試験の受験科目数は、文系が6（7）教科9科目、理系が6教科8科目の場合が多いです。

私立大学では、①大学独自試験のみ、②共通テストのみ、③大学独自試験と共通テスト、の3通りの型があります。②③を「**共通テスト利用方式**」といい、②は「**共通テスト利用入試**」、③は「**共通テスト併用入試**」となります。

共通テストは、例年1月13日以降の最初の土曜日と日曜日の2日間で行われる全国一斉の試験です。旧センター試験の出題傾向が「知識・技能」中心であったのに対し、共通テストでは「知識・技能」に加え、資料読解など**「思考力・判断力・表現力」を評価する出題**もみられます。2025年度入試より出題教科・科目が新課程のものとなることから、さらに出題傾向が変わることも予想されています(p.20参照)。

■特別選抜の概要

総合型選抜とは、大学が求める人物像（アドミッション・ポリシー）に対する受験生の適性などを測りながら合否を判定する入試制度です。総合型選抜は、書類選考・面接・小論文・ゼミ・課題提出・研究発表など大学ごとに様々な方法で実施され、学力以外の意欲や将来性なども重視されています。大学によっては、各教科・科目に係るテストを課したり、共通テストの成績も判定基準に含めたりしています。

学校推薦型選抜とは、出身高校の学校

● 入試種類別 実施スケジュール

	特別選抜		一般選抜		
	総合型選抜	学校推薦型選抜	共通テスト（一次試験）	国公立大学（二次試験）	私立大学
7月					
8月	大学により選抜内容・回数、スケジュールなどは様々				
9月	出願・選抜	出願書類の種類が多く、記入量も膨大なので、準備に時間がかかる	願書配布		
10月			出願	例年、高倍率が予測される大学では、共通テストの結果によって受験者を絞り込む「第一段階選抜」が実施される（各日程の二次試験の12～18日前に発表されることが多い）	
11月	入学前教育	願書受付・出願 11月以降 試験実施			例年、1月後半から試験が始まる。3月入試は受け皿的なものが多い
12月	大学の授業へスムーズに移行できるように、合格者には課題提出や授業などが課される				
1月			試験実施（1月13日以降の最初の土日）	出願	出願
2月				前期日程試験 2/25頃～	2月入試
3月			公立大学の一部でのみ実施 ここ最近は、後期日程での試験を廃止する国公立大学が増えている	中期日程試験 3/8頃～ 後期日程試験 3/12頃～	3月入試
4月	入学	入学	本人への成績通知（中旬以降）	入学	入学

長の推薦が必要な、主に調査書で出願条件が設定される入試制度です。大学が指定した高校から出願できる「**指定校推薦**」と、出願条件を満たせば誰でも出願できる「**公募制推薦**」の大きく2つに分けられます。かつては原則として学力試験は免除されていましたが、近年は学力の要素の適正な把握が求められるようになりました。多くの大学が面接・小論文などを実施し、また国公立大学では共通テストを課す大学が増えています。

他に、特別選抜にはスポーツ推薦や高度な資格技能による推薦など学力以外の面を重視する「**特別推薦**」や、過疎地の医師・教員不足を解消するため一部の国立大学で実施されている「**地元枠推薦（地域枠推薦）**」などがあります。

他にも帰国子女を対象とした「帰国生入試」や社会人対象の「社会人入試」など、大学入試には様々な選抜方式があります。受験に臨む際には志望大学の入試制度をよく調べ、どの入試を活用するのかしっかりと見極めて準備を進めていきましょう。

巻頭特集

大学入学共通テスト

少子化や国際競争が急速に進む変化の激しい現代社会では、求められる力も変わりつつあります。新たな時代に対応するには「学力の三要素」をバランスよく育むことが必要とされ、共通テストで出題される問題はこれらを評価する内容が中心となっています。

■「大学入学共通テスト」とは

共通テストは、約60万人の大学志願者数のうち約50万人が志願する**国内最大の大学入試**です(2023年度実績)。これまで行われていたセンター試験に代わり、2021年度入試より導入されました。

共通テストが導入された背景には、**学校教育の方針転換**があります。社会の変化とともに大学を取り巻く環境も変わり、大学教育の質の転換が求められました。そのためには高校教育や、高校教育と大学教育をつなぐ大学入試も一体的に改革する必要があります。これを「**高大接続改革**」といいます。高大接続改革では、変化の激しい時代を乗り越え、新たな価値を創造していくため、「**学力の三要素**」を大学入試で評価することとしました。

【学力の三要素】

① 知識・技能の確実な習得
② (①をもとにした)思考力、判断力、表現力
③ 主体性を持って多様な人々と協働して学ぶ態度

これまでの大学入試で主に問われていたのは①でしたが、共通テストでは新たに②③が加わり、センター試験と比べ出題傾向が大きく変化しました。

写真提供　共同通信社/ユニフォトプレス

例えば英語(リーディング)では、文法を直接的に問うような従来の問題は見られません。本文や図表、設問といった複数の情報から、解答の根拠を読み取るような問題が中心となって出題されています。受験生自身がこれまでの学習の中で修得してきた科目に関する知識を用いながら、与えられた複数の情報をもとに**総合的に解答を導き出す力が求められている**のです。

■実施時期と出題形式

共通テストの実施時期は1月13日以降の最初の土曜日と日曜日の2日間で、**2025年度は1月18日(土)と19日(日)**

● 2025年度 共通テスト
出題科目・試験時間など

【試験実施日】 本試験：2025年1月18日(土)・19日(日)

教科	出題科目 ※1	試験時間（配点）	科目選択の方法
国語	『国語』	90分（200点）※2	
「地理歴史、公民」	『地理総合、地理探究』◆	【1科目選択】 60分（100点） 【2科目選択】 130分（200点）※3	最大2科目受験可 ◆と◇を1科目ずつ選択する場合の可能な組み合わせは注釈（※4）参照。
	『歴史総合、日本史探究』◆		
	『歴史総合、世界史探究』◆		
	『公共、倫理』◆		
	『公共、政治・経済』◆		
	『地理総合／歴史総合／公共』◇		
数学①	『数学Ⅰ、数学A』	70分（100点）	1科目選択
	『数学Ⅰ』		
数学②	『数学Ⅱ、数学B、数学C』	70分（100点）	
理科	『物理基礎／化学基礎／生物基礎／地学基礎』	【1科目選択】 60分（100点） 【2科目選択】 130分（200点）※3	最大2科目受験可
	『物理』		
	『化学』		
	『生物』		
	『地学』		
外国語	『英語』※5	【リーディング】（英語） 80分（100点） 【リスニング】 （英語のみ） 60分（100点）※5 【筆記】（英語以外） 80分（200点）	1科目選択 ★の科目の問題冊子の配付を希望する場合は、出願時に申し出る。
	『ドイツ語』★		
	『フランス語』★		
	『中国語』★		
	『韓国語』★		
情報	情報Ⅰ	70分（100点）	

※1 『 』は共通テストにおける出題科目を表し、「 」は高等学校学習指導要領上設定されている科目を表す。また、『地理総合／歴史総合／公共』や『物理基礎／化学基礎／生物基礎／地学基礎』にある“／”は、一つの出題科目の中で複数の出題範囲を選択解答することを表す。

※2 『国語』の分野別の大問数および配点は、近代以降の文章が3問110点、古典が2問90点(古文・漢文各45点）とする。

※3 地理歴史および公民ならびに理科の試験時間において2科目を選択する場合は、解答順に第1解答科目および第2解答科目に区分し各60分間で解答を行うが、第1解答科目および第2解答科目の間に答案回収等を行うために必要な時間を加えた時間を試験時間とする。

※4 地理歴史および公民で2科目を選択する受験者が、◆のうちから1科目および◇を選択する場合において、選択可能な組み合わせは以下の通り。

(1) ◆のうちから『地理総合、地理探究』を選択する場合、◇では「歴史総合」および「公共」の組み合わせ

(2) ◆のうちから『歴史総合、日本史探究』または『歴史総合、世界史探究』を選択する場合、◇では「地理総合」および「公共」の組み合わせ

(3) ◆のうちから『公共、倫理』または『公共、政治・経済』を選択する場合、◇では「地理総合」および「歴史総合」の組み合わせ

※5 【リスニング】は、音声問題を用い30分間で解答を行うが、解答開始前に受験者に配付したICプレーヤーの作動確認・音量調節を受験者本人が行うために必要な時間を加えた時間を試験時間とする。なお、『英語』以外の外国語を受験した場合、【リスニング】を受験することはできない。

共通テストの最新情報は「東進ドットコム」へアクセス！ www.toshin.com

巻頭特集　大学進学に向けて～大学入学共通テスト～

の予定です。

【参考：2024年度入試 日程】

- 出願期間：23年9月25日～10月5日
- 試験期日：24年1月13日、14日
- 追・再試：24年1月27日、28日

出題形式は、選択肢から正解を選び、鉛筆でマークシートを塗りつぶして解答する**客観方式**です。マークが薄かったり、枠内からはみ出ていたり、小さかったりすると採点時に機械で読み取れず、たとえ正解をマークしていたとしても得点にならないことがあるので注意してください。また、解答科目のマーク忘れは0点となります。

受験時には必ず問題冊子に自分の解答を記入し、持ち帰って自己採点しましょう。国公立大学や一部の私立大学は自己採点結果をもとに出願校を決定するので、正確な自己採点を行うためにも細心の注意を払ってマークミスを防ぐようにしてください。共通テスト形式の模試を受けたり、過去問を解いたりすることが有効な対策となります。

■今後の共通テストは

先述したように、2024年度入試までは現行の学習指導要領で実施され、25年度以降は**新しい学習指導要領での入試**となります（25年度入試の出題教科・科目はp.25参照）。

25年度入試からは、地理歴史と公民の科目の名称や選択方法が変わったり、数学②に「**数学C**」が加わったりする他、「**情報Ⅰ**」が出題科目として新しく登場します。とりわけ地理歴史と公民は大きく変わるので、25年度入試受験者は志望校が課す科目の選択方法をよく把握しましょう。なお、旧課程学習者のために、25年入試では「**経過措置科目**」が設けられる予定です。例えば「歴史総合、日本史探究」の代わりに「旧日本史B」による受験が認められるなど、新課程学習者に比べて不利にならないよう配慮がなされます。

■共通テスト利用の潮流

大学入試改革が進む中、国公立大学は全校が2023年度共通テストを利用し、**私立大学でも全体の85%以上にあたる541校が共通テストを利用**します。共通テストを活用した入試の新規導入が促進されていることから、今後も利用大学数は高い水準で推移することが見込まれています。私立大学のみを志望する場合も、共通テスト利用入試を活用することで受験機会の拡大や受験スケジュールを組みやすくなることなど、享受できるメリットは少なくありません。国公立大学を志望校とする場合はもちろん、私立大学のみを志望校とする場合も、各大学での導入状況を確認して積極的に活用しましょう。

●受験者数の推移（2020～2024年度）

本試験	受験者数	前年比
2024年度共通テスト	457,608人	−16,443人
2023年度共通テスト	474,051人	−14,332人
2022年度共通テスト	488,383人	+4,269人
2021年度共通テスト	484,114人	−42,958人
2020年度センター試験	527,072人	−19,126人

● 2023年度と2024年度の共通テスト各科目平均点

主要科目	満点	①2024年度	②2023年度	差異（①−②）
国語	200点	116.50点	105.74点	10.76点
世界史B	100点	60.28点	58.43点	1.85点
日本史B	100点	56.27点	59.75点	-3.48点
地理B	100点	65.74点	60.46点	5.28点
現代社会	100点	55.94点	59.46点	-3.52点
倫理	100点	56.44点	59.02点	-2.58点
政治・経済	100点	44.35点	50.96点	-6.61点
倫理、政治・経済	100点	61.26点	60.59点	0.67点
数学Ⅰ・数学A	100点	51.38点	55.65点	-4.27点
数学Ⅱ・数学B	100点	57.74点	61.48点	-3.74点
物理基礎	50点	28.72点	28.19点	0.53点
化学基礎	50点	27.31点	29.42点	-2.11点
生物基礎	50点	31.57点	24.66点	6.91点
地学基礎	50点	35.56点	35.03点	0.53点
物理	100点	62.97点	63.39点	-0.42点
化学	100点	54.77点	54.01点	0.76点
生物	100点	54.82点	48.46点	6.36点
地学	100点	56.62点	49.85点	6.77点
英語（リーディング）	100点	51.54点	53.81点	-2.27点
英語（リスニング）	100点	67.24点	62.35点	4.89点

● 共通テスト（旧センター試験）利用私立大学数と志願者数

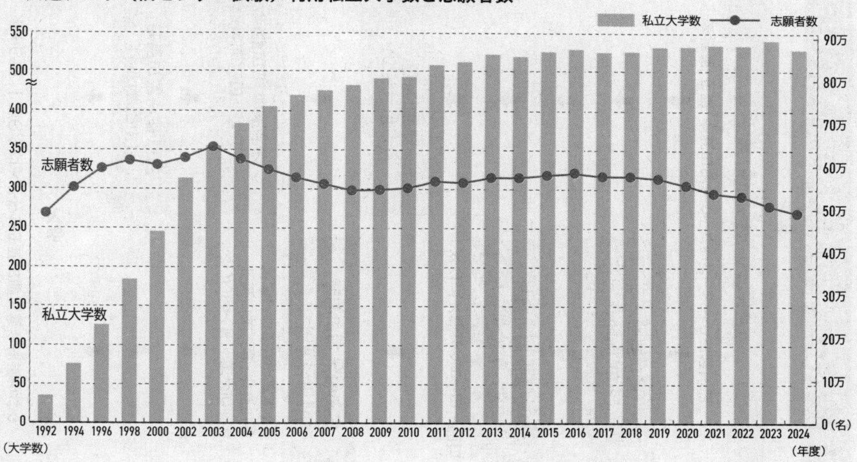

巻頭特集

国公立大学入試

一般選抜において、国公立大学では多くの学部・学科が共通テスト（一次試験）と各大学の個別試験（二次試験）の成績の合計により合否を判定します。「分離分割方式」や「2段階選抜」など、国公立大学特有の仕組みを理解しておきましょう。

■一次試験は「共通テスト」

国公立大学の一般選抜は**一次試験**と**二次試験**に分かれ、一次試験として**共通テスト**が課されます。共通テスト受験後、自己採点をもとに出願を行います。出願期間が短いため、あらかじめ出願パターンを想定しておきましょう。

一次試験での受験科目は、文系と理系によって次のように分かれます。

【「文系」6（7）教科9科目】
①国語、②数学2科目、③「地理歴史、公民」から2科目、④理科２科目(「基礎」を付した科目)、⑤外国語、⑥情報

【「理系」6教科8科目】
①国語、②数学2科目、③「地理歴史、公民」から1科目、④理科２科目(「基礎」を付さない科目)、⑤外国語、⑥情報

■二次試験は「分離分割方式」

一方、二次試験は各大学で実施する個別試験となります。二次試験は、前期日程と後期日程で募集人員を分けて試験を

●主な国公立大学入試（一般選抜）の流れ（2024年度入試例）

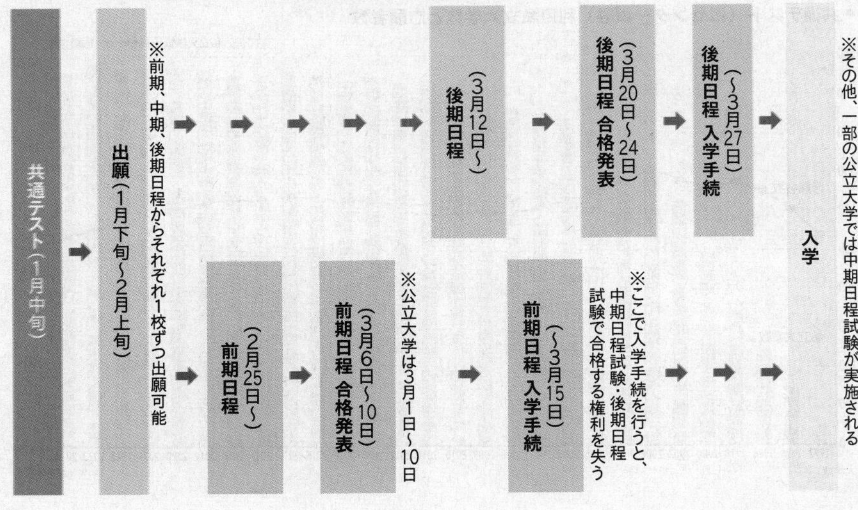

●国公立大学の一次試験と二次試験の配点比率例（2025年度入試）

大学名	該当学部	一次試験		二次試験	一次試験の取り扱い
東京大学（前期）	全科類	110	<	440	＊1000点を110点に換算
京都大学（前期）	法学部	285	<	600	＊1000点を285点に換算
大阪大学（前期）	法学部	600	＝	600	＊1000点を600点に換算
神戸大学（前期）	法学部	475	>	375	＊1000点を475点に換算

一次試験と二次試験の配点比率は大学・学部によって変わります。これは、重視する学力が各大学で異なるということの表れです。志望校が決まったら、必ず募集要項で配点比率を確かめるようにしましょう。

実施する「**分離分割方式**」が採用されています（一部の公立大学では中期日程を実施）。前期と後期で1校ずつ出願でき、同じ大学・学部を2回受験することも、別々の大学・学部を受験することも可能です。中期も合わせれば最大3校まで受験できます。ただし、前期に合格し入学手続きをすると、中期や後期の合格資格を失うので注意しましょう。

前期に募集人員が偏っていることや、後期の競争倍率が高くなりがちなことから、**第一志望校は前期での受験が原則**となります。ただし、後期の方が募集人員が多いなど例外的な大学もあるため、最後まで諦めない受験スケジュールを立てることが望ましいといえます。

■合否判定方法

①一次試験と二次試験の総合点で判定

最も一般的な判定方法です。この方法では、**2段階選抜**や一次試験と二次試験の**配点比率**に注意しましょう。

2段階選抜を実施する大学では、志願者数が予告倍率を超えた場合に**共通テストの成績で二次試験を受験できるか否かを判定**し、不合格者は二次試験を受験することができません。また、倍率にかかわらず2段階選抜を実施する大学もあります。

また、後期の二次試験では、総合問題・小論文・面接・実技試験などが課される場合もあります。志望校の受験科目は、前期だけでなく後期も把握するようにしておきましょう。

②共通テストのみで判定

二次試験を課さず、一次試験のみの点数で合否を判定する方法です。主に後期で採用されています。

巻頭特集

私立大学入試

私立大学の一般選抜は共通テスト後の1月後半より始まり、関西地区を中心に本格化したあと2月中旬には首都圏を中心にピークを迎えます。私立大学の入試は多様化が進み、様々な方式が設けられているので、基本事項を押さえるところから始めましょう。

■私立大学入試の特徴

私立大学の一般選抜は、募集要項の発表が7月上旬より始まったあと、9〜11月を中心に願書の配布が行われます。1月中旬の共通テスト後に各大学で入試が始まり、大半の大学が3月下旬には終了します。

一般的に、私立大学の入試は**3教科型**で実施されます。3教科型の一般的な選択パターンは次の通りです。

- **文系**：「**国語**」「**外国語**」必須、「**地理歴史**」「**公民**」「**数学**」から1教科選択
- **理系**：「**数学**」「**理科**(1〜2科目)」「**外国語**」

3教科型の他、大学・学部によっては科目数の少ない1〜2科目で受験可能な入試方式や、国公立大学と同様に6〜7科目を課す入試方式も実施されています。同じ大学・学部であっても複数の入試方式による併願が可能な「**複線入試**」を導入している大学がほとんどのため、**何度も受験できる機会があるのが私立大学入試の特徴**です。

しかし、近年では複線入試によって入試制度がわかりづらくなったり、問題作成や受験手続などで大学側の負担が増えたりしたことから、**共通テストの積極的な利用**や**全学部統一入試の導入**を図る大学が増えてきました。

●**多様化する私大入試**
(中央大学経済学部の例：2025年度入試)

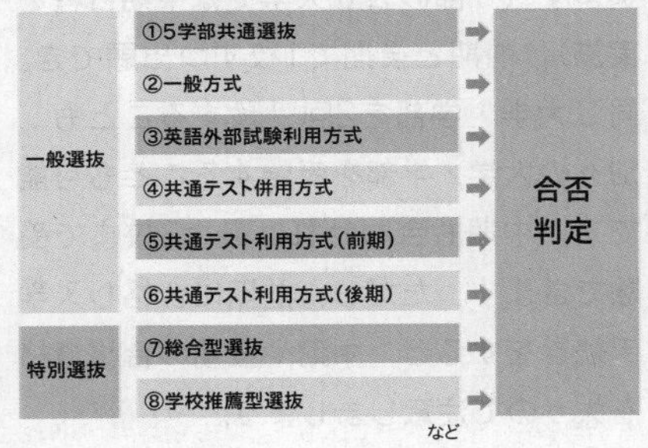

■私立大学の入試方式

私立大学の一般選抜には、主に一般入試方式と共通テスト利用方式があります。

① 一般入試方式

大学独自試験の成績のみで合否判定を行う入試方式です。受験科目は3教科型がメインで、全入試方式の中で募集人員が最多となる大学が多いのが特徴です。早稲田大学法学部のように、一部の科目の受験は共通テストを利用するよう指定

される場合もあります。

また、全学部・学科が共通の問題を用いて同じ日に一斉に試験を行う「**全学部統一入試**」や、用意された複数の試験日から自由に日程を選択できる「**試験日自由選択制**」、事前に申請した得意科目の配点に一定の倍率をかけて判定に利用する「**得意科目重視型**」など、大学によって様々な入試制度が設けられています。

② 共通テスト利用方式

共通テストの成績を利用して合否判定を行う入試方式です。共通テストを受験することで複数の大学・学部に出願できるだけでなく、国公立大学志望者が併願しやすいため、現在では全私立大学の85%以上が採用している方式です。共通テストの成績のみで合否の判定を行う方法が一般的ですが、**共通テストと大学独自試験の総合成績**や、**共通テストと独自試験のうち高得点の方を判定に利用**する大学もあります。最近は、様々なタイプの共通テスト利用方式を組み合わせ、複数回出願できる大学も増えています。

しかし、共通テスト利用方式は一般的に募集人員が少ないため高倍率になりやすく、個別試験に比べて合格ラインが高くなります。したがって、この方式は**第一志望校の受験にはあまり向かず、合格大学を確保するために利用することが賢明**といえます。

【共通テスト利用方式の種類】

- 共通テストのみ（独自試験なし）
- 共通テスト＋独自試験併用

共通テストと独自試験を併用した「共通テスト併用入試」の場合、総合判定の方法は大学ごとに異なります。また、出願時期に関しても、共通テスト前に出願する大学と、早稲田大学や中央大学（一部を除く）などのように共通テスト後も出願が可能な大学に分かれます。

■入試の多様化

私立大学の入試方式は多様化しており、受験する会場や試験についても様々な選択肢が用意されています。例えば、大学の所在地以外に設置される試験会場で行われる「**地方会場入試**」（学外試験会場）や、英語の学力試験の代わりに英語の資格・検定試験を活用する「**英語外部試験利用型入試**」などです。

学外試験会場は、体力的にも経済的にも（交通費・宿泊代）、また地元で受けられるということで精神的にも負担が軽減されるので、メリットが大きいでしょう。英語外部試験利用型入試は、近年採用する大学が増えています。英検®、TOEFL® iBT、IELTS、TEAP、GTEC®などで基準のスコアをクリアすることを出願資格とする大学の他、みなし満点や加点利用する大学もあります。他の方式との併願の可否については、確認が必要です（p.36参照）。

私大入試は大学によって内容が異なり、中には募集人員が少なく高倍率になりやすい入試方式もあります。私立大学の一般選抜を受験する際は、自分の学習状況や受験計画に合わせて、合格チャンス拡大のために様々な方式を活用するよう心がけましょう。

巻頭特集

特別選抜

大学入試には、共通テストと個別試験による「一般選抜」の他に、「総合型選抜」や「学校推薦型選抜」等による「特別選抜」があります。ここでは、主に「総合型選抜」と「学校推薦型選抜」の基本的事項について説明します。

■総合型選抜

総合型選抜は、大学が求める人物像（**アドミッション・ポリシー**）に合致している受験生を入学させる選抜方式で、大学の指定する書類を提出します。選考は提出書類や面接によって行われることが多いですが、**通常の学力試験では測れない受験者の意欲や適性を評価する**ため、大学・学部によって様々です。

提出書類は、調査書や志望理由書の他、自己推薦書や活動報告書などを求められることもあります。活動報告書では、学習面以外にも、部活動やボランティア活動、留学、コンテストでの表彰などについて書くことができます。特に、志望校や学部に合った活動報告ができるといいでしょう。

面接では、なぜこの大学を志望するのか、大学で何を学びたいのかなどが問われます。また、面接以外にもグループディスカッションや、プレゼンテーション、模擬講義への参加とレポート作成などが課されることもあります。

総合型選抜は後述する学校推薦型選抜に比べ、**人物像についてより多面的に評価される入試制度**といえます。なお、共通テストの受験が課される場合もあります。

■学校推薦型選抜

学校推薦型選抜は一般的に出身高校の学校長からの推薦書が必要で、**指定校制**と**公募制**に分かれます。

指定校制とは、大学があらかじめ出願を認める高校を指定する方式です。条件を満たしていれば合格できますが、合格後の入学辞退は原則として認められない上、大学入学後の成績が悪い場合、在学

●総合型選抜のタイプ

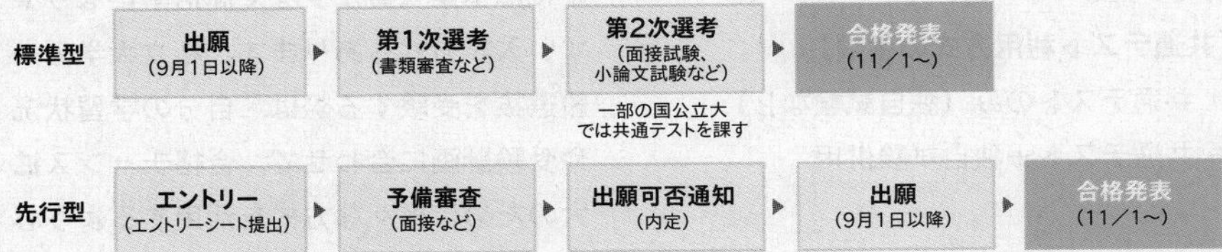

していた高校が大学の指定校から取り消されるケースがあるので注意が必要です。

公募制は、出願条件を満たしていれば在学高校に関係なく出願できます。英語、国語などの学力検査に加え、面接や小論文の検査によって合否が決まることが特徴です。国公立大学では共通テストの受験が課される場合もあります。

大学・学部により出願条件は異なりますが、**国公立大学の場合、全体の学習成績の状況が4.0以上**（学習成績概評AまたはB以上）を求める場合が多く、**私立大学では全体の学習成績の状況が3.2以上**（学習成績概評C以上）を求める場合が多いです。私立大学でも難関大学では全体の学習成績の状況が4.0以上から4.5以上（学習成績概評AまたはB以上）が求められることもあります。また、志望する学部・学科に関連する教科の学習成績の状況に条件が示されている場合もあります。

学校推薦型選抜は、出身高校の学校長による推薦で出願するため、**基本的には併願ができない**ことにも注意が必要です。大学によっては併願を認めている場合もありますが、条件については必ず確認しておきましょう。

その他、スポーツや芸術に秀でた人を募集する枠や、大学卒業後に大学の所在地で活躍することを出願条件としたり、地元出身者を優先して入学させたりする地域枠などの方式もあります。

■特別選抜の受験スケジュール

総合型選抜と学校推薦型選抜は、それ

●学習成績概評

学習成績概評	評定平均値
A	5.0〜4.3
B	4.2〜3.5
C	3.4〜2.7
D	2.6〜1.9
E	1.8以下

ぞれ一般選抜とは異なるスケジュールで実施されます。**出願期間は、総合型選抜で9月以降、学校推薦型選抜で11月以降**と定められ、これより早い日程での出願はできません。

第1次選考は書類審査で行う大学が多いですが、第2次選考などで個別の学力検査を課す場合、2月1日以降の日程で学力検査を実施するように定められています。また、第1次選考で「合格内定」を出し、1月の共通テストの成績が基準に達した場合に正式な合格とするものもあります。

特別選抜は、一般選抜より早く実施されることが多い上、学習成績の状況に条件があったり、活動報告書の提出が必要であったりするため、出願直前に慌てることがないよう、計画的に準備することが大切です。

■特別選抜における学力評価

特別選抜は個性と多様性を確保する入試制度であるとされる一方、旧来のAO入試（現総合型選抜）や推薦入試（現学校推薦型選抜）では、選抜の過程で学力検査などによる**学力の把握措置をとっていなかった**大学もありました。その結果、当時の一般入試の入学者に比べ、AO入試や推薦入試で入学する学生は基礎学力が不足していると感じる大学が半数に上りました。

こうした課題を受け、文部科学省では2021年度入試から**総合型選抜と学校推薦型選抜において学力評価を義務づける**ことを決めました。具体的には、小論文、プレゼンテーション、口頭試問、実技、各教科・科目に係るテスト、資格・検定試験の成績等、あるいは共通テストの成績のうち、少なくともいずれか1つの活用を必須化するとしています。2024年度入試では、ほとんどの国公立大学が共通テストを総合型選抜の選考に利用しています。特別選抜は、**「学力の三要素」**を多面的に評価する入試方式として今後も拡大していくでしょう。

■国公立大学における特別選抜

私立大学では2007年度以降、一般選抜（旧一般入試）による入学者の割合が5割を下回っており、**半数以上が総合型選抜（旧AO入試）または学校推薦型選抜（旧推薦入試）による入学者**となっています。国公立大学でも総合型選抜と学校推薦型選抜の枠を拡大し、今や**国立大学入学者の約2割、公立大学入学者の約**

●**総合型選抜・学校推薦型選抜のスケジュール（2024年度入試）**

	国公立大学				私立大学	
	総合型選抜		学校推薦型選抜		総合型選抜	学校推薦型選抜
	共通テストを課す	共通テストを課さない	共通テストを課す	共通テストを課さない		
4月						
5月					エントリー	
6月					エントリー	
7月					エントリー	
8月						
9月	出願開始（9月1日～）	出願開始（9月1日～）			出願開始（9月1日～）	
10月	選考	選考			選考	
11月	選考		出願開始（11月1日～）	出願開始（11月1日～）	結果発表・入学手続	出願開始（11月1日～）
12月	選考	合格発表 入学手続	選考	選考	結果発表・入学手続	選考／合格発表・入学手続
2024年 1月	共通テスト（1月13日、14日）	合格発表 入学手続	共通テスト（1月13日、14日）	合格発表（12月1日～1月19日）		合格発表・入学手続
2月	合格発表（～2月13日） 入学手続	合格発表 入学手続	合格発表（～2月13日） 入学手続	入学手続（～2月19日）		合格発表・入学手続
3月						

※私立大学は大学ごとにスケジュールが異なる。

3割が該当するまでになりました（2022年度入試）。

難関国立大学でも特別選抜の導入が進んでおり、東京大学では学校推薦型選抜を、京都大学では「特色入試」という名称で学校推薦型選抜と総合型選抜を実施しています。国立大学協会が「国立大学の将来ビジョンに関するアクションプラン」（2015年）にて打ち出した推薦入試枠拡大の方針に従い、筑波大学のように**特別選抜の募集人員を全体の3割まで引き上げる**国立大学も少なくありません。

■特別選抜に向けた受験対策

一般選抜と特別選抜とでは選抜方法が異なるため、**対策もそれぞれに立てる必要があります。**

例えば、東京大学では出願時に「卓越した能力を有することを示す客観的根拠となる資料」の提出が求められ、京都大学では出願時に高等学校在学中の顕著な活動歴を記した「学業活動報告書」や「学びの設計書」の提出が求められます。「学びの設計書」とは、大学で学びたいことや卒業後に就きたい仕事などを記すものです。両大学の特別選抜では、これらの書類による選考を通過した志願者に対して面接が行われたのち、共通テストで一定以上の成績を収めた者が最終合格者となります。

このように、特別選抜は学力試験がメインとなる一般選抜とは違い、書類や面接試験など様々な形で選考が行われるのが一般的です。**通常の学力試験ではわからない受験者の意欲や適性を評価するため**、試験内容は各大学によって異なります。そのため、志望校に合わせた対策が必要となってくるでしょう。

また、出願にあたっては「学業成績」「卒業年度」「併願の可否」などの条件に加え、総合型選抜では大学が求めるアドミッション・ポリシーに合致しているかなど、**特別選抜ならではの判定基準をしっかりと確認し**てください。対策をしっかりと行って、合格に向けた準備を万全にしておきましょう。

■CBTの活用

従来の紙を用いて問題を解く試験方式をPBTと呼ぶのに対し、**コンピュータを活用する試験方式をCBTと呼び**、各大学で特別選抜を中心にCBTを導入する動きが広がっています。

佐賀大学では、2017年度より「佐賀大学版CBT試験」を導入し、ペーパーテストでは技術的に評価することが難しい「思考力・判断力・表現力」等の能力領域について、デジタル技術を活用した評価を行っています。また、電気通信大学では、2025年度入試より総合型選抜と学校推薦型選抜において、**「情報Ⅰ」でCBTの活用を開始します。**

他、CBTを英語のスピーキングに活用する大学も複数あり、今後はCBTを利用した試験方式が増えていくと予想されます。志望校がどのような試験方式を実施しているか、募集要項などをよく読んで把握しておきましょう。

巻頭特集

英語外部試験の活用

近年、大学入試において外国語(主に英語)の外部試験を利用する動きが高まっています。特別選抜のみならず一般選抜での導入が進んでおり、利用大学の数は増加の一途をたどっています。ここでは英語外部試験利用入試について見ていきましょう。

■英語外部試験利用入試とは

英語外部試験利用入試とは、外国語「英語」の試験に**英語外部試験**(民間の英語資格・検定試験)を利用する入試のことです。英語外部試験の成績を大学独自の英語試験の代わりに合否判定に用いたり、出願資格として用いたりします。主な英語外部試験として「英検®」や「TOEFL®テスト」「TEAP」「GTEC®」などが挙げられます(**【表1】**)。

かつては特別選抜の出願資格として用いられることが多かった英語外部試験ですが、徐々に**一般選抜での利用も増え**、2024年度入試では私立大学を中心に200大学以上が活用しています。受験の際には、志望校での実施有無や利用可能な英語外部試験について募集要項で確認しておきましょう。

■英語外部試験の種類

大学入試で利用できる主な英語外部試験について説明しておきましょう。いずれも「聞く(リスニング)、読む(リーディング)、話す(スピーキング)、書く(ライティング)」の**4技能**が測れます。

「**英検®(実用英語技能検定)**」は、日本最大級の英語資格試験です。一次試験(リーディング、ライティング、リスニング)と二次試験(スピーキング)を2日に分けて行う従来型と、コンピュータを使用する1日完結型の「英検S-CBT」があります。

「**TOEFL®**(Test of English as a Foreign Language)」は、英語運用能力を測定する試験です。主に英語圏を中心とした世界各国の大学や大学院への入学・留学を目指す人向けに開発され、学術的な内容が出題されるのが特徴です。受検者1人につきコンピュータを1台割り当てインターネットを用いる試験方式(iBT)を実施しています。

「**TOEIC®**(Test of English for International Communication)」は英語を母国語としない人を対象とした、英語のコミュニケーション能力を判定するための試験です。5種類のテストのうち主 に「TOEIC® Listening & Reading Test」と「TOEIC® Speaking & Writing Test」が大学入試で用いられます。

「**IELTS**(International English Language Testing System)」は、海外留学の際に外国の大学に提出できる正式

【表1】主な英語外部試験　2024年2月調査時点

試験名	受検料	実施回数	運営団体
英検® （実用英語技能検定）	1級：12,500円 準1級：10,500円など	3回／年	日本英語検定協会
英検S-CBT	準1級：9,900円など※1	原則、毎週土日実施	
英検S-Interview ※2	1級：11,900円 準1級：9,900円など	3回／年	
TOEFL iBT®	245USドル	80回以上／年	ETS ※3
TOEFL iBT® Home Edition	245USドル	4日／週、 24時間自宅で受検可	
TOEIC®	L&R：7,810円 S&W：10,450円	12回／年	国際ビジネス コミュニケーション協会
IELTS™ペーパー版	25,380円～ （会場により異なる）	4日間程度／月	Britsh Councilと IDP:IELTS Australiaの 共同運営 ※4
IELTS™コンピューター版		会場により異なる	
TEAP 4技能パターン	15,000円	3回／年	日本英語検定協会
TEAP CBT （4技能パターンのみ）			
GTEC®	検定版：8,400円 CBT：9,900円	検定版 3回／年 CBT 2回／年	ベネッセコーポレーション
Cambridge English （ケンブリッジ英語検定）	C1：22,550円程度 B2：20,350円程度 （会場により異なる）	4～5回／年 （レベルにより異なる）	ケンブリッジ大学 英語検定機構

※1　英検S-CBTは2024年5月より各級値上げ予定（準1級は10,600円となる見込み）
※2　英検S-Interviewは合理的配慮が必要な障がいのある受験者のみが対象
※3　ETS＝Educational Testing Service（なお、TOEFL iBT®、TOEIC®はテスト作成のみを担当）
※4　現在、IELTSは異なる2つの団体により共同運営されている

な英語力証明となる他、海外移住の際の申請にも利用できる試験です。

「**TEAP**（Test of English for Academic Purposes）」は、大学での学習に必要とされる英語力をより正確に測ることを目指した試験で、必要に応じて3つのテストを組み合わせて測定します。

「**GTEC®**（Global Test of English Communication）」は、アカデミックな英語力を測定する目的で開発された試験です。

「**ケンブリッジ英語検定**」は、レベルごとに受検するテストが分かれており、試験日程や料金もレベルごとに異なります。TOEFL®テストやIELTSなどと同様に、国際通用性の高い試験とされています。

英語外部試験の評価基準づくり

これらの英語外部試験は、「CEFR（Common European Framework of Reference for Languages）」と呼ばれる基準に照らすことができます（**【表2】**）。「CEFR」とは、多数の言語を有するヨーロッパで母語以外の言語の技能をより正確に測る指標として用いられ、日本では主に**英語に関する教育達成度の指標**として捉えられています。「CEFR」は6つの段階に分かれており、各種英語外部試験のスコアが対応する形になります。英語4技能について総合的に測定できる基準として活用されています。

ただし、英語外部試験それぞれで設定

するどの成績の範囲が、「CEFR」の各段階に対応するかは、あくまでも試験実施団体の自己申告によるものです。**【表2】**の対照表も、これまで数度にわたり改訂されているので、最新の情報に十分に注意しましょう。

■英語外部試験のメリットと注意点

英語外部試験は実施回数が多く、学部学科によっては複数の英語外部試験の成績を受け付ける場合もあります。**多様な試験に複数回トライすることができるので、英語が苦手な受験生にとっては基準スコアをクリアする可能性が広がります。**英語の得意な受験生にとっても、都合の良い受検日と得意なタイプの試験を選べるので、一度でも基準スコアを上回れば他の受験科目に集中でき、メリットが大きいといえるでしょう。

英語外部試験で得たスコアは、複数の大学入試に利用できます。**志望校の基準スコアをクリアすれば、1つのスコアで多く併願することが可能**です。

ただし、**受検料は決して安価ではありません**（p.37**【表1】**参照）。試験実施会場が自宅から遠ければ交通費や宿泊費などの負担が増えるので、家族とよく相談し計画的に受検しましょう。

また、英語外部試験と大学入試の出題範囲・傾向は異なるので、同時に試験対策を行うことは簡単ではありません。英語外部試験の利用を考える場合は、大学受験直前期ではなく、前もって志望校の基準スコアをクリアしておくことが大切です。

【表2】「英語外部試験」とCEFRとの対照表

CEFR	英検® 1級／準1級／2級／準2級／3級	TOEFL iBT®	TOEIC® L&R／S&W	IELTS	TEAP	TEAP CBT	GTEC® Advanced／Basic／Core／CBT	ケンブリッジ英語検定
C2				9.0－8.5				230－200
C1	3299－2600	120－95	1990－1845	8.0－7.0	400－375	800	1400－1350	199－180
B2	2599－2300	94－72	1840－1560	6.5－5.5	374－309	795－600	1349－1180	179－160
B1	2299－1950	71－42	1555－1150	5.0－4.0	308－225	595－420	1179－930	159－140
A2	1949－1700		1145－625		224－135	415－235	929－680	139－120
A1	1699－1400		620－320				679－260	119－100

▭は各級合格スコア　各級CEFR算出範囲

英検：1級 (3299)－(2304)［2630］／準1級 (2599)－(1980)［2304］／2級 (2299)－(1728)［1980］／準2級 (1949)［1728］／3級 (1699)－(1400)［1456］

各試験CEFR算出範囲（GTEC）：CBT (1400)／Advanced (1280)／Basic (1080)／Core (840)－(260)

各試験CEFR算出範囲（ケンブリッジ英語検定）：C2 Proficiency (230)－(180)／C1 Advanced (210)－(160)／B2 First (190)－(140)／B1 Preliminary (170)－(120)／A2 Key (150)－(100)

※文部科学省が作成・公表した図版（2018年）より再作成
※表内のカッコ内に示された数値は、各試験におけるCEFRとの対照関係として測定できる能力の上限と下限を表す
※TOEIC® L&R／S&Wについては、TOEIC® S&Wのスコアを2.5倍にして合算したスコアで判定する

大学進学に必要な費用

大学進学時には、どのぐらい費用がかかるかについても確認しておく必要があります。ここでは、大学受験時の費用や入学初年度にかかる学費などの費用、奨学金について説明します。

■大学受験時にかかる費用

受験時にかかる費用として、**入学検定料（受験料）**が挙げられます。受験料は一律ではなく、大学区分や試験種類・試験方式によって異なります（**【表3】**）。複数の大学を受験すればそれだけ費用もかさむため、受験校選定時には受験料も考慮しておく必要があるでしょう。また、自宅から離れた試験会場で受験する場合は、受験料に加えて宿泊費や交通費などの費用も発生します。

さらに、近年では英検®やTOEFL®テストなど**英語外部試験の導入**が進み、英語外部試験の成績提出を必須としている入試方式が増えています。**その受検料も大学受験費用の一部**といえるでしょう。

一方で、WEB出願（インターネット上で出願すること）が進んだことによって、従来は有料だった私立大学（一部）の願書を購入する必要がなくなりつつあります。また、同じ学部で複数の学科を併願する場合は受験料が割引になるなどの減免制度を導入したり、学外試験場を設けたりする大学も増えてきました。自宅近くで受験可能な試験会場があれば、それを利用するのも一つの方法でしょう。

【表3】入学検定料の目安（2023年度。概算額）

実施期間	国公立大学	私立大学
9～12月	特別選抜	
	17,000円～35,000円程度	
1月	共通テスト	
	3教科以上　18,000円	
	2教科以下　12,000円	
1～3月	一般選抜※	
	個別学力検査など	共通テスト利用入試
	約17,000円	約15,000円
		大学個別試験
		約30,000～35,000円 ※医学部等 約40,000～60,000円

※一般選抜の検定料は平均額。なお、共通テスト利用入試については、大学によって幅がある（詳細は各大学の募集要項またはホームページを参照）

■大学入学時にかかる費用

大学入学時には、入学金や授業料等の大学が定めた金額を納入します。納入方法には**一括方式**と**2段階方式**があり、一括方式は「入学時最小限納入金」を一括で納入します。2段階方式は入学手続が1次と2次に分かれ、1次手続では入学金(相当額)を、2次手続で残額(授業料等)を納入します。入学手続時には入学金のみ、あるいは入学金と初年度の授業料の一部を合わせた金額を納入することが多く、私立大学は国公立大学に比べて高額となる傾向にあります。

また、第一志望校の合否が判明する前に、第二志望以下の入学手続期限がきてしまう場合も少なくありません。その際、大学が定める所定の期日までに申し出れば、**入学金以外の授業料などの延納が認められる**場合もあります。受験校を選定したら、併願校の入学手続方法についてもよく確認しておきましょう。

■大学入学初年度の費用

入学初年度で支払う入学金や授業料、その他学費の総額(年間)のことを**初年度納入額**といいます。学費は私立大学より国公立大学の方が安価ですが、その差は年々縮まっており、国立大学と私立大学とで比較すると、1975年は約5倍の違いだったのが1980年代には約2倍、2021年度時点では約1.7倍となっています。

国立大学の授業料は文部科学省令によって標準額が定められていますが、20%を上限に増額が認められています。千葉大学や東京藝術大学、一橋大学といった**一部の大学では授業料が標準額と異なる**ので、注意しましょう。公立大学では、設置する自治体(地方公共団体)の出身者を優遇する場合が多く、**初年度納入額が国立大学より割安になることもあります**。

一方、私立大学は**同じ大学でも学部系統によって大きく異なります**。学費の平均額は文科系が約119万円で国公立大学の1.5倍、理科系が約157万円で1.9倍、医歯系が約489万円で約6.0倍となっています。高額になりがちな医歯系の学費ですが、最近は学費を値下げする動きも出てきています。その背景として、少子化はもとより、近年の経済不安による家庭の経済状況悪化で志願者数が減少したことなどが挙げられます。

また、学費に加えて生活環境によっては家賃や生活用品費などもかかってきます。次の**【表4】**を見ると、自宅通学と自宅外通学で負担する費用に大きな違いが出るのがわかりますね。自宅外通学となれば、入学前に多額の費用を用意しておく必要があります。

【表4】大学受験から入学までの概算費用(私立大学)

費用の内訳	自宅外通学	自宅通学
受験費用	265,300円	255,200円
家賃	67,300円	—
敷金・礼金	246,700円	—
生活用品費	319,000円	—
初年度納付金	1,357,080円	1,357,080円
合計	2,255,380円	1,612,280円

※私立大学新入生の家計負担調査(2022年度調査。東京地区私立大学教職員組合連合による)

■奨学金について

物価上昇や社会保険料の値上げなどで各家庭の経済状況は悪化傾向にあり、学生の生活は苦しい状況が続いています。奨学金は学業成績優秀者のみが利用するものという印象が強いかもしれませんが、現在は日本の大学生の2人に1人が利用しており、今や奨学金などの修学支援制度を利用するケースが一般的といえます。

奨学金は**大学卒業後に返済義務のある「貸与型」**と**返済の必要のない「給付型」**に分類されます。従来は貸与型が主流でしたが、近年は給付型の奨学金を導入する大学が増えてきています。進学の際には、家計からどのくらいの支援を受けることができるか、どの程度奨学金に頼る必要があるのかを精査し、**4年間を見据えた具体的な計画を立てましょう。**

給付型でない限り、**各種奨学金は借金**です。奨学金は返還する義務があります。現在、奨学金返還の未納が問題化していますが、その不利益（金融機関の利用差し止めなど）は借り入れた本人が被ることになります。もし、経済的理由で返還が困難になった場合には、**減額返還制度**を利用することも検討しましょう。返還予定総額は減額されませんが、返還期間を延長し、毎月の返還額を減額する制度です。しかし貸与型の奨学金の場合、滞納者が増えれば増えるだけ、次世代の学生が奨学金を受け取れない状況を作り出すことになってしまいます。奨学金の借入時には、返還時のことまで考え、その責任も自覚しておきましょう。

■高等教育の無償化について

2020年度に始まった文部科学省の「高等教育の修学支援新制度」、通称「**大学の無償化**」は、低所得世帯を主な対象に入学金や授業料を減免する他、生活費などに充てられる**給付型奨学金を支給**する制度です。例えば、子どもが2人の「ふたり親世帯」の場合、住民税非課税となる「第Ⅰ区分」の年収（おおむね270万円以内）であれば、定められた上限額の満額の支援を受けることができます。収入の目安が「第Ⅱ区分」となると、入学金、授業料、奨学金すべてが満額の3分の2の額、「第Ⅲ区分」では3分の1の額が支援額となります。

また、2024年度からは新たに年収約600万円までを対象に、扶養する子どもが3人以上の多子世帯や、理工農系の学士を取得できる学部学科の学生に対する支援が始まります（**【表5】**）。経済的事情で進学を断念せざるをえなかった家庭にとっては、新たな選択肢となることでしょう。

自分が対象となるかは、JASSOホームページの「進学資金シミュレーター」で確認できます。なお、奨学金制度の改正内容は変更となる場合があるので、動向にはよく注意してください。

【表5】奨学金制度の改正（2024年度）

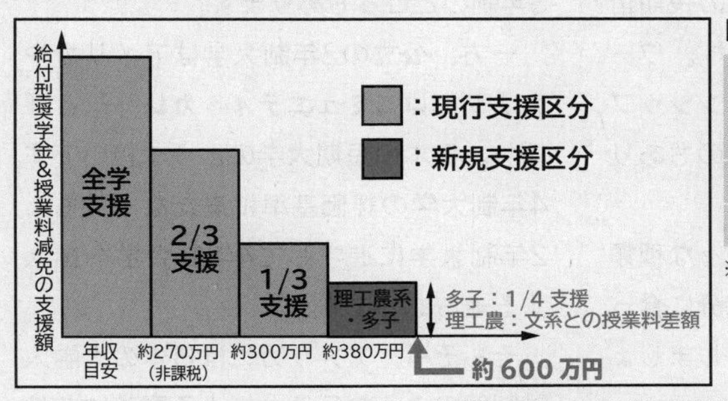

【現行支援区分】

	年収目安※	支援額
第Ⅰ区分（住民税非課税）	約270万円まで	満額
第Ⅱ区分	約300万円まで	3分の2
第Ⅲ区分	約380万円まで	3分の1

※年収目安は、ふたり親世帯（子2人）の例

※上記は一例であり、世帯構成などで目安となる年収は変化する。【出典】文部科学省ホームページより

巻頭特集

海外留学について

広い視野を持ち、国際的な感覚と高度な語学力を身につけ、最先端の知識を得るために海外への留学を選択する学生も少なくありません。ここでは、留学の種類やその費用などについて見ていきましょう。

■海外留学の種類

海外留学には大きく分けて3つの種類があります。

1つ目は**日本の高校を卒業したあと海外の大学へ入学する**方法です（**直接進学**）。卒業時には海外大学の学位が取得できますが、現地の授業についていけるだけの高い語学力が求められます。

2つ目は**日本の大学に在籍しながら海外の大学で学ぶ**方法です。自大学と協定を結んでいる海外大学へ自大学の代表として留学したり（**交換留学**）、自大学の承認を得て私的に海外大学へ留学したり（**認定留学**）する方法が一般的です。

3つ目は大学ではなく現地の語学学校で語学力を身につける方法です（**語学留学**）。夏休みなど大学の長期休暇を利用した短期留学から、3カ月以上の長期留学まで期間は幅広く選択できます。ワーキングホリデーや海外インターンシップといった就労経験を得られるものもあります。

このように、海外留学には様々な種類があるので、どの方法が最も自分に合っているのかよく見極めるようにしましょう。

■「直接進学」とは

それでは、1つ目の「**直接進学**」から説明していきましょう。直接進学は「正規留学」ともいわれ、日本の大学で勉強するのと同じようにアメリカの大学へ入学し、学位取得を目指すための留学です。高校卒業後に海外大学へ進学する場合、**4年制大学に進むのか、それとも2年制大学にするのか**選択する必要があります。4年制大学に進学する場合、イギリスやオーストラリア、ニュージーランドでは、進学準備コースとして約1年間の**ファウンデーションコース**が設けられています。大学内に設置されていることが多いので、キャンパスの雰囲気を味わいながらじっくりと進学準備をすることができます。なお、大学によっては4年制ではなく、3年制のところもあります。

一方、公立の2年制大学はアメリカやカナダでは**コミュニティ・カレッジ**と呼ばれ、日本の短期大学のような扱いです。4年制大学の評価基準に満たなくても、2年制大学に進学して4年制大学へ編入する道もあります。

そもそも、アメリカには日本の大学入試制度のようなテストによる審査はあり

【表1】入学審査に必要なテスト、書類など

	項目	
①	入学願書と出願費用	Application Form and Application Fee
②	高校成績証明書とクラスランク	High School Grades and Class Rank
③	TOEFL®	Test of English as a Foreign Language
④	SATまたはACT	Scholastic Assessment Test or The American College Testing
⑤	入学志望書	Statement of Purpose
⑥	推薦状	Letter of Recommendation
⑦	課外活動	Extracurricular Activities
⑧	面接	Interview
⑨	財政能力証明書、奨学金	Financial Statement or Scholarship

ません。**大学の求める書類と学力診断テストのスコアなどで審査**が行われます。その学力診断テスト（SAT、ACT）も近年はスコアの提出を求めない大学が増えてきています。背景として、経済格差による受験機会の不平等が問題視されていることが挙げられます。入学時期は年に2・3回あり、9月と1月がそのタイミングですが、現地在住の学生の多くは9月に大学へ入学します。そのため、日本の高校を3月に卒業し、9月まで余裕を持って渡米するのが理想的でしょう。

アメリカの大学への直接進学の入学審査に必要なテスト、書類などは**【表1】**の通りです。

【図1】「直接進学」の2つのルート

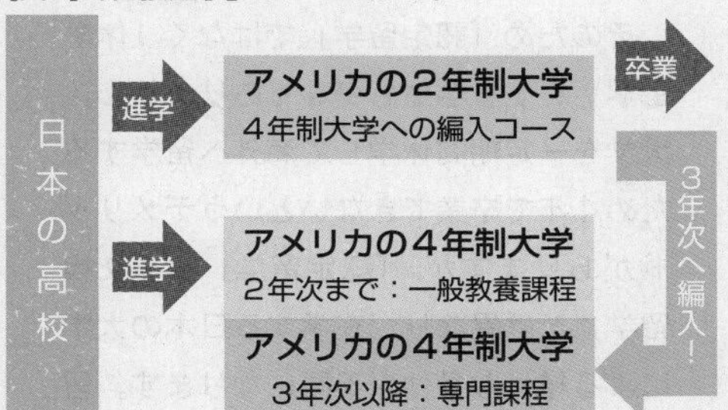

■「交換留学」とは

次に、直接海外の大学へ進学するのではなく、日本国内の大学に在籍しながら海外の大学へ留学する方法について紹介しましょう。中でも「**交換留学**」は最も一般的な方法で、日本における多くの大学が海外の大学・機関と協定を結び、学生を派遣しています。大学によっては「中・長期留学プログラム」あるいは「派遣留学」ともいい、留学先で取得した単位を帰国後に自大学の単位として認める「単位互換制度」が設けられています。また、留学先の大学と日本国内の大学に2年ずつ通い、両方を卒業する「**ダブル・ディグリー・プログラム**」などもあります。

「交換留学」では**休学をせず4年で卒業できる**上に、授業料は自大学に納付するのみで**留学先への支払いが不要なことが多く**、非常に人気の留学制度です。しかし、大学の代表として協定校に赴くため、ほとんどの大学で学内選考が設けられており、一定以上の成績が求められます。英

語圏であればTOEFL®やIELTSなど、中国語圏であれば中国語検定試験やHSKなど諸外国語の資格・検定試験の成績の他、学内での成績や志望動機、指導教員からの推薦状が必要な場合もあります。通常は募集人数の少ない交換留学ですが、国際教養大学や同志社大学グローバル・コミュニケーション学部のように、学生全員を1年間留学させる大学もあります。

費用面では、先述したように留学先の授業料が免除となる他、**大学独自の奨学金制度や「日本学生支援機構(JASSO)」、「トビタテ！留学JAPAN」**などの奨学金を利用できるケースも多く、経済的にも魅力的な留学方法といえるでしょう。また、学生に代わって大学が手続きを行うことが多いため、「直接進学」と比較して学生自身の負担が少ないのが特徴です。協定によって大学間の連携が取れているためサポート体制も万全で、留学した先輩から情報を入手できるなど、**安心して留学できる要素の多い**ことがメリットとして挙げられます。

一方、デメリットは**倍率の高さ**です。メリットの大きい制度だけに希望者も多く、学内選考は高倍率になりがちです。また、あらかじめ大学によって決められたプログラムであるため、**学年の指定があり、留学時期・留学期間などを自分で選べません**。留学先も基本的には協定校のみとなります。

■「認定留学」「休学留学」とは

「交換留学」のデメリットを解決できるのが、「**認定留学**」です。「交換留学」と同じく、**日本の大学に在籍しながら海外の大学へ留学する方法の1つ**で、多くの学生がこの方法で留学をしています。**海外で取得した単位を在籍する日本の大学に移行する制度**で、学生が自分で留学先を決めることができます。さらに、大学の承認を得て留学するため、留学期間も日本の大学に在籍していたとみなされ、**海外に留学しても4年間で卒業ができる**ケースがほとんどです。「交換留学」のような学内選抜もなく、**自分の目的や希望に合わせて留学先の学校を選べる**ので、自由なプランを組むことが可能です。

ただし、留学先の大学と日本の大学の**両方に学費を払わなければいけない場合**が多く、費用面では負担が大きい制度です。留学手続きも自分で行わなければならず、多くの学生が留学手続きを代行する留学エージェントを活用しています。また、日本の在籍大学で単位認定をしてもらうためには、一定の条件が課されていることも少なくありません。日本の大学の専攻に関連のあるコースであることや、移行単位に上限があることがあります。また学内選抜はありませんが、TOEFL®やIELTSなどの成績や、学内成績が優秀であることといった条件が必要な場合もあります。

そのため「認定留学」ではなく「**休学留学」をする学生も少なくありません**。大学を一定期間休学して海外へ留学するため4年で卒業できないというデメリットがありますが、「認定留学」や「交換留学」とは異なり、在学する日本の大学による様々な条件が不要になります。留学先の大学やコース、留学時期なども自

【表2】留学の種類

	直接進学	交換留学	認定留学	休学留学
特徴	海外の大学へ直接入学	日本の大学の協定校へ留学	留学単位を日本の大学で認定	日本の大学を休学して留学
授業料	留学先大学のみ	日本の大学のみ	日本の大学と留学先大学の両方	日本の大学（休学費用）と留学先大学の両方
卒業	４年で可能	４年で可能	４年で可能	４年以上
学力	現地の高校生並みの高い語学力が必要	高い語学力が必要。また学内の成績も問われる	大学の「認定」条件を満たせばOK	すべて自分で決定するため、留学先による
メリット	海外の大学に入学し卒業できる	大学からの派遣なので安心	休学せずに留学先をある程度自由に選べる	留学先・期間ともにすべて自由
デメリット	レアケースで申請に手間が必要	学内選抜の倍率が高い	費用負担が大きく申請も手間	4年間で卒業ができない

由に決められるため、今まで学習したことがない科目に挑戦することもできるのも魅力です。留学先も大学に限らず、**ワーキングホリデーや語学学校など自由に選べます**。ただし、日本の大学へは休学費用を支払う必要があります。

■「語学留学」とは

海外の大学の単位を取得するのではなく、**現地で語学力を身につける**のが「**語学留学**」です。日本国内のほとんどの大学では、春休み・夏休みなどの長期休暇を利用した「**語学研修プログラム**」を設けています。大学の協定大学や語学学校へ１週間～１カ月程度の短期留学をする制度で、定員も多く比較的手軽に留学できるのが魅力です。大学から集団で留学するため、安心感がある上に滞在先やプログラムもあらかじめ決まっており、引率者がいることも珍しくありません。

語学研修は大学が実施するものばかりではなく、英会話スクールや現地の語学学校のサマープログラムなど多種多様です。中には旅行会社が企画・実施しているものもあります。旅行感覚で**手軽に申し込め、学力も不問なプログラムが多い**ため、長期休暇を利用して留学する学生が非常に多い制度です。留学先はアメリカやイギリス、カナダ、オーストラリア、ニュージーランドの他、フィリピンなど近隣の英語圏も人気です。

デメリットとしては、留学期間が短いため**大幅な語学力の向上はあまり期待できない**ことです。そのため、短期ではなく3カ月以上にわたって現地の語学学校で学ぶ長期留学を選択する学生もいます。この場合は日本の大学を休学することとなりますが、「認定留学」として語学学校への留学を認めている大学もあります。また、渡航先によっては費用が高額なこともデメリットとして挙げられます。奨学金の利用が難しいため、留学日数が少ない割に費用負担が重くなりがちです。その点をよく踏まえて検討するようにしましょう。

留学先の語学学校は、2つの種類に大別できます。**私立の独立した学校と、大学付属の学校**です。韓国では大学付属の語学学校は「語学堂」と呼ばれ、近年日本からの留学生が増えています。

私立校でも大学付属校でも学力レベル

は不問なことが多く、基本的には誰でも入学可能です。入学後は自分のレベルに合ったクラスに配属されます。英語圏での滞在先は、ホームステイか学生寮のどちらかになる場合が一般的です。また、語学学校は直接進学（正規留学）希望者が利用する場合もあります。現地の大学に入学するには語学力が不足している学生が、まずは大学付属の語学学校で学び、必要なスコアを満たしてから正規留学するケースが少なくないのです。このようなケースは「条件付き入学」と呼ばれ、4年制大学でも認められる場合があります。

■オンライン留学

2020年以降の新型コロナウィルス感染症流行により、多くの大学で学生の派遣留学を見合わせました。その代わり誕生したのが、**オンライン留学**という選択肢です。海外渡航の規制が緩和されても継続して実施されているオンライン留学は、主に語学留学において非常に盛んとなっています。例えば、春休みや夏休みなど長期休暇に合わせて、自宅にいながら現地の語学学校が提供するプログラムを受講することができます。海外へ赴くわけではないので渡航費がかからず、低額で留学経験ができるのが魅力の1つとなっています。

また、**語学留学＋インターンシップ**を組み合わせたり、**ワーキングホリデー**中に語学学校に通うパターンも珍しくありません。このように、留学制度は非常に多岐にわたっており、自分の希望に沿った留学を選ぶのが賢明でしょう。

■主な海外大学の紹介

皆さんは、「海外の大学」と聞いて、どんな大学を思い浮かべますか。**Ivy League（アイビー・リーグ）**と呼ばれるアメリカのトップクラスの大学や、University of Cambridge（ケンブリッジ大学）、University of Oxford（オックスフォード大学）などのイギリスの名門校でしょうか。いずれも、「世界の大学ランキング」などで上位に格づけされる大学です。

Ivy Leagueとは、アメリカ東海岸にある8つの大学を指します（**【表3】**）。Cornell University（コーネル大学）を除いては、すべて1776年のアメリカ合衆国独立以前に設立されており、長い歴史と伝統を有します。歴代の合衆国大統領をはじめ、世界に名だたる研究者、文化人、実業家などを輩出しています。**いずれの大学も「狭き門」で、学部レベルでは志願者に対する合格率は1割以下**となっています。また、留学生の割合が1割台またはそれ以上というところが多いのも特徴的です。

英語圏であるカナダ、イギリスやシンガポールからの留学生に加え、**中国、インド、韓国などアジアからの留学生も多数**にのぼります。アメリカ屈指のハイレベル校は西海岸にもあり、University of California, Berkeley（カリフォルニア大学バークレー校）、University of Washington（ワシントン大学）、California Institute of Technology（カ

【表3】"Ivy League" 8大学

大学名	設立	所在地	その頃、日本では？
①ハーバード大学	1636年	マサチューセッツ州	島原の乱（1637〜38年）
②イェール大学	1701年	コネチカット州	赤穂浪士の討ち入り（1702年）
③ペンシルベニア大学	1740年	ペンシルベニア州	享保の改革（1716〜45年）
④プリンストン大学	1746年	ニュージャージー州	
⑤コロンビア大学	1754年	ニューヨーク州	東北地方の大飢饉（1755年）
⑥ブラウン大学	1764年	ロードアイランド州	田沼時代（1767〜86年）
⑦ダートマス大学	1769年	ニューハンプシャー州	
⑧コーネル大学	1865年	ニューヨーク州	薩摩藩士イギリス留学へ（1865年）

ハーバード大学

コロンビア大学

リフォルニア工科大学）などが有名です。他にもThe University of Chicago（シカゴ大学）、University of Michigan（ミシガン大学）などが名門校として挙げられます。

アメリカには、4年制の私立大学と州立大学が合わせて2,500校強、2年制大学が1,000校強ほどあります。日本の大学同様、いわゆる総合大学や単科大学に加え、**リベラルアーツ・カレッジ**と呼ばれるカテゴリーも存在します。日本では国際基督教大学や国際教養大学などがリベラルアーツ・カレッジの代表的な大学です。その特徴は、研究型の大学院を中心とした大学と異なり、**学部教育が主体で小規模で質の高い教養教育を行っている**ことです。先述したIvy Leagueに代表されるようないわゆる名門校を頂点に様々なレベルの州立大学と私立大学があり、多くの大学で留学生を受け入れています。

誰もが知る海外の名門校は、世界中からトップエリートが集まる「狭き門」ですが、日本の教育システム同様、**海外にも難関校だけではなく様々なレベルの大学があり、留学生を受け入れています。**英語圏への留学というとアメリカやイギリスが真っ先に思い浮かぶかもしれませんが、カナダ、オーストラリア、ニュージーランド、アイルランドなどのアメリカやイギリス以外の英語圏の国々も留学生を積極的に受け入れており、教育システムや社会的背景もそれぞれ異なります。

例えば、**オーストラリアは国民の4人**

に1人が国外で生まれている国際色豊かな国です。大学に通う学生のうち2割程度を留学生が占めています。英語に加えフランス語が公用語となっている**カナダはほぼすべての大学が公立**で、毎年多くの留学生を受け入れており、大学卒業後にカナダで最長3年間就労できる「卒業後就労許可」のようなプログラムもあります。

また、イギリスやオーストラリア、ニュージーランドの大学では入学直後から3年間の専門課程が始まります。これらの国々では高校の課程に「カレッジスキル」が盛り込まれており、**一般的に大学は3年制になっている**のです。そのため、日本の高校を卒業したあと直接海外の大学へ留学する場合は、約1年間の**ファウンデーションコース**で専攻分野の基礎知識や大学レベルの英語、レポートの書き方などのカレッジスキルを学ぶ必要があります。また、アジア圏で英語が公用語のシンガポールやフィリピンは、日本との時差が少なく距離も近いため、語学習得を目的に留学する人が増えています。

なお、本書では巻末に主要な海外大学32校の紹介ページを設けています。各大学の特徴など具体的な内容は巻末をご覧ください。

シンガポール国立大学

■留学費用

留学で気になることの１つに留学費用が挙げられるでしょう。留学パターンによって費用は大きく異なります。

①「直接進学」

意外かもしれませんが、4年制大学への進学を視野に入れつつ、**2年制大学で学ぶことには経済的なメリットがあります。**大学により学費に差がありますが、およその目安として公立の2年制大学の場合、留学生は年間10,000ドル前後で収まります。為替レートによりますが、1ドル＝130円とすると年間130万円程度です。日本の大学と比べても、一般的な私立大学程度の学費です。

4年制大学の場合、私立でも州立でも年間に25,000～30,000ドルの学費がかかります。留学生にはキャンパス内でのアルバイトしか認められていないため、最低でも4年間の資金計画を立てる必要があります。しかし、正規留学には奨学金が支給してもらえることがあります。日本学生支援機構（JASSO）の「第二種奨学金（海外）」や「松下幸之助国際スカラシップ」など民間団体による奨学金を申請すると、選考時期の約1年後に支給が開始されます。ただし、生活費なども視野に入れると、ある程度の費用を見込んでおいた方が良いでしょう。

②「交換留学」

先述した通り、交換留学では在籍する日本の大学から協定締結校へ派遣されるため、**基本的に留学先への授業料は不要**です。生活費は、国によって異なりますが、月10～15万円ほど、年間で120～

180万円ほどが必要です。渡航費も渡航先によりますが5万～15万円程度です。しかし交換留学には奨学金を利用できる場合も多く、最も費用を抑えられる留学方法といえるでしょう。

③「認定留学」「休学留学」

「認定留学」は留学先の大学と日本の大学の両方に学費を支払うケースが多く、**費用面において負担の大きい制度**です。加えて、留学エージェントの利用などで学費以外の費用がかさむ点にも注意が必要です。ただし、認定留学は大学の奨学金制度を利用できることが多いので、そのような制度を上手に活用しましょう。一方、「休学留学」は留学先の学費と在籍大学の休学費を納入する必要があります。こちらは学内の奨学金制度の対象外となることが多いため、**民間団体の奨学金**をあたってみるのがよいでしょう。

④「語学留学」

大学や英会話スクールの「語学研修プログラム」では、期間や渡航先にもよりますが、30～100万円程度かかります。短い期間に対して割高のイメージがありますが、渡航費・滞在費・授業料などすべて含まれている費用なので、**追加費用などのデメリットが少ない**のが魅力です。

現地の語学学校へ長期留学する場合は、公立の教育機関であれば比較的授業料が安く、私立であれば地域によっても授業料が大きく変わります。選択するコース、レッスンの数、グループレッスンか個別レッスンかなどによって大きく変わります。アメリカの語学学校への入学金は、100ドル～200ドルが平均です。授業料は、一般英語コースであれば3カ月で90～120万円程度が目安です。最近ではリーズナブルに留学ができるフィリピンの人気も高まってきています。

【表4】民間団体などによる主な奨学金

団体名	奨学金の名称	返済義務の有無	貸与／給付金額	条件
日本学生支援機構（JASSO）	第二種奨学金（海外）	有（有利子）	月額2～12万円から1万円単位で選択	家計基準あり
	官民協働海外留学支援制度～トビタテ！留学JAPAN 新・日本代表プログラム～	無	地域ごとに12もしくは16万円／月（家計基準内）留学期間が28日間～最長1年間	
プルデンシャル生命保険	Kiyo Sakaguchi奨学金	無	300万円／年（最長4年間）	数学専攻
グルー・バンクロフト基金	グルー・バンクロフト	無	80,000ドル／年（4年間）※他2種類の奨学金あり	4年制のリベラルアーツカレッジ
江副記念リクルート財団	リクルートスカラシップ「アート部門」	無	30万円／月	芸術系専攻（25歳以下）
松下幸之助記念志財団	松下幸之助国際スカラシップ	無	20万円／月	アジア、アフリカ、ラテンアメリカ諸国の大学

※2024年1月現在

巻頭特集

社会で活躍する先輩からのメッセージ

大学卒業後に何をしたいか、具体的なイメージはありますか？　志望校を選ぶ際はまず将来の夢を描き、目標を立てることが大切です。社会で活躍している先輩からのメッセージは、きっとあなたの志望校選びの参考になるはずです。

Graduate's Voice ①

株式会社三菱総合研究所　勤務

深谷 麻衣（ふかや まい）氏

東京大学 工学部 都市工学科 出身

1998年　神奈川県生まれ
2017年　鷗友学園女子高等学校 卒業
2021年　東京大学 工学部 都市工学科 卒業
2023年　東京大学大学院 工学系研究科 修了
株式会社三菱総合研究所へ入社。モビリティ・通信事業本部モビリティ戦略グループに所属し、現在に至る

誰もが自由に移動できる社会を目指して！多くの知見と多角的な視点を検討する

私は、大学院修士課程修了後に三菱総合研究所（以降、三菱総研）へ入社しました。現在はモビリティ・通信事業本部に所属し、モビリティ、特に自動運転分野の業務に従事しています。

今、日本では、バス路線の廃止や縮小など、公共交通のドライバー不足が顕著です。そこで注目をされているのが自動運転技術です。私達は、その自動運転技術を用いて「誰もが自由に移動できる社会」の実現を目指しています。

具体的には、民間企業のコンサルティングや中央官庁からの委託業務・研究として、自動運転サービスに関する技術開発や社会実装の支援を行います。特に、自動運転サービスの社会実装の検討では、業界やテーマ、技術など様々な観点から考える広い視野が不可欠です。三菱総研には、交通・機械・通信・都市計画など多彩なバックグラウンドを持つ専門家が在籍しており、一人ひとりの知見を活かしながら、自動運転の社会実装に向けて活動しています。

また、三菱総研の研究員にとって、最新情報を入手することは大切な業務です。そのため、国内外の展示会への参加、有識者へのヒアリング、事例見学などの機会が多数あります。これらを通じて、自身の知的好奇心を満たせるのも、この仕事の醍醐味のひとつです。

4年ぶりの開催となった「Japan Mobility Show 2023」にも足を運びました

増え続ける公共交通の空白地帯
生の声を聞いたことが、今の仕事につながる

大学・大学院時代は、東京大学の全学プログラム「フィールドスタディ型政策プログラム（以降、FS）」に打ち込んでいました。

FSは、東京大学の学生でチームを組み、事前調査・現地活動・事後調査を通じて、地域課題の解決に向けた道筋の提案を行う1年間のプログラムです。私は、2018～2022年度に本プログラムに参加し、長野県千曲市や鹿児島県錦江町、山形県鶴岡市、三重県鳥羽市、香川県高松市・三豊市で活動を行いました。

大学院までの5年間の活動のなかで特に印象的だったのは、2019年度のプログラムです。活動フィールドは鹿児島県錦江町の宿利原地区で、老年人口割合が50％を超えるある意味で「日本の最先端地域」でした。そして、宿利原地区において、地域内の移動手段のあり方を考えるのがミッションとして課されました。

滞在期間中は、「地区内に病院や生鮮食料品店はない」「コミュニティバスの運行本数は週1便」といった環境下での生活を体験しました。また、コミュニティバスへの同乗・移動販売車への同行・地域サロンへの参加などを通じて、地域の生の声を拾う活動もしました。その時に伺った住民の皆様の率直なご意見は、今でも強く印象に残っています。

そして、これらの経験が「“誰もが自由に移動できる社会”の実現に寄与したい」と思うきっかけとなり、今の仕事へとつながっていく貴重な機会だったと感じています。

鹿児島県錦江町の地区内を巡る移動販売車に同行し、実施したヒアリング

高校の頃から自分を知ることが大事
自分で選んだならそれが正解。自信をもって！

読者の皆さんにお伝えしたいことは、大きく2点あります。

1点目は、自己分析の大切さです。私は、高校時代にやりたいことが見つけられませんでした。そこで、大学入学後に専門領域を決定可能な「進学選択制度」を採用する東京大学へと入学しました。この制度は、2年次に3年次以降の専門を選べる仕組みです。私は、この制度のもと、学部3年次に工学部都市工学科へ進学しました。

都市工学科への進学理由は、興味関心の幅が広い自分にとって、多様な分野の集合知を必要とする都市計画分野こそマッチすると考えたためです。また、FSプログラムに参加し、「すべての人が住みたい場所で住み続けられるまちづくりに貢献したい」という思いが強まったことも理由のひとつです。

以上を振り返ってみると、自身の素質や大切にしたいことを考える時間、つまり自己分析の時間こそが、自身の未来を創造するのに不可欠だったと感じています。私自身の反省の意を込めて、読者の皆さんには、高校生のうちから、自分のやりたいことを突き詰めて考える時間をつくってほしいと願っています。

2点目は、自分の選択に自信を持つことの大切さです。これからの人生において、選択をする機会が山ほどあり、決断に対する不安を感じる場面が出てくると思います。一方で、自分が選ばなかった進路は、経験できない以上後悔しても仕方がありません。そのため、自身が選んだ道を受け入れ、そのなかで自分ができることを見つけてもらいたいなと思います。

最後に、読者の皆さんの今後のご活躍を心より応援しています！

Graduate's Voice ②

関西電力株式会社　勤務

猪師 陸太郎 氏

いのし　りくたろう

京都大学大学院 工学研究科 電気工学専攻 修了

1994年	兵庫県生まれ
2013年	私立 滝川高等学校 卒業
2019年	京都大学大学院 工学研究科 電気工学専攻終了 関西電力株式会社に入社。姫路第二発電所へ配属
2020年	同発電所保修課へ異動後、国際事業部国際企画部門へ異動
2022年	火力事業本部 火力開発部門へ異動、現在に至る

国内のバイオマス発電所建設
自分の仕事が人々の生活を支えることに！

大学では電気電子工学、大学院でも電気工学を学んでいました。「この6年間で培った知識を活かして世の中に貢献したい」という思いや、「電力という社会に与える影響の大きいインフラ事業に携わりたい」という思いから、関西電力に入社しました。

入社後は火力発電部門に配属となり、兵庫県姫路市にある姫路第二発電所に赴任することとなりました。

姫路第二発電所では、電力を安定かつ安全に供給するために、発電所を24時間365日、2交代制で運転・監視を行い、電気を作り続ける業務に携わりました。その後、発電機や変圧器など発電所の電気設備の保守や定期点検などのメンテナンス業務も経験しました。

入社4年目からは、当初から希望していた国際事業本部へ異動となりました。そこでは、海外投資案件の資産管理という、これまで経験したことのない分野の業務に就きました。具体的には、インドネシアの火力発電所建設プロジェクトにおいて、建設工程や建設コストを管理し、プロジェクトの採算性を分析して資産価値の向上を図るといったミッションを遂行しました。

このようなキャリアを経て、現在は国内バイオマス発電所（木質燃料を利用して発電する）の建設プロジェクトに携わっています。私が担当する実務としては、発電所の電気設備の設計、据付け、検査および試運転など、発電所の建設に関する業務全般で、プロジェクト全体をきちんと把握する必要があります。こうした発電所の建設プロジェクトでは、施主、（機器類の）メーカー、工事請負会社などたくさんの関係者と協力して共通の目標を達成することになります。そうした点に、これまでには味わったことのないやりがいを強く感じています。時には困難もありますが、それを乗り越えて発電所が完成した暁には、自分の仕事の成果が後世に形として残り、地域の人々の生活を支えることになるという、他には代えがたい達成感を味わうことができると考えながら、日々の仕事に取り組んでいます。

自分が担当した電気設備が人々の生活を支えていきます

学祭やイベントで50人超のリーダーに！その実体験が就活へと影響を及ぼした

大学では、他学部の友人をつくって視野を広げたいとの思いから、生協系のイベント運営活動を行うサークルに入りました。

1回生の時、所属サークルの責任者として、学園祭での脱出ゲームを企画・運営しました。それまでサークルでは、毎年飲食店しか出店したことがなく、脱出ゲームは前例のない取組みでした。当然ノウハウがないので、何をどうすればよいか、何から手をつければよいかもわからず、50人ほどのメンバーをまとめあげることが非常に大変でした。一人ですべてを管理することは到底できなかったことから、いくつかのグループに細分化し、各グループにリーダーを割り当て、リーダーと綿密にミーティングを重ねることで、チーム全体の統括を行いました。

特に気をつけたのは、人材の配置でした。メンバーの中には学業やアルバイトで忙しい人も多く、メンバー間でモチベーションにはかなりばらつきがありました。そこで、モチベーションの低い人や忙しい人には、その人が好きなこと、得意なことを活かせるような仕事を任せることで、各々が企画に楽しみを見出して主体的に取り組んでもらえるように尽力しました。結果として、サークルの歴代売上記録を更新することができました。また、仲間たちとの絆を深めることができたことも、大きな収穫でした。

このような経験を通して、将来はたくさんの人と協力して大きなプロジェクトを成し遂げたい、とぼんやり考えるようになりました。就職活動をするにあたって、会社選びや職種選択の際にも、この実体験がおおいに影響していたと感じています。

学生時代、サークルの友人たちと交流する猪師さん（後段右から５人目）

もっと視野の広い人間へと成長したい 皆さんも学生の頃から色々挑戦を！

まず、私自身のこれからの目標・理想像についてですが、これまで大学で学んだ電気工学の知識や、仕事で培った経験とスキルをベースに、より大きなプロジェクトに関わってみたいと考えています。大きなプロジェクトに関わるということはたくさんの人に接するということを意味し、さらには多様な価値観と触れ合う機会が多いことも意味しています。その中で揉まれながら視野の広い人間に成長していきたい、と考えています。また、仕事を通して社会に貢献することで、これまでお世話になった家族や友人に恩返しをしたいとも考えています。

受験生の皆さんにお伝えしたいことは、よく言われることですが、大学入学はゴールではなくスタートだということ。中学・高校と違い、大学は時間の使い方の自由度が高い反面、それを有益なものにできるかは自身に委ねられています。私もこれまで色々な人と出会い、色々な仕事を経験しましたが、大学時代に培ったことが役立ったと思うこともあれば、あの時もう少し視野を広げてチャレンジしておけば良かったと後悔することもありました。

受験生の皆さんも、ぜひ大学入学後は自分の可能性を狭めずに勉学、アルバイト、ボランティア活動など様々なことにトライすることをオススメします。また、大学選びをされる際は、実際にその大学の学生の話を聞くことを強くオススメします。生の学生の声を聴くことで、自分が大学に入って何を学びたいのかを具体化することができ、受験勉強のモチベーションアップだけでなく、その後の人生の財産になるはずです。頑張ってください！

Graduate's Voice ③

江崎グリコ株式会社　勤務

岡屋（おかや） さゆり 氏

慶應義塾大学 文学部 人文社会学科 教育学専攻 出身

1987年	埼玉県生まれ
2005年	埼玉県 県立 浦和第一女子高等学校 卒業
2009年	慶應義塾大学 文学部 人文社会学科 教育学専攻 卒業
	江崎グリコ株式会社へ入社。首都圏食品量販支店へ配属
2012年	広域営業部へ異動
2015年	海外事業部へ異動し、北米を担当
2018年	グループ人事部採用グループへ異動
2021年	部門人事グループ（HRBP）へ異動し、現在に至る

2度のキャリアチェンジで見つけたHRBPの仕事 人や組織の面から課題を解決し、事業成長に貢献！

現在は人事部で“HRBP”（Human Resource Business Partner）という役割の仕事をしています。会社の事業成長のため、人や組織の面から課題解決を行う仕事です。例えば、社員の育成方法や採用方法を検討したり、チーム内コミュニケーションの活性化を図ったりなどの人事的アプローチにより、人や組織のパフォーマンスを最大化させることで、事業成長に貢献することが私たちの使命です。

大学卒業後に江崎グリコへ入社し、初期配属から6年間は、営業の仕事をしていました。その後は、自身の希望もあって海外事業部へ異動し、3年間アメリカとカナダを担当しました。現地へ出張をしながら、北米の子会社でのマーケティングや営業活動などのサポートを行っていました。

海外での仕事はとてもやりがいがあり、そのまま海外に駐在したい思いもありました。しかし、駐在するには“専門性”が必要と言われてしまい、実現の難しさを実感しました。

「自分はどの分野で専門性を持てるのか……」

このときは本当に悩みました。当時の上司に相談したところ、「人事が向いているのではないか」と助言をいただきました。この言葉で、自分自身がもともと教育の仕事に興味を持っていたことを思い出し、社内制度を利用して人事部への異動希望を出して、2度目のキャリアチェンジをしました。

実現したのは、2018年です。人事部へ異動して最初の3年間は、新卒採用の担当をしました。江崎グリコを志望してくださる学生さんに対し、会社説明やキャリア相談などをする仕事です。

その後、2021年に部内での異動があり、現在のHRBPの仕事を行うようになりました。新卒採用の仕事もHRBPの仕事も、少しでも皆さんの成長のお手伝いができること、それにより会社のパワーアップを図れることが私にとって大きなやりがいになっています。

北米担当当時。アメリカのボストンで採用活動を行う岡屋さん（中央奥）。

「教えること」と「食」が好き それを両立できる環境にいる今がありがたいです

年の離れた妹の影響で、小さい頃から教えることが好きで、「学校の先生になりたい！」と思っていました。そのため、大学受験のときも受験した大学のほとんどが教育系の学部でした。

入学後には、海外と日本の教育を比較研究する比較教育学のゼミに入って研究に打ち込み、在学中に中高英語科教員免許も取得しました。

教えること以外では、食べることが好きだったので、アルバイトは塾講師、居酒屋、カフェなどを色々と掛け持ちしていました。中でも一番没頭したのは塾講師のアルバイトでした。自分の教え方の工夫次第で生徒たちがどんどん成長してくれることが嬉しく、アルバイトの時間以外にも授業の準備に力を入れていました。きっと時給に換算したら100円くらいになっていたと思います（笑）。

就職活動の時期になると、自身の将来について色々と悩みましたが、大学を卒業してすぐに先生になるよりは「一度社会に出て日本と海外のビジネスを知ってから先生になる方が良いだろう」と考えて、一般企業での就職活動をすることにしました。

その結果、もう1つの好きなこと＝“食”に関わることができる江崎グリコに入社したのです。しかも、現在は学校の先生になってやりたかった“成長を支援する”仕事を人事として実現することができています。大好きだった「教えること」と「食」、この2つを両立できる今の環境はとてもありがたいです。今後もこの仕事を続けたいと考えています。

大学の研究室の仲間とは「今でも交流しています」と岡屋さん（手前右）。

自分の人生の選択はどんどん結びつく 今の努力は将来返ってくるので、頑張ってください！

私のこれからの目標としては、「人事のプロフェッショナルとして本質的な課題解決を行うことで、どんな組織も活性化できるようなHRBPになる」ことを考えています。いずれは課題解決の範囲を広げて、日本だけではなく海外の人や組織を活性化させ、世界レベルで戦える会社になるためのサポートをしていきたいと考えています。

皆さんへのメッセージとしては、「ぜひ、自分が夢中になれるものを探してほしいな」と思います。

今はきっと大学受験の勉強で精いっぱいだと思います。きっと、大学入学後のイメージまでなかなか湧いてこないかもしれませんが（当時の私がそうでしたので）、大学は時間がたっぷりあって、やりたいことが自由にできる時間です。自分がやりたいことを夢中になってやれるような大学選び、学部選びをすることが、その先の就職後の仕事にも活きていくと思います。

私も、まさか今の人事の仕事が、学生時代にやりたかった仕事と結びつくとは思ってもいませんでした。「経済学部や商学部に行っておいたほうが就職活動に有利なのかな」と思う時期もありましたが、大学で何かに夢中になっていた頃と同じ感覚で今の仕事に夢中になっていることを考えると、「有利不利で決めず、好きな分野の学部に行っておいて良かったな」と今では思っています。

大学受験勉強は本当に大変です。私もこれまでの人生を振り返ると、人生でもっとも努力をしたと言える時間でした。今頑張っている分、きっと必ず将来の自分に返ってくると思います。その苦しい時間をぜひ乗り越えて、がんばってください。心から応援しています！

Graduate's Voice ④

株式会社大林組　勤務

田島 涼平 氏（たじま りょうへい）

早稲田大学 創造理工学部 建築学科 出身

1989年　神奈川県生まれ
2007年　アメリカのLynbrook High School 卒業
2012年　早稲田大学 創造理工学部 建築学科 卒業
株式会社大林組へ入社。早稲田大学内新築工事の現場施工管理を担当
2014年　仙台にてマンションの現場施工管理を担当
2019年　University of California, RiversideにてMBAを取得
北海道にてスポーツ施設新築工事の現場施工管理を担当
2021年　建築本部本部長室人事企画部人材育成課へ異動し、現在に至る

社内留学制度で取得したMBAを武器に 最新設備と技術を活用した社員教育体系を模索中

私は現在、建築本部本部長室人事企画部人材育成課という部署で、約3,000人の生産系職員を対象とした社員教育の計画、運営を担当しております。

大林組では、入社してすぐに受講する新入社員教育にはじまり、課長や部長といった中間管理職社員教育まで、各年代別、役職別での社員教育を実施しています。

それ以外にも、働きがいについて学んだり、BIM（Building Information Modeling。コンピュータ上の3次元モデルにコストや設計、施工、維持管理などの情報や属性を加えて活用する技術）などの専門的な知識と技術を習得したりするプログラムなどもあります。

私は入社時から海外にとても興味がありました。当初から「将来は大林組内で海外に携わる業務につきたい」と思っていたのですが、若年職員向けの社員教育を受講していた際、“社内留学制度”というものを知り、入社5年目にその社内留学制度に応募しました。

日々の業務と並行して英語のテストで高得点を取るための勉強を続けた結果、各種テストで社内の基準を満たし、はれて留学生として選ばれたときは、とても嬉しかったです。

その後、アメリカ・カリフォルニア州にある大学でMBA（経営学修士号）を取得するために渡米しました。そして、勉強をしていく中で、経済学や統計学以外にもリーダーシップや人事人材育成について学ぶことができました。

MBA取得後はこの経験を活かし、今の人材育成のフィールドで大林組職員全体の技術力向上のために貢献しています。

具体的には、社員教育制度をより良いものにするために各教育プログラムのブラッシュアップ、VRやMRなど新しい技術を取り入れた教育体系の企画・立案、社会情勢を踏まえた働き方や労働時間についてのプログラムを取り入れるなど、多岐にわたります。

2022年春、横浜に当社の新しい社員教育施設が完成しました。現在は、その施設と最新設備をうまく活用した社員教育ができるよう、日々考えております。

社内留学制度でアメリカ留学メンバーたちと
（手前左が田島さん）

学生時代の研究経験とアルバイト
どちらからも大林組との縁を感じる！

大学4年生のときは、施工・施工技術に関する研究室に所属しておりました。研究していた内容は、『3次元スキャナーによる点群データをCADに取り込み、モデルを作成する』というものでした。当時ではかなり最先端の技術を用いての研究であったため、使用する機材等はとても高額なものでしたが、半面で企業とのタイアップが多い研究内容でもありました。

そのなかで大林組の技術研究所チームと共同で実験をする機会がありました。清瀬市にある研究所で一緒に実験をさせていただけることになったのです。

そのときはすでに大林組から内定をいただいている状態でしたが、改めて研究所を訪問した際は大林組という企業の大きさ、技術力の高さ、高水準の設備機器に圧倒されました。

そうしたハード面以外にも、強く印象に残っていることがあります。それは技術研究所の皆さんがとてもあたたかく、学生である私たちを迎えてくれたことです。「人の大林」と呼ばれているゆえんを実感できる良い出逢い、良い体験でした。

研究以外では、塾講師のアルバイトに力を入れておりました。もともと人に何かを教えることが好きだったことからはじめたアルバイトです。しかし、今こうして社員教育を実施する部署で働き、講義を担当する場面も間々ある中で、その塾講師のアルバイト経験が業務へと大いに活かせているところに、不思議な縁を感じております。

新入社員教育で講義中の田島さん。身に付く研修を心がけている。

アイデアひとつで会社は変わる！
アイデアマン／ウーマンを目指してほしい

これからの私の目標ですが、「まずは社内の社員教育制度について自身が思う最適な提案と計画を一通り完結させる」こと、そのあとで「社内のイノベーション推進を担う部署へ異動したい」と考えてます。

現在の部署は社員教育という形で、現場で取り組める新たな施策・技術の提案などを行っているのですが、次はイノベーション推進の部署で最先端の技術を用いた業務改善提案に注力していきたいのです。

こういった部署は、アイデアひとつで業務効率の大幅アップはもちろん、ひいては会社の業績まで変えてしまう可能性があります。こういったアイデアマン／ウーマンの集まる部署で、切磋琢磨しながら自身の能力を磨いていきたい、というのが私の望みです。

現在入社11年目の私から、受験生の皆様に伝えておきたいことは、「いろいろな経験を、できるときに、できるだけやってほしい」ということです。

よく聞く言葉かもしれませんが、“今”が今のあなたにとって一番若いときです。“今”しかできないこと、“今”やらなければいけないことをよく考えて実行してください。

私は遊びや旅行、アルバイトなど、多くの経験がより多くのアイデアを生むと思っています。将来就く業務がどのような業務であれ、アイデアひとつで業務効率、作業効率は向上すると信じてます。

皆さんもぜひ、いつも少し先を見据えるアイデアマン／ウーマンになってください。

国立大学71校

- 旭川医科大学
- 小樽商科大学
- 帯広畜産大学
- **北海道大学**
- 北海道教育大学
- 弘前大学
- 岩手大学
- **東北大学**
- 秋田大学
- 山形大学
- 福島大学
- 茨城大学
- 筑波大学
- 宇都宮大学
- 群馬大学
- 埼玉大学
- **千葉大学**
- お茶の水女子大学
- 電気通信大学
- **東京大学**
- 東京外国語大学
- 東京海洋大学
- **東京科学大学**※
- 東京学芸大学
- 東京藝術大学
- 東京農工大学
- **一橋大学**
- 横浜国立大学
- 上越教育大学
- 新潟大学
- 富山大学
- 金沢大学
- 福井大学
- 山梨大学
- 信州大学
- 岐阜大学
- 静岡大学
- 浜松医科大学
- 愛知教育大学
- **名古屋大学**
- 名古屋工業大学
- 三重大学
- 滋賀大学
- 滋賀医科大学
- **京都大学**
- 京都工芸繊維大学
- **大阪大学**
- 大阪教育大学
- **神戸大学**
- 奈良教育大学
- 奈良女子大学
- 和歌山大学
- 鳥取大学
- 島根大学
- 岡山大学
- 広島大学
- 山口大学
- 徳島大学
- 香川大学
- 愛媛大学
- 高知大学
- **九州大学**
- 九州工業大学
- 福岡教育大学
- 佐賀大学
- 長崎大学
- 熊本大学
- 大分大学
- 宮崎大学
- 鹿児島大学
- 琉球大学

※東京工業大学と東京医科歯科大学の統合により2024年10月設立予定。

旭川医科大学

あさひかわいか

資料請求

事務局入試課入学試験係　TEL (0166) 68-2214　〒078-8510 北海道旭川市緑が丘東2条1-1-1

地域に根ざした医療と福祉の向上を目指して

大学紹介

最新入試情報

豊かな人間性と幅広い学問的視野を有し、高度な知識と技術、倫理観を身につけた医療人と研究者を育成する。地域に根ざした医療と福祉の向上に貢献することを目標に、教育、研究、医療活動を展開している。

旭川医科大学病院

キャンパス **1**つ

旭川医科大学キャンパス
〒078-8510 北海道旭川市緑が丘東2条1-1-1

基本データ

※2023年9月現在（学部学生数に留学生は含まない。教員数は同年5月現在。進路・就職は2022年度卒業者データ。学費は2024年度入学者用）

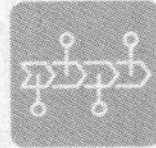

沿革

1973年、旭川医科大学を設置。1976年、医学部附属病院を開院。1979年、医学系研究科博士課程医学専攻を設置。1996年、看護学科を設置。1999年、情報処理センター、遠隔医療センターを設置。2000年、医学系研究科修士課程看護学専攻を設置。2004年、国立大学法人となり、現在に至る。

教育機関　1 学部　1 研究科

学部　医

大学院　医学系 Ⓜ Ⓓ

人数

学部学生数　**897**名

教員1名あたり 学生 **2**名

教員数　**342**名【学長】西川祐司
（教授**55**名、准教授**44**名、講師**63**名、助教**180**名）

学費

初年度納入額　**817,800**円（諸経費別途）

奨学金　医学部医学科学生に対する奨学資金、医学部看護学科学生に対する奨学資金

進路

学部卒業者　**183**名
（就職**60**名［32.8%］、その他※**123**名［67.2%］）
※臨床研修医113名を含む

主な就職先　旭川医科大学病院、KKR札幌医療センター、北海道大学病院、JCHO北海道病院、JA北海道厚生連 旭川厚生病院、JA北海道厚生連 札幌厚生病院

学部学科紹介

※本書掲載内容は、大学公表資料から独自に編集したものです。詳細は大学パンフレットやホームページ等で必ず確認してください（取得可能な免許・資格は任用資格や受験資格などを含む）。

医学部

旭川医科大学キャンパス　定員 155

- 特色　お互いの学科を理解し協調性を養うために合同講義カリキュラムを導入。
- 進路　卒業者の多くが道内外の一般病院や大学附属病院で活躍している。
- 学問分野　医学／看護学
- 大学院　医学系

医学科 (95)	6年制。医学チュートリアルでは少人数のグループで共通の課題や症例を自学自習する。3年次まで必修の医学英語や、4年次後期の医学研究特論を通して国際的レベルの医学研究を学ぶ。5・6年次の臨床実習では地域医療に貢献できる医師を目指し指導を受ける。
看護学科 (60)	4年制。科学的思考力を修得し、人間と健康生活を理解する。小児看護学、母性看護学、精神看護学、助産学（選択制）などの領域において必要な看護を講義、演習、実習を通じて学ぶ。4年次には地域住民や患者本位の対応ができる看護職を目指し実習を行う。
取得可能な免許・資格	医師、看護師、助産師、保健師

入試要項（2025年度）

※この入試情報は大学発表の2025年度入試（予告）および2024年度募集要項等より編集したものです（2024年1月時点。見方は巻頭の「本書の使い方」参照）。内容には変更が生じる可能性があるため、最新情報はホームページや2025年度募集要項等で必ず確認してください。

「大学入試科目検索システム」のご案内

日程・方式ごとの偏差値や昨年度入試結果（志願者倍率、実質倍率、合格最低点）、基本情報（出願締切日、試験日、二段階選抜、募集人員、総合満点）などは、「大学入試科目検索システム」（https://nyushi.toshin.com/）をご覧ください（利用方法はp.12参照）。

■医学部 医学科　偏差値 65

前期日程

◆**共通テスト**

[医：8科目] 国 現古漢 地歴 公 地歴全3科目、公共・倫、公共・政経から1 数 数ⅠA、数ⅡBC 理 物、化、生から2 外 全5科目から1 情 情Ⅰ

◆**個別学力検査等**

[医：3科目] 数 数ⅠⅡⅢAB〔列〕C 外 英 面 面接

後期日程

◆**共通テスト**

[医：8科目] 前期日程に同じ

◆**個別学力検査等**

[医：2科目] 外 英 面 面接

■医学部 看護学科　偏差値 57

前期日程

◆**共通テスト** ※理科基礎は2科目扱い

[看護：8科目] 国 現古漢 地歴 公 全6科目から1 数 数ⅠA、数ⅡBC 理 理科基礎▶地基選択不可。物、化、生から2でも可。基礎科目とみなす 外 全5科目から1 情 情Ⅰ

◆**個別学力検査等**

[看護：2科目] 論 小論文 面 面接

後期日程

◆**共通テスト**

[看護：8科目] 前期日程に同じ

◆**個別学力検査等**

[看護：1科目] 面 面接

■特別選抜

[総合型選抜] 北海道特別選抜 共

[学校推薦型選抜] 道北・道東特別選抜 共、学校推薦型選抜

[その他] 私費外国人留学生選抜

就職支援

旭川医科大学では学修、生活、進路等についての指導・助言・連絡を行えるよう、すべての年次に学年担当教員を配置しています。医学科では学年担当の他、キャリアプランを支援する制度を設けています。看護学科1・2学年では少人数の学生に対して教員1名が配置される「グループ担任制度」を導入しています。

国際交流

旭川医科大学では海外の9つの大学と学術交流を締結し、国際交流の促進に力を入れています。世界各国から留学生や共同研究のための研究者を受け入れている他、多くの卒業生が研究成果を国際学会で発表するために海外に赴くなど活発な国際交流を展開しています。2008年から続くJICA研修「アフリカ地域　地域保健担当官のための保健行政」コースでは、アフリカ地域からこれまでに150名を超える研修員を受け入れています。

おたるしょうか
小樽商科大学

資料請求

入試室 TEL (0134) 27-5254　〒047-8501 北海道小樽市緑3-5-21

自由な学風と実学を重視し、地域に寄り添う大学

大学紹介動画

最新入試情報

実学・語学・品格を教育理念とし、幅広い視野、豊かな教養、倫理観を兼ね備えた人材を育成する。グローバルな視点から地域経済の発展に貢献する「グローカル人材」の育成を通じ、北海道の経済発展に寄与する。

キャンパス正門

キャンパス **1**つ

小樽キャンパス
〒047-8501 北海道小樽市緑3-5-21

基本データ

※2023年5月現在（進路・就職は2022年度卒業者データ。学費は2024年度入学者用〔予定〕）

沿革

1911年、官立高等商業学校として小樽高等商業学校を開校。1944年、小樽経済専門学校に改称。1949年、小樽商科大学に昇格。2004年、大学院商学研究科経営管理専攻を改組し、現代商学、アントレプレナーシップの2つの専攻を設置し、現在に至る。

教育機関 1学部 1研究科

学部　商

大学院　商学 M D P

人数

学部学生数　**2,232**名

教員1名あたり学生 **20**名

教員数　**111**名【学長】穴沢眞
（教授**63**名、准教授**43**名、講師**1**名、助教**2**名、助手・その他**2**名）

学費

初年度納入額　**817,800**円（諸経費別途）

奨学金　小樽商科大学授業料免除特別枠、小樽商科大学教育振興基金による奨学金、小樽商科大学後援会助成金による奨学金

進路

学部卒業者　**531**名
（進学**9**名［1.7%］、就職**480**名［90.4%］、その他**42**名［7.9%］）

主な就職先　札幌市役所、北海道（職員）、北海道銀行、北洋銀行、イオン北海道、セコマ、ニトリ、アクセンチュア、一条工務店、積水ハウス、旭化成、塩野義製薬、セガ、SCSK、ソフトバンク

学部学科紹介

※本書掲載内容は、大学公表資料から独自に編集したものです。詳細は大学パンフレットやホームページ等で必ず確認してください（取得可能な免許・資格は任用資格や受験資格などを含む）。

商学部

小樽キャンパス　定員 515

特色　所属する学科は本人の希望と1年次の成績により1年次終了時に決定する。
進路　情報通信業や金融・保険業、卸売・小売業に就職する者が多い。
学問分野　法学／経済学／経営学／情報学
大学院　商学

経済学科 昼 (137)	経済学的思考法や統計的分析手法を学び、人々の行動原理とその相互作用を探る。国際経験や実務経験の豊富な教員のもと、論理的思考力、国際的な視野、実践的な能力の3つを育成する。
商学科 昼 (148)	商学、経営学、会計学の3つの講座より学生の興味や関心に応じて自由に履修を選択できる。3・4年次には最大15名までの少人数ゼミが始まり、4年次には卒業論文に取り組む。
企業法学科 昼 (106)	企業活動に関係する法律を中心に、実学志向の法学教育を行う。憲法、民法、刑法などの伝統的分野に加え、知的財産権法、国際経済法、国際取引法などの応用的分野も扱う。3年次より少人数ゼミに所属。
社会情報学科 昼 (74)	情報を分析し戦略を立てマネジメントする力を養う。組織を円滑に運営するための方法論や組織内外でのコミュニケーション、組織化のノウハウ、情報システムの構築技術などを幅広く学ぶ。
【夜間主】 夜 (50)	経済学科（定員12名）、商学科（定員10名）、企業法学科（定員12名）、社会情報学科（定員16名）の4つの学科を設置。2年次から学科に分かれるが、学科間には垣根がなく自由に他学科の科目が履修可能。60単位まで昼間コースの講義も受講可能である。
取得可能な免許・資格	教員免許（中-社・英、高-公・情・英・商業）

入試要項（2025年度）

※この入試情報は大学発表の2025年度入試（予告）および2024年度募集要項等より編集したものです（2024年1月時点。見方は巻頭の「本書の使い方」参照）。内容には変更が生じる可能性があるため、最新情報はホームページや2025年度募集要項等で必ず確認してください。

「大学入試科目検索システム」のご案内
日程・方式ごとの偏差値や昨年度入試結果（志願者倍率、実質倍率、合格最低点）、基本情報（出願締切日、試験日、二段階選抜、募集人員、総合満点）などは、「大学入試科目検索システム」（https://nyushi.toshin.com/）をご覧ください（利用方法はp.12参照）。

■商学部 偏差値 57

前期日程

◆共通テスト（英語重視枠、数学重視枠）
[全学科【昼】：7科目] 国 現古漢 地歴 公 理 情 全12科目から3 数 全3科目から2 外 全5科目から1

◆共通テスト
[全学科【夜】：4科目] 国 現古漢 数 情 数Ⅰ、数ⅠAから1、数ⅡBC、情Ⅰから1 外 全5科目から1

◆個別学力検査等（英語重視枠、数学重視枠）
[全学科【昼】：3科目] 国 現古漢 数 数ⅠⅡA〔全〕B〔列〕C〔ベ〕、数ⅠⅡⅢA〔全〕B〔列〕Cから1 外 英

◆個別学力検査等
[全学科【夜】：1科目] 外 英

後期日程

◆共通テスト
[全学科【昼】：7科目] 前期日程に同じ

◆個別学力検査等
[全学科【昼】：1科目] 書類審 志願者本人が記載する資料

■特別選抜

[総合型選抜] グローカル総合入試
[学校推薦型選抜] 学校推薦型選抜、学校推薦型選抜（一般枠、専門学科・総合学科枠） 共
[その他] 帰国子女入試、社会人入試、私費外国人留学生入試

おびひろちくさん
帯広畜産大学

資料請求

入試課入学試験係　TEL (0155) 49-5321　〒080-8555 北海道帯広市稲田町西2-11

大学紹介動画

最新入試情報

「食を支え、くらしを守る」教育を展開

「日本の食料基地」と呼ばれる北海道十勝地域において生命、食料、環境をテーマに獣医学、畜産科学、農学の教育研究を行う。欧米水準の獣医学教育や国際共同研究を実施し、農学に精通したグローバル人材を育成する。

総合研究棟Ⅰ号館

キャンパス **1**つ

帯広畜産大学キャンパス
〒080-8555 北海道帯広市稲田町西2-11

基本データ

※2023年5月現在（進路・就職は2022年度卒業者データ。学費は2024年度入学者用）

沿革

1941年、帯広高等獣医学校として創設。帯広畜産大学へと改称後、1967年に大学院畜産学研究科修士課程を設置。1994年に連合農学研究科博士課程の構成大学として参加。2012年、北海道大学獣医学部との共同獣医学課程を設置、2018年には大学院を大幅改組し、現在に至る。

教育機関　**1**学部　**1**研究科

学部　畜産

大学院　畜産学Ⓜ︎Ⓓ

人数

学部学生数　**1,139**名

教員1名あたり 学生 **8**名

教員数　**129**名【学長】長澤秀行

（教授**52**名、准教授**59**名、講師**2**名、助教**16**名）

学費

初年度納入額　**842,530~849,640**円

奨学金　帯広畜産大学基金奨学金

進路

学部卒業者　**266**名

（進学**64**名［24.1%］、就職**188**名［70.7%］、その他**14**名［5.2%］）

主な就職先　農林水産省、NOSAI北海道、JA全農、北海道（職員）、JAホクレン、日本中央競馬会、家畜改良事業団、よつ葉乳業、長大、ホクサン

学部学科紹介

※本書掲載内容は、大学公表資料から独自に編集したものです。詳細は大学パンフレットやホームページ等で必ず確認してください（取得可能な免許・資格は任用資格や受験資格などを含む）。

畜産学部

帯広畜産大学キャンパス　定員 250

特色　農畜産全般の基礎を学び、進級するにつれ特定分野の学習を深めていく。
進路　農業・林業やサービス業、公務への就職者が多い。
学問分野　獣医・畜産学
大学院　畜産学

共同獣医学課程 （40）	6年制。北海道大学との共同獣医学課程である。環境問題の解決や動物および人間の公衆衛生向上のため、生物学を基本とする動物医科学教育を幅広く展開する。「獣医学教育国際認証推進室」を設置し、獣医学教育を世界的水準にまで引き上げることを目指す。
畜産科学課程 （210）	4年制。2年次に家畜生産科学、環境生態学、食品科学、農業経済学、農業環境工学、植物生産科学の6つのユニットから1つを選択し、農畜産に関する幅広い領域を学ぶ。国際教育プログラムによって国際社会で活躍するために必要な能力の養成にも取り組む。
取得可能な免許・資格	学芸員、食品衛生管理者、食品衛生監視員、獣医師、家畜人工授精師、バイオ技術者、教員免許（高-理・農）

入試要項（2025年度）

※この入試情報は大学発表の2025年度入試（予告）より編集したものです（2024年1月時点。見方は巻頭の「本書の使い方」参照）。内容には変更が生じる可能性があるため、最新情報はホームページや2025年度募集要項等で必ず確認してください。

「大学入試科目検索システム」のご案内
日程・方式ごとの偏差値や昨年度入試結果（志願者倍率、実質倍率、合格最低点）、基本情報（出願締切日、試験日、二段階選抜、募集人員、総合満点）などは、「大学入試科目検索システム」（https://nyushi.toshin.com/）をご覧ください（利用方法はp.12参照）。

■畜産学部 偏差値 59

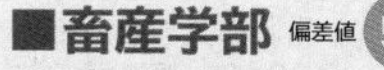

前期日程

◆**共通テスト**
[全課程：8科目] 国現古漢 地歴 公全6科目から1 数数ⅠA、数ⅡBC 理物、化、生、地から2 外全5科目から1 情情Ⅰ
◆**個別学力検査等**
[全課程：1科目] 総合総合問題

後期日程

◆**共通テスト**
[全課程：8科目] 前期日程に同じ
◆**個別学力検査等**
[全課程：2科目] 論小論文 面面接

■特別選抜

[総合型選抜] 総合型選抜 共
[学校推薦型選抜] 学校推薦型選抜（A推薦、B推薦、C推薦）
[その他] 国際バカロレア選抜、帰国生選抜、社会人選抜、私費外国人留学生選抜

就職支援

帯広畜産大学では就職支援室を設置し、共同獣医学課程、畜産科学課程および別科の教員が就職支援室員となり、学生支援課就職支援係と連携して、就職活動の支援と就職に対する不安、とまどい、迷い、焦りを持つ学生たちの相談に応じています。就職活動に役立つエントリーシートや履歴書の書き方、面接対策、インターンシップの参加方法などをテーマとした就職ガイダンス、ハローワークやジョブカフェ職員による出張相談会、公務員志望の学生のための国家公務員・地方公務員業界研究会などが開かれています。

国際交流

帯広畜産大学では海外の大学との間で学術交流協定を締結し、協定校と共同研究の実施や研究者・学生の交流を行っています。毎年8月にはウィスコンシン大学の学生とともに学び、異文化適応能力や英語によるコミュニケーション能力の育成を図る「サマージョイントプログラム」も開講しています。また、海外ボランティアでは国際協力機構（JICA）と連携し、草の根技術協力事業として在学生や卒業生をパラグアイやウガンダに派遣し、技術向上の支援事業を行っています。

北海道大学

ほっかいどう

資料請求

アドミッションセンター（札幌キャンパス）　TEL（011）706-7484　〒060-0817 北海道札幌市北区北17条西8

北海道大学が目指す4つのビジョン

日本初の近代的大学として、次世代のリーダーの育成を目指す。既存の枠組みや価値観にとらわれることなく、まっさらな気持ちで温故知新に努め、新しい枠組みや価値観を築いていく。そのために、「フロンティア精神」、「国際性の涵養」、「全人教育」そして「実学の重視」の4つのビジョンを掲げる。

北海道大学

大学紹介動画　最新入試情報　寮歌音声

基本データ

※2023年5月現在（進路・就職は2022年度卒業者データ。学費は2024年度入学者用）

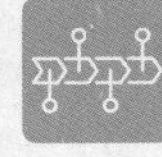

沿革

1876年、札幌農学校開校。1907年、東北帝国大学農科大学となる。1918年、北海道帝国大学が設置され、北海道帝国大学農科大学となる。1947年、北海道帝国大学から北海道大学となる。2000年、全学部が大学院重点化。2001年、創基125周年記念式典を挙行。2004年、国立大学法人北海道大学となる。2026年、創基150周年。

キャンパス

2つ

キャンパスマップ

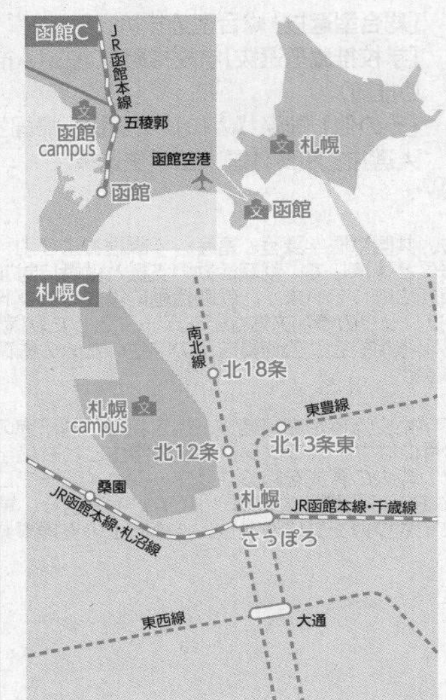

所在地・交通アクセス

札幌キャンパス（本部）

〒060-0817 北海道札幌市北区北17条西8

アクセス　①JR「札幌駅」から徒歩約7分、②札幌市営地下鉄南北線「北12条駅」「北18条駅」「さっぽろ駅」から徒歩約4～10分、③札幌市営地下鉄東豊線「さっぽろ駅」「北13条東駅」から徒歩約10～15分

函館キャンパス

〒041-8611 北海道函館市港町3-1-1

アクセス　①JR「函館駅」からバス約15～20分、「北大前」下車、②市電「五稜郭公園前駅」からバス約20分、「北大前」下車

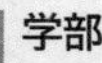

教育機関
12学部 21研究科

学部 文／教育／法／経済／医／歯／薬／理／工／農／獣医／水産

大学院 法学ⓂⒹⓅ／水産科ⓂⒹ／環境科ⓂⒹ／理ⓂⒹ／農ⓂⒹ／生命科ⓂⒹ／教育ⓂⒹ／国際広報メディア・観光ⓂⒹ／保健科ⓂⒹ／工ⓂⒹ／総合化ⓂⒹ／経済ⓂⒹⓅ／医ⓂⒹ／歯Ⓓ／獣医Ⓓ／医理工ⓂⒹ／国際感染症Ⓓ／国際食資源ⓂⒹ／文ⓂⒹ／情報科ⓂⒹ／公共政策学Ⓟ

人数

学部学生数 **11,164**名

教員1名あたり 学生 **5**名

教員数 **1,963**名【総長】寳金清博

(教授**704**名、准教授**598**名、講師**130**名、助教**524**名、助手・その他**7**名)

学費

初年度納入額 **817,800**円(諸経費別途)

奨学金 きのとや奨学金

進路

学部卒業者 **2,558**名(進学**1,365**名、就職**836**名、その他※**357**名)※臨床研修医157名を含む

進学 **53.4**% 就職 **32.7**% その他 **13.9**%

主な就職先

文学部
ニトリ、札幌市(職員)、北海道(職員)、三井住友信託銀行、集英社、日本アイ・ビー・エムデジタルサービス、大成建設、中日新聞社、JR東日本、文部科学省

教育学部
札幌市教育委員会、SBI新生銀行、裁判所、住友林業、JA共済連、SOMPOケア、東芝、ニトリ、北海道教育委員会、明治安田生命保険

法学部
札幌市(職員)、NTTドコモ、北海道財務局、総務省、日本政策金融公庫、富士通、東京海上日動火災保険、農林中央金庫、パナソニック、リクルート

経済学部
札幌市(職員)、北洋銀行、NEC、ニトリ、日本生命保険、北海道電力、アクセンチュア、EYストラテジー・アンド・コンサルティング、SMBC日興証券、日本政策金融公庫

医学部(医)
臨床研修医94.1%

医学部(他)
北海道大学病院、手稲渓仁会病院、札幌市(職員)、斗南病院、KKR札幌医療センター、札幌医科大学附属病院、札幌東徳洲会病院、札幌山の上病院、東京大学医学部附属病院、JA北海道厚生連

歯学部
臨床研修医77.6%

薬学部
ブルボン、アインホールディングス、医薬品医療機器総合機構、味の素、大塚製薬、小野薬品工業、タカラバイオ、中外製薬、ツルハホールディングス、日本新薬、ロッテ

理学部
気象庁、北海道(職員)、オリックス銀行、JFEスチール、住友商事、双日、デロイト トーマツ ファイナンシャルアドバイザリー、日本生命保険、日立製作所、北海道電力

工学部
札幌市(職員)、国土交通省、アイリスオーヤマ、大林組、日本製鉄、日本工営、北海道(職員)、北海道電力、楽天グループ、リクルート

農学部
農林水産省、北海道(職員)、環境省、トヨタ自動車、日清丸紅飼料、ニトリ、JAホクレン、マルハニチロ、よつ葉乳業、林野庁

獣医学部
農林水産省、NOSAI北海道、NECソリューションイノベータ、大塚製薬、JA全農家畜衛生研究所、環境省、札幌総合動物病院、JA共済連、北海道大学動物医療センター、三菱総合研究所

水産学部
アクセンチュア、いなば食品、KDDI、北海道開発局、テレビ朝日、トヨタ自動車、ニッスイ、マルハニチロ北日本、丸紅、りそな銀行

学部学科紹介

※本書掲載内容は、大学公表資料から独自に編集したものです。詳細は大学パンフレットやホームページ等で必ず確認してください（取得可能な免許・資格は任用資格や受験資格などを含む）。

「大学入試科目検索システム」のご案内
入試要項のうち、日程・方式ごとの偏差値や昨年度入試結果（志願者倍率、実質倍率、合格最低点）、基本情報（出願締切日、試験日、二段階選抜、募集人員、総合満点）などは、「大学入試科目検索システム」（https://nyushi.toshin.com/）をご覧ください（利用方法はp.12参照）。

入試科目検索

総合入試

幅広く学びながら、じっくり学部を選ぶ

北海道大学は、学部別入試に加え、2011年度より「総合入試」という入試制度を導入しています。「総合入試」は、まず文系や理系の総合入試枠で受験し、本人の志願と1年次の成績によって学部・学科等に移行できるシステムです。入学後の1年間はすべての学生が「総合教育部」において、幅広く教養科目や基礎科目を学びます。入学後に進学する学部をじっくり考えてから学部に移行することができるのが、「総合入試」の最大のメリットです。

■総合教育部の進級先

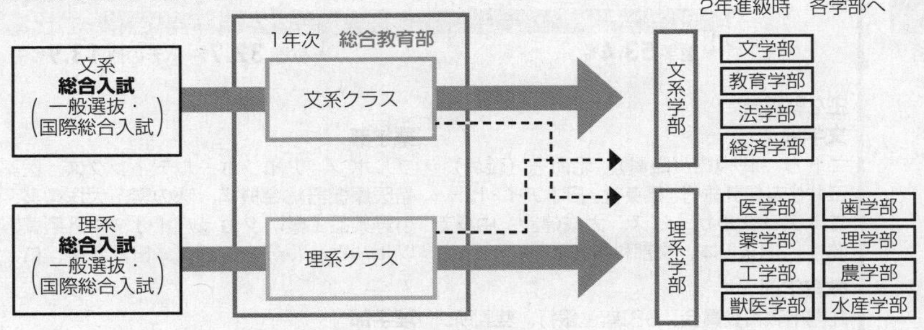

入試要項（2025年度）

※この入試情報は大学発表の2025年度入試（予告）より編集したものです（2024年1月時点。見方は巻頭の「本書の使い方」参照）。内容には変更が生じる可能性があるため、最新情報はホームページや2025年度募集要項等で必ず確認してください。

■総合入試（文系） 偏差値 63 ・ 総合入試（理系） 偏差値 63

前期日程（総合入試）

◆共通テスト（文系）※理科基礎は2科目扱い
[9科目（1000点→300点）] 国 現古漢（200→60） 地歴 公 地歴全3科目、公共・倫、公共・政経から2（計200→80） 数 数ⅠA、数ⅡBC（計200→60） 理 理科基礎（100→40）▶物、化、生、地から2でも可。基礎科目とみなす 外 全5科目から1（200→60） 情 情Ⅰ（100→なし）

◆共通テスト（理系）
[8科目（1000点→300点）] 国 現古漢（200→80） 地歴 公 地歴全3科目、公共・倫、公共・政経から1（100→40） 数 数ⅠA、数ⅡBC（計200→60） 理 物、化、生、地から2（計200→60） 外 全5科目から1（200→60） 情 情Ⅰ（100→なし）

◆個別学力検査等（文系）
[3科目（450点）] 国 現古漢（150） 地歴 数 地歴全3科目、数ⅠⅡAB〔列〕C〔べ〕から1（150） 外 英、独、仏、中から1（150）

◆個別学力検査等（理系〔数学重点選抜群〕）
[4科目（450点）] 数 数ⅠⅡⅢAB〔列〕C（200） 理 物基・物、化基・化、生基・生、地基・地から2（計100） 外 英、独、仏、中から1（150）

◆個別学力検査等（理系〔物理重点選抜群〕）
[4科目（450点）] 数 数ⅠⅡⅢAB〔列〕C（150） 理 物基・物必須（100）、化基・化、生基・生、地基・地から1（50） 外 英、独、仏、中から1（150）

◆個別学力検査等（理系〔化学重点選抜群〕）
[4科目（450点）] 数 数ⅠⅡⅢAB〔列〕C（150） 理 化基・化必須（100）、物基・物、生基・生、地基・地から1（50） 外 英、独、仏、中から1（150）

◆個別学力検査等（理系〔生物重点選抜群〕）
[4科目（450点）] 数 数ⅠⅡⅢAB〔列〕C（150） 理 生基・生必須（100）、物基・物、化基・化、地基・地から1（50） 外 英、独、仏、中から1（150）

◆個別学力検査等（理系〔総合科学選抜群〕）
[4科目（450点）] 数 数ⅠⅡⅢAB〔列〕C（150） 理 物基・物、化基・化、生基・生、地基・地から2（計150） 外 英、独、仏、中から1（150）

特別選抜
[その他] 国際総合入試

文学部

定員 185

札幌キャンパス

入試科目検索

特色 4つのコースに設置された18の研究室で90名以上の教員が指導にあたる。
進路 卒業者の約5割が一般企業に就職。公務に就く者や大学院に進学する者もいる。
学問分野 文学／言語学／哲学／心理学／歴史学／地理学／文化学／社会学
大学院 文

学科紹介

人文科学科

哲学・文化学コース	古代から現代まで人類の思考をたどり、人間の精神とその営みの本質に迫る。2年次よりコースに分属し、哲学倫理学、宗教学インド哲学、芸術学、博物館学の4つの研究室から興味や関心に応じて1つを選択する。
歴史学・人類学コース	世界の様々な地域に暮らす民族の社会と文化について考察する。2年次に日本史学、東洋史学、西洋史学、考古学、文化人類学の5つの研究室から1つを選択し専門を深める。日本、東洋、西洋の古代から現代までの歴史に加え人類学、考古学を通じ世界を理解する。
言語・文学コース	「ことば」の歴史と仕組みを、日本、中国、西洋の3つの地域と時代ごとに考察し、言語、映像、情報などのメディアで思想や文学を分析する。2年次に欧米文学、日本古典文化論、中国文化論、映像・現代文化論、言語科学の5つの研究室から1つを選択する。
人間科学コース	実験や調査によるデータ分析をもとに人間の行動や社会の仕組みを実証的視点から理解する。2年次に心理学、行動科学、社会学、地域科学の4つの研究室から1つを選択する。実験や調査などの科目が必修とされ、実践的な学習を通じて社会と心の実態に迫る。
取得可能な免許・資格	考古調査士、学芸員、社会調査士、教員免許(中-国・社・英、高-国・地歴・公・英)

入試要項(2025年度)

※この入試情報は大学発表の2025年度入試(予告)より編集したものです(2024年1月時点。見方は巻頭の「本書の使い方」参照)。内容には変更が生じる可能性があるため、最新情報はホームページや2025年度募集要項等で必ず確認してください。

■文学部 偏差値 63

前期日程

◆**共通テスト**※理科基礎は2科目扱い
[人文科：9科目(1000点→300点)] 国現古漢(200→60) 地歴 公地歴全3科目、公共・倫、公共・政経から2(計200→80) 数数ⅠA、数ⅡBC(計200→60) 理理科基礎(100→40)▶物、化、生、地から2でも可。基礎科目とみなす 外全5科目から1(200→60) 情情Ⅰ(100→なし)

◆**個別学力検査等**
[人文科：3科目(450点)] 国現古漢(150) 地歴 数地歴全3科目、数ⅠⅡAB〔列〕C〔ベ〕から1(150) 外英、独、仏、中から1(150)

後期日程

◆**共通テスト**※理科基礎は2科目扱い
[人文科：9科目(1000点→300点)] 前期日程に同じ▶ただし 地歴 公(計200→60) 外(200→80)となる

◆**個別学力検査等**
[人文科：1科目(200点)] 論小論文(200)

特別選抜

[その他] 帰国生徒選抜、私費外国人留学生入試

教育学部

札幌キャンパス

定員 50

入試科目検索

特色　総合的な知識や自主的な研究への姿勢を学び、人格の基礎の形成を目指す。
進路　卒業者の約3割は大学院へ進学。他、一般企業や公務に就職する。
学問分野　教育学
大学院　教育

学科紹介

教育学科　(50)	教育学を「人間の科学」と考え、人間の成長や発達を、人と人との関係および人と社会との関係の中で捉えることを追究する。教育基礎論分野、教育社会科学分野、教育心理学分野、健康体育学分野を設置し、人間の科学を担うにふさわしい総合的な知識の修得を目指す。
取得可能な免許・資格	公認心理師、学芸員、社会福祉主事、児童福祉司、教員免許（中-社・保体、高-地歴・公・保体、特-知的)、社会教育士、社会教育主事

入試要項(2025年度)

※この入試情報は大学発表の2025年度入試（予告）より編集したものです（2024年1月時点。見方は巻頭の「本書の使い方」参照)。内容には変更が生じる可能性があるため、最新情報はホームページや2025年度募集要項等で必ず確認してください。

■教育学部　偏差値 63

前期日程

◆**共通テスト**※理科基礎は2科目扱い
[教育：9科目（1000点→300点)] 国 現古漢(200→60) 地歴 公 地歴全3科目、公共・倫、公共・政経から2（計200→80) 数 数ⅠA、数ⅡBC（計200→60) 理 理科基礎(100→40) ▶物、化、生、地から2でも可。基礎科目とみなす 外 全5科目から1（200→60) 情 情Ⅰ（100→なし）

◆**個別学力検査等**
[教育：3科目(450点)] 国 現古漢（150) 数 数ⅠⅡAB〔列〕C〔ベ〕(150) 外 英、独、仏、中から1(150)

後期日程

◆**共通テスト**※理科基礎は2科目扱い
[教育：9科目（1000点→300点)] 前期日程に同じ

◆**個別学力検査等**
[教育：1科目(300点)] 論 小論文（300)

特別選抜

[その他] 帰国生徒選抜、私費外国人留学生入試

法学部

札幌キャンパス

定員 200

入試科目検索

特色 法律学だけでなく社会科学全般に及ぶ幅広い分野から自由に学び方を選択できる。
進路 卒業者の約3割は公務に就く。法科大学院（ロースクール）へ進学する者もいる。
学問分野 法学／政治学
大学院 法学

学科紹介

法学課程

法専門職コース	憲法、民法、刑法など実定法に関する基礎を身につけ、法知識を前提とした専門職に就く人材を育成する。2年次の第2学期からコースに所属して実定法科目を重点的に履修。学生の興味や関心に合わせて他の法科目も履修できるカリキュラムを展開している。
総合法政コース	法的素養と高い政策判断能力、幅広い視野と国際感覚を身につけたゼネラリストを育成。行政・ガバナンス、ビジネス、歴史・思想、市民生活、国際の5つの重点学習領域から一定以上の単位を取得した者に、その領域の認定を行う重点学習領域履修認定制度がある。
取得可能な免許・資格	教員免許（中-社、高-地歴・公）

入試要項（2025年度）

※この入試情報は大学発表の2025年度入試（予告）より編集したものです（2024年1月時点。見方は巻頭の「本書の使い方」参照）。内容には変更が生じる可能性があるため、最新情報はホームページや2025年度募集要項等で必ず確認してください。

■法学部 偏差値 63

前期日程

◆**共通テスト**※理科基礎は2科目扱い
[法学：9科目（1000点→300点）] 国 現古漢（200→60）地歴 公 地歴全3科目、公共・倫、公共・政経から2（計200→80）数 数ⅠA、数ⅡBC（計200→60）理 理科基礎（100→40）▶物、化、生、地から2でも可。基礎科目とみなす 外 全5科目から1（200→60）情 情Ⅰ（100→なし）

◆**個別学力検査等**
[法学：3科目（450点）] 国 現古漢（150）数 数Ⅰ ⅡAB〔列〕C〔ベ〕（150）外 英、独、仏、中から1（150）

後期日程

◆**共通テスト**※理科基礎は2科目扱い
[法学：9科目（1000点→340点）] 前期日程に同じ ▶ ただし 国（200→80）地歴 公（計200→60）数（計200→80）外（200→80）となる

◆**個別学力検査等**
[法学：1科目（340点）] 論 小論文（340）

特別選抜

[その他] 帰国生徒選抜、私費外国人留学生入試

経済学部

札幌キャンパス

定員 190

入試科目検索

特色　社会活動について学修する。3年次からはゼミに所属して専門的学修も行う。
進路　卒業者の約7割は一般企業に就職。大学院に進学する者や公務員になる者もいる。
学問分野　経済学／経営学
大学院　経済

学科紹介

経済学科 (100)	市場経済が社会生活に利益や格差などをもたらす仕組みを明らかにし、これらの課題に対して多角的な視点から取り組む。経済理論、経済社会の発展、経済思想、現代社会の財政、金融、労働、環境、国際経済などに関する分析を踏まえた経済政策などを研究する。
経営学科 (90)	現代の経済活動を支える主体である企業、政府・地方自治体、非営利団体など組織の経営現象や、組織の成員や集団の相互作用を分析対象とする。企業会計などの組織成果の測定、評価、監査を実践することで様々な経営現象を多角的、総合的に学んでいく。
取得可能な免許・資格	教員免許（中-社、高-公・商業）

入試要項（2025年度）

※この入試情報は大学発表の2025年度入試（予告）より編集したものです（2024年1月時点。見方は巻頭の「本書の使い方」参照）。内容には変更が生じる可能性があるため、最新情報はホームページや2025年度募集要項等で必ず確認してください。

■経済学部　偏差値 62

前期日程

◆**共通テスト**※理科基礎は2科目扱い

[全学科：9科目（1000点→300点）] 国現古漢(200→60) 地歴 公 地歴全3科目、公共・倫、公共・政経から2（計200→80） 数 数ⅠA、数ⅡBC（計200→60） 理 理科基礎（100→40）▶物、化、生、地から2でも可。基礎科目とみなす 外 全5科目から1（200→60） 情 情Ⅰ（100→なし）

◆**個別学力検査等**

[全学科：3科目（450点）] 国 現古漢（150） 数 数ⅠⅡAB〔列〕C〔ベ〕（150） 外 英、独、仏、中から1（150）

後期日程

◆**共通テスト**※理科基礎は2科目扱い

[全学科：9科目（1000点→340点）] 前期日程に同じ▶ただし 国（200→80） 地歴 公（計200→60） 数（計200→80） 外（200→80）となる

◆**個別学力検査等**

[全学科：1科目（160点）] 論 小論文（160）

特別選抜

[その他] 帰国生徒選抜、私費外国人留学生入試

医学部（医）

定員 100

札幌キャンパス

入試科目検索

特色 医学教養から臨床実習にわたる4つのコースで医師としての基本を学ぶ。
進路 卒業者のほとんどが研修医として経験を積み、医療の道に進む。
学問分野 医学
大学院 医

学科紹介

医学科 (100)	6年制。6年間にわたり医学教養、基礎医学、臨床医学、臨床実習の4つのコースで医学を段階的に学んでいく6年一貫教育制を採用している。6年次の医師国家試験合格後は、臨床研修などを経て専門医、研究者、教育者、行政職などに就き、各分野で活躍する。
取得可能な免許・資格	医師

入試要項（2025年度）

※この入試情報は大学発表の2025年度入試（予告）より編集したものです（2024年1月時点。見方は巻頭の「本書の使い方」参照）。内容には変更が生じる可能性があるため、最新情報はホームページや2025年度募集要項等で必ず確認してください。

■医学部（医） 偏差値 67

前期日程

◆**共通テスト**

[医：8科目（1000点→300点）] 国 現古漢（200→80） 地歴 公 地歴全3科目、公共・倫、公共・政経から1（100→40） 数 数ⅠA、数ⅡBC（計200→60） 理 物、化、生から2（計200→60） 外 全5科目から1（200→60） 情 情Ⅰ（100→なし）

◆**個別学力検査等**

[医：5科目(525点)] 数 数ⅠⅡⅢAB〔列〕C(150) 理 物基・物必須、化基・化、生基・生から1（計150） 外 英、独、仏、中から1(150) 面 面接(75)

特別選抜

[総合型選抜] フロンティア入試Type Ⅰ 共
[その他] 帰国生徒選抜、私費外国人留学生入試

医学部（他）

札幌キャンパス

定員 180

入試科目検索

特色　全人教育を通した専門知識の修得により高い倫理観と幅広い教養を養う。
進路　病院などで医療・福祉業に就く者が多い。大学院へ進学する者も4割程度いる。
学問分野　看護学／健康科学
大学院　医

学科紹介

保健学科

看護学専攻 (70)	4年制。多様なニーズに応えられる高い看護能力と国際的視野を兼ね備えた看護師を育成。看護技術の開発促進による保健医療の向上にも貢献する。国際的な健康問題への取り組みを学ぶ「国際保健学」では保健医療分野における国際的な課題について考察する。
放射線技術科学専攻 (37)	4年制。放射線、電磁波、音波などを用いて体内の調査や疾病の治療を研究する放射線技術科学を学ぶ。医療装置に関する理工学領域と、診断や治療を担う医学領域からなる。理工学と医学の双方に通じ、医療機器や放射線技術を扱う医療現場で活躍する人材を育成。
検査技術科学専攻 (37)	4年制。病気の診断などの臨床検査だけでなく、環境調査や食品管理など様々な分野でも活躍できる検査科学の専門家を育成する。卒業後は検査技術科学の専門家として医療現場や医療関連企業に進む。研究者や教育者として学術分野で活躍する者もいる。
理学療法学専攻 (18)	4年制。病気などにより身体機能の低下した人に対して病状に応じた療法を探究する理学療法学を学ぶ。カリキュラムには基礎学問、専門科目の他に臨床実習や卒業研究も含まれる。理学療法を担う幅広い知識や高い技術、豊かな人間性や国際的素養を育む。
作業療法学専攻 (18)	4年制。心身に障害のある人々が日常生活の再獲得を目指すための援助法を学ぶ。様々な年代の患者からのニーズに対応するため、多様な基礎科目、専門科目の履修や臨床実習によって、教養と人間理解、高度な専門技術を獲得できるカリキュラムが組まれている。
取得可能な免許・資格	食品衛生管理者、看護師、理学療法士、作業療法士、診療放射線技師、臨床検査技師

入試要項(2025年度)

※この入試情報は大学発表の2025年度入試(予告)より編集したものです(2024年1月時点。見方は巻頭の「本書の使い方」参照)。内容には変更が生じる可能性があるため、最新情報はホームページや2025年度募集要項等で必ず確認してください。

■医学部(他) 偏差値 60

前期日程

◆共通テスト

[保健:8科目(1000点→300点)] 国 現古漢(200→80) 地歴 公 地歴全3科目、公共・倫、公共・政経から1(100→40) 数 数ⅠA、数ⅡBC(計200→60) 理 物、化、生、地から2(計200→60) 外 全5科目から1(200→60) 情 情Ⅰ(100→なし)

◆個別学力検査等

[保健－看護学:4科目(450点)] 数 数ⅠⅡAB〔列〕C〔べ〕(150) 理 生基・生必須、物基・物、化基・化から1(計150) 外 英、独、仏、中から1(150)

[保健－放射線技術科学:4科目(450点)] 数 数ⅠⅡⅢAB〔列〕C(150) 理 物基・物必須、化基・化、生基・生から1(計150) 外 英、独、仏、中から1(150)

[保健－検査技術科学:4科目(450点)] 数 数ⅠⅡⅢAB〔列〕C(150) 理 化基・化必須、物基・物、生基・生から1(計150) 外 英、独、仏、中から1(150)

[保健－理学療法学:4科目(450点)] 数 数ⅠⅡⅢAB〔列〕C(150) 理 物基・物、化基・化、生基・生から2(計150) 外 英、独、仏、中から1(150)

[保健－作業療法学:4科目(450点)] 数 数ⅠⅡAB〔列〕C〔べ〕(150) 理 物基・物、化基・化、生基・生から2(計150) 外 英、独、仏、中から1(150)

特別選抜

[総合型選抜] フロンティア入試TypeⅠ 共

[その他] 帰国生徒選抜、私費外国人留学生入試

歯学部

定員 53

入試科目検索

札幌キャンパス

特色　6年間を複数の教育期に区分したカリキュラムにより歯学の体系的な学修が可能。
進路　卒業者の多くは国家試験に合格したのち、臨床研修医となる。
学問分野　歯学
大学院　歯

学科紹介

歯学科 (53)	6年制。6年間を基礎教育期、専門教育期、総合教育期の3つの教育期に分けて段階的に学ぶ。専門教育期から基礎科目や臨床科目、実習が始まる。総合教育期には臨床実習を中心に歯科医療の実情を学ぶ。3・5年次には海外短期留学も選択できる。
取得可能な免許・資格	歯科医師

入試要項(2025年度)

※この入試情報は大学発表の2025年度入試（予告）より編集したものです（2024年1月時点。見方は巻頭の「本書の使い方」参照）。内容には変更が生じる可能性があるため、最新情報はホームページや2025年度募集要項等で必ず確認してください。

■歯学部 偏差値 63

前期日程

◆**共通テスト**

[歯：8科目(1000点→300点)] 国 現古漢(200→80) 地歴 公 地歴全3科目、公共・倫、公共・政経から1(100→40) 数 数ⅠA、数ⅡBC(計200→60) 理 物、化、生、地から2(計200→60) 外 全5科目から1(200→60) 情 情Ⅰ(100→なし)

◆**個別学力検査等**

[歯：5科目(525点)] 数 数ⅠⅡⅢAB〔列〕C(150) 理 物基・物、化基・化、生基・生から2(計150) 外 英、独、仏、中から1(150) 面 面接(75)

特別選抜

[総合型選抜] フロンティア入試TypeⅠ 共
[その他] 帰国生徒選抜、私費外国人留学生入試

薬学部

札幌キャンパス

定員 80

入試科目検索

特色 生物化学、有機化学、物理化学を中心に、薬学に必要な基礎学力を身につける。
進路 薬科：ほとんどが大学院進学。薬：多くが薬剤師や研究者として活躍。
学問分野 薬学
大学院 生命科

学科紹介

薬科学科 (50)	4年制。生命科学や創薬科学の分野で国際的に活躍できる研究者や技術者を育成する。薬学に必須となる生物化学、天然物化学、有機合成化学、医薬化学、物理化学などの基礎科学を学び、薬物の働きに関する理解を深める。研究室配属後は最先端の研究に取り組む。
薬学科 (30)	6年制。国民の健康と福祉、医療の諸問題を研究し、医療の現場で指導的役割を発揮できる薬剤師や医療薬学研究者を育成する。薬科学科と共通の生物化学、有機化学、物理化学などに加え、病態解析学や医薬品安全性学、実務実習などを6年間を通じて学ぶ。
取得可能な免許・資格	薬剤師、教員免許（中-理、高-理）

入試要項（2025年度）

※この入試情報は大学発表の2025年度入試（予告）より編集したものです（2024年1月時点。見方は巻頭の「本書の使い方」参照）。内容には変更が生じる可能性があるため、最新情報はホームページや2025年度募集要項等で必ず確認してください。

■薬学部 偏差値 66

後期日程

◆**共通テスト**

[全学科：8科目（1000点→450点）] 国 現古漢（200→100） 地歴 公 地歴全3科目、公共・倫、公共・政経から1（100→50） 数 数ⅠA、数ⅡBC（計200→100） 理 物、化、生、地から2（計200→100） 外 全5科目から1（200→100） 情 情Ⅰ（100→なし）

◆**個別学力検査等**

[全学科：2科目（300点）] 理 物基・物、化基・化、生基・生から2（計300）

特別選抜

[その他] 帰国生徒選抜、私費外国人留学生入試

理学部

定員 300

札幌キャンパス

入試科目検索

特色 200名以上の教員が在籍。研究室では世界レベルの最先端研究も行われている。
進路 卒業者の約8割が大学院へ進学。一般企業、公務への就職などを選ぶ者もいる。
学問分野 数学／物理学／化学／生物学／地学
大学院 理

学科紹介

数学科 (50)	数学の理論研究からコンピュータによる数値計算を主体とする実験数学まで多様な分野の研究が行われている。3年次までは線形代数や微分積分学、位相、複素関数論など汎用性の高い分野を履修し、4年次には専門を深め、指導教員のもとで卒業研究に取り組む。
物理学科 (35)	素粒子や原子核などミクロの世界の現象からマクロの世界の宇宙現象、絶対零度に近い低温の世界まで「自然」に対して新しい発見に挑む人材を育成する。理論研究だけでなく物理実験を通して工学的技術も修得する。4年次には研究室に所属し卒業研究に取り組む。
化学科 (75)	2年次に学科に分属すると同時に実験科目が始まり、履修時間全体のおよそ半分を実験に費やす。講義や教科書で学ぶ理論や現象を自らの実験で確認し化学への理解を深める。3年次後半から始まる卒業研究に向け、選択科目群から興味に応じテーマを絞っていく。
生物科学科 (80)	生物学と高分子機能学の2つの専修分野を設置。生物学専修分野では遺伝子の働き、生物と自然、種や生態系など生物活動の基本原理を探究する。高分子機能学専修分野では物理学、化学、生物学の総合的な学修から現代生命科学について探究する力と視野を培う。
地球惑星科学科 (60)	地球や惑星の自然現象、宇宙に存在する物質の起源や進化を解明するため、多様な理学の知識から実験やシミュレーションなどを行う。環境問題や資源問題、自然災害についての研究も展開している。4年次からは研究室に分属しそれぞれの研究テーマを深めていく。
取得可能な免許・資格	学芸員、危険物取扱者(甲種)、毒物劇物取扱責任者、測量士補、教員免許(中-数・理、高-数・理)

入試要項(2025年度)

※この入試情報は大学発表の2025年度入試（予告）より編集したものです（2024年1月時点。見方は巻頭の「本書の使い方」参照)。内容には変更が生じる可能性があるため、最新情報はホームページや2025年度募集要項等で必ず確認してください。

■理学部 偏差値 66

後期日程

◆共通テスト

[全学科：8科目（1000点→300点)] 国 現古漢(200→80) 地歴 公 地歴全3科目、公共・倫、公共・政経から1（100→40） 数 数ⅠA、数ⅡBC（計200→60） 理 物、化、生から2（計200→60） 外 全5科目から1(200→60) 情 情Ⅰ(100→なし)

◆個別学力検査等

[数：2科目(300点)] 数 数ⅠⅡⅢAB〔列〕C(200) 理 物基・物、化基・化、生基・生、地基・地から1(100)

[物理：2科目（300点)] 数 数ⅠⅡⅢAB〔列〕C(100) 理 物基・物(200)

[化：2科目(300点)] 理 物基・物(100)、化基・化(200)

[生物科－生物学：2科目（300点)] 理 生基・生必須（200)、物基・物、化基・化、地基・地から1(100)

[生物科－高分子機能学：2科目（300点)] 数 理 数ⅠⅡⅢAB〔列〕C、物基・物、化基・化、生基・生から2(計300)

[地球惑星科：2科目（300点)] 数 理 数ⅠⅡⅢAB〔列〕C、物基・物、化基・化、生基・生、地基・地から2(計300)

特別選抜

[総合型選抜] フロンティア入試TypeⅠ 共、フロンティア入試TypeⅡ

[その他] 帰国生徒選抜、私費外国人留学生入試

工学部

札幌キャンパス

定員 720

入試科目検索

特色 未来に向けた新しい道を開拓する意欲と優れた倫理観を持つ人材を育成。
進路 卒業者の8割超が大学院へ進学。一般企業に就職する者もいる。
学問分野 物理学／化学／応用物理学／応用化学／機械工学／電気・電子工学／材料工学／土木・建築学／船舶・航空宇宙工学／医療工学／その他工学／環境学／情報学
大学院 工

学科紹介

学科	定員	内容
応用理工系学科	(160)	極限技術や新材料の開発研究を行う応用物理工学、化学全般を扱い物質と自然や社会との関わりを学ぶ応用化学、化学と物理を基礎に環境やエネルギー領域での材料創成を研究する応用マテリアル工学の3コースを設置。
情報エレクトロニクス学科	(230)	情報理工学、電気電子工学、生体情報、メディアネットワーク、電気制御システムの5つのコースを設置。現代社会のニーズに対応する情報システムやソフトウェア・ハードウェア等の研究・開発を行う人材を育成する。
機械知能工学科	(120)	2つのコースを設置。機械情報コースではロボット工学や医療・福祉などの分野で活躍する技術者を、機械システムコースでは環境、エネルギー、宇宙工学などの機械システム分野で活躍できる技術者と研究者を養成する。
環境社会工学科	(210)	社会基盤学、国土政策学、建築都市、環境工学、資源循環システムの5つのコースを設置。様々な領域からなる工学分野の専門教育を通して、工学の基礎と専門技術力に加え、多角的な思考力を兼ね備えた人材を育成する。
取得可能な免許・資格		危険物取扱者（甲種）、毒物劇物取扱責任者、特殊無線技士（海上、陸上）、陸上無線技術士、建築士（一級、二級、木造）、技術士補、測量士補、主任技術者（電気、電気通信）、施工管理技士（土木、建築、電気工事、管工事、造園、建設機械）、教員免許（中-理、高-数・理・情・工業）

入試要項（2025年度）

※この入試情報は大学発表の2025年度入試（予告）より編集したものです（2024年1月時点。見方は巻頭の「本書の使い方」参照）。内容には変更が生じる可能性があるため、最新情報はホームページや2025年度募集要項等で必ず確認してください。

■工学部 偏差値 66

後期日程

◆共通テスト

[全学科：8科目（1000点→450点）] 国 現古漢（200→100） 地歴 公 地歴全3科目、公共・倫、公共・政経から1（100→50） 数 数ⅠA、数ⅡBC（計200→100） 理 物、化、生、地から2（計200→100） 外 全5科目から1（200→100） 情 情Ⅰ（100→なし）

◆個別学力検査等

[応用理工系：2科目（300点）] 数 数ⅠⅡⅢAB〔列〕C（150） 理 物基・物、化基・化、生基・生から1（150）
[情報エレクトロニクス、機械知能工：2科目（300点）] 数 数ⅠⅡⅢAB〔列〕C（150） 理 物基・物（150）
[環境社会工：2科目（300点）] 数 数ⅠⅡⅢAB〔列〕C（150） 理 物基・物、化基・化から1（150）

特別選抜

[総合型選抜] フロンティア入試TypeⅠ 共、フロンティア入試TypeⅡ
[その他] 帰国生徒選抜、私費外国人留学生入試

農学部

札幌キャンパス

定員 215

入試科目検索

特色　食料不足や環境破壊など現代社会の諸問題に様々な視点から取り組む人材を育成。
進路　卒業者の約8割が大学院へ進学。一般企業に就職する者もいる。
学問分野　生物学／農学／森林科学／獣医・畜産学／応用生物学／環境学
大学院　農

学科紹介

生物資源科学科 (36)	作物学、植物病理学、動物生態学、細胞工学など11の研究室からなる。分子から細胞、生物個体と集団、生態系まで幅広い視野に立って生物を理解する。3年次後期から研究室に所属し4年次には卒業研究に取り組む。
応用生命科学科 (30)	植物育種学、遺伝子制御学、応用分子昆虫学、分子生物学、分子酵素学、生態化学生物学、ゲノム生化学の研究室を設置。人類に価値ある生命現象を発見するため、生物生産に関わる現象を遺伝子レベルで探究する。
生物機能化学科 (35)	バイオテクノロジーを活用できるバイオサイエンスの担い手を育成。土壌学、微生物生理学、食品栄養学など10の研究室からなる。遺伝子から地球生態系までを対象に人類の生活の質の向上を目指し研究に取り組む。
森林科学科 (36)	造林学、林産製造学、生態系管理学、流域砂防学、森林政策学、樹木生物学、木材工学、木材化学の研究室からなる。自然科学と社会科学の両分野をまたぎ、講義や実験だけでなく広大な研究林を活用した野外実習なども行い、森林と人間社会の関係を考える。
畜産科学科 (23)	遺伝繁殖学、畜牧体系学、動物機能栄養学、細胞組織生物学、応用食品科学の研究室からなる。家畜と家畜を取り巻く生態系について研究を行い、畜産物の有効利用につなげる。国内有数の充実度を誇る研究牧場や農場を利用し、特徴ある実習が実施される。
生物環境工学科 (30)	農業土木学、生態環境物理学、土壌保全学、ビークルロボティクス、食品加工工学、循環農業システム工学、生物生産応用工学、陸域生態系モデリングの研究室を設置。持続的な生産体制の構築を目指し、理工学的見地から農業を研究する農業工学教育を行う。
農業経済学科 (25)	農業環境政策学、農業経営学、開発経済学、協同組合学、食料農業市場学、地域連携経済学、農資源経済学の研究室を設置。多様な農業形態を検討しながら人類と自然との共存を追究する。理系に分類される農学に経済の視点を加え、新たな枠組みの構築を目指す。
取得可能な免許・資格	学芸員、危険物取扱者（甲種）、測量士補、食品衛生管理者、食品衛生監視員、自然再生士補、樹木医補、森林情報士、家畜人工授精師、教員免許（中-社、高-理・公・農）

入試要項（2025年度）

※この入試情報は大学発表の2025年度入試（予告）より編集したものです（2024年1月時点。見方は巻頭の「本書の使い方」参照）。内容には変更が生じる可能性があるため、最新情報はホームページや2025年度募集要項等で必ず確認してください。

■農学部　偏差値 66

後期日程

◆**共通テスト**

[全学科：8科目（1000点→450点）] 国 現古漢（200→100） 地歴 公 地歴全3科目、公共・倫、公共・政経から1（100→50） 数 数ⅠA、数ⅡBC（計200→100） 理 物、化、生、地から2（計200→100） 外 全5科目から1（200→100） 情 情Ⅰ（100→なし）

◆**個別学力検査等**

[全学科：2科目(300点)] 理 物基・物、化基・化、生基・生、地基・地から2（計300）

特別選抜

[その他] 帰国生徒選抜、私費外国人留学生入試

獣医学部

札幌キャンパス

定員 40

入試科目検索

特色 2年次から専門教育科目を履修。5年次から講座ごとの教室で課題研究を行う。
進路 卒業者の多くは病院や診療所、公務などに就職。大学院に進学する者もいる。
学問分野 獣医・畜産学
大学院 獣医

学科紹介

共同獣医学課程 (40)	6年制。帯広畜産大学との共同獣医学部として、国際的水準の獣医教育を展開。2年次から専門科目を学び、実習に取り組む。5年次には講座ごとの教室に所属する。豊かな人間性と高い生命倫理観に加え、科学的な思考力と判断力および国際的な視野を獲得する。
取得可能な免許・資格	獣医師

入試要項(2025年度)

※この入試情報は大学発表の2025年度入試(予告)より編集したものです(2024年1月時点。見方は巻頭の「本書の使い方」参照)。内容には変更が生じる可能性があるため、最新情報はホームページや2025年度募集要項等で必ず確認してください。

■獣医学部 偏差値 68

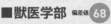

前期日程

◆**共通テスト**

[共同獣医学:8科目(1000点→300点)] 国 現古漢(200→80) 地歴 公 地歴全3科目、公共・倫、公共・政経から1(100→40) 数 数ⅠA、数ⅡBC(計200→60) 理 物、化、生、地から2(計200→60) 外 全5科目から1(200→60) 情 情Ⅰ(100→なし)

◆**個別学力検査等**

[共同獣医学:4科目(450点)] 数 数ⅠⅡⅢAB〔列〕C(150) 理 物基・物、化基・化、生基・生から2(計150) 外 英、独、仏、中から1(150)

後期日程

◆**共通テスト**

[共同獣医学:8科目(1000点→450点)] 前期日程に同じ▶ただし 国 (200→100) 地歴 公 (100→50) 数 (計200→100) 理 (計200→100) 外 (200→100)となる

◆**個別学力検査等**

[共同獣医学:3科目(500点)] 理 物基・物、化基・化、生基・生から2(計300) 面 面接(200)

特別選抜

[その他] 帰国生徒選抜、私費外国人留学生入試

水産学部

定員 215

入試科目検索

札幌キャンパス（1・2年）、函館キャンパス（3・4年）

特色 2年次進級とともに学科を分け、3年次からは函館キャンパスで専門科目を履修。
進路 卒業者の約7割が大学院へ進学。他、一般企業に就職する者も多い。
学問分野 生物学／水産学／応用生物学／環境学
大学院 水産科

学科紹介

海洋生物科学科 (54)	水圏の生物学を体系的に学び、水圏生物を資源として活用し続けていくための基礎知識と最新情報を修得することで、幅広い視野からの課題解決能力を養う。海洋環境と海洋動物の形態、分類、行動、生活史、進化、多様性、およびそれらを支える海洋環境を探究する。
海洋資源科学科 (53)	海の生物資源について、生物の環境、資源の定量化、生産手段、経済・情報などの視点から総合的に資源に関わる研究を行う。国際的な水産資源の生産、利用、管理を学び、産業振興、資源保護、国際協力、地域貢献の立場から海洋資源の持続的利用の実現を目指す。
増殖生命科学科 (54)	海洋生物の代謝、育種、遺伝、発生や病気など生命科学の基礎を修得する。遺伝子組み換え技術、受精卵操作、ゲノム解析など最先端のバイオテクノロジーに関する研究にも取り組む。水産増養殖などの分野で幅広い視野で活躍できる人材を育成する。
資源機能化学科 (54)	海洋生物を人類が高度に利用するための基礎知識と先端技術を学ぶ。海洋生物に関する生化学と生物工学、食料としての栄養や健康性機能、工業原料や医薬品材料としての利用科学などの研究を通じ、食品や薬品などの安全管理の分野で活躍できる専門家を育成する。
取得可能な免許・資格	学芸員、食品衛生管理者、食品衛生監視員、教員免許（高-理・水）

入試要項（2025年度）

※この入試情報は大学発表の2025年度入試（予告）より編集したものです（2024年1月時点。見方は巻頭の「本書の使い方」参照）。内容には変更が生じる可能性があるため、最新情報はホームページや2025年度募集要項等で必ず確認してください。

■水産学部 偏差値 61

前期日程

◆共通テスト

[全学科：8科目（1000点→300点）] 国現古漢（200→80） 地歴 公地歴全3科目、公共・倫、公共・政経から1（100→40） 数数ⅠA、数ⅡBC（計200→60） 理物、化、生、地から2（計200→60） 外全5科目から1（200→60） 情情Ⅰ（100→なし）

◆個別学力検査等

[全学科：4科目（450点）] 数数ⅠⅡⅢAB〔列〕C（150） 理物基・物、化基・化、生基・生、地基・地から2（計150） 外英、独、仏、中から1（150）

後期日程

◆共通テスト

[全学科：8科目（1000点→450点）] 前期日程に同じ▶ただし 国（200→100） 地歴 公（100→50） 数（計200→100） 理（計200→100） 外（200→100）となる

◆個別学力検査等

[全学科：2科目（300点）] 理物基・物、化基・化、生基・生、地基・地から2（計300）

特別選抜

[総合型選抜] フロンティア入試TypeⅠ 共
[その他] 帰国生徒選抜、私費外国人留学生入試

募集人員等一覧表

※本書掲載内容は、大学のホームページ及び入学案内や募集要項などの公開データから独自に編集したものです。
詳細は募集要項かホームページで必ず確認してください。

入試方式	系	選抜群	募集人員	一般選抜		2段階選抜（倍率）※1		配点（共共テ個個別）		特別選抜※2
				前期日程	後期日程	前期日程	後期日程	前期日程	後期日程	
総合		文	100名	95名	―	4.0倍	―	共300点※3 個450点 計750点	―	①5名
総合	理	数学重点	134名	133名	―	4.0倍	―	共300点※3 個450点 計750点	―	①10名
総合	理	物理重点	241名	239名	―	4.0倍	―	共300点※3 個450点 計750点	―	①10名
総合	理	化学重点	242名	240名	―	4.0倍	―	共300点※3 個450点 計750点	―	①10名
総合	理	生物重点	171名	169名	―	4.0倍	―	共300点※3 個450点 計750点	―	①10名
総合	理	総合科学	256名	253名	―	4.0倍	―	共300点※3 個450点 計750点	―	①10名

※1　倍率は2024年度入試の実績。2025年度入試の倍率は、大学ホームページに公表予定
※2　［その他］共課さない：①国際総合入試
※3　共通テストの配点は傾斜後の配点を記載

入試方式	学部	学科・課程－専攻・専修等	募集人員	一般選抜		2段階選抜（倍率）※1		配点（共共テ個個別）		特別選抜※2
				前期日程	後期日程	前期日程	後期日程	前期日程	後期日程	
学部別	文	人文科	155名	118名	37名	4.0倍	6.0倍	共300点※3 個450点 計750点	共300点※3 個200点 計500点	③④若干名
学部別	教育	教育	30名	20名	10名	4.0倍	10.0倍	共300点※3 個450点 計750点	共300点※3 個300点 計600点	③④若干名
学部別	法	法学	180名	140名	40名	4.0倍	6.0倍	共300点※3 個450点 計750点	共340点※3 個340点 計680点	③④若干名
学部別		経済	160名	140名	20名	4.0倍	10.0倍	共300点※3 個450点 計750点	共340点※3 個160点 計500点	③④若干名
学部別	医	医	90名	85名	―	3.5倍	―	共300点※3 個525点 計825点	―	①5名 ③④若干名
学部別	医	保健－看護学	67名	60名	―	5.0倍	―	共300点※3 個450点 計750点	―	①7名 ③④若干名
学部別	医	保健－放射線技術科学	35名	28名	―	5.0倍	―	共300点※3 個450点 計750点	―	①7名 ③④若干名
学部別	医	保健－検査技術科学	35名	25名	―	5.0倍	―	共300点※3 個450点 計750点	―	①10名 ③④若干名
学部別	医	保健－理学療法学	17名	13名	―	5.0倍	―	共300点※3 個450点 計750点	―	①4名 ③④若干名
学部別	医	保健－作業療法学	17名	10名	―	5.0倍	―	共300点※3 個450点 計750点	―	①7名 ③④若干名

入試方式	学部	学科・課程ー専攻・専修等	募集人員	一般選抜		2段階選抜（倍率）※1		配点（共共テ個個別）		特別選抜※2
				前期日程	後期日程	前期日程	後期日程	前期日程	後期日程	
学部別	歯	歯	43名	38名	―	6.0倍	―	共300点※3 個525点 計825点	―	①5名 ③④若干名
	薬		24名	―	24名	―	6.0倍	―	共450点※3 個300点 計750点	③④若干名
	理	数	23名	―	10名	―	6.0倍	―	共300点※3 個300点 計600点	②13名 ③④若干名
		物理	17名		3名		6.0倍		共300点※3 個300点 計600点	②14名 ③④若干名
		化	31名		20名		6.0倍		共300点※3 個300点 計600点	②11名 ③④若干名
		生物科ー生物学	10名		10名		6.0倍		共300点※3 個300点 計600点	③④若干名
		生物科ー高分子機能学	5名		2名		6.0倍		共300点※3 個300点 計600点	②3名 ③④若干名
		地球惑星科	10名		5名		6.0倍		共300点※3 個300点 計600点	①5名 ③④若干名
	工	応用理工系	48名	―	29名	―	―	―	共450点※3 個300点 計750点	①4名※4 ②15名※5 ③④若干名
		情報エレクトロニクス	38名		38名				共450点※3 個300点 計750点	③④若干名
		機械知能工	30名		25名				共450点※3 個300点 計750点	②5名 ③④若干名
		環境社会工	56名		47名				共450点※3 個300点 計750点	①4名※6 ②5名※7 ③④若干名
	農		53名	―	53名	―	6.0倍	―	共450点※3 個300点 計750点	③④若干名
	獣医	共同獣医学	35名	20名	15名	6.0倍	6.0倍	共300点※3 個450点 計750点	共450点※3 個500点 計950点	③④若干名
	水産		175名	105名	50名	4.0倍	6.0倍	共300点※3 個450点 計750点	共450点※3 個300点 計750点	①20名 ③④若干名

※1　倍率は2024年度入試の実績。2025年度入試の倍率は、大学ホームページに公表予定
※2　[総合型選抜] 共課す：①フロンティア入試TypeⅠ、共課さない：②フロンティア入試TypeⅡ
[その他] 共課さない：③帰国生徒選抜（各学部内募集学科を合わせた募集人員）、④私費外国人留学生入試
※3　共通テストの配点は傾斜後の配点を記載
※4　応用マテリアル工学コースのみ
※5　応用物理工学コースのみ
※6　社会基盤学コースのみ
※7　環境工学コースのみ

Column コラム

就職支援

北海道大学では進学、就職、アカデミア、起業など多種多様な進路への可能性を広げるための支援として、主に学部生・修士生に向け様々なサポートや情報発信を行うキャリアセンターと、博士・博士志望の学生に向けて専門性を活かし社会で活躍するためのスキルアップ、進路選択に関する支援を行う先端人材育成センターを設置しています。キャリア支援の取り組みとして、毎年数百社が集まる学部生・修士生向けの企業研究セミナー、博士人材と企業のマッチングイベントである赤い糸会といった充実した就職情報・手厚いサポートや、学部生、修士生、博士人材、それぞれに合わせたキャリア形成のためのエントリーシート講座、セミナー等を随時開催するなど学位や進路に合わせた支援を実施しています。その他に、学部生や修士・博士の学生に適したキャリア支援を行うため、キャリアセンターと先端人材育成センターが連携して、それぞれに適した支援を提供しています。

国際交流

北海道大学では、世界約50カ国・地域の約180大学と学生交流協定を結んでおり、海外大学や海外大学の部局等とも200を超える部局間学生交流協定を結んでいます。海外の交流協定大学への留学には、語学学修および異文化体験を目的とした数週間のサマー・スプリングプログラムから、1年以内の交換留学まで様々なプログラムが用意されています。その他に、海外協定大学における受講、学生交流、国際機関あるいは日本企業の海外拠点で活躍する方からの講和・対話および関連施設への視察などを短期間で体験するグローバル・キャリア・デザインや、グローバルに事業を展開する企業・機関等の海外拠点にて研究を行い、学生の総合的な人間力を培う実践的キャリア教育プログラムの国際インターンシップなどが実施されています。海外留学を予定している学生に向け、海外短期語学研修などの短期留学プログラムの場合、大学の給付型奨学金を申請できるケースがあります。

北海道大学についてもっと知りたい方はコチラ

北海道大学は、1876年に札幌農学校として開校し、以後、東北帝国大学農科大学、北海道帝国大学を経て1947年から北海道大学となり、現在に至っています。

ウィリアム.S.クラーク博士の意思を受け継ぐフロンティア精神のもと日本の基幹大学として世界をリードし、新たな時代を開拓し続けています。

Student's Voice

医学部

医学科 1年

たかくわ りゅうせい
高桑 隆聖くん

北海道 道立 札幌南高校 卒
ラグビー部 高3・9月引退

医師になり運動する人たちを支えたい

Q どのような高校生でしたか？ 北海道大学を志望した理由は？

高3の9月までラグビー部に所属していました。週5日の部活で疲れてはいましたが、毎日勉強することを癖づけていました。他部活より引退がかなり遅かった上、高3の春に大きな怪我をしてそのシーズンはもうプレーができなくなり、引退まで部活を続けることに迷いが生じたこともありました。しかし、それでも最後まで部活を続けられたことはとても良い経験になったと感じています。部活と勉強中心の生活だったので友達と遊ぶことはほとんどありませんでしたが、学校祭や修学旅行などのイベントは本気で楽しんでいました。特に修学旅行はすべてを忘れて楽しむことができた最高のイベントでした。

もともと医師になるという目標があり、長く生活してきた北海道で学びたかったため、高1の頃からある程度志望校は絞れていました。高2、高3と大学研究をしていくうちに、北海道にある医学部を持つ大学でも唯一の総合大学である北海道大学に魅力を感じ、受験することに決めました。

Q どのように受験対策をしましたか？ 入試本番はどうでしたか？

運動部かつ引退時期が遅いということもあったので、高1の頃から勉強の習慣をつけていました。あまり家で勉強できるタイプではなかったので、月曜日から土曜日までは基本的に塾で勉強をしていました。高1・2のうちは定期テストと課題を勉強のペースメーカーにしていました。高3のときに受験対策として大切にしていたのは過去問と模試です。共通テストも二次試験も、とにかく過去問をやりました。過去問や模試を解くことで自分の穴を見つけ、それを埋めていくというのが得点に結びついたと思います。また、本番と同じ問題形式のものをやることで試験自体に慣れるというのも目的の1つでした。

実際、共通テストは普段の模試と変わらない気持ちで望めましたし、点数も自己ベストでした。しかし、二次試験の日はストレスで高熱が出てしまい、かなり集中力が削がれたのでつらかったです。メンタル面も含め体調管理の大切さを痛感しました。

●受験スケジュール

月	日	大学・学部学科（試験方式）
2	25・26	★北海道　医ー医（前期）

Q どのような大学生活を送っていますか？

1年次は教養科目、2年次から医学を学びます

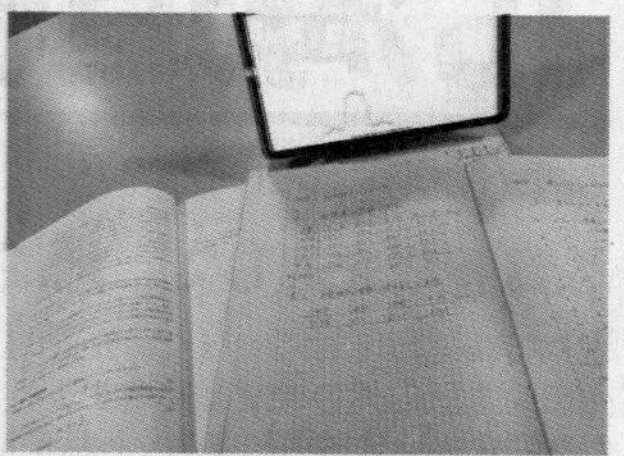
すべてパソコンで書く実験レポート

北海道大学では、1年次は学部学科を問わず教養科目を学びます。医学科の場合、良い成績を取る必要はありませんが、必修科目が多く、1つでも必修の単位を落とすと留年してしまうので、緊張感があります。 自分で選択できる科目には、言語や文化などの文系科目の講義を積極的に入れています。

医学科は6年制で、2年次からは医学を学びます。座学では、骨、筋肉、神経などの名前をすべて覚えるなど、膨大な量の知識を身につけなければなりません。また、座学以外にも解剖などの実習もあるため、かなり忙しいです。大変ではありますが、自分の学びたいことについて学ぶので楽しみです。

ラグビー中の高桑くん

ラグビー部や留学生との交流を楽しんでいます

僕は、大学でも全学のラグビー部に所属していて、大学選手権出場を目指して日々練習に励んでいます。長野県での合宿や学校祭での出店もあり、部活の雰囲気もとても良いです。

また、北海道大学では留学生と一緒に受ける授業があり、僕もその授業を取って留学生の友人が多くできました。留学生の友人とは一緒にご飯やイベントに行って、お互いの国について日本語や英語で話しています。とても刺激的で楽しい交流です。 留学はハードルが高いけれど国際交流に興味はあるという人は、ぜひまずは大学内で交流してみてください。

Q 将来の夢・目標は何ですか？

将来の目標は医師になることです。スポーツを長くやっているため整形外科にかかることが多く、その中で出会った先生に憧れたこと、またこれからも長くスポーツに関わっていきたいという理由から、今は整形外科、特にスポーツドクターになりたいと考えています。スポーツドクターとして、アスリートだけでなく運動をする全世代の人のサポートをしたいと思っています。また、スポーツチームの帯同ドクターとなって世界を回るという夢もあります。ただ、実習ですべての診療科を見て回る中で、目指す診療科が変わる可能性はあります。どの科を専門にするにしても、自らの手で怪我や病気で苦しんでいる人たちを助けられる、医師として働くための素養を大学生活で身につけていきたいと思っています。

Q 後輩へのアドバイスをお願いします！

僕は勉強が好きです。知らないことを知ることができるのは楽しいし、できなかったことができるようになるのは嬉しいからです。勉強が好きではない人や苦手な人に大切にしてほしいのは、自分自身の成長をしっかりと感じるということです。受験勉強をしているとどうしても他人と比べてしまい、どんなにやっても成績が伸びないから勉強は楽しくないと感じてしまいがちです。しかし、過去の自分と比べれば確実に今の自分は成長しているはずです。他人と比べるなという言葉は綺麗事に聞こえるかもしれませんが、自分がどれだけ成長したかを感じることができれば勉強に対する抵抗を減らせますし、それが結局は成績向上につながるはずです。勉強が以前より楽しいと思えれば最高ですね。始めの一歩が踏み出せないという人は、自分が何をしたいのか、何になりたいのかを再確認してみてください。

資料請求

北海道教育大学
ほっかいどうきょういく

入試課(札幌校) TEL (011) 778-0274　〒002-8502 北海道札幌市北区あいの里5条3-1-5

教員養成を通じて、地域の活性化に寄与する

大学紹介動画

最新入試情報

現代の諸問題に対応すべく、先進的で学際的な研究に取り組む。グローバル化の中で国内外の機関と連携するとともに、地域の多様なニーズに応える活動を通じて、地域の健康と文化振興に貢献できる人材を育成する。

札幌校

キャンパス **5**つ

札幌校
〒002-8502 北海道札幌市北区あいの里5条3-1-5
旭川校
〒070-8621 北海道旭川市北門町9
釧路校
〒085-8580 北海道釧路市城山1-15-55
函館校
〒040-8567 北海道函館市八幡町1-2
岩見沢校
〒068-8642 北海道岩見沢市緑が丘2-34-1

基本データ

※2023年5月現在（進路・就職は2022年度卒業者データ。学費は2024年度入学者用）

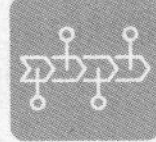

沿革

1949年に北海道第一、第二、第三師範学校及び北海道青年師範学校を包括し、北海道学芸大学が発足。1966年、北海道学芸大学学芸学部を北海道教育大学教育学部と改称。学内改組を経て、2004年に国立大学法人北海道教育大学に。2014年、2つの学科を設置し、現在に至る。

教育機関　**1** 学部　**1** 研究科

学部　教育

大学院　教育学 Ⓜ Ⓟ

人数

学部学生数　**4,998**名

教員1名あたり 学生 **13**名

教員数　**361**名【学長】田口哲

（教授**163**名、准教授**153**名、講師**45**名）

学費

初年度納入額　**817,800**円（諸経費別途）

奨学金　修学支援事業

進路

学部卒業者　**1,189**名

（進学**66**名［5.6%］、就職**1,054**名［88.6%］、その他**69**名［5.8%］）

主な就職先　公立小学校、公立中学校、公立高等学校、公立特別支援学校

学部学科紹介

※本書掲載内容は、大学公表資料から独自に編集したものです。詳細は大学パンフレットやホームページ等で必ず確認してください（取得可能な免許・資格は任用資格や受験資格などを含む）。

教育学部
札幌校　定員 270

特色　専門性の向上を目指し、総合的指導力を持った小中学校教員を養成する。
進路　卒業者の多くが教員になる。その中でも公立小学校教員が半数を占める。
学問分野　教員養成
大学院　教育学

教員養成課程 (270)	学校教育、特別支援教育、言語・社会教育、理数教育、生活創造教育、芸術体育教育、養護教育の7つの専攻を設置。創造的実践力と総合的指導力を兼ね備えた小中学校教員や高等学校教員、特別支援教員、養護教員を養成する。
取得可能な免許・資格	登録日本語教員、教員免許（小一種、中-国・数・理・社・保体・保健・音・美・家・技・英、高-国・数・理・地歴・公・保体・保健・音・美・家・工業・英、特-知的・肢体・病弱）、養護教諭（一種）、司書教諭

教育学部
旭川校　定員 270

特色　教科教育を深く学び、教科の実践的指導力を持った小中学校教員を養成。
進路　卒業者の半数以上が公立中学校教員や公立小学校教員となる。
学問分野　教員養成
大学院　教育学

教員養成課程 (270)	各教科教育の実践的な指導力の養成に重点をおいたカリキュラムを展開。教育発達、国語教育、英語教育、社会科教育、数学教育、理科教育、生活・技術教育、芸術・保健体育教育の8つの専攻を設置。特に中学校の教科内容を中心に充実を図っている。
取得可能な免許・資格	認定心理士、教員免許(幼一種、小一種、中-国・数・理・社・保体・音・美・家・技・英、高-国・数・理・地歴・公・保体・書・音・美・家・工業・英、特-知的)、司書教諭

教育学部
釧路校　定員 180

特色　へき地や小規模教育など、地域特性を活かした実践的な教育に取り組む。
進路　卒業者の多くが教員になる。その中でも約8割が公立小学校教員となる。
学問分野　教員養成
大学院　教育学

教員養成課程 (180)	地域学校教育実践専攻の中に、小・中学校における各教育教科と学校、発達、地域環境の合計12の教育実践分野を設置。へき地・小規模校での教育に積極的に貢献できる教員を育成する。地域の特徴を踏まえた教育や学科横断的な教育を実践し、教材の開発などにも取り組む。
取得可能な免許・資格	教員免許(小一種、中-国・数・理・社・保体・音・美・家・英、高-国・数・理・地歴・公・保体・書・音・美・家・英、特-知的)、司書教諭

教育学部
函館校　定員 285

特色　広く世界を知り、地域の課題解決と活性化を担う人材を育成する。
進路　地域協働：多くが一般企業へ就職。地域教育：約4割が教員になる。
学問分野　国際学／教員養成／教育学／環境学
大学院　教育学

国際地域学科 (285)	「国際的な視野から地域の諸課題解決を志向する総合的知」としての地域学を掲げる。地域の課題に積極的に向き合う力を育む地域協働専攻と、外国語や国際教育を担う教員や特別な支援が必要な子どもたちを支援できる教員を育成する地域教育専攻がある。
取得可能な免許・資格	登録日本語教員、社会福祉士、教員免許(幼一種、小一種、中-国・数・理・社・英、高-国・数・理・公・英、特-知的)

教育学部

岩見沢校　定員 180

特色	芸術やスポーツ文化を多角的に学び、地域再生の核となる人材を育成する。
進路	サービス業や卸売・小売業、金融・保険業へ就職する者が多い。
学問分野	健康科学／教員養成／教育学／芸術・表現
大学院	教育学

芸術・スポーツ文化学科 (180)	芸術・スポーツビジネス、音楽文化、美術文化、スポーツ文化の4つの専攻がある。芸術やスポーツなどの文化振興や文化ビジネスの創造など、地域再生の中心的人材を育成する。地域文化活動を企画・実行する地域実践プロジェクト科目など特色ある教育を実施。
取得可能な免許・資格	学芸員、公認パラスポーツ指導者、教員免許(中-保体・音・美、高-保体・音・美・工芸)、司書教諭

入試要項（2024年度）

※この入試情報は2024年度募集要項等より編集したものです（見方は巻頭の「本書の使い方」参照）。
2025年度入試の最新情報は、ホームページや2025年度募集要項等で必ず確認してください。

「大学入試科目検索システム」のご案内
日程・方式ごとの偏差値や昨年度入試結果（志願者倍率、実質倍率、合格最低点）、基本情報（出願締切日、試験日、二段階選抜、募集人員、総合満点）などは、「大学入試科目検索システム」(https://nyushi.toshin.com/) をご覧ください（利用方法はp.12参照）。

■教育学部（札幌校） 偏差値 56

前期日程

◆**共通テスト**※理科基礎は2科目扱い

[教員養成：7〜8科目] 国現古漢 地歴 公 理次の①・②から1（①世B、日B、地理Bから1、公全4科目から1、理全5科目から1、②世B、日B、地理B、公全4科目から1、理全5科目から2）▶理は同一名称含む組み合わせ不可 数数ⅠA必須、数ⅡB、簿、情から1 外全5科目から1

◆**個別学力検査等**※学びの履歴と志望理由書による加点あり

[教員養成－学校教育・特別支援教育：2科目] 国 数現古漢、数ⅠⅡABから1 外英

[教員養成－言語社会教育：2科目] 国現古漢 外英

[教員養成－理数教育：2科目] 数数ⅠⅡAB 外英

[教員養成－生活創造教育：2科目] 国 外現古漢、英から1 数数ⅠⅡAB

[教員養成－芸術体育教育「図画工作美術教育」：2科目] 面個人面接▶口頭試問含む 実技美術実技

[教員養成－芸術体育教育「音楽教育」：2科目] 国現古漢 実技音楽実技

[教員養成－芸術体育教育「保健体育教育」：2科目] 面個人面接▶口頭試問含む 実技体育実技

[教員養成－養護教育：2科目] 外英 面個人面接▶口頭試問含む

後期日程

◆**共通テスト**※理科基礎は2科目扱い

[教員養成－芸術体育教育以外：7〜8科目] 前期日程に同じ

◆**個別学力検査等**

[教員養成－芸術体育教育以外：1科目] 面個人面接▶口頭試問含む

■教育学部（旭川校） 偏差値 53

前期日程

◆**共通テスト**※理科基礎は2科目扱い

[教員養成：7〜8科目] 国現古漢 地歴 公 理次の①・②から1（①世B、日B、地理Bから1、公全4科目から1、理全5科目から1、②世B、日B、地理B、公全4科目から1、理全5科目から2）▶理は同一名称含む組み合わせ不可 数数ⅠA必須、数ⅡB、簿、情から1 外全5科目から1

◆**個別学力検査等**※学びの履歴と志望理由書による加点あり

[教員養成－教育発達・国語教育・社会科教育・生活技術教育：2科目] 国現古漢 数 外数ⅠⅡAB、英から1

[教員養成－英語教育：2科目] 国 数現古漢、数ⅠⅡABから1 外英

[教員養成－数学教育・理科教育：2科目] 国 外現古漢、英から1 数数ⅠⅡAB

[教員養成－芸術保健体育教育「音楽」：2科目] 面個人面接▶口頭試問含む 実技音楽実技

[教員養成－芸術保健体育教育「美術」：2科目] 面個人面接▶口頭試問含む 実技美術実技

[教員養成－芸術保健体育教育「保健体育」：2科目] 面個人面接▶口頭試問含む 実技体育実技

後期日程

◆**共通テスト**※理科基礎は2科目扱い

[教員養成－芸術保健体育教育以外：7〜8科目] 前期日程に同じ

◆**個別学力検査等**

[教員養成－芸術保健体育教育以外：1科目] 面個人面接▶口頭試問含む

■教育学部（釧路校） 偏差値 53

前期日程

◆**共通テスト**※理科基礎は2科目扱い

[教員養成：7〜8科目] 国 現古漢 地歴 公 理 次の①・②から1（①世B、日B、地理Bから1、公全4科目から1、理全5科目から1、②世B、日B、地理B、公全4科目から1、理全5科目から2）▶理は同一名称含む組み合わせ不可 数 数ⅠA必須、数ⅡB、簿、情から1 外 全5科目から1

◆**個別学力検査等**※学びの履歴と志望理由書による加点あり

[教員養成：2科目] 国 数 外 現古漢、数ⅠⅡAB、英から2

後期日程

◆**共通テスト**※理科基礎は2科目扱い

[教員養成：7〜8科目] 前期日程に同じ

◆**個別学力検査等**

[教員養成：1科目] 面 個人面接

■教育学部（函館校） 偏差値 54

前期日程

◆**共通テスト**※理科基礎は2科目扱い

[国際地域－地域協働「国際協働・地域政策」：6〜7科目] 国 現古漢 地歴 世B、日B、地理Bから1 公 全4科目から1 数 数ⅠA、数ⅡB、簿、情から1 理 全5科目から1 外 全5科目から1

[国際地域－地域協働「地域環境科学」：7〜8科目] 国 現古漢 地歴 公 世B、日B、地理B、公全4科目から1 数 数ⅠA必須、数ⅡBC、簿、情から1 理 全5科目から2▶同一名称含む組み合わせ不可 外 全5科目から1

[国際地域－地域教育：7〜8科目] 国 現古漢 地歴 世B、日B、地理Bから1 公 全4科目から1 数 数ⅠA必須、数ⅡBC、簿、情から1 理 全5科目から1 外 全5科目から1

◆**個別学力検査等**

[国際地域－地域協働：1科目] 総合 総合問題

[国際地域－地域教育：1科目] 論 小論文

後期日程

◆**共通テスト**※理科基礎は2科目扱い

[国際地域－地域協働「国際協働・地域政策」：6〜7科目] 前期日程に同じ

[国際地域－地域協働「地域環境科学」・地域教育：7〜8科目] 前期日程に同じ

◆**個別学力検査等**

[国際地域－地域協働：1科目] 面 個人面接

[国際地域－地域教育：1科目] 面 個人面接▶口頭試問含む

■教育学部（岩見沢校） 偏差値 52

前期日程

◆**共通テスト**※理科基礎は2科目扱い

[芸術・スポーツ文化－芸術スポーツビジネス・スポーツ文化：5〜6科目] 国 現古漢 地歴 公 世B、日B、地理B、公全4科目から1 数 数ⅠA、数ⅡB、簿、情から1 理 全5科目から1 外 全5科目から1

[芸術・スポーツ文化－音楽文化・美術文化：3〜4科目] 国 現古漢 地歴 公 数 理 世B、日B、地理B、公理全4科目、数ⅠA、数ⅡB、簿、情から1 外 全5科目から1

◆**個別学力検査等**

[芸術・スポーツ文化－芸術スポーツビジネス：1科目] 面 実技 個人面接・実技▶口頭試問含む

[芸術・スポーツ文化－音楽文化：1科目] 実技 音楽実技等

[芸術・スポーツ文化－美術文化：1科目] 実技 美術実技

[芸術・スポーツ文化－スポーツ文化「スポーツコーチング科学」：2科目] 面 個人面接 実技 体育実技

[芸術・スポーツ文化－スポーツ文化「アウトドアライフ」：3科目] 論 小論文 面 個人面接 実技 体育実技

後期日程

◆**共通テスト**※理科基礎は2科目扱い

[芸術・スポーツ文化－芸術スポーツビジネス・スポーツ文化：5〜6科目] 前期日程に同じ

[芸術・スポーツ文化－音楽文化・美術文化：3〜4科目] 前期日程に同じ

◆**個別学力検査等**

[芸術・スポーツ文化－芸術スポーツビジネス：1科目] 面 個人面接▶口頭試問含む

[芸術・スポーツ文化－音楽文化：2科目] 面 個人面接 実技 音楽実技

[芸術・スポーツ文化－美術文化：1科目] 面 実技 美術実技・個人面接

[芸術・スポーツ文化－スポーツ文化「スポーツコーチング科学」：2科目] 面 個人面接 実技 体育実技

[芸術・スポーツ文化－スポーツ文化「アウトドアライフ」：2科目] 面 個人面接▶口頭試問含む 実技 体育実技

■特別選抜

[総合型選抜] 教員養成特別入試 共、自己推薦入試

[学校推薦型選抜] 学校推薦型選抜（一般、地域指定）共、学校推薦型選抜（一般）

[その他] 帰国子女入試、社会人入試、私費外国人入試

ひろさき
弘前大学

資料請求

学務部入試課（文京町キャンパス）　TEL (0172) 39-3122・3123　〒036-8560 青森県弘前市文京町1

世界に発信し、地域と共に創造する大学

大学紹介動画　最新入試情報

地域活性化の中核的拠点となるべく、グローバルな視点を持って地域課題の解決に取り組む人材を育成する。専門性や優れた人間性の基盤となる教養教育に力を入れ、教育環境の整備に重点をおいている。

文京町キャンパス正門

キャンパス **2**つ

文京町キャンパス
〒036-8560 青森県弘前市文京町1
本町キャンパス
〒036-8562 青森県弘前市在府町5

基本データ

※2023年5月現在（進路・就職は2022年度卒業者データ。学費は2024年度入学者用）

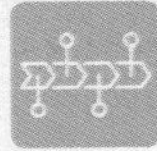
沿革

1949年、旧制弘前高等学校などを母体に文理、教育、医学部で発足。1955年、農学部を設置。1965年、人文、理学部を改組設置。1997年、理工、農学生命科学部を改組設置。2016年、人文学部を人文社会科学部に改組設置し、現在に至る。

教育機関 **5** 学部 **9** 研究科

学部　人文社会科／教育／医／理工／農学生命科

大学院　人文社会科学Ⓜ／教育学Ⓟ／医学Ⓓ／保健学ⓂⒹ／理工学ⓂⒹ／農学生命科学Ⓜ／地域社会Ⓓ／地域共創科学Ⓜ／連合農学Ⓓ

人数

学部学生数　**5,962**名

教員1名あたり・学生 **9**名

教員数　**605**名【学長】福田眞作

（教授**201**名、准教授**177**名、講師**42**名、助教**163**名、助手・その他**22**名）

学費

初年度納入額　**817,800**円（諸経費別途）

奨学金　岩谷元彰弘前大学育英基金、弘前大学基金 弘前大学生活協同組合学生支援金給付事業、弘前大学生活支援奨学金、弘前大学医学生修学支援金

進路

学部卒業者　**1,345**名

（進学**257**名［19.1%］、就職**885**名［65.8%］、その他※**203**名［15.1%］）

※臨床研修医118名を含む

主な就職先　国土交通省、厚生労働省、青森県（職員）、弘前市（職員）、札幌市（職員）、教員（青森県内公立学校、岩手県内公立学校、北海道内公立学校、横浜市内公立学校、仙台市内公立学校）、青森銀行、東奥日報社、日本原燃、紅屋商事、日本航空電子工業、弘前大学医学部附属病院、東北大学病院、北海道大学病院

学部学科紹介

※本書掲載内容は、大学公表資料から独自に編集したものです。詳細は大学パンフレットやホームページ等で必ず確認してください（取得可能な免許・資格は任用資格や受験資格などを含む）。

人文社会科学部

文京町キャンパス　定員 265

- 特色　多元的な文化を理解し文化創造の能力を育み、地域課題に取り組む。
- 進路　卒業後は公務や金融・保険業、情報通信業に就く者が多い。
- 学問分野　歴史学／文化学／法学／経済学／経営学／国際学
- 大学院　人文社会科学

文化創生課程 (110)	自国や諸外国の歴史・文化・伝統を理解するための2つのコースを設置。文化資源学コースでは文化遺産や思想の普遍的価値を明らかにし、次世代に伝えていく。多文化共生コースでは卓越した外国語能力を育成し、地域社会のグローバル化に貢献する人材を育成する。
社会経営課程 (155)	3つのコースを設置。経済法律コースでは官民を問わず活躍できる経済法律分野の専門家を育成する。企業戦略コースでは経営学などを学び地域産業の発展に貢献する人材を育成する。地域行動コースでは日本社会が抱える課題を分析し解決できる人材を育成する。
取得可能な免許・資格	学芸員、社会調査士、教員免許（中-国・社・英、高-国・地歴・公・英・商業）

教育学部

文京町キャンパス　定員 160

- 特色　地域と連携し、次世代の教育プロフェッショナルを育成。
- 進路　卒業者の多くが教員となる。他、公務に就く者も多い。
- 学問分野　教員養成／教育学
- 大学院　教育学

学校教育教員養成課程 (140)	初等中等教育と特別支援教育の2つの専攻を設置。初等中等教育専攻は小学校と中学校の2つのコースから構成され、中学校コースはさらに10の専修に分かれる。特別支援教育専攻では様々な障害のある幼児、児童、生徒に対する教育について多様な視点から学ぶ。
養護教諭養成課程 (20)	子どもたちの健康課題を理解し、心身ともに健康に生きる力を育むことができる高い専門性と実践力を持った養護教諭を養成。養護学、教育保健、小児保健、学校看護学、公衆衛生学を専門とする教員の指導のもと、養護に関する幅広い分野を学ぶ。
取得可能な免許・資格	学芸員、社会調査士、保育士、教員免許（幼一種、小一種、中-国・数・理・社・保体・保健・音・美・家・技・英、高-国・数・理・地歴・公・保体・保健・音・美・家・工業・英、特-知的・肢体・病弱）、養護教諭（一種）、社会教育士、社会教育主事

医学部

本町キャンパス　定員 322

- 特色　高度な医療技術と豊かな人間性を持ち、地域医療に根差した人材を育成。
- 進路　医：卒業後多くは臨床研修を行う。保健：多くが医療・福祉業に進む。
- 学問分野　心理学／医学／看護学／健康科学
- 大学院　医学／保健学

医学科 (112)	6年制。1年次から早期臨床体験実習や医師の指導のもとで臨床医療に参加する診療参加型実習などを通して医療現場を体験。2年次から基礎医学科目、3年次から臨床医学科目の履修を開始。6年次には地域医療実習を義務づけ、地域社会と連携する医師を育成する。
保健学科 (200)	4年制。看護学、放射線技術科学、検査技術科学、理学療法学、作業療法学の5つの専攻を設置。少子高齢化が進む地域医療を支える医療従事者を育成する。2年次より各専攻の専門科目の学習が本格化し、3年次以降は附属病院などの医療機関での臨床実習も行う。
心理支援科学科 (10)	4年制。精神疾患、神経発達症、心的外傷後ストレス障害（PTSD）など心の支援を必要とする諸問題に豊かな感受性を持って対応できる専門家を育成。保健医療や産業・労働などの領域で心理支援職として活動できる倫理観や責任感を身につける。
取得可能な免許・資格	公認心理師、認定心理士、児童指導員、食品衛生管理者、食品衛生監視員、医師、看護師、助産師、保健師、理学療法士、作業療法士、診療放射線技師、臨床検査技師、教員免許（高-看）

理工学部

文京町キャンパス 定員 360

特色 基礎と応用、理学と工学の融合教育で現代課題を解決できる人材を育成。
進路 卒業後の就職先は情報通信業や公務、製造業など多岐にわたる。
学問分野 数学／物理学／地学／機械工学／電気・電子工学／材料工学／エネルギー工学／医療工学／環境学／情報学
大学院 理工学

学科	定員	内容
数物科学科	(78)	数理・物理的な応用力を身につけ地域発イノベーションの核となる人材を育成。自然科学や社会科学への数学の応用を目指す数理科学、機能性新材料と宇宙物理学を中心に学ぶ物質宇宙物理学、理工学の基礎を課題解決に結びつける応用計算科学の3つのコースを設置。
物質創成化学科	(52)	有機・無機材料創成化学とエネルギー・機能創成化学の2つの領域を中心に化学を深く学ぶ。無機化学、有機化学、分析化学、物理化学など化学の基本を重点的に学びつつ、選択科目を充実させることで、学生が思い描く将来に合わせた科目履修が可能となっている。
地球環境防災学科	(65)	宇宙物理学、気象学、建築構造学などを幅広く学び、地球の自然環境をシステムとして捉え、ローカルからグローバルまで様々なスケールにおいて理解する。自然災害や環境問題などの課題に対して対策を講じることができる柔軟な発想を持った専門家を育成する。
電子情報工学科	(55)	発展的分野である電子工学と情報工学の両分野を深く理解し、基礎知識と発展的実践力を兼ね備えた技術者や研究者を育成する。グリーン電子材料、組込みシステム、情報セキュリティ、生体生命情報学など現代社会の要請に応じたカリキュラムも用意している。
機械科学科	(80)	2年次後半から知能システムと医用システムの2つのコースに分かれる。知能システムコースでは知能化機械技術者に求められる柔軟な思考力と創造力を養う。医用システムコースでは新産業として注目される医用システム産業で活躍できる専門性を身につける。
自然エネルギー学科	(30)	再生可能エネルギー、エネルギーの変換、貯蔵、利用過程などの基礎知識を修得し、エネルギー問題全体を俯瞰できる視野を養う。人文科学や社会科学と連携した文理融合教育により、地域から諸外国まで総合的な視点から有用な資源を見極められる人材を育成する。
取得可能な免許・資格		学芸員、教員免許（中-数・理、高-数・理・情・工業）

農学生命科学部

文京町キャンパス 定員 215

特色 生物学から工学まで、幅広い知識と科学的な視点を身につける。
進路 卒業者の多くが製造業や公務に就職する。他、約3割が大学院へ進学。
学問分野 生物学／農学／応用生物学／環境学
大学院 農学生命科学

学科	定員	内容
生物学科	(40)	2つのコースに分かれる。基礎生物学コースでは生理学や発生学、分子生物学、進化学などを学び、様々な生物構造や多彩な生命現象を理解する。生態環境コースでは森林生態学や保全生態学、動物行動学などを学び、人間と生物が共生できる環境の構築を目指す。
分子生命科学科	(40)	生命現象の解明を進め新しい生命観や技術を創造する。2つのコースを設置。生命科学コースでは細胞や遺伝子を扱い、新しい生命機能の発見に挑戦する。応用生命コースでは多種多様な生命現象を人間の生活に役立てるため、バイオマスや資源開発について学ぶ。
食料資源学科	(55)	3つのコースに分かれる。食料バイオテクノロジーコースでは気候変動に対応できる作物などの開発を目指す。食品科学コースでは保健機能を持つ食品素材や付加価値の高い食品を探究する。食料生産環境コースでは持続可能な食料生産に寄与できる人材を育成する。
国際園芸農学科	(50)	園芸農学コースでは食料生産に関する知識や技術を学び、世界で活躍できる人材を育成。食農経済コースでは国際食品マーケティング論や農業経営学などを学び、日本の農業経営や流通を対象に研究を行う。

地域環境工学科 (30)	農学と工学の視点から土木技術を学び環境保全に取り組む。2つのコースを設置。農山村環境コースでは地域の生態系や社会を理解し、農山村の将来像を提案できる人材を育成する。修習技術者の資格が得られる農業土木コースでは実践的な農業土木技術者を育成する。
取得可能な免許・資格	学芸員、技術士補、測量士補、施工管理技士（土木）、食品衛生管理者、食品衛生監視員、教員免許（中-理、高-理・農）、ビオトープ管理士

入試要項（2025年度）

※この入試情報は大学発表の2025年度入試（予告）より編集したものです（2024年1月時点。見方は巻頭の「本書の使い方」参照）。内容には変更が生じる可能性があるため、最新情報はホームページや2025年度募集要項等で必ず確認してください。

「大学入試科目検索システム」のご案内
日程・方式ごとの偏差値や昨年度入試結果（志願者倍率、実質倍率、合格最低点）、基本情報（出願締切日、試験日、二段階選抜、募集人員、総合満点）などは、「大学入試科目検索システム」（https://nyushi.toshin.com/）をご覧ください（利用方法はp.12参照）。

■人文社会科学部 偏差値 56

前期日程

◆共通テスト
[全課程：8科目] 国 現古漢 地歴 公 全6科目から2▶公から1必須 数 理 全8科目から3 外 英 情 情Ⅰ

◆個別学力検査等
[文化創生：2科目] 国 現古漢 外 英

◆個別学力検査等（国語選択）
[社会経営：2科目] 国 現古漢 外 英

◆個別学力検査等（数学選択）
[社会経営：2科目] 数 数ⅠⅡAB〔列〕C〔ベ〕外 英

後期日程

◆共通テスト
[全課程：8科目] 前期日程に同じ

◆個別学力検査等
[全課程：1科目] 論 小論文

■教育学部 偏差値 54

前期日程

◆共通テスト
[全課程：8科目] 国 現古漢 地歴 公 数 理 全14科目から5 外 英 情 情Ⅰ

◆個別学力検査等
[学校教育教員養成－初等中等教育「小学校」：2科目] 国 数 理 外 現古漢、数ⅠⅡⅢAB〔列〕C、物基・物、化基・化、生基・生、英から1 面 個人面接
[学校教育教員養成－初等中等教育「中学校（国語・社会・家庭科）」：2科目] 国 現古漢 面 個人面接
[学校教育教員養成－初等中等教育「中学校（数学）」：2科目] 数 数ⅠⅡⅢAB〔列〕C 面 個人面接
[学校教育教員養成－初等中等教育「中学校（理科）」：2科目] 理 物基・物、化基・化、生基・生から1 面 個人面接
[学校教育教員養成－初等中等教育「中学校（英語）」：2科目] 外 英 面 個人面接
[学校教育教員養成－特別支援教育：2科目] 国 数 現古漢、数ⅠⅡAB〔列〕C〔ベ〕から1 面 個人面接
[養護教諭養成：2科目] 理 化基・化、生基・生から1 面 個人面接

後期日程

◆共通テスト
[学校教育教員養成－初等中等教育「小学校」・特別支援教育：8科目] 前期日程に同じ

◆個別学力検査等
[学校教育教員養成－初等中等教育「小学校」・特別支援教育：1科目] 面 個人面接

■医学部 医学科 偏差値 65

前期日程

◆共通テスト（青森県定着枠、一般枠）
[医：8科目] 国 現古漢 地歴 公 全6科目から1 数 数ⅠA、数ⅡBC 理 物、化、生から2 外 英 情 情Ⅰ

◆個別学力検査等（青森県定着枠、一般枠）
[医：3科目] 数 数ⅠⅡⅢAB〔列〕C 外 英 面 個人面接

■医学部 保健学科 偏差値 56

前期日程

◆共通テスト
[保健：8科目] 国 現古漢 地歴 公 全6科目から1 数 数ⅠA、数ⅡBC 理 物、化、生から2 外 英 情 情Ⅰ

◆個別学力検査等
[保健－看護学・理学療法学・作業療法学：2科目] 数 外 数ⅠⅡAB〔列〕C〔ベ〕、英から1 論 小論文
[保健－放射線技術科学：2科目] 数 数ⅠⅡⅢAB〔列〕C 理 物基・物
[保健－検査技術科学：2科目] 理 物基・物、化基・化、生基・生から1 外 英

■医学部 心理支援科学科 偏差値 59

前期日程

◆共通テスト
[心理支援科：8科目] 国 現古漢 地歴 公 数 理 全14科目から5 外 英 情 情Ⅰ

◆個別学力検査等
[心理支援科：3科目] 国 数 現古漢、数ⅠⅡAB〔列〕C〔ベ〕から1 外 英 書類審 志望理由書

■理工学部 偏差値 54

前期日程

◆共通テスト

［全学科：8科目］国現古漢 地歴 公全6科目から1 数全3科目から2 理全5科目から2▶物、化から1必須 外英 情情Ⅰ

◆個別学力検査等（数学選択）

［数物科：1科目］数数ⅠⅡⅢAB〔列〕C

◆個別学力検査等（数学理科選択）

［数物科：2科目］数数ⅠⅡⅢAB〔列〕C 理物基・物、化基・化から1

◆個別学力検査等

［数物科以外：2科目］数数ⅠⅡⅢAB〔列〕C 理物基・物、化基・化から1

後期日程

◆共通テスト

［全学科：8科目］前期日程に同じ

◆個別学力検査等（数学選択）

［数物科：1科目］前期日程（数学選択）に同じ

◆個別学力検査等（理科選択）

［数物科：1科目］理物基・物、化基・化から1

◆個別学力検査等

［数物科以外：1科目］理物基・物、化基・化から1

■農学生命科学部 偏差値 54

前期日程

◆共通テスト

［全学科：8科目］国現古漢 地歴 公全6科目から1 数全3科目から2 理全5科目から2 外英 情情Ⅰ

◆個別学力検査等

［地球環境工以外：1科目］理化基・化、生基・生から1

［地域環境工：1科目］数数ⅠⅡAB〔列〕C〔ベ〕

後期日程

◆共通テスト

［全学科：8科目］前期日程に同じ

◆個別学力検査等

［全学科：1科目］理化基・化、生基・生から1

■特別選抜

［総合型選抜］総合型選抜Ⅰ、総合型選抜Ⅰ（国際バカロレア枠、専門高校枠）、総合型選抜Ⅱ 共、総合型選抜Ⅱ（青森県内枠、北海道・東北枠）共

［その他］私費外国人留学生入試

弘前大学ギャラリー

■オープンキャンパス

弘前大学のオープンキャンパスでは毎年、模擬講義や実験体験、教育・研究の内容に直接触れたり体験したりすることができます。

■学生食堂

文京町キャンパスの学生食堂ホレストはメニューが豊富で約950席と席数も多く、毎日2,500人ほどが利用しています。

■総合文化祭

10月下旬に2日間にわたって開催される総合文化祭は、各サークルの展示からお笑いスペシャルライブまで内容が盛りだくさん！

■附属図書館

附属図書館は本館と医学部分館の2館あり、約84万冊の図書資料やDVD等の電子資料、電子ジャーナルを所蔵しています。

岩手大学（いわてだいがく）

資料請求

学務部入試課(上田キャンパス) TEL (019) 621-6064 〒020-8550 岩手県盛岡市上田3-18-8

「人づくり」を通して地域・国際社会の発展に貢献

大学紹介動画

最新入試情報

「地域の知の府」「知識創造の場」として、地域と世界をつなぐ多様な教育研究活動を展開。学生が主体的に学び成長する力を高め、予測不能な時代の諸課題に対応できる力を持った人材を育成する。

上田キャンパス正門

キャンパス 2つ

上田キャンパス
〒020-8550 岩手県盛岡市上田3-18-8

釜石キャンパス
〒026-0001 岩手県釜石市平田3-75-1

基本データ

※2023年5月現在（進路・就職は2022年度卒業者データ。学費は2024年度入学者用〔予定〕）

沿革

盛岡師範学校を起源とし、1949年に盛岡農林専門学校、盛岡工業専門学校、岩手師範学校、岩手青年師範学校を統合し、農、工、学芸の3つの学部からなる総合大学として設立。1966年に学芸学部を教育学部と改称。1977年、人文社会科学部を設置。2016年に人文社会科、教育、農学部を改組、理工学部を設置。2025年に理工、農学部を改組、獣医学部を開設予定。

教育機関

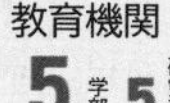

5 学部 5 研究科

学部 人文社会科／教育／理工／農／獣医※
※2025年4月設置構想中

大学院 総合科学Ⓜ／教育学Ⓟ／理工学Ⓓ／獣医学Ⓓ／連合農学Ⓓ

人数

学部学生数 4,553名

教員1名あたり学生 12名

教員数 351名【学長】小川智
（教授159名、准教授145名、講師5名、助教42名）

学費

初年度納入額 817,800円（諸経費別途）

奨学金 岩手大学イーハトーヴ基金奨学金

進路

学部卒業者 1,065名
（進学342名［32.1%］、就職614名［57.7%］、その他109名［10.2%］）

主な就職先 岩手県内公立学校、岩手県庁、盛岡市役所、岩手銀行、仙台市役所、秋田県庁、キオクシア岩手、東北電力

学部学科紹介

※本書掲載内容は、大学公表資料から独自に編集したものです。詳細は大学パンフレットやホームページ等で必ず確認してください（取得可能な免許・資格は任用資格や受験資格などを含む）。

人文社会科学部

上田キャンパス　定員 200

特色	「総合化」をテーマに、持続可能な地域活性化に貢献できる人材を育成。
進路	卒業者の多くは公務、サービス業、金融業、情報通信業に就く。
学問分野	文化学／人間科学
大学院	総合科学

人間文化課程 (125)	行動科学、現代文化、異文化間コミュニティ、歴史、芸術文化、英語圏文化、ヨーロッパ語圏文化、アジア圏文化の8つの専修プログラムを設置。人間と文化について総合的に学ぶ。語学研修や国際課題研修など国際交流の機会も多く設けられている。
地域政策課程 (75)	政策法務、企業法務、地域社会経済、地域社会連携、環境共生の5つの専修プログラムを設置。地域創生と地域マネジメントなどに対する総合的な視点を持つ人材を育成する。法学系、経済系、環境系の3つの分野から、社会や環境が抱える諸課題にアプローチする。
取得可能な免許・資格	登録日本語教員、公認心理師、認定心理士、学芸員、社会調査士、自然再生士補、教員免許（中-国・社・英、高-国・地歴・公・英）

教育学部

上田キャンパス　定員 160

特色	地域の教育ニーズに対応し、理論と実践力を兼ね備えた学校教員を育成。
進路	卒業後は教育・学習支援業、公務に就職する者が多い。
学問分野	社会福祉学／教員養成
大学院	教育学

学校教育教員養成課程 (160)	小学校教育、中学校教育、理数教育、特別支援教育の4つのコースに分かれ、幅広い教養と実践的指導力を兼ね備えた学校教員を育成。幼稚園、小学校、中学校、特別支援学校の4つの附属学校があり、1～4年次まで毎年の実習であらゆる教育現場を体験できる。
取得可能な免許・資格	教員免許(小一種、中-国・数・理・社・保体・音・美・技・英、高-国・数・理・地歴・公・保体・音・美・英、特-知的・肢体・病弱)

理工学部

上田キャンパス　定員 414

特色	2025年度、1学科8コースに再編しクリエイティブ情報コースを新設予定。
進路	卒業者の半数近くは大学院へ進学。就職は製造業、公務、情報通信など。
学問分野	物理学／化学／生物学／機械工学／電気・電子工学／材料工学／医療工学／環境学／情報学
大学院	総合科学／理工学

理工学科 改 (414)	2025年度、1学科8コースに再編し、化学、数理・物理、材料科学、知能情報、クリエイティブ情報、電気電子・情報通信、機械知能航空、社会基盤・環境工学の8コースを設置予定。データサイエンス応用力をも身につけ、専門性をより広く展開できる人材を育成する。
取得可能な免許・資格	危険物取扱者（甲種）、毒物劇物取扱責任者、電気工事士、特殊無線技士（海上、陸上)、陸上無線技術士、技術士補、測量士補、主任技術者(ボイラー・タービン、電気、電気通信)、施工管理技士(土木、建設機械)、教員免許(高-数・理・工業)、作業環境測定士

農学部

上田キャンパス
釜石キャンパス(水産3年後期～)　定員 226

特色	2025年度、食料・生命・環境をキーワードに学科・コースを再編予定。
進路	大学院進学の他、公務や学術研究・専門技術サービス業への就職が多い。
学問分野	生物学／農学／森林科学／獣医・畜産学／水産学／応用生物学
大学院	総合科学／連合農学

食料農学科 改 (50)	農学コースでは農作物の栽培技術や食料安全保障政策など農学に関する専門知識と技術を持った人材を、食品健康科学コースでは食品加工や食品の栄養・機能の解明などに関する教育・研究を通じて食を通じた人々の健康に寄与できる人材を養成する。
生命科学科 改 (51)	分子生物機能学コースでは、生物の細胞や個体レベルにおける多様な生物機能を分子レベルで理解し、専門性を深める。分子生命医科学コースでは、QOL（生活の質）の向上を目指し、疾患や老化現象などを分子レベルで理解できる人材を養成する。

地域環境科学科	改 (70)	革新農業、森林科学の2コースを設置予定。持続可能な食と農の科学、地域生態系の保全、森林資源の管理と持続的な利用、持続的農業生産と環境管理など地球環境とSDGsへ対応する教育によって未来の農業・林業を担う人材を養成する。
動物科学・水産科学科	改 (55)	動物科学、水産システム学の2コースを設置予定。動物科学コースでは畜産や動物種の保護・管理について、水産システム学コースでは生産（漁獲・増養殖）から加工や流通に至る一連のシステムに関する分野とそれらを横断する幅広い教育・研究を行う。
取得可能な免許・資格		危険物取扱者（甲種）、技術士補、測量士補、施工管理技士（土木、造園）、食品衛生管理者、食品衛生監視員、樹木医補、家畜人工授精師、教員免許（高-理・農）、ビオトープ管理士

獣医学部

上田キャンパス　定員 30

- 特色　2025年度、農学部共同獣医学科を改組し新設予定。
- 進路　産業動物獣医師、公務、小動物診療獣医師、医薬品・食品関連企業など。
- 学問分野　獣医・畜産学
- 大学院　獣医学

共同獣医学科	新 (30)	6年制。東京農工大学との共同獣医学科である。基礎獣医学、病態獣医学、応用獣医学、伴侶動物、産業動物臨床獣医学の5つの分野からなる。畜産の拠点である地域に立地する大学として、食の安全確保に貢献し、高度獣医療を実践する人材を育成する。
取得可能な免許・資格		食品衛生管理者、獣医師

入試要項（2025年度）

※この入試情報は大学発表の2025年度入試（予告）より編集したものです（2024年1月時点。見方は巻頭の「本書の使い方」参照）。内容には変更が生じる可能性があるため、最新情報はホームページや2025年度募集要項等で必ず確認してください。

「大学入試科目検索システム」のご案内
日程・方式ごとの偏差値や昨年度入試結果（志願者倍率、実質倍率、合格最低点）、基本情報（出願締切日、試験日、二段階選抜、募集人員、総合満点）などは、「大学入試科目検索システム」（https://nyushi.toshin.com/）をご覧ください（利用方法はp.12参照）。

■人文社会科学部 偏差値 58

前期日程

◆共通テスト
[全課程：7科目] 国現古漢 地歴 公 数全9科目から3 理全5科目から1 外全5科目から1 情情Ⅰ

◆個別学力検査等
[全課程：2科目] 国現古漢 外英

後期日程

◆共通テスト
[全課程：4科目] 国現古漢 地歴 公 数 理 情全15科目から2教科2 外全5科目から1

◆個別学力検査等
[全課程：1科目] 論小論文

■教育学部 偏差値 55

前期日程

◆共通テスト
[学校教育教員養成－理数教育以外：8科目] 国現古漢 地歴 公 理全11科目から3 数数ⅠA、数ⅡBC 外全5科目から1 情情Ⅰ
[学校教育教員養成－理数教育：8科目] 国現古漢 地歴 公全6科目から1 数数ⅠA、数ⅡBC 理全5科目から2 外全5科目から1 情情Ⅰ

◆個別学力検査等
[学校教育教員養成－小学校教育・中学校教育「社会」・特別支援教育：2科目] 国 数 理 外現古漢、数ⅠⅡAB〔列〕C〔ベ〕、数ⅠⅡⅢAB〔列〕C〔ベ〕、物基・物、化基・化、生基・生、英から2教科2
[学校教育教員養成－中学校教育「国語」：2科目] 国現古漢 数 理 外数ⅠⅡAB〔列〕C〔ベ〕、数ⅠⅡⅢAB〔列〕C〔ベ〕、物基・物、化基・化、生基・生、英から1
[学校教育教員養成－中学校教育「英語」：2科目] 国 数 理現古漢、数ⅠⅡAB〔列〕C〔ベ〕、数ⅠⅡⅢAB〔列〕C〔ベ〕、物基・物、化基・化、生基・生から1 外英
[学校教育教員養成－中学校教育「音楽」：2科目] 面個人面接 実技音楽実技
[学校教育教員養成－中学校教育「美術」：2科目] 面個人面接 実技美術実技
[学校教育教員養成－中学校教育「保健体育」：2科目] 面個人面接 実技体育実技
[学校教育教員養成－理数教育「数学」：2科目] 国 理 外現古漢、物基・物、化基・化、生基・生、英から1 数数ⅠⅡⅢAB〔列〕C〔ベ〕
[学校教育教員養成－理数教育「理科」：2科目] 国 数 外現古漢、数ⅠⅡAB〔列〕C〔ベ〕、数ⅠⅡⅢAB〔列〕C〔ベ〕、英から1 理物基・物、化基・化、生基・生から1

後期日程

◆共通テスト

［学校教育教員養成－小学校教育・特別支援教育：7科目］前期日程に同じ
◆個別学力検査等
［学校教育教員養成－小学校教育・特別支援教育：1科目］論小論文

■理工学部 偏差値 54

※2025年度改組予定（2024年1月時点の公表情報より作成）

前・後期日程
◆共通テスト
［化学・生命理工、システム創成工：8科目］国現古漢地歴公全6科目から1数数ⅠA、数ⅡBC理物、化、生から2外全5科目から1情情Ⅰ
［物理・材料理工：8科目］国現古漢地歴公全6科目から1数数ⅠA、数ⅡBC理物、化外全5科目から1情情Ⅰ
◆個別学力検査等
［化学・生命理工－生命以外：3科目］数数ⅠⅡⅢAB〔列〕C理物基・物、化基・化から1書類審調査書
［化学・生命理工－生命：3科目］数数ⅠⅡⅢAB〔列〕C理物基・物、化基・化、生基・生から1書類審調査書

■農学部 偏差値 56

※2025年度改組予定（2024年1月時点の公表情報より作成）

前期日程
◆共通テスト
［共同獣医以外：8科目］国現古漢地歴公全6科目から1数全3科目から2理物、化、生、地から2外全5科目から1情情Ⅰ
［共同獣医：8科目］国現古漢地歴公全6科目から1数数ⅠA、数ⅡBC理物、化、生から2外全5科目から1情情Ⅰ
◆個別学力検査等
［共同獣医以外：2科目］数理数ⅠⅡAB〔列〕C〔ベ〕、物基・物、化基・化、生基・生から1書類審大学入学希望理由書
［共同獣医：3科目］数数ⅠⅡAB〔列〕C〔ベ〕理物基・物、化基・化、生基・生から1書類審大学入学希望理由書

後期日程
◆共通テスト
［共同獣医以外：8科目］前期日程に同じ
◆個別学力検査等
［共同獣医以外：1科目］面面接

■獣医学部 偏差値 63

※設置構想中。入試情報未公表（2024年1月時点）

■特別選抜

［総合型選抜］総合型選抜Ⅰ（地域創生特別プログラム）、総合型選抜Ⅱ共、総合型選抜Ⅱ（一般枠、地域枠）共
［学校推薦型選抜］学校推薦型選抜
［その他］私費外国人留学生選抜

就職支援

岩手大学では「学生支援課キャリア支援グループ」を設置し、様々なガイダンスやインターンシップ支援、キャリア相談によって納得感を持った進路決定の支援を行います。低学年次から自分のキャリアを意識し、学びとキャリアをつなぐための「ココカラガイダンス」や、大学生協がサポートする公務員試験対策講座や教員採用試験対策講座なども行われています。また、国家資格を有するキャリアコンサルタントが、キャリアに関するあらゆる相談に対応しています。

国際交流

岩手大学の留学制度には学生交流協定を締結している大学に最長1年間留学する交換留学や、長期休暇を利用した語学研修、国際インターンシップがあります。また、フィリピンや台湾で行われる約10日間の研修「海外研修－世界から地域を考える」では、岩手大学が掲げる「地域の諸課題をグローバルな視点で解決する能力」を英語によって修得できます。このように、目的やテーマ別の様々なプログラムがあります。

岩手大学ギャラリー

■キャンパス風景

上田キャンパスは、盛岡駅から約2キロという市街地にありながら、緑に囲まれた広大な自然公園を思わせるキャンパスです。

■中央学生食堂

大学内で最も大きな食堂です。平日は朝8時から営業しているので、8時35分からの1限の前に朝食をとることができます。

■理工学部学生食堂

理工学部にあり、21時まで営業しているので、実験や授業、サークルやアルバイトの後にも食事をとることができます。

■講義風景

大学内には様々な講義室が設けられています。中には階段状になっている講義室もあり、多くの学生が一堂に受講できます。

■English Time

個別英語学習支援「English Time」では、英会話の練習などネイティブの先生の指導を無料で受けることができます。

■実習の様子

農学部動物科学・水産科学科水産システム学コースでは、3年後期より釜石キャンパスに移り、乗船を伴う実習を行っています。

東北大学
とうほく

資料請求

教育・学生支援部入試課(川内キャンパス)　TEL(022)795-4800・4802　〒980-8576 宮城県仙台市青葉区川内28

「研究第一」「門戸開放」「実学尊重」の理念

大学紹介動画

最新入試情報

創設以来110年以上にわたり継承されてきた「知」を未来へと引き継ぐ。「社会との共創」をテーマに教育・研究を進めその成果を社会へ還元し、感染症などをめぐる世界的危機とその先の新しい社会の構築をリードする。

川内キャンパス

校歌

校歌音声

東北大学学生歌「青葉もゆるこのみちのく」
作詞／野田秀　作曲／阿座上竹四

一、青葉もゆる　このみちのく
今こゝにはらからわれら
力もて歌う　平和の讃歌
われらこそ　国のいしずえ
理想ある　生命(いのち)は常に美わし
さらば　生きん　友よ　生きん
あゝ　東北大

基本データ

※2023年5月現在（教員数は非常勤を含む。進路・就職は2022年度卒業者データ。学費は2025年度入学者用〔予定〕）

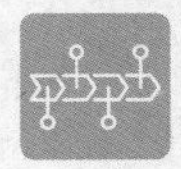

沿革

1907年、東北帝国大学創立。その後、農科、理科、医科の各大学を設置。1947年、東北帝国大学を東北大学と改称。1949年、学制改革で8学部体制へ改組。1953年、大学院(文、教育、法、経済、理、工、農学研究科）を設置。2004年、国立大学法人東北大学となる。2017年、青葉山新キャンパスを開設し、現在に至る。

キャンパス

4つ

キャンパスマップ

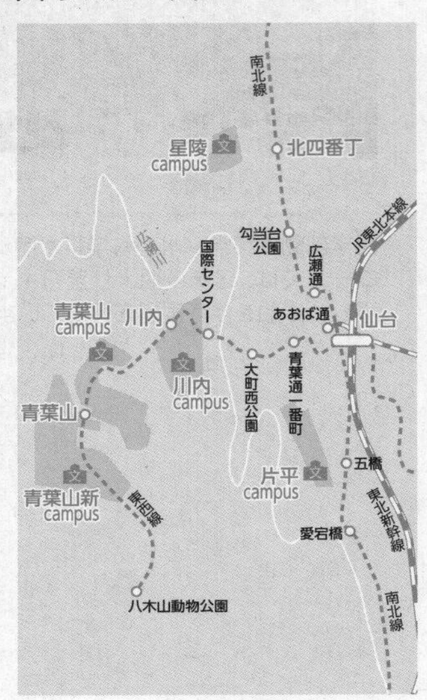

所在地・交通アクセス

片平キャンパス（本部）

〒980-8577 宮城県仙台市青葉区片平2-1-1
（アクセス）JR・地下鉄「仙台駅」から徒歩約15分

川内キャンパス

【川内北キャンパス】〒980-8576 宮城県仙台市青葉区川内41
【川内南キャンパス】〒980-8576 宮城県仙台市青葉区川内27-1
（アクセス）仙台市地下鉄東西線「川内駅」から徒歩約1分

青葉山・青葉山新キャンパス

【青葉山東キャンパス】〒980-8579 宮城県仙台市青葉区荒巻字青葉6-6
【青葉山北キャンパス】〒980-8578 宮城県仙台市青葉区荒巻字青葉6-3
【青葉山新キャンパス】〒980-8572 宮城県仙台市青葉区荒巻字青葉468-1
（アクセス）仙台市地下鉄東西線「青葉山駅」下車

星陵キャンパス

【医学部】〒980-8575 宮城県仙台市青葉区星陵町2-1
【歯学部】〒980-8575 宮城県仙台市青葉区星陵町4-1
（アクセス）仙台市地下鉄南北線「北四番丁駅」から徒歩約15分

教育機関
10学部 15研究科

学部 文／教育／法／経済／理／医／歯／薬／工／農

大学院 文学ⓂⒹ／教育学ⓂⒹ／法学ⓂⒹⓅ／経済学ⓂⒹⓅ／理学ⓂⒹ／医学系ⓂⒹ／歯学ⓂⒹ／薬学ⓂⒹ／工学ⓂⒹ／農学ⓂⒹ／国際文化ⓂⒹ／情報科学ⓂⒹ／生命科学ⓂⒹ／環境科学ⓂⒹ／医工学ⓂⒹ

人数

学部学生数 10,644名　教員1名あたり 学生 3名

教員数 3,145名【総長】冨永悌二
（教授925名、准教授745名、講師199名、助教1,135名、助手・その他141名）

学費

初年度納入額 817,800円（諸経費別途）

奨学金 東北大学グローバル萩奨学金、東北大学元気・前向き奨学金、東北大学基金「パラマウントベッド奨学金」

進路

学部卒業者 2,409名（進学1,355名、就職763名、その他※291名）※臨床研修医162名を含む

進学 56.2%
就職 31.7%
その他 12.1%

主な就職先

文学部
学校（教員）、青森県庁、秋田県庁、白石市役所、厚生労働省、国土交通省、イオン東北、NTTデータ東北、ENEOS、河北新報社、共同通信社、熊谷組、国際人材協力機構、第一生命保険、TOPPANホールディングス、ニトリ、NHK、JR東日本、富士フイルム

教育学部
宮城県立病院機構、学校(教員)、北海道庁、岩手県庁、宮城県庁、川崎市役所、防衛省、参議院事務局、あいおいニッセイ同和損害保険、足利銀行、NTTデータ・アイ、オカムラ、オリエンタルランド、日本生命保険、パーソルキャリア、三井住友銀行

法学部
山形県庁、東京都庁、仙台市役所、総務省、内閣府、東北農政局、福岡地方裁判所、旭化成ホームズ、あずさ監査法人、内田洋行、国際協力銀行、商工組合中央金庫、鈴与、東北電力、栃木銀行、トヨタ自動車

経済学部
宮城県庁、群馬県庁、金融庁、仙台国税局、アクセンチュア、AMBL、EYストラテジー・アンド・コンサルティング、サイバーエージェント、七十七銀行、信金中央金庫、大和証券、東京海上日動火災保険

理学部
学校（教員）、仙台市教育委員会、アウトソーシングテクノロジー、エスアイイー、NECソリューションイノベータ、エフ、コーエーテクモホールディングス、サイバーコム、ジーニー、マクロミル、UT東芝

医学部（医）
臨床研修医95.2%

医学部（他）
東北大学病院、岩手医科大学附属病院、みやぎ県南中核病院、宮城県対がん協会、東北公済病院、国立病院機構 仙台医療センター、総合南東北病院、石巻赤十字病院、石川県庁、EP綜合、ソフトウェア・サービス、日新製薬、ビー・エム・エル

歯学部
臨床研修医73.9%

薬学部
医薬品医療機器総合機構、山形大学医学部附属病院、埼玉医科大学国際医療センター、静岡県立総合病院、アイセイ薬局、アインファーマシーズ、アインホールディングス、エイツーヘルスケア、大塚製薬、協和キリン、塩野義製薬、生晃栄養薬品

工学部
栃木県庁、神奈川県庁、環境省、SMBC日興証券、NTTドコモ、大林組、コニカミノルタ、清水建設、大成建設、東和薬品、中日本高速道路、ニプロ、日本政策金融公庫、野村総合研究所、日立ソリューションズ東日本、丸紅、三菱電機、ヤマハ発動機

農学部
宮城県庁、アース環境サービス、味の素冷凍食品、ウィビッド、共同エンジニアリング、キリンビバレッジ、ゲンキー、白謙蒲鉾店、セキスイハイム東海、ソリマチ、損害保険ジャパン、日本気象協会、メタウォーター、メビウス製薬、楽天グループ

学部学科紹介

※本書掲載内容は、大学公表資料から独自に編集したものです。詳細は大学パンフレットやホームページ等で必ず確認してください（取得可能な免許・資格は任用資格や受験資格などを含む）。

「大学入試科目検索システム」のご案内

入試要項のうち、日程・方式ごとの偏差値や昨年度入試結果（志願者倍率、実質倍率、合格最低点）、基本情報（出願締切日、試験日、二段階選抜、募集人員、総合満点）などは、「大学入試科目検索システム」（https://nyushi.toshin.com/）をご覧ください（利用方法はp.12参照）。

文学部

定員 210

入試科目検索

川内北キャンパス（1・2年）、川内南キャンパス（3・4年）

特色 2年次より26ある専修の中から希望するものへ進み、専門教育を受ける。

進路 約1割が大学院へ進学。公務や情報通信業、製造業に就職する者が多い。

学問分野 文学／言語学／哲学／心理学／歴史学／社会学／国際学／芸術・表現／人間科学

大学院 文学

学科紹介

人文社会学科

現代日本学専修	学際化と国際化をメインテーマに、従来の日本研究で見落とされてきた「日本」の実像を新たな視点から再構築する。ジェンダーや社会史、メディア論、グローバルヒストリーなど多様な観点から日本研究を行う教授陣とともに、新しい学問の創出に取り組む。
日本思想史専修	1923年（大正12年）に創設された歴史ある専修である。古代から現代まで、日本列島上で展開された様々な思想的・文化的営みを明らかにし、人間とは何か、「日本人」とは何かといった問題を探る。授業の他にも定例研究会や史料講読会などが開催される。
日本語学専修	言語学の最新の理論を用い、過去から現在までの日本語とその変遷を研究する。膨大な資料を有効に利用するとともに言語感覚を研ぎ澄まし、日本語の研究に取り組む。方言研究ではフィールドワークを行い、音声研究ではコンピュータによる解析や音声実験も行う。
日本語教育学専修	多様化や国際化が進む現代社会で活躍する日本語教師を育成する。外国人学習者に日本語を効果的に教える方法を研究する他、異なる文化的背景を持つ者同士のスムーズな相互理解の方法を追究する。日本語教育学実習では日本語コースを学生自身が計画し教える。
日本文学専修	文芸を芸術の一種と捉え、日本の文芸が持つ様式や特質などを明らかにするとともに、世界文芸との関連からも比較し研究する。上代から近現代まで文芸に関する幅広い分野の授業を展開。文学表現を丁寧に読み解き、新たな発想で文化と社会を深く理解する。
日本史専修	日本の国家と社会、および人々の様々な活動と、そこから生み出された文化について研究する。他の国や地域、民族との関わりなどもテーマとする。文書や記録を主な史料とし、読解と分析を通じて歴史像を組み立てて長い時間軸の中で物事を考える能力を養う。
考古学専修	過去に生きた人々の遺跡を発掘調査し、当時の生活を復元することから歴史の流れを考察する。遺跡や住居跡などの遺構や土器や石器などといった物質的資料に直接触れながら考古学の基礎を身につける。最新の観察機器を使用し様々な調査を行い、研究方法を学ぶ。

文化人類学専修	世界のあらゆる文化集団を研究対象とする。文化人類学の中心的な技法となるフィールドワークを実習の中心に据えている。異文化体験を求めて積極的に留学する学生も多い。例年、学内外から他の領域を専門とする文化人類学者を招き、多彩な授業を展開している。
宗教学専修	歴史や社会、文化の一部としての宗教ではなく、宗教そのものを研究の中心に据える。個別な宗教現象を手がかりに宗教の機能を考え、その成り立ちや意義について価値中立的立場から考察する。2年間のフィールドワークを必須とするなど実習に力を入れている。
インド学仏教史専修	インドから起きた仏教の厳密な原典研究を行う。授業は「インド学」と「インド仏教史」から構成。文法書や研究書を参照し、ヴェーダ、ウパニシャッドなど太古の宗教文献からチベット、中央アジア、スリランカなどの仏教諸文献を中心に哲学や文化の研究を行う。
中国文学専修	幅広い時間と空間に及ぶ中国の言語と文学を扱う。「正確な読解」を目指し1年次から現代中国語の学修や漢文の読解力を養う。大学が所蔵する豊富な漢籍に触れながら学ぶことができる。語学力の向上を図るべく、中国語圏に留学する機会も設けられている。
中国思想専修	中国で営まれた文化や思想を、精神史、思想史、哲学史、宗教史などの観点から考察し、現代におけるその歴史的意義を明らかにする。古代からの主要な思想だけでなく、現代に至るまでの諸思想などを対象に、学生の問題意識や興味、関心に応じて研究に取り組む。
東洋史専修	漢字を使用する中国文明圏と、その影響を受けた周辺地域を対象に研究を行う。概論、各論、演習というカリキュラムのもと、特に講読と演習では中国の古典である漢文の読解力を鍛え、史料の用い方を修得する。卒業論文を重視しているのも特色の1つである。
英文学専修	イギリスの文学を中心に、英語で書かれた文学全般を学ぶ。小説、詩、演劇の作品が生まれる背景となる文化や哲学、歴史などの知識や方法論などを柔軟に取り入れながら、深く豊かな研究に取り組む。古英語文学やアフリカの文学まで学生の興味に応じて学べる。
英語学専修	現代言語学の観点から、英語の持つ様々な側面を研究する。卒業論文を英語で作成することを前提に、「英語学講読・演習、高等英文解釈法」では読解力を鍛錬し、「英語論文作成法」ではレポート・論文の実践的な書き方を学ぶなど、高度な英語力を獲得する。
ドイツ文学専修	ドイツ語圏に由来する文化全般について多岐にわたる研究を展開。文学および思想、ドイツ語圏の文化、ドイツ語、物語という4つの軸から、幅広いテーマを研究対象とする。映画、マンガなど多様なジャンルの作品を収蔵し、自由に閲読できる環境を整えている。
フランス文学専修	フランス文学のみならず、言語、思想、芸術、歴史、社会、政治などの伝統的なテーマから、映画、広告、料理、マンガなどの文化も扱う。カナダのケベック州やニュー・カレドニアなども含め、学生の関心によりフランス語に関するすべての分野が研究対象である。
西洋史専修	主にヨーロッパを中心とする地域について、諸民族、国家、社会の歴史を原典となる史料と外国文献に即して解き明かす。英語をはじめ、講読や演習で必須となるドイツ語、またはフランス語の修得にも取り組む。必要に応じてギリシア語やラテン語も学ぶ。
哲学専修	概論や基礎講読、各論、演習などを通じて哲学に触れながら、自由に研究テーマを選び学ぶ。主に外国語の原典を用いて講読や演習に取り組むため、1・2年次には英語、ドイツ語、フランス語より2つの言語を学ぶ他、ギリシア語やラテン語の学修も行う。

倫理学専修	主に西欧の思想を通じて人間存在の全体的構造を問い、人間としての善い生き方について原理的に考える。また、文学、宗教、芸術、科学、さらには社会制度や歴史的事件の中から倫理思想に関わる問題を見いだし研究する。文献講読のための外国語の読解力を養う。
東洋・日本美術史専修	主に中国、朝鮮、日本の美術を対象に、その歴史的展開を研究する。仏教美術史、中国美術史、日本近世絵画史などを論じる各論、討論による作品研究や演習、美術作品の調査法や写真撮影の技術を修得する実習などに取り組む。国内外での作品観察も行う。
美学・西洋美術史専修	古代ギリシア・ローマ美術、ルネサンス・バロック期の美術を中心に、近現代の美術を含め、様々な角度から美術作品を見る眼を養う。実習では展覧会の見学や美術館訪問を行う。思想、文学、宗教などに加え、英語、ドイツ語、フランス語を学ぶ機会もある。
心理学専修	意識や行動、生理反応などから、心の働きや仕組みを解き明かす。参考資料となる国内外の文献を読み解く語学力を鍛え、実験・調査のための統計・推計学や計量分析、コンピュータに関する知識を修得する。実証的なデータに基づき卒業論文を作成する。
言語学専修	言語の内部構造（音韻、文法、語彙）、話し手と聞き手、状況との関係における言語の運用などについて研究する。認知脳科学など隣接する諸科学の知見も活かし、各言語の特性などを解き明かす。音声言語と文字言語に関する観察、記述、分析の方法を身につける。
社会学専修	社会的存在としての人間の行為と関係に着目し、社会の構造と変動を理論的かつ実証的に解き明かす。外国語文献の精読などを通じた理論的なトレーニングやフィールド調査に基づく社会現象の質的分析に力を入れる。研究テーマは興味に応じ自由に設定できる。
行動科学専修	社会現象のミクロ・マクロ分析と、それに対する数理・計量的アプローチの2つを軸に、様々な人間行動と社会現象の解明に取り組む。数理モデルやコンピュータ・シミュレーションによる分析、社会調査や実験などによって得られたデータの統計分析を行う。
取得可能な免許・資格	登録日本語教員、公認心理師、認定心理士、学芸員、社会調査士、教員免許（中-国・社・宗・英・フランス語・ドイツ語、高-国・地歴・公・宗・英・フランス語・ドイツ語）

入試要項（2025年度）

※この入試情報は大学発表の2025年度入試（予告）および2024年度募集要項等より編集したものです（2024年1月時点。見方は巻頭の「本書の使い方」参照）。内容には変更が生じる可能性があるため、最新情報はホームページや2025年度募集要項等で必ず確認してください。

■文学部 偏差値 63

前期日程

◆**共通テスト**

［人文社会：8科目（1000点→700点）］国現古漢(200→100) 地歴 公 地歴全3科目、公共・倫、公共・政経から2（計200→250）数 数ⅠA、数ⅡBC（計200→100）理 全5科目から1（100）外 全5科目から1(200→100) 情 情Ⅰ(100→50)

◆**個別学力検査等**

［人文社会：3科目（1300点）］国 現古漢（500）数 数ⅠⅡAB〔列〕C〔べ〕（300）外 英、独、仏から1（500）

特別選抜

［総合型選抜］AO入試Ⅱ期、AO入試Ⅲ期 共

［その他］国際バカロレア入試、私費外国人留学生入試

教育学部

定員 70

川内北キャンパス（1・2年）、川内南キャンパス（3・4年）

入試科目検索

特色 2年次前期からコースに分かれ3年次は研究指導を通して学ぶ。
進路 2割弱が大学院へ進学。他、公務や製造業などに就職する者も多い。
学問分野 心理学／教育学
大学院 教育学

学科紹介

教育科学科

教育学コース	教育の思想・歴史・組織・制度や、教育の内容・方法・組織と社会制度との関わりなど、多面的な教育の諸現象について、教育学および教育に関連する諸学問の内容を学び、自ら課題を設定して研究に取り組む。文献講読・フィールド調査・実験・社会調査などを行い、教育学の研究方法を修得する。
教育心理学コース	教育や発達・適応に関する諸現象について、人間行動・心理的状態に関わる側面から、心理学的な概念や理論を学び、教育や発達・適応上の諸問題を解明するために自ら課題を設定して研究に取り組む。文献講読・行動観察・実験・質問紙調査などを行い、ICTリテラシーなどを学ぶ。また公認心理師のためのカリキュラムも準備されている。
取得可能な免許・資格	公認心理師、学芸員、教員免許（中-社、高-公）、社会教育士、社会教育主事

入試要項（2025年度）

※この入試情報は大学発表の2025年度入試（予告）および2024年度募集要項等より編集したものです（2024年1月時点。見方は巻頭の「本書の使い方」参照）。内容には変更が生じる可能性があるため、最新情報はホームページや2025年度募集要項等で必ず確認してください。

■教育学部 偏差値 62

前期日程

◆共通テスト

[教育科：8科目（1000点→950点）] 国現古漢（200） 地歴 公地歴全3科目、公共・倫、公共・政経から2（計200） 数数ⅠA、数ⅡBC（計200） 理全5科目から1（100） 外全5科目から1（200） 情情Ⅰ（100→50）

◆個別学力検査等

[教育科：3科目（1750点）] 国現古漢（650） 数数ⅠⅡAB〔列〕C〔べ〕（450） 外英、独、仏から1（650）

特別選抜

[総合型選抜] AO入試Ⅱ期、AO入試Ⅲ期共
[その他] 私費外国人留学生入試

入試科目検索

法学部

定員 160

川内北キャンパス（1・2年）、川内南キャンパス（3・4年）

特色 法学的、政治学的な思考力と知識を身につけた「法政ジェネラリスト」を養成。
進路 2割弱が大学院へ進学。就職先は公務や金融・保険業、情報通信業など。
学問分野 法学／政治学
大学院 法学

学科紹介

法学科 (160)	基礎講義、基幹講義、展開講義に授業を分類し、演習によって各講義に対するフォローアップを行う。ほぼ完全な自由選択制のカリキュラムによって、多くの科目の中から授業を選択し、自らの興味や関心に合わせて法学と政治学を主体的に学ぶことができる。

入試要項(2025年度)

※この入試情報は大学発表の2025年度入試（予告）および2024年度募集要項等より編集したものです（2024年1月時点。見方は巻頭の「本書の使い方」参照）。内容には変更が生じる可能性があるため、最新情報はホームページや2025年度募集要項等で必ず確認してください。

■法学部 偏差値 63

前期日程

◆共通テスト

[法：8科目(1000点→950点)] 国 現古漢(200) 地歴 公 地歴全3科目、公共・倫、公共・政経から2（計200） 数 数ⅠA、数ⅡBC（計200） 理 全5科目から1（100） 外 全5科目から1（200） 情 情Ⅰ（100→50）

◆個別学力検査等

[法：3科目（1950点）] 国 現古漢（650） 数 数ⅠⅡAB〔列〕C〔べ〕(650) 外 英、独、仏から1(650)

特別選抜

[総合型選抜] AO入試Ⅱ期、AO入試Ⅲ期 共

[その他] 国際バカロレア入試、私費外国人留学生入試

経済学部

定員 260

入試科目検索

川内北キャンパス（1・2年）、川内南キャンパス（3・4年）

特色 文理融合教育を視野に理系入試を導入。学部・大学院一貫教育プログラムも設置。
進路 卒業者の約9割が就職。就職先は金融・保険業や情報通信業、公務など。
学問分野 経済学／経営学
大学院 経済学

学科紹介

学科	定員	内容
経済学科	(130)	経済学を学ぶということは、現実の社会を解剖する知識と技術を身につけることである。経済社会の仕組みや、その動きを、理論、政策、歴史などの多様な側面から解析すること、統計データの分析手法を学び、近未来の経済動向を予測することなどに取り組む。また環境や福祉にも目を向ける。
経営学科	(130)	経営学を学ぶということは、企業を中心とする様々な経営体の仕組みや運営に関する知識と技術を学ぶことである。国際化し複雑化した現代社会の中で、企業と社会はどのように関わり、企業の戦略はどうあるべきかなどを、理論的、歴史的、実践的な角度から分析する。また地域社会のかかえる課題を明らかにし、解決する方策を探る。

入試要項（2025年度）

※この入試情報は大学発表の2025年度入試（予告）および2024年度募集要項等より編集したものです（2024年1月時点。見方は巻頭の「本書の使い方」参照）。内容には変更が生じる可能性があるため、最新情報はホームページや2025年度募集要項等で必ず確認してください。

■経済学部 偏差値 63

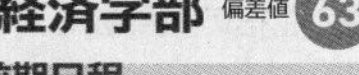

前期日程

◆共通テスト（文系）
[全学科：8科目（1000点→1100点）] 国現古漢（200→150）地歴 公地歴全3科目、公共・倫、公共・政経から2（計200→450）数数ⅠA、数ⅡBC（計200→150）理全5科目から1（100→150）外全5科目から1（200→150）情情Ⅰ（100→50）

◆共通テスト（理系）
[全学科：8科目（1000点→1100点）] 国現古漢（200→300）地歴 公地歴全3科目、公共・倫、公共・政経から1（100→150）数数ⅠA、数ⅡBC（計200）理物、化、生、地から2（計200）外全5科目から1（200）情情Ⅰ（100→50）

◆個別学力検査等（文系）
[全学科：3科目（1800点）] 国現古漢（600）数数ⅠⅡAB〔列〕C〔ベ〕（600）外英（600）

◆個別学力検査等（理系）
[全学科：4科目（1800点）] 数数ⅠⅡⅢAB〔列〕C（600）理物基・物、化基・化、生基・生、地基・地から2（計600）外英（600）

後期日程

◆共通テスト（文系）
[全学科：8科目（1000点→300点）] 前期日程に同じ▶ただし国（200）地歴 公（計200→100）数（計200→なし）理（100→なし）外（200→なし）情（100→なし）となる。数理外情は第1段階選抜のみに利用

◆共通テスト（理系）
[全学科：8科目（1000点→450点）] 国現古漢（200→100）地歴 公 情次の①・②から高得点1（①地歴全3科目、公共・倫、公共・政経から1（100→50）、情Ⅰ（100→なし）、②地歴全3科目、公共・倫、公共・政経から1（100→なし）、情Ⅰ（100→50））数数ⅠA、数ⅡBC（計200→なし）理物、化、生、地から2（計200→150）外全5科目から1▶数と地歴公または情は第1段階選抜のみに利用

◆個別学力検査等（文系）
[全学科：2科目（600点）] 数数ⅠⅡAB〔列〕C〔ベ〕（300）外英（300）

◆個別学力検査等（理系）
[全学科：2科目（450点）] 数数ⅠⅡⅢAB〔列〕C（350）面面接（100）

特別選抜

[総合型選抜] AO入試Ⅲ期（文系、理系）共
[その他] 私費外国人留学生入試

理学部

定員 324

入試科目検索

川内北キャンパス（1・2年）、青葉山北キャンパス（3・4年）

特色 入学時から系別に教育を受ける。2～3年次から各学科へ、3～4年次からは研究室に配属される。
進路 約8割が大学院に進学し研究を続ける。就職先は情報通信業や教育・学習支援業など。
学問分野 数学／物理学／化学／生物学／地学
大学院 理学

学科紹介

数学科 (45)	高校数学から大学での学びへ支障なく進められる演習形式を取り入れながら、3年次までに現代数学全般を理解するための基礎的な知識を修得する。4年次では少人数で外国語の専門書をテキストとして学ぶセミナーを設けている。全国屈指の価値と規模の数学関連図書を備えている。
物理学科 (78)	現代物理学の主要分野を網羅する研究室と第一線で活躍する160名の教員を擁する国内最大級の物理学の教育研究組織である。充実した研究設備を利用し、最先端の研究を体験できる。高度な研究へ展開するための基礎を固め、産業界で役立つ科学的素養を養う。
宇宙地球物理学科 (41)	2つのコースを設置。天文学コースには理論天文学と観測天文学の分野があり、天文学や宇宙物理学を総合的に研究する。国立天文台などの共同利用施設で観測を行う。地球物理学コースでは固体地球系、流体地球系、太陽惑星空間系の3つの分野で研究を進める。
化学科 (70)	無機・分析化学、有機化学、物理化学、境界領域化学、先端理化学の5つの基幹講座に組織される17の研究室から構成。生物化学、超分子化学、レーザー分光学など研究内容は多岐にわたる。国内屈指の教員数を誇り、マンツーマンに近い教育を提供している。
地圏環境科学科 (30)	水圏、気圏、生物圏、岩石圏の4つの圏の交差する部分である地圏を研究し地球と人類の未来を模索する。室内、野外での実習も数多く行われる。特に、地球環境の分野では深海掘削船「ちきゅう」を用いた統合国際深海掘削計画の推進を研究テーマに扱っている。
地球惑星物質科学科 (20)	地球や宇宙環境における物質の分布、構造、物性などの研究を通して、地球中心部から他の惑星空間に至るまでの総合的な理解を図り、地球と惑星の進化の本質に迫っていく。宇宙ステーションを利用した研究や、宇宙空間を模した微小重力での実験も行われている。
生物学科 (40)	22の研究室で構成され、分子、細胞、個体、集団、さらには系統や進化、生態系に至るまで、生物学全体をカバーする幅広い分野の研究を行う。大学院への進学を視野に入れた教育プログラムが組まれ、最先端の研究に基づいた講義を早くから受けることができる。
取得可能な免許・資格	学芸員、測量士補、教員免許（中-数・理・社、高-数・理・地歴）

入試要項（2025年度）

※この入試情報は大学発表の2025年度入試（予告）および2024年度募集要項等より編集したものです（2024年1月時点。見方は巻頭の「本書の使い方」参照）。内容には変更が生じる可能性があるため、最新情報はホームページや2025年度募集要項等で必ず確認してください。

■理学部 偏差値 64

前期日程

◆共通テスト

［全系：8科目（1000点→750点）］国 現古漢（200→150）地歴 公 地歴全3科目、公共・倫、公共・政経から1（100）数 数ⅠA、数ⅡBC（計200→150）理 物、化、生、地から2（計200→150）外 全5科目から1（200→150）情 情Ⅰ（100→50）

◆個別学力検査等

［全系：4科目（1600点）］数 数ⅠⅡⅢAB〔列〕C（600）理 物基・物、化基・化、生基・生、地基・

地から2（計600）外英（400）

後期日程

◆**共通テスト**

［全系：8科目（1000点→300点）］前期日程に同じ▶ただし国（200→100）地歴公（100→なし）数（計200→なし）理（計200→なし）外（200）情（100→なし）となる。地歴公数理情は第1段階選抜のみに利用

◆**個別学力検査等**

［全系：4科目（800点）］数数ⅠⅡⅢAB〔列〕C（400）理物基・物、化基・化、生基・生、地基・地から2（計400）面面接

特別選抜

［総合型選抜］AO入試Ⅱ期、AO入試Ⅲ期共

［その他］科学オリンピック入試、国際バカロレア入試、帰国生徒入試、私費外国人留学生入試、グローバル入試（Ⅱ期）、国際学士コース入試

東北大学理学部 一般選抜における募集方法

東北大学理学部の一般選抜における募集は、学科ではなく系単位で行われ、第2志望の系まで選ぶことができます。 ただし、後期日程については、数学系は第1志望のみの募集とします（2024年度入試実績）。また、物理系及び地球科学系については、本人の志望、学業成績等によって所属学科を決定し、2年次後期から配属されます。

学科名	募集単位	募集人員
数学科	数学系	45名
物理学科 宇宙地球物理学科	物理系	119名
化学科	化学系	70名
地圏環境科学科 地球惑星物質科学科	地球科学系	50名
生物学科	生物系	40名

医学部（医）

定員 116

入試科目検索

川内北キャンパス（1・2年）、星陵キャンパス（2～6年）

特色 在学中に医学博士を取得できるコースがある他、3年次および6年次には海外留学も可能。
進路 卒業者の大半が、医師国家試験に合格し、臨床研修医となる。
学問分野 医学
大学院 医学系

学科紹介

医学科 (116)	6年制。「研究第一」「実学尊重」を理念とする。東日本大震災の被災地にある関連病院で地域医療の重要性や被災地医療の復興について学ぶ他、6年次には海外の病院で実習を行うこともできる。1年次には選択制でAI（人工知能）に関する授業も開講している。
取得可能な免許・資格	医師

入試要項（2025年度）

※この入試情報は大学発表の2025年度入試（予告）および2024年度募集要項等より編集したものです（2024年1月時点。見方は巻頭の「本書の使い方」参照）。内容には変更が生じる可能性があるため、最新情報はホームページや2025年度募集要項等で必ず確認してください。

■医学部（医） 偏差値 67

前期日程

◆**共通テスト**

[医：8科目（1000点→550点）] 国 現古漢（200→100） 地歴 公 地歴全3科目、公共・倫、公共・政経から1（100） 数 数ⅠA、数ⅡBC（計200→100） 理 物、化、生から2（計200→100） 外 全5科目から1（200→100） 情 情Ⅰ（100→50）

◆**個別学力検査等**

[医：5科目（2200点）] 数 数ⅠⅡⅢAB〔列〕C（600） 理 物基・物、化基・化、生基・生から2（計600） 外 英、独、仏から1（600） 面 面接（400）
▶小作文を課す

特別選抜

[総合型選抜] AO入試Ⅱ期、AO入試Ⅲ期 共
[その他] 国際バカロレア入試、帰国生徒入試、私費外国人留学生入試

医学部（他）

定員 144

川内北キャンパス（1・2年）、星陵キャンパス（2〜4年）

入試科目検索

特色 4年制。主に1・2年次に全学教育科目、3・4年次に専門基礎および専攻専門科目を学ぶ。
進路 看護：多くは医療機関に看護師として就職。その他：約半数が大学院へ進学。
学問分野 看護学／健康科学
大学院 医学系

学科紹介

保健学科

看護学専攻 (70)	基礎・健康開発看護学、家族支援看護学の2つの講座からなり、深い人間理解と高度な見識が必要な看護学を学ぶ。研究や実践を通じて科学としての看護学と看護実践を探究するとともに、病院や学校など様々な場所で人間の尊厳ある生活を支える人材を育成する。
放射線技術科学専攻 (37)	2年次に理学、工学、医学の基礎を学び、3年次にはこれらの知識をもとに専門分野の学びを深める。臨地実習は東北大学病院の他、近隣の病院でも実施され最先端の診療技術を学ぶとともに、診療放射線技師の社会的役割を認識する。4年次には卒業研究に取り組む。
検査技術科学専攻 (37)	2年次より大半の科目が専門科目となり、検査の確かな技術を身につけるため多くの実習が行われる。3年次後期より臨地実習が始まり、病院における臨床検査技師の役割を学ぶ。4年次には卒業研究とともに国家試験対策が行われるが、大学院への進学者も多い。
取得可能な免許・資格	看護師、助産師、診療放射線技師、臨床検査技師

入試要項（2025年度）

※この入試情報は大学発表の2025年度入試（予告）および2024年度募集要項等より編集したものです（2024年1月時点。見方は巻頭の「本書の使い方」参照）。内容には変更が生じる可能性があるため、最新情報はホームページや2025年度募集要項等で必ず確認してください。

■医学部（他） 偏差値 60

前期日程

◆共通テスト

[保健：8科目（1000点→1050点）] 国 現古漢(200) 地歴 公 地歴全3科目、公共・倫、公共・政経から1（100→200）数 数ⅠA、数ⅡBC（計200）理 物、化、生から2（計200）外 全5科目から1（200）情 情Ⅰ（100→50）

◆個別学力検査等

[保健－看護学：5科目（1650点）] 数 数ⅠⅡAB〔列〕C〔べ〕(450) 理 物基・物、化基・化、生基・生から2（計450）外 英（450）面 面接（300）

[保健－放射線技術科学・検査技術科学：5科目（1650点）] 数 数ⅠⅡⅢAB〔列〕C(450) 理 物基・物、化基・化、生基・生から2(計450) 外 英(450) 面 面接（300）

特別選抜

[総合型選抜] AO入試Ⅱ期、AO入試Ⅲ期 共
[その他] 私費外国人留学生入試

歯学部

川内北キャンパス（1・2年）、星陵キャンパス（2〜6年）

定員 53

入試科目検索

特色 6年制。「インターフェイス口腔健康科学」のコンセプトに基づき教育・研究を行う。
進路 歯科医師国家試験に合格し研修終了後、大学院進学や開業医勤務等の研究や医療に携わる。
学問分野 歯学
大学院 歯学

学科紹介

歯学科 (53)	基礎歯学と臨床歯学を学ぶ「コア科目」や大学院進学・高度専門職に備えた「アドバンス科目」、東北大学病院での歯科臨床の実体験を通して学ぶ「臨床実習科目」等、豊かな教養と人間性、高い倫理観と「科学する心」を備えた歯科医師や教育研究者を育成するための教育を行う。
取得可能な免許・資格	歯科医師

入試要項（2025年度）

※この入試情報は大学発表の2025年度入試（予告）および2024年度募集要項等より編集したものです（2024年1月時点。見方は巻頭の「本書の使い方」参照）。内容には変更が生じる可能性があるため、最新情報はホームページや2025年度募集要項等で必ず確認してください。

■歯学部 偏差値 62

前期日程

◆共通テスト

[歯：8科目(1000点→950点)] 国現古漢(200) 地歴 公地歴全3科目、公共・倫、公共・政経から1(100) 数数ⅠA、数ⅡBC(計200) 理物、化、生から2(計200) 外全5科目から1(200) 情情Ⅰ(100→50)

◆個別学力検査等

[歯：5科目(1800点)] 数数ⅠⅡⅢAB〔列〕C(500) 理物基・物、化基・化、生基・生から2(計500) 外英(500) 面面接(300)

特別選抜

[総合型選抜] AO入試Ⅱ期、AO入試Ⅲ期共
[その他] 私費外国人留学生入試

薬学部

定員 80

川内北キャンパス（1・2年）、青葉山北キャンパス（2〜4（6）年）

入試科目検索

特色 3年次後期に希望と成績により4年制の創薬科学科と6年制の薬学科に分かれる。
進路 創薬科：約9割が大学院へ進学。薬：薬剤師として製薬・医療関係等への就職の他、大学院へ進学。
学問分野 薬学
大学院 薬学

学科紹介

創薬科学科 (60)	4年制。薬学全般に関する知識とともに、薬学を学ぶ者としての教養や知性を修得する。実習や卒業研究を通して実験方法、分析方法、解析方法などを学び、創薬科学の研究者や技術者としての基盤を築いていく。ほとんどの学生が博士課程前期2年の課程に進学する。
薬学科 (20)	6年制。薬学の基礎知識に加え教養と倫理観を備えた人を育成する。研究室、病院、調剤薬局などにおける実習を通じて薬剤師としての知識と技術を修得する。卒業後は薬剤師として医療現場で活躍する者と、大学院に進学し、博士号の取得を目指す者がいる。
取得可能な免許・資格	薬剤師、教員免許（中-理、高-理）

入試要項（2025年度）

※この入試情報は大学発表の2025年度入試（予告）および2024年度募集要項等より編集したものです（2024年1月時点。見方は巻頭の「本書の使い方」参照）。内容には変更が生じる可能性があるため、最新情報はホームページや2025年度募集要項等で必ず確認してください。

■薬学部 偏差値 64

前期日程

◆**共通テスト**

[全学科：8科目（1000点→950点）] 国 現古漢（200） 地歴 公 地歴全3科目、公共・倫、公共・政経から1（100） 数 数ⅠA、数ⅡBC（計200） 理 物、化、生から2（計200） 外 全5科目から1（200） 情 情Ⅰ（100→50）

◆**個別学力検査等**

[全学科：4科目（2350点）] 数 数ⅠⅡⅢAB〔列〕C（850） 理 物基・物、化基・化（計850） 外 英（650）

特別選抜

[総合型選抜] AO入試Ⅲ期 共

[その他] 国際バカロレア入試、私費外国人留学生入試

工学部

定員 850

川内北キャンパス（1・2年）、青葉山東キャンパス（3・4年）

入試科目検索

特色 女性研究者の育成・支援を行っている他、情報教育の強化や独自の英語講習などを実施。
進路 約9割が大学院へ進学。就職先は情報通信業や製造業、建設業など。
学問分野 物理学／化学／応用物理学／応用化学／機械工学／電気・電子工学／材料工学／土木・建築学／船舶・航空宇宙工学／エネルギー工学／医療工学／その他工学／環境学／情報学
大学院 工学

学科紹介

学科	定員	内容
機械知能・航空工学科	(247)	機械システムコース、ファインメカニクスコース、ロボティクスコース、航空宇宙コース、量子サイエンスコース、エネルギー環境コース、機械・医工学コースと、国際機械工学コースを設置。卒業研究を通し、機械工学における新たな知識や技術を創造する方法論を修得する。
電気情報物理工学科	(263)	電気工学コース、通信工学コース、電子工学コース、応用物理学コース、情報工学コース、バイオ・医工学コースを設置。マンツーマンの教育体制を整備し、エネルギー、電子機器、通信、医療機器など学びの分野は幅広い。
化学・バイオ工学科	(113)	応用化学コース、化学工学コース、バイオ工学コースが設置され、3年次まで3コースの内容を融合した「一体教育」を行う。原子や分子に基づいて物質変換や生体情報を理解した上で理想の機能を持つ新素材を設計・創出し、生産することを目指す。
材料科学総合学科	(113)	金属フロンティア工学コース、知能デバイス材料学コース、材料システム工学コース、材料環境学コースを設置。工学の基礎知識に加え、物を作るための基本的な知識と考え方を身につけ、次代の材料産業を支える技術者や時代の変遷に応じ新材料を開発できる研究者を育成する。
建築・社会環境工学科	(114)	社会基盤デザインコース、水環境デザインコース、都市システム計画コース、都市・建築デザインコース、都市・建築学コースを設置。自然と人間の調和を図りつつ、芸術的で文化的な価値ある空間や施設を計画し、設計や建築ができる研究者・技術者の育成を目指す。
取得可能な免許・資格		危険物取扱者（甲種）、特殊無線技士（海上、陸上）、建築士（一級、二級、木造）、技術士補、測量士補、主任技術者（電気）、教員免許（中-数・理、高-数・理・情）

入試要項（2025年度）

※この入試情報は大学発表の2025年度入試（予告）および2024年度募集要項等より編集したものです（2024年1月時点。見方は巻頭の「本書の使い方」参照）。内容には変更が生じる可能性があるため、最新情報はホームページや2025年度募集要項等で必ず確認してください。

■工学部 偏差値 64

前期日程

◆共通テスト

[全学科：8科目（1000点→950点）] 国現古漢(200) 地歴 公地歴全3科目、公共・倫、公共・政経から1(100) 数数ⅠA、数ⅡBC(計200) 理物、化、生、地から2(計200) 外全5科目から1(200) 情情Ⅰ(100→50)

◆個別学力検査等

[全学科：4科目(2000点)] 数数ⅠⅡⅢAB〔列〕C(750) 理物基・物、化基・化(計750) 外英(500)

特別選抜

[総合型選抜] AO入試Ⅱ期、AO入試Ⅲ期 共

[その他] 国際バカロレア入試、帰国生徒入試、私費外国人留学生入試、グローバル入試（Ⅰ期、Ⅱ期）、国際学士コース入試

農学部

定員 150

入試科目検索

川内北キャンパス（1・2年）、青葉山新キャンパス（3・4年）

特色 2年次にコース配属。4年次には研究室に所属し、卒業研修に取り組む。
進路 約7割が大学院へ進学。卒業者は食料・飲料等製造業、公務などの分野で活躍。
学問分野 生物学／農学／応用生物学／環境学
大学院 農学

学科紹介

生物生産科学科 (90)	植物生命科学、農業経済学、動物生命科学、海洋生物科学の4つのコースに分かれ、幅広い領域の研究と教育が行われる。植物病理学、地域資源計画学、動物機能形態学、海洋生命遺伝子情報学など様々な分野をカバーする研究室を設置。
応用生物化学科 (60)	生物化学、生命化学の2つのコースを設置。生物化学コースでは微生物や植物、動物などの生命現象を分子レベルで解明する研究を行う。生命化学コースでは生命や、生命活動維持のための食料の分子構造およびその働き、合成に関して幅広い視点から研究を行う。
取得可能な免許・資格	食品衛生管理者、食品衛生監視員、教員免許（中-理、高-理・農）

入試要項（2025年度）

※この入試情報は大学発表の2025年度入試（予告）および2024年度募集要項等より編集したものです（2024年1月時点。見方は巻頭の「本書の使い方」参照）。内容には変更が生じる可能性があるため、最新情報はホームページや2025年度募集要項等で必ず確認してください。

■農学部 偏差値 63

前期日程

◆**共通テスト**

[全学科：8科目（1000点→950点）] 国 現古漢(200) 地歴 公 地歴全3科目、公共・倫、公共・政経から1(100) 数 数ⅠA、数ⅡBC(計200) 理 物、化、生、地から2(計200) 外 全5科目から1(200) 情 情Ⅰ（100→50）

◆**個別学力検査等**

[全学科：4科目(2100点)] 数 数ⅠⅡⅢAB〔列〕C(700) 理 物基・物、化基・化、生基・生、地基・地から2(計700) 外 英(700)

特別選抜

[総合型選抜] AO入試Ⅱ期、AO入試Ⅲ期 共

[その他] 国際バカロレア入試、私費外国人留学生入試、国際学士コース入試

募集人員等一覧表

※本書掲載内容は、大学のホームページ及び入学案内や募集要項などの公開データから独自に編集したものです（2024年度入試[※1]）。詳細は募集要項かホームページで必ず確認してください。

学部	学科・系ー専攻	募集人員	一般選抜		2段階選抜（倍率）		配点（共共テ 個個別）		特別選抜※2
			前期日程	後期日程	前期日程	後期日程	前期日程	後期日程	
文	人文社会	210名	147名	—	約3.5倍	—	共600点 個1000点 計1600点	—	①36名 ②27名 ⑥⑪若干名
教育	教育科	70名	49名	—	約4.0倍	—	共450点 個800点 計1250点	—	①7名 ②14名 ⑪若干名
法	法	160名	112名	—	約4.0倍	—	共450点 個900点 計1350点	—	①24名 ②24名 ⑥⑪若干名
	経済	260名	文系 147名	文系 25名	文系 約3.5倍	文系 約14.0倍	文系 共650点 個900点 計1550点	文系 共300点 個600点 計900点	①文系 58名 理系 10名 ⑪若干名
			理系 10名	理系 10名	理系 約4.0倍	理系 約10.0倍	理系 共650点 個900点 計1550点	理系 共450点 個450点 計900点	
理 ※3	数学（数）	45名	27名	8名					
	物理（物理、宇宙地球物理）	119名	74名	20名					
	化学（化）	70名	40名	13名	約4.0倍	約10.0倍	共450点 個800点 計1250点	共300点 個800点 計1100点	①32名 ②41名 ⑤⑥⑦⑨⑩⑪ 若干名
	地球科学（地圏環境科、地球惑星物質科）	50名	29名	10名					
	生物（生物）	40名	26名	4名					
医	医	116名	77名		約3.5倍	—	共250点 個950点 計1200点		①12名 ②15名 ④宮城 7名 岩手 2名 ⑥＋⑦＋⑪ 3名
	保健ー看護学	70名	48名	—	約3.0倍	—		—	
	保健ー放射線技術科学	37名	25名	—	約3.0倍	—	共500点 個750点 計1250点		①26名 ②20名 ⑪若干名
	保健ー検査技術科学	37名	25名	—	約3.0倍	—			
歯	歯	53名	37名	—	約4.0倍	—	共450点 個850点 計1300点	—	①10名 ②6名 ⑪若干名
	薬	80名	56名	—	約4.0倍	—	共450点 個1100点 計1550点	—	①24名 ⑥⑪若干名
工	機械知能・航空工	247名	173名						
	電気情報物理工	263名	184名						
	化学・バイオ工	113名	79名	—	約3.0倍	—	共450点 個800点 計1250点	—	①122名 ②118名 ③⑥⑧⑪ 若干名 ⑨＋⑩15名
	材料科学総合	113名	79名						
	建築・社会環境工	114名	80名						

学部	学科・系ー専攻	募集人員	一般選抜		2段階選抜（倍率）		配点（共共テ個個別）		特別選抜※1
			前期日程	後期日程	前期日程	後期日程	前期日程	後期日程	
農		150名	105名	—	約4.0倍	—	共450点 個900点 計1350点	—	①22名 ②23名 ⑥⑩⑪若干名

※1　2024年度入試実績。2025年度入試の概要は、大学ホームページに公表予定

※2　［総合型選抜］共課す：①AO入試（Ⅲ期）、共課さない：②AO入試（Ⅱ期）
［その他］共課す：③帰国生徒入試、④地域枠入試、共課さない：⑤科学オリンピック入試、⑥国際バカロレア入試、⑦帰国生徒入試、⑧グローバル入試Ⅰ期、⑨グローバル入試Ⅱ期、⑩国際学士コース入試、⑪私費外国人留学生入試

※3　理学部は次の5つの系での募集となる。数学系（数学科）、物理系（物理学科、宇宙地球物理学科）、化学系（化学科）、地球科学系（地圏環境科学科、地球惑星物質科学科）、生物系（生物学科）

Column コラム

就職支援

東北大学では、川内北キャンパスにキャリア支援センターを設置し、学生のニーズに対応した進路・就職支援の各種プログラムを実施しています。正課教育では全学教育でキャリア教育科目を開講し、正課外では全学生を対象として各種の進路・就職支援プログラムや個別相談の他、各部局における教育・進路の特徴を活かしたキャリア支援プログラムを部局と連携し実施しています。また、就職希望者を対象としたキャリア就職フェアや、OB・OGによる業界仕事研究フェア、自己分析や業界研究などをテーマとしたセミナー、模擬面接・グループディスカッションなど実践的なワークショップなどを実施しています。また、首都圏で就職活動をする学生への支援として東京VIPラウンジを設置しています。博士のキャリア構築支援として、全研究科の博士学生・ポスドク（研究員）を対象とした博士人材育成ユニットを設置しており、一人ひとりの研究内容・スキル・個性等を考慮しながらキャリアの検討を行う個別キャリア支援や、企業と博士学生・ポスドクの交流・情報交換会としてジョブフェアなどが実施されています。

国際交流

東北大学では、世界36カ国・247機関と学術交流協定を締結し、留学生や研究者の派遣、受け入れ、相互交換などの活動を行い世界的な規模での国際交流を展開しています。東北大学では、協定校へ1学期または1年間留学する交換留学や、協定校で長期休業期間中に開催される1週間程度の短期プログラムに参加する海外体験プログラムなど、留学を考える学生の多様な学修目的や期間などの希望に合わせ、様々な海外研修・留学プログラムを用意しています。また、グローバルラーニングセンターでは、国際教育支援プロジェクト「Be Global プロジェクト」の一環で海外の協定校が提供するオンライン研修や、海外大学の授業を東北大学に通いながら履修できる機会を提供しています。さらに、特別選抜等で入学が決まっている高校生を対象とした入学前海外研修をオンラインで実施しています。また、留学準備支援をオンライン化し、「留学情報セミナー」や、「留学とコンピテンシーセミナー」の開催、海外協定校の学生と交流できるオンラインイベントなどを実施しています。

Student's Voice

経済学部

2年

開地 燈(かいち あかり)さん

宮城県 県立 宮城第一高校 卒
新体操部　高2・10月引退

人との関わりで視野が広がりました

Q どのような高校生でしたか？　東北大学を志望した理由は？

高校時代は、部活動や生徒会活動などの課外活動に力を入れていました。所属していた新体操部では高1にして副部長を務め、体育祭や歌合戦といった様々な学校行事では実行委員として運営に携わりました。高3の夏頃まで実行委員の活動が忙しかったこともあり、本格的に受験勉強を始めたのは高3の夏休みと、かなり遅めのスタートでした。

通っていた高校の近くにあった東北大学は、実家から通学できる数少ない国公立大学の1つだったこともあり、高1の頃から気になっていました。オープンキャンパスや大学祭へのオンライン参加を通じて感じた大学の雰囲気や、入試方式、自分の学力などを総合的に考えて東北大学を志望することに決めました。志望校を決める際には、1つの側面にとらわれることなく、複数の視点から考えて自分の希望により適した大学を選ぶことが重要だと思います。

Q どのように受験対策をしましたか？　入試本番はどうでしたか？

高3の夏、周囲にかなり遅れをとる形で受験勉強のスタートを切りました。英数国に関しては、高3に入るまでに基礎を固められていたため、問題演習を中心に取り組みました。地歴と理科基礎は、教科書と参考書を用いてインプットとアウトプットを繰り返して知識の定着を図り、共通テストに対応できるレベルの知識を身につけました。

共通テスト本番は問題が難化しましたが、動揺することなく解答することができ、過去最高点を更新しました。自己採点の結果を受けてAOⅢ期の出願を決め、慌てて志願理由書を準備しました。少しでも総合型選抜に興味のある方は、前もって書類を用意しておくことを強くおすすめします。出願後は面接対策に力を入れ、練習を繰り返したり、時事問題について調べたりしました。私立大学は共通テスト利用入試を中心に出願していたため、東北大学の入試対策に専念することができました。

●受験スケジュール

月	日	大学・学部学科（試験方式）
1	15・16	★明治　政治経済－経済（共テ利用前期日程7科目方式）
		★中央　経済－経済（共テ利用単独方式 前期選考4教科型）
2	5	明治　政治経済－経済（全学部統一）
	12	★東北　経済（AO入試Ⅲ期 文系）

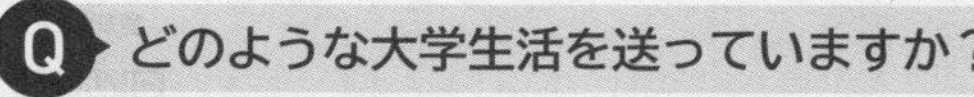

Q どのような大学生活を送っていますか？

理論と実践の両方を身につけています

カフェで課題に取り組む様子

2年次は授業のほとんどが経済学部の専門科目となりました。経済学・経営学の垣根にとらわれず、基礎的な部分を幅広く学んでいます。学部の教授による講義はもちろん、東北財務局・生命保険会社などのスタッフによる実務に即した講義やJR東日本と提携して観光イベントを企画する実践的な授業もあり、理論的な部分と実践的な部分との両方を身につけられていると実感しています。

また、昨年度に比べて対面型の授業が増え、友人とコミュニケーションを取りながら理解を深める機会が増加しました。ディスカッションやプレゼンテーションを通じての学習は、自身と異なる考え方に触れることができて興味深いです。

大学祭を盛り上げた同じ部署の仲間

大学祭の運営団体に所属し楽しく活動しています

大学祭を運営する大学祭事務局という団体に所属しています。10月末の大学祭本番に向けて、前年度の大学祭が終了した直後から1年かけて準備を進めます。今年度の大学祭は、新型コロナの影響が収束したこともあって、4年ぶりに完全体制での開催となりました。大変なことも多いですが、事務局の仲間たちと協力し、より多くの方に楽しんでもらえる大学祭を作り上げたいと思って活動しています。

Q 将来の夢・目標は何ですか？

進学するまではあまり明確なビジョンを持てていませんでしたが、大学生活を送るうちに少しずつ自分の関心がはっきりしてきました。現在は、講義で簿記について学んだことをきっかけに、「お金」を目に見える形で扱うことに興味を持っています。そのため、将来は金融系の企業に就職し、より直接的に「お金」に関わる仕事がしたいと考えています。金融系企業への就職活動や、その後のキャリアに活かすことができると聞いて、ファイナンシャル・プランナーの資格取得に向けた勉強を始めました。課題やサークル活動と並行して資格の勉強をするのは大変ですが、自分のペースで頑張りたいと思っています。

また、大学生活を通して様々な人と関わる機会が増え、自分の視野が広がったと感じています。そうした人とのつながりをこれからも大切にしていきたいです。

Q 後輩へのアドバイスをお願いします！

受験勉強はとにかく積み重ねが大切！！　当たり前のことですが、受験は一朝一夕の努力でどうにかなるようなものではありません。高1・2のうちから少しずつ知識や演習を積み重ねていくことで、確実に合格に近づいていきます。私自身、本格的に受験勉強を開始した時期は遅かったものの、高2までの間に基礎を固められていたことで志望校への合格をつかみ取ることができたと思っています。今はまだ目に見える形で結果が出ていないかもしれませんが、今のあなたの頑張りはいつか必ず実を結びます。思うように結果が出なくて苦しくても、もう少しだけ頑張ってみてください。また、高1・2の皆さんも今の自分にできることに精いっぱい取り組んでほしいなと思います。最後になりますが、皆さんの高校生活が充実したものになることを願っています。

あきた
秋田大学

資料請求

入試課（手形キャンパス）　TEL (018) 889-2256　〒010-8502 秋田県秋田市手形学園町1-1

「学生第一」を掲げ、世界と実学を見据えた教育を展開

大学紹介動画

最新入試情報

「国際的な水準の教育、研究の遂行」「地域振興と地球規模の課題解決への寄与」「国の内外で活躍する有為な人材の育成」を基本理念とする。時代に沿った教育と研究を実践している。

手形キャンパス構内

キャンパス **2**つ

手形キャンパス
〒010-8502 秋田県秋田市手形学園町1-1
本道キャンパス
〒010-8543 秋田県秋田市本道1-1-1

基本データ

※2023年5月現在（進路・就職は2022年度卒業者データ。学費は2024年度入学者用）

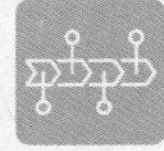
沿革

1949年、秋田師範学校、秋田青年師範学校、秋田鉱山専門学校を母体に、学芸、鉱山の2つの学部からなる大学として発足。1970年、医学部を設置。以後、学部学科の改組などを実施。2014年、国際資源学部を設置、工学資源学部を理工学部に改称。2025年、複数の学部を改組新設予定。

教育機関
5 学部 **5** 研究科

学部　国際資源／教育文化／医／総合環境理工※／情報データ科※
※2025年4月設置構想中

大学院　国際資源学ⓂⒹ／教育学ⓂⓅ／医学系ⓂⒹ／理工学ⓂⒹ／先進ヘルスケア工（研究科等連係課程）Ⓜ

その他　通信教育部

人数

学部学生数　**4,324**名

教員1名あたり学生 **7**名

教員数　**550**名【学長】南谷佳弘
（教授**139**名、准教授**134**名、講師**84**名、助教**193**名）

学費

初年度納入額　**817,800**円（諸経費別途）

奨学金　日本学生支援機構奨学金

進路

学部卒業者　**956**名
（進学**246**名［25.7%］、就職**541**名［56.6%］、その他※**169**名［17.7%］）
※臨床研修医123名を含む

主な就職先　秋田県（職員）、秋田県警察、東京国税局、公立学校（教員）、秋田銀行、東北労働金庫、JA青森、カメイ、丸紅情報システムズ、JA秋田厚生連、トヨタシステムズ、NTT西日本、NHK、トランス・コスモス、TDK、リンナイ、三菱自動車工業、キオクシア、日本食研、JR東日本、イオン東北、薬王堂、大林組、一条工務店、秋田大学医学部附属病院、秋田赤十字病院

学部学科紹介

※本書掲載内容は、大学公表資料から独自に編集したものです。詳細は大学パンフレットやホームページ等で必ず確認してください（取得可能な免許・資格は任用資格や受験資格などを含む）。

国際資源学部

手形キャンパス　定員 120

特色	実践的能力を高め、即戦力として国際社会で活躍する資源の専門家を育成。
進路	卒業者の多くは製造業や建設業、公務に就く。
学問分野	地学／エネルギー工学／環境学
大学院	国際資源学

国際資源学科 (120)	世界の第一線で活躍する教授陣を結集し、世界をフィールドに、資源の最先端を学ぶ。国内外の大学や企業、研究機関との強力な連携体制のもと、国際舞台で活躍できる資源人材を育成。資源政策、資源地球科学、資源開発環境の3つのコースがある。
取得可能な免許・資格	危険物取扱者（甲種）、測量士補、主任技術者（ダム水路）、施工管理技士（土木、管工事）

教育文化学部

手形キャンパス　定員 210

特色	2025年度改組予定。地域教育や地域全体に貢献する教員・人材を育成。
進路	卒業者の多くが教育・学習支援業に就く。他、公務、金融・保険業など。
学問分野	心理学／文化学／社会学／国際学／生活科学／子ども学／教員養成／人間科学
大学院	教育学

学校教育課程 (110)	教育現場との密接な連携を図りつつ、現場実践力のある教員を養成。教育実践、英語教育、理数教育、特別支援教育、こども発達の5つのコースに分かれる。インクルーシブ教育や外国語活動・理科実験、防災教育なども学ぶ。
地域文化学科 (100)	多様な学問分野の学習と、地域と連携した授業やフィールドワークなどの実習を通じて、地域の諸課題について国際的な視点とローカルな視点から実践的に学ぶ。地域社会、国際文化、心理実践の3つのコースが設置されている。
取得可能な免許・資格	公認心理師、認定心理士、公認スポーツ指導者、保育士、教員免許（幼一種、小一種、中-国・数・理・社・保体・音・美・家・英、高-国・数・理・地歴・公・保体・音・美・家・英、特-知的・肢体・病弱）、社会教育士、社会教育主事、司書教諭

医学部

手形キャンパス（1・2年）
本道キャンパス（1〜4（6）年）　定員 230

特色	医学・健康科学を理解し、健康と福祉に貢献する国際的視野を備えた人材を養成。
進路	医：卒業後、初期臨床研修に臨む。その他：医療専門職者として活躍。
学問分野	医学／看護学／健康科学
大学院	医学系

医学科 (124)	6年制。国際的にも高く評価される独創的な医学研究を推進している。医学専攻40講座と3つの臨床教育協力部門の教員が教育を担当し、医療に関する幅広い専門知識と高度な技術を身につける。
保健学科 (106)	4年制。看護学、理学療法学、作業療法学の3専攻・3講座を設け、医療専門職者（看護師、保健師、助産師、理学療法士、作業療法士）を養成。初年次より将来のチームメンバーである全専攻および医学科との合同講義を開講している。
取得可能な免許・資格	医師、看護師、助産師、保健師、理学療法士、作業療法士

総合環境理工学部

手形キャンパス　定員 315

特色	2025年度、理工学部を改組し開設予定(仮称、構想中)。グリーン社会の実現を目指す。
進路	就職先は製造業や公務、情報通信業に就く者が多い。
学問分野	数学／化学／生物学／地学／応用化学／機械工学／電気・電子工学／材料工学／土木・建築学／エネルギー工学／応用生物学／環境学／情報学
大学院	理工学

応用化学生物学科 新 (100)	生物学、有機・高分子化学、応用化学の3コースを設置予定。化学と生物学の両方を学び、その知識を活用してグリーン社会の実現に貢献できる人材を養成する。製薬、環境、医療機器、化学、食品関連への就職を想定している。

環境数物科学科 新 (90)	数理科学・地球環境学コースでは数学、物理学、地球科学の3つの自然科学の分野を専門とし、自然の摂理から学び社会に貢献できる人材を養成する。機能デバイス物理コースでは電子系と素材・材料系の分野に関する知識や技術を学び、持続可能社会の実現に貢献する人材を育成する。
社会システム工学科 新 (125)	モビリティコース、電気システムコース、社会基盤コースを設置予定。生活に不可欠な航空機や自動車などのモビリティやそれを構成する素材、脱炭素に寄与する電気システム、人と街を守る社会基盤についてそれぞれ専門的に深く学んでいく。
取得可能な免許・資格	危険物取扱者（甲種）、ボイラー技士、電気工事士、特殊無線技士（海上、陸上）、技術士補、測量士補、主任技術者（ボイラー・タービン、電気、電気通信、ダム水路）、施工管理技士（土木、管工事）、教員免許（中-数、高-数・理・工業）

情報データ科学部

手形キャンパス　定員 100

特色　2025年度開設予定。情報系学部として文理の枠を超えた教育を展開。
進路　2025年度開設。情報通信業や公務などの方面への進路を想定。
学問分野　経済学／経営学／機械工学／医療工学／社会・安全工学／情報学／人間科学

情報データ科学科 新 (100)	社会科学と自然科学の知を融合し、情報学をはじめとする基礎教育から社会の様々な課題解決を視野に入れた専門教育までを展開。2年次より人間情報学、ロボティクス、社会環境情報、ビジネス情報の4つのコースのいずれかに配属される。

入試要項(2025年度)

※この入試情報は大学発表の2025年度入試（予告）および2024年度募集要項等より編集したものです（2024年1月時点。見方は巻頭の「本書の使い方」参照）。内容には変更が生じる可能性があるため、最新情報はホームページや2025年度募集要項等で必ず確認してください。

「大学入試科目検索システム」のご案内
日程・方式ごとの偏差値や昨年度入試結果（志願者倍率、実質倍率、合格最低点）、基本情報（出願締切日、試験日、二段階選抜、募集人員、総合満点）などは、「大学入試科目検索システム」（https://nyushi.toshin.com/）をご覧ください（利用方法はp.12参照）。

■国際資源学部 偏差値 53

前期日程

◆共通テスト

[国際資源－資源政策：8科目] 国現古漢 地歴 公全6科目から2 数全3科目から2 理全5科目から1 外全5科目から1 情情Ⅰ

[国際資源－資源地球科学・資源開発環境：8～9科目] 国現古漢 地歴 公全6科目から1 数全3科目から2 理全5科目から2 外全5科目から1 情情Ⅰ

◆個別学力検査等

[国際資源－資源政策：3科目] 国現 外英、英語外部試験から1 書類審調査書

[国際資源－資源地球科学・資源開発環境：4科目] 数数ⅠⅡⅢAB〔列〕C 理物基・物、化基・化、生基・生、地基・地から1 外英、英語外部試験から1 書類審調査書

後期日程

◆共通テスト

[国際資源：8科目] 前期日程に同じ

◆個別学力検査等

[国際資源：2科目] 論小論文 面面接

■教育文化学部 偏差値 55

前期日程

※2025年度改組予定(2024年1月時点の公表情報より作成)

◆共通テスト

[学校教育－教育実践・特別支援教育・こども発達、地域文化：8科目] 国現古漢 地歴 公 数 理次の①～③から1（①地歴公全6科目から2、数全3科目から2、理全5科目から1、②地歴公全6科目から2、数Ⅰ、数ⅠAから1、理全5科目から2、③地歴公全6科目から1、数全3科目から2、理全5科目から2）外全5科目から1 情情Ⅰ

[学校教育－英語教育：8科目] 国現古漢 地歴 公全6科目から2 数 理次の①・②から1（①数全3科目から2、理全5科目から1、②数Ⅰ、数ⅠAから1、理全5科目から2）外全5科目から1 情情Ⅰ

[学校教育－理数教育：8科目] 国現古漢 地歴 公全6科目から1 数数ⅠA、数ⅡBC 理全5科目から2 外全5科目から1 情情Ⅰ

◆個別学力検査等

[学校教育－教育実践：3科目] 国 数 外 実技現、数ⅠⅡAB〔列〕C〔べ〕、英、音楽実技、美術実技、体育実技から2▶国数外から1必須 書類審調査書

[学校教育－英語教育：4科目] 国現 外英▶スピーキング含む 論小論文 面面接

[学校教育－理数教育：2科目] 数 理 外数ⅠⅡⅢAB〔列〕C、物基・物、化基・化、生基・生、地基・地から1 書類審調査書

[学校教育－特別支援教育・こども発達、地域文化：3科目] 国 数 外現、数ⅠⅡAB〔列〕C〔べ〕、英か

ら2 書類審 調査書

後期日程

◆**共通テスト**

[学校教育－英語教育以外：8科目] 前期日程に同じ

[学校教育－英語教育：6科目] 国 現古漢 地歴 公 全6科目から1 数 数Ⅰ、数ⅠAから1 理 全5科目から1 外 全5科目から1 情 情Ⅰ

◆**個別学力検査等**

[学校教育－教育実践：2科目] 論 実技 小論文、音楽実技、美術実技、体育実技から1 面 面接

[学校教育－英語教育：3科目] 外 英▶スピーキングのみ 論 小論文 面 面接

[学校教育－理数教育：1科目] 面 面接

[学校教育－特別支援教育、地域文化：2科目] 論 小論文 面 面接

[学校教育－こども発達：2科目] 論 記述問題 面 面接

■医学部 医学科 偏差値 65

前期日程

◆**共通テスト**

[医：8科目] 国 現古漢 地歴 公 地歴全3科目、公共・倫、公共・政経から1 数 数ⅠA、数ⅡBC 理 物、化、生から2 外 全5科目から1 情 情Ⅰ

◆**個別学力検査等**

[医：3科目] 数 数ⅠⅡⅢAB〔列〕C 外 英 面 面接

後期日程

◆**共通テスト**

[医：8科目] 前期日程に同じ

◆**個別学力検査等**

[医：2科目] 論 小論文 面 面接

■医学部 保健学科 偏差値 55

前期日程

◆**共通テスト**

[保健：8科目] 国 現古漢 地歴 公 理 地歴公全6科目、理科基礎、物、化、生から3▶地基選択不可 数 数ⅠA、数ⅡBC 外 全5科目から1 情 情Ⅰ

◆**個別学力検査等**

[保健：2科目] 外 英 面 面接

後期日程

◆**共通テスト**

[保健：8科目] 前期日程に同じ

◆**個別学力検査等**

[保健：2科目] 論 小論文 面 面接

■理工学部 偏差値 53

※2025年度改組予定（2024年1月時点の公表情報より作成）

前期日程

◆**共通テスト**

[全学科：8科目] 国 現古漢 地歴 公 全6科目から1 数 全3科目から2 理 理科基礎、物、化、生から2▶地基選択不可 外 全5科目から1 情 情Ⅰ

◆**個別学力検査等**

[生命科、数理・電気電子情報：3科目] 数 数ⅠⅡⅢAB〔列〕C 理 物基・物、化基・化、生基・生から1 書類審 調査書

[物質科、システムデザイン工：3科目] 数 数ⅠⅡⅢAB〔列〕C 理 物基・物、化基・化から1 書類審 調査書

後期日程

◆**共通テスト**

[全学科：8科目] 前期日程に同じ

◆**個別学力検査等**

[全学科：2科目] 数 数ⅠⅡⅢAB〔列〕C 面 面接

■情報データ科学部 偏差値 

※設置構想中。入試情報未公表（2024年1月時点）

■特別選抜

[総合型選抜] 総合型選抜Ⅰ、総合型選抜Ⅰ（出願資格A、出願資格B）、総合型選抜Ⅱ 共

[学校推薦型選抜] 学校推薦型選抜Ⅰ、学校推薦型選抜Ⅱ 共

[その他] 国際バカロレア入試、私費外国人留学生入試、渡日前入学許可制度による私費外国人留学生入試、外国人留学生特別入試

就職支援

就職ガイダンス・企業説明会の開催、インターンシップの受付と派遣調整、就職イベントの情報や求人情報の提供などを行っています。個別支援に力を入れており、履歴書・エントリーシートの添削、模擬面接、就職相談の対応など多岐にわたります。

国際交流

秋田大学ではアジアを中心に35カ国・地域の73の大学と国際交流協定を締結しています。半年間から1年間にわたり国際交流協定校へ留学する交換留学では、渡航の際の旅費を一部支援する制度を利用して4～10万円を受給できます。その他、夏休み中の約1カ月カナダで行われる海外短期研修や、英語力向上のための特別英語プログラム「イングリッシュ・マラソン」があります。「多文化交流ラウンジ」では10言語の外国語教材などが設置されており、学内で留学生と日本人学生および教職員が交流することができます。

やまがた
山形大学

資料請求

エンロールメント・マネジメント部入試課（小白川キャンパス）　TEL (023) 628-4063　〒990-8560 山形県山形市小白川町1-4-12

創造性と豊かな人間性をはぐくむ

大学紹介動画

最新入試情報

「地域創生」「次世代形成」「多文化共生」を理念に新時代にふさわしい「知・徳・体」のバランスのとれた人材を育成する。幅広い教養と汎用的技能、専門分野の知識と技術を身に付け、地球的視野から地域に貢献する。

小白川キャンパス正門

キャンパス **4つ**

小白川キャンパス
〒990-8560 山形県山形市小白川町1-4-12
飯田キャンパス
〒990-9585 山形県山形市飯田西2-2-2
米沢キャンパス
〒992-8510 山形県米沢市城南4-3-16
鶴岡キャンパス
〒997-8555 山形県鶴岡市若葉町1-23

基本データ

※2023年5月現在（教員数は非常勤を含む。進路・就職は2022年度卒業者データ。学費は2024年度入学者用〔予定〕）

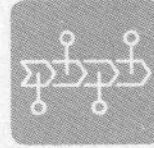
沿革

1949年、文理、教育、工、農の4つの学部で発足。1967年、文理学部を改組し、人文学部、理学部を設置。1973年、医学部を設置。以後、学部改組などを経て、2004年に国立大学法人山形大学となる。2017年、人文学部を人文社会科学部に改組し、現在に至る。

教育機関
6 学部 **7** 研究科

学部　人文社会科／地域教育文化／理／医／工／農

大学院　社会文化創造Ⓜ／医学系ⓂⒹ／理工学ⓂⒹ／有機材料システムⓂⒹ／農学Ⓜ／教育実践Ⓟ／連合農学Ⓓ

人数

学部学生数　**7,284**名

教員1名あたり学生 **6**名

教員数　**1,135**名【学長】玉手英利
（教授**273**名、准教授**216**名、講師**424**名、助教**219**名、助手・その他**3**名）

学費

初年度納入額　**817,800**円（諸経費別途）

奨学金　山形大学山澤進奨学金、山形大学エリアキャンパスもがみ土田秀也奨学金

進路

学部卒業者　**1,677**名
（進学**504**名［30.1%］、就職**974**名［58.1%］、その他※**199**名［11.8%］）
※臨床研修医109名を含む

主な就職先　山形銀行、JA山形中央会、JR東日本、NTT東日本、アイリスオーヤマ、マイナビ、日立ソリューションズ東日本、東北電力、警視庁、山形県内学校、日東ベスト、越後製菓、大正製薬

学部学科紹介

※本書掲載内容は、大学公表資料から独自に編集したものです。詳細は大学パンフレットやホームページ等で必ず確認してください（取得可能な免許・資格は任用資格や受験資格などを含む）。

人文社会科学部

小白川キャンパス　定員 290

- **特色** より専門性を重視しながら、文化や社会を幅広く学ぶ。
- **進路** 卒業者の多くは公務や卸売・小売業、金融・保険業に就く。
- **学問分野** 法学／経済学／社会学／国際学／人間科学
- **大学院** 社会文化創造

人文社会科学科 (290)	人間文化、グローバル・スタディーズ、総合法律、地域公共政策、経済・マネジメントの5つのコースを設置。専門性を重視しながら総合的な視点から教育を行い、地域社会の需要に対応した人材を育成。少人数教育を通して社会人基礎力を身につける。
取得可能な免許・資格	登録日本語教員、学芸員、教員免許（中-国・社・英、高-国・地歴・公・英）

地域教育文化学部

小白川キャンパス　定員 175

- **特色** 地域とつながる子どもの育成と文化的に豊かな人生を支援。
- **進路** 卒業者の多くは教育・学習支援業に就く。他、公務や製造業など。
- **学問分野** 心理学／健康科学／食物学／教員養成／教育学／芸術・表現
- **大学院** 社会文化創造／教育実践

地域教育文化学科 (175)	地域において多様な人々・組織・団体をつないで地域の課題解決に取り組む人材を養成する。児童教育と文化創生の2つのコースを設置。大学院への進学を前提に6年一貫の教育を行うチャレンジプログラムも用意されている。
取得可能な免許・資格	公認心理師、認定心理士、学芸員、教員免許(幼一種、小一種、中-国・数・理・社・保体・音・美・英、高-国・数・理・地歴・保体・音・美・英、特-知的・肢体・病弱)、社会教育士、社会教育主事、司書教諭

理学部

小白川キャンパス　定員 210

- **特色** 技術革新の原動力となる理学の専門的素養を身につける。
- **進路** 就職先は製造業や情報通信業、公務など。他、約4割は大学院へ進学。
- **学問分野** 数学／物理学／化学／生物学／地学／情報学
- **大学院** 理工学

理学科 (210)	入学後に一般教養や理学全般の基礎科目を学んだあと、2年次後期より数学、物理、化学、生物学、地球科学、データサイエンスの6つのコースカリキュラムから1つを選択し、専門性を身につける。
取得可能な免許・資格	学芸員、毒物劇物取扱責任者、教員免許（中-数・理、高-数・理）

医学部

小白川キャンパス（1年）
飯田キャンパス(2～4（6)年)　定員 173

- **特色** 地域に根差した国際的視野を持ち多様な人生観を受容できる医療人の育成。
- **進路** 東北地方の病院を中心に医療の第一線で幅広く活躍している。
- **学問分野** 医学／看護学
- **大学院** 医学系

医学科 (113)	「人間性豊かな、考える医師の養成」を精神に、優れた医師育成のため、効率的で実践的な教育が行われる。4年次以降には臨床実習生（医学）として医療現場を主体的に体験しつつ、実力と見識を備えた医療人として活躍する礎をつくる。
看護学科 (60)	全国初のStudent Nurse制度を導入し質の高い看護教育を実施している。医学部附属病院を中心とする充実した実習環境のもと、地域の医療・保健・福祉に貢献できる看護職者や、教育・研究の分野でも指導的な立場に立てる人材を育成。
取得可能な免許・資格	医師、看護師、助産師、保健師

工学部

小白川キャンパス（1年）
米沢キャンパス（2～4年）
定員 650

特色 ポテンシャルの高い世界最先端の研究開発現場で学ぶ。
進路 半数以上が大学院へ進学。製造業や情報通信業に就職する者もいる。
学問分野 化学／応用物理学／機械工学／電気・電子工学／土木・建築学／その他工学／環境学／情報学
大学院 理工学／有機材料システム

学科	定員	内容
高分子・有機材料工学科	(140)	健全かつ幅広い教養と工学の基礎知識に加え、幅広く深い専門知識を有し、技術開発における現状と問題点を論理的かつ合理的に解析・理解した上で新しい取り組みに対して自発的に行動できる研究者、技術者を育成する。
化学・バイオ工学科	(140)	新しい技術や化学物質を創出できる科学者を育成する応用化学・化学工学と先端研究「ものづくり」を通して社会や産業に貢献するバイオ化学工学の2つのコースを設置。諸問題解決の切り札として、化学からバイオ分野に跨る広範囲な学問を修得する。
情報・エレクトロニクス学科	(150)	情報・知能と、電気・電子通信の2つのコースを設置。情報社会と付加価値創造に貢献するためにプログラマブルなシステム技術とそれを可能にする高度な電気デバイスや機器開発の分野で新しい領域を切り開いていける教育を行う。
機械システム工学科	(140)	材料力学、流体力学、熱力学、機械力学といった力学の学問領域を基盤とし幅広い応用の学問を学ぶ。切削加工や3Dプリンタの加工技術やCADを用いた設計製図など、ものづくりに関する広範な知識や技術を実践的に修得する。
建築・デザイン学科	(30)	デザインから工学にわたる幅広い知識と技術を兼ね備え、地域の風土に根差した建築設計・都市計画を追究、工学分野とも連携し学際領域で新たな価値を生み出す人材を養成する。高等学校の文系コースから一級建築士になれる数少ない国立大学。
システム創成工学科 夜	(50)	2年次から7分野に分かれ、関連するそれぞれの専門分野を学ぶ。他学科の学生と一緒に学ぶエンジニアリングコースと夜間主の専門教育であるシステム創成専修コースに分かれる他、意欲的な学生向けにチャレンジコースも選択できる。
取得可能な免許・資格		毒物劇物取扱責任者、建築士（一級、二級、木造）、技術士補、主任技術者（電気）、施工管理技士（建築）、教員免許（高-工業）

農学部

小白川キャンパス（1年）
鶴岡キャンパス（2～4年）
定員 165

特色 360°拡がる農学のフィールド。食料・生命・環境の課題解決に挑戦。
進路 卒業者の約2割強が大学院へ進学。就職先は卸売・小売業、公務など。
学問分野 生物学／農学／森林科学／獣医・畜産学／環境学
大学院 農学

学科	定員	内容
食料生命環境学科	(165)	本学科は、学生が自分の興味や適性に合わせて選択する3つのコースカリキュラムと、自分の将来の進路を考えて選択する3つの履修プログラムから構成され、フィールドワークや実験を多く取り入れた特色ある専門的な教育を行う。
取得可能な免許・資格		測量士補、食品衛生管理者、食品衛生監視員、自然再生士補、樹木医補

入試要項（2025年度）

※この入試情報は大学発表の2025年度入試（予告）より編集したものです（2024年1月時点。見方は巻頭の「本書の使い方」参照）。内容には変更が生じる可能性があるため、最新情報はホームページや2025年度募集要項等で必ず確認してください。

「大学入試科目検索システム」のご案内

日程・方式ごとの偏差値や昨年度入試結果（志願者倍率、実質倍率、合格最低点）、基本情報（出願締切日、試験日、二段階選抜、募集人員、総合満点）などは、「大学入試科目検索システム」（https://nyushi.toshin.com/）をご覧ください（利用方法はp.12参照）。

■人文社会科学部 偏差値 58

前期日程

◆共通テスト

［人文社会科－人間文化・グローバルスタディーズ：7科目］国現古漢 地歴 公地歴全3科目、公共・倫、公共・政経から2 数全3科目から1 理全5科目から1 外全5科目から1 情情Ⅰ

［人文社会科－総合法律・地域公共政策・経済マネジメント：8科目］国現古漢 地歴 公地歴全3科目、公共・倫、公共・政経から2 数全3科目から2 理全5科目から1 外全5科目から1 情情Ⅰ

◆個別学力検査等

［人文社会科－人間文化：2科目］国現 外英

［人文社会科－グローバルスタディーズ：1科目］外英

［人文社会科－総合法律・地域公共政策・経済マネジメント：1科目］数 外数ⅠⅡAB〔列〕C〔ベ〕、英から1

後期日程

◆共通テスト

［人文社会科－人間文化：7科目］前期日程に同じ

［人文社会科－総合法律・地域公共政策・経済マネジメント：8科目］前期日程に同じ

◆個別学力検査等

［人文社会科－グローバルスタディーズ以外：1科目］論小論文

■地域教育文化学部 偏差値 55

前期日程

◆共通テスト

［地域教育文化：7科目］国現古漢 地歴 公全6科目から1 数全3科目から2 理全5科目から1 外全5科目から1 情情Ⅰ

◆個別学力検査等

［地域教育文化－児童教育：2科目］外英 総合総合問題

［地域教育文化－文化創生：1科目］外英

後期日程

◆共通テスト

［地域教育文化：7科目］前期日程に同じ

◆個別学力検査等

［地域教育文化－児童教育：1科目］総合総合問題

［地域教育文化－文化創生：1科目］論小論文

■理学部 偏差値 55

前期日程

◆共通テスト

［理：8科目］国現古漢 地歴 公全6科目から1 数全3科目から2 理全5科目から2▶同一名称含む組み合わせ不可 外全5科目から1 情情Ⅰ

◆個別学力検査等

［理：1科目］数 理 総合数ⅠⅡⅢAB〔列〕C、物基・物、化基・化、生基・生、総合問題から1

後期日程

◆共通テスト

［理：8科目］前期日程に同じ

◆個別学力検査等

［理］課さない

■医学部 医学科 偏差値 66

前期日程

◆共通テスト

［医：8科目］国現古漢 地歴 公地歴全3科目、公共・倫、公共・政経から1 数数ⅠA、数ⅡBC 理物、化、生から2 外英、独、仏から1 情情Ⅰ

◆個別学力検査等

［医：5科目］数数ⅠⅡⅢAB〔列〕C 理物基・物、化基・化、生基・生から2 外英 面面接

後期日程

◆共通テスト

［医：8科目］前期日程に同じ

◆個別学力検査等

［医：1科目］面面接

■医学部 看護学科 偏差値 56

前期日程

◆共通テスト

［看護：7科目］国現古漢 地歴 公全6科目から1 数全3科目から2 理全5科目から1 外英、独、仏から1 情情Ⅰ

◆個別学力検査等

［看護：2科目］外英 面面接

後期日程

◆共通テスト

［看護：7科目］前期日程に同じ

◆個別学力検査等

［看護：1科目］面面接

■工学部 偏差値 54

前期日程

◆共通テスト

［建築・デザイン以外：8科目］国現古漢 地歴 公全6科目から1 数全3科目から2 理物、化、生から2 外英 情情Ⅰ

［建築・デザイン：7科目］国現古漢 地歴 公全6科目から1 数全3科目から2 理全5科目から1 外英

情情Ⅰ
◆**個別学力検査等**
［高分子・有機材料工：1科目］理物基・物、化基・化から1
［化学・バイオ工：1科目］理物基・物、化基・化、生基・生から1
［情報・エレクトロニクス、機械システム工、システム創成工【夜】：2科目］数数ⅠⅡⅢABC理物基・物、化基・化から1
［建築・デザイン：1科目］面面接▶口頭試問含む

後期日程
◆**共通テスト**
［建築・デザイン以外：8科目］前期日程に同じ
［建築・デザイン：7科目］前期日程に同じ
◆**個別学力検査等**
［全学科：1科目］論小論文

■農学部 偏差値 53

前期日程
◆**共通テスト**
［食料生命環境：8科目］国現古漢地歴公全6科目から1数全3科目から2理全5科目から2▶同一名称含む組み合わせ不可外全5科目から1情情Ⅰ
◆**個別学力検査等**
［食料生命環境：1科目］数理数ⅠⅡAB〔列〕C〔ベ〕、化基・化、生基・生から1

後期日程
◆**共通テスト**
［食料生命環境：8科目］前期日程に同じ
◆**個別学力検査等**
［食料生命環境］課さない

■特別選抜

［総合型選抜］総合型選抜Ⅰ、総合型選抜Ⅰ（数学分野受験、物理学分野受験、化学分野受験、生物学分野受験、地球科学分野受験）、総合型選抜Ⅱ、総合型選抜Ⅲ共
［学校推薦型選抜］学校推薦型選抜Ⅰ、学校推薦型選抜Ⅰ（数学分野受験、物理学分野受験、化学分野受験、生物学分野受験、地球科学分野受験）、学校推薦型選抜Ⅱ共
［その他］社会人入試、私費外国人留学生入試

山形大学ギャラリー

■グラウンド
2024年度に地域連携の一環としてリニューアルされた小白川キャンパスのグラウンド。スポーツ団体を通して地域の方も利用可能に。

■キャンパス風景
小白川、飯田、米沢、鶴岡の4地区に展開されており、学生たちは豊かな自然に囲まれながら、のびのびと学習しています。

■サークル活動
体育系・文科系問わず多くのサークルが設置されています。学生たちは、学部や学生の枠を超えて日々交流を深めています。

■講義風景
農学部バイオサイエンスコースの講義風景。農学部では、2年次から自分の興味や適性に合わせたコースに配属されます。

福島大学

ふくしま

資料請求

入試課　TEL（024）548-8064　〒960-1296 福島県福島市金谷川1

地域と共に21世紀的課題に立ち向かう

大学紹介動画 　最新入試情報 

学際性を重視した大学独自の学類制を導入。東日本大震災からの復興活動の中で得た知見を教育課程に組み込み、「問題解決を基盤とした教育」を教育理念に「解のない問にチャレンジできる人材」を育成する。

中央広場

キャンパス **1**つ

金谷川キャンパス
〒960-1296 福島県福島市金谷川1

基本データ

※2023年5月現在（進路・就職は2022年度卒業者データ。学費は2024年度入学者用〔予定〕）

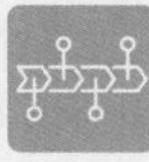
沿革

1949年に福島師範学校、福島青年師範学校、福島経済専門学校を前身として学芸、経済の2つの学部からなる大学として発足。1987年、行政社会学部を設置。2004年、2学群4学類12学系（研究組織）に改組。2019年、農学群食農学類を設置。2023年、大学院を改組し4つの研究科を設置、現在に至る。

教育機関
3 学部 **4** 研究科

学部　人文社会／理工／農

大学院　地域デザイン科学Ⓜ／教職実践Ⓟ／共生システム理工学ⓂⒹ／食農科学Ⓜ

人数

学部学生数　**4,093**名

教員1名あたり学生 **15**名

教員数　**271**名【学長】三浦浩喜
（教授**165**名、准教授**95**名、講師**5**名、助教**6**名）

学費

初年度納入額　**888,300~901,800**円

奨学金　しのぶ育英奨学金

進路

学部卒業者　**967**名
（進学**117**名［12.1%］、就職**777**名［80.4%］、その他**73**名［7.5%］）

主な就職先　福島県内公立学校、茨城県内公立学校、保育園、福島県（職員）、仙台市（職員）、福島労働局、仙台国税局、福島コンピューターシステム、マクロミル、東邦銀行、七十七銀行、アウトソーシングテクノロジー、東開工業、JR東日本、薬王堂、ダイユーエイト、太田綜合病院

学部学科紹介

※本書掲載内容は、大学公表資料から独自に編集したものです。詳細は大学パンフレットやホームページ等で必ず確認してください（取得可能な免許・資格は任用資格や受験資格などを含む）。

人文社会学群

金谷川キャンパス　定員 685

特色　人間発達文化、行政政策、経済経営の3つの学類、11のコースを設けている。
進路　人間発達文化学類では教員に、行政政策学類では公務員になる者が多い。
学問分野　心理学／文化学／政治学／経済学／経営学／社会学／国際学／健康科学／生活科学／子ども学／教員養成／芸術・表現／人間科学
大学院　地域デザイン科学／教職実践

人間発達文化学類 (260)	教育実践、心理学・幼児教育、特別支援・生活科学、芸術・表現、人文科学、数理自然科学、スポーツ健康科学の7つのコースがある。1年次から各コースに所属し、専門分野に関する確かな知識、技術と実践的な応用力を身につける。
行政政策学類 昼 (185)	地域政策と法、地域社会と文化の2つのコースを設けている。2年次よりコースに分かれ、3年次からはコース専門科目と専門演習を履修し、各自が見出した課題に専門的に取り組む。
経済経営学類 (220)	3年次より経済学と経営学の2つのコースに分属する。経済学コースには経済理論とグローバル経済の2つのモデルを、経営学コースには地域経営と会計ファイナンスの2つのモデルをそれぞれ設置し、積み上げ式のカリキュラムで国際社会までを見通す力を養う。
行政政策学類 夜 (20)	昼間主と同じく2年次より地域政策と法、地域社会と文化の2つのコースに分かれて専門分野を学ぶ。昼開講の授業が履修可能である他、長期履修制度も導入され各自の就労状況に合わせて履修計画を立てることができる。
取得可能な免許・資格	公認心理師、学芸員、社会福祉主事、公認スポーツ指導者、保育士、教員免許(幼一種、小一種、中-国・数・理・社・保体・音・美・家・英、高-国・数・理・地歴・公・保体・音・美・家・英・商業、特-知的・肢体・病弱)、社会教育士、社会教育主事

理工学群

金谷川キャンパス　定員 160

特色　問題をシステム的に捉える能力と実践的研究経験を持つ理工系人材を育成。
進路　卒業後は情報通信業やサービス業、公務に就く者が多い。
学問分野　機械工学／電気・電子工学／環境学／情報学
大学院　共生システム理工学

共生システム理工学類 (160)	2年次より数理・情報科学、経営システム、物理・システム工学、物質科学、エネルギー、生物環境、地球環境、社会計画、心理・生理の9つのコースに分かれる。3年次後期より研究室に所属し、教員や大学院生の指導・助言のもと演習や卒業研究に取り組む。
取得可能な免許・資格	公認心理師、学芸員、教員免許（中-数・理・技、高-数・理・情・工業）

農学群

金谷川キャンパス　定員 100

特色　専門教育と実践型教育を組み合わせ、食農の課題へ主体的に取り組む人材を育成。
進路　就職先は卸売・小売業や製造業、公務をはじめ多岐にわたる。
学問分野　農学
大学院　食農科学

食農学類 (100)	2年次後期より食品科学、農業生産学、生産環境学、農業経営学の4つのコースに分かれる。福島県全域を教育のフィールドに、自治体や農業関係組織と連携し地域が抱える課題の解決を目指す。3年次後期より研究室に所属し、高度な専門知識と技術を修得する。
取得可能な免許・資格	危険物取扱者（甲種）、食品衛生管理者、食品衛生監視員、自然再生士補、教員免許（高-理・農）、ビオトープ管理士

入試要項（2025年度）

※この入試情報は大学発表の2025年度入試（予告）および2024年度募集要項等より編集したものです（2024年1月時点。見方は巻頭の「本書の使い方」参照）。内容には変更が生じる可能性があるため、最新情報はホームページや2025年度募集要項等で必ず確認してください。

「大学入試科目検索システム」のご案内
日程・方式ごとの偏差値や昨年度入試結果（志願者倍率、実質倍率、合格最低点）、基本情報（出願締切日、試験日、二段階選抜、募集人員、総合満点）などは、「大学入試科目検索システム」（https://nyushi.toshin.com/）をご覧ください（利用方法はp.12参照）。

■人文社会学群 偏差値 55

前期日程

◆共通テスト

[人間発達文化－芸術表現・スポーツ健康科学以外：8科目] 国現古漢 地歴 公 理全11科目から3 数全3科目から2 外全5科目から1 情情Ⅰ

[人間発達文化－芸術表現・スポーツ健康科学：6科目] 国現古漢 地歴 公全6科目から1 数全3科目から1 理全5科目から1 外全5科目から1 情情Ⅰ

[行政政策【昼】：8科目] 国現古漢 地歴 公地歴全3科目から1、公共・倫、公共・政経から1 数数ⅠA、数ⅡBC 理全5科目から1 外全5科目から1 情情Ⅰ

[経済経営：8科目] 国現古漢 地歴 公地歴全3科目、公共・倫、公共・政経から2 数数ⅠA、数ⅡBC 理全5科目から1 外全5科目から1 情情Ⅰ

◆個別学力検査等

[人間発達文化－教育実践・特別支援生活科学、行政政策【昼】：1科目] 論小論文

[人間発達文化－心理学幼児教育：1科目] 論 その他 小論文、表現基礎検査から1

[人間発達文化－芸術表現：1科目] 実技 音楽実技、美術実技から1

[人間発達文化－人文科学：1科目] 国 外 論 現古漢、英、小論文から1

[人間発達文化－数理自然科学：1科目] 数数ⅠⅡⅢAB〔列〕C〔ベ〕

[人間発達文化－スポーツ健康科学：1科目] 実技 体育実技

[経済経営：1科目] 外 論 英、小論文から1

後期日程

◆共通テスト

[人間発達文化：8科目] 国現古漢 地歴 公 理全11科目から3 数全3科目から2 外全5科目から1 情情Ⅰ

[行政政策【昼】、経済経営：8科目] 前期日程に同じ

◆個別学力検査等

[人間発達文化、行政政策【昼】：1科目] 論小論文

[経済経営：1科目] 前期日程に同じ

■理工学群 偏差値 54

前期日程

◆共通テスト

[共生システム理工：8科目] 国現古漢 地歴 公全6科目から1 数数ⅠA、数ⅡBC 理全5科目から2 外全5科目から1 情情Ⅰ

◆個別学力検査等

[共生システム理工：2科目] 数 理数ⅠⅡⅢA〔全〕B〔全〕C〔全〕、物基・物、化基・化、生基・生から2

後期日程

◆共通テスト

[共生システム理工：8科目] 前期日程に同じ

◆個別学力検査等

[共生システム理工：1科目] 面面接

■農学群 偏差値 53

前期日程

◆共通テスト

[食農：8科目] 国現古漢 地歴 公全6科目から1 数数ⅠA、数ⅡBC 理全5科目から2 外全5科目から1 情情Ⅰ

◆個別学力検査等

[食農：2科目] 数 理 外数ⅠⅡAB〔列〕C〔ベ〕、物基・物、化基・化、生基・生、英から2

後期日程

◆共通テスト

[食農：8科目] 前期日程に同じ

◆個別学力検査等

[食農：1科目] その他 ペーパーインタビュー

■特別選抜

[総合型選抜] 総合型選抜、総合型選抜（理系教育女性人材育成枠、地域社会貢献枠、実践教育経験枠）、総合型選抜 共

[学校推薦型選抜] 学校推薦型選抜Ⅰ、学校推薦型選抜Ⅰ（A推薦、B推薦）、学校推薦型選抜Ⅱ 共

[その他] 私費外国人留学生選抜

就職支援

福島大学では2年次までにキャリア形成論、キャリアモデル学習などの授業を開講し、現代社会の基本的な職業観やモラルを身につける教育を行っています。また、年間24種類以上の就職ガイダンスや福島県内外から200以上の企業が出展する合同企業説明会が開催されます。「キャリアセンター」では専門のキャリア相談員が、就職に関する相談に対応しています。

いばらき
茨城大学

資料請求

アドミッションセンター（水戸キャンパス）　TEL（029）228-8064・8066・8574　〒310-8512 茨城県水戸市文京2-1-1

多様な教育を展開し、人類の福祉と自然との共生に貢献する

大学紹介動画　最新入試情報

地域に根ざした知の拠点として地域社会・国際社会の要請に応える。世界の俯瞰的理解や課題解決能力・コミュニケーション力、地域活性化志向を教育の軸とし、誰も排除しない包摂性を持つ大学づくりを進める。

水戸キャンパス

キャンパス **3**つ

水戸キャンパス
〒310-8512 茨城県水戸市文京2-1-1
日立キャンパス
〒316-8511 茨城県日立市中成沢町4-12-1
阿見キャンパス
〒300-0393 茨城県稲敷郡阿見町中央3-21-1

基本データ

※2023年5月現在（教員数は非常勤を含む。進路・就職は2022年度卒業者データ。学費は2024年度入学者用）

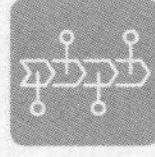

沿革

1949年、旧制水戸高等学校、茨城師範学校、茨城青年師範学校、多賀工業専門学校を包括し、文理、教育、工の3学部からなる大学として発足後、2004年、国立大学法人茨城大学となる。2017年、人文社会科学部設置、農学部改組。気候変動対策研究の専門機関を備え「サステイナビリティ学」教育の先進的取組を継続。2023年、創立73周年。2024年、地域未来共創学環を設置。

教育機関 **6** 学部 **5** 研究科

学部　人文社会科／教育／理／工／農／地域未来共創

大学院　人文社会科学Ⓜ／教育学Ⓟ／理工学ⓂⒹ／農学Ⓜ／連合農学Ⓓ

人数

学部学生数　**6,750**名

教員1名あたり学生 **13**名

教員数　**713**名【学長】太田寛行
（教授**249**名、准教授**140**名、講師**268**名、助教**54**名、助手・その他**2**名）

学費

初年度納入額　**851,850~888,850**円

奨学金　成績優秀学生授業料免除制度、学費減免制度（被災学生対象）

進路

学部卒業者　**1,561**名
（進学**599**名［38.4%］、就職**884**名［56.6%］、その他**78**名［5.0%］）

主な就職先　地方公務、国家公務、常陽銀行、JAグループ、ユードム、足利銀行、筑波銀行、茨城新聞社、NECソリューションイノベータ、デジタルサーブ、メイテック、キヤノン化成、応用技術、スズキ、小松製作所（茨城工場）、日立ハイテクソリューションズ、サーモス、トヨタ紡織、JR西日本、パナソニック、JR東日本、日立建機、カスミ、日本年金機構、ツムラ、農研機構、森永乳業、西松建設

学部学科紹介

※本書掲載内容は、大学公表資料から独自に編集したものです。詳細は大学パンフレットやホームページ等で必ず確認してください（取得可能な免許・資格は任用資格や受験資格などを含む）。

人文社会科学部

水戸キャンパス　定員 360

特色　7つのメジャーに加えて、11のサブメジャーで幅広い学習が可能。
進路　就職先は公務や情報通信業、サービス業に就く者が多い。
学問分野　文学／言語学／哲学／心理学／歴史学／地理学／文化学／法学／経済学／経営学／社会学／メディア学／国際学／人間科学
大学院　人文社会科学

学科	定員	内容
現代社会学科	(130)	現代メディアの特性を学び情報の表現、発信能力を鍛錬するメディア文化と、グローバル化した世界が抱える問題を地域の観点から探究する国際・地域共創の2つのメジャーを設置。メディアを学び発信力を身につけ、社会学や国際学を駆使して諸問題と向き合う。
法律経済学科	(120)	法学を学び、地方創生や起業など身近な法的課題に取り組む法学と、経済学を学び、企業の経営を企業経営者とともに考える経済学・経営学の2つのメジャーを設置。法学と経済学の双方を学び、現代社会が抱える諸問題の解決策を幅広い視野で考える力を身につける。
人間文化学科	(110)	文芸・思想、歴史・考古学、心理・人間科学の3つのメジャーからなる。心理学や言語学の観点から人間の本質的な探究を行い、国内外の歴史や文化についての理解を深める。文化や遺産を活かしたまちづくりの手法や、地域の様々な課題を解決する方法を学ぶ。
取得可能な免許・資格		公認心理師、認定心理士、地域調査士、学芸員、社会調査士、教員免許（中-国・社・英、高-国・地歴・公・英）

教育学部

水戸キャンパス　定員 275

特色　理論と実践力を兼ね備えた、現代教育の様々な課題に対応できる人材を育成。
進路　多くは教員となる。大学院へ進学する者や公務員となる者もいる。
学問分野　教員養成
大学院　教育学

学科	定員	内容
学校教育教員養成課程	(240)	教育学と心理学を融合し教員養成を行う教育実践科学、小、中学校教員免許に対応した専門分野を学ぶ教科教育、知的障害児に対する教育を中心に学ぶ特別支援教育の3つのコースを設置。論理力、実践力、表現力を養い確かな教育的実践力を持った教員を養成する。
養護教諭養成課程	(35)	基礎医学、臨床医学、看護学などの医学と看護学に関する科目、教育保健や養護学、教育科学など教育と保健に関する科目の双方を学ぶ。教育現場で生じる様々な問題に対応し、子どもの心身の問題への共感的な理解と問題解決に取り組む実践力ある人材を育成する。
取得可能な免許・資格		学芸員、公認スポーツ指導者、教員免許（幼一種、小一種、中-国・数・理・社・保体・保健・音・美・家・技・英、高-国・数・理・地歴・公・情・保体・保健・書・音・美・家・工業・英、特-知的・肢体・病弱）、養護教諭（一種）、司書教諭

理学部

水戸キャンパス　定員 205

特色　最先端の研究開発を行う研究所などと連携できる立地を活かした教育を展開。
進路　卒業者の多くが大学院へ進学。他、一般企業へ就職する者もいる。
学問分野　数学／物理学／化学／生物学／地学／応用生物学／環境学／情報学
大学院　理工学

学科	定員	内容
理学科	(205)	数学・情報数理、物理学、化学、生物科学、地球環境科学、総合理学の6つのコースを設置。理学の高度な専門知識を修得し、社会の幅広い分野で活躍できる理学の専門家を育成する。コースごとに担任制が採られ、学生一人ひとりに履修指導などが行われる。
取得可能な免許・資格		危険物取扱者（甲種）、毒物劇物取扱責任者、技術士補、測量士補、教員免許（中-数・理、高-数・理・情）

工学部

水戸キャンパス（1年）
日立キャンパス（2～4年）
定員 505

特色 地域的特性を活かし、社会の変化に対応できる実践的工学系人材を育成する。
進路 卒業者の多くが大学院へ進学。他、一般企業へ就職する者もいる。
学問分野 化学／応用物理学／応用化学／機械工学／電気・電子工学／材料工学／ナノテクノロジー／土木・建築学／船舶・航空宇宙工学／エネルギー工学／医療工学／社会・安全工学／その他工学／応用生物学／環境学／情報学
大学院 理工学

学科	定員	内容
機械システム工学科	(130)	機械とコンピュータ技術が高度に融合した機械システム技術の次世代の担い手を育成する。3年次より高度な専門科目を学び、実験や演習を通して応用力も身につける。4年次にはプレゼンテーション能力を高め、最先端の研究に取り組む。
電気電子システム工学科	(125)	あらゆる機器がネットワークでつながるIoT社会に対応できる技術者を育成する。電気エネルギーのインフラ設計や高効率な活用を学ぶエネルギーシステム、先端的な電子機器の開発を学ぶエレクトロニクスシステムの2つの教育プログラムが用意されている。
物質科学工学科	(110)	柔軟な思考と斬新な視点を持った研究者・技術者を育成する。1・2年次で基礎学力を身につけ、3年次から材料工学、応用化学、生命工学の3つの教育プログラムに分かれる。4年次には各研究室のもとで少人数での研究指導が行われ、問題解決能力を身につける。
情報工学科	(80)	コンピュータ科学と情報マネジメントの2つの教育プログラムを設置している。講義や演習、実験、卒業研究などを通して幅広い分野の学習と研究を行う。物事を論理的かつ大局的に思考し表現する資質を養うとともに、情報工学の最先端を切り開く考え方を修得する。
都市システム工学科	(60)	未来の都市環境に求められる安全性や快適性の創造とシステム化を実現できる次世代の技術者を育成。地震への対策や強くてしなやかな構造物の建設、維持管理技術や環境問題への対応、自然と共生する方法、景観デザインや都市計画の理論と実践などを学んでいく。
取得可能な免許・資格		危険物取扱者(甲種)、毒物劇物取扱責任者、ボイラー技士、建築士(一級、二級、木造)、技術士補、測量士補、主任技術者(電気、電気通信)、施工管理技士(土木、建築、電気工事、管工事、造園、建設機械)、教員免許（高-工業）

農学部

水戸キャンパス（1年）
阿見キャンパス（2～4年）
定員 160

特色 自治体や企業、農家と連携した講義や実習を行う。国際インターンシップも実施。
進路 卒業者の多くが一般企業に就職。約3割が大学院へ進学する。
学問分野 農学／環境学
大学院 農学

学科	定員	内容
食生命科学科	(80)	2年次より国際食産業科学とバイオサイエンスの2つのコースに分かれる。生命科学や食品の加工、流通や安全性に関する技能と知識を修得し、食品分野などでグローバルに活躍できる人材を育成する。国際食産業科学コースでは半年間の海外留学が実施される。
地域総合農学科	(80)	2年次より農業科学と地域共生の2つのコースに分かれる。食や農業について生産から販売にわたる一貫した知識と技能の修得を行い、地域産業の振興に貢献する力を身につける。地域のさらなる発展につながるような行動力や思考力を兼ね備えた人材を育成する。
取得可能な免許・資格		測量士補、食品衛生管理者、食品衛生監視員、HACCP管理者、教員免許(高-理・農)

地域未来共創学環 水戸キャンパス 定員40	
特色	2024年度開設。地域・社会の課題解決へ向け実践的な人材を養成。
進路	2024年度開設。企業や自治体における企画部門などでの活躍を想定。
学問分野	地理学／経済学／経営学／社会学／数学／農学／環境学／情報学

地域未来共創学環 新 (40)	2024年度開設。人文社会科学、工、農の3学部の連係により、ビジネスとデータサイエンスを中心に分野・文理横断的なカリキュラムを展開。企業・自治体等の業務に従事するコーオプ教育を実施し、地域課題の解決へ向け実践的な人材を養成する。

入試要項(2025年度)

※この入試情報は大学発表の2025年度入試（予告）より編集したものです（2024年1月時点。見方は巻頭の「本書の使い方」参照）。内容には変更が生じる可能性があるため、最新情報はホームページや2025年度募集要項等で必ず確認してください。

「大学入試科目検索システム」のご案内
日程・方式ごとの偏差値や昨年度入試結果（志願者倍率、実質倍率、合格最低点）、基本情報（出願締切日、試験日、二段階選抜、募集人員、総合満点）などは、「大学入試科目検索システム」(https://nyushi.toshin.com/) をご覧ください（利用方法はp.12参照）。

■人文社会科学部 偏差値 60

前期日程

◆共通テスト

[現代社会、法律経済：8科目] 国現古漢 地歴 公全6科目から2 数 理全8科目から3▶理は同一名称含む組み合わせ不可 外全5科目から1 情情Ⅰ

[人間文化：7科目] 国現古漢 地歴 公地歴全3科目、公共・倫、公共・政経から2 数数ⅠA、数ⅡBCから1 理全5科目から1 外全5科目から1 情情Ⅰ

◆個別学力検査等

[全学科：2科目] 外英 その他主体性

後期日程

◆共通テスト

[現代社会、法律経済：6科目] 国現古漢 地歴 公全6科目から1 数全3科目から1 理全5科目から1 外全5科目から1 情情Ⅰ

[人間文化：6科目] 国現古漢 地歴 公地歴全3科目、公共・倫、公共・政経から1 数数ⅠA、数ⅡBCから1 理全5科目から1 外全5科目から1 情情Ⅰ

◆個別学力検査等

[現代社会、法律経済：2科目] 前期日程に同じ

[人間文化：2科目] 論小論文 その他主体性

■教育学部 偏差値 56

前期日程

◆共通テスト

[学校教育教員養成－教育実践科学・教科教育「言語社会教育・美術教育・生活科学教育」・特別支援教育、養護教諭養成：7科目] 国現古漢 地歴 公全6科目から2 数全3科目から1 理全5科目から1 外全5科目から1 情情Ⅰ

[学校教育教員養成－教科教育「理数教育(数学)」：7科目] 国現古漢 地歴 公全6科目から1 数数ⅠA、数ⅡBC 理全5科目から1 外全5科目から1 情情Ⅰ

[学校教育教員養成－教科教育「理数教育(理科)」：7科目] 国現古漢 地歴 公全6科目から1 数 理数ⅠA、数ⅡBC、理全5科目から3▶理は同一名称含む組み合わせ不可 外全5科目から1 情情Ⅰ

[学校教育教員養成－教科教育「音楽教育・保健体育教育・技術教育」：6科目] 国現古漢 地歴 公全6科目から1 数全3科目から1 理全5科目から1 外全5科目から1 情情Ⅰ

◆個別学力検査等

[学校教育教員養成－教育実践科学：1科目] 面集団討論

[学校教育教員養成－教科教育「言語社会教育(国語・社会)」：2科目] 論小論文 面面接

[学校教育教員養成－教科教育「言語社会教育(英語)・技術教育・生活科学教育」：1科目] 面面接

[学校教育教員養成－教科教育「理数教育(数学)」：2科目] 数数ⅠⅡAB〔列〕C〔べ〕面面接

[学校教育教員養成－教科教育「理数教育(理科)」：2科目] 理物基・物、化基・化、生基・生、地基・地から1 面面接

[学校教育教員養成－教科教育「音楽教育」：2科目] 面面接 実技音楽実技

[学校教育教員養成－教科教育「美術教育」：2科目] 課題実技資料検査 面面接

[学校教育教員養成－教科教育「保健体育教育」：3科目] 面面接 実技体育実技 書類審運動特技に関する調書

[学校教育教員養成－特別支援教育：1科目] その他集団活動

[養護教諭養成：1科目] その他プレゼンテーション

後期日程

◆共通テスト

[学校教育教員養成－教育実践科学・教科教育「言語社会教育・理数教育(数学)・美術教育・生活科学教育」・特別支援教育、養護教諭養成：7科目] 前期日程に同じ

[学校教育教員養成－教科教育「理数教育(理科)」：7科目] 国現古漢 地歴 公全6科目から1 数数ⅠA、数ⅡBCから1 理全5科目から2▶同一名称含む組み合わせ不可 外全5科目から1 情情Ⅰ

[学校教育教員養成－教科教育「音楽教育・保健体育教育・技術教育」：6科目] 前期日程に同じ

◆個別学力検査等

[学校教育教員養成－教育実践科学・教科教育「言語社会教育・理数教育・美術教育・技術教育・生活科学教育」・特別支援教育、養護教諭養成：1科目] 面面接
[学校教育教員養成－教科教育「音楽教育」：2科目] 面面接 実技 音楽実技
[学校教育教員養成－教科教育「保健体育教育」：2科目] 面面接 書類審 運動特技に関する調書

■理学部 偏差値 57

前期日程

◆共通テスト

[理：8科目] 国現古漢 地歴 公全6科目から1 数数ⅠA、数ⅡBC 理全5科目から2▶同一名称含む組み合わせ不可 外全5科目から1 情情Ⅰ

◆個別学力検査等

[理－数学情報数理：2科目] 数数ⅠⅡⅢAB〔列〕C その他 主体性
[理－物理学：3科目] 数数ⅠⅡⅢAB〔列〕C 理物基・物 その他 主体性
[理－化学：2科目] 理化基・化 その他 主体性
[理－生物科学：2科目] 理物基・物、化基・化、生基・生から1 その他 主体性
[理－地球環境科学、総合理学：2科目] 理物基・物、化基・化、生基・生、地基・地から1 その他 主体性

後期日程

◆共通テスト

[理：8科目] 前期日程に同じ

◆個別学力検査等

[理－数学情報数理、化学：2科目] 前期日程に同じ
[理－物理学：2科目] 総合 総合問題 その他 主体性
[理－生物科学：2科目] 理 総合 化基・化、生基・生、総合問題から1 その他 主体性
[理－地球環境科学、総合理学：2科目] 理 総合 化基・化、生基・生、地基・地、総合問題から1 その他 主体性

■工学部 偏差値 56

前期日程

◆共通テスト

[機械システム工、電気電子システム工、都市システム工：8科目] 国現古漢 地歴 公全6科目から1 数数ⅠA、数ⅡBC 理物必須、化、生、地から1 外英 情情Ⅰ
[物質科学工、情報工：8科目] 国現古漢 地歴 公全6科目から1 数数ⅠA、数ⅡBC 理物、化、生、地から2 外英 情情Ⅰ

◆個別学力検査等

[機械システム工、電気電子システム工、都市システム工：4科目] 数数ⅠⅡⅢABC 理物基・物 外英 その他 主体性
[物質科学工、情報工：4科目] 数数ⅠⅡⅢABC 理物基・物、化基・化、生基・生から1 外英 その他 主体性

後期日程

◆共通テスト

[全学科：8科目] 前期日程に同じ

◆個別学力検査等

[全学科：3科目] 数数ⅠⅡⅢABC 外英 その他 主体性

■農学部 偏差値 54

前期日程

◆共通テスト

[食生命科：8科目] 国現古漢 地歴 公全6科目から1 数全3科目から2 理物、化、生、地から2 外英 情情Ⅰ
[地域総合農－農業科学：8科目] 国現古漢 地歴 公全6科目から1 数数ⅠA、数ⅡBC 理物、化、生、地から2 外英 情情Ⅰ
[地域総合農－地域共生：8科目] 国現古漢 地歴 公 理次の①・②から1（①地歴公全6科目から2、理全5科目から1、②地歴公全6科目から1、物、化、生、地から2） 数数ⅠA、数ⅡBC 外英 情情Ⅰ

◆個別学力検査等

[食生命科、地域総合農－農業科学：3科目] 理化基・化、生基・生から1 外英 その他 主体性
[地域総合農－地域共生：3科目] 理物基・物、化基・化、生基・生から1 外英 その他 主体性

後期日程

◆共通テスト

[全学科：8科目] 前期日程に同じ

◆個別学力検査等

[全学科：2科目] 外英 その他 主体性

■地域未来共創学環 偏差値 54

前期日程

◆共通テスト

[8科目] 国現古漢 地歴 公 理全11科目から3▶理は同一名称含む組み合わせ不可 数数ⅠA、数ⅡBC 外全5科目から1 情情Ⅰ

◆個別学力検査等

[2科目] 数 外数ⅠⅡAB〔列〕C〔ベ〕、英から1 面面接

後期日程

◆共通テスト

[8科目] 前期日程に同じ

◆個別学力検査等

[1科目] 面面接

■特別選抜

[総合型選抜] 総合型選抜、総合型選抜 共
[学校推薦型選抜] 学校推薦型選抜 一般推薦（一般枠、女子枠）、学校推薦型選抜 専門高校推薦
[その他] 帰国生徒選抜、私費外国人留学生選抜

筑波(つくば)大学

資料請求

アドミッションセンター　TEL (029) 853-7385　〒305-8577 茨城県つくば市天王台1-1-1

地球と人類の発展に寄与するグローバル人材を育成

大学紹介動画

最新入試情報

2020年、文部科学省の指定国立大学法人に指定された。国内最大規模のキャンパスの周辺には国際的にも評価の高い産官の研究機関が集積する。「開かれた大学」として時代の求める新たな学問分野の創出を目指す。

中央図書館と「石の広場」

キャンパス **1**つ

筑波キャンパス
〒305-8577 茨城県つくば市天王台1-1-1

基本データ

※2023年5月現在（教員数は非常勤を含む。進路・就職は2022年度卒業者データ。学費は2024年度入学者用〔予定〕）

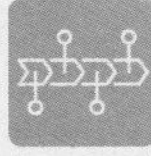

沿革

東京教育大学を母体として、1973年に第一、医学専門、体育専門の3つの学群で開学。1975年、大学院修士課程及び大学院博士課程を設置。1976年、附属病院を開院。2002年、図書館情報大学と統合し図書館情報専門学群を設置。2007年に学群を、2020年に大学院を改組。2021年、総合学域群を開設し、現在に至る。

教育機関
9 学部 **3** 研究科

学部　人文・文化／社会・国際／人間／生命環境／理工／情報／医／体育専門／芸術専門

大学院　人文社会ビジネス科学ⓂⒹⓅ／理工情報生命ⓂⒹ／人間総合科学ⓂⒹ

人数

学部学生数　**9,635**名

教員1名あたり学生 **5**名

教員数　**1,801**名【学長】永田恭介
（教授**551**名、准教授**544**名、講師**204**名、助教**490**名、助手・その他**12**名）

学費

初年度納入額　**817,800**円（諸経費別途）

奨学金　筑波大学学生奨学金「つくばスカラシップ」、海外留学支援事業（はばたけ！筑大生）

進路

学部卒業者　**2,194**名
（進学**968**名［44.1%］、就職**891**名［40.6%］、その他※**335**名［15.3%］）
※臨床研修医134名を含む

主な就職先
※院卒者を含む

野村證券、三井住友信託銀行、楽天グループ、ソニー、NECソリューションイノベータ、富士通、野村総合研究所、ソフトバンク、NTT東日本、リクルート、NHK、エン・ジャパン、PwCコンサルティング、アクセンチュア、ヤフー、旭化成、日産自動車、NEC、日立製作所、JAL、東京ガス、清水建設、農研機構、学校（教員）、国土交通省、厚生労働省、東京都庁、茨城県庁

学部学科紹介

※本書掲載内容は、大学公表資料から独自に編集したものです。詳細は大学パンフレットやホームページ等で必ず確認してください（取得可能な免許・資格は任用資格や受験資格などを含む）。

人文・文化学群

筑波キャンパス　定員 240

特色　人文、文化系学問の総合的な発展を目指し、先見性や創造性に富んだ人材を育成。
進路　卒業者の多くはサービス業や情報通信業、製造業に就く。
学問分野　言語学／哲学／歴史学／地理学／文化学／国際学
大学院　人文社会ビジネス科学

学類	定員	内容
人文学類	(120)	哲学、史学、考古学・民俗学、言語学の4つの主専攻のもと11のコースを設置。コースに定員はなく所定の要件を満たせば希望のコースに進むことができる。日本語や外国語、コンピュータなどを駆使して考えを明快に伝えるコミュニケーション能力を身につける。
比較文化学類	(80)	日本・アジア、英米・ヨーロッパ、フィールド文化、表現文化、文化科学、思想文化の6つの領域のもと17のコースを設置。学際性と現代性の2つの視点から文化を比較考察する。幅広い視野と批判的思考力、国際社会で通用する問題解決力を持つ人材を育成。
日本語・日本文化学類	(40)	日本語および日本文化を多面的に把握し、海外の人々や次世代の人々に向かって発信できる人材を育成。日本語と文化を総合的に学び専門性を高めていく。国内でのフィールドワークや国外での日本語教育実習など、実践性を重んじた実習科目も数多く設置している。
取得可能な免許・資格		学芸員、教員免許（中-国・社・英、高-国・地歴・公・英）、社会教育士、社会教育主事、司書教諭

社会・国際学群

筑波キャンパス　定員 160

特色　社会科学の総合的教育により社会問題を把握し分析する能力を持つ人材を育成。
進路　卒業後の就職先はサービス業、情報通信業、製造業など多岐にわたる。
学問分野　法学／政治学／経済学／社会学／国際学／環境学／情報学
大学院　人文社会ビジネス科学／理工情報生命

学類	定員	内容
社会学類	(80)	社会学、法学、政治学、経済学の4つの主専攻を設置、2年次終了時に主専攻を選択する。社会科学に含まれる幅広い領域の知識に立脚した多角的な視点と高度な専門性を養う。主専攻を中心に他の分野も同時に学ぶことで、社会科学の総合的な視野を獲得する。
国際総合学類	(80)	国際関係学、国際開発学の2つの主専攻を設置、3年次に主専攻を選択する。国際社会の諸課題について分析能力を身につけ、先見性ある解決策を提示する。異なる文化背景を持つ人々とのコミュニケーション能力の養成も重視し、英語での授業も数多く設置している。
取得可能な免許・資格		学芸員、教員免許（中-英、高-公・英）、社会教育士、社会教育主事、司書教諭

人間学群

筑波キャンパス　定員 120

特色　人間について深く理解しそれに基づく発達支援を行うことのできる人材を育成。
進路　卒業後はサービス業や情報通信業、製造業に就職する者が多い。
学問分野　心理学／健康科学／教員養成／教育学／人間科学
大学院　人間総合科学

学類	定員	内容
教育学類	(35)	教育学、初等教育学の2つのコースを設置。人間形成、教育計画・設計、地域・国際教育、学校教育開発の4つの系列で構成された科目を全般的に学ぶとともに、関心に応じて選択した1つの系列を集中的に学ぶ。独自の海外留学プログラムも多数提供している。
心理学類	(50)	心理学の全領域を学び、人間の行動や心理を科学的に解明する心理学の技能を身につける。1・2年次に心理学の基礎知識と研究手法の修得、2・3年次に選択した専門分野の履修や研究実習を行い、4年次に卒業研究を行う段階的なカリキュラムを組んでいる。

障害科学類 (35)	障害科学、特別支援教育学、社会福祉学の3つの履修モデルを展開、具体的な支援方法から人間の本質まで、関心に応じて幅広い研究ができる。障害とそれを巡る環境の基礎知識を学び、共生社会の実現に貢献する。特別支援学校教員免許を取得することもできる。
取得可能な免許・資格	公認心理師、認定心理士、学芸員、社会福祉士、教員免許（小一種、中-社、高-地歴・公・福、特-知的・肢体・病弱・視覚・聴覚）、社会教育士、社会教育主事、司書教諭

生命環境学群

筑波キャンパス　定員 250

特色　「生命と環境」をキーワードに、関連分野で中心的な役割を果たせる人材を育成。
進路　約7割が大学院へ進学。就職先は、情報通信業やサービス業が多い。
学問分野　生物学／地学／応用生物学／環境学／情報学
大学院　理工情報生命

生物学類 (80)	多様性、情報、分子細胞、応用生物、人間生物の5つのコースに加え、生物学を横断的に学び国際協働チームの一員として活躍できる人材を育成するGloBE(Global Biology in English)コースを設置。一部を除き、どのコースの授業もほぼ自由に履修できる。
生物資源学類 (120)	3年次より農林生物学、応用生命化学、環境工学、社会経済学の4つのコースに分かれる。生物資源に関わる総合的学習を通し、その開発と保全、持続的な利用に貢献できる人材を育成する。コースに所属しつつ食料、環境、国際の3つの横断領域科目も選択できる。
地球学類 (50)	地球環境科学、地球進化学の2つの主専攻を設置、知識や調査技術などの専門性を高める。1年次は自然科学や地球学などの基礎的知識を学び、2年次より地球学の入門としての専門科目が始まる。地球環境を保持し、人間の居住空間としての持続的な活用を目指す。
取得可能な免許・資格	学芸員、測量士補、自然再生士補、樹木医補、教員免許(中-理・技、高-理・地歴・農)、社会教育士、社会教育主事、司書教諭

理工学群

筑波キャンパス　定員 520

特色　柔軟な思考と幅広い教養に加え、実践的技能などの高い専門性を養成する。
進路　約7割が大学院へ進学。就職先は情報通信業やサービス業、製造業など。
学問分野　数学／物理学／化学／応用物理学／機械工学／電気・電子工学／材料工学／土木・建築学／船舶・航空宇宙工学／エネルギー工学／医療工学／社会・安全工学／その他工学／環境学
大学院　理工情報生命

数学類 (40)	高度な論理性と数学的な思考能力を駆使して、社会の各方面で活躍できる人材を育成。3年次より代数学、幾何学、解析学から情報数学まで現代数学の初歩を学び始める。3年次後期には卒業予備研究が始まり、4年次の卒業研究に向けて、数学への理解を深める。
物理学類 (60)	現代物理学の幅広い知識と、問題の本質を見極めて解決する能力を修得する。2年次から現代物理学の基盤をなす量子力学や特殊相対論などの主要科目を学び、3年次に高度な物理学実験や統計力学などの学習を行う。4年次には研究室に所属し、卒業研究を行う。
化学類 (50)	化学的な基礎知識と柔軟な思考力を養い、国際的に活躍できる人材を育成。2年次より無機化学や分析化学などの専門的な学習と基礎的な化学実験を行う。3年次に専門科目が始まり、興味や関心のある化学分野をより深く探究する。4年次は卒業研究が中心となる。
応用理工学類 (120)	工学と理学の融合領域を総合的に学び、豊かな創造力を持った技術者や研究者を育成する。3年次より応用物理、電子・量子工学、物性工学、物質・分子工学の4つの主専攻に分かれて専門分野を学んでいく。4年次には研究室に配属され、本格的な研究を開始する。

学類	定員	内容
工学システム学類	(130)	2021年度改組。知的・機能工学システム、エネルギー・メカニクスの2つの主専攻を設置。機械工学や情報工学から建築学、航空宇宙工学まで広範囲にわたる分野を網羅している。自由な履修が可能になっており、工学分野の壁を越えて様々な知識を修得できる。
社会工学類	(120)	社会経済システム、経営工学、都市計画の3つの主専攻を設置。人間の営みが複雑に絡み合った現代の社会問題を多角的なアプローチで分析し、より良い社会システムの構築に貢献する。充実したプログラミング関連科目がある他、2年次に社会工学英語を履修する。
取得可能な免許・資格		学芸員、建築士（一級、二級、木造）、測量士補、施工管理技士（土木、建築、電気工事、管工事、造園、建設機械）、教員免許（中-数・理、高-数・理・情・工業）、社会教育士、社会教育主事、司書教諭

情報学群

筑波キャンパス　定員 230

- **特色** 知識と情報の記録などに関わる情報技術と、人間の知的活動や文化的基盤を学習。
- **進路** 約6割が大学院へ進学。他、情報通信系以外にも多様な業種に就職。
- **学問分野** メディア学／その他工学／情報学／人間科学
- **大学院** 理工情報生命／人間総合科学

学類	定員	内容
情報科学類	(80)	ソフトウェアサイエンス、情報システム、知能情報メディアの3つの分野を設置している。情報学の基礎を身につけ、現実の問題を解決するための思考法と観察眼を養う。情報科学の全体像を理解するとともに、自然科学の知識や情報科学の方法論なども修得する。
情報メディア創成学類	(50)	「コンテンツ」と「ネットワークメディア」の2つをキーワードに研究を行う。1・2年次は数理や技術など基礎科目を学び、3・4年次は情報メディア技術が扱う多彩な専門分野を学ぶ。科学技術に加え、知的財産や流通、ビジネスに関する科目も用意されている。
知識情報・図書館学類	(100)	知識科学、知識情報システム、情報資源経営の3つの主専攻を設置。知識や情報の創造や蓄積、分析、評価などを研究の対象とし、それらの管理および流通に関わる専門家を育成する。国内外の図書館や官庁、企業でのインターンシップなど多彩な科目を用意している。
取得可能な免許・資格		学芸員、教員免許（中-数・社、高-数・公・情）、社会教育士、社会教育主事、司書教諭、司書

医学群

筑波キャンパス　定員 241

- **特色** 自ら考え解決する力と方法を身につけ、医療現場の諸問題に向き合う人材を育成。
- **進路** 医療科：約半数が大学院へ進学。その他：多くが医療・福祉業に就く。
- **学問分野** 医療工学／医学／看護学／健康科学
- **大学院** 人間総合科学

学類	定員	内容
医学類	(134)	6年制。医師に必要な知識と技能や主体的に学習する能力の養成に力を入れる。1年次から医学セミナーなどを通して医学と医療を体験する。3年次までに生命科学や身体の構造と機能の基礎、正常と病態を総合的に理解し、4・5年次には病院での臨床実習を行う。
看護学類	(70)	4年制。学校保健や地域保健などの現場で質の高い看護を提供する人材を育成。看護学を中心に学び、幅広い視野と高い専門性を得るため医学、社会学、心理学などの科目も取り入れている。4年次の医療チーム連携演習では、他学類の学生とともにチーム医療を学ぶ。
医療科学類	(37)	4年制。医療科学主専攻、国際医療科学主専攻の2つのコースを設置。基礎医学、臨床医学、社会医学など医学全体の発展に貢献できる専門家を養成する。医療科学主専攻では臨床検査技師教育を実施、国際医療科学主専攻では医科学専門語学などに力を入れている。
取得可能な免許・資格		医師、看護師、保健師、臨床検査技師、養護教諭（一種）

体育専門学群

筑波キャンパス 定員 240

特色	充実した教員とスタッフがそれぞれの専門性や技量を発揮した授業を展開。
進路	卒業者の多くが一般企業に就職。約2割が大学院へ進学する。
学問分野	健康科学／教員養成／教育学
大学院	人間総合科学

体育専門学群 (240)	体育・スポーツ学、コーチング学、健康体力学の3つの分野を設置し、学校教育、公共スポーツ、スポーツ関連産業、競技スポーツなどの分野で活躍できる専門家を育成。約120名の教員が在籍し専門分野ごとに体系的なカリキュラムと充実した授業を展開している。
取得可能な免許・資格	学芸員、教員免許（中-保体、高-保体）、社会教育士、社会教育主事、司書教諭

芸術専門学群

筑波キャンパス 定員 100

特色	企業や美術館などの現場とつながる授業により幅広い教養と高い専門能力を養成。
進路	4割弱が大学院へ進学。他、一般企業に就職する者もいる。
学問分野	芸術理論
大学院	人間総合科学

芸術専門学群 (100)	美術史、芸術支援、洋画、版画、日本画、書、総合造形、工芸、建築デザインなど14の領域がある。2年次までに領域を横断した自由な学習で芸術の基礎を学び、3年次からテーマを絞り込み4年次の卒業研究につなげる。卒業制作と論文執筆が卒業要件である。
取得可能な免許・資格	学芸員、建築士（一級、二級、木造）、教員免許（中-美、高-書・美・工芸）、社会教育士、社会教育主事、司書教諭

その他プログラム等

総合学域群 (413)	定員413名は各学群の入学定員に含まれる。総合選抜で入学し、1年次は特定の学群に所属せず総合科目、体育、外国語、情報などの基本的な能力を身につける。1年次の終わりに2年次より所属する学群を選択。文理いずれの選抜区分で入学しても、体育専門学群を除くすべての学群・学類に移行できる。

入試要項（2025年度）

※この入試情報は大学発表の2025年度入試（予告）および2024年度募集要項等より編集したものです（2024年1月時点。見方は巻頭の「本書の使い方」参照）。内容には変更が生じる可能性があるため、最新情報はホームページや2025年度募集要項等で必ず確認してください。

「大学入試科目検索システム」のご案内

日程・方式ごとの偏差値や昨年度入試結果（志願者倍率、実質倍率、合格最低点）、基本情報（出願締切日、試験日、二段階選抜、募集人員、総合満点）などは、「大学入試科目検索システム」（https://nyushi.toshin.com/）をご覧ください（利用方法はp.12参照）。

■人文・文化学群 偏差値 64

前期日程

◆共通テスト

［人文、比較文化：8科目］国現古漢 地歴 公全6科目から2 数数ⅠA、数ⅡBC 理全5科目から1 外全5科目から1 情情Ⅰ

◆個別学力検査等

［人文、比較文化：3科目］国現古漢 地歴 公地理、日、世、倫から1 外英、独、仏、中から1

後期日程

◆共通テスト

［人文：8科目］前期日程に同じ

◆個別学力検査等

［人文：1科目］論小論文

■社会・国際学群 偏差値 64

前期日程

◆共通テスト

［社会：6科目］国現古漢 地歴 公全6科目から1 数全3科目から1 理全5科目から1 外全5科目から1 情情Ⅰ

［国際総合：7科目］国現古漢 地歴 公全6科目から1 数数ⅠA、数ⅡBC 理全5科目から1 外全5科目から1 情情Ⅰ

◆個別学力検査等

［社会：2科目］国 地歴 数現古漢、地理、日、世、数ⅠⅡA〔全〕B〔列〕C〔べ〕から1 外英

［国際総合：2科目］国 地歴 数 理現古漢、地理、日、世、数ⅠⅡA〔全〕B〔列〕C〔べ〕、物基・物、化基・化、生基・生、地基・地から1 外英、独、仏、中から1

■人間学群 偏差値 64

前期日程

◆共通テスト

[教育：7科目] 国現古漢地歴公全6科目から1数数ⅠA、数ⅡBC理全5科目から1外全5科目から1情情Ⅰ

[心理、障害科：7科目] 国現古漢地歴公全6科目から1数数ⅠA、数ⅡBC理全5科目から1外英情情Ⅰ

◆個別学力検査等

[教育：2科目] 国地歴公数理現古漢、地理、日、世、倫、数ⅠⅡⅢA〔全〕B〔列〕C、物基・物、化基・化、生基・生、地基・地から1外英、独、仏、中から1

[心理、障害科：2科目] 国地歴公数理現古漢、地理、日、世、倫、数ⅠⅡⅢA〔全〕B〔列〕C、物基・物、化基・化、生基・生、地基・地から1外英

後期日程

◆共通テスト

[全学類：7科目] 前期日程に同じ

◆個別学力検査等

[全学類：1科目] 論論述

■生命環境学群 偏差値 62

前期日程

◆共通テスト

[生物：8科目] 国現古漢地歴公全6科目から1数数ⅠA、数ⅡBC理物、化、生、地から2外英情情Ⅰ

[生物資源：7科目] 国現古漢地歴公全6科目から1数数ⅠA、数ⅡBC理物、化、生、地から1外英情情Ⅰ

[地球：8科目] 国現古漢地歴公全6科目から1数数ⅠA、数ⅡBC理物、化、生、地から2外全5科目から1情情Ⅰ

◆個別学力検査等

[生物：4科目] 数数ⅠⅡⅢA〔全〕B〔列〕C理物基・物、化基・化、生基・生、地基・地から2外英

[生物資源、地球：4科目] 地歴理地理、物基・物、化基・化、生基・生、地基・地から2数数ⅠⅡⅢA〔全〕B〔列〕C外英

後期日程

◆共通テスト

[生物、地球：8科目] 国現古漢地歴公全6科目から1数数ⅠA、数ⅡBC理物、化、生、地から2外英情情Ⅰ

[生物資源：8科目] 国現古漢地歴公理次の①・②から1（①地歴公全6科目から2、理全5科目から1、②地歴公全6科目から1、物、化、生、地から2）数数ⅠA、数ⅡBC外英情情Ⅰ

◆個別学力検査等

[生物、生物資源：1科目] 面個別面接

[地球：2科目] 面個別面接書類審志望の動機

■理工学群 偏差値 63

前期日程

◆共通テスト

[社会工以外：8科目] 国現古漢地歴公全6科目から1数数ⅠA、数ⅡBC理物、化、生、地から2外全5科目から1情情Ⅰ

[社会工：7科目] 国現古漢地歴公全6科目から1数数ⅠA、数ⅡBC理全5科目1外全5科目から1情情Ⅰ

◆個別学力検査等

[数、物理、工学システム：4科目] 数数ⅠⅡⅢA〔全〕B〔列〕C理物基・物必須、化基・化、生基・生、地基・地から1外英、独、仏、中から1

[化：4科目] 数数ⅠⅡⅢA〔全〕B〔列〕C理化基・化必須、物基・物、生基・生、地基・地から1外英、独、仏、中から1

[応用理工：4科目] 数数ⅠⅡⅢA〔全〕B〔列〕C理物基・物必須、化基・化、生基・生、地基・地から1外英、独、仏から1

[社会工：2科目] 数数ⅠⅡⅢA〔全〕B〔列〕C外英、独、仏から1

後期日程

◆共通テスト

[物理、化、応用理工、工学システム：8科目] 前期日程に同じ

[社会工：7科目] 前期日程に同じ

◆個別学力検査等

[物理、社会工：1科目] 論小論文

[化、工学システム：1科目] 面個別面接

[応用理工：1科目] 面個別面接▶口頭試問含む

■情報学群 偏差値 64

前期日程

◆共通テスト

[情報科、情報メディア創成：8科目] 国現古漢地歴公全6科目から1数数ⅠA、数ⅡBC理物、化、生、地から2外全5科目から1情情Ⅰ

◆個別学力検査等

[情報科：4科目] 数数ⅠⅡⅢA〔全〕B〔列〕C理物基・物、化基・化、生基・生、地基・地から2外英、独、仏、中から1

[情報メディア創成：2科目] 数数ⅠⅡⅢA〔全〕B〔列〕C外英、独、仏、中から1

後期日程

◆共通テスト

[知識情報・図書館：8科目] 国現古漢地歴公理次の①・②から1（①地歴公全6科目から2、理全5科目から1、②地歴公全6科目から1、物、化、生、地から2）数数ⅠA、数ⅡBC外全5科目から1情情Ⅰ

◆個別学力検査等

[知識情報・図書館：1科目] 論小論文

■医学群 医学類 偏差値 67

前期日程

◆**共通テスト**

[医：8科目] 国 現古漢 地歴 公 全6科目から1 数 数ⅠA、数ⅡBC 理 物、化、生から2 外 全5科目から1 情 情Ⅰ

◆**個別学力検査等**

[医：6科目] 数 数ⅠⅡⅢA〔全〕B〔列〕C 理 物基・物、化基・化、生基・生から2 外 英 筆記 筆記試験 面 個別面接

■医学群 看護学類 偏差値 60

前期日程

◆**共通テスト**

[看護：8科目] 国 現古漢 地歴 公 理 次の①・②から1（①地歴公全6科目から2、理科基礎、物、化、生から1、②地歴公全6科目から1、物、化、生から2）数 数ⅠA、数ⅡBC 外 全5科目から1 情 情Ⅰ

◆**個別学力検査等**

[看護：3科目] 国 理 現、物基・物、化基・化、生基・生から1 外 英、独、仏から1 面 個別面接

■医学群 医療科学類 偏差値 61

前期日程

◆**共通テスト**

[医療科：8科目] 国 現古漢 地歴 公 全6科目から1 数 数ⅠA、数ⅡBC 理 物、化、生から2 外 全5科目から1 情 情Ⅰ

◆**個別学力検査等**

[医療科：5科目] 数 数ⅠⅡⅢA〔全〕B〔列〕C 理 物基・物、化基・化、生基・生から2 外 英 面 個別面接

■体育専門学群 偏差値 61

前期日程

◆**共通テスト**

[6科目] 国 現古漢 地歴 公 全6科目から1 数 全3科目から1 理 全5科目から1 外 全5科目から1 情 情Ⅰ

◆**個別学力検査等**

[2科目] 実技 体育実技 論 論述試験

■芸術専門学群 偏差値 62

前期日程

◆**共通テスト**

[6科目] 国 現古漢 地歴 公 全6科目から1 数 全3科目から1 理 全5科目から1 外 全5科目から1 情 情Ⅰ

◆**個別学力検査等**

[2科目] 論 実技 論述、美術実技から1、論述、美術実技、書道実技、造形実技から1

後期日程

◆**共通テスト**

[4科目] 国 現古漢 地歴 公 数 理 全14科目から1 外 全5科目から1 情 情Ⅰ

◆**個別学力検査等**

[1科目] 論 実技 論述、美術実技から1

■総合学域群 偏差値 62

前期日程（総合選抜）

◆**共通テスト（総合選抜〔文系〕）**

[8科目] 国 現古漢 地歴 公 全6科目から2 数 数ⅠA、数ⅡBC 理 全5科目から1 外 全5科目から1 情 情Ⅰ

◆**共通テスト（総合選抜〔理系Ⅰ・Ⅱ・Ⅲ〕）**

[8科目] 国 現古漢 地歴 公 全6科目から1 数 数ⅠA、数ⅡBC 理 物、化、生、地から2 外 全5科目から1 情 情Ⅰ

◆**個別学力検査等（総合選抜〔文系〕）**

[3科目] 国 現古漢 地歴 公 数 地理、日、世、倫、数ⅠⅡA〔全〕B〔列〕C〔ベ〕から1 外 英、独、仏、中から1

◆**個別学力検査等（総合選抜〔理系Ⅰ〕）**

[4科目] 数 数ⅠⅡⅢA〔全〕B〔列〕C 理 物基・物必須、化基・化、生基・生、地基・地から1 外 英、独、仏、中から1

◆**個別学力検査等（総合選抜〔理系Ⅱ・Ⅲ〕）**

[4科目] 数 数ⅠⅡⅢA〔全〕B〔列〕C 理 物基・物、化基・化、生基・生、地基・地から2 外 英、独、仏、中から1

■特別選抜

[総合型選抜] アドミッションセンター入試、研究型人材入試 共、国際科学オリンピック特別入試

[学校推薦型選抜] 推薦入試、推薦入試（専門高校・総合学科特別入試）、推薦入試 共

[その他] 国際バカロレア特別入試（7月募集、10月募集）、海外教育プログラム特別入試、外国学校経験者特別入試（第1種、第2種）、学群英語コース特別入試、Japan-Expert（学士）プログラム入試、総合理工学位プログラム（学士）入試、地球規模課題学位プログラム（学士）入試

宇都宮大学

うつのみや

資料請求

アドミッションセンター事務室（峰キャンパス）　TEL（028）649-5112　〒321-8505 栃木県宇都宮市峰町350

学生を大切にはぐくみ、新たな知を創造する

大学紹介動画

最新入試情報

中規模地方総合大学の利点を活かし独自の教育を展開。主体的に挑戦する「Challenge」、時代の変化とともに自ら変化する「Change」、広く社会に貢献する「Contribution」の「3C精神」を掲げる。

峰ヶ丘講堂

キャンパス 2つ

峰キャンパス
〒321-8505 栃木県宇都宮市峰町350

陽東キャンパス
〒321-8585 栃木県宇都宮市陽東7-1-2

基本データ

※2023年5月現在（学部学生数に留学生は含まない。進路・就職は2022年度卒業者データ。学費は2024年度入学者用〔予定〕）

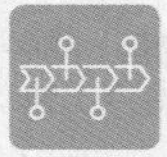
沿革

1949年、学芸、農の2つの学部からなる宇都宮大学が発足。1964年、工学部を設置。1966年、学芸学部を教育学部に改称。1994年、国際学部を設置。2016年、地域デザイン科学部を設置。2019年、工学部と大学院を改組。2020年、群馬大学との共同教育学部を設置。2024年、データサイエンス経営学部を設置。

教育機関　6 学部　3 研究科

学部　地域デザイン科／国際／共同教育／工／農／データサイエンス経営

大学院　地域創生科学Ⓜ︎Ⓓ／教育学Ⓟ／連合農学Ⓓ

人数

学部学生数　4,069名

教員1名あたり学生　12名

教員数　322名【学長】池田宰、【総括理事・副学長】藤井佐知子

（教授130名、准教授118名、講師5名、助教68名、助手・その他1名）

学費

初年度納入額　842,180円

奨学金　宇都宮大学3C基金飯村チャレンジ奨学金、宇都宮大学3C基金関スポーツ奨学金、宇都宮大学3C基金入学応援奨学金、高等教育の修学支援新制度（学費減免及び給付型奨学金）

進路

学部卒業者　911名

（進学379名［41.6%］、就職494名［54.2%］、その他38名［4.2%］）

主な就職先　※院卒者を含む

栄研化学、NHK、鹿島建設、キヤノン、ケーブルテレビ、JA、JTB、JR東日本、スズキ、SUBARU、TKC、デクセリアルズ、東京計器、東京電力ホールディングス、栃木銀行、栃木セキスイハイム、TOPPANホールディングス、日産自動車、能美防災、富士通、本田技研工業、ミツトヨ、山崎製パン、学校（教員）、各省庁、各県庁、各市役所

学部学科紹介

※本書掲載内容は、大学公表資料から独自に編集したものです。詳細は大学パンフレットやホームページ等で必ず確認してください（取得可能な免許・資格は任用資格や受験資格などを含む）。

地域デザイン科学部

陽東キャンパス　定員 131

特色　理系を中心に文理融合した地域系の教育を実践する。
進路　公務、建設業、学術研究・専門技術サービス業に就く者が多い。
学問分野　文化学／社会学／土木・建築学
大学院　地域創生科学

学科	定員	内容
コミュニティデザイン学科	(47)	公共政策、地方自治、経済、自然などの専門分野を学び、地域デザイン能力を養う。地域社会の成り立ちや問題を理解するため、地域と連携して多様な現場を訪問し、実際に体験しながら学習を深める。行政機関や一般企業、NPOなどで活躍できる人材を育成する。
建築都市デザイン学科	(47)	建築学の基礎学習を通じて、建築に関わる社会の構造変化を理解する。少子高齢化やエネルギー問題などの課題への対策法を実践的に学び、様々な地域へ応用する能力と異業種間での連携力を養う。4年次には卒業設計と卒業研究を行いそれまでの学びを集大成させる。
社会基盤デザイン学科	(37)	最先端の科学技術をもとに多様な視点から社会基盤を創造できる人材を育成。土木工学の基礎に加え、学際的分野との連携能力を身につける。コミュニティデザインや防災マネジメント、海外プロジェクト、地域の諸課題など実践的な取り組みも数多く行っている。
取得可能な免許・資格		社会福祉主事、建築士(一級、二級)、技術士補、測量士補、施工管理技士(土木、建築)、社会教育士、社会教育主事

国際学部

峰キャンパス　定員 84

特色　国際、学際、比較をテーマに、多様な個性を持つ学生がともに学んでいく。
進路　卸売・小売業、製造業、サービス業など多様な分野に就職している。
学問分野　国際学
大学院　地域創生科学

学科	定員	内容
国際学科	(84)	多文化社会の実現に貢献できる人材を育成する。人文科学と社会科学を統合した体系的な教育プログラムのもと、専門的な知識や技術に加え、外国語能力の強化や少人数演習、国際キャリア教育などを展開。国際人に必要なコミュニケーション能力や行動力を養う。
取得可能な免許・資格		教員免許（中-英、高-英）

共同教育学部

峰キャンパス　定員 170

特色　群馬大学との共同教育学部で、両大学の科目が履修可能。
進路　卒業者の多くが教育・学習支援業に就く。他、公務や医療・福祉業など。
学問分野　教員養成／教育学
大学院　地域創生科学／教育学

学科	定員	内容
学校教育教員養成課程	(170)	群馬大学との共同教育学部として、双方向遠隔メディアシステムを活用し両大学の幅広い科目を履修できる。学校現場で求められる語学教育やICT（情報通信技術）／プログラミング教育などの充実を図り、より高度な教員養成教育を展開する。
取得可能な免許・資格		社会福祉主事、教員免許（幼一種、小一種、中-国・数・理・社・保体・音・美・家・技・英、高-国・数・理・地歴・公・保体・音・美・工芸・家・工業・英、特-知的・肢体・病弱・視覚・聴覚）

工学部

陽東キャンパス　定員 290

特色　分野を超えたイノベーションで、社会に貢献する人材を育成。
進路　約7割が大学院へ進学。就職先は製造業、情報通信業など。
学問分野　応用物理学／応用化学／機械工学／電気・電子工学／材料工学／ナノテクノロジー／エネルギー工学／医療工学／情報学
大学院　地域創生科学

学科	定員	内容
基盤工学科	(290)	機械、電気電子、化学、情報の各分野を統合し新しい価値の創造を目指す。2年次に応用化学、機械システム工学、情報電子オプティクスの3つのコースに分属。情報電子オプティクスコースでは情報系、電気系、光工学系の3つの履修モデルから1つを選択する。

取得可能な免許・資格	危険物取扱者（甲種）、毒物劇物取扱責任者、電気工事士、特殊無線技士（海上、陸上）、主任技術者（電気、電気通信）、教員免許（高-工業）

農学部

峰キャンパス　定員 180

- 特色　広大な農場・演習林を有し、持続的な生物生産、環境、食経済等を教育。
- 進路　就職先は公務、製造業、卸売・小売業などが多い。
- 学問分野　化学／生物学／ナノテクノロジー／農学／森林科学／応用生物学
- 大学院　地域創生科学／連合農学

生物資源科学科 (58)	生物資源・生物生産環境、生物機能、生物生産技術の3つの学びに沿った専門教育科目を設置。動物、植物、昆虫、微生物、土壌に関する講義や実験・実習を通じて、生物資源の機能解明と応用技術について幅広い知識と得意分野を持つ人材を養成する。
応用生命化学科 (30)	「物質の流れ」の観点から生命の営みに関する諸現象を研究する。化学を基礎に生物などの領域を総合的に学習し生命への理解を深めていく。豊かな生活を支える科学技術の発展を目指し、生命、食品、環境の分野で問題解決に取り組む意欲ある人材を育成する。
農業環境工学科 (30)	水土環境工学、食料生産システム工学の2つのコースを設置。環境と調和した持続可能な農業システムの構築に取り組む。土や水、作物や家畜、生産システムや地域資源などを対象に、工学、生物学、社会科学の手法から環境保全や食料生産について研究を行う。
農業経済学科 (33)	社会科学の観点から食や農業にアプローチする。経済学や経営学、計量分析や財務分析、社会調査手法などの学習を通じ、生産、加工、流通、貿易、消費を分析し、農業政策や環境問題、地域社会の機能などに関する理解を深める。3年次後期より研究室に所属。
森林科学科 (29)	育林学、森林社会科学、森林工学、林産学の4つの分野で構成。森林の育成や管理、生産物の利用など森林の持つ木材生産機能と環境保全機能を理解する。講義と実習を通じ、100年後までを見据えた森林の利活用について提言できる森林技術者を育成する。
取得可能な免許・資格	危険物取扱者（甲種）、毒物劇物取扱責任者、技術士補、測量士補、施工管理技士(造園)、食品衛生管理者、食品衛生監視員、樹木医補、教員免許(高-理・農)、ビオトープ管理士

データサイエンス経営学部

峰キャンパス　定員 55

- 特色　2024年度開設。データサイエンスと経営学の分野複眼プログラム。
- 進路　2024年度開設。データサイエンティストや企画管理者などを想定。
- 学問分野　経営学／数学／情報学
- 大学院　地域創生科学

データサイエンス経営学科 新 (55)	データサイエンスの素養を持ち、基礎的経営学をベースに実践的な知識を身につけた、課題解決や意思決定、価値創出に繋げる能力を有する次世代人材を育成する。学生は2年次後期にデータサイエンスまたは経営学いずれかの「学系」を選択する。

入試要項（2025年度）

※この入試情報は大学発表の2025年度入試（予告）より編集したものです（2024年1月時点。見方は巻頭の「本書の使い方」参照）。内容には変更が生じる可能性があるため、最新情報はホームページや2025年度募集要項等で必ず確認してください。

「大学入試科目検索システム」のご案内
日程・方式ごとの偏差値や昨年度入試結果（志願者倍率、実質倍率、合格最低点）、基本情報（出願締切日、試験日、二段階選抜、募集人員、総合満点）などは、「大学入試科目検索システム」（https://nyushi.toshin.com/）をご覧ください（利用方法はp.12参照）。

■地域デザイン科学部　偏差値 57

前期日程

◆共通テスト

[コミュニティデザイン：8科目] 国現古漢 地歴 公 理 全11科目から3▶理は同一名称含む組み合わせ不可 数全3科目から2 外全5科目から1 情情Ⅰ

[建築都市デザイン：8科目] 国現古漢 地歴 公全6科目から1 数数ⅠA、数ⅡBC 理物、化、生、地から2 外全5科目から1 情情Ⅰ

[社会基盤デザイン：8科目] 国 現古漢 地歴 公 全6科目から1 数 数ⅠA、数ⅡBC 理 物必須、化、生、地から1 外 全5科目から1 情 情Ⅰ

◆個別学力検査等

[コミュニティデザイン：1科目] 論 小論文

[建築都市デザイン：1科目] 数 数ⅠⅡⅢAB〔列〕C

[社会基盤デザイン：1〜2科目] 数 理 次の①・②から1（①数ⅠⅡⅢAB〔列〕C、物基・物から1、②数ⅠⅡⅢAB〔列〕C、物基・物▶高得点1科目を合否判定に使用）

後期日程

◆共通テスト

[全学科：8科目] 前期日程に同じ

◆個別学力検査等

[全学科：1科目] 面 個人面接

■国際学部 偏差値 59

前期日程

◆共通テスト

[国際：7科目] 国 現古漢 地歴 公 全6科目から2 数 全3科目から1 理 全5科目から1 外 全5科目から1 情 情Ⅰ

◆個別学力検査等

[国際：2科目] 外 英 論 小論文

■共同教育学部 偏差値 55

前期日程

◆共通テスト

[学校教育教員養成－教育人間科学・人文社会：7科目] 国 現古漢 地歴 公 全6科目から2 数 全3科目から1 理 全5科目から1 外 全5科目から1 情 情Ⅰ

[学校教育教員養成－自然科学：8科目] 国 現古漢 地歴 公 全6科目から1 数 数ⅠA、数ⅡBC 理 物、化、生、地から2 外 全5科目から1 情 情Ⅰ

[学校教育教員養成－芸術生活健康：6科目] 国 現古漢 地歴 公 全6科目から1 数 全3科目から1 理 全5科目から1 外 全5科目から1 情 情Ⅰ

◆個別学力検査等

[学校教育教員養成－教育人間科学・人文社会・自然科学・芸術生活健康「家政」：2科目] 論 小論文 面 集団面接

[学校教育教員養成－芸術生活健康「音楽」：2科目] 面 集団面接 実技 音楽実技

[学校教育教員養成－芸術生活健康「美術」：2科目] 面 集団面接 実技 美術実技

[学校教育教員養成－芸術生活健康「保健体育」：2科目] 面 集団面接 実技 体育実技

■工学部 偏差値 55

前期日程

◆共通テスト

[基盤工：8科目] 国 現古漢 地歴 公 全6科目から1 数 全3科目から2 理 物、化、生、地から2 外 全5科目から1 情 情Ⅰ

◆個別学力検査等

[基盤工：3科目] 数 数ⅠⅡⅢAB〔列〕C 理 物基・物、化基・化から1 外 英

後期日程

◆共通テスト

[基盤工：8科目] 前期日程に同じ

◆個別学力検査等

[基盤工：1科目] 論 小論文

■農学部 偏差値 56

前期日程

◆共通テスト

[生物資源科：8科目] 国 現古漢 地歴 公 全6科目から1 数 全3科目から2 理 全5科目から2▶同一名称含む組み合わせ不可 外 全5科目から1 情 情Ⅰ

[応用生命化、農業環境工：8科目] 国 現古漢 地歴 公 全6科目から1 数 全3科目から2 理 物、化、生、地から2 外 全5科目から1 情 情Ⅰ

[農業経済：8科目] 国 現古漢 地歴 公 理 全11科目から3▶理は同一名称含む組み合わせ不可 数 全3科目から2 外 全5科目から1 情 情Ⅰ

[森林科：8科目] 国 現古漢 地歴 公 全6科目から1 数 数ⅠA、数ⅡBC 理 物、化、生、地から2 外 英 情 情Ⅰ

◆個別学力検査等

[生物資源科：2科目] 数 理 数ⅠⅡⅢAB〔列〕C、化基・化、生基・生から1 外 英

[応用生命化：2科目] 理 化基・化 外 英

[農業環境工：2科目] 数 数ⅠⅡⅢAB〔列〕C 外 英

[農業経済：2科目] 数 論 数ⅠⅡⅢAB〔列〕C、小論文から1 外 英

[森林科：2科目] 数 理 数ⅠⅡⅢAB〔列〕C、物基・物、化基・化、生基・生から1 外 英

後期日程

◆共通テスト

[生物資源科、農業環境工、農業経済、森林科：8科目] 前期日程に同じ

[応用生命化：8科目] 国 現古漢 地歴 公 全6科目から1 数 全3科目から2 理 化必須、物、生、地から1 外 全5科目から1 情 情Ⅰ

◆個別学力検査等

[全学科：1科目] 面 個人面接

■データサイエンス経営学部 偏差値 58

前期日程

◆共通テスト

[データサイエンス経営：8科目] 国 現古漢 地歴 公 理 全11科目から3▶理は同一名称含む組み合わせ不可 数 数ⅠA、数ⅡBC 外 全5科目から1 情 情Ⅰ

◆個別学力検査等（文系型）

[データサイエンス経営：2科目] 数 数ⅠⅡAB〔列〕C〔べ〕 外 英

◆個別学力検査等（理系型）

[データサイエンス経営：2科目] 数 数ⅠⅡⅢAB〔列〕C 外 英

後期日程

◆共通テスト

[データサイエンス経営：8科目] 前期日程に同じ

◆個別学力検査等

[データサイエンス経営：1科目] 個人面接

■特別選抜

[総合型選抜] 総合型選抜A（一般）、総合型選抜A（一般）共、総合型選抜B（帰国生）、総合型選抜C（社会人）、総合型選抜D（外国人生徒）

[学校推薦型選抜] 学校推薦型選抜、学校推薦型選抜（一般推薦、専門高校・総合学科推薦、専門高校・農業関連学科推薦）

[その他] 私費外国人留学生選抜

就職支援

宇都宮大学では「キャリアセンター」と「教職センター」を中心に進路選択・就職活動をサポートしています。また、就職ガイダンス・セミナーの実施、就職について毎日相談できる体制の他、全学年対象の「キャリアフェスティバル」を開催するなど、今後の学生の将来を取り巻く環境や、業界・企業の動向について学ぶ機会を設けています。

国際交流

宇都宮大学は、世界各地50以上の大学と学生交流協定を結んでおり、交換留学を実施しています。また、夏季休業や春季休業中には、オーストラリア、マレーシア、マルタなどの国で海外語学研修を実施しています。さらに、毎年2回、協力企業の海外事業所などで国際インターンシップを行い、留学のサポートに力を入れています。

宇都宮大学ギャラリー

■就職・キャリア支援センター

合同企業・公務員セミナーや、面接・筆記試験対策講座の開催など、一人ひとりと向き合う手厚い就職・キャリア支援が行われています。

■EPUU

実用的なコミュニケーション能力と異文化理解を深めるために、宇都宮大学基盤教育の一環として設置された英語プログラム。

■学生間の交流

峰キャンパスと陽東キャンパスの距離は約2kmと非常に近いため、学部の枠を超えた学生間の交流が活発に行われています。

■ラーニング・コモンズ

自主的な学習のための学びの空間です。ホワイトボードやスクリーンなど、学習を促進させるための設備が多数そろっています。

群馬大学（ぐんまだいがく）

資料請求

学務部学生受入課（荒牧キャンパス） TEL（027）220-7150〜7152　〒371-8510 群馬県前橋市荒牧町4-2

困難な諸課題に意欲的、創造的に取り組む人材を育成

大学紹介動画　最新入試情報

「群を抜け 駆けろ 世界を」の言葉のもと、自らが決めた道をどこまでも進み世界を駆け回ることのできる人材を育てる。北関東の総合大学の1つとして21世紀の多様なニーズに応える教育を展開している。

同窓記念会館

キャンパス 4つ

荒牧キャンパス
〒371-8510 群馬県前橋市荒牧町4-2

昭和キャンパス
〒371-8511 群馬県前橋市昭和町3-39-22

桐生キャンパス
〒376-8515 群馬県桐生市天神町1-5-1

太田キャンパス
〒373-0057 群馬県太田市本町29-1

基本データ

※2023年5月現在（教員数は非常勤を含む。進路・就職は2022年度卒業者データ。学費は2024年度入学者用〔予定〕）

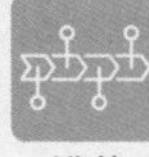

沿革

1949年に学芸、医、工の3つの学部で発足。1966年、学芸学部を教育学部に改組。1993年、社会情報学部を設置。2013年、工学部を理工学部に改組。2020年、宇都宮大学との共同教育学部を設置。2021年、社会情報学部と理工学部を改組、情報学部を設置し、現在に至る。

教育機関 4 学部 5 研究科

学部　共同教育／情報／医／理工

大学院　教育学Ⓟ／情報学Ⓜ／保健学ⓂⒹ／医学系ⓂⒹ／理工ⓂⒹ／パブリックヘルス（研究科横断プログラム）Ⓜ／医理工レギュラトリーサイエンス（研究科横断プログラム）Ⓜ

人数

学部学生数 **5,035**名　教員1名あたり学生 **5**名

教員数 **879**名【学長】石崎泰樹
（教授**214**名、准教授**197**名、講師**88**名、助教**292**名、助手・その他**88**名）

学費

初年度納入額 **864,460〜1,122,100**円

奨学金　日本学生支援機構奨学金

進路

学部卒業者 **1,152**名
（進学**385**名［33.4%］、就職**596**名［51.7%］、その他※**171**名［14.9%］）
※臨床研修医119名を含む

主な就職先　前橋市（職員）、高崎市（職員）、群馬県（職員）、群馬県警察、群馬銀行、文部科学省、東和銀行、東洋水産、前橋赤十字病院、日高病院、群馬県健康づくり財団、群馬大学医学部附属病院、筑波大学附属病院、東京医科歯科大学病院、クスリのアオキ、SUBARU、経済産業省、両毛システムズ、ニプロ医工、日立ソリューションズ東日本、マックス、日本化成

学部学科紹介

※本書掲載内容は、大学公表資料から独自に編集したものです。詳細は大学パンフレットやホームページ等で必ず確認してください（取得可能な免許・資格は任用資格や受験資格などを含む）。

共同教育学部

荒牧キャンパス　定員 190

特色　宇都宮大学との共同教育学部で、質の高い教育を目指す。
進路　卒業者の多くが教員となる。他、一般企業に就職する者もいる。
学問分野　教員養成
大学院　教育学

学校教育教員養成課程 (190)	宇都宮大学との共同教育学部である。両大学の教員が共同で専門性の高い授業を準備する。英語教育やICT（情報通信技術）／プログラミング教育の充実を図るとともに、ハンディのある者や病弱者など特別支援学校教諭の養成領域もより広く設定している。
取得可能な免許・資格	学芸員、教員免許(幼一種、小一種、中-国・数・理・社・保体・音・美・家・技・英、高-国・数・理・地歴・公・情・保体・音・美・家・工業・英、特-知的・肢体・病弱・視覚・聴覚)、社会教育士、社会教育主事、司書教諭

情報学部

荒牧キャンパス　定員 170

特色　2021年度開設。人文・社会科学と情報科学の両方の視点から学習。
進路　2021年度開設。情報通信業や製造業で活躍を想定。
学問分野　政治学／経済学／社会学／メディア学／数学／情報学
大学院　情報学

情報学科 (170)	データサイエンスを基盤に、IoT、ビッグデータ、統計的解析手法などのスキルを持ち、人文・社会科学や自然科学に精通した人材を育成。2年次に人文情報、社会共創、データサイエンス、計算機科学の4つのプログラムから1つを選択する。
取得可能な免許・資格	社会調査士

医学部

荒牧キャンパス（1年）
昭和キャンパス（2～4（6）年）　定員 268

特色　主体的思考力と行動力を持ち、チーム医療の一員として医療を支える人材を育成。
進路　卒業者のほとんどが医療の道へ進む。保健学科では進学する者もいる。
学問分野　医学／看護学／健康科学
大学院　医学系／保健学

医学科 (108)	6年制。専門知識と倫理観、医療技能を兼ね備え生涯にわたり積極的な学習意欲を持ち続ける医師を育成。1年次に教養教育、2年次以降に基礎医学などを学び、4年次後期から臨床実習を行うカリキュラムで医師としての資質を高める。医学研究の道を志す学生はMD-PhDコースにも参加可能。
保健学科 (160)	4年制。看護学、検査技術科学、理学療法学、作業療法学の4つの専攻を設置。超少子高齢社会において地域完結型医療教育や研究を支えるとともに、国際的保健学の研究拠点として国際社会に貢献する。検査技術科学専攻では卒業者の約3割が大学院へ進学している。
取得可能な免許・資格	医師、看護師、助産師、保健師、理学療法士、作業療法士、臨床検査技師

理工学部

荒牧キャンパス（1年）
桐生キャンパス（2～4年、一部は太田C）　定員 470

特色　2021年度改組。変化を続ける産業構造に対応できる技術者や研究者を育成。
進路　卒業者の多くが製造業や情報通信業、公務に就く。
学問分野　化学／生物学／機械工学／電気・電子工学／材料工学／応用生物学／環境学／情報学
大学院　理工

物質・環境類 (285)	応用化学、食品工学、材料科学、化学システム工学、土木環境の5つのプログラムで構成。持続可能な社会を支える基礎となる化学、生物、物理を融合した科学技術について幅広く学ぶ。2年次後期以降、適性に合わせプログラムを選択する。

電子・機械類 (185)	エネルギー変換技術や材料開発などについて学ぶ機械、知能化制御技術やシステムデザイン技術などを学ぶ知能制御、量子ビーム技術、医用計測技術などを学ぶ電子情報通信の3つのプログラムで構成。2年次後期にプログラムを選択する。
取得可能な免許・資格	危険物取扱者(甲種)、毒物劇物取扱責任者、ボイラー技士、技術士補、測量士補、施工管理技士（土木、建築、建設機械)、衛生管理者、作業環境測定士

入試要項(2025年度)

※この入試情報は大学発表の2025年度入試（予告）および2024年度募集要項等より編集したものです（2024年1月時点。見方は巻頭の「本書の使い方」参照)。内容には変更が生じる可能性があるため、最新情報はホームページや2025年度募集要項等で必ず確認してください。

「大学入試科目検索システム」のご案内
日程・方式ごとの偏差値や昨年度入試結果（志願者倍率、実質倍率、合格最低点)、基本情報（出願締切日、試験日、二段階選抜、募集人員、総合満点)などは、「大学入試科目検索システム」(https://nyushi.toshin.com/) をご覧ください（利用方法はp.12参照)。

■共同教育学部 偏差値 56

前期日程

◆共通テスト

[学校教育教員養成－人文社会・教育人間科学：7科目] 国 現古漢 地歴 公 全6科目から2 数 全3科目から1 理 全5科目から1 外 全5科目から1 情 情Ｉ

[学校教育教員養成－自然科学：8科目] 国 現古漢 地歴 公 全6科目から1 数 数ＩA、数ⅡBC 理 物、化、生、地から2 外 全5科目から1 情 情Ｉ

[学校教育教員養成－芸術生活健康：6科目] 国 現古漢 地歴 公 全6科目から1 数 全3科目から1 理 全5科目から1 外 全5科目から1 情 情Ｉ

◆個別学力検査等

[学校教育教員養成－人文社会・自然科学・芸術生活健康「家政」・教育人間科学：2科目] 論 小論文 面 面接

[学校教育教員養成－芸術生活健康「音楽」：4科目] 筆記 筆記試験 論 小論文 面 面接 実技 音楽実技

[学校教育教員養成－芸術生活健康「美術」：3科目] 論 小論文 面 面接 実技 美術実技

[学校教育教員養成－芸術生活健康「保健体育」：3科目] 論 小論文 面 面接 実技 体育実技

後期日程

◆共通テスト

[学校教育教員養成－人文社会「国語・社会」・芸術生活健康「家政・保健体育」・教育人間科学「特別支援教育」：7科目] 国 現古漢 地歴 公 全6科目から2 数 全3科目から1 理 全5科目から1 外 全5科目から1 情 情Ｉ

[学校教育教員養成－自然科学：7科目] 国 現古漢 地歴 公 全6科目から1 数 数ＩA、数ⅡBC 理 物、化、生、地から1 外 全5科目から1 情 情Ｉ

[学校教育教員養成－芸術生活健康「音楽・美術」：6科目] 前期日程に同じ

◆個別学力検査等

[学校教育教員養成－人文社会「国語・社会」・自然科学・芸術生活健康「家政」・教育人間科学「特別支援教育」：1科目] 面 面接

[学校教育教員養成－芸術生活健康「音楽」：2科目] 面 面接 実技 音楽実技

[学校教育教員養成－芸術生活健康「美術」：2科目] 面 面接 実技 美術実技

[学校教育教員養成－芸術生活健康「保健体育」：2科目] 面 面接 実技 体育実技

■情報学部 偏差値 59

前期日程

◆共通テスト

[情報：8科目] 国 現古漢 地歴 公 理 全11科目から3 数 全3科目から2 外 全5科目から1 情 情Ｉ

◆個別学力検査等

[情報：1～2科目] 数 外 次の①・②から1（①数ＩⅡABC〔ベ〕、数ＩⅡⅢABC、英から1、②英必須、数ＩⅡABC〔ベ〕、数ＩⅡⅢABCから1▶高得点1科目を合否判定に使用）

後期日程

◆共通テスト

[情報：8科目] 前期日程に同じ

◆個別学力検査等

[情報：1科目] 論 小論文

■医学部 医学科 偏差値 65

前期日程

◆共通テスト

[医：8科目] 国 現古漢 地歴 公 地歴全3科目、公共・倫、公共・政経から1 数 数ＩA、数ⅡBC 理 物、化、生から2 外 英、独、仏から1 情 情Ｉ

◆個別学力検査等

[医：5科目] 数 数ＩⅡⅢABC 理 物基・物、化基・化 論 小論文 面 面接

■医学部 保健学科 偏差値 57

前期・後期日程

◆共通テスト

[保健：8科目] 国 現古漢 地歴 公 全6科目から1 数 数ＩA、数ⅡBC 理 物、化、生から2 外 全5科目から1 情 情Ｉ

◆個別学力検査等

[保健：2科目] 論 小論文Ｉ、小論文Ⅱ

■理工学部 偏差値 54

前期日程

◆共通テスト

[全類：8科目] 国現古漢 地歴 公全6科目から1 数数ⅠA、数ⅡBC 理物、化、生、地から2 外英 情情Ⅰ

◆個別学力検査等

[物質・環境：3科目] 数数ⅠⅡABC〔ベ〕、数ⅠⅡⅢABCから1 理物基・物、化基・化、生基・生から1 外英

[電子・機械：3科目] 数数ⅠⅡⅢABC 理物基・物、化基・化から1 外英

後期日程

◆共通テスト

[全類：8科目] 前期日程に同じ

◆個別学力検査等

[全類：1科目] 面個人面接

■特別選抜

[総合型選抜] 総合型選抜（専門学科・総合学科特別選抜）

[学校推薦型選抜] 学校推薦型選抜Ⅰ、学校推薦型選抜Ⅰ（一般枠、プログラム特別枠、GFL特別枠）、学校推薦型選抜Ⅱ 共

[その他] 帰国生選抜、社会人選抜、私費外国人留学生選抜

群馬大学ギャラリー

■昭和キャンパス

医学部の学生が集うキャンパス。生体調節研究所や群馬大学医学部附属病院など、医療関係の併設施設が多数あります。

■桐生キャンパス

スーパーや外食チェーンの他に、桐生が岡動物園や桐生が岡遊園地などもキャンパス周辺に位置しています。

■中央図書館

荒牧キャンパスにある人文系の総合図書館。学習支援や英語多読教材の整備に力を入れるなど、教養教育も充実しています。

■大学会館「アザレア」

荒牧キャンパスにある多目的複合施設。食堂や売店、留学生の教育・交流を中心とした国際センターなど多数の機能を有しています。

埼玉大学（さいたまだいがく）

資料請求

学務部入試課　TEL (048) 858-3036　〒338-8570 埼玉県さいたま市桜区下大久保255

多様性を重んじ、時代のニーズに応える教育を展開

大学紹介動画

最新入試情報

「知の府としての普遍的な役割」「現代的課題の解決」「国際社会への貢献」を基本方針とする。多様な学問と教員、学生が共存し融合するキャンパスで、地方創生や異分野協働を念頭においた教養教育を展開する。

キャンパス正門

キャンパス **1**つ

大久保キャンパス
〒338-8570 埼玉県さいたま市桜区下大久保255

基本データ

※2023年5月現在（進路・就職は2022年度卒業者データ。学費は2024年度入学者用）

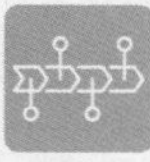
沿革

1949年に浦和高等学校、埼玉師範学校などを母体に文理、教育の2つの学部で発足。1976年、理工学部を改組、理、工の2つの学部を設置。1992年、経済学部全学科に夜間コースを設置。2006年、教育学部を改組。2018年、工学部を改組。2022年、理工学研究科改組し、現在に至る。

教育機関
5 学部 **4** 研究科

学部　教養／経済／教育／理／工

大学院　人文社会科学Ⓜ︎Ⓓ／教育学Ⓟ／理工学Ⓜ︎Ⓓ／連合学校教育学Ⓓ

人数

学部学生数　**6,759**名

教員1名あたり学生 **16**名

教員数　**416**名【学長】坂井貴文
（教授**197**名、准教授**159**名、講師**9**名、助教**51**名）

学費

初年度納入額　**817,800**円（諸経費別途）

奨学金　エネグローバル奨学金、デジタルベリー奨学金

進路

学部卒業者　**1,612**名
（進学**532**名［33.0%］、就職**975**名［60.5%］、その他**105**名［6.5%］）

主な就職先　関東信越国税局、関東財務局、東京都庁、埼玉県庁、神奈川県庁、栃木県庁、東京都特別区、さいたま市役所、JR東日本、大和ハウス工業、りそな銀行、日本政策金融公庫、キヤノン、東芝、タムロン、帝国ホテル、キオクシア、KDDI、監査法人トーマツ、三井住友信託銀行、JAL、三菱電機、公立学校、私立学校、保育園

学部学科紹介

※本書掲載内容は、大学公表資料から独自に編集したものです。詳細は大学パンフレットやホームページ等で必ず確認してください（取得可能な免許・資格は任用資格や受験資格などを含む）。

教養学部

大久保キャンパス　定員 160

特色　各国の協定校への長期留学を推進。留学生とともに学ぶ国際共修授業も行われる。
進路　卒業後は情報通信業や公務、卸売・小売業に就く者が多い。
学問分野　文学／言語学／哲学／歴史学／地理学／文化学／社会学／国際学／芸術理論
大学院　人文社会科学

教養学科 (160)	グローバル・ガバナンス、現代社会、哲学歴史、ヨーロッパ・アメリカ文化、日本・アジア文化の5つの専修課程のもとに11の専攻がある。選択した専攻以外の科目群を体系的に学ぶ副専攻制度もある。演習や実習、ディスカッションなどの実践的な授業も多い。
取得可能な免許・資格	登録日本語教員、学芸員、教員免許（中-国・社・英、高-国・地歴・公・英）

経済学部

大久保キャンパス　定員 295

特色　1年間の留学などが必修の「グローバル・タレント・プログラム」を設置。
進路　卒業後は情報通信業や公務、製造業に就く者が多い。
学問分野　法学／政治学／経済学／経営学
大学院　人文社会科学

経済学科 昼 (280)	経済分析、国際ビジネスと社会発展、経営イノベーション、法と公共政策の4つのメジャーから1つを選択。国際的視点を持って活躍できる人材を育成する。2年次以降は約40のゼミに全員が所属し少人数で専門分野を学ぶ。
経済学科 夜 (15)	じっくり学ぶ「社会人の学び直し」の場として、最大10年間の長期履修制度を導入。入学時に各自の事情に合わせた履修計画を作成する。外国語科目や基盤科目については、放送大学の科目の中から指定されたものを履修する。
取得可能な免許・資格	学芸員

教育学部

大久保キャンパス　定員 380

特色　学問研究に取り組む学びも展開しつつ、地域で活躍できる教員を養成。
進路　卒業者の多くが教育・学習支援業に就く。他、公務や情報通信業など。
学問分野　教員養成／教育学
大学院　教育学

学校教育教員養成課程 (360)	小学校、中学校、乳幼児教育、特別支援教育の4つのコースを設置し、基礎から応用まで段階的に学んでいく。教科専門科目の他に、教員としての心構えや教育の本質を学ぶ教職専門科目、教員としての能力の底上げを狙う教職キャリア科目などが用意されている。
養護教諭養成課程 (20)	成長、発達や身体のメカニズム、疾病の構造などの知識に加え、子どもの成長に寄り添い自己創出力に介添えするための能力を養う。近年注目される薬物乱用や性に関する問題行動、環境問題、事故や傷害など、子どもを巡る様々な健康問題について知識を深める。
取得可能な免許・資格	学芸員、保育士、教員免許（幼一種、小一種、中-国・数・理・社・保体・保健・音・美・家・技・英、高-国・数・理・地歴・公・保体・保健・音・美・家・英、特-知的・肢体・病弱）、養護教諭（一種）、司書教諭

理学部

大久保キャンパス　定員 210

特色　英語による学術発表などが学べる副専攻プログラムを設置している。
進路　卒業者の多くが大学院へ進学。就職先は情報通信業、製造業など。
学問分野　数学／物理学／化学／生物学
大学院　理工学

数学科 (40)	少人数セミナーによる細かな指導が特徴的で、分からないことを丁寧に解きほぐし、現代数学の先端につながる本質的な内容と広がりを持つ教育を行う。複素関数論・群論・曲面・微分方程式などを学び、特異点論・位相幾何学など様々な研究に結びつけていく。

学科	定員	内容
物理学科	(40)	ミクロの素粒子からマクロの宇宙までを幅広く研究対象とし、自然の成り立ちや自然が示す法則性を探究する。物理学を理解するための基礎を身につけ、自然現象を統一的に把握することを重要視する。卒業生の約半数が大学院に進学し専門的な研究に携わっていく。
基礎化学科	(50)	合成化学と解析化学の2つの講座を設置し、基礎から応用まで幅広く研究する。現代の化学を理解する基礎的な知識とともに、化学に携わる研究者や教育者などに求められる基礎技術を学ぶ。自然科学における化学の役割を理解し、広範な視野を持つ人材を育成する。
分子生物学科	(40)	伝統的な生化学の視点から遺伝情報の中心原理や複雑な生命現象を理解する。ゲノムサイエンスの学習を通じて、社会的課題の解決に寄与する生物学の様々な知見を獲得する。人格形成に必要な一般教養や大学院での研究に必須の英語力を養う科目も充実している。
生体制御学科	(40)	生物を遺伝子、細胞、組織、器官、個体のそれぞれのレベルで制御する機構の解明を目指す。野外実習や臨海実習など学科独自のプログラムを展開し、自然界に生息する動物や植物の生態に触れる。英語力の必須な学問分野であり、英文の専門書を読む演習もある。
取得可能な免許・資格		学芸員、危険物取扱者（甲種）、毒物劇物取扱責任者、教員免許（中-数・理、高-数・理）

工学部

大久保キャンパス　定員 490

- 特色　工学に加えて幅広い教養を備え、社会の課題を解決する革新的技術者を育成する。
- 進路　卒業者の多くが大学院へ進学。就職先は製造業、公務など。
- 学問分野　応用化学／機械工学／電気・電子工学／材料工学／土木・建築学／社会・安全工学／その他工学
- 大学院　理工学

学科	定員	内容
機械工学・システムデザイン学科	(110)	設計と生産、材料と機械の力学、情報と制御、エネルギーと流れの4つの分野を軸に専門知識を深め、進化し続ける機械工学を支える高度技術者を育成する。技術的内容を理論的に表現する能力や専門知識を応用する力などを伸ばすカリキュラムを展開している。
電気電子物理工学科	(110)	電力、ロボット、情報通信、エレクトロニクスなどの電気電子工学に加え、高効率太陽電池、高温超伝導体、超耐熱性素材などの機能性材料についても研究を行う。ソフトウェア技術や制御技術、新エネルギーの開発などの分野で新技術を創出できる人材を育成する。
情報工学科	(80)	人工知能（AI）やデータサイエンス、通信ネットワーク、知的センシング、超高速計算技術など最先端の研究を行う。人間の感性や社会のあり方を工学的に理解し、様々な学問と技術をつなぐことで、情報工学の可能性を広げ社会に還元できる人材を育成する。
応用化学科	(90)	化学分野全体を網羅した高度な知識と技術を活かし、先進的な化学技術の開発ができる人材を育成する。社会のニーズを化学の視点から捉え、高機能物質や材料、医薬品などの創出を目指す。他学科の科目も受講でき、将来の進路に合わせて学際分野も学ぶ。
環境社会デザイン学科	(100)	自然環境の仕組みと人間社会の要請を理解し、文明社会を支える基盤施設を建築・整備する技術を学ぶ。調査計画から解析設計、建設施工、維持管理までを総合的に扱うことのできる建設技術者を育成。海外の協定校と連携し、定期的に合同セミナーを実施している。
取得可能な免許・資格		学芸員、危険物取扱者（甲種）、毒物劇物取扱責任者、特殊無線技士（海上、陸上）、建築士（一級、二級、木造）、技術士補、測量士補、主任技術者（電気、電気通信）、施工管理技士（土木、建築、電気工事、管工事、造園、建設機械、電気通信工事）、教員免許（中-理、高-理）

入試要項（2025年度）

※この入試情報は大学発表の2025年度入試（予告）より編集したものです（2024年1月時点。見方は巻頭の「本書の使い方」参照)。内容には変更が生じる可能性があるため、最新情報はホームページや2025年度募集要項等で必ず確認してください。

「大学入試科目検索システム」のご案内
日程・方式ごとの偏差値や昨年度入試結果（志願者倍率、実質倍率、合格最低点)、基本情報（出願締切日、試験日、二段階選抜、募集人員、総合満点）などは、「大学入試科目検索システム」(https://nyushi.toshin.com/) をご覧ください（利用方法はp.12参照)。

■教養学部 偏差値 61

前期日程

◆**共通テスト**※理科基礎は2科目扱い
［教養：9科目］国現古漢 地歴 公全6科目から2 数数ⅠA、数ⅡBC 理次の①・②から1（①理科基礎、②物、化、生、地から2）外全5科目から1 情情Ⅰ

◆**個別学力検査等**
［教養：1科目］外英

後期日程

◆**共通テスト**※理科基礎は2科目扱い
［教養：9科目］前期日程に同じ

◆**個別学力検査等**
［教養：1科目］論小論文

■経済学部 偏差値 62

前期日程

◆**共通テスト（国際プログラム枠）**
［経済【昼】：3～4科目］国現古漢 地歴 公 数次の①・②から1（①地歴全3科目、公共・倫、公共・政経から1、②数ⅠA、ⅡBC）外英

◆**共通テスト（一般選抜枠）**※理科基礎は2科目扱い
［経済【昼】：8～9科目］国現古漢 地歴 公全6科目から2 数数ⅠA、数ⅡBC 理全5科目から1 外全5科目から1 情情Ⅰ

◆**個別学力検査等（国際プログラム枠）**
［経済【昼】：1科目］外英

◆**個別学力検査等（一般選抜枠）**
［経済【昼】：2科目］国 数 外現、数ⅠⅡAB〔列〕C〔べ〕、英から2

後期日程

◆**共通テスト**※理科基礎は2科目扱い
［経済【昼】：8～9科目］前期日程（一般選抜枠）に同じ

◆**個別学力検査等**
［経済【昼】：1科目］論小論文

■教育学部 偏差値 58

前期日程

◆**共通テスト**※理科基礎は2科目扱い
［学校教育教員養成－小学校「教育学・心理教育実践学・言語文化（英語）・芸術・身体文化・生活創造（家庭科）」・中学校「言語文化（英語)・芸術・身体文化・生活創造（家庭科）」・乳幼児教育・特別支援教育、養護教諭養成：8～9科目］国現古漢 地歴 公 理全11科目から3 数数ⅠA、数ⅡBC 外全5科目から1 情情Ⅰ
［学校教育教員養成－小学校「言語文化（国語)」・中学校「言語文化（国語)」：8～9科目］国現古漢 地歴 公全6科目から2▶地歴から1必須 数数ⅠA、数ⅡBC 理全5科目から1 外全5科目から1 情情Ⅰ
［学校教育教員養成－小学校「社会」・中学校「社会」：8～9科目］国現古漢 地歴 公地歴全3科目、公共・倫、公共・政経から2▶歴総・日、歴総・世の組み合わせ不可 数数ⅠA、数ⅡBC 理全5科目から1 外全5科目から1 情情Ⅰ
［学校教育教員養成－小学校「自然科学・生活創造（ものづくりと情報)」・中学校「自然科学・生活創造（技術)」：8～9科目］国現古漢 地歴 公全6科目から1 数数ⅠA、数ⅡBC 理全5科目から2 外全5科目から1 情情Ⅰ

◆**個別学力検査等**
［学校教育教員養成－小学校「教育学・心理教育実践学・言語文化（英語）・生活創造（家庭科）」・中学校「言語文化(英語)・芸術・生活創造(家庭科)」・乳幼児教育・特別支援教育：1科目］外英
［学校教育教員養成－小学校「言語文化（国語)」：1科目］国現古漢
［学校教育教員養成－小学校「社会」・中学校「社会」：1科目］論小論文
［学校教育教員養成－小学校「自然科学（算数)」・中学校「自然科学（数学)」：1科目］数数ⅠⅡAB〔列〕C〔べ〕
［学校教育教員養成－小学校「自然科学（理科)」・中学校「自然科学（理科)」：2科目］理物基・物、化基・化、生基・生、地基・地から1、物基、化基、生基、地基から1▶同一名称含む組み合わせ不可
［学校教育教員養成－小学校「芸術（音楽)」・中学校「芸術（音楽)」：1科目］実技音楽実技
［学校教育教員養成－小学校「芸術（図画工作)」・中学校「芸術（美術)」：1科目］実技美術実技
［学校教育教員養成－小学校「身体文化」・中学校「身体文化」：2科目］画面接 実技体育実技
［学校教育教員養成－小学校「生活創造（ものづくりと情報)」・中学校「生活創造（技術)」、養護教諭養成：1科目］画面接
［学校教育教員養成－中学校「言語文化（国語)」：2科目］国現古漢 画面接

後期日程

◆**共通テスト**※理科基礎は2科目扱い
［学校教育教員養成－小学校「言語文化（国語)・芸術（図画工作)・生活創造」・中学校「芸術（美術)・生活創造（技術)」・乳幼児教育：8～9科目］前期日程に同じ

◆**個別学力検査等**
［学校教育教員養成－小学校「言語文化（国語)・芸術（図画工作)・生活創造」・中学校「芸術（美術)・生活創造（技術)」：1科目］画面接

[学校教育教員養成－乳幼児教育] 課さない

■理学部 偏差値 59

前期日程

◆共通テスト

[数、分子生物、生体制御：8科目] 国 現古漢 地歴 公 全6科目から1 数 数ⅠA、数ⅡBC 理 物、化、生、地から2 外 全5科目から1 情 情Ⅰ

[物理：8科目] 国 現古漢 地歴 公 全6科目から1 数 数ⅠA、数ⅡBC 理 物必須、化、生、地から1 外 全5科目から1 情 情Ⅰ

[基礎化：8科目] 国 現古漢 地歴 公 全6科目から1 数 数ⅠA、数ⅡBC 理 化必須、物、生、地から1 外 全5科目から1 情 情Ⅰ

◆個別学力検査等

[数：1科目] 数 数ⅠⅡⅢAB〔列〕C

[物理、生体制御：1科目] 総合 総合問題

[基礎化] 課さない

[分子生物：1科目] 面 面接

後期日程

◆共通テスト

[全学科：8科目] 前期日程に同じ

◆個別学力検査等

[数、基礎化：2科目] 数 数ⅠⅡⅢAB〔列〕C 理 物基・物、化基・化から1

[物理：2科目] 数 数ⅠⅡⅢAB〔列〕C 理 物基・物

[分子生物：2科目] 数 数ⅠⅡⅢAB〔列〕C 理 物基・物、化基・化、生基・生から1

[生体制御：1科目] 前期日程に同じ

■工学部 偏差値 59

前期日程

◆共通テスト

[機械工学・システムデザイン、電気電子物理工、環境社会デザイン：8科目] 国 現 地歴 公 全6科目から1 数 数ⅠA、数ⅡBC 理 物必須、化、生、地から1 外 全5科目から1 情 情Ⅰ

[情報工：8科目] 国 現 地歴 公 全6科目から1 数 数ⅠA、数ⅡBC 理 物、化、生、地から2 外 全5科目から1 情 情Ⅰ

[応用化：8科目] 国 現 地歴 公 全6科目から1 数 数ⅠA、数ⅡBC 理 化必須、物、生から1 外 全5科目から1 情 情Ⅰ

◆個別学力検査等

[応用化以外：2科目] 数 数ⅠⅡⅢAB〔列〕C 論 小論文

[応用化：2科目] 総合 総合問題 論 小論文

後期日程

◆共通テスト

[全学科：8科目] 前期日程に同じ

◆個別学力検査等

[応用化以外：2科目] 数 数ⅠⅡⅢAB〔列〕C 理 物基・物

[応用化：2科目] 数 数ⅠⅡⅢAB〔列〕C 理 化基・化

■特別選抜

[総合型選抜] 総合型選抜、総合型選抜 共

[学校推薦型選抜] 学校推薦型選抜、学校推薦型選抜（全国枠、地域枠）、学校推薦型選抜 共、学校推薦型選抜（全国枠、地域枠）共

[その他] 社会人選抜、帰国生徒選抜、私費外国人留学生選抜

埼玉大学ギャラリー

■食堂

第1食堂ではカフェテリア形式を採用しており、自分が食べたいメニューを組み合わせて定食にすることができます。

■正門

「知」の象徴である巨大なモニュメントが設置されています。表面の穴は様々な研究・学問分野に関する記号をモチーフにしています。

国立 埼玉 千葉 埼玉大学

千葉大学

ちば

資料請求

学務部入試課(西千葉キャンパス)　TEL(043)290-2181　〒263-8522 千葉県千葉市稲毛区弥生町1-33

つねに、より高きものをめざして

千葉大学は、世界を先導する創造的な教育・研究活動を通しての社会貢献を使命とし、生命の一層の輝きを目指す未来志向型大学として、たゆみない挑戦を続ける。

大学紹介動画

最新入試情報

自然科学系総合研究棟2

校歌

千葉大学歌
作詞／勝承夫　作曲／平井康三郎

一、若い空　若い地(つち)
房総の　風は歌うよ
大洋の意気　寄せ来るところ
内海の和気　ただようところ
みよ　青春の　花のよろこび
千葉大学　心のふるさと

校歌音声

基本データ

※2023年5月現在（進路・就職は2022年度卒業者データ。学費は2024年度入学者用〔予定〕）

沿革

1949年、設立。学芸、医、薬、工芸、園芸学部を設置。1950年、学芸学部を文理、教育学部に改組。1968年、文理学部を人文、理学部に改組。1981年、人文学部を文、法経学部に改組設置。2006年、薬学部を改組。2007年、園芸学部を改組。2014年、法政経学部を改組設置。2016年、国際教養学部を設置。2019年、教育学部を大幅改組。2024年、情報・データサイエンス学部ならびに大学院に同学府を設置。

キャンパス
5つ

キャンパスマップ

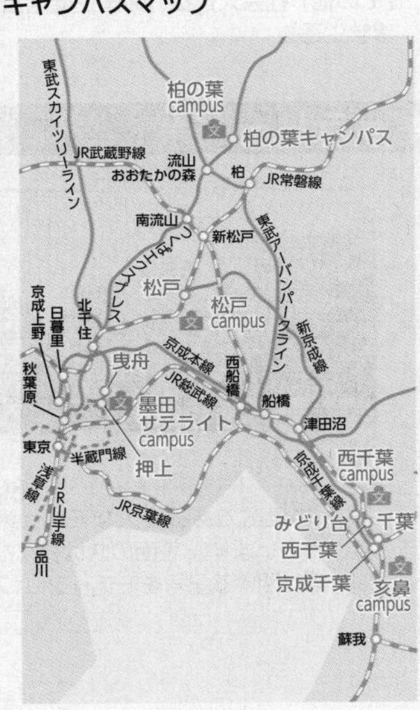

所在地・交通アクセス

西千葉キャンパス（本部）
〒263-8522 千葉県千葉市稲毛区弥生町1-33
アクセス ①JR「西千葉駅」から徒歩約2分、②京成千葉線「みどり台駅」から徒歩約7分

亥鼻キャンパス
【医学部】〒260-8670 千葉県千葉市中央区亥鼻1-8-1
【薬学部】〒260-8675 千葉県千葉市中央区亥鼻1-8-1
【看護学部】〒260-8672 千葉県千葉市中央区亥鼻1-8-1
アクセス JR「千葉駅」・京成千葉線「京成千葉駅」からバス約15分、「千葉大看護学部入口」または「千葉大医学部・薬学部入口」下車

松戸キャンパス
〒271-8510 千葉県松戸市松戸648
アクセス JR・新京成線「松戸駅」から徒歩約15分

柏の葉キャンパス（研究施設）
〒277-0882 千葉県柏市柏の葉6-2-1

墨田サテライトキャンパス（デザイン・リサーチ・インスティテュート）
〒131-0044 東京都墨田区文花1-19-1

教育機関
11学部 11研究科

学部 国際教養／法政経／文／教育／理／工／情報・データサイエンス／園芸／医／薬／看護

大学院 人文公共ⓂⒹ／専門法務Ⓟ／教育学ⓂⓅ／融合理工ⓂⒹ／情報・データサイエンスⒹ／園芸学ⓂⒹ／医学薬ⓂⒹ／看護学ⓂⒹ／総合国際学位プログラムⓂ／連合学校教育学Ⓓ／連合小児発達学Ⓓ

人数

学部学生数 10,338名　教員1名あたり 学生 8名

教員数 1,263名【学長】横手幸太郎

（教授405名、准教授335名、講師121名、助教398名、助手・その他4名）

学費

初年度納入額 924,960円（諸経費別途）

奨学金 千葉大学奨学支援事業　家計急変者への奨学金給付、日本学生支援機構奨学金

進路

学部卒業者 2,343名（進学822名、就職1,276名、その他※245名）※臨床研修医114名を含む

進学 35.1％　就職 54.5％　その他 10.4％

主な就職先

国際教養学部
東京都庁、東京国税局、JTB、NTTドコモ、住友林業、積水ハウス、千葉銀行、テレビ東京、電通、TOPPANホールディングス、日本アイ・ビー・エム

法政経学部
東京都庁、特許庁、千葉県庁、ゆうちょ銀行、千葉地方検察庁、大和証券、三菱UFJ銀行、三菱電機、楽天グループ

文学部
千葉県庁、内閣府、NTTデータ、積水ハウス、東京海上日動火災保険、総務省、財務省、千葉銀行、JAL

教育学部
公立小学校、公立中学校、公立高等学校、私立高等学校、幼稚園、保育園

理学部
高等学校（教員）、中学校（教員）、日立ソリューションズ・クリエイト、オービック、気象庁、千葉銀行、大日本印刷、ビズリーチ

工学部
文部科学省、大林組、旭化成不動産レジデンス、千葉県庁、東日本高速道路、三菱電機、サイバーエージェント

情報・データサイエンス学部
2024年度新設のため卒業者情報なし

園芸学部
農林水産省、中央畜産会、NTTデータ、雪印メグミルク、東京都庁、ハウス食品、伊藤忠エネクス、大和ハウス工業

医学部
臨床研修医95.0％

薬学部
千葉大学医学部附属病院、東京都立病院機構、日本調剤、中外製薬、アステラス製薬、小野薬品工業、厚生労働省

看護学部
千葉大学医学部附属病院、東京大学医学部附属病院、虎の門病院、千葉県こども病院

学部学科紹介

※本書掲載内容は、大学公表資料から独自に編集したものです。詳細は大学パンフレットやホームページ等で必ず確認してください（取得可能な免許・資格は任用資格や受験資格などを含む）。

「大学入試科目検索システム」のご案内
入試要項のうち、日程・方式ごとの偏差値や昨年度入試結果（志願者倍率、実質倍率、合格最低点）、基本情報（出願締切日、試験日、二段階選抜、募集人員、総合満点）などは、「大学入試科目検索システム」（https://nyushi.toshin.com/）をご覧ください（利用方法はp.12参照）。

国際教養学部

西千葉キャンパス

定員 90

入試科目検索

特色　3年次に3つのメジャーのうち1つに所属する。他のメジャーの授業も履修可能。
進路　卒業後は情報通信業に就職する者が多い。他、サービス業や公務に就く者もいる。
学問分野　国際学
大学院　総合国際学位プログラム

学科紹介

国際教養学科

グローバルスタディーズメジャー	移住・交通・アイデンティティ、環境・資源・持続可能な開発、国際・紛争・人道支援の3つの分野からなり、それぞれに世界史と世界地理、都市住環境論、国際組織論などの科目が用意されている。グローバルな課題の背景と構造を把握し、その解決に必要な知識を身につける。
現代日本学メジャー	思想・言語・デジタル、社会・多文化・システム、地域・産業・デザインの3つの分野からなり、それぞれ工業デザイン、日本の言語文化、地方創生論などの科目を展開。日本の技術や文化、社会の様々な課題を把握し、グローバルな課題の分析につなげていく。
総合科学メジャー	社会の中の科学技術、生命科学と倫理、サイエンスコミュニケーションの3つの分野からなり、それぞれに経済政策と科学技術、バイオテクノロジーと法、大衆の科学理解などの科目が用意されている。諸科学の基礎を理解し、課題解決への新しい方法を発見する。
取得可能な免許・資格	学芸員、社会調査士、司書

入試要項（2025年度）

※この入試情報は大学発表の2025年度入試（予告）および2024年度募集要項等より編集したものです（2024年1月時点。見方は巻頭の「本書の使い方」参照）。内容には変更が生じる可能性があるため、最新情報はホームページや2025年度募集要項等で必ず確認してください。

■国際教養学部 偏差値 62

前期日程

◆共通テスト

［国際教養：8科目（1000点→475点）］国現古漢（200→100）地歴公理次の①・②から1（①地歴全3科目、公共・倫、公共・政経から2、理全5科目から1、②地歴公全6科目から1、理全5科目から2）（計300→150）数数ⅠA、数ⅡBC（計200→100）外全5科目から1（200→100）情情Ⅰ（100→25）

◆個別学力検査等

［国際教養：3科目（900点）］国理現古漢、物基・物、化基・化、生基・生から1（300）地歴数歴総・日、歴総・世、数ⅠⅡA〔全〕B〔列〕C〔べ〕から1（300）外次の①・②から1（①英、英語外部試験から高得点1、②英▶英語外部試験のスコアにより加点）（300）

特別選抜

［総合型選抜］総合型選抜共

法政経学部

定員 360

西千葉キャンパス

入試科目検索

特色 「経済学特進プログラム」と「法曹コース・プログラム」を設置している。
進路 卒業後の就職先は、公務や情報通信業、金融・保険業など多岐にわたる。
学問分野 法学／政治学／経済学／経営学
大学院 人文公共／専門法務

学科紹介

法政経学科

法学コース	法現象の基本構造を理解し、新たな問題に対応できる柔軟な思考力を養う。3年次後期より、法律専門職や法学研究者、公務員などを目指す学生は、千葉大学の法科大学院（ロースクール）との提携による「インテンシブプログラム」に参加できる。
経済学コース	流動化する社会や経済を分析し、より良い社会の実現を目指す。国際化への対応を重視し、複数の講義科目を英語で行う。経済学を専門的に学ぶことを決めている成績優秀な学生が対象の「経済学特進プログラム」では、3年間で早期卒業することも可能である。
経営・会計系コース	変化の激しい現代社会において企業が直面している様々な課題を多角的な視点から検討できる人材を育成する。法学コースや経済学コースなどで提供される基礎科目をベースに、経営学や会計学を学ぶ。少人数のゼミを開講し、積極的な議論を通して実践力を高める。
政治学・政策学コース	幅広い社会科学諸分野の教養を持ち、公共的な課題の解決に取り組む人材を育成する。政治系科目と政策系科目を中心とする講義科目と、英語開講科目や少人数演習科目を含む実践系科目の他、公共系大学院への進学を目指す学生向けの演習科目も用意されている。
取得可能な免許・資格	学芸員、司書

入試要項（2025年度）

※この入試情報は大学発表の2025年度入試（予告）および2024年度募集要項等より編集したものです（2024年1月時点。見方は巻頭の「本書の使い方」参照）。内容には変更が生じる可能性があるため、最新情報はホームページや2025年度募集要項等で必ず確認してください。

■法政経学部 偏差値 61

前期日程

◆共通テスト
[法政経：8科目（1000点→475点）] 国現古漢（200→100） 地歴 公地歴全3科目、公共・倫、公共・政経から2（計200→100） 数数ⅠA、数ⅡBC（計200→100） 理全5科目から1（100→50） 外全5科目から1（200→100） 情情Ⅰ（100→25）

◆個別学力検査等
[法政経：3科目（900点）] 国現古漢（300） 数数ⅠⅡA〔全〕B〔列〕C〔ベ〕（300） 外英（300）▶英語外部試験のスコアにより加点

後期日程

◆共通テスト
[法政経：8科目（1000点→475点）] 前期日程に同じ

◆個別学力検査等
[法政経：1科目（400点）] 総合総合テスト（400）

特別選抜

[総合型選抜] 総合型選抜共
[その他] 私費外国人留学生選抜

文学部

西千葉キャンパス

定員 170

入試科目検索

特色 あらゆる事物を考察の対象とし、適切な情報を集めて論理的に考える力を高める。
進路 卒業者の多くは公務、サービス業、情報通信業など多様な分野に就職している。
学問分野 文学／言語学／哲学／心理学／歴史学／文化学／社会学／国際学／人間科学
大学院 人文公共

学科紹介

人文学科

行動科学コース	人間とその行動についての諸相について教育・研究を行うため、哲学専修、認知情報科学専修、心理学専修、社会学専修、文化人類学専修を設置。人間の意識・心の動きや、人間に特有な言語・生物としての特性など人間について、様々な視点から研究する。
歴史学コース	日本史、東洋史、西洋史の3つの研究領域がある。アジア・アフリカ研究やイスラーム地域史、東南アジア史なども研究対象とし、グローバルな歴史研究を目指す。思想史、宗教文化史、ジェンダー研究、人種・民族研究、都市史などの分野の歴史学も扱う。
日本・ユーラシア文化コース	日本語・日本文学、ユーラシア言語・文化の2つの専修で構成される。日本およびユーラシア大陸の諸民族の多様な言語、文化、文学などについて理解を深め、世界へ発信する能力を養う。専修の枠にとらわれないカリキュラムを編成し、自由な履修が可能である。
国際言語文化学コース	言語構造、ヨーロッパ文化、英語圏文化論、超域文化専修の4つの専修分野から自由に履修する。欧米を中心に言語、文学、文化の多様性や国際関連性、その内部構造に関する多元的な研究を展開。第二外国語を身につけることもできるカリキュラム構成である。
取得可能な免許・資格	学芸員、社会調査士、教員免許（中-国・社・英、高-国・地歴・公・英）、司書

入試要項（2025年度）

※この入試情報は大学発表の2025年度入試（予告）および2024年度募集要項等より編集したものです（2024年1月時点。見方は巻頭の「本書の使い方」参照）。内容には変更が生じる可能性があるため、最新情報はホームページや2025年度募集要項等で必ず確認してください。

■文学部 偏差値 61

前期日程

◆共通テスト

[人文－行動科学：8科目（1000点→475点）] 国現古漢（200→100）地歴 公 理次の①・②から1（①地歴全3科目、公共・倫、公共・政経から2、理全5科目から1、②地歴公全6科目から1、理全5科目から2）（計300→150）数数ⅠA、数ⅡBC（計200→100）外全5科目から1（200→100）情情Ⅰ（100→25）

[人文－行動科学以外：8科目（1000点→475点）] 国現古漢（200→100）地歴 公地歴全3科目、公共・倫、公共・政経から2（計200→100）数全3科目から2（計200→100）理全5科目から1（100→50）外全5科目から1（200→100）情情Ⅰ（100→25）

◆個別学力検査等

[人文－行動科学：3科目（550点）] 国現古漢（200）数数ⅠⅡA〔全〕B〔列〕C〔べ〕（150）外英（200）

[人文－歴史学：3科目（600点）] 国現古漢（200）地歴歴総・日、歴総・世から1（200）外英（200）

[人文－日本ユーラシア文化：3科目（900点）] 国現古漢（300）地歴歴総・日、歴総・世から1（300）外英（300）▶英語外部試験のスコアにより加点

[人文－国際言語文化学：3科目（550点）] 国現古漢（200）地歴歴総・日、歴総・世から1（150）外英（200）

後期日程

◆共通テスト

[人文－行動科学：8科目（1000点→475点）] 前期日程に同じ▶ただし、国（200→120）地歴 公 理（計300→90）数（計200→120）外（200→120）となる

[人文－歴史学：8科目（1000点→475点）] 前期日程に同じ

◆**個別学力検査等**
[人文－行動科学：1科目（400点）] 論小論文（400）
[人文－歴史学：2科目（400点）] 論小論文（300） 面面接（100）

特別選抜

[総合型選抜] 総合型選抜 共
[学校推薦型選抜] 学校推薦型選抜
[その他] 社会人選抜、先進科学プログラム（飛び入学）学生選抜（方式Ⅱ）、私費外国人留学生選抜

Column コラム

就職支援

千葉大学では就職支援課を設け、企業などからの求人票や就活関連資料の閲覧だけでなく、就職相談なども実施しています。また、千葉大学就職支援情報システム「ユニキャリア（UniCareer）」によって、千葉大学に寄せられた企業からの求人情報を学内・自宅を問わず検索・閲覧したり、就活セミナーの予約・エントリーをしたりすることが可能です。毎週月～金曜日には専門のキャリアアドバイザーによる就職相談を実施しています。「就職活動は何から始めればいいのか？」「自己分析の方法は？」「進学か就職か？」「就職活動がうまく進まない」など、どんな些細なことでも相談できます。また、就職支援課主催の就職ガイダンスが年間を通して開催されています。就職ガイダンスは、就職への意識づけと、就職について考え、自己理解を深めるためのキャリア教育的なガイダンス、ビジネスマナーや自己PR術、公務員ガイダンスや業界研究セミナー、模擬面接講座など多種多様なものが開催されており、学生に大変好評です。資料も充実しており、「国家・地方公務員資料コーナー」では国家・地方公務員の募集案内や説明会の情報を、各省庁・都道府県別のファイルで閲覧することが出来ます。「U・Iターン情報コーナー」では、U・Iターンを考えている学生のために説明会や地元企業紹介本などの資料を、都道府県別のファイルで閲覧することができます。OB・OG名簿の閲覧も可能で、様々な企業で活躍しているOB・OGの勤務先を記載した名簿を閲覧することができます。

国際交流

千葉大学では、学生の皆さんがグローバルに活躍するための第一歩を踏み出してもらうことを目的に「全員留学」を実施します。学部生にはそれぞれの学年に応じたプログラムを用意。プログラムは最短で10日間程度のものからあり、交流協定を締結している大学を中心としたプログラムを用意しています。大学間交流協定校は276校、部局間交流協定校は214機関あります（2023年5月現在）。千葉大学主催の留学プログラムは、「語学・文化体験」「協働学習」「社会体験」「研究」の4つのプログラム（学びの要素）に大きく分けられ、例えば「語学・文化体験」では、海外ビギナーズの学生を対象とした「Begin One's Oversea Trial（BOOT）」や、夏季・春季休業期間に実施する「海外研修英語・英語文化」プログラムなどがあります。千葉大学と交流協定を結んでいる海外の教育機関が実施している「協定校主催プログラム」に参加することもできます。語学力の向上に焦点を当てたプログラム、その国の文化を体験するプログラム、専門分野について学ぶことができるプログラムなどがあります。中には、協定校の優待枠として参加費や授業料が割引になるプログラムもあります。また、留学を希望する学生のために、様々な経済的サポートがあります。「ENGINE サポート」は渡航費と海外で行われる留学プログラム受講料について、千葉大学が費用を支援する制度です。

教育学部

西千葉キャンパス

定員 380

入試科目検索

特色　教育実習などの学校体験が充実し、教科や校種を越えた資格取得をサポートする。
進路　卒業者の多くが教職に就く。他、一般企業に就職する者や大学院への進学者もいる。
学問分野　子ども学／教員養成
大学院　教育学／連合学校教育学

学科紹介

学校教員養成課程

小学校コース	すべての教科に対応できる力を持った小学校教員を養成する。国語科、社会科、算数科、理科、教育学、教育心理学、ものづくりの7つの選修を設置。英語と道徳についても、小学校英語指導実践や現代的な教育課題を扱う科目が用意され、関心に応じて履修できる。
中学校コース	国語科、社会科、数学科、理科、技術科の5つの教育分野に分かれ、少人数教育で高い専門性を持つ中学校教員を養成する。教科内容と教育法との横断的な科目を履修し、教える力を実践的に伸ばす。他教科との連携や現代的な課題に対応できる能力も鍛える。
小中専門教科コース	音楽、美術、図画工作、保健体育、家庭科など小中学校で特に専門性が求められる教科に特化して、高い実技能力や実践力を持った教員を養成。小学校教諭と中学校教諭の両方の免許を取得することができ、小中の連携を図る専門性の高い人材を育成する。
英語教育コース	英語教育や国際理解教育において即戦力人材として活躍できる教員を育成する。1年次から継続的に行われる英語トレーニングの授業や海外研修などで英語力の向上を図る。小中学校で英語を指導し、これからの国際理解教育を担える実践力を身につける。
特別支援教育コース	知的障害、肢体不自由、病弱など専門的な支援を提供できる特別支援学校の教員を養成する。専門支援の必要な児童や生徒に対し、特別支援学校での教育だけではなく小中学校の特別支援学級や通級指導教室などでの教育を行うための専門知識と技能を修得する。
乳幼児教育コース	乳幼児期の教育について専門的な理論と知識、実践力を兼ね備えた教員を養成する。乳幼児期の教育と小学校教育の円滑な接続により、生涯にわたる人格形成や乳幼児教育の充実を図る。幼稚園教諭一種、小学校教諭二種に加え、保育士の資格も取得可能である。
養護教諭コース	個々の児童・生徒の発達に応じて支援できる専門性の高い養護教諭を養成する。様々な活動を通じ豊かな教養や柔軟な思考、コミュニケーション力を養う。小中学校での実習だけでなく、医療や介護について実践的に学ぶ千葉大学医学部附属病院での臨床実習もある。
取得可能な免許・資格	学芸員、保育士、教員免許(幼一種、小一種、中-国・数・理・社・保体・保健・音・美・家・技・英、高-国・数・理・地歴・公・保体・保健・音・美・家・工業・英、特-知的・肢体・病弱)、養護教諭（一種)、司書

入試要項(2025年度)

※この入試情報は大学発表の2025年度入試（予告）および2024年度募集要項等より編集したものです（2024年1月時点。見方は巻頭の「本書の使い方」参照)。内容には変更が生じる可能性があるため、最新情報はホームページや2025年度募集要項等で必ず確認してください。

■教育学部 偏差値 58

前期日程

◆共通テスト

[学校教員養成－小学校・中学校「国語科教育」・小中専門教科・英語教育・特別支援教育・乳幼児教育：8科目（1000点→475点)] 国現古漢（200→100）地歴 公 理全11科目から3（計300→150）数全3科目から2（計200→100）外全5科目から1(200→100) 情情Ⅰ(100→25)

[学校教員養成－中学校「社会科教育」：8科目（1000点→475点)] 国現古漢（200→50）地歴 公全6科目から2（計200）数全3科目から2（計200→50）理全5科目から1（100）外全5科目から1（200→50）情情Ⅰ（100→25)

[学校教員養成－中学校「数学科教育・理科教育・技術科教育」・養護教諭：8科目（1000点→475点)] 国現古漢（200→100）地歴 公全6科目から1（100→50）数全3科目から2（計200→100）理全5科目から2（計200→100）外全5科目から1(200→100) 情情Ⅰ(100→25)

◆個別学力検査等

[学校教員養成－小学校・特別支援教育：4科目（1000点)] 国現古漢（300）数数ⅠⅡA〔全〕B〔列〕C〔ベ〕（300）外英（200）▶英語外部試験のスコアにより加点 面面接（200)

[学校教員養成－中学校「国語科教育」：4科目（1000点)] 国現古漢（300）数数ⅠⅡA〔全〕B〔列〕C〔ベ〕（150）外英（250）▶英語外部試験のスコアにより加点 その他専門適性検査（300)

[学校教員養成－中学校「社会科教育」：4科目（1000点)] 国現古漢（300）数数ⅠⅡA〔全〕B〔列〕C〔ベ〕（200）外英（200）▶英語外部試験のスコアにより加点 その他専門適性検査（300)

[学校教員養成－中学校「数学科教育」：4科目（1000点)] 数数ⅠⅡⅢA〔全〕B〔列〕C（500）理物基・物、化基・化、生基・生から1（100）外英（150）▶英語外部試験のスコアにより加点 その他専門適性検査（250)

[学校教員養成－中学校「理科教育」：5科目(1000点)] 数数ⅠⅡA〔全〕B〔列〕C〔ベ〕(200) 理物基・物、化基・化、生基・生、地基・地から2（計400）外英（200）▶英語外部試験のスコアにより加点 その他専門適性検査（200)

[学校教員養成－中学校「技術科教育」：4科目(1000点)] 数数ⅠⅡA〔全〕B〔列〕C〔ベ〕(200) 理物基・物、化基・化、生基・生から1（150）外英（150）▶英語外部試験のスコアにより加点 その他専門適性検査(500)

[学校教員養成－小中専門教科「音楽科教育」：4科目(1000点)] 国 数現古漢、数ⅠⅡA〔全〕B〔列〕C〔ベ〕から1（150）外英（150）▶英語外部試験のスコアにより加点 実技音楽実技（500）その他専門適性検査(200)

[学校教員養成－小中専門教科「図画工作美術科教育」：4科目(1000点)] 国 数現古漢、数ⅠⅡA〔全〕B〔列〕C〔ベ〕から1（200）外英（200）▶英語外部試験のスコアにより加点 実技美術実技（400）その他専門適性検査(200)

[学校教員養成－小中専門教科「保健体育科教育」：4科目（1000点)] 国 数現古漢、数ⅠⅡA〔全〕B〔列〕C〔ベ〕から1(200) 外英（200）▶英語外部試験のスコアにより加点 実技体育実技（300）その他専門適性検査(300)

[学校教員養成－小中専門教科「家庭科教育」：4科目(1000点)] 国現古漢（300）数数ⅠⅡA〔全〕B〔列〕C〔ベ〕(200) 外英（250）▶英語外部試験のスコアにより加点 その他専門適性検査（250)

[学校教員養成－英語教育：4科目（1000点)] 国 数現古漢、数ⅠⅡA〔全〕B〔列〕C〔ベ〕から1（300）外英（300）▶英語外部試験のスコアにより加点、ライティング（200）その他専門適性検査(200)

[学校教員養成－乳幼児教育：4科目(1000点)] 国現古漢（300）数数ⅠⅡA〔全〕B〔列〕C〔ベ〕（300）外英（200）▶英語外部試験のスコアにより加点 その他専門適性検査（200)

[学校教員養成－養護教諭：4科目（1000点)] 理物基・物、化基・化、生基・生から1（300）外英（300）▶英語外部試験のスコアにより加点 面面接（100）その他保健体育（300)

特別選抜

[総合型選抜] 総合型選抜（方式Ⅰ）共、総合型選抜(方式Ⅱ)

[その他] 私費外国人留学生選抜

理学部

西千葉キャンパス

定員 200

入試科目検索

特色　普遍教育と専門教育のバランスを保ち社会の持続的発展に貢献できる人材を育成。
進路　約7割が大学院へ進学。他、情報通信業や公務、製造業などに就職する者もいる。
学問分野　数学／物理学／化学／生物学／地学
大学院　融合理工

学科紹介

数学・情報数理学科	(44)	3年次から数学コース、情報数理学コースに分かれる。一貫した体系的カリキュラムを設定し、4年次には4名程度の少人数グループで卒業研究に取り組む。数学の他、計算機およびソフトウェアの基盤となる情報数理についての高度な知識も併せ持つ人材を育成。
物理学科	(39)	素粒子・原子核や固体・液体などの凝縮系、生物や宇宙全体まで研究分野は多岐にわたる。物理や数学の基礎科目を学習することから始め、実験や演習を通じて物理学の基礎を固める。自然現象に対する旺盛な好奇心を持ち、熱意と忍耐力ある専門家を育成する。
化学科	(39)	物理化学領域、無機・分析化学領域、有機化学領域、生命化学領域を設け、化学の広範な領域を学ぶ。高度な省エネルギー技術の開発、省エネルギー型の生活創成、環境調和型技術の創成などの社会的ニーズに応える専門的職業人や研究者を育成する。
生物学科	(39)	生命現象を分子レベルで研究する分子細胞生物学講座と、生物の多様性を統合的に研究する多様性生物学講座を設置。先端分野と伝統的分野を併せ持った教育を展開する。「海洋バイオシステム研究センター」とも連携し、幅広い教育の場を提供している。
地球科学科	(39)	3つの領域で構成。地球表層科学領域では海洋環境史、雪氷生物やメタンハイドレートなどについて研究を行う。地球内部科学領域では地震発生機構や予知、火山噴火を研究対象とし、環境リモートセンシング領域では環境破壊問題や気候変動などについて研究を行う。
取得可能な免許・資格		学芸員、技術士補、教員免許（中-数・理、高-数・理・情）、司書

入試要項（2025年度）

※この入試情報は大学発表の2025年度入試（予告）および2024年度募集要項等より編集したものです（2024年1月時点。見方は巻頭の「本書の使い方」参照）。内容には変更が生じる可能性があるため、最新情報はホームページや2025年度募集要項等で必ず確認してください。

■理学部 偏差値 61

前期日程

◆共通テスト

[数学・情報数理、生物、地球科：8科目（1000点→475点）] 国現古漢（200→100）地歴公全6科目から1（100→50）数数ⅠA、数ⅡBC（計200→100）理物、化、生、地から2（計200→100）外全5科目から1（200→100）情情Ⅰ（100→25）

[物理：8科目（1000点→475点）] 国現古漢（200→100）地歴公全6科目から1（100→50）数数ⅠA、数ⅡBC（計200→100）理物必須、化、生から1（計200→100）外全5科目から1（200→100）情情Ⅰ（100→25）

[化：8科目（1000点→475点）] 国現古漢（200→100）地歴公全6科目から1（100→50）数数ⅠA、数ⅡBC（計200→100）理化必須、物、生、地から1（計200→100）外全5科目から1（200→100）情情Ⅰ（100→25）

◆個別学力検査等

[数学・情報数理：3科目（900点）] 数数ⅠⅡⅢA〔全〕B〔列〕C（600）理物基・物、化基・化、生基・生、地基・地から1（150）外英（150）▶英語外部試験のスコアにより加点

[物理：4科目（900点）] 数数ⅠⅡⅢA〔全〕B〔列〕C（300）理物基・物（300）、化基・化（100）外英（200）▶英語外部試験のスコアにより加点

[化：4科目（900点）] 数数ⅠⅡⅢA〔全〕B〔列〕C（250）理化基・化必須（300）、物基・物、生基・生、地基・地から1（150）外英（200）▶英語外

部試験のスコアにより加点

[生物：4科目(900点)] 数数ⅠⅡⅢA〔全〕B〔列〕C(150) 理生基・生必須(350)、物基・物、化基・化から1(200) 外英(200) ▶英語外部試験のスコアにより加点

[地球科：4科目(900点)] 数数ⅠⅡⅢA〔全〕B〔列〕C(250) 理物基・物、化基・化、生基・生、地基・地から2(計400) 外英(250) ▶英語外部試験のスコアにより加点

後期日程

◆**共通テスト**

[全学科：8科目(1000点→475点)] 前期日程に同じ

◆**個別学力検査等**

[数学・情報数理：1科目(300点)] 数数ⅠⅡⅢA〔全〕B〔列〕C(300)

[物理：1科目(300点)] 総合総合テスト(300)

[化：1科目(200点)] 理化基・化(200)

[生物：1科目(450点)] 理生基・生(450)

[地球科：1科目(300点)] 理地基・地(300)

特別選抜

[総合型選抜] 総合型選抜

[その他] 先進科学プログラム(飛び入学)学生選抜(方式Ⅰ、方式Ⅱ、方式Ⅲ)、私費外国人留学生選抜

工学部

西千葉キャンパス

定員 540

入試科目検索

特色　産業に関する8つのコースを設置。震災復興など地元に根差した研究活動も行う。
進路　約7割は大学院へ進学。他、情報通信業や公務、製造業などに就職する者も多い。
学問分野　化学／機械工学／電気・電子工学／土木・建築学／医療工学／その他工学／デザイン学／環境学／情報学
大学院　融合理工

学科紹介

総合工学科

建築学コース	住環境創造デザイン領域、環境形成マネジメント領域、構造安全計画領域からなる。社会の基盤となる建築分野の専門家を育成する。歴史、設計、環境、設備、構造、生産など様々な領域の学びから建築に対する様々な視点を身につけるとともに、自らの適性を探る。
都市工学コース	都市空間計画領域、都市基盤工学領域からなり、各領域で連携しながら研究を行う。空間としての都市の特質を示す「場」と、都市として必要なすべての動的要素である「流れ」とが調和した都市環境を創造する人材を育成する。
デザインコース	生産システム領域、コミュニケーション領域、環境ヒューマノミクス領域で構成。多様なニーズに柔軟に対応できる国際的なデザイナーを育成する。技術と科学に裏打ちされた芸術性や人間性を磨き、豊かなデザインの考案を目標に掲げる。
機械工学コース	材料・強度・変形分野、加工・要素分野、システム・制御・生体工学分野、環境・熱エネルギー分野で構成。身のまわりの製品から宇宙空間で用いられる製品まであらゆるものを作り出す機械工学を学ぶ。卒業後は、プロのエンジニアとして活躍することが期待される。
医工学コース	医用情報分野と医用電子分野で構成。医療や福祉、健康に関する幅広い知識と実践的な能力を兼ね備えた工学系技術者を育成する。論理的思考能力やコミュニケーション能力などを養い、CTやMRIなどの診断装置や医療機器の科学的安全性評価などについて研究する。
電気電子工学コース	電気システム工学領域、電子システム工学領域、情報通信工学領域で構成。他領域の専門家と協力できる学際的素養を兼ね備えた実践力あるエンジニアを育成。基礎を学んだのち、半導体集積回路、ロボット制御といった応用的な分野の研究に取り組む。
物質科学コース	応用化学領域、応用物理領域、デバイス工学領域で構成。材料に関わる応用物理や応用化学、デバイス工学を軸として、物質科学とその応用分野について学び、高度情報化社会の基盤を支える物質科学に関わる多用な領域で活躍する人材を育成する。
共生応用化学コース	バイオ機能化学領域、環境調和分子化学領域、無機・計測化学領域、資源プロセス化学領域で構成。地球環境に配慮した応用化学の開発を通して人類と環境の共生に貢献する。生物が作り上げてきた諸機能を参考に、環境に適合した新たな物質やプロセスの発明を目指す。
取得可能な免許・資格	学芸員、危険物取扱者（甲種）、毒物劇物取扱責任者、陸上無線技術士、建築士（一級、二級、木造）、技術士補、主任技術者（電気、電気通信）、教員免許（中-理、高-理・情）、司書

入試要項(2025年度)

※この入試情報は大学発表の2025年度入試（予告）および2024年度募集要項等より編集したものです（2024年1月時点。見方は巻頭の「本書の使い方」参照）。内容には変更が生じる可能性があるため、最新情報はホームページや2025年度募集要項等で必ず確認してください。

■工学部 偏差値 61

前期日程

◆共通テスト

[総合工：8科目（1000点→475点）] 国現古漢（200→100）地歴 公全6科目から1（100→50）数数ⅠA、数ⅡBC（計200→100）理物、化（計200→100）外全5科目から1（200→100）情情Ⅰ（100→25）

◆個別学力検査等

[総合工－建築学・機械工学・医工学・電気電子工学：4科目（900点）] 数数ⅠⅡⅢA〔全〕B〔列〕C（300）理物基・物（200)、化基・化（100）外英（300）▶英語外部試験のスコアにより加点

[総合工－都市工学・デザイン・物質科学：4科目（900点）] 数数ⅠⅡⅢA〔全〕B〔列〕C（300）理物基・物、化基・化（計300）外英（300）▶英語外部試験のスコアにより加点

[総合工－共生応用化学：4科目（900点）] 数数ⅠⅡⅢA〔全〕B〔列〕C（300）理物基・物（100)、化基・化（200）外英（300）▶英語外部試験のスコアにより加点

後期日程

◆共通テスト

[総合工－建築学・都市工学・機械工学・医工学・電気電子工学・共生応用化学：8科目（1000点→475点）] 前期日程に同じ

◆個別学力検査等

[総合工－建築学・機械工学・電気電子工学：2科目（700点）] 数数ⅠⅡⅢA〔全〕B〔列〕C（400）理物基・物（300）

[総合工－都市工学・医工学・共生応用化学：3科目（700点）] 数数ⅠⅡⅢA〔全〕B〔列〕C（300）理物基・物、化基・化（計400）

特別選抜

[総合型選抜] 総合型選抜共、総合型選抜（理数大好き学生選抜〔方式Ⅰ〕）共

[その他] 先進科学プログラム（飛び入学）学生選抜（総合型選抜方式、方式Ⅰ、方式Ⅱ、方式Ⅲ)、私費外国人留学生選抜

情報・データサイエンス学部

西千葉キャンパス

定員 100

入試科目検索

特色 2024年度開設。「データサイエンスコース」と「情報工学コース」を設置。
進路 大学院への進学の他、情報通信業などでの活躍を想定。
学問分野 情報学
大学院 情報・データサイエンス

学科紹介

情報・データサイエンス学科

データサイエンスコース 新	データサイエンスの本質を理解し社会的課題の解決に応用できる人材（実践的データサイエンティスト）を育成する。なお、主にデータサイエンス力とデータサイエンス展開力の教育に重点を置く。
情報工学コース 新	情報工学の専門性を備えデータサイエンスの実現と高度化に応用できる人材(データサイエンスおよび周辺技術の高度化を担う人材)を育成する。なお、主にデータエンジニアリング力とデータサイエンス力の教育に重点を置く。

入試要項（2025年度）

※この入試情報は大学発表の2025年度入試（予告）および2024年度募集要項等より編集したものです（2024年1月時点。見方は巻頭の「本書の使い方」参照）。内容には変更が生じる可能性があるため、最新情報はホームページや2025年度募集要項等で必ず確認してください。

■情報・データサイエンス学部 偏差値 63

前期日程

◆共通テスト

[情報・データサイエンス：8科目（1000点→475点）] 国現古漢（200→100）地歴 公全6科目から1（100→50）数数ⅠA、数ⅡBC（計200→100）理物、化（計200→100）外全5科目から1（200→100）情情Ⅰ（100→25）

◆個別学力検査等

[情報・データサイエンス：4科目（900点）] 数数ⅠⅡⅢA〔全〕B〔列〕C（300）理物基・物（200）、化基・化（100）外英（300）▶英語外部試験のスコアにより加点

特別選抜

[学校推薦型選抜] 学校推薦型選抜（女子枠含む）共

[その他] 先進科学プログラム（飛び入学）学生選抜（方式Ⅰ、方式Ⅱ）、私費外国人留学生選抜

園芸学部

定員 190

入試科目検索

松戸キャンパス

特色 大学院と連結した7つの教育プログラムを設置。実習により専門性を身につける。
進路 約4割が大学院へ進学。他、公務やサービス業、情報通信業などに就く者もいる。
学問分野 農学／環境学
大学院 園芸学

学科紹介

園芸学科 (64)	栽培・育種学プログラムでは園芸植物の高度栽培技術や品種改良などについて研究。生物生産環境学プログラムでは植物、昆虫、微生物や農業の環境に関わる理論を学び、生産環境の基盤となる諸事象の研究を行う。
応用生命化学科 (31)	応用生命化学科教育プログラムを設置。生物資源を有効活用するため、生物化学や生命の営みに関係する物質の基礎学理と応用技術理論の研究を行う。人類が直面する資源、環境、食料などに関する諸問題を解決できる人材を育成する。卒業生の約8割が大学院に進学する。
緑地環境学科 (66)	環境造園学プログラムでは自然と共生できる生活環境の理論と技術を研究。緑地科学プログラムでは緑地の環境システムを自然科学の面から、環境健康学プログラムでは人と環境の関係を医学などから総合的に学ぶ。
食料資源経済学科 (29)	食料資源経済学科教育プログラムを設置。農学、経済学、経営学を軸に社会科学の視点から生産・流通・消費までのフードシステム全体を把握できる人材を育成。環境や農業と地域開発を結びつける能力も養う。
取得可能な免許・資格	学芸員、危険物取扱者(甲種)、建築士(二級・木造)、技術士補、施工管理技士(土木、建築、管工事、造園)、食品衛生管理者、食品衛生監視員、樹木医補、教員免許（中-理、高-理・農)、司書

入試要項(2025年度)

※この入試情報は大学発表の2025年度入試（予告）および2024年度募集要項等より編集したものです（2024年1月時点。見方は巻頭の「本書の使い方」参照)。内容には変更が生じる可能性があるため、最新情報はホームページや2025年度募集要項等で必ず確認してください。

■園芸学部 偏差値 59

前期日程

◆共通テスト

[食料資源経済以外：8科目(1000点→475点)] 国現古漢（200→100）地歴 公全6科目から1（100 → 50）数 数ⅠA、数ⅡBC（計200→100）理物、化、生、地から2（計200→100）外全5科目から1（200→100）情情Ⅰ（100→25）

[食料資源経済：8科目（1000点→475点)] 国現古漢（200→100）地歴 公 理次の①・②から1（①地歴全3科目、公共・倫、公共・政経から2、理全5科目から1、②地歴公全6科目から1、理全5科目から2)（計300→150）数数ⅠA、数ⅡBC（計200→100）外全5科目から1(200→100）情情Ⅰ（100→25）

◆個別学力検査等

[食料資源経済以外：4科目（900点)] 数数ⅠⅡⅢA〔全〕B〔列〕C（300）理物基・物、化基・化、生基・生から2（計300）外英（300）▶英語外部試験のスコアにより加点

[食料資源経済：2科目(900点)] 数数ⅠⅡA〔全〕B〔列〕C〔ベ〕(450）外英（450）▶英語外部試験のスコアにより加点

後期日程

◆共通テスト

[食料資源経済以外：8科目(1000点→475点)] 前期日程に同じ

[食料資源経済：8科目（1000点→475点)] 国現古漢（200→100）地歴 公全6科目から1（100→50）理全5科目から2（計200→100）数数ⅠA、数ⅡBC（計200→100）外全5科目から1（200→100）情情Ⅰ（100→25）

◆個別学力検査等

[全学科：2科目(400点)] 理物基・物、化基・化、生基・生から2（計400）

特別選抜

[総合型選抜] 総合型選抜 共

[学校推薦型選抜] 園芸産業創発学プログラム選抜 共

[その他] 先進科学プログラム（飛び入学）学生選抜（方式Ⅱ）、私費外国人留学生選抜

医学部

玄鼻キャンパス

定員 117

入試科目検索

特色 基礎研究に取り組む専門家を積極的に育成するために「研究医枠」を設置。
進路 卒業者の大半が、千葉大学医学部附属病院や地域の病院の臨床研修医となる。
学問分野 医学
大学院 医学薬

学科紹介

医学科 (117)	6年制。大きく基礎医学と臨床医学の2つに分かれる。基礎医学では人体の構造や機能などを学ぶ。臨床医学では疾患に関する知識を身につけ、患者に接し実践的知識を養う。海外の医療現場で活躍できる英語力を身につける6年一貫医学英語プログラムもある。
取得可能な免許・資格	学芸員、医師、司書

入試要項(2025年度)

※この入試情報は大学発表の2025年度入試（予告）および2024年度募集要項等より編集したものです（2024年1月時点。見方は巻頭の「本書の使い方」参照）。内容には変更が生じる可能性があるため、最新情報はホームページや2025年度募集要項等で必ず確認してください。

■医学部 偏差値 68

前期日程

◆共通テスト（一般枠、千葉県地域枠）

[医：8科目（1000点→475点）] 国現古漢(200→100) 地歴 公全6科目から1(100→50) 数数ⅠA、数ⅡBC（計200→100）理物、化、生から2（計200→100）外英、独、仏から1(200→100) 情情Ⅰ（100→25）

◆個別学力検査等（一般枠、千葉県地域枠）

[医：5科目(1000点)] 数数ⅠⅡⅢA〔全〕B〔列〕C(300) 理物基・物、化基・化、生基・生から2(計300) 外英(300) 面面接(100)

後期日程

◆共通テスト（一般枠）

[医：8科目（1000点→475点）] 前期日程に同じ

◆個別学力検査等（一般枠）

[医：5科目（1000点）] 前期日程に同じ

特別選抜

[その他] 私費外国人留学生選抜

薬学部

定員 90

亥鼻キャンパス

入試科目検索

特色 3年進級時に本人の希望、成績により薬学科と薬科学科に分けられる。
進路 薬：多くは製薬会社や病院などに就職。薬科：ほとんどが大学院へ進学。
学問分野 薬学
大学院 医学薬

学科紹介

薬学科 (50)	6年制。薬剤師免許を取得し、病院や薬局、行政や公衆衛生の分野で指導的な立場に立つ人材を育成する。4年次まで化学や生物学などの基礎的な知識を学び、5・6年次には実習を中心にカリキュラムが組まれている。特に、5年次には5カ月間の実務実習を行う。
薬科学科 (40)	4年制。4年間の基礎教育に加え、2年間または5年間の大学院での研究を経て創薬や医薬品開発のフィールドで指導的役割を担う人材を育成する。国際的な舞台で活躍できる英語力を修得すべく、学部と大学院を通して多様な英語能力強化プログラムを用意している。
取得可能な免許・資格	学芸員、薬剤師、司書

入試要項（2025年度）

※この入試情報は大学発表の2025年度入試（予告）および2024年度募集要項等より編集したものです（2024年1月時点。見方は巻頭の「本書の使い方」参照）。内容には変更が生じる可能性があるため、最新情報はホームページや2025年度募集要項等で必ず確認してください。

■薬学部 偏差値 64

前期日程

◆共通テスト

[全学科：8科目（1000→475点）] 国現古漢（200→100）地歴公全6科目から1（100→50）数数ⅠA、数ⅡBC（計200→100）理物、化、生から2（計200→100）外全5科目から1（200→100）情情Ⅰ（100→25）

◆個別学力検査等

[全学科：3科目(900点)] 数数ⅠⅡⅢA〔全〕B〔列〕C（300）理化基・化必須、物基・物、生基・生から1（計300）外英（300）▶英語外部試験のスコアにより加点

後期日程

◆共通テスト

[薬科：8科目（1000点→475点）] 前期日程に同じ

◆個別学力検査等

[薬科：2科目(300点)] 理化基・化必須、物基・物、生基・生から1（計300）

特別選抜

[学校推薦型選抜] 学校推薦型選抜共

[その他] 私費外国人留学生選抜

看護学部

定員 80

入試科目検索

玄鼻キャンパス

特色 医学部、薬学部とともに「亥鼻IPE」と呼ばれる教育プログラムを展開している。
進路 卒業者のほとんどが医療・福祉業に就職する。他、大学院に進学する者もいる。
学問分野 看護学
大学院 看護学

学科紹介

看護学科 (80)	附属病院や精神病院、保健所、小学校などの施設と連携した実習や演習により、高い研究能力と実践力を養う。海外の大学との相互交流も実施され、海外の看護大学との協定で留学できるプログラムもある。
取得可能な免許・資格	学芸員、看護師、助産師、保健師、司書

入試要項（2025年度）

※この入試情報は大学発表の2025年度入試（予告）および2024年度募集要項等より編集したものです（2024年1月時点。見方は巻頭の「本書の使い方」参照）。内容には変更が生じる可能性があるため、最新情報はホームページや2025年度募集要項等で必ず確認してください。

■看護学部 偏差値 60

前期日程

◆**共通テスト**

[看護：8科目（1000点→475点）] 国 現古漢（200→100）地歴 公 全6科目から1（100→50）数 数ⅠA、数ⅡB（計200→100）理 物、化、生から2（計200→100）外 全5科目から1（200→100）情 情Ⅰ（100→25）

◆**個別学力検査等**

[看護：4科目（900点）] 理 物基・物、化基・化、生基・生から2（計500）外 英（300）▶英語外部試験のスコアにより加点 面 面接（100）

特別選抜

[学校推薦型選抜] 学校推薦型選抜 共

[その他] 社会人選抜、私費外国人留学生選抜

募集人員等一覧表

※本書掲載内容は、大学のホームページ及び入学案内や募集要項などの公開データから独自に編集したものです。
詳細は募集要項かホームページで必ず確認してください。

学部	学科・課程－コース「選修・分野」	募集人員	一般選抜		2段階選抜（倍率）※1		配点（共共テ 個個別）		特別選抜※2
			前期日程	後期日程	前期日程	後期日程	前期日程	後期日程	
国際教養	国際教養	90名	83名	—	—	—	共475点 個900点 計1375点	—	①7名
法政経	法政経	360名	290名	65名	3.5倍	13.0倍	共475点 個900点 計1375点	共475点 個400点 計875点	①5名 ⑬若干名
文	人文－行動科学	170名	49名	15名	—	—	共475点 個550点 計1025点	共475点 個400点 計875点	⑦9名 ⑪⑬若干名
	人文－歴史学		23名	3名			共475点 個600点 計1075点	共475点 個400点 計875点	⑦5名 ⑨⑬若干名
	人文－日本・ユーラシア文化		28名	—			共475点 個900点 計1375点	—	①3名 ⑬若干名
	人文－国際言語文化学		25名	—			共475点 個550点 計1025点	—	⑦10名 ⑬若干名
教育	学校教員養成－小学校「国語科」	380名	19名	—	—	—	共475点 個1000点 計1475点	—	①6名 ⑬若干名
	学校教員養成－小学校「社会科」		19名						①6名 ⑬若干名
	学校教員養成－小学校「算数科」		19名						①6名 ⑬若干名
	学校教員養成－小学校「理科」		19名						①6名 ⑬若干名
	学校教員養成－小学校「教育学」		24名						①6名 ⑬若干名
	学校教員養成－小学校「教育心理学」		19名						①6名 ⑬若干名
	学校教員養成－小学校「ものづくり」		5名						①3名 ⑬若干名
	学校教員養成－中学校「国語科教育」		6名						①2名 ⑬若干名
	学校教員養成－中学校「社会科教育」		5名						①2名 ⑬若干名
	学校教員養成－中学校「数学科教育」		8名						①2名 ⑬若干名
	学校教員養成－中学校「理科教育」		8名						①2名 ⑬若干名
	学校教員養成－中学校「技術科教育」		5名						③2名 ⑬若干名
	学校教員養成－小中専門教科「音楽科教育」		10名						①5名 ⑬若干名
	学校教員養成－小中専門教科「図画工作・美術科教育」		12名						①3名 ⑬若干名

学部	学科・課程－コース「選修・分野」	募集人員	一般選抜		2段階選抜（倍率）※1		配点（共共テ個個別）		特別選抜※2
			前期日程	後期日程	前期日程	後期日程	前期日程	後期日程	
	学校教員養成－小中専門教科「保健体育科教育」		20名						①5名 ⑬若干名
	学校教員養成－小中専門教科「家庭科教育」		10名						①5名 ⑬若干名
	学校教員養成－英語教育		25名						①10名 ⑬若干名
	学校教員養成－特別支援教育		17名						①8名 ⑬若干名
	学校教員養成－乳幼児教育		15名						①5名 ⑬若干名
	学校教員養成－養護教諭		20名						①5名 ⑬若干名
理	数学・情報数理	44名	29名	15名	—	—	共475点 個900点 計1375点	共475点 個300点 計775点	⑬若干名
	物理	39名	23名	12名				共475点 個300点 計775点	③4名 ⑩～⑬ 若干名
	化	39名	31名	8名				共475点 個200点 計675点	⑪⑬若干名
	生物	39名	29名	10名				共475点 個450点 計925点	⑪⑬若干名
	地球科	39名	30名	5名				共475点 個300点 計775点	③4名 ⑬若干名
工	総合工－建築学	540名	50名	19名	—	—	共475点 個900点 計1375点	共475点 個700点 計1175点	⑪⑬若干名
	総合工－都市工学		30名	12名				共475点 個700点 計1175点	⑪⑬若干名
	総合工－デザイン		44名	—				—	①⑤20名 ⑬若干名
	総合工－機械工学		55名	19名				共475点 個700点 計1175点	⑪⑬若干名
	総合工－医工学		30名	9名				共475点 個700点 計1175点	⑪⑬若干名
	総合工－電気電子工学		56名	20名				共475点 個700点 計1175点	⑪⑬若干名
	総合工－物質科学		70名	—				—	②＋④9名 ⑩～⑬ 若干名
	総合工－共生応用化学		72名	25名				共475点 個700点 計1175点	⑪⑬若干名
情報・データサイエンス	情報・データサイエンス	100名	70名	—	—	—	共475点 個900点 計1375点	—	⑥30名 ⑩⑪⑬ 若干名

学部	学科・課程ーコース「選修・分野」	募集人員	一般選抜		2段階選抜（倍率）※1		配点（共共テ個個別）		特別選抜※2
			前期日程	後期日程	前期日程	後期日程	前期日程	後期日程	
園芸	園芸	64名	44名	9名	—	—	共475点 個900点 計1375点	共475点 個400点 計875点	①5名 ⑧6名 ⑬若干名
	応用生命化	31名	20名	7名					①4名 ⑪⑬若干名
	緑地環境	66名	46名	11名					①9名 ⑬若干名
	食料資源経済	29名	23名	2名					⑧4名 ⑬若干名
医	医（一般枠入試）	117名	82名	15名	3.0倍	7.0倍	共475点 個1000点 計1475点	共475点 個1000点 計1475点	⑬若干名
	医（千葉県地域枠入試）		20名	—	3.0倍	—		—	
薬	薬	50名	70名	—	—	—	共475点 個900点 計1375点	—	⑥10名 ⑬若干名
	薬科	40名		10名				共475点 個300点 計775点	⑬若干名
看護	看護	80名	49名	—	—	—	共475点 個900点 計1375点	—	⑥24名 ⑨7名 ⑬若干名

※1　倍率は2024年度入試の実績。2025年度入試の倍率は、大学ホームページに公表予定

※2　［総合型選抜］共課す：①総合型選抜、②総合型選抜（理数大好き学生選抜〔方式Ⅰ〕）、共課さない：③総合型選抜、④総合型選抜（理数大好き学生選抜〔方式Ⅱ〕）、⑤先進科学プログラム（飛び入学〔総合型選抜方式〕）
［学校推薦型選抜］共課す：⑥学校推薦型選抜、共課さない：⑦学校推薦型選抜
［その他］共課す：⑧園芸産業創発学プログラム選抜、共課さない：⑨社会人選抜、⑩先進科学プログラム（飛び入学〔方式Ⅰ〕）、⑪先進科学プログラム（飛び入学〔方式Ⅱ〕）、⑫先進科学プログラム（飛び入学〔方式Ⅲ〕）、⑬私費外国人留学生選抜

千葉大学ギャラリー

■充実した学習環境

千葉大学では考える学生を創造するため、個性ある附属図書館や多様な学習席を備えた施設など充実した学習環境を提供しています。

■西千葉キャンパス

東京ドーム8個分の広さを誇るキャンパスには、緑の多さを象徴するかたらいの森や附属図書館など様々な施設が集まっています。

Student's Voice

教育学部

学校教員養成課程 小学校コース 1年

早川 芽生(はやかわ めい)さん

千葉県 県立 佐倉高校 卒
バスケットボール部　高3・6月引退

誰かのために動ける人でありたい

Q どのような高校生でしたか？　千葉大学を志望した理由は？

高校時代はバスケットボール部に所属しており、ほぼ毎日のように部活をしていました。朝早くから夜遅くまで練習があったため、引退するまでなかなかまとまった勉強時間を確保することができませんでした。その代わりに、通学時間や休み時間をうまく活用して、短時間で効率良く勉強するようにしていました。当時一番意識していたのは、「ペンを持たない日を作らない」ということです。引退したらすぐに受験に切り替えられるように、早めに勉強する習慣をつけようと思いました。今思うと、この些細な継続が合格を導いてくれたのではないかと感じています。

私は小学生の頃から「小学校教員になる」という夢を持っていました。そこで、自分の夢に一歩でも近づきたいと思い、教育学部への進学を決めました。また、千葉大学では1年次から実習があり、経験を多く積むことができるという点がとても魅力的でした。国公立大学に進学すれば親孝行にもなると思い、千葉大学を志望しました。

Q どのように受験対策をしましたか？　入試本番はどうでしたか？

部活生の頃は、隙間時間を無駄にしないように勉強していました。引退後は、部活で早寝早起きの習慣がついていたため、朝は5時頃に起きて、夜は11時頃には寝ていました。生活習慣を正すことは受験の大事な要素の1つです。また、私は国語が苦手でした。苦手な教科は避けてしまいがちですが、向き合って克服しようと思ったので、とにかく慣れるために、たくさん問題に触れることを意識しました。最初は文章の構造が理解できず、ただ読むだけでしたが、演習を重ねていくうちに、選択肢を絞れるようになり徐々に点数が上がっていきました。最終的には、国語を勉強することが楽しいと思えるまでになり、のちに自信につながったと思います。

入試本番の朝は、今までにないくらい緊張しました。しかし、緊張していることが理由で今まで頑張ってきた成果を出せないのは悔しいと思い、試験が始まる直前はいつも通りの自分でいました。

●受験スケジュール

月	日	大学・学部学科（試験方式）
1	14・15	立教　文－教育（共テ利用6科目型）
	30	★ 帝京　教育－初等教育（一般Ⅰ期）
2	6	立教　文－教育（一般）
	7	青山学院　教育人間科－教育（全学部）
	25・26	★ 千葉　教育－小学校－社会科（前期）

どのような大学生活を送っていますか？

子どもたちとたくさん触れ合えることが魅力です

千葉大学教育学部の特徴は、1年次から実習があるということで、他の大学に比べても早いと思います。私は、この点にひかれて千葉大学を志望しました。実際に学校に赴き、子どもたちと触れ合う経験を多く積むことができるのは、とても魅力的だと感じています。授業は、子どもたちと関わる上での基本的なことや保護者との関わり方など、教育現場の実際についての内容が多く、まさに「教育学部」という感じです。

子どもたちと触れ合う様子

私は、小学校だけではなく、中学校・高校の社会科の教員免許の取得も目指しているので、日本史、世界史、地理などの社会科目を高校時代より専門的に学んでいます。

バスケットボールサークルの練習風景

海外留学に向けて準備中です

中学校時代からバスケットボール部に所属しており、大学でも続けたいと思ったため、バスケットボールサークルに入りました。活動は自分の好きなときに行くことができ、みんなで楽しくバスケをしています。サークルに所属したことで、教育学部以外の学部の友達とも交友関係を広げることができました。

また、千葉大学は留学が卒業要件となっているので、必ず留学をしなければなりません。今はそのための勉強にも力を入れています。自分にとっては初めての海外であり、他の国の文化や言語を学べるとても良い機会だと思います。これを機に、新しい経験をたくさん積んで、人としても成長したいと思っています。

Q 将来の夢・目標は何ですか？

私は、幼い頃から小学校教員になるという夢を強く持っています。この夢を叶えるために、日々勉学に励んできました。しかし、夢を持つことは簡単ですが、叶えるのはとても大変なことです。私はこのことを、大学受験を通して痛感しました。だからこそ、今まで積み重ねてきた努力を無駄にせず、これからも自分の夢を叶えるために努力し続けたいと思っています。

また、私の目標は、「誰かのために動けるようになること」です。私は今までにたくさんの人に助けられてきました。一見当たり前のことのように思えますが、これも受験期を通して学んだことの1つです。まわりに誰かがいてくれるのは当たり前ではありません。家族、学校や塾の先生、友達など、困っているときに寄り添ってくれた人がたくさんいました。常にまわりを見て、今度は自分が寄り添う側になりたいと思います。

Q 後輩へのアドバイスをお願いします！

受験本番、周囲に知っている人はいません。味方は今まで頑張ってきた自分だけです。私も実際、試験本番前は不安で自信を失いました。そんなとき背中を押してくれたのは、今まで努力してきた自分でした。「今まであんなに頑張ってきたから大丈夫。自分ならいける」そう言ってくれているような気がして、とても心強かったです。努力は決して無駄にはなりません。一番心強い武器として、一緒に戦ってくれます。どんなにつらくても、ペンを走らせてください。「人生の中で一番努力した」と堂々と胸を張って言えるまでになれるとよいと思います。「最後まで諦めるな」この言葉に尽きます。

お茶の水女子大学

ちゃ　みずじょし

資料請求

入試課　TEL (03) 5978-5151・5152　〒112-8610 東京都文京区大塚2-1-1

グローバルに活躍する女性リーダーを育成する

高度な専門教育とリベラルアーツ教育のもと、「心遣い」「知性」「しなやかさ」を兼ね備え、新たな事柄に挑戦できる女性リーダーを育成する。文理融合型の学際的研究や先進的、独創的な研究に取り組む。

大学紹介動画

最新入試情報

大学本館前

キャンパス　1つ

大塚キャンパス
〒112-8610 東京都文京区大塚2-1-1

基本データ

※2023年5月現在（進路・就職は2022年度卒業者データ。学費は2024年度入学者用〔予定〕）

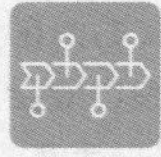

沿革

1875年、東京女子師範学校が開校。1890年、女子高等師範学校に発展。1923年、御茶ノ水に設置されていた校舎が関東大震災で焼失後、1932年、現在地に移転。1949年、お茶の水女子大学を開設。2004年、国立大学法人となる。2024年、共創工学部を設置。

教育機関　4 学部　1 研究科

学部　文教育／理／生活科／共創工

大学院　人間文化創成科学Ⓜ︎Ⓓ

人数

学部学生数　2,039名

教員1名あたり 学生 8名

教員数　254名【学長】佐々木泰子
（教授86名、准教授69名、講師40名、助教35名、助手・その他24名）

学費

初年度納入額　817,800円（諸経費別途）

奨学金　お茶の水女子大学“みがかずば”奨学金（予約型奨学金）、お茶の水女子大学小澤美奈子奨学金、学部生成績優秀者奨学金、桜蔭会奨学金

進路

学部卒業者　488名
（進学178名［36.5%］、就職269名［55.1%］、その他41名［8.4%］）

主な就職先
※院卒者を含む
東京都庁、日鉄ソリューションズ、アクセンチュア、富士通、NTTドコモ、NEC、TOPPANホールディングス、三菱UFJ銀行、ソニー生命保険

学部学科紹介

※本書掲載内容は、大学公表資料から独自に編集したものです。詳細は大学パンフレットやホームページ等で必ず確認してください（取得可能な免許・資格は任用資格や受験資格などを含む）。

文教育学部

大塚キャンパス　定員 185

特色　4つの学科と13のプログラムで構成され、少人数教育による主体的学びを推進。

進路　就職先は情報通信業や公務、学術研究・専門情報サービス業が多い。

学問分野　文学／言語学／哲学／歴史学／地理学／文化学／社会学／健康科学／子ども学／教員養成／芸術理論／芸術・表現

大学院　人間文化創成科学

学科	定員	内容
人文科学科	(50)	現代の問題を思考する哲学・倫理学・美術史プログラム、人類の歴史すべてを対象とする比較歴史学プログラム、文理の枠を超えて自然や社会、人間を研究する地理環境学プログラムを設置。他、学科横断型のグローバル文化学プログラムも選択できる。
言語文化学科	(73)	言語能力、文献処理能力を身につけ、言語や言語文化について考察し、社会や文化への理解を深める。日本語・日本文学、中国語圏言語文化、英語圏言語文化、仏語圏言語文化の4つのプログラムおよびグローバル文化学プログラムが設けられている。
人間社会科学科	(37)	理論と実践の両面から人間形成の過程を解明する教育科学プログラム、理論と実証で人間や社会を研究する社会学プログラム、幼児教育を多角的に考察し人間や社会の生成過程や構造を探究する子ども学プログラムを設置。他、グローバル文化学プログラムも選択可能。
芸術・表現行動学科	(25)	2つのプログラムを設置。舞踊教育学専修プログラムでは舞踊を中心に人間の身体活動や表現を学ぶ。音楽表現専修プログラムでは演奏学と音楽学の視点から音楽を専門的に学ぶ。受験の際に選択したコースの専修プログラムを履修する。
取得可能な免許・資格		地域調査士、学芸員、社会調査士、教員免許(幼一種、小一種、中-国・社・保体・音・英・中国語、高-国・地歴・公・保体・音・英・中国語)

理学部

大塚キャンパス　定員 120

特色　145年の歴史を持つ。伝統的な学問から最先端の研究まで多彩な教育を展開。

進路　卒業者の6割強が大学院に進学。一般企業への就職の道を選ぶ者もいる。

学問分野　数学／物理学／化学／生物学／情報学

大学院　人間文化創成科学

学科	定員	内容
数学科	(20)	教員や研究者などとして社会に積極的に貢献できる人材を育成する。2年次前半までに数学的な思考法や表現力を身につけ、数学の有用性を学ぶ。2年次後半から代数・幾何・解析の本格的な学習が始まり、4年次にかけて講義と演習、セミナーなどを履修していく。
物理学科	(20)	基礎から応用までの一貫した教育により、物理現象を理論と実験の両面から探究する力と多元的な観点から解明する力を養う。2年次までに基礎を固め、4年次にはそれぞれの研究室で特別研究を行う。
化学科	(20)	多彩な分野を用意し、興味や関心に応じた研究を行う。少人数教育のもと、1年次から最新の研究に触れる化学特別ゼミなども開講している。学科独自の卒業生組織を通じて卒業生と交流できる点も特徴的である。
生物学科	(24)	遺伝子などのミクロなレベルから環境などのマクロなレベルまで幅広く研究し、感性や洞察力、創造力を育む。3・4年次には実習や特別研究を通して実践力を固める。湾岸生物教育研究所（千葉県館山市）で行われる実習プログラムが特色の1つである。
情報科学科	(36)	2年次までに理論系や数学系の科目を学び、情報技術の仕組みを理解する。3・4年次には興味や関心に応じて授業を選択し、情報科学の最先端分野を学ぶ。情報業界で求められる実践的な知識にとどまらず、社会に出てから学ぶ機会の少ない理論的背景も学べる。
取得可能な免許・資格		学芸員、社会調査士、教員免許（中-数・理、高-数・理・情）

生活科学部

大塚キャンパス　定員 101

特色　生活者の視点から現代の諸問題と向き合い、生活の質を再検討する。
進路　就職先は情報通信業や公務、学術研究・専門情報サービス業など幅広い。
学問分野　心理学／生活科学／食物学／芸術・表現／人間科学
大学院　人間文化創成科学

食物栄養学科 (36)	人間に必要不可欠な食物と栄養に関して科学的視点から実践的に考察できる食の専門家を育成する。1年次は専門教育に必要な基礎知識や技術、一般教養を修得し、2年次から専門科目を学びながら実験や実習を行う。3年次後半から研究室に所属し卒業研究を行う。
人間生活学科 (39)	2つのプログラムを設置。生活社会科学プログラムでは現代の雇用と労働、医療や介護、経済格差などの社会・経済問題に学際的な視点から取り組む。生活文化学プログラムでは生活に関わる文化を人文学の様々な領域から研究し、新しい文化論の構築を目指す。
心理学科 (26)	心理学の基礎教育に加え、生活の中での実践に活かす教育を展開。基礎・実証系心理学と臨床・実践系心理学を融合し、認知・生物系、社会・福祉系、医療・健康系、発達・教育系の4つの専門領域を設置する。科学的方法論と実践力を兼ね備えた人材を育成する。
取得可能な免許・資格	公認心理師、認定心理士、学芸員、社会調査士、食品衛生管理者、食品衛生監視員、管理栄養士、栄養士、栄養教諭（一種）、教員免許（中-家、高-家）

共創工学部

大塚キャンパス　定員 46

特色　大学初の工学系学部として2024年度開設。
進路　2024年度開設。情報通信業や公務、建築士などの分野で活躍を想定。
学問分野　歴史学／地理学／文化学／応用化学／材料工学／土木・建築学／デザイン学／環境学／情報学
大学院　人間文化創生科学研究科

人間環境工学科 新 (26)	「人の健康と安全」や「住まいと建築のデザイン」などを扱う。各領域でモノや仕組みを工学的に設計するために不可欠な工学専門知と、社会に実装・普及するために必要な社会科学知の協働により、持続可能な社会の構築に向けたイノベーションを目指す。
文化情報工学科 新 (20)	文化情報工学では、情報・工学技術を用いて、文学、言葉、芸術、歴史、地理などに関する多種多様な情報をデジタル化（収集・生成・可視）し、分析を行い、新たな作品や価値を創出する。工学と人文学の双方が学べる新しいタイプの学科である。
取得可能な免許・資格	地域調査士、学芸員、社会調査士、建築士（一級、二級、木造）

入試要項（2025年度）

※この入試情報は大学発表の2025年度入試（予告）および2024年度募集要項等より編集したものです（2024年1月時点。見方は巻頭の「本書の使い方」参照）。内容には変更が生じる可能性があるため、最新情報はホームページや2025年度募集要項等で必ず確認してください。

「大学入試科目検索システム」のご案内
日程・方式ごとの偏差値や昨年度入試結果（志願者倍率、実質倍率、合格最低点）、基本情報（出願締切日、試験日、二段階選抜、募集人員、総合満点）などは、「大学入試科目検索システム」（https://nyushi.toshin.com/）をご覧ください（利用方法はp.12参照）。

■文教育学部　偏差値 61

前期日程

◆共通テスト

[全学科：8科目] 国現古漢 地歴 公地歴全3科目、公共・倫、公共・政経から2 数数ⅠA、数ⅡBC 理全5科目から1 外全5科目から1 情情Ⅰ

◆個別学力検査等

[人文科、人間社会科：2科目] 国 数現古漢、数ⅠⅡA〔全〕B〔列〕C〔べ〕から1 外英

[言語文化：2科目] 国現古漢 外英

[芸術・表現行動－舞踊教育学：3科目] 国 数現古漢、数ⅠⅡA〔全〕B〔列〕C〔べ〕から1 外英 実技舞踊実技

[芸術・表現行動－音楽表現：3科目] 国 数現古漢、数ⅠⅡA〔全〕B〔列〕C〔べ〕から1 外英 実技音楽実技

後期日程

◆共通テスト

[人文科：3～4科目] 国 地歴 公 数 理 外 情次の①～⑤から3（①現古漢、②地歴理全8科目、公共・倫、公共・政経から1、③数ⅠA、数ⅡBC、④英、独、仏、中から1、⑤情Ⅰ）

[人間社会科：8科目] 国現古漢 地歴 公地歴全3科

目、公共・倫、公共・政経から2数 数ⅠA、数Ⅱ BC理 全5科目から1外 英、独、仏、中から1情 情Ⅰ
[芸術・表現行動－音楽表現：4科目] 国 現古漢数 数ⅠA、数ⅡBC外 英、独、仏、中から1
◆個別学力検査等
[人文科、人間社会科：1科目] 論 小論文
[芸術・表現行動－音楽表現：1科目] 実技 音楽実技

■理学部 偏差値 62

前期日程

◆共通テスト
[数、情報科：8科目] 国 現古漢 地歴 公 全6科目から1数 数ⅠA、数ⅡBC理 物、化、生、地から2外 英、独、仏から1情 情Ⅰ
[物理：8科目] 国 現古漢 地歴 公 全6科目から1数 数ⅠA、数ⅡBC理 物必須、化、生、地から1外 英 情 情Ⅰ
[化：8科目] 国 現古漢 地歴 公 全6科目から1数 数ⅠA、数ⅡBC理 化必須、物、生、地から1外 英情 情Ⅰ
[生物：8科目] 国 現古漢 地歴 公 全6科目から1数 数ⅠA、数ⅡBC理 生必須、物、化、地から1外 英、独、仏から1情 情Ⅰ
◆個別学力検査等
[数：3科目] 数 数ⅠⅡⅢA〔全〕B〔列〕C理 物基・物、化基・化、生基・生から1外 英
[物理：3科目] 数 数ⅠⅡⅢA〔全〕B〔列〕C理 物基・物外 英
[化：4科目] 数 数ⅠⅡⅢA〔全〕B〔列〕C理 化基・化必須、物基・物、生基・生から1外 英
[生物：4科目] 数 数ⅠⅡⅢA〔全〕B〔列〕C理 生基・生必須、物基・物、化基・化から1外 英
[情報科：4科目] 数 理 数ⅠⅡⅢA〔全〕B〔列〕C必須、数ⅠⅡⅢA〔全〕B〔列〕C、物基・物、化基・化、生基・生から2外 英

後期日程

◆共通テスト
[数：5科目] 数 数ⅠA、数ⅡBC理 物、化、生、地から2外 英、独、仏から1
[数以外：8科目] 前期日程に同じ
◆個別学力検査等
[数、物理] 課さない
[化、情報科：1科目] 論 論述
[生物：1科目] 面 面接▶口述試験含む

■生活科学部 偏差値 64

前期日程

◆共通テスト
[食物栄養：8科目] 国 現古漢 地歴 公 地歴全3科目、公共・倫、公共・政経から1数 数ⅠA、数ⅡBC理 物、化、生から2外 英、独、仏、中から1情 情Ⅰ
[人間生活：8科目] 国 現古漢 地歴 公 地歴全3科目、公共・倫、公共・政経から2数 数ⅠA、数ⅡBC理 全5科目から1外 英、独、仏、中から1情 情Ⅰ
[心理：7科目] 国 現古漢 地歴 公 全6科目から1数 数ⅠA、数ⅡBC理 全5科目から1外 英、独、仏、中から1情 情Ⅰ
◆個別学力検査等
[食物栄養：3科目] 数 数ⅠⅡA〔全〕B〔列〕C〔べ〕理 物基・物、化基・化、生基・生から1外 英
[人間生活、心理：2科目] 国 数 現古漢、数ⅠⅡA〔全〕B〔列〕C〔べ〕から1外 英

後期日程

◆共通テスト
[食物栄養：7科目] 国 現古漢 地歴 公 地歴全3科目、公共・倫、公共・政経から1数 数ⅠA、数ⅡBC理 物、化、生から2外 英、独、仏、中から1
◆個別学力検査等
[食物栄養：1科目] 面 面接

■共創工学部 偏差値 63

前期日程

◆共通テスト
[人間環境工：8科目] 国 現古漢 地歴 公 地歴全3科目、公共・倫、公共・政経から1数 数ⅠA、数ⅡBC理 物、化、生、地から2外 英、独、仏、中から1情 情Ⅰ
[文化情報工：8科目] 国 現古漢 地歴 公 理 次の①・②から1（①地歴全3科目、公共・倫、公共・政経から2、理全5科目から1、②地歴全3科目、公共・倫、公共・政経から1、物、化、生、地から2）数 数ⅠA、数ⅡBC外 全5科目から1情 情Ⅰ
◆個別学力検査等
[人間環境工：4科目] 数 理 数ⅠⅡA〔全〕B〔列〕C〔べ〕必須、数ⅠⅡⅢA〔全〕B〔列〕C、物基・物、化基・化、生基・生から2外 英
[文化情報工：2科目] 国 数 現古漢、数ⅠⅡA〔全〕B〔列〕C〔べ〕から1外 英

後期日程

◆共通テスト
[人間環境工：8科目] 前期日程に同じ
◆個別学力検査等
[人間環境工：1科目] 面 面接

■特別選抜

[総合型選抜] 新フンボルト入試共
[学校推薦型選抜] 学校推薦型選抜
[その他] 帰国生徒・外国学校出身者特別選抜、私費外国人留学生特別選抜

でんきつうしんだいがく
電気通信大学

資料請求

入試課入学試験係　TEL (042) 443-5103　〒182-8585 東京都調布市調布ヶ丘1-5-1

Beyond the Future 未来のその先へ

大学紹介動画　最新入試情報

多様な世界の人たちと関わりながら、常に未来を見据え進化し続けるため、イノベーションを持続的に生み出す場が、UECにはある。広域で多彩な教育・研究と深度のある専門的な学びを通して挑戦するあなたを応援し続ける。

キャンパス正門

キャンパス **1**つ

調布キャンパス
〒182-8585 東京都調布市調布ヶ丘1-5-1

基本データ

※2023年5月現在（進路・就職は2022年度卒業者データ。学費は2024年度入学者用〔予定〕）

沿革

1918年、前身となる電信協会管理無線電信講習所を創設。1949年、電気通信大学を設立。1957年、調布校舎に移転。1967年、電気通信学部を改組。1987年、電気通信研究施設と短期大学部を統合。2010年、情報理工学部を設置。2016年、1学域3類制に移行し、現在に至る。

教育機関
1 学部 **1** 研究科

学部　情報理工
大学院　情報理工学 Ⓜ Ⓓ

人数

学部学生数　**3,371**名

教員1名あたり学生 **11**名

教員数　**304**名【学長】田野俊一
（教授**135**名、准教授**123**名、講師**4**名、助教**42**名）

学費

初年度納入額　**882,460**円

奨学金　UEC成績優秀者特待生制度、UEC学域奨学金制度

進路

学部卒業者　**734**名
（進学**477**名［65.0%］、就職**204**名［27.8%］、その他**53**名［7.2%］）

主な就職先
※院卒者を含む
NTTデータ、NTTコムウェア、メイテック、富士通、NECソリューションイノベータ、日本総合研究所、横河計測、任天堂、アウトソーシングテクノロジー、ソフトクリエイトホールディングス、日研トータルソーシング

学部学科紹介

※本書掲載内容は、大学公表資料から独自に編集したものです。詳細は大学パンフレットやホームページ等で必ず確認してください（取得可能な免許・資格は任用資格や受験資格などを含む）。

情報理工学域

調布キャンパス　定員 750

特色 情報と理工の融合により幅広い視野を持ち実践的な専門知識と革新的想像力を養う。
進路 約7割が大学院へ進学。就職先は情報通信業、製造業などが多い。
学問分野 応用物理学／応用化学／機械工学／電気・電子工学／材料工学／ナノテクノロジー／船舶・航空宇宙工学／エネルギー工学／医療工学／その他工学／情報学
大学院 情報理工学

Ⅰ類（情報系）	(255)	情報に関わる幅広い分野を学び次世代を支える人材を育成。2年次に情報全般の共通分野と専門分野の基礎を学び、2年次後期からはメディア情報学、経営・社会情報学、情報数理工学、コンピュータサイエンス、デザイン思考・データサイエンスの5つの教育プログラムから1つを選択する。
Ⅱ類（融合系）	(235)	情報系や理工系の分野が融合した新しい学問領域に進むための土台を身につけ、科学・技術の最先端を学ぶ。2年次後期からはセキュリティ情報学、情報通信工学、電子情報学、計測・制御システム、先端ロボティクスの5つの教育プログラムからいずれかを選択する。
Ⅲ類（理工系）	(230)	これまでにない新機能を持つ物質やデバイスの開発およびそのメカニズムの探究とともに、環境と人間に調和するものづくりへ貢献することを目指す。2年次後期から機械システム、電子工学、光工学、物理工学、化学生命工学の5つの教育プログラムから選択する。
先端工学基礎課程 夜	(30)	総合コミュニケーション科学の先端分野を扱う。2年次までに工学基礎を学び、3年次からは情報、メディア、通信、電子、機械、制御などの専門科目を履修する。平日夜間と土曜に開講するが、昼間の授業も一部履修できる。
取得可能な免許・資格		無線通信士（総合)、特殊無線技士（海上、陸上)、陸上無線技術士、主任技術者（電気通信)、施工管理技士（建築、電気工事、管工事、建設機械)、教員免許（中-数・理、高-数・理・情）

入試要項（2025年度）

※この入試情報は大学発表の2025年度入試（予告）および2024年度募集要項等より編集したものです（2024年1月時点。見方は巻頭の「本書の使い方」参照)。内容には変更が生じる可能性があるため、最新情報はホームページや2025年度募集要項等で必ず確認してください。

「大学入試科目検索システム」のご案内
日程・方式ごとの偏差値や昨年度入試結果（志願者倍率、実質倍率、合格最低点)、基本情報（出願締切日、試験日、二段階選抜、募集人員、総合満点）などは、「大学入試科目検索システム」(https://nyushi.toshin.com/）をご覧ください（利用方法はp.12参照)。

■情報理工学域 偏差値 61

前期日程

◆**共通テスト**
[全類：8科目] 国 現古漢 地歴 公 地歴全3科目、公共・倫、公共・政経から1 数 数ⅠA、数ⅡBC 理 物、化、生、地から2 外 全5科目から1 情 情Ⅰ

◆**個別学力検査等**
[全類：4科目] 数 数ⅠⅡⅢA〔全〕B〔列〕C 理 情 物基・物、化基・化、情Ⅰから2 外 英

後期日程

◆**共通テスト**
[全類：8科目] 前期日程に同じ

◆**個別学力検査等**
[全類：4科目] 数 数ⅠⅡⅢA〔全〕B〔列〕C 理 物基・物、化基・化 外 英

■特別選抜

[総合型選抜] 総合型選抜
[学校推薦型選抜] 学校推薦型選抜
[その他] 私費外国人留学生選抜

就職支援

電気通信大学では、3組織による多面的なサポートが行われています。就職支援係ではキャリアカウンセラーによる就職・進路相談、各専攻等就職事務室では専攻等に届けられた求人情報の公開、目黒会では分野別就職説明会や就職相談会による学生と企業のベストマッチングの支援など、学生一人ひとりの希望や適性に基づいたきめ細かい支援が行われます。

とうきょう
東京大学

資料請求

入試事務室(本郷キャンパス)　TEL (03) 5841-1222　〒113-8654 東京都文京区本郷7-3-1

未来に向けた「知の協創の世界拠点」へ

大学紹介動画

最新入試情報

創立以来、東西文化融合の学術拠点として独創性の高い「知」を生み出してきた。各分野の最先端の学問に触れ、学生が主体的に学ぶことで、地球規模の課題解決を主導する「知のプロフェッショナル」を育成する。

安田講堂

校歌

校歌音声

東京大学の歌　「ただ一つ」
作詞／大森幸男　作曲／山口琢磨
一、ただ一つ　旗かげ高し
いまかがやける
深空の光
天寵を
負える子ら
友よ　友
ここなる丘に
東大の旗立てり
伝統の旗
東大の光
たたえ　たたえん
たたえ　たたえん

基本データ

※2023年5月現在（進路・就職は2022年度卒業者データ。学費は2024年度入学者用〔予定〕）

沿革

1877年、東京開成学校と東京医学校を合併の上、法、文、理、医学部を設置して創設。1886年、工部大学校を統合。1919年、農、経済学部を設置。1947年、東京帝国大学を東京大学に改称。1949年、教育、教養学部を設置。1958年、薬学部を設置。1991～97年、大学院を改組し重点化。2004年、国立大学法人東京大学となる。

キャンパス
3つ

キャンパスマップ

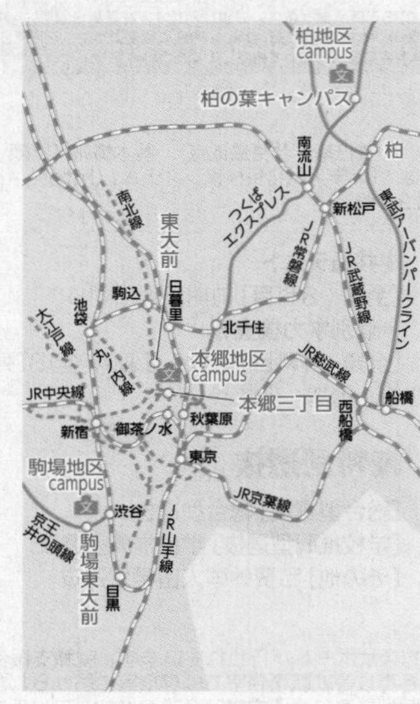

所在地・交通アクセス

本郷地区キャンパス（本部）
〒113-8654 東京都文京区本郷7-3-1
アクセス ①地下鉄「東大前駅」から徒歩約1分、②地下鉄「本郷三丁目駅」から徒歩約6～8分

駒場地区キャンパス
〒153-8902 東京都目黒区駒場3-8-1
アクセス 京王井の頭線「駒場東大前駅」から徒歩約1分

柏地区キャンパス（研究施設）
〒277-8581 千葉県柏市柏の葉5-1-5

教育機関
10学部15研究科

学部 教養／法／経済／文／教育／工／理／農／薬／医

大学院 人文社会系ⓂⒹ／教育学ⓂⒹ／法学政治学ⓂⒹⓅ／経済学ⓂⒹ／総合文化ⓂⒹ／理学系ⓂⒹ／工学系ⓂⒹⓅ／農学生命科学ⓂⒹ／医学系ⓂⒹⓅ／薬学系ⓂⒹ／数理科学ⓂⒹ／新領域創成科学ⓂⒹ／情報理工学系ⓂⒹ／情報学環・学際情報ⓂⒹ／公共政策学ⒹⓅ

人数

学部学生数 13,974名　教員1名あたり学生3名

教員数 4,008名【総長】藤井輝夫

（教授1,350名、准教授986名、講師297名、助教1,309名、助手・その他66名）

学費

初年度納入額 817,800円（諸経費別途）

奨学金 学部学生奨学金、東京大学さつき会奨学金、東京大学さつき会奨学金（島村昭治郎記念口）

進路

学部卒業者 3,094名（進学1,635名、就職1,010名、その他[※]449名）※臨床研修医71名を含む

進学52.8%　就職32.6%　その他14.6%

主な就職先

法学部
公務30.8%、金融・保険業18.3%、学術研究・専門技術サービス業9.8%、製造業8.9%、情報・通信業6.3%、サービス業4.9%、卸売・小売業3.1%、複合サービス事業3.1%、運輸・郵便業2.7%

経済学部
金融・保険業30.5%、学術研究・専門技術サービス業29.8%、情報・通信業11.0%、卸売・小売業7.7%、サービス業3.7%、製造業3.3%、公務3.3%、運輸・郵便業2.9%、不動産・物品賃貸業2.2%

文学部
情報・通信業20.6%、金融・保険業17.4%、卸売・小売業8.3%、製造業7.8%、サービス業6.0%、学術研究・専門技術サービス業5.0%、複合サービス事業4.6%、公務4.6%、教育・学習支援業4.1%

教育学部
製造業15.1%、複合サービス事業15.1%、情報・通信業11.3%、金融・保険業9.4%、公務9.4%、教育・学習支援業7.5%、サービス業7.5%、運輸・郵便業5.7%、建設業3.8%、卸売・小売業3.8%

教養学部（後期課程）
公務15.6%、情報・通信業11.7%、金融・保険業10.4%、複合サービス事業10.4%、製造業9.1%、サービス業7.8%、卸売・小売業6.5%、教育・学習支援業6.5%、生活関連サービス業3.9%、運輸・郵便業2.6%

工学部
情報・通信業32.4%、製造業13.2%、サービス業10.3%、金融・保険業5.9%、学術研究・専門技術サービス業5.9%、生活関連サービス業5.9%、不動産・物品賃貸業4.4%、複合サービス事業4.4%

理学部
金融・保険業17.6%、情報・通信業11.8%、生活関連サービス業11.8%、製造業5.9%、卸売・小売業5.9%、学術研究・専門技術サービス業5.9%、宿泊・飲食サービス業5.9%、複合サービス事業5.9%、サービス業5.9%、公務5.9%

農学部
【応用生命科学、環境資源科学】情報・通信業23.4%、金融・保険業21.3%、サービス業14.9%、公務8.5%
【獣医学】製造業20.0%、医療・福祉業20.0%、公務20.0%、学術研究・専門技術サービス業13.3%

薬学部
【薬科】情報・通信業25.0%、卸売・小売業25.0%、生活関連サービス業25.0%、公務25.0%
【薬】製造業60.0%、情報・通信業20.0%、医療・福祉業20.0%

医学部（医）
臨床研修医60.2%

医学部（他）
金融・保険業37.5%、製造業25.0%、農業・林業12.5%、情報・通信業12.5%、不動産・物品賃貸業12.5%

学部学科紹介

※本書掲載内容は、大学公表資料から独自に編集したものです。詳細は大学パンフレットやホームページ等で必ず確認してください（取得可能な免許・資格は任用資格や受験資格などを含む）。

「大学入試科目検索システム」のご案内

入試要項のうち、日程・方式ごとの偏差値や昨年度入試結果（志願者倍率、実質倍率、合格最低点）、基本情報（出願締切日、試験日、二段階選抜、募集人員、総合満点）などは、「大学入試科目検索システム」（https://nyushi.toshin.com/）をご覧ください（利用方法はp.12参照）。

教養学部（前期課程）

駒場地区キャンパス

定員 2,960

入試科目検索

特色 前期課程で教養教育を受け、進学選択制度によって10の学部から進学先を選択。

進路 各科類の主な進路先学部はp.204「東京大学『進学選択』について」参照。

学問分野 言語学／歴史学／法学／政治学／経済学／社会学／数学／物理学／化学／生物学／応用生物学

学科紹介

科類	定員	内容
文科一類	(401)	法学や政治学など社会科学全般の基礎的な領域を中心に学ぶ。その他にも哲学、倫理、歴史、心理などの人文科学系科目や、物質・生命、数理・情報などの自然科学を含む科目を数多く履修し、人間と社会について幅広い見識を養う。主な進学先は法学部である。
文科二類	(353)	経済などの社会科学を中心に、文科一類と同様に哲学、倫理、歴史、心理など幅広く人文科学を学び、人間や組織について理解する。さらに、理系科目を含む総合科目を自ら選択することで多彩な学修領域を形成していく。主な進学先は経済学部である。
文科三類	(469)	言語、思想、歴史などの人文科学や社会科学を学び、人間の文化的、社会的営為についての知識や見識を深めていく。さらに、理系科目を含む多くの総合科目を自主的に選択することで以後の進路を確立していく。主な進学先は文、教育、教養の3つの学部である。
理科一類	(1,108)	数学、物理学、化学を中心に数理科学、物質科学、生命科学を学習する。文系科目を含む総合科目を履修し、科学や技術と社会の結びつきを理解する。科学論文における英語ライティングを学び、志望学部へ進学する。主な進学先は工、理の2つの学部である。
理科二類	(532)	生物学、化学、物理学を中心に生命科学、物質科学、数理科学を学習する。文系科目も履修し現代社会における科学技術の役割について学び、志望学部へ進学する。科学論文における英語ライティング能力も養う。主な進学先は農、工、理、薬の4つの学部である。
理科三類	(97)	生物学、化学、物理学を中心に生命科学、物質科学、数理科学を学習する。人間への探究心を養い、生命と社会の関わり合いを学ぶ。科学分野での国際的発信力を強化するため、科学論文における英語ライティングも履修する。主な進学先は医学部医学科である。

法学部

定員 400

本郷地区キャンパス（本郷キャンパス）

入試科目検索

特色 3つのコースを設置。授業はコースにしばられず、幅広い履修が可能である。
進路 2割超が法科大学院などに進学。他、公務や金融・保険業に就く者もいる。
学問分野 法学／政治学
大学院 法学政治学

学科紹介

第1類 法学総合コース	民法、刑法などの法律を中心に、法・政治・経済を総合的に学ぶ。国際ビジネスを目指す学生向けの「国際取引法務プログラム」と公務員志望者向けの「公共法務プログラム」を設置。ビジネス法務、公務、マネジメント、研究職など多様な進路が想定されている。
第2類 法律プロフェッション・コース	高度な法律専門職や法曹の育成を視野に、法を専門的に学ぶ。法的思考の基礎を固め、法科大学院（ロースクール）への進学を見据えたカリキュラムを構成している。他の類の科目も自由に履修できるなど自由度が高く、密度の濃い学修環境が提供されている。
第3類 政治コース	行政学、国際政治、政治学史などの政治に関する授業を数多く履修することが求められ、法よりも政治に重点をおいたカリキュラムである。必修科目は少なく履修の自由度が高い。自ら調査し考えをまとめる能力を培うためにリサーチペイパーの執筆が必須となる。
取得可能な免許・資格	学芸員、教員免許（高-公）、司書教諭、司書

入試要項（2025年度）

※この入試情報は大学発表の2025年度入試（予告）および2024年度募集要項等より編集したものです（2024年1月時点。見方は巻頭の「本書の使い方」参照）。内容には変更が生じる可能性があるため、最新情報はホームページや2025年度募集要項等で必ず確認してください。

■文科一類 偏差値 67

前期日程

◆共通テスト

[8科目（1000点→110点）] 国 現古漢（200） 地歴 公 地歴全3科目、公共・倫、公共・政経から2（計200） 数 数ⅠA、数ⅡBC（計200） 理 理科基礎（100）▶物、化、生、地から2でも可。基礎科目とみなす 外 全5科目から1（200） 情 情Ⅰ（100）

◆個別学力検査等

[5科目(440点)] 国 現古漢(120) 地歴 地理、日、世から2(計120) 数 数ⅠⅡA〔全〕BC〔べ〕(80) 外 英、独、仏、中から1(120) ▶英はリスニング含む

特別選抜

[学校推薦型選抜] 学校推薦型選抜 共

[その他] 外国学校卒業学生特別選考（第1種、第2種）

国立 東京 神奈川 東京大学

入試科目検索

経済学部

定員 340

本郷地区キャンパス（本郷キャンパス）

特色 少人数教育を重視し、学部プラス1年で修士号を取得できるプログラムも設置。
進路 約1割が大学院へ進学。就職先は金融・保険業、学術研究・専門技術サービス業など。
学問分野 経済学／経営学
大学院 経済学

学科紹介

学科	定員	内容
経済学科	(170)	経済全体の水準や失業、物価上昇率、経済成長の決定要因に加え、経済状態をコントロールする政策について分析する。様々な資源の配分パターンがどのように決定されるか、また社会にとって望ましい所得分配を実現するための方法などについて具体的に考察する。
経営学科	(100)	企業や組織における経営活動に主眼を置く。企業経営に関わる様々な科目を軸に、経営管理や人事、商品開発などの実務、財務や資産の運用、調達に関する理論的方法とその実践について学ぶ。会計制度や企業経営の歴史に至るまで幅広く学ぶことができる。
金融学科	(70)	経済学や会計学の専門知識に基づく金融分野の理論を学ぶとともに、金融界の協力を得た実務教育も行われている。金融や経済、社会の仕組みについての深い理解を身につける。経済理論の知識に偏ることなく、戦略的構想力や思考能力を兼ね備えた人材を育成する。
取得可能な免許・資格		学芸員、教員免許（高-公）、司書教諭、司書

入試要項（2025年度）

※この入試情報は大学発表の2025年度入試（予告）および2024年度募集要項等より編集したものです（2024年1月時点。見方は巻頭の「本書の使い方」参照）。内容には変更が生じる可能性があるため、最新情報はホームページや2025年度募集要項等で必ず確認してください。

■文科二類 偏差値 67

前期日程

◆共通テスト

[8科目（1000点→110点）] 国現古漢（200）地歴 公地歴全3科目、公共・倫、公共・政経から2（計200）数数ⅠA、数ⅡBC（計200）理理科基礎（100）▶物、化、生、地から2でも可。基礎科目とみなす 外全5科目から1（200）情情Ⅰ（100）

◆個別学力検査等

[5科目(440点)] 国現古漢(120) 地歴地理、日、世から2(計120) 数数ⅠⅡA〔全〕BC〔べ〕(80) 外英、独、仏、中から1(120) ▶英はリスニング含む

特別選抜

[学校推薦型選抜] 学校推薦型選抜共

[その他] 外国学校卒業学生特別選考（第1種、第2種）

文学部

定員 350

入試科目検索

本郷地区キャンパス（本郷キャンパス）

特色 27専修課程のいずれかに所属し、専門分野の研究を深める。他専修課程の授業も受講可能。
進路 約2割が大学院へ進学する。他、情報通信業や金融・保険業に就く者も多い。
学問分野 文学／言語学／哲学／心理学／歴史学／文化学／社会学／国際学／芸術理論／人間科学
大学院 人文社会系

学科紹介

人文学科

思想文化コース	哲学、中国思想文化学、インド哲学仏教学、倫理学、宗教学宗教史学、美学芸術学、イスラム学の7つの専修課程に分かれる。中国思想文化学、インド哲学仏教学、イスラム学の各専修課程では現地の言語で書かれた文献の読解のための技法も学ぶ。
歴史文化コース	日本史学、東洋史学、西洋史学、考古学、美術史学の5専修課程。日本史学専修課程では東京大学史料編纂所所蔵の原本や影写本、写真版などの膨大な史料を利用できる。考古学専修課程では3年次に北海道常呂町の実習施設で発掘調査の実習を行う。
言語文化コース	言語学、日本語日本文学（国語学)、日本語日本文学（国文学)、中国語中国文学、インド語インド文学、英語英米文学、ドイツ語ドイツ文学、フランス語フランス文学、スラヴ語スラヴ文学、南欧語南欧文学、現代文芸論、西洋古典学の12の専修課程がある。
心理学コース	心理学専修課程がある。人間の心的、知的な機能の探究を目的とし、心理学概論や心理学特殊講義により心理学の最新の成果を学修する。心理学演習では心理学の論文の読解力を身につけ、心理学実験演習では実験に必要な技術を学び成果を論文にまとめる訓練を行う。
社会心理学コース	社会心理学専修課程がある。人間の行動とその背景にある心的過程や、社会文化的な基盤との間のダイナミックな関係を研究する。社会心理学調査実習などの実践的な科目が必修である。社会現象や行動を観察し、体系づけや統計的な分析などを行う。
社会学コース	社会学専修課程がある。ゼミ中心の少人数教育のもと、社会調査実習やゼミ合宿、大学院生の指導による自主的な研究会などが活発に行われ、実践的な学びが提供されている。専任教員の研究テーマは福祉、社会政策、ジェンダー、家族、都市、住宅、ケア労働、人口など多彩である。
取得可能な免許・資格	学芸員、社会調査士、教員免許(中-国・社・英、高-国・地歴・公・英)、司書教諭、司書

入試要項(2025年度)

※この入試情報は大学発表の2025年度入試（予告）および2024年度募集要項等より編集したものです（2024年1月時点。見方は巻頭の「本書の使い方」参照)。内容には変更が生じる可能性があるため、最新情報はホームページや2025年度募集要項等で必ず確認してください。

■文科三類

前期日程

◆**共通テスト**

[8科目（1000点→110点)] 国現古漢（200）地歴 公地歴全3科目、公共・倫、公共・政経から2（計200）数数ⅠA、数ⅡBC（計200）理理科基礎（100）▶物、化、生、地から2でも可。基礎科目とみなす 外全5科目から1（200）情情Ⅰ（100）

◆**個別学力検査等**

[5科目(440点)] 国現古漢(120) 地歴地理、日、世から2(計120) 数数ⅠⅡA〔全〕BC〔べ〕(80) 外英、独、仏、中から1(120) ▶英はリスニング含む

特別選抜

[学校推薦型選抜] 学校推薦型選抜 共

[その他] 外国学校卒業学生特別選考(第1種、第2種)

教育学部

定員 95

本郷地区キャンパス（本郷キャンパス）

入試科目検索

特色 3つの専修と5つのコースで構成され、最先端の研究に基づく学部教育を提供。

進路 2割が大学院へ進学する。他、製造業、教育・学習支援業への就職も多い。

学問分野 健康科学／教員養成／教育学／人間科学

大学院 教育学

学科紹介

総合教育科学科

基礎教育学専修	基礎教育学コースを設置している。「教育とは何か」という根源的な問いに対して哲学、歴史、人間、臨床の4つの方向から考察を重ねる。歴史資料や古典的テキストの読解、最先端の思想および理論の講義や教育問題に関する議論などの実践的な教育が行われる。
教育社会科学専修	2つのコースを設置。比較教育社会学コースでは教育を「社会現象」「文化現象」と捉え、様々な社会科学の観点から考察する。教育実践・政策学コースでは教育を「現場」から捉え、教育施設から文部科学省までを直接対象とし、教育現場について研究する。
心身発達科学専修	2つのコースを設置。教育心理学コースでは学習行動や発達を主題とする教育心理学と、心理療法やカウンセリングを主題とする臨床心理学の2つの領域を扱う。身体教育学コースでは身体の構造と機能に加え、脳との関連や健康維持と社会基盤との関係を考察する。
取得可能な免許・資格	公認心理師、学芸員、社会調査士、教員免許(中-社・保体、高-地歴・公・保体)、社会教育士、社会教育主事、司書教諭、司書

入試要項(2025年度)

※この入試情報は大学発表の2025年度入試（予告）および2024年度募集要項等より編集したものです（2024年1月時点。見方は巻頭の「本書の使い方」参照）。内容には変更が生じる可能性があるため、最新情報はホームページや2025年度募集要項等で必ず確認してください。

■文科三類 偏差値 67

前期日程

◆共通テスト

[8科目（1000点→110点)] 国現古漢（200）地歴 公 地歴全3科目、公共・倫、公共・政経から2（計200）数 数ⅠA、数ⅡBC（計200）理 理科基礎（100）▶物、化、生、地から2でも可。基礎科目とみなす 外 全5科目から1（200）情 情Ⅰ(100)

◆個別学力検査等

[5科目(440点)] 国 現古漢(120) 地歴 地理、日、世から2（計120）数 数ⅠⅡA〔全〕BC〔ベ〕(80) 外 英、独、仏、中から1（120）▶英はリスニング含む

特別選抜

[学校推薦型選抜] 学校推薦型選抜 共

[その他] 外国学校卒業学生特別選考（第1種、第2種）

■理科一類 70・二類 70

前期日程

◆共通テスト

[8科目（1000点→110点)] 国 現古漢（200）地歴 公 地歴全3科目、公共・倫、公共・政経から1（100）数 数ⅠA、数ⅡBC（計200）理 物、化、生、地から2（計200）外 全5科目から1（200）情 情Ⅰ（100）

◆個別学力検査等

[5科目（440点)] 国 現古漢（80）数 数ⅠⅡⅢA〔全〕BC（120）理 物基・物、化基・化、生基・生、地基・地から2（計120）外 英、独、仏、中から1（120）▶英はリスニング含む

特別選抜

[学校推薦型選抜] 学校推薦型選抜 共

[その他] 外国学校卒業学生特別選考（第1種、第2種）

教養学部（後期課程）

定員 140

入試科目検索

駒場地区キャンパス

特色 学際、国際、先進をテーマに複数の分野を扱う。授業の多くは少人数制である。
進路 約4割が大学院へ進学。他、サービス業、情報通信業、公務などへの就職も多い。
学問分野 文学／言語学／歴史学／地理学／文化学／経済学／社会学／国際学／物理学／化学／エネルギー工学／健康科学／情報学
大学院 総合文化

学科紹介

教養学科 (65)	対象とアプローチが異なる超域文化科学、地域文化研究、総合社会科学の3つの分科を設置。各分科には合計18のコースが展開し、複数のコースを履修できる制度もある。すべてのコースで2つの外国語を必修とする他、英語のみで学位が取得できるコースもある。
学際科学科 (25)	科学技術論、地理・空間、総合情報学、広域システム、国際環境学の5つのコースで構成され、文理融合分野を幅広くカバーする。国際環境学以外の4つのコースでは進化学を副専攻として組み合わせて学ぶこともできる。国際環境学コースでは授業は英語で行われる。
統合自然科学科 (50)	数理自然科学、物質基礎科学、統合生命科学、認知行動科学、スポーツ科学の5つのコースで構成。多様な選択を可能にする教育プログラムが展開されている。教養学部他学科とも連携し、様々な学問領域を横断しながら発展的な学修ができる。
取得可能な免許・資格	学芸員、社会調査士、教員免許(中-国・数・理・社・英、高-国・数・理・地歴・公・情・英)、司書教諭、司書

入試要項（2025年度）

※この入試情報は大学発表の2025年度入試（予告）および2024年度募集要項等より編集したものです（2024年1月時点。見方は巻頭の「本書の使い方」参照）。内容には変更が生じる可能性があるため、最新情報はホームページや2025年度募集要項等で必ず確認してください。

■文科一類 67・二類 67・三類 67

前期日程

◆共通テスト

[8科目（1000点→110点）] 国現古漢（200） 地歴 公地歴全3科目、公共・倫、公共・政経から2（計200） 数数ⅠA、数ⅡBC（計200） 理理科基礎（100）▶物、化、生、地から2でも可。基礎科目とみなす 外全5科目から1（200） 情情Ⅰ（100）

◆個別学力検査等

[5科目(440点)] 国現古漢(120) 地歴地理、日、世から2(計120) 数数ⅠⅡA〔全〕BC〔べ〕(80) 外英、独、仏、中から1(120) ▶英はリスニング含む

特別選抜

[学校推薦型選抜] 学校推薦型選抜共

[その他] 外国学校卒業学生特別選考（第1種、第2種）、学部英語コース特別選考

■理科一類 69・二類 68

前期日程

◆共通テスト

[8科目（1000点→110点）] 国現古漢（200） 地歴 公地歴全3科目、公共・倫、公共・政経から1（100） 数数ⅠA、数ⅡBC（計200） 理物、化、生、地から2（計200） 外全5科目から1（200） 情情Ⅰ（100）

◆個別学力検査等

[5科目（440点）] 国現古漢（80） 数数ⅠⅡⅢA〔全〕BC（120） 理物基・物、化基・化、生基・生、地基・地から2（計120） 外英、独、仏、中から1（120）▶英はリスニング含む

特別選抜

[学校推薦型選抜] 学校推薦型選抜共

[その他] 外国学校卒業学生特別選考（第1種、第2種）、学部英語コース特別選考

工学部

本郷地区キャンパス（本郷キャンパス）

定員 938

入試科目検索

特色 16学科で構成。専門性を深める講義に加え、創造性を育む演習などがある。
進路 約7割が大学院へ進学。就職先は情報通信業、金融・保険業などが多い。
学問分野 化学／応用物理学／応用化学／機械工学／電気・電子工学／材料工学／土木・建築学／船舶・航空宇宙工学／応用生物学／環境学／情報学
大学院 工学系

学科紹介

学科	定員	紹介
社会基盤学科	(40)	人間の文化的な生活を支える社会基盤学を学ぶ。都市や災害、自然環境について学ぶ設計・技術戦略、国土や都市のビジョンを描く力を育む政策・計画、開発経済学や国際交渉などの国際プロジェクトについて研究を行う国際プロジェクトの3つのコースで構成。
建築学科	(60)	耐震、快適な住環境、修復・保全工学などの技術分野に加え、社会学や経済学、心理学などの分野も学び、建築と設計に携わる人材を育成する。建築設計製図では1・2カ月ごとに図面や模型を製作し建築の基礎を演習で身につける。4年次には卒業設計に取り組む。
都市工学科	(50)	2つのコースで構成。都市計画コースでは時代とともに変化する都市の状況と課題を把握し、適切な都市施策を打ち出せる人材を育成する。都市環境工学コースでは安全で快適な生活環境を創造するために、施設などの計画・設計・評価を提示できる人材を育成する。
機械工学科	(85)	設計や生産技術全般を対象に機械工学の研究と教育を行う。基礎工学からナノテクノロジー、医療工学までを融合して産業システム全体に貢献するものづくりに取り組む。2・3年次にはスターリングエンジンの設計製作演習をはじめ実践的な授業や実習が行われる。
機械情報工学科	(40)	人間、機械、情報を結ぶ理論とシステムを創造できる視点を持ち、綿密な思考のできる人材を育成する。実際の設計や製作に必要な知識や経験を修得するため演習も充実している。3年次の自主プロジェクトでは企画から設計、製作、発表までを学生自身が取り組む。
航空宇宙工学科	(52)	技術集約性の高い航空宇宙技術について、多くの知識を活かしその発展をリードできる人材を育成する。3年次冬学期から航空宇宙システム、航空宇宙推進の2つのコースに分かれる。どちらの分野も技術体系の全容を把握できるカリキュラム構成となっている。
精密工学科	(45)	ロボテクとプロテクの2つの技術領域の基礎から応用までを幅広く扱う。機械物理、情報数理、計測制御の基礎工学を土台に、メカトロニクス、設計情報、生産の3つの分野を中心としたカリキュラムを展開。英語での研究・技術発表をトレーニングする授業もある。
電子情報工学科	(40)	情報系の科学と技術を中心に学ぶ。電気電子工学科の必修科目も履修可能である。3年次の冬学期から知識を発展させ深く学ぶために、広範な分野における3つの履修プランが用意されている。定員は電気電子工学科と合わせて115名である。
電気電子工学科	(75)	物理系の科学と技術を中心に学ぶ。電子情報工学科の必修科目も履修可能である。3年次の冬学期から知識を発展させ深く学ぶために、広範な分野における3つの履修プランが用意されている。定員は電子情報工学科と合わせて115名である。

物理工学科 (50)	物理を基盤に新しい学問を開拓できる人材を育成する。2・3年次にかけて数学と物理の基礎を徹底して学び、固体物理、量子情報、ソフトマター物理など物性物理の基礎と応用も学修する。実習や実験なども重点的に行われている。大半の学生が大学院に進学する。
計数工学科 (55)	2つのコースを設置。数理情報工学コースでは物理現象や社会システムを対象に問題を解決できる数理的方法論の構築を目指す。システム情報工学コースではロボットなどを対象に物理世界と情報世界とをつなぐ認識（計測）と行動（制御）に関する研究を行う。
マテリアル工学科 (75)	バイオマテリアル、環境・基盤マテリアル、ナノ・機能マテリアルの3つのコースを設置。各種マテリアルの合成や構造と機能についての基礎知識、マテリアル設計の基礎を身につける。導入、基礎、応用の3つの段階を順に修得するカリキュラムが組まれている。
応用化学科 (55)	物質を様々にデザインし新機能を生み出すことを目標に、独創性のある研究を展開。化学や物理学、数学など基礎学問の修得に力を入れたカリキュラムを設定。エネルギー変換や貯蔵、環境浄化、医療、情報処理などを研究し、応用化学を通じた社会貢献を目指す。
化学システム工学科 (50)	化学を基盤に、複雑な事象を目的に応じて階層化・単純化して考えるシステム的思考で社会の諸課題に取り組む「スペシャリストにしてジェネラリスト」を育成する。特に環境、エネルギー、医療などの諸問題に対し具体的かつ永続的な解決ビジョンの提示を目指す。
化学生命工学科 (50)	別々に発展してきた「化学」と「生命」の研究領域を工学的に融合させ、「分子」を共通のキーワードとして次世代の科学技術を構築する。化学と生命工学の基礎を徹底して学び、両分野に長けた人材を育成する。4年次から研究室に所属し、卒業研究に取り組む。
システム創成学科 (116)	環境・エネルギーシステム、システムデザイン＆マネジメント、知能社会システムの3つのコースを設置。環境、エネルギー、食料、人口など現代社会が抱える課題について、理学や工学に加え社会科学などの知識を集約し、最適解を見つけ出すことを目指す。
取得可能な免許・資格	学芸員、建築士（一級、二級、木造）、測量士補、教員免許（中-数、高-数・情・工業）、司書教諭、司書

入試要項（2025年度）

※この入試情報は大学発表の2025年度入試（予告）および2024年度募集要項等より編集したものです（2024年1月時点。見方は巻頭の「本書の使い方」参照）。内容には変更が生じる可能性があるため、最新情報はホームページや2025年度募集要項等で必ず確認してください。

■理科一類 偏差値 69・二類 偏差値 68

前期日程

◆共通テスト

[8科目（1000点→110点）] 国現古漢（200） 地歴 公地歴全3科目、公共・倫、公共・政経から1（100） 数数ⅠA、数ⅡBC（計200） 理物、化、生、地から2（計200） 外全5科目から1（200） 情情Ⅰ（100）

◆個別学力検査等

[5科目（440点）] 国現古漢（80） 数数ⅠⅡⅢA〔全〕BC（120） 理物基・物、化基・化、生基・生、地基・地から2（計120） 外英、独、仏、中から1（120） ▶英はリスニング含む

特別選抜

[学校推薦型選抜] 学校推薦型選抜共

[その他] 外国学校卒業学生特別選考（第1種、第2種）

理学部

本郷地区キャンパス（本郷キャンパス）

定員 280

入試科目検索

特色 10学科で構成。フィールドワークや実験など学科によって授業形態が異なる。
進路 約9割が大学院に進学し、さらなる専門知識を修得。他、一般企業に就職する者もいる。
学問分野 数学／物理学／化学／生物学／地学／エネルギー工学／環境学／情報学
大学院 理学系

学科紹介

学科	定員	紹介
数学科	(44)	現代数学の基礎だけでなく、暗号理論やコンピュータ数理など現代社会で脚光を浴びている高度な数学理論も学ぶ。実生活の様々な分野に活かせる正確な論理性や物事を追究する姿勢を数学を通じて培っていく。
情報科学科	(24)	計算機科学の基礎科目を主としたカリキュラムで最先端の情報科学研究に必要な知識を修得する。数学、論理学、アルゴリズムの基礎等に関連する講義に加え、ソフトウェア開発やプロセッサ作成などの実験や演習も実施。
物理学科	(69)	充実した教授陣のもと、物理学の各分野を幅広くカバーした教育を展開。量子力学、統計力学、相対性理論など物理学の基礎となる講義に加え、充実した実験カリキュラムの下で行われる演習、実験によって理解を深める。
天文学科	(5)	天文学の第一線で活躍し、国際的・学際的プロジェクトの中核となる研究者や教育者を育成。3年次には学科内だけでなく、天文学教育研究センター、木曽観測所、国立天文台などの研究設備を活用し、実験や実習に取り組む。
地球惑星物理学科	(32)	地球、惑星、太陽系の過去、現在、未来の解明を目的に、物理学を中心として幅広い科学的知識を身につける。4年次には卒業論文・研究の代わりとなる地球惑星物理学特別演習や地球惑星物理学特別研究が開講される。
地球惑星環境学科	(19)	地質学や物理学、化学、生物学の法則を理解し地球や惑星の環境変動や生命進化を俯瞰的に研究する。また、世界各地でフィールドワークを行いその中で得られる標本を分析・解析することで実証的な研究手法を修得する。
化学科	(44)	複雑な物質の示す性質や現象を理解するという点で実験を重視し、3年次には無機および分析化学、有機化学、物理化学の実験を行う。実験科目や卒業研究を除き、多くの科目は自由に選択でき、他学科の講義も聴講可能。
生物化学科	(15)	生命現象の根底にある普遍原理の分子や遺伝子レベルでの解明へ向け、生物学に加え物理学や化学の知識を総合的に有する人材を育成する。ゲノム科学の急速な発展に伴い、医学や生物情報科学との連携を深めている。
生物学科	(18)	附属植物園や附属臨海実験所、西表島などでの野外実習を通じ生命現象にじかに触れることができる。3年次には人類学を中心に学ぶA系と基礎生物学を中心に学ぶB系の2コースに緩やかに分かれ4年次から研究室に所属。
生物情報科学科	(10)	生命システムを生命科学と情報科学の両面から解明すると同時に、既存の学問分野にとらわれない分野横断的な実践力を養成していく。分子生物学実験とコンピュータプログラミングの両方を実験・実習に設けている。
取得可能な免許・資格		学芸員、教員免許（中-数・理、高-数・理・情）、司書教諭、司書

入試要項(2025年度)

※この入試情報は大学発表の2025年度入試（予告）および2024年度募集要項等より編集したものです（2024年1月時点。見方は巻頭の「本書の使い方」参照)。内容には変更が生じる可能性があるため、最新情報はホームページや2025年度募集要項等で必ず確認してください。

■理科一類 偏差値 69 ・二類 偏差値 68

前期日程

◆共通テスト

[8科目（1000点→110点)] 国現古漢（200） 地歴 公地歴全3科目、公共・倫、公共・政経から1（100） 数数ⅠA、数ⅡBC（計200） 理物、化、生、地から2（計200） 外全5科目から1（200） 情情Ⅰ（100）

◆個別学力検査等

[5科目（440点)] 国現古漢（80） 数数ⅠⅡⅢA〔全〕BC（120） 理物基・物、化基・化、生基・生、地基・地から2（計120） 外英、独、仏、中から1（120） ▶英はリスニング含む

特別選抜

[学校推薦型選抜] 学校推薦型選抜共

[その他] 外国学校卒業学生特別選考（第1種、第2種）

農学部

定員 290

本郷地区キャンパス（弥生キャンパス）

入試科目検索

特色 フィールドワークやリベラルアーツ教育を通じて農学の素養を身につける。
進路 獣医：約3割が大学院へ進学。その他：約6割が大学院へ進学。
学問分野 農学／獣医・畜産学／応用生物学／環境学
大学院 農学生命科学

学科紹介

応用生命科学課程 (152)	4年制。生命化学・工学、応用生物学、森林生物科学、水圏生物科学、動物生命システム科学、生物素材化学の6つの専修からなる。人間との関わりが深い植物、動物、微生物について分子・細胞レベルから個体・群集レベルまで理解し、人類の生活向上に貢献する。
環境資源科学課程 (108)	4年制。緑地環境学、森林環境資源科学、木質構造科学、生物・環境工学、農業・資源経済学、フィールド科学、国際開発農学の7つの専修からなる。環境の保全と創造について研究し、食料・資源・地域開発のグローバルデザインを構築できる人材を育成する。
獣医学課程 (30)	6年制。動物と人類のより良い関係を構築し、両者の健康と福祉の向上を目指す。獣医学の基礎科学と応用技術および動物の生命現象と病態を理解し、動物医療と公衆衛生に貢献できる人材を育成する。附属の動物医療センターが実習の場として幅広く活用されている。
取得可能な免許・資格	学芸員、建築士（一級、二級、木造）、測量士補、自然再生士補、樹木医補、獣医師、教員免許（中-理・社、高-理・地歴・公・農）、司書教諭、司書

入試要項（2025年度）

※この入試情報は大学発表の2025年度入試（予告）および2024年度募集要項等より編集したものです（2024年1月時点。見方は巻頭の「本書の使い方」参照）。内容には変更が生じる可能性があるため、最新情報はホームページや2025年度募集要項等で必ず確認してください。

■理科一類 偏差値 69 ・二類 偏差値 68

前期日程

◆**共通テスト**

[8科目（1000点→110点）] 国現古漢（200） 地歴 公地歴全3科目、公共・倫、公共・政経から1（100） 数数ⅠA、数ⅡBC（計200） 理物、化、生、地から2（計200） 外全5科目から1（200） 情情Ⅰ（100）

◆**個別学力検査等**

[5科目（440点）] 国現古漢（80） 数数ⅠⅡⅢA〔全〕BC（120） 理物基・物、化基・化、生基・生、地基・地から2（計120） 外英、独、仏、中から1（120）▶英はリスニング含む

特別選抜

[学校推薦型選抜] 学校推薦型選抜共

[その他] 外国学校卒業学生特別選考（第1種、第2種）

薬学部

定員 80

本郷地区キャンパス（本郷キャンパス）

入試科目検索

特色 学部進学時は共通授業を行い、4年次に薬科学科と薬学科に分かれる。
進路 薬科：約9割が大学院へ進学。薬：約3割が大学院へ進学。他、一般企業などに就職する者も多い。
学問分野 薬学
大学院 薬学系

学科紹介

薬科学科 (72)	4年制。創薬科学や基礎生命科学分野で活躍する研究者を育成する。成績や志望動機などに基づき、4年次に学科別の研究室に分かれる。薬科学研究者を養成するため、大学院進学を前提としたカリキュラムが組まれている。
薬学科 (8)	6年制。成績や志望動機などにより、4年次に学科別の研究室に分かれる。高度な薬剤師教育を行い、国民医療の担い手として医療薬学の分野を先導する人材を育成する。病院と薬局での約半年間の実務実習を通して、卓越した医療薬学の知識や技術を身につける。
取得可能な免許・資格	学芸員、薬剤師、司書

入試要項（2025年度）

※この入試情報は大学発表の2025年度入試（予告）および2024年度募集要項等より編集したものです（2024年1月時点。見方は巻頭の「本書の使い方」参照）。内容には変更が生じる可能性があるため、最新情報はホームページや2025年度募集要項等で必ず確認してください。

■理科一類 偏差値 69・二類 偏差値 68

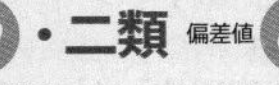

前期日程

◆共通テスト

[8科目（1000点→110点）] 国現古漢（200）地歴公地歴全3科目、公共・倫、公共・政経から1（100）数数ⅠA、数ⅡBC（計200）理物、化、生、地から2（計200）外全5科目から1（200）情情Ⅰ（100）

◆個別学力検査等

[5科目（440点）] 国現古漢（80）数数ⅠⅡⅢA〔全〕BC（120）理物基・物、化基・化、生基・生、地基・地から2（計120）外英、独、仏、中から1（120）▶英はリスニング含む

特別選抜

[学校推薦型選抜] 学校推薦型選抜共

[その他] 外国学校卒業学生特別選考（第1種、第2種）

医学部（医）

定員 110

本郷地区キャンパス（本郷キャンパス）

入試科目検索

特色　在学中に博士課程へ進学できるPh.D.－M.D.コースを設置。

進路　卒業後は、臨床研修医となる者が多い。他、研究者の道に進む者もいる。

学問分野　医学

大学院　医学系

学科紹介

医学科 (110)	6年制。形態学、分子生物学、遺伝学、生理学、薬理学などを幅広く勉強し、医療に対し多角的なアプローチを行う。MD研究者育成プログラムでは少人数ゼミや海外実習、研究室での実験を行う。基礎医学研究においても世界的に高い評価を受けている。
取得可能な免許・資格	学芸員、医師、司書

入試要項（2025年度）

※この入試情報は大学発表の2025年度入試（予告）および2024年度募集要項等より編集したものです（2024年1月時点。見方は巻頭の「本書の使い方」参照）。内容には変更が生じる可能性があるため、最新情報はホームページや2025年度募集要項等で必ず確認してください。

■理科三類 偏差値 70

前期日程

◆共通テスト

[8科目（1000点→110点）] 国現古漢（200）地歴 公地歴全3科目、公共・倫、公共・政経から1（100）数数ⅠA、数ⅡBC（計200）理物、化、生、地から2（計200）外全5科目から1（200）情情Ⅰ（100）

◆個別学力検査等

[6科目（440点）] 国現古漢（80）数数ⅠⅡⅢA〔全〕BC（120）理物基・物、化基・化、生基・生、地基・地から2（計120）外英、独、仏、中から1（120）▶英はリスニング含む 面個人面接▶総合判定の判断資料

特別選抜

[学校推薦型選抜] 学校推薦型選抜共

[その他] 外国学校卒業学生特別選考（第1種、第2種）

医学部（他）

定員 40

本郷地区キャンパス（本郷キャンパス）

入試科目検索

特色 4年制。現代の健康問題に向き合う専門家を育成する。3専修を設置。
進路 約3割が大学院へ進学する。他、医療機関や一般企業に就職する者もいる。
学問分野 看護学／健康科学
大学院 医学系

学科紹介

健康総合科学科

環境生命科学専修	人間を生物学的に研究するため、個体としてのヒトの健康事象を把握するために不可欠な人間生物学、その個体を構成要素とする臓器・細胞・分子レベルにおける生命科学、さらに人間の集団が活動する場となる人間-生態系に関する環境学の修得を目指す。
公共健康科学専修	人を取り巻く社会的な環境を踏まえて、人の健康課題の抽出や、科学的方法論に基づいて疾病予防や健康増進などを進めることで人々の健康と幸福に貢献できる研究者の育成を目指す。医学・疫学研究のデザインやデータ分析の方法論、健康の社会・行動的要因の測定・分析方法などを学ぶ他、これらを応用し、グローバルな健康課題について学んでいく。
看護科学専修	看護科学を基礎科学から臨床技術まで構造化した学問体系を学び、従来にない新しい看護科学の発展に寄与できる人材の育成を目指す。生命科学実習や健康科学調査実習などを通して広く健康に必要な実践力を身につけ、その上で、人の健康増進・維持・回復を目的とした場での実習を行う。
取得可能な免許・資格	学芸員、看護師、司書

入試要項（2025年度）

※この入試情報は大学発表の2025年度入試（予告）および2024年度募集要項等より編集したものです（2024年1月時点。見方は巻頭の「本書の使い方」参照）。内容には変更が生じる可能性があるため、最新情報はホームページや2025年度募集要項等で必ず確認してください。

■理科二類 偏差値 68

前期日程

◆共通テスト

[8科目（1000点→110点）] 国現古漢（200） 地歴 公地歴全3科目、公共・倫、公共・政経から1（100） 数数ⅠA、数ⅡBC（計200） 理物、化、生、地から2（計200） 外全5科目から1（200） 情情Ⅰ（100）

◆個別学力検査等

[5科目（440点）] 国現古漢（80） 数数ⅠⅡⅢA〔全〕BC（120） 理物基・物、化基・化、生基・生、地基・地から2（計120） 外英、独、仏、中から1（120） ▶英はリスニング含む

特別選抜

[学校推薦型選抜] 学校推薦型選抜共
[その他] 外国学校卒業学生特別選考（第1種、第2種）

その他プログラム等

PEAK (Programs in English at Komaba)	（若干名）	教養学部英語コースPEAK（Programs in English at Komaba）は、英語のみで学位取得が可能な学部教育プログラムである。特別選抜（学部英語コース特別選考）により選考を行う。理科二類または文科三類の国際教養コースに入学したあと、教養学部学際科学科国際環境学コースもしくは教養学科国際日本研究コースに進学する。

東京大学「進学選択」について

２年次の春学期までの成績と学生の志望によって、後期課程で学ぶ専門課程の学部や学科などを決定する制度です。法、経済、薬の３つの学部では学部単位とし、その他の学部では学科や専修課程、コースなどを単位とし、これらの受け入れ単位ごとに各科類からの受け入れ人数が決まっています（「指定科類」枠）。また、全科類からの進学枠も設けられています。

前期課程（科類）	後期課程（主な進学先）
文科一類	法学部、教養学部、文学部
文科二類	経済学部、文学部、工学部
文科三類	文学部、教養学部、教育学部
理科一類	工学部、理学部、教養学部、農学部、経済学部、薬学部
理科二類	農学部、工学部、理学部、薬学部、教養学部、医学部（健康総合科学科）
理科三類	医学部

※2020年4月実績

募集人員等一覧表

※本書掲載内容は、大学のホームページ及び入学案内や募集要項などの公開データから独自に編集したものです（2024年度入試※1）。詳細は募集要項かホームページで必ず確認してください。

学部	科類	募集人員※2	一般選抜	2段階選抜（倍率）	配点（共共テ個個別）	特別選抜※3
			前期日程	前期日程	前期日程	
教養（前期）	文科一類	401名	401名	約3.0倍	共110点※4 個440点 計550点	※3
	文科二類	353名	353名	約3.0倍	共110点※4 個440点 計550点	※3
	文科三類	469名	469名	約3.0倍	共110点※4 個440点 計550点	※3
	理科一類	1108名	1108名	約2.5倍	共110点※4 個440点 計550点	※3
	理科二類	532名	532名	約3.5倍	共110点※4 個440点 計550点	※3
	理科三類	97名	97名	約3.0倍	共110点※4 個440点 計550点	※3

※1　2024年度入試実績。2025年度入試の概要は、大学ホームページに公表予定（配点のみ2025年度入試〔予告〕で記載）
※2　募集人員は特別選抜の人数（各学部若干名）を除く
※3　［学校推薦型選抜］共課す：学校推薦型選抜（計約100名、各学部で設けられた所定の推薦枠を合わせた募集人員）
［その他］共課さない：外国学校卒業学生特別選考（第1種〔各科類若干名〕）、外国学校卒業学生特別選考（第2種〔各科類若干名〕）、学部英語コース特別選考（教養学部後期課程国際日本研究コースおよび国際環境学コースのみ〔各コース若干名〕）
※4　共通テストの配点は傾斜後の配点を記載

Column コラム

就職支援

東京大学の理系学部では将来の研究活動や就職に備え大学院に進学する学生が大半を占める一方、文系学部では各々が培った能力を社会に役立てるべく就職する学生も多く、それぞれの学部で特徴や傾向に応じた就職活動のサポートを行っています。また、「キャリアサポート室」も設置され、年間を通じて様々なイベントやガイダンスを開催しています。幅広い業種の外資系企業を知ることができるグローバルキャリアフェアの「Link to the World」や、女性のキャリアを考えるために企業で働くOGが不安や疑問に応えてくれる「東大ウーマントーク」などの他に、オンラインや直接企業と出会い話すことができる「合同企業説明会」、博士・ポスドクを積極的に採用している企業から仕事内容や職場環境についての情報が提供される「博士・ポスドク企業説明会」が開催されています。さらに、国家公務員試験を目指す学生のためのワークショップや、中央省庁を含め幅広い機関が参加する官庁等講演会が実施されています。

国際交流

東京大学では、学生に国際的学修・研究の体験を推奨しており、世界各国の大学と協定を結んでいます。1学期～1年間、協定校に留学することができる交換留学や、3ヶ月未満の期間で語学力の向上を目指すプログラム、アカデミックな講義・ディスカッションを行うプログラム、フィールドワーク、インターンシップあるいは、これらを複合したものなど、様々なプログラムが実施されています。その他に、海外留学等の機会として、海外の文化・価値観に触れるプログラムや、海外トップレベルの大学の厳選されたプログラム等が用意されたプログラムなど、特徴のあるプログラムも実施されています。留学を行う学部学生や大学院生を対象とした奨学金の他、海外での学会報告・研究調査などの海外活動を支援する奨学金など、様々な形態の奨学金制度を設けています。

Student's Voice

教養学部(前期課程)

文科一類 2年

吉野(よしの) ひかりさん

東京都 私立 吉祥女子高校 卒
バスケットボール部 高3・6月引退

インターセクショナルな視点を持ちたい

Q どのような高校生でしたか? 東京大学を志望した理由は?

高校時代はバスケットボール部に所属し、主に部活動に力を入れていました。週5日、放課後に練習をしていたので、隙間時間や部活後に勉強をする必要がありました。朝は早く学校に行き、部活後は予備校に行って勉強をしていました。他の人よりも勉強時間が限られていたので、その時間の集中力は高くなったと思います。

私は高1の頃に文理選択でとても迷い、高校生のうちに自分が進む学部を決められないと感じたので、進学選択がある東京大学を志望しようと思うようになりました。東大を目指しておけば、のちに志望変更することになっても対応しやすいとも考えていました。また、環境に左右されやすいタイプなので、まわりのレベルが高いところに行きたかったというのも志望理由の1つです。そして、法学部に進む可能性があり、他の科類から法学部に行くのは難しいことから、文科一類を志望しました。

Q どのように受験対策をしましたか? 入試本番はどうでしたか?

自信がつくまでは「天才型と勉強量や成績を比べても意味がない、努力型の合格枠に入ることを目指そう」と考えました。そうすることで、他人と比べることが減りました。これは受験期に大切な“自信”を保つための1つの方法です。

私は数学が苦手だったので、自分なりの解法ポイントをノートにまとめていました。問題を解くときは頭に浮かんだポイントを書き出し、条件に合うものを使って解くようにしていました。1つの問題につき複数の解法が思い浮かばないと応用問題には太刀打ちできないので、参考書を見て「なぜこの解法が思いつくの?」と思ったときは、人に聞くなどして、解答に至るまでのプロセスを身につけることが大事です。共通テストの初めの科目では緊張で少しペンが震えました。二次試験は数学で失敗してしまったのですが、事前に想定していたので、2日目で点を取ればいいんだと思い、切り替えることができました。

●受験スケジュール

月	日	大学・学部学科(試験方式)
2	5	★ 上智 経済-経済(学部学科試験・共通テスト併用型)
	14	★ 慶應義塾 商-商(A方式)
	25・26	★ 東京 文科一類(前期)

Q どのような大学生活を送っていますか？

自分の興味と学びを深めています

進学選択に参加するための単位は1年次のうちに取り終え、2年次Sセメスターでは、人種とジェンダー、文学、障害学など興味のある授業を取りました。昨年から「インターセクショナリティ」に興味があり、周縁化されやすい人々やその社会について勉強をしています。東京大学ではD&I宣言（ダイバーシティ&インクルージョン宣言）が出され、前期教養学部でD&I科目が開講されています。

川人ゼミ最終日、医療福祉パートメンバーと

文学部社会学専攻への進学が内定し、2年次Aセメスターは社会学専攻の持ち出し科目で社会調査法や社会学概論の授業を取り、社会学とはどんな学問かを学んでいます。

七帝戦で点を決めたときに喜んでいる場面

2つの団体での活動で日々充実しています

運動会女子ラクロス部と「法と社会と人権ゼミ」というサークルに所属しています。ラクロス部は東大女子部最大の人数を誇り、週5日朝7時から、授業前に練習しています。きついと思うかもしれませんが、むしろ朝部活があることで、生活習慣が保たれて時間を有効活用できています。

ゼミでは省庁や弁護士事務所・福祉施設等を訪問してお話を伺ったり、ゼミ同士でディスカッションをしました。2年次Sセメスターで卒業となりますが、真面目な話を当たり前にできる友人ができたことを嬉しく思います。駒場祭では模擬裁判を出展するので、ゼミ生で分担して本番に向けた脚本執筆や演技の練習、広報に励んでいます。

Q 将来の夢・目標は何ですか？

私がクィア・スタディーズやフェミニズムに学びの軸を置いているのは、学問そのものの重要性や興味深さに限らず、その学問の視点から社会を深く見ることができると考えているからです。明確な将来の夢は未定ですが、障害・性・人種・階層それぞれの視点から社会について学び、インターセクショナルな視点を持って仕事をしたいと考えています。何か特性を持った人がその特性ゆえに生きづらいと感じることを、少しでも減らしたいです。そのために何ができるかはまだ考え中です。官庁に入ったり、自営業や民間でサードプレイスの形成に関わったり、人々の暮らしを支える仕事ができたらと考えています。選択肢があることの特権性を自覚し、自分に何ができるか考えていきたいです。

Q 後輩へのアドバイスをお願いします！

「受験は残酷だ」東大二次試験終了直後、感触が悪かった私はそう思いました。私の得意ではない試験問題が出てしまった。中高6年間も積み重ねてきたのに、この試験だけで決まるのかと。模試でどんな判定を取ろうが本番がすべてで、A判定でも落ちるしE判定でも受かります。受験生にできることは、得意な問題を増やし苦手な問題を減らすために、試験直前まで勉強し続け、そして試験のラスト1秒まで諦めずにペンを動かすことだけです。0.03点差で不合格になることもあるこの厳しい受験では、最後のあがきが命運を分けます。ダラダラ勉強するのではなく、自分がどうすればうまく行動できるのか、どうすれば誘惑に勝てるのかを知り、人として成長する機会になるといいなと思います。

とうきょうがいこくご
東京外国語大学

資料請求

学務部入試課入学試験係　TEL (042) 330-5179　〒183-8534 東京都府中市朝日町3-11-1

建学より150年　外国学の教育と研究を行う

大学紹介動画

最新入試情報

建学以来の使命を継承し、言語と文化の研究を通じて、グローバルな活動に必要な教養と世界の諸地域に関する理解を深める。教育、研究、社会貢献の諸活動において多様性を尊重し、多文化共生に寄与する。

研究講義棟

キャンパス 1つ

府中キャンパス
〒183-8534 東京都府中市朝日町3-11-1

基本データ

※2023年5月現在（教員数は非常勤を含む。進路・就職は2022年度卒業者データ。学費は2024年度入学者用〔予定〕）

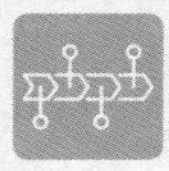
沿革

1873年、東京外国語学校を開設。1885年、東京外国語学校所属高等商業学校などと合併。1944年、東京外事専門学校に改称。1949年、東京外国語大学となる。府中キャンパスに移転後、2012年に言語文化、国際社会学部を改組。2019年、国際日本学部を設置し、現在に至る。

教育機関
3 学部 1 研究科

学部　言語文化／国際社会／国際日本

大学院　総合国際学Ⓜ︎Ⓓ

人数

学部学生数　**3,684**名

教員1名あたり学生 **15**名

教員数　**241**名【学長】林佳世子

（教授**93**名、准教授**58**名、講師**37**名、助教**17**名、助手・その他**36**名）

学費

初年度納入額　**834,800**円

奨学金　日本学生支援機構奨学金

進路

学部卒業者　**687**名

（進学**57**名［8.3%］、就職**518**名［75.4%］、その他**112**名［16.3%］）

主な就職先　楽天グループ、日本貿易振興機構、外務省、アクセンチュア、防衛省、日本タタ・コンサルタンシー・サービシズ、アビームコンサルティング、東京都庁

学部学科紹介

※本書掲載内容は、大学公表資料から独自に編集したものです。詳細は大学パンフレットやホームページ等で必ず確認してください（取得可能な免許・資格は任用資格や受験資格などを含む）。

言語文化学部
府中キャンパス　定員 335

特色　出願時に専攻言語を選択。国際社会において文化の橋渡し役となる人材を育成。
進路　製造業や情報通信業、サービス業へ就職する者が多い。
学問分野　文学／言語学／心理学／文化学／芸術・表現

言語文化学科 (335)	2年次までに選択した言語や地域に関する基礎的な教育を受け、3年次に2つのコースに分かれる。地域コースでは世界の各地域の文学、芸術、思想など多様な文化や言語を学ぶ。超域コースでは専攻する地域や言語、文化の違いを超えて幅広く人間の営みを学ぶ。
取得可能な免許・資格	教員免許（中-英・中国語・フランス語・ドイツ語・スペイン語・朝鮮語、高-英・中国語・フランス語・ドイツ語・スペイン語・朝鮮語）

国際社会学部
府中キャンパス　定員 335

特色　地域と言語を徹底して学び、世界諸地域の問題を解決する実践力を養う。
進路　外務省などの省庁、国際機関、民間の製造業・サービス業など広範囲。
学問分野　歴史学／法学／政治学／社会学／国際学／教育学
大学院　総合国際学

国際社会学科 (335)	世界の現状をその成り立ちから理解し、国際社会と向き合う方法を徹底的に考究する。1・2年次は専攻地域の言語と歴史を集中的に学ぶ。短期留学も実施。3年次からはゼミに所属して専門を深め、長期留学へ。会話力・読解力を専門に即して高める。
取得可能な免許・資格	教員免許（中-社、高-地歴）

国際日本学部
府中キャンパス　定員 75

特色　留学生とともに世界の中の日本を学ぶ。日英語で日本を発信する人材を育成。
進路　国内外の大学院、官公庁、金融機関、コンサルタント、出版社、商社など。
学問分野　文学／言語学／歴史学／文化学／政治学／社会学／観光学／国際学

国際日本学科 (75)	留学生と協働し問題解決に取り組む手法や、日本の社会、歴史、文学、文化、言語、日本語教育について英語と日本語で学ぶ。長期・短期留学の行き先は主に英語圏である。4年次には研究分野を1つ選び、英語か日本語のどちらかで卒業研究を行う。
取得可能な免許・資格	教員免許（中-国、高-国）

入試要項（2025年度）

※この入試情報は大学発表の2025年度入試（予告）および2024年度募集要項等より編集したものです（2024年1月時点。見方は巻頭の「本書の使い方」参照）。内容には変更が生じる可能性があるため、最新情報はホームページや2025年度募集要項等で必ず確認してください。

「大学入試科目検索システム」のご案内
日程・方式ごとの偏差値や昨年度入試結果（志願者倍率、実質倍率、合格最低点）、基本情報（出願締切日、試験日、二段階選抜、募集人員、総合満点）などは、「大学入試科目検索システム」（https://nyushi.toshin.com/）をご覧ください（利用方法はp.12参照）。

■言語文化学部　偏差値 64

前期日程

◆**共通テスト**
[言語文化：7科目] 国 現古漢 地歴 全3科目から1 公 理 公共・倫、公共・政経、理全5科目から1 数 全3科目から2 外 全5科目から1 情 情Ⅰ

◆**個別学力検査等**
[言語文化：3科目] 地歴 歴総・日、歴総・世から1 外 英▶リスニング含む、英（スピーキング）

■国際社会学部　偏差値 65

前期日程

◆**共通テスト**
[国際社会：7科目] 国 現古漢 地歴 全3科目から1 公 理 公共・倫、公共・政経、理全5科目から1 数 全3科目から2 外 全5科目から1 情 情Ⅰ

◆**個別学力検査等**
[国際社会：3科目] 地歴 歴総・日、歴総・世から1 外 英▶リスニング含む、英（スピーキング）

後期日程

◆**共通テスト**

[国際社会－オセアニア以外：3科目] 国現古漢 地歴公数情地歴数情全7科目、公共・倫、公共・政経から1 外全5科目から1

◆個別学力検査等

[国際社会－オセアニア以外：1科目] 論小論文

■国際日本学部 偏差値 64

前期日程

◆共通テスト

[国際日本：7科目] 国現古漢 地歴全3科目から1 公理公共・倫、公共・政経、理全5科目から1 数全3科目から2 外全5科目から1 情情Ⅰ

◆個別学力検査等

[国際日本：3科目] 地歴歴総・日、歴総・世から1 外英▶リスニング含む、英（スピーキング）

■特別選抜

[学校推薦型選抜] 学校推薦型選抜

[その他] 帰国生等特別推薦選抜、私費外国人留学生選抜、日本留学試験利用選抜、海外高校推薦選抜

就職支援

「グローバル・キャリア・センター」では、各種ガイダンスやセミナーを開催する他、経験値の高いキャリア・アドバイザーによるカウンセリングや個別相談、国内外で多くのインターンシップを実施しています。公務員志望の学生に対しては「外交官等国家・地方公務員プログラム」が実施され、進路選択と受験準備の支援を1年次から受けることができます。また、特有の分野で活躍する卒業生が、「外語会キャリア相談員」として学生と個別に面談し、業界のこと、就職活動、キャリア形成などの就職相談に応じてくれます。

国際交流

東京外国語大学は、全世界をカバーする15地域28言語の教育体制を整えている他に、世界66カ国・地域181大学と交換留学等の協定を結び、世界各国へと広がる学びの場を提供しています。留学先は学部や専攻言語・地域によらず自由に選択できます。長期間の交換留学や短期間のサマースクール、多様なスタディツアーなど様々な留学のスタイルがあり、複数回の留学を経験することも可能です。「言語」を大学の圧倒的な強みとしており、英語を核に、多様な言語に取り組むことができます。

東京外国語大学ギャラリー

■大学附属図書館①

100年あまりの歴史を持つ東京外国語大学附属図書館は、ヨーロッパ系・アジア系言語図書も多数所蔵しています。

■大学附属図書館②

本の貸し出しはもちろんのこと、世界の文化や書物などを題材とした展示会もこれまで複数回行われてきました。

■外語祭

例年3万人もの来場者が訪れる国際色豊かな学園祭。専攻地域の料理を振舞う「料理店」と、専攻語で劇を上演する語劇が目玉企画です。

■TUFSモニュメント

府中キャンパスの入り口に建つ色とりどりのTUFSモニュメントは、入学式や卒業式の際の撮影スポットとしても用いられています。

とうきょうかいよう
東京海洋大学

資料請求

入試課入試第一係(品川キャンパス) TEL (03) 5463-0510 〒108-8477 東京都港区港南4-5-7

海洋のフィールドから持続的な発展に貢献する

大学紹介動画

最新入試情報

「海を知り、海を守り、海を利用する」をモットーに高度専門職業人を輩出する海洋系大学である。国際的な視点から海洋に特化した教育研究を行い、海洋系分野において国際的に活躍するリーダーを育成する。

重要文化財「明治丸」(越中島キャンパス)

キャンパス **2**つ

品川キャンパス
〒108-8477 東京都港区港南4-5-7
越中島キャンパス
〒135-8533 東京都江東区越中島2-1-6

国立
東京 神奈川
東京海洋大学

基本データ

※2023年5月現在(進路・就職は2022年度卒業者データ。学費は2024年度入学者用〔予定〕)

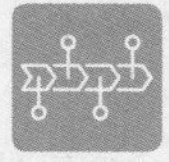

沿革

1875年、前身となる私立三菱商船学校を設立。1888年、大日本水産会水産伝習所を設立。2003年、東京商船大学と東京水産大学が統合し東京海洋大学として設立。海洋科、海洋工の2つの学部を設置。2017年、海洋科学部を海洋生命科学部に改称、海洋資源環境学部を設置し、現在に至る。

教育機関
3 学部 **1** 研究科

学部 海洋生命科/海洋工/海洋資源環境

大学院 海洋科学技術ⓂⒹ

人数

学部学生数 **1,919**名

教員1名あたり 学生 **8**名

教員数 **234**名【学長】井関俊夫
(教授**124**名、准教授**78**名、助教**30**名、助手・その他**2**名)

学費

初年度納入額 **817,800**円(諸経費別途)

奨学金 修学支援事業基金による学資給付事業、海洋工学部三輪正人育英会奨学金

進路

学部卒業者 **463**名
(進学**270**名 [58.3%]、就職**175**名 [37.8%]、その他**18**名 [3.9%])

主な就職先 ※院卒者を含む
商船三井、川崎汽船、マルハニチロ、水産庁、農林水産省、石油資源開発、日立物流、キヤノンマーケティングジャパン、東京電力ホールディングス、キユーピー、JERA、ニッスイ、森永乳業、富士通

学部学科紹介

※本書掲載内容は、大学公表資料から独自に編集したものです。詳細は大学パンフレットやホームページ等で必ず確認してください（取得可能な免許・資格は任用資格や受験資格などを含む）。

海洋生命科学部

品川キャンパス　定員 170

特色　3つの学科でグローバル人材の育成を目標に水圏の生命科学や自然科学を学習。
進路　約6割が大学院へ進学。製造業や卸売・小売業、公務に就く者が多い。
学問分野　生物学／水産学／環境学
大学院　海洋科学技術

海洋生物資源学科 (68)	実験・実習を通じて水生生物に関する知識を深め、科学する。専門科目では水圏に棲息する生物を対象として、生態系の中での多様性を保全しつつ、持続的に利用するための「生命科学」と「資源生物学」に関する深い専門的知識・技術を修得する。
食品生産科学科 (55)	化学、微生物学、物理学、工学に関して理解を深め、それらを活用し安全な食品を生産するための理論と技術を学んでいく。食品化学や食品物性学、食品微生物学などの分野で先進的な研究に触れることができる。
海洋政策文化学科 (40)	国際海洋政策学、海洋利用管理学、統合海洋政策学の3つの専門分野からなる。海洋・沿岸に関する社会科学と人文科学を国際的かつ学際的な視点で学び、海・人・社会の理想的な関係性実現に貢献できる人材を育成。
水産教員養成課程 (7)	水産・海洋系高校の教員養成を目的とする課程。教育学の基礎から水産科教育法などの専門的な内容まで幅広く学ぶ。海洋生物資源学科（3名）、食品生産科学科（3名）、海洋政策文化学科（1名）のいずれかに所属。
取得可能な免許・資格	学芸員、特殊無線技士（海上）、技術士補、海技士（航海）、食品衛生管理者、食品衛生監視員、教員免許（高-理・水）

海洋工学部

越中島キャンパス　定員 160

特色　地球環境への科学的認識、実践的な工学の知識と技術を持つエンジニアを育成。
進路　約5割が大学院へ進学。就職先は運輸業や情報通信業など多岐にわたる。
学問分野　国際学／機械工学／船舶・航空宇宙工学／社会・安全工学／情報学
大学院　海洋科学技術

海事システム工学科 (59)	人文社会科学系などからなる総合科目を学び海事技術者としての幅広い視野と豊かな人間性を育む。2年次前期での大型練習船で行う乗船実習を経て、後期に船舶管理もしくは海事工学の教育プログラムを選択。
海洋電子機械工学科 (59)	海事産業関連のシステム設計・管理を担う高度専門技術者を育成。3年次から船舶運航技術者を育成する機関システム工学コースと機器等の設計や製造、管理の技術者を育成する制御システム工学コースに分属。
流通情報工学科 (42)	工学系（流通工学）、情報系（数理情報）、社会科学系（流通経営学）の3つのカリキュラムを融合し、ロジスティクスを体系的に学ぶ。3～4年次ではゼミと卒業研究で社会の諸課題に対応できる実践力を養う。
取得可能な免許・資格	特殊無線技士（海上）、海技士（機関、航海）、船舶に乗り組む衛生管理者、教員免許（高-工業・商船）

海洋資源環境学部

品川キャンパス　定員 105

特色　海洋環境の専門知識を統合的に修得し日本の海洋利用分野を先導する人材を育成。
進路　約8割が大学院へ進学。就職先は公務や情報通信業など多岐にわたる。
学問分野　エネルギー工学／環境学
大学院　海洋科学技術

海洋環境科学科 (62)	基礎科学の原理と水圏との相互作用を学ぶ海洋学、海洋生物の多様性と環境との相互作用を学ぶ海洋生物学のいずれかの分野を重点的に学ぶ。海洋に関する基礎科学を理解し海洋環境や生物の解析や保全の分野に貢献する。
海洋資源エネルギー学科 (43)	自然エネルギーや海底資源の開発に関わる科学技術を学ぶ海洋開発学、海洋活動を支える海洋工学を学ぶ応用海洋工学のいずれかの分野を重点的に学ぶカリキュラムを有す。

取得可能な免許・資格	学芸員、特殊無線技士（海上）、技術士補、海技士（航海）、教員免許（中-理、高-理・水）

入試要項（2025年度）

※この入試情報は大学発表の2025年度入試（予告）および2024年度募集要項等より編集したものです（2024年1月時点。見方は巻頭の「本書の使い方」参照）。内容には変更が生じる可能性があるため、最新情報はホームページや2025年度募集要項等で必ず確認してください。

「大学入試科目検索システム」のご案内
日程・方式ごとの偏差値や昨年度入試結果（志願者倍率、実質倍率、合格最低点）、基本情報（出願締切日、試験日、二段階選抜、募集人員、総合満点）などは、「大学入試科目検索システム」（https://nyushi.toshin.com/）をご覧ください（利用方法はp.12参照）。

■海洋生命科学部 偏差値 61

前期日程

※出願資格として英語外部試験が必要

◆**共通テスト**

[海洋生物資源、食品生産科：8科目] 国 現古漢 地歴 公 全6科目から1 数 数ⅠA、数ⅡBC 理 物、化、生、地から2 外 全5科目から1 情 情Ⅰ

[海洋政策文化：8科目] 国 現古漢 地歴 公 理 次の①・②から1（①地歴公全6科目から2、理全5科目から1、②地歴公全6科目から1、物、化、生、地から2）数 数ⅠA、数ⅡBC 外 全5科目から1 情 情Ⅰ

◆**個別学力検査等**

[海洋生物資源、食品生産科：2科目] 数 数ⅠⅡA〔全〕B〔列〕C〔ベ〕理 物基・物、化基・化、生基・生から1

[海洋政策文化：2科目] 数 理 数ⅠⅡA〔全〕B〔列〕C〔ベ〕、物基・物、化基・化、生基・生から1 論 小論文

後期日程

※出願資格として英語外部試験が必要

◆**共通テスト**

[海洋生物資源：4科目] 数 数ⅠA、数ⅡBC 理 物、化、生から1 外 全5科目から1

[食品生産科：5科目] 数 数ⅠA、数ⅡBC 理 物、化、生から1 外 全5科目から1 情 情Ⅰ

[海洋政策文化：3科目] 国 数 現古漢、数ⅠA、数ⅡBCから1 地歴 公 理 地歴全3科目、公共・倫、公共・政経、物、化、生、地から1 外 全5科目から1

◆**個別学力検査等**

[全学科：1科目] 論 小論文

■海洋工学部 偏差値 58

前期日程

◆**共通テスト**※理科基礎は2科目扱い

[海事システム工、海洋電子機械工：8科目] 国 現古漢 地歴 公 全6科目から1 数 数ⅠA、数ⅡBC 理 物必須、化、生、地から1 外 全5科目から1 情 情Ⅰ

[流通情報工：8～9科目] 国 現古漢 地歴 公 理 全11科目から3▶理は同一名称含む組み合わせ不可 数 数ⅠA、数ⅡBC 外 全5科目から1 情 情Ⅰ

◆**個別学力検査等**

[全学科：2科目] 数 数ⅠⅡA〔全〕B〔列〕C〔ベ〕、数ⅠⅡⅢA〔全〕B〔列〕Cから1 外 英

後期日程

◆**共通テスト**※理科基礎は2科目扱い

[海事システム工：5科目] 国 地歴 公 理 現古漢、地歴公全6科目、物、化、生、地から1 数 数ⅠA、数ⅡBC 外 全5科目から1 情 情Ⅰ

[海洋電子機械工：6科目] 数 数ⅠA、数ⅡBC 理 物、化、生、地から2 外 全5科目から1 情 情Ⅰ

[流通情報工：4～5科目] 国 地歴 公 理 現古漢、地歴公理全11科目から1 数 数ⅠA、数ⅡBC 外 全5科目から1

◆**個別学力検査等**

[海事システム工、海洋電子機械工：2科目] 理 物基・物 外 英

[流通情報工：1科目] 外 英

■海洋資源環境学部 偏差値 60

前期日程

※出願資格として英語外部試験が必要

◆**共通テスト**

[全学科：8科目] 国 現古漢 地歴 公 全6科目から1 数 数ⅠA、数ⅡBC 理 物、化、生、地から2 外 全5科目から1 情 情Ⅰ

◆**個別学力検査等**

[全学科：2科目] 数 数ⅠⅡA〔全〕B〔列〕C〔ベ〕理 物基・物、化基・化、生基・生から1

後期日程

※出願資格として英語外部試験が必要

◆**共通テスト**

[全学科：5科目] 数 数ⅠA、数ⅡBC 理 物、化、生、地から1 外 全5科目から1 情 情Ⅰ

◆**個別学力検査等**

[全学科：1科目] 論 小論文

■特別選抜

[総合型選抜] 総合型選抜A（一般）、総合型選抜B（専門学科・総合学科卒業生）、総合型選抜C－Ⅰ型（帰国子女、帰国生）、総合型選抜C－Ⅱ型（留学経験者）、総合型選抜D（商船教員養成コース）、総合型選抜E（社会人）

[学校推薦型選抜] 学校推薦型選抜A（一般）、学校推薦型選抜A（一般）共、学校推薦型選抜B（専門学科・総合学科卒業生）

[その他] 私費外国人留学生特別入試

とうきょうかがく
東京科学大学

資料請求

学務部入試課（大岡山キャンパス）　TEL（03）5734-3990　〒152-8550 東京都目黒区大岡山2-12-1-W8-103
統合教育機構入試課（湯島キャンパス）　nyu-gakubu-02.adm@tmd.ac.jp　〒113-8510 東京都文京区湯島1-5-45

2024年10月、東京工業大学と東京医科歯科大学が統合し誕生

創立140年を超える理工系総合大学のフロントランナーである東京工業大学と、教養や人間性を兼ね備えた「知と癒しの匠」を育成する医療系総合大学の東京医科歯科大学が2024年10月に統合。両大学の伝統と先進性を生かしながら、これまでどの大学もなしえなかった新しい大学の創出にチャレンジする。

大岡山キャンパス（左）／湯島キャンパス（右）

大学紹介動画　（東京工業大学）　（東京医科歯科大学）

最新入試情報　（東京工業大学）　（東京医科歯科大学）

基本データ

※2023年5月現在（学部学生数、教員数は東京工業大学と東京医科歯科大学のデータを合算。進路・就職は両大学の2022年度卒業者データ。学費は2024年度入学者用〔予定〕）

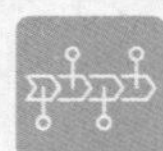
沿革

2024年10月、東京工業大学と東京医科歯科大学が統合し、誕生予定。【東京工業大学】1881年、東京職工学校として設立後、1929年、東京工業大学へ昇格、改称。1949年、国立大学化し、2004年、国立大学法人東京工業大学となる。【東京医科歯科大学】1928年、東京高等歯科医学校として創設。1944年、東京医学歯学専門学校と改称し、医学科を設置。1946年、東京医科歯科大学となる。1951年、国立大学化し、2004年、国立大学法人東京医科歯科大学となる。

キャンパス
5つ

キャンパスマップ

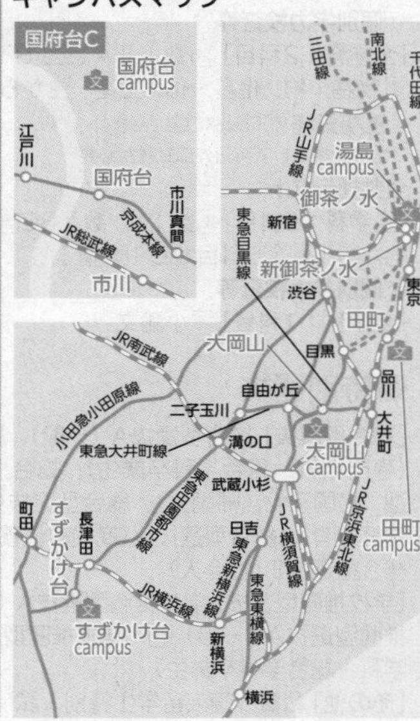

所在地・交通アクセス

大岡山キャンパス
〒152-8550 東京都目黒区大岡山2-12-1
（アクセス）東急大井町線・目黒線「大岡山駅」から徒歩約1分

すずかけ台キャンパス
〒226-8501 神奈川県横浜市緑区長津田町4259
（アクセス）東急田園都市線「すずかけ台駅」から徒歩約5分

湯島キャンパス
〒113-8510 東京都文京区湯島1-5-45
（アクセス）JR・地下鉄「御茶ノ水駅」または地下鉄「新御茶ノ水駅」から徒歩2分

国府台キャンパス
〒272-0827 千葉県市川市国府台2-8-30
（アクセス）京成本線「国府台駅」またはJR「市川駅」からバス10分、「国府台病院」下車

田町キャンパス（学部以外設置）
〒108-0023 東京都港区芝浦3-3-6

教育機関
8 学部 8 研究科

学部 理／工／物質理工／情報理工／生命理工／環境・社会理工／医／歯

大学院 理Ⓜ︎Ⓓ／工ⓂⒹ／物質理工ⓂⒹ／情報理工ⓂⒹ／生命理工ⓂⒹ／環境・社会理工ⓂⒹⓅ／医歯学総合ⓂⒹ／保健衛生学Ⓓ

人数

学部学生数 6,242名　教員1名あたり学生3名

教員数 1,883名【学長】未定
（教授555名、准教授454名、講師154名、助教720名）

学費

初年度納入額 917,400（諸経費別途）～1,330,440円

奨学金 大隅良典記念奨学金、多田記念奨学金（以上、東京工業大学）、小林育英会奨学金（東京医科歯科大学）

進路

学部卒業者 1,422名（進学994名、就職199名、その他※229名）※臨床研修医141名を含む

進学 69.9%　就職 14.0%　その他 16.1%

主な就職先 ※理学院、工学院、物質理工学院、情報理工学院、生命理工学院、環境・社会理工学院は院卒者を含む

理学院
NTTデータ、日立製作所、東京エレクトロン、楽天グループ、大日本印刷、三菱電機、クラレ、日本総合研究所、ソニー、三井住友銀行、ソニーセミコンダクタソリューションズ、大塚製薬、マイクロンメモリジャパン、DIC、大陽日酸、レゾナック、旭化成、日立ハイテク

工学院
ソニーセミコンダクタソリューションズ、ソニー、NTTデータ、NTTドコモ、Huawei Technologies、日立製作所、アクセンチュア、野村総合研究所、富士通、本田技研工業、三菱重工業、日産自動車、小松製作所、キオクシア、トヨタ自動車、住友重機械工業、東京エレクトロン、村田製作所、マイクロンメモリジャパン

物質理工学院
ソニーセミコンダクタソリューションズ、旭化成、富士フイルム、日立製作所、住友化学、三菱マテリアル、キオクシア、京セラ、AGC、日揮ホールディングス、大日本印刷、トヨタ自動車、三菱ケミカル、東レ、マイクロンメモリジャパン、三菱重工業、三菱ガス化学、三井化学

情報理工学院
楽天グループ、ヤフー、NTTデータ、サイバーエージェント、任天堂、ブレインパッド、日鉄ソリューションズ、リクルート、LINE、日本生命保険、アマゾンウェブサービスジャパン、Indeed Japan、クラウドエース、三菱UFJ銀行、コーエーテクモホールディングス、日本アイ・ビー・エム、Google、ソニー・インタラクティブエンタテインメント、富士通

生命理工学院
野村総合研究所、雪印メグミルク、レゾナック、マイクロンメモリジャパン、EYストラテジー・アンド・コンサルティング、花王、JSR、TOPPANホールディングス、P&Gジャパン、みずほ銀行、アクセンチュア、王子ホールディングス、アステラス製薬、楽天グループ、キッコーマン、大日本印刷、富士フイルム、DIC、日鉄ソリューションズ、テルモ

環境・社会理工学院
大林組、アクセンチュア、大成建設、日立製作所、日建設計、鹿島建設、清水建設、建設技術研究所、竹中工務店、国土交通省、経済産業省、中日本高速道路、富士通、アビームコンサルティング、東京ガス、野村総合研究所、東京電力ホールディングス

医学部（医）
臨床研修医99.0%

医学部（他）
【看護学】看護師86.5%、【検査技術学】進学68.4%

歯学部
【歯】臨床研修医100.0%、【口腔保健-口腔保健衛生学】病院・診療所55%、【口腔保健-口腔保健工学】一般企業62.5%

学部学科紹介

※本書掲載内容は、大学公表資料から独自に編集したものです。詳細は大学パンフレットやホームページ等で必ず確認してください（取得可能な免許・資格は任用資格や受験資格などを含む）。

「大学入試科目検索システム」のご案内
入試要項のうち、日程・方式ごとの偏差値や昨年度入試結果（志願者倍率、実質倍率、合格最低点）、基本情報（出願締切日、試験日、二段階選抜、募集人員、総合満点）などは、「大学入試科目検索システム」（https://nyushi.toshin.com/）をご覧ください（利用方法はp.12参照）。

理学院

大岡山キャンパス

定員 151

入試科目検索

特色 あらゆる現象の深奥に隠された法則を探る理学の世界、そこには、無上の驚き、喜び、感動が溢れている。
進路 約9割が大学院に進学し、さらなる研究を積んで各分野で社会に貢献している。
学問分野 数学／物理学／化学／地学
大学院 理

学科紹介

数学系	人類のあらゆる知的活動の基礎である数学の素養と専門分野を学修し、論理的思考力と本質を見抜く力を養う。数学の各分野から基礎的な内容を精選し、演習形式によるきめ細かい体制のもと、現代数学の基本的な知識や数学的なものの考え方を身につけられる。
物理学系	自然界の原理や様々な現象の法則を発見、解明して、科学技術の発展に貢献する学びを行う。物理学の基礎（力学、電磁気学、量子力学、熱・統計力学等）を系統的に学び、自然科学の先端研究に必要な知識を学修する。
化学系	物質の構造・反応・性質等を原子・分子の原理に基づいて理解し、人類の未来に貢献する学問を修める。必修科目として物理化学、無機・分析化学、有機化学分野の基礎的内容を扱う講義科目を設置し、幅広い専門知識を修得できる。
地球惑星科学系	地球・惑星・宇宙の科学的研究を行い、複雑な自然現象を解明し、人類の発展に寄与することを目標に、地球深部から、大陸、海洋、大気、惑星、宇宙の諸現象を理解するために必要な基本的学力を身につけ、最先端科学に基づく地球観・宇宙観を学ぶ。
取得可能な免許・資格	教員免許（中-数・理、高-数・理）

入試要項（2025年度）

※この入試情報は大学発表の2025年度入試（予告）および2024年度募集要項等より編集したものです（2024年1月時点。見方は巻頭の「本書の使い方」参照）。内容には変更が生じる可能性があるため、最新情報はホームページや2025年度募集要項等で必ず確認してください。

■理学院 偏差値 65

前期日程

◆共通テスト※成績は第1段階選抜のみに使用

[全系：8科目(1000点→なし)] 国現古漢(200→なし) 地歴 公地歴全3科目、公共・倫、公共・政経から1（100→なし）数数ⅠA、数ⅡBC（計200→なし）理物、化、生、地から2（計200→なし）外全5科目から1（200→なし）情情Ⅰ（100→なし）

◆個別学力検査

[全系：4科目（750点）] 数数ⅠⅡⅢAB〔列〕C（300）理物基・物、化基・化(計300) 外英(150)

特別選抜

[総合型選抜] 総合型選抜（一般枠、女子枠）共
[その他] 私費外国人留学生特別入試

工学院

定員 358

大岡山キャンパス

入試科目検索

特色 幅広い工学技術の開発を通して持続可能な未来社会への貢献を目指す。
進路 約9割が大学院に進学し、さらなる研究を積んで各分野で社会に貢献している。
学問分野 機械工学／電気・電子工学／社会・安全工学／その他工学／情報学
大学院 工

学科紹介

機械系	新たな現象、原理、方法を発見し、環境と人類との調和をなす新しい機械を創造するため、「工業力学」、「熱力学」、「機械力学」等を学び、機械システムの動作を解析・統合し、新たな機械を創出するための知識を学修する。
システム制御系	ロボット等の先進の機械をはじめ様々なシステムを操る理論を学び、それを活かした先進技術を研究する。計測、制御、設計、システム科学の専門学力を身につける他、プロジェクト運営を体験する実践的な科目を設置している。
電気電子系	多様化、高度化する現代社会の基幹技術であるエネルギー技術、エレクトロニクス、通信技術等の幹となる部分を教育・研究し、電気電子に関する分野の発展を支え、研究開発を進めることができる独創的な技術者や研究者の育成を目指す。
情報通信系	人に優しく、持続的な高度情報通信社会を支える基盤技術・応用システムに関する研究・教育を行う。情報通信工学分野の産業、学術、政策等において専門知識に裏づけられた指導力を発揮し、国際的に活躍できる研究者・技術者を養成する。
経営工学系	企業経営や経済システムを取り巻く社会の課題を科学的・工学的な視点から解決する問題解決のプロを育成する。生産活動や企業経営、経済システムにおける重要課題を科学的・工学的な視点から捉え数理、経営管理学等の幅広いアプローチを駆使して問題解決する力の修得を目指す。
取得可能な免許・資格	特殊無線技士（海上、陸上）、主任技術者（電気、電気通信）、教員免許（高-情・工業）

入試要項(2025年度)

※この入試情報は大学発表の2025年度入試（予告）および2024年度募集要項等より編集したものです（2024年1月時点。見方は巻頭の「本書の使い方」参照）。内容には変更が生じる可能性があるため、最新情報はホームページや2025年度募集要項等で必ず確認してください。

■工学院 偏差値 65

前期日程

◆**共通テスト**※成績は第1段階選抜のみに使用

[全系：8科目(1000点→なし)] 国 現古漢(200→なし) 地歴 公 地歴全3科目、公共・倫、公共・政経から1（100→なし）数 数ⅠA、数ⅡBC（計200→なし）理 物、化、生、地から2（計200→なし）外 全5科目から1（200→なし）情 情Ⅰ(100→なし)

◆**個別学力検査**

[全系：4科目（750点)] 数 数ⅠⅡⅢAB〔列〕C(300) 理 物基・物、化基・化(計300) 外 英(150)

特別選抜

[総合型選抜] 総合型選抜（一般枠、女子枠）共

[その他] 私費外国人留学生特別入試

国立 東京 神奈川 東京科学大学

物質理工学院

大岡山キャンパス

定員 183

入試科目検索

特色　材料と化学の力を駆使して新しい物質・材料を創成し、環境と調和できる未来社会の構築に貢献する。
進路　約9割が大学院に進学し、さらなる研究を積んで各分野で社会に貢献している。
学問分野　応用化学／材料工学
大学院　物質理工

学科紹介

材料系	産業の発展に寄与する新しい材料と新しい工学の創出を目指すとともに、社会に貢献する人材を養成する。「金属材料」、「有機材料」、「無機材料」にわたる幅広い材料学の基礎的知識の修得とともに、革新的工業材料を創出するための知恵と創造性を身につける。
応用化学系	化学の知識や最新技術を応用して夢を実現する化学を研究し、無限の未来を創造する。物質の基礎的性質や反応性を原子・分子レベルで深く理解するとともに、最高度の化学技術システムの修得を目指す。
取得可能な免許・資格	教員免許（中-理、高-理・工業）

入試要項（2025年度）

※この入試情報は大学発表の2025年度入試（予告）および2024年度募集要項等より編集したものです（2024年1月時点。見方は巻頭の「本書の使い方」参照）。内容には変更が生じる可能性があるため、最新情報はホームページや2025年度募集要項等で必ず確認してください。

■物質理工学院 偏差値 64

前期日程

◆共通テスト※成績は第1段階選抜のみに使用
[全系：8科目(1000点→なし)] 国現古漢(200→なし) 地歴 公地歴全3科目、公共・倫、公共・政経から1(100→なし) 数数ⅠA、数ⅡBC（計200→なし） 理物、化、生、地から2（計200→なし） 外全5科目から1（200→なし） 情情Ⅰ(100→なし)

◆個別学力検査
[全系：4科目（750点）] 数数ⅠⅡⅢAB〔列〕C(300) 理物基・物、化基・化(計300) 外英(150)

特別選抜
[総合型選抜] 総合型選抜（一般枠、女子枠） 共
[その他] 私費外国人留学生特別入試

情報理工学院

大岡山キャンパス

定員 132

入試科目検索

特色 情報に関する高度な理論から最先端の技術まで、理学と工学の両方の視点から追究する。
進路 約9割が大学院に進学し、さらなる研究を積んで各分野で社会に貢献している。
学問分野 数学／情報学
大学院 情報理工

学科紹介

数理・計算科学系	数理科学と計算機科学を学修し、情報化社会における複雑な課題の本質を論理的・数学的に理解するため、コンピュータによる新しい数学を駆使するアプローチや情報処理を「計算」として捉えるアプローチ、コンピュータ・システムの設計方法などを学ぶ。
情報工学系	豊かな未来社会を築くことを目指し、コンピュータに関する幅広い専門知識を身につける。情報に関する体系化した理論から、ソフトウェア、ハードウェア、マルチメディア、人工知能、生命情報解析等の幅広い専門知識を修得する。
取得可能な免許・資格	教員免許（中-数、高-数・情）

入試要項(2025年度)

※この入試情報は大学発表の2025年度入試（予告）および2024年度募集要項等より編集したものです（2024年1月時点。見方は巻頭の「本書の使い方」参照）。内容には変更が生じる可能性があるため、最新情報はホームページや2025年度募集要項等で必ず確認してください。

■情報理工学院 偏差値 66

前期日程

◆**共通テスト**※成績は第１段階選抜のみに使用

[全系：8科目(1000点→なし)] 国 現古漢(200→なし) 地歴 公 地歴全3科目、公共・倫、公共・政経から１（100→なし）数 数ⅠA、数ⅡBC（計200→なし）理 物、化、生、地から２（計200→なし）外 全５科目から１（200→なし）情 情Ⅰ(100→なし)

◆**個別学力検査**

[全系：4科目（750点)] 数 数ⅠⅡⅢAB〔列〕C(300) 理 物基・物、化基・化(計300) 外 英(150)

特別選抜

[総合型選抜] 総合型選抜（一般枠、女子枠）共
[その他] 私費外国人留学生特別入試

生命理工学院

大岡山キャンパス

定員 150

入試科目検索

特色 ライフサイエンスとテクノロジーを学び、世界で活躍できる人材を育てる。
進路 約9割が大学院に進学し、さらなる研究を積んで各分野で社会に貢献している。
学問分野 応用生物学
大学院 生命理工

学科紹介

生命理工学系	生命の仕組みを読み解き、高い倫理観と使命感を持って未知の世界に挑戦する力を養う。理工学分野や生命理工学分野の基礎を体系的に修得できるカリキュラムや、創造性・表現力等を育む教養教育、最先端の研究を核とした高度な専門教育等を学ぶ。
取得可能な免許・資格	教員免許（中-理、高-理）

入試要項（2025年度）

※この入試情報は大学発表の2025年度入試（予告）および2024年度募集要項等より編集したものです（2024年1月時点。見方は巻頭の「本書の使い方」参照）。内容には変更が生じる可能性があるため、最新情報はホームページや2025年度募集要項等で必ず確認してください。

■生命理工学院 偏差値 

65

前期日程

◆**共通テスト**※成績は第1段階選抜のみに使用

[生命理工学：8科目（1000点→なし）] 国現古漢（200→なし） 地歴 公地歴全3科目、公共・倫、公共・政経から1（100→なし） 数数ⅠA、数ⅡBC（計200→なし） 理物、化、生、地から2（計200→なし） 外全5科目から1（200→なし） 情情Ⅰ（100→なし）

◆**個別学力検査**

[生命理工学：4科目（750点）] 数数ⅠⅡⅢAB〔列〕C（300） 理物基・物、化基・化（計300） 外英（150）

特別選抜

[総合型選抜] 総合型選抜（一般枠） 共

[学校推薦型選抜] 学校推薦型選抜（一般枠、女子枠） 共

[その他] 私費外国人留学生特別入試

環境・社会理工学院

定員 134

大岡山キャンパス

入試科目検索

特色 都市環境や社会に関わる複合的な問題に対処できる未来指向型グローバル人材を育成。
進路 約9割が大学院に進学し、さらなる研究を積んで各分野で社会に貢献している。
学問分野 地学／土木・建築学／エネルギー工学／デザイン学／環境学
大学院 環境・社会理工

学科紹介

建築学系	デザイン意匠論、建築史、建築計画から建築構造、環境工学に至るまで建築学の最先端の学びを展開する。意匠論をはじめとした工学的領域や、人文社会学分野、都市・環境工学、生活環境までを体系的に修得し、環境・社会問題の解決に貢献できる人材の養成を目指す。
土木・環境工学系	自然災害から人命や社会生活を守り、将来の世界の平和と繁栄のため、まちづくり、国づくりを担う人材の養成を目指し、社会基盤の整備・運営や自然科学に関する基礎的専門知識、高性能なシミュレーション技術や高度な実験施設を用いたカリキュラムを実施する。
融合理工学系	理工学の知識を超域的に駆使して国際社会全体が抱える複合的問題を解決し科学技術の新たな地平を拓くため、化学工学、情報通信工学、生物工学、原子核工学などに加え、環境政策・計画学や応用経済学などを包含し融合した広い分野を学ぶ。
取得可能な免許・資格	建築士（一級、二級、木造）、教員免許（高-工業）

入試要項(2025年度)

※この入試情報は大学発表の2025年度入試（予告）および2024年度募集要項等より編集したものです（2024年1月時点。見方は巻頭の「本書の使い方」参照）。内容には変更が生じる可能性があるため、最新情報はホームページや2025年度募集要項等で必ず確認してください。

■環境・社会理工学院 偏差値 65

前期日程

◆**共通テスト**※成績は第1段階選抜のみに使用

[全系：8科目(1000点→なし)] 国 現古漢(200→なし) 地歴 公 地歴全3科目、公共・倫、公共・政経から1（100→なし） 数 数ⅠA、数ⅡBC（計200→なし） 理 物、化、生、地から2（計200→なし） 外 全5科目から1（200→なし） 情 情Ⅰ(100→なし)

◆**個別学力検査**

[全系：4科目（750点）] 数 数ⅠⅡⅢAB〔列〕C(300) 理 物基・物、化基・化(計300) 外 英(150)

特別選抜

[総合型選抜] 総合型選抜（一般枠、女子枠） 共
[その他] 私費外国人留学生特別入試、国費外国人留学生優先配置入試

医学部（医）

定員 101

入試科目検索

国府台キャンパス（1年）、湯島キャンパス（2～6年）

特色　専門的な知識のみならず豊かな教養と倫理観を身につけた医療人を育成。
進路　臨床研修医99.0%
学問分野　医学
大学院　医歯学総合

学科紹介

医学科　(101)	6年制。1年次後期から教養教育と同時進行で湯島キャンパスでの週1日の早期臨床体験実習を行う。4年次には関心のある分野について最長で半年間研究するプロジェクトセメスターが実施される。英語で医学を学ぶ講義や海外での研修制度も用意されている。
取得可能な免許・資格	医師

入試要項（2025年度）

※この入試情報は大学発表の2025年度入試（予告）および2024年度募集要項等より編集したものです（2024年1月時点。見方は巻頭の「本書の使い方」参照）。内容には変更が生じる可能性があるため、最新情報はホームページや2025年度募集要項等で必ず確認してください。

■医学部（医）偏差値 69

前期日程

◆共通テスト

[医：8科目(1000点→180点)] 国現古漢(200) 地歴 公地歴全3科目、公共・倫、公共・政経から1(100) 数数ⅠA、数ⅡBC(計200) 理物、化、生から2(計200) 外全5科目から1(200) 情情Ⅰ(100)

◆個別学力検査等

[医：5科目(360点)] 数数ⅠⅡⅢAB〔列〕C(120) 理物基・物、化基・化、生基・生から2(計120) 外英(120) 面個人面接▶総合評価に利用する

後期日程

◆共通テスト

[医：7科目(900点→500点)] 国現古漢(200) 数数ⅠA、数ⅡBC(計200) 理物、化、生から2(計200) 外全5科目から1(200) 情情Ⅰ(100)

◆個別学力検査等

[医：2科目(200点)] 論小論文(100) 面個人面接(100)

特別選抜

[学校推薦型選抜] 特別選抜Ⅰ（学校推薦型選抜）共

[その他] 地域特別枠推薦選抜、特別選抜Ⅰ（国際バカロレア選抜）、特別選抜Ⅱ（帰国生選抜）、私費外国人留学生特別選抜

医学部（他）

定員 90

入試科目検索

国府台キャンパス（1年）、湯島キャンパス（2～4年）

特色 専門的な知識のみならず豊かな教養と倫理観を身につけた医療人を育成。
進路 多くが病院へ就職。大学院へ進学する者も。
学問分野 看護学／健康科学
大学院 医歯学総合

学科紹介

保健衛生学科

看護学専攻 (55)	4年制。自然科学や医療技術に加え人文科学や社会科学も学び、人間性豊かな看護師を養成。臨地実習では援助的な対人関係を確立する能力の育成に力を入れ、その準備として、2～3年次に自己理解を深める技法や、相談面接技法の訓練、患者会リーダーとの交流などを学ぶ。国際的な研究や実践を担う力を高めるため、全学年で外国語の授業を行う。
検査技術学専攻 (35)	4年制。先端医療技術の進展に対応できる学際的視野と研究能力を修得や、医学・保健医療における検査技術の発展に寄与し、新たな世代の指導にあたる研究者・教育者の育成を目指す。英語教育や海外留学の支援に力を入れており、海外大学との連携・短期研修も積極的に行っている。
取得可能な免許・資格	看護師、保健師、臨床検査技師、養護教諭（二種）

入試要項（2025年度）

※この入試情報は大学発表の2025年度入試（予告）および2024年度募集要項等より編集したものです（2024年1月時点。見方は巻頭の「本書の使い方」参照）。内容には変更が生じる可能性があるため、最新情報はホームページや2025年度募集要項等で必ず確認してください。

■医学部（他） 偏差値 62

前期日程

◆**共通テスト**※理科基礎は2科目扱い

[保健衛生－看護学：8科目（900点→560点）] 国 現古漢（200）地歴 公 全6科目から1（100）数 数ⅠA、数ⅡBC（計200）理 次の①・②から1（①理科基礎▶地基選択不可、②物、化、生から2）（計100～200→100）外 全5科目から1（200）情 情Ⅰ（100）

[保健衛生－検査技術学：8科目（1000点→720点）] 国 現古漢（200）地歴 公 地歴全3科目、公共・倫、公共・政経から1（100）数 数ⅠA、数ⅡBC（計200）理 物、化、生から2（計200）外 全5科目から1（200）情 情Ⅰ（100）

◆**個別学力検査等**

[保健衛生－看護学：3科目（300点）] 外 英（120）論 小論文（180）面 個人面接▶総合評価に利用する

[保健衛生－検査技術学：5科目（360点）] 数 数ⅠⅡⅢAB〔列〕C（120）理 物基・物、化基・化、生基・生から2（計120）外 英（120）面 個人面接▶総合評価に利用する

後期日程

◆**共通テスト**

[保健衛生－検査技術学：7科目（900点→500点）] 国 現古漢（200）数 数ⅠA、数ⅡBC（計200）理 物、化、生から2（計200）外 全5科目から1（200）情 情Ⅰ（100）

◆**個別学力検査等**

[保健衛生－検査技術学：2科目（200点）] 論 小論文（100）面 個人面接（100）

特別選抜

[学校推薦型選抜] 特別選抜Ⅰ（学校推薦型選抜）

[その他] 特別選抜Ⅰ（国際バカロレア選抜）、特別選抜Ⅱ（帰国生選抜）、私費外国人留学生特別選抜

歯学部

定員 85

国府台キャンパス（1年）、湯島キャンパス（2〜4（6）年）

入試科目検索

特色　実習を豊富に組み入れ、全人的な歯科医療を実践できる指導者を育成する。
進路　歯：研修医へ。口腔保健：多くは病院や診療所、一般企業などに就職。
学問分野　歯学
大学院　医歯学総合

学科紹介

歯学科　(53)	6年制。1年次後期から歯学入門を履修。2年次より医療系総合大学の特色を活かした医学と歯学の融合教育科目が始まり、5年次後期からは1年半の診療参加型の臨床実習が行われる。歯科医療技術の理論と実践を経験し高い倫理観を持った歯科医師を育成する。
口腔保健学科　(32)	4年制。歯科衛生士など歯科保健医療従事者を育成する口腔保健衛生学、歯科技工士を育成する口腔保健工学の2つの専攻からなる。豊かな人間性や科学的探究心、高い倫理観と知識、技術を兼ね備えた歯科医療従事者と口腔保健分野の将来を担う技術者を育成する。
取得可能な免許・資格	歯科医師、歯科衛生士、歯科技工士

入試要項（2025年度）

※この入試情報は大学発表の2025年度入試（予告）および2024年度募集要項等より編集したものです（2024年1月時点。見方は巻頭の「本書の使い方」参照）。内容には変更が生じる可能性があるため、最新情報はホームページや2025年度募集要項等で必ず確認してください。

■歯学部 偏差値 59

前期日程

◆**共通テスト**※理科基礎は2科目扱い

[歯：8科目(1000点→180点)] 国現古漢(200) 地歴 公地歴全3科目、公共・倫、公共・政経から1(100) 数数ⅠA、数ⅡBC(計200) 理物、化、生から2(計200) 外全5科目から1(200) 情情Ⅰ(100)

[口腔保健－口腔保健衛生学：8科目(900点→630点)] 国現古漢(200) 地歴 公全6科目から1(100) 数数ⅠA、数ⅡBC(計200) 理次の①・②から1(①理科基礎▶地基選択不可、②物、化、生から2)(計100〜200→100) 外全5科目から1(200) 情情Ⅰ(100)

[口腔保健－口腔保健工学：8科目(900〜1000点→640点)] 国現古漢(200→140) 地歴 公全6科目から1(100→60) 数数ⅠA、数ⅡBC(計200→120) 理次の①・②から1(①理科基礎▶地基選択不可(100→80)、②物、化、生から2(計200→80)) 外全5科目から1(200→180) 情情Ⅰ(100→60)

◆**個別学力検査等**

[歯：5科目(360点)] 数数ⅠⅡⅢAB〔列〕C(120) 理物基・物、化基・化、生基・生から2(計120) 外英(120) 面個人面接▶総合評価に利用する

[口腔保健－口腔保健衛生学：3科目(300点)] 外英(120) 論小論文(180) 面個人面接▶総合評価に利用する

[口腔保健－口腔保健工学：3科目(300点)] 実技実技(100) 論小論文(100) 面個人面接(100)

後期日程

◆**共通テスト**

[歯：7科目(900点→500点)] 国現古漢(200) 数数ⅠA、数ⅡBC(計200) 理物、化、生から2(計200) 外全5科目から1(200) 情情Ⅰ(100)

◆**個別学力検査等**

[歯：2科目(200点)] 論小論文(100) 面個人面接(100)

特別選抜

[学校推薦型選抜] 特別選抜Ⅰ(学校推薦型選抜) 共、特別選抜Ⅰ(学校推薦型選抜)

[その他] 特別選抜Ⅰ(国際バカロレア選抜)、特別選抜Ⅱ(帰国生選抜)、私費外国人留学生特別選抜

募集人員等一覧表

※本書掲載内容は、大学のホームページ及び入学案内や募集要項などの公開データから独自に編集したものです。
詳細は募集要項かホームページで必ず確認してください。

学院・学部	学科－専攻	募集人員※1	一般選抜		2段階選抜（倍率）※2		配点（共共テ 個個別）		特別選抜※3
			前期日程	後期日程	前期日程	後期日程	前期日程	後期日程	
理		151名	128名	－	※4	－	共1000点 ※5 個750点	－	①8名 ②15名 ⑩若干名
工		348名	261名						①17名 ②70名 ⑩10名
物質理工		178名	138名						①20名 ②20名 ⑩5名
情報理工		132名	112名						①6名 ②14名 ⑩若干名
生命理工		150名	105名						①15名 ③15名 ④15名 ⑩若干名
環境・社会理工		109名	80名						①20名※6 ②9名※7 ⑩25名※8 ⑪18名※9
医	医	101名	69名	10名	約4倍	約12倍	共180点 個360点 計540点	共500点 個200点 計700点	⑤5名 ⑦15名 ⑧2名 ⑨⑩若干名
	保健衛生－看護学	55名	35名	－	－	－	共560点 個300点 計860点	－	⑥⑧20名※10 ⑩若干名
	保健衛生－検査技術学	35名	20名	7名			共720点 個360点 計1080点	共500点 個200点 計700点	⑥⑧8名※10 ⑨⑩若干名
歯	歯	53名	33名	10名	約4倍	約10倍	共180点 個360点 計540点	共500点 個200点 計700点	⑤⑧10名※10 ⑨⑩若干名
	口腔保健－口腔保健衛生学	22名	20名	－	－	－	共630点 個300点 計930点	－	⑥⑧2名※10 ⑩若干名
	口腔保健－口腔保健工学	10名	8名				共640点 個300点 計940点		⑥⑧2名※10 ⑩若干名

※1　募集人員は、一般選抜、総合型選抜、学校推薦型選抜の募集人員の合計。医学部、歯学部は2024年度入試の実績
※2　医学部、歯学部の倍率は2024年度入試の実績。2025年度入試の倍率は、大学ホームページに公表予定
※3　［総合型選抜］共課す：①総合型選抜（一般枠）、②総合型選抜（女子枠）
［学校推薦型選抜］共課す：③学校推薦型選抜（一般枠）、④学校推薦型選抜（女子枠）、⑤特別選抜Ⅰ（学校推薦型選抜）、共課さない：⑥特別選抜Ⅰ（学校推薦型選抜）
［その他］共課す：⑦特別枠推薦選抜、共課さない：⑧特別選抜Ⅰ（国際バカロレア選抜）、⑨特別選抜Ⅱ（帰国生選抜）、⑩私費外国人留学生特別入試、⑪国費外国人留学生優先配置入試
※4　全学院の志願者が募集人員の4.0倍を超えた場合、共通テストの成績により第1段階選抜を行うことがある
※5　第1段階選抜を行う場合のみ共通テストの成績を使用（その場合でも共通テストの成績は第1段階選抜の合否判定にのみ使用し、第2段階選抜の合否は個別学力検査の結果のみで判定）
※6　建築学系（8名）、土木・環境工学系（6名）、融合理工学系（6名）
※7　建築学系（3名）、土木・環境工学系（3名）、融合理工学系（3名）
※8　募集人員25名のうち、20名を融合理工学系で募集
※9　融合理工学系のみで募集
※10　募集人員には特別選抜Ⅰ（国際バカロレア選抜）の募集人員若干名を含む

とうきょうがくげい
東京学芸大学

資料請求

入試課学部入試係　TEL（042）329-7204　〒184-8501 東京都小金井市貫井北町4-1-1

有為の教員と教育支援者を育成する

大学紹介動画

最新入試情報

教育専門の大学ながら多彩な学問領域を擁し、教育というテーマを軸に多様な専門領域を展開。学校教員を目指す学生と、学校以外の場所で教育の未来を創造しようとする学生が多角的に知見をはぐくんでいる。

キャンパス正門

キャンパス 1つ

小金井キャンパス
〒184-8501 東京都小金井市貫井北町4-1-1

基本データ

※2023年5月現在（教員数は非常勤を含む。進路・就職は2022年度卒業者データ。学費は2024年度入学者用〔予定〕）

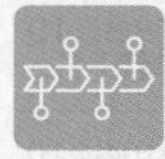
沿革

1949年、6つの師範学校を統合して創設。1966年、学芸学部を教育学部に改組、大学院修士課程を設置。1996年、大学院博士課程（連合大学院）を設置。2008年、教職大学院を設置。2015年教育学部内を学校教育系と教育支援系に再編。2023年、教育学部を改組、学校教育教員養成課程と教育支援課程の2課程に再編し、現在に至る。

教育機関 1学部 2研究科

学部　教育
大学院　教育学Ⓜ︎Ⓟ／連合学校教育学Ⓓ

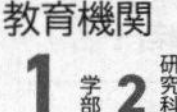
人数

学部学生数 **4,408**名　　教員1名あたり学生 **5**名
教員数 **760**名【学長】國分充
（教授**142**名、准教授**104**名、講師**510**名、助教**4**名）

学費

初年度納入額 **817,800**円（諸経費別途）
奨学金　学芸むさしの奨学金（学資支援）、学芸むさしの奨学金（緊急支援）

進路

学部卒業者 **1,000**名
（進学**118**名［11.8%］、就職**778**名［77.8%］、その他**104**名［10.4%］）
主な就職先　幼稚園、小学校、中学校、高等学校、特別支援学校、海外日本人学校、保育園、国家公務、地方公務、国立大学法人

学部学科紹介

※本書掲載内容は、大学公表資料から独自に編集したものです。詳細は大学パンフレットやホームページ等で必ず確認してください（取得可能な免許・資格は任用資格や受験資格などを含む）。

教育学部

小金井キャンパス　定員 1,010

特色 2023年度改組。学校教育教員養成課程と教育支援課程を設置。
進路 卒業者の多くが教員となる。その中でも半数以上を小学校教員が占める。
学問分野 心理学／文化学／社会学／社会福祉学／国際学／健康科学／子ども学／教員養成／芸術理論／情報学／人間科学
大学院 教育学

学校教育教員養成課程 (825)	2023年度、初等教育、中等教育、特別支援教育、養護教育の4つの専攻に改組。中等教育専攻には新たに情報コースを設置。専門的知識や実践力を教育の現場で意欲的に発揮できる人材を育成する。
教育支援課程 (185)	2023年度改組。教育支援専攻のもとに、生涯学習・文化遺産教育、カウンセリング、ソーシャルワーク、多文化共生教育、情報教育、表現教育、生涯スポーツの7コースを設置。専門的知識や協働力、マネジメント力などを鍛え、学校や地方自治体などとともに学校教育をサポートする支援者を育成する。
取得可能な免許・資格	公認心理師、学芸員、社会福祉士、スクールソーシャルワーカー、保育士、教員免許(幼一種、小一種、中-国・数・理・社・保体・保健・音・美・家・技・英、高-国・数・理・地歴・公・情・保体・保健・書・音・美・工芸・家・工業・英、特-知的・肢体・病弱・聴覚)、養護教諭（一種)、社会教育士、社会教育主事、司書教諭、司書

入試要項(2025年度)

※この入試情報は大学発表の2025年度入試（予告）より編集したものです（2024年1月時点。見方は巻頭の「本書の使い方」参照)。内容には変更が生じる可能性があるため、最新情報はホームページや2025年度募集要項等で必ず確認してください。

「大学入試科目検索システム」のご案内
日程・方式ごとの偏差値や昨年度入試結果（志願者倍率、実質倍率、合格最低点)、基本情報（出願締切日、試験日、二段階選抜、募集人員、総合満点)などは、「大学入試科目検索システム」(https://nyushi.toshin.com/) をご覧ください（利用方法はp.12参照)。

■教育学部 偏差値 59

前期日程

◆共通テスト

[学校教育教員養成－初等教育「国語・社会・家庭・英語・現代教育実践（学校教育・学校心理・国際教育)・幼児教育」・中等教育「国語・社会・家庭・英語」、教育支援－教育支援「生涯学習文化遺産教育・カウンセリング・ソーシャルワーク・多文化共生教育・表現教育」：8科目] 国現古漢 地歴 公 理全11科目から3▶理は同一名称含む組み合わせ不可 数数ⅠA、数ⅡBC 外全5科目から1 情情Ⅰ

[学校教育教員養成－初等教育「数学・理科・ものづくり技術」・中等教育「数学・理科・技術・情報」・養護教育、教育支援－教育支援「情報教育」：8科目] 国現古漢 地歴 公全6科目から1 数数ⅠA、数ⅡBC 理全5科目から2▶同一名称含む組み合わせ不可 外全5科目から1 情情Ⅰ

[学校教育教員養成－初等教育「音楽・美術・保健体育」・中等教育「保健体育・書道」、教育支援－教育支援「生涯スポーツ」：6科目] 国現古漢 地歴 公全6科目から1 数数ⅠA 理全5科目から1 外全5科目から1 情情Ⅰ

[学校教育教員養成－初等教育「現代教育実践（環境教育)」・特別支援教育：7科目] 国現古漢 地歴 公全6科目から1 数数ⅠA、数ⅡBC 理全5科目から1 外全5科目から1 情情Ⅰ

[学校教育教員養成－中等教育「音楽・美術」：6科目] 国現古漢 地歴 公 数 理地歴公理全11科目、数ⅠAから3▶理2科目選択不可 外全5科目から1 情情Ⅰ

◆個別学力検査等

[学校教育教員養成－初等教育「国語」・中等教育「国語」：2科目] 国現古漢 論小論文

[学校教育教員養成－初等教育「社会」・中等教育「社会」：2科目] 地歴 公地総、歴総・日、歴総・世、公共から1 論小論文

[学校教育教員養成－初等教育「数学」・中等教育「数学」：2科目] 数数ⅠⅡⅢABC 論小論文

[学校教育教員養成－初等教育「理科」：3科目] 理物基、化基、生基、地基から1、物基・物、化基・化、生基・生、地基・地から1▶同一名称含む組み合わせ不可 論小論文

[学校教育教員養成－初等教育「音楽」・中等教育「音楽」：3科目] 面面接 音音楽 実技音楽実技

[学校教育教員養成－初等教育「美術」・中等教育「美術」：2科目] 面面接▶プレゼンテーション含む 実技美術実技

[学校教育教員養成－初等教育「保健体育」・中等教育「保健体育」：2科目] 面面接 実技体育実技

[学校教育教員養成－初等教育「家庭・現代教育実践（学校教育)」・中等教育「家庭」：1科目] 論小論文

[学校教育教員養成－初等教育「英語」・中等教育「英

語」：2科目］外英画面接
［学校教育教員養成－初等教育「現代教育実践（学校心理）・ものづくり技術」・中等教育「技術」：1科目］画面接▶口頭試問含む
［学校教育教員養成－初等教育「現代教育実践（国際教育）」、教育支援－教育支援「カウンセリング」：1科目］画面接
［学校教育教員養成－初等教育「現代教育実践（環境教育）」：2〜3科目］地歴公理次の①・②から1（①地総、歴総・日、歴総・世、公共から1、②物基、化基、生基、地基から2）論小論文
［学校教育教員養成－初等教育「幼児教育」：2科目］画面接▶口頭試問含む課題幼児教育課題
［学校教育教員養成－中等教育「理科」：3科目］理物基・物、化基・化、生基・生、地基・地から2論小論文
［学校教育教員養成－中等教育「書道」：3科目］国現古漢論小論文実技書道実技
［学校教育教員養成－中等教育「情報」、教育支援－教育支援「情報教育」：2科目］数数ⅠⅡⅢABC画面接▶口頭試問含む
［学校教育教員養成－特別支援教育・養護教育：2科目］論小論文画面接
［教育支援－教育支援「生涯学習文化遺産教育・ソーシャルワーク・多文化共生教育・表現教育」：1科目］論小論文
［教育支援－教育支援「生涯スポーツ」：2科目］書類審出願書類画面接

後期日程

◆共通テスト
［学校教育教員養成－初等教育「国語・社会・数学・理科・現代教育実践（学校教育）」・中等教育「社会・数学・理科」、教育支援－教育支援「生涯学習文化遺産教育・多文化共生教育・情報教育」：8科目］前期日程に同じ
［学校教育教員養成－初等教育「音楽」：6科目］前期日程に同じ

◆個別学力検査等
［学校教育教員養成－初等教育「国語・数学・理科・現代教育実践（学校教育）」・中等教育「数学・理科」、教育支援－教育支援「情報教育」：1科目］画面接▶口頭試問含む
［学校教育教員養成－初等教育「社会」・中等教育「社会」、教育支援－教育支援「生涯学習文化遺産教育・多文化共生教育」：1科目］画面接
［学校教育教員養成－初等教育「音楽」：2科目］画面接実技音楽実技

■特別選抜

［総合型選抜］総合型選抜
［学校推薦型選抜］学校推薦型選抜
［その他］帰国生選抜、私費外国人留学生選抜、国際バカロレア選抜、高大接続プログラム特別入試

就職支援

東京学芸大学では、学生キャリア支援室により学部各学年に向け各種ガイダンスなどの行事を通して、学びと進路について考える場を提供しています。教員を志望する学生を対象に「教師の魅力」を知るための各種ガイダンスや学内模試、集団討論指導・教員採用試験対策オンライン講座などを実施しています。企業・公務員を志望する学生に対しては、面接指導や公務員対策支援などを各方面の専門家が行う他に、約25社による企業・官公庁学内説明会などが開催されます。

国際交流

東京学芸大学では、19カ国・地域の63大学と交流協定を結び学術交流や学生交流をしています。夏休みや春休みには、数多くの短期留学プログラムや、協定校が実施するサマープログラムの他、語学・文化研修留学プログラムに参加することができます。半年から1年以内にわたり留学する交換留学では、毎年世界各地の協定校に学生が留学します。また、海外協定校等で実施される短期プログラムや語学研究に参加する学生に渡航費等の一部支援を行う支援金の給付があります。

とうきょうげいじゅつ
東京藝術大学

資料請求

学生課入学試験係(上野キャンパス) TEL (050) 5525-2075 〒110-8714 東京都台東区上野公園12-8

「自由と創造の精神」で芸術文化の発展を支える

大学紹介動画

最新入試情報

独創的な芸術教育を行い、高い専門性と豊かな人間性を有した芸術家や芸術分野の教育・研究者を育成する。西欧の芸術思想と日本の伝統や遺産を融合し、芸術文化の可能性をより創造的かつ持続的に発展させる。

上野キャンパス正門

キャンパス **4**つ

上野キャンパス
〒110-8714 東京都台東区上野公園12-8
取手キャンパス
〒302-0001 茨城県取手市小文間5000
千住キャンパス
〒120-0034 東京都足立区千住1-25-1
横浜キャンパス
〒231-0005 神奈川県横浜市中区本町4-44

基本データ

※2023年5月現在(進路・就職は2022年度卒業者データ。学費は2024年度入学者用)

沿革

1949年、創立。1965年、美術学部附属古美術研究施設を設置。1991年に取手キャンパス、2005年に横浜キャンパス、2006年に千住キャンパスをそれぞれ設置し、現在に至る。

教育機関 **2** 学部 **4** 研究科

学部 美術/音楽

大学院 美術Ⓜ︎Ⓓ/音楽Ⓜ︎Ⓓ/映像Ⓜ︎Ⓓ/国際芸術創造Ⓜ︎Ⓓ

人数

学部学生数 **2,000**名

教員1名あたり学生 **7**名

教員数 **270**名【学長】日比野克彦
(教授**121**名、准教授**95**名、講師**9**名、助教**35**名、助手・その他**10**名)

学費

初年度納入額 **981,360**円(諸経費別途)

奨学金 日本学生支援機構奨学金

進路

学部卒業者 **444**名
(進学**206**名[46.4%]、就職**73**名[16.4%]、その他**165**名[37.2%])

主な就職先 任天堂、カプコン、コーエーテクモホールディングス、バンダイナムコエンターテインメント、セガ、NHK、TBSホールディングス、電通、TOPPANホールディングス、海上自衛隊(音楽隊)、東京都交響楽団、富士山静岡交響楽団

学部学科紹介

※本書掲載内容は、大学公表資料から独自に編集したものです。詳細は大学パンフレットやホームページ等で必ず確認してください（取得可能な免許・資格は任用資格や受験資格などを含む）。

美術学部

上野キャンパス（下記学科以外）
取手キャンパス（先端芸2〜4年）
定員 234

特色　創造性を身につけ、新時代に対応し個性を発揮できる人材を育成。
進路　約半数が大学院へ進学。一般企業に就職、非常勤・自営として働く者も。
学問分野　土木・建築学／その他工学／芸術理論／芸術・表現／デザイン学
大学院　美術

学科	定員	内容
絵画科	(80)	日本画、油画の2つの専攻で構成される。日本画専攻では日本画材や道具に対する理解を深め、日本画の絵画表現を追究する専門家を育成する。油画専攻では絵画を中心に様々な表現手法の研究を行い、現代にふさわしい表現活動に取り組む専門家を育成する。
彫刻科	(20)	過去の芸術家たちの足跡を学びつつ自由な創作活動を行う。1・2年次には塑造、石彫、木彫、金属、テラコッタの実習を行い、素材を扱うために必要な技術を修得し造形力を養う。3年次からは専門領域に分かれ、個別指導を受けながら自由制作に取り組む。
工芸科	(30)	工房制作を中心に実技修練を通じて創造性を養う。1年次に美術全般と工芸領域の基礎を修得し、2年次より彫金、鍛金、鋳金、漆芸（漆工・木工）、陶芸（陶・磁・ガラス造形）、染織の6つの分野から3つを選択。工芸領域の発展に資する作家や研究者を育成する。
デザイン科	(45)	様々な専門領域を持つ10の研究室を基盤とした教育体制を整えている。対話を重視した丁寧な少人数教育のもと、多彩な教員スタッフによる講義を通じて専門的な技能を段階的に積み上げる。既存の枠組みにとらわれず、自由に資質を伸ばす教育を行っている。
建築科	(15)	大学の特色を活かした全国でも数少ない美術系に属する建築学科である。海外の教育機関でも例を見ないほどの少人数制教育のもと、建築設計に軸をおいた教育を行う。学年に応じ住宅から中規模施設、都市的なスケールの空間へと設計製図課題の対象を広げていく。
先端芸術表現科	(24)	制作者だけでなく芸術支援の専門家を育成。幅広い表現メディアの基礎を修得し「これからの芸術とはなにか」を実践的に学ぶ。地域や社会に深く根差した各種プロジェクトに国内外を問わず積極的に参加している。3年次より研究室に所属し創作研究に取り組む。
芸術学科	(20)	美学や美術史の知識をもとに、制作者とは異なる立場から芸術を研究する。芸術作品の制作を実体験し作品への理解を深めるべく、日本画、油画、彫刻の各分野の実技が必修である。京都・奈良への古美術研究旅行では貴重な文化財を鑑賞する機会も設けられている。
取得可能な免許・資格		学芸員、建築士（一級、二級、木造）、教員免許（中-美、高-美・工芸）

音楽学部

上野キャンパス（下記学科以外）
千住キャンパス（音楽環境創造）
定員 237

特色　音楽に関する学識と技術を持ち、音楽を通じて社会に貢献できる人材を育成。
進路　約3割が大学院へ進学。他、一般企業に就職、留学、非常勤・自営など。
学問分野　芸術・表現／人間科学
大学院　音楽

学科	定員	内容
作曲科	(15)	歴史的・伝統的な音楽技法の修得を通して、様々な音楽分野で応用できる技術や見識を養う。国内外で活躍する音楽家でもある教員たちの指導のもと、優れた作品づくりを目指す。コンクールなどで入賞する学生も多い。
声楽科	(54)	声楽家に必要な基礎能力と知識を学び、自らの演奏により幅広く社会に貢献する。個人レッスンを中心に声楽技術と音楽表現を磨き、合唱でアンサンブル能力を養う。合唱とオペラの2つの定期演奏会は、指揮者や演出家とともに舞台を作り上げる実践学習の場となる。

器楽科 (98)	ピアノ、オルガン、弦楽、管打楽、古楽の5つの専攻で構成。弦楽、管打楽、古楽専攻では楽器の種類ごとにさらに細かい専攻に分かれる。いずれの専攻でも西洋音楽史や和声ソルフェージュ（楽譜を読むなどの基礎訓練）の授業が必修である。
指揮科 (2)	オーケストラ音楽、オペラ、バレエ、オラトリオなどを幅広く指揮する者を育成する。実技レッスンの他に楽曲や楽書の研究などを行い、指揮者としての様々な知識を学び経験する。学内演奏会、卒業演奏会、学生オーケストラとの公演などで実践的な経験を積む。
邦楽科 (25)	三味線音楽、箏曲、尺八、能楽、能楽囃子、邦楽囃子、日本舞踊、雅楽の8つの専攻に分かれる。実技と演奏理論を学び、高い能力を持つ演奏家を育成する。総合的に邦楽実技を習得するカリキュラムのもと、洋楽理論も学び邦楽を客観的に捉える能力を鍛える。
楽理科 (23)	音楽美学、西洋音楽史、音楽理論、日本音楽史、東洋音楽史、音楽民族学の6つの専門分野を設置。音楽の基礎能力や専門書を読む語学力を修得し、音楽の学問的研究に携わる人材を育成する。各分野の研究に取り組みつつ分野を越えた幅広い視野で音楽に向き合う。
音楽環境創造科 (20)	領域横断的な感性、知識、表現技術を用い自らの発想を具体化する能力を養う。1年次はスタディ・スキルで学業の基礎となる知識や考え方を学び、2・3年次には教員が開設するプロジェクトに所属し専門能力を磨く。他学科や学外との連携も盛んに行われている。
取得可能な免許・資格	学芸員、教員免許（中-音、高-音）

入試要項（2024年度）

※この入試情報は2024年度募集要項等より編集したものです（見方は巻頭の「本書の使い方」参照）。
2025年度入試の最新情報は、ホームページや2025年度募集要項等で必ず確認してください。

「大学入試科目検索システム」のご案内
日程・方式ごとの偏差値や昨年度入試結果（志願者倍率、実質倍率、合格最低点）、基本情報（出願締切日、試験日、二段階選抜、募集人員、総合満点）などは、「大学入試科目検索システム」（https://nyushi.toshin.com/）をご覧ください（利用方法はp.12参照）。

■美術学部 偏差値 57

前期日程

◆共通テスト※理科基礎は2科目扱い

[絵画、彫刻、工芸、デザイン、先端芸術表現：3～4科目] 国現古漢 地歴 公 数 理全21科目から1 外全5科目から1

[建築：6科目] 国現古漢 地歴全6科目から1 数数ⅠA、数ⅡB 理物、化、生、地から1 外全5科目から1

[芸術：3～4科目] 国 地歴 数 理現古漢、地歴数理全17科目から2教科2 外全5科目から1

◆個別学力検査等

[絵画－日本画]〈一次〉実技美術実技〈二次〉共通テストの成績、一次選考の成績 実技美術実技 書類審調査書

[絵画－油画]〈一次〉共通テストの成績 実技美術実技 書類審調査書〈二次〉共通テストの成績、一次選考の成績 実技美術実技 面面接 書類審調査書

[彫刻]〈一次〉実技美術実技〈二次〉共通テストの成績、一次選考の成績 実技造形実技 書類審調査書

[工芸、デザイン]〈一次〉実技美術実技〈二次〉共通テストの成績、一次選考の成績 実技美術実技、造形実技 書類審調査書

[建築] 共通テストの成績 実技造形実技 書類審調査書

[先端芸術表現]〈一次〉共通テストの成績 論 実技小論文、美術実技から1 書類審調査書〈二次〉共通テストの成績、一次選考の成績 実技総合実技 書類審調査書▶個人資料ファイル含む

[芸術] 共通テストの成績 地歴世B、日Bから1 外英、独、仏から1 論 実技小論文、美術実技から1 書類審調査書

■音楽学部 偏差値 58

前期日程

◆共通テスト※理科基礎は2科目扱い

[作曲、声楽、器楽、指揮、邦楽：2科目] 国現古漢 外英、独、仏から1▶英選択の場合は英、英語外部試験から高得点1

[楽理、音楽環境創造：3～4科目] 国現古漢 地歴 公 数 理全21科目から1 外全5科目から1

◆個別学力検査等

[作曲]〈一次〉実技音楽実技〈二次〉実技音楽実技〈三次〉実技音楽実技〈最終〉面面接 音楽典 実技音

楽実技
[声楽]〈一次〉実技 音楽実技〈二次〉実技 音楽実技〈最終〉音 楽典 実技 音楽実技
[器楽－古楽以外]〈一次〉実技 音楽実技〈二次〉実技 音楽実技〈最終〉音 楽典 実技 音楽実技
[器楽－古楽]〈一次〉実技 音楽実技〈最終〉音 楽典 実技 音楽実技
[指揮]〈一次〉実技 音楽実技〈二次〉実技 音楽実技〈最終〉音 楽典 実技 音楽実技
[邦楽－三味線音楽・箏曲「山田流・生田流」・尺八・能楽・能楽囃子・邦楽囃子「邦楽囃子」]〈一次〉実技 音楽実技〈二次〉実技 音楽実技〈最終〉音 楽典
[邦楽－箏曲「現代箏曲」・邦楽囃子「現代邦楽囃子」・雅楽]〈一次〉実技 音楽実技〈二次〉面 口頭試問 実技 音楽実技〈最終〉音 楽典
[邦楽－日本舞踊]〈一次〉実技 舞踊実技〈二次〉面 口頭試問 実技 舞踊実技〈最終〉筆記 筆記試験
[楽理]〈一次〉国 現古漢 外 英、独、仏から1〈最終〉論 小論文▶口述試問含む 音 楽典 実技 音楽実技
[音楽環境創造]〈一次〉音 音楽〈最終〉論 小論文 面 面接▶表現含む

■特別選抜

[その他] 私費外国人留学生入試、帰国子女入試、東京藝術大学音楽学部SSP（飛び入学）入学者選抜、外国教育課程出身者特別入試

就職支援

東京藝術大学では「アートキャリア・オフィス」が中心となり、卒業生が芸術を通して広く社会に貢献するサポートを行っています。具体的には、確定申告など卒業後に必要となる知識をレクチャーする講座の開設や、卒業生の卒業後の活動の共有、卒業生と在校生の交流の場の設定などによる芸術家育成支援です。その他、キャリアアドバイザーによる個別就職相談、厚生労働省の新卒応援ハローワーク制度を利用した就職相談、個別企業説明会など様々なセミナーの開催などによって就職支援を行っています。

国際交流

東京藝術大学では28カ国・地域の78の大学・機関と国際交流協定を結び、交換留学などを行っています。また、「Arts Study Abroad Program」というプログラムでは、学生が主体となり諸外国における展覧会・演奏会・上映会への参加など、学生の海外での芸術文化体験活動を促進しています。学内の奨学金制度も充実しており、渡航先における充実した学修および国際舞台での意欲的な活動を経済的にサポートしたり、語学学習を奨励したりするための奨学金があります。

とうきょうのうこう
東京農工大学

資料請求

教学支援部入試企画課（府中キャンパス） TEL (042) 367-5837・5544　〒183-8538 東京都府中市晴見町3-8-1

持続発展可能な社会づくりのための人材を育成する

大学紹介動画　最新入試情報

農学と工学およびその融合領域における自由な発想に基づく教育と研究を通じて、科学技術の進展に貢献する。人と自然が共生するための「科学技術発信拠点」として、基礎から応用までの研究を推進している。

小金井キャンパス東門

キャンパス **2**つ

府中キャンパス
〒183-8509 東京都府中市幸町3-5-8

小金井キャンパス
〒184-8588 東京都小金井市中町2-24-16

国立　東京 神奈川　東京農工大学

基本データ

※2023年5月現在（進路・就職は2022年度卒業者データ。学費は2024年度入学者用）

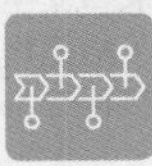
沿革

1874年、内務省勧業寮内藤新宿出張所に設置の学問所を前身に、農学部は同出張所内の農事修学場を起源とする東京農林専門学校として、工学部は同蚕業試験掛を起源とする東京繊維専門学校として設立。1949年、東京農工大学として両学部が統合。2019年、工学部を改組。2023年、大学院工学府を改組し、現在に至る。

教育機関
2 学部 **4** 研究科

学部　農／工

大学院　工ⓂⒹⓅ／農ⓂⒹ／生物システム応用科ⓂⒹ／連合農学Ⓓ

人数

学部学生数　**3,760**名

教員1名あたり学生 **9**名

教員数　**394**名【学長】千葉一裕
（教授**159**名、准教授**147**名、講師**27**名、助教**61**名）

学費

初年度納入額　**924,960**円（諸経費別途）

奨学金　東京農工大学遠藤章奨学金、日本学生支援機構奨学金

進路

学部卒業者　**908**名
（進学**671**名［73.9%]、就職**180**名［19.8%]、その他**57**名［6.3%]）

主な就職先　農林水産省、東京都庁、埼玉県庁、動物先端医療センター、JA全農、住友林業緑化、キリンホールディングス、ゼリア新薬工業、東洋紡、住友化学、NTTデータ、京セラ、総務省、東京都（職員）、NTT東日本、JR東日本、本田技研工業、NEC、島津製作所、日産自動車

学部学科紹介

※本書掲載内容は、大学公表資料から独自に編集したものです。詳細は大学パンフレットやホームページ等で必ず確認してください（取得可能な免許・資格は任用資格や受験資格などを含む）。

農学部

府中キャンパス　定員 300

特色　各分野において持続的発展が可能な社会の構築に貢献する人材を育成する。

進路　約6割が大学院へ進学。他、学術研究・専門サービス業、農業・林業など。

学問分野　化学／生物学／農学／森林科学／獣医・畜産学／応用生物学／食物学／環境学

大学院　農／生物システム応用科

生物生産学科 (57)	日本と世界の農業を深く理解し最先端の知識を身につける。農産物の流通から加工、消費へ至る流れや農業の持続的な発展、農業の多面的機能の活用などの分野に貢献できる人材を育成する。カリキュラムは生物学の基礎から生産物の流通、消費システムまで多岐にわたる。
応用生物科学科 (71)	化学と生物学を基盤に分子から個体、群集へ至る一連の生命現象と生物の機能を解明し、生命科学の発展に寄与する。先端の研究を推し進め、バイオサイエンス、バイオテクノロジーの分野への貢献を目指す。生命や生物を身近に捉えるカリキュラムを構成する。
環境資源科学科 (61)	人類が地球環境と調和するための科学を研究し、地球規模の環境問題の解決を目指す。生物学、化学、物理学、地学をベースに、環境と資源に関する豊富な知識を修得する。社会的ニーズに応えるために実験、実習、講義を組み合わせたカリキュラムを用意している。
地域生態システム学科 (76)	生態系と資源の保全、管理、活用など様々な問題を解決できる社会のあり方を模索する。人間と自然の調和を地域からグローバルな視点で考えることのできる人材を育成する。科目は分野ごとにパッケージ化し、興味や関心に合わせて体系的に専門性を深めていく。
共同獣医学科 (35)	6年制。岩手大学との共同獣医学科である。産業動物に関する家畜衛生や公衆衛生分野における獣医師、ならびに伴侶動物に関する高度獣医療技術を備えた人材を育成する。1年次からベースとなる知識や技術を学び、学年が進むにつれて臨床科目や応用科目を学ぶ。
取得可能な免許・資格	学芸員、測量士補、食品衛生管理者、食品衛生監視員、自然再生士補、樹木医補、森林情報士、獣医師、教員免許（中-理、高-理・農)、ビオトープ管理士

工学部

小金井キャンパス　定員 521

特色　ケヤキ型教育による工学系知的プロフェッショナル人材を育成する。

進路　7割以上が大学院へ進学。就職先は製造業や情報通信業など。

学問分野　物理学／化学／機械工学／電気・電子工学／材料工学／船舶・航空宇宙工学／医療工学／その他工学／応用生物学／環境学／情報学

大学院　工／生物システム応用科

生命工学科 (81)	生命科学、化学、工学の諸分野が融合した最先端の生命研究に取り組む。2～3年次にかけて実験や実習が組まれ、3年次後期から研究室に所属し卒業論文のテーマを設定する。生命工学分野においてニーズに即応し国際的に活躍できる技術者や研究者を育成する。
生体医用システム工学科 (56)	現代医療における計測・診断技術に必須の物理学や電子情報工学などの融合分野を学ぶ。低学年次に医療機器や計測・診断技術の専門基礎知識を修得し、高学年次には医用フォトニクス、医用デバイス工学、医用超音波工学、医用メカトロニクスなどについて学ぶ。
応用化学科 (81)	原子から高分子まで幅広いスケールの化学物質の構造や機能などを理解し、新物質の創成を目指す。各学年にバランス良く実験科目が配置され、化学に関する多様な知識を着実に学習。卒業研究では化学の最先端領域について研究指導を受け、研究開発力を養う。
化学物理工学科 (81)	化学工学、物理工学、電気電子工学、機械工学など幅広い分野の専門家が指導にあたる。専門科目はエネルギー、新素材、環境の3つをキーワードにカリキュラムを構成している。化学と物理を総合的に理解し、社会的ニーズの高い課題に挑戦できる人材を育成する。

機械システム工学科 (102)	航空宇宙・機械科学とロボティクス・知能機械デザインの2つのコースを設置している。最先端の工作機械を用いて実験や実習を行い、環境と調和した次世代の機械を創造する。機械力学、熱工学、材料工学など機械製作に必須の知識を幅広く基礎から修得する。
知能情報システム工学科 (120)	数理情報工学と電子情報工学の2つのコースを設置し、知的情報システムの創出および情報社会を支える電子情報システムの構築に必要な教育を行う。コンピュータの仕組みやプログラミングの他、最新のデータ処理技術、人工知能技術についても学ぶことができる。
取得可能な免許・資格	学芸員、教員免許（中-数・理、高-数・理・情）

入試要項（2025年度）

※この入試情報は大学発表の2025年度入試（予告）より編集したものです（2024年1月時点。見方は巻頭の「本書の使い方」参照）。内容には変更が生じる可能性があるため、最新情報はホームページや2025年度募集要項等で必ず確認してください。

「大学入試科目検索システム」のご案内
日程・方式ごとの偏差値や昨年度入試結果（志願者倍率、実質倍率、合格最低点）、基本情報（出願締切日、試験日、二段階選抜、募集人員、総合満点）などは、「大学入試科目検索システム」（https://nyushi.toshin.com/）をご覧ください（利用方法はp.12参照）。

■農学部 偏差値 63

前期日程

◆**共通テスト**

［共同獣医以外：8科目］国現古漢 地歴 公全6科目から1 数数ⅠA、数ⅡBC 理物、化、生、地から2 外全5科目から1 情情Ⅰ

［共同獣医：8科目］国現古漢 地歴 公全6科目から1 数数ⅠA、数ⅡBC 理物、化、生から2 外全5科目から1 情情Ⅰ

◆**個別学力検査等**

［全学科：4科目］数数ⅠⅡⅢAB〔列〕C 理物基・物、化基・化、生基・生から2 外英

後期日程

◆**共通テスト**

［全学科：8科目］前期日程に同じ

◆**個別学力検査等**

［全学科：1科目］外英

■工学部 偏差値 61

前期日程

◆**共通テスト**

［生命工、応用化：8科目］国現古漢 地歴 公全6科目から1 数数ⅠA、数ⅡBC 理物、化、生から2 外全5科目から1 情情Ⅰ

［生体医用システム工、機械システム工、知能情報システム工：8科目］国現古漢 地歴 公全6科目から1 数数ⅠA、数ⅡBC 理物必須、化、生、地から1 外全5科目から1 情情Ⅰ

［化学物理工：8科目］国現古漢 地歴 公全6科目から1 数数ⅠA、数ⅡBC 理物、化 外全5科目から1 情情Ⅰ

◆**個別学力検査等**

［生命工、応用化：4科目］数数ⅠⅡⅢAB〔列〕C 理物基・物、化基・化、生基・生から2 外英

［生体医用システム工、機械システム工、知能情報システム工：4科目］数数ⅠⅡⅢAB〔列〕C 理物基・物必須、化基・化、生基・生から1 外英

［化学物理工：4科目］数数ⅠⅡⅢAB〔列〕C 理物基・物、化基・化 外英

後期日程

◆**共通テスト**

［全学科：8科目］前期日程に同じ

◆**個別学力検査等**

［生命工、応用化、化学物理工：3科目］数数ⅠⅡⅢAB〔列〕C 理物基・物、化基・化から1 外英

［生体医用システム工、機械システム工、知能情報システム工：3科目］数数ⅠⅡⅢAB〔列〕C 理物基・物 外英

■特別選抜

［総合型選抜］ゼミナール入試共、SAIL入試

［学校推薦型選抜］学校推薦型選抜共、学校推薦型選抜（産業動物獣医師養成枠）共

［その他］社会人入試、私費外国人留学生入試

就職支援

東京農工大学では、就職情報コーナーを各キャンパスに設置し、随時企業情報の収集ができるようにしています。学生各人が自己の能力・適性に合わせた職業選択ができるために豊富な経験と知識を有するキャリア・アドバイザーを学外から招き、学生の相談に応じています。キャリア支援として、進学や企業・公務員を志望する学生に向けての各種ガイダンスやOBによる合同セミナー、模擬面接講座などを開催しています。

ひとつばし
一橋大学

資料請求

学務部入試課(国立キャンパス)　TEL (042) 580-8150　〒186-8601 東京都国立市中2-1

国内外への知的・実践的貢献を目指す社会科学の総合大学

大学紹介動画

最新入試情報

“Captains of Industry” の精神に則り、教養や知識、構想力を兼ね備えた産業界のリーダーを育成する。先進的かつ学際的な社会科学の研究教育を推進し、人間社会に共通する重要課題の解決を目指す。

兼松講堂

校歌

校歌音声

一橋大学校歌　「武蔵野深き」
作詞／銀杏会同人　作曲／山田耕筰

一、武蔵野深き　松風に
世の塵を　とどめぬところ
新しき　朝の光に
うら若き　血潮さながら
自治の鐘　高鳴りひびく
自由の殿堂　われらが母校
一ツ橋　一ツ橋
あ、　あ、　われらが母校

基本データ

※2023年5月現在（教員数は非常勤を含む。進路・就職は2022年度卒業者データ。学費は2024年度入学者用）

沿革

1875年、商法講習所を設立。1920年、東京高等商業学校を経て、東京商科大学に昇格。1949年、一橋大学に改称。商、経済、法学社会学部を設置。1951年、法学社会学部を法、社会学部に分割。2004年、国立大学法人一橋大学となる。2018年、経営管理研究科を設置。2023年、ソーシャル・データサイエンス学部・研究科（修士課程）を設置。2025年、ソーシャル・データサイエンス研究科（博士課程）を開設予定。

キャンパス
2つ

キャンパスマップ

所在地・交通アクセス

国立キャンパス（本部）
〒186-8601 東京都国立市中2-1
アクセス　①JR「国立駅」から徒歩約10分、②JR「谷保駅」から徒歩約20分

小平国際キャンパス（学部以外設置）
〒187-0045 東京都小平市学園西町1-29-1

教育機関
5 学部 7 研究科

学部 商／経済／法／社会／ソーシャル・データサイエンス

大学院 経営管理ⓂⒹⓅ／経済学ⓂⒹ／法学ⓂⒹⓅ／社会学ⓂⒹ／言語社会ⓂⒹ／国際・公共政策Ⓟ／ソーシャル・データサイエンスⓂⒹ

人数

学部学生数 **4,335**名　教員1名あたり学生 **10**名

教員数 **401**名【学長】中野聡
（教授**200**名、准教授**75**名、講師**80**名、助教**18**名、助手・その他**28**名）

学費

初年度納入額 **924,960**円（諸経費別途）

奨学金 小林輝之助記念奨学金、オデッセイコミュニケーションズ奨学金、日本学生支援機構貸与奨学金

進路

学部卒業者 **991**名（進学**119**名、就職**801**名、その他**71**名）

進学 **12.0**%　就職 **80.8**%　その他 **7.2**%

主な就職先

商学部
あずさ監査法人、楽天グループ、大和証券、アクセンチュア、みずほフィナンシャルグループ、デロイト トーマツ ファイナンシャルアドバイザリー、SMBC日興証券、KPMG税理士法人、アビームコンサルティング、富士通、丸紅、監査法人トーマツ、PwCあらた有限責任監査法人、三菱UFJ銀行、住友化学、PwCコンサルティング、日本製鉄、アマゾンジャパン、EYストラテジー・アンド・コンサルティング、NTTデータ

経済学部
大和証券、明治安田生命保険、楽天グループ、PwCコンサルティング、EYストラテジー・アンド・コンサルティング、三井住友信託銀行、みずほフィナンシャルグループ、野村證券、JAL、博報堂、東京海上日動火災保険、東京都（職員）、三菱UFJ信託銀行、住友化学

法学部
東京都（職員）、三井住友信託銀行、国際協力銀行、楽天グループ、三井住友銀行、住友商事、三菱UFJ銀行、大和証券、警察庁、電通、商工組合中央金庫、シンプレクス・ホールディングス、厚生労働省、日本製鉄、日本生命保険、クニエ、マッキンゼー・アンド・カンパニー、三菱UFJモルガン・スタンレー証券

社会学部
楽天グループ、EYストラテジー・アンド・コンサルティング、NTTデータ、東京都(職員)、アクセンチュア、博報堂、NHK、デロイト トーマツ コンサルティング、国際協力銀行、明治安田生命保険、日鉄ソリューションズ、双日、リクルート、KDDI、JERA、野村不動産、古河電気工業、サントリーホールディングス、JFEスチール、すかいらーくホールディングス、三井住友銀行、味の素、三菱商事、野村総合研究所、三菱地所、ベイカレント・コンサルティング、首都高速道路

ソーシャル・データサイエンス学部
2023年度新設のため卒業者情報なし

学部学科紹介

※本書掲載内容は、大学公表資料から独自に編集したものです。詳細は大学パンフレットやホームページ等で必ず確認してください（取得可能な免許・資格は任用資格や受験資格などを含む）。

「大学入試科目検索システム」のご案内

入試要項のうち、日程・方式ごとの偏差値や昨年度入試結果（志願者倍率、実質倍率、合格最低点）、基本情報（出願締切日、試験日、二段階選抜、募集人員、総合満点）などは、「大学入試科目検索システム」（https://nyushi.toshin.com/）をご覧ください（利用方法はp.12参照）。

商学部

国立キャンパス

定員 258

入試科目検索

特色　英語での専門講義や海外留学などを組み合わせた「渋沢スカラープログラム」を設置。

進路　約3割がサービス業に就職。他、金融・保険業や情報通信業に就く者も多い。

学問分野　経営学

大学院　経営管理

学科紹介

経営学科	経営・会計を中心に企業の経営に関する幅広い分野を学ぶことで、確かな創造力と判断力を有する人材を育成する。ゼミを重視し、1年次から議論を通じた少人数教育での学びを必修としている。なお、募集は商学科とともに学部一括で行う。
商学科	市場と金融を軸に企業を取り巻く環境や制度をバランス良く学ぶ。経営学科と同じくゼミを重視し、2年次までに会計学や金融学などの入門的な知識と基礎を修得し、3年次から実践的で専門的な学部発展科目を学ぶ。なお、募集は経営学科とともに学部一括で行う。

入試要項（2025年度）

※この入試情報は大学発表の2025年度入試（予告）より編集したものです（2024年1月時点。見方は巻頭の「本書の使い方」参照）。内容には変更が生じる可能性があるため、最新情報はホームページや2025年度募集要項等で必ず確認してください。

■商学部 偏差値 65

前期日程

◆共通テスト※理科基礎は2科目扱い

[全学科：8〜9科目（1000点→300点）] 国 現古漢（200→50）地歴 公 地歴全3科目、公共・倫、公共・政経から2（計200→50）数 数ⅠA、数ⅡBC（計200→50）理 全5科目から1（100→50）外 全5科目から1（200→50）情 情Ⅰ（100→50）

◆個別学力検査等

[全学科：4科目（700点）] 国 現古漢（110）地歴 全3科目から1（125）数 数ⅠⅡA〔全〕B〔列〕C〔ベ〕（230）外 英（235）

特別選抜

[学校推薦型選抜] 学校推薦型選抜 共

[その他] 外国学校出身者選抜、私費外国人留学生選抜

経済学部

定員 258

入試科目検索

国立キャンパス

特色 日英両言語で経済学を履修し、海外調査や留学に参加できるプログラムがある。
進路 約3割が金融・保険業に就職。他、サービス業や情報通信業への就職も多い。
学問分野 経済学
大学院 経済学

学科紹介

経済学科 (258)	豊富な科目から学習の進度に応じた履修計画を立てていく。優秀な学生には大学院科目を開放し、より高度で専門的な学習が可能である。学部で取得した大学院科目の単位を修士課程に持ち越すことで修士課程を1年で修了できる「5年一貫教育システム」を採用。
取得可能な免許・資格	教員免許（中-数、高-数）

入試要項（2025年度）

※この入試情報は大学発表の2025年度入試（予告）より編集したものです（2024年1月時点。見方は巻頭の「本書の使い方」参照）。内容には変更が生じる可能性があるため、最新情報はホームページや2025年度募集要項等で必ず確認してください。

■経済学部 偏差値 65

前期日程

◆**共通テスト**※理科基礎は2科目扱い
[経済：8～9科目（1000点→210点）] 国現古漢（200→35）地歴 公地歴全3科目、公共・倫、公共・政経から2（計200→35）数数ⅠA、数ⅡBC（計200→35）理全5科目から1（100→35）外全5科目から1（200→35）情情Ⅰ（100→35）

◆**個別学力検査等**
[経済：4科目（790点）] 国現古漢（110）地歴全3科目から1（160）数数ⅠⅡA〔全〕B〔列〕C〔ベ〕（260）外英（260）

後期日程

◆**共通テスト**※理科基礎は2科目扱い
[経済：7～8科目（900点→200点）] 国現古漢（200→35）地歴 公地歴全3科目、公共・倫、公共・政経から1（100→35）数数ⅠA、数ⅡBC（計200→35）理全5科目から1（100→30）外全5科目から1（200→35）情情Ⅰ（100→30）

◆**個別学力検査等**
[経済：2科目（800点）] 数数ⅠⅡA〔全〕B〔列〕C〔ベ〕、数ⅠⅡⅢA〔全〕B〔列〕C〔ベ〕から1（400）外英（400）

特別選抜

[学校推薦型選抜] 学校推薦型選抜共
[その他] 外国学校出身者選抜、私費外国人留学生選抜

法学部

国立キャンパス

定員 159

入試科目検索

特色 法曹コースは2年次に、法学、国際関係コースは3年進級時にコースを選択。
進路 2割強が大学院へ進学。他、金融・保険業やサービス業などに就職する者も多い。
学問分野 法学
大学院 法学

学科紹介

法律学科

法学コース	法的な素養を備え、官公庁や一般企業、法科大学院（ロースクール）に進む人材を育成する。法学に関係する部門を中心とした5つの部門の科目の履修が必須。他学部の科目も履修可能で、「経済学副専攻プログラム」では経済学部の科目の系統的な学習ができる。
国際関係コース	外交官や国際機関、企業に進む学生に適したコースである。国際関係を中心に学ぶ4つの部門の科目の履修が必須。他学部の科目を受講することもできる。留学などにより国際性の高い人材を育成する「グローバル・リーダーズ・プログラム（GLP）」を導入。
法曹コース	一橋大学法科大学院（ロースクール）と連携し、法律家を志す学生に一貫した効果的な学習環境を提供する。法学部を3年間で早期卒業すると、法科大学院既修者コースに進学し、在学中に司法試験に合格すれば最短5年で司法修習生となることができる。なお、法科大学院への進学には選抜が実施される。

入試要項（2025年度）

※この入試情報は大学発表の2025年度入試（予告）より編集したものです（2024年1月時点。見方は巻頭の「本書の使い方」参照）。内容には変更が生じる可能性があるため、最新情報はホームページや2025年度募集要項等で必ず確認してください。

■法学部 偏差値 66

前期日程

◆**共通テスト**※理科基礎は2科目扱い
[法：8～9科目（1000点→250点）] 国 現古漢（200→40）地歴 公 地歴全3科目、公共・倫、公共・政経から2（計200→50）数 数ⅠA、数ⅡBC（計200→50）理 全5科目から1（100→40）外 全5科目から1（200→40）情 情Ⅰ（100→30）

◆**個別学力検査等**
[法：4科目（750点）] 国 現古漢（120）地歴 全3科目から1（170）数 数ⅠⅡA〔全〕B〔列〕C〔ベ〕（180）外 英（280）

特別選抜

[学校推薦型選抜] 学校推薦型選抜 共
[その他] 外国学校出身者選抜、私費外国人留学生選抜

社会学部

定員 220

国立キャンパス

入試科目検索

特色 1年次は対話型授業を履修。3年次からはゼミに所属し、専門領域を学ぶ。
進路 就職先は製造業やサービス業、金融・保険業、情報通信業など多岐にわたる。
学問分野 社会学
大学院 社会学

学科紹介

社会学科 (220)	社会学、共生社会、歴史社会文化、超域社会の各研究分野をベースに組織が編成されている。社会学をはじめ教育社会学、社会史、文芸思想、政治学、社会心理学、環境科学など多様で広範な領域を学び、社会の構造と文化を総合的に考察する。
取得可能な免許・資格	社会調査士、教員免許（中-社、高-地歴・公）

入試要項（2025年度）

※この入試情報は大学発表の2025年度入試（予告）より編集したものです（2024年1月時点。見方は巻頭の「本書の使い方」参照）。内容には変更が生じる可能性があるため、最新情報はホームページや2025年度募集要項等で必ず確認してください。

■社会学部 偏差値 67

前期日程

◆**共通テスト**※理科基礎は2科目扱い
[社会：8～9科目（1000点→180点）] 国 現古漢（200→20） 地歴 公 地歴全3科目、公共・倫、公共・政経から2（計200→20） 数 数ⅠA、数ⅡBC（計200→20） 理 全5科目から1（100→90） 外 全5科目から1（200→20） 情 情Ⅰ（100→10）

◆**個別学力検査等**
[社会：4科目（820点）] 国 現古漢（180） 地歴 全3科目から1（230） 数 数ⅠⅡA〔全〕B〔列〕C〔ベ〕（130） 外 英（280）

特別選抜

[学校推薦型選抜] 学校推薦型選抜 共
[その他] 外国学校出身者選抜、私費外国人留学生選抜

ソーシャル・データサイエンス学部

定員 60

国立キャンパス

入試科目検索

特色 2023年度開設。社会科学とデータサイエンスを「融合」させた教育研究を行う。

進路 2023年度開設。情報通信業や政府機関、金融機関などで活躍が期待される。

学問分野 法学／政治学／経済学／経営学／情報学

大学院 ソーシャル・データサイエンス

学科紹介

ソーシャル・データサイエンス学科 (60)	2023年度開設。社会のデジタル・トランスフォーメーションが進む中、ビジネスや政策の現場において日々蓄積されるデータを用いて、ビジネスの革新と社会課題の解決に対する方策を提案・実行できる先導者の育成を目指す。

入試要項(2025年度)

※この入試情報は大学発表の2025年度入試（予告）より編集したものです（2024年1月時点。見方は巻頭の「本書の使い方」参照）。内容には変更が生じる可能性があるため、最新情報はホームページや2025年度募集要項等で必ず確認してください。

■ソーシャル・データサイエンス学部 偏差値 65

前期日程

◆**共通テスト**※理科基礎は2科目扱い

[ソーシャル・データサイエンス：8～9科目(1000点→250点)] 国現古漢（200→40）地歴 公 理次の①・②から1(①地歴全3科目、公共・倫、公共・政経から2、理全5科目から1、②地歴全3科目、公共・倫、公共・政経から1、物、化、生、地から2)（計300→90）数数ⅠA、数ⅡBC（計200→40）外全5科目から1（200→40）情情Ⅰ（100→40）

◆**個別学力検査等**

[ソーシャル・データサイエンス：4科目(750点)] 国現古漢（100）数数ⅠⅡA〔全〕B〔列〕C〔ベ〕(330) 外英（230）総合総合問題（90）▶社会において数理的なものの考え方を応用する力や情報技術の活用について自ら試行する姿勢をみる

後期日程

◆**共通テスト**※理科基礎は2科目扱い

[ソーシャル・データサイエンス：7～8科目(900点→200点)] 国現古漢（200→35）地歴 公地歴全3科目、公共・倫、公共・政経から1(100→30) 数数ⅠA、数ⅡBC（計200→35）理全5科目から1（100→30）外全5科目から1（200→35）情情Ⅰ（100→35）

◆**個別学力検査等**

[ソーシャル・データサイエンス：2科目(800点)] 数数ⅠⅡA〔全〕B〔列〕C〔ベ〕、数ⅠⅡⅢA〔全〕B〔列〕C〔ベ〕から1（500）外英（300）

特別選抜

[学校推薦型選抜] 学校推薦型選抜共

一橋大学についてもっと知りたい方はコチラ

一橋大学は、日本で最も伝統ある社会科学の研究総合大学として、常に世界をリードしてきたという長い歴史と実績並びにこの伝統を受け継ぎ、人文科学をも含む広い分野で、新しい問題領域の開拓と解明を推進する豊富な教授陣に恵まれています。

国際的視野を備え、広く社会経済に貢献する人材を育成しています。

募集人員等一覧表

※本書掲載内容は、大学のホームページ及び入学案内や募集要項などの公開データから独自に編集したものです（2024年度入試※1）。詳細は募集要項かホームページで必ず確認してください。

学部	募集人員	一般選抜		2段階選抜（倍率）		配点（共共テ個個別）		特別選抜※2
		前期日程	後期日程	前期日程	後期日程	前期日程	後期日程	
商	258名	243名	—	約3.0倍	—	共300点※3 個700点 計1000点	—	①15名 ②5名以内 ③若干名
経済	258名	185名	58名	約3.0倍	約6.0倍	共210点※3 個790点 計1000点	共200点※3 個800点 計1000点	①15名 ②5名以内 ③若干名
法	159名	149名	—	約3.0倍	—	共250点※3 個750点 計1000点	—	①10名 ②5名以内 ③若干名
社会	220名	210名	—	約3.0倍	—	共180点※3 個820点 計1000点	—	①10名 ②5名以内 ③若干名
ソーシャル・データサイエンス	60名	30名	25名	約3.0倍	約6.0倍	共250点※3 個750点 計1000点	共200点※3 個800点 計1000点	①5名

※1　2024年度入試実績。2025年度入試の概要は、大学ホームページに公表予定（配点のみ2025年度入試〔予告〕で記載）

※2　［学校推薦型選抜］共課す：①学校推薦型選抜

［その他］共課さない：②外国学校出身者選抜（各学部前期日程の募集人員に含む）、③私費外国人留学生選抜

※3　共通テストの配点は傾斜後の配点を記載

一橋大学ギャラリー

■初代学長像と時計台棟

初代学長佐野善作の立像の奥に見える時計台塔には、自主的な学修行動を行うことができる空間として時計台棟コモンズがあります。

■国立キャンパス

自然環境に恵まれた美しいキャンパスでは、歴史の重みを感じる兼松講堂や美しくライトアップされる図書館と四季を感じられます。

■ゼミナール

一橋大学の伝統であるゼミナールでは学部間履修の垣根が低いことを活かし、少数精鋭教育で他学部の学問体系の修得を試みます。

■個性的なキャンパス

一橋大学のキャンパスは、至るところに建築家の伊東忠太が作り上げたユーモラスな「妖怪」達が棲む個性的なキャンパスです。

Student's Voice

社会学部

社会学科 4年

本多(ほんだ) 優花(ゆうか)さん

神奈川県 県立 湘南高校 卒
合唱部 高3・6月引退

人の夢や目標を応援し支えたい

Q どのような高校生でしたか？ 一橋大学を志望した理由は？

私が通っていた湘南高校は「三兎を追う」（行事・部活・勉強すべてに全力で取り組む）ことを掲げています。入学後、体験が楽しかった合唱部に入部して忙しい毎日を過ごしました。コンクールや定期演奏会に向けて日々練習に明け暮れ、夏休みや春休みの県外での合宿や、当時から大好きだったバンド「Mrs. GREEN APPLE」とのコラボ演奏など、数々の貴重な思い出を作ることができました。大好きな仲間と創り上げた舞台の尊さは、合唱を離れた今でも恋しく思い出されます。

志望校のことを真剣に考え始めたのは、高2の秋頃でした。学校の世界史の授業で偶然「社会学」という学問の存在を知り、興味を持ったことがきっかけで、一橋大学を志望校として考え始めました。文化祭に足を運び、自分なりにカリキュラムやキャンパスについて調べる中で「ここしかない！」と思うほど私にとって魅力あふれるものになっていき、最終的には高2の1月に志望校を決定しました。

Q どのように受験対策をしましたか？ 入試本番はどうでしたか？

高2の冬に志望校を一橋大学に定めた私ですが、その頃の共通テスト模試の数学は恥ずかしながら2科目合計で90点にも満たない点数でした。二次試験に数学がある一橋大学では致命的だったので、コロナ禍の休校期間に半泣きになりながら自習をして基礎を固めました。そして迎えた受験の天王山である夏休み、湘南高校の高3生は一般の受験生の1/3ほどしか勉強時間がありません。高2から1年間かけて準備してきた体育祭目前で、朝から晩まで学校で体育祭の準備をしていました。焦りもありましたが、勉強時間が取れない中、電車通学の時間からエレベーターの待ち時間まで、とにかく隙間時間を有効活用することを意識しました。秋以降は過去問演習を繰り返し、自分なりに傾向をまとめて点数を上げていきました。一橋に受からなければ浪人しようと思っていたので、併願校の過去問にはあまり時間を割きませんでしたが、当時は少し不安でした。

●受験スケジュール

月	日	大学・学部学科（試験方式）
1	16・17	★立教 社会－社会（共テ利用6科目型）
2	8	立教 社会－社会（一般）
	12	早稲田 文化構想（一般）
	22	★早稲田 社会科（一般）
	25・26	★一橋 社会（前期）

Q どのような大学生活を送っていますか？

少人数の学習環境で学んでいます

昭和記念公園にて

一橋大学は少人数制のゼミナールが特徴で、私の所属する教育社会学専攻のゼミも10人ほどです。その分教授やゼミ生との距離も近く、充実した時間を過ごせています。夏には上智大学に訪問して先方の同じような専攻のゼミ生と研究成果を発表し合う場があり、新しい友人もできました。

また、一橋大学は学年によって受けられる講義に制限がありますが、3年次以降はほぼすべての科目を選択できるようになりますし、希望を出した授業が定員を超えた場合に行われる抽選に外れることもほとんどありません。私はオンライン授業を上手く組み合わせて、プライベートの時間もしっかりとって、最近では自然公園や温泉を巡るのにはまっています！

舞台「MAMMA MIA!」

サークル活動を通じてたくさんの思い出を作ることができました

2023年夏の公演をもって、入学時から所属していたミュージカルサークル「劇団WICK」を引退しました。大道具・小道具・衣装・照明など、すべて自分たちの手で創り上げた舞台「MAMMA MIA!」を、都内のホールで300人以上のお客様をお迎えして上演しました。キャストとしてはもちろん、私は広報班の長として宣伝活動を担い、駅前でのチラシ配りからSNS運用まで幅広く取り組めたことからも、大きな達成感を得ました。一橋の学生以外でも入団可能なので、ぜひ遊びに来てくださいね！

Q 将来の夢・目標は何ですか？

就職活動を行う中で「自分が将来どんな仕事をしたいのか」「生きていく上で大切にしたいことは何か」など少し込み入ったテーマについて考えるようになりました。業界は定まっていませんが、「自分なりに人の夢や目標を応援し支えられる仕事」に就きたいと考えています。

また、大学生で時間に余裕のあるうちに精いっぱいチャレンジしておこうと思ったこと、そして同じように留学している多くの友人に背中を押されたこともあり、卒業前に半年ほどの海外留学を計画しています。私自身はずっと日本で生きてきたので不安が尽きませんが、今までとは違う文化に身を置くことでもっと成長し、学びを得られればと思っています。ちなみに、一橋大学は世界各地の大学と交流協定を結んでおり、奨学金や単位互換、支援制度も充実しているので留学を考えている高校生におすすめです！

Q 後輩へのアドバイスをお願いします！

一橋に限らず、国立大学の二次試験ではその大学特有の問題が出ます。過去問演習を通して傾向を知り、自分が志望する学部の配点と自分の得手不得手に合わせて勉強スタイルを組み立てられるとよいと思います。特に一橋の地歴科目は過去問と似た問題が出題されることもあり、過去問でどれだけ対策をしてきたかが顕著に得点に現れます。実際に私は地歴科目で世界史を選択し、過去問20年分を約3周しました。とはいえ勉強法は多種多様なので、最後は「一橋に合格したい！」「入学したらこんなことをやってみたい！」という気持ちが皆さんが共通して持つことのできる一番の武器になると思います。充実した大学生活を送る自分の姿を想像しながら、ポジティブに受験勉強に取り組んでください。

よこはまこくりつ
横浜国立大学

資料請求

学務・国際戦略部入試課　TEL(045)339-3121　〒240-8501 神奈川県横浜市保土ケ谷区常盤台79-8

文理融合のキャンパスで新時代の人材を育成する

大学紹介動画

最新入試情報

「実践性」「先進性」「開放性」「国際性」という建学の精神を継承し、「多様性」を重んじ、「知の統合型大学」として世界水準の研究大学を目指す。世界の学術研究と教育に重要な地歩を築くべく努力を重ねる。

YNUモニュメント

キャンパス 1つ

常盤台キャンパス
〒240-8501 神奈川県横浜市保土ケ谷区常盤台79-1

基本データ

※2023年5月現在（進路・就職は2022年度卒業者データ。学費は2024年度入学者用〔予定〕）

沿革
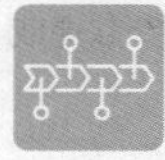

1876年、横浜に横浜師範学校として開校。1949年、横浜師範学校を起源とする神奈川師範学校と神奈川青年師範学校、横浜経済専門学校、横浜工業専門学校が合併し、横浜国立大学となる。2004年、国立大学法人となる。2017年、都市科学部を設置。2021年、教育学部を改組し、現在に至る。

教育機関 5学部 7研究科

学部　教育／経済／経営／理工／都市科

大学院　教育学Ⓜ︎Ⓟ／国際社会科学ⓂⒹ／理工学ⓂⒹ／環境情報ⓂⒹ／都市イノベーションⓂⒹ／先進実践（学位プログラム）Ⓜ／連合学校教育学Ⓓ

人数

学部学生数　7,212名

教員1名あたり学生 13名

教員数　525名【学長】梅原出
（教授266名、准教授182名、講師29名、助教34名、助手・その他14名）

学費

初年度納入額　817,800円（諸経費別途）

奨学金　YNU竹井准子記念奨学金、新入生スタートアップ支援金、YNU大澤奨学金、八幡ねじ・鈴木建吾奨学金

進路

学部卒業者　1,637名
（進学657名［40.1%］、就職867名［53.0%］、その他113名［6.9%］）

主な就職先　横浜市内学校（教員）、神奈川県内学校（教員）、東京都庁、東京都内学校、EY新日本有限責任監査法人、楽天グループ、富士通、三菱UFJフィナンシャル・グループ、いすゞ自動車、日本生命保険、NTTデータ、千葉銀行、日立製作所、レイヤーズ・コンサルティング、リクルートホールディングス、ジャパンマリンユナイテッド、三菱自動車工業、鹿島建設、ゴールドクレスト、横浜市役所

学部学科紹介

※本書掲載内容は、大学公表資料から独自に編集したものです。詳細は大学パンフレットやホームページ等で必ず確認してください（取得可能な免許・資格は任用資格や受験資格などを含む）。

教育学部
常盤台キャンパス　定員 200

特色	実習を通し現場への理解を深め幅広い視野を持つ教員を養成。
進路	卒業者の多くが教育・学習支援業に就く。他、情報通信業、公務など。
学問分野	教員養成
大学院	教育学

学校教員養成課程 (200)	3つのコースを設置。言語・文化・社会系教育コースでは国語、英語、日本語教育などを扱う。自然・生活系教育コースでは数学、理科、家庭科などを専門とし、芸術・身体・発達支援系教育コースでは音楽や美術の他、特別支援教育も学べる。
取得可能な免許・資格	教員免許（小一種、中-国・数・理・社・保体・音・美・家・技・英、高-国・数・理・地歴・公・保体・書・音・美・家・英、特-知的・肢体・病弱・聴覚）

経済学部
常盤台キャンパス　定員 258

特色	専門科目の英語での講義の他、海外での英語討論会など実践的な英語教育を行う。
進路	就職先は金融・保険業や情報通信業、公務など多岐にわたる。
学問分野	経済学／国際学
大学院	国際社会科学／先進実践

経済学科 (258)	3年次にグローバル経済、現代日本経済、金融貿易分析、経済数量分析、法と経済社会の5つの専門分野から2つを選択。2021年度よりDSEP（Data Science EP）とLBEEP（Lawcal Business Economics EP）を設置、情報や統計、法などを融合的に学べる。

経営学部
常盤台キャンパス　定員 297

特色	イノベーション力、ビジネス統合分析力、グローバル・ビジネス対応力を培う。
進路	就職先は情報通信業や学術研究・専門技術サービス業、金融・保険業など。
学問分野	経営学
大学院	国際社会科学／先進実践

経営学科 (297)	マネジメント、マネジメント・サイエンス、アカウンティング、グローバルビジネスの4つの分野を設置。2021年度よりDSEP（Data Science EP）を設置し、経済・経営と情報処理・統計分析能力の融合によりビジネスに数理的思考を応用できる人材を育成する。

理工学部
常盤台キャンパス　定員 659

特色	理学と工学を有機的に結びつけ、理工の素養を兼ね備えた創造的人材を育成。
進路	7割以上が大学院へ進学。就職先は情報通信業、製造業が多い。
学問分野	物理学／化学／応用物理学／機械工学／材料工学／その他工学／環境学／情報学
大学院	理工学／環境情報／先進実践

機械・材料・海洋系学科 (185)	機械工学、材料工学、海洋空間のシステムデザインの3つの教育プログラム（EP）からなる。現代社会の根幹をなす機械、材料、海洋空間の利用に関わる研究や開発を行う。工学分野の基礎的能力と、科学技術に携わるために必要不可欠な倫理観や教養も身につける。
化学・生命系学科 (187)	化学、化学応用、バイオの3つの教育プログラム（EP）で構成される。化学と生命科学の専門知識や基礎技術を活用する力と、社会や環境との関係性を理解して柔軟に考える力の双方を養う。持続可能な社会を実現するためのシステムを生み出す人材を育成する。
数物・電子情報系学科 (287)	数理科学、物理工学、電子情報システム、情報工学の4つの教育プログラム（EP）が互いに補完し合う教育と研究を展開している。数学、物理学の基礎教育のうえに、情報工学、通信工学、電気・電子工学、数理科学、物理工学といった分野の専門教育を行う。
取得可能な免許・資格	危険物取扱者（甲種）、主任技術者（電気）、教員免許（中-数・理、高-数・理・情）

都市科学部

常盤台キャンパス 定員 248

特色 これからの都市のあり方や人類と地球が直面する課題について科学的に取り組む。
進路 約5割が大学院へ進学。就職先は情報通信業、建設業が多い。
学問分野 土木・建築学／環境学
大学院 都市イノベーション／環境情報／先進実践

都市社会共生学科 (74)	人文社会科学に立脚しつつ理工学と連携し、現代の都市社会が抱える諸問題について考える。海外の提携大学を訪問するスタディツアーが企画され、国境を越えた学生のネットワークを通じ、ローカルとグローバルの両方の視点から実践的に学ぶカリキュラムである。
建築学科 (70)	建築理論、都市環境、構造工学、建築デザインの4つの分野からなる。建築学の専門知識と人文社会科学や工学に関する広範な知識を身につけ、建築と都市を総合的に理解する。3Dプリンターやレーザーカッターなどを備えた「ものづくり工房」を設置している。
都市基盤学科 (48)	都市基盤を運用し、自然災害や環境問題に対処できるエンジニアやプランナーを育成。エンジニアリングの基礎となる力学や数学に加え、基礎科目となる人文社会科学の分野や土木工学などの専門科目も履修する。インターンシップなどを通じて実践力も養う。
環境リスク共生学科 (56)	自然環境や社会環境のリスクについて基本原理を理解し、リスク共生社会の実践と都市の持続的発展に貢献できる人材を育成する。リスクの多面性やメカニズム、政策やマネジメント、経済学や化学、工学などのリスク関連科学などのリスク共生学を体系的に学ぶ。
取得可能な免許・資格	社会調査士、建築士(一級、二級、木造)、技術士補、測量士補、施工管理技士(土木)、教員免許（中-理、高-理）

入試要項(2025年度)

※この入試情報は大学発表の2025年度入試（予告）より編集したものです（2024年1月時点。見方は巻頭の「本書の使い方」参照）。内容には変更が生じる可能性があるため、最新情報はホームページや2025年度募集要項等で必ず確認してください。

「大学入試科目検索システム」のご案内
日程・方式ごとの偏差値や昨年度入試結果（志願者倍率、実質倍率、合格最低点)、基本情報（出願締切日、試験日、二段階選抜、募集人員、総合満点)などは、「大学入試科目検索システム」(https://nyushi.toshin.com/）をご覧ください（利用方法はp.12参照)。

■教育学部 偏差値 59

前期日程

◆**共通テスト**※理科基礎は2科目扱い
[学校教員養成：8～9科目] 国現古漢 地歴 公 理地歴理全8科目、公共・倫、公共・政経から３ 数数ⅠA、数ⅡBC 外全5科目から1 情情Ⅰ

◆**個別学力検査等**
[学校教員養成－言語文化社会系教育・自然生活系教育・芸術身体発達支援系教育「心理学・特別支援教育」：2科目] 論小論文 面集団面接▶調査書・自己推薦書の評価含む
[学校教員養成－芸術身体発達支援系教育「音楽・美術・保健体育」：2科目] 面集団面接▶調査書・自己推薦書の評価含む 実技音楽実技、美術実技、体育実技から1

■経済学部 偏差値 63

前期日程

◆**共通テスト（一般プログラム、DSEP、LBEEP)** ※理科基礎は2科目扱い
[経済：8～9科目] 国現古漢 地歴 公 理次の①・②から1（①地歴全3科目、公共・倫、公共・政経から2、理全5科目から1、②地歴全3科目、公共・倫、公共・政経から1、物、化、生、地から2) 数数ⅠA、数ⅡBC 外全5科目から1 情情Ⅰ

◆**個別学力検査等（一般プログラム、DSEP、LBEEP)**
[経済：2科目] 数数ⅠⅡAB〔列〕C〔べ〕 外英

後期日程

◆**共通テスト（一般プログラム、DSEP、LBEEP)** ※理科基礎は2科目扱い
[経済：7～8科目] 国現古漢 地歴 公地歴全3科目、公共・倫、公共・政経から1 数数ⅠA、数ⅡBC 理全5科目から1 外全5科目から1 情情Ⅰ

◆**個別学力検査等（一般プログラム、LBEEP)**
[経済：1科目] 数 外数ⅠⅡAB〔列〕C〔べ〕、英から1

◆**個別学力検査等（DSEP)**
[経済：1科目] 数数ⅠⅡAB〔列〕C〔べ〕

■経営学部 偏差値 64

前期日程

◆**共通テスト（一般プログラム、DSEP）**※理科基礎は2科目扱い

[経営：7〜8科目] 国 現古漢 地歴 公 地歴全3科目、公共・倫、公共・政経から1 数 数ⅠA、数ⅡBC 理 全5科目から1 外 全5科目から1 情 情Ⅰ

◆**個別学力検査等（一般プログラム）**

[経営：1科目] 数 外 数ⅠⅡAB〔列〕C〔ベ〕、英から1

◆**個別学力検査等（DSEP）**

[経営：1科目] 数 数ⅠⅡAB〔列〕C〔ベ〕

後期日程

◆**共通テスト（一般プログラム、DSEP）**※理科基礎は2科目扱い

[経営：7〜8科目] 前期日程に同じ

◆**個別学力検査等（一般プログラム、DSEP）**

[経営：2科目] 数 数ⅠⅡAB〔列〕C〔ベ〕 外 英

■理工学部 偏差値 63

前期日程

◆**共通テスト**

[機械・材料・海洋系、数物・電子情報系：8科目] 国 現古漢 地歴 公 地歴全3科目、公共・倫、公共・政経から1 数 数ⅠA、数ⅡBC 理 物、化 外 英 情 情Ⅰ

[化学・生命系：8科目] 国 現古漢 地歴 公 地歴全3科目、公共・倫、公共・政経から1 数 数ⅠA、数ⅡBC 理 物、化、生から2 外 英 情 情Ⅰ

◆**個別学力検査等**

[全学科：4科目] 数 数ⅠⅡⅢAB〔列〕C 理 物基・物、化基・化 外 英

後期日程

◆**共通テスト**

[全学科：8科目] 前期日程に同じ

◆**個別学力検査等**

[全学科：3科目] 数 数ⅠⅡⅢAB〔列〕C 理 物基・物、化基・化

■都市科学部 偏差値 64

前期日程

◆**共通テスト**※理科基礎は2科目扱い

[都市社会共生：7〜8科目] 国 現古漢 地歴 公 理 情 全12科目から3▶地歴公理から各1必須。地歴と公は1教科扱い。理は同一名称含む組み合わせ不可 数 数ⅠA、数ⅡBC 外 全5科目から1

[都市社会共生以外：8科目] 国 現古漢 地歴 公 地歴全3科目、公共・倫、公共・政経から1 数 数ⅠA、数ⅡBC 理 物、化、生、地から2 外 全5科目から1 情 情Ⅰ

◆**個別学力検査等**

[都市社会共生：1科目] 論 小論文

[建築、都市基盤：4科目] 数 数ⅠⅡⅢAB〔列〕C 理 物基・物、化基・化 外 英

[環境リスク共生：2科目] 数 数ⅠⅡⅢAB〔列〕C 外 英

後期日程

◆**共通テスト**※理科基礎は2科目扱い

[都市社会共生：7〜8科目] 前期日程に同じ

[都市社会共生以外：8科目] 前期日程に同じ

◆**個別学力検査等**

[都市社会共生：1科目] 面 面接

[建築、都市基盤：3科目] 数 数ⅠⅡⅢAB〔列〕C 理 物基・物、化基・化

[環境リスク共生：2科目] 数 数ⅠⅡⅢAB〔列〕C 論 小論文

■特別選抜

[総合型選抜] 総合型選抜、総合型選抜 共

[学校推薦型選抜] 学校推薦型選抜、学校推薦型選抜（全国枠、地域枠）、学校推薦型選抜 共

[その他] 帰国生徒選抜、外国学校出身者選抜、社会人選抜、YGEP-N1（渡日入試）私費外国人留学生入試、YGEP-N1（渡日前入試）私費外国人留学生入試、YGEP-N2（渡日前入試）私費外国人留学生入試、YOKOHAMAソクラテスプログラム

横浜国立大学ギャラリー

■中央広場（野外音楽堂）

通称「野音」と呼ばれる学生の憩いの場。常磐祭ではバンド演奏や花火の打ち上げなど様々なイベントが開催されます。

■中央図書館

講演会等の会場として用いられるメディアホールの他に、人と情報の出会いを演出するカフェや交流スペースも内包しています。

じょうえつきょういく
上越教育大学

資料請求

入試課入試チーム　TEL (025) 521-3294　〒943-8512 新潟県上越市山屋敷町1

使命感と人間愛を兼ね備えた教育者を育成

大学紹介動画

最新入試情報

児童の成長と発達への総合的な理解と優れた指導能力を持つ初等教育教員を育成する。教育の基礎となる初等教育と、これに携わる教員養成の重要性を踏まえ、学生の人間形成に重点をおいた教育を展開している。

山屋敷地区

山屋敷キャンパス
〒943-8512 新潟県上越市山屋敷町1

キャンパス **1**つ

基本データ

※2023年5月現在（進路・就職は2022年度卒業者データ。学費は2024年度入学者用）

沿革

1978年、国立大学設置法および国立養護教諭養成所設置法の一部を改正する法律が成立。これを受け、同年10月、上越教育大学を開設。1981年、附属小学校および中学校を設置。1983年、大学院学校教育研究科を開設。1992年、附属幼稚園を設置。2022年、大学院学校教育研究科を改組し、現在に至る。

教育機関
1 学部 **2** 研究科

学部　学校教育
大学院　学校教育Ⓜ️Ⓟ／連合学校教育学Ⓓ

人数

学部学生数 **673**名

教員数 **142**名【学長】林泰成
（教授**94**名、准教授**38**名、講師**7**名、助教**3**名）

教員1名あたり学生 **4**名

学費

初年度納入額 **817,800**円（諸経費別途）

奨学金　上越教育大学くびきの奨学金

進路

学部卒業者 **173**名
（進学**24**名［13.9%］、就職**148**名［85.5%］、その他**1**名［0.6%］）

主な就職先　小学校（教員）、中学校（教員）、高等学校（教員）、保育園（教員）

学部学科紹介

※本書掲載内容は、大学公表資料から独自に編集したものです。詳細は大学パンフレットやホームページ等で必ず確認してください（取得可能な免許・資格は任用資格や受験資格などを含む）。

学校教育学部

山屋敷キャンパス　定員 160

特色　教育実践科目に加え、情報処理など現代の教育現場に必要な事柄についても学ぶ。
進路　約7割が教員に。保育士や公務に就く他、大学院に進学する者もいる。
学問分野　教員養成／教育学
大学院　学校教育

初等教育教員養成課程 (160)	学校教育、教科教育・教科複合、幼年教育、心理臨床の4つのコースを設置、2年次進級時に選択する。小学校英語、小学校プログラミング・テクノロジーの2つの副専攻プログラムも提供し、変化する教育ニーズに対応している。
取得可能な免許・資格	公認心理師、保育士、教員免許(幼一種、小一種、中-国・数・理・社・保体・保健・音・美・家・技・英、高-国・数・理・地歴・公・情・保体・保健・音・美・工芸・家・英)、司書教諭

入試要項（2025年度）

※この入試情報は大学発表の2025年度入試（予告）より編集したものです（2024年1月時点。見方は巻頭の「本書の使い方」参照）。内容には変更が生じる可能性があるため、最新情報はホームページや2025年度募集要項等で必ず確認してください。

「大学入試科目検索システム」のご案内
日程・方式ごとの偏差値や昨年度入試結果（志願者倍率、実質倍率、合格最低点）、基本情報（出願締切日、試験日、二段階選抜、募集人員、総合満点）などは、「大学入試科目検索システム」（https://nyushi.toshin.com/）をご覧ください（利用方法はp.12参照）。

■学校教育学部 偏差値 54

前期日程

◆共通テスト
[初等教育教員養成：8科目] 国 現古漢 地歴 公 理 全11科目から3▶理は同一名称含む組み合わせ不可 数 全3科目から2 外 英 情 情Ⅰ

◆個別学力検査等
[初等教育教員養成：3科目] 論 小論文 実技 音楽実技、体育実技、美術実技から1 面 集団面接

後期日程

◆共通テスト
[初等教育教員養成：8科目] 前期日程に同じ

◆個別学力検査等
[初等教育教員養成：1科目] 面 個別面接

■特別選抜

[学校推薦型選抜] 学校推薦型選抜 共

上越教育大学ギャラリー

■音楽棟個人練習室

音楽棟には個人やアンサンブルでの練習が可能な練習室が71室あり、深夜から早朝まで常時利用可能になっています。

■プレイスメントプラザ

就職や進路に関する相談や情報提供を行うプレイスメントプラザでは、教員採用試験対策講座プログラムなども開講しています。

新潟大学

にいがた

資料請求

学務部入試課（五十嵐キャンパス） TEL (025) 262-6079 〒950-2181 新潟県新潟市西区五十嵐2の町8050

自律と創生の理念のもと、地域や世界の発展に貢献する

大学紹介動画

最新入試情報

敬虔質実の伝統と海港都市としての進取の精神に基づき自律と創生を理念に掲げ、地域社会や世界の発展に寄与する。環日本海地域の教育研究の中心として総合大学の特性を活かした分野横断型の研究を推進する。

総合教育研究棟

キャンパス 2つ

五十嵐キャンパス
〒950-2181 新潟県新潟市西区五十嵐2の町8050

旭町キャンパス
【医学部医学科】〒951-8510 新潟県新潟市中央区旭町通1番町757
【医学部保健学科】〒951-8518 新潟県新潟市中央区旭町通2番町746
【歯学部】〒851-8516 新潟県新潟市中央区学校町通2番町5274

基本データ

※2023年5月現在（教員数は非常勤を含む。進路・就職は2022年度卒業者データ。学費は2024年度入学者用）

沿革

1870年設置の仮病院（共立病院）を起源に、1877年、新潟県師範学校と県立新潟学校を統合し、新潟学校が発足。1949年、人文、教育、理、医、工、農学部からなる新潟大学を設置。2004年、国立大学法人に移行。2017年、創生学部を設置。2020年、経済学部を経済科学部に改組し、現在に至る。

教育機関 10学部 5研究科

学部 人文／教育／法／経済科／理／医／歯／工／農／創生

大学院 教育実践学Ⓟ／現代社会文化ⓂⒹ／自然科学ⓂⒹ／保健学ⓂⒹ／医歯学総合ⓂⒹ

人数

学部学生数 9,992名

教員1名あたり学生 9名

教員数 1,090名【学長】牛木辰男
（教授298名、准教授358名、講師68名、助教360名、助手・その他6名）

学費

初年度納入額 852,800~966,800円

奨学金 輝け未来!!新潟大学入学応援奨学金、新潟大学修学応援特別奨学金

進路

学部卒業者 2,303名
（進学568名［24.7%］、就職1,431名［62.1%］、その他※304名［13.2%］）
※臨床研修医160名を含む

主な就職先 国土交通省、林野庁、新潟県（職員）、長野県（職員）、関東信越国税局、関東農政局、公立学校（教員）、第四北越銀行、東京海上日動火災保険、新潟縣信用組合、厚生労働省、北海道電力、シャープ、TDK、ハウス食品、富士通、慶應義塾大学病院、新潟県けんこう財団、国立大学法人等職員、東北大学病院、富山大学附属病院

学部学科紹介

※本書掲載内容は、大学公表資料から独自に編集したものです。詳細は大学パンフレットやホームページ等で必ず確認してください（取得可能な免許・資格は任用資格や受験資格などを含む）。

人文学部

五十嵐キャンパス　定員 210

特色　2年次に主専攻プログラムを選択。4年間外国語教育を実施。
進路　公務、金融・保険業、情報通信業など多様な分野に就職している。
学問分野　文学／言語学／哲学／心理学／歴史学／地理学／文化学／社会学／芸術・表現／人間科学
大学院　現代社会文化

人文学科 (210)	心理・人間学、社会文化学、言語文化学の3つの主専攻プログラムを設置。2年次より各主専攻プログラムに沿って専門分野を中心に学習する。リベラル・アーツ教育で論理的思考力を伸ばし、外国語教育や情報リテラシー教育で国際性を養う。
取得可能な免許・資格	学芸員、社会調査士、教員免許（中-国・社・英・中国語・フランス語・ロシア語、高-国・地歴・公・情・英・中国語・フランス語・ロシア語）

教育学部

五十嵐キャンパス　定員 180

特色　「4年一貫の教育実習」を柱に体験型カリキュラムを実施。
進路　卒業者の多くが教員になる。他、公務や卸売・小売業に就く者もいる。
学問分野　教員養成
大学院　教育実践学

学校教員養成課程 (180)	2つのコースを設置。学校教育学、教育心理学、特別支援教育の3つの専修からなる学校教育コースでは小学校教員や特別支援教育の教員を養成する。教科教育コースは教科別の10専修からなり、教科の内容を中心に学び小中学校教員を養成する。
取得可能な免許・資格	教員免許（幼一種、小一種、中-国・数・理・社・保体・音・美・家・技・英、高-国・数・理・地歴・公・保体・音・美・家・英、特-知的・肢体・病弱）

法学部

五十嵐キャンパス　定員 170

特色　3年で卒業し、法科大学院へ進む「法曹コース」を設置。
進路　半数近くが公務に就く。他、金融・保険業やサービス業など。
学問分野　法学
大学院　現代社会文化

法学科 (170)	法学と法曹養成の2つのプログラムからなる。海外留学を支援している他、留学生とともに英語で法学と政治学を学ぶ科目を設置し国際教育を展開。中央官庁や企業、マスコミの一線で活躍する実務家を招いて講義を行う「賢人会議」も開講している。
取得可能な免許・資格	教員免許（高-公）

経済科学部

五十嵐キャンパス　定員 350

特色　経済学と経営学を柱に人文社会科学総合型の学習を行う。
進路　就職先は公務や金融・保険業、サービス業など幅広い。
学問分野　経済学／経営学／国際学
大学院　現代社会文化

総合経済学科 (350)	2年次に学際日本学、地域リーダー、経済学、経営学の4つのプログラムから1つを選択。各プログラムの学習内容には接点が多く、プログラム間の相互横断的な科目履修が可能である。3年次よりゼミが始まり、4年次には卒業論文に取り組む。
取得可能な免許・資格	教員免許（高-商業）

理学部

五十嵐キャンパス
定員 200

特色 選考により入学直後から専門分野を学習できるプロジェクトを設置。
進路 半数以上が大学院へ進学する。他、公務や製造業に就く者もいる。
学問分野 数学／物理学／化学／生物学／地学／環境学
大学院 自然科学

理学科 (200)	2年次後期に数学、物理学、化学、生物学、地質科学、自然環境科学の6つのプログラムと、農学部との横断で設置のフィールド科学人材育成プログラムの合計7つのプログラムから選択。佐渡島には附属臨海実験所を擁し、フィールドワークを盛んに行っている。
取得可能な免許・資格	学芸員、危険物取扱者（甲種）、技術士補、測量士補、教員免許（中-数・理、高-数・理）

医学部

五十嵐キャンパス（1年）
旭町キャンパス（2～4（6）年）
定員 300

特色 海外の大学で実習や学術交流を行うなど、国際社会で活躍する人材を育成。
進路 卒業者の多くは新潟県内をはじめ全国の医療機関で活躍している。
学問分野 医学／看護学／健康科学
大学院 医歯学総合／保健学

医学科 (140)	6年制。全人医療を実践する高度な能力を持つ人材を育成する。2年次から幅広い基礎医学、社会医学を修得する。3年次からは病気の原因を学ぶための基礎知識や基礎技術を学び始める。4年次末から臨床実習を開始し、6年次にはさらに本格的な臨床実習を行う。
保健学科 (160)	4年制。3つの専攻を設置。看護学専攻では生活の質の向上と充実に寄与する人材を育成。放射線技術科学専攻では科学の進歩を背景に放射線技術の高度な知識と技術を修得。検査技術科学専攻では生体からの情報を正しく把握する臨床検査の知識と技術を修得する。
取得可能な免許・資格	医師、看護師、助産師、保健師、診療放射線技師、臨床検査技師、衛生管理者

歯学部

五十嵐キャンパス（1年）
旭町キャンパス（2～4（6）年）
定員 60

特色 口腔の健康を人間らしい生活の土台とし、口腔の問題に対応する専門家を育成。
進路 卒業者の多くが診療所や病院に勤務する。大学院へ進学する者もいる。
学問分野 社会福祉学／歯学／健康科学
大学院 医歯学総合

歯学科 (40)	6年制。歯学を口腔生命科学として捉える。1年次には教養科目を学ぶ一方、早期臨床実習で歯科治療の現場を体験。2年次から専門的な学習に入り、3・4年次には少人数グループで臨床歯学の実習を行う。5年次からは実践的な臨床理論や技術と実習が始まる。
口腔生命福祉学科 (20)	4年制。口腔や食べることについての高度な知識の修得に加え、保健、医療、福祉全般を理解する。卒業と同時に歯科衛生士と社会福祉士の受験資格が得られるカリキュラムである。学部独自の短期海外派遣プログラムが充実し、国際歯科保健を学ぶことができる。
取得可能な免許・資格	社会福祉士、歯科医師、歯科衛生士

工学部

五十嵐キャンパス
定員 530

特色 従来の工学に加え芸術、スポーツ、健康、福祉などについても考察する。
進路 約6割が大学院へ進学。就職先は製造業、建設業、情報通信業など。
学問分野 化学／機械工学／電気・電子工学／材料工学／土木・建築学／医療工学／社会・安全工学／その他工学／環境学／情報学
大学院 自然科学

工学科 (530)	分野横断型教育で創造性豊かな技術者を育成。1年次に力学、情報電子、化学材料、建築、融合領域の5つの分野に大きく分かれて学び、2年次より社会基盤工学、電子情報通信、材料科学、建築学、協創経営などの細分化された合計9つのプログラムに分かれる。
取得可能な免許・資格	危険物取扱者（甲種）、毒物劇物取扱責任者、特殊無線技士（海上、陸上）、陸上無線技術士、建築士（一級、二級、木造）、技術士補、測量士補、主任技術者（ボイラー・タービン、電気）、教員免許（高-工業）

農学部

五十嵐キャンパス　定員 175

特色　英語で開講する科目がある他、英語でのプレゼンテーションや語学研修を提供。
進路　約半数が大学院へ進学。一般企業の他、公務などに就く者もいる。
学問分野　生物学／エネルギー工学／農学／応用生物学／環境学
大学院　自然科学

農学科 (175)	応用生命科学、食品科学、生物資源科学、流域環境学の4つの主専攻プログラムと、理学部と共同設置のフィールド科学人材育成プログラムで構成。各プログラムにおいて実験や実習、フィールドワークが充実し、様々な分野で生命、食料、環境を支える人材を育成。
取得可能な免許・資格	危険物取扱者（甲種）、食品衛生管理者、食品衛生監視員、自然再生士補、樹木医補、森林情報士、家畜人工授精師、教員免許（高-農）、ビオトープ管理士

創生学部

五十嵐キャンパス　定員 65

特色　学生が自己管理で4年間のカリキュラムをデザインできる教育システム。
進路　公務の他、情報通信業や不動産業などに就職する者も多い。
学問分野　情報学／人間科学

創生学修課程 (65)	「課題発見・課題解決能力」の育成を重視したカリキュラムを展開。科学技術、文化、環境、福祉など様々な分野の課題を把握し、解決する力を育成する。教育、医、歯学部以外の6つの学部が提供する22の領域学修科目パッケージから科目を自由に選択し学ぶ。

入試要項（2025年度）

※この入試情報は大学発表の2025年度入試（予告）および2024年度募集要項等より編集したものです（2024年1月時点。見方は巻頭の「本書の使い方」参照）。内容には変更が生じる可能性があるため、最新情報はホームページや2025年度募集要項等で必ず確認してください。

「大学入試科目検索システム」のご案内
日程・方式ごとの偏差値や昨年度入試結果（志願者倍率、実質倍率、合格最低点）、基本情報（出願締切日、試験日、二段階選抜、募集人員、総合満点）などは、「大学入試科目検索システム」（https://nyushi.toshin.com/）をご覧ください（利用方法はp.12参照）。

■人文学部　偏差値 58

前期日程

◆**共通テスト**※理科基礎は2科目扱い
[人文：8～9科目] 国 現古漢 地歴 公 全6科目から2▶地歴から1必須 数 全3科目から2 理 全5科目から1 外 全5科目から1 情 情Ⅰ

◆**個別学力検査等**
[人文：3科目] 国 現古漢 地歴 数 地歴全3科目、数ⅠⅡAB〔列〕C〔ベ〕から1 外 英、独、仏から1

後期日程

◆**共通テスト**※理科基礎は2科目扱い
[人文：8～9科目] 前期日程に同じ

◆**個別学力検査等**
[人文：1科目] 総合 総合問題

■教育学部　偏差値 55

前期日程

◆**共通テスト**※理科基礎は2科目扱い
[学校教員養成－学校教育・教科教育「保健体育」：8～9科目] 国 現古漢 地歴 公 理 全11科目から3▶理は同一名称含む組み合わせ不可 数 全3科目から2 外 全5科目から1 情 情Ⅰ
[学校教員養成－教科教育「国語教育・社会科教育・英語教育」：8～9科目] 国 現古漢 地歴 公 全6科目から2 数 全3科目から2 理 全5科目から1 外 全5科目から1 情 情Ⅰ
[学校教員養成－教科教育「数学教育・理科教育・技術科教育」：8～9科目] 国 現古漢 地歴 公 全6科目から1 数 全3科目から2 理 全5科目から2▶同一名称含む組み合わせ不可 外 全5科目から1 情 情Ⅰ
[学校教員養成－教科教育「家庭科教育」：7～8科目] 国 現古漢 地歴 公 全6科目から1 数 全3科目から2 理 全5科目から1 外 全5科目から1 情 情Ⅰ
[学校教員養成－教科教育「音楽教育・美術教育」：6～7科目] 国 現古漢 地歴 公 全6科目から1 数 全3科目から1 理 全5科目から1 外 全5科目から1 情 情Ⅰ

◆**個別学力検査等**
[学校教員養成－学校教育：3科目] 国 数 外 現古漢、数ⅠⅡAB〔列〕C〔ベ〕、英から2 面 集団討論
[学校教員養成－教科教育「国語教育」：3科目] 国 現古漢 外 英 面 集団討論
[学校教員養成－教科教育「社会科教育」：3科目] 国 現古漢 外 英 面 集団面接
[学校教員養成－教科教育「英語教育」：3科目] 国 現古漢 外 英▶リスニング含む 面 集団討論
[学校教員養成－教科教育「数学教育」：3科目] 数 数ⅠⅡAB〔列〕C〔ベ〕 理 外 物基・物、化基・化、生基・生、地基・地、英から1 面 集団面接
[学校教員養成－教科教育「理科教育」：3科目] 数 外 数ⅠⅡAB〔列〕C〔ベ〕、英から1 理 物基・物、化基・化、生基・生、地基・地から1 面 集団面接
[学校教員養成－教科教育「家庭科教育」：3科目]

国外現古漢、英から1 数数ⅠⅡAB〔列〕C〔べ〕面集団討論
[学校教員養成－教科教育「技術科教育」:3科目] 数数ⅠⅡAB〔列〕C〔べ〕理物基・物、化基・化から1 面面接
[学校教員養成－教科教育「音楽教育」:2科目] 面面接 実技音楽実技
[学校教員養成－教科教育「美術教育」:2科目] 面集団討論 実技美術実技
[学校教員養成－教科教育「保健体育」:2科目] 面集団面接 実技体育実技

■法学部 偏差値 58

前期日程
◆共通テスト※理科基礎は2科目扱い
[法:8～9科目] 国現古漢 地歴 公全6科目から2▶地歴から1必須 数全3科目から2 理全5科目から1 外英、独、仏から1 情情Ⅰ
◆個別学力検査等
[法:2科目] 外英、独、仏から1 論小論文

後期日程
◆共通テスト※理科基礎は2科目扱い
[法:8～9科目] 前期日程に同じ
◆個別学力検査等
[法:1科目] 論小論文

■経済科学部 偏差値 57

前期日程
◆共通テスト(Ⅰ型)※理科基礎は2科目扱い
[総合経済:8～9科目] 国現古漢 地歴 公全6科目から2▶地歴から1必須 数数ⅠA、数ⅡBC 理全5科目から1 外全5科目から1 情情Ⅰ
◆共通テスト(Ⅱ型)※理科基礎は2科目扱い
[総合経済:8～9科目] 国現古漢 地歴 公全6科目から1 数数ⅠA、数ⅡBC 理全5科目から2▶同一名称含む組み合わせ不可 外全5科目から1 情情Ⅰ
◆個別学力検査等(Ⅰ・Ⅱ型)
[総合経済:3科目] 国現 数数ⅠⅡAB〔列〕C〔べ〕外英、独、仏から1

後期日程
◆共通テスト(Ⅰ・Ⅱ型)※理科基礎は2科目扱い
[総合経済:8～9科目] 前期日程に同じ
◆個別学力検査等(Ⅰ・Ⅱ型)
[総合経済] 課さない

■理学部 偏差値 56

前期日程
◆共通テスト
[理:8科目] 国現古漢 地歴 公全6科目から1 数数ⅠA、数ⅡBC 理物、化、生、地から2 外全5科目から1 情情Ⅰ
◆個別学力検査等(理数重点選抜)
[理:3科目] 数数ⅠⅡⅢAB〔列〕C 理物基・物、化基・化、生基・生、地基・地から1 外英
◆個別学力検査等(理科重点選抜)
[理:3科目] 理物基・物、化基・化、生基・生、地基・地から2 外英
◆個別学力検査等(野外科学志向選抜)
[理:3科目] 数 理数ⅠⅡⅢAB〔列〕C、物基・物、化基・化、生基・生、地基・地から2 面面接

後期日程
◆共通テスト
[理:8科目] 前期日程に同じ
◆個別学力検査等
[理:1科目] 面面接

■医学部 医学科 偏差値 66

前期日程
◆共通テスト
[医:8科目] 国現古漢 地歴 公全6科目から1 数数ⅠA、数ⅡBC 理物、化、生から2 外英、独、仏から1 情情Ⅰ
◆個別学力検査等
[医:5科目] 数数ⅠⅡⅢAB〔列〕C 理物基・物、化基・化、生基・生から2 外英 面面接

■医学部 保健学科 偏差値 57

前期日程
◆共通テスト※理科基礎は2科目扱い
[保健－看護学:8～9科目] 国現古漢 地歴 公全6科目から1 数全3科目から2 理全5科目から2▶同一名称含む組み合わせ不可 外全5科目から1 情情Ⅰ
[保健－放射線技術科学・検査技術科学:8科目] 国現古漢 地歴 公全6科目から1 数数ⅠA、数ⅡBC 理物、化、生から2 外全5科目から1 情情Ⅰ
◆個別学力検査等
[保健－看護学:2科目] 国現 外英
[保健－放射線技術科学:2科目] 数数ⅠⅡⅢAB〔列〕C 外英
[保健－検査技術科学:2科目] 数数ⅠⅡAB〔列〕C〔べ〕外英

後期日程
◆共通テスト※理科基礎は2科目扱い
[保健－看護学:8～9科目] 前期日程に同じ
[保健－放射線技術科学・検査技術科学:8科目] 前期日程に同じ
◆個別学力検査等
[保健:1科目] 面面接

■歯学部 偏差値 59

前期日程
◆共通テスト※理科基礎は2科目扱い
[歯:8科目] 国現古漢 地歴 公全6科目から1 数数ⅠA、数ⅡBC 理物、化、生から2 外英、独、仏から1 情情Ⅰ
[口腔生命福祉:7～8科目] 国現古漢 地歴 公 数 理数ⅠA必須、地歴公全6科目、数ⅡBC、理科基礎、物、化、生から3▶地基選択不可。理は同一名称含む組み合わせ不可 外英、独、仏から1 情情Ⅰ

◆**個別学力検査等**
［歯：5科目］数数ⅠⅡⅢAB〔列〕C理物基・物、化基・化、生基・生から2外英、独、仏から1面面接
［口腔生命福祉：2科目］外英面面接

後期日程

◆**共通テスト**
［歯：8科目］前期日程に同じ
◆**個別学力検査等**
［歯：1科目］面面接

■工学部 偏差値 57

前期日程

◆**共通テスト**
［工：8科目］国現古漢地歴公全6科目から1数数ⅠA、数ⅡBC理物、化、生、地から2外全5科目から1情情Ⅰ
◆**個別学力検査等**
［工：3科目］数数ⅠⅡⅢAB〔列〕C理物基・物、化基・化、生基・生、地基・地から1外英

後期日程

◆**共通テスト**
［工：8科目］前期日程に同じ
◆**個別学力検査等**
［工：1科目］面面接

■農学部 偏差値 57

前期日程

◆**共通テスト**
［農：8科目］国現古漢地歴公全6科目から1数数ⅠA、数ⅡBC理物、化、生、地から2外全5科目から1情情Ⅰ
◆**個別学力検査等**
［農：3科目］数理数ⅠⅡAB〔列〕C〔べ〕、物基・物、化基・化、生基・生、地基・地から2外英

後期日程

◆**共通テスト**
［農：8科目］前期日程に同じ
◆**個別学力検査等**
［農：1科目］面面接

■創生学部 偏差値 59

前期日程

◆**共通テスト（理系型）**
［創生学修：8科目］国現古漢地歴公全6科目から1数数ⅠA、数ⅡBC理物、化、生、地から2外全5科目から1情情Ⅰ
◆**共通テスト（文系型）** ※理科基礎は2科目扱い
［創生学修：8～9科目］国現古漢地歴公全6科目から2▶地歴から1必須数全3科目から2理全5科目から1外全5科目から1情情Ⅰ
◆**個別学力検査等**
［創生学修：2科目］国数外現、数ⅠⅡAB〔列〕C〔べ〕、英から2

■特別選抜

［総合型選抜］総合型選抜、総合型選抜共
［学校推薦型選抜］学校推薦型選抜、学校推薦型選抜共、学校推薦型選抜Ⅰ型、学校推薦型選抜Ⅱ型共
［その他］帰国生徒特別選抜、社会人特別選抜、私費外国人留学生特別選抜

新潟大学ギャラリー

■五十嵐キャンパス

東京ドーム約13個分（約60万平方メートル）の広大なキャンパスで、建物の上層階からは日本海や佐渡島を望むことができます。

■附属図書館

中央図書館・医歯学図書館で構成されている附属図書館は、自主学習スペースやインフォメーションラウンジが設けられています。

富山大学（とやま）

資料請求

学務部入試課（五福キャンパス）　TEL（076）445-6100　〒930-8555 富山県富山市五福3190

東洋と西洋の英知と科学の融合＝「知の東西融合」へ

大学紹介動画

最新入試情報

地域と世界に開かれた大学として、特色ある国際水準の教育及び研究を行う。使命感と創造力のある人材を育成し、人間社会と自然環境の調和的発展に寄与すべく、多様な文化の相互理解の促進と新たな知を創出する。

五福キャンパス正門

キャンパス **3**つ

五福キャンパス
〒930-8555 富山県富山市五福3190
杉谷キャンパス
〒930-0194 富山県富山市杉谷2630
高岡キャンパス
〒933-8588 富山県高岡市二上町180

基本データ

※2023年5月現在（進路・就職は2022年度卒業者データ。学費は2024年度入学者用〔予定〕）

沿革

1949年、文理、教育、薬、工の4つの学部からなる大学として発足。1953年、文理学部から経済学部が独立。1977年、文理学部を改組し人文、理の2つの学部を設置。2005年、富山医科薬科大学、高岡短期大学と統合改組。2018年、都市デザイン学部を設置。2024年、医学薬学教育部を総合医薬学研究科に改組し、医薬理工学環を設置。また、経済学部、理学部、理工学研究科を改組。

教育機関 **9**学部 **5**研究科

学部　人文／教育／経済／理／医／薬／工／芸術文化／都市デザイン

大学院　人文社会芸術総合Ⓜ／総合医薬学ⓂⒹ／理工学ⓂⒹ／持続可能社会創成（研究科横断プログラム）Ⓜ／医薬理工（研究科横断プログラム）ⓂⒹ／生命融合科学Ⓓ／教職実践開発Ⓟ

人数

学部学生数　**7,917**名

教員1名あたり学生 **10**名

教員数　**779**名【学長】齋藤滋
（教授**279**名、准教授**214**名、講師**92**名、助教**190**名、助手・その他**4**名）

学費

初年度納入額　**817,800**円（諸経費別途）

奨学金　富山大学基金事業学生海外留学支援プログラム

進路

学部卒業者　**1,755**名
（進学**467**名［26.6%］、就職**1,077**名［61.4%］、その他※**211**名［12.0%］）
※臨床研修医112名を含む

主な就職先　富山大学附属病院、富山県内公立学校、北陸銀行、石川県内公立学校、富山市役所、富山県庁、日本調剤、富山赤十字病院、北陸コンピュータ・サービス、石川県庁、三協立山、富山県済生会高岡病院、富山第一銀行、富山県警察、市立砺波総合病院、富山県立中央病院、富山市民病院、金沢国税局、クスリのアオキ、八十二銀行

学部学科紹介

※本書掲載内容は、大学公表資料から独自に編集したものです。詳細は大学パンフレットやホームページ等で必ず確認してください（取得可能な免許・資格は任用資格や受験資格などを含む）。

人文学部

五福キャンパス　定員 188

- 特色　人文学の知の遺産を継承し、幅広い知識を活用して社会に貢献できる人材を育成。
- 進路　公務や製造業、卸売・小売業に就職する者が多い。
- 学問分野　言語学／哲学／心理学／歴史学／文化学／人間科学
- 大学院　人文社会芸術総合／持続可能社会創成

人文学科 (188)	哲学・人間学、言語学、心理学、歴史文化、社会文化、東アジア言語文化、英米言語文化、ヨーロッパ言語文化の8つのコースを設置。所属コース以外も幅広く履修する「学際」型と、所属コースの領域を集中的に履修する「専門補強」型の2つの履修方法がある。
取得可能な免許・資格	公認心理師、認定心理士、学芸員、教員免許(中-国・社・英、高-国・地歴・公・英)

教育学部

五福キャンパス　定員 85

- 特色　金沢大学との共同教員養成課程を設置。現代的教育課題に対応できる教員を育成。
- 進路　主な進路は学校教員や幼稚園教諭、保育士、教職大学院への進学など。
- 学問分野　教員養成
- 大学院　教職実践開発／人文社会芸術総合／持続可能社会創成

共同教員養成課程 (85)	金沢大学人間社会学域学校教育学類との共同課程。現代における教育課題に対応した先進的科目を中心に、幅広いテーマや分野の科目を開講する他、教育委員会と連携した現場体験活動を提供する。小学校教諭一種免許状をはじめ、様々な校種・教科の免許状が取得可能。
取得可能な免許・資格	公認スポーツ指導者、保育士、教員免許（幼一種、小一種、中-国・数・理・社・保体・音・美・家・英、高-国・数・理・地歴・公・保体・音・美・家・英、特-知的・肢体・病弱・聴覚）

経済学部

五福キャンパス　定員 335

- 特色　社会科学分野(経済学、経営学、法学)とデータサイエンス分野を複合的に学ぶ。
- 進路　卒業後の就職先は公務や製造業、情報通信業など多岐にわたる。
- 学問分野　法学／経済学／経営学
- 大学院　人文社会芸術総合／持続可能社会創成

経済経営学科 改 (335)	2年次進級時に、公共政策、企業経営、経済データサイエンスの3つのプログラムから1つを選択し、興味関心のある専門分野や希望する進路に合わせて学ぶことが可能。
取得可能な免許・資格	社会調査士

理学部

五福キャンパス　定員 193

- 特色　科学の魅力を伝える方法を学ぶなど、ユニークな授業が展開されている。
- 進路　卒業者の多くは製造業や教育・学習支援業、情報通信業に就く。
- 学問分野　数学／物理学／化学／生物学／環境学
- 大学院　理工学／持続可能社会創成／医薬理工

理学科 改 (193)	2024年度より1学科6プログラム（数学、数理情報学、物理学、化学、生物科学、自然環境科学）に改組。各プログラムには国際コースを設置して、語学力と国際性を身につけて世界的視野でグローバルに活躍できる人材も育成。
取得可能な免許・資格	教員免許（高-数・理・情）

医学部

五福キャンパス（1年）
杉谷キャンパス(2～4（6)年)　定員 185

- 特色　医薬看の多職種連携教育が充実。「和漢医薬学」など東洋医学も学修できる。
- 進路　卒業者のほとんどは医療・福祉業に就く。他、公務などに就く者もいる。
- 学問分野　医学／看護学
- 大学院　総合医薬学／医薬理工

医学科 (105)	6年制。国際基準に適合した医学教育を実施。1年次から専門科目を学修。2年次から基礎医学と臨床医学を統合的に学修。4年次から附属病院で臨床実習。5年次から地域の病院や海外の病院で臨床実習。地域と世界で活躍できる医師を養成している。

看護学科 (80)	4年制。看護実践能力と専門性を兼ね備え、社会の要求に対応できる人材を育成。専門教育に加え教養教育で幅広い教養を培う。医学科や薬学科の学生とともに医療学入門や和漢医薬学入門などを履修。3年次からの臨地実習は附属病院や地域の関連教育施設で行われる。
取得可能な免許・資格	医師、看護師、助産師、保健師、養護教諭（二種）

薬学部

五福キャンパス（1年）
杉谷キャンパス(2～4（6)年)
定員 105

- 特色 薬産業の集積地である富山県にて、最新薬学から伝統薬学まで学べる。
- 進路 約半数が大学院へ進学。就職先は医療・福祉業や卸売・小売業など。
- 学問分野 薬学
- 大学院 総合医薬学／医薬理工

薬学科 (70)	6年制。臨床現場で活躍できる薬の専門家を育成。医療の国際化を視野に英語教育にも力を入れており、南カリフォルニア大学（アメリカ）との学術交流も行っている。卒業研究は3年次後期から始まり、薬剤師の立場から創薬研究を推進・指導できる人材を育成する。
創薬科学科 (35)	4年制。創薬の現場で活躍できる人材を育成する。独自のカリキュラムや医学部との連携を通じ、物質としての薬に加え命を守るための創薬という薬学の基本精神も学ぶ。「和漢医薬学総合研究所」が設置され、和漢薬の基礎知識から最先端までを学習できる。
取得可能な免許・資格	薬剤師

工学部

五福キャンパス
定員 395

- 特色 様々なプログラムを通して社会のニーズに応じた教育を行う。
- 進路 約7割が大学院へ進学する。他、製造業や情報通信業への就職が多い。
- 学問分野 化学／機械工学／電気・電子工学／医療工学／応用生物学／環境学／情報学
- 大学院 理工学／持続可能社会創成／医薬理工

工学科 (395)	5つのコースを設置。電気電子工学は電気系技術者・研究者を育成。知能情報工学は情報と医療、産業を結びつける研究を行い、機械工学は制御や情報処理と機械の融合を目指す。生命工学はバイオと工学の融合分野を扱い、応用化学は最先端の化学技術を用いて現代社会の問題解決を目指す。
取得可能な免許・資格	危険物取扱者(甲種)、毒物劇物取扱責任者、ボイラー技士、特殊無線技士(海上、陸上)、陸上無線技術士、主任技術者（電気、電気通信)、教員免許（高-工業）

芸術文化学部

五福キャンパス（1年）
高岡キャンパス（2～4年）
定員 110

- 特色 歴史都市高岡に立地するキャンパスで、地域と連携した実践教育を展開。
- 進路 就職先は製造業やサービス業、卸売・小売業など多岐にわたる。
- 学問分野 土木・建築学／芸術・表現／デザイン学
- 大学院 人文社会芸術総合／持続可能社会創成

芸術文化学科 (110)	美術、工芸、デザイン、建築などを融合的に学ぶことで、芸術文化の「つくり手」、「つかい手」、「つなぎ手」として、次世代社会の発展に貢献できる人材を育成する。
取得可能な免許・資格	学芸員、建築士（一級、二級、木造）

都市デザイン学部

五福キャンパス
定員 159

- 特色 「デザイン思考」を身につけ、安全・安心で持続可能な社会を追究する。
- 進路 約半数が大学院へ進学。就職先は情報通信業や公務など多岐にわたる。
- 学問分野 地学／材料工学／環境学
- 大学院 理工学／持続可能社会創成

地球システム科学科 (40)	高低差4,000メートルを誇る富山のユニークな自然環境を活かし、フィールドワークを通じ地球の仕組みを探究。固体地球物理学や流体地球物理学、地質学・岩石学などを学ぶ。自然災害や環境問題を理解・予測し、防災・減災社会の構築に貢献できる人材を育成。

都市・交通デザイン学科	(54)	コンパクトシティ先進都市である富山で、都市環境・公共交通・防災のあり方を探究する。経済・行政・社会の仕組みやあ都市の文化を理解して、国際水準に見合う持続可能な都市を考える。インフラ構造学、デザイン環境学、防災・減災学などを学ぶ。
材料デザイン工学科	(65)	原子レベルから巨大構造物まで広い視点で未来の基板材料を探究する。アルミニウムなどの軽金属材料、防災・減災に関わる材料などを総合的に学び研究を行う。海外との学術交流にも取組、世界で活躍することのできるグローバルな材料エンジニアを育成する。
取得可能な免許・資格		地域調査士、学芸員、危険物取扱者（甲種）、毒物劇物取扱責任者、技術士補、測量士補、施工管理技士（土木、建築、管工事、造園）、教員免許（中-理、高-理・工業）

入試要項（2025年度）

※この入試情報は大学発表の2025年度入試（予告）より編集したものです（2024年1月時点。見方は巻頭の「本書の使い方」参照）。内容には変更が生じる可能性があるため、最新情報はホームページや2025年度募集要項等で必ず確認してください。

「大学入試科目検索システム」のご案内
日程・方式ごとの偏差値や昨年度入試結果（志願者倍率、実質倍率、合格最低点）、基本情報（出願締切日、試験日、二段階選抜、募集人員、総合満点）などは、「大学入試科目検索システム」（https://nyushi.toshin.com/）をご覧ください（利用方法はp.12参照）。

■人文学部 偏差値 57

前期日程
◆**共通テスト**※理科基礎は2科目扱い
[人文：8～9科目] 国現古漢 地歴 公地歴全3科目、公共・倫、公共・政経から2 数全3科目から2 理全5科目から1 外全5科目から1 情情Ⅰ
◆**個別学力検査等**
[人文：2科目] 国現古漢 外英

後期日程
◆**共通テスト**※理科基礎は2科目扱い
[人文：8～9科目] 前期日程に同じ
◆**個別学力検査等**
[人文：1科目] 論小論文

■教育学部 偏差値 57

前期日程
◆**共通テスト（Ⅰ）**※理科基礎は2科目扱い
[共同教員養成：8～9科目] 国現古漢 地歴 公地歴全3科目、公共・倫、公共・政経から2 数数ⅠA、数ⅡBC 理全5科目から1 外英 情情Ⅰ
◆**共通テスト（Ⅱ）**
[共同教員養成：8科目] 国現古漢 地歴 公地歴全3科目、公共・倫、公共・政経から1 数数ⅠA、数ⅡBC 理物、化、生、地から2 外英 情情Ⅰ
◆**個別学力検査等**
[共同教員養成：1科目] 国 数 外現古漢、数ⅠⅡAB〔列〕C〔ベ〕、英から1

後期日程
◆**共通テスト（Ⅰ）**※理科基礎は2科目扱い
[共同教員養成：8～9科目] 共通テスト（Ⅰ）に同じ
◆**共通テスト（Ⅱ）**
[共同教員養成：8科目] 共通テスト（Ⅱ）に同じ
◆**個別学力検査等**
[共同教員養成：1科目] 面面接

■経済学部 偏差値 57

前期日程
◆**共通テスト（Ⅰ・Ⅱ）**※理科基礎は2科目扱い
[経済経営：8～9科目] 国現古漢 地歴 公全6科目から2 数数ⅠA、数ⅡBC 理全5科目から1 外全5科目から1 情情Ⅰ
◆**個別学力検査等（Ⅰ・Ⅱ）**
[経済経営：1科目] 数 外数ⅠⅡAB〔列〕C〔ベ〕、英から1

後期日程
◆**共通テスト**
[経済経営：3科目] 国 地歴 公 情現古漢、地歴公情全7科目から1 数数ⅠA、数ⅡBCから1 外全5科目から1
◆**個別学力検査等**
[経済経営：1科目] 総合総合問題

■理学部 偏差値 56

前期日程
◆**共通テスト（Ⅰ）**
[理：8科目] 国現古漢 地歴 公全6科目から1 数数ⅠA、数ⅡBC 理物、化、生、地から2 外全5科目から1 情情Ⅰ
◆**共通テスト（Ⅱ）**
[理：8科目] 国現古漢 地歴 公全6科目から1 数数ⅠA、数ⅡBC 理物、化、生、地から2 外全5科目から1▶英語外部試験のスコアにより加点 情情Ⅰ
◆**個別学力検査等（Ⅰ〔数学〕）**
[理：1科目] 数数ⅠⅡⅢAB〔列〕C
◆**個別学力検査等（Ⅰ〔数学、物理〕）**
[理：2科目] 数数ⅠⅡⅢAB〔列〕C 理物基・物
◆**個別学力検査等（Ⅰ〔数学、化学〕）**

[理：2科目] 数数ⅠⅡⅢAB〔列〕C理化基・化
◆個別学力検査等（Ⅰ〔数学、生物〕）
[理：2科目] 数数ⅠⅡⅢAB〔列〕C理生基・生
◆個別学力検査等（Ⅱ〔数学又は理科〕）
[理：1科目] 数理数ⅠⅡⅢAB〔列〕C、物基・物、化基・化、生基・生、地基・地から1

後期日程

◆共通テスト（Ⅰ）
[理：6科目] 国地歴公現古漢、地歴公全6科目から1数数ⅠA、数ⅡBC理物、化、生、地から1外全5科目から1情情Ⅰ
◆共通テスト（Ⅱ）
[理：5科目] 数数ⅠA、数ⅡBC理物、化、生、地から1外全5科目から1▶英語外部試験のスコアにより加点情情Ⅰ
◆個別学力検査等（Ⅰ〔数学〕）
[理：1科目] 前期日程（Ⅰ〔数学〕）に同じ
◆個別学力検査等（Ⅰ〔物理〕）
[理：1科目] 理物基・物
◆個別学力検査等（Ⅰ〔化学〕）
[理：1科目] 理化基・化
◆個別学力検査等（Ⅰ〔生物〕）
[理：1科目] 理生基・生
◆個別学力検査等（Ⅱ〔数学又は理科〕）
[理：1科目] 数理数ⅠⅡⅢAB〔列〕C、物基・物、化基・化、生基・生から1

■医学部 医学科 偏差値 65

前期日程

◆共通テスト
[医：8科目] 国現古漢地歴公全6科目から1数数ⅠA、数ⅡBC理物、化、生から2外全5科目から1情情Ⅰ
◆個別学力検査等
[医：5科目] 数数ⅠⅡⅢAB〔列〕C理物基・物、化基・化、生基・生から2外英面面接

■医学部 看護学科 偏差値 56

前期日程

◆共通テスト※理科基礎は2科目扱い
[看護：7～8科目] 国現古漢地歴公全6科目から1数全3科目から2理全5科目から1外全5科目から1情情Ⅰ
◆個別学力検査等
[看護：2科目] 外英論小論文

後期日程

◆共通テスト※理科基礎は2科目扱い
[看護：7～8科目] 前期日程に同じ
◆個別学力検査等
[看護：2科目] 論小論文面面接

■薬学部 偏差値 61

前期日程

◆共通テスト
[全学科：8科目] 国現古漢地歴公全6科目から1数数ⅠA、数ⅡBC理化必須、物、生から1外英情情Ⅰ
◆個別学力検査等
[全学科：3科目] 数数ⅠⅡⅢAB〔列〕C理物基・物、化基・化

後期日程

◆共通テスト
[全学科：8科目] 前期日程に同じ
◆個別学力検査等
[全学科：2科目] 論小論文面面接

■工学部 偏差値 55

前期日程

◆共通テスト（Ⅰ・Ⅱ）
[工－電気電子工学・機械工学：8科目] 国現古漢地歴公全6科目から1数数ⅠA、数ⅡBC理物必須、化、生から1外全5科目から1情情Ⅰ
[工－知能情報工学：8科目] 国現古漢地歴公全6科目から1数数ⅠA、数ⅡBC理物、化、生から2外全5科目から1情情Ⅰ
[工－生命工学・応用化学：8科目] 国現古漢地歴公全6科目から1数数ⅠA、数ⅡBC理化必須、物、生から1外全5科目から1情情Ⅰ
◆個別学力検査等（Ⅰ）
[工－知能情報工学以外：2科目] 数数ⅠⅡⅢAB〔列〕C理物基・物、化基・化から1
[工－知能情報工学：2科目] 数数ⅠⅡⅢAB〔列〕C理物基・物、化基・化から1
◆個別学力検査等（Ⅱ）
[工－知能情報工学以外：2科目] 個別学力検査等（Ⅰ）に同じ
[工－知能情報工学：1科目] 数数ⅠⅡⅢAB〔列〕C

後期日程

◆共通テスト
[工：8科目] 国現古漢地歴公全6科目から1数数ⅠA、数ⅡBC理物、化、生から2外全5科目から1情情Ⅰ
◆個別学力検査等
[工－電気電子工学・知能情報工学・機械工学：1科目] 数数ⅠⅡⅢAB〔列〕C
[工－生命工学：2科目] 総合総合問題面面接
[工－応用化学：1科目] 理化基・化

■芸術文化学部 偏差値 57

前期日程

◆共通テスト（a）※理科基礎は2科目扱い
[芸術文化：3～4科目] 国現古漢地歴公数理情全15科目から1外全5科目から1
◆共通テスト（b）※理科基礎は2科目扱い
[芸術文化：6～7科目] 国現古漢地歴公全6科目から1数理情数Ⅰ、数ⅠAから1、数ⅡBC、理情全6科目から2外全5科目から1
◆個別学力検査等（a）
[芸術文化：1科目] 実技美術実技
◆個別学力検査等（b）

［芸術文化：1科目］論小論文

後期日程

◆共通テスト（a）※理科基礎は2科目扱い

［芸術文化：2〜3科目］国地歴公数理情現古漢、地歴公数理情全15科目から1外全5科目から1

◆共通テスト（b）※理科基礎は2科目扱い

［芸術文化：3〜4科目］国地歴公数理情現古漢、地歴公数理情全15科目から2▶地歴理各2科目選択不可。地歴と公の組み合わせ不可外全5科目から1

◆個別学力検査等（a）

［芸術文化：1科目］前期日程（a）に同じ

◆個別学力検査等（b）

［芸術文化：1科目］前期日程（b）に同じ

■都市デザイン学部 偏差値 55

前期日程

◆共通テスト

［地球システム科：8科目］国現古漢地歴公全6科目から1数数ⅠA、数ⅡBC理物、化、生、地から2外全5科目から1情情Ⅰ

［都市・交通デザイン：8科目］国現古漢地歴公全6科目から1数数ⅠA、数ⅡBC理物必須、化、生、地から1外全5科目から1情情Ⅰ

［材料デザイン工：8科目］国現古漢地歴公全6科目から1数数ⅠA、数ⅡBC理物、化外全5科目から1情情Ⅰ

◆個別学力検査等

［地球システム科：2科目］数数ⅠⅡⅢAB〔列〕C理物基・物、化基・化、生基・生、地基・地から1

［都市・交通デザイン：2科目］数数ⅠⅡⅢAB〔列〕C面面接

［材料デザイン工：2科目］数数ⅠⅡⅢAB〔列〕C理物基・物、化基・化学から1

後期日程

◆共通テスト※理科基礎は2科目扱い

［地球システム科：6〜7科目］数数ⅠA、数ⅡBC理全5科目から2▶同一名称含む組み合わせ不可外全5科目から1情情Ⅰ

［都市・交通デザイン：8科目］前期日程に同じ

［材料デザイン工：6科目］数数ⅠA、数ⅡBC理物、化外全5科目から1情情Ⅰ

◆個別学力検査等

［地球システム科：1科目］数数ⅠⅡⅢAB〔列〕C

［都市・交通デザイン：2科目］前期日程に同じ

［材料デザイン工：1科目］面面接

■特別選抜

［総合型選抜］総合型選抜Ⅰ、総合型選抜Ⅰ（スポーツ実技型、研究者養成枠、地域枠）、総合型選抜Ⅱ共、総合型選抜Ⅱ（理数型）共

［学校推薦型選抜］学校推薦型選抜Ⅰ、学校推薦型選抜Ⅰ（A推薦、B推薦、女子特別推薦、a、b）、学校推薦型選抜Ⅱ共、学校推薦型選抜Ⅱ（幼児教育・特別支援教育型）共

［その他］専門高校・総合学科卒業者選抜、帰国生徒選抜、社会人選抜、私費外国人留学生選抜

富山大学ギャラリー

■ヘルン文庫

中央図書館の新館5階にあるこの場所は、ラフカディオ・ハーン（小泉八雲）の歴史的価値のある貴重な文献を所蔵しています。

■大学食堂

1階には食堂の他、理容室も併設。2階には購買があります。アルバイト紹介や一人暮らし向け不動産紹介などの情報掲示板も。

金沢大学

かなざわ

資料請求

学務部入試課入学試験係(角間キャンパス)　TEL (076) 264-5169　〒920-1192 石川県金沢市角間町

「未来知」により社会に貢献する人材を育成

大学紹介動画 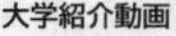

最新入試情報 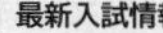

「地域と世界に開かれた教育重視の研究大学」を基本理念に掲げ、未来の課題を探求し克服する知恵である「未来知」により社会に貢献し、国際社会の中核的リーダーとなる「金沢大学ブランド」人材を育成する。

角間キャンパス

キャンパス **2つ**

角間キャンパス
〒920-1192 石川県金沢市角間町

宝町・鶴間キャンパス
【宝町地区】〒920-8640 石川県金沢市宝町13-1
【鶴間地区】〒920-0942 石川県金沢市小立野5-11-80

基本データ

※2023年5月現在（進路・就職は2022年度卒業者データ。学費は2024年度入学者用）

沿革

1949年に第四高等学校、石川師範学校、金沢高等師範学校、金沢医科大学、金沢工業専門学校などを母体に、6つの学部で開設。1980年、法文学部を改組し、文、法、経済の3つの学部を増設。2008年、3学域・16学類へ改組。2018年、3学域・17学類へ学類再編。2021年、融合学域先導学類を新設し、2022年には、融合学域観光デザイン学類を新設、2023年には、融合学域スマート創成科学類を新設し、4学域20学類へ。

教育機関 4 学部 8 研究科

学部　融合／人間社会／理工／医薬保健

大学院　人間社会環境(M)(D)／自然科学(M)(D)／医薬保健学総合(M)(D)／先進予防医学(D)／新学術創成(M)(D)／法学(M)(P)／教職実践(P)／連合小児発達学(D)

人数

学部学生数　**7,855**名

教員1名あたり 学生 **6**名

教員数　**1,216**名【学長】和田隆志

（教授**352**名、准教授**311**名、講師**66**名、助教**272**名、助手・その他**215**名）

学費

初年度納入額　**822,460~825,600**円

奨学金　スタディアブロード奨学金：学域・大学院派遣枠、スタディアブロード奨学金：外部奨学金獲得支援枠、日本学生支援機構奨学金

進路

学部卒業者　**1,674**名

（進学**593**名［35.4%］、就職**895**名［53.5%］、その他※**186**名［11.1%］）
※臨床研修医110名を含む

主な就職先　国家公務、地方公務(石川県庁、金沢市役所、他各県庁、市役所)、公立学校(教員)、医療機関、YKK AP、インテック、ニトリ、パナソニック、みずほフィナンシャルグループ、ヤマト運輸、安藤・間、楽天グループ、損害保険ジャパン、大成建設、JT、日本政策金融公庫

学部学科紹介

※本書掲載内容は、大学公表資料から独自に編集したものです。詳細は大学パンフレットやホームページ等で必ず確認してください（取得可能な免許・資格は任用資格や受験資格などを含む）。

融合学域

角間キャンパス　定員 165

特色	未来を起点に必要な学びを学生自ら設計する「バックキャスティング学修」を導入。
進路	2021年度開設。卒業後の進路は一般企業や公務、教員などを想定。
学問分野	経済学／経営学／社会学／観光学／国際学／環境学／情報学
大学院	新学術創成／新設研究科（2025年度設置構想中）

先導学類　(55)	2021年度設置。2年次から社会循環、世界共創、科学創発の3つのコアエリアを並行して学びつつ、環境・社会と人間・自然の2つの探求エリアを往還的に学修。イノベーションの創成をリードし社会改革を先導する人材を養成する。
観光デザイン学類　(55)	2022年度設置。2年次から共感デザイン、関係デザイン、共創デザインの3つのコアエリアを並行して学び、環境・社会と人間・自然の2つの探求エリアを往還的に学修。文理融合型の学びを通じて新たな観光価値をデザインする人材を養成する。
スマート創成科学類　(55)	2023年度開設。2年次からスマートライフ、スマート産業、スマート社会の3つのコアエリアを並行して学び、環境・社会と人間・自然の2つの探求エリアを往還的に学修。持続可能なスマートシティを見据えた未来の科学を創成する人材を養成する。

人間社会学域

角間キャンパス　定員 668

特色	既存の学問領域を連携させ、人間と社会が直面する諸問題を解決する力を養う。
進路	公務、情報通信業、教育・学習支援業など多様な分野に就職している。
学問分野	文学／言語学／哲学／心理学／歴史学／文化学／法学／政治学／経済学／社会学／観光学／社会福祉学／国際学／教員養成／環境学
大学院	人間社会環境／新学術創成／法学／教職実践

人文学類　(138)	2年次から心理学、現代社会・人間学、考古学・文化資源学、歴史学、日本・中国言語文化学、欧米言語文化学、言語科学の7つのプログラムに分属するカリキュラムを導入。各プログラムで25単位程度の副専攻も設けて学際的に学べる。
法学類　(150)	行政活動に関する法律や制度、政策形成を学ぶ公共法政策、企業活動と法を学び企業法務を担う人材を育成する企業関係法、法科大学院（ロースクール）への進学を目指す総合法学の3つのコースからなる。総合的判断力を養い社会問題を解決できる人材を育成する。
経済学類　(131)	経済政策の立案を学び経済理論の妥当性を分析するエコノミクスと、企業活動におけるマネジメントサイクルを学びグローバルなビジネス力を身につけるグローバル・マネジメントの2つのコースからなる。柔軟かつ体系的な学習で複雑化する世界の理解を目指す。
学校教育学類　(85)	2022年度より富山大学との共同教員養成課程を開設。共同教員養成課程では金沢大学と富山大学が共同で現代の教育課題に対応する先進的科目を開設することによって、現代の教育課題を理解し、それらの課題に対応する実践的指導力を持った教員を養成する。
地域創造学類　(83)	2年次より地域課題科目群（人と自然の共生プログラム、地域協働プログラム、共生社会プログラム）と地域創造科目群（公共政策プログラム、地域マネジメントプログラム）から核となるプログラムを1つずつ選択する。地域創生を牽引する新たなリーダーを養成する。
国際学類　(81)	3系10プログラムの中から2年次に複数プログラム、3年次に主専攻1プログラムとゼミを選択し、相互に関係する現代の諸問題について柔軟に学ぶ。国際問題に関する多面的な知識と外国語運用能力を養成し、国際社会への深い洞察力を持ち国内外で活躍できる人物を育成する。
取得可能な免許・資格	登録日本語教員、公認心理師、認定心理士、考古調査士、学芸員、社会調査士、教員免許（幼一種、小一種、中-国・数・理・社・保体・音・美・家・英、高-国・数・理・地歴・公・保体・音・美・家・英・中国語、特-知的・肢体・病弱・聴覚）

理工学域

角間キャンパス

定員 619

特色　幅広い自然科学と技術の専門分野を学ぶ。副専攻を選択することもできる。
進路　約7割が大学院へ進学。他、製造業や情報通信業などの一般企業に就く。
学問分野　数学／物理学／化学／生物学／地学／機械工学／電気・電子工学／材料工学／土木・建築学／船舶・航空宇宙工学／エネルギー工学／医療工学／その他工学／応用生物学／環境学／情報学
大学院　自然科学／新学術創成

数物科学類　(78)	2021年度改組。数学、物理学、応用数理、計算科学の4つの発展プログラムを設置。2年次までに数学系、物理学系の基礎プログラム、3年次から上記発展プログラムを、興味に従って履修できる。データサイエンス教育や国際化（授業の英語化、留学プログラム等）の強化にも取り組んでいる。
物質化学類　(78)	2021年度改組。先端化学と応用化学の2つのコアプログラムで基礎を修得、2年次後期より先端解析化学、分子創成化学、ナノ超分子化学、創エネルギー化学、グリーン・サステイナブルケミストリー、マテリアルサイエンスの6つのプログラムから複数を選択し学ぶ。
機械工学類　(94)	機械創造、機械数理、エネルギー機械の3つのコースを設置。幅広い機械技術を学び自然と調和した産業と工業の発展に寄与できる技術者を育成。数学や物理の基礎学力をベースに、機械工学の応用に必要なスキルと最先端の工学ツールを使いこなす力を身につける。
フロンティア工学類　(103)	機械工学、化学工学、電子情報工学および融合領域に関わる複数のプログラムを組み合わせて履修する。ロボティクス、航空宇宙、ナノテクノロジーなどの先進分野から、医療福祉・生活支援機器、化学製品など社会の調和と発展を支える分野まで、未来社会の創造を牽引する人材育成を目指す。
電子情報通信学類　(116)	電気電子、情報通信の2つのコースを設置。電気エネルギー創成・変換、光・電子デバイス、宇宙探査、人工知能、IoT、ビッグデータ、情報セキュリティなどの知識と技術を身につけた技術者を育成し、持続的発展可能で高度に情報化された未来社会の創造を目指す。
地球社会基盤学類　(94)	惑星の進化や地球環境について学ぶ地球惑星科学、自然環境の特性から防災技術を学ぶ土木防災、環境制御や都市を理解し住み良い都市をデザインする環境都市の3つのコースを設置。自然現象を理解し、地域環境に根差した社会を理学と工学の双方から探究する。
生命理工学類　(56)	生命を統合的なシステムとして理解する生物科学、生物資源や環境科学の基礎から応用までを学ぶ海洋生物資源、工学を応用し微生物などの産業利用を目指すバイオ工学の3つのコースを設置。生命に関する理学と工学分野を融合し、基礎科学の発展と社会への応用を目指す。
取得可能な免許・資格	登録日本語教員、学芸員、危険物取扱者（甲種）、毒物劇物取扱責任者、特殊無線技士（海上、陸上）、陸上無線技術士、建築士（一級、二級）、技術士補、測量士補、主任技術者（電気、電気通信）、施工管理技士（土木）、教員免許（中-数・理、高-数・理・情・工業）

医薬保健学域

角間キャンパス（下記学類以外）
宝町・鶴間キャンパス（医・保）

定員 384

特色　各分野を関連づけ、先端知識と技術、倫理観を兼ね備えた医療専門職を育成。
進路　大半は医師、薬剤師、看護師等の医療従事者として活躍。
学問分野　医学／薬学／看護学／健康科学
大学院　医薬保健学総合／新学術創成

医学類　(112)	6年制。全人的医療を行う人間性豊かな医師を育成。少人数制のチュートリアル教育などを通して、コアカリキュラムに対応した基本的な医学教育の内容を効率的に学ぶ。早期の医療現場体験や診療参加型臨床実習も充実し、高度で総合的な判断力を身につける。

薬学類 (65)	6年制。2年次までに徹底して基礎を学習するとともにキャリア意識の形成や研究マインドの醸成を目指す。3年次より研究室に所属し研究活動が始まる。超高齢化、超過疎化、情報通信技術革新など現代社会の変化に対応し人類の健康増進に貢献できる人材を育成する。
医薬科学類 (18)	2021年度設置。4年制。先進医療や新薬開発などのイノベーションにつながる先端的な研究を、世界レベルで展開できる研究者を育成する。2年次より生命医科学と創薬科学の2つのコースに分かれ、倫理観や国際性を涵養しつつ少数精鋭の医薬科学教育を展開する。
保健学類 (189)	4年制。看護学、診療放射線技術学、検査技術科学、理学療法学、作業療法学の5つの専攻で構成。豊かな教養と人間性を兼ね備えた高度専門医療人と保健学研究者を育成する。国家試験受験資格の取得のためのカリキュラム編成を行っている。
取得可能な免許・資格	毒物劇物取扱責任者、食品衛生管理者、食品衛生監視員、医師、薬剤師、看護師、保健師、理学療法士、作業療法士、診療放射線技師、臨床検査技師

その他プログラム等

総合教育部 (155)	「文系一括、理系一括」入試による入学者が、学類に移行するまでの間に所属する（文系72名、理系83名）。1年間かけて自分の適性を見極めながら、幅広く学修できることが特徴。2年次からの移行先の学類は、本人の志望と移行点対象科目の成績（移行点）によって決定。

入試要項（2025年度）

※この入試情報は大学発表の2025年度入試（予告）および2024年度募集要項等より編集したものです（2024年1月時点。見方は巻頭の「本書の使い方」参照）。内容には変更が生じる可能性があるため、最新情報はホームページや2025年度募集要項等で必ず確認してください。

「大学入試科目検索システム」のご案内
日程・方式ごとの偏差値や昨年度入試結果（志願者倍率、実質倍率、合格最低点）、基本情報（出願締切日、試験日、二段階選抜、募集人員、総合満点）などは、「大学入試科目検索システム」（https://nyushi.toshin.com/）をご覧ください（利用方法はp.12参照）。

■融合学域 偏差値 59

前期日程

◆共通テスト（文系傾斜）
［全学類：8科目］国現古漢 地歴 公全6科目から2 数数ⅠA、数ⅡBC 理全5科目から1 外全5科目から1▶英選択の場合は英、英語外部試験から高得点1 情情Ⅰ

◆共通テスト（理系傾斜）
［全学類：8科目］国現古漢 地歴 公全6科目から1 数数ⅠA、数ⅡBC 理物、化、生、地から2 外全5科目から1▶英選択の場合は英、英語外部試験から高得点1 情情Ⅰ

◆個別学力検査等（文系傾斜）
［先導、観光デザイン：3科目］国 数 総合現古漢、数ⅠⅡA〔全〕B〔列〕C〔ベ〕、総合問題から2 外英
［スマート創成科：3科目］国 総合現古漢、総合問題から1 数数ⅠⅡA〔全〕B〔列〕C〔ベ〕外英

◆個別学力検査等（理系傾斜）
［全学類：3科目］数数ⅠⅡⅢA〔全〕BC 理物基・物、化基・化、生基・生から1 外英

■人間社会学域 偏差値 59

前期日程

◆共通テスト
［人文、法、経済、国際：8科目］国現古漢 地歴 公全6科目から2 数数ⅠA、数ⅡBC 理理科基礎 外全5科目から1▶英選択の場合は英、英語外部試験から高得点1 情情Ⅰ

◆共通テスト（パターンA）
［学校教育、地域創造：8科目］国現古漢 地歴 公全6科目から2 数数ⅠA、数ⅡBC 理全5科目から1 外全5科目から1▶英選択の場合は英、英語外部試験から高得点1 情情Ⅰ

◆共通テスト（パターンB）
［学校教育、地域創造：8科目］国現古漢 地歴 公全6科目から1 数数ⅠA、数ⅡBC 理全5科目から2▶同一名称含む組み合わせ不可 外全5科目から1▶英選択の場合は英、英語外部試験から高得点1 情情Ⅰ

◆個別学力検査等
［人文：3科目］国現古漢 外英 総合総合問題
［法、経済：3科目］国現古漢 数数ⅠⅡA〔全〕B〔列〕C〔ベ〕外英
［国際：3科目］国現古漢 数 総合数ⅠⅡA〔全〕B〔列〕C〔ベ〕、総合問題から1 外英

◆個別学力検査等（パターンA）
[学校教育：3科目] 国 理 総合 現古漢 数 数ⅠⅡA〔全〕B〔列〕C〔べ〕、物基・物、化基・化、生基・生、総合問題から1 外 英
[地域創造：3科目] 国 現古漢 数 数ⅠⅡA〔全〕B〔列〕C〔べ〕外 英
◆個別学力検査等（パターンB）
[学校教育：3科目] 数 数ⅠⅡA〔全〕B〔列〕C〔べ〕国 理 総合 現古漢、物基・物、化基・化、生基・生、総合問題から1 外 英
[地域創造：3科目] パターンAに同じ

■理工学域 偏差値 59

前期日程
◆共通テスト
[数物科：8科目] 国 現古漢 地歴 公 全6科目から1 数 数ⅠA、数ⅡBC 理 物、化、生、地から2 外 全5科目から1 ▶英選択の場合は英、英語外部試験から高得点1 情 情Ⅰ
[物質化、機械工、フロンティア工、電子情報通信：8科目] 国 現古漢 地歴 公 全6科目から1 数 数ⅠA、数ⅡBC 理 物、化 外 全5科目から1 ▶英選択の場合は英、英語外部試験から高得点1 情 情Ⅰ
[地球社会基盤：8科目] 国 現古漢 地歴 公 全6科目から1 数 数ⅠA、数ⅡBC 理 物必須、化、生、地から1 外 全5科目から1 ▶英選択の場合は英、英語外部試験から高得点1 情 情Ⅰ
[生命理工：8科目] 国 現古漢 地歴 公 全6科目から1 数 数ⅠA、数ⅡBC 理 物、化、生から2 外 全5科目から1 ▶英選択の場合は英、英語外部試験から高得点1 情 情Ⅰ
◆個別学力検査等
[数物科：3科目] 数 数ⅠⅡⅢA〔全〕BC 理 物基・物、化基・化から1 外 英
[物質化：3科目] 数 数ⅠⅡⅢA〔全〕BC 理 化基・化 外 英
[機械工、フロンティア工、電子情報通信：3科目] 数 数ⅠⅡⅢA〔全〕BC 理 物基・物 外 英
[地球社会基盤、生命理工：3科目] 数 数ⅠⅡⅢA〔全〕BC 理 物基・物、化基・化、生基・生から1 外 英

■医薬保健学域 医学類 偏差値 66

前期日程
◆共通テスト
[医：8科目] 国 現古漢 地歴 公 全6科目から1 数 数ⅠA、数ⅡBC 理 物、化、生、地から2 外 全5科目から1 ▶英選択の場合は英、英語外部試験から高得点1 情 情Ⅰ
◆個別学力検査等
[医：5科目] 数 数ⅠⅡⅢA〔全〕BC 理 物基・物、化基・化 外 英 面 口述試験

■医薬保健学域 薬学類 偏差値 62

前期日程
◆共通テスト
[薬：8科目] 国 現古漢 地歴 公 全6科目から1 数 数ⅠA、数ⅡBC 理 物、化 外 全5科目から1 ▶英選択の場合は英、英語外部試験から高得点1 情 情Ⅰ
◆個別学力検査等
[薬：4科目] 数 数ⅠⅡⅢA〔全〕BC 理 物基・物、化基・化 外 英

■医薬保健学域 医薬科学類 偏差値 62

前期日程
◆共通テスト
[医薬科：8科目] 国 現古漢 地歴 公 全6科目から1 数 数ⅠA、数ⅡBC 理 物、化 外 全5科目から1 ▶英選択の場合は英、英語外部試験から高得点1 情 情Ⅰ
◆個別学力検査等
[医薬科：4科目] 数 数ⅠⅡⅢA〔全〕BC 理 物基・物、化基・化 外 英

■医薬保健学域 保健学類 偏差値 58

前期日程
◆共通テスト
[保健：8科目] 国 現古漢 地歴 公 全6科目から1 数 数ⅠA、数ⅡBC 理 物、化、生、地から2 外 全5科目から1 ▶英選択の場合は英、英語外部試験から高得点1 情 情Ⅰ
◆個別学力検査等
[保健－看護学：3科目] 数 数ⅠⅡA〔全〕B〔列〕C〔べ〕理 物基・物、化基・化、生基・生から1 外 英
[保健－診療放射線技術学：3科目] 数 数ⅠⅡⅢA〔全〕BC 理 物基・物、化基・化から1 外 英
[保健－検査技術科学：4科目] 数 数ⅠⅡⅢA〔全〕BC 理 物基・物、化基・化、生基・生から2 外 英
[保健－理学療法学・作業療法学：3科目] 理 物基・物、化基・化、生基・生から2 外 英

■総合教育部 偏差値 63

前期日程（一括入試）
◆共通テスト（文系一括）
[3～4科目] 国 地歴 公 数 理 次の①～⑤から2（①現古漢、②地歴全3科目、地総・歴総・公共から1、③地総・歴総・公共、公共・倫、公共・政経から1、④数ⅠA、数ⅡBC、⑤理全5科目から1）外 英 ▶英選択の場合は英、英語外部試験から高得点1
◆共通テスト（理系一括）
[3科目] 数 数ⅠA、数ⅡBC 外 英 ▶英選択の場合は英、英語外部試験から高得点1
◆個別学力検査等（文系一括）
[2科目] 外 英 総合 総合問題
◆個別学力検査等（理系一括）
[1科目] 理 物基・物、化基・化から1

■特別選抜

[総合型選抜] KUGS特別入試（総合型選抜Ⅰ）、KUGS特別入試（総合型選抜Ⅱ）共、KUGS特別入試（総合型選抜Ⅱ〔一般枠、地域枠、石川県教員希望枠、教科・免許状枠、地元育成枠〕）共
[学校推薦型選抜] KUGS特別入試（学校推薦型選抜Ⅰ）、KUGS特別入試（学校推薦型選抜Ⅱ）共、KUGS特別入試（学校推薦型選抜Ⅱ〔教科枠〕）共
[その他] KUGS特別入試（デジタル人材選抜Ⅱ、英語総合選抜Ⅱ）、超然特別入試（A-lympiad選抜Ⅰ、A-lympiad選抜Ⅱ、超然文学選抜）、女子枠特別入試、薬学類・高大院接続入試、在外留学生推薦入試、社会人選抜、帰国生徒選抜、国際バカロレア入試、私費外国人留学生入試

就職支援

金沢大学では、4つの就職支援・キャリアサポートの特徴があります。1つ目は、就職ガイダンスや就職担当教員と指導教員の連携によるバックアップなど全学を挙げての就職活動のバックアップです。2つ目は、約320社の全国各地の有力企業が参加する合同企業説明会などを開催する強力な企業とのネットワークです。3つ目は、令和4年度に国家公務員総合職に10名、国家公務員一般職試験に99名が合格という高い試験職合格・就職実績です。4つ目は、すべての学類と接続する大学院（研究科）の整備による高い大学院進学率です。

国際交流

金沢大学では、60カ国1地域320機関と国際交流協定を結んでおり（2023年4月現在）、短期研修と派遣留学の2つの留学制度があります。短期研修は夏休みや春休みを利用した1週間から2カ月の留学で、安心・安全・安価な海外初心者向けのプログラムなどがあります。派遣留学では半年間または1年間、現地の学生との専門授業の受講や語学を中心に学修します。また、大学独自の派遣留学生のための奨学金制度も整っています。新しい国際交流のあり方としてオンラインの海外研修プログラムも開催されています。

金沢大学ギャラリー

■角間キャンパス

広大な面積を有している角間キャンパスの周囲の一部は里山ゾーンに指定されており、多くの動植物が生息しています。

■金沢大学附属病院

医学・保健系の学生が学んでいる宝町・鶴間キャンパスには附属病院が併設されており、高度な実習を受けることができます。

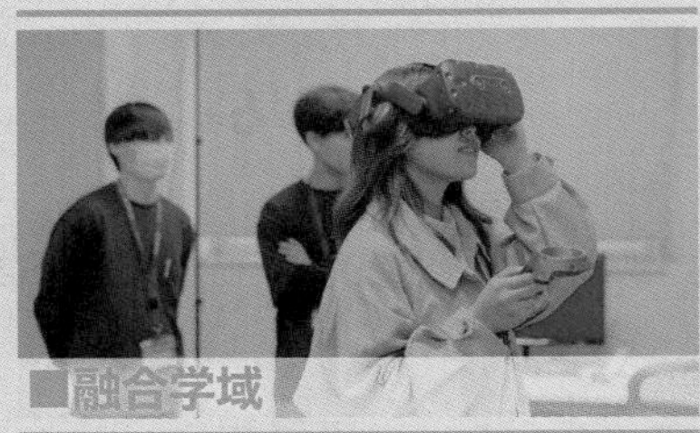
■融合学域

2021年に新設された融合学域では、文理融合の学びにより、イノベーションをリードする人材を養成しています。

■ほん和かふぇ

中央図書館併設のブックラウンジにあるカフェ。アメニティ施設だけでなく、ラーニング・コモンズの場としても機能しています。

福井大学（ふくいだいがく）

資料請求

学務部入試課（文京キャンパス）　TEL（0776）27-9927　〒910-8507 福井県福井市文京3-9-1

格致によりて　人と社会の未来を拓く

大学紹介動画　最新入試情報

人々が健やかに暮らすための科学と技術に関する世界水準の教育・研究により、地域、国及び国際社会に貢献する人材を育成。独創的でかつ地域の特色を生かした研究を行い、専門医療の実践を目的とする。

文京キャンパス

キャンパス **3**つ

文京キャンパス
〒910-8507 福井県福井市文京3-9-1
松岡キャンパス
〒910-1193 福井県吉田郡永平寺町松岡下合月23-3
敦賀キャンパス
〒914-0055 福井県敦賀市鉄輪町1-3-33

基本データ

※2023年5月現在（進路・就職は2022年度卒業者データ。学費は2024年度入学者用〔予定〕）

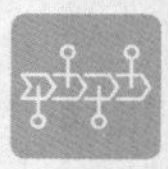
沿革

1949年に福井師範学校、福井青年師範学校、福井工業専門学校を統合し、学芸学部と工学部の2つの学部からなる大学として発足。2003年に福井医科大学と統合。2016年に教育地域科学部を教育学部に改称、工学部8学科を5学科に改組、国際地域学部を設置し、現在に至る。

教育機関　**4**学部 **5**研究科

学部　教育／医／工／国際地域

大学院　連合教職開発Ⓟ／医学系ⓂⒹ／工学ⓂⒹ／国際地域マネジメントⓅ／連合小児発達学Ⓓ

人数

学部学生数　**4,022**名

教員1名あたり学生 **6**名

教員数　**617**名【学長】上田孝典
（教授**176**名、准教授**150**名、講師**79**名、助教**207**名、助手・その他**5**名）

学費

初年度納入額　**817,800**円（諸経費別途）

奨学金　福井大学生協奨学金、福井大学学生修学支援奨学金、福井大学基金予約型奨学金

進路

学部卒業者　**841**名
（進学**316**名［37.6%］、就職**411**名［48.9%］、その他※**114**名［13.5%］）
※臨床研修医97名を含む

主な就職先　福井県庁、NHK、アイシン、SCSK、セーレン、楽天グループ、福井大学医学部附属病院、京都大学医学部附属病院、福井県内公立学校

学部学科紹介

※本書掲載内容は、大学公表資料から独自に編集したものです。詳細は大学パンフレットやホームページ等で必ず確認してください（取得可能な免許・資格は任用資格や受験資格などを含む）。

教育学部

文京キャンパス

定員 100

特色 教育実践研究をカリキュラムの中心に据え、実践的指導力を養成。
進路 約6割が教員になる。他、公務や製造業に就職する者もいる。
学問分野 教員養成
大学院 連合教職開発

学校教育課程 (100)	小学校、特別支援学校、幼稚園などの教員を養成する初等教育コースと、中学校、高等学校などの教員を養成する中等教育コースの2つのコースを設置。専門性と横断的視座を身につけるとともに、ICT教育やインクルーシブ教育にも対応したカリキュラムを展開する。
取得可能な免許・資格	教員免許（幼一種、小一種、中-国・数・理・社・保体・音・美・家・技・英、高-国・数・理・地歴・公・保体・音・美・家・工業・英、特-知的・肢体・病弱）、司書教諭

医学部

松岡キャンパス

定員 160

特色 放射線について学ぶ救急・緊急被ばく医療や、災害看護学などを開講。
進路 卒業者多くは福井大学病院や県内外の病院で活躍している。
学問分野 医学／看護学
大学院 医学系

医学科 (100)	6年制。豊かな人間性と臨床能力、研究心を兼ね備えた医師を育成。1年次から医師としての社会的責任を自覚し、医学準備教育や基礎医科学を取り入れた学習を行う。看護学生との合同講義を通して多職種連携医療に必要なコミュニケーション能力や社会性を養う。
看護学科 (60)	4年制。多様化する社会のニーズに応えるための専門的な看護力と実践力、自らの資質向上に必要な基礎的能力を備えた看護師を育成。先進事例を学ぶ英国研修や、助産師課程、保健師課程も選択可能。「ふくい看護論」では地域の文化や生活の特色を踏まえた看護を学ぶ。
取得可能な免許・資格	医師、看護師、助産師、保健師

工学部

文京キャンパス
敦賀キャンパス(3・4年次の一部)

定員 525

特色 世界と協働できる高度専門技術者を育成し、地域と世界の発展に貢献する。
進路 約半数が大学院へ進学。就職先は製造業、情報通信業、建設業など。
学問分野 物理学／化学／生物学／機械工学／電気・電子工学／土木・建築学／環境学
大学院 工学

機械・システム工学科 (155)	3年次より機械工学、ロボティクス、原子力安全工学の3つのコースに分属。機械工学を基礎に分野横断的に学習を進め異分野を融合できる人材を育成。原子力安全工学コースは大学院までの一貫教育で、3年次より敦賀キャンパスの附属国際原子力工学研究所で学ぶ。
電気電子情報工学科 (125)	3年次より3つのコースに分属。電子物性工学コースでは電磁気学や物理学を基盤に研究を行う。電気通信システム工学コースでは電気回路や数理物理を基盤として研究を行い、情報工学コースではアルゴリズムを基礎に情報工学とメディア工学を横断した研究を行う。
建築・都市環境工学科 (60)	3年次から2つのコースに分属。建築学コースでは生活空間を構築するための専門知識と建築計画・設計・施工・維持・管理などの技術を学ぶ。都市環境工学コースでは水理学、地盤工学、土木計画学、材料学、環境工学など社会インフラの関連分野について学ぶ。
物質・生命化学科 (135)	3年次から3つのコースに分属。繊維・機能性材料工学コースでは研究と産業の両方に応用できる繊維・材料研究を行う。物質化学コースでは新しい化成品や環境技術の開発を目指し、バイオ・応用医工学コースでは化学と生命科学を横断し医学と工学を結びつける。

応用物理学科 (50)	物理学、数学、化学などの自然科学を基礎から幅広く学び、論理的思考力を身につける。シミュレーションや応用物理学実験などを通じ自然科学と工学の融合を探究するとともに、量子力学や統計力学など物理学の基礎と自然科学を融合し新たな工業技術を生み出す。
取得可能な免許・資格	危険物取扱者(甲種)、毒物劇物取扱責任者、ボイラー技士、特殊無線技士(海上、陸上)、陸上無線技術士、建築士（一級、二級、木造)、技術士補、測量士補、主任技術者(ボイラー・タービン、電気、電気通信、原子炉)、施工管理技士(土木、建築、電気工事、管工事、造園、建設機械)、衛生管理者、教員免許(高-理・工業)、作業環境測定士

国際地域学部

文京キャンパス 定員 60

特色 1年次を中心に徹底した英語教育を受け、海外留学も達成できる。
進路 就職先は製造業や卸売・小売業、建設業など幅広い。
学問分野 文化学／国際学
大学院 国際地域マネジメント

国際地域学科 (60)	グローバルと地域創生の両視点から、社会の抱える諸課題を解決していくために必要な専門的知識を学際的に学ぶ。高度な英語教育と海外留学、課題探究プロジェクトなどを通じ異文化理解力と外国語運用能力、総合的な知識を身につける。
取得可能な免許・資格	社会調査士

入試要項(2025年度)

※この入試情報は大学発表の2025年度入試（予告）より編集したものです（2024年1月時点。見方は巻頭の「本書の使い方」参照)。内容には変更が生じる可能性があるため、最新情報はホームページや2025年度募集要項等で必ず確認してください。

「大学入試科目検索システム」のご案内
日程・方式ごとの偏差値や昨年度入試結果（志願者倍率、実質倍率、合格最低点)、基本情報（出願締切日、試験日、二段階選抜、募集人員、総合満点)などは、「大学入試科目検索システム」(https://nyushi.toshin.com/) をご覧ください（利用方法はp.12参照)。

■教育学部 偏差値 54

前期日程

◆**共通テスト（文系型）**
[学校教育：8科目] 国現古漢 地歴 公全6科目から2 数数ⅠA、数ⅡBC 理全5科目から1 外全5科目から1 情情Ⅰ

◆**共通テスト（理系型）**
[学校教育：8科目] 国現古漢 地歴 公全6科目から1 数数ⅠA、数ⅡBC 理物、化、生、地から2 外全5科目から1 情情Ⅰ

◆**共通テスト（実技型）**
[学校教育：8科目] 国現古漢 地歴 公 理次の①・②から1(①地歴公全6科目から2、理全5科目から1、②地歴公全6科目から1、物、化、生、地から2) 数数ⅠA、数ⅡBC 外全5科目から1 情情Ⅰ

◆**個別学力検査等（文系型）** ※調査書を総合判定の資料として利用する
[学校教育：2科目] 国現古漢 外英

◆**個別学力検査等（理系型）** ※調査書を総合判定の資料として利用する
[学校教育：2科目] 国 外現古漢、英から1 数数ⅠⅡⅢABC

◆**個別学力検査等（実技型〔音楽〕)**
[学校教育：3科目] 論実技型小論文 面面接▶口頭試問含む 実技音楽実技

◆**個別学力検査等（実技型〔体育〕)** ※調査書を総合判定の資料として利用する
[学校教育：：2科目] 論実技型小論文 実技体育実技

後期日程

◆**共通テスト（統合型）**
[学校教育：8科目] 国現古漢 地歴 公 理次の①・②から1(①地歴公全6科目から2、理全5科目から1、②地歴公全6科目から1、物、化、生、地から2) 数数ⅠA、数ⅡBC 外全5科目から1 情情Ⅰ

◆**個別学力検査等（統合型）** ※調査書を総合判定の資料として利用する
[学校教育：1科目] 論小論文

■医学部 医学科 偏差値 65

前期日程

◆**共通テスト**
[医：8科目] 国現古漢 地歴 公地歴全3科目、公共・倫、公共・政経から1 数数ⅠA、数ⅡBC 理物、化、生から2 外英 情情Ⅰ

◆**個別学力検査等**
[医：5科目] 数数ⅠⅡⅢA〔全〕BC 理物基・物、化基・化、生基・生から2 外英 面面接

後期日程

◆**共通テスト**
[医：8科目] 前期日程に同じ

◆**個別学力検査等**
[医：2科目] 論小論文 面面接

■医学部 看護学科 偏差値 56

前・後期日程

◆共通テスト

[看護：7科目] 国 現古漢 地歴 公 全6科目から1 数 数ⅠA、数ⅡBC 理 理科基礎、物、化、生から1▶地基選択不可 外 英 情 情Ⅰ

◆個別学力検査等

[看護：2科目] 論 小論文 面 面接

■工学部 偏差値 55

前期日程

◆共通テスト

[機械・システム工、建築・都市環境工：8科目] 国 現古漢 地歴 公 全6科目から1 数 数ⅠA、数ⅡBC 理 物、化、生、地から2 外 全5科目から1 情 情Ⅰ

[電気電子情報工：8科目] 国 現古漢 地歴 公 全6科目から1 数 数ⅠA、数ⅡBC 理 物必須、化、生、地から1 外 全5科目から1 情 情Ⅰ

[物質・生命化：8科目] 国 現古漢 地歴 公 全6科目から1 数 数ⅠA、数ⅡBC 理 物、化、生から2 外 全5科目から1 情 情Ⅰ

[応用物理：8科目] 国 現古漢 地歴 公 全6科目から1 数 数ⅠA、数ⅡBC 理 物、化 外 全5科目から1 情 情Ⅰ

◆個別学力検査等※調査書を総合判定の資料として利用する

[機械・システム工、電気電子情報工、応用物理：2科目] 数 数ⅠⅡⅢAB〔列〕C 理 物基・物

[建築・都市環境工、物質・生命化：2科目] 数 数ⅠⅡⅢAB〔列〕C 理 物基・物、化基・化から1

後期日程

◆共通テスト

[全学科：8科目] 前期日程に同じ

◆個別学力検査等※調査書を総合判定の資料として利用する

[物質・生命化以外：1科目] 数 数ⅠⅡⅢAB〔列〕C

[物質・生命化：1科目] 面 面接▶口述試験含む

■国際地域学部 偏差値 57

前期日程

◆共通テスト

[国際地域：8科目] 国 現古漢 地歴 公 全6科目から2 数 数ⅠA、数ⅡBC 理 全5科目から1 外 全5科目から1▶英選択の場合は英、英語外部試験から高得点1 情 情Ⅰ

◆個別学力検査等※調査書を総合判定の資料として利用する

[国際地域：2科目] 国 数 現古漢、数ⅠⅡABC〔ベ〕から1 外 英

後期日程

◆共通テスト

[国際地域：4～5科目] 国 地歴 公 数 理 次の①～④から2（①現古漢、②地歴公全6科目から1、③数ⅠA、数ⅡBC、④理全5科目から1） 外 全5科目から1▶英選択の場合は英、英語外部試験から高得点1 情 情Ⅰ

◆個別学力検査等

[国際地域：2科目] 論 小論文 面 面接

■特別選抜

[総合型選抜] 総合型選抜Ⅰ、総合型選抜Ⅰ（実技型）、総合型選抜Ⅱ 共

[学校推薦型選抜] 学校推薦型選抜Ⅰ、学校推薦型選抜Ⅰ（高大接続型、実技型）、学校推薦型選抜Ⅱ 共、学校推薦型選抜Ⅱ（面接型）共

[その他] 私費外国人留学生選抜

福井大学ギャラリー

■ラーニングスペース

2021年に新設されたプロジェクトラーニングスペースは、学生の交流の他に、企画会議や説明会の際に職員も利用しています。

■言語開発センター

文京キャンパス総合図書館にある外国語を自律的に学ぶための施設です。松岡キャンパスも同様に個人学習演習室を整備しています。

やまなし
山梨大学

資料請求

教学支援部入試課（甲府キャンパス）　TEL (055) 220-8046　〒400-8510 山梨県甲府市武田4-4-37

地域の中核を担い、世界で活躍する人材を育成する

大学紹介動画

最新入試情報

「地域の中核、世界の人材」を掲げ、個人の尊厳を尊重し、先見性や創造性を備えた人材を育成する。未来世代に配慮した教育研究を展開し、地域社会の抱える課題を地域と協同して解決することを目指す。

甲府キャンパス正門

キャンパス 2つ

甲府キャンパス
〒400-8510 山梨県甲府市武田4-4-37
医学部キャンパス
〒409-3898 山梨県中央市下河東1110

基本データ

※2023年5月現在（進路・就職は2022年度卒業者データ。学費は2024年度入学者用〔予定〕）

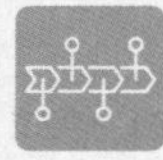
沿革

1795年設立の甲府学問所徽典館を起源とする山梨師範学校などを包括し、1949年に新制大学として山梨大学が発足。以後、改組などを経て、2002年に山梨医科大学と合併、医学部を設置。2004年、国立大学法人に移行。2016年、教育人間科学部を教育学部に改組。2024年、工学部を改組。

教育機関
4学部 2研究科

学部　教育／医／工／生命環境
大学院　教育学Ⓟ／医工農学総合ⓂⒹ

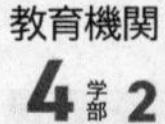
人数

学部学生数　**3,788**名
教員1名あたり 学生 **6**名
教員数　**629**名【学長】中村和彦
（教授**178**名、准教授**156**名、講師**50**名、助教**165**名、助手・その他**80**名）

学費

初年度納入額　**865,800~927,800**円
奨学金　山梨大学大村智記念基金奨学金

進路

学部卒業者　**849**名
（進学**252**名［29.7%］、就職**434**名［51.1%］、その他※**163**名［19.2%］）
※臨床研修医118名を含む
主な就職先　山梨県（職員）、静岡県（職員）、甲府市（職員）、山梨県警察、学校（教員）、岡野薬品、クレスコ、コムチュア、ファナック、NECプラットフォームズ、シャトレーゼ、YITOAマイクロテクノロジー、セイコーエプソン、東芝キャリア、中日本高速道路、JR東海、JR東日本、NIPPO、横浜市立大学附属市民総合医療センター、山梨大学医学部附属病院、信州大学医学部附属病院

学部学科紹介

※本書掲載内容は、大学公表資料から独自に編集したものです。詳細は大学パンフレットやホームページ等で必ず確認してください（取得可能な免許・資格は任用資格や受験資格などを含む）。

教育学部

甲府キャンパス
定員 120

特色 教育実習やボランティアなどを通し教育文化への洞察力を兼ね備えた人材を育成。
進路 卒業者の多くは教員となる。他、公務に就く者や進学する者もいる。
学問分野 教員養成
大学院 教育学

学校教育課程 (120)	幼小発達教育、障害児教育、言語教育、生活社会教育、科学教育、芸術身体教育の6つのコースを設置。学校現場で教育に携わる実践的指導力の高い教育者を養成する。子どもの発達と教育の過程を長期的なスパンで学び、新しい教育文化を担う人材を育成する。
取得可能な免許・資格	登録日本語教員、学芸員、教員免許（幼一種、小一種、中-国・数・理・社・保体・音・美・家・技・英、高-国・数・理・地歴・公・保体・書・音・美・家・英、特-知的・肢体・病弱）、社会教育士、社会教育主事、司書教諭

医学部

甲府キャンパス（1年）
医学部キャンパス（1〜4(6)年）
定員 185

特色 附属病院での充実した実習と質の高い教育プログラムで優れた医療人を育成。
進路 医：卒業後初期臨床研修に臨む。看護：附属病院などの医療機関で活躍。
学問分野 医学／看護学
大学院 医工農学総合

医学科 (125)	6年制。現代の医療や医学を担う臨床医と研究者を育成。1年次から予防医学の重要性や診療所の役割など地域医療の現状について学び、4年次からは76週にわたる臨床実習が始まる。医学研究の道に進む学生を対象に「ライフサイエンスコース」も設置されている。
看護学科 (60)	4年制。看護学の基盤となる人間学の知識を深め、人間性豊かな看護師を育成。人間の心理や身体、保健福祉環境について学ぶ看護基礎科目や、患者と接して学ぶ看護専門科目などを履修する。4年次には学生主体の統合実習や看護研究を行い、看護観を醸成する。
取得可能な免許・資格	医師、看護師、助産師、保健師、養護教諭（二種）

工学部

甲府キャンパス
定員 365

特色 2024年度改組予定。1学科複数コース制とし柔軟に進路選択をすることが可能。
進路 約4割が大学院へ進学。一般企業の他、公務に就く者もいる。
学問分野 化学／機械工学／電気・電子工学／材料工学／土木・建築学／その他工学／環境学／情報学
大学院 医工農学総合

工学科 改 (365)	1年次に化学系、土木環境系、総合工学、情報系、機械電気系の5つのクラスのいずれかに所属。2年次からはクリーンエネルギー化学、応用化学、土木環境工学、コンピュータ理工学、機械工学、メカトロニクス、電気電子工学の7つのコースに分かれ、専門性を高める。
取得可能な免許・資格	危険物取扱者（甲種）、毒物劇物取扱責任者、電気工事士、特殊無線技士（海上、陸上）、技術士補、測量士補、主任技術者（ボイラー・タービン、電気）、施工管理技士(土木、建築、管工事、建設機械)、衛生管理者、教員免許(高-数・理・情・工業)、作業環境測定士、ビオトープ管理士

生命環境学部

甲府キャンパス
定員 155

特色 最先端技術や農学の専門知識を学び、自然と共生する社会を担う人材を育成。
進路 生命工：8割弱が進学。生命工以外：公務、情報通信業への就職が多い。
学問分野 生物学／農学／応用生物学／環境学
大学院 医工農学総合

生命工学科 (40)	様々な構造と機能を生化学、生体物質化学、遺伝子工学、構造生物学などの観点から微生物や動植物の新たな生物資源を探究する。多能性幹細胞（iPS細胞やES細胞）の分化誘導技術やクローン技術に関して、生物工学的見地から教育と研究を行う。

地域食物科学科　(37)	食物科学や農学に関する専門知識や技術をもとに、果樹や野菜の生産や食品製造、資源、環境などの多様な視点から食料問題にアプローチする。ワイン科学特別コースも設置。専門的なワイン製造技術について修得し、ワイン製造業界で活躍できる人材を育成する。
環境科学科　(30)	安全な生物資源の生産、環境やエネルギー、食料問題などの解決を目指し研究を行う。環境に関わる自然科学の知識を基礎に、フィールド調査技術、地理情報システムなどの環境情報解析技術、環境影響予測技術、環境保全計画作成などの環境管理技術の修得を目指す。
地域社会システム学科　(48)	企業経営、新事業の展開、商品の開発や生産、流通、販売の一連の過程に関する流通経済、地域経済、地域行政などを総合的に学ぶ。数理的手法も取り入れ、その方法と応用を習得。観光政策科学特別コースを設置し、観光振興を念頭に地域志向型教育を展開する。
取得可能な免許・資格	危険物取扱者（甲種）、毒物劇物取扱責任者、技術士補、食品衛生管理者、食品衛生監視員、自然再生士補、バイオ技術者、衛生管理者、作業環境測定士

入試要項（2025年度）

※この入試情報は大学発表の2025年度入試（予告）より編集したものです（2024年1月時点。見方は巻頭の「本書の使い方」参照）。内容には変更が生じる可能性があるため、最新情報はホームページや2025年度募集要項等で必ず確認してください。

「大学入試科目検索システム」のご案内
日程・方式ごとの偏差値や昨年度入試結果（志願者倍率、実質倍率、合格最低点）、基本情報（出願締切日、試験日、二段階選抜、募集人員、総合満点）などは、「大学入試科目検索システム」（https://nyushi.toshin.com/）をご覧ください（利用方法はp.12参照）。

■教育学部 偏差値 55

前期日程

◆**共通テスト**

［学校教育－幼小発達教育・障害児教育・言語教育・芸術身体教育：8科目］国現古漢 地歴 公全6科目から2▶公から1必須 数数ⅠA、数ⅡBC 理全5科目から1 外全5科目から1 情情Ⅰ

［学校教育－生活社会教育：8科目］国現古漢 地歴 公 理全11科目から3 数数ⅠA、数ⅡBC 外全5科目から1 情情Ⅰ

［学校教育－科学教育：8科目］国現古漢 地歴 公全6科目から1 数数ⅠA、数ⅡBC 理全5科目から2 外全5科目から1 情情Ⅰ

◆**個別学力検査等**

［学校教育－幼小発達教育・障害児教育・生活社会教育：2科目］外英 面集団面接

［学校教育－言語教育：3科目］国現古漢 外英 面集団面接

［学校教育－科学教育：3科目］数数ⅠⅡAB〔列〕C〔ベ〕理物基・物、化基・化、生基・生から1 面集団面接

［学校教育－芸術身体教育：2科目］面集団面接 実技実技

後期日程

◆**共通テスト**

［学校教育－幼小発達教育・障害児教育・芸術身体教育：4～5科目］国 地歴 公 数 理 外次の①～⑤から3（①現古漢、②地歴公全6科目から2▶公から1必須、③数ⅠA、数ⅡBC、④理全5科目から1、⑤外全5科目から1）情情Ⅰ

［学校教育－言語教育：4科目］国現古漢 地歴 公全6科目から1 外全5科目から1 情情Ⅰ

［学校教育－生活社会教育：5～7科目］国 地歴 公 数 理 外次の①～⑥から3（①現古漢、②地歴公全6科目から2、③地歴公全6科目から1、理全5科目から1、④数ⅠA、数ⅡBC、⑤理全5科目から2、⑥外全5科目から1）▶②と③、③と⑤の組み合わせ不可 情情Ⅰ

［学校教育－科学教育：8科目］前期日程に同じ

◆**個別学力検査等**

［学校教育－幼小発達教育・障害児教育・言語教育・生活社会教育・科学教育：1科目］面面接

［学校教育－芸術身体教育：2科目］面面接 実技実技

■医学部 医学科 偏差値 68

後期日程

◆**共通テスト**

［医：8科目］国現古漢 地歴 公地歴全3科目、公共・倫、公共・政経から1 数数ⅠA、数ⅡBC 理物、化、生から2 外英 情情Ⅰ

◆**個別学力検査等**

［医：5科目］数数ⅠⅡⅢA〔全〕BC 理物基・物、化基・化、生基・生から2 外英 面面接

■医学部 看護学科 偏差値 56

前期日程

◆**共通テスト**※理科基礎は2科目扱い

［看護：7～8科目］国現古漢 地歴 公全6科目から1 数数ⅠA、数ⅡBC 理全5科目から1 外英 情情Ⅰ

◆**個別学力検査等**

[看護：2科目] 論 小論文 面 個人面接

後期日程

◆**共通テスト**※理科基礎は2科目扱い

[看護：7～8科目] 前期日程に同じ

◆**個別学力検査等**

[看護：1科目] 面 個人面接

■工学部 偏差値 55

前期日程

◆**共通テスト**

[工：8科目] 国 現古漢 地歴 公 全6科目から1 数 数ⅠA、数ⅡBC 理 物、化、生から2 外 全5科目から1 情 情Ⅰ

◆**個別学力検査等**

[工－クリーンエネルギー化学・応用化学：2科目] 数 数ⅠⅡⅢAB〔列〕C 理 化基・化

[工－土木環境工学・総合工学・コンピュータ理工学：2科目] 数 数ⅠⅡⅢAB〔列〕C 理 物基・物、化基・化から1

[工－機械工学・メカトロニクス・電気電子工学：2科目] 数 数ⅠⅡⅢAB〔列〕C 理 物基・物

後期日程

◆**共通テスト**

[工－総合工学：8科目] 前期日程に同じ

◆**個別学力検査等**

[工－総合工学：1科目] 面 面接

■生命環境学部 偏差値 56

前期日程

◆**共通テスト**

[生命工、地域食物科：8科目] 国 現古漢 地歴 公 全6科目から1 数 全3科目から2 理 物、化、生から2 外 全5科目から1 情 情Ⅰ

[環境科：8科目] 国 現古漢 地歴 公 全6科目から1 数 全3科目から2 理 物、化、生、地から2 外 全5科目から1 情 情Ⅰ

[地域社会システム：7科目] 国 現古漢 地歴 公 理 全11科目から2▶地歴2科目選択不可 数 全3科目から2 外 全5科目から1 情 情Ⅰ

◆**個別学力検査等**

[生命工：2科目] 数 数ⅠⅡⅢAB〔列〕C 理 化基・化、生基・生から1

[地域食物科：2科目] 数 数ⅠⅡAB〔列〕C〔ベ〕 理 化基・化、生基・生から1

[環境科：1科目] 総合 総合問題

[地域社会システム：2科目] 国 数 現古漢、数ⅠⅡAB〔列〕C〔ベ〕から1 外 英

後期日程

◆**共通テスト**

[生命工：6科目] 数 全3科目から2 理 物、化、生から2 外 全5科目から1 情 情Ⅰ

[地域食物科、環境科：8科目] 前期日程に同じ

[地域社会システム：7科目] 前期日程に同じ

◆**個別学力検査等**

[全学科：1科目] 面 面接

■特別選抜

[総合型選抜] 総合型選抜Ⅰ、総合型選抜Ⅱ 共、総合型選抜Ⅱ（理科重視型、数学重視型、英数理バランス型） 共

[学校推薦型選抜] 学校推薦型選抜Ⅰ、学校推薦型選抜Ⅰ（一般枠、女子枠、a、b、c）、学校推薦型選抜Ⅱ 共

[その他] 私費外国人留学生入試

山梨大学ギャラリー

■甲府キャンパス

都心から直通電車が通っているためアクセス抜群。1年次は甲府市中心に広がるこの緑豊かなキャンパスで全学生が授業を受けます。

■グローバル共創学習室

国際的なコミュニケーションを育成するため、異文化理解や語学学習を通じ、学生間で互いに学び合っています。

信州大学（しんしゅう）

資料請求

学務部入試課（松本キャンパス）　TEL (0263) 37-3450　〒390-8621 長野県松本市旭3-1-1

豊かな自然のもと、世界に開かれた大学を目指す

大学紹介動画　最新入試情報

文化や思想の多様性を受容し、豊かな教養を備えた人材を育成する。自治体や企業との連携で、地域の諸課題に取り組んでいる他、諸外国から学生や研究者を受け入れ、信州の国際交流の推進力となっている。

繊維学部講堂

キャンパス 5つ

松本キャンパス
〒390-8621 長野県松本市旭3-1-1
長野（教育）キャンパス
〒380-8544 長野県長野市西長野6-ロ
長野（工学）キャンパス
〒380-8553 長野県長野市若里4-17-1
伊那キャンパス
〒399-4598 長野県上伊那郡南箕輪村8304
上田キャンパス
〒386-8567 長野県上田市常田3-15-1

基本データ

※2023年5月現在（学部学生数に留学生は含まない。進路・就職は2022年度卒業者データ。学費は2024年度入学者用〔予定〕）

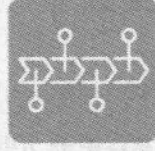
沿革

1949年に松本医科大学、松本高等学校、長野師範学校など、7つの学校を包括、併合して設立。1966年、文理学部を人文学部と理学部に改組。1978年、人文学部を人文学部と経済学部に改組。2016年、経済学部を経法学部に改組し、現在に至る。

教育機関 8学部 5研究科

学部　人文／教育／経法／理／医／工／農／繊維

大学院　総合人文社会科学Ⓜ／教育学Ⓟ／総合理工学Ⓜ／医学系Ⓜ／総合医理工学Ⓓ

人数

学部学生数　8,805名

教員1名あたり学生 8名

教員数　1,019名【学長】中村宗一郎
（教授326名、准教授279名、講師80名、助教329名、助手・その他5名）

学費

初年度納入額　817,800円（諸経費別途）

奨学金　信州大学入学サポート奨学金

進路

学部卒業者　1,956名
（進学792名［40.5%］、就職941名［48.1%］、その他※224名［11.4%］）
※臨床研修医128名を含む

主な就職先　学校教員（小、中、高、特別支援学校、幼稚園）、国家公務、地方公務、信州大学医学部附属病院、相澤病院、長野県立こども病院、中日本高速道路、JR西日本、ニトリ、税理士法人 成迫会計事務所、八十二銀行、長野県信用組合、一条工務店、大成建設、エプソンアヴァシス、ソフトバンク、セイコーエプソン、新光電気工業、キオクシア、京セラ、三菱電機、クボタ、本田技研工業

学部学科紹介

※本書掲載内容は、大学公表資料から独自に編集したものです。詳細は大学パンフレットやホームページ等で必ず確認してください（取得可能な免許・資格は任用資格や受験資格などを含む）。

人文学部

松本キャンパス　定員 155

特色　専門分野以外の多彩な科目を履修し幅広い学問理解を目指すプログラムも設置。
進路　公務、卸売・小売業、情報通信業へ就職する者が多い。
学問分野　文学／言語学／哲学／心理学／歴史学／社会学／芸術理論
大学院　総合人文社会科学

学科	定員	内容
人文学科	(155)	哲学・芸術論、文化情報論・社会学、心理学・社会心理学、歴史学、比較言語文化、英米言語文化、日本言語文化の7つのコースを設置。高度に情報化、多様化した現代社会において本質的な思索から実践知を獲得する「新時代の人文人（ネオ・フマニスト）」を育成。
取得可能な免許・資格		公認心理師、学芸員、社会調査士、教員免許(中-国・社・英、高-国・地歴・公・英)

教育学部

松本キャンパス（1年）
長野(教育)キャンパス(2～4年)　定員 240

特色　信州の地域特性を活かし豊かな人間性と学校教育に関わる専門能力を身につける。
進路　卒業者の多くが教育・学習支援業に就く。他、公務や製造業など。
学問分野　教員養成
大学院　総合人文社会科学／教育学

学科	定員	内容
学校教育教員養成課程	(240)	国語教育、英語教育、数学教育、社会科教育、音楽教育など10の教科教育、現代教育、野外教育、特別支援教育、心理支援教育の合計14コースで構成。教育現場での臨床的な学習を通して、高い専門性や実践的な指導力とともに、総合的な問題解決能力も兼ね備えた教員を育成する。
取得可能な免許・資格		公認心理師、准学校心理士、教員免許(幼一種、小一種、中-国・数・理・社・保体・音・美・家・技・英、高-国・数・理・地歴・公・保体・音・美・家・英、特-知的・肢体・病弱)、司書教諭

経法学部

松本キャンパス　定員 180

特色　専門知識と実践力、連携力を兼ね備え複雑な社会問題の解決に挑む人材を育成。
進路　卒業者は公務や製造業、情報通信業をはじめ多様な分野へ就職している。
学問分野　法学／政治学／経済学／経営学
大学院　総合人文社会科学

学科	定員	内容
応用経済学科	(100)	経済・経営データ分析、公共経済、マネジメントの3つのコースを設置。入学からの2年間で経済学の基礎から応用まで体系的に学び、3年次よりコースに分属。経済学以外の他分野の知識も取り入れた応用分析能力を養う学際系科目が特徴的である。
総合法律学科	(80)	環境法務、経済・企業法務、都市・行政法務の3つのコースを設置。基礎から実践に至る法学知識を修得する他、法務関係資格の取得を支援する。現役の職業人から学ぶ実務講義や法務実習科目を通じ、法務や行政の実務に役立つ実践力を身につける。

理学部

松本キャンパス　定員 205

特色　社会の持続的発展を追究するグリーンサイエンスの教育と研究を行う。
進路　約6割が大学院へ進学。就職先は製造業、教育・学習支援業など。
学問分野　数学／物理学／化学／生物学／地学／応用物理学／応用化学／応用生物学／環境学
大学院　総合理工学／総合医理工学

学科	定員	内容
数学科	(54)	数理科学と自然情報学の2つのコースを設置。自然科学分野の発展の基礎である数学と、現代の情報化社会において不可欠なコンピュータの専門知識を修得する。論理的な思考力や柔軟な発想力を身につけ、情報産業や教育など様々な分野に貢献できる人材を育成。
理学科	(151)	物理学、化学、地球学、生物学、物質循環学の5つのコースを設置。選択したコースの専門科目を中心に学ぶ標準プログラム、アドバンス科目や大学院科目も履修する先進プログラム、他コースや他学部の科目も履修する学際プログラムの3つの学び方を提供している。
取得可能な免許・資格		学芸員、測量士補、自然再生士補、教員免許（中-数・理、高-数・理）

医学部

松本キャンパス 定員 263

特色	医学科は参加型臨床実習、保健学科では保健医療福祉に対応する連携教育を実施。
進路	卒業者のほとんどが医療機関で活躍。大学院へ進学する者もいる。
学問分野	医学／看護学／健康科学
大学院	総合理工学／医学系／総合医理工学

医学科 (120)	6年制。1年次から基礎医学が始まり、3年次に基礎医学を修了する効率的なカリキュラムを構成。3年次後期からユニット講義で臨床医学についての知識を修得、4年次後期からは少人数のグループで見学だけでなく診療にも参加する診療参加型臨床実習を行う。
保健学科 (143)	4年制。希望の職種に対応した看護学、検査技術科学、理学療法学、作業療法学4つの専攻で構成。3年次から専攻ごとに専門科目を履修する。チーム医療実習や希望者を対象とした短期海外研修（シンガポール）なども整備されている。
取得可能な免許・資格	医師、看護師、理学療法士、作業療法士、臨床検査技師

工学部

松本キャンパス（1年）
長野(工学)キャンパス(2～4年) 定員 485

特色	エネルギー、食、先進材料、環境など現代社会の課題を軸に教育と研究を行う。
進路	卒業者の多くが大学院へ進学する。他、製造業や建設業に就く者もいる。
学問分野	機械工学／電気・電子工学／材料工学／土木・建築学／環境学／情報学
大学院	総合理工学

物質化学科 (95)	先進材料工学、分子工学、バイオ・プロセス工学の3つのプログラムで構成。化学を基礎とした先端的な材料・機能物質・バイオテクノロジー分野について教育研究を行っている。化学の広範な知識を基盤に、課題解決から技術の革新までを担える人材を育成する。
電子情報システム工学科 (170)	電気電子、通信システム、情報システムのプログラムで構成される。エレクトロニクス、情報通信、コンピュータの各分野について基礎から応用まで扱う。情報化社会を支えるソフトウェア、通信、ハードウェア、電力供給等の関連テーマを幅広く教育。
水環境・土木工学科 (60)	水資源、水処理、水保全を扱う水環境プログラムと、社会基盤、環境防災、地域計画を扱う土木プログラムが設置される。健全な水循環システムと快適な生活環境の構築について教育研究を行う。深い専門知識を持ち、社会と地域に貢献できる技術者や研究者を育成する。
機械システム工学科 (100)	環境機械、機械物理、精密知能機械の3つのプログラムで構成される。環境負荷の軽減に貢献できる機械材料の開発や、人や社会を支える精密知能機械の開発を目指す。柔軟な発想と創造力を兼ね備えた、次世代の産業技術社会で活躍できる機械系技術者を育成する。
建築学科 (60)	建築学、工芸デザインの2つのプログラムで構成される。信州の豊かな自然の中で木材利用や古民家の再生など地域の特性を活かした学びを展開する。建築、都市、地球全体から工芸、インテリアまでを俯瞰し、伝統を理解した上で作品を創造できる技術者を育成する。
取得可能な免許・資格	学芸員、危険物取扱者（甲種）、毒物劇物取扱責任者、電気工事士、特殊無線技士（海上、陸上）、建築士（一級、二級、木造）、技術士補、測量士補、主任技術者（電気）、施工管理技士（土木、建設機械）、教員免許（中-数・理、高-数・理・情・工業）、ビオトープ管理士

農学部

松本キャンパス（1年）
伊那キャンパス（2〜4年）
定員 170

特色	フィールド研究とラボ研究を連動し人と自然が共生する持続可能な社会を目指す。
進路	約4割が大学院へ進学。公務、製造業、卸売・小売業に就く者もいる。
学問分野	生物学／農学／森林科学／獣医・畜産学／応用生物学／食物学／環境学
大学院	総合理工学

農学生命科学科 (170)	生命機能科学、動物資源生命科学、植物資源科学、森林・環境共生学の4つのコースで構成。キャンパス内の広大な農場と演習林で実習が行われる。英語で開講する授業がある他、国際化に対応した科目群も設置され農学系グローバル人材の育成を推進する。
取得可能な免許・資格	危険物取扱者（甲種）、毒物劇物取扱責任者、測量士補、施工管理技士（造園）、食品衛生管理者、食品衛生監視員、自然再生士補、樹木医補、教員免許（中-理、高-理・農）

繊維学部

松本キャンパス（1年）
上田キャンパス（2〜4年）
定員 280

特色	幅広い教育を通して、製品の開発から流通までを主導する人材を育成。
進路	約7割が大学院へ進学。卒業者の多くは製造業に就職している。
学問分野	物理学／化学／応用化学／機械工学／材料工学／エネルギー工学／その他工学／農学／応用生物学／環境学
大学院	総合理工学／総合医理工学

先進繊維・感性工学科 (65)	2つのコースを設置。先進繊維工学コースではテキスタイル工学を基礎に先進機能材料の開発を学ぶ。感性工学コースでは人の感性を捉えた価値あるものづくりのための教育と研究を行う。素材の開発から製品評価までを一貫して担える創造的な技術者を育成する。
機械・ロボット学科 (60)	機能機械学とバイオエンジニアリングの2つのコースで構成。生物の構造と機能を理解し、機械やロボットの設計を行うための技術を学ぶ。環境との調和のうえに人間の暮らしを豊かにする機械の創造や、新たな発想によるものづくりをテーマに教育研究を行う。
化学・材料学科 (105)	炭素繊維を利用した複合材料、排ガス浄化触媒、高分子、半導体、人工臓器などの分野で先端的研究が行われている。3年次後期に環境化学工学、高分子科学、分子機能創成、マテリアル創成、生命科学の5つの教育プログラムから2つを選択する。
応用生物科学科 (50)	バイオサイエンスとフィールドサイエンスの2つの領域を設置。農学、工学、環境科学などの幅広い知識を統合し、持続可能な社会の構築に貢献できる技術開発を目指す。動物、微生物、植物に加え、独自の昆虫科学や生物繊維科学なども深く学ぶことができる。
取得可能な免許・資格	教員免許（中-理、高-理・工業）

入試要項（2025年度）

※この入試情報は大学発表の2025年度入試（予告）より編集したものです（2024年1月時点。見方は巻頭の「本書の使い方」参照）。内容には変更が生じる可能性があるため、最新情報はホームページや2025年度募集要項等で必ず確認してください。

「大学入試科目検索システム」のご案内
日程・方式ごとの偏差値や昨年度入試結果（志願者倍率、実質倍率、合格最低点）、基本情報（出願締切日、試験日、二段階選抜、募集人員、総合満点）などは、「大学入試科目検索システム」（https://nyushi.toshin.com/）をご覧ください（利用方法はp.12参照）。

■人文学部 偏差値 63

前期日程

◆共通テスト
[人文：3〜4科目] 国 数 情 次の①・②から1（①現古漢、②数全3科目、情Ⅰから2）地歴 公 理 地歴理全8科目、公共・倫、公共・政経から1 外 全5科目から1

◆個別学力検査等
[人文：2科目] 総合 総合問題 書類審 調査書

後期日程

◆共通テスト
[人文：7科目] 国 現古漢 地歴 公 地歴全3科目、公共・倫、公共・政経から2 数 全3科目から1 理 全5科目から1 外 全5科目から1 情 情Ⅰ

◆個別学力検査等
[人文：2科目] 論 小論文 書類審 調査書

■教育学部 偏差値 57

前期日程

◆共通テスト

[学校教育教員養成－現代教育・野外教育・国語教育・英語教育・数学教育・音楽教育・図画工作美術教育・保健体育・ものづくり技術教育・家庭科教育・特別支援教育・心理支援教育：7科目] 国現古漢 地歴 公全6科目から1 数全3科目から2 理全5科目から1 外英 情情Ⅰ

[学校教育教員養成－社会科教育：8科目] 国現古漢 地歴 公地歴全3科目、公共・倫、公共・政経から2 数全3科目から2 理全5科目から1 外英 情情Ⅰ

[学校教育教員養成－理科教育：7科目] 国現古漢 地歴 公全6科目から1 数全3科目から2 理物、化、生、地から1 外英 情情Ⅰ

◆個別学力検査等

[学校教育教員養成－現代教育・家庭科教育・特別支援教育・心理支援教育：2科目] 国 数 外現古漢、数ⅠⅡⅢAB〔列〕C、英から1 画面接▶口頭試問含む

[学校教育教員養成－野外教育・保健体育：2科目] 画面接▶口頭試問含む 実技体育実技

[学校教育教員養成－国語教育：2科目] 国現古漢 画面接▶口頭試問含む

[学校教育教員養成－英語教育：2科目] 外英 画面接▶口頭試問含む

[学校教育教員養成－社会科教育：3科目] 国 外現古漢、英から1 論小論文 画面接▶口頭試問含む

[学校教育教員養成－数学教育：2科目] 数数ⅠⅡⅢAB〔列〕C 画面接▶口頭試問含む

[学校教育教員養成－理科教育・ものづくり技術教育：2～3科目] 数 理次の①・②から1（①数ⅠⅡⅢAB〔列〕C、②数ⅠⅡAB〔列〕C〔べ〕、物基・物、化基・化、生基・生、地基・地から2） 画面接▶口頭試問含む

[学校教育教員養成－音楽教育：2科目] 画面接▶口頭試問含む 実技音楽実技

[学校教育教員養成－図画工作美術教育：2科目] 実技 論美術実技、小論文から1 書類審調査書

後期日程

◆共通テスト

[学校教育教員養成－野外教育・図画工作美術教育・保健体育：5～6科目] 国現古漢 地歴 公 数 理次の①～③から2（①地歴公全6科目から1、②数全3科目から2、③理全5科目から1） 外英 情情Ⅰ

[学校教育教員養成－英語教育・数学教育・理科教育・ものづくり技術教育・家庭科教育・特別支援教育：7科目] 前期日程に同じ

[学校教育教員養成－社会科教育：8科目] 前期日程に同じ

[学校教育教員養成－音楽教育：4～5科目] 国現古漢 地歴 公 数 理次の①～③から1（①地歴公全6科目から1、②数全3科目から2、③理全5科目から1） 外英 情情Ⅰ

◆個別学力検査等

[学校教育教員養成－野外教育・保健体育：1科目] 実技体育実技

[学校教育教員養成－英語教育・社会科教育・数学教育・理科教育・図画工作美術教育・ものづくり技術教育・家庭科教育・特別支援教育：1科目] 画面接▶口頭試問含む

[学校教育教員養成－音楽教育：1科目] 実技音楽実技

■経法学部 偏差値 59

前期日程

◆共通テスト

[全学科：7科目] 国現古漢 地歴 公 理地歴全3科目、公共・倫、公共・政経、物、化、生、地から2 数数ⅠA、数ⅡBC 外英 情情Ⅰ

◆個別学力検査等

[全学科：2科目] 国 数 外現古漢、数ⅠⅡAB〔列〕C〔べ〕、英から1 書類審調査書

■理学部 偏差値 58

前期日程

◆共通テスト

[数、理－物質循環学：8科目] 国現古漢 地歴 公全6科目から1 数数ⅠA、数ⅡBC 理物、化、生、地から2 外全5科目から1 情情Ⅰ

[理－物理学：8科目] 国現古漢 地歴 公全6科目から1 数数ⅠA、数ⅡBC 理物必須、化、生、地から1 外全5科目から1 情情Ⅰ

[理－化学：8科目] 国現古漢 地歴 公全6科目から1 数数ⅠA、数ⅡBC 理化必須、物、生、地から1 外全5科目から1 情情Ⅰ

[理－地球学：8科目] 国現古漢 地歴 公全6科目から1 数数ⅠA、数ⅡBC 理全5科目から2 外全5科目から1 情情Ⅰ

[理－生物学：8科目] 国現古漢 地歴 公全6科目から1 数数ⅠA、数ⅡBC 理生必須、物、化、地から1 外全5科目から1 情情Ⅰ

◆個別学力検査等

[数：1科目] 数数ⅠⅡⅢAB〔列〕C

[理－物理学：1科目] 理物基・物

[理－化学：1科目] 理化基・化

[理－地球学：1科目] 画面接▶口頭試問含む

[理－生物学：1科目] 理生基・生

[理－物質循環学：1科目] 理物基・物、化基・化、生基・生から1

後期日程

◆共通テスト

[理－生物学以外：8科目] 前期日程に同じ

[理－生物学：8科目] 国現古漢 地歴 公全6科目から1 数数ⅠA、数ⅡBC 理物、化、生、地から2 外全5科目から1 情情Ⅰ

◆個別学力検査等

[全学科：2科目] 数数ⅠⅡⅢAB〔列〕C 理物基・物、化基・化、生基・生、地基・地から1

■医学部 医学科 偏差値 66

前期日程

◆共通テスト

［医：8科目］国 現古漢 地歴 公 全6科目から1 数 数ⅠA、数ⅡBC 理 物、化、生から2 外 英 情 情Ⅰ

◆個別学力検査等

［医：5科目］数 数ⅠⅡⅢAB〔列〕C 理 物基・物、化基・化、生基・生から2 外 英 面 面接

■医学部 保健学科 偏差値 58

前期日程

◆共通テスト

［保健－作業療法学以外：8科目］国 現古漢 地歴 公 全6科目から1 数 数ⅠA、数ⅡBC 理 物、化、生から2 外 英 情 情Ⅰ

［保健－作業療法学：7科目］国 現古漢 地歴 公 全6科目から1 数 数ⅠA、数ⅡBC 理 理科基礎、物、化、生から1 ▶地基選択不可 外 英 情 情Ⅰ

◆個別学力検査等

［保健：3科目］数 数ⅠⅡAB〔列〕C〔ベ〕外 英 書類審 調査書

後期日程

◆共通テスト

［保健－看護学・検査技術科学：8科目］前期日程に同じ

［保健－作業療法学：7科目］前期日程に同じ

◆個別学力検査等

［保健－理学療法学以外：1科目］面 面接

■工学部 偏差値 58

前期日程

◆共通テスト

［全学科：8科目］国 現古漢 地歴 公 全6科目から1 数 数ⅠA、数ⅡBC 理 物、化、生、地から2 外 英 情 情Ⅰ

◆個別学力検査等

［物質化：3科目］数 数ⅠⅡⅢAB〔列〕C 理 物基・物、化基・化から1 書類審 調査書

［物質化以外：3科目］数 数ⅠⅡⅢAB〔列〕C 理 物基・物 書類審 調査書

後期日程

◆共通テスト

［物質化：8科目］前期日程に同じ

［物質化以外：8科目］国 現古漢 地歴 公 全6科目から1 数 数ⅠA、数ⅡBC 理 物必須、化、生から1 外 英 情 情Ⅰ

◆個別学力検査等

［物質化：2科目］理 化基・化 書類審 調査書

［物質化以外：2科目］数 数ⅠⅡⅢAB〔列〕C 書類審 調査書

■農学部 偏差値 58

前期日程

◆共通テスト

［農学生命科：8科目］国 現古漢 地歴 公 全6科目から1 数 数ⅠA、数ⅡBC 理 物、化、生、地から2 外 英 情 情Ⅰ

◆個別学力検査等

［農学生命科：3科目］数 理 数ⅠⅡAB〔列〕C〔ベ〕、物基・物、化基・化、生基・生から2 書類審 調査書

後期日程

◆共通テスト

［農学生命科：8科目］前期日程に同じ

◆個別学力検査等

［農学生命科：2科目］理 化基・化、生基・生から1 書類審 調査書

■繊維学部 偏差値 58

前期日程

◆共通テスト

［全学科：8科目］国 現古漢 地歴 公 全6科目から1 数 数ⅠA、数ⅡBC 理 物、化、生から2 外 英 情 情Ⅰ

◆個別学力検査等

［応用生物科以外：3科目］数 数ⅠⅡⅢAB〔列〕C 理 物基・物、化基・化、生基・生から1 書類審 調査書

［応用生物科：3科目］理 物基・物、化基・化、生基・生から2 書類審 調査書

後期日程

◆共通テスト

［全学科：8科目］前期日程に同じ

◆個別学力検査等

［全学科：3科目］数 数ⅠⅡⅢAB〔列〕C 理 物基・物、化基・化、生基・生から1 書類審 調査書

■特別選抜

［総合型選抜］総合型選抜Ⅰ、総合型選抜Ⅱ 共

［学校推薦型選抜］学校推薦型選抜Ⅰ、学校推薦型選抜Ⅱ 共

［その他］帰国生徒選抜、私費外国人留学生選抜

岐阜大学（ぎふ）

資料請求

学務部入試課　TEL (058) 293-2156・2157　〒501-1193 岐阜県岐阜市柳戸1-1

「知の伝承と創造」を追求する

大学紹介動画

最新入試情報

豊かな自然と東西日本の風土や文化が接し合う地理的特性を背景に、多様な文化と技術を基盤とする「学び、究め、貢献する大学」を理念に掲げる。世界レベルの研究を育て、独創的で先進的な研究拠点を目指す。

大学図書館

キャンパス **1**つ

柳戸キャンパス
〒501-1193 岐阜県岐阜市柳戸1-1

基本データ

※2023年5月現在（教員数は非常勤を含む。進路・就職は2022年度卒業者データ。学費は2024年度入学者用〔予定〕）

沿革

1949年に岐阜師範学校、岐阜青年師範学校、岐阜農林専門学校を統合して設立。農学部と、後の教育学部となる学芸学部を設置。1952年に工学部、1964年に医学部を設置。1996年、地域科学部を設置。2004年、農学部を応用生物科学部に改組。2021年、社会システム経営学環を設置、現在に至る。

教育機関
6 学部　**9** 研究科

学部　教育／地域科／医／工／応用生物科／社会システム経営

大学院　教育学Ⓜ︎Ⓟ／地域科学Ⓜ︎／医学系Ⓜ︎Ⓓ／工学Ⓓ／自然科学技術Ⓜ︎／共同獣医学Ⓓ／連合農学Ⓓ／連合創薬医療情報Ⓓ／連合学校教育学Ⓓ

人数

学部学生数　**5,619**名

教員1名あたり学生 **7**名

教員数　**703**名【学長】吉田和弘
（教授**243**名、准教授**225**名、講師**36**名、助教**198**名、助手・その他**1**名）

学費

初年度納入額　**817,800**円（諸経費別途）

奨学金　岐阜大学短期海外研修奨学金、岐阜大学応援奨学生、岐阜大学短期留学(派遣)奨学金

進路

学部卒業者　**1,302**名
（進学**503**名［38.6%］、就職**652**名［50.1%］、その他※**147**名［11.3%］）
※臨床研修医97名を含む

主な就職先
※院卒者を含む

岐阜県内学校、愛知県内学校、農林水産省、厚生労働省、岐阜県（職員）、愛知県（職員）、岐阜大学医学部附属病院、朝日大学病院、岐阜県総合医療センター、動物病院、十六銀行、興和、アビームシステムズ、中電シーティーアイ、ソフトバンク、トーカイ、中部電力パワーグリッド、ジェイテクト、エーザイ、アイシン、住友理工、太平洋工業、イビデン、デンソー、東邦ガス

学部学科紹介

※本書掲載内容は、大学公表資料から独自に編集したものです。詳細は大学パンフレットやホームページ等で必ず確認してください（取得可能な免許・資格は任用資格や受験資格などを含む）。

教育学部

柳戸キャンパス　定員 220

特色　大学と教育現場の往復的なカリキュラムを展開している。
進路　卒業者の多くが教員となる。他、大学院進学や一般企業への就職など。
学問分野　教員養成
大学院　教育学

学校教育教員養成課程 (220)	国語、数学、音楽、英語など教科ごとの10講座に学校教育、特別支援教育の2講座を加えた12の講座を設置。教員や進路支援スタッフなどが教員採用試験まで4年間継続してサポートするACTプランを実施。
取得可能な免許・資格	公認心理師、認定心理士、教員免許（幼一種、小一種、中-国・数・理・社・保体・音・美・家・技・英、高-国・数・理・地歴・公・情・保体・音・美・家・工業・英、特-知的・肢体・病弱）

地域科学部

柳戸キャンパス　定員 100

特色　1年間の海外留学が必修である、国際教養プログラムを設置。
進路　就職先は公務や金融・保険業、製造業など幅広い。
学問分野　地理学／文化学／政治学／社会学
大学院　地域科学

地域政策学科 (50)	主に産業・まちづくり、自治政策、環境政策の3つの系統に関連して学ぶ。社会科学と自然科学の融合により、自然環境を含む地域社会の構造を把握、分析し、政策形成能力を養う。持続可能な循環型社会の構築を視野に、まちづくりの創造的なプランナーを育成。
地域文化学科 (50)	主に生活・社会、人間・文化の2つの系統に関連して学ぶ。人文科学と社会科学の両方の視点から、人間社会の思想や文化的表現、歴史的経験や行動の原理を分析し把握する。人間社会に対する深い洞察力を備え、社会が抱える問題の解決を展望できる人材を育成。

医学部

柳戸キャンパス　定員 190

特色　教育、研究、臨床を柱に、地域と世界に貢献できる医療人と医学研究者を育成。
進路　医：9割超が臨床研修医となる。看護：9割超が医療・福祉業に就く。
学問分野　医学／看護学
大学院　医学系

医学科 (110)	6年制。少人数で行う能動型学習のテュトーリアル教育をカリキュラムに取り入れ、医療の進歩に伴い生涯にわたって自ら学習し続ける力を養う。実際の医療チームに参加して行う臨床実習では、医療・医学の知識と技能、および医師としてふさわしい態度などを学ぶ。
看護学科 (80)	4年制。高い倫理観と協調性を兼ね備え、人々の健康のために主体的に行動できる看護人材を育成。総合大学の強みを活かし、様々な分野の授業を選択できる。4年一貫英語教育も実施し、外国人患者にも対応できるコミュニケーション能力や国際感覚を養う。
取得可能な免許・資格	医師、看護師、助産師、保健師

工学部

柳戸キャンパス　定員 510

特色　環境に配慮した視点と豊かな人間性、倫理観を兼ね備えた個性ある技術者を育成。
進路　約6割が大学院へ進学。他、一般企業や公務に就く者もいる。
学問分野　数学／物理学／化学／生物学／応用物理学／機械工学／電気・電子工学／土木・建築学／エネルギー工学／応用生物学／環境学／情報学
大学院　自然科学技術

社会基盤工学科 (60)	持続的な発展が可能な地域社会を創成し、社会に貢献できる人材を育成。2024年度より従来の2コースを1コースに統合し、便利で快適な暮らしを支える社会基盤を整備するための理論と技術について学ぶ環境・防災デザインコース（仮称）を設置。
機械工学科 (130)	機械工学の基幹分野を学び機械設計やものづくりに活かしていく機械コースと機械工学の知識を軸にロボットや制御、生産技術などを学ぶ知能機械コースを設置。環境に配慮しつつ豊かな創造性を持った技術者を育成。

化学・生命工学科 (150)	高分子化学や化学工学などを学ぶ物質化学コースと生物化学や分子生物学、創薬化学などを学ぶ生命化学コースを設置。新素材や新薬の開発・製造など多方面で貢献するとともに、先端分野で活躍できる技術者を育成する。
電気電子・情報工学科 (170)	電気電子、情報、応用物理の3つのコースを設置。電気電子工学、通信工学、情報工学とそれらを支える応用物理や数学を専門的に学ぶ。エレクトロニクスや通信技術などの分野でさらなる発展に寄与できる人材を育成。
取得可能な免許・資格	危険物取扱者（甲種）、毒物劇物取扱責任者、電気工事士、技術士補、測量士補、主任技術者（ボイラー・タービン、電気）、施工管理技士（土木、建築、電気工事、管工事、造園、建設機械）、教員免許（高-数・工業）

応用生物科学部

柳戸キャンパス　定員 190

- 特色　生命現象の原理を究明し、産業に応用してより良い社会を創る人材を育成。
- 進路　共同獣医：多くが動物病院などへ就職。その他：約半数が進学。
- 学問分野　化学／農学／獣医・畜産学／応用生物学／環境学
- 大学院　自然科学技術／共同獣医学

応用生命科学課程 (80)	2つのコースを設置。分子生命科学コースでは生命現象を分子レベルで理解し、有用物質への応用理論などを学ぶ。食品生命科学コースでは食品と健康の関係や、作物の収穫から消費までの技術や安全性について学習する。バイオ産業などで活躍できる人材を育成。
生産環境科学課程 (80)	生物機能の利活用や持続可能な生物生産、環境保全について学ぶ。環境制御技術や食料の安定供給について学ぶ応用植物科学、絶滅危惧種の保全や家畜の管理について学ぶ応用動物科学、自然環境に関わる生態学と環境科学を学ぶ環境生態科学の3つのコースを設置。
共同獣医学科 (30)	鳥取大学農学部との共同学科である。両大学での合宿式授業による体験学習や両大学を結ぶ遠隔講義システムによる授業など、発展的な教育を導入。人獣共通感染症の予防や食品衛生および環境衛生などを通じ、人々の健康増進に貢献し生命科学の発展に寄与する。
取得可能な免許・資格	危険物取扱者（甲種）、技術士補、測量士補、施工管理技士（造園）、食品衛生管理者、食品衛生監視員、自然再生士補、樹木医補、獣医師、家畜人工授精師、教員免許（高-理・農）、ビオトープ管理士

社会システム経営学環

柳戸キャンパス　定員 30

- 特色　社会と連携した授業でビジネスや観光・まちづくりについて学ぶ。
- 進路　2021年度開設。地域に貢献する企業や自治体などで活躍を期待。
- 学問分野　経営学／観光学

社会システム経営学環 (30)	複数の学部を横断し経営／マネジメントを軸に学ぶ。講義と現場での実習を繰り返す往還型教育が特徴的で、実社会での学びを理論に結びつけ理解する。多面的思考力、データ分析力やデザイン思考などを身につけ、新しい事業を創出する力を養う。

入試要項（2025年度）

※この入試情報は大学発表の2025年度入試（予告）および2024年度募集要項等より編集したものです（2024年1月時点。見方は巻頭の「本書の使い方」参照）。内容には変更が生じる可能性があるため、最新情報はホームページや2025年度募集要項等で必ず確認してください。

「大学入試科目検索システム」のご案内
日程・方式ごとの偏差値や昨年度入試結果（志願者倍率、実質倍率、合格最低点）、基本情報（出願締切日、試験日、二段階選抜、募集人員、総合満点）などは、「大学入試科目検索システム」（https://nyushi.toshin.com/）をご覧ください（利用方法はp.12参照）。

■教育学部　偏差値 56

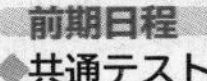

前期日程
◆共通テスト
［学校教育教員養成：8科目］国現古漢 地歴 公 理 全11科目から3▶理は同一名称含む組み合わせ不可 数 数ⅠA、数ⅡBC 外 英 情 情Ⅰ
◆個別学力検査等

[学校教育教員養成－国語教育・社会科教育・家政教育・英語教育・学校教育・特別支援教育：3科目] 国数外現古漢、数ⅠⅡA〔全〕BC〔ベ〕、数ⅠⅡⅢA〔全〕BC、英から2教科2面共通面接
[学校教育教員養成－数学教育：3科目] 国理外現古漢、物基・物、化基・化、生基・生、英から1数数ⅠⅡⅢA〔全〕BC面共通面接
[学校教育教員養成－理科教育・技術教育：3科目] 国理外現古漢、物基・物、化基・化、生基・生、英から1数数ⅠⅡA〔全〕BC〔ベ〕、数ⅠⅡⅢA〔全〕BCから1面共通面接
[学校教育教員養成－音楽教育：3科目] 国数外現古漢、数ⅠⅡA〔全〕BC〔ベ〕、数ⅠⅡⅢA〔全〕BC、英から1面共通面接実技音楽実技▶口述試験含む
[学校教育教員養成－美術教育：2科目] 面共通面接実技美術実技▶講座面接含む
[学校教育教員養成－保健体育：2科目] 面共通面接実技体育実技

■地域科学部 偏差値 58

前期日程
◆共通テスト
[全学科：8科目] 国現古漢地歴公理全11科目から3▶理は同一名称含む組み合わせ不可数数ⅠA、数ⅡBC外英情情Ⅰ
◆個別学力検査等
[全学科：2科目] 数外数ⅠⅡA〔全〕BC〔ベ〕、英から1論小論文
後期日程
◆共通テスト
[全学科：8科目] 前期日程に同じ
◆個別学力検査等
[全学科：1科目] 論小論文

■医学部 医学科 偏差値 65

前期日程
◆共通テスト
[医：8科目] 国現古漢地歴公地歴全3科目、公共・倫、公共・政経から1数数ⅠA、数ⅡBC理物、化、生から2外英情情Ⅰ
◆個別学力検査等
[医：5科目] 数数ⅠⅡⅢA〔全〕BC理物基・物、化基・化、生基・生から2外英面面接

■医学部 看護学科 偏差値 58

前期日程
◆共通テスト
[看護：8科目] 国現古漢地歴公理全11科目から3▶理は同一名称含む組み合わせ不可数数ⅠA、数ⅡBC外英情情Ⅰ
◆個別学力検査等
[看護：2科目] 国数現古漢、数ⅠⅡA〔全〕BC〔ベ〕から1外英
後期日程
◆共通テスト
[看護：8科目] 前期日程に同じ
◆個別学力検査等
[看護：2科目] 論小論文面面接

■工学部 偏差値 58

前・後期日程
◆共通テスト
[全学科：8科目] 国現古漢地歴公全6科目から1数数ⅠA、数ⅡBC理物、化、生から2外英情情Ⅰ
◆個別学力検査等
[化学・生命工以外：3科目] 数数ⅠⅡⅢA〔全〕BC理物基・物外英
[化学・生命工：3科目] 数数ⅠⅡⅢA〔全〕BC理化基・化外英

■応用生物科学部 偏差値 61

前期日程
◆共通テスト
[全課程・学科：8科目] 国現古漢地歴公全6科目から1数数ⅠA、数ⅡBC理物、化、生、地から2外英情情Ⅰ
◆個別学力検査等
[全課程・学科：2科目] 数数ⅠⅡA〔全〕BC〔ベ〕、数ⅠⅡⅢA〔全〕BCから1理物基・物、化基・化、生基・生から1
後期日程
◆共通テスト
[応用生命科学、生産環境科学：8科目] 前期日程に同じ
◆個別学力検査等
[応用生命科学、生産環境科学：1科目] 理物基・物、化基・化、生基・生から1

■社会システム経営学環 偏差値 57

前期日程
◆共通テスト
[8科目] 国現古漢地歴公理全11科目から3▶理は同一名称含む組み合わせ不可数数ⅠA、数ⅡBC外英情情Ⅰ
◆個別学力検査等
[2科目] 数外数ⅠⅡA〔全〕BC〔ベ〕、英から1論小論文

■特別選抜

[学校推薦型選抜] 学校推薦型選抜Ⅰ、学校推薦型選抜Ⅱ共、学校推薦型選抜Ⅱ（一般推薦、地域枠推薦、専門学科・総合学科）共
[その他] 社会人選抜、帰国生選抜、私費外国人留学生選抜

しずおか
静岡大学

資料請求

入試課入試企画係・入試実施係（静岡キャンパス）　TEL (054) 238-4464・4465　〒422-8529 静岡県静岡市駿河区大谷836

「自由啓発」をもとに「未来創成」を目指す

大学紹介動画

最新入試情報

自由な発想で学生の才能を伸ばす「自由啓発」、人類の平和と幸福を追求する「未来創成」を教育理念に掲げる。地域の豊かな自然や文化に敬愛の念を持ち、質の高い教育と創造的な研究で地域社会に貢献する。

静岡キャンパス

キャンパス 2つ

静岡キャンパス
〒422-8529 静岡県静岡市駿河区大谷836
浜松キャンパス
〒432-8561 静岡県浜松市中央区城北3-5-1

基本データ

※2023年5月現在（進路・就職は2022年度卒業者データ。学費は2024年度入学者用〔予定〕）

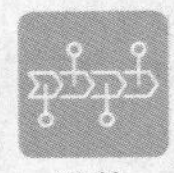
沿革

1949年に旧制静岡高等学校、静岡第一師範学校、静岡第二師範学校、静岡青年師範学校、浜松工業専門学校を統合し設立。文理、教育、工学部を設置。1951年、農学部を設置。1965年に人文、理学部、1995年に情報学部を設置。2016年、学部改組。2023年に地域創造学環の募集を停止、グローバル共創科学部を設置し、現在に至る。

教育機関
7 学部 7 研究科

学部　人文社会科／教育／情報／理／工／農／グローバル共創科

大学院　人文社会科学Ⓜ／教育学ⒹⓅ／総合科学技術Ⓜ／光医工学Ⓓ／創造科学技術Ⓓ／山岳流域（研究科等連係課程）Ⓜ／連合農学Ⓓ

人数

学部学生数　**8,447**名

教員1名あたり学生 **12**名

教員数　**660**名【学長】日詰一幸
（教授**315**名、准教授**241**名、講師**47**名、助教**57**名）

学費

初年度納入額　**817,800**円（諸経費別途）

奨学金　日本学生支援機構奨学金

進路

学部卒業者　**1,946**名
（進学**631**名［32.4%］、就職**1,205**名［61.9%］、その他**110**名［5.7%］）

主な就職先　静岡新聞社、静岡銀行、鈴与商事、新潮社、NTTドコモ、スズキ、ヤマハ発動機、浜松ホトニクス、日産自動車、セイコーエプソン、富士通、三菱電機、静岡ガス、中部電力、小糸製作所、不二家、はごろもフーズ、アサヒ飲料、JTB、静岡市役所、静岡県庁、静岡県警察、静岡県教育委員会、厚生労働省、農林水産省、気象庁、警視庁、警察庁

学部学科紹介

※本書掲載内容は、大学公表資料から独自に編集したものです。詳細は大学パンフレットやホームページ等で必ず確認してください（取得可能な免許・資格は任用資格や受験資格などを含む）。

人文社会科学部

静岡キャンパス　定員 415

特色　人文、社会科学を用い、科学技術の発展に伴う問題を扱いながら研究に取り組む。
進路　卒業者の多くは公務や金融・保険業、情報通信業などに就く。
学問分野　文学／言語学／哲学／心理学／歴史学／文化学／法学／経済学／社会学／国際学
大学院　人文社会科学

学科		定員	内容
社会学科		(60)	2年次より歴史学・考古学、心理学、人間学の3コースに分かれて学ぶ。社会問題の背景、文化の形態や構造などを理論的かつ実証的に分析する。思考力や語学力、情報リテラシーなど社会人として必要とされる能力も身につける。
言語文化学科		(69)	地域を軸とする日本、アジア、英米、ヨーロッパの4つの言語文化プログラムと、これらを横断する比較文学文化、言語学の合わせて6つのプログラムで構成。専門性を深め視野を広げることで、言語と文化を巡る多様な問題を学際的な視点から探究する。
法学科	昼	(84)	法律学と政治学の幅広い学習を通じ、現代社会を読み解く能力を養う。平和の中で自由に幸福を追究する権利の実現において何が障害になるのか、法的、政治的な解決の道筋を探る。多様な専門分野の教員が、4年間一貫の少人数教育で継続的に学びをサポートする。
経済学科	昼	(142)	グローバル化や情報化、高齢化、地球環境や金融危機など、世界中で起きている変化や問題を経済と結びつけて考える。経済学の各分野に加え、現代社会や歴史、日本、アジア、欧米研究など幅広い専門分野から経済のあり方を探究する。情報処理教育も充実している。
【夜間主】	夜	(60)	法学科と経済学科を設置（定員はどちらも30名）。2年次までに共通科目を履修し、3・4年次には応用的な専門科目とともに演習形式のゼミも用意されている。少人数教育で体系的に法学または経済学を学んでいく。昼間部の専門科目から60単位まで履修できる。
取得可能な免許・資格			公認心理師、学芸員、社会調査士、教員免許(中-国・社・英、高-国・地歴・公・英)

教育学部

静岡キャンパス　定員 260

特色　子どもの発達段階や心身の変化に寄り添える、多彩な強みを持った教員を育成。
進路　教育・学習支援業への就職が多い。他、公務や金融・保険業など。
学問分野　教員養成
大学院　教育学

学科	定員	内容
学校教育教員養成課程	(260)	発達教育学、初等学習開発学、養護教育、特別支援教育および国語、社会学、数学など10の専修からなる教科教育学専攻の合計5つの専攻で構成される。
取得可能な免許・資格		学芸員、保育士、教員免許(幼一種、小一種、中-国・数・理・社・保体・保健・音・美・家・技・英、高-国・数・理・地歴・公・情・保体・保健・書・音・美・家・工業・英、特-知的・肢体・病弱)、養護教諭（一種）、社会教育士、社会教育主事

情報学部

浜松キャンパス　定員 235

特色　「文工融合型」の教育体制のもと、情報通信技術と社会、人間の研究を行う。
進路　卒業者の多くは情報通信業や製造業、サービス業などへ就職している。
学問分野　情報学
大学院　総合科学技術

学科	定員	内容
情報科学科	(98)	情報科学の急激な進展に対応してカリキュラムも進化させている。情報の数理的側面の学習を基礎に、ハードウェア、ソフトウェア、ネットワーク、データベースなどIT技術の中核要素の理解を深める。高度な研究開発に従事できる総合力と応用力の獲得を目指す。

情報社会学科 (68)	情報技術や情報システムの可能性や危険性を理解し、情報通信技術の発展に対応した新しい情報社会のデザインを試みる。メディア／コンテンツ、コミュニケーション／言語、ソサエティ／公共、コミュニティ／ライフの4つの系から関心に応じて自由に履修する。
行動情報学科 (69)	ITスキルやITシステム開発力、データ分析力、マネジメント力を伸ばす教育を行う。データマイニングや人工知能、心理学・認知科学・学習理論、組織・行動・経営のマネジメントなどの専門分野がある。卒業研究では最先端領域や融合領域のテーマに取り組む。
取得可能な免許・資格	学芸員、社会調査士、教員免許（高-情）

理学部

静岡キャンパス　定員 230

特色　自然界の様々な現象を学び、自然の真理の解明を目指して探求する。
進路　大学院へ進学する者が多い。他、情報通信業や製造業に就く者もいる。
学問分野　国際学／数学／物理学／化学／生物学／地学／環境学
大学院　総合科学技術

数学科 (35)	代数学、解析学、幾何学、数理論理学などを学ぶ。問題を“解く”ことではなく、より深く本質を理解することを目標とし、創造性を十分発揮できる人材を育成する。
物理学科 (45)	力学、電磁気学、熱・統計力学、量子力学を中心に学ぶ。実験を「自然との対話」と捉え、2・3年次にかけて多彩な学生実験を実施する。工学部の電気・電子・機械系とも重なる講義もある。
化学科 (45)	「物質の構造と機能を原子・分子レベルで究め尽くす」をテーマに、電池材料や有機金属触媒、DNAから星間分子まで多様性に富んだ物質を対象に先端研究を行う。その基礎として有機化学、無機化学、生物化学、物理化学を学ぶ。
生物科学科 (45)	遺伝子から個体群レベルまでの生命現象を総合的に学ぶ。また、菌類から動植物までの幅広い生物群を体系的に学び、広い視野と高い専門性を身につけられるカリキュラムを組んでいる。
地球科学科 (45)	地球上の様閃な地学現象（地震・火山活動、マグマ、地殻変動、変成作用）について学ぶとともに、生物活動と大気・水（海洋・熱水など）・地殻における物質の変化が織り成す「生命と地球の共進化」について学ぶ。
創造理学（グローバル人材育成）コース (15)	全学科一括で募集。1年次に複数の専門科目を履修し、2年進級時に所属学科を決定する。各学科の専門の授業に加え、科学英語や留学プログラム等の独自のカリキュラムが組まれている。イノベーションとグローバルの観点を併せ持つ人材を育成する。
取得可能な免許・資格	学芸員、危険物取扱者（甲種）、測量士補、教員免許（中-数・理、高-数・理）

工学部

浜松キャンパス　定員 540

特色　自由な発想で“ものづくり”、基礎力と実践力を備えた人材を育成。
進路　約6割が大学院へ進学。就職先は製造業、情報通信業、サービス業など。
学問分野　化学／機械工学／電気・電子工学／材料工学／船舶・航空宇宙工学／エネルギー工学／その他工学／環境学／情報学
大学院　総合科学技術

機械工学科 (160)	宇宙・環境、知能・材料、光電・精密の3つのコースを設置。座学と実習を組み合わせてものづくりに即した実践的な教育を行い、機械産業、航空宇宙産業、電気電子機器産業など広い産業分野で活躍できる機械技術者の育成を目指す。宇宙航空研究開発機構（JAXA）と連携した研究・教育も行っている。
電気電子工学科 (110)	情報エレクトロニクスとエネルギー・電子制御の2分野を設置。前者は情報・通信システムと医用機器関連分野を、後者は電力・パワーエレクトロニクス関連分野を教育研究の柱とし、電気電子工学や情報工学に関する幅広い基礎力と実践力を持った技術者を育成する。

電子物質科学科 (110)	エネルギー・光・電子デバイスの創製を目指す電子物理デバイスコース、再生可能エネルギーや環境調和関連の材料およびデバイスの創製を目的とした材料エネルギー化学コースを2年次に選択する。広い視野と学問的基礎を兼ね備えた優れたエンジニアを育成する。
化学バイオ工学科 (110)	2年次から環境応用化学とバイオ応用工学の2つの分野に分かれる。環境調和型機能物質などのデザイン・創成や、化学技術と生物工学を融合させたものづくりに関する教育を展開。化学をベースに工学的応用を加えて、研究開発や新技術開発を行う人材を育成している。
数理システム工学科 (50)	人と環境に配慮したシステムを自ら構築できるエンジニアを育成する。数理科学と情報技術、および環境科学の科目群を体系的に学ぶ。数理科学ではモデリングや最適化など、情報技術ではプログラミングやアルゴリズムなど、環境科学ではリスク管理などについて学ぶ。
取得可能な免許・資格	危険物取扱者（甲種）、毒物劇物取扱責任者、電気工事士、陸上無線技術士、技術士補、主任技術者（電気）、教員免許（高-数）

農学部

静岡キャンパス　定員 175

- 特色　豊かな自然のもと、生物科学と環境科学を融合した農学を探究する。
- 進路　生物資源：半数が一般企業に就職。応用生命：6割強が大学院へ進学。
- 学問分野　生物学／農学／森林科学／応用生物学／環境学
- 大学院　総合科学技術

生物資源科学科 (105)	植物バイオサイエンス、木質科学、地域生態環境科学、農食コミュニティデザインの4つのコースからなる。生産生物科学と環境科学を統合した農学を学ぶ。静岡県の立地や環境を活かした実地教育を重視し、地域の農林業の活性化に寄与できる人材を育成する。
応用生命科学科 (70)	化学と生物学を基盤に生物を構成する成分の性質や環境との相互作用を探究し、生命現象を深く理解する。講義と実験を通して原子から生物個体レベルでの実践的な知識と技術を学ぶ。食品や医薬品、農薬、化粧品などの開発に関連した応用的な科目も履修する。
取得可能な免許・資格	危険物取扱者（甲種）、建築士（二級、木造）、測量士補、食品衛生管理者、食品衛生監視員、樹木医補、教員免許（高-理・農）

グローバル共創科学部

静岡キャンパス　定員 115

- 特色　2023年度開設。各分野の専門知を融合した総合知を、現代の課題解決へ活かす。
- 進路　2023年度開設。海外企業や地域振興に携わる公務などの進路を想定。
- 学問分野　国際学／環境学／人間科学

グローバル共創科学科 (115)	人文・社会科学から自然科学までの幅広い基礎的知識をもとに、社会的課題を多面的かつ的確に捉える力を養う。国際地域共生学、生命圏循環共生学、総合人間科学の3つのコースを設置。3年次よりコース専門科目を履修し、専門性を高める。

入試要項（2025年度）

※この入試情報は大学発表の2025年度入試（予告）および2024年度募集要項等より編集したものです（2024年1月時点。見方は巻頭の「本書の使い方」参照）。内容には変更が生じる可能性があるため、最新情報はホームページや2025年度募集要項等で必ず確認してください。

「大学入試科目検索システム」のご案内

日程・方式ごとの偏差値や昨年度入試結果（志願者倍率、実質倍率、合格最低点）、基本情報（出願締切日、試験日、二段階選抜、募集人員、総合満点）などは、「大学入試科目検索システム」（https://nyushi.toshin.com/）をご覧ください（利用方法はp.12参照）。

■人文社会科学部　偏差値 59

前期日程

◆共通テスト

［社会、言語文化、法【昼】、経済【昼】：8科目］国現古漢 地歴 公 全6科目から2 数 数ⅠA、数ⅡBC 理 全5科目から1 外 全5科目から1 情 情Ⅰ

◆個別学力検査等

［社会、言語文化、法【昼】、経済【昼】：3科目］国 現古漢 外 英 論 小論文

後期日程

◆共通テスト
［社会、言語文化、法【昼】、経済【昼】：8科目］前期日程に同じ
◆個別学力検査等
［社会、言語文化、法【昼】、経済【昼】：1科目］論小論文

■教育学部 偏差値 56

前期日程
◆共通テスト
［学校教育教員養成：8科目］国現古漢 地歴 公 理全11科目から3▶理は同一名称含む組み合わせ不可 数数ⅠA、数ⅡBC 外全5科目から1 情情Ⅰ
◆個別学力検査等
［学校教育教員養成－発達教育学・初等学習開発学・養護教育・特別支援教育・教科教育学「国語教育・社会科教育・数学教育・理科教育・技術教育・家庭科教育・英語教育」：3科目］国 数 外現古漢、数ⅠⅡAB〔列〕C〔ベ〕、英から2 論小論文
［学校教育教員養成－教科教育学「音楽教育」：2科目］実技音楽実技 論小論文
［学校教育教員養成－教科教育学「美術教育」：2科目］実技美術実技 論小論文
［学校教育教員養成－教科教育学「保健体育教育」：2科目］実技体育実技 論小論文
後期日程
◆共通テスト
［学校教育教員養成－発達教育学「教育実践学」・養護教育・特別支援教育・教科教育学「国語教育・社会科教育・数学教育・理科教育・美術教育・家庭科教育」：8科目］前期日程に同じ
◆個別学力検査等
［学校教育教員養成－発達教育学「教育実践学」・養護教育・特別支援教育・教科教育学「国語教育・社会科教育・理科教育・美術教育・家庭科教育」：1科目］面面接▶小論文含む
［学校教育教員養成－教科教育学「数学教育」：1科目］数数ⅢC〔複〕

■情報学部 偏差値 58

前期日程
◆共通テスト
［情報科：8科目］国現古漢 地歴 公全6科目から1 数数ⅠA、数ⅡBC 理物、化、生、地から2 外全5科目から1 情情Ⅰ
［情報社会：8科目］国現古漢 地歴 公全6科目から2 数数ⅠA、数ⅡBC 理全5科目から1 外全5科目から1 情情Ⅰ
［行動情報：8科目］国現古漢 地歴 公 理全11科目から3 数数ⅠA、数ⅡBC 外全5科目から1 情情Ⅰ
◆個別学力検査等
［情報科：2科目］数数ⅠⅡⅢAB〔列〕C 外英
［情報社会：2科目］外英 論小論文
［行動情報：2科目］外英 総合総合問題
後期日程
◆共通テスト
［全学科：8科目］前期日程に同じ
◆個別学力検査等
［情報科：1科目］数数ⅠⅡⅢAB〔列〕C
［情報社会、行動情報：1科目］外英

■理学部 偏差値 58

前期日程
◆共通テスト
［全学科・コース：8科目］国現古漢 地歴 公全6科目から1 数数ⅠA、数ⅡBC 理物、化、生、地から2 外全5科目から1 情情Ⅰ
◆個別学力検査等
［数、創造理学：2科目］数数ⅠⅡⅢAB〔列〕C 理物、化、生、地から1
［物理：2科目］数数ⅠⅡⅢAB〔列〕C 理物
［化：2科目］数数ⅠⅡⅢAB〔列〕C 理化
［生物科：2科目］数数ⅠⅡAB〔列〕C〔ベ〕理物、化、生から1
［地球科：2科目］数数ⅠⅡAB〔列〕C〔ベ〕理物、化、生、地から1
後期日程
◆共通テスト
［全学科・コース：8科目］前期日程に同じ
◆個別学力検査等
［数：2科目］数数ⅠⅡⅢAB〔列〕C 書類審調査書
［物理：2科目］理物 書類審調査書
［化：1科目］理化
［生物科：2科目］理物、化、生から1 書類審調査書
［地球科：1科目］論小論文
［創造理学：2科目］数 理数ⅠⅡⅢAB〔列〕C、物、化、生から1 書類審調査書

■工学部 偏差値 57

前・後期日程
◆共通テスト
［全学科：8科目］国現古漢 地歴 公全6科目から1 数数ⅠA、数ⅡBC 理物、化 外英 情情Ⅰ
◆個別学力検査等
［機械工、電気電子工：3科目］数数ⅠⅡⅢAB〔列〕C 理物 外英
［電子物質科、化学バイオ工、数理システム工：3科目］数数ⅠⅡⅢAB〔列〕C 理物、化から1 外英

■農学部 偏差値 59

前期日程
◆共通テスト
［全学科：8科目］国現古漢 地歴 公全6科目から1 数数ⅠA、数ⅡBC 理物、化、生、地から2 外全5科目から1 情情Ⅰ
◆個別学力検査等
［全学科：2科目］数数ⅠⅡAB〔列〕C〔ベ〕理物、化、生から1
後期日程
◆共通テスト
［全学科：8科目］前期日程に同じ

◆個別学力検査等

[全学科：2科目] 理物、化、生から1 書類審調査書

■グローバル共創科学部 偏差値 59

前期日程

◆共通テスト

[グローバル共創科：8科目] 国現古漢 地歴 公 理全11科目から3▶理は同一名称含む組み合わせ不可 数数ⅠA、数ⅡBC 外全5科目から1 情情Ⅰ

◆個別学力検査等

[グローバル共創科：3科目] 国 数現古漢、数ⅠⅡAB〔列〕C〔べ〕から1 外英 書類審志望理由書

後期日程

◆共通テスト

[グローバル共創科：8科目] 前期日程に同じ

◆個別学力検査等

[グローバル共創科：2科目] 外英 論小論文

■特別選抜

[総合型選抜] 共通テストを課さない総合型選抜（全学科枠、専門学科及び総合学科枠、社会人枠）、共通テストを課す総合型選抜共

[学校推薦型選抜] 共通テストを課さない学校推薦型選抜（地域指定枠、教員養成特別枠、専門学科及び総合学科枠）、共通テストを課す学校推薦型選抜共

[その他] 社会人選抜、私費外国人留学生選抜

就職支援

静岡大学では、大学教育センター、学生支援センター、各学部などが連携してキャリア教育・キャリア支援を行っています。学生が自主的に将来設計をできるよう「キャリアデザイン」、「インターンシップの理論と実践」などの授業を行っている他、多様なテーマの就職ガイダンスの実施、個別の就職相談や求人紹介も行っています。また、企業説明会、公務員対策講座や、企業から直接インターンシップ情報を得られる「インターンシップマッチング会」など、様々な就活に関するイベントを実施しています。

国際交流

静岡大学では、学生それぞれの目的に合わせた様々なプログラムを用意しています。大学間交流協定校への交換留学では、留学先で自分の専門、または興味のある分野の単位を取得します。例えば、8週間または16週間ネブラスカ大学オマハ校で行われる集中語学プログラムを受講する「ILUNO」という制度があり、授業料免除の奨学生枠があります。6～12カ月間カナダのアルバータ大学で学ぶ「IVSP」では、英語研修でアカデミックな英語力を鍛えてから、現地の学生に混ざって大学の授業を受講することができます。

はままついか
浜松医科大学

資料請求

入試課入学試験係　TEL (053) 435-2205　〒431-3192 静岡県浜松市中央区半田山1-20-1

人類の健康と福祉に貢献する大学

大学紹介動画

最新入試情報

全国でも珍しい光医工学の先端研究を推進し、医学と工学の融合による新たな学問分野の開拓を目指す。地域医療の中核として高度医療を提供するとともに、国際教育や国際的学術交流を全学的連携によって進める。

講義実習棟

キャンパス **1**つ

浜松医科大学キャンパス
〒431-3192 静岡県浜松市中央区半田山1-20-1

基本データ

※2023年9月現在（進路・就職は2022年度卒業者データ。学費は2024年度入学者用〔予定〕）

沿革

1974年、浜松医科大学を設立。1977年、医学部附属病院を設置。外来診療を開始。1980年、大学院医学研究科博士課程を設置。1995年、医学部看護学科を設置。2004年、国立大学法人浜松医科大学となる。2018年、大学院医学系研究科に光医工学共同専攻を設置し、現在に至る。

教育機関 **1** 学部 **2** 研究科

学部　医

大学院　医学系Ⓜ︎Ⓓ／連合小児発達学Ⓓ

人数

学部学生数　**968**名

教員1名あたり 学生 **2**名

教員数　**405**名【学長】今野弘之
（教授**66**名、准教授**54**名、講師**53**名、助教**232**名）

学費

初年度納入額　**885,070~1,074,960**円

奨学金　浜松医科大学看護学科等学生奨学金

進路

学部卒業者　**184**名
（進学**4**名［2.2%］、就職**63**名［34.2%］、その他※**117**名［63.6%］）
※臨床研修医113名を含む

主な就職先　浜松医科大学医学部附属病院、磐田市立総合病院、浜松医療センター、藤枝市立総合病院、日赤愛知医療センター名古屋第二病院、聖隷福祉事業団総合病院聖隷浜松病院、聖隷福祉事業団

学部学科紹介

※本書掲載内容は、大学公表資料から独自に編集したものです。詳細は大学パンフレットやホームページ等で必ず確認してください（取得可能な免許・資格は任用資格や受験資格などを含む）。

医学部

浜松医科大学キャンパス　定員 175

特色　豊かな国際感覚を持ち医療の情報化に対応できる医療人を育成する。
進路　医：9割超が臨床研修医となる。看護：多くが医療・福祉業に就く。
学問分野　医学／看護学
大学院　医学系

医学科 (115)	6年制。2年次後期のPBLチュートリアルでは、症例課題に対して問題解決に取り組み自学自習能力を養う。4年次の1月から始まる臨床実習では1年間をかけてすべての診療科を回る。5年次からは診療チームの一員として大学内外または海外の病院で実習を行う。
看護学科 (60)	4年制。専門知識に加え豊かな人間性と倫理観に裏打ちされた実践力を持つ看護専門職を育成。専門科目は基礎、小児、母性、成人、老年、精神、公衆衛生、在宅などの看護学からなり、臨地実習は小児科病棟や助産院、介護施設など分野に応じた施設で実施する。
取得可能な免許・資格	医師、看護師、保健師、衛生管理者、養護教諭（二種）

入試要項（2025年度）

※この入試情報は大学発表の2025年度入試（予告）より編集したものです（2024年1月時点。見方は巻頭の「本書の使い方」参照）。内容には変更が生じる可能性があるため、最新情報はホームページや2025年度募集要項等で必ず確認してください。

「大学入試科目検索システム」のご案内
日程・方式ごとの偏差値や昨年度入試結果（志願者倍率、実質倍率、合格最低点）、基本情報（出願締切日、試験日、二段階選抜、募集人員、総合満点）などは、「大学入試科目検索システム」（https://nyushi.toshin.com/）をご覧ください（利用方法はp.12参照）。

■医学部 医学科 偏差値 66

前期日程

◆**共通テスト**
[医：8科目] 国現古漢 地歴 公地歴全3科目、公共・倫、公共・政経から1 数数ⅠA、数ⅡBC 理物、化、生から2 外英 情情Ⅰ

◆**個別学力検査等**
[医：5科目] 数数ⅠⅡⅢA〔全〕BC 理物基・物、化基・化、生基・生から2 外英 面面接

後期日程

◆**共通テスト**
[医：7科目] 前期日程に同じ

◆**個別学力検査等**
[医：2科目] 論小論文 面面接

■医学部 看護学科 偏差値 59

前期日程

◆**共通テスト**※理科基礎は2科目扱い
[看護：6～7科目] 国現古漢 地歴 公地歴全3科目、公共・倫、公共・政経から1 数数ⅠA、数ⅡBCから1 理理科基礎、物、化、生から1▶地基選択不可 外英 情情Ⅰ

◆**個別学力検査等**
[看護：2科目] 外英 面面接

■特別選抜

[学校推薦型選抜] 学校推薦型選抜（一般枠、地域枠）共、学校推薦型選抜共
[その他] 海外教育プログラム特別入試、社会人入試

就職支援

浜松医科大学医学部医学科では、医師国家試験対策として模擬試験の受験や個別の学修指導に力を入れています。卒業後は、高度で最先端の医療を提供している大学病院と、実践的な研修ができる市中病院の2つで、1年間ずつたすきがけで幅広い研修が行えます。看護学科では「進路指導室」を設け、大学院進学情報や、国公私立病院の病院情報・求人情報に関するパンフレットなどの閲覧ができるようになっています。

国際交流

浜松医科大学では、10カ国20大学と学術交流協定・姉妹校協定を結んでいます。看護学科では、韓国の慶北大学校看護大学と交流を行っており、毎年韓国の大邱に訪問しています。医学科では、学生の留学を奨励し、特に6年生では臨床実習を海外の大学病院で行うことで、医学教育や医療制度など様々な日本との違いを感じ、学ぶことを目指します。海外で臨床実習を行った場合、留学先の授業料は免除となり、渡航費・滞在費の一部が補助されます。

愛知教育大学（あいちきょういくだいがく）

資料請求

入試課　TEL（0566）26-2202　〒448-8542 愛知県刈谷市井ケ谷町広沢1

子どもの声が聞こえるキャンパス、地域から頼られる大学

大学紹介動画　最新入試情報

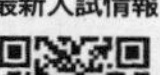

広域拠点型教員養成大学として専門的な知識技能を有し、教育が抱える現代的課題に適切に対応できる教員、教育活動と子どもたちを支援することができる専門職を育成する。

学年を超えた多様な学生が集うAUEスクエア

キャンパス 1つ

刈谷キャンパス
〒448-8542 愛知県刈谷市井ケ谷町広沢1

基本データ

※2023年9月現在（学部学生数に留学生は含まない。教員数は同年5月現在。進路・就職は2022年度卒業者データ。学費は2024年度入学者用〔予定〕）

沿革

1873年設立の愛知県養成学校を起源として愛知第一師範学校、愛知第二師範学校、愛知青年師範学校を統合し、1949年に愛知学芸大学を創設。1966年、愛知教育大学と改称。その後の改組を経て、2017年、教育支援専門職養成課程を設置。2021年、学校教員養成課程を大幅改組、現在に至る。2023年に創基150周年を迎えた。

教育機関 1学部 1研究科

学部　教育

大学院　教育学ⓂⒹⓅ

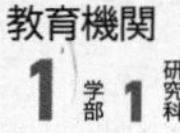

人数

学部学生数 3,726名

教員1名あたり学生 18名

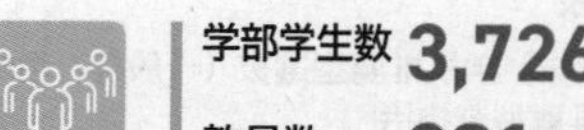

教員数 201名【学長】野田敦敬

（教授95名、准教授70名、講師14名、助教8名、助手・その他14名）

学費

初年度納入額 872,460円

奨学金　愛知教育大学奨学金ひらく（学資支援）、愛知教育大学奨学金ひらく（緊急支援）

進路

学部卒業者 875名

（進学44名［5.0%］、就職792名［90.5%］、その他39名［4.5%］）

主な就職先　学校教員（幼稚園教諭、小学校教諭、中学校教諭、高等学校教諭、特別支援学校教諭、養護教諭）、保育園、愛知県（職員）、名古屋市（職員）、豊田市（職員）、安城市（職員）、岡崎市（職員）、愛知県警察、あいおいニッセイ同和損害保険、名古屋市立大学、愛知銀行、住友電装、ファミリーマート、オリエンタルランド、東海国立大学機構、日本赤十字社、刈谷豊田総合病院

学部学科紹介

※本書掲載内容は、大学公表資料から独自に編集したものです。詳細は大学パンフレットやホームページ等で必ず確認してください（取得可能な免許・資格は任用資格や受験資格などを含む）。

教育学部

刈谷キャンパス　定員 859

特色 豊かな人間性と確かな実践力を身につけた専門職業人を育成する。

進路 就職先は県内外の公立学校や公務、医療・福祉業をはじめ多岐にわたる。

学問分野 文学／哲学／心理学／歴史学／地理学／法学／社会福祉学／数学／物理学／化学／生物学／地学／機械工学／電気・電子工学／生活科学／食物学／被服学／住居学／子ども学／教員養成／教育学／芸術理論／芸術・表現／デザイン学

大学院 教育学

学校教員養成課程 幼児教育専攻	(30)	健やかな子ども一人ひとりの成長・発達を支え、寄り添うことのできる確かな専門性と実践力を備えた、社会に貢献できる幼稚園教諭・保育士の養成を目指す。最も影響を受けやすい幼児期に接する教育者としての責任と自覚を身につける。
学校教員養成課程 義務教育専攻	(555)	14専修(学校教育科学、生活・総合、ICT活用支援、日本語支援、国語、社会、算数・数学、理科、音楽、図画工作・美術、保健体育、ものづくり・技術、家庭、英語）から成り、子ども理解に基づく様々な専門的資質能力を育成する。
学校教員養成課程 高等学校教育専攻	(74)	教科学習開発系5専修（国語・書道、地歴公民、数学、理科、英語）から成り、「教育専門性の高い教員」を養成するため、従前の教育課程を見直して機能強化をした。
学校教員養成課程 特別支援教育専攻	(30)	知的障害、肢体不自由、聴覚障害、視覚障害、病弱の5領域の教員免許状を取得できる。その基盤として小学校の教育に関するカリキュラムを位置づけている。
学校教員養成課程 養護教育専攻	(40)	養護教諭は、子どもの心身の健康を保持増進するためのすべての活動に関わっている。学校現場における実習等を通して実際に子どもと関わる体験の中で、豊かな感性とコミュニケーション能力を身につけた養護教諭の育成を目指す。
教育支援専門職養成課程 心理コース	(50)	心理学の専門的な知識と技能を持ち、子どもや保護者、学校・地域を支援することができる公認心理師等の心理援助専門職の養成およびスクールカウンセラーや他領域も含む対人援助職として、子どもたちの成長発達を促進できる人材を育成する。
教育支援専門職養成課程 福祉コース	(20)	社会福祉学を基盤として、人間と社会のあらゆる問題に対する支援のあり方について学び、教育・福祉・医療・司法等の様々な領域での相談援助・対人援助を担う高度な知識・技術を持つ専門職の育成を目指す。
教育支援専門職養成課程 教育ガバナンスコース	(60)	学校や教育に関わる業務を専門的見地から支援し、情報活用能力やグローバルな視野で活躍するために必要な資質・能力も習得した、教育機関などで活躍できる教育事務職員、教育に関わる自治体職員などの育成を目指す。
取得可能な免許・資格		公認心理師、社会福祉士、スクールソーシャルワーカー、社会福祉主事、保育士、教員免許(幼一種、幼二種、小一種、小二種、中-国・数・理・社・保体・保健・音・美・家・技・職業指導・英、高-国・数・理・地歴・公・情・保体・保健・書・音・美・家・工業・職業指導・英、特-知的・肢体・病弱・視覚・聴覚)、養護教諭（一種)、社会教育士、社会教育主事、司書教諭

入試要項(2025年度)

※この入試情報は大学発表の2025年度入試（予告）より編集したものです（2024年1月時点。見方は巻頭の「本書の使い方」参照）。内容には変更が生じる可能性があるため、最新情報はホームページや2025年度募集要項等で必ず確認してください。

「大学入試科目検索システム」のご案内
日程・方式ごとの偏差値や昨年度入試結果（志願者倍率、実質倍率、合格最低点）、基本情報（出願締切日、試験日、二段階選抜、募集人員、総合満点）などは、「大学入試科目検索システム」（https://nyushi.toshin.com/）をご覧ください（利用方法はp.12参照）。

■教育学部　偏差値 56

前期日程

◆共通テスト

[学校教員養成－幼児教育・義務教育「学校教育科学・生活総合・教科指導（家庭）」・特別支援教育・養護教育、教育支援専門職養成：8科目] 国 現古漢 地歴 公 理 次の①・②から1（①地歴公全6科目から2、理全5科目から1、②地歴公全6科目から1、物、化、生、地から2） 数 数ⅠA、数ⅡBC 外 全5科目から1 情 情Ⅰ

[学校教員養成－義務教育「ICT活用支援・教科指導（算数数学・理科・ものづくり技術）」・高等学校教育「教科開発学習（数学・理科）」：8科目] 国 現古漢 地歴 公 全6科目から1 数 数ⅠA、数ⅡBC 理 物、化、生、地から2 外 全5科目から1 情 情Ⅰ

[学校教員養成－義務教育「日本語支援・教科指導（国語・社会・英語）」・高等学校教育「教科開発学習（国語書道・地歴公民・英語）」：8科目] 国 現古漢 地歴 公 全6科目から2 数 数ⅠA、数ⅡBC 理 全5科目から1 外 全5科目から1 情 情Ⅰ

[学校教員養成－義務教育「教科指導（音楽・図画工作美術・保健体育）」：7科目] 国 現古漢 地歴 公 全6科目から1 数 数ⅠA、数ⅡBC 理 全5科目から1 外 全5科目から1 情 情Ⅰ

◆個別学力検査等

[学校教員養成－幼児教育：2科目] 論 小論文 実技 実技

[学校教員養成－義務教育「学校教育科学・生活総合・日本語支援・教科指導（ものづくり技術・家庭）」・養護教育：2科目] 総合 総合問題 論 小論文

[学校教員養成－義務教育「ICT活用支援・教科指導（算数数学）」・高等学校教育「教科開発学習（数学）」：2科目] 数 数ⅠⅡⅢAB〔列〕C 論 小論文

[学校教員養成－義務教育「教科指導（国語）」・高等学校教育「教科開発学習（国語書道）」：2科目] 国 現古漢 論 小論文

[学校教員養成－義務教育「教科指導（社会）」・高等学校教育「教科開発学習（地歴公民）」：2科目] 地歴 公 地歴全3科目、公共・倫、公共・政経から1 論 小論文

[学校教員養成－義務教育「教科指導（理科）」・高等学校教育「教科開発学習（理科）」：2科目] 理 物基・物、化基・化、生基・生、地基・地から1 論 小論文

[学校教員養成－義務教育「教科指導（音楽）」：2科目] 論 小論文 実技 音楽実技

[学校教員養成－義務教育「教科指導（図画工作美術）」：2科目] 論 小論文 実技 美術実技

[学校教員養成－義務教育「教科指導（保健体育）」：2科目] 論 小論文 実技 体育実技

[学校教員養成－義務教育「教科指導（英語）」・高等学校教育「教科学習開発（英語）」：2科目] 外 英 論 小論文

[学校教員養成－特別支援教育：2科目] 論 小論文 面 面接

[教育支援専門職養成：1科目] 総合 総合問題

後期日程

◆共通テスト

[学校教員養成－幼児教育・義務教育「学校教育科学・日本語支援・教科指導(国語・社会・算数数学・理科・家庭)」・高等学校教育・特別支援教育・養護教育、教育支援専門職養成：8科目] 前期日程に同じ

[学校教員養成－義務教育「教科指導（音楽・図画工作美術・保健体育）」：7科目] 前期日程に同じ

◆個別学力検査等

[学校教員養成－幼児教育・義務教育「学校教育科学・日本語支援・教科指導(国語・社会・算数数学・理科・音楽・図画工作美術・保健体育・家庭)」・高等学校教育・特別支援教育・養護教育、教育支援専門職養成：1科目] その他 AP試験

■特別選抜

[総合型選抜] 総合型選抜
[学校推薦型選抜] 学校推薦型選抜 共
[その他] 帰国子女選抜、外国人留学生選抜

就職支援

愛知教育大学では、キャリア支援センターを設置し、教員養成に主軸を置く大学として、教職のノウハウを持つ職員が丁寧にサポートします。また、教職に限らず多彩な分野の就職や大学院進学を目指す学生の支援も行っています。キャリア講座が年間1000回以上開催される他、入学時から就職への支援が段階的に行われ、教員就職については専門のスタッフとして教員就職特任指導員が常駐し、講義や面接指導、相談業務など充実した内容によるサポートを行っています。

国際交流

愛知教育大学では、14カ国27大学・教育機関と学術協力に関する協定を結び、国際的視野を有する教員、専門職の育成に努めています。協定校への6カ月以上1年以内の期間留学をする交換留学や、短期の語学研修や海外教育実習、国際交流ボランティア活動などが実施されています。また、未来基金の国際交流を推進に関する支援事業による奨学金制度を設置し、学生の海外派遣を支援しています。

愛知教育大学ギャラリー

■附属図書館

附属図書館には、グループ学修などのための「動」のエリアと、書架や研究室などの「静」のエリアがあります。

■自然科学棟

2021年に改修された施設で、数学や化学、物理などの理数系の英知が集まっています。屋上から望む夕日は感動的です。

■教育・人文棟

広いコモンスペースがあり、学生の集いの場となっています。また、地域連携センターでは学校教育支援等を行っています。

■教育未来館

2014年にオープンしたガラスの曲面が印象的な建物。大学院のスペースとして多様な利用形態に対応できる空間が整備されています。

名古屋大学（なごや）

資料請求

教育推進部入試課（東山キャンパス） TEL（052）789-5765　〒464-8601 愛知県名古屋市千種区不老町

世界の基幹総合大学として、各分野の先頭を走る人材を育成

大学紹介動画

最新入試情報
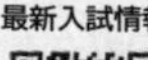

自由闊達な学風のもと、人間性と科学の調和的発展を目指し、人々の幸福に貢献する。「勇気をもって、共に未来を創る人材」の育成のため、様々な領域を包括する教育研究環境を整備している。

東山キャンパス正門

校歌

名古屋大学学生歌　「若き我等」
作詞／渡辺久也　作曲／氷見貞夫

一、尾張野の　豊けき胸に
みどりあり　光あり
涙もて　よろこびに
うちふるう
若き我等　おお若き我等

校歌音声

基本データ

※2023年5月現在（進路は2022年度・就職は2021年度卒業者データ。学費は2024年度入学者用〔予定〕）

沿革

1920年、愛知県立医学専門学校が発展し、県立愛知医科大学を設立。1947年、名古屋大学（旧制）に改称。1949年、文、教育、法経、理、医、工の6学部および環境医学研究所で新制名古屋大学へ。1950年、法経学部が法、経済学部に分離。2004年、国立大学法人名古屋大学となる。2020年、国立大学法人東海国立大学機構設立（岐阜大学と法人統合）。

キャンパス
3つ

キャンパスマップ

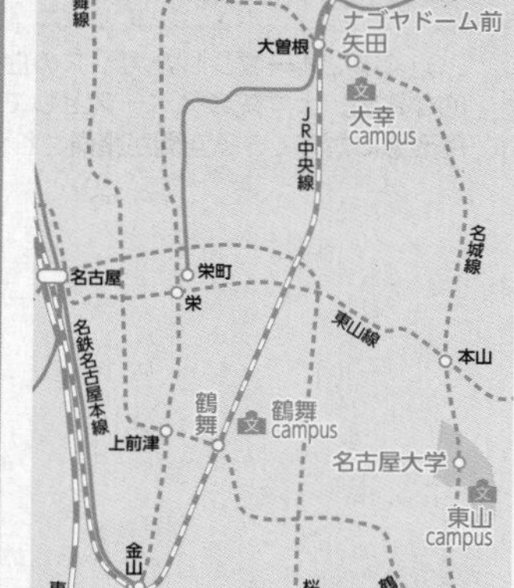

所在地・交通アクセス

東山キャンパス（本部）
〒464-8601 愛知県名古屋市千種区不老町
（アクセス）名古屋市営地下鉄名城線「名古屋大学駅」下車

鶴舞キャンパス
〒466-8550 愛知県名古屋市昭和区鶴舞町65
（アクセス）①JR「鶴舞駅」から徒歩約3分、②名古屋市営地下鉄鶴舞線「鶴舞駅」から徒歩約8分

大幸キャンパス
〒461-8673 愛知県名古屋市東区大幸南1-1-20
（アクセス）名古屋市営地下鉄名城線「ナゴヤドーム前矢田駅」から徒歩約5分

教育機関
9 学部 13 研究科

学部 文／教育／法／経済／情報／理／医／工／農

大学院 人文学ⓂⒹ／教育発達科学ⓂⒹ／法学ⓂⒹⓅ／経済学ⓂⒹ／情報学ⓂⒹ／理学ⓂⒹ／医学系ⓂⒹ／工学ⓂⒹ／生命農学ⓂⒹ／国際開発ⓂⒹ／多元数理科学ⓂⒹ／環境学ⓂⒹ／創薬科学ⓂⒹ

人数

学部学生数 9,547名 教員1名あたり学生 5名

教員数 1,629名【総長】杉山直
（教授600名、准教授494名、講師189名、助教344名、助手・その他2名）

学費

初年度納入額 822,460~825,600円

奨学金 名古屋大学下駄の鼻緒奨学金、名古屋大学ホシザキ奨学金、名古屋大学特定基金エンカレッジメント奨学金（NU奨学金）、名古屋大学特定基金就学支援事業奨学金

進路

学部卒業者 2,176名（進学1,148名、就職805名、その他※223名）※臨床研修医107名を含む

進学 52.8%　就職 37.0%　その他 10.2%

主な就職先

文学部
愛知労働局、東海財務局、愛知県（職員）、明治安田生命保険、大垣共立銀行、中電シーティーアイ、NTTドコモ、愛知機械工業、トヨタ紡織、ブラザー工業、住友電気工業、ニデック、三菱電機、名古屋鉄道、イオンリテール、大和ハウス工業

教育学部
愛知県内学校（教員）、名古屋市内学校（教員）、愛知県（職員）、名古屋市（職員）、岐阜信用金庫、時事通信社、TBSスパークル、アクセンチュア、高津製作所、トヨタ自動車、日本特殊陶業、東邦ガス

法学部
名古屋地方裁判所、静岡労働局、愛知県（職員）、名古屋市（職員）、三井住友海上火災保険、三井住友銀行、伊藤忠商事、双日、NTTコミュニケーションズ、NHK、豊田自動織機、クボタ、大阪ガス、鹿島建設

経済学部
愛知県（職員）、みずほフィナンシャルグループ、住友生命保険、損害保険ジャパン、楽天グループ、日本政策金融公庫、静岡銀行、三菱UFJ銀行、アビームシステムズ、NTT西日本、あずさ監査法人、中部電力ミライズ、NEC、シャープ、JR東海

情報学部
名古屋市（職員）、気象庁、日本生命保険、農林中央金庫、システムリサーチ、日立システムズ、富士通、スクウェア・エニックス、NTTドコモ、三菱総合研究所、電通、集英社、クニエ、日立製作所、ニトリ

理学部
特許庁、農林水産省、中部管区警察局、一宮市（職員）、かんぽ生命保険、アクティス、NTTデータ、トヨタシステムズ、TIS、富士通Japan、KDDI、NHK、アルトナー、関西電力、アイシン、精発ばね工業、ニチコン、愛知電機

医学部（医）
臨床研修医94.7%

医学部（他）
名古屋大学医学部附属病院、愛知医科大学病院、あいち小児保健医療総合センター、JA愛知県厚生連 安城更生病院、一宮市立市民病院、刈谷豊田総合病院、国立病院機構、岡谷鋼機、ファルコバイオシステムズ、ウィル、デンソー、愛知県（職員）、富山県（職員）、名古屋市（職員）

工学部
国土交通省、自衛隊、名古屋市（職員）、三井物産、キヤノンITソリューションズ、アウトソーシングテクノロジー、三井不動産、中部電力パワーグリッド、日立造船、三菱自動車工業、イビデン、オムロン、パナソニック エコシステムズ、日本郵船、中部国際空港、安藤・間、大成建設

農学部
林野庁、中部地方整備局、愛知県（職員）、静岡県（職員）、名古屋市（職員）、JA愛知中央会、JAおとふけ、大和証券、NTTデータ、システムメトリックス、九州電力、アピ、三井酢店、JT、名城食品、天野エンザイム、日本ハム、コメリ

学部学科紹介

※本書掲載内容は、大学公表資料から独自に編集したものです。詳細は大学パンフレットやホームページ等で必ず確認してください（取得可能な免許・資格は任用資格や受験資格などを含む）。

「大学入試科目検索システム」のご案内

入試要項のうち、日程・方式ごとの偏差値や昨年度入試結果（志願者倍率、実質倍率、合格最低点）、基本情報（出願締切日、試験日、二段階選抜、募集人員、総合満点）などは、「大学入試科目検索システム」（https://nyushi.toshin.com/）をご覧ください（利用方法はp.12参照）。

文学部

定員 125

東山キャンパス

入試科目検索

特色 5つの学繋所属教員のもと、22の分野・専門を設置。2年次に専攻を選択し研究室に所属する。

進路 卒業後の就職先は公務、情報通信業など多岐にわたる。

学問分野 文学／言語学／哲学／心理学／歴史学／地理学／文化学／社会学／芸術理論

大学院 人文学

学科紹介

言語文化学繋	2教育プログラム（言語学・日本語学）2分野・専門（言語学・日本語学）を設置。日本語をはじめとした多彩な言語の本質的な理解と多様な教育への応用方法を学ぶ。現代社会の課題解決に貢献できる力と、高い言語能力、異文化理解能力を地域および国内外の学術交流の中で養う。
英語文化学繋	1教育プログラム（英語文化学）2分野・専門（英語学・英米文学）を設置。英語という言語、および英語圏の文学を実証的・理論的な分析を通じて、言語活動を含む人間の精神的営みの本質を追求する。
文献思想学繋	3教育プログラム（西洋文献学・東洋文献学・哲学倫理学）9分野・専門（ドイツ語ドイツ文学・ドイツ語圏文化学・フランス語フランス文学・日本文学・中国語中国文学・哲学・西洋古典学・中国哲学・インド哲学）を設置。古今東西の思想・倫理・文学から人間の精神的営みに関する問題を解明する力を養う。
歴史文化学繋	1教育プログラム（歴史文化学）6分野・専門（日本史学・東洋史学・西洋史学・美学美術史学・考古学・文化人類学）を設置。文献史料や美術作品などの分析と実地調査から人間や社会を歴史的に洞察する力を養う。
環境行動学繋	1教育プログラム（環境行動学）3分野・専門（社会学・心理学・地理学）を設置。実験・観察・調査などの方法を用いて、人間の認知や行動の仕組み、人間社会の多様な実態を環境との関わりを視野に入れて実証的に探求する。
取得可能な免許・資格	学芸員、教員免許（中-国・社・英、高-国・地歴・公・英）

入試要項（2025年度）

※この入試情報は大学発表の2025年度入試（予告）および2024年度募集要項等より編集したものです（2024年1月時点。見方は巻頭の「本書の使い方」参照）。内容には変更が生じる可能性があるため、最新情報はホームページや2025年度募集要項等で必ず確認してください。

■文学部 偏差値 64

前期日程

◆共通テスト

［人文：8科目（1000点→950点）］国現古漢（200）地歴公地歴全3科目、公共・倫、公共・政経から2（計200）数数ⅠA、数ⅡBC（計200）理理科基礎（100）▶物、化、生、地から1でも可 外全5科目から1（200）情情Ⅰ（100→50）

◆個別学力検査等

［人文：4科目（1200点）］国現古漢（400）地歴全3科目から1（200）数数ⅠⅡA〔全〕B〔列〕C〔べ〕（200）外英（400）

特別選抜

［学校推薦型選抜］学校推薦型選抜

［その他］私費外国人留学生入試、国際プログラム群学部学生入試（10月入学）

教育学部

東山キャンパス

定員 65

入試科目検索

特色 学生と教師との対話を重視し、人間の成長や発達を支援できる人材を育成。
進路 卒業後の進路先は、大学院進学、公務員、情報通信業、製造業等。
学問分野 心理学／社会学／教育学
大学院 教育発達科学

学科紹介

人間発達科学科

生涯教育開発コース	家庭、学校、社会を通して行われる人間形成の教育とその発展の過程について、歴史、制度、地域社会など文化的かつ社会的な諸相から考察する。教育社会史、教育行政学、社会教育学、技術・職業教育学などの領域を学び、教育を理解していく。
学校教育情報コース	フィールドスタディや参与観察など学校現場への参加を通して、高度情報化時代に対応した学校教育を考察する。現代の学校教育の過程や構造、その中での成長に関して教育情報学、カリキュラム学、教育経営学、教育方法学、教師発達論などから多角的に迫る。
国際社会文化コース	現代社会において異文化との相互交流と相互理解を通して自文化を再発見し、自己を見つめ直す。人間形成学、教育人類学、教育社会学、比較教育学、大学論といった諸学問を学び、人間や教育をよりグローバルな観点から捉えることを試みる。
心理社会行動コース	人間の心と行動のダイナミズムを多角的に分析し、社会的文化的文脈における人間の認知機能や人格特性について数量的かつ科学的にアプローチする。心理計量学、認知行動学、学習行動学、パーソナリティ発達学、社会行動学、応用行動学などの学問領域から理解を深める。
発達教育臨床コース	人間の成長と発達のプロセスを成長過程という時間的な側面と、学校、家庭、地域などの空間的な側面の双方から探究する。生涯発達心理学、発達援助臨床学、家族発達臨床学、学校臨床心理学、医療臨床心理学などの領域から成長と生活空間の関わりを分析する。
取得可能な免許・資格	公認心理師、学芸員、教員免許（中-社、高-地歴・公・情）、社会教育士、社会教育主事、司書教諭

入試要項（2025年度）

※この入試情報は大学発表の2025年度入試（予告）および2024年度募集要項等より編集したものです（2024年1月時点。見方は巻頭の「本書の使い方」参照）。内容には変更が生じる可能性があるため、最新情報はホームページや2025年度募集要項等で必ず確認してください。

■教育学部 偏差値 63

前期日程

◆**共通テスト**

[人間発達科：8科目（1000点→950点）] 国現古漢(200) 地歴 公 理 地歴理全8科目、公共・倫、公共・政経から3（計300）▶理は同一名称含む組み合わせ不可 数 数ⅠA、数ⅡBC（計200） 外 全5科目から1(200) 情 情Ⅰ(100→50)

◆**個別学力検査等**

[人間発達科：3科目(1800点)] 国 現古漢(600) 数 数ⅠⅡA〔全〕B〔列〕C〔べ〕(600) 外 英(600)

特別選抜

[学校推薦型選抜] 学校推薦型選抜 共

[その他] 私費外国人留学生入試

法学部

東山キャンパス

定員 150

入試科目検索

特色　1年次に法学と政治学の基礎を学び、2年次から専門科目を本格的に学習する。
進路　卒業者の多くは公務や情報通信業、製造業に就職する。
学問分野　法学／政治学
大学院　法学

学科紹介

法律・政治学科 (150)	公法、政治学、基礎法学、民事法、社会法、刑事法の6つの分野で構成。すべての分野の科目を自由に履修できる。法曹育成のため法科大学院（ロースクール）との5年一貫教育を提供する「法曹コース」を設置。条件を満たせば学部を3年間で卒業できる。
取得可能な免許・資格	教員免許（中-社、高-公）

入試要項（2025年度）

※この入試情報は大学発表の2025年度入試（予告）および2024年度募集要項等より編集したものです（2024年1月時点。見方は巻頭の「本書の使い方」参照）。内容には変更が生じる可能性があるため、最新情報はホームページや2025年度募集要項等で必ず確認してください。

■法学部 偏差値 63

前期日程

◆共通テスト

[法律・政治：8科目（1000点→950点）] 国 現古漢(200) 地歴 公 地歴全3科目、公共・倫、公共・政経から2（計200） 数 数ⅠA、数ⅡBC（計200） 理 理科基礎（100）▶物、化、生、地から1でも可 外 全5科目から1(200) 情 情Ⅰ(100→50)

◆個別学力検査等

[法律・政治：3科目（600点）] 数 数ⅠⅡA〔全〕B〔列〕C〔ベ〕(200) 外 英(200) 論 小論文(200) ▶地歴公の知識を要する

特別選抜

[学校推薦型選抜] 学校推薦型選抜 共

[その他] 私費外国人留学生入試、国際プログラム群学部学生入試（10月入学）

経済学部

定員 205

入試科目検索

東山キャンパス

特色 基礎的な科目を学んだのち、3・4年次にはゼミで「自主的探求力」を養う。
進路 就職先は金融・保険業をはじめ情報通信業や製造業など多岐にわたる。
学問分野 経済学／経営学
大学院 経済学

学科紹介

経済学科	2年次より学科に分属。個人、国、世界など様々なスケールの経済活動を分析する各種経済理論や経済活動の基盤である経済史、社会思想史などを学ぶ。ゼミの専門領域は財政や農業経済、国際経済など多岐にわたり、その学びを4年次の卒業論文につなげる。
経営学科	2年次より学科に分属。戦略組織、マーケティングなどを扱う経営学の諸分野や会計学などを学ぶ。3年次以降に開講するゼミでは経営組織、経営戦略、国際会計などの専門分野を少人数グループで深く掘り下げ、その学びを4年次の卒業論文につなげる。
取得可能な免許・資格	教員免許（高-公）

入試要項（2025年度）

※この入試情報は大学発表の2025年度入試（予告）および2024年度募集要項等より編集したものです（2024年1月時点。見方は巻頭の「本書の使い方」参照）。内容には変更が生じる可能性があるため、最新情報はホームページや2025年度募集要項等で必ず確認してください。

■経済学部 偏差値 63

前期日程

◆**共通テスト**

［全学科：8科目（1000点→950点）］国 現古漢（200）地歴 公 地歴全3科目、公共・倫、公共・政経から2（計200）数 数ⅠA、数ⅡBC（計200）理 理科基礎（100）▶物、化、生、地から1でも可 外 全5科目から1（200）情 情Ⅰ（100→50）

◆**個別学力検査等**

［全学科：3科目（1500点）］国 現古漢（500）数 数ⅠⅡA〔全〕B〔列〕C〔べ〕（500）外 英（500）

特別選抜

［学校推薦型選抜］学校推薦型選抜 共

［その他］私費外国人留学生入試、国際プログラム群学部学生入試（10月入学）

情報学部

定員 135

東山キャンパス

入試科目検索

特色　文理の枠を越えた専門基礎教育を展開。学期のクォーター制を導入している。
進路　半数以上が大学院へ進学。就職先は情報通信業、製造業、公務など。
学問分野　情報学
大学院　情報学

学科紹介

自然情報学科 (38)	数理情報系と複雑システム系の2つの教育系を設置。画期的な発見や人類の諸課題解決に貢献できる人材を育成する。自然現象や社会現象のデータ分析や数理モデル化、スーパーコンピュータによるシミュレーションを通じ、自然や生命に関わる重要問題と向き合う。
人間・社会情報学科 (38)	社会情報系と心理・認知科学系の2つの教育系からなる。情報学を利用して人間の心理や知覚・感覚、コミュニティやマーケットなどのメカニズムを分析する。人間の関係性や社会のあり方、コミュニケーションを変革し、新たな価値を創出できる人材を育成する。
コンピュータ科学科 (59)	情報システム系と知能システム系の2つの教育系で構成。コンピュータ、ネットワーク、人工知能（AI）、音声画像処理などに関する専門的な知識を学ぶ。情報技術を応用した社会基盤やサービスの創出に寄与し、社会や自然への理解を併せ持つ人材を育成する。
取得可能な免許・資格	教員免許（中-数、高-数・情）

入試要項（2025年度）

※この入試情報は大学発表の2025年度入試（予告）および2024年度募集要項等より編集したものです（2024年1月時点。見方は巻頭の「本書の使い方」参照）。内容には変更が生じる可能性があるため、最新情報はホームページや2025年度募集要項等で必ず確認してください。

■情報学部 偏差値  64

前期日程

◆**共通テスト**

[自然情報：8科目（1000点→950点）] 【国】現古漢（200）【地歴】【公】地歴全3科目、公共・倫、公共・政経から1（100）【数】数ⅠA、数ⅡBC（計200）【理】物、化、生、地から2（計200）【外】全5科目から1（200）【情】情Ⅰ（100→50）

[人間・社会情報：8科目（1000点→950点）] 【国】現古漢（200）【地歴】【公】地歴全3科目、公共・倫、公共・政経から2（計200）【数】数ⅠA、数ⅡBC（計200）【理】理科基礎（100）▶物、化、生、地から1でも可【外】全5科目から1（200）【情】情Ⅰ（100→50）

[コンピュータ科：8科目（1000点→950点）] 【国】現古漢（200）【地歴】【公】地歴全3科目、公共・倫、公共・政経から1（100）【数】数ⅠA、数ⅡBC（計200）【理】物必須、化、生、地から1（計200）【外】全5科目から1（200）【情】情Ⅰ（100→50）

◆**個別学力検査等**

[自然情報：3科目（1100点）] 【数】数ⅠⅡⅢA〔全〕B〔列〕C（400）【理】物基・物、化基・化、生基・生、地基・地から1（300）【外】英（400）

[人間・社会情報：2科目（1100点）] 【地歴】【数】地歴全3科目、数ⅠⅡA〔全〕B〔列〕C〔べ〕から1（400）【外】英（700）

[コンピュータ科：4科目（1300点）] 【数】数ⅠⅡⅢA〔全〕B〔列〕C（500）【理】物基・物必須、化基・化、生基・生、地基・地から1（計500）【外】英（300）

特別選抜

[学校推薦型選抜] 学校推薦型選抜【共】

[その他] 私費外国人留学生入試

理学部

東山キャンパス

定員 270

入試科目検索

特色 全学共通教育を受けたのち2年次から各学科に配属。4年次には研究室に入る。
進路 約7割が大学院へ進学。就職先は教育・学習支援業、情報通信業が多い。
学問分野 数学／物理学／化学／地学／応用生物学
大学院 理学

学科紹介

数理学科	2年次には集合と写像、線形代数学、微分積分学などを、3年次には群論、測度と積分、関数解析などを学ぶ。4年次には各研究室に所属し卒業研究に取り組む。アドバイザー教員のもと、自主的に学んだ内容を学生同士で発表し合い討論する場を設けている。
物理学科	発展を続ける物理学と隣接する学際分野の最先端に触れる講義や演習が充実している。学部生と大学院生で構成される物理学教室学生委員会では、毎月学生同士の意見交換が行われる。素粒子・宇宙や物質、生物など自然界を貫く真理すべてを対象に理解を目指す。
化学科	化学を通じて社会貢献できる新時代の化学者を育成。優れた研究業績を持つ教員が在籍し、無機物質、有機物質、生体物質などの物質の合成、分析、構造、性質や反応などについて総合的な基礎教育を行う。物質科学の分子レベルでの理解を目指し、基礎から学ぶ。
生命理学科	医学、薬学、農学、工学などの基礎である生物学において独創性の高い研究を行う。様々な分野で国際的に活躍できる人材を育成。2年次には基礎遺伝学、基礎生化学、基礎細胞学などを学び、3年次春学期には専門を深める。3年次秋学期からは研究室に所属し卒業研究を行う。
地球惑星科学科	物理学、化学、生物学、地学、数学などの観点から多面的に自然現象を扱う講義、演習、実験、実習を展開。海洋科学、気象学、生態学なども視野に入れた地球惑星を研究対象とする。野外実習など講義を補完するフィールドワークも豊富に取り入れている。
取得可能な免許・資格	学芸員、測量士補、教員免許（中-数・理、高-数・理）

入試要項（2025年度）

※この入試情報は大学発表の2025年度入試（予告）および2024年度募集要項等より編集したものです（2024年1月時点。見方は巻頭の「本書の使い方」参照）。内容には変更が生じる可能性があるため、最新情報はホームページや2025年度募集要項等で必ず確認してください。

■理学部 偏差値 63

前期日程

◆共通テスト

[全学科：8科目（1000点→900点）] 国 現古漢（200→300） 地歴 公 地歴全3科目、公共・倫、公共・政経から1（100） 数 数ⅠA、数ⅡBC（計200→100） 理 物、化、生、地から2（計200→100） 外 全5科目から1（200→250） 情 情Ⅰ（100→50）

◆個別学力検査等

[全学科：4科目（1500点）] 数 数ⅠⅡⅢA〔全〕B〔列〕C（600） 理 物基・物、化基・化、生基・生、地基・地から2（計600） 外 英（300）

特別選抜

[総合型選抜] 総合型選抜、総合型選抜 共
[学校推薦型選抜] 学校推薦型選抜 共
[その他] 私費外国人留学生入試、国際プログラム群学部学生入試（10月入学）

医学部（医）

鶴舞キャンパス

定員 107

入試科目検索

特色 3年次後期に基礎医学セミナーを履修し4年次の冬から臨床実習が始まる。
進路 多くの卒業者が医療機関での初期臨床研修を2年間経て臨床医となる。
学問分野 医学
大学院 医学系

学科紹介

医学科 (107)	6年制。1年次は医学入門、2・3年次は基礎医学と社会医学の講義と実習を履修。3年次後半の基礎医学セミナーでは研究室に配属され最先端の基礎研究を体験。4年次は12月まで臨床医学の講義と実習を履修。1月から6年次まで病院での臨床実習。
取得可能な免許・資格	医師

入試要項（2025年度）

※この入試情報は大学発表の2025年度入試（予告）および2024年度募集要項等より編集したものです（2024年1月時点。見方は巻頭の「本書の使い方」参照）。内容には変更が生じる可能性があるため、最新情報はホームページや2025年度募集要項等で必ず確認してください。

■医学部（医） 偏差値 68

前期日程

◆共通テスト

[医：8科目(1000点→950点)] 国現古漢(200) 地歴 公地歴全3科目、公共・倫、公共・政経から1(100) 数数ⅠA、数ⅡBC(計200) 理物、化、生から2(計200) 外全5科目から1(200) 情情Ⅰ(100→50)

◆個別学力検査等

[医：5科目(1800点)] 数数ⅠⅡⅢA〔全〕B〔列〕C(600) 理物基・物、化基・化、生基・生から2(計600) 外英(600) 面面接

後期日程

◆共通テスト

[医：8科目(1000点→950点)] 前期日程に同じ

◆個別学力検査等

[医：1科目] 面面接▶英文の課題に基づく口頭試問含む

特別選抜

[学校推薦型選抜] 学校推薦型選抜共
[その他] 私費外国人留学生入試

医学部（他）

定員 200

大幸キャンパス

入試科目検索

特色 次世代の保健医療を担い、国際水準の研究力を持つ人材を育成する。
進路 卒業者の多くが資格を活かし医療機関等に就く。他、大学院へ進学する者もいる。
学問分野 看護学／健康科学
大学院 医学系

学科紹介

保健学科

看護学専攻 (80)	4年制。全人的看護を行い人々の健康維持に寄与する保健医療の専門職および教育・研究者を育成。基礎看護学、臨床看護学、発達看護学、地域・在宅看護学の4つの講座で構成される。人間・環境・健康・介護について学習し、学問としての看護学を追究する。
放射線技術科学専攻 (40)	4年制。高度化する画像診断や放射線治療に対応できる専門職や研究者を育成する。基礎放射線技術学の講座では医療現場で応用する放射線技術を学ぶ。医用放射線技術学の講座では画像診断や核医学診断、放射線治療の技術、放射線障害の防止法などを研究する。
検査技術科学専攻 (40)	4年制。基礎検査学、病因・病態検査学の2つの講座を設置。高度化した医療技術に適応する基礎力と応用力や、臨床・管理・政策立案などの分野での指導力を兼ね備えた臨床検査技師や研究者を育成。保健医療の諸課題を解決する研究開発マインドも養う。
理学療法学専攻 (20)	4年制。基礎理学療法学と病態理学療法学の2つの講座を設置し、ハイレベルかつ最新の知識、情報、技術を提供し教育を行う。理学療法士として疾病や障害のある人が運動機能や生活機能を改善する支援に加え、理学療法学のさらなる発展に貢献できる人材を育成する。
作業療法学専攻 (20)	4年制。チーム医療が軸となる臨床において指導者的役割を担える作業療法士と、研究開発を通じて作業療法学の進歩に寄与できる人材を育成する。援助技術の開発や地域生活に密着した臨床研究、海外短期研修も行われ、高度な専門性と国際性ある教育に取り組む。
取得可能な免許・資格	看護師、保健師、理学療法士、作業療法士、診療放射線技師、臨床検査技師

入試要項（2025年度）

※この入試情報は大学発表の2025年度入試（予告）および2024年度募集要項等より編集したものです（2024年1月時点。見方は巻頭の「本書の使い方」参照）。内容には変更が生じる可能性があるため、最新情報はホームページや2025年度募集要項等で必ず確認してください。

■医学部（他） 偏差値 60

前期日程

◆**共通テスト**

[保健：8科目（1000点→950点）] 国 現古漢（200） 地歴 公 地歴全3科目、公共・倫、公共・政経から1（100） 数 数ⅠA、数ⅡBC（計200） 理 物、化、生から2（計200） 外 全5科目から1（200） 情 情Ⅰ（100→50）

◆**個別学力検査等**

[保健：5科目（1650点）] 国 現（150） 数 数ⅠⅡⅢA〔全〕B〔列〕C（500） 理 物基・物、化基・化、生基・生から2（計500） 外 英（500）

特別選抜

[学校推薦型選抜] 学校推薦型選抜 共
[その他] 私費外国人留学生入試

工学部

定員 680

東山キャンパス

入試科目検索

特色 工学全般を扱う7つの学科のもと、適切な年次で専門分野を選択する制度を導入。

進路 9割近くの卒業者が大学院へ進学。就職先は製造業、情報通信業、公務など。

学問分野 物理学／化学／応用物理学／機械工学／電気・電子工学／材料工学／土木・建築学／船舶・航空宇宙工学／エネルギー工学／その他工学／情報学

大学院 工学

学科紹介

学科	定員	内容
化学生命工学科	(99)	化学の基礎として物理化学、有機化学、無機化学、分析化学、生化学を体系的に学ぶ。合成化学、生命工学、材料化学、高分子化学などの分野を学習し、工学的見地からの俯瞰的応用力を養う。卒業後は大学院へ進学する学生が多く、海外で研究を続ける者もいる。
物理工学科	(83)	物理学、計算科学、材料科学を基盤に基礎から応用まであらゆるものを教育研究の対象とする。数学と力学、電磁気学、量子力学など物理学の基礎を講義と演習で徹底して学ぶカリキュラムを構成。4年次の卒業研究では表現力やコミュニケーション能力も磨く。
マテリアル工学科	(110)	材料工学と化学工学の分野を融合し、地球環境と調和した物質や素材の開発やその社会実装までを扱う。物理・化学、ビッグデータや理論計算を用いた材料設計、先端計測など様々な分野の研究者が指導にあたる。工学を俯瞰できる多様な知識の獲得を目指す。
電気電子情報工学科	(118)	エネルギー・環境、発送電、電力機器・システム、ナノテクノロジー、先端エレクトロニクスなどの各分野を基礎から学ぶ。3年次からは専門科目と実験が始まり、工学的素養と幅広い視野を身につける。学内外、国内外の研究機関との共同研究も行われている。
機械・航空宇宙工学科	(150)	工業製品から航空宇宙機まで複雑なシステムを支える自然科学分野の基礎と応用について教育研究を行う。機械・航空宇宙産業が集積する中京圏の立地環境を活かし、民間および公立研究機関と連携した研究も展開。最先端の設備を利用した実験や演習が行われる。
エネルギー理工学科	(40)	エネルギーに関連する新材料や最先端計測技術、革新的なエネルギーシステムなどエネルギーを巡る幅広い分野について、基礎から世界最先端の研究までを扱う。理系科目を中心とした基礎的科目からスタートし、関心に応じて専門分野に進むカリキュラムである。
環境土木・建築学科	(80)	2年次より環境土木工学、建築学の2つのプログラムに分かれる。環境土木工学プログラムでは構造・材料、地盤、環境、国土デザインなど6つの領域を扱う。建築学プログラムでは計画・デザイン、環境・設備、構造・材料・生産技術の3つの領域を基盤に教育を行う。
取得可能な免許・資格		危険物取扱者(甲種)、毒物劇物取扱責任者、ボイラー技士、特殊無線技士(海上、陸上)、陸上無線技術士、建築士(一級、二級、木造)、測量士補、主任技術者(電気、ダム管理、ダム水路、原子炉)、施工管理技士(土木、建築、管工事、造園)

入試要項(2025年度)

※この入試情報は大学発表の2025年度入試（予告）および2024年度募集要項等より編集したものです（2024年1月時点。見方は巻頭の「本書の使い方」参照）。内容には変更が生じる可能性があるため、最新情報はホームページや2025年度募集要項等で必ず確認してください。

■工学部 偏差値 63

前期日程

◆共通テスト

[全学科：8科目（1000点→635点）] 国 現古漢(200) 地歴 公 地歴全3科目、公共・倫、公共・政経から1(100) 数 数ⅠA、数ⅡBC(計200→100) 理 物、化(計200→100) 外 全5科目から1(200→100) 情 情Ⅰ(100→35)

◆個別学力検査等

[全学科：4科目（1300点）] 数 数ⅠⅡⅢA〔全〕B〔列〕C(500) 理 物基・物、化基・化(計500) 外 英(300)

特別選抜

[学校推薦型選抜] 学校推薦型選抜（一般枠、女子枠）共

[その他] 国際プログラム群学部学生入試（10月入学）

名古屋大学ギャラリー

■豊田講堂

東山キャンパスのシンボルである豊田講堂は、知の創造と交流を促す拠点として、式典や講演などで利用されています。

■未来材料・システム研究所

省エネルギーに資する材料・デバイスからシステムに至るまで幅広い領域を俯瞰した一環研究を行う部局横断型融合研究推進組織です。

農学部

定員 170

東山キャンパス

入試科目検索

特色　1・2年次は学部共通の基礎科目を、3年次からは学科ごとの専門科目を学ぶ。

進路　約8割が大学院へ進学。他、公務や製造業、情報通信業などに就く者もいる。

学問分野　生物学／農学／応用生物学／環境学

大学院　生命農学

学科紹介

学科	定員	内容
生物環境科学科	(35)	生態学、土壌学、水文学などを学び生態系の仕組みを探究。森林科学、バイオマス科学、社会科学などの学問分野も扱い、森林、農地、都市緑地から生じる生物資源の特徴を理解する。生物資源を持続的、循環的に活用する方策や環境との調和について考察する。
資源生物科学科	(55)	植物ホルモンやその情報伝達機構など生物の生存戦略を利用し、人類が直面する環境や食料に関する諸問題の解決を目指す。遺伝学、生理学、形態学など様々な観点から生物を解析し理解するとともに、食料生産や品質の向上に関する最新の知識や技術についても学ぶ。
応用生命科学科	(80)	微生物、植物、動物細胞などを対象に、遺伝子、タンパク質、生理活性物質など生命を形成する物質の構造、機能を分子レベルで研究する。最新の生命科学と生命工学の専門的な知識と技術、化学・生物系産業や食品関連産業などにおいて応用できる知識を修得する。
取得可能な免許・資格		危険物取扱者（甲種）、食品衛生管理者、食品衛生監視員、自然再生士補、樹木医補、家畜人工授精師、教員免許（中-理、高-理・農）

入試要項（2025年度）

※この入試情報は大学発表の2025年度入試（予告）および2024年度募集要項等より編集したものです（2024年1月時点。見方は巻頭の「本書の使い方」参照）。内容には変更が生じる可能性があるため、最新情報はホームページや2025年度募集要項等で必ず確認してください。

■農学部　偏差値 63

前期日程

◆共通テスト

［全学科：8科目（1000点→950点）］国現古漢（200）地歴公地歴全3科目、公共・倫、公共・政経から1（100）数数ⅠA、数ⅡBC（計200）理物、化、生、地から2（計200）外全5科目から1（200）情情Ⅰ（100→50）

◆個別学力検査等

［全学科：5科目（1550点）］国現（150）数数ⅠⅡⅢA〔全〕B〔列〕C（400）理物基・物、化基・化、生基・生から2（計600）外英（400）

特別選抜

［学校推薦型選抜］学校推薦型選抜共

［その他］私費外国人留学生入試、国際プログラム群学部学生入試（10月入学）

名古屋大学についてもっと知りたい方はコチラ

名古屋大学は、1939年に帝国大学となり、中部圏の基幹大学として発展してきました。創立当初から受け継がれている「自由闊達」な学風の下、これまで6人のノーベル賞受賞者を輩出しています。本学は、「勇気ある知識人」の育成を理念とし、世界最先端の研究拠点の形成、国際通用性のある質の高い教育の実践、キャンパスの国際化などに取り組み、次世代を担うリーダーの育成に力を入れ、幅広い分野で活躍する人材を数多く輩出しています。

募集人員等一覧表

※本書掲載内容は、大学のホームページ及び入学案内や募集要項などの公開データから独自に編集したものです。
詳細は募集要項かホームページで必ず確認してください。

学部	学科－専攻	募集人員	一般選抜		配点（共共テ個個別）		特別選抜※1
			前期日程	後期日程	前期日程	後期日程	
文	人文	125名	110名	—	共950点 個1200点 計2150点	—	⑥15名 ⑦⑧若干名
教育	人間発達科	65名	55名	—	共950点 個1800点 計2750点	—	③10名 ⑦若干名
法	法律・政治	150名	105名	—	共950点 個600点 計1550点	—	③45名 ⑦⑧若干名
	経済	205名	165名	—	共950点 個1500点 計2450点	—	③40名 ⑦⑧若干名
情報	自然情報	38名	30名		共950点 個1100点 計2050点		③8名 ⑦若干名
	人間・社会情報	38名	30名		共950点 個1100点 計2050点		③8名 ⑦若干名
	コンピュータ科	59名	53名		共950点 個1300点 計2250点		③6名 ⑦若干名
	理	270名	215名	—	共900点 個1500点 計2400点	—	①15名※2 ②10名※3 ③30名 ⑦⑧若干名
医	医	100名 ※4	80名 ※5	5名 ※6	共950点 個1800点 計2750点	共950点 個※7 共950点	③10名 ⑦若干名
	保健－看護学	80名	45名				③35名 ⑦若干名
	保健－放射線技術科学	40名	30名				③10名 ⑦若干名
	保健－検査技術科学	40名	25名	—	共950点 個1650点 計2600点	—	③15名 ⑦若干名
	保健－理学療法学	20名	13名				③7名 ⑦若干名
	保健－作業療法学	20名	13名				③7名 ⑦若干名
工	化学生命工	99名	85名				④7名 ⑤7名 ⑧若干名
	物理工	83名	75名				③8名 ⑧若干名
	マテリアル工	110名	99名				③11名 ⑧若干名
	電気電子情報工	118名	106名	—	共635点 個1300点 計1935点	—	④6名 ⑤6名 ⑧若干名
	機械・航空宇宙工	150名	135名				④10名 ⑤5名 ⑧若干名
	エネルギー理工	40名	34名				④3名 ⑤3名 ⑧若干名
	環境土木・建築	80名	72名				③8名※8 ⑧若干名
農	生物環境科	35名	27名				③8名 ⑦⑧若干名
	資源生物科	55名	43名	—	共950点 個1550点 計2500点	—	③12名 ⑦⑧若干名
	応用生命科	80名	66名				③14名 ⑦⑧若干名

※1　［総合型選抜］共課す：①総合型選抜、共課さない：②総合型選抜　［学校推薦型選抜］共課す：③学校推薦型選抜、④学校推薦型選抜（一般枠）、⑤学校推薦型選抜（女子枠）、共課さない：⑥学校推薦型選抜　［その他］共課さない：⑦私費外国人留学生入試、⑧国際プログラム群学部学生入試（10月入学〔プログラム単位で募集〕）
※2　数理学科（3名）、物理学科（9名）、地球惑星科学科（3名）
※3　化学科（5名）、生命理学科（5名）
※4　暫定的な医学部定員増への申請・認可が未定のため募集人員100名
※5　2段階選抜を実施し、大学入学共通テストの成績が950点満点中600点以上の者を第1段階選抜の合格者とする
※6　2段階選抜を実施し、募集人員の約12.0倍までの者を、大学入学共通テストの成績に基づき第1段階選抜の合格者とする
※7　個別学力検査は、面接（英文の課題に基づいた口頭試問を含む）を行う
※8　環境土木工学プログラム（4名）、建築学プログラム（4名）

Student's Voice

情報学部

自然情報学科 2年

豊田（とよだ） 笑実（えみ）さん

愛知県 県立 千種高校 卒
アカペラ同好会　高3・4月引退

情報学の知識や技術で社会に貢献したい

Q どのような高校生でしたか？　名古屋大学を志望した理由は？

高校生活で最も力を入れていたのは、学校祭実行委員の活動です。私が通っていた高校は、毎年かなり大規模な学校祭を実施しており、半年以上の時間をかけて準備を進めていました。しかし、私が委員として活動を始めた矢先、新型コロナの影響を受け休校になりました。いざ学校が再開して準備が始まっても、前年度までの「いかに人を集めて盛り上げるか」という考えを「いかに密を避けて楽しませるか」という考えにシフトするのに苦労したことを覚えています。様々な制約を受け、前例のない学校祭となりましたが、無事に終えることができました。

このときの経験が学部選びにも影響しました。密を避けるために後夜祭を映像中継にし、入場券の手渡しを避けるためにQRコード式にするなど、デジタル化の恩恵を多く受けたのです。そして、今後はよりデジタル化が進み、情報処理に関する需要が増加するはずだと考えました。情報に関する知識や技術を幅広く活用できる人財になりたいという思いが、名古屋大学情報学部の志望につながりました。

Q どのように受験対策をしましたか？　入試本番はどうでしたか？

私は高2の11月頃に入塾し、本格的な受験勉強を始めました。部活動が週に3回と少なかったこともありますが、毎日塾に通ったおかげで高3の5月頃には受験科目について一通り学習を終え、演習に力を入れ始めることができました。一通り学習を早く終えたことが、圧倒的な演習量の多さにつながったと思います。演習では、科目にかかわらず、とにかくたくさんの問題に触れることを意識していました。過去問を解き、類似問題を解いて復習し、さらに問題を解いて記憶の定着をさせるというサイクルを繰り返しました。特に苦手だった数学は、夏休み以降、毎日大学の過去問を解くようにしていました。

結果的に名古屋大学は学校推薦型選抜で合格できましたが、共通テストや私大入試では、今まで自分が積み重ねてきた演習量が自信につながり、前向きに試験に取り組めたと思います。

●受験スケジュール

月	日	大学・学部学科（試験方式）
1	15・16	☆ 同志社　文化情報－文化情報（共テ利用B方式）
		☆ 立命館　情報理工－情報理工（共テ方式7科目型）
2	4	☆ 同志社　文化情報－文化情報（全学日程 理系）
	13	☆ 名古屋　情報－自然情報（学校推薦型）

どのような大学生活を送っていますか？

「情報学」について幅広く学ぶことができます

入学式での一枚

私が所属する情報学部は、名古屋大学唯一の文理融合学部です。1・2年次は、専門基礎として「情報学」と呼ばれるものを網羅するように様々なことを学んでいます。プログラミングや数理情報、情報心理学やメディア情報学などの授業が開講されており、専門以外も学ぶことができるとても面白い学部です。

私は自然情報学科に所属しており、3年次からは数理情報学専攻に進むつもりです。数理情報とは、世の中の問題を数理モデル化し、それらをデータ解析やコンピュータシミュレーションによって解決しようとするものです。具体的には、鉄道のダイヤ編成や天気予報のシミュレーションなどに応用されています。正直、授業についていくことに必死ですが、名古屋大学に合格したときの喜びと受験生の頃の努力を思い出しながら、頑張っています。

サークルの合宿で演奏している様子

学外での活動や交流も楽しんでいます

名古屋大学のアカペラサークルに所属しています。アカペラは高校時代から続けています。私が所属するサークルは20年以上の歴史があり、他大学との交流も盛んです。新型コロナも落ち着いてきたため、長い付き合いのある大阪大学のアカペラサークルとの共同合宿や、金沢大学・同志社大学との3大学交流ライブが復活してきて、とても嬉しいです。演奏は学内だけでなく、様々な学外のイベントでも披露し、ときには県外に遠征することもあります。遠征先でバンドメンバーと観光することも楽しみになっており、そのようにしてメンバーと仲を深めることが、より良い演奏につながるとも考えています。

将来の夢・目標は何ですか？

受験生の頃から情報学の知識や技術を活用できる人財になりたいという思いを持っていました。その思いが、データサイエンティストやITコンサルタントといった職業への興味につながっています。これらはデータ解析やシミュレーションを通して、企業や社会の問題解決に貢献する仕事です。ただ正直なところ、現段階で具体的な目標は見つかっていません。どんな分野にどのような形で貢献したいのか、調べれば調べるほど情報学は様々な分野に活用されており、選択肢は増えるばかりです。そこが魅力であり、可能性を感じるところでもあります。現在は、視野を広げるために、情報・IT関係の資格勉強や大学院試験のためのTOEICの勉強に力を入れています。特に資格勉強は、将来のために知識を蓄えている感覚があり、とてもワクワクします。

後輩へのアドバイスをお願いします！

他人と比較しないことが一番大切だと思います。他人と比べて一喜一憂する暇があるなら手を動かした方がいいです。もちろん緊張感や焦りは必要ですが、私は自分の精神を不安定にさせる要素はできる限り除外して、目の前のことに向き合っていました。受験生活は家族や先生、友人などの支えによって成り立っていますが、いざ試験を目の前にしたら頼れるのは自分だけです。試験当日は今までの自分を信じて、最後まで絶対に諦めずに頑張ってください。後輩の皆さんが自分の全力を出しきれることを願っています。

名古屋工業大学

なごやこうぎょう

資料請求

入試課 TEL (052) 735-5083　〒466-8555 愛知県名古屋市昭和区御器所町

『ものづくり』『ひとづくり』『未来づくり』

大学紹介動画　最新入試情報
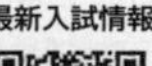

将来にわたって人類の幸福や国際社会の福祉を達成する方向を示し、同時にそれに対応できる人材を育成する。既存の工学の枠組みにとらわれることなく、新たな価値の創造に挑戦していく。

御器所キャンパス2号館

キャンパス **1**つ

御器所キャンパス
〒466-8555 愛知県名古屋市昭和区御器所町

基本データ

※2023年5月現在（進路・就職は2022年度卒業者データ。学費は2024年度入学者用〔予定〕）

沿革

1905年創設の名古屋高等工業学校を起源とし、1949年に名古屋工業専門学校と愛知県立工業専門学校との統合により大学を設立。1964年に大学院工学研究科修士課程、1985年に大学院工学研究科博士課程を設置。2004年、国立大学法人となる。2016年に学部の改組。2022年に第二部を改組し基幹工学教育課程（夜間主）を設置、大学院工学研究科を改組し、現在に至る。

教育機関 **1** 学部 **1** 研究科

学部　工

大学院　工学Ⓜ︎Ⓓ

人数

学部学生数 **4,004**名

教員1名あたり学生 **11**名

教員数 **340**名【学長】小畑誠
（教授**138**名、准教授**137**名、助教**65**名）

学費

初年度納入額 **817,800**円（諸経費別途）

奨学金　名古屋工業大学基金 学生研究奨励、名古屋工業大学基金 学生プロジェクト支援事業、名古屋工業大学基金 名古屋工業会給付型奨学金、名古屋工業大学ホシザキ奨学金

進路

学部卒業者 **944**名
（進学**708**名［75.0%］、就職**205**名［21.7%］、その他**31**名［3.3%］）

主な就職先 ※院卒者を含む　デンソー、トヨタ自動車、豊田自動織機、アイシン、ブラザー工業、中部電力パワーグリッド、トヨタ紡織、三菱電機、日本ガイシ、村田製作所

学部学科紹介

※本書掲載内容は、大学公表資料から独自に編集したものです。詳細は大学パンフレットやホームページ等で必ず確認してください（取得可能な免許・資格は任用資格や受験資格などを含む）。

工学部

御器所キャンパス　定員 930

特色 持続的未来社会への責任を自覚し、新たな価値の創造に寄与する人材を育成する。

進路 約7割が大学院へ進学。就職先は製造業や建設業、情報通信業など。

学問分野 化学／応用物理学／機械工学／電気・電子工学／材料工学／土木・建築学／エネルギー工学／社会・安全工学／その他工学／環境学／情報学

大学院 工学

高度工学教育課程 生命・応用化学科 (210)	生命・物質化学、ソフトマテリアル、環境セラミックスの3つの分野で構成。分子設計、有機・無機合成、生命現象解析、プロセス設計などの広範な化学的知識を学ぶ。新材料の開発や生命機能の解明・再生などに携わる化学分野のスペシャリストを育成する。
高度工学教育課程 物理工学科 (105)	2つの分野で構成。材料機能分野は材料工学に特化し、燃料電池や自動車・航空機などに利用する先端機能材料を開発。応用物理分野はシミュレーション解析やナノスケールでの計測・加工技術などを焦点に、材料の高性能化とその応用に貢献する人材を育成する。
高度工学教育課程 電気・機械工学科 (200)	2つの分野で構成。電気電子分野では半導体デバイス、電子材料・電子機器、通信システムなどの設計や解析の基礎的な知識と技術を学ぶ。機械工学分野では機器開発・設計・製造、エネルギーの輸送・変換・貯蔵・利用などの基礎的知識および技術を修得する。
高度工学教育課程 情報工学科 (145)	3つの分野で構成。ネットワーク分野では高度情報化社会を支える通信と計算機技術を開発する。知能情報分野では人間のように思考し行動する知能処理システムを構築する。メディア情報分野では人間の知覚や感性に基づくメディア情報システムの実現を目指す。
高度工学教育課程 社会工学科 (150)	3つの分野で構成。建築・デザイン分野では建築や環境、製品などの計画や製作に関わる人材を育成。環境都市分野では魅力ある都市社会や強靭な国土、まちづくりに貢献する。経営システム分野では多様な社会システムをマネジメントできる技術者を育成する。
創造工学教育課程 (100)	学部4年間と大学院博士前期課程2年間を接続した6年間で幅広い工学の分野に触れ、確かな工学センスと実践力を身につける。入試時に材料・エネルギーと情報・社会の2つのコースから1つを選択。3年次後期から3年半の間1つの研究室に所属し、研究を進める。
基幹工学教育課程 夜 (20)	電気・機械工学コースと環境都市工学コースを設置。働きながら産業界で通用する実践的なカリキュラムを「夜間に学ぶ」5年間の夜間主課程である。昼間部と同じ教員スタッフが指導にあたる。徹底して基幹技術を教育し、製造・施工の現場で即戦力となる人材を育成する。
取得可能な免許・資格	危険物取扱者（甲種）、毒物劇物取扱責任者、特殊無線技士（海上、陸上）、陸上無線技術士、建築士（一級、二級）、技術士補、測量士補、主任技術者（電気、電気通信）、施工管理技士（土木、建設機械）

入試要項（2025年度）

※この入試情報は大学発表の2025年度入試（予告）および2024年度募集要項等より編集したものです（2024年1月時点。見方は巻頭の「本書の使い方」参照）。内容には変更が生じる可能性があるため、最新情報はホームページや2025年度募集要項等で必ず確認してください。

「大学入試科目検索システム」のご案内
日程・方式ごとの偏差値や昨年度入試結果（志願者倍率、実質倍率、合格最低点）、基本情報（出願締切日、試験日、二段階選抜、募集人員、総合満点）などは、「大学入試科目検索システム」（https://nyushi.toshin.com/）をご覧ください（利用方法はp.12参照）。

■工学部 偏差値 61

前期日程

◆共通テスト
［高度工学教育、創造工学教育：8科目］国現古漢 地歴公全6科目から1 数数ⅠA、数ⅡBC 理物、化、生から2 外全5科目から1 情情Ⅰ

◆個別学力検査等
［高度工学教育－生命応用化・物理工・社会工、創造工学教育：3科目］数数ⅠⅡⅢABC 理物基・物、化基・化から1 外英
［高度工学教育－電気機械工・情報工：3科目］数数ⅠⅡⅢABC 理物基・物 外英

後期日程

◆共通テスト
［高度工学教育、創造工学教育：8科目］前期日程に同じ

◆個別学力検査等
［高度工学教育、創造工学教育：3科目］数数ⅠⅡⅢABC 理物基・物、化基・化から1 外英

■特別選抜

［総合型選抜］総合型選抜
［学校推薦型選抜］共通テストを課さない学校推薦型選抜、共通テストを課さない学校推薦型選抜（女子）、共通テストを課す学校推薦型選抜共
［その他］私費外国人留学生特別選抜

名古屋工業大学ギャラリー

■NITech Hall

御器所キャンパスに2016年に竣工された新講堂。1階には多目的ホールが、2階にはラーニング・コモンズエリアがあります。

■大学会館

大学会館には食堂や理髪店、旅行カウンターや購買などの福利厚生施設が備わっています。また、学生が使用できる集会室もあります。

■一本松古墳

5世紀後半に築かれた前方後円墳。出土した円筒埴輪は、名古屋市博物館に収蔵されている他、附属図書館にて展示しています。

■キャンパスの航空写真

名古屋工業大学は、2021年から愛知県立芸術大学との共同プロジェクトとしてキャンパス内に複数のアートを取り入れています。

三重(みえ)大学

資料請求

学務部入試チーム　TEL（059）231-9063　〒514-8507 三重県津市栗真町屋町1577

三重の力を世界へ

伊勢湾や鈴鹿山脈など自然に恵まれたキャンパスで、地域に根ざし、世界に誇れる三重大学独自の教育・研究を展開し、社会との共創をめざしている。

大学紹介動画　最新入試情報

上浜キャンパス

キャンパス **1**つ

上浜キャンパス
〒514-8507 三重県津市栗真町屋町1577

基本データ

※2023年5月現在（教員数は非常勤を含む。進路・就職は2022年度卒業者データ。学費は2024年度入学者用〔予定〕）

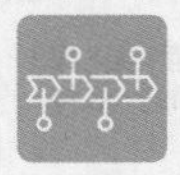

沿革

1949年、学芸、農の2つの学部で発足。1966年、学芸学部を教育学部に改称。1969年、工学部を設置。1972年、三重県立大学からの移管により、医、水産の2つの学部を設置。1983年、人文学部を設置。1987年、生物資源学部を設置。2004年、国立大学法人に移行。2024年、生物資源学部を4学科から1学科へ改組。2025年、工学部改組予定。

教育機関
5 学部 **6** 研究科

学部　人文／教育／医／工／生物資源

大学院　人文社会科学Ⓜ／教育学Ⓟ／医学系ⓂⒹ／工学ⓂⒹ／生物資源学ⓂⒹ／地域イノベーション学ⓂⒹ

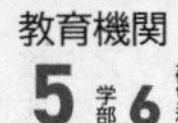

人数

学部学生数 **5,884**名　教員1名あたり学生**3**名

教員数 **1,460**名【学長】伊藤正明
（教授**294**名、准教授**225**名、講師**682**名、助教**254**名、助手・その他**5**名）

学費

初年度納入額 **817,800**円（諸経費別途）

奨学金　三重大学教育学部同窓会奨学金、三重大学生物資源学部渡邉文二奨学金、三重大学医学部附属病院看護学生奨学金、三重大学工学部USJC奨学生

進路

学部卒業者 **1,356**名
（進学**387**名［28.5%］、就職**803**名［59.2%］、その他※**166**名［12.3%］）
※臨床研修医123名を含む

主な就職先　三重県内公立学校、三重大学医学部附属病院、三重県庁、愛知県内公立学校、愛知県庁、住友電装、津市役所、名古屋市役所、岐阜県庁、四日市市役所、静岡県内公立学校、キオクシア、三重県警察本部、清水建設、名古屋市内公立学校、鈴鹿市役所

学部学科紹介

※本書掲載内容は、大学公表資料から独自に編集したものです。詳細は大学パンフレットやホームページ等で必ず確認してください（取得可能な免許・資格は任用資格や受験資格などを含む）。

人文学部

上浜キャンパス　定員 245

特色　人文科学や社会科学の研究分野に触れ、古い枠にとらわれない思考力を育む。
進路　卒業者の多くは公務や情報通信業、卸売・小売業などへ就職している。
学問分野　地理学／文化学／法学／政治学／経済学
大学院　人文社会科学

学科	定員	内容
文化学科	(92)	2024年度、従来の4地域からカリキュラムを再編し、文化資源学、国際言語文化学、社会・文化行動学の3つのコースを設置。地域別の多面的な学びを残しつつ、専門分野をより深く学べるカリキュラムになっている。
法律経済学科	(153)	2024年度、2コース4履修プログラムから3コースへカリキュラムを再編。従前の流れをくむ法政コースと経済経営コースに加え、両コースを複合した観点から学ぶ公共政策コースを新たに設置。社会課題の解決を志向し、行動する人材を育成する。
取得可能な免許・資格		学芸員、教員免許（中-国・社・英、高-国・地歴・公・英）、司書教諭、司書

教育学部

上浜キャンパス　定員 200

特色　幅広い教養と専門性を備えた人材を育成し、地域や国際社会に貢献する。
進路　卒業者の多くは教員となる。教職大学院へ進学する者もいる。
学問分野　教員養成
大学院　教育学

学科	定員	内容
学校教育教員養成課程	(200)	各教科の教育コースおよび特別支援教育、幼児教育、学校教育の合わせて13コースを設置。4つの附属学校園を活用し、教育実習や教育活動へ補助者として参加する機会を多く設けている。教育現場で必要な判断力や実践力、独創性などを兼ね備えた教員を養成する。
取得可能な免許・資格		学芸員、保育士、教員免許(幼一種、小一種、中-国・数・理・社・保体・音・美・家・技・英、高-国・数・理・地歴・公・情・保体・音・美・家・工業・英、特-知的・肢体・病弱)、司書教諭

医学部

上浜キャンパス　定員 205

特色　医療における使命感や倫理観、判断力を身につけ人類の福祉と健康に貢献する。
進路　卒業者の多くは東海地方の医療機関で活躍。大学院へ進学する者もいる。
学問分野　医学／看護学
大学院　医学系

学科	定員	内容
医学科	(125)	6年制。3年次後期より少人数グループでの問題基盤型チュートリアル教育を実施し、4年次に附属病院などでの実践的な臨床実習に入る。海外で活躍する人材を養成する海外臨床実習を受講できる他、研究者を志す学生のための新医学専攻コースも用意されている。
看護学科	(80)	倫理観や豊かな人間性、高い専門性をあわせ持ち、地域医療や保健への貢献だけでなくグローバルな視点に立って活躍できる看護職者を育成。3年次後期より母性、小児、成人、老年、精神の領域別に臨地実習を行う。少人数制のゼミや看護研究も設けられている。
取得可能な免許・資格		医師、看護師、助産師、保健師、養護教諭（二種）

工学部

上浜キャンパス

定員 400

特色	材料、エネルギー、IoT、防災減災などの課題に継続的に取り組む人材を育成。
進路	約6割が大学院へ進学。就職先は製造業や建設業、情報通信業など。
学問分野	応用物理学／応用化学／機械工学／電気・電子工学／材料工学／ナノテクノロジー／土木・建築学／エネルギー工学／その他工学／情報学
大学院	工学

総合工学科 改 (400)	2025年度、電子情報工学コースを開設予定（設置構想中）。他に、機械工学、電気電子工学、応用化学、建築学、情報工学の5コースがある。科学技術のみならず自然、社会、文化に対する見識も育む。
取得可能な免許・資格	危険物取扱者(甲種)、毒物劇物取扱責任者、ボイラー技士、特殊無線技士（海上、陸上)、陸上無線技術士、建築士（一級、二級、木造)、主任技術者（ボイラー・タービン、電気、電気通信)、施工管理技士（建築、電気工事、建設機械)、教員免許（高-工業)、作業環境測定士

生物資源学部

上浜キャンパス

定員 260

特色	生物資源の生産と利用、生産を支える環境の維持に貢献する人材を育成。
進路	卒業者の多くが大学院へ進学。他、製造業や公務に就く者もいる。
学問分野	化学／生物学／地学／土木・建築学／農学／森林科学／獣医・畜産学／水産学／応用生物学／環境学／情報学
大学院	生物資源学

生物資源学科 改 (260)	2024年度改組。生物資源総合科学、農林環境科学、海洋生物資源学、生命化学の4コースを設置。食と農林水産・フードシステムに関わる様々な問題に対して多面的な視野からの解決能力を有する人材を育成し、地域と世界に貢献することを目指す。
取得可能な免許・資格	学芸員、技術士補、測量士補、食品衛生管理者、食品衛生監視員、樹木医補、教員免許（高-理・農・水)

入試要項(2025年度)

※この入試情報は大学発表の2025年度入試（予告）より編集したものです（2024年1月時点。見方は巻頭の「本書の使い方」参照)。内容には変更が生じる可能性があるため、最新情報はホームページや2025年度募集要項等で必ず確認してください。

「大学入試科目検索システム」のご案内

日程・方式ごとの偏差値や昨年度入試結果（志願者倍率、実質倍率、合格最低点)、基本情報（出願締切日、試験日、二段階選抜、募集人員、総合満点）などは、「大学入試科目検索システム」(https://nyushi.toshin.com/）をご覧ください（利用方法はp.12参照)。

■人文学部 偏差値 58

前期日程

◆**共通テスト**

[文化：8科目] 国現古漢 地歴 公 地歴全3科目、公共・倫、公共・政経から2 数 数ⅠA、数ⅡBC 理 全5科目から1 外 全5科目から1 情 情Ⅰ

[法律経済：8科目] 国現古漢 地歴 公 理 地歴理全8科目、公共・倫、公共・政経から3 数 数ⅠA、数ⅡBC 外 全5科目から1 情 情Ⅰ

◆**個別学力検査等**

[文化：2科目] 国現古漢 外 英

[法律経済：2科目] 国 数 現古漢、数ⅠⅡA〔全〕BC〔ベ〕から1 外 英

後期日程

◆**共通テスト**

[全学科：8科目] 前期日程に同じ

◆**個別学力検査等**

[全学科：1科目] 論 小論文

■教育学部 偏差値 55

前期日程

◆**共通テスト**

[学校教育教員養成－国語教育・社会科教育・数学教育・理科教育・保健体育・技術ものづくり教育・家政教育・英語教育・特別支援教育・幼児教育・学校教育：8科目] 国 現古漢 地歴 公 理 次の①・②から1（①地歴全3科目、公共・倫、公共・政経から2、理全5科目から1、②地歴全3科目、公共・倫、公共・政経から1、物、化、生、地から2) 数 数ⅠA、数ⅡBC 外 全5科目から1 情 情Ⅰ

[学校教育教員養成－音楽教育・美術教育：7科目] 国 現古漢 地歴 公 地歴全3科目、公共・倫、公共・政経から1 数 数ⅠA、数ⅡBC 理 全5科目から1 外 全5科目から1 情 情Ⅰ

◆**個別学力検査等**※教員志望確認書を総合評価に利用する

[学校教育教員養成－国語教育：2科目] 国 現古漢 数 外 数ⅠⅡA〔全〕BC〔ベ〕、数ⅠⅡⅢA〔全〕BC、英から1

[学校教育教員養成－社会科教育・家政教育・特別支援教育・幼児教育・学校教育：2科目] 国 数 外 現古漢、数ⅠⅡA〔全〕BC〔ベ〕、数ⅠⅡⅢA〔全〕BC、英から2教科2

[学校教育教員養成－数学教育・理科教育・技術ものづくり教育：2科目] 国 外 現古漢、英から1 数 数ⅠⅡA〔全〕BC〔ベ〕、数ⅠⅡⅢA〔全〕BCから1

[学校教育教員養成－英語教育：2科目] 国 数 現古漢、数ⅠⅡA〔全〕BC〔ベ〕、数ⅠⅡⅢA〔全〕BCから1 外 英
[学校教育教員養成－音楽教育：1科目] 実技 音楽実技
[学校教育教員養成－美術教育：1科目] 実技 美術実技
[学校教育教員養成－保健体育：1科目] 実技 体育実技

後期日程

◆共通テスト
[学校教育教員養成－国語教育・保健体育・特別支援教育：8科目] 前期日程に同じ
[学校教育教員養成－社会科教育：4科目] 国 現古漢 地歴 公 理 数 情 地歴理情全9科目、公共・倫、公共・政経、数ⅠA、数ⅡBCから2教科2▶地歴公から1必須 外 全5科目から1
[学校教育教員養成－音楽教育：7科目] 前期日程に同じ

◆個別学力検査等※教員志望確認書を総合評価に利用する
[学校教育教員養成－国語教育・特別支援教育：2科目] 論 小論文 面 面接
[学校教育教員養成－社会科教育：1科目] 面 面接
[学校教育教員養成－音楽教育：2科目] 論 小論文 実技 音楽実技
[学校教育教員養成－保健体育：1科目] 実技 体育実技

■医学部 医学科 偏差値 65

前期日程

◆共通テスト（三重県地域医療枠含む）
[医：8科目] 国 現古漢 地歴 公 地歴全3科目、公共・倫、公共・政経から1 数 数ⅠA、数ⅡBC 理 物、化、生から2 外 全5科目から1 情 情Ⅰ

◆個別学力検査等（三重県地域医療枠含む）
[医：5科目] 数 数ⅠⅡⅢA〔全〕BC 理 物基・物、化基・化、生基・生から2 外 英 面 面接

後期日程

◆共通テスト
[医：8科目] 前期日程に同じ

◆個別学力検査等
[医：2科目] 論 小論文 面 面接

■医学部 看護学科 偏差値 58

前期日程

◆共通テスト
[看護：7科目] 国 現古漢 地歴 公 全6科目から1 数 数ⅠA、数ⅡBC 理 理科基礎、物、化、生から1▶地基選択不可 外 全5科目から1 情 情Ⅰ

◆個別学力検査等
[看護：3科目] 国 数 現古漢、数ⅠⅡA〔全〕BC〔ベ〕から1 外 英 面 面接

後期日程

◆共通テスト
[看護：7科目] 前期日程に同じ

◆個別学力検査等
[看護：2科目] 論 小論文 面 面接

■工学部 偏差値 57

前期日程

◆共通テスト
[総合工：8科目] 国 現古漢 地歴 公 全6科目から1 数 数ⅠA、数ⅡBC 理 物、化 外 英 情 情Ⅰ

◆個別学力検査
[総合工：2科目] 数 数ⅠⅡⅢA〔全〕BC 理 物基・物、化基・化から1

後期日程

◆共通テスト
[総合工：8科目] 前期日程に同じ

◆個別学力検査等※合否ライン上の受験者のみ調査書を評価する
[総合工－機械工学・電気電子工学・電気情報工学：1科目] 理 物基・物
[総合工－応用化学：1科目] 理 化基・化
[総合工－情報工学：1科目] 論 小論文

◆個別学力検査等
[総合工－建築学：2科目] 実技 造形実技 面 面接

■生物資源学部 偏差値 57

◆共通テスト
[生物資源：8科目] 国 現古漢 地歴 公 全6科目から1 数 数ⅠA、数ⅡBC 理 物、化、生、地から2 外 全5科目から1 情 情Ⅰ

◆個別学力検査等
[生物資源：2科目] 数 数ⅠⅡA〔全〕BC〔ベ〕、数ⅠⅡⅢA〔全〕BCから1 理 物基・物、化基・化、生基・生から1

後期日程

◆共通テスト
[生物資源－生物資源総合科学以外：8科目] 国 現古漢 地歴 公 全6科目から1 数 数ⅠA、数ⅡBC 理 物、化、生、地から2 外 英 情 情Ⅰ

◆個別学力検査等
[生物資源－生物資源総合科学以外：1科目] その他 ペーパーインタビュー

■特別選抜

[学校推薦型選抜] 学校推薦型選抜（推薦A、推薦B、推薦Ⅰ、推薦①、推薦③、推薦④）、学校推薦型選抜 共、学校推薦型選抜（推薦C、推薦Ⅱ、推薦Ⅱ〔紀伊黒潮枠〕、地域推薦〔三重県南部地域、三重県全域〕、推薦②）共
[その他] 帰国生徒特別選抜、社会人特別選抜、私費外国人留学生特別選抜

滋賀（しが）大学

資料請求

入試課入学試験係（彦根キャンパス） TEL (0749) 27-1023 〒522-8522 滋賀県彦根市馬場1-1-1

「創造」「協同」「貢献」の3つの精神のもとに

大学紹介動画 最新入試情報

「湖国から世界へ、知の21世紀をきり拓く」をスローガンに、学生の主体性を尊重し、幅広い教養と高度な専門知識を養う。地域の歴史と文化の継承・発展、琵琶湖を起点とした環境保全のための教育に取り組む。

彦根キャンパス正門

キャンパス **2**つ

彦根キャンパス
〒522-8522 滋賀県彦根市馬場1-1-1

大津キャンパス
〒520-0862 滋賀県大津市平津2-5-1

基本データ

※2023年5月現在（進路・就職は2022年度卒業者データ。学費は2024年度入学者用）

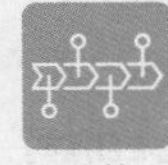

沿革

1949年に彦根経済専門学校、滋賀師範学校、滋賀青年師範学校を母体として設立。1966年、学芸学部を教育学部に改称。2004、国立大学法人に。2017年、データサイエンス学部を設置。2019年、データサイエンス研究科を設置。2023年、経済学部に従来の5学科を統合した総合経済学科を開設。2024年、経済学研究科を改組。

教育機関 3学部 4研究科

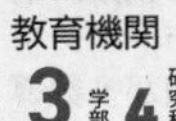

学部 教育／経済／データサイエンス

大学院 教育学Ⓟ／経済学ⓂⒹ／データサイエンスⓂⒹ／連合学校教育学Ⓓ

人数

学部学生数 **3,468**名

教員1名あたり 学生 **16**名

教員数 **212**名【学長】竹村彰通

（教授**114**名、准教授**67**名、講師**13**名、助教**14**名、助手・その他**4**名）

学費

初年度納入額 **881,460~915,100**円

奨学金 滋賀大学学生特別支援政策パッケージ「つづけるくん」

進路

学部卒業者 **790**名

（進学**37**名［4.7%］、就職**692**名［87.6%］、その他**61**名［7.7%］）

主な就職先 スミセイ情報システム、滋賀県庁、京都銀行、コンドーテック、ニトリホールディングス、NEC、住友電気工業、ニッセイ情報テクノロジー、大塚商会、滋賀銀行、JAL、デンソーテン、滋賀県教育委員会、京都府教育委員会、大阪府教育委員会、大阪府豊能地区教職員人事協議会、福井県教育委員会、草津市役所

学部学科紹介

※本書掲載内容は、大学公表資料から独自に編集したものです。詳細は大学パンフレットやホームページ等で必ず確認してください（取得可能な免許・資格は任用資格や受験資格などを含む）。

教育学部

大津キャンパス　定員 230

- 特色　理論と実践に基づいた指導力と、新しい時代の教育に必要な知識を養う。
- 進路　卒業者の約6割が教員となる。その中でも小学校教員が半数を占める。
- 学問分野　教員養成
- 大学院　教育学

学校教育教員養成課程（230）	教育心理実践、幼児教育、環境教育、初等教科など8つの専攻からなる初等教育コース、国語、社会、数学など10専攻からなる中等教育コース、障害児教育コースの3つのコースを設置。附属学校園や地域の学校などで教育実習や教育体験プログラムが実施される。
取得可能な免許・資格	教員免許（幼一種、小一種、中-国・数・理・社・保体・音・美・家・技・英、高-国・数・理・地歴・公・情・保体・書・音・美・家・英、特-知的・肢体・病弱）、社会教育士、社会教育主事、司書教諭

経済学部

彦根キャンパス　定員 460

- 特色　2023年度改組。データサイエンス学部と連携した選抜制のプログラムを設置。
- 進路　就職先は製造業や金融・保険業、情報通信業など多岐にわたる。
- 学問分野　経済学／経営学／国際学
- 大学院　経済学

総合経済学科 昼（410）	入学後に教養と専門を広く学び、3年生進級時に専攻（経済専攻、経営専攻、社会システム専攻）を選択。また、時代をリードするスペシャリスト養成特別コースとして「グローバル・コース」と「データサイエンス・コース」を設置。
総合経済学科 夜（50）	入学後に教養と専門を広く学び、3年生進級時に専攻（経済専攻、経営専攻、社会システム専攻）を選択。また、時代をリードするスペシャリスト養成特別コースとして「グローバル・コース」と「データサイエンス・コース」を設置。フレックス制採用。

データサイエンス学部

彦根キャンパス　定員 100

- 特色　データサイエンスを体系的に学べる。文理融合による新たな価値の創造を目指す。
- 進路　就職先は情報通信業をはじめ製造業や金融・保険業など多岐にわたる。
- 学問分野　数学／情報学
- 大学院　データサイエンス

データサイエンス学科（100）	カリキュラムはデータサイエンス科目と価値創造科目の2つで構成。情報学と統計学を中心に、教養科目の学習や専門家との交流、データ分析などを取り入れた文理融合型教育を展開。プロジェクト型科目が多数導入され、少人数教育による丁寧な指導が行われる。
取得可能な免許・資格	社会調査士

入試要項（2025年度）

※この入試情報は大学発表の2025年度入試（予告）および2024年度募集要項等より編集したものです（2024年1月時点。見方は巻頭の「本書の使い方」参照）。内容には変更が生じる可能性があるため、最新情報はホームページや2025年度募集要項等で必ず確認してください。

「大学入試科目検索システム」のご案内
日程・方式ごとの偏差値や昨年度入試結果（志願者倍率、実質倍率、合格最低点）、基本情報（出願締切日、試験日、二段階選抜、募集人員、総合満点）などは、「大学入試科目検索システム」（https://nyushi.toshin.com/）をご覧ください（利用方法はp.12参照）。

■教育学部　偏差値 55

前期日程

◆**共通テスト（文系型）**
[学校教育教員養成：8科目] 国 現古漢 地歴 公 全6科目から2 数 数ⅠA、数ⅡBC 理 全5科目から1 外 全5科目から1 情 情Ⅰ

◆**共通テスト（理系型）**
[学校教育教員養成：8科目] 国 現古漢 地歴 公 全6科目から1 数 数ⅠA、数ⅡBC 理 全5科目から2▶同一名称含む組み合わせ不可 外 全5科目から1 情 情Ⅰ

◆**共通テスト（面接型・実技型「保健体育」）**
[学校教育教員養成：8科目] 国 現古漢 地歴 公 理 全11科目から3▶理は同一名称含む組み合わせ不可 数 数ⅠA、数ⅡBC 外 全5科目から1 情 情Ⅰ

◆共通テスト（実技型「音楽・美術」）
［学校教育教員養成：7科目］国現古漢地歴公全6科目から1数数ⅠA、数ⅡBC理全5科目から1外全5科目から1情情Ⅰ
◆個別学力検査等（文系型）
［学校教育教員養成：2科目］国現古漢外英
◆個別学力検査等（理系型）
［学校教育教員養成：2科目］数数ⅠⅡⅢABC外英
◆個別学力検査等（面接型）
［学校教育教員養成：2科目］外英面グループ面接
◆個別学力検査等（実技型「保健体育」）
［学校教育教員養成：2科目］外英実技体育実技
◆個別学力検査等（実技型「音楽」）
［学校教育教員養成：2科目］外英実技音楽実技
◆個別学力検査等（実技型「美術」）
［学校教育教員養成：2科目］外英実技美術実技

後期日程
◆共通テスト
［学校教育教員養成：7科目］前期日程（面接型・実技型「保健体育」）に同じ
◆個別学力検査等
［学校教育教員養成：1科目］論小論文

■経済学部 偏差値 62

前・後期日程
◆共通テスト（A方式）
［総合経済：3科目］国現古漢地歴公数情地歴公全6科目、数ⅠA、数ⅡBC、情Ⅰから1外全5科目から1
◆共通テスト（B方式）
［総合経済：8科目］国現古漢地歴公理全11科目から3▶理は同一名称含む組み合わせ不可数数ⅠA、数ⅡBC外全5科目から1情情Ⅰ
◆個別学力検査等（国語・外国語型）
［総合経済【昼】：2科目］国現外英
◆個別学力検査等（数学・外国語型）
［総合経済【昼】：2科目］数数ⅠⅡABC〔ベ〕外英
◆個別学力検査等
［総合経済【夜】］課さない

■データサイエンス学部 偏差値 60

前・後期日程
◆共通テスト
［データサイエンス：8科目］国現古漢地歴公理全11科目から3▶理は同一名称含む組み合わせ不可数数ⅠA、数ⅡBC外全5科目から1情情Ⅰ
◆個別学力検査等
［データサイエンス：2科目］数数ⅠⅡⅢABC外英

■特別選抜

［総合型選抜］総合型選抜Ⅰ、総合型選抜Ⅰ（オンライン講座受講型）、総合型選抜Ⅱ（第1種、第2種、実績評価型）、総合型選抜共
［学校推薦型選抜］学校推薦型選抜（一般推薦、地域推薦、A推薦、B推薦）
［その他］帰国生徒選抜、社会人選抜、私費外国人留学生選抜

滋賀大学ギャラリー

■ラーニング・コモンズ
主体的な学びをさらに後押しするため、彦根キャンパス、大津キャンパスともにラーニング・コモンズエリアが設置されています。

■びわ湖体験学習
大学の所有する調査艇に乗船し、琵琶湖の環境について学ぶ体験型の環境学習。教育学部の新入生が毎年この体験学習に参加します。

主な出身者
宇野宗佑（元総理大臣）、西田昌司（参議院議員）、土井伸宏（京都銀行代表取締役頭取）、小林耕士（元トヨタ自動車副社長）、玉井義臣（あしなが育英会創始者）、御崎加代子（滋賀大学教授）、家森信善（神戸大学教授）

資料請求

滋賀医科大学

しがいか

入試課入学試験係　TEL (077) 548-2071　〒520-2192 滋賀県大津市瀬田月輪町

人類の健康、医療、福祉の向上と発展に貢献する

大学紹介動画　最新入試情報

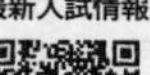

豊かな教養、確かな倫理観、高い専門的知識を有する信頼される医療人を育成。「地域に支えられ、地域に貢献し、世界に羽ばたく大学」として、研究倫理と独創性を有する研究者を養成し、特色ある研究を世界に発信する。

キャンパス正門

キャンパス 1つ

滋賀医科大学キャンパス
〒520-2192 滋賀県大津市瀬田月輪町

基本データ

※2023年5月現在（教員数は非常勤を含む。進路・就職は2022年度卒業者データ。学費は2025年度入学者用）

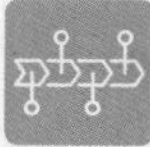

沿革

1974年、滋賀医科大学を開学。1975年、第1回医学部医学科入学宣誓式を挙行。1978年、医学部附属病院を設置。1979年、解剖センターを設置。1981年、大学院医学系研究科を設置。1994年、医学部看護学科を設置。2004年、国立大学法人滋賀医科大学となり、現在に至る。

教育機関 1学部 1研究科

学部　医

大学院　医学系Ⓜ Ⓓ

人数

学部学生数　**926**名

教員1名あたり学生 **2**名

教員数　**389**名【学長】上本伸二

（教授**64**名、准教授**54**名、講師**56**名、助教**202**名、助手・その他**13**名）

学費

初年度納入額　**1,005,140~1,020,140**円

奨学金　湖医会奨学金、藤原よしみ奨学金

進路

学部卒業者　**162**名

（進学**4**名［2.5%］、就職**53**名［32.7%］、その他※**105**名［64.8%］）

※臨床研修医102名を含む

主な就職先　滋賀医科大学医学部附属病院、滋賀県立総合病院、恩賜財団 済生会滋賀県病院、公立甲賀病院、市立長浜病院、大阪大学医学部附属病院、関西医科大学附属病院、京都市立病院、京都桂病院、京都府立医科大学附属病院、京都大学医学部附属病院

学部学科紹介

※本書掲載内容は、大学公表資料から独自に編集したものです。詳細は大学パンフレットやホームページ等で必ず確認してください（取得可能な免許・資格は任用資格や受験資格などを含む）。

医学部

滋賀医科大学キャンパス　定員 155

特色　医学科では入試で「地元医療枠」などを設けるなど、地域医療への貢献を目指す。
進路　多くが滋賀医科大学医学部附属病院をはじめとする医療機関に就職する。
学問分野　医学／看護学
大学院　医学系

医学科 (95)	6年制。1・2年次に地域の現場で医療・保健・福祉を体験。2～4年次には臓器別に基礎医学、社会医学、臨床医学を学べ、国内外の研究施設で研究できる。研究医養成コースで早期から研究室に所属できる。4～6年次の臨床実習では、附属病院、県内の病院・診療所で地域に根差した実習を実施。
看護学科 (60)	4年制。1・2年次に看護学の基礎を、2・3年次に専門看護を学び、豊かな人間性と専門知識を身につける。地域医療を担う看護師の育成として訪問看護教育にも力を入れ、3・4年次の臨地実習では看護師としての実践力や研究能力を習得する。選抜制の保健師と助産師の教育課程を設置している。
取得可能な免許・資格	医師、看護師、助産師、保健師、養護教諭（二種）

入試要項（2025年度）

※この入試情報は大学発表の2025年度入試（予告）より編集したものです（2024年1月時点。見方は巻頭の「本書の使い方」参照）。内容には変更が生じる可能性があるため、最新情報はホームページや2025年度募集要項等で必ず確認してください。

「大学入試科目検索システム」のご案内
日程・方式ごとの偏差値や昨年度入試結果（志願者倍率、実質倍率、合格最低点）、基本情報（出願締切日、試験日、二段階選抜、募集人員、総合満点）などは、「大学入試科目検索システム」（https://nyushi.toshin.com/）をご覧ください（利用方法はp.12参照）。

■医学部 医学科 偏差値 65

前期日程

◆**共通テスト**
［医：8科目］国現古漢 地歴 公 地歴全3科目、公共・倫、公共・政経から1 数 数ⅠA、数ⅡBC 理 物、化、生から2 外 全5科目から1 情 情Ⅰ

◆**個別学力検査等**
［医：7科目］数 数ⅠⅡⅢA〔全〕B〔列〕C 理 物基・物、化基・化、生基・生から2 外 英 面 個人面接、グループワーク 書類審 調査書

■医学部 看護学科 偏差値 58

前期日程

◆**共通テスト**
［看護：6科目］国現古漢 地歴 公 地歴全3科目、公共・倫、公共・政経から1 数 全3科目から1 理 理科基礎、物、化、生から1▶地基選択不可 外 全5科目から1 情 情Ⅰ

◆**個別学力検査等**
［看護：3科目］論 小論文 面 グループ面接 書類審 調査書

■特別選抜

［学校推薦型選抜］学校推薦型選抜 共

就職支援

滋賀医科大学医学部医学科では、医師免許取得後、医師臨床研修マッチングを経て初期臨床研修医として就職します。看護学科では、就職指導担当教員を中心に、職業指導、就職先の開拓、就職の斡旋を行っています。医学科の卒業生のうち42.8%は滋賀県内の病院で就職し、看護学科では卒業生のうち59.3%が滋賀県内の病院で看護師や助産師、保健師として市役所や県庁に就職します。

国際交流

滋賀医科大学の医学部医学科では、研究室配属後、例年、1学年につき3分の1程度の学生が海外で研修を行います。看護学科では、海外の学術協定校において、多文化共生に必要な異なる文化や価値観を尊重する態度および国際感覚を身に付けることを目的として、第4学年を対象に海外研修が実施されます。滋賀医学国際協力会による医学系・看護学系の学生に対した海外渡航助成事業があります。

きょうと
京都大学

資料請求

教育推進・学生支援部入試企画課(吉田キャンパス)　TEL(075)753-2521~2524　〒606-8501 京都府京都市左京区吉田本町

「自由の学風」と「対話を根幹とした自学自習」

大学紹介動画　最新入試情報

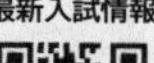

先端的で独創的な研究に取り組む世界最高水準の研究拠点として、各分野を牽引し、重要な働きをなす人材を育成する。多様な世界観・自然観・人間観に基づき、自由な発想から優れた研究を生み出す。

百周年時計台記念館

校歌

京都大学学歌
作詞／水梨彌久　作曲／下総皖一

一、九重(ここのへ)に　花ぞ匂(にほ)へる
千年の　京(みやこ)に在りて
その土を　朝(あした)踏みしめ
その空を　夕(ゆふべ)仰げば
青雲は　極みはるかに
われらの　まなこをむかえ
照る日は　ひかり直さし
われらの　ことばにうつる

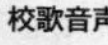
校歌音声

基本データ

※2023年5月現在(進路・就職は2022年度卒業者データ。学費は2024年度入学者用〔予定〕)

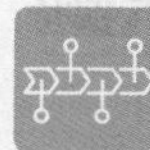
沿革

1869年、大阪に舎密局を設置。1894年、合併と京都移転を経て、第三高等学校に改称。1897年、京都帝国大学へ移行。1897~1919年、法科、医科、文科、工科、理科の各「大学」を設置。のちに、学部に改称。1947年、京都大学に改称。1949年、新制京都大学へ移行。1960年、薬学部を設置。1992年、総合人間学部を設置。2004年、国立大学法人京都大学となり、現在に至る。

キャンパス
3つ

キャンパスマップ

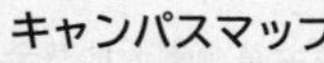
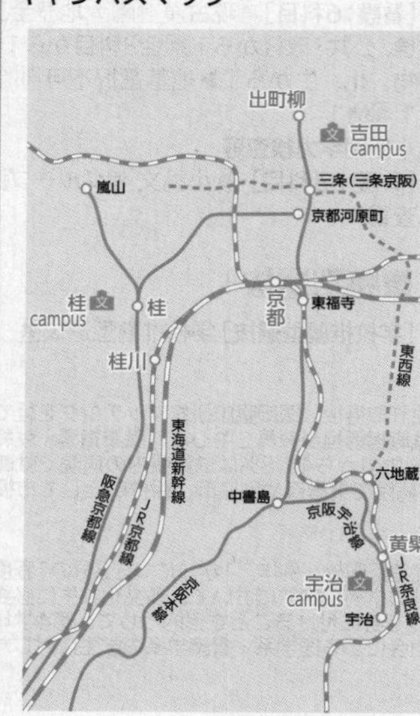

所在地・交通アクセス

吉田キャンパス(本部)
〒606-8501 京都府京都市左京区吉田本町
アクセス　①京阪電車・叡山電車「出町柳駅」から徒歩約20分、②JR・近鉄京都線・地下鉄「京都駅」からバス約30~45分、「京大正門前」「百万遍」下車

桂キャンパス(学部以外設置)
〒615-8530 京都府京都市西京区京都大学桂

宇治キャンパス(研究施設)
〒611-0011 京都府宇治市五ケ庄

教育機関
10学部 **18**研究科

学部　総合人間／文／教育／法／経済／理／医／薬／工／農

大学院　文学MD／教育学MD／法学MDP／経済学MD／理学MD／医学MDP／薬学MD／工学MD／農学MD／人間・環境学MD／エネルギー科学MD／アジア・アフリカ地域研究D／情報学MD／生命科学MD／総合生存D／地球環境MD／公共政策P／経営管理DP

人数

学部学生数　
12,770名

教員1名あたり学生 **4**名

教員数　**2,653**名【総長】湊長博
（教授**960**名、准教授**725**名、講師**182**名、助教**785**名、助手・その他**1**名）

学費

初年度納入額　**817,800**円（諸経費別途）

奨学金　京都大学基金企業寄附奨学金制度、京都大学基金緊急支援一時金

進路

学部卒業者　**2,853**名（進学**1,697**名、就職**870**名、その他※**286**名）※臨床研修医109名を含む

進学 **59.5**%　就職 **30.5**%　その他 **10.0**%

主な就職先　※薬学部は院卒者を含む

総合人間学部
JR東日本、楽天グループ、講談社、NTTデータ、厚生労働省、住友生命保険、三井住友銀行、野村證券、豊田通商、SGホールディングス、富士通

文学部
国家公務、高等学校（教員）、PwCコンサルティング、クニエ、アマゾンジャパン、みずほ信託銀行、京都中央信用金庫、三井住友銀行、三井住友信託銀行、明治安田生命保険、野村證券、NTTドコモ、集英社

教育学部
阪急阪神ホールディングス、ミキハウス、ソニー生命保険、岐阜県教育委員会、ニトリ、京都市立修学院小学校、NTT西日本、三菱マテリアル、帝人、京都家庭裁判所、日本製鉄、ディー・エヌ・エー

法学部
日本銀行、三菱UFJ銀行、農林中央金庫、日本生命保険、明治安田生命保険、東京海上日動火災保険、近鉄グループホールディングス、大阪ガス、KDDI、NTT西日本、阪急阪神ホールディングス

経済学部
三井住友銀行、三菱UFJ銀行、三井住友信託銀行、大和証券、野村證券、SMBC日興証券、デロイト トーマツ ファイナンシャルアドバイザリー、ボストン コンサルティング グループ、マッキンゼー・アンド・カンパニー・インコーポレイテッド・ジャパン

理学部
トヨタ自動車、PwCコンサルティング、アウトソーシングテクノロジー、ワールドインテック、ソニー・インタラクティブエンタテインメント、BuySell Technologies、SNK、NTTデータ、京セラ、東亞合成

医学部（医）
臨床研修医88.6%

医学部（他）
【先端看護科学】医療機関38%、進学28%、官公庁24%、一般企業3%
【先端理学療法学】進学52%、医療機関33%、一般企業10%
【先端作業療法学】進学43%、医療機関29%、官公庁14%
【総合医療科学】進学73%、一般企業18%、医療機関7%

薬学部
【薬科】味の素、アステラス製薬、大塚製薬、小野薬品工業、花王、塩野義製薬、住友ファーマ、第一三共
【薬】京都大学医学部附属病院、アステラス製薬、塩野義製薬、第一三共

工学部
進学89.3%、就職8.2%

農学部
富士通、任天堂、伊藤忠商事、住友商事、キーエンス、鹿島建設、トヨタホーム、三井住友銀行、PwCあらた有限責任監査法人、東宝、関西テレビ放送、大和証券

学部学科紹介

※本書掲載内容は、大学公表資料から独自に編集したものです。詳細は大学パンフレットやホームページ等で必ず確認してください（取得可能な免許・資格は任用資格や受験資格などを含む）。

「大学入試科目検索システム」のご案内

入試要項のうち、日程・方式ごとの偏差値や昨年度入試結果（志願者倍率、実質倍率、合格最低点）、基本情報（出願締切日、試験日、二段階選抜、募集人員、総合満点）などは、「大学入試科目検索システム」（https://nyushi.toshin.com/）をご覧ください（利用方法はp.12参照）。

総合人間学部

定員 120

吉田キャンパス

入試科目検索

特色 5つの学系が連携を取りながら教育を行う。2年次から学系に所属する。

進路 約4割が大学院へ進学。就職先はサービス業、情報通信業、金融・保険業など。

学問分野 国際学／環境学／情報学／人間科学

大学院 人間・環境学

学科紹介

総合人間学科

人間科学系	「人間の知」の刷新を試みる。既存の人間についての「知」を踏襲しつつ、より包括的で根源的な人間理解を目指す。人間形成論、社会行動論、文化社会論、人間存在論、創造行為論、文芸表象論の6つの分野を有機的に連関し、思想、社会、文化について研究する。
認知情報学系	脳、身体、言語などの研究から人間の創造世界への理解を深めるべく、認知・行動科学、数理情報論、言語科学、外国語教育論を学ぶ。脳内の認知機構と行動制御機構を運動・代謝栄養医科学、情報科学、数理科学の観点から学び、科学的な思考力を修得する。
国際文明学系	国際的教養と柔軟な思考力を兼ね備えた人材を育成する。社会科学系の諸分野や世界各地の歴史など人文系の諸分野の中から主専攻を選択し、関連諸学を領域横断的に学ぶ。社会相関論、歴史文化社会論の2つの分野を通して幅広い教養や専門的知識を修得する。
文化環境学系	各文明の地域的特性を多角的に比較することで、文明相互の交流と文明の自己相対化の様相を複眼的な視点から解明する。比較文明論、文化・地域環境論の2つの分野の講義を通して文明や文化が複雑なものであることを理解し、人間活動の実態と意義を考察する。
自然科学系	物理科学、化学・物質科学、生物科学、地球科学の4つの分野で構成される。物質、生命、さらには宇宙を支配する基本原理とその相関関係を理解していく。自然観と人間観の組み合わせから新たな知の創造を目指し、新領域を模索するために必要な研究に取り組む。
取得可能な免許・資格	公認心理師、学芸員、教員免許(中-国・数・理・社・英、高-国・数・理・地歴・公・情・英)、司書

入試要項（2025年度）

※この入試情報は大学発表の2025年度入試（予告）および2024年度募集要項等より編集したものです（2024年1月時点。見方は巻頭の「本書の使い方」参照）。内容には変更が生じる可能性があるため、最新情報はホームページや2025年度募集要項等で必ず確認してください。

■総合人間学部 偏差値 65

前期日程

◆共通テスト（文系）

［総合人間：8科目（1000点→175点）］国現古漢（200→なし）地歴 公地歴全3科目、公共・倫、公共・政経から2（計200→50）数数ⅠA、数ⅡBC（計200→なし）理理科基礎（100）▶物、化、生、地から2でも可。基礎科目とみなす 外全5科目から1（200→なし）情情Ⅰ（100→25）▶国数外は第1段階選抜のみに利用

◆共通テスト（理系）

［総合人間：8科目（1000点→125点）］国現古漢（200→なし）地歴 公地歴全3科目、公共・倫、公共・政経から1（100）数数ⅠA、数ⅡBC（計200→なし）理物、化、生、地から2（計200→なし）外全5科目から1（200→なし）情情Ⅰ（100→25）▶国数理外は第1段階選抜のみに利用

◆個別学力検査等（文系）

［総合人間：4科目（650点）］国現古漢（150）地歴地理、日、世から1（100）数数ⅠⅡA〔全〕B〔列〕C〔ベ〕（200）外英、独、仏、中から1（200）

◆個別学力検査等（理系）

［総合人間：5科目（700点）］国現古漢（150）数数ⅠⅡⅢA〔全〕B〔列〕C（200）理物基・物、化基・化、生基・生、地基・地から2（計200）外英、独、仏、中から1（150）

特別選抜

［総合型選抜］特色入試囲

文学部

吉田キャンパス

定員 220

入試科目検索

特色　1年次は全学共通科目で幅広い学問を学び、2年次から学系に所属する。
進路　約3割が大学院へ進学。他、情報通信業や金融・保険業や公務に就く者もいる。
学問分野　文学／言語学／哲学／心理学／歴史学／地理学／社会学／メディア学／国際学／芸術理論／芸術・表現
大学院　文学

学科紹介

人文学科

哲学基礎文化学系	哲学、西洋哲学史、日本哲学史、倫理学、宗教学、キリスト教学、美学美術史学の7つの専修で構成。現代社会や既存の学問において自明とされている事柄を原点に戻り、改めて考察することのできる力を養う。専修相互間の交流と連携も活発に行われている。
東洋文化学系	国語学国文学、中国語学中国文学、中国哲学史、インド古典学、仏教学の5つの専修がある。日本、中国、インド、チベットなど東アジアの文学、思想、宗教、言語を研究対象とする。原典言語の学習に力を入れ、原文から明らかになる意図や美の理解を目指す。
西洋文化学系	ヨーロッパとアメリカを中心に、文学と言語の視点から文化と社会を研究する。古代から中世、近代、現代まで幅広い時代を扱う。文献資料の正確な読解を基礎とし、高度な語学力や読解力、言語文化に関する深い考察力を養い、高い異文化理解力を持つ人材を育成。
歴史基礎文化学系	日本史学、東洋史学、西南アジア史学、西洋史学、考古学の5つの専修で構成。歴史における人間社会の発展の過程を整理し、考察する。充実した演習と実習により文献や史料を読み解く基礎学力を養う。地理学や古典学など、他学系の講義も受講することができる。
行動・環境文化学系	4つの専修を設置。心理学専修では実験により人の心の働きを研究する。言語学専修では言語の理論的研究、文献以前の言語の推定などを行う。社会学専修では社会構造、人間関係の研究や社会調査を行う。地理学専修では地表空間での様々な人間活動を研究する。
基礎現代文化学系	様々な視点から「現代」の特質を研究する。3つの専修を設置。科学哲学科学史専修では自然科学における人間の知的営みを考察する。現代史学専修では歴史学の手法で現代世界を分析する。メディア文化学専修ではメディアや情報を切り口に現代文化を考察する。
取得可能な免許・資格	公認心理師、学芸員、測量士補、教員免許(中-国・社・英、高-国・地歴・公・英)、司書教諭、司書

入試要項(2025年度)

※この入試情報は大学発表の2025年度入試（予告）および2024年度募集要項等より編集したものです（2024年1月時点。見方は巻頭の「本書の使い方」参照)。内容には変更が生じる可能性があるため、最新情報はホームページや2025年度募集要項等で必ず確認してください。

■文学部 偏差値 67

前期日程

◆共通テスト

[人文：8科目（1000点→250点)] 国 現古漢（200）地歴 公 地歴全3科目、公共・倫、公共・政経から2（計200）数 数ⅠA、数ⅡBC（計200）理 理科基礎(100)▶物、化、生、地から2でも可。基礎科目とみなす 外 全5科目から1（200）情 情Ⅰ（100）

◆個別学力検査等

[人文：4科目（500点)] 国 現古漢（150）地歴 地理、日、世から1（100）数 数ⅠⅡA〔全〕B〔列〕C〔ベ〕(100) 外 英、独、仏、中から1（150）

特別選抜

[総合型選抜] 特色入試 共

教育学部

定員 60

吉田キャンパス

入試科目検索

特色 全学共通科目などを履修したのち3年次に各系に分かれて専門科目を学ぶ。
進路 約3割が大学院へ進学。他、サービス業や公務などに就く者もいる。
学問分野 心理学／教員養成／教育学／人間科学
大学院 教育学

学科紹介

教育科学科

現代教育基礎学系	教育が抱える多様な問題を哲学や歴史学の視点から分析する教育哲学・教育史学、発達科学の視点からより有効な教育方法を探究する教育方法学・発達科学、思想研究の視点から人間学の多様なテーマを論じる教育人間学・臨床教育学の3つの分野で構成される。
教育心理学系	メディアやコンピュータを活用し、教育と密接に関わる心理学を学ぶ教育・認知心理学と、心に関する対人支援の専門知識を身につける臨床心理学の2つの分野で構成。大学院修士課程での学習を視野に、臨床心理士や公認心理師などの資格取得を目指すこともできる。
相関教育システム論系	学歴社会や教育変動を社会学的に考察する教育社会学、メディアや図書館を通じ、社会と文化を読み解くメディア文化学・図書館情報学、学校教育を超えた学びを論じる文化政策学・社会教育学、教育の国際比較などを行う比較教育学・教育政策学の4つの分野で構成。
取得可能な免許・資格	公認心理師、学芸員、教員免許（中-社、高-地歴・公、特-知的・肢体・聴覚）、社会教育士、社会教育主事、司書教諭、司書

入試要項（2025年度）

※この入試情報は大学発表の2025年度入試（予告）および2024年度募集要項等より編集したものです（2024年1月時点。見方は巻頭の「本書の使い方」参照）。内容には変更が生じる可能性があるため、最新情報はホームページや2025年度募集要項等で必ず確認してください。

■教育学部 偏差値 67

前期日程

◆共通テスト（文系）

[教育科：8科目（1000点→265点）] 国現古漢（200→50）地歴 公地歴全3科目、公共・倫、公共・政経から2（計200→50）数数ⅠA、数ⅡBC（計200→50）理理科基礎（100→50）▶物、化、生、地から2でも可。基礎科目とみなす 外全5科目から1（200→50）情情Ⅰ（100→15）

◆共通テスト（理系）

[教育科：8科目（1000点→265点）] 国現古漢（200→50）地歴 公地歴全3科目、公共・倫、公共・政経から1（100→50）数数ⅠA、数ⅡBC（計200→50）理物、化、生、地から2（計200→50）外全5科目から1（200→50）情情Ⅰ（100→15）

◆個別学力検査等（文系）

[教育科：4科目（650点）] 国現古漢（200）地歴地理、日、世から1（100）数数ⅠⅡA〔全〕B〔列〕C〔ベ〕（150）外英、独、仏、中から1（200）

◆個別学力検査等（理系）

[教育科：4科目（650点）] 国現古漢（150）数数ⅠⅡⅢA〔全〕B〔列〕C（200）理物基・物、化基・化、生基・生、地基・地から1（100）外英、独、仏、中から1（200）

特別選抜

[総合型選抜] 特色入試共

法学部

吉田キャンパス

定員 330

入試科目検索

特色　京都大学法科大学院と連携したプログラムにより優秀な学生は早期進学できる。
進路　約3割が大学院へ進学。就職先は情報通信業や金融・保険業など。
学問分野　法学／政治学
大学院　法学

学部紹介

法学部 (330)	少人数制の演習などを中心に法学の学習を進める。必修の専門科目を設定せず、学習計画を学生の主体性に任せているのも特徴の一つである。外国語の授業の他、社会の全体像を経済の視点から捉えるために、経済学部の一部の科目も履修可能である。
取得可能な免許・資格	教員免許（中-社、高-公）

入試要項（2025年度）

※この入試情報は大学発表の2025年度入試（予告）および2024年度募集要項等より編集したものです（2024年1月時点。見方は巻頭の「本書の使い方」参照)。内容には変更が生じる可能性があるため、最新情報はホームページや2025年度募集要項等で必ず確認してください。

■法学部 偏差値 66

前期日程

◆共通テスト

[8科目（1000点→285点）] 国現古漢（200）地歴 公地歴全3科目、公共・倫、公共・政経から2（計200）▶歴総・日、歴総・世から1必須 数数ⅠA、数ⅡBC（計200）理理科基礎（100）▶物、化、生、地から2でも可。基礎科目とみなす 外全5科目から1（200）情情Ⅰ（100）

◆個別学力検査等

[4科目(600点)] 国現古漢（150）地歴地理、日、世から1（100）数数ⅠⅡA〔全〕B〔列〕C〔ベ〕（150）外英、独、仏、中から1（200）

特別選抜

[学校推薦型選抜] 特色入試共

[その他] 外国学校出身者のための選考

経済学部

定員 240

吉田キャンパス

入試科目検索

特色 修士課程の科目を早期履修し修士課程までを5年間で修了するプログラムを設置。
進路 就職先はサービス業をはじめ金融・保険業や公務など多岐にわたる。
学問分野 政治学／経済学／経営学
大学院 経済学

学科紹介

経済経営学科 (240)	経済学と経営学の融合を目指し、1年次には社会経済学、会計学、現代経済事情など9つの入門科目によって両分野の基礎を修得する。また、経済学と経営学の専門科目に加え、隣接領域を総合的に学習することができる。実務家による授業では地域経済や地球環境などの問題にも触れる。

入試要項(2025年度)

※この入試情報は大学発表の2025年度入試（予告）および2024年度募集要項等より編集したものです（2024年1月時点。見方は巻頭の「本書の使い方」参照）。内容には変更が生じる可能性があるため、最新情報はホームページや2025年度募集要項等で必ず確認してください。

■経済学部 偏差値 67

前期日程

◆共通テスト（文系）
[経済経営：8科目（1000点→300点）] 国現古漢（200→50）地歴 公地歴全3科目、公共・倫、公共・政経から2（計200→50）数数ⅠA、数ⅡBC（計200→50）理理科基礎（100→50）▶物、化、生、地から2でも可。基礎科目とみなす 外全5科目から1（200→50）情情Ⅰ（100→50）

◆共通テスト（理系）
[経済経営：7科目（900点→300点）] 国現古漢（200→50）地歴 公地歴全3科目、公共・倫、公共・政経から1（100→50）数数ⅠA、数ⅡBC（計200→50）理物、化、生、地から1（100→50）外全5科目から1（200→50）情情Ⅰ（100→50）

◆個別学力検査等（文系）
[経済経営：4科目（550点）] 国現古漢（150）地歴地理、日、世から1（100）数数ⅠⅡA〔全〕B〔列〕C〔ベ〕（150）外英（150）

◆個別学力検査等（理系）
[経済経営：3科目（650点）] 国現古漢（150）数数ⅠⅡⅢA〔全〕B〔列〕C（300）外英（200）

特別選抜
[総合型選抜] 特色入試（文系型入試、理系型入試）共
[その他] 外国学校出身者のための選考

理学部

吉田キャンパス

定員 311

入試科目検索

特色 2年次までは全学共通科目、専門基礎科目を履修し3年次から系ごとに分属。
進路 約8割は大学院に進学。一般企業で専門的・技術的職業に従事する者もいる。
学問分野 数学／物理学／化学／生物学／地学
大学院 理学

学科紹介

理学科

数理科学系	1年次には理学部の全学生向けの微分積分学と線形代数学を学び、高校までの数学を深め発展させる。3年次までに代数学や解析学の専門的な講義と演習を履修し、知識としての数学の基礎を固める。4年次には卒業研究科目である「数理科学課題研究」を行う。
物理科学系	普遍的な法則を明らかにし自然界の諸現象を統一的に理解する。3つの教室を設置。第一教室では物質の構造と性質に関して、第二教室では時空間から素粒子、原子核、重力、宇宙に関して、宇宙物理学教室では宇宙の諸現象について理論、実験、観測を通して学ぶ。
地球惑星科学系	地球と地球を取り巻く惑星間空間を扱う。2つの分野を設置。地球物理学分野では固体地球物理学や水圏地球物理学、太陽惑星系電磁気学などを扱う。地質学鉱物学分野では惑星を構成する物質、地殻の深部での動向、生物圏の生物と環境の相互作用などを研究する。
化学系	原子、分子レベルで物質の構造、性質、反応の本質を明らかにし、有用な物質の創造を目指す。原子や分子、生命、宇宙まで自然界の物質や現象を網羅的に研究対象とする。テーマによって合成、分析、測定など実験中心の分野や、理論と計算が中心の分野がある。
生物科学系	生物の進化の謎を解き明かすマクロの視点と、多様な生命現象を分子レベルで解明するミクロの視点の両方から、多様な生物の存在様式や生命現象の統合的な理解を目指す。4年次の「生物科学課題研究」では23の研究グループから1つを選択し実験から理解を深める。
取得可能な免許・資格	学芸員、測量士補、教員免許（中-数・理、高-数・理）

入試要項（2025年度）

※この入試情報は大学発表の2025年度入試（予告）および2024年度募集要項等より編集したものです（2024年1月時点。見方は巻頭の「本書の使い方」参照）。内容には変更が生じる可能性があるため、最新情報はホームページや2025年度募集要項等で必ず確認してください。

■理学部 偏差値 67

前期日程

◆**共通テスト**

[理：8科目（1000点→250点）] 国 現古漢（200→50） 地歴 公 地歴全3科目、公共・倫、公共・政経から1（100→25） 数 数ⅠA、数ⅡBC（計200→50） 理 物、化、生、地から2（計200→50） 外 英（200→50） 情 情Ⅰ（100→25）

◆**個別学力検査等**

[理：5科目（975点）] 国 現古漢（150） 数 数ⅠⅡⅢA〔全〕B〔列〕C（300） 理 物基・物、化基・化、生基・生、地基・地から2（計300） 外 英（225）

特別選抜

[総合型選抜] 特色入試（数理科学入試、生物科学入試） 共

[その他] 外国人留学生のための選考

医学部（医）

定員 107

吉田キャンパス

入試科目検索

特色 基礎医学研究者を育成するコースでは最短で4年次修了時から研究の機会がある。
進路 医師免許取得後、医学部附属病院あるいは研修病院で卒後臨床研修を行う。
学問分野 医学
大学院 医学

学科紹介

医学科 (107)	6年制。低学年次に研究マインドを育む取り組みや英語による生物学の授業などを実施。基礎医学の履修は2年次後半から本格化し、3年次後半からは臨床医学が始まる。5・6年次の実習は附属病院の他、学外の病院でも実施され密度の濃い臨床教育が行われる。
取得可能な免許・資格	医師

入試要項(2025年度)

※この入試情報は大学発表の2025年度入試（予告）および2024年度募集要項等より編集したものです（2024年1月時点。見方は巻頭の「本書の使い方」参照）。内容には変更が生じる可能性があるため、最新情報はホームページや2025年度募集要項等で必ず確認してください。

■医学部（医） 偏差値 69

前期日程

◆共通テスト

[医：8科目（1000点→275点）] 国 現古漢（200→50）地歴 公 地歴全3科目、公共・倫、公共・政経から1（100→50）数 数ⅠA、数ⅡBC（計200→50）理 物、化、生から2（計200→50）外 全5科目から1（200→50）情 情Ⅰ（100→25）

◆個別学力検査等

[医：6科目（1000点）] 国 現古漢（150）数 数ⅠⅡⅢA〔全〕B〔列〕C（250）理 物基・物、化基・化、生基・生から2（計300）外 英、独、仏、中から1（300）面 面接▶医師・医学研究者としての適性・人間性などについて評価を行う。学科試験の成績と総合して合否を判定する

特別選抜

[総合型選抜] 特色入試 共

医学部（他）

吉田キャンパス

定員 100

入試科目検索

特色 学科一括入試と、2年次後期に希望のコースを選択する進学振り分け制度を導入。
進路 約5割が大学院へ進学。卒業後は医療機関や一般企業に就く者もいる。
学問分野 医学／看護学／健康科学／情報学
大学院 医学

学科紹介

人間健康科学科

先端看護科学コース	4年制。先端基盤看護科学、先端中核看護科学、先端広域看護科学の3つの講座を設けている。疾病予防や健康増進を含め、あらゆる健康レベルの人々を支援できる幅広い視野と知識、技術を養う。国際的に活躍できる人材の育成を目指し、大学院への進学を推奨している。
先端リハビリテーション科学コース	4年制。3年次より先端理学療法学または先端作業療法学の2つの講座に分かれ、高度医療専門職を育成する専門教育を受ける。多様化し高度化するリハビリテーション医療を担い、最先端の研究と臨床に携わる人材を育成。リハビリテーション科学を総合的に理解する。
総合医療科学コース	4年制。疾患や病態について学び生体情報を多角的に解析する基礎系医療科学講座、移植医療・再生医療・遺伝子治療などの発展に寄与する臨床系医療科学講座、先端医療機器や医療・介護支援技術の開発などに貢献する理工系医療科学講座の3つの講座を設置している。
取得可能な免許・資格	看護師、保健師、理学療法士、作業療法士、臨床検査技師

入試要項（2025年度）

※この入試情報は大学発表の2025年度入試（予告）および2024年度募集要項等より編集したものです（2024年1月時点。見方は巻頭の「本書の使い方」参照）。内容には変更が生じる可能性があるため、最新情報はホームページや2025年度募集要項等で必ず確認してください。

■医学部（他） 偏差値 64

前期日程

◆共通テスト

［人間健康科：8科目（1000点→275点）］国現古漢（200→50）地歴公地歴全3科目、公共・倫、公共・政経から1（100→50）数数ⅠA、数ⅡBC（計200→50）理物、化、生から2（計200→50）外全5科目から1（200→50）情情Ⅰ（100→25）

◆個別学力検査等

［人間健康科：5科目（750点）］国現古漢（150）数数ⅠⅡⅢA〔全〕B〔列〕C（200）理物基・物、化基・化、生基・生から2（計200）外英（200）

特別選抜

［総合型選抜］特色入試共

薬学部

吉田キャンパス

定員 80

入試科目検索

特色 4年進級時の学科振り分けによりミスマッチの少ない進路選択の機会を提供。
進路 薬科：約9割が大学院へ進学。薬：卒業者の多くは製薬企業に就く。他、薬剤師として医療機関で活躍。
学問分野 薬学
大学院 薬学

学科紹介

薬科学科	4年制。創薬科学の発展を担う人材を育成する。自然科学のあらゆる学問と薬学固有の学問に関する知識や技術、態度を学ぶ。4年次の特別実習では研究室で教員の指導のもと、特定の専門領域に関する研究を行う。専門を深めるために大学院に進学する者が多い。
薬学科	6年制。医薬品の適切な使用を目的とした総合科学として、薬学の基礎から応用まで幅広い知識と技能を学ぶ。4年次より特別実習、病院実習、調剤薬局実習など現場に根差した実習が行われる。高度医療を支える医療薬学の研究者や技術者、薬剤師を育成する。
取得可能な免許・資格	薬剤師

入試要項(2025年度)

※この入試情報は大学発表の2025年度入試（予告）および2024年度募集要項等より編集したものです（2024年1月時点。見方は巻頭の「本書の使い方」参照）。内容には変更が生じる可能性があるため、最新情報はホームページや2025年度募集要項等で必ず確認してください。

■薬学部 偏差値 66

前期日程

◆**共通テスト**

[全学科：8科目（1000点→220点）] 国 現古漢（200→40）地歴 公 地歴全3科目、公共・倫、公共・政経から1（100→40）数 数ⅠA、数ⅡBC（計200→40）理 物、化、生、地から2（計200→40）外 全5科目から1（200→40）情 情Ⅰ（100→20）

◆**個別学力検査等**

[全学科：5科目（700点）] 国 現古漢（100）数 数ⅠⅡⅢA〔全〕B〔列〕C（200）理 物基・物、化基・化、生基・生から2（計200）外 英（200）

特別選抜

[総合型選抜] 特色入試 共
[その他] 私費外国人留学生入試

工学部

定員 955

吉田キャンパス

入試科目検索

特色 1・2年次で全学共通科目を中心に履修。のちに幅広い知識を学び、4年次に卒業研究を行う。

進路 約9割が大学院へ進学。他、製造業や情報通信業、サービス業に就職する者もいる。

学問分野 数学／化学／応用物理学／機械工学／電気・電子工学／材料工学／土木・建築学／船舶・航空宇宙工学／エネルギー工学／その他工学／環境学／情報学

大学院 工学

学科紹介

学科	定員	内容
地球工学科	(185)	3年次より土木工学、資源工学、環境工学、国際の4つのコースに分属。地球工学の基本原理や科学技術を総合的に理解できる基礎を築き、4年次には卒業研究に取り組む。国際コースでは土木工学コースに準拠したカリキュラムのもと、すべての講義が英語で行われる。
建築学科	(80)	都市や建築の空間形成原理や設計を考える計画系、防災を念頭に建築設計を行う構造系、環境が人間に与える影響を考慮し設備計画を立てる環境系の3つの分野を学ぶ。人間生活に密接に関わる建築について、自然科学や社会科学、芸術などの分野の教育研究を行う。
物理工学科	(235)	機械システム学、材料科学、宇宙基礎工学、原子核工学、エネルギー応用工学の5つのコースを設置。物理学の視点から新しいシステム、材料、エネルギー源の開発、宇宙空間の利用などに関する研究の基礎力を修得する。新技術創造を目指し幅広い専門教育を行う。
電気電子工学科	(130)	21世紀のエネルギーと情報化社会を支えることを目標に、幅広い知識と視野、高い独創性と倫理性を兼ね備えた人材を育成する。基礎を入念に学習し、専門科目、実験、実習、演習を通して最先端の知識と科学技術を理解できるようにカリキュラムが組まれている。
情報学科	(90)	2年次より数理工学、計算機科学の2つのコースに分かれる。基礎から応用までの総合的な教育を通して、物理学と数学を基礎とする数理的思考を身につける。情報学の理論と実践とを有機的に結合した教育で、計算機や情報システムの構築を行う人材を育成する。
理工化学科	(235)	2024年度、工業化学科より改称。2年次後期から創成化学、先端化学、化学プロセス工学の3コースに分属。化学の基礎理論に加え、物理学や生物学との境界領域にある化学や工学の基礎知識も学ぶ。
取得可能な免許・資格		特殊無線技士（海上、陸上）、陸上無線技術士、建築士（一級、二級、木造）、測量士補、主任技術者（電気、電気通信）、教員免許（中-数・理、高-数・理・情）

入試要項(2025年度)

※この入試情報は大学発表の2025年度入試（予告）および2024年度募集要項等より編集したものです（2024年1月時点。見方は巻頭の「本書の使い方」参照)。内容には変更が生じる可能性があるため、最新情報はホームページや2025年度募集要項等で必ず確認してください。

■工学部 偏差値 66

前期日程

◆共通テスト

[全学科：8科目（1000点→225点)] 国現古漢（200→25）地歴 公地歴全3科目、公共・倫、公共・政経から1（100→50）数数ⅠA、数ⅡBC（計200→25）理物必須、化、生から1（計200→25）外全5科目から1（200→50）情情Ⅰ（100→50)

◆個別学力検査等

[全学科：5科目（800点)] 国現古漢（100）数数ⅠⅡⅢA〔全〕B〔列〕C（250）理物基・物、化基・化（計250）外英（200）

特別選抜

[総合型選抜] 特色入試共

[その他] 私費外国人留学生入試、Undergraduate International Course Program of Civil Engineering

農学部

定員 300

入試科目検索

吉田キャンパス

特色 3年次から専門科目を履修し、4年次には研究分野別に卒業研究を行う。
進路 約8割が大学院へ進学。就職先は公務や製造業など多岐にわたる。
学問分野 生物学／材料工学／農学／森林科学／応用生物学／食物学／環境学
大学院 農学

学科紹介

資源生物科学科 (94)	30の専門分野があり、大きく植物生産科学、応用動物科学、海洋生物科学、生物先端科学の4つのコースに分かれる。陸地や海洋の資源生物の生産性と品質の向上を、環境との調和の中で追究する。基礎から応用技術まで幅広く教育研究を行い、資源生物の有効利用につなげる。
応用生命科学科 (47)	多彩な生物を対象とした13の分野で構成。農業生産、発酵・食品・化学工業、環境保全に関する様々な問題を生命現象の原理に基づき解決する。生命の謎を探究するバイオサイエンスと、その成果を社会に還元するバイオテクノロジーの研究を主に行っている。
地域環境工学科 (37)	農業生産活動が行われる「地域」という空間の有用性を認識しその活用を目指す。環境を豊かに保全する方法を学ぶ「水・土・緑系」に関する4つの分野と、食料生産、バイオマス・エネルギー開発などを学ぶ「食料・エネルギー系」に関する3つの分野を軸に学ぶ。
食料・環境経済学科 (32)	農業食料組織経営学、経営情報会計学、地域環境経済学、食料・環境政策学、森林経済政策学、国際農村発展論、比較農史学、農学原論の8つの教育研究分野で構成。他学科の研究内容も積極的に取り上げ、地域の個性を活かした農林水産業の持続的発展に貢献する。
森林科学科 (57)	森林生態系に関する自然科学の基礎と応用を学ぶ分野、森林の生物資源の利用を学ぶ分野、森林と人間の共生を学ぶ分野の3つに大きく分かれ、合計17の分属分野を設けている。科学的知識に基づく森林の持続的管理や環境保全の分野で活躍できる人材を育成する。
食品生物科学科 (33)	生物学のみならず化学、物理学、生化学や文系の学問までを含め食品を科学する。食品の研究を通じて生物や生命を理解し、人間に有用な食品の創成を目指す。人類が抱える食料問題への取り組みとして、グローバルな視点で食を捉え直し科学的な対処を考える。
取得可能な免許・資格	測量士補、食品衛生管理者、食品衛生監視員、自然再生士補、樹木医補、教員免許（中-理、高-理・農）

入試要項（2025年度）

※この入試情報は大学発表の2025年度入試（予告）および2024年度募集要項等より編集したものです（2024年1月時点。見方は巻頭の「本書の使い方」参照）。内容には変更が生じる可能性があるため、最新情報はホームページや2025年度募集要項等で必ず確認してください。

■農学部 偏差値 66

前期日程

◆**共通テスト**

[全学科：8科目（1000点→350点）] 国 現古漢（200→70）地歴 公 地歴全3科目、公共・倫、公共・政経から1（100）数 数ⅠA、数ⅡBC（計200→50）理 物、化、生、地から2（計200→50）外 全5科目から1（200→50）情 情Ⅰ（100→30）

◆**個別学力検査等**

[全学科：5科目（700点）] 国 現古漢（100）数 数ⅠⅡⅢA〔全〕B〔列〕C（200）理 物基・物、化基・化、生基・生、地基・地から2（計200）外 英、独、仏、中から1（200）

特別選抜

[総合型選抜] 特色入試共

募集人員等一覧表

※本書掲載内容は、大学のホームページ及び入学案内や募集要項などの公開データから独自に編集したものです。詳細は募集要項かホームページで必ず確認してください。

学部	学科ーコース「講座」	募集人員※1	一般選抜		2段階選抜（倍率）		配点（共共テ個個別）		特別選抜※2
			前期日程	後期日程	前期日程	後期日程	前期日程	後期日程	
総合人間	総合人間	120名	文系 62名 理系 53名	—	約3.5倍	—	文系 共175点 個650点 計825点 理系 共125点 個700点 計825点	—	①5名
文	人文	220名	210名	—	約3.5倍	—	共250点 個500点 計750点	—	①10名
教育	教育科	60名	文系 44名 理系 10名	—	約3.5倍	—	共265点 個650点 計915点	—	①6名
法		330名	310名	—	約3.5倍	—	共285点 個600点 計885点	—	②20名 ③10名以内※5
経済	経済経営	240名	文系 190名 理系 25名	—	約3.5倍	—	文系 共300点 個550点 計850点 理系 共300点 個650点 計950点	—	①25名※6 ③10名以内※7
理	理	311名	301名	—	約3.0倍	—	共250点 個975点 計1225点	—	①10名※8 ④若干名
医	医	107名	102名	—	約3.0倍※4	—	共275点 個1000点 計1275点	—	②5名
医	人間健康科ー先端看護科学	100名	70名	—	約3.5倍	—	共275点 個750点 計1025点	—	①20名
	人間健康科ー先端リハビリテーション科学「先端理学療法学」								①5名
	人間健康科ー先端リハビリテーション科学「先端作業療法学」								①5名
	人間健康科ー総合医療科学								—
薬	薬科	80名	74名	—	約3.5倍	—	共220点 個700点 計920点	—	①3名 ④若干名
	薬								①3名
工	地球工	955名	181名※3	—	約3.0倍	—	共225点 個800点 計1025点	—	②4名 ④若干名 ⑤30名以内※9
	建築		77名※3						②3名 ④若干名
	物理工		230名※3						②5名 ④若干名
	電気電子工		123名※3						②7名 ④若干名
	情報		87名※3						②3名 ④若干名
	理工化		225名※3						②10名 ④若干名

学部	学科－コース「講座」	募集人員※1	一般選抜		2段階選抜（倍率）		配点（共共テ個個別）		特別選抜※2
			前期日程	後期日程	前期日程	後期日程	前期日程	後期日程	
農	資源生物科	300名	91名※3	—	約3.5倍	—	共350点 個700点 計1050点	—	①3名
	応用生命科		43名※3						①4名
	地域環境工		34名※3						①3名
	食料・環境経済		29名※3						①3名
	森林科		50名※3						①7名
	食品生物科		30名※3						①3名

※1　募集人員は2024年度入試実績
※2　［総合型選抜］共課す：①特色入試
［学校推薦型選抜］共課す：②特色入試
［その他］共課さない：③外国学校出身者のための選考、④私費外国人留学生特別選抜試験、⑤Undergraduate International Course Program of Civil Engineering
※3　目安の人数
※4　大学入学共通テストの6教科8科目の得点（ただし、英語はリーディングを150点満点に、リスニングを50点満点になるように換算）の合計が1000点満点中700点以上の者のうち、募集人員の約3.0倍までの者を合格とする
※5　前期日程の募集人員に含む
※6　文系型入試（15名）、理系型入試（10名）
※7　前期日程「文系」の募集人員に含む
※8　数理科学入試（5名）、生物科学入試（5名）
※9　前期日程の募集人員に含む

Column コラム

就職支援

京都大学では卒業後の進路とキャリア支援として「キャリアサポートセンター」を設置し、民間企業への就職はもとより、大学院への進学、公務員、起業など数多くの選択肢の中から学生それぞれが将来を考え、納得して進路を選択できるように、様々な支援をしています。キャリアサポートセンターでは個別相談をはじめとして、専任の相談員による進路選択や就職活動の相談対応、エントリーシートの添削、模擬面接や求人・インターンシップ情報の提供などの他に、「京都大学キャリアフォーラム」という名称の学内合同企業説明会など様々なイベントを開催しています。また、学生と企業・団体がお互いの理解を深め、就職につなげるマッチングサイトを設けており、京大生向けのイベントへの応募や学生から企業・団体へ個別コンタクトを希望できる他、博士学生は求人への応募や、企業からのオファーを待つことができます。

国際交流

京都大学では、39カ国・地域に広がる約150校と大学間学生交流協定を締結しています。留学プログラムには交換留学と短期留学の2つの種類があります。交換留学では、1学期間から1年間を協定大学で学び、研究に関する指導を受けられることもあります。短期留学プログラムでは、国際性を養い、外国語運用能力を高める機会として、様々な短期プログラムを用意しています。語学をより深く実践的に学ぶプログラムに加え、現地大学において集中講義の受講、学生交流、文化体験等を通して異文化理解を深めるプログラムもあります。主な派遣先は東アジアや東南アジア、英語圏で、プログラムの多くは授業期間外の時期に設定されています。また、「Kingfisher Global Leadership Program with Kyoto University」では、約2週間、ワシントンDCやサンフランシスコの国際的な研究機関や企業に訪問し、そこで働くプロフェッショナルによる特別講義を受けたりディスカッションをしたりすることができます。留学への経済的支援として、交換留学を行う学生を対象とした大学独自の奨学金制度や、短期留学のプログラムによっては滞在費や渡航費を大学が支援する場合があります。

Student's Voice

総合人間学部

認知情報学系 3年

髙田 理莉（たかだ りり）さん

奈良県 私立 帝塚山高校 卒
陸上競技部　高3・6月引退

幅広く社会について学び柔軟な考え方を得たい

Q どのような高校生でしたか？　京都大学を志望した理由は？

中1から6年間、週に6日ほど活動する陸上競技部に所属し、中学では選手として、高校ではマネージャーとして活動していました。選手の頃は自分のベストパフォーマンスを求めて努力する日々でした。高校時代には他の人が頑張れる環境を作ることに尽力するマネージャーの仕事を通して、同じ部活の中にいながら視野を広げることができました。また、学園祭の有志企画に参加したり体育祭でのクラス対抗リレーに毎年出場したりと、学校行事にも積極的に取り組み、コロナ禍ではありましたが、充実した高校生活を送ることができたと感じています。

志望校を決める際は、できるだけ文理に縛られない学際的な勉強ができるという点にこだわりました。京都大学の農学部、経済学部、総合人間学部に絞っていましたが、1つの分野に特化せず、幅広く社会について学びたいという気持ちがあったため、最終的に総合人間学部を志望しました。

Q どのように受験対策をしましたか？　入試本番はどうでしたか？

抜け落ちていると感じる部分は積極的に先生に質問に行くなど、わからないところはそのままにしないことを意識していました。

総合人間学部は共通テストに比べて二次試験の配点が圧倒的に高かったため、二次試験の対策に力を入れていました。高3の6月頃から京都大学の過去問を解き始め、秋からはひたすら大量の演習を積むことを意識していました。過去問演習には時間がかかるので、始めるのは早ければ早いほど良いと思います。私は共通テスト対策を年明けから行いましたが、自分の志望校の配点や得意不得意から勉強の配分を考えることが大事だと思います。

そして、私の受験の武器はポジティブな考え方だったと思っています。無理やりにでもポジティブに考えることで、目標に向かって進み続けることができました。また、応援やサポートをしてくれるまわりの人に感謝することを大切にしていました。最後まで頑張り切ることができたのは、そうした気持ちがあったからだと思います。

●受験スケジュール

月	日	大学・学部学科（試験方式）
1	16・17	★早稲田　政治経済－経済（共テ利用）
		★早稲田　人間科－人間環境科（共テ利用）
		★早稲田　人間科－人間情報科（共テ利用）
		★同志社　理工－環境システム（共テ利用）
		★関西学院　経済（共テ利用）
2	4	★同志社　理工－環境システム（全学部日程）
	12	★慶應義塾　理工－学門C（一般）
	25・26	★京都　総合人間－理系（前期）

Q どのような大学生活を送っていますか？

幅広い学びと深い学びを自由に実現できます

入学式当日の一枚

総合人間学部は文系からも理系からも、ほとんど同じ人数が入学できる文理融合型の学部で、入学後は文理にかかわらず幅広く学びます。3～4年次では分野を絞って研究するものの、基本的に必修科目はなく、個人の自由に合わせて学びたい学問や受けたい授業を選んでいくことができるのが大きな特徴です。教授の研究内容も多岐にわたり、1つの学部にいながら多くのことを勉強できるところが魅力です。

私はこの自由な環境を利用して、2年次までで多くの分野に興味を持って学びの幅を広げました。広く様々な学問に触れた結果、私は運動医科学という健康に長生きすることなどに関わる分野に興味を持ち、3年次から学習や研究を進めています。

サークルで運営したカフェの当日の様子

食品ロスの問題に向き合っています

私はもともと食品ロスの問題に興味がありました。総合人間学部には食品ロスに直結する講義や研究テーマはありませんが、大学に規格外の野菜を使って料理を提供するカフェを運営するサークルがありました。このサークルで、農家の方のお手伝いや勉強会を通して、食品ロスの問題に関する知見を広げることができています。不定期で数カ月に一度カフェを運営しており、接客も経験しました。大学生のうちに様々なことに挑戦して興味を広げていきたいと考えています。

Q 将来の夢・目標は何ですか？

将来は、自分がいなければありえなかったと言われるような、良い変化を社会に起こしたいと考えています。これまで比較的良い環境で生きてこられた幸運に感謝し、今度は何らかの形で社会の役に立ちたいと思っているからです。その上で、常に何かに向かって本気で努力し、それを楽しめるような人生を送ることを大事にしたいと思っています。楽しみながら一生懸命に生きている姿は、輝いていると感じるからです。また、何かを成し遂げるとき一人では何もできないと実感しています。努力を楽しむことで、「一緒に頑張りたい」と人から思われるようにもなりたいです。

一方で、学生の時点で実現したいことがはっきりと決まることは珍しいと思っています。私自身、総合人間学部に入学したのは、したいことを見つけるためでもありました。これからの人生でも、できるだけ広く多くのことに関わりながら、社会のために自分にできることをしていきたいと思っています。

Q 後輩へのアドバイスをお願いします！

まず、常に目的を考えて勉強することを大事にしてほしいです。私自身、本格的に受験勉強を始めた当初は、意味も考えずただひたすら量をこなしていました。しかし、高3の6月頃からは一つひとつ勉強の目的を意識するようになり、目的を持つことで成績も伸びるようになったと思います。次に、計画を立ててやりきることを大切にしてほしいです。何月までにこれを達成したいから今月はここまで、今日はここまで！のように、目的を考えた上で逆算して計画を立てることが大切だと思います。そして、決めたことは中途半端にせず確実にやりきることが重要です。また、気持ちの面では、ポジティブでいることを大切にしていました。模試で思うような結果が出ないときは、本番までの課題が明確になったと考え、前向きに捉えるようにしていました。

京都工芸繊維大学

きょうと こうげいせんい

資料請求

入試課学部入試係（松ヶ崎キャンパス）　TEL（075）724-7164　〒606-8585 京都府京都市左京区松ヶ崎橋上町1

古都の風土の中で「知と美と技」を探究する

大学紹介動画　最新入試情報

京都が持つ知と技を活用して、教育研究を展開し、新たな価値創造による次世代の社会システムを構築することにより、地球と日本の未来に、人類が「平和で豊か」な美しい社会を育むことに貢献することを社会的使命として掲げている。

松ヶ崎キャンパス中央西門

キャンパス **3**つ

松ヶ崎キャンパス
〒606-8585 京都府京都市左京区松ヶ崎橋上町

嵯峨キャンパス
〒616-8354 京都府京都市右京区嵯峨一本木町

福知山キャンパス
〒620-0886 京都府福知山市字堀3385

基本データ

※2023年5月現在（進路・就職は2022年度卒業者データ。学費は2024年度入学者用）

沿革

1899年および1902年にそれぞれ開学された京都蚕業講習所と京都高等工藝学校を起源とする。数度の改称を経て、1949年、京都工芸繊維大学が発足。その後も幾度かの教育研究組織の改組を実施し、2006年には工芸科学部を設置、1学部体制となった。2018年に教育研究組織を改組し、現在の課程へと至る。

教育機関 1 学部 1 研究科

学部　工芸科

大学院　工芸科学 Ⓜ Ⓓ

人数

学部学生数　**2,616**名　　教員1名あたり 学生 **10**名

教員数　**258**名【学長】森迫清貴
（教授**105**名、准教授**92**名、講師**4**名、助教**55**名、助手・その他**2**名）

学費

初年度納入額　**817,800**円（諸経費別途）

奨学金　日本学生支援機構給付奨学金（高等教育の修学支援新制度）、日本学生支援機構貸与奨学金、京都工芸繊維大学特待生制度

進路

学部卒業者　**598**名
（進学**466**名［77.9%］、就職**97**名［16.2%］、その他**35**名［5.9%］）

主な就職先　JR西日本、積水ハウス、JAL、三菱電機、住友電気工業、鹿島建設、清水建設、ミネベアミツミ、長谷エコーポレーション、カシオ計算機、マイクロンメモリジャパン、トランス・コスモス、ダイハツ工業、キンドリルジャパン、ゼンショーホールディングス、オープンハウスグループ、ウシオ電機、オービック、ユニ・チャーム、ニチコン

学部学科紹介

※本書掲載内容は、大学公表資料から独自に編集したものです。詳細は大学パンフレットやホームページ等で必ず確認してください（取得可能な免許・資格は任用資格や受験資格などを含む）。

工芸科学部

松ヶ崎キャンパス
福知山キャンパス(3･4年の一部)
定員 583

特色 理工学の知識・技能に基づき社会的プロジェクトを先導する「テック・リーダー」を育成。
進路 約7割が大学院へ進学。他、製造業や情報通信業などに就く者もいる。
学問分野 化学／生物学／機械工学／電気・電子工学／材料工学／土木・建築学／農学／デザイン学／環境学／情報学
大学院 工芸科学

学域	定員	内容
応用生物学域	(48)	応用生物学課程を設置。生物学と生物科学の基礎から応用まで生命科学の広い分野について学ぶ。生物資源や地域環境に関わる重要課題の解明に向け、バイオテクノロジーを的確に活用できる能力を養う。
物質・材料科学域	(166)	応用化学課程を設置。高分子材料デザイン、材料化学デザイン、分子化学デザイン、機能物質デザインの4コースに分かれ、先端機能材料の構成要素となる物質・材料関連分野についての教育と研究を展開する。
設計工学域	(199)	電子システム工学課程では電気・電子工学を中心にデバイスや通信など各分野を、情報工学課程ではコンピュータ科学とその応用的分野を学ぶ。機械工学課程では、ものづくりの基礎から最先端までの知識の修得に加え、技術とチームワーク力を高める教育研究を行う。
デザイン科学域	(148)	デザイン・建築学課程を設置。1年後期より2つのコースに分かれる。建築コースでは住環境や都市環境の設計方法、構造技術や既存建築物の保存・再生、デザインコースでは製品・サービス、映像メディア・コンテンツ、さらに調査・企画からビジネス展開までの教育研究を行う。
地域創生Tech Program	(22)	グローバルな視点から工学・科学技術で地域課題を解決する国際高度専門技術者を育成。各自が工芸科学部の教育プログラムで教養や専門基礎を身につけた上で、地域課題がテーマの学習やインターンシップによる多様な実践的体験を積む。
取得可能な免許・資格		学芸員、危険物取扱者（甲種）、建築士（一級、二級、木造）、自然再生士補、教員免許（中-数・理、高-数・理・情）

入試要項(2025年度)

※この入試情報は大学発表の2025年度入試（予告）より編集したものです（2024年1月時点。見方は巻頭の「本書の使い方」参照）。内容には変更が生じる可能性があるため、最新情報はホームページや2025年度募集要項等で必ず確認してください。

「大学入試科目検索システム」のご案内
日程・方式ごとの偏差値や昨年度入試結果（志願者倍率、実質倍率、合格最低点）、基本情報（出願締切日、試験日、二段階選抜、募集人員、総合満点）などは、「大学入試科目検索システム」（https://nyushi.toshin.com/）をご覧ください（利用方法はp.12参照）。

■工芸科学部 偏差値 60

前期日程

◆共通テスト（一般プログラム、地域創生Tech Program）
[応用生物、デザイン科：8科目] 国現古漢 地歴 公全6科目から1 数数ⅠA、数ⅡBC 理物、化、生、地から2 外全5科目から1 情情Ⅰ
[物質・材料科：8科目] 国現古漢 地歴 公全6科目から1 数数ⅠA、数ⅡBC 理物、化 外全5科目から1 情情Ⅰ
[設計工：8科目] 国現古漢 地歴 公全6科目から1 数数ⅠA、数ⅡBC 理物必須、化、生、地から1 外全5科目から1 情情Ⅰ

◆個別学力検査等（一般プログラム、地域創生Tech Program）
[応用生物：4科目] 数数ⅠⅡⅢAB〔列〕C 理物基・物、化基・化、生基・生から2 外英
[物質・材料科：3科目] 数数ⅠⅡⅢAB〔列〕C 理物基・物、化基・化から1 外英
[設計工：3科目] 数数ⅠⅡⅢAB〔列〕C 理物基・物 外英
[デザイン科：3科目] 数数ⅠⅡⅢAB〔列〕C 外英 総合総合問題

■特別選抜

[総合型選抜] ダビンチ入試（一般プログラム〔一般、グローバル〕、地域創生 Tech Program〔一般、地域、社会人〕）
[学校推薦型選抜] 学校推薦型選抜（一般プログラム、地域創生 Tech Program）共
[その他] 私費外国人留学生入試

国立 近畿 京都工芸繊維大学

おおさか
大阪大学

資料請求

教育・学生支援部入試課(吹田キャンパス)　TEL(06)6879-7096　〒565-0871 大阪府吹田市山田丘1-1

「地域に生き世界に伸びる」ことで現在の課題に応える

大学紹介動画

最新入試情報

懐徳堂と適塾を源流に、最先端の知見を学ぶ熱意を継承する。社会的判断力としての「教養」、横断的なネットワークを構想する「デザイン力」、異文化との対話を可能にする「国際性」、さらに「高度な専門性と深い学識」の4つを教育目標に掲げる。

豊中キャンパス正門

校歌

校歌音声

大阪大学学生歌
作詞／立山澄夫　作曲／吉本昌裕
一、生駒の嶺に　朝影さして
緑風(りょくふう)さやけき　銀杏(いちょう)の木蔭
若きいのちは　力あふれて
歌ぞおほらに　望みはるけし
叡智(えいち)の泉　掬(く)みてつきせず
ほこりあり　真理の岡べ

基本データ

※2023年5月現在(進路・就職は2022年度卒業者データ。学費は2024年度入学者用)

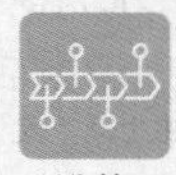
沿革

1931年、大阪帝国大学として創設。医、理学部を設置。1933年、大阪工業大学を吸収し、工学部を設置。1947年、大阪大学と改称。1949年、新制大阪大学に。法経、文学部を設置。1953年、法経学部が法、経済学部に分離。2004年、国立大学法人化。2007年、大阪外国語大学と合併、外国語学部を設置。2021年、箕面キャンパスを設置、外国語学部を移転し、現在に至る。

キャンパス
3つ

キャンパスマップ

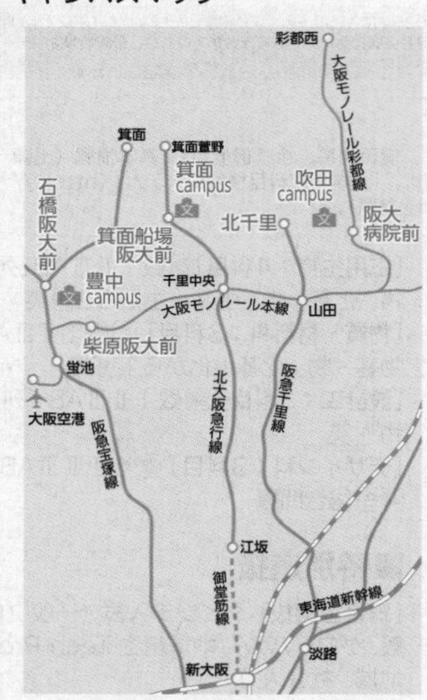

所在地・交通アクセス

吹田キャンパス(本部)
〒565-0871 大阪府吹田市山田丘
(アクセス) ①大阪モノレール彩都線「阪大病院前駅」から徒歩約5～15分、②阪急千里線「北千里駅」から徒歩約15～30分

豊中キャンパス
〒560-0043 大阪府豊中市待兼山町
(アクセス) ①大阪モノレール本線「柴原阪大前駅」から徒歩約7～15分、②阪急宝塚線「石橋阪大前駅」から徒歩約15～25分

箕面キャンパス
〒562-8678 大阪府箕面市船場東3-5-10
(アクセス) 北大阪急行線「箕面船場阪大前駅」下車

教育機関
11 学部 15 研究科

学部 文／人間科／外国語／法／経済／理／医／歯／薬／工／基礎工

大学院 人文学ⓂⒹ／人間科学ⓂⒹ／法学ⓂⒹ／経済学ⓂⒹ／理学ⓂⒹ／医学系ⓂⒹ／歯学Ⓓ／薬学ⓂⒹ／工学ⓂⒹ／基礎工学ⓂⒹ／国際公共政策ⓂⒹ／情報科学ⓂⒹ／生命機能Ⓓ／高等司法Ⓟ／連合小児発達学Ⓓ

人数

学部学生数 14,986名　教員1名あたり学生4名

教員数 3,316名【総長】西尾章治郎

（教授1,006名、准教授852名、講師316名、助教1,134名、助手・その他8名）

学費

初年度納入額 817,800円（諸経費別途）

奨学金 日本学生支援機構奨学金

進路

学部卒業者 3,206名（進学1,542名、就職1,274名、その他※390名）※臨床研修医144名を含む

進学48.1％　就職39.7％　その他12.2％

主な就職先 ※理、薬、工、基礎工学部は院卒者を含む

文学部
楽天グループ、厚生労働省、WAVE、讀賣テレビ放送、大阪府教育委員会、裁判所、三菱電機、NTT西日本、大阪ガス、日本生命保険、労働局、国立国会図書館

人間科学部
三井住友銀行、アクセンチュア、パーソルキャリア、楽天グループ、アビームコンサルティング、NTT西日本、大阪ガス、大和ハウス工業、東京海上日動火災保険、NTTドコモ、関西電力、裁判所

外国語学部
楽天グループ、三井住友銀行、東京海上日動火災保険、アクセンチュア、ダイキン工業、富士通、三菱UFJ銀行、ウィル、ニトリ、関西電力、三井住友カード、大和証券

法学部
裁判所、三井住友銀行、三菱UFJ銀行、日本生命保険、楽天グループ、伊藤忠商事、大阪府(職員)、大阪ガス、明治安田生命保険、アクセンチュア、住友化学、NTT西日本

経済学部
三井住友銀行、三菱UFJ銀行、東京海上日動火災保険、日本生命保険、楽天グループ、ベイカレント・コンサルティング、関西電力、みずほフィナンシャルグループ、三井住友信託銀行、大和証券、監査法人トーマツ

理学部
三菱電機、NTTデータ、ダイキン工業、日立製作所、アクセンチュア、三井住友銀行、大塚製薬、日鉄ソリューションズ、三菱ケミカル、パナソニック、東ソー

医学部（医）
臨床研修医95.4％

医学部（他）
大阪大学医学部附属病院、大阪府立病院機構、国立循環器病研究センター、兵庫医科大学、京都大学医学部附属病院、神戸市民病院機構、キヤノンメディカルシステムズ、住友病院、医学研究所北野病院、仁泉会MIクリニック、関西医科大学

歯学部
臨床研修医80.4％

薬学部
塩野義製薬、第一三共、小野薬品工業、興和、住友ファーマ、中外製薬、アステラス製薬、医薬品医療機器総合機構、持田製薬、大阪大学医学部附属病院、大塚製薬、日本新薬、マンダム、協和キリン

工学部
関西電力、三菱電機、クボタ、ダイキン工業、三菱重工業、トヨタ自動車、川崎重工業、小松製作所、日立製作所、住友電気工業、大林組、富士通、本田技研工業、パナソニック、日本製鉄

基礎工学部
パナソニック、ダイキン工業、三菱電機、クボタ、川崎重工業、ソニーセミコンダクタソリューションズ、富士通、NTTデータ、日立製作所、アクセンチュア、トヨタ自動車、ヤフー、関西電力、三菱重工業

学部学科紹介

※本書掲載内容は、大学公表資料から独自に編集したものです。詳細は大学パンフレットやホームページ等で必ず確認してください（取得可能な免許・資格は任用資格や受験資格などを含む）。

「大学入試科目検索システム」のご案内

入試要項のうち、日程・方式ごとの偏差値や昨年度入試結果（志願者倍率、実質倍率、合格最低点）、基本情報（出願締切日、試験日、二段階選抜、募集人員、総合満点）などは、「大学入試科目検索システム」（https://nyushi.toshin.com/）をご覧ください（利用方法はp.12参照）。

文学部

豊中キャンパス

定員 165

入試科目検索

特色 外国語教育を重視。専門教育科目では20専修と多彩な分野を設置している。

進路 約6割が一般企業に就職。約2割が公務員となる。他、大学院へ進学する者もいる。

学問分野 文学／言語学／哲学／歴史学／地理学／芸術理論／芸術・表現

大学院 人文学

学科紹介

人文学科

人文基礎学科目	4つの専修を設置。哲学・思想文化学専修では西洋の哲学思想の研究を行う。倫理学専修では他者との共生について学問横断的に考察する。中国哲学専修では儒家や道家など代表的な中国の思想を、インド哲学専修では仏教など古典インドの思想や宗教の研究を行う。
歴史文化学科目	4つの専修を設置。日本史学専修では日本の各時代について自己の視点から考察する。東洋史学専修では史料読解と現地調査の両面からアジア全体を扱う。西洋史学専修では西洋文明の歴史を地球規模で、考古学専修では発掘を通じて人類文化の変遷を研究する。
地域文化学科目	2つの専修を設置。日本学専修では国際社会の中で日本が占める位置を自覚し、日本の文化や思想、歴史、社会、国際関係を複眼的かつ総合的な視野から研究する。人文地理学専修では人間と環境の関係や人間と空間の関係を、様々な角度から分析する方法を学ぶ。
言語基礎学科目	日本語学専修を設置。現代日本語学、社会言語学、応用日本語学の3つの領域を扱う。数ある言語の1つとして日本語を客観的に捉え直す。日本語の特質の分析や他言語との比較を行い、日本語の持つ多様性や言語学的問題、日本語学習上の問題などを考察する。
文学表現学科目	日本文学・国語学、比較文学、中国文学、英米文学・英語学、ドイツ文学、フランス文学の6つの専修を設置。各言語の運用能力を身につけ、小説、詩、演劇など多様な文学作品に関する研究を中心に行う。各言語圏の歴史や文化、思想などのテーマも扱う。
芸術文化学科目	3つの専修を設置。美学・文芸学専修では「美」を哲学として捉え古今東西の文芸作品を研究する。音楽学・演劇学専修では音楽、演劇、芸能などの表演芸術を、美術史学専修では絵画、彫刻、工芸に加え、映像、建築や庭園などの「イメージ」も研究対象とする。
取得可能な免許・資格	地域調査士、学芸員、教員免許（中-国・社・英・フランス語・ドイツ語、高-国・地歴・公・英・フランス語・ドイツ語）

入試要項（2025年度）

※この入試情報は大学発表の2025年度入試（予告）および2024年度募集要項等より編集したものです（2024年1月時点。見方は巻頭の「本書の使い方」参照）。内容には変更が生じる可能性があるため、最新情報はホームページや2025年度募集要項等で必ず確認してください。

■文学部 偏差値 65

前期日程

◆共通テスト

［人文：8科目（1000点→260点）］国 現古漢（200→50）地歴 公 地歴全3科目、公共・倫、公共・政経から2（計200→60）数 数ⅠA、数ⅡBC（計200→50）理 理科基礎（100→40）▶物、化、生、地から2でも可。基礎科目とみなす 外 全5科目から1（200→50）情 情Ⅰ（100→10）

◆個別学力検査等

［人文：3科目（400点）］国 現古漢（150）地歴 数 地歴全3科目、数ⅠⅡAB〔列〕C〔べ〕から1（100）外 英（150）

特別選抜

［総合型選抜］総合型選抜 共

［その他］私費外国人留学生特別入試、海外在住私費外国人留学生特別入試

人間科学部

定員 137

入試科目検索

豊中キャンパス（1・2年）、吹田キャンパス（2~4年）

特色 入学後の1年半で専門基礎を学ぶ。2年次後期から4つの学科目に分かれる。
進路 約2割が大学院へ進学。約5割が一般企業に就職する。他、公務員になる者もいる。
学問分野 心理学／社会学／教員養成／教育学／人間科学
大学院 人間科学

学科紹介

人間科学科

行動学科目	人の行動の様々な面について、心理学、神経科学、生物学などの科学的な視点から仮説を立て、実験、観察、調査、面接などの実践的な方法で検証する。サルと人間の比較、新生児から高齢期までの人間の発達と行動の変化、集団行動、環境心理などのテーマも扱う。
社会学科目	現代社会の諸問題を幅広く研究する。研究分野は現代社会、文化、調査、福祉社会、哲学の実験、人類学の6つのグループからなる。歴史上の思想、コミュニケーション、統計データ、福祉、地球上の様々な文化、哲学の各視点から社会に関する研究に取り組む。
教育学科目	教育における様々なテーマとともに、システムや社会インフラの側面にも目を向け、考察していく。学校現場だけでなく、家庭や地域社会、職場など人間が生活する場所はすべて教育の場であるという理解のもと、広義での人間形成について多角的に学びを深める。
共生学科目	人間が人間らしく生きるということについて原点に立ち返り、異なる背景を持つ人々が共生できる社会を追究する。研究分野は未来共生学とグローバル共生学の2つの講座からなる。21世紀のグローバル社会の現状を反映した新しい「共生学」の構築を目指す。
取得可能な免許・資格	公認心理師、認定心理士、社会調査士、教員免許（中-社、高-地歴・公）

入試要項（2025年度）

※この入試情報は大学発表の2025年度入試（予告）および2024年度募集要項等より編集したものです（2024年1月時点。見方は巻頭の「本書の使い方」参照）。内容には変更が生じる可能性があるため、最新情報はホームページや2025年度募集要項等で必ず確認してください。

■人間科学部 偏差値 65

前期日程

◆共通テスト
[人間科：8科目（1000点→630点）] 国現古漢（200→100） 地歴 公 理 地歴理全8科目、公共・倫、公共・政経から3（計300） 数 数ⅠA、数ⅡBC（計200→100） 外 全5科目から1（200→100） 情 情Ⅰ（100→30）

◆個別学力検査等
[人間科：3科目（600点）] 国 現古漢（200） 数 数ⅠⅡAB〔列〕C〔ベ〕（200） 外 英（200）

特別選抜

[総合型選抜] 総合型選抜 共
[その他] 学部英語コース特別入試、私費外国人留学生特別入試、海外在住私費外国人留学生特別入試

外国語学部

定員 580

入試科目検索

豊中キャンパス（1年）、箕面キャンパス（2～4年）

特色 言語運用能力を養う教育システムの下、少人数教育を重視した専門教育を行う。
進路 約8割が一般企業に就職する。他、公務員となる者もいる。
学問分野 言語学
大学院 人文学

学科紹介

外国語学科 (580)	ハンガリー語やデンマーク語など日本国内では学ぶことの難しい言語を含む25種類の言語を専攻できる。選択科目を含めると約60種類の言語を学べる。各言語圏の歴史や文化も学び、真の国際人を育成する。多彩な出身地域の外国人教員や留学生も多く在籍する。
取得可能な免許・資格	教員免許（中-国・英・中国語・フランス語・ドイツ語・ロシア語・ウルドゥー語、高-国・英・中国語・フランス語・ドイツ語・スペイン語・ロシア語・ポルトガル語・デンマーク語・ハンガリー語・スウェーデン語・韓国・朝鮮語・タイ語・ウルドゥー語・ペルシア語・アラビア語・トルコ語・スワヒリ語）

入試要項（2025年度）

※この入試情報は大学発表の2025年度入試（予告）および2024年度募集要項等より編集したものです（2024年1月時点。見方は巻頭の「本書の使い方」参照）。内容には変更が生じる可能性があるため、最新情報はホームページや2025年度募集要項等で必ず確認してください。

■外国語学部 偏差値 61

前期日程

◆共通テスト

［外国語：8科目（1000点→235点）］国現古漢（200→50）地歴公地歴全3科目、公共・倫、公共・政経から2（計200→50）数数ⅠA、数ⅡBC（計200→50）理理科基礎（100→25）▶物、化、生、地から2でも可。基礎科目とみなす外全5科目から1（200→50）情情Ⅰ（100→10）

◆個別学力検査等

［外国語：3科目（500点）］国現古漢（100）地歴数歴総・世、数ⅠⅡAB〔列〕C〔べ〕から1（100）外英（300）▶リスニング含む

特別選抜

［総合型選抜］総合型選抜共

［その他］帰国生徒特別入試、私費外国人留学生特別入試、海外在住私費外国人留学生特別入試

国立 近畿 大阪大学

法学部

定員 250

豊中キャンパス

入試科目検索

特色　講義の内容をより深く理解し実践するため、少人数の演習やセミナーが充実。
進路　約5割が一般企業に就職。約2割が大学院へ進学。他、公務員になる者もいる。
学問分野　法学／政治学／国際学
大学院　法学／国際公共政策／高等司法

学科紹介

法学科 (170)	2年次までに幅広い学問分野の基礎を学ぶとともに、2つの外国語を学習する。専門課程では法学と政治学を学び、論理的思考を学ぶ。学年の進行に合わせ入門から基礎、応用まで法学と政治学を無理なく学べるカリキュラムを展開。少人数教育にも力を入れている。
国際公共政策学科 (80)	平和の維持や貧困、環境問題などの地球規模の公共政策の策定とその実現に貢献できる人材を育成する。現代の国際社会の諸問題を考えるために経済学も学ぶ。英語を中心とした外国語修得を奨励する他、授業での討論や交渉を通し、総合的コミュニケーション能力を養う。
取得可能な免許・資格	教員免許（高-公）

入試要項（2025年度）

※この入試情報は大学発表の2025年度入試（予告）および2024年度募集要項等より編集したものです（2024年1月時点。見方は巻頭の「本書の使い方」参照）。内容には変更が生じる可能性があるため、最新情報はホームページや2025年度募集要項等で必ず確認してください。

■法学部 偏差値 65

前期日程

◆共通テスト

[全学科：8科目（1000点→600点）] 国 現古漢（200→120）地歴 公 地歴全3科目、公共・倫、公共・政経から2（計200→120）数 数ⅠA、数ⅡBC（計200→120）理 理科基礎（100→80）▶物、化、生、地から2でも可。基礎科目とみなす 外 英、独、仏から1（200→120）情 情Ⅰ（100→40）

◆個別学力検査等

[全学科：3科目（600点）] 国 現古漢（200）数 数ⅠⅡAB〔列〕C〔べ〕（200）外 英（200）

特別選抜

[総合型選抜] 総合型選抜 共

[その他] 私費外国人留学生特別入試、海外在住私費外国人留学生特別入試

経済学部

定員 220

豊中キャンパス

入試科目検索

特色 経済と経営の専門科目を自由に履修できる。少人数セミナーも充実している。
進路 約5割が一般企業に就職。約2割が大学院へ進学。他、公務員になる者もいる。
学問分野 経済学／経営学
大学院 経済学／国際公共政策

学科紹介

経済・経営学科 (220)	マクロ経済学やミクロ経済学の基礎を学び、経済学、経営学の様々なテーマに理解を深める。財政や労働経済、国際貿易など経済学と経営学の双方にまたがる授業も行われる。上級専門科目として学生の関心に応える講座も開講され、高度な内容にも対応している。
取得可能な免許・資格	教員免許（中-社、高-公）

入試要項（2025年度）

※この入試情報は大学発表の2025年度入試（予告）および2024年度募集要項等より編集したものです（2024年1月時点。見方は巻頭の「本書の使い方」参照）。内容には変更が生じる可能性があるため、最新情報はホームページや2025年度募集要項等で必ず確認してください。

■経済学部 偏差値 65

前期日程

◆共通テスト（A配点）

[経済・経営：8科目（1000点→540点）] 国現古漢（200→120） 地歴 公 理 地歴理全8科目、公共・倫、公共・政経から3（計300→150） 数 数ⅠA、数ⅡBC（計200→120） 外 全5科目から1（200→120） 情 情Ⅰ（100→30）

◆共通テスト（B配点）

[経済・経営：8科目（1000点→60点）] 国 現古漢（200→14） 地歴 公 理 地歴理全8科目、公共・倫、公共・政経から3（計300→15） 数 数ⅠA、数ⅡBC（計200→14） 外 全5科目から1（200→14） 情 情Ⅰ（100→3）

◆共通テスト（C配点）

[経済・経営：8科目（1000点→300点）] 国 現古漢（200→65） 地歴 公 理 地歴理全8科目、公共・倫、公共・政経から3（計300→90） 数 数ⅠA、数ⅡBC（計200→65） 外 全5科目から1（200→65） 情 情Ⅰ（100→15）

◆個別学力検査等（A配点）

[経済・経営：3科目（60点）] 国 現古漢（20） 数 数ⅠⅡAB〔列〕C〔べ〕（20） 外 英（20）

◆個別学力検査等（B配点）

[経済・経営：3科目（540点）] 国 現古漢（180） 数 数ⅠⅡAB〔列〕C〔べ〕（180） 外 英（180）

◆個別学力検査等（C配点）

[経済・経営：3科目（300点）] 国 現古漢（100） 数 数ⅠⅡAB〔列〕C〔べ〕（100） 外 英（100）

特別選抜

[総合型選抜] 総合型選抜 共

[その他] 私費外国人留学生特別入試、海外在住私費外国人留学生特別入試

理学部

豊中キャンパス

定員 255

入試科目検索

特色 “つねに創造的であれ”という志を継承。研究室で研究できるプログラムもある。
進路 約8割が大学院に進学し研究を続ける。他、一般企業に就職する者もいる。
学問分野 数学／物理学／化学／生物学
大学院 理学

学科紹介

学科	定員	内容
数学科	(47)	現代数学の全般的な教育研究を行う。特に整数論や幾何学、情報数学などの研究が盛んである。カリキュラムは高校数学の自然な延長で学修できるように構成。セミナー形式の授業も各学年で開講し、少人数でのディスカッションを経て数学的思考力の修得を目指す。
物理学科	(76)	広大な宇宙から小さな素粒子まで幅広い分野を扱う。1年次後期より専門知識を段階的に学んでいく。4年次に行われる卒業研究では物理学と宇宙地球科学から研究グループを選択する。物理学の研究グループは素粒子・原子核、物性の2つの分野を包括する。
化学科	(77)	自然界に存在する様々な物質を研究対象に、性質の理解や有効利用、新物質の創造を目指す。自然科学の教養と化学の基礎を身につけ、無機化学、物理化学、有機化学、高分子科学の4つの分野を体系的に学ぶ。3年次の1月から研究室に所属し、卒業研究に臨む。
生物科学科	(55)	2つのコースからなる。生物科学コースでは細胞生物学や生化学、分子生物学を学ぶ。生命理学コースでは化学や物理学、数学などの観点から生命の仕組みの理解を目指す。進化を続ける生命科学に対応できる研究環境を整え、境界領域の研究にも力を入れている。
取得可能な免許・資格		教員免許（中-数・理、高-数・理）

入試要項（2025年度）

※この入試情報は大学発表の2025年度入試（予告）および2024年度募集要項等より編集したものです（2024年1月時点。見方は巻頭の「本書の使い方」参照）。内容には変更が生じる可能性があるため、最新情報はホームページや2025年度募集要項等で必ず確認してください。

■理学部 偏差値 64

前期日程

◆共通テスト

[全学科：8科目（1000点→310点）] 国現古漢（200→100） 地歴 公地歴全3科目、公共・倫、公共・政経から1（100→50） 数数ⅠA、数ⅡBC（計200→50） 理物、化、生、地から2（計200→50） 外全5科目から1（200→50） 情情Ⅰ（100→10）

◆個別学力検査等

[数、化、生物科－生物科学：4科目（700点）] 数数ⅠⅡⅢAB〔列〕C（250） 理物基・物、化基・化、生基・生から2（計250） 外英（200）

[物理：4科目（700点）] 数数ⅠⅡⅢAB〔列〕C（250） 理物基・物必須、化基・化、生基・生から1（計250） 外英（200）

[生物科－生命理学：4科目（700点）] 数数ⅠⅡⅢAB〔列〕C（250） 理物基・物、化基・化（計250） 外英（200）

特別選抜

[総合型選抜] 総合型選抜（研究奨励型、挑戦型） 共

[その他] 帰国生徒特別入試、国際科学特別入試、私費外国人留学生特別入試

医学部（医）

定員 97

入試科目検索

豊中キャンパス（1・2年）、吹田キャンパス（2〜6年）

特色 世界的な臨床医や研究者が多く在籍。最先端の医学を修得する環境が整っている。
進路 多くが医師国家試験を経て、研修医として医師になるための経験を積む。
学問分野 医学
大学院 医学系

学科紹介

医学科 (97)	6年制。教養課程期間から医学科の専門教育が並行して行われ、3年次には3カ月間独自の研究に専念する基礎医学講座配属というプログラムを実施。3年次後半から臨床医学の講義が開講し、5・6年次は附属病院と大阪・兵庫地区の病院を中心に臨床実習を行う。
取得可能な免許・資格	医師

入試要項（2025年度）

※この入試情報は大学発表の2025年度入試（予告）および2024年度募集要項等より編集したものです（2024年1月時点。見方は巻頭の「本書の使い方」参照）。内容には変更が生じる可能性があるため、最新情報はホームページや2025年度募集要項等で必ず確認してください。

■医学部（医） 偏差値 68

前期日程

◆共通テスト

[医：8科目（1000点→500点）] 国 現古漢（200→100） 地歴 公 地歴全3科目、公共・倫、公共・政経から1（100→75） 数 数ⅠA、数ⅡBC（計200→100） 理 物、化、生から2（計200→100） 外 全5科目から1（200→100） 情 情Ⅰ（100→25）

◆個別学力検査等

[医：5科目（1500点）] 数 数ⅠⅡⅢAB〔列〕C（500） 理 物基・物、化基・化、生基・生から2（計500） 外 英（500） 面 個人面接▶人間性・創造性豊かな医師・医学研究者としての適性をはかる。一般的態度・思考の柔軟性・発言内容の論理性等を評価する

特別選抜

[学校推薦型選抜] 学校推薦型選抜 共

[その他] 私費外国人留学生特別入試、海外在住私費外国人留学生特別入試

医学部（他）

定員 160

入試科目検索

豊中キャンパス（1・2年）、吹田キャンパス（2～4年）

特色 4年制。医学や看護学だけでなく、理学、薬学、工学の各教員による指導もある。
進路 約4割が大学院へ進学。就職する者の大半は病院や保健所などの医療機関に勤務する。
学問分野 看護学／健康科学
大学院 医学系

学科紹介

保健学科

看護学専攻 (80)	4年制。生活環境や心と病気の関係などを幅広く学び、看護の実践に必要な技術と理論を身につける。3年次後半から附属病院や訪問看護ステーションなどで臨地実習を行い、科学的洞察に基づいた実践力を養う。臨地実習と並行して研究室での卒業研究を行う。
放射線技術科学専攻 (40)	4年制。放射線、画像診断科学、放射線腫瘍学、薬理学などの第一線で活躍する教授陣の下で医療専門家を養成する。3年次後期からは附属病院の先端医療機器を用いた臨地実習の他、歯学部附属病院での歯科放射線実習や緩和ケアなど幅広い分野の実習を行う。
検査技術科学専攻 (40)	4年制。2年次からの専門教育では、基礎生体情報学と病態生体情報学を徹底的に学ぶ。新しい検査法を修得するとともに、検査から得られた情報を有効利用できるよう情報解析法やシステム管理なども学ぶ。4年次には2つの病院実習に加え卒業研究が行われる。
取得可能な免許・資格	看護師、診療放射線技師、臨床検査技師、養護教諭（一種）

入試要項（2025年度）

※この入試情報は大学発表の2025年度入試（予告）および2024年度募集要項等より編集したものです（2024年1月時点。見方は巻頭の「本書の使い方」参照）。内容には変更が生じる可能性があるため、最新情報はホームページや2025年度募集要項等で必ず確認してください。

■医学部（他） 偏差値 62

前期日程

◆共通テスト

[保健－看護学：8科目（1000点→625点）] 国 現古漢（200→100） 地歴 公 地歴全3科目、公共・倫、公共・政経から1（100） 数 数ⅠA、数ⅡBC（計200→100） 理 物、化、生、地から2（計200→100） 外 全5科目から1（200） 情 情Ⅰ（100→25）

[保健－放射線技術科学・検査技術科学：8科目（1000点→520点）] 国 現古漢（200→100） 地歴 公 地歴全3科目、公共・倫、公共・政経から1（100） 数 数ⅠA、数ⅡBC（計200→100） 理 物、化、生、地から2（計200→100） 外 全5科目から1（200→100） 情 情Ⅰ（100→20）

◆個別学力検査等

[保健－看護学：3科目（400点）] 数 数ⅠⅡAB〔列〕C〔ベ〕（100） 理 物基・物、化基・化、生基・生から1（100） 外 英（200）

[保健－放射線技術科学・検査技術科学：4科目（675点）] 数 数ⅠⅡⅢAB〔列〕C（225） 理 物基・物、化基・化、生基・生から2（計225） 外 英（225）

特別選抜

[学校推薦型選抜] 学校推薦型選抜 共

[その他] 帰国生徒特別入試、私費外国人留学生特別入試、海外在住私費外国人留学生特別入試

歯学部

定員 53

入試科目検索

豊中キャンパス（1・2年）、吹田キャンパス（2～6年）

特色　口腔科学と口腔医療の最先端を学び、歯科医療のスペシャリストを育成する。
進路　約8割が国家試験を経て、研修医として歯科医師になるための経験を積む。
学問分野　歯学
大学院　歯学

学科紹介

歯学科 (53)	6年制。共通教育系科目とともに歯科医学の入門を学び、2年次から解剖学、生理学、生化学など基礎医学の講義や実習が始まる。3年次後期の基礎配属実習では国内外で活躍する教員のもと、先端研究に取り組む。5年次後期から6年次にかけては臨地実習が行われる。
取得可能な免許・資格	歯科医師

入試要項（2025年度）

※この入試情報は大学発表の2025年度入試（予告）および2024年度募集要項等より編集したものです（2024年1月時点。見方は巻頭の「本書の使い方」参照）。内容には変更が生じる可能性があるため、最新情報はホームページや2025年度募集要項等で必ず確認してください。

■歯学部　偏差値 64

前期日程

◆共通テスト

[歯：8科目（1000点→470点）] 国 現古漢（200→100） 地歴 公 地歴全3科目、公共・倫、公共・政経から1（100→50） 数 数ⅠA、数ⅡBC（計200→100） 理 物、化、生から2（計200→100） 外 英（200→100） 情 情Ⅰ（100→20）

◆個別学力検査等

[歯：5科目（1200点）] 数 数ⅠⅡⅢAB〔列〕C（300） 理 物基・物、化基・化、生基・生から2（計300） 外 英（300） 面 個人面接（300）▶医療人への適性や態度・志望動機・意欲・協調性・柔軟性を評価する

特別選抜

[学校推薦型選抜] 学校推薦型選抜 共

[その他] 私費外国人留学生特別入試、海外在住私費外国人留学生特別入試

薬学部

豊中キャンパス（1・2年）、吹田キャンパス（2～6年）

定員 80

入試科目検索

特色 6年制。3年次より研究室に入り薬学研究の最前線で卒業研究に取り組む。
進路 薬科：約9割が大学院へ進学。薬：卒業者の多くは一般企業の他、薬剤師として医療機関に就く。
学問分野 薬学
大学院 薬学

学科紹介

薬学科 (80)	6年制。3つのコースを設置。先進研究コースでは大学院博士課程まで10年一貫の教育を行う。Pharm.Dコースでは臨床の現場で力を発揮する「研究型高度薬剤師」を、薬学研究コースでは基礎研究や創薬の現場で活躍できる「薬剤師創薬研究者」を養成する。
取得可能な免許・資格	薬剤師

入試要項（2025年度）

※この入試情報は大学発表の2025年度入試（予告）および2024年度募集要項等より編集したものです（2024年1月時点。見方は巻頭の「本書の使い方」参照）。内容には変更が生じる可能性があるため、最新情報はホームページや2025年度募集要項等で必ず確認してください。

■薬学部 偏差値 66

前期日程

◆**共通テスト**

[薬：8科目（1000点→425点）] 国 現古漢（200→100） 地歴 公 地歴全3科目、公共・倫、公共・政経から1（100→50） 数 数ⅠA、数ⅡBC（計200→100） 理 物、化、生から2（計200→100） 外 全5科目から1（200→50） 情 情Ⅰ（100→25）

◆**個別学力検査等**

[薬：6科目（700点）] 数 数ⅠⅡⅢAB〔列〕C（250） 理 物基・物、化基・化、生基・生から2（計250） 外 英（150） 論 小論文（50） 面 面接▶薬剤師・薬学研究者への適性をみる

特別選抜

[学校推薦型選抜] 学校推薦型選抜 共

[その他] 私費外国人留学生特別入試、海外在住私費外国人留学生特別入試

工学部

定員 820

豊中キャンパス（1年）、吹田キャンパス（2〜4年）

入試科目検索

特色 2年次に学科目を選択。3年次から大学院へ進級可能な「飛び級制度」がある。
進路 8割超が大学院へ進学。他、一般企業に就職する者もいる。
学問分野 化学／応用物理学／応用化学／機械工学／電気・電子工学／材料工学／土木・建築学／船舶・航空宇宙工学／エネルギー工学／その他工学／環境学／情報学
大学院 工学

学科紹介

学科	定員	内容
応用自然科学科	(217)	応用化学、バイオテクノロジー、物理工学、応用物理学の4つの学科目を設置。自然界の諸現象をミクロの視点から研究し、最先端の科学技術開発を通じた教育を行う。大学院生によるサポートや英語スキルの強化も行われ、知識と技術を応用できる人材を育成する。
応用理工学科	(248)	2つの学科目を設置。機械工学科目ではナノマシンからプラントまで様々な機械を動かす理論や方法を学ぶ。マテリアル生産科学科目では様々な素材に着目し研究を行っている。マテリアル生産科学科目はマテリアル科学と生産科学の2つのコースに分かれている。
電子情報工学科	(162)	電気工学と量子情報エレクトロニクスの2つのコースからなる電気電子工学科目と、通信工学と情報システム工学の2つのコースからなる情報通信工学科目で構成。現代社会を支える電子、情報、通信の最先端技術を学ぶ。研究課程を見据えたカリキュラムである。
環境・エネルギー工学科	(75)	環境工学とエネルギー量子工学の2つの学科目で構成。環境問題やエネルギー問題の解決に貢献できる技術者を育成する。2年次までに環境・エネルギー工学の全体像を学ぶ。実験や演習に力を入れ問題発掘能力と問題解決能力を養い、各自の専門分野を確立する。
地球総合工学科	(118)	船舶海洋工学、社会基盤工学、建築工学の3つの学科目を設置。人間と自然の調和を念頭に自然や人間文化と工学を融合し、未来に役立つインフラの構築を目指す。海上空間の利用、海洋資源開発、公共施設や社会基盤の建設、都市デザインなどを研究対象とする。
取得可能な免許・資格		陸上無線技術士、建築士（一級）、測量士補、主任技術者（電気、電気通信、ダム管理、ダム水路）、施工管理技士（土木、建築）、教員免許（中-数・理、高-数・理・情・工業）

入試要項（2025年度）

※この入試情報は大学発表の2025年度入試（予告）および2024年度募集要項等より編集したものです（2024年1月時点。見方は巻頭の「本書の使い方」参照）。内容には変更が生じる可能性があるため、最新情報はホームページや2025年度募集要項等で必ず確認してください。

■工学部 偏差値 64

前期日程

◆共通テスト

[全学科：8科目（1000点→325点）] 国 現古漢（200→75）地歴 公 地歴全3科目、公共・倫、公共・政経から1（100→50）数 数ⅠA、数ⅡBC（計200→75）理 物、化、生、地から2（計200→50）外 全5科目から1（200→50）情 情Ⅰ（100→25）

◆個別学力検査等

[全学科：4科目（700点）] 数 数ⅠⅡⅢAB〔列〕C（250）理 物基・物必須、化基・化、生基・生から1（計250）外 英（200）

特別選抜

[学校推薦型選抜] 学校推薦型選抜 共

[その他] 帰国生徒特別入試、私費外国人留学生特別入試、海外在住私費外国人留学生特別入試

基礎工学部

定員 435

入試科目検索

豊中キャンパス

特色 科学と技術の融合による先端研究を行う。大学院への飛び級制度もある。
進路 約8割が大学院へ進学。他、一般企業などに就職する者もいる。
学問分野 数学／物理学／化学／機械工学／その他工学／情報学
大学院 基礎工学

学科紹介

電子物理科学科 (99)	エレクトロニクス、物性物理科学の2つのコースを設置。知的情報技術や省資源技術を支える電子と光の性質を理解し、新しい原理や物質、材料、デバイスの開発を行う。エレクトロニクス、フォトニクス、量子情報、ナノテクノロジーなどを対象に幅広く学習する。
化学応用科学科 (84)	化学全般を対象とする合成化学と物質の変化を探究する化学工学の2つのコースを設置。物質と生命の関係の探究、環境・エネルギー問題の解決など、幅広い領域の教育と研究を行う。社会の発展に貢献する物質の創出や、エネルギー変換システムの構築を目指す。
システム科学科 (169)	機械科学、知能システム学、生物工学の3つのコースを設置。様々な「システム」を研究し、人間と技術の共生を目指す。機械、社会、環境、生物までを視野に数理的かつシステム論的アプローチを行い、医療福祉や環境エネルギーなどの分野でも社会貢献を目指す。
情報科学科 (83)	3つのコースを設置。計算機科学、ソフトウェア科学の2つのコースではコンピュータ技術の基礎となる数学手法やコンピュータをツールとした応用技術を追究する。数理科学コースでは数学や統計学、コンピュータを駆使し自然現象などの数理モデリングを行う。
取得可能な免許・資格	教員免許（中-数・理、高-数・理・情）

入試要項（2025年度）

※この入試情報は大学発表の2025年度入試（予告）および2024年度募集要項等より編集したものです（2024年1月時点。見方は巻頭の「本書の使い方」参照）。内容には変更が生じる可能性があるため、最新情報はホームページや2025年度募集要項等で必ず確認してください。

■基礎工学部 偏差値 64

前期日程

◆**共通テスト**

[全学科：8科目（1000点→325点）] 国現古漢（200→75）地歴 公地歴全3科目、公共・倫、公共・政経から1（100→50）数数ⅠA、数ⅡBC（計200→75）理物、化、生、地から2（計200→50）外全5科目から1（200→50）情情Ⅰ（100→25）

◆**個別学力検査等**

[全学科：4科目（700点）] 数数ⅠⅡⅢAB〔列〕C（250）理物基・物必須、化基・化、生基・生から1（計250）外英（200）

特別選抜

[学校推薦型選抜] 学校推薦型選抜共

[その他] 帰国生徒特別入試、私費外国人留学生特別入試、海外在住私費外国人留学生特別入試

募集人員等一覧表

※本書掲載内容は、大学のホームページ及び入学案内や募集要項などの公開データから独自に編集したものです。
詳細は募集要項かホームページで必ず確認してください。

学部	学科－専攻・コース	募集人員※1	一般選抜	2段階選抜(倍率)	配点(共共テ個個別)	特別選抜※2
			前期日程	前期日程	前期日程	
文	人文	165名	135名	—	共260点 個400点 計660点	①30名 ⑧⑨若干名
人間科	人間科	137名	115名	約2.4倍	共630点 個600点 計1230点	①15名 ⑥7名 ⑧⑨若干名
外国語	外国語－中国語	37名	33名	約2.3倍 ※3	共235点 個500点 計735点	①4名程度 ⑤⑧⑨若干名
	外国語－朝鮮語、モンゴル語、インドネシア語、フィリピン語、タイ語、ベトナム語、ビルマ語、ヒンディー語、ウルドゥー語、ペルシア語、トルコ語、スワヒリ語、ハンガリー語、デンマーク語、スウェーデン語、イタリア語	各専攻18名	各専攻16名			①各専攻2名程度 ⑤⑧⑨各専攻若干名
	外国語－アラビア語	24名	21名			①3名程度 ⑤⑧⑨若干名
	外国語－ロシア語	24名	21名			①3名程度 ⑤⑧⑨若干名
	外国語－ドイツ語	31名	27名			①4名程度 ⑤⑧⑨若干名
	外国語－英語	60名	54名			①6名程度 ⑤⑧⑨若干名
	外国語－フランス語	24名	21名			①3名程度 ⑤⑧⑨若干名
	外国語－スペイン語	31名	27名			①4名程度 ⑤⑧⑨若干名
	外国語－ポルトガル語	24名	21名			①3名程度 ⑤⑧⑨若干名
	外国語－日本語	37名	24名			①3名程度 ⑧10名 ⑤⑨若干名
法	法	170名	153名	—	共600点 個600点 計1200点	①17名 ⑧⑨若干名
	国際公共政策	80名	72名			①8名 ⑧⑨若干名
経済	経済・経営	220名	198名	—	A配点 共540点 個60点 計600点 B配点 共60点 個540点 計600点 C配点 共300点 個300点 計600点	①22名 ⑧⑨若干名
理	数	47名	42名	約3.0倍	共310点 個700点 計1010点	③5名 ⑤⑦⑧若干名
	物理	76名	66名			③10名 ⑤⑦⑧若干名
	化	77名	69名			②8名 ⑤⑦⑧若干名
	生物科－生物科学	30名	26名			②4名 ⑤⑦⑧若干名
	生物科－生命理学	25名	22名			②3名 ⑤⑦⑧若干名

学部	学科－専攻・コース	募集人員※1	一般選抜	2段階選抜（倍率）	配点（共共テ個個別）	特別選抜※2
			前期日程	前期日程	前期日程	
医	医	97名	92名	約3.0倍 ※4	共500点 個1500点 計2000点	④5名程度 ⑧⑨若干名
	保健－看護学	80名	70名	—	共625点 個400点 計1025点	④10名 ⑤⑧⑨若干名
	保健－放射線技術科学	40名	34名	—	共520点 個675点 計1195点	④6名 ⑤⑧⑨若干名
	保健－検査技術科学	40名	36名	—		④4名 ⑤⑧⑨若干名
歯	歯	53名	48名	—	共470点 個1200点 計1670点	④5名 ⑧⑨若干名
薬	薬	80名	65名	約2.5倍	共425点 個700点 計1125点	④15名 ⑧⑨若干名
工	応用自然科	217名	195名	約3.0倍 ※5	共325点 個700点 計1025点	④22名 ⑤⑧⑨若干名
	応用理工	248名	223名			④25名 ⑤⑧⑨若干名
	電子情報工	162名	145名			④17名 ⑤⑧⑨若干名
	環境・エネルギー工	75名	67名			④8名 ⑤⑧⑨若干名
	地球総合工	118名	106名			④12名 ⑤⑧⑨若干名
基礎工	電子物理科	99名	90名	約2.9倍	共325点 個700点 計1025点	④9名 ⑤⑧⑨若干名
	化学応用科	84名	75名			④9名 ⑤⑧⑨若干名
	システム科	169名	151名			④18名 ⑤⑧⑨若干名
	情報科	83名	74名			④9名 ⑤⑧⑨若干名

※1　募集人員は2024年度入試実績

※2　［総合型選抜］共課す：①総合型選抜、②総合型選抜（研究奨励型）、③総合型選抜（挑戦型）
［学校推薦型選抜］共課す：④学校推薦型選抜
［その他］共課さない：⑤帰国生徒特別入試（各学部内募集学科を合わせた募集人員）、⑥学部英語コース特別入試、⑦国際科学特別入試、⑧私費外国人留学生特別入試、⑨海外在住私費外国人留学生特別入試

※3　学部全体の入学志願者数が募集人員に対して約2.3倍を超えた場合は、専攻の入学志願者数が募集人員に対して約2.3倍を超えた専攻のみ実施

※4　指定する大学入学共通テストの素点1000点満点中700点以上の者のうち、募集人員の約3.0倍までの者を第1段階選抜合格者とする

※5　学部全体の入学志願者数が募集人員に対して約3.0倍を超えた場合は、第1志望学科の入学志願者数が募集人員に対して約3.0倍を超えた学科で実施（第1志望学科で第1段階選抜不合格となった者は、第2志望学科も不合格）

Column コラム

就職支援

大阪大学では、世界で活躍できるグローバル人材を育成するため、「キャリア教育」と「就職支援」を両輪としたキャリア教育支援を行っています。豊中・吹田・箕面の各キャンパスには相談室とキャリアセンターが設けられています。相談室では、キャリアアドバイザーが進路・就職に関する様々な悩みに対応し、キャリアセンターでは、すべての学部生・大学院生が自分の望むキャリアを実現できるよう支援を行っています。また、進路決定者である先輩が後輩の進路・就職選択をサポートする大阪大学キャリアサポートや、個別に就職相談窓口を設けている学部・研究科があります。その他、履修希望者が毎年1,000人を超えるほどに人気のキャリアについて理論的・実践的に学ぶことでできる授業の開講や、年間を通して、インターンシップや就職活動に関するガイダンス・各種セミナーをキャンパス内で開催しています。

国際交流

大阪大学では35ヵ国・地域の127大学と大学間学生交流協定を締結している他に、世界4ヵ所に海外拠点の設置や、ASEAN5ヵ国にASEANキャンパスを設置するなど幅広い学生交流を推進しています。大阪大学での留学には様々な形態がありますが、代表的なものとして在学したまま1学期以上1年以内で交流協定校へ留学する交換留学、夏季・春季休業を利用した語学研修があります。これら以外にも休学留学や現地企業でのインターンシップへの参加、ボランティア体験、大学の授業科目の受講と並行して海外大学の講義をオンラインで受講できる「バーチャル留学プログラム」などを開催しています。大学独自の海外留学対象の奨学金を用意されている他、語学研修ではプログラムによって、一部助成を受けられることがあります。キャンパス内での異文化交流も充実しており、国際交流科目の受講や留学生支援のためのボランティアグループへの参加、多言語カフェでのおしゃべりなどからキャンパス内で留学に近い体験をすることができます。

大阪大学についてもっと知りたい方はコチラ

「オモロい！阪大」は、大阪大学をもっと知りたい受験生のためのサイトです。阪大ライフを知るための、オモロいストーリーが盛りだくさん。高校生の興味・関心と大阪大学の学部学科や研究室をマッチングし進路選択の“きっかけ”を提供する「大阪大学学問コンシェルジュ」や、入試情報、オンライン個別進学相談もこちらから。

Student's Voice

外国語学部

外国語学科 ヒンディー語専攻 1年

吉﨑 太志(よしざき たいし)くん

兵庫県 西宮市立 西宮東高校 卒
放送部、山岳部　高3・6月引退

言語を活かして世界と関わりたい

Q どのような高校生でしたか？　大阪大学を志望した理由は？

部活は高1の頃から放送部と山岳部に所属していました。放送部は平日の4日間活動し、山岳部は週に1回の活動でした。2つの部活を兼部するのは正直大変でしたが、とても充実した日々を送りました。また、生徒会執行部に所属していて、運動委員長として球技大会や体育大会などの学校行事の運営に取り組みました。自分がやりたいと思ったことは何にでも挑戦することを心がけていました。

大学で外国語を学びたいと思ったのは、高校受験の頃に出会った英語の先生の存在が大きいです。その先生は、授業を通して英語の魅力や外国語を学ぶことの大切さを教えてくださいました。大阪大学に志望校を定めた理由は、自宅からの通学圏内であったことと、高いレベルで様々な言語を学ぶことができること、そして入試形式も自分の得意科目とマッチしていたことが挙げられます。僕は高2の頃に志望校を固めていましたが、早めに志望校を定めた方が対策もしやすいと思います。

Q どのように受験対策をしましたか？　入試本番はどうでしたか？

外国語学部の入試ではとにかく英語が重要になるので、英語の勉強を第一優先に進めました。高1・高2では文法や単語を完璧にすることを目標に取り組みました。国語に関しても、高1・高2で基礎基本を固めておくことができれば、もっと楽だったと思います。高3になってからは英語に大きな比重を置いた勉強スタイルは変えずに、とにかく演習量にこだわった勉強をしました。

二次試験は世界史受験でしたが、論述問題の対策のために教科書を中心とした勉強を行いました。具体的には、語句を覚えるだけでなく、各時代の勢力やそのつながりなどを意識した勉強をするために、教科書の文章を覚えるくらい何度も読み直しました。入試本番では緊張もしましたが、自分がやってきたことを信じて、自分が出せる最大限のものをぶつけようというスタンスで臨みました。

●受験スケジュール

月	日	大学・学部学科（試験方式）
1	14・15	★ 京都産業　外国語－ヨーロッパ言語（共テ利用前期3科目型）
		★ 関西　外国語－外国語（共テ利用前期4科目型）
	28	★ 京都産業　外国語－ヨーロッパ言語（前期スタンダード3科目型）
2	1	★ 関西　外国語－外国語（全学日程3教科型）
	3	★ 関西　外国語－外国語（全学日程3教科型）
	25	★ 大阪　外国語－外国語－ヒンディー語（前期）

Q どのような大学生活を送っていますか？

学びたい言語を追求できる環境です

ヒンディー語の授業の様子

外国語学部の1年次は豊中キャンパスで学びます。専攻語の授業が週に5コマあり、予習復習は大変です。しかし、専攻語の授業は必ず1人はネイティブの教員が担当し、少人数で行われるため、自分が学びたい言語をとことん追求する環境が整っていると思います。

また、専攻語以外の授業は自分で選ぶことができるため、様々な分野について、興味のあることをたくさん学ぶことができます。新型コロナの影響でオンライン授業が続いていましたが、僕が入学した年からほぼすべての対面授業が再開されています。

ソフトボールの練習

新しいことに挑戦しています

大学ではソフトボールサークルに所属しています。これまでソフトボールの経験はありませんでしたが、興味があることには挑戦してみようと思い、始めました。まだできないことの方が多いですが、仲間達と楽しくやっているうちに上達したらいいなと思っています。サークルの活動は週に1～2回程度なので、勉強とうまく両立できています。大学生になって自由な時間が増えたからこそ、上手な時間の使い方を心がけています。授業と授業の間の時間は図書館で勉強したり、教習所に行ったりしている友達もいます。皆さんも大学生になったら、大学の勉強だけでなく、何かの資格取得やアルバイトなど、色々な新しいことに挑戦してみてください。

Q 将来の夢・目標は何ですか？

まだ1年次なので定まった夢はありませんが、昨今の世界情勢もあって、日常の中で世界の様々なニュースを目にする機会があります。そのため、世界中の事件や情報を私たちに届けてくれるメディア業界に興味を抱いています。激動する世界の情勢を英語という1つの共通項で人々に伝える、世界をつなぐ情報のネットワークの一端を担えるようになれるといいなと思っています。また、色々な言語や自分が興味を持ったものを学び続けていきたいです。

専攻するヒンディー語の知識も将来に活かしたいと考えています。インドは現在世界1位の人口を抱え、経済も急成長しています。将来的にインドはさらに巨大な市場になっていくと考えられ、インドの公用語であるヒンディー語を活かせる仕事も増えてくると思います。自分が学んだことを将来に活かせれば嬉しいです。

Q 後輩へのアドバイスをお願いします！

大阪大学外国語学部の入試で勝負になる教科は英語です。高1、高2から単語や文法などの基礎基本は固めてしまいましょう。また、二次試験にはリスニングもあるので英語を聞く練習もたくさんしてください。英語の基礎が固まったら、とにかくたくさん英文を読んで、問題を解いてください。文章を読めば読むほど英語を解く力はついてきます。二次試験で世界史を選択する人は高2から対策しましょう。その際に一問一答形式で暗記をするだけでなく、教科書をよく読み込んでください。世界史では論述問題が出題されますが、解答を作る上で教科書の文章はとても良い例になります。高3になってからはとにかくたくさん演習してください。

おおさかきょういく
大阪教育大学

資料請求

学務部入試課（柏原キャンパス）　TEL (072) 978-3324　〒582-8582 大阪府柏原市旭ヶ丘4-698-1

最先端の教育的課題に正面から取り組む

大学紹介動画

最新入試情報

西日本屈指の教員養成大学として、かつてなく複雑化・多様化する教育現場で児童、生徒と共に未来を創る使命感を持った教員を育成。グローバル化や情報化に対応し、学校現場のリーダーとなりうる資質を養う。

柏原キャンパス

キャンパス **2**つ

柏原キャンパス
〒582-8582 大阪府柏原市旭ヶ丘4-698-1
天王寺キャンパス
〒543-0054 大阪府大阪市天王寺区南河堀町4-88

基本データ

※2023年5月現在（進路・就職は2022年度卒業者データ。学費は2024年度入学者用〔予定〕）

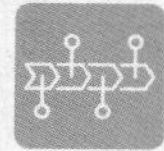
沿革

1874年、教員伝習所を設立。1875年、大阪府師範学校と改称後、統合や再編を経て、1949年、大阪学芸大学を開学。1951年、附属天王寺小、中学校などを設置。1958年、学科制を導入。1967年、大阪教育大学に改称。2004年、国立大学法人となる。2017年、教育協働学科を設置。2024年、学校教育教員養成課程を改組。2025年、教育協働学科改組予定。

教育機関
1 学部 2 研究科

学部　教育
大学院　教育学Ⓜ／連合教職実践Ⓟ

人数

学部学生数　**3,943**名　教員1名あたり学生 **16**名
教員数　**240**名【学長】岡本幾子
（教授**137**名、准教授**72**名、講師**31**名）

学費

初年度納入額　**887,800**円
奨学金　大阪教育大学 修学支援奨学金

進路

学部卒業者　**878**名
（進学**120**名［13.7%］、就職**733**名［83.5%］、その他**25**名［2.8%］）
主な就職先　大阪府教育委員会、大阪市教育委員会、兵庫県教育委員会、神戸市教育委員会、奈良県教育委員会、豊能地区教育委員会、堺市教育委員会、大阪市役所、和歌山県教育委員会

学部学科紹介

※本書掲載内容は、大学公表資料から独自に編集したものです。詳細は大学パンフレットやホームページ等で必ず確認してください（取得可能な免許・資格は任用資格や受験資格などを含む）。

教育学部

柏原キャンパス（下記以外）
天王寺キャンパス（幼少教育専攻3・4年、夜）
定員 900

特色 学校現場で活躍でき、地域社会を含む「チーム学校」の中心となる人材を育成。
進路 卒業者の多くが教員となる。他、大学院へ進学する者も多い。
学問分野 心理学／国際学／数学／健康科学／子ども学／教員養成／教育学／芸術・表現／デザイン学／情報学／人間科学
大学院 教育学／連合教職実践

学校教育教員養成課程 改 昼 (480)	幼少教育専攻、次世代教育専攻、教科教育専攻および特別支援教育専攻からなり、学校種を超えて子どもの発達を踏まえた学校教育全体を俯瞰した教師に必要な資質・能力を育成する。
養護教諭養成課程 (30)	教育学を学びながら、1年次の早期より医学や看護学、養護学といった幅広い専門分野における知識と実践力を身につける。就職先は、幼稚園、小学校、中学校、高等学校や特別支援学校等と幅広い。卒業生対象の「卒後研修会」があり、社会に出たあとも学び続けることができる。
教育協働学科 改 (350)	2025年度、従来の6専攻から3専攻に再編予定。教育イノベーション専攻に数理・知能情報コースと環境安全科学コースを、教育コミュニティ支援専攻に心理科学コース、スポーツ健康コース、芸術表現コースを、グローバル教育専攻に日本語教育コースと国際協働英語コースを設ける。
学校教育教員養成課程 夜 (40)	小学校教育（夜間）5年専攻を設置。修学年限は5年間、社会経験や教育現場でのインターンシップ活動などの経験を持つ人間性と社会性を兼ね備えた教員を養成するコースである。小学校一種の教員免許を取得できる。
取得可能な免許・資格	公認心理師、認定心理士、児童心理司、児童福祉司、児童指導員、保育士、教員免許（幼一種、小一種、中-国・数・理・社・保体・音・美・家・技・英、高-国・数・理・地歴・公・保体・書・音・美・家・工業・英、特-知的・肢体・病弱・視覚・聴覚）、養護教諭（一種）、社会教育士、社会教育主事、司書教諭、司書

入試要項（2025年度）

※この入試情報は大学発表の2025年度入試（予告）および2024年度募集要項等より編集したものです（2024年1月時点。見方は巻頭の「本書の使い方」参照）。内容には変更が生じる可能性があるため、最新情報はホームページや2025年度募集要項等で必ず確認してください。

「大学入試科目検索システム」のご案内
日程・方式ごとの偏差値や昨年度入試結果（志願者倍率、実質倍率、合格最低点）、基本情報（出願締切日、試験日、二段階選抜、募集人員、総合満点）などは、「大学入試科目検索システム」(https://nyushi.toshin.com/) をご覧ください（利用方法はp.12参照）。

■教育学部 偏差値 58

※教育協働学科：2025年度再編予定（2024年1月時点の公表情報より作成）

前期日程

◆**共通テスト**

[学校教育教員養成－幼少教育・次世代教育「教育探究」・教科教育「英語教育・家政教育」・特別支援教育・小学校教育【夜】、養護教諭養成、教育協働－教育心理科学・健康安全科学：8科目] 国 現古漢 地歴 公 理 全11科目から3▶理は同一名称含む組み合わせ不可 数 全3科目から2 外 全5科目から1 情 情Ⅰ

[学校教育教員養成－次世代教育「ICT教育」・教科教育「数学教育・理科教育・技術教育」：8科目] 国 現古漢 地歴 公 全6科目から1 数 全3科目から2 理 全5科目から2 外 全5科目から1 情 情Ⅰ

[学校教育教員養成－教科教育「国語教育・社会科教育」、教育協働－グローバル教育「英語コミュニケーション」：8科目] 国 現古漢 地歴 公 全6科目から2 数 全3科目から2 理 全5科目から1 外 全5科目から1 情 情Ⅰ

[学校教育教員養成－教科教育「保健体育・音楽教育・美術書道教育」：6科目] 国 現古漢 地歴 公 全6科目から1 数 全3科目から1 理 全5科目から1 外 全5科目から1 情 情Ⅰ

[教育協働－理数情報：8科目] 国 現古漢 地歴 公 全6科目から1 数 全3科目から2 理 物、化、生、地から2 外 全5科目から1 情 情Ⅰ

[教育協働－グローバル教育「多文化リテラシー」・芸術表現・スポーツ科学：4科目] 国 現古漢 地歴 公 数 理 全14科目から1 外 全5科目から1 情 情Ⅰ

◆**個別学力検査等**

[学校教育教員養成－幼少教育「幼児教育」：2科目] 面 面接 書類審 活動報告書

[学校教育教員養成－幼少教育「小学校教育」・次世代教育「教育探究」・小学校教育【夜】：2科目] 論 小論文 書類審 活動報告書

[学校教育教員養成－次世代教育「ICT教育」：2科目] 数 数ⅠⅡⅢA〔全〕B〔列〕C 論 小論文

[学校教育教員養成－教科教育「国語教育」：2科目]

国立
近畿
大阪教育大学

国現古漢 画面接
[学校教育教員養成－教科教育「社会科教育・家政教育」・特別支援教育、養護教諭養成、教育協働－教育心理科学・健康安全科学・グローバル教育「多文化リテラシー」：1科目] 論小論文
[学校教育教員養成－教科教育「数学教育」、教育協働－理数情報：2科目] 数数ⅠⅡⅢA〔全〕B〔列〕C 理物基・物、化基・化、生基・生、地基・地から1
[学校教育教員養成－教科教育「理科教育」：1科目] 理物基・物、化基・化、生基・生、地基・地から1
[学校教育教員養成－教科教育「技術教育」：4科目] 論小論文 画面接 書類審調査書、志望理由書
[学校教育教員養成－教科教育「保健体育」、教育協働－スポーツ科学：1科目] 実技体育実技
[学校教育教員養成－教科教育「音楽教育」、教育協働－芸術表現「音楽表現」：1科目] 実技音楽実技
[学校教育教員養成－教科教育「美術書道教育」：2科目] 画面接 実技実技
[教育協働－グローバル教育「英語コミュニケーション」：1科目] 外英
[教育協働－芸術表現「美術表現」：1科目] 実技美術実技

◆**個別学力検査等**※英語外部試験のスコアにより加点
[学校教育教員養成－教科教育「英語教育」：2科目] 外英 画面接
[教育協働－グローバル教育「英語コミュニケーション」：1科目] 外英

後期日程

◆**共通テスト**
[学校教育教員養成－次世代教育・教科教育「国語教育・数学教育・理科教育・家政教育」・特別支援教育・小学校教育【夜】、養護教諭養成、教育協働－教育心理科学・健康安全科学・理数情報：8科目] 前期日程に同じ
[学校教育教員養成－教科教育「保健体育・美術書道教育」：6科目] 前期日程に同じ
[教育協働－芸術表現・スポーツ科学：4科目] 前期日程に同じ

◆**個別学力検査等**
[学校教育教員養成－次世代教育「教育探究」・小学校教育【夜】：2科目] 画面接 書類審活動報告書
[学校教育教員養成－次世代教育「ICT教育」：2科目] 数数ⅠⅡⅢA〔全〕B〔列〕C 画面接
[学校教育教員養成－教科教育「国語教育」・特別支援教育：2科目] 論小論文 画面接
[学校教育教員養成－教科教育「数学教育」、教育協働－理数情報「数理情報」：1科目] 数数ⅠⅡⅢA〔全〕B〔列〕C
[学校教育教員養成－教科教育「理科教育・家政教育」、養護教諭養成、教育協働－健康安全科学・理数情報「自然科学」：1科目] 画面接
[学校教育教員養成－教科教育「保健体育」、教育協働－教育心理科学・芸術表現・スポーツ科学：1科目] 前期日程に同じ
[学校教育教員養成－教科教育「美術書道教育」：1科目] 実技実技

■特別選抜

[学校推薦型選抜] 共通テストを課さない学校推薦型選抜、共通テストを課す学校推薦型選抜 共、共通テストを課す学校推薦型選抜（特別枠）共
[その他] 私費外国人留学生入試

就職支援

大阪教育大学では、教員就職・企業就職・公務員就職に関する支援が充実しています。キャリア支援センターでは、理想の就職ができるよう1年次から実践的なプログラムを展開し、進路・就職に向けたサポートを行います。教員志望の学生に対しては、経験豊富なキャリアアドバイザーによる教員採用試験に向けた場面指導や模擬授業対策など幅広いサポートを行います。企業・公務員志望の学生に対しては、専門のアドバイザーが面接対策やエントリーシート対策などきめ細かなサポートを行います。

国際交流

大阪教育大学では、16カ国・地域38の海外協力校と学生交流協定を締結しており、海外留学・語学研修・文化研修プログラムなどが実施されています。また、教育学部では、2学期4ターム制を導入しており、海外留学等に参加しても授業を履修しやすい環境となっています。留学の支援も充実しており、大学内でTOEFLやIELTS等の各種外部試験の対策講座や、留学に向けた語学学修のサポートを行っています。

大阪教育大学ギャラリー

■柏原キャンパス共通講義A棟

柏原キャンパスや天王寺キャンパスの講義室などは、授業・行事を妨げない範囲において、学外者でも利用することができます。

■教員養成課程棟C1棟

大阪教育大学では、教員養成フラッグシップ大学の特例を活用した先導的・革新的な教員養成カリキュラムを展開しています。

■附属図書館本館

90万冊以上の蔵書には教育系の専門書や教科書をそろえ、教職を目指す学生の"学び"をサポートしています。

■附属図書館D棟1階

1階には、図書館の使い方や課題・レポートに関することなどの質問に答えてくれるサポートスタッフが在籍しています。

神戸大学

こうべ

資料請求

学務部入試課（六甲台キャンパス）　TEL（078）803-5230　〒657-8501 兵庫県神戸市灘区六甲台町1-1

君に寄り添い、君と共に未来を創る

大学紹介動画

最新入試情報

2022年、神戸大学は創立120周年を迎えた。120年の歴史を超えて、世界最高水準の「知と人を創る異分野共創研究教育グローバル拠点」の実現を目指し、神戸大学の力を最大限に発揮・挑戦する。

六甲台本館（六甲台第1キャンパス）

校歌

校歌音声

神戸大学学歌
作詞／安水稔和　作曲／中村茂隆
一、萌える山並み　行く雲に
飛ぶ鳥を追う　駆けてくる
輝やく瞳　はずむ胸
まぶしい光に　なにを放とう
ともに歌う　神戸　神戸
この丘のうえ　心あらたに

基本データ

※2023年5月現在（進路・就職は2022年度卒業者データ。学費は2023年度入学者用）

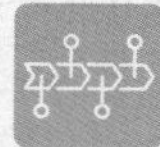

沿革

1902年、神戸高等商業学校を設立。1929年、神戸商業大学に昇格。1949年、神戸大学に改称。文理、教育、法、経済、経営、工学部を設置。1954年、文理学部が文、理学部に分離。1992年、教養部・教育学部を改組、国際文化、発達科学部を設置。2003年、神戸商船大学と統合、海事科学部を設置。2017年、国際文化、発達科学部を統合し、国際人間科学部を設置。2021年、海事科学部を海洋政策科学部に改組。2025年、システム情報学部開設予定。

キャンパス
4つ

キャンパスマップ

所在地・交通アクセス

六甲台キャンパス（本部）
【六甲台第1キャンパス】〒657-8501 兵庫県神戸市灘区六甲台町2-1
【六甲台第2キャンパス】〒657-8501 兵庫県神戸市灘区六甲台町1-1
【鶴甲第1キャンパス】〒657-8501 兵庫県神戸市灘区鶴甲1-2-1
【鶴甲第2キャンパス】〒657-8501 兵庫県神戸市灘区鶴甲3-11
アクセス 阪急神戸線「六甲駅」下車

楠キャンパス
〒650-0017 兵庫県神戸市中央区楠町7-5-1
アクセス 神戸市営地下鉄西神・山手線「大倉山駅」から徒歩約5分

名谷キャンパス
〒654-0142 兵庫県神戸市須磨区友が丘7-10-2
アクセス 神戸市営地下鉄西神・山手線「名谷駅」から徒歩約15分

深江キャンパス
〒658-0022 兵庫県神戸市東灘区深江南町5-1-1
アクセス 阪神本線「深江駅」から徒歩約10分

教育機関
11 学部 15 研究科

学部 ※2025年4月設置構想中
文／法／国際人間科／経済／経営／理／工／システム情報※／農／医／海洋政策科

大学院
人文学Ⓜ︎Ⓓ／国際文化学ⓂⒹ／人間発達環境学ⓂⒹ／法学ⓂⒹⓅ／経済学ⓂⒹ／経営学ⓂⒹⓅ／理学ⓂⒹ／医学ⓂⒹ／保健学ⓂⒹ／工学ⓂⒹ／システム情報学ⓂⒹ／農学ⓂⒹ／海事科学ⓂⒹ／国際協力ⓂⒹ／科学技術イノベーションⓂⒹ

人数

学部学生数 11,411名

教員1名あたり学生 7名

教員数 1,560名【学長】藤澤正人
（教授566名、准教授405名、講師131名、助教418名、助手・その他40名）

学費

初年度納入額 817,800円（諸経費別途）

奨学金 神戸大学基金緊急奨学金、神戸大学基金奨学金、レンゴー奨学金 、イー・ギャランティ奨学金、双日奨学金 、インソース給付型奨学金

進路

学部卒業者 2,628名（進学945名、就職1,401名、その他※282名）※臨床研修医99名を含む

進学 36.0％　就職 53.3％　その他 10.7％

主な就職先

文学部
兵庫県庁、神戸市役所、大阪労働局、公立学校（教員）、尼崎信用金庫、大和証券、楽天グループ、オービック、信濃毎日新聞、パーソルテンプスタッフ、エル・ティー・エス、旭化成、丸大食品、阪急阪神百貨店

法学部
厚生労働省、大阪府庁、香川県庁、西宮市役所、近畿財務局、大阪税関、大阪労働局、大阪地方裁判所、サントリーホールディングス、日本生命保険、明治安田生命保険、Sky、いすゞ自動車、ダイキン工業

国際人間科学部
学校（教員）、神戸市役所、ファーストリテイリング、楽天グループ、三井住友銀行、バンダイ、マルハニチロ、NTTデータ、NTTドコモ、NTT西日本、スタッフサービス・ホールディングス、富士フイルム、住友電気工業、ニトリ、大和ハウス工業

経済学部
大和証券、明治安田生命保険、東京海上日動火災保険、ジェーシービー、楽天グループ、三井住友銀行、NTTデータ、富士通、オービック、EY新日本有限責任監査法人、関西電力、NEC、三菱電機、神戸市役所、東京都庁

経営学部
あずさ監査法人、EY新日本有限責任監査法人、監査法人トーマツ、三井住友カード、みずほフィナンシャルグループ、近鉄グループホールディングス、三井住友銀行、三菱商事、パーソルキャリア、中国電力、ハウス食品、東レ、クボタ、JR東海

理学部
気象庁、大阪検疫所、香川県庁、学校(教員)、オムロンソフトウェア、富士通、ソフトウェア・サービス、NTT西日本、親和パッケージ、JTB、メルペイ、マルヤナギ小倉屋

工学部
NTTドコモ、NTT西日本、関電不動産開発、アクセンチュア、三菱電機、パナソニック、西日本高速道路、JR西日本、鹿島建設、大林組、積水ハウス、大和ハウス工業、住友林業、神戸市役所、大阪市役所

システム情報学部
2025年度開設予定のため卒業者情報なし

農学部
農林水産省、大阪府庁、滋賀県庁、伊藤ハム、ロート製薬、カゴメ、川崎重工業、ワールドインテック、丸紅、コムチュア、日鉄ソリューションズ、NTT都市開発、住友生命保険

医学部（医）
臨床研修医94.3％

医学部（他）
加古川中央市民病院、神戸市立医療センター中央市民病院、神戸大学医学部附属病院、関西医科大学附属病院、住友病院、京都大学医学部附属病院、大阪大学医学部附属病院、国立循環器病研究センター

海洋政策科学部
川崎汽船、三菱倉庫、郵船ロジスティクス、JR西日本、日本通運、住友倉庫、トヨタ自動車、三菱重工業、クボタ、川崎重工業、みずほフィナンシャルグループ、兵庫県庁

学部学科紹介

※本書掲載内容は、大学公表資料から独自に編集したものです。詳細は大学パンフレットやホームページ等で必ず確認してください（取得可能な免許・資格は任用資格や受験資格などを含む）。

「大学入試科目検索システム」のご案内
入試要項のうち、日程・方式ごとの偏差値や昨年度入試結果（志願者倍率、実質倍率、合格最低点）、基本情報（出願締切日、試験日、二段階選抜、募集人員、総合満点）などは、「大学入試科目検索システム」（https://nyushi.toshin.com/）をご覧ください（利用方法はp.12参照）。

文学部

定員 100

六甲台第2キャンパス

入試科目検索

特色 2年次に15の専修に分かれる。少人数教育のもと人文科学を学ぶ。
進路 卒業者の多くが公務やサービス業、情報通信業に就く。他、約2割が大学院へ進学。
学問分野 文学／言語学／哲学／心理学／歴史学／地理学／文化学／社会学／芸術・表現
大学院 人文学

学科紹介

人文学科

哲学講座	哲学専修を設置。古代ギリシア哲学からフランス哲学、近代日本哲学など多様なテーマを扱う。哲学の古代から現代に及ぶ問題、概念、方法論を学び、生命・医療や環境など現代の哲学・倫理学についても学ぶ。
文学講座	国文学、中国文学、英米文学、ドイツ文学、フランス文学の5つの専修を設置。特定の国や地域、時代における様々なジャンルの作品の背景となる文化などを分析し、人間の理性と感性の多様な展開を考察する。
史学講座	文献研究やフィールドワークにより日本の歴史を研究する日本史学、複数の民族、文明や言語を持つ東洋を複合的に研究する東洋史学、社会的・政治的観点から欧米の歴史を研究する西洋史学の3つの専修を設置。
知識システム講座	実験を通して知覚、判断、反応を研究する心理学、様々なメディアにおける表現様式を研究する芸術学、諸言語の構造比較を通して認識と思考を解明する言語学の3つの専修を設置。
社会文化講座	社会問題現象を扱う社会学、世界各地の美術文化の生成と継承のあり方を探る美術史学、地域空間に現れる人間活動を研究する地理学の3専修を設置。地域社会の中に人間が創り出した文化的形象物の解明を目指す。
取得可能な免許・資格	学芸員、社会調査士、教員免許（中-国・社・英、高-国・地歴・公・英）

入試要項（2025年度）

※この入試情報は大学発表の2025年度入試（予告）より編集したものです（2024年1月時点。見方は巻頭の「本書の使い方」参照）。内容には変更が生じる可能性があるため、最新情報はホームページや2025年度募集要項等で必ず確認してください。

■文学部 偏差値 63

前期日程

◆**共通テスト**
[人文：8科目（1000点→450点）] 国現古漢（200→100）地歴 公地歴全3科目、公共・倫、公共・政経から2（計200→100）数数ⅠA、数ⅡBC（計200→65）理全5科目から1（100→65）外英、独、仏、中から1（200→100）情情Ⅰ（100→20）

◆**個別学力検査等**
[人文：3科目（350点）] 国現古漢（150）数数ⅠⅡAB〔列〕C〔ベ〕（75）外英（125）

後期日程

◆**共通テスト**
[人文：8科目（1000点→400点）] 前期日程に同じ▶ただし数（計200→45）理（100→40）情情Ⅰ（100→15）となる

◆**個別学力検査等**
[人文：2科目(400点)] 外英(200) 論小論文(200)▶理解力・思考力・表現力を問う問題を課す

特別選抜

[総合型選抜]「志」特別選抜
[その他] 私費外国人（留）学生特別選抜

法学部

定員 180

六甲台第1キャンパス

入試科目検索

特色 1年次から専門科目の履修が可能。複数の演習を同時に履修できる。
進路 卒業者の多くが公務を中心に金融・保険業や製造業に就く。他、約2割が大学院へ進学。
学問分野 法学／政治学／経営学／国際学
大学院 法学

学科紹介

法律学科

司法コース	基本的な法律科目を軸としたカリキュラムを通じ将来の法曹や法学研究者、企業法務に携わる人材を育成する。「法科大学院進学プログラム（法曹コース）」では、3年次までに必要単位を取得し、法科大学院（ロースクール）に進学可能である。
企業・行政コース	国家公務や地方公務、一般企業への就職に向けて、基礎的な法律科目を中心に国際法や政治、国際関係などの様々な科目を履修する。他の2つのコースと同様に、3・4年次には興味や関心に応じてゼミで専門知識を身につけ、議論の方法や論文の書き方などを学ぶ。
政治・国際コース	政治や国際に特化した科目を中心に、法律科目や基礎法、国際法についても幅広く学ぶ。国家公務員や外交官、ジャーナリスト、政治家、一般企業への就職の他、法科大学院(ロースクール)の未修者コースに進学し、裁判官や検察官、弁護士を目指すこともできる。

入試要項(2025年度)

※この入試情報は大学発表の2025年度入試（予告）より編集したものです（2024年1月時点。見方は巻頭の「本書の使い方」参照）。内容には変更が生じる可能性があるため、最新情報はホームページや2025年度募集要項等で必ず確認してください。

■法学部 偏差値 63

前期日程

◆**共通テスト**

[法律：8科目（1000点→475点)] 国 現古漢（200→100）地歴 公 地歴全3科目、公共・倫、公共・政経から2（計200→100）数 数ⅠA、数ⅡBC（計200→75）理 全5科目から1（100→50）外 全5科目から1（200→100）情 情Ⅰ（100→50）

◆**個別学力検査等**

[法律：3科目（375点)] 国 現古漢（150）数 数ⅠⅡAB〔列〕C〔ベ〕(75) 外 英（150）

後期日程

◆**共通テスト**

[法律：8科目（1000点→500点)] 前期日程に同じ▶ただし 数（計200→100）となる

◆**個別学力検査等**

[法律：1科目（250点)] 論 小論文（250）▶理解力・思考力・表現力を問う。資料を与えて論述させる問題を課す

特別選抜

[総合型選抜]「志」特別選抜
[その他] 私費外国人（留）学生特別選抜

国際人間科学部

定員 370

入試科目検索

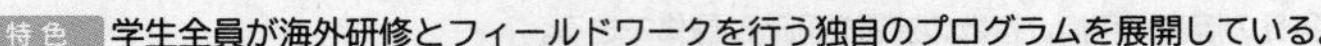

鶴甲第1キャンパス（グローバル文化）、鶴甲第2キャンパス（発達コミュ、環境共生、子ども教育）

特色 学生全員が海外研修とフィールドワークを行う独自のプログラムを展開している。
進路 卒業者の多くが金融・保険業や公務などに就く。他、約2割が大学院へ進学。
学問分野 国際学／子ども学／教員養成／教育学／環境学／人間科学
大学院 国際文化学／人間発達環境学

学科紹介

グローバル文化学科 (140)	地域文化系、異文化コミュニケーション系、現代文化システム系、言語情報コミュニケーション系の4つを教育研究分野とする。国境を越えてコミュニケーション力を駆使できる指導者を育成する。
発達コミュニティ学科 (100)	人間の心身の発達を扱う発達基礎と、コミュニティに関する専門教育を行うコミュニティ形成の2つの教育研究分野を設置。人間の発達を多面的に捉え、多様な発達とそれを支えるコミュニティの研究を行う。国内外でのフィールドワークなど実践的な教育を展開。
環境共生学科 (80)	基礎科学の専門教育を行う環境基礎科学、政府や自治体の環境政策やNPOなどの活動を扱う環境形成科学の2つを教育研究分野とし、共生社会を支える環境を創出できる文理融合型人材を育成する。環境改善プロジェクトやNPOなどと連携した実践的教育を行う。
子ども教育学科 (50)	小学校教育と特別支援教育を扱う学校教育学、乳幼児期教育と小学校教育に関する研究を行う乳幼児教育学の2つの教育研究分野を置く。グローバル社会について深く理解し、子どもや学校を巡る諸問題の多面的な認識から次世代の教育に向き合う教育者を育成する。
取得可能な免許・資格	公認心理師、学芸員、社会福祉主事、教員免許（幼一種、小一種、中-数・理・社・保体・音・美・家・英、高-数・理・地歴・公・保体・音・美・家・英、特-知的・肢体）、社会教育士、社会教育主事

入試要項（2025年度）

※この入試情報は大学発表の2025年度入試（予告）より編集したものです（2024年1月時点。見方は巻頭の「本書の使い方」参照）。内容には変更が生じる可能性があるため、最新情報はホームページや2025年度募集要項等で必ず確認してください。

■国際人間科学部 偏差値 63

前期日程

◆共通テスト

[グローバル文化：8科目（1000点→400点）] 国現古漢(200→70) 地歴 公地歴全3科目、公共・倫、公共・政経から2(計200→110) 数数ⅠA、数ⅡBC（計200→60）理全5科目から1(100→45) 外全5科目から1（200→70）情情Ⅰ(100→45)

[発達コミュニティ、子ども教育：8科目（1000点→425点）] 国現古漢（200→100） 地歴 公 理次の①・②から1(①理科基礎必須、地歴全3科目、公共・倫、公共・政経から2、②地歴全3科目、公共・倫、公共・政経から1、物、化、生、地から2)(計300→150) 数数ⅠA、数ⅡBC(計200→75) 外英、独、仏、中から1(200→75) 情情Ⅰ(100→25)

◆共通テスト（文科系）

[環境共生：8科目（1000点→500点）] 国現古漢(200→100) 地歴 公地歴全3科目、公共・倫、公共・政経から2（計200→110）数数ⅠA、数ⅡBC(計200→115) 理理科基礎（100→50） 外英、独、仏、中から1（200→100） 情情Ⅰ(100→25)

◆共通テスト（理科系）

[環境共生：8科目（1000点→500点）] 国現古漢(200→100) 地歴 公地歴全3科目、公共・倫、公共・政経から1(100→60) 数数ⅠA、数ⅡBC(計200→115) 理物、化、生、地から2（計200→100) 外英、独、仏、中から1(200→100) 情情Ⅰ(100→25)

◆個別学力検査等

[グローバル文化：3科目（400点）] 国現古漢(160) 数数ⅠⅡAB〔列〕C〔べ〕(80) 外英(160)

[発達コミュニティ、子ども教育：3～4科目(425点)] 国 理次の①・②から1(①現古漢、②物基・物、化基・化、生基・生、地基・地から2)(160) 数数ⅠⅡAB〔列〕C〔べ〕(80) 外英(185)

◆**個別学力検査等（文科系）**
[環境共生：3科目（500点）] 国 現古漢（165）数 数ⅠⅡAB〔列〕C〔ベ〕（110）外 英（225）
◆**個別学力検査等（理科系）**
[環境共生：4科目(600点)] 数 数ⅠⅡⅢAB〔列〕C(160) 理 物基・物、化基・化、生基・生、地基・地から2（計220）外 英（220）

後期日程

◆**共通テスト**
[グローバル文化：8科目（1000点→400点）] 前期日程に同じ
[発達コミュニティ、子ども教育：8科目（1000点→425点）] 前期日程に同じ▶ただし 数（計200→50）外（200→100）となる
◆**共通テスト（文科系）**
[環境共生：8科目（1000点→400点）] 前期日程に同じ▶ただし 国（200→50）地歴 公（計200→115）数（計200→60）となる
◆**共通テスト（理科系）**
[環境共生：8科目（1000点→400点）] 前期日程に同じ▶ただし 国（200→50）数（計200→65）となる
◆**個別学力検査等**
[グローバル文化：2科目（400点）] 外 英（200）論 小論文(200)▶理解力・思考力・表現力を問う。資料を与えて論述させる問題を課す
[発達コミュニティ、子ども教育：1科目(225点)] 論 小論文(225)▶理解力・思考力・表現力を問う。資料を与えて論述させる問題を課す
◆**個別学力検査等（文科系）**
[環境共生：1科目（300点）] 論 小論文（300）▶理解力・思考力・表現力を問う。資料を与えて論述させる問題を課す
◆**個別学力検査等（理科系）**
[環境共生：1科目(300点)] 数 数ⅠⅡⅢAB〔列〕C（300）

特別選抜

[総合型選抜] 総合型選抜（アクティブライフ受験、音楽受験、美術受験、身体表現受験、理数系科目受験）共、「志」特別選抜
[学校推薦型選抜] 学校推薦型選抜 共
[その他] 社会人特別選抜、私費外国人（留）学生特別選抜

経済学部

定員 270

入試科目検索

六甲台第1キャンパス

特色 5年一貫経済学国際教育プログラム（IFEEK）など特別プログラムが充実。
進路 卒業者の多くは一般企業に就く。他、国家・地方公務や公認会計士、税理士として活躍する者もいる。
学問分野 経済学
大学院 経済学

学科紹介

経済学科 (270)	理論分析、計量・統計分析、国際経済政策、金融・公共政策などの学問から分析のフレームワークを学ぶ。基礎から専門へ4年間一貫したカリキュラムで経済学を多角的に深めていく。専門性、国際性、学際性を高めるための多彩な教育プログラムを用意している。

入試要項（2025年度）

※この入試情報は大学発表の2025年度入試（予告）より編集したものです（2024年1月時点。見方は巻頭の「本書の使い方」参照）。内容には変更が生じる可能性があるため、最新情報はホームページや2025年度募集要項等で必ず確認してください。

■経済学部 偏差値 64

前期日程

◆共通テスト

[経済：8科目（1000点→450点）] 国現古漢（200→100） 地歴 公 理次の①・②から1（①地歴全3科目、公共・倫、公共・政経から2、理全5科目から1、②地歴全3科目、公共・倫、公共・政経から1、物、化、生、地から2）（計300→100） 数数ⅠA、数ⅡBC（計200→100） 外英（200→100） 情情Ⅰ（100→50）

◆個別学力検査等（数学選抜）

[経済：1科目（450点）] 数数ⅠⅡAB〔列〕C〔ベ〕（450）

◆個別学力検査等（英数選抜）

[経済：2科目（450点）] 数数ⅠⅡAB〔列〕C〔ベ〕（225） 外英（225）

◆個別学力検査等（総合選抜）

[経済：3科目（450点）] 国現古漢（150） 数数ⅠⅡAB〔列〕C〔ベ〕（150） 外英（150）

特別選抜

[学校推薦型選抜] 学校推薦型選抜共

[その他] 私費外国人（留）学生特別選抜

経営学部

定員 260

入試科目検索

六甲台第1キャンパス

特色 企業経営者による講座や海外との国際交流など実践学習の企画を数多く設置。
進路 就職先は金融・保険業をはじめ製造業や公務など多岐にわたる。
学問分野 経営学
大学院 経営学

学科紹介

経営学科 (260)	経営学、会計学、市場科学の3つの分野を設置。理論と実践のバランスを重視し、経営や経済、社会全般にわたる教養を有する専門家を育成する。公認会計士などの会計関係の専門家を育成するための「会計プロフェッショナル育成プログラム」を設置している。

入試要項(2025年度)

※この入試情報は大学発表の2025年度入試(予告)より編集したものです(2024年1月時点。見方は巻頭の「本書の使い方」参照)。内容には変更が生じる可能性があるため、最新情報はホームページや2025年度募集要項等で必ず確認してください。

■経営学部 偏差値 63

前期日程

◆共通テスト

[経営:8科目(1000点→400点)] 国 現古漢(200→75) 地歴 公 地歴全3科目、公共・倫、公共・政経から2(計200→100) 数 数ⅠA、数ⅡBC(計200→75) 理 全5科目から1(100→50) 外 英(200→75) 情 情Ⅰ(100→25)

◆個別学力検査等

[経営:3科目(375点)] 国 現古(125) 数 数ⅠⅡAB〔列〕C〔ベ〕(125) 外 英(125)

特別選抜

[学校推薦型選抜] 学校推薦型選抜 共

[その他] 私費外国人(留)学生特別選抜

理学部

六甲台第2キャンパス

定員 153

入試科目検索

特色 様々な理論や実践を通して自然科学を探究。少人数教育を重視している。
進路 約7割が大学院へ進学。就職先は製造業、情報通信業など。
学問分野 数学／物理学／化学／生物学／地学
大学院 理学

学科紹介

数学科	(28)	解析数理、構造数理、応用数理の3つの講座を設置。自由な発想と広がりを持つ多種多様な現代数学に迫る。物理学や工学などの自然科学から社会科学、人文科学、情報科学まで様々な分野に影響を与える数学について、幅広い学問分野を視野に学修を進めていく。
物理学科	(35)	理論物理学、粒子物理学、物性物理学の3つの講座を設置。物理学を、自然科学を支え応用科学技術の土台をなす学問と位置づけ、テーマを絞り込み研究を行う。事物への探究心を持ち、先端的研究を通じ基礎科学や科学技術の進展に貢献できる人材を育成する。
化学科	(30)	物理化学、無機化学、有機化学の3つの講座を設置。地球や人間環境の様々な問題について化学的発想に基づいた解決策を考え、社会に発展をもたらすことのできる人材を育成する。化学的な発想や手法を駆使し、専門の領域を越えてあらゆる問題に取り組む。
生物学科	(25)	生体分子機構、生命情報伝達、生物多様性の3つの講座を設置。分子から生態系まで幅広い基礎生物学の教育研究を行い、研究の成果を社会に還元する。充実した教育を通して、生命科学と技術を健全な倫理観を持って発展させることのできる人材を育成する。
惑星学科	(35)	基礎惑星学、新領域惑星学の2つの講座を設置。地球・惑星・太陽系の進化の包括的な理解を目指す。地球の中心部から太陽系の果てまで、野外調査、観測、実験、理論的解析などの手法を用いた研究を行う。地球や惑星の変動を体感できるカリキュラムを組んでいる。
取得可能な免許・資格		学芸員、危険物取扱者（甲種）、教員免許（中-数・理、高-数・理）

入試要項(2025年度)

※この入試情報は大学発表の2025年度入試（予告）より編集したものです（2024年1月時点。見方は巻頭の「本書の使い方」参照）。内容には変更が生じる可能性があるため、最新情報はホームページや2025年度募集要項等で必ず確認してください。

■理学部 偏差値 62

前期日程

◆共通テスト

[数：8科目（1000点→360点）] 国現古漢（200→125）地歴 公地歴全3科目、公共・倫、公共・政経から1（100→40）数数ⅠA、数ⅡBC（計200→60）理物、化、生、地から2（計200→50）外全5科目から1（200→75）情情Ⅰ（100→10）

[物理：8科目（1000点→430点）] 国現古漢（200→75）地歴 公地歴全3科目、公共・倫、公共・政経から1（100→50）数数ⅠA、数ⅡBC（計200→100）理物必須、化、生、地から1（計200→100）外全5科目から1（200→100）情情Ⅰ（100→5）

[化：8科目（1000点→425点）] 国現古漢（200→115）地歴 公地歴全3科目、公共・倫、公共・政経から1（100→75）数数ⅠA、数ⅡBC（計200→50）理化必須、物、生、地から1（計200→100）外全5科目から1（200→75）情情Ⅰ（100→10）

[生物：8科目（1000点→450点）] 国現古漢（200→125）地歴 公地歴全3科目、公共・倫、公共・政経から1（100→75）数数ⅠA、数ⅡBC（計200→50）理物、化、生、地から2（計200→100）外全5科目から1（200→75）情情Ⅰ（100→25）

[惑星：8科目（1000点→450点）] 国現古漢（200→125）地歴 公地歴全3科目、公共・倫、公共・政経から1（100→75）数数ⅠA、数ⅡBC

(計200→50) 理 物、化、生、地から2 (計200→100) 外 英(200→75) 情 情Ⅰ(100→25)

◆個別学力検査等

[数:4科目(455点)] 数 数ⅠⅡⅢAB〔列〕C(180) 理 物基・物、化基・化、生基・生、地基・地から2(計150) 外 英(125)

[物理:4科目(425点)] 数 数ⅠⅡⅢAB〔列〕C(150) 理 物基・物必須、化基・化、生基・生、地基・地から1(計150) 外 英(125)

[化:4科目(425点)] 数 数ⅠⅡⅢAB〔列〕C(150) 理 化基・化必須、物基・物、生基・生、地基・地から1(計150) 外 英(125)

[生物、惑星:4科目(425点)] 数 数ⅠⅡⅢAB〔列〕C(150) 理 物基・物、化基・化、生基・生、地基・地から2(計150) 外 英(125)

後期日程

◆共通テスト

[数:8科目(1000点→510点)] 前期日程に同じ▶ただし 理 (計200)となる

[物理:8科目(1000点→555点)] 国 現古漢(200→60) 地歴 公 地歴全3科目、公共・倫、公共・政経から1(100→40) 数 数ⅠA、数ⅡBC(計200→50) 理 物必須、化、生、地から1(計200) 外 英(200) 情 情Ⅰ(100→5)

[化:8科目(1000点→500点)] 前期日程に同じ▶ただし 国 (200→90) 地歴 公 (100→50) 理 (計200) 外 (200→100)となる

[生物:8科目(1000点→450点)] 前期日程に同じ

[惑星:8科目(1000→475点)] 前期日程に同じ▶ただし 国 (200→50) 地歴 公 (100→50) 理 (計200) 外 (200→100)となる

◆個別学力検査等

[数:2科目(305点)] 数 数ⅠⅡⅢAB〔列〕C(180) 外 英(125)

[物理:2科目(550点)] 数 数ⅠⅡⅢAB〔列〕C(150) 論 小論文(400)▶理解力・思考力・表現力を問う。理科(主に物理)の問題を課す

[化、惑星:2科目(250点)] 数 数ⅠⅡⅢAB〔列〕C(150) 外 英(100)

[生物:2科目(200点)] 数 数ⅠⅡⅢAB〔列〕C(100) 外 英(100)

特別選抜

[総合型選抜] 総合型選抜 共

[その他] 私費外国人(留)学生特別選抜

工学部

六甲台第2キャンパス

定員 443

入試科目検索

特色 徹底した基礎教育を行う。海外の協定大学などへの留学の機会も用意されている。
進路 7割強が大学院へ進学。他、製造業や情報通信業、建設業などに就職する者もいる。
学問分野 化学／応用化学／機械工学／電気・電子工学／土木・建築学／エネルギー工学／環境学
大学院 工学

学科紹介

学科	定員	内容
建築学科	(90)	建築計画・建築史、構造工学、環境工学の基礎分野と空間デザイン分野の4講座を設置。計画、構造、環境など建築の基礎を学び、人と地球に関する普遍的課題や先端的課題に挑む。
市民工学科	(60)	人間安全工学、環境共生工学の2講座を設置。防災や自然環境、地域市民の意向などに配慮しながら、持続的に発展する都市や地域の構築を目指す。海外のインフラ整備や災害援助などでも活躍できる人材を育成する。
電気電子工学科	(90)	電子物理、電子情報の2講座に、量子機能工学や情報通信など10教育分野を設置。基礎的専門知識を獲得できるカリキュラムを展開。高度情報化社会の基盤技術となる電気電子工学を身につけた人材を育成する。
機械工学科	(100)	2年次より、熱流体、材料物理、システム設計、先端機能創成の4講座に系統的に配置された専門科目を履修する。専門科目を補完する機械工学実習、機械製図、機械工学実験、プログラミング演習などの科目も充実。
応用化学科	(103)	物質化学、化学工学の2講座を設置。化学物質の創製から工学的応用まで広範囲にわたる内容を統合し、一貫性のある教育と研究を行う。エネルギーや環境問題を視野に入れ、化学工業の健全な発展と生産技術の高度化に貢献できる技術者と研究者を育成する。
取得可能な免許・資格		危険物取扱者（甲種）、ボイラー技士、電気工事士、建築士（一級、二級、木造）、測量士補、主任技術者（電気通信）、施工管理技士（土木、建設機械）

入試要項（2025年度）

※この入試情報は大学発表の2025年度入試（予告）より編集したものです（2024年1月時点。見方は巻頭の「本書の使い方」参照)。内容には変更が生じる可能性があるため、最新情報はホームページや2025年度募集要項等で必ず確認してください。

■工学部 偏差値 63

前期日程

◆**共通テスト**

［建築：8科目（1000点→450点）］国現古漢(200→150) 地歴 公 地歴全3科目、公共・倫、公共・政経から1（100）数 数ⅠA、数ⅡBC（計200→50）理 物必須、化、生、地から1（計200→50）外 全5科目から1（200→50）情 情Ⅰ（100→50）

［建築以外：8科目（1000点→350点）］国 現古漢(200→100) 地歴 公 地歴全3科目、公共・倫、公共・政経から1（100→50）数 数ⅠA、数ⅡBC（計200→50）理 物、化（計200→50）外 英(200→50) 情 情Ⅰ（100→50）

◆**個別学力検査等**

［建築：4科目（550点）］数 数ⅠⅡⅢAB〔列〕C(200) 理 物基・物、化基・化(計200) 外 英(150)

［建築以外：4科目(650点)］数 数ⅠⅡⅢAB〔列〕C(300) 理 物基・物、化基・化(計200) 外 英(150)

後期日程

◆**共通テスト**

［建築：8科目（1000点→750点）］前期日程に同じ ▶ ただし 数（計200→なし）理（計200→250）外（200）となる。数は第1段階選抜のみに適用

［建築以外：8科目（1000点→700点）］前期日程に同じ▶ただし 理（計200→250）外（200）となる

◆**個別学力検査等**

［建築：1科目（250点）］数 数ⅠⅡⅢAB〔列〕C(250)

［建築以外：1科目(300点)］数 数ⅠⅡⅢAB〔列〕C(300)

特別選抜

［総合型選抜］「志」特別選抜

［その他］私費外国人（留）学生特別選抜

システム情報学部

定員 150

入試科目検索

六甲台第2キャンパス

特色 2025年度開設予定（仮称、設置構想中）。大学院や社会人との共創・協働による教育研究を推進。
進路 約8割が大学院へ進学し、電気・電子・情報・通信・機械関連の製造業を中心に就職することを想定。
学問分野 情報学
大学院 システム情報学

学科紹介

システム情報学科 新 （150）	2025年度、工学部情報知能工学科を改組し開設予定(仮称、設置構想中)。AI・データサイエンス・システム科学・スーパーコンピュータなどの専門的知識を学び、それらを他分野の専門家とも協力しながら社会問題や環境問題などの解決に結びつけられる、総合的な知とリーダーシップに優れた人材の育成を目指す。
取得可能な免許・資格	教員免許（中-数、高-数・情）

入試要項（2025年度）

※この入試情報は大学発表の2025年度入試（予告）より編集したものです（2024年1月時点。見方は巻頭の「本書の使い方」参照）。内容には変更が生じる可能性があるため、最新情報はホームページや2025年度募集要項等で必ず確認してください。

■システム情報学部 偏差値 63

前期日程

◆共通テスト
[システム情報：8科目（1000点→300点）] 国 現古漢（200→50） 地歴 公 地歴全3科目、公共・倫、公共・政経から1（100→50） 数 数ⅠA、数ⅡBC（計200→50） 理 物、化（計200→50） 外 全5科目から1（200→50） 情 情Ⅰ（100→50）

◆個別学力検査等
[システム情報：4科目（700点）] 数 数ⅠⅡⅢAB〔列〕C（250） 理 物基・物、化基・化（計250） 外 英（200）

後期日程

◆共通テスト
[システム情報：8科目（1000点→600点）] 国 現古漢（200→50） 地歴 公 地歴全3科目、公共・倫、公共・政経から1（100→50） 数 数ⅠA、数ⅡBC（計200→50） 理 物、化（計200→250） 外 英（200→150） 情 情Ⅰ（100→50）

◆個別学力検査等
[システム情報：1科目（400点）] 数 数ⅠⅡⅢAB〔列〕C（400）

特別選抜

[総合型選抜]「志」特別選抜
[学校推薦型選抜] 学校推薦型選抜（女子枠） 共
[その他] 私費外国人（留）学生特別選抜

農学部

定員 160

六甲台第2キャンパス

入試科目検索

特色 国際貿易港を抱える神戸の立地を活かし、グローバルな農業教育を行う。
進路 約7割が大学院へ進学。他、公務や製造業、学術研究・専門技術サービス業などに就職する者もいる。
学問分野 生物学／農学／獣医・畜産学／応用生物学／環境学
大学院 農学

学科紹介

食料環境システム学科	(36)	水・土地資源の利用と保全、作物の栽培から流通までを学ぶ生産環境工学、食料、農業・農村、環境の諸問題を扱う食料環境経済学の2つのコースを設置。環境と両立する食料生産システムの構築や食料問題、環境問題の解決に有効な社会経済システムの構築を目指す。
資源生命科学科	(55)	応用動物学、応用植物学の2つのコースを設置。生物資源の有効活用を目指し、動物、植物、微生物、それらの相互関係を遺伝子から生態系まで幅広い観点から理解する。食料生産や自然環境を支える動植物について学び、様々な問題に関する専門的知識を身につける。
生命機能科学科	(69)	2つのコースを設置。応用生命化学コースでは生物由来の化学物質や環境中の物質を研究する。応用機能生物学コースでは環境と調和した持続可能な生物生産システムを構築する。様々な生産技術への応用を目標に化学と生物学の両面で研究する。
取得可能な免許・資格		技術士補、測量士補、施工管理技士（土木、建設機械）、食品衛生管理者、食品衛生監視員、樹木医補、教員免許（高-農）

入試要項（2025年度）

※この入試情報は大学発表の2025年度入試（予告）より編集したものです（2024年1月時点。見方は巻頭の「本書の使い方」参照）。内容には変更が生じる可能性があるため、最新情報はホームページや2025年度募集要項等で必ず確認してください。

■農学部 偏差値 63

前期日程

◆共通テスト
[全学科：8科目（1000点→450点）] 国現古漢（200→150） 地歴 公地歴全3科目、公共・倫、公共・政経から1（100→50） 数数ⅠA、数ⅡBC（計200→50） 理物、化、生、地から2（計200→100） 外英（200→50） 情情Ⅰ（100→50）

◆個別学力検査等
[全学科：4科目（450点）] 数数ⅠⅡⅢAB〔列〕C（150） 理物基・物、化基・化、生基・生、地基・地から2（計150） 外英（150）

後期日程

◆共通テスト
[全学科：8科目（1000点→600点）] 前期日程に同じ▶ただし数（計200→75） 理（計200） 外（200→75）となる

◆個別学力検査等
[全学科：2科目（300点）] 数数ⅠⅡⅢAB〔列〕C（150） 外英（150）

特別選抜

[総合型選抜]「志」特別選抜
[その他] 私費外国人（留）学生特別選抜

医学部（医）

定員 112

楠キャンパス

入試科目検索

特色 総合教育と基礎医学を履修したのち4年次からは臨床実習に取り組む。
進路 卒業者の多くが臨床医の道に進み、大学病院や研修教育病院で研鑽を積む。
学問分野 医学
大学院 医学

学科紹介

医学科 (112)	6年制。チーム医療の資質を会得し、患者の心を理解できるコミュニケーション能力を培う。専門的な知識と技術を修得するだけでなく、科学者としての探究心や創造性を兼ね備えた人材を育成する。国際性を養うための英語教育カリキュラムも用意されている。
取得可能な免許・資格	医師

入試要項（2025年度）

※この入試情報は大学発表の2025年度入試（予告）より編集したものです（2024年1月時点。見方は巻頭の「本書の使い方」参照）。内容には変更が生じる可能性があるため、最新情報はホームページや2025年度募集要項等で必ず確認してください。

■医学部（医） 偏差値 68

前期日程

◆共通テスト

[医：8科目（1000点→380点）] 国 現古漢(200→80) 地歴 公 地歴全3科目、公共・倫、公共・政経から1（100→40） 数 数ⅠA、数ⅡBC（計200→80） 理 物、化、生から2（計200→80） 外 全5科目から1(200→80) 情 情Ⅰ(100→20)

◆個別学力検査等

[医：5科目(480点)] 数 数ⅠⅡⅢAB〔列〕C(160) 理 物基・物、化基・化、生基・生から2（計160） 外 英（160） 面 面接▶医師・医学研究者としての適性をみる

特別選抜

[総合型選抜] 総合型選抜 共

[学校推薦型選抜] 学校推薦型選抜（地域特別枠） 共

[その他] 私費外国人（留）学生特別選抜

医学部（他）

名谷キャンパス

定員 175

入試科目検索

特色 2025年度、医療創成工学科開設予定（仮称、設置構想中）。人間の幸福と福祉に貢献する人材を育成。
進路 約4割が大学院へ進学。卒業者の多くが大学病院など様々な医療機関で活躍している。
学問分野 看護学／健康科学
大学院 保健学

学科紹介

保健学科 (150)	看護学、検査技術科学、理学療法学、作業療法学の4専攻を設置。幅広い知識と技能、豊かな人間性を備え、チーム医療の中で活躍できる医療職者の育成を目指す。1学年の定員150名に対し、60名超の教員を擁する充実した教育体制を整備。2022年度卒業者の国家試験合格率は理学療法士と作業療法士が100%、看護師、臨床検査技師も高い合格率を誇る。
医療創成工学科 新 (25)	2025年度、開設予定（仮称、設置構想中）。医療、工学および医療機器開発の基礎知識に加え、批判的思考や創造的思考、コミュニケーション能力や交渉力を身につけ、医療機器開発などの分野で創造的に開発できる人材の養成を目指す。卒業後の進路は大学院への進学、医療機器メーカー等への就職、起業などを想定。
取得可能な免許・資格	看護師、理学療法士、作業療法士、臨床検査技師

入試要項（2025年度）

※この入試情報は大学発表の2025年度入試（予告）より編集したものです（2024年1月時点。見方は巻頭の「本書の使い方」参照）。内容には変更が生じる可能性があるため、最新情報はホームページや2025年度募集要項等で必ず確認してください。

■医学部（他） 偏差値 61

前期日程

◆**共通テスト（総合型）**
[医療創成工：8科目（1000点→380点）] 国現古漢（200→80）地歴 公 地歴全3科目、公共・倫、公共・政経から1（100→40）数 数ⅠA、数ⅡBC（計200→80）理 物、化、生から2（計200→80）外 全5科目から1（200→80）情 情Ⅰ（100→20）

◆**共通テスト（理数型）**
[医療創成工：8科目（1000点→280点）] 共通テスト（総合型）に同じ▶ただし 数（計200→40）理（計200→40）外（200→40）情（100→40）となる

◆**共通テスト**
[保健－看護学：8科目（1000点→470点）] 国 現古漢（200→100）地歴 公 理 地歴全3科目、公共・倫、公共・政経、物、化、生、地から3（計300→150）数 数ⅠA、数ⅡBC（計200→100）外 全5科目から1（200→100）情 情Ⅰ（100→20）
[保健－検査技術科学・理学療法学：8科目（1000点→470点）] 国 現古漢（200→100）地歴 公 地歴全3科目、公共・倫、公共・政経から1（100→50）数 数ⅠA、数ⅡBC（計200→100）理 物、化、生、地から2（計200→100）外 全5科目から1（200→100）情 情Ⅰ（100→20）
[保健－作業療法学：8科目（1000点→470点）] 国 現古漢（200→100）地歴 公 地歴全3科目、公共・倫、公共・政経から1（100→50）数 数ⅠA、数ⅡBC（計200→100）理 全5科目から2（計200→100）外 全5科目から1（200→100）情 情Ⅰ（100→20）

◆**個別学力検査等（総合型）**
[医療創成工：5科目（480点）] 数 数ⅠⅡⅢAB〔列〕C（160）理 物基・物、化基・化、生基・生から2（計160）外 英（160）面 面接▶医療機器開発者・医療従事者としての適性をみる

◆**個別学力検査等（理数型）**
[医療創成工：5科目（580点）] 数 数ⅠⅡⅢAB〔列〕C（240）理 物基・物、化基・化、生基・生から2（計240）外 英（100）面 面接▶医療機器開発者・医療従事者としての適性をみる

◆**個別学力検査等**
[保健－看護学：4科目（350点）] 数 数ⅠⅡAB〔列〕C〔ベ〕（100）理 物基・物、化基・化、生基・生から1（100）外 英（150）面 面接▶医療人としての適性をみる
[保健－検査技術科学：3科目（350点）] 数 数ⅠⅡⅢAB〔列〕C（100）理 物基・物、化基・化、生基・生から1（100）外 英（150）
[保健－理学療法学・作業療法学：3科目（350点）] 数 数ⅠⅡAB〔列〕C〔ベ〕（100）理 物基・物、化基・化、生基・生から1（100）外 英（150）

後期日程

◆共通テスト

[保健－検査技術科学・理学療法学：8科目(1000点→420点)] 前期日程に同じ▶ただし 外(200→50)となる

◆個別学力検査等

[保健－検査技術科学・理学療法学：2科目(200点)] 外英(150) 面面接(50) ▶保健医療・健康科学への適性・学習意欲・思考力・判断力・表現力・主体性・協働性を評価する

特別選抜

[総合型選抜]「志」特別選抜

[学校推薦型選抜] 学校推薦型選抜 共

[その他] 私費外国人(留)学生特別選抜

海洋政策科学部

深江キャンパス

定員 200

入試科目検索

特色 文理問わず受験できる。海洋リテラシー教育を導入。
進路 約半数が大学院へ進学。他、運輸・郵便業や製造業に就職する者もいる。
学問分野 地学／船舶・航空宇宙工学／環境学
大学院 海事科学

学科紹介

海洋政策科学科 (200)	海洋基礎科学、海洋応用科学、海洋ガバナンスの3つの一般領域と、航海学、機関学の2つの領域からなる海技ライセンスコースで構成。航海士などの他、海洋政策の立案、外交問題の解決など国際海洋社会をリードできる人材を育成する。
取得可能な免許・資格	海技士（機関、航海）、船舶に乗り組む衛生管理者

入試要項（2025年度）

※この入試情報は大学発表の2025年度入試（予告）より編集したものです（2024年1月時点。見方は巻頭の「本書の使い方」参照）。内容には変更が生じる可能性があるため、最新情報はホームページや2025年度募集要項等で必ず確認してください。

■海洋政策科学部 偏差値 61

前期日程

◆**共通テスト（理系科目重視型）**
[海洋政策科：8科目（1000点→550点）] 国現古漢(200→125) 地歴 公地歴全3科目、公共・倫、公共・政経から1（100→75) 数数ⅠA、数ⅡBC（計200→100) 理物必須、化、生、地から1（計200→100) 外全5科目から1（200→100) 情情Ⅰ（100→50)

◆**共通テスト（文系科目重視型）**
[海洋政策科：8科目（900点→550点）] 国現古漢(200→100) 地歴 公地歴全3科目、公共・倫、公共・政経から2（計200→100) 数数ⅠA、数ⅡBC（計200→100) 理全5科目から1（100) 外全5科目から1(200→100) 情情Ⅰ(100→50)

◆**個別学力検査等（理系科目重視型）**
[海洋政策科：4科目(500点)] 数数ⅠⅡⅢAB〔列〕C（150) 理物基・物必須、化基・化、生基・生、地基・地から1（計200) 外英（150)

◆**個別学力検査等（文系科目重視型）**
[海洋政策科：3科目（500点）] 国現（150) 数数ⅠⅡAB〔列〕C〔ベ〕(150) 外英（200)

後期日程

◆**共通テスト（理系科目重視型）**
[海洋政策科：8科目（1000点→650点）] 前期日程に同じ▶ただし理（計200）となる

◆**個別学力検査等（理系科目重視型）**
[海洋政策科：2科目(400点)] 数数ⅠⅡⅢAB〔列〕C（200) 外英（200)

特別選抜

[総合型選抜]「志」特別選抜
[その他] 私費外国人（留）学生特別選抜

募集人員等一覧表

※本書掲載内容は、大学のホームページ及び入学案内や募集要項などの公開データから独自に編集したものです。詳細は募集要項かホームページで必ず確認してください。

学部	学科－専攻・コース	募集人員	一般選抜 前期日程	一般選抜 後期日程	2段階選抜（倍率）※1 前期日程	2段階選抜（倍率）※1 後期日程	配点（共共テ個個別） 前期日程	配点（共共テ個個別） 後期日程	特別選抜※2
文	人文	100名	77名	20名	約4.5倍	約10.0倍	共450点 個350点 計800点	共400点 個400点 計800点	⑦3名 ⑪若干名
法	法律	180名	117名	60名	約4.5倍	約10.0倍	共475点 個375点 計850点	共500点 個250点 計750点	⑦3名 ⑪若干名
国際人間科	グローバル文化	140名	95名	35名	約4.5倍	約10.0倍	共400点 個400点 計800点	共400点 個400点 計800点	⑧10名 ⑪若干名
国際人間科	発達コミュニティ	100名	54名	10名	約4.5倍	約10.0倍	共425点 個425点 計850点	共425点 個225点 計650点	②③12名 ④8名 ⑤4名 ⑩⑪若干名
国際人間科	環境共生	80名	文科系 23名	文科系 8名	約4.5倍	約10.0倍	文科系 共500点 個500点 計1000点	文科系 共400点 個300点 計700点	⑥3名 ⑦7名 ⑩⑪若干名
国際人間科	環境共生		理科系 30名	理科系 9名	約4.5倍	約10.0倍	理科系 共500点 個600点 計1100点	理科系 共400点 個300点 計700点	
国際人間科	子ども教育	50名	39名	11名	約4.5倍	約10.0倍	共425点 個425点 計850点	共425点 個225点 計650点	⑩⑪若干名
経済	経済	270名	数学選抜 30名 英数選抜 30名 総合選抜 160名	—	約4.5倍	—	共450点 個450点 計900点	—	⑧50名 ⑪若干名
経営	経営	260名	220名	—	約4.5倍	—	共400点 個375点 計775点	—	⑧40名 ⑪若干名
理	数	28名	21名	7名	約4.5倍	約10.0倍	共360点 個455点 計815点	共510点 個305点 計815点	⑪若干名
理	物理	35名	25名	10名	約4.5倍	約10.0倍	共430点 個425点 計855点	共555点 個550点 計1105点	⑪若干名
理	化	30名	24名	6名	約4.5倍	約10.0倍	共425点 個425点 計850点	共500点 個250点 計750点	⑪若干名
理	生物	25名	18名	4名	約4.5倍	約10.0倍	共450点 個425点 計875点	共450点 個200点 計650点	①3名 ⑪若干名
理	惑星	35名	25名	8名	約4.5倍	約10.0倍	共450点 個425点 計875点	共475点 個250点 計725点	①2名 ⑪若干名
工	建築	90名	72名	16名	約4.5倍	約10.0倍	共450点 個550点 計1000点	共750点 個250点 計1000点	⑦2名 ⑪若干名
工	市民工	60名	47名	11名	約4.5倍	約10.0倍	共350点 個650点 計1000点	共700点 個300点 計1000点	⑦2名 ⑪若干名
工	電気電子工	90名	63名	25名	約4.5倍	約10.0倍	共350点 個650点 計1000点	共700点 個300点 計1000点	⑦2名 ⑪若干名
工	機械工	100名	68名	30名	約4.5倍	約10.0倍	共350点 個650点 計1000点	共700点 個300点 計1000点	⑦2名 ⑪若干名
工	応用化	103名	70名	30名	約4.5倍	約10.0倍	共350点 個650点 計1000点	共700点 個300点 計1000点	⑦3名 ⑪若干名

学部	学科－専攻・コース	募集人員	一般選抜		2段階選抜（倍率）※1		配点（共共テ 個個別）		特別選抜※2
			前期日程	後期日程	前期日程	後期日程	前期日程	後期日程	
システム情報	システム情報	150名	110名	20名	※1	※1	共300点 個700点 計1000点	共600点 個400点 計1000点	⑦5名 ⑧[女子枠]15名 ⑪若干名
農	食料環境システム－生産環境工学	36名	20名	5名	約4.5倍	約10.0倍	共450点 個450点 計900点	共600点 個300点 計900点	⑦2名 ⑪若干名
	食料環境システム－食料環境経済学		5名	2名					⑦2名 ⑪若干名
	資源生命科－応用動物学	55名	20名	6名					⑦1名 ⑪若干名
	資源生命科－応用植物学		21名	5名					⑦2名 ⑪若干名
	生命機能科－応用生命化学	69名	29名	7名					⑦1名 ⑪若干名
	生命機能科－応用機能生物学		21名	8名					⑦3名 ⑪若干名
医	医	112名	92名	—	約3.0倍	—	共380点 個480点 計860点	—	①10名 ⑨10名 ⑪若干名
	保健－看護学	70名	63名	—	約6.0倍	—	共470点 個350点 計820点	—	⑦7名 ⑪若干名
	保健－検査技術科学	40名	28名	10名		約10.0倍	共470点 個350点 計820点	共420点 個200点 計620点	⑦2名 ⑪若干名
	保健－理学療法学	20名	15名	3名			共470点 個350点 計820点	共420点 個200点 計620点	⑦2名 ⑪若干名
	保健－作業療法学	20名	15名	—		—	共470点 個350点 計820点	—	⑦2名 ⑧3名 ⑪若干名
	医療創成工	25名	25名	—	※1	—	総合型 共380点 個480点 計860点 理数型 共280点 個580点 計860点	—	⑪若干名
海洋政策科	海洋政策科	200名	理系科目重視型115名 文系科目重視型30名	理系科目重視型40名	約5.0倍	約10.0倍	共550点 個500点 計1050点	共650点 個400点 計1050点	⑦15名※3 ⑪若干名

※1　倍率は2024年度入試の実績。2025年度入試の倍率は、大学ホームページに公表予定

※2　［総合型選抜］共課す：①総合型選抜、②総合型選抜（アクティブライフ受験）、③総合型選抜（表現領域受験〔音楽受験〕）、④総合型選抜（表現領域受験〔美術受験〕）、⑤総合型選抜（表現領域受験〔身体表現受験〕）、⑥総合型選抜（理数系科目受験）、共課さない：⑦神戸大学「志」特別選抜
［学校推薦型選抜］共課す：⑧学校推薦型選抜、⑨学校推薦型選抜（地域特別枠）
［その他］共課さない：⑩社会人特別選抜、⑪私費外国人（留）学生特別選抜

※3　海洋基礎科学領域・海洋応用科学領域・海洋ガバナンス領域（5名）、海技ライセンスコース航海学領域・海技ライセンスコース機関学領域（10名）

Column コラム

就職支援

神戸大学では、一人ひとりの希望や適正をともに考え、自立と進路・職業選択をサポートしています。キャリアセンターでは、各学部・研究科の就職委員会、各同窓会ならびに東京オフィスなどの自発的な活動と連携を取り、様々な情報の発信や相互の行事告知協力などを行う他、キャリア支援・ボランティア支援両部門の連携と、キャリア支援・ボランティア支援両科目の授業の開講など独自の取り組みを行っています。また、兵庫県との包括連携協定における取り組みとして、学生の県内企業への就職の促進を図っており、卒業者が地元企業で活躍し、地元活性化の一躍を担えるよう支援を行っています。各学部などにおけるキャリア・就職支援も充実しており、ほとんどの学部などに就職委員会を設け、それぞれ固有の専門性やニーズに見合った多彩なキャリア・就職支援行事などを開催しています。

国際交流

神戸大学では、世界64ヵ国・地域の369機関との学術交流協定を締結しており、協定校を中心に、交換留学や短期語学研修など多彩な海外留学プログラムを設けています。協定校への交換留学では、世界50ヵ国・地域の254校の協定大学と1学期間または1年間の留学を、海外外国語研修では夏休み・春休みを利用して英語・中国語・ドイツ語・フランス語の各種言語の語学研修を行っています。また、アジアや欧米などで多種多様な活動に取り組むコースを実施しており、各コースにおける学修成果に対して単位を授与するという神戸グローバルチャレンジプログラムを実施しています。海外留学への支援としてグローバル教育センターを設置し、地域別の海外留学フェアの開催や留学経験を活かしたキャリア形成の支援などを行っています。その他、交換留学生として海外協定校へ留学する学生を対象とした大学独自の奨学金なども設けています。

神戸大学についてもっと知りたい方はコチラ

神戸大学は、世界に開かれた港湾都市神戸に位置し、2022年に創立120周年を迎えました。「学理と実際の調和」という理念を掲げ、普遍的価値を有する「知」を創造し、人間性豊かな指導的人材を養成することを使命としてきました。その歴史と伝統のもと、文系と理系のバランスのとれた総合大学として、真理を探求する基礎科学研究と社会貢献につながる応用科学研究に取り組んでいます。

Student's Voice

海洋政策科学部

海洋政策科学科 海技ライセンスコース航海学領域 2年

にしもと　みこと
西本 光言くん

兵庫県 県立 明石北高校 卒
ハンドボール部　高3・6月引退

世界中を仕事場にできる海技士を目指して

Q どのような高校生でしたか？　神戸大学を志望した理由は？

勉強と部活動の両立を目指して頑張っていました。部活動のハンドボールは中学生の頃から続けていて、高校でもよりうまくなるために、練習開始時間より早くグラウンドに出て自主練習をしていました。また、文化祭の演劇で役を演じるなど、学校行事も意欲的に取り組みました。

神戸大学海洋政策科学部は、予備校の担任の先生の紹介で初めて知り、調べていくうちに海技士免許を取得できることがわかりました。もともと海外と交流のある職業に興味があり、世界中を自分の仕事場にできる海技士は自分にぴったりだと感じたので、海技士になるために神戸大学に行きたいと思うようになりました。自分の中で明確に志望校と決定したのは高3の春です。海技士免許取得のための勉強ができ、海洋政策科学部の前身である海事科学部の卒業生には大手海運会社に就職している人がいること、1年次は領域ごとに分かれず、2年次以降にどの領域に進むか考えられることも魅力でした。

Q どのように受験対策をしましたか？　入試本番はどうでしたか？

まずは、高3の8月に実施される共通テスト形式の模試で6割の点数を取ることを目標に勉強していました。そのために夏休みに理科を完成させることを意識していました。二次試験については、数学が苦手で本番まで点数が伸び悩んだので、理科と英語で高得点を取る戦略で臨みました。受験勉強をしているときは、他人が自分を見たときに集中しているように見えるかを常に意識していました。他人に見られていることを意識すると、眠くても勉強を頑張ることができます。

入試本番は緊張するだろうと思っていたので、試験前や試験間の時間を無駄にしないように、テキストのチェックしたい箇所に前もって付箋を貼っていました。そのおかげで緊張している状態でも、集中して試験に臨むことができました。

●受験スケジュール

月	日	大学・学部学科（試験方式）
2	1	★ 関西学院　経済（全学部日程3科目型）
	2	★ 関西学院　経済（全学部日程3科目型）
	5	★ 関西学院　経済（共通テスト併用／英数日程〔共通テスト併用型・数学〕）
	25	★ 神戸　海洋政策科（前期）

Q どのような大学生活を送っていますか？

航海士になるための勉強をしています

カッター船での実習の様子

1年次は六甲にある鶴甲第1キャンパスで一般教養や基礎の勉強をすることがほとんどでしたが、2年次からはそれぞれの領域に配属され、専門性の高い授業がスタートしました。私は海技ライセンスコース航海学領域に所属し、航海士になるための勉強をしています。船の運航に使用する計器や機械、航法、法律などについて教室で学んでいます。また、実際に船に乗ってシミュレータを使用し、自分で操舵や操船をすることで理解を深めています。前期の授業では毎週月曜日にカッター船で実習を行い、9月には練習船「海神丸」で4泊5日の乗船実習を行うなど、2年次になり実習が増えました。航海士になる勉強ができ、船をより身近に感じることができるのでとても楽しいです。

ダーツサークルの活動を楽しんでいます

ダーツサークルで練習をする西本くん

ダーツサークルに所属し、月に2回ほど活動をしています。サークルには大学の同じ学部の友人に誘われて入りました。それまでは遊びでしかダーツをやったことがなく、決して上手ではなかったのですが、練習を重ねるうちに、狙ったところに飛ぶようになりました。また、ダーツでは1ターンに3本のダーツを投げるのですが、そのうち1本はブルに入れることを個人的な目標にして活動しています。サークルのメンバーも初心者が多いので、みんなで賑やかに楽しく活動しています。まわりに比べると実力はまだまだですが、これからたくさん投げて上達していきたいです。

Q 将来の夢・目標は何ですか？

私の夢は航海士になることです。大学に入学した当初は機関士を志望していたのですが、授業や乗船実習を経て、航海士になりたいと思うようになりました。航海士として船を運用しながら世界を巡り、経験を積んで、ゆくゆくは船長になりたいと考えています。外国人とコミュニケーションを取る機会が増えると思うので、英語での会話が自然にできるように英語の勉強に力を入れ、異文化についての理解も深めていきたいと思っています。

グローバル化が進み、外国との交流や物流がますます活発になっていくなかで、海技士は船の運用に必要不可欠です。海運業は、仕事で海外に行く機会があるだけでなく、海外支社に勤務してそこに定住することもできます。生活の場が日本だけでなく世界へと広がり、世界中で仕事ができることが海運業の魅力だと思っています。

Q 後輩へのアドバイスをお願いします！

神戸大学は入試難易度が高く難しいですが、一番大事なのは各科目の基礎をしっかり固めることだと思います。そのため、英単語や各科目の公式など基本を漏らすことなく勉強すると良いと思います。また、神戸大学を志望する方の多くが1日12時間くらい勉強すると思います。体調を崩してしまうと大きなタイムロスになるので、夏休みなど疲れがたまりやすいときは休憩も取りながらメリハリをつけると良いと思います。共通テストと二次試験の両方で高いレベルが求められるため、思ったとおりの結果が出ず、模試のあとなどは落ち込むこともあると思いますが、諦めず頑張ってください。皆さんそれぞれに楽しい大学生活が待っています！

奈良教育大学

（なら きょういく）

資料請求

入試課　TEL (0742) 27-9126　〒630-8528 奈良県奈良市高畑町

奈良の地で一学び創造、学び発信

大学紹介動画

最新入試情報

創立以来の学問・学芸を尊ぶ学風を継承し、学芸の理論とその応用とを教授研究することにより、豊かな人間性と高い教養を備えた人材、特に有能な教員を養成して、我が国の教育の発展・向上に寄与することを社会的使命とする。

大学講堂

キャンパス **1**つ

高畑キャンパス
〒630-8528 奈良県奈良市高畑町

基本データ

※2023年5月現在（進路・就職は2022年度卒業者データ。学費は2024年度入学者用）

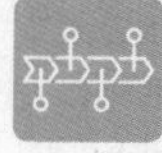

沿革

1888年、奈良県尋常師範学校を創設。1949年、奈良師範学校および奈良青年師範学校を統合し、奈良学芸大学を設置。1966年、奈良教育大学と改称。1983年、大学院教育学研究科を設置。2012年、教育学部を改組し、学校教育教員養成課程を設置。2022年、大学院教育学研究科を改組し、現在に至る。

教育機関 **1**学部 **1**研究科

学部　教育

大学院　教育学Ⓜ︎Ⓟ

人数

学部学生数　**1,106**名

教員1名あたり学生 **12**名

教員数　**92**名【学長】宮下俊也
（教授**59**名、准教授**31**名、講師**2**名）

学費

初年度納入額　**817,800**円（諸経費別途）

奨学金　奈良教育大学後援会学習奨励費

進路

学部卒業者　**256**名
（進学**36**名［14.1%］、就職**202**名［78.9%］、その他**18**名［7.0%］）

主な就職先　奈良県教育委員会、大阪府教育委員会、大阪市教育委員会、堺市教育委員会、大阪府豊能地区教職員人事協議会、兵庫県教育委員会、香川県教育委員会、鳥取県教育委員会

学部学科紹介

※本書掲載内容は、大学公表資料から独自に編集したものです。詳細は大学パンフレットやホームページ等で必ず確認してください（取得可能な免許・資格は任用資格や受験資格などを含む）。

教育学部

高畑キャンパス　定員 255

特色　豊かな教養と知性を兼ね備え人間形成に関する専門的指導力を持つ教員を育成。
進路　約半数が教員となる。教育・学習支援業などの一般企業に就く者もいる。
学問分野　心理学／子ども学／教員養成／教育学
大学院　教育学

学校教育教員養成課程 (255)	教育発達、教科教育、伝統文化教育の3つの専攻を設置している。教育発達専攻は教育学、心理学、幼年教育、特別支援教育の4つの専修に、教科教育専攻は各教科の専修に、伝統文化教育専攻は書道教育、文化遺産教育の2つの専修に分かれている。
取得可能な免許・資格	認定心理士、学芸員、保育士、教員免許（幼一種、小一種、中-国・数・理・社・保体・音・美・家・技・英、高-国・数・理・地歴・公・情・保体・書・音・美・家・工業・英、特-知的・肢体・病弱）、養護教諭（一種）、社会教育士、社会教育主事、司書教諭

入試要項（2025年度）

※この入試情報は大学発表の2025年度入試（予告）より編集したものです（2024年1月時点。見方は巻頭の「本書の使い方」参照）。内容には変更が生じる可能性があるため、最新情報はホームページや2025年度募集要項等で必ず確認してください。

「大学入試科目検索システム」のご案内
日程・方式ごとの偏差値や昨年度入試結果（志願者倍率、実質倍率、合格最低点）、基本情報（出願締切日、試験日、二段階選抜、募集人員、総合満点）などは、「大学入試科目検索システム」（https://nyushi.toshin.com/）をご覧ください（利用方法はp.12参照）。

■教育学部 偏差値 56

前期日程

◆**共通テスト**※理科基礎は2科目扱い

[学校教育教員養成－教育発達・教科教育「国語教育・数学教育・音楽教育・保健体育・家庭科教育・技術教育・英語教育」・伝統文化教育：8～9科目] 国現古漢 地歴 公 理全11科目から3▶理は同一名称含む組み合わせ不可 数全3科目から2 外全5科目から1 情情Ⅰ

[学校教育教員養成－教科教育「社会科教育」：8～9科目] 国現古漢 地歴 公全6科目から2 数全3科目から2 理全5科目から1 外全5科目から1 情情Ⅰ

[学校教育教員養成－教科教育「理科教育」：8～9科目] 国現古漢 地歴 公全6科目から1 数全3科目から2 理全5科目から2▶同一名称含む組み合わせ不可 外全5科目から1 情情Ⅰ

[学校教育教員養成－教科教育「美術教育」：6～7科目] 国現古漢 地歴 公全6科目から1 数全3科目から1 理全5科目から1 外全5科目から1 情情Ⅰ

◆**個別学力検査等**

[学校教育教員養成－教育発達・教科教育「社会科教育」・伝統文化教育「文化遺産教育」：1科目] 論小論文

[学校教育教員養成－教科教育「国語教育」：1科目] 国現古漢

[学校教育教員養成－教科教育「数学教育」：1科目] 数数ⅠⅡⅢABC

[学校教育教員養成－教科教育「理科教育」：1科目] 理物基・物、化基・化、生基・生、地基・地から1

[学校教育教員養成－教科教育「音楽教育」：2科目] 論小論文 実技音楽実技

[学校教育教員養成－教科教育「美術教育」：2科目] 論小論文 実技美術実技

[学校教育教員養成－教科教育「保健体育」：3科目] 論小論文 実技体育実技 書類審自己推薦書

[学校教育教員養成－教科教育「家庭科教育・技術教育」：1科目] 面個人面接▶記述式問題含む

[学校教育教員養成－教科教育「英語教育」：1科目] 外英

[学校教育教員養成－伝統文化教育「書道教育」：2科目] 論小論文 実技書道実技

後期日程

◆**共通テスト**※理科基礎は2科目扱い

[学教教育教員養成－教育発達・教科教育「国語教育・音楽教育・美術教育・保健体育・家庭科教育・技術教育・英語教育」・伝統文化教育「文化遺産教育」：6～7科目] 国現古漢 地歴 公全6科目から1 数全3科目から1 理全5科目から1 外全5科目から1 情情Ⅰ

[学校教育教員養成－教科教育「社会科教育」：7～8科目] 国現古漢 地歴 公全6科目から2 数全3科目から1 理全5科目から1 外全5科目から1 情情Ⅰ

[学校教育教員養成－教科教育「数学教育」：7～8科目] 国現古漢 地歴 公全6科目から1 数全3科目から2 理全5科目から1 外全5科目から1 情情Ⅰ

[学校教育教員養成－教科教育「理科教育」：8～9科目] 前期日程に同じ

[学校教育教員養成－伝統文化教育「書道教育」：5～6科目] 国現古漢 地歴 公 数 理数Ⅰ、数ⅠAから1、地歴公理全11科目、数ⅡBCから1 外全5科目から1 情情Ⅰ

◆**個別学力検査等**
［学校教育教員養成－教育発達「教育学・心理学・特別支援教育」・教科教育「社会科教育・理科教育・家庭科教育・技術教育・英語教育」・伝統文化教育：1科目］ 前期日程に同じ
［学校教育教員養成－教育発達「幼年教育」・教科教育「国語教育」：1科目］ 面集団面接▶記述式問題含む
［学校教育教員養成－教科教育「数学教育」：1科目］ 面個人面接▶記述式問題含む
［学校教育教員養成－教科教育「音楽教育・美術教育」：2科目］ 前期日程に同じ
［学校教育教員養成－教科教育「保健体育」：3科目］ 前期日程に同じ

■特別選抜

［総合型選抜］ 総合型選抜共

就職支援

奈良教育大学では就職支援室を設け、「教員になりたい」という想いを持つ学生の夢を実現させるために、多面的な支援を行います。一人ひとりに応じた丁寧な就職支援を通じて、毎年高い水準の教員就職率と採用試験合格率をあげています。就職支援室では、就職を支援する様々な取り組みを年間を通して行っています。また、キャリアアドバイザーや企業就職を専門とする相談員による個別指導も充実しています。 教員就職対策として、3年生の春から翌年の8月上旬まで30回以上のセミナー・ガイダンスを通じた支援や、本番と同様の形式で行う模擬テストの他、試験対策セミナーによる支援を行っています。

国際交流

奈良教育大学では、国際交流協定校への学生の派遣や外国人留学生の受け入れなど、国際交流の推進に積極的に取り組んでいます。国際交流の一環として、世界6カ国10大学との間で学生相互交流に関する協定を締結し、毎年学生の相互交流をしています。 協定校へは、学生を半年（1セメスター）から約1年間派遣しており、韓国、中国、ドイツ、フランス、ルーマニア、アメリカへの留学が可能です。また、語学留学、海外ボランティア、海外インターンシップなど、私費留学をすることも可能です。

奈良教育大学ギャラリー

■ ユネスコ・スクール

奈良教育大学は、ユネスコが推し進めている理念を学校現場で実践することを目的としたユネスコ・スクールに加盟しています。

■ キャンパス内のシカ

キャンパス内には多数のシカがおり、至る所で目にすることができます。なかには出産に立ち会った学生もいるそうです。

<ruby>奈良女子大学</ruby>

ならじょし

資料請求

入試課 TEL (0742) 20-3353 〒630-8506 奈良県奈良市北魚屋西町

深い学識を備えた情緒豊かで品位ある女性を育成

大学紹介動画

最新入試情報

男女共同参画社会をリードし、教育研究の高度化、国際交流の推進、地域社会への貢献に力を入れ、自ら行動し社会を牽引する人材を育成。小規模ながら全国から学生が集まり多様性あるキャンパスを形成している。

記念館

キャンパス **1**つ

奈良女子大学キャンパス
〒630-8506 奈良県奈良市北魚屋西町

基本データ

※2023年5月現在（教員数は非常勤を含む。進路・就職は2022年度卒業者データ。学費は2024年度入学者用〔予定〕）

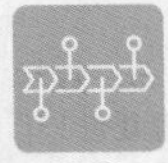

沿革

1908年、奈良女子高等師範学校として発足。1949年、文、理家政の2つの学部からなる奈良女子大学に発展。1964年、大学院家政学研究科修士課程を設置。1993年、生活環境学部を改組設置。2014年、理学部などを大幅に改組。2016年、お茶の水女子大学との共同大学院を設置。2022年、工学部を設置し、現在に至る。

教育機関
4 学部 **1** 研究科

学部 文／理／生活環境／工
大学院 人間文化総合科学Ⓜ️Ⓓ

人数

学部学生数 **2,123**名
教員数 **451**名【学長】今岡春樹
（教授**121**名、准教授**64**名、講師**234**名、助教**32**名）

教員1名あたり 学生 **4**名

学費

初年度納入額 **817,800**円（諸経費別途）
奨学金 広部奨学金、廣岡奨学金、育児奨学金、佐保会奨学金

進路

学部卒業者 **537**名
（進学**203**名［37.8%］、就職**304**名［56.6%］、その他**30**名［5.6%］）
主な就職先 奈良県（職員）、大阪府（職員）、名古屋市（職員）、三菱電機、クボタ、パナソニック、アクセンチュア、コベルコシステム、東芝情報システム、日産自動車、野村総合研究所、村田製作所、TOPPANホールディングス、NTT西日本、ローム、南都銀行、佐藤薬品工業、京都府教育委員会、奈良県教育委員会、奈良市（職員）

学部学科紹介

※本書掲載内容は、大学公表資料から独自に編集したものです。詳細は大学パンフレットやホームページ等で必ず確認してください（取得可能な免許・資格は任用資格や受験資格などを含む）。

文学部

奈良女子大学キャンパス　定員 150

特色　2年次より各学科に、3年次より各コースに分かれて専門性を深めていく。
進路　卒業者の多くは公務や製造業、情報通信業などに就く。
学問分野　文学／言語学／心理学／歴史学／地理学／文化学／社会学／地学／健康科学／教員養成／環境学／人間科学
大学院　人間文化総合科学

学科	定員	内容
人文社会学科	(60)	日本史や世界史、古代文化、様々な地域の生活などのテーマを時間（歴史）、空間（地理）、関係（社会）という3つの視点から考察する。3年次から歴史学、地理学、社会学の3つのコースに分かれて深く学んでいく。
言語文化学科	(50)	3年次から2つのコースに分かれる。日本アジア言語文化学コースでは国語学・文学、中国語学・文学など東アジアの言語文化を中心に学ぶ。ヨーロッパ・アメリカ言語文化学コースではイギリス、ドイツ、フランス、アメリカの言語と文化について研究する。
人間科学科	(40)	2つのコースを設置。教育学・人間学コースでは哲学・倫理学、音楽教育学、身体文化学、子ども文化学の4つの領域を軸に学ぶ。心理学コースでは基礎から実践、臨床まで心理学の諸分野を学ぶ。両コースいずれも「人間とは何であるのか」という問いを追究する。
取得可能な免許・資格		公認心理師、学芸員、社会福祉主事、教員免許（幼一種、小一種、中-国・社・英、高-国・地歴・公・書・英）、司書教諭

理学部

奈良女子大学キャンパス　定員 135

特色　2つの学科に6つのコースを設置。広い視野から社会の諸問題の解決に貢献する。
進路　卒業者の約半数が大学院へ進学。就職先は製造業や情報通信業など。
学問分野　数学／物理学／化学／生物学／環境学
大学院　人間文化総合科学

学科	定員	内容
数物科学科	(57)	数学と物理学の専門知識や方法論を学び、最先端の研究に触れる。数学と物理学のどちらにも興味や関心を持つ学生のために、基礎知識を1年次に学んで適性を見極め、2年次からは数学、物理学、数物連携の3つのコースから選択し本格的に専門性を高めていく。
化学生物環境学科	(78)	入学時に3つのコースに分属する。化学コースには物性物理化学、分子創成化学、生命機能化学、生物科学コースには分子細胞生物学、個体機能生物学、生態学、環境科学コースには地球環境科学、数理生命システム、環境化学、生物環境学などの分野が設置されている。
取得可能な免許・資格		学芸員、教員免許（中-数・理、高-数・理）、司書教諭

生活環境学部

奈良女子大学キャンパス　定員 145

特色　2022年度改組。生活を取り巻く環境を科学の視点から考察する。
進路　約4割は大学院へ進学。就職先は公務や情報通信業など。
学問分野　心理学／健康科学／食物学／住居学／情報学／人間科学
大学院　人間文化総合科学

学科	定員	内容
食物栄養学科	(35)	1年次に基礎を固め、2・3年次では専門的な講義、実験および実習が行われる。3年次には学外の施設で約1カ月間の臨地実習を行う。4年次に各研究室に配属され、食物栄養学の最先端の問題からテーマを選び卒業研究を行う。管理栄養士養成課程も設置している。
心身健康学科	(35)	1・2年次に健康に関する幅広い統合的な知識を修得し、3年次から生活健康学、スポーツ健康科学、臨床心理学の3つのコースに分かれる。専門的な実習を通して応用力を身につけ、自主性や自立性を培い、心身を巡る諸問題の解決能力を身につける。
住環境学科	(30)	自然環境と共生し、安全で快適な生活を可能にする住環境について学ぶ。身近なインテリアから近隣環境、地域コミュニティ、景観まで幅広い範囲について研究する。在学中にインテリアプランナーの受験資格を、卒業後に建築士（一・二級）の受験資格を取得できる。

文化情報学科 (45)	生活文化学コースと生活情報通信科学コースの2コースを設置。人文社会科学と生活情報通信科学の両領域の循環的アプローチによりSDGs・Society5.0を基盤とした目指すべき新しい社会のあり方を発想する能力を有する人材を育成する。
取得可能な免許・資格	公認心理師、学芸員、社会福祉主事、建築士（一級、二級、木造）、施工管理技士（土木、建築、電気工事、管工事、造園、建設機械、電気通信工事）、食品衛生管理者、食品衛生監視員、管理栄養士、栄養士、栄養教諭（一種）、教員免許（中-保体・家、高-情・保体・家）、司書教諭

工学部

奈良女子大学キャンパス　定員 45

特色	日本の女子大初の工学部である。
進路	2022年度開設。製造業や研究機関での活躍を期待。
学問分野	土木・建築学／医療工学／環境学／情報学
大学院	人間文化総合科学

工学科 (45)	伝統的な「ものづくり」に加え、課題発見・創造の力を持つ技術者輩出を目指す。科学・技術・工学・数学に芸術を加えた「STEAM教育」で工学の基礎を修得。さらに人間情報分野・環境デザイン分野の専門性を身につけ、5つのPBL科目で実践力を磨く。
取得可能な免許・資格	学芸員、建築士（二級、木造）

入試要項（2025年度）

※この入試情報は大学発表の2025年度入試（予告）および2024年度募集要項等より編集したものです（2024年1月時点。見方は巻頭の「本書の使い方」参照）。内容には変更が生じる可能性があるため、最新情報はホームページや2025年度募集要項等で必ず確認してください。

「大学入試科目検索システム」のご案内

日程・方式ごとの偏差値や昨年度入試結果（志願者倍率、実質倍率、合格最低点）、基本情報（出願締切日、試験日、二段階選抜、募集人員、総合満点）などは、「大学入試科目検索システム」（https://nyushi.toshin.com/）をご覧ください（利用方法はp.12参照）。

■文学部 偏差値 60

前期日程

◆**共通テスト**

[全学科：8科目] 国現古漢 地歴 公 地歴全3科目、公共・倫、公共・政経から2 数全3科目から2 理全5科目から1 外全5科目から1 情情Ⅰ

◆**個別学力検査等**

[全学科：2科目] 国現古漢 外英、独、仏から1

後期日程

◆**共通テスト**

[全学科：7科目] 国現古漢 地歴 公 地歴全3科目、公共・倫、公共・政経から2 数全3科目から2 理全5科目から1 外全5科目から1

◆**個別学力検査等**

[全学科：2科目] 前期日程に同じ

■理学部 偏差値 58

前期日程

◆**共通テスト**

[全学科：8科目] 国現古漢 地歴 公全6科目から1 数数ⅠA、数ⅡBC 理物、化、生、地から2 外全5科目から1 情情Ⅰ

◆**個別学力検査等**

[全学科：4科目] 数数ⅠⅡⅢAB〔列〕C 理物基・物、化基・化、生基・生から2 外英

後期日程

◆**共通テスト**

[全学科：8科目] 前期日程に同じ

◆**個別学力検査等**

[数物科：1科目] 数 理数ⅠⅡⅢAB〔列〕C、物基・物から1

[化学生物環境：2科目] 数数ⅠⅡⅢAB〔列〕C 外英

■生活環境学部 偏差値 60

前期日程

◆**共通テスト**

[食物栄養：8科目] 国現古漢 地歴 公 理次の①・②から1（①地歴全3科目、公共・倫、公共・政経から2、理科基礎、物、化、生から1▶地基選択不可、②地歴全3科目、公共・倫、公共・政経から1、物、化、生から2）数全3科目から2 外全5科目から1 情情Ⅰ

[食物栄養以外：8科目] 国現古漢 地歴 公 理次の①・②から1（①地歴公全6科目から2、理全5科目から1、②地歴公全6科目から1、物、化、生、地から2）数全3科目から2 外全5科目から1 情情Ⅰ

◆**個別学力検査等**

[全学科：2科目] 国 数 理現古漢、数ⅠⅡAB〔列〕C〔ベ〕、物基・物、化基・化、生基・生から1 外英

後期日程

◆**共通テスト**

[全学科：8科目] 前期日程に同じ

国立 近畿 奈良女子大学

◆個別学力検査等
[全学科：1科目] 面面接

■工学部 偏差値 58

前期日程
◆共通テスト
[工：8科目] 国現古漢 地歴 公 理 次の①・②から1（①地歴公全6科目から2、理全5科目から1、②地歴公全6科目から1、物、化、生、地から2） 数 数ⅠA、数ⅡBC 外 全5科目から1 情 情Ⅰ
◆個別学力検査等
[工：3科目] 数 数ⅠⅡⅢAB〔列〕C 理 物基・物、化基・化、生基・生から1 外 英

後期日程
◆共通テスト
[工：8科目] 前期日程に同じ
◆個別学力検査等
[工：1科目] 数 数ⅠⅡⅢAB〔列〕C

■特別選抜

[総合型選抜] 探究力入試「Q」、探究力入試「Q」（Q^2型、Q^3型）
[学校推薦型選抜] 学校推薦型選抜 共
[その他] 高大接続カリキュラム開発プログラムに基づく特別入試、私費外国人留学生入試

就職支援

奈良女子大学では、「キャリアサポートルーム」を設置し、就職支援・キャリアサポートの体制を整えています。学部1・2年次生対象の「就活準備ガイダンス」、就職活動を目前に控えた学部3年次生を対象とした就職セミナー・ガイダンスなどの「就職対策プログラム」を年間40数回開催し、「教員・公務員対策講座」も随時開催しています。 就職・進学に関する悩みには、キャリアカウンセラー資格を持つキャリアアドバイザーが個別に相談を行い、きめ細かいアドバイスや各種スキルの指導などの支援をします。

国際交流

奈良女子大学では、アメリカや韓国、ドイツといった世界各国の大学と協定を締結し、交換留学や短期海外研修を実施しています。 交換留学では、半年または1年間留学することが可能です。「短期海外研修」は、例年、夏季・春季の長期休業期間中に、10日から4週間程度の海外での短期研修プログラムを実施しています。研修先は、中国・ベトナム・ニュージーランドなどです。留学が決定した学生や留学準備を進める学生に現地における学修や生活に関する情報提供等のアドバイスを行うサポート制度があります。

奈良女子大学ギャラリー

■文学部の風景

人文社会学科、言語文化学科、人間科学科の3学科で構成される文学部は、人間・社会・文化に関わる高度な専門教育を行っています。

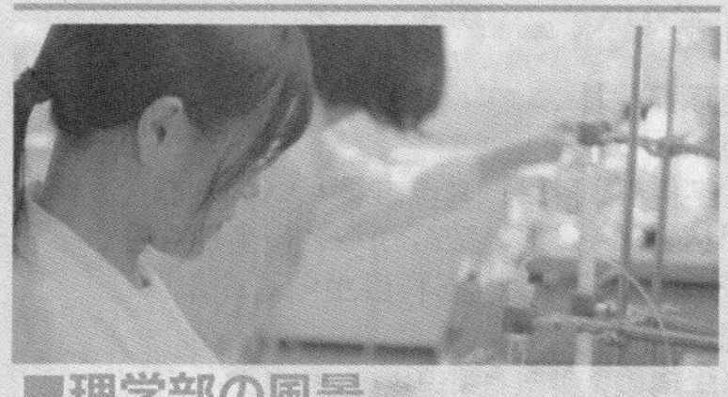
■理学部の風景

数物科学科と化学生物環境学科の2学科からなる理学部は、教員免許状の他に学校図書館司書教諭や学芸員の資格も取得可能です。

■生活環境学部の風景

生活環境学部では「6年一貫教育プログラム」を設け、大学院の授業科目を学部生の間に履修できるなど自由度の高い学修が可能です。

■工学部の風景

2022年度開設の工学部では、個人の主体性を活かした分野融合の学びから、社会が必要とする創造的エンジニアを育成しています。

和歌山大学

わかやま

資料請求

入試課 TEL (073) 457-7116　〒640-8510 和歌山県和歌山市栄谷930

社会に寄与する有為な人材を育成する

大学紹介動画 　最新入試情報 

地域に根差した教育を推進し、人口減少や少子高齢化といった課題に地域社会とともに取り組む。恵まれた文化遺産や自然環境を活かし、豊かな人間性を育む教養教育と分野横断的な専門教育を行う。

システム工学部棟

キャンパス 1つ

栄谷キャンパス
〒640-8510 和歌山県和歌山市栄谷930

基本データ

※2023年5月現在（進路・就職は2022年度卒業者データ。学費は2024年度入学者用〔予定〕）

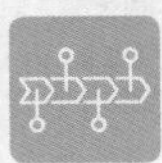
沿革

1949年に学芸、経済の2つの学部を設置し発足。1966年、学芸学部を教育学部に改称。1976年、附属養護学校を設置。1995年、システム工学部を設置。2004年、国立大学法人に移行。2008年、観光学部を設置。2023年、社会インフォマティクス学環を設置し、現在に至る。

教育機関
5 学部 4 研究科

学部　教育／経済／システム工／観光／社会インフォマティクス

大学院　教育学Ⓟ／経済学Ⓜ／システム工学ⓂⒹ／観光学ⓂⒹⓅ

人数

学部学生数 3,939名　　教員1名あたり学生 17名

教員数 227名【学長】本山貢
（教授122名、准教授76名、講師15名、助教14名）

学費

初年度納入額 870,300~897,530円

奨学金　家計急変奨学金、システム工学部奨学金

進路

学部卒業者 903名
（進学192名［21.3%］、就職672名［74.4%］、その他39名［4.3%］）

主な就職先　日本銀行、紀陽銀行、日本政策金融公庫、ENEOSウイング、日本食研ホールディングス、オークワ、NEC、パナソニック、ニッセイコム、サイバーリンクス、島精機製作所、竹中工務店、大林組、積水ハウス、トヨタ自動車、リゾートトラスト、JAL、南海電気鉄道、防衛省、近畿地方整備局、経済産業省、和歌山県（職員）、和歌山市（職員）、日本年金機構

学部学科紹介

※本書掲載内容は、大学公表資料から独自に編集したものです。詳細は大学パンフレットやホームページ等で必ず確認してください（取得可能な免許・資格は任用資格や受験資格などを含む）。

教育学部

栄谷キャンパス　定員 165

特色　3年次後期に、教育実習、留学や資格取得等に専念できる期間を設定。
進路　6割弱が教職に就く。他、3割弱が一般企業に就職している。
学問分野　教員養成
大学院　教育学

学校教育教員養成課程 (165)	2023年度よりカリキュラムを改め、学校教育、支援教育の2コース制となった。すべての学生による小学校教諭1種免許状の取得を土台として、4年間にわたり理論と実践を往還しながら子どもと教育に関する専門的な分野について学ぶことができる。
取得可能な免許・資格	准学校心理士、学芸員、社会福祉主事、教員免許（幼一種、小一種、中-国・数・理・社・保体・音・美・家・技・英、高-国・数・理・地歴・公・保体・音・美・家・英、特-知的・肢体・病弱）、社会教育士、社会教育主事

経済学部

栄谷キャンパス　定員 290

特色　3年次修了後に大学院に進学できる「エキスパート・コース」を設置している。
進路　就職先は金融・保険業をはじめサービス業や製造業など幅広い。
学問分野　法学／経済学／経営学／情報学
大学院　経済学

経済学科 (290)	グローバル・ビジネス＆エコノミー、ビジネスデザイン、企業会計・税法、地域公共政策・公益事業、サステイナブル・エコノミーの5つのプログラムで構成。経済学の諸分野をクロスオーバーさせたカリキュラムにより幅広い分野の学びを展開。
取得可能な免許・資格	学芸員、社会福祉主事

システム工学部

栄谷キャンパス　定員 290

特色　情報教育を基盤とした複合領域専門を大学院まで学修できる6年制を導入。
進路　約半数が大学院へ進学。就職先は情報通信業、製造業、公務など。
学問分野　化学／機械工学／電気・電子工学／材料工学／その他工学／環境学／情報学
大学院　システム工学

システム工学科 (290)	専門分野にかかわらず、情報教育を共通化し、また、応用理工学領域、環境デザイン学領域、情報学領域の3つに分類された領域からなる8つの教育研究課程（メジャー）から、2つのメジャーを選択して、それぞれの専門分野について学修する。
取得可能な免許・資格	学芸員、危険物取扱者（甲種）、毒物劇物取扱責任者、特殊無線技士（海上、陸上）、建築士（一級、二級、木造）、施工管理技士（土木、建築、電気工事、管工事、造園、建設機械、電気通信工事）、自然再生士補、ビオトープ管理士

観光学部

栄谷キャンパス　定員 115

特色　学部から大学院まで一貫した観光学の教育課程を持つ国内でも珍しい学部である。
進路　就職先は観光関連産業をはじめ卸売・小売業や情報通信業など。
学問分野　観光学
大学院　観光学

観光学科 (115)	観光経営、地域再生、観光文化の3つのコースを設置。観光プロデュース論や日本文化演習などの科目が特徴的である。英語を使って観光を学ぶグローバル・プログラムも用意され、英語のスキルアップを目指すとともに海外の国際機関などと連携した学修が可能である。
取得可能な免許・資格	学芸員

社会インフォマティクス学環 栄谷キャンパス　定員 30	特色	学部等の連係による学部相当の文理融合型教育課程。
	進路	2023年度開設。金融・保険業や卸売・小売業などで活躍を期待。
	学問分野	経済学／経営学／観光学／その他工学／情報学

社会インフォマティクス学環 (30)	データサイエンスや情報技術をもとに、経済・産業などの社会問題を把握・分析し、実践することで社会を変革できる人材を育成。経済学、経営学、観光学、工学を学ぶとともに、自治体や企業等と連携した実データを用いた実践的な教育を展開。
取得可能な免許・資格	学芸員

入試要項(2025年度)

※この入試情報は大学発表の2025年度入試（予告）および2024年度募集要項等より編集したものです（2024年1月時点。見方は巻頭の「本書の使い方」参照）。内容には変更が生じる可能性があるため、最新情報はホームページや2025年度募集要項等で必ず確認してください。

「大学入試科目検索システム」のご案内

日程・方式ごとの偏差値や昨年度入試結果（志願者倍率、実質倍率、合格最低点）、基本情報（出願締切日、試験日、二段階選抜、募集人員、総合満点）などは、「大学入試科目検索システム」（https://nyushi.toshin.com/）をご覧ください（利用方法はp.12参照）。

■教育学部 偏差値 55

前期日程

◆共通テスト（文科系）

［学校教育教員養成：8科目］国 現古漢 地歴 公 全6科目から2 数 数ⅠA、数ⅡBC 理 全5科目から1 外 全5科目から1 情 情Ⅰ

◆共通テスト（理科系）

［学校教育教員養成：8科目］国 現古漢 地歴 公 全6科目から1 数 数ⅠA、数ⅡBC 理 物、化、生、地から2 外 全5科目から1 情 情Ⅰ

◆共通テスト（実技系）

［学校教育教員養成：8科目］国 現古漢 地歴 公 理 全11科目から3▶理は同一名称含む組み合わせ不可 数 数ⅠA、数ⅡBC 外 全5科目から1 情 情Ⅰ

◆個別学力検査等（文科系）

［学校教育教員養成：3科目］国 現古 外 英 面 面接

◆個別学力検査等（理科系）

［学校教育教員養成：3科目］数 数ⅠⅡAB〔列〕C〔ベ〕外 英 面 面接

◆個別学力検査等（実技系）

［学校教育教員養成：2科目］実技 音楽実技、美術実技、体育実技から1 面 面接

後期日程

◆共通テスト（文科系・理科系）

［学校教育教員養成：8科目］前期日程に同じ

◆個別学力検査等（文科系・理科系）

［学校教育教員養成：1科目］面 面接

■経済学部 偏差値 56

前期日程

◆共通テスト

［経済：8科目］国 現古漢 地歴 公 地歴全3科目、公共・倫、公共・政経から2 数 全3科目から2 理 全5科目から1 外 全5科目から1 情 情Ⅰ

◆個別学力検査等

［経済：2科目］数 数ⅠⅡAB〔列〕C〔ベ〕外 英

後期日程

◆共通テスト

［経済：3科目］国 地歴 公 数 理 情 次の①・②から1（①現古漢、地歴公数理情全15科目から2教科2、②地歴全3科目、地総・歴総・公共から2）外 全5科目から1

◆個別学力検査等

［経済：1科目］論 小論文

■システム工学部 偏差値 56

前期日程

◆共通テスト

［システム工：8科目］国 現古漢 地歴 公 全6科目から1 数 全3科目から2 理 物、化、生、地から2 外 全5科目から1 情 情Ⅰ

◆個別学力検査等

［システム工：2科目］数 数ⅠⅡⅢAB〔列〕C 外 英

後期日程

◆共通テスト

［システム工：8科目］前期日程に同じ

◆個別学力検査等

［システム工：1科目］総合 総合問題

■観光学部 偏差値 58

前期日程

◆共通テスト

［観光：7科目］国 現古漢 地歴 公 地歴全3科目、公共・倫、公共・政経から1 数 全3科目から2 理 全5科目から1 外 英 情 情Ⅰ

◆個別学力検査等

［観光：2科目］国 数 現古、数ⅠⅡAB〔列〕C〔ベ〕から1 外 英

後期日程

◆共通テスト

［観光：7科目］前期日程に同じ

◆個別学力検査等

[観光] 課さない

■社会インフォマティクス学環 偏差値 56

前期日程

◆**共通テスト**

[8科目] 国現古漢 地歴 公 理全11科目から3▶理は同一名称含む組み合わせ不可 数全3科目から2 外全5科目から1 情情Ⅰ

◆**個別学力検査等**

[2科目] 数数ⅠⅡAB〔列〕C〔ベ〕 外英

■特別選抜

[総合型選抜] 総合型選抜

[学校推薦型選抜] 学校推薦型選抜、学校推薦型選抜（きのくに教員希望枠、地域【紀南】推薦枠、スポーツ、簿記）、学校推薦型選抜共

[その他] 帰国生徒選抜、社会人選抜、私費外国人留学生選抜

就職支援

和歌山大学では、キャリアセンターを設置し、学内企業説明会や就職講座、特別講座などの各種キャリア支援行事の開催や、就職相談、模擬面接などの個人指導を行い、学生が希望の進路を実現できるように充実したキャリア支援体制を整えています。キャリアセンターの他に、各学部にキャリア支援室を設置し、教育学部には教職キャリア支援室を設け、教職に関する情報の収集と提供や公・私立学校教員採用試験への対策・支援、公・私立学校講師希望者への講師採用支援を行っています。

国際交流

和歌山大学では、20カ国57大学との幅広いネットワークを活かし、交換留学や海外短期留学プログラムなどを実施しています。交換留学には、半年から1年間、専攻分野の講義を受ける学部留学と、現地の言語を学ぶ語学留学があります。海外短期留学プログラムは、春休みや夏休みを利用し、2週間から1カ月、語学学修やフィールドワークに参加する体験型の留学プログラムです。また、観光学部独自の留学プログラムがあり、実践を通じて観光を考えることができます。

和歌山大学ギャラリー

■西2号館

経済学部の垂れ幕が目印の西2号館は大小の教室を備えている他、先生方が生徒のために提供した本のコーナーもあります。

■西4号館

主に観光学部生が学ぶ西4号館の建物は、「紀州・木の国」と呼ばれる和歌山県ならではの紀州材を用いて建てられました。

■講義風景

社会的、国際的に開かれた大学として機能するため、多様な価値を理解する教育、新しい価値を創造する研究を進めています。

■起業家精神教育の拠点

2023年開設の「アントレプレナーシップデザインセンター」はアントレプレナーシップ（起業家精神）教育の拠点となる施設です。

鳥取(とっとり)大学

資料請求

学生部入試課(鳥取キャンパス)　TEL(0857)31-5061　〒680-8550 鳥取県鳥取市湖山町南4-101

大学紹介動画

最新入試情報

知と実践の融合

実学を中心に地域と共に歩み世界へ展開してきた伝統を尊び、今後も知識と理論を身につけ、実践を通して広く社会に貢献し、知識を智恵に昇華することを目指す。理論と実践を相互に触発させ合うことで問題解決と知的創造を行う「知と実践の融合」を基本理念とし、教育、研究及び社会貢献に取り組む。

鳥取キャンパス

キャンパス **2**つ

鳥取キャンパス
〒680-8550 鳥取県鳥取市湖山町南4-101

米子キャンパス
〒683-8503 鳥取県米子市西町86

基本データ

※2023年5月現在(進路・就職は2022年度卒業者データ。学費は2024年度入学者用〔予定〕)

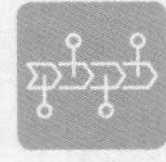

沿革

1949年、米子医科大学、米子医学専門学校、鳥取農林専門学校、鳥取師範学校、鳥取青年師範学校を統合し、学芸、医、農学部を設置し発足。1965年、工学部を設置。1966年、学芸学部を教育学部に改称。1999年、教育地域科学部を改組設置。2004年、地域学部を改組設置。2022年、大学院工学研究科博士後期課程の4専攻を1専攻に統合し、現在に至る。

教育機関 4 学部 5 研究科

学部　地域/医/工/農

大学院　持続性社会創生科学Ⓜ/医学系ⓂⒹ/工学Ⓓ/連合農学Ⓓ/共同獣医学Ⓓ

人数

学部学生数　**5,150**名

教員1名あたり学生 **7**名

教員数　**712**名【学長】中島廣光

(教授**210**名、准教授**179**名、講師**82**名、助教**241**名)

学費

初年度納入額　**856,100~954,050**円

奨学金　とりりん奨学金(鳥取大学修学支援事業基金)、鳥取大学優秀学生育成奨学金、鳥取大学正光奨学金

進路

学部卒業者　**1,107**名

(進学**326**名〔29.4%〕、就職**642**名〔58.0%〕、その他※**139**名〔12.6%〕)

※臨床研修医94名を含む

主な就職先　鳥取県(職員)、鳥取県教育委員会、鳥取市(職員)、兵庫県(職員)、島根県(職員)、国土交通省、鳥取大学医学部附属病院、鳥取県立中央病院、鳥取生協病院、岡山大学病院、神戸市立医療センター中央市民病院、動物病院、但馬銀行、鳥取信用金庫、内外エンジニアリング、三菱電機、スズキ、マツダ、日立造船、セイコーエプソン、三井E&S、マルヤナギ小倉屋、西日本高速道路

学部学科紹介

※本書掲載内容は、大学公表資料から独自に編集したものです。詳細は大学パンフレットやホームページ等で必ず確認してください（取得可能な免許・資格は任用資格や受験資格などを含む）。

地域学部

鳥取キャンパス
定員 170

特色 地域密着型のフィールドワークにより地域を支える実践力と思考力を育む。
進路 就職先は公務や教育・学習支援業、一般企業・団体職員などが多い。
学問分野 心理学／歴史学／文化学／国際学／教員養成
大学院 持続性社会創生科学

地域学科 (170)	3つのコースから構成される。地域創造コースでは地域創造に主体的に取り組む人材を育成する。人間形成コースでは地域の人づくりと教育を支える人材育成に取り組む。国際地域文化コースでは主に国内外の地域社会の発展に寄与できる人材を育成する。
取得可能な免許・資格	登録日本語教員、学芸員、保育士、教員免許（幼一種、小一種、中-国・社・英、高-国・地歴・公・英、特-知的・肢体・病弱）、社会教育士、社会教育主事、司書教諭

医学部

鳥取キャンパス（1年、医は米子C）
米子キャンパス（2～4（6）年）
定員 265

特色 地域特性を活かした独創的な研究風土のもと、活発な研究活動を行っている。
進路 医、保健：全国の医療機関で活躍。生命科：約8割は大学院へ進学。
学問分野 生物学／応用生物学／医学／看護学
大学院 医学系

医学科 (105)	6年制。標準医療から最先端医療まで多角的に学ぶとともに、研究マインドも涵養する。ヒューマンコミュニケーションや手話教育など多彩な科目を用意している。臨床実習は66週にわたって行われ、近隣の医療機関と連携した診療参加型実習を実践している。
生命科学科 (40)	4年制。医学における本質的な問題を把握し、学んだバイオサイエンスを現実に応用できる能力を持った研究者を育成する。生命科学の基礎科目だけでなく、解剖学や再生医療学といった医学系科目を学ぶ。4年次には学内の研究施設などで卒業研究に取り組む。
保健学科 (120)	4年制。2つの専攻を設置。看護学専攻では看護・保健の他に助産学コースも設け、様々な場面において持続的なケアを施すための看護学を学ぶ。検査技術科学専攻では臨床検査技師を養成する。医学科や生命科学科と連携した生命医科学の講義を多数開講している。
取得可能な免許・資格	医師、看護師、助産師、保健師、臨床検査技師

工学部

鳥取キャンパス
定員 450

特色 「未来の工学・わかる工学・役立つ工学」をテーマに幅広い学びを展開している。
進路 卒業者の半数近くが大学院へ進学。製造業や建設業に就く者もいる。
学問分野 数学／生物学／機械工学／電気・電子工学／材料工学／土木・建築学／船舶・航空宇宙工学／エネルギー工学／社会・安全工学／その他工学／応用生物学／情報学
大学院 持続性社会創生科学

機械物理系学科 (115)	ものづくりの最前線で活躍できる人材を育成。機械工学、空や宇宙に特化し基礎と技術を学ぶ航空宇宙工学、メカトロニクスとロボット工学を主に学ぶロボティクス、物理現象の理解とその工学的利用を学ぶ物理工学、工学分野と医学分野の知識を学ぶ医工学の5つのプログラムを設置。
電気情報系学科 (125)	高度情報化社会の発展に携わる人材を育成する。電気電子に関わる電気電子工学、コンピュータと情報ネットワークを中心に学ぶコンピュータサイエンス、規模の大きな動的システムの制御と計測の技術を扱う電子情報制御システム、工学分野と医学分野の知識を学ぶ医工学の4つのプログラムからなる。
化学バイオ系学科 (100)	新たな化学反応を開拓する合成化学、環境や生活を改善する材料を設計する材料化学、環境負荷の軽減などを研究するグリーンケミストリー、次代の医療技術などを生み出すバイオサイエンス、微生物の機能を応用するバイオテクノロジー、工学分野と医学分野の知識を学ぶ医工学の6つのプログラムがある。

社会システム土木系学科 (110)	社会基盤の設計や建設から広範な専門知識と技術を研究する。安心安全で豊かな地域社会を作り維持するためのプランニングをメインに学ぶ社会経営工学と、構造物の設計や建設技術を中心とした社会基盤施設を整備する術を学ぶ土木工学の2つのプログラムがある。
取得可能な免許・資格	危険物取扱者（甲種）、毒物劇物取扱責任者、電気工事士、建築士（一級、二級、木造）、技術士補、測量士補、主任技術者（ボイラー・タービン、電気、ダム管理、ダム水路）、施工管理技士（土木、建築、造園）、教員免許（中-数・理、高-数・理・情・工業）、バイオ技術者

農学部

鳥取キャンパス　定員 255

特色	農学を極める「地の利」がここに。先人が蓄えた「知の利」もここに。
進路	大学院の他、公務、農食品系、技術・研究開発、臨床（獣医）など多様。
学問分野	農学／森林科学／獣医・畜産学／応用生物学／環境学
大学院	持続性社会創生科学／共同獣医学

生命環境農学科 (220)	生命科学と環境科学を取り込んだ農学教育でグローカルに活躍する人材を育成する。乾燥地における環境・農業問題の解決、里地里山の地域資源保全と利活用、菌類・きのこ活用と持続可能な農業生産、生命現象の解明と応用を学ぶ4つのコースを設置。
共同獣医学科 (35)	6年制。岐阜大学との共同獣医学科である。両大学の教員が総合的・実践的で高度な獣医学教育を展開している。どちらかの大学へ移動しての授業の他、遠隔教育システムも導入している。人間社会や環境の健全性の維持に貢献できる動物の専門家を育成する。
取得可能な免許・資格	危険物取扱者（甲種）、食品衛生管理者、食品衛生監視員、自然再生士補、樹木医補、森林情報士、獣医師、教員免許（中-理、高-理・農）

入試要項（2025年度）

※この入試情報は大学発表の2025年度入試（予告）より編集したものです（2024年1月時点。見方は巻頭の「本書の使い方」参照）。内容には変更が生じる可能性があるため、最新情報はホームページや2025年度募集要項等で必ず確認してください。

「大学入試科目検索システム」のご案内
日程・方式ごとの偏差値や昨年度入試結果（志願者倍率、実質倍率、合格最低点）、基本情報（出願締切日、試験日、二段階選抜、募集人員、総合満点）などは、「大学入試科目検索システム」（https://nyushi.toshin.com/）をご覧ください（利用方法はp.12参照）。

■地域学部 偏差値 55

前期日程

◆共通テスト

[地域－地域創造：6科目] 国 現古漢 地歴 公 地歴全3科目、公共・倫、公共・政経から2 数 理 数ⅠA、数ⅡBC、理全5科目から1 外 全5科目から1 情 情Ⅰ

[地域－人間形成：8科目] 国 現古漢 地歴 公 地歴全3科目、公共・倫、公共・政経から2 数 数ⅠA、数ⅡBC 理 全5科目から1 外 全5科目から1 情 情Ⅰ

[地域－国際地域文化：6科目] 国 現古漢 地歴 公 地歴全3科目、公共・倫、公共・政経から2 数 情 数ⅠA、数ⅡBC、情Ⅰから1 理 全5科目から1 外 全5科目から1

◆個別学力検査等

[地域－地域創造：1科目] 論 小論文

[地域－人間形成：1科目] 数 外 数ⅠⅡA〔全〕B〔全〕C〔ベ〕、英から1

[地域－国際地域文化：1科目] 外 英

後期日程

◆共通テスト

[地域－地域創造：3科目] 国 現古漢 地歴 公 数 地歴全3科目、公共・倫、公共・政経、数ⅠA、数ⅡBCから1 外 全5科目から1

[地域－人間形成：7科目] 国 現古漢 地歴 公 地歴全3科目、公共・倫、公共・政経から2 数 数ⅠA、数ⅡBC 理 全5科目から1 外 全5科目から1

[地域－国際地域文化：3科目] 国 現古漢 地歴 公 数 理 情 地歴理情全9科目、公共・倫、公共・政経、数ⅠA、数ⅡBCから1 外 全5科目から1

◆個別学力検査等

[地域－地域創造・国際地域文化：1科目] 論 小論文

[地域－人間形成：1科目] 総合 総合問題

■医学部 医学科 偏差値 65

前期日程

◆共通テスト

[医：8科目] 国 現古漢 地歴 公 全6科目から1 数 数ⅠA、数ⅡBC 理 物、化、生から2 外 英、独、仏から1 情 情Ⅰ

◆個別学力検査等

[医：5科目] 数 数ⅠⅡⅢA〔全〕B〔全〕C 理 物基・物、化基・化、生基・生から2 外 英 面 面接

■医学部 生命科学科 偏差値 57

前期日程

◆共通テスト

[生命科：8科目] 国現古漢 地歴 公全6科目から1 数数ⅠA、数ⅡBC 理物、化、生から2 外英、独、仏から1 情情Ⅰ

◆個別学力検査等

[生命科：4科目] 数数ⅠⅡⅢA〔全〕B〔全〕C 理物基・物、化基・化、生基・生から2 外英

後期日程

◆共通テスト

[生命科：8科目] 前期日程に同じ

◆個別学力検査等

[生命科：1科目] 面面接

■医学部 保健学科 偏差値 56

前期日程

◆共通テスト

[保健－看護学：6科目] 国現古漢 地歴 公全6科目から1 数数ⅠA、数ⅡBCから1 理理科基礎、物、化、生から1 外英、独、仏から1 情情Ⅰ

[保健－検査技術科学：8科目] 国現古漢 地歴 公全6科目から1 数数ⅠA、数ⅡBC 理物、化、生から2 外英、独、仏から1 情情Ⅰ

◆個別学力検査等

[保健－看護学：1科目] 外英

[保健－検査技術科学：1科目] 数 外数ⅠⅡⅢA〔全〕B〔全〕C、英から1

後期日程

◆共通テスト

[保健－看護学：6科目] 前期日程に同じ

[保健－検査技術科学：8科目] 前期日程に同じ

◆個別学力検査等

[保健：2科目] 論小論文 面面接

■工学部 偏差値 52

前期日程

◆共通テスト

[化学バイオ系以外：8科目] 国現古漢 地歴 公全6科目から1 数数ⅠA、数ⅡBC 理物必須、化、生、地から1 外全5科目から1 情情Ⅰ

[化学バイオ系：8科目] 国現古漢 地歴 公全6科目から1 数数ⅠA、数ⅡBC 理化必須、物、生から1 外全5科目から1 情情Ⅰ

◆個別学力検査等

[化学バイオ系以外：2科目] 数数ⅠⅡⅢA〔全〕B〔全〕C 理 外物基・物、英から1

[化学バイオ系：2科目] 数数ⅠⅡⅢA〔全〕B〔全〕C 理 外物基・物、化基・化、生基・生、英から1

後期日程

◆共通テスト

[全学科：8科目] 前期日程に同じ

◆個別学力検査等

[全学科：1科目] 数数ⅠⅡⅢA〔全〕B〔全〕C

■農学部 偏差値 59

前期日程

◆共通テスト

[生命環境農：7科目] 国現古漢 地歴 公全6科目から1 数数ⅠA、数ⅡBC 理全5科目から1 外全5科目から1 情情Ⅰ

[共同獣医：8科目] 国現古漢 地歴 公全6科目から1 数数ⅠA、数ⅡBC 理物、化、生、地から2 外全5科目から1 情情Ⅰ

◆個別学力検査等

[生命環境農：1科目] 数 理 外数ⅠⅡA〔全〕B〔全〕C〔ベ〕、物基・物、化基・化、生基・生、英から1

[共同獣医：3科目] 数数ⅠⅡⅢA〔全〕B〔全〕C 理物基・物、化基・化、生基・生から1 外英

後期日程

◆共通テスト

[生命環境農：7科目] 前期日程に同じ

◆個別学力検査等

[生命環境農：1科目] 面面接

■特別選抜

[総合型選抜] 総合型選抜、総合型選抜Ⅱ 共

[学校推薦型選抜] 学校推薦型選抜Ⅰ、学校推薦型選抜Ⅱ 共

[その他] 帰国生徒選抜、社会人選抜、私費外国人留学生選抜

就職支援

鳥取大学では、キャリアセンターが入学から卒業までキャリア形成をサポートします。各種就職ガイダンス・セミナー、個別相談、学内企業説明会など様々な支援を実施しており、関西方面等への就職を考える学生には、指定の区間の高速バス代の一部を補助する就職活動支援があります。全国の企業から鳥取大学へ送られた求人情報は、「鳥大キャリアナビ」に集約され、求人情報の他、インターンシップ情報も閲覧可能です。

国際交流

鳥取大学では、学術交流協定を32カ国・地域97機関(2023年7月1日現在)と締結しており、交換留学制度のある機関へは、交換留学が可能です。また、語学研修や異文化体験など様々な海外派遣プログラムを「鳥取大学Global Gateway Program」として提供しています。留学前の語学力に不安を感じる学生や、研修費用が高く留学を躊躇する学生へのサポートとして、語学力向上のための国内プログラムや短期派遣や長期派遣への海外留学支援制度があります。

島根大学

（しまね）

資料請求

入試課(松江キャンパス)　TEL (0852) 32-6073　〒690-8504 島根県松江市西川津町1060

地域に根ざし、地域から世界に発信する個性輝く大学

大学紹介動画 　最新入試情報 

山陰地域の「知と文化」「医療」の拠点として蓄積してきた知や伝統を重んじ、総合大学として地域創生に貢献する。グローバルな感性と豊かな教養、高い専門性を身につけた人材を育成し社会の発展に寄与する。

松江キャンパス

キャンパス **2**つ

松江キャンパス
〒690-8504 島根県松江市西川津町1060

出雲キャンパス
〒693-8501 島根県出雲市塩冶町89-1

基本データ

※2023年8月現在（教員数は非常勤を含む。進路・就職は2022年度卒業者データ。学費は2024年度入学者用〔予定〕）

沿革

1949年、文理、教育の2つの学部からなる大学として発足。1965年、農学部を設置。1978年、法文、理の2つの学部を設置。1995年、総合理工、生物資源科学の2つの学部を設置。2003年に医学部を、2017年に人間科学部を設置。2023年、材料エネルギー学部を設置し、現在に至る。

教育機関 7 学部 5 研究科

学部　法文／教育／人間科／医／総合理工／材料エネルギー／生物資源科

大学院　人間社会科学Ⓜ／教育学Ⓟ／医学系ⓂⒹ／自然科学ⓂⒹ／連合農学Ⓓ

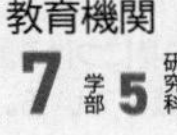
人数

学部学生数　**5,326**名

教員1名あたり学生 **7**名 

教員数　**742**名【学長】服部泰直

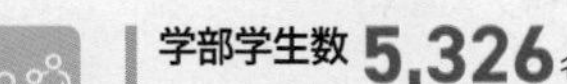
（教授**233**名、准教授**181**名、講師**107**名、助教**216**名、助手・その他**5**名）

学費

初年度納入額　**817,800**円（諸経費別途）

奨学金　キャンパス間連携プログラム奨学金、夢チャレンジ奨学金、次世代たたら奨学金

進路

学部卒業者　**1,175**名

（進学**235**名［20.0%］、就職**731**名［62.2%］、その他※**209**名［17.8%］）
※臨床研修医116名を含む

主な就職先　タカラスタンダード、ダイハツ工業、三菱自動車工業、出雲村田製作所、三菱電機、大和ハウス工業、商工組合中央金庫、三井住友信託銀行、明治安田生命保険、三井住友海上火災保険、ゆうちょ銀行、富士ソフト、山陰中央新報社、JTB、関西電力、JR西日本、生活協同組合しまね、中国総合通信局、植物防疫所、中国財務局、松江地方裁判所、島根県庁、島根県内公立学校

学部学科紹介

※本書掲載内容は、大学公表資料から独自に編集したものです。詳細は大学パンフレットやホームページ等で必ず確認してください（取得可能な免許・資格は任用資格や受験資格などを含む）。

法文学部

松江キャンパス　定員 175

- 特色　希望の進路に応じ公務員、企業、教職、専門職、司法の5つの「ゲート」を設定。
- 進路　就職先は公務や卸売・小売業、金融・保険業など多岐にわたる。
- 学問分野　文学／文化学／法学／経済学／人間科学
- 大学院　人間社会科学

法経学科 (76)	市民生活や地域社会が抱える諸問題を解決するのに必要となる分析、政策立案、問題処理などの能力を養う。2年次まで法学と経済学の基礎を学び、3年次に法学、経済学、および法科大学院（ロースクール）への進学などを目指す司法特別の3つのコースに分かれる。
社会文化学科 (47)	1年次後期から2つのコースに分かれる。現代社会コースは社会学、地理学、文化人類学などの立場から様々なスケールで起こる社会の諸問題を自ら考え、説明する能力を養う。歴史と考古コースでは理論と実地調査を重視し、幅広い視野から歴史学と考古学を学ぶ。
言語文化学科 (52)	東洋と西洋の言語文化を古代から現代まで幅広く学ぶ。2年次からは日本言語文化、中国言語文化、英米言語文化、ドイツ言語文化、フランス言語文化、哲学・芸術・文化交流の6つの研究室から選択し、それぞれの文化について専門的に学んでいく。
取得可能な免許・資格	学芸員、教員免許（中-国・社・英、高-国・地歴・公・英）

教育学部

松江キャンパス　定員 130

- 特色　1,000時間の体験学修プログラムで教育実践力を養う。
- 進路　約6割が教育・学習支援業に就く。他、公務や卸売・小売業など。
- 学問分野　教員養成
- 大学院　教育学

学校教育課程 (130)	小学校教育、特別支援教育と、国語科、英語科、数学科など教科ごとの8つの専攻の合わせて10専攻からなる。家庭科教育と技術科教育の2つの副専攻と幼稚園免許のプログラムも設置。心理学や社会教育士（地域教育コーディネーター）の特別プログラムも提供されている。
取得可能な免許・資格	公認スポーツ指導者、教員免許（幼一種、小一種、中-国・数・理・社・保体・音・美・家・技・英、高-国・数・理・地歴・公・保体・書・音・美・家・工業・英、特-知的・肢体・病弱）、社会教育士、社会教育主事

人間科学部

松江キャンパス　定員 80

- 特色　学部全体で研究や実践を発表する機会を設け、他者と連携する姿勢を身につける。
- 進路　卒業者の多くが医療・福祉業や公務、卸売・小売業などへ就職している。
- 学問分野　心理学／社会福祉学／健康科学／人間科学
- 大学院　人間社会科学

人間科学科 (80)	3つのコースからなる。心理学コースでは専門的な学びを実践に活かす方法を学ぶ。福祉社会コースでは人の強みを引き出す仕組みを地域の中に創出できる専門家を育成する。身体活動・健康科学コースでは健康科学の専門知識や健康長寿社会を支える能力を養う。
取得可能な免許・資格	公認心理師、認定心理士、社会福祉士、精神保健福祉士、社会福祉主事

医学部

出雲キャンパス　定員 162

- 特色　グローバルな教養と科学的な探究心を兼ね備えた、地域医療を担う人材を育成。
- 進路　卒業者のほとんどが医療・福祉業に就いている。
- 学問分野　医学／看護学
- 大学院　医学系

医学科 (102)	6年制。1年次から医学部附属病院で体験実習を行うことで基礎学習への意欲を高め、地域基盤型の教育で地域医療への関心を育てる。5・6年次の臨床実習では希望に応じて附属病院以外の県内医療施設機関での実習が可能。医学英語教育にも力を入れている。

看護学科 (60)	4年制。看護専門職の基礎となる「看護実践能力」を養う。1年次から2年次にかけて一般教養や看護学の基礎を身につけ、看護の各専門領域へと学習を深めていく。1年次から段階的に実地での実習を行い、4年次の総合実習と卒業研究によって自らの看護観を育てる。
取得可能な免許・資格	医師、看護師、保健師、養護教諭（一種）

総合理工学部

松江キャンパス　定員 370

- 特色　早期卒業制度や、早期に研究室に所属し研究開始できる制度などがある。
- 進路　卒業者の約4割が大学院へ進学。就職先は製造業、情報通信業など。
- 学問分野　数学／物理学／化学／地学／応用物理学／応用化学／機械工学／電気・電子工学／土木・建築学／その他工学
- 大学院　自然科学

物理工学科 (60)	2023年度、物理・マテリアル工学科より名称変更。様々な物理現象の解明や新素材の創出、先進デバイスの開発を担える人材を育成する。1・2年次に物理学の基礎を修得しつつ、材料科学や電子デバイス工学の専門科目も学んでいく。基礎物理学、電子デバイス工学の2つのコースを設置している。
物質化学科 (60)	2つのコースを設置。基礎化学コースでは広範な化学知識をベースに多様な分野で活用できる力を養う。機能材料化学コースでは新たな機能材料の開発に取り組む技術者を育成する。
地球科学科 (50)	地質学から資源、環境、災害科学まで幅広く研究する。日本技術者教育認定機構（JABEE）の認定プログラムのもと、高度な科学技術者を育成。地球物質資源科学、地球環境科学、自然災害科学の3つの分野を設置。国内外での地質見学など実験、実習を重視する。
数理科学科 (46)	数学の古典から現代的研究までの学習を通して、論理性と発想力、分析力、表現力など様々な分野で数学を活用できる力を養う。1年次に数学の基礎を学び、2年次以降数理分野の専門科目について学びを深める。数理基幹と数理展開の2つのコースを設置している。
知能情報デザイン学科 (50)	2つのコースを設置。データサイエンスコースでは知能情報の処理や知識発見に役立つデータの分析に関する手法を身につける。情報システムデザインコースではソフト、ハード、ネットワークの各技術を有し、情報システムを構築できる人材を育成する。
機械・電気電子工学科 (64)	制御システム、計測システム、電気・電子システムの3つの分野からなる。2・3年次に専門科目を学ぶとともに実験を通して知識を深める。4年次から教員による個別指導のもとで卒業研究に取り組む。
建築デザイン学科 (40)	建築学を構成しているデザイン、建築計画、構造、住環境といった諸分野を幅広く学び、建築を通して快適で環境に優しい社会づくりを実現できる人材を育成する。建築計画デザイン、建築構造・住環境の2つのコースを設置。3年次前期から各コースに分かれる。
取得可能な免許・資格	学芸員、危険物取扱者（甲種）、毒物劇物取扱責任者、特殊無線技士（海上、陸上）、建築士（一級、二級、木造）、技術士補、測量士補、主任技術者（電気、電気通信）、施工管理技士（土木、建築、電気工事、管工事、造園、建設機械）、教員免許（中-数・理、高-数・理・情・工業）

材料エネルギー学部

松江キャンパス　定員 80

- 特色　2023年度開設。エネルギー問題を素材・材料の視点から理解し解決する。
- 進路　鉄鋼・金属素材や化学素材などへの就職および大学院進学を想定。
- 学問分野　材料工学
- 大学院　自然科学

材料エネルギー学科 (80)	1学科で構成。エネルギー問題を解決する新材料・新素材の研究開発を通して、社会と未来を大きく変えるイノベーティブな人材を養成。広範な材料（金属材料、無機材料、有機材料、生体材料など）と情報を活用したユニークな学びを提供する。

生物資源科学部

松江キャンパス　定員 200

特色　生命現象から資源利用、環境まで幅広く学ぶ。
進路　約3割は大学院へ進学する。就職先は公務や製造業など。
学問分野　生物学／農学／森林科学／応用生物学
大学院　自然科学

生命科学科 (70)	生命現象について学ぶ細胞生物学、水域の生態や生物資源の持続的利用を学ぶ水圏・多様性生物学、生物学と化学の双方から医薬農化学分野への貢献を目指す生命機能化学、食品成分に関わる研究と応用を行う食生命科学の4つのコースで構成される。
農林生産学科 (60)	作物や動物の効率的生産について学ぶ資源作物・畜産学、野菜・果物・花の生産と高付加価値化について学ぶ園芸植物科学、食料・農業・農村を社会科学の観点から学ぶ農業経済学、森林の調査・育成・管理から利用までを学ぶ森林学の4つのコースを設けている。
環境共生科学科 (70)	森林から河川に至る生物現象について学ぶ環境生物学、広範なテーマから人間と環境の調和を目指す生態環境学、地域資源の利用と生態系の保全について理解を深める環境動態学、工学の観点から地域資源の利用方法を探る地域工学の4つのコースを設置している。
取得可能な免許・資格	学芸員、測量士補、食品衛生管理者、食品衛生監視員、自然再生士補、樹木医補、森林情報士、教員免許（中-理、高-理・農）

入試要項（2025年度）

※この入試情報は大学発表の2025年度入試（予告）および2024年度募集要項等より編集したものです（2024年1月時点。見方は巻頭の「本書の使い方」参照）。内容には変更が生じる可能性があるため、最新情報はホームページや2025年度募集要項等で必ず確認してください。

「大学入試科目検索システム」のご案内
日程・方式ごとの偏差値や昨年度入試結果（志願者倍率、実質倍率、合格最低点）、基本情報（出願締切日、試験日、二段階選抜、募集人員、総合満点）などは、「大学入試科目検索システム」(https://nyushi.toshin.com/) をご覧ください（利用方法はp.12参照）。

■法文学部 偏差値 57

前期日程
◆共通テスト
[全学科：8科目] 国現古漢 地歴 公全6科目から2 数全3科目から2 理全5科目から1 外全5科目から1 情情Ⅰ
◆個別学力検査等
[全学科：2科目] 国現古漢 外英
後期日程
◆共通テスト
[法経、社会文化：4～5科目] 国 地歴 公 数次の①～③から2（①現古漢、②地歴公全6科目から1、③数全3科目から2） 外全5科目から1 情情Ⅰ
[言語文化：4～5科目] 国現古漢 地歴 公 数次の①・②から1（①地歴公全6科目から1、②数全3科目から2） 外全5科目から1 情情Ⅰ
◆個別学力検査等
[全学科：1科目] 総合総合問題

■教育学部 偏差値 54

前期日程
◆共通テスト
[学校教育：8科目] 国現古漢 地歴 公 理全11科目から3▶理は同一名称含む組み合わせ不可 数数ⅠA、数ⅡBC 外全5科目から1 情情Ⅰ
◆個別学力検査等
[学校教育－Ⅰ類：2科目] 論小論文 書類審調査書
[学校教育－Ⅱ類「保健体育科教育」：2科目] 実技体育実技 書類審調査書
[学校教育－Ⅱ類「音楽科教育」：2科目] 実技音楽実技 書類審調査書
[学校教育－Ⅱ類「美術科教育」：2科目] 実技美術実技 書類審調査書
後期日程
◆共通テスト
[学校教育－Ⅰ類：7～8科目] 前期日程に同じ
◆個別学力検査等
[学校教育－Ⅰ類：2科目] 面面接 書類審調査書

■人間科学部 偏差値 57

前期日程
◆共通テスト
[人間科：7～8科目] 国現古漢 地歴 公 数 理次の①・②から1（①地歴公全6科目から2、数ⅠA、数ⅡBCから1、理全5科目から1、②地歴公全6科目から1、数ⅠA、数ⅡBC、理全5科目から2）▶理は同一名称含む組み合わせ不可 外全5科目から1 情情Ⅰ
◆個別学力検査等
[人間科：2科目] 国 数 外現古漢、数ⅠⅡA〔全〕B〔列〕C〔ベ〕、英から2
後期日程
◆共通テスト

[人間科：3科目] 国 地歴 公 数 理 外 現古漢、地歴公理外全16科目、数ⅠA、数ⅡBCから3教科3▶国外から1必須。地歴と公は1教科扱い
◆個別学力検査等
[人間科：1科目] 面 面接

■医学部 医学科 偏差値 65

前期日程
◆共通テスト
[医：8科目] 国 現古漢 地歴 公 地歴全3科目、公共・倫、公共・政経から1 数 数ⅠA、数ⅡBC 理 物、化、生から2 外 英 情 情Ⅰ
◆個別学力検査等
[医：3科目] 数 数ⅠⅡⅢA〔全〕B〔列〕C 外 英 面 面接

■医学部 看護学科 偏差値 56

前期日程
◆共通テスト
[看護：6科目] 国 現古漢 地歴 公 全6科目から1 数 数ⅠA、数ⅡBCから1 理 理科基礎、物、化、生から1▶地基選択不可 外 英 情 情Ⅰ
◆個別学力検査等
[看護：2科目] 論 小論文 面 面接
後期日程
◆共通テスト
[看護：6科目] 前期日程に同じ
◆個別学力検査等
[看護：1科目] 面 面接

■総合理工学部 偏差値 54

前期日程
◆共通テスト
[物理工：8科目] 国 現古漢 地歴 公 全6科目から1 数 数ⅠA、数ⅡBC 理 物必須、化、生、地から1 外 全5科目から1 情 情Ⅰ
[物質化：8科目] 国 現古漢 地歴 公 全6科目から1 数 数ⅠA、数ⅡBC 理 化必須、物、生、地から1 外 全5科目から1 情 情Ⅰ
[地球科：7科目] 国 現古漢 地歴 公 全6科目から1 数 全3科目から2 理 全5科目から1 外 全5科目から1 情 情Ⅰ
[数理科、知能情報デザイン：8科目] 国 現古漢 地歴 公 全6科目から1 数 数ⅠA、数ⅡBC 理 物、化、生、地から2 外 全5科目から1 情 情Ⅰ
[機械・電気電子工：8科目] 国 現古漢 地歴 公 全6科目から1 数 数ⅠA、数ⅡBC 理 物、化 外 全5科目から1 情 情Ⅰ
[建築デザイン：8科目] 国 現古漢 地歴 公 全6科目から1 数 全3科目から2 理 物、化、生、地から2 外 全5科目から1 情 情Ⅰ
◆個別学力検査等
[物理工、機械・電気電子工：2科目] 数 数ⅠⅡⅢA〔全〕B〔列〕C 理 物基・物
[物質化：2科目] 数 数ⅠⅡⅢA〔全〕B〔列〕C 理 化基・化
[地球科、知能情報デザイン：1科目] 数 理 数ⅠⅡⅢA〔全〕B〔列〕C、物基・物、化基・化、生基・生、地基・地から1
[数理科：1科目] 数 数ⅠⅡⅢA〔全〕B〔列〕C
[建築デザイン：1科目] 数 理 外 数ⅠⅡⅢA〔全〕B〔列〕C、物基・物、化基・化、英から1
後期日程
◆共通テスト
[物理工、物質化、機械・電気電子工：8科目] 前期日程に同じ
[地球科：7科目] 前期日程に同じ
[数理科、知能情報デザイン：7科目] 国 現古漢 地歴 公 全6科目から1 数 数ⅠA、数ⅡBC 理 物、化、生、地から1 外 全5科目から1 情 情Ⅰ
[建築デザイン：7科目] 国 現古漢 地歴 公 全6科目から1 数 数ⅠA、数ⅡBC 理 全5科目から1 外 全5科目から1 情 情Ⅰ
◆個別学力検査等
[数理科以外：1科目] 面 面接
[数理科：2科目] 数 数ⅠⅡⅢA〔全〕B〔列〕C 論 小論文

■材料エネルギー学部 偏差値 54

前期日程
◆共通テスト
[材料エネルギー：8科目] 国 現古漢 地歴 公 全6科目から1 数 数ⅠA、数ⅡBC 理 物、化、生から2 外 全5科目から1 情 情Ⅰ
◆個別学力検査等
[材料エネルギー：2科目] 数 数ⅠⅡⅢA〔全〕B〔列〕C 理 物基・物、化基・化から1
後期日程
◆共通テスト
[材料エネルギー：4科目] 数 数ⅠA、数ⅡBC 理 物、化から1 情 情Ⅰ
◆個別学力検査等
[材料エネルギー：1科目] 面 面接

■生物資源科学部 偏差値 54

前期日程
◆共通テスト
[生命科：8科目] 国 現古漢 地歴 公 全6科目から1 数 全3科目から2 理 物、化、生、地から2 外 全5科目から1 情 情Ⅰ
[農林生産：7科目] 国 現古漢 地歴 公 全6科目から1 数 全3科目から2 理 全5科目から1 外 全5科目から1 情 情Ⅰ
[環境共生科：8科目] 国 現古漢 地歴 公 全6科目から1 数 全3科目から2 理 全5科目から2▶同一名称含む組み合わせ不可 外 全5科目から1 情 情Ⅰ
◆個別学力検査等
[生命科：1科目] 理 外 物基・物、化基・化、生基・生、地基・地、英から1
[農林生産、環境共生科：1科目] 数 理 外 数ⅠⅡA〔全〕B〔列〕C〔ベ〕、物基・物、化基・化、生基・基、

地基・地、英から1

後期日程

◆共通テスト

[生命科：7科目] 国現古漢 数全3科目から2 理物、化、生、地から2 外全5科目から1 情情Ⅰ

[農林生産：7科目] 前期日程に同じ

[環境共生科：8科目] 前期日程に同じ

◆個別学力検査等

[全学科：1科目] 面面接

■特別選抜

[総合型選抜] 総合型選抜Ⅰ「へるん入試」（へるん一般型、へるん特定型〔地域教員育成型 島根県・鳥取県枠、地域志向入試 島根県・鳥取県枠、地域志向入試 全国枠、専門高校入試、グローバル英語入試、芸術・スポーツ・技能入試〕）、

[学校推薦型選抜] 学校推薦型選抜Ⅱ 共、学校推薦型選抜Ⅱ（女子枠）共、地域枠学校推薦型選抜 共、緊急医師確保対策枠学校推薦型選抜 共

[その他] 専門高校・総合学科卒業生選抜、社会人選抜、帰国生選抜、私費外国人留学生選抜、バイリンガル教育コース選抜

就職支援

島根大学では、「大学教育センター（キャリア担当）」にて、様々な「キャリアデザインプログラム」を実施しています。全学で実施されるキャリア教育のための特別教育プログラムでは、所属学部で身に付ける「高度で実践的な専門性」を社会で活かしていくための能力や教養を学びます。また、個別就職相談や働く人のリアルな声を直接聞くことができる業界研究会、全国から200社程度の企業が集まる山陰地域最大の合同会社説明会が開催されます。

国際交流

島根大学では、海外大学100校と交流協定を結んでおり、協定校との派遣留学制度を実施しています。夏休み・春休みの間、英語・中国語の修得を目的とした語学研修と、主に半年から1年間、協定校の授業科目の単位取得や研究指導を受けることを目的とした短期留学があります。また、海外留学研修のための講義があり、留学についての情報収集や留学準備のための内容などを学ぶことができます。さらに、留学のための大学独自の奨学金制度もあります。

岡山大学（おかやま）

資料請求

学務部入試課（津島キャンパス） TEL（086）251-7192～7194 〒700-8530 岡山県岡山市北区津島中2-1-1

持続的進化につながる新たな枠組みづくりを目指す

大学紹介動画

最新入試情報

「高度な知の創成と的確な知の継承」の理念のもと、学生が主体的に「知の創成」に携わる能力を養う。学生同士や教職員との密接な対話や議論を通して、高い総合的能力と人格を兼ね備えた人材を育成する。

中央図書館

キャンパス 2つ

津島キャンパス
〒700-8530 岡山市北区津島中1-1-1

鹿田キャンパス
〒700-8558 岡山市北区鹿田町2-5-1

基本データ

※2023年5月現在（進路・就職は2022年度卒業者データ。学費は2024年度入学者用）

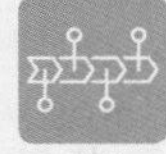

沿革

1949年に岡山医科大学、岡山師範学校、岡山農業専門学校などを母体として発足。1960年に工学部、1976年に薬学部、1979年に歯学部を設置。1980年、法文学部を文、法、経済の3つの学部に改組。1994年、環境理工学部を設置。2021年、工学部と環境理工学部を統合。2023年、大学院自然科学研究科および環境生命科学研究科を再編・統合し、環境生命自然科学研究科を設置、現在に至る。

教育機関 10学部 8研究科

学部 文／教育／法／経済／理／医／歯／薬／工／農

大学院 教育学ⓂⓅ／社会文化科学ⓂⒹ／保健学ⓂⒹ／環境生命自然科学ⓂⒹ／医歯薬学総合ⓂⒹ／法務Ⓟ／ヘルスシステム統合科学ⓂⒹ／連合学校教育学Ⓓ

人数

学部学生数 10,121名

教員1名あたり学生 6名

教員数 1,447名【学長】那須保友

（教授437名、准教授389名、講師118名、助教496名、助手・その他7名）

学費

初年度納入額 817,800円（諸経費別途）

奨学金 日本学生支援機構奨学金

進路

学部卒業者 2,259名

（進学746名［33.0%］、就職1,184名［52.4%］、その他※329名［14.6%］）
※臨床研修医157名を含む

主な就職先（※院卒者を含む） 味の素、NTTデータ、NTTドコモ、鹿島建設、武田薬品工業、中国電力、電通、東京海上日動火災保険、トヨタ自動車、JR西日本、日本政策投資銀行、日本製鉄、NHK、野村総合研究所、パナソニック、日立製作所、三菱ケミカル、国家公務、地方公務、学校（教員）

学部学科紹介

※本書掲載内容は、大学公表資料から独自に編集したものです。詳細は大学パンフレットやホームページ等で必ず確認してください（取得可能な免許・資格は任用資格や受験資格などを含む）。

文学部
津島キャンパス 定員 175

特色 アカデミック・アドバイザー制度などの学生サポートが充実している。
進路 2割強が公務員となる。他、サービス業や教育・学習支援業など。
学問分野 文学／言語学／哲学／心理学／歴史学／地理学／文化学／社会学／芸術理論
大学院 社会文化科学

人文学科 (175)	「人間とは何か」という問いに、人文学の様々な分野から総合的にアプローチする。2年次より哲学・芸術学、地理学・社会学・文化人類学・社会文化学、心理学、歴史学・考古学、言語文化学の5つの分野から専門を選択する。
取得可能な免許・資格	公認心理師、認定心理士、地域調査士、学芸員、社会調査士、教員免許（中-国・社・英、高-国・地歴・公・英）

教育学部
津島キャンパス 定員 280

特色 体系的なカリキュラムで、教員に必要な力を養う。
進路 約半数が教育・学習支援業に就く。公務員となる者や進学する者もいる。
学問分野 社会福祉学／子ども学／教員養成／教育学
大学院 教育学

学校教育教員養成課程 (250)	小学校教育、中学校教育、特別支援教育、幼児教育の4つの専攻を設置。小学校教育専攻は教育学など17のプログラムに、中学校教育コースは教科別などの11のコースに分かれ、独自のカリキュラムを展開する。岡山県北地域教育プログラムも実施。
養護教諭養成課程 (30)	養護教諭に求められる4つの力、保健管理力、健康教育力、コーディネート力、マネジメント力を育成。1年次から観察・参加実習を行い、3年次の養護実習、4年次の「教職実践インターンシップ」を通して、理論と実践の両方から学ぶ。
取得可能な免許・資格	保育士、教員免許（幼一種、小一種、中-国・数・理・社・保体・保健・音・美・家・技・英、高-国・数・理・地歴・公・保体・保健・音・美・工芸・家・工業・英、特-知的・肢体・病弱）、養護教諭（一種）、司書教諭

法学部
津島キャンパス 定員 225

特色 法・政治学の他、情報を科学的に分析する能力やコミュニケーション能力も養う。
進路 約半数が公務員となる。他、製造業や金融・保険業などに就く者もいる。
学問分野 法学
大学院 社会文化科学／法務

法学科 昼 (205)	1年次では教養教育科目と法政基礎科目を学び、2年次からは本格的に専門科目を学ぶ。3年次以降の専門科目は、公共法政、企業法務、法律専門職の3つの履修コースに分かれる。4年間を通して行われる少人数の演習を通じて法学・政治学をより深く理解する。
法学科 夜 (20)	放送大学との単位互換制度が設けられている。昼間コースとは異なるカリキュラム体系で生活に合わせた履修計画を可能にしているが、昼間コースの専門科目を履修することもできる。演習の他、講義形式の授業も少人数で行われる。
取得可能な免許・資格	教員免許（高-公）

経済学部
津島キャンパス 定員 245

特色 専門科目に加え実用英語やコミュニケーション力など実践的な能力も身につける。
進路 約3割が公務員となる。他、金融・保険業や情報通信業に就く者も多い。
学問分野 政治学／経済学／経営学／国際学
大学院 社会文化科学

経済学科 昼 (205)	経済分析、政策、国際比較、組織経営、会計学の5つのモジュールが設定されている。モジュールは多数の専門科目からなる小科目群（ユニット）で構成され、関心のある分野を段階的かつ横断的に学修できる。

経済学科 夜 (40)	総合学修と実践力強化の2つのコースを設置。昼間コースや法学部、放送大学の科目も一定範囲内で履修できる。4年間で卒業できるカリキュラムだが、勤務等の都合がある学生には、5年間で卒業する長期履修制度もある。
取得可能な免許・資格	教員免許（高-商業）

理学部

津島キャンパス 定員 140

- 特色 論理的な思考力や分析能力、課題を解決する能力を身につける。
- 進路 約6割が大学院へ進学。就職先は公務や教育・学習支援業、製造業など。
- 学問分野 数学／物理学／化学／生物学／地学
- 大学院 環境生命自然科学

数学科 (20)	数や空間などの現代数学の諸概念と、それらの調和があやなす美しい理論の体系を学ぶ。基礎から無理なく学べる独自のカリキュラムを設け、コンピュータを用いた情報関連科目の教育にも力を入れている。
物理学科 (35)	1・2年次は力学、電磁気学、熱力学、量子力学といった基本的な物理学の基礎を学ぶ。3年次にはより専門的な相対論、素粒子原子核物理、超伝導、磁性の授業を受け、4年次には各研究室に所属し、卒業研究を行う。
化学科 (30)	分子化学（物理化学）、反応化学（有機化学）、物質化学（無機・分析化学）の3つの研究分野からなる。2年次にはこの3分野を中心に、基礎から専門的な内容へと、段階的に学んでいく。4年次には、希望する分野の研究室で卒業研究に取り組む。
生物学科 (30)	1・2年次は教養教育科目に加え、生物学の基礎を学ぶ。3年次には各研究室のゼミに参加できる「生物学ゼミナール」を受講し、研究室を決める。4年次は卒業研究に取り組むことで、生命科学の様々な分野の研究を成し遂げる能力を鍛える。
地球科学科 (25)	高校で地学を未履修でも、基礎から学べるカリキュラムを展開。1～3年次まで、必修科目で地球科学の基礎とその英語表現を学ぶ。2年次から演習や実験に取り組み、3年次にはより高度な演習や実験を行い、4年次は研究室で卒業研究に取り組む。
取得可能な免許・資格	学芸員、危険物取扱者（甲種）、教員免許（中-数・理、高-数・理）

医学部

鹿田キャンパス 定員 269

- 特色 伝統ある実践教育によって、実践的医療人を育成する。
- 進路 医：多くが臨床研修医になる。保健：ほとんどが医療・福祉業に進む。
- 学問分野 医学／看護学／健康科学
- 大学院 医歯薬学総合／保健学

医学科 (109)	6年制。科学的思考と高度な医学知識・技術を体得し、社会的信頼を得る医師や医学研究者を育成。3年次末から臨床講義が始まり、シミュレーション教育などを経て、4年次末から診療チームの一員として72週間の臨床実習に取り組む。
保健学科 (160)	4年制。看護学、放射線技術科学、検査技術科学の3つの専攻を設置。チーム医療・地域保健活動のリーダーとなる高い臨床能力、豊かな人間性、独創的想像力を持つ看護師、保健師、助産師（博士前期課程）、診療放射線技師、臨床検査技師を養成。
取得可能な免許・資格	医師、看護師、保健師、診療放射線技師、臨床検査技師

歯学部

鹿田キャンパス 定員 48

- 特色　教養教育と専門教育が同時にスタートする6年一貫の教育カリキュラムである。
- 進路　歯科医師国家試験に合格して研修医となる者が多い。
- 学問分野　歯学
- 大学院　医歯薬学総合

歯学科 (48)	6年制。専門教育で自主的な学習能力や自己表現力を養う授業や早期見学実習など独自のカリキュラムを展開。2年次から基礎系科目を、3年次から臨床系科目を履修し、専門的な知識や技術を修得。5年次以降に臨床実習を行う。学部独自の海外留学制度もある。
取得可能な免許・資格	歯科医師

薬学部

津島キャンパス 定員 80

- 特色　薬学について、基礎分野から専門分野まで幅広い学問を多面的に学ぶ。
- 進路　創薬科：約9割は大学院へ進学。薬：病院や保険薬局に就く者が多い。
- 学問分野　薬学
- 大学院　医歯薬学総合

薬学科 (40)	6年制。薬剤師としての専門的な知識と技能および態度を修得するため、4年次に臨床準備教育を実施。5年次に薬局と病院でそれぞれ11週の体験型実習を行う。実習がない時期には、研究室で卒業研究実習を行う。
創薬科学科 (40)	4年制。生命の仕組みと病気の原因を解明し、「くすり」を創る研究者を育成する。化学・生物・物理に加えて「くすり」に関する様々な選択科目と実験、実習に多くの時間が充てられ、特色あるカリキュラムが組まれている。
取得可能な免許・資格	危険物取扱者（甲種）、毒物劇物取扱責任者、食品衛生管理者、食品衛生監視員、薬剤師

工学部

津島キャンパス 定員 640

- 特色　1学科制の下に系とコースを配置し、分野横断的な履修が可能。
- 進路　約6割が大学院へ進学。就職先は製造業や情報通信業、公務など。
- 学問分野　数学／化学／応用物理学／応用化学／機械工学／電気・電子工学／材料工学／土木・建築学／エネルギー工学／環境学／情報学
- 大学院　環境生命自然科学

工学科 機械システム系 (160)	機械工学とロボティクス・知能システムの2つのコースを設置。多くの産業技術分野で活躍できる技術者を養成。機械システム工学の基礎や応用能力だけでなく、課題探究能力、デザイン能力やコミュニケーション能力を高める教育プログラムを実施。
工学科 環境・社会基盤系 (90)	都市環境創成と環境マネジメントの2つのコースを設置。自然環境に配慮し、人々が快適に、豊かに生活していくための社会基盤を整備する。工学的イノベーションによって、安心して健やかに暮らせる社会の実現を目指す。
工学科 情報・電気・数理データサイエンス系 (190)	情報工学、ネットワーク工学、エネルギー・エレクトロニクス、数理データサイエンスの4つのコースを設置。情報知能工学、通信ネットワーク工学、電気電子工学、数理データ科学を、基礎から応用まで体系的かつ実践的に学ぶ。
工学科 化学・生命系 (160)	応用化学と生命工学の2つのコースを設置。原子や分子の構造や仕組み、取り扱い方を詳しく研究するために、その基盤をなす有機化学、無機化学、生化学、物理化学を基礎から応用まで体系的かつ実践的に学ぶ。
工学科 情報工学先進コース 新 (40)	大学院進学を前提とした6年一貫教育プログラム。1年次から情報工学分野の先端研究に触れる。2～3年次の「実践プログラミング」とその発展形である大学院科目「高度実践プログラミング」では、実践力やチームワーク力を育む。
取得可能な免許・資格	危険物取扱者（甲種）、毒物劇物取扱責任者、建築士（一級）、技術士補、測量士補、主任技術者（電気）、施工管理技士（土木）、教員免許（中-数、高-数・情・工業）

農学部

津島キャンパス　定員 120

特色	1年次は農学の概要を、2年次以降は専門科目を履修し、総合性と専門性を培う。
進路	約5割が大学院へ進学。就職先は公務や製造業など多岐にわたる。
学問分野	農学／森林科学／獣医・畜産学／応用生物学
大学院	環境生命自然科学

総合農業科学科 (120)	1年次は農業科学の概要を把握するために入門科目を履修。2年次に、農芸化学、応用植物科学、応用動物科学、環境生態学の4つのコースに分属し、共通的な専門科目の履修を通じて自分の適性を見出し、その後順次研究ユニットに所属する。
取得可能な免許・資格	危険物取扱者（甲種）、食品衛生管理者、食品衛生監視員、家畜人工授精師、教員免許（高-理・農）

入試要項（2025年度）

※この入試情報は大学発表の2025年度入試（予告）および2024年度募集要項等より編集したものです（2024年1月時点。見方は巻頭の「本書の使い方」参照）。内容には変更が生じる可能性があるため、最新情報はホームページや2025年度募集要項等で必ず確認してください。

「大学入試科目検索システム」のご案内

日程・方式ごとの偏差値や昨年度入試結果（志願者倍率、実質倍率、合格最低点）、基本情報（出願締切日、試験日、二段階選抜、募集人員、総合満点）などは、「大学入試科目検索システム」（https://nyushi.toshin.com/）をご覧ください（利用方法はp.12参照）。

■文学部 偏差値 61

前期日程

◆共通テスト

[人文：8科目] 国現古漢 地歴 公 地歴全3科目、公共・倫、公共・政経から2 数 全3科目から2 理 全5科目から1 外 外全5科目、英語外部試験から高得点1 情 情Ⅰ

◆個別学力検査等

[人文：2科目] 国 現古漢 外 英、英語外部試験から1

■教育学部 偏差値 59

前期日程

◆共通テスト

[全課程：8科目] 国 現古漢 地歴 公 理 地歴理全8科目、公共・倫、公共・政経から3▶理は同一名称含む組み合わせ不可 数 数ⅠA、数ⅡBC 外 外全5科目、英語外部試験から高得点1 情 情Ⅰ

◆個別学力検査等

[学校教育教員養成－小学校教育・特別支援教育・幼児教育：1～2科目] 国 数 理 外 実技 次の①・②から1（①現古漢、数ⅠⅡA〔全〕B〔列〕C〔べ〕、数ⅠⅡⅢA〔全〕B〔列〕C、物、化、生、英から2教科2▶国と理の組み合わせ不可。英選択の場合は英、英語外部試験から1、②音楽実技、美術実技、体育実技から1）

[養護教諭養成：2科目] 論 小論文 その他 ペーパーインタビュー

◆個別学力検査等（文系）

[学校教育教員養成－中学校教育：2科目] 国 現古漢 外 英、英語外部試験から1

◆個別学力検査等（理系）

[学校教育教員養成－中学校教育：2科目] 数 数ⅠⅡA〔全〕B〔列〕C〔べ〕、数ⅠⅡⅢA〔全〕B〔列〕Cから1 理 物基・物、化基・化、生基・生から1

◆個別学力検査等（実技系）

[学校教育教員養成－中学校教育：1科目] 実技 音楽実技、美術実技、体育実技から1

■法学部 偏差値 59

前期日程

◆共通テスト

[法【昼】：8科目] 国 現古漢 地歴 公 地歴全3科目、公共・倫、公共・政経から2 数 数ⅠA、数ⅡBC 理 全5科目から1 外 外全5科目、英語外部試験から高得点1 情 情Ⅰ

[法【夜】：5科目] 国 現古漢 地歴 公 数 次の①・②から1（①地歴全3科目、公共・倫、公共・政経から2、②数全3科目から2） 外 外全5科目、英語外部試験から高得点1 情 情Ⅰ

◆個別学力検査等

[法：2科目] 国 現古漢 外 英、英語外部試験から1

■経済学部 偏差値 58

前期日程

◆共通テスト

[経済【昼】：8科目] 国 現古漢 地歴 公 理 地歴理全8科目、公共・倫、公共・政経から3▶理は同一名称含む組み合わせ不可 数 数ⅠA、数ⅡBC 外 外全5科目、英語外部試験から高得点1 情 情Ⅰ

[経済【夜】：5科目] 国 現古漢 地歴 公 地歴全3科目、公共・倫、公共・政経から1 数 全3科目から1 外 外全5科目、英語外部試験から高得点1 情 情Ⅰ

◆個別学力検査等

[経済【昼】：2科目] 国 数 外 現古漢、数ⅠⅡA〔全〕B〔列〕C〔べ〕、英から2▶英選択の場合は英、英語外部試験から1

[経済【夜】：1科目] 国 数 外 現古漢、数ⅠⅡA〔全〕B〔列〕C〔べ〕、英から1▶英選択の場合は英、英語外部試験から1

■理学部 偏差値 59

前期日程

◆共通テスト

[全学科：8科目] 国現古漢 地歴 公全6科目から1 数数ⅠA、数ⅡBC 理物、化、生、地から2 外外全5科目、英語外部試験から高得点1 情情Ⅰ

◆個別学力検査等

[数、生物、地球科：4科目] 数数ⅠⅡⅢA〔全〕B〔列〕C 理物基・物、化基・化、生基・生から2 外英、英語外部試験から1

[物理：4科目] 数数ⅠⅡⅢA〔全〕B〔列〕C 理物基・物必須、化基・化、生基・生から1 外英、英語外部試験から1

[化：4科目] 数数ⅠⅡⅢA〔全〕B〔列〕C 理化基・化必須、物基・物、生基・生から1 外英、英語外部試験から1

■医学部 医学科 偏差値 66

前期日程

◆共通テスト

[医：8科目] 国現古漢 地歴 公地歴全3科目、公共・倫、公共・政経から1 数数ⅠA、数ⅡBC 理物、化、生から2 外外全5科目、英語外部試験から高得点1 情情Ⅰ

◆個別学力検査等

[医：5科目] 数数ⅠⅡⅢA〔全〕B〔列〕C 理物基・物、化基・化、生基・生から2 外英、英語外部試験から1 面面接

■医学部 保健学科 偏差値 60

前期日程

◆共通テスト（理系）

[保健－看護学：8科目] 国現古漢 地歴 公地歴全3科目、公共・倫、公共・政経から1 数数ⅠA、数ⅡBC 理物、化、生から2 外英、英語外部試験から高得点1 情情Ⅰ

◆共通テスト（文型）

[保健－看護学：7科目] 国現古漢 地歴 公地歴全3科目、公共・倫、公共・政経から1 数数ⅠA、数ⅡBC 理理科基礎 外英、英語外部試験から高得点1 情情Ⅰ

◆共通テスト

[保健－放射線技術科学：8科目] 国現古漢 地歴 公地歴全3科目、公共・倫、公共・政経から1 数数ⅠA、数ⅡBC 理物必須、化、生から1 外外全5科目、英語外部試験から高得点1 情情Ⅰ

[保健－検査技術科学：8科目] 国現古漢 地歴 公地歴全3科目、公共・倫、公共・政経から1 数数ⅠA、数ⅡBC 理物、化、生から2 外外全5科目、英語外部試験から高得点1 情情Ⅰ

◆個別学力検査等

[保健－看護学：2科目] 外英、英語外部試験から1 面面接

[保健－放射線技術科学：5科目] 数数ⅠⅡⅢA〔全〕B〔列〕C 理物基・物必須、化基・化、生基・生から1 外英、英語外部試験から1 面面接

[保健－検査技術科学：5科目] 数数ⅠⅡⅢA〔全〕B〔列〕C 理物基・物、化基・化、生基・生から2 外英、英語外部試験から1 面面接

■歯学部 偏差値 62

前期日程

◆共通テスト

[歯：8科目] 国現古漢 地歴 公 理地歴全3科目、公共・倫、公共・政経、物、化、生から3 数数ⅠA、数ⅡBC 外外全5科目、英語外部試験から高得点1 情情Ⅰ

◆個別学力検査等

[歯：5科目] 数数ⅠⅡⅢA〔全〕B〔列〕C 理物基・物、化基・化、生基・生から2 外英、英語外部試験から1 面面接

■薬学部 偏差値 63

前期日程

◆共通テスト

[全学科：8科目] 国現古漢 地歴 公全6科目から1 数数ⅠA、数ⅡBC 理化必須、物、生から1 外外全5科目、英語外部試験から高得点1 情情Ⅰ

◆個別学力検査等

[薬：5科目] 数数ⅠⅡⅢA〔全〕B〔列〕C 理化基・化必須、物基・物、生基・生から1 外英、英語外部試験から1 面面接

[創薬科：4科目] 数数ⅠⅡⅢA〔全〕B〔列〕C 理化基・化必須、物基・物、生基・生から1 外英、英語外部試験から1

■工学部 偏差値 59

前期日程

◆共通テスト

[工－機械システム・環境社会基盤「都市環境創成」：8科目] 国現古漢 地歴 公全6科目から1 数数ⅠA、数ⅡBC 理物必須、化、生から1 外外全5科目、英語外部試験から高得点1 情情Ⅰ

[工－環境社会基盤「環境マネジメント」・情報電気数理データサイエンス・化学生命・情報工学先進：8科目] 国現古漢 地歴 公全6科目から1 数数ⅠA、数ⅡBC 理物、化、生から2 外外全5科目、英語外部試験から高得点1 情情Ⅰ

◆個別学力検査等

[工－機械システム・環境社会基盤「都市環境創成」：4科目] 数数ⅠⅡⅢA〔全〕B〔列〕C 理物基・物必須、化基・化、生基・生から1 外英、英語外部試験から1

[工－環境社会基盤「環境マネジメント」・情報電気数理データサイエンス・化学生命・情報工学先進：4科目] 数数ⅠⅡⅢA〔全〕B〔列〕C 理物基・物、化基・化、生基・生から2 外英、英語外部試験から1

■農学部 偏差値 59

前期日程

◆共通テスト

[総合農業科：8科目] 国現古漢 地歴 公全6科目から1 数数ⅠA、数ⅡBC 理物、化、生、地から2 外外全5科目、英語外部試験から高得点1 情情Ⅰ

◆個別学力検査等

[総合農業科：4科目] 数数ⅠⅡⅢA〔全〕B〔列〕C 理物基・物、化基・化、生基・生から2 外英、英語外部試験から1

■特別選抜

[総合型選抜] ディスカバリー入試、国際入試、総合型選抜 共

[学校推薦型選抜] 学校推薦型選抜Ⅰ、学校推薦型選抜Ⅱ 共

[その他] 国際バカロレア選抜、社会人選抜、私費外国人留学生選抜、農学グローバル入試

就職支援

岡山大学では、「キャリア・学生支援室」を設け、キャリアを切り拓けるように、業界研究や面接など就職活動の具体的な方法のアドバイスを行う「キャリア・アドバイジング」や、就職ガイダンスなどを開講しています。また、国家公務員希望者向けの説明会やセミナーも開講しています。公務員志望の学生には5月頃から公務員対策講座が、教員志望の学生には9月頃から教員試験対策セミナーが行われます。

国際交流

岡山大学では、グローバル人材育成院による様々なプログラムがあります。海外の協定校へ留学する交換留学や春季・夏季休暇中に1～5週間に語学または語学＋演習・実技を行う語学研修・短期海外研修、その他にも、インターンシップやオンラインプログラムでの短期・長期研修、部局間・大学間協定に基づく交流で留学や部局独自の実習・演習を行う学部・研究科実施プログラムなどが実施されています。奨学金制度も整っており、大学独自の「岡山大学海外派遣学生支援事業奨学金」などがあります。

岡山大学ギャラリー

■パーゴラ

大学会館北側の交流広場に設置されたパーゴラは、世界的な建築家ユニット「SANAA（サナア）」によって設計されました。

■いちょう並木

農学部のキャンパスにはイチョウによる並木の他にも、学問の木である立派なカイノキなど、複数の種類の木があります。

ひろしま
広島大学

資料請求

高大接続・入学センター（東広島キャンパス）　TEL (082) 424-2993　〒739-8511 広島県東広島市鏡山1-3-2

平和を希求しチャレンジする国際的教養人を養成

大学紹介動画　最新入試情報

平和を希求する精神、新たなる知の創造、豊かな人間性を培う教育、地域社会・国際社会との共存、絶えざる自己変革、という理念5原則の下、自由で平和な社会を実現し、人類の幸福に貢献することを使命とする。

東広島キャンパス

キャンパス 3つ

東広島キャンパス
〒739-8511 広島県東広島市鏡山1-3-2
霞キャンパス
〒734-8551 広島県広島市南区霞1-2-3
東千田キャンパス
〒730-0053 広島県広島市中区東千田町1-1-89

基本データ

※2023年5月現在（進路・就職は2022年度卒業者データ。学費は2024年度入学者用〔予定〕）

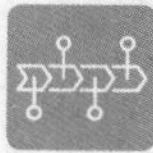
沿革

1949年、広島文理科大学、広島高等学校、広島工業専門学校などを統合して設立。文、教育、政経、理、工、水畜産の6学部を設置。1953年、医学部設置。以後も学部学科の設置や改組を行う。2018年、情報科学部、総合科学部国際共創学科を設置、工学部を改組。2023年、スマートソサイエティ実践科学研究院を設置し、現在に至る。

教育機関 12学部 5研究科

学部　総合科／文／教育／法／経済／理／医／歯／薬／工／生物生産／情報科

大学院　人間社会科学ⓂⒹⓅ／先進理工系科学ⓂⒹ／統合生命科学ⓂⒹ／医系科学ⓂⒹ／スマートソサイエティ実践科学ⓂⒹ

人数

学部学生数　**10,612**名

教員1名あたり学生 **6**名

教員数　**1,732**名【学長】越智光夫

（教授**509**名、准教授**455**名、講師**87**名、助教**469**名、助手・その他**212**名）

学費

初年度納入額　**837,800~914,800**円

奨学金　広島大学フェニックス奨学制度、広島大学光り輝く奨学制度

進路

学部卒業者　**2,417**名

（進学**850**名［35.2%］、就職**1,267**名［52.4%］、その他※**300**名［12.4%］）

※臨床研修医154名を含む

主な就職先　広島銀行、マツダ、トヨタ自動車、中国電力、東京海上日動火災保険、NECソリューションイノベータ、日本生命保険、マイクロンメモリジャパン、楽天グループ、NTT西日本、NTTドコモ、広島県（職員）、広島市（職員）、東広島市（職員）、中国地方整備局、広島労働局、広島県教育委員会、広島市教育委員会、兵庫県教育委員会、愛媛県教育委員会

学部学科紹介

※本書掲載内容は、大学公表資料から独自に編集したものです。詳細は大学パンフレットやホームページ等で必ず確認してください（取得可能な免許・資格は任用資格や受験資格などを含む）。

総合科学部

東広島キャンパス　定員 160

特色	複雑化する現代の問題を解決すべく、文理を越えた総合的・複合的な視点を養う。
進路	約2割が大学院へ進学。就職先は公務や情報通信業など多岐にわたる。
学問分野	国際学／環境学／情報学／人間科学
大学院	人間社会科学／先進理工系科学／統合生命科学

総合科学科 (120)	人間文化、人間行動科学、スポーツ健康科学などの科目群からなる人間探究領域、物性科学、生命科学、数理情報科学、自然環境科学の科目群からなる自然探究領域、地域研究、越境文化、現代システムなどの科目群からなる社会探究領域の3つで構成されている。
国際共創学科 (40)	世界各地から集まる学生とともに学ぶ。授業は原則として英語で開講し、文化間コミュニケーション能力や寛容性、多角的視野と思考力、協調性などを身につける。学びのテーマは環境、災害や資源、言語、文化、宗教、社会的仕組みなど文理を横断し、幅広く学ぶことができる。
取得可能な免許・資格	学芸員、社会調査士、教員免許（高-数・理・地歴・公・英）

文学部

東広島キャンパス　定員 130

特色	2年次にコースを選択し、3年次には専門科目で読解力、考察力、思考力を養う。
進路	卒業者は教員や公務員の他、一般企業への就職など幅広い分野で活躍。
学問分野	文学／言語学／哲学／歴史学／地理学／芸術・表現
大学院	人間社会科学

人文学科 (130)	1年次には教養ゼミや情報科目などを含めた教養教育科目を、後期からは専門入門科目を履修し、専門分野への導入を行う。2年次から哲学・思想文化学、歴史学、地理学・考古学・文化財学、日本・中国文学語学、欧米文学語学・言語学の5つのコースに分かれる。
取得可能な免許・資格	地域調査士、学芸員、社会調査士、教員免許（中-国・社・英・フランス語・ドイツ語、高-国・地歴・公・英・フランス語・ドイツ語）

教育学部

東広島キャンパス　定員 425

特色	幼児教育から生涯教育、教育学や心理学など幅広く学ぶことができる。
進路	約2割が大学院へ進学。就職先は公立学校や特別支援学校などが多い。
学問分野	言語学／心理学／文化学／社会学／健康科学／生活科学／教員養成／情報学／人間科学
大学院	人間社会科学

第一類（学校教育系） (137)	2つのコースで構成。初等教育教員養成コースは学級運営などに関わる能力を修得する学習開発実践、教科指導力を養う初等カリキュラムの2つの専修に分かれる。特別支援教育教員養成コースは視覚障害など特別支援学校の教員免許に関する5つの教育領域を学ぶ。
第二類（科学文化教育系） (82)	4つのコースで構成。自然系コースでは科学教育の理論と自然科学について学ぶ。数理系コースでは数学的知識・思考や数学が人格形成に果たす役割を学ぶ。技術・情報系コースでは実践的技能を体系的に学ぶ。社会系コースでは教科の意義や専門知識を学んでいく。
第三類（言語文化教育系） (73)	3つのコースで構成。国語文化系コースでは言葉の教育としての国語教育について学ぶ。英語文化系コースでは半年間の留学などを通して英語教師としての資質と能力を養う。日本語教育系コースでは日本語教師だけでなく、異文化交流の専門家を育成する。
第四類（生涯活動教育系） (81)	4つのコースで構成。健康スポーツ系コースでは体育科教員としての実践力と指導力を養う。人間生活系コースでは人間生活を科学的に探究する。音楽文化系コースでは国際的に活躍できる音楽人を育成する。造形芸術系コースでは造形技術教育の手法などを学ぶ。

第五類（人間形成基礎系）（52）	2つのコースで構成。教育学系コースでは教育の理論、教育制度・政策、教育方法、学校経営など様々な課題について学び、深い知識と総合的な判断力を養う。心理学系コースでは認知心理学や教育心理学、臨床心理学などに関する多種多様な領域を学んでいく。
取得可能な免許・資格	登録日本語教員、公認心理師、認定心理士、学芸員、社会調査士、教員免許（幼一種、小一種、中-国・数・理・社・保体・音・美・家・技・英、高-国・数・理・地歴・公・情・保体・音・美・家・工業・英、特-知的・肢体・病弱・視覚・聴覚）、司書教諭

法学部

東千田キャンパス　定員 170

- 特色　2年次から主専攻プログラムを選択する。バランスの取れた判断力を培う。
- 進路　卒業者の多くが公務に就く。他、金融・保険業や製造業など。
- 学問分野　法学／政治学／社会学
- 大学院　人間社会科学

法学科 昼（140）	1年次には全員が教養ゼミに所属する。2年次に公務員やNGO職員などを目指す学生を対象にした公共政策、企業社会における法的実務能力を磨くビジネス法務、法曹を目指す学生を対象とした法曹養成の3つのプログラムから各自の希望する進路に応じて選択する。
法学科 夜（30）	昼夜開講制になっており、昼間時間帯に開講している授業も一定数受講できる。全員が法政総合プログラムで学ぶ。現代社会において行政過程や企業活動が抱える諸問題を法的視点から体系的に理解し、実務に優れた人材を育成する。
取得可能な免許・資格	社会調査士

経済学部

東広島キャンパス（昼）
東千田キャンパス（夜）　定員 195

- 特色　経済学や経営学の知識と科学的な思考・視野を組み合わせ人間の行動を考察する。
- 進路　約2割が公務員となる。他、金融・保険業や情報通信業に就く。
- 学問分野　経済学／経営学
- 大学院　人間社会科学

経済学科 昼（150）	現代経済プログラムのもと、演習や卒業論文指導などの少人数教育を通してコミュニケーション能力やプレゼンテーション能力、問題解決能力を養う。経済理論、金融・ファイナンス、経済史、経済政策などの経済学の専門知識を応用し、現代の経済問題を発見する。
経済学科 夜（45）	経済・経営統合プログラムのもと、経済学、経営学、会計学、情報科学などの社会科学の総合的な学習を通じ、現代の複雑な問題に積極的に取り組む。現実的な問題意識と新鮮な視点を合わせ持つ学際的・実践的な人材を育成する。

理学部

東広島キャンパス　定員 230

- 特色　大学院と連続したカリキュラムで、理学の基礎から最先端の専門領域まで学ぶ。
- 進路　6割強が大学院へ進学。就職先は製造業やサービス業など。
- 学問分野　数学／物理学／化学／生物学／地学
- 大学院　先進理工系科学／統合生命科学

数学科（47）	代数学や幾何学、確率論など、現代数学の各領域を研究する10以上の研究グループがある。それぞれの研究グループには世界の第一線で活躍する数学者がそろっている。1・2年次には数学の基礎を、3年次には数学に関する様々な専門科目の学びを深める。
物理学科（66）	講義や少人数セミナー、実験や演習を通じて最先端の研究を行うための基礎を学ぶ。研究分野は自然界に存在する物質や人工物質、素粒子から銀河、ブラックホールまで多岐にわたる。4年次には各自の希望により研究グループに所属し、卒業研究に取り組む。
化学科（59）	構造物理化学や固体物性化学など14の研究グループがある。物理化学、無機化学、有機化学を中心とした基礎的な授業から、新素材、機能性分子、生体物質などの最先端研究につながる専門的な内容の講義まで体系化されたカリキュラムが組まれている。

学科	定員	内容
生物科学科	(34)	15の研究グループが細菌から高等動植物に至る各種生物を対象に研究を行う。多岐にわたる生物学分野の教育を体系的に実施し、学生が興味を持ち生物学を学ぶことができるよう配慮した教育プログラムを組んでいる。習熟度別に対応できる柔軟な教育体制である。
地球惑星システム学科	(24)	太陽系、地球の誕生と進化、地球と惑星の内部環境、地下資源、環境問題などについて教育と研究を行う。野外実習や室内実験を行い、地球惑星科学の広範な分野の理解を目指す。高校で地学を履修していない学生にも配慮したカリキュラムが組まれている。
取得可能な免許・資格		学芸員、危険物取扱者(甲種)、毒物劇物取扱責任者、測量士補、教員免許(中-数・理、高-数・理)

医学部

霞キャンパス

定員 238

特色	歯学部、薬学部と合同の他職種連携教育や、早期合同体験実習などを行っている。
進路	医：多くが臨床研修医となる。保健：6割超が医療・福祉業に就く。
学問分野	医学／看護学／健康科学
大学院	医系科学

学科	定員	内容
医学科	(118)	6年制。1年次に教養教育科目、2年次から医学専門科目を学び、4年次の共用試験に合格後、4年次後半から臨床実習に参加する。専門教育は医学教育モデル・コア・カリキュラムのもとで行われ、ウイルス学、放射線診断、医学研究実習などの講義や実習も行う。
保健学科	(120)	4年制。3つの専攻で構成。看護学専攻では健康状態の人を支援し、他の医療職と協働できる人材を育成する。理学療法学専攻では人間的な生活を支援できる理学療法士を育成する。作業療法学専攻では日常の作業を通して障碍者をサポートする知識と技能を学ぶ。
取得可能な免許・資格		医師、看護師、助産師、保健師、理学療法士、作業療法士、養護教諭（一種）

歯学部

霞キャンパス

定員 93

特色	患者中心の全人的歯科治療に対応するため、バイオデンタル教育を実施している。
進路	歯：多くが歯科研修医になる。口腔健康科：歯科医院などに就職。
学問分野	医療工学／歯学／健康科学
大学院	医系科学

学科	定員	内容
歯学科	(53)	6年制。歯科医療分野のリーダーとなる歯科医や研究者を育成する。全国でも珍しい国際歯学コースを設置、アジア諸国の歯学部生を2～5年次まで招聘している。これにより、授業の大半が日本語と英語の併用制となり、国際的に開かれた教育環境を整備している。
口腔健康科学科	(40)	4年制。2つの専攻を設置。歯科衛生士を育成する口腔保健学専攻では口腔医療に関する知識と技能とともに、教育や看護、健康管理に関する能力を修得する。口腔工学専攻は全国でも数少ない4年制の歯科技工士養成機関で、工学から生物学まで幅広く学んでいく。
取得可能な免許・資格		歯科医師、歯科衛生士、歯科技工士、養護教諭（一種）

薬学部

霞キャンパス

定員 60

特色	医学部、歯学部と連携したカリキュラムによって専門性や探究心を養う。
進路	薬：多くが薬剤師になる。薬科：ほぼ全員が大学院へ進学する。
学問分野	薬学／健康科学
大学院	医系科学

学科	定員	内容
薬学科	(38)	6年制。カリキュラムを通して、薬の適切な使用に責任を持てる薬剤師を育成する。1・2年次では薬学に関する基礎的な知識を身につけ、3年次では正確な知識を身につけるための本格的な専門教育に取りかかる。卒業すると薬剤師国家試験の受験資格が得られる。

薬科学科 (22)	4年制。国際的にも活躍できる創薬研究者と技術者を育成する。基礎薬学に関する知識を修得するとともに、早い時期から最先端の研究に触れることで研究に対する高い意識を養う。より高度な専門性を身につけるため、卒業後は大学院に進学することを推奨している。
取得可能な免許・資格	薬剤師、教員免許（高-理）

工学部

東広島キャンパス　定員 445

- 特色　入学時に類を定めない特別コースも導入。応用力と研究能力の高い人材を育成。
- 進路　約7割が大学院へ進学。就職先は製造業や建設業、情報通信業など。
- 学問分野　化学／生物学／機械工学／電気・電子工学／材料工学／土木・建築学／エネルギー工学／その他工学／環境学
- 大学院　先進理工系科学／統合生命科学

第一類（機械・輸送・材料・エネルギー系） (150)	機械システム、輸送システム、材料加工、エネルギー変換の4つのプログラムを設置。環境に配慮した輸送機器の開発や海洋開発、材料の加工技術、熱流体を利用したエネルギー変換などの分野について体系的に学ぶ。ものづくり産業の基盤を支える技術者を育成する。
第二類（電気電子・システム情報系） (90)	電気システム情報と電子システムの2つのプログラムを設置。電気エネルギー系統制御や情報処理、半導体電子デバイス、光デバイス、集積回路などの分野について教育・研究を行う。先端技術開発において地球環境と調和した快適な人間社会の構築に貢献する。
第三類（応用化学・生物工学・化学工学系） (115)	応用化学、生物工学、化学工学の3つのプログラムを設置。化学、バイオ、プロセスにまたがる分野を総合的に学べる全国でも珍しい組織である。新材料開発やバイオテクノロジーなどを基盤に、環境保全・浄化や資源エネルギー開発の分野で役割を果たす人材を育成。
第四類（建設・環境系） (90)	2つのプログラムを設置。社会基盤環境工学プログラムでは都市を支える道路や空港、河川堤防、上下水道などに関する技術を学ぶ。建築プログラムでは都市や建物を創り保存する工学技術に加え、芸術や人文・社会科学を含んだ広範な分野について学習していく。
取得可能な免許・資格	危険物取扱者(甲種)、毒物劇物取扱責任者、ボイラー技士、特殊無線技士(海上、陸上)、陸上無線技術士、建築士（一級、二級）、技術士補、測量士補、主任技術者（電気、電気通信)、施工管理技士（土木、建築)、教員免許（高-工業）

生物生産学部

東広島キャンパス　定員 90

- 特色　分子生物学から食品の開発・流通まで広範にわたる学問を対象とする。
- 進路　約半数が大学院へ進学。他、公務や一般企業に就職する者もいる。
- 学問分野　生物学／農学／獣医・畜産学／水産学／環境学
- 大学院　統合生命科学

生物生産学科 (90)	水圏統合科学、応用動植物科学、食品科学、分子農学生命科学の4つのプログラムに加え、外国語での履修に力を入れる国際生物生産学プログラムの合計5つで構成される。持続可能な食料生産と生物資源の活用を実現するため、広い視野で社会貢献できる人材を育成。
取得可能な免許・資格	学芸員、危険物取扱者（甲種)、食品衛生管理者、食品衛生監視員、教員免許（高-理）

情報科学部

東広島キャンパス　定員 150

- 特色　大規模データの効率的な処理技術を統合的・体系的に学ぶ。
- 進路　約6割が大学院へ進学。就職先は情報通信業や金融業など。
- 学問分野　数学／情報学
- 大学院　先進理工系科学

情報科学科 (150)	3つのプログラムを設置。計算機科学プログラムでは、ICTを理解し、開発・運用できる能力を修得。データ科学プログラムでは、データ分析の基盤と応用能力を修得。知能科学プログラムでは、AI時代に求められる専門的な能力を修得。
取得可能な免許・資格	教員免許（高-数・情）

入試要項(2025年度)

※この入試情報は大学発表の2025年度入試（予告）および2024年度募集要項等より編集したものです（2024年1月時点。見方は巻頭の「本書の使い方」参照）。内容には変更が生じる可能性があるため、最新情報はホームページや2025年度募集要項等で必ず確認してください。

「大学入試科目検索システム」のご案内
日程・方式ごとの偏差値や昨年度入試結果（志願者倍率、実質倍率、合格最低点）、基本情報（出願締切日、試験日、二段階選抜、募集人員、総合満点）などは、「大学入試科目検索システム」（https://nyushi.toshin.com/）をご覧ください（利用方法はp.12参照）。

■総合科学部 偏差値 61

前期日程

◆**共通テスト（文科系）**

[全学科：8～9科目] 国現古漢 地歴 公 地歴全3科目、公共・倫、公共・政経から2 数 数ⅠA、数ⅡBC 理 次の①・②から1（①理科基礎、②物、化、生、地から2）外 全5科目から1 情 情Ⅰ

◆**共通テスト（理科系）**

[全学科：8科目] 国 現古漢 地歴 公 地歴全3科目、公共・倫、公共・政経から1 数 数ⅠA、数ⅡBC 理 物、化、生、地から2 外 全5科目から1 情 情Ⅰ

◆**個別学力検査等（文科系）**

[総合科：2科目] 外 英、独、仏、中から1 論 小論文

[国際共創：2科目] 国 現 外 英

◆**個別学力検査等（理科系）**

[総合科：3科目] 数 数ⅠⅡⅢAB〔列〕C 理 物基・物、化基・化、生基・生、地基・地から2

[国際共創：2科目] 数 数ⅠⅡⅢAB〔列〕C 外 英

後期日程

◆**共通テスト**

[総合科：8科目] 国 現古漢 地歴 公 理 次の①・②から1（①地歴全3科目、公共・倫、公共・政経から2、理全5科目から1、②地歴全3科目、公共・倫、公共・政経から1、物、化、生、地から2）数 数ⅠA、数ⅡBC 外 全5科目から1 情 情Ⅰ

◆**個別学力検査等**

[総合科：1科目] 面 面接

■文学部 偏差値 61

前期日程

◆**共通テスト**

[人文：8～9科目] 国 現古漢 地歴 公 地歴全3科目、公共・倫、公共・政経から2 数 数ⅠA、数ⅡBC 理 次の①・②から1（①理科基礎、②物、化、生、地から2）外 全5科目から1 情 情Ⅰ

◆**個別学力検査等**

[人文：2科目] 国 現古漢 外 英、独、仏、中から1

後期日程

◆**共通テスト**

[人文：8～9科目] 前期日程に同じ

◆**個別学力検査等**

[人文：1科目] 面 面接

■教育学部 偏差値 59

前期日程

◆**共通テスト（文科系）**

[第一類、第五類－教育学系：8～9科目] 国 現古漢 地歴 公 地歴全3科目、公共・倫、公共・政経から2 数 数ⅠA、数ⅡBC 理 次の①・②から1（①理科基礎、②物、化、生、地から2）外 全5科目から1 情 情Ⅰ

◆**共通テスト（理科系）**

[第一類、第五類－教育学系：8科目] 国 現古漢 地歴 公 地歴全3科目、公共・倫、公共・政経から1 数 数ⅠA、数ⅡBC 理 物、化、生、地から2 外 全5科目から1 情 情Ⅰ

◆**共通テスト**

[第二類－自然系・数理系・技術情報系：8科目] 国 現古漢 地歴 公 地歴全3科目、公共・倫、公共・政経から1 数 数ⅠA、数ⅡBC 理 物、化、生、地から2 外 全5科目から1 情 情Ⅰ

[第二類－社会系、第三類、第四類－人間生活系、第五類－心理学系：8～9科目] 国 現古漢 地歴 公 地歴全3科目、公共・倫、公共・政経から2 数 数ⅠA、数ⅡBC 理 次の①・②から1（①理科基礎、②物、化、生、地から2）外 全5科目から1 情 情Ⅰ

[第四類－健康スポーツ系・音楽文化系・造形芸術系：6～7科目] 国 現古漢 地歴 公 地歴全3科目、公共・倫、公共・政経から1 数 数ⅠA、数ⅡBCから1 理 次の①・②から1（①理科基礎、②物、化、生、地から2）外 全5科目から1 情 情Ⅰ

◆**個別学力検査等**

[第一類、第二類－社会系、第三類－日本語教育系、第四類－人間生活系、第五類：2科目] 国 数 外 現古漢、数ⅠⅡAB〔列〕C〔ベ〕、英、独、仏、中から2教科2

[第二類－自然系：3科目] 数 数ⅠⅡⅢAB〔列〕C 理 物基・物、化基・化、生基・生、地基・地から2

[第二類－数理系：2科目] 数 数ⅠⅡⅢAB〔列〕C 理 物基・物、化基・化、生基・生、地基・地から1

[第二類－技術情報系：2科目] 数 数ⅠⅡAB〔列〕C〔ベ〕理 物基・物、化基・化、生基・生、地基・地から1

[第三類－国際文化系：2科目] 国 現古漢 数 外 数ⅠⅡAB〔列〕C〔ベ〕、英、独、仏、中から1

[第三類－英語文化系：2科目] 国 現古漢 外 英、独、仏、中から1

[第四類－健康スポーツ系：1科目] 実技 体育実技

[第四類－音楽文化系：1科目] 実技 音楽実技

[第四類－造形芸術系：1科目] 実技 美術実技

後期日程

◆**共通テスト**

[第二類－自然系：7科目] 国 現古漢 地歴 公 地歴全3科目、公共・倫、公共・政経から1 数 数ⅠA、数

ⅡBC理物、化、生、地から2外全5科目から1
[第二類－技術情報系：8科目]前期日程に同じ
[第二類－社会系：8～9科目]前期日程に同じ
[第四類－健康スポーツ系：5～6科目]国現古漢地歴公地歴全3科目、公共・倫、公共・政経から1数数ⅠA、数ⅡBCから1理次の①・②から1(①理科基礎、②物、化、生、地から2)外全5科目から1
[第四類－造形芸術系：6～7科目]前期日程に同じ
[第五類－心理学系：7～8科目]国現古漢地歴公地歴全3科目、公共・倫、公共・政経から2数数ⅠA、数ⅡBC理次の①・②から1(①理科基礎、②物、化、生、地から2)外全5科目から1

◆共通テスト(文科系)

[第五類－教育学系：7～8科目]国現古漢地歴公地歴全3科目、公共・倫、公共・政経から2数数ⅠA、数ⅡBC理次の①・②から1(①理科基礎、②物、化、生、地から2)外全5科目から1

◆共通テスト(理科系)

[第五類－教育学系：7科目]国現古漢地歴公地歴全3科目、公共・倫、公共・政経から1数数ⅠA、数ⅡBC理物、化、生、地から2外全5科目から1

◆個別学力検査等

[第二類－数理系以外：1科目]面面接
[第四類－健康スポーツ系：2科目]論小論文書類審出願書類
[第四類－造形芸術系：1科目]前期日程に同じ
[第五類：1科目]論小論文

■法学部 偏差値 59

前期日程

◆共通テスト

[法：7～8科目]国現古漢地歴公地歴全3科目、公共・倫、公共・政経から2数数ⅠA、数ⅡBCから1理次の①・②から1(①理科基礎、②物、化、生、地から2)外全5科目から1情情Ⅰ

◆個別学力検査等

[法【昼】：2科目]国現外英、独、仏、中から1
[法【夜】：1科目]国現

後期日程

◆共通テスト

[法：3科目]国現古漢地歴公数地歴全3科目、公共・倫、公共・政経、数ⅠA、数ⅡBCから1外全5科目から1

◆個別学力検査等

[法：1科目]総合総合問題

■経済学部 偏差値 57

前期日程

◆共通テスト

[経済：8～9科目]国現古漢地歴公地歴全3科目、公共・倫、公共・政経から2数数ⅠA、数ⅡBC理次の①・②から1(①理科基礎、②物、化、生、地から2)外全5科目から1情情Ⅰ

◆個別学力検査等

[経済【昼】：2科目]数数ⅠⅡAB〔列〕C〔べ〕外英、独、仏、中から1
[経済【夜】：1科目]外英、独、仏、中から1

後期日程

◆共通テスト(文科系、理科系)

[経済：7～8科目]国現古漢地歴公地歴全3科目、公共・倫、公共・政経から2数数ⅠA、数ⅡBC理次の①・②から1(①理科基礎、②物、化、生、地から2)外全5科目から1

◆個別学力検査等

[経済：1科目]論小論文

■理学部 偏差値 59

前期日程

◆共通テスト

[全学科：8科目]国現古漢地歴公地歴全3科目、公共・倫、公共・政経から1数数ⅠA、数ⅡBC理物、化、生、地から2外全5科目から1情情Ⅰ

◆個別学力検査等

[数、生物科、地球惑星システム：4科目]数数ⅠⅡⅢAB〔列〕C理物基・物、化基・化、生基・生、地基・地から2外英、独、仏、中から1
[物理：4科目]数数ⅠⅡⅢAB〔列〕C理物基・物必須、化基・化、生基・生、地基・地から1外英、独、仏、中から1
[化：4科目]数数ⅠⅡⅢAB〔列〕C理化基・化必須、物基・物、生基・生、地基・地から1外英、独、仏、中から1

後期日程

◆共通テスト

[数、物理：4科目]数数ⅠA、数ⅡBC理物、化、生、地から1外全5科目から1
[化、地球惑星システム：5科目]数数ⅠA、数ⅡBC理物、化、生、地から2外全5科目から1

◆個別学力検査等

[数：1科目]数数ⅠⅡⅢAB〔列〕C
[物理：1科目]総合総合問題
[化、地球惑星システム：1科目]面面接

■医学部 医学科 偏差値 66

前期日程

◆共通テスト

[医：8科目]国現古漢地歴公地歴全3科目、公共・倫、公共・政経から1数数ⅠA、数ⅡBC理物、化、生から2外全5科目から1情情Ⅰ

◆個別学力検査等

[医：5科目]数数ⅠⅡⅢAB〔列〕C理物基・物、化基・化、生基・生から2外英面面接

■医学部 保健学科 偏差値 58

前期日程

◆共通テスト(文科系)

[保健：8～9科目]国現古漢地歴公地歴全3科目、公共・倫、公共・政経から2数数ⅠA、数ⅡBC理理科基礎、物、化、生から1▶地基選択不可外全

5科目から1 情 情Ⅰ
◆共通テスト（理科系）
[保健：8科目] 国 現古漢 地歴 公 地歴全3科目、公共・倫、公共・政経から1 数 数ⅠA、数ⅡBC 理 物、化、生から2 外 全5科目から1 情 情Ⅰ
◆個別学力検査等（文科系）
[保健－看護学：2科目] 国 現 外 英、独、仏、中から1
[保健－理学療法学・作業療法学：3科目] 国 現 外 英、独、仏、中から1 面 面接
◆個別学力検査等（理科系）
[保健－看護学：2科目] 数 数ⅠⅡⅢAB〔列〕C 外 英、独、仏、中から1
[保健－理学療法学・作業療法学：3科目] 数 数ⅠⅡⅢAB〔列〕C 外 英、独、仏、中から1 面 面接

■歯学部 偏差値 58

前期日程
◆共通テスト
[歯：8科目] 国 現古漢 地歴 公 地歴全3科目、公共・倫、公共・政経から1 数 数ⅠA、数ⅡBC 理 物、化、生から2 外 全5科目から1 情 情Ⅰ
[口腔健康科－口腔保健学：7科目] 国 現古漢 地歴 公 理 次の①・②から1（①地歴全3科目、公共・倫、公共・政経から2、理科基礎、物、化、生から1▶地基選択不可、②地歴全3科目、公共・倫、公共・政経から1、物、化、生から2） 数 数ⅠA、数ⅡBCから1 外 全5科目から1 情 情Ⅰ
[口腔健康科－口腔工学：8科目] 国 現古漢 地歴 公 地歴全3科目、公共・倫、公共・政経から1 数 数ⅠA、数ⅡBC 理 物、化、生から2 外 全5科目から1 情 情Ⅰ
◆個別学力検査等
[歯：5科目] 数 数ⅠⅡⅢAB〔列〕C 理 物基・物、化基・化、生基・生から2 外 英、独、仏、中から1 面 面接
[口腔健康科－口腔保健学：3科目] 国 数 理 現、数ⅠⅡAB〔列〕C〔べ〕、物基・物、化基・化、生基・生から1 外 英、独、仏、中から1 面 面接
[口腔健康科－口腔工学：4科目] 数 数ⅠⅡⅢAB〔列〕C 理 物基・物、化基・化、生基・生から1 外 英、独、仏、中から1 面 面接
後期日程
◆共通テスト
[歯：8科目] 前期日程に同じ
[口腔健康科－口腔工学：7科目] 国 現古漢 地歴 公 地歴全3科目、公共・倫、公共・政経から1 数 数ⅠA、数ⅡBC 理 物、化、生から2 外 全5科目から1
◆個別学力検査等
[歯：2科目] 論 小論文 面 面接
[口腔健康科－口腔工学：1科目] 面 面接

■薬学部 偏差値 62

前期日程
◆共通テスト
[全学科：8科目] 国 現古漢 地歴 公 地歴全3科目、公共・倫、公共・政経から1 数 数ⅠA、数ⅡBC 理 化必須、物、生から1 外 全5科目から1 情 情Ⅰ
◆個別学力検査等
[全学科：4科目] 数 数ⅠⅡⅢAB〔列〕C 理 化基・化必須、物基・物、生基・生から1 外 英、独、仏、中から1
後期日程
◆共通テスト
[薬科：8科目] 前期日程に同じ
◆個別学力検査等
[薬科：1科目] 面 面接

■工学部 偏差値 59

前期日程
◆共通テスト
[第一類：8科目] 国 現古漢 地歴 公 地歴全3科目、公共・倫、公共・政経から1 数 数ⅠA、数ⅡBC 理 物、化 外 全5科目から1 情 情Ⅰ
[第二類、第三類、第四類、工学特別：8科目] 国 現古漢 地歴 公 地歴全3科目、公共・倫、公共・政経から1 数 数ⅠA、数ⅡBC 理 物、化、生、地から2 外 全5科目から1 情 情Ⅰ
◆個別学力検査等
[第一類、第二類、第三類、第四類：4科目] 数 数ⅠⅡⅢAB〔列〕C 理 物基・物、化基・化 外 英、独、仏、中から1
[工学特別：4科目] 数 数ⅠⅡⅢAB〔列〕C 理 物基・物、化基・化、生基・生から2 外 英、独、仏、中から1
後期日程
◆共通テスト
[第一類：6科目] 数 数ⅠA、数ⅡBC 理 物、化 外 全5科目から1 情 情Ⅰ
[第二類：6科目] 国 現古漢 数 数ⅠA、数ⅡBC 理 物必須、化、生から1 外 全5科目から1
[第三類、第四類：5科目] 数 数ⅠA、数ⅡBC 理 物必須、化、生から1 外 全5科目から1
◆個別学力検査等
[第一類、第二類、第三類、第四類：1科目] 面 面接

■生物生産学部 偏差値 59

前期日程
◆共通テスト
[生物生産：8科目] 国 現古漢 地歴 公 地歴全3科目、公共・倫、公共・政経から1 数 数ⅠA、数ⅡBC 理 物、化、生、地から2 外 全5科目から1 情 情Ⅰ
◆個別学力検査等
[生物生産：4科目] 数 数ⅠⅡⅢAB〔列〕C 理 物基・物、化基・化、生基・生、地基・地から2 外 英、独、仏、中から1
後期日程
◆共通テスト
[生物生産：8科目] 前期日程に同じ
◆個別学力検査等

[生物生産：1科目] 面 面接

■情報科学部 偏差値 61

前期日程

◆共通テスト（A型）

[情報科：8〜9科目] 国 現古漢 地歴 公 地歴全3科目、公共・倫、公共・政経から2 数 数ⅠA、数ⅡBC 理 次の①・②から1（①理科基礎、②物、化、生、地から2） 外 全5科目から1 情 情Ⅰ

◆共通テスト（B型）

[情報科：8科目] 国 現古漢 地歴 公 地歴全3科目、公共・倫、公共・政経から1 数 数ⅠA、数ⅡBC 理 物、化、生、地から2 外 全5科目から1 情 情Ⅰ

◆個別学力検査等（A型）

[情報科：2科目] 数 数ⅠⅡAB〔列〕C〔ベ〕外 英、独、仏、中から1

◆個別学力検査等（B型）

[情報科：2科目] 数 数ⅠⅡⅢAB〔列〕C 外 英、独、仏、中から1

後期日程

◆共通テスト

[情報科：4科目] 数 数ⅠA、数ⅡBC 外 全5科目から1 情 情Ⅰ

◆個別学力検査等

[情報科：1科目] 面 面接

■特別選抜

[総合型選抜] 広島大学光り輝き入試 総合型選抜（Ⅰ型）、広島大学光り輝き入試 総合型選抜（Ⅱ型）共、広島大学光り輝き入試 総合型選抜（Ⅱ型〔文科系、理科系、一般型、大学院進学型、専門型、セミナー受講型、課題研究評価型、A型、B型〕）共、広島大学光り輝き入試 総合型選抜（国際バカロレア型、社会人型、IGS国外選抜型、IGS国内選抜型、フェニックス型）

[学校推薦型選抜] 広島大学光り輝き入試 学校推薦型選抜、広島大学光り輝き入試 学校推薦型選抜情報科学部情報科学科（地方創生枠）、広島大学光り輝き入試 学校推薦型選抜 共、広島大学光り輝き入試 学校推薦型選抜（A区分、B区分）共、広島大学光り輝き入試 学校推薦型選抜医学部医学科（ふるさと枠）共

[その他] 広島大学外国人留学生選抜（A日程、B日程、C日程）

就職支援

広島大学では、1年次から履修可能なキャリア教育科目の開講や専任の教員による講義・ガイダンス、民間企業での人事や海外業務キャリアなどを持つ教員やアドバイザーによる指導などの支援があります。また、3月に「就活支援ツアー」を開催し、東京または大阪に行き、現地で開催される大規模合同企業説明会やOB・OGとの懇談会に参加できます。

国際交流

広島大学では、大学間で55カ国・地域、347機関、部局間で51カ国・地域、366機関と国際交流協定を結び、世界各国に留学ができます。様々な留学プログラムが準備されており、8日間〜1カ月程度で異文化・環境を経験する導入型プログラムの他、2カ月〜1年間の交換留学プログラムやオンラインプログラムなどがあります。また、大学独自の「広島大学基金児玉派遣留学奨学金」などの奨学金制度があります。

山口大学（やまぐち）

資料請求

学生支援部入試課(吉田キャンパス)　TEL (083) 933-5153　〒753-8511 山口県山口市吉田1677-1

「発見し・はぐくみ・かたちにする　知の広場」

大学紹介動画　最新入試情報

明治維新を成しとげた、チャレンジ精神に満ちた地にある大学であり、この精神は「発見し・はぐくみ・かたちにする　知の広場」に受け継がれ、教育・研究・地域貢献の3本の矢により地域の発展に貢献する。

吉田キャンパス正門

キャンパス 3つ

吉田キャンパス
〒753-8511 山口県山口市吉田1677-1

小串キャンパス
〒755-8505 山口県宇部市南小串1-1-1

常盤キャンパス
〒755-8611 山口県宇部市常盤台2-16-1

基本データ

※2023年5月現在（進路・就職は2022年度卒業者データ。学費は2024年度入学者用〔予定〕）

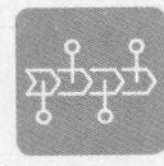
沿革

1949年、山口高等学校、山口師範学校、山口青年師範学校、山口経済専門学校などを統合し文理、教育、経済、工、農学部で設立。1964年、山口県立医科大学を移管し、医学部を設置。1978年、文理学部を改組し、人文、理学部を設置。2012年、共同獣医学部を設置。2015年、国際総合科学部を設置し、現在に至る。

教育機関 9学部 9研究科

学部　人文／教育／経済／理／医／工／農／共同獣医／国際総合科

大学院　人文科学Ⓜ／教育学ⓂⓅ／経済学Ⓜ／医学系ⓂⒹ／創成科学ⓂⒹ／東アジアⒹ／技術経営Ⓟ／共同獣医学Ⓓ／連合農学Ⓓ

人数

学部学生数　8,515名

教員1名あたり 学生 8名

教員数　951名【学長】谷澤幸生
（教授292名、准教授239名、講師121名、助教212名、助手・その他87名）

学費

初年度納入額　862,460~1,035,490円

奨学金　七村奨学金、山口大学工学部常盤工業会奨学金、山口大学経済学部柳上奨学金

進路

学部卒業者　1,911名
（進学476名［24.9%］、就職1,184名［62.0%］、その他※251名［13.1%］）
※臨床研修医124名を含む

主な就職先
※院卒者を含む
県庁、市役所、財務省、国土交通省、山口県内学校（教員）、山口大学医学部附属病院、マツダ、JTB、中国電力、ソフトバンク、三菱電機、トレンドマイクロ、西日本高速道路、ユニクロ、KPMG税理士法人、キーエンス、富士通、SCSK、日立製作所、ソニー、鹿島建設、科研製薬、JFEスチール、パナソニック、UBE、東ソー、セントラル硝子、みずほ銀行、霧島ホールディングス

学部学科紹介

※本書掲載内容は、大学公表資料から独自に編集したものです。詳細は大学パンフレットやホームページ等で必ず確認してください（取得可能な免許・資格は任用資格や受験資格などを含む）。

人文学部

吉田キャンパス　定員 185

- 特色　少人数教育を通じて自らの課題を発見・探求し解決できる人材を育成。
- 進路　就職先は卸売・小売業や公務、情報通信業が多い。
- 学問分野　文学／言語学／哲学／歴史学／社会学
- 大学院　人文科学

学科	定員	内容
人文学科	(185)	世界の過去と現在を踏まえつつ未来像を創造し、実現を目指す人材を育成する。哲学、歴史学、社会学、日本・中国言語文学、欧米言語文学の5つのコースに分かれている。「人間とは何か、いかに生きるべきか」という重大な問いと真摯に向き合いながら学ぶ。
取得可能な免許・資格		学芸員、社会調査士、教員免許（中-国・社・英、高-国・地歴・公・英）、司書

教育学部

吉田キャンパス　定員 180

- 特色　複雑化、多様化する学校現場のニーズに応える高度な専門性を持つ教員を育成。
- 進路　約7割が教育・学習支援業に就く。1割程度が公務やサービス業に就職。
- 学問分野　教員養成
- 大学院　教育学

学科	定員	内容
学校教育教員養成課程	(180)	小学校総合、教育学、心理学、国際理解教育の各選修からなる小学校教育と、幼児教育、特別支援教育、情報教育、10の教科選修からなる教科教育の計5つのコースにより構成されている。演習形式の授業や、1年次から始まる学校体験で教職への意識づけを行う。
取得可能な免許・資格		教員免許（幼一種、小一種、中-国・数・理・社・保体・音・美・家・技・英、高-国・数・理・地歴・公・情・保体・音・美・家・英、特-知的・肢体・病弱）

経済学部

吉田キャンパス　定員 345

- 特色　1年次後期に学科とゼミが決定。充実した外国語の学習環境を整えている。
- 進路　就職先は公務や卸売・小売業、製造業をはじめ多岐にわたる。
- 学問分野　経済学／経営学／観光学
- 大学院　経済学

学科	定員	内容
経済学科	(130)	ミクロ経済学やマクロ経済学の他、社会政策、財政学、労働経済、地域福祉、ジェンダー論、経済史、経済統計、国際金融などの分野についても学べる。グローバル社会で活躍できる実践的な経済人を育成する公共管理コースでは、英語で開講する講義もある。
経営学科	(165)	2つのコースを設置。職業会計人コースは公認会計士を目指す会計と税理士を目指す税務の2つの専攻を設けている。企業法務コースでは法律と経営の両方を学ぶ。経営、情報、会計、流通、マーケティング、企業法務などの分野で活躍できる人材を育成する。
観光政策学科	(50)	2つのコースを設置。観光経済分析コースでは観光産業や行政政策、環境などの関係性を学ぶ。観光コミュニケーションコースでは国際的な発想と語学力を基礎とした人的交流能力を養う。観光に関わる人や企業の活動を包括的に捉え、多方面から分析する。
取得可能な免許・資格		教員免許（高-公・商業）

理学部

吉田キャンパス　定員 220

- 特色　すべての学科で専門的なデータサイエンス科目を導入。
- 進路　約5割が大学院へ進学。卒業者は情報通信業や製造業などの分野で活躍。
- 学問分野　数学／物理学／化学／生物学／地学／情報学
- 大学院　創成科学

学科	定員	内容
数理科学科	(50)	4年間を通じて少人数制のセミナーが行われ、年次ごとに入門、基礎、発展と段階をふみ4年次の特別研究につなげる。1年次を高校数学と大学数学の橋渡しと位置づけ、2年次に数理科学の基礎を固め、3年次に適性を見極めて各自の専門分野に進んでいく。

学科	定員	内容
物理・情報科学科	(60)	2年次前期まで共通教育科目と物理学や情報科学の各分野の基礎を学び、2年次後期から2つのコースに分かれる。物理学コースでは熱力学、統計力学、宇宙物理学などを学び、情報科学コースでは確率論と情報理論、データ構造とアルゴリズムなどの専門科目を学ぶ。
化学科	(40)	3年次前期までに、物質の性質や反応を原子・分子レベルで理解するための基礎を修得する。3年次後期からは研究室に分かれて研究に取り組みながら、未来の化学を担える研究・技術者に必要な知識や技術を学び、4年次の特別研究につなげる。
生物学科	(40)	様々な階層における生物学の基礎知識・概念の学修、および生物学領域の実験手法や野外調査法を基礎的・発展的に学ぶ。2年次から専門科目の講義が始まる。3年次後期に希望する研究室に所属し研究の基礎を学びつつ、4年次の特別研究につなげる。
地球圏システム科学科	(30)	3年次から2つのコースに分かれる。地域環境科学コースでは、防災や建設、資源開発などを行う地質技術者を育成し、技術士補の資格が取得できる。環境物質科学コースでは、理系の教養と地球科学の知識で社会問題を解決する力を養う。
取得可能な免許・資格		学芸員、技術士補、測量士補、教員免許（中-数・理、高-数・理・情）

医学部

吉田キャンパス（1年）
小串キャンパス(2～4（6)年)

定員 229

- 特色 附属病院では臨床実習、病院実習や卒後研修まで充実した教育を提供。
- 進路 医：中国地方の病院に進む者が多い。保健：就職先は医療機関など。
- 学問分野 医学／看護学／健康科学
- 大学院 医学系

学科	定員	内容
医学科	(109)	6年制。1年次は共通教育科目を学び、2～4年次は基礎と臨床を一体化した臨床実習前医学教育を実施する。3年次には学生自身が選んだ課題を研究する自己開発コースに取り組む。6年次には中山間地域の病院で地域住民との交流を持つ地域医療実習が行われる。
保健学科	(120)	4年制。2つの専攻からなる。看護学専攻では科学的根拠をもとに考える能力と看護実践能力に加え、グローバルに活躍するための語学力を養う。検査技術科学専攻では高度な知識を備えた医療技術者のみならず、臨床検査技術の研究者を育成する。
取得可能な免許・資格		毒物劇物取扱責任者、バイオ技術者、医師、看護師、助産師、保健師、臨床検査技師、衛生管理者、養護教諭（二種）

工学部

吉田キャンパス（1年）
常盤キャンパス（2～4年）

定員 530

- 特色 グローバル教育を推進し、工学系学生に特化した海外研修プログラムを提供。
- 進路 卒業者の多くが大学院へ進学。約2割が地方公務に就いている。
- 学問分野 化学／機械工学／電気・電子工学／土木・建築学／エネルギー工学／環境学／情報学
- 大学院 創成科学

学科	定員	内容
機械工学科	(90)	2つのコースを設置。生体・ロボットコースでは、スマートIoT/ロボティクスシステムの考案・設計・試作に関する創成工学デザイン実習科目がある。航空宇宙コースでは、グライダー・ロケット製作や航空機設計と性能評価試験などの実習科目がある。
社会建設工学科	(80)	2年次より2つのコースに分かれる。東アジア国際コースでは一般の技術者教育に加え国際建設技術演習などの英語講義を受ける。社会建設工学コースでは防災、環境問題、都市・エネルギー問題などをテーマに学び、高い技術力を持った土木技術者を育成する。
応用化学科	(90)	化学系の基幹科目を講義、演習と実験を通して学ぶ。4年次からは世界最先端の基礎研究に取り組むことで、生命や物質の本質を理解できる応用化学系技術者としての素養を身につける。また、大学院先取り科目を受講でき、進学を見据えた教育システムを展開している。

電気電子工学科 (80)	電気電子工学の3本柱である電気電子材料・デバイス、情報通信・計測制御、電気エネルギーの専門科目をバランス良く学ぶことができる。また、実験・実習を通じた実践的教育を重視し、電気系にとどまらない、幅広い分野で活躍できる人材を育成している。
知能情報工学科 (80)	コンピュータハードウェアとソフトウェアの計算機技術、人工知能などの知能化技術、システム開発などの情報応用技術の情報系基盤3分野に関する専門知識や技能を学ぶ。豊富な演習と実験科目を通して実践力の高い情報通信技術人材を育成する。
感性デザイン工学科 (55)	建築学の主要分野である構造系分野、環境系分野、計画系分野、意匠系分野を学ぶ。人の感性や価値観の多面性、多様性への理解を通して、機能的で安全かつ快適な、環境に優しく美しい建築を創造する技術者を養成する。
循環環境工学科 (55)	持続的発展が可能な社会を実現するため、環境についての学習を進めていく。分子レベルのミクロな視点から地球規模のマクロな視点まで環境内における物質の循環に注目し、環境に関する専門的知識を修得すると同時に、国際感覚や人間としての確かな力を養う。
取得可能な免許・資格	危険物取扱者（甲種）、毒物劇物取扱責任者、建築士（一級、二級、木造）、技術士補、測量士補、主任技術者（電気）、施工管理技士（土木、管工事、造園、建設機械）、自然再生士補、教員免許（高-情・工業）、作業環境測定士

農学部

吉田キャンパス　定員 100

- 特色　農学の先端的な研究を通して、地域、社会の発展に貢献できる人材を育成。
- 進路　約5割が大学院へ進学。就職先は製造業や公務など多岐にわたる。
- 学問分野　農学／応用生物学／環境学
- 大学院　創成科学

生物資源環境科学科 (50)	人類が持続的に豊かな生活を送る環境を作るために、植物や動物を利用した生産経済活動と環境について学ぶ。農業と環境、経済活動、地域および国際社会の相互関係を把握する教育カリキュラムである。学外の専門家による特別講義や現場での実習を豊富に取り入れている。
生物機能科学科 (50)	様々な生物が持つ有用な遺伝子、タンパク質、化合物を発見し、それを利用するための教育研究を行う。化学、生化学の知識を基礎とし、実験を重視した教育によって、食、健康、環境に関する課題解決とバイオテクノロジーなどの技術開発に貢献できる人材を育成する。
取得可能な免許・資格	毒物劇物取扱責任者、食品衛生管理者、食品衛生監視員、教員免許（高-農）

共同獣医学部

吉田キャンパス　定員 30

- 特色　鹿児島大学との共同獣医学部である。両大学の特色を活かした教育を展開する。
- 進路　就職先は動物病院の他、国家・地方公務員、医薬品・食品関連企業など。
- 学問分野　獣医・畜産学
- 大学院　共同獣医学

共同獣医学科 (30)	6年制。鹿児島大学との共同獣医学部である。マルチ・ハイフレックス型遠隔授業システムなどの導入により、両大学の学生が同じ専門教育科目を履修できる。幅広い教養と高い倫理観を兼ね備え、地域や国際社会に貢献できる獣医師を育成する。
取得可能な免許・資格	獣医師

国際総合科学部

吉田キャンパス　定員 100

特色　英語教育を重視したカリキュラムとデザイン思考に基づく教育が特徴。
進路　就職先は卸売・小売業や情報通信業、金融・保険業など多岐にわたる。
学問分野　言語学／国際学

学科	定員	概要
国際総合科学科	(100)	日本語と英語を運用できる高度なコミュニケーション能力と、デザイン思考による課題解決能力を有する国際的な人材を育成する。1年次に1カ月間のフィリピンでの短期語学研修、2・3年次に1年間の海外留学を通じて、国際社会で活躍するための能力を養う。

入試要項(2025年度)

※この入試情報は大学発表の2025年度入試（予告）および2024年度募集要項等より編集したものです（2024年1月時点。見方は巻頭の「本書の使い方」参照）。内容には変更が生じる可能性があるため、最新情報はホームページや2025年度募集要項等で必ず確認してください。

「大学入試科目検索システム」のご案内
日程・方式ごとの偏差値や昨年度入試結果（志願者倍率、実質倍率、合格最低点）、基本情報（出願締切日、試験日、二段階選抜、募集人員、総合満点）などは、「大学入試科目検索システム」(https://nyushi.toshin.com/) をご覧ください（利用方法はp.12参照）。

■人文学部 偏差値 58

前期日程
◆共通テスト
[人文：4科目] 国 現古漢 地歴 公 全6科目から1 数 情 数Ⅰ、数ⅠA、情Ⅰから1 外 全5科目から1
◆個別学力検査等
[人文：2科目] 国 現古漢 外 英

後期日程
◆共通テスト
[人文：4科目] 前期日程に同じ
◆個別学力検査等
[人文：1科目] 面 面接

■教育学部 偏差値 56

前期日程
◆共通テスト
[学校教育教員養成－小学校教育・幼児教育・特別支援教育・教科教育「国語教育・社会科教育・音楽教育・美術教育・保健体育・技術教育・家政教育」：6科目] 国 現古漢 地歴 公 全6科目から1 数 全3科目から1 理 全5科目から1 外 全5科目から1 情 情Ⅰ
[学校教育教員養成－情報教育：6科目] 国 現古漢 数 全3科目から2 理 全5科目から1 外 全5科目から1 情 情Ⅰ
[学校教育教員養成－教科教育「数学教育」：7科目] 国 現古漢 地歴 公 全6科目から1 数 全3科目から2 理 全5科目から1 外 全5科目から1 情 情Ⅰ
[学校教育教員養成－教科教育「理科教育」：8科目] 国 現古漢 地歴 公 全6科目から1 数 全3科目から2 理 全5科目から2 外 全5科目から1 情 情Ⅰ
[学校教育教員養成－教科教育「英語教育」：6科目] 国 現古漢 地歴 公 地歴全3科目、地総・歴総・公共から1 数 全3科目から1 理 全5科目から1 外 全5科目から1 情 情Ⅰ
◆個別学力検査等
[学校教育教員養成－小学校教育「小学校総合」：2科目] 論 小論文 面 面接
[学校教育教員養成－小学校教育「教育学・心理学」：1科目] 国 数 外 現古漢、数ⅠⅡABC〔ベ〕、英から1
[学校教育教員養成－小学校教育「国際理解教育」・幼児教育・特別支援教育・教科教育「英語教育」：1科目] 外 英
[学校教育教員養成－情報教育：1科目] 数 理 数ⅠⅡⅢABC、物基・物から1
[学校教育教員養成－教科教育「国語教育」：1科目] 国 現古漢
[学校教育教員養成－教科教育「社会科教育」：1科目] 国 外 現古漢、英から1
[学校教育教員養成－教科教育「数学教育」：1科目] 数 数ⅠⅡⅢABC
[学校教育教員育成－教科教育「理科教育」：1科目] 理 物基・物、化基・化、生基・生、地基・地から1
[学校教育教員養成－教科教育「音楽教育」：1科目] 実技 音楽実技
[学校教育教員養成－教科教育「美術教育」：1科目] 実技 美術実技
[学校教育教員養成－教科教育「保健体育」：1科目] 実技 体育実技
[学校教育教員養成－教科教育「技術教育・家政教育」：1科目] 国 数 理 外 現古漢、数ⅠⅡABC〔ベ〕、物基・物、化基・化、生基・生、地基・地、英から1

■経済学部 偏差値 56

前期日程
◆共通テスト
[全学科：8科目] 国 現古漢 地歴 公 全6科目から2 数 数ⅠA、数ⅡBC 理 全5科目から1 外 全5科目から1 情 情Ⅰ
◆個別学力検査等
[全学科：1科目] 数 外 数ⅠⅡABC〔ベ〕、英から1

後期日程
◆共通テスト

国立　中国・四国　山口大学

[全学科：8科目] 前期日程に同じ
◆個別学力検査等
[全学科：1科目] 論小論文

■理学部 偏差値 55

前期日程
◆共通テスト
[数理科、物理・情報科、化、生物：8科目] 国現古漢 地歴 公全6科目から1 数数ⅠA、数ⅡBC 理物、化、生、地から2 外全5科目から1 情情Ⅰ
[地球圏システム科：7科目] 国現古漢 地歴 公全6科目から1 数全3科目から2 理全5科目から1 外全5科目から1 情情Ⅰ
◆個別学力検査等
[数理科：1～3科目] 数 理 外次の①～③から1 (①数ⅠⅡⅢABC、②数ⅠⅡⅢABC必須、物基・物、化基・化、生基・生、地基・地、英から1、③数ⅠⅡⅢABC、英必須、物基・物、化基・化、生基・生、地基・地から1)
[物理・情報科：1～2科目] 数 理次の①・②から1 (①数ⅠⅡⅢABC、物基・物、化基・化、生基・生、地基・地から1、②数ⅠⅡⅢABC必須、物基・物、化基・化、生基・生、地基・地から1)
[化：1科目] 数 理数ⅠⅡⅢABC、物基・物、化基・化、生基・生、地基・地から1
[生物：1科目] 数 理数ⅠⅡⅢABC、物基・物、化基・化、生基・生から1
[地球圏システム科：1～3科目] 数 理 外次の①～③から1 (①数ⅠⅡⅢABC、物基・物、化基・化、生基・生、地基・地、英から1、②数ⅠⅡⅢABC、物基・物、化基・化、生基・生、地基・地、英から2教科2、③数ⅠⅡⅢABC、英必須、物基・物、化基・化、生基・生、地基・地から1) ▶高得点1科目を合否判定に使用

後期日程
◆共通テスト
[地球圏システム科以外：8科目] 前期日程に同じ
[地球圏システム科：7科目] 前期日程に同じ
◆個別学力検査等
[数理科：1科目] 数数ⅠⅡⅢABC
[物理・情報科：1科目] 数 理数ⅠⅡⅢABC、物基・物から1
[化：1科目] 数 理数ⅠⅡⅢABC、物基・物、化基・化、生基・生から1
[生物：1科目] 数 理数ⅠⅡⅢABC、化基・化、生基・生から1
[地球圏システム科：1科目] 面面接

■医学部 医学科 偏差値 65

前期日程
◆共通テスト
[医：8科目] 国現古漢 地歴 公全6科目から1 数数ⅠA、数ⅡBC 理物、化、生から2 外英 情情Ⅰ
◆個別学力検査等
[医：5科目] 数数ⅠⅡⅢABC 理物基・物、化基・化、生基・生から2 外英 面面接

後期日程
◆共通テスト
[医：8科目] 前期日程に同じ
◆個別学力検査等
[医：2科目] 論小論文 面面接

■医学部 保健学科 偏差値 58

前期日程
◆共通テスト
[保健－看護学：7科目] 国現古漢 地歴 公全6科目から1 数数ⅠA、数ⅡBC 理全5科目から1 外全5科目から1 情情Ⅰ
[保健－検査技術科学：8科目] 国現古漢 地歴 公全6科目から1 数数ⅠA、数ⅡBC 理化必須、物、生、地から1 外英 情情Ⅰ
◆個別学力検査等
[保健－看護学：1科目] 外英
[保健－検査技術科学：1科目] 理物基・物、化基・化、生基・生から1

後期日程
◆共通テスト
[保健－看護学：7科目] 前期日程に同じ
[保健－検査技術科学：8科目] 前期日程に同じ
◆個別学力検査等
[保健：2科目] 論小論文 面面接

■工学部 偏差値 53

前期日程
◆共通テスト
[機械工、電気電子工、感性デザイン工：8科目] 国現古漢 地歴 公全6科目から1 数数ⅠA、数ⅡBC 理物必須、化、生、地から1 外全5科目から1 情情Ⅰ
[社会建設工、応用化、知能情報工、循環環境工：8科目] 国現古漢 地歴 公全6科目から1 数数ⅠA、数ⅡBC 理物、化、生、地から2 外全5科目から1 情情Ⅰ
◆個別学力検査等
[機械工、社会建設工、知能情報工、感性デザイン工：1科目] 数数ⅠⅡⅢABC
[応用化：1～2科目] 数 理次の①・②から1 (①数ⅠⅡⅢABC、化基・化から1、②数ⅠⅡⅢABC、化基・化▶高得点1科目を合否判定に使用)
[電気電子工：1～2科目] 数 理次の①・②から1 (①数ⅠⅡⅢABC、物基・物から1、②数ⅠⅡⅢABC、物基・物▶高得点1科目を合否判定に使用)
[循環環境工：1～2科目] 数 理次の①・②から1 (①数ⅠⅡⅢABC、物基・物、化基・化から1、②数ⅠⅡⅢABC必須、物基・物、化基・化から1▶高得点1科目を合否判定に使用)

後期日程
◆共通テスト
[全学科：8科目] 前期日程に同じ
◆個別学力検査等
[全学科：1科目] 論小論文

■農学部 偏差値 55

前期日程

◆共通テスト（パターン①）

［生物資源環境科：7科目］国 現古漢 地歴 公 全6科目から1 数 全3科目から2 理 全5科目から1 外 全5科目から1 情 情Ⅰ

◆共通テスト（パターン②）

［生物資源環境科：8科目］国 現古漢 地歴 公 全6科目から1 数 全3科目から2 理 物、化、生、地から2 外 全5科目から1 情 情Ⅰ

◆共通テスト（パターン③）

［生物資源環境科：7科目］国 現古漢 地歴 公 全6科目から1 数 全3科目から2 理 物、化、生、地から1 外 全5科目から1 情 情Ⅰ

◆共通テスト

［生物機能科：8科目］国 現古漢 地歴 公 全6科目から1 数 全3科目から2 理 全5科目から2▶化必須 外 全5科目から1 情 情Ⅰ

◆個別学力検査等（パターン①、パターン②）

［生物資源環境科：1～2科目］数 理 次の①・②から1（①数ⅠⅡABC〔ベ〕、物基・物、化基・化、生基・生、地基・地から1、②数ⅠⅡABC〔ベ〕必須、物基・物、化基・化、生基・生、地基・地から1▶高得点1科目を合否判定に使用）

◆個別学力検査等（パターン③）

［生物資源環境科：2科目］数 数ⅠⅡABC〔ベ〕理 物基・物、化基・化、生基・生、地基・地から1▶高得点1科目を合否判定に使用

◆個別学力検査等

［生物機能科：1科目］数 理 数ⅠⅡABC〔ベ〕、物基・物、化基・化、生基・生、地基・地から1

後期日程

◆共通テスト（パターン①）

［生物資源環境科：7科目］前期日程（パターン①）に同じ

◆共通テスト（パターン②）

［生物資源環境科：8科目］前期日程（パターン②）に同じ

◆共通テスト

［生物機能科：8科目］前期日程に同じ

◆個別学力検査等

［全学科：1科目］面 個人面接

■共同獣医学部 偏差値 63

前期日程

◆共通テスト

［共同獣医：7科目］国 現古漢 地歴 公 情 全7科目から1 数 数ⅠA、数ⅡBC 理 物、化、生、地から2 外 全5科目から1

◆個別学力検査等

［共同獣医：2科目］数 数ⅠⅡABC〔ベ〕理 物基・物、化基・化、生基・生、地基・地から1

後期日程

◆共通テスト

［共同獣医：6科目］国 現古漢 数 数ⅠA、数ⅡBC 理 物、化、生から2 外 全5科目から1

◆個別学力検査等

［共同獣医：1科目］面 面接

■国際総合科学部 偏差値 56

前期日程

◆共通テスト

［国際総合科：8科目］国 現古漢 地歴 公 理 次の①・②から1（①地歴公全6科目から2、理全5科目から1、②地歴公全6科目から1、物、化、生、地から2）数 数ⅠA、数ⅡBC 外 全5科目から1 情 情Ⅰ

◆個別学力検査等

［国際総合科：2科目］国 数 現古漢、数ⅠⅡABC〔ベ〕から1 外 英

後期日程

◆共通テスト

［国際総合科：8科目］前期日程に同じ

◆個別学力検査等

［国際総合科：2科目］論 小論文 面 面接

■特別選抜

［総合型選抜］総合型選抜

［学校推薦型選抜］学校推薦型選抜Ⅰ、学校推薦型選抜Ⅱ 共

［その他］帰国生徒入試、社会人入試、私費外国人留学生選抜

就職支援

山口大学では、一人ひとりの進路に合わせてきめ細やかな支援をするために、個別相談を重視しています。就職支援室には、キャリア教育の授業を行う専任教員と経験豊富な就職アドバイザーを配置し、手厚い相談体制をとっています。また、経営者や人事担当者などを招いた研究会や交流会の他に、学内企業説明会などの各種セミナー・説明会が開催されています。公務員・教員を目指す学生に向けて、大学生協による学内講座も開講され、2年生から受講することができます。

国際交流

山口大学では、中国の山東大学をはじめとする多くの大学と学術交流協定を結んでおり、協定校に半年～1年の交換留学が可能です。他にも、2～4週間、語学研修を目的とした海外短期語学研修やサマープログラムなどが実施されています。また、「山口大学海外留学支援制度～はばたこう！山口から世界へ～」という大学独自の奨学金制度や、留学のために受験したIELTS・TOEFLの受験費用の一部を支援する制度も準備されています。

とくしま
徳島大学

資料請求

学務部入試課(新蔵本部)　TEL (088) 656-7091　〒770-8501 徳島県徳島市新蔵町2-24

「地球視点で考え、徳島発で行動する」大学

大学紹介動画

最新入試情報

世界との交流を進め、教育研究に関する成果や課題を学内外と共有することで知の融合反応を促進し、「深く輝く、未来を紡ぐ大学」を目指す。四国唯一の歯学部を持ち、全国でも珍しい医療統合型キャンパスを形成している。

共通講義棟

キャンパス **3**つ

常三島キャンパス
〒770-8502 徳島県徳島市南常三島町1-1

蔵本キャンパス
〒770-8503 徳島県徳島市蔵本町3-18-15

新蔵本部
〒770-8501 徳島県徳島市新蔵町2-24

基本データ

※2023年5月現在（教員数は非常勤を含む。進路・就職は2022年度卒業者データ。学費は2024年度入学者用〔予定〕）

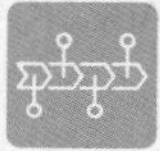

沿革

1949年、学芸、医、工の3つの学部からなる大学として発足。1951年、薬学部を設置。1976年、歯学部を設置。1986年、総合科学部を設置。2004年、国立大学法人となる。2016年、理工学部を改組設置するとともに生物資源産業学部を設置。2024年、総合科学部を改組。

教育機関
6 学部 **6** 研究科

学部　総合科／医／歯／薬／理工／生物資源産業

大学院　創成科学ⓂⒹ／医学ⓂⒹ／口腔科学ⓂⒹ／薬学ⓂⒹ／医科栄養学ⓂⒹ／保健科学ⓂⒹ

人数

学部学生数　**5,946**名

教員1名あたり学生 **6**名

教員数　**946**名【学長】河村保彦

（教授**263**名、准教授**226**名、講師**143**名、助教**314**名）

学費

初年度納入額　**894,800~967,800**円

奨学金　入学時日亜特別給付金、日亜特別待遇奨学生、アスパイア奨学金、オンライン留学支援奨学金

進路

学部卒業者　**1,271**名

（進学**500**名［39.3%］、就職**580**名［45.6%］、その他※**191**名［15.1%］）

※臨床研修医140名を含む

主な就職先　国家公務、地方公務、徳島大学病院、徳島赤十字病院、日亜化学工業、阿波銀行、四国ガス、ADKホールディングス、タニタ、大鵬薬品工業、アステラス製薬、一条工務店、本田技研工業、オハヨー乳業、JR西日本、ソニーセミコンダクタソリューションズ、デンソーテン、三菱電機、クラレ、大阪ガス、大塚製薬、丸大食品

学部学科紹介

※本書掲載内容は、大学公表資料から独自に編集したものです。詳細は大学パンフレットやホームページ等で必ず確認してください（取得可能な免許・資格は任用資格や受験資格などを含む）。

総合科学部

常三島キャンパス　定員 170

特色　国立大で日本最大級の総合科学部。多様な資格取得を目指せるカリキュラム設計。
進路　約1割が大学院へ進学。就職先は公務や教育・金融・広告業など。
学問分野　言語学／心理学／歴史学／地理学／文化学／法学／政治学／経済学／経営学／社会学／観光学／国際学／健康科学／芸術・表現／デザイン学／情報学／人間科学
大学院　創成科学

社会総合科学科 改 (170)	2024年度、公共政策、地域創生の各コースを統合した地域デザインコースが誕生。地域づくりや政策の課題解決策を提案・実践できる人材を育成する。他、国際教養コースと心身健康コースを設置、人文から情報まで諸科学の知識と技能を身につけられる。
取得可能な免許・資格	認定心理士、学芸員、社会調査士、社会福祉主事、公認スポーツ指導者、教員免許（中-国・社・保体・美・英、高-国・地歴・公・保体・美・英）

医学部

常三島キャンパス（1・2年）
蔵本キャンパス（2~4（6）年）　定員 286

特色　医療・栄養・福祉に係る教育・研究・診療を通じて社会に貢献できる人材を育成。
進路　医：多くが医療機関に就く。その他：大学院へ進学する者も多い。
学問分野　医学／看護学／健康科学／食物学
大学院　医学／医科栄養学／保健科学

医学科 (112)	6年制。生命科学・医療系の研究拠点を持つキャンパス環境を活かし、卒前教育として10カ月間にわたり研究室に所属し本格的な研究を行う。4年修了時に休学して大学院博士課程に進学し、学位を取得したあとに5年次へ復学する「MD-PhDコース」も設けている。
医科栄養学科 (50)	4年制。栄養施策の推進役となれるような管理栄養士および栄養学の基礎的研究や教育を担える人材を育成する。1～3年次は人体構造機能学や食品衛生学、臨床栄養学や調理学など幅広く学ぶ。3年次(後期)からは、大学病院での臨床実習や各地域の学校・保健所で実地研修を行う。
保健学科 (124)	4年制。高度化・専門化する医療環境に対応し、人間尊重の倫理と使命感を兼ね備えた医療人を育成する。看護学、放射線技術科学、検査技術科学の3つの専攻を設置。1・2年次にはそれぞれの分野における基礎知識を学び、3年次から専門分野の学びに取り組む。
取得可能な免許・資格	医師、看護師、診療放射線技師、臨床検査技師、管理栄養士、栄養士、養護教諭（一種）

歯学部

常三島キャンパス（1・2年）
蔵本キャンパス（2~4（6）年）　定員 55

特色　医療、福祉、行政の連携を前提に、多職種間協働できる人材を育成する。
進路　多くが医療・福祉業に就く。口腔保健学科は大学院への進学者もいる。
学問分野　歯学
大学院　口腔科学

歯学科 (40)	6年制。歯科領域にとどまらない幅広い知識と技術、歯科医師として不可欠な倫理観を身につける。1・2年次は教養教育と基礎医学、2年次から4年次は専門講義と実習、3・4年次は隣接医学、4年次は臨床予備実習、5・6年次に徳島大学病院での本格的な臨床実習や学外実習に取り組む。
口腔保健学科 (15)	4年制。口腔保健や社会福祉の立場から、健康長寿社会の実現に貢献する人材を育成する。チーム医療や臨床現場で重視される問題解決能力やコミュニケーション能力の向上を目指すべく、医療系の3つの学部の教員と学生が一体となった専門職連携教育などが特徴的である。
取得可能な免許・資格	社会福祉士、歯科医師、歯科衛生士

薬学部

常三島キャンパス（1・2年）
蔵本キャンパス（2～6年）
定員 80

特色 1年次からの研究体験と早期研究室配属で「研究のできる薬剤師」を育成。
進路 卒業者の多くが薬剤師として薬局や病院で活躍している。
学問分野 薬学
大学院 薬学

薬学科 (80)	6年制。3年次より創製薬科学研究者育成と先導的薬剤師育成の2つのコースに分かれる。3年次前期から研究室に配属。いち早い本格的な研究実験の開始で専門知識・技能をより高め、薬剤師として地域医療や災害時医療に貢献できる人材を育成。
取得可能な免許・資格	危険物取扱者（甲種）、薬剤師

理工学部

常三島キャンパス
定員 625

特色 学部と大学院を接続した6年一貫カリキュラムで高度な専門性を持つ人材を育成。
進路 半数超が大学院へ進学する。就職先は製造業や情報通信業が中心である。
学問分野 数学／化学／生物学／地学／応用化学／機械工学／電気・電子工学／材料工学／土木・建築学／エネルギー工学／医療工学／社会・安全工学／その他工学／環境学／情報学
大学院 創成科学

理工学科 昼 (580)	科学技術で社会のイノベーションを担う工学のセンスを持った理学者、理学のセンスを持った工学者を養成。数理科学、自然科学、社会基盤デザイン、機械科学、応用化学システム、電気電子システム、知能情報、光システムの8つのコースを設置。また、2023年度、理工、医学部と関連研究所による学部等横断型の医光/医工融合プログラムを開設。
理工学科 夜 (45)	社会基盤デザイン、機械科学、応用化学システム、電気電子システム、知能情報の5つのコースを設置。夜間主開講時間帯のみの履修で卒業できるが、昼間開講時間帯のフレックス履修等、柔軟な履修制度を採り入れている。
取得可能な免許・資格	危険物取扱者（甲種）、毒物劇物取扱責任者、電気工事士、特殊無線技士（海上、陸上）、建築士（一級、二級、木造）、技術士補、測量士補、主任技術者（電気）、施工管理技士（建築）、教員免許（中-数・理、高-数・理・情・工業）

生物資源産業学部

常三島キャンパス
定員 100

特色 農業、食品、医療などの生物資源関連事業を支える新たなバイオ産業を創出する。
進路 約半数が大学院へ進学する。就職先は食品・製造業・公務など。
学問分野 生物学／農学／水産学／応用生物学／食物学
大学院 創成科学

生物資源産業学科 (100)	2年次より生物資源を健康科学に応用する応用生命、食品開発により経済発展に貢献する人材を育成する食料科学、農工連携により1次産業の発展と地域社会・経済活性化を目指す生物生産システムの3つのコースに分属。3年次に進路に対応した研究室を選択する。
取得可能な免許・資格	危険物取扱者（甲種）、食品衛生管理者、食品衛生監視員、バイオ技術者

入試要項（2025年度）

※この入試情報は大学発表の2025年度入試（予告）より編集したものです（2024年1月時点。見方は巻頭の「本書の使い方」参照）。内容には変更が生じる可能性があるため、最新情報はホームページや2025年度募集要項等で必ず確認してください。

「大学入試科目検索システム」のご案内
日程・方式ごとの偏差値や昨年度入試結果（志願者倍率、実質倍率、合格最低点）、基本情報（出願締切日、試験日、二段階選抜、募集人員、総合満点）などは、「大学入試科目検索システム」(https://nyushi.toshin.com/) をご覧ください（利用方法はp.12参照）。

■総合科学部 偏差値 56

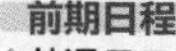

前期日程

◆共通テスト
[社会総合科：8科目] 国現古漢 地歴 公全6科目から2 数全3科目から2 理全5科目から1 外全5科目から1 情情Ⅰ

◆個別学力検査等
[社会総合科：2科目] 国現古漢 外英

後期日程

◆共通テスト
[社会総合科：8科目] 前期日程に同じ

◆個別学力検査等

[社会総合科：1科目] 論 小論文

■医学部 医学科 偏差値 65

前期日程

◆共通テスト

[医：8科目] 国 現古漢 地歴 公 全6科目から1 数 数ⅠA、数ⅡBC 理 物、化、生から2 外 全5科目から1 情 情Ⅰ

◆個別学力検査等

[医：3科目] 数 数ⅠⅡⅢAB〔列〕C 外 英 面 集団面接

■医学部 医科栄養学科 偏差値 59

前期日程

◆共通テスト（英語受験方式）

[医科栄養：7科目] 国 現古漢 地歴 公 全6科目から1 数 数ⅠA、数ⅡBC 理 理科基礎、物、化、生から1▶地基選択不可 外 全5科目から1 情 情Ⅰ

◆共通テスト（英語・化学受験方式）

[医科栄養：7科目] 国 現古漢 地歴 公 全6科目から1 数 数ⅠA、数ⅡBC 理 物、化、生から1 外 全5科目から1 情 情Ⅰ

◆個別学力検査等（英語受験方式）

[医科栄養：2科目] 外 英 面 個人面接

◆個別学力検査等（英語・化学受験方式）

[医科栄養：3科目] 理 化基・化 外 英 面 個人面接

■医学部 保健学科 偏差値 58

前期日程

◆共通テスト

[保健－看護学：7〜8科目] 国 現古漢 地歴 公 全6科目から1 数 全3科目から2 理 次の①・②から1（①生基必須、物基、化基から1、②生必須、物、化から1）外 全5科目から1 情 情Ⅰ

[保健－放射線技術科学：8科目] 国 現古漢 地歴 公 全6科目から1 数 数ⅠA、数ⅡBC 理 物必須、次の①・②から1（①化基・生基、②化、生から1）外 全5科目から1 情 情Ⅰ

[保健－検査技術科学：8科目] 国 現古漢 地歴 公 全6科目から1 数 数ⅠA、数ⅡBC 理 化必須、物、生から1 外 全5科目から1 情 情Ⅰ

◆個別学力検査等

[保健－看護学：2科目] 外 英 面 集団面接

[保健－放射線技術科学：3科目] 数 数ⅠⅡⅢAB〔列〕C 理 物基・物 面 集団面接

◆個別学力検査等※志望理由書を総合判定に用いる

[保健－検査技術科学：2科目] 数 数ⅠⅡⅢAB〔列〕C 外 英

後期日程

◆共通テスト

[保健－看護学：7〜8科目] 前期日程に同じ

[保健－放射線技術科学：8科目] 前期日程に同じ

◆個別学力検査等

[保健－看護学：2科目] 論 小論文 面 個人面接・集団討論

[保健－放射線技術科学：2科目] 論 小論文 面 個人面接

■歯学部 偏差値 58

前期日程

◆共通テスト

[歯：8科目] 国 現古漢 地歴 公 全6科目から1 数 数ⅠA、数ⅡBC 理 物、化、生から2 外 全5科目から1 情 情Ⅰ

[口腔保健：7〜8科目] 国 現古漢 地歴 公 全6科目から1 数 全3科目から2 理 次の①〜③から1（①理科基礎、②理科基礎必須、物、化、生から1▶高得点1科目を合否判定に使用、③物、化、生から2）▶地基選択不可 外 全5科目から1 情 情Ⅰ

◆個別学力検査等

[歯：4科目] 数 数ⅠⅡⅢAB〔列〕C 理 物基・物、化基・化、生基・生から1 外 英 面 個人面接

[口腔保健：2科目] 外 英 面 個人面接

後期日程

◆共通テスト

[歯：8科目] 前期日程に同じ

[口腔保健：7〜8科目] 前期日程に同じ

◆個別学力検査等

[歯：2科目] 論 小論文 面 個人面接

[口腔保健：1科目] 面 個人面接

■薬学部 偏差値 62

前期日程

◆共通テスト

[薬：8科目] 国 現古漢 地歴 公 全6科目から1 数 数ⅠA、数ⅡBC 理 化必須、物、生から1 外 全5科目から1 情 情Ⅰ

◆個別学力検査等

[薬：3科目] 数 数ⅠⅡⅢAB〔列〕C 理 化基・化 面 集団面接

後期日程

◆共通テスト

[薬：8科目] 国 現古漢 地歴 公 全6科目から1 数 数ⅠA、数ⅡBC 理 物、化、生から2 外 全5科目から1 情 情Ⅰ

◆個別学力検査等※志望理由書を総合判定に用いる

[薬：2科目] 理 化基・化 面 集団面接

■理工学部 偏差値 52

前期日程

◆共通テスト

[理工【昼】－自然科学以外、理工【夜】－応用化学以外：8科目] 国 現古漢 地歴 公 全6科目から1 数 数ⅠA、数ⅡBC 理 物、化 外 全5科目から1 情 情Ⅰ

[理工【昼】－自然科学：8科目] 国 現古漢 地歴 公 全6科目から1 数 数ⅠA、数ⅡBC 理 物、化、生、地から2 外 全5科目から1 情 情Ⅰ

◆個別学力検査等

[理工【昼】－自然科学以外、理工【夜】－応用化学以外：2科目] 数 数ⅠⅡⅢAB〔列〕C 理 物基・物、

化基・化から1
[理工【昼】－自然科学：2科目] 数 数ⅠⅡⅢAB〔列〕C 理 物基・物、化基・化、生基・生から1

後期日程

◆共通テスト

[理工【昼】：8科目] 前期日程に同じ

◆個別学力検査等

[理工【昼】：2科目] 数 数ⅠⅡⅢAB〔列〕C 書類審 志望調書

■生物資源産業学部 偏差値 53

前期日程

◆共通テスト

[生物資源産業：8科目] 国 現古漢 地歴 公 全6科目から1 数 数ⅠA、数ⅡBC 理 化必須、物、生から1 外 英 情 情Ⅰ

◆個別学力検査等

[生物資源産業：2科目] 理 化基・化 面 集団面接

後期日程

◆共通テスト

[生物資源産業：8科目] 前期日程に同じ

◆個別学力検査等

[生物資源産業：1科目] 総合 総合問題

■特別選抜

[総合型選抜] 総合型選抜（四国研究医型）共

[学校推薦型選抜] 学校推薦型選抜Ⅰ（活動実績重視型、英語能力重視型、主体性重視型、理工学経験重視型、次世代光フロンティア入試、地方創生型〔専門高校・総合学科全国枠、地域枠〕、地方創生型〔地域産業振興枠〕）、学校推薦型選抜Ⅱ 共、学校推薦型選抜Ⅱ（共通テスト利用6～7教科型、共通テスト利用4教科型、主体性と学力重視型、適性と学力重視型、主体性・表現力重視型、主体性重視型、創薬研究者育成型〔長井枠〕、先導的地域医療薬剤師育成型〔地方貢献枠〕、主体性・創造性重視型）共

[その他] 帰国生徒選抜、社会人選抜、私費外国人留学生選抜

徳島大学ギャラリー

■LEDイルミネーション

助任川の水中から見た風景をイメージしたもの。徳島大学は、青色「LED」開発に成功したノーベル賞受賞者を輩出しています。

■農場

生物資源産業学部農場は、約10万平方メートルという広大な敷地内に畜産、植物、昆虫などの研究施設を有しています。

■オープンキャンパス

高校生を対象にした質疑応答や研究室・実験室等の見学など様々な体験ができる他、徳島大学の学生とふれあえる機会もあります。

■徳島大学病院

徳島県立中央病院と連携し、県民医療の発展と地域医療の再生のための医療拠点である「総合メディカルゾーン」が完成しました。

香川(かがわ)大学

資料請求

入試課（幸町キャンパス） TEL (087) 832-1182 〒760-8521 香川県高松市幸町1-1

世界水準の教育研究により地域と共生社会の実現に貢献する

大学紹介動画  最新入試情報 

豊かな人間性や高い倫理性の上に、確かな基礎力と専門知識を有した人材を育成する。多様な価値観を組み合わせて発想される創造的・革新的な基礎研究をもとに、社会の諸課題を解決するための応用的な研究を行う。

幸町キャンパス正門

キャンパス 4つ

幸町キャンパス
〒760-8523 香川県高松市幸町2-1

三木町医学部キャンパス
〒761-0793 香川県木田郡三木町池戸1750-1

林町キャンパス
〒761-0396 香川県高松市林町2217-20

三木町農学部キャンパス
〒761-0795 香川県木田郡三木町池戸2393

基本データ

※2023年5月現在（進路・就職は2022年度卒業者データ。学費は2024年度入学者用〔予定〕）

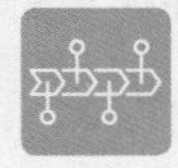
沿革

1949年、香川師範学校、香川青年師範学校、高松経済専門学校を母体とし、学芸、経済学部で発足。1955年、農学部を設置。1966年、学芸学部を教育学部に改称。1981年、法学部を設置。1997年、工学部を設置。2003年、医学部を設置。2018年、工学部を創造工学部に改組。2022年、大学院4研究科を統合して創発科学研究科を開設し、現在に至る。

教育機関 6学部 6研究科

学部 教育／法／経済／医／創造工／農

大学院 創発科学Ⓜ︎Ⓓ／医学系ⓂⒹ／農学Ⓜ／教育学Ⓟ／地域マネジメントⓅ／連合農学Ⓓ

人数

学部学生数 5,629名　教員1名あたり学生 9名

教員数 597名【学長】上田夏生
（教授244名、准教授152名、講師58名、助教141名、助手・その他2名）

学費

初年度納入額 817,800円（諸経費別途）

奨学金 香川大学グローバル人材育成特定基金奨学金

進路

学部卒業者 1,310名
（進学248名［18.9%］、就職855名［65.3%］、その他※207名［15.8%］）
※臨床研修医108名を含む

主な就職先 小学校、中学校、高等学校、官公庁、百十四銀行、東京海上日動火災保険、香川銀行、阿波銀行、中国銀行、グローバルセンター、香川大学医学部附属病院、岡山大学病院、神戸大学医学部附属病院、四電工、ネットワンシステムズ、STNet、大林組、奥村組、鹿島建設、タツモ、三井住友建設、山崎製パン、WDB、ダイレックス、アドラボアグリ、黒石建設

学部学科紹介

※本書掲載内容は、大学公表資料から独自に編集したものです。詳細は大学パンフレットやホームページ等で必ず確認してください（取得可能な免許・資格は任用資格や受験資格などを含む）。

教育学部

幸町キャンパス　定員 160

特色　現代社会の問題を発達の視点から理解し、教育現場で活躍できる人材を育成。
進路　約6割は教育・学習支援業に就く。他、公務や医療・福祉業など。
学問分野　教員養成
大学院　教育学／創発科学

学校教育教員養成課程 (160)	3つのコースを設置。幼児教育コースでは教員免許取得に加え地域や家庭での子育てを支援する力を養う。小学校教育コースでは子どもの発達を理解し、教科教育や学級経営にも強い教員を養成する。中学校教育コースでは教科に対する専門知識を現場で活用する力を養う。
取得可能な免許・資格	登録日本語教員、保育士、教員免許（幼一種、小一種、中-国・数・理・社・保体・音・美・家・技・英、高-国・数・理・地歴・公・情・保体・書・音・美・家・工業・英、特-知的・肢体・病弱）、司書教諭

法学部

幸町キャンパス　定員 160

特色　判例集などの参考図書を所蔵する「法学部資料室」などの学習環境が整っている。
進路　卒業者の多くは公務に就く。他、製造業や金融・保険業など。
学問分野　法学／政治学
大学院　創発科学

法学科 昼 (150)	3つのコースを設置。法律職コースでは法律知識の運用能力を身につけ、法曹で活躍するる人材を育成する。公共政策コースでは法律的判断能力を培い公務員職などを目指す。企業法務コースでは柔軟な思考力を養い、企業の中核的役割を担える人材を育成する。
法学科 夜 (10)	社会で働きながら学ぶための総合法政コースを設置、授業は夜間に行われる。法律学、政治学、経済学、経営学などの分野を幅広く履修し、豊かな知識や教養を身につけるとともに、企画力や政策遂行能力などの専門的実務能力を養う。
取得可能な免許・資格	教員免許（高-公）

経済学部

幸町キャンパス　定員 250

特色　地域活性化プロジェクトや海外研修など実践力を培うプログラムを設けている。
進路　就職先は公務や金融・保険業、情報通信業など多岐にわたる。
学問分野　経済学／経営学／観光学／国際学
大学院　創発科学

経済学科 昼 (240)	経済・政策分析、会計・ファイナンス、経営・イノベーション、観光・地域振興、グローバル社会経済の5つのコースを設置している。少人数制のゼミが1年次から始まる他、外国語演習やインターンシップ等の実践的な科目も多く開講している。
経済学科 夜 (10)	働きながら夜間に勉学を志す社会人のために、授業は平日の18時～21時過ぎまでの開講となっている。履修コースは総合経済コースであり、昼間コースと同じように4年間の課程を修了すると学士（経済学）を取得できる。
取得可能な免許・資格	教員免許（高-商業）

医学部

幸町キャンパス（1年）
三木町医学部キャンパス(1～4(6)年)　定員 189

特色　医学科、看護学科、臨床心理学科の学生が同じキャンパスで医療を学んでいる。
進路　卒業者の多くが医療・福祉業に就く。他、公務や教育・学習支援業など。
学問分野　心理学／医学／看護学／健康科学
大学院　医学系

医学科 (109)	6年制。臨床実習を重視し、附属病院だけでなく県内の医療機関でも実習が行われ、離島をはじめとした地域での医療に貢献できる医療人を育成する。瀬戸内海の大島にあるハンセン病療養施設での実習や諸外国の医学部・医科大学との活発な国際交流などが特徴的である。

学科	定員	内容
看護学科	(60)	4年制。必修の看護師課程と選択制の養護教諭課程からなる。健康科学、基礎看護学、臨床看護学、地域・精神看護学の4つの講座を設置している。外部機関でトリアージなどを学ぶ防災・災害看護や在宅看護学実習など特徴的な科目を開講している。
臨床心理学科	(20)	4年制。人間に対する倫理観と思考力を身につけた心理専門職を養成する。定員20名に対して教員11名という徹底した少人数教育のもと、共感的コミュニケーション能力を養う。1年次から医学科の学生と連携したチーム医療の実習が始まり、実践力を鍛えていく。
取得可能な免許・資格		公認心理師、認定心理士、児童指導員、医師、看護師、養護教諭（一種）

創造工学部

幸町キャンパス（造形・メ）
林町キャンパス(上記コース以外)
定員 330

- 特色：安全の創造、文化の創造、産業の創造の3つを軸にシステムをデザインする。
- 進路：就職先は製造業、情報通信業、建築業などが多い。
- 学問分野：化学／機械工学／材料工学／土木・建築学／デザイン学／環境学／情報学
- 大学院：創発科学

学科	定員	内容
創造工学科	(330)	2023年度より改称の人工知能・通信ネットワーク、材料物質科学の2コースに造形・メディアデザイン、建築・都市環境、防災・危機管理、情報システム・セキュリティ、機械システムの5コースを加えた7コースを設置。デザイン思考とリスクマネジメントを活用し安全で美しいデザイン創造に取組む。
取得可能な免許・資格		建築士（一級、二級、木造）、測量士補、施工管理技士（土木、建築、電気工事、管工事、造園、建設機械）、教員免許（高-理・情・工業）

農学部

幸町キャンパス（1年）
三木町農学部キャンパス(1～4年)
定員 150

- 特色：2年次前期までに導入科目と共通基礎科目を履修し、後期に5つのコースに分属。
- 進路：卒業者の多くは製造業や卸売・小売業、サービス業などに就く。
- 学問分野：生物学／農学／応用生物学／環境学
- 大学院：農学

学科	定員	内容
応用生物科学科	(150)	2023年度より改称の先端生命科学、アグリサイエンス、フィールド環境、バイオ分子化学の4コースに食品科学コースを加えた5つのコースで構成。3年生を対象に海外の研究所や大学で英語を用いて学びながら、研究活動に参加することができる「国際応用科学研修」科目も設置している。
取得可能な免許・資格		食品衛生管理者、食品衛生監視員、教員免許（中-理、高-理・農）

入試要項(2025年度)

※この入試情報は大学発表の2025年度入試（予告）および2024年度募集要項等より編集したものです（2024年1月時点。見方は巻頭の「本書の使い方」参照)。内容には変更が生じる可能性があるため、最新情報はホームページや2025年度募集要項等で必ず確認してください。

「大学入試科目検索システム」のご案内

日程・方式ごとの偏差値や昨年度入試結果（志願者倍率、実質倍率、合格最低点)、基本情報（出願締切日、試験日、二段階選抜、募集人員、総合満点）などは、「大学入試科目検索システム」(https://nyushi.toshin.com/) をご覧ください（利用方法はp.12参照)。

■教育学部 偏差値 56

前期日程

◆共通テスト

[学校教育教員養成：8科目] 国 現古漢 地歴 公 理 全11科目から3▶理は同一名称含む組み合わせ不可 数 数ⅠA、数ⅡBC 外 全5科目から1 情 情Ⅰ

◆個別学力検査等

[学校教育教員養成－幼児教育・小学校教育：2科目] 国 数 理 外 実技 現古漢、数ⅠⅡAB〔列〕C〔ベ〕、数ⅠⅡⅢAB〔列〕C、物基・物、化基・化、生基・生、地基・地、英、音楽実技、美術実技、体育実技から1 面 面接

◆個別学力検査等（A系）

[学校教育教員養成－中学校教育：2科目] 国 外 現古漢、英から1 面 面接

◆個別学力検査等（B系）

[学校教育教員養成－中学校教育：2科目] 数 理 数ⅠⅡAB〔列〕C〔ベ〕、数ⅠⅡⅢAB〔列〕C、物基・物、化基・化、生基・生、地基・地から1 面 面接

◆個別学力検査等（C系）

[学校教育教員養成－中学校教育：2科目] 実技 音楽実技、美術実技、体育実技から1 面 面接

後期日程

◆共通テスト
[学校教育教員養成－小学校教育・中学校教育：8科目] 前期日程に同じ
◆個別学力検査等
[学校教育教員養成－小学校教育・中学校教育：1科目] 画面接

■法学部 偏差値 57

前期日程
◆共通テスト
[法【昼】：8科目] 国現古漢 地歴 公地歴全3科目、公共・倫、公共・政経から2 数全3科目から2 理全5科目から1 外全5科目から1 情情Ⅰ
◆個別学力検査等
[法【昼】：1科目] 数 外数ⅠⅡAB〔列〕C〔べ〕、英から1

後期日程
◆共通テスト
[法【昼】：8科目] 前期日程に同じ
◆個別学力検査等
[法【昼】：1科目] 論小論文

■経済学部 偏差値 58

前期日程
◆共通テスト
[経済【昼】：7科目] 国現古漢 地歴 公地歴全3科目、公共・倫、公共・政経から1 理全5科目から1 数数ⅠA、数ⅡBC 外全5科目から1 情情Ⅰ
◆個別学力検査等
[経済【昼】：1科目] 外英

後期日程
◆共通テスト
[経済【昼】：7科目] 前期日程に同じ
◆個別学力検査等
[経済【昼】：1科目] 論小論文

■医学部 医学科 偏差値 65

前期日程
◆共通テスト (地域枠含む)
[医：8科目] 国現古漢 地歴 公地歴全3科目、公共・倫、公共・政経から1 数数ⅠA、数ⅡBC 理物、化、生から2 外全5科目から1 情情Ⅰ
◆個別学力検査等 (地域枠含む)
[医：5科目] 数数ⅠⅡⅢAB〔列〕C 理物基・物、化基・化、生基・生から2 外英 画面接

■医学部 看護学科 偏差値 57

前期日程
◆共通テスト
[看護：6科目] 国現古漢 地歴 公全6科目から1 数数ⅠA、数ⅡBCから1 理理科基礎、物、化、生から1▶地基選択不可 外全5科目から1 情情Ⅰ
◆個別学力検査等
[看護：1科目] 画面接

■医学部 臨床心理学科 偏差値 58

前期日程
◆共通テスト
[臨床心理：8科目] 国現古漢 地歴 公 理地歴公全6科目、理科基礎、物、化、生から3▶地基選択不可。理は同一名称含む組み合わせ不可 数数ⅠA、数ⅡBC 外全5科目から1 情情Ⅰ
◆個別学力検査等
[臨床心理：3科目] 国 数現古漢、数ⅠⅡAB〔列〕C〔べ〕、数ⅠⅡⅢAB〔列〕Cから1 外英 画面接

■創造工学部 偏差値 54

前期日程
◆共通テスト (Aタイプ)
[創造工：8科目] 国現古漢 地歴 公全6科目から1 数全3科目から2 理物必須、化、生、地から1 外全5科目から1 情情Ⅰ
◆共通テスト (Bタイプ)
[創造工－造形メディアデザイン・防災危機管理：7科目] 国現古漢 地歴 公全6科目から1 数全3科目から2 理全5科目から1 外全5科目から1 情情Ⅰ
◆個別学力検査等 (Aタイプ)
[創造工：1～2科目] 数 理次の①・②から1 (①数ⅠⅡⅢAB〔列〕C、物基・物、化基・化から1、②数ⅠⅡⅢAB〔列〕C必須、物基・物、化基・化から1)
◆個別学力検査等 (Bタイプ)
[創造工－造形メディアデザイン：1科目] 数 理 総合数ⅠⅡAB〔列〕C〔べ〕、物基・物、化基・化、総合問題から1
[創造工－防災危機管理：1科目] 数 理数ⅠⅡAB〔列〕C〔べ〕、物基・物、化基・化、地基・地から1

後期日程
◆共通テスト
[創造工：8科目] 国現古漢 地歴 公全6科目から1 数全3科目から2 理物、化、生、地から2 外全5科目から1 情情Ⅰ
◆個別学力検査等
[創造工：1科目] 論小論文

■農学部 偏差値 54

前期日程
◆共通テスト
[応用生物科：8科目] 国現古漢 地歴 公全6科目から1 数全3科目から2 理物、化、生、地から2 外全5科目から1 情情Ⅰ
◆個別学力検査等
[応用生物科：1科目] 数 理数ⅠⅡAB〔列〕C〔べ〕、数ⅠⅡⅢAB〔列〕C、物基・物、化基・化、生基・生から1

後期日程
◆共通テスト
[応用生物科：4科目] 数全3科目から2 理物、化、

生、地から1 外 全5科目から1

◆**個別学力検査等**

［応用生物科］課さない

■特別選抜

［総合型選抜］総合型選抜Ⅰ、ナーシング・プロフェッショナル育成入試

［学校推薦型選抜］学校推薦型選抜Ⅰ、学校推薦型選抜Ⅱ 共、学校推薦型選抜Ⅱ（ⅡA、ⅡB、地域枠〔学校推薦〕）共

［その他］社会人選抜、国際バカロレア選抜、私費外国人留学生選抜

就職支援

香川大学では、キャリア支援サポートセンターによるキャリアガイダンスや就職セミナー、個別就職相談などが実施され、学生一人ひとりに応じたサポートがあります。また、学部独自のサポートとして、学部や学生が中心となり、学部に特化した合同企業説明会や国家試験対策委員会、公務員セミナーなど、就職活動をサポートする独自の活動が数多く行われています。他にも、「鍛えあげインターンシップ」、「実践型インターンシップ」、「体験型インターンシップ」など充実したインターンシッププログラムが実施されています。

国際交流

香川大学では、21カ国・地域、56機関と大学間協定を結んでおり、自分に合わせて選べる、多彩な留学プログラムがあります。協定校へ1年を限度として留学し、授業履修や研究指導を受けることを目的とした「交換留学」や学部ごとに協定校に訪問する「交流協定校訪問」、その他にも、夏休みや春休みを利用して2週間～1カ月程度海外の大学で研修を受ける「短期海外研修」や「国際インターンシップ」が実施されています。また、大学独自の奨学金制度が設けられ、学生の留学を支援しています。

香川大学ギャラリー

■幸町キャンパス

幸町キャンパスには、図書館や博物館の他に研究センターや教育支援センターなど様々な施設が備わっています。

■ベーカリーカフェ空海

大学会館の2階には、焼きたてパンを提供するベーカリーカフェがあります。天気が良い日はテラスで食事をすることが可能です。

■グローバル・カフェ

香川大学は、グローバル時代にふさわしい人材育成と国際交流の推進を担うための場として「グローバル・カフェ」を設置しています。

■香川大学博物館

幸町キャンパス北1号館の1階にある香川大学博物館は、展示室や収蔵庫の他に実習スペースを備えています。

愛媛大学

えひめ

資料請求

教育学生支援部入試課(城北キャンパス)　TEL (089) 927-9172　〒790-8577 愛媛県松山市文京町3

「学生中心の大学」「地域とともに輝く大学」へ

大学紹介動画 

最新入試情報 

互いに尊重し、啓発し合う人間関係を軸に、自ら学び、考え、実践する能力と、次世代を担う豊かな人間性を兼ね備えた人材を育成する。地域に貢献し、地域の発展を牽引する人材の輩出に取り組んでいる。

城北キャンパス正門

キャンパス 3つ

城北キャンパス
〒790-8577 愛媛県松山市文京町3

重信キャンパス
〒791-0295 愛媛県東温市志津川

樽味キャンパス
〒790-8566 愛媛県松山市樽味3-5-7

基本データ

※2023年5月現在（学部学生数に留学生は含まない。進路・就職は2022年度卒業者データ。学費は2024年度入学者用〔予定〕）

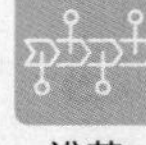

沿革

1949年、旧制松山高等学校、愛媛師範学校などを母体に文理、教育、工学部で発足。1954年、農学部を設置。1968年、文理学部を改組し、法文、理学部を設置。1973年、医学部を設置。2016年、社会共創学部を設置。2019年、理、工学部を大幅改組。2022年、医農融合公衆衛生学環を設置。2023年、理工学研究科を改組、地域レジリエンス学環を設置。2024年、教育学部を改組、工学部工学科にデジタル情報人材育成特別プログラムを設置。2025年、社会共創学部を改組予定。

教育機関 7 学部 6 研究科

学部　法文／教育／社会共創／理／医／工／農

大学院　人文社会科学Ⓜ／教育学ⓂⓅ／医学系ⓂⒹ／医農融合公衆衛生（研究科等連係課程）Ⓜ／理工学ⓂⒹ／農学Ⓜ／地域レジリエンス（研究科等連係課程）Ⓜ／連合農学Ⓓ

人数

学部学生数　**7,929**名

教員1名あたり学生 **10**名 

教員数　**763**名【学長】仁科弘重
（教授**259**名、准教授**252**名、講師**82**名、助教**167**名、助手・その他**3**名）

学費

初年度納入額　**882,460~973,600**円

奨学金　愛媛大学修学サポート奨学金

進路

学部卒業者　**1,811**名
（進学**451**名［24.9%］、就職**1,158**名［63.9%］、その他※**202**名［11.2%］）
※臨床研修医107名を含む

主な就職先　今治造船、伊予銀行、大林組、サイボウズ、四国電力、住友化学、住友金属鉱山、セイコーエプソン、大王製紙、太陽石油、TOPPANホールディングス、NTT西日本、日本政策金融公庫、富士通、マツダ、三浦工業、三菱電機、ヤフー、山崎製パン、農林水産省、四国総合通信局、高松国税局、小学校(教員)

学部学科紹介

※本書掲載内容は、大学公表資料から独自に編集したものです。詳細は大学パンフレットやホームページ等で必ず確認してください（取得可能な免許・資格は任用資格や受験資格などを含む）。

法文学部

城北キャンパス　定員 365

特色　グローカルな視点で文化や社会のあり方を模索し生涯学び続ける力を身につける。
進路　就職先は公務や卸売・小売業、情報通信業など多岐にわたる。
学問分野　文学／言語学／哲学／心理学／歴史学／地理学／文化学／法学／政治学／経済学／社会学／国際学／芸術・表現
大学院　人文社会科学

人文社会学科 昼 (275)	2年次から法学や政治学などの知見から公共性を考える法学・政策学、諸言語から国際紛争まで学ぶグローバル・スタディーズ、文化と社会について探究する人文学の3つの履修コースに分かれる。海外留学やフィールドワークなどへの参加を奨励している。夜間主コースの授業も受けられる。
人文社会学科 夜 (90)	2年次から法学・政策学と人文学の2つの履修コースに分かれる。平日の夜間と土曜日の午後がおもな授業時間帯だが、昼間主コースの授業も受けられる。働きながら学ぶ学生や退職後にもう一度学び直す学生まで在籍者は多様である。
取得可能な免許・資格	学芸員、教員免許（中-国・社・英、高-国・地歴・公・英）

教育学部

城北キャンパス　定員 160

特色　2024年度改組。専門的知識と実践的指導力を兼ね備えた教員を育成。
進路　卒業者の約7割が教育に携わる。他、公務や卸売・小売業など。
学問分野　教員養成
大学院　教育学

学校教育教員養成課程 改 (160)	2024年度、従来の3コースから2コースに再編。教育発達実践コースには幼年教育、小学校教育、特別支援教育の3つのサブコースが、初等中等教科コースには言語社会教育、科学教育、生活健康・芸術教育の3つのサブコースが設けられている。
取得可能な免許・資格	保育士、教員免許（幼一種、小一種、中-国・数・理・社・保体・音・美・家・技・英、高-国・数・理・地歴・公・情・保体・書・音・美・家・工業・英、特-知的・肢体・病弱・聴覚）、司書教諭

社会共創学部

城北キャンパス　定員 180

特色　共創的課題解決力により地域社会を持続可能な発展へと導く人材を目指す。
進路　情報通信業や公務、卸売・小売業など多彩な分野に就職している。
学問分野　経済学／経営学／社会学／環境学
大学院　人文社会科学

産業マネジメント学科 改 (70)	2025年度改組予定。従来の履修コースを集約し、幅広い専門知識や技能などを修得できるカリキュラムを導入。経済学や経営学の視点から地域経済の問題を捉え、新事業の構想や創出に関する知識と実践力を身につけた地域産業人材を目指す。
産業イノベーション学科 (25)	海洋生産科学・紙産業・ものづくりの3コースにおいて、産業技術開発に必要な基礎理論や技術に加え、経営とマネジメントに関する基礎知識を修得し、多様な視点から産業分野の持続可能な取り組みに貢献できるイノベーション創出人材を目指す。
環境デザイン学科 改 (35)	2025年度改組予定。産業マネジメント学科同様、履修コースを集約。持続可能な地域社会や地球環境の創造に向けて、地域ステークホルダーと協働しながら地域政策や国際政策を運営できる環境デザイン創造人材を目指す。
地域資源マネジメント学科 改 (50)	2025年度改組予定。産業マネジメント学科同様、履修コースを集約。地域資源に関わる専門知識や実社会で活用・創造等ができるマネジメント能力を修得し、新しい時代の価値創造と地域づくりを担える未来志向型人材を目指す。
取得可能な免許・資格	社会調査士

理学部

城北キャンパス
定員 225

特色	成績優秀な学生は通常より多くの科目履修が可能となり3年半で卒業できる。
進路	卒業者の多くは製造業や情報通信業、教育・学習支援業に就職している。
学問分野	数学／物理学／化学／生物学／地学／情報学
大学院	理工学

理学科 (225)	数学・数理情報、物理学、化学、生物学、地学の5つの専門分野からなる教育コースと、目指す将来像に沿って選択する標準、科学コミュニケーション、宇宙・地球・環境課題挑戦の3つからなるプログラムを組み合わせて履修する。4年次には国際的な調査研究にも参加できる。
取得可能な免許・資格	学芸員、測量士補、教員免許（中-数・理、高-数・理）

医学部

重信キャンパス
定員 170

特色	患者や地域の人々と実際に接する実習を重視し、自ら学び、体得する姿勢を養う。
進路	卒業者の多くが研修医や看護師、保健師として医療機関で活躍している。
学問分野	医学／看護学
大学院	医学系

医学科 (110)	6年制。国際基準に則り臨床実習を72週間実施。地域医療教育の充実を図るとともに海外臨床実習の機会を増やし国際医療人を育成。1年次から医学科の研究を自主的に行う科目を必修とし、毎年医学科研究発表会を行うなど研究マインドを育む教育を展開する。
看護学科 (60)	4年制。近隣の大学との合同授業が設けられ、看護職、薬剤師、医師などを目指す学生同士でチーム医療について学ぶ。地域住民との交流会も行われ、地域で生活する人々の価値観や健康課題などについて考えるとともに、背景の異なる人々との協働能力を育む。
取得可能な免許・資格	医師、看護師、保健師、養護教諭（一種）

工学部

城北キャンパス
定員 530

特色	1年次に工学の基礎を学び、2年次に4つの分野に属する9つのコースから選択。
進路	就職先は製造業をはじめ情報通信業や建築業など幅広い。
学問分野	化学／機械工学／電気・電子工学／材料工学／土木・建築学／その他工学／応用生物学／環境学／情報学
大学院	理工学

工学科 改 (530)	1年次に工学の基礎を学び2年次で9つのコースに分かれる。機械・システム、電気・情報、材料・化学、土木・環境の各分野の専門性を高め、地域産業を新たに創造する力を身につける。2024年度よりデジタル情報人材育成特別プログラムを開設。
取得可能な免許・資格	危険物取扱者（甲種）、ボイラー技士、電気工事士、特殊無線技士（海上、陸上）、陸上無線技術士、技術士補、測量士補、主任技術者（電気）、施工管理技士（土木、建築、建設機械）、教員免許（高-理・情・工業）

農学部

樽味キャンパス
定員 170

特色	食料、生命、環境に関する様々な課題の解決策を導き出す人材を育成する。
進路	就職先は製造業や公務など。大学院へ進学する者もいる。
学問分野	農学／森林科学／応用生物学／環境学
大学院	農学

食料生産学科 (70)	生産や流通、貯蔵、加工、販売の過程などを学ぶとともに、計測技術、コンピュータ解析技術などを農業に活かす「スマートアグリ」に対応できる力を養う。農業生産学、植物工場システム学、食料生産経営学、知能的食料生産科学特別の4つのコースからなる。
生命機能学科 (45)	基礎領域からバイオテクノロジーを駆使した革新的技術の創出、機能性食品や医薬品の開発などの応用領域へ展開する教育を行う。生命機能を解明し生物資源を有効活用することで社会貢献を目指す。応用生命化学、健康機能栄養科学特別の2つのコースからなる。

生物環境学科 (55)	山から海までの広範囲の現場で起きている環境問題とその対応について現状を把握し、高度な科学的知識を駆使して人類と生物が安全で快適に共存できる環境を模索する。森林資源学、地域環境工学、環境保全学、水環境再生科学特別の4つのコースからなる。
取得可能な免許・資格	学芸員、危険物取扱者（甲種）、毒物劇物取扱責任者、技術士補、測量士補、食品衛生管理者、食品衛生監視員、自然再生士補、樹木医補、バイオ技術者、教員免許（中-理、高-理・農）

入試要項（2025年度）

※この入試情報は大学発表の2025年度入試（予告）および2024年度募集要項等より編集したものです（2024年1月時点。見方は巻頭の「本書の使い方」参照）。内容には変更が生じる可能性があるため、最新情報はホームページや2025年度募集要項等で必ず確認してください。

「大学入試科目検索システム」のご案内
日程・方式ごとの偏差値や昨年度入試結果（志願者倍率、実質倍率、合格最低点）、基本情報（出願締切日、試験日、二段階選抜、募集人員、総合満点）などは、「大学入試科目検索システム」（https://nyushi.toshin.com/）をご覧ください（利用方法はp.12参照）。

■法文学部 偏差値 56

前期日程

◆共通テスト

［人文社会：8科目］国現古漢 地歴 公 全6科目から2 数 理 全8科目から2教科3▶理は同一名称含む組み合わせ不可 外 全5科目から1 情 情Ⅰ

◆個別学力検査等

［人文社会【昼】：3科目］国現古漢 外 英 書類審 調査書

［人文社会【夜】：2科目］国現古漢 書類審 調査書

後期日程

◆共通テスト

［人文社会：3科目］国現古漢 地歴 公 数 理 情 全15科目から1 外 全5科目から1

◆個別学力検査等

［人文社会：2科目］論 小論文 書類審 調査書

■教育学部 偏差値 55

前期日程

◆共通テスト

［学校教育教員養成－教育発達実践・初等中等教科：7科目］国現古漢 地歴 公 全6科目から1 数 数ⅠA、数ⅡBC 理 全5科目から1 外 全5科目から1 情 情Ⅰ

◆個別学力検査等

［学校教育教員養成－教育発達実践「幼年教育・特別支援教育」：2科目］国 数 理 外 現古漢、数ⅠⅡAB〔列〕C〔ベ〕、物基・物、化基・化、生基・生、地基・地、英から1 面 集団面接

［学校教育教員養成－教育発達実践「小学校教育」：2科目］国 数 理 外 実技 その他 現古漢、数ⅠⅡAB〔列〕C〔ベ〕、物基・物、化基・化、生基・生、地基・地、英、音楽実技、美術実技、体育実技、グループワークから1 面 集団面接

［学校教育教員養成－初等中等教科「言語社会教育・科学教育」：2科目］国 数 理 外 現古漢、数ⅠⅡAB〔列〕C〔ベ〕、物基・物、化基・化、生基・生、地基・地、英から1 面 集団面接

［学校教育教員養成－初等中等教科「生活健康芸術教育（家庭）」：2科目］面 集団面接 その他 グループワーク

［学校教育教員養成－初等中等教科「生活健康芸術教育（体育保健体育）」：2科目］面 集団面接 実技 体育実技

［学校教育教員養成－初等中等教科「生活健康芸術教育（音楽）」：2科目］面 集団面接 実技 音楽実技

［学校教育教員養成－初等中等教科「生活健康芸術教育（図画工作美術）」：2科目］面 集団面接 実技 美術実技

後期日程

◆共通テスト

［学校教育教員養成－教育発達実践「小学校教育」・初等中等教科：8科目］国現古漢 地歴 公 理 全11科目から3▶理は同一名称含む組み合わせ不可 数 数ⅠA、数ⅡBC 外 全5科目から1 情 情Ⅰ

◆個別学力検査等

［学校教育教員養成－教育発達実践「小学校教育」・初等中等教科：1科目］面 集団面接

■社会共創学部 偏差値 57

前期日程

◆共通テスト

［産業マネジメント、地域資源マネジメント：8科目］国現古漢 地歴 公 全6科目から2 数 全3科目から2 理 全5科目から1 外 全5科目から1 情 情Ⅰ

［産業イノベーション、環境デザイン：8科目］国現古漢 地歴 公 全6科目から1 数 全3科目から2 理 全5科目から2▶同一名称含む組み合わせ不可 外 全5科目から1 情 情Ⅰ

◆個別学力検査等

［産業マネジメント：2科目］総合 総合問題 書類審 調査書

［産業イノベーション、環境デザイン：2科目］論 小論文 面 面接

［地域資源マネジメント：3科目］論 小論文 面 面接 書類審 調査書

国立 中国 四国 愛媛大学

■理学部 偏差値 55

前期日程

◆共通テスト

［理：8科目］国現古漢 地歴 公全6科目から1 数数ⅠA、数ⅡBC 理物、化、生、地から2 外全5科目から1 情情Ⅰ

◆個別学力検査等（数学受験）

［理：2科目］数数ⅠⅡⅢAB〔列〕C 書類審調査書

◆個別学力検査等（物理受験）

［理：2科目］理物基・物 書類審調査書

◆個別学力検査等（化学受験）

［理：2科目］理化基・化 書類審調査書

◆個別学力検査等（生物受験）

［理：2科目］理生基・生 書類審調査書

◆個別学力検査等（地学受験）

［理：2科目］理地基・地 書類審調査書

後期日程

◆共通テスト

［理：8科目］前期日程に同じ

◆個別学力検査等（A）

［理：2科目］前期日程（数学受験）に同じ

◆個別学力検査等（B）

［理：2科目］面面接▶口頭試問含む 書類審調査書

■医学部 医学科 偏差値 65

前期日程

◆共通テスト

［医：8科目］国現古漢 地歴 公全6科目から1 数全3科目から2 理物、化、生、地から2 外全5科目から1 情情Ⅰ

◆個別学力検査等

［医：5科目］数数ⅠⅡⅢAB〔列〕C 理物基・物、化基・化 総合総合問題 面面接

■医学部 看護学科 偏差値 56

前期日程

◆共通テスト

［看護：8科目］国現古漢 地歴 公 理全11科目から3▶理は同一名称含む組み合わせ不可 数全3科目から2 外全5科目から1 情情Ⅰ

◆個別学力検査等

［看護：2科目］論小論文 面面接

■工学部 偏差値 55

前期日程

◆共通テスト（理型入試）

［エー機械工学・知能システム学・電気電子工学・コンピュータ科学・応用情報工学・材料デザイン工学・化学生命科学・社会基盤工学：8科目］国現古漢 地歴 公全6科目から1 数全3科目から2 理全5科目から2▶同一名称含む組み合わせ不可 外全5科目から1 情情Ⅰ

◆共通テスト（文理型入試）

［エー社会デザイン：7科目］国現古漢 地歴 公全6科目から1 数全3科目から2 理全5科目から1 外全5科目から1 情情Ⅰ

◆共通テスト（デジタル情報人材育成特別プログラム）

［エーデジタル情報人材育成特別：8科目］国現古漢 地歴 公全6科目から1 数全3科目から2 理全5科目から2▶同一名称含む組み合わせ不可 外全5科目から1 情情Ⅰ

◆個別学力検査等（理型入試）

［エー機械工学・知能システム学・電気電子工学・コンピュータ科学・応用情報工学・材料デザイン工学・化学生命科学・社会基盤工学：3科目］数数ⅠⅡⅢAB〔列〕C 理物基・物、化基・化から1 書類審調査書

◆個別学力検査等（文理型入試）

［エー社会デザイン：3科目］数数ⅠⅡAB〔列〕C〔ベ〕外英 書類審調査書

◆個別学力検査等（デジタル情報人材育成特別プログラム）

［エーデジタル情報人材育成特別：2科目］数数ⅠⅡⅢAB〔列〕C 書類審調査書

後期日程

◆共通テスト（理型入試）

［エー機械工学・知能システム学・電気電子工学・コンピュータ科学・応用情報工学・材料デザイン工学・化学生命科学・社会基盤工学：8科目］国現古漢 地歴 公全6科目から1 数全3科目から2 理全5科目から2▶物基、物から1必須。同一名称含む組み合わせ不可 外全5科目から1 情情Ⅰ

◆共通テスト（文理型入試）

［エー社会デザイン：4〜6科目］国 地歴 公 理 外 情次の①〜③から1（①現古漢、地歴公理外情全17科目から2教科2、②現古漢、地歴公理外情全17科目から3、③現古漢、地歴公理外情全17科目から4）数全3科目から2

◆共通テスト（デジタル情報人材育成特別プログラム）

［エーデジタル情報人材育成特別：8科目］国現古漢 地歴 公全6科目から1 数全3科目から2 理全5科目から2▶物基、物から1必須。同一名称含む組み合わせ不可 外全5科目から1 情情Ⅰ

◆個別学力検査等（理型入試）

［エー機械工学・知能システム学・電気電子工学・コンピュータ科学・応用情報工学・材料デザイン工学・化学生命科学・社会基盤工学：2科目］数数ⅠⅡⅢAB〔列〕C 書類審調査書

◆個別学力検査等（文理型入試）

［エー社会デザイン：2科目］面面接 書類審調査書

◆個別学力検査等（デジタル情報人材育成特別プログラム）

［エーデジタル情報人材育成特別：2科目］論小論文 書類審調査書

■農学部 偏差値 55

前期日程

◆共通テスト

［全学科：8科目］国現古漢 地歴 公全6科目から

1数数ⅠA、数ⅡBC理全5科目から2▶同一名称含む組み合わせ不可外全5科目から1情情Ⅰ

◆**個別学力検査等**

[全学科：3科目] 数数ⅠⅡAB〔列〕C〔べ〕理物基・物、化基・化、生基・生、地基・地から1書類審調査書

後期日程

◆**共通テスト**

[全学科：8科目] 前期日程に同じ

◆**個別学力検査等**

[全学科：1科目] 面面接▶口頭試問含む

■特別選抜

[総合型選抜] 総合型選抜Ⅰ、総合型選抜Ⅱ共、総合型選抜ⅡA共、総合型選抜ⅡB共

[学校推薦型選抜] 学校推薦型選抜Ⅰ、学校推薦型選抜ⅠA、学校推薦型選抜ⅠB、学校推薦型選抜Ⅱ共、学校推薦型選抜ⅡA（学校推薦）共、学校推薦型選抜ⅡB（地域特別枠推薦）共

[その他] 社会人選抜、私費外国人留学生選抜、渡日前私費外国人留学生選抜

就職支援

愛媛大学では、就職支援課を設け学生一人ひとりが幅広い分野で活躍できるようきめ細かなサポートを実施しています。就職支援として、キャリアコンサルタントによる面接対策やエントリーシート添削などの個別指導が充実。県内外の公務員を招いた説明会や、OB・OGなどによる交流セミナーなどを行い、公務員就職の強さを誇っています。その他、地方企業や自治体との強い連携から就職活動の際に有利な情報が多く入るなど、県内就職者の多さが特長です。

国際交流

愛媛大学では、36カ国・地域、139機関と大学間の協定を結んでおり、海外での研修・留学を希望する学生のために、各種プログラムが準備されています。交換留学では、3カ月～1年未満で協定校へ留学することができ、1～3週間程度実施される短期派遣プログラムでは、全学部対象のものから学部ごとに行われる専門的なプログラムがあります。他にも、語学研修や文化研修、さらに体験研修など20以上のプログラムが実施されています。

愛媛大学ギャラリー

■キャンパスの様子

愛媛大学は城北・重信・樽味の3つのキャンパスの他に、持田地区に附属小学校や附属中学校などの複数の施設を有しています。

■学生食堂「パルト」

毎日100種類以上のメニューから選ぶカフェテリア形式の食堂です。座席数は約450席あり、毎月の様々なフェアが好評です。

■講義風景

愛媛大学では、農山漁村調査演習や愛媛大学リーダーズ・スクールなど、数々の特色ある講義が展開されています。

■就職支援

各分野専門の講師を招聘する就職ガイダンス・セミナーや、随時実施される個別企業説明会など、手厚い支援が行われています。

こうち
高知大学

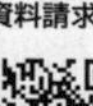
資料請求

学務部入試課（朝倉キャンパス）　TEL（088）844-8153　〒780-8520 高知県高知市曙町2-5-1

地域を支え、地域を変えることができる大学

地域で学び地域のあらゆる人々に学びの場を提供するとともに、世界標準の研究力によって地域と世界を繋ぎ、地域と世界を変えることのできる大学「Super Regional University」を目指す。

大学紹介動画

最新入試情報

朝倉キャンパスメインストリート

キャンパス **3**つ

朝倉キャンパス
〒780-8520 高知県高知市曙町2-5-1
岡豊キャンパス
〒783-8505 高知県南国市岡豊町小蓮
物部キャンパス
〒783-8502 高知県南国市物部乙200

基本データ

※2023年5月現在（進路・就職は2022年度卒業者データ。学費は2024年度入学者用）

沿革

1949年、新制高知大学設立。1977年、文理学部を人文学部と理学部に改組。2003年、高知医科大学を統合。2015年、地域協働学部を設置。2016年、人文学部を人文社会科学部、農学部を農林海洋科学部に改組。2017年、理学部を理工学部に改組。2023年、農林海洋科学部を改組し、現在に至る。

教育機関
6学部 **2**研究科

学部　人文社会科／教育／理工／医／農林海洋科／地域協働

大学院　総合人間自然科学Ⓜ️Ⓓ️Ⓟ️／連合農学Ⓓ️

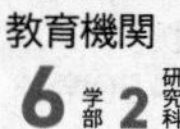
人数

学部学生数　**4,904**名

教員1名あたり 学生 **8**名

教員数　**559**名【学長】受田浩之
（教授**205**名、准教授**134**名、講師**92**名、助教**128**名）

学費

初年度納入額　**817,800~918,580**円

奨学金　高知大学修学支援基金奨学金、高知大学医学部岡豊奨学会奨学金、高知大学池知奨学金

進路

学部卒業者　**1,084**名
（進学**149**名［13.7%］、就職**743**名［68.5%］、その他※**192**名［17.8%］）
※臨床研修医121名を含む

主な就職先　国家公務、地方公務（高知県庁・高知市役所・高知県警察他）、国公立学校（教員）、JA高知市、マイナビ、積水ハウス、ブルボン、四国銀行、ゼリア新薬工業、シャープ、スズキ、ニプロ、三菱電機、四国電力、良品計画

学部学科紹介

※本書掲載内容は、大学公表資料から独自に編集したものです。詳細は大学パンフレットやホームページ等で必ず確認してください（取得可能な免許・資格は任用資格や受験資格などを含む）。

人文社会科学部

朝倉キャンパス　定員 275

特色　人文社会科学の素養を基盤に、柔軟な発想力を備えた人材を育成する。
進路　卒業者の多くは公務や卸売・小売業、情報通信業に就く。
学問分野　経済学／社会学／国際学／人間科学
大学院　総合人間自然科学

人文社会科学科 (275)	人文科学、国際社会、社会科学の3つのコースを核とする15のプログラムから、2年次に興味や関心に沿ったプログラムのもとで専門的な学習を行う。グローバル社会や地域社会の課題に人文、社会科学双方の視点から迫るプラットフォーム科目などを設けている。
取得可能な免許・資格	登録日本語教員、学芸員、教員免許（中-国・社・英、高-国・地歴・公・英・商業）

教育学部

朝倉キャンパス　定員 130

特色　様々な教育課程の教員を一体的に養成するカリキュラムを組んでいる。
進路　保育士や小学校教諭、中学校教諭、高等学校教諭など様々な校種で活躍。
学問分野　教員養成

学校教育教員養成課程 (130)	10の教科教育のコースに加え、幼児教育、教育科学、科学技術教育、特別支援教育の4つのコースが設けられている。現代の教育課題に応じた教育プログラムの他、4年間の実習系授業を通じて教育に必要なコミュニケーション能力や指導力などを身につける。
取得可能な免許・資格	学芸員、保育士、教員免許（幼一種、小一種、中-国・数・理・社・保体・音・美・家・技・英、高-国・数・理・地歴・公・情・保体・音・美・家・英、特-知的・肢体・病弱）、司書教諭

理工学部

朝倉キャンパス　定員 240

特色　従来の理学教育と実用重視の工学教育を一体化させた教育を展開している。
進路　卒業者の多くが大学院へ進学。就職先は製造業や情報通信業など。
学問分野　数学／物理学／化学／生物学／その他工学／環境学／情報学
大学院　総合人間自然科学

数学物理学科 (55)	2年次に2つのコースに分かれて学びを深める。数学コースでは数学の知識を正確に身につけ、数学的、論理的思考力を養う。物理科学コースでは物理の法則や現象を実験と理論の両面から学び、それらの学びを活かした社会で活躍するための独創性を培う。
情報科学科 (30)	計算機システム、ソフトウェア科学、数理情報学の各分野にわたる情報科学の基礎から応用までを学ぶ。コンピュータシステムやネットワークの他、半導体、アルゴリズム、数理構造の予測と発見、情報科学の自然科学への応用などをテーマに研究に取り組む。
生物科学科 (45)	地球生態系から分子レベルの現象まで、太古の地質時代から未来まで、生物と環境の歴史を科学の視点から捉える。豊かな土佐の自然と充実した研究機器を活用し、生物科学の総合的な知識と技能を身につけ生物多様性の保全や自然環境教育などの分野で貢献する。
化学生命理工学科 (70)	化学と生命科学に関する知識と実験技術を身につけ、物や生命体を構成する分子や細胞の機能や仕組みを学ぶ。基礎科学研究に加え、環境、エネルギー、材料化学、ナノテクノロジーなどの応用研究を通じて革新的な発見と発展に貢献できる人材を育成する。
地球環境防災学科 (40)	理学と工学の両面からの学習を通して環境の変化や自然災害に対する問題解決能力を鍛え、自然共生社会の構築と発展に寄与する人材を育成する。「海洋コア総合研究センター」と連携し、地球史環境、災害発生機構、防災工学などの分野の教育や研究を行う。
取得可能な免許・資格	学芸員、危険物取扱者（甲種）、毒物劇物取扱責任者、技術士補、測量士補、教員免許（中-数・理、高-数・理・情）、司書教諭

医学部

岡豊キャンパス

定員 170

特色	地域医療の求める豊かな感性、協調性、探究心などを備えた医療人を育成する。
進路	大半の卒業者が研修医や看護師、保健師として医療現場に従事する。
学問分野	医学／看護学
大学院	総合人間自然科学

医学科 (110)	6年制。前身の旧高知医科大学の建学の精神である「敬天愛人」を理念に、豊かな人間性と高度な知識や技能を兼ね備えた医師を育成する。2～4年次に統合医学コースと先端医療学コースのどちらかを選択する。
看護学科 (60)	4年制。豊かな人間性や高い倫理観、国際的な視点を兼ね備えた人材を育成する。看護学、公衆衛生看護学の2つのコースを設置。県内広域の多数の施設と連携体制にある他、地域看護学実習では地域での経験を通して人間的な成長を図る。
取得可能な免許・資格	医師、看護師、保健師、衛生管理者、養護教諭（一種）、司書教諭

農林海洋科学部

朝倉キャンパス（1年）
物部キャンパス（2～4年）

定員 200

特色	2023年度改組。農林海洋の領域にDXを取り入れ「未来型人材」を育成。
進路	約3割は大学院へ進学。主な就職先は公務や製造業など。
学問分野	化学／農学／水産学
大学院	総合人間自然科学

農林資源科学科 (135)	2023年度、旧農林資源環境科学科と農芸科学科を1学科に再編。フィールド科学コースと農芸化学コースがあり、生物生産フィールドに対する理解と生産物の高付加価値化に不可欠な科学的視点の両方を横断的に学ぶ。
海洋資源科学科 (65)	高知県の地勢を活かし、水産や海洋資源に関する知識と実践力を養う。海の保全と生物資源の持続的生産を研究する海洋生物生産学、社会的にも重要度の増す海底資源を開発する海底資源環境学、海洋生物と医療を結びつける海洋生命科学の3つのコースがある。
取得可能な免許・資格	学芸員、危険物取扱者（甲種）、毒物劇物取扱責任者、技術士補、測量士補、施工管理技士（土木）、食品衛生管理者、食品衛生監視員、樹木医補、森林情報士、家畜人工授精師、教員免許（中-理、高-理・農・水）、司書教諭

地域協働学部

朝倉キャンパス

定員 60

特色	県内各地をフィールドに地域的課題への学びを深め、地域の将来性を開発する。
進路	卒業者の多くは公務や製造業、卸売・小売業などへ就職する。
学問分野	文化学／社会学
大学院	総合人間自然科学

地域協働学科 (60)	積み上げ型教育プログラムによって、地域協働マネジメントに必要な地域理解、企画立案、協働実践の力を養う。4年間にわたり県内各地でのフィールドワークが行われる。学年の終わりには学習成果報告会が開かれ、地域社会の中で培った学びを定着させていく。
取得可能な免許・資格	社会調査士、社会教育士、社会教育主事

入試要項（2025年度）

※この入試情報は大学発表の2025年度入試（予告）および2024年度募集要項等より編集したものです（2024年1月時点。見方は巻頭の「本書の使い方」参照）。内容には変更が生じる可能性があるため、最新情報はホームページや2025年度募集要項等で必ず確認してください。

「大学入試科目検索システム」のご案内
日程・方式ごとの偏差値や昨年度入試結果（志願者倍率、実質倍率、合格最低点）、基本情報（出願締切日、試験日、二段階選抜、募集人員、総合満点）などは、「大学入試科目検索システム」(https://nyushi.toshin.com/) をご覧ください（利用方法はp.12参照）。

■人文社会科学部 偏差値 56

前期日程

◆**共通テスト**

［人文社会科－人文科学：6科目］国現古漢 地歴 公全6科目から1 数全3科目から1 理全5科目から1 外全5科目から1 情情Ⅰ

［人文社会科－国際社会：5科目］国現古漢 地歴 公全6科目から1 数 情全4科目から1 理全5科目から1 外全5科目から1

◆**共通テスト（A選抜）**※情報の得点は合否境界上で同順位となった者に対する判定においてのみ用いる

［人文社会科－社会科学：7科目］国現古漢 地歴 公全6科目から2 数全3科目から1 理全5科目から1 外全5科目から1 情情Ⅰ

◆**共通テスト（B選抜）**※情報の得点は合否境界上で同順位となった者に対する判定においてのみ用いる

［人文社会科－社会科学：7科目］国現古漢 地歴 公 理全11科目から3▶理は同一名称含む組み合わせ不可 数数ⅠA、数ⅡBCから1 外全5科目から1 情情Ⅰ

◆**個別学力検査等**※活動報告書の評価は合否境界上で同順位となった者に対してのみ行う

［人文社会科－人文科学・国際社会：2科目］外英 書類審活動報告書

［人文社会科－社会科学：2科目］論小論文 書類審活動報告書

後期日程

◆**共通テスト**

［人文社会科－人文科学：6科目］前期日程に同じ

［人文社会科－国際社会：5科目］前期日程に同じ

◆**個別学力検査等**

［人文社会科－人文科学・国際社会：1科目］面面接

■教育学部 偏差値 54

前期日程

◆**共通テスト**※情報の得点は合否境界上で同順位となった者に対する判定においてのみ用いる

［学校教育教員養成－科学技術教育以外：8科目］国現古漢 地歴 公 数 理全14科目から5▶理は同一名称含む組み合わせ不可 外全5科目から1 情情Ⅰ

［学校教育教員養成－科学技術教育：8科目］国現古漢 地歴 公全6科目から1 数全3科目から2 理物、化、生、地から2 外全5科目から1 情情Ⅰ

◆**個別学力検査等**※活動報告書・志願理由書の評価は合否境界上で同順位となった者に対してのみ行う

［学校教育教員養成－幼児教育・教育科学・教科教育・特別支援教育：3科目］数 外 論数ⅠⅡABC〔ベ〕、英、小論文から1 書類審活動報告書、志願理由書

［学校教育教員養成－音楽教育：3科目］実技音楽実技 書類審活動報告書、志願理由書

［学校教育教員養成－美術教育：3科目］実技美術実技 書類審活動報告書、志願理由書

［学校教育教員養成－保健体育教育：3科目］実技体育実技▶実技実績調べ含む 書類審活動報告書、志願理由書

◆**個別学力検査等**

［学校教育教員養成－科学技術教育：1科目］面面接▶口頭試問含む

■理工学部 偏差値 53

前期日程

◆**共通テスト（数学受験）**

［数学物理：8科目］国現古漢 地歴 公全6科目から1 数数ⅠA、数ⅡBC 理物、化、生、地から2 外全5科目から1 情情Ⅰ

［情報科：8科目］国現古漢 地歴 公全6科目から1 数全3科目から2 理物、化、生、地から2 外全5科目から1 情情Ⅰ

◆**共通テスト（理科受験）**

［数学物理：8科目］国現古漢 地歴 公全6科目から1 数全3科目から2 理物、化、生、地から2 外全5科目から1 情情Ⅰ

◆**共通テスト（情報・物理受験）**

［情報科：8科目］国現古漢 地歴 公全6科目から1 数全3科目から2 理物、化、生、地から2 外全5科目から1 情情Ⅰ

◆**共通テスト**

［生物科、化学生命理工、地球環境防災：8科目］国現古漢 地歴 公全6科目から1 数全3科目から2 理物、化、生、地から2 外全5科目から1 情情Ⅰ

◆**個別学力検査等（数学受験）**※活動報告書の評価は合否境界上で同順位となった者に対してのみ行う

［数学物理、情報科：2科目］数数ⅠⅡⅢA〔全〕B〔列〕C 書類審活動報告書

◆**個別学力検査等（理科受験）**※活動報告書の評価は合否境界上で同順位となった者に対してのみ行う

［数学物理：2科目］理物基・物、化基・化から1 書類審活動報告書

◆**個別学力検査等（情報・物理受験）**※活動報告書の評価は合否境界上で同順位となった者に対してのみ行う

［情報科：2科目］理 情物基・物、情Ⅰから1 書類審活動報告書

◆**個別学力検査等**※活動報告書の評価は合否境界上で同順位となった者に対してのみ行う

［生物科、地球環境防災：2科目］理物基・物、化基・

化、生基・生、地基・地から1 書類審 活動報告書
[化学生命理工：2科目] 理 物基・物、化基・化、生基・生から1 書類審 活動報告書

後期日程

◆共通テスト

[化学生命理工以外：6科目] 国 現古漢 数 全3科目から2 理 物、化、生、地から1 外 全5科目から1 情 情Ⅰ

[化学生命理工：5科目] 数 全3科目から2 理 物、化、生、地から2 外 全5科目から1

◆個別学力検査等

[全学科：1科目] 面 面接

■医学部 医学科 偏差値 65

前期日程

◆共通テスト（一般枠、地域枠）

[医：8科目] 国 現古漢 地歴 公 地歴全3科目、公共・倫、公共・政経から1 数 数ⅠA、数ⅡBC 理 物、化、生から2 外 英 情 情Ⅰ

◆個別学力検査等（一般枠、地域枠）

[医：5科目] 数 数ⅠⅡⅢA〔全〕B〔列〕C 理 物基・物、化基・化、生基・生から2 外 英 面 面接

■医学部 看護学科 偏差値 56

前・後期日程

◆共通テスト

[看護：6科目] 国 現古漢 地歴 公 全6科目から1 数 数ⅠA、数ⅡBCから1 理 理科基礎、物、化、生から1▶地基選択不可 外 英 情 情Ⅰ

◆個別学力検査等※調査書を総合判定で評価する

[看護：2科目] 面 面接 書類審 調査書

■農林海洋科学部 偏差値 55

前期日程

◆共通テスト※情報の得点は合否境界上で同順位となった者に対する判定においてのみ用いる

[海洋資源科－海底資源環境学以外：7科目] 国 現古漢 地歴 公 全6科目から1 数 全3科目から2 理 全5科目から1 外 全5科目から1 情 情Ⅰ

[海洋資源科－海底資源環境学：7科目] 国 現古漢 数 全3科目から2 理 物、化、生、地から2 外 全5科目から1 情 情Ⅰ

◆個別学力検査等※活動報告書の評価は合否境界上で同順位となった者に対してのみ行う

[農林資源科－フィールド科学：2科目] 理 物基・物、化基・化、生基・生から1 書類審 活動報告書

[海洋資源科－海洋生命科学：2科目] 理 化基・化、生基・生から1 書類審 活動報告書

◆個別学力検査等

[農林資源科－農芸化学、海洋資源科－海洋生物生産学・海底資源環境学：1科目] 面 面接

後期日程

◆共通テスト※情報の得点は合否境界上で同順位となった者に対する判定においてのみ用いる

[農林資源科：7科目] 前期日程に同じ

[海洋資源科：6科目] 国 現古漢 数 全3科目から2 理 全5科目から1 外 全5科目から1 情 情Ⅰ

◆個別学力検査等

[全学科：1科目] 面 面接

■地域協働学部 偏差値 56

前期日程

◆共通テスト

[地域協働：3科目] 国 現古漢 地歴 公 数 理 情 全15科目から1 外 全5科目から1

◆個別学力検査等

[地域協働：2科目] 論 小論文 面 面接

■特別選抜

[総合型選抜] 総合型選抜Ⅰ、国際バカロレア選抜

[学校推薦型選抜] 学校推薦型選抜Ⅰ、学校推薦型選抜Ⅰ（A選抜、B選抜、一般枠、高知県枠）、学校推薦型選抜Ⅱ 共、学校推薦型選抜Ⅱ（数学受験、理科受験、一般推薦、専門推薦）共

[その他] 社会人選抜、私費外国人留学生選抜

就職支援

高知大学では、「学生総合支援センターキャリア形成支援ユニット」と学務部学生支援課就職室が連携して学生の就職活動をサポートします。就職室では、経験豊富な就職相談員が在籍し就職相談や、個人面接の練習、オリジナルガイドブックの配布やインターンシップの窓口など、きめ細やかな就活のサポートを行います。また、就活力を高めるプログラムがあり、「就活セミナー（理論編）」や「就活セミナー（実践編）」、「教職・公務員セミナー」など多彩な実践セミナーが開催されています。

国際交流

高知大学では、29カ国・地域、95大学と大学間・部局間で国際間協定を結んでおり、協定校への交換留学や夏季休暇中に海外の協定校附属の語学学校などで行う短期の英語プログラムを実施しています。また、留学に興味のある学生に対して、国際連携推進センター教員による留学へ向けた相談の実施や海外留学説明会を定期的に開催しています。大学独自の奨学金制度があり、留学希望の学生に向けた経済的支援が行われています。

高知大学ギャラリー

■土佐あかうし

農林海洋科学部のある物部キャンパスでは、絶滅が危惧されている幻の和牛「土佐あかうし」が育てられています。

■よさこい祭り

2023年に開催したよさこい祭りでは、朝倉キャンパスが演舞場となりました。その際、大学生チームも演舞を披露しました。

■黒潮祭

毎年秋頃に開催される黒潮祭では多くの模擬店が並ぶ他、北体育館やメディアの森前でお笑いライブやよさこいなども行われます。

■岡豊キャンパス

医学部のある岡豊キャンパスは、附属病院が隣接しており、1年次から現場に触れることのできる実習が数多くあります。

きゅうしゅう
九州大学

資料請求

学務部入試課入試第一係（伊都キャンパス）　TEL（092）802-2004　〒819-0395 福岡県福岡市西区元岡744

未来の課題に挑戦する活力ある研究教育の拠点へ

大学紹介動画

最新入試情報

世界最高水準の研究教育とイノベーションへの取り組み、先端医療などを通じて、地域と国際社会に貢献する。次世代技術の実証実験を伊都キャンパスで展開し、近未来の社会モデルを提供している。

伊都キャンパス

校歌

校歌音声

九州大学学生歌　「松原に」
作詞／秋山喜文　作曲／山田尚慶

一、嵐雲(あらしぐも)地にこめて
矢の疾風(はやて)　頬(ほほ)打つも
防塁(ぼうるい)に　火は燃えて
誇(ほこ)らかに　自由を守る

基本データ

※2023年5月現在（進路・就職は2022年度卒業者データ。学費は2024年度入学者用）

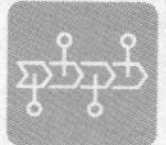
沿革

1903年、京都帝国大学福岡医科大学、同附属医院を設立。1911年、工科大学と京都帝国大学福岡医科大学を統合し、九州帝国大学となる。1919年、学部制に移行。医、工、農学部を設置。1949年、新制九州大学に改称。法、経済、文、教育学部を設置。1967年、歯学部を設置。2003年、芸術工学部を設置。2004年、国立大学法人九州大学となる。2018年、伊都キャンパスに移転完了。共創学部を設置。2021年、工学部を改組し、現在に至る。

キャンパス
4つ

キャンパスマップ

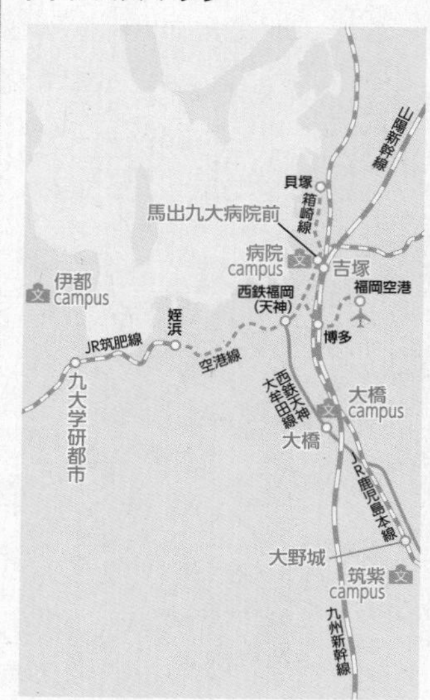

所在地・交通アクセス

伊都キャンパス（本部）
〒819-0395 福岡県福岡市西区元岡744
アクセス　JR「九大学研都市駅」からバス約15分、「九大工学部」「九大ビッグオレンジ」「九大イーストゾーン」等最寄りのバス停にて下車

病院キャンパス
〒812-8582 福岡県福岡市東区馬出3-1-1
アクセス　①福岡市地下鉄箱崎線「馬出九大病院前駅」下車、②JR「吉塚駅」から徒歩約8分

大橋キャンパス
〒815-8540 福岡県福岡市南区塩原4-9-1
アクセス　西鉄天神大牟田線「大橋駅」から徒歩約5分

筑紫キャンパス
〒816-8580 福岡県春日市春日公園6-1
アクセス　JR「大野城駅」から徒歩約10分

教育機関
12学部 19研究科

学部 文／教育／法／経済／理／医／歯／薬／工／芸術工／農／共創

大学院 人文科ⓂⒹ／地球社会統合科ⓂⒹ／人間環境ⓂⒹⓅ／法ⓂⒹ／法務Ⓟ／経済ⓂⒹⓅ／理ⓂⒹ／数理ⓂⒹ／システム生命科Ⓓ／医学系ⓂⒹⓅ／歯ⓂⒹ／薬ⓂⒹ／工ⓂⒹ／芸術工ⓂⒹ／システム情報科ⓂⒹ／総合理工ⓂⒹ／生物資源環境科ⓂⒹ／統合新領域ⓂⒹ／マス・フォア・イノベーション連係（研究科等連係課程）ⓂⒹ

人数

学部学生数 11,707名

教員1名あたり学生 5名

教員数 2,133名【総長】石橋達朗
（教授665名、准教授630名、講師132名、助教697名、助手・その他9名）

学費

初年度納入額 817,800円（諸経費別途）

奨学金 中本博雄賞修学支援奨学金、九州大学修学支援奨学金、市川節造奨学金

進路

学部卒業者 2,620名（進学1,361名、就職965名、その他※294名）※臨床研修医136名を含む

進学 51.9%　就職 36.8%　その他 11.3%

主な就職先

文学部
西日本シティ銀行、福岡市（職員）、福岡県立高等学校、山口県(職員)、福岡財務支局、北九州市（職員）、福岡銀行、九州電力、西日本鉄道、大分県（職員）

教育学部
福岡市（職員）、福岡県（職員）、九州電力、大分県(職員)、山口県(職員)、アクセンチュア、宮崎県（職員）、パーソルプロセス＆テクノロジー

法学部
福岡県(職員)、福岡市(職員)、福岡労働局、宮崎県（職員）、福岡銀行、三井住友銀行、東京海上日動システムズ、熊本県（職員）、オービック、厚生労働省

経済学部
福岡銀行、九州電力、福岡市（職員）、福岡県（職員）、大和証券、アクセンチュア、セプテーニ・ホールディングス、西日本鉄道、レバレジーズ

理学部
気象庁、応研、東京海上日動システムズ、日産自動車、トヨタ自動車九州、三井住友信託銀行、オービック、RYODEN

医学部（医）
臨床研修医95.5%

医学部（他）
九州大学病院、国際医療福祉大学・高邦会グループ、福岡市(職員)、福岡徳洲会病院、大分県（職員）、大原記念倉敷中央医療機構倉敷中央病院、福岡みらい病院

歯学部
九州大学病院、神戸大学医学部附属病院、国立病院機構 九州医療センター、長崎大学病院、名古屋大学医学部附属病院、伊東歯科口腔病院、飯塚病院、産業医科大学病院、呉共済病院

薬学部
総合メディカル、国立病院機構、福岡県（職員）、農林水産省、塩野義製薬、第一三共、協和キリン、慶應義塾大学病院、味の素、シミック、京都大学医学部附属病院

工学部
今治造船、九州電力、トヨタ自動車九州、積水ハウス、川崎重工業、NTTデータNCB、ボッシュ、大島造船所、日立製作所、大塚製薬、日産自動車、日揮

芸術工学部
大和ハウス工業、マツダ、博報堂プロダクツ、福岡市（職員）、セプテーニ・ホールディングス、福岡地所、NHK、ニトリホールディングス、TOPPANホールディングス

農学部
福岡県（職員）、福岡市（職員）、福岡銀行、カルビー、大分県（職員）、サントリーホールディングス、中部薬品、積水ハウス、熊本県（職員）、NTTデータ

共創学部
ウィル、JAL、日本アイ・ビー・エム、楽天グループ、山口県(職員)、アクセンチュア、セプテーニ・ホールディングス、応研、経済産業省、博報堂プロダクツ

学部学科紹介

※本書掲載内容は、大学公表資料から独自に編集したものです。詳細は大学パンフレットやホームページ等で必ず確認してください（取得可能な免許・資格は任用資格や受験資格などを含む）。

「大学入試科目検索システム」のご案内

入試要項のうち、日程・方式ごとの偏差値や昨年度入試結果（志願者倍率、実質倍率、合格最低点）、基本情報（出願締切日、試験日、二段階選抜、募集人員、総合満点）などは、「大学入試科目検索システム」（https://nyushi.toshin.com/）をご覧ください（利用方法はp.12参照）。

文学部

伊都キャンパス

定員 151

入試科目検索

特色　21の専門分野のいずれかに所属。外国語運用能力を磨くコースなどが設置。

進路　就職先は公務をはじめ金融・保険業、学校教育など多岐にわたる。

学問分野　文学／言語学／哲学／心理学／歴史学／地理学／文化学／社会学／人間科学

大学院　人文科／地球社会統合科／人間環境

学科紹介

人文学科

哲学コース	哲学・哲学史、倫理学、インド哲学史、中国哲学史、美学・美術史の5つの専門分野で構成。様々な文明圏で展開してきた哲学、思想、宗教、芸術に関する文献、史料などを読解、思索し真理を探究する。環境問題、生命倫理、民族問題など現代社会の諸問題も扱う。
歴史学コース	日本史学、東洋史学、朝鮮史学、考古学、西洋史学、イスラム文明学の6つの専門分野で構成。特定の地域および時代の社会を対象に、その特質や共通性を実証的に解明する。史料や史跡に触れることで、人間精神の多様性の認識や論理的思考力、独創性などを培う。
文学コース	国語学・国文学、中国文学、英語学・英文学、独文学、仏文学の5つの専門分野で構成。各地域の古典から現代までの詩や小説、戯曲など多様な形態を持つ具体的な文学作品を精査し、解読する。文学作品の検証を行うことで、その背後にある文化について考察する。
人間科学コース	言語学・応用言語学、地理学、心理学、社会学・地域福祉社会学、比較宗教学の5つの専門分野で構成。人間の行動や心理、社会との相互作用を対象に、現代社会の様々な現象について包括的に理解する。実験や調査、統計解析など実践的な調査研究が行われている。
取得可能な免許・資格	認定心理士、学芸員、社会調査士、教員免許(中-国・社・英、高-国・地歴・公・英・中国語・フランス語・ドイツ語)

入試要項（2025年度）

※この入試情報は大学発表の2025年度入試（予告）および2024年度募集要項等より編集したものです（2024年1月時点。見方は巻頭の「本書の使い方」参照）。内容には変更が生じる可能性があるため、最新情報はホームページや2025年度募集要項等で必ず確認してください。

■文学部　偏差値 62

前期日程

◆共通テスト

[人文：8科目（1000点→275点）]国現古漢（200→50）地歴公地歴全3科目、公共・倫、公共・政経から2（計200→50）数数ⅠA、数ⅡBC（計200→50）理理科基礎（100→50）▶物、化、生、地から2でも可。基礎科目とみなす外全5科目から1（200→50）情情Ⅰ（100→25）

◆個別学力検査等

[人文：4科目（500点）]国現古漢（150）地歴全3科目から1（100）数数ⅠⅡAB〔列〕C〔ベ〕（100）外英、独、仏から1（150）

後期日程

◆共通テスト

[人文：8科目（1000点→285点）]前期日程に同じ▶ただし理（100→25）外（200→100）情情Ⅰ（100→10）となる

◆個別学力検査等

[人文：2科目（250点）]論小論文Ⅰ（250）、小

論文Ⅱ

特別選抜

［総合型選抜］総合型選抜Ⅱ 共

［その他］帰国生徒選抜、私費外国人留学生入試（4月入学）

九州大学の「グローバル人材育成」を目指した入試制度

九州大学では「国際コース入試」「国際理学コース入試」「国際入試」をそれぞれ実施しています。概要（2024年度）は以下の一覧表のとおりです。これらの入試で選抜された学生は、各学科に所属し、従来の学科科目を履修しながらコース独自のカリキュラムを並行して受講します。各コースの特色あるプログラムのもと、外国語運用能力の向上を目指し、専門分野の学際性を養いながら、世界へ広く知識を発信できる人材を育成します。

<table>
<tr><th>コース名称</th><th>学部</th><th>募集人員</th><th>入試方式</th><th>選抜方法</th><th>入試時期</th><th>入学時期</th></tr>
<tr><td rowspan="10">国際コース</td><td rowspan="2">文学部</td><td rowspan="2">10名</td><td rowspan="2">総合型選抜Ⅱ</td><td>第1次選抜（調査書、志望理由書）</td><td>11月下旬～12月中旬</td><td rowspan="6">4月</td></tr>
<tr><td>第2次選抜（英語小論文、英語での個人面接、共通テストの成績）※1</td><td>1月下旬</td></tr>
<tr><td rowspan="2">教育学部</td><td rowspan="2">3名</td><td rowspan="2">国際入試</td><td>第1次選抜（調査書、志望理由書、成績証明書など）※2</td><td>10月上旬～中旬</td></tr>
<tr><td>第2次選抜（プレゼンテーション、面接）</td><td>11月下旬</td></tr>
<tr><td rowspan="2">法学部</td><td rowspan="2">10名</td><td rowspan="2">総合型選抜Ⅱ</td><td>第1次選抜（調査書、志望理由書、英語外部試験の成績）</td><td>11月下旬～12月中旬</td></tr>
<tr><td>第2次選抜（英語試験、個人面接、共通テストの成績）</td><td>1月下旬</td></tr>
<tr><td rowspan="2">工学部</td><td rowspan="2">若干名</td><td rowspan="2">私費外国人留学生入試（10月入学）</td><td>第1次選抜（書類審査）</td><td>2月中旬</td><td rowspan="4">10月</td></tr>
<tr><td>第2次選抜（書類審査、口頭試問を含む面接試験）</td><td>2月下旬～3月上旬</td></tr>
<tr><td rowspan="2">農学部</td><td rowspan="2">若干名
※3</td><td rowspan="2">国際コース入試
タイプA
※4</td><td>第1次選抜（共通テスト、調査書、英語外部試験の成績）</td><td>2月中旬</td></tr>
<tr><td>第2次選抜（面接、書類審査）※5</td><td>2月下旬～3月上旬</td></tr>
<tr><td>国際理学コース</td><td>理学部</td><td>各学科
2名
※6</td><td>一般選抜
（前期日程）
※7</td><td>一般選抜（前期日程）の合格者でコース入学希望者の中から成績上位者を選抜</td><td>2月下旬</td><td>4月</td></tr>
</table>

※1　個人面接は第1次選抜の合格者数により集団面接になる場合がある

※2　英語などの外部試験を2年以内に受験したことを出願要件とする

※3　タイプA（若干名）とタイプB（若干名）を合わせて10名程度の募集人員

※4　タイプAとタイプBの2つの方式がある。タイプAでは国内で教育を受けてきた学生を、タイプBでは帰国生徒をそれぞれ対象とする（上掲表ではタイプAの概要のみを記載）

※5　農学に関連する科目の筆記試験を課す場合がある

※6　理学部全体で最大10名を選抜

※7　理学部は一般選抜と併願する形となるため、国際理学コース入試に不合格の場合でも一般選抜合格者としての資格を得る

教育学部

伊都キャンパス

定員 46

入試科目検索

特色　教育・心理・発達などの分野で国際的に活躍するための国際コースが設置。
進路　約3割の卒業者が大学院へ進学。主な就職先は公務や教育・学習支援業など。
学問分野　心理学／教育学
大学院　人間環境／統合新領域

学科紹介

教育学系 国際教育文化コース	国際的視野から教育問題を考える。欧米およびアジア・アフリカ諸国・諸地域における教育思想・教育哲学、教育文化・子ども文化、諸外国および日本における授業研究や教授法の改善、教育制度の改革、国際理解や異文化理解、国際教育交流などをテーマに学ぶ。
教育学系 教育社会計画コース	現代社会の教育に関する理論的・実践的研究の方法や成果について学び、未来を見通した総合的な教育社会計画に結びつける。現代の学校体系を支える制度、行政、経営上の課題、選抜を巡る家族や社会の機能、様々な学びの仕組みなどについて科学的に分析する。
教育心理学系 人間行動コース	生涯にわたる心身の構造の変化、集団の中での意識や行動、環境による認識や行動の違いなどを学び、現代の社会変動により生じる様々な問題に対処できる専門家を育成する。教育心理学、発達心理学、社会心理学、人間環境心理学の専攻科目を設置。心理学の基本を広く学ぶことができる。
教育心理学系 心理臨床コース	心に悩みを抱える人や、身体に障害を持つ人々を理解し、支援できる心の専門家を育成する。高度産業社会におけるストレス、心理的葛藤、家庭内暴力、不登校、非行、犯罪などへのケアや対処の他、障害を持つ人々の社会的活動を支援する技法も身につける。
取得可能な免許・資格	公認心理師、社会調査士、児童福祉司、教員免許（中-社、高-地歴・公）、社会教育士、社会教育主事

入試要項（2025年度）

※この入試情報は大学発表の2025年度入試（予告）および2024年度募集要項等より編集したものです（2024年1月時点。見方は巻頭の「本書の使い方」参照）。内容には変更が生じる可能性があるため、最新情報はホームページや2025年度募集要項等で必ず確認してください。

■教育学部　偏差値 62

前期日程

◆共通テスト

[8科目（1000点→475点）] 国 現古漢（200→100） 地歴 公 地歴全3科目、公共・倫、公共・政経から2（計200→100） 数 数ⅠA、数ⅡBC（計200→100） 理 理科基礎（100→50）▶物、化、生、地から2でも可。基礎科目とみなす 外 全5科目から1（200→100） 情 情Ⅰ（100→25）

◆個別学力検査等

[3科目（600点）] 国 現古漢（200） 数 数ⅠⅡAB〔列〕C〔べ〕（200） 外 英（200）

特別選抜

[総合型選抜] 総合型選抜Ⅰ
[その他] 国際入試

法学部

定員 189

伊都キャンパス

入試科目検索

特色 5つの分野でカリキュラムを展開。各分野に入門、基盤、展開科目を設けている。
進路 就職先は公務をはじめ情報通信業や金融・保険業などが多い。
学問分野 法学／政治学
大学院 法／法務

学部紹介

法学部	基礎法学、公法・社会法学、民刑事法学、国際関係法学、政治学の5つの教育科目群から、将来の進路に沿って授業を選択する。アジアや欧米など様々な国の外国人教員を通じて、国際的な視点から日本の法や政治を捉え直す機会を提供する他、国際ビジネスの最先端で活躍できる人材の育成を目指した学部から修士一貫のGVプログラムを設置。
取得可能な免許・資格	教員免許（中-社、高-地歴・公）

入試要項（2025年度）

※この入試情報は大学発表の2025年度入試（予告）および2024年度募集要項等より編集したものです（2024年1月時点。見方は巻頭の「本書の使い方」参照）。内容には変更が生じる可能性があるため、最新情報はホームページや2025年度募集要項等で必ず確認してください。

■法学部 偏差値 63

前期日程

◆**共通テスト**

[8科目（1000点→350点）] 国 現古漢（200→50）地歴 公 地歴全3科目、公共・倫、公共・政経から2（計200→100）数 数ⅠA、数ⅡBC（計200→50）理 理科基礎（100→50）▶物、化、生、地から2でも可。基礎科目とみなす 外 全5科目から1（200→50）情 情Ⅰ（100→50）

◆**個別学力検査等**

[3科目（600点）] 国 現古漢（200）数 数ⅠⅡAB〔列〕C〔ベ〕（200）外 英（200）

後期日程

◆**共通テスト**

[8科目（1000点→450点）] 前期日程に同じ▶ただし 国（200→100）外（200→100）となる

◆**個別学力検査等**

[1科目（250点）] その他 講義に関する理解度確認試験（250）

特別選抜

[総合型選抜] 総合型選抜Ⅱ 共

[その他] 帰国生徒選抜、私費外国人留学生入試（4月入学）

国立 九州 九州大学

経済学部

伊都キャンパス

定員 226

入試科目検索

特色 英語での講義や留学などで国際的に活躍できる人材を育成するプログラムがある。
進路 卒業者の多くは金融・保険業や情報通信業、地方公務などに就く。
学問分野 経済学／経営学
大学院 経済／マス・フォア・イノベーション連係

学科紹介

経済・経営学科 (141)	専門科目群を経済分析、産業分析、企業分析の3つの系統に分けている。経済や経営の基礎理論を理解し幅広い教養と国際性を身につけることで、現代社会が抱える経済問題を多角的に分析し解決できる人材を育成する。4年次には大学院開講科目を履修することができる。
経済工学科 (85)	経済問題の分析を行う経済システム解析、経済政策の分析や評価の手法を修得する政策分析、ビッグデータの処理方法を身につける数理情報の3つの学習分野で構成。数理的、計量的、情報科学的な分析手法を駆使し、様々な視点から経済問題を総合的に捉える。
取得可能な免許・資格	教員免許 (中-社、高-公)

入試要項(2025年度)

※この入試情報は大学発表の2025年度入試（予告）および2024年度募集要項等より編集したものです（2024年1月時点。見方は巻頭の「本書の使い方」参照）。内容には変更が生じる可能性があるため、最新情報はホームページや2025年度募集要項等で必ず確認してください。

■経済学部 偏差値 62

前期日程

◆共通テスト

[経済・経営：8科目 (1000点→475点)] 国現古漢(200→50) 地歴 公地歴全3科目、公共・倫、公共・政経から2(計200) 数数ⅠA、数ⅡBC(計200→50) 理理科基礎(100→50)▶物、化、生、地から2でも可。基礎科目とみなす 外全5科目から1(200→100) 情情Ⅰ(100→25)

[経済工：8科目 (1000点→475点)] 国現古漢(200→100) 地歴 公地歴全3科目、公共・倫、公共・政経から1(100→50) 数数ⅠA、数ⅡBC(計200→100) 理物、化、生、地から2(計200→100) 外全5科目から1(200→100) 情情Ⅰ(100→25)

◆個別学力検査等

[経済・経営：3科目(600点)] 国現古漢(200) 数数ⅠⅡAB〔列〕C〔べ〕(200) 外英、独、仏から1(200)

[経済工：3科目(750点)] 国現(150) 数数ⅠⅡⅢAB〔列〕C(300) 外英、独、仏から1(300)

後期日程

◆共通テスト

[経済・経営：7科目 (900点→200点)] 国現古漢(200→100) 地歴 公地歴全3科目、公共・倫、公共・政経から1(100) 数数ⅠA、数ⅡBC(計200→100) 理理科基礎(100)▶物、化、生、地から2でも可。基礎科目とみなす 外全5科目から1(200→100) 情情Ⅰ(100)▶国地歴公数理外から高得点2教科2科目を合否判定に使用

[経済工：7科目 (900点→300点)] 国現古漢(200→40) 地歴 公地歴全3科目、公共・倫、公共・政経から1(100→40) 数数ⅠA、数ⅡBC(計200→80) 理物、化、生、地から1(100→40) 外全5科目から1(200→80) 情情Ⅰ(100→20)

◆個別学力検査等

[全学科：1科目(300点)] 論小論文(300)

特別選抜

[総合型選抜] 総合型選抜Ⅱ 共

[その他] 帰国生徒選抜、私費外国人留学生入試(4月入学)

理学部

定員 258

伊都キャンパス

入試科目検索

特色 創造力を養う専攻教育を展開する。国際理学コースを設置。
進路 約8割の卒業者が大学院へ進学。就職先は情報通信業、地方公務など。
学問分野 数学／物理学／化学／生物学／地学／情報学
大学院 理／数理／システム生命科／システム情報科／マス・フォア・イノベーション連係

学科紹介

学科	定員	紹介
物理学科	(55)	物理学と情報理学の2コースを設置。講義や演習、実験を通して物理学と情報科学の基本法則を修得し、基礎をもとにした論理的思考法を身につけ、幅広く社会で活躍できる人材を育成する。
化学科	(62)	産業と地球環境の調和の観点から新物質を開発し、その機能と性質を効果的に利用することで社会貢献する。4年次には研究室に所属し、マンツーマンの指導体制のもと、最先端の研究を行う。
地球惑星科学科	(45)	地球全体を1つの複合システムとして観察、解明し、環境変動や自然災害の予測ができる専門家を育成。物理、化学、数学、地学、生物学の基礎知識をもとに地球や惑星に関する知識を学び、課題探究能力を養う。
数学科	(50)	数学を自然科学、経済、社会現象を記述する言語と捉え、講義、演習、セミナーを通して自主的な学習姿勢を養う。数学を中心とした関連分野を扱う数理学研究院や、産業数学を扱うマス・フォア・インダストリ研究所の教員による高水準の数学教育を展開している。
生物学科	(46)	13の研究分野で構成される。生物学の飛躍的な進展に対応する柔軟なカリキュラムのもと、基礎生物学の研究者のみならず、医療、農業、環境などの応用分野でも指導的役割を果たせる人材を育成する。
取得可能な免許・資格		学芸員、危険物取扱者（甲種）、測量士補、教員免許（中-数・理、高-数・理・情）

入試要項（2025年度）

※この入試情報は大学発表の2025年度入試（予告）および2024年度募集要項等より編集したものです（2024年1月時点。見方は巻頭の「本書の使い方」参照）。内容には変更が生じる可能性があるため、最新情報はホームページや2025年度募集要項等で必ず確認してください。

■理学部 偏差値 62

前期日程

◆共通テスト

[全学科：8科目（1000点→475点）] 国 現古漢（200→100）地歴 公 地歴全3科目、公共・倫、公共・政経から1（100→50）数 数ⅠA、数ⅡBC（計200→100）理 物、化、生、地から2（計200→100）外 全5科目から1（200→100）情 情Ⅰ（100→25）

◆個別学力検査等

[全学科：4科目（700点）] 数 数ⅠⅡⅢAB〔列〕C（250）理 物基・物、化基・化、生基・生、地基・地から2（計250）外 英（200）

後期日程

◆共通テスト

[物理：6科目（800点→425点）] 国 現古漢（200→50）数 数ⅠA、数ⅡBC（計200→150）理 物（100→150）外 全5科目から1（200→50）情 情Ⅰ（100→25）

[化：8科目（1000点→725点）] 前期日程に同じ▶ただし 国（200→50）数（計200）理（計200）外（200）となる

[地球惑星科、生物：6科目（700点→325点）] 数 数ⅠA、数ⅡBC（計200→100）理 物、化、生、地から2（計200→100）外 全5科目から1（200→100）情 情Ⅰ（100→25）

◆個別学力検査等

[物理、地球惑星科：1科目（100点）] 面 面接（100）

[化：1科目（600点）] 理 化基・化（600）

[生物：1科目（100点）] 面 面接（100）

特別選抜

[総合型選抜] 総合型選抜Ⅱ 共

[その他] 帰国生徒選抜、私費外国人留学生入試（4月入学）

医学部（医）

伊都キャンパス（1年）、病院キャンパス（2～6年）

定員 105

入試科目検索

特色 医療系統合教育センターと連携し、時代の要請に対応した教育を行っている。
進路 多くが臨床医を目指し、大学病院や関連の研修病院で研修を積む。
学問分野 医学
大学院 医学系

学科紹介

医学科 (105)	6年制。医療人としての倫理に徹した医師ならびに探究心旺盛な医科学研究者を育成。医学の進歩に伴い変化を続ける教育内容に対応するため、低学年次から臨床医学の学習を開始する。5・6年次の臨床実習は九州大学病院をはじめとした国内外の医療施設で行う。
取得可能な免許・資格	医師

入試要項（2025年度）

※この入試情報は大学発表の2025年度入試（予告）および2024年度募集要項等より編集したものです（2024年1月時点。見方は巻頭の「本書の使い方」参照）。内容には変更が生じる可能性があるため、最新情報はホームページや2025年度募集要項等で必ず確認してください。

■医学部（医） 偏差値 67

前期日程

◆共通テスト

[医：8科目（1000点→475点）] 国 現古漢（200→100） 地歴 公 地歴全3科目、公共・倫、公共・政経から1（100→50） 数 数ⅠA、数ⅡBC（計200→100） 理 物、化、生から2（計200→100） 外 全5科目から1（200→100） 情 情Ⅰ（100→25）

◆個別学力検査等

[医：5科目（700点）] 数 数ⅠⅡⅢAB〔列〕C（250） 理 物基・物、化基・化（計250） 外 英（200） 面 面接▶面接は総合判定の資料とする

特別選抜

[その他] 帰国生徒選抜、私費外国人留学生入試（4月入学）

医学部（他）

定員 146

伊都キャンパス（1年）、病院キャンパス（2〜4年）

入試科目検索

特色　充実した設備の下で、各分野の将来を担う人材を育成。

進路　生命科：大学院へ進学する者が多い。保健：九州大学病院をはじめとした医療機関に従事する者が多い。

学問分野　応用生物学／看護学／健康科学

大学院　医学系

学科紹介

生命科学科 (12)	4年制。幅広い知識、高度な専門性、国際的視野を培い生命医科学分野の研究で指導的役割を担う人材を育成する。2年次に基礎的な実験操作を学び、高学年次には分子細胞生物学、高次機能制御学、生体情報科学、臨床医学概論の4つの分野から最新の知識を修得する。
保健学科 (134)	4年制。3つの専攻がある。看護学専攻は、統合基礎看護学、広域生涯看護学の2つの講座で構成。健康支援の基盤となる看護の基礎的知識や技術、態度を学ぶ。放射線技術科学専攻は、基礎放射線科学と医用放射線科学の2つの講座がある。検査技術科学専攻には生体情報学講座と病態情報学講座が設けられている。
取得可能な免許・資格	看護師、保健師、診療放射線技師、臨床検査技師

入試要項（2025年度）

※この入試情報は大学発表の2025年度入試（予告）および2024年度募集要項等より編集したものです（2024年1月時点。見方は巻頭の「本書の使い方」参照）。内容には変更が生じる可能性があるため、最新情報はホームページや2025年度募集要項等で必ず確認してください。

■医学部（他）　偏差値 60

前期日程

◆共通テスト

[生命科：8科目（1000点→475点）] 国 現古漢（200→100）地歴 公 地歴全3科目、公共・倫、公共・政経から1（100→50）数 数ⅠA、数ⅡBC（計200→100）理 物、化、生から2（計200→100）外 全5科目から1（200→100）情 情Ⅰ（100→25）

[保健－看護学・検査技術科学：8科目（1000点→475点）] 国 現古漢（200→100）地歴 公 地歴全3科目、公共・倫、公共・政経から1（100→50）数 数ⅠA、数ⅡBC（計200→100）理 物、化、生、地から2（計200→100）外 全5科目から1（200→100）情 情Ⅰ（100→25）

[保健－放射線技術科学：8科目（1000点→500点）] 国 現古漢（200→100）地歴 公 地歴全3科目、公共・倫、公共・政経から1（100→50）数 数ⅠA、数ⅡBC（計200→100）理 物、化、生、地から2（計200→100）外 全5科目から1（200→100）情 情Ⅰ（100→50）

◆個別学力検査等

[生命科：5科目（800点）] 数 数ⅠⅡⅢAB〔列〕C（250）理 物基・物、化基・化、生基・生から2（計250）外 英（200）面 面接（100）

[保健－看護学：4科目（400点）] 数 数ⅠⅡAB〔列〕C〔ベ〕（100）理 物基・物、化基・化、生基・生から2（計100）外 英（200）

[保健－放射線技術科学：4科目（700点）] 数 数ⅠⅡⅢAB〔列〕C（250）理 物基・物必須、化基・化、生基・生から1（計250）外 英（200）

[保健－検査技術科学：4科目（700点）] 数 数ⅠⅡⅢAB〔列〕C（250）理 化基・化必須、物基・物、生基・生から1（計250）外 英（200）

特別選抜

[総合型選抜] 総合型選抜Ⅱ 共

[その他] 帰国生徒選抜、私費外国人留学生入試（4月入学）

歯学部

定員 53

入試科目検索

伊都キャンパス（1年）、病院キャンパス（2～6年）

特色 教員による相談窓口など歯科医師国家試験に向けた支援体制が整っている。
進路 約9割が臨床研修医を経て、歯科医師として活躍している。
学問分野 歯学
大学院 歯

学科紹介

歯学科 (53)	6年制。口腔常態制御学、口腔保健推進学、口腔機能修復学、口腔顎顔面病態学、総合歯科学の5つの講座を設置している。問題解決型学習やチーム基盤型学習など多彩な教育手法を駆使し、社会のニーズに対応できる歯科医師や歯学研究者、生命科学研究者を育成する。
取得可能な免許・資格	歯科医師

入試要項（2025年度）

※この入試情報は大学発表の2025年度入試（予告）および2024年度募集要項等より編集したものです（2024年1月時点。見方は巻頭の「本書の使い方」参照）。内容には変更が生じる可能性があるため、最新情報はホームページや2025年度募集要項等で必ず確認してください。

■歯学部 偏差値 62

前期日程

◆共通テスト

[歯：8科目（1000点→475点）] 国 現古漢（200→100） 地歴 公 地歴全3科目、公共・倫、公共・政経から1（100→50） 数 数ⅠA、数ⅡBC（計200→100） 理 物、化、生から2（計200→100） 外 全5科目から1（200→100） 情 情Ⅰ（100→25）

◆個別学力検査等

[歯：5科目（700点）] 数 数ⅠⅡⅢAB〔列〕C（250） 理 物基・物、化基・化、生基・生から2（計250） 外 英（200） 面 面接▶面接は総合判定の資料とする

特別選抜

[総合型選抜] 総合型選抜Ⅱ 共

[学校推薦型選抜] 学校推薦型選抜 共

[その他] 帰国生徒選抜、私費外国人留学生入試（4月入学）

薬学部

定員 79

入試科目検索

伊都キャンパス（1年）、病院キャンパス（2~4（6）年）

特色 医療系学部がそろうキャンパス環境を活かしチーム医療や創薬の連携研究を実践。
進路 創薬科：ほとんどの卒業者が大学院へ進学。臨床薬：卒業者の多くが医療・福祉業へ就職。
学問分野 薬学
大学院 薬

学科紹介

創薬科学科 (49)	4年制。生命科学の幅広い知識を身につけ、創薬分野で中心的な役割を担う教育者や研究者を育成。1～3年次は講義、実習、演習を通して化学系、物理系、生物系、環境系、臨床系の薬学を学修する。2・4年次に短期留学に参加する国際コースを選択できる。(2年進級時に成績上位の希望者)
臨床薬学科 (30)	6年制。患者への総合的な処方管理を通して、医薬品の適正使用を行える薬剤師を育成。1～3年次は化学系、物理系、生物系の薬学を学修する。3年次以降は実践薬学系科目を履修、5年次には5カ月間にわたり病院や薬局での実務実習を行い、職能的実践力を養う。
取得可能な免許・資格	危険物取扱者（甲種）、毒物劇物取扱責任者、食品衛生管理者、食品衛生監視員、薬剤師、船舶に乗り組む衛生管理者

入試要項(2025年度)

※この入試情報は大学発表の2025年度入試（予告）および2024年度募集要項等より編集したものです（2024年1月時点。見方は巻頭の「本書の使い方」参照)。内容には変更が生じる可能性があるため、最新情報はホームページや2025年度募集要項等で必ず確認してください。

■薬学部 偏差値 64

前期日程

◆**共通テスト**

[全学科：8科目（1000点→500点)] 国 現古漢(200→100) 地歴 公 地歴全3科目、公共・倫、公共・政経から1（100→50) 数 数ⅠA、数ⅡBC(計200→100) 理 化必須、物、生から1（計200→100) 外 全5科目から1（200→100) 情 情Ⅰ（100→50)

◆**個別学力検査等**

[創薬科：4科目（700点)] 数 数ⅠⅡⅢAB〔列〕C(250) 理 物基・物、化基・化、生基・生から2(計250) 外 英(200)

[臨床薬：5科目（700点)] 数 数ⅠⅡⅢAB〔列〕C(250) 理 物基・物、化基・化、生基・生から2(計250) 外 英（200) 面 面接▶面接は総合判定の資料とする

後期日程

◆**共通テスト**

[全学科：8科目（1000点→700点)] 前期日程に同じ▶ただし 理（計200) 外（200)

◆**個別学力検査等**

[全学科：1科目(150点)] 面 面接(150)

特別選抜

[その他] 帰国生徒選抜、私費外国人留学生入試（4月入学)

工学部

定員 778

入試科目検索

伊都キャンパス(融合基礎工以外1～4年、融合基礎工1・2年)、筑紫キャンパス(融合基礎工3・4年)

特色 オンラインを含む海外研修プログラムを導入し国際化を推進。
進路 約8割が大学院へ進学。就職先は建設業や情報通信業、地方公務など。
学問分野 化学／応用物理学／応用化学／機械工学／電気・電子工学／材料工学／ナノテクノロジー／土木・建築学／船舶・航空宇宙工学／エネルギー工学／その他工学／環境学／情報学
大学院 人間環境／システム生命科／工／システム情報科／総合理工／統合新領域／マス・フォア・イノベーション連係

学科紹介

学科	定員	紹介
電気情報工学科	(153)	計算機工学、電子通信工学、電気電子工学の3つのコースを設置。数学、プログラミング、論理回路、電気回路、電磁気学などの基礎を起点として、電気情報工学分野の論理と物理の両方を学ぶ。新しい価値や技術を創造し生活や社会活動に貢献する。
材料工学科	(53)	素材を原料から材料にするためのプロセス工学、材料の強度や形を変えるための加工工学、材料の機能を高めるための機能工学などの分野を学修する。実習や実験が数多く組まれ、材料づくりを通して社会貢献できるエンジニアを育成する。
応用化学科	(72)	機能物質化学と分子生命工学の2つのコースを設置。世界トップクラスの研究成果を生み出す研究環境を整備し、実践力、表現力、提案力を養う教育を行う。多分野を俯瞰する基礎力を持ちつつ、細分化した専門領域に対応できる人材を育成する。
化学工学科	(38)	3つの分野を設置。生命分野では臓器再生技術やバイオ医薬品などの開発を行う。環境・エネルギー分野では燃料電池、熱利用技術、排ガス処理などの分野で新技術を、ナノ材料分野ではナノメートルのサイズ、形状を制御した材料を開発する。
融合基礎工学科	(57)	物質材料と機械電気の2つのコースを設置。4年間の学びの中で、AI・データ科学を専門的に活用するための「情報応用力」を身につける。2023年度には高等専門学校からの3年次編入学生を対象とした高専連携教育プログラムが開始された。
機械工学科	(135)	材料力学、機械力学、流体力学、熱力学・伝熱学、設計法、制御、加工技術などの概念と基礎知識を学修する。実習、実験、製図など手を動かして学ぶ機会も多い。生体工学や水素利用技術など、従来の枠を超えた分野も学ぶことができる。
航空宇宙工学科	(29)	航空機や宇宙機の開発に不可欠な基礎知識と応用的アプローチ、実践的なスキルを身につけるとともに、総合的な視点や考え方を育む。宇宙航空研究開発機構(JAXA)や一般企業、海外の組織などとの共同研究も盛んに行われている。
量子物理工学科	(38)	原子核・量子線工学、核エネルギーシステム学、エネルギー物質科学、応用物理学の4つを講座を設けている。量子物理学の基礎と工学応用へのセンスを身につけ、変化する時代に柔軟に対応できる技術者を育成する。
船舶海洋工学科	(34)	工学の基礎分野を幅広く学修し、巨大な船や海洋構造物を設計・建造し統合化するための総合工学を身につけるカリキュラムである。3年次には造船工場や鉄鋼所の見学の他、大型船を設計し図面を書き上げるなどの実習が組まれている。

地球資源システム工学科	(34)	資源・エネルギーの探査から開発、利用、修復までの一連の資源開発プロセスをカバーする研究室が配置されている。3年次には国内外の企業でのインターンシップが実施され、フィールドワークを通して資源・エネルギー技術を体験できる。
土木工学科	(77)	様々な技術やアイデアを結びつけ、世界のあらゆる場所で人々の暮らしを豊かにできる土木技術者を育成する。伝統的な技術を継承・発展させる一方で、最先端の技術を取り入れながら持続可能で豊かな国土や都市の構築に貢献する。
建築学科	(58)	住宅から都市まで、建築や都市文化を歴史的に顧みながら設計・計画する方法や、快適で健康的な環境を作るための環境工学、壊れない建物を作るための建築構造技術などについて幅広く教育・研究を行う。国際社会の第一線で活躍できる建築家や技術者を育成する。
取得可能な免許・資格		危険物取扱者（甲種）、ボイラー技士、建築士（一級、二級、木造）、測量士補、主任技術者（電気、原子炉）、施工管理技士（土木、建築、電気工事、管工事、造園、建設機械）、衛生管理者

入試要項（2025年度）

※この入試情報は大学発表の2025年度入試（予告）および2024年度募集要項等より編集したものです（2024年1月時点。見方は巻頭の「本書の使い方」参照）。内容には変更が生じる可能性があるため、最新情報はホームページや2025年度募集要項等で必ず確認してください。

■工学部 偏差値 62

前期日程

◆**共通テスト**

[8科目（1000点→520点）] 国 現古漢（200→100） 地歴 公 地歴全3科目、公共・倫、公共・政経から1（100→50） 数 数ⅠA、数ⅡBC（計200→100） 理 物、化（計200→100） 外 全5科目から1（200→100） 情 情Ⅰ（100→70）

◆**個別学力検査等**

[4科目（700点）] 数 数ⅠⅡⅢAB〔列〕C（250） 理 物基・物、化基・化（計250） 外 英（200）

後期日程

◆**共通テスト**

[8科目（1000点→520点）] 前期日程に同じ

◆**個別学力検査等**

[2科目（250点）] 数 数ⅠⅡⅢAB〔列〕C（150） 外 英（100）

特別選抜

[総合型選抜] 総合型選抜Ⅱ 共

[その他] 帰国生徒選抜、私費外国人留学生入試（4月入学、10月入学）

芸術工学部

伊都キャンパス（1年）、大橋キャンパス（2～4年）

定員 187

入試科目検索

特色 欧米やアジアの大学に留学できる国際プログラムを設置。
進路 約半数が大学院へ進学。他、情報通信業や建設業、サービス業に就職する者もいる。
学問分野 心理学／メディア学／土木・建築学／その他工学／応用生物学／芸術・表現／デザイン学／環境学／情報学
大学院 芸術工／統合新領域

学科紹介

芸術工学科

環境設計コース	(31)	1年次より設計基礎のスキルを学ぶ。カリキュラムはフィールドワークや設計プロジェクトなど実践的な学修とそれを支える専門講義科目群で構成。環境を巡る諸問題や建築、都市、ランドスケープ、地域など幅広い専門知識と設計能力を培う。
インダストリアルデザインコース	(41)	感性、工学、科学など複数の視点から社会実装のためのデザインの理論や方法論を学ぶ。クリエーティブデザインと人間工学を中心に、各自の興味に応じ履修する。講義と演習を互いに作用させ、深い理解と技術の定着を図る教育体系である。
未来構想デザインコース	(23)	アート・デザイン、社会構想、生命・情報科学の3つの分野を組み合わせたカリキュラムを構成。社会の仕組みやサービスなど、従来はデザインの対象とされなかった分野も扱う。新領域を開拓できる発想力や想像力の豊かなデザイナーを育成する。
メディアデザインコース	(41)	メディア表現、メディアインタラクション、メディアコミュニケーション学の3つを柱に、メディアデザインを体系的に身につけるカリキュラムを構成。豊富な研究教育資源を活用し、新しい時代のメディアデザインに挑戦できる人材を育成する。
音響設計コース	(31)	音文化学、音響環境工学、音響情報科学の3つの分野の専門知識を学ぶとともに、音に対する感性を磨く。デザインリテラシーの他、音に関する芸術、科学、技術の各分野の基礎科目も配置。卒業研究では音デザインや物理音響などをテーマに扱う。
取得可能な免許・資格		建築士（一級、二級、木造）

入試要項（2025年度）

※この入試情報は大学発表の2025年度入試（予告）および2024年度募集要項等より編集したものです（2024年1月時点。見方は巻頭の「本書の使い方」参照）。内容には変更が生じる可能性があるため、最新情報はホームページや2025年度募集要項等で必ず確認してください。

■芸術工学部 偏差値 62

前期日程

◆**共通テスト**

[芸術工：8科目（1000点→550点）] 国現古漢（200→100） 地歴 公地歴全3科目、公共・倫、公共・政経から1（100） 数数ⅠA、数ⅡBC（計200→100） 理物、化、生、地から2（計200→100） 外全5科目から1（200→100） 情情Ⅰ（100→50）

◆**個別学力検査等（コース別）**

[芸術工－未来構想デザイン以外：4科目（750点）] 数数ⅠⅡⅢAB〔列〕C（250） 理物基・物必須、化基・化、生基・生から1（計250） 外英（250）

[芸術工－未来構想デザイン：4科目（750点）] 数数ⅠⅡⅢAB〔列〕C（250） 理物基・物、化基・化、生基・生から2（計250） 外英（250）

◆**個別学力検査等（学科一括）**

[芸術工：5科目（750点）] 数数ⅠⅡⅢAB〔列〕C（250） 理物基・物必須、化基・化、生基・生から1（計250） 外英（250） 面面接▶面接は総合判定の資料とする

特別選抜

[総合型選抜] 総合型選抜Ⅱ 共
[学校推薦型選抜] 学校推薦型選抜 共
[その他] 帰国生徒選抜、私費外国人留学生入試（4月入学）

農学部

伊都キャンパス

定員 226

入試科目検索

特色 2年次後期からコースに分かれる。すべての科目を英語で履修する国際コースを設置。

進路 約8割が大学院へ進学。就職先は地方公務や情報通信業、製造業など。

学問分野 農学／森林科学／獣医・畜産学／応用生物学／環境学

大学院 システム生命科／生物資源環境科

学科紹介

生物資源環境学科

生物資源生産科学コース	4つの分野を設置。農学分野では農作物などの遺伝育種学、生態学、病理学などを学ぶ。生物生産環境工学分野では農業の生産性向上について、生物生産システム工学分野では食料の生産や流通技術について研究。農政経済学分野では経済学と食料産業について扱う。
応用生物科学コース	生物と環境の相互作用の解明やシステムとしての自然現象の理解を目指す応用生命化学、食品の働きや安全な食品提供について研究する食糧化学工学の2つの分野で構成。生命科学、食糧化学、環境科学に関わる専門知識と高度な技術を修得し、人類の発展に貢献する。
地球森林科学コース	森林機能制御学、森林機能開発学、生物材料機能学の3つの分野を設置。地球規模の視野から森林資源について理解を深め、資源問題への理知的な対処方法を探る。研究分野は国土の保全や木質資源の創出など幅広い。北海道、宮崎県、福岡県に広大な演習林を持つ。
動物生産科学コース	水生生物資源を扱う水産科学と、動物資源の高度利用や環境保全を目指すアニマルサイエンスの2つの分野を設置。陸上や海洋に生息する生物の生態や形態を学ぶ。食料生産の持続や有用物質の開発に関する理論と技術を修得し、生物資源の効率的な生産と利用を図る。
取得可能な免許・資格	学芸員、毒物劇物取扱責任者、技術士補、測量士補、施工管理技士(土木、建築、電気工事、管工事、造園、建設機械)、食品衛生管理者、食品衛生監視員、樹木医補、森林情報士、家畜人工授精師、教員免許（中-理、高-理・農・水）

入試要項(2025年度)

※この入試情報は大学発表の2025年度入試（予告）および2024年度募集要項等より編集したものです（2024年1月時点。見方は巻頭の「本書の使い方」参照）。内容には変更が生じる可能性があるため、最新情報はホームページや2025年度募集要項等で必ず確認してください。

■農学部 偏差値 62

前期日程

◆**共通テスト**

[生物資源環境：8科目（1000点→500点)] 国 現古漢(200→100) 地歴 公 地歴全3科目、公共・倫、公共・政経から1（100→50）数 数ⅠA、数ⅡBC(計200→100) 理 物、化、生、地から2(計200→100) 外 全5科目から1（200→100) 情 情Ⅰ（100→50)

◆**個別学力検査等**

[生物資源環境：4科目（750点)] 数 数ⅠⅡⅢAB〔列〕C（250) 理 物基・物、化基・化、生基・生から2(計250) 外 英(250)

後期日程

◆**共通テスト**

[生物資源環境：8科目(1000点→550点)] 前期日程に同じ▶ただし 国（200→50) 数（計200→150) 理（計200→150)となる

◆**個別学力検査等**

[生物資源環境：1科目(300点)] 論 小論文(300)

特別選抜

[総合型選抜] 総合型選抜Ⅱ 共

[その他] 国際コース入試、私費外国人留学生入試(4月入学)

共創学部

伊都キャンパス

定員 105

入試科目検索

特色 海外大学への留学が必修。留学生とのクラス・シェアや語学教育が行われている。
進路 約6割が大学院へ進学。就職先の多くは金融・保険業を中心とした一般企業である。
学問分野 国際学

学科紹介

共創学科	人間・生命エリア、人と社会エリア、国家と地域エリア、地球・環境エリアの4つのエリア（領域）を設定し、横断的な科目を履修することで課題・問題の解決に必要な力を身につける。語学教育では習熟レベル・能力別に分かれたクラスによる授業によって、高い英語運用能力の修得を目指す。

入試要項（2025年度）

※この入試情報は大学発表の2025年度入試（予告）および2024年度募集要項等より編集したものです（2024年1月時点。見方は巻頭の「本書の使い方」参照）。内容には変更が生じる可能性があるため、最新情報はホームページや2025年度募集要項等で必ず確認してください。

■共創学部 偏差値 62

前期日程

◆共通テスト

[共創：8科目（1000点→525点）] 国現古漢（200→100） 地歴 公 理地歴理全8科目、公共・倫、公共・政経から3（計300→200）▶理は同一名称含む組み合わせ不可 数数ⅠA、数ⅡBC（計200→100） 外全5科目から1（200→100） 情情Ⅰ（100→25）

◆個別学力検査等

[共創：3科目(1000点)] 数数ⅠⅡAB〔列〕C〔べ〕(300) 外英(400) 論小論文(300)

特別選抜

[総合型選抜] 総合型選抜Ⅰ
[学校推薦型選抜] 学校推薦型選抜共
[その他] 帰国生徒選抜、私費外国人留学生入試(4月入学、10月入学)

募集人員等一覧表

※本書掲載内容は、大学のホームページ及び入学案内や募集要項などの公開データから独自に編集したものです（2024年度入試[※1]）。詳細は募集要項かホームページで必ず確認してください。

学部	学科－専攻・コース	募集人員	一般選抜		2段階選抜（倍率）		配点（共共テ個個別）		特別選抜※2
			前期日程	後期日程	前期日程	後期日程	前期日程	後期日程	
文	人文	151名	119名	22名	約4.0倍	約5.0倍	共275点 個500点 計775点	共285点 個250点 計535点	①10名 ⑧⑨若干名
教育		46名	36名	—	約4.0倍	—	共475点 個600点 計1075点	—	②7名 ⑦3名
法		189名	146名	33名	約4.0倍	約7.0倍	共350点 個600点 計950点	共450点 個250点 計700点	①10名 ⑧⑨若干名
経済	経済・経営	141名	93名	26名	約4.0倍	約7.0倍	共475点 個600点 計1075点	共200点 個300点 計500点	①22名 ⑧⑨若干名
	経済工	85名	66名	19名	約4.0倍	約7.0倍	共475点 個750点 計1225点	共300点 個300点 計600点	⑧⑨若干名
理	物理	55名	42名 ※3	6名		約10.0倍		共425点 個100点 計525点	①7名 ⑧⑨若干名
	化	62名	46名 ※3	8名		約10.0倍		共725点 個600点 計1325点	①8名 ⑧⑨若干名
	地球惑星科	45名	32名 ※3	6名	約4.0倍	約10.0倍	共475点 個700点 計1175点	共325点 個100点 計425点	①7名 ⑧⑨若干名
	数	50名	43名 ※3	—		—		—	①7名 ⑧⑨若干名
	生物	46名	34名 ※3	7名		約10.0倍		共325点 個100点 計425点	①5名 ⑧⑨若干名
医	医	105名	105名		約2.5倍		共475点 個700点 計1175点		⑧⑨若干名
	生命科	12名	12名		約6.0倍		共475点 個800点 計1275点		⑧⑨若干名
	保健－看護学	68名	58名	—	約4.0倍	—	共475点 個400点 計875点	—	①10名 ⑧⑨若干名
	保健－放射線技術科学	33名	27名		約4.0倍		共500点 個700点 計1200点		①6名 ⑧⑨若干名
	保健－検査技術科学	33名	27名		約4.0倍		共475点 個700点 計1175点		①6名 ⑧⑨若干名
歯	歯	53名	37名	—	約6.0倍	—	共475点 個700点 計1175点	—	①8名 ③8名 ⑧⑨若干名
薬	創薬科	49名	45名	4名	—	約10.0倍	共500点 個700点 計1200点	共700点 個150点 計850点	⑧⑨若干名
	臨床薬	30名	26名	4名	約3.0倍※4	約10.0倍			⑧⑨若干名
工	Ⅰ群 電気情報工		98名	17名		約10.0倍		共520点 個250点 計770点	①8名 ⑧⑨⑩若干名
	Ⅱ群 材料工、応用化、化学工、融合基礎工－物質材料	778名	123名	21名	約4.0倍	約10.0倍	共520点 個700点 計1220点	共520点 個250点 計770点	①11名※5 ⑧⑨⑩若干名 ※6
	Ⅲ群 融合基礎工－機械電気、機械工、航空宇宙工、量子物理工		146名	25名		約10.0倍		共520点 個250点 計770点	①11名※7 ⑧⑨⑩若干名 ※6

学部	学科－専攻・コース	募集人員	一般選抜		2段階選抜（倍率）		配点（共共テ個個別）		特別選抜※2
			前期日程	後期日程	前期日程	後期日程	前期日程	後期日程	
	Ⅳ群 船舶海洋工、地球資源システム工、土木工		92名	16名		約10.0倍		共520点 個250点 計770点	①11名※9 ⑧⑨⑩若干名 ※6
	Ⅴ群 建築		46名	—		—		—	①6名 ⑧⑨若干名
	Ⅵ群 ※8		124名	23名		約10.0倍		共520点 個250点 計770点	—
芸術工	芸術工－環境設計	31名	24名	—	約4.0倍	—	共550点 個750点 計1300点	—	①7名 ⑧⑨若干名
	芸術工－インダストリアルデザイン	41名	20名		約4.0倍				①16名 ③5名 ⑧⑨若干名
	芸術工－未来構想デザイン	23名	10名		約4.0倍				①8名 ④5名 ⑧⑨若干名
	芸術工－メディアデザイン	41名	21名		約4.0倍				①20名 ⑧⑨若干名
	芸術工－音響設計	31名	26名		約4.0倍				①5名 ⑧⑨若干名
	芸術工－学科一括	20名	20名		約4.0倍				—
農	生物資源環境	226名	170名	22名	約4.0倍	約7.0倍	共500点 個750点 計1250点	共550点 個300点 計850点	①24名 ⑤＋⑥ 10名程度 ⑨若干名
共創	共創	105名	65名	—	約4.0倍	—	共525点 個1000点 計1525点	—	②20名 ③10名 ⑧＋⑨＋ ⑩10名

※1　2024年度入試実績。2025年度入試の概要は、大学ホームページに公表予定（配点のみ2025年度入試〔予告〕で記載）
※2　［総合型選抜］共課す：①総合型選抜Ⅱ、共課さない：②総合型選抜Ⅰ
［学校推薦型選抜］共課す：③学校推薦型選抜、共課さない：④学校推薦型選抜
［その他］共課す：⑤国際コース入試（10月入学〔タイプA〕）、共課さない：⑥国際コース入試（10月入学〔タイプB〕）、⑦国際入試、⑧帰国生徒選抜、⑨私費外国人留学生入試（4月入学）、⑩私費外国人留学生入試（10月入学）
※3　前期日程の募集人員には、国際理学コースへの入学者（各学科2名）を含む
※4　2025年度入試（予告）の倍率
※5　材料工学科（3名）、応用化学科（4名）、化学工学科（2名）、融合基礎工学科物質材料コース（2名）
※6　⑩は応用化学科、機械工学科、航空宇宙工学科、土木工学科のみ募集
※7　融合基礎工学科機械電気コース（2名）、機械工学科（7名）、量子物理工学科（2名）
※8　入学時に特定の学科群を選択しない（1年次終了時にⅠ～Ⅴのいずれかの学科群を選択）
※9　船舶海洋工学科（5名）、地球資源システム工学科（2名）、土木工学科（4名）

九州大学についてもっと知りたい方はコチラ

九州大学は長い歴史と伝統を礎に、常に自律的に改革し、発展し続ける革新的な大学です。学部学生約11,800名、大学院学生約7,000名と教職員約8,000名が所属する巨大知的集団であり、優れた人材育成と卓越した基礎及び応用研究の成果を、常時世界に発信する我が国有数の中核的教育・研究拠点大学です。皆さんも共に目指した学びを全うしてみませんか。

Column コラム

就職支援

九州大学ではキャリア形成のために段階的な教育を行っています。大学生活の基礎固めとなる入学後から2年次にかけてキャリアガイダンスや自己啓発プログラムを行い、将来を考える機会を設けています。3年次には就職ガイダンス（企業・公務員）、インターンシップなどの就職支援プログラムのもとで就職活動の心得から「最終局面まで、様々な講座を開催しています。

その他、部局独自の就職支援として各学部・学府の専攻に特化した就職支援を実施しています。博士人材の就職支援として、博士向け就職・キャリアガイダンスの開催や博士人材のための企業説明会、理工系大学院生を対象とした、中長期研究型インターンシップを推進しています。2023年度は、九州大学生と出会いたい！　という企業約110社による学内合同企業説明会が開催されました。

国際交流

九州大学では、世界の137大学と学生交流の協定を結び、学生の海外留学を奨励しています。1学期から最長1年間、協定校で学ぶ大学間交換留学プログラムでは例年100名程度の九州大学生が海外留学に出かけています。主に夏休み・春休みを利用して参加できる短期留学の機会も豊富に用意されており、アジア太平洋地域の学生がお互いの国を行き来し協働学習を通じて学ぶ「アジア太平洋カレッジ」、一部費用を九州大学が負担し、台湾師範大学（台湾）で中国語研修などを行う「CLP-C」、韓国でキャンパスツアーや、文化体験として現地の歴史施設、最新スポットなどを訪問する「韓国文化経験と名門大学ビジットツアー」など多種多様な留学が実施されています。留学への支援として、大学独自の海外留学支援、促進するための事業を行っています。

九州大学ギャラリー

■亭亭舎

畳と掘りごたつが設置される温泉の休憩所のような本施設では、学生が集い、くつろげる集会所として自由に利用できます。

■中央図書館

国内最大級の約350万冊におよぶ蔵書数を誇る他、学習・教育・研究を幅広く支える多彩な利用エリアが用意されています。

■総合体育館

学生の基幹教育や課外活動および教職員のレクリエーション利用される他、施設内の屋内プールは一般開放されています。

■童夢カフェ

5つある図書館のうち、中央図書館に設置された童夢カフェでは、毎朝焼けたパンや手作りランチ、デザート類を提供しています。

（写真：九州大学広報課）

Student's Voice

芸術工学部

芸術工学科 メディアデザインコース 1年

ふたみ　りゅうのすけ
二見 龍之介くん

福岡県 県立 福岡高校 卒
バレーボール部　高3・4月

自分の目指すデザインを見つけたい

Q どのような高校生でしたか？　九州大学を志望した理由は？

バレーボール部に所属し、高1の頃から塾に通っていました。僕たちの代は、新型コロナの影響で、高校に入学してすぐに長い休校期間がありました。特に勉強を頑張ったのは、その休校期間と部活を引退した後くらいです。それ以外は部活と遊ぶことに全力を注いでいました。

志望校を決めたのには、いくつか理由があります。まずは、芸術工学部という学部を知ったこと。塾の先生が在籍していたということもあり、高1の頃から、九州大学に芸術工学部があると頭の中に入っていました。次に、デザインが将来の夢と重なったこと。僕は、小さい頃から「デザインすること」に対して漠然とした憧れを持っていました。今は、何かしらの編集に関わることが夢です。最後に、メディアデザインに興味を持ったこと。これは、高校の文化祭や体育祭でビデオやちょっとしたパンフレットを作った経験が大きいです。これらの色々なことが重なって、芸術工学部メディアデザインコースで学びたいと思い、志望しました。

Q どのように受験対策をしましたか？　入試本番はどうでしたか？

僕の苦手な科目は日本史でした。苦手だから勉強したくない上に、何を勉強すればいいのかもわかりませんでした。しかし、苦手な科目こそ点数を伸ばすことができると考え、共通テストに向けて、11月頃から毎日、日本史の勉強をしました。問題を解いて資料集に書き込むという動作を繰り返し、復習をするときは、間違えたところだけを勉強するのではなく、周辺の事項も勉強しました。その結果、11月の模試から30点も点数を伸ばすことができました。

共通テスト本番では、1日目が終わって帰っているときに、体が重たい感覚に襲われました。帰宅する頃には、ますます体が重くなったので、その日は遅くまで勉強せず、夕ご飯を食べて20時くらいには寝ました。翌朝起きると、体調は万全ではありませんでしたが、そのまま2日目の試験に臨みました。体調管理も実力のうちだと実感しました。

●受験スケジュール

月	日	大学・学部学科（試験方式）
2	25・26	★ 九州　芸術工ーメディアデザイン（前期）

どのような大学生活を送っていますか？

「デザインとは何か」を学んでいます

大橋キャンパスの噴水

1年次は基幹教育科目の学習が中心で、週に1回専攻教育科目で専門的な内容に触れています。前期ではデザインをするための基礎知識を学び、後期ではメディアデザインがどのようなものかを学んでいます。具体的には、デザインとアートの違いやメディアデザインとは何なのかといったような、根本的なデザインに対する意識を深めています。また、実際の作品やデザインを知ることにより、感性が磨かれている気がします。

芸術工学部の学生は、1年次は伊都キャンパスで他学部の人たちと一緒に学び、2年次は大橋キャンパスに移って学んでいくことになります。学年が上がるにつれて作品を作る機会が増えていきます。

芸術工学部の友達とフェスに行った際の写真

周囲の影響で興味関心が広がっています

芸術工学部には、音楽を好きな人やアニメを好きな人が多く在籍しています。入学当初、僕はあまりそのようなことに興味がなかったのですが、最近は友達と音楽フェスに行ったり、絵描きの展示会に行ったりしています。とても楽しいですよ。

大橋キャンパスには、「学祭サークル」という芸術工学部ならではのサークルが存在します。九州大学の学園祭は、伊都キャンパスで「九大祭」が、大橋キャンパスでは「芸工祭」が行われており、そのうち芸工祭を運営するのが大橋キャンパスの学祭サークルです。芸工祭は芸術工学部の学生が運営するので、ファッションショーやライブなど特色のある学園祭となっています。興味がある人は、ぜひ調べてみてください。

Q 将来の夢・目標は何ですか？

僕の夢は「何かをデザインすること」です。今のところ一番興味があるのは、雑誌やポスターなどの紙媒体のデザインです。少し前までは『君の名は』『天気の子』、最近で言えば『SLAM DUNK』『クレヨンしんちゃん』などのCGを多用しているアニメーション映画の編集に関わりたいと思っていました。これから専門的なことを学び、より具体的に将来のイメージが持てるようになったら、1つに絞っていこうと思っています。今は、自分にできることを着実に積み重ねて、いつかそれが役に立てばいいなと思っています。直近では、色彩検定の勉強を頑張っています。皆さんも、漠然としていてもいいと思うので、ぜひ夢を探してみてください。

Q 後輩へのアドバイスをお願いします！

ぜひ、他人と異なってください。勉強に関して皆さんに与えられている環境は、多少の差はあっても、ほとんど同じだと思います。それでは、まわりと同じことをしていても受験に勝つことはできません。全員が同じように勉強すれば、同じ成績になるはずだからです。他人と違うことをした、その分だけ他人と異なることができます。他人との差が出るその部分にこだわってほしいです。塾に最後まで残るとか、単語帳を読みながらお風呂に入るなど、本当に些細なことでもいいと思います。みんながやる当たり前のことはやった上でチャレンジして、良い意味で異端児になってください。

九州工業大学
きゅうしゅうこうぎょう

資料請求

入試課入試係(戸畑キャンパス)　TEL(093)884-3056　〒804-8550 福岡県北九州市戸畑区仙水町1-1

「技術に堪能なる士君子」を育成する

大学紹介動画

最新入試情報

技術に精通するのみならず道義心のある人格者＝「技術に堪能なる士君子」の育成を教育理念に掲げる。多様な学習機会と環境を提供し、グローバル社会で活躍し続けることができるエンジニアを育成する。

飯塚キャンパス正門

キャンパス **2**つ

戸畑キャンパス
〒804-8550 福岡県北九州市戸畑区仙水町1-1
飯塚キャンパス
〒820-8502 福岡県飯塚市川津680-4

基本データ

※2023年5月現在（進路・就職は2022年度卒業者データ。学費は2024年度入学者用）

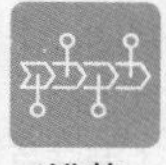
沿革

1909年、私立明治専門学校として開校。1921年、官立明治専門学校に移行。1949年、明治工業専門学校を包括し、九州工業大学を設置。1986年、情報工学部を設置。1988年、工学部を改組。学科および大学院の整備を進め、2004年に国立大学法人となり、現在に至る。

教育機関
2学部 **3**研究科

学部　工／情報工
大学院　工Ⓜ︎Ⓓ︎／情報工Ⓜ︎Ⓓ︎／生命体工学Ⓜ︎Ⓓ︎

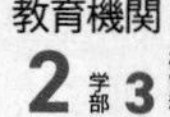
人数

学部学生数　**4,066**名
教員数　**353**名【学長】三谷康範
（教授**152**名、准教授**154**名、講師**7**名、助教**40**名）

教員1名あたり学生 **11**名

学費

初年度納入額　**900,100**円
奨学金　日本学生支援機構奨学金

進路

学部卒業者　**936**名
（進学**581**名［62.1%］、就職**334**名［35.7%］、その他**21**名［2.2%］）
主な就職先　三井ハイテック、オービック、ソニーセミコンダクタマニュファクチャリング、トヨタ自動車九州、NECソリューションイノベータ、九州NSソリューションズ、東京海上日動システムズ、YE DIGITAL、地方公務

学部学科紹介

※本書掲載内容は、大学公表資料から独自に編集したものです。詳細は大学パンフレットやホームページ等で必ず確認してください（取得可能な免許・資格は任用資格や受験資格などを含む）。

工学部

戸畑キャンパス　定員 531

特色　産業が集積する地域性を背景に、国際的視野を備えた専門技術者を育成する。

進路　約7割が大学院へ進学。他、製造業や建築業に就く者も多い。

学問分野　化学／機械工学／電気・電子工学／材料工学／土木・建築学／船舶・航空宇宙工学／エネルギー工学／環境学／情報学

大学院　工

学科	定員	内容
建設社会工学科	(80)	入試時は工学1類として募集。実験実習や設計製図を通じ、建造物の設計に求める力学系と都市計画や建築計画に求める計画系の知識を学ぶ。美しく機能的な建築や都市デザインを追究する建築学と豊かで安全な都市や地域づくりに取り組む国土デザインの2つのコースに分かれる。
機械知能工学科	(136)	入試時は工学2類として募集。専門科目と実験・演習科目を体系的に学習していく。ロボットや産業設備などの複雑なシステムの制御に関する技術を横断的に扱える人材の育成を目指す知能制御工学と、力学を中心に機械工学全般について学ぶ機械工学の2つのコースに分かれる。
宇宙システム工学科	(55)	機械宇宙システム工学コースへは、入試時に工学2類と5類として募集。電気宇宙システム工学コースへは、入試時に工学3類と5類として募集。所属先は2年次に決定する。宇宙工学を含む幅広い分野でシステムの創造や運用を担える技術者や研究者を育成。
電気電子工学科	(126)	入試時は工学3類として募集。次世代のエネルギー、電子デバイスや回路、電子システム化技術に精通した技術者を育成。3年次から電気エネルギーと電子デバイスを学ぶ電気エネルギー工学と電子機器の設計や信号処理、電気通信を学ぶ電子システム工学の2つのコースに分かれる。
応用化学科	(74)	入試時は工学4類として募集。環境、エネルギー、情報、バイオなど先端技術に関わる知識や技術を身につけ、環境と調和のとれた未来社会の構築に貢献できる技術者を育成。物理化学から有機化学、無機化学、化学工学など化学全般を総合的に学習できるカリキュラムを設置。
マテリアル工学科	(60)	入試時は工学5類として募集。科学技術の発展を支える様々な材料の設計と開発を研究。1年次にマテリアル工学入門を学び、2年次からはマテリアル工学コースで鉄鋼、非鉄金属、合金、半導体、セラミックス、複合材料などを対象にマテリアルの機能設計など専門科目を学ぶ。
取得可能な免許・資格		危険物取扱者（甲種）、特殊無線技士（海上、陸上）、陸上無線技術士、建築士（一級、二級、木造）、技術士補、測量士補、主任技術者（電気、電気通信）、施工管理技士（土木、管工事）、教員免許（高-工業）

情報工学部

飯塚キャンパス　定員 410

特色　世界基準の情報工学を扱うことのできる、知的創造者を育成する。

進路　約半数が大学院へ進学。就職先は情報通信業や製造業、サービス業など。

学問分野　物理学／生物学／機械工学／医療工学／その他工学／応用生物学／情報学

大学院　情報工

学科	定員	内容
知能情報工学科	(93)	入試時は主に情工1類として募集。データ科学コースでは数理統計や人工知能などのデータの効率化、高精度化、汎用化をする手法を学ぶ。人工知能コースでは人間の意図を理解し対話できる情報処理システムを開発し、メディア情報学コースでは音声や画像などの処理技術を学ぶ。
情報・通信工学科	(93)	入試時は主に情工1類として募集。ハードとソフト両方のコンピュータ技術と情報通信技術（ICT）を修得する。情報システムを開発するソフトウェアデザイン、通信・ネットワーク技術を学ぶ情報通信ネットワーク、LSI（大規模集積回路）の設計を行うコンピュータ工学の3つのコースに分かれる。

知的システム工学科 (94)	入試時は主に情工2類として募集。情報工学とシステム制御技術や機械工学を組み合わせ知的システムを創造する。ロボットを総合的に学ぶロボティクス、制御工学と情報工学の両面からシステム設計を学ぶシステム制御、次世代の先進機械システムの構築を学ぶ先進機械の3つのコースがある。
物理情報工学科 (65)	入試時は主に情工3類として募集。物理学、生物学、情報工学の融合領域を開拓し、技術の飛躍的発展に貢献できる技術者を育成する。物理・電子物理工学と情報工学を活用し新技術の開発を目指す電子物理工学と、生物・物理・情報工学の学際領域を扱う生物物理工学の2つのコースに分かれる。
生命化学情報工学科 (65)	入試時は主に情工3類として募集。医療、製薬などのバイオ分野と情報工学の融合で新たな産業分野を開拓する。バイオ分野で情報システムや実験システムを構築し工業的応用を学ぶ分子生命工学と、生命科学や医療分野での応用を視野にシステムを構築する医用生命工学の2コースがある。
取得可能な免許・資格	技術士補、教員免許（高-情）

入試要項（2025年度）

※この入試情報は大学発表の2025年度入試（予告）および2024年度募集要項等より編集したものです（2024年1月時点。見方は巻頭の「本書の使い方」参照）。内容には変更が生じる可能性があるため、最新情報はホームページや2025年度募集要項等で必ず確認してください。

「大学入試科目検索システム」のご案内
日程・方式ごとの偏差値や昨年度入試結果（志願者倍率、実質倍率、合格最低点）、基本情報（出願締切日、試験日、二段階選抜、募集人員、総合満点）などは、「大学入試科目検索システム」（https://nyushi.toshin.com/）をご覧ください（利用方法はp.12参照）。

■工学部 偏差値 58

前期日程

◆**共通テスト**

[全類：8科目] 国現古漢 地歴 公全6科目から1 数 数ⅠA、数ⅡBC 理物、化 外全5科目、英語外部試験から高得点1 情情Ⅰ

◆**個別学力検査等**

[全類：3科目] 数数ⅠⅡⅢA〔全〕B〔列〕C 理物基・物、化基・化

後期日程

◆**共通テスト**

[全類：7科目] 国現古漢 数数ⅠA、数ⅡBC 理物、化 外全5科目、英語外部試験から高得点1 情情Ⅰ

◆**個別学力検査等**

[工学1、工学4、工学5：1科目] 数 理数ⅠⅡⅢA〔全〕B〔列〕C、物基・物、化基・化から1

[工学2、工学3：1科目] 数 理数ⅠⅡⅢA〔全〕B〔列〕C、物基・物から1

■情報工学部 偏差値 58

前期日程

◆**共通テスト**

[全類：8科目] 国現古漢 地歴 公全6科目から1 数 数ⅠA、数ⅡBC 理物、化、生、地から2 外全5科目、英語外部試験から高得点1 情情Ⅰ

◆**個別学力検査等**

[全類：2科目] 数数ⅠⅡⅢA〔全〕B〔列〕C 理物基・物、化基・化、生基・生から1

後期日程

◆**共通テスト**

[全類：7科目] 国現古漢 数数ⅠA、数ⅡBC 理物、化、生、地から2 外全5科目、英語外部試験から高得点1 情情Ⅰ

◆**個別学力検査等**

[全類：1科目] 数 理数ⅠⅡⅢA〔全〕B〔列〕C、物基・物、化基・化から1

■特別選抜

[総合型選抜] 総合型選抜Ⅰ、総合型選抜Ⅱ 共

[学校推薦型選抜] 学校推薦型選抜Ⅰ、学校推薦型選抜Ⅱ 共

[その他] 国際バカロレア選抜、帰国生徒選抜、私費外国人留学生選抜

ふくおかきょういく

福岡教育大学

資料請求

入試課　TEL (0940) 35-1235　〒811-4192 福岡県宗像市赤間文教町1-1

生涯にわたり学び続ける有為な教育者を養成する

大学紹介動画　最新入試情報

生涯にわたり学び続ける有為な教育者を養成し、九州・沖縄地方ひいては我が国の持続的な発展に寄与する。これにより、九州・沖縄地方における教員養成の拠点大学としての責務を果たす。

教育・心理教棟

キャンパス **1**つ

福岡教育大学キャンパス
〒811-4192 福岡県宗像市赤間文教町1-1

基本データ

※2023年8月現在（教員数は同年5月現在。進路・就職は2022年度卒業者データ。学費は2024年度入学者用〔予定〕）

沿革

1949年、福岡第一師範学校、福岡第二師範学校、福岡青年師範学校を統合し、新制大学として福岡学芸大学が発足。1966年、福岡教育大学に改称し、養護学校ならびに幼稚園教員養成課程を設置。1983年、大学院教育学研究科を設置。2016年、教育学部を改組。2023年、複数のプログラムから学生が主体的に選択する学位プログラム制を導入、現在に至る。

教育機関 **1** 学部 **1** 研究科

学部　教育

大学院　教育学Ⓟ

人数

学部学生数　**2,575**名

教員1名あたり学生 **15**名

教員数　**161**名【学長】飯田慎司
（教授**106**名、准教授**37**名、講師**15**名、助教**3**名）

学費

初年度納入額　**817,800**円（諸経費別途）

奨学金　福岡教育大学国際交流協定校派遣支援奨学金、福岡教育大学学業成績優秀者奨学金、日本学生支援機構給付奨学金、日本学生支援機構貸与奨学金

進路

学部卒業者　**604**名
（進学**24**名［4.0%］、就職**547**名［90.6%］、その他**33**名［5.4%］）

主な就職先　英進館、ベネッセスタイルケア、JR九州、福岡銀行、スターバックスコーヒージャパン、マイナビ、福岡県（職員）、福岡県警察、福岡市（職員）、北九州市（職員）、宗像市（職員）、福津市（職員）、九州地方整備局、福岡労働局、国立大学法人、国立病院機構

学部学科紹介

※本書掲載内容は、大学公表資料から独自に編集したものです。詳細は大学パンフレットやホームページ等で必ず確認してください（取得可能な免許・資格は任用資格や受験資格などを含む）。

教育学部

福岡教育大学キャンパス　定員 615

特色　2023年度、幅広く学べるよう主専攻の他に副専攻も選択できるカリキュラムに改編。
進路　約7割が教職に就く。他、一般企業や官公庁に就職する者もいる。
学問分野　子ども学／教員養成
大学院　教育学

初等教育教員養成課程 (385)	主に幼児教育と小学校教育について学ぶ。2023年度より幼児教育、小学校教育専攻、人文・社会教育、理数教育、芸術・実技教育の5つのプログラムを設置。人文・社会教育、理数教育、芸術・実技教育の学生は副専攻として中等教科領域を選択して学ぶ。
中等教育教員養成課程 (170)	中学校および高校教員を養成。2023年度より中等教育プログラムのもとに国語、社会科、数学、理科、英語、音楽、美術、保健体育、家庭、技術、書道の11の専攻を設置。小学校、幼児教育や所属外の教科も副専攻として学べる。
特別支援教育教員養成課程 (60)	特別支援教育初等教育、特別支援教育中等教育の2つのプログラムに分かれ、主専攻として視覚障害児、聴覚障害児、知的障害児、肢体不自由児、病弱児、言語障害児の6つの領域から1つを選択して学ぶ。また、副専攻として主専攻以外の領域を選択して学べる。
取得可能な免許・資格	教員免許（幼一種、小一種、中-国・数・理・社・保体・音・美・家・技・英、高-国・数・理・地歴・公・保体・書・音・美・工芸・家・工業・英、特-知的・肢体・病弱・視覚・聴覚）、司書教諭

入試要項（2025年度）

※この入試情報は大学発表の2025年度入試（予告）および2024年度募集要項等より編集したものです（2024年1月時点。見方は巻頭の「本書の使い方」参照）。内容には変更が生じる可能性があるため、最新情報はホームページや2025年度募集要項等で必ず確認してください。

「大学入試科目検索システム」のご案内
日程・方式ごとの偏差値や昨年度入試結果（志願者倍率、実質倍率、合格最低点）、基本情報（出願締切日、試験日、二段階選抜、募集人員、総合満点）などは、「大学入試科目検索システム」（https://nyushi.toshin.com/）をご覧ください（利用方法はp.12参照）。

■教育学部　偏差値 54

前期日程

◆共通テスト（文系型）
[初等教育教員養成－幼児教育・小学校教育専攻・人文社会教育・芸術実技教育、中等教育教員養成－中等教育「国語・社会科・英語・音楽・美術・保健体育・家庭・技術・書道」、特別支援教育教員養成：8科目] 国 現古漢 地歴 公 全6科目から2 数 全3科目から2 理 全5科目から1 外 全5科目から1 情 情Ⅰ

◆共通テスト（理系型）
[初等教育教員養成－幼児教育・小学校教育専攻・理数教育・芸術実技教育、中等教育教員養成－中等教育「数学・理科・音楽・美術・保健体育・家庭・技術・書道」、特別支援教育教員養成：8科目] 国 現古漢 地歴 公 全6科目から1 数 全3科目から2 理 全5科目から2▶同一名称含む組み合わせ不可 外 全5科目から1 情 情Ⅰ

◆個別学力検査等
[初等教育教員養成－幼児教育、中等教育教員養成－中等教育「社会科」：3科目] 論 小論文 書類審 調査書、志望理由書
[初等教育教員養成－小学校教育専攻：2科目] 論 小論文 書類審 調査書
[初等教育教員養成－理数教育：2科目] 数 理 数ⅠⅡⅢAB〔列〕C、物基・物、化基・化、生基・生、地基・地から1 面 面接
[中等教育教員養成－中等教育「国語」：3科目] 国 現古漢 書類審 調査書、志望理由書
[中等教育教員養成－中等教育「数学」：2科目] 数 数ⅠⅡⅢAB〔列〕C 面 面接
[中等教育教員養成－中等教育「理科」：2科目] 理 物基・物、化基・化、生基・生、地基・地から1 面 面接
[中等教育教員養成－中等教育「英語」：3科目] 外 英▶リスニング含む 書類審 調査書、志望理由書
[中等教育教員養成－中等教育「音楽」：4科目] 論 小論文 音 音楽理論 実技 音楽実技 書類審 調査書
[中等教育教員養成－中等教育「美術」：4科目] 論 小論文 面 面接 実技 美術実技 書類審 調査書
[中等教育教員養成－中等教育「保健体育」：4科目] 筆記 保健体育に関する理論 面 面接 実技 体育実技 書類審 調査書
[中等教育教員養成－中等教育「家庭」：1科目] 論 小論文
[中等教育教員養成－中等教育「技術」：1科目] 面 面接

[中等教育教員養成－中等教育「書道」：4科目] 論小論文 画面接 実技書道実技 書類審調査書
[特別支援教育教員養成：2科目] 論小論文 画面接
◆個別学力検査等（国語系科目）
[初等教育教員養成－人文社会教育：3科目] 国現古漢 書類審調査書、志望理由書
◆個別学力検査等（社会科系科目）
[初等教育教員養成－人文社会教育：3科目] 論小論文 書類審調査書、志望理由書
◆個別学力検査等（英語系科目）
[初等教育教員養成－人文社会教育：3科目] 外英 書類審調査書、志望理由書
◆個別学力検査等（音楽系科目）
[初等教育教員養成－芸術実技教育：4科目] 画面接 音音楽理論 実技音楽実技 書類審調査書
◆個別学力検査等（美術系科目）
[初等教育教員養成－芸術実技教育：4科目] 論小論文 画面接 実技美術実技 書類審調査書
◆個別学力検査等（体育系科目）
[初等教育教員養成－芸術実技教育：4科目] 筆記保健体育に関する理論 画面接 実技体育実技 書類審調査書
◆個別学力検査等（家庭系科目）
[初等教育教員養成－芸術実技教育：3科目] 論小論文 画面接 書類審調査書
◆個別学力検査等（技術ものづくり系科目）
[初等教育教員養成－芸術実技教育：3科目] 画面接、総合面接▶小論文・口頭試問含む 書類審調査書

後期日程

◆共通テスト
[初等教育教員養成－小学校教育専攻・人文社会教育・理数教育、中等教育教員養成－中等教育「数学・理科」、特別支援教育教員養成：8科目] 前期日程に同じ
◆個別学力検査等
[初等教育教員養成－小学校教育専攻、中等教育教員養成－中等教育「数学」：2科目] 前期日程に同じ
[初等教育教員養成－人文社会教育：3科目] 論小論文 書類審調査書、志望理由書
[初等教育教員養成－理数教育、中等教育教員養成－中等教育「理科」：2科目] 論小論文 画面接▶口頭試問含む
[特別支援教育教員養成：2科目] 論小論文 書類審調査書

■特別選抜

[学校推薦型選抜] 学校推薦型選抜Ⅰ、学校推薦型選抜Ⅱ 共
[その他] 私費外国人留学生選抜

就職支援

福岡教育大学では、教員への就職をはじめ、企業や公務員など様々な進路に向けた幅広いサポートがあります。2年次から教員就職対策として、通常の授業とは別で実施される特別講座が開講されます。基礎から始まり、筆記試験対策のための過去問分析や面接試験対策の講座で現役合格を目指します。また、3年次から公務員・企業等就職対策として、各進路の現状の把握や知識の修得のため、前期と後期に履歴書・エントリーシートの書き方などの就職ガイダンスが開催されます。

国際交流

福岡教育大学では、4カ国・1地域、8校と国際交流協定を結び、協定校への協定留学や春休み・夏休みを利用した語学研修が実施されています。留学を目指す学生に対して、留学説明会を開催し、留学経験者と直接意見交換する機会を設ける他、「英語習得院」を設置し、留学に必要な語学力を身に付けるための講座が開講されています。また、大学独自の奨学金として「福岡教育大学国際交流協定校派遣支援奨学金」があり、派遣留学生の経済的支援に取り組んでいます。

佐賀大学

さが

資料請求

学務部入試課(本庄キャンパス)　TEL (0952) 28-8178　〒840-8502 佐賀県佐賀市本庄町1

予測困難な時代を生き抜く大学へ

大学紹介動画

最新入試情報

豊かな自然と風土や諸国との交流から形成された独自の伝統や文化を背景に、地域と共に発展する大学を目指す。自然と共生する人類の「知」を創造し継承すると共に、高等教育の未来を展望し国際社会に貢献する。

本庄キャンパス

キャンパス 3つ

本庄キャンパス
〒840-8502 佐賀県佐賀市本庄町1
鍋島キャンパス
〒849-8501 佐賀県佐賀市鍋島5-1-1
有田キャンパス
〒844-0013 佐賀県西松浦郡有田町大野乙2441-1

基本データ

※2023年5月現在（進路・就職は2022年度卒業者データ。学費は2024年度入学者用）

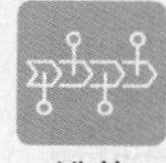

沿革

1949年、旧制佐賀高等学校、佐賀師範学校、佐賀青年師範学校を統合し、文理、教育学部で発足。1955年、農学部を設置。1966年、文理学部を改組し、経済、理工学部を設置。2004年、国立大学法人に。2016年、教育、芸術地域デザイン学部を改組設置し、現在に至る。

教育機関
6 学部　7 研究科

学部　教育／芸術地域デザイン／経済／医／理工／農

大学院　学校教育学Ⓟ／地域デザインⓂ／医学系Ⓓ／先進健康科学Ⓜ／理工学ⓂⒹ／農学Ⓜ／連合農学Ⓓ

人数

学部学生数　5,755名

教員1名あたり学生 8名

教員数　628名【学長】兒玉浩明
（教授195名、准教授189名、講師46名、助教195名、助手・その他3名）

学費

初年度納入額　817,800円（諸経費別途）

奨学金　かささぎ奨学金

進路

学部卒業者　1,245名
（進学280名［22.5%］、就職874名［70.2%］、その他91名［7.3%］）

主な就職先　国立学校、公立学校、私立学校、佐賀県庁、福岡県庁、佐賀市役所、福岡市役所、佐賀大学医学部附属病院、九州大学病院、佐賀電算センター、レベルファイブ、福岡銀行

学部学科紹介

※本書掲載内容は、大学公表資料から独自に編集したものです。詳細は大学パンフレットやホームページ等で必ず確認してください（取得可能な免許・資格は任用資格や受験資格などを含む）。

教育学部
本庄キャンパス
定員 120

特色　長期的視点で心身の発達を見据え、様々な教育課題に対応できる教員を養成。
進路　卒業者の多くが佐賀県内ならびに九州各県で教員として活躍している。
学問分野　教員養成
大学院　学校教育学

学校教育課程 (120)	2つのコースを設置。幼小連携教育コースは子どもの生活・発達・学習を心理、教育・保育、特別支援教育の視点から専門的知識や技能を学ぶ。小中連携教育コースでは小・中学校の9年間を一体的に捉え、義務教育期間全体を見据えて教育実践を行える能力を持った教員を養成する。
取得可能な免許・資格	教員免許（幼一種、小一種、中-国・数・理・社・保体・音・家・技・英、高-国・数・理・地歴・公・保体・書・音・家・英、特-知的・肢体・病弱）

芸術地域デザイン学部
本庄キャンパス（下記以外）
有田キャンパス（有田セラミック分野）
定員 110

特色　人やモノを芸術と手法でつなぎ、地域の活性化や国際化に貢献する人材を育成。
進路　就職先は情報通信業をはじめサービス業や製造業など多岐にわたる。
学問分野　歴史学／地理学／文化学／メディア学／国際学／その他工学／芸術理論／芸術・表現／デザイン学
大学院　地域デザイン

芸術地域デザイン学科 (110)	2つのコースを設置。芸術表現コースは美術・工芸と有田セラミックの2つの分野で構成される。地域デザインコースは地域コンテンツデザイン、キュレーション、フィールドデザインの3つの分野で構成される。
取得可能な免許・資格	学芸員、教員免許（中-美、高-美・工芸）

経済学部
本庄キャンパス
定員 260

特色　地元企業の調査など学生主体で行うプロジェクトを実施している。
進路　就職先は公務や情報通信業、製造業が多い。
学問分野　法学／政治学／経済学／経営学
大学院　地域デザイン

経済学科 (110)	ファイナンス、経済政策、地域と国際の3つの分野を設置し、それぞれ教育プログラムが用意されている。経済学だけでなく経営学と法学を学び、一般企業や行政機関で活躍できる視野と問題解決能力を兼ね備えた人材を育成する。発展途上国について学ぶ特殊講義も開講している。
経営学科 (80)	2つの分野を設置。経営の分野では経営学を基盤に企業経営の組織・財務・労務などについて学び、経営管理やマーケティング、企業法務などに携わる人材を育成。会計の分野では経営分析や財務について学び、企業の会計や財務部門で活躍する人材を育成する。
経済法学科 (70)	2つの分野を設置。企業法の分野では企業の取引、組織、資金管理について法的側面から学び、企業や行政機関で法的知識を活かして活躍できる人材を育成。公共政策法の分野では自治体の政策立案に必要な経済政策や法律について学び、官公庁や一般企業で活躍できる人材を育成する。
取得可能な免許・資格	教員免許（高-商業）

医学部
鍋島キャンパス
定員 163

特色　自ら考える力や行動する力を身につけるための独自カリキュラムを実施。
進路　卒業者の多くは臨床研修医を含め医療・福祉業の幅広い現場で活躍する。
学問分野　医学／看護学
大学院　先進健康科学／医学系

医学科 (103)	佐賀大学が独自に作り上げた、シナリオからディスカッションで解決策を導くPBLやCBLなどのカリキュラムを導入。患者の症例から病名を予測し治療法を導くという医療現場に近い流れを経験しながら知識を深め、自ら情報を整理して診断・治療法にたどり着くプロセスを学ぶ。

看護学科　(60)	4年制。看護師教育を基盤に助産師・保健師教育に選抜制を採用。600床以上の大規模な附属病院で実践的な実習を行い、医学科とも連携できる充実した教育研究環境を整えている。
取得可能な免許・資格	医師、看護師、助産師、保健師、衛生管理者、養護教諭（二種）

理工学部
本庄キャンパス　定員 510

- 特色　2年次に他のコースの学生とグループを組んで行うサブフィールドPBLを実施。
- 進路　就職先は製造業や建設業、情報通信業など幅広い。
- 学問分野　数学／物理学／化学／生物学／応用物理学／応用化学／機械工学／電気・電子工学／材料工学／土木・建築学／エネルギー工学／その他工学／情報学
- 大学院　理工学

理工学科　(510)	1年次には、理工教育の要である数学、物理、生物、データサイエンスなどを学び、基礎力を強化する。さらに、13の専門コースの教育研究内容に少しずつ触れることで、1年を通して「自分が何をやりたいのか」考える時間を持つことができる。2年次に13のコースから選択する。
取得可能な免許・資格	危険物取扱者（甲種）、毒物劇物取扱責任者、建築士（一級、二級、木造）、技術士補、測量士補、主任技術者（ボイラー・タービン、電気、電気通信）、施工管理技士（土木、建築、電気工事、管工事、造園、建設機械、電気通信工事）、教員免許（中-数・理、高-数・理・情・工業）

農学部
本庄キャンパス　定員 145

- 特色　農業ICT学などの授業科目や産学連携を通じた食と農に関する専門教育を学ぶ。
- 進路　卒業者の多くは製造業や林業・農業、建設業などへ就職する。
- 学問分野　化学／生物学／応用化学／農学／応用生物学
- 大学院　農学

生物資源科学科　(145)	1年次前学期で基礎を十分に習得した上で後学期に専門科目の導入部分を学ぶことで2年次から始まる専門教育に必要な幅広い素養を身につける。2年次に生物科学、食資源環境科学、生命機能科学、国際・地域マネジメントの4コースに分属。
取得可能な免許・資格	測量士補、施工管理技士（土木）、食品衛生管理者、食品衛生監視員、自然再生士補、家畜人工授精師、教員免許（中-理、高-理・農）

入試要項（2024年度）

※この入試情報は2024年度募集要項等より編集したものです（見方は巻頭の「本書の使い方」参照）。
2025年度入試の最新情報は、ホームページや2025年度募集要項等で必ず確認してください。

「大学入試科目検索システム」のご案内
日程・方式ごとの偏差値や昨年度入試結果（志願者倍率、実質倍率、合格最低点）、基本情報（出願締切日、試験日、二段階選抜、募集人員、総合満点）などは、「大学入試科目検索システム」（https://nyushi.toshin.com/）をご覧ください（利用方法はp.12参照）。

■教育学部　偏差値 55

前期日程
◆共通テスト
[学校教育－幼小連携教育：7科目] 国現古漢 地歴 公 理世B、日B、地理B、公理全9科目から3▶理は同一名称含む組み合わせ不可 数全6科目から2 外全5科目から1▶英選択の場合は英、英語外部試験から高得点1

◆共通テスト（地歴・公民2科目型）
[学校教育－小中連携教育：7科目] 国現古漢 地歴 公世B、日B、地理B、公全4科目から2 数全6科目から2 理全5科目から1 外全5科目から1▶英選択の場合は英、英語外部試験から高得点1

◆共通テスト（理科2科目型）
[学校教育－小中連携教育：7科目] 国現古漢 地歴 公世B、日B、地理B、公全4科目から1 数全6科目から2 理全5科目から2▶同一名称含む組み合わせ不可 外全5科目から1▶英選択の場合は英、英語外部試験から高得点1

◆個別学力検査等
[学校教育：2～4科目] 国 数次の①・②から1（①現古漢、数ⅠⅡABから1、②現古漢、数ⅠⅡAB▶高得点1科目を合否判定に使用） 外英 書類審書類審査▶任意申請による特色加点

後期日程
◆共通テスト
[学校教育：5科目] 国現古漢 地歴 公世B、日B、地理B、公全4科目から1 数全6科目から1 理全5科目から1 外全5科目から1▶英選択の場合は英、英語外部試験から高得点1

◆個別学力検査等
[学校教育：2～3科目] 外英 論小論文 書類審書類審査▶任意申請による特色加点

■芸術地域デザイン学部 偏差値 56

前期日程

◆共通テスト（3科目型）
[芸術地域デザインー芸術表現：3科目] 国現古漢 地歴 公 数 理全21科目から1 外全5科目から1▶英選択の場合は英、英語外部試験から高得点1

◆共通テスト（4科目型）
[芸術地域デザインー芸術表現：4科目] 国現古漢 地歴 公 数 理全21科目から2▶数理から1必須。理は同一名称含む組み合わせ不可 外全5科目から1▶英選択の場合は英、英語外部試験から高得点1

◆共通テスト
[芸術地域デザインー地域デザイン：5科目] 国現古漢 地歴 公全10科目から1 数全6科目から1 理全5科目から1 外全5科目から1▶英選択の場合は英、英語外部試験から高得点1

◆個別学力検査等（3科目型）
[芸術地域デザインー芸術表現：1科目] 実技美術実技

◆個別学力検査等（4科目型）
[芸術地域デザインー芸術表現：1科目] その他発想表現

◆個別学力検査等
[芸術地域デザインー地域デザイン：1～2科目] 総合総合問題 書類審書類審査▶任意申請による特色加点

後期日程

◆共通テスト
[芸術地域デザインー芸術表現：3科目]前期日程（3科目型）に同じ
[芸術地域デザインー地域デザイン：4科目] 国現古漢 地歴 公全10科目から1 数 理全11科目から1 外全5科目から1▶英選択の場合は英、英語外部試験から高得点1

◆個別学力検査等
[芸術地域デザインー芸術表現：1科目] 実技 その他美術実技、発想表現から1
[芸術地域デザインー地域デザイン：2～3科目] 外英 その他問題解決・提案力テスト 書類審書類審査▶任意申請による特色加点

■経済学部 偏差値 56

前期日程

◆共通テスト
[全学科：5科目] 国現古漢 地歴 公全10科目から1 数全6科目から2 外全5科目から1▶英選択の場合は英、英語外部試験から高得点1

◆個別学力検査等
[全学科：1～2科目] 外英 書類審書類審査▶任意申請による特色加点

後期日程

◆共通テスト
[全学科：5科目] 国現古漢 地歴 公 理全15科目から1 数全6科目から2 外全5科目から1▶英選択の場合は英、英語外部試験から高得点1

◆個別学力検査等
[全学科：1～2科目] 論小論文 書類審書類審査▶任意申請による特色加点

■医学部 医学科 偏差値 65

前期日程

◆共通テスト
[医：7科目] 国現古漢 地歴 公世B、日B、地理B、公全4科目から1 数数ⅠA必須、数ⅡB、簿、情から1 理物、化 外英、英語外部試験から高得点1

◆個別学力検査等
[医：5科目] 数数ⅠⅡⅢAB 理物基・物、化基・化 外英 面面接

後期日程

◆共通テスト
[医：7科目] 国現古漢 地歴 公世B、日B、地理B、公全4科目から1 数数ⅠA必須、数ⅡB、簿、情から1 理物、化、生から2 外英、英語外部試験から高得点1

◆個別学力検査等
[医：1科目] 面面接

■医学部 看護学科 偏差値 56

前期日程

◆共通テスト
[看護：6科目] 国現古漢 地歴 公全10科目から1 数数ⅠA、数Ⅱ、数ⅡB、簿、情から1 理物、化、生から2 外英、英語外部試験から高得点1

◆個別学力検査等
[看護：2科目] 論小論文 面面接

後期日程

◆共通テスト
[看護：6科目] 前期日程に同じ

◆個別学力検査等
[看護：1科目] 面面接

■理工学部 偏差値 53

前期日程

◆共通テスト
[理工：7科目] 国現古漢 地歴 公世B、日B、地理B、倫政から1 数数ⅠA必須、数ⅡB、簿、情から1 理物、化、生、地から2 外全5科目から1▶英選択の場合は英、英語外部試験から高得点1

◆個別学力検査等
[理工：2～3科目] 数数ⅠⅡⅢAB 理物基・物、化基・化から1 書類審書類審査▶任意申請による特色加点

後期日程

◆共通テスト
[理工：7科目] 前期日程に同じ

◆個別学力検査等
[理工：1～3科目] 数 理次の①・②から1（①数Ⅰ

ⅡⅢAB、物基・物、化基・化から1、②数ⅠⅡⅢAB必須、物基・物、化基・化から1▶高得点1科目を合否判定に使用）書類審 書類審査▶任意申請による特色加点

■農学部 偏差値 54

前期日程

◆共通テスト

［生物資源科：7科目］国 現古漢 地歴 公 全10科目から1 数 数ⅠA必須、数ⅡB、簿、情から1 理 全5科目から2▶同一名称含む組み合わせ不可 外 全5科目から1▶英選択の場合は英、英語外部試験から高得点1

◆個別学力検査等

［生物資源科：2～3科目］数 数ⅠⅡAB 外 英 書類審 書類審査▶任意申請による特色加点

後期日程

◆共通テスト

［生物資源科：7科目］前期日程に同じ

◆個別学力検査等

［生物資源科：1～2科目］数 数ⅠⅡAB 書類審 書類審査▶任意申請による特色加点

■特別選抜

［総合型選抜］総合型選抜Ⅰ、総合型選抜Ⅱ 共

［学校推薦型選抜］学校推薦型選抜Ⅰ、学校推薦型選抜Ⅱ 共

［その他］佐賀県推薦入学特別入試、帰国生徒選抜、社会人選抜、私費外国人留学生入試

就職支援

佐賀大学では、キャリアセンターが様々なキャリア教育や就職支援を行う他、各学部に就職担当の教員が配置され学生の専門性に応じた指導を行っています。3年次には、インターンシップ対策や県内企業を回るバスツアーなどが実施され、4年次には、各企業が単独で実施する「個別会社説明会」と複数の企業が合同で実施する「合同会社説明会」の2つの会社説明会が開催される他、3年次から受講してきた教員採用試験講座や、公務員・教員採用試験対策で就職活動を後押しします。

国際交流

佐賀大学では、20カ国・地域73大学と学術交流協定を結んでいます。協定校へ1学期間または1年間留学できる交換留学や、長期休暇を利用した語学研修に加え、現地教員による講義や現地学生との共同活動などを通して、多様な文化や価値観を理解し、国際的な視野を育むことを目指す短期海外研修プログラムが実施されます。また、留学アドバイジングにて学生の個性やキャリアプランに従った留学計画の立て方、留学先の選び方、語学学修の方法など留学実現を目指したアドバイスを提供しています。

ながさき
長崎大学

資料請求

学生支援部入試課(文教キャンパス) TEL (095) 819-2111 〒852-8521 長崎県長崎市文教町1-14

地域社会から世界まで、果敢に挑戦する人材を育成

大学紹介動画  最新入試情報 

長崎の伝統文化と歴史、地域性を継承しながら、豊かな心を育む、世界平和を支える科学を創り出すことで、社会の調和的発展に貢献する。地理的環境を活かしつつ、新たな価値観を持った人材育成に取り組む。

時計台と大壁画

キャンパス **4つ**

文教キャンパス
〒852-8521 長崎県長崎市文教町1-14
片淵キャンパス
〒850-8506 長崎県長崎市片淵4-2-1
坂本キャンパス1
〒852-8523 長崎県長崎市坂本1-12-4
坂本キャンパス2
【医学部保健学科】〒852-8520長崎県長崎市坂本1-7-1
【歯学部】〒852-8588 長崎県長崎市坂本1-7-1

基本データ

※2023年5月現在（進路・就職は2022年度卒業者データ。学費は2024年度入学者用〔予定〕）

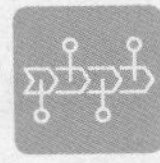
沿革

1949年、旧制の長崎医科大学、長崎医科大学附属薬学専門部、長崎経済専門学校などを統合し発足。1966年、工学部を設置し、学芸学部を教育学部に改組。1979年、歯学部を設置。2014年、多文化社会学部を設置。2020年、情報データ科学部を設置。2022年、大学院プラネタリーヘルス学環を設置。2024年、工学研究科と水産・環境科学総合研究科を総合生産科学研究科に改組。

教育機関
10学部 **7**研究科

学部 多文化社会／教育／経済／医／歯／薬／情報データ科／工／環境科／水産

大学院 多文化社会学Ⓜ︎Ⓓ／教育学Ⓟ／経済学ⓂⒹ／医歯薬学総合ⓂⒹ／総合生産科学ⓂⒹ／熱帯医学・グローバルヘルスⓂⒹ／プラネタリーヘルス（研究科等連係課程）Ⓓ

人数

学部学生数 **7,434**名

教員1名あたり 学生 **6**名 

教員数 **1,139**名【学長】永安武
（教授**304**名、准教授**301**名、講師**72**名、助教**403**名、助手・その他**59**名）

学費

初年度納入額 **822,460~957,800**円

奨学金 長崎大学入学時給付奨学金、長崎大学海外留学奨学金、田添グローバル交流推進基金奨学金

進路

学部卒業者 **1,518**名
（進学**398**名［26.2%］、就職**902**名［59.4%］、その他※**218**名［14.4%］）
※臨床研修医157名を含む

主な就職先 大和証券、福岡銀行、マルハニチロ、オービック、沖縄美ら海水族館、いであ、九州電力、山崎製パン、大鵬薬品工業、ニプロ、資生堂、スズキ、久原本家、日立製作所、イオン九州、長崎空港ビルディング、富士薬品、長崎大学病院、国立病院機構、病院歯科、小学校、中学校、高等学校、幼稚園、保育園、特別支援学校、国土交通省、長崎県庁、福岡県庁、長崎市役所、佐賀県警察

学部学科紹介

※本書掲載内容は、大学公表資料から独自に編集したものです。詳細は大学パンフレットやホームページ等で必ず確認してください（取得可能な免許・資格は任用資格や受験資格などを含む）。

多文化社会学部

文教キャンパス　定員 100

特色　希望者は「国際学寮ホルテンシア」で留学生との共同生活を送ることができる。
進路　サービス業や卸売・小売業、製造業などに就職する者が多い。
学問分野　言語学／歴史学／文化学／社会学／国際学
大学院　多文化社会学

多文化社会学科　(100)	1年次に3〜4週間の留学が必修である。国際公共政策、社会動態、共生文化、言語コミュニケーション、オランダ特別の5つのコースを設置。英語と中国語の運用能力向上を重要視している他、オランダ特別コースではオランダ語学習プログラムを提供している。
取得可能な免許・資格	登録日本語教員、教員免許（高-英）

教育学部

文教キャンパス　定員 180

特色　不登校、地域間格差などの課題に向き合える教員を育成。
進路　約7割が教育・学習支援業に就く。他、医療・福祉業に就く者もいる。
学問分野　社会福祉学／教員養成
大学院　教育学

学校教育教員養成課程　(180)	小学校教育、中学校教育、幼児教育、特別支援教育の4つのコースを設置。小中学校の宿泊体験実習への参加実習、離島での体験実習など様々な実習経験を積めるカリキュラムを展開。教員採用試験に向けて、各種サポートにも力を入れている。
取得可能な免許・資格	保育士、教員免許(幼一種、小一種、中-国・数・理・社・保体・音・美・家・技・英、高-国・数・理・地歴・公・保体・音・家・工業・英、特-知的・肢体・病弱)

経済学部

片淵キャンパス　定員 295

特色　110年を超える歴史を有し、多くの経済人や実業家を輩出した学部である。
進路　約2割が公務に就く。他、金融・保険業、情報通信業など。
学問分野　政治学／経済学／経営学
大学院　経済学

総合経済学科　(295)	2023年度より2コース×3領域制へカリキュラムを変更。2年次から経済、経営のいずれかのコースで専門分野の理解を深めると同時に、その知識を現実課題の解決に活かしていけるよう、必要な技能を国際ビジネス、地域デザイン、社会イノベーションの各領域で身につける。
取得可能な免許・資格	教員免許（高-商業）

医学部

坂本キャンパス1（医）
坂本キャンパス2（保健）　定員 231

特色　国内屈指の伝統ある医学部の1つ。離島実習など地域に根差した教育が特徴的。
進路　卒業者の多くは臨床研修医を含め医療・福祉業の幅広い現場で活躍する。
学問分野　医学／看護学／健康科学
大学院　医歯薬学総合

医学科　(115)	6年制。入門科目では「医学史・原爆医学と長崎」や「医と社会」などの特徴的な科目が開講している。福祉と介護制度や医療保険について学ぶ社会医学系の科目も履修する。4・5年次には県内の離島での1週間の離島実習を実施、プライマリ・ケアについて学ぶ。
保健学科　(116)	4年制。3つの専攻を設置。看護学専攻では看護の専門的知識や技術、患者などとの関わり方を学ぶ。理学療法学専攻ではリハビリテーション医学の中心となる理学療法士を育成する。作業療法学専攻では豊かな人間性を備えた作業療法士を育成する。
取得可能な免許・資格	医師、看護師、理学療法士、作業療法士

歯学部

坂本キャンパス2

定員 50

特色	患者一人ひとりの価値観を尊重し、確かな技術と知識で応える歯科医療人を育成。
進路	臨床研修に進む者が多いが、研究者の道を目指す者もいる。
学問分野	歯学
大学院	医歯薬学総合

歯学科 (50)	6年制。九州地域で唯一となる歯科法医学の研究拠点である。1年次から充実した早期体験実習が行われ、患者の目線で行動できる歯科医師を育成。離島での歯科口腔医療に貢献する人材の育成を創立以来のミッションとし、5・6年次には学生全員が離島実習に参加する。
取得可能な免許・資格	歯科医師

薬学部

文教キャンパス

定員 80

特色	「ヒトの健康を目指して」を標語に、医薬品の専門家として社会的使命を担う。
進路	薬科：約9割が大学院へ進学。薬：薬局や病院などに就職する者が多い。
学問分野	薬学
大学院	医歯薬学総合

薬学科 (40)	6年制。地域における服薬の指導技術など現代社会で調剤師に求められる多様な能力を養成する。臨床医学概論や医療コミュニケーションなど薬学領域以外で医療に必要な科目も開講。5・6年次には内科病棟実習や離島実習などの高次臨床実務実習に取り組む。
薬科学科 (40)	4年制。生体機能の解明を基盤に、化学物質の合成や遺伝子工学の技術を駆使して新薬を開発する研究者や技術者を育成する。4年次には薬品開発や治験など創薬に関わる基本的な知識と技能を修得し、研究室での薬科学特別演習を通して研究活動の基礎を培う。
取得可能な免許・資格	危険物取扱者（甲種）、毒物劇物取扱責任者、食品衛生監視員、薬剤師

情報データ科学部

文教キャンパス

定員 120

特色	人工知能を活用したITビジネスやビッグデータ解析などに精通した人材を育成。
進路	2020年度開設。卒業後は企業への就職の他、大学院進学などを想定。
学問分野	応用生物学／情報学
大学院	総合生産科学

情報データ科学科 (120)	1年次に専門知識・技術の基礎を学び、2年次に興味や関心、将来の志望に応じてインフォメーションサイエンスとデータサイエンスの2つのコースに分かれる。IoTやビッグデータなど新たな情報化社会における諸問題の解決に取り組む。

工学部

文教キャンパス

定員 330

特色	IoTやAIに対応した情報データ科学副専攻プログラムを設置。
進路	約6割が大学院へ進学。就職先は製造業や建設業、公務など。
学問分野	化学／機械工学／電気・電子工学／材料工学／土木・建築学／エネルギー工学／環境学／情報学
大学院	総合生産科学

工学科 (330)	機械工学、電気電子工学、構造工学、社会環境デザイン工学、化学・物質工学の5つのコースを設置し、大学院との一貫教育を見据えたカリキュラムを整備している。きめ細やかな進路相談の体制を整えている他、資格取得も支援している。
取得可能な免許・資格	危険物取扱者（甲種）、ボイラー技士、電気工事士、特殊無線技士（海上、陸上）、陸上無線技術士、建築士（一級、二級、木造）、技術士補、測量士補、主任技術者（電気）、施工管理技士（土木、建設機械）、衛生管理者、教員免許（高-理・工業）

環境科学部

文教キャンパス
定員 130

特色	文理融合の視点から、希少野生動物など多様な環境資源を活用した学習を展開。
進路	約2割が大学院へ進学。就職先は公務やサービス業、製造業など。
学問分野	環境学
大学院	総合生産科学

環境科学科 (130)	文系・理系にとらわれず多角的な視野から環境問題に対峙する力を養う。2年次に2つのコースに分かれる。環境政策コースでは環境に関する人文・社会科学系の学問を軸とする。環境保全設計コースでは地球科学や生物学、工学など自然科学系の学問を軸とする。
取得可能な免許・資格	社会調査士、自然再生士補、教員免許（高-理）

水産学部

文教キャンパス
定員 120

特色	海洋に面する地域的特性を活かし、水産科学の総合的で実践的な学習を行う。
進路	4割強が大学院へ進学。就職先は製造業をはじめ卸売・小売業など。
学問分野	水産学
大学院	総合生産科学

水産学科 (120)	2023年度より3コース制へ変更。海洋環境の変化、希少生物や生態系の保護、有用な資源の利用および管理など現代社会で関心を集める問題について教育と研究を行う。2年次後期より水圏環境資源、水圏生命科学、海洋未来創生の3つのコースに分かれ、専門的な学習を深める。
取得可能な免許・資格	技術士補、海技士（航海）、食品衛生管理者、食品衛生監視員、船舶に乗り組む衛生管理者、教員免許（高-理・水）

入試要項（2025年度）

※この入試情報は大学発表の2025年度入試（予告）および2024年度募集要項等より編集したものです（2024年1月時点。見方は巻頭の「本書の使い方」参照）。内容には変更が生じる可能性があるため、最新情報はホームページや2025年度募集要項等で必ず確認してください。

「大学入試科目検索システム」のご案内
日程・方式ごとの偏差値や昨年度入試結果（志願者倍率、実質倍率、合格最低点）、基本情報（出願締切日、試験日、二段階選抜、募集人員、総合満点）などは、「大学入試科目検索システム」（https://nyushi.toshin.com/）をご覧ください（利用方法はp.12参照）。

■多文化社会学部 偏差値 61

前期日程

◆**共通テスト**※理科基礎は2科目扱い

[多文化社会：5～6科目] 国現古漢 地歴 公全6科目から1 数 理全8科目から1 外全5科目から1 情情Ⅰ

◆**個別学力検査等**

[多文化社会－オランダ特別以外：4科目] 外英 論小論文 書類審調査書 その他ペーパー・インタビュー

[多文化社会－オランダ特別：4科目] 外英 論小論文 面面接 書類審調査書

■教育学部 偏差値 55

前期日程

◆**共通テスト**

[学校教育教員養成－小学校教育・特別支援教育：7科目] 国現古漢 地歴 公 理全11科目から3▶理は同一名称含む組み合わせ不可 数全3科目から1 外全5科目から1 情情Ⅰ

[学校教育教員養成－幼児教育：6科目] 国現古漢 地歴 公全6科目から1 数全3科目から1 理全5科目から1 外全5科目から1 情情Ⅰ

◆**共通テスト（文系）**

[学校教育教員養成－中学校教育：7科目] 国現古漢 地歴 公地歴全3科目、公共・倫、公共・政経から2 数全3科目から1 理全5科目から1 外全5科目から1 情情Ⅰ

◆**共通テスト（理系）**※理科基礎は2科目扱い

[学校教育教員養成－中学校教育：8～9科目] 国現古漢 地歴 公全6科目から1 数数ⅠA、数ⅡBC 理全5科目から2▶同一名称含む組み合わせ不可 外全5科目から1 情情Ⅰ

◆**共通テスト（実技系）**

[学校教育教員養成－中学校教育：8科目] 国現古漢 地歴 公 理全11科目から3▶理は同一名称含む組み合わせ不可 数全3科目から2 外全5科目から1 情情Ⅰ

◆**個別学力検査等**

[学校教育教員養成－中学校教育以外：4科目] 国 地歴 数 理現古漢、地歴全3科目、数ⅠⅡABC、物基・物、化基・化、生基・生、地基・地から1 外英 面面接 書類審調査書

◆**個別学力検査等（文系）**

[学校教育教員養成－中学校教育：3科目] 国 地歴 外現古漢、地歴全3科目、英から1 面面接 書類審調査書

◆**個別学力検査等（理系）**

[学校教育教員養成－中学校教育：4科目] 数 理数

ⅠⅡⅢABC、物基・物、化基・化、生基・生、地基・地から1外英面面接書類審調査書
◆**個別学力検査等（実技系）**
[学校教育教員養成－中学校教育：4科目] 数外数ⅠⅡABC、英から1面面接実技体育実技書類審調査書

■経済学部 偏差値56

前期日程
◆**共通テスト**※理科基礎は2科目扱い
[総合経済：7~8科目] 国現古漢地歴公全6科目から1数数ⅠA、数ⅡBC理全5科目から1外全5科目から1情情Ⅰ
◆**個別学力検査等**
[総合経済：4科目] 数数ⅠⅡABCから1外英書類審調査書その他ペーパー・インタビュー
後期日程
◆**共通テスト**※理科基礎は2科目扱い
[総合経済：7~8科目] 前期日程に同じ
◆**個別学力検査等**
[総合経済：3科目] 論小論文書類審調査書その他ペーパー・インタビュー

■医学部 医学科 偏差値66

前期日程
◆**共通テスト**
[医：8科目] 国現古漢地歴公全6科目から1数数ⅠA、数ⅡBC理物、化、生から2外英、独、仏から1情情Ⅰ
◆**個別学力検査等**
[医：6科目] 数数ⅠⅡⅢABC理物基・物、化基・化、生基・生から2外英面面接書類審調査書

■医学部 保健学科 偏差値57

前期日程
◆**共通テスト**※理科基礎は2科目扱い
[保健：7～8科目] 国現古漢地歴公全6科目から1数全3科目から2理理科基礎、物、化、生から1▶地基選択不可外全5科目から1情情Ⅰ
◆**個別学力検査等**
[保健：3科目] 外英面面接書類審調査書

■歯学部 偏差値61

前期日程
◆**共通テスト**
[歯：8科目] 国現古漢地歴公全6科目から1数数ⅠA、数ⅡBC理物、化、生から2外英、独、仏から1情情Ⅰ
◆**個別学力検査等**
[歯：5科目] 数数ⅠⅡⅢABC理物基・物、化基・化、生基・生から1外英面面接書類審調査書

■薬学部 偏差値61

前期日程
◆**共通テスト**
[全学科：8科目] 国現古漢地歴公全6科目から1数数ⅠA、数ⅡBC理化必須、物、生から1外全5科目から1情情Ⅰ
◆**個別学力検査等**
[薬：5科目] 数数ⅠⅡⅢABC理物基・物、化基・化、生基・生から1外英面面接書類審調査書
[薬科：5科目] 数数ⅠⅡⅢAB〔列〕C、数ⅠⅡⅢABCから1理物基・物、化基・化、生基・生から1外英書類審調査書その他ペーパー・インタビュー
後期日程
◆**共通テスト**
[薬科：6科目] 数数ⅠA、数ⅡBC理化必須、物、生から1外全5科目から1情情Ⅰ
◆**個別学力検査等**
[薬科：3科目] 総合総合問題面面接書類審調査書

■情報データ科学部 偏差値55

前期日程
◆**共通テスト（選抜方法A〔文系受験〕）**※理科基礎は2科目扱い
[情報データ科：8~9科目] 国現古漢地歴公地歴全3科目、公共・倫、公共・政経から2数数ⅠA、数ⅡBC理全5科目から1外英情情Ⅰ
◆**共通テスト（選抜方法B〔理系受験〕）**
[情報データ科：8科目] 国現古漢地歴公全6科目から1数数ⅠA、数ⅡBC理物、化、生、地から2外英情情Ⅰ
◆**個別学力検査等（選抜方法A〔文系受験〕）**
[情報データ科：4科目] 数数ⅠⅡABC外英書類審調査書その他ペーパー・インタビュー
◆**個別学力検査等（選抜方法B〔理系受験〕）**
[情報データ科：4科目] 数数ⅠⅡⅢABC外英書類審調査書その他ペーパー・インタビュー
後期日程
◆**共通テスト（選抜方法A〔文系受験〕）**※理科基礎は2科目扱い
[情報データ科：7~8科目] 地歴公地歴全3科目、公共・倫、公共・政経から2数数ⅠA、数ⅡBC理全5科目から1外英情情Ⅰ
◆**共通テスト（選抜方法B〔理系受験〕）**
[情報データ科：7科目] 地歴公全6科目から1数数ⅠA、数ⅡBC理物、化、生、地から2外英情情Ⅰ
◆**個別学力検査等（選抜方法A〔文系受験〕、選抜方法B〔理系受験〕）**
[情報データ科：3科目] 論小論文書類審調査書その他ペーパー・インタビュー

■工学部 偏差値54

前期日程
◆**共通テスト**
[工：8科目] 国現古漢地歴公全6科目から1数数ⅠA、数ⅡBC理物、化、生、地から2外全5科目から1情情Ⅰ
◆**個別学力検査等（a方式、b方式）**

［工：5科目］数数ⅠⅡⅢABC理物基・物、化基・化から1外英書類審調査書その他ペーパー・インタビュー

後期日程

◆共通テスト

［工：8科目］国現古漢地歴公全6科目から1数数ⅠA、数ⅡBC理物、化外全5科目から1情情Ⅰ

◆個別学力検査等

［工：3科目］総合総合問題書類審調査書その他ペーパー・インタビュー

■環境科学部 偏差値 56

前期日程

◆共通テスト（選抜方法A〔文系受験〕）※理科基礎は2科目扱い

［環境科：7～8科目］国現古漢地歴公全6科目から1数全3科目から2理全5科目から1外全5科目から1情情Ⅰ

◆共通テスト（選抜方法B〔理系受験〕）※理科基礎は2科目扱い

［環境科：7～8科目］国現古漢地歴公全6科目から1数数ⅠA、数ⅡBC理全5科目から1外全5科目から1情情Ⅰ

◆個別学力検査等（選抜方法A〔文系受験〕）

［環境科：3科目］外英書類審調査書その他ペーパー・インタビュー

◆個別学力検査等（選抜方法B〔理系受験〕）

［環境科：4科目］数理外数ⅠⅡABC、物基・物、化基・化、生基・生、地基・地、英から2教科2書類審調査書その他ペーパー・インタビュー

後期日程

◆共通テスト（選抜方法A〔文系受験〕）

［環境科：5科目］国現古漢地歴公全6科目から2外全5科目から1情情Ⅰ

◆共通テスト（選抜方法B〔理系受験〕）※理科基礎は2科目扱い

［環境科：6～7科目］数数ⅠA、数ⅡBC理全5科目から2▶同一名称含む組み合わせ不可外全5科目から1情情Ⅰ

◆個別学力検査等（選抜方法A〔文系受験〕、選抜方法B〔理系受験〕）

［環境科：2科目］論小論文面面接

■水産学部 偏差値 56

前期日程

◆共通テスト※理科基礎は2科目扱い

［水産：8～9科目］国現古漢地歴公全6科目から1数数ⅠA、数ⅡBC理全5科目から2▶同一名称含む組み合わせ不可外全5科目から1情情Ⅰ

◆個別学力検査等

［水産：4科目］数数ⅠⅡABC理物基・物、化基・化、生基・生から1書類審調査書その他ペーパー・インタビュー

後期日程

◆共通テスト※理科基礎は2科目扱い

［水産：8～9科目］前期日程に同じ

◆個別学力検査等

［水産：3科目］総合総合問題面面接書類審調査書

■特別選抜

［総合型選抜］総合型選抜Ⅰ、総合型選抜Ⅰ（一般枠、グローバル・国際バカロレア枠）、総合型選抜Ⅱ共、総合型選抜Ⅱ（方式A〔文系受験〕、方式B〔理系受験〕）共

［学校推薦型選抜］学校推薦型選抜Ⅰ、学校推薦型選抜Ⅱ共、学校推薦型選抜Ⅱ（A〔一般枠〕、B〔離島教育推薦枠〕、ⅡA〔長崎医療枠〕、ⅡB〔地域医療特別枠〕、ⅡC〔佐賀県枠、宮崎県枠〕、ⅡD〔研究医枠〕、一般推薦枠、離島看護師推薦枠、選抜方法A〔文系受験〕、選抜方法B〔理系受験〕）共

［その他］帰国生徒選抜、社会人選抜、外国人留学生選抜

就職支援

長崎大学のキャリアセンターではキャリア教育の他、キャリア相談、就職支援プログラム、社会体験プログラム、情報提供を中心に学生のキャリア形成の支援が行われ、入学から卒業まで全学部・学年を対象に様々なキャリア教育科目が開講されます。また、全学年を対象とした「就職・キャリア支援講座」の開講や「長崎大学業界・しごと研究フェア」の開催などの就職支援プログラムや、県内外の企業や地方公共団体等が実施する就業体験型インターンシッププログラムなどが提供されます。

国際交流

長崎大学では、55カ国・地域262大学と学術交流協定を締結しており、協定校へ1年以内の期間、交換留学ができる他に、春季の長期休暇を利用した3～4週間の海外語学留学プログラムを実施しています。また、各学部、研究科独自の派遣プログラムがあり、それぞれ特色のあるプログラムが実施されています。留学支援課による留学に興味を持つ学生に向けた留学説明会や海外派遣制度の説明などを行う他に、大学独自の奨学金制度があり、学生の留学を支援しています。

くまもと
熊本大学

資料請求

学生支援部入試課(黒髪北キャンパス) TEL (096) 342-2146・2148 〒860-8555 熊本県熊本市中央区黒髪2-40-1

一貫した理念のもと、総合的な教育を展開する

大学紹介動画

最新入試情報

地方中核都市に位置する国立大学として地域との連携を強めるとともに、地域の産業の振興と文化の向上に寄与する。最先端かつ創造的な学術研究を積極的に推進し、人類の文化遺産の豊かな継承・発展に努める。

ラフカディオ・ハーン（小泉八雲）先生の碑・レリーフ

キャンパス **5**つ

黒髪北キャンパス
〒860-8555 熊本県熊本市中央区黒髪2-40-1
黒髪南キャンパス
〒860-8555 熊本県熊本市中央区黒髪2-39-1
本荘北キャンパス
〒860-8556 熊本県熊本市中央区本荘1-1-1
本荘南キャンパス
〒862-0976 熊本県熊本市中央区九品寺4-24-1
大江キャンパス
〒862-0973 熊本県熊本市中央区大江本町5-1

基本データ

※2023年5月現在（教員数は非常勤を含む。進路・就職は2022年度卒業者データ。学費は2024年度入学者用）

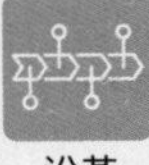
沿革

1949年、熊本薬学専門学校、熊本青年師範学校、熊本師範学校男子部・女子部、熊本工業専門学校、第五高等学校、熊本医科大学を統合して発足。法文、教育、理、医、薬、工の6つの学部を設置。1979年、法文学部を文、法学部に改組。2004年、国立大学法人となる。2012年、教育学部を改組。2024年、情報融合学環を設置。

教育機関
8 学部 6 研究科

学部 文／教育／法／理／医／薬／工／情報融合

大学院 教育学Ⓟ／社会文化科学ⓂⒹ／医学ⓂⒹ／保健学ⓂⒹ／薬学ⓂⒹ／自然科学ⓂⒹ

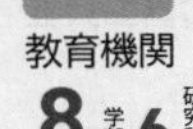
人数

学部学生数 **7,600**名

教員1名あたり学生 **7**名

教員数 **1,014**名【学長】小川久雄
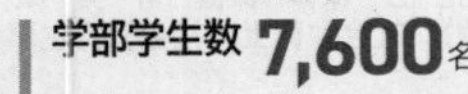
（教授**324**名、准教授**270**名、講師**63**名、助教**271**名、助手・その他**86**名）

学費

初年度納入額 **817,800**円（諸経費別途）

奨学金 日本学生支援機構奨学金

進路

学部卒業者 **1,679**名
（進学**555**名［33.1%］、就職**936**名［55.7%］、その他※**188**名［11.2%］）
※臨床研修医107名を含む

主な就職先 福岡県庁、福岡市役所、熊本県庁、熊本市役所、佐賀県庁、大分県庁、学校教員（小、中、高、特別支援学校）、熊本大学病院、九州大学病院、恩賜財団済生会熊本病院、高木病院、大牟田市立病院、ソニーセミコンダクタマニュファクチャリング、JASM、日本調剤、ハートフェルト、大成建設

学部学科紹介

※本書掲載内容は、大学公表資料から独自に編集したものです。詳細は大学パンフレットやホームページ等で必ず確認してください（取得可能な免許・資格は任用資格や受験資格などを含む）。

文学部

黒髪北キャンパス　定員 170

特色　演習やフィールドワーク、コンピュータ教育など実践的教育を行う。
進路　約8割が情報通信業や製造業などへ就職。約2割が公務員になる。
学問分野　文学／言語学／歴史学／文化学／社会学／人間科学
大学院　社会文化科学

学科	定員	内容
総合人間学科	(55)	2年次に3つのコースに分属。人間科学コースでは哲学や心理学などを軸に知性と感性の機能を理解する。社会人間学コースでは倫理学や社会学などを軸に社会と人間の関係性を考える。地域科学コースでは地域社会学などを軸に地域社会と人間との関係性を探る。
歴史学科	(35)	2年次に2つのコースに分属。世界システム史学コースではグローバルな視点でアジア史、西洋史、文化史について学ぶ。歴史資料学コースでは考古学と日本史学の2つの領域を設定し、文献の読み方やその保存・活用方法、遺跡発掘調査の基礎などについて学ぶ。
文学科	(50)	2年次に3つのコースに分属。東アジア言語文学コースでは日本や中国の言葉や文学の研究に取り組む。欧米言語文学コースでは欧米文化を原著で学ぶことで多角的な知識を得る。多言語文化学コースでは比較文学から世界中の文学作品を対比し、検討する。
コミュニケーション情報学科	(30)	2年次に2つのコースに分属。コミュニケーション情報学コースでは情報に関する諸現象について学び、多様なメディア開発の方法を身につける。現代文化資源学コースでは地域固有の言語・文化からメディア芸術、ポップカルチャーまで現代の文化資源について学ぶ。
取得可能な免許・資格		公認心理師、学芸員、社会調査士、教員免許(中-国・社・英、高-国・地歴・公・英)

教育学部

黒髪北キャンパス　定員 220

特色　2022年度改組。地域に根差した教育者の育成を目指す。
進路　半数超が教育・学習支援業に就く。公務や情報通信業に就く者もいる。
学問分野　教員養成
大学院　教育学

学科	定員	内容
学校教育教員養成課程	(220)	初等・中等教育、特別支援教育、養護教育の3つのコースからなる。初等・中等教育コースには小学校専攻の他、国語など5つの専門教科専攻と、音楽や美術などの実技系専攻がある。養護教育コースは九州の国立大唯一の4年制養護教諭養成機関。
取得可能な免許・資格		公認心理師、学芸員、教員免許(幼一種、小一種、中-国・数・理・社・保体・保健・音・美・家・技・英、高-国・数・理・地歴・公・保体・保健・音・美・家・工業・英、特-知的・肢体・病弱)、養護教諭（一種)、社会教育士、社会教育主事

法学部

黒髪北キャンパス　定員 200

特色　少人数教育や学生の主体性を重視したカリキュラムで、社会共生の方策を探る。
進路　約4割が公務に就く。他、金融・保険業や情報通信業など。
学問分野　法学／政治学
大学院　社会文化科学

学科	定員	内容
法学科	(200)	3年次から2つのコースに分属。法学・公共政策学コースでは法的に問題を解決する能力や政策的視点から問題に取り組む力を養う。アドバンストリーダーコースは法学特修（法曹プログラム)、地域公共人材、グローバルリーダーの3つのクラスで構成される。

理学部

黒髪北キャンパス（1・2年）
黒髪南キャンパス（1~4年）

定員 190

特色	甲殻類・貝類の研究を行う「合津マリンステーション」など関連施設が充実。
進路	約半数が大学院へ進学。就職先は製造業、教育・学習支援業など。
学問分野	数学／物理学／化学／生物学／地学
大学院	自然科学

理学科 (190)	3年次以降に5つのコースに分属。数学コースでは数学的思考を培う。物理学コースでは様々な視点から自然を解明する。化学コースでは分子レベルでの物質の扱い方を学ぶ。地球環境科学コースでは環境問題への知見を得る。生物学コースでは生命の多様性を学ぶ。
取得可能な免許・資格	学芸員、危険物取扱者（甲種）、教員免許（中-数・理、高-数・理）

医学部

本荘北キャンパス(1~6年、一部は黒髪北C)
本荘南キャンパス（保健）

定員 254

特色	早期に博士号を取得することを支援する「柴三郎プログラム」が設けられている。
進路	ほとんどが臨床研修医を含む医療・福祉業に就職している。
学問分野	医学／看護学／健康科学
大学院	医学／保健学

医学科 (110)	6年制。1・2年次で教養科目や基礎医学科目を学び、3年次以降ではさらに臨床医学科目を履修する。4年次にはチュートリアル実習が行われ、5年次から本格的に臨床実習が開始される。実際の診断や治療の過程に参加し、より高度な知識の獲得を目指す。
保健学科 (144)	4年制。3つの専攻で構成。看護学専攻では看護師や保健師、助産師を養成する。放射線技術科学専攻では診療放射線技師を養成する。検査技術科学専攻では臨床検査技師を養成する。各専攻共通の基礎科目や演習などを通してチーム医療に対する理解を深める。
取得可能な免許・資格	医師、看護師、助産師、保健師、診療放射線技師、臨床検査技師

薬学部

黒髪北キャンパス（1・2年）
大江キャンパス(1~4（6)年）

定員 90

特色	彫刻や絵画などのアートとサイエンス、薬学の共存するキャンパスで学ぶ。
進路	約4割が大学院へ進学。薬剤師として医療・福祉業に就職する者もいる。
学問分野	薬学
大学院	薬学

薬学科 (55)	6年制。2年次より専門科目と連携した実習が始まり、3年次から衛生薬学や医療薬学などの専門科目を本格的に学び始める。3年次から研究室に所属し6年次にかけて卒業研究に取り組む傍ら、5年次には病院や保険薬局での参加型長期実務実習を受ける。
創薬・生命薬科学科 (35)	4年制。独創的な発想力を身につけ「未来の薬を創ること」に携わる人材を育成する。1年次には基本的な科目を中心に履修するとともに研究現場に触れる。3年次から研究室に所属し実践的なスキルを学び、4年次には卒業研究を通じて創薬研究者としての素養を磨く。
取得可能な免許・資格	危険物取扱者（甲種）、毒物劇物取扱責任者、食品衛生管理者、食品衛生監視員、薬剤師、船舶に乗り組む衛生管理者

工学部

黒髪北キャンパス（1・2年）
黒髪南キャンパス（1~4年）

定員 473

特色	120年の伝統を持つ学部である。大学院までの6年一貫教育を基本としている。
進路	約6割が大学院へ進学。就職先は製造業や情報通信業、建設業など。
学問分野	機械工学／電気・電子工学／材料工学／土木・建築学／応用生物学／環境学／情報学
大学院	自然科学

土木建築学科 (118)	土木工学教育プログラムでは社会基盤施設に関する専門性ある人材を育成する。地域デザイン教育プログラムでは地域社会の諸問題に対し、解決策を導く人材を育成する。建築学教育プログラムでは魅力ある持続可能な建築や都市を創造できる人材を育成する。

学科		定員	内容
機械数理工学科		(101)	機械工学教育プログラムではものづくりに関わる知識や技術を幅広い問題に応用できる人材を育成する。機械システム教育プログラムでは生産プロセスに関する専門的な知識を駆使する人材を育成する。数理工学教育プログラムでは工学と数学の融合を目指す。
情報電気工学科		(112)	電気工学教育プログラムでは専門知識をもとに社会基盤の創造に寄与する人材を育成する。電子工学教育プログラムでは社会構築に貢献できる人材を育成する。情報工学教育プログラムでは高度情報化社会の実現に貢献する専門性の高い人材を育成する。
材料・応用化学科		(122)	応用生命化学教育プログラムでは化学・生命化学に関わる問題に対応できる人材を育成する。応用物質化学教育プログラムでは社会の諸問題に科学技術の面から貢献する。物質材料工学教育プログラムでは材料工学の見地から課題を探究し解決できる人材を育成する。
半導体デバイス工学課程	新	(20)	2024年度開設。工学リベラルアーツの修得を重視したカリキュラムを実施。半導体デバイスの製造・評価・開発に携われる人材を育成する。
取得可能な免許・資格			危険物取扱者（甲種）、ボイラー技士、陸上無線技術士、建築士（一級、二級、木造）、技術士補、測量士補、主任技術者（電気）、施工管理技士（土木、建築、電気工事、管工事、造園、建設機械、電気通信工事）、教員免許（中-数、高-数・情・工業）

情報融合学環

黒髪南キャンパス　定員 60

特色 2024年度開設。データサイエンスを基礎とした文理融合型の学びが特徴。
進路 情報通信業や製造業、流通・サービス、公務などへの就職を想定。
学問分野 経済学／社会学／電気・電子工学／情報学

コース		定員	内容
DS総合コース	新	(40)	1年次にデータサイエンスの基礎を学び、2年次にコース配属。人工知能やビックデータ分析、情報処理統計学などのデータサイエンスについて文理融合型のカリキュラムで総合的に学修し、社会の幅広いDX課題を解決し未来へと導く人材を育成する。
DS半導体コース	新	(20)	2年次コース配属。基礎となるデータサイエンスに加え、社会で通用する半導体の知識を専門的かつ実践的に学び、半導体を含む製造DX課題に向き合いデジタル産業を牽引する人材を育成する。
取得可能な免許・資格			教員免許（中-数、高-数・情）

入試要項（2025年度）

※この入試情報は大学発表の2025年度入試（予告）より編集したものです（2024年1月時点。見方は巻頭の「本書の使い方」参照）。内容には変更が生じる可能性があるため、最新情報はホームページや2025年度募集要項等で必ず確認してください。

「大学入試科目検索システム」のご案内
日程・方式ごとの偏差値や昨年度入試結果（志願者倍率、実質倍率、合格最低点）、基本情報（出願締切日、試験日、二段階選抜、募集人員、総合満点）などは、「大学入試科目検索システム」（https://nyushi.toshin.com/）をご覧ください（利用方法はp.12参照）。

■文学部 偏差値 60

前期日程

◆共通テスト
［全学科：8科目］国現古漢 地歴 公 地歴全3科目、公共・倫、公共・政経から2 数 数ⅠA、数ⅡBC 理 全5科目から1 外 全5科目から1 情 情Ⅰ

◆個別学力検査等
［全学科：4科目］国 現古漢 外 英、独、仏、中から1 論 小論文 書類審 主体性をもって多様な人々と協働して学ぶ態度

後期日程

◆共通テスト
［コミュニケーション情報以外：8科目］前期日程に同じ

◆個別学力検査等
［コミュニケーション情報以外：2科目］論 小論文 書類審 主体性をもって多様な人々と協働して学ぶ態度

■教育学部 偏差値 56

前期日程

◆共通テスト
［学校教育教員養成－初等中等教育「理科」以外：8科目］国 現古漢 地歴 公 理 地歴理全8科目、公共・倫、公共・政経から3▶地歴から1必須。理は同一名称含む組み合わせ不可 数 数ⅠA、数ⅡBC 外 全5科目から1 情 情Ⅰ
［学校教育教員養成－初等中等教育「理科」：8科目］

国現古漢地歴公地歴全3科目、公共・倫、公共・政経から1数数ⅠA、数ⅡBC理全5科目から2▶同一名称含む組み合わせ不可外全5科目から1情情Ⅰ

◆個別学力検査等

[学校教育教員養成－初等中等教育「小学校・社会・実技系」・特別支援教育：3科目]国数外現古漢、数ⅠⅡA〔全〕B〔列〕C〔べ〕、英から2面面接

[学校教育教員養成－初等中等教育「国語」：3科目]国現古漢数外数ⅠⅡA〔全〕B〔列〕C〔べ〕、英から1面面接

[学校教育教員養成－初等中等教育「数学・理科」・養護教育：3科目]国外現古漢、英から1数数ⅠⅡA〔全〕B〔列〕C〔べ〕面面接

[学校教育教員養成－初等中等教育「英語」：3科目]国数現古漢、数ⅠⅡA〔全〕B〔列〕C〔べ〕から1外英面面接

■法学部 偏差値 59

前期日程

◆共通テスト

[法：8科目]国現古漢地歴公地歴全3科目、公共・倫、公共・政経から2数数ⅠA、数ⅡBC理全5科目から1外全5科目から1情情Ⅰ

◆個別学力検査等

[法：3科目]国現古漢外英書類審主体性をもって多様な人々と協働して学ぶ態度

後期日程

◆共通テスト

[法：8科目]前期日程に同じ

◆個別学力検査等

[法：2科目]論小論文書類審主体性をもって多様な人々と協働して学ぶ態度

■理学部 偏差値 58

前期日程

◆共通テスト

[理：8科目]国現古漢地歴公地歴全3科目、公共・倫、公共・政経から1数数ⅠA、数ⅡBC理物、化、生、地から2外全5科目から1情情Ⅰ

◆個別学力検査等

[理：5科目]数数ⅠⅡⅢA〔全〕B〔列〕C理物基・物、化基・化、生基・生、地基・地から2外英書類審主体性をもって多様な人々と協働して学ぶ態度

後期日程

◆共通テスト

[理：8科目]前期日程に同じ

◆個別学力検査等

[理：3科目]数理数ⅠⅡⅢA〔全〕B〔列〕C、物基・物、化基・化、生基・生、地基・地から2書類審主体性をもって多様な人々と協働して学ぶ態度

■医学部 医学科 偏差値 65

前期日程

◆共通テスト

[医：8科目]国現古漢地歴公地歴全3科目、公共・倫、公共・政経から1数数ⅠA、数ⅡBC理物、化、生から2外全5科目から1情情Ⅰ

◆個別学力検査等

[医：5科目]数数ⅠⅡⅢA〔全〕B〔列〕C理物基・物、化基・化、生基・生から2外英面面接

■医学部 保健学科 偏差値 58

前期日程

◆共通テスト

[保健：8科目]国現古漢地歴公地歴全3科目、公共・倫、公共・政経から1数数ⅠA、数ⅡBC理物、化、生から2外全5科目から1情情Ⅰ

◆個別学力検査等

[保健－看護学：4科目]国現数数ⅠⅡA〔全〕B〔列〕C〔べ〕外英書類審主体性をもって多様な人々と協働して学ぶ態度

[保健－放射線技術科学：4科目]数数ⅠⅡⅢA〔全〕B〔列〕C理物基・物、化基・化、生基・生から1外英書類審主体性をもって多様な人々と協働して学ぶ態度

[保健－検査技術科学：5科目]数数ⅠⅡⅢA〔全〕B〔列〕C理物基・物、化基・化、生基・生から2外英面面接

■薬学部 偏差値 61

前期日程

◆共通テスト

[全学科：8科目]国現古漢地歴公地歴全3科目、公共・倫、公共・政経から1数数ⅠA、数ⅡBC理化必須、物、生から1外全5科目から1情情Ⅰ

◆個別学力検査等

[全学科：5科目]数数ⅠⅡⅢA〔全〕B〔列〕C理化基・化必須、物基・物、生基・生から1外英面面接

■工学部 偏差値 57

前期日程

◆共通テスト

[全学科・課程：8科目]国現古漢地歴公地歴全3科目、公共・倫、公共・政経から1数数ⅠA、数ⅡBC理物、化、生、地から2外全5科目から1情情Ⅰ

◆個別学力検査等

[材料・応用化以外：5科目]数数ⅠⅡⅢA〔全〕B〔列〕C理物基・物必須、化基・化、生基・生から1外英書類審主体性をもって多様な人々と協働して学ぶ態度

[材料・応用化：5科目]数数ⅠⅡⅢA〔全〕B〔列〕C理化基・化必須、物基・物、生基・生から1外英書類審主体性をもって多様な人々と協働して学ぶ態度

後期日程

◆共通テスト

[半導体デバイス工学以外：8科目] 前期日程に同じ

◆個別学力検査等

[土木建築：2科目] 論小論文 書類審主体性をもって多様な人々と協働して学ぶ態度

[機械数理工：1科目] 面面接▶筆記試験含む

[情報電気工、材料・応用化：1科目] 面面接

■情報融合学環 偏差値 57

前期日程

◆共通テスト（文系型）

[8科目] 国現古漢 地歴 公 理地歴理全8科目、公共・倫、公共・政経から3▶地歴から1必須。理は同一名称含む組み合わせ不可 数数ⅠA、数ⅡBC 外全5科目から1 情情Ⅰ

◆共通テスト（理系型）

[8科目] 国現古漢 地歴 公地歴全3科目、公共・倫、公共・政経から1 数数ⅠA、数ⅡBC 理物、化、生、地から2 外全5科目から1 情情Ⅰ

◆個別学力検査等（文系型）

[3科目] 数数ⅠⅡA〔全〕B〔列〕C〔べ〕 外英 書類審主体性をもって多様な人々と協働して学ぶ態度

◆個別学力検査等（理系型）

[3科目] 数数ⅠⅡⅢA〔全〕B〔列〕C 外英 書類審主体性をもって多様な人々と協働して学ぶ態度

■特別選抜

[総合型選抜] 総合型選抜（グローバルリーダーコース入試、帰国生徒対象、社会人対象）

[学校推薦型選抜] 学校推薦型選抜Ⅰ、学校推薦型選抜Ⅰ（ア、イ）、学校推薦型選抜Ⅱ 共、学校推薦型選抜Ⅱ（一般枠、地域枠、理数枠、みらい医療枠、ア、イ、女子枠）共

[その他] 私費外国人留学生選抜

就職支援

熊本大学では、就職支援課による多彩なサービスやプログラムが提供され、学生に寄り添った就職支援・キャリア支援が行われます。豊富な経験と専門的な知識を持つキャリアコンサルタントによるきめ細かな個別相談や、インターンシップ全般に対する学内サポート、自己分析や面接対策の他に、公務員や教員採用試験対策講座を実施する就職準備講座などの支援があります。また、日本を代表する大手企業から九州、熊本の優良企業まで産業界を理解する講座や企業説明会が開催されます。

国際交流

熊本大学では、53カ国・地域277機関と学術交流協定を結んでおり、協定校へ約半年から1年間留学できる全学部対象の大学間交流協定と、所属学部等の学生を対象とする部局間交流協定の2つの交換留学制度があります。また、夏休み・春休みに協定校で開催される2週間～1カ月の短期の語学研修+文化体験プログラムが実施されます。国際教育課によりシーズン留学説明会「留学のすすめ」など随時留学関係の説明会やイベントを開催しています。

おおいた
大分大学

資料請求

学生支援部入試課（旦野原キャンパス） TEL（097）554-7471 〒870-1192 大分県大分市大字旦野原700

地域に根ざし、地域から世界を目指す大学

大学紹介動画

最新入試情報

地域拠点大学として産学官連携などを推進し「地域における知の創造」を図る。グローバルかつインクルーシブな視野で自立的・創造的に社会に貢献し、時代の変化に合わせた教育で次世代を生き抜く人材を育成。

旦野原キャンパス

キャンパス **2つ**

旦野原キャンパス
〒870-1192 大分県大分市大字旦野原700
挾間キャンパス
〒879-5593 大分県由布市挾間町医大ケ丘1-1

基本データ

※2023年5月現在（進路・就職は2022年度卒業者データ。学費は2025年度入学者用〔予定〕）

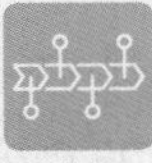
沿革

1949年、学芸、経済学部で発足。2003年、大分医科大学と統合。2004年、国立大学法人大分大学設立。2016年、教育福祉科学部を教育学部に改称、福祉健康科学部を設置。2017年、工学部を理工学部に改組。2023年、医学部先進医療科学科を設置。2024年、経済学部を改組。2025年、工学研究科博士前期課程を改組予定。

教育機関
5 学部 **5** 研究科

学部 教育／経済／医／理工／福祉健康科

大学院 教育学Ⓟ／経済学ⓂⒹ／医学系ⓂⒹ／工学ⓂⒹ／福祉健康科学Ⓜ

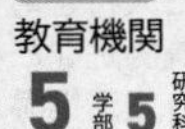

人数

学部学生数 **4,772**名

教員1名あたり学生 **7**名

教員数 **632**名【学長】北野正剛
（教授**176**名、准教授**151**名、講師**75**名、助教**226**名、助手・その他**4**名）

学費

初年度納入額 **867,800~917,800**円

奨学金 日本学生支援機構奨学金、大分大学学生支援特別給付奨学金

進路

学部卒業者 **1,058**名
（進学**204**名〔19.3%〕、就職**681**名〔64.4%〕、その他※**173**名〔16.3%〕）
※臨床研修医104名を含む

主な就職先 各県内公立小学校、各県内公立中学校、大分県内公立特別支援学校、大分県庁、大分市役所、大分銀行、大分大学医学部附属病院、福岡大学病院、大分県厚生連 鶴見病院、ソニーセミコンダクタマニュファクチャリング、エスティケイテクノロジー、九州NSソリューションズ、別府平和園、今村病院

学部学科紹介

※本書掲載内容は、大学公表資料から独自に編集したものです。詳細は大学パンフレットやホームページ等で必ず確認してください（取得可能な免許・資格は任用資格や受験資格などを含む）。

教育学部

旦野原キャンパス　定員 150

特色　確かな知識と技能を兼ね備えた、地域の教育の発展に寄与する教員を養成する。
進路　約7割が学校教員となる。その中でも多くが大分県内の小中学校で働く。
学問分野　教員養成
大学院　教育学

学校教育教員養成課程 (150)	初等中等教育と特別支援教育の2つのコースを設置。教員採用試験の合格を通過点と捉え、その先に「良い教師になる」ことを目標とした教育を行う。学生と教育現場をつなぎ、講義や教育実習だけでは体験できない貴重な学びの機会も多く提供している。
取得可能な免許・資格	教員免許（幼一種、小一種、中-国・数・理・社・保体・音・美・家・技・英、高-国・数・理・保体・音・美・家・英、特-知的・肢体・病弱）

経済学部

旦野原キャンパス　定員 270

特色　2024年度、4学科を1学科に再編。双方向・課題探究型の学びを実践。
進路　約3割が公務に就く。他、金融・保険業や情報通信業など。
学問分野　法学／経済学／経営学／社会学
大学院　経済学

総合経済学科 改 (270)	経済・経営・地域研究の分野を融合・横断する、多彩な6コースから構成される。各コースでは、社会の実態を知り、課題探究型授業を通じて、習得した専門的な知見によりこれを分析し、複雑多様な社会問題に果敢に挑戦できる資質・能力を育てる。
取得可能な免許・資格	教員免許（高-公・商業）

医学部

挾間キャンパス　定員 195

特色　最新の学術と高い倫理観を兼ね備え、国際社会と地域に貢献できる医療人を育成。
進路　九州地方の病院を中心に医療の第一線で幅広く活躍している。
学問分野　医学／看護学／健康科学
大学院　医学系

医学科 (100)	6年制。教養を身につけ知識の調和を保ち、訓練を通じて人間の生命の尊厳に対する自覚を培う。4年次後学期から68週間のクリニカル・クラークシップを採用した臨床実地修練が始まる。地域医療実習や救急車同乗実習なども取り入れ地域医療の現状も学ぶ。
看護学科 (60)	4年制。専門的知識と技術に加え、豊かな人間性を兼ね備えた人材を育成する。1年次から専門教育をスタートし、臨地実習では附属病院などで看護の基礎を学ぶ。教員1名が15名ほどの学生を受け持ち、生活指導や修学指導を行う指導教員制度を採用している。
先進医療科学科 (35)	2023年度開設。4年制。生命健康科学コースでは、人の生命現象、健康と疾病および臨床検査に関する広範な知識と技能を学ぶ。臨床医工学コースでは、健康と疾病および医工学、医療機器研究開発に関する広範な知識と技能を学ぶ。
取得可能な免許・資格	臨床工学技士、医師、看護師、保健師、臨床検査技師、養護教諭（二種）

理工学部

旦野原キャンパス 定員 395

特色	2024年度プログラム増設。理・工学の協働により技術革新を目指す。
進路	約半数が大学院へ進学。他、製造業や情報通信業へ就く者もいる。
学問分野	数学／化学／生物学／機械工学／電気・電子工学／材料工学／土木・建築学／エネルギー工学／医療工学／環境学／情報学
大学院	工学

理工学科 改 (395)	数理科学や知能情報システム、建築学など従来の9つのプログラムに加え、2024年度よりDX人材育成基盤プログラムを開設。1年次は関連性の深いプログラム群による共通基盤を中心とした理学的な基礎を学び、2年次に各プログラムに本配属し専門性を高める。
取得可能な免許・資格	危険物取扱者（甲種）、毒物劇物取扱責任者、特殊無線技士（海上、陸上）、建築士（一級、二級、木造）、技術士補、測量士補、主任技術者（電気）、施工管理技士（土木、建築、電気工事、管工事、造園、建設機械）、教員免許（中-数・理、高-数・理・情・工業）

福祉健康科学部

旦野原キャンパス 定員 100

特色	体験実習など実践的教育のもと地域包括ケアの専門家を育成。
進路	卒業者の多くは九州地方の医療機関で活躍。他、公務に就く者もいる。
学問分野	心理学／社会福祉学／健康科学
大学院	福祉健康科学

福祉健康科学科 (100)	3つのコースを設置。理学療法コースではリハビリテーションにおける理学療法や疾患理解について学ぶ。社会福祉実践コースでは地域における支援体制の構築を模索する。心理学コースでは教育、医療、司法、産業などに関わる心理学を学ぶ。
取得可能な免許・資格	公認心理師、認定心理士、社会福祉士、精神保健福祉士、社会福祉主事、児童福祉司、児童指導員、理学療法士

入試要項（2025年度）

※この入試情報は大学発表の2025年度入試（予告）および2024年度募集要項等より編集したものです（2024年1月時点。見方は巻頭の「本書の使い方」参照）。内容には変更が生じる可能性があるため、最新情報はホームページや2025年度募集要項等で必ず確認してください。

「大学入試科目検索システム」のご案内

日程・方式ごとの偏差値や昨年度入試結果（志願者倍率、実質倍率、合格最低点）、基本情報（出願締切日、試験日、二段階選抜、募集人員、総合満点）などは、「大学入試科目検索システム」（https://nyushi.toshin.com/）をご覧ください（利用方法はp.12参照）。

■教育学部 偏差値 53

前期日程

◆共通テスト

[学校教育教員養成：8科目] 国現古漢 地歴 公 理 全11科目から3▶理は同一名称含む組み合わせ不可 数 数ⅠA、数ⅡBC 外 全5科目から1 情 情Ⅰ

◆個別学力検査等

[学校教育教員養成：2科目] 国 数 外 現古、数ⅠⅡAB〔列〕C〔ベ〕、英から1 面 グループディスカッション

後期日程

◆共通テスト

[学校教育教員養成：8科目] 前期日程に同じ

◆個別学力検査等

[学校教育教員養成：2科目] 論 小論文 面 グループディスカッション

■経済学部 偏差値 55

前期日程

◆共通テスト

[総合経済：8科目] 国 現古漢 地歴 公 全6科目から2 数 数ⅠA、数ⅡBC 理 全5科目から1 外 全5科目から1 情 情Ⅰ

◆個別学力検査等

[総合経済：1～2科目] 数 外 数ⅠⅡAB〔列〕C〔ベ〕、英から1 書類審 書類審査▶任意申請による特色加点

後期日程

◆共通テスト

[総合経済：6科目] 国 現古漢 地歴 公 全6科目から2 数 数ⅠA、数ⅡBCから1 外 全5科目から1 情 情Ⅰ

◆個別学力検査等

[総合経済：1科目] 論 小論文

■医学部 医学科 偏差値 65

前期日程

◆共通テスト

[医：8科目] 国 現古漢 地歴 公 地歴全3科目、公共・倫、公共・政経から1 数 数ⅠA、数ⅡBC 理 物、化、生から2 外 全5科目から1 情 情Ⅰ

◆個別学力検査等

[医：5科目] 数 数ⅠⅡⅢAB〔列〕C 理 物基・物、化基・化、生基・生から2 外 英 面 個人面接

■医学部 看護学科 偏差値 55

前期日程

◆**共通テスト**

［看護：7科目］国現古漢 地歴 公全6科目から1 数数ⅠA、数ⅡBC 理物、化、生から1 外全5科目から1 情情Ⅰ

◆**個別学力検査等**

［看護：2科目］論小論文 面個人面接

後期日程

◆**共通テスト**

［看護：7科目］前期日程に同じ

◆**個別学力検査等**

［看護：1科目］面個人面接

■医学部 先進医療科学科 偏差値 55

前期日程

◆**共通テスト**

［先進医療科：8科目］国現古漢 地歴 公全6科目から1 数数ⅠA、数ⅡBC 理物、化、生から2 外全5科目から1 情情Ⅰ

◆**個別学力検査等**

［先進医療科：4科目］数数ⅠⅡⅢAB〔列〕C 理物基・物、化基・化、生基・生から1 外英 面個人面接

後期日程

◆**共通テスト**

［先進医療科：8科目］前期日程に同じ

◆**個別学力検査等**

［先進医療科：2科目］論小論文 面個人面接

■理工学部 偏差値 53

※DX人材育成基盤プログラム：入試情報未公表（2024年1月時点）

前期日程

◆**共通テスト**

［理工－物理学連携・電気エネルギー電子工学・機械工学・知能機械システム・建築学：8科目］国現古漢 地歴 公全6科目から1 数数ⅠA、数ⅡBC 理物必須、化、生から1 外全5科目から1 情情Ⅰ

［理工－数理科学・知能情報システム・生命物質化学・地域環境科学：8科目］国現古漢 地歴 公全6科目から1 数数ⅠA、数ⅡBC 理物、化、生から2 外全5科目から1 情情Ⅰ

◆**個別学力検査等**

［理工－物理学連携・電気エネルギー電子工学・機械工学・知能機械システム・建築学：2～3科目］数数ⅠⅡⅢAB〔列〕C 理物基・物 書類審書類審査▶任意申請による特色加点

［理工－数理科学・知能情報システム・生命物質化学・地域環境科学：2～3科目］数数ⅠⅡⅢAB〔列〕C 理物基・物、化基・化から1 書類審書類審査▶任意申請による特色加点

後期日程

◆**共通テスト**

［理工：8科目］前期日程に同じ

◆**個別学力検査等**

［理工：1科目］面個人面接または集団面接

■福祉健康科学部 偏差値 55

前期日程

◆**共通テスト**

［福祉健康科－理学療法：8科目］国現古漢 地歴 公全6科目から1 数数ⅠA、数ⅡBC 理物、化、生、地から2 外全5科目から1 情情Ⅰ

［福祉健康科－社会福祉実践：8科目］国現古漢 地歴 公全6科目から2 数数ⅠA、数ⅡBC 理全5科目から1 外全5科目から1 情情Ⅰ

［福祉健康科－心理学：8科目］国現古漢 地歴 公 理全11科目から3▶理は同一名称含む組み合わせ不可 数数ⅠA、数ⅡBC 外全5科目から1 情情Ⅰ

◆**個別学力検査等**

［福祉健康科－理学療法・社会福祉実践：2科目］論小論文 面個人面接

［福祉健康科－心理学：2科目］論小論文 面グループディスカッション

後期日程

◆**共通テスト**

［福祉健康科－理学療法・社会福祉実践：8科目］前期日程に同じ

◆**個別学力検査等**

［福祉健康科－理学療法・社会福祉実践：2科目］前期日程に同じ

■特別選抜

［総合型選抜］総合型選抜Ⅰ、総合型選抜Ⅰ（英語資格、簿記資格、課題探究）、総合型選抜Ⅱ共、総合型選抜Ⅱ（一般枠、地域枠）共

［学校推薦型選抜］学校推薦型選抜Ⅰ、学校推薦型選抜Ⅰ（普通推薦、商業推薦、一般推薦、女子枠、サイエンス推薦、福祉推薦）、学校推薦型選抜Ⅱ共、学校推薦型選抜Ⅱ（一般推薦、女子枠）共

［その他］帰国生徒選抜、社会人選抜、私費外国人留学生選抜

就職支援

大分大学では、キャリア支援室により一般的な就職支援に留まらず、大学院進学や公務員試験対策、1年次から卒業後に至るキャリア形成など、低学年の時期から自身の将来について学生自らが考え、決定していくための支援を行います。また、年間25本のキャリア支援プログラムや各種企業説明会に加え、キャリア教育科目の充実を図るだけではなく、各学部とキャリア支援室の職員が連携し、学生に信頼されるキャリア支援や、きめ細やかなサポートを実施しています。

宮崎大学（みやざき）

資料請求

学び・学生支援機構 事務部 入試課(木花キャンパス) TEL(0985)58-7138 〒889-2192 宮崎県宮崎市学園木花台西1-1

世界を視野に地域から始めよう

大学紹介動画

最新入試情報

宮崎大学では、地域をフィールドにして培った課題解決能力と実践的な語学力をそなえ、グローバルな視野で主体的に活躍できる人材を育てようとしている。

木花キャンパス

キャンパス **2**つ

木花キャンパス
〒889-2192 宮崎県宮崎市学園木花台西1-1

清武キャンパス
〒889-1692 宮崎県宮崎市清武町木原5200

基本データ

※2023年5月現在（進路・就職は2022年度卒業者データ。学費は2024年度入学者用〔予定〕）

沿革

1949年、宮崎農林専門学校、宮崎師範学校、宮崎青年師範学校、宮崎県工業専門学校を母体に、農、学芸、工学部で発足。1966年、学芸学部を教育学部に改称。2003年、宮崎医科大学と統合し、医学部を設置。2016年、地域資源創成学部を設置。2021年、工学部改組、2025年にも工学部を改編予定。

教育機関 5学部 7研究科

学部 教育／医／工／農／地域資源創成

大学院 教育学Ⓟ／看護学Ⓜ／工学Ⓜ／農学Ⓜ／地域資源創成学Ⓜ／医学獣医学総合ⓂⒹ／農学工学総合Ⓓ

人数

学部学生数 **4,639**名

教員1名あたり 学生**6**名

教員数 **721**名【学長】鮫島浩

(教授**214**名、准教授**185**名、講師**73**名、助教**245**名、助手・その他**4**名)

学費

初年度納入額 **817,800**円(諸経費別途)

奨学金 TOEIC試験・TOEFL試験成績優秀者奨学金、成績優秀者奨学金、海外研修奨学金

進路

学部卒業者 **1,005**名

(進学**299**名［29.8%］、就職**585**名［58.2%］、その他※**121**名［12.0%］)

※臨床研修医88名を含む

主な就職先 九州各県内学校教員（小、中、高）、九州内の県庁、宮崎県内市町村役場、宮崎大学医学部附属病院、虎の門病院、BCC、富士フイルムワコーケミカル、三桜電気工業、宮崎銀行、全国酪農業協同組合連合会、農林水産省、エスティケイテクノロジー

学部学科紹介

※本書掲載内容は、大学公表資料から独自に編集したものです。詳細は大学パンフレットやホームページ等で必ず確認してください（取得可能な免許・資格は任用資格や受験資格などを含む）。

教育学部

木花キャンパス　定員 140

特色	教員養成に特化した教育学部として社会ニーズに対応し「魅力的な教員」を養成。
進路	卒業者の多くが教育・学習支援業で活躍。他、公務に就く者もいる。
学問分野	教員養成
大学院	教育学

学校教育課程（140）	地域や国際社会に貢献できる人材を育成する。小中一貫教育、教職実践基礎、発達支援教育の3つのコースを設置。小中一貫教育コースでは小学校主免、中学校主免の2つの専攻に分かれる。発達支援教育コースは子ども理解、特別支援教育の2つの専攻に分かれる。
取得可能な免許・資格	学芸員、教員免許(幼一種、小一種、中-国・数・理・社・保体・音・美・家・技・英、高-国・数・理・地歴・公・保体・音・美・家・工業・英、特-知的・肢体・病弱)、司書教諭

医学部

清武キャンパス　定員 160

特色	医学や看護学の水準の向上を目指し高い倫理観を備えた人格高潔な医療人を育成。
進路	医：多くが臨床研修医になる。看護：多くが医療・福祉業に就職する。
学問分野	医学／看護学
大学院	看護学／医学獣医学総合

医学科（100）	6年制。国際的な視野を備え地域医療に貢献する医師や医学研究者を育成する。1・2年次には講義形式の授業に加え医療と介護の体験学習を行う。少人数制の臨床実習を重視し、4年次後期では附属病院の診療科を回り、5年次後期からは臨床参加型実習を行う。
看護学科（60）	4年制。看護によって健康の支援を行い、社会や地域の医療に貢献できる看護職者を養成する。1年次から専門科目が開講され、附属病院などでの実習では患者と実際に接する機会を持つ。少人数教育などを通じて、チーム医療への実践力を養う。
取得可能な免許・資格	医師、看護師、保健師、養護教諭（二種）

工学部

木花キャンパス　定員 370

特色	2025年度改編予定。県内唯一の工学系学部。国際評価の高い研究を行う。
進路	多くの卒業者が製造業や情報通信業、建設業に就職する。
学問分野	物理学／化学／地学／機械工学／電気・電子工学／土木・建築学／エネルギー工学／その他工学／環境学／情報学
大学院	工学

工学科　改（370）	2025年度、化学生命、土木環境、半導体サイエンス、電気電子システム、機械知能、情報通信の6プログラムに改編予定。入学時に各プログラムに関連した系に配属され、工学基礎教育やデータサイエンス教育科目を履修し、2年次に各プログラムに分属。
取得可能な免許・資格	学芸員、危険物取扱者（甲種）、毒物劇物取扱責任者、技術士補、測量士補、教員免許（高-理・工業）

農学部

木花キャンパス　定員 265

特色	2025年度改組計画中。農学全分野を網羅。国内でも珍しい農業博物館を持つ。
進路	約3割が大学院へ進学。就職先は公務や農業・林業・漁業など。
学問分野	生物学／農学／森林科学／獣医・畜産学／環境学
大学院	農学／医学獣医学総合

植物生産環境科学科（50）	生産や流通、遺伝子から応用まで幅広い教育を行う。農産物生産のための栽培技術や農薬低減のための病害虫・雑草管理技術、適正な化学肥料の施肥管理なども学ぶ。カセサート大学（タイ）との交流により英語講義の受講や企業・政府機関などの見学も行われている。
森林緑地環境科学科（45）	森林・農山村・都市域を相互に作用し合う空間として捉え、自然環境の保全や快適な生活環境の形成、生物資源の高度な利活用を視野に森林緑地の機能を解明する。造林学、森林保護学、森林経済学、森林植物細胞学、防災水利施設学など、扱う学問は多彩である。

応用生物科学科	(50)	応用生物化学、微生物機能開発学、植物機能科学、食品科学、動物資源科学の5つの教育研究領域を設置。動植物・微生物の生物機能の解明・活用や食品の機能解明および安全性、農業生産環境の保全などをおもな教育研究対象とし、先端科学技術の発展に貢献する。
海洋生物環境学科	(40)	海洋を含む水圏環境について深く学び、生物の多様性を理解しその利活用を模索する。農学に関する基礎知識と水圏に関する専門知識を応用し、環境と食糧生産の諸問題について分析し解決に導く。人類の未来について思索し国際社会に貢献できる人材を育成する。
畜産草地科学科	(50)	畜産食品科学、動物生産疫学、牧場、草地生態システム学、飼料作物利用学など、土・植物・家畜をつなぐ物質循環と、農場から食卓への農畜産物提供を俯瞰できる横断的な学びを展開。野生動植物の生態、家畜疾病と防疫対策、動物福祉などについても学べる。
獣医学科	(30)	畜産県である宮崎の特性を活かし、産業動物や伴侶動物に対する医療や福祉、動物と人の共通感染症の撲滅やコントロールなどの活動を行っている。アカウミガメや野生馬などの調査や保護なども行われている。地球全体の生物資源の保護を通じて社会や科学に貢献する。
取得可能な免許・資格		学芸員、毒物劇物取扱責任者、測量士補、食品衛生管理者、食品衛生監視員、自然再生士補、樹木医補、森林情報士、獣医師、家畜人工授精師、教員免許(高-理・農・水)、ビオトープ管理士

地域資源創成学部

木花キャンパス　定員 90

- 特色　マネジメントに加え、人文社会科学や農学、工学などを幅広く学ぶ。
- 進路　就職先は情報通信業や公務、卸売・小売業をはじめ多岐にわたる。
- 学問分野　文化学／経営学／国際学
- 大学院　地域資源創成学

地域資源創成学科	(90)	異分野が融合したカリキュラムを基盤とし、地域産業の発展に貢献する人材を育成する企業マネジメント、地域資源の新たな価値を見いだす人材を育成する地域産業創出、持続可能なまちづくりを統括する人材を育成する地域創造の3つのコースを設置している。

入試要項(2025年度)

※この入試情報は大学発表の2025年度入試（予告）より編集したものです（2024年1月時点。見方は巻頭の「本書の使い方」参照）。内容には変更が生じる可能性があるため、最新情報はホームページや2025年度募集要項等で必ず確認してください。

「大学入試科目検索システム」のご案内
日程・方式ごとの偏差値や昨年度入試結果（志願者倍率、実質倍率、合格最低点）、基本情報（出願締切日、試験日、二段階選抜、募集人員、総合満点）などは、「大学入試科目検索システム」（https://nyushi.toshin.com/）をご覧ください（利用方法はp.12参照）。

■教育学部 偏差値 53

前期日程

◆共通テスト（2/3型＋面接入試） ※理科基礎は2科目扱い

[学校教育：8～9科目] 国 現古漢 地歴 公 理 全11科目から3▶理は同一名称含む組み合わせ不可 数 全3科目から2 外 全5科目から1 情 情Ⅰ

◆共通テスト（理系型＋面接入試）

[学校教育－小中一貫教育：8科目] 国 現古漢 地歴 公 全6科目から1 数 全3科目から2 理 物、化、生、地から2 外 全5科目から1 情 情Ⅰ

◆個別学力検査等（2/3型＋面接入試）

[学校教育：3科目] 国 数 外 現古漢、数ⅠⅡA〔全〕BC、英から2 面 面接

◆個別学力検査等（理系型＋面接入試）

[学校教育－小中一貫教育：3科目] 国 外 現古漢、英から1 数 数ⅠⅡA〔全〕BC、数ⅠⅡⅢA〔全〕BCから1 面 面接

後期日程

◆共通テスト（小論文型＋面接入試） ※理科基礎は2科目扱い

[学校教育－小中一貫教育「小学校主免」：8～9科目] 前期日程（2/3型＋面接入試）に同じ

◆個別学力検査等（小論文型＋面接入試）

[学校教育－小中一貫教育「小学校主免」：2科目] 論 小論文 面 面接

■医学部 医学科 偏差値 65

前期日程

◆共通テスト

[医：8科目] 国 現古漢 地歴 公 全6科目から1 数 数ⅠA、数ⅡBC 理 物、化、生から2 外 英 情 情Ⅰ

◆個別学力検査等
[医：5科目] 数数ⅠⅡⅢA〔全〕BC 理物基・物、化基・化、生基・生から2 外英 面面接

後期日程

◆共通テスト
[医：8科目] 前期日程に同じ

◆個別学力検査等
[医：2科目] 外英 面面接

■医学部 看護学科 偏差値 55

前期日程

◆共通テスト※理科基礎は2科目扱い
[看護：7〜8科目] 国現古漢 地歴 公全6科目から1 数数ⅠA、数ⅡBC 理理科基礎、物、化、生から1▶地基選択不可 外英 情情Ⅰ

◆個別学力検査等
[看護：1科目] 面面接

後期日程

◆共通テスト※理科基礎は2科目扱い
[看護：7〜8科目] 前期日程に同じ

◆個別学力検査等
[看護：2科目] 論小論文 面面接

■工学部 偏差値 52

前期日程

◆共通テスト
[工：8科目] 国現古漢 地歴 公全6科目から1 数数ⅠA、数ⅡBC 理物、化、生から2 外全5科目から1 情情Ⅰ

◆個別学力検査等
[工：4科目] 数数ⅠⅡⅢA〔全〕BC 理物基・物、化基・化から1 外英、英語外部試験から1 書類審調査書

後期日程

◆共通テスト
[工：8科目] 前期日程に同じ

◆個別学力検査等
[工：2科目] 理物基・物、化基・化から1 書類審調査書

■農学部 偏差値 56

※2025年度改組予定(2024年1月時点の公表情報より作成)

前期日程

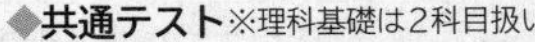

◆共通テスト※理科基礎は2科目扱い
[獣医以外：8〜9科目] 国現古漢 地歴 公全6科目から1 数数ⅠA、数ⅡBC 理全5科目から2▶同一名称含む組み合わせ不可 外英 情情Ⅰ
[獣医：8科目] 国現古漢 地歴 公全6科目から1 数数ⅠA、数ⅡBC 理物、化、生から2 外英 情情Ⅰ

◆個別学力検査等
[獣医以外：2科目] 数理数ⅠⅡA〔全〕BC、物基・物、化基・化、生基・生から1 書類審調査書
[獣医：3科目] 数理外数ⅠⅡA〔全〕BC、物基・物、化基・化、生基・生、英から2教科2 書類審調査書

後期日程

◆共通テスト※理科基礎は2科目扱い
[獣医以外：8〜9科目] 前期日程に同じ
[獣医：8科目] 前期日程に同じ

◆個別学力検査等
[全学科：2科目] 理物基・物、化基・化、生基・生から1 書類審調査書

■地域資源創成学部 偏差値 54

前期日程

◆共通テスト※理科基礎は2科目扱い
[地域資源創成：8〜9科目] 国現古漢 地歴 公 理全11科目から3▶理は同一名称含む組み合わせ不可 数全3科目から2 外全5科目から1 情情Ⅰ

◆個別学力検査等
[地域資源創成：2科目] 総合総合問題 書類審調査書

後期日程

◆共通テスト※理科基礎は2科目扱い
[地域資源創成：8〜9科目] 前期日程に同じ

◆個別学力検査等
[地域資源創成：2科目] 論小論文 面面接

■特別選抜

[総合型選抜] 総合型選抜（一般枠）共、総合型選抜（一般枠、帰国生徒枠、社会人枠、私費外国人留学生枠）
[学校推薦型選抜] 学校推薦型選抜共、学校推薦型選抜（宮崎県教員希望枠、地域枠A、地域枠B、地域枠C）共、学校推薦型選抜、学校推薦型選抜（宮崎県教員希望枠、宮崎県就職希望枠〔普通科区分、専門学科・総合学科区分〕、女子枠、一般枠、A、B）

就職支援

宮崎大学では、キャリアアドバイザーやジョブサポーターによる相談体制が整っており、学生一人ひとりの個性や希望に沿ったきめ細かな支援が行われています。その他にも、専門の就職ナビ会社と連携し、時期や学年に合わせた内容のセミナー・ガイダンスが定期的に開催されています。また、就職支援として県内の企業および官公庁の職場見学ツアーや、毎年2〜3月に大学独自の会社説明会や公務員説明会を実施しています。

国際交流

宮崎大学では、海外の大学と国際交流協定を締結し、協定校への交換留学や短期海外研修・語学研修、ワーキングホリデーインターンシップなどを実施しています。その他にも、短期オンラインプログラムが実施され、家にいながら海外の大学の語学授業を受講することができます。宮崎大学では、韓国・中国・台湾等の大学と多く協定を締結しているため、英語だけでなく、韓国語や中国語などに特化したプログラムが多数あります。

宮崎大学ギャラリー

■木花キャンパス正面

木花キャンパスまではJR「宮崎駅」からバスで約40分ですが、学外利用者を含め来訪者のほとんどが自動車で来校しています。

■延岡フィールド

農学部附属フィールドセンター「延岡フィールド」には、学生実験室や研究室、宿泊室の他、実習船や飼育設備が整備されています。

■農場フィールド

木花キャンパスにある農場「木花フィールド」では、自然豊かな環境のもと、循環式農業や地球にやさしい農業に取り組んでいます。

■大学周辺の観光地

宮崎大学周辺には、「鬼の洗濯板」と呼ばれる波状岩が有名な青島や、加江田渓谷、日南海岸など風光明媚な観光地が多くあります。

鹿児島大学（かごしま）

資料請求

学生部入試課入試実施係(郡元キャンパス)　TEL(099)285-7355　〒890-8580 鹿児島県鹿児島市郡元1-21-24

「進取の精神」をはぐくみ、地域とともに発展する

大学紹介動画

最新入試情報

近代化の過程で多くの困難に果敢に挑戦する人材を輩出した伝統から、進取の精神を尊重し地域と共に社会の発展に貢献する。アジア諸地域に開かれた地理的特性を活かし、アジアや太平洋諸国との連携を深める。

郡元キャンパス

キャンパス **3**つ

郡元キャンパス
〒890-8580 鹿児島県鹿児島市郡元1-21-24

桜ヶ丘キャンパス
〒890-8544 鹿児島県鹿児島市桜ヶ丘8-35-1

下荒田キャンパス
〒890-0056 鹿児島県鹿児島市下荒田4-50-20

基本データ

※2023年5月現在（教員数は非常勤を含む。進路・就職は2022年度卒業者データ。学費は2024年度入学者用）

沿革

1773年設立の藩学造士館を起源とする第七高等学校など5校を統合し、1949年に設立。1955年に医、工学部を移管。1965年、法文、理学部を改組設置。1977年に歯学部、2012年に共同獣医学部を設置。2017年、法文学部を改組。2020年、教育、理、工学部を改組。2024年に農、共同獣医学部を改組。

教育機関 9学部 9研究科

学部　法文／教育／理／医／歯／工／農／水産／共同獣医

大学院　人文社会科学Ⓜ︎Ⓓ／教育学Ⓟ／保健学Ⓜ︎Ⓓ／理工学Ⓜ︎Ⓓ／農林水産学Ⓜ︎／医歯学総合Ⓜ︎Ⓓ／臨床心理学Ⓟ／共同獣医学Ⓓ／連合農学Ⓓ

人数

学部学生数　**8,574**名

教員1名あたり学生 **7**名

教員数　**1,182**名【学長】佐野輝

（教授**302**名、准教授**286**名、講師**103**名、助教**390**名、助手・その他**101**名）

学費

初年度納入額　**817,800**円（諸経費別途）

奨学金　鹿児島大学離島出身者スタートアップ奨学金

進路

学部卒業者　**1,859**名

（進学**479**名［25.8%］、就職**1,106**名［59.5%］、その他※**274**名［14.7%］）
※臨床研修医144名を含む

主な就職先（※院卒者を含む）　鹿児島銀行、JA鹿児島県連、NTT西日本、ソフトマックス、新日本科学、アウトソーシングテクノロジー、九州電力、ワールドインテック、イオン九州、コスモス薬品、教員(小学校、中学校、高等学校、特別支援学校)、農林水産省、鹿児島県警察、海上自衛隊、鹿児島県（職員）、鹿児島市（職員）、宮崎県（職員）、福岡県（職員）

学部学科紹介

※本書掲載内容は、大学公表資料から独自に編集したものです。詳細は大学パンフレットやホームページ等で必ず確認してください（取得可能な免許・資格は任用資格や受験資格などを含む）。

法文学部

郡元キャンパス　定員 410

特色　人文社会学を幅広く学び、人間や社会に対し深い洞察力を身につける。
進路　約3割が公務員となる。他、金融・保険業や卸売・小売業など。
学問分野　心理学／文化学／法学／政治学／経済学／社会学／国際学／情報学／人間科学
大学院　人文社会科学

学科	定員	内容
法経社会学科	(245)	地域社会から国際社会まで活用できる問題解決能力を持った人材を育成する。法学、地域社会、経済の3つのコースに分かれるが、法学コースには公務員などを目指す公共政策法、企業などへの就職を目指す国際企業取引法、法曹を目指す司法の3つのモデルがある。
人文学科	(165)	地域社会が抱える課題を実践的に解決できる人材を育成する。多元地域文化、心理学の2つのコースを設置。多元地域文化コースでは地域と世界の多様な文化現象について多角的に学ぶ。心理学コースでは人間の心理や行動の諸現象について科学的に考察する。
取得可能な免許・資格		公認心理師、学芸員、社会福祉主事、教員免許(中-国・社・英、高-国・地歴・公・英・商業)、社会教育士、社会教育主事

教育学部

郡元キャンパス　定員 190

特色　2年次には希望者が離島の小規模校を訪問し実習を行う。
進路　半数超が教育・学習支援業に就く。他、約1割が公務員となる。
学問分野　教員養成
大学院　教育学

学科	定員	内容
学校教育教員養成課程	(190)	初等教育、中等教育、特別支援教育の3つのコースに分かれる。初等教育コースは一般、音楽、保健体育、中等教育コースは、国語、社会など10の教科にそれぞれ分かれている。早期からの教育実習体制など、実践力を養う環境が整備されている。
取得可能な免許・資格		学芸員、教員免許(幼一種、小一種、中-国・数・理・社・保体・音・美・家・技・英、高-国・数・理・地歴・公・保体・書・音・美・家・工業・英、特-知的・肢体・病弱)

理学部

郡元キャンパス　定員 185

特色　所属プログラムを2年次に選択する「大括り入試」を実施。
進路　4割超が大学院へ進学。就職先はサービス業や建設業、製造業など。
学問分野　数学／物理学／化学／生物学／地学／環境学／情報学
大学院　理工学

学科	定員	内容
理学科	(185)	数理情報科学、物理・宇宙、化学、生物学、地球科学の5つのプログラムを設置。2年次から各プログラムの授業を履修する。自然に恵まれた地理的特性を活かし、自然科学の最新の教育や研究を行う。
取得可能な免許・資格		学芸員、測量士補、教員免許（中-数・理、高-数・理・情）

医学部

桜ヶ丘キャンパス　定員 230

特色　鹿児島県の特性を理解し、地域の福祉増進に貢献する人間性豊かな医療人を養成。
進路　医：多くが臨床研修医になる。保健：多くが医療機関などに就く。
学問分野　医学／看護学／健康科学
大学院　保健学／医歯学総合

学科	定員	内容
医学科	(110)	6年制。人間性や倫理観を踏まえた総合的判断力と社会人としての教養を身につけ、地域社会と人々のために最善の医療を行う医師を養成する。リハビリテーション医学や心身医療、離島医療学などの専任教員を配置し、実習に多くの時間をあて学生の自主性を促す。
保健学科	(120)	4年制。福祉の向上に貢献できる医療専門職の人材を養成する。1年次から病院での体験実習に取り組み、様々な医療専門職の仕事を体験し意識を高める。3年次には看護学、理学療法学、作業療法学の3つの専攻に分かれ、それぞれ専門的な知識や技術を修得する。
取得可能な免許・資格		医師、看護師、理学療法士、作業療法士

歯学部
桜ヶ丘キャンパス　定員 53

特色　充実した設備の鹿児島大学病院と連携し、臨床実習や卒後研修を実施している。
進路　病院や福祉施設、医療行政に就く他、研究者を目指す者もいる。
学問分野　歯学
大学院　医歯学総合

歯学科 (53)	6年制。歯科医師の職責とコミュニケーション、歯科医学および関連領域の知識、医療の実践、地域医療とヘルスプロモーション、生涯学習と科学的探究心の5つの科目群を設定し、6年間かけて学ぶ。生命科学の進歩がもたらす歯科医療の変革に対応していく。
取得可能な免許・資格	歯科医師

工学部
郡元キャンパス　定員 440

特色　グローバルに活躍し地域貢献できる技術者・研究者を育成。
進路　半数強が大学院へ進学。就職者の4割強が建設業、製造業に就く。
学問分野　化学／機械工学／電気・電子工学／土木・建築学／エネルギー工学／応用生物学／環境学／情報学
大学院　理工学

先進工学科 (385)	機械工学、電気電子工学、海洋土木工学、化学工学、化学生命工学、情報・生体工学の6つのプログラムを設置。自然の仕組みを活用したものづくりを行い、人々の生活の役に立て、社会に貢献する。
建築学科 (55)	建築設計・計画、建築構造・材料、建築環境の3つの分野を設置。建築設計、建築構造、建築環境・設備、建築生産に関する基礎知識を修得し、技術の進歩に対応できる柔軟な自主学習能力を身につける。海外の大学との交流も行われている。
取得可能な免許・資格	危険物取扱者（甲種）、毒物劇物取扱責任者、電気工事士、特殊無線技士（海上、陸上）、陸上無線技術士、建築士（一級、二級、木造）、技術士補、測量士補、主任技術者（電気、電気通信）、施工管理技士（土木、建築、電気工事、管工事、造園、建設機械）、衛生管理者、教員免許（高-工業）、作業環境測定士

農学部
郡元キャンパス　定員 175

特色　2024年度、従来の3学科を統合し1学科に再編。実践教育が魅力。
進路　2割超が大学院へ進学。就職先は公務や建設業、製造業など。
学問分野　農学／森林科学／環境学
大学院　農林水産学

農学科 改 (163)	先進技術による植物資源の生産などを学ぶ植物資源科学、環境保全などの分野を研究する環境共生科学、生命高分子化学など食品に関する幅広い分野を研究する食品生命科学、経営・経済学の観点で研究を行う農食産業・地域マネジメントの4プログラムがある。
国際食料資源学特別コース（農学系サブコース） (12)	出願時に農学系または水産学系いずれかのコースを選択。水産学系の学生と共同で学び多角的な視野を養い、食料や資源の世界的な課題に対処できる人材を育成する。留学生との交流、海外研修科目、国際機関やグローバル企業でのインターンシップなども行う。
取得可能な免許・資格	食品衛生管理者、食品衛生監視員、自然再生士補、樹木医補、森林情報士、家畜人工授精師、教員免許（中-理、高-理・農）

水産学部
下荒田キャンパス　定員 140

特色　東南アジア、南太平洋を含む水圏をフィールドに水産資源の持続的生産を模索。
進路　約3割が大学院へ進学。就職先は建設業、製造業など。
学問分野　水産学
大学院　農林水産学

水産学科 (130)	1年終了時に海洋環境や水圏生物を扱う水圏科学、水産資源の管理などを扱う水産資源科学、水産食品などを扱う食品生命科学、水産政策や食品産業を扱う水産経済学、赤潮や水質汚染など水圏環境保全を扱う水圏環境保全学の5分野に分かれる。

国際食料資源学特別コース（水産学系サブコース）（10）	農学部と共同で設置。農学系の学生と共同で学び、食料や資源の世界的な課題に対処できる人材を育成。留学生との交流、海外研修科目の他、国際機関やグローバル企業でのインターンシップなども行う。
取得可能な免許・資格	学芸員、海技士（航海）、食品衛生管理者、食品衛生監視員、教員免許（中-理、高-理・水）

共同獣医学部

郡元キャンパス　定員 60

- 特色　2024年度に再編し現在の2学科体制になる。山口大学との共同獣医学部。
- 進路　4割超がサービス業に就職している。他、公務員となる者もいる。
- 学問分野　獣医・畜産学
- 大学院　共同獣医学

共同獣医学科 改（30）	深い知識と高度な技術を兼ね備えた獣医師を育成する。山口大学と共同し、教育科目やシラバス、時間割を同一とし、双方向システムによる遠隔授業を行う。附属動物病院や国内でも数少ない「軽種馬診療センター」など、充実した診療施設が併設されている。
畜産学科 新（30）	2024年度、農学部農業生産科学科畜産科学コースを改組し、新たに畜産学科として開設。家畜の福祉と衛生に配慮した持続的な家畜生産から良質で安全安心な畜産物の安定供給に貢献できる人材を育成する。
取得可能な免許・資格	食品衛生管理者、食品衛生監視員、獣医師、愛玩動物看護師、家畜人工授精師

入試要項（2025年度）

※この入試情報は大学発表の2025年度入試（予告）より編集したものです（2024年1月時点。見方は巻頭の「本書の使い方」参照）。内容には変更が生じる可能性があるため、最新情報はホームページや2025年度募集要項等で必ず確認してください。

「大学入試科目検索システム」のご案内
日程・方式ごとの偏差値や昨年度入試結果（志願者倍率、実質倍率、合格最低点）、基本情報（出願締切日、試験日、二段階選抜、募集人員、総合満点）などは、「大学入試科目検索システム」（https://nyushi.toshin.com/）をご覧ください（利用方法はp.12参照）。

■法文学部　偏差値 56

前期日程

◆**共通テスト**
[法経社会：8科目] 国現古漢 地歴 公全6科目から2 数全3科目から2 理全5科目から1 外全5科目から1 情情Ⅰ
[人文：8科目] 国現古漢 地歴 公地歴全3科目、公共・倫、公共・政経から2 数全3科目から2 理全5科目から1 外全5科目から1 情情Ⅰ

◆**個別学力検査等**
[全学科：3科目] 国現古漢 外英 書類審調査書

後期日程

◆**共通テスト**
[法経社会－法学：4科目] 国 地歴 公 数 理現古漢、地歴公数理全14科目から2教科2▶地歴と公は1教科扱い 外全5科目から1 情情Ⅰ
[法経社会－地域社会・経済：4科目] 国現古漢 地歴 公 数 理全14科目から1 外全5科目から1 情情Ⅰ
[人文－多元地域文化：4科目] 国現古漢 地歴 公 数地歴全3科目、公共・倫、公共・政経、数Ⅰ、数ⅠAから1 外全5科目から1 情情Ⅰ

◆**個別学力検査等**
[法経社会－法学：1科目] 面面接
[法経社会－地域社会・経済、人文－多元地域文化：2科目] 論小論文 書類審調査書

■教育学部　偏差値 54

前期日程

◆**共通テスト（文系受験型）**
[学校教育教員養成－初等教育「一般」・特別支援教育：8科目] 国現古漢 地歴 公全6科目から2▶歴総・日と歴総・世の組み合わせ不可 数 理数ⅠA、数ⅡBC、理全5科目から3▶理は同一名称含む組み合わせ不可 外全5科目から1 情情Ⅰ

◆**共通テスト（理系受験型）**
[学校教育教員養成－初等教育「一般」・特別支援教育：8科目] 国現古漢 地歴 公全6科目から1 数数ⅠA、数ⅡBC 理全5科目から2▶同一名称含む組み合わせ不可 外全5科目から1 情情Ⅰ

◆**共通テスト**
[学校教育教員養成－中等教育「国語・社会」：8科目] 国現古漢 地歴 公全6科目から2▶歴総・日と歴総・世の組み合わせ不可 数 理数ⅠA、数ⅡBC、理全5科目から3▶理は同一名称含む組み合わせ不可 外全5科目から1 情情Ⅰ
[学校教育教員養成－中等教育「英語」：8科目] 国現古漢 地歴 公全6科目から2▶歴総・日と歴総・世の組み合わせ不可 数 理数ⅠA、数ⅡBC、理全5科目から3▶理は同一名称含む組み合わせ不可 外英 情情Ⅰ
[学校教育教員養成－中等教育「数学・理科・技術・家政」：8科目] 国現古漢 地歴 公全6科目から1 数数ⅠA、数ⅡBC 理全5科目から2▶同一名称含む

組み合わせ不可外全5科目から1情情Ⅰ
[学校教育教員養成－中等教育「音楽・美術・保健体育」：8科目] 国現古漢 地歴 公全6科目から2数理数ⅠA、数ⅡBC、理全5科目から3▶理は同一名称含む組み合わせ不可外全5科目から1情情Ⅰ

◆**個別学力検査等（文系受験型）**

[学校教育教員養成－初等教育「一般」・特別支援教育：3科目] 国数外現古漢、数ⅠⅡAB〔列〕C〔べ〕、数ⅠⅡⅢAB〔列〕C〔べ〕、英から2教科2面面接

◆**個別学力検査等（理系受験型）**

[学校教育教員養成－初等教育「一般」・特別支援教育：3科目] 国外現古漢、英から1数数ⅠⅡAB〔列〕C〔べ〕、数ⅠⅡⅢAB〔列〕C〔べ〕から1面面接

◆**個別学力検査等**

[学校教育教員養成－中等教育「国語」：3科目] 国現古漢数外数ⅠⅡAB〔列〕C〔べ〕、数ⅠⅡⅢAB〔列〕C〔べ〕、英から1面面接
[学校教育教員養成－中等教育「社会」：3科目] 国数外現古漢、数ⅠⅡAB〔列〕C〔べ〕、数ⅠⅡⅢAB〔列〕C〔べ〕、英から2教科2面面接
[学校教育教員養成－中等教育「英語」：3科目] 国数現古漢、数ⅠⅡAB〔列〕C〔べ〕、数ⅠⅡⅢAB〔列〕C〔べ〕から1外英面面接
[学校教育教員養成－中等教育「数学・理科・技術・家政」：3科目] 国外現古漢、英から1数数ⅠⅡAB〔列〕C〔べ〕、数ⅠⅡⅢAB〔列〕C〔べ〕から1面面接
[学校教育教員養成－中等教育「音楽」：3科目] 面面接音楽典実技音楽実技
[学校教育教員養成－中等教育「美術」：2科目] 面面接実技美術実技
[学校教育教員養成－中等教育「保健体育」：2科目] 面面接実技体育実技

後期日程

◆**共通テスト（文系受験型、理系受験型）**

[学校教育教員養成－初等教育「一般」・特別支援教育：8科目] 前期日程に同じ

◆**個別学力検査等（文系受験型、理系受験型）**

[学校教育教員養成－初等教育「一般」・特別支援教育：2科目] 論小論文面面接

■理学部 偏差値 54

前期日程

◆**共通テスト**

[理：8科目] 国現古漢 地歴 公全6科目から1数数ⅠA、数ⅡBC理物、化、生、地から2外全5科目から1情情Ⅰ

◆**個別学力検査等**

[理－数理情報科学：2科目] 数数ⅠⅡⅢAB〔列〕C外英
[理－物理宇宙：3科目] 数数ⅠⅡⅢAB〔列〕C理物基・物外英
[理－化学：3科目] 数数ⅠⅡAB〔列〕C〔べ〕理化基・化外英
[理－生物学：3科目] 数数ⅠⅡAB〔列〕C〔べ〕理生基・生外英
[理－地球科学：3科目] 数数ⅠⅡⅢAB〔列〕C理物基・物、化基・化、生基・生、地基・地から1外英

後期日程

◆**共通テスト（括り枠）**

[理：8科目] 前期日程に同じ

◆**個別学力検査等（括り枠）**

[理] 課さない

■医学部 医学科 偏差値 66

前期日程

◆**共通テスト**

[医：8科目] 国現古漢 地歴 公地歴全3科目、公共・倫、公共・政経から1数数ⅠA、数ⅡBC理物、化、生から2外英情情Ⅰ

◆**個別学力検査等**

[医：5科目] 数数ⅠⅡⅢAB〔列〕C理物基・物、化基・化、生基・生から2外英面面接

後期日程

◆**共通テスト**

[医：8科目] 前期日程に同じ

◆**個別学力検査等**

[医：2科目] 論小論文面面接

■医学部 保健学科 偏差値 56

前期日程

◆**共通テスト**

[保健－看護学：8科目] 国現古漢 地歴 公全6科目から1数数ⅠA、数ⅡBC理物、化、生から2外全5科目から1情情Ⅰ
[保健－理学療法学・作業療法学：7科目] 国現古漢 地歴 公全6科目から1数数ⅠA、数ⅡBC理物、化、生から1外全5科目から1情情Ⅰ

◆**個別学力検査等**

[保健：2科目] 理物基・物、化基・化、生基・生から1外英

後期日程

◆**共通テスト**

[保健－理学療法学・作業療法学：7科目] 前期日程に同じ

◆**個別学力検査等**

[保健－理学療法学・作業療法学：2科目] 論小論文面面接

■歯学部 偏差値 62

前期日程

◆**共通テスト**

[歯：8科目] 国現古漢 地歴 公全6科目から1数数ⅠA、数ⅡBC理物、化、生から2外英情情Ⅰ

◆**個別学力検査等**

[歯：4科目] 数数ⅠⅡⅢAB〔列〕C〔べ〕理物基・物、化基・化、生基・生から1外英面面接

後期日程

◆共通テスト
[歯：8科目] 前期日程に同じ
◆個別学力検査等
[歯：1科目] 画面接

■工学部 偏差値 54

前期日程
◆共通テスト（通常枠、括り枠）
[先進工：8科目] 国現古漢 地歴 公全6科目から1 数数ⅠA、数ⅡBC 理物、化、生、地から2 外全5科目から1 情情Ⅰ
◆共通テスト
[建築：8科目] 国現古漢 地歴 公全6科目から1 数数ⅠA、数ⅡBC 理物、化、生、地から2 外全5科目から1 情情Ⅰ
◆個別学力検査等（通常枠、括り枠）
[先進工：3科目] 数数ⅠⅡⅢAB〔列〕C 理物基・物、化基・化から1 外英
◆個別学力検査等
[建築：3科目] 数数ⅠⅡⅢAB〔列〕C 理物基・物、化基・化から1 外英
後期日程
◆共通テスト
[全学科：6科目] 数数ⅠA、数ⅡBC 理物、化、生、地から2 外全5科目から1 情情Ⅰ
◆個別学力検査等
[全学科：1科目] 論小論文

■農学部 偏差値 54

前期日程
◆共通テスト
[農、国際食料資源学特別：8科目] 国現古漢 地歴 公全6科目から1 数全3科目から2 理全5科目から2▶同一名称含む組み合わせ不可 外英 情情Ⅰ
◆個別学力検査等
[農：3科目] 数 理 外数ⅠⅡAB〔列〕C〔べ〕、物基・物、化基・化、生基・生、地基・地、英から2教科2 書類審調査書
[国際食料資源学特別：4科目] 数数ⅠⅡAB〔列〕C〔べ〕 理物基・物、化基・化、生基・生、地基・地から1 外英 書類審調査書
後期日程
◆共通テスト
[農：8科目] 前期日程に同じ
◆個別学力検査等
[農：1科目] 論小論文 書類審調査書

■水産学部 偏差値 54

前期日程
◆共通テスト
[全学科・コース：8科目] 国現古漢 地歴 公全6科目から1 数全3科目から2 理全5科目から2▶同一名称含む組み合わせ不可 外全5科目から1 情情Ⅰ
◆個別学力検査等
[全学科・コース：3科目] 数数ⅠⅡAB〔列〕C〔べ〕 理物基・物、化基・化、生基・生、地基・地から1 外英
後期日程
◆共通テスト
[水産：8科目] 前期日程に同じ
◆個別学力検査等
[水産：1科目] 論小論文

■共同獣医学部 偏差値 60

前期日程
◆共通テスト
[共同獣医：8科目] 国現古漢 地歴 公地歴全3科目、公共・倫、公共・政経から1 数数ⅠA、数ⅡBC 理物、化、生から2 外英 情情Ⅰ
[畜産：8科目] 国現古漢 地歴 公地歴全3科目、公共・倫、公共・政経から1 数全3科目から2 理全5科目から2 外英 情情Ⅰ
◆個別学力検査等
[共同獣医：3科目] 数数ⅠⅡAB〔列〕C〔べ〕 理物基・物、化基・化、生基・生から1 外英
[畜産：3科目] 数 理 外数ⅠⅡAB〔列〕C〔べ〕、物基・物、化基・化、生基・生、地基・地、英から2教科2 書類審調査書
後期日程
◆共通テスト
[全学科：8科目] 前期日程に同じ
◆個別学力検査等
[共同獣医] 課さない
[畜産：2科目] 画面接 書類審調査書

■特別選抜

[総合型選抜] 総合型選抜（自己推薦型選抜）共
[学校推薦型選抜] 学校推薦型選抜Ⅰ、学校推薦型選抜Ⅱ 共
[その他] 国際バカロレア選抜、私費外国人学部留学生選抜

りゅうきゅう
琉球大学

資料請求

学生部入試課（千原キャンパス）　TEL（098）895-8141・8142　〒903-0213 沖縄県中頭郡西原町字千原1

「自由平等・寛容平和」の精神で、有為な人材を育成

大学紹介動画

最新入試情報

「真理の探究」「地域・国際社会への貢献」「平和・共生の追求」を基本理念に、積極的に社会貢献できる人材を育成。新しい学術領域である熱帯島嶼・海洋・医学研究の国際拠点として卓越した大学を目指す。

千原キャンパス

キャンパス **2**つ

千原キャンパス
〒903-0213 沖縄県中頭郡西原町字千原1
上原キャンパス
〒903-0215 沖縄県中頭郡西原町字上原207

基本データ

※2023年5月現在（教員数は非常勤を含む。進路・就職は2022年度卒業者データ。学費は2024年度入学者用）

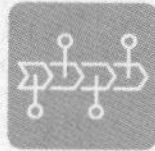
沿革

1950年、英語、教育、社会科学、理、農、応用学芸の6つの学部で発足。1972年、国に移管され国立大学に。1979年、医学部を設置。2004年に国立大学法人に。2008年、観光産業科学部を設置。2018年、法文、観光産業科学部を改組し、人文社会、国際地域創造学部を設置。2022年、大学院に地域共創研究科を設置し、現在に至る。

教育機関
7 学部 **9** 研究科

学部　人文社会／国際地域創造／教育／理／医／工／農

大学院　人文社会科学Ⓓ／地域共創Ⓜ／教育学Ⓟ／医学ⓂⒹ／保健学ⓂⒹ／理工学ⓂⒹ／農学Ⓜ／法務Ⓟ／連合農学Ⓓ

人数

学部学生数　**6,990**名

教員1名あたり 学生 **5**名

教員数　**1,194**名【学長】西田睦
（教授**280**名、准教授**245**名、講師**457**名、助教**195**名、助手・その他**17**名）

学費

初年度納入額　**817,800**円（諸経費別途）

奨学金　琉球大学修学支援基金学資金支援事業、修学支援新制度、琉球大学QUEST基金 国際交流支援事業

進路

学部卒業者　**1,445**名
（進学**185**名［12.8%］、就職**887**名［61.4%］、その他※**373**名［25.8%］）
※臨床研修医126名を含む

主な就職先　沖縄県庁、那覇市役所、沖縄国税事務所、沖縄県内外学校、琉球銀行、沖縄銀行、沖縄テレビ放送、琉球新報社、沖縄セルラー電話、リボルブ沖縄、ビーンズラボ、サンエー、ANA沖縄空港、JALスカイエアポート沖縄、日本トランスオーシャン航空、JAL、ハイアットリージェンシー那覇沖縄、気象庁

学部学科紹介

※本書掲載内容は、大学公表資料から独自に編集したものです。詳細は大学パンフレットやホームページ等で必ず確認してください（取得可能な免許・資格は任用資格や受験資格などを含む）。

人文社会学部

千原キャンパス　定員 200

特色　人文社会系の学際的分野を探究し、平和・共生社会を形成できる人材を育成する。
進路　就職先は公務や金融・保険業など。他、大学院へ進学する者もいる。
学問分野　文学／言語学／哲学／心理学／歴史学／文化学／法学／政治学／社会学／国際学／教員養成
大学院　地域共創／法務

国際法政学科 (80)	法学プログラムと政治・国際関係学プログラムから構成され、法学・政治学・国際関係学をバランス良く学ぶ。法学プログラムでは、法科大学院（ロースクール）と連携して法曹界を目指す「LS進学等特修クラス」も準備している。
人間社会学科 (80)	文献読解や討論を通じて原理的・本質的な探究を行う哲学プログラム、基礎から応用まで包括的に心理を研究する心理学プログラム、社会学、福祉学、マスコミ学の3つのコースからなる社会学プログラムを設置。
琉球アジア文化学科 (40)	2年次から歴史・民俗学、言語学、文学の3つのプログラムに分かれる。琉球・沖縄、日本、朝鮮半島、中国・台湾を、歴史、民俗、言語、文学を通じて、多角的・総合的に学びつつ、資料（史料）・情報を収集する能力を身につけ、根拠ある主張を論理的に展開できる人材を育成する。
取得可能な免許・資格	公認心理師、認定心理士、学芸員、社会福祉士、教員免許（中-国、高-国・公）

国際地域創造学部

千原キャンパス　定員 345

特色　「未来志向型教育」を掲げ、地域、産業、文化の研究と振興に貢献する。
進路　就職先は情報通信業やサービス業、卸売・小売業など多岐にわたる。
学問分野　文化学／経済学／経営学／観光学／国際学
大学院　地域共創

国際地域創造学科 昼 (265)	2年次前期まで専門分野を融合した共通基盤教育を受け、2年次後期より観光地域デザイン、経営、経済学、国際言語文化、地域文化科学の5つのプログラムに分かれる。グローバルとローカルを併せ持つ視野で、現代的課題の解決や国内外の産業・文化の振興に寄与できる人材を育成。
国際地域創造学科 夜 (80)	1年次に専門分野を融合した共通基盤教育を受け、2年次より経営（定員20名）、経済学（定員30名）、国際言語文化（定員30名）の3つのプログラムに分かれる。他のプログラムの専門科目を履修することも可能である。
取得可能な免許・資格	学芸員、教員免許（中-社・英、高-地歴・英）

教育学部

千原キャンパス　定員 140

特色　沖縄の地域的特性や課題を学び、多様なニーズに対応できる教員を養成する。
進路　卒業者の多くが教育・学習支援業に就く。他、公務や医療・福祉業など。
学問分野　教員養成
大学院　教育学

学校教育教員養成課程 (140)	小学校教育、中学校教育、特別支援教育の3つのコースで構成される。教育現場が抱える多様な課題、島嶼的地域特性や平和共生など沖縄ならではの教育課題とも誠実に向き合い、協働しつつ学び続けることができる教師や教育分野のスペシャリストの養成を目指す。
取得可能な免許・資格	学芸員、教員免許（幼一種、小一種、中-国・数・理・社・保体・音・美・家・技・英、高-国・数・理・地歴・公・保体・音・美・工芸・家・工業・英、特-知的・肢体・病弱）、司書教諭

理学部

千原キャンパス　定員 200

特色	基礎科学研究の叡智によって人類に貢献することを目指す。
進路	卒業者の多くは公務や情報通信業、教育・学習支援業などに就く。
学問分野	数学／物理学／化学／生物学／地学／環境学／情報学
大学院	理工学

数理科学科 (40)	基礎数理学、数理解析学、情報数理学の3つの講座を設置。数学系の全教員が「琉大数学教室」を構成しており、教育および研究両面での協力体制のもと幅広い教育を行っている。時間的な余裕を確保する目的で、必修科目を少なめに組んだカリキュラムである。
物質地球科学科 (65)	2つの系を設置。物理系では普遍的・体系的な物理学の知識や考え方を身につけ、基礎からの積み上げ教育を行う。2024年より地学系から系名称変更予定の地球環境系では亜熱帯・島嶼という沖縄の地域特性を活かし、火山・地震活動、サンゴ礁の形成過程、黒潮・台風の大気海洋変動などについて学ぶ。
海洋自然科学科 (95)	2つの系を設置。化学系では亜熱帯・島嶼・海洋の地域特性を活かした天然物・環境分野の応用的な化学教育を行う。生物系では琉球列島の固有種や熱帯系の種など生物多様性の極めて高い恵まれたフィールドで、多様な生命現象と基本原理の理解を目指した教育・研究を行う。
取得可能な免許・資格	学芸員、危険物取扱者(甲種)、毒物劇物取扱責任者、測量士補、教員免許(中-数・理、高-数・理)

医学部

上原キャンパス　定員 172

特色	国際性豊かな医学部として、地域に根差した医学および医療の課題解決に取り組む。
進路	ほとんどの卒業者が医療・福祉業に就く。他、公務に就く者もいる。
学問分野	医学／看護学／健康科学
大学院	医学／保健学

医学科 (112)	6年制。医学に関する専門の知識と技術を修得し、医学・医療の進歩や社会的課題に柔軟に対応する医師、研究者を育成。構内に附属病院・医療シミュレーション教育施設等を備え、3年次は全員に離島での病院見学実習を実施。希望者には宮古島など離島診療所で参加型臨床実習も行う。
保健学科 (60)	4年制。沖縄の地域医療や国際医療に貢献できる人材を育成。2年次から看護師や養護教諭、保健師、助産師を目指す看護学コースと、臨床検査技師を目指す検査技術学コースに分かれる。構内に附属病院・医療シミュレーション教育施設等を備え、臨地実習や卒業研究に取り組む。
取得可能な免許・資格	医師、看護師、助産師、保健師、臨床検査技師、養護教諭（一種）

工学部

千原キャンパス　定員 350

特色	7つのコースと6年一貫教育の「グローバルエンジニアプログラム」を設置。
進路	卒業後は情報通信業や建設業、製造業に就職する者が多い。
学問分野	物理学／機械工学／電気・電子工学／土木・建築学／エネルギー工学／環境学／情報学
大学院	理工学

工学科 (350)	機械工学、エネルギー環境工学、電気システム工学、電子情報通信、社会基盤デザイン、建築学、知能情報の7つのコースで構成。大学院博士前期課程も含めた6年間の一貫教育のグローバルエンジニアプログラムを各コースに設置し、国際的に貢献できる高度専門技術者へと育成する。
取得可能な免許・資格	危険物取扱者(甲種)、ボイラー技士、電気工事士、建築士(一級、二級、木造)、技術士補、測量士補、主任技術者（ボイラー・タービン、電気、電気通信)、施工管理技士（土木、建築、電気工事)、衛生管理者、教員免許（高-情・工業)

農学部

千原キャンパス　定員 140

特色	沖縄の地理的特性に沿った農学研究を通じ、食料や環境などの問題解決を目指す。
進路	就職先は公務をはじめ製造業や卸売・小売業など多岐にわたる。
学問分野	生物学／農学／森林科学／獣医・畜産学／応用生物学／食物学／環境学
大学院	農学

亜熱帯地域農学科 (35)	農作物の育種・畜産物生産、農林経済、園芸等の専門家を育成し、地域に根差した循環型農業に貢献し、農林畜産物の開発・生産、流通・消費および地域資源の利用・循環に関連した総合的農業教育・研究を行う。農林経済学、植物開発学、循環畜産学、農林共生学の4つのコースで構成。
亜熱帯農林環境科学科 (35)	亜熱帯農林業を取り巻く生物の諸特性解明と制御や流域生態系の環境保全などを通じて、人間と自然環境との調和を目指す教育・研究を行う。植物機能学、動物機能学、森林環境学、生態環境科学の4つのコースを設置し、動植物や微生物などの利用や保護を進める。
地域農業工学科 (25)	バイオシステム工学、地域環境工学の2つのコースで構成。亜熱帯の島嶼環境と調和した自然環境型農業や田園空間の創造、並びにIT農業の技術開発やバイオマス地域循環システムの構築によって、「緑・土・水」と人間との環境創出を目指す教育・研究を行う。
亜熱帯生物資源科学科 (45)	生物機能開発学、食品機能科学、発酵・生命科学、健康栄養科学の4つのコースで構成。亜熱帯地域の動植物や微生物、伝統食品・発酵食品等の特性などを遺伝子工学・生化学・物理化学・生理学・栄養学・調理学的な解析により明らかにし、機能性・発酵食品、医農薬品等の開発を行う。
取得可能な免許・資格	危険物取扱者（甲種）、毒物劇物取扱責任者、技術士補、測量士補、食品衛生管理者、食品衛生監視員、樹木医補、家畜人工授精師、バイオ技術者、管理栄養士、栄養士、栄養教諭（二種）、教員免許（高-農）

入試要項（2025年度）

※この入試情報は大学発表の2025年度入試（予告）および2024年度募集要項等より編集したものです（2024年1月時点。見方は巻頭の「本書の使い方」参照）。内容には変更が生じる可能性があるため、最新情報はホームページや2025年度募集要項等で必ず確認してください。

「大学入試科目検索システム」のご案内
日程・方式ごとの偏差値や昨年度入試結果（志願者倍率、実質倍率、合格最低点）、基本情報（出願締切日、試験日、二段階選抜、募集人員、総合満点）などは、「大学入試科目検索システム」(https://nyushi.toshin.com/) をご覧ください（利用方法はp.12参照）。

■人文社会学部 偏差値 55

前期日程

◆**共通テスト**

[人間社会以外：7科目] 国現古漢 地歴全3科目から1 公公共・倫、公共・政経から1 数数ⅠA、数ⅡBCから1 理全5科目から1 外全5科目から1 情情Ⅰ

[人間社会：7科目] 国現古漢 地歴 公地歴全3科目、公共・倫、公共・政経から2 数数ⅠA、数ⅡBCから1 理全5科目から1 外全5科目から1 情情Ⅰ

◆**個別学力検査等**

[国際法政：2科目] 外英 書類審調査書

[人間社会：2科目] 論小論文 書類審調査書

[琉球アジア文化：3科目] 論小論文 面面接 書類審調査書

後期日程

◆**共通テスト**

[国際法政：5科目] 国現古漢 地歴 公 数地歴全3科目、公共・倫、公共・政経、数ⅠA、数ⅡBCから2 外全5科目から1 情情Ⅰ

[人間社会、琉球アジア文化：7科目] 前期日程に同じ

◆**個別学力検査等**

[国際法政：2科目] 論小論文 書類審調査書

[人間社会：1科目] 面面接

[琉球アジア文化：1科目] 面口頭試問

■国際地域創造学部 偏差値 54

前期日程

◆**共通テスト（国際的思考系、論理的思考系）**

[国際地域創造【昼】：7科目] 国現古漢 地歴 公地歴全3科目、公共・倫、公共・政経から2 数数ⅠA、数ⅡBCから1 理全5科目から1 外全5科目から1 情情Ⅰ

[国際地域創造【夜】：7科目] 国現古漢 地歴全3科目から1 公公共・倫、公共・政経から1 数数ⅠA、数ⅡBCから1 理全5科目から1 外全5科目から1 情情Ⅰ

◆**共通テスト（数学的思考系）**

[国際地域創造【昼】：7科目] 国現古漢 地歴 公地歴全3科目、公共・倫、公共・政経から2 数数ⅠA、

数ⅡBCから1理全5科目から1外全5科目から1情情Ⅰ

◆**個別学力検査等（国際的思考系）**

[国際地域創造：2科目] 外英書類審調査書

◆**個別学力検査等（論理的思考系）**

[国際地域創造：2科目] 論小論文書類審調査書

◆**個別学力検査等（数学的思考系）**

[国際地域創造【昼】：2科目] 数数ⅠⅡA〔全〕B〔列〕C〔ベ〕書類審調査書

後期日程

◆**共通テスト（国際的思考系、論理的思考系）**

[国際地域創造【昼】：7科目] 前期日程（国際的思考系、論理的思考系）に同じ

[国際地域創造【夜】：5科目] 国現古漢地歴公数地歴全3科目、公共・倫、公共・政経、数ⅠA、数ⅡBCから2外全5科目から1情情Ⅰ

◆**個別学力検査等（国際的思考系）**

[国際地域創造：2科目] 論小論文書類審調査書

◆**個別学力検査等（論理的思考系）**

[国際地域創造：2科目] 前期日程（論理的思考系）に同じ

■教育学部 偏差値 53

前期日程

◆**共通テスト**

[学校教育教員養成－小学校教育・中学校教育「教科教育（音楽教育・美術教育・生活科学教育）」：6科目] 国現古漢地歴公全6科目から1数数ⅠA、数ⅡBCから1理全5科目から1外全5科目から1情情Ⅰ

[学校教育教員養成－中学校教育「教科教育（国語教育）」：7科目] 国現古漢地歴公地歴全3科目、公共・倫、公共・政経から2数数ⅠA、数ⅡBCから1理全5科目から1外全5科目から1情情Ⅰ

[学校教育教員養成－中学校教育「教科教育（社会科教育）」：7科目] 国現古漢地歴全3科目から1公公共・倫、公共・政経から1数全3科目から1理全5科目から1外全5科目から1情情Ⅰ

[学校教育教員養成－中学校教育「教科教育（数学教育）」：8科目] 国現古漢地歴公地歴全3科目、公共・倫、公共・政経から1数数ⅠA、数ⅡBC理物、化、生、地から2外英情情Ⅰ

[学校教育教員養成－中学校教育「教科教育（理科教育）」：8科目] 国現古漢地歴公地歴全3科目、公共・倫、公共・政経から1数数ⅠA、数ⅡBC理全5科目から2▶同一名称含む組み合わせ不可外全5科目から1情情Ⅰ

[学校教育教員養成－中学校教育「教科教育（保健体育・技術教育）」：7科目] 国現古漢地歴公全6科目から1数数ⅠA、数ⅡBC理全5科目から1外全5科目から1情情Ⅰ

[学校教育教員養成－中学校教育「教科教育（英語教育）」：7科目] 国現古漢地歴全3科目から1公公共・倫、公共・政経から1数数Ⅰ、数ⅠAから1理全5科目から1外英情情Ⅰ

[学校教育教員養成－特別支援教育：8科目] 国現古漢地歴全3科目から1公公共・倫、公共・政経から1数数ⅠA、数ⅡBC理全5科目から1外全5科目から1情情Ⅰ

◆**個別学力検査等**

[学校教育教員養成－小学校教育「学校教育」・中学校教育「教科教育（社会科教育）」：2科目] 論小論文面面接

[学校教育教員養成－小学校教育「教科教育」：4科目] 国現数数ⅠⅡA〔全〕B〔列〕C〔ベ〕面面接書類審調査書

[学校教育教員養成－中学校教育「教科教育（国語教育）」：2科目] 国現古漢面面接

[学校教育教員養成－中学校教育「教科教育（数学教育）」：2科目] 数数ⅠⅡⅢA〔全〕B〔列〕C面面接

[学校教育教員養成－中学校教育「教科教育（理科教育）」：3科目] 数数ⅠⅡA〔全〕B〔列〕C〔ベ〕理物基・物、化基・化、生基・生、地基・地から1面面接

[学校教育教員養成－中学校教育「教科教育（音楽教育）」：3科目] 筆記筆記試験面面接実技音楽実技

[学校教育教員養成－中学校教育「教科教育（美術教育）」：3科目] 筆記筆記試験面面接実技美術実技

[学校教育教員養成－中学校教育「教科教育（保健体育）」：3科目] 面面接実技体育実技書類審調査書

[学校教育教員養成－中学校教育「教科教育（技術教育）」：2科目] 数数ⅠⅡA〔全〕B〔列〕C〔ベ〕面面接

[学校教育教員養成－中学校教育「教科教育（生活科学教育）」：3科目] 論小論文面面接▶口頭試問含む書類審調査書

[学校教育教員養成－中学校教育「教科教育（英語教育）」：3科目] 外英面面接書類審調査書

[学校教育教員養成－特別支援教育：1科目] 面面接

■理学部 偏差値 53

前期日程

◆**共通テスト**

[数理科：8科目] 国現古漢地歴公地歴全3科目、公共・倫、公共・政経から1数数ⅠA、数ⅡBC理物、化、生から2外英情情Ⅰ

[物質地球科－物理：8科目] 国現古漢地歴公全6科目から1数数ⅠA、数ⅡBC理物必須、理科基礎、化、生、地から1▶同一名称含む組み合わせ不可外全5科目から1情情Ⅰ

[物質地球科－地球環境：8科目] 国現古漢地歴公全6科目から1数数ⅠA、数ⅡBC理全5科目から2▶同一名称含む組み合わせ不可外全5科目から1情情Ⅰ

[海洋自然科－化学：8科目] 国現古漢地歴公全6科目から1数数ⅠA、数ⅡBC理化必須、理科基礎、物、生、地から1▶同一名称含む組み合わせ不可

外全5科目から1情情Ⅰ
[海洋自然科－生物：8科目] 国現古漢地歴公地歴全3科目、公共・倫、公共・政経から1数数ⅠA、数ⅡBC理物、化、生、地から2外全5科目から1情情Ⅰ
◆個別学力検査等
[数理科：3科目] 数数ⅠⅡⅢA〔全〕B〔列〕C理物基・物、化基・化、生基・生から1書類審調査書
[物質地球科－物理：3科目] 数数ⅠⅡⅢA〔全〕B〔列〕C理物基・物書類審調査書
[物質地球科－地球環境：3科目] 数数ⅠⅡⅢA〔全〕B〔べ〕C理物基・物、化基・化、地基・地から1書類審調査書
[海洋自然科－化学：3科目] 数数ⅠⅡⅢA〔全〕B〔べ〕C理化基・化書類審調査書
[海洋自然科－生物：3科目] 数数ⅠⅡⅢA〔全〕B〔べ〕C理生基・生書類審調査書
後期日程
◆共通テスト
[全学科：8科目] 前期日程に同じ
◆個別学力検査等
[数理科：2科目] 数数ⅠⅡⅢA〔全〕B〔べ〕C書類審調査書
[物質地球科－物理、海洋自然科－化学：1科目] 書類審調査書
[物質地球科－地球環境：2科目] 論小論文書類審調査書
[海洋自然科－生物：1科目] 論小論文

■医学部 医学科 偏差値 65

前期日程
◆共通テスト
[医：8科目] 国現古漢地歴公全6科目から1数数ⅠA、数ⅡBC理物、化、生から2外英情情Ⅰ
◆個別学力検査等
[医：5科目] 数数ⅠⅡⅢA〔全〕B〔べ〕C理物基・物、化基・化、生基・生から2外英面面接
後期日程
◆共通テスト
[医：8科目] 前期日程に同じ
◆個別学力検査等
[医：2科目] 論小論文面面接

■医学部 保健学科 偏差値 56

前期日程
◆共通テスト
[保健：8科目] 国現古漢地歴公全6科目から1数数ⅠA、数ⅡBC理物、化、生から2外英情情Ⅰ
◆個別学力検査等
[保健：3科目] 数数ⅠⅡⅢA〔全〕B〔べ〕C理物基・物、化基・化、生基・生から1面面接
後期日程
◆共通テスト
[保健：8科目] 前期日程に同じ
◆個別学力検査等
[保健：2科目] 論小論文面面接

■工学部 偏差値 52

前期日程
◆共通テスト
[工：8科目] 国現古漢地歴公地歴全3科目、公共・倫、公共・政経から1数数ⅠA、数ⅡBC理物必須、理科基礎、化、生、地から1▶同一名称含む組み合わせ不可外全5科目から1情情Ⅰ
◆個別学力検査等
[工：3科目] 数数ⅠⅡⅢA〔全〕B〔べ〕C理物基・物書類審調査書
後期日程
◆共通テスト
[工：6科目] 数数ⅠA、数ⅡBC理物必須、理科基礎、化、生、地から1▶同一名称含む組み合わせ不可外全5科目から1情情Ⅰ
◆個別学力検査等
[工：1科目] 書類審調査書

■農学部 偏差値 52

前期日程
◆共通テスト
[全学科：8科目] 国現古漢地歴公全6科目から1数数ⅠA、数ⅡBC理全5科目から2▶同一名称含む組み合わせ不可外全5科目から1情情Ⅰ
◆個別学力検査等
[地域農業工以外：3科目] 数数ⅠⅡA〔全〕B〔列〕C〔べ〕理物基・物、化基・化、生基・生から1書類審調査書
[地域農業工：3科目] 数数ⅠⅡA〔全〕B〔列〕C〔べ〕理物基・物、化基・化、生基・生、地基・地から1書類審調査書
後期日程
◆共通テスト
[亜熱帯地域農、亜熱帯農林環境科、地域農業工：6科目] 数数ⅠA、数ⅡBC理全5科目から2▶同一名称含む組み合わせ不可外全5科目から1情情Ⅰ
[亜熱帯生物資源科－健康栄養科学以外：6科目] 数数ⅠA、数ⅡBC理物、化、生、地から2外全5科目から1情情Ⅰ
◆個別学力検査等
[亜熱帯地域農、亜熱帯農林環境科、地域農業工、亜熱帯生物資源科－健康栄養科学以外：2科目] 面面接▶口頭試問含む書類審調査書

■特別選抜

[総合型選抜] 総合型選抜Ⅰ、総合型選抜Ⅰ（一般枠、女子枠）、総合型選抜Ⅱ共
[学校推薦型選抜] 学校推薦型選抜Ⅰ、学校推薦型選抜Ⅱ共、学校推薦型選抜Ⅱ（一般枠、専門高校枠、女子枠）共
[その他] 社会人特別選抜、帰国生徒特別選抜、私費外国人留学生特別選抜

公立大学31校

- 札幌医科大学
- 岩手県立大学
- 宮城大学
- 国際教養大学
- 会津大学
- 福島県立医科大学
- 高崎経済大学
- 埼玉県立大学
- 東京都立大学
- 横浜市立大学
- 福井県立大学
- 都留文科大学
- 静岡県立大学
- 愛知県立大学
- 名古屋市立大学
- 滋賀県立大学
- 京都府立大学
- 京都府立医科大学
- 大阪公立大学
- 神戸市外国語大学
- 兵庫県立大学
- 奈良県立医科大学
- 和歌山県立医科大学
- 岡山県立大学
- 県立広島大学
- 広島市立大学
- 下関市立大学
- 北九州市立大学
- 福岡女子大学
- 長崎県立大学
- 熊本県立大学

札幌医科大学
（さっぽろいか）

資料請求

学務課入試係　TEL (011) 611-2111　〒060-8556 北海道札幌市中央区南1条西17丁目

進取の精神と自由闊達な気風で地域医療に貢献する

大学紹介動画

最新入試情報

人間性豊かな医療人を育成するとともに、地域への医師派遣などを通して地域医療提供体制の確保に積極的な役割を果たしている。産学官連携などをさらに推進し、研究成果を地域や社会に還元することにも取り組む。

教育研究棟講義室

キャンパス 1つ

札幌医科大学キャンパス
〒060-8556 北海道札幌市中央区南1条西17丁目

基本データ

※2023年5月現在（教員数は同年9月現在。進路・就職は2022年度卒業者データ。学費は2024年度入学者用）

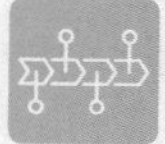
沿革

1950年、札幌医科大学および附属病院を設置。1956年、大学院医学研究科設置。1993年、保健医療学部を設置。2002年、高度救命救急センターを設置。2007年、公立大学法人に。2012年に助産学専攻科（現専攻科助産学専攻）、2020年に専攻科公衆衛生看護学専攻を設置し、現在に至る。

教育機関
2 学部 2 研究科

学部　医／保健医療

大学院　医学Ⓜ︎Ⓓ／保健医療学Ⓜ︎Ⓓ

人数

学部学生数　1,038名

教員1名あたり 学生 2名

教員数　399名【理事長・学長】山下敏彦
（教授74名、准教授60名、講師86名、助教171名、助手・その他8名）

学費

初年度納入額　817,800円（諸経費別途）

奨学金　札幌医科大学小野和子奨学金、日本学生支援機構奨学金、北海道看護職員養成修学資金

進路

学部卒業者　195名
（進学23名［11.8%］、就職63名［32.3%］、その他※109名［55.9%］）
※臨床研修医102名を含む

主な就職先　札幌医科大学附属病院

学部学科紹介

※本書掲載内容は、大学公表資料から独自に編集したものです。詳細は大学パンフレットやホームページ等で必ず確認してください（取得可能な免許・資格は任用資格や受験資格などを含む）。

医学部

札幌医科大学キャンパス　定員 110

特色　入試枠とキャリア形成を連動させた卒後キャリア形成モデルプログラムを展開。
進路　道内外の附属病院などで研修後、医師や研究者として活躍する。
学問分野　医学
大学院　医学

医学科 (110)	6年制。高度な臨床能力を有する優れた臨床医を早期育成するために、様々なプログラムを用意し、先端医療から地域医療まで学ぶ機会を提供している。2～5年次では、通常4年間の大学院博士課程を3年間で修了できるMD-PhDプログラムを履修できる。
取得可能な免許・資格	医師

保健医療学部

札幌医科大学キャンパス　定員 90

特色　教員1人あたりの学生数が5～6名と徹底した少人数教育を実施している。
進路　卒業者の多くが札幌医科大学附属病院や道内の医療機関で活躍している。
学問分野　看護学／健康科学
大学院　保健医療学

看護学科 (50)	4年制。基礎看護学、精神看護学、外科学、助産・母性看護学、小児看護学、公衆衛生学、地域看護学、成人看護学、老年看護学、内科学、周産期医学の11の領域がある。英語論文に触れる看護学セミナー、チーム医療を学ぶ保健医療総論などの科目も用意している。
理学療法学科 (20)	4年制。基礎・臨床医学、神経・発達障害学療法学、運動器障害理学療法学、内部障害理学療法学、高齢者・地域理学療法学、理学療法学基礎の6つの領域がある。保健医療福祉における他職種との連携・協働に基づき、社会や地域のニーズに応え貢献しうる理学療法を探究する。
作業療法学科 (20)	4年制。基礎・臨床医学、身体障害作業療法学（中枢・運動器）、身体障害作業療法学(高次脳機能)、精神障害作業療法学、発達障害作業療法学、高齢期障害作業療法学、地域作業療法学の7つの領域がある。保健医療総論の中での役割や他職種との関連や連携についても学習する。
取得可能な免許・資格	看護師、理学療法士、作業療法士

入試要項(2025年度)

※この入試情報は大学発表の2025年度入試（予告）および2024年度募集要項等より編集したものです（2024年1月時点。見方は巻頭の「本書の使い方」参照)。内容には変更が生じる可能性があるため、最新情報はホームページや2025年度募集要項等で必ず確認してください。

「大学入試科目検索システム」のご案内
日程・方式ごとの偏差値や昨年度入試結果（志願者倍率、実質倍率、合格最低点)、基本情報（出願締切日、試験日、二段階選抜、募集人員、総合満点)などは、「大学入試科目検索システム」(https://nyushi.toshin.com/) をご覧ください（利用方法はp.12参照)。

■医学部 偏差値 65

前期日程

◆ **共通テスト（一般枠、先進研修連携枠〔ATOP-M〕)**
[医：8科目] 国 現古漢 地歴 公 全6科目から1 数 数ⅠA、数ⅡBC 理 物、化、生から2 外 全5科目から1 情 情Ⅰ

◆ **個別学力検査等（一般枠、先進研修連携枠〔ATOP-M〕)**
[医：5科目] 数 数ⅠⅡⅢA〔全〕B〔列〕C 理 物基・物、化基・化、生基・生から2 外 英 面 面接

■保健医療学部 偏差値 57

前期日程

◆ **共通テスト** ※理科基礎は2科目扱い
[看護：8～9科目] 国 現古漢 地歴 公 理 地歴公全6科目、理科基礎、物、化、生から3▶地基選択不可。理は同一名称含む組み合わせ不可 数 全3科目から2 外 全5科目から1 情 情Ⅰ
[理学療法：8～9科目] 国 現古漢 地歴 公 全6科目から1 数 全3科目から2 理 理科基礎、物、化、生から2▶地基選択不可。同一名称含む組み合わせ不可 外 全5科目から1 情 情Ⅰ
[作業療法：8～9科目] 国 現古漢 地歴 公 理 次の①・②から1（①地歴公全6科目から2、物、化、生から1、②地歴公全6科目から1、理科基礎、物、化、

生から2▶地基選択不可。理は同一名称含む組み合わせ不可）数全3科目から2 外全5科目から1 情情Ⅰ

◆**個別学力検査等**

[全学科：1科目] 画面接

■特別選抜

[学校推薦型選抜] 学校推薦型選抜（先進研修連携枠〔ATOP-M〕枠、特別枠）共、学校推薦型選抜 共

[その他] 私費外国人留学生入試

就職支援

札幌医科大学の医学部では、専門医の資格を取得するまでのキャリア形成を大学がサポートします。「卒後キャリア形成プログラム」では、道内各地の病院との連携により豊富な病歴経験を積むことが可能であり、実力のある医師を養成します。保健医療学部では、札幌医科大学附属病院と連携し、臨床実習だけでなく卒前・卒後を連携させるキャリア支援を行っています。

国際交流

札幌医科大学では、海外の大学と学術交流を締結し、英語によるコミュニケーションスキルの向上や、国際的な視野を持つ人材になるために必要な、様々な国際交流事業を実施しています。全学部生を対象とした「語学研修」や医学部第5学年、第6学年を対象とした「臨床実習派遣」、大学院生、研究生および研究医を対象とした「短期留学」が実施されています。また、国際交流として国際協力機構（JICA）をはじめとする国際協力を進める団体などの要請を受け、海外の研修生・研究者の受け入れや大学研究者の派遣を行っています。

札幌医科大学ギャラリー

■教育研究棟

吹き抜け構造（アトリウム）を持つ建物で、実習室や演習室の他に医療人育成センター・学務課執務室などが配置されています。

■札幌医科大学附属病院

厚生労働省から「特定機能病院」として認定されている札幌医科大学附属病院は、学生たちの実習の場としても用いられています。

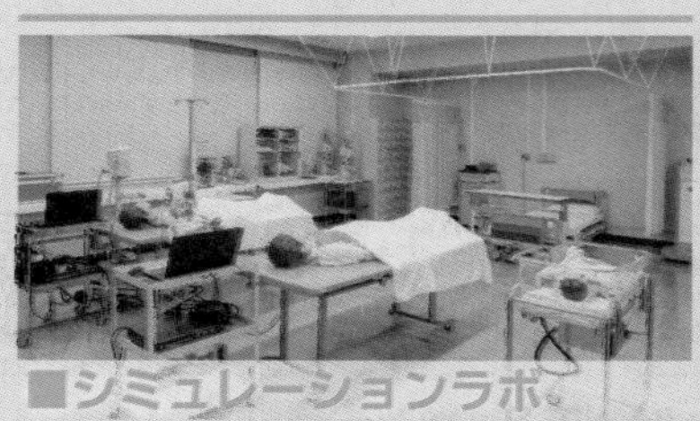

■シミュレーションラボ

保健医療学に関する施設が集まる保健医療学研究棟に、2022年にナーシングシミュレーションラボが新設されました。

■図書館

基礎医学研究棟の2階から4階に位置する附属図書館では、医学及び保健医療学に関する本を約23万冊所蔵しています。

岩手県立大学
いわてけんりつ

資料請求

教育支援室入試グループ TEL (019) 694-2014 〒020-0693 岩手県滝沢市巣子152-52

公立 北海道 東北 岩手県立大学

豊かな教養と人間尊重の精神をはぐくむ

大学紹介動画  最新入試情報 

「自然」「科学」「人間」が調和した新しい時代の創造のため、深い知性と豊かな感性、高度な専門性を兼ね備えた自律的な人材を育成する。実学、実践を重視した教育や研究で、地域社会や国際社会に貢献する。

県大モール

キャンパス 1つ

滝沢キャンパス
〒020-0693 岩手県滝沢市巣子152-52

基本データ

※2023年5月現在（学部学生数に留学生は含まない。進路・就職は2022年度卒業者データ。学費は2024年度入学者用）

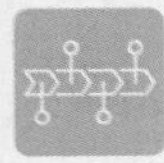
沿革

1995年、「県立大学基本構想」を策定。1998年、岩手県立大学を開学。看護、社会福祉、ソフトウェア情報、総合政策の4つの学部を設置。2000年から2004年にかけて大学院を設置。2005年、公立大学法人となり、現在に至る。

教育機関 4 学部 4 研究科

学部	看護／社会福祉／ソフトウェア情報／総合政策
大学院	看護学MD／社会福祉学MD／ソフトウェア情報学MD／総合政策MD
その他	短期大学部

人数

学部学生数	1,966名
教員数	195名【学長】鈴木厚人 （教授64名、准教授68名、講師37名、助教18名、助手・その他8名）

教員1名あたり学生 10名

学費

初年度納入額	827,410~954,200円
奨学金	岩手県立大学学業奨励金（第1種）、岩手県立大学学業奨励金（第2種）、本庄照子奨学金

進路

学部卒業者	460名 （進学35名［7.6%］、就職405名［88.0%］、その他20名［4.4%］）
主な就職先	岩手銀行、アイシーエス、日立ソリューションズ東日本、ワイズマン、岩手県社会福祉事業団、盛岡市立病院、盛岡赤十字病院、東北大学病院、アイリスオーヤマ、富士通エンジニアリングテクノロジーズ、みちのくコカ・コーラボトリング、JR東日本、薬王堂、小田島組、岩手県（職員）、岩手県警察

学部学科紹介

※本書掲載内容は、大学公表資料から独自に編集したものです。詳細は大学パンフレットやホームページ等で必ず確認してください（取得可能な免許・資格は任用資格や受験資格などを含む）。

看護学部

滝沢キャンパス 定員 90

- 特色 アカデミックスキルをもとに「生きる」人を支える看護実践能力を身につける。
- 進路 約8割が医療・福祉業で活躍。他、教育・学習支援業、公務など。
- 学問分野 看護学
- 大学院 看護学

学科	定員	内容
看護学科	(90)	1年次は幅広い教養を学び、これを基盤に2年次・3年次は自らが学びの主体者となり、看護の専門的知識と技術を学ぶ。また、多様な施設での臨地実習を通して、看護の実践能力を身につける。4年次は「卒業研究」に取り組み、科学的手法で明らかにするプロセスを通じ、根拠を持って説明する論理力などを身につける。
取得可能な免許・資格		看護師、助産師、保健師、教員免許（高-保健）、養護教諭（一種）

社会福祉学部

滝沢キャンパス 定員 90

- 特色 ライフデザイン、公共、教育と福祉など8つの分野のサブ・コース制度がある。
- 進路 卒業者の多くは医療・福祉業や公務に就く。大学院へ進学する者もいる。
- 学問分野 心理学／社会福祉学
- 大学院 社会福祉学

学科	定員	内容
社会福祉学科	(50)	3年次に3つの教育系から選択する。福祉政策系では福祉サービスを提供する組織や福祉システムについて、コミュニティ福祉系では地域社会における福祉について、臨床福祉系では支援を必要とする人に対する社会的・身体的・精神的理解を通じたアプローチを学ぶ。
人間福祉学科	(40)	2年次に2つの教育系から選択する。生涯発達支援系では人間の各発達段階における課題を当事者の視点から考え、実践することを学ぶ。福祉心理系では人間そのものの意識や行動を心理学的に理解し、効果的な援助について原理から考察して修得する。
取得可能な免許・資格		公認心理師、認定心理士、社会福祉士、精神保健福祉士、社会福祉主事、保育士

ソフトウェア情報学部

滝沢キャンパス 定員 160

- 特色 ICT教育を推進。教職課程履修学生はICTを導入した授業実践力の向上も図る。
- 進路 就職者の約8割が情報通信業へ。大学院進学者も一定数いる。
- 学問分野 情報学
- 大学院 ソフトウェア情報学

学科	定員	内容
ソフトウェア情報学科	(160)	1年次はコンピュータサイエンスの基礎を学び、2年次よりデータ・数理科学、コンピュータ工学、人口知能、社会システムデザインの4つのコースに分かれ、コースに沿った専門知識を学ぶ。
取得可能な免許・資格		教員免許（中-数、高-数・情）

総合政策学部

滝沢キャンパス 定員 100

- 特色 縦割りの学問体系の壁を越え、問題解決型の知的探究に主体的に取り組む。
- 進路 就職先は卸売・小売業や公務、金融・保険業などが多い。
- 学問分野 法学／政治学／経済学／経営学／社会学／環境学
- 大学院 総合政策

学科	定員	内容
総合政策学科	(100)	3年次から3つの履修コースに分かれる。法律・行政コースでは現代社会の法律や行政に関する課題、経済・経営コースでは現代の経済や企業経営に関する課題、地域社会・環境コースでは地域社会や自然環境に関する課題について、それぞれ解決能力を鍛えていく。
取得可能な免許・資格		社会調査士、ビオトープ管理士

入試要項(2025年度)

※この入試情報は大学発表の2025年度入試(予告)および2024年度募集要項等より編集したものです(2024年1月時点。見方は巻頭の「本書の使い方」参照)。内容には変更が生じる可能性があるため、最新情報はホームページや2025年度募集要項等で必ず確認してください。

「大学入試科目検索システム」のご案内

日程・方式ごとの偏差値や昨年度入試結果(志願者倍率、実質倍率、合格最低点)、基本情報(出願締切日、試験日、二段階選抜、募集人員、総合満点)などは、「大学入試科目検索システム」(https://nyushi.toshin.com/)をご覧ください(利用方法はp.12参照)。

■看護学部 偏差値 53

前・後期日程

◆**共通テスト**

[看護:8科目] 国 現古漢 地歴 公 全6科目から1 数 全3科目から2 理 全5科目から2▶化、生から1必須 外 英 情 情Ⅰ

◆**個別学力検査等**

[看護:2科目] 論 小論文 面 面接

■社会福祉学部 偏差値 56

前期日程

◆**共通テスト**

[全学科:5科目] 国 現古漢 地歴 公 数 理 情 数ⅠA必須、地歴公理情全12科目、数ⅡBCから2 外 英

◆**個別学力検査等**

[全学科:1科目] 総合 総合問題

後期日程

◆**共通テスト**

[全学科:3科目] 国 現古漢 地歴 公 数 理 情 地歴公理情全12科目、数ⅠA、数ⅡBCから1 外 英

◆**個別学力検査等**

[全学科:2科目] 論 小論文 面 面接

■ソフトウェア情報学部 偏差値 54

前期日程

◆**共通テスト**

[ソフトウェア情報:6科目] 国 現古漢 地歴 公 理 全11科目から1 数 数ⅠA、数ⅡBC 外 英 情 情Ⅰ

◆**個別学力検査等**

[ソフトウェア情報:1科目] 数 数ⅠⅡⅢAB

中期日程

◆**共通テスト**

[ソフトウェア情報:5科目] 国 現古漢 数 数ⅠA、数ⅡBC 外 英 情 情Ⅰ

◆**個別学力検査等**

[ソフトウェア情報:1科目] 前期日程に同じ

■総合政策学部 偏差値 57

前期日程

◆**共通テスト**

[総合政策:6科目] 国 現古漢 地歴 公 全6科目から1 数 全3科目から1 理 全5科目から1 外 英 情 情Ⅰ

◆**個別学力検査等**

[総合政策:3科目] 総合 総合問題 書類審 調査書、志望理由書

後期日程

◆**共通テスト**

[総合政策:4科目] 国 現古漢 数 全3科目から1 外 英 情 情Ⅰ

◆**個別学力検査等**

[総合政策:3科目] 前期日程に同じ

■特別選抜

[総合型選抜] 総合型選抜

[学校推薦型選抜] 学校推薦型選抜(一般、専門高校・総合学科)

[その他] 帰国生徒選抜、社会人選抜、私費外国人留学生選抜

就職支援

岩手県立大学には4つの学部があり、特性に合わせた就職支援をしています。看護学部には企業や病院などへの訪問や、クラス担任制による細やかな支援があります。社会福祉学部では、主に3~4年生を対象に学部就職セミナーが行われ、仕事内容や必要なスキルなど、業種別の就職活動について学びます。ソフトウェア情報学部では、教員による直接指導に力を入れる他、毎年県内の企業だけでなく首都圏の有名企業が参加する学内説明会を開催します。総合政策学部では、企業見学会や公務員志望の学生のために地域公共人材研究センターを設置し、セミナーや公開模擬試験などを実施しています。

国際交流

岩手県立大学では、中国・韓国・アメリカなどの大学と国際交流協定を結び、海外派遣や特別聴講生の受け入れ、国際交流を行っています。その他にも、語学力の向上や、異文化体験による国際感覚の醸成と学修意欲の向上、海外の大学との交流促進を目的をした「海外留学プログラム」を実施しています。海外留学プログラムへの参加を希望する学生への経済的な支援として、大学独自の海外留学支援奨励金制度があります。

宮城大学（みやぎ）

資料請求

アドミッションセンター（大和キャンパス）　TEL（022）377-8333　〒981-3298 宮城県黒川郡大和町学苑1-1

新たな視点を開拓する、実学の拠点として

大学紹介動画　最新入試情報

高度な実学に基づき、豊かな人間性、高度な専門性及び確かな実践力を身につけ、グローバルな視点で地域社会の発展に貢献できる人材を育成するとともに、学術・文化の向上と豊かで活力のある地域社会の形成に寄与する。

大和キャンパス本部棟

キャンパス **2**つ

大和キャンパス
〒981-3298 宮城県黒川郡大和町学苑1-1

太白キャンパス
〒982-0215 宮城県仙台市太白区旗立2-2-1

基本データ

※2023年5月現在（教員数は同年10月現在。進路・就職は2022年度卒業者データ。学費は2024年度入学者用〔予定〕）

沿革

1997年に開学し、看護、事業構想の2つの学部を設置。2001年、大学院（修士課程）を設置。2005年、食産業学部を設置。2008年、博士課程（事業構想学）を設置。その後、2013年までに全研究科に修士課程、博士課程を設置。2017年、学部・学科を学群・学類に改組。2022年、食産業学群に生物生産学類を設置し、現在に至る。

教育機関　3学部 3研究科

学部　看護／事業構想／食産業

大学院　看護学ⓂⒹ／事業構想学ⓂⒹ／食産業学ⓂⒹ

人数

学部学生数　**1,828**名

教員1名あたり学生 **13**名

教員数　**139**名【学長】佐々木啓一、【理事長】佐野好昭

（教授**60**名、准教授**41**名、講師**13**名、助教**22**名、助手・その他**3**名）

学費

初年度納入額　**865,460～1,166,916**円

奨学金　日本学生支援機構奨学金

進路

学部卒業者　**419**名

（進学**25**名［6.0%］、就職**377**名［90.0%］、その他**17**名［4.0%］）

主な就職先　東北大学病院、東北医科薬科大学病院、宮城県（保健師）、DMM.com、NTTデータ東北、東北地方整備局、宮城県（職員）、富士ソフト、サイバーコム、UCCコーヒープロフェッショナル、加藤産業、伊藤ハムデイリー、菓匠三全

学部学科紹介

※本書掲載内容は、大学公表資料から独自に編集したものです。詳細は大学パンフレットやホームページ等で必ず確認してください（取得可能な免許・資格は任用資格や受験資格などを含む）。

看護学群
大和キャンパス　定員 95

特色	人間力を基盤に、新たな時代の看護を創造し、実践できる看護専門職を育成する。
進路	看護師や保健師として活躍する他、養護教諭となる者もいる。
学問分野	看護学
大学院	看護学

看護学類 (95)	看護専門職としての基礎能力を身につけながら、同時に看護に大切な“豊かな人間性”と“高い倫理観”を育み、病院はもちろん、地域・在宅等で広く活躍できる看護職を目指す。
取得可能な免許・資格	看護師、保健師、養護教諭（一種）

事業構想学群
大和キャンパス　定員 200

特色	地域の社会·文化に立脚し、世界に繋がる人材育成を目指す「知の拠点」。
進路	就職先は情報通信業や金融・保険業、卸売・小売業などが多い。
学問分野	政治学／経営学／国際学／デザイン学／環境学／情報学
大学院	事業構想学

事業プランニング学類 (60)	時代が大きく変化しニーズが多様化する現代社会において、成功している企業はどのような戦略をとり、どのように組織を動かしてビジネスを行っているのか。様々な事例を通し、その倫理と思考をもとにした実践知を身につける。
地域創生学類 (60)	災害や人口減少をはじめ、地域の様々な課題をいかに自分事として解決していくか。社会課題解決に寄与する事業創造や地域政策、それらの根拠を導く科学的分析手法を学び、ソーシャル・イノベーションをもたらす原動力となり、社会に貢献する人材を育てる。
価値創造デザイン学類 (80)	情報・環境デザインを通して、新しい価値をどう生み出していくか。日々変化する社会環境を観察し、デザインが担う役割を学びながら、多様な課題を解決へと導く論理的思考力と表現力を身につける。
取得可能な免許・資格	建築士（一級、二級、木造）

食産業学群
太白キャンパス　定員 125

特色	文理融合の視点で「食」を学び、食産業の未来を支える人材を育成する。
進路	就職先は製造業をはじめ卸売・小売業や公務など多岐にわたる。
学問分野	経済学／農学／獣医・畜産学／水産学
大学院	食産業学

生物生産学類 (62)	農畜水産物生産に変革をもたらし、「食」の未来を創造できる人材の育成を目指す。バイオサイエンスや植物・動物・水圏生物の生産科学から、IoTやAIを活用する生産環境情報、生産ビジネスまで多様な分野を専門的に学ぶ。
フードマネジメント学類 (63)	人間の生命維持だけでなく、人生の充実に深く関わる「食」。知っているようで知らない様々な「食」の知識・技術・魅力について最先端のサイエンスとビジネスの両面から徹底的に学ぶ。
取得可能な免許・資格	食品衛生管理者、食品衛生監視員、HACCP管理者

入試要項(2025年度)

※この入試情報は大学発表の2025年度入試（予告）および2024年度募集要項等より編集したものです（2024年1月時点。見方は巻頭の「本書の使い方」参照）。内容には変更が生じる可能性があるため、最新情報はホームページや2025年度募集要項等で必ず確認してください。

「大学入試科目検索システム」のご案内
日程・方式ごとの偏差値や昨年度入試結果（志願者倍率、実質倍率、合格最低点）、基本情報（出願締切日、試験日、二段階選抜、募集人員、総合満点）などは、「大学入試科目検索システム」（https://nyushi.toshin.com/）をご覧ください（利用方法はp.12参照）。

■看護学群 偏差値 55

前・後期日程

◆共通テスト※理科基礎は2科目扱い

[看護：8〜9科目] 国現古漢 地歴 公地歴全3科目、公共・倫、公共・政経から1 数数ⅠA、数ⅡBC 理理科基礎、物、化、生から2▶地基選択不可 外英 情情Ⅰ
◆個別学力検査等
[看護：3科目] 外英 面個別面接 その他論説

■事業構想学群 偏差値 55

前・後期日程
◆共通テスト※理科基礎は2科目扱い
[全学類：8〜9科目] 国現古漢 地歴 公 理地歴理全8科目、公共・倫、公共・政経から3 数数ⅠA、数ⅡBC 外英 情情Ⅰ
◆個別学力検査等
[全学類：3科目] 数数ⅠⅡABC〔ベ〕 外英 その他論説

■食産業学群 偏差値 53

前・後期日程
◆共通テスト※理科基礎は2科目扱い
[全学類：8〜9科目] 国現古漢 地歴 公 理地歴全3科目、公共・倫、公共・政経、理科基礎、物、化、生から3▶地基選択不可 数数ⅠA、数ⅡBC 外英 情情Ⅰ
◆個別学力検査等
[全学類：3科目] 数数ⅠⅡABC〔ベ〕 理化基・化、生基・生から1 外英

■特別選抜

[総合型選抜] 総合型選抜
[学校推薦型選抜] 学校推薦型選抜 共
[その他] 帰国子女入試、社会人入試、外国人留学生入試

宮城大学ギャラリー

■デザイン棟

2020年、竣工（大和キャンパス）。本格的な機材がそろう、教員と学生が一緒にデザイン研究に取り組める環境です。

■本部棟大階段

内部にある大階段が印象的な本部棟は大学の機能の要であり、看護学群と事業構想学群のフロアが配置されています。

■ディスカバリーコモンズ

約13万冊の本を所蔵する図書館です。学生同士のミーティングやイベントが開催できる他、発表イベント等にも活用可能です。

■坪沼農場

太白キャンパスから約8km離れた坪沼にある附属農場。ハウス栽培で収穫されたネギはグローバルGAP認証を取得しました。

国際教養大学

こくさいきょうようだいがく

資料請求

アドミッションズ・オフィス　TEL (018) 886-5931　〒010-1292 秋田県秋田市雄和椿川字奥椿岱

確固たる「個」を確立し、広く人類社会に貢献する

大学紹介動画

最新入試情報

「国際教養（International Liberal Arts)」を理念に、グローバル・リーダーに必要な外国語の高い運用能力などを養う。英語のみによる講義、留学生との寮生活、1年間の海外留学などのカリキュラムを展開する。

大学キャンパス

キャンパス **1**つ

国際教養大学キャンパス
〒010-1292 秋田県秋田市雄和椿川字奥椿岱

基本データ

※2023年5月現在（進路・就職は2022年度卒業者データ。学費は2024年度入学者用〔予定〕）

沿革

2004年、公立大学法人として開学。2008年、専門職大学院「グローバル・コミュニケーション実践研究科」を設置。2012年、東アジア調査研究センター（CEAR）を設置。2015年、アジア地域研究連携機構（IASRC）を設置。2021年、国際教養学部を改組。2022年、応用国際教養教育推進機構を設置し、現在に至る。

教育機関 1学部 1研究科

学部　国際教養

大学院　グローバル・コミュニケーション実践Ⓟ

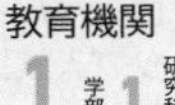

人数

学部学生数 864名

教員1名あたり学生 13名

教員数 66名【理事長・学長】モンテ・カセム

（教授19名、准教授24名、講師5名、助教18名）

学費

初年度納入額 1,616,260~1,757,260円

奨学金　AIU留学時成績優秀者報奨奨学金、AIUアンバサダー奨励金、AIUふきのとう特別奨学金、緊急支援奨学金

進路

学部卒業者 151名

（進学17名［11.3%]、就職119名［78.8%]、その他15名［9.9%]）

主な就職先　旭化成、キッコーマン、ソニー、トヨタ自動車、バンダイナムコエンターテインメント、ユニリーバ・ジャパン、伊藤忠商事、マッキンゼー・アンド・カンパニー、国際協力機構、日本取引所グループ、国土交通省（航空管制官）、JAL（パイロット）

学部学科紹介

※本書掲載内容は、大学公表資料から独自に編集したものです。詳細は大学パンフレットやホームページ等で必ず確認してください（取得可能な免許・資格は任用資格や受験資格などを含む）。

国際教養学部

国際教養大学キャンパス　定員 175

特色　2021年度改組。全科目が英語で開講。1年間の海外留学が義務である。
進路　卒業者の多くは製造業や情報通信業、サービス業などに就職する。
学問分野　国際学／情報学
大学院　グローバル・コミュニケーション実践

国際教養学科（175）	2021年度改組。2年次秋学期にグローバル・ビジネス、グローバル・スタディズ、グローバル・コネクティビティの3つの領域から選択。3年次には留学先での経験を2年次までの学びと統合、卒業論文に向け考察を深める。論理的思考や社会適応力を身につける。
取得可能な免許・資格	教員免許（高-英）

入試要項（2025年度）

※この入試情報は大学発表の2025年度入試（予告）および2024年度募集要項等より編集したものです（2024年1月時点。見方は巻頭の「本書の使い方」参照）。内容には変更が生じる可能性があるため、最新情報はホームページや2025年度募集要項等で必ず確認してください。

「大学入試科目検索システム」のご案内
日程・方式ごとの偏差値や昨年度入試結果（志願者倍率、実質倍率、合格最低点）、基本情報（出願締切日、試験日、二段階選抜、募集人員、総合満点）などは、「大学入試科目検索システム」（https://nyushi.toshin.com/）をご覧ください（利用方法はp.12参照）。

■国際教養学部　偏差値 65

A日程

◆**共通テスト**
［国際教養：6科目］国現古漢 地歴 公全6科目から1 数全3科目から1 理全5科目から1 外英、英語外部試験から高得点1 情情Ⅰ
◆**個別学力検査等**
［国際教養：2科目］国現 外英

B日程

◆**共通テスト**
［国際教養：3科目］国 地歴 公 数 理 情現古漢、地歴公理情全15科目から2教科2 外英、英語外部試験から高得点1
◆**個別学力検査等**
［国際教養：2科目］A日程に同じ

C日程

◆**共通テスト**
［国際教養：1科目］外英、英語外部試験から高得点1
◆**個別学力検査等**
［国際教養：1科目］論英語小論文

■特別選抜

［総合型選抜］総合選抜型入試Ⅰ（4月入学）、総合選抜型入試Ⅱ（9月入学）
［学校推薦型選抜］学校推薦型入試
［その他］外国人留学生入試Ⅰ（4月入学）、外国人留学生入試Ⅱ（9月入学）、社会人入試、グローバル・セミナー入試、グローバル・ワークショップ入試、ギャップイヤー入試（9月入学）

国際教養大学ギャラリー

■授業風景

全授業が英語で行われている国際教養大学では、1クラスあたりの平均受講者数が16名と少人数教育を徹底しています。

■地域交流

収穫祭などの伝統行事やモニターツアー、各種イベントなどを通じて県内各地の方々と継続的な交流を行っています。

会津大学（あいづ）

資料請求

学生課学生募集係 TEL (0242) 37-2723 〒965-8580 福島県会津若松市一箕町鶴賀

コンピュータ理工学専門大学の先駆者

大学紹介動画

最新入試情報

24時間使用可能なコンピュータ環境のもと、世界で活躍できる人材を育成する。全世界から教員を公募し、全教員の約4割が外国人である。第二外国語を導入せず英語教育を徹底し、国際性の涵養に努めている。

キャンパス正門前

キャンパス **1**つ

会津大学キャンパス
〒965-8580 福島県会津若松市一箕町鶴賀

基本データ

※2023年5月現在（教員数は非常勤を含む。進路・就職は2022年度卒業者データ。学費は2024年度入学者用〔予定〕）

沿革

1993年、開学。1995年、マルチメディアセンターを設置。1997年、大学院修士課程を設置。1999年、大学院博士課程、先端技術研究センターを設置。2006年、公立大学法人に。2013年、復興支援センターを設置。2015年、グローバル推進本部を設置し、現在に至る。

教育機関 1学部 1研究科

学部 コンピュータ理工

大学院 コンピュータ理工学Ⓜ︎Ⓓ

その他 短期大学部

人数

学部学生数 1,099名

教員1名あたり学生 8名

教員数 130名【理事長・学長】東原恒夫
（教授33名、准教授72名、講師24名、助教1名）

学費

初年度納入額 879,230~1,161,230円

奨学金 ネットワンシステムズ株式会社女子学生学習奨励金

進路

学部卒業者 224名
（進学65名［29.0%］、就職143名［63.8%］、その他16名［7.2%］）

主な就職先 ※院卒者を含む
アクセンチュア、野村総合研究所、富士通、京セラコミュニケーションシステム、ゆめみ、伊藤忠テクノソリューションズ、リクルート、日立製作所、アルプスアルパイン、LINE、サイバーエージェント

学部学科紹介

※本書掲載内容は、大学公表資料から独自に編集したものです。詳細は大学パンフレットやホームページ等で必ず確認してください（取得可能な免許・資格は任用資格や受験資格などを含む）。

コンピュータ理工学部

会津大学キャンパス　定員 240

- 特色　高2生が1年早く受験できる早期入学(飛び入学)制度を導入している。
- 進路　約3割が大学院へ進学。半数超は県内外の一般企業などに就職。
- 学問分野　情報学
- 大学院　コンピュータ理工学

コンピュータ理工学科 (240)	コンピュータサイエンス、コンピュータシステム、コンピュータネットワークシステム、応用情報工学、ソフトウェアエンジニアリングの5つのフィールド（専門領域）からなる。興味に合わせて独自のカリキュラムを組むが、途中でフィールドの変更も可能である。
取得可能な免許・資格	教員免許（中-数、高-数・情）

入試要項(2025年度)

※この入試情報は大学発表の2025年度入試（予告）および2024年度募集要項等より編集したものです（2024年1月時点。見方は巻頭の「本書の使い方」参照）。内容には変更が生じる可能性があるため、最新情報はホームページや2025年度募集要項等で必ず確認してください。

「大学入試科目検索システム」のご案内
日程・方式ごとの偏差値や昨年度入試結果（志願者倍率、実質倍率、合格最低点）、基本情報（出願締切日、試験日、二段階選抜、募集人員、総合満点）などは、「大学入試科目検索システム」（https://nyushi.toshin.com/）をご覧ください（利用方法はp.12参照）。

■コンピュータ理工学部　偏差値 56

前期日程

◆共通テスト（一般選抜A）
[コンピュータ理工：1科目] 理 情 全6科目から1

◆共通テスト（一般選抜B）
[コンピュータ理工：8科目] 国 現古漢 地歴 公 全6科目から1 数 数ⅠA、数ⅡBC 理 全5科目から2 外 英 情 情Ⅰ

◆個別学力検査等（一般選抜A・B）
[コンピュータ理工：2科目] 数 数ⅠⅡⅢABC 外 英

■特別選抜

[学校推薦型選抜] 学校推薦型選抜A、学校推薦型選抜B
[その他] 早期入学（飛び入学）、ICTグローバルプログラム全英語コース入試

就職支援

会津大学では、就職支援室による個別の進路アドバイスや最新の企業データに基づいた就職情報の提供など、手厚いサポートを行っています。また、1年次からキャリア教育を行い、3年生では進路選択のための進路ガイダンスや就職活動のためのキャリアデザインなどといった就職サポートが行われています。後援会による上限を1万円とした、会社説明会や採用試験などの就職活動にかかった交通費や宿泊費の一部を助成する制度があります。

国際交流

会津大学では、22カ国・地域67大学・研究機関と交流協定を締結し、段階や目的に応じた様々なプログラムを用意しています。2週間〜3カ月程度の、授業の一環として留学や海外インターンシップを行う短期留学・インターンシッププログラムや、3カ月〜1年で協定校に留学する中期留学プログラムが実施されています。また、渡航手続きからオリエンテーションまで会津大学と協定校によるサポートや、経済的支援として大学独自の奨学金制度が行われています。

資料請求

福島県立医科大学
ふくしまけんりつ いか

教育研修支援課入試係(光が丘キャンパス) TEL (024) 547-1093 〒960-1295 福島県福島市光が丘1
保健科学部事務室入試・企画係(福島駅前キャンパス) TEL (024) 581-5508 〒960-8516 福島県福島市栄町10-6

高度な医学、看護学及び保健科学の研究に取り組む

大学紹介動画

最新入試情報

「教育・研究・診療」という使命のもと、倫理性豊かな医療人を育成する。福島県民の基幹施設として保健、医療、福祉に貢献すると共に、原子力災害を経験した研究機関として、その研究成果を発信している。

キャンパス棟

キャンパス 2つ

光が丘キャンパス
〒960-1295 福島県福島市光が丘1
福島駅前キャンパス
〒960-8516 福島県福島市栄町10-6

基本データ

※2023年5月現在（学部学生数に留学生は含まない。進路・就職は2022年度卒業者データ。学費は2024年度入学者用〔予定〕）

沿革

1944年、福島県立女子医学専門学校が設立。1950年、福島県立医科大学を設置。1961年、医学研究科を設置。1998年、看護学部看護学科を設置。2002年、看護学研究科を設置。2006年、公立大学法人福島県立医科大学となる。2021年、保健科学部を設置。2022年、大学院看護学研究科を改組。2023年、別科助産学専攻および大学院にて助産師コースを設置し、現在に至る。

教育機関
3 学部 2 研究科

学部 医／看護／保健科
大学院 医学ⓂⒹ／看護学ⓂⒹ

人数

学部学生数 1,572名
教員1名あたり学生 1名
教員数 805名【理事長・学長】竹之下誠一
（教授173名、准教授100名、講師120名、助教191名、助手・その他221名）

学費

初年度納入額 974,800~1,805,800円
奨学金 日本学生支援機構奨学金

進路

学部卒業者 206名
（進学6名［2.9%］、就職77名［37.4%］、その他※123名［59.7%］）
※臨床研修医121名を含む
主な就職先 福島県立医科大学附属病院、病院、診療所、訪問看護ステーション、助産院、保健センター、保健所、保健福祉施設

学部学科紹介

※本書掲載内容は、大学公表資料から独自に編集したものです。詳細は大学パンフレットやホームページ等で必ず確認してください（取得可能な免許・資格は任用資格や受験資格などを含む）。

医学部

光が丘キャンパス　定員 130

特色　6年制。3年次に放射線生命医療学、救急災害医療、放射線災害医療学を学ぶ。
進路　2年間の臨床研修とコース別の後期研修を経て、専門医となる者が多い。
学問分野　医学
大学院　医学

医学科　(130)	6年制。専門的な技術だけでなく、高い倫理観と豊かな人間性を兼ね備えた医師を育成する。各自の習熟度に合わせて基本と発展を繰り返し学べる独自の「らせん型カリキュラム」を導入している。総合科目の学習、医療現場訪問、臨床実習と徐々に専門性を高める。
取得可能な免許・資格	医師

看護学部

光が丘キャンパス　定員 84

特色　4年制。地域包括ケアを学ぶ講義や実習、災害看護学の学習を充実させている。
進路　看護師や保健師として病院、診療所、保健行政などの分野で活躍。
学問分野　看護学
大学院　看護学

看護学科　(84)	医学部や保健科学部と連携し、他職種連携に必要となるチーム医療についての学びを拡充。4年次前期の統合実習では自ら関心のある領域を定め、看護実践上の課題を見いだす。病態栄養学、薬物治療学や外国語、医療と法、美術なども学び人間への理解を深める。
取得可能な免許・資格	看護師、保健師、養護教諭（一種）

保健科学部

福島駅前キャンパス　定員 145

特色　2021年度設置。4年制。地域医療や災害医療を理解する医療技術者を育成。
進路　2021年度開設。卒業後は医療技術者としての活躍を期待。
学問分野　健康科学

理学療法学科　(40)	運動機能回復の専門家として福島県の地域医療に貢献し、理学療法学の発展に寄与できる人材を育成する。現場での実習を早期から段階的に配置し、「臨床実践能力」を重視したカリキュラムを取り入れている。
作業療法学科　(40)	作業療法の高度な知識と技術、豊かな人間性を備えた次世代のリーダーを育成。1年次には解剖学や生理学、リハビリテーション概論など基礎となる科目を学習。学外での臨床実習は4年間を通じて行われ、実践力を身につける。
診療放射線科学科　(25)	福島県内初の診療放射線技師養成校で、少人数制を採用している。附属病院の高度な放射線診療機器を活用し、最先端放射線診療技術を教育する。年次進行に合わせて段階的に専門性を深める科目が配置されている。
臨床検査学科　(40)	臨床検査技師を養成するカリキュラムに加えて、細胞検査士養成コースを併設。血液検査や生化学検査、微生物検査、病理検査、生理学検査について学ぶ。講義と実習が系統的に一体化した形で科目が構成されている。
取得可能な免許・資格	理学療法士、作業療法士、診療放射線技師、臨床検査技師

入試要項（2025年度）

※この入試情報は大学発表の2025年度入試（予告）および2024年度募集要項等より編集したものです（2024年1月時点。見方は巻頭の「本書の使い方」参照）。内容には変更が生じる可能性があるため、最新情報はホームページや2025年度募集要項等で必ず確認してください。

「大学入試科目検索システム」のご案内
日程・方式ごとの偏差値や昨年度入試結果（志願者倍率、実質倍率、合格最低点）、基本情報（出願締切日、試験日、二段階選抜、募集人員、総合満点）などは、「大学入試科目検索システム」（https://nyushi.toshin.com/）をご覧ください（利用方法はp.12参照）。

■医学部 偏差値 66

前期日程

◆共通テスト

［医：8科目］国 現古漢 地歴 公 地歴全3科目、公共・倫、公共・政経から1 数 数ⅠA、数ⅡBC 理 物、化、生から2 外 英 情 情Ⅰ

◆個別学力検査等

［医：5科目］数 数ⅠⅡⅢA〔全〕BC 理 物基・物、化基・化、生基・生から2 外 英 面 面接

■看護学部 偏差値 53

前・後期日程

◆共通テスト

［看護：8科目］国 現古漢 地歴 公 地歴全3科目、公共・倫、公共・政経から1 数 数ⅠA、数ⅡBC 理 理科基礎、物、化、生から2▶地基選択不可。同一名称含む組み合わせ不可 外 英 情 情Ⅰ

◆個別学力検査等

［看護：3科目］総合 総合問題Ⅰ、総合問題Ⅱ 面 面接

■保健科学部 偏差値 56

前期日程

◆共通テスト

［理学療法、臨床検査：7科目］国 現古漢 地歴 公 情 地歴情全4科目、公共・倫、公共・政経から1 数 数ⅠA、数ⅡBC 理 物、化、生から2 外 英

［作業療法：5科目］国 現古漢 地歴 公 理 情 次の①・②から1（①地歴情全4科目、公共・倫、公共・政経から1、理科基礎、物、化、生から1、②理科基礎、物、化、生から2）▶地基選択不可 数 数ⅠA、数ⅡBCから1 外 英

［診療放射線科：7科目］国 現古漢 地歴 公 情 地歴情全4科目、公共・倫、公共・政経から1 数 数ⅠA、数ⅡBC 理 物、化、生、地から2 外 英

◆個別学力検査等

［理学療法：1科目］面 面接

［作業療法：2科目］論 小論文 面 面接

［診療放射線科：4科目］数 数ⅠⅡⅢA〔全〕BC 理 物基・物、化基・化、生基・生から1 外 英 面 面接

［臨床検査：4科目］理 物基・物、化基・化、生基・生から2 外 英 面 面接

■特別選抜

［総合型選抜］総合型選抜

［学校推薦型選抜］学校推薦型選抜 共

［その他］私費外国人留学生選抜、海外教育プログラム選抜

就職支援

福島県立医科大学の医学部では、医療人育成・支援センターによる卒前教育から卒後臨床研修、医師としての生涯教育に至るまで様々な取り組みや、臨床医学教育研修部門による附属病院臨床医学教育研修センターと協力した有意義な研修生活をおくるための充実した研修プログラムを提供しています。看護学部では、医療人育成・支援センターによる県内医療機関などを対象とした看護学部生に対する就職ガイダンスを開催し、学生の就職のサポートを行っています。

国際交流

福島県立医科大学では、中国・アメリカ・ロシア・ベトナムなどの大学と協定を結び、学生・教職員の国際交流や、学生派遣や留学生の受け入れを盛んに行っています。海外への派遣事業としては、研究および教育の国際化推進の一環として協定校への短期留学を行っている他、卒後臨床研修としてアメリカの大学病院や地域クリニックなどで現地の医療事情を視察・学習することを目的とした短期海外研修事業が実施されています。

高崎経済大学

たかさきけいざい

資料請求

入試広報グループ入試チーム　TEL (027) 344-6265　〒370-0801 群馬県高崎市上並榎町1300

地域に根を張り、世界と交流する知の拠点

大学紹介　最新入試情報

群馬県内のみならず全国から学生が集まる。教育・研究を通じて現代社会の様々な問題を解決に導く新たな知を探求する。少人数教育の中で「学びの方法」を身につけ、変化を続ける社会に対応できる能力をはぐくむ。

キャンパス正門

キャンパス 1つ

高崎経済大学キャンパス
〒370-0801 群馬県高崎市上並榎町1300

基本データ

※2023年5月現在（進路・就職は2022年度卒業者データ。学費は2024年度入学者用〔予定〕）

沿革

1957年、高崎市立短期大学を母体として発足。経済学部経済学科を設置。1964年、経済学部経営学科を設置。1996年、地域政策学部地域政策学科を設置。2006年、地域政策学部観光政策学科を設置。2011年、公立大学法人高崎経済大学へ移行。2017年、経済学部国際学科を設置し、現在に至る。

教育機関 2 学部 2 研究科

学部　経済／地域政策

大学院　地域政策MD／経済・経営MD

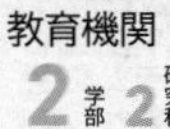
人数

学部学生数　4,054名

教員1名あたり学生 38名

教員数　104名【理事長】市川豊行、【学長】水口剛
（教授55名、准教授46名、講師3名）

学費

初年度納入額　776,086~917,086円

奨学金　高崎経済大学同窓会給付金、糸井ホールディングススポーツ活動奨励奨学金

進路

学部卒業者　941名
（進学19名［2.0%］、就職817名［86.8%］、その他105名［11.2%］）

主な就職先　群馬県庁、高崎市役所、日本年金機構、群馬銀行、静岡銀行、東和銀行、ヤマダホールディングス、ニトリホールディングス、足利銀行、JR東日本、アパホテル、ベイシア、しののめ信用金庫、福島県庁

学部学科紹介

※本書掲載内容は、大学公表資料から独自に編集したものです。詳細は大学パンフレットやホームページ等で必ず確認してください（取得可能な免許・資格は任用資格や受験資格などを含む）。

経済学部

高崎経済大学キャンパス　定員 480

特色　1年次に日本語の文章の読み書きや数学などの基礎を固める教養教育が充実。
進路　就職先は情報通信業や金融・保険業、卸売・小売業が多い。
学問分野　経済学／経営学／国際学
大学院　経済・経営

学科	定員	内容
経済学科	(200)	経済に関する幅広い知識を修得し、将来、経済社会の第一線で活動できる人材を育成する。専門教育科目は、経済理論、応用経済分析、経済史・経済思想史、経済事情・経済制度から履修する。2年次後期からのゼミは必修。
経営学科	(200)	ビジネスに必要な広範囲の知識を有し、特定分野を深く研鑽した上で、自律的に問題解決を行える人材を育成する。専門教育科目は、戦略とマーケティング、組織とマネジメント、会計と企業財務、経営と法から履修する。2年次後期からのゼミは必修。
国際学科	(80)	語学、コミュニケーション、異文化理解の能力を培い、国内外の経済・経営分野で活躍できる人材を育成する。専門教育科目は、経済・経営の基礎、国際系基礎、経済系・経営系応用、国際系応用から履修する。2年次後期からのゼミは必修。
取得可能な免許・資格		教員免許（中-社、高-地歴・公・商業）

地域政策学部

高崎経済大学キャンパス　定員 420

特色　2年次後期から必修のゼミは1学年10名程度の少人数制である。
進路　就職先は公務、金融・保険業、情報通信業、卸売・小売業などが多い。
学問分野　政治学／社会学／観光学
大学院　地域政策

学科	定員	内容
地域政策学科	(150)	地方自治や地域政策の専門知識と政策立案能力を有し、地域課題の解決と地域振興を担う人材を育成する。カリキュラムは、都市領域、農村領域、国際関係領域、地域産業・地域経済、地域行政・地方政治から構成。2年次後期からのゼミは必修。
地域づくり学科	(150)	地域づくりに関する専門知識を有し、住民参加に基づく地域づくりに寄与する人材を育成する。カリキュラムは、地域ビジネス・能力開発、地域環境、地域福祉、コミュニティ、地域文化から構成。2年次後期からのゼミは必修。
観光政策学科	(120)	国内外の観光に関する専門知識を有し、観光資源を活用することにより、地域開発および観光経営を担う企画・立案能力に優れた人材を育成する。カリキュラムは、観光政策、観光経営、国際観光、地域振興から構成。2年次後期からのゼミは必修。
取得可能な免許・資格		学芸員、社会福祉主事、教員免許（中-社、高-地歴・公）、社会教育士、社会教育主事

入試要項（2025年度）

※この入試情報は大学発表の2025年度入試（予告）および2024年度募集要項等より編集したものです（2024年1月時点。見方は巻頭の「本書の使い方」参照）。内容には変更が生じる可能性があるため、最新情報はホームページや2025年度募集要項等で必ず確認してください。

「大学入試科目検索システム」のご案内
日程・方式ごとの偏差値や昨年度入試結果（志願者倍率、実質倍率、合格最低点）、基本情報（出願締切日、試験日、二段階選抜、募集人員、総合満点）などは、「大学入試科目検索システム」（https://nyushi.toshin.com/）をご覧ください（利用方法はp.12参照）。

■経済学部　偏差値 60

前期日程

◆共通テスト

［全学科：4科目］国 地歴 公 数 理 情 現古漢、地歴公数理情全15科目から3教科3▶地歴と公は1教科扱い 外 全5科目から1

◆個別学力検査等

［全学科：2科目］国 数 外 現古漢、数ⅠⅡAB〔列〕

C〔ベ〕、英から2

中期日程

◆**共通テスト**

[全学科：3科目] 国 地歴 公 数 理 情 現古漢、地歴公数理情全15科目から2教科2▶地歴と公は1教科扱い 外 全5科目から1

◆**個別学力検査等**

[全学科：2科目] 国 地歴 公 数 外 現古漢、地歴全3科目、公共・政経、数ⅠⅡAB〔列〕C〔ベ〕、英から2教科2▶地歴と公は1教科扱い

■地域政策学部 偏差値 58

前期日程

◆**共通テスト（5教科5科目受験）**

[全学科：5科目] 国 地歴 公 数 理 情 現古漢、地歴公数理情全15科目から4教科4▶地歴と公は1教科扱い 外 全5科目から1

◆**共通テスト（3教科3科目受験）**

[全学科：3科目] 国 地歴 公 数 理 情 現古漢、地歴公数理情全15科目から2教科2▶地歴と公は1教科扱い 外 全5科目から1

◆**個別学力検査等**

[全学科：2科目] 地歴 公 数 地歴全3科目、公共・政経、数ⅠⅡAB〔列〕C〔ベ〕から1 論 小論文

後期日程

◆**共通テスト（5教科5科目受験）**

[全学科：5科目] 前期日程（5教科5科目受験）に同じ

◆**共通テスト（3教科3科目受験）**

[全学科：3科目] 前期日程（3教科3科目受験）に同じ

◆**個別学力検査等**

[全学科：1科目] 論 小論文

■特別選抜

[学校推薦型選抜] 学校推薦型選抜（英語重視推薦、全国推薦、地域推薦、商業等推薦）、学校推薦型選抜Ⅰ、学校推薦型選抜Ⅱ 共

[その他] 帰国生徒選抜、社会人選抜、私費外国人留学生選抜

高崎経済大学ギャラリー

■正門からの風景

高崎経済大学の正門前にある「バスくるこばな」からは、高崎駅行きのバスが出ており交通至便です。

■図書館

大学正門から中心に位置する5階建ての図書館は約40万冊の図書があり、全面開架方式で利用者が自由に閲覧することができます。

■講義風景

経済学部では、特別講義として「講義」と「ワークショップ」を実施するプロジェクト型学修プログラムが展開されました。

■ゼミナール風景

国内外でフィールドワークを行ったり各種コンテストやシンポジウムに参加したりと、ゼミごとに様々な取り組みを行っています。

さいたまけんりつ
埼玉県立大学

資料請求

事務局教務・入試担当　TEL (048) 973-4117　〒343-8540 埼玉県越谷市三野宮820

保健医療福祉の教育・研究の中核として地域社会に貢献

大学紹介動画

最新入試情報

豊かな教養、確かな倫理観と人間観を基盤に、保健医療福祉分野における専門的な知識と技術とともに多職種と連携・協働に必要な能力を持ち、人々の健康と生活を統合的に支え共生社会に貢献できる人材を育成する。

大学キャンパス

キャンパス **1**つ

埼玉県立大学キャンパス
〒343-8540 埼玉県越谷市三野宮820

公立　埼玉 千葉　埼玉県立大学

基本データ

※2024年1月現在（進路・就職は2022年度卒業者データ。学費は2025年度入学者用〔予定〕）

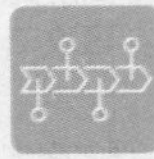
沿革

1999年、設立。2006年、短期大学部と統合・再編、健康開発学科を設置。2009年、大学院を設置。2010年、公立大学法人化。2014年、社会福祉学科を社会福祉子ども学科へ改組。2015年、大学院博士後期課程を設置。2025年、健康行動科学専攻を健康情報学専攻に名称変更、博士前期・後期課程一貫（研究継続）コースを設置予定。

教育機関　**1** 学部　**1** 研究科

学部　保健医療福祉

大学院　保健医療福祉学Ⓜ︎Ⓓ︎

人数

学部学生数　**1,648**名

教員1名あたり学生　**10**名

教員数　**163**名【理事長】田中滋、【学長】星文彦
（教授**53**名、准教授**78**名、助教**30**名、助手・その他**2**名）

学費

初年度納入額　**832,500~1,044,000**円

奨学金　日本学生支援機構奨学金

進路

学部卒業者　**421**名
（進学**21**名［5.0%］、就職**386**名［91.7%］、その他**14**名［3.3%］）

主な就職先　自治医科大学附属さいたま医療センター、埼玉県立小児医療センター、さいたま赤十字病院、埼玉県立がんセンター、埼玉県（職員）、さいたま市（職員）

学部学科紹介

※本書掲載内容は、大学公表資料から独自に編集したものです。詳細は大学パンフレットやホームページ等で必ず確認してください（取得可能な免許・資格は任用資格や受験資格などを含む）。

保健医療福祉学部

埼玉県立大学キャンパス　定員 395

特色　分野を超えた連携で、利用者ニーズに応えられる人材の育成を目指す。
進路　高い国家試験合格率を誇り、資格を活かし医療機関や教育機関等に就く。
学問分野　社会福祉学／医学／歯学／看護学／健康科学／子ども学
大学院　保健医療福祉学

看護学科　(130)	少人数による課題解決型学習を積極的に取り入れて、「主体的に考え行動できる力」や「チームで働く力」を備えた看護職の育成に取り組む。3年次から臨床看護系、公衆衛生看護系、助産系、学校看護系の4つの履修モデルに分かれる。
理学療法学科　(40)	障害を全人的・総合的に治療するための最先端のリハビリテーションを学び、医学をはじめとする科学的な知識・技術や治療法を身につける。また、医療現場を超えて保健や福祉など幅広い分野で活躍できる人材の育成を目指す。
作業療法学科　(40)	生活を科学するエキスパートを育成するため、医学的知識や作業療法に必要な専門知識・技術を講義や学内実習、eラーニングなどで学ぶ。1年次から毎年臨床実習が行われ、4年次には様々な分野の病院や施設で、実践的な作業療法を経験する。
社会福祉子ども学科　(70)	社会福祉学と福祉子ども学の2つの専攻を設置。社会福祉学専攻では、専門性を活かして多分野・多職種と協同し社会に貢献できる人材の育成を目指す。福祉子ども学専攻では、変化の激しい現代において、子ども支援の中核を担える人材の育成を目指す。
健康開発学科　改　(115)	2025年度、健康行動科学専攻を健康情報学専攻に名称変更予定。健康情報学専攻では保健医療情報などを学ぶ。検査技術科学専攻では高度先端的な臨床検査技術に対応できる専門教育を行う。口腔保健科学専攻では口腔領域から全身の健康を総合的に学ぶ。
取得可能な免許・資格	社会福祉士、精神保健福祉士、歯科衛生士、看護師、助産師、保健師、理学療法士、作業療法士、臨床検査技師、保育士、教員免許（幼一種）、養護教諭（一種）

入試要項（2025年度）

※この入試情報は大学発表の2025年度入試（予告）および2024年度募集要項等より編集したものです（2024年1月時点。見方は巻頭の「本書の使い方」参照）。内容には変更が生じる可能性があるため、最新情報はホームページや2025年度募集要項等で必ず確認してください。

「大学入試科目検索システム」のご案内
日程・方式ごとの偏差値や昨年度入試結果（志願者倍率、実質倍率、合格最低点）、基本情報（出願締切日、試験日、二段階選抜、募集人員、総合満点）などは、「大学入試科目検索システム」（https://nyushi.toshin.com/）をご覧ください（利用方法はp.12参照）。

■保健医療福祉学部　偏差値 58

前期日程

◆共通テスト

[看護：5科目] 国現古漢 地歴 公 情全7科目から1 数数ⅠA、数ⅡBCから1 理全5科目から1 外英

[理学療法：5科目] 国現古漢 地歴 公 理 情全12科目から2▶理から1必須 数数ⅠA、数ⅡBCから1 外英

[作業療法、健康開発－口腔保健科学：5科目] 国現古漢 地歴 公 理 情全12科目から2▶歴総・日と歴総・世の組み合わせ不可 数数ⅠA、数ⅡBCから1 外英

[社会福祉子ども：5科目] 国現古漢 地歴 公全6科目から1 数数ⅠA、数ⅡBCから1 理 情全6科目から1 外英

[健康開発－健康情報学：5科目] 国現古漢 地歴 公 理 情全12科目から2教科2▶地歴と公は1教科扱い 数数ⅠA、数ⅡBCから1 外英

[健康開発－検査技術科学：5科目] 国現古漢 理物、化、生、地から2 数 情数ⅠA、数ⅡBC、情Ⅰから1 外英

◆個別学力検査等

[全学科：2科目] 論小論文 面面接

■特別選抜

[学校推薦型選抜] 学校推薦型選抜
[その他] 社会人特別選抜

とうきょうとりつ
東京都立大学

資料請求

アドミッション・センター（入試課）（南大沢キャンパス） TEL（042）677-1111 〒192-0397 東京都八王子市南大沢1-1

大都市における人間社会の理想像を追い求めて

大学紹介動画

最新入試情報

2020年度、首都大学東京から改称。「都市環境の向上」「ダイナミックな産業構造を持つ高度な知的社会の構築」「活力ある長寿社会の実現」を基本目標に、大都市の特色を活かした教育を行う。

南大沢キャンパス

キャンパス **3**つ

南大沢キャンパス
〒192-0397 東京都八王子市南大沢1-1
日野キャンパス
〒191-0065 東京都日野市旭が丘6-6
荒川キャンパス
〒116-8551 東京都荒川区東尾久7-2-10

公立 東京 神奈川 東京都立大学

基本データ

※2023年5月現在（教員数は非常勤を含む。進路・就職は2022年度卒業者データ。学費は2024年度入学者用〔予定〕）

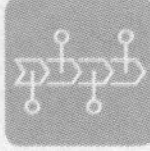
沿革

1949年、東京都立大学を開学。1986年、東京都立科学技術大学を開学。1991年、南大沢キャンパスに移転。2005年、東京都立大学、東京都立科学技術大学、東京都立保健科学大学、東京都立短期大学を統合し、首都大学東京を発足。2018年、7学部23学科に改組。2020年、東京都立大学に名称変更。2025年、システムデザイン学部を改組予定。

教育機関 **7**学部 **7**研究科

学部 人文社会／法／経済経営／理／都市環境／システムデザイン／健康福祉

大学院 人文科学ⓂⒹ／法学政治学ⓂⒹⓅ／経営学ⓂⒹ／理学ⓂⒹ／都市環境科学ⓂⒹ／システムデザインⓂⒹ／人間健康科学ⓂⒹ

人数

学部学生数 **6,812**名

教員1名あたり 学生**4**名

教員数 **1,314**名【理事長】山本良一、【学長】大橋隆哉
（教授**283**名、准教授**223**名、講師**668**名、助教**139**名、助手・その他**1**名）

学費

初年度納入額 **661,800~802,800**円

奨学金 授業料の減免、日本学生支援機構奨学金

進路

学部卒業者 **1,622**名
（進学**556**名［34.3%］、就職**916**名［56.5%］、その他**150**名［9.2%］）

主な就職先 かんぽ生命保険、東京都内学校（教員）、富士通、東京都公立大学法人、三井住友信託銀行、八十二銀行、商工組合中央金庫、電通デジタル、東京電力ホールディングス、NTTデータ、デロイトトーマツアクト、アパグループ、SHIFT、アビームコンサルティング、りそなグループ

学部学科紹介

※本書掲載内容は、大学公表資料から独自に編集したものです。詳細は大学パンフレットやホームページ等で必ず確認してください（取得可能な免許・資格は任用資格や受験資格などを含む）。

人文社会学部

南大沢キャンパス　定員 200

特色	現実社会と向き合うための思考力や知識、判断力を養う。
進路	就職先は情報通信業や地方公務、卸売・小売業などが多い。
学問分野	文学／言語学／哲学／心理学／歴史学／文化学／社会学／社会福祉学／健康科学／教育学
大学院	人文科学

人間社会学科 （110）	社会調査や実習などを通じて、現代社会と人間の抱える様々な問題を解決する力を身につける。2年次から、基礎教養科目に加えて社会学、社会人類学、社会福祉学、心理学、教育学、言語科学、日本語教育学の7つの専門科目群（教室）から1つを選択する。
人文学科 （90）	2年次から哲学、歴史学・考古学、表象文化論、日本文化論、中国文化論、英語圏文化論、ドイツ語圏文化論、フランス語圏文化論の8つの専門科目群（教室）から1つを選択する。歴史と思想、言語と文化などの教室横断的な学習も取り入れられている。
取得可能な免許・資格	公認心理師、認定心理士、学芸員、社会調査士、社会福祉士、社会福祉主事、児童指導員、教員免許（中-国・社・英・中国語、高-国・地歴・公・英・中国語）、社会教育士、社会教育主事

法学部

南大沢キャンパス　定員 200

特色	少人数制専門ゼミの他、3年次修了後に大学院に飛び入学できる制度がある。
進路	就職先は情報通信業や公務、金融・保険業など多岐にわたる。
学問分野	法学／政治学
大学院	法学政治学

法学科 （200）	2つのコースを設置。法律学コースでは法律の知識や法的思考を体系的に学び、新たに立法・政策提言できる能力を培う。政治学コースでは政治と行政を多角的に学び、問題意識を持って政治や行政の動きを捉える。コースを越えた科目の選択も可能である。

経済経営学部

南大沢キャンパス　定員 200

特色	少人数制の専門教育が充実している。コースは2年次に選択する。
進路	卒業者の多くは情報通信業や金融・保険業、製造業などに就く。
学問分野	経済学／経営学
大学院	経営学

経済経営学科 （200）	2つのコースを設置。経済学コースでは経済理論の学習と検証を重視したカリキュラムによって、経済の動きを理解し課題に対応する能力を養う。経営学コースでは企業やビジネスに関する理解を深めながら、企業組織や産業社会の構造とメカニズムを探っていく。

理学部

南大沢キャンパス　定員 200

特色	進学予定の4年生を対象に、海外で先端研究を体験するプログラムを実施。
進路	約6割が大学院に進学。就職先は情報通信業、製造業など。
学問分野	数学／物理学／化学／応用生物学
大学院	理学

数理科学科 （45）	専門的な数理科学の基盤となる代数、幾何、解析、応用数理の4つの分野を、基礎的な具体例から抽象的な概念まで体系的に学ぶ。難解な数学の課題を試行錯誤しながら解く経験を通じて、課題を解決する応用力と発想法を現実社会に活かすことのできる人材を育成する。
物理学科 （47）	身近な物質から宇宙まで様々なスケールの物質を研究する。力学や電磁気学、物理数学を学んだのちに熱・統計力学や量子力学を学ぶカリキュラムである。1年次の「物理セミナー」や3年次の「現代物理学序論」など最先端の研究に触れる講義も用意されている。

化学科 (48)	分子の性質を探り、分子の観点から多様な現象や物質を発見し理解する。3年次までは無機・分析化学、有機・生物化学、物理化学の3つの分野をバランス良く学ぶ。研究室には外国人が多く在籍する他、海外での研究を支援する制度も整っている。
生命科学科 (60)	体験重視のカリキュラムを設定し、授業の約半分を実験や実習に充てる。「生物学自主研究」では、1年次に自ら選んだテーマについて、研究グループの組織から成果の発表までを自主的に取り組む。単位をすべて英語で履修することができる英語課程も設置されている。
取得可能な免許・資格	学芸員、危険物取扱者（甲種）、毒物劇物取扱責任者、教員免許（中-数・理、高-数・理）

都市環境学部

南大沢キャンパス　定員 255

特色　学生主体を重視。海外の最先端の研究に触れることができる留学制度もある。
進路　約半数が大学院へ進学。就職先は地方公務、情報通信業など。
学問分野　地理学／観光学／化学／地学／土木・建築学／環境学
大学院　都市環境科学

地理環境学科 (30)	地形・地質学、気候学、環境地理学、地理情報学、都市・人文地理学の5つの研究室を設置。地球環境を調査、分析、研究し人間との関係や課題を考える。入門・基礎講義、調査・観測・分析技術を学んだのち、3年次からは現地調査や長期野外巡検に重点をおく。
都市基盤環境学科 (50)	社会基盤分野、環境システム分野、安全防災分野の3つのコースを設置。自然と共生し、安全で豊かな社会基盤の創造を目指す。3年次には4日間の測量学実習や建設中のトンネル、ダムなどの現場見学に加え、都庁や建設会社などでのインターンシップも行われる。
建築学科 (50)	建築設計系、建築環境系、建築構造系、建築生産系、建築・都市計画系、歴史・意匠系の6つの専門教育科目群がある。大都市東京の建築ストックを活かす技術開発をメインテーマに、2年次から学校や住宅などの設計を行い、さらに建築と都市の関係までデザインする。
環境応用化学科 (60)	核となる7つの分野として材料物理化学系、無機材料化学・ナノテク系、有機材料化学系、エネルギー化学系、高分子・生命化学系、環境分析化学系、化学工学系を設定。人類や都市社会の持続的発展を支える化学を追究し、世界的に活躍できる技術者を育成する。
観光科学科 (30)	自然環境マネジメント、地域計画・マネジメント、行動・経営科学の3つの領域で構成される。工学や理学をベースに、観光の基盤となる地域環境や文化の保全、資源の適正利用の方法を考える。地域経済の向上も含めた地域づくりに貢献できる人材を育成する。
都市政策科学科 (35)	東京都の抱える課題を扱ったカリキュラムを編成し、都市問題の理論的で実践的な課題解決を学ぶ。現状の維持・向上、産業の発展、防災・復興などの課題別科目が設置されている他、少人数のワークショップや卒業論文で都市に関する政策科学を探究する。
取得可能な免許・資格	地域調査士、学芸員、危険物取扱者（甲種）、毒物劇物取扱責任者、建築士（一級、二級、木造）、技術士補、測量士補、施工管理技士（土木、建築）、教員免許（中-理・社、高-理・地歴）

システムデザイン学部

南大沢キャンパス（1・2年）
日野キャンパス（3・4年）　定員 320

特色　都市社会をシステム工学とデザイン工学の両面から総合的に研究する。
進路　約7割が大学院へ進学。製造業や情報通信業に就職する者もいる。
学問分野　機械工学／船舶・航空宇宙工学／デザイン学／情報学
大学院　システムデザイン

情報科学科 改 (90)	2025年度改組予定。情報セキュリティ、ネットワーク、インタラクティブコンピューティング、マルチメディアの各領域について、新しい価値を創出し、国際的に活躍できる研究者・ソフトウェアエンジニアを育成する。

学科	定員	内容
電気電子工学科 改	(45)	2025年度、電子情報システム工学科より改組予定。人々の生活を豊かにし持続可能な社会をつくるための電気工学、電子工学、システム工学を学ぶ。システム的思考によって、技術の進化および社会の発展や問題解決への実践的・学問的貢献ができる人材を育成する。
機械システム工学科	(90)	2つのコースを設置。知能機械コースでは機械工学を中心とする学問領域の基礎に加え、制御理論やロボット開発などの専門的な学問分野を学習する。生体機械コースでは生命科学と機械工学の融合により、医療分野に必要な人工臓器などの生体機械の創出を目指す。
航空宇宙システム工学科	(45)	航空機やロケット、人工衛星などの航空宇宙システムの設計や製造に携わる人材を育成する。数学や物理学を基礎に、空気力学や推進工学、材料構造力学などの専門分野を学ぶ。実験装置が充実し、外部の専門機関や研究所で指導を受けることもできる。
インダストリアルアート学科	(50)	アートやデザインに加え、人の行動や意識をデザインに活かす人間工学を学ぶ。専門科目はアートやデザインに必要な知識と技術を学ぶ「基礎総合ワークショップ」と、プロダクトデザインとメディアアートに関する演習を行う「コア科目」の2つに分かれる。
取得可能な免許・資格		学芸員、特殊無線技士（海上、陸上）、教員免許（高-情）

健康福祉学部

南大沢キャンパス（1年）
荒川キャンパス（2～4年）
定員 195

- 特色　職種間連携教育や留学プログラムを通して、幅広い視野を持った人材を育成する。
- 進路　約9割が医療・福祉業に就職。放射線学科では約4割が大学院に進学。
- 学問分野　看護学／健康科学
- 大学院　人間健康科学

学科	定員	内容
看護学科	(80)	病院などの医療機関だけでなく、在宅や地域での看護活動を重視する。科学的根拠に基づく専門的な看護技術や倫理観、マネジメント能力も身につける。すべての看護学専門領域において患者を受け持ち看護を実践する臨地実習などの実践的な学習が充実している。
理学療法学科	(35)	身体機能の不自由な人と接し身体機能の回復と心のケアを援助する理学療法士を育成する。「医学的基礎科目」「理学療法科目」「臨床医学科目」の3つの専門分野を中心に、理学療法、臨床医学などの講義や医療機関での少人数実習を通して専門性を深める。
作業療法学科	(40)	心身に障害のある人々が充実した生活を送る支援のできる作業療法士の育成を目指す。実習を重視したカリキュラムが組まれ、身体障害、精神障害、発達障害、老年期の4つの領域を臨地実習を織り交ぜて学ぶ。国家試験に向けた各種支援も行われている。
放射線学科	(40)	放射線の科学的な理解に基づく知識や技術を身につけ、先端医療機関などで活躍する放射線の専門家を育成する。専門知識の他、医療の基盤となる理工学の基礎を学習するカリキュラムを採用している。充実した研究設備と大学院との連携も特色である。
取得可能な免許・資格		看護師、保健師、理学療法士、作業療法士、診療放射線技師、養護教諭（二種）

入試要項(2025年度)

※この入試情報は大学発表の2025年度入試（予告）より編集したものです（2024年1月時点。見方は巻頭の「本書の使い方」参照）。内容には変更が生じる可能性があるため、最新情報はホームページや2025年度募集要項等で必ず確認してください。

「大学入試科目検索システム」のご案内
日程・方式ごとの偏差値や昨年度入試結果（志願者倍率、実質倍率、合格最低点）、基本情報（出願締切日、試験日、二段階選抜、募集人員、総合満点）などは、「大学入試科目検索システム」（https://nyushi.toshin.com/）をご覧ください（利用方法はp.12参照）。

■人文社会学部 偏差値 63

前期日程
◆共通テスト
[全学科：7科目] 国現古漢 地歴 公 数 地歴全3科目、公共・倫、公共・政経、数ⅠA、数ⅡBCから3 理 全5科目から1 外 全5科目から1 情 情Ⅰ
◆個別学力検査等
[全学科：4科目] 国 現古漢 地歴 数 地歴全3科目、数ⅠⅡAB〔列〕C〔べ〕から1 論 小論文 書類審 調査書等

後期日程
◆共通テスト
[全学科：8科目] 国 現古漢 地歴 公 地歴全3科目、公共・倫、公共・政経から2 数 数ⅠA、数ⅡBC 理 全5科目から1 外 全5科目から1 情 情Ⅰ
◆個別学力検査等
[全学科：2科目] 論 小論文 書類審 調査書等

■法学部 偏差値 65

前期日程
◆共通テスト
[法：3科目] 国 現古漢 地歴 数 地歴全3科目、数ⅠA、数ⅡBCから1 外 英、独、仏、中から1
◆個別学力検査等
[法：4科目] 国 現古漢 地歴 数 地歴全3科目、数ⅠⅡAB〔列〕C〔べ〕から1 外 英 書類審 調査書等

後期日程
◆共通テスト
[法：8科目] 国 現古漢 地歴 公 地歴全3科目、公共・倫、公共・政経から2 数 数ⅠA、数ⅡBC 理 全5科目から1 外 英、独、仏、中から1 情 情Ⅰ
◆個別学力検査等
[法：2科目] 論 小論文 書類審 調査書等

■経済経営学部 偏差値 62

前期日程
◆共通テスト（一般区分）
[経済経営：8科目] 国 現古漢 地歴 公 地歴全3科目、公共・倫、公共・政経から2 数 数ⅠA、数ⅡBC 理 全5科目から1 外 英、独、仏、中から1 情 情Ⅰ
◆共通テスト（数理区分）
[経済経営：7科目] 国 現古漢 地歴 公 地歴全3科目、公共・倫、公共・政経から1 数 数ⅠA、数ⅡBC 理 物、化、生、地から1 外 英、独、仏、中から1 情 情Ⅰ
◆個別学力検査等（一般区分）
[経済経営：4科目] 国 現古漢 地歴 数 地歴全3科目、数ⅠⅡAB〔列〕C〔べ〕から1 外 英 書類審 調査書等
◆個別学力検査等（数理区分）
[経済経営：3科目] 数 数ⅠⅡⅢAB〔列〕C 外 英 書類審 調査書等

後期日程
◆共通テスト
[経済経営：8科目] 前期日程（一般区分）に同じ
◆個別学力検査等
[経済経営：2科目] 論 小論文 書類審 調査書等

■理学部 偏差値 61

前期日程
◆共通テスト
[物理以外：8科目] 国 現古漢 地歴 公 全6科目から1 数 数ⅠA、数ⅡBC 理 物、化、生、地から2 外 全5科目から1 情 情Ⅰ
[物理：8科目] 国 現古漢 地歴 公 全6科目から1 数 数ⅠA、数ⅡBC 理 物必須、化、生、地から1 外 全5科目から1 情 情Ⅰ
◆個別学力検査等
[数理科：3科目] 数 数ⅠⅡⅢAB〔列〕C 理 物基・物、化基・化、生基・生、地基・地から1 書類審 調査書等
[物理：4科目] 数 数ⅠⅡⅢAB〔列〕C 理 物基・物必須、化基・化、生基・生、地基・地から1 書類審 調査書等
[化：5科目] 数 数ⅠⅡⅢAB〔列〕C 理 化基・化必須、物基・物、生基・生、地基・地から1 外 英 書類審 調査書等
[生命科：5科目] 数 数ⅠⅡⅢAB〔列〕C 理 物基・物、化基・化、生基・生、地基・地から2 外 英 書類審 調査書等

後期日程
◆共通テスト
[全学科：8科目] 前期日程に同じ
◆個別学力検査等
[数理科：2科目] 数 数ⅠⅡⅢAB〔列〕C 書類審 調査書等
[物理：2科目] 理 物基・物 書類審 調査書等
[化：4科目] 数 数ⅠⅡⅢAB〔列〕C 理 物基・物、化基・化 書類審 調査書等
[生命科：2科目] 論 小論文 書類審 調査書等

■都市環境学部 偏差値 61

前期日程
◆共通テスト
[地理環境：8科目] 国 現古漢 地歴 公 全6科目から1 数 数ⅠA、数ⅡBC 理 物、化、生、地から2 外 英、独、仏、中、英語外部試験から高得点1 情 情Ⅰ

［都市基盤環境：7科目］国現古漢数数ⅠA、数ⅡBC理物、化外英、独、仏、中、英語外部試験から高得点1情情Ⅰ
［建築：6科目］国現古漢数数ⅠA、数ⅡBC理物、化から1外英、独、仏、中、英語外部試験から高得点1情情Ⅰ
［環境応用化：7科目］国現古漢数数ⅠA、数ⅡBC理物、化、生、地から2外英、独、仏、中、英語外部試験から高得点1情情Ⅰ
［観光科：8科目］国現古漢地歴公全6科目から1数数ⅠA、数ⅡBC理物、化、生、地から2外英情情Ⅰ

◆共通テスト（文系区分）

［都市政策科：8科目］国現古漢地歴公地歴全3科目、公共・倫、公共・政経から2数数ⅠA、数ⅡBC理全5科目から1外英、独、仏、中から1情情Ⅰ

◆共通テスト（理系区分）

［都市政策科：8科目］国現古漢地歴公全6科目から1数数ⅠA、数ⅡBC理物、化、生、地から2外英、独、仏、中から1情情Ⅰ

◆個別学力検査等

［地理環境：5科目］地歴理地総・地理、物基・物、化基・化、生基・生、地基・地から2▶地総・地理と地基・地の組み合わせ不可数数ⅠⅡⅢAB〔列〕C外英書類審調査書等
［都市基盤環境、環境応用化：4科目］数数ⅠⅡⅢAB〔列〕C理物基・物、化基・化から1外英書類審調査書等
［建築：4科目］数数ⅠⅡⅢAB〔列〕C理物基・物外英書類審調査書等
［観光科：4科目］地歴理地総・地理、物基・物、化基・化、生基・生、地基・地から1数数ⅠⅡⅢAB〔列〕C外英書類審調査書等

◆個別学力検査等（文系区分）

［都市政策科：4科目］国現古漢地歴数地歴全3科目、数ⅠⅡAB〔列〕C〔ベ〕から1外英書類審調査書等

◆個別学力検査等（理系区分）

［都市政策科：4科目］地歴理地総・地理、物基・物、化基・化、生基・生、地基・地から1数数ⅠⅡⅢAB〔列〕C外英書類審調査書等

後期日程

◆共通テスト

［地理環境：8科目］前期日程に同じ
［都市基盤環境、環境応用化：7科目］前期日程に同じ
［建築：6科目］前期日程に同じ
［観光科：7科目］国現古漢地歴公全6科目から1数数ⅠA、数ⅡBC理物、化、生、地から1外英情情Ⅰ
［都市政策科：8科目］前期日程（文系区分）に同じ

◆個別学力検査等

［地理環境、観光科、都市政策科：2科目］論小論文書類審調査書等
［都市基盤環境：2科目］数数ⅠⅡⅢAB〔列〕C書類審調査書等
［建築：3科目］数数ⅠⅡⅢAB〔列〕C理物基・物書類審調査書等
［環境応用化：2科目］理化基・化書類審調査書等

■システムデザイン学部 偏差値62

前期日程

◆共通テスト

［情報科：7科目］国現古漢地歴公全6科目から1数数ⅠA、数ⅡBC理物、化、生から1外英、英語外部試験から高得点1情情Ⅰ
［電気電子工：8科目］国現古漢地歴公全6科目から1数数ⅠA、数ⅡBC理物必須、化、生、地から1外英情情Ⅰ
［機械システム工：8科目］国現古漢地歴公全6科目から1数数ⅠA、数ⅡBC理物必須、化、生から1外英情情Ⅰ
［航空宇宙システム工：8科目］国現古漢地歴公全6科目から1数数ⅠA、数ⅡBC理物必須、化、生、地から1外英、英語外部試験から高得点1情情Ⅰ
［インダストリアルアート：6科目］国現古漢数数ⅠA、数ⅡBC理物、化、生から1外英、英語外部試験から高得点1情情Ⅰ

◆個別学力検査等

［情報科：4科目］数数ⅠⅡⅢAB〔列〕C理物基・物、化基・化、生基・生から1外英書類審調査書等
［電気電子工：3科目］数数ⅠⅡⅢAB〔列〕C理物基・物書類審調査書等
［機械システム工、航空宇宙システム工：4科目］数数ⅠⅡⅢAB〔列〕C理物基・物外英書類審調査書等
［インダストリアルアート：4科目］数数ⅠⅡⅢAB〔列〕C外英実技造形実技書類審調査書等

後期日程

◆共通テスト

［情報科：7科目］前期日程に同じ
［電気電子工、機械システム工、航空宇宙システム工：8科目］前期日程に同じ
［インダストリアルアート：6科目］前期日程に同じ

◆個別学力検査等

［インダストリアルアート以外：2科目］数数ⅠⅡⅢAB〔列〕C書類審調査書等
［インダストリアルアート：3科目］数数ⅠⅡⅢAB〔列〕C実技造形実技書類審調査書等

■健康福祉学部 偏差値60

前期日程

◆共通テスト

［放射線以外：7科目］国現古漢地歴公理地歴公全6科目、理科基礎、物、化、生から2▶地基選択不可。理から1必須数数ⅠA、数ⅡBC外英、英語外部試験から高得点1情情Ⅰ
［放射線：7科目］国現古漢数数ⅠA、数ⅡBC理物、化、生から2外英、英語外部試験から高得点1情情Ⅰ

◆個別学力検査等

[放射線以外：2科目] 面面接▶口頭試問含む 書類審調査書等

[放射線：3科目] 数数ⅠⅡⅢAB〔列〕C面面接▶口頭試問含む 書類審調査書等

後期日程

◆共通テスト

[看護：7科目] 国現古漢数数ⅠA、数ⅡBC理理科基礎、物、化、生から2▶地基選択不可外英情情Ⅰ

[理学療法：5科目] 数数ⅠA、数ⅡBC理物、化、生から1外英情情Ⅰ

[作業療法：5科目] 数数ⅠA、数ⅡBC理理科基礎、物、化、生から1▶地基選択不可外英情情Ⅰ

[放射線：7科目] 国現古漢数数ⅠA、数ⅡBC理物、化、生から2外英情情Ⅰ

◆個別学力検査等

[全学科：2科目] 面面接▶口頭試問含む 書類審調査書等

■特別選抜

[総合型選抜] ゼミナール入試、科学オリンピック入試、グローバル人材育成入試、グローバル人材育成入試共、SAT/ACT・IB 入試(SAT/ACT方式、IB方式)、研究室探検入試、情報Ⅰ・Ⅱ利用入試共

[学校推薦型選抜]一般推薦入試、一般推薦入試共、指定校推薦入試、高校特定型特別推薦入試、都立工科高校等特別推薦入試

[その他] 社会人入試、チャレンジ入試、帰国子女(中国引揚者等子女を含む) 入試、私費外国人留学生入試(11月、2月)、秋季入学入試(10月入学)

就職支援

東京都立大学ではキャリア支援課を設け、入学間もない学生に対した現場体験型のインターンシップなど、早期からキャリア形成を始め、学生一人ひとりのキャリアデザインのサポートを行っています。また、キャリア相談やOB・OGとの交流会、講義編と実践編の講座から成る面接対策講座や試験対策に有効な支援行事を行う公務員対策講座、毎年200社を超える企業が参加する学内合同企業説明会の開催などの、各種支援・サポートが行われています。

国際交流

東京都立大学では、イギリスや韓国、アメリカなどの大学と国際交流協定を結んでいます。1年以内で留学する交換留学や派遣留学、夏季・春季休暇を利用して3～4週間の語学研修などを目的とした海外短期研修、その他にも、海外でのインターンシップやチームで課題に取り組むことなどを目的とした海外派遣プログラムが実施されています。留学支援として、国際交流センターによる、語学力や国際社会で活躍するスキル獲得を目指した多彩な講座の開講や、大学独自の奨学金制度があります。

横浜市立大学

よこはましりつ

資料請求

アドミッションズセンター（金沢八景キャンパス）　TEL(045) 787-2055　〒236-0027 神奈川県横浜市金沢区瀬戸22-2

横浜から世界へと羽ばたく人材を育成する

大学紹介動画

最新入試情報

教育、研究、医療の分野をリードすることを大学の使命とする。豊かな教養と国際性、創造性、人間性、倫理観を養い、自ら課題を発見し、探究し、解決する能力を持った国際社会で通用する人材を育成する。

金沢八景キャンパス正門

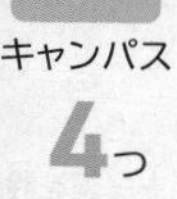
キャンパス 4つ

金沢八景キャンパス
〒236-0027 神奈川県横浜市金沢区瀬戸22-2
福浦キャンパス
〒236-0004 神奈川県横浜市金沢区福浦3-9
舞岡キャンパス
〒244-0813 神奈川県横浜市戸塚区舞岡町641-12
鶴見キャンパス
〒230-0045 神奈川県横浜市鶴見区末広町1-7-29

基本データ

※2023年5月現在（学部学生数に留学生は含まない。進路・就職は2022年度卒業者データ。学費は2024年度入学者用〔予定〕）

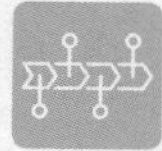
沿革

1949年創立。1952年、文理、医学部を設置。1995年、文理学部を改組、国際文化、理学部を設置。2018年、データサイエンス学部を設置。2019年、国際総合科学部を改組、国際教養、国際商、理学部を設置。2020年に大学院にデータサイエンス研究科を設置し、現在に至る。

教育機関
5 学部 6 研究科

学部　国際教養／国際商／理／データサイエンス／医

大学院　都市社会文化Ⓜ Ⓓ／国際マネジメントⓂ Ⓓ／生命ナノシステム科学Ⓜ Ⓓ／データサイエンスⓂ Ⓓ／生命医科学Ⓜ Ⓓ／医学Ⓜ Ⓓ

人数

学部学生数　4,232名　　教員1名あたり学生 5名

教員数　797名【理事長】小山内いづ美、【学長】相原道子
（教授140名、准教授159名、講師100名、助教395名、助手・その他3名）

学費

初年度納入額　795,400~1,163,000円

奨学金　YCU留学サポート奨学金、緊急応急対応型授業料減免制度、災害見舞金制度

進路

学部卒業者　966名
（進学121名［12.5%］、就職708名［73.3%］、その他※137名［14.2%］）
※臨床研修医93名を含む

主な就職先　横浜市役所、東京都特別区、横浜銀行、富士通、楽天グループ、リクルート、横浜市立大学附属病院、横浜市立大学附属市民総合医療センター

学部学科紹介

※本書掲載内容は、大学公表資料から独自に編集したものです。詳細は大学パンフレットやホームページ等で必ず確認してください（取得可能な免許・資格は任用資格や受験資格などを含む）。

国際教養学部
金沢八景キャンパス
定員 270

特色 柔軟な思考力とコミュニケーション能力を養い、課題を解決する実践力を鍛える。
進路 就職先は製造業をはじめ建設・不動産業や公務など多岐にわたる。
学問分野 社会学／国際学
大学院 都市社会文化

国際教養学科 (270)	2年次より社会・文化・人間の諸問題を多角的に捉える教養学系と都市・地域の課題に実践力で挑む都市学系の2学系、4つのクラスター（科目群）の中から、自ら選択し、専門性を確立する。国内外と連携したフィールド研究を行う実習プログラムを通して理論と実践を学ぶ。
取得可能な免許・資格	教員免許（中-英、高-英）

国際商学部
金沢八景キャンパス
定員 260

特色 経営管理力、企画立案力、マネジメントの能力を養いグローバルリーダーを育成。
進路 就職先は製造業をはじめ金融・保険業や情報通信業など多岐にわたる。
学問分野 経済学／経営学
大学院 国際マネジメント

国際商学科 (260)	経営学、経済学を軸に国際的な社会経済活動を学び、既成観念にとらわれない課題発見力、企画立案力を養う。英語による専門科目を数多く設置し、ビジネスシーンに強い英語力を身につける。

理学部
金沢八景キャンパス
（一部は3～4年に舞岡C、鶴見C）
定員 120

特色 物質科学の概念から生命現象を捉え、多角的にアプローチできる人材を育成。
進路 約7割が大学院へ進学。就職先は製造業や情報通信業など。
学問分野 物理学／化学／生物学／応用生物学
大学院 生命ナノシステム科学／生命医科学

理学科 (120)	2年次より6つの履修モデルと、学問領域ごとの4つのクラスターから2つを選んで体系的に学ぶ。「理数マスター育成プログラム」では、1年次から教員の個別指導のもとで自主研究に取り組むことができる。
取得可能な免許・資格	教員免許（中-理、高-理）

データサイエンス学部
金沢八景キャンパス
定員 60

特色 データサイエンス教育に加え、文理の枠を越えた思考・発想力を養う。
進路 約4割が大学院へ進学。就職先は金融・保険業や情報通信業など。
学問分野 経済学／経営学／数学／情報学
大学院 データサイエンス

データサイエンス学科 (60)	統計学やアルゴリズムを基本に、興味に応じて経済・経営、理学、医療統計学などを学ぶ。3年次からは企業や官公庁などと連携した課題解決型学習によって、コミュニケーション能力や実践力、課題発見力・解決力を養う。国際水準の英語力の修得にも力を注ぐ。

医学部
金沢八景キャンパス（1年）
福浦キャンパス（2～4（6）年）
定員 193

特色 地域や国内外で活躍できる医学・看護の人材を育成し社会の発展に貢献する。
進路 臨床研修医や看護師、保健師として多くが医療機関に勤務している。
学問分野 医学／看護学
大学院 医学

医学科 (93)	6年制。地域医療の担い手となる医師だけでなく、臨床医、医学研究者、医学教育者、医療行政官などとして活躍できる人材を育成する。高学年次の「クリニカル・クラークシップ」と呼ばれる臨床実習では診療チームの一員として診療に参加し、実務を経験する。
看護学科 (100)	4年制。健康や生活の質の向上に貢献し、高度先端医療を担う人材を育成する。1年次は健康生活基礎看護学などを学び、2年次から健康生活応用看護学を中心に学ぶ。健康生活統合看護学ではテーマに沿って看護実践に自ら取り組み、成果を卒業論文にまとめる。
取得可能な免許・資格	医師、看護師、保健師

入試要項（2025年度）

※この入試情報は大学発表の2025年度入試（予告）および2024年度募集要項等より編集したものです（2024年1月時点。見方は巻頭の「本書の使い方」参照）。内容には変更が生じる可能性があるため、最新情報はホームページや2025年度募集要項等で必ず確認してください。

「大学入試科目検索システム」のご案内

日程・方式ごとの偏差値や昨年度入試結果（志願者倍率、実質倍率、合格最低点）、基本情報（出願締切日、試験日、二段階選抜、募集人員、総合満点）などは、「大学入試科目検索システム」（https://nyushi.toshin.com/）をご覧ください（利用方法はp.12参照）。

■国際教養学部 偏差値 63

前期日程

◆共通テスト（A方式）

［国際教養：8科目］国現古漢地歴公全6科目から2数数ⅠA、数ⅡBC理全5科目から1外英情情Ⅰ

◆共通テスト（B方式）

［国際教養：3科目］国地歴公数情現古漢、地歴公情全7科目、数ⅠA、数ⅡBCから2教科2▶地歴と公は1科目扱い外英

◆個別学力検査等

［国際教養：2科目］外英論小論文

■国際商学部 偏差値 63

前期日程

◆共通テスト（A方式）

［国際商：8科目］国現古漢地歴公全6科目から2数数ⅠA、数ⅡBC理全5科目から1外英情情Ⅰ

◆共通テスト（B方式）

［国際商：3科目］国地歴公数情現古漢、地歴公情全7科目、数ⅠA、数ⅡBCから2教科2▶地歴と公は1教科扱い外英

◆個別学力検査等

［国際商：2科目］外英論小論文

■理学部 偏差値 61

前期日程

◆共通テスト（A方式）

［理：8科目］国現古漢地歴公全6科目から1数数ⅠA、数ⅡBC理物、化、生から2外英情情Ⅰ

◆共通テスト（B方式）

［理：5科目］数数ⅠA、数ⅡBC理物、化、生から2外英

◆個別学力検査等（A方式、B方式）

［理：4科目］数数ⅠⅡⅢAB〔列〕C理物基・物、化基・化、生基・生から2外英

後期日程

◆共通テスト

［理：8科目］前期日程（A方式）に同じ

◆個別学力検査等

［理：1科目］面面接

■データサイエンス学部 偏差値 63

前期日程

◆共通テスト

［データサイエンス：7科目］国現古漢地歴公理全11科目から2数数ⅠA、数ⅡBC外英情情Ⅰ

◆個別学力検査等

［データサイエンス：3科目］数数ⅠⅡⅢABC外英総合総合問題

後期日程

◆共通テスト

［データサイエンス：7科目］前期日程に同じ

◆個別学力検査等

［データサイエンス：1科目］面面接

■医学部 医学科 偏差値 68

前期日程

◆共通テスト

［医：8科目］国現古漢地歴公全6科目から1数数ⅠA、数ⅡBC理物、化、生から2外英情情Ⅰ

◆個別学力検査等

［医：6科目］数数ⅠⅡⅢAB〔列〕C理物基・物、化基・化、生基・生から2外英論小論文面面接

■医学部 看護学科 偏差値 60

前期日程

◆共通テスト（A方式）

［看護：6科目］国現古漢地歴公全6科目から1数情数ⅠA、数ⅡBC、情Ⅰから2理理科基礎、物、化、生から1▶地基選択不可外英

◆共通テスト（B方式）

［看護：3科目］国地歴公数理外情現古漢、地歴公情全7科目、数ⅠA、数ⅡBCから1理理科基礎、物、化、生から1▶地基選択不可外英

◆個別学力検査等（A方式、B方式）

［看護：2科目］論論文面面接

■特別選抜

［総合型選抜］総合型選抜、総合型選抜共

［学校推薦型選抜］指定校制学校推薦型選抜、公募制学校推薦型選抜共、特別公募制学校推薦型選抜共

［その他］海外帰国生特別選抜、国際バカロレア特別選抜、科学オリンピック特別選抜、外国人留学生特別選抜、社会人特別選抜

福井県立大学

ふくいけんりつ

資料請求

入学試験本部（永平寺キャンパス） TEL（0776）61-6000 〒910-1195 福井県永平寺町松岡兼定島4-1-1

開かれた「県民のにわ」として多様な学びに取り組む

大学紹介動画

最新入試情報

「魅力ある大学」「個性ある大学」「開かれた大学」を基本理念に、社会の変化や科学技術の発展に対応できる教育と研究を行う。少人数教育や新しい教育方法の導入、地域の特色を活かした研究などに取り組む。

永平寺キャンパス

キャンパス **5つ**

永平寺キャンパス
〒910-1195 福井県永平寺町松岡兼定島4-1-1

あわらキャンパス
〒910-4103 福井県あわら市二面88-1

小浜キャンパス
〒917-0003 福井県小浜市学園町1-1

かつみキャンパス
〒917-0116 福井県小浜市堅海49-8-2

勝山キャンパス（2026年4月開設予定）
〒911-0025 福井県勝山市村岡町五本寺17-15

基本データ

※2023年5月現在（進路・就職は2022年度卒業者データ。学費は2024年度入学者用）

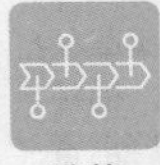

沿革

1992年、経済、生物資源の2つの学部で開学。1996年、大学院修士課程を設置。1998年、同博士課程を設置。1999年、看護福祉学部を設置。2006年、大学院にビジネススクールを設置。2007年、公立大学法人となる。2009年、海洋生物資源学部を設置。2022年、海洋生物資源学部に先端増養殖科学科を設置。2023年、大学院健康生活科学研究科を設置。2025年、恐竜学部（仮称）を開設予定。

教育機関

5 学部 4 研究科

学部 経済／生物資源／海洋生物資源／看護福祉／恐竜※

※2025年4月設置構想中

大学院 経済・経営学ⓂⒹ／生物資源学ⓂⒹ／看護福祉学Ⓜ／健康生活科学Ⓓ

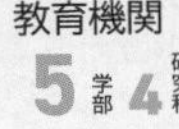

人数

学部学生数 1,839名

教員1名あたり学生 10名

教員数 171名【理事長】窪田裕行、【学長・副理事長】岩崎行玄

（教授85名、准教授63名、講師4名、助教19名）

学費

初年度納入額 778,800~872,800円

奨学金 日本学生支援機構奨学金

進路

学部卒業者 383名

（進学35名［9.1%］、就職329名［85.9%］、その他19名［5.0%］）

主な就職先 福井銀行、福井村田製作所、福井県（職員）、前田工繊、フクビ化学工業、AGC若狭化学、福井大学医学部附属病院、福井県済生会病院

学部学科紹介

※本書掲載内容は、大学公表資料から独自に編集したものです。詳細は大学パンフレットやホームページ等で必ず確認してください（取得可能な免許・資格は任用資格や受験資格などを含む）。

経済学部

永平寺キャンパス　定員 200

特色　少人数教育と学科の垣根を越えた双方向性の強い授業で、経済と経営を学ぶ。
進路　就職先は金融・保険業をはじめ製造業や卸売・小売業など幅広い。
学問分野　経済学／経営学
大学院　経済・経営学

学科	定員	内容
経済学科	(100)	経済学を基礎から学び、思考力や判断力、応用力を養う。経済学の基礎理論を学んだのち、文献講読や資料解析、フィールドワークなどを通して専門分野の理解と研究を深めていく。3年次からゼミに所属し、卒業論文に向けて本格的な研究に取り組む。
経営学科	(100)	経営戦略、会計・簿記、マーケティングなど企業経営に関わる幅広い領域を体系的に学ぶ。2年次前期に少人数制の基礎ゼミが開講される。3年次はゼミを中心に専門分野の研究を掘り下げ、4年次には多くの学生が卒業論文に取り組む。
取得可能な免許・資格		教員免許（高-公・商業）

生物資源学部

永平寺キャンパス（生物資源）
あわらキャンパス（創造農）　定員 70

特色　動植物などの研究により持続可能な世界の構築に貢献する。
進路　約半数が大学院へ進学。就職先は製造業やサービス業などが多い。
学問分野　農学／応用生物学／環境学
大学院　生物資源学

学科	定員	内容
生物資源学科	(45)	応用生化学、分子機能科学、分子生物学、植物資源学といった幅広い領域から興味に合ったテーマを設定し、少人数制による密度の濃い指導を受けながら、最新の設備を用いて研究を行う。学生の学会発表にも力を入れ、研究成果を世界に発信している。
創造農学科	(25)	食や環境、農業を総合的に学ぶ。食用・園芸作物や伝統野菜、薬草などの新品種の開発や多様な栽培技術、食品の製造・流通をはじめ、福井県の農環境の保全、環境浄化、廃水処理技術について地域の農家や経営者、研究者から実践的に学ぶ。
取得可能な免許・資格		危険物取扱者（甲種）、技術士補、食品衛生管理者、食品衛生監視員、自然再生士補、教員免許（高-理・農）

海洋生物資源学部

小浜キャンパス(海洋2～4年、1年は永平寺C)
かつみキャンパス(先端2～4年、1年は永平寺C)　定員 80

特色　海洋生物資源の持続的利用を目指し、教育・研究に取り組む。
進路　卒業後は卸売・小売業やサービス業、製造業に就く者が多い。
学問分野　農学／水産学／応用生物学
大学院　生物資源学

学科	定員	内容
海洋生物資源学科	(50)	海産物を朝廷に献上していた「御食国」としての伝統的な文化や歴史が息づく小浜を舞台に、自然科学から社会科学までの幅広い分野を教育研究領域とし、海や川、湖沼に関わる諸問題に様々な視点で取り組む。先進的な設備や機器が充実している。
先端増養殖科学科	(30)	2022年度設置。ゲノム科学、環境科学、情報科学、社会科学を基盤にして、増養殖分野で国内だけでなく、世界でリーダーシップを持って活躍できる人材の育成を目指している。また、学生が魚類、貝類、藻類を育成し、販売まで経験する実践的な実習を実施する。
取得可能な免許・資格		技術士補、食品衛生管理者、食品衛生監視員、自然再生士補、教員免許（高-理・水）

看護福祉学部

永平寺キャンパス　定員 80

特色　看護学と社会福祉学を実践するための幅広い知識と実地経験を修得する。
進路　卒業者の多くが看護師や保健師として活躍。養護教諭となる者もいる。
学問分野　社会福祉学／看護学
大学院　看護福祉学

看護学科 (50)	経験豊富な教員によるマンツーマン方式での少人数指導のもと、病院や訪問看護ステーション、老健施設、行政機関などでの実習体験を通じて、専門職としての自覚と人間的成長を促す。4年次には看護管理や災害看護など看護の応用領域まで学修する。
社会福祉学科 (30)	学部の共通関連科目で医療や保健に関する専門知識を身につけ、福祉現場での実習から国家資格取得に至るまで少人数教育で丁寧な指導を受ける。3年次には県内の社会福祉関係機関や施設で約1カ月半にわたるソーシャルワーク実習（選択）を行う。
取得可能な免許・資格	社会福祉士、精神保健福祉士、看護師、保健師、教員免許（高-福）、養護教諭（一種）

恐竜学部

永平寺キャンパス（1年）
勝山キャンパス（2～4年）　定員 30

特色　2025年度開設予定。福井県立恐竜博物館と連携した教育システムを展開。
進路　学芸員や教員、研究職をはじめ、公務、土木・建設業など幅広い進路を想定。
学問分野　生物学／地学

恐竜・地質学科 新 (30)	2025年度開設予定（仮称、設置構想中）。古生代～新生代までの地質遺産が分布する福井県では30年以上にわたって恐竜化石の発掘・研究を行っており、その地の利を生かしたフィールド科学の実践や県立恐竜博物館との連携、デジタル技術を活用した新分野での教育・研究を展開する。
取得可能な免許・資格	学芸員、測量士補、教員免許（高-理）

公立　中部北陸　福井県立大学

入試要項（2025年度）

※この入試情報は大学発表の2025年度入試（予告）より編集したものです（2024年1月時点。見方は巻頭の「本書の使い方」参照）。内容には変更が生じる可能性があるため、最新情報はホームページや2025年度募集要項等で必ず確認してください。

「大学入試科目検索システム」のご案内

日程・方式ごとの偏差値や昨年度入試結果（志願者倍率、実質倍率、合格最低点）、基本情報（出願締切日、試験日、二段階選抜、募集人員、総合満点）などは、「大学入試科目検索システム」（https://nyushi.toshin.com/）をご覧ください（利用方法はp.12参照）。

■経済学部 偏差値 58

前期日程

◆**共通テスト**

[全学科：3～4科目] 国 現古漢 地歴 公 数 理 次の①～②から1（①地歴公理全11科目から1、②数ⅠA、数ⅡBC）外 全5科目から1

◆**個別学力検査等**

[全学科：2科目] 国 現古漢 外 英

後期日程

◆**共通テスト**

[全学科：5科目] 国 現古漢 地歴 公 理 全11科目から1 数 数ⅠA、数ⅡBC 外 全5科目から1

◆**個別学力検査等**

[全学科：2科目] 数 外 数ⅠⅡAB〔列〕C〔ベ〕、英から1 論 小論文

■生物資源学部 偏差値 54

前期日程

◆**共通テスト（試験A）**

[生物資源：7科目] 国 現古漢 数 数ⅠA、数ⅡBC 理 物、化、生、地から2 外 全5科目から1 情 情Ⅰ

◆**共通テスト（試験B）**

[生物資源：3科目] 理 全5科目から1 外 全5科目から1 情 情Ⅰ

◆**共通テスト**

[創造農：7科目] 国 現古漢 地歴 公 全6科目から1 数 数ⅠA、数ⅡBC 理 全5科目から1 外 全5科目から1 情 情Ⅰ

◆**個別学力検査等**

[生物資源：2科目] 理 化基・化、生基・生から1 外 英

[創造農：1科目] 面 面接

後期日程

◆**共通テスト**

[生物資源：6科目] 国 現古漢 数 数ⅠA、数ⅡBC 理 全5科目から1 外 全5科目から1 情 情Ⅰ

[創造農：7科目] 前期日程に同じ

◆**個別学力検査等**

[生物資源：1科目] 数 外 数ⅠⅡAB〔列〕C〔ベ〕、英から1

[創造農：1科目] 前期日程に同じ

■海洋生物資源学部 偏差値 57

前期日程

◆共通テスト

[海洋生物資源：2科目] 理全5科目から1 外全5科目から1

[先端増養殖科：2～3科目] 数 理次の①～②から1（①数ⅠA、数ⅡBC、②理全5科目から1）外全5科目から1

◆個別学力検査等

[全学科：2科目] 理化基・化、生基・生から1 外英

後期日程

◆共通テスト

[全学科：5科目] 国 地歴 公 情現古漢、地歴公情全7科目から1 数数ⅠA、数ⅡBC 理全5科目から1 外全5科目から1

◆個別学力検査等

[全学科：1科目] 数 外数ⅠⅡAB〔列〕C〔べ〕、英から1

■看護福祉学部 偏差値 56

前期日程

◆共通テスト

[看護：5科目] 国現古漢 地歴 公 理 情全12科目から1 数数ⅠA、数ⅡBC 外全5科目から1

[社会福祉：2科目] 地歴 公 理 情全12科目から1 外全5科目から1

◆個別学力検査等

[看護：1科目] 面面接

[社会福祉：2科目] 国現古漢 外英

後期日程

◆共通テスト

[看護：6科目] 国現古漢 地歴 公 理全11科目から1 数数ⅠA、数ⅡBC 外全5科目から1 情情Ⅰ

[社会福祉：5科目] 国現古漢 地歴 公 理 情全12科目から1 数数ⅠA、数ⅡBC 外英

◆個別学力検査等

[看護：1科目] 前期日程に同じ

[社会福祉：1科目] 数 外数ⅠⅡAB〔列〕C〔べ〕、英から1

■恐竜学部 偏差値 -

※設置構想中。入試情報未公表（2024年1月時点）

■特別選抜

[総合型選抜] 総合型選抜

[学校推薦型選抜] 学校推薦型選抜

[その他] 帰国生徒特別選抜、中国引揚者等生徒特別選抜、社会人特別選抜、私費外国人留学生特別選抜

福井県立大学ギャラリー

■あわらキャンパス

果樹園や園芸ハウスがある他、創造農学科の学生は自分専用の畑「My Farm」を所持するなど、自然環境が非常に豊かです。

■かつみキャンパス

かつみキャンパスの目の前には小浜湾が広がっており、その立地を活かして応用実験や実証的実習・演習を実施することができます。

つるぶんか
都留文科大学

資料請求

経営企画課入試室 TEL (0554) 43-4341 〒402-8555 山梨県都留市田原3-8-1

人間を探究し、教育や文化、福祉の向上に貢献する

大学紹介動画

最新入試情報

社会有為の人材の育成を楽しむ「菁莪育才」を理念に、地域と世界を自在に行き来できるグローバル人材を育成する。自然環境や地域とのつながりを活かした教育や研究を行い、幅広い教養を備えた人材を育成する。

大学正面

キャンパス **1**つ

都留キャンパス
〒402-8555 山梨県都留市田原3-8-1

公立
中部 北陸
都留文科大学

基本データ

※2023年5月現在（教員数は非常勤を含む。進路・就職は2022年度卒業者データ。学費は2024年度入学者用）

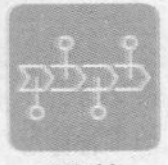

沿革

1953年、山梨県立臨時教員養成所として設立。1955年、都留市立都留短期大学を創設。1960年、都留市立都留文科大学となる。1995年、大学院文学研究科修士課程、日本語教員養成課程を設置。2009年、公立大学法人となる。2018年、教養学部を設置。2024年、学部改編に伴い文学部比較文化学科と国際教育学科を教養学部へ移設。

教育機関 **2** 学部 **1** 研究科

学部 文／教養

大学院 文学Ⓜ

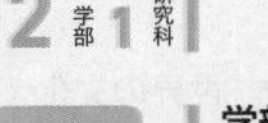

人数

学部学生数 **3,410**名

教員1名あたり 学生 **8**名

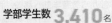

教員数 **421**名【理事長】山下誠、【学長・副理事長】加藤敦子
（教授**68**名、准教授**26**名、講師**327**名）

学費

初年度納入額 **778,460~928,960**円

奨学金 新入生スタートアップ奨学金、成績優秀者奨学金、グローバル教育奨学金、遊学奨励金

進路

学部卒業者 **795**名
（進学**43**名［5.4%］、就職**667**名［83.9%］、その他**85**名［10.7%］）

主な就職先 ANAエアポートサービス、かんぽ生命保険、東京海上日動火災保険、山梨中央銀行、静岡銀行、テレビ山梨、河北新報社、関西電力、シチズンファインデバイス、エプソン販売、富士急行、スターバックスコーヒージャパン、ファーストリテイリング、三井不動産リアルティ、楽天グループ、総務省、環境省、山梨県庁、笛吹市役所、長野県警察、静岡県教育委員会、私立学校

学部学科紹介

※本書掲載内容は、大学公表資料から独自に編集したものです。詳細は大学パンフレットやホームページ等で必ず確認してください（取得可能な免許・資格は任用資格や受験資格などを含む）。

文学部

都留キャンパス　定員 240

特色　人間を深く理解し論理的・創造的な思考力と豊かな感性を持つ人間の育成。

進路　就職先は卸売・小売業や情報通信業、サービス業など多岐にわたる。

学問分野　文学／言語学

大学院　文学

国文学科 （120）	日本語と日本文学から日本文化の本質を考える。1・2年次は国語学や古典文学、近代文学、漢文学など幅広く基礎を学び、3年次からはゼミに所属する。文学作品の舞台や文化財を訪問する授業や、日本文学と海外文学が相互に及ぼす影響を学ぶ授業が特徴。
英文学科 （120）	英語の運用能力やコミュニケーション能力などを鍛え、国際的なビジネスシーンで活躍できる人材を育成する。個々の能力に合わせて段階的に学べるよう、基礎科目や発展科目を開講している。TOEFLや海外留学など学外の英語学習のサポートも充実している。
取得可能な免許・資格	登録日本語教員、学芸員、教員免許(小一種、中-国・数・理・社・英、高-国・地歴・公・英、特-知的・肢体・病弱)、社会教育士、社会教育主事、司書教諭、司書

教養学部

都留キャンパス　定員 490

特色　社会の未来と自身の将来を切り拓くことのできる人間の育成。

進路　就職先は卸売・小売業やサービス業、情報通信業など多岐にわたる。

学問分野　文化学／社会学／国際学／教員養成／教育学

大学院　文学

学校教育学科 （180）	子どもや保護者と信頼関係を築くことができる人間性と指導力を兼ね備えた教員を養成する。2年進級時に国語系、算数・数学系、教育実践学系、心理臨床系などの12の系から専攻を選択する。教育現場を訪問し、実地経験を積む機会が設けられている。
地域社会学科 （150）	地域と国際の双方の視点から課題を把握し、地域形成に寄与する人材を育成する。人文社会や国際関係など、広い視野で課題を分析する知識を養う。ディベートなどで実践力を磨き、3年次に地域経営、公共政策、環境社会、教育文化の4つのコースに分かれる。
比較文化学科 改 （120）	2024年度、学部改編に伴い文学部から教養学部へ移設。世界の文化や社会を比較の視点から学際的に分析し、そのあり方を探究する。現地調査を行うスタディー・ツアーでは、文化や歴史の現場を実際に訪問し、体験を通して異文化への理解を深める。また、独自のカリキュラムにより英語力を育成する。
国際教育学科 改 （40）	2024年度、学部改編に伴い文学部から教養学部へ移設。世界の文化・文学・思想を学ぶことで国際教養を身につけ、世界を舞台に活躍する人材を育成する。2年次後期に北欧の教員養成系大学へ留学することもできる。所定の単位を満たすと、国際的な教育課程である国際バカロレアの教員資格を申請できる。
取得可能な免許・資格	登録日本語教員、学芸員、社会調査士、教員免許(小一種、中-国・数・理・社・英、高-国・地歴・公・英、特-知的・肢体・病弱)、社会教育士、社会教育主事、ビオトープ管理士、司書教諭、司書

入試要項（2025年度）

※この入試情報は大学発表の2025年度入試（予告）および2024年度募集要項等より編集したものです（2024年1月時点。見方は巻頭の「本書の使い方」参照）。内容には変更が生じる可能性があるため、最新情報はホームページや2025年度募集要項等で必ず確認してください。

「大学入試科目検索システム」のご案内
日程・方式ごとの偏差値や昨年度入試結果（志願者倍率、実質倍率、合格最低点）、基本情報（出願締切日、試験日、二段階選抜、募集人員、総合満点）などは、「大学入試科目検索システム」（https://nyushi.toshin.com/）をご覧ください（利用方法はp.12参照）。

■文学部 偏差値 63

前期日程

◆**共通テスト**
[国文：3科目] 国 現古漢 地歴 公 数 理 情 地歴数理情全12科目、公共・倫、公共・政経から1 外 全5科目から1
[英文：3科目] 国 地歴 公 数 理 情 現古漢、地歴公数理情全15科目から2教科2▶地歴と公は1教科扱い 外 英

◆**個別学力検査等**
[全学科] 課さない

中期日程

◆**共通テスト**
[国文：3科目] 前期日程に同じ

◆**共通テスト（3科目型）**
[英文：3科目] 前期日程に同じ

◆**共通テスト（5科目型）**
[英文：5科目] 国 地歴 公 数 理 情 現古漢、地歴公数理情全15科目から4▶数理各2科目選択不可 外 英

◆**個別学力検査等**
[国文：1科目] 国 現古漢
[英文：1科目] 外 英

■教養学部 偏差値 63

前期日程

◆**共通テスト**
[学校教育：3科目] 国 地歴 公 数 理 外 情 現古漢、地歴数理外情全17科目、公共・倫、公共・政経から3教科3▶国数から1必須。地歴と公は1教科扱い
[地域社会、比較文化：3科目] 国 地歴 公 数 理 情 現古漢、地歴公数理情全15科目から2▶地歴公から1必須 外 全5科目から1
[国際教育：3科目] 国 現古漢 地歴 公 数 理 情 地歴数理情全12科目、公共・倫、公共・政経から1 外 英

◆**個別学力検査等**
[全学科] 課さない

中期日程

◆**共通テスト（3科目型）**
[学校教育：3科目] 前期日程に同じ

◆**共通テスト（5科目型）**
[学校教育：5科目] 国 地歴 公 数 理 外 情 現古漢、地歴数理外情全17科目、公共・倫、公共・政経から5教科5▶地歴と公は1教科扱い

◆**共通テスト**
[地域社会：3科目] 国 数 理 情 現古漢、数理情全9科目から1 地歴 公 全6科目から1 外 全5科目から1
[比較文化、国際教育：3科目] 前期日程に同じ

◆**個別学力検査等**
[学校教育、地域社会：1科目] 論 小論文
[比較文化、国際教育：1科目] 外 英

■特別選抜

[総合型選抜] 総合型選抜（資格評価型、活動評価型）
[学校推薦型選抜] 学校推薦型選抜（一般〔全国枠、山梨県枠、都留市枠〕、IB）、共通テスト利用学校推薦型選抜 共
[その他] 私費外国人留学生入試

都留文科大学ギャラリー

■附属図書館

館内の資料は学内外問わず誰でも利用可能で、県内に在住・在勤・在学している中学生以上の人へは資料の貸出も行っています。

■カフェコモンズ

2023年竣工の教育研究拠点「THMC」にあるカフェ。THMCには他にラーニングコモンズや演習室が配置されています。

しずおかけんりつ

静岡県立大学

資料請求

学生部入試室（草薙キャンパス）　TEL（054）264-5007　〒422-8526 静岡県静岡市駿河区谷田52-1

学生生活の質の向上と高度な教育・研究を重視

大学紹介動画　最新入試情報

豊かな創造性と高い学術性を有する「県民の誇りとなる価値ある大学」の実現に向け、研究や教育、地域貢献に取り組む。学生を第一に考え、高度で丁寧な教育を提供することで、社会に貢献できる人材を育成する。

草薙キャンパス

キャンパス 2つ

草薙キャンパス
〒422-8526 静岡県静岡市駿河区谷田52-1

小鹿キャンパス
〒422-8021 静岡県静岡市駿河区小鹿2-2-1

基本データ

※2023年5月現在（学部学生数に留学生は含まない。進路・就職は2022年度卒業者データ。学費は2024年度入学者用〔予定〕）

沿革

1987年、静岡薬科大学、静岡女子大学、静岡女子短期大学を改組、統合し、総合大学として開学。1988年、大学院薬学研究科を設置。1991年、大学院生活健康科学研究科および国際関係学研究科を設置。1997年、看護学部を設置。2007年、公立大学法人となり、現在に至る。

教育機関　5学部　4研究科

学部	薬／食品栄養科／国際関係／経営情報／看護
大学院	薬食生命科学総合Ⓜ︎Ⓓ／国際関係学Ⓜ︎／経営情報イノベーションⓂ︎Ⓓ／看護学Ⓜ︎Ⓓ
その他	短期大学部

人数

学部学生数	2,903名　教員1名あたり学生 10名
教員数	280名【理事長・学長】尾池和夫（教授98名、准教授66名、講師36名、助教80名）

学費

初年度納入額	753,460～1,104,371円
奨学金	ドリーマーズ奨学金、日本学生支援機構奨学金

進路

学部卒業者	636名（進学96名［15.1%］、就職502名［78.9%］、その他38名［6.0%］）
主な就職先 ※院卒者を含む	第一三共、協和キリン、武田薬品工業、資生堂、ヤマハ発動機、はごろもフーズ、カルビー、アイリスオーヤマ、静岡銀行、富士通、ヤマハモーターソリューション、日本平ホテル、鈴与、ウエルシア薬局、静岡県立病院機構、静岡県立静岡がんセンター、静岡赤十字病院、静岡市立静岡病院、静岡県（職員）、厚生労働省

学部学科紹介

※本書掲載内容は、大学公表資料から独自に編集したものです。詳細は大学パンフレットやホームページ等で必ず確認してください（取得可能な免許・資格は任用資格や受験資格などを含む）。

薬学部

草薙キャンパス　定員 120

特色　100年以上の歴史と人脈を持ち、社会に貢献する薬学人を育成する。
進路　約7割が薬局や病院・医療機関に就く。他、製薬・化学関連企業など。
学問分野　薬学
大学院　薬食生命科学総合

学科	定員	内容
薬科学科	(40)	4年制。大学院進学を前提に、創薬科学および生命薬学の研究領域でグローバルに貢献でき指導的役割を担える人材を育成する。大学院修了後の進路は、製薬、化学・食品系企業や研究機関の研究職など。
薬学科	(80)	6年制。高い教養と世界に通用する語学力、最先端の医療知識と技能、倫理観と強い使命感を持ち、医療や健康増進に貢献する指導的立場の薬剤師や、医療薬学に根差した研究を推進できる人材を育成する。
取得可能な免許・資格		薬剤師、臨床検査技師

食品栄養科学部

草薙キャンパス　定員 70

特色　食品学、栄養学、環境科学を融合させ食と環境と健康を科学的に教育・研究する。
進路　約半数が大学院へ進学。就職先は製造業や卸売・小売業など。
学問分野　農学／応用生物学／食物学／環境学
大学院　薬食生命科学総合

学科	定員	内容
食品生命科学科	(25)	生命科学と栄養学の知識を養い、食品分野において最前線で活躍できる人材を育成する。基礎科目を重点的に学んだ上で、2・3年次に食品化学や食品衛生学などの専門科目を履修する。最先端の生命科学・技術を修得し、科学的な見方を身につける。
栄養生命科学科	(25)	管理栄養士や栄養学の研究者、医療用食品や健康食品の開発技術者など、人間の健康と長寿を支える栄養科学の専門家を育成する。食と栄養の基礎から栄養学に関わる専門科目、業務に関わる実践的な科目を学び、臨地実習などで職場体験を積む。
環境生命科学科	(20)	環境科学と生命科学を基礎として食とヒトの健康に関わる環境科学を探究する。環境リスクや安全性の評価、環境分析や環境保全などの知識や技能を身につけ、環境と食とヒトの循環的な仕組みを理解し、広い視野を持って多分野で活躍できる人材を育成する。
取得可能な免許・資格		技術士補、食品衛生管理者、食品衛生監視員、管理栄養士、栄養士、栄養教諭(一種)、教員免許（高-理）

国際関係学部

草薙キャンパス　定員 180

特色　構想力と洞察力をあわせ持つ、国際社会で活躍できる人材を育成。
進路　就職先は製造業や卸売・小売業、金融・保険業など多岐にわたる。
学問分野　言語学／文化学／国際学
大学院　国際関係学

学科	定員	内容
国際関係学科	(60)	国際社会の様々な問題に、政治学、文化人類学、社会心理学といったあらゆる方法でアプローチし、平和と発展に貢献できる人材を育成する。3年次に国際公共政策、国際開発、共生社会の3つのプログラムから専攻を決め、ゼミに分かれる。
国際言語文化学科	(120)	言語と文化を理解し、世界の諸地域の歴史や思想、社会について教育・研究することで、国際的な相互理解を目指す。3年次にグローバル・コミュニケーション、比較文化、日本研究、アジア研究、ヨーロッパ研究の5つのプログラムから専攻を決め、ゼミに分かれる。
取得可能な免許・資格		登録日本語教員、社会調査士、教員免許（高-国・英）

経営情報学部

草薙キャンパス　定員 125

特色　経営、総合政策、データサイエンス、観光マネジメントを融合した教育を行う。
進路　就職先は金融・保険業や情報通信業、学術研究・専門技術サービス業など。
学問分野　経営学／情報学
大学院　経営情報イノベーション

経営情報学科 (125)	現代社会における多様な問題を革新的な行動によって解決する人材を育成する。2年次から経営、総合政策、データサイエンス、観光マネジメントの4つの中から1つ以上のメジャー認定を目指し、専門性を磨く。3年次からゼミに所属し、専門的な研究と演習に取り組む。
取得可能な免許・資格	教員免許（高-数・情・商業）

看護学部

草薙キャンパス
小鹿キャンパス　定員 120

特色　専門知識と判断能力、実践力を持ち、保健医療の現場で活躍できる人材を育成。
進路　多くが看護師として医療現場で活躍。大学院へ進学する者もいる。
学問分野　看護学
大学院　看護学

看護学科 (120)	現代社会の変化に対応できる高度な専門性を持ち、人々の健康ニーズに応じた看護を創造できる人材を育成する。主体性を引き出す参加型学習を重視している他、人を身体的・心理的・社会的側面から総合的に理解するため、他学部と連携した科目を設定している。
取得可能な免許・資格	看護師、保健師、衛生管理者、養護教諭（二種）

入試要項(2025年度)

※この入試情報は大学発表の2025年度入試（予告）および2024年度募集要項等より編集したものです（2024年1月時点。見方は巻頭の「本書の使い方」参照）。内容には変更が生じる可能性があるため、最新情報はホームページや2025年度募集要項等で必ず確認してください。

「大学入試科目検索システム」のご案内

日程・方式ごとの偏差値や昨年度入試結果（志願者倍率、実質倍率、合格最低点）、基本情報（出願締切日、試験日、二段階選抜、募集人員、総合満点）などは、「大学入試科目検索システム」（https://nyushi.toshin.com/）をご覧ください（利用方法はp.12参照）。

■薬学部 偏差値 62

中期日程

◆共通テスト

[全学科：7科目] 国現古漢 地歴 公全6科目から1 数数ⅠA、数ⅡBC 理物、化、生から2 外英

◆個別学力検査等

[全学科：2科目] 理物基・物、化基・化

■食品栄養科学部 偏差値 57

前期日程

◆共通テスト

[食品生命科、栄養生命科：7科目] 国現古漢 地歴 公全6科目から1 数数ⅠA、数ⅡBC 理化必須、物、生から1 外英

[環境生命科：6科目] 国現古漢 数数ⅠA、数ⅡBC 理化必須、物、生から1 外英

◆個別学力検査等

[全学科：1科目] 理化基・化

後期日程

◆共通テスト

[栄養生命科、環境生命科：5科目] 数数ⅠA、数ⅡBC 理化必須、物、生から1 外英

◆個別学力検査等

[栄養生命科、環境生命科：1科目] 面面接

■国際関係学部 偏差値 61

前期日程

◆共通テスト

[全学科：3科目] 国現古漢 地歴 公 数地歴公全6科目、数ⅠAから1 外全5科目から1

◆個別学力検査等

[全学科：1科目] 外英

■経営情報学部 偏差値 58

前期日程

◆共通テスト※理科基礎は2科目扱い

[経営情報：6～7科目] 国現古漢 地歴 公 理 情全12科目から2 数数ⅠA、数ⅡBC 外全5科目から1

◆個別学力検査等（文系型）

[経営情報：2科目] 数数ⅠⅡAB〔列〕C〔ベ〕 外英

◆個別学力検査等（理系型）

[経営情報：2科目] 数数ⅠⅡⅢABC 外英

後期日程

◆共通テスト

[経営情報：5～6科目] 国現古漢 地歴 公 数 理 情地歴公理情全12科目、数ⅠA、数ⅡBCから3 外全5科目から1

◆個別学力検査等

[経営情報：1科目] 面面接

■看護学部 偏差値 56

前・後期日程

◆**共通テスト**※理科基礎は2科目扱い

[看護：6〜7科目] 国 現古漢 地歴 公 全6科目から1 数 数ⅠA、数ⅡBC 理 理科基礎、物、化、生から1▶地基選択不可 外 全5科目から1

◆**個別学力検査等**

[看護：1科目] 面 面接・口頭試問

■特別選抜

[学校推薦型選抜] 共通テストを免除する学校推薦型選抜、共通テストを課す学校推薦型選抜 共

[その他] 帰国生徒選抜、社会人選抜、私費外国人留学生選抜

就職支援

静岡県立大学では、低学年次からのカリキュラムやセミナー、学生の自主的な活動の支援などを行うキャリア形成支援、幅広い種類のガイダンスの開催や就職相談、応募書類の添削など、きめ細かい支援を行う就職活動支援によって、学生のキャリア支援・就職サポートをしています。また、業界研究のために学内に様々な業種の企業を招き業界の動向などを説明してもらう「業界勉強会」や、公務員を目指す学生のために、学内に講師を招いた「公務員勉強会」や「教養・専門試験対策講座」などを開催し、就職活動をサポートしています。

国際交流

静岡県立大学では、海外の様々な地域の大学・機関と国際交流協定を結び、協定校へ留学する交換留学や、協定校へ長期休暇を利用して短期留学をする短期語学研修、共同研究や学術交流などを積極的に行っています。また、国際交流センターによる、留学を考えている学生に向けたオンラインセミナーや交換留学フェアを開催し、海外留学の基礎や交換留学・語学研修の紹介、協定校へ留学中の学生に体験談を聞くことができるイベントを開催しています。

愛知県立大学

あいちけんりつ

資料請求

入試課(長久手キャンパス)　TEL (0561) 76-8813　〒480-1198 愛知県長久手市茨ケ廻間1522-3

良質な研究にもとづく良質な教育を展開

大学紹介動画

最新入試情報

研究者と学生が互いに啓発しながら学ぶ「知の拠点」となり、地域と世界に貢献する。自然・科学技術・文化と人々が共生する成熟した共生社会の実現に向けて、研究・教育、地域連携に取り組む。

長久手キャンパス

キャンパス 2つ

長久手キャンパス
〒480-1198 愛知県長久手市茨ケ廻間1522-3
守山キャンパス
〒463-8502 愛知県名古屋市守山区志段味東谷

基本データ

※2023年5月現在（進路・就職は2022年度卒業者データ。学費は2024年度入学者用）

沿革

1947年、愛知県立女子専門学校として開学。1957年、4年制の愛知県立女子大学として発足。1966年、共学の愛知県立大学となる。1995年、愛知県立看護大学が開学。2009年、2大学を統合し、外国語、日本文化、教育福祉、看護、情報科学の5学部を改組設置し、現在に至る。

教育機関 5学部 4研究科

学部　外国語／日本文化／教育福祉／看護／情報科

大学院　国際文化(M)(D)／人間発達学(M)(D)／看護学(M)(D)／情報科学(M)(D)

人数

学部学生数　3,224名

教員1名あたり学生 15名

教員数　212名【理事長】古川真也、【学長】川畑博昭
（教授89名、准教授80名、講師28名、助教14名、助手・その他1名）

学費

初年度納入額　822,460~823,170円

奨学金　日本学生支援機構奨学金、「はばたけ県大生」奨学制度

進路

学部卒業者　699名
（進学42名［6.0%］、就職623名［89.1%］、その他34名［4.9%］）

主な就職先　トヨタ自動車、NEC、スズキ、ジェイテクト、三菱電機、SCSK、JR東海、東海東京フィナンシャル・ホールディングス、JTB、ジェイアール東海髙島屋、愛知県がんセンター、あいち小児保健医療総合センター、厚生労働省、国税庁、法務省、学校、幼稚園、社会福祉協議会

学部学科紹介

※本書掲載内容は、大学公表資料から独自に編集したものです。詳細は大学パンフレットやホームページ等で必ず確認してください（取得可能な免許・資格は任用資格や受験資格などを含む）。

外国語学部

長久手キャンパス　定員 340

特色　高い語学力と多文化交流に必要な専門知識を備え、国際社会を担う人材を育成。
進路　卒業者の多くは卸売・小売業や製造業、情報通信業に就職する。
学問分野　言語学／国際学
大学院　国際文化

英米学科 (90)	英米を中心とする英語圏の社会、政治、経済、歴史、文学、文化、英語やコミュニケーションのしくみ、英語教育について、専門的かつ系統的に学ぶことができる。
ヨーロッパ学科 (145)	フランス語圏専攻ではフランス語を修得し、真のグローバル人材を目指す。2023年度にスペイン語圏専攻から改組したスペイン語・ポルトガル語圏専攻では実践的な言語運用能力と多言語社会の課題について学ぶ。ドイツ語圏専攻では経済大国であるドイツの文化や社会を多面的に学ぶ。
中国学科 (50)	アジアを舞台に活躍すべく、中国語と中国語圏の異文化理解を深める。3つのコースを設置。言語・文化および社会コースでは中国語や文化、社会、政治についてそれぞれ学ぶ。翻訳・通訳コースではビジネス、医療なども学び、中国語のレベル向上を目指す。
国際関係学科 (55)	高い英語力と異文化理解能力、国際社会についての知識を兼ね備えた人材を育成する。国家間の関係を政治や経済、法律などの視点から考察する国際関係コースと、特定の国家の文化的背景や民族構成、言語・文化の観点から考察する国際文化コースが設置されている。
取得可能な免許・資格	登録日本語教員、教員免許（中-英、高-英・中国語・フランス語・ドイツ語・スペイン語）、司書教諭

日本文化学部

長久手キャンパス　定員 100

特色　日本文化への理解と知識の修得とともに異文化に対する理解と幅広い視野を養う。
進路　就職先は公務や教育・学習支援業、卸売・小売業など多岐にわたる。
学問分野　文学／歴史学／文化学
大学院　国際文化

国語国文学科 (50)	大きく分けて国語学、国文学、漢文学の3つの領域からなり、言語と文学の視点から日本文化を研究する。国語学では日本語の移り変わりや仕組みなどを学び、国文学や漢文学では古代から近現代までの文学や思想を掘り下げ、人の心の本質に迫る。
歴史文化学科 (50)	歴史文化と社会文化を軸にして日本の歴史や文化、社会について多角的に学ぶ。歴史学の手法で日本を探究し、現代社会のありようを社会学・地理学・法学など様々な視点から考察する。人類の歴史や文化、社会の将来を見通す見識と実践力を身につける。
取得可能な免許・資格	登録日本語教員、学芸員、教員免許（中-国・社、高-国・地歴）、司書教諭

教育福祉学部

長久手キャンパス　定員 90

特色　人間の発達と尊厳を保障するための教育と福祉を相互に関連づけながら学ぶ。
進路　卒業者の多くは医療・福祉業へ就く。他、卸売・小売業や公務など。
学問分野　社会福祉学／子ども学／教員養成
大学院　人間発達学

教育発達学科 (40)	子どもの発達に関する諸問題と解決法を科学的に探究し、子どもの発達や援助に貢献できる力を持つ人材を育成する。小学校教育と保育幼児教育の2つのコースを設置。他学部・他学科の学問とも連携し、福祉の視点や国際感覚を備えた教員・保育士を目指す。

社会福祉学科 (50)	福祉サービスの利用者が尊厳を持ち自立した生活を送れるように援助し、多様化する社会福祉の課題を解決に導く専門家の育成を目指す。社会学や心理学などを学んだ上で、対人援助から政策立案、活動の実践までに必要なソーシャルワークの理論と方法を学ぶ。
取得可能な免許・資格	登録日本語教員、社会福祉士、精神保健福祉士、社会福祉主事、保育士、教員免許（幼一種、小一種、高-公）、司書教諭

看護学部

守山キャンパス　定員 90

- 特色　知識と技術、豊かな心を持ち、現場で通用する高い実践力を持った人材を育成。
- 進路　約9割が看護師として医療機関で活躍。大学院へ進学する者もいる。
- 学問分野　看護学
- 大学院　看護学

看護学科 (90)	豊かな人間性と国際的な視野を持ち、科学的・理論的かつ倫理的に看護を実践できる人材を育成する。少人数制の臨地実習や演習の授業が多く、演習ではシミュレーターや視聴覚教材を活用し、知識や技術、態度など、看護の実際をリアルに学ぶことができる。
取得可能な免許・資格	看護師

情報科学部

長久手キャンパス　定員 90

- 特色　世界標準の教育課程で情報科学を学び、情報化社会で活躍できる実践力を養う。
- 進路　約4割が大学院へ進学。就職先は情報通信業、サービス業、製造業など。
- 学問分野　情報学
- 大学院　情報科学

情報科学科 (90)	先端情報技術を学び、ものづくりにおける課題を、工学、情報科学を駆使して解決できる力を身につける。3年次からは情報システム、シミュレーション科学、知能メディア、ロボティクスの4つのコースに分かれ、専門的な知識と技術を学ぶ。最先端の設備が充実している。
取得可能な免許・資格	教員免許（中-数、高-数・情）、司書教諭

入試要項（2025年度）

※この入試情報は大学発表の2025年度入試（予告）より編集したものです（2024年1月時点。見方は巻頭の「本書の使い方」参照）。内容には変更が生じる可能性があるため、最新情報はホームページや2025年度募集要項等で必ず確認してください。

「大学入試科目検索システム」のご案内
日程・方式ごとの偏差値や昨年度入試結果（志願者倍率、実質倍率、合格最低点）、基本情報（出願締切日、試験日、二段階選抜、募集人員、総合満点）などは、「大学入試科目検索システム」（https://nyushi.toshin.com/）をご覧ください（利用方法はp.12参照）。

■外国語学部　偏差値 58

前期日程

◆**共通テスト**
［全学科：6科目］国現古漢 地歴 公 地歴全3科目、公共・倫、公共・政経から2 数 全3科目から1 理 全5科目から1 外 全5科目から1

◆**個別学力検査等**
［全学科：2科目］国 現（古漢）外 英

後期日程

◆**共通テスト**
［全学科：3科目］国現古漢 地歴 公 地歴全3科目、公共・倫、公共・政経から1 外 英

◆**個別学力検査等**
［全学科］課さない

■日本文化学部　偏差値 60

前期日程

◆**共通テスト**
［全学科：5科目］国現古漢 地歴 公 地歴全3科目、公共・倫、公共・政経から1 数 全3科目から1 理 全5科目から1 外 全5科目から1

◆**個別学力検査等**
［全学科：2科目］国現古漢 外 英

後期日程

◆**共通テスト**
［全学科：5科目］前期日程に同じ

◆**個別学力検査等**
［全学科］課さない

■教育福祉学部　偏差値 58

前期日程

◆**共通テスト**
［全学科：5科目］国現古漢 地歴 公 地歴全3科目、公共・倫、公共・政経から1 数 全3科目から1 理 全5科目から1 外 全5科目から1

◆個別学力検査等
[全学科：2科目] 国 現古漢 外 英

後期日程
◆共通テスト
[全学科：5科目] 前期日程に同じ
◆個別学力検査等
[全学科] 課さない

■看護学部 偏差値 58

前期日程
◆共通テスト
[看護：6科目] 国 現古漢 地歴 公 全6科目から1 数 全3科目から1 理 理科基礎、物、化、生から1 ▶地基選択不可 外 全5科目から1 情 情Ⅰ
◆個別学力検査等
[看護：2科目] 外 英 面 個人面接

後期日程
◆共通テスト
[看護：6科目] 前期日程に同じ
◆個別学力検査等
[看護：1科目] 面 個人面接

■情報科学部 偏差値 59

前期日程
◆共通テスト
[情報科：7科目] 国 現古漢 地歴 公 全6科目から1 数 数ⅠA、数ⅡBC 理 物、化、生、地から1 外 英 情 情Ⅰ
◆個別学力検査等
[情報科：1科目] 数 数ⅠⅡⅢABC

後期日程
◆共通テスト
[情報科：5科目] 国 外 現古漢、英から1 数 数ⅠA、数ⅡBC 理 物、化、生、地から1 情 情Ⅰ
◆個別学力検査等
[情報科：1科目] 面 個人面接

■特別選抜

[学校推薦型選抜] 学校推薦型選抜（共通テストを課さない・愛知県内枠)、学校推薦型選抜（共通テストを課す・全国枠、共通テストを課す・愛知県内枠) 共
[その他] 社会人特別選抜、帰国生徒特別選抜、外国人留学生特別選抜

愛知県立大学ギャラリー

■長久手キャンパス

看護学部以外の4学部の学生が主に通うキャンパス。緑に囲まれたキャンパスでは、快適に過ごすための環境が充実しています。

■学生間の交流

ラウンジやiCoToBaなど学生同士で交流できる場が多く設けられていて、授業で得た学びをより深めることが可能です。

■iCoToBa

iCoToBa（多言語学習センター）では、語学力アップの授業プログラムの出席だけでなく、すべての学生の利用が可能です。

■情報科学部

情報科学部には並列コンピュータ装置や36面マルチスクリーンシステムをはじめ、様々な最新設備・装置が充実しています。

名古屋市立大学

なごやしりつ

資料請求

学生課入試係（桜山キャンパス）　TEL（052）853-8020　〒467-8601 愛知県名古屋市瑞穂区瑞穂町字川澄1

創造性豊かな「知の創造の拠点」を目指す

大学紹介動画 　最新入試情報 

高度な知識と技術を身につけ、目的意識と主体性を持って、地域社会及び国際社会に貢献できる人材を育成する。市民とともに歩む大学として産学官連携を推進し、研究・教育成果を幅広く社会に発信している。

滝子（山の畑）キャンパス

キャンパス **5つ**

桜山（川澄）キャンパス
〒467-8601 愛知県名古屋市瑞穂区瑞穂町字川澄1
滝子（山の畑）キャンパス
〒467-8501 愛知県名古屋市瑞穂区瑞穂町字山の畑1
田辺通キャンパス
〒467-8603 愛知県名古屋市瑞穂区田辺通3-1
北千種キャンパス
〒464-0083 愛知県名古屋市千種区北千種2-1-10
勢子坊キャンパス（2026年度開設予定）
〒465-8650 愛知県名古屋市名東区勢子坊2-1501

基本データ

※2023年5月現在（進路・就職は2022年度卒業者データ。学費は2024年度入学者用〔予定〕）

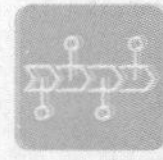
沿革

1950年、名古屋女子医科大学と名古屋薬科大学を統合し、医学部と薬学部を有する名古屋市立大学が発足。1964年、経済学部を設置。1996年、人文社会学部と芸術工学部を設置。1999年、看護学部を設置。2018年、総合生命理学部を設置。2023年、データサイエンス学部を設置。2025年、医学部および看護学部を再編し、医学部内に保健医療学科（仮称）を開設予定。

教育機関　7学部　7研究科

学部　医／薬／経済／人文社会／芸術工／総合生命理／データサイエンス

大学院　医学MD／薬学MD／経済学MD／人間文化MD／芸術工学MD／理学MD／看護学MD

人数

学部学生数　4,120名　　教員1名あたり学生 5名

教員数　788名【理事長】郡健二郎、【学長】浅井清文
（教授209名、准教授176名、講師137名、助教261名、助手・その他5名）

学費

初年度納入額　845,460~1,131,600円

奨学金　名市大生スタート支援奨学金、川久保学生奨励金、田坂学生奨学基金

進路

学部卒業者　822名
（進学129名［15.7%］、就職574名［69.8%］、その他※119名［14.5%］）
※臨床研修医79名を含む

主な就職先　デンソー、アイシン、トヨタ自動車、中部電力パワーグリッド、日本アイ・ビー・エム、NEC、マルハニチロ、丸紅、野村総合研究所、中部国際空港、国際協力機構、任天堂、楽天グループ、名古屋市立大学病院、日本赤十字社、愛知県がんセンター、愛知県庁、日本調剤、中外製薬

学部学科紹介

※本書掲載内容は、大学公表資料から独自に編集したものです。詳細は大学パンフレットやホームページ等で必ず確認してください（取得可能な免許・資格は任用資格や受験資格などを含む）。

医学部

桜山（川澄）キャンパス
勢子坊C(保(リハ)2~4年、26年度開設予定)
定員 297

特色 人間味と深い知識を兼ね備えた医療人を育成する。
進路 医：臨床研修医。保健医療：看護師、保健師、理学療法士、作業療法士。
学問分野 医学／看護学
大学院 医学／看護学

医学科 (97)	6年制。社会性、倫理性、創造性を兼ね備え、医学の発展に寄与できる医師を育成する。1年次に地域参加型学習として医療現場を体験し、2年次から専門性を高める。3年次後期より診断や治療などの臨床医学教育が始まり、4年次後期から臨床実習で実践力をつける。
保健医療学科 新 (200)	2025年度開設予定。4年制。看護学、リハビリテーション学の2専攻を設置。地域医療に貢献する人材を育成するとともに、医学部附属病院群との協力により多職種連携教育をさらに強化することを目指す。
取得可能な免許・資格	医師、看護師、保健師、理学療法士、作業療法士、養護教諭（二種）

薬学部

田辺通キャンパス
定員 115

特色 薬を通して人類の健康と福祉に貢献すべく世界で活躍する薬の専門家を育成する。
進路 薬学科の約半数は薬局や病院。両学科とも製薬会社へ就職する者が多い。
学問分野 薬学
大学院 薬学

薬学科 (65)	6年制。医薬品と薬物療法に関する総合的な医療科学の知識を持つだけでなく、服薬指導や薬物治療の設計、新薬の臨床試験などあらゆる分野で活躍できる薬剤師を育成する。基礎的薬学を学んだのち、個々の病気とその薬による治療に関して最先端の知識を修得する。
生命薬科学科 (50)	4年制。創薬生命科学の基礎から最先端まで幅広い知識を修得し、医薬品の開発研究などにより生命科学と医療の発展を担う人材を育成する。最先端の化学や分子生物学の授業、プレゼンテーションの演習を取り入れるなど、研究活動に配慮したカリキュラムを展開。
取得可能な免許・資格	薬剤師

経済学部

滝子（山の畑）キャンパス
定員 265

特色 経済学や経営学を幅広く学び、社会課題に柔軟に対応できる人材を育成。
進路 就職先は公務、金融、情報通信業、製造業など多岐にわたる。
学問分野 経済学／経営学
大学院 経済学

公共政策学科 (104)	集団の行動原理を科学的に解明する手段として経済学を修得し、その知識と理論を政策の評価や立案に応用する能力を身につけることで、主導的役割を果たせる人物を育成する。市場経済の機能について学ぶとともに、経済現象の分析方法や統計的手法を身につける。
マネジメントシステム学科 (92)	種々の組織のマネジメントの仕組みを、制度と歴史、経営学の視点から学ぶ。事例研究や産学連携教育など、経済や経営の現象を実際に体験しつつ学ぶカリキュラムで複雑化する経済や経営の分野に対し柔軟かつ主体的に対応できる人材を育成する。
会計ファイナンス学科 (69)	会計とファイナンスの両領域を総合的に学修し、国際的な視野を持つ会計およびファイナンスの専門家や企業の経理、財務部門を担うプロフェッショナルを育成する。公認会計士、ファイナンシャルプランナーといった資格取得をサポートする体制を整えている。

人文社会学部

滝子（山の畑）キャンパス　定員 205

特色	他学部や学内外と連携した教育と研究により持続可能な生き方・あり方を考える。
進路	卒業者の多くは公務や情報通信業、卸売・小売業に就く。
学問分野	心理学／社会学／国際学／教育学／人間科学
大学院	人間文化

心理教育学科 (64)	心理学と教育学の学習を基盤に、関心に応じた分野を専門的に学習できるよう、「課題解決能力の高い保育者を目指す」「次世代育成支援の課題を学ぶ」「人の心理と多様性を学ぶ」「心理支援の専門職を目指す」という目標を持つ4つの履修モデルを用意している。
現代社会学科 (70)	現代社会の課題に、社会学を中心に政治学、法学、歴史学などの諸分野からアプローチし、現実の社会を的確に調査・分析する力を身につける。2年次の社会調査実習では、実際に社会調査を行い、名古屋大学など東海地方の各大学と共同で調査結果の報告会を行う。
国際文化学科 (71)	欧米研究と日本・アジア研究を柱として様々な人文社会系学問分野から諸文化を理解し、地域や国際社会に貢献できる人材を育成する。英語で行われる専門科目の他、アカデミックスキルに特化したプログラムも展開。中国語、フランス語、ドイツ語などの修得も可能。
取得可能な免許・資格	公認心理師、認定心理士、社会調査士、社会福祉士、スクールソーシャルワーカー、保育士、教員免許（幼一種、中-社・英、高-地歴・公・英）

芸術工学部

北千種キャンパス　定員 100

特色	デザインや芸術、工学を幅広く学び、社会が解決を求めているテーマに取り組む。
進路	約3割は大学院へ進学。就職先は情報通信業や建築業、製造業など。
学問分野	デザイン学／環境学
大学院	芸術工学

情報環境デザイン学科 (30)	時代とともに進化する情報およびメディアデザインの分野で活躍できる人材を育成する。造形やデザインの基礎技法、メディアやインタラクションデザインの基礎的な技術や考え方を学んだのち、映像・音響、情報機器、メディア工学などの分野から課題を選択して学ぶ。
産業イノベーションデザイン学科 (30)	デザインと工学の理論、知識、実践力を身につけ、先端技術を活用し新たな事業や製品開発の場でリーダーシップを発揮できる人材を育成する。作品制作やシステム開発を行う芸術工学実習では、実社会で必要な立案や発想、プレゼンテーションなどの手法を修得する。
建築都市デザイン学科 (40)	機能的で美しく、安全・快適な都市の創造のために、建築設計や意匠・計画、構造・材料、環境・設備、都市・地域などに関する理論と技術を幅広く学ぶ。芸術工学実習を通して、建築・都市デザインの段階的なトレーニングにも取り組む。
取得可能な免許・資格	建築士（一級、二級、木造）

総合生命理学部

滝子（山の畑）キャンパス　定員 43

特色	生命科学を中心に基礎を学んだあと専門分野を学修し、柔軟な思考能力を養う。
進路	卒業者のほとんどが大学院へ進学。就職先は製造業や情報通信業など。
学問分野	数学／物理学／化学／生物学／地学／情報学
大学院	理学

総合生命理学科 (43)	生命科学、物質科学、数理情報科学の3つの領域を十分に学び基本を固めたのち、興味に応じて専門分野を選択する。生命科学を中心に学ぶ生命情報、物質科学や数理情報科学を中心に学ぶ自然情報の2つのコースがある。3年次の後半から卒業研究を行う。
取得可能な免許・資格	教員免許（中-数、高-数・理）

データサイエンス学部 滝子（山の畑）キャンパス　定員 80	
特色	2023年度開設。社会の発展に貢献できる実践的な能力を養成する。
進路	2023年度開設。進路はIT業やシンクタンク、製薬企業などを想定。
学問分野	経済学／経営学／社会学／数学／情報学

データサイエンス学科　(80)	2023年度開設。IT分野、ビジネス分野、医療分野の3つの履修モデルを設け、各分野に関連したデータサイエンスを学ぶ。データの収集や管理、分析、考察のために必要となる統計学や数学、情報工学を修得し、社会課題を解決する力を身につける。

入試要項（2025年度）

※この入試情報は大学発表の2025年度入試（予告）および2024年度募集要項等より編集したものです（2024年1月時点。見方は巻頭の「本書の使い方」参照）。内容には変更が生じる可能性があるため、最新情報はホームページや2025年度募集要項等で必ず確認してください。

「大学入試科目検索システム」のご案内
日程・方式ごとの偏差値や昨年度入試結果（志願者倍率、実質倍率、合格最低点）、基本情報（出願締切日、試験日、二段階選抜、募集人員、総合満点）などは、「大学入試科目検索システム」（https://nyushi.toshin.com/）をご覧ください（利用方法はp.12参照）。

■医学部 医学科 偏差値 66

前期日程
◆共通テスト
[医：8科目] 国現古漢 地歴 公全6科目から1 数数ⅠA、数ⅡBC 理物、化 外全5科目から1 情情Ⅰ
◆個別学力検査等
[医：5科目] 数数ⅠⅡⅢA〔全〕B〔列〕C 理物基・物、化基・化 外英 面面接

■医学部 保健医療学科 偏差値 59

前期日程
◆共通テスト
[保健医療－看護学：8科目] 国現古漢 地歴 公 理全11科目から3 数数ⅠA、数ⅡBC 外英 情情Ⅰ
[保健医療－リハビリテーション学：7科目] 国現古漢 地歴 公全6科目から1 数数ⅠA、数ⅡBC 理理科基礎、物、化、生から1▶地基選択不可 外英 情情Ⅰ
◆個別学力検査等
[保健医療－看護学：3科目] 外英 論小論文 面面接
[保健医療－リハビリテーション学：2科目] 数数ⅠⅡA〔全〕B〔列〕C〔ベ〕 外英

■薬学部 偏差値 64

中期日程
◆共通テスト
[全学科：8科目] 国現古漢 地歴 公全6科目から1 数数ⅠA、数ⅡBC 理物、化、生、地から2 外全5科目から1 情情Ⅰ
◆個別学力検査等
[全学科：3科目] 数数ⅠⅡⅢA〔全〕B〔列〕C 理化基・化 外英

■経済学部 偏差値 62

前期日程
◆共通テスト
[全学科：5科目] 国現古漢 地歴 公 理 情全12科目から1 数数ⅠA、数ⅡBC 外全5科目から1
◆個別学力検査等
[全学科：2科目] 数数ⅠⅡA〔全〕B〔列〕C〔ベ〕 外英

後期日程
◆共通テスト
[全学科：5科目] 前期日程に同じ
◆個別学力検査等（Eコース）
[全学科：1科目] 外英
◆個別学力検査等（Mコース）
[全学科：1科目] 数数ⅠⅡA〔全〕B〔列〕C〔ベ〕

■人文社会学部 偏差値 62

前期日程
◆共通テスト
[心理教育：6科目] 国現古漢 地歴 公 理全11科目から2▶地歴公から1必須 数数ⅠA 外全5科目から1 情情Ⅰ
[現代社会：5科目] 国現古漢 地歴 公 理 情地歴理情全9科目、公共・倫、公共・政経から2▶地歴公から1必須 数数ⅠA 外全5科目から1
[国際文化：6科目] 国現古漢 地歴 公 理地歴理全8科目、公共・倫、公共・政経から2▶地歴公から1必須 数数Ⅰ、数ⅠAから1 外全5科目から1 情情Ⅰ
◆個別学力検査等
[全学科：2科目] 国現古漢 外英

後期日程
◆共通テスト
[心理教育、国際文化：6科目] 前期日程に同じ
[現代社会：5科目] 前期日程に同じ
◆個別学力検査等
[全学科：1科目] 論小論文

■芸術工学部 偏差値 59

前期日程
◆共通テスト
[情報環境デザイン、産業イノベーションデザイン：

7科目］国現古漢地歴公全6科目から1数数ⅠA、数ⅡBC理物、化、生、地から1外英情情Ⅰ
［建築都市デザイン：8科目］国現古漢地歴公全6科目から1数数ⅠA、数ⅡBC理物、化、生、地から2外英情情Ⅰ
◆個別学力検査等
［情報環境デザイン：3科目］数数ⅠⅡⅢA〔全〕B〔列〕C外英論実技小論文、美術実技から1
［産業イノベーションデザイン：3科目］数数ⅠⅡⅢA〔全〕B〔列〕C外英実技美術実技
［建築都市デザイン：2科目］数数ⅠⅡⅢA〔全〕B〔列〕C外英

後期日程
◆共通テスト
［情報環境デザイン、産業イノベーションデザイン：5科目］国現古漢数全3科目から2外英情情Ⅰ
［建築都市デザイン：7科目］国現古漢地歴公全6科目から1数全3科目から2理物、化、生、地から1外英情情Ⅰ
◆個別学力検査等
［情報環境デザイン、産業イノベーションデザイン：1科目］実技美術実技
［建築都市デザイン：1科目］論実技小論文、美術実技から1

■総合生命理学部 偏差値 62

後期日程
◆共通テスト
［総合生命理：8科目］国現古漢地歴公全6科目から1数数ⅠA、数ⅡBC理物、化、生、地から2外英情情Ⅰ
◆個別学力検査等
［総合生命理：3科目］数数ⅠⅡⅢA〔全〕B〔列〕C理物基・物、化基・化、生基・生から1論小論文

■データサイエンス学部 偏差値 62

前期日程
◆共通テスト
［データサイエンス：7科目］国現古漢地歴公全6科目から1数数ⅠA、数ⅡBC理物、化、生、地から1外全5科目から1情情Ⅰ
◆個別学力検査等
［データサイエンス：2科目］数数ⅠⅡⅢA〔全〕B〔列〕C外英

■特別選抜

［学校推薦型選抜］地域枠学校推薦型選抜共、学校推薦型選抜（中部圏活躍型、名古屋市高大接続型、連携指定校型）共、学校推薦型選抜A、学校推薦型選抜B共、学校推薦型選抜B（名古屋市高大接続型）共
［その他］帰国生徒・外国学校出身者選抜、私費外国人留学生選抜

就職支援

名古屋市立大学では、キャリア支援センターによる企業情報や各種就活イベント情報の提供、キャリア相談員による各種相談や面接対策などの支援が行われています。また、学内での業界セミナーや、企業研究セミナー、公務員セミナーなどが開催され、学生が「社会に出るための必要な能力」を身に付けるための支援が行われています。

国際交流

名古屋市立大学では、海外の様々な地域の大学・機関と国際交流協定を結んでいます。留学制度として、協定校へ留学する交換留学や派遣留学、その他にも、語学力アップ・異文化生活体験を留学目的とした留学から、医学・薬学の臨床研修や海外の大学で芸術工学を学ぶ留学など、専門分野に密接に関連したプログラムが実施されています。また、海外の協定校に派遣される学生に対しては、後援会からの奨学金のサポートを受けることができます。

滋賀県立大学
しがけんりつ

資料請求

教務課入試室 TEL (0749) 28-8217 〒522-8533 滋賀県彦根市八坂町2500

琵琶湖を中心としたフィールドで学びを深める

大学紹介動画

最新入試情報

歴史と豊かな自然風土に培われた環境で「キャンパスは琵琶湖。テキストは人間。」をモットーに教育、研究、地域活動に取り組む。未来志向の学芸を教授し広い視野と創造力、知識や技術を備えた人材を育成する。

えんぴつ塔と図書情報センター

キャンパス **1**つ

滋賀県立大学キャンパス
〒522-8533 滋賀県彦根市八坂町2500

公立 近畿 滋賀県立大学

基本データ

※2023年5月現在（進路・就職は2022年度卒業者データ。学費は2024年度入学者用）

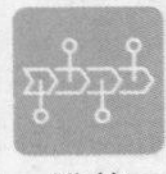

沿革

1950年、滋賀県立短期大学を開学。1995年、滋賀県立大学を開学。1999年、大学院修士課程を設置。2001年、大学院博士課程を設置。2003年、人間看護学部を設置。2006年、公立大学法人となる。2007年、大学院人間看護学研究科修士課程を設置し、現在に至る。

教育機関 4学部 4研究科

学部 環境科／工／人間文化／人間看護

大学院 環境科学Ⓜ︎Ⓓ︎／工学Ⓜ︎Ⓓ︎／人間文化学Ⓜ︎Ⓓ︎／人間看護学Ⓜ︎

人数

学部学生数 **2,571**名

教員1名あたり学生 **12**名

教員数 **203**名【理事長・学長】井手慎司
（教授**75**名、准教授**69**名、講師**59**名）

学費

初年度納入額 **867,800~1,008,800**円

奨学金 滋賀県地域医療を担う看護職員養成奨学金

進路

学部卒業者 **613**名
（進学**156**名［25.4%］、就職**434**名［70.8%］、その他**23**名［3.8%］）

主な就職先 滋賀県（職員）、滋賀県警察本部、滋賀県教育委員会、長浜市（職員）、滋賀銀行、NTTコムウェア、日産オートモーティブテクノロジー、村田製作所、パナソニック、アイリスオーヤマ、富士ファニチア、ジヤトコ、平和堂、日清医療食品、大和ハウス工業、一条工務店、日吉、滋賀医科大学医学部附属病院、滋賀県立総合病院、大津赤十字病院、彦根市立病院

学部学科紹介

※本書掲載内容は、大学公表資料から独自に編集したものです。詳細は大学パンフレットやホームページ等で必ず確認してください（取得可能な免許・資格は任用資格や受験資格などを含む）。

環境科学部

滋賀県立大学キャンパス　定員 180

特色　環境フィールドワークなどを通して人間活動と地域社会、自然環境の関係を学ぶ。
進路　環境建築デザイン：約半数が建設業に就く。その他：製造業、公務など。
学問分野　環境学
大学院　環境科学

環境生態学科 (30)	自然環境の総合的な理解と環境問題の解決を目指し、特定の学問にとらわれることなく、自然科学のすべての領域を学ぶ。自然環境を知る上で必要な様々な分析や測定の技術を身につけ、豊富な野外実習や実験を通して具体的な調査の方法を修得する。
環境政策・計画学科 (40)	環境問題を文理の垣根を越えて総合的に学び、環境と社会の調和を目標とした政策や計画を幅広い視野から策定する能力と技法を身につける。フィールドワークやヒアリング調査などを通して、多様な分野で活躍する上で役立つ実践的な技術などを修得する。
環境建築デザイン学科 (50)	建築計画・設計や造園・ランドスケープ、都市・地域計画の他、建築史・空間論や環境工学、建築構造・安全防災に至る幅広い分野を学び、地域環境と調和した生活空間を築くための理論と技術を身につける。実際の現場を想定し、イメージを形にする訓練を行う。
生物資源管理学科 (60)	生物資源を適切に管理できる知識と知恵を兼ね備えた人材を育成する。2年次後期からは生物機能利用および環境農学という2つの履修コースに従った学習が推奨され、専門的な学びを深める。実践的な技術の修得を重視し、実験や実習が10コース設けられている。
取得可能な免許・資格	地域調査士、学芸員、社会調査士、社会福祉主事、危険物取扱者（甲種）、建築士（一級、二級、木造）、施工管理技士（土木、建築、電気工事、管工事、造園、建設機械、電気通信工事）、自然再生士補、教員免許（中-理、高-理・公・農）

工学部

滋賀県立大学キャンパス　定員 150

特色　実験などを通して独創性や問題解決能力を養い「ものづくり」技術を身につける。
進路　卒業者の多くは製造業に就く。他、情報通信業やサービス業など。
学問分野　機械工学／電気・電子工学／材料工学
大学院　工学

材料化学科 (50)	2023年度より「材料科学科」から名称変更。自然環境と調和する材料技術を開発し、人類の生活を豊かにする研究者や技術者を育成する。金属やセラミックスなどの無機材料から高分子、バイオなどの有機材料まで様々な材料を総合的に学び、系統的な実験・演習カリキュラムで専門知識の理解を深める。
機械システム工学科 (50)	時代の変化に対応できる幅広い視野と独創性を養い、学際的な研究や技術開発にも能力を発揮できる機械設計・製作の技術者や研究者を育成する。1年次から実験や実習に取り組むことで応用力を鍛え、機械システムの設計・製作の実践的知識を身につける。
電子システム工学科 (50)	現代の家電産業や情報通信産業、自動車産業など様々な分野における電気、電子、情報工学の技術を支える実践的な知識と技術を兼ね備えた先端技術者を育成する。講義や演習、実験、実習を通して、電気・電子・情報分野の問題解決能力を養う。
取得可能な免許・資格	社会福祉主事、危険物取扱者（甲種）、毒物劇物取扱責任者、主任技術者（電気、電気通信）、教員免許（高-理・情・工業）

人間文化学部

滋賀県立大学キャンパス　定員 200

特色	地域と生活という観点のもと学科が連携しながら人間文化について研究する。
進路	生活栄養：管理栄養士や教員。その他：卸売・小売業、サービス業など。
学問分野	文学／言語学／地理学／文化学／生活科学／食物学／人間科学
大学院	人間文化学

地域文化学科 (60)	歴史学、考古学、民俗学、地理学、美術史など多様な視点から、滋賀県と日本、アジア各地について学習し、今後の地域のあり方を研究する。環琵琶湖文化論実習で2泊3日のフィールドワークがある他、朝鮮半島、中国など国外でもフィールドワークを行う。
生活デザイン学科 (30)	住居、道具、服飾のデザインを学び、新しい生活のあり方を創造する。生活デザイン分野の専任教員による指導の他、学外の専門家に学ぶ機会も設けられている。企業や地方自治体のデザイン関連プロジェクトへの参加などフィールドワークを重視している。
生活栄養学科 (30)	生命科学と栄養学を基盤とした科学的根拠に基づいて「食環境」を提言できる管理栄養士や栄養教諭などの栄養の専門家を育成する。栄養学を段階的かつ実践的に学ぶことで知識と理論を修得し、病院や保健所などでの実習を通して管理栄養士の実際を学ぶ。
人間関係学科 (30)	心理学、教育学、社会学を専門とする教員の指導のもと、発達とコミュニケーションに注目して複雑な人間関係を読み解きながら、人間や社会のあり方を考察する。少人数での講義や演習が多く、豊富な実験、調査を通して、柔軟な思考能力と実践力を身につける。
国際コミュニケーション学科 (50)	国際的視野と語学力を備えた人材を育成する。海外留学を推奨し、短期間で集中し実践的なレベルまで外国語を修得するカリキュラムを用意している。言語やその背景にある歴史、社会、文化などを学ぶことで、他国の文化を知り、自国の文化への理解を深める。
取得可能な免許・資格	地域調査士、学芸員、社会調査士、社会福祉主事、建築士（二級、木造）、食品衛生管理者、食品衛生監視員、管理栄養士、栄養士、栄養教諭（一種）、教員免許（中-社・家・英、高-地歴・公・家・英）

人間看護学部

滋賀県立大学キャンパス　定員 70

特色	対象者のQOL（生活の質）の確保に向けた看護ができる人材を養成する。
進路	卒業者は看護師や保健師、養護教諭として活躍。他、大学院進学も。
学問分野	看護学／健康科学
大学院	人間看護学

人間看護学科 (70)	知識と教養、感性を兼ね備えた看護職者を養成する。人間看護学の基礎となる基礎看護学、子どもと子どもを育てる人々の看護を学ぶ成育看護学、成人期や老年期の人々に対する成熟看護学、地域の健康や精神看護を学習する環境看護学などの講座で学びを進める。
取得可能な免許・資格	社会福祉主事、看護師、保健師、養護教諭（一種）

入試要項（2025年度）

※この入試情報は大学発表の2025年度入試（予告）より編集したものです（2024年1月時点。見方は巻頭の「本書の使い方」参照）。内容には変更が生じる可能性があるため、最新情報はホームページや2025年度募集要項等で必ず確認してください。

「大学入試科目検索システム」のご案内
日程・方式ごとの偏差値や昨年度入試結果（志願者倍率、実質倍率、合格最低点）、基本情報（出願締切日、試験日、二段階選抜、募集人員、総合満点）などは、「大学入試科目検索システム」（https://nyushi.toshin.com/）をご覧ください（利用方法はp.12参照）。

■環境科学部　偏差値 55

前期日程

◆共通テスト

[環境生態：7科目] 国現古漢 地歴 公全6科目から1 数全3科目から1 理物、化、生、地から2 外英 情情Ⅰ

[環境政策・計画：7科目] 国現古漢 地歴 公全6科目から1 数全3科目から2 理全5科目から1 外英 情情Ⅰ

[環境建築デザイン：6科目] 国現古漢 地歴 公全6科目から1 数全3科目から1 理 情物必須、化、生、地、情Ⅰから1 外英

[生物資源管理：7科目] 国現古漢 地歴 公全6科目から1 数 情全4科目から2 理物、化、生、地から2 外英

◆個別学力検査等

[環境生態：1科目] 論小論文

[環境政策・計画：1科目] 数 外数ⅠⅡⅢA〔全〕B〔列〕C、英から1

[環境建築デザイン：1科目] 数数ⅠⅡⅢA〔全〕B〔列〕C

[生物資源管理：1科目] 面グループ面接

後期日程

◆共通テスト

[環境生態、環境政策・計画：7科目] 前期日程に同じ

[環境建築デザイン：6科目] 国現古漢 地歴 公全6科目から1 数全3科目から1 理 情物、化、生、地、情Ⅰから2 外英

[生物資源管理：4科目] 国現古漢 数 情全4科目から1 理物、化、生、地から1 外英

◆個別学力検査等

[環境生態、生物資源管理：1科目] 前期日程に同じ

[環境政策・計画：1科目] 論小論文

[環境建築デザイン：1科目] 実技造形実技

■工学部 偏差値 55

前期日程

◆共通テスト

[全学科：8科目] 国現古漢 地歴 公全6科目から1 数数ⅠA、数ⅡBC 理物、化 外英 情情Ⅰ

◆個別学力検査等

[材料化：2科目] 数数ⅠⅡⅢA〔全〕B〔列〕C 面グループ面接

[機械システム工：1科目] 数数ⅠⅡⅢA〔全〕B〔列〕C

[電子システム工：2科目] 数数ⅠⅡⅢA〔全〕B〔列〕C 理物基・物

後期日程

◆共通テスト

[全学科：8科目] 前期日程に同じ

◆個別学力検査等

[材料化：2科目] 前期日程に同じ

[機械システム工、電子システム工：1科目] 数数ⅠⅡⅢA〔全〕B〔列〕C

■人間文化学部 偏差値 59

前期日程

◆共通テスト

[地域文化：5科目] 国現古漢 地歴 公全6科目から2▶地歴から1必須 数 理 情全9科目から1 外全5科目から1

[生活デザイン：5科目] 国現古漢 地歴 公全6科目から1 数 理 情全9科目から2教科2 外英

[生活栄養：8科目] 国現古漢 地歴 公全6科目から1 数数ⅠA、数ⅡBC 理物、化、生から2 外英 情情Ⅰ

[人間関係：5科目] 国現古漢 地歴 公 理 情全12科目から2教科2▶地歴と公は1教科扱い 数全3科目から1 外全5科目から1

[国際コミュニケーション：5科目] 国現古漢 地歴 公全6科目から1 数 理 情全9科目から2教科2 外全5科目から1

◆個別学力検査等

[地域文化：2科目] 国現古漢 外英

[生活デザイン、人間関係、国際コミュニケーション：2科目] 国現 外英

[生活栄養：2科目] 理化基・化 外英

後期日程

◆共通テスト

[地域文化：4科目] 国 数 理 情現古漢、数理情全9科目から1 地歴 公全6科目から2▶地歴から1必須 外全5科目から1

[生活デザイン：4科目] 国 地歴 公 数 理 情現古漢、地歴公数理全15科目から3教科3▶地歴と公は1教科扱い 外英

[生活栄養：8科目] 前期日程に同じ

[人間関係：3科目] 国 地歴 公 数 理 情現古漢、地歴公数理情全15科目から2教科2▶地歴と公は1教科扱い 外全5科目から1

[国際コミュニケーション：3科目] 国現古漢 地歴 公全6科目から1 外英

◆個別学力検査等

[地域文化、人間関係、国際コミュニケーション：1科目] 論小論文

[生活デザイン：1科目] 実技美術実技

[生活栄養：1科目] 理化基・化

■人間看護学部 偏差値 57

前・後期日程

◆共通テスト

[人間看護：6科目] 国現古漢 地歴 公全6科目から1 数全3科目から1 理理科基礎、物、化、生から1▶地基選択不可 外英 情情Ⅰ

◆個別学力検査等

[人間看護：1科目] 面グループ面接

■特別選抜

[学校推薦型選抜] 学校推薦型選抜A、学校推薦型選抜A共、学校推薦型選抜B共、学校推薦型選抜C、学校推薦型選抜C共、学校推薦型選抜D

[その他] 帰国生徒特別選抜、私費外国人留学生特別選抜

きょうとふりつ
京都府立大学

資料請求

学務課入試係　TEL (075) 703-5144　〒606-8522 京都府京都市左京区下鴨半木町1-5

地域に根ざした魅力的で個性ある大学を創造する

大学紹介動画

最新入試情報

地域における知の拠点として、人文、社会、自然の諸分野について探究する。歴史的、社会的使命を認識するとともに、研究成果を健康と福祉の向上、産業の振興、文化の継承発展、国際社会の調和ある発展に活かす。

本館・合同講義棟

キャンパス **1**つ

下鴨キャンパス
〒606-8522 京都府京都市左京区下鴨半木町1-5

基本データ

※2023年5月現在（学部学生数に留学生は含まない。進路・就職は2022年度卒業者データ。学費は2024年度入学者用）

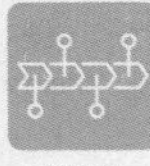
沿革

1949年、京都府立農林専門学校と京都府立女子専門学校を母体に西京大学として発足。1959年、京都府立大学と改称。1970年、文家政学部を改組し、文、家政の2つの学部を設置。2008年、公立大学法人となり、公共政策、生命環境の2つの学部を設置。2024年に食の文化学位プログラム（博士課程）を設置、生命環境学部を農学食科、生命理工情報、環境科学部に再編。文学部を改組し和食文化学科を和食文化科学科に改称の上、農学食科学部に移管。

教育機関
5 学部 **4** 研究科

学部　文／公共政策／農学食科／生命理工情報／環境科

大学院　文学Ⓜ︎Ⓓ／公共政策学ⓂⒹ／生命環境科学ⓂⒹ／食の文化（学位プログラム）ⓂⒹ

人数

学部学生数　**2,003**名

教員1名あたり学生 **13**名

教員数　**154**名【理事長】金田章裕、【学長】塚本康浩

（教授**71**名、准教授**65**名、講師**16**名、助教**2**名）

学費

初年度納入額　**749,660~862,460**円

奨学金　日本学生支援機構奨学金

進路

学部卒業者　**559**名

（進学**113**名［20.2%］、就職**304**名［54.4%］、その他**142**名［25.4%］）

主な就職先　日本年金機構、村田製作所、京都銀行、帝国ホテル、宝ホールディングス、ワールドインテック、大塚食品、TIS、TOWA、住友林業、東京計器、光工業、京都府（職員）、京都府教育委員会

学部学科紹介

※本書掲載内容は、大学公表資料から独自に編集したものです。詳細は大学パンフレットやホームページ等で必ず確認してください（取得可能な免許・資格は任用資格や受験資格などを含む）。

文学部

下鴨キャンパス　定員 107

特色　教養と人間性、専門性、総合的な視野を持ち地域と世界で活躍できる人材を育成。
進路　就職先はサービス業や製造業、情報通信業などが多い。
学問分野　文学／歴史学／文化学／国際学
大学院　文学

日本・中国文化学科 改 (32)	2024年度改称。日本語学、日本文学、中国文学の3つの分野を関連づけて学ぶ。語学と古典文学の理解、和漢比較の視点を重視。京都の伝統文化と文学について学ぶ授業やネイティブスピーカーによる中国語会話の授業なども開講している。授業は少人数制が中心となっている。
国際文化交流学科 改 (32)	2024年度改称。イギリス、アメリカ、ドイツの言語文化、英語学・英語教育学、日英翻訳文化、国際文化交流を中心に学ぶ。欧米文化を理解するとともに、京都文化や日本文化との比較研究も行う。読み書きやディスカッションなど英語やドイツ語を用いる授業を多数用意している。
歴史学科 (43)	日本史・日本文化史、東洋史・東洋文化史、西洋史・西洋文化史、文化遺産学の4つのコースで構成される。各自の研究課題を決め、演習などを通して卒業論文に取り組む。文献や史資料の調査・収集力、読解・分析力を養い、歴史研究をもとにした応用力を鍛える。
取得可能な免許・資格	学芸員、教員免許（中-国・社・英、高-国・地歴・英）

公共政策学部

下鴨キャンパス　定員 104

特色　福祉社会を実現し公共政策を開拓する人材を育成。副専攻プログラムも履修可能。
進路　約2割が公務に就く。金融・保険業や医療・福祉業に就く者もいる。
学問分野　政治学／社会福祉学
大学院　公共政策学

公共政策学科 (52)	市場、政府、非営利などの部門で、公共政策の企画立案や管理運営を行える人材を育成する。政治学、法律学、経済学の基礎を学びつつ、京都府内の地方自治体、一般企業、NPOでの実習を行い、京都や日本各地で地域、社会の改善に貢献できる力を養成する。
福祉社会学科 (52)	社会福祉学と社会学を中心に学びながら社会を捉える視点を身につける社会福祉学群、教育学と心理学を中心に学びながら人間の個としてのあり方や社会の中での発達の仕方を探る人間形成学群の2つからなる。講義や演習は少人数で行われ、専門性を高めていく。
取得可能な免許・資格	認定心理士、社会調査士、社会福祉士、精神保健福祉士、教員免許(中-社、高-公・福)、社会教育士、社会教育主事

農学食科学部

下鴨キャンパス　定員 105

特色　2024年度開設。農業や食物の諸領域を総合的に学習していく。
進路　大学院への進学の他、製造業などへの就職を想定。
学問分野　農学／食物学
大学院　生命環境科学／食の文化

農学生命科学科 新 (50)	1・2年次は共通の講義、実験で基礎を養い、14専攻科目からなる研究室に分属され、生物の多様性を活かした持続可能な食料生産技術や生物機能科学、動植物の機能開発、農業経営などについて研究する。
栄養科学科 新 (25)	社会に貢献できる管理栄養士、食品衛生管理者、食品衛生監視員を育成するため、食と健康に関わる科学全般の教育、研究に取り組む。栄養学、食品科学、食品安全性学、食事学、健康科学の5つの分野からなり、それらの連携のもと多彩な専門教育が行われている。
和食文化科学科 新 (30)	人類学・歴史学・経営学・食科学など専門的な視点から、幅広い知識を身につける。文献をもとに研究するだけでなく、京野菜の生産農家や料理人を訪ねて知恵や知識を学ぶなど、京都の地の利を活かした実習が用意されている。
取得可能な免許・資格	学芸員、食品衛生管理者、食品衛生監視員、管理栄養士、栄養士、栄養教諭（一種)、教員免許（中-理、高-理・農）

生命理工情報学部

下鴨キャンパス　定員 59

特色	2024年度開設。
進路	大学院への進学の他、製造業、情報通信業などへの就職を想定。
学問分野	数学／物理学／化学／生物学／応用化学／応用生物学／情報学
大学院	生命環境科学

生命化学科 新 (32)	1年次から3年次まで必修の実験科目を用意。必要に応じて個人面談を行う他、半期ごとの成績確定時に個人面接を行うなどきめ細かい指導を行っている。3年次後期から始まる卒業研究では、最先端の研究を通して実践的で高度な知識と技術を修得する。
理工情報学科 新 (27)	1年次は一般教養や理系科目の基礎を学び、2年進級時に応用生物学、環境計測学、応用数学、材料設計学、知能情報学の5つのうちから1つを主専攻に選択する。ビジネス英語や専門英語も学び、国際的なコミュニケーション力を育成する。
取得可能な免許・資格	学芸員、危険物取扱者（甲種）、毒物劇物取扱責任者、教員免許（中-理、高-理・情）

環境科学部

下鴨キャンパス　定員 79

特色	2024年度開設。
進路	大学院への進学の他、製造業などへの就職を想定。
学問分野	生物学／土木・建築学／森林科学／環境学
大学院	生命環境科学

森林科学科 新 (36)	木質資源の生産や災害防止、環境保全などの森林の機能を理解し、森林管理や木質資源の利用などに関する知識を身につける。実際の森林での体験を重視し、植生調査や地形測量などの実習や、木質資源の利用のための基礎実験などをカリキュラムに組み込んでいる。
環境デザイン学科 新 (43)	住居・建築、インテリア・生活デザインの2つのコースに分かれる。都市計画学、住生活学など15の専門分野の科目があり、それらを有機的に統合して学ぶことで生活環境、生活空間を創造する力を養う。1～3年次での環境デザイン実習や少人数教育が特徴的。
取得可能な免許・資格	学芸員、建築士（一級、二級）、施工管理技士（土木、建築、電気工事、管工事、造園、電気通信工事）、樹木医補、森林情報士、教員免許（中-理、高-理・農）

入試要項（2025年度）

※この入試情報は大学発表の2025年度入試（予告）および2024年度募集要項等より編集したものです（2024年1月時点。見方は巻頭の「本書の使い方」参照）。内容には変更が生じる可能性があるため、最新情報はホームページや2025年度募集要項等で必ず確認してください。

「大学入試科目検索システム」のご案内
日程・方式ごとの偏差値や昨年度入試結果（志願者倍率、実質倍率、合格最低点）、基本情報（出願締切日、試験日、二段階選抜、募集人員、総合満点）などは、「大学入試科目検索システム」（https://nyushi.toshin.com/）をご覧ください（利用方法はp.12参照）。

■文学部 偏差値 64

前期日程

◆共通テスト

[日本・中国文化、国際文化交流：5科目] 国現古漢 地歴 公全6科目から1 数全3科目から1 理全5科目から1 外全5科目から1

[歴史：5科目] 国現古漢 地歴全3科目から1 数全3科目から1 理全5科目から1 外全5科目から1

◆個別学力検査等

[全学科：3科目] 国現古漢 地歴歴総・日、歴総・世から1 外英

後期日程

◆共通テスト

[日本・中国文化、国際文化交流：3科目] 国現古漢 地歴 公全6科目から1 外全5科目から1

[歴史：3科目] 国現古漢 地歴全3科目から1 外全5科目から1

◆個別学力検査等

[日本・中国文化：1科目] 国現古漢

[国際文化交流：1科目] 外英

[歴史：1科目] 地歴歴総・日、歴総・世から任意選択

■公共政策学部 偏差値 61

前期日程

◆共通テスト

[全学科：5科目] 国現古漢 地歴 公全6科目から1 数全3科目から1 理全5科目から1 外全5科目から1

◆個別学力検査等

[全学科：2科目] 国現古漢 外英

後期日程

◆共通テスト

[全学科：5科目] 前期日程に同じ

◆**個別学力検査等**
[全学科：1科目] 論小論文

■農学食科学部 偏差値 60

前期日程

◆**共通テスト**
[農学生命科：8科目] 国現古漢 地歴 公全6科目から1 数数ⅠA、数ⅡBC 理物、化、生、地から2 外英 情情Ⅰ
[栄養科：8科目] 国現古漢 地歴 公全6科目から1 数数ⅠA、数ⅡBC 理物、化、生から2 外英 情情Ⅰ

◆**共通テスト（前期A、前期B）**
[和食文化科：6科目] 国現古漢 地歴 公全6科目から1 数全3科目から1 理全5科目から1 外全5科目から1 情情Ⅰ

◆**個別学力検査等**
[農学生命科、栄養科：3科目] 理物基・物、化基・化、生基・生から2 外英

◆**個別学力検査等（前期A）**
[和食文化科：3科目] 国現古漢 地歴歴総・日、歴総・世から1 外英

◆**個別学力検査等（前期B）**
[和食文化科：3科目] 理物基・物、化基・化、生基・生から2 外英

後期日程

◆**共通テスト**
[農学生命科：5科目] 数数ⅠA、数ⅡBC 理物、化、生、地から2 外英

◆**個別学力検査等**
[農学生命科] 課さない

■生命理工情報学部 偏差値 59

前期日程

◆**共通テスト**
[生命化：8科目] 国現古漢 地歴 公全6科目から1 数数ⅠA、数ⅡBC 理物、化、生、地から2 外英 情情Ⅰ

[理工情報：7科目] 国現古漢 地歴 公全6科目から1 数 情数ⅠA必須、数ⅡBC、情Ⅰから1 理物、化、生、地から2 外英

◆**個別学力検査等**
[生命化：4科目] 数数ⅠⅡABC〔ベ〕理物基・物、化基・化、生基・生から2 外英
[理工情報：3科目] 数数ⅠⅡⅢABC 理物基・物、化基・化、生基・生から2

後期日程

◆**共通テスト**
[生命化：7科目] 国現古漢 数数ⅠA、数ⅡBC 理物、化、生、地から2 外英 情情Ⅰ

◆**個別学力検査等**
[生命化] 課さない

■環境科学部 偏差値 62

前期日程

◆**共通テスト**
[森林科：7科目] 国現古漢 地歴 公全6科目から1 数数ⅠA、数ⅡBC 理物、化、生、地から2 外英
[環境デザイン：6科目] 国現古漢 地歴 公全6科目から1 数数ⅠA、数ⅡBC 理物、化、生、地から1 外英

◆**個別学力検査等**
[森林科：3科目] 数数ⅠⅡABC〔ベ〕理物基・物、化基・化、生基・生から2
[環境デザイン：2科目] 理物基・物、化基・化、生基・生から1 外英

後期日程

◆**共通テスト**
[森林科：7科目] 前期日程に同じ

◆**個別学力検査等**
[森林科] 課さない

■特別選抜

[学校推薦型選抜] 学校推薦型選抜（府内、全国、特別枠）、学校推薦型選抜（府内、全国）共
[その他] 外国人留学生入試

就職支援

京都府立大学では、キャリアサポートセンターを設け、多様化する価値観・ニーズに応じたキャリア選択が行えるよう、複数のキャリアカウンセラーが学生の適正に応じた就職相談やエントリーシートの添削などを行います。また、業界研究・企業研究などを行う就職講座や、個別で企業の担当者を招致し企業理解・業界理解を深める「個別版 働き方研究会」や、数多くの企業・行政機関等を招致して開催する「合同版 働き方研究会」などを開催し、学生の就職支援を行っています。

国際交流

京都府立大学では、海外の21の大学と国際交流協定を交わし、教員や研究者の交流や共同研究、シンポジウムの開催、学部生や大学院生の留学等の活発な学術交流を行っています。また、韓国・中国・ドイツ・オーストラリアの大学への短期研修が夏季や春季に約2週間または約1カ月間実施され、語学の学修や文化体験、現地学生との交流などを行うことができます。

きょうと ふりつ いか 京都府立医科大学

資料請求

教育支援課入試係(河原町キャンパス) TEL(075)251-5167 〒602-8566 京都府京都市上京区河原町通広小路上ル梶井町465

世界トップレベルの医学を地域へ

大学紹介動画

最新入試情報

豊かな人間性と創造性、確かな技術と知識を兼ね備えた医療人を育成する。医学科は「人間愛」「地域貢献」「国際的視野の涵養」、看護学科は「心と技術と知識のバランスのとれた看護職者の育成」を理念とする。

河原町キャンパス正門

キャンパス **3**つ

河原町キャンパス
〒602-8566 京都府京都市上京区河原町通広小路上ル梶井町465

広小路キャンパス
〒602-0857 京都府京都市上京区清和院口寺町東入中御霊町410

下鴨キャンパス
〒606-0823 京都府京都市左京区下鴨半木町1-5

基本データ

※2023年5月現在(教員数は非常勤を含む。進路・就職は2022年度卒業者データ。学費は2024年度入学者用〔予定〕)

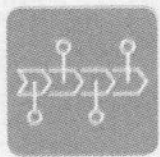
沿革

1872年、粟田口青蓮院内に療病院を設け、治療の傍ら医学生の教育活動を始める。1921年、京都府立医科大学を設置。1982年、附属小児疾患研究施設を設置。2002年、医学部看護学科を設置。2014年、三大学教養教育共同化施設となる稲盛記念会館を竣工し、現在に至る。

教育機関 1学部 2研究科

学部 医

大学院 医学ⓂⒹ/保健看護学ⓂⒹ

人数

学部学生数 **1,002**名

教員1名あたり 学生 **2**名

教員数 **458**名【理事長】金田章裕、【学長・副理事長】夜久均
(教授**50**名、准教授**60**名、講師**88**名、助教**260**名)

学費

初年度納入額 **705,000~1,148,800**円

奨学金 日本学生支援機構奨学金、京都府立医科大学NIM奨学金、ENT M Dr.浅野登&暉子奨学基金、京都府看護師等修学資金

進路

学部卒業者 **192**名
(進学**4**名[2.1%]、就職**76**名[39.6%]、その他※**112**名[58.3%])
※臨床研修医103名を含む

主な就職先 京都府立医科大学附属病院、京都第二赤十字病院、三菱京都病院、虎の門病院、淀川キリスト教病院、大阪医科薬科大学病院、保健師(京都府・京都市)、京都桂病院、国立病院機構 舞鶴医療センター

学部学科紹介

※本書掲載内容は、大学公表資料から独自に編集したものです。詳細は大学パンフレットやホームページ等で必ず確認してください（取得可能な免許・資格は任用資格や受験資格などを含む）。

医学部

河原町キャンパス(医、一部は下鴨C)
広小路キャンパス(看護、一部は下鴨C)
定員 192

特色	専門職としての総合的能力を持ち医学や看護学の発展に貢献する人材を育成する。
進路	医：多くが研修医に。看護：多くが看護師や保健師、助産師となる。
学問分野	医学／看護学
大学院	医学／保健看護学

医学科 (107)	6年制。国際社会に通用する優れた医師や医学研究者を育成する。1年次には教養教育の講義に加え、附属病院などでの早期体験実習が行われる。専門教育では特定のテーマを横断的に学ぶ総合講義がある他、72週にわたる臨床実習で多くの症例を学ぶことができる。
看護学科 (85)	4年制。全体的かつ統合的に人間を捉え、倫理観を持って看護に取り組む力や科学的な判断力、問題解決能力を兼ね備えた看護職者を育成する。看護学の基礎となる知識や技術、態度を学び、学内の演習や臨地実習で看護学の実践を学ぶ。
取得可能な免許・資格	医師、看護師、助産師、保健師、養護教諭（二種）

入試要項（2025年度）

※この入試情報は大学発表の2025年度入試（予告）および2024年度募集要項等より編集したものです（2024年1月時点。見方は巻頭の「本書の使い方」参照）。内容には変更が生じる可能性があるため、最新情報はホームページや2025年度募集要項等で必ず確認してください。

「大学入試科目検索システム」のご案内
日程・方式ごとの偏差値や昨年度入試結果（志願者倍率、実質倍率、合格最低点）、基本情報（出願締切日、試験日、二段階選抜、募集人員、総合満点）などは、「大学入試科目検索システム」（https://nyushi.toshin.com/）をご覧ください（利用方法はp.12参照）。

■医学部 医学科 偏差値 66

前期日程

◆**共通テスト**
［医：8科目］国現古漢 地歴 公 地歴全3科目、公共・倫、公共・政経から1 数 数ⅠA、数ⅡBC 理 物、化、生から2 外 全5科目から1 情 情Ⅰ

◆**個別学力検査等**
［医：6科目］数 数ⅠⅡⅢA〔全〕BC 理 物基・物、化基・化、生基・生から2 外 英 論 小論文 面 面接

■医学部 看護学科 偏差値 60

前期日程

◆**共通テスト**※理科基礎は2科目扱い
［看護：7〜8科目］国 現古漢 地歴 公 全6科目から1 数 数ⅠA、数ⅡBC 理 理科基礎、物、化、生から1▶地基選択不可 外 英 情 情Ⅰ

◆**個別学力検査等**
［看護：3科目］総合 総合問題（英語）、総合問題（小論文）面 面接

■特別選抜

［学校推薦型選抜］学校推薦型選抜、学校推薦型選抜 共

京都府立医科大学ギャラリー

■キャンパス全景

上空からのキャンパス全体と河原町キャンパスに併設する附属病院の様子。東は鴨川、西は御所という風光明媚な立地です。

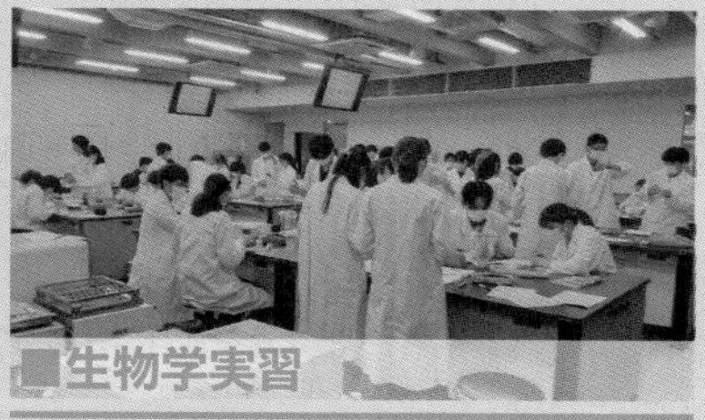

■生物学実習

生物学実習では実験器具の使い方や動物の基本的な体の構造を学び、研究における手続きや実験動物の扱い方を知ることができます。

おおさかこうりつ
大阪公立大学

資料請求

入試課(杉本キャンパス) TEL (06) 6605-2141 〒558-8585 大阪府大阪市住吉区杉本3-3-138
入試課(中百舌鳥キャンパス) TEL (072) 254-9117 〒599-8531 大阪府堺市中区学園町1-1

全国最大規模の公立総合大学として世界を牽引

大学紹介動画  最新入試情報 

2022年開学。従来の枠組みにとらわれない幅広い学問領域を擁し、世界レベルの高度研究型大学を目指す。地域から信頼される知の拠点として、産学連携を推進しながら都市が抱える課題解決に取り組む。

大阪公立大学

キャンパス 6つ

杉本キャンパス
〒558-8585 大阪府大阪市住吉区杉本3-3-138
中百舌鳥キャンパス
〒599-8531 大阪府堺市中区学園町1-1
阿倍野キャンパス
〒545-8585 大阪府大阪市阿倍野区旭町1-4-3
羽曳野キャンパス
〒583-8555 大阪府羽曳野市はびきの3-7-30
りんくうキャンパス
〒598-8531 大阪府泉佐野市りんくう往来北1-58
森之宮キャンパス(2025年後期開設予定)

基本データ

※2023年5月現在(学部学生数は開学以降の人数。進路・就職は大阪市立大学・大阪府立大学の2022年度卒業者データ。学費は2024年度入学者用)

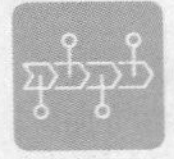
沿革

1949年、大阪市立大学と浪速大学が発足。1955年、浪速大学を大阪府立大学に改称。2005年に大阪府立大学が大阪女子大学などと統合し公立大学法人に、2006年に大阪市立大学が公立大学法人となる。2022年、大阪市立大学と大阪府立大学が統合し、大阪公立大学として開学。2025年後期、森之宮キャンパス開設予定。

教育機関 12学部 15研究科

学部 現代システム科/文/法/経済/商/理/工/農/獣医/医/看護/生活科

大学院 現代システム科学ⓂⒹ/文学ⓂⒹ/法学ⓂⒹⓅ/経済学ⓂⒹ/経営学ⓂⒹ/都市経営ⓂⒹ/情報学ⓂⒹ/理学ⓂⒹ/工学ⓂⒹ/農学ⓂⒹ/獣医学Ⓓ/医学ⓂⒹ/リハビリテーション学ⓂⒹ/看護学ⓂⒹ/生活科学ⓂⒹ

人数

学部学生数 5,803名

教員1名あたり学生 4名

教員数 1,367名【理事長】福島伸一、【学長】辰巳砂昌弘
(教授567名、准教授500名、講師226名、助教74名)

学費

初年度納入額 817,800~1,102,800円

奨学金 大阪公立大学河村孝夫記念奨学金

進路

学部卒業者 2,843名
(進学1,008名 [35.5%]、就職1,581名 [55.6%]、その他※254名 [8.9%])

※臨床研修医93名を含む

主な就職先 大阪市役所、大阪府庁、堺市役所、大阪府立病院機構、大阪公立大学医学部附属病院、大阪地方検察庁、大阪国税局、大阪府教育委員会、オービック、大和ハウス工業、関西電力、三菱電機

学部学科紹介

※本書掲載内容は、大学公表資料から独自に編集したものです。詳細は大学パンフレットやホームページ等で必ず確認してください（取得可能な免許・資格は任用資格や受験資格などを含む）。

現代システム科学域

中百舌鳥キャンパス　定員 260

特色	学域単位入学者は入学後1年間をかけて学類を選択することができる。
進路	2022年度開設。情報通信業や製造業、公務などの進路を想定。
学問分野	心理学／社会学／社会福祉学／子ども学／教育学／情報学／人間科学
大学院	現代システム科学

知識情報システム学類	(60)	人工知能や情報ネットワークといった情報技術と多岐にわたる応用分野の理解を深める。社会科学や生産システム、ヘルスケアといった多分野の融合領域において、専門知識と情報通信技術を活用することで課題を解決し、持続可能な社会を実現できる人材を育成する。
環境社会システム学類	(100)	自然と人、さらに、多様な価値観を持つ人と人が共生できる持続可能な社会の実現を目指す。自然科学、社会科学、人文科学といった分野を横断的に学び、自然や社会、人間をとりまく様々な現代社会の環境問題に立ち向かう人材を育成する。
教育福祉学類	(55)	人権、貧困、子育て支援、ジェンダーや社会福祉など、複雑かつ深刻な社会問題を改善すべく活躍できる人材を育成する。理論的カリキュラムの他、多様な社会的背景を持つ人々との対話などを通して学ぶ実践的カリキュラムを組み合わせた教育が特徴。
心理学類	(45)	人々の心理面に焦点をあて、心の問題を解決することで持続可能な社会の実現を目指す。心の問題を解決することの重要性を理解し、心理学や関連する専門分野の知識とスキルを学び、システム的思考を持って課題解決に寄与する人材を育成する。
取得可能な免許・資格		公認心理師、社会調査士、社会福祉士、スクールソーシャルワーカー、社会福祉主事、児童福祉司、児童指導員、自然再生士補、保育士、教員免許(中-社、高-公・情)、社会教育士、社会教育主事

文学部

杉本キャンパス（1・2年）
森之宮キャンパス（2～4年）　定員 160

特色	2年次にコースを選択し、専門的な領域に進む。各コースは少人数編成が中心。
進路	2022年度開設。情報通信業や金融・保険業、公務などで活躍を期待。
学問分野	文学／哲学／心理学／歴史学／地理学／文化学／社会学／観光学／教育学／人間科学
大学院	文学

哲学歴史学科	(32)	哲学コースでは世界の存在や人間の意義、知識の成り立ちなどの哲学的諸問題について考える。日本史コースでは日本の歴史を学び、文化行政や教育の現場で活躍する人材を育成する。世界史コースでは全世界の歴史を探究し、国際的な教養人を目指す。
人間行動学科	(56)	社会学コースでは人間社会の現象を科学的に分析する。心理学コースでは行動という客観的な指標をもとに人の心の働きを探究する。教育学コースでは人間と社会についての深い理解を目指す。地理学コースでは地域や場所の成り立ちを解き明かす。
言語文化学科	(43)	言語そのものや言語と関係する文化を考察する。国語国文学、中国語中国文学、英米言語文化、ドイツ語圏言語文化、フランス語圏言語文化の5つのコースを設置。
文化構想学科	(29)	表現文化コースでは思想や文学、モードなどを比較研究する。アジア文化コースではアジア諸地域における多文化の共生と相互交流を目指す。文化資源コースでは文化の創出プロセスを知り、文化を資源として活用するための理論や実践を学ぶ。
取得可能な免許・資格		公認心理師、認定心理士、学芸員、社会調査士、教員免許(中-国・社・英・中国語・フランス語・ドイツ語、高-国・地歴・公・英・中国語・フランス語・ドイツ語)

法学部

杉本キャンパス（1～4年）
森之宮キャンパス（2年）
定員 180

特色　社会科学的素養とリーガルマインドを身につけ人権感覚に富んだ人材を育成する。
進路　2022年度開設。情報通信業や製造業、公務などの進路を想定。
学問分野　法学／政治学
大学院　法学

法学科 (180)	社会科学の素養や法的思考、法学と政治学の学びを深める。法曹に必要な法律基本科目を学ぶ司法、公務員を目指す者が法律科目と行政関係科目を学ぶ行政、政治学や国際関係法などへの知見を広げる企業・国際の3つのコースを設置。
取得可能な免許・資格	教員免許（中-社、高-公）

経済学部

杉本キャンパス（1～4年）
森之宮キャンパス（2年）
定員 295

特色　少人数教育を通じ周囲と協力して現代社会の課題を解決できる人材を育成する。
進路　2022年度開設。情報通信業や卸売・小売業などの進路を想定。
学問分野　経済学
大学院　経済学

経済学科 (295)	経済の理論と実践をバランス良く学び課題解決力を身につける。グローバル化・情報化に対応した英語による講義やコンピュータ講座などを開講。また、7つの社会人像を目指した科目履修のプログラムを提示している。
取得可能な免許・資格	教員免許（中-社、高-公）

商学部

杉本キャンパス（1～4年）
森之宮キャンパス（2年）
定員 270

特色　2年次後半から各学科に属する。少人数教育で思考力と発信力を養う。
進路　2022年度開設。金融・保険業や公務、製造業などの進路を想定。
学問分野　経営学
大学院　経営学

商学科 (195)	学科共通専門科目の他、経営管理論や経営戦略論などの経営、商業論や金融機関論などの商学、財務会計論や管理会計論などの会計の3つの分野を広く学ぶ。公共経営学科と連携したプログラムを展開し、学びを通して自ら問題を発見・分析し解決する力を養う。
公共経営学科 (75)	社会性と地域性に重きを置きながらマネジメントやビジネスを学ぶ。経営学分野ではソーシャル・ビジネス論など、商学分野では地域経営論や産業立地論など、会計分野では社会関連会計論などの科目が用意されている。
取得可能な免許・資格	教員免許（高-商業）

理学部

杉本C（1～4年）、森之宮C（2年）
中百舌鳥C（生物化2～4年）
定員 299

特色　6学科構成で数学と自然科学の全分野を網羅。少人数教育での指導を行う。
進路　2022年度開設。一般企業への就職の他、大学院進学などを想定。
学問分野　数学／物理学／化学／生物学／地学
大学院　理学

数学科 (40)	すべての科学の基礎であり、普遍的でありながら、急速に発展する科学技術や高度化する情報技術を支える数学を学ぶ。代数学、位相数学、解析学、数理統計学、応用数理といった科目が用意され、社会のニーズに応えられる教育研究を目指す。
物理学科 (76)	自然界を支配する様々な基本法則について、理論と実験から学びを深める。量子力学や相対論、原子核物理学、宇宙物理学などからなるカリキュラムと最先端の研究を通じて、論理的思考と柔軟性を兼ね備え、未解決の問題に挑戦する創造性に富んだ人材を育成する。
化学科 (85)	講義と実験を融合したカリキュラムのもと、自然科学における様々な現象を科学的な視点で捉える力を育む。物質の構造や反応、機能について、原子・分子レベルで理解し、物質科学や生命科学などの新しい学際領域を切り開く人材の育成を目指す。

生物学科 (40)	動植物や微生物といった様々な生物の進化、多様性、生命現象などについて、講義や実習、演習、実験を通して総合的に学ぶ。生物についての専門知識や実験技術を修得し、主体性や探究力、洞察力、論理的思考力を兼ね備えた問題解決能力の高い人材育成を目指す。
地球学科 (24)	地球環境の把握と的確な未来の予測のための基礎的、応用的な能力を兼ね備えた人材を育成する。講義、実習、実験と学外での調査を組み合わせたカリキュラムで、地球を構成する物質や地球の変遷を解き明かすための知識と技術を修得する。
生物化学科 (34)	生化学や構造生物学、生物有機化学などの専門的知識を学び、多種多様な細胞が生体システムを構成し、外部の環境に適応するという生物のメカニズムを理解する。人間がかかる病気のメカニズムや予防法、創薬などの研究分野で活躍できる人材を育成する。
取得可能な免許・資格	危険物取扱者（甲種）、毒物劇物取扱責任者、測量士補、教員免許（中-数・理、高-数・理）

工学部

杉本C(建築、都市、化学バ1～4年)
中百舌鳥キャンパス(上記以外)
定員 741

特色　工学的センスと倫理観を兼ね備え、持続可能な社会を創造する人材を育成。
進路　2022年度開設。一般企業への就職の他、大学院進学などを想定。
学問分野　化学／応用物理学／応用化学／機械工学／電気・電子工学／材料工学／土木・建築学／船舶・航空宇宙工学／その他工学／情報学
大学院　工学

航空宇宙工学科 (38)	航空機や宇宙航行体の開発、宇宙の利用、衛星の設計や運用といった専門分野で次世代を担う人材を育成する。宇宙工学をはじめ、航空宇宙分野における流体力学や構造工学、推進工学、制御工学、システム工学などを研究領域としている。
海洋システム工学科 (33)	海の環境を守る技術や安全で効率的な輸送システム、海洋資源の持続的・発展的な利活用方法の研究を通して、海そのものと、海における人間・社会活動との関わり方を探究する。海洋システム計画学、海洋輸送工学などが研究領域となる。
機械工学科 (128)	ロボットやドローン、自動運転、3Dプリンタ、抗菌、食品加工など幅広い研究領域において「機械」と呼ばれるすべてのものを対象とし、人間や環境と共存・共生できるものづくりを学ぶ。
建築学科 (34)	芸術・学術・技術の視点に基づいた総合建築教育を特徴とする。社会のニーズと課題を念頭におき、理論的・実践的に応えられるデザイナーや技術者を育成する。構造、環境、計画の3つの領域で構成される。
都市学科 (50)	低負荷で自然と調和した豊かで機能的な都市を創出できる人材を育成する。都市デザイン、環境創生、安全防災の3つの専門領域が中心。都市づくりや保全などの技術に関するカリキュラムが組まれている。
電子物理工学科 (108)	エレクトロニクスに関する科学技術を学ぶ。量子物性、ナノ光物性、有機半導体工学、ナノデバイス、プロセス物理、量子・光デバイス工学、パワーエレクトロニクス、プラズマ工学など、電子物性と電子材料に関わる合計17の研究領域で構成。
情報工学科 (77)	快適で安全な高度情報化社会を実現するため、グローバルな視野で最先端の研究・教育を行う。社会情報学や人間情報システム、計算知能工学、ソフトウェアシステム、計測制御システムといった専門領域において研究を進める。
電気電子システム工学科 (65)	人と環境の双方に優しい社会の実現に貢献する人材を育成する。電力・エネルギーシステムや情報通信・ネットワーク、IoT、医用工学、ロボティクス、システム制御・最適化、機械学習といった電気電子系の幅広い専門知識を養う。

学科	定員	内容
応用化学科	(70)	人々の生活を支えるバイオマテリアルや医療診断デバイス、環境への負荷が少ないエネルギー変換材料や新物質といった最先端の科学を基礎から学ぶ。分析化学や無機化学、物理化学などの幅広い専門領域を学び、物質の機能と反応を原子・分子レベルから理解する。
化学工学科	(38)	医薬品や食品、日用品など身近な製品をつくる際に必要な化学・生物反応のプロセスを学ぶ。省エネルギーで環境負荷が少なく、持続可能な社会を実現するために効率的なプロセスの統合について研究・開発を行う。国際的に活躍できる人材の育成を目指す。
マテリアル工学科	(43)	無機材料や有機・無機ハイブリッド材料、金属材料といった様々なマテリアルの研究を行う。原子・分子レベルから巨大な構造物までを対象にマテリアルの合成や加工、評価、応用について研究し、次世代を担い、社会に貢献する人材を育成する。
化学バイオ工学科	(57)	化学、食品、医療、材料、環境、エネルギーなどの分野の軸となる化学と生命科学を効率的に学ぶ。無機エネルギー化学、物理分析化学、環境材料科学、生物化学工学、生体機能工学といった専門領域の研究を通して適切な判断力を培い、専門技術者や研究者を目指す。
取得可能な免許・資格		危険物取扱者（甲種）、毒物劇物取扱責任者、建築士（一級、二級、木造）、測量士補、主任技術者（電気）、施工管理技士（土木）、教員免許（中-理、高-理・工業）

農学部

中百舌鳥キャンパス

定員 150

特色　獣医学部や工学部と連携し「食生産科学」など複数の副専攻を設置している。

進路　2022年度開設。一般企業への就職の他、大学院進学などを想定。

学問分野　農学／森林科学／応用生物学／環境学

大学院　農学

学科	定員	内容
応用生物科学科	(50)	様々な生物の持つ潜在能力を食料や生物資源の生産、環境保全などに活用するため、分子生物学など遺伝子レベルの最先端科学を学ぶ。学内の研究農場や植物工場で行う実学やデータ科学も重視し、企業や研究機関、官公庁などで活躍できる能力を育む。
生命機能化学科	(50)	最先端の有機化学や生物物理学、生化学、微生物学などを体系的に学び、動植物や微生物の生命現象を分子・細胞レベルで理解する。食品や医薬品、化学工業関連の他、環境・資源・エネルギー産業やバイオ関連の分野で国際的に活躍する人材を育成する。
緑地環境科学科	(50)	多様な環境問題を総合的に捉え、大気、水、土、生物といった緑地を構成する要素と人間活動の関わりについて学ぶ。都市圏における持続可能な発展と循環型社会の実現、生物や文化の多様性を目指し、緑地や周辺環境に複眼的にアプローチする。
取得可能な免許・資格		危険物取扱者（甲種）、毒物劇物取扱責任者、測量士補、施工管理技士（土木、造園）、食品衛生管理者、食品衛生監視員、自然再生士補、樹木医補、教員免許（中-理、高-理・農）

獣医学部

中百舌鳥キャンパス（1年）
りんくうキャンパス（1～6年）

定員 40

特色　国際標準で獣医学を学び、世界をリードし地域に貢献できる獣医師を養成する。

進路　2022年度開設。動物病院や一般企業、公務などで活躍が期待される。

学問分野　獣医・畜産学

大学院　獣医学

学科	定員	内容
獣医学科	(40)	6年制。獣医学の教育・研究施設と診療・医療研究施設が学内に併設され、獣医学を総合的に学ぶ。家畜保健衛生所や空港検疫所など、自治体や診療機関などと連携した参加型教育により、実践能力を身につける。
取得可能な免許・資格		食品衛生管理者、食品衛生監視員、獣医師、家畜人工授精師

医学部

阿倍野キャンパスなど（医）
森之宮キャンパスなど（リハ）
定員 140

特色 最先端の知識や技術をもとに活躍できる医師や理学療法士、作業療法士を養成。
進路 2022年度開設。卒業後は大学附属病院などで活躍が期待される。
学問分野 医学／健康科学
大学院 医学／リハビリテーション学

学科	定員	内容
医学科	(90)	6年制。「智・仁・勇」を理念に、高度な医療知識と慈愛の心、確かな技術と行動力を育み、全人的な医療人を養成する。1年次より早期臨床実習に取り組み、医療現場で実際の医療を体験する。4年次から本格的に臨床実習が行われ、幅広い臨床技能を修得する。
リハビリテーション学科	(50)	4年制。運動機能の低下した人々をケアする理学療法学専攻と心身に障害のある人々をケアする作業療法学専攻の2つの専攻を設置。医学科との合同授業などを通して、根拠に基づいたリハビリテーション教育を行い、質の高い理学療法士、作業療法士を養成する。
取得可能な免許・資格		医師、理学療法士、作業療法士、公認パラスポーツ指導者

看護学部

中百舌鳥キャンパス（1年）
阿倍野キャンパス（2～4年）
定員 160

特色 鋭い洞察力や確かな判断力を兼ね備えた看護職者を養成する。
進路 2022年度開設。卒業後の進路は大学附属病院や保健所などを想定。
学問分野 看護学
大学院 看護学

学科	定員	内容
看護学科	(160)	2つのコースを設置。先進ケア科学コースは、ケア科学についての基本的な知識を修得した上で研究セミナーを履修し、新たな看護を創造することのできる学術志向性を身につける。実践看護学コースは、多様な専門職種と円滑に協働できる看護実践力を身につける。
取得可能な免許・資格		看護師、養護教諭（一種）

生活科学部

杉本キャンパス（1～4年）
森之宮C(食栄養2～4年)、羽曳野C(食栄養2年)
定員 153

特色 生活の質の向上を目指し食・環境・福祉の観点から生活と周辺事象を研究。
進路 2022年度開設。一般企業などに就職する他、大学院への進学を想定。
学問分野 心理学／社会福祉学／生活科学／食物学／住居学
大学院 生活科学

学科	定員	内容
食栄養学科	(65)	基礎的および実践的な知識を持った食・栄養の専門家を育成する。食品の開発や医療、健康施策の立案、栄養教育などの多分野に対応できる能力を育むため、食品の機能性探索や安全性の評価法、栄養管理法といった内容を体系的に学ぶ。
居住環境学科	(43)	建築、インテリア、まちづくりなどの企画・計画・管理において、人々の生活の質の向上を目指して、様々な課題を解決に導くことのできる専門家を養成する。卒業後は建設業や住宅・不動産関連の職に就く他、大学院へ進学し学びを深める道もある。
人間福祉学科	(45)	人のウェルビーイング（精神的、身体的および社会的に良好な状態）のために、心理的・福祉的支援や地域社会のあり方について具体的な解決策を提案できる力を育む。社会福祉士や公認心理師の国家試験受験資格を取得するためのカリキュラムも展開している。
取得可能な免許・資格		公認心理師、社会福祉士、社会福祉主事、建築士(一級、二級)、食品衛生管理者、食品衛生監視員、管理栄養士、栄養士、栄養教諭（一種）、教員免許（中-家、高-家）

入試要項（2025年度）

※この入試情報は大学発表の2025年度入試（予告）より編集したものです（2024年1月時点。見方は巻頭の「本書の使い方」参照）。内容には変更が生じる可能性があるため、最新情報はホームページや2025年度募集要項等で必ず確認してください。

「大学入試科目検索システム」のご案内
日程・方式ごとの偏差値や昨年度入試結果（志願者倍率、実質倍率、合格最低点）、基本情報（出願締切日、試験日、二段階選抜、募集人員、総合満点）などは、「大学入試科目検索システム」（https://nyushi.toshin.com/）をご覧ください（利用方法はp.12参照）。

■現代システム科学域 偏差値 60

前期日程

◆**共通テスト**

[知識情報システム：8科目] 国 現古漢 地歴 公 全6科目から1 数 数ⅠA、数ⅡBC 理 物、化、生、地から2 外 全5科目から1 情 情Ⅰ

[教育福祉：7科目] 国 現古漢 地歴 公 地歴全3科目から1、地総・歴総・公共、公共・倫、公共・政経から1 数 数Ⅰ、数ⅠAから1 理 全5科目から1 外 全5科目から1 情 情Ⅰ

◆**共通テスト（英・国型）**

[環境社会システム：8科目] 国 現古漢 地歴 公 地歴全3科目から1、地総・歴総・公共、公共・倫、公共・政経から1 数 数ⅠA、数ⅡBC 理 全5科目から1 外 全5科目から1 情 情Ⅰ

[心理：7科目] 国 現古漢 地歴 公 全6科目から1 数 数ⅠA、数ⅡBC 理 全5科目から1 外 全5科目から1 情 情Ⅰ

◆**共通テスト（理・数型）**

[環境社会システム：7科目] 国 現古漢 地歴 公 全6科目から1 数 数ⅠA、数ⅡBC 理 全5科目から1 外 全5科目から1 情 情Ⅰ

[心理：7科目] 共通テスト（英・国型）に同じ

◆**共通テスト（英・数型）**※学域単位募集

[8科目] 国 現古漢 地歴 公 全6科目から1 数 数ⅠA、数ⅡBC 理 物、化、生、地から2 外 全5科目から1 情 情Ⅰ

◆**共通テスト（英・国型、英・小論型）**※学域単位募集

[8科目] 国 現古漢 地歴 公 地歴全3科目から1、地総・歴総・公共、公共・倫、公共・政経から1 数 数ⅠA、数ⅡBC 理 全5科目から1 外 全5科目から1 情 情Ⅰ

◆**共通テスト（理・数型）**※学域単位募集

[7科目] 国 現古漢 地歴 公 全6科目から1 数 数ⅠA、数ⅡBC 理 全5科目から1 外 全5科目から1 情 情Ⅰ

◆**個別学力検査等**

[知識情報システム：2科目] 数 数ⅠⅡⅢA〔全〕B〔列〕C 外 英

[教育福祉：2科目] 外 英 論 小論文

◆**個別学力検査等（英・国型）**

[環境社会システム、心理：2科目] 国 現古漢 外 英

◆**個別学力検査等（理・数型）**

[環境社会システム、心理：2科目] 数 数ⅠⅡA〔全〕B〔列〕C〔ベ〕理 物基・物、化基・化、生基・生、地基・地から1

◆**個別学力検査等（英・数型）**※学域単位募集

[2科目] 数 数ⅠⅡⅢA〔全〕B〔列〕C 外 英

◆**個別学力検査等（英・国型）**※学域単位募集

[2科目] 国 現古漢 外 英

◆**個別学力検査等（英・小論型）**※学域単位募集

[2科目] 外 英 論 小論文

◆**個別学力検査等（理・数型）**※学域単位募集

[2科目] 数 数ⅠⅡA〔全〕B〔列〕C〔ベ〕理 物基・物、化基・化、生基・生、地基・地から1

後期日程

◆**共通テスト**※学域単位募集

[7科目] 国 現古漢 地歴 公 理 地歴公全6科目、物、化、生、地から2 数 数ⅠA、数ⅡBC 外 全5科目から1 情 情Ⅰ

◆**個別学力検査等**※学域単位募集

[1科目] 面 面接

■文学部 偏差値 62

前期日程

◆**共通テスト**

[8科目] 国 現古漢 地歴 公 全6科目から2 数 数ⅠA、数ⅡBC 理 全5科目から1 外 全5科目から1 情 情Ⅰ

◆**個別学力検査等**

[2科目] 国 現古漢 外 英

後期日程

◆**共通テスト**

[8科目] 前期日程に同じ

◆**個別学力検査等**

[1科目] 論 小論文

■法学部 偏差値 62

前期日程

◆**共通テスト**

[8科目] 国 現古漢 地歴 公 全6科目から2 数 数ⅠA、数ⅡBC 理 全5科目から1 外 全5科目から1 情 情Ⅰ

◆**個別学力検査等**

[2科目] 国 現古漢 外 英

後期日程

◆**共通テスト**

[8科目] 前期日程に同じ

◆**個別学力検査等**

[1科目] 論 小論文

■経済学部 偏差値 62

前期日程

◆**共通テスト**

[8科目] 国 現古漢 地歴 公 全6科目から2 数 数ⅠA、数ⅡBC 理 全5科目から1 外 全5科目から1 情 情Ⅰ

◆**個別学力検査等**

[3科目] 国 現古漢 数 数ⅠⅡA〔全〕B〔列〕C〔ベ〕

外英

後期日程

◆共通テスト

[8科目] 前期日程に同じ

◆個別学力検査等（高得点選抜）

課さない

◆個別学力検査等（ユニーク選抜）

※詳細未公表（2024年1月時点）

■商学部 偏差値 61

前期日程

◆共通テスト

[8科目] 国現古漢 地歴 公全6科目から2 数数ⅠA、数ⅡBC 理全5科目から1 外全5科目から1 情情Ⅰ

◆個別学力検査等

[3科目] 国現古漢 数数ⅠⅡA〔全〕B〔列〕C〔ベ〕外英

後期日程

◆共通テスト

[4科目] 国現古漢 数数ⅠA、数ⅡBC 外全5科目から1

◆個別学力検査等

課さない

■理学部 偏差値 61

前期日程

◆共通テスト

[全学科：8科目] 国現古漢 地歴 公全6科目から1 数数ⅠA、数ⅡBC 理物、化、生、地から2 外全5科目から1 情情Ⅰ

◆個別学力検査等

[数、生物、地球、生物化：4科目] 数数ⅠⅡⅢA〔全〕B〔列〕C 理物基・物、化基・化、生基・生、地基・地から2 外英

[物理：4科目] 数数ⅠⅡⅢA〔全〕B〔列〕C 理物基・物必須、化基・化、生基・生、地基・地から1 外英

[化：4科目] 数数ⅠⅡⅢA〔全〕B〔列〕C 理物基・物、化基・化 外英

後期日程

◆共通テスト

[数：4科目] 数数ⅠA、数ⅡBC 外全5科目から1 情情Ⅰ

[物理：5科目] 数数ⅠA、数ⅡBC 理物必須、化、生、地から1 外全5科目から1

[化：7科目] 国現古漢 数数ⅠA、数ⅡBC 理物、化 外全5科目から1 情情Ⅰ

[生物：4科目] 数数ⅠA、数ⅡBC 理物、化、生、地から1 外全5科目から1 情情Ⅰ

[地球：8科目] 前期日程に同じ

[生物化：7科目] 国現古漢 数数ⅠA、数ⅡBC 理物、化、生、地から2 外全5科目から1 情情Ⅰ

◆個別学力検査等

[数：1科目] 数数ⅠⅡⅢA〔全〕B〔列〕C

[物理：2科目] 数数ⅠⅡⅢA〔全〕B〔列〕C 理物基・物

[化：1科目] 外英

[生物：1科目] 理生基・生

[地球、生物化：1科目] 面口述試験

■工学部 偏差値 61

前・中期日程

◆共通テスト

[全学科：8科目] 国現古漢 地歴 公全6科目から1 数数ⅠA、数ⅡBC 理物、化、生から2 外全5科目から1 情情Ⅰ

◆個別学力検査等

[全学科：4科目] 数数ⅠⅡⅢA〔全〕B〔列〕C 理物基・物、化基・化 外英

■農学部 偏差値 61

前期日程

◆共通テスト

[応用生物科、生命機能化：8科目] 国現古漢 地歴 公全6科目から1 数数ⅠA、数ⅡBC 理物、化、生から2 外全5科目から1 情情Ⅰ

[緑地環境科：8科目] 国現古漢 地歴 公全6科目から1 数数ⅠA、数ⅡBC 理物、化、生、地から2 外全5科目から1 情情Ⅰ

◆個別学力検査等

[全学科：4科目] 数数ⅠⅡⅢA〔全〕B〔列〕C 理物基・物、化基・化、生基・生から2 外英

後期日程

◆共通テスト

[応用生物科、生命機能化：8科目] 国現古漢 地歴 公全6科目から1 数数ⅠA、数ⅡBC 理物、化、生から2 外英 情情Ⅰ

[緑地環境科：7科目] 国現古漢 数数ⅠA、数ⅡBC 理物、化、生、地から2 外英 情情Ⅰ

◆個別学力検査等

[応用生物科、生命機能化：1科目] 論小論文

[緑地環境科] 課さない

■獣医学部 偏差値 65

前期日程

◆共通テスト

[獣医：8科目] 国現古漢 地歴 公全6科目から1 数数ⅠA、数ⅡBC 理物、化、生、地から2 外全5科目から1 情情Ⅰ

◆個別学力検査等

[獣医：4科目] 数数ⅠⅡⅢA〔全〕B〔列〕C 理物基・物、化基・化、生基・生から2 外英

■医学部 医学科 偏差値 68

前期日程

◆共通テスト

[医：8科目] 国現古漢 地歴 公全6科目から1 数数ⅠA、数ⅡBC 理物、化、生から2 外全5科目から1 情情Ⅰ

◆個別学力検査等

[医：5科目] 数数ⅠⅡⅢA〔全〕B〔列〕C 理物基・

物、化基・化、生基・生から2外英面面接

■医学部 リハビリテーション学科 偏差値59

前期日程

◆共通テスト

[リハビリテーション：7科目] 国現古漢地歴公地歴全3科目、公共・倫、公共・政経から1数数ⅠA、数ⅡBC理理科基礎、物、化、生から1▶地基選択不可外全5科目から1情情Ⅰ

◆個別学力検査等

[リハビリテーション：2科目] 外英面面接

後期日程

◆共通テスト

[リハビリテーション－理学療法学：6科目] 国現古漢数数ⅠA、数ⅡBC理理科基礎、物、化、生から1▶地基選択不可外全5科目から1情情Ⅰ

[リハビリテーション－作業療法学：5科目] 国現古漢数数ⅠA、数ⅡBC外全5科目から1情情Ⅰ

◆個別学力検査等

[リハビリテーション：1科目] 面面接

■看護学部 偏差値59

前期日程

◆共通テスト

[看護：7科目] 国現古漢地歴公全6科目から1数全3科目から2理理科基礎、物、化、生から1▶地基選択不可外全5科目から1情情Ⅰ

◆個別学力検査等

[看護：2科目] 国数現古漢、数ⅠⅡA〔全〕B〔列〕C〔べ〕から1外英

後期日程

◆共通テスト

[看護：7科目] 国現古漢地歴公全6科目から1数数ⅠA、数ⅡBC理物、化、生から1外全5科目から1情情Ⅰ

◆個別学力検査等

[看護：1科目] 面面接

■生活科学部 偏差値61

前期日程

◆共通テスト（均等型、理数重点型）

[食栄養：8科目] 国現古漢地歴公全6科目から1数数ⅠA、数ⅡBC理物、化、生から2外全5科目から1情情Ⅰ

◆共通テスト

[居住環境、人間福祉：7科目] 国現古漢地歴公全6科目から1数数ⅠA、数ⅡBC理全5科目から1外全5科目から1情情Ⅰ

◆個別学力検査等（均等型、理数重点型）

[食栄養：3科目] 数数ⅠⅡA〔全〕B〔列〕C〔べ〕理物基・物、化基・化、生基・生から1外英

◆個別学力検査等

[居住環境：2科目] 数数ⅠⅡA〔全〕B〔列〕C〔べ〕外英

[人間福祉：2科目] 国数現古漢、数ⅠⅡA〔全〕B〔列〕C〔べ〕から1外英

■特別選抜

[総合型選抜] 総合型選抜、総合型選抜共

[学校推薦型選抜] 学校推薦型選抜、学校推薦型選抜（指定校）、学校推薦型選抜共、学校推薦型選抜（文系型、理系型、英語重点型、数学重点型、商業科等対象、大阪府内枠、全国枠、均等型〔大阪府内枠・全国枠、理数重点型〔大阪府内枠、全国枠〕）共

[その他] 専門学科・総合学科卒業生特別選抜、国際バカロレア特別選抜、産業動物獣医師地域枠特別選抜、ユネスコスクール特別選抜、スーパーサイエンスハイスクール（SSH）特別選抜、帰国生徒特別選抜、社会人特別選抜、私費外国人留学生特別選抜

大阪公立大学ギャラリー

■杉本キャンパス

国内最大規模の大学図書館をはじめ、学修のための設備が充実。敷地内には「近代大阪経済の父」五代友厚像も設置されています。

■中百舌鳥キャンパス

約47ヘクタールの広大な敷地に、高度な研究・教育施設をはじめ水田や果樹園、多様な樹木などがある自然豊かなキャンパスです。

こうべしがいこくご
神戸市外国語大学

資料請求

教務入試班　TEL (078) 794-8134　〒651-2187 兵庫県神戸市西区学園東町9-1

様々な分野で国際的視野を持って活躍できる「行動する国際人」の育成

大学紹介動画

最新入試情報

外国語とその背景に広がる文化と社会に通じていること、また、体系的な学問修得からくる洞察力と論理的思考力を持つこと、それらを備えた人材の育成を目標とする。

キャンパス構内

キャンパス **1**つ

神戸市外国語大学キャンパス
〒651-2187 兵庫県神戸市西区学園東町9-1

基本データ

※2023年5月現在（学部学生数に留学生は含まない。進路・就職は2022年度卒業者データ。学費は2024年度入学者用）

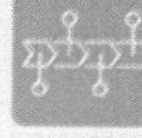
沿革

1946年、神戸市立外事専門学校として発足。1949年、神戸市外国語大学へ昇格。1953年、外国語学部第2部英米学科を設置。1962年、イスパニア学科を設置。1967年、大学院外国語学研究科を設置。1987年、国際関係学科を設置。2007年、公立大学法人となる。2021年に創立75周年を迎え、現在に至る。

教育機関 **2**学部 **1**研究科

学部　外国語／外国語学部第2

大学院　外国語学Ⓜ︎Ⓓ

人数

学部学生数　**2,100**名　　教員1名あたり学生 **26**名

教員数　**78**名【理事長】武田廣、【学長】田中悟
（教授**41**名、准教授**30**名、講師**7**名）

学費

初年度納入額　**936,100~1,077,100**円

奨学金　派遣留学補助制度、短期留学補助制度、荻野スカラシップ、楠ヶ丘会留学補助制度

進路

学部卒業者　**407**名
（進学**15**名［3.7%］、就職**324**名［79.6%］、その他**68**名［16.7%］）

主な就職先　パナソニック、キーエンス、IHI、関西電力、カゴメ、野村證券、日本マイクロソフト、国土交通省、神戸市役所、国際協力機構、時事通信社、ニトリ、日本ヒューレット・パッカード、ソフトバンク、楽天グループ、三井住友銀行、NTN、小松製作所、大阪国税局、ロイヤルホテル

学部学科紹介

※本書掲載内容は、大学公表資料から独自に編集したものです。詳細は大学パンフレットやホームページ等で必ず確認してください（取得可能な免許・資格は任用資格や受験資格などを含む）。

外国語学部

神戸市外国語大学キャンパス　定員 350

特色　留学先での単位も履修単位と認められ、4年で卒業が可能である。
進路　メーカーや旅行・サービス業などの一般企業の他、約1割が公務に就く。
学問分野　言語学／文化学／国際学
大学院　外国語学

学科	定員	内容
英米学科	(140)	英語圏の言語、文学、文化、社会に関する専門知識を修得する。2年次から語学文学、国際法政、経済経営、多文化共生、リベラルアーツの5つのコースに分かれ学びを深める。3年次から少人数のゼミで各自の研究を進め、論文にまとめ、発表する能力を養成する。
ロシア学科	(40)	ロシア語圏の文化への理解を踏まえ、ロシア語の実践的な言語教育を行う。2年次から語学文学、国際法政、経済経営、多文化共生、リベラルアーツの5つのコースに分かれ学びを深める。ロシア語とロシア語圏の文学や文化を学ぶことで、その魅力を深く味わえる。
中国学科	(50)	「読む、書く、聴く、話す」の実践的訓練を積み語学力を鍛える。2年次から語学文学、国際法政、経済経営、多文化共生、リベラルアーツの5つのコースに分かれ学びを深める。「使える」中国語と知識をたずさえた、国際的なスペシャリストを養成する。
イスパニア学科	(40)	イスパニア語（スペイン語）をネイティブスピーカーの専任教員からシャワーのように浴びる。2年次から語学文学、国際法政、経済経営、多文化共生、リベラルアーツの5つのコースに分かれ学びを深める。言語理解の背景となるイスパニア語圏の文化や社会なども扱う。
国際関係学科	(80)	流動化が進行する国際社会を複眼的な視点から捉える。英語の修得とともに、国際情勢や外国の政治、経済、外交、文化などへの理解を深める。2年次から国際法政、経済経営、多文化共生、リベラルアーツの4つのコースから主専攻と副専攻を1つずつ選ぶ。
取得可能な免許・資格		教員免許（中-英・中国語・イスパニア語・ロシア語、高-英・中国語・イスパニア語・ロシア語）、司書教諭、司書

外国語学部第2部

神戸市外国語大学キャンパス　定員 80

特色　外国語学部（昼間）と同様のカリキュラムで高度な英語運用能力を培う。
進路　一般企業に就職する他、公務や教員として活躍する者もいる。
学問分野　言語学／文化学
大学院　外国語学

学科	定員	内容
英米学科 夜	(80)	夜間に開講。学部（昼間）の英米学科と同様の充実したカリキュラムで、高度な英語力を修得する。3年次から英語学・英語研究、英語圏文化文学、法経商の3つのコースに分かれ学びを深める。入試では、社会人特別選抜を行っている。
取得可能な免許・資格		教員免許（中-英、高-英・商業）、司書教諭、司書

入試要項（2025年度）

※この入試情報は大学発表の2025年度入試（予告）より編集したものです（2024年1月時点。見方は巻頭の「本書の使い方」参照）。内容には変更が生じる可能性があるため、最新情報はホームページや2025年度募集要項等で必ず確認してください。

「大学入試科目検索システム」のご案内
日程・方式ごとの偏差値や昨年度入試結果（志願者倍率、実質倍率、合格最低点）、基本情報（出願締切日、試験日、二段階選抜、募集人員、総合満点）などは、「大学入試科目検索システム」（https://nyushi.toshin.com/）をご覧ください（利用方法はp.12参照）。

■外国語学部　偏差値 63

前期日程

◆共通テスト

[英米【昼】、国際関係：5科目] 国 現古漢 地歴 公 数 理 全14科目から2▶理は同一名称含む組み合わせ不可 外 英 情 情Ⅰ

[ロシア、中国、イスパニア：5科目] 国 現古漢 地歴 公 数 理 全14科目から2▶理は同一名称含む

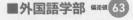

組み合わせ不可 外 全5科目から1 情 情Ⅰ

◆**個別学力検査等**

[全学科：2科目] 国 地歴 公 現、世、政経から1 外 英▶リスニング含む

後期日程

◆**共通テスト**

[全学科：5科目] 前期日程に同じ

◆**個別学力検査等**

[全学科] 課さない

■外国語学部第2部 偏差値 60

前期日程

◆**共通テスト**

[英米【夜】：5科目] 国 現古漢 地歴 公 数 理 全14科目から2▶理は同一名称含む組み合わせ不可 外 英 情 情Ⅰ

◆**個別学力検査等**

[英米【夜】：2科目] 国 地歴 公 現、世、政経から1 外 英▶リスニング含む

後期日程

◆**共通テスト**

[英米【夜】：5科目] 前期日程に同じ

◆**個別学力検査等**

[英米【夜】] 課さない

■特別選抜

[**総合型選抜**] 総合型選抜

[**学校推薦型選抜**] 学校推薦型選抜（全国枠、神戸市内枠） 共

[**その他**] 帰国子女特別選抜、外国人留学生特別選抜、社会人特別選抜

神戸市外国語大学ギャラリー

■正門

神戸市営地下鉄「学園都市」駅前の信号を渡ると、正門がすぐ目の前にあります。緑豊かな落ち着いた環境で学ぶことができます。

■第2学舎

第2学舎には、スチューデントコモンズやキャリアサポートセンターなど学生生活と就職活動をサポートする設備が整っています。

■学生食堂

学生食堂は学生会館の1階に位置しており、食事のみではなく、自主学習やサークル活動の打ち合わせなどに利用されています。

■大学図書館

約43万冊の蔵書のうち外国語図書が約半数を占めています。視聴覚ブースでは、外国の衛星放送や映像教材が視聴可能です。

ひょうごけんりつ
兵庫県立大学

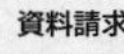
資料請求

教育企画部教育企画課（神戸商科キャンパス） TEL (078) 794-6647 〒651-2197 兵庫県神戸市西区学園西町8-2-1

次代を見据え、新しい知を創造する

大型放射光施設「SPring-8」やスーパーコンピュータ「富岳」など、国や県の最先端の研究機関と連携した多様で特色ある先進的な教育研究を展開し、学生ファーストをモットーに、世界や地域で活躍する次代を担う人材を育成する。

大学紹介動画

最新入試情報

大学本部棟

キャンパス 5つ

神戸商科キャンパス
〒651-2197 兵庫県神戸市西区学園西町8-2-1
姫路工学キャンパス
〒671-2280 兵庫県姫路市書写2167
播磨理学キャンパス
〒678-1297 兵庫県赤穂郡上郡町光都3-2-1
姫路環境人間キャンパス
〒670-0092 兵庫県姫路市新在家本町1-1-12
明石看護キャンパス
〒673-8588 兵庫県明石市北王子町13-71

基本データ

※2023年5月現在（進路・就職は2022年度卒業者データ。学費は2024年度入学者用〔予定〕）

沿革

1948年、前身となる神戸商科大学を開学。1965年、経営学研究科、1967年、経済学研究科に修士課程を設置。2004年、姫路工業大学、兵庫県立看護大学と統合し、兵庫県立大学開学。2019年、経済、経営学部を再編し、国際商経学部と社会情報科学部を設置。2021年、既存研究科の改編を行い、社会科学研究科、理学研究科、情報科学研究科を設置し、現在に至る。

教育機関

6学部 9研究科

学部 国際商経／社会情報科／工／理／環境人間／看護

大学院 社会科学ⓂⒹⓅ／工学ⓂⒹ／理学ⓂⒹ／環境人間学ⓂⒹ／看護学ⓂⒹ／情報科学ⓂⒹ／地域資源マネジメントⓂⒹ／減災復興政策ⓂⒹ／緑環境景観マネジメントⓅ

人数

学部学生数 5,435名

教員1名あたり 学生 10名

教員数 507名【理事長】國井総一郎、【学長】髙坂誠
（教授234名、准教授169名、講師31名、助教69名、助手・その他4名）

学費

初年度納入額 924,800~1,130,800円

奨学金 学生飛躍基金事業（成績最優秀者奨学金）、学生飛躍基金事業（優秀部活動等奨励金）、学生飛躍基金事業（優秀地域貢献活動奨励金）

進路

学部卒業者 1,281名
（進学405名［31.6%］、就職797名［62.2%］、その他79名［6.2%］）

主な就職先 ※院卒者を含む
キリンホールディングス、日本アイ・ビー・エム、双日、三井住友銀行、NTTドコモ、NEC、ユニ・チャーム、東京エレクトロン、トヨタ自動車、富士通、川崎重工業、宇宙航空研究開発機構、資生堂、デンソー、竹中工務店、積水ハウス、兵庫県庁、神戸市役所、大阪国税局、厚生労働省

学部学科紹介

※本書掲載内容は、大学公表資料から独自に編集したものです。詳細は大学パンフレットやホームページ等で必ず確認してください（取得可能な免許・資格は任用資格や受験資格などを含む）。

国際商経学部

神戸商科キャンパス　定員 360

- 特色　経済と経営の幅広い知識を備え、地域社会や国際社会で活躍できる人材を育成。
- 進路　就職先は情報通信業や製造業、金融・保険業を中心に多岐にわたる。
- 学問分野　経済学／経営学／国際学
- 大学院　社会科学

国際商経学科 (360)	経済学、経営学、グローバルビジネスの3つのコースで構成されている。経済学コース、経営学コースは2年次後期に分かれる。グローバルビジネスコースは、経済学と経営学に対する国際感覚を養うことを目指し、講義やゼミのすべてが英語で行われる。

社会情報科学部

神戸商科キャンパス　定員 100

- 特色　社会科学と情報科学を融合した教育により、創造性豊かな人材を育成する。
- 進路　IT企業や金融機関等への就職、大学院への進学と多岐にわたる。
- 学問分野　情報学
- 大学院　情報科学

社会情報科学科 (100)	ビッグデータを分析・活用し問題解決できる力を身につけたデータサイエンティストを育成する。4年間の演習を通じてデータ分析のスキルをみがき、データの社会的背景を見抜く力や分析結果を組織改善や新たな価値創造に活かす実践力を養う。

工学部

姫路工学キャンパス　定員 352

- 特色　教員が1年生を数名ずつ担当し指導を行う「パイロットゼミ」を実施している。
- 進路　約7割が大学院へ進学。就職先は製造業、情報通信業など。
- 学問分野　化学／機械工学／電気・電子工学／材料工学／エネルギー工学
- 大学院　工学

電気電子情報工学科 (126)	電気工学コースでは電気電子分野に関する幅広い知識を身につけ、最先端の知識や技術を実践的に扱えるようにする。電子情報工学コースでは身近な電子端末から航空宇宙機器までの幅広い分野を学ぶ。
機械・材料工学科 (126)	機械工学コースでは力、流れ、熱の原理を理解し、機械の設計、生産に関する基礎を実験や実習を通して学ぶ。材料工学コースでは鉄鋼・非鉄材料や電子材料といった材料の理論、加工法、物性評価法などを学ぶ。
応用化学工学科 (100)	応用化学コースではエネルギーや医薬など様々な分野とつながりのある化学を幅広く学ぶ。化学工学コースでは新しい物質を探索する物質科学と物質の製造過程を最適化する化学工学の両分野を複合的に学ぶことができる。
取得可能な免許・資格	危険物取扱者(甲種)、毒物劇物取扱責任者、ボイラー技士、特殊無線技士(海上、陸上)、技術士補、主任技術者（電気)、施工管理技士（電気工事)、教員免許（中-数・理、高-数・理・工業)

理学部

姫路工学キャンパス（1年）
播磨理学キャンパス（2～4年）　定員 175

- 特色　最先端研究施設と連携し、物質科学・生命科学の視点から自然界の真理に迫る。
- 進路　約7割が大学院へ進学。就職先は製造業、教育・学習支援業など。
- 学問分野　応用物理学／応用生物学
- 大学院　理学

物質科学科 (90)	物性基礎コースでは物性を電子や原子のレベルで理解し、それを理論的かつ実験的に探究する。物性コースでは物性を実験的に明らかにする方法を学ぶ。物質コースでは物質を生み出す方法を修得する。
生命科学科 (85)	生体物性コースでは生体物質の機能と構造を物理化学的な観点から分析する。生体分子コースでは化学的なものの考え方から理解する方法を修得する。細胞コースでは細胞の分化、発生、機能を遺伝学や細胞生理学の観点から探究する。
取得可能な免許・資格	危険物取扱者（甲種）、毒物劇物取扱責任者、教員免許（中-理、高-理）

環境人間学部

姫路環境人間キャンパス（1〜4年）
姫路工学キャンパス（1年）
定員 205

特色　2年次から5つの専門分野に分かれて専門性を高め、実践力を身につける。
進路　就職先は公務や卸売・小売業、建設業などが多い。
学問分野　環境学
大学院　環境人間学

環境人間学科　（205）	人間の成長や発達、心身の健康について学ぶ人間形成、異文化理解を深める国際文化、様々な人々が対等に暮らせる共生社会の創造を目指す社会デザイン、快適な生活空間や人間社会の構築技術を学ぶ環境デザインの4つの分野（系）と、食環境栄養課程で構成される。
取得可能な免許・資格	建築士（一級、二級）、管理栄養士、栄養士、栄養教諭（一種）、教員免許（中-保体、高-保体）

看護学部

明石看護キャンパス（1〜4年）
神戸商科キャンパス（1年）
定員 105

特色　学生との対話を重視。生命の尊厳を理解し人権を尊重する豊かな人間性を養う。
進路　約8割が医療・福祉業に就職。他、公務や教育・学習支援業など。
学問分野　看護学
大学院　看護学

看護学科　（105）	幅広い教養やコミュニケーション能力を修得する全学共通科目と、医学や保健学、福祉学など看護学に関連した科目を結びつけて学び、人間や健康、環境についての理解を深める。ケアの基礎を身につける専門教育科目を1年次に配置し、看護への関心と主体性を養う。
取得可能な免許・資格	看護師、助産師、保健師、養護教諭（一種）

入試要項（2025年度）

※この入試情報は大学発表の2025年度入試（予告）より編集したものです（2024年1月時点。見方は巻頭の「本書の使い方」参照）。内容には変更が生じる可能性があるため、最新情報はホームページや2025年度募集要項等で必ず確認してください。

「大学入試科目検索システム」のご案内
日程・方式ごとの偏差値や昨年度入試結果（志願者倍率、実質倍率、合格最低点）、基本情報（出願締切日、試験日、二段階選抜、募集人員、総合満点）などは、「大学入試科目検索システム」（https://nyushi.toshin.com/）をご覧ください（利用方法はp.12参照）。

■国際商経学部　偏差値 59

前期日程

◆**共通テスト**

［国際商経：7科目］国現古漢地歴公全6科目から1数数ⅠA、数ⅡBC理全5科目から1外全5科目から1情情Ⅰ

◆**個別学力検査等**

［国際商経－経済学・経営学：2科目］数数ⅠⅡAB〔列〕C〔ベ〕外英

［国際商経－グローバルビジネス：2科目］数数ⅠⅡAB〔列〕C〔ベ〕外英語外部試験▶出願資格として英語外部試験が必要

後期日程

◆**共通テスト**

［国際商経－経済学・経営学：7科目］前期日程に同じ

◆**個別学力検査等**

［国際商経－経済学・経営学：2科目］数数ⅠⅡAB〔列〕C〔ベ〕外英語外部試験▶出願資格として英語外部試験が必要

■社会情報科学部　偏差値 58

前・中期日程

◆**共通テスト**

［社会情報科：7科目］国現古漢地歴公全6科目から1数数ⅠA、数ⅡBC理全5科目から1外英情情Ⅰ

◆**個別学力検査等**

［社会情報科：2科目］数数ⅠⅡAB〔列〕C〔ベ〕、数ⅠⅡⅢAB〔列〕Cから1外英

■工学部　偏差値 56

前期日程

◆**共通テスト**

［全学科：8科目］国現古漢地歴公全6科目から1数数ⅠA、数ⅡBC理物、化外全5科目から1情情Ⅰ

◆**個別学力検査等**

［全学科：4科目］数数ⅠⅡⅢAB〔列〕C理物基・物、化基・化外英

後期日程

◆**共通テスト**

［全学科：8科目］前期日程に同じ

◆**個別学力検査等**

［全学科：2科目］理物基・物、化基・化

公立　近畿　兵庫県立大学

■理学部 偏差値 59

中期日程

◆**共通テスト**

[全学科：7科目] 国現古漢 数数ⅠA、数ⅡBC 理物、化、生、地から2 外全5科目から1 情情Ⅰ

◆**個別学力検査等**

[物質科：3科目] 数数ⅠⅡⅢAB〔列〕C 理物基・物、化基・化から1 外英

[生命科：3科目] 数数ⅠⅡⅢAB〔列〕C 理物基・物、化基・化、生基・生から1 外英

■環境人間学部 偏差値 58

前期日程

◆**共通テスト（文系型）**

[環境人間－食環境栄養以外：6科目] 国現古漢 地歴 公 理全11科目から2▶理は同一名称含む組み合わせ不可 数数ⅠA 外全5科目から1 情情Ⅰ

◆**共通テスト（理系型）**

[環境人間－食環境栄養以外：7科目] 国現古漢 地歴 公全6科目から1 数数ⅠA、数ⅡBC 理物、化、生、地から1 外全5科目から1 情情Ⅰ

◆**共通テスト**

[環境人間－食環境栄養：7科目] 国現古漢 地歴 公全6科目から1 数数ⅠA、数ⅡBC 理理科基礎、物、化、生から1▶地基選択不可 外全5科目から1 情情Ⅰ

◆**個別学力検査等**

[環境人間：1科目] 総合総合問題

後期日程

◆**共通テスト（文系型）**

[環境人間－食環境栄養以外：6科目] 国現古漢 地歴 公 理全11科目から2▶理は同一名称含む組み合わせ不可 数数ⅠA 外英 情情Ⅰ

◆**共通テスト（理系型）**

[環境人間－食環境栄養以外：7科目] 国現古漢 地歴 公全6科目から1 数数ⅠA、数ⅡBC 理物、化、生、地から1 外英 情情Ⅰ

◆**個別学力検査等**

[環境人間－食環境栄養以外] 課さない

■看護学部 偏差値 58

前期日程

◆**共通テスト**

[看護：6科目] 国現古漢 地歴 公全6科目から1 数数ⅠA、数ⅡBCから1 理物、化、生、地から1 外英 情情Ⅰ

◆**個別学力検査等**

[看護：2科目] 論小論文 面面接

後期日程

◆**共通テスト**

[看護：6科目] 前期日程に同じ

◆**個別学力検査等**

[看護：1科目] 面面接

■特別選抜

[総合型選抜] 総合型選抜

[学校推薦型選抜] 学校推薦型選抜、学校推薦型選抜（普通科等、商業科等、女子学生特別特別、附属高校等）、学校推薦型選抜（普通科・理数科等・工業科等）共

[その他] 帰国生選抜、外国人留学生選抜、帰国生特別選抜、外国人留学生特別選抜、社会人総合型選抜

兵庫県立大学ギャラリー

■最先端施設による研究

大型放射光施設「SPring-8」やX線自由電子レーザー「SACLA」、スーパーコンピュータ「富岳」等を活用した研究を展開。

■学びの舞台は世界へ

副専攻「グローバルリーダー教育プログラム」や、半年または1年程度の交換留学から短期の語学研修等の留学プログラムを提供。

奈良県立医科大学

ならけんりついか

資料請求

教育支援課入試・学生支援係　TEL (0744) 22-3051　〒634-8521 奈良県橿原市四条町840

地方創生に貢献できる存在感のある大学を目指して

大学紹介

最新入試情報

医学と看護学の領域で活躍できる人材を育成する。医療の知識や技術、研究成果を治療だけでなく、地域の安心や社会の発展に活かすために、地域の活性化に貢献する「医学を基礎とするまちづくり」を構想する。

キャンパス正門

キャンパス **1**つ

奈良県立医科大学キャンパス
〒634-8521 奈良県橿原市四条町840

基本データ

※2023年5月現在（学部学生数に留学生は含まない。進路・就職は2022年度卒業者データ。学費は2024年度入学者用〔予定〕）

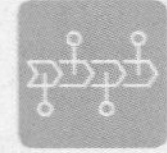

沿革

1952年、奈良県立医科大学設置。1960年、大学院を設置。2004年、医学部看護学科を設置。2007年、公立大学法人に。2012年、医学科に「研究医養成コース」を設置。2014年、看護実践・キャリア支援センターを設置。2016年、MBT（医学を基礎とするまちづくり）研究所を設置。2024年、大学院看護学研究科（博士後期課程）設置。

教育機関 1 学部 2 研究科

学部　医

大学院　医学ⓂⒹ／看護学ⓂⒹ

人数

学部学生数　**1,032**名

教員1名あたり 学生 **2**名

教員数　**375**名【理事長・学長】細井裕司
（教授**50**名、准教授**65**名、講師**76**名、助教**184**名）

学費

初年度納入額　**845,800~1,423,650**円

奨学金　日本学生支援機構奨学金

進路

学部卒業者　**189**名
（進学**5**名［2.6%］、就職**82**名［43.4%］、その他※**102**名［54.0%］）
※臨床研修医100名を含む

主な就職先　【医学科】（臨床研修先上位3社）奈良県立医科大学附属病院、奈良県総合医療センター、奈良県西和医療センター
【看護学科】奈良県立医科大学附属病院、大阪公立大学医学部附属病院、奈良市（職員）、関西医科大学附属病院

学部学科紹介

※本書掲載内容は、大学公表資料から独自に編集したものです。詳細は大学パンフレットやホームページ等で必ず確認してください（取得可能な免許・資格は任用資格や受験資格などを含む）。

医学部

奈良県立医科大学キャンパス　定員 198

特色　関連分野を修得し、医学と看護学の発展や社会の福祉に貢献できる人材を育成。
進路　各学科での学びを活かし、医師や看護師など専門職として活躍する。
学問分野　医学／看護学
大学院　医学／看護学

医学科 (113)	6年制。福祉と医学の発展に寄与できる医療人を育成する。地域医療を担う人材と研究医を養成するために、6年一貫授業科目として地域基盤型医療教育、研究医養成の2つのコースを設置。研究医養成コースでは関西医科大学、早稲田大学と提携している。
看護学科 (85)	4年制。演習ではディスカッションを行う他、実習に必要となる基礎的な看護の知識や技術を身につける。実習では隣接する附属病院で、1年次より看護学実習が行われる他、県内の多数の医療施設や保健福祉施設における実習の機会も用意されている。
取得可能な免許・資格	医師、看護師、保健師

入試要項（2025年度）

※この入試情報は大学発表の2025年度入試（予告）および2024年度募集要項等より編集したものです（2024年1月時点。見方は巻頭の「本書の使い方」参照）。内容には変更が生じる可能性があるため、最新情報はホームページや2025年度募集要項等で必ず確認してください。

「大学入試科目検索システム」のご案内
日程・方式ごとの偏差値や昨年度入試結果（志願者倍率、実質倍率、合格最低点）、基本情報（出願締切日、試験日、二段階選抜、募集人員、総合満点）などは、「大学入試科目検索システム」（https://nyushi.toshin.com/）をご覧ください（利用方法はp.12参照）。

■医学部 医学科 偏差値 66

前期日程

◆**共通テスト**

［医：8科目］国現古漢 地歴 公地歴全3科目、公共・倫、公共・政経から1 数数ⅠA、数ⅡBC 理物、化、生から2 外英 情情Ⅰ

◆**個別学力試験等**

［医：2科目］論小論文 面面接

後期日程

◆**共通テスト**

［医：8科目］国現古漢 地歴 公地歴全3科目、公共・倫、公共・政経から1 数数ⅠA、数ⅡBC 理物、化、生から2 外全5科目から1 情情Ⅰ

◆**個別学力試験等**

［医：5科目］数数ⅠⅡⅢA〔全〕B〔列〕C 理物基・物、化基・化、生基・生から2 外英 面面接

■医学部 看護学科 偏差値 58

前期日程

◆**共通テスト**※理科基礎は2科目扱い

［看護：6～7科目］国現古漢 地歴 公全6科目から1 数全3科目から1 理理科基礎、物、化、生から1 ▶地基選択不可 外英 情情Ⅰ

◆**個別学力試験等**

［看護：2科目］論小論文 面面接

■特別選抜

［学校推薦型選抜］学校推薦型選抜、緊急医師確保特別入学試験共、地域枠入学試験共

就職支援

奈良県立医科大学の医学科では、地域医療を担える医師の育成に力を入れ、卒業後、39%が奈良県立医科大学附属病院に、28%が県内医療機関で臨床研修を行います。看護学科では、アドバイザー制度を導入し、就職のアドバイスを行っています。国家試験に関しては、学生と教員の担当委員で対策を検討し受験のサポートが行われます。

国際交流

奈良県立医科大学では、アメリカ・ドイツ・中国・タイ・イギリスにある大学と国際交流を行っています。国際医学教育として奈良県立医科大学では、約10週間、国内や海外の大学、研究機関に所属して実際に研究に参加することで、研究マインドを育てることを目的とする「リサーチ・クラークシップ プログラム」が実施されています。

わかやまけんりつ いか

和歌山県立医科大学

資料請求

学生課入試学務班（紀三井寺キャンパス） TEL (073) 441-0702 〒641-8509 和歌山県和歌山市紀三井寺811-1

大いなる未来へ、世界へ！和歌山の地から挑戦！

大学紹介動画 最新入試情報

医学、保健看護学及び薬学に関する幅広い知識と高い水準の技術、さらには医療に携わる者として必要とされる人間性と倫理観を育む。和歌山県の医療と保健の充実に貢献できる「医の心」を持つ人材を育成する。

和歌山県立医科大学

キャンパス 3つ

紀三井寺キャンパス
〒641-8509 和歌山県和歌山市紀三井寺811-1

三葛キャンパス
〒641-0011 和歌山県和歌山市三葛580

伏虎キャンパス
〒640-8156 和歌山県和歌山市七番丁25-1

公立 近畿 和歌山県立医科大学

基本データ

※2023年5月現在（学部学生数に留学生は含まない。進路・就職は2022年度卒業者データ。学費は2024年度入学者用）

沿革

1945年、和歌山県立医学専門学校の設置認可を受ける。1955年、和歌山県立医科大学を開校。1960年、大学院設置認可を受ける。2004年、保健看護学部を設置。2006年、公立大学法人となる。2008年、大学院保健看護学研究科および助産学専攻科を設置。2021年、薬学部を設置。2024年、大学院医学研究科を改組し医学薬学総合研究科を設置。

教育機関 3学部 2研究科

学部 医／保健看護／薬

大学院 医学薬学総合ⓂⒹ／保健看護学ⓂⒹ

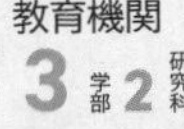

人数

学部学生数 1,237名

教員1名あたり学生 2名

教員数 442名【理事長・学長】中尾直之
（教授83名、准教授75名、講師103名、助教181名）

学費

初年度納入額 817,800~1,287,800円

奨学金 修学奨学金（医学部）、修学奨学金（保健看護学部）

進路

学部卒業者 181名
（進学7名［3.9%］、就職69名［38.1%］、その他※105名［58.0%］）
※臨床研修医100名を含む

主な就職先 和歌山県立医科大学附属病院、その他医療機関等

学部学科紹介

※本書掲載内容は、大学公表資料から独自に編集したものです。詳細は大学パンフレットやホームページ等で必ず確認してください（取得可能な免許・資格は任用資格や受験資格などを含む）。

医学部

紀三井寺キャンパス（2～6年）
三葛キャンパス（1年）
定員 100

特色　横断的、総合的なカリキュラムのもと高度な臨床・研究能力を持つ医師を育成。
進路　半数が臨床研修医として県内の公立病院に就職する。
学問分野　医学
大学院　医学薬学総合

医学科 (100)	6年制。1年次の教養教育科目から始まり、学年が上がるにつれて臨床の基礎となる基礎医学科目、臨床実習につながる臨床医学科目などを設置し、段階的な教育を展開。早期からの臨床体験実習などを通したケア・マインド教育にも力を入れている。
取得可能な免許・資格	医師

保健看護学部

三葛キャンパス
定員 80

特色　教養セミナーやケア・マインド教育など独自性の高いカリキュラムを展開。
進路　卒業者の多くは看護師や保健師として活躍。大学院に進学する者もいる。
学問分野　看護学
大学院　保健看護学

保健看護学科 (80)	4年制。教養と人間学の領域、保健看護学の基盤となる領域、保健看護学の専門となる領域の3つの領域を有し、横断的で総合的なカリキュラムを展開している。1年次より早期体験実習や基礎看護演習などの演習講座を通して、確かな実践力を養う。
取得可能な免許・資格	看護師、保健師、養護教諭（二種）

薬学部

伏虎キャンパス
定員 100

特色　薬学の専門知識と技術、使命感や倫理観を備えた人材を育成。
進路　2021年度開設。薬剤師として活躍することが期待される。
学問分野　薬学
大学院　医学薬学総合

薬学科 (100)	6年制。自然・人文・社会科学から薬学の専門領域まで着実に修得できるカリキュラムを編成。医療人に必要な臨床実践能力や倫理観、共感的態度、ケア・マインド、コミュニケーション能力などを育むため、早期体験や医療福祉施設での参加型実習を実施する。
取得可能な免許・資格	毒物劇物取扱責任者、食品衛生管理者、薬剤師、衛生管理者

入試要項（2025年度）

※この入試情報は大学発表の2025年度入試（予告）より編集したものです（2024年1月時点。見方は巻頭の「本書の使い方」参照）。内容には変更が生じる可能性があるため、最新情報はホームページや2025年度募集要項等で必ず確認してください。

「大学入試科目検索システム」のご案内
日程・方式ごとの偏差値や昨年度入試結果（志願者倍率、実質倍率、合格最低点）、基本情報（出願締切日、試験日、二段階選抜、募集人員、総合満点）などは、「大学入試科目検索システム」（https://nyushi.toshin.com/）をご覧ください（利用方法はp.12参照）。

■医学部 偏差値 65

前期日程
◆共通テスト
[医：8科目] 国現古漢 地歴 公地歴全3科目、公共・倫、公共・政経から1 数数ⅠA、数ⅡBC 理物、化、生から2 外英 情情Ⅰ
◆個別学力検査等
[医：5科目] 数数ⅠⅡⅢA〔全〕B〔列〕C 理物基・物、化基・化、生基・生から2 外英 面面接

■保健看護学部 偏差値 57

前期日程
◆共通テスト※理科基礎は2科目扱い
[保健看護：6～7科目] 国現古漢 地歴 公全6科目から1 数数ⅠA 理理科基礎、物、化、生から1▶地基選択不可 外英 情情Ⅰ
◆個別学力検査等
[保健看護：2科目] 論小論文 面面接

後期日程
◆共通テスト※理科基礎は2科目扱い
[保健看護：6～7科目] 前期日程に同じ
◆個別学力検査等
[保健看護：2科目] 総合総合問題 面面接

■薬学部 偏差値 61

前期日程

◆共通テスト

[薬：8科目] 国現古漢 地歴 公地歴全3科目、公共・倫、公共・政経から1 数数ⅠA、数ⅡBC 理物、化、生から2 外英 情情Ⅰ

◆個別学力検査等

[薬：5科目] 数数ⅠⅡⅢA〔全〕B〔列〕C 理化基・化必須、物基・物、生基・生から1 外英 面面接

■特別選抜

[学校推薦型選抜] 学校推薦型選抜 共

就職支援

和歌山県立医科大学の医学部では、入学時から卒後研修までシームレスな教育やキャリア教育が行われます。薬学部では、多職種協働に対応できる薬剤師の育成のために、医学部・保健看護学部を併せ持つ医療系総合大学ならではの特徴を最大限に活かした多職種連携教育が行われています。保健看護学部では、附属病院で働く看護師のジョブシャドウイングを開催します。学生2人1組で病棟の看護師に同行し、実際の看護師の仕事を間近で観察し、看護師の仕事を学ぶことができます。

国際交流

和歌山県立医科大学では、海外の様々な大学と国際交流協定を結び、教育および研究の面で活発な国際交流が行われています。国際交流センターが設置されており、アメリカのハーバード大学への学生派遣や、タイの大学との交流の他、外国人留学生を積極的に受け入れています。医学部では、3年生に基礎医学研究を目的として、6年生では臨床実習を目的として、海外派遣が実施されます。その他に、保健看護学部でも海外派遣が行われています。

和歌山県立医科大学ギャラリー

■紀三井寺キャンパス

「海・森・命」をデザインキーワードにした、主に医学部の学生が通うキャンパスです。附属病院も併設されています。

■三葛キャンパス

三葛キャンパスでは保健看護学部の講義の他に、医学部の1年次向けの教養教育が医学部三葛教育棟にて行われています。

■保健看護学部棟

保健看護学科には保健師コースが設けられており、コース選択者は卒業時に保健師国家試験受験資格を得ることができます。

■伏虎キャンパス

伏虎キャンパスには薬学に関する様々な部門の研究室が設置されており、卒業時には薬剤師国家試験受験資格が得られます。

おかやまけんりつ

岡山県立大学

資料請求

事務局教学課入試班　TEL (0866) 94-9163　〒719-1197 岡山県総社市窪木111

いま胎動する地域創造への挑戦：未来社会を拓く

大学紹介動画

最新入試情報

「人間尊重と福祉の増進」を建学の理念に、高い専門性と確かな技術、幅広い教養を兼ね備えた人材を育成する。共通教育と学部教育での学びを通じて、国際化が進む地域社会で活躍できる能力を育む。

上空からのキャンパス

キャンパス **1**つ

岡山県立大学キャンパス
〒709-1197 岡山県総社市窪木111

基本データ

※2023年5月現在（進路・就職は2022年度卒業者データ。学費は2024年度入学者用）

沿革

1993年に保健福祉、情報工、デザイン学部で発足。1997年、大学院保健福祉学研究科、情報系工学研究科修士課程を設置。1998年、大学院デザイン学研究科を増設。1999年、大学院情報系工学研究科博士課程を設置。2007年、公立大学法人となり、現在に至る。

教育機関 3学部 3研究科

学部　保健福祉／情報工／デザイン

大学院　保健福祉学ⓂⒹ／情報系工学ⓂⒹ／デザイン学Ⓜ

人数

学部学生数　**1,546**名

教員1名あたり学生 **10**名

教員数　**150**名【理事長・学長】沖陽子

（教授**59**名、准教授**61**名、講師**5**名、助教**23**名、助手・その他**2**名）

学費

初年度納入額　**802,460~897,170**円

奨学金　日本学生支援機構奨学金

進路

学部卒業者　**382**名

（進学**64**名［16.8%］、就職**302**名［79.1%］、その他**16**名［4.1%］）

主な就職先　岡山大学病院、大原記念倉敷中央医療機構 倉敷中央病院、川崎医科大学総合医療センター、倉敷成人病センター、JA岡山、システムエンタープライズ、シャープ、NEC、ピープルソフトウェア、システムタイズ、興南設計、メンバーズ、オーエム機器、積水ハウス、パナソニック、岡山市役所、大阪市役所

学部学科紹介

※本書掲載内容は、大学公表資料から独自に編集したものです。詳細は大学パンフレットやホームページ等で必ず確認してください（取得可能な免許・資格は任用資格や受験資格などを含む）。

保健福祉学部

岡山県立大学キャンパス　定員 140

特色 人々の健康の維持増進に貢献できる人材を育成。

進路 医療・福祉業に就く者が多い。他、大学院へ進学する者もいる。

学問分野 社会福祉学／応用生物学／看護学／健康科学／食物学／子ども学／教員養成

大学院 保健福祉学

学科	定員	内容
看護学科	(40)	豊富な知識と確かな技術を持ち、自ら成長し続ける柔軟性を持った看護職者を育成する。1年次には一般教養や専門分野の基礎科目を、2・3年次には各専門分野の看護学を深く学び、4年次にはその知識の実践として臨地実習や卒業研究に重点をおく。
栄養学科	(40)	食品学、栄養学、生命科学を中心に、実習や実験を多く取り入れながら、生命科学としての栄養学を幅広く学ぶ。1年次は共通科目の他、食品学や栄養学の基礎を学習。2・3年次に専門科目を本格的に学び、実習や実験を経験する。4年次は卒業研究を中心に取り組む。
現代福祉学科	(35)	少子高齢化、国際化する現代社会のニーズを捉え、人々の健康や幸福のために能動的・創造的に活躍できる国際感覚を身につけた人材を育成する。福祉の基礎を学び、2年次から社会福祉学、介護福祉マネジメント学の2つのコースに分かれる。
子ども学科	(25)	子どもの育ちと学びについての理論を理解し、教育と福祉の視点から健やかな成長を支える幼児教育・保育の専門家を養成する。知識や技能、倫理、子どもや家族を支える具体的な方法などを学び、実習や地域活動に参加して実践力を身につける。
取得可能な免許・資格		社会福祉士、介護福祉士、精神保健福祉士、スクールソーシャルワーカー、社会福祉主事、児童福祉司、児童指導員、食品衛生管理者、食品衛生監視員、看護師、助産師、管理栄養士、栄養士、栄養教諭（一種）、保育士、教員免許（幼一種）

情報工学部

岡山県立大学キャンパス　定員 140

特色 人間と社会の調和を図り情報化社会の持続的発展に寄与できる技術者を育成。

進路 約6割が大学院へ進学。就職先は製造業や情報通信業など。

学問分野 医療工学／健康科学／情報学

大学院 情報系工学

学科	定員	内容
情報通信工学科	(50)	利用者の視点と国際的視野を持つ技術者を育成する。情報工学、通信工学、電子工学の3つの学問領域を中心に、1年次から段階的に専門教育を行い、情報通信に関する幅広い知識と技術を修得する。演習や実験科目により、知識を実際の問題解決に応用する実践力を養う。
情報システム工学科	(50)	コンピュータに関する情報工学、ものづくりに関わる機械工学、人間と機械の結びつきを考えるインタフェース工学の各分野に関する技術を学ぶ。ソフトウェアシステム工学、知的インタフェースシステム工学、機械・エネルギーシステム工学の3つの講座がある。
人間情報工学科	(40)	人間系のサイエンスと情報系のエンジニアリングを融合的に学ぶことで、人間に適合した機器の開発やサービス設計の場で活躍できる人材を育成する。インテリジェントシステム、スポーツ・ヒューマンダイナミクス、人間支援工学の3つの講座がある。

デザイン学部

岡山県立大学キャンパス　定員 90

特色　課題に対してデザインによる解決を行える人材を育成。
進路　建設業や製造業、広告・デザイン業に就く者が多い。他、大学院進学も。
学問分野　土木・建築学／住居学／デザイン学
大学院　デザイン学

ビジュアルデザイン学科 (30)	視覚伝達の知識や技術を学び、高い専門性と感性を兼ね備えた広告・出版業界などクリエイティブの現場で活躍する人材を育成する。1年次に視覚伝達の基礎を身につけ、2年次からグラフィックまたは映像いずれかの専門科目を選択する。
工芸工業デザイン学科 (30)	立体的な造形教育を基盤としながら、工芸の持つ緻密さや工業的な合理性を学ぶ。1年次にはデザインの基礎的な知識や技能を身につけ、2年次からプロダクト、テキスタイル、セラミックの中から専門科目を選択する。
建築学科 (30)	建築的表現技能や建築史、建築計画、建築構造、建築環境といった建築に関わる幅広い専門知識と技能を身につけ、社会に貢献する建築家や建築分野の専門家を育成する。地域のデザインプロジェクトやインターンシップに参加し、実践力を養う。
取得可能な免許・資格	建築士（一級、二級、木造）

入試要項(2025年度)

※この入試情報は大学発表の2025年度入試（予告）および2024年度募集要項等より編集したものです（2024年1月時点。見方は巻頭の「本書の使い方」参照）。内容には変更が生じる可能性があるため、最新情報はホームページや2025年度募集要項等で必ず確認してください。

「大学入試科目検索システム」のご案内
日程・方式ごとの偏差値や昨年度入試結果（志願者倍率、実質倍率、合格最低点）、基本情報（出願締切日、試験日、二段階選抜、募集人員、総合満点）などは、「大学入試科目検索システム」(https://nyushi.toshin.com/) をご覧ください（利用方法はp.12参照）。

■保健福祉学部 偏差値 57

前期日程

◆**共通テスト**
[看護：6科目] 国現古漢 地歴 公全6科目から1 数 数ⅠA 理全5科目から1 外英 情情Ⅰ
[栄養：6科目] 国現古漢 地歴 公全6科目から1 数 数ⅠA、数ⅡBCから1 理理科基礎、物、化、生から1▶地基選択不可 外英 情情Ⅰ
[現代福祉、子ども：3科目] 国現古漢 地歴 公 数 理 外 情全15科目から1 外英
◆**個別学力検査等**
[栄養以外：1科目] 面個人面接▶書類審査含む
◆**個別学力検査等**※書類審査による加点あり
[栄養：1科目] 理化基・化、生基・生から1

後期日程

◆**共通テスト**
[看護：6科目] 前期日程に同じ
[栄養：7科目] 国現古漢 地歴 公全6科目から1 数 数ⅠA、数ⅡBCから1 理理科基礎、物、化、生から2▶地基選択不可 外英 情情Ⅰ
[子ども：3科目] 前期日程に同じ
◆**個別学力検査等**
[看護、子ども：1科目] 前期日程に同じ
◆**個別学力検査等**※書類審査による加点あり
[栄養] 課さない

■情報工学部 偏差値 54

前・中期日程

◆**共通テスト**
[全学科：7科目] 国現古漢 数 数ⅠA、数ⅡBC 理物必須、化、生、地から1 外英 情情Ⅰ
◆**個別学力検査等**※書類審査による加点あり
[全学科：1科目] 数 数ⅠⅡⅢAB〔列〕C

■デザイン学部 偏差値 54

前期日程

◆**共通テスト**
[ビジュアルデザイン：5科目] 国現古漢 地歴 公 数 理全14科目から2教科2▶地歴と公は1教科扱い 外英 情情Ⅰ
[工芸工業デザイン：4科目] 国現古漢 地歴 公 数 理全14科目から1 外英 情情Ⅰ
[建築：6科目] 国現古漢 地歴 公 理全11科目から1 数全3科目から2 外英 情情Ⅰ
◆**個別学力検査等**※書類審査による加点あり
[全学科：1科目] 実技 美術実技

■特別選抜

[総合型選抜] 総合型選抜
[学校推薦型選抜] 学校推薦型選抜
[その他] 帰国生入試、私費外国人留学生入試

けんりつひろしま
県立広島大学

資料請求

入試・広報課（広島キャンパス） TEL（082）251-9540 〒734-8558 広島県広島市南区宇品東1-1-71

地域に貢献する「知」を通じ、県民から信頼される大学に

大学紹介動画

最新入試情報

主体的に考え行動し、地域で活躍できる実践力ある人材を育成する。学士課程を通して設置されている全学共通教育科目と、系統的な専門教育との連携を図り、バランスのとれた教育を行う。

広島キャンパス

キャンパス **3**つ

広島キャンパス
〒734-8558 広島県広島市南区宇品東1-1-71

庄原キャンパス
〒727-0023 広島県庄原市七塚町5562

三原キャンパス
〒723-0053 広島県三原市学園町1-1

基本データ

※2023年5月現在（進路・就職は2022年度卒業者データ。学費は2024年度入学者用）

沿革

1965年、広島女子大学が開学。1989年、広島県立大学が経営、生物資源学部で開学。2000年、広島女子大学が県立広島女子大学に改称。広島県立保健福祉大学が開学。2005年、3つの県立大学を統合し、県立広島大学となる。2007年、公立大学法人化し、2020～21年に学部改組を行い、現在に至る。

教育機関 **3** 学部 **2** 研究科

学部 地域創生／生物資源科／保健福祉

大学院 総合学術Ⓜ︎Ⓓ／経営管理Ⓟ

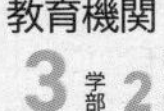

人数

学部学生数 **2,263**名

教員1名あたり学生 **10**名

教員数 **213**名【理事長】鈴木典比古、【学長】森永力
（教授**99**名、准教授**66**名、講師**23**名、助教**24**名、助手・その他**1**名）

学費

初年度納入額 **817,800～946,200**円

奨学金 日本学生支援機構奨学金、県立広島大学授業料減免、県立広島大学交換留学生等支援奨学金

進路

学部卒業者 **543**名
（進学**41**名［7.6%］、就職**480**名［88.4%］、その他**22**名［4.0%］）

主な就職先 広島信用金庫、フジパングループ本社、東京海上日動火災保険、JA香川県、日立ソリューションズ西日本、NTTテクノクロス、つつじ、中国電力、中国電機製造、レデイ薬局、中電工、JA広島総合病院、広島市立病院機構、神戸市民病院機構、国立病院機構 東広島医療センター、広島赤十字・原爆病院、藤田医科大学病院、JA尾道総合病院、広島県（職員）、広島市（職員）

学部学科紹介

※本書掲載内容は、大学公表資料から独自に編集したものです。詳細は大学パンフレットやホームページ等で必ず確認してください（取得可能な免許・資格は任用資格や受験資格などを含む）。

地域創生学部

広島キャンパス　定員 200

- 特色　地域の課題を解決する力を養い、社会に貢献する人材を育成。
- 進路　ITや経営、健康など幅広い分野に進むことを想定。
- 学問分野　文化学／経営学／健康科学／食物学／情報学／人間科学
- 大学院　総合学術

地域創生学科　(200)	修得した様々な知識や技能を活かしながら、自ら考え、課題解決に向け行動できる実践力と国際感覚あふれるコミュニケーション能力、地域創生に貢献できる力を養う。地域文化、地域産業、健康科学の3つのコースから構成されている。
取得可能な免許・資格	学芸員、食品衛生管理者、食品衛生監視員、管理栄養士、栄養士、栄養教諭（一種)、教員免許（中-国・英、高-国・英）

生物資源科学部

庄原キャンパス　定員 140

- 特色　農や食について学び持続可能な社会に貢献する人材を育成。
- 進路　卒業後の進路は公共団体や企業の技術者などを想定。
- 学問分野　農学／応用生物学／環境学
- 大学院　総合学術

地域資源開発学科　(40)	「農」や「食」の実践的な技術や知見と経営知識を活かし、スマート農業などの新たな農業形態を探究。地域産業の再生と新産業の創出に貢献する。農業生産開発系、食品分析開発系、農食マネジメント系の3つの専門科目群を設けている。
生命環境学科　(100)	生命科学、環境科学の2つのコースから興味や関心に応じて選択する。生命科学コースでは、ライフサイエンスやバイオテクノロジーを専門的に学ぶ。環境科学コースでは環境保全と持続可能な社会の発展についての知識と技術を身につける。
取得可能な免許・資格	食品衛生管理者、食品衛生監視員、バイオ技術者、教員免許(中-理、高-理・農)

保健福祉学部

三原キャンパス　定員 190

- 特色　専門性と協働力を持ち地域包括ケアシステムへ対応する。
- 進路　医療機関や福祉関係機関などで活躍が期待される。
- 学問分野　社会福祉学／看護学／健康科学／人間科学
- 大学院　総合学術

保健福祉学科　(190)	看護学、理学療法学、作業療法学、コミュニケーション障害学、人間福祉学の5つのコースに分かれて高度な専門知識と技術を学ぶ。4年次には、コースの垣根を越えて編成されるチームで事例を多面的に討論する「チーム医療福祉演習」が行われる。
取得可能な免許・資格	社会福祉士、精神保健福祉士、看護師、保健師、理学療法士、作業療法士、言語聴覚士

入試要項（2025年度）

※この入試情報は大学発表の2025年度入試（予告）より編集したものです（2024年1月時点。見方は巻頭の「本書の使い方」参照）。内容には変更が生じる可能性があるため、最新情報はホームページや2025年度募集要項等で必ず確認してください。

「大学入試科目検索システム」のご案内

日程・方式ごとの偏差値や昨年度入試結果（志願者倍率、実質倍率、合格最低点）、基本情報（出願締切日、試験日、二段階選抜、募集人員、総合満点）などは、「大学入試科目検索システム」(https://nyushi.toshin.com/) をご覧ください（利用方法はp.12参照）。

■地域創生学部　偏差値 57

前期日程

◆共通テスト

[地域創生－地域文化：4科目] 国現古漢 地歴 公全6科目から1 数 理 情全9科目から1 外全5科目から1

[地域創生－健康科学：6科目] 国現古漢 地歴 公全6科目から1 数 情全4科目から1 理理科基礎、物、化、生から2▶地基選択不可 外全5科目から1

◆共通テスト（経営志向枠）

[地域創生－地域産業：5科目] 国現古漢 地歴 公全6科目から1 数全3科目から1 理全5科目から1 外

全5科目から1
◆**共通テスト（応用情報志向枠）**
[地域創生－地域産業：6科目] 国現古漢 地歴 公 理全11科目から1 数全3科目から2 外全5科目から1 情情Ⅰ
◆**個別学力検査等**
[地域創生－地域文化：1科目] 総合総合問題
[地域創生－健康科学：1科目] 面面接
◆**個別学力検査等（経営志向枠、応用情報志向枠）**
[地域創生－地域産業：1科目] 総合総合問題

後期日程

◆**共通テスト（経過選択）**
[地域創生－地域文化・地域産業：4科目] 国現古漢 地歴 公 数 理 情全15科目から2▶地歴理各2科目選択不可。地歴と公の組み合わせ不可 外全5科目から1
◆**個別学力検査等（経過選択）**
[地域創生－地域文化・地域産業：1科目] 総合総合問題

■生物資源科学部 偏差値 52

前期日程

◆**共通テスト**
[地域資源開発：6科目] 数全3科目から2 理全5科目から2▶化、生から1必須 外英 情情Ⅰ
[生命環境：8科目] 国現古漢 地歴 公全6科目から1 数全3科目から2 理物、化、生、地から2 外全5科目から1 情情Ⅰ
◆**個別学力検査等**
[全学科：1科目] 総合総合問題

後期日程

◆**共通テスト（経過選択）**
[生命環境：8科目] 前期日程に同じ
◆**個別学力検査等（経過選択）**
[生命環境：1科目] 前期日程に同じ

■保健福祉学部 偏差値 56

前期日程

◆**共通テスト**
[保健福祉－看護学：6科目] 国現古漢 地歴 公全6科目から1 数全3科目から1 理理科基礎、物、化、生から1▶地基選択不可 外英 情情Ⅰ
[保健福祉－理学療法学：6科目] 国現古漢 地歴 公全6科目から1 数数ⅠA、数ⅡBCから1 理全5科目から1 外英 情情Ⅰ
[保健福祉－作業療法学：6科目] 国現古漢 地歴 公全6科目から1 数全3科目から1 理全5科目から1 外英 情情Ⅰ
[保健福祉－コミュニケーション障害学：5科目] 国現古漢 地歴 公全6科目から1 数 情数ⅠA、数ⅡBC、情Ⅰから1 理全5科目から1 外英
[保健福祉－人間福祉学：3科目] 国現古漢 地歴 公 数 理 情全15科目から1 外英
◆**共通テスト（コース選択枠）**
[保健福祉：6科目] 国現古漢 地歴 公全6科目から1 数全3科目から1 理全5科目から1 外英 情情Ⅰ
◆**個別学力検査等**
[保健福祉－人間福祉学以外：1科目] 面面接
[保健福祉－人間福祉学：2科目] 総合総合問題 面面接
◆**個別学力検査等（コース選択枠）**
[保健福祉：1科目] 面面接

後期日程

◆**共通テスト**
[保健福祉－看護学・理学療法学・作業療法学：6科目] 前期日程に同じ
[保健福祉－コミュニケーション障害学：3科目] 国現古漢 数 情数ⅠA、情Ⅰから1 外英
[保健福祉－人間福祉学：3科目] 前期日程に同じ
◆**個別学力検査等**
[保健福祉－人間福祉学以外：1科目] 前期日程に同じ
[保健福祉－人間福祉学：2科目] 前期日程に同じ

■特別選抜

[総合型選抜] 総合型選抜
[学校推薦型選抜] 学校推薦型選抜、学校推薦型選抜（県内高等学校等、県内専門高等学校等、全国高等学校等）共
[その他] 社会人特別選抜、外国人留学生特別選抜

就職支援

県立広島大学では、社会で必要となる能力の概説やインターンシップなどを行う「正課キャリア教育」と、企業見学や就職ガイダンス、企業の方を招いての業界研究会などを実施する「正課外キャリア形成支援プログラム」を導入しています。また、Web面接への対策など、時代の変化に順応した柔軟な就職支援が行われています。公務員・教員志望の学生に対しては、公務員ガイダンスや教員採用制度説明会、学内での試験対策講座などを実施しています。

国際交流

県立広島大学では、15カ国・地域42大学と国際交流協定を締結しています。協定校へ1年以内で留学する交換留学や協定校留学、留学先を自分で選定する休学留学、夏季・春季休業期間中に1週間～1ヶ月間、海外の大学に留学し語学を主に学修する短期語学研修プログラムが実施されています。留学を行う学生のサポートとして、海外渡航前安全管理オリエンテーションや協定校へ留学を行う学生を対象とした大学独自の奨学金制度があります。

広島市立大学

ひろしましりつ

資料請求

アドミッションセンター　TEL (082) 830-1503　〒731-3194 広島県広島市安佐南区大塚東3-4-1

科学と芸術を軸に、世界平和と地域に貢献する

大学紹介動画

最新入試情報

国際社会や地域社会の要請に応えるべく、学芸を深く研究し、次世代を担う感性豊かでクリエイティブな人材を育成する。国際平和文化都市である広島の「知」の拠点として、市民の誇りとなる大学を目指している。

広島市立大学キャンパス

キャンパス 1つ

広島市立大学キャンパス
〒731-3194 広島県広島市安佐南区大塚東3-4-1

基本データ

※2023年5月現在（学部学生数に留学生は含まない。進路・就職は2022年度卒業者データ。学費は2024年度入学者用）

沿革

1994年、広島市立大学として発足。1998年、大学院博士前期課程ならびに附属研究所となる広島平和研究所を設置。2000年、大学院博士後期課程を設置。2010年、公立大学法人となる。2019年、大学院平和学研究科（修士課程）を設置。2021年、平和学研究科（博士後期課程）を設置。2024年、開学30周年を迎える。

教育機関
3学部 4研究科

学部　国際／情報科／芸術

大学院　国際学MD／情報科学MD／芸術学MD／平和学MD

人数

学部学生数　1,776名

教員1名あたり学生 8名

教員数　203名【理事長・学長】若林真一
（教授67名、准教授77名、講師26名、助教20名、助手・その他13名）

学費

初年度納入額　886,150~1,027,150円

奨学金　日本学生支援機構奨学金

進路

学部卒業者　395名
（進学108名［27.3%］、就職231名［58.5%］、その他56名［14.2%］）

主な就職先　オタフクソース、広島銀行、日本通運、広島信用金庫、NECソリューションイノベータ、NTTデータ中国、エネコム、メイテック、gumi、ケイ・ウノ、Cygames、俄、広島市役所、広島県内公立学校（教員）

学部学科紹介

※本書掲載内容は、大学公表資料から独自に編集したものです。詳細は大学パンフレットやホームページ等で必ず確認してください（取得可能な免許・資格は任用資格や受験資格などを含む）。

国際学部

広島市立大学キャンパス　定員 100

特色　国際社会を見つめ、自由かつ学際的なアプローチで豊かな人間性を養う。
進路　就職先は卸売・小売業や製造業、情報通信業などが多い。
学問分野　国際学
大学院　国際学

国際学科 (100)	専門科目は国際政治・平和、公共政策・NPO、多文化共生、言語・コミュニケーション、国際ビジネスの5つのプログラムからなり、その中で相互に関連する形で講義が設置されている。複数のプログラムにまたがって講義を履修することも可能である。
取得可能な免許・資格	学芸員、教員免許（中-英、高-英）

情報科学部

広島市立大学キャンパス　定員 210

特色　入試選抜は学部一括で実施する。2年次開始時に4つの学科に分かれる。
進路　就職先は情報通信業をはじめ製造業、サービス業など多岐にわたる。
学問分野　機械工学／医療工学／その他工学／情報学
大学院　情報科学

情報工学科 (60)	コンピュータコースではコンピュータのハードウェア、ソフトウェアに関する基礎的な知識を学ぶ。ネットワークコースではインターネットや通信に関する知識を身につけ、コミュニケーション基盤コースはネットワークにおける効率的な伝達技術を学ぶ。
知能工学科 (60)	知能ソフトウェア、知能メディア、知能サイエンスの3つのコースからなる。人工知能技術やビッグデータ解析技術、音声・画像認識技術などを通して知的システムの仕組みについて学び、知識基盤社会における知的コミュニケーションと創造的活動をサポートする。
システム工学科 (60)	人間・コンピュータ・情報システムの調和を図るために、人間・ロボット共生社会を実現する人間・ロボット共生、人に優しいインタフェースをデザインするインタフェースデザイン、システムの基礎をデザインするシステムデザインの3つのコースを設置。
医用情報科学科 (30)	情報科学、工学、自然科学の基礎的な科目を学習したのち、医用画像工学、医用ロボット工学などの専門的な融合領域の知識と技術を学ぶ。広島大学、広島工業大学、広島国際大学との4大学連携での臨床情報医工学プログラムがある。
取得可能な免許・資格	教員免許（高-数・情）

芸術学部

広島市立大学キャンパス　定員 80

特色　美術学科は3つの専攻に、デザイン工芸学科は7つの専門分野に分かれる。
進路　卒業者の多くは製造業や情報通信業、卸売・小売業に就職する。
学問分野　芸術・表現／デザイン学
大学院　芸術学

美術学科 (40)	日本画、油絵、彫刻の3つの専攻から構成されている。実技演習だけでなく、それぞれの専門分野において造形の体系が形成された背景となる歴史や科学技術、哲学や思想についても学ぶ。専門領域にとどまらず幅広く芸術を理解していく。
デザイン工芸学科 (40)	2年次から専門分野に分かれて実技実習を行う。現代美術を専門的かつ体系的に学ぶ現代表現領域と、視覚造形、立体造形、映像メディア造形、金属造形、染織造形、漆造形の6つの分野から構成されているデザイン工芸領域の2つの領域を設置している。
取得可能な免許・資格	学芸員、教員免許（中-美、高-美・工芸）

入試要項（2025年度）

※この入試情報は大学発表の2025年度入試（予告）より編集したものです（2024年1月時点。見方は巻頭の「本書の使い方」参照）。内容には変更が生じる可能性があるため、最新情報はホームページや2025年度募集要項等で必ず確認してください。

「大学入試科目検索システム」のご案内

日程・方式ごとの偏差値や昨年度入試結果（志願者倍率、実質倍率、合格最低点）、基本情報（出願締切日、試験日、二段階選抜、募集人員、総合満点）などは、「大学入試科目検索システム」（https://nyushi.toshin.com/）をご覧ください（利用方法はp.12参照）。

■国際学部　偏差値 61

前期日程

◆**共通テスト**

［国際：3科目］国現古漢 地歴 公 数 理 情 全15科目から1 外 全5科目から1

◆**個別学力検査等**

［国際：1科目］総合 総合問題

後期日程

◆**共通テスト**

［国際：3科目］前期日程に同じ

◆**個別学力検査等**

［国際：1科目］論 小論文

■情報科学部　偏差値 54

前期日程

◆**共通テスト**

［全学科：5科目］数 数ⅠA、数ⅡBC 理 物、化、生から1 外 全5科目から1 情 情Ⅰ

◆**個別学力検査等**

［全学科：1科目］数 数ⅠⅡⅢAB〔列〕C

後期日程

◆**共通テスト**

［全学科：4科目］数 数ⅠA、数ⅡBC 外 全5科目から1 情 情Ⅰ

◆**個別学検査等**

［全学科：1科目］情 情Ⅰ

■芸術学部　偏差値 55

前期日程

◆**共通テスト**

［美術－日本画・油絵、デザイン工芸：3科目］国 現古漢 地歴 公 数 理 情 全15科目から1 外 全5科目から1

◆**個別学力検査等**

［美術－日本画・油絵：2科目］実技 美術実技①、美術実技②

［デザイン工芸：1科目］実技 美術実技

後期日程

◆**共通テスト**

［美術－彫刻、デザイン工芸：3科目］国 現古漢 地歴 公 数 理 情 全15科目から1 外 全5科目から1

◆**個別学力検査等**

［美術－彫刻：2科目］実技 美術実技、造形実技

［デザイン工芸：1科目］前期日程に同じ

■特別選抜

［総合型選抜］総合型選抜

［学校推薦型選抜］学校推薦型選抜（市内公募、全国公募）

［その他］外国人留学生選抜、UNHCR難民高等教育プログラム推薦

広島市立大学ギャラリー

■キャンパス

広島市立大学キャンパスはJR「横川駅」からバスと徒歩で20分強の場所にあり、緑に囲まれた自然豊かな場所です。

■短期語学留学

2週間から4週間程度、海外の大学での語学集中講義や研修などを行う短期語学留学プログラムを実施しています。

しものせきしりつ
下関市立大学

資料請求

入試部入試課　TEL (083) 254-8611　〒751-8510 山口県下関市大学町2-1-1

海峡の英知。未来へ、そして世界へ

大学紹介動画

最新入試情報

教育と研究の一体性に基づく新たな知の創造、広く世界に目を向けた教育と研究、地域社会の知的センターとして地域と共生する教育と研究に取り組む。地域や国際社会の発展に貢献する高度職業人を育成する。

キャンパス本館

キャンパス 1つ

下関市立大学キャンパス
〒751-8510 山口県下関市大学町2-1-1

基本データ

※2023年5月現在（教員数は同年10月現在、非常勤を含む。進路・就職は2022年度卒業者データ。学費は2024年度入学者用〔予定〕）

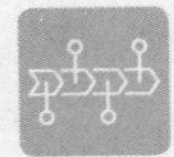
沿革

1956年、下関商業短期大学として設立。1962年、下関市立大学となり経済学部経済学科を設置。1983年、国際商学科を設置。2000年、大学院経済学研究科を設置。2007年、公立大学法人となる。2011年、公共マネジメント学科を設置。2024年、データサイエンス学部を設置。2025年、看護学部（仮称）を開設予定。

教育機関 3学部 1研究科

学部 ※2025年4月設置構想中　経済／データサイエンス／看護※

大学院　経済学Ⓜ

人数

学部学生数　1,954名

教員1名あたり学生 14名

教員数　135名【理事長】山村重彰、【学長】韓昌完
（教授30名、准教授30名、講師6名、助手・その他69名）

学費

初年度納入額　769,810~910,810円

奨学金　一般選抜入学試験成績優秀者入学金優遇制度

進路

学部卒業者　553名
（進学15名［2.7%］、就職514名［92.9%］、その他24名［4.4%］）

主な就職先　日本銀行、日本政策金融公庫、東京海上日動火災保険、日本生命保険、日本年金機構、野村総合研究所、日本経済新聞社、NTTコムウェア、三菱総研DCS、キヤノンマーケティングジャパン、日通NECロジスティクス、九電工、住友林業、コカ･コーラ ボトラーズジャパン、厚生労働省、裁判所、財務省、防衛省、三重県庁、京都府庁、太田区役所、警視庁、東京消防庁

学部学科紹介

※本書掲載内容は、大学公表資料から独自に編集したものです。詳細は大学パンフレットやホームページ等で必ず確認してください（取得可能な免許・資格は任用資格や受験資格などを含む）。

経済学部

下関市立大学キャンパス　定員 370

特色　系統的・段階的専門教育や少人数対話型の演習により、経済の専門知識を学ぶ。
進路　就職先は金融・保険業や卸売・小売業、サービス業など多岐にわたる。
学問分野　経済学／経営学／国際学
大学院　経済学

経済学科 (155)	世界の経済、日本の経済、地域の経済・社会について幅広く学べるカリキュラムを展開。2年次から金融・経済分析、財政・社会政策、グローバル経済、地域経済・社会の4つの科目群からなる専攻基本科目を学び、3年次から1つを選択して専門性を高める。
国際商学科 (155)	2年次から国際・東アジア、流通・マーケティング、経営・経営情報、会計・簿記の4つの科目群からなる専攻基本科目を幅広く学び、3年次から1つを選択する。国際的な視野と、語学、簿記、情報を中心とした企業実務に対応できるスキルを身につける。
公共マネジメント学科 (60)	2年次から公共政策、マネジメント、地域社会の3つの科目群からなる専攻基本科目、3年次から専攻応用学科目を学ぶ。1・2年次には公共マネジメント特講においてフィールドワークを行い、地域社会が当面する公共的課題の実際を学ぶ。
取得可能な免許・資格	教員免許（中-社、高-地歴・公）

データサイエンス学部

下関市立大学キャンパス　定員 80

特色　ビジネスまたはヘルスケアの分野のデータ分析等を学び、実践力を養う。
進路　情報通信、金融、保健医療、行政など幅広い分野で活躍が期待される。
学問分野　経営学／数学／その他工学／健康科学／情報学

データサイエンス学科 新 (80)	2024年度開設。1・2年次にデータサイエンスに関する数学の他、情報やプログラミングの基礎知識を修得。2・3年次にデータ分析・活用等の技能を身につけ、専門応用としてビジネス又はヘルスケアの分野でのデータ分析を学び実践力を高める。
取得可能な免許・資格	社会調査士、教員免許（中-数、高-数・情）

看護学部

下関市立大学キャンパス　定員 80

特色　2025年度開設予定(仮称、設置構想中)。地域の将来を担う看護専門職を育成。
進路　医療機関、行政機関、健康管理室を有する企業や養護教諭、進学を想定。
学問分野　看護学

看護学科 新 (80)	2025年度開設予定（仮称、設置構想中）。地域で暮らす人々の健康と生活を支え、一人ひとりの状況に合わせた看護実践ができる人材を養成する。1・2年次には教養や看護学の基礎を学び、3年次以降に実習等を通じて看護の実践を行う。
取得可能な免許・資格	看護師、保健師、衛生管理者、養護教諭（一種）

入試要項（2025年度）

※この入試情報は大学発表の2025年度入試（予告）および2024年度募集要項等より編集したものです（2024年1月時点。見方は巻頭の「本書の使い方」参照）。内容には変更が生じる可能性があるため、最新情報はホームページや2025年度募集要項等で必ず確認してください。

「大学入試科目検索システム」のご案内
日程・方式ごとの偏差値や昨年度入試結果（志願者倍率、実質倍率、合格最低点）、基本情報（出願締切日、試験日、二段階選抜、募集人員、総合満点）などは、「大学入試科目検索システム」（https://nyushi.toshin.com/）をご覧ください（利用方法はp.12参照）。

■経済学部 偏差値 59

前期日程

◆共通テスト（A方式）
[全学科：4科目] 国現古漢 地歴 公 理 情全12科目から1 数全3科目から1 外全5科目から1

◆共通テスト（B方式）
[全学科：2～3科目] 国 地歴 公 数 理 情次の①・②から1（①現古漢、②地歴公数理情全15科目から2）外全5科目から1

◆個別学力検査等（A方式）
[全学科：1科目] 論論述（長文）

◆個別学力検査等（B方式）
[全学科：2科目] 論論述（長文）、論述（図表）

中期日程

◆共通テスト
[経済、公共マネジメント：4～5科目] 国 地歴 公 数 理 外 情次の①～④から3（①現古漢、②地歴公理情全12科目から2、③数全3科目から2、④外全5科目から1）
[国際商：4～5科目] 国 地歴 公 数 理 情次の①～③から2（①現古漢、②地歴公理情全12科目から2、③数全3科目から2）外全5科目から1

◆個別学力検査等
[全学科：1科目] 外英

■データサイエンス学部 偏差値 59

前期日程

◆共通テスト
[データサイエンス：5科目] 国 地歴 公 理 情現古漢、地歴公理情全12科目から2 数全3科目から2 外全5科目から1

◆個別学力検査等
[データサイエンス：1科目] 論小論文

中期日程

◆共通テスト
[データサイエンス：5科目] 前期日程に同じ

◆個別学力検査等
[データサイエンス：1科目] 数数学▶出題範囲未公表

■看護学部 偏差値 -

前期日程

◆共通テスト
[看護：5科目] 国現古漢 地歴 公全6科目から1 数数Ⅰ、数ⅠAから1 理全5科目から1 外英

◆個別学力検査等
[看護：2科目] 論小論文 面面接

中期日程

◆共通テスト
[看護：5科目] 前期日程に同じ

◆個別学力検査等
[看護：1科目] 面面接

■特別選抜

[学校推薦型選抜] 学校推薦型選抜（全国推薦、地域推薦A、地域推薦B、地域推薦）
[その他] 社会人特別選抜、帰国生徒特別選抜、外国人留学生選抜

下関市立大学ギャラリー

■キャンパス風景

厚生会館から望む、キャンパスプラザ、B講義棟、学術センターの様子です。

■キャンパス風景

図書館や国際交流センターの他に、社会人向けの学習プログラムを開設しているリカレント教育センターなどの附属施設があります。

北九州市立大学
（きたきゅうしゅうしりつ）

資料請求

入試・研究支援課入学試験係（北方キャンパス）　TEL（093）964-4022　〒802-8577 福岡県北九州市小倉南区北方4-2-1

グローバル化の中で、国際社会の発展に貢献する

大学紹介動画

最新入試情報

北九州地域の特性を活かし、開拓精神にあふれた人材の育成と、地域に立脚する国際的学術研究拠点の形成に取り組む。地域産業、文化および社会の発展に寄与するとともに、アジアを軸に国際社会の発展に貢献する。

北方キャンパス

キャンパス 2つ

北方キャンパス
〒802-8577 福岡県北九州市小倉南区北方4-2-1

ひびきのキャンパス
〒808-0135 福岡県北九州市若松区ひびきの1-1

基本データ

※2023年5月現在（進路・就職は2022年度卒業者データ。学費は2024年度入学者用〔予定〕）

沿革

1946年、小倉外事専門学校として創立。1950年、北九州外国語大学に昇格。1953年に北九州大学に改称、商学部を設置。1966年、文学部を設置。1973年、法学部を設置。2001年、北九州市立大学に改称し、国際環境工学部を設置。2009年、地域創生学群を設置し、現在に至る。

教育機関　6 学部　4 研究科

学部　外国語／経済／文／法／地域創生／国際環境工

大学院　法学Ⓜ／社会システムⓂⒹ／国際環境工学ⓂⒹ／マネジメントⓅ

人数

学部学生数　6,153名

教員1名あたり学生 23名

教員数　259名【理事長】津田純嗣、【学長・副理事長】柳井雅人
（教授149名、准教授99名、講師11名）

学費

初年度納入額　949,060~1,106,060円

奨学金　日本学生支援機構奨学金

進路

学部卒業者　1,444名
（進学174名［12.0%］、就職1,120名［77.6%］、その他150名［10.4%］）

主な就職先　日本貿易振興機構、JALスカイ九州、ヒルトン福岡シーホーク、良品計画、野村證券、九州電力、西日本シティ銀行、ヤマエ久野、マイナビ、日本トランスオーシャン航空、法務省、福岡県教育委員会、九州厚生局、北九州市役所、福岡県庁、都市再生機構、三井不動産ホテルマネジメント、九電工、三菱電機、日本郵便、QTnet、大和ハウス工業、濱田重工、シャボン玉石けん

学部学科紹介

※本書掲載内容は、大学公表資料から独自に編集したものです。詳細は大学パンフレットやホームページ等で必ず確認してください（取得可能な免許・資格は任用資格や受験資格などを含む）。

外国語学部

北方キャンパス 定員 265

特色 実践的な語学力と幅広い教養を身につけ、世界で活躍できる人材を育成する。
進路 就職先は情報通信業、卸売・小売業、製造業、サービス業などが多い。
学問分野 言語学／国際学
大学院 社会システム

学科	定員	内容
英米学科	(135)	国際的な視野を持ち、英語の実践的運用能力と語学や文化、ビジネスなどに関する知識を身につけ、国際社会で活躍できる人材を育成する。2年次にLanguage and Education、Society and Culture、Global Businessの3つのプログラムから1つを選択する。
中国学科	(50)	1年次は週4回の中国語の授業を中心に発音と文法を身につける。2年次は会話、リスニングなどの授業で中国語のコミュニケーション能力を高め、さらに中国語学、中国社会経済史などを学び、中国の文化、歴史を理解する。3年次以降は中国語の運用能力向上に取り組む。
国際関係学科	(80)	国際社会の様々な問題を政治学や社会学など様々な学際的な視点から分析し、解決方法を探る。国際関係の様相を理解するための国際関係領域、東アジアとアメリカを中心に世界の地域情勢を理解するための地域研究領域の2つの科目群を体系的に学ぶ。
取得可能な免許・資格		教員免許（中-社・英、高-公・英・中国語）

経済学部

北方キャンパス 定員 284

特色 経済学の理論を用い、新たな市場や社会制度をデザインできる人材を育成する。
進路 就職先は、卸売業・小売業、情報通信業や金融業・保険業などが多い。
学問分野 経済学／経営学／情報学
大学院 社会システム

学科	定員	内容
経済学科	(142)	1年次は経済理論、統計・情報処理を2本の柱として重点的に学び、2年次から応用経済学系と地域・産業系の2つで構成される専門科目を履修する。3年次以降は少人数のゼミで経済学的な思考法を修得し、自らの力で経済を分析できる能力を養う。
経営情報学科	(142)	幅広い教養と経営学の知識、情報科学や会計学の分析力などを養う。1・2年次に経営学、情報科学、会計学の3つの分野の基礎科目と専門科目を学び、興味や関心に応じた専門分野とゼミを選択する。3年次以降は指導教員のもとでさらに専門的な内容を学ぶ。

文学部

北方キャンパス 定員 222

特色 文化と社会の関係性を理解することで、人間の様々な側面を読み解く力を養う。
進路 就職先は卸売・小売業、製造業、金融・保険業など多岐にわたる。
学問分野 文学／哲学／心理学／文化学／社会学／国際学／健康科学／教育学
大学院 社会システム

学科	定員	内容
比較文化学科	(142)	文学、言語、歴史、宗教など様々な文化領域について学び、自文化を発信できる人材を育成する。文学、美術、歴史などの文化論をテーマとする文化資源領域と異文化や他者への理解をテーマとする文化共生領域を自由に組み合わせられる柔軟なカリキュラムを展開。
人間関係学科	(80)	家族や高齢者問題などの現代社会における様々な問題を深く体系的に学んでいく。1年次に基礎的な科目を学び、2年次から心理学、社会学、人類学、環境学、生涯教育学、生涯スポーツ学などの専門領域を学ぶ。実験や実習、演習を重視している。
取得可能な免許・資格		認定心理士、学芸員、社会福祉主事、教員免許（中-国・社・英、高-国・公・英）、社会教育士、社会教育主事

法学部

北方キャンパス　定員 253

特色	「ZERO距離」をコンセプトに、あらゆる場面で教員と学生が密接に関わる。
進路	就職先は国家公務員・地方公務員が3割以上。他、卸売業・小売業など。
学問分野	法学／政治学
大学院	法学

学科	定員	内容
法律学科	(177)	幅広い知識と総合的判断力を持って社会で活躍する「法律人」を育成する。1年次は法律に関する基本科目の履修により法的思考力の基礎を養い、2年次には総合法務、公共法務、企業法務の3つのコースから1つを選択する。3・4年次にゼミに所属する。
政策科学科	(76)	高度な政策分析・立案能力を持った人材を育成する。1年次に政策科学入門などの講義を通して政策に関する基礎知識と分析法を学び、2・3年次にゼミで専門知識を深める。公務員を目指す学生が法律知識を十分に修得できるよう、法律学科との連携に力を入れる。

地域創生学群

北方キャンパス　定員 120

特色	地域での実習活動とその振り返りを基幹としたカリキュラムを編成。
進路	就職先は、卸売・小売業、地方公務員、情報通信業など多岐にわたる。
学問分野	心理学／法学／経済学／社会学／社会福祉学／健康科学
大学院	社会システム

学類	定員	内容
地域創生学類	(120)	幅広い教養と実践力を持ち、地域に貢献できる人材を育成する。2年次からの少人数ゼミ演習とともに、実際に現場実習などの地域で活動する機会を通じて、地域創生のための知識や技術を修得する。地域マネジメント、スポーツ・福祉の2つの履修コースを設置している。
取得可能な免許・資格		社会福祉士、スクールソーシャルワーカー、公認パラスポーツ指導者

国際環境工学部

ひびきのキャンパス　定員 255

特色	理工系の研究機関や一般企業の研究部門が集まる北九州学術研究都市に立地。
進路	半数が大学院進学。就職先は情報通信、製造、建設業など多岐にわたる。
学問分野	化学／生物学／応用化学／機械工学／電気・電子工学／材料工学／ナノテクノロジー／土木・建築学／エネルギー工学／医療工学／社会・安全工学／その他工学／応用生物学／環境学／情報学
大学院	国際環境工学

学科	定員	内容
環境化学工学科 改	(45)	2024年度、エネルギー循環化学科より改称。環境と調和する科学技術とシステムの開発を目指す。新しい物質循環のプロセスや省エネルギー技術を開発する化学プロセス、ナノテクノロジーを駆使した開発を行う先進マテリアル、様々な技術を用いて循環型社会の創造を目指す環境プロセス3つの分野で構成。
機械システム工学科	(45)	環境に配慮する視点を持った持続可能な社会の構築を目指す。附属の加工センターを利用した実験、実習や、ロボットや電気自動車の製作などの学生主体の創造的プロジェクトを展開。GPA制度を導入し、修学度を定量的に評価することできめ細かい指導を行う。
情報システム工学科	(70)	1年次には数学、プログラミングなどの情報システム工学の基礎を学び、2・3年次は信号処理や通信工学、制御工学、ソフトウェア工学などの分野の基礎を学ぶ。映像・音声メディアやロボット、自動運転車、IoT、VRやARなどの様々な最先端技術の基礎を学ぶことができる。
建築デザイン学科	(50)	建築・地域システム、環境を主軸として資源・エネルギーやエコロジーに関する分野を統合し、望ましい人間環境を創りだすことを追究する。1年次に製図や構造力学といった建築の基礎を学び、2・3年次に専門知識と技能を実践的に修得。4年次には卒業論文・設計に取り組む。
環境生命工学科	(45)	生物や生態系の持つ高度なメカニズムの活用法や新機能性材料やエコプロダクツなどの創成技術およびマネジメント手法を修得する。化学や生物などに関する知識を実験や演習によって身につける他、生命材料工学、生物生態工学、環境マネジメントの各分野を学ぶ。
取得可能な免許・資格		危険物取扱者（甲種）、毒物劇物取扱責任者、建築士（一級、二級、木造）、施工管理技士（建築、管工事）、衛生管理者、作業環境測定士

入試要項（2025年度）

※この入試情報は大学発表の2025年度入試（予告）および2024年度募集要項等より編集したものです（2024年1月時点。見方は巻頭の「本書の使い方」参照）。内容には変更が生じる可能性があるため、最新情報はホームページや2025年度募集要項等で必ず確認してください。

「大学入試科目検索システム」のご案内
日程・方式ごとの偏差値や昨年度入試結果（志願者倍率、実質倍率、合格最低点）、基本情報（出願締切日、試験日、二段階選抜、募集人員、総合満点）などは、「大学入試科目検索システム」（https://nyushi.toshin.com/）をご覧ください（利用方法はp.12参照）。

■外国語学部 偏差値 60

前期日程

◆**共通テスト**
［英米、国際関係：3科目］国 現古漢 地歴 公 数 理 情 全15科目から1 外 英
［中国：3科目］国 現古漢 地歴 公 数 情 全10科目から1 外 英
◆**個別学力検査等**
［全学科：1科目］外 英

後期日程

◆**共通テスト**
［全学科：3科目］前期日程に同じ
◆**個別学力検査等**
［英米：1科目］論 小論文
［中国、国際関係：1科目］面 面接

■経済学部 偏差値 57

前期日程

◆**共通テスト**
［5科目］国 現古漢 地歴 公 理 全11科目から1 数 情 全4科目から2 外 全5科目から1
◆**個別学力検査等（外国語）**
［1科目］外 英
◆**個別学力検査等（数学）**
［1科目］数 数ⅠⅡAB〔列〕C〔ベ〕

後期日程

◆**共通テスト**
［4科目］地歴 公 理 全11科目から1 数 情 全4科目から2 外 全5科目から1
◆**個別学力検査等**
［1科目］論 小論文

■文学部 偏差値 60

前期日程

◆**共通テスト**
［全学科：3科目］国 現古漢 地歴 公 数 理 情 全15科目から1 外 全5科目から1
◆**個別学力検査等**
［比較文化：1科目］総合 総合問題
［人間関係：1科目］論 小論文

後期日程

◆**共通テスト**
［全学科：3科目］前期日程に同じ
◆**個別学力検査等**
［比較文化：1科目］論 小論文
［人間関係：1科目］その他 集団討論

■法学部 偏差値 60

前期日程

◆**共通テスト**
［全学科：3科目］国 現古漢 地歴 公 数 理 情 全15科目から1 外 全5科目から1
◆**個別学力検査等**
［全学科：1科目］論 小論文

後期日程

◆**共通テスト**
［全学科：3科目］前期日程に同じ
◆**個別学力検査等**
［全学科：1科目］面 面接

■地域創生学群 偏差値 61

前期日程

◆**共通テスト**
［地域創生：2科目］国 現古漢 地歴 公 数 理 外 情 全20科目から1
◆**個別学力検査等**
［地域創生：3科目］論 課題論文 書類審 活動・資格等実績申告書▶調査書・志望理由書含む その他 集団討論

■国際環境工学部 偏差値 53

前期日程

◆**共通テスト（A方式）**
［環境化学工：8科目］国 現古漢 地歴 公 全6科目から1 数 数ⅠA、数ⅡBC 理 物、化 外 全5科目から1 情 情Ⅰ
◆**共通テスト（B方式）**
［環境化学工：4科目］数 数ⅠA、数ⅡBC 理 化 外 全5科目から1
◆**共通テスト**
［機械システム工、情報システム工、建築デザイン：8科目］国 現古漢 地歴 公 全6科目から1 数 数ⅠA、数ⅡBC 理 物、化 外 全5科目から1 情 情Ⅰ
［環境生命工：8科目］国 現古漢 地歴 公 全6科目から1 数 数ⅠA、数ⅡBC 理 物、化、生から2 外 全5科目から1 情 情Ⅰ
◆**個別学力検査等**
［環境生命工以外：3科目］数 数ⅠⅡⅢAB〔列〕C 理 物基・物、化基・化
［環境生命工：3科目］数 数ⅠⅡⅢAB〔列〕C 理 物基・物、化基・化、生基・生から2

後期日程

◆**共通テスト**
［環境化学工：6科目］数 数ⅠA、数ⅡBC 理 化必須、物、生から1 外 全5科目から1 情 情Ⅰ

[機械システム工、情報システム工、建築デザイン：6科目] [数]数ⅠA、数ⅡBC [理]物、化 [外]全5科目から1 [情]情Ⅰ
[環境生命工：5科目] [数]数ⅠA、数ⅡBC [理]物、化、生から1 [外]全5科目から1 [情]情Ⅰ
◆個別学力検査等
[環境化学工：1科目] [理]化基・化
[機械システム工：2科目] [数]数ⅠⅡⅢAB〔列〕C [理]物基・物
[情報システム工：1科目] [数][理]数ⅠⅡⅢAB〔列〕C、物基・物から1
[建築デザイン：1科目] [面]面接▶口頭試問含む
[環境生命工：1科目] [数][理]数ⅠⅡⅢAB〔列〕C、物基・物、化基・化、生基、生から1

■特別選抜

[総合型選抜] 総合型選抜
[学校推薦型選抜] 学校推薦型選抜（全国推薦、地域推薦、商業科・総合学科推薦、工業科・情報科・総合学科推薦、特別推薦）
[その他] 社会人特別選抜、帰国子女学生特別選抜、外国人留学生特別選抜

就職支援

北九州市立大学は、学生と時代のニーズに応えるためにキャリア形成支援の正課授業や学生主体の実践プロジェクト、就職支援活動に取り組んでいます。また、特色ある就職支援として、地元の航空会社と連携し、現役の客室乗務員等から航空業界の現状や業務紹介などを学ぶことができる「エアライン特別講座」や、公務員試験に向けた勉強の習慣づけ、知識・学修・面接まで一貫して身につける「公務員研究室」が実施されています。

国際交流

北九州市立大学では、11カ国・2地域28大学と留学協定を締結しています。協定校へ1年間または半年間留学し、留学先の大学で専門的な科目を学べる交換留学や、プログラムや留学機関を選んで自分に合ったプランで留学できる派遣留学、春休み・夏休みを利用した短期間で、海外協定校の語学研修プログラムなどに参加できる海外語学研修が実施されています。また、協定校への留学に対する様々な奨学金制度を用意し、学生の留学を支援しています。

北九州市立大学ギャラリー

ひびきのキャンパスは北九州学術研究都市の中に位置しており、国際色豊かで開放的なエコキャンパスとなっています。

国際環境工学部では、3年次に様々な研究分野をもとに研究室を選びます。実験系分野の研究室には専用の実験室があります。

ふくおかじょし
福岡女子大学

資料請求

アドミッションセンター　TEL (092) 692-3100　〒813-8529 福岡県福岡市東区香住ヶ丘1-1-1

大学紹介動画　最新入試情報

次代の女性リーダーを育成

変化の時代に柔軟に対応できる豊かな知識、判断力、適応力を兼ね備えた、地域や海外の社会づくりに貢献することのできる女性リーダーを育成する。1年次は「国際学友寮なでしこ」での全寮制教育を行っている。

キャンパス正門

キャンパス **1**つ

福岡女子大学キャンパス
〒813-8529 福岡県福岡市東区香住ヶ丘1-1-1

基本データ

※2023年5月現在（進路・就職は2022年度卒業者データ。学費は2024年度入学者用）

沿革

1923年、福岡県立女子専門学校として開校。1950年、4年制の福岡女子大学に昇格し、学芸学部を設置。1954年、学芸学部を文学部と家政学部に改組。1995年、家政学部を人間環境学部に改組。2006年、公立大学法人となる。2011年、国際文理学部を設置。2023年、創立100周年を迎え、現在に至る。

教育機関　1学部　2研究科

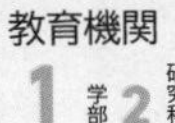

学部	国際文理
大学院	人文社会科学ⓂⒹ／人間環境科学ⓂⒹ

人数

学部学生数 1,019名

教員1名あたり学生 11名

教員数 92名【理事長・学長】向井剛
（教授33名、准教授31名、講師13名、助教4名、助手・その他11名）

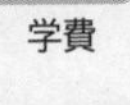

学費

初年度納入額 1,081,110~1,319,180円

奨学金 日本学生支援機構奨学金

進路

学部卒業者 226名
（進学16名［7.1%］、就職194名［85.8%］、その他16名［7.1%］）

主な就職先 京セラ、ゼンリン、ヤフー、西日本鉄道、双日九州、シャネル、ゆうちょ銀行、損害保険ジャパン、国立病院機構、福岡市（職員）、福岡国税局、福岡出入国在留管理局、大林組、ミサワホーム、NEC、NTTデータ九州、ニトリ、福岡地所、恩賜財団 済生会熊本病院、久原本家、検疫所（厚生労働省食品衛生監視員）

学部学科紹介

※本書掲載内容は、大学公表資料から独自に編集したものです。詳細は大学パンフレットやホームページ等で必ず確認してください（取得可能な免許・資格は任用資格や受験資格などを含む）。

国際文理学部

福岡女子大学キャンパス　定員 240

特色　留学生との全寮制教育など日常的な国際交流を通し、グローバル人材を育成する。
進路　卒業者の多くは一般企業や公務、医療機関などに就職している。
学問分野　文化学／国際学／生活科学／食物学／環境学
大学院　人文社会科学／人間環境科学

国際教養学科 (135)	人文科学と社会科学における様々な学問分野から幅広い視野と知識を身につける。2年次からは、115の専門科目から学生自身が学びたい科目（得意科目）を自由に選び、自身のカリキュラムを主体的に組み立てる。これらの学びを通して論理的・多元的・創造的思考力、主体性や自律性、問題解決力、リーダーシップ等を培う。
環境科学科 (70)	地球環境問題を科学的視点から理解し「環境と調和した持続可能な社会づくりに貢献できる人材」を育成する。自然科学以外の考え方・知識を学ぶ機会も豊富で、言語教育、リーダーシップや体験的学習なども充実している。2年次からは、より総合的な知識と技術を育む。
食・健康学科 (35)	食の安全性や食料自給率の低下などの国内問題から、発展途上国の食糧不足などの国際的問題に対して、国際的視点を持って解決できる人材を育成する。グローバル社会の食と健康、食の安全・安心と機能などの専門科目を履修し、高度な専門知識と技術を修得する。
取得可能な免許・資格	社会福祉主事、危険物取扱者（甲種）、建築士（二級、木造）、食品衛生管理者、食品衛生監視員、管理栄養士、栄養士、栄養教諭（一種）、教員免許（中-国・理・英、高-国・理・英）、司書教諭

入試要項（2024年度）

※この入試情報は2024年度募集要項等より編集したものです（見方は巻頭の「本書の使い方」参照）。2025年度入試の最新情報は、ホームページや2025年度募集要項等で必ず確認してください。

「大学入試科目検索システム」のご案内
日程・方式ごとの偏差値や昨年度入試結果（志願者倍率、実質倍率、合格最低点）、基本情報（出願締切日、試験日、二段階選抜、募集人員、総合満点）などは、「大学入試科目検索システム」（https://nyushi.toshin.com/）をご覧ください（利用方法はp.12参照）。

■国際文理学部　偏差値 57

前期日程

◆**共通テスト**※理科基礎は2科目扱い
[国際教養：5～6科目] 国現古漢 地歴 公世B、日B、地理B、公全4科目から1 数数ⅠA、数ⅡB、簿、情から1 理全5科目から1 外全5科目から1
[環境科：6～7科目] 国現古漢 地歴 公世B、日B、地理B、公全4科目から1 数数ⅠA必須、数ⅡB、簿、情から1 理理科基礎、物、化、生から1 外全5科目から1
[食・健康：7科目] 国現古漢 地歴 公世B、日B、地理B、公全4科目から1 数数ⅠA必須、数ⅡB、簿、情から1 理物、化、生から2 外全5科目から1

◆**個別学力検査等**
[国際教養：2科目] 国 数現古漢、数ⅠⅡABから1 外英
[環境科：2科目] 数 理数ⅠⅡⅢAB、化基・化、生基・生から1 外英
[食・健康：2科目] 理化基・化、生基・生から1 外英

後期日程

◆**共通テスト**※理科基礎は2科目扱い
[国際教養：5～6科目] 前期日程に同じ
[環境科：6～7科目] 前期日程に同じ
[食・健康：7科目] 前期日程に同じ

◆**個別学力検査等**
[国際教養、食・健康：1科目] 論小論文
[環境科：1科目] 総合総合問題

■特別選抜

[総合型選抜] 総合型選抜
[学校推薦型選抜] 学校推薦型選抜 共
[その他] 外国人留学生一般選抜、外国人留学生交流協定校推薦型選抜、帰国生特別選抜、社会人特別選抜

就職支援

福岡女子大学では、充実した大学独自の就職支援体制で、人生観の考察や基本的なコミュニケーション能力の養成など、就職に役立つサポートを行っています。キャリア支援グループによる個別就職相談や、年間を通して、自己PRや企業研究などの数多くの就職対策講座を実施しています。また、様々な業界の人事担当者を招いて、業界の「今」を講演する企業説明会なども実施しています。公務員志望の学生に対しては、公務員対策講座を開講し、筆記試験から面接まで十分な対策が行われています。

国際交流

福岡女子大学では、24カ国・地域35大学・学部と交流協定を結んでいます。学生自身の目的・目標に合わせたバックアップ制度が整っており、協定校へ6カ月～1年間留学し、海外で専門分野の学びと日常交流を経験する交換留学や、海外の有力校へ2～5週間で語学・文化研修、海外体験学修を行う短期海外研修プログラムを実施しています。留学をする学生への留学経費支援としては、大学独自の奨学金を用意しています。

福岡女子大学ギャラリー

■本部棟

正門からまっすぐ伸びるメインストリートを進むと本部棟があります。三角形の屋根は大学を象徴しています。

■図書館

福岡県材を用いて建てられたシンボリックな存在感のある図書館には、約20万冊の蔵書、雑誌等の資料をそろえています。

■福岡女子大学美術館

福岡県ゆかりの作家による絵画、彫刻など約260点を展示している福岡女子大学美術館は、入館無料で一般の方も利用可能です。

■空とたね

和カフェ「空とたね」では旬の野菜をたっぷり使った日替りランチが提供されている他、福岡や佐賀の農産物の販売も行っています。

長崎県立大学
ながさきけんりつ

資料請求

学生支援課学生グループ（佐世保校）　TEL（0956）47-5703　〒858-8580 長崎県佐世保市川下町123

地域社会に貢献し、新しい時代に挑戦する

大学紹介動画

最新入試情報

「人材の育成」「知の創造」「社会貢献」の使命として、地域に根ざした新たな知の創造に取り組む。県立大学ならではの総合力を発揮し、人間を尊重し、平和を希求する精神を持った創造性豊かな人材を育成する。

佐世保校正門

キャンパス **2**つ

佐世保校
〒858-8580 長崎県佐世保市川下町123
シーボルト校
〒851-2195 長崎県西彼杵郡長与町まなび野1-1-1

基本データ

※2023年5月現在（進路・就職は2022年度卒業者データ。学費は2024年度入学者用〔予定〕）

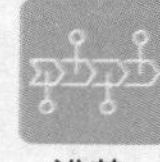
沿革

佐世保校（佐世保市川下町）とシーボルト校（西彼杵郡長与町）の2つのキャンパスから成る。佐世保校は1951年に長崎県佐世保商科短期大学として開学し、シーボルト校は1902年に設立された長崎県立高等女学校をその源流としている。2つの地域で発展してきた両大学が、2008年に統合。2016年、学部の大幅な改組を行い、現在に至る。

教育機関
5学部 1研究科

学部　経営／地域創造／国際社会／情報システム／看護栄養

大学院　地域創生（M）（D）

人数

学部学生数　3,025名

教員1名あたり学生 19名

教員数　156名【理事長】稲永忍、【学長・副理事長】浅田和伸
（教授75名、准教授41名、講師34名、助教6名）

学費

初年度納入額　806,460~998,460円

奨学金　日本学生支援機構奨学金

進路

学部卒業者　683名
（進学38名［5.6%］、就職609名［89.2%］、その他36名［5.2%］）

主な就職先　楽天銀行、扇精光ソリューションズ、スチームシップ、メモリード、SCSKニアショアシステムズ、富士通、セイノー情報サービス、京セラコミュニケーションシステム、ペイロール、デロイトトーマツ税理士法人、大塚製薬、JR東日本、イオン九州、日本年金機構、慶應義塾大学病院、長崎大学病院、長崎県（職員）、佐賀県（職員）、諫早市（職員）、長崎県警察、東京消防庁

学部学科紹介

※本書掲載内容は、大学公表資料から独自に編集したものです。詳細は大学パンフレットやホームページ等で必ず確認してください（取得可能な免許・資格は任用資格や受験資格などを含む）。

経営学部
佐世保校　定員 200

特色　組織経営に必要な知識と実践力を養い、経営の課題を解決できる人材を育成する。
進路　就職先は卸売・小売業、金融・保険業、情報通信業、運輸・郵便業など。
学問分野　経営学／国際学
大学院　地域創生

経営学科 （140）	ビジネスに関する専門的な知識を修得し、その知識をビジネスの現場で発揮できるように実践科目を学ぶ。1年次より専門各領域（経営学、マーケティング、会計学、経済学）の基礎を学び、その後各領域の基幹科目・発展科目を段階的かつ体系的に学ぶ。
国際経営学科 （60）	世界規模での経営感覚を身につけることに注力する。理論を実践に活かすための実践科目の他に、ビジネスのコミュニケーション手段となる高い英語能力を身につけるための科目も用意している。3年次には全員が東南アジアでの海外ビジネス研修に参加する。
取得可能な免許・資格	教員免許（高-商業）

地域創造学部
佐世保校　定員 250

特色　広い視野で問題を考察し、地域の発展に寄与することのできる人材を育成する。
進路　就職先は卸売・小売業、サービス業、公務などが多い。
学問分野　経済学／社会学
大学院　地域創生

公共政策学科 （120）	公共政策の企画や立案のための基礎知識と専門知識を兼ね備えた人材を育成する。講義を通して学んだ地域の分析手法や公共政策に関する知識を実践する力を養うべく、3年次には、実際の職場で就業体験を行う公共機関インターンシップというプログラムがある。
実践経済学科 （130）	経済の専門知識と同時に地域特有の経済動向や企業体制などについて学ぶ。経済学の基礎を学んだのち、経済社会の構造や政策の意義などを理解していく。実践教育の一環として地域経済の実情を調べ、白書としてまとめる「長崎白書実践演習」がある。
取得可能な免許・資格	社会調査士、教員免許（中-社、高-地歴・公）

国際社会学部
シーボルト校　定員 60

特色　国際社会やメディアを理解し、国際的な視野で課題解決ができる人材を育成する。
進路　就職先はサービス業、卸売・小売業、情報通信業、運輸・郵便業など。
学問分野　国際学
大学院　地域創生

国際社会学科 （60）	政治や経済、社会の国際的な問題や、多様なメディアについて多角的視点から学ぶ。20日間のキャリアインターンシップと、3週間程度の海外語学研修を必修とすることで、国際感覚と高い語学力を身につけ、国際社会に貢献できる人材を育成する。
取得可能な免許・資格	教員免許（中-社、高-公）

情報システム学部
シーボルト校　定員 120

特色　高度情報化社会において、課題解決できる人材を育成する。
進路　卒業者の約7割が情報通信業や運輸・郵便業に就職している。
学問分野　情報学
大学院　地域創生

情報システム学科 （40）	プログラミング、ネットワーク構築をはじめとした情報システムの開発に不可欠な知識を段階的に学びつつ、Webデザインについても学ぶ。講義に加え、IT関連、デザイン関連企業への長期インターンシップやプロジェクト型学習など実践的なプログラムも数多く設けている。

情報セキュリティ学科 (80)	高い専門性と実践力を兼ね備えた情報セキュリティ技術者を育成する。セキュリティキャンプやITキャンプなどへの参加や、情報セキュリティ関連の企業での長期インターンシップなど実践的なカリキュラムを組んでいる。

看護栄養学部

シーボルト校　定員 100

- 特色　豊かな人間性を育み、地域の人々の健康と福祉の向上を支援する人材を育成する。
- 進路　卒業者の多くは病院に勤務する。他、一般企業に就く者もいる。
- 学問分野　応用生物学／看護学／食物学
- 大学院　地域創生

看護学科 (60)	看護の現場で指導的役割を担える看護師を育成する。講義に加えて豊富な実習を実施し、専門的な知識と基礎的な看護実践能力を身につける。また、学内外での実習を通して精神面や社会性の成長を促す。
栄養健康学科 (40)	生命科学をベースとした食と栄養・健康についての専門知識や技能を学び、食品開発や管理栄養士、栄養学の研究者など幅広い分野で健康と福祉社会の実現に貢献できる人材を育成する。3・4年次には3つの臨地実習を行っている。
取得可能な免許・資格	食品衛生管理者、食品衛生監視員、看護師、管理栄養士、栄養士、栄養教諭（一種）、養護教諭（一種）

入試要項（2025年度）

※この入試情報は大学発表の2025年度入試（予告）および2024年度募集要項等より編集したものです（2024年1月時点。見方は巻頭の「本書の使い方」参照）。内容には変更が生じる可能性があるため、最新情報はホームページや2025年度募集要項等で必ず確認してください。

「大学入試科目検索システム」のご案内
日程・方式ごとの偏差値や昨年度入試結果（志願者倍率、実質倍率、合格最低点）、基本情報（出願締切日、試験日、二段階選抜、募集人員、総合満点）などは、「大学入試科目検索システム」（https://nyushi.toshin.com/）をご覧ください（利用方法はp.12参照）。

■経営学部 偏差値 54

前期日程
◆**共通テスト**
[経営：7科目] 国現古漢 地歴 公全6科目から1 数数ⅠA、数ⅡBC 理全5科目から1 外全5科目から1 情情Ⅰ
[国際経営：7科目] 国現古漢 地歴 公全6科目から1 数数ⅠA、数ⅡBC 理全5科目から1 外英 情情Ⅰ
◆**個別学力検査等**
[全学科：1科目] 外英

後期日程
◆**共通テスト**
[全学科：7科目] 前期日程に同じ
◆**個別学力検査等**
[経営：1科目] 論小論文
[国際経営：1科目] 前期日程に同じ

■地域創造学部 偏差値 52

前期日程
◆**共通テスト**
[全学科：7科目] 国現古漢 地歴 公全6科目から1 数数ⅠA、数ⅡBC 理全5科目から1 外全5科目から1 情情Ⅰ
◆**個別学力検査等**
[全学科：1科目] 数 外数ⅠⅡAB〔列〕C〔ベ〕、英から1

後期日程
◆**共通テスト**
[全学科：7科目] 前期日程に同じ
◆**個別学力検査等**
[公共政策：1科目] 外英
[実践経済：1科目] 論小論文

■国際社会学部 偏差値 57

前・後期日程
◆**共通テスト**
[国際社会：7科目] 国現古漢 地歴 公全6科目から1 数数ⅠA、数ⅡBC 理全5科目から1 外全5科目から1 情情Ⅰ
◆**個別学力検査等**
[国際社会：1科目] 外英

■情報システム学部 偏差値 55

前・後期日程
◆**共通テスト**
[情報システム：7科目] 国現古漢 地歴 公全6科目から1 数数ⅠA、数ⅡBC 理全5科目から1 外全5科目から1 情情Ⅰ
[情報セキュリティ：6科目] 国現古漢 地歴 公全6科目から1 数数ⅠA、数ⅡBC 理物、化、生、地から1 外全5科目から1 情情Ⅰ
◆**個別学力検査等**

[情報システム：1科目] 数 数ⅠⅡAB〔列〕C〔べ〕
[情報セキュリティ：1科目] 数 数ⅠⅡⅢAB〔列〕C〔べ〕

■看護栄養学部 偏差値 54

前期日程

◆共通テスト

[看護：7科目] 国 現古漢 地歴 公 全6科目から1 数 数ⅠA、数ⅡBC 理 理科基礎、物、化、生から1 外 英 情 情Ⅰ

[栄養健康：8科目] 国 現古漢 地歴 公 全6科目から1 数 数ⅠA、数ⅡBC 理 物、化、生、地から2 外 英 情 情Ⅰ

◆個別学力検査等

[看護：2科目] 外 英 面 面接
[栄養健康：1科目] 理 化基・化

後期日程

◆共通テスト

[看護：7科目] 前期日程に同じ

[栄養健康：7科目] 国 現古漢 地歴 公 全6科目から1 数 数ⅠA、数ⅡBC 理 全5科目から1 外 英 情 情Ⅰ

◆個別学力検査等

[看護：2科目] 前期日程に同じ
[栄養健康：2科目] 理 化基・化 面 面接

■特別選抜

[総合型選抜] 総合型選抜、総合型選抜 共

[学校推薦型選抜] 学校推薦型選抜、学校推薦型選抜 共

[その他] 帰国子女特別選抜、社会人特別選抜、私費外国人留学生特別選抜

長崎県立大学ギャラリー

■食堂棟（佐世保校）

食堂棟には生協食堂と生協店舗があり、生協食堂ではメインディッシュからデザートまで、低価格で食事を楽しむことができます。

■食堂（シーボルト校）

学生会館1階には、400名を収容可能な定食・オーダー方式の生協食堂と、昼食会場として利用可能な喫茶室があります。

■就職支援

佐世保校、シーボルト校ともに就職課が備わっており、キャリア相談や就職支援イベント・セミナーが実施されています。

■研究センター

シーボルト校には情報セキュリティ学科が利用する演習室などを備えた情報セキュリティ産学共同研究センターが設置されています。

くまもとけんりつ
熊本県立大学

資料請求

教務入試課入試班　TEL (096) 321-6610　〒862-8502 熊本県熊本市東区月出3-1-100

地域に生き、世界に伸びる人材を育成する

大学紹介動画　最新入試情報
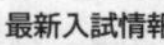

「総合性への志向」「地域性の重視」「国際性の推進」を理念に掲げ、地域と国際社会に寄与する人材を育成する。歴史と伝統に基づき、新しい時代の要請に対応する教育を展開し、学生の知的好奇心を育む。

キャンパス正門

キャンパス 1つ

熊本県立大学キャンパス
〒862-8502 熊本県熊本市東区月出3-1-100

基本データ

※2023年5月現在（進路・就職は2022年度卒業者データ。学費は2024年度入学者用）

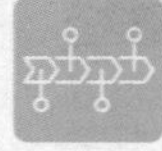
沿革

1947年、熊本県立女子専門学校として創立。1949年、熊本女子大学となり、学芸学部を設置。1994年、熊本県立大学に改称し、男女共学化。1999年、生活科学部を改組し、環境共生学部を設置。2006年、公立大学法人となる。2019年、環境共生学部を改組。2024年、総合管理学部を改組。

教育機関
3 学部 3 研究科

学部　文／環境共生／総合管理

大学院　文学ⓂⒹ／アドミニストレーションⓂⒹ／環境共生学ⓂⒹ

人数

学部学生数　2,108名

教員1名あたり学生 23名

教員数　90名【理事長】白石隆、【学長】堤裕昭
（教授45名、准教授39名、講師1名、助教5名）

学費

初年度納入額　822,460~1,029,530円

奨学金　同窓会紫苑会奨学金、短期派遣留学生支援奨学金、小辻梅子奨学金

進路

学部卒業者　498名
（進学24名［4.8%］、就職407名［81.7%］、その他67名［13.5%］）

主な就職先　熊本銀行、肥後銀行、再春館製薬所、熊本日日新聞社、熊本赤十字病院、ANAエアポートサービス、日本郵便、KMバイオロジクス、シアーズホーム、日清医療食品、RKKCS、国家公務、地方公務、公立学校（教員）

学部学科紹介

※本書掲載内容は、大学公表資料から独自に編集したものです。詳細は大学パンフレットやホームページ等で必ず確認してください（取得可能な免許・資格は任用資格や受験資格などを含む）。

文学部
熊本県立大学キャンパス　定員 90

特色　言語や文学の観点から、人間の生き方と文化について深く考察する。
進路　就職先は製造業や情報通信業、卸売・小売業などが多い。
学問分野　文学／言語学
大学院　文学

日本語日本文学科（45）	日本の文学や言語の研究によって文化の継承性を考察する。日本文学、日本語学、日本語教育学の3つの領域とその関連分野の学習を基礎に、フィールドワークや日本語を外国人に教える技術の修得などを通して、日本の歴史や文化を問い直す研究などを行う。
英語英米文学科（45）	英語による高度なコミュニケーション能力や言語、文学、文化に対する深い洞察、国際的な幅広い視野を養う。高学年次に英語学、英文学、米文学、英語教育、日本語教育、人文学の6つの卒業論文履修分野に分かれ、少人数の演習クラスで専門的な学習を進める。
取得可能な免許・資格	登録日本語教員、教員免許（中-国・英、高-国・英）

環境共生学部
熊本県立大学キャンパス　定員 110

特色　自然環境と人間活動という観点から人間と自然の共生を捉え、その方法を探る。
進路　住居環境：建設業に就く者が多い。その他：製造業、卸売・小売業など。
学問分野　地学／健康科学／食物学／住居学／環境学
大学院　環境共生学

環境共生学科（110）	環境資源学、居住環境学、食健康環境学の3つの専攻を設置。地球規模や地域ごとに抱えている環境問題を総合的に対処できる能力を身につける。環境共生の諸問題と理念を講義、演習、実習、実験などの順次性に配慮し、体系的に学ぶ。
取得可能な免許・資格	建築士（一級、二級）、施工管理技士（建築）、食品衛生管理者、食品衛生監視員、管理栄養士、栄養士、栄養教諭（一種）、教員免許（中-理・家、高-理・家・農）

総合管理学部
熊本県立大学キャンパス　定員 280

特色　総合管理学を専門的に研究し、社会的諸問題を解決する人材を養成する。
進路　就職先は公務をはじめ金融・保険業、情報通信業など多岐にわたる。
学問分野　社会学／国際学／情報学
大学院　アドミニストレーション

総合管理学科 改（280）	2024年度よりビジネス、公共・福祉、情報の3専攻制となる。1年次から「総合管理」の基本となる体系を学ぶとともに、プロジェクト型学習などの少人数でのアクティブラーニングによる実践力強化を卒業時まで一貫して行うことで、「総合管理力」を身につける。
取得可能な免許・資格	社会調査士、社会福祉主事、教員免許（中-社、高-公・情・商業）

入試要項（2025年度）

※この入試情報は大学発表の2025年度入試（予告）および2024年度募集要項等より編集したものです（2024年1月時点。見方は巻頭の「本書の使い方」参照）。内容には変更が生じる可能性があるため、最新情報はホームページや2025年度募集要項等で必ず確認してください。

「大学入試科目検索システム」のご案内
日程・方式ごとの偏差値や昨年度入試結果（志願者倍率、実質倍率、合格最低点）、基本情報（出願締切日、試験日、二段階選抜、募集人員、総合満点）などは、「大学入試科目検索システム」（https://nyushi.toshin.com/）をご覧ください（利用方法はp.12参照）。

■文学部　偏差値 57

前期日程

◆共通テスト

[日本語日本文：5科目] 国 現古漢 地歴 全3科目から1 数 理 数Ⅰ、数ⅠA、理全5科目から1 外 全5科目から1 情 情Ⅰ

[英語英米文：5科目] 国 現古漢 地歴 公 全6科目から1 数 理 数Ⅰ、数ⅠA、理全5科目から1 外 英 情 情Ⅰ

◆個別学力検査等

[日本語日本文：2科目] 国 現古漢 書類審 調査書

[英語英米文：2科目] 外 英▶リスニング含む 書類審 調査書

後期日程

◆共通テスト

[全学科：5科目] 前期日程に同じ

◆個別学力検査等

[日本語日本文：2科目] 論小論文 書類審調査書

[英語英米文：2科目] 前期日程に同じ

■環境共生学部 偏差値 53

前期日程

◆共通テスト

[環境共生－環境資源学・居住環境学：8科目] 国現古漢 地歴 公全6科目から1 数全3科目から2 理全5科目から2▶同一名称含む組み合わせ不可 外全5科目から1 情情Ⅰ

[環境共生－食健康環境学：8科目] 国現古漢 地歴 公全6科目から1 数全3科目から2 理物、化、生、地から2 外全5科目から1 情情Ⅰ

◆個別学力検査等

[環境共生－環境資源学・居住環境学：3科目] 理物基・物、化基・化、生基・生から1 外英 書類審調査書

[環境共生－食健康環境学：4科目] 理物基・物、化基・化、生基・生から2 外英 書類審調査書

後期日程

◆共通テスト

[環境共生：8科目] 前期日程に同じ

◆個別学力検査等

[環境共生－環境資源学：2科目] 理物基・物、化基・化、生基・生から1 書類審調査書

[環境共生－居住環境学・食健康環境学：2科目] 論小論文 書類審調査書

■総合管理学部 偏差値 56

前・後期日程

◆共通テスト（A方式）

[総合管理：6科目] 国現古漢 地歴 公地歴全3科目、公共・倫、公共・政経から1 数数ⅠA、数ⅡBCから1 理全5科目から1 外全5科目から1 情情Ⅰ

◆共通テスト（B方式）

[総合管理：4科目] 国 地歴 公 数 理現古漢、地歴全3教科、公共・倫公共・政経、数ⅠA、数ⅡBC、物、化、生、地から2教科2▶地歴と公は1教科扱い 外全5科目から1 情情Ⅰ

◆個別学力検査等

[総合管理：2科目] 論小論文 書類審調査書

■特別選抜

[総合型選抜] 自己推薦型選抜

[学校推薦型選抜] 学校推薦型選抜（県内、全国、農業・林業・水産・工業科）

[その他] "くまもと夢実現" 学校推薦型選抜、社会人選抜、帰国生徒選抜、私費外国人留学生選抜

就職支援

熊本県立大学は、就職活動などの支援を行う「キャリアセンター」により、学生に合った進路・就職先を選択するための様々な支援を行っています。経験豊かな専任の就職アドバイザーによるきめ細やかな就職指導、就職相談が行われる他に、卒業後の進路が決定している4年生が就職活動や進路選択などに関する相談に応じてくれます。また、キャリアサポートとして、「セミナー」や「ガイダンス」などを開催し学生の4年間を強力にサポートします。

国際交流

熊本県立大学は、海外にある様々な大学と学生交流協定または学術交流協定を結んでおり、協定校へ留学する交換留学や、1カ月間の語学学修と文化体験を目的とした短期語学研修を実施しています。留学する学生に向けた支援として、協定校への留学を希望する学生に対し、留学制度や奨学金の説明会の実施や、海外へ留学・研修を行う学生に期間に応じた助成金や奨学金の支給が行われます。

熊本県立大学ギャラリー

■アリーナ

プールに隣接しているアリーナは、1階には柔剣道場などを、2階にはバレーボールコート2面分のスペースを有しています。

■図書館

蔵書数約38万冊を誇る熊本県立大学の図書館は、広く一般にも公開していることから地域の図書館としても利用されています。

私立大学86校

その他大学（文部科学省所管外大学校）2校

- 北海学園大学
- 酪農学園大学
- 東北学院大学
- 自治医科大学
- 獨協大学
- 文教大学
- 千葉工業大学
- 青山学院大学
- 亜細亜大学
- 大妻女子大学
- 学習院大学
- 杏林大学
- 慶應義塾大学
- 工学院大学
- 國學院大学
- 国際基督教大学
- 駒澤大学
- 芝浦工業大学
- 順天堂大学
- 上智大学
- 昭和大学
- 昭和女子大学
- 成蹊大学
- 成城大学
- 専修大学
- 創価大学
- 大東文化大学
- 玉川大学
- 中央大学
- 津田塾大学
- 帝京大学
- 東京経済大学
- 東京慈恵会医科大学
- 東京女子大学
- 東京電機大学
- 東京都市大学
- 東京農業大学
- 東京理科大学
- 東邦大学
- 東洋大学
- 日本大学
- 日本医科大学
- 日本獣医生命科学大学
- 日本女子大学
- 法政大学
- 星薬科大学
- 武蔵大学
- 武蔵野大学
- 明治大学
- 明治学院大学
- 明治薬科大学
- 立教大学
- 立正大学
- 早稲田大学
- 麻布大学
- 神奈川大学
- 北里大学
- 東海大学
- 金沢工業大学
- 愛知大学
- 愛知淑徳大学
- 中京大学
- 南山大学
- 藤田医科大学
- 名城大学
- 京都産業大学
- 京都女子大学
- 京都薬科大学
- 同志社大学
- 同志社女子大学
- 佛教大学
- 立命館大学
- 龍谷大学
- 大阪医科薬科大学
- 関西大学
- 関西外国語大学
- 近畿大学
- 関西学院大学
- 甲南大学
- 神戸学院大学
- 武庫川女子大学
- 広島修道大学
- 九州産業大学
- 西南学院大学
- 福岡大学
- 立命館アジア太平洋大学

- 防衛医科大学校
- 防衛大学校

ほっかいがくえん
北海学園大学

資料請求

入試部入試課(豊平キャンパス)　TEL (011) 841-1161　〒062-8605 北海道札幌市豊平区旭町4-1-40

現在もいきいきと受け継がれる「開拓者精神」

大学紹介動画　最新入試情報

「徒に官に依拠せず自らの努力をもて立つ」という自主独立の「開拓者精神」を建学の精神とする。自立的思考力と地球規模で考える力をはぐくみ、チャレンジ精神と真のグローバル思考を持った人材を育成する。

豊平キャンパス正門

キャンパス 2つ

豊平キャンパス
〒062-8605 北海道札幌市豊平区旭町4-1-40

山鼻キャンパス
〒062-8605 北海道札幌市中央区南26条西11-1-1

基本データ

※2023年5月現在（学部学生数に留学生は含まない。教員数は非常勤を含む。進路・就職は2022年度卒業者データ。学費は2024年度入学者用）

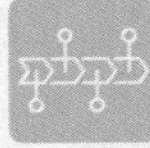

沿革

1952年、4年制大学として発足し、経済学部を設置。1964年、法学部を設置。1968年、工学部を設置。1993年、人文学部を設置。2003年、経営学部を設置。2012年、工学部生命工学科を設置し、現在に至る。

教育機関 9学部 5研究科

学部　経済（1部）／経済（2部）／経営（1部）／経営（2部）／法（1部）／法（2部）／人文（1部）／人文（2部）／工

大学院　経済学ⓂⒹ／経営学ⓂⒹ／法学ⓂⒹ／文学ⓂⒹ／工学ⓂⒹ

人数

学部学生数　7,895名　　教員1名あたり学生 15名

教員数　510名【理事長・学長】森下宏美
（教授169名、准教授43名、講師298名）

学費

初年度納入額　1,204,000～1,552,000円

奨学金　北海学園奨学金（第1種）、北海学園奨学金（森本正夫記念奨学金）、北海学園大学同窓会奨学金、北海学園大学教育振興資金

進路

学部卒業者　1,810名
（進学31名［1.7%］、就職1,453名［80.3%］、その他326名［18.0%］）

主な就職先　札幌市役所、一条工務店、サッポロドラッグストアー、イオン北海道、北海道銀行、北洋銀行、JAホクレン、マイナビ、札幌市消防局、北海道内学校（教員）、アインホールディングス、アルプス技研、マンパワーグループ、パーソルR&D

学部学科紹介

※本書掲載内容は、大学公表資料から独自に編集したものです。詳細は大学パンフレットやホームページ等で必ず確認してください（取得可能な免許・資格は任用資格や受験資格などを含む）。

経済学部1部

豊平キャンパス　定員 300

特色　「経済学部フロンティア講座」や地域づくりを現場で学ぶ「地域研修」がある。
進路　公務やサービス業、金融・保険業など幅広い分野に就職している。
学問分野　政治学／経済学／経営学／国際学／環境学
大学院　経済学

経済学科	4つのコースを設置。財政・金融コースでは財政や金融の仕組みと役割を学び、経済・産業と政策コースでは企業と政府の関係について考察する。くらしと労働コースでは社会変化と労働問題の関係について学び、国際経済コースでは世界経済や日本との関係を考える。
地域経済学科	4つのコースを設置。地域経済・産業コースでは北海道経済の可能性を研究し、地域づくりコースでは地域の構造問題を学ぶ。アジア共生コースでは北海道とアジアの経済的共生を探究し、自然資源と地域コースでは自然資源を活用した地域発展を探究する。
取得可能な免許・資格	登録日本語教員、学芸員、教員免許（中-社、高-地歴・公・商業）、社会教育士、社会教育主事、司書教諭、司書

経済学部2部

豊平キャンパス　定員 120

特色　夜間部。募集は学部単位で行い、1年次の終わりに学科を決定する。
進路　卒業者の多くはサービス業や卸売・小売業、公務に就く。
学問分野　政治学／経済学／経営学／国際学／環境学
大学院　経済学

経済学科 夜	1部(昼間部)と同じく、財政・金融、経済・産業と政策、くらしと労働、国際経済の4つのコースが設置され、コースごとに関連する講義をまとめて体系的に学びながら専門知識を深めることができる。
地域経済学科 夜	「地域」の人、環境、文化など総合的な視点から経済を考える。1部（昼間部）と同じ4つのコースが設置されており、地域協働フィールドワークや地域研修などを通じ、主体的・能動的に考え行動する力を身につける。
取得可能な免許・資格	登録日本語教員、教員免許（中-社、高-地歴・公・商業）、司書教諭、司書

経営学部1部

豊平キャンパス　定員 300

特色　企業研修や総合実践英語、海外総合実習など独自のプログラムを展開している。
進路　就職先はサービス業や卸売・小売業、情報通信業などの一般企業が多い。
学問分野　経営学／国際学／情報学
大学院　経営学

経営学科 (160)	組織運営や経営戦略についての知識を身につけ、組織の内外で必要とされるマネジメントを適切に実行し、様々な組織で指導的役割を果たすことができる人材を育成する。2年次より組織・マネジメント、戦略・マーケティングの2つのコースに分かれる。
経営情報学科 (140)	会計、情報、心理の各分野の専門知識を実践的かつ理論的に学び、企業経営の場で活躍できる人材を育成する。会計・ファイナンス、情報・マネジメント、心理・人間行動の3つのコースを設置。2年次にコースを選択し、4年次には卒業研究に取り組む。
取得可能な免許・資格	登録日本語教員、認定心理士、学芸員、教員免許（中-社、高-公・情・商業）、社会教育士、社会教育主事、司書教諭、司書

経営学部2部

豊平キャンパス　定員 100

- 特色　夜間部。3つのコースに分かれ、各分野の専門知識を体系的に修得する。
- 進路　卒業者の多くは卸売・小売業やサービス業、運輸・通信業に就く。
- 学問分野　経営学／国際学
- 大学院　経営学

経営学科 夜 (100)	2年次より組織・マネジメント、戦略・マーケティング、心理・人間行動の3つのコースに分かれる。ゼミやインターンシップの他、海外研修や心理学実験実習など実践的なプログラムから集中的かつ柔軟に学び知識を身につける。
取得可能な免許・資格	登録日本語教員、認定心理士、教員免許（中-社、高-情・商業）、司書教諭、司書

法学部1部

豊平キャンパス　定員 255

- 特色　国内留学制度や3年間で早期卒業して大学院に進学できる制度などがある。
- 進路　約3割が公務に就く。他、卸売・小売業をはじめとする一般企業など。
- 学問分野　法学／政治学
- 大学院　法学

法律学科	4年間で法律を段階的に学び、基礎知識のうえに応用力を養う。法律学の科目を網羅的に学ぶカリキュラムでリーガルマインドを身につける。学生それぞれが目指す分野ごとに、法律専門職、公務員、民間企業、経営・起業の学びのモデルを設けている。
政治学科	意見や利害の対立を調整し分析する能力を養う。国連やNGO、NPO、社会企業なども学びのテーマに取り上げ、政治を多角的に捉える。NPOや領事館へのインターンシップでは様々な組織や地域での実践的な活動を通じて「公共」について考える。
取得可能な免許・資格	登録日本語教員、学芸員、教員免許（中-社、高-地歴・公）、社会教育士、社会教育主事、司書教諭、司書

法学部2部

豊平キャンパス　定員 180

- 特色　夜間部。1年次に法律と政治の基礎を学んだあと所属学科を決定する。
- 進路　就職先は卸売・小売業や公務、サービス業などが多い。
- 学問分野　法学／政治学
- 大学院　法学

法律学科 夜	2年次より学科に所属する。法律学科では伝統的なカリキュラムからリーガルマインドを養う。2部では午後5時50分から授業が始まり、1部(昼間部）と同様のカリキュラムを受けることができる。法学検定など専門力を磨く学内資格講座も盛ん。
政治学科 夜	政治学科では批判的に考える訓練で多角的な分析力を養う。法律学科と同様に、1部（昼間部）のカリキュラムを受けることができる。
取得可能な免許・資格	登録日本語教員、教員免許（中-社、高-地歴・公）、司書教諭、司書

人文学部1部

豊平キャンパス　定員 195

- 特色　「文化を学ぶ、世界と繋がる」をテーマに国内外での体験的な学びができる。
- 進路　サービス業や卸売・小売業、公務など幅広い分野に就職している。
- 学問分野　文学／言語学／歴史学／文化学
- 大学院　文学

日本文化学科 (100)	グローバル化やAI（人工知能）の時代に対応し、高い思考力と総合力を兼ね備えた人材を育成する。文献を精読し先人の知から自国文化について学び、自文化や他文化を相対的に考える能力を育む。4年次には自分で設定したテーマにより卒業研究を行う。
英米文化学科 (95)	洗練された英語力と英米文化への理解を身につけ、多文化共生社会の構築に貢献できる人材を育成する。高い英語運用能力を獲得するため、28種類の多彩な英語科目が用意されている。異文化の価値観を理解できる教養のある英語の使い手を目指す。
取得可能な免許・資格	登録日本語教員、学芸員、教員免許(中-国・英、高-国・地歴・英)、社会教育士、社会教育主事、司書教諭、司書

人文学部2部

豊平キャンパス　定員 70

特色　夜間部。「文化を学ぶ、世界とつながる」をモットーに文化を探究する。
進路　半数近くがサービス業に就職。他、運輸・通信業や金融・保険業など。
学問分野　文学／言語学／歴史学／文化学
大学院　文学

日本文化学科 夜 (40)	日本文化の新たな知や価値の創造を通じ思考力を鍛える。体験型学修も充実しており、「文化遺産特別演習」では現地でしか得られない学びを求めて日本各地の世界遺産を訪問する。文化や文学のみならず歴史や人類学など人文学の多様な領域を掘り下げる。
英米文化学科 夜 (30)	英語運用能力に加え異文化の価値観を相対化できる能力を身につけ、教養ある英語の使い手を育成する。計28種類の多様な英語科目が用意され、英語4技能（聞く・読む・話す・書く）を修得し、欧米の言語や思想、歴史、環境に関する文化を専門的に学ぶ。
取得可能な免許・資格	登録日本語教員、教員免許（中-国・英、高-国・地歴・英）、司書教諭、司書

工学部

豊平キャンパス（1年）
山鼻キャンパス（2～4年）　定員 260

特色　工学部独自のキャンパスで、各自のテーマに沿って「モノづくり」に挑戦する。
進路　情報通信業や建設業、サービス業などの一般企業に就職する者が多い。
学問分野　電気・電子工学／土木・建築学／応用生物学／環境学／情報学
大学院　工学

社会環境工学科 (60)	社会基盤を支える多様な役割に対応できる技術者を育成する。2つのコースを設置。社会環境コースでは社会基盤の維持管理、防災、設計を中心に工学知識とグローバルな視点を養う。環境情報コースでは環境、情報、都市学を中心に幅広い視野を養う。
建築学科 (70)	持続可能な建築、都市づくりに携わる人材を育成する。専門科目は空間デザイン、環境デザイン、システムデザインの3つの系列に分かれ、1つの系列を重点的に、または複数の系列を総合的に履修する。寒冷地の建築について学ぶ北方建築の科目が特徴的である。
電子情報工学科 (70)	カリキュラムは基礎数物、数理解析等を学ぶ応用数物、ハードウェア等を学ぶ電子、ソフトウェア等を学ぶ情報、情報通信等を学ぶ応用の5つの系列から構成されている。卒業研究ではロボット、CG、ドローンなど幅広い応用分野をテーマに取り組む。
生命工学科 (60)	バイオテクノロジーとプログラミングに関する実習が必修科目である。専門科目はグリーンテクノロジーやiPS細胞などのライフサイエンスを学ぶ生命科学と、人間工学や感性工学、応用情報工学などを学ぶ人間情報工学の2つの系で構成されている。
取得可能な免許・資格	登録日本語教員、学芸員、特殊無線技士（海上、陸上）、建築士（一級、二級、木造）、技術士補、測量士補、主任技術者（ダム水路）、施工管理技士（土木、建築）、バイオ技術者、教員免許（中-数・理、高-数・理・情・工業）、社会教育士、社会教育主事、司書教諭、司書

入試要項（2025年度）

※この入試情報は大学発表の2025年度入試（予告）および2024年度募集要項等より編集したものです（2024年1月時点。見方は巻頭の「本書の使い方」参照）。内容には変更が生じる可能性があるため、最新情報はホームページや2025年度募集要項等で必ず確認してください。

「大学入試科目検索システム」のご案内
日程・方式ごとの偏差値や昨年度入試結果（志願者倍率、実質倍率、合格最低点）、基本情報（出願締切日、試験日、二段階選抜、募集人員、総合満点）などは、「大学入試科目検索システム」（https://nyushi.toshin.com/）をご覧ください（利用方法はp.12参照）。

■経済学部1部 偏差値 54

一般選抜

◆一般選抜

［全学科【昼】：3科目］国現 地歴 公 数 地歴全3科目、政経、数ⅠⅡA〔確活〕Bから1▶数は数ⅠA2題必須。数ⅠA〔確活〕、数Ⅱ、数Bから1題任意選択 外 英

共通テスト利用入試　※個別試験は課さない

◆共通テスト利用選抜Ⅰ期

［全学科【昼】：3科目］国現 地歴 公 数 情 全10科目

から1外全5科目から1

◆**共通テスト利用選抜Ⅱ期**

[全学科【昼】：3科目] 国地歴公数理外情現、地歴公数理外情全20科目から3教科3

■経済学部2部 偏差値 

一般選抜

◆**一般選抜**

[全学科【夜】：2科目] 国現地歴公数外地歴全3科目、政経、数ⅠⅡA〔確活〕B、英から1▶数は数ⅠA2題必須。数ⅠA〔確活〕、数Ⅱ、数Bから1題任意選択

■経営学部1部 偏差値 55

一般選抜

◆**一般選抜**

[全学科【昼】：3科目] 国現地歴公数地歴全3科目、政経、数ⅠⅡA〔確活〕Bから1▶数は数ⅠA2題必須。数ⅠA〔確活〕、数Ⅱ、数Bから1題任意選択外英

共通テスト利用入試　※個別試験は課さない

◆**共通テスト利用選抜Ⅰ期（A方式）**

[全学科【昼】：2科目] 国地歴公数理外情現、地歴公数理外情全20科目から2教科2

◆**共通テスト利用選抜Ⅰ期（B方式）**

[経営【昼】：3科目] 国現地歴公数理情全15科目から1外英

[経営情報【昼】：3科目] 国数現、数全3科目から1地歴公理情全12科目から1外英

◆**共通テスト利用選抜Ⅱ期**

[全学科【昼】：7科目] 国現地歴公全6科目から2数全3科目から2理情全6科目から1外全5科目から1

■経営学部2部 偏差値 58

一般選抜

◆**一般選抜**

[経営【夜】：2科目] 国現地歴公数外地歴全3科目、政経、数ⅠⅡA〔確活〕B、英から1▶数は数ⅠA2題必須。数ⅠA〔確活〕、数Ⅱ、数Bから1題任意選択

共通テスト利用入試　※個別試験は課さない

◆**共通テスト利用選抜Ⅱ期**

[経営【夜】：2科目] 国外現、外全5科目から1地歴公数理情全15科目から1

■法学部1部 偏差値 55

一般選抜

◆**一般選抜（2月11日試験）**

[全学科【昼】：3科目] 国現地歴公数地歴全3科目、政経、数ⅠⅡA〔確活〕Bから1▶数は数ⅠA2題必須。数ⅠA〔確活〕、数Ⅱ、数Bから1題任意選択外英

◆**一般選抜（2月12日試験）**

[全学科【昼】：3科目] 国現地歴公地歴全3科目、政経から1外英

共通テスト利用入試　※個別試験は課さない

◆**共通テスト利用選抜Ⅰ期（A方式）**

[全学科【昼】：3科目] 国現地歴公全6科目から1外全5科目から1

◆**共通テスト利用選抜Ⅰ期（B方式）**

[全学科【昼】：3科目] 国現地歴公全6科目から2

◆**共通テスト利用選抜Ⅱ期**

[全学科【昼】：3科目] 国地歴公数理外情現、地歴公数理外情全20科目から3教科3

■法学部2部 偏差値 55

一般選抜

◆**一般選抜（2月11日試験）**

[全学科【夜】：2科目] 国現地歴公数外地歴全3科目、政経、数ⅠⅡA〔確活〕B、英から1▶数は数ⅠA2題必須。数ⅠA〔確活〕、数Ⅱ、数Bから1題任意選択

◆**一般選抜（2月12日試験）**

[全学科【夜】：2科目] 国現地歴公外地歴全3科目、政経、英から1

共通テスト利用入試　※個別試験は課さない

◆**共通テスト利用選抜Ⅱ期**

[全学科【夜】：3科目] 国地歴公数理外情現、地歴公数理外情全20科目から3教科3

■人文学部1部 偏差値 55

一般選抜

◆**一般選抜**

[日本文化【昼】：3科目] 国現古地歴公地歴全3科目、政経から1外英

[英米文化【昼】：3科目] 国現地歴公地歴全3科目、政経から1外英▶リスニング含む

共通テスト利用入試　※個別試験は課さない

◆**共通テスト利用選抜Ⅰ期**

[日本文化【昼】：3科目] 国現古、現漢から高得点1地歴公数理情全15科目から1外全5科目から1

[英米文化【昼】：3科目] 国現地歴公数理情全15科目から1外英

◆**共通テスト利用選抜Ⅱ期**

[日本文化【昼】：3科目] 国現古、現漢から高得点1地歴公数理外情全20科目から2教科2

[英米文化【昼】：3科目] 国地歴公数理情現、地歴公数理情全15科目から2教科2外英

■人文学部2部 偏差値 54

一般選抜

◆**一般選抜**

[日本文化【夜】：2科目] 国現地歴公外地歴全3科目、政経、英から1

[英米文化【夜】：2科目] 国地歴公現、地歴全3科目、政経から1外英

共通テスト利用入試　※個別試験は課さない

◆**共通テスト利用選抜Ⅰ期**

[日本文化【夜】：2科目] 国現古、現漢から高得点

1 地歴 公 数 理 外 情 全20科目から1
[英米文化【夜】：2科目] 国 地歴 公 数 理 情 現、地歴公数理情全15科目から1 外 英

■工学部 偏差値 50

一般選抜

◆一般選抜

[社会環境工－社会環境：3科目] 国 理 現、物基・物から1 数 数ⅠⅡⅢA〔確活〕BC▶数ⅠⅡ必須。数Ⅲ、数A〔確活〕、数BCから1題任意選択 外 英
[社会環境工－環境情報：3～4科目] 国 理 次の①・②から1（①現、②物基、化基、生基、物基・物、化基・化、生基・生から選択▶各1題の計6題から2題任意選択）数 数ⅠⅡⅢA〔確活〕BC▶数ⅠⅡ必須。数Ⅲ、数A〔確活〕、数BCから1題任意選択 外 英
[建築：3科目] 国 理 現、物基・物から1 数 数ⅠⅡA〔確活〕B▶数Ⅰ必須。数Ⅱ、数A〔確活〕、数Bから2題任意選択 外 英
[電子情報工：3科目] 数 数ⅠⅡⅢA〔確活〕BC▶数ⅠⅡⅢ必須。数A〔確活〕、数BCから1題任意選択 理 物基・物 外 英
[生命工：3～4科目] 数 数ⅠⅡⅢA〔確活〕BC▶数ⅠⅡ必須。数Ⅲ、数A〔確活〕、数BCから1題任意選択 理 物基、化基、生基、物基・物、化基・化、生基・生から選択▶各1題の計6題から2題任意選択 外 英

共通テスト利用入試 ※個別試験は課さない

◆共通テスト利用選抜Ⅰ期

[社会環境工－社会環境：4科目] 国 外 現、英から1 数 理 数ⅠA、数ⅡBC、物、化、生、地から3
[社会環境工－環境情報：3科目] 国 外 情 現、英、情Ⅰから1 数 数ⅠA、数ⅡBCから1 理 全5科目から1
[建築：3科目] 国 地歴 公 数 理 外 情 現、地歴公数理外情全20科目から3
[電子情報工：4科目] 数 数ⅠA、数ⅡBC 理 情 物、情Ⅰから1 外 英
[生命工：3科目] 国 外 情 現、英、情Ⅰから1 数 数ⅠA、数ⅡBCから1 理 全5科目から1

◆共通テスト利用選抜Ⅱ期

[社会環境工－社会環境：3科目] 国 外 現、英から1 数 数ⅠA、数ⅡBCから1 理 物、化、生、地から1
[社会環境工－環境情報：2科目] 国 外 情 現、英、情Ⅰから1 数 理 数ⅠA、数ⅡBC、理全5科目から1
[建築：2科目] 国 地歴 公 数 理 外 情 現、地歴公数理外情全20科目から2
[電子情報工：3科目] 数 数ⅠA、数ⅡBCから1 理 情 物、情Ⅰから1 外 英
[生命工：2科目] 国 外 情 現、英、情Ⅰから1 数 理 数ⅠA、数ⅡBC、理全5科目から1

■特別選抜

[学校推薦型選抜] 学校推薦型選抜（公募制、指定校制、併設校）
[その他] 特別選抜（課題小論文、社会人、海外帰国生徒、外国人留学生）

北海学園大学ギャラリー

■清田グラウンド

室外球技種目の体育講義や部活動は、野球場、サッカー場、テニスコートを完備した清田グラウンドを使用しています。

■就職支援

キャリアガイダンスを通して1年次から就職支援を行う他、キャリア支援センターには国家資格を持つスタッフを配置しています。

酪農学園大学（らくのうがくえん）

資料請求

入試広報センター入試広報課　TEL (011) 388-4138　〒069-8501 北海道江別市文京台緑町582

「三愛主義」「健土健民」に則り人類の幸福を模索する

大学紹介動画

最新入試情報

「神を愛し、人を愛し、土を愛する」という「三愛主義」を基本に、創設者・黒澤酉蔵が唱えた「健土健民」の思想を継承し、実践的な実学教育を展開。人や動物の生命の存続と福祉に貢献する人材を育成する。

白樺通り

キャンパス 1つ

文京台キャンパス
〒069-8501 北海道江別市文京台緑町582

基本データ

※2023年9月現在（進路・就職は2022年度卒業者データ。学費は2024年度入学者用）

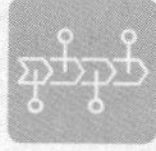

沿革

1933年、北海道酪農義塾として開校。1949年、酪農学園大学部を設置。1960年、酪農学部を設置。1996年、酪農学部獣医学科を改組し、獣医学部を設置。1998年、環境システム学部を設置。2011年、3つの学部を農食環境学群と獣医学群に改組し、現在に至る。

教育機関 2学部 2研究科

学部　農食環境／獣医

大学院　獣医学ⓂⒹ／酪農学ⓂⒹ

人数

学部学生数　2,957名

教員1名あたり学生 16名

教員数　184名【理事長】髙島英也、【学長】岩野英知

（教授80名、准教授46名、講師23名、助教16名、助手・その他19名）

学費

初年度納入額　1,484,000~2,564,000円

奨学金　推薦入学試験特待生、後継者特待生、成績優秀者特待生、兄弟姉妹等同時修学授業料減免

進路

学部卒業者　697名

（進学31名［4.4%］、就職584名［83.8%］、その他82名［11.8%］）

主な就職先　日本中央競馬会、環境省、海上保安庁、北海道庁、日本全薬工業、ミヤリサン製薬、共立製薬、よつ葉乳業、JAホクレン、イオン北海道、セコマ、久原本家食品、軽種馬育成調教センター、家畜改良センター、アワーズ、ロイズコンフェクト、星野リゾート、全国の動物病院・NOSAI

学部学科紹介

※本書掲載内容は、大学公表資料から独自に編集したものです。詳細は大学パンフレットやホームページ等で必ず確認してください（取得可能な免許・資格は任用資格や受験資格などを含む）。

農食環境学群

文京台キャンパス 定員 520

- 特色：学類の枠を越え、他学類の科目も履修できる柔軟な教育を展開している。
- 進路：就職先は農業・林業や卸売・小売業、製造業をはじめ多岐にわたる。
- 学問分野：経済学／生物学／地学／農学／獣医・畜産学／応用生物学／食物学／環境学
- 大学院：酪農学

循環農学類 (240)	持続可能な循環農法を探究し、食料の安定供給に貢献できる人材を育成する。農家に宿泊する学外農場実習など実習科目を豊富に設置し、実学教育を通して幅広い農学の知識と技術を養う。酪農学、畜産学、農学、農業経済学の4つのコースと教職コースを設置している。
食と健康学類 (160)	食品の機能・生産・流通など幅広い知識を持つ専門家と管理栄養士を育成する。農作物や家畜に触れる農場実習、学内の工場設備での実習などを通じ体験的に学ぶ。食資源開発学、食品流通開発学、管理栄養士の3つのコースと教職コースを設置している。
環境共生学類 (120)	環境と生態系に関する様々な問題を科学的に分析し解明できる人材を育成する。フィールドワークなどの実践的な学びが数多く用意されている。地理情報システムなど情報解析の技術も修得する。3年次より野生動物学、生命環境学の2つのコースに分かれる。
取得可能な免許・資格	准学校心理士、学芸員、技術士補、食品衛生管理者、食品衛生監視員、家畜人工授精師、管理栄養士、栄養士、教員免許（中-理・社、高-理・公・農）、ビオトープ管理士

獣医学群

文京台キャンパス 定員 180

- 特色：獣医学類では獣医師を、獣医保健看護学類では動物看護師などを育成。
- 進路：卒業者の半数以上が学術研究・専門技術サービス業に就職している。
- 学問分野：獣医・畜産学
- 大学院：獣医学

獣医学類 (120)	6年制。酪農家を支える実践的な獣医師や社会の要請に応える生命科学の先端的研究者を育成。生体機能学、感染・病理学、予防獣医学、生産動物医療学、伴侶動物医療学の5つの分野に分かれる。附属動物医療センターで高度な実践教育を行う。
獣医保健看護学類 (60)	4年制。獣医師のサポートや動物看護に関する高い専門性を持ちチーム医療で活躍できる人材を育成する。1・2年次は獣医学の基礎知識を、3・4年次は動物看護学の専門知識を身につける。学類で飼育している犬の健康管理などを通じ、犬の生態を実践的に学ぶ。
取得可能な免許・資格	学芸員、食品衛生管理者、食品衛生監視員、獣医師、愛玩動物看護師、家畜人工授精師

入試要項（2025年度）

※この入試情報は大学発表の2025年度入試（予告）および2024年度募集要項等より編集したものです（2024年1月時点。見方は巻頭の「本書の使い方」参照）。内容には変更が生じる可能性があるため、最新情報はホームページや2025年度募集要項等で必ず確認してください。

「大学入試科目検索システム」のご案内
日程・方式ごとの偏差値や昨年度入試結果（志願者倍率、実質倍率、合格最低点）、基本情報（出願締切日、試験日、二段階選抜、募集人員、総合満点）などは、「大学入試科目検索システム」（https://nyushi.toshin.com/）をご覧ください（利用方法はp.12参照）。

■農食環境学群 偏差値 47

一般選抜

◆個別学力入試

[循環農：2科目] 国外現、英から1 公数理公共、政経、数ⅠA、化基・化、生基・生から1

[食と健康：2科目] 国外現、英から1 数理数ⅠA、化基・化、生基・生から1

[環境共生：2科目] 国外現、英から1 公数理政経、数ⅠA、化基・化、生基・生から1

共通テスト併用入試 ※理科基礎は2科目扱い

◆学力入学試験・共通テスト併用型入試

[食と健康－管理栄養士]〈共1科目〉国数外現、数

全3科目、英(×L)から1〈個1科目〉理化基・化、生基・生から1

◆学力入学試験・共通テスト併用型入試（パターンA）

[循環農、食と健康－管理栄養士以外、環境共生]〈共1～2科目〉地歴公数理情全15科目から1〈個1科目〉国外現、英から1

◆学力入学試験・共通テスト併用型入試（パターンB）

[循環農、食と健康－管理栄養士以外、環境共生]〈共1科目〉国地歴公数外情現、地歴公数情全10科目、英(×L)から1〈個1科目〉理化基・化、生基・生から1

共通テスト利用入試　※個別試験は課さない。理科基礎は2科目扱い

◆共通テスト利用入試

[循環農：2～3科目] 国地歴公数理外情現、地歴公数理情全15科目、英（×L）から2

[食と健康－管理栄養士以外、環境共生：2～3科目] 国外現、英（×L）から1地歴公数理情全15科目から1

[食と健康－管理栄養士：2～3科目] 国外現、英(×L)から1数理情全9科目から1

■獣医学群　偏差値 59

一般選抜

◆個別学力入試

[獣医：3科目] 数数ⅠⅡAB〔列〕C〔ベ〕理化基・化、生基・生から1外外

[獣医保健看護：2科目] 国外現、英から1数理数ⅠA、化基・化、生基・生から1

共通テスト併用入試

◆学力入学試験・共通テスト併用型入試

[獣医]〈共3科目〉数数ⅠA、数ⅡBC外英〈個1科目〉理化基・化、生基・生から1

共通テスト利用入試　※個別試験は課さない。理科基礎は2科目扱い

◆共通テスト利用入試（3教科5科目）

[獣医：5科目] 数数ⅠA、数ⅡBC理物、化、生から2外英

◆共通テスト利用入試（5教科5科目）

[獣医：5～6科目] 国現地歴情全4科目から1数全3科目から1理全5科目から1外英

◆共通テスト利用入試

[獣医保健看護：2～3科目] 国外現、英（×L）から1数理情全9科目から1

■特別選抜

[総合型選抜] 産業振興特別推薦入学試験、環境共生貢献推薦入学試験、自己推薦入学試験（Ⅰ期、Ⅱ期、Ⅲ期）

[学校推薦型選抜] 一般推薦入学試験、生産動物医療推薦入学試験、動物病院後継者育成推薦入学試験、農業高校および農業大学校推薦入学試験、生産動物看護部門推薦入学試験、アグリマイスター推薦入学試験、日本学校農業クラブ活動特別推薦入学試験、内部進学推薦入学試験、指定校推薦入学試験

[その他] 地域獣医療支援特別選抜入学試験、社会人特別選抜試験、外国人留学生入学試験

酪農学園大学ギャラリー

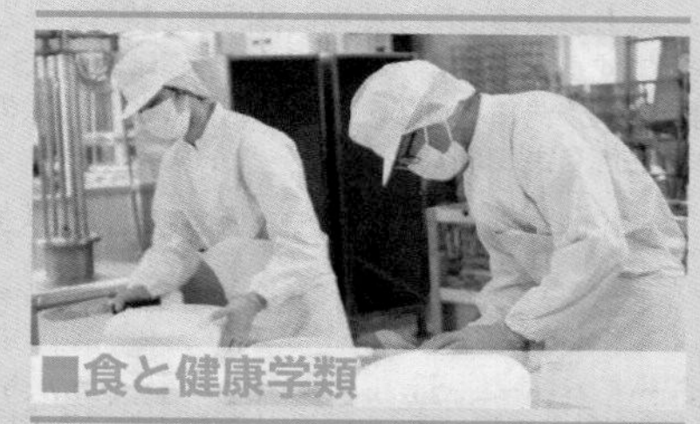

■食と健康学類

「食を通じて人を笑顔に」をモットーに、食の生産、加工・製造、流通や健康など、食のシステムに関して幅広く学んでいます。

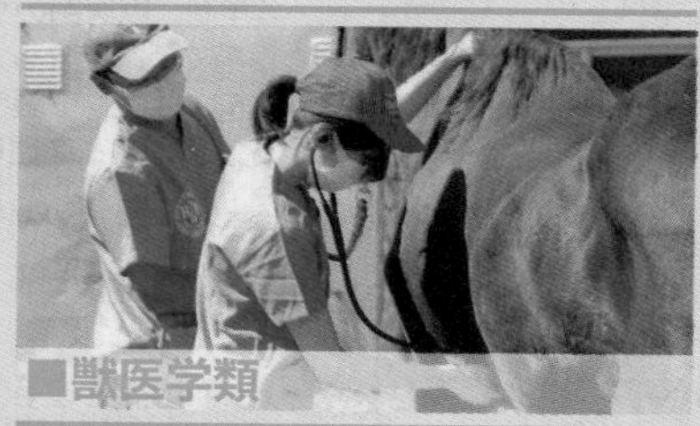

■獣医学類

「動物にも人間にも信頼される獣医師を目指す」獣医学類の学生たちは、日々先端的な産業動物関連の諸科学を学んでいます。

とうほくがくいん
東北学院大学

資料請求

アドミッションズ・オフィス(土樋キャンパス) TEL (022) 264-6455 〒980-8511 宮城県仙台市青葉区土樋1-3-1

地域に奉仕し、地域から信頼される人材を育成する

「地の塩、世の光」をモットーに「個人の尊厳の重視と人格の完成」を教育の根幹にすえ、文化の発展に貢献できる人材を育成する。多彩な教養教育と専門教育により知力を柱に人々と共生できる人間性をはぐくむ。

大学紹介動画

最新入試情報

五橋キャンパス外観

キャンパス
2つ

土樋キャンパス
〒980-8511 宮城県仙台市青葉区土樋1-3-1
五橋キャンパス
〒984-0075 宮城県仙台市若林区清水小路3-1

基本データ

※2023年9月現在（学部学生数に留学生は含まない。進路・就職は2022年度卒業者データ。学費は2024年度入学者用）

沿革

1886年、仙台神学校として開校。1891年、東北学院に改称。1949年、東北学院大学に昇格。1962年、工学部を設置。1964年、文経学部を文、経済の2つの学部に改組。1965年、法学部と大学院を設置。2023年、五橋キャンパス開学とともに新たに4学部が新設され、9学部15学科の体制に移行。

教育機関 9 学部 6 研究科

学部 文／経済／経営／法／工／地域総合／情報／人間科／国際

大学院 文学Ⓜ︎Ⓓ／経済学ⓂⒹ／経営学Ⓜ／法学ⓂⒹ／工学ⓂⒹ／人間情報学ⓂⒹ

人数

学部学生数 11,032名

教員1名あたり学生 39名

教員数 278名【理事長】原田善教、【院長・学長】大西晴樹

（教授180名、准教授78名、講師19名、助教1名）

学費

初年度納入額 1,309,500~1,727,500円

奨学金 東北学院大学東日本地域別スカラシップ選抜給付奨学金、東北学院大学予約型入学時給付奨学金〈LIGHT UP奨学金〉、東北学院大学給付奨学金、東北学院大学緊急給付奨学金

進路

学部卒業者 2,609名

（進学72名［2.8%］、就職2,308名［88.5%］、その他229名［8.7%］）

主な就職先 ※院卒者を含む

アイリスオーヤマ、宮城県(職員)、ユアテック、国家公務(一般職)、カメイ、イオン東北、みやぎ生活協同組合、宮城県内中学校、宮城県内高等学校、JR東日本、七十七銀行、メイテック、杜の都信用金庫、東北労働金庫、薬王堂、ドコモCS東北、仙台銀行、TTK

学部学科紹介

※本書掲載内容は、大学公表資料から独自に編集したものです。詳細は大学パンフレットやホームページ等で必ず確認してください（取得可能な免許・資格は任用資格や受験資格などを含む）。

文学部

土樋キャンパス
五橋キャンパス
定員 450

特色	キリスト教の精神にもとづき、言葉や歴史を通して創造的な批判精神を養う。
進路	就職先はサービス業や卸売・小売業、金融・保険業などが多い。
学問分野	文学／言語学／哲学／歴史学／教員養成
大学院	文学

英文学科 (150)	高い英語運用能力を養成し他文化に対する感覚を洗練させることで、多角的な視野を持った真の国際人を育成する。2年次からは英米文学、英語学、英語コミュニケーションの3つから専修分野を選択する。4年次には卒業試験か卒業論文のいずれかに取り組む。
総合人文学科 (60)	キリスト教学に加えて、思想・哲学、文化・芸術、宗教・神学の3つの分野を幅広く学ぶことで、自己と現実世界との関係を積極的に問い直す。専門的知識への理解を深め独自の視点で論じる力を養うとともに、先人の知恵に学び豊かな人間性と英知を身につける。
歴史学科 (170)	歴史に関する知識と物事を歴史的に分析する手法を身につけ、幅広い視野から現代社会の諸課題を発見し解明する力を養う。日本史、アジア史、ヨーロッパ史、考古学、民俗学の5つの分野を系統的に学ぶ。フィールドワークなど歴史の現場に触れる機会も多い。
教育学科 (70)	小中、中高一貫教育の拡大に対応したカリキュラムを設定。中・高のみならず、小学校でも英語を教えられる専門的な技能を養成する。安全・防災についての実践的な学習やICT（情報通信技術）教育論、海外での英語教育実践など専門教育が多彩である。
取得可能な免許・資格	学芸員、教員免許（小一種、中-社・宗・英、高-地歴・宗・英）、社会教育士、社会教育主事、司書教諭、司書

経済学部

土樋キャンパス
五橋キャンパス
定員 430

特色	幅広い教養と経済の専門知識を身につけ、多方面で社会に貢献できる人材を育成。
進路	卒業者の多くはサービス業や卸売・小売業、金融・保険業に就く。
学問分野	経済学／社会福祉学
大学院	経済学

経済学科 (430)	経済学の視点から現代社会の問題や政策を学ぶ。3年次からは理論・思想、産業・政策、世界・日本・東北の3つのコースに分かれて専門性を高める。近現代における東北の経済と開発について学び、東北を理解する東北経済論などの特徴的な講義も用意されている。
取得可能な免許・資格	教員免許（中-社、高-公・商業）

経営学部

土樋キャンパス
五橋キャンパス
定員 341

特色	経営学の知識を企業や地域社会の問題に活かし、キャリアを切り開く能力を養う。
進路	卒業者の多くはサービス業や卸売・小売業、金融・保険業に就く。
学問分野	経営学
大学院	経営学

経営学科 (341)	マネジメント、マーケティング、ファイナンス、アカウンティングの4つの分野から経営学を学ぶ。地元の企業や産業と連携し、現場や実地の中で理論を実践に結びつける。長期的な視点で将来の進路を思い描くことができるよう、キャリア形成支援も行っている。
取得可能な免許・資格	教員免許（中-社、高-公・商業）

法学部

土樋キャンパス
五橋キャンパス
定員 355

特色	法的知識と法的思考力を身につけ、人間の尊厳のために尽力できる人材を育成。
進路	卒業者の多くは公務やサービス業、卸売・小売業に就く。
学問分野	法学／政治学
大学院	法学

法律学科 (355)	法的専門性を活かし社会に貢献できる人材を育成する。2年次からは各自の進路にあわせ政策・行政、企業法務、法律専門職の3つのコースに分かれて学ぶ。3・4年次はゼミ形式の少人数教育や実践的な教育を行うとともに、資格取得に向けた支援も実施される。
取得可能な免許・資格	教員免許（中-社、高-地歴・公）

工学部

土樋キャンパス
五橋キャンパス
定員 360

特色	幅広い教養と正しい倫理観を持ち、人間社会に貢献できる工学技術者を育成する。
進路	約4割が建設業に就く。他、製造業や情報通信業など。
学問分野	機械工学／電気・電子工学／材料工学／土木・建築学／環境学／情報学
大学院	工学

機械知能工学科 (115)	機械工学に基づく知的なものづくりによって社会に貢献できる人材を育成する。スマートデザイン、グリーンエナジーシステム、バイオロボティクス、メカノエンジニアリングの4つのコースを設置している。機械専門家に求められる設計などの基礎力を磨く。
電気電子工学科 (130)	電子工学の基礎知識と最先端技術を身につけた技術者を育成する。電力・制御系、情報・通信系、電子・材料系の3つの専門分野で構成。物理学、化学、生命科学の3つの分野を網羅的に扱う基礎実験「自然科学実験ファンダメンタルズ」が特徴的である。
環境建設工学科 (115)	創造的な建築系技術者の育成を目指し、環境、土木、建築の3つの分野を設けて専門教育を充実させている。2年次から環境土木と建築の2つのコースに分かれ、多様な建築ニーズに対応できる多角的な学習カリキュラムで学ぶ。建築コースの定員は40名である。
取得可能な免許・資格	危険物取扱者（甲種）、電気工事士、特殊無線技士（海上、陸上）、建築士（一級、二級、木造）、技術士補、測量士補、主任技術者（電気、電気通信、ダム水路）、施工管理技士（土木、建築、電気工事、管工事、造園）、教員免許（高-工業）

地域総合学部

土樋キャンパス
五橋キャンパス
定員 295

特色	2023年度開設。グローバルな視野を持ったより良い地域をつくる人材を育成する。
進路	2023年度開設。公務、金融・保険業、NPO法人などの進路を想定。
学問分野	地理学／政治学／経済学／経営学／社会学／社会福祉学／教育学
大学院	人間情報学

地域コミュニティ学科 (150)	1年次から様々な学問分野に関する本格的なフィールドワークを開始。学年が上がるにつれてより専門的な技法に基づく調査・研究を深め、夏休みなどを利用した海外地域実習もある。大学と現場両面での学びから、地域の現状や課題について探究する。
政策デザイン学科 (145)	社会の現状を捉えるフィールドワークと政策を作る理論的視点の双方をバランス良く学ぶ。政府や行政のあり方を学ぶ公共行政領域、経済や産業の動向を知る経済産業領域、地域に生きる人々の生の現実を理解する市民社会領域の3つの複眼的な授業構成が特徴。
取得可能な免許・資格	地域調査士、社会福祉主事、測量士補、教員免許（中-社、高-地歴・公）、社会教育士、社会教育主事

情報学部

土樋キャンパス
五橋キャンパス
定員 190

特色 2023年度開設。情報を活かし新たな価値を創造できる人材を育成する。
進路 2023年度開設。情報通信業や公務など多様な分野で活躍を想定。
学問分野 社会学／数学／情報学

データサイエンス学科 (190)	初めに「データ」を軸として、コンピュータの操作、統計学、経営学、社会学の基礎を学ぶ。次に自分の興味関心に基づき、情報科学・数理科学・社会科学の中から軸となる分野を選び、その視点から地域や社会の問題を観察し専門性を高める。
取得可能な免許・資格	社会調査士、教員免許（中-数、高-数・情）

人間科学部

土樋キャンパス
五橋キャンパス
定員 165

特色 2023年度開設。人間の行動・心理等を科学的に分析し、人間への深い理解を得る。
進路 2023年度開設。サービス業や公務、大学院進学などの進路を想定。
学問分野 心理学／社会学

心理行動科学科 (165)	1・2年次では最初に心理学とその関連領域である行動科学の基礎知識を学び、次に実験や実習を通じてデータ収集や分析方法を修得する。それを土台とし3・4年次のゼミや卒業研究で関心に基づいた研究課題を探究する。
取得可能な免許・資格	公認心理師、認定心理士、社会調査士、教員免許（中-保体、高-保体）

国際学部

土樋キャンパス
五橋キャンパス
定員 130

特色 2023年度開設。言語・文化・社会の多様性を学びグローバル化の課題に取り組む。
進路 2023年度開設。サービス業や卸売・小売業などの進路を想定。
学問分野 文学／言語学／文化学／社会学／国際学

国際教養学科 (130)	広い視野で課題の解決方法を考えることができる国際人を養成するため「使える外国語」の修得を目指す。留学も推奨。多国籍、多様な研究分野の教員が在籍し、外国の言語・文化・歴史に関する講義が、日本語だけでなく英語でも行われる。
取得可能な免許・資格	登録日本語教員

入試要項（2025年度）

※この入試情報は大学発表の2025年度入試（予告）および2024年度募集要項等より編集したものです（2024年1月時点。見方は巻頭の「本書の使い方」参照）。内容には変更が生じる可能性があるため、最新情報はホームページや2025年度募集要項等で必ず確認してください。

「大学入試科目検索システム」のご案内
日程・方式ごとの偏差値や昨年度入試結果（志願者倍率、実質倍率、合格最低点）、基本情報（出願締切日、試験日、二段階選抜、募集人員、総合満点）などは、「大学入試科目検索システム」（https://nyushi.toshin.com/）をご覧ください（利用方法はp.12参照）。

■文学部 偏差値 57

一般選抜

◆**前期日程**

[全学科：3科目] 国 地歴 公 数 情 現、地歴情全4科目、公共・政経、数ⅠⅡABC〔ベ〕から2教科2▶数情の組み合わせ不可。数は数Ⅰ1題必須。数Ⅰ、数Ⅱ、数A、数B、数C〔ベ〕から2題任意選択 外 英

◆**後期日程**

[歴史以外：2科目] 国 地歴 公 数 情 論 現、地歴情全4科目、公共・政経、数ⅠⅡABC〔ベ〕、小論文から1▶数は数Ⅰ1題必須。数Ⅰ、数Ⅱ、数A、数B、数C〔ベ〕から2題任意選択 外 英

[歴史：2科目] 国 地歴 公 数 外 情 論 現、地歴情全4科目、公共・政経、数ⅠⅡABC〔ベ〕、英、小論文から2▶地歴から1必須。数は数Ⅰ1題必須。数Ⅰ、数Ⅱ、数A、数B、数C〔ベ〕から2題任意選択

共通テスト利用入試 ※個別試験は課さない

◆**共通テスト利用選抜（前期、後期）**

[英文、教育：3科目] 国 地歴 公 数 理 情 現古漢、地歴公理情全12科目、数ⅠA、数ⅡBCから2 外 英

[総合人文：3科目] 国 地歴 公 数 理 情 現古漢、地歴公理情全12科目、数ⅠA、数ⅡBCから2教科2▶地歴と公は1教科扱い 外 英

[歴史：3科目] 国 地歴 公 数 理 情 現古漢、地歴理情全9科目、公共・政経、地総・歴総・公共、数ⅠA、数ⅡBCから2▶数2科目選択不可 外 英

■経済学部 偏差値 54

一般選抜

◆前期日程

[経済：3科目] 国地歴公数情現、地歴情全4科目、公共・政経、数ⅠⅡABC〔ベ〕から2教科2▶数情の組み合わせ不可。数は数Ⅰ1題必須。数Ⅰ、数Ⅱ、数A、数B、数C〔ベ〕から2題任意選択外英

◆後期日程

[経済：2科目] 国地歴公数外情論現、地歴情全4科目、公共・政経、数ⅠⅡABC〔ベ〕、英、小論文から2▶数は数Ⅰ1題必須。数Ⅰ、数Ⅱ、数A、数B、数C〔ベ〕から2題任意選択

共通テスト利用入試 ※個別試験は課さない

◆共通テスト利用選抜（前期、後期）

[経済：4科目] 国現古漢地歴公数理情地歴公理情全12科目、数ⅠA、数ⅡBCから2外英

■経営学部 偏差値 51

一般選抜

◆前期日程

[経営：3科目] 国地歴公数情現、地歴情全4科目、公共・政経、数ⅠⅡABC〔ベ〕から2教科2▶数情の組み合わせ不可。数は数Ⅰ1題必須。数Ⅰ、数Ⅱ、数A、数B、数C〔ベ〕から2題任意選択外英

◆後期日程

[経営：2科目] 国地歴公数外情論現、地歴情全4科目、公共・政経、数ⅠⅡABC〔ベ〕、英、小論文から2▶数は数Ⅰ1題必須。数Ⅰ、数Ⅱ、数A、数B、数C〔ベ〕から2題任意選択

共通テスト利用入試 ※個別試験は課さない

◆共通テスト利用選抜（前期、後期）

[経営：3科目] 国地歴公数理情現古漢、地歴公理情全12科目、数ⅠA、数ⅡBCから2外英

■法学部 偏差値 54

一般選抜

◆前期日程

[法律：3科目] 国地歴公数情現、地歴情全4科目、公共・政経、数ⅠⅡABC〔ベ〕から2教科2▶数情の組み合わせ不可。数は数Ⅰ1題必須。数Ⅰ、数Ⅱ、数A、数B、数C〔ベ〕から2題任意選択外英

◆後期日程

[法律：2科目] 国地歴公数外情論現、地歴情全4科目、公共・政経、数ⅠⅡABC〔ベ〕、英、小論文から2▶数は数Ⅰ1題必須。数Ⅰ、数Ⅱ、数A、数B、数C〔ベ〕から2題任意選択

共通テスト利用入試 ※個別試験は課さない

◆共通テスト利用選抜（前期、後期）

[法律：4科目] 国現古漢地歴公数理情地歴公理情全12科目、数ⅠA、数ⅡBCから2外全5科目から1

■工学部 偏差値 53

一般選抜

◆前期日程

[機械知能工、環境建設工：3科目] 数数ⅠⅡⅢABC▶数ⅠⅡABから2題必須。数ⅡB、数ⅢCから1題任意選択理物基・物、化基・化から1外英

[電気電子工：3科目] 数数ⅠⅡⅢABC▶数ⅠⅡABから2題必須。数ⅡB、数ⅢCから1題任意選択理情物基・物、化基・化、情Ⅰから1外英

◆後期日程

[機械知能工、環境建設工：2科目] 数数ⅠⅡⅢABC▶数ⅠⅡABから2題必須。数ⅡB、数ⅢCから1題任意選択理外物基・物、化基・化、英から1

[電気電子工：2科目] 数数ⅠⅡⅢABC▶数ⅠⅡABから2題必須。数ⅡB、数ⅢCから1題任意選択理外情物基・物、化基・化、英、情Ⅰから1

共通テスト利用入試 ※個別試験は課さない

◆共通テスト利用選抜（前期）

[機械知能工：4科目] 数情数ⅠA必須、数ⅡBC、情Ⅰから1理物基・化基、物、化から1外全5科目から1

[電気電子工：3科目] 数理情数ⅠA必須、数ⅡBC、物基・化基、物、化、情Ⅰから1外全5科目から1

[環境建設工：5科目] 国現数情数ⅠA必須、数ⅡBC、情Ⅰから1理理科基礎、物、化、生から1▶地基選択不可外英

◆共通テスト利用選抜（後期）

[機械知能工：4科目] 共通テスト利用選抜（前期）に同じ

[電気電子工：3科目] 共通テスト利用選抜（前期）に同じ

[環境建設工：3科目] 数情数ⅠA必須、数ⅡBC、情Ⅰから1理外物、化、生、英から1

■地域総合学部 偏差値 49

一般選抜

◆前期日程

[全学科：3科目] 国地歴公数情現、地歴情全4科目、公共・政経、数ⅠⅡABC〔ベ〕から2教科2▶数情の組み合わせ不可。数は数Ⅰ1題必須。数Ⅰ、数Ⅱ、数A、数B、数C〔ベ〕から2題任意選択外英

◆後期日程

[全学科：2科目] 国地歴公数外情論現、地歴情全4科目、公共・政経、数ⅠⅡABC〔ベ〕、英、小論文から2▶数は数Ⅰ1題必須。数Ⅰ、数Ⅱ、数A、数B、数C〔ベ〕から2題任意選択

共通テスト利用入試 ※個別試験は課さない

◆共通テスト利用選抜（前期、後期）

[全学科：3科目] 国地歴公数理情現古漢、地歴公数理情全15科目から2教科2外全5科目から1

■情報学部 偏差値 52

一般選抜

◆前期日程

[データサイエンス：3科目] 国地歴公数理情次の①～⑦から2（①現、②地歴全3科目から1、③

公共・政経、④数ⅠⅡABC〔ベ〕、⑤数ⅠⅡⅢABC、⑥物基・物、化基・化から1、⑦情Ⅰ）▶④と⑤の組み合わせ不可。④は数Ⅰ1題必須。数Ⅰ、数Ⅱ、数A、数B、数C〔ベ〕から2題任意選択。⑤は数ⅠⅡABから2題必須。数ⅡB、数ⅢCから1題任意選択外英

◆後期日程

［データサイエンス：2科目］国地歴公数理外情論現、地歴情全4科目、公共・政経、数ⅠⅡABC〔ベ〕、物基・物、化基・化、英、小論文から2▶理2科目選択不可。数は数Ⅰ1題必須。数Ⅰ、数Ⅱ、数A、数B、数C〔ベ〕から2題任意選択

共通テスト利用入試　※個別試験は課さない

◆共通テスト利用選抜（前期、後期）

［データサイエンス：3科目］国地歴公数理情現、地歴公数理情全15科目から2教科2外全5科目から1

■人間科学部　偏差値52

一般選抜

◆前期日程

［心理行動科：3科目］国地歴公数情現、地歴情全4科目、公共・政経、数ⅠⅡABC〔ベ〕から2教科2▶数情の組み合わせ不可。数は数Ⅰ1題必須。数Ⅰ、数Ⅱ、数A、数B、数C〔ベ〕から2題任意選択外英

◆後期日程

［心理行動科：2科目］国地歴公数外情論現、地歴情全4科目、公共・政経、数ⅠⅡABC〔ベ〕、英、小論文から2▶数は数Ⅰ1題必須。数Ⅰ、数Ⅱ、数A、数B、数C〔ベ〕から2題任意選択

共通テスト利用入試　※個別試験は課さない

◆共通テスト利用選抜（前期、後期）

［心理行動科：3科目］国地歴公数理情現古漢、地歴公数理情全15科目から2教科2外英

■国際学部　偏差値52

一般選抜

◆前期日程

［国際教養：3科目］国地歴公数情現、地歴情全4科目、公共・政経、数ⅠⅡABC〔ベ〕から2教科2▶数情の組み合わせ不可。数は数Ⅰ1題必須。数Ⅰ、数Ⅱ、数A、数B、数C〔ベ〕から2題任意選択外英

◆後期日程

［国際教養：2科目］国外論現、英、小論文から1地歴公数情地歴情全4科目、公共・政経、数ⅠⅡABC〔ベ〕から1▶数は数Ⅰ1題必須。数Ⅰ、数Ⅱ、数A、数B、数C〔ベ〕から2題任意選択

共通テスト利用入試　※個別試験は課さない

◆共通テスト利用選抜（前期、後期）

［国際教養：3科目］国地歴公数理情現古漢、地歴公数理情全15科目から2教科2外全5科目から1

■特別選抜

［総合型選抜］総合型選抜

［学校推薦型選抜］学校推薦型選抜（学業成績による推薦、キリスト者等推薦、資格取得による推薦〔指定校、公募〕、スポーツに優れた者の推薦、文化活動に優れた者の推薦、TG推薦）

［その他］帰国生特別選抜、外国人留学生特別選抜、社会人特別選抜

東北学院大学ギャラリー

■シュネーダー記念館

五橋キャンパスのシュネーダー記念館には、カフェや図書館の他、仙台市内を一望できる展望ラウンジなどが設けられています。

■礼拝堂

土樋キャンパスに1932年に献堂されたカレッジ・ゴシック様式の礼拝堂。2014年には国の登録有形文化財に登録されました。

資料請求

自治医科大学

じちいか

学事課入試広報係 TEL (0285) 58-7045 〒329-0498 栃木県下野市薬師寺3311-1

大学紹介動画 最新入試情報

地域医療で活躍する総合医を育成

医師のいない地域やへき地の医療に携わる医師を育成する。全国の都道府県により共同設立された歴史を持つ。全寮制のもと、学生は卒業後一定期間出身地のへき地などに勤務することで修学資金の返還を免除される。

医学部教育・研究棟

キャンパス 1つ

自治医科大学キャンパス
〒329-0498 栃木県下野市薬師寺3311-1

基本データ

※2023年5月現在（学部学生数に留学生は含まない。進路・就職は2022年度卒業者データ。学費は2024年度入学者用）

沿革

1972年、自治大臣（当時）による医学高等専門学校設立構想（1970年）を受けて開学。1974年、附属病院開院。2002年、看護学部設置。2007年、自治医科大学附属大宮医療センターを自治医科大学附属さいたま医療センターに改称し、現在に至る。

教育機関 2学部 2研究科

学部 医／看護

大学院 医学Ⓜ︎Ⓓ／看護学Ⓜ︎Ⓓ

人数

学部学生数 1,177名

教員1名あたり 学生 1名

教員数 1,480名【理事長】大石利雄、【学長】永井良三
（教授136名、准教授107名、講師166名、助教1,071名）

学費

初年度納入額 1,850,000~4,600,000円

奨学金 自治医科大学医学部奨学資金貸与制度、自治医科大学看護学部奨学金

進路

学部卒業者 322名
（就職196名［60.9%］、その他※126名［39.1%］）
※臨床研修医121名を含む

主な就職先 臨床研修医、自治医科大学附属病院、自治医科大学附属さいたま医療センター

学部学科紹介

※本書掲載内容は、大学公表資料から独自に編集したものです。詳細は大学パンフレットやホームページ等で必ず確認してください（取得可能な免許・資格は任用資格や受験資格などを含む）。

医学部

自治医科大学キャンパス　定員 123

- 特色　豊富な知識と実践力を持ち地域医療において指導的役割を果たせる医師を育成。
- 進路　出身都道府県内の病院、診療所や保健所等に勤務する。
- 学問分野　医学
- 大学院　医学

医学科（123）	6年制。早期体験実習や診断学実習に取り組みながら、3年次までに基礎医学を修得する。多くの大学が5年次から行う臨床実習を、4年次から6年次までの長い期間行うことで臨床の現場をより深く理解する。全寮制の生活を通して、協調性や自主性などを培う。
取得可能な免許・資格	医師

看護学部

自治医科大学キャンパス　定員 105

- 特色　国内のへき地や離島などで巡回診療や訪問看護などを行う研修がある。
- 進路　約9割が附属病院をはじめとする様々な医療機関で看護医療に従事する。
- 学問分野　看護学
- 大学院　看護学

看護学科（105）	4年制。一般教養を修得する基礎科学、看護の実践的事項を学ぶ看護学、両分野を総合的に発展させる総合の3つの分野を通して、健康、看護、人間、環境について学ぶ。看護実習を重視し、キャンパス内にある附属病院で1年次から実習科目を配置している。
取得可能な免許・資格	看護師、助産師、保健師、衛生管理者、養護教諭（二種）

入試要項（2025年度）

※この入試情報は大学発表の2025年度入試（予告）および2024年度募集要項等より編集したものです（2024年1月時点。見方は巻頭の「本書の使い方」参照）。内容には変更が生じる可能性があるため、最新情報はホームページや2025年度募集要項等で必ず確認してください。

「大学入試科目検索システム」のご案内
日程・方式ごとの偏差値や昨年度入試結果（志願者倍率、実質倍率、合格最低点）、基本情報（出願締切日、試験日、二段階選抜、募集人員、総合満点）などは、「大学入試科目検索システム」（https://nyushi.toshin.com/）をご覧ください（利用方法はp.12参照）。

■医学部　偏差値 70

一般選抜

◆一般選抜

[医]〈一次：5科目〉数 数ⅠⅡⅢA〔全〕B〔列〕C 理 物基・物、化基・化、生基・生から2 外 英 面 面接 ▶学力試験合格者に課す〈二次：4科目〉数 数ⅠⅡⅢA〔全〕B〔列〕C 外 英 面 集団面接、個人面接

■看護学部　偏差値 60

一般選抜

◆一般選抜

[看護]〈一次：3科目〉国 現 数 数ⅠA 外 英〈二次：1科目〉面 個人面接

■特別選抜

[学校推薦型選抜] 学校推薦型選抜（指定校制）

就職支援

自治医科大学の医学部では、医師国家試験の合格のための独自の教育体制が整えられています。高い指導力を身に付けた教員が年次別の専任担当教員となり、学修をきめ細かくサポートする他、医学教育に特化したオリジナルの教科書や参考資料を作成して全学生に配布しています。看護学部では、多彩なガイダンスの開催や、進路（就職）対策コーナーの設置、大学附属医療機関への就職説明会・相談会や保健師に関する就職説明会を実施しています。

国際交流

自治医科大学では、海外にある様々な大学と交流を行っています。医学部では、5年次から6年次に行われる臨床実習の選択必修科目の1つとして、約4週間の海外での臨床実習が実施されています。看護学部では、アジア地域にある大学との交流を通して、異文化体験および発展途上国での医療・看護への理解を深め国際的な視野を広げることを目的とした国外研修を実施しています。

獨協大学

どっきょう

資料請求

入試課 TEL (048) 946-1900　〒340-0042 埼玉県草加市学園町1-1

「学問を通じての人間形成の場」を目指して

大学紹介動画

最新入試情報

ドイツ教養主義の精神を原点に、現代社会をリードできる国際的教養を備えた人材を育成する。伝統ある外国語教育に加え、情報教育や環境教育などを基盤に社会構造の変化に対応する学習環境を整備している。

学生センター

キャンパス **1**つ

草加キャンパス
〒340-0042 埼玉県草加市学園町1-1

私立　埼玉 千葉　獨協大学

基本データ

※2023年5月現在（学部学生数に留学生は含まない。教員数は非常勤を含む。進路・就職は2022年度卒業者データ。学費は2024年度入学者用）

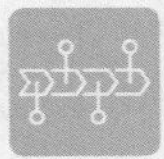

沿革

1883年、獨逸学協会学校を開校。1964年、獨協大学として開校。1967年、法学部を設置。1983年、エセックス大学（イギリス）と学術交流協定を締結。1998年、イリノイ大学（アメリカ）と交流協定を締結。2014年、獨協大学創立50周年を迎えた。2024年、外国語学部ドイツ語学科とフランス語学科を改組。

教育機関 4学部 3研究科

学部　外国語／国際教養／経済／法

大学院　法学ⓂⒹ／外国語学ⓂⒹ／経済学ⓂⒹ

人数

学部学生数　**8,400**名

教員1名あたり学生 **13**名

教員数　**620**名【理事長】猪口雄二、【学長】前沢浩子

（教授**139**名、准教授**34**名、講師**426**名、助手・その他**21**名）

学費

初年度納入額　**1,352,800**円

奨学金　獨協大学一種奨学金、獨協大学父母の会奨学金、中村甫尚・惠卿奨学金、獨協大学社会人学生奨学金

進路

学部卒業者　**1,761**名

（進学**41**名［2.3%］、就職**1,442**名［81.9%］、その他**278**名［15.8%］）

主な就職先　オリエンタルランド、JALスカイ、ANAエアポートサービス、ミリアルリゾートホテルズ、ザ・リッツ・カールトン東京、JR東日本、ニトリ、ヤクルト本社、日本ハム、富士通、清水建設、コナミデジタルエンタテインメント、博報堂プロダクツ、みずほ証券、中央労働金庫、郵船ロジスティクス、警視庁

学部学科紹介

※本書掲載内容は、大学公表資料から独自に編集したものです。詳細は大学パンフレットやホームページ等で必ず確認してください（取得可能な免許・資格は任用資格や受験資格などを含む）。

外国語学部

草加キャンパス　定員 565

特色　外国語の修得に加え文化を理解し各言語圏の政治、経済、歴史などの知識を得る。
進路　卒業者の多くはサービス業や卸売・小売業をはじめ多彩な業界で活躍。
学問分野　言語学／観光学／国際学
大学院　外国語学

ドイツ語学科 改 (120)	2024年度改組。日本最大のドイツ語学科。ドイツ語と教養を学び論理的思考力を身につける。1年次は共通コースでドイツ語力と大学での学び方を修得する。2年次以降はプロジェクトコースとリベラルアーツコースに分かれ専門的な学びを深める。
英語学科 (250)	現代に必要な高度な英語運用能力と専門性を磨く。2年次以降はグローバル社会、メディア・コミュニケーション、文学・文化・歴史、言語の4コースに分かれ専門的な学びを深める。コース横断型グローバル教養科目群も特色の1つ。
フランス語学科 改 (95)	2024年度改組。日本最大のフランス語学科。1・2年次には週5コマの授業でフランス語を集中的に学ぶ。3年次より国際発信、文化構想、社会共創の3コースに分かれ専門的な学びを深める。
交流文化学科 (100)	ツーリズム、トランスナショナル文化、グローバル社会の3部門の専門科目を横断して学び多様な視点を獲得して、新しい文化を生み出す能力を伸ばす。ツーリズム・キャリア実習など実践型の授業で学びを将来のキャリアにつなぐ。
取得可能な免許・資格	登録日本語教員、教員免許（中-英・フランス語・ドイツ語、高-英・フランス語・ドイツ語）、司書教諭、司書

国際教養学部

草加キャンパス　定員 150

特色　「言語」と「教養」を2つの柱に環太平洋諸国の架け橋となる教養人を育成する。
進路　卒業後の就職先はサービス業や卸売・小売業、製造業など。
学問分野　言語学／文化学／国際学

言語文化学科 (150)	スペイン語、中国語、韓国語のうち1つと英語を同量学習する2言語併修を採用している。10研究科目群の中から興味や関心に合わせて履修する。海外研修や海外の大学との共同授業などアクティブな授業も特色の1つ。
取得可能な免許・資格	登録日本語教員、教員免許（中-社・英、高-地歴・公・英）、司書教諭、司書

経済学部

草加キャンパス　定員 680

特色　経済学、経営学と情報の専門知識に加え外国語を運用できる実践的な人材を育成。
進路　就職先は卸売・小売業や情報通信業、サービス業などが多い。
学問分野　経済学／経営学／国際学／環境学
大学院　経済学

経済学科 (280)	これからの国際社会を先導する、外国語能力と思考力を兼ね備えた人材を育成する。2年次から希望する進路に合わせ経済理論、総合政策、国際経済の3つのコースに分かれて専門分野を学ぶ。効果的な英語教育により、自己表現に必要な言語能力を獲得する。
経営学科 (280)	経営の知識や情報処理能力などを活かし活躍できる人材を育成する。2年次にマネジメント、ビジネス、会計、情報の4つのコースに分かれる。外国語教育を重視する他、情報教育にも力を入れるなど、ビジネスの現場で必要なIT能力を伸ばす環境を整備している。
国際環境経済学科 (120)	社会の持続可能性について経済学の視点から考察し、世界が直面する問題に向き合う。2つのコースを設置。環境経済コースでは環境を人間の経済活動との関わりの中で正しく認識する。国際政策コースでは国際的な相互依存関係において国際社会の問題を把握する。
取得可能な免許・資格	登録日本語教員、教員免許（中-社、高-地歴・公・情）、司書教諭、司書

法学部

草加キャンパス　定員 360

特色	法学を総合的学問として捉え歴史や政治制度の異なる諸外国への理解も目指す。
進路	卸売・小売業や情報通信業、サービス業へ就く者が多い。
学問分野	法学／国際学
大学院	法学

法律学科 (210)	法律に関する専門的知識に加え、語学力も養う。3つのコースを設置。行政法務コースでは憲法や行政法など公法分野を扱う。企業法務コースでは民法や会社法など私法関係の科目を学ぶ。法律専門職を目指す学生向けの法曹コースでは司法試験合格を目指す。
国際関係法学科 (75)	複雑で多様な国際問題を法学と政治学の観点から捉え、解決方法を模索する。4年間にわたる徹底的な少人数教育を行っている。個々のレベルに合わせた英語教育や外国語資料の研究、海外の大学での学習機会などを通じて高度な語学能力と専門的知識を養う。
総合政策学科 (75)	複雑化した社会問題を総合的に捉えて解決に導くことのできる人材を育成するため、政治学・法学の専門的知識や考え方をしっかり学ぶとともに、政策の現場や実態に触れる機会も用意するなど、課題発見・解決型の教育を志向している。
取得可能な免許・資格	登録日本語教員、教員免許（中-社、高-地歴・公）、司書教諭、司書

入試要項（2025年度）

※この入試情報は大学発表の2025年度入試（予告）および2024年度募集要項等より編集したものです（2024年1月時点。見方は巻頭の「本書の使い方」参照）。内容には変更が生じる可能性があるため、最新情報はホームページや2025年度募集要項等で必ず確認してください。

「大学入試科目検索システム」のご案内

日程・方式ごとの偏差値や昨年度入試結果（志願者倍率、実質倍率、合格最低点）、基本情報（出願締切日、試験日、二段階選抜、募集人員、総合満点）などは、「大学入試科目検索システム」（https://nyushi.toshin.com/）をご覧ください（利用方法はp.12参照）。

■外国語学部　偏差値 62

一般選抜

◆**一般入試2・3科目学科別**

［ドイツ語：2科目］国現外英、独から1

［英語、交流文化：2科目］国外英必須、現、英から1

［フランス語：2科目］国現外英、仏から1

◆**一般入試2科目全学統一（前期）**

［全学科：2科目］国地歴公数現、地歴全3科目、公共・政経、数ⅠⅡAB〔列〕C〔ベ〕から1外英

◆**一般入試2科目全学統一（後期〔英語・国語型〕）**

［全学科：2科目］国現外英

共通テスト併用入試

◆**一般入試2科目全学統一（後期〔共通テスト併用型〕）**

［全学科］〈共1科目〉国地歴公数情現、地歴公数情全10科目から1〈個1科目〉外英

共通テスト利用入試　※個別試験は課さない

◆**共通テスト利用入試 前期（3科目型）**

［ドイツ語：3科目］国現地歴公数理情全15科目から1外英、独から1

［英語、交流文化：3科目］国現地歴公数理情全15科目から1外英

［フランス語：3科目］国現地歴公数理情全15科目から1外英、仏から1

◆**共通テスト利用入試 前期（2科目型）**

［ドイツ語：2科目］国地歴公数理情現、地歴公数理情全15科目から1外英、独から1

［英語、交流文化：2科目］国地歴公数理情現、地歴公数理情全15科目から1外英

［フランス語：2科目］国地歴公数理情現、地歴公数理情全15科目から1外英、仏から1

◆**共通テスト利用入試 中期**

［ドイツ語：4科目］国現地歴公数理情全15科目から2外英、独から1

［英語：4科目］国現地歴公数理情全15科目から2外英

［フランス語：4科目］国地歴公数理情現必須、古漢、地歴公数理情全15科目から2外英、仏から1

［交流文化：4科目］国地歴公数理情現、地歴公数理情全15科目から3外英

◆**共通テスト利用入試 英語資格**※出願要件として英語外部試験が必要

［ドイツ語、フランス語：2科目］共通テスト利用入試 前期（2科目型）に同じ

［英語、交流文化：2科目］国地歴公数情現、地歴公数情全10科目から1外英

◆**共通テスト利用入試 後期（2科目型）**

［ドイツ語：2科目］国現外英、独から1

［英語、交流文化：2科目］国現外英

［フランス語：2科目］国現外英、仏から1

◆**共通テスト利用入試 後期（3科目型）**

［ドイツ語、フランス語：3科目］共通テスト利用入試 前期（3科目型）に同じ

◆**共通テスト利用入試 後期（1科目型）**

［英語、交流文化：1科目］外英

■国際教養学部 偏差値 63

一般選抜

◆一般入試2・3科目学科別
［言語文化：3科目］国現 地歴公数地歴全3科目、公共・政経、数ⅠⅡAB〔列〕C〔ベ〕から1 外英

◆一般入試2科目全学統一（前期）
［言語文化：2科目］国地歴公数現、地歴全3科目、公共・政経、数ⅠⅡAB〔列〕C〔ベ〕から1 外英

◆一般入試2科目全学統一（後期〔英語・国語型〕）
［言語文化：2科目］国現 外英

共通テスト併用入試

◆一般入試2科目全学統一（後期〔共通テスト併用型〕）
［言語文化］〈共1科目〉国地歴公数理情現、古漢、地歴公数理情全15科目から1〈個1科目〉外英

共通テスト利用入試 ※個別試験は課さない

◆共通テスト利用入試 前期（3科目型）
［言語文化：3科目］国地歴公数理情現必須、古漢、地歴公数理情全15科目から1 外英

◆共通テスト利用入試 前期（4科目型）
［言語文化：4科目］国地歴公数理情現必須、古漢、地歴公数理情全15科目から2 外英

◆共通テスト利用入試 中期
［言語文化：5科目］国地歴公数理情現必須、古漢、地歴公数理情全15科目から3 外英

◆共通テスト利用入試 英語資格※出願要件として英語外部試験が必要
［言語文化：2科目］国地歴公数理情現、古漢、地歴公数理情全15科目から2

◆共通テスト利用入試 後期（2科目型）
［言語文化：2科目］国現古漢 外英

◆共通テスト利用入試 後期（3科目型）
［言語文化：3科目］国現古漢 地歴公全6科目から1 外英

■経済学部 偏差値 60

一般選抜

◆一般入試2・3科目学科別
［全学科：3科目］国現 地歴公数地歴全3科目、公共・政経、数ⅠⅡAB〔列〕C〔ベ〕から1 外英

◆一般入試2科目全学統一（前期）
［全学科：2科目］国地歴公数現、地歴全3科目、公共・政経、数ⅠⅡAB〔列〕C〔ベ〕から1 外英

◆一般入試2科目全学統一（後期〔英語・国語型〕）
［全学科：2科目］国現 外英

共通テスト併用入試

◆一般入試2科目全学統一（後期〔共通テスト併用型〕）
［全学科］〈共1科目〉国地歴公数理情現、地歴公数理情全15科目から1〈個1科目〉外英

共通テスト利用入試 ※個別試験は課さない

◆共通テスト利用入試 前期（3科目型）
［全学科：3科目］国地歴公数理情現、地歴公数理情全15科目から2 外全5科目から1

◆共通テスト利用入試 前期（2科目型）、後期（2科目型）
［全学科：2科目］国地歴公数理情現、地歴公数理情全15科目から1 外全5科目から1

◆共通テスト利用入試 中期
［全学科：4科目］国地歴公数理情現、古漢、地歴公数理情全15科目から3 外全5科目から1

◆共通テスト利用入試 英語資格※出願要件として英語外部試験が必要
［全学科：2科目］国地歴公数理外情現、地歴公数理情全15科目、英から2

◆共通テスト利用入試 後期（3科目型）
［全学科：3科目］国現 地歴公数理情地歴公数理情全15科目から1 外全5科目から1

■法学部 偏差値 59

一般選抜

◆一般入試2・3科目学科別（3科目型）
［全学科：3科目］国現 地歴公数地歴全3科目、公共・政経、数ⅠⅡAB〔列〕C〔ベ〕から1 外英

◆一般入試2科目全学統一（前期）
［全学科：2科目］国地歴公数現、地歴全3科目、公共・政経、数ⅠⅡAB〔列〕C〔ベ〕から1 外英

◆一般入試2科目全学統一（後期〔英語・国語型〕）
［全学科：2科目］国現 外英

共通テスト併用入試

◆一般入試2科目全学統一（後期〔共通テスト併用型〕）
［全学科］〈共1科目〉国地歴公数情現、地歴公数情全10科目から1〈個1科目〉外英

共通テスト利用入試 ※個別試験は課さない

◆共通テスト利用入試 前期（3科目型）
［全学科：3科目］国地歴公数理情現、地歴公数理情全15科目から2 外全5科目から1

◆共通テスト利用入試 前期（2科目型）
［全学科：2科目］国地歴公数理情現、地歴公数理情全15科目から1 外全5科目から1

◆共通テスト利用入試 中期
［全学科：4科目］国現 地歴公数理情全15科目から2 外全5科目から1

◆共通テスト利用入試 英語資格※出願要件として英語外部試験が必要
［全学科：2科目］国地歴公数理外情現、地歴公数理情全15科目、英から2

◆共通テスト利用入試 後期（3科目型）
［全学科：3科目］国現 地歴公数理情全15科目から1 外全5科目から1

◆共通テスト利用入試 後期（5科目型）
［全学科：5科目］国現 地歴公数理情全15科目から3 外全5科目から1

■特別選抜

［総合型選抜］自己推薦入試
［学校推薦型選抜］課外活動推薦入試、指定校推薦入試、併設校推薦入試、全商協会特別推薦入試
［その他］卒業生子女・弟妹入試、特別入試（外国

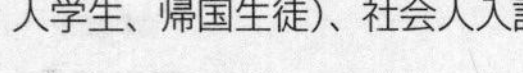
人学生、帰国生徒)、社会人入試

就職支援

獨協大学では、進路選択から就職活動に役立つ講座まで、多種多様な講座や各種サポートで卒業後の進路を応援しています。4年間のサポート体制をとっており、1年次から段階を追った支援で一人ひとりの目標を実現しています。また、自治体と就職支援協定を締結し、学生のU・I・Jターン就職を支援しています。さらに、キャリア講座・プログラムとして、1年次から受講できる実践型の多彩な講座・プログラムを50講座、約300コマ開講しています。

国際交流

獨協大学では、海外の247大学と学生派遣協定を結んでいます。自身の専門分野を深める長期留学制度として、協定校へ留学する交換留学と、個人で選んだ大学へ留学する認定留学があります。また、語学力をより高めることを目的として夏季と春季に海外へ1カ月前後留学する短期留学では、大学が企画し協定校で実施する「短期協定校留学」と、旅行会社が企画運営し大学が認定したプログラムに個人で参加する「短期認定留学」があります。

獨協大学ギャラリー

■天野貞祐記念館(A棟)

創立40周年を記念して2007年に完成した天野貞祐記念館は図書館や教室棟の他、国際交流の場となるICZを有した建物です。

■ICZ

各言語のインターネットラジオやチャット、海外DVDの視聴などを通して外国語や外国文化に触れることができる空間です。

■東棟(E棟)

次世代型教育施設のモデルとして竣工した東棟は、大小併せて65教室整備している他、3階には屋上庭園も設置しています。

■西棟(W棟)

知の創造拠点として建設された西棟は、アクティブ・ラーニングスペースや大小さまざまな教室、屋上庭園などが設けられています。

ぶんきょう
文教大学

資料請求

入学センター(越谷キャンパス) TEL (048) 974-8330 〒343-8511 埼玉県越谷市南荻島3337

少人数教育で、密度の濃い教育を推進している

大学紹介動画

最新入試情報

大学創設以来、建学の精神である「人間愛」の精神の上に一人ひとりの学生の個性を大切にするきめ細かな教育を行っている。全学部で教員免許を取得することが可能で、人間性豊かな教員を多く輩出している。

東京あだちキャンパス

キャンパス 3つ

越谷キャンパス
〒343-8511 埼玉県越谷市南荻島3337
湘南キャンパス
〒253-8550 神奈川県茅ヶ崎市行谷1100
東京あだちキャンパス
〒121-8577 東京都足立区花畑5-6-1

基本データ

※2023年5月現在（教員数は同年4月現在。進路・就職は2022年度卒業者データ。学費は2024年度入学者用）

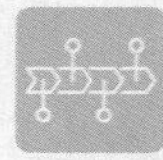
沿革

1966年、立正女子大学として埼玉県越谷市（越谷キャンパス）に家政学部を設置。1976年、人間科学部を設置し文教大学に改称。1985年、湘南キャンパス開設。2010年、健康栄養学部を設置。2014年、経営学部を設置。2021年、東京あだちキャンパスを開設、国際、経営の2つの学部を移転し、現在に至る。

教育機関
7 学部 5 研究科

学部 教育／人間科／文／情報／健康栄養／国際／経営

大学院 人間科学Ⓜ︎Ⓓ／言語文化ⓂⒹ／情報学Ⓜ／国際学Ⓜ／教育学Ⓜ

人数

学部学生数 8,197名

教員1名あたり学生 34名

教員数 239名【理事長】野島正也、【学長】中島滋
（教授158名、准教授60名、講師21名）

学費

初年度納入額 1,322,000~1,522,000円

奨学金 文教大学奨学金、文教大学緊急特別奨学金

進路

学部卒業者 1,954名
（進学74名［3.8%］、就職1,788名［91.5%］、その他92名［4.7%］）

主な就職先 LITALICO、ベネッセスタイルケア、カインズ、日本郵便、楽天グループ、JR東日本ステーションサービス、ファーストリテイリング、リコー、日清医療食品、JAL、東海東京フィナンシャル・ホールディングス、サイバーエージェント

学部学科紹介

※本書掲載内容は、大学公表資料から独自に編集したものです。詳細は大学パンフレットやホームページ等で必ず確認してください（取得可能な免許・資格は任用資格や受験資格などを含む）。

教育学部

越谷キャンパス　定員 350

特色　教科指導に加え発達の多様性を理解する教育者を育てる。
進路　約8割が教員として活躍。他、医療・福祉業や公務など。
学問分野　心理学／子ども学／教員養成／教育学
大学院　教育学

学校教育課程（200）	国語、社会、数学、理科、音楽、美術、体育、家庭、英語の9つの専修において、小学校、中学校、高校に至るまで幅広く教員を養成する。教育学の専門知識と各教科の指導法を学ぶとともに目標とする教師像を持ち、小学校から高校までの学びをつなぐ教育力を育てる。
発達教育課程（150）	特別支援教育、初等連携教育、児童心理教育、幼児心理教育の4つの専修を設置。教育学・保育学、心理学、特別支援教育学を中心に、発達の連続性と多様性を理解する。乳幼児期から青年期までの学びをつなぐことのできる指導者を育てる。
取得可能な免許・資格	認定心理士、保育士、教員免許(幼一種、小一種、中-国・数・理・社・保体・音・美・家・英、高-国・数・理・地歴・保体・音・美・家・英、特-知的・肢体・病弱)、司書教諭

人間科学部

越谷キャンパス　定員 400

特色　心理学、社会学、教育学など幅広い領域から総合的に人間のあり方を探究する。
進路　教員となる者が3割程度いる。他、サービス業、公務など。
学問分野　心理学／社会福祉学／人間科学
大学院　人間科学

人間科学科（140）	2年次より社会文化、人間教育、社会福祉、スポーツ・コミュニティの4つのコースに分かれ、多様な観点から人間を探究しその営みについて理解を深める。スキー場で遊びながら学ぶ授業や、車イスや介護ベッドの体験など様々な形式の授業を開設。
臨床心理学科（120）	心の専門家育成、家庭・学校・コミュニティ支援、自分と社会の理解の3つのコースから分野を選び、心のメカニズムを学ぶ。医療機関や学校、裁判所、企業など学外での実習もある。臨床心理士を目指し、約2割の学生が大学院へ進学している。
心理学科（140）	心の働きを理解するのに必要不可欠な理論と方法を学習することで、日常生活の質の向上につながり、ビジネスにも応用できる心理学の知識と技法を修得する。2年次からは心理学、健康心理学、ビジネス心理学の3つのコースに分かれ、心理学の各応用分野を学ぶ。
取得可能な免許・資格	公認心理師、認定心理士、社会調査士、社会福祉士、精神保健福祉士、社会福祉主事、児童指導員、教員免許（中-社、高-公・福)、社会教育士、社会教育主事、司書教諭、司書

文学部

越谷キャンパス　定員 360

特色　言葉とその背景にある文化を幅広く理解し、国際的に活躍できる人材を育成する。
進路　卸売・小売業やサービス業などに就く者が多い。他、教員など。
学問分野　文学／言語学
大学院　言語文化

日本語日本文学科（120）	現代に至るまでの日本語と日本文化を対象とし、日本語学、日本文学（近現代文学)、日本文学（古典文学)、書道、国語科教育、漢文学の6つの分野を中心に研究を進める。アニメーションや映画、文芸創作、歌舞伎鑑賞などあらゆる観点から日本を掘り下げる。
英米語英米文学科（100）	英語圏の言葉と文化を学び、実践的なコミュニケーション能力を身につける。第二言語教育のメカニズムを学習し英語を指導する方法を学ぶ英語教育コースと、文学作品や映画、歴史や芸術などから英語圏の文化を掘り下げる英米文化コースの2つに分かれる。

中国語中国文学科 (70)	中国語の運用能力を伸ばし、中国の言語、文学、思想、社会、文化などへの理解を深める。2年次からは中国語学・応用中国語、中国現代社会・文化、中国古典・教養の3つのコースに分かれる。中国や台湾への長期留学制度により語学力を確かなものにする。
外国語学科 (70)	2つのコースを設置。英語キャリアコースでは英語圏の文化や歴史について英語で学び理解を深める。グローバルスタディーズコースでは英語に加えてドイツ語、フランス語、中国語、コリア語の中から1つ選択し学習する。2年次には全員が英語圏に語学留学する。
取得可能な免許・資格	登録日本語教員、教員免許（中-国・英・中国語、高-国・書・英・中国語）、司書教諭、司書

情報学部

湘南キャンパス　定員 285

- 特色　最先端技術に対応した科目を用意し、あるべき未来を模索する。
- 進路　就職先は情報サービス業やマスコミ・情報通信業、卸売・小売業など。
- 学問分野　メディア学／情報学
- 大学院　情報学

情報システム学科 (95)	2つの領域を設定。システム開発領域では情報システムにおける総合的な能力と実践力を磨く。情報デザイン領域ではデジタルコンテンツの開発プロセスと情報の表現方法を学ぶ。3年次にはチームを組み、1年をかけてプロジェクトに取り組む科目が必修である。
情報社会学科 (95)	2つの領域を設定。計算社会科学領域ではデータを活用して現代社会の問題を解決する方法を提案する力を身につける。プロジェクトマネジメント領域では市場分析、企画、設計や情報システムの構築能力を身につける。ベトナムやモンゴルへの海外研修も用意されている。
メディア表現学科 (95)	マスメディアとソーシャルメディアの2つの領域を設定。情報メディアの特徴や役割を理解し、情報の収集や分析と、企画と表現を総括的かつ創造的に運用できる表現のプロフェッショナルを目指す。自作のコンテンツを発表する機会も多く設けられている。
取得可能な免許・資格	社会調査士、教員免許（中-数、高-数・情）、司書

健康栄養学部

湘南キャンパス　定員 100

- 特色　栄養学に加え食育や心理学も学び、病院、学校などで活躍する専門家を育成。
- 進路　卒業者の多くが幼稚園から企業まで資格を活かして栄養士として活躍。
- 学問分野　食物学／教員養成

管理栄養学科 (100)	栄養教諭や管理栄養士など食の専門家を育成する。3つのコースを設置。栄養教諭コースでは栄養の教員免許取得を目指す。健康栄養コースではスポーツ栄養や食品開発について学ぶ。臨床栄養コースでは総合医療の現場で活躍できる管理栄養士を育成する。
取得可能な免許・資格	食品衛生管理者、食品衛生監視員、管理栄養士、栄養士、栄養教諭（一種）

国際学部

東京あだちキャンパス　定員 245

- 特色　体験プログラムや英語を話せる環境を整備し実践的な英語力を身につける。
- 進路　卸売・小売業やサービス業、教育・学習支援業に就く者が多い。
- 学問分野　社会学／観光学／国際学
- 大学院　国際学

国際理解学科 (120)	国際社会の仕組みを理解する力や異文化を理解する力、高度な外国語コミュニケーション能力を養うため、多文化共生、国際社会、英語教育の3つの科目群を設置し、国際感覚を身につけた地球市民を育成する。海外研修など実社会を体験できる機会も設けられている。

国際観光学科 (125)	感染症の流行であり方が大きく変わろうとしている観光業界についてその未来を考え「世界のつながりと交流」のより望ましい形を考察する。ホスピタリティビジネス、マネジメント、観光プロデュースの3つの科目群を設け、観光領域の専門性を養う。
取得可能な免許・資格	教員免許（中-社・英、高-公・英）

経営学部
東京あだちキャンパス　定員 165

特色　「人間尊重の経営学」を理念に社会と働く人に貢献できる企業のあり方を学ぶ。
進路　主な就職先は卸売・小売業や情報サービス業、建設業など。
学問分野　政治学／経営学

経営学科 (165)	「人間尊重の経営」を軸に、経営戦略について理解しビジネスモデルを創造する企業経営領域、豊かな社会について考え公共組織の経営を学ぶ公共経営領域、公認会計士など会計の専門家を育てる会計領域の3つの領域から専門知識やスキルを修得する。
取得可能な免許・資格	教員免許（高-商業）

入試要項（2024年度）

※この入試情報は2024年度募集要項等より編集したものです（見方は巻頭の「本書の使い方」参照）。2025年度入試の最新情報は、ホームページや2025年度募集要項等で必ず確認してください。

「大学入試科目検索システム」のご案内
日程・方式ごとの偏差値や昨年度入試結果（志願者倍率、実質倍率、合格最低点）、基本情報（出願締切日、試験日、二段階選抜、募集人員、総合満点）などは、「大学入試科目検索システム」（https://nyushi.toshin.com/）をご覧ください（利用方法はp.12参照）。

■教育学部 偏差値 61

一般選抜

◆全国入試

[学校教育－音楽以外：3科目] 国 現 地歴 公 数 理 世B、日B、地理B、政経、数ⅠA、数ⅠⅡAB、化基・化、生基・生から1 外 英

[学校教育－音楽：4科目] 国 現 地歴 公 数 理 世B、日B、地理B、政経、数ⅠA、数ⅠⅡAB、化基・化、生基・生から1 外 英 課題 音楽実技課題▶動画提出

◆A日程入試

[学校教育－国語・社会・体育・家庭・英語、発達教育：3科目] 国 現 地歴 公 数 理 世B、日B、地理B、政経、数ⅠA、数ⅠⅡAB、物基・物、化基・化、生基・生から1▶地理B、物基・物、化基・化、生基・生は試験日により選択可 外 英

[学校教育－数学・理科：3科目] 国 現 地歴 公 数 理 世B、日B、地理B、政経、数ⅠⅡAB、物基・物、化基・化、生基・生から1▶地理B、物基・物、化基・化、生基・生は試験日により選択可 外 英

[学校教育－音楽：4科目] 国 現 地歴 公 数 理 音 世B、日B、地理B、政経、数ⅠA、数ⅠⅡAB、物基・物、化基・化、生基・生、楽典から1▶地理B、物基・物、化基・化、生基・生、楽典は試験日により選択可 外 英 実技 音楽実技

◆A日程入試（方式1）

[学校教育－美術：3科目] 国 現 地歴 公 数 理 世B、日B、地理B、政経、数ⅠA、数ⅠⅡAB、物基・物、化基・化、生基・生から1▶地理B、物基・物、化基・化、生基・生は試験日により選択可 外 英

◆A日程入試（方式2）

[学校教育－美術：2科目] 国 現 実技 美術実技

◆C日程入試

[学校教育－国語・社会・体育・家庭・英語、発達教育：2科目] 国 現 外 英

[学校教育－数学・理科：2科目] 数 数ⅠⅡⅢAB 外 英

[学校教育－音楽：2科目] 外 英 実技 音楽実技

[学校教育－美術：2科目] 外 英 実技 美術実技

共通テスト利用入試　※個別試験は課さない

◆共通テスト利用入試（1期、3期）

[学校教育－音楽以外：3科目] 国 現 地歴 公 数 理 世B、日B、地理B、政経、数ⅠA、数ⅡB、物、化、生、地から1 外 英（×L）

[学校教育－音楽：4科目] 国 現 地歴 公 数 理 世B、日B、地理B、政経、数ⅠA、数ⅡB、物、化、生、地から1 外 英（×L） 課題 音楽実技課題▶動画提出

■人間科学部 偏差値 61

一般選抜

◆全国入試

[全学科：3科目] 国 現 地歴 公 数 理 世B、日B、地理B、政経、数ⅠA、数ⅠⅡAB、化基・化、生基・生から1 外 英

◆A日程入試

[全学科：3科目] 国 現 地歴 公 数 理 世B、日B、地理B、政経、数ⅠA、数ⅠⅡAB、物基・物、化基・化、生基・生から1▶地理B、物基・物、化基・化、生基・生は試験日により選択可 外 英

◆C日程入試

[全学科：2科目] 国 現 外 英

共通テスト利用入試　※個別試験は課さない
◆共通テスト利用入試（1期、3期）
［全学科：3科目］国現 地歴 公 数 理世B、日B、地理B、公全4科目、数ⅠA、数ⅡB、物、化、生、地から1 外英（×L）

■文学部 偏差値 61

一般選抜
◆全国入試
［全学科：3科目］国現 地歴 公 数 理世B、日B、地理B、政経、数ⅠA、数ⅠⅡAB、化基・化、生基・生から1 外英
◆A日程入試
［日本語日本文：3科目］国現必須、古、古漢から1 外英
［英米語英米文、外国語：3科目］国現 地歴 公 数世B、日B、地理B、政経、数ⅠA、数ⅠⅡABから1▶地理Bは試験日により選択可 外英
◆A日程入試（方式1）
［中国語中国文：3科目］国 地歴 公 数現必須、古、古漢、世B、日B、地理B、政経、数ⅠA、数ⅠⅡABから1▶地理Bは試験日により選択可 外英
◆A日程入試（方式2）
［中国語中国文：1科目］国 外現漢、中から1
◆B日程入試
［全学科：1科目］国 数 外現、数ⅠA、英から1
◆C日程入試
［日本語日本文：1科目］国現古漢
［中国語中国文：1科目］国現
◆C日程入試（方式1）
［英米語英米文、外国語：1科目］外英
◆C日程入試（方式2）※出願資格として英語外部試験が必要
［英米語英米文、外国語：1科目］面口頭試問

共通テスト利用入試　※個別試験は課さない
◆共通テスト利用入試（1期）
［日本語日本文：2科目］国現古漢 地歴 公 数 理 外全26科目から1▶英は×L
［英米語英米文、外国語：2科目］国 地歴 公 数 理現、地歴公理全15科目、数Ⅰ、数ⅠA、数Ⅱ、数ⅡBから1 外英
◆共通テスト利用入試（1期〔D方式〕）
［中国語中国文：3科目］国現古漢 地歴 公 数 理全21科目から1 外全5科目から1▶英は×L
◆共通テスト利用入試（1期〔E方式〕）
［中国語中国文：2科目］国 地歴 公 数 理 外現古漢、地歴公数理外全26科目から2教科2▶英は×L
◆共通テスト利用入試（2期、3期）
［日本語日本文：2科目］共通テスト利用入試（1期）に同じ
［英米語英米文、外国語：1科目］外英
［中国語中国文：2科目］国現古漢 地歴 公 数 理 外全26科目から1▶英は×L

■情報学部 偏差値 60

一般選抜
◆全国入試
［全学科：3科目］国現 地歴 公 数 理世B、日B、地理B、政経、数ⅠA、数ⅠⅡAB、化基・化、生基・生から1 外英
◆A日程入試
［全学科：3科目］国 地歴 公 数 理現必須、古、古漢、世B、日B、地理B、政経、数ⅠA、数ⅠⅡAB、物基・物、化基・化、生基・生から1▶地理B、物基・物、化基・化、生基・生は試験日により選択可 外英
◆B日程入試、C日程入試
［全学科：1科目］国 数 外現、数ⅠA、英から1

共通テスト利用入試　※個別試験は課さない
◆共通テスト利用入試（1・2・3期〔方式1〕）
［全学科：2科目］国 地歴 公 数 理 外現、古漢、地歴公数理全21科目、英（×L）から2教科2
◆共通テスト利用入試（1・2期〔方式2〕）
［全学科：3科目］国 地歴 公 数 理 外現、古漢、地歴公数理全21科目、英（×L）から3教科3

■健康栄養学部 偏差値 61

一般選抜
◆全国入試
［管理栄養：3科目］国現 地歴 公 数 理世B、日B、地理B、政経、数ⅠA、数ⅠⅡAB、化基・化、生基・生から1 外英
◆A日程入試
［管理栄養：3科目］国現 地歴 公 数 理世B、日B、地理B、政経、数ⅠA、数ⅠⅡAB、物基・物、化基・化、生基・生から1▶地理B、物基・物、化基・化、生基・生は試験日により選択可 外英
◆B日程入試、C日程入試
［管理栄養：1科目］国 数 外現、数ⅠA、英から1

共通テスト利用入試　※個別試験は課さない
◆共通テスト利用入試（1期）
［管理栄養：3科目］国現 地歴 公 数 理世B、日B、地理B、倫、政経、数ⅠA、数ⅡB、物、化、生、地から1 外英（×L）
◆共通テスト利用入試（2期、3期）
［管理栄養：2科目］国 地歴 公 数 理 外現、古漢、地歴公数理全21科目、英（×L）から2教科2

■国際学部 偏差値 61

一般選抜
◆全国入試
［全学科：3科目］国現 地歴 公 数 理世B、日B、地理B、政経、数ⅠA、数ⅠⅡAB、化基・化、生基・生から1 外英
◆A日程入試
［全学科：3科目］国 地歴 公 数 理現必須、古、古漢、世B、日B、地理B、政経、数ⅠA、数ⅠⅡAB、物基・物、化基・化、生基・生から1▶地理B、物基・物、化基・化、生基・生は試験日により選択可 外英
◆B日程入試

[全学科：1科目] 国 数 外 現、数ⅠA、英から1

◆C日程入試（方式1）

[全学科：1科目] 国 外 現、英から1

◆C日程入試（方式2）※出願資格として英語外部試験が必要

[全学科：2科目] 面 口頭試問 書類審 書類審査

共通テスト利用入試 ※個別試験は課さない

◆共通テスト利用入試（1期〔A方式〕）

[全学科：3科目] 国 現、古漢から1 地歴 公 数 理 全21科目から1 外 英（×L）

◆共通テスト利用入試（1期〔B方式〕）

[全学科：2科目] 国 地歴 公 数 理 現、古漢、地歴公数理全21科目から1 外 英（×L）

◆共通テスト利用入試（2・3期〔C方式〕）

[全学科：2科目] 国 地歴 公 数 理 外 現、古漢、地歴公数理全21科目、英（×L）から2教科2

■経営学部 偏差値 61

一般選抜

◆全国入試

[経営：3科目] 国 現 地歴 公 数 理 世B、日B、地理B、政経、数ⅠA、数ⅠⅡAB、化基・化、生基・生から1 外 英

◆A日程入試

[経営：3科目] 国 地歴 公 数 理 現必須、古、古漢、世B、日B、地理B、政経、数ⅠA、数ⅠⅡAB、物基・物、化基・化、生基・生から1▶地理B、物基・物、化基・化、生基・生は試験日により選択可 外 英

◆B日程入試、C日程入試

[経営：1科目] 国 数 外 現、数ⅠA、英から1

共通テスト利用入試 ※個別試験は課さない

◆共通テスト利用入試（1期）

[経営：3科目] 国 地歴 公 数 理 外 現、古漢、地歴公数理全21科目、英（×L）から3教科3

◆共通テスト利用入試（2期、3期）

[経営：2科目] 国 地歴 公 数 理 外 現、古漢、地歴公数理全21科目、英（×L）から2教科2

■特別選抜

[総合型選抜] 総合型選抜（課題遂行型、プレゼンテーション型、資格優先型、文教大学同窓、適性評価型、ビジネスキャリア）

[学校推薦型選抜] 学校推薦型選抜（付属校、指定校、公募制）

[その他] 外国人留学生入試、帰国生入試、社会人入試

文教大学ギャラリー

■14号館LECRO

2022年越谷キャンパスに誕生。教室機能を有する「静的エリア」と学生が自由に利用できる「動的エリア」で構成されています。

■湘南キャンパス

赤レンガの建物がきれいな湘南キャンパスは、茅ヶ崎駅や湘南台駅から大学行きのバスが出ており、交通の便が非常に良いです。

■スタジオ設備

湘南キャンパスは映像・写真・グループインタビュースタジオを完備している他、機材や音声スタジオ等の関連設備も充実しています。

■コモンズエリア

東京あだちキャンパスの教育研究棟に設置されたエリア。「comfortable」をコンセプトに、快適な環境を提供しています。

千葉工業大学

ちばこうぎょうだいがく

資料請求

入試広報部(津田沼キャンパス)　TEL (047) 478-0222　〒275-0016 千葉県習志野市津田沼2-17-1

「世界文化に技術で貢献する」という理念のもとに

大学紹介動画

最新入試情報

国内屈指の歴史を有する工業系大学として確固たる地位を築くと共に、社会の変化に柔軟に教育改革を行う。「師弟同行・師弟共生」の学風のもと、前向きなチャレンジ精神をもって最先端分野に取り組む。

津田沼キャンパス

キャンパス 2つ

津田沼キャンパス
〒275-0016 千葉県習志野市津田沼2-17-1
新習志野キャンパス
〒275-0023 千葉県習志野市芝園2-1-1

基本データ

※2023年5月現在（教員数は非常勤を含む。進路・就職は2022年度卒業者データ。学費は2024年度入学者用〔予定〕）

沿革

1942年、興亜工業大学として発足。1950年、新制千葉工業大学として、機械工、金属工、工業経営の3つの学科を設置。1953年、電気工学科を設置。2001年、工学部を改組し、情報科学部と社会システム科学部を設置。2016年、工学部を改組。2024年、情報科学部と社会システム科学部を改組し、情報変革科学部、未来変革科学部を設置。

教育機関 5学部 5研究科

学部　工／創造工／先進工／情報変革科／未来変革科

大学院　工学Ⓜ︎Ⓓ／創造工学Ⓜ︎／先進工学Ⓜ︎／情報科学ⓂⒹ／社会システム科学ⓂⒹ

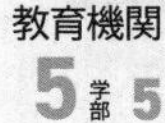

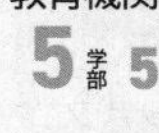

人数

学部学生数　10,370名

教員1名あたり学生 19名

教員数　525名【理事長】瀬戸熊修、【学長】伊藤穰一

（教授184名、准教授62名、講師253名、助教26名）

学費

初年度納入額　1,674,500円

奨学金　災害見舞奨学生、家計急変奨学生、学生共済学生納付金

進路

学部卒業者　2,117名

（進学424名［20.0%］、就職1,623名［76.7%］、その他70名［3.3%］）

主な就職先 ※院卒者を含む　JR東海、関電工、鹿島建設、大成建設、国土交通省、ソフトバンク、パナソニックグループ、サイバーエージェント、日本アイ・ビー・エム

学部学科紹介

※本書掲載内容は、大学公表資料から独自に編集したものです。詳細は大学パンフレットやホームページ等で必ず確認してください（取得可能な免許・資格は任用資格や受験資格などを含む）。

工学部

新習志野キャンパス（1・2年）
津田沼キャンパス（3・4年）

定員 720

特色　創造する楽しみを味わいながら生活を豊かにする「もの」を生み出す素養を磨く。

進路　就職先はメーカーやサービス業、情報通信業をはじめ多岐にわたる。

学問分野　化学／機械工学／電気・電子工学／材料工学／船舶・航空宇宙工学／エネルギー工学／医療工学／情報学

大学院　工学

学科	定員	内容
機械工学科	(140)	材料力学、熱力学、流体力学、機械力学の四大力学に加え、設計や製図を学ぶ。様々な機械を製造し活用する技術を力学的な観点から専門的に学ぶ。3年次より上記科目に加え機械制御や加工技術を学び、後期には4年次に取り組む卒業研究のテーマと所属する研究室を決める。
機械電子創成工学科	(110)	機械工学と電子工学の両方の知識や技術、センスを兼ね備えた、新しい発想を生み出せる技術者を育成する。3年次から研究室に所属し、システム制御理論やセンサ工学などの高度な専門分野を学ぶ。家電から宇宙開発まで幅広い業界で活躍できる能力を身につける。
先端材料工学科	(110)	ものづくりに欠かすことのできない材料を多角的に研究する。幅広い専門知識と技術により材料のさらなる進化と活用法を提案でき、さらに資源を有効活用できるような循環型社会の構築に貢献できる材料系エンジニアを育成する。3年次後期から研究室に所属する。
電気電子工学科	(140)	生活の基盤となる電気・電子インフラについて基礎から学び、技術力や発想力を養う。自動車、鉄道、電子機器、土木建築などの業界で活躍できるエンジニアを育成する。2年次から専門科目の基礎実験にも取り組み、実験の手順や計測の手法などの技術を高める。
情報通信システム工学科	(110)	アンテナや電子回路などのハードウェアと、通信プログラムやネットワーク構築などのソフトウェアの両面から、通信技術を学ぶ。1・2年次は、情報通信工学の基礎を学び3年次以降で専門科目を学ぶ。3年次後期には各自の興味に応じて研究室に所属する。
応用化学科	(110)	技術者に求められる発想力、継続力、考察力を養い、食や化粧、医療、電子部品など幅広い分野で活躍できる専門家を育成する。治療用の生体材料や環境負荷を減らすリサイクル材料の研究にも力を入れている。3年次後期に研究室に入り実践力を身につける。
取得可能な免許・資格		危険物取扱者（甲種）、毒物劇物取扱責任者、電気工事士、特殊無線技士（海上、陸上）、主任技術者（電気、電気通信）、施工管理技士（建築、電気工事、管工事、建設機械）、教員免許（中-理、高-理・工業）

創造工学部

新習志野キャンパス（1・2年）
津田沼キャンパス（3・4年）

定員 370

特色　様々な状況のもとで「創造」することができる応用力と知識を培う。

進路　卒業者の多くが建設業に就職。他、サービス業や製造業など。

学問分野　材料工学／土木・建築学／住居学／デザイン学／環境学

大学院　創造工学

学科	定員	内容
建築学科	(140)	設計・デザインとエンジニアリングの双方を理解する専門家を育成する。2年次の「建設設計」では設計の基礎知識を使い、環境や構造を考慮した作品を制作する。3年次には実践的なグループワークで総合力を伸ばし、4年次には卒業設計・研究に取り組む。
都市環境工学科	(110)	快適さや便利さ、安全などに関する幅広い視野を持つ社会インフラの専門家を育成する。道路や橋などの構造に関わる力学や水理学を学ぶとともに、都市計画や環境アセスメントなどの科目も履修する。各種資格の取得をバックアップするカリキュラム構成である。

デザイン科学科 (120)	社会や生活に潜む問題をデザインを用いて解決できる専門家を育成する。1年次には造形理論などの基礎を学び、デザイナーとしての素養を養う。企業や地域、海外の大学などとの協同ワークショップも展開。4年次の卒業研究に向けて応用力を伸ばす。
取得可能な免許・資格	建築士(一級、二級、木造)、測量士補、施工管理技士(土木、建築、建設機械)、教員免許（高-工業）

先進工学部

新習志野キャンパス（1・2年）
津田沼キャンパス（3・4年）
定員 340

特色　進化する先端科学技術を本質的に理解し各専門分野をリードできる人材を育成。
進路　情報通信業やサービス業、製造業などへの就職が多い。
学問分野　生物学／機械工学／電気・電子工学／応用生物学／デザイン学／情報学
大学院　先進工学

未来ロボティクス学科 (120)	ロボットづくりを通して機械、電子、情報などの最先端の工学技術を修得する。1年次からロボットづくりを実践的に学ぶことで、設計、回路、プログラミング、制御といった基礎を総合的に学んでいく。3年次には学びのテーマを絞り、研究室に所属する。
生命科学科 (110)	生命の営みを細胞や分子レベルで研究し、生活や産業に還元できる技術者を育成する。低学年次から実習や実験が豊富に用意され、最先端の応用技術を身につける。3年次前期から研究室に所属し、医薬品生産技術や生態系保全技術などの専門技術を学ぶ。
知能メディア工学科 (110)	メディア工学、知識工学、情報デザインの3つの領域を横断的に学び、新しい時代のコミュニケーションを創出する。新たなバーチャルリアリティの実現や人工知能とビッグデータ解析を用いた知識の創出、情報デザインを用いた製品やシステムの改良に取り組む。

情報変革科学部

新習志野キャンパス（1・2年）
津田沼キャンパス（3・4年）
定員 360

特色　先の情報化社会を見据え既存の技術の壁を壊す新原理を創出できる人材を育成。
進路　卒業者の多くが情報通信業へ就く。他、サービス業や製造業など。
学問分野　その他工学／情報学
大学院　情報科学

情報工学科 新 (120)	現代の生活を支える情報工学をソフトとハードの両面から学ぶ。アルゴリズム設計から学習しソフトウェアへの理解を深め、ハードウェアの知識と合わせ性能を最大限に引き出す技術者を育成する。3年次後期から研究室に所属し、自ら設定したテーマを深める。
認知情報科学科 新 (120)	情報科学と認知科学の両面からコンピュータの仕組みと人間の仕組み、またそれらの関わりについて網羅的に学修する。旅行・観光業界、マスコミ・広告関連、情報通信サービスなど幅広い業種で開発・設計者として活躍することを想定。
高度応用情報科学科 新 (120)	ブロックチェーン技術、メタバースなどの中核となる次世代のICT（情報通信技術）全般における基礎および専門知識を有し、情報工学的な観点から課題を自ら見出して解決できる技術者（人材）を養成する。
取得可能な免許・資格	教員免許（中-数、高-数・情）

未来変革科学部

新習志野キャンパス（1・2年）
津田沼キャンパス（3・4年）
定員 200

特色　社会を科学の力で解明していくとともにビジネス分野で活躍できる人材を育成。
進路　卒業者の多くが情報通信業やサービス業、製造業へ就く。
学問分野　経営学／社会・安全工学
大学院　社会システム科学

デジタル変革科学科 新 (100)	DX、AIなどの最先端デジタル技術と、データサイエンス、プロジェクトマネジメントなどのマネジメント技法の両面に関する基礎および専門知識、社会の変革に適応する思考力や社会デザイン分野の課題に対する解決方法を修得する。
経営デザイン科学科 新 (100)	ICT（情報通信技術）とビジネスの視点を身につけ、現実世界と仮想世界の様々なデータを相互連携し（CPS）、魅力的なビジネス・価値を創造するための高度なデザイン＆マネジメント手法を学ぶ。

取得可能な免許・資格	教員免許（高-情）

入試要項（2024年度）

※この入試情報は2024年度募集要項等より編集したものです（見方は巻頭の「本書の使い方」参照）。2025年度入試の最新情報は、ホームページや2025年度募集要項等で必ず確認してください。

「大学入試科目検索システム」のご案内
日程・方式ごとの偏差値や昨年度入試結果（志願者倍率、実質倍率、合格最低点）、基本情報（出願締切日、試験日、二段階選抜、募集人員、総合満点）などは、「大学入試科目検索システム」（https://nyushi.toshin.com/）をご覧ください（利用方法はp.12参照）。

■工学部 偏差値 56

一般選抜

◆**A日程入試（タイプⅠ）**
［全学科：3科目］数 数ⅠⅡAB 理 物基・物、化基・化、生基・生から1 外 英

◆**A日程入試（タイプⅡ）** ※出願要件として英語外部試験が必要
［全学科：2科目］数 数ⅠⅡAB 理 物基・物、化基・化、生基・生から1

◆**B日程入試（タイプⅠ）**
［全学科：2科目］数 数ⅠⅡAB 理 物基・物、化基・化、生基・生から1

◆**SB日程入試**
［全学科：1科目］総合 総合問題

◆**C日程入試（タイプⅠ）**
［全学科：2科目］数 理 数ⅠⅡAB必須、数ⅠⅡⅢAB、物基・物、化基・化から1

共通テスト併用入試

◆**SA日程入試**
［全学科］〈共2科目〉数 数ⅠA、数ⅡB〈個1科目〉数 数ⅠⅡAB

◆**B日程入試（タイプⅡ）、C日程入試（タイプⅡ）**
［全学科］〈共1科目〉外 英、英語外部試験から高得点1〈個1科目〉数 数ⅠⅡAB

共通テスト利用入試 ※個別試験は課さない。外は英語外部試験と高得点の方を採用

◆**共通テスト利用入試（前期〔タイプⅠ〕）**
［全学科：3科目］国 地歴 公 数 理 外 現、地歴公数外全21科目、物、化、生、地から3教科3

◆**共通テスト利用入試（前期〔タイプⅡ〕）**
［全学科：3科目］国 地歴 公 数 理 外 現、地歴公数外全21科目、物、化、生、地から3教科3▶数理から1必須

◆**共通テスト利用入試（中期〔タイプⅠ〕）**
［全学科：2科目］国 外 現、外全5科目から1 数 理 数全6科目、物、化、生、地から1

◆**共通テスト利用入試（中期〔タイプⅡ〕、後期〔タイプⅢ〕）**
［全学科：4科目］国 地歴 公 現、地歴公全10科目から1 数 全6科目から1 理 物、化、生、地から1 外 全5科目から1

◆**共通テスト利用入試（後期〔タイプⅠ〕）**
［全学科：2科目］国 地歴 公 理 外 現、地歴公外全15科目、物、化、生、地から1 数 全6科目から1

◆**共通テスト利用入試（後期〔タイプⅡ〕）**
［全学科：3科目］数 理 数全6科目、物、化、生、地から3

■創造工学部 偏差値 57

一般選抜

◆**A日程入試（タイプⅠ）**
［建築、都市環境工：3科目］数 数ⅠⅡAB 理 物基・物、化基・化、生基・生から1 外 英
［デザイン科：3科目］国 理 現、物基・物、化基・化、生基・生から1 数 数ⅠⅡAB 外 英

◆**A日程入試（タイプⅡ）** ※出願要件として英語外部試験が必要
［建築、都市環境工：2科目］数 数ⅠⅡAB 理 物基・物、化基・化、生基・生から1
［デザイン科：2科目］国 理 現、物基・物、化基・化、生基・生から1 数 数ⅠⅡAB

◆**B日程入試（タイプⅠ）**
［全学科：2科目］数 数ⅠⅡAB 理 物基・物、化基・化、生基・生から1

◆**SB日程入試**
［全学科：1科目］総合 総合問題

◆**C日程入試（タイプⅠ）**
［全学科：2科目］数 理 数ⅠⅡAB必須、数ⅠⅡⅢAB、物基・物、化基・化から1

共通テスト併用入試

◆**SA日程入試**
［全学科］〈共2科目〉数 数ⅠA、数ⅡB〈個1科目〉数 数ⅠⅡAB

◆**B日程入試（タイプⅡ）、C日程入試（タイプⅡ）**
［全学科］〈共1科目〉外 英、英語外部試験から高得点1〈個1科目〉数 数ⅠⅡAB

共通テスト利用入試 ※個別試験は課さない。外は英語外部試験と高得点の方を採用

◆**共通テスト利用入試（前期〔タイプⅠ〕）**
［全学科：3科目］国 地歴 公 数 理 外 現、地歴公数外全21科目、物、化、生、地から3教科3

◆**共通テスト利用入試（前期〔タイプⅡ〕）**
［全学科：3科目］国 地歴 公 数 理 外 現、地歴公数外全21科目、物、化、生、地から3教科3▶数理から1必須

◆**共通テスト利用入試（中期〔タイプⅠ〕）**
［全学科：2科目］国 外 現、外全5科目から1 数 理 数全6科目、物、化、生、地から1

◆**共通テスト利用入試（中期〔タイプⅡ〕、後期〔タイプⅢ〕）**

[全学科：4科目] 国地歴公現、地歴公全10科目から1数全6科目から1理物、化、生、地から1外全5科目から1
◆共通テスト利用入試（後期〔タイプⅠ〕）
[全学科：2科目] 国地歴公理外現、地歴公外全15科目、物、化、生、地から1数全6科目から1
◆共通テスト利用入試（後期〔タイプⅡ〕）
[全学科：3科目] 数理数全6科目、物、化、生、地から3

■先進工学部 偏差値 55

一般選抜
◆A日程入試（タイプⅠ）
[全学科：3科目] 数数ⅠⅡAB理物基・物、化基・化、生基・生から1外英
◆A日程入試（タイプⅡ）※出願要件として英語外部試験が必要
[全学科：2科目] 数数ⅠⅡAB理物基・物、化基・化、生基・生から1
◆B日程入試（タイプⅠ）
[全学科：2科目] 数数ⅠⅡAB理物基・物、化基・化、生基・生から1
◆SB日程入試
[全学科：1科目] 総合総合問題
◆C日程入試（タイプⅠ）
[全学科：2科目] 数理数ⅠⅡAB必須、数ⅠⅡⅢAB、物基・物、化基・化から1
共通テスト併用入試
◆SA日程入試
[全学科]〈共2科目〉数数ⅠA、数ⅡB〈個1科目〉数数ⅠⅡAB
◆B日程入試（タイプⅡ）、C日程入試（タイプⅡ）
[全学科]〈共1科目〉外英、英語外部試験から高得点1〈個1科目〉数数ⅠⅡAB
共通テスト利用入試 ※個別試験は課さない。外は英語外部試験と高得点の方を採用
◆共通テスト利用入試（前期〔タイプⅠ〕）
[全学科：3科目] 国地歴公数理外現、地歴公数外全21科目、物、化、生、地から3教科3
◆共通テスト利用入試（前期〔タイプⅡ〕）
[全学科：3科目] 国地歴公数理外現、地歴公数外全21科目、物、化、生、地から3教科3▶数理から1必須
◆共通テスト利用入試（中期〔タイプⅠ〕）
[全学科：2科目] 国外現、外全5科目から1数理数全6科目、物、化、生、地から1
◆共通テスト利用入試（中期〔タイプⅡ〕、後期〔タイプⅢ〕）
[全学科：4科目] 国地歴公現、地歴公全10科目から1数全6科目から1理物、化、生、地から1外全5科目から1
◆共通テスト利用入試（後期〔タイプⅠ〕）
[全学科：2科目] 国地歴公理外現、地歴公外全15科目、物、化、生、地から1数全6科目から1
◆共通テスト利用入試（後期〔タイプⅡ〕）
[全学科：3科目] 数理数全6科目、物、化、生、地から3

■情報変革科学部 偏差値 57

一般選抜
◆A日程入試（タイプⅠ）
[全学科：3科目] 数数ⅠⅡAB理物基・物、化基・化、生基・生から1外英
◆A日程入試（タイプⅡ）※出願要件として英語外部試験が必要
[全学科：2科目] 数数ⅠⅡAB理物基・物、化基・化、生基・生から1
◆B日程入試（タイプⅠ）
[全学科：2科目] 数数ⅠⅡAB理物基・物、化基・化、生基・生から1
◆SB日程入試
[全学科：1科目] 総合総合問題
◆C日程入試（タイプⅠ）
[全学科：2科目] 数理数ⅠⅡAB必須、数ⅠⅡⅢAB、物基・物、化基・化から1
共通テスト併用入試
◆SA日程入試
[全学科]〈共2科目〉数数ⅠA、数ⅡB〈個1科目〉数数ⅠⅡAB
◆B日程入試（タイプⅡ）、C日程入試（タイプⅡ）
[全学科]〈共1科目〉外英、英語外部試験から高得点1〈個1科目〉数数ⅠⅡAB
共通テスト利用入試 ※個別試験は課さない。外は英語外部試験と高得点の方を採用
◆共通テスト利用入試（前期〔タイプⅠ〕）
[全学科：3科目] 国地歴公数理外現、地歴公数外全21科目、物、化、生、地から3教科3
◆共通テスト利用入試（前期〔タイプⅡ〕）
[全学科：3科目] 国地歴公数理外現、地歴公数外全21科目、物、化、生、地から3教科3▶数理から1必須
◆共通テスト利用入試（中期〔タイプⅠ〕）
[全学科：2科目] 国外現、外全5科目から1数理数全6科目、物、化、生、地から1
◆共通テスト利用入試（中期〔タイプⅡ〕、後期〔タイプⅢ〕）
[全学科：4科目] 国地歴公現、地歴公全10科目から1数全6科目から1理物、化、生、地から1外全5科目から1
◆共通テスト利用入試（後期〔タイプⅠ〕）
[全学科：2科目] 国地歴公理外現、地歴公外全15科目、物、化、生、地から1数全6科目から1
◆共通テスト利用入試（後期〔タイプⅡ〕）
[全学科：3科目] 数理数全6科目、物、化、生、地から3

■未来変革科学部 偏差値 

一般選抜
◆A日程入試（タイプⅠ）
[全学科：3科目] 国理現、物基・物、化基・化、生基・生から1数数ⅠⅡAB外英
◆A日程入試（タイプⅡ）※出願要件として英語外部試験

が必要
[全学科：2科目] 国 理 現、物基・物、化基・化、生基・生から1 数 数ⅠⅡAB
◆B日程入試（タイプⅠ）
[全学科：2科目] 数 数ⅠⅡAB 理 物基・物、化基・化、生基・生から1
◆SB日程入試
[全学科：1科目] 総合 総合問題
◆C日程入試（タイプⅠ）
[全学科：2科目] 数 理 数ⅠⅡAB必須、数ⅠⅡⅢAB、物基・物、化基・化から1
共通テスト併用入試
◆SA日程入試
[全学科]〈共2科目〉数 数ⅠA、数ⅡB〈個1科目〉数 数ⅠⅡAB
◆B日程入試（タイプⅡ）、C日程入試（タイプⅡ）
[全学科]〈共1科目〉外 英、英語外部試験から高得点1〈個1科目〉数 数ⅠⅡAB
共通テスト利用入試 ※個別試験は課さない。外は英語外部試験と高得点の方を採用
◆共通テスト利用入試（前期〔タイプⅠ〕）
[全学科：3科目] 国 地歴 公 数 理 外 現、地歴公数外全21科目、物、化、生、地から3教科3
◆共通テスト利用入試（前期〔タイプⅡ〕）
[全学科：3科目] 国 地歴 公 数 理 外 現、地歴公数外全21科目、物、化、生、地から3教科3▶数理から1必須
◆共通テスト利用入試（中期〔タイプⅠ〕）
[全学科：2科目] 国 外 現、外全5科目から1 数 理 数全6科目、物、化、生、地から1
◆共通テスト利用入試（中期〔タイプⅡ〕、後期〔タイプⅢ〕）
[全学科：4科目] 国 地歴 公 現、地歴公全10科目から1 数 全6科目から1 理 物、化、生、地から1 外 全5科目から1
◆共通テスト利用入試（後期〔タイプⅠ〕）
[全学科：2科目] 国 地歴 公 理 外 現、地歴公外全15科目、物、化、生、地から1 数 全6科目から1
◆共通テスト利用入試（後期〔タイプⅡ〕）
[全学科：3科目] 数 理 数全6科目、物、化、生、地から3

■特別選抜

[総合型選抜] 総合型（デジタルイノベーター発掘）選抜、総合型（創造）選抜
[学校推薦型選抜] 学校推薦型選抜（公募制・専門高校、指定校制、帰国生徒指定校制）
[その他] 特別選抜（外国人留学生、帰国生徒、社会人）

就職支援

千葉工業大学では、各学科の就職担当教員・研究室指導教員と情報共有を行いながら、学生の個性や適性に応じたきめ細かい支援を行うとともに、数多くの就職支援プログラムを実施し、学生の円滑な就職活動を支援しています。また、各種資格を取得したい人や公務員を目指す学生に向けての対策講座が充実するキャリアスキルアップ支援プログラムや、企業約1000社が参加する学内企業説明会やOB・OG講談会を行う就職支援プログラムなどが実施されています。

国際交流

千葉工業大学では、19カ国・地域42大学と大学間交流協定を締結しています。主に大学院生を対象とした協定大学へ1カ月から1年以内で留学し、研究テーマに関連する研究室で専門分野の研究を行う交換留学制度や、夏季休暇を利用して語学研修や海外研修、海外インターンシップを実施しています。また、交換留学が決定した学生に対して、大学から返還義務なしの補助金の支給があります。

青山学院大学

あおやまがくいん

資料請求

入学広報部(青山キャンパス) TEL (03) 3409-0135　〒150-8366 東京都渋谷区渋谷4-4-25

人と社会のために未来を拓くサーバント・リーダーを育成

大学紹介動画

最新入試情報

「すべての人と社会に貢献する」人材の育成をめざし、学問で得た知恵と力を使って、他者に奉仕し、社会をより良い方向に導く“人にやさしいリーダー”を輩出する。

青山キャンパス

校歌

青山学院校歌

作詞／大木金次郎　作曲／平岡精二

一、若きこの身に　つきせぬ夢はぐくみ
神の道、真理(まこと)、生命(いのち)の教えをうけん
忘れじ緑の銀杏の並木
この学び舎に幸あれかしと
こだまするチャイムの響
わが母校　青山学院

校歌音声

基本データ

※2023年5月現在（学部学生数に留学生は含まない。進路・就職は2022年度卒業者データ。学費は2024年度入学者用）

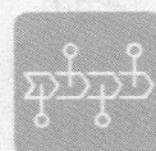

沿革

1949年、新制大学として青山学院大学を設立。1953年、商学部を改組し、経済学部を設置。1959年、法学部を設置。1965年、理工学部を設置。1966年、経営学部を設置。1982年、国際政治経済学部を設置。2008年に総合文化政策学部、社会情報学部、2009年に教育人間科学部を設置。2015年に地球社会共生学部、2019年にコミュニティ人間科学部を設置し、現在に至る。

キャンパス

2つ

キャンパスマップ

所在地・交通アクセス

青山キャンパス（本部）

〒150-8366 東京都渋谷区渋谷4-4-25

アクセス ①JR・地下鉄・東急線・京王井の頭線「渋谷駅」から徒歩約10分、②地下鉄「表参道駅」から徒歩約5分

相模原キャンパス

〒252-5258 神奈川県相模原市中央区淵野辺5-10-1

アクセス JR「淵野辺駅」から徒歩約7分

教育機関
11学部 11研究科

学部 文／教育人間科／経済／法／経営／国際政治経済／総合文化政策／理工／社会情報／地球社会共生／コミュニティ人間科

大学院 文学ⓂⒹ／教育人間科学ⓂⒹ／経済学ⓂⒹ／法学ⓂⒹ／経営学ⓂⒹ／国際政治経済学ⓂⒹ／総合文化政策学ⓂⒹ／理工学ⓂⒹ／社会情報学ⓂⒹ／国際マネジメントⒹⓅ／会計プロフェッションⒹⓅ

人数

学部学生数 19,242名　教員1名あたり学生 29名

教員数 659名【理事長】堀田宣彌、【学長】稲積宏誠
（教授409名、准教授118名、講師0名、助教83名、助手・その他49名）

学費

初年度納入額 1,408,200~1,918,000円

奨学金 「地の塩、世の光」奨学金、青山学院万代基金給付奨学金、青山学院国際交流奨学金

進路

学部卒業者 4,277名（進学419名、就職3,532名、その他326名）

進学 9.8%　就職 82.6%　その他 7.6%

主な就職先

文学部
楽天グループ、ANAエアポートサービス、JALスカイ、ディップ、AIRDO、エン・ジャパン、サントリーホールディングス、博報堂プロダクツ、ベネッセスタイルケア、三井住友信託銀行、明治安田生命保険、りそなホールディングス、レバレジーズ

教育人間科学部
教員（公立小・中・高等学校）、SBCメディカルグループ、双日、双日建材、ナガセ、ニトリ、日本総研情報サービス、ノジマ、JR東日本、マイナビ、マルハニチロ、みずほフィナンシャルグループ、三井住友銀行、USEN-NEXT HOLDINGS、東京都庁

経済学部
楽天グループ、パーソルキャリア、NECソリューションイノベータ、大塚商会、TIS、富士通、みずほ証券、みずほフィナンシャルグループ、NTTドコモ、かんぽ生命保険、JCOM、ソフトバンク、DYM、東京海上日動火災保険、日本政策金融公庫

法学部
楽天グループ、厚生労働省、三井住友信託銀行、SMBC日興証券、大塚商会、ディップ、日本生命保険、パーソルキャリア、みずほ証券、三菱UFJ銀行、リクルート、国税庁東京国税局、東京都庁、いすゞ自動車、ソフトバンク、損害保険ジャパン

経営学部
NECソリューションイノベータ、三井住友信託銀行、楽天グループ、デジタル・アドバタイジング・コンソーシアム、パーソルキャリア、日立製作所、アクセンチュア、SAPジャパン、キーエンス、サイバーエージェント、TIS、東京海上日動火災保険

国際政治経済学部
楽天グループ、TOPPANホールディングス、丸紅、三井住友信託銀行、アクセンチュア、ADKホールディングス、ANAエアポートサービス、第一生命保険、大日本印刷、大和証券、ニトリ、JAL、野村證券

総合文化政策学部
トランス・コスモス、第一生命保険、楽天グループ、エイベックス、NTTドコモ、サイバーエージェント、サニーサイドアップ、JCOM、ジェーシービー、デジタル・アドバタイジング・コンソーシアム

理工学部
NTTデータ、NTTコムウェア、SCSK、NECネッツエスアイ、東京電力ホールディングス、日本総合研究所、日立システムズ、富士通、いすゞ自動車、SUBARU、パナソニック コネクト、本田技研工業

社会情報学部
アクセンチュア、SCSK、NTTデータ、クレディセゾン、シャープ、シンプレクス、TIS、TDCソフト、デジタル・アドバタイジング・コンソーシアム、日本生命保険、日本総合研究所、日立システムズ

地球社会共生学部
楽天グループ、サイバーエージェント、日本通運、星野リゾート、アクセンチュア、ADKホールディングス、キーエンス、キヤノン、共同通信社、時事通信社、JALスカイ、デロイト トーマツ コンサルティング

コミュニティ人間科学部
日本生命保険、ノバレーゼ、パーソルキャリア、横浜銀行、リクルート、Evand、クリエイトエス・ディー、JTB、日比谷花壇、ベネッセスタイルケア、平塚市役所

学部学科紹介

※本書掲載内容は、大学公表資料から独自に編集したものです。詳細は大学パンフレットやホームページ等で必ず確認してください（取得可能な免許・資格は任用資格や受験資格などを含む）。

「大学入試科目検索システム」のご案内

入試要項のうち、日程・方式ごとの偏差値や昨年度入試結果（志願者倍率、実質倍率、合格最低点）、基本情報（出願締切日、試験日、二段階選抜、募集人員、総合満点）などは、「大学入試科目検索システム」（https://nyushi.toshin.com/）をご覧ください（利用方法はp.12参照）。

文学部 偏差値 68

定員 740

入試科目検索

青山キャンパス

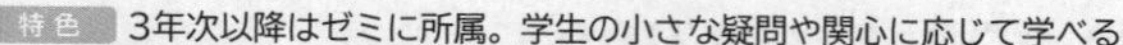

特色 3年次以降はゼミに所属。学生の小さな疑問や関心に応じて学べる。
進路 就職先はサービス業や情報通信業、卸売・小売業など多岐にわたる。
学問分野 文学／言語学／歴史学／文化学／社会学／教員養成／芸術・表現
大学院 文学

学科紹介

学科	定員	内容
英米文学科	(300)	3年次からイギリス文学・文化、アメリカ文学・文化、グローバル文学・文化、英語学、コミュニケーション、英語教育学の6つのコースのいずれかを選べる。実践的な英語運用能力を高める「PESEプログラム」と「通訳・翻訳プログラム」も用意されている。
フランス文学科	(115)	1・2年次に少人数クラスでフランス語を集中的に学び、フランスの文化、社会などについて基礎知識を身につける。フランス語既習者には既習者向けの会話クラスが用意されている。2年次に文学、語学、文化の3つの分野から専門を選択し最先端の研究に触れる。
日本文学科	(120)	日本文学、日本語・日本語教育の2つのコースで構成。日本文学コースでは上代から現代までの日本文学の独自性や普遍性を追究する。日本語・日本語教育コースでは古代語から現代の流行語まで幅広く研究する分野と、日本語指導の専門教育を行う分野に分かれる。
史学科	(120)	日本史、東洋史、西洋史、考古学の4つのコースで構成される。2年次から興味や関心に応じたコース選択のもと、専門性を高めた学びに入る。3年次には史学科研修旅行を行うことで、歴史を実地に学ぶ。歴史の中で現代を見つめ直し、偏見なく真実を探究する。
比較芸術学科	(85)	美術、音楽、演劇映像の3つの領域において「比較学習」「古典重視」「鑑賞教育」を土台に学修。基礎段階から少なくとも2つ以上の領域の履修を義務づける。大学所蔵の貴重なビジュアル資料や映像、音源などを使用し、教養や国際人としての資質を育む。
取得可能な免許・資格		学芸員、教員免許（中-国・社・英・フランス語、高-国・地歴・英・フランス語）、社会教育士、社会教育主事、司書教諭、司書

入試要項（2025年度）

右ページのアドミッションポリシーに基づいた入学者選抜を実施しています。
2025年度入学者選抜については、大学ウェブサイト（https://www.aoyama.ac.jp/admission/undergraduate/examination/）より随時最新情報をご確認ください。

文学部　アドミッションポリシー

①＝知識・技能、②＝思考力・判断力・表現力、③＝意欲・関心・態度

英米文学科	①	・高等学校で学習する国語、外国語、地理歴史、公民などについて、内容を理解し、高等学校卒業相当の知識を有している。
	②	・物事を多面的かつ論理的に考察し、自分の考えをわかりやすく表現し、伝えることができる。
	③	・英語圏の言語・文学・文化・コミュニケーション、および英語教育学に興味・関心・好奇心を持ち、生活や文化・価値観・考え方の違う世界の人々との共生を通じて社会に貢献する意欲を持っている。
フランス文学科	①	・高等学校で学習する国語、外国語、地理歴史などについて、高等学校卒業相当の知識を有している。
	②	・上記の知識に基づいた問題解決能力を有している。 ・文章を読んでその内容を的確に把握したうえで、それに対する自分の考えを秩序立てて表現することができる。
	③	・フランスの言語、文学、文化などに関心を持ち、それらについてより深く学ぼうという意欲がある。
日本文学科	①	・国語、外国語、地理歴史、公民などについて、高等学校卒業相当の知識を有している。
	②	・読解・分析・発表・討論を行うための日本語の高い理解・表現能力と情報や知識を総合的に捉える論理的思考力を有している。
	③	・多様な文化に対して開かれた心を持ち、他者と協働して積極的に社会に貢献する意欲がある。
史学科	①	・国語、外国語、地理歴史、公民などについて、高等学校卒業相当の知識を有している。
	②	・歴史学や考古学への関心を論理的に表現することができる。
	③	・歴史学や考古学への関心を通じて、変化する世界の情勢や文化、人間と社会について理解しようとする意欲を有している。
比較芸術学科	①	・国語、外国語、地理歴史、芸術などについて、内容を理解し、高等学校卒業相当の知識を有している。
	②	・物事を多面的かつ論理的に考察することができる。 ・自分の考えを的確に表現し、伝えることができる。
	③	・芸術、人間、自然、文化にかかわる諸問題に深い関心を持ち、大学での学びを通じて、自らの感性を磨き、社会に貢献する意欲を有している。 ・積極的に他者とかかわり、対話を通して相互理解に努めようとする態度を有している。

青山学院大学ギャラリー

■マクレイ記念館

2024年4月、青山キャンパスに新図書館棟「マクレイ記念館」が開館。情報学習関連施設を有する情報メディアセンターも配置。

■間島記念館

1929年に青山キャンパスに建設され、現在は法人財務部、宗教センター、資料センター等に使用されています。

教育人間科学部 偏差値 66

定員 298

入試科目検索

青山キャンパス

特色　理論と実践のアプローチの反復により、「人間」への理解をより深く追究。

進路　教育・学習支援業やサービス業、情報通信業などへの就職が多い。

学問分野　心理学／メディア学／教員養成／教育学／人間科学

大学院　教育人間科学

学科紹介

教育学科　(188)	1年次から概説などの必修科目とともに、選択必修として各コースの専門科目も学び始める。3年次から人間形成探究、臨床教育・生涯発達、教育情報・メディア、幼児教育学、児童教育学の5つのコースのいずれかに所属する。他のコースの科目も履修可能である。
心理学科　(110)	3年次より多様な進路を想定し自由度の高い授業選択が可能な一般心理コースと、公認心理師や臨床心理士を目指す学生向けの臨床心理コースに分かれる。認知、発達、社会、臨床の4つの専門領域について深く学ぶとともに、高度な統計技法を学ぶ科目も履修できる。
取得可能な免許・資格	准学校心理士、学芸員、教員免許(幼一種、小一種、中-国・社・英、高-国・地歴・公・英)、社会教育士、社会教育主事、司書教諭、司書

入試要項（2025年度）

以下のアドミッションポリシーに基づいた入学者選抜を実施しています。
2025年度入学者選抜については、大学ウェブサイト（https://www.aoyama.ac.jp/admission/undergraduate/examination/）より随時最新情報をご確認ください。

教育人間科学部　アドミッションポリシー

①＝知識・技能、②＝思考力・判断力・表現力、③＝意欲・関心・態度

教育学科	①	・国語、地理歴史、公民、数学、理科、英語などについて、高等学校卒業相当の知識を有している。
	②	・人間と社会について、論理的に思考・判断し、自らの考えを適切に表現することができる。
	③	・人間の成長・発達・形成について深い関心をもち、教育の問題を幅広い視野から探求し、教育学と隣接分野について学ぼうとする幅広い知的好奇心と強い意欲を有している。
心理学科	①	・国語、地理歴史、公民、数学、理科、英語などについて高等学校卒業相当の知識を有している。
	②	・物事を論理的に考察し、自分の考えを的確に表現できる。
	③	・人の心や社会問題に関する学問や実践に強い関心を持ち、専門的に探究する志を有している。 ・多様化する現代社会に役立つ具体的な知恵と実践力を身につける意欲を有している。

経済学部

偏差値 67

定員 539

入試科目検索

青山キャンパス

特色 企業人を講師に迎える「産業論」を通じキャリアを考える機会を提供。
進路 情報通信業や金融・保険業、サービス業に就く者が多い。
学問分野 経済学／経営学／社会学／国際学／情報学
大学院 経済学

学科紹介

経済学科 (407)	2年次から「理論・数量」「応用経済」「歴史・思想」コースを設置し、幅広い教養と専門知識を修得。資源配分の効率性について学び、より公正な社会の実現に貢献できるよう「自ら分析できる力」「弾力的な思考力」「行動力」を育む。
現代経済デザイン学科 (132)	公共性の理念を重視した新しい社会経済システムのデザインの実現を目指す。フィールドワークなどで実践力を身につけ、2年次後期から公共、地域の2つのコースに分かれて専門的学習を進める。GIS（地理情報システム）を用いた空間分析の科目も履修できる。
取得可能な免許・資格	学芸員、社会教育士、社会教育主事、司書

入試要項（2025年度）

以下のアドミッションポリシーに基づいた入学者選抜を実施しています。
2025年度入学者選抜については、大学ウェブサイト（https://www.aoyama.ac.jp/admission/undergraduate/examination/）より随時最新情報をご確認ください。

経済学部　アドミッションポリシー

①＝知識・技能、②＝思考力・判断力・表現力、③＝意欲・関心・態度

経済学科	①	・国語、外国語、地理歴史、公民、数学などについて、内容を理解し、高等学校卒業程度の知識を有している。
	②	・自分の考えをわかりやすく表現し、伝えることができる。 ・物事を多面的かつ論理的に考察し、自分の考えをもとめることができる。
	③	・学科の特徴を理解した上で、言語・文化・文学・歴史・人間・思想・地域・社会などに興味関心を持ち、それを大学における勉学を通じて追求し、社会のために役立てる意欲を有している。
現代経済デザイン学科	①	・国語、外国語、地理歴史、公民、数学などについて、内容を理解し、高等学校卒業程度の知識を有している。
	②	・自分の考えをわかりやすく表現し、伝えることができる。 ・物事を多面的かつ論理的に考察し、自分の考えをもとめることができる。
	③	・学科の特徴を理解した上で、言語・文化・文学・歴史・人間・思想・地域・社会などに興味関心を持ち、それを大学における勉学を通じて追求し、社会のために役立てる意欲を有している。

法学部

偏差値 66　定員 500

青山キャンパス

入試科目検索

特色　多種多様な研究を行う専任教員のもと社会の様々な分野で活躍する人材を育成。
進路　サービス業や金融・保険業、情報通信業に就く者が多い。
学問分野　法学／政治学／経済学／社会学／国際学
大学院　法学

学科紹介

学科	定員	内容
法学科	(380)	1・2年次必須科目の「法学入門」や「導入演習」では、法を学ぶための基礎的理解や「読む・書く・調べる・話す」の技能を重視した基礎トレーニングが行われ、更に「民法入門」「刑事法入門」など「法学」の修得に必要な“足腰”を鍛える。
ヒューマンライツ学科	(120)	2022年度4月開設。ヒューマンライツ（人権）について、法学をはじめ様々な学問分野の観点から学ぶ。現地でフィールドワークを実施したり、世界の人権問題や人権法の状況について英語で学ぶ科目も設置。広い視野で主体的、積極的に行動できる能力を養う。
取得可能な免許・資格		学芸員、社会教育士、社会教育主事、司書

入試要項（2025年度）

以下のアドミッションポリシーに基づいた入学者選抜を実施しています。
2025年度入学者選抜については、大学ウェブサイト（https://www.aoyama.ac.jp/admission/undergraduate/examination/）より随時最新情報をご確認ください。

法学部　アドミッションポリシー

①＝知識・技能、②＝思考力・判断力・表現力、③＝意欲・関心・態度

法学科	①	・歴史や政治、経済についての知識を高等学校卒業相当レベルで習得している。 ・日本語及び英語について、読む、書く、聞く、話すといった自己表現上の技能を高等学校卒業相当レベルで習得している。
	②	・高等学校卒業相当レベルで物事について論理的に考えて判断できる。 ・自らの考えを説得力ある適切な内容と論拠を持って表現するために必要な日本語での文章表現力の基礎を習得している。
	③	・法学あるいは政治学に関心を持っている。 ・入学後、「リーガルマインド」、論理的・合理的思考力と法的正義感を持って、社会的に妥当な結論を導ける「問題解決能力」を身に着ける意欲を有している。
ヒューマンライツ学科	①	・歴史や政治、経済についての知識を高等学校卒業相当のレベルで習得している。 ・日本語及び英語について、読む、書く、聞く、話すといった自己表現上の技能を高等学校卒業相当レベルで習得している。
	②	・高等学校卒業相当レベルで物事について論理的に考えて判断できる。 ・自らの考えを説得力ある適切な内容と論拠を持って表現するために必要な日本語での文章表現力の基礎を習得している。
	③	・法学あるいは政治学に関心を持っている。又は、例えば障がい者の権利、子どもの権利など、具体的な人権問題に関心を持っている。 ・入学後、「リーガルマインド」、論理的・合理的思考力と法的正義感を持って、社会的に妥当な結論を導ける「問題解決能力」を身に着ける意欲を有している。

経営学部

偏差値 67

定員 520

入試科目検索

青山キャンパス

特色 周辺環境を活かした経営の実践的教育を展開。両学科で相互の科目履修が可能。
進路 サービス業や情報通信業、金融・保険業に就く者が多い。
学問分野 経営学／国際学
大学院 経営学

学科紹介

経営学科 (360)	経営学と会計学を体系的に学び、経営についての理論と実践を身につける。2年次までに経営学の基礎を固め、3年次からは将来の進路を見据えて専門を深める。数理やデータサイエンスに関する教育の強化を図っており、ビジネスの課題に数理的アプローチを行う。
マーケティング学科 (160)	国際性と創造性に富んだ「青山」の地の利を活かし、消費者が求める文化や情報、感性とビジネスを結びつける「青山マーケティング」を提唱。データ分析スキルに関する教育を強化するとともに、企業や自治体との協同学習を導入し、理論と実践の融合を図っている。
取得可能な免許・資格	学芸員、社会教育士、社会教育主事、司書

入試要項（2025年度）

以下のアドミッションポリシーに基づいた入学者選抜を実施しています。
2025年度入学者選抜については、大学ウェブサイト（https://www.aoyama.ac.jp/admission/undergraduate/examination/）より随時最新情報をご確認ください。

経営学部　アドミッションポリシー

①＝知識・技能、②＝思考力・判断力・表現力、③＝意欲・関心・態度

経営学科	①	・国語、外国語、地理歴史、公民、数学などについて、内容を理解し、高等学校卒業相当の知識を有している。
	②	・自分の考えをわかりやすく表現し、伝えることができる。 ・物事を多面的かつ論理的に考察し、自分の考えをまとめることができる。
	③	・学科の特徴を理解した上で、言語・文化・文学・歴史・人間・思想・宗教・地域・社会などに興味関心を持ち、それを大学における勉学を通じて追求し、社会のために役立てる意欲がある。 ・チームワークを重んじ、自分の知識・技能、思考力・判断力・表現力をチームの成果のために活用する意欲がある。
マーケティング学科	①	・国語、外国語、地理歴史、公民、数学などについて、内容を理解し、高等学校卒業相当の知識を有している。
	②	・自分の考えをわかりやすく表現し、伝えることができる。 ・物事を多面的かつ論理的に考察し、自分の考えをまとめることができる。
	③	・学科の特徴を理解した上で、言語・文化・文学・歴史・人間・思想・宗教・地域・社会などに興味関心を持ち、それを大学における勉学を通じて追求し、社会のために役立てる意欲がある。 ・チームワークを重んじ、自分の知識・技能、思考力・判断力・表現力をチームの成果のために活用する意欲がある。

国際政治経済学部

偏差値 

定員 304

青山キャンパス

入試科目検索

特色 専門科目を英語で学ぶ授業を展開。所属学科を超えて選べる専門ゼミ。
進路 サービス業や情報通信業、製造業に就く者が多い。
学問分野 言語学／文化学／政治学／経済学／社会学／国際学
大学院 国際政治経済学

学科紹介

学科	定員	内容
国際政治学科	(115)	国際社会の諸問題を理解し、世界に貢献できる人材を育成する。2つのコースを設置。政治外交・安全保障コースでは国際関係を国家間の関係ととらえ国際政治学などを学ぶ。グローバル・ガバナンスコースでは国際機関やNGOなどで活躍する専門家を育成する。
国際経済学科	(115)	経済問題解決の方策を国際視野から考案できる人材を育成する。2つのコースを設置。国際経済政策コースでは分析や意思決定の方法論を学び、経済問題の解決策を考察する。国際ビジネスコースでは企業の経済活動を学び、国際ビジネスで必要な能力を養う。
国際コミュニケーション学科	(74)	国際コミュニケーションコースを設置。国際社会の諸問題を言語、地域文化・比較文化、コミュニケーションの3つの視点から学び、より良い国際交流を実現できる国際コミュニケーターを育成。政治や経済、言語学など、英語による授業で実践的語学力を鍛える。
取得可能な免許・資格		学芸員、社会調査士、社会教育士、社会教育主事、司書

入試要項（2025年度）

以下のアドミッションポリシーに基づいた入学者選抜を実施しています。
2025年度入学者選抜については、大学ウェブサイト（https://www.aoyama.ac.jp/admission/undergraduate/examination/）より随時最新情報をご確認ください。

国際政治経済学部　アドミッションポリシー

①＝知識・技能、②＝思考力・判断力・表現力、③＝意欲・関心・態度

国際政治学科	①	・国際社会の動向およびあり方について国際政治学の観点から理解し考察し分析するために必要とされる高校卒業レベルの知識および語学力を有している。
	②	・高校卒業レベルの知識および語学力に基づいて、自らの力で主体的に思考し、判断し、表現できる。
	③	・国際社会のあり方について特に国際政治の観点から関心を有している。 ・学びを通じて他者と積極的に協力・協働し行動する意欲を有している。
国際経済学科	①	・国際社会の動向およびあり方について国際経済学の観点から理解し考察し分析するために必要とされる高校卒業レベルの知識および語学力を有している。
	②	・高校卒業レベルの知識および語学力に基づいて、自らの力で主体的に思考し、判断し、表現できる。
	③	・国際社会のあり方について特に国際経済の観点から関心を有している。 ・学びを通じて他者と積極的に協力・協働し行動する意欲を有している。
国際コミュニケーション学科	①	・国際社会の動向およびあり方について国際コミュニケーション学の観点から理解し考察し分析するために必要とされる高校卒業レベルの知識および語学力を有している。
	②	・高校卒業レベルの知識および語学力に基づいて、自らの力で主体的に思考し、判断し、表現できる。
	③	・国際社会のあり方について特に国際コミュニケーションの観点から関心を有している。 ・学びを通じて他者と積極的に協力・協働し行動する意欲を有している。

総合文化政策学部 偏差値 68

定員 259

入試科目検索

青山キャンパス

特色 学部独自の「ラボ・アトリエ実習」でインターンシップ型の産学連携プロジェクトに挑戦する。
進路 サービス業や情報通信業、製造業、金融・保険業に就く者が多い。
学問分野 言語学／哲学／歴史学／文化学／経済学／経営学／社会学／メディア学／芸術理論／デザイン学
大学院 総合文化政策学

学科紹介

総合文化政策学科 (259)	文化・芸術・情報の発信地である「渋谷・青山エリア」で、「ゼミ」「ラボ」「英語」という3つの柱によって、国境を越えて活躍する知性を育む。2・3年次に外部機関と協働する学部独自の「ラボ・アトリエ実習」では、仕事の「現場」を体験。
取得可能な免許・資格	学芸員、社会調査士、社会教育士、社会教育主事、司書

入試要項 (2025年度)

以下のアドミッションポリシーに基づいた入学者選抜を実施しています。
2025年度入学者選抜については、大学ウェブサイト（https://www.aoyama.ac.jp/admission/undergraduate/examination/）より随時最新情報をご確認ください。

総合文化政策学部　アドミッションポリシー

①知識・技能	・文化、芸術、政策科学、マネジメントに係る、広範な専門知識を修得するための高等学校卒業相当の基礎学力を有している。
②思考力・判断力・表現力	・物事を多面的に、論理的に考察し、文化を創造し、その成果を的確に表現できる潜在能力を有している。
③意欲・関心・態度	・総合文化政策学科における学びで修得したものを活かして、文化の創造と発展に寄与する意欲がある。

青山学院大学ギャラリー

■ガウチャー記念礼拝堂

開学50周年記念事業の一環として青山キャンパスに建設。「信は知の土台なり」という青山学院の教育姿勢を表現しています。

■ウェスレー・チャペル

相模原キャンパスのシンボルとして中央に位置し、十字架を頂き高くそびえる塔と美しい音色を奏でるオルガンが設置されています。

理工学部

偏差値 64

定員 680

相模原キャンパス

入試科目検索

特色	理学・工学・情報科学まで幅広い学問分野を備える。
進路	卒業生の5割弱は大学院へ進学。就職は情報通信業や製造業が多い。
学問分野	数学／物理学／化学／生物学／地学／機械工学／電気・電子工学／材料工学／船舶・航空宇宙工学／エネルギー工学／社会・安全工学／応用生物学／情報学
大学院	理工学

学科紹介

学科	定員	内容
物理科学科	(105)	物性物理、宇宙物理、生物物理の3つを主要研究領域とし、現代物理学の先端分野を探求する。宇宙航空研究開発機構（JAXA）などと連携し、国際宇宙ステーションや人工衛星を用いた研究も行われている。
数理サイエンス学科	(55)	代数学、幾何学、解析学、確率論などの純粋数学から生物数学、数理ファイナンスなどの最新の応用まで幅広い範囲を扱う。3年次から専門分野の学習に入り、最先端の研究に触れる。基礎理論から応用までを4年間かけてバランス良く学ぶ。
化学・生命科学科	(115)	無機化学、有機化学、物理化学、分析化学、生命科学の5つの基幹分野がある。実験や実習に重点をおいたカリキュラム編成である。最先端分野を学び、将来研究者や技術者として社会の発展に貢献できる柔軟な思考や倫理観、責任感を兼ね備えた人材を育成する。
電気電子工学科	(120)	物性工学、制御工学、パワーエレクトロニクス系、生体計測工学、信号処理工学、ナノエレクトロニクス、環境電磁工学などが研究領域である。イノベーションの基盤となる基礎力と、発展を続ける技術に即応できる応用力の両方をバランス良く身につける。
機械創造工学科	(95)	「未来を創造する機械工学」をモットーに、熱力学およびエネルギー、機械力学および振動工学、材料力学および機械材料、流体力学および燃焼工学、生産加工分野および工作機械の5つの分野で研究を展開する。最新のソフトウェア技術についても知見を培う。
経営システム工学科	(95)	分析技術、モデル化技術、最適化技術の3つの分野を研究室の探究領域に設定している。工学的視点と社会科学の知識を融合させ、組織をより良く機能させるためのシステム構築を目指す。ビジネスの第一線で活躍する経営者や管理者による特別講座も開かれている。
情報テクノロジー学科	(95)	デジタルメディア／CG・Web、高度機械学習／AI、人間情報学／XR、ロボティクス／IoTの4分野を中心に編成。IT・情報技術を社会の健全な発展のために駆使できる倫理観を持った人材を育成する。
取得可能な免許・資格		学芸員、特殊無線技士（海上、陸上）、主任技術者（電気）、教員免許（中-数・理、高-数・理・情・工業）、社会教育士、社会教育主事、司書教諭、司書

入試要項（2025年度）

右ページのアドミッションポリシーに基づいた入学者選抜を実施しています。
2025年度入学者選抜については、大学ウェブサイト（https://www.aoyama.ac.jp/admission/undergraduate/examination/）より随時最新情報をご確認ください。

理工学部　アドミッションポリシー

①＝知識・技能、②＝思考力・判断力・表現力、③＝意欲・関心・態度

物理科学科	①	・専門分野を学ぶ上で必要な外国語、数学、理科などについて内容を理解し、高等学校卒業相当の知識を有し、とくに、数学、物理学の基礎学力を有している。
	②	・高等学校卒業相当のレベルで、物事を多面的かつ論理的に考察し、自分の考えをわかりやすく表現し、伝えることができる。
	③	・学科の特徴を理解した上で、数学および自然科学関連分野にも興味があり、専門知識や専門スキルを活用して社会に貢献しようとする意欲があり、興味を持っている。
数理サイエンス学科	①	・専門分野を学ぶ上で必要な外国語、数学、理科などについて内容を理解し、高等学校卒業相当の知識を有し、とくに、数学の基礎学力を有している。
	②	・高等学校卒業相当のレベルで、物事を多面的かつ論理的に考察し、自分の考えをわかりやすく表現し、伝えることができる。
	③	・学科の特徴を理解した上で、数学および自然科学関連分野に興味があり、専門知識や専門スキルを活用して社会に貢献しようとする意欲があり、興味を持っている。
化学・生命科学科	①	・専門分野を学ぶ上で必要な外国語、数学、化学、物理学などについて内容を理解し、高等学校卒業相当の知識を有している。
	②	・高等学校卒業相当のレベルで、物事を多面的かつ論理的に考察し、自分の考えをわかりやすく表現し、伝えることができる。
	③	・学科の特徴を理解した上で、化学と生命科学およびその関連学問分野に興味があり、専門知識や専門スキルを活用して社会に貢献しようとする意欲があり、興味を持っている。
電気電子工学科	①	・専門分野を学ぶ上で必要な外国語、数学、理科などについて内容を理解し、高等学校卒業相当の知識を有し、数学及び物理学の基礎が理解できる。
	②	・高等学校卒業相当のレベルで、物事を多面的かつ論理的に考察し、自分の考えをわかりやすく表現し、伝えることができる。
	③	・学科の特徴を理解した上で、電気電子工学及び関連分野に興味があり、専門知識や専門スキルを活用して社会に貢献しようとする意欲があり、興味を持っている。
機械創造工学科	①	・専門分野を学ぶ上で必要な外国語、数学、理科などについて内容を理解し、高等学校卒業相当の知識を有し、力学の基礎が理解できる。
	②	・高等学校卒業相当のレベルで、物事を多面的かつ論理的に考察し、自分の考えをわかりやすく表現し、伝えることができる。
	③	・学科の特徴を理解した上で、ものづくりに興味があり、専門知識や専門スキルを活用して社会に貢献しようとする意欲があり、興味を持っている。
経営システム工学科	①	・専門分野を学ぶ上で必要な外国語、数学、理科などについて内容を理解し、高等学校卒業相当の知識を有し、基本的な英語を使ってコミュニケーションできる能力がある。
	②	・高等学校卒業相当のレベルで、物事を多面的かつ論理的に考察し、自分の考えをわかりやすく表現し、伝えることができる。
	③	・学科の特徴を理解した上で、経営システム工学の専門分野のみならず、幅広い学問領域に興味があり、専門知識や専門スキルを活用して社会に貢献しようとする意欲があり、興味を持っている。
情報テクノロジー学科	①	・専門分野を学ぶ上で必要な外国語、数学、理科などについて内容を理解し、高等学校卒業相当の知識を有し、情報技術の基礎が理解できる。
	②	・高等学校卒業相当のレベルで、物事を多面的かつ論理的に考察し、自分の考えをわかりやすく表現し、伝えることができる。
	③	・学科の特徴を理解した上で、情報テクノロジーに興味があり、専門知識や専門スキルを活用して社会に貢献しようとする意欲があり、興味を持っている。

社会情報学部

偏差値 

定員 220

相模原キャンパス

入試科目検索

特色 社会、人間、及び情報科学の各分野の“知”を“融合知”に高めるカリキュラムを整備。
進路 卒業者の多くは情報通信業やサービス業、製造業に就く。
学問分野 言語学／心理学／経済学／社会学／数学／情報学／人間科学
大学院 社会情報学

学科紹介

社会情報学科（220）	社会、情報、人間の3つの分野のうち2つの分野が融合する学際領域を中心に学ぶ。3年次に社会・情報、社会・人間、人間・情報のコースから1つを選択し専門分野を探求。多彩な領域の融合知を学び、世界を明るくするイノベーションの創出に挑戦。
取得可能な免許・資格	学芸員、社会調査士、教員免許(中-数、高-数・情)、社会教育士、社会教育主事、司書教諭、司書

入試要項（2025年度）

以下のアドミッションポリシーに基づいた入学者選抜を実施しています。
2025年度入学者選抜については、大学ウェブサイト（https://www.aoyama.ac.jp/admission/undergraduate/examination/）より随時最新情報をご確認ください。

社会情報学部　アドミッションポリシー

①知識・技能	・国語、外国語、地理歴史、公民、数学などについて、内容を理解し、高等学校卒業相当の知識を有している。
②思考力・判断力・表現力	・物事を多面的かつ論理的に考察し、自分の考えをまとめることができる。
③意欲・関心・態度	・学科の特徴を理解した上で、「人間、社会、情報」などに興味関心を持ち、それを大学における勉学を通じて追求し、専門知識や専門スキルを活用して社会のために役立てる意欲がある。

地球社会共生学部

偏差値 67

定員 190

相模原キャンパス

入試科目検索

特色 アジアへの学部留学を通し、"体験知"と"共生マインド"を体得。地球規模課題に取り組む。

進路 就職先は情報通信業やサービス業、卸売・小売業など多岐にわたる。

学問分野 言語学／政治学／経済学／経営学／社会学／メディア学／国際学

学科紹介

地球社会共生学科 (190)	メディア／空間情報、コラボレーション、経済・ビジネス、ソシオロジーの4つの専門領域での学び、2年次後期からのアジア留学や徹底した4技能の英語能力の修得により、Global Issuesの解決のための「共生マインド」を養う。
取得可能な免許・資格	学芸員、社会調査士、社会教育士、社会教育主事、司書

入試要項（2025年度）

以下のアドミッションポリシーに基づいた入学者選抜を実施しています。
2025年度入学者選抜については、大学ウェブサイト（https://www.aoyama.ac.jp/admission/undergraduate/examination/）より随時最新情報をご確認ください。

地球社会共生学部　アドミッションポリシー

①知識・技能	・国語、数学、社会などの科目で培われた高等学校卒業相当の文献理解力を有している。
②思考力・判断力・表現力	・自己表現力、論理的思考力を有している。 ・グローバルな諸課題について考え、判断して、自分の意見を表現できる力を有している。
③意欲・関心・態度	・グローバルな諸課題に対し、強い好奇心・関心を有している。 ・その問題を解決する方法を学びたいという探究心を有している。 ・知識を得ることだけでなく、体験すること、行動することに意欲を有している。 ・グローバル人材に必要な英語資格を目指して持続的に学習する意欲を有している。

コミュニティ人間科学部

偏差値 67

定員 240

入試科目検索

相模原キャンパス

特色 「地域実習」を通して、これからのコミュニティ創造に必要な専門知識を修得する。
進路 サービス業、情報通信業等一般企業の他、国家・地方公務員等多様な進路。
学問分野 心理学／文化学／社会学／社会福祉学／子ども学／教育学

学科紹介

コミュニティ人間科学科 (240)	子ども・若者活動支援、女性活動支援、コミュニティ活動支援、コミュニティ資源継承、コミュニティ創生計画の5つの履修プログラムを通し、社会学と教育学を基盤に、地域で生活する人々や文化、コミュニティを理解するための多角的な視点を養う。
取得可能な免許・資格	学芸員、社会調査士、社会教育士、社会教育主事、司書

入試要項（2025年度）

以下のアドミッションポリシーに基づいた入学者選抜を実施しています。
2025年度入学者選抜については、大学ウェブサイト（https://www.aoyama.ac.jp/admission/undergraduate/examination/）より随時最新情報をご確認ください。

コミュニティ人間科学部　アドミッションポリシー

①知識・技能	・国語、地理歴史、公民、数学、理科、英語などについての高等学校卒業相当の知識と、幅広い教養を有している。
②思考力・判断力・表現力	・地域社会の多様な状況を的確に把握できるよう、既成の発想にとらわれず、柔軟なものの見方や考え方ができる。
③意欲・関心・態度	・社会の諸課題に関心を持ち、他の学生と協調しながら学修に励む積極性を身につける意欲と、さまざまな地域活動に積極的に取り組もうとする意思を有している。

募集人員等一覧表

※掲載内容は、大学のホームページ及び入学案内や募集要項などの公開データから独自に編集したものです（2024年度入試[※1]）。詳細は募集要項かホームページで必ず確認してください。

学部	学科	入学定員	一般選抜						共通テスト利用入試	特別選抜※2
			全学部日程	個別学部日程						
					A方式	B方式	C方式	D方式		
文	英米文	300名	約5名	—	約70名	約40名	約40名	—	約15名	②約30名
	フランス文	115名	約15名	—	約40名	約10名	—		約10名	—
	日本文	120名	約8名	—	約55名	約10名	—		約5名	④若干名
	史	120名	約20名	約52名	—	—	—		3、6科目型 計約10名	①約2名 ②約13名
	比較芸術	85名	約5名	約45名	—	—	—		約5名	①約1名 ②約8名
教育人間科	教育	188名	約70名	約20名	—	—	—	—	約10名	①約4名
	心理	110名	約58名	約15名					約10名	③若干名
経済	経済	407名	約30名	—	約180名	約100名	—	—	約10名	③若干名
	現代経済デザイン	132名	約10名		約50名	約25名			約10名	③若干名
法	法	380名	約80名	—	約80名	約25名	—	—	3、5科目型 計約10名	①3名以内 ③若干名
	ヒューマンライツ	120名	約25名		約20名	約10名			3、5科目型 計約5名	①4名以内 ③若干名 ④5名
経営	経営	360名	約25名	—	約160名	約40名	—	—	約10名	①約10名 ③若干名
	マーケティング	160名	約15名		約80名	約20名			約5名	①約5名 ③若干名
国際政治経済	国際政治	115名	約5名	—	約64名	約6名	—	—	3科目型 約10名 4科目型 約10名	①約2名 ③④若干名
	国際経済	115名	約5名	約70名	—	—			3科目型 約10名 4科目型 約10名	①約2名 ③④若干名
	国際コミュニケーション	74名	約5名	—	約27名	約20名			約10名	①約1名 ③④若干名
総合文化政策	総合文化政策	259名	約55名	—	約70名	約50名	—	—	3、4、5 科目型 計約10名	①約5名 ③若干名
理工	物理科	105名	約12名	—	約35名	約28名	—	—	約8名	③④若干名
	数理サイエンス	55名	約6名		約20名	約13名			約4名	③④若干名
	化学・生命科	115名	約13名		約50名	約20名			約10名	③④若干名
	電気電子工	120名	約13名		約40名	約20名			約10名	③④若干名
	機械創造工	95名	約15名		約40名	約20名			約10名	③④若干名
	経営システム工	95名	約10名		約35名	約20名			約10名	③④若干名
	情報テクノロジー	95名	約10名		約35名	約20名			約10名	③④若干名
社会情報	社会情報	220名	A方式 約17名 B方式 約10名	—	約45名	約25名	約35名	約15名	3、4A、 4B、5 科目型 計約15名	①約12名 ※3 ③若干名
地球社会共生	地球社会共生	190名	約45名	約30名	—	—	—	—	約20名	②約31名 ③若干名
コミュニティ人間科	コミュニティ人間科	240名	約50名	約34名	—	—	—	—	3、4、5 科目型 計約12名	①約8名 ②約12名

※1　上記一覧表は2024年度入学者選抜の実績

※2　一部の入学者選抜のみ記載

［総合型選抜］共課さない：①スポーツに優れた者、②自己推薦

［学校推薦型選抜］共課さない：③全国高等学校キリスト者推薦

［その他］共課さない：④海外就学経験者

※3　スポーツに優れた者方式（約4名）、相模原キャンパスアスリート方式（約8名）

Student's Voice

文学部

比較芸術学科 1年

古宮 鈴花（こみや すずか）さん

千葉県 県立 薬園台高校 卒
弓道部　高3・6月引退

人々の心に届く広告を作りたい

Q どのような高校生でしたか？　青山学院大学を志望した理由は？

高校時代は、部活や文化祭に力を入れていました。弓道部に所属していて、全国大会を目指す強豪校だったので、週6日、19時くらいまで練習していました。高3の6月に行われた最後のインターハイ予選まで、しっかり続けました。文化祭にも熱中して取り組みました。県内でもかなり文化祭が盛んな高校で、夏休みをまるまる使って文化祭準備をするため、クオリティの高い装飾を作ることができ、とても楽しかったです。その文化祭準備の中で、私は手先を使って装飾を作ることや絵を描くことが好きだと気づき、芸術について学べる大学に行きたいと思って志望校を決めました。しかし、美術の塾に通う時間はなく、高1の頃から学習塾に通っていたため、受験で共通テストを利用できる美大を探しました。また、芸術の歴史にも興味があったため、座学の芸術学科がある大学を志望し、現在通っている青山学院大学文学部比較芸術学科を受験しました。

Q どのように受験対策をしましたか？　入試本番はどうでしたか？

私立志望だったので、英・国・地歴の3教科に力を入れて取り組みました。共通テスト利用で武蔵野美術大学を志望しており、絶対に合格したかったので、共通テスト対策には特に力を入れました。得意教科は国語でしたが、高3の12月頃から点数が安定しなくなっていたので、毎日文章を2つ読み、感覚ではなく根拠を持った解答ができるよう練習しました。また、もともと文章を書くことが好きだったので、青山学院大学の受験では共通テスト併用の小論文受験を選択しました。共通テストの勉強に力を入れていたおかげで合格予想のボーダーは超えていたのですが、小論文対策も油断せず、塾の先生に添削をしていただくなど周囲の力を借りて勉強しました。

受験期間は、とにかく勉強以外の心配事を減らしたいと思っていたため、体調不良に直結する食事には気をつけていました。生ものを食べないことはもちろん、語呂合わせで人気のカツ丼など油っこいものも避けていました。

●受験スケジュール

月	日	大学・学部学科（試験方式）
1	14	★ 武蔵野美術　造形－建築（共テ3教科方式）
		★ 武蔵野美術　造形構想－クリエイティブイノベーション（共テ3教科方式）
		法政　社会－メディア社会（B方式）
2	1	★ 日本　芸術－写真（N全学統一方式）
	7	法政　文－日本文（A方式Ⅰ日程）
	8	明治　情報コミュニケーション－情報コミュニケーション（学部別）
	12	早稲田　文化構想（一般）
	14	★ 青山学院　文－比較芸術（個別学部日程）
	17	早稲田　文（一般）
	19	早稲田　教育－社会（一般）

Q どのような大学生活を送っていますか？

学びを通じて世界が広がっています！

キャンパスでの一枚

比較芸術学科で芸術の歴史について勉強しています。比較芸術学科は、同時代に栄えた文化・芸術を地域ごとに比較し、つながりを探したり、類似点・相違点を研究する学科です。一緒に学んでいる人たちも、この学科を第一志望として入学してきた人が多く、幼い頃から芸術に親しんでいる人ばかりで、刺激になっています。日々、様々な芸術への解釈や考え方を知ることができ、面白いです。また芸術といっても美術や音楽だけでなく、オペラや歌舞伎などの舞台芸術や映画の歴史についても学ぶことができるため、芸術に縁がなかった人でも楽しく学べます。学びを通じて、自分の身近にあるものの背景や知識が増えていくことがとても嬉しいです。大学に入学し、芸術について長い時間考え学ぶことで、より世界が広く輝いて見えるようになりました。

写真研究部での活動の様子

写真研究部でのびのびと活動しています

写真研究部という、私の代で71年目になる、かなり歴史ある部活に所属しています。写真研究部では、ただ写真を撮影するだけではなく、自分たちでギャラリーを借りて年に数回個展を開催したり、写真集を作って配布したり、外部の大きなイベントに呼んでいただいたりなど、様々な活動をしています。私は大学入学後に本格的にカメラを趣味として始めたのですが、私の他にも初心者がたくさんいたため、緊張せずに活動に参加できましたし、先輩方も優しいのでとても楽しいです。暗室やフィルムを現像する機械があるなど、設備が充実しているところも魅力的です。

Q 将来の夢・目標は何ですか？

将来の夢は、人々の心に届く広告を作ることです。私は昨年大学受験を経験し、世の中には受験生を応援する広告が数多く流れていることに気がつきました。その中でも、ある栄養補助食品のCMに心を奪われた私は、当時成績が思うように上がらず燻っていた自分の心を奮い立たせ、第一志望校にもう一度向き合うことができました。そのとき、広告には人を救う力があるのだと感動したことが、人々の心に届く広告を作りたいという夢につながりました。

比較芸術学科で残りの3年間、古今東西のあらゆる名画・名作と触れ合い、比較し、人々の心を震わせたものの特徴を学ぶことで、その知識の数々を夢をつかむための階段にしたいと思います。そしてこの先、かつて私がそうであったように、あと一歩が踏み出せない人の背中を押せるような、諦めようとしている人がもう一度前を向くきっかけになるような広告を作りたいです。

Q 後輩へのアドバイスをお願いします！

私が受験期で大切だと感じたのは「焦らずに一歩一歩確実に努力を積み重ねる」ということです。受験勉強はマラソンと同じで、成績は一朝一夕で伸びるものではなく、近道もありません。毎日着実に努力を続けることが一番重要です。受験期はつらいこともたくさんあると思います。そんなときこそ、諦めずに地道に努力しましょう。つらい中でも勉強を続けていると、自分にさらに自信がついてより勉強が捗るようになります。受験に向かって積み重ねた努力と経験は、受験が終わったあとも自分の挑戦を後押ししてくれる最強の武器となります。諦めなければ、最後の最後まで成績は上がります。今ある時間を計画的に有意義に使って、全力で頑張ってください！

亜細亜大学

資料請求

入試部 アドミッションセンター　TEL (0422) 36-3273　〒180-8629 東京都武蔵野市境5-8

「自助協力」を体得し、国際社会の発展と平和に貢献する

大学紹介動画

最新入試情報

一人ひとりが確固たる自己を確立し各々の道を開拓する「自助」、自立した者どうしの協力関係である真の「協力」からなる「自助協力」の精神のもと、国際性と人間性、及び創造力を兼ね備えた人材を育成する。

武蔵野キャンパス2号館

キャンパス **1**つ

武蔵野キャンパス
〒180-8629 東京都武蔵野市境5-8

基本データ

※2023年10月現在（進路・就職は2022年度卒業者データ。学費は2024年度入学者用〔予定〕）

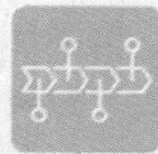
沿革

1941年、財団法人興亜協会を設立。1955年、亜細亜大学となり、商学部を設置。1964年、経済学部を設置。1966年、法学部を設置。1970年、商学部を改組し、経営学部を設置。1990年、国際関係学部を設置。2016年、都市創造学部を設置。2023年、経営学部にデータサイエンス学科を設置、現在に至る。

教育機関
5 学部 **3** 研究科

学部　経営／経済／法／国際関係／都市創造

大学院　アジア・国際経営戦略ⓂⒹ／経済学ⓂⒹ／法学ⓂⒹ

人数

学部学生数　**6,577**名　　教員1名あたり学生 **37**名

教員数　**176**名【理事長】巴政雄、【学長】永綱憲悟
（教授**79**名、准教授**55**名、講師**42**名）

学費

初年度納入額　**1,315,000～1,355,000**円

奨学金　亜細亜大学特待生

進路

学部卒業者　**1,326**名
（進学**36**名 [2.7%]、就職**1,175**名 [88.6%]、その他**115**名 [8.7%]）

主な就職先　東急建設、住友不動産販売、JR東日本、東急電鉄、本田技研工業、ブルボン、ヤナセ、イトーヨーカ堂、日本調剤、みずほフィナンシャルグループ、京葉銀行、多摩信用金庫、エイベックス、楽天グループ、セコム、国土交通省、関東信越国税局、自衛隊、武蔵野市役所、警視庁、東京消防庁

学部学科紹介

※本書掲載内容は、大学公表資料から独自に編集したものです。詳細は大学パンフレットやホームページ等で必ず確認してください（取得可能な免許・資格は任用資格や受験資格などを含む）。

経営学部

武蔵野キャンパス　定員 555

特色　少人数のゼミ教育を軸に知識や高度な実務スキルなどを備えた人材を育成する。
進路　卸売・小売業やサービス業、情報通信業などに就く者が多い。
学問分野　経営学／観光学
大学院　アジア・国際経営戦略

学科	定員	内容
経営学科	(325)	経営、マーケティング、会計・ファイナンスの3つの領域で構成される。2年次に関心に応じて領域を選択し専門的に学ぶ。学んだ知識を実践し就業力を高めるプログラムや、「アジアのビジネス環境」「アジアの企業と経営」などの国際的視野を養うカリキュラムが特徴的である。
ホスピタリティ・マネジメント学科	(150)	ホテルビジネス、ブライダルビジネス、フードサービスビジネス、パッセンジャーサービスビジネス、トラベルビジネス、スポーツホスピタリティ・ビジネスの6つの領域で構成。英語や中国語、手話など幅広い言語科目も用意され実務能力の育成に力を入れている。
データサイエンス学科	(80)	2023年度開設。AIを用いたデータ分析、ウェブアプリケーションの開発、デジタルマーケティングなど、データサイエンスと経営学のハイブリッドな学びを展開し、最先端のデジタル技術を駆使して、世界を舞台に活躍できるビジネス志向のDX人材を育成する。
取得可能な免許・資格		教員免許（中-社、高-公・商業）、社会教育士、社会教育主事、司書教諭、司書

経済学部

武蔵野キャンパス　定員 250

特色　データ解析の理論やスキルを学び、「生きた世界の姿」を捉える。
進路　就職先はサービス業や卸売・小売業、情報通信業など多岐にわたる。
学問分野　経済学／経営学
大学院　経済学

学科	定員	内容
経済学科	(250)	目指す将来像に合わせて2つのコースを設置。現代経済コースでは経済学の基礎から応用までを学び、世界や企業の経済活動への理解を深める。会計ファイナンスコースでは財務や税務など組織で必要とされる知識を高める。両コースとも3・4年次に文献講読や演習に取り組む。
取得可能な免許・資格		教員免許（中-社、高-公）、社会教育士、社会教育主事、司書教諭、司書

法学部

武蔵野キャンパス　定員 320

特色　講義とゼミによるアクティブ・ラーニングで「W学習」が行われている。
進路　卒業者の多くは卸売・小売業やサービス業、公務に就く。
学問分野　法学／政治学
大学院　法学

学科	定員	内容
法律学科	(320)	法律専門職、公務員、企業、現代法文化の4つのコースがあり、2年次に将来の展望を踏まえてコースを選択する。特に公務員を目指す学生に対しては、公務員試験に対応する科目の開講や課外講座の公務員試験講座との連携など、様々な支援が充実している。
取得可能な免許・資格		教員免許（中-社、高-公）、社会教育士、社会教育主事、司書教諭、司書

国際関係学部

武蔵野キャンパス　定員 260

特色　多様な価値観と外国語運用能力を養い、異文化交流に貢献できる人材を育成。
進路　就職先はサービス業や卸売・小売業、情報通信業が多い。
学問分野　言語学／文化学／観光学／国際学

学科	定員	内容
国際関係学科	(130)	国際経済・ビジネス、グローバル・ガバナンス、開発協力の3つのコースを設置している。1年次から少人数のゼミに全員が所属し、年次に合わせて読み取りや討論、文章化などの訓練を行う。5カ月間のアメリカ留学を基本として、在学中に1度以上は海外で学習するなど、英語教育にも力を入れている。

多文化コミュニケーション学科 (130)	多文化社会協力、観光多文化、多文化多言語の3つのエリアから学び多文化理解を目指す。英語の他に、様々な地域言語から1つを選択し学ぶ。国内の現地調査だけでなく海外での「多文化フィールドスタディー」を通じ国際社会で役立つ教養を身につける。
取得可能な免許・資格	教員免許（中-社・英、高-公・英）、社会教育士、社会教育主事、司書教諭、司書

都市創造学部

武蔵野キャンパス　定員 145

特色　社会調査能力と分析能力を養い国際都市における課題や未来の都市創造に貢献。
進路　就職先は卸売・小売業やサービス業、情報通信業などが多い。
学問分野　環境学

都市創造学科 (145)	海外都市について留学や現地でのインターンシップを通じて学ぶ国際都市と留学、都市の特徴を理解しビジネスにつなげる都市とビジネス、都市で起こる現象のメカニズムを文化の視点から考える都市と社会の3つのエリアから学ぶ。2年次後期には留学が必修となっている。
取得可能な免許・資格	社会教育士、社会教育主事、司書

入試要項（2025年度）

※この入試情報は大学発表の2025年度入試（予告）および2024年度募集要項等より編集したものです（2024年1月時点。見方は巻頭の「本書の使い方」参照)。内容には変更が生じる可能性があるため、最新情報はホームページや2025年度募集要項等で必ず確認してください。

「大学入試科目検索システム」のご案内
日程・方式ごとの偏差値や昨年度入試結果（志願者倍率、実質倍率、合格最低点)、基本情報（出願締切日、試験日、二段階選抜、募集人員、総合満点）などは、「大学入試科目検索システム」（https://nyushi.toshin.com/）をご覧ください（利用方法はp.12参照)。

■経営学部 偏差値 58

一般選抜

◆**一般入試（学科別〔3教科型〕)**
[経営、ホスピタリティ・マネジメント：3科目] 国現 地歴 公 数日、世、政経、数ⅠAから1 外英
[データサイエンス：3科目] 国現 数数ⅠA 外英
◆**一般入試（学科別〔2教科型〕)**
[データサイエンス：2科目] 数数ⅠⅡAB〔列〕C〔ベ〕外英
◆**全学統一入試（前期、中期)**
[全学科：2科目] 国現 外英
◆**全学統一入試（後期)**
[経営、ホスピタリティ・マネジメント：2科目] 国現 外英、英語外部試験から1
◆**一般入試（学科別〔DS後期〕)**
[データサイエンス：2科目] 数数ⅠⅡA 外英、英語外部試験から1

共通テスト利用入試 ※個別試験は課さない

◆**共通テスト利用入試（2教科型〔前期、後期〕)**
[経営、ホスピタリティ・マネジメント：2科目] 国 地歴 公 数 外 情次の①～③から2（①現、②地歴公数情全10科目から1、③外全5科目から1）
◆**共通テスト利用入試（3教科型〔前期、後期〕)**
[経営、ホスピタリティ・マネジメント：3科目] 国現 地歴 公 数 情全10科目から1 外全5科目から1
◆**共通テスト利用入試（3教科型A〔前期、後期〕)**
[データサイエンス：3科目] 数 理 外 情数ⅠA必須、数ⅡBC、物、化、生、地、英、情Ⅰから2教科2
◆**共通テスト利用入試（3教科型B〔前期、後期〕)**
[データサイエンス：3科目] 国 地歴 公 数現、地歴公全6科目、数ⅠA、数ⅡBCから2教科2 外英

■経済学部 偏差値 57

一般選抜

◆**一般入試（学科別〔3教科型〕)**
[経済：3科目] 国現 地歴 公 数日、世、政経、数ⅠAから1 外英
◆**全学統一入試（前期、中期)**
[経済：2科目] 国現 外英
◆**全学統一入試（後期)**
[経済：2科目] 国現 外英、英語外部試験から1

共通テスト利用入試 ※個別試験は課さない

◆**共通テスト利用入試（2教科型〔前期、後期〕)**
[経済：2科目] 国 地歴 公 数 外 情次の①～③から2（①現、②地歴公数情全10科目から1、③英）
◆**共通テスト利用入試（3教科型〔前期、後期〕)**
[経済：3科目] 国現 地歴 公 数 情全10科目から1 外英

■法学部 偏差値 56

一般選抜

◆**一般入試（学科別〔3教科型〕)**
[法律：3科目] 国現 地歴 公 数日、世、政経、数ⅠAから1 外英
◆**全学統一入試（前期、中期)**
[法律：2科目] 国現 外英
◆**全学統一入試（後期)**
[法律：2科目] 国現 外英、英語外部試験から1

共通テスト利用入試　※個別試験は課さない

◆共通テスト利用入試（2教科型〔前期、後期〕）

［法律：2科目］国外現、外全5科目から1地歴公全6科目から1

◆共通テスト利用入試（3教科型〔前期、後期〕）

［法律：3科目］国現地歴公数地歴公全6科目、数Ⅰ、数ⅠAから1外全5科目から1

■国際関係学部　偏差値57

一般選抜

◆一般入試（学科別〔3教科型〕）

［全学科：3科目］国現地歴公数日、世、政経、数ⅠAから1外英

◆全学統一入試（前期、中期）

［全学科：2科目］国現外英

◆全学統一入試（後期）

［全学科：2科目］国現外英、英語外部試験から1

共通テスト利用入試　※個別試験は課さない

◆共通テスト利用入試（2教科型〔前期、後期〕）

［全学科：2科目］国地歴公数外情次の①～③から2（①現、②地歴公情全7科目、数Ⅰ、数ⅠAから1、③英）

◆共通テスト利用入試（3教科型〔前期、後期〕）

［全学科：3科目］国現地歴公数情地歴公情全7科目、数Ⅰ、数ⅠAから1外英

■都市創造学部　偏差値56

一般選抜

◆一般入試（学科別〔3教科型〕）

［都市創造：3科目］国現地歴公数日、世、政経、数ⅠAから1外英

◆全学統一入試（前期、中期）

［都市創造：2科目］国現外英

◆全学統一入試（後期）

［都市創造：2科目］国現外英、英語外部試験から1

共通テスト利用入試　※個別試験は課さない

◆共通テスト利用入試（2教科型〔前期、後期〕）

［都市創造：2科目］国地歴公数理情現、地歴公数理情全15科目から1外英

◆共通テスト利用入試（3教科型〔前期、後期〕）

［都市創造：3科目］国地歴公数理情現、地歴公数理情全15科目から2教科2外英

■特別選抜

［総合型選抜］総合型選抜入試、ホスピタリティAO入試、ホスピタリティ入試、グローバル人材育成入試、スポーツ・文化活動入試

［学校推薦型選抜］指定校推薦入試、公募推薦入試

［その他］外国人留学生入試

就職支援

亜細亜大学では、授業を通じたキャリア形成支援が行われ、学部・学科での特徴のある授業など教職員が一丸となったキャリア形成サポートがあります。また、4年一貫の就職支援が行われ、ガイダンスや個人面談、キャリア支援ツールが中心の支援プログラムが提供されています。さらに、資格取得や業界に特化したサポートプログラムが行われ、特定の業界に興味・関心がある学生や、資格を取得したい学生に向けた課外講座や説明会など様々な機会を提供しています。

国際交流

亜細亜大学では、独自のネットワークを活かした世界20カ国・地域39大学と多彩な留学プログラムを提供しています。5ヶ月間のアメリカプログラムをはじめ、短期・中期・長期の豊富な留学プログラムや、現地企業でのビジネス研修やインターンシップなどといった体験型プログラムの他に、海外の授業をオンラインで受講することができるオンライン留学が実施されています。また、学部で学ぶ専門性を深めるための学部独自の留学・海外研修制度が設けられています。

おおつまじょし
大妻女子大学

資料請求

広報・入試センター（千代田キャンパス）TEL（03）5275-6011　〒102-8357 東京都千代田区三番町12

学び働き続ける自立自存の女性を育成する

大学紹介動画

最新入試情報

伝統と確かな実績を誇る女子教育により、在学中はもとより卒業後も一層のスキル向上のために「学び続けることのできる女性」、そして、時代や環境にも柔軟に対応しながら「働き続けることのできる女性」を育成する。

千代田キャンパス外観

キャンパス 2つ

千代田キャンパス
〒102-8357 東京都千代田区三番町12
多摩キャンパス
〒206-8540 東京都多摩市唐木田2-7-1

基本データ

※2023年5月現在（学部学生数に留学生は含まない。進路・就職は2022年度卒業者データ。学費は2024年度入学者用）

沿革

1908年、大妻コタカによる私塾を創設。1949年、大妻女子大学を開学し、家政学部を設置。1950年、短期大学部を設置。1967年、文学部を設置。1988年、多摩キャンパスを開設。1992年、社会情報学部を設置。1999年、人間関係、比較文化の2つの学部を設置。2025年、データサイエンス学部（仮称、設置認可申請中）を開設予定。

教育機関
6学部 1研究科

学部（※2025年4月開設予定）　家政／文／社会情報／人間関係／比較文化／データサイエンス※

大学院　人間文化 M D

その他　短期大学部

人数

学部学生数　6,652名

教員1名あたり学生 28名

教員数　237名【理事長・学長】伊藤正直
（教授129名、准教授46名、講師28名、助教8名、助手・その他26名）

学費

初年度納入額　1,450,250~1,518,250円

奨学金　大妻女子大学育英奨学金、学校法人大妻学院特別育英奨学金

進路

学部卒業者　1,656名
（進学25名［1.5%］、就職1,468名［88.6%］、その他163名［9.9%］）

主な就職先　清水建設、積水ハウス、日本コムシス、サッポロビール、ヤクルト本社、住友化学、東ソー、村田製作所、オリエンタルモーター、三菱総研DCS、フジテレビジョン、JR東日本、東京エレクトロン、日本銀行、三井住友海上火災保険、三井不動産リアルティ、アクセンチュア、東京都（職員）、各都道府県教育委員会、各私立幼稚園、JALスカイ、ANA

学部学科紹介

※本書掲載内容は、大学公表資料から独自に編集したものです。詳細は大学パンフレットやホームページ等で必ず確認してください（取得可能な免許・資格は任用資格や受験資格などを含む）。

家政学部
千代田キャンパス　定員 490

特色　「人間の生活」に関わる社会問題を科学的に見つめ、解決する力を養う。
進路　就職先は一般企業の他、資格を活かして教員や保育士、医療機関など。
学問分野　健康科学／生活科学／食物学／被服学／住居学／子ども学／教員養成／教育学／デザイン学
大学院　人間文化

被服学科 (110)	1年次に被服学の基礎を学ぶ。2年次から、製作、被服材料学等を学ぶ被服学コースと、ファッションビジネス・マーケティング等を学ぶファッション環境マネジメントコースに分かれる。
食物学科 (130)	家庭科の教員免許や栄養士免許などを得られる食物学専攻と、栄養士免許および管理栄養士の国家試験受験資格を得られる管理栄養士専攻からなる。食の専門家として社会に貢献できる人材を育成する。
児童学科 (130)	保育士と幼稚園教諭の資格が取得できる児童学専攻と、小学校教諭と中学校教諭（理科）の資格が取得できる児童教育専攻からなる。発達・臨床心理学、教育・保育学、子どもと文化、児童福祉の4つの領域を中心に学ぶ。
ライフデザイン学科 (120)	「真の豊かさ」の実現を目標に、現代社会のライフスタイルを構想する力を養う。豊かさに関する複数の視点から家庭、地域・社会、自然環境の3つの領域のつながりを理解し、生活や人生を総合的に考える。
取得可能な免許・資格	学芸員、児童指導員、食品衛生管理者、食品衛生監視員、管理栄養士、栄養士、栄養教諭（一種）、衣料管理士、保育士、教員免許（幼一種、小一種、中-理・家、高-家）、司書教諭

文学部
千代田キャンパス　定員 360

特色　「ことば」を通して様々な対象について学び時代の変化に対応できる人材を育成。
進路　就職先は卸売・小売業やサービス業、金融・保険業などが多い。
学問分野　文学／言語学／社会学／メディア学／国際学
大学院　人間文化

日本文学科 (120)	日本語学、日本文学、漢文学を通じて人間理解を深め、教養と人間性を磨く。日本文学研究に欠かせない「変体仮名読解」は1年次の必修となっている。
英語英文学科 (120)	英米文学、英語学、英語教育学、英米文化の中から興味のある領域を専門的に学ぶ。数多くの英語系科目や学科独自のプログラムなどを用意し、効果的な英語力のスキルアップを図る。
コミュニケーション文化学科 (120)	1年次からゼミが必修である。異文化コミュニケーションとメディア・コミュニケーションの2つの系列を柱に、国際社会で求められる言語力とコミュニケーション力を養う。
取得可能な免許・資格	学芸員、教員免許（中-国・英、高-国・英）、司書教諭、司書

社会情報学部
千代田キャンパス　定員 300

特色　実社会で通用する高度な情報処理技術と実践的な英語力を身につけた人材を育成。
進路　就職先は情報通信業や卸売・小売業、サービス業などが多い。
学問分野　経済学／経営学／メディア学／環境学／情報学
大学院　人間文化

社会情報学科 (300)	経済学、経営学、メディア学、社会学などの分野を学ぶ社会生活情報学専攻、持続可能な社会づくりを学ぶ環境情報学専攻、情報処理技術や知識を修得しシステムや情報デザインを学ぶ情報デザイン専攻の3専攻からなる。
取得可能な免許・資格	学芸員、建築士（二級、木造）、教員免許（中-理、高-理・情）、ビオトープ管理士、司書教諭、司書

人間関係学部
多摩キャンパス　定員 260

特色　人々の幸福や福祉を深く理解することで、「共生社会」の実現を目指す。
進路　就職先は医療・福祉業や卸売・小売業、情報通信業など多岐にわたる。
学問分野　心理学／社会学／社会福祉学／人間科学
大学院　人間文化

人間関係学科 (160)	2つの専攻を設置。社会学専攻では文献収集、レポート作成、ディスカッションなどからコミュニケーション能力と社会調査スキルを養う。社会・臨床心理学専攻では社会心理学と臨床心理学の両方を学ぶ。
人間福祉学科 (100)	生活上の様々な問題について自分で考え行動できる人材を育成する。ソーシャルワーク、メンタルヘルス、子ども・子育て支援、ライフビジネスなど7つの履修モデルを用意している。
取得可能な免許・資格	公認心理師、認定心理士、学芸員、社会調査士、社会福祉士、介護福祉士、精神保健福祉士、社会福祉主事、児童指導員、保育士、司書

比較文化学部
千代田キャンパス　定員 165

特色　日本と世界各地の文化を比較して学び幅広い視野と国際感覚を持つ人材を育成。
進路　就職先は卸売・小売業や情報通信業、医療・福祉業などが多い。
学問分野　言語学／国際学
大学院　人間文化

比較文化学科 (165)	アジア文化、アメリカ文化、ヨーロッパ文化の3つのコースを設置。2年次から各コースに分かれ、各地域の文化に関する専門知識を学ぶ。最長で半年間にわたる学部独自の海外研修プログラムを実施している。
取得可能な免許・資格	学芸員、司書

データサイエンス学部
千代田キャンパス　定員 90

特色　2025年度開設予定。データサイエンスをビジネスに応用し課題解決能力を養う。
進路　情報通信業をはじめ一般企業への就職を想定。
学問分野　経済学／経営学／数学／情報学

データサイエンス学科 新 (90)	2025年度開設予定。データサイエンスの基礎から応用まで幅広く学びつつ経済学や経営学も修めることで、ビジネスへの応用力を身につける。企業などのデータを用いて現場の課題を発見・解決する実践的な授業や、少人数クラスでのきめ細かい指導が受けられる（設置計画は予定であり、内容に変更があり得る）。

入試要項（2025年度）

※この入試情報は大学発表の2025年度入試（予告）より編集したものです（2024年1月時点。見方は巻頭の「本書の使い方」参照）。内容には変更が生じる可能性があるため、最新情報はホームページや2025年度募集要項等で必ず確認してください。

「大学入試科目検索システム」のご案内
日程・方式ごとの偏差値や昨年度入試結果（志願者倍率、実質倍率、合格最低点）、基本情報（出願締切日、試験日、二段階選抜、募集人員、総合満点）などは、「大学入試科目検索システム」（https://nyushi.toshin.com/）をご覧ください（利用方法はp.12参照）。

■家政学部　偏差値 57

一般選抜

◆A方式Ⅰ期（2月1日）
［ライフデザイン：3科目］国現 外英、英語外部試験から高得点1 書類審調査書

◆A方式Ⅰ期（2月2日）
［被服：3科目］国 公 理 情現、公共、化基・化、生基・生、情Ⅰから1 外英、英語外部試験から高得点1 書類審調査書
［食物：3科目］国 外次の①・②から1（①現、②英、英語外部試験から高得点1）理化基・化、生基・生から1 書類審調査書
［児童－児童学：3科目］国現 外英、英語外部試験から高得点1 書類審調査書
［児童－児童教育：3科目］国現 理 外次の①～③から1（①生基、②化基、③英、英語外部試験から高得点1）書類審調査書
［ライフデザイン：3科目］国 地歴 公 理現、歴総・日、歴総・世、公共、生基・生から1 外英、英語外部試験から高得点1 書類審調査書

◆A方式Ⅱ期
［被服：2科目］外英 書類審調査書
［児童：3科目］国 外現、英から1 面面接 書類審調査書
［ライフデザイン：2科目］国 外現、英から1 書類審調査書

共通テスト利用入試　※個別試験は課さない

◆B方式Ⅰ期（2科目型）
［被服：3科目］国外現、英から1地歴公理情全12科目から1書類審調査書
［児童－児童学：3科目］国現外英書類審調査書
［児童－児童教育：3科目］国現理外理科基礎、英から1書類審調査書
［ライフデザイン：3科目］国外現、英から1地歴公理歴総・日、歴総・世、地総・歴総・公共、公共・倫、公共・政経、理科基礎から1書類審調査書
◆B方式Ⅰ期（3科目型）
［被服：4科目］国地歴公数理外情現、地歴公数理情全15科目、英から3書類審調査書
［食物：4科目］国現理理科基礎、化、生から1外英書類審調査書
［児童－児童教育：4科目］国現理理科基礎外英書類審調査書
◆B方式Ⅱ期
［児童－児童教育、ライフデザイン：3科目］B方式Ⅰ期（2科目型）に同じ

■文学部 偏差値57

一般選抜
◆A方式Ⅰ期（2月1日）
［日本文：3科目］国現古漢外英、英語外部試験から高得点1書類審調査書
［英語英文、コミュニケーション文化：3科目］国現外英、英語外部試験から高得点1書類審調査書
◆A方式Ⅰ期（2月2日）
［日本文：3科目］国現古地歴公外歴総・日、歴総・世、公共、英から1▶英選択の場合は英、英語外部試験から高得点1書類審調査書
［英語英文：3科目］A方式Ⅰ期（2月1日）に同じ
［コミュニケーション文化：3科目］国地歴現、歴総・日、歴総・世から1外英、英語外部試験から高得点1書類審調査書
◆A方式Ⅱ期
［日本文：2科目］国現古漢書類審調査書
［英語英文、コミュニケーション文化：2科目］外英書類審調査書
共通テスト利用入試 ※個別試験は課さない
◆B方式Ⅰ期（2科目型）、B方式Ⅱ期（2科目型）
［日本文：3科目］国現古漢地歴公外情地歴公情全7科目、英から1書類審調査書
［英語英文：3科目］国地歴公現、地歴公全6科目から1外英書類審調査書
［コミュニケーション文化：3科目］国地歴公数情現、地歴公情全7科目、数Ⅰ、数ⅠAから1外英書類審調査書
◆B方式Ⅰ期（3科目型）
［日本文：4科目］国現古漢地歴公情全7科目から1外英書類審調査書
［英語英文：4科目］国現地歴公全6科目から1外英書類審調査書
［コミュニケーション文化：4科目］国現地歴公数情地歴公情全7科目、数Ⅰ、数ⅠAから1外英書類審調査書

■社会情報学部 偏差値61

一般選抜
◆A方式Ⅰ期（2月1日）
［社会情報：3科目］国現外英、英語外部試験から高得点1書類審調査書
◆A方式Ⅰ期（2月2日）
［社会情報－社会生活情報学：3科目］国地歴公数外情次の①～③から2（①現、数ⅠⅡAから1、②歴総・日、歴総・世、公共、情Ⅰから1、③英、英語外部試験から高得点1）書類審調査書
［社会情報－環境情報学：3科目］国地歴数理外情次の①～③から2（①現、数ⅠⅡAから1、②歴総・日、歴総・世、化基・化、生基・生、情Ⅰから1、③英、英語外部試験から高得点1）書類審調査書
［社会情報－情報デザイン：3科目］国地歴公数理外情次の①～③から2（①現、数ⅠⅡAから1、②歴総・日、歴総・世、公共、化基・化、生基・生、情Ⅰから1、③英、英語外部試験から高得点1）書類審調査書
◆A方式Ⅱ期
［社会情報－社会生活情報学・環境情報学：2科目］国外現、英から1書類審調査書
［社会情報－情報デザイン：3科目］国外現、英から1面面接書類審調査書
共通テスト利用入試 ※個別試験は課さない
◆B方式Ⅰ期（2科目型）、B方式Ⅱ期（2科目型）
［社会情報－環境情報学：3科目］国外現、英から1地歴公数理情地歴数理情全12科目、地総・歴総・公から1書類審調査書
［社会情報－情報デザイン：3科目］国外現、英から1地歴公数理情全15科目から1書類審調査書
◆B方式Ⅰ期（3科目型）
［社会情報－社会生活情報学：4科目］国現地歴公数理情全15科目から1外英書類審調査書
［社会情報－環境情報学：4科目］国外現、英から1地歴公数理情地歴数理情全12科目、地総・歴総・公から2書類審調査書
◆B方式Ⅱ期（3科目型）
［社会情報－社会生活情報学：4科目］B方式Ⅰ期（3科目型）に同じ

■人間関係学部 偏差値56

一般選抜
◆A方式Ⅰ期（2月1日）
［全学科：3科目］国現外英、英語外部試験から高得点1書類審調査書
◆A方式Ⅰ期（2月2日）
［人間関係－社会学、人間福祉：3科目］国現地歴公外歴総・日、歴総・世、公共、英から1▶英選択の場合は英、英語外部試験から高得点1書類審調査書
［人間関係－社会臨床心理学：3科目］国現公外情次の①～③から1（①公共、②英、英語外部試験から高得点1、③情Ⅰ）書類審調査書
◆A方式Ⅱ期
［全学科：2科目］国外現、英から1書類審調査書

私立 東京 神奈川 大妻女子大学

共通テスト利用入試　※個別試験は課さない

◆B方式Ⅰ期（2科目型）、B方式Ⅱ期（2科目型）

［人間関係－社会学：3科目］国現 外英 書類審調査書

［人間関係－社会臨床心理学：3科目］国 数 外現、数Ⅰ、数ⅠA、英から2教科2 書類審調査書

［人間福祉：3科目］国現 地歴 公 外歴総・日、歴総・世、公共・倫、公共・政経、英から1 書類審調査書

◆B方式Ⅰ期（3科目型）

［人間関係－社会学：4科目］国現 地歴 公全6科目から1 外英 書類審調査書

［人間関係－社会臨床心理学：4科目］国現 地歴 公 数 理 情歴総・日、歴総・世、地総・歴総・公共、公共・倫、公共・政経、数Ⅰ、数ⅠA、理情全6科目から1 外英 書類審調査書

■比較文化学部 偏差値 55

一般選抜

◆A方式Ⅰ期（2月1日）

［比較文化：3科目］国現古 外英、英語外部試験から高得点1 書類審調査書

◆A方式Ⅰ期（2月2日）

［比較文化：3科目］国 地歴現、歴総・日、歴総・世から1 外英、英語外部試験から高得点1 書類審調査書

◆A方式Ⅱ期

［比較文化：2科目］国 外現、英から1 書類審調査書

共通テスト利用入試　※個別試験は課さない

◆B方式Ⅰ期（2科目型）

［比較文化：3科目］国 地歴 公 外現古、地歴公全6科目、英から2教科2▶地歴と公は1教科扱い 書類審調査書

◆B方式Ⅰ期（3科目型）、Ⅱ期（3科目型）

［比較文化：4科目］国現古 地歴 公全6科目から1 外英 書類審調査書

■データサイエンス学部 偏差値

※設置認可申請中。入試情報未公表（2024年1月時点）

■特別選抜

［総合型選抜］総合型選抜（自己推薦型〔Ⅰ期、Ⅱ期〕）

［学校推薦型選抜］学校推薦型選抜（公募制、同窓生子女推薦、指定校制）

［その他］社会人入試、外国人留学生入試

就職支援

大妻女子大学では、就職支援センターの窓口を各キャンパスに設置し、様々なキャリア支援、就職対策のガイダンス、講座による充実したサポートが提供されています。大学独自の取り組みとして、ビジネスの世界で役立つ知識やスキルを修得できる学内ダブルスクールや、営業人材を養成するための多種多様な講座が開講されています。また、女子大最大規模の約300社の企業が参加する学内企業説明会が開催され、就職情報サイトでは得られない企業の情報を知ることができます。

国際交流

大妻女子大学では、海外にある約40の大学・機関と国際交流を行っています。協定校へ3週間、1学期または1年間留学する交換留学や、1学期または1年間留学し、語学力向上だけでなく所定のレベルに到達すると現地の大学の正課科目を受講できる長期留学、長期休暇を利用した主に1ヶ月前後で、語学研修だけでなく研修先の文化や歴史見学などが体験できる短期研修が実施されています。また、留学準備として、様々な留学支援講座や課外英語力プログラムが開設されています。

大妻女子大学ギャラリー

■多摩キャンパス

四季ごとの彩りに囲まれながら、広々とした空間で研究に励むことができます。正門からまっすぐ伸びる大階段も特徴的です。

■アクティブラウンジ

千代田キャンパスG棟に設けられた、多様な学修に対応する学習スペース。動画をガラススクリーンに投影することもできます。

■学生食堂kotacafé

席数は311席（他テラス席110席）。椅子の大半は、北欧デザイナーズチェアの名品「セブンチェア」と「アントチェア」です。

■大妻講堂

千代田キャンパスにある吹き抜けが開放的な講堂です。ヒノキ材で作られた舞台にはドイツ製のパイプオルガンが設置されています。

学習院大学
がくしゅういん

資料請求

アドミッションセンター　TEL (03) 5992-9226・1083　〒171-8588 東京都豊島区目白1-5-1

多様性を大事にする開かれた総合大学

大学紹介動画　最新入試情報

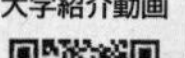
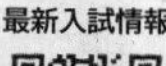

「ひろい視野」「たくましい創造力」「ゆたかな感受性」を教育理念とする。都心のワンキャンパスに社会・人文・自然科学の異なる学問分野が同居する魅力を活かし、分野の垣根を越えた多様な学びを実現する。

西5号館前

校歌

校歌音声

学習院院歌
作詞／安倍能成　作曲／信時潔

一、もゆる火の火中に死にて
また生るる不死鳥のごと
破れさびし廃墟の上に
たちあがれ新学習院

基本データ

※2023年11月現在（教員数は同年10月現在。進路・就職は2022年度卒業者データ。学費は2024年度入学者用）

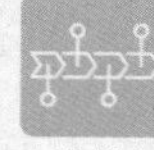

沿革

1847年、京都御所日ノ御門前に学習所を設置。1949年、新制大学として文政、理学部を設置。1952年、文政学部を改組。政経、文学部を設置。1964年、政経学部を法、経済学部に分離。1999年、大学開学50周年記念式典を挙行。2004年、法科大学院（ロースクール）を設置。2016年、国際社会科学部を設置し、現在に至る。

キャンパス
1つ

キャンパスマップ

所在地・交通アクセス

目白キャンパス（本部）
〒171-8588 東京都豊島区目白1-5-1
アクセス ①JR「目白駅」から徒歩30秒、②地下鉄「雑司が谷駅」から徒歩7分

教育機関
5 学部 7 研究科

学部 法／経済／文／理／国際社会科

大学院 法学MD／政治学MD／経済学MD／経営学MD／人文科学MD／自然科学MD／法務P

人数

学部学生数 8,777名　教員1名あたり学生28名

教員数 305名【学長】遠藤久夫
（教授220名、准教授32名、講師1名、助教52名）

学費

初年度納入額 1,317,800~1,870,800円

奨学金 学習院大学新入学生特別給付奨学金、目白の杜奨学金、学習院桜友会ふるさと給付奨学金、学習院大学学費支援給付奨学金

進路

学部卒業者 2,016名（進学135名、就職1,679名、その他202名）

進学 6.7%　就職 83.3%　その他 10.0%

主な就職先

法学部
東京23特別区人事委員会、アクセンチュア、千葉銀行、損害保険ジャパン、日本生命保険、東京都人事委員会、千葉県（県内市町村職員〔除：千葉市〕）、横浜市人事委員会、JR東日本、りそなホールディングス

経済学部
千葉銀行、ボードルア、富国生命保険、住友生命保険、アクセンチュア、埼玉県（県内市町村職員〔除：さいたま市〕）、東京23特別区人事委員会、NECソリューションイノベータ、リクルート、JTB

文学部
埼玉県教育委員会、東京都教育委員会、千葉県教育委員会、東京23特別区人事委員会、埼玉県（県内市町村職員〔除：さいたま市〕）、パーソルプロセス＆テクノロジー、ANAエアポートサービス、日本通運、三井住友信託銀行

理学部
Sky、大塚商会、NECソリューションイノベータ、日立ソリューションズ・クリエイト、東京都教育委員会、日立システムズ、日鉄鉱業、日本コーンスターチ、伊藤園、大日本印刷

国際社会科学部
日本生命保険、JFE商事、NEC、パーソルプロセス＆テクノロジー、アイレップ、佐川グローバルロジスティクス、双日、ベイカレント・コンサルティング、エル・ティー・エス、リクルート

学部学科紹介

※本書掲載内容は、大学公表資料から独自に編集したものです。詳細は大学パンフレットやホームページ等で必ず確認してください（取得可能な免許・資格は任用資格や受験資格などを含む）。

「大学入試科目検索システム」のご案内
入試要項のうち、日程・方式ごとの偏差値や昨年度入試結果（志願者倍率、実質倍率、合格最低点）、基本情報（出願締切日、試験日、二段階選抜、募集人員、総合満点）などは、「大学入試科目検索システム」（https://nyushi.toshin.com/）をご覧ください（利用方法はp.12参照）。

法学部

目白キャンパス

定員 480

入試科目検索

特色 両方の学科の科目を履修可能。3年間で卒業できるコースも設けられている。
進路 主に金融・保険業や情報通信業に就職している。他、公務員になる者も多い。
学問分野 法学／政治学／国際学
大学院 法学／政治学／法務

学科紹介

法学科 (250)	紛争の原因の客観的な分析と、その解決および予防について法整備の検討ができる能力を養う。判例分析や模擬裁判、法曹界で活躍する実務家教員による講義を行う。国家公務員試験や法科大学院（ロースクール）への進学を念頭においた授業も行っている。
政治学科 (230)	政治学、国際関係論、社会学の3つの分野を総合的に学び、政治に関する状況の把握と問題を分析する知的基盤を養う。セメスター制を導入し海外留学を推奨している。大学院への進学を希望する学生向けの「FTコース」では、5年間で修士号まで取得できる。
取得可能な免許・資格	学芸員、教員免許（中-社、高-公）、司書

入試要項（2025年度）

※この入試情報は大学発表の2025年度入試（予告）および2024年度募集要項等より編集したものです（2024年1月時点。見方は巻頭の「本書の使い方」参照）。内容には変更が生じる可能性があるため、最新情報はホームページや2025年度募集要項等で必ず確認してください。

■法学部 偏差値 64

一般選抜

◆コア試験
[全学科：3科目（350点）] 国現古（100） 地歴 公 数 地歴全3科目、公共・政経、数ⅠⅡAB〔列〕C〔べ〕から1（100） 外英（150）

◆プラス試験
[全学科：3科目（390点）] 国現古（120） 地歴 公 数 歴総・日、歴総・世、公共・政経、数ⅠⅡAB〔列〕C〔べ〕から1（120） 外英（150）

共通テスト利用入試 ※個別試験は課さない

◆共通テスト利用入学者選抜
[全学科：3～4科目（500～600点→350点）] 国現古漢（200→100） 地歴 公 数 次の①・②から1（①地歴全3科目、地総・歴総・公共、公共・政経から1（100）、②数ⅠA、数ⅡBC（計200→100）） 外英（200→150）

特別選抜

[学校推薦型選抜]学校推薦型選抜（指定校、公募制）
[その他]「外国高等学校出身者」および「海外帰国生徒」対象入学

経済学部

定員 500

入試科目検索

目白キャンパス

特色 少人数の演習と独自の英語教育によって、経済問題を解決する能力を養う。

進路 金融・保険業や情報通信業、サービス業などを中心に幅広い業種に就職。

学問分野 経済学／経営学

大学院 経済学／経営学

学科紹介

学科	定員	内容
経済学科	(250)	社会保障や環境問題など多様な社会問題に対して経済学の観点から取り組み、その解決に寄与できる人材を育成する。2年次にゼミを選択し専門分野の学習を進める。経済学に関する原書講読など英語で学ぶ経済学の科目も用意され、実践的な英語教育を行っている。
経営学科	(250)	国際化や情報化の進展著しい現在の経済社会で、実践的な問題解決能力と豊かな発想力を発揮できる人材を育成する。2年次から本格的にゼミでの学習が始まる。第一線で活躍する実務家を招いた講演では、ディスカッションを交え各業界や産業の最新事情を学ぶ。
取得可能な免許・資格		学芸員、教員免許（中-社、高-公・情）、司書

入試要項（2025年度）

※この入試情報は大学発表の2025年度入試（予告）および2024年度募集要項等より編集したものです（2024年1月時点。見方は巻頭の「本書の使い方」参照）。内容には変更が生じる可能性があるため、最新情報はホームページや2025年度募集要項等で必ず確認してください。

■経済学部 偏差値

一般選抜

◆**コア試験**

[全学科：3科目（390点）] [国] 現古（120） [地歴][公][数] 地歴全3科目、公共・政経、数ⅠⅡAB〔列〕C〔べ〕から1（120） [外] 英、独、仏から1（150） ▶仏はディクテーションを課す

◆**プラス試験**

[全学科：3科目（390点）] [国] 現古（120） [地歴][公][数] 歴総・日、歴総・世、公共・政経、数ⅠⅡAB〔列〕C〔べ〕から1（120） [外] 英（150）

共通テスト利用入試 ※個別試験は課さない

◆**共通テスト利用入学者選抜（4科目型）**

[経済：4科目（600点→550点）] [国] 現古漢（200→150） [地歴][公][数] 数ⅠA必須、地歴公全6科目、数ⅡBCから1（計200） [外] 全5科目から1（200）

◆**共通テスト利用入学者選抜（6科目型）**

[経済：6科目（800点）] [国] 現古漢（200） [地歴][公][理] 全11科目から2（計200） ▶理は同一名称含む組み合わせ不可 [数] 数ⅠA、数ⅡBC（計200） [外] 全5科目から1（200）

特別選抜

[学校推薦型選抜] 学校推薦型選抜（指定校、公募制）

[その他]「外国高等学校出身者」および「海外帰国生徒」対象入学、外国人留学生入学試験

文学部

目白キャンパス

定員 675

入試科目検索

特色　少人数制ゼミで考察力などを培う。2つ以上の外国語の学習が必修である。
進路　主に情報通信業やサービス業、金融・保険業などの一般企業に就職している。
学問分野　文学／言語学／哲学／心理学／歴史学／国際学／教員養成／芸術理論
大学院　人文科学

学科紹介

哲学科 (95)	2年次より哲学・思想史、美学・美術史の2つの系に分かれる。外国語や古典語による文献の読解や絵画、彫刻、工芸などの作品の解釈を通じ、研究や思考の方法を学ぶ。ドイツ語、フランス語、ギリシア語、漢文の4つの言語の原典にあたる演習が設けられている。
史学科 (95)	歴史を多面的に理解、研究できる広い視野と柔軟な思考力を養成する。日本史、東洋史、西洋史の3つの分野の科目の他、史料の利用や読解技術などの専門能力を養う様々な科目を履修する。必修のゼミを通じ歴史を実証的に研究する手法と姿勢を段階的に修得する。
日本語日本文学科 (115)	実証的かつ堅実な研究方法に加え国際的な感覚も取り入れて日本語と日本文学を中心に日本文化を学ぶ。2年次に古代から現代に至る日本の文化と文学を学ぶ日本語日本文学系、国内外の日本語教育とその課題について考える日本語教育系の2つのコースに分かれる。
英語英米文化学科 (115)	専門科目と連動した継続的な語学教育によって、国際社会で通用する英語の運用能力を身につける。言語、文学、歴史、思想などの側面から、英語圏の社会や文化を幅広くかつ深く理解する。3年次に現代研究、英語文化、言語・教育の3つのコースから選択する。
ドイツ語圏文化学科 (50)	ドイツ語圏の言語や文化、社会事情に精通し、グローバルな視点と豊かな国際感覚を持った人材を育成する。3年次に言語・情報、文学・文化、現代地域事情の3つのコースに分かれる。ドイツ語圏への留学者も多く、奨学金を得て1年以上の長期留学もできる。
フランス語圏文化学科 (65)	フランス語とそれが根付く複数の文化を研究対象として、幅広くかつ柔軟な視点を身につける。1年次から濃密なフランス語教育を実施することで、確かなフランス語能力を養う。3年次に文学・思想、言語・翻訳、舞台・映像、広域文化の4つのコースに分かれる。
心理学科 (90)	人間の心理や行動について実験、調査、観察によるデータの収集と分析を通して実証的に研究し、心理学の幅広い知識を修得する。3年次からは発達・教育心理学、学習・認知心理学、臨床心理学、社会心理学の4つの分野に分かれたゼミを履修し専門知識を深める。
教育学科 (50)	多文化共生社会を構築するための幅広い教養と専門的技能を兼ね備えた小学校教員を育成する。カリキュラムは教育基幹、教育創造、免許関連の3つの科目群で構成。理科、生活科、図画工作科などでは体験を重視した授業を行い、実践的な指導力を身につける。
取得可能な免許・資格	登録日本語教員、公認心理師、認定心理士、学芸員、教員免許（小一種、中-国・社・職業指導・英・フランス語・ドイツ語、高-国・地歴・公・書・職業指導・英・フランス語・ドイツ語）、司書

入試要項（2025年度）

※この入試情報は大学発表の2025年度入試（予告）および2024年度募集要項等より編集したものです（2024年1月時点。見方は巻頭の「本書の使い方」参照）。内容には変更が生じる可能性があるため、最新情報はホームページや2025年度募集要項等で必ず確認してください。

■文学部 偏差値 65

一般選抜

◆コア試験

[全学科：3科目（400点）] 国現古漢（150） 地歴 公 数 地歴全3科目、公共・政経、数ⅠⅡAB〔列〕C〔ベ〕から1（100） 外 英、独、仏から1（150）
▶仏はディクテーションを課す

◆プラス試験

[心理、教育：3科目（400点）] 数 数ⅠⅡⅢABC（150） 理 物基・物、化基・化、生基・生から1（100） 外 英（150）

共通テスト利用入試 ※個別試験は課さない

◆共通テスト利用入学者選抜（3教科型）

[哲：3科目（500点→400点）] 国 現古漢（200→150） 地歴 公 数 理 地歴公全6科目、数ⅠA、理科基礎から1（100） 外 英、独、仏から1（200→150）

[史：3科目（500点→300点）] 国 現古漢（200→100） 地歴 公 地歴全3科目、地総・歴総・公共、公共・政経から1（100） 外 全5科目から1（200→100）

[英語英米文化：3科目（500点→400点）] 国 現古漢（200→150） 地歴 公 数 理 情 全15科目から1（100） 外 英（200→150）

[ドイツ語圏文化：3科目（500点→400点）] 国 現古漢（200→150） 地歴 公 数 情 地歴公情全7科目、数ⅠAから1（100） 外 英、独、仏から1（200→150）

[フランス語圏文化：3科目（500点→400点）] 国 現古漢（200→150） 地歴 公 数 情 地歴公情全7科目、数ⅠAから1（100） 外 全5科目から1（200→150）

◆共通テスト利用入学者選抜（5教科型）

[教育：5科目（700点→500点）] 国 現古漢（200→100） 地歴 公 全6科目から1（100） 数 全3科目から1（100） 理 全5科目から1（100） 外 英（200→100）

特別選抜

[学校推薦型選抜] 学校推薦型選抜（指定校、公募制）

[その他]「外国高等学校出身者」および「海外帰国生徒」対象入学、外国人留学生入学試験、社会人入学

理学部

目白キャンパス

定員 210

入試科目検索

特色 安全性に配慮した実験環境で国内外から高い評価を受ける最先端の研究を行う。
進路 卒業者の多くは情報通信業や製造業などに就く。他、教育・学習支援業など。
学問分野 数学／物理学／化学／応用生物学
大学院 自然科学

学科紹介

物理学科 (48)	原子、分子、素粒子から広大な宇宙までの幅広い領域を研究対象とし、自然界における普遍的な構造や法則を発見する。徹底した少人数教育のもと、3年次まで実験を通して自主的な学習姿勢を身につけ、4年次には研究室に所属し本格的な研究に取り組む。
化学科 (54)	化学の原理と伝統的な手法を基盤に、新しい発想や発見ができる柔軟な科学的思考力を身につける。基本的な化学の知識や技術を学ぶ専門必修科目と、バリエーション豊かな専門選択科目により、基礎から最先端の応用まで幅広い分野について学ぶことができる。
数学科 (60)	数学の奥深い魅力を探りながら基礎から学び、論理的な思考力や問題解決能力を養う。講義と演習を組み合わせたカリキュラムで確実な理解を目指す。コンピュータ関連の科目や設備が充実し、プログラミングやアルゴリズムの設計・分析などの科目も設置している。
生命科学科 (48)	DNAやRNAなどの生体高分子から細胞や動植物の個体発生などの生命現象まで、分子細胞生物学を基盤に研究を行う。生命科学演習では英語で論文を読みこなせるだけの知識と英語力を養成する。実績ある教授陣の指導のもと医療や創薬の分野に寄与する人材を育成する。
取得可能な免許・資格	学芸員、教員免許（中-数・理、高-数・理）、司書

入試要項（2025年度）

※この入試情報は大学発表の2025年度入試（予告）および2024年度募集要項等より編集したものです（2024年1月時点。見方は巻頭の「本書の使い方」参照）。内容には変更が生じる可能性があるため、最新情報はホームページや2025年度募集要項等で必ず確認してください。

■理学部 偏差値 63

一般選抜

◆コア試験
[物理：3科目(450点)] 数 数ⅠⅡⅢABC(150) 理 物基・物(150) 外 英(150)
[化：3科目（450点）] 数 数ⅠⅡⅢABC（150） 理 物基・物、化基・化から1（150） 外 英(150)
[数、生命科：3科目（450点）] 数 数ⅠⅡⅢABC(150) 理 物基・物、化基・化、生基・生から1(150) 外 英(150)

◆プラス試験※出願資格として英語外部試験が必要
[物理：2科目(300点)] 数 数ⅠⅡⅢABC(150) 理 物基・物(150)

◆プラス試験
[化：3科目（450点）] 数 数ⅠⅡⅢABC（150） 理 化基・化(150) 外 英(150)
[数：2科目（300点）] 数 数ⅠⅡⅢABC（150） 外 英(150)

共通テスト利用入試 ※個別試験は課さない

◆共通テスト利用入学者選抜（4教科6科目型）
[化：6科目(800点)] 国 現古漢(200) 数 数ⅠA、数ⅡBC（計200） 理 物、化（計200） 外 全5科目から1(200)
[生命科：6科目（800点）] 国 現古漢（200） 数 数ⅠA、数ⅡBC（計200） 理 物、化、生から2（計200） 外 英(200)

◆共通テスト利用入学者選抜（3教科4科目型）
[生命科：4科目（500点→600点）] 数 数ⅠA、数ⅡBC(計200) 理 物、化、生から1(100→200) 外 英(200)

特別選抜

[学校推薦型選抜]学校推薦型選抜(指定校、公募制)
[その他]「外国高等学校出身者」および「海外帰国生徒」対象入学

国際社会科学部

定員 200

目白キャンパス

入試科目検索

特色 英語で思考し発信する能力と論理性を養う。海外研修が必修である。
進路 情報通信業やサービス業、卸売・小売業などの一般企業に就職する者が多い。
学問分野 法学／経済学／経営学／社会学／国際学

学科紹介

国際社会科学科 (200)	法学、経済学、経営学、地域研究、社会学を横断的に学び国際社会の仕組みを理解する。3年次以上を対象とした専門科目の講義はすべて英語で行われ、卒業までに4週間以上の海外研修が必修である。英語での思考力の向上を目標にしたカリキュラムを編成している。
取得可能な免許・資格	学芸員、教員免許（中-社、高-公）、司書

入試要項（2025年度）

※この入試情報は大学発表の2025年度入試（予告）および2024年度募集要項等より編集したものです（2024年1月時点。見方は巻頭の「本書の使い方」参照）。内容には変更が生じる可能性があるため、最新情報はホームページや2025年度募集要項等で必ず確認してください。

■国際社会科学部 偏差値 63

一般選抜

◆コア試験
［国際社会科：3科目（350点）］国現古（100）地歴公数歴総・日、歴総・世、公共・政経、数ⅠⅡAB〔列〕C〔ベ〕から1（100）外英（150）

◆プラス試験
［国際社会科：3科目（350点）］国現古（100）地歴公数歴総・日、歴総・世、公共・政経、数ⅠⅡAB〔列〕C〔ベ〕から1（100）外 英語外部試験（150）

共通テスト利用入試 ※個別試験は課さない

◆共通テスト利用入学者選抜
［国際社会科：4科目（600点→450点）］国現古漢（200→100）地歴公数数ⅠA必須、歴総・日、歴総・世、公共・政経、数ⅡBCから1（計200）外英（200→150）

特別選抜

［総合型選抜］総合型選抜（AO）
［学校推薦型選抜］学校推薦型選抜（指定校、公募制）

私立 東京 神奈川 学習院大学

募集人員等一覧表

※本書掲載内容は、大学のホームページ及び入学案内や募集要項などの公開データから独自に編集したものです。
詳細は募集要項かホームページで必ず確認してください。

学部	学科	募集人員※1	一般選抜		共通テスト利用入試	特別選抜※2
			コア試験	プラス試験	共通テスト利用入学者選抜	
法	法	180名	150名	15名	15名	③若干名
	政治	150名	120名	15名	15名	②5名程度 ③若干名
経済	経済	170名	130名	20名	4科目型 10名 6科目型 10名	②③④若干名
	経営	145名	130名	15名	—	②③④若干名
文	哲	60名	55名	—	5名	②③④⑤若干名
	史	60名	55名	—	5名	②③④⑤若干名
	日本語日本文	75名	75名	—	—	③④⑤若干名
	英語英米文化	80名	70名	—	10名	②③⑤若干名
	ドイツ語圏文化	33名	30名	—	3名	②③⑤若干名
	フランス語圏文化	38名	35名	—	3名	②③⑤若干名
	心理	65名	60名	5名	—	③⑤若干名
	教育	33名	25名	5名	3名	②若干名
理	物理	40名	35名	5名	—	②③若干名
	化	45名	35名	5名	5名	②③若干名
	数	40名	34名	6名	—	②③若干名
	生命科	45名	35名	—	4科目型 5名 6科目型 5名	②③若干名
国際社会科	国際社会科	100名	80名	15名	5名	①20名 ②若干名

※1　特別選抜、内部進学等の人数は除く
※2　特別選抜は2024年度入試の実績。2025年度入試の概要は、大学ホームページに公表予定
［総合型選抜］共課さない：①総合型選抜（AO）
［学校推薦型選抜］学校推薦型選抜（指定校〔詳細は在籍高等学校に問い合わせてください〕）、共課さない：②学校推薦型選抜（公募制）
［その他］共課さない：③「外国高等学校出身者」および「海外帰国生徒」対象入学、④外国人留学生入学試験、⑤社会人入学

学習院大学ギャラリー

■目白キャンパス

都会の中心にありながら満開の桜に包まれるなど、四季を体感できる自然豊かな環境でのびのびと学生生活を過ごすことができます。

■国際交流

多様な留学制度を用意している他、留学生を通じて日常的に異文化に触れ、多様性への理解を深められるバディ制度があります。

■メンタイセミナー

キャリア支援の特色である面接対策セミナー（通称：メンタイ）では、OB・OGが講師を務め就活生にアドバイスを行います。

■新東1号館

2023年4月に開館した新東1号館は、学ぶ人の視野を広げる学びのハブ機能を重視し、学習環境のさらなる進化を実現します。

学習院大学についてもっと知りたい方はコチラ

「やりたい」を
究めよう。
THIS IS
学習院

学習院大学の魅力をわかりやすく凝縮した、受験生応援サイトを公開中。オープンキャンパス、学部学科紹介、キャンパススナップなど知りたい情報が盛りだくさん。ミニ講義などの動画コンテンツも充実しています。キャンパスを歩くように、サイトを散策してみてください。詳しくはQRコードから！

私立 東京 神奈川 学習院大学

Student's Voice

経済学部

経済学科 1年

みやかわ
宮川 あかりさん

千葉県 県立 国府台高校 卒
生徒会　高3・9月引退

子どもたちの生活を豊かにしたい

Q どのような高校生でしたか？　学習院大学を志望した理由は？

高校時代は生徒会の活動に力を入れていました。活動を通じて、話し合いで全員が納得できる最善策を考える難しさを学びました。私の学校は文化祭が盛んだったため、特に文化祭の運営に多く携わりました。高3では、初めて文化祭を開催することができた一方で、夏休みは文化祭準備と勉強の両立に悩むこともありました。

私が学習院大学を志望した理由は、キャンパスの立地と雰囲気の良さです。都内にもかかわらず自然に囲まれたのどかな雰囲気は、落ち着きがあり、とても気に入っています。志望学部は、テレビで経済のニュースが流れたときに自分の知識が少なく、日本の現状を理解できなかったことに危機感を覚え、経済学部に興味を持ちました。経済学の効率を求める考えにも共感し、志望することを決めました。

Q どのように受験対策をしましたか？

私は高3の7月に予備校に通い始めました。周囲よりも遅いスタートだったため焦る気持ちはありましたが、みんなに追いつきたいという気持ちの方が強く、受験期はモチベーションが下がることなく勉強することができました。

受験期に大切にしていたことは生活リズムを整えることです。例えば、睡眠時間は毎日必ず6～7時間取り、24時までには寝るようにしていました。当たり前のことかもしれませんが、質の高い勉強と精神を維持するためには重要だと思います。

入試当日は、休憩時間の過ごし方に気をつけていました。入試は想像よりも休憩時間が長いです。私は集中力を保つために、事前に、試験直前に確認しておきたい内容をノートにまとめ、確認していました。そうすることで会場の雰囲気に呑まれることなく、落ち着いて試験に取り組むことができました。

●受験スケジュール

月	日	大学・学部学科（試験方式）
2	2	★ 國學院　経済－経済（全学部統一A日程3教科型）
	4	★ 明治学院　経済－国際経営（A日程３教科型）
	6	★ 学習院　経済－経済（一般 コア試験）
	11	明治　政治経済－経済（学部別）
	12	★ 法政　経済－経済（A方式Ⅱ日程）
	16	明治　商－商（学部別）

Q どのような大学生活を送っていますか？

新しい分野を学べて楽しいです！

1年次は経済学の基礎を学んでいます。高校までは経済学に触れる機会が少なかったため、理解することが難しいときもありますが、新しい分野を学べることは新鮮でとても面白いです。また、経済学の分野には数学や統計学などの授業があります。受験科目で日本史を選択し、高3の1年間数学に触れる機会がなかった私にとっては大変ですが、楽しくもあります。経済学部を志望する方は、学校の授業を大切にして、定期テストも真剣に取り組むと良いと思います。

落ち着いた雰囲気のキャンパス

自然豊かなキャンパス

アルバイトで周囲から良い刺激をもらっています

現在、予備校でアルバイトをしています。私が大学受験をする際に通っていた予備校のスタッフの方から声をかけていただたことがきっかけです。自分の経験を誰かの役に立てたいと思い、始めました。自分ではない誰かのためにどうすればよいかを考え、行動に移すことの大変さを実感しています。他人の気持ちに影響を与え行動を変化させることは、自分自身の行動を変えることよりも難しく、エネルギーが必要です。自分が掲げた目標に対して一生懸命に努力する生徒や、生徒を全力で応援している先輩方や同期から日々、良い刺激をもらっています。社会に出る前に貴重な経験をすることができていると感じています。

Q 将来の夢・目標は何ですか？

将来の目標は、多くの人の生活が豊かになるような活動をすることです。大学の授業で、国内の約6人に1人が相対的貧困であることを学びました。相対的貧困はある地域社会の大多数よりも貧しい状態を指し、一般的にイメージする衣食住に困っている貧困とは異なります。相対的貧困にあてはまる人たちの中でも、特に子どもは習い事ができず、学校の行事にも参加できないなど文化的経験に差が出てしまいます。私はこのような状況を少しでも改善したいと考えています。

現時点ではかなり抽象的ですが、大学生になって授業で新たな知識を得たことで視野が広がり、目標を見つけることができました。これからは目標をより具体的にできるように、自分自身のやりたいことを明確にしていきたいです。そのためにも、積極的に学ぶ姿勢を大切にしたいです。

Q 後輩へのアドバイスをお願いします！

大学受験で大切にしてほしいことは、良い意味で楽観的になることです。予備校のスタッフをする中で、将来の自分が不安で思い詰めてしまう人が多いように感じました。もちろん、私も大学受験を経験したので気持ちはわかりますが、思い詰めても解決にはつながらず、不安で勉強ができなくなってしまったら意味がありません。模試や第一志望校の過去問で思うように点数が取れなかったときは、点数が足りなかったことを悔しがるのではなく、何を改善すれば点数が取れるようになるのか、前向きに考えることが大切だと思います。

大学受験は、勉強だけでなく、自分自身の弱い部分に向き合うことのできる大切な時期です。つらいことも多いと思いますが、受験生の皆さんには後悔のないように全力で頑張ってほしいです。

きょうりん
杏林大学

資料請求

入学センター（井の頭キャンパス） TEL（0422）47-0077　〒181-8612 東京都三鷹市下連雀5-4-1

「眞・善・美の探究」の理念：人のために尽くすこと

大学紹介動画

最新入試情報

真摯に学ぶ「眞」、優れて人格を形成する「善」、他者を尊敬し自らを律する「美」からなる建学の精神を掲げ、学生一人ひとりの学びを後押しし、担任制度、少人数制度を設け、寄り添う教育を実践する。

井の頭キャンパス

キャンパス **3**つ

三鷹キャンパス
〒181-8611 東京都三鷹市新川6-20-2
井の頭キャンパス
〒181-8612 東京都三鷹市下連雀5-4-1
八王子キャンパス
〒192-8508 東京都八王子市宮下町476

基本データ

※2023年5月現在（進路・就職は2022年度卒業者データ。学費は2024年度入学者用）

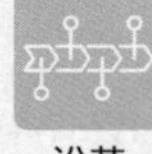
沿革

1966年、杏林学園短期大学を開設。1970年、杏林大学医学部および医学部付属病院を開院。1979年に保健学部、1984年に社会科学部、保健学研究科、1988年に外国語学部を設置。2002年、社会科学部を総合政策学部に改称。2016年、井の頭キャンパスを開設し、現在に至る。

教育機関
4学部 **3**研究科

学部　外国語／総合政策／保健／医

大学院　医学Ⓓ／保健学ⓂⒹ／国際協力ⓂⒹ

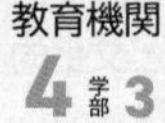
人数

学部学生数　**5,779**名

教員1名あたり 学生 **8**名

教員数　**703**名【理事長】松田剛明、【学長】渡邊卓
（教授**179**名、准教授**110**名、講師**125**名、助教**289**名）

学費

初年度納入額　**1,203,300~10,090,700**円

奨学金　杏林大学奨学金、杏林大学海外研修・留学奨学金、杏林大学特別表彰学生表彰金

進路

学部卒業者　**1,260**名
（進学**62**名［4.9%］、就職**977**名［77.5%］、その他※**221**名［17.6%］）
※臨床研修医106名を含む

主な就職先　杏林大学医学部付属病院、東京消防庁、警視庁、国税庁、NTT東日本、GEヘルスケア・ジャパン、テルモ、SBI新生銀行、一条工務店、大塚商会、帝国データバンク、日本旅行、ANA成田エアポートサービス、京王観光、日本生命保険、日本アイ・ビー・エム

学部学科紹介

※本書掲載内容は、大学公表資料から独自に編集したものです。詳細は大学パンフレットやホームページ等で必ず確認してください（取得可能な免許・資格は任用資格や受験資格などを含む）。

外国語学部

井の頭キャンパス　定員 252

特色　外国語運用能力だけでなく、幅広い教養や専門知識も学ぶ。
進路　サービス業や運輸業など語学力を活かせる職種を中心に就職している。
学問分野　言語学／社会学／観光学／国際学／教育学

学科	定員	内容
英語学科	(130)	英語力と異文化に対する理解力を養う。より深く学びたい学生はインテンシブ・プログラムに参加できる。3年次から少人数制のゼミと言語学、コミュニケーション、教育など多岐にわたる専門科目で学びを深める。
中国語学科	(32)	初めて中国語を学ぶ学生でもゼロからスタートできるカリキュラムが用意されている。1年次に週5回の演習で発音・文法・語彙の基礎を身につけ、2年次には半年から1年間の留学に参加し中国文化の理解を目指す。同時通訳の訓練ができる専用施設も利用できる。
観光交流文化学科	(90)	観光を学問として捉え、人々の移動を科学的に分析する。観光関連企業でのインターンシップやフィールドワークが豊富に用意され、実践を積む中で将来の方向性を考える。英語・中国語などの語学に加え、各国の文化や歴史、社会システムなどについても学ぶ。
取得可能な免許・資格		登録日本語教員、教員免許（中-英、高-英）

総合政策学部

井の頭キャンパス　定員 230

特色　1年次に社会科学科目を履修し多角的な視点を養う。就職サポートも充実。
進路　公務や金融・保険業、情報通信業など幅広い分野で活躍する。
学問分野　法学／政治学／経済学／経営学／社会福祉学
大学院　国際協力

学科	定員	内容
総合政策学科	(150)	2年次から政治、経済、法律、国際関係、福祉政策の5つのコースに分属。学科を超えて受講できる「GCP」「DDP」「CBL」というプログラムがある。2年次からはゼミに所属。専門知識やプレゼン技術を英語で学び論理的思考力を養う。
企業経営学科	(80)	企業社会で適切かつ現実的な判断ができる人材を育成する。2つのコースを設置。経営コースでは経営管理論や経営組織論などの経営学を学び、企業戦略を立案する能力を身につける。会計コースでは会計論や監査論を学び、企業の経営状態を理解する能力を鍛える。
取得可能な免許・資格		教員免許（中-社、高-公）

保健学部

三鷹キャンパス（看護、臨心）
井の頭キャンパス（上記以外）　定員 786

特色　医学部付属病院と連携し現場でチーム医療を学ぶ。最新の医療設備も整備。
進路　医学部付属病院をはじめ地域の病院や福祉関連施設などで活躍している。
学問分野　心理学／社会福祉学／電気・電子工学／医療工学／看護学／健康科学／教育学
大学院　保健学

学科	定員	内容
臨床検査技術学科	(120)	最先端医療の領域から食品の検査や管理まで、幅広い分野で活躍できる臨床検査技師を育成する。実習を集中的に行う他、臨床検査の役割と医療の現状を知るためのプログラムも豊富に用意されている。がん検診に携わる細胞検査士の養成課程も併設している。
健康福祉学科	(120)	養護教諭、社会福祉士、精神保健福祉士を目指すコースが用意されている。4年次には学校現場や社会福祉施設での実習体験が用意され、実社会で学び実践力を養う。現代社会の複雑化した問題に対応できる保健医療や福祉の専門職業人を育成する。
看護学科	(150)	2つの専攻を設置。看護学専攻では看護師の他、保健師や助産師を目指す課程も用意している。看護養護教育学専攻では看護師と養護教諭の両方を目指す統合的なカリキュラムを組んでいる。医学部付属病院に加え、福祉施設や海外での看護など実習の機会も多い。

臨床工学科 (60)	様々な医療機器の医学的作用と工学的機能を理解した臨床工学技士や研究者を育成する。医療技術の変化に対応すべく、臨床工学技士の資格取得を目標とした科目だけでなく、新しい分野の高度な教育を取り入れている。チーム医療に取り組む環境も充実している。
救急救命学科 (50)	人の命と向き合う技術と使命感を兼ね備えた、最前線で活躍できる救急救命の専門家を育成する。医学部と連携した高度な救急医学教育や、文系学部と連携した語学教育にも力を入れている。医学部付属病院高度救命救急センターで実習を行う。
リハビリテーション学科 (140)	2023年度、従来の理学療法学科と作業療法学科を統合し、言語聴覚療法学専攻を加えて開設。理学療法学、作業療法学、言語聴覚療法学の3つの専攻を設置。超高齢社会におけるリハビリのニーズに応える理学療法士、作業療法士、言語聴覚士を養成する。
診療放射線技術学科 (66)	放射線技術を活用できる専門知識と情報処理能力に加え、高い倫理観やコミュニケーション能力も兼ね備えた診療放射線技師を養成する。変化する医療技術に対応すべく、画像技術やIT技術などについても学ぶ。最新の医療機器を用いた実験や実習も数多く行う。
臨床心理学科 (80)	公認心理師を目指す専門的なカリキュラムを整備。心の支援を行う医療スタッフへのニーズの高まりに対応し、保健、医療の知識と心理学の知識を兼ね備えた人材を育成する。医師や看護師の他、保健医療分野の専門家による指導で保健医療全般の知識を学ぶ。
取得可能な免許・資格	公認心理師、社会福祉士、精神保健福祉士、臨床工学技士、食品衛生管理者、食品衛生監視員、看護師、助産師、保健師、理学療法士、作業療法士、診療放射線技師、臨床検査技師、救急救命士、言語聴覚士、衛生管理者、教員免許(中-保健、高-保健)、養護教諭（一種）

医学部

三鷹キャンパス　定員 119

- 特色　地域の医療機関での演習などを通じ、責任ある行動をとれる「良き医師」を育成。
- 進路　卒業者の多くは他大学を含む付属病院などで2年間臨床研修を行う。
- 学問分野　医学
- 大学院　医学

医学科 (119)	6年間一貫教育。問題解決能力を育み、高い倫理観と優れた人格を持った医療者を育成する。キャンパスが立地する三鷹市の協力を得て地域の医療や福祉の課題に取り組む授業や、研究や学会などに参加できる「自由学習プログラム」などがある。
取得可能な免許・資格	医師

入試要項(2025年度)

※この入試情報は大学発表の2025年度入試（予告）および2024年度募集要項等より編集したものです（2024年1月時点。見方は巻頭の「本書の使い方」参照）。内容には変更が生じる可能性があるため、最新情報はホームページや2025年度募集要項等で必ず確認してください。

「大学入試科目検索システム」のご案内
日程・方式ごとの偏差値や昨年度入試結果（志願者倍率、実質倍率、合格最低点）、基本情報（出願締切日、試験日、二段階選抜、募集人員、総合満点）などは、「大学入試科目検索システム」(https://nyushi.toshin.com/）をご覧ください（利用方法はp.12参照）。

■外国語学部　偏差値 56

一般選抜

◆**前期日程2科目型**
[全学科：2科目] 国 地歴 公 数 現、日、世、政経、数ⅠAから1 外 英

◆**前期日程3科目型**
[全学科：3科目] 国 地歴 公 数 現、日、世、政経、数ⅠAから2 外 英

◆**後期日程**
[全学科：2科目] 国 現 外 英

共通テスト利用入試　※個別試験は課さない

◆**共通テスト利用選抜（前期日程2科目型、後期日程）**
[英語、観光交流文化：2科目] 国 地歴 公 数 情 現、地歴情全4科目、公共・政経、数Ⅰ、数ⅠAから1 外 英
[中国語：2科目] 国 地歴 公 数 情 現、地歴情全4科目、公共・政経、数Ⅰ、数ⅠAから1 外 英、中から

1

◆共通テスト利用選抜（前期日程3科目型）

[英語、観光交流文化：3科目] 国地歴公数情現、地歴情全4科目、公共・政経、数Ⅰ、数ⅠAから2外英

[中国語：3科目] 国地歴公数情現、地歴情全4科目、公共・政経、数Ⅰ、数ⅠAから2外英、中から1

■総合政策学部 偏差値 56

一般選抜

◆前期日程2科目型、後期日程

[全学科：2科目] 国地歴公数外現、日、世、政経、数ⅠA、英から2

◆前期日程3科目型

[全学科：3科目] 国地歴公数現、日、世、政経、数ⅠAから2外英

共通テスト利用入試 ※個別試験は課さない

◆共通テスト利用選抜（前期日程2科目型、後期日程）

[全学科：2科目] 国地歴公数理外情現、地歴数理情全12科目、公共・政経、英から2▶物、化、生、地から2科目選択不可

◆共通テスト利用選抜（前期日程3科目型）

[全学科：3科目] 国地歴公数理情現、地歴数理情全12科目、公共・政経から2▶物、化、生、地から2科目選択不可外英

■保健学部 偏差値 58

一般選抜

◆一般選抜

[臨床検査技術、臨床工、診療放射線技術：3科目] 国数理現、数ⅠA、物基・物、化基・化、生基・生から2外英

[健康福祉、リハビリテーション－言語聴覚療法学、臨床心理：2科目] 国数理現、数ⅠA、物基、化基、生基から1外英

[看護、救急救命、リハビリテーション－理学療法学・作業療法学：3科目] 国数理現、数ⅠA、物基、化基、生基から2外英

共通テスト利用入試 ※個別試験は課さない

◆共通テスト利用選抜

[臨床検査技術、看護、臨床工、救急救命、リハビリテーション－理学療法学・作業療法学、診療放射線技術：3科目] 国数理現、数ⅠA、理科基礎、物、化、生から2▶地基選択不可外英

[健康福祉、リハビリテーション－言語聴覚療法学、臨床心理：2科目] 国数理現、数ⅠA、理科基礎、物、化、生から1▶地基選択不可外英

■医学部 偏差値 68

一般選抜

◆一般選抜

[医]〈一次：4科目〉数数ⅠⅡⅢABC理物基・物、化基・化、生基・生から2外英〈二次：2科目〉論小論文面面接

共通テスト併用入試

◆共通テスト利用選抜

[医]〈一次：共5科目〉国外現、英から1数数ⅠA、数ⅡBC理物、化、生から2〈二次：個2科目〉論小論文面面接

■特別選抜

[総合型選抜] 総合型選抜、総合型選抜（A日程、B日程、健康スポーツ型、適性検査型）

[学校推薦型選抜] 学校推薦型選抜（公募制、指定校制）

[その他] 外国人留学生選抜

杏林大学ギャラリー

■井の頭キャンパス

都心近郊に位置しながらも、緑豊かな自然あふれる環境です。天気が良い日は芝生でご飯を食べる学生も多くいます。

■キャリアサポート

「顔の見えるサポート」を基本として面談や面接練習など様々な支援を行っています。就職関連の本や資料なども多数そろえています。

慶應義塾大学

けいおうぎじゅく

資料請求

入学センター（三田キャンパス）　TEL (03) 5427-1566　〒108-8345 東京都港区三田2-15-45

創立者・福澤諭吉の志と理念を継承する総合大学

大学紹介動画

最新入試情報

「全社会の先導者たらんことを欲するものなり」という創立者・福澤諭吉の言葉を受け継ぎ、たゆまぬ教育改革に取り組む。他者を尊重しつつ、自らの良識と信念で行動する「独立自尊」の人間を育成する。

三田キャンパス東館

校歌

校歌音声

慶應義塾塾歌
作詞／富田正文　作曲／信時潔

一、見よ
風に鳴るわが旗を
新潮寄するあかつきの
嵐の中にはためきて
文化の護りたからかに
貫き樹てし誇りあり
樹てんかな　この旗を
強く雄々しく樹てんかな
あ、わが義塾
慶應　慶應　慶應

基本データ

※2023年5月現在（進路・就職は2022年度卒業者データ。学費は2024年度入学者用）

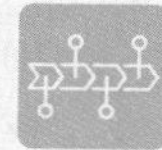

沿革

1858年、開塾。1868年、慶應義塾と改称。1920年、大学発足。文、経済、法、医学部を設置。1944年、工学部を設置。1957年、商学部を設置。1981年、工学部を理工学部に改組。1990年、総合政策、環境情報学部を設置。2001年、看護医療学部を設置。2008年、共立薬科大学と合併し、薬学部を設置、現在に至る。

キャンパス　6つ

キャンパスマップ

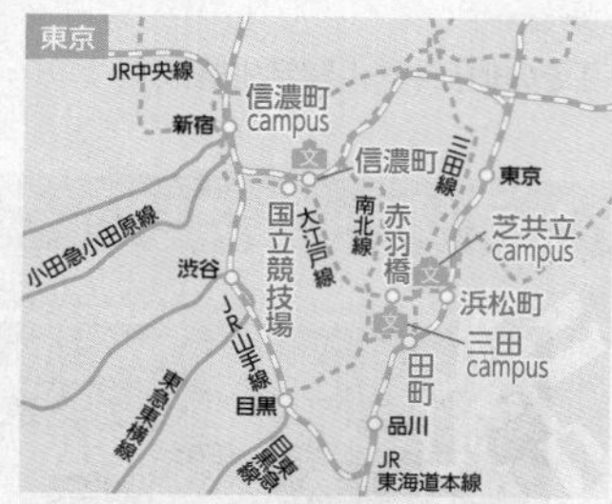

所在地・交通アクセス

三田キャンパス（本部）
〒108-8345 東京都港区三田2-15-45
アクセス　JR「田町駅」から徒歩約8分

日吉キャンパス
〒223-8521 神奈川県横浜市港北区日吉4-1-1
アクセス　東急線・横浜市営地下鉄「日吉駅」から徒歩約1分

矢上キャンパス
〒223-8522 神奈川県横浜市港北区日吉3-14-1
アクセス　東急線・横浜市営地下鉄「日吉駅」から徒歩約15分

信濃町キャンパス
〒160-8582 東京都新宿区信濃町35
アクセス　JR「信濃町駅」から徒歩約1分

湘南藤沢キャンパス
〒252-0882 神奈川県藤沢市遠藤5322
アクセス　①小田急江ノ島線・横浜市営地下鉄・相鉄いずみの線「湘南台駅」からバス約15分、「慶応大学」下車、②JR「辻堂駅」からバス約25分、「慶応大学」下車

芝共立キャンパス
〒105-8512 東京都港区芝公園1-5-30
アクセス　JRなど「浜松町駅」から徒歩約10分

教育機関
10学部 14研究科

学部 文／経済／法／商／理工／医／看護医療／総合政策／環境情報／薬

大学院 文学Ⓜ︎Ⓓ／経済学Ⓜ︎Ⓓ／法学Ⓜ︎Ⓓ／社会学Ⓜ︎Ⓓ／商学Ⓜ︎Ⓓ／医学Ⓜ︎Ⓓ／理工学Ⓜ︎Ⓓ／政策・メディアⓂ︎Ⓓ／健康マネジメントⓂ︎Ⓓ／薬学Ⓜ︎Ⓓ／経営管理Ⓜ︎Ⓓ／システムデザイン・マネジメントⓂ︎Ⓓ／メディアデザインⓂ︎Ⓓ／法務Ⓟ

その他 通信教育部

人数

学部学生数 28,747名　教員1名あたり学生 12名

教員数 2,343名【塾長】伊藤公平
(教授839名、准教授355名、講師380名、助教・助手・その他769名)

学費

初年度納入額 1,403,350~3,903,350円

奨学金 慶應義塾大学修学支援奨学金、学問のすゝめ奨学金、慶應義塾大学給費奨学金

進路

学部卒業者 6,254名（進学1,137名、就職4,400名、その他※717名）※臨床研修医110名を含む

進学 18.2%　就職 70.4%　その他 11.4%

主な就職先

文学部
NTTデータ、アクセンチュア、楽天グループ、デロイト トーマツ コンサルティング、博報堂、リクルート、大和証券、東京海上日動火災保険、三井住友海上火災保険、りそなホールディングス、TOPPANホールディングス、三菱UFJ銀行

経済学部
監査法人トーマツ、EYストラテジー・アンド・コンサルティング、三井住友信託銀行、PwCコンサルティング、東京海上日動火災保険、アクセンチュア、大和証券、ベイカレント・コンサルティング、NTTデータ、あずさ監査法人、三井住友銀行

法学部
楽天グループ、東京海上日動火災保険、三井住友銀行、三菱UFJ銀行、野村総合研究所、EYストラテジー・アンド・コンサルティング、PwCコンサルティング、NTTデータ、三井住友信託銀行、三菱商事、三菱UFJ信託銀行、監査法人トーマツ

商学部
みずほ銀行、監査法人トーマツ、あずさ監査法人、ベイカレント・コンサルティング、三菱UFJ銀行、EY新日本有限責任監査法人、アクセンチュア、アビームコンサルティング、三井住友信託銀行、楽天グループ、PwCコンサルティング

理工学部
NTTデータ、野村総合研究所、PwCコンサルティング、アクセンチュア、ソフトバンク、JAL、富士通、NTTドコモ、シンプレクス・ホールディングス、デロイト トーマツ コンサルティング、日立製作所

医学部
臨床研修医97.3%

看護医療学部
医療・福祉業87.9%

総合政策学部
電通、楽天グループ、アクセンチュア、デロイト トーマツ コンサルティング、博報堂、みずほ銀行、リクルート、三井住友銀行、三井物産、東京海上日動火災保険、日立製作所、EYストラテジー・アンド・コンサルティング、PwCコンサルティング

環境情報学部
リクルート、電通、楽天グループ、アクセンチュア、PwCコンサルティング、サイバーエージェント、博報堂、富士通、みずほ銀行

薬学部
ウエルシア薬局、スギ薬局、日本調剤、IQVIAサービシーズジャパン、イーピーエス、大塚製薬、クリエイトエス・ディー、興和、佐藤製薬、シミック、中外製薬、マツモトキヨシ

学部学科紹介

※本書掲載内容は、大学公表資料から独自に編集したものです。詳細は大学パンフレットやホームページ等で必ず確認してください（取得可能な免許・資格は任用資格や受験資格などを含む）。

「大学入試科目検索システム」のご案内
入試要項のうち、日程・方式ごとの偏差値や昨年度入試結果（志願者倍率、実質倍率、合格最低点）、基本情報（出願締切日、試験日、二段階選抜、募集人員、総合満点）などは、「大学入試科目検索システム」（https://nyushi.toshin.com/）をご覧ください（利用方法はp.12参照）。

文学部

日吉キャンパス（1年）、三田キャンパス（2～4年）

定員 800

入試科目検索

特色　2年次に専攻を決定する。独立した多彩な専攻と、それらを横断して学べる学修システム。
進路　就職先は情報通信業や金融・保険業、学術研究・専門技術サービス業など。
学問分野　文学／哲学／心理学／歴史学／地理学／社会学／教育学／芸術理論／情報学／人間科学
大学院　文学

学科紹介

人文社会学科

哲学系	3つの専攻を設置。哲学専攻は、西洋哲学を軸としつつ既存の分野に制約されない境界領域も学べる。倫理学専攻は、古今東西の思想に加え、近代の自然観や生命観についても考える。美学美術史学専攻では芸術に関する学問領域を研究し、人間の感性を解明する。
史学系	4つの専攻を設置。日本史学専攻は古代から近現代までの日本の歴史を、東洋史学専攻は日本を除くアジア、アフリカ諸地域の歴史を対象とする。西洋史学専攻は古代から近現代にかけての欧米世界の歴史を対象とし、民族学考古学専攻は資料・標本をもとに人類の歴史を探究する。
文学系	5つの専攻を設置。国文学専攻は幅広く日本文化を、中国文学専攻は歴史や思想・芸能などあらゆる中国文化を扱う。英米文学専攻は英語学や英米および英語圏の文学を、独文学専攻はドイツ語圏の文化全般を扱う。仏文学専攻では狭義のフランス学を超えた幅広い教養を培う。
図書館・情報学系	3年次より情報活用の仕組みを学修する図書館、情報メディアの社会的役割を学ぶ情報メディア、情報を扱う活動や技術について学ぶ情報管理の3つのコースに分かれる。人はなぜ知識や情報を求め、どのように情報を探し保存するのかについて考察する。
人間関係学系	4つの専攻を設置。社会学専攻は現代の人間を心理・文化・社会の観点から考察し、心理学専攻は実験心理学に重点を置いて学ぶ。教育学専攻は人間の形成という観点から総合的に研究を行い、人間科学専攻は社会心理学などをベースに人間を総合的に研究する。
取得可能な免許・資格	学芸員、教員免許（中-国・社・英・中国語・フランス語・ドイツ語、高-国・地歴・公・情・英・中国語・フランス語・ドイツ語）、司書教諭、司書

入試要項（2025年度）

※この入試情報は大学発表の2025年度入試（予告）および2024年度募集要項等より編集したものです（2024年1月時点。見方は巻頭の「本書の使い方」参照）。内容には変更が生じる可能性があるため、最新情報はホームページや2025年度募集要項等で必ず確認してください。

■文学部　偏差値 68

一般選抜

◆一般選抜
[人文社会：3科目(350点)] 地歴 歴総・日、歴総・世から1（100） 外 英、独、仏、英語外部試験から1(150) 論 小論文(100)▶資料を与えて理解力・発想力・論理的構成力・表現力を総合的に問う

特別選抜
[総合型選抜] 自主応募制による推薦入学者選考
[その他] 外国人留学生入試、塾内進学

経済学部

定員 1,200

入試科目検索

日吉キャンパス（1・2年）、三田キャンパス（3・4年）

特色 英語で経済学を学ぶ講義や海外の大学とのダブルディグリー・プログラムがある。
進路 就職先は学術研究・専門技術サービス業や金融・保険業、情報通信業など。
学問分野 経済学
大学院 経済学

学科紹介

経済学科 (1,200)	1・2年次では入試の方式に応じて、数学を用いてミクロ経済学を学ぶタイプAと経験的事実から経済史を学ぶタイプBの履修タイプに分かれて学ぶ。3年次からの専門教育では卒業論文に取り組むゼミ、個人研究、英語で学ぶ専門教育の3つから選択する。
取得可能な免許・資格	教員免許（中-社、高-地歴・公）

入試要項（2025年度）

※この入試情報は大学発表の2025年度入試（予告）および2024年度募集要項等より編集したものです（2024年1月時点。見方は巻頭の「本書の使い方」参照）。内容には変更が生じる可能性があるため、最新情報はホームページや2025年度募集要項等で必ず確認してください。

■経済学部 偏差値 69

一般選抜

◆一般選抜（A方式）
[経済：3科目(420点)] 数 数ⅠⅡAB〔列〕C〔ベ〕(150) 外 英（200）論 小論文（70）▶高校生にふさわしい知識・理解力・分析力・構想力・表現力を問う

◆一般選抜（B方式）
[経済：3科目(420点)] 地歴 歴総・日、歴総・世から1（150）外 英（200）論 小論文（70）▶高校生にふさわしい知識・理解力・分析力・構想力・表現力を問う

特別選抜

[学校推薦型選抜] 指定校による推薦入試
[その他] 帰国生入試、外国人留学生入試、PEARL入試、塾内進学

私立 東京 神奈川 慶應義塾大学

法学部

定員 1,200

日吉キャンパス（1・2年）、三田キャンパス（3・4年）

入試科目検索

特色 第三外国語まで学べる他、英語による授業も充実。長期留学も促進している。
進路 就職先は金融・保険業や学術研究・専門技術サービス業、情報通信業など。
学問分野 法学／政治学
大学院 法学／法務

学科紹介

法律学科 (600)	法律科目は習熟度別に導入、基幹、展開の3つの区分を設置。導入科目で憲法、民法、刑法の基礎を学び、基幹科目や展開科目で関心のある分野を深く学ぶ。1・2年次に公務員志望者向けの準備科目がある他、法曹志望者向けの法曹コースも設置されている。
政治学科 (600)	社会学、法学、経済学・商学の3つの系列からなる社会科学科目と、政治思想論、政治・社会論、日本政治論、地域研究・比較政治論、国際政治論の5つの系列からなる政治学科目で構成。グローバルな政治・社会の動きを歴史、理論、実証、研究の各方面から学ぶ。
取得可能な免許・資格	教員免許（中-社、高-地歴・公）

入試要項（2025年度）

※この入試情報は大学発表の2025年度入試（予告）および2024年度募集要項等より編集したものです（2024年1月時点。見方は巻頭の「本書の使い方」参照）。内容には変更が生じる可能性があるため、最新情報はホームページや2025年度募集要項等で必ず確認してください。

■法学部 偏差値 70

一般選抜

◆一般選抜

[全学科：3科目（450点）] 地歴 歴総・日、歴総・世から1（150）外 英（200）論 小論文（100）▶国家や社会の基本原理を中心とした諸問題について理解力・分析力・思考力・表現力を問う

特別選抜

[総合型選抜] FIT入試
[学校推薦型選抜] 指定校による推薦入試
[その他] 帰国生入試、国際バカロレア（IB）入試、外国人留学生入試、塾内進学

商学部

定員 1,000

日吉キャンパス（1・2年）、三田キャンパス（3・4年）

入試科目検索

特色 外国語を学ぶ「国際教養プログラム」、論理と数学を学ぶ「数理科学プログラム」を履修可能。
進路 就職先は学術研究・専門技術サービス業や金融・保険業、情報通信業など。
学問分野 経営学
大学院 商学

学科紹介

商学科 (1,000)	経営、会計、商業、経済・産業の4つのフィールドから構成される。フィールドを横断するグローバル、戦略、政策・規制、実証分析手法、理論・学説史・実践史の5つの幅広い科目群も履修できる。成績優秀な学生は3年次終了時に大学院受験の機会を与えられる。
取得可能な免許・資格	教員免許（中-社、高-地歴・公・商業）

入試要項（2025年度）

※この入試情報は大学発表の2025年度入試（予告）および2024年度募集要項等より編集したものです（2024年1月時点。見方は巻頭の「本書の使い方」参照）。内容には変更が生じる可能性があるため、最新情報はホームページや2025年度募集要項等で必ず確認してください。

■商学部 偏差値 68

一般選抜

◆**一般選抜（A方式）**

[商：3科目（400点）] 地歴 地理、日、世から1（100）数 数ⅠⅡAB〔列〕C〔べ〕（100）外 英（200）

◆**一般選抜（B方式）**

[商：3科目（400点）] 地歴 地理、日、世から1（100）外 英（200）論 論文テスト（100）▶資料を与えて論理的理解力と表現力を問う

特別選抜

[学校推薦型選抜] 指定校による推薦入試

[その他] 外国人留学生入試、塾内進学

理工学部

定員 932

日吉キャンパス（1・2年）、矢上キャンパス（3・4年）

入試科目検索

特色 「学門制」に基づき募集を行う。2年次に学科に分属。大学院への飛び級制度も設けている。
進路 約7割が大学院へ進学。就職先は情報通信業、製造業をはじめ多岐にわたる。
学問分野 数学／物理学／化学／地学／応用化学／機械工学／電気・電子工学／医療工学／社会・安全工学／その他工学／応用生物学／情報学
大学院 理工学

学科紹介

機械工学科	学門A・Dから進級できる。ナノ・マイクロテクノロジー、宇宙・地球環境科学、ライフメカニクスの3つの分野を柱に教育を行う。2年次には国内外で実施される工場見学が必修である。3・4年次は選択科目が大半を占め、将来や進路に合わせて自由に履修する。
電気情報工学科	学門A・Bから進級できる。電子物性、光・波動、回路・情報システムの3つの専門科目群からなる。物性・量子工学、電磁気学、回路・計測、情報・通信などの基礎を理解し、最新のコンピュータを駆使できるスキルや創造的な実験教育を行う。
応用化学科	学門Eから進級できる。マテリアルデザイン、環境・分析・化学工学、オーガニックサイエンス、バイオサイエンスの4つの研究分野からなる。実験を主体としたカリキュラムのもと、「応用化学系英語」など化学に関する情報を英語で扱う科目も設けられている。
物理情報工学科	学門A・Bから進級できる。量子・情報物理、創発物性科学、情報計測・情報制御の3つの研究分野からなる。応用物理とエレクトロニクスをつなぐシステム科学の基礎を学ぶ。力学、電磁気学、量子力学、熱統計力学などを理解し応用する能力を養う。
管理工学科	学門C・Dから進級できる。システムと人間、応用統計と最適化、情報処理、経営と経済の4つの領域で構成される。科学技術とマネジメントを多角的に捉えるとともに統計解析や情報処理、システム解析、人間工学、経営管理なども学び現実社会の問題を解決する。
数理科学科	学門Cから進級できる。2つの専攻を設置。数学専攻では解析学、幾何学、代数学など純粋数学を学びその応用の方向性を探る。統計学専攻では基礎となる数学と統計学に加え、確率論、計算機数学、保険数学などを学び、工学や社会科学の諸問題に向き合う。
物理学科	学門Aから進級できる。物理現象を基礎から学修し、3年次までに量子力学、統計力学、数理物理学など物理学の基本を徹底して学ぶ。3年次の秋学期以降は素粒子物理学、地球物理、相対性理論など先端的分野の学修に入り、4年次から研究室に所属する。
化学科	学門Eから進級できる。理論化学、物理化学、無機化学、有機化学、生命化学などをくまなく学ぶ。実験課題も幅広い分野を網羅し、物質を創造・分析する能力も養う。国内屈指の研究環境が整備され、国際的にも関心を集める化学研究が複数行われている。
システムデザイン工学科	学門B・Dから進級できる。エネルギー、メカニクス、マニュファクチュアリング、コントロール、エレクトロニクスの5つを基盤要素に位置づける。複雑化、流動化する社会の環境と工学システムの調和性を実現できるソフト・ハードウェアのデザインを行う。

情報工学科	学門B・Cから進級できる。必修は実験とプログラミング言語のみだが、WindowsとLinuxに精通し、C言語とJava言語をマスターすることが必須である。画像、音声およびコンピュータ技術を駆使して情報を適切かつ効率良く処理できる技術者を育成する。
生命情報学科	学門C・Eから進級できる。生命を分子論的かつ情報論的に捉える。「生命情報」を理解するための基礎学力を養い、物理と化学に基礎を置いた生体高分子の考え方やコンピュータを利用した生命機能情報の取り扱いなどを、基本から実験・実習を通じて学ぶ。
取得可能な免許・資格	特殊無線技士（海上、陸上）、陸上無線技術士、建築士（一級、二級、木造）、技術士補、主任技術者（電気）、教員免許（中-数・理、高-数・理・情・工業）

入試要項（2025年度）

※この入試情報は大学発表の2025年度入試（予告）および2024年度募集要項等より編集したものです（2024年1月時点。見方は巻頭の「本書の使い方」参照）。内容には変更が生じる可能性があるため、最新情報はホームページや2025年度募集要項等で必ず確認してください。

■理工学部 偏差値 70

一般選抜

◆**一般選抜**

[全学科：4科目(500点)]数 数ⅠⅡⅢA〔全〕B〔列〕C(150) 理 物基・物、化基・化(計200) 外 英(150)

特別選抜

[総合型選抜] AO入試

[学校推薦型選抜] 指定校による推薦入試

[その他] 帰国生入試、外国人留学生入試、塾内進学

医学部

定員 110

日吉キャンパス（1年）、信濃町キャンパス（1～6年）

入試科目検索

特色 全国に関連病院を有する。海外臨床実習や留学生の受け入れなど国際交流も充実。
進路 臨床研修医の他、研究・教育や医療行政に従事する者、海外で活躍する者などがいる。
学問分野 医学
大学院 医学

学科紹介

医学科 (110)	6年制。1年次から医療現場で介護体験を行う「EEP」、3年次に自らテーマを選択して研究を行う「自主学習」、臨床実習に向け技能や各種検査について学ぶ「診断学実習」など特徴的な科目を数多く設置。看護医療学部、薬学部との合同プログラムもある。
取得可能な免許・資格	医師

入試要項（2025年度）

※この入試情報は大学発表の2025年度入試（予告）および2024年度募集要項等より編集したものです（2024年1月時点。見方は巻頭の「本書の使い方」参照）。内容には変更が生じる可能性があるため、最新情報はホームページや2025年度募集要項等で必ず確認してください。

■医学部 偏差値 72

一般選抜

◆一般選抜

[医]〈一次：4科目（500点）〉数数ⅠⅡⅢABC（150）理物基・物、化基・化、生基・生から2（計200）外英（150）〈二次：2科目〉論小論文面面接

特別選抜

[その他] 帰国生入試、外国人留学生入試、塾内進学

看護医療学部

定員 100

湘南藤沢キャンパス（1・2・4年）、信濃町キャンパス（3・4年）

入試科目検索

特色 海外研修プログラムが充実し、海外の医療・看護・福祉事情や医療英語を学べる。
進路 卒業者の多くは看護師、保健師、助産師として病院や市町村などの保健管理部門等に就く。
学問分野 看護学
大学院 健康マネジメント

学科紹介

看護学科 （100）	人間や社会を理解する人間・社会科学領域、心身の健康と回復について学ぶ健康科学領域、多様な視点から看護にアプローチする看護科学領域、医療や看護について考える統合領域の4つから構成。講義から学んだ知識を実践的に活用できるようなカリキュラムが組まれている。
取得可能な免許・資格	看護師、助産師、保健師

入試要項（2025年度）

※この入試情報は大学発表の2025年度入試（予告）および2024年度募集要項等より編集したものです（2024年1月時点。見方は巻頭の「本書の使い方」参照）。内容には変更が生じる可能性があるため、最新情報はホームページや2025年度募集要項等で必ず確認してください。

■看護医療学部 偏差値 62

一般選抜

◆一般選抜

[看護]〈一次：3科目（500点）〉数 理 数ⅠⅡAB C、化基・化、生基・生から1(200) 外 英(300) 論 小論文▶知識・理解力・分析力・構想力・表現力を問う。二次選考の評価で使用〈二次〉小論文の成績 面 面接

特別選抜

[総合型選抜] AO入試

[その他] 塾内進学

私立 東京 神奈川 慶應義塾大学

総合政策学部

湘南藤沢キャンパス

定員 425

入試科目検索

特色 自分の研究テーマや目的に一番適した学び方を自由に組み立てられる。環境情報学部の授業も履修可能。
進路 就職先は情報通信業や学術研究・専門技術サービス業、サービス業など。
学問分野 政治学
大学院 政策・メディア

学科紹介

総合政策学科 (425)	環境情報学部の授業を自由に行き来して学ぶことができる。「政策を考える」ための学問を追究するため、政策デザインの分野、社会イノベーションと経営・組織の分野、国際戦略の分野、言語文化とコミュニケーションの分野、総合政策学の方法論の分野の5つの研究領域から自由にプロジェクトに参加し、自らの専攻分野を創っていく。
取得可能な免許・資格	建築士（一級、二級、木造）、教員免許（中-社、高-公）

入試要項（2025年度）

※この入試情報は大学発表の2025年度入試（予告）および2024年度募集要項等より編集したものです（2024年1月時点。見方は巻頭の「本書の使い方」参照）。内容には変更が生じる可能性があるため、最新情報はホームページや2025年度募集要項等で必ず確認してください。

■総合政策学部 偏差値 70

一般選抜

◆一般選抜

[総合政策：2～3科目(400点)] 数外情次の①～④から1（①数ⅠⅡA〔全〕B、②数ⅠⅡA〔全〕B、情ⅠⅡ、③英、英・独、英・仏から1、④数ⅠⅡA〔全〕B必須、英、英・独、英・仏から1）(200) 論小論文（200）▶発想・論理的構成・表現などの総合的能力を問う

特別選抜

[総合型選抜] AO入試
[その他] 帰国生入試、外国人留学生入試、塾内進学

環境情報学部

定員 425

入試科目検索

湘南藤沢キャンパス

特色 自分の研究テーマや目的に一番適した学び方を自由に組み立てられる。総合政策学部の授業も履修可能。
進路 就職先は情報通信業や学術研究・専門技術サービス業、製造業など。
学問分野 応用生物学／デザイン学／環境学／情報学／人間科学
大学院 政策・メディア

学科紹介

環境情報学科 (425)	総合政策学部の授業を自由に行き来して学ぶことができる。先端情報システムの分野、エクス・デザインの分野、先端生命科学の分野、環境デザインの分野、人間環境科学の分野の5つの研究領域に分類され、学問分野を横断した学びにより変化に対応できる力を養い、未来を創造する先導者の育成を目指す。
取得可能な免許・資格	建築士（一級、二級、木造）、教員免許（高-情）

入試要項（2025年度）

※この入試情報は大学発表の2025年度入試（予告）および2024年度募集要項等より編集したものです（2024年1月時点。見方は巻頭の「本書の使い方」参照）。内容には変更が生じる可能性があるため、最新情報はホームページや2025年度募集要項等で必ず確認してください。

■環境情報学部 偏差値 70

一般選抜

◆一般選抜

[環境情報：2～3科目（400点）] 数 外 情 次の①～④から1（①数ⅠⅡⅢA〔全〕BC、②数ⅠⅡA〔全〕B、情ⅠⅡ、③英、英・独、英・仏から1、④数ⅠⅡA〔全〕B必須、英、英・独、英・仏から1）(200) 論 小論文（200）▶発想・論理的構成・表現などの総合的能力を問う

特別選抜

[総合型選抜] AO入試
[その他] 帰国生入試、外国人留学生入試、塾内進学

私立 東京 神奈川 慶應義塾大学

薬学部

定員 210

日吉キャンパス（1年）、芝共立キャンパス（1～4（6）年）

入試科目検索

特色 海外の大学などでの研修に参加可能。薬学科では他学部との合同教育を実施。
進路 約3割が大学院へ進学。就職先は卸売・小売業や医療・福祉業など。
学問分野 薬学
大学院 薬学

学科紹介

学科	定員	内容
薬学科	(150)	6年制。ヒューマニズムや倫理観を備え、患者の立場に立てる薬剤師を育成。1年次から薬学専門教育が始まり、4年次には卒業研究を始める。5年次に病院や薬局での実務実習が組まれ、6年次には進路や興味に応じて専門を深める選択科目制度が設けられている。
薬科学科	(60)	4年制。健康、環境、薬を理解するための化学、生物などの自然科学に加え、薬学の専門科目を学ぶ。2年次から本格的な研究に取り組むための実験と研究のプロセスを身につける。3年次から卒業研究に取り組み、興味に応じた選択科目を履修し専門知識を深める。
取得可能な免許・資格		薬剤師

入試要項（2025年度）

※この入試情報は大学発表の2025年度入試（予告）および2024年度募集要項等より編集したものです（2024年1月時点。見方は巻頭の「本書の使い方」参照）。内容には変更が生じる可能性があるため、最新情報はホームページや2025年度募集要項等で必ず確認してください。

■薬学部 偏差値 67

一般選抜

◆一般選抜

[全学科：3科目（350点）] 数数ⅠⅡⅢA〔全〕BC（100）理化基・化（150）外英（100）

特別選抜

[学校推薦型選抜] 指定校による推薦入試

[その他] 塾内進学

募集人員等一覧表

※本書掲載内容は、大学のホームページ及び入学案内や募集要項などの公開データから独自に編集したものです（2024年度入試※1）。詳細は募集要項かホームページで必ず確認してください。

学部	学科・学門	募集人員※2	一般選抜	特別選抜※3
文	人文社会	580名	580名	①120名 ⑤⑦若干名
経済	経済	630名	A方式 420名 B方式 210名	⑤⑦20名 ⑧100名程度
法	法律	230名	230名	②最大80名 ④80名※4 ⑤+⑥10名 ⑦10名
	政治	230名	230名	②最大80名 ④80名※4 ⑤+⑥10名 ⑦10名
商	商	600名	A方式 480名 B方式 120名	④200名※4 ⑤⑦若干名
理工	学門A（物理、物理情報工、電気情報工、機械工）	650名	130名	③⑤⑦若干名 ④195名※4
	学門B（電気情報工、情報工、物理情報工、システムデザイン工）		110名	
	学門C（情報工、数理科、管理工、生命情報）		140名	
	学門D（機械工、システムデザイン工、管理工）		140名	
	学門E（化、応用化、生命情報）		130名	
医	医	66名	66名	⑤⑦若干名
看護医療	看護	70名	70名	③⑤⑦若干名
総合政策	総合政策	225名	225名	③150名 ⑤⑦若干名
環境情報	環境情報	225名	225名	③150名 ⑤⑦若干名
薬	薬	100名	100名	④30名※4・5 ⑤⑦若干名
	薬科	50名	50名	

※1　2024年度入試実績。2025年度入試の概要は、大学ホームページに公表予定
※2　特別選抜、内部進学等の人数は除く
※3　[総合型選抜] 共課さない：①自主応募制による推薦入学者選考、②FIT入試、③AO入試
[学校推薦型選抜] ④指定校による推薦入試
[その他] 共課さない：⑤帰国生入試、⑥国際バカロレア（IB）入試、⑦外国人留学生入試、⑧PEARL入試
※4　指定校による推薦入試は2023年度入学者選抜の実績
※5　薬学科のみの募集

Student's Voice

薬学部

薬学科 1年

高橋 奈菜（たかはし なな）さん

神奈川県 県立 多摩高校 卒
軽音楽部　高3・6月引退

薬剤師として多くの人を支えたい

Q どのような高校生でしたか？　慶應義塾大学を志望した理由は？

高校生活は、学校行事や部活、勉強などすべてに全力で取り組んでいました。部活は軽音楽部でボーカルとして、週6日の練習やライブなどを楽しんでいました。私の通っていた高校は学校行事が盛んな学校だったため、高3の夏までは行事をメインに過ごしていました。高3の文化祭と体育祭は今でも思い出に残っています。

本格的に受験勉強を始めたのは高3の秋からでした。母が医療従事者で、小さい頃から医療に興味があり、また化学が好きだったことから、薬学部を志望しました。自宅から近く通いやすいこと、付属の大学病院があること、総合大学であり他学部の人と交流できることなどから慶應義塾大学を第一志望としました。私が受験勉強を頑張ることができた最も大きな理由は、周囲の環境です。高3の夏、友達が一気に勉強モードになり全力で取り組む姿を見て、自然と頑張れました。一緒に楽しみ、お互いを高め合える仲間の存在が私の高校生活を充実したものにしてくれました。

Q どのように受験対策をしましたか？　入試本番はどうでしたか？

学校行事と受験勉強の両立には少し苦労しました。どちらも中途半端になることは避けたいと思ったので、時間を決め、切り替えを大切にしていました。特に、苦手科目は日々の小さな積み重ねを大切にしました。私は英語が苦手だったため、毎日の隙間時間に長文を1つ読むことで英語に慣れていました。苦手な教科も毎日触れることを習慣にしたおかげで、少しずつ理解できるようになりました。一方、得意な教科は復習を重視しました。できるようになったことを忘れず、次につなげることで解ける問題が増え、レベルが上がっていきました。受験勉強では、今ある知識を固め、新しい知識を身につけることの繰り返しが大切なため、復習は最も重要だと思います。

入試本番は今まで以上の力を出すというよりも、今までどおりで大丈夫と考えることで、自信を持って試験に臨むことができました。

●受験スケジュール

月	日	大学・学部学科（試験方式）
1	14・15	★ 昭和薬科　薬－薬（共テA方式）
		★ 明治薬科　薬－薬（共テA方式）
	31	★ 明治薬科　薬－薬（B方式前期）
2	1	★ 北里　薬－薬（一般）
	2	★ 星薬科　薬－薬（一般B方式）
	3	★ 星薬科　薬－薬（一般S方式）
	10	★ 慶應義塾　薬－薬（一般）
	11	★ 慶應義塾　看護医療（一般）
	15	★ 明治　農－農芸化（学部別）

Q どのような大学生活を送っていますか？

充実したキャンパスライフを送っています

授業を受けている教室

1年次の春は主に一般教養を学びました。自分で取りたい科目を選択できるため、心理学や人類学など学部に関係のない科目も学びました。1年次の秋からは週に1度実験があり、有機化学や生物など専門的な科目を学習しました。これからより専門的な勉強が始まるため、大学生を楽しみつつ勉強も頑張りたいと思います。

1年次を過ごす日吉キャンパスは開放的で、秋になると銀杏並木がとてもきれいです。授業を受ける教室はとても広く、階段状になっていて、高校とは違った大学の雰囲気を感じます。学食には日替わりのメニューがあったり、パン屋さんがあったりと、授業以外も友達と楽しく過ごしています。

台湾旅行での一枚

友達と海外旅行に行きました！

大学生になって初めて友達と台湾に行きました。大学生は自由な時間が増え、アルバイトやサークルの活動など自分が好きなように過ごせるため、充実した毎日を送っています。海外に行く前は友達と有名な場所を調べたり、現地では色々なものを食べたりと、楽しかったです。言葉もお金も交通もすべてが異なり、日本では絶対に味わうことのできない非日常的な時間でした。大学生になったからこそ、できたことだと思います。とても楽しい経験になったため、絶対にまた海外に行きたいと思います！

Q 将来の夢・目標は何ですか？

将来の目標は、薬剤師として患者や医師により良い薬を提供することです。現在、医療技術が大きく進歩するなかで、薬が大きな役割を果たしていると思います。薬学を学ぶことで、医療の現場で活躍する存在になりたいです。自分の知識で患者や医師をサポートし、1人でも多くの人を支えることのできる薬剤師になれるよう、日々向上心を持って取り組みたいと思います。これから大学での勉強は、より専門的になっていくと思うので、薬剤師を目指しながら知識を増やしていきたいです。そのなかで、たくさんの仲間と信頼関係を築き、ともに支え合うことで、常に高みを目指していこうと思います。大学では、薬学だけではなく様々なことに挑戦し、将来自分が社会に貢献する医療従事者になるための小さな経験を積み重ねていきたいと思います。

Q 後輩へのアドバイスをお願いします！

勉強において大切にしてほしいことは、理解することです。そのために、まずは基礎を固めることが大切です。基礎が身についていれば、あとは組み合わせるだけでたくさんの応用問題を解くことができます。過去問を解くことも大切ですが、できなかったら、まずそこまでの知識が身についているのか確認する時間を取ってみるとよいと思います。その際に意識してほしいことは、受験勉強と日々の学校での学びのつながりです。授業で学んだ知識をただ覚えるだけか、きちんと理解しておくかは、のちに大きな差になります。私は受験勉強を始める時期は少し遅かったですが、普段の学習から理解することを意識していたため、基礎は身についている状態でした。そのため、受験勉強は過去問などを解いて今の知識に応用をさせるだけでよかった点が、合格につながったと思います。

こうがくいん
工学院大学

資料請求

アドミッションセンター（新宿キャンパス）　TEL (03) 3340-0130　〒163-8677 東京都新宿区西新宿1-24-2

社会・産業と最先端の学問をつなぐ「工」の精神

大学紹介動画

最新入試情報

科学技術の力で人類が直面する様々な問題に取り組むことのできる技術者・研究者を育成する。167の多彩な研究室を抱え、創立以来130年以上にわたって「工学」という学問の境界領域を拡大し続けている。

新宿キャンパス

キャンパス **2**つ

新宿キャンパス
〒163-8677 東京都新宿区西新宿1-24-2
八王子キャンパス
〒192-0015 東京都八王子市中野町2665-1

基本データ

※2023年5月現在（学部学生数に留学生は含まない。進路・就職は2022年度卒業者データ。学費は2024年度入学者用）

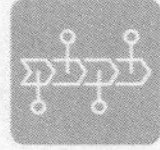

沿革

1887年、工手学校として開学。1949年、工学院大学となる。2015～16年に工学部を改組し、2016年に工学部の情報系3学科が情報学部情報通信工学科、システム数理学科となる。2015年、先進工学部を設置。2017年に八王子キャンパス、2020年に新宿キャンパス「アトリウム」をリニューアル。2023年、情報学部システム数理学科を情報科学科に改称、現在に至る。

教育機関
4 学部 **1** 研究科

学部　先進工／工／建築／情報

大学院　工学 Ⓜ Ⓓ

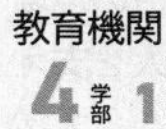

人数

学部学生数　**5,927**名

教員1名あたり 学生 **26**名

教員数　**225**名【理事長】後藤治、【学長】今村保忠
（教授**127**名、准教授**73**名、講師**15**名、助教**9**名、助手・その他**1**名）

学費

初年度納入額　**1,731,160~1,751,160**円

奨学金　工学院大学入学試験成績優秀者奨学金、大学後援会給付奨学金、大学成績優秀学生奨励奨学金

進路

学部卒業者　**1,278**名
（進学**349**名［27.3%］、就職**863**名［67.5%］、その他**66**名［5.2%］）

主な就職先
※院卒者を含む

JR東海、東京エレクトロン、TOPPANホールディングス、トヨタ自動車、ブリヂストン、国土交通省、小林製薬、TDK、東芝、日産自動車、村田製作所、山崎製パン、厚生労働省、関電工、テルモ、東京電力ホールディングス、ニコン、日立製作所、大林組、コクヨ、清水建設、住友林業、大和ハウス工業、竹中工務店、森ビル、特許庁、東京都庁、KDDI、富士ソフト、富士通

学部学科紹介

※本書掲載内容は、大学公表資料から独自に編集したものです。詳細は大学パンフレットやホームページ等で必ず確認してください（取得可能な免許・資格は任用資格や受験資格などを含む）。

先進工学部

八王子キャンパス（1・2年）
新宿キャンパス(3・4年、一部は八王子C)
定員 365

特色 「学科教育重視型」と「大学院接続型」、2つの教育プログラムを設定。
進路 3割弱が大学院へ進学。就職先は製造業を中心とした一般企業が多い。
学問分野 物理学／化学／生物学／地学／機械工学／材料工学／船舶・航空宇宙工学／その他工学／応用生物学／環境学
大学院 工学

学科	定員	内容
生命化学科	(70)	生命現象を分子のレベルで解明し、創薬や医療、生物資源開発に応用できる知識を養う。自然科学の基礎を身につけ、3年次にはより高度な生命科学と有機化学を学んで化学者としての土台を築く。
応用化学科	(95)	化学の視点から身の回りの課題に取り組む。3年次に2つのコースに分属。応用化学コースでは高分子などの最先端分野で技術開発を進める。生活・食品化学コースでは身近な生活に化学を応用できる技術を研究する。
環境化学科	(70)	幅広い化学の基礎理論を応用し、独創的な発想で環境保全に役立つ技術を研究する。環境システム工学、環境材料化学、環境評価・設計の3つの領域と化学工学を横断的に履修し、環境問題の解決手法を学ぶ。
応用物理学科	(65)	物理学と工学にまたがる領域を学び、専門領域を超える柔軟な発想力と実践的な研究開発能力を養う。3年次後期より応用物理学と宇宙理工学の2つの専攻に分かれる。素粒子や宇宙に関する物理学の知識を広げるとともに、物理学と関連する工学の知識を身につける。
機械理工学科	(65)	機械理工学と航空理工学の2つの専攻を設置。数学や物理などの基礎知識と機械系専門科目を学び、応用力の高い技術者を育成する。企業とチームで問題解決に取り組む3年次の創造工学セミナーや、技術者に必須の英語を学ぶ工学基礎英語の授業などがある。
取得可能な免許・資格		学芸員、危険物取扱者(甲種)、毒物劇物取扱責任者、施工管理技士(土木、建築、管工事)、食品衛生管理者、食品衛生監視員、教員免許（中-理、高-理・工業）

工学部

八王子キャンパス（1・2年）
新宿キャンパス（3・4年）
定員 379

特色 最先端の設備を用いた実験や演習を通じて、実社会に通用するエンジニアを育成。
進路 約2割が大学院へ進学。就職先は製造業を中心とした一般企業が多い。
学問分野 機械工学／電気・電子工学／材料工学／船舶・航空宇宙工学／エネルギー工学／情報学
大学院 工学

学科	定員	内容
機械工学科	(154)	エコエネルギーとメカノデザインの2つのコースを設置。機械工学の基礎となる材料力学、熱力学、流体力学、機械力学の「4つの力学」を理論と実践から集中的に学ぶ。3年次にコースに分かれるとともに研究室に所属する。
機械システム工学科	(105)	機械を設計し実際に動かすことまで含めて総合的に学ぶ。材料力学、熱力学、流体力学、機械力学の「4つの力学」に加え機構学も学び、力学の原理と機械の設計法を理解する。3年次後期から研究室に所属する。
電気電子工学科	(120)	持続可能型高度情報化社会の実現に貢献できる電気電子技術者を育成。エネルギーの発生や輸送の仕組み、半導体や電子回路などエレクトロニクスの機能について学ぶ。4年次より研究室に所属する。
取得可能な免許・資格		学芸員、電気工事士、技術士補、主任技術者(電気、電気通信)、施工管理技士(電気工事)、教員免許（中-数・技、高-数・工業）

建築学部

八王子キャンパス（1・2年）
新宿キャンパス（3・4年）
定員 345

特色 3年次に各学科に分かれる。現代の課題に対し21世紀的な視点から建築を学ぶ。
進路 半数以上が建設関連企業に就職。大学院に進学する者も2割程度いる。
学問分野 土木・建築学／デザイン学／環境学
大学院 工学

学科	定員	内容
まちづくり学科	(85)	都市デザイン、環境共生、安全・安心、ランドスケープデザインの4つの分野を柱に、持続可能なまちづくりについて考察する。新宿キャンパスの立地を活かし、実践的なまちづくりを参考に卒業論文に取り組む。
建築学科	(145)	災害に強く快適で、環境に負荷の少ない建築技術と手法を学ぶ。建築計画、建築構造、建築設備、建築生産の4つの分野に分かれている。4年次の卒業研究では、外部の研究所や一般企業と連携した研究や、八王子キャンパスの充実した実験設備の活用が可能である。
建築デザイン学科	(115)	機能性だけでなく快適性や美しさも兼備した建築のデザインを学ぶ。建築デザイン、共生デザイン、保存・再生デザイン、インテリアデザインの4つの分野がある。
取得可能な免許・資格		学芸員、建築士（一級、二級、木造）、施工管理技士（建築、電気通信工事）、教員免許（中-数、高-数・工業）

情報学部

八王子キャンパス（1・2年）
新宿キャンパス（3・4年）
定員 310

特色 基礎となる数学とプログラミングを学習。2年次後期から各学科に分かれる。
進路 約2割が大学院へ進学。就職者のおよそ6割が情報通信業に就職する。
学問分野 電気・電子工学／その他工学／情報学
大学院 工学

学科	定員	内容
情報通信工学科	(90)	ネットワーク機器の設定など実験に重点をおいたカリキュラムで情報・通信・電子について理解を深める。情報社会の基盤である通信・ネットワーク、情報メディア、スマートデバイスの3つの領域を学ぶ。
コンピュータ科学科	(90)	ソフトウェア設計、セキュリティ、コンピュータ応用を軸に学び、情報セキュリティのエキスパートを育成。効率的で効果的な情報利用について、その科学的根拠を専門的に学ぶ。
情報デザイン学科	(70)	情報技術と人間との関わりを学び、ICT（情報通信技術）や福祉の分野で活躍できる人材を育成。コンテンツ設計、人間情報、知識情報の3つを学びの柱に、多くの実験を通じて応用可能な実践力を養う。
情報科学科	(60)	2023年度、システム数理学科より改称。社会や企業の情報システムを構築する方法を学ぶとともに、情報分析や経営戦略立案など企業の情報の扱い方も学ぶ。ビッグデータの分析やAI（人工知能）を活用できるデータサイエンティストを育成する。
取得可能な免許・資格		学芸員、特殊無線技士（海上、陸上）、陸上無線技術士、主任技術者（電気通信）、教員免許（中-数、高-数・情）

入試要項（2024年度）

※この入試情報は2024年度募集要項等より編集したものです（見方は巻頭の「本書の使い方」参照）。
2025年度入試の最新情報は、ホームページや2025年度募集要項等で必ず確認してください。

「大学入試科目検索システム」のご案内
日程・方式ごとの偏差値や昨年度入試結果（志願者倍率、実質倍率、合格最低点）、基本情報（出願締切日、試験日、二段階選抜、募集人員、総合満点）などは、「大学入試科目検索システム」（https://nyushi.toshin.com/）をご覧ください（利用方法はp.12参照）。

■先進工学部 偏差値 63

一般選抜

◆**S日程、A日程**

[生命化、応用化、環境化、先進工学部大学院接続型：3科目] 数 数ⅠⅡAB、数ⅠⅡⅢABから1 理 物基・物、化基・化、生基・生から1 外 英

[応用物理、機械理工－機械理工学：3科目] 数 数ⅠⅡⅢAB 理 物基・物 外 英

◆**S日程、A日程**※出願資格として英語外部試験が必要

[機械理工－航空理工学]〈一次：3科目〉数 数ⅠⅡⅢAB 理 物基・物 外 英〈二次：1科目〉面 面接

◆**英語外部試験利用日程**※出願資格として英語外部試験

が必要
[生命化、応用化、環境化、先進工学部大学院接続型：2科目]数数ⅠⅡAB、数ⅠⅡⅢABから1理物基・物、化基・化、生基・生から1
[応用物理、機械理工－機械理工学：2科目]数数ⅠⅡⅢAB理物基・物
◆B日程（本学試験型）
[生命化、応用化、環境化：3科目]S日程に同じ
[応用物理、機械理工－機械理工学：3科目]数数ⅠⅡⅢAB理物基・物、化基・化から1外英
◆B日程（本学試験型）※出願資格として英語外部試験が必要
[機械理工－航空理工学]〈一次：3科目〉数数ⅠⅡⅢAB理物基・物、化基・化から1外英〈二次：1科目〉面面接
◆M日程
[生命化、応用化、環境化、応用物理、機械理工－機械理工学：2科目]数数ⅠⅡAB理外物基・物、化基・化、英から1
◆M日程※出願資格として英語外部試験が必要
[機械理工－航空理工学]〈一次：2科目〉数数ⅠⅡAB理外物基・物、化基・化、英から1〈二次：1科目〉面面接
共通テスト併用入試
◆B日程（共通テストプラス型）
[生命化、応用化、環境化]〈共1科目〉外英〈個2科目〉数数ⅠⅡAB、数ⅠⅡⅢABから1理物基・物、化基・化、生基・生から1
[応用物理、機械理工－機械理工学]〈共1科目〉外英〈個2科目〉数数ⅠⅡⅢAB理物基・物、化基・化から1
◆B日程（共通テストプラス型）※出願資格として英語外部試験が必要
[機械理工－航空理工学]〈一次：共1科目〉外英〈一次：個2科目〉数数ⅠⅡⅢAB理物基・物、化基・化から1〈二次：1科目〉面面接
◆共通テスト利用入試 前期日程（3教科型）※出願資格として英語外部試験が必要
[機械理工－航空理工学]〈一次：共4科目〉数数ⅠA、数ⅡB理物、化から1外英〈二次：個1科目〉面面接
◆共通テスト利用入試 前期日程（4教科型）※出願資格として英語外部試験が必要
[機械理工－航空理工学]〈一次：共5科目〉国現数数ⅠA、数ⅡB理物、化から1外英〈二次：個1科目〉面面接
共通テスト利用入試 ※個別試験は課さない
◆共通テスト利用入試 前期日程（3教科型）
[生命化、応用化、環境化、先進工学部大学院接続型：4科目]数数ⅠA、数ⅡB理物、化、生から1外英
[応用物理、機械理工－機械理工学：4科目]数数ⅠA、数ⅡB理物、化から1外英
◆共通テスト利用入試 前期日程（4教科型）
[生命化、応用化、環境化、先進工学部大学院接続型：5科目]国現数数ⅠA、数ⅡB理物、化、生から1外英
[応用物理、機械理工－機械理工学：5科目]国現数数ⅠA、数ⅡB理物、化から1外英
◆共通テスト利用入試 後期日程
[生命化、応用化、環境化、機械理工－機械理工学：4科目]国地歴公理外現、地歴公理全15科目、英から2教科2数数ⅠA、数ⅡB
[応用物理、先進工学部大学院接続型：6科目]国現数数ⅠA、数ⅡB理全5科目から2▶物必須外英

■工学部 偏差値63

一般選抜
◆S日程、A日程、B日程（本学試験型）
[全学科：3科目]数数ⅠⅡⅢAB理物基・物、化基・化から1外英
◆英語外部試験利用日程※出願資格として英語外部試験が必要
[全学科：2科目]数数ⅠⅡⅢAB理物基・物、化基・化から1
◆M日程
[全学科：2科目]数数ⅠⅡAB理外物基・物、化基・化、英から1
共通テスト併用入試
◆B日程（共通テストプラス型）
[全学科]〈共1科目〉外英〈個2科目〉数数ⅠⅡⅢAB理物基・物、化基・化から1
共通テスト利用入試 ※個別試験は課さない
◆共通テスト利用入試 前期日程（3教科型）
[全学科：4科目]数数ⅠA、数ⅡB理物、化から1外英
◆共通テスト利用入試 前期日程（4教科型）
[全学科：5科目]国現数数ⅠA、数ⅡB理物、化から1外英
◆共通テスト利用入試 後期日程
[機械工、機械システム工：4科目]国地歴公理外現、地歴公理全15科目、英から2教科2数数ⅠA、数ⅡB
[電気電子工：6科目]国現数数ⅠA、数ⅡB理全5科目から2▶物必須外英

■建築学部 偏差値62

一般選抜
◆S日程
[全学科：3科目]国理現、物基・物、化基・化、生基・生から1数数ⅠⅡAB、数ⅠⅡⅢABから1外英
◆A日程
[全学科：3科目]国数理外現、数ⅠⅡAB、数ⅠⅡⅢAB、物基・物、化基・化、生基・生、英から3教科3
◆英語外部試験利用日程※出願資格として英語外部試験が必要
[全学科：2科目]国数理現、数ⅠⅡAB、数ⅠⅡⅢAB、物基・物、化基・化、生基・生から2教科2
◆B日程（本学試験型）

[全学科：3科目] 数数ⅠⅡAB、数ⅠⅡⅢABから1 理物基・物、化基・化、生基・生から1 外英

◆B日程（共通テストプラス型）

[全学科：3科目] 国数理外次の①～⑤から3教科3（①共現、②個数ⅠⅡAB、数ⅠⅡⅢABから1、③個物基・物、化基・化から1、④共英、⑤個英）▶①と④の組み合わせ不可

◆M日程

[全学科：2科目] 数理外数ⅠⅡAB、物基・物、化基・化、英から2教科2

共通テスト利用入試 ※個別試験は課さない

◆共通テスト利用入試 前期日程（3教科型）

[全学科：3～4科目] 国理現、物、化、生、地から1 数次の①・②から1（①数ⅠA、②数ⅠA、数ⅡB）外英

◆共通テスト利用入試 前期日程（4教科型）

[全学科：4～5科目] 国地歴公理現、世B、日B、地理B、公全4科目、物、化、生、地から2 数次の①・②から1（①数ⅠA、②数ⅠA、数ⅡB）外英

◆共通テスト利用入試 後期日程

[全学科：3科目] 国地歴公数理外現、地歴公理全15科目、数ⅠA、数ⅡB、英から3教科3▶数外から1必須

■情報学部 偏差値 62

一般選抜

◆S日程、A日程、B日程（本学試験型）

[全学科：3科目] 数数ⅠⅡⅢAB 理物基・物、化基・化から1 外英

◆英語外部試験利用日程 ※出願資格として英語外部試験が必要

[全学科：2科目] 数数ⅠⅡⅢAB 理物基・物、化基・化から1

◆M日程

[全学科：2科目] 数数ⅠⅡAB 理外物基・物、化基・化、英から1

共通テスト併用入試

◆B日程（共通テストプラス型）

[全学科]〈共1科目〉外英〈個2科目〉数数ⅠⅡⅢAB 理物基・物、化基・化から1

共通テスト利用入試 ※個別試験は課さない

◆共通テスト利用入試 前期日程（3教科型）

[全学科：4科目] 数数ⅠA、数ⅡB 理物、化から1 外英

◆共通テスト利用入試 前期日程（4教科型）

[全学科：5科目] 国現 数数ⅠA、数ⅡB 理物、化から1 外英

◆共通テスト利用入試 後期日程

[全学科：6科目] 国現 数数ⅠA、数ⅡB 理全5科目から2▶物必須 外英

■特別選抜

[総合型選抜] 自己推薦型選抜、探究成果活用型選抜

[学校推薦型選抜] 指定校制推薦、附属高等学校高大接続型選抜

[その他] 海外帰国生徒特別選抜、国際バカロレア特別選抜、外国人留学生選抜

就職支援

工学院大学では、就職支援センターによる低学年から時期に応じた体系的な就職支援プログラムを提供しています。キャリア支援プログラムとして、大学・大学院での学びを活かした就職を目指し、学業と就活を効率的にバランスよく進められるように年間プログラムを計画・構成しています。また、就職支援センターのスタッフによる個別指導で、就職から進学や公務員試験までのアドバイスが行われます。

国際交流

工学院大学では、世界各国の35もの科学技術に特化した教育機関と協定を締結し、研究交流と語学研修を盛んに行っています。大学独自の留学プログラムとして、ハイブリッド留学が実施されています。参加に際して英語力不問で、現地授業料不要とした新しい留学プログラムです。大学教員が現地に派遣され大学の専門授業を開講するため英語力は不問であり、協定校と連携した英語教育とホームステイによる生活で英語力アップを目指します。

こくがくいん
國學院大学

資料請求

入学課(渋谷キャンパス) TEL (03) 5466-0141 〒150-8440 東京都渋谷区東4-10-28

知の創造。日本をみつめ、未来をひらく

大学紹介動画 最新入試情報

日本の歴史・文化・社会をみつめ直し、既存の知を問い直すことで物事の本質を究め、新たな知を創造する。学生と学生とが共に学び合う空間を保障し、未来の共生社会を創り出す人材の育成を目指す。

若木タワー

キャンパス **2つ**

渋谷キャンパス
〒150-8440 東京都渋谷区東4-10-28
横浜たまプラーザキャンパス
〒225-0003 神奈川県横浜市青葉区新石川3-22-1

私立 東京 神奈川 國學院大学

基本データ

※2023年5月現在（進路・就職は2022年度卒業者データ。学費は2024年度入学者用）

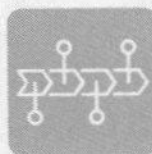
沿革

1882年、皇典講究所が創立され、1919年、國學院大學へ改称。1920年、「大学令」による大学に昇格。1948年、文学部を設置。1963年、法学部を設置。1966年、経済学部を設置。2002年、神道文化学部を設置。2009年、人間開発学部を設置。2022年、観光まちづくり学部を設置し、現在に至る。

教育機関 6学部 3研究科

学部 文／神道文化／法／経済／人間開発／観光まちづくり

大学院 文学ⓂⒹ／法学ⓂⒹ／経済学ⓂⒹ

その他 短期大学部

人数

学部学生数 10,487名

教員1名あたり学生 38名

教員数 270名【理事長】佐栁正三、【学長】針本正行
（教授172名、准教授71名、講師3名、助教14名、助手・その他10名）

学費

初年度納入額 1,267,300~1,348,300円

奨学金 成績優秀者奨学制度、ふるさと奨学金、國學院大學セメスター留学助成金制度

進路

学部卒業者 2,334名
（進学99名［4.2%］、就職1,974名［84.6%］、その他261名［11.2%］）

主な就職先 日本銀行、野村證券、住友生命保険、関電工、伊藤忠食品、イオンリテール、東京地下鉄、日本通運、ENEOS、KDDI、東急リバブル、アサヒビール、旭化成、本田技研工業、沖電気工業、日本製鉄、日本テレビ放送網、朝日広告社、NTTコムウェア、日立システムズ、楽天グループ、仰星監査法人、厚生労働省、国土交通省、埼玉県庁、東京都庁、自衛隊、警視庁

学部学科紹介

※本書掲載内容は、大学公表資料から独自に編集したものです。詳細は大学パンフレットやホームページ等で必ず確認してください（取得可能な免許・資格は任用資格や受験資格などを含む）。

文学部

渋谷キャンパス　定員 685

特色　日本や諸外国の文化、哲学について深く広く学ぶ。他学科の授業の履修もできる。
進路　就職先はサービス業や卸売・小売業、教育・学習支援業が多い。
学問分野　文学／言語学／哲学／歴史学／地理学／文化学／国際学
大学院　文学

日本文学科 (250)	日本の言語、文学、儀礼、風俗習慣などを研究し、日本人の精神や文化を総合的かつ体系的に探究する。2年次から日本文学、日本語学、伝承文学の3つの専攻に分かれ専門を深める。
中国文学科 (60)	中国古典の研究と教育を通して文化などにも目を向け、豊かな国際感覚を持つ人材を育成する。2年次より文学研究、中国語教養、中国民俗文化、人文総合の4つのプログラムに分かれる。
外国語文化学科 (120)	外国語と外国文化を総合的に学び、2年次から外国語コミュニケーション、外国文化の2つのコースに分かれる。必修の英語に加え、ドイツ語、フランス語、中国語から1つを選択し、2つの言語を4年間学ぶ。
史学科 (190)	就職希望者向けのS-プログラムと、進学や教職を目指す学生向けのP-プログラムのいずれかに所属する。その上で、日本史学、外国史学、考古学、地域文化と景観の4つから専門とするコースを選択する。
哲学科 (65)	西洋哲学思想を中心にインド、中国、日本などの思想や、美と芸術の理論的考察について学び、3年次から哲学・倫理学、美学・芸術学の2つのコースに分かれる。ギリシア語やラテン語などの古典語も学べる。
取得可能な免許・資格	登録日本語教員、考古調査士、学芸員、教員免許(中-国・社・英、高-国・地歴・公・書・英)、司書教諭、司書

神道文化学部

渋谷キャンパス　定員 180

特色　神職資格の取得や、神道、宗教、文化に主眼をおいたカリキュラムを組んでいる。
進路　約5割が神職となる。他、卸売・小売業などの一般企業に就く者も多い。
学問分野　哲学／文化学
大学院　文学

神道文化学科 昼 (120)	昼間主（フレックスBコース）。日本の伝統文化や世界の諸宗教、関連文化を自由度の高いカリキュラムで包括的に学ぶ。3年次に神道文化と宗教文化の2つのコースに分かれる。
神道文化学科 夜 (60)	夜間主（フレックスAコース）。神社で実習をしながら資格取得を目指す学生が多いことから昼夜開講制を採用している。昼間主と同じカリキュラムを設定しており、入試の際にフレックスA、Bどちらかのコースを選択する。
取得可能な免許・資格	学芸員、教員免許（中-国・社・英、高-国・地歴・公・書・英）、司書教諭、司書

法学部

渋谷キャンパス　定員 500

特色　幅広い教養と法や政治の専門知識を修得し、より良い社会に貢献する人材を育成。
進路　主にサービス業、卸売・小売業、公務、金融・保険業などに就職する。
学問分野　法学／政治学／国際学
大学院　法学

法律学科 (500)	3つの専攻を設置。法律専攻と政治専攻は2つのコースにそれぞれ分かれる。法律専門職専攻は法律関係の専門職を目指す者を対象に、体系的に学ぶカリキュラムを展開している。
取得可能な免許・資格	学芸員、教員免許（中-社・英、高-地歴・公・英)、司書教諭、司書

経済学部

渋谷キャンパス

定員 510

特色	経済学の基礎と日本経済に関する知見を持つ人材を育成。
進路	主な就職先は、サービス業や商社・小売業、マスコミ、金融業。
学問分野	経済学／経営学
大学院	経済学

学科	定員	内容
経済学科	(255)	身近な地域から世界までの経済、社会、政治の動向を踏まえ、日本と世界の経済の仕組みを学ぶ。2年次後期より5つのコースから1つを選択し、専門科目を履修していく。
経営学科	(255)	実践力、創造力、分析力の向上を軸に、経営学と会計学の専門基礎力を養う。2年次後期にビジネスリーダー、ビジネスクリエイター、ビジネスアナリストの3つのコースに分かれる。
取得可能な免許・資格		学芸員、教員免許（中-社・英、高-地歴・公・英・商業)、司書教諭、司書

人間開発学部

横浜たまプラーザキャンパス

定員 330

特色	専門知識を学び、多様な分野で人間の持つ資質や能力を開発できる人材を育成。
進路	主な就職先は公立学校や幼稚園など。他、サービス業などの一般企業。
学問分野	健康科学／子ども学／教員養成

学科	定員	内容
初等教育学科	(100)	従来の教育手法や知識にとらわれず、様々な事象や状況に対して柔軟に対応できる能力を養う。言語・古典、自然科学、児童英語、特別支援教育、幼児教育の5つを展開科目に設定。2年次から教育現場での学習が始まる。
健康体育学科	(130)	健康増進と維持、運動指導など、人間開発の手助けができる人材を育成する。スポーツコーチング、スポーツマネジメント、ヘルスプロモーション、伝統と身体文化、学校教育の5つの展開科目が設定されている。
子ども支援学科	(100)	子ども文化・環境、健康・発達、地域・福祉の3つの展開科目を設定。保育や幼児教育に加え、医学や心理学の知識、保護者に対するカウンセリング技術などを学び子育て支援の専門家を養成する。
取得可能な免許・資格		保育士、教員免許(幼一種、小一種、中-国・社・保体・英、高-国・地歴・公・保体・英、特-知的・肢体・病弱)、司書教諭

観光まちづくり学部

横浜たまプラーザキャンパス

定員 300

特色	2022年度設置。持続可能な「まちづくり」を考察し、地域貢献を目指す。
進路	観光・交通事業等の他、公務や出版・放送業、不動産業への就職を想定。
学問分野	社会学／観光学／環境学

学科	定員	内容
観光まちづくり学科	(300)	2022年度設置。日本各地の歴史、文化、自然をみつめ、観光を基軸に持続可能な「まちづくり」を考え、多様な側面から地域に貢献する人材を育てていく。
取得可能な免許・資格		学芸員

入試要項(2025年度)

※この入試情報は大学発表の2025年度入試（予告）および2024年度募集要項等より編集したものです（2024年1月時点。見方は巻頭の「本書の使い方」参照)。内容には変更が生じる可能性があるため、最新情報はホームページや2025年度募集要項等で必ず確認してください。

「大学入試科目検索システム」のご案内

日程・方式ごとの偏差値や昨年度入試結果（志願者倍率、実質倍率、合格最低点)、基本情報（出願締切日、試験日、二段階選抜、募集人員、総合満点）などは、「大学入試科目検索システム」(https://nyushi.toshin.com/) をご覧ください（利用方法はp.12参照)。

■文学部 偏差値 63

一般選抜

◆A日程（3教科型、得意科目重視型）

[日本文、中国文、史：3科目] 国現古漢 地歴 公 数 歴総・日、歴総・世、公共・政経、数ⅠAから1 外 英

[外国語文化、哲：3科目] 国 現、現古、現漢から1 地歴 公 数 歴総・日、歴総・世、公共・政経、数ⅠAから1 外 英

◆A日程（学部学科特色型）

[史以外：3科目] A日程（3教科型）に同じ

[史：3科目] 国 現古漢 地歴 歴総・日、歴総・世か

ら1外英

◆B日程

[日本文、中国文：2科目] 国現、古漢

[外国語文化、哲：2科目] 国現外英、英語外部試験から高得点1

[史：2科目] 国外次の①・②から1（①古漢、②英、英語外部試験から高得点1）地歴全3科目から1

共通テスト利用入試 ※個別試験は課さない

◆V方式

[日本文、中国文、史：3科目] 国現古漢地歴公数情全10科目から1外全5科目から1

[外国語文化、哲：3科目] 国現地歴公数情全10科目から1外全5科目から1

■神道文化学部 偏差値 62

一般選抜

◆A日程（3教科型、得意科目重視型）

[神道文化：3科目] 国現、現古、現漢から1地歴公数歴総・日、歴総・世、公共・政経、数ⅠAから1外英

◆A日程（学部学科特色型）

[神道文化：3科目] A日程（3教科型）に同じ▶外と選択科目から高得点1科目と国で合否判定

◆B日程

[神道文化：2科目] 国現外英、英語外部試験から高得点1

共通テスト利用入試 ※個別試験は課さない

◆V方式

[神道文化：3科目] 国現古漢地歴公数情全10科目から1外全5科目から1

■法学部 偏差値 62

一般選抜

◆A日程（3教科型、得意科目重視型）

[法律：3科目] 国現、現古、現漢から1地歴公数歴総・日、歴総・世、公共・政経、数ⅠAから1外英

◆A日程（学部学科特色型）※高得点2科目で合否判定

[法律：3科目] A日程（3教科型）に同じ

◆B日程

[法律：2科目] 国現数外次の①・②から1（①数ⅠA、②英、英語外部試験から高得点1）

共通テスト利用入試 ※個別試験は課さない

◆V方式

[法律：3科目] 国現地歴公数地歴数全6科目、公共・倫、公共・政経から1外全5科目から1

■経済学部 偏差値 61

一般選抜

◆A日程（3教科型、得意科目重視型、学部学科特色型）

[全学科：3科目] 国現、現古、現漢から1地歴公数歴総・日、歴総・世、公共・政経、数ⅠⅡABC〔ベ〕から1外英

◆B日程

[全学科：2科目] 国数外次の①～③から2（①現、②数ⅠA、③英、英語外部試験から高得点1）

共通テスト利用入試 ※個別試験は課さない

◆V方式

[全学科：3科目] 国現地歴公数情全10科目から1外全5科目から1

■人間開発学部 偏差値 60

一般選抜

◆A日程（3教科型、得意科目重視型）

[全学科：3科目] 国現、現古、現漢から1地歴公数歴総・日、歴総・世、公共・政経、数ⅠAから1外英

◆A日程（学部学科特色型）

[全学科：3科目] 国理現、現古、現漢、物基・物、化基・化、生基・生から1地歴公数歴総・日、歴総・世、公共・政経、数ⅠA、数ⅠⅡABC〔ベ〕から1外英

◆B日程

[全学科：3科目] 国数現必須、古漢、数ⅠAから1外英、英語外部試験から高得点1

共通テスト利用入試 ※個別試験は課さない

◆V方式

[全学科：3科目] 国現古漢地歴公数理外情全20科目から2教科2▶地歴と公は1教科扱い

■観光まちづくり学部 偏差値 62

一般選抜

◆A日程（3教科型、得意科目重視型、学部学科特色型）

[観光まちづくり：3科目] 国理現、現古、現漢、物基・物、化基・化、生基・生から1地歴公数歴総・日、歴総・世、公共・政経、数ⅠⅡABC〔ベ〕から1外英

◆B日程

[観光まちづくり：2科目] 国数現、数ⅠAから1外英、英語外部試験から高得点1

共通テスト利用入試 ※個別試験は課さない

◆V方式（3科目）

[観光まちづくり：3科目] 国地歴公数理情現古漢、地歴公数理情全15科目から2教科2▶地歴と公は1教科扱い外全5科目から1

◆V方式（5科目）

[観光まちづくり：5科目] 国地歴公数理情現古漢、地歴公数理情全15科目から4外全5科目から1

■特別選抜

[総合型選抜] 公募制自己推薦（AO型）、院友子弟等特別選考、神道・宗教特別選考、神職養成機関（普通課程）特別選考、法・観光まちづくり学部特別選考、社会人特別選考、セカンドキャリア特別選考、外国人留学生

[学校推薦型選抜] 指定校制推薦

こくさいきりすときょう
国際基督教大学

資料請求

パブリックリレーションズ・オフィス　TEL (0422) 33-3058　〒181-8585 東京都三鷹市大沢3-10-2

日英バイリンガルのリベラルアーツ教育で真の国際人を育成

大学紹介動画

最新入試情報

「批判的思考」「多様性」「対話」を大切にしたリベラルアーツ教育で、平和に貢献する人材を育成する。学問の枠を超え、幅広い知識を得て、多角的な視野を養い専門の学びを深める。

大学本館

キャンパス **1**つ

三鷹キャンパス
〒181-8585 東京都三鷹市大沢3-10-2

私立 東京 神奈川 国際基督教大学

基本データ

※2023年10月現在（教員数は同年9月現在。進路・就職は2022年度卒業者データ。学費は2025年度入学者用）

沿革

1949年、大学献学。1953年、教養学部を設置。1957年、大学院開設。2008年、教養学部の6学科をアーツ・サイエンス学科に改組。2010年、大学院の4研究科をアーツ・サイエンス研究科に統合し、現在に至る。

教育機関 1 学部 1 研究科

学部　教養

大学院　アーツ・サイエンス(M)(D)

人数

学部学生数 2,977名　教員1名あたり学生 17名

教員数 171名【理事長】竹内弘高、【学長】岩切正一郎
（教授59名、准教授46名、講師50名、助教16名）

学費

初年度納入額 1,791,000円

奨学金　ICU Peace Bell 奨学金、ICUトーチリレーHigh Endeavor 奨学金、ICU Cherry Blossom 奨学金

進路

学部卒業者 640名
（進学117名［18.3%］、就職387名［60.5%］、その他136名［21.2%］）

主な就職先　アクセンチュア、楽天グループ、PwCコンサルティング、リクルート、アマゾンジャパン、伊藤忠商事、日本アイ・ビー・エム、NHK、日本郵船

学部学科紹介

※本書掲載内容は、大学公表資料から独自に編集したものです。詳細は大学パンフレットやホームページ等で必ず確認してください（取得可能な免許・資格は任用資格や受験資格などを含む）。

教養学部

三鷹キャンパス　定員 620

特色　選択したメジャー（専修）以外の分野にも触れ学際的・複眼的思考力を磨く。
進路　約2割が大学院へ進学。他、グローバル企業を中心に幅広い業界で活躍。
学問分野　文学／言語学／哲学／心理学／歴史学／文化学／法学／政治学／経済学／社会学／メディア学／国際学／数学／物理学／化学／生物学／教育学／芸術理論／情報学
大学院　アーツ・サイエンス

アーツ・サイエンス学科 (620)	学生は全員教養学部に入学。文理にわたる様々な学問分野に触れたのち、2年次の終わりに31のメジャー（専修分野）から専攻を決める。授業は日英両語で開講されており、1・2年次の「リベラルアーツ英語プログラム」では高度な英語運用能力を身につける。
取得可能な免許・資格	登録日本語教員、学芸員、教員免許（中-国・数・理・社・宗・英、高-国・数・理・地歴・公・宗・英）

入試要項（2025年度）

※この入試情報は大学発表の2025年度入試（予告）より編集したものです（2024年1月時点。見方は巻頭の「本書の使い方」参照）。内容には変更が生じる可能性があるため、最新情報はホームページや2025年度募集要項等で必ず確認してください。

「大学入試科目検索システム」のご案内
日程・方式ごとの偏差値や昨年度入試結果（志願者倍率、実質倍率、合格最低点）、基本情報（出願締切日、試験日、二段階選抜、募集人員、総合満点）などは、「大学入試科目検索システム」(https://nyushi.toshin.com/) をご覧ください（利用方法はp.12参照）。

■教養学部　偏差値 71

一般選抜

◆**一般選抜（人文・社会科学選択）**
[アーツ・サイエンス：3科目] 外 英▶リスニング含む 総合 総合教養、人文・社会科学

◆**一般選抜（自然科学選択）**
[アーツ・サイエンス：3科目] 外 英▶リスニング含む 総合 総合教養、自然科学

◆**一般選抜（日英バイリンガル面接利用）**
[アーツ・サイエンス]〈一次：2科目〉外 英▶リスニング含む 総合 総合教養〈二次：1科目〉面 個人面接

◆**一般選抜（英語外部試験利用）** ※出願要件として英語外部試験が必要
[アーツ・サイエンス]〈一次：2科目〉外 英語外部試験 総合 総合教養〈二次：1科目〉面 個人面接

■特別選抜

[総合型選抜] 総合型選抜（英語外部試験利用、理数探究型、IB認定校対象）
[学校推薦型選抜] 学校推薦型選抜
[その他] 社会人選抜、4月入学帰国生選抜、English Language Based Admissions (April/September Entry)、EJU利用選抜(4月/9月入学)

国際基督教大学ギャラリー

■学生寮

キャンパス内に10の学生寮があり、全学生の約1/3が居住可能です。寮会や寮祭などの各種イベントも行われています。

■新館

2023年春、文理融合の学びを象徴する「トロイヤー記念アーツ・サイエンス館」が開館。リベラルアーツのための学び場です。

こまざわ
駒澤大学

資料請求

入学センター TEL (03) 3418-9048 〒154-8525 東京都世田谷区駒沢1-23-1

禅の精神に基づく「行学一如」を掲げる

大学紹介動画 最新入試情報

仏教の教えと禅の精神に基づき、大学における教育と研究の理想的なあり方として「行学一如」を建学の精神に掲げる。「他者愛」「柔軟な心」をはぐくみ、困難な課題を創造的解決に導く人材を育成する。

種月館

キャンパス **1**つ

駒沢キャンパス
〒154-8525 東京都世田谷区駒沢1-23-1

私立 東京 神奈川 駒澤大学

基本データ

※2023年5月現在（教員数は非常勤を含む。進路・就職は2022年度卒業者データ。学費は2024年度入学者用）

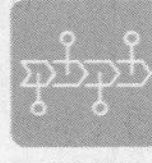
沿革

1882年、曹洞宗大学林専門本校として開校。1949年、新制大学に移行し、仏教、文、商経学部を設置。1964年、法学部を設置。1966年、商経学部を経済学部に改称。1969年、経営学部を設置。2003年、医療健康科学部を設置。2006年、グローバル・メディア・スタディーズ学部を設置し、現在に至る。

教育機関 **7** 学部 **8** 研究科

学部 仏教／文／経済／法／経営／医療健康科／グローバル・メディア・スタディーズ

大学院 仏教学ⓂⒹ／人文科学ⓂⒹ／経済学ⓂⒹ／商学ⓂⒹ／法学ⓂⒹ／経営学ⓂⒹ／医療健康科学ⓂⒹ／グローバル・メディアⓂⒹ

人数

学部学生数 **14,198**名　教員1名あたり学生 **12**名

教員数 **1,093**名【理事長】石川順之、【総長】永井政之、【学長】各務洋子
（教授**216**名、准教授**72**名、講師**796**名、助教**3**名、助手・その他**6**名）

学費

初年度納入額 **1,250,000~1,782,500**円

奨学金 全学部統一日程選抜奨学金、新人の英知（一般選抜特待生）奨学金、自己推薦選抜（総合評価型）奨学金

進路

学部卒業者 **3,266**名
（進学**126**名［3.9%］、就職**2,778**名［85.1%］、その他**362**名［11.0%］）

主な就職先 IMSグループ、JR東日本ステーションサービス、千葉銀行、中央労働金庫、日本年金機構、東京国税局、国家公務員共済組合連合会、マンパワーグループ

学部学科紹介

※本書掲載内容は、大学公表資料から独自に編集したものです。詳細は大学パンフレットやホームページ等で必ず確認してください（取得可能な免許・資格は任用資格や受験資格などを含む）。

仏教学部

駒沢キャンパス　定員 198

特色　仏教学と禅学を通して仏教の知識を修得し、豊かな思想と文化に触れる。
進路　僧侶となる他、公務やサービス業などの一般企業などに就く者も多い。
学問分野　哲学
大学院　仏教学

禅学科 (82)	1・2年次は学部共通のカリキュラムで仏教全般にわたる基礎を十分に修得し、3年次以降に専門研究に取り組む。インド・中国から日本に至る禅の歴史、思想・教理、芸術・美術など幅広く扱う教員を揃え、曹洞宗の歴史や教義を含めた全般を深く学んでいく。
仏教学科 (116)	1・2年次は学部共通のカリキュラムで禅を含む仏教全般の基礎を学ぶ。3年次以降は、日本のみならずインドやチベット、朝鮮半島、中国、スリランカから東南アジアに至る各地の仏教の専門的な研究に取り組む。サンスクリット語やチベット語なども学べる。
取得可能な免許・資格	学芸員、社会福祉主事、教員免許（中-社・宗、高-地歴・公・宗）、社会教育士、社会教育主事、司書教諭

文学部

駒沢キャンパス　定員 851

特色　書物やデータ、地図や年表、野外調査など多様なアプローチで「人間」を探究。
進路　一般企業、公務、教員、大学院へ進学など多彩な進路に進んでいる。
学問分野　文学／心理学／歴史学／地理学／文化学／社会学／社会福祉学／環境学
大学院　人文科学

国文学科 (137)	日本文学を研究する国文学と、日本語を深める国語学を学ぶ。専任教員のもと万葉集などの古典文学から夏目漱石、村上春樹などの近現代文学までを扱い、文学周辺の幅広い知識を得る。児童文学作家による創作指導や演劇の実践的講義、編集実務などの科目もある。
英米文学科 (137)	イギリス文学、アメリカ文学、英語学を中心に学ぶ。中世の英語文学から現代の英米の小説、詩などの文学作品に加え、映画や美術を含む英語圏の多様な文化や歴史を学ぶ。実践的な英語力を養いつつ、言語としての英語の歴史や地域ごとの違いも詳しく学ぶ。
地理学科 (138)	2つの専攻を設置。地域文化研究専攻では野外調査や統計分析、景観観察といった方法で地域の文化や風土などを探究する。地域環境研究専攻では気候や地形、水の循環など地域の環境と人間について多面的に学び、資源利用や災害などの問題について考える。
歴史学科 (199)	3つの専攻を設置。日本史学専攻では史料から歴史像を構築し、論理的かつ客観的に考える力を養う。外国史学専攻では歴史学を通じて過去を学び、世界の今と未来を展望する力を養う。考古学専攻では遺跡や遺物を通じて過去の人々の暮らしや社会の様相を学ぶ。
社会学科 (152)	2つの専攻を設置。社会学専攻では多種多様な社会現象を複眼的に理解し、社会の仕組みを学ぶ。社会福祉学専攻では現代社会にふさわしい福祉のあり方を探究し、福祉の専門性と教養を備えた人材を育成する。福祉分野の資格取得に向けた支援も行われている。
心理学科 (88)	科学的な視点で「心」を捉え人間を理解する。生理実験室、動物実験室、心理面接実験室など充実した実験設備や様々なコンピュータを備えた情報処理室があり、実習や卒業研究などに活用できる。大学院は国内有数の研究環境を備えており、進学する者も多い。
取得可能な免許・資格	公認心理師、認定心理士、地域調査士、学芸員、社会調査士、社会福祉士、精神保健福祉士、社会福祉主事、測量士補、教員免許(中-国・社・英、高-国・地歴・公・書・英)、社会教育士、社会教育主事、司書教諭

経済学部

駒沢キャンパス

定員 766

特色	自由な科目履修と少人数教育により、学生の個々のニーズに応える教育を行う。
進路	一般企業の他、資格職や公務に就くなど多彩な進路に進んでいる。
学問分野	経済学／経営学
大学院	経済学／商学

学科	内容
経済学科 (357)	経済学を広く学び、自ら理論モデルを組み立てデータを統計的に分析する力を養う。将来的に希望する進路に合わせ、経済学、金融・財政、産業情報、国際経済、生活・環境の5つのコースを設置している。2年次から始まる少人数のゼミで専門知識を深める。
商学科 (252)	流通・情報、会計・経営、金融・貿易の3つのコースが設置されている。企業活動と運営について学び、市場と現代社会を理論的に理解する力を身につける。学外の専門学校と提携し、会計とITのプロフェッショナルを養成するプログラムが提供されている。
現代応用経済学科 (157)	ビジネス経済コースとコミュニティ経済コースの2つを設置。グローバル経済の中で求められる先端的な経済的知見を持ち、かつ地域社会の発展に貢献できる人材を育成する。オーソドックスな経済理論だけでなく、ゲーム理論や制度・法から見た経済学も学ぶ。
取得可能な免許・資格	社会福祉主事、教員免許(中-社、高-地歴・公・商業)、社会教育士、社会教育主事、司書教諭

法学部

駒沢キャンパス

定員 675

特色	国際化しルールの重要性が高まる現代社会で必要となる最新の法知識を学ぶ。
進路	卒業者は公務や公共団体、一般企業など多岐にわたる領域で活躍。
学問分野	法学／政治学
大学院	法学

学科	内容
法律学科 昼 (315)	環境法、知的財産権法、消費者法など現代社会の複雑な法律問題に対応した特別な法律科目を用意している。現役の弁護士や公務員、税理士などの実務家教員による授業では、実務的な感覚を養う。フレックスB（夜間主）の時間帯の授業を履修することもできる。
政治学科 (210)	現代社会と政治、行政・公共政策、国際・地域研究、政治とメディア研究の4つのコースを設置。フィールド・リサーチや国会、裁判所の見学など実践的な演習科目が充実している。「マス・コミュニケーション研究所」では新聞づくりなどマスコミの実務を学べる。
法律学科 夜 (150)	昼夜開講制による柔軟なカリキュラム編成で、昼間主（フレックスA）とほぼ同じ履修内容を学ぶ。公務員や各種団体、金融機関など一般企業への就職、法科大学院(ロースクール)への進学など進路は多岐にわたる。
取得可能な免許・資格	社会福祉主事、教員免許（中-社、高-地歴・公)、社会教育士、社会教育主事、司書教諭

経営学部

駒沢キャンパス

定員 535

特色	経営学、会計学、経済学、経営科学、マーケティング諸科学が学べる。
進路	就職先は一般企業の他、公務、NPOなど。大学院へ進学する者もいる。
学問分野	経営学
大学院	経営学

学科	内容
経営学科 (346)	目指す進路に合わせ、企業経営、企業会計、経済分析、金融キャリアの4つのコースを設け、最先端の経営学を扱う。情報化やグローバル化により激しい変化にさらされる企業において、行動力と判断力を兼ね備えた「プロフェッショナル・マネージャー」を育てる。
市場戦略学科 (189)	市場創造、市場分析、現代産業・起業の3つのコースを設置。マーケティングなど市場経済をテーマに学び、個人として、またチームの一員としても力を発揮できる人材を育成する。データ分析力や論理的思考力を養うため、文系・理系双方の教員を配置している。
取得可能な免許・資格	社会福祉主事、教員免許(中-社、高-地歴・公・商業)、社会教育士、社会教育主事、司書教諭

医療健康科学部

駒沢キャンパス　定員 64

特色	日々進化し多様化する医療技術に対応できる診療放射線技師を育成する。
進路	国家資格をもとに国公立病院や大学病院等の医療施設に就職する者が多い。
学問分野	健康科学
大学院	医療健康科学

診療放射線技術科学科 (64)	3年次から放射線治療・計測、臨床画像・技術、画像処理・解析の3つのコースに分かれ、専門知識を体系的に学習する。3年次までに国家試験出題科目が終了し、4年次には卒業研究と試験対策に時間をかけることができる。教養科目も幅広く履修し、医療人としての基礎能力を養う。
取得可能な免許・資格	社会福祉主事、診療放射線技師

グローバル・メディア・スタディーズ学部

駒沢キャンパス　定員 307

特色	実践的な英語力を身につけ、進化する情報環境を様々な視点から分析する。
進路	情報通信業やIT業界、金融・保険業など幅広い業界に就職している。
学問分野	メディア学／国際学
大学院	グローバル・メディア

グローバル・メディア学科 (307)	英語教育とITリテラシー教育を基礎に、様々な問題に多角的・複合的な手法で取り組む人材を育成する。メディアとコンテンツを本質的に理解するための学際的な専門科目として、経済学、経営学、社会学、法学などが設けられている。留学などで海外経験を積む。
取得可能な免許・資格	教員免許（中-英、高-英）、司書教諭

入試要項（2025年度）

※この入試情報は大学発表の2025年度入試（予告）および2024年度募集要項等より編集したものです（2024年1月時点。見方は巻頭の「本書の使い方」参照）。内容には変更が生じる可能性があるため、最新情報はホームページや2025年度募集要項等で必ず確認してください。

「大学入試科目検索システム」のご案内
日程・方式ごとの偏差値や昨年度入試結果（志願者倍率、実質倍率、合格最低点）、基本情報（出願締切日、試験日、二段階選抜、募集人員、総合満点）などは、「大学入試科目検索システム」（https://nyushi.toshin.com/）をご覧ください（利用方法はp.12参照）。

■仏教学部 偏差値 61

一般選抜

◆**全学部統一日程選抜 、T方式（2月実施）、S方式**
［全学科：3科目］国現古 地歴 公 数 情 地歴全3科目、公共・政経、数ⅠⅡAB〔列〕、情Ⅰから1 外英
◆**T方式（3月実施）**
［全学科：3科目］国現古 地歴 公 数 地歴全3科目、公共・政経、数ⅠⅡAB〔列〕から1 外英

共通テスト利用入試 ※個別試験は課さない

◆**共通テスト利用選抜（前期日程、中期日程）**
［全学科：3科目］国現古漢 地歴 公 数 理 情 全15科目から1 外 全5科目から1

■文学部 偏差値 62

一般選抜

◆**全学部統一日程選抜**
［全学科：3科目］国現古 地歴 公 数 情 地歴全3科目、公共・政経、数ⅠⅡAB〔列〕、情Ⅰから1 外英
◆**T方式（2月実施）**
［心理：3科目］全学部統一日程選抜に同じ
［心理以外：3科目］国現古 地歴 公 数 地歴全3科目、公共・政経、数ⅠⅡAB〔列〕から1 外英
◆**T方式（3月実施）**
［全学科：3科目］国現古 地歴 公 数 地歴全3科目、公共・政経、数ⅠⅡAB〔列〕から1 外英
◆**S方式**
［国文、英米文：3科目］T方式（2月実施）に同じ
［歴史：3科目］国現古 地歴 日、世から1 外英

共通テスト利用入試 ※個別試験は課さない

◆**共通テスト利用選抜（前期日程）**
［国文、英米文、社会、心理：3科目］国現古漢 地歴 公 数 理 情 全15科目から1 外 全5科目から1
［地理、歴史：3科目］国現古漢 地歴 公 数 理 全14科目から1 外 全5科目から1

■経済学部 偏差値 60

一般選抜

◆**全学部統一日程選抜**
［全学科：3科目］国現古 地歴 公 数 情 地歴全3科目、公共・政経、数ⅠⅡAB〔列〕、情Ⅰから1 外英
◆**T方式（2月実施）**
［経済、商：3科目］全学部統一日程選抜に同じ
［現代応用経済：3科目］国現古 地歴 公 数 地歴全3科目、公共・政経、数ⅠⅡAB〔列〕から1 外英
◆**T方式（3月実施）**
［全学科：3科目］国現古 地歴 公 数 地歴全3科目、公共・政経、数ⅠⅡAB〔列〕から1 外英

共通テスト利用入試 ※個別試験は課さない

◆**共通テスト利用選抜（前期日程、中期日程）**
［全学科：3科目］国現 地歴 公 数 理 情 全15科目か

ら1外全5科目から1

■法学部 偏差値 59

一般選抜

◆全学部統一日程選抜

[全学科：3科目] 国現古 地歴 公 数 情 地歴全3科目、公共・政経、数ⅠⅡAB〔列〕、情Ⅰから1 外英

◆T方式（2月実施、3月実施）

[全学科：3科目] 国現古 地歴 公 数 地歴全3科目、公共・政経、数ⅠⅡAB〔列〕から1 外英

共通テスト利用入試 ※個別試験は課さない

◆共通テスト利用選抜（前期日程、中期日程）

[全学科：3科目] 国現 地歴 公 数 理 全14科目から1 外全5科目から1

◆共通テスト利用選抜（後期日程）

[法律【夜】：3科目] 共通テスト利用選抜（前期日程）に同じ

■経営学部 偏差値 59

一般選抜

◆全学部統一日程選抜

[全学科：3科目] 国現古 地歴 公 数 情 地歴全3科目、公共・政経、数ⅠⅡAB〔列〕、情Ⅰから1 外英

◆T方式（2月実施、3月実施）

[全学科：3科目] 国現古 地歴 公 数 地歴全3科目、公共・政経、数ⅠⅡAB〔列〕から1 外英

共通テスト利用入試 ※個別試験は課さない

◆共通テスト利用選抜（前期日程、中期日程）

[全学科：3科目] 国現 地歴 公 数 情 全10科目から1 外英

■医療健康科学部 偏差値 56

一般選抜

◆T方式（2月実施）

[診療放射線技術科：3科目] 数数ⅠⅡAB 理物基・物、化基・化、生基・生から1 外英

◆S方式

[診療放射線技術科：3科目] 数数ⅠⅡAB 理物基・物、化基・化から1 外英

共通テスト利用入試 ※個別試験は課さない

◆共通テスト利用選抜（前期日程、中期日程）

[診療放射線技術科：4科目] 数数ⅠA、数ⅡBC 理理科基礎、物、化、生から1▶地基選択不可 外英

■グローバル・メディア・スタディーズ学部 偏差値 61

一般選抜

◆全学部統一日程選抜

[グローバル・メディア：3科目] 国現古 地歴 公 数 情 地歴全3科目、公共・政経、数ⅠⅡAB〔列〕、情Ⅰから1 外英

◆T方式（2月実施）、S方式

[グローバル・メディア：3科目] 国現 地歴 公 数 情 地歴全3科目、公共・政経、数ⅠⅡAB〔列〕、情Ⅰから1 外英

共通テスト利用入試 ※個別試験は課さない

◆共通テスト利用選抜（前期日程）

[グローバル・メディア：3科目] 国現 地歴 公 数 理 情 全15科目から1 外英

■特別選抜

[総合型選抜] 自己推薦選抜（総合評価型、特性評価型）

[学校推薦型選抜] 指定校推薦選抜、全国商業高等学校長協会特別推薦選抜、附属高等学校等推薦選抜

[その他] スポーツ推薦選抜、国際型選抜、外国人留学生選抜、社会人特別選抜、フレックスB社会人選抜、フレックスB勤労学生・有職者特別選抜

私立 東京 神奈川 駒澤大学

駒澤大学ギャラリー

■種月館（三号館）

開校130周年記念棟「種月館」は、大教室から小教室まで様々な規模の教室を整備し、多様な授業形態に対応可能になっています。

■禅文化歴史博物館

駒澤大学の特色を生かし、禅の文化や歴史の関連資料を中心に多数のコレクションを収蔵している他、催事や講座も開催しています。

芝浦工業大学

しばうらこうぎょう

資料請求

入試・広報連携推進部入試課（豊洲キャンパス）　TEL (03) 5859-7100　〒135-8548 東京都江東区豊洲3-7-5

工学と理学の先端技術を駆使し、社会を豊かにする

大学紹介動画

最新入試情報

世界に目を向け積極的な国際交流を行い、グローバル水準の教育を行う。270もの研究室では、学部学生や大学院生、留学生や企業の研究者など背景の異なる人々が多彩なテーマで研究に取り組んでいる。

2022年4月竣工 豊洲キャンパス本部棟

キャンパス 2つ

豊洲キャンパス
〒135-8548 東京都江東区豊洲3-7-5

大宮キャンパス
〒337-8570 埼玉県さいたま市見沼区深作307

基本データ

※2023年5月現在（進路・就職は2022年度卒業者データ。学費は2024年度入学者用〔予定〕）

沿革

1927年、東京高等工商学校として発足。1949年、芝浦工業大学を開学、工学部を設置。1966年、大宮キャンパスを設置。1991年、システム工学部を設置。2006年、豊洲キャンパスを設置。2009年、デザイン工学部を設置。2017年、建築学部を設置。2024年、工学部を改組。2025年、デザイン工学部を改組予定。

教育機関 4学部 1研究科

学部　工／システム理工／デザイン工／建築

大学院　理工学Ⓜ︎Ⓓ

人数

学部学生数　7,806名

教員1名あたり 学生 24名

教員数　313名【理事長】鈴見健夫、【学長】山田純

（教授225名、准教授68名、講師2名、助教18名）

学費

初年度納入額　1,794,880円

奨学金　芝浦工業大学後援会自活支援奨学金、朝日に輝く奨学金、理工系女性技術者支援奨学金、芝浦工業大学育英奨学金

進路

学部卒業者　1,878名

（進学835名［44.5%］、就職1,001名［53.3%］、その他42名［2.2%］）

主な就職先　清水建設、三菱電機、JR東海、本田技研工業、SUBARU、NTT東日本、キオクシア、JR東日本、TOPPANホールディングス、NECソリューションイノベータ、スタンレー電気、戸田建設、キヤノンITソリューションズ、ソフトバンク、積水ハウス、ミネベアミツミ、長谷工コーポレーション、いすゞ自動車、三井住友建設、大成建設、大林組、奥村組、NECネッツエスアイ

学部学科紹介

※本書掲載内容は、大学公表資料から独自に編集したものです。詳細は大学パンフレットやホームページ等で必ず確認してください（取得可能な免許・資格は任用資格や受験資格などを含む）。

工学部

大宮キャンパス（1・2年）
豊洲キャンパス（3・4年）
定員 975

特色 2024年度、9学科による「学科制」から「5課程9コース」へ移行。
進路 約4割が大学院へ進学。有名400社への就職率が私立大学で5位。
学問分野 化学／機械工学／電気・電子工学／材料工学／土木・建築学／その他工学／環境学／情報学
大学院 理工学

課程	定員	内容
機械工学課程 改	(228)	従来の機械工学科、機械機能工学科に対応する課程として、2024年度改組設置。基幹機械コース（入学定員114名）、先進機械コース（入学定員114名）の2コースを置く。
物質化学課程 改	(208)	従来の材料工学科、応用化学科に対応する課程として、2024年度改組設置。環境・物質工学コース（入学定員104名）、化学・生命工学コース（入学定員104名）の2コースを置く。
電気電子工学課程 改	(208)	従来の電気工学科、電子工学科に対応する課程として、2024年度改組設置。電気・ロボット工学コース（入学定員104名）、先端電子工学コース（入学定員104名）の2コースを置く。
情報・通信工学課程 改	(218)	従来の情報通信工学科、情報工学科に対応する課程として、2024年度改組設置。情報通信コース（入学定員104名）、情報工学コース（入学定員114名）の2コースを置く。
土木工学課程 改	(104)	従来の土木工学科に対応する課程として、2024年度改組設置。都市・環境コース（入学定員104名）の1コースを置く。課程制へ移行することで、土木工学分野に加え、工学諸分野を横断的に学修することも可能。
先進国際課程	(9)	10月入学。4年間の教育はすべて英語で実施し、在学中に研究成果を国際会議の場で発表することが目標となっている。工学部の学科を横断した専門教育が行われ、1年次から研究室で教員や大学院生の指導のもと最先端研究に従事する。
取得可能な免許・資格		危険物取扱者（甲種）、電気工事士、特殊無線技士（海上、陸上）、陸上無線技術士、測量士補、主任技術者（電気）、施工管理技士（土木、建築、電気工事、管工事、造園、建設機械）、教員免許（中-数・理、高-数・理・情・工業）

システム理工学部

大宮キャンパス
定員 485

特色 「もの」や「こと」の仕組みを理解し、創造力豊かな人材を育成する。
進路 約4割が大学院へ進学。就職先は製造業や情報通信業、建設業など。
学問分野 機械工学／電気・電子工学／医療工学／社会・安全工学／応用生物学／環境学／情報学
大学院 理工学

学科	定員	内容
電子情報システム学科	(115)	3つの領域を設定。ソフトウェア系ではプログラミング言語やソフトウェア設計などについて、ハードウェア系ではハードウェアの基礎理論やエレクトロニクス技術を、メディア・ネットワーク系では画像処理や信号解析などインフラを支える技術について学ぶ。
機械制御システム学科	(90)	システムダイナミクス、システムデザイン、エネルギー・環境の3つの領域で構成される。高機能ロボットや次世代自動車、クリーンエネルギー・パワーソースなどこれからの社会が必要とする機械制御システムについて、全体を最適化する原理とともに学習する。
環境システム学科	(90)	カリキュラムは建築、都市、環境の3つの相互に関連するエリアとそれらをつなぐ学際的領域によって構成されている。住宅、街、都市、地域から国土までを環境という視点で捉え、従来の技術に加えシステムとして統合的に制御、管理、創造、再生することを目指す。
生命科学科	(115)	2つのコースを設置。生命科学コースでは老化や環境汚染など、現代の生命科学の諸問題を扱う。生命医工学コースでは機械工学を基礎に、人工臓器や福祉ロボットなどの生活支援システムを開発する。インターンシップやグローバル研修に参加することもできる。

数理科学科 (75)	数学を中心とする基礎科学を学び、システム工学の手法を用いて応用問題にも取り組める能力を有した「数理エンジニア」を育成する。基礎数理、応用数理、システム・情報数理の3つの系で構成され、少人数教育の中で論理的思考力を身につける。
取得可能な免許・資格	危険物取扱者（甲種）、建築士（一級、二級、木造）、技術士補、主任技術者（電気通信）、施工管理技士（土木、建築、電気工事、管工事、造園、建設機械、電気通信工事）、臨床工学技士、バイオ技術者、衛生管理者、教員免許（中-数・理、高-数・理・情・工業）、作業環境測定士、ビオトープ管理士

デザイン工学部

大宮キャンパス（1・2年）
豊洲キャンパス（3・4年）
定員 160

特色　2025年度改組予定。消費者の側からものづくりを考えられる技術者を育成。
進路　約2割が大学院へ進学。就職先は製造業と情報通信業が中心である。
学問分野　機械工学／デザイン学／情報学
大学院　理工学

デザイン工学科 改 (160)	2025年度、3コースに改編予定。プロダクトコースでは「製品の設計・実装」ができる人材を、ＵＸコースでは「プロセスの設計・実装」ができる人材を、社会情報システムコースでは「サービスやシステムの設計・実装」ができる人材を育成する。
取得可能な免許・資格	教員免許（高-工業）

建築学部

豊洲キャンパス
定員 240

特色　建築を「いかにつくるか」に加え「何のためにつくるか」を重視した教育を行う。
進路　約半数が大学院へ進学。就職先は建設業が中心となっている。
学問分野　土木・建築学／住居学／環境学
大学院　理工学

建築学科 (240)	空間・建築デザイン（SA）、都市・建築デザイン（UA）、先進的プロジェクトデザイン（AP）の3つのコースを設置。3年次のプロジェクトゼミと4年次の卒業研究は、所属するコースによらず全研究室から選択可能。
取得可能な免許・資格	建築士（一級、二級、木造）、施工管理技士（土木、建築、電気工事、管工事、造園、建設機械）

入試要項（2025年度）

※この入試情報は大学発表の2025年度入試（予告）および2024年度募集要項等より編集したものです（2024年1月時点。見方は巻頭の「本書の使い方」参照）。内容には変更が生じる可能性があるため、最新情報はホームページや2025年度募集要項等で必ず確認してください。

「大学入試科目検索システム」のご案内
日程・方式ごとの偏差値や昨年度入試結果（志願者倍率、実質倍率、合格最低点）、基本情報（出願締切日、試験日、二段階選抜、募集人員、総合満点）などは、「大学入試科目検索システム」（https://nyushi.toshin.com/）をご覧ください（利用方法はp.12参照）。

■工学部 偏差値 62

一般選抜

◆前期日程A方式、全学統一日程A方式、後期日程
［先進国際以外：3～4科目］数数ⅠⅡⅢAB〔列〕C理物基・物、化基・化から選択▶各4題の計8題から4題任意選択外次の①・②から1（①共英、②個英語外部試験）

◆前期日程B方式、全学統一日程B方式※出願要件として英語外部試験が必要
［先進国際以外：2～3科目］数数ⅠⅡⅢAB〔列〕C理物基・物、化基・化から選択▶各4題の計8題から4題任意選択

共通テスト利用入試 ※個別試験は課さない

◆共通テスト利用方式（前期）
［先進国際以外：5科目］国地歴公情現、地歴公情全7科目から1数数ⅠA、数ⅡBC理物、化、生、地から1外英

◆共通テスト利用方式（後期）
［先進国際以外：4科目］数数ⅠA、数ⅡBC理物、化、生、地から1外英

■システム理工学部 偏差値 63

一般選抜

◆前期日程A方式、全学統一日程A方式、後期日程
［電子情報システム、機械制御システム、環境システム：3～4科目］数数ⅠⅡⅢAB〔列〕C理物基・物、化基・化から選択▶各4題の計8題から4題任意選択外次の①・②から1（①共英、②個英語外部試験）
［生命科、数理科：3～5科目］数数ⅠⅡⅢAB〔列〕C理物基・物、化基・化、生基・生から選択▶各4題の計12題から4題任意選択外次の①・②から1（①共英、②個英語外部試験）

◆前期日程B方式、全学統一日程B方式※出願要件と

して英語外部試験が必要
[電子情報システム、機械制御システム、環境システム：2〜3科目] 数数ⅠⅡⅢAB〔列〕C 理物基・物、化基・化から選択▶各4題の計8題から4題任意選択
[生命科、数理科：2〜4科目] 数数ⅠⅡⅢAB〔列〕C 理物基・物、化基・化、生基・生から選択▶各4題の計12題から4題任意選択

共通テスト利用入試 ※個別試験は課さない

◆共通テスト利用方式（前期）
[全学科：5科目] 国 地歴 公 情現、地歴公情全7科目から1 数数ⅠA、数ⅡBC 理物、化、生、地から1 外英

◆共通テスト利用方式（後期）
[全学科：4科目] 数数ⅠA、数ⅡBC 理物、化、生、地から1 外英

■デザイン工学部 偏差値 63

一般選抜

◆前期日程A方式、全学統一日程A方式、後期日程
[デザイン工：3〜4科目] 数数ⅠⅡⅢAB〔列〕C 理物基・物、化基・化から選択▶各4題の計8題から4題任意選択 外次の①・②から1（① 共英、② 個英語外部試験）

◆前期日程B方式、全学統一日程B方式 ※出願要件として英語外部試験が必要
[デザイン工：2〜3科目] 数数ⅠⅡⅢAB〔列〕C 理物基・物、化基・化から選択▶各4題の計8題から4題任意選択

共通テスト利用入試 ※個別試験は課さない

◆共通テスト利用方式（前期）
[デザイン工：5科目] 国 地歴 公 情現、地歴公情全7科目から1 数数ⅠA、数ⅡBC 理物、化、生、地から1 外英

◆共通テスト利用方式（後期）
[デザイン工：4科目] 数数ⅠA、数ⅡBC 理物、化、生、地から1 外英

■建築学部 偏差値 64

一般選抜

◆全学統一日程A方式
[建築－SA・UA：3〜4科目] 数数ⅠⅡⅢAB〔列〕C 理物基・物、化基・化から選択▶各4題の計8題から4題任意選択 外次の①・②から1（① 共英、② 個英語外部試験）

◆前期日程A方式、後期日程
[建築：3〜4科目] 数数ⅠⅡⅢAB〔列〕C 理物基・物、化基・化から選択▶各4題の計8題から4題任意選択 外次の①・②から1（① 共英、② 個英語外部試験）

◆前期日程B方式、全学統一日程B方式 ※出願要件として英語外部試験が必要
[建築：2〜3科目] 数数ⅠⅡⅢAB〔列〕C 理物基・物、化基・化から選択▶各4題の計8題から4題任意選択

共通テスト利用入試 ※個別試験は課さない

◆共通テスト利用方式（前期）
[建築：5科目] 国 地歴 公 情現、地歴公情全7科目から1 数数ⅠA、数ⅡBC 理物、化、生、地から1 外英

◆共通テスト利用方式（後期）
[建築：4科目] 数数ⅠA、数ⅡBC 理物、化、生、地から1 外英

■特別選抜

[総合型選抜] 工学部総合型選抜、システム理工学部総合型選抜、デザイン工学部総合型選抜、建築プロジェクト入学者選抜、理工系女子特別入学者選抜、駅伝プロジェクト入学者選抜
[学校推薦型選抜] 指定校推薦入学者選抜
[その他] 外国人特別入学者選抜、帰国生徒特別入学者選抜、国際バカロレア特別入学者選抜、先進国際課程入学者選抜

芝浦工業大学ギャラリー

■豊洲キャンパス

キッズパークやフラワーガーデンがある豊洲キャンパスは、学生・教職員だけでなく、地域の憩いの場としても機能しています。

■オープンラボ

芝浦工業大学では、研究室の枠組みを超えて学生が自由にディスカッションや作業できる「オープンラボ」の環境を整えています。

じゅんてんどう
順天堂大学

資料請求

アドミッションセンター事務室（本郷・お茶の水キャンパス） TEL (03) 5802-1673 〒113-8421 東京都文京区本郷2-1-1

学是「仁」のもと、教育と研究を行う

大学紹介動画

最新入試情報

学是に「仁」、教育理念に「不断前進」を掲げる。9つの学部と5つの研究科、6つの附属病院からなる「健康総合大学院大学」として「教育」「研究」「実践・診療」を3つの柱に国際レベルでの社会貢献と人材育成を行う。

本郷・お茶の水キャンパス

キャンパス 5つ

本郷・お茶の水キャンパス
〒113-8421 東京都文京区本郷2-1-1
さくらキャンパス
〒270-1695 千葉県印西市平賀学園台1-1
浦安キャンパス
〒279-0023 千葉県浦安市高洲2-5-1
三島キャンパス
〒411-8787 静岡県三島市大宮町3-7-33
浦安・日の出キャンパス
〒279-0013 千葉県浦安市日の出6-8-1

基本データ

※2023年5月現在（進路・就職は2022年度卒業者データ。学費は2024年度入学者用）

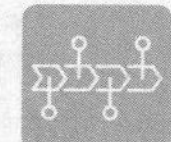
沿革

1838年、佐藤泰然が蘭方医学塾を開学。1951年、順天堂大学を開学、体育学部を設置。2004年、医療短期大学を医療看護学部に改組。2010年に保健看護学部、2015年に国際教養学部、2019年に保健医療学部、2022年に医療科学部、2023年に健康データサイエンス学部を設置。さらに2024年には国際教養学研究科ならびに薬学部を設置。

教育機関
9 学部 5 研究科

学部 医／スポーツ健康科／医療看護／保健看護／国際教養／保健医療／医療科／健康データサイエンス／薬

大学院 医学Ⓜ︎Ⓓ／スポーツ健康科学ⓂⒹ／医療看護学ⓂⒹ／保健医療学Ⓜ／国際教養学Ⓜ

人数

学部学生数 6,779名

教員1名あたり学生 3名

教員数 1,924名【理事長】小川秀興、【学長】新井一
（教授309名、准教授586名、講師36名、助教505名、助手・その他488名）

学費

初年度納入額 1,573,660~2,900,000円

奨学金 学費減免特待生制度、順天堂大学静岡病院奨学金、基礎医学研究者養成奨学金、順天堂大学スポーツ奨学金

進路

学部卒業者 1,304名
（進学92名［7.1%］、就職1,017名［78.0%］、その他※195名［14.9%］）
※臨床研修医135名を含む

主な就職先 順天堂大学医学部附属6病院、小学校、中学校、高等学校、特別支援学校、アサヒビール、JTB、大正製薬、日本生命保険、コナミスポーツ、いすゞ自動車、ANAエアポートサービス、NTTデータ、興和、大和ハウス工業、ホテルマネジメント、TOTO

学部学科紹介

※本書掲載内容は、大学公表資料から独自に編集したものです。詳細は大学パンフレットやホームページ等で必ず確認してください（取得可能な免許・資格は任用資格や受験資格などを含む）。

医学部
さくらキャンパス（1年）
本郷・お茶の水キャンパス(2～6年)
定員 140

特色 6年間での医師国家試験合格をサポートし、知性・教養・感性溢れる医師を育成。
進路 医師免許を取得後、臨床研修などを経て臨床医や研究者となる。
学問分野 医学
大学院 医学

医学科 (140)	6年制。患者を思いやり、生涯を通して学び続ける医師を育成。2・3年次は基礎医学を中心に学び、5年次より附属病院で40週間の臨床実習に取り組む。6年次には8週間にわたり関心に合わせた臨床実習を行う。
取得可能な免許・資格	医師

スポーツ健康科学部
さくらキャンパス
定員 600

特色 「健康」から、世界のスポーツ界をリードする人材を育成。
進路 約2割が教職に就く。他、サービス業や医療・福祉業など。
学問分野 健康科学
大学院 スポーツ健康科学

スポーツ健康科学科 (600)	3年次より競技スポーツ、スポーツコーチング科学、スポーツ医科学、スポーツ教育、健康科学、スポーツマネジメントの6つのコースに分属。自身の専門科目について学びを深める。
取得可能な免許・資格	衛生管理者、公認パラスポーツ指導者、教員免許（小二種、中-保体、高-保体、特-知的・肢体・病弱）

医療看護学部
浦安キャンパス
定員 220

特色 医学部の教員の授業や附属病院での実習など「オール順天堂」による教育を行う。
進路 およそ9割が附属の6つの病院に就職している。
学問分野 看護学
大学院 医療看護学

看護学科 (220)	4つの科目群からなるカリキュラムのもと、段階的に学んでいく。約10名の学生ごとに1名の教員をアドバイザーとして配置し、日々の学習から就職や進学など将来の相談、生活面の悩みなどに丁寧に対応している。
取得可能な免許・資格	看護師、助産師、保健師、衛生管理者、養護教諭（二種）

保健看護学部
三島キャンパス
定員 160

特色 多様な価値観と国際性に対応できる次世代の看護を担う看護職者を養成。
進路 国家試験に合格後、様々な医療施設で看護職または保健師として勤務。
学問分野 看護学／健康科学

看護学科 (160)	多様な価値観と国際性に対応できる看護職者を育成するため、幅広い教養やスポーツ教育にも力を入れている。医療英語も学ぶことができる。
取得可能な免許・資格	看護師、保健師、衛生管理者、養護教諭（二種）

国際教養学部
本郷・お茶の水キャンパス
定員 240

特色 社会問題、異文化コミュニケーション、そして健康をテーマに真の「グローバル市民」を育成。
進路 就職先はサービス業や医療関連業、情報通信業をはじめ多岐にわたる。
学問分野 言語学／国際学
大学院 国際教養学

国際教養学科 (240)	3年次にグローバル社会、異文化コミュニケーション、グローバルヘルスサービスの3領域から1つを選択。目的別英語科目は「医療の英語」などから選択できる。第二外国語も修得する複言語主義教育を展開する。
取得可能な免許・資格	社会調査士、社会福祉主事、教員免許（中-英、高-英）

保健医療学部

本郷・お茶の水キャンパス　定員 240

特色	附属病院との連携のもと、最新設備や豊富な研究成果を活用した教育環境を提供。
進路	就職先は病院や医療系企業など。他、大学院へ進学する者もいる。
学問分野	健康科学
大学院	保健医療学

理学療法学科 (120)	解剖学や生理学は医学部と実習施設を共有し、医学部の現役教員による高度な授業が行われる。スポーツの現場で活躍する教員による授業では、スポーツや運動の障害に関わる理学療法や予防医学などを実践的に学ぶ。
診療放射線学科 (120)	学部校舎、実習棟、附属病院が隣接し合う環境を活用し、最先端の放射線医学領域の教育を提供。3年次後期より合計10週間の臨床実習を行う。国際化も推進しており、グローバルな視点を備えた医療者を育成する。
取得可能な免許・資格	理学療法士、診療放射線技師

医療科学部

浦安・日の出キャンパス　定員 180

特色	次世代の医療現場をリードする人材の育成を目指す。
進路	卒業後は医療機関や研究機関などで活躍を期待。
学問分野	医療工学／健康科学

臨床検査学科 (110)	医学部附属病院と連携して、医学・医療の基本的素養をもとに高度な専門知識を身につけるとともに、確かな技術を修得し高い実践力を備えた臨床検査技師を養成する。
臨床工学科 (70)	医学系と工学系の両分野を学び、チーム医療で活躍できる臨床工学技士を育成する。人工透析装置や人工呼吸器、ECMOを含む体外循環装置等のハイテク医療機器の操作、保守点検などを行う医療技術職の専門家を目指す。
取得可能な免許・資格	臨床工学技士、臨床検査技師

健康データサイエンス学部

浦安・日の出キャンパス　定員 100

特色	「健康」×「データサイエンス」社会に貢献する人材を養成。
進路	進路は医療機関やスポーツ運営団体などを想定。
学問分野	医療工学／健康科学／情報学
大学院	医学

健康データサイエンス学科 (100)	日本の医学・医療・スポーツ分野に貢献してきた順天堂大学だからこそ実現できる「健康」×「データサイエンス」の質の高い教育、そして健康・医療・スポーツ領域で活躍できる人材を養成する。

薬学部

浦安・日の出キャンパス　定員 180

特色	2024年度開設。附属病院や他学部と連携した多職種連携教育が特色。
進路	薬剤師や薬学研究者として活躍することを期待。
学問分野	薬学

薬学科 新 (180)	6年制。他学部や附属病院などとの連携のもと、臨床経験豊かな薬剤師や臨床に基づいた創薬研究に取り組む研究者を育成。5年次に病院・薬局での実務実習を経て、6年次には医療薬学の実践研究を行う。
取得可能な免許・資格	薬剤師

入試要項（2024年度）

※この入試情報は2024年度募集要項等より編集したものです（見方は巻頭の「本書の使い方」参照)。2025年度入試の最新情報は、ホームページや2025年度募集要項等で必ず確認してください。

「大学入試科目検索システム」のご案内
日程・方式ごとの偏差値や昨年度入試結果（志願者倍率、実質倍率、合格最低点)、基本情報（出願締切日、試験日、二段階選抜、募集人員、総合満点）などは、「大学入試科目検索システム」(https://nyushi.toshin.com/）をご覧ください（利用方法はp.12参照)。

■医学部 偏差値 70

一般選抜

◆**一般選抜A方式**
[医]〈一次：5科目〉数 数ⅠⅡⅢAB 理 物基・物、化基・化、生基・生から2 外 英 論 小論文▶二次選考の評価で使用〈二次：1科目〉面 面接

◆**一般選抜B方式**※出願資格として英語外部試験が必要
[医]〈一次：4科目〉数 数ⅠⅡⅢAB 理 物基・物、化基・化、生基・生から2 外 英▶英語外部試験のスコアにより加点〈二次：2科目〉論 小論文・英作文 面 面接

◆**東京都地域枠選抜**
[医]〈一次：5科目〉一般選抜A方式に同じ〈二次：2科目〉面 面接試験①、面接試験②

◆**新潟県地域枠選抜、千葉県地域枠選抜、埼玉県地域枠選抜、静岡県地域枠選抜、茨城県地域枠選抜**
[医]〈一次：5科目〉一般選抜A方式に同じ〈二次：1科目〉面 面接

共通テスト併用入試

◆**前期共通テスト利用選抜**
[医]〈一次：共 7科目〉国 現古漢 地歴 公 世B、日B、地理B、公全4科目から1 数 数ⅠA、数ⅡB 理 物、化、生から2 外 英〈一次：個 1科目〉論 小論文▶二次選考の評価で使用〈二次：個 1科目〉面 面接

◆**共通テスト・一般独自併用選抜**
[医]〈一次：共 7科目〉前期共通テスト利用選抜に同じ〈一次：個 3科目〉理 物基・物、化基・化、生基・生から2▶高得点1科目を合否判定に使用 外 英〈二次：個 2科目〉論 小論文・英作文 面 面接

◆**後期共通テスト利用選抜**
[医]〈一次：共 7科目〉前期共通テスト利用選抜に同じ〈二次：個 2科目〉論 小論文・英作文 面 面接

■スポーツ健康科学部 偏差値 55

一般選抜

◆**一般選抜（基本方式〔A日程、B日程〕）**
[スポーツ健康科：3科目] 国 現 地歴 数 理 世B、日B、数ⅠA、物基・物、化基・化、生基・生から1 外 英

◆**一般選抜（高得点2科目方式〔A日程、B日程〕）**
※一般選抜（基本方式〔A日程、B日程〕）の受験必須。高得点2科目で合否判定
[スポーツ健康科：3科目] 一般選抜（基本方式〔A日程、B日程〕）の成績を利用

◆**一般選抜（高得点1科目＋面接方式〔C日程〕）**※一般選抜（基本方式〔A日程、B日程〕）または共通テストの受験必須
[スポーツ健康科：2～4科目] 次の①・②から1（① 共 国 地歴 公 数 理 外 現、地歴公理全15科目、数Ⅰ、数ⅠA、数Ⅱ、数ⅡB、英から1、② 個 一般選抜（基本方式〔A日程、B日程〕）に同じ▶高得点1科目を合否判定に使用）面 面接

共通テスト利用入試 ※個別試験は課さない

◆**共通テスト利用選抜（前期〔S方式〕）**
[スポーツ健康科：3科目] 国 現 地歴 公 数 理 地歴公理全15科目、数Ⅰ、数ⅠA、数Ⅱ、数ⅡBから1 外 英

◆**共通テスト利用選抜（前期〔A方式、B方式、C方式〕）**※共通テスト利用選抜（前期〔S方式〕）の出願必須
[スポーツ健康科：3科目] 共通テスト利用選抜（前期〔S方式〕）に同じ

◆**共通テスト利用選抜（前期〔D方式〕）**
[スポーツ健康科：2科目] 国 地歴 公 数 理 外 現、地歴公理全15科目、数Ⅰ、数ⅠA、数Ⅱ、数ⅡB、英から1 書類審 スポーツ競技実績報告書

◆**共通テスト利用選抜（後期）**
[スポーツ健康科：2科目] 国 地歴 公 数 理 外 現、地歴公理全15科目、数Ⅰ、数ⅠA、数Ⅱ、数ⅡB、英から2教科2

■医療看護学部 偏差値 57

一般選抜

◆**一般選抜（A日程、B日程）**
[看護]〈一次：3科目〉国 現 数 理 数ⅠA、化基・化、生基・生から1 外 英〈二次：1科目〉面 個人面接

共通テスト併用入試

◆**共通テスト利用選抜（一般選抜併用方式）**※一般選抜（A日程、B日程）の受験必須。一次選考は共通テストと個別試験から高得点3教科3科目を合否判定に使用。国外必須
[看護]〈一次：共 3科目〉国 現 地歴 公 数 理 地歴公全10科目、数ⅠA、数ⅡB、理科基礎、化、生から1▶地基選択不可 外 英〈一次：個 3科目〉一般選抜（A日程、B日程）の成績を利用〈二次：個 2科目〉論 小論文 面 個人面接

◆**共通テスト利用選抜（3科目方式）**
[看護]〈一次：共 3科目〉国 現 数 理 数ⅠA、数ⅡB、理科基礎、化、生から1▶地基選択不可 外 英〈二次：個 2科目〉論 小論文 面 個人面接

◆**共通テスト利用選抜（4科目方式）**
[看護]〈一次：共 4科目〉国 現 地歴 公 数 理 地歴公全10科目、数ⅠA、数ⅡB、理科基礎、化、生から2▶地基選択不可 外 英〈二次：個 2科目〉論 小論文 面 個人面接

◆**共通テスト利用選抜（5科目方式）**
[看護]〈一次：共 5科目〉国 現 地歴 公 全10科目から1 数 数ⅠA、数ⅡBから1 理 理科基礎、化、生か

私立 東京 神奈川 順天堂大学

ら1▶地基選択不可外全5科目から1▶英は×L〈二次：個2科目〉論小論文面個人面接

■保健看護学部 偏差値 59

一般選抜

◆一般選抜（A日程）

[看護]〈一次：3科目〉国現数理数ⅠA、化基・化、生基・生から1外英〈二次：1科目〉面面接▶自己PR資料持参

◆一般選抜（B日程）

[看護：3科目]国現数理数ⅠA、化基・化、化基・生基、生基・生から1外英

共通テスト併用入試

◆共通テスト利用選抜

[看護]〈一次：共3科目〉国現数理数ⅠA、数ⅡB、化基・生基、化、生から1外英〈二次：個1科目〉面面接▶自己PR資料持参

◆共通テスト・独自試験併用選抜 ※一般選抜(A日程)の受験必須

[看護]〈一次：共3科目〉国現地歴公数理地歴公全10科目、数ⅠA、数ⅡB、化基・生基、化、生から1外英〈一次：個3科目〉一般選抜（A日程）の成績を利用▶国外から高得点1科目を合否判定に使用〈二次：個1科目〉面面接▶自己PR資料持参

■国際教養学部 偏差値 56

一般選抜

◆一般選抜（前期A方式〔A日程、B日程〕）

[国際教養：2科目] 国現外英、英語外部試験から1

◆一般選抜（前期B方式〔A日程〕）

[国際教養：2科目] 地歴数世B、日B、数ⅠAから1外英、英語外部試験から1

◆一般選抜（前期B方式〔B日程〕）

[国際教養：2科目] 地歴数理世B、日B、数ⅠA、化基・生基から1外英、英語外部試験から1

◆一般選抜（前期C方式〔A日程〕）

[国際教養：3科目] 国現地歴数世B、日B、数ⅠAから1外英、英語外部試験から1

◆一般選抜（前期C方式〔B日程〕）

[国際教養：3科目] 国現地歴数理世B、日B、数ⅠA、化基・生基から1外英、英語外部試験から1

◆一般選抜（中期、後期）

[国際教養：2科目] 外英、英語外部試験から1、英作文・要約

共通テスト利用入試 ※個別試験は課さない

◆共通テスト利用選抜（前期A方式、後期A方式）

[国際教養：2科目] 国地歴公数理現古、現漢、地歴公理全15科目、数ⅠA、数ⅡBから1外英

◆共通テスト利用選抜（前期B方式、後期B方式）

[国際教養：3科目] 国地歴公数理現古、現漢、地歴公理全15科目、数ⅠA、数ⅡBから2▶国2科目選択不可外英

◆共通テスト利用選抜（前期C方式）

[国際教養：4科目] 国地歴公数理現古、現漢、地歴公理全15科目、数ⅠA、数ⅡBから3▶国2科目選択不可外英

◆共通テスト利用選抜（前期D方式）

[国際教養：5科目] 国地歴公数理現古、現漢、地歴公理全15科目、数ⅠA、数ⅡBから4▶国2科目選択不可外英

■保健医療学部 偏差値 61

一般選抜

◆A日程、B日程

[全学科：3科目]数理数ⅠA、物基・物、化基・化、生基・生から2外英

共通テスト利用入試 ※個別試験は課さない

◆共通テスト利用選抜

[全学科：3科目]数理数ⅠA、理科基礎、物、化、生から2▶地基選択不可外英

■医療科学部 偏差値 

一般選抜

◆一般選抜A日程

[全学科：3科目] 国数理現、数ⅠA、物基・物、化基・化、生基・生から2外英

◆一般選抜B日程

[全学科：2科目] 国数理現、数ⅠA、物基・物、化基・化、生基・生から1外英

共通テスト利用入試 ※個別試験は課さない

◆共通テスト利用選抜

[全学科：3科目] 国数理現、数ⅠA、物、化、生から2外英

■健康データサイエンス学部 偏差値 

一般選抜

◆一般選抜A日程（3科目均等配点型、数学重視型）

[健康データサイエンス：3科目]国理現、物基・物、化基・化、生基・生から1数数ⅠⅡAB外英

◆一般選抜B日程

[健康データサイエンス：2科目] 数数ⅠⅡAB外英

共通テスト利用入試 ※個別試験は課さない

◆共通テスト利用選抜

[健康データサイエンス：4科目]国理現、物、化、生から1数数ⅠA、数ⅡB外英

■薬学部 偏差値 61

一般選抜

◆一般選抜（A日程）

[薬：3科目]数数ⅠⅡAB理物基・物、化基・化、生基・生から1外英

◆一般選抜（B日程）

[薬：3科目]数理化基・化必須、数ⅠⅡAB、物基・物、生基・生から1外英

◆一般選抜（S日程）医学部併願入試※医学部一般選抜A方式またはB方式の出願必須

[薬：4科目]数数ⅠⅡⅢAB理化基・化必須、物基・物、生基・生から2外英▶医学部一般選抜A方式またはB方式の成績を利用。英語外部試験の活用

なし

共通テスト併用入試

◆**共通テスト利用選抜（一般選抜併用方式）**※一般選抜（A日程、B日程）の出願必須

[薬]〈共1科目〉外英〈個3科目〉一般選抜（A日程、B日程）の成績を利用▶数理から高得点2科目を合否判定に使用

共通テスト利用入試 ※個別試験は課さない

◆**共通テスト利用選抜（4科目方式）**

[薬：5科目] 理化必須、物、生から1 数数ⅠA、数ⅡB 外英

◆**共通テスト利用選抜（6科目方式）**

[薬：6科目] 国現 理物、化、生から2 数数ⅠA、数ⅡB 外英

■特別選抜

[総合型選抜] 研究医特別選抜、国際バカロレア／ケンブリッジ・インターナショナル選抜、総合型選抜Ⅰ（A方式、B方式、C方式、D方式）、総合型選抜Ⅱ（A方式、B方式、C方式、E方式、F方式）、総合型選抜Ⅲ、総合型選抜、総合型選抜（A日程、B日程、外国語利用型、活動実績型、探究育成型、育成型・プログラミング力育成、Ⅰ期、Ⅱ期）、総合型選抜Ⅰ、総合型選抜Ⅱ

[学校推薦型選抜] 学校推薦型選抜（公募推薦方式、特別推薦A方式、特別推薦B方式、公募制、指定校）、学校推薦型選抜Ⅰ（学校推薦型、指定校推薦、外部試験利用特待生）、学校推薦型選抜Ⅱ（学校推薦型、指定校推薦、外部試験利用特待生）

[その他] 外国人選抜、帰国生選抜、トップアスリート特別選抜、帰国生・外国人留学生型選抜、国際バカロレア選抜Ⅰ、国際バカロレア選抜Ⅱ、海外帰国生選抜Ⅰ、海外帰国生選抜Ⅱ、外国人留学生選抜Ⅰ、外国人留学生選抜Ⅱ、外国人留学生選抜Ⅲ、特別選抜（帰国生）、帰国生徒選抜、外国人留学生選抜

順天堂大学ギャラリー

■さくらキャンパス

主にスポーツ健康科学部の学生が通うさくらキャンパスには、スカッシュコートや体操競技場など様々な競技施設が備わっています。

■浦安キャンパス

看護を学ぶことに特化した浦安キャンパスには、成人・小児、母性、基礎、地域・高齢者の4つの看護実習室があります。

■三島キャンパス

保健看護学部の学生が通う三島キャンパスは、看護師と保健師、その両方の国家資格取得を目指すことができる環境となっています。

■浦安・日の出キャンパス

2022年度、浦安・日の出キャンパスに医療科学部が開設しました。広々とした敷地と都心からのアクセスの良さが特長です。

じょうち
上智大学

資料請求

学事局入学センター(四谷キャンパス)　TEL(03)3238-3167　〒102-8554 東京都千代田区紀尾井町7-1

「キリスト教ヒューマニズム」を教育の礎とする

大学紹介動画　最新入試情報

伝統あるカトリック大学として「他者のために、他者とともに」を教育精神に掲げる。様々な問題に直面する現代において、人類の希望と苦悩を分かち合い世界の福祉と創造的進歩に奉仕する人材を育成する。

四谷キャンパス

校歌

校歌音声

上智大学校歌
作詞／邃見貞男　作曲／山本直忠

一、見よ永遠(とこしえ)に 春(はるよみがえ)甦る
緑の樹響(こだま) 高鳴るほとり
やすらに憩う ソフィアの鷲の
まなざし射るは Lux Veritatis
お、荘厳の学府 ソフィア
うるわしの アルマ・マーテル ソフィア

基本データ

※2023年5月現在(進路・就職は2022年度卒業者データ。学費は2024年度入学者用)

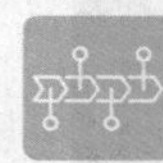

沿革

1913年、専門学校令により開校。1928年、大学令により大学に昇格。文、商学部を設置。1948年、新制大学として発足。文、経済学部を設置。1957年、法学部を設置。1958年、神、外国語学部を設置。1962年、理工学部を設置。2005年、総合人間科学部を設置。2006年、比較文化学部を国際教養学部に改組。2014年、総合グローバル学部を設置。2023年、大学院に応用データサイエンス学位プログラムを設置、現在に至る。

キャンパス **5つ**

キャンパスマップ

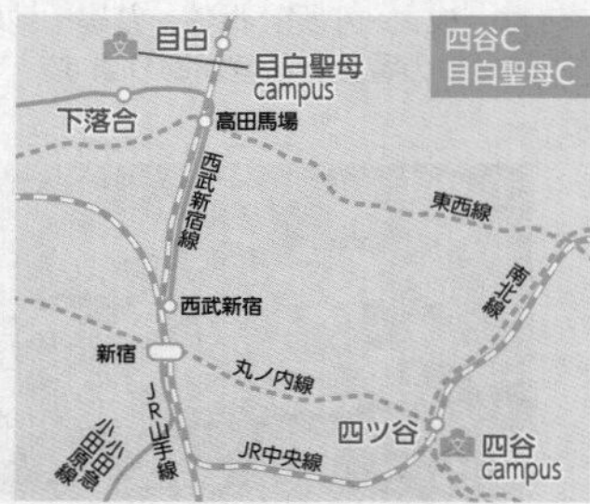

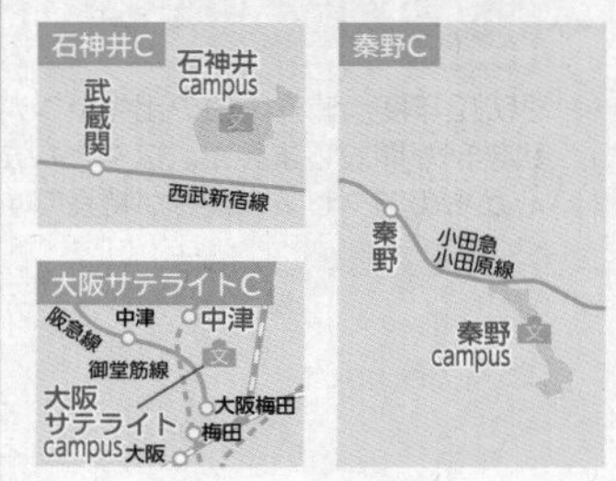

所在地・交通アクセス

四谷キャンパス(本部)
〒102-8554 東京都千代田区紀尾井町7-1
アクセス JR・地下鉄「四ツ谷駅」から徒歩約3分

目白聖母キャンパス
〒161-8550 東京都新宿区下落合4-16-11
アクセス ①西武新宿線「下落合駅」から徒歩約8分、②JR「目白駅」から徒歩約15分

石神井キャンパス(学部以外設置)
〒177-0044 東京都練馬区上石神井4-32-11

秦野キャンパス(学部以外設置)
〒257-0005 神奈川県秦野市上大槻山王台999

大阪サテライトキャンパス(学部以外設置)
〒531-0072 大阪府大阪市北区豊崎3-12-8 サクラファミリア2階

教育機関
9 学部 11 研究科

学部 神／法／文／総合人間科／経済／総合グローバル／外国語／国際教養／理工

大学院 神学Ⓜ Ⓓ／文学Ⓜ Ⓓ／実践宗教学Ⓜ Ⓓ／総合人間科学Ⓜ Ⓓ／法学Ⓜ Ⓓ Ⓟ／経済学Ⓜ Ⓓ／言語科学Ⓜ Ⓓ／グローバル・スタディーズⓂ Ⓓ／理工学Ⓜ Ⓓ／地球環境学Ⓜ Ⓓ／応用データサイエンス（学位プログラム）Ⓜ

人数

学部学生数 12,155名　　教員1名あたり学生 23名

教員数 508名【理事長】Sali Augustine、【学長】曄道佳明
（教授289名、准教授120名、講師35名、助教50名、助手・その他14名）

学費

初年度納入額 1,360,650~1,886,650円

奨学金 上智大学修学奨励奨学金、上智大学篤志家（後援会）奨学金

進路

学部卒業者 2,773名（進学354名、就職2,094名、その他325名）

進学 12.8%　就職 75.5%　その他 11.7%

主な就職先

神学部
大日本印刷、楽天グループ、西日本鉄道、JAL、SMBC信託銀行、国際協力銀行、静岡銀行、野村證券、あずさ監査法人、東急エージェンシー、萩光塩学院中学・高等学校、雙葉小学校、北里大学病院

法学部
リクルート、日本アイ・ビー・エム、三井不動産、アンダーソン・毛利・友常法律事務所、日本銀行、野村證券、富士通、三菱商事、丸紅、住友商事、明治安田生命保険、日本貿易振興機構、東京高等裁判所、経済産業省、出入国在留管理庁

文学部
TOPPANホールディングス、アマゾンジャパン、パーソルプロセス＆テクノロジー、日本アイ・ビー・エム、SMBC日興証券、三菱UFJ銀行、NHK、日本経済新聞社、丸紅、電通、日本郵便、東京地下鉄、日本赤十字社、文部科学省、厚生労働省、宮内庁、防衛省

総合人間科学部
野村総合研究所、リクルート、日本政策投資銀行、アクセンチュア、三菱自動車工業、ヤフー、東京海上日動火災保険、日立製作所、双日、三井住友銀行、集英社、アマゾンジャパン、日本赤十字社、国立がん研究センター中央病院、東京医科歯科大学病院

経済学部
三菱重工業、本田技研工業、トヨタ自動車、NTTデータ、ソフトバンク、ヤフー、楽天グループ、リクルート、住友商事、双日、丸紅、三井物産、みずほフィナンシャルグループ、三菱UFJ銀行、りそなグループ、国際協力銀行、ジェーシービー、JTB

総合グローバル学部
国際協力機構、ANA、日本郵船、日本海事協会、日本貿易振興機構、博報堂／博報堂DYメディアパートナーズ、NTTコミュニケーションズ、日本経済新聞社、日本総合研究所、NHK、KDDI、兼松エレクトロニクス、伊藤忠丸紅鉄鋼、住友商事マシネックス、三井住友銀行、金融庁、農林水産省

外国語学部
楽天グループ、アマゾンジャパン、ソニーグローバルソリューションズ、ソフトバンク、成田国際空港、JAL、野村アセットマネジメント、三井住友海上火災保険、デロイト トーマツ コンサルティング、丸紅、双日、伊藤忠商事、三井不動産、日本赤十字社、外務省、航空管制官、東京国税局、特許庁、農林水産省、防衛省

国際教養学部
アマゾンジャパン、日本オラクル、Apple Inc, Singapore、日本アイ・ビー・エム、日本マイクロソフト、三菱電機、資生堂ジャパン、Bloomberg L.P.、エミレーツ航空会社、三井住友海上火災保険、SMBC日興証券、岡三証券、大和証券グループ、楽天グループ、JAL、駐日ミクロネシア連邦大使館、外務省

理工学部
大塚製薬、田中貴金属工業、東芝、三菱電機、NEC、日立製作所、富士通、トヨタ自動車、NTTデータ、住友生命保険、リクルート、JAL、野村證券、みずほ証券、ジェーシービー、三井住友銀行、NTTコミュニケーションズ、ソフトバンク、日本アイ・ビー・エム、日本総合研究所、NTT東日本、大和総研

学部学科紹介

※本書掲載内容は、大学公表資料から独自に編集したものです。詳細は大学パンフレットやホームページ等で必ず確認してください（取得可能な免許・資格は任用資格や受験資格などを含む）。

「大学入試科目検索システム」のご案内

入試要項のうち、日程・方式ごとの偏差値や昨年度入試結果（志願者倍率、実質倍率、合格最低点）、基本情報（出願締切日、試験日、二段階選抜、募集人員、総合満点）などは、「大学入試科目検索システム」（https://nyushi.toshin.com/）をご覧ください（利用方法はp.12参照）。

神学部

四谷キャンパス

定員 50

入試科目検索

特色 キリスト教文書の理解に必要な聖書ギリシア語などの古典外国語を学習可能。

進路 就職先は教員や卸売・小売業など。他、大学院へ進学する者も多い。

学問分野 哲学／文化学

大学院 神学

学科紹介

神学科 (50)	キリスト教の視点から現代における人間や社会のあり方を追究する。1・2年次は聖書の学びを中心にキリスト教の歴史、キリスト教と哲学の関係などを学ぶ。3年次からは神学、キリスト教倫理、キリスト教文化の3つの系列から所属を選択し専門性を深める。
取得可能な免許・資格	学芸員、教員免許（中-社・宗、高-公・宗）

入試要項（2025年度）

※この入試情報は大学発表の2025年度入試（予告）および2024年度募集要項等より編集したものです（2024年1月時点。見方は巻頭の「本書の使い方」参照）。内容には変更が生じる可能性があるため、最新情報はホームページや2025年度募集要項等で必ず確認してください。

■神学部 偏差値 62

※配点未公表（2024年1月時点）

一般選抜

◆**TEAPスコア利用方式**※出願資格として英語外部試験が必要

[神]〈一次：3科目〉国現古漢 地歴 歴総・日、歴総・世から1 外 英語外部試験〈二次：1科目〉面 面接

共通テスト併用入試

◆**学部学科試験・共通テスト併用方式**

[神]〈一次：共3科目〉国現古漢 地歴 公 地歴全3科目、公共・倫、公共・政経から1 外 英、独、仏から1〈一次：個1科目〉その他 キリスト教と聖書の基礎に関する理解力と思考力を問う試験〈二次：個1科目〉面 面接

◆**共通テスト利用方式（3教科型）**

[神]〈一次：共3科目〉国現古漢 地歴 公 地歴全3科目、公共・倫、公共・政経から1 外 英、独、仏から1〈二次：個1科目〉面 面接

◆**共通テスト利用方式（4教科型）**

[神]〈一次：共4科目〉国現古漢 地歴 公 地歴全3科目、公共・倫、公共・政経から1 数 数ⅠA 外 英、独、仏から1〈二次：個1科目〉面 面接

特別選抜

[学校推薦型選抜]推薦入学試験（公募制、指定校制）

[その他] 海外就学経験者（帰国生）入学試験、国際バカロレア（IB）入学試験、外国人入学試験、神学部推薦入学試験、カトリック高等学校対象特別入学試験

法学部

四谷キャンパス

定員 330

入試科目検索

特色 英語による特修コースや、法曹を目指す学生のためのコースが設置されている。
進路 就職先は金融・保険業や製造業、情報通信業をはじめ多岐にわたる。
学問分野 法学／政治学／国際学
大学院 法学

学科紹介

法律学科 (160)	単なる法律知識の修得のみならず、現代社会の様々な問題を法的思考に基づき解決する能力を養い、その背景を検討して法理論に対する考察を深める。1年次では憲法、民法など法律学の基礎を学習する。3年次以降は関心に応じて様々な選択科目から履修する。
国際関係法学科 (100)	グローバリゼーションの進展著しい現代世界における法律的、政治的問題を扱う。憲法や民法など法学の基礎を修得し、国際関係の具体的問題に対処するために必要な国際法や国際私法を中心に学習を深める。教養科目や外国語の学習カリキュラムも充実している。
地球環境法学科 (70)	環境問題を法律という枠組みから解決することで、持続可能な社会を構築できる人材を育成する。法学の基礎を固め、環境に関する国内外の法体系を学ぶ。国際法などグローバルな視点からの考察や、政治学、行政学などの観点による多面的アプローチも学習していく。
取得可能な免許・資格	学芸員

入試要項（2025年度）

※この入試情報は大学発表の2025年度入試（予告）および2024年度募集要項等より編集したものです（2024年1月時点。見方は巻頭の「本書の使い方」参照）。内容には変更が生じる可能性があるため、最新情報はホームページや2025年度募集要項等で必ず確認してください。

■法学部 偏差値 68

※配点未公表（2024年1月時点）

一般選抜

◆**TEAPスコア利用方式**※出願資格として英語外部試験が必要
[全学科：3科目]国 現古漢 地歴 数 歴総・日、歴総・世、数ⅠⅡAB〔列〕C〔ベ〕から1 外 英語外部試験

共通テスト併用入試

◆**学部学科試験・共通テスト併用方式**
[全学科]〈共3科目〉国 現古漢 地歴 公 数 地歴全3科目、公共・倫、公共・政経、数ⅠAから1 外 英、独、仏から1〈個1科目〉その他 社会・法・政治に関する試験▶基礎学力や思考力を問う

共通テスト利用入試 ※個別試験は課さない

◆**共通テスト利用方式（3教科型）**
[全学科：3科目]国 現古漢 地歴 公 数 地歴全3科目、公共・倫、公共・政経、数ⅠAから1 外 英、独、仏から1

◆**共通テスト利用方式（4教科型）**
[全学科：4科目] 国 現古漢 地歴 公 地歴全3科目、公共・倫、公共・政経から1 数 数ⅠA 外 英、独、仏から1

特別選抜

[学校推薦型選抜]推薦入学試験（公募制、指定校制）
[その他] 海外就学経験者（帰国生）入学試験、国際バカロレア（IB）入学試験、外国人入学試験、カトリック高等学校対象特別入学試験

文学部

四谷キャンパス

定員 510

入試科目検索

特色 1年次から学科ごとの専門教育が始まる。4年次には卒業論文が必修である。
進路 卒業者の多くは情報通信業や製造業、卸売・小売業などに就職している。
学問分野 文学／哲学／歴史学／文化学／メディア学
大学院 文学

学科紹介

学科	定員	内容
哲学科	(60)	カリキュラムは哲学思想、倫理学、芸術文化の3つの系列で構成され、古今東西の思想や文化を学ぶ。第二外国語はドイツ語、ラテン語、フランス語の中から選択する。文献講読など集中的指導を通して、自らの力で思索、表現し、他者とともに考える能力を育む。
史学科	(70)	真実を見極める力と問題発見能力を養い、豊かな知を備えた人材を育成する。2年次には分野・時代別プレゼミを実施。専門分野はアジア・日本史系とヨーロッパ・アメリカ史系の2つに大別され、さらに時代ごとに古代、中世、近世、近現代に細分化される。
国文学科	(60)	4年間にわたり国文学、国語学、漢文学の3つの分野を有機的に関連づけたカリキュラムが組まれている。自らテーマを見つけ、資料の検討や分析、論理の追究を行う。演習・特講科目を履修し、原典と向き合い深く学びながら、4年次の卒業論文に取り組む。
英文学科	(100)	1年次の“Morning English”をはじめ4年間必修の英語科目が設置されている。個性を尊重した指導で思考力や表現力を養い、専門知識と技能を4年次の“Research Project”に結びつける。高学年次にも学習時間が減少しないようスキルの積み上げに力を入れている。
ドイツ文学科	(50)	ドイツ語とドイツ語圏の文化の学習を通じて、鋭い洞察力と優れた文化発信力を兼ね備えた人材を育成する。文学作品の講読の他、文学、芸術、言語などを多面的に学ぶ。2年次秋学期にはデュッセルドルフ大学（ドイツ）で学ぶ在外履修制度が用意されている。
フランス文学科	(50)	フランスの語学や文化を理解し、様々な文化・社会事象の学習を通じて複眼的な思考や異質なものに対する寛容さ、批判を尊重する精神を体得する。3年次以降に学ぶ専門分野はフランス文学研究、フランス語学研究、フランス文化研究の3つの系列から構成されている。
新聞学科	(120)	2021年度、英語で学位が取得できるプログラムを導入。ジャーナリズム、メディア・コミュニケーション、情報社会・情報文化の3つのコースを設置。新聞や放送の他、インターネットなどメディア・コミュニケーション全般を扱い、その社会的役割を考える。
取得可能な免許・資格		学芸員、教員免許（中-国・社・英・フランス語・ドイツ語、高-国・地歴・公・英・フランス語・ドイツ語）

入試要項（2025年度）

※この入試情報は大学発表の2025年度入試（予告）および2024年度募集要項等より編集したものです（2024年1月時点。見方は巻頭の「本書の使い方」参照)。内容には変更が生じる可能性があるため、最新情報はホームページや2025年度募集要項等で必ず確認してください。

■文学部 偏差値 66

※配点未公表（2024年1月時点）

一般選抜

◆**TEAPスコア利用方式**※出願資格として英語外部試験が必要

[哲：3科目] 国 現古漢 地歴 数 歴総・日、歴総・世、数ⅠⅡAB〔列〕C〔ベ〕から1 外 英語外部試験

[哲以外：3科目] 国 現古漢 地歴 歴総・日、歴総・世から1 外 英語外部試験

共通テスト併用入試

◆**学部学科試験・共通テスト併用方式**

[哲]〈共3科目〉国 現古漢 地歴 公 数 地歴全3科目、公共・倫、公共・政経、数ⅠAから1 外 英、独、仏から1〈個1科目〉その他 哲学への関心および読解力・思考力・表現力を問う試験

[史]〈共3科目〉国 現古漢 地歴 歴総・日、歴総・世から1 外 英、独、仏から1〈個1科目〉その他 歴史学をめぐる試験

[国文]〈共3科目〉国 現古漢 地歴 公 地歴全3科目、公共・倫、公共・政経から1 外 英、独、仏から1〈個1科目〉その他 現代文・古文・漢文の読解力を問う試験

[英文]〈共3科目〉国 現古漢 地歴 公 地歴全3科目、公共・倫、公共・政経から1 外 英〈個1科目〉その他 英語適性検査▶英語長文読解に基づく英語小論文により理解力・思考力・表現力を問う

[ドイツ文]〈共3科目〉国 現古漢 地歴 公 地歴全3科目、公共・倫、公共・政経から1 外 英、独、仏から1〈個1科目〉その他 文化・思想・歴史に関するテクストの読解力および思考力・表現力を問う試験▶日本語の文章の読解力および思考力・表現力を問う

[フランス文]〈共3科目〉国 現古漢 地歴 公 地歴全3科目、公共・倫、公共・政経から1 外 英、独、仏から1〈個1科目〉その他 フランス文学・文化・歴史に関するテクストの読解力および思考力・表現力を問う試験

[新聞]〈共3科目〉国 現古漢 地歴 公 地歴全3科目、公共・倫、公共・政経から1 外 英、独、仏から1〈個1科目〉その他 ジャーナリズムに関する基礎的学力試験

共通テスト利用入試 ※個別試験は課さない

◆**共通テスト利用方式（3教科型）**

[哲：3科目] 国 現古漢 地歴 公 数 地歴全3科目、公共・倫、公共・政経、数ⅠAから1 外 英、独、仏から1

[国文、ドイツ文、フランス文、新聞：3科目] 国 現古漢 地歴 公 地歴全3科目、公共・倫、公共・政経から1 外 英、独、仏から1

[史：3科目] 国 現古漢 地歴 歴総・日、歴総・世から1 外 英、独、仏から1

[英文：3科目] 国 現古漢 地歴 公 地歴全3科目、公共・倫、公共・政経から1 外 英

◆**共通テスト利用方式（4教科型）**

[哲、国文、ドイツ文、フランス文、新聞：4科目] 国 現古漢 地歴 公 地歴全3科目、公共・倫、公共・政経から1 数 数ⅠA 外 英、独、仏から1

[史：4科目] 国 現古漢 地歴 歴総・日、歴総・世から1 数 数ⅠA 外 英、独、仏から1

[英文：4科目] 国 現古漢 地歴 公 地歴全3科目、公共・倫、公共・政経から1 数 数ⅠA 外 英

特別選抜

[学校推薦型選抜] 推薦入学試験（公募制、指定校制）

[その他] 海外就学経験者（帰国生）入学試験、国際バカロレア（IB）入学試験、外国人入学試験、SPSF入学試験、カトリック高等学校対象特別入学試験

総合人間科学部

四谷キャンパス、目白聖母キャンパス（看護2〜4年）

定員 305

入試科目検索

特色　科学の知、政策・運営の知、臨床の知の3つを柱として人間支援の専門家を育成。
進路　卒業者は教育機関や医療機関、一般企業など幅広い分野で活躍している。
学問分野　心理学／社会学／社会福祉学／看護学／教育学
大学院　総合人間科学

学科紹介

学科	定員	内容
教育学科	(60)	教育学を基礎、実践、国際の3つの領域に分け、現代の教育を巡る実践的、国際的な課題にアプローチする。3年次よりゼミに所属し専門的な学びを深め、4年次には調査・研究を行って卒業論文を作成する。英語のみで学位を取得できるプログラムがある。
心理学科	(55)	実験心理学と臨床心理学の両領域を学び、他者の心理を冷静かつ温和に捉えるための幅広い視野を身につける。心理学基礎論を通して心理学の歴史や背景を学んだのちに、心理学研究法でデータの収集と分析の方法論を、心理学演習で心理学と社会の関係を学ぶ。
社会学科	(60)	1・2年次に英語による基礎文献講読を行い外国と日本を比較する視点を身につけるとともに、データ収集や調査法について学び社会現象を分析する。3年次には演習があり、4年次には卒業論文を作成する。英語のみで学位を取得できるプログラムがある。
社会福祉学科	(60)	人間らしい生活を営む福祉社会のデザインを通じて、社会に貢献できる人材を育成する。社会保障論、福祉経営論、医療福祉論、雇用政策論など独自の専門的科目を用意している。福祉理論と現場実習が同時進行するカリキュラムである。
看護学科	(70)	1年次には看護学の基礎的な科目を学び、2・3年次は目白聖母キャンパスで講義や実習を通じて専門性を深める。4年次には保健師、国際看護学などのコースを選択できる。4年次には四谷キャンパスでの総合的な教養教育も実施されている。
取得可能な免許・資格		公認心理師、学芸員、社会調査士、社会福祉士、児童福祉司、児童指導員、看護師、保健師、教員免許（中-社、高-地歴・公・福）、養護教諭（一種）

入試要項（2025年度）

※この入試情報は大学発表の2025年度入試（予告）および2024年度募集要項等より編集したものです（2024年1月時点。見方は巻頭の「本書の使い方」参照）。内容には変更が生じる可能性があるため、最新情報はホームページや2025年度募集要項等で必ず確認してください。

■総合人間科学部 偏差値 66

※配点未公表（2024年1月時点）

一般選抜

◆**TEAPスコア利用方式**※出願資格として英語外部試験が必要

[教育、社会、社会福祉：3科目] 国現古漢 地歴 数 歴総・日、歴総・世、数ⅠⅡAB〔列〕C〔ベ〕から1 外英語外部試験

[心理]〈一次：3科目〉国現古漢 地歴 数歴総・日、歴総・世、数ⅠⅡAB〔列〕C〔ベ〕から1 外英語外部試験〈二次：1科目〉面面接

[看護]〈一次：3科目〉国現古漢 数数ⅠⅡAB〔列〕C〔ベ〕外英語外部試験〈二次：1科目〉面面接

共通テスト併用入試

◆**学部学科試験・共通テスト併用方式**

[教育、社会]〈共3科目〉国現古漢 地歴 公 数地歴全3科目、公共・倫、公共・政経、数ⅠAから1 外英、独、仏から1〈個1科目〉その他 人間と社会に関わる事象に関する論理的思考力・表現力を問う総合問題

[心理]〈一次：共3科目〉国現古漢 地歴 公 数地歴全3科目、公共・倫、公共・政経、数ⅠAから1 外英、独、仏から1〈一次：個1科目〉その他 心理学のための理解力と思考力を問う試験〈二次：個1科目〉面面接

[社会福祉]〈共3科目〉国現古漢 地歴 公 数地歴全3科目、公共・倫、公共・政経、数ⅠAから1 外英、独、仏から1〈個1科目〉その他 社会および社会福祉に関する理解力と思考力を問う試験

[看護]〈一次：共3～4科目〉国現古漢数理次の①・②から1（①数ⅠA、数ⅡBC、②化基・生基、化、生から1）外英、独、仏から1〈一次：個1科目〉その他人間と社会に関わる事象に関する論理的思考力・表現力を問う総合問題〈二次：個1科目〉面面接

◆**共通テスト利用方式（3教科型）**

[心理]〈一次：共3科目〉国現古漢数数ⅠA外英、独、仏から1〈二次：個1科目〉面面接

[看護]〈一次：共3～4科目〉国現古漢数理次の①・②から1（①数ⅠA、数ⅡBC、②化基・生基、化、生から1）外英、独、仏から1〈二次：個1科目〉面面接

◆**共通テスト利用方式（4教科型）**

[心理]〈一次：共4科目〉国現古漢地歴公地歴全3科目、公共・倫、公共・政経から1数数ⅠA外英、独、仏から1〈二次：個1科目〉面面接

[看護]〈一次：共5科目〉国現古漢数数ⅠA、数ⅡBC理化基・生基、化、生から1外英、独、仏から1〈二次：個1科目〉面面接

共通テスト利用入試 ※個別試験は課さない

◆**共通テスト利用方式（3教科型）**

[教育、社会福祉：3科目] 国現古漢地歴公数地歴全3科目、公共・倫、公共・政経、数ⅠAから1外英、独、仏から1

[社会：3科目] 国現古漢数数ⅠA外英、独、仏から1

◆**共通テスト利用方式（4教科型）**

[教育、社会、社会福祉：4科目] 国現古漢地歴公地歴全3科目、公共・倫、公共・政経から1数数ⅠA外英、独、仏から1

特別選抜

[学校推薦型選抜]推薦入学試験（公募制、指定校制）

[その他] 海外就学経験者（帰国生）入学試験、国際バカロレア（IB）入学試験、外国人入学試験、社会人入学試験、SPSF入学試験、カトリック高等学校対象特別入学試験

経済学部

四谷キャンパス

定員 330

入試科目検索

特色　企業インターンシップの他、指定の科目を英語で学ぶ英語特修プログラムも設置。
進路　就職先は情報通信業や金融・保険業、製造業をはじめ多岐にわたる。
学問分野　経済学／経営学
大学院　経済学

学科紹介

経済学科 (165)	社会現象を経済学の観点から分析、評価する能力を備えた国際経済人を育成する。経済学を効率的かつ体系的に学ぶとともに、経済学を応用し現実社会で起きる多様な現象の背後にある本質の理解を目指す。英語のみで学位を取得できるプログラムを導入している。
経営学科 (165)	2年次からの専門科目は、経営学、マーケティング、会計学の3つの系で構成される。社会と企業経営の関係をあらゆるレベルにおいて理解し、合理的な意思決定を行うことができる人材を育成する。2022年度秋学期より英語のみで学位を取得できるプログラムを導入。
取得可能な免許・資格	学芸員、教員免許（高-公・商業）

入試要項（2025年度）

※この入試情報は大学発表の2025年度入試（予告）および2024年度募集要項等より編集したものです（2024年1月時点。見方は巻頭の「本書の使い方」参照）。内容には変更が生じる可能性があるため、最新情報はホームページや2025年度募集要項等で必ず確認してください。

■経済学部 偏差値 68

※配点未公表（2024年1月時点）

一般選抜

◆**TEAPスコア利用方式（文系）** ※出願資格として英語外部試験が必要

[経済：3科目] 国現古漢 数数ⅠⅡAB〔列〕C〔べ〕 外英語外部試験

◆**TEAPスコア利用方式（理系）** ※出願資格として英語外部試験が必要

[経済：2科目] 数数ⅠⅡⅢAB〔列〕C 外英語外部試験

◆**TEAPスコア利用方式** ※出願資格として英語外部試験が必要

[経営：3科目] 国現古漢 地歴 数歴総・日、歴総・世、数ⅠⅡAB〔列〕C〔べ〕から1 外英語外部試験

共通テスト併用入試

◆**学部学科試験・共通テスト併用方式**

[経済]〈共4科目〉国現古漢 数数ⅠA、数ⅡBC 外英、独、仏から1〈個1科目〉数数ⅠⅡAB〔列〕C〔べ〕

◆**学部学科試験・共通テスト併用方式（英語選択）**

[経営]〈共3科目〉国現古漢 地歴 公 数地歴全3科目、公共・倫、公共・政経、数ⅠA、数ⅡBCから1 外英、独、仏から1〈個1科目〉外英

◆**学部学科試験・共通テスト併用方式（数学選択）**

[経営]〈共3科目〉国現古漢 地歴 公 数地歴全3科目、公共・倫、公共・政経、数ⅠA、数ⅡBCから1 外英、独、仏から1〈個1科目〉数数ⅠⅡAB〔列〕C〔べ〕

共通テスト利用入試 ※個別試験は課さない

◆**共通テスト利用方式（3教科型）**

[経済：4科目] 国現古漢 数数ⅠA、数ⅡBC 外英、独、仏から1

[経営：3科目] 国現古漢 地歴 公 数地歴全3科目、公共・倫、公共・政経、数ⅠA、数ⅡBCから1 外英、独、仏から1

◆**共通テスト利用方式（4教科型）**

[経済：5科目] 国現古漢 地歴 公地歴全3科目、公共・倫、公共・政経から1 数数ⅠA、数ⅡBC 外英、独、仏から1

[経営：4科目] 国現古漢 地歴 公地歴全3科目、公共・倫、公共・政経から1 数数ⅠA 外英、独、仏から1

特別選抜

[学校推薦型選抜] 推薦入学試験（公募制、指定校制）

[その他] 海外就学経験者（帰国生）入学試験、国際バカロレア（IB）入学試験、外国人入学試験、SPSF入学試験、カトリック高等学校対象特別入学試験

総合グローバル学部

定員 220

四谷キャンパス

入試科目検索

特色 英語による学位取得プログラムを開設。海外フィールドワークなどを設定できる。
進路 就職先は情報通信業や卸売・小売業、製造業などをはじめ多岐にわたる。
学問分野 国際学
大学院 グローバル・スタディーズ

学科紹介

総合グローバル学科 (220)	国際関係論と地域研究の2つの系を専門として学ぶ。2つの系のもとに配置される国際政治論、市民社会・国際協力論、アジア研究、中東・アフリカ研究の各領域から選択し組み合わせて学び、複合的視座を得る。2～4年次には自分でテーマを決めて取り組む自主研究がある。
取得可能な免許・資格	学芸員、教員免許(中-社、高-公)

入試要項(2025年度)

※この入試情報は大学発表の2025年度入試(予告)および2024年度募集要項等より編集したものです(2024年1月時点。見方は巻頭の「本書の使い方」参照)。内容には変更が生じる可能性があるため、最新情報はホームページや2025年度募集要項等で必ず確認してください。

■総合グローバル学部 偏差値 66

※配点未公表(2024年1月時点)

一般選抜

◆**TEAPスコア利用方式**※出願資格として英語外部試験が必要

[総合グローバル:3科目] 国 現古漢 地歴 数 歴総・日、歴総・世、数ⅠⅡAB〔列〕C〔ベ〕から1 外 英語外部試験

共通テスト併用入試

◆**学部学科試験・共通テスト併用方式**

[総合グローバル]〈共3科目〉国 現古漢 地歴 公 地歴全3科目、公共・倫、公共・政経から1 外 英、独、仏から1〈個1科目〉その他 グローバル化する人間社会について提示された資料の理解力および思考力を問う試験▶英語の設問含む

共通テスト利用入試 ※個別試験は課さない

◆**共通テスト利用方式(3教科型)**

[総合グローバル:3科目] 国 現古漢 地歴 公 数 地歴全3科目、公共・倫、公共・政経、数ⅠAから1 外 英、独、仏から1

◆**共通テスト利用方式(4教科型)**

[総合グローバル:4科目] 国 現古漢 地歴 公 地歴全3科目、公共・倫、公共・政経から1 数 数ⅠA 外 英、独、仏から1

特別選抜

[学校推薦型選抜]推薦入学試験(公募制、指定校制)
[その他] 海外就学経験者(帰国生)入学試験、国際バカロレア(IB)入学試験、外国人入学試験、SPSF入学試験、カトリック高等学校対象特別入学試験

外国語学部

四谷キャンパス

定員 500

入試科目検索

特色　9つの研究コースから1つを第二主専攻または副専攻として選択し、専門研究に取り組む。
進路　就職先は一般企業や学校教員、公務など多岐にわたる。他、大学院へ進学する者もいる。
学問分野　言語学／歴史学／文化学／政治学／社会学
大学院　言語科学

学科紹介

英語学科 (180)	実践的な英語力と英語圏の文化や歴史についての教養を身につけ、世界のあらゆる場所で活躍できる人材を育成する。必修科目のEnglish Skillsでは世界のニュースや日本の歴史、時事問題などのトピックからディベートを行い、英語の4技能を高める。
ドイツ語学科 (60)	ドイツ語とドイツ語圏の文化の両方を学ぶカリキュラムを展開する。在外履修制度により、多くの学生がドイツ語圏で半年間留学できるなどドイツ語の修得や文化を理解することにつながる機会も数多く設けられている。ドイツ人の留学生も数多く在籍する。
フランス語学科 (70)	世界に広がるフランス語圏の言語と文化を総合的に学習し、社会の多元的文化構造を理解する。1年次からの継続的な講義によりフランス語の実践的な能力を身につけるとともに、フランス語圏の国や地域での政治や社会、歴史、文化なども学び卒業論文につなげる。
イスパニア語学科 (70)	イスパニア語（スペイン語）の専門知識とコミュニケーション能力を兼ね備えた人材を育成する。4年間にわたってイスパニア語の言語運用能力を基礎から段階的に養成する。言語運用能力を駆使し、広大かつ多彩なイスパニア語圏の文学や社会、歴史などを学ぶ。
ロシア語学科 (60)	1～2年次には週6コマ600分にわたる「基礎ロシア語」の授業を通じ即戦力として通用するロシア語運用能力を磨く。また、ロシア・ユーラシア地域の政治や文化などを幅広く学習することで、次世代の日本とロシア語圏との関係構築を推進できる人材を育成する。
ポルトガル語学科 (60)	未知の領域に挑戦する開拓者精神を養い、ビジネスシーンだけでなく、NGOやNPOなど国内外の幅広い分野で活躍できる人材を育成する。3・4年次では実践的科目群を通して高度なポルトガル語運用能力を養う。ブラジルなどポルトガル語圏各地の歴史も学ぶ。
取得可能な免許・資格	学芸員、教員免許(中-英・フランス語・ドイツ語、高-英・フランス語・ドイツ語・イスパニア語・ロシア語・ポルトガル語)

入試要項（2025年度）

※この入試情報は大学発表の2025年度入試（予告）および2024年度募集要項等より編集したものです（2024年1月時点。見方は巻頭の「本書の使い方」参照）。内容には変更が生じる可能性があるため、最新情報はホームページや2025年度募集要項等で必ず確認してください。

■外国語学部 偏差値 66

※配点未公表（2024年1月時点）

一般選抜

◆TEAPスコア利用方式※出願資格として英語外部試験が必要

[全学科：3科目] 国現古漢 地歴 数歴総・日、歴総・世、数ⅠⅡAB〔列〕C〔べ〕から1 外英語外部試験

共通テスト併用入試

◆学部学科試験・共通テスト併用方式

[英語]〈共3科目〉国現古漢 地歴 公 数地歴全3科目、公共・倫、公共・政経、数ⅠAから1 外英〈個2科目〉その他 高度なレベルの外国語学習に対する適性を測る試験、外国研究に必要な基礎的知識・日本語の読解力・論理力・思考力を測る試験

[英語以外]〈共3科目〉国現古漢 地歴 公 数地歴全3科目、公共・倫、公共・政経、数ⅠAから1 外英、独、仏から1〈個2科目〉その他 高度なレベルの外国語学習に対する適性を測る試験、外国研究に必要な基礎的知識・日本語の読解力・論理力・思考力を測る試験

共通テスト利用入試 ※個別試験は課さない

◆共通テスト利用方式（3教科型）

[英語：3科目] 国現古漢 地歴 公 数地歴全3科目、公共・倫、公共・政経、数ⅠAから1 外英

[英語以外：3科目] 国現古漢 地歴 公 数地歴全3科目、公共・倫、公共・政経、数ⅠAから1 外英、独、仏から1

◆共通テスト利用方式（4教科型）

[英語：4科目] 国現古漢 地歴 公地歴全3科目、公共・倫、公共・政経から1 数数ⅠA 外英

[英語以外：4科目] 国現古漢 地歴 公地歴全3科目、公共・倫、公共・政経から1 数数ⅠA 外英、独、仏から1

特別選抜

[学校推薦型選抜] 推薦入学試験（公募制、指定校制）

[その他] 海外就学経験者（帰国生）入学試験、国際バカロレア（IB）入学試験、外国人入学試験、カトリック高等学校対象特別入学試験

国際教養学部

定員 186

入試科目検索

四谷キャンパス

特色 授業はすべて英語で行われる。1年次の教育を踏まえ、2年次に専門を決める。
進路 日本企業のみならず外国企業への就職の他、大学院へ進学する者もいる。
学問分野 文化学／経済学／経営学／社会学／国際学

学科紹介

国際教養学科 (186)	2年次から比較文化、国際経営・経済学、社会科学の3つのコースから各自の興味や関心に応じて選択し、専門的に学んでいく。専攻分野の学習以外にも英作文、批判的思考、パブリックスピーキングなどの科目がある。専門的知見や異文化への繊細な感受性を培う。
取得可能な免許・資格	学芸員

入試要項(2025年度)

※この入試情報は大学発表の2025年度入試（予告）および2024年度募集要項等より編集したものです（2024年1月時点。見方は巻頭の「本書の使い方」参照）。内容には変更が生じる可能性があるため、最新情報はホームページや2025年度募集要項等で必ず確認してください。

■国際教養学部 偏差値

特別選抜

[学校推薦型選抜]推薦入学試験(公募制、指定校制)
[その他] 国際教養学部入学試験 (4月入学、9月入学)、カトリック高等学校対象特別入学試験

理工学部

定員 410

四谷キャンパス

入試科目検索

特色 「科学技術英語」科目の他、英語で学位を取得できる「英語コース」も設置。
進路 一般企業や公務、教員に就職する他、大学院へ進学する者も多い。
学問分野 物理学／機械工学／電気・電子工学／応用生物学／情報学
大学院 理工学

学科紹介

物質生命理工学科 (137)	3年次からの専門科目は物質とナノテクノロジー、環境と生命の調和、高機能材料の創成の3つをテーマにしている。自然環境と調和した新物質の創造、新機能の構築、資源の循環利用を実現することで、産業発展と環境保全に貢献できる国際的技術者を育成する。
機能創造理工学科 (137)	産業技術と自然科学のバランスの取れた発展を推進できる人材を育成する。機械系、電気・電子系、物理系の3つの学問分野を設けるとともに、エネルギーの創出と利用、物質の理解と材料・デバイスの創成、ものづくりとシステムの創造の各テーマを設定している。
情報理工学科 (136)	人間情報、情報通信、社会情報、数理情報の4つをテーマに専門教育を展開する。情報を基盤に人間や社会を複合的に理解する力や、人間社会が蓄積してきた知恵や経験を発展させる創造力を培う。自然科学だけでなく、人文・社会科学とも融合した学際性も養う。
取得可能な免許・資格	学芸員、危険物取扱者（甲種）、特殊無線技士（海上、陸上）、陸上無線技術士、主任技術者（電気、電気通信）、教員免許（中-数・理、高-数・理・情・工業）

入試要項（2025年度）

※この入試情報は大学発表の2025年度入試（予告）および2024年度募集要項等より編集したものです（2024年1月時点。見方は巻頭の「本書の使い方」参照）。内容には変更が生じる可能性があるため、最新情報はホームページや2025年度募集要項等で必ず確認してください。

■理工学部 偏差値 67

※配点未公表（2024年1月時点）

一般選抜

◆**TEAPスコア利用方式**※出願資格として英語外部試験が必要

[全学科：4科目] 数 数ⅠⅡⅢAB〔列〕C 理 物基・物、化基・化、生基・生から2 外 英語外部試験

共通テスト併用入試

◆**学部学科試験・共通テスト併用方式**

[全学科]〈共4科目〉数 数ⅠA、数ⅡBC 理 物、化、生から1 外 英、独、仏から1〈個2科目〉数 数ⅠⅡⅢAB〔列〕C 理 物基・物、化基・化、生基・生から1

共通テスト利用入試　※個別試験は課さない

◆**共通テスト利用方式（3教科型）**

[物質生命理工、機能創造理工：5科目] 数 数ⅠA、数ⅡBC 理 物、化、生から2 外 英、独、仏から1

[情報理工：5科目] 数 数ⅠA、数ⅡBC 理 情 物、化、生、情Ⅰから2 外 英、独、仏から1

◆**共通テスト利用方式（4教科型）**

[物質生命理工、機能創造理工：6科目] 国 現古漢 数 数ⅠA、数ⅡBC 理 物、化、生から2 外 英、独、仏から1

[情報理工：6科目] 国 現古漢 数 数ⅠA、数ⅡBC 理 情 物、化、生、情Ⅰから2 外 英、独、仏から1

特別選抜

[学校推薦型選抜] 推薦入学試験（公募制、指定校制）

[その他] 海外就学経験者（帰国生）入学試験、国際バカロレア（IB）入学試験、外国人入学試験、理工学部英語コース入学試験、カトリック高等学校対象特別入学試験

募集人員等一覧表

※本書掲載内容は、大学のホームページ及び入学案内や募集要項などの公開データから独自に編集したものです（2024年度入試※1）。詳細は募集要項かホームページで必ず確認してください。

学部	学科	募集人員	一般選抜	共通テスト併用入試	共通テスト利用入試		特別選抜※2
			TEAPスコア利用方式（全学統一日程入試）	学部学科試験・共通テスト併用方式	共通テスト利用方式（3教科型）	共通テスト利用方式（4教科型）	
神※3	神	50名	8名	12名	2名	2名	①8名 ②8名 ③④⑥若干名 ⑫2名
法	法律	160名	44名	64名	2名	5名	①17名 ②28名 ③～⑥若干名
	国際関係法	100名	29名	44名	2名	3名	①8名 ②14名 ③～⑥若干名
	地球環境法	70名	18名	29名	2名	3名	①7名 ②11名 ③～⑥若干名
文	哲	60名	14名	19名	2名	3名	①5名 ②15名 ③～⑥若干名
	史	70名	23名	23名	2名	2名	①7名 ②13名 ③④⑥若干名
	国文	60名	10名	30名	2名	3名	①10名 ②5名 ③④⑥若干名
	英文	100名	24名	37名	3名	3名	①13名 ②20名 ③～⑥若干名
	ドイツ文	50名	13名	18名	2名	2名	①5名 ②10名 ③～⑥若干名
	フランス文	50名	15名	20名	2名	2名	①5名 ②6名 ③④⑥若干名
	新聞	120名	20名	40名	2名	3名	①7名 ②40名 ③④⑥⑪若干名
総合人間科	教育	60名	18名	23名	3名	3名	①3名 ②10名 ③～⑥・⑪若干名
	心理※3	55名	15名	20名	2名	3名	①3名 ②12名 ③④⑥若干名
	社会	60名	17名	25名	2名	3名	①3名 ②10名 ③～⑥・⑪若干名
	社会福祉	60名	15名	20名	3名	2名	①5名 ②15名 ③④⑥⑦若干名
	看護※3	70名	15名	21名	2名	2名	①10名 ②20名 ③④⑥⑦若干名
経済	経済	165名	文系 30名 理系 10名	85名	2名	4名	①10名 ②24名 ③～⑥・⑪若干名
	経営	165名	25名	85名※4	5名	15名	①8名 ②27名 ③～⑥・⑪若干名
総合グローバル	総合グローバル	220名	65名	70名	3名	2名	①20名 ②60名 ③～⑥・⑪若干名

学部	学科	募集人員	一般選抜	共通テスト併用入試	共通テスト利用入試		特別選抜※2
			TEAPスコア利用方式（全学統一日程入試）	学部学科試験・共通テスト併用方式	共通テスト利用方式（3教科型）	共通テスト利用方式（4教科型）	
外国語	英語	180名	45名	50名	2名	3名	①10名 ②70名 ③～⑥若干名
	ドイツ語	60名	15名	21名	2名	2名	①3名 ②17名 ③～⑥若干名
	フランス語	70名	18名	23名	3名	2名	①12名 ②12名 ③～⑥若干名
	イスパニア語	70名	18名	28名	2名	2名	①10名 ②10名 ③～⑥若干名
	ロシア語	60名	14名	20名	2名	2名	①10名 ②12名 ③～⑥若干名
	ポルトガル語	60名	14名	20名	2名	2名	①10名 ②12名 ③～⑥若干名
国際教養	国際教養	186名	—	—	—	—	①4名 ②37名 ⑥若干名 ⑧63名 ⑨82名
理工	物質生命理工	137名	22名	45名	3名	3名	①50名 ②10名 ③～⑥・⑩若干名
	機能創造理工	137名	22名	44名	2名	3名	①51名 ②10名 ③～⑥・⑩若干名
	情報理工	136名	20名	45名	3名	3名	①50名 ②10名 ③～⑥若干名

※1　2024年度入試実績。2025年度入試の概要は、大学ホームページに公表予定

※2　［学校推薦型選抜］①推薦入学試験（指定校制）、共課さない：②推薦入学試験（公募制）
［その他］共課さない：③海外就学経験者（帰国生）入学試験、④国際バカロレア（IB）入学試験第1期募集、⑤国際バカロレア（IB）入学試験第2期募集、⑥カトリック高等学校対象特別入学試験、⑦社会人入学試験、⑧国際教養学部入学試験（4月入学）、⑨国際教養学部入学試験（9月入学）、⑩理工学部英語コース入学試験、⑪SPSF入学試験（秋入学）、⑫神学部推薦入学試験

※3　神学部、総合人間科学部心理学科・看護学科のTEAPスコア利用方式、学部学科試験・共通テスト併用方式、共通テスト利用方式（3教科型・4教科型）では、1次試験合格者に面接を課す

※4　経済学部経営学科は独自試験の選択科目（英語・数学）によって大学入学共通テストの各科目の配点が異なるため、英語選択者、数学選択者を分けて合否を判定する。募集人員に対する合格者の割合は志願者数や共通テストの得点状況を踏まえて決定する

Column コラム

就職支援

上智大学では「キャリアセンター」を設置しており、進路や就職に関する様々な質問、相談を受けつける個別相談はもちろん、求人・インターンシップ情報も公開しています。OB・OG情報も検索できるので、実際に卒業生を訪問して仕事への理解を深めることもできます。また、就職活動を終えた先輩たちの就職活動報告書を読むこともできます。その他、「国際協力人材育成センター」では、国連やJICAなど、通常の就職活動ではアプローチの難しい国際協力系機関への就職のサポートを行っています。

就職支援プログラムとして、ESや面接対策などの基本事項や秘訣を説明する「総合就職ガイダンス」、約400社による「学内合同企業説明会」、筆記試験・面接などへの「採用試験対策プログラム」、内定者から就職活動中の学生へのアドバイスがもらえる「"内定者に聞きたい就職活動"プログラム」などがあります。 また、公務員などを目指す学生向けの「公務員就職支援プログラム」、教員を目指す学生に向けた「教員就職支援プログラム」など、資格試験へのサポートも充実しています。

国際交流

上智大学は83カ国・地域の339大学の交換留学協定校・59大学の学術交流校があり、目的や興味に合わせて、期間や内容を選べる多彩な留学制度を設けています。1年にわたる長期から数週間の短期まで、語学力の向上から専門分野の学修、フィールドワークを行う実践的な学びまで、様々な選択肢があります。 長期留学では、海外の大学で専門分野の知識を深められます。上智大学の協定校へ留学する場合、留学期間は卒業に必要な期間（修業年限）に含まれ、留学先への別途授業料は不要となります。協定校への留学としては、インドネシア、タイ、フィリピン、マレーシアの4カ国7大学と交換留学を行う「Sophia AIMSプログラム」があります。これはASEAN政府主導による1年間英語で学ぶものです。また、1学期ずつ西江大学と香港城市大学へ留学し、歴史や文化、国際関係などの科目を英語で学ぶ「東アジア3キャンパス交換留学」や、イスパニア語やポルトガル語で学べる「LAP」コースもあります。手続きを個人で行う一般留学や、上智大学を休学しての留学も可能です。

一方、短期留学では春休みや夏休みを利用して留学することができます。上智大学では、「海外短期語学講座」「海外短期研修」といったプログラムが設けられています。アメリカのカリフォルニア大学ロサンゼルス校や、イギリスのオックスフォード大学など有名大学で学ぶことができます。その他、フィールドワークや国際貢献活動に参加する「実践型プログラム」も用意しており、途上国で行われるサービスラーニングや国連集中研修など多岐にわたるテーマから実践的な学びを得るプログラムが実施されています。

上智大学「6学科連携英語コース（SPSF）」

持続可能な未来を考える6学科連携英語コース

上智大学では、持続可能性が問われる多種多様な課題へ貢献できる人材を育成するため、専門分野を学びながらSustainable Futuresをテーマにした共通科目を学び、学位の取得を目指す英語コースSPSF（Sophia Program for Sustainable Futures）を設置しています。

入学時に学科を選択

入学時期は9月。海外からの留学生、海外修学経験者（帰国生）やインターナショナルスクール出身者が入学しやすい秋始業となっています。6学科連携プログラムのため、学生は自分の専攻に集中しながらも他学科の授業も幅広く履修することができ、学際的な環境で学べます。

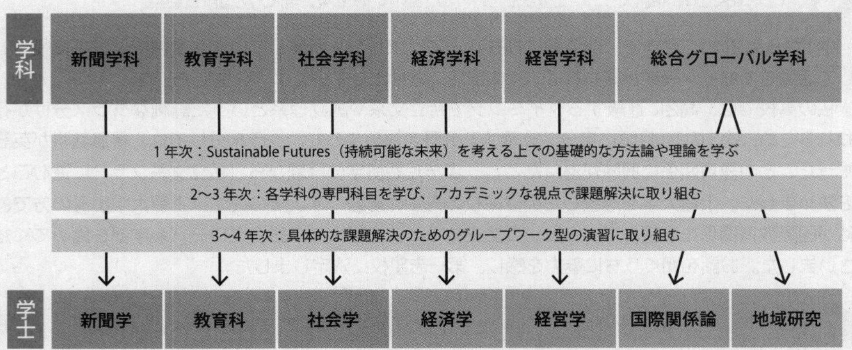

7つの専門分野で学位取得可能

英語による授業だけで卒業要件を満たせるようにカリキュラムが構成されており、所属する学科の専門分野の学位（学士）が取得可能です（上図）。また、日本語科目の履修も可能で、日本語による授業科目は最大24単位まで卒業要件へ算入することができます。英語以外の言語についても、英語で開講されている語学科目（日本語や中国語など）と日本語で開講されている語学科目（ドイツ語やコリア語など）の21言語から履修することができ、多様な言語を学修することが可能です。

国際教養学部との違い

SPSFでは、所属学科の専門分野を中心に学び、授与される学位は各学科の学士です。一方、国際教養学部ではリベラルアーツ・カリキュラムを提供し、学問的基礎と知的思考を身につけてから専攻を選択するカリキュラムになっています。授与される学位は、学士（国際教養）です。このように、SPSFと国際教養学部はカリキュラムと学位に違いがあります。

Student's Voice

総合グローバル学部

総合グローバル学科 1年

越後谷 航(えちごや わたる)くん

東京都 私立 開智日本橋学園高等学校 卒
演劇部 高2・11月引退

日本の教育の発展に貢献したい

Q どのような高校生でしたか? 上智大学を志望した理由は?

中1から高2の11月まで、部活動に打ち込んでいました。所属していた演劇部では、主に役者として活動しており、授業が終わればすぐに部活に駆け出していくような生徒でした。

私の高校では、高2に進級するタイミングで私立文系や国立理系といった詳細なクラス分けが行われるため、高1の11月頃に自分の志望する分野を決めました。クラス分けでは、得意教科が英語だったことや教育関係に興味があったこと、また短期留学の経験から、私立文系クラスに進むことを決めました。上智大学を志望したのは高校の先生の影響です。その先生は上智大学出身の方で、私が国際教育関係を志望しているという話をすると、上智大学の総合グローバル学部を薦めてくださいました。お話を聞くうちに魅力を感じ、第一志望校に決定しました。

Q どのように受験対策をしましたか? 入試本番はどうでしたか?

高2の11月で部活動を引退し、そこから受験勉強が本格化しました。放課後に学校で講習を受け、その後塾に行き閉館時間まで勉強していました。生活時間のほとんどを勉強に費やしていました。部活動の時間をすべて勉強に変えるといった大きな環境変化が、合格の一助となったのだと思います。

上智大学はTEAP利用型で受験しようと考えていたため、英語資格試験の対策に最も力を入れていました。そのおかげで、入試本番ではほとんどの大学でTEAPを活用し、国語と日本史の2教科のみで受験することができました。右のスケジュール以外にも併願校を複数受験しましたが、数多く合格することができたのも、英語資格試験に力を入れていたおかげだと思っています。

入試本番は、共通テストの手応えが良かったため、平常心で受けることができました。また、受験期間は健康のみならず精神面にも気を使い、定期的に人と話したり、過度な追い込みをしないよう心がけていました。

●受験スケジュール

月	日	大学・学部学科(試験方式)
1	14	★ 立教 異文化コミュニケーション－異文化コミュニケーション(共テ利用3科目型)
		★ 立教 文－教育(共テ利用3科目型)
		★ 東洋 国際－グローバル・イノベーション(共テ前期3教科型 均等配点)
2	1	★ 明治学院 経済－国際経営(全学部日程 3教科型)
	3	★ 上智 総合グローバル－総合グローバル(TEAP利用方式)
		★ 上智 総合人間科学－教育(TEAP利用方式)
		★ 上智 外国語－英語(TEAP利用方式)
	5	法政 国際文化－国際文化(英語外部試験利用)
	9	★ 立教 異文化コミュニケーション－異文化コミュニケーション(一般)
	13	★ 立教 文－教育(一般)

Q どのような大学生活を送っていますか？

グローバルとローカルの両面の視点から世界を見ます

私が所属している総合グローバル学部は、様々な視座・立場から多面的に物事を見る学部です。国際関係学ではなく「グローバル・スタディーズ」の視点から世界を見ていきます。これは、他の大学の国際系学部とは異なる特徴だと思います。1・2年次でグローバル・スタディーズの概要を学び、3年次以降でそれぞれの専門分野に進みます。

実際に授業で使用しているテキストの一部

私は現在、地域研究や国際政治学といった様々な分野の基礎知識を学んでいます。3年次以降は、高校生の頃から学びたいと思っていた国際教育について、専門的な知見を深めていきたいです。

舞台監督を務めた公演のステージ

演劇サークルで新しい経験をしています

サークル活動は中高と同様、演劇をしています。活動は基本的に学内で行っており、キャンパスの中でも歴史ある1号館の講堂が主な活動場所です。高校の頃の体育館での演劇と比べると、舞台・照明・音響のどれを取っても設備が非常に充実していて、大変ですがとてもやりがいがあります。中高では裏方経験がほとんどありませんでしたが、今は舞台班としてステージの組み立てや舞台装置の作成などを担当し、たまに役者もさせていただいています。課外活動に参加し、大規模な活動ができるのも、大学生活の醍醐味の1つだと思います。

Q 将来の夢・目標は何ですか？

私の将来の夢は、世界の教育に関わることを通じて日本の教育発展の一助となることです。欧米諸国などで取り入れられているカリキュラムや、地域の特性を活かした独自の教育を研究することで、日本教育に有益なものを得て、発展させていきたいと考えています。また、教育格差の解消や是正にも興味があり、今後はより幅広く国際教育について学んでいこうと思っています。

そのため、私は現在、海外とのコミュニティが多くある上智大学での活動を積極的に行うこと、そしてその活動を活かす場として留学に行くことを視野に入れています。第一志望校である学部学科で学べていることはとても幸せなことです。人生に一度きりしかないこの機会を決して無駄にせず、自分の将来につながる活動を、大学の4年間を通してやっていきたいです。

Q 後輩へのアドバイスをお願いします！

受験はよく「他人との闘い」と思われますが、私は「自分と向き合うこと」でもあると考えています。受験勉強では、様々なプレッシャーや劣等感を感じることがあると思います。実際に私もそうでした。高校時代の担任の先生は「倒れてからじゃなく、倒れる前に教えてくれ」と言ってくださいました。倒れてからでは支えることはできません。もしこの文章を読んでいる方で、少しでも不安を感じている人は、まわりの人たちに言ってみてはどうでしょうか。気分が楽になるかもしれません。

また、実際に入試本番、緊張で本来の実力を発揮できないことほど、もったいないことはありません。本番はいかに普段どおりに問題を解けるかが勝負です。本番前に何か1つ、心のよりどころとなる存在を見つけておくとよいと思います。

昭和大学

しょうわ

資料請求

学事部入学支援課（旗の台キャンパス）　TEL（03）3784-8026　〒142-8555 東京都品川区旗の台1-5-8

将来まで価値ある力を育成する「医系総合大学」

大学紹介動画

最新入試情報

相手の立場にたって真心から接する「至誠一貫」を建学の精神に掲げる。1年生全員が寮生活を行い、お互いを思いやる心をはぐくむ。8つの附属病院で行われる実践学習などを通じて、チーム医療を実践的に学ぶ。

旗の台キャンパス

キャンパス 4つ

旗の台キャンパス
〒142-8555 東京都品川区旗の台1-5-8

富士吉田キャンパス
〒403-0005 山梨県富士吉田市上吉田4562

横浜キャンパス
〒226-8555 神奈川県横浜市緑区十日市場町1865

洗足キャンパス
〒145-8515 東京都大田区北千束2-1-1

基本データ

※2023年5月現在（学部学生数に留学生は含まない。進路・就職は2022年度卒業者データ。学費は2024年度入学者用）

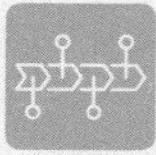

沿革

1928年、昭和医学専門学校として開校。1946年、昭和医科大学に昇格。1964年、薬学部を設置し、昭和大学に改称。1965年、富士吉田校舎が竣工。1975年、附属藤が丘病院が開院。1977年、歯学部および歯学部附属病院を設置。2019年に創立90周年を迎える。2023年、保健医療学部理学療法学科と作業療法学科を統合しリハビリテーション学科を設置、現在に至る。

教育機関　4 学部　4 研究科

学部　医／歯／薬／保健医療

大学院　医学Ⓓ／歯学Ⓓ／薬学Ⓓ／保健医療学ⓂⒹ

人数

学部学生数　3,139名　　教員1名あたり 学生 1名

教員数　2,472名【理事長】小口勝司、【学長】久光正
（教授229名、准教授200名、講師499名、助教1,544名）

学費

初年度納入額　2,446,000~5,422,000円

奨学金　学校法人昭和大学奨学金、昭和大学特別奨学金、昭和大学シンシアー奨学金、昭和大学父兄互助会奨学金

進路

学部卒業者　536名
（進学48名［9.0%］、就職291名［54.3%］、その他※197名［36.7%］）
※臨床研修医162名を含む

主な就職先　昭和大学病院、昭和大学藤が丘病院、昭和大学横浜市北部病院、昭和大学江東豊洲病院、昭和大学歯科病院、横浜市立大学附属市民総合医療センター、神奈川歯科大学附属横浜クリニック、青葉さわい病院、総合メディカル、クリエイトエス・ディー

学部学科紹介

※本書掲載内容は、大学公表資料から独自に編集したものです。詳細は大学パンフレットやホームページ等で必ず確認してください（取得可能な免許・資格は任用資格や受験資格などを含む）。

医学部

富士吉田キャンパス（1年）
旗の台キャンパス（2～6年）
定員 131

特色	他学部と連携した科目や実習を設置。附属病院を活用し臨床実習などを行う。
進路	昭和大学病院などを中心に臨床研修医として医療に従事する。
学問分野	医学
大学院	医学

医学科 (131)	6年制。医学部のカリキュラムと同時進行でチーム医療学習も進めていく。4年次前期までに基本的な知識と技術を修得し、4年次後期から診療参加型臨床実習が始まる。5年次までに附属病院の各診療科をまわり、6年次には海外の医療機関での臨床実習に参加することもできる。
取得可能な免許・資格	医師

歯学部

富士吉田キャンパス（1年）
旗の台C(2～4年)、洗足C(4～6年)
定員 105

特色	他学部と合同教育など医系総合大学特有のカリキュラムを展開する。
進路	大学附属病院に勤務する他、臨床研修と大学院進学を両立する者もいる。
学問分野	歯学
大学院	歯学

歯学科 (105)	6年制。附属病院の環境を活かし、医療マインドを学ぶための現場実習などチーム医療の実践的な知識と経験を培う。5年次から歯科病院をはじめとする附属病院で臨床実習に参加する。6年次では歯科病院の他、海外の大学や国内の病院などでの実習も選択できる。
取得可能な免許・資格	歯科医師

薬学部

富士吉田キャンパス（1年）
旗の台キャンパス（2～6年）
定員 200

特色	8つの附属病院および薬局での実習が充実。チーム医療を支える薬剤師を育成する。
進路	7割以上が薬剤師として病院や調剤薬局などに就職している。
学問分野	薬学
大学院	薬学

薬学科 (200)	6年制。低学年次には生物、化学、物理を中心に基礎薬学を学び、生命の成り立ちを理解する。4年次から6年次にかけて、附属病院と薬局での計28週間もしくは48週間の参加型臨床実習および自身で決定した研究テーマでの薬学研究を通じ、問題発見・解決能力を身につける。
取得可能な免許・資格	薬剤師

保健医療学部

富士吉田キャンパス（1年）
横浜キャンパス（2～4年）
定員 155

特色	実践に繋がる教育を展開。全学生が臨床教員制度のもと附属病院で実習を行う。
進路	病院や保健センターなどに勤務する他、大学院へ進学する者もいる。
学問分野	看護学／健康科学
大学院	保健医療学

看護学科 (95)	「人間」「健康」「看護」の3つの科学の分野からカリキュラムを編成し、理論と実践の両面から人間そのものと向き合い、考え、深く理解していく力を養う。看護師課程および保健師課程(選択・学内選抜制)を用意し、医系総合大学ならではの恵まれた教育･実習環境のもと、スペシャリストを育成する。
リハビリテーション学科 (60)	医系総合大学としての特色を活かし、その価値を高め、専門領域の深化を図るための新たな創造を目指している。リハビリテーション領域の様々なスペシャリストの養成を行い、多様化した個人や社会のニーズに対応できる優れた医療人を育成する。
取得可能な免許・資格	看護師、保健師、理学療法士、作業療法士

入試要項（2024年度）

※この入試情報は2024年度募集要項等より編集したものです（見方は巻頭の「本書の使い方」参照）。
2025年度入試の最新情報は、ホームページや2025年度募集要項等で必ず確認してください。

「大学入試科目検索システム」のご案内
日程・方式ごとの偏差値や昨年度入試結果（志願者倍率、実質倍率、合格最低点）、基本情報（出願締切日、試験日、二段階選抜、募集人員、総合満点）などは、「大学入試科目検索システム」（https://nyushi.toshin.com/）をご覧ください（利用方法はp.12参照）。

■医学部　偏差値 67

一般選抜

◆**一般選抜入試（Ⅰ期）**
［医］〈一次：4科目〉国数現、数ⅠⅡⅢABから1理物基・物、化基・化、生基・生から2外英〈二次：2科目〉論小論文面面接

◆**一般選抜入試（Ⅱ期）**
［医］〈一次：4科目〉一般選抜入試（Ⅰ期）に同じ〈二次：1科目〉面面接

■歯学部　偏差値 57

一般選抜

◆**一般選抜入試（Ⅰ期、Ⅱ期）**
［歯：4科目］国数現、数ⅠⅡABから1理物基・物、化基・化、生基・生から1外英面面接

共通テスト併用入試

◆**共通テスト利用入試**
［歯］〈共3〜4科目〉国数次の①・②から1（①現古漢、②数ⅠA、数ⅡB）理物、化、生から1外英〈個1科目〉面面接

■薬学部　偏差値 57

一般選抜

◆**一般選抜入試（Ⅰ期、Ⅱ期）**
［薬：4科目］国数現、数ⅠⅡABから1理化基・化外英面面接

◆**医学部一般選抜（Ⅰ期）利用の薬学部併願入試**
［薬］〈一次：4科目〉国数現、数ⅠⅡⅢABから1理物基・物、化基・化、生基・生から2外英〈二次：2科目〉論小論文面面接

共通テスト併用入試

◆**共通テスト利用入試**
［薬］〈共4科目〉国数現、数ⅠA、数ⅡBから2理物、化、生から1外英〈個1科目〉面面接

■保健医療学部　偏差値 57

一般選抜

◆**一般選抜入試（Ⅰ期、Ⅱ期）**
［全学科：4科目］国数現、数ⅠAから1理物基・物、化基・化、生基・生から1外英面面接

◆**リハビリテーション学科理学療法学専攻一般選抜（Ⅰ期）・（Ⅱ期）利用の作業療法学科第二希望併願入試**
［リハビリテーション－理学療法学：4科目］一般選抜入試（Ⅰ期、Ⅱ期）に同じ

共通テスト併用入試

◆**共通テスト利用入試**
［全学科］〈共3科目〉国数理現、数ⅠA、理科基礎、物、化、生から2教科2▶地基選択不可外英（×L）〈個1科目〉面面接

■特別選抜

［総合型選抜］総合型選抜入試
［学校推薦型選抜］学校推薦型選抜入試（公募、指定校、特別協定校）
［その他］卒業生推薦入試

昭和大学ギャラリー

■チーム医療風景

昭和大学では、全学部教員および附属病院が密に連携して構築する「チーム医療」プログラムを独自に展開しています。

■授業風景

穿刺、切開などを修得するためのシミュレーション教育や、診療の基本や看護師の業務を学ぶ臨床実習などが取り入れられています。

しょうわじょし
昭和女子大学

資料請求

アドミッションセンター　TEL (03) 3411-5154　〒154-8533 東京都世田谷区太子堂1-7-57

「清き気品」「篤き至誠」「高き識見」を校訓とする

大学紹介動画

最新入試情報

「愛と理解と調和」を教育の理想とし、自己の力を国際社会のために役立てる女性を育成する。海外キャンパス「昭和ボストン」への留学や研修制度をはじめとする多種多様な講義や学びのプログラムを展開する。

世田谷キャンパス外観

キャンパス 1つ

世田谷キャンパス
〒154-8533 東京都世田谷区太子堂1-7-57

基本データ

※2023年5月現在（進路・就職は2022年度卒業者データ。学費は2024年度入学者用）

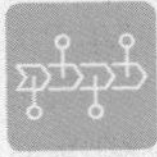

沿革

1920年、日本女子高等学院として創設。1949年、昭和女子大学と改称。1978年に文家政学部を文、家政学部に分離。2003年、文学部を人間文化学部に改称。2013年、グローバルビジネス学部を設置。2017年、国際学部を設置。2020年、環境デザイン学部を設置。2021年、生活科学部を食健康科学部に改称。2023年、福祉社会・経営研究科を設置。2025年、国際学部改組予定。

教育機関 6学部 3研究科

学部　人間文化／国際／グローバルビジネス／人間社会／環境デザイン／食健康科

大学院　文学Ⓜ︎Ⓓ／生活機構Ⓜ︎Ⓓ／福祉社会・経営Ⓟ

人数

学部学生数　6,430名

教員1名あたり学生 29名

教員数　219名【理事長】山崎日出男、【総長】坂東眞理子、【学長】金尾朗

（教授92名、准教授74名、講師43名、助教10名）

学費

初年度納入額　1,371,000~1,508,000円

奨学金　人見記念奨学金

進路

学部卒業者　1,419名

（進学65名［4.6%］、就職1,306名［92.0%］、その他48名［3.4%］）

主な就職先　アクセンチュア、パナソニック、住友化学、TDK、JAL、日産自動車、JR東日本、NHK、三菱UFJ銀行、中央労働金庫、清水建設、住友電気工業、国立病院機構、三菱食品、NEC、日本ヒューレット・パッカード、日本オラクル、厚生労働省

学部学科紹介

※本書掲載内容は、大学公表資料から独自に編集したものです。詳細は大学パンフレットやホームページ等で必ず確認してください（取得可能な免許・資格は任用資格や受験資格などを含む）。

人間文化学部

世田谷キャンパス　定員 220

特色	日本や海外諸地域の歴史や文化を学び、豊かな人間性と広い視野を身につける。
進路	一般企業の他、教員や公務、学芸員、司書など専門職に就く者もいる。
学問分野	文学／言語学／歴史学／地理学／文化学
大学院	文学

日本語日本文学科 (120)	2年次より作品を精読し人間の本質を洞察する文学コースと、「ことば」そのものを研究対象とする言語コースに分かれる。各コースでは学びを形にして発信するプロジェクトが2～4年次にかけて行われる。3年次よりゼミに所属し、4年次には卒業論文を制作する。
歴史文化学科 (100)	歴史・地理と文化の2つの分野を横断して体系的に学ぶカリキュラムを組んでいる。実習系科目が数多く用意され、歴史や文化に関わる課題を発見する力や課題を解き明かす研究手法を身につける。画像処理に必要なデジタルスキルを学ぶ科目なども履修できる。
取得可能な免許・資格	登録日本語教員、考古調査士、学芸員、社会福祉主事、教員免許（中-国・社、高-国・地歴・書）、司書教諭、司書

国際学部

世田谷キャンパス　定員 299

特色	留学や国際交流で異文化への理解を深め、主体的に社会貢献できる人材を育成。
進路	就職先はサービス業や卸売・小売業、製造業をはじめ多岐にわたる。
学問分野	言語学／文化学／観光学／国際学
大学院	文学

国際教養学科 改 (79)	2025年度、英語コミュニケーション学科より名称変更予定（仮称、設置構想中）。テンプル大学ジャパンキャンパス（TUJ）への1セメスター国内留学や英語圏の大学への留学などを通じ、英語圏社会の表層文化や英語教育といった分野の造形を深める（予定。変更の可能性あり）。
国際日本学科 新 (100)	2025年度、開設予定（仮称、設置構想中）。海外キャンパス（昭和ボストン）に留学、日本との交流が盛んなボストンの地の利を活かし、現地ならではの教育・研究を実施。ジャパンスタディ、観光学、地域創生などの分野への造詣を深めていく。
国際学科 (120)	英語を集中的に学びつつ、中国語、韓国語、ベトナム語、ドイツ語、フランス語、スペイン語から1つを選択し実践的な運用能力を身につける。2・3年次にかけて、原則として全員が長期留学に参加する。3・4年次の国際・地域研究では発想力や発信力を磨く。
取得可能な免許・資格	学芸員、社会福祉主事、司書教諭、司書

グローバルビジネス学部

世田谷キャンパス　定員 190

特色	世界を舞台に活躍できる、ビジネススキルと自発性を兼ね備えた人材を育成する。
進路	就職先は金融・保険業や卸売・小売業、情報通信業など多岐にわたる。
学問分野	経済学／経営学

ビジネスデザイン学科 (110)	ビジネスと英語を学ぶ充実した科目を提供し、2年次前期は「昭和ボストン」に原則必須で渡航留学する。3年次からは、グローバルビジネス＆サステナビリティ、マネジメント＆エコノミクス、マーケティング＆イノベーションの3つの領域から学ぶ。
会計ファイナンス学科 (80)	徹底した簿記や金融教育を行っており、入学年度4月には全員参加の「集中講義」が開催され早期の資格取得を目指す。1・2年次は簿記やファイナンシャル・プランニング技能士などの資格取得を目指し、3・4年次は学んだ理論を実践的に活用すべくビジネススクール型教育を実施。
取得可能な免許・資格	登録日本語教員、司書

人間社会学部

世田谷キャンパス　定員 380

特色	多様化、複雑化する社会に焦点をあて、持続可能な社会の構築を模索する。
進路	就職先は医療・福祉業やサービス業、教育・学習支援業など幅広い。
学問分野	心理学／社会学／メディア学／社会福祉学／国際学／子ども学／教員養成
大学院	生活機構

心理学科 (100)	1年次から臨床、社会、発達、認知の4つの領域すべての基礎知識を学び、関心ある領域を定めていく。心理実験や質問紙調査などの研究技法も講義と実習を通じて段階的に学ぶ。4年次には各自の進路に応じた履修モデルを選択し、キャリア形成を支援している。
福祉社会学科 (80)	1・2年次には社会的な課題の解決に向けて実践的に取り組むプログラム型学習や福祉英語が必修となっている。多様な文化や価値観を背景とする人を理解し支援を行うための科目も設置し、専門職を目指す学生の実践力を高める。4年次には国家試験対策も実施。
現代教養学科 (100)	社会構想、メディア創造、多文化共創の3つの科目群を設置し横断的に学ぶ。アクティブラーニング型の授業を豊富に用意し、日本語表現、ICT（情報通信技術）、社会調査、統計分析などのスキルを身につける。3年次よりゼミに所属し、4年次にはゼミでの成果を卒論にまとめる。
初等教育学科 (100)	入学後に小学校と幼稚園教諭免許を取得できる児童教育と、幼稚園教諭と保育士の資格を取得できる幼児教育コースの2つに分かれる。教育学、心理学、社会学、福祉学などの周辺領域の科目も充実。キャンパス内外の様々な現場で実習や見学などが行われる。
取得可能な免許・資格	登録日本語教員、公認心理師、認定心理士、准学校心理士、学芸員、社会調査士、社会福祉士、精神保健福祉士、社会福祉主事、児童指導員、保育士、教員免許(幼一種、小一種、高-公)、司書教諭、司書

環境デザイン学部

世田谷キャンパス　定員 210

特色	感性と思考力、共創力を磨き多様なデザイン領域で社会に貢献する。
進路	2020年度開設。建設業や製造業などでの活躍が期待される。
学問分野	土木・建築学／被服学／住居学／デザイン学／環境学
大学院	生活機構

環境デザイン学科 (210)	建築・インテリアデザイン、プロダクトデザイン、ファッションデザインマネジメント、デザインプロデュースの4つのコースから希望のコースを選択し、専門的な知識と多彩な視点からデザイン力を習得する。
取得可能な免許・資格	学芸員、建築士（一級、二級、木造）、技術士補、施工管理技士（建築）

食健康科学部

世田谷キャンパス　定員 227

特色	豊かで健康的な生活の発展を支援できる人材を育成。
進路	卒業者の多くが一般企業に就く。管理栄養士として活躍する者もいる。
学問分野	農学／生活科学／食物学
大学院	生活機構

健康デザイン学科 (75)	健康と食、健康と美、健康と運動に関する幅広い分野を学ぶ健康デザイン領域科目群が設置され、4年間を通じて各自の関心に応じて履修する。2年次より食事・栄養の専門科目が始まり、3年次には栄養士としての校外実習を実施。研究室には3年次から所属する。
管理栄養学科 (72)	幅広い領域を学習し科学的視点から実践的アプローチができる管理栄養士を育成する。2年次に科学英語の科目がある他、希望者は海外研修に参加することもできる。3年次後期からは国家試験対策講座が始まり、特別カリキュラムのもと全員合格を目指す。
食安全マネジメント学科 (80)	多様化、複雑化する食の領域について、原材料から製造、流通、販売、輸出入などの流れを総合的に理解する。企業や地域と協働するプロジェクト演習も用意されている。
取得可能な免許・資格	社会福祉主事、食品衛生管理者、食品衛生監視員、管理栄養士、栄養士、栄養教諭(一種)、HACCP管理者、教員免許（中-保体・家、高-保体・家)、司書教諭、司書

入試要項（2024年度）

※この入試情報は2024年度募集要項等より編集したものです（見方は巻頭の「本書の使い方」参照）。2025年度入試の最新情報は、ホームページや2025年度募集要項等で必ず確認してください。

「大学入試科目検索システム」のご案内
日程・方式ごとの偏差値や昨年度入試結果（志願者倍率、実質倍率、合格最低点）、基本情報（出願締切日、試験日、二段階選抜、募集人員、総合満点）などは、「大学入試科目検索システム」（https://nyushi.toshin.com/）をご覧ください（利用方法はp.12参照）。

■人間文化学部 偏差値59

一般選抜

◆**A日程試験**※合否ライン上の志願者のみ主体性を持って多様な人々と協働して学ぶ態度を評価する

［全学科：3科目］国現古 地歴 数 理 世B、日B、数ⅠⅡAB、化基・化、生基・生から1▶数は数Ⅰ必須。数Ⅱ、数A、数Bから1題任意選択 外 英

◆**B日程試験**

［全学科：2科目］国現古 地歴 数 理 外 世B、日B、数ⅠⅡAB、化基・化、生基・生、英から1▶数は数Ⅰ必須。数Ⅱ、数A、数Bから1題任意選択

◆**3月期試験**

［全学科：2科目］国現 外 英

共通テスト利用入試 ※個別試験は課さない

◆**共通テスト利用型試験Ⅰ期・Ⅱ期（一般方式）**

［日本語日本文：2科目］国現古 地歴 公 数 理 外 世B、日B、地理B、公理全9科目、数Ⅰ、数ⅠA、数Ⅱ、数ⅡB、情、英（×L）から1

［歴史文化：2科目］国 外 現古、英から1 地歴 公 世B、日B、地理B、公全4科目から1

◆**共通テスト利用型試験Ⅰ期・Ⅱ期（英語4技能検定活用方式）**※出願資格として英語外部試験が必要

［日本語日本文：1科目］国 地歴 公 数 理 現古、世B、日B、地理B、公理全9科目、数Ⅰ、数ⅠA、数Ⅱ、数ⅡB、情から1

［歴史文化：1科目］国 地歴 公 現古、世B、日B、地理B、公全4科目から1

■国際学部 偏差値61

一般選抜

◆**A日程試験**※合否ライン上の志願者のみ主体性を持って多様な人々と協働して学ぶ態度を評価する

［全学科：2科目］国 地歴 数 理 現、世B、日B、数ⅠⅡAB、化基・化、生基・生から1▶数は数Ⅰ必須。数Ⅱ、数A、数Bから1題任意選択 外 英▶リスニング含む

◆**B日程試験**

［全学科：2科目］A日程試験に同じ

◆**3月期試験**

［全学科：2科目］国現 外 英▶リスニング含む

共通テスト利用入試 ※個別試験は課さない

◆**共通テスト利用型試験Ⅰ期・Ⅱ期（一般方式）**

［全学科：2科目］国 地歴 公 数 理 現、世B、日B、地理B、公理全9科目、数Ⅰ、数ⅠA、数Ⅱ、数ⅡB、情から1 外 英

◆**共通テスト利用型試験Ⅰ期・Ⅱ期（英語4技能検定活用方式）**※出願資格として英語外部試験が必要

［全学科：1科目］国 地歴 公 数 理 現、世B、日B、地理B、公理全9科目、数Ⅰ、数ⅠA、数Ⅱ、数ⅡB、情から1

■グローバルビジネス学部 偏差値59

一般選抜

◆**A日程試験**※合否ライン上の志願者のみ主体性を持って多様な人々と協働して学ぶ態度を評価する

［ビジネスデザイン：2科目］国 地歴 数 理 現、世B、日B、数ⅠⅡAB、化基・化、生基・生から1▶数は数Ⅰ必須。数Ⅱ、数A、数Bから1題任意選択 外 英

［会計ファイナンス：2科目］国 地歴 数 理 外 現、世B、日B、数ⅠⅡAB、化基・化、生基・生、英から2▶国外から1必須。数は数Ⅰ必須。数Ⅱ、数A、数Bから1題任意選択

◆**B日程試験**

［全学科：2科目］A日程試験に同じ

◆**3月期試験**

［全学科：2科目］国現 外 英

共通テスト利用入試 ※個別試験は課さない

◆**共通テスト利用型試験Ⅰ期・Ⅱ期（一般方式）**

［ビジネスデザイン：2科目］国 地歴 公 数 現、世B、日B、地理B、公全4科目、数ⅠA、数ⅡBから1 外 英

［会計ファイナンス：2科目］国 地歴 公 数 理 外 現、世B、日B、地理B、公理全9科目、数Ⅰ、数ⅠA、数Ⅱ、数ⅡB、英から2▶国外から1必須

◆**共通テスト利用型試験Ⅰ期・Ⅱ期（英語4技能検定活用方式）**※出願資格として英語外部試験が必要

［全学科：1科目］国 地歴 公 数 現、世B、日B、地理B、公全4科目、数ⅠA、数ⅡBから1

■人間社会学部 偏差値60

一般選抜

◆**A日程試験**※合否ライン上の志願者のみ主体性を持って多様な人々と協働して学ぶ態度を評価する

［全学科：3科目］国現 地歴 数 理 世B、日B、数ⅠⅡAB、化基・化、生基・生から1▶数は数Ⅰ必須。数Ⅱ、数A、数Bから1題任意選択 外 英

◆**B日程試験**

［福祉社会以外：2科目］国現 地歴 数 理 外 世B、日B、数ⅠⅡAB、化基・化、生基・生、英から1▶数は数Ⅰ必須。数Ⅱ、数A、数Bから1題任意選択

［福祉社会：2科目］国 地歴 数 理 外 現、世B、日B、数ⅠⅡAB、化基・化、生基・生、英から2▶国外から1必須。数は数Ⅰ必須。数Ⅱ、数A、数Bから1題任意選択

◆**3月期試験**

[全学科：2科目] 国 現 外 英

共通テスト利用入試 ※個別試験は課さない

◆共通テスト利用型試験Ⅰ期・Ⅱ期（一般方式）

[心理：2科目] 国 外 現、英から1 地歴 公 数 理 世B、日B、地理B、公全4科目、数Ⅰ、数ⅠA、数Ⅱ、数ⅡB、化、生から1

[福祉社会：2科目] 国 地歴 公 数 理 外 現、世B、日B、地理B、公理全9科目、数Ⅰ、数ⅠA、数Ⅱ、数ⅡB、英から2▶国外から1必須

[現代教養、初等教育：2科目] 国 地歴 公 数 理 外 現、世B、日B、地理B、公理全9科目、数Ⅰ、数ⅠA、数Ⅱ、数ⅡB、情、英から2▶国外から1必須

◆共通テスト利用型試験Ⅰ期・Ⅱ期（英語4技能検定活用方式）※出願資格として英語外部試験が必要

[心理：1科目] 国 数 現、数Ⅰ、数ⅠA、数Ⅱ、数ⅡBから1

[福祉社会：1科目] 国 地歴 公 数 理 現、世B、日B、地理B、公理全9科目、数Ⅰ、数ⅠA、数Ⅱ、数ⅡBから1

[現代教養、初等教育：1科目] 国 地歴 公 数 理 現、世B、日B、地理B、公理全9科目、数Ⅰ、数ⅠA、数Ⅱ、数ⅡB、情から1

■環境デザイン学部 偏差値 60

一般選抜

◆A日程試験 ※合否ライン上の志願者のみ主体性を持って多様な人々と協働して学ぶ態度を評価する

[環境デザイン：2科目] 国 地歴 数 理 外 現、世B、日B、数ⅠⅡAB、化基・化、生基・生、英から2▶国外から1必須。数は数Ⅰ必須。数Ⅱ、数A、数Bから1題任意選択

◆B日程試験

[環境デザイン：2科目] A日程試験に同じ

◆3月期試験

[環境デザイン：2科目] 国 現 外 英

共通テスト利用入試 ※個別試験は課さない

◆共通テスト利用型試験Ⅰ期・Ⅱ期（一般方式）

[環境デザイン：2科目] 地歴 公 数 理 世B、日B、地理B、現社、政経、倫政、数ⅠA、数Ⅱ、数ⅡB、理科基礎、物、化、生から1 外 英

◆共通テスト利用型試験Ⅰ期・Ⅱ期（英語4技能検定活用方式）※出願資格として英語外部試験が必要

[環境デザイン：1科目] 地歴 公 数 理 世B、日B、地理B、現社、政経、倫政、数ⅠA、数Ⅱ、数ⅡB、理科基礎、物、化、生から1

■食健康科学部 偏差値 59

一般選抜

◆A日程試験 ※合否ライン上の志願者のみ主体性を持って多様な人々と協働して学ぶ態度を評価する

[健康デザイン：3科目] 国 現 地歴 数 理 世B、日B、数ⅠⅡAB、化基・化、生基・生から1▶数は数Ⅰ必須。数Ⅱ、数A、数Bから1題任意選択 外 英

[管理栄養：3科目] 国 現 数 理 数ⅠⅡAB、化基・化、生基・生から1▶数は数Ⅰ必須。数Ⅱ、数A、数Bから1題任意選択 外 英

[食安全マネジメント：2科目] 国 地歴 数 理 外 現、世B、日B、数ⅠⅡAB、化基・化、生基・生、英から2▶国外から1必須。数は数Ⅰ必須。数Ⅱ、数A、数Bから1題任意選択

◆B日程試験

[健康デザイン：2科目] 国 地歴 数 理 現、世B、日B、数ⅠⅡAB、化基・化、生基・生から1▶数は数Ⅰ必須。数Ⅱ、数A、数Bから1題任意選択 外 英

[管理栄養：2科目] 数 理 数ⅠⅡAB、化基・化、生基・生から1▶数は数Ⅰ必須。数Ⅱ、数A、数Bから1題任意選択 外 英

[食安全マネジメント：2科目] A日程試験に同じ

◆3月期試験

[全学科：2科目] 国 現 外 英

共通テスト利用入試 ※個別試験は課さない

◆共通テスト利用型試験Ⅰ期・Ⅱ期（一般方式）

[健康デザイン：2科目] 国 数 外 現、数Ⅰ、数ⅠA、数Ⅱ、数ⅡB、英から1 地歴 理 世B、日B、地理B、理全5科目から1

[管理栄養：2科目] 国 数 外 現、数Ⅰ、数ⅠA、数Ⅱ、数ⅡB、英から1 理 化基・生基、化、生から1

[食安全マネジメント：2科目] 国 数 外 現、数Ⅰ、数ⅠA、数Ⅱ、数ⅡB、英から1 地歴 公 理 世B、日B、地理B、政経、理全5科目から1

◆共通テスト利用型試験Ⅰ期・Ⅱ期（英語4技能検定活用方式）※出願資格として英語外部試験が必要

[健康デザイン：1科目] 数 理 数ⅠA、数ⅡB、物、化、生から1

[管理栄養：1科目] 理 化基・生基、化、生から1

[食安全マネジメント：1科目] 国 数 理 現、数Ⅰ、数ⅠA、数Ⅱ、数ⅡB、物、化、生から1

■特別選抜

[総合型選抜] 総合型選抜

[学校推薦型選抜] 公募制推薦入試、光葉同窓会推薦入試、指定校推薦

[その他] 外国人留学生

せいけい
成蹊大学

資料請求

アドミッションセンター　TEL (0422) 37-3533　〒180-8633 東京都武蔵野市吉祥寺北町3-3-1

人格、学問、心身のバランスのとれた人間教育を実践

大学紹介動画

最新入試情報

武蔵野の自然に囲まれたワンキャンパスで、文系・理系の枠を越え教員、職員、学生が互いに学び合う融合教育を展開する。多様な文化や環境、状況に適切に対応し、他者と協働できる真のグローバル力を養成する。

吉祥寺キャンパス外観

キャンパス **1**つ

吉祥寺キャンパス
〒180-8633 東京都武蔵野市吉祥寺北町3-3-1

基本データ

※2023年5月現在（学部学生数に留学生は含まない。進路・就職は2022年度卒業者データ。学費は2024年度入学者用〔予定〕）

沿革

1949年、政治経済学部を設置して開学。1962年、工学部を設置。1965年、文学部を設置。1968年、政治経済学部を改組し、経済、法の2つの学部を設置。2004年、国際教育センターを改組設置。2005年、工学部を理工学部に改組。2020年、経済学部を改組、経営学部を設置。2022年、理工学部を改組、現在に至る。

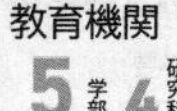
教育機関
5 学部 **4** 研究科

学部　経済／経営／法／文／理工

大学院　理工学ⓂⒹ／経済経営ⓂⒹ／法学政治学ⓂⒹ／文学ⓂⒹ

人数

学部学生数　**7,633**名　教員1名あたり学生 **30**名

教員数　**249**名【理事長】小林健、【学園長】江川雅子、【学長】森雄一
（教授**152**名、准教授**39**名、講師**22**名、助教**34**名、助手・その他**2**名）

学費

初年度納入額　**1,300,000~1,725,000**円

奨学金　成蹊大学給付奨学金、成蹊大学地方出身学生予約型奨学金（成蹊大学吉祥寺ブリリアント奨学金）

進路

学部卒業者　**1,707**名
（進学**110**名［6.4%]、就職**1,491**名［87.3%]、その他**106**名［6.3%]）

主な就職先　※院卒者を含む
三菱UFJ銀行、三井住友信託銀行、三菱UFJ信託銀行、東京海上日動火災保険、みずほ証券、ジェーシービー、清水建設、日立製作所、三菱電機、三菱重工業、キリンホールディングス、雪印メグミルク、本田技研工業、NTT東日本、KDDI、JR東海、日本通運、アクセンチュア、リクルート、富士通Japan、SCSK、カプコン、防衛省、埼玉県庁、東京都庁、東京都特別区（Ⅰ類）

学部学科紹介

※本書掲載内容は、大学公表資料から独自に編集したものです。詳細は大学パンフレットやホームページ等で必ず確認してください（取得可能な免許・資格は任用資格や受験資格などを含む）。

経済学部

吉祥寺キャンパス　定員 230

特色　数理的に経済学を学び、統計的思考力を身につける。
進路　2020年度改組。就職先はサービス業や医療・福祉業などを想定。
学問分野　経済学／国際学／情報学
大学院　経済経営

経済数理学科 (80)	計量経済学などの講義やゼミを通じ、データ収集や解析に必要な統計的思考力とプログラミングの技能を修得する。計量分析などの数理的スキルを実際の分析に応用できる能力を身につけ、4年次には専門科目を学びつつ卒業研究に取り組む。
現代経済学科 (150)	経済学とその隣接する領域の学問の視座および手法を学び、複雑多岐にわたる現代の社会問題について分析する。地域コミュニティ経済領域とグローバル経済領域の2つのプログラムを通じ、多角的に現代社会を捉え持続可能性を追究する。
取得可能な免許・資格	社会福祉主事、教員免許（中-社、高-地歴・公）、司書教諭

経営学部

吉祥寺キャンパス　定員 290

特色　経営学とICTの知識、語学力を兼ね備えた人材を育成。
進路　2020年度開設。金融や不動産関連の会社に就くことが想定される。
学問分野　経営学／国際学
大学院　経済経営

総合経営学科 (290)	経営学の3つの基本領域として「戦略とマーケティング」「組織と人間」「ファイナンスと会計」を想定し、各領域で基礎から応用までを体系的に学ぶ。情報化社会におけるビジネスプロフェッショナルを目指す「高度情報分析プログラム」を導入。
取得可能な免許・資格	社会福祉主事、教員免許（中-社、高-公）、司書教諭

法学部

吉祥寺キャンパス　定員 440

特色　法律学・政治学の専門性を追究するエキスパートコースを設置している。
進路　卒業者の多くがサービス業や金融・保険業、製造業などに就く。
学問分野　法学／政治学／国際学
大学院　法学政治学

法律学科 (280)	2年次に民法を中心に集中的かつ発展的に学ぶエキスパートコースのLEコースと、金融と法、行政と法、国際関係と法の3つからなる重点学修認定制度のいずれかに所属する。1～4年次までゼミを履修することも可能で、3年次には卒業論文に取り組む。
政治学科 (160)	2年次に政治をより深く多角的に学ぶエキスパートコースのPSEコースと、政治理論・歴史、現代政治・行政、国際政治の3つからなる重点学修認定制度のいずれかに所属する。ゼミは1年次から必修で、3年次にはゼミ論文を執筆。4年次には学習を振り返る。
取得可能な免許・資格	社会福祉主事、教員免許（中-社、高-地歴・公）、司書教諭

文学部

吉祥寺キャンパス　定員 420

特色　学科横断型の日本語教員養成と芸術文化行政の2つのコースを設置している。
進路　約4割がサービス業に就く。他、公務や教員として活躍する者もいる。
学問分野　文学／言語学／歴史学／文化学／社会学／メディア学／国際学／情報学
大学院　文学

英語英米文学科 (121)	1年次にはネイティブスピーカーによるゼミと集中講義で英語を徹底的に学ぶ。2年次には言語、文化、芸術の3つのフォーカスの中から1つを選択し、3年次に少人数制のゼミで専門研究に取り組む。4年次には卒業後の進路を見据え、卒業論文をまとめる。

日本文学科 (84)	全学年でゼミが必修だが、特に2年次には3つのゼミで古典文学、近現代文学、日本語学の3つの分野を学ぶ。3・4年次には専門のゼミに所属しより深い知識や技術を学ぶとともに、自ら設定したテーマについて調査と考察を重ね、卒業論文の制作に取り組む。
国際文化学科 (110)	複数の学問分野を組み合わせ、関心に応じて学びの射程を定められる柔軟なカリキュラム構成となっている。歴史・地域文化研究、文化人類学、国際関係研究にまたがる分野の基礎知識と研究手法を学び、成果を発信するスキルも身につける。3年次から研究テーマに取り組む。
現代社会学科 (105)	2年次より家族、社会心理、ジェンダー、福祉、労働、都市などの社会学と、雑誌、テレビ、広告、インターネットなどのメディア研究から各自の関心に沿って学ぶ。3・4年次には理論や概念、調査法や分析法などの高度な能力を身につけ、卒業論文にまとめる。
取得可能な免許・資格	登録日本語教員、社会調査士、社会福祉主事、教員免許（中-国・社・英、高-国・地歴・公・英）、司書教諭

理工学部

吉祥寺キャンパス　定員 420

特色　2022年度、1学科5専攻に改組。特定分野に限らない能力を培う。
進路　約2割が大学院へ進学。他、半数近くがIT関連企業に就いている。
学問分野　化学／機械工学／電気・電子工学／情報学
大学院　理工学

理工学科 (420)	2022年度改組。データ数理、コンピュータ科学、機械システム、電気電子、応用化学の5つの専攻に分かれる。学修意欲の高い学生を対象に各専攻分野にとらわれない社会的要請の高いテーマについて重点的に学ぶ3つの特別プログラムも設けられている。
取得可能な免許・資格	社会福祉主事、危険物取扱者（甲種）、毒物劇物取扱責任者、技術士補、主任技術者（電気）、教員免許（中-数・理、高-数・理・情・工業）、司書教諭

入試要項（2025年度）

※この入試情報は大学発表の2025年度入試（予告）および2024年度募集要項等より編集したものです（2024年1月時点。見方は巻頭の「本書の使い方」参照）。内容には変更が生じる可能性があるため、最新情報はホームページや2025年度募集要項等で必ず確認してください。

「大学入試科目検索システム」のご案内
日程・方式ごとの偏差値や昨年度入試結果（志願者倍率、実質倍率、合格最低点）、基本情報（出願締切日、試験日、二段階選抜、募集人員、総合満点）などは、「大学入試科目検索システム」（https://nyushi.toshin.com/）をご覧ください（利用方法はp.12参照）。

■経済学部　偏差値 63

一般選抜

◆3教科型学部個別入試（A方式）
[経済数理：3科目] 国現 数数ⅠⅡA〔全〕B 外英
[現代経済：3科目] 国現 地歴 公 数日、世、政経、数ⅠⅡA〔全〕Bから1 外英

◆2教科型全学部統一入試（E方式）
[経済数理：2科目] 数数ⅠⅡⅢA〔全〕B〔列〕C 外英
[現代経済：2科目] 国現 外英

◆2教科型グローバル教育プログラム統一入試（G方式）
[現代経済：4科目] 国現 外英 書類審活動報告書 その他英語外部試験

共通テスト併用入試

◆共通テスト・独自併用 5科目型国公立併願アシスト入試（P方式）
[経済数理]〈共5科目〉国 理現古漢、理全5科目から1 地歴 公地歴全3科目、公共・倫、公共・政経から1 数数ⅠA、数ⅡBC 外英〈個1科目〉外英
[現代経済]〈共5科目〉国現古漢 地歴 公地歴全3科目、公共・倫、公共・政経から1 数 理数ⅠA必須、数ⅡBC、理全5科目から1 外英〈個1科目〉外英

共通テスト利用入試　※個別試験は課さない

◆共通テスト利用3教科型入試（C方式）
[経済数理：4科目] 国 地歴 公 理現、地歴理全8科目、公共・倫、公共・政経から1 数数ⅠA、数ⅡBC 外英
[現代経済：3科目] 国 数 理現、数ⅠA、数ⅡBC、理全5科目から1 地歴 公地歴全3科目、公共・倫、公共・政経から1 外英

■経営学部　偏差値 63

一般選抜

◆3教科型学部個別入試（A方式）
[総合経営：3科目] 国現 地歴 数日、世、数ⅠⅡAB〔列〕から1 外英

◆2教科型全学部統一入試（E方式）

[総合経営：2科目] 国 現 外 英

◆2教科型グローバル教育プログラム統一入試（G方式）

[総合経営：4科目] 国 現 外 英 書類審 活動報告書 その他 英語外部試験

共通テスト併用入試

◆共通テスト・独自併用 5科目型国公立併願アシスト入試（P方式）

[総合経営]〈共5科目〉国 現古漢 地歴 公 数 理 情 地歴公全6科目、数ⅠAから2、数ⅡBC、理情全6科目から1 外 全5科目から1〈個1科目〉外 英

共通テスト利用入試 ※個別試験は課さない

◆共通テスト利用3教科型入試（C方式）

[総合経営：3科目] 国 現 地歴 公 数 理 情 地歴公理情12科目、数ⅠA、数ⅡBCから1 外 英

■法学部 偏差値 62

一般選抜

◆3教科型学部個別入試（A方式）

[全学科：3科目] 国 現 地歴 公 数 歴総・日、歴総・世、政経、数ⅠⅡA〔全〕から1 外 英

◆2教科型全学部統一入試（E方式）

[全学科：2科目] 国 現 外 英

◆2教科型グローバル教育プログラム統一入試（G方式）

[全学科：4科目] 国 現 外 英 書類審 活動報告書 その他 英語外部試験

共通テスト併用入試

◆共通テスト・独自併用 5科目型国公立併願アシスト入試（P方式）

[全学科]〈共5科目〉国 現古漢 地歴 公 数 理 地歴公全6科目、数ⅠAから2、数ⅡBC、理全5科目から1 外 全5科目から1〈個1科目〉外 英

共通テスト利用入試 ※個別試験は課さない

◆共通テスト利用3教科型入試（C方式）

[全学科：3科目] 国 現 地歴 公 数 理 地歴公理全11科目、数ⅠA、数ⅡBCから1 外 全5科目から1

■文学部 偏差値 63

一般選抜

◆3教科型学部個別入試（A方式）

[全学科：3科目] 国 現古漢 地歴 日、世から1 外 英

◆2教科型全学部統一入試（E方式）

[全学科：2科目] 国 現 外 英

◆2教科型グローバル教育プログラム統一入試（G方式）

[英語英米文、国際文化：4科目] 国 現 外 英 書類審 活動報告書 その他 英語外部試験

共通テスト併用入試

◆共通テスト・独自併用 5科目型国公立併願アシスト入試（P方式）

[英語英米文]〈共5科目〉国 現古漢 地歴 公 数 理 情 地歴理情全9科目、公共・倫、公共・政経、数ⅠA、数ⅡBCから3▶地歴公から1必須 外 英〈個1科目〉外 英

[日本文]〈共5科目〉国 現古漢 地歴 公 数 理 情 地歴理情全9科目、公共・倫、公共・政経、数ⅠA、数ⅡBCから3▶地歴公から1必須 外 全5科目から1〈個1科目〉国 現

[国際文化、現代社会]〈共5科目〉国 現古漢 地歴 公 数 理 情 地歴理情全9科目、公共・倫、公共・政経、数ⅠA、数ⅡBCから3▶地歴公から1必須 外 全5科目から1〈個1科目〉外 英

共通テスト利用入試 ※個別試験は課さない

◆共通テスト利用3教科型入試（C方式）

[英語英米文：3科目] 国 現古漢 地歴 公 数 理 情 地歴理情全9科目、公共・倫、公共・政経、数ⅠA、数ⅡBCから1 外 英

[英語英米文以外：3科目] 国 現古漢 地歴 公 数 理 情 地歴理情全9科目、公共・倫、公共・政経、数ⅠA、数ⅡBCから1 外 全5科目から1

■理工学部 偏差値 63

一般選抜

◆3教科型学部個別入試（A方式）

[理工：3科目] 数 数ⅠⅡⅢA〔全〕B〔列〕C 理 物基・物、化基・化、生基・生から1 外 英

◆2教科型全学部統一入試（E方式）

[理工：2科目] 数 数ⅠⅡⅢA〔全〕B〔列〕C 外 英

共通テスト利用入試 ※個別試験は課さない

◆共通テスト利用3教科型入試（C方式）

[理工：4科目] 国 外 現、英から1 数 数ⅠA、数ⅡBC 理 物、化、生から1

◆共通テスト利用4教科6科目型奨学金付入試（S方式）

[理工：6科目] 国 外 現、英から1 地歴 公 情 全7科目から1 数 数ⅠA、数ⅡBC 理 物、化、生、地から2

■特別選抜

[総合型選抜] AOマルデス入試（一般受験）

[学校推薦型選抜] 指定校推薦入学

[その他] AOマルデス入試（帰国生特別受験、社会人特別受験、外国人特別受験）、現地選抜型外国人特別入試

資料請求

成城大学（せいじょう）

入学センター TEL (03) 3482-9100　〒157-8511 東京都世田谷区成城6-1-20

"対話"の少人数教育で、自分らしく社会に貢献する力を養う

大学紹介動画

最新入試情報

知性や心情が豊かで、意志強固な人材を育成することを目指し、少人数による個性を尊重する教育を展開。世界の中で奮起できる独創力を養成し、「独立独行」の社会人として次なる社会を開く人材を育成する。

3号館

キャンパス 1つ

成城キャンパス
〒157-8511 東京都世田谷区成城6-1-20

基本データ

※2023年5月現在（学部学生数に留学生は含まない。進路・就職は2022年度卒業者データ。学費は2024年度入学者用〔予定〕）

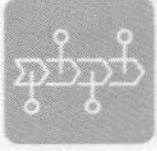
沿革

1950年、経済、理の2つの学部で開校。1954年、文芸学部を設置。1967年に大学院経済学研究科、文学研究科を設置。1977年、法学部を設置。2005年、社会イノベーション学部を設置。2009年、大学院社会イノベーション研究科を設置。2017年、学園創立100周年を迎え、現在に至る。

教育機関 4学部 4研究科

学部 経済／文芸／法／社会イノベーション

大学院 経済学ⓂⒹ／文学ⓂⒹ／法学ⓂⒹ／社会イノベーションⓂⒹ

人数

学部学生数 5,580名

教員1名あたり学生 9名

教員数 564名【理事長】宮島和美、【学園長】戸部順一、【学長】杉本義行
（教授108名、准教授38名、講師9名、助手・その他409名）

学費

初年度納入額 1,342,500~1,345,500円

奨学金 成城大学澤柳奨学金（特待生制度）

進路

学部卒業者 1,236名
（進学46名［3.7%］、就職1,089名［88.1%］、その他101名［8.2%］）

主な就職先 経済産業省、気象庁、世田谷区役所、三井住友銀行、東京海上日動火災保険、みずほ証券、監査法人トーマツ、日本テレビ放送網、産業経済新聞社、リクルート、オリエンタルランド、KDDI、武田薬品工業、警視庁

学部学科紹介

※本書掲載内容は、大学公表資料から独自に編集したものです。詳細は大学パンフレットやホームページ等で必ず確認してください（取得可能な免許・資格は任用資格や受験資格などを含む）。

経済学部

成城キャンパス　定員 360

特色　2年次から3年間必修のゼミが学修・研究の軸となっている。
進路　就職先は建設、不動産、運輸、通信、エネルギー業など多岐にわたる。
学問分野　経済学／経営学
大学院　経済学

学科	定員	内容
経済学科	(180)	1年次は少人数制のクラスで経済学の基礎をしっかりと身につける。2年次以降は専門科目の学習を通して経済学の理論と応用、経済事情、経済史、社会政策の各分野の専門性を深める。経済学の第一線で活躍する専門家を招いた授業なども行われる。
経営学科	(180)	現代の企業が抱える諸問題を戦略、管理、組織、会計、マーケティングなどの様々な観点から分析する。1年次の「ビジネス概論」では経営学科の教員によるそれぞれの専門領域の授業がオムニバス形式で行われ、それをもとに2年次以降の研究の方向性を決める。
取得可能な免許・資格		教員免許（中-社、高-地歴・公）

文芸学部

成城キャンパス　定員 375

特色　所属する学科以外から副専攻を選択し、幅広い分野を学修できる。
進路　就職先はマスコミ、教育、サービス業など多岐にわたる。
学問分野　文学／言語学／哲学／歴史学／文化学／メディア学／芸術・表現
大学院　文学

学科	定員	内容
国文学科	(60)	古代から現代までの国文学に加え、国語学、漢文学の講座を設置。文学、語学、大陸文化との比較などの視点から、あらゆる時代の豊かな言葉・文章に触れ、五感を通してその真髄を楽しむ。2年次では講義や会読で読解力を鍛える。3年次からはゼミに所属する。
英文学科	(75)	英語の基本的な修得に加え、英語自体を研究する英語学、英語で書かれた文学の研究、英語圏の文化の研究の3つの領域を深く学ぶ。1～3年次の学生は年2回のTOEIC受験が必須となる他、早期卒業制度や、成績優秀者に対する大学院の内部推薦制度がある。
芸術学科	(60)	芸術の実技ではなく、芸術を研究する。研究分野は美学、音楽学、演劇学、映画学、美術史学（日本、東洋、西洋）と多岐にわたる。1年次には芸術を研究する基礎的な知識を幅広く学び、2・3年次には専門知識を深める。学芸員を目指す授業も充実している。
文化史学科	(60)	人々の日常生活に根差した民俗文化に焦点をあててその多様性や変遷、現代社会とのつながりを学ぶ。世界中の文化や社会と比較し相互理解を深める。2年次の実習でのフィールドワークを通じて、その知識を確かなものにする。3年次には研修旅行が行われる。
マスコミュニケーション学科	(60)	現代社会とメディアの関わりを心理学や社会学、コミュニケーション理論などの学問を通して考察する。実際にマスメディアの現場で活躍する講師による講義が開講されている。教育の中心を3年次の演習と4年次のゼミにおき、現代社会を分析する姿勢を学ぶ。
ヨーロッパ文化学科	(60)	ドイツやフランスを中心とするヨーロッパの哲学、歴史、文化、芸術などを多角的に学習する。ヨーロッパ文化の源となった古代ギリシア、ローマの文化から、環境問題や移民問題、現代芸術などヨーロッパと世界の現代社会の問題まで学ぶ。語学教育も充実している。
取得可能な免許・資格		学芸員、社会調査士、教員免許（中-国・社・英・フランス語・ドイツ語、高-国・地歴・公・英・フランス語・ドイツ語）

法学部

成城キャンパス　定員 240

特色　10万冊を超える国内外の判例集や法令集などを所蔵する「法学資料室」がある。
進路　法曹界での活躍を目指す他、サービス業など一般企業への就職者も多い。
学問分野　法学
大学院　法学

法律学科 (240)	1・2年次に少人数の演習科目を中心に憲法、民法、刑法など法学の基礎を学び、基本書演習などで理解を深める。3年次からは進路に合わせ法プロ、企業と法、公共政策、国際社会と法の4つのコースに分属。未知の法的事象にも対応できる柔軟性を身につける。
取得可能な免許・資格	教員免許（中-社、高-地歴・公）

社会イノベーション学部

成城キャンパス　定員 240

特色　実践的な英語教育を行い「イノベーション」に日英両言語でアプローチする。
進路　就職先は建設・不動産・運輸・通信・エネルギー業など多岐にわたる。
学問分野　心理学／政治学／社会学
大学院　社会イノベーション

政策イノベーション学科 (120)	国の政策や制度などの「政策」と企業の新規事業戦略などの「戦略」の2つの視点からイノベーションを追究。2年次までの必修の英語科目を通じ実践的英語活用能力を身につける。2年次からの専門科目は政策系、戦略系、心理系、社会系の4つを用意している。
心理社会学科 (120)	人間とイノベーションの関係や新製品が与える心理的影響やメディアなどを通して広まったイノベーションが社会に与える影響、宗教や文化とイノベーションの関連性なども探究。2年次からの専門科目は政策系、戦略系、心理系、社会系の4つを用意している。
取得可能な免許・資格	認定心理士、社会調査士

入試要項（2025年度）

※この入試情報は大学発表の2025年度入試（予告）および2024年度募集要項等より編集したものです（2024年1月時点。見方は巻頭の「本書の使い方」参照）。内容には変更が生じる可能性があるため、最新情報はホームページや2025年度募集要項等で必ず確認してください。

「大学入試科目検索システム」のご案内
日程・方式ごとの偏差値や昨年度入試結果（志願者倍率、実質倍率、合格最低点）、基本情報（出願締切日、試験日、二段階選抜、募集人員、総合満点）などは、「大学入試科目検索システム」（https://nyushi.toshin.com/）をご覧ください（利用方法はp.12参照）。

■経済学部　偏差値 62

一般選抜

◆全学部統一選抜（S方式）
［全学科：2科目］国現古 外英

◆学部別選抜（A方式〔3教科型〕）
［全学科：3科目］国現 地歴公数歴総・日、歴総・世、公共・政経、数ⅠⅡAB〔列〕C〔ベ〕から1 外英

共通テスト利用入試　※個別試験は課さない

◆共通テスト利用選抜（B方式〔前期日程3教科型〕）
［全学科：3科目］国現 地歴公数理情全15科目から1 外英

◆共通テスト利用選抜（B方式〔前期日程4科目型〕）
［全学科：4科目］国現 地歴公数理情全15科目から2 外英

■文芸学部　偏差値 61

一般選抜

◆全学部統一選抜（S方式〔2教科型〕）
［全学科：2科目］国現古 外英

◆学部別選抜（A方式〔3教科型〕）
［英文以外：3科目］国現、現古漢から1▶試験日により選択可 地歴公数地歴全3科目、公共・政経、数ⅠⅡAB〔列〕C〔ベ〕から1▶地総・地理は試験日により選択可 外英、独、仏から1▶独、仏は試験日により選択可
［英文：3科目］国現、現古漢から1▶試験日により選択可 地歴公数地歴全3科目、公共・政経、数ⅠⅡAB〔列〕C〔ベ〕から1▶地総・地理は試験日により選択可 外英

◆学部別選抜（A方式〔2教科型〕）
［国文、芸術、ヨーロッパ文化：2科目］国現古漢 外英、独、仏から1
［英文：2科目］国現古漢 外英

共通テスト利用入試　※個別試験は課さない

◆共通テスト利用選抜（B方式〔前期日程3教科型〕）
［国文、文化史：3科目］国現古漢 地歴公数理情全15科目から1 外英（×L）、独、仏、中から1
［英文：3科目］国現 地歴公数理情全15科目から1 外英
［芸術：3科目］国現古漢 地歴公数理情全15科目

から1[外]英、独、仏、中から1
[マスコミュニケーション、ヨーロッパ文化：3科目][国]現古[地歴][公][数][理][情]全15科目から1[外]英(×L)、独、仏、中から1
◆**共通テスト利用選抜（B方式〔後期日程〕）**
[国文：3科目][国]現古漢[地歴][公][数][理][情]全15科目から1[外]英（×L）
[英文：1科目][外]英
[芸術、文化史：3科目]共通テスト利用選抜（B方式〔前期日程3教科型〕）に同じ
[マスコミュニケーション：3科目][国]現[数]数ⅠA[外]英
[ヨーロッパ文化：2科目][国]現[外]英(×L)、独、仏、中から1

■法学部 偏差値61

一般選抜
◆**全学部統一選抜（S方式）**
[法律：2科目][国]現古[外]英
◆**学部別選抜（A方式〔3教科型〕）**
[法律：3科目][国]現、現古漢から1▶試験日により選択可[地歴][公][数]地歴全3科目、公共・政経、数ⅠⅡAB〔列〕C〔べ〕から1▶地総・地理は試験日により選択可[外]英、独、仏から1▶独、仏は試験日により選択可
共通テスト利用入試 ※個別試験は課さない
◆**共通テスト利用選抜（B方式〔前期日程3教科型、後期日程3教科型〕）**
[法律：3科目][国]現古[地歴][公][数][理][情]全15科目から1[外]英、独、仏から1
◆**共通テスト利用選抜（B方式〔前期日程4教科型〕）**
[法律：4科目][国]現[地歴][公]全6科目から1[数][理][情]全9科目から1[外]英、独、仏から1

■社会イノベーション学部 偏差値62

一般選抜
◆**全学部統一選抜（S方式〔2教科型〕）**
[全学科：2科目][国]現古[外]英
◆**学部別選抜（A方式〔3教科型〕）**
[全学科：3科目][国]現、現古漢から1▶試験日により選択可[地歴][公][数]地歴全3科目、公共・政経、数ⅠⅡAB〔列〕C〔べ〕から1▶地総・地理は試験日により選択可[外]英
◆**学部別選抜（A方式〔2教科型〕）**
[全学科：2科目][国]現[外]英
共通テスト利用入試 ※個別試験は課さない
◆**共通テスト利用選抜（B方式〔前期日程3教科型〕）**
[全学科：3科目][国]現、現古、現漢、現古漢から1[地歴][公][数][理][情]全15科目から1[外]英

■特別選抜

[総合型選抜]総合型選抜
[学校推薦型選抜]学校推薦型選抜（指定校制）、成城学園高等学校推薦入試
[その他]単位認定入試

就職支援

成城大学では、キャリアセンターを設置し、就職活動に対してきめ細かいサポートが年間を通して実施されています。また、キャリアセンタースタッフや外部講師によるガイダンスやセミナー、キャリアカウンセラーによる個別相談や模擬面接など、様々な形で学生を応援しています。資格・免許取得サポートとして、各学部・学科で目指せる教員免許などの資格の他、有名専門学校との協力体制のもと、独自の資格・就職対策講座を開講しています。

国際交流

成城大学では、交換留学協定を結ぶ海外の19大学へ1学期または2学期で留学を行う交換留学や、海外の大学から自由に留学先を選択できる認定留学、夏休み・春休みの期間を利用して、語学や文化を学ぶ短期語学研修などが実施されています。その他に、実践的な英語研修と海外インターンシップを行う研修や、海外の日系企業で就業体験を行うインターンシッププログラムなどがあります。留学支援制度として、大学独自の授業料免除制度や奨学金が設けられています。

成城大学ギャラリー

■グローバルラウンジ

9号館のグローバルラウンジには、交流ができるラウンジゾーンとグループ学習に利用できるミーティングゾーンが備わっています。

■ラーニング・スタジオ

学生の自主的な学びの場を提供するためのラーニングスペースとして「ラーニング・スタジオ」を9号館に設置しています。

せんしゅう
専修大学

資料請求

入学センターインフォメーション（神田キャンパス）　TEL (03) 3265-6677　〒101-8425 東京都千代田区神田神保町3-8

「社会知性の開発」により、未来を開く力を養う

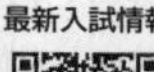
大学紹介動画

最新入試情報

地球的視野で問題をとらえる国際性、主体的に問題を解決する知力、解決に向け人を動かす説得力、深い人間理解と倫理観の4つを「社会知性」と位置づけ、教育を行う。

神田キャンパス

キャンパス **2**つ

神田キャンパス
〒101-8425 東京都千代田区神田神保町3-8
生田キャンパス
〒214-8580 神奈川県川崎市多摩区東三田2-1-1

基本データ

※2023年5月現在（教員数は非常勤を含む。進路・就職は2022年度卒業者データ。学費は2024年度入学者用）

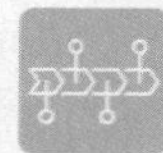
沿革

1880年、専修学校を創立。1949年、新制大学として商経、法学部で発足。1962年、経営学部を設置。1965年、商学部を設置。1966年、文学部を設置。2001年、ネットワーク情報学部を設置。2010年、人間科学部を設置。2020年、国際コミュニケーション学部を設置し、現在に至る。

教育機関
8 学部 **6** 研究科

学部　経済／法／経営／商／文／人間科／国際コミュニケーション／ネットワーク情報

大学院　経済学(M)(D)／法学(M)(D)／文学(M)(D)／経営学(M)(D)／商学(M)(D)／法務(P)

人数

学部学生数　**17,438**名　　教員1名あたり学生 **16**名

教員数　**1,066**名【総長】日髙義博、【理事長】松木健一、【学長】佐々木重人
（教授**339**名、准教授**82**名、講師**616**名、助教**7**名、助手・その他**22**名）

学費

初年度納入額　**1,224,000~1,480,000**円

奨学金　専修大学進学サポート奨学生（予約採用型）、利子補給奨学生、育友会奨学生

進路

学部卒業者　**3,668**名
（進学**89**名［2.4%］、就職**3,112**名［84.8%］、その他**467**名［12.8%］）

主な就職先　積水ハウス、関電工、日本生命保険、静岡銀行、良品計画、マルハニチロ、富士ソフト、LINE、NHK、東宝、ミツウロコ、PwCあらた有限責任監査法人、中国電力、山崎製パン、トンボ、タカラスタンダード、日本特殊陶業、伊藤ハム、クボタ、JR東日本、日本郵便、富士薬品、ニトリ、日本年金機構、国立病院機構、国土交通省、農林水産省、警視庁、埼玉県庁、横浜市役所

学部学科紹介

※本書掲載内容は、大学公表資料から独自に編集したものです。詳細は大学パンフレットやホームページ等で必ず確認してください（取得可能な免許・資格は任用資格や受験資格などを含む）。

経済学部

生田キャンパス　定員 751

特色　社会の仕組みを捉えグローバル化した現代の問題を発見。
進路　就職先は卸売・小売業や情報通信業、製造業をはじめ多岐にわたる。
学問分野　経済学／国際学／環境学
大学院　経済学

現代経済学科　（265）	経済政策、企業産業、金融、経済理論の4つのプログラムから構成されている。2年次よりゼミに所属し専門を探り、3年次にプログラムを選択する。企業などから講師を招いて社会に触れる機会がある他、インターンシップ体験も用意されている。
生活環境経済学科　（266）	地域・環境、福祉・労働、社会経済史、経済システム・理論の4つのプログラムで構成。2年次にプログラムを選択し、3年次にゼミで専門性を高める研究に取り組む。高校の公民から大学で学ぶ経済学にスムーズにつなげる科目が用意されている。
国際経済学科　（220）	地域研究、比較研究、問題群研究の3つの研究科目群を設けている。語学力の向上を意識したカリキュラムで、英語の他にドイツ語、フランス語、中国語など7つの言語を専門科目として学ぶことができる。世界標準の教科書を使い経済学を英語で学ぶ授業もある。
取得可能な免許・資格	学芸員、教員免許（中-社、高-地歴・公）、司書教諭、司書

法学部

神田キャンパス　定員 697

特色　国会議事堂や最高裁判所、中央省庁などに近い神田キャンパスで法や政治を学ぶ。
進路　就職先は公務や卸売・小売業、情報通信業をはじめ多岐にわたる。
学問分野　法学／政治学
大学院　法学／法務

法律学科　（533）	法律専門職を目指す法曹モデルや行政書士モデル、公務員を目指す国家公務員・地方公務員モデル、企業法務を目指す金融ビジネス法務モデル、研究・教育者を目指す教職モデルなど全部で12のモデルから進路に応じて選択する。3年次からの専門ゼミで思考力を養う。
政治学科　（164）	1年次に政治学の基礎を身につけ、2年次に政治理論・歴史、国際政治・地域、日本政治・政策の3つのコースに分属。徹底した少人数教育の他、オフィス・アワー制度を導入し少人数クラスに担任を配置、疑問を先送りせずに相談できる体制を整えている。
取得可能な免許・資格	学芸員、教員免許（中-社、高-地歴・公）、司書教諭、司書

経営学部

生田キャンパス　定員 553

特色　「理論と実践の融合」を理念とし経営課題を見抜く力と行動力を持つ人材を育成。
進路　就職先は卸売・小売業や情報通信業、製造業をはじめ多岐にわたる。
学問分野　経営学
大学院　経営学

経営学科　（373）	2年次からのアクティブ・ラーニング形式のゼミ、2・3年次のインターンシップを通じて現場感覚と問題解決力を養う。3年次には関心に沿ってベンチャー創造と事業継承、ICTと情報マネジメント、企業評価とファイナンスなど10のテーマ科目群から3つを選択し学ぶ。
ビジネスデザイン学科　（180）	事業を創造して経営したい、新しい製品やサービスを生み出したい、ICTを活かしたビジネスを起こしたい、など進路に合わせた様々な履修モデルを用意している。2～4年次の「ビジネス研究BD」では企業や官公庁などと連携、起業サポートを受けることができる。
取得可能な免許・資格	学芸員、教員免許（中-社、高-公・情・商業）、司書教諭、司書

商学部

神田キャンパス　定員 648

特色　変化するビジネスの仕組みを東京の中心で学ぶ。
進路　就職先は卸売・小売業や情報通信業、公務をはじめ多岐にわたる。
学問分野　経営学
大学院　商学

学科	
マーケティング学科 (438)	1年次に商学の基礎を学び、2年次にマーケティング、ファイナンス、グローバルビジネス、マーケットアナリティクスの4コースから1つを選んで専門性を高めていく。さらに副専攻として他コースの学修テーマを幅広く学べる制度を導入している。
会計学科 (210)	将来のキャリア像に応じて、会計プロフェッショナル、財務会計、管理会計、財務情報分析の4つの履修モデルを設けている。公認会計士などの資格取得を目指す講座や会計分野の専門的な英語を学ぶ授業など実務家として必要なスキルを修得する環境を整えている。
取得可能な免許・資格	学芸員、教員免許（中-社、高-公・情・商業）、司書教諭、司書

文学部

生田キャンパス　定員 671

特色　原典を重視し現場に足を運ぶなど実習や調査を用いた教育を行う。
進路　就職先は卸売・小売業や公務、情報通信業をはじめ多岐にわたる。
学問分野　文学／言語学／哲学／歴史学／地理学／文化学／社会学／メディア学／地学
大学院　文学

学科	
日本文学文化学科 (122)	古典作品からアニメーションまで、日本の表現文化全般を研究対象とする。カリキュラム選択の自由度が高く、小説や書道の現役作家や編集者、伝統文化プロデューサーなどが講師を務める創作指導や、海外の大学との国際間交流などの授業も設けられている。
英語英米文学科 (152)	2年次に2つのコースに分かれる。英語コミュニケーションコースでは英語の運用力を徹底的に鍛えていく。英語文化コースでは英語の言葉の仕組みや文学、歴史・社会・文化的背景などを学ぶ。通訳や翻訳も学べる他、4カ月程度の中期留学に参加しやすいカリキュラムを構成。
哲学科 (76)	アート、宗教、生命、言葉の哲学など幅広い分野を扱う。芸術思想を専門とする教員も在籍し、サブカルチャーや映画、演劇、美術など現代のアートに触れる科目も用意されている。2年次から専門ゼミがスタートし、4年次の卒業論文に向けて研究を進めていく。
歴史学科 (142)	遺跡発掘を行う考古学実習や古文書などの史料を利用する授業など実物に触れる機会が数多く設けられている。2年次から興味のある地域・時代・テーマ別のゼミに所属。収蔵量豊富な資料室や実習室など実習をサポートする施設も充実。
環境地理学科 (55)	異常気象や森林破壊、都市の過密と農村の過疎、文化景観の保全など地域や環境を巡る様々な問題を人文地理学と自然地理学の視点から学ぶ。フィールドワークを重視したカリキュラムで、3・4年次には10名前後のゼミで調査・分析・討論などを行い学びを深める。
ジャーナリズム学科 (124)	2年次からジャーナリズム、情報文化アーカイブ、メディアプロデュース、スポーツインテリジェンスの4つの科目群から関心に沿って学ぶ。2年次から履修できるインターンシップでは、新聞社やテレビ局、大手書店、ネットメディアなど様々な企業で実務体験ができる。
取得可能な免許・資格	地域調査士、学芸員、測量士補、公認スポーツ指導者、教員免許（中-国・社・英、高-国・地歴・公・書・英）、司書教諭、司書

人間科学部

生田キャンパス 定員 224

特色	科学的･実証的に人間を理解し心や社会に現れる様々な現象のメカニズムに迫る。
進路	就職先は卸売・小売業や公務、情報通信業をはじめ多岐にわたる。
学問分野	心理学／社会学／人間科学

心理学科 (77)	心理学の幅広い領域を系統的に、かつバランス良く学ぶ。脳波測定や動物実験などの基礎・実験系からカウンセリングなど臨床系の科目まで14に上る広範な領域を網羅したカリキュラムである。徹底した少人数教育で卒業論文の執筆まで丁寧な指導を行っている。
社会学科 (147)	人間の生活空間である社会に対する多面的な洞察力を養う。現代的なコミュニケーションや文化を学ぶ文化・システム系、家族や仕事など生活環境を学ぶ生活・福祉系、日本の地域社会の変動を学ぶ地域・エリアスタディーズ系の3つの研究・学習領域を用意。
取得可能な免許・資格	公認心理師、認定心理士、学芸員、社会調査士、教員免許(中-社、高-地歴・公)、司書教諭、司書

国際コミュニケーション学部

神田キャンパス 定員 221

特色	多彩な科目と豊富な海外体験を通じ、真の国際人を育成する。
進路	2020年度開設。貿易や公務など国際的な分野で活躍することを想定。
学問分野	文学／言語学／文化学／国際学

日本語学科 (71)	日本語の持つ様々な特徴や性質に迫る。国内外で高まる日本語教育に対する社会的なニーズにも応え、学ぶ側と教える側の双方の視点から日本語修得のプロセスを考察。日本語のエキスパートとして、グローバル社会で活躍できる人材を育成する。
異文化コミュニケーション学科 (150)	地域、文化、コミュニケーションの3つの専門科目群を設け、地球市民としての視野を広げる。2年次前期には全員がアメリカ、カナダ、中国、韓国、メキシコなどへ4～5カ月間留学する。英語の他、第二外国語の修得にも力を入れている。
取得可能な免許・資格	登録日本語教員、学芸員、教員免許（中-国、高-国）、司書教諭、司書

ネットワーク情報学部

生田キャンパス 定員 235

特色	情報技術への理解を深め、高度なITを活用し問題解決する力を育む。
進路	卒業者の多くが情報通信業に就く。他、卸売・小売業など。
学問分野	デザイン学／情報学

ネットワーク情報学科 (235)	2年次からデータと数理から問題を分析するSコース、人との対話から問題を発見・解決を行うDコースに分かれる。データサイエンスやコンテンツデザインなど6つのプログラムで、希望する進路に応じて専門性を高める。3年次のプロジェクト演習では実践力を鍛える。
取得可能な免許・資格	学芸員、教員免許（中-数、高-数・情）、司書教諭、司書

入試要項（2024年度）

※この入試情報は2024年度募集要項等より編集したものです（見方は巻頭の「本書の使い方」参照）。
2025年度入試の最新情報は、ホームページや2025年度募集要項等で必ず確認してください。

「大学入試科目検索システム」のご案内
日程・方式ごとの偏差値や昨年度入試結果（志願者倍率、実質倍率、合格最低点）、基本情報（出願締切日、試験日、二段階選抜、募集人員、総合満点）などは、「大学入試科目検索システム」（https://nyushi.toshin.com/）をご覧ください（利用方法はp.12参照）。

■経済学部 偏差値 57

一般選抜

◆スカラシップ入学試験、全国入学試験、前期入学試験（スカラシップ）、後期入学試験

[全学科：3科目] 国 現古 地歴 公 数 世B、日B、地理B、政経、数ⅠⅡABから1 外 英

◆前期入学試験（全学部、学部個別 3教科同一配点〔A方式〕）

[全学科：3科目] 国 現古 地歴 公 数 世B、日B、地

理B、政経、数ⅠⅡABから1 外英、英語外部試験から1

◆**前期入学試験(学部個別 選択科目重視〔B方式〕)**
[現代経済、生活環境経済]前期入学試験(全学部)に同じ

◆**前期入学試験(学部個別 英語重視〔C方式〕)**
[国際経済]スカラシップ入学試験に同じ

共通テスト併用入試

◆**前期入学試験(学部個別 共通テスト併用〔AS方式〕)**
[全学科]〈共1科目〉国 地歴 公 数 外現古、地歴公外全15科目、数Ⅰ、数ⅠA、数Ⅱ、数ⅡBから1〈個3科目〉前期入学試験(全学部)に同じ

共通テスト利用入試 ※個別試験は課さない

◆**共通テスト利用入学試験 前期入学試験(3科目型)**
[全学科:3科目]国現古 地歴 公 数 理地歴公理全15科目、数Ⅰ、数ⅠA、数Ⅱ、数ⅡBから1 外全5科目から1

◆**共通テスト利用入学試験 前期入学試験(4科目型)**
[全学科:4科目]国現古 地歴 公 理全15科目から1 数数Ⅰ、数ⅠA、数Ⅱ、数ⅡBから1 外全5科目から1

◆**共通テスト利用入学試験 後期入学試験**
[現代経済、生活環境経済:4科目]国現古 地歴 公全10科目から1 数 理数Ⅰ、数ⅠA、数Ⅱ、数ⅡB、理全5科目から1 外全5科目から1
[国際経済:3科目]共通テスト利用入学試験 前期入学試験(3科目型)に同じ

■法学部 偏差値 61

一般選抜

◆**スカラシップ入学試験、全国入学試験、前期入学試験(スカラシップ)、後期入学試験**
[全学科:3科目]国現古 地歴 公 数世B、日B、地理B、政経、数ⅠⅡABから1 外英

◆**前期入学試験(全学部、学部個別 3教科同一配点〔A方式〕)**
[全学科:3科目]国現古 地歴 公 数世B、日B、地理B、政経、数ⅠⅡABから1 外英、英語外部試験から1

共通テスト併用入試

◆**前期入学試験(学部個別 共通テスト併用〔AS方式〕)**
[全学科]〈共1科目〉国 地歴 公 数 外現古、地歴公外全15科目、数Ⅰ、数ⅠA、数Ⅱ、数ⅡBから1〈個3科目〉前期入学試験(全学部)に同じ

共通テスト利用入試 ※個別試験は課さない

◆**共通テスト利用入学試験 前期入学試験(3科目型)**
[全学科:3科目]国現古 地歴 公 数 理全21科目から1 外全5科目から1

◆**共通テスト利用入学試験 前期入学試験(4科目型)、後期入学試験**
[全学科:4科目]国現古 地歴 公全10科目から1 数 理全11科目から1 外全5科目から1

■経営学部 偏差値 60

一般選抜

◆**スカラシップ入学試験、全国入学試験、前期入学試験(スカラシップ、学部個別 英語重視〔C方式〕)、後期入学試験**
[全学科:3科目]国現古 地歴 公 数世B、日B、地理B、政経、数ⅠⅡABから1 外英

◆**前期入学試験(全学部、学部個別 3教科同一配点〔A方式〕、選択科目重視〔B方式〕)**
[全学科:3科目]国現古 地歴 公 数世B、日B、地理B、政経、数ⅠⅡABから1 外英、英語外部試験から1

共通テスト利用入試 ※個別試験は課さない

◆**共通テスト利用入学試験 前期入学試験(3科目型)**
[全学科:3科目]国現 地歴 公 数 理全21科目から1 外全5科目から1

◆**共通テスト利用入学試験 前期入学試験(4科目型)、後期入学試験**
[全学科:4科目]国現 地歴 公 数 理全21科目から2教科2 外全5科目から1

■商学部 偏差値 62

一般選抜

◆**スカラシップ入学試験、全国入学試験、前期入学試験(スカラシップ、学部個別 英語重視〔C方式〕)、後期入学試験**
[全学科:3科目]国現古 地歴 公 数世B、日B、地理B、政経、数ⅠⅡABから1 外英

◆**前期入学試験(全学部、学部個別 3教科同一配点〔A方式〕、選択科目重視〔B方式〕、国語重視〔D方式〕)**
[全学科:3科目]国現古 地歴 公 数世B、日B、地理B、政経、数ⅠⅡABから1 外英、英語外部試験から1

共通テスト併用入試

◆**前期入学試験(学部個別 共通テスト併用〔AS方式〕)**
[全学科]〈共1科目〉国 地歴 公 数 外現、世B、日B、地理B、政経、倫政、数Ⅰ、数ⅠA、数Ⅱ、数ⅡB、簿、英から1〈個3科目〉前期入学試験(全学部)に同じ

共通テスト利用入試 ※個別試験は課さない

◆**共通テスト利用入学試験 前期入学試験(3科目型)、後期入学試験**
[全学科:3科目]国現 地歴 公 数 理全21科目から1 外全5科目から1

◆**共通テスト利用入学試験 前期入学試験(4科目型)**
[全学科:4科目]国現 地歴 公全10科目から1 数 理全11科目から1 外全5科目から1

■文学部 偏差値 62

一般選抜

◆スカラシップ入学試験、全国入学試験、前期入学試験（スカラシップ）、後期入学試験

［全学科：3科目］国現古地歴公数世B、日B、地理B、政経、数ⅠⅡABから1外英

◆前期入学試験（全学部）

［全学科：3科目］国現古地歴公数世B、日B、地理B、政経、数ⅠⅡABから1外英、英語外部試験から1

◆前期入学試験（学部個別 3教科同一配点〔A方式〕）

［環境地理以外：3科目］国現古地歴公数世B、日B、地理B、倫、政経、数ⅠⅡABから1外英、英語外部試験から1

［環境地理：3科目］前期入学試験（全学部）に同じ

◆前期入学試験（学部個別 国語重視〔D方式〕）

［日本文学文化：3科目］前期入学試験（全学部）に同じ

共通テスト併用入試

◆前期入学試験（学部個別 英語単独〔E方式〕）

［英語英米文］〈共1科目〉外英（リスニング）〈個2科目〉外英必須、英、英語外部試験から1

共通テスト利用入試 ※個別試験は課さない

◆共通テスト利用入学試験 前期入学試験（3科目型）

［日本文学文化、哲、歴史、ジャーナリズム：3科目］国現古漢地歴公数理地歴公理全15科目、数Ⅰ、数ⅠA、数Ⅱ、数ⅡBから1外全5科目から1

［英語英米文：3科目］国現地歴公数理地歴公理全15科目、数Ⅰ、数ⅠA、数Ⅱ、数ⅡBから1外英

［環境地理：3科目］国数現古漢、数Ⅰ、数ⅠA、数Ⅱ、数ⅡBから1地歴公理全15科目から1外全5科目から1

◆共通テスト利用入学試験 前期入学試験（4科目型）

［日本文学文化、哲：4科目］国現古漢地歴公数理地歴公理全15科目、数Ⅰ、数ⅠA、数Ⅱ、数ⅡBから2教科2外全5科目から1

［環境地理、ジャーナリズム：4科目］国現古漢地歴公全10科目から1数理数Ⅰ、数ⅠA、数Ⅱ、数ⅡB、理全5科目から1外全5科目から1

◆共通テスト利用入学試験 前期入学試験（5科目型）

［英語英米文：5科目］国現古漢地歴公全10科目から1数全6科目から1理全5科目から1外英

◆共通テスト利用入学試験 後期入学試験

［英語英米文：4科目］国現地歴公全10科目から1数理全11科目から1外英

■人間科学部 偏差値 62

一般選抜

◆スカラシップ入学試験、全国入学試験、前期入学試験（スカラシップ）、後期入学試験

［全学科：3科目］国現古地歴公数世B、日B、地理B、政経、数ⅠⅡABから1外英

◆前期入学試験（全学部）

［全学科：3科目］国現古地歴公数世B、日B、地理B、政経、数ⅠⅡABから1外英、英語外部試験から1

◆前期入学試験（学部個別 3教科同一配点〔A方式〕）

［心理：3科目］前期入学試験（全学部）に同じ

［社会：3科目］国現古地歴公数世B、日B、地理B、倫、政経、数ⅠⅡABから1外英、英語外部試験から1

共通テスト利用入試 ※個別試験は課さない

◆共通テスト利用入学試験 前期入学試験（3科目型）

［心理：3科目］国数現、数Ⅰ、数ⅠA、数Ⅱ、数ⅡBから1地歴公理全15科目から1外全5科目から1

［社会：3科目］国現古地歴公数理地歴公理全15科目、数Ⅰ、数ⅠA、数Ⅱ、数ⅡBから1外全5科目から1

◆共通テスト利用入学試験 前期入学試験（4科目型）

［心理：4科目］国現地歴公数理地歴公理全15科目、数Ⅰ、数ⅠA、数Ⅱ、数ⅡBから2教科2外全5科目から1

［社会：4科目］国現古地歴公理全15科目から1数数Ⅰ、数ⅠA、数Ⅱ、数ⅡBから1外全5科目から1

■国際コミュニケーション学部 偏差値 62

一般選抜

◆スカラシップ入学試験、全国入学試験、前期入学試験（スカラシップ）、後期入学試験

［全学科：3科目］国現古地歴公数世B、日B、地理B、政経、数ⅠⅡABから1外英

◆前期入学試験（全学部、学部個別 3教科同一配点〔A方式〕）

［全学科：3科目］国現古地歴公数世B、日B、地理B、政経、数ⅠⅡABから1外英、英語外部試験から1

◆前期入学試験（学部個別 英語重視〔C方式〕）

［異文化コミュニケーション：3科目］スカラシップ入学試験に同じ

共通テスト利用入試 ※個別試験は課さない

◆共通テスト利用入学試験 前期入学試験（3科目型）

［日本語：3科目］国現古漢地歴公数理地歴公理全15科目、数Ⅰ、数ⅠA、数Ⅱ、数ⅡBから1外全5科目から1

［異文化コミュニケーション：3科目］国現地歴公数理地歴公理全15科目、数Ⅰ、数ⅠA、数Ⅱ、数ⅡBから1外全5科目から1

■ネットワーク情報学部 偏差値 57

一般選抜

◆スカラシップ入学試験

［ネットワーク情報：3科目］国現古数数ⅠⅡAB外英

◆**全国入学試験**
［ネットワーク情報：3科目］国現 数数ⅠⅡAB 外英

◆**前期入学試験（スカラシップ）**
［ネットワーク情報：3科目］国現古 地歴 公 数世B、日B、地理B、政経、数ⅠⅡABから1 外英

◆**前期入学試験（学部個別 2教科数学重視〔F方式〕）**
［ネットワーク情報：2科目］数数ⅠⅡⅢAB 外英、英語外部試験から1

共通テスト併用入試

◆**前期入学試験（全学部、学部個別 3教科同一配点〔A方式〕、共通テスト併用〔AS方式〕）**
［ネットワーク情報］〈共1科目〉数数ⅠA〈個3科目〉国現 地歴 公 数世B、日B、地理B、政経、数ⅠⅡABから1 外英、英語外部試験から1

◆**後期入学試験**
［ネットワーク情報］〈共1科目〉数数ⅠA〈個3科目〉国現 地歴 公 数世B、日B、地理B、政経、数ⅠⅡABから1 外英

共通テスト利用入試　※個別試験は課さない

◆**共通テスト利用入学試験 前期入学試験（数学基準型、数学得点型）**
［ネットワーク情報：4科目］国 地歴 公 数 理数ⅠA必須、現、地歴公理全15科目、数Ⅱ、数ⅡB、簿、情から2▶地歴公各2科目選択不可 外全5科目から1

◆**共通テスト利用入学試験 前期入学試験（数学重視型）**
［ネットワーク情報：4科目］国 理 外現、理全5科目、英から2教科2 数数ⅠA、数ⅡB

◆**共通テスト利用入学試験 後期入学試験**
［ネットワーク情報：5科目］国 地歴 公 数 理 外数ⅠA必須、現、地歴公理外全20科目、数Ⅱ、数ⅡB、簿、情から4▶地歴公各2科目選択不可

■特別選抜

［総合型選抜］総合型選抜（AO入試）
［学校推薦型選抜］公募制推薦入学試験、全国商業高等学校長協会推薦入学試験、指定校制推薦入学試験、教育交流提携校推薦入学試験、付属高等学校推薦入学試験
［その他］スポーツ推薦入学試験、帰国生入学試験、外国人留学生入学試験

就職支援

専修大学では、キャリアセンターを設置し、専任スタッフによるきめ細かな指導を行っています。また、14,000件以上の求人情報や延べ500社が参加する学内企業説明会など、様々な就職情報の提供や、就職対策の基礎から実践までの支援プログラムが充実しています。公務員や教員の採用試験や法曹などの資格取得を目指す学生に向けて、大学の授業と並行して受験指導専門学校などの様々な講義を学内で受けられるシステムが用意されています。

国際交流

専修大学では、海外にある様々な大学・機関と協定を結び国際交流を行っています。留学プログラムとして、夏季休暇を利用し3～5週間で語学研修を行う「夏期留学プログラム」や、協定校等で開講される集中語学コースに参加する「中期留学プログラム」、協定校へ最長1年間で留学する「長期交換留学プログラム」など、レベルに合わせて選べる多彩な留学プログラムが実施されています。大学独自の留学サポートとして、すべての留学プログラムに対して補助金が支給されます。

創価(そうか)大学

資料請求

アドミッションズセンター TEL (042) 691-4617 〒192-8577 東京都八王子市丹木町1-236

価値創造を実践する世界市民を育む

学生一人ひとりの可能性を引き出し、様々な問題に対して知恵を発揮しながら真摯に取り組む「創造的人間」の育成を目指す。

大学紹介動画 最新入試情報

キャンパス外観

キャンパス **1**つ

創価大学キャンパス
〒192-8577 東京都八王子市丹木町1-236

私立 東京 神奈川 創価大学

基本データ

※2023年5月現在（学部学生数に留学生は含まない。進路・就職は2022年度卒業者データ。学費は2024年度入学者用）

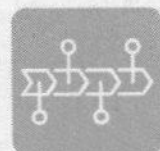

沿革

1971年、創価大学を開学。経済、法、文学部を設置。1976年、経営、教育学部を設置。1987年、創価大学ロサンゼルス分校（現・アメリカ創価大学）を開校。1991年、工学部を設置。2013年、看護学部を設置。2014年、国際教養学部を設置。2015年、工学部を理工学部に改組。2022年、文学研究科教育専攻を改組、教育学研究科教育学専攻を設置し、現在に至る。

教育機関 8 学部 8 研究科

学部 経済／経営／法／文／教育／理工／看護／国際教養

大学院 経済学Ⓜ︎Ⓓ／法学Ⓜ︎Ⓓ／文学Ⓜ︎Ⓓ／国際平和学Ⓜ︎／理工学Ⓜ︎Ⓓ／法務Ⓟ／教育学Ⓜ︎Ⓓ／教職Ⓟ

その他 通信教育部／短期大学部

人数

学部学生数 **6,163**名　教員1名あたり学生 **15**名

教員数 **386**名【理事長】田代康則、【学長】鈴木将史
（教授**190**名、准教授**96**名、講師**54**名、助教**46**名）

学費

初年度納入額 **1,169,000~1,619,000**円

奨学金 創価大学給付奨学金、創価大学創友会奨学金、創価大学特別奨学生

進路

学部卒業者 **1,534**名
（進学**151**名［9.8%］、就職**1,250**名［81.5%］、その他**133**名［8.7%］）

主な就職先 ※院卒者を含む
日本アイ・ビー・エム、アマゾンジャパン、パナソニック、トヨタ自動車、みずほフィナンシャルグループ、アイリスオーヤマ、日通NECロジスティクス、富士通、アクセンチュア、国立国際医療研究センター病院

学部学科紹介

※本書掲載内容は、大学公表資料から独自に編集したものです。詳細は大学パンフレットやホームページ等で必ず確認してください（取得可能な免許・資格は任用資格や受験資格などを含む）。

経済学部

創価大学キャンパス　定員 190

特色	経済学の専門知識や英語力の向上のための多彩なプログラムが充実。
進路	就職先は外資系企業・商社および金融・保険業やIT関係の企業など。
学問分野	経済学
大学院	経済学

経済学科 (190)	ファイナンスや国際ビジネスにおいて新たな価値を創造するデータ＆ファイナンスコース、有効な経済政策や戦略の立案・デザインに挑むポリシースタディーズコース、国際的な開発協力政策に取り組むグローバル＆ディベロップメントコースを設置。

経営学部

創価大学キャンパス　定員 190

特色	「人間主義」に基づき、深い人間理解と価値創造力を持つ人材を育成する。
進路	主に卸売・小売業やサービス業、情報通信業などへ就職する。
学問分野	経営学
大学院	経済学

経営学科 (190)	海外のビジネススクールと提携し留学プログラムを設置。国際的なビジネスリーダーを育てるコース、会計・財務に特化したコース、地方組織で社会貢献できる専門知識を学ぶコースがある。

法学部

創価大学キャンパス　定員 240

特色	法律家、企業法務、公務員、外交官など、「法律」をキャリアにつなげる。
進路	卒業者は外交官や国家・地方公務員の他、一般企業で活躍している。
学問分野	法学
大学院	法学／法務

法律学科 (240)	4つのコースを設置。リーガル・プロフェッションコースではグローバルな法曹力、ビジネス法務コースでは国内外のビジネス法務に対応する力、公共政策・行政コースでは行政に必要な力を養う。地球平和共生コースでは国際問題の解決に貢献する人材を育成する。

文学部

創価大学キャンパス　定員 350

特色	11メジャー・1専修の制度で、幅広い教養と自己表現力を養う。
進路	就職先はIT企業や各種公務員、学校教員をはじめ多岐にわたる。
学問分野	言語学／哲学／歴史学／文化学／社会学／社会福祉学／国際学／人間科学
大学院	文学

人間学科 (350)	3年次から異文化コミュニケーション（英語、日本語、中国語、ロシア語）、哲学・歴史学、表現文化、社会学、国際日本学の合わせて8つのメジャーと社会福祉専修から専門分野を選択する。4年間で創価大学と留学先の大学の両方の学位を得ることもできる。
取得可能な免許・資格	登録日本語教員、社会福祉士、教員免許（中-国・社・英、高-国・地歴・公・英）

教育学部

創価大学キャンパス　定員 180

特色	学校インターンシップ制度を導入するなど教職について体験的に学ぶ機会を設置。
進路	教育・学習支援業を中心とした一般企業や学校教員となる者が多い。
学問分野	心理学／国際学／子ども学／教員養成／教育学
大学院	教育学／教職

教育学科 (80)	3つのコースを設置。教育学コースでは教職や公務員を、心理学コースでは臨床心理士や学校カウンセラーを目指す。国際教育コースでは開発途上国などを対象にした教育活動に携わる人材を育成する。
児童教育学科 (100)	英語教育や幼保一体化といった新しい教育の動きに対応し、小学校や幼稚園の教員をはじめ教職を目指すためのカリキュラムが充実している。子どもの心理や教師という職業について学び、教育についての深い知識と教養を身につけた人間味あふれる教員を育成する。
取得可能な免許・資格	公認心理師、教員免許（幼一種、小一種、中-社、高-公、特-知的・肢体・病弱）

理工学部

創価大学キャンパス　定員 180

特色	能動的に学習し、課題解決能力を養う科目を導入している。
進路	約4割が大学院へ進学。半数近くは一般企業に就職している。
学問分野	機械工学／環境学／情報学
大学院	理工学

情報システム工学科 (90)	情報社会の発展に寄与することのできる意志と技術、発想力を兼ね備えた人材を育成する。数理・情報科学、先進システム、知能環境ロボットの3つの分野からなる。技術の進歩に沿ったカリキュラムや設備が充実し、産業界とも積極的に連携している。
共生創造理工学科 (90)	問題解決能力とフレキシブルで豊かな発想力を持つ人材を育成する。2年次後半に応用化学、生命科学、環境システムの3つの領域から専門領域を選択する。地球・宇宙から物質・生命分野にわたる未知の領域を探究し、新たな科学技術の創造に挑む。
取得可能な免許・資格	バイオ技術者、教員免許（中-数・理、高-数・理・情）

看護学部

創価大学キャンパス　定員 80

特色	人間力とグローバルマインドを兼ね備えた、実践力を身につけた看護師を育成。
進路	多くが病院をはじめとした全国各地の医療機関で医療に従事する。
学問分野	看護学

看護学科 (80)	看護師育成に特化したカリキュラムを展開し、豊かな教養と確かな看護実践力を養成する。1年次から臨地実習を行い、チーム医療における連携の大切さを学ぶ。習熟度別の英語教育や海外での国際看護研修などにより、グローバルマインドを持つ人材を育成する。
取得可能な免許・資格	看護師

国際教養学部

創価大学キャンパス　定員 90

特色	専門授業は英語で行われ、4～5カ月の英語圏への海外留学が必修。
進路	IT関連企業やコンサルティング会社などに就く者が多い。
学問分野	歴史学／文化学／政治学／経済学／経営学／社会学／国際学
大学院	国際平和学

国際教養学科 (90)	実践的な英語力、異文化理解能力、基礎学習能力を修得し、国際社会が抱える諸問題の解決に貢献できる人材を育成する。様々な社会問題をテーマに取り上げ、歴史・社会・文化、政治・国際関係、経済・経営の3つの分野から多角的にアプローチし、深く考察する。

入試要項（2024年度）

※この入試情報は2024年度募集要項等より編集したものです（見方は巻頭の「本書の使い方」参照）。2025年度入試の最新情報は、ホームページや2025年度募集要項等で必ず確認してください。

「大学入試科目検索システム」のご案内
日程・方式ごとの偏差値や昨年度入試結果（志願者倍率、実質倍率、合格最低点）、基本情報（出願締切日、試験日、二段階選抜、募集人員、総合満点）などは、「大学入試科目検索システム」（https://nyushi.toshin.com/）をご覧ください（利用方法はp.12参照）。

■経済学部　偏差値 57

一般選抜

◆全学統一入試（2科目方式）、一般入試（2科目方式）
[経済：2科目] 国 地歴 公 数 外 現、世B、日B、現社、数ⅠⅡAB、英、英語外部試験から2教科2▶国外から1必須

◆全学統一入試（3科目方式）、一般入試（3科目方式）
[経済：3科目] 国 現 地歴 公 数 世B、日B、現社、数ⅠⅡABから1 外 英、英語外部試験から1

◆一般入試（後期2科目方式）
[経済：2科目] 国 数 外 現、数ⅠⅡAB、英、英語外部試験から2教科2

共通テスト利用入試　※個別試験は課さない

◆共通テスト利用入試（前期〔3科目方式〕、後期〔3科目方式〕）
[経済：3科目] 国 地歴 公 数 現古、現漢、数ⅡBから1、世B、日B、地理B、公全4科目、数ⅠA、簿から1 外 英、英語外部試験から1

◆共通テスト利用入試（前期〔4科目方式〕）
[経済：4科目] 国 地歴 公 数 現古、現漢、数ⅡBから1、世B、日B、地理B、公全4科目、数ⅠA、簿

から2外英、英語外部試験から1

■経営学部 偏差値 57

一般選抜

◆全学統一入試（2科目方式）、一般入試（2科目方式）

［経営：2科目］国地歴公数外現、世B、日B、現社、数ⅠⅡAB、英、英語外部試験から2教科2▶国外から1必須

◆全学統一入試（3科目方式）、一般入試（3科目方式）

［経営：3科目］国現地歴公数世B、日B、現社、数ⅠⅡABから1外英、英語外部試験から1

◆一般入試（後期2科目方式）

［経営：2科目］国数外現、数ⅠⅡAB、英、英語外部試験から2教科2

共通テスト利用入試 ※個別試験は課さない

◆共通テスト利用入試（前期〔3科目方式〕、後期〔3科目方式〕）

［経営：3科目］国地歴公数現古、現漢、数ⅡBから1、世B、日B、地理B、公全4科目、数ⅠA、簿から1外英、英語外部試験から1

◆共通テスト利用入試（前期〔4科目方式〕）

［経営：4科目］国地歴公数現古、現漢、数ⅡBから1、世B、日B、地理B、公全4科目、数ⅠA、簿から2外英、英語外部試験から1

■法学部 偏差値 54

一般選抜

◆全学統一入試（2科目方式）、一般入試（2科目方式）

［法律：2科目］国地歴公数外現、世B、日B、現社、数ⅠⅡAB、英、英語外部試験から2教科2▶国外から1必須

◆全学統一入試（3科目方式）、一般入試（3科目方式）

［法律：3科目］国現地歴公数世B、日B、現社、数ⅠⅡABから1外英、英語外部試験から1

◆一般入試（後期2科目方式）

［法律：2科目］国数外現、数ⅠⅡAB、英、英語外部試験から2教科2

共通テスト利用入試 ※個別試験は課さない

◆共通テスト利用入試（前期〔3科目方式〕、後期〔3科目方式〕）

［法律：3科目］国地歴公数現古、現漢、数ⅡBから1、世B、日B、地理B、公全4科目、数ⅠA、簿から1外英、英語外部試験から1

◆共通テスト利用入試（前期〔4科目方式〕）

［法律：4科目］国地歴公数現古、現漢、数ⅡBから1、世B、日B、地理B、公全4科目、数ⅠA、簿から2外英、英語外部試験から1

■文学部 偏差値 54

一般選抜

◆全学統一入試（2科目方式）、一般入試（2科目方式）

［人間：2科目］国地歴公数外現、世B、日B、現社、数ⅠⅡAB、英、英語外部試験から2教科2▶国外から1必須

◆全学統一入試（3科目方式）、一般入試（3科目方式）

［人間：3科目］国現地歴公数世B、日B、現社、数ⅠⅡABから1外英、英語外部試験から1

◆一般入試（後期2科目方式）

［人間：2科目］国数外現、数ⅠⅡAB、英、英語外部試験から2教科2

共通テスト利用入試 ※個別試験は課さない

◆共通テスト利用入試（前期〔3科目方式〕、後期〔3科目方式〕）

［人間：3科目］国地歴公数現古、現漢、数ⅡBから1、世B、日B、地理B、公全4科目、数ⅠA、簿から1外英、英語外部試験から1

◆共通テスト利用入試（前期〔4科目方式〕）

［人間：4科目］国地歴公数現古、現漢、数ⅡBから1、世B、日B、地理B、公全4科目、数ⅠA、簿から2外英、英語外部試験から1

■教育学部 偏差値 57

一般選抜

◆全学統一入試（2科目方式）、一般入試（2科目方式）

［全学科：2科目］国地歴公数外現、世B、日B、現社、数ⅠⅡAB、英、英語外部試験から2教科2▶国外から1必須

◆全学統一入試（3科目方式）、一般入試（3科目方式）

［全学科：3科目］国現地歴公数世B、日B、現社、数ⅠⅡABから1外英、英語外部試験から1

◆一般入試（後期2科目方式）

［全学科：2科目］国数外現、数ⅠⅡAB、英、英語外部試験から2教科2

共通テスト利用入試 ※個別試験は課さない

◆共通テスト利用入試（前期〔3科目方式〕、後期〔3科目方式〕）

［全学科：3科目］国地歴公数現古、現漢、数ⅡBから1、世B、日B、地理B、公全4科目、数ⅠA、簿から1外英、英語外部試験から1

◆共通テスト利用入試（前期〔4科目方式〕）

［全学科：4科目］国地歴公数現古、現漢、数ⅡBから1、世B、日B、地理B、公全4科目、数ⅠA、簿から2外英、英語外部試験から1

■理工学部 偏差値 57

一般選抜

◆全学統一入試（2科目方式）、一般入試（2科目方式）

［全学科：2科目］数数ⅠⅡAB、数ⅠⅡⅢABから1理外物基・物、化基・化、生基・生、英、英語外部試験から1

◆全学統一入試（3科目方式）、一般入試（3科目方式）

[全学科：3科目] 数数ⅠⅡAB、数ⅠⅡⅢABから1 理物基・物、化基・化、生基・生から1 外英、英語外部試験から1
◆一般入試（後期2科目方式）
[全学科：2科目] 国 外現、英、英語外部試験から1 数数ⅠⅡAB
共通テスト利用入試 ※個別試験は課さない
◆共通テスト利用入試（前期〔3科目方式〕、後期〔3科目方式〕）
[全学科：4科目] 数数ⅠA、数ⅡB 理物、化、生、地から1 外英、英語外部試験から1
◆共通テスト利用入試（前期〔4科目方式〕）
[全学科：5科目] 数数ⅠA、数ⅡB 理物、化、生、地から2 外英、英語外部試験から1

■看護学部 偏差値 57

一般選抜
◆全学統一入試（3科目方式）、一般入試（3科目方式）
[看護：3科目] 国 数現、数ⅠAから1 理化基・生基 外英、英語外部試験から1
共通テスト利用入試 ※個別試験は課さない。理科基礎は2科目扱い
◆共通テスト利用入試（前期〔3科目方式〕）
[看護：3科目] 国 数現、数ⅠAから1 理化、生から1 外英、英語外部試験から1
◆共通テスト利用入試（前期〔4科目方式〕）
[看護：4科目] 国 数現、数ⅠAから1 理化基、生基 外英、英語外部試験から1

■国際教養学部 偏差値 57

一般選抜
◆全学統一入試（2科目方式）、一般入試（2科目方式）
[国際教養：2科目] 国 地歴 公 数現、世B、日B、現社、数ⅠⅡABから1 外英、英語外部試験から1
◆全学統一入試（3科目方式）、一般入試（3科目方式）
[国際教養：3科目] 国現 地歴 公 数世B、日B、現社、数ⅠⅡABから1 外英、英語外部試験から1
◆一般入試（後期2科目方式）
[国際教養：2科目] 国 数現、数ⅠⅡABから1 外英、英語外部試験から1
共通テスト利用入試 ※個別試験は課さない
◆共通テスト利用入試（前期〔3科目方式〕、後期〔3科目方式〕）
[国際教養：3科目] 国 地歴 公 数現古、現漢、数ⅡBから1、世B、日B、地理B、公全4科目、数ⅠA、簿から1 外英、英語外部試験から1
◆共通テスト利用入試（前期〔4科目方式〕）
[国際教養：4科目] 国 地歴 公 数現古、現漢、数ⅡBから1、世B、日B、地理B、公全4科目、数ⅠA、簿から2 外英、英語外部試験から1

■特別選抜

[総合型選抜] PASCAL入試、総合型選抜入試（小論文方式）
[学校推薦型選抜] 公募推薦入試、指定校推薦入試、スポーツ推薦入試
[その他] 帰国学生入試、外国人学生入試、創価学園推薦入試、UNHCR難民高等教育プログラム推薦

国際交流

創価大学では、68カ国・地域257大学とのネットワークを持ち、交流校に留学する交換留学や、夏休み、春休み期間に交流校で数週間、語学や異文化を学ぶ海外短期研修、文化体験とインターンシップを通して、語学力と就業力向上を目指す海外インターンシップなどが実施されています。また、各学部が独自に主催する海外研修では、専門的な研修を行うことができます。留学を行う学生への経済的支援として、大学独自の給付型奨学金制度などがあります。

就職支援

創価大学では、キャリアセンターによるガイダンスや資格試験対策講座など、1年次から4年次までそれぞれの学年に合わせた、きめ細かなサポートが行われています。また、キャリアに関する授業をはじめ、先輩や各分野で活躍する卒業生による就職サポートも行われるなど、手厚いバックアップ体制が整えられています。教員を目指す学生に向けて、教職キャリアセンターを中心に、各種対策講座をはじめ、公立学校の校長経験者等による個人相談などが行われています。

大東文化大学

だいとうぶんか

資料請求

入学センター事務室入試広報課（東京板橋キャンパス）　TEL (03) 5399-7800　〒175-8571 東京都板橋区高島平1-9-1

東西文化を融合した新たな文化を創造する

大学紹介動画

最新入試情報

漢学を中心に、東洋の文化を学ぶことで、その伝統的な美徳と豊かな人格を兼ね備えた人材を育成する。「アジアから世界へ－多文化共生を目指す新しい価値の不断の創造」を目標に、国際的な視野を養う。

中央棟図書館前（東京板橋キャンパス）

キャンパス 2つ

東京板橋キャンパス
〒175-8571 東京都板橋区高島平1-9-1

埼玉東松山キャンパス
〒355-8501 埼玉県東松山市岩殿560

基本データ

※2023年5月現在（進路・就職は2022年度卒業者データ。学費は2024年度入学者用〔予定〕）

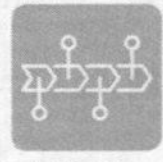

沿革

1923年、大東文化学院として発足。1953年、大東文化大学に改称。1962年、文、経済学部を改組新設。1973年、法学部を設置。1986年、国際関係学部を設置。2000年、経営学部を設置。2005年、スポーツ・健康科学部を設置。2018年、社会学部を設置し、現在に至る。

教育機関 8学部 7研究科

学部　文／経済／外国語／法／国際関係／経営／スポーツ・健康科／社会

大学院　文学Ⓜ︎Ⓓ／経済学Ⓜ︎Ⓓ／法学Ⓜ︎Ⓓ／外国語学Ⓜ︎Ⓓ／アジア地域Ⓜ︎Ⓓ／経営学Ⓜ︎Ⓓ／スポーツ・健康科学Ⓜ︎

人数

学部学生数　11,311名

教員1名あたり学生 32名

教員数　345名【理事長】中込秀樹、【学長】高橋進
（教授194名、准教授89名、講師36名、助教10名、助手・その他16名）

学費

初年度納入額　1,214,900～1,974,900円

奨学金　桐門の翼奨学金

進路

学部卒業者　2,543名
（進学57名［2.2%］、就職2,172名［85.4%］、その他314名［12.4%］）

主な就職先　オリエンタルランド、ニトリ、スターバックスコーヒージャパン、楽天グループ、楽天銀行、バンダイナムコエンターテインメント、JR東日本、積水ハウス、YKK、伊藤園、ハナマルキ、JFEスチール、大成建設、三菱自動車工業、星野リゾート・マネジメント、日本年金機構、国家公務、地方公務、小学校、中学校、高等学校

学部学科紹介

※本書掲載内容は、大学公表資料から独自に編集したものです。詳細は大学パンフレットやホームページ等で必ず確認してください（取得可能な免許・資格は任用資格や受験資格などを含む）。

文学部

埼玉東松山キャンパス（1・2年）
東京板橋キャンパス（3・4年）
定員 630

特色　学びを通して自己と他者を理解し、自分とは何か、他者とは何かを深く探究する。
進路　就職先はサービス業や卸売・小売業、教育・学習支援業などが多い。
学問分野　文学／言語学／哲学／歴史学／文化学／社会学／観光学／子ども学／教員養成／教育学／芸術・表現
大学院　文学

学科	定員	内容
日本文学科	(150)	古典文学、近・現代文学、日本語学、比較文学・文化といった領域を設定。日本の文学作品や作家、時代背景について幅広い視野から迫る他、文法や音韻、方言など、言語としての日本語の研究、外国文学や文学以外の文化と日本文学との相関について考察を行う。
中国文学科	(70)	中国の思想や文化、中国語、芸術などを総合的に学び、東西両文化に対するバランスの取れた国際感覚を育む。充実した基礎科目とともに、他の学部や学科で開講されている中国学関連の講義を履修できるカリキュラムのもと、中国に関する幅広い知識を修得する。
英米文学科	(130)	詩や小説、演劇などを通して英米文学の魅力に触れ、イギリスやアメリカの文化への理解を深める。また、英語の成り立ちや単語の語源など、英語の言語的特性を理解し、英語の総合力を修得する。多彩な留学制度があり、現地での学びを通じて多様性を理解する。
教育学科	(120)	教育の知識と技術を体系的に学び、総合力のある教育のプロを育成する。科目の指導法や授業のつくり方など、現場で必要な技術を理論と実践の両面から修得し、教育者としての技能を高める。多くの学生が周辺小学校の授業アシスタントボランティアに参加している。
書道学科	(60)	理論や歴史、鑑賞法を研究する「書学」と、芸術表現を追究する「書作」の両面から書を学ぶ。傷んだ作品の修復を学ぶ授業や、京都・奈良の寺院や博物館で貴重な作品を鑑賞する授業も設けられている。研修制度が充実し、台湾などの本場で書を学ぶことができる。
歴史文化学科	(100)	グローバルな視点から歴史と文化を研究し、情報を発信できる人材を育成する。2年次から東西文化、日本史、観光歴史学の3つのコースに分かれる。観光歴史学では、歴史研究の成果を観光に活かすことを目指す。観光英語や添乗英語など実践的な英語の授業を設置。
取得可能な免許・資格		学芸員、保育士、教員免許(幼一種、小一種、中-国・社・英、高-国・地歴・書・英)、社会教育士、社会教育主事、司書教諭、司書

経済学部

埼玉東松山キャンパス（1・2年）
東京板橋キャンパス（3・4年）
定員 370

特色　ゼミ成果発表会や論文コンテストなどへの参加を通して変動する経済を学ぶ。
進路　就職先は卸売・小売業やサービス業、情報通信業などが多い。
学問分野　経済学
大学院　経済学

学科	定員	内容
社会経済学科	(205)	経済のグローバル化に対応するため、世界経済の様々な動きを体系的に理解する知識と、実社会で使える英語力を身につける。経済に大きな影響を及ぼす少子高齢化や所得格差といった社会問題を理解するため、経済学と他の学問を融合した分析手法を導入している。
現代経済学科	(165)	経済や社会の動向をデータ分析などの経済学的な手法で読み解き、現代社会の諸課題を解明する。情報処理関連の科目が充実し、財務・会計の知識や手法を集中的に学ぶことができる他、企業や工場を訪ねて解説を聞き、意見交換を行う実践的なバスツアーも行われる。
取得可能な免許・資格		学芸員、教員免許（中-社、高-地歴・公）、司書教諭、司書

外国語学部

埼玉東松山キャンパス（1・2年）
東京板橋キャンパス（3・4年）
定員 360

特色 言語などの学びを通して国際的な視野と教養、外国語の運用能力を身につける。
進路 就職先は卸売・小売業やサービス業、情報通信業などが多い。
学問分野 言語学／社会学／国際学
大学院 外国語学

学科	定員	内容
中国語学科	(70)	ビジネスシーンで通用するスキルと中国語運用能力を身につける。2年次より2つのコースに分かれる。社会（ビジネス）コースでは、現代中国を理解し、ビジネスに活かせる中国語を修得する。言語（通訳翻訳）コースでは、中国語を深く掘り下げ、通訳・翻訳として活躍する人材を育成する。
英語学科	(230)	実践的な英語力と総合的な教養を兼ね備えた、国際社会で活躍できる人材を育成する。2つのコースを設置。英語コースは英語学、英語教育学、地域文化学、社会科学、観光学、ヨーロッパ2言語コースは英独と英仏からそれぞれ構成される。
日本語学科	(60)	文法や音声など言語学の視点で日本語を学び、高度な日本語運用能力と国際的知識を養い、国内外で活躍する日本語教師を養成する。東西の美術や伝統芸能など日本文化を理解するための授業が充実。所属する学生の約3分の1は留学生で、学科内で国際交流ができる。
取得可能な免許・資格		登録日本語教員、学芸員、教員免許（中-国・英・中国語、高-国・英・中国語）、司書教諭、司書

法学部

埼玉東松山キャンパス（1・2年）
東京板橋キャンパス（3・4年）
定員 375

特色 法律や政治を通して対立を解消するための原理や原則、手続、紛争解決を学習。
進路 就職先は公務やサービス業、卸売・小売業などが多い。
学問分野 法学／政治学／国際学
大学院 法学

学科	定員	内容
法律学科	(225)	法律を学び、社会の動向や展開を深く理解する。論理性を修得するため、「文章表現法」という授業で毎週にわたり作文課題に取り組み、表現力と読解力を鍛える。憲法や民法などの分野から学習を積み上げ、3年次以降はゼミによる議論・討議で実践的に法律を学ぶ。
政治学科	(150)	政治学を専門に学びながら法学や経済学、社会学など関連分野も学び、広い視野で社会に貢献する人材を育成する。役所で実習を行い行政の諸問題を理解するインターンシップや、学外から専門家を招き、政治や社会の今を読み解く講演会など多様なプログラムを設置。
取得可能な免許・資格		学芸員、教員免許（中-社、高-地歴・公）、司書教諭、司書

国際関係学部

埼玉東松山キャンパス
定員 200

特色 アジアを中心に政治や歴史などを学ぶ。語学はアジアの言語と英語から選択。
進路 就職先は卸売・小売業やサービス業、情報通信業などが多い。
学問分野 文化学／国際学
大学院 アジア地域

学科	定員	内容
国際関係学科	(100)	アジア諸地域の政治・外交問題や経済動向、地域紛争といった諸課題を社会科学的視点から考察し、日本の役割や相互理解について学ぶ。「国際協力・多文化共生」「国際ビジネス」「異文化理解」の3つの科目群を用意。基礎から発展まで系統的に学ぶことができる。
国際文化学科	(100)	アジアの文化や歴史、思想、宗教、絵画や演劇などの芸術も研究の対象として、人文科学的視点から国際関係を学ぶ。ヨーロッパ美術や中国絵画など東西の芸術を比較検証する科目や、旅行業界や観光業界を目指す学生向けに世界遺産を学ぶ講座などが開講されている。
取得可能な免許・資格		学芸員、司書

経営学部

埼玉東松山キャンパス（1・2年）
東京板橋キャンパス（3・4年）
定員 365

特色	専門知識と能力を修得し第一線で活躍する講師陣との交流を通じて実践力を養う。
進路	就職先は卸売・小売業や情報通信業、サービス業などが多い。
学問分野	経営学
大学院	経営学

経営学科 （365）	2年次から4つのコースに分かれ実践力を磨く。経営コースは経営戦略、マーケティングコースは企業の戦略策定を念頭に消費者行動など、会計コースは税理士などを目指し財務会計を学ぶ。知識情報コースはデータ分析を経営に活かす手法を修得する。
取得可能な免許・資格	学芸員、教員免許（高-商業）、司書教諭、司書

スポーツ・健康科学部

埼玉東松山キャンパス
定員 365

特色	各分野の学びを連携させ、人々の健康や豊かな生活に貢献できる人材を育成する。
進路	就職先はサービス業や教育・学習支援業、医療・福祉業など。
学問分野	看護学／健康科学
大学院	スポーツ・健康科学

スポーツ科学科 （165）	2024年度より学科定員を125名から165名へ増員。身体の構造や動きを科学的に学びながら心理学や栄養学の知識も養い、技能、知識、指導力を身につける。スポーツを取り巻く環境や周辺事情など社会や地域との関係性を学ぶ科目も開講。
健康科学科 （100）	医療現場で活躍できる医療人を育成する臨床検査、人々の健康づくりに貢献できる専門家を育成する健康マネジメント、自然科学の知識をもとに企業や教育現場で活躍できる人材を育成する理科の3つのコースを設置。3年次に実際の病院で臨地実習を行う。
看護学科 （100）	住み慣れた地域で自分らしい暮らしをまっとうできるよう支援する「地域包括ケアシステム」に対応できる看護師を養成する。療養環境が病院・施設から地域・在宅へと変わりつつある中、主体性を持って活躍できるよう、豊富な実習で実践能力や対応力を身につける。
取得可能な免許・資格	食品衛生管理者、食品衛生監視員、看護師、保健師、臨床検査技師、公認パラスポーツ指導者、公認スポーツ指導者、教員免許（中-理・保体、高-理・保体）、養護教諭（二種）、作業環境測定士

社会学部

埼玉東松山キャンパス（1・2年）
東京板橋キャンパス（3・4年）
定員 200

特色	社会の成り立ちや人々の相互作用を学び洞察力や問題解決へ向けた行動力を養う。
進路	就職先は卸売・小売業やサービス業、医療・福祉業などが多い。
学問分野	社会学／メディア学

社会学科 （200）	社会学や社会調査の基礎と語学力、パソコンスキルを修得し、2年次から3つのコースに分かれる。多文化と共生コースでは社会的弱者の問題などを扱い、都市と地域コースでは行政などを学ぶ。メディアと情報コースではメディアの役割やコンピュータ活用法を学ぶ。
取得可能な免許・資格	認定心理士、学芸員、社会調査士、社会教育士、社会教育主事、司書

入試要項（2024年度）

※この入試情報は2024年度募集要項等より編集したものです（見方は巻頭の「本書の使い方」参照）。
2025年度入試の最新情報は、ホームページや2025年度募集要項等で必ず確認してください。

「大学入試科目検索システム」のご案内
日程・方式ごとの偏差値や昨年度入試結果（志願者倍率、実質倍率、合格最低点）、基本情報（出願締切日、試験日、二段階選抜、募集人員、総合満点）などは、「大学入試科目検索システム」（https://nyushi.toshin.com/）をご覧ください（利用方法はp.12参照）。

■文学部 偏差値 52

一般選抜

◆桐門の翼奨学金試験、一般選抜（全学部統一 前・後期〔独自型〕）
［全学科：2科目］国現 外英
◆一般選抜（全学部統一 前・後期〔英語民間型〕）
［全学科：2科目］国現 外英語外部試験
◆一般選抜（3教科〔独自型〕）

[日本文：3科目] 国現古 地歴 公 数 実技 世B、日B、地理B、政経、数ⅠA、書道実技から1▶書道実技は試験日により選択可 外 英
[中国文：3科目] 国 現古、現漢から1 地歴 公 数 実技 世B、日B、地理B、政経、数ⅠA、書道実技から1▶書道実技は試験日により選択可 外 英
[英米文：3科目] 国 現 地歴 公 数 世B、日B、地理B、政経、数ⅠAから1 外 英
[教育：3科目] 国 現 地歴 公 数 理 世B、日B、地理B、政経、数ⅠA、化基、生基から1 外 英
[書道：3科目] 国 現 外 英 実技 書道実技
◆一般選抜（3教科A方式〔独自型〕）
[歴史文化：3科目] 国 現古 地歴 公 数 世B、日B、地理B、政経、数ⅠAから1 外 英
◆一般選抜（3教科B方式〔独自型〕）
[歴史文化：3科目] 国 現古 地歴 公 世B、日B、地理B、政経から1 外 英
◆一般選抜（3教科〔英語民間型〕）
[日本文：3科目] 国 現古 地歴 公 数 実技 世B、日B、地理B、政経、数ⅠA、書道実技から1▶書道実技は試験日により選択可 外 英語外部試験
[中国文：3科目] 国 現古、現漢から1 地歴 公 数 実技 世B、日B、地理B、政経、数ⅠA、書道実技から1▶書道実技は試験日により選択可 外 英語外部試験
[英米文：3科目] 国 現 地歴 公 数 世B、日B、地理B、政経、数ⅠAから1 外 英語外部試験
[教育：3科目] 国 現 地歴 公 数 理 世B、日B、地理B、政経、数ⅠA、化基、生基から1 外 英語外部試験
[書道：3科目] 国 現 外 英語外部試験 実技 書道実技
◆一般選抜（3教科A方式〔英語民間型〕）
[歴史文化：3科目] 国 現古 地歴 公 数 世B、日B、地理B、政経、数ⅠAから1 外 英語外部試験
◆一般選抜（3教科B方式〔英語民間型〕）
[歴史文化：3科目] 国 現古 地歴 公 世B、日B、地理B、政経から1 外 英語外部試験
◆一般選抜（英語民間試験活用総合評価型）※出願資格として英語外部試験が必要
[書道以外：2科目] 課題 課題論文 その他 英語外部試験
[書道：3科目] 課題 作品、課題論文 その他 英語外部試験

共通テスト利用入試　※個別試験は課さない

◆一般選抜（共通テスト利用 前・中・後期〔3科目型〕）
[日本文、書道：3科目] 国 現古漢 地歴 公 数 世B、日B、地理B、現社、政経、倫政、数ⅠAから1 外 全5科目から1
[中国文：3科目] 国 現古漢 地歴 公 数 地歴公全10科目、数ⅠAから1 外 全5科目から1
[英米文：3科目] 国 現 地歴 公 数 世B、日B、地理B、現社、政経、数ⅠAから1 外 英
[教育：3科目] 国 現古漢 地歴 公 数 理 全21科目から1 外 全5科目から1
[歴史文化：3科目] 国 現古漢 地歴 公 数 世B、日B、地理B、公全4科目、数ⅠAから1 外 全5科目から1
◆一般選抜（共通テスト利用 前期〔3科目基準点型〕）
[書道以外：3科目] 一般選抜（共通テスト利用 前期〔3科目型〕）に同じ
◆一般選抜（共通テスト利用 前期〔3科目英語民間型〕）
[日本文、書道：3科目] 国 現古漢 地歴 公 数 世B、日B、地理B、現社、政経、倫政、数ⅠAから1 外 英語外部試験
[中国文：3科目] 国 現古漢 地歴 公 数 地歴公全10科目、数ⅠAから1 外 英語外部試験
[英米文：3科目] 国 現 地歴 公 数 世B、日B、地理B、現社、政経、数ⅠAから1 外 英語外部試験
[教育：3科目] 国 現古漢 地歴 公 数 理 全21科目から1 外 英語外部試験
[歴史文化：3科目] 国 現古漢 地歴 公 数 世B、日B、地理B、公全4科目、数ⅠAから1 外 英語外部試験
◆一般選抜（共通テスト利用 前期〔4科目型〕）
[英米文：4科目] 国 現 地歴 公 世B、日B、地理B、現社、政経から1 数 数ⅠA 外 英
◆一般選抜（共通テスト利用 前期〔4科目英語民間型〕）
[英米文：4科目] 国 現 地歴 公 世B、日B、地理B、現社、政経から1 数 数ⅠA 外 英語外部試験
◆一般選抜（共通テスト利用 中期〔4科目型〕）
[日本文、書道：4科目] 国 現古漢 地歴 公 世B、日B、地理B、現社、政経、倫政から1 数 数ⅠA 外 全5科目から1
[中国文：4科目] 国 現古漢 地歴 公 全10科目から1 数 数ⅠA 外 全5科目から1
[英米文：4科目] 一般選抜（共通テスト利用 前期〔4科目型〕）に同じ
[教育：4科目] 国 現古漢 地歴 公 全10科目から1 数 理 全11科目から1 外 全5科目から1
[歴史文化：4科目] 国 現古漢 地歴 公 世B、日B、地理B、公全4科目から1 数 数ⅠA 外 全5科目から1
◆一般選抜（共通テスト利用 後期〔4科目型〕）
[中国文、英米文、教育：4科目] 一般選抜（共通テスト利用 中期〔4科目型〕）に同じ

■経済学部 偏差値 55

一般選抜

◆桐門の翼奨学金試験、一般選抜（全学部統一 前・後期〔独自型〕）
[全学科：2科目] 国 現 外 英
◆一般選抜（全学部統一 前・後期〔英語民間型〕）
[全学科：2科目] 国 現 外 英語外部試験
◆一般選抜（3教科〔独自型〕）
[全学科：3科目] 国 現 地歴 公 数 世B、日B、地理B、政経、数ⅠAから1 外 英
◆一般選抜（3教科〔英語民間型〕）
[全学科：3科目] 国 現 地歴 公 数 世B、日B、地理B、政経、数ⅠAから1 外 英語外部試験
◆一般選抜（英語民間試験活用総合評価型）※出願資格として英語外部試験が必要

[全学科：2科目] 課題 課題論文 その他 英語外部試験

共通テスト利用入試 ※個別試験は課さない

◆一般選抜（共通テスト利用 前期〔3科目型、3科目基準型〕）
[全学科：3科目] 国現 地歴 公 数 世B、日B、地理B、現社、政経、倫政、数ⅠAから1 外 全5科目から1

◆一般選抜（共通テスト利用 前期〔3科目英語民間型〕）
[全学科：3科目] 国現 地歴 公 数 世B、日B、地理B、現社、政経、倫政、数ⅠAから1 外 英語外部試験

◆一般選抜（共通テスト利用 中期〔2科目型〕）
[全学科：2科目] 国 外 現、外全5科目から1 地歴 公 数 世B、日B、地B、現社、政経、倫政、数ⅠAから1

◆一般選抜（共通テスト利用 後期〔1科目型〕）
[社会経済：1科目] 地歴 公 数 外 世B、日B、政経、倫政、数ⅠA、英から1
[現代経済：1科目] 公 数 外 政経、倫政、数ⅠA、数ⅡB、英から1

■外国語学部 偏差値 52

一般選抜

◆桐門の翼奨学金試験、一般選抜（全学部統一 前・後期〔独自型〕）
[全学科：2科目] 国現 外 英

◆一般選抜（全学部統一 前・後期〔英語民間型〕）
[全学科：2科目] 国現 外 英語外部試験

◆一般選抜（3教科〔独自型〕）
[全学科：3科目] 国現 地歴 公 数 世B、日B、地理B、政経、数ⅠAから1 外 英

◆一般選抜（3教科〔英語民間型〕）
[全学科：3科目] 国現 地歴 公 数 世B、日B、地理B、政経、数ⅠAから1 外 英語外部試験

◆一般選抜（英語民間試験活用総合評価型）※出願資格として英語外部試験が必要
[全学科：2科目] 課題 課題論文 その他 英語外部試験

共通テスト利用入試 ※個別試験は課さない

◆一般選抜（共通テスト利用 前・中・後期〔2科目型〕、前期〔2科目基準点型〕）
[中国語：2科目] 国現 外 全5科目から1

◆一般選抜（共通テスト利用 前・中期〔3科目型〕）
[中国語：3科目] 国現 地歴 公 数 地歴公全10科目、数Ⅰ、数ⅠAから1 外 全5科目から1
[英語：3科目] 国現 地歴 公 数 世B、日B、地理B、現社、政経、倫政、数ⅠAから1 外 英
[日本語：3科目] 国現古漢 地歴 公 数 理 全21科目から1 外 全5科目から1

◆一般選抜（共通テスト利用 前期〔3科目基準点型〕）
[中国語、英語：3科目] 一般選抜（共通テスト利用 前期〔3科目型〕）に同じ

◆一般選抜（共通テスト利用 前期〔3科目英語民間型〕）
[中国語：3科目] 国現 地歴 公 数 地歴公全10科目、数Ⅰ、数ⅠAから1 外 英語外部試験
[英語：3科目] 国現 地歴 公 数 世B、日B、地理B、現社、政経、倫政、数ⅠAから1 外 英語外部試験
[日本語：3科目] 国現古漢 地歴 公 数 理 全21科目から1 外 英語外部試験

◆一般選抜（共通テスト利用 前・中期〔4科目型〕）
[中国語：4科目] 国現 地歴 公 全10科目から1 数 数Ⅰ、数ⅠAから1 外 全5科目から1
[英語：4科目] 国現 地歴 公 世B、日B、地理B、現社、政経、倫政から1 数 数ⅠA 外 英

◆一般選抜（共通テスト利用 前期〔4科目基準点型〕）
[中国語、英語：4科目] 一般選抜（共通テスト利用 前期〔4科目型〕）に同じ

◆一般選抜（共通テスト利用 前期〔4科目英語民間型〕）
[中国語：4科目] 国現 地歴 公 全10科目から1 数 数Ⅰ、数ⅠAから1 外 英語外部試験
[英語：4科目] 国現 地歴 公 世B、日B、地理B、現社、政経、倫政から1 数 数ⅠA 外 英語外部試験

◆一般選抜（共通テスト利用 後期〔1科目型〕）
[英語：1科目] 外 英
[日本語：1科目] 国現古漢

◆一般選抜（共通テスト利用 後期〔3科目型〕）
[中国語、日本語：3科目] 一般選抜（共通テスト利用 前期〔3科目型〕）に同じ

◆一般選抜（共通テスト利用 後期〔4科目型〕）
[中国語：4科目] 一般選抜（共通テスト利用 前期〔4科目型〕）に同じ

■法学部 偏差値 55

一般選抜

◆桐門の翼奨学金試験、一般選抜（全学部統一 前・後期〔独自型〕）
[全学科：2科目] 国現 外 英

◆一般選抜（全学部統一 前・後期〔英語民間型〕）
[全学科：2科目] 国現 外 英語外部試験

◆一般選抜（3教科〔独自型〕）
[全学科：3科目] 国現 地歴 公 数 世B、日B、地理B、政経、数ⅠAから1 外 英

◆一般選抜（3教科〔英語民間型〕）
[全学科：3科目] 国現 地歴 公 数 世B、日B、地理B、政経、数ⅠAから1 外 英語外部試験

◆一般選抜（英語民間試験活用総合評価型）※出願資格として英語外部試験が必要
[全学科：2科目] 課題 課題論文 その他 英語外部試験

共通テスト利用入試 ※個別試験は課さない

◆一般選抜（共通テスト利用 前期〔3科目型、3科目基準点型〕）
[法律：3科目] 国現 地歴 公 数 世B、日B、地理B、現社、政経、倫政、数ⅠAから1 外 全5科目から1
[政治：3科目] 国現 地歴 公 数 世B、日B、地理B、公全4科目、数ⅠAから1 外 全5科目から1

◆一般選抜（共通テスト利用 前期〔3科目英語民間型〕）
[法律：3科目] 国現 地歴 公 数 世B、日B、地理B、現社、政経、倫政、数ⅠAから1 外 英語外部試験

［政治：3科目］国現地歴公数世B、日B、地理B、公全4科目、数ⅠAから1外英語外部試験
◆一般選抜（共通テスト利用 中期〔2科目型〕）
［政治：2科目］国外現、英から1地歴公数世B、日B、地理B、公全4科目、数ⅠAから1
◆一般選抜（共通テスト利用 中期〔3科目型〕）
［法律：3科目］一般選抜（共通テスト利用 前期〔3科目型〕）に同じ
◆一般選抜（共通テスト利用 中期〔4科目型〕）
［法律：4科目］国現地歴公世B、日B、地理B、現社、政経、倫政から1数数ⅠA外全5科目から1
［政治：4科目］国現地歴公世B、日B、地理B、公全4科目から1数数ⅠA外全5科目から1
◆一般選抜（共通テスト利用 後期〔1科目型〕）
［政治：1科目］国地歴公数外現、世B、日B、地理B、公全4科目、数ⅠA、英から1
◆一般選抜（共通テスト利用 後期〔2科目型〕）
［法律：2科目］国地歴公数現、世B、日B、地理B、現社、政経、倫政、数ⅠAから1外全5科目から1

■国際関係学部 偏差値 52

一般選抜
◆桐門の翼奨学金試験、一般選抜（全学部統一 前・後期〔独自型〕）
［全学科：2科目］国現外英
◆一般選抜（全学部統一 前・後期〔英語民間型〕）
［全学科：2科目］国現外英語外部試験
◆一般選抜（3教科〔独自型〕）
［全学科：3科目］国現地歴公数世B、日B、地理B、政経、数ⅠAから1外英
◆一般選抜（3教科〔英語民間型〕）
［全学科：3科目］国現地歴公数世B、日B、地理B、政経、数ⅠAから1外英語外部試験
◆一般選抜（英語民間試験活用総合評価型）※出願資格として英語外部試験が必要
［全学科：2科目］課題課題論文その他英語外部試験

共通テスト利用入試 ※個別試験は課さない
◆一般選抜（共通テスト利用 前・中期〔3科目型〕、前期〔3科目基準点型〕）
［全学科：3科目］国現地歴公数世B、日B、地理B、現社、政経、数ⅠAから1外全5科目から1
◆一般選抜（共通テスト利用 前期〔3科目英語民間型〕）
［全学科：3科目］国現地歴公数世B、日B、地理B、現社、政経、数ⅠAから1外英語外部試験
◆一般選抜（共通テスト利用 中期〔4科目型〕）
［全学科：4科目］国現地歴公世B、日B、地理B、現社、政経から1数理数ⅠA、理科基礎から1外全5科目から1
◆一般選抜（共通テスト利用 後期〔3科目型〕）
［全学科：3科目］国地歴公数理外現、世B、日B、地理B、現社、政経、数Ⅰ、数ⅠA、数Ⅱ、数ⅡB、理全5科目、英から3

■経営学部 偏差値 53

一般選抜
◆桐門の翼奨学金試験、一般選抜（全学部統一 前・後期〔独自型〕）
［経営：2科目］国現外英
◆一般選抜（全学部統一 前・後期〔英語民間型〕）
［経営：2科目］国現外英語外部試験
◆一般選抜（3教科〔独自型〕）
［経営：3科目］国現地歴公数世B、日B、地理B、政経、数ⅠAから1外英
◆一般選抜（3教科〔英語民間型〕）
［経営：3科目］国現地歴公数世B、日B、地理B、政経、数ⅠAから1外英語外部試験
◆一般選抜（英語民間試験活用総合評価型）※出願資格として英語外部試験が必要
［経営：2科目］課題課題論文その他英語外部試験

共通テスト利用入試 ※個別試験は課さない
◆一般選抜（共通テスト利用 前・中・後期〔3科目型〕、前期〔3科目基準点型〕）
［経営：3科目］国現地歴公数世B、日B、地理B、現社、政経、数ⅠA、簿、情から1外全5科目から1▶英は×L
◆一般選抜（共通テスト利用 前期〔3科目英語民間型〕）
［経営：3科目］国現地歴公数世B、日B、地理B、現社、政経、数ⅠA、簿、情から1外英語外部試験
◆一般選抜（共通テスト利用 前・中・後期〔4科目型〕）
［経営：4科目］国現地歴公数世B、日B、地理B、現社、政経、数ⅠA、簿、情から2外全5科目から1▶英は×L
◆一般選抜（共通テスト利用 前期〔4科目英語民間型〕）
［経営：4科目］国現地歴公数世B、日B、地理B、現社、政経、数ⅠA、簿、情から2外英語外部試験

■スポーツ・健康科学部 偏差値 51

一般選抜
◆桐門の翼奨学金試験、一般選抜（全学部統一 前・後期〔独自型〕）
［全学科：2科目］国現外英
◆一般選抜（全学部統一 前・後期〔英語民間型〕）
［全学科：2科目］国現外英語外部試験
◆一般選抜（3教科〔独自型〕）
［スポーツ科：3科目］国現地歴公数世B、日B、地理B、政経、数ⅠAから1外英
◆一般選抜（3教科A方式〔独自型〕）
［健康科、看護：3科目］国現数理数ⅠA、化基、生基から1外英
◆一般選抜（3教科B方式〔独自型〕）
［健康科、看護：3科目］数数ⅠA理化基、生基から1外英
◆一般選抜（3教科〔英語民間型〕）
［スポーツ科：3科目］国現地歴公数世B、日B、地理B、政経、数ⅠAから1外英語外部試験
◆一般選抜（3教科A方式〔英語民間型〕）

［健康科、看護：3科目］国現数理数ＩＡ、化基、生基から1外英語外部試験

◆一般選抜（3教科B方式〔英語民間型〕）

［健康科、看護：3科目］数数ＩＡ理化基、生基から1外英語外部試験

◆一般選抜（英語民間試験活用総合評価型）※出願資格として英語外部試験が必要

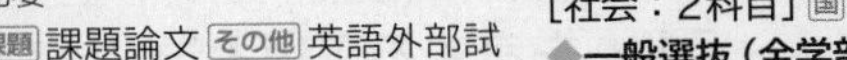

［全学科：2科目］課題課題論文その他英語外部試験

共通テスト利用入試 ※個別試験は課さない

◆一般選抜（共通テスト利用 前・中・後期〔2科目型〕、前期〔2科目基準点型〕）

［健康科：2科目］数理数Ⅰ、数ＩＡ、数Ⅱ、数ⅡB、理全5科目から1外英

［看護：2科目］数理数Ⅰ、数ＩＡ、数Ⅱ、数ⅡB、理科基礎、物、化、生から1▶地基選択不可外英

◆一般選抜（共通テスト利用 前・中・後期〔3科目型〕）

［スポーツ科：3科目］国現地歴公数世B、日B、地理B、現社、政経、数ＩＡから1外全5科目から1

［健康科：3科目］数数Ⅰ、数ＩＡ、数Ⅱ、数ⅡBから1理全5科目から1外英

［看護：3科目］数数Ⅰ、数ＩＡ、数Ⅱ、数ⅡBから1理理科基礎、物、化、生から1▶地基選択不可外英

◆一般選抜（共通テスト利用 前期〔3科目基準点型〕）

［スポーツ科、健康科：3科目］一般選抜（共通テスト利用 前期〔3科目型〕）に同じ

◆一般選抜（共通テスト利用 前期〔3科目英語民間型〕）

［スポーツ科：3科目］国現地歴公数世B、日B、地理B、現社、政経、数ＩＡから1外英語外部試験

［健康科：3科目］数数Ⅰ、数ＩＡ、数Ⅱ、数ⅡBから1理全5科目から1外英語外部試験

［看護：3科目］数数Ⅰ、数ＩＡ、数Ⅱ、数ⅡBから1理理科基礎、物、化、生から1▶地基選択不可外英語外部試験

◆一般選抜（共通テスト利用 前・中・後期〔4科目型〕、前期〔4科目基準点型〕）

［スポーツ科：4科目］国現地歴公世B、日B、地理B、現社、政経から1数数ＩＡ外全5科目から1

◆一般選抜（共通テスト利用 前期〔4科目英語民間型〕）

［スポーツ科：4科目］国現地歴公世B、日B、地理B、現社、政経から1数数ＩＡ外英語外部試験

■社会学部 偏差値 54

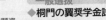

一般選抜

◆桐門の翼奨学金試験、一般選抜（全学部統一 前・後期〔独自型〕）

［社会：2科目］国現外英

◆一般選抜（全学部統一 前・後期〔英語民間型〕）

［社会：2科目］国現外英語外部試験

◆一般選抜（3教科A・B方式〔独自型〕）

［社会：3科目］国現地歴公数世B、日B、地理B、政経、数ＩＡから1外英

◆一般選抜（3教科A・B方式〔英語民間型〕）

［社会：3科目］国現地歴公数世B、日B、地理B、政経、数ＩＡから1外英語外部試験

◆一般選抜（英語民間試験活用総合評価型）※出願資格として英語外部試験が必要

［社会：2科目］課題課題論文その他英語外部試験

共通テスト利用入試 ※個別試験は課さない

◆一般選抜（共通テスト利用 前・後期〔3科目型〕、前期〔3科目基準点型〕）

［社会：3科目］国現地歴公数世B、日B、地理B、現社、政経、倫政、数ＩＡ、情から1外全5科目から1

◆一般選抜（共通テスト利用 前期〔3科目英語民間型〕）

［社会：3科目］国現地歴公数世B、日B、地理B、現社、政経、倫政、数ＩＡ、情から1外英語外部試験

◆一般選抜（共通テスト利用 中期〔4科目型〕）

［社会：4科目］国現地歴公世B、日B、地理B、現社、政経から1数数ＩＡ、情から1外全5科目から1

◆一般選抜（共通テスト利用 後期〔4科目型〕）

［社会：4科目］国現地歴公世B、日B、地理B、現社、政経、倫政から1数数ＩＡ、情から1外全5科目から1

■特別選抜

［総合型選抜］総合型選抜（他大学併願可能型、専願型）

［学校推薦型選抜］学校推薦型選抜（公募制）

［その他］外国人留学生特別選抜、社会人特別選抜試験

国際交流

キャリア支援として「就職ガイダンス」や「就職筆記試験対策講座」、約300社が学内に集まる「学内就職セミナー」など様々なイベント・プログラムがあります。公務員志望の学生に対しては、独自のプログラムでサポートが行われ、3年次には行政や公安等の採用担当者を招いた学内での合同説明会が開催されます。教員志望の学生に対しては、教職課程センターを設置し、採用情報の提供や試験対策講座のサポートを行います。

就職支援

大東文化大学では、世界各国にある109大学・機関と協定を結び、国際交流を盛んに行っています。留学制度として、最長1年間で留学する協定校留学制度や、春・夏休みを利用した約1カ月で留学する短期語学研修、留学先を自分で決められる私費留学、奨学金を受けて留学する奨学金留学制度、留学先の授業料が減免になる減免留学制度が実施されています。また、中国の大学に留学し、大東文化大学と中国の大学の2つの学士号を取得するプログラムが実施されています。

たまがわ
玉川大学

資料請求
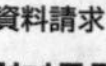

入試広報部入試広報課　TEL (042) 739-8155　〒194-8612 東京都町田市玉川学園6-1-1

輝く自分、出会う瞬間。－「人」を育てる玉川大学－

大学紹介動画

最新入試情報

創立以来の教育理念「全人教育」をもととして、「教養力と専門力を備えた人づくり」を目指す。8学部17学科の学生が集う61万㎡のキャンパスには、それぞれの学科での深い学びに加え、学部学科の垣根を越えた学びの環境がある。

キャンパス正門

キャンパス **1**つ

玉川大学キャンパス
〒194-8610 東京都町田市玉川学園6-1-1

基本データ

※2023年5月現在（進路・就職は2022年度卒業者データ。学費は2024年度入学者用）

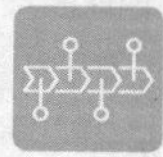
沿革

1949年、新制大学令により玉川大学を開学。文、農の2つの学部を設置。1962年、工学部を設置。1967年、大学院を設置。2001年、経営学部を設置。2002年、教育、芸術の2つの学部を設置。2007年、リベラルアーツ学部を設置。2013年、観光学部を設置。2023年、工学部にデザインサイエンス学科を設置し、現在に至る。

教育機関 8学部 6研究科

学部　教育／文／芸術／経営／観光／リベラルアーツ／農／工

大学院　文学Ⓜ／農学ⓂⒹ／工学ⓂⒹ／マネジメントⓂ／教育学ⓂⓅ／脳科学ⓂⒹ

その他　通信教育部

人数

学部学生数　**6,498**名　教員1名あたり学生 **20**名

教員数　**310**名【理事長・学長】小原芳明
（教授**186**名、准教授**61**名、講師**39**名、助教**5**名、助手・その他**19**名）

学費

初年度納入額　**1,770,230~2,077,230**円

奨学金　玉川奨学金、経済支援奨学金、ファーストイヤー奨学金、SAE海外留学奨学金、課外活動奨学金

進路

学部卒業者　**1,657**名
（進学**101**名［6.1%］、就職**1,345**名［81.2%］、その他**211**名［12.7%］）

主な就職先　学校（教員）、保育園、日本ハム、日本生命保険、伊藤園、東京サラヤ、日本旅行、サンリオエンターテイメント、リコージャパン、日本ケミコン、きらぼし銀行、ユニクロ、ユニアデックス、デル・テクノロジーズ、オリエンタルランド、バンダイナムコフィルムワークス、積水ハウス、山崎製パン、横浜銀行、星野リゾート、良品計画、JALスカイ、北海道庁、神奈川県警察本部

学部学科紹介

※本書掲載内容は、大学公表資料から独自に編集したものです。詳細は大学パンフレットやホームページ等で必ず確認してください（取得可能な免許・資格は任用資格や受験資格などを含む）。

教育学部

玉川大学キャンパス　定員 295

特色　現代社会で求められる人間力、社会力、専門力を兼ね備えた教員を養成。
進路　教員や保育士の他、公務員や一般企業など幅広い分野で活躍している。
学問分野　子ども学／教員養成／教育学
大学院　教育学

学科	定員	内容
教育学科	(220)	全国の教育現場で5,000人以上の卒業生が活躍しており、伝統と実績により「教員養成の玉川」と高い評価を受けている。初等教育、社会科教育、保健体育の3専攻を設置。半年間、週1日の教育インターンシップを実施し、実践力を高める。
乳幼児発達学科	(75)	幼稚園の教員免許状と保育士資格の両方を4年間のカリキュラムの中で取得できる。多彩な現場の体験を積み重ねることで実践力を高め、教育・保育・保護者支援のスペシャリストを養成する。
取得可能な免許・資格		登録日本語教員、学芸員、保育士、教員免許(幼一種、小一種、中-国・数・理・社・保体・音・美・技・英、高-地歴・公・情・保体)、社会教育士、社会教育主事、司書教諭、司書

文学部

玉川大学キャンパス　定員 140

特色　論理的思考力や批判的思考力を身につけ、高い指導力を備えた人材を養成。
進路　卒業者の多くは教員となる。他、卸売・小売業など幅広い分野で活躍。
学問分野　文学／言語学／教員養成／教育学
大学院　文学

学科	定員	内容
英語教育学科	(80)	全員必修の9カ月間の海外留学プログラムが特徴。国際共通語としての英語運用能力を身につけ、異文化理解を深め、グローバル社会で通用する国際人、国際経験豊かな教員を目指す。
国語教育学科	(60)	高度な日本語運用能力と論理的思考力・批判的思考力を伸ばすカリキュラム。国際社会で活躍できるグローバル人材、言語の力を未来の世代に教えることのできる教員を育てる。
取得可能な免許・資格		登録日本語教員、学芸員、教員免許(小二種、中-国・英、高-国・英)、社会教育士、社会教育主事、司書教諭、司書

芸術学部

玉川大学キャンパス　定員 270

特色　豊かな表現力を持ち芸術を通して社会貢献できる人材を育成。
進路　大学での学びを活かした専門分野に進む他、一般企業に就く者も多い。
学問分野　教育学／芸術理論／芸術・表現

学科	定員	内容
音楽学科	(80)	音楽に関する専門的な知識や技能ならびに音楽教育の役割を学修し、音楽における総合的実践力や表現力を通じて社会に貢献できる人材を養成する。演奏・創作、ミュージカル、音楽教育の3コースがある。
アート・デザイン学科	(100)	メディア表現コースと美術教育コースに分かれる。美術、デザイン、メディアアーツの専門的な知識や技能を活かし、多様化する社会の諸問題をクリエイティブな表現や技術で解決できる人材を養成する。
演劇・舞踊学科	(90)	上演芸術に関する専門的な知識や技能を活かし、創作を通じてマネジメント力・表現力・コミュニケーション力を備えた人材を養成する。身体表現、舞台創造、芸術応用の3つのコースに分かれる。
取得可能な免許・資格		登録日本語教員、学芸員、教員免許（小二種、中-音・美、高-音・美・工芸)、社会教育士、社会教育主事、司書教諭、司書

経営学部

玉川大学キャンパス　定員 130

- 特色　世界標準の経営学を英語で理解し、国際的な思考力を持つ人材を育成。
- 進路　卒業者の多くが卸売・小売業や金融・保険業、サービス業などに就く。
- 学問分野　経営学／国際学
- 大学院　マネジメント

国際経営学科 (130)	世界標準のテキストを用いた学修、経営学を日本語と英語の両方で学ぶDual Language Programが特徴。グローバル社会で活躍するための資質を養う。グローバルビジネス、国際会計、マーケティング戦略の3コースに分かれる。

観光学部

玉川大学キャンパス　定員 120

- 特色　英語力、情報力、異文化を理解し、国内外の観光業界で活躍する人材を育成。
- 進路　卒業者の多くが運輸・郵便業や卸売・小売業、サービス業などに就く。
- 学問分野　観光学
- 大学院　マネジメント

観光学科 (120)	2022年度よりグローバルエリート、リージョナルリーダーの2コース体制。1年間のオーストラリア留学が必修。高度な英語力と国際感覚を身につけ、世界で活躍できる人材、世界に誇れるまちづくりをリードする人材を目指す。

リベラルアーツ学部

玉川大学キャンパス　定員 160

- 特色　様々な分野を複合的に学び、自ら課題を発見・解決する思考力と実践力を養う。
- 進路　就職先は卸売・小売業やサービス業、製造業などが多い。
- 学問分野　文学／言語学／哲学／心理学／社会学／国際学／情報学
- 大学院　文学／脳科学

リベラルアーツ学科 (160)	複数の学問分野を学び、幅広い知識と視野を養う。他学部専門科目の履修により、専攻分野を深めることも可能。2023年度より新カリキュラムとなり、2年次にHuman、Society、Culture、STEAMの4つのフィールドから2つを選択するダブルフィールド制となる。
取得可能な免許・資格	登録日本語教員、学芸員、社会調査士、社会教育士、社会教育主事、司書

農学部

玉川大学キャンパス　定員 295

- 特色　実物教育や国際性、倫理観を重視し、農学を通じて社会に貢献する人材を育成。
- 進路　就職先は卸売・小売業や製造業、教育・学習支援業などが多い。
- 学問分野　生物学／農学／食物学／教員養成／環境学
- 大学院　農学

生産農学科 (130)	あらゆる生物を人間生活の貴重な「資源」として捉え、生物の持つ機能や特性をミクロとマクロの両面から解き明かす。3年次より、植物科学領域、微生物科学領域、昆虫科学領域、動物科学領域の各専門領域に分かれ研究を行う。キャンパス内に広大な学内農場を持つ。
生産農学科 理科教員養成プログラム (25)	生産農学科に設けられた教員養成プログラム。「教員養成の玉川」の強みを活かし、自然科学に対する幅広い知識と教育スキルを身につけた理科教員を目指す。中学校（理科）・高等学校一種免許状（理科・農業）に加え、小学校教諭二種免許状も取得可能。
環境農学科 (70)	国際的な視点から農業や環境問題に取り組むための知識・技術を修得する。2年次にはカナダまたはオーストラリアへの約4カ月間の留学が必修。国内プログラムでは北海道や鹿児島の大学施設を活用し、現地でのフィールドワークを行う。
先端食農学科 (70)	未来の食料生産技術、安心安全で、機能的にも優れた食品や食料生産システムのあり方を探究。LEDで野菜を生産する「LED農園®」やアワビなどの海産物を陸上で養殖する「アクア・アグリステーション」など充実した研究・実習施設が特徴。
取得可能な免許・資格	学芸員、食品衛生管理者、食品衛生監視員、バイオ技術者、教員免許（小二種、中-理、高-理・農）、社会教育士、社会教育主事、司書教諭、司書

工学部

玉川大学キャンパス　定員 240

特色	人間力を備え、新たな価値を生み出せるものづくりの実践力のある人材を育成。
進路	就職先は情報通信業や教育・学習支援業、サービス業などが多い。
学問分野	数学／機械工学／社会・安全工学／教員養成／デザイン学／情報学
大学院	工学／脳科学

情報通信工学科	(55)	ICT（情報通信技術）を学び「人と人をつなぐ」次世代の技術と手法をハード・ソフトの両面から徹底的に修得する。IoT、AI（人工知能）・脳科学、ビッグデータ解析、自動運転技術（量子レーダ）など幅広い分野で活用が期待される最先端の技術を深く学修する。
マネジメントサイエンス学科	(40)	経営戦略やマネジメントについて、科学や工学の視点から実践的に学び、企業経営のプロを目指す。1年終了時にマーケティングマネジメント、データマネジメント、経営情報システム、サービスマネジメントの4つの領域から将来の希望に合わせて選択できる。
ソフトウェアサイエンス学科	(50)	最先端の理論とスキルを修得し、ITの新たな分野を切り開く。ゲーム・コンテンツ関連、モバイルシステム・ネットワーク、コンピュータ・ソフトウェア、情報・数学教員の4つの専門領域を複合的に学修する。
デザインサイエンス学科	(55)	2023年度開設。プロダクトデザイン、ロボットデザイン、環境デザインの3つの専門領域を設け、科学、工学、技術、デザイン、環境など様々な学問分野を基礎として、現場での体験を重視したものづくりを行う。
数学教員養成プログラム	(40)	数学教員を目指す学生のための専門プログラム。入学後は情報通信工、マネジメントサイエンス、ソフトウェアサイエンスのいずれかの学科に所属した上で、1年次から教員にとって必要な基礎科目の他に代数学や解析学など、数学の専門教科を学んでいく。
取得可能な免許・資格		学芸員、教員免許（小二種、中-数・技、高-数・情・工業）

入試要項（2025年度）

※この入試情報は大学発表の2025年度入試（予告）および2024年度募集要項等より編集したものです（2024年1月時点。見方は巻頭の「本書の使い方」参照）。内容には変更が生じる可能性があるため、最新情報はホームページや2025年度募集要項等で必ず確認してください。

「大学入試科目検索システム」のご案内

日程・方式ごとの偏差値や昨年度入試結果（志願者倍率、実質倍率、合格最低点）、基本情報（出願締切日、試験日、二段階選抜、募集人員、総合満点）などは、「大学入試科目検索システム」（https://nyushi.toshin.com/）をご覧ください（利用方法はp.12参照）。

■教育学部　偏差値 61

一般選抜

◆**全学統一入試（前期日程）、給付型奨学金入試（前期日程）**

［教育－初等教育・社会科教育、乳幼児発達：2科目］国数現、数ⅠⅡAB〔列〕C〔ベ〕から1 外次の①・②から1（①共英、②個英語外部試験）

［教育－保健体育：3科目］国数現、数ⅠⅡAB〔列〕C〔ベ〕から1 外次の①・②から1（①共英、②個英語外部試験）実技体育実技

◆**全学統一入試（後期日程）、給付型奨学金入試（後期日程）、地域創生教員養成入試**

［教育：2科目］国数現、数ⅠⅡAB〔列〕C〔ベ〕から1 外次の①・②から1（①共英、②個英語外部試験）

共通テスト利用入試　※個別試験は課さない

◆**共通テスト利用入試 5教科型（前期日程、後期日程）、国公立大学併願スカラシップ入試 5教科型（前期日程、後期日程）**

［全学科：6科目］国現古漢 地歴 公全6科目から1 数全3科目から2 理 情物、化、生、地、情Ⅰから1 外英

◆**共通テスト利用入試 3教科型（前期日程、後期日程）、国公立大学併願スカラシップ入試 3教科型（前期日程、後期日程）**

［全学科：3科目］国現古漢 地歴 公 数 理 情全15科目から1 外英

■文学部　偏差値 61

一般選抜

◆**全学統一入試（前期日程、後期日程）、給付型奨学金入試（前期日程、後期日程）、地域創生教員養成入試**

［全学科：2科目］国現 外次の①・②から1（①共英、②個英語外部試験）

共通テスト利用入試　※個別試験は課さない

◆**共通テスト利用入試 5教科型（前期日程、後期日程）、国公立大学併願スカラシップ入試 5教科型（前期日程、後期日程）**

［全学科：5科目］国現古漢 地歴 公全6科目から

1 数数Ⅰ、数ⅠAから1 理 情理科基礎、情Ⅰから1 外英

◆共通テスト利用入試 3教科型（前期日程、後期日程）、国公立大学併願スカラシップ入試 3教科型（前期日程、後期日程）

［全学科：3科目］国現古漢 地歴 公 数 理 情全15科目から1 外英

■芸術学部 偏差値 61

一般選抜

◆全学統一入試（前期日程）、給付型奨学金入試（前期日程）

［全学科：2科目］国 数 外 実技次の①～④から2（①現、数ⅠⅡAB〔列〕C〔ベ〕から1、②共英、③個英語外部試験、④音楽実技、美術実技、演技実技、舞踊実技から1）▶②と③の組み合わせ不可

◆全学統一入試（後期日程）、給付型奨学金入試（後期日程）

［全学科：2科目］国 数現、数ⅠⅡAB〔列〕C〔ベ〕から1 外次の①・②から1（①共英、②個英語外部試験）

◆地域創生教員養成入試

［音楽－音楽教育、アート・デザイン－美術教育：2科目］国現 外次の①・②から1（①共英、②個英語外部試験）

共通テスト利用入試 ※個別試験は課さない

◆共通テスト利用入試 5教科型（前期日程、後期日程）、国公立大学併願スカラシップ入試 5教科型（前期日程、後期日程）

［全学科：5科目］国現古漢 地歴 公全6科目から1 数全3科目から1 理 情理科基礎、情Ⅰから1 外英

◆共通テスト利用入試 3教科型（前期日程、後期日程）、国公立大学併願スカラシップ入試 3教科型（前期日程、後期日程）

［全学科：3科目］国現古漢 地歴 公 数 理 情全15科目から1 外英

■経営学部 偏差値 54

一般選抜

◆全学統一入試（前期日程、後期日程）、給付型奨学金入試（前期日程、後期日程）

［国際経営：2科目］国 数現、数ⅠⅡAB〔列〕C〔ベ〕から1 外次の①・②から1（①共英、②個英語外部試験）

共通テスト利用入試 ※個別試験は課さない

◆共通テスト利用入試 5教科型（前期日程、後期日程）、国公立大学併願スカラシップ入試 5教科型（前期日程、後期日程）

［国際経営：5科目］国現古漢 地歴 公全6科目から1 数全3科目から1 理全5科目から1 外英

◆共通テスト利用入試 3教科型（前期日程、後期日程）、国公立大学併願スカラシップ入試 3教科型（前期日程、後期日程）

［国際経営：3科目］国現古漢 地歴 公 数 理全14科目から1 外英

■観光学部 偏差値 54

一般選抜

◆全学統一入試（前期日程、後期日程）、給付型奨学金入試（前期日程、後期日程）

［観光：2科目］国 数現、数ⅠⅡAB〔列〕C〔ベ〕から1 外次の①・②から1（①共英、②個英語外部試験）

共通テスト利用入試 ※個別試験は課さない

◆共通テスト利用入試 5教科型（前期日程、後期日程）、国公立大学併願スカラシップ入試 5教科型（前期日程、後期日程）

［観光：6科目］国現古漢 地歴 公地歴全3科目、地総・歴総・公共から2 数全3科目から1 理全5科目から1 外英

◆共通テスト利用入試 3教科型（前期日程、後期日程）、国公立大学併願スカラシップ入試 3教科型（前期日程、後期日程）

［観光：3科目］国現古漢 地歴 公 数 理全14科目から1 外英

■リベラルアーツ学部 偏差値 61

一般選抜

◆全学統一入試（前期日程、後期日程）、給付型奨学金入試（前期日程、後期日程）

［リベラルアーツ：2科目］国 数現、数ⅠⅡAB〔列〕C〔ベ〕から1 外次の①・②から1（①共英、②個英語外部試験）

共通テスト利用入試 ※個別試験は課さない

◆共通テスト利用入試 5教科型（前期日程、後期日程）、国公立大学併願スカラシップ入試 5教科型（前期日程、後期日程）

［リベラルアーツ：5科目］国現古漢 地歴 公全6科目から1 数全3科目から1 理理科基礎 外英

◆共通テスト利用入試 3教科型（前期日程、後期日程）、国公立大学併願スカラシップ入試 3教科型（前期日程、後期日程）

［リベラルアーツ：3科目］国現古漢 地歴 公 数 理全14科目から1 外英

■農学部 偏差値 54

一般選抜

◆全学統一入試（前期日程、後期日程）、給付型奨学金入試（前期日程、後期日程）

［全学科：2科目］数 外次の①～③から1（①個数ⅠⅡAB〔列〕C〔ベ〕、②共英、③個英語外部試験）理化基・化、生基・生から1

◆地域創生教員養成入試

［生産農－理科教員養成：2科目］理化基・化、生基・生から1 外次の①・②から1（①共英、②個英語外部試験）

共通テスト利用入試 ※個別試験は課さない

◆共通テスト利用入試 5教科型（前期日程、後期日程）、国公立大学併願スカラシップ入試 5教科型（前期日程、後期日程）

［全学科：7科目］国現古漢 地歴 公全6科目から

1数全3科目から2理化、生外英

◆**共通テスト利用入試 3教科型（前期日程、後期日程）、国公立大学併願スカラシップ入試 3教科型（前期日程、後期日程）**

[全学科：3科目] 数全3科目から1理全5科目から1外英

■工学部 偏差値 55

一般選抜

◆**全学統一入試（前期日程、後期日程）、給付型奨学金入試（前期日程、後期日程）**

[数学教員養成以外：2科目] 数数ⅠⅡAB〔列〕C〔ベ〕理外次の①～③から1（①物基・物、化基・化から1、②共英、③個英語外部試験）

[数学教員養成：2科目] 数数ⅠⅡⅢAB〔列〕C理外次の①～③から1（①物基・物、化基・化から1、②共英、③個英語外部試験）

◆**地域創生教員養成入試**

[数学教員養成：2科目] 数数ⅠⅡⅢAB〔列〕C外次の①・②から1（①共英、②個英語外部試験）

共通テスト利用入試 ※個別試験は課さない

◆**共通テスト利用入試 5教科型（前期日程、後期日程）、国公立大学併願スカラシップ入試 5教科型（前期日程、後期日程）**

[全学科・プログラム：6科目] 国現古漢地歴公情全7科目から1数数ⅠA、数ⅡBC理物外英

◆**共通テスト利用入試 3教科型（前期日程、後期日程）、国公立大学併願スカラシップ入試 3教科型（前期日程、後期日程）**

[全学科・プログラム：3科目] 数全3科目から1理全5科目から1外英

■特別選抜

[総合型選抜] 総合型入学審査（Ⅰ・Ⅱ期）、首都圏教員養成総合型入学審査、理工系女子総合型入学審査、スポーツ選抜総合型入学審査、卒業生子弟総合型入学審査、国際バカロレア総合型入学審査

[学校推薦型選抜] 公募制推薦入試、指定校制推薦入試

[その他] 帰国者入試、社会人入試

玉川大学ギャラリー

■大学教育棟2014

「学びのサイクル」を構築するため、大学教育棟2014には講義室やラーニング・コモンズ、図書館等の施設が集まっています。

■図書館

玉川大学教育学術情報図書館には、一般図書の他に、神道、仏教、地誌等の内容が記された和装本が3万冊以上所蔵されています。

■ホール

University Concert Hallは、コンサートや講演会、発表会など多岐にわたる利用が可能なホールです。

■STREAM Hall

“異分野融合の学びを育む場”をコンセプトに、「デザインシンキング」を実践していくための教育・研究施設として機能しています。

ちゅうおう

中央大学

資料請求

入学センター事務部入試課（多摩キャンパス）　TEL（042）674-2121　〒192-0393 東京都八王子市東中野742-1

実社会で役立つ実学教育を展開する

大学紹介動画　最新入試情報

「実地応用の素を養う」という実学教育の伝統を継承し、高度専門職業人を育成する。グローバルな視野と実地応用の力を備え、人類の福祉に貢献する人材の育成を目指す。

多摩キャンパス

校歌

校歌音声

中央大学校歌
作詞／石川道雄　作曲／坂本良隆　編曲／三木稔

一、草のみどりに風薫る
丘に目映き白門を
慕い集える若人が
真理（まこと）の道にはげみつつ
栄ある歴史を承（う）け伝う
ああ中央　われらが中央
中央の名よ光あれ

基本データ

※2023年5月現在（学部学生数に留学生は含まない。進路・就職は2022年度卒業者データ。学費は2024年度入学者用〔予定〕）

沿革

1885年、英吉利（イギリス）法律学校として設立。1903年、東京法学院大学と改称。1905年、中央大学と改称。1978年、多摩キャンパス開設。2010年、市ヶ谷田町キャンパスを開設。2019年、国際経営、国際情報学部を設置。2023年、茗荷谷キャンパスを開設し、法学部を移転。同年、大学院に国際情報研究科を設置し、現在に至る。

キャンパス
6つ

キャンパスマップ

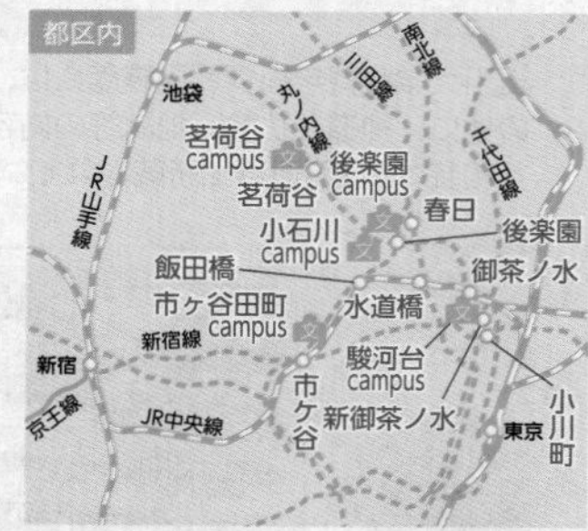

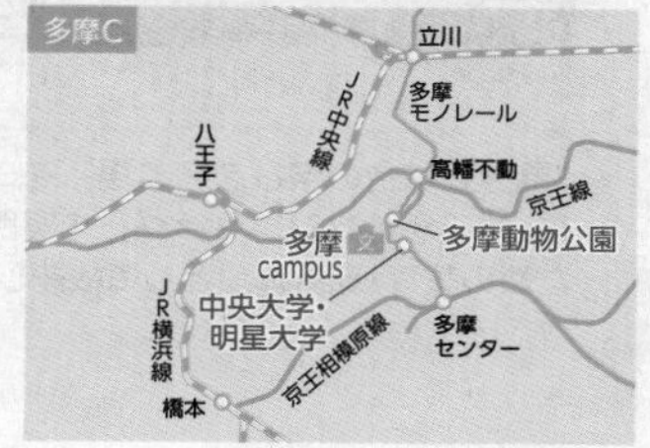

所在地・交通アクセス

多摩キャンパス（本部）
〒192-0393 東京都八王子市東中野742-1
アクセス ①多摩モノレール「中央大学・明星大学駅」直結、②京王動物園線「多摩動物公園駅」から徒歩約10分

後楽園キャンパス
〒112-8551 東京都文京区春日1-13-27
アクセス ①地下鉄「後楽園駅」から徒歩約5分、②地下鉄「春日駅」から徒歩約6分、③JR「水道橋駅」から徒歩約12分

市ヶ谷田町キャンパス
〒162-8478 東京都新宿区市谷田町1-18
アクセス JR・地下鉄「市ケ谷駅」から徒歩約5分

茗荷谷キャンパス
〒112-8631 東京都文京区大塚1-4-1
アクセス 地下鉄「茗荷谷駅」から徒歩約1分

駿河台キャンパス
〒101-0062 東京都千代田区神田駿河台3-11-5
アクセス ①JR「御茶ノ水駅」から徒歩約3分、②地下鉄「新御茶ノ水駅」から徒歩約3分、③地下鉄「小川町駅」から徒歩約4分

小石川キャンパス（学部以外設置）
〒112-8586 東京都文京区春日1-4-11

教育機関
8 学部 9 研究科

学部 法／経済／商／理工／文／総合政策／国際経営／国際情報

大学院 法学Ⓜ︎Ⓓ／経済学Ⓜ︎Ⓓ／商学Ⓜ︎Ⓓ／理工学Ⓜ︎Ⓓ／文学Ⓜ︎Ⓓ／総合政策Ⓜ︎Ⓓ／国際情報Ⓜ︎／法務Ⓟ／戦略経営ⒹⓅ

その他 通信教育部

人数

学部学生数 26,113名　　教員1名あたり学生 39名

教員数 660名【理事長】大村雅彦、【学長】河合久
（教授458名、准教授130名、助教72名）

学費

初年度納入額 1,297,300~1,838,000円

奨学金 中央大学予約奨学金、中央大学経済援助給付奨学金

進路

学部卒業者 6,006名（進学800名、就職4,651名、その他555名）

進学 13.3%　就職 77.4%　その他 9.3%

主な就職先

法学部
東京都庁、国税庁、三井住友銀行、高等裁判所、楽天グループ、警視庁、埼玉県庁、法務省、みずほフィナンシャルグループ、国土交通省、NEC、日本政策金融公庫、神奈川県庁、横浜銀行、藤沢市役所、検察庁、オープンハウスグループ、三菱UFJ銀行、地方裁判所、横浜市役所、日本生命保険

経済学部
国税庁、東京都庁、楽天グループ、明治安田生命保険、大塚商会、三菱UFJモルガン・スタンレー証券、NEC、日本政策金融公庫、ニトリ、日立システムズ、日本通運、リクルート、NECソリューションイノベータ、パーソルキャリア、みずほフィナンシャルグループ、富士通、ソフトバンク、NTTドコモ

商学部
国税庁、EY新日本有限責任監査法人、千葉銀行、みずほフィナンシャルグループ、三井住友銀行、りそなホールディングス、楽天グループ、日本政策金融公庫、大和証券グループ本社、日本生命保険、東京海上日動火災保険、JR東日本、東京都庁、富士通、パナソニック ホールディングス、みずほ証券

理工学部
日立システムズ、NECソリューションイノベータ、NEC、メイテック、日立ソリューションズ、富士ソフト、スズキ、本田技研工業、日産自動車、セイコーエプソン、ソフトバンク、大塚商会、フューチャーアーキテクト、富士通、三菱UFJインフォメーションテクノロジー、伊藤忠テクノソリューションズ

文学部
東京都教育委員会、神奈川県教育委員会、パーソルキャリア、楽天グループ、日立システムズ、マイナビ、警視庁、積水ハウス、横浜市教育委員会、国税庁、三井住友信託銀行、ミリアルリゾートホテルズ、ソフトバンク、埼玉県庁、鈴木、リクルート、横浜市役所、ソラシドエア、東京海上日動火災保険

総合政策学部
野村総合研究所、ファーストリテイリング、東京都庁、デル・テクノロジーズ、本田技研工業、セイコーエプソン、国税庁、トヨタモビリティ東京、日本ハム、千葉銀行、ANAシステムズ、農林水産省、NTT東日本、日産自動車、パナソニック ホームズ、ソフトバンク、りそなホールディングス

国際経営学部
楽天グループ、東京都庁、アクセンチュア、Earth Technology、みずほリサーチ&テクノロジーズ、大塚商会、ニトリ、メタルワン、アマゾンジャパン、SMBC日興証券、川崎重工業、JAL、森永製菓、三菱UFJモルガン・スタンレー証券、富士通、NHK、気象庁、成田国際空港、警視庁、法務省、Apple Japan

国際情報学部
ベイカレント・コンサルティング、カプコン、三菱UFJ信託銀行、みずほ証券、三井住友信託銀行、日本オラクル、日本総合研究所、野村総合研究所、楽天グループ、共同通信社、アクセンチュア、NEC、NHK、リクルート、日本食研ホールディングス、国際協力機構、国税庁、東京都庁、文部科学省

学部学科紹介

※本書掲載内容は、大学公表資料から独自に編集したものです。詳細は大学パンフレットやホームページ等で必ず確認してください（取得可能な免許・資格は任用資格や受験資格などを含む）。

「大学入試科目検索システム」のご案内

入試要項のうち、日程・方式ごとの偏差値や昨年度入試結果（志願者倍率、実質倍率、合格最低点）、基本情報（出願締切日、試験日、二段階選抜、募集人員、総合満点）などは、「大学入試科目検索システム」（https://nyushi.toshin.com/）をご覧ください（利用方法はp.12参照）。

法学部

茗荷谷キャンパス

定員 1,439

入試科目検索

特色　第一線で活躍する実務家による講義を数多く開講。生きた法や政治を学習可能。
進路　就職先は公務や金融・保険業など。他、大学院へ進学する者もいる。
学問分野　法学／政治学／経済学／国際学
大学院　法学／法務

学科紹介

法律学科　(882)	2年次より法曹、公共法務、企業の3つのコースに分かれる。法律に加え、歴史や哲学などの幅広い教養教育も重視する。法曹コースには「一貫教育プログラム」が設置され、成績優秀者は3年間で学部を卒業し、法科大学院（ロースクール）の既修者コースに進学できる。
国際企業関係法学科　(168)	企業活動の国際化に伴い生じる法律問題を解決できる人材を育成する。法律、経済、文化にまたがる知識に加え交流力、論理分析力、立案・提案力を身につける。公正な判断を求められる法律の基礎知識と国内・国際社会での企業の役割とを結びつけて学んでいく。
政治学科　(389)	2年次より公共政策、地域創造、国際政治、メディア政治の4つのコースからキャリアデザインに合わせ選択。政治学、法学、経済学の基礎知識をバランス良く修得する。多様な価値観が存在する社会の現代的課題に対し、利害関係の調整を提案できる対応力を養う。
取得可能な免許・資格	学芸員、教員免許(中-社、高-地歴・公)、社会教育士、社会教育主事、司書教諭、司書

入試要項（2025年度）

※この入試情報は大学発表の2025年度入試（予告）および2024年度募集要項等より編集したものです（2024年1月時点。見方は巻頭の「本書の使い方」参照）。内容には変更が生じる可能性があるため、最新情報はホームページや2025年度募集要項等で必ず確認してください。

■法学部 偏差値 67

※配点未公表（2024年1月時点）

一般選抜

◆5学部共通選抜（4教科型）

[全学科：4科目] 国現古 地歴 公 歴総・日、歴総・世、公共・政経から1 数 数ⅠⅡAB〔列〕C〔べ〕 外 英

◆5学部共通選抜（3教科型）

[全学科：3科目] 国現古 地歴 公 数 歴総・日、歴総・世、公共・政経、数ⅠⅡAB〔列〕C〔べ〕から1 外 英

◆学部別選抜（一般方式〔4教科型〕）

[全学科：4科目] 国現古 地歴 公 日、世、政経から1 数 数ⅠⅡAB〔列〕C〔べ〕 外 英

◆学部別選抜（一般方式〔3教科型〕）

[全学科：3科目] 国現古 地歴 公 数 日、世、政経、数ⅠⅡAB〔列〕C〔べ〕から1 外 英

共通テスト併用入試

◆学部別選抜（共通テスト併用方式）

[全学科]〈共4科目〉国現古漢 地歴 公 理 地歴理全8科目、公共・倫、公共・政経から1 数 数ⅠA、数ⅡBCから1 外 全5科目から1〈個1科目〉外 英

共通テスト利用入試 ※個別試験は課さない

◆共通テスト利用選抜（単独方式〔前期選考5教科型、後期選考5教科型〕）

[全学科：6科目] 国現古漢 地歴 公 数 理 地歴理全8科目、公共・倫、公共・政経、数ⅠA、数ⅡBCから3教科4▶地歴と公は1教科扱い 外 全5科目から1

◆共通テスト利用選抜（単独方式〔前期選考3教科型〕）

[全学科：3科目] 国現古漢 地歴 公 数 理 地歴理全8科目、公共・倫、公共・政経、数ⅠA、数ⅡBCから1 外 全5科目から1

特別選抜

[総合型選抜] チャレンジ入学試験（グローバル部門、リーガル部門、パブリック部門）、英語運用能力特別入学試験、スポーツ推薦入学試験

[学校推薦型選抜] 指定校推薦入学試験、附属推薦入学試験

[その他] 外国人留学生入学試験

経済学部

定員 1,062

入試科目検索

多摩キャンパス

特色　日系企業や現地企業から選択できる海外インターンシップを行っている。
進路　就職先は通信・情報サービス、金融・保険、メーカーなど。
学問分野　経済学／国際学
大学院　経済学

学科紹介

学科	定員	内容
経済学科	(467)	2つのクラスターを設置。経済総合クラスターでは経済と経済学を全般的に学び、分析力を養う。ヒューマンエコノミークラスターでは経済、社会、環境と人間の関わりを考える。経済問題を分析、理解し政策提言のできる幅広い視野と体系的知識を養う。
経済情報システム学科	(180)	2つのクラスターを設置。企業経済クラスターでは経済システムの理論と実態を多角的に学ぶ。経済情報クラスターでは統計の面から経済を学び柔軟な分析力を養う。企業経営や会計、情報システムを学び、地域経済や企業で指導的役割を果たせる人材を育成する。
国際経済学科	(265)	2つのクラスターを設置。貿易・国際金融クラスターでは生産、流通、金融について国境を越えた経済活動を学ぶ。経済開発クラスターではアジア、アフリカの貧困と経済開発に関する諸問題を考える。国際的な経済問題に対して解決策を提言できる能力を養う。
公共・環境経済学科	(150)	2つのクラスターを設置。公共クラスターでは社会経済問題に対する問題設定や問題解決手段について学び実践化へつなげる。環境クラスターでは環境問題の把握と対策に取り組む。環境問題への深い理解と問題解決能力を養い、公共部門の経済的、社会的役割を理解する。
取得可能な免許・資格		学芸員、教員免許（中-社、高-地歴・公・商業）、社会教育士、社会教育主事、司書教諭、司書

入試要項(2025年度)

※この入試情報は大学発表の2025年度入試(予告)および2024年度募集要項等より編集したものです(2024年1月時点。見方は巻頭の「本書の使い方」参照)。内容には変更が生じる可能性があるため、最新情報はホームページや2025年度募集要項等で必ず確認してください。

■経済学部 偏差値 66

※配点未公表(2024年1月時点)

一般選抜

◆5学部共通選抜

[全学科:3科目] 国 地歴 公 数 外 現古、歴総・日、歴総・世、公共・政経、数ⅠⅡAB〔列〕C〔べ〕、英から3教科3▶地歴と公は1教科扱い

◆学部別選抜Ⅰ・Ⅱ(一般方式)

[全学科:3科目] 国 現古 地歴 公 数 歴総・日、歴総・世、公共・政経、数ⅠⅡAB〔列〕C〔べ〕から1 外 英

◆学部別選抜Ⅰ・Ⅱ(英語外部試験利用方式) ※出願資格として英語外部試験が必要

[全学科:3科目] 国 現古 地歴 公 数 歴総・日、歴総・世、公共・政経、数ⅠⅡAB〔列〕C〔べ〕から1 その他 英語外部試験

共通テスト併用入試

◆学部別選抜Ⅰ・Ⅱ(共通テスト併用方式)

[全学科]〈共2科目〉国 現古漢 外 英〈個1科目〉数 数ⅠⅡAB〔列〕C〔べ〕

共通テスト利用入試 ※個別試験は課さない

◆共通テスト利用選抜(単独方式〔前期選考4教科型〕)

[全学科:4科目] 国 現古漢 地歴 公 数 理 情 数ⅠA必須、地歴公理情全12科目、数ⅡBCから1 外 全5科目から1

◆共通テスト利用選抜(単独方式〔前期選考3教科型〕)

[全学科:3科目] 国 現古漢 地歴 公 数 理 情 地歴公理情全12科目、数ⅠA、数ⅡBCから1 外 全5科目から1

◆共通テスト利用選抜(単独方式〔後期選考〕)

[全学科:3科目] 国 地歴 公 数 理 情 現古漢、地歴公理情全12科目、数ⅠA、数ⅡBCから2教科2▶地歴と公は1教科扱い 外 全5科目から1

特別選抜

[総合型選抜] 高大接続入学試験、英語運用能力特別入学試験、ドイツ語・フランス語・中国語・スペイン語特別入学試験、スポーツ推薦入学試験

[学校推薦型選抜] 指定校推薦入学試験、附属推薦入学試験

[その他] 外国人留学生入学試験

商学部

多摩キャンパス

定員 1,020

入試科目検索

特色 すべての学科にフレックス・コースとフレックスPlus1・コースを設置。フレキシブルに時間割を組める。

進路 就職先は金融・保険業や情報通信業、卸売・小売業などが多い。

学問分野 経営学／国際学

大学院 商学

学科紹介

学科	定員	内容
経営学科	(300)	企業の組織、経営、成長のプロセスについて幅広く学習する。マネジメントの視点からあらゆるレベルでの経営革新（イノベーション）について理論的かつ実証的に学ぶ。経営資源の活用について分析する手法も学び、専門知識をもとに企業という組織を理解する。
会計学科	(300)	会計学を入門から応用へ段階的に履修し、固有の論理や方法を体系的に学ぶ。近年の企業環境の変化に対応する新たな研究領域もカバーする。簿記などに加え、公認会計士や税理士など職業会計人を目指すために必要な学習環境も整備し、資格取得をサポートする。
国際マーケティング学科	(300)	グローバル化や価値観の多様化などに対応した流通・マーケティングと国際貿易の2つをメインテーマに教育を展開。企業活動の現場で活躍できる人材を育成する。マーケティングや流通、貿易の仕組みを学び、流通の国際化に対応できる素養を身につける。
金融学科	(120)	金融制度や資産運用の仕組みについて学び、企業や金融機関の業務、財務活動、経営活動を理解する。金融の面から企業と経済を読み解き、変化を続ける金融市場を独自の視点で捉える。金融分野の専門資格を取得するのに必要な専門知識や応用能力も養成する。
フリーメジャー・コース		6学部共通選抜で70名、学部別選抜大学入学共通テスト併用方式で20名募集。受験時は学科を指定せず、入学手続時に学科を選択する。1年間かけて学んだあと、2年次に自分に合った学科を再度選ぶことができる。
取得可能な免許・資格		学芸員、教員免許（中-社、高-地歴・公・商業）、社会教育士、社会教育主事、司書教諭、司書

入試要項（2025年度）

※この入試情報は大学発表の2025年度入試（予告）および2024年度募集要項等より編集したものです（2024年1月時点。見方は巻頭の「本書の使い方」参照）。内容には変更が生じる可能性があるため、最新情報はホームページや2025年度募集要項等で必ず確認してください。

■商学部 偏差値66

※配点未公表（2024年1月時点）

一般選抜

◆5学部共通選抜

［3科目］国現古 地歴 公 数 歴総・日、歴総・世、公共・政経、数ⅠⅡAB〔列〕C〔べ〕から1 外 英

◆学部別選抜A・B（一般方式）

［全学科：3科目］国現古 地歴 公 数 歴総・日、歴総・世、公共・政経、数ⅠⅡAB〔列〕C〔べ〕から1 外 英

◆学部別選抜A・B（英語外部試験利用方式） ※出願資格として英語外部試験が必要

［全学科：2科目］国現古 地歴 公 数 歴総・日、歴総・世、公共・政経、数ⅠⅡAB〔列〕C〔べ〕から1

共通テスト併用入試

◆学部別選抜A・B（共通テスト併用方式）

〈共3科目〉数 数ⅠA、数ⅡBC 外 英〈個2科目〉数 数ⅠⅡAB〔列〕C〔べ〕外 英

共通テスト利用入試

※個別試験は課さない

◆共通テスト利用選抜（単独方式〔前期選考4教科型〕）

［経営－フレックス、会計－フレックス、国際マーケティング－フレックス、金融－フレックス：4科目］国 現古漢 地歴 公 理 情 地歴理情全9科目、公共・倫、公共・政経から1 数 数ⅠA、数ⅡBCから1 外 全5科目から1

◆共通テスト利用選抜（単独方式〔前期選考3教科型〕）

［経営－フレックス、会計－フレックス、国際マーケティング－フレックス、金融－フレックス：3科目］国 現古漢 地歴 公 数 理 情 地歴理情全9科目、公共・倫、公共・政経、数ⅠA、数ⅡBCから1 外 全5科目から1

◆共通テスト利用選抜（単独方式〔後期選考〕）

［経営－フレックス、会計－フレックス、国際マーケティング－フレックス、金融－フレックス：3科目］国 地歴 公 数 理 情 現古漢、地歴理情全9科目、公共・倫、公共・政経、数ⅠA、数ⅡBCから2教科2▶地歴と公は1教科扱い 外 全5科目から1

特別選抜

［総合型選抜］英語運用能力特別入学試験、ドイツ語・フランス語・中国語・スペイン語・朝鮮語特別入学試験、スポーツ推薦入学試験

［学校推薦型選抜］指定校推薦入学試験、附属推薦入学試験

［その他］外国人留学生入学試験、社会人入学試験

理工学部

後楽園キャンパス

定員 1,020

入試科目検索

特色 最先端の機器と設備を備える110を超える研究室がある。

進路 約7割が大学院へ進学。就職先は情報通信業、製造業など。

学問分野 数学／物理学／化学／地学／応用化学／機械工学／電気・電子工学／土木・建築学／エネルギー工学／社会・安全工学／その他工学／応用生物学／健康科学／環境学／情報学

大学院 理工学

学科紹介

学科	定員	紹介
数学科	(70)	数学のあらゆる分野を学び、数学研究の本質を理解して様々な研究開発分野で活躍できる基礎能力を身につける。1・2年次に基礎を固め、3年次から各専門分野の基礎理論を学ぶ。4年次には専門分野ごとに分かれて少人数で協力しながら卒業研究に取り組む。
物理学科	(70)	物理学の基本法則に基づいた自然観と洞察力を身につけ、自然科学を通して豊かな生活に貢献する人材を育成する。力学、電磁気学、統計物理学、量子力学などの基本法則の知識や現代物理学の先端知識を学ぶ。最新装置が充実している他、外部機関との共同研究も行う。
都市環境学科	(90)	2つのコースを設置。環境クリエーターコースでは自然や材料の性質を学び、生活空間の設計を追究する。都市プランナーコースでは人間や社会の意思決定の仕組みを理解し、都市計画を探究する。施設や生活空間のデザインを学び、快適な都市環境の構築を目指す。
精密機械工学科	(145)	精密機械技術の最先端知識を身につけ、次世代を担う技術者を育成する。ミクロな挙動を解明する科学、それを計測する技術、精度を実現するための製造・制御技術など各要素の技術の精密さを追究し、それらを統合したシステム全体を把握できる幅広い視野を養う。
電気電子情報通信工学科	(135)	工学デザイン力とアイデアを実現する発想力を磨き、電気エネルギーから情報ネットワークまで、次世代のインフラ開発に取り組む技術者を育成する。進歩を続ける電気、電子、情報通信の分野を、系統的な講義と豊富な実験や実習を通じて基礎から応用まで学ぶ。
応用化学科	(145)	物理化学系、無機・分析化学系、有機・生命化学系、化学工学系の4つの分野を学ぶ。環境や人類に役立つ物質を創出し、化学の視点から将来を捉える化学技術者を育成する。多様化する応用化学技術に対応し、生命科学などの分野にも応用できる専門知識を養う。
ビジネスデータサイエンス学科	(115)	ビジネス領域を中心にデータサイエンスを学び「高度なデータリテラシー」と「実社会の知識と技術」を身につける。理論の理解と問題解決型学習を通じ、ビジネスやマネジメントの分野で中心的な役割を担うデータサイエンティストを育成する。
情報工学科	(100)	情報技術の要であるプログラミング能力を豊富な演習科目を通じて重点的に修得する。グローバル対応のカリキュラムを独自に構築し、海外の研究教育機関とも内容の面で互換性のある専門教育科目を系統的に配置。新技術に即応できる高度な情報処理能力を身につける。
生命科学科	(75)	生態系を生命システムとして包括的に捉え、人類が直面する様々な社会的、地球的問題の解決に貢献できる専門家を育成する。生命科学の最新の知識と技術を学び、地球人としての一般教養を培う。ヒューマンバイオロジーなど多彩なカリキュラムを展開する。

人間総合理工学科 (75)	社会が抱える様々な問題に対し、複眼的思考で柔軟に対応する新時代の理工学に取り組む。地域や都市の総合的環境の創出、持続可能な人間社会のための資源循環や再生可能エネルギー技術、健康科学の技術や理論などを分野横断的に学び、総合力と実践力を養う。
取得可能な免許・資格	学芸員、電気工事士、特殊無線技士（海上、陸上）、陸上無線技術士、測量士補、主任技術者（電気、電気通信）、施工管理技士（土木、建築、電気工事、管工事、造園、建設機械、電気通信工事）、教員免許（中-数・理、高-数・理・情・工業）、社会教育士、社会教育主事、司書教諭、司書

入試要項（2025年度）

※この入試情報は大学発表の2025年度入試（予告）および2024年度募集要項等より編集したものです（2024年1月時点。見方は巻頭の「本書の使い方」参照）。内容には変更が生じる可能性があるため、最新情報はホームページや2025年度募集要項等で必ず確認してください。

■理工学部 偏差値 65

※配点未公表（2024年1月時点）

一般選抜

◆**学部別選抜（一般方式）**

[数、都市環境、精密機械工、応用化、ビジネスデータサイエンス、情報工、生命科、人間総合理工：3科目] 数 数ⅠⅡⅢAB〔列〕C 理 物基・物、化基・化、生基・生から1 外 英

[物理、電気電子情報通信工：3科目] 数 数ⅠⅡⅢAB〔列〕C 理 物基・物、化基・化から1 外 英

◆**学部別選抜（英語外部試験利用方式）** ※出願資格として英語外部試験が必要

[数、都市環境、精密機械工、応用化、ビジネスデータサイエンス、情報工、生命科、人間総合理工：2科目] 数 数ⅠⅡⅢAB〔列〕C 理 物基・物、化基・化、生基・生から1

[物理、電気電子情報通信工：2科目] 数 数ⅠⅡⅢAB〔列〕C 理 物基・物、化基・化から1

共通テスト併用入試

◆**学部別選抜（共通テスト併用方式）**

[数、物理、都市環境]〈共 1科目〉外 英〈個 2～3科目〉数 数ⅠⅡⅢAB〔列〕C▶4題から3題任意選択 理 物基・物、化基・化から選択▶各3題の計6題から3題任意選択

[精密機械工、電気電子情報通信工、応用化、ビジネスデータサイエンス、情報工、生命科、人間総合理工]〈共 1科目〉外 英〈個 2～4科目〉数 数ⅠⅡⅢAB〔列〕C▶4題から3題任意選択 理 物基・物、化基・化、生基・生から選択▶各3題の計9題から3題任意選択

共通テスト利用入試 ※個別試験は課さない

◆**共通テスト利用選抜（単独方式〔前期選考〕）**

[物理：5科目] 国 現 数 数ⅠA、数ⅡBC 理 物 外 英

[都市環境、ビジネスデータサイエンス：5科目] 国 現 数 数ⅠA、数ⅡBC 理 物、化、生、地から1 外 英

[精密機械工：6科目] 国 現 数 数ⅠA、数ⅡBC 理 物必須、化、生、地から1 外 英

[電気電子情報通信工：5科目] 国 現 数 数ⅠA、数ⅡBC 理 物、化から1 外 英

[応用化、情報工、生命科：6科目] 国 現 数 数ⅠA、数ⅡBC 理 物、化、生、地から2 外 英

[人間総合理工：5科目] 国 現 数 数ⅠA、数ⅡBC 理 物、化、生から1 外 英

特別選抜

[総合型選抜] 高大接続型自己推薦入学試験、スポーツ推薦入学試験

[学校推薦型選抜] 指定校推薦入学試験、附属推薦入学試験

[その他] 外国人留学生入学試験

文学部

多摩キャンパス

定員
990

入試科目検索

特色　教員との距離が近い専攻別少人数制を採用。およそ700もの専門科目を設置。

進路　就職先は情報通信業や卸売・小売業、金融・保険業などが多い。

学問分野　文学／言語学／哲学／心理学／歴史学／文化学／社会学／健康科学／教育学／芸術理論／情報学／人間科学

大学院　文学

学科紹介

人文社会学科

国文学専攻	古代から現代までの日本の文学を対象に、上代文学、中古文学、中世文学、近世文学、近現代文学、日本漢文学、国語学などの専門領域がある。少人数の演習科目とゼミを中心に学び、自分の力で研究する能力を養う。必修科目が少なく、自由な履修が可能である。
英語文学文化専攻	イギリス文学、アメリカ文学、英語学の3つの分野に幅広く触れ、いずれかを選択分野として専門的に学ぶ。1年次の基礎演習や3年次から始まるゼミ形式の演習など着実に能力を伸ばすカリキュラムを展開。授業の多くが半期科目であり、留学にも柔軟に対応する。
ドイツ語文学文化専攻	ドイツ語、ドイツの文学、演劇、映画、美術、哲学、歴史、日独文化交流など幅広い学びを展開。3・4年次には全員がゼミに所属し、興味や関心に応じたテーマを深める。ドイツの4つの協定校に長期留学の募集枠を設置するなど留学制度を整備している。
フランス語文学文化専攻	2つのコースを設置。語学文学文化コースでは多彩なカリキュラムを通してフランスの文学と文化を幅広く学ぶ。美術史美術館コースでは美術鑑賞の方法を身につけアートの社会的役割を学ぶ。短期研修や1年間の長期留学などフランスの協定大学への留学制度もある。
中国言語文化専攻	高度な中国語運用能力と、中国人の生活や思想の背景にある歴史や文化についての正確な知識の獲得を教育の主軸とする。古代から現代に至る多様な中国文化を学び、中国について継続的に関心を寄せるとともに、中国の諸事情を正しく理解する人材を育成する。
日本史学専攻	日本の歴史を解明し、歴史的観点から未来を見通せる人材を育成する。各時代や分野に精通した教員、専門書や史料を所蔵する「日本史学研究室」など高度な教育を展開できる環境を整えている。古文書、古記録、考古資料などを用いた実証的な学習を提供する。
東洋史学専攻	アジア、アフリカ地域を中心に、東洋史の立場から世界の実情を再検討する。広大なアジア地域をテーマに様々な専門を持つ教員が在籍。研究室には中国、インド、イスラム文化圏などに関する歴史資料が所蔵され、アジアの歴史と文化を幅広く学ぶことができる。
西洋史学専攻	西洋の歴史を学び、西洋や世界の捉え方を考え問題提起する能力を養う。メソポタミアの古代史を学ぶことができるのが大きな特徴である。古代史、中世史、近世史、近代史、現代史のそれぞれを担当する教員がおり、多彩なテーマに深く取り組むことができる。
哲学専攻	東洋哲学と西洋哲学の原典を正確に読み解き、先人の思想を理解し解釈する哲学的なトレーニングで思索力を養う。大学院生を中心に研究発表会や読書会が開かれ、哲学の文献を解読しながら議論を交わす。哲学的な思考や議論を積み重ね、卒業論文に結実させる。

社会学専攻	「時代を読み解く知」「微細に観察する知」「グローバルに思考する知」の3つの知を伸ばし、地球規模で起こる諸現象を観察する。家族社会学、地域社会学、理論社会学、歴史社会学、臨床社会学、グローバル社会学の6つの領域から選択し、学びを進めていく。
社会情報学専攻	2つのコースを設置。情報コミュニケーションコースでは社会調査やデータ処理を実践的に学び、社会を分析する。図書館情報学コースでは専門的な学びを通じて情報管理の専門家を育成する。伝統的な学問分野を押し広げ、人間と情報の新たな関係を構築する。
教育学専攻	教育史、教育行政学、教育社会学、生涯教育論など教育に関する全般的な知識を修得。教育実地研究という自主研究活動を行い、関心に合わせた卒業論文の研究テーマを見つける。現代の日本が抱える教育問題や、外国の教育事情などについても学ぶことができる。
心理学専攻	知覚、認知、神経、障害児、発達、臨床、犯罪など幅広い心理学分野の教員が在籍し、基礎から臨床までを網羅する。ゼミでは大学院生と学問的交流を行い、学生同士の自主的な学びがある。
学びのパスポートプログラム	文学部13専攻の内容を横断的に学べる。入学時に社会文化系とスポーツ文化系のどちらかを選択する。社会文化系はあらゆる科目を総合的に学び、スポーツ文化系はスポーツを文化資源として活用し、地域社会における組織作りやそれらをコーディネートできる人材の育成を目指す。
取得可能な免許・資格	公認心理師、学芸員、社会調査士、教員免許(中-国・社・英・中国語・フランス語・ドイツ語、高-国・地歴・公・英・中国語・フランス語・ドイツ語)、社会教育士、社会教育主事、司書教諭、司書

入試要項(2025年度)

※この入試情報は大学発表の2025年度入試（予告）および2024年度募集要項等より編集したものです（2024年1月時点。見方は巻頭の「本書の使い方」参照)。内容には変更が生じる可能性があるため、最新情報はホームページや2025年度募集要項等で必ず確認してください。

■文学部 偏差値 65

※配点未公表（2024年1月時点）

一般選抜

◆5学部共通選抜

［人文社会：3科目］国現古 地歴 公 数 歴総・日、歴総・世、公共・政経、数ⅠⅡAB〔列〕C〔ベ〕から1 外英

◆学部別選抜（一般方式）

［人文社会：3科目］国現古漢 地歴 数 歴総・日、歴総・世、数ⅠⅡAB〔列〕C〔ベ〕から1 外英

◆学部別選抜（英語外部試験利用方式）※出願資格として英語外部試験が必要

［人文社会：2科目］国現古漢 地歴 数 歴総・日、歴総・世、数ⅠⅡAB〔列〕C〔ベ〕から1

共通テスト利用入試 ※個別試験は課さない

◆共通テスト利用選抜（単独方式〔前期選考4教科型〕）

［人文社会：4科目］国現古漢 地歴 公 全6科目から1 数 理 情 数ⅠA、数ⅡBC、理情全6科目から1 外全5科目から1

◆共通テスト利用選抜（単独方式〔前期選考3教科型、後期選考〕）

［人文社会：3科目］国現古漢 地歴 公 数 理 情 地歴公理情全12科目、数ⅠA、数ⅡBCから1 外全5科目から1

特別選抜

［総合型選抜］自己推薦入学試験（外国語型、専攻適性型)、スポーツ推薦入学試験

［学校推薦型選抜］指定校推薦入学試験、附属推薦入学試験

［その他］外国人留学生入学試験

総合政策学部

定員 300

入試科目検索

多摩キャンパス

特色 英語以外に9つの外国語が学べる他、国内外でのフィールドワークも充実。
進路 就職先は情報通信業や卸売・小売業、金融・保険業などが多い。
学問分野 文化学／法学／政治学／経済学／経営学／社会学／国際学
大学院 総合政策

学科紹介

学科	定員	内容
政策科学科	(150)	政治、法律、経済についての学びから社会科学の視点を獲得し、政策の立案、検証、展開に必要な情報処理能力と数理解析力を身につける。国際政策文化学科の科目も履修でき、諸問題の背景にある文化的事情を学び、多様な価値観を考慮した解決策の提言を目指す。
国際政策文化学科	(150)	宗教学、比較文化研究、地域研究、国際交流論など文化理解に関する科目を学び、異文化共存と持続的発展のための思考力を身につける。政策科学科の科目も履修することで社会科学を学び、文化の多様性を政策に反映させた多元価値共生社会のモデル構築を目指す。
取得可能な免許・資格		学芸員、教員免許（中-社、高-公)、社会教育士、社会教育主事、司書教諭、司書

入試要項（2025年度）

※この入試情報は大学発表の2025年度入試（予告）および2024年度募集要項等より編集したものです（2024年1月時点。見方は巻頭の「本書の使い方」参照)。内容には変更が生じる可能性があるため、最新情報はホームページや2025年度募集要項等で必ず確認してください。

■総合政策学部 偏差値 65

※配点未公表（2024年1月時点）

一般選抜

◆5学部共通選抜

[全学科：3科目] 国現古 地歴 公 数歴総・日、歴総・世、公共・政経、数ⅠⅡAB〔列〕C〔べ〕から1 外英

◆学部別選抜（一般方式）

[全学科：2科目] 国現 外英

◆学部別選抜（英語外部試験利用方式） ※出願資格として英語外部試験が必要

[全学科：3科目] 国現 外英 その他英語外部試験

共通テスト併用入試

◆学部別選抜（共通テスト併用方式）

[全学科]〈共3科目〉国 地歴 公 数 理 情現古漢、地歴理情全9科目、公共・倫、公共・政経、数ⅠA、数ⅡBCから2教科2▶地歴と公は1教科扱い 外全5科目から1〈個1科目〉外英

共通テスト利用入試 ※個別試験は課さない

◆共通テスト利用選抜（単独方式〔前期選考、後期選考〕)

[全学科：3科目] 国 数現古漢、数ⅠA、数ⅡBCから1 地歴 公 理 情地歴理情全9科目、公共・倫、公共・政経から1 外英

特別選抜

[総合型選抜] スポーツ推薦入学試験
[学校推薦型選抜] 指定校推薦入学試験、附属推薦入学試験
[その他] 外国人留学生入学試験

国際経営学部

定員 300

多摩キャンパス

入試科目検索

特色 設置科目の7割以上が外国語で開講。英語による授業のみで卒業することも可能。
進路 就職先は通信・情報サービス、卸・小売、メーカーなど外資系企業も多い。
学問分野 言語学／経済学／経営学／国際学

学科紹介

国際経営学科 (300)	経営学・経済学の専門知識に加え高度な英語運用能力を養い、国際的ビジネス感覚を磨く。1年次からの3～4週間の海外短期留学を経験することができ、現地の企業訪問やインターンシップなどが行われる。
取得可能な免許・資格	学芸員、社会教育士、社会教育主事、司書教諭、司書

入試要項（2025年度）

※この入試情報は大学発表の2025年度入試（予告）および2024年度募集要項等より編集したものです（2024年1月時点。見方は巻頭の「本書の使い方」参照）。内容には変更が生じる可能性があるため、最新情報はホームページや2025年度募集要項等で必ず確認してください。

■国際経営学部 偏差値 67

※配点未公表（2024年1月時点）

一般選抜

◆学部別選抜（一般方式）
［国際経営：2科目］国現 外英

◆学部別選抜（英語外部試験利用方式）※出願資格として英語外部試験が必要
［国際経営：2科目］国現 その他英語外部試験

共通テスト併用入試

◆学部別選抜（共通テスト併用方式）
［国際経営］〈共3科目〉数数ⅠA、数ⅡBC 外英〈個1科目〉外英

共通テスト利用入試 ※個別試験は課さない

◆共通テスト利用選抜（単独方式〔前期選考4教科型、後期選考4教科型〕）
［国際経営：4科目］国現 地歴 公 情 地歴情全4科目、公共・倫、公共・政経から1 数数ⅠA、数ⅡBCから1 外英

◆共通テスト利用選抜（単独方式〔前期選考3教科型、後期選考3教科型〕）
［国際経営：3科目］国現 地歴 公 数 情 地歴情全4科目、公共・倫、公共・政経、数ⅠA、数ⅡBCから1 外英

特別選抜

［総合型選抜］自己推薦入学試験、海外帰国生等特別入学試験
［学校推薦型選抜］指定校推薦入学試験、附属推薦入学試験
［その他］外国人留学生入学試験

国際情報学部

市ヶ谷田町キャンパス

定員 150

入試科目検索

特色 シリコンバレー（アメリカ）などへの「国際ICTインターンシップ」を実施。
進路 就職先は通信・情報、専門・技術、メーカーなどITを中心とした業界。
学問分野 法学／国際学／情報学
大学院 国際情報

学科紹介

国際情報学科 (150)	「情報の仕組み」「情報の法学」「グローバル教養」の3要素を融合し、情報社会を多角的に学ぶ。情報技術の理論や基礎と情報に関する国際的な規範や情報政策を学び、新たな価値を創造できる人材を育成する。海外のＩＣＴ事情を学ぶ機会としてアメリカでのインターンシップを実施している。
取得可能な免許・資格	学芸員、社会教育士、社会教育主事、司書教諭、司書

入試要項（2025年度）

※この入試情報は大学発表の2025年度入試（予告）および2024年度募集要項等より編集したものです（2024年1月時点。見方は巻頭の「本書の使い方」参照）。内容には変更が生じる可能性があるため、最新情報はホームページや2025年度募集要項等で必ず確認してください。

■国際情報学部 偏差値 66

※配点未公表（2024年1月時点）

一般選抜

◆**学部別選抜（一般方式）**
[国際情報：2科目] 国現 外英

◆**学部別選抜（英語外部試験利用方式）** ※出願資格として英語外部試験が必要
[国際情報：2科目] 国現 その他 英語外部試験

共通テスト併用入試

◆**学部別選抜（共通テスト併用方式）**
[国際情報]〈共2科目〉国 地歴 公 数 理 情 現、地歴公理情全12科目、数ⅠA、数ⅡBCから1 外英〈個1科目〉外英

共通テスト利用入試 ※個別試験は課さない

◆**共通テスト利用選抜（単独方式〔前期選考4教科型〕）**
[国際情報：4科目] 国現 地歴 公 理 全11科目から1 数 情 数ⅠA、数ⅡBC、情Ⅰから1 外英

◆**共通テスト利用選抜（単独方式〔前期選考3教科型、後期選考〕）**
[国際情報：3科目] 国現 地歴 公 数 理 情 地歴公理情全12科目、数ⅠA、数ⅡBCから1 外英

特別選抜

[学校推薦型選抜] 指定校推薦入学試験、附属推薦入学試験

募集人員等一覧表

※本書掲載内容は、大学のホームページ及び入学案内や募集要項などの公開データから独自に編集したものです（2024年度入試[※1]）。詳細は募集要項かホームページで必ず確認してください。

学部	学科ーコース・専攻・プログラム	募集人員※2	一般選抜				共通テスト併用入試		共通テスト利用入試				特別選抜※4
			6学部共通選抜※3		学部別選抜（一般方式）		学部別選抜（英語外部試験利用方式）	学部別選抜（大学入学共通テスト併用方式）	大学入学共通テスト利用選抜（単独方式） 前期選考			後期選考	
			4教科型	3教科型	4教科型	3教科型			5教科型	4教科型	3教科型		
法	法律	882名	20名	36名	60名	269名		52名	115名		24名	6名	①15名※5 ⑧9名 ⑪30名 ⑬15名※6
	国際企業関係法	168名	5名	10名	5名	60名	—	13名	19名	—	6名	3名	①5名※5 ⑧2名 ⑬15名※6
	政治	389名	5名	20名	20名	128名		26名	52名		12名	6名	①10名※5 ⑧4名 ⑪14名 ⑬15名※6
経済	経済	467名	60名		Ⅰ 135名 Ⅱ 90名		Ⅰ 13名 Ⅱ 9名	Ⅰ 9名 Ⅱ 6名		16名	8名	5名	②+③20名 ⑧20名 ⑨若干名 ⑪43名 ⑬20名※7
	経済情報システム	180名	5名		79名		8名	7名	—	7名	4名	5名	
	国際経済	265名	10名		113名		13名	12名		11名	5名	5名	
	公共・環境経済	150名	5名		60名		7名	6名		6名	3名	5名	
商	経営ーフレックス	300名	—		130名		※9	—	—	14名	12名	4名	⑧⑩⑫若干名 ⑪44名※11 ⑬30名※7・11
	経営ーフレックスPlus1		—		20名					—	—	—	
	会計ーフレックス	300名	—		115名					14名	12名	4名	
	会計ーフレックスPlus1		—		40名					—	—	—	
	国際マーケティングーフレックス	300名	—		120名					14名	12名	4名	
	国際マーケティングーフレックスPlus1		—		20名					—	—	—	
	金融ーフレックス	120名	—		40名					8名	4名	4名	
	金融ーフレックスPlus1		—		15名					—	—	—	
	フリーメジャー（学科自由選択）※8	—	70名		—			20名※10		—	—	—	
理工	数	70名	—		32名		3名	13名	—			—	⑥10名 ⑪⑬若干名※6
	物理	70名			33名		2名	10名	5名				⑥6名 ⑪⑬若干名※6
	都市環境	90名			45名		2名	9名	9名				⑥3名 ⑪⑬若干名※6
	精密機械工	145名			80名		2名	20名	8名				⑥5名 ⑪⑬若干名※6
	電気電子情報通信工	135名			65名		2名	20名	10名				⑥5名 ⑪⑬若干名※6
	応用化	145名			78名		2名	25名	10名				⑥2名 ⑪⑬若干名※6
	ビジネスデータサイエンス	115名			65名		2名	13名	13名				⑥2名 ⑪⑬若干名※6
	情報工	100名			65名		2名	13名	7名				⑥1名 ⑪⑬若干名※6
	生命科	75名			43名		2名	10名	5名				⑪⑬若干名※6
	人間総合理工	75名			32名		5名	12名	8名				⑥8名 ⑪⑬若干名※6

学部	学科ーコース・専攻・プログラム	募集人員※2	一般選抜 6学部共通選抜※3 4教科型	一般選抜 6学部共通選抜※3 3教科型	一般選抜 学部別選抜（一般方式）4教科型	一般選抜 学部別選抜（一般方式）3教科型	一般選抜 学部別選抜（英語外部試験利用方式）	共通テスト併用入試 学部別選抜（大学入学共通テスト併用方式）	共通テスト利用入試 大学入学共通テスト利用選抜（単独方式） 前期選考 5教科型	前期選考 4教科型	前期選考 3教科型	後期選考	特別選抜※4
文	人文社会ー国文学	990名	7名		29名		若干名	—	—	40名	11名	若干名	④⑬若干名※6・12 ⑪3名
	人文社会ー英語文学文化		7名		77名						11名		④⑬若干名※6・12 ⑪4名
	人文社会ードイツ語文学文化		3名		22名						6名		④⑬若干名※6・12 ⑪1名
	人文社会ーフランス語文学文化		3名		34名						5名		④⑬若干名※6・12 ⑤4名※12 ⑪2名
	人文社会ー中国言語文化		3名		23名						6名		④若干名※6・12 ⑪1名
	人文社会ー日本史学		3名		43名						5名		④⑬若干名※6・12 ⑤5名※12 ⑪3名
	人文社会ー東洋史学		4名		25名						6名		④⑬若干名※6・12 ⑪1名
	人文社会ー西洋史学		4名		25名						6名		④⑬若干名※6・12 ⑪1名
	人文社会ー哲学		3名		36名						5名		④⑬若干名※6・12 ⑤3名※12 ⑪2名
	人文社会ー社会学		3名		47名						5名		④⑬若干名※6・12 ⑤15名※12 ⑪2名
	人文社会ー社会情報学		3名		43名						3名		④⑬若干名※6・12 ⑪2名
	人文社会ー教育学		3名		32名						3名		④⑬若干名※6・12 ⑪1名
	人文社会ー心理学		3名		41名						3名		④⑬若干名※6・12 ⑤4名※12 ⑪2名
	人文社会ー学びのパスポート		2名		10名						2名		④⑬若干名※6・12 ⑤10名※12 ⑪20名
総合政策	政策科	150名	25名		30名		5名	15名	24名			5名	⑪10名 ⑬若干名
	国際政策文化	150名	25名		30名		5名	15名	25名			5名	
国際経営	国際経営※13	300名	— ※14	— ※14	70名		20名	10名	—	7名	17名	4教科型3名 3教科型3名	⑦25名 ⑬A方式20名 B方式（9月入学）30名程度
国際情報	国際情報	150名	—		60名		5名	10名	—	10名	10名	5名	—

※1　2024年度入試実績。2025年度入試の概要は、大学ホームページに公表予定
※2　特別選抜、内部進学等の人数を含む
※3　2025年度より「5学部共通選抜」に名称変更
※4　[総合型選抜] 共課さない：①チャレンジ入学試験、②高大接続入学試験【自己推薦型】、③高大接続入学試験【資格・実績評価型】、④自己推薦特別入学試験【外国語型】、⑤自己推薦特別入学試験【専攻適性型】、⑥高大接続型自己推薦入学試験、⑦自己推薦入学試験、⑧英語運用能力特別入学試験、⑨ドイツ語・フランス語・中国語・スペイン語特別入学試験、⑩ドイツ語・フランス語・中国語・スペイン語・朝鮮語特別入学試験、⑪スポーツ推薦入学試験
[学校推薦型選抜] 指定校推薦入学試験（詳細は在籍高等学校に問い合わせてください）
[その他] 共課さない：⑫社会人入学試験、⑬外国人留学生入学試験
※5　各学科の募集人員は、リーガル、パブリック、グローバルの3つの部門を合わせた人数
※6　学部全体の募集人員
※7　A方式とB方式の合計の募集人員
※8　各学科定員数に含む
※9　2025年度より募集を開始
※10　A（会計学科、国際マーケティング学科）・B（経営学科、金融学科）それぞれ10名の募集となる
※11　フレックス・コースのみで、フレックスPlus1・コースは含まない
※12　2025年度より④は「自己推薦入学試験【外国語型】」、⑤は「自己推薦入学試験【専攻適性型】」に名称変更
※13　2025年度より海外帰国生等特別入学試験の募集を開始
※14　2025年度より募集停止

中央大学ギャラリー

■多摩キャンパス

約300本のソメイヨシノが咲き誇る緑あふれる広大な学び舎には、経済・商・文・総合政策・国際経営の5つの学部が集まります。

■学生食堂

多摩・後楽園・市ヶ谷田町・茗荷谷キャンパスにある中央大学の学食はメニューが充実、リーズナブルでボリュームも満点です。

■キャリアセンター

入学時からの進路支援プログラムと、3年生以上を対象とした就職支援プログラムの二つで学生の進路選択をサポートします。

■国際交流

約900名の留学生との交流や130を超える大学と交換留学を行うなど、中央大学には様々な異文化交流の舞台が整っています。

中央大学についてもっと知りたい方はコチラ

中央大学が創立された1885年より、「實地應用ノ素ヲ養フ」という建学の精神は、現在、多様な学問研究と幅広い実践的な教育を通して「行動する知性。ーKnowledge into Actionー」を育むという本学のユニバーシティメッセージに受け継がれています。詳しい情報はQRコードを読み取って確認してください。

Student's Voice

法学部

国際企業関係法学科 2年

鈴木（すずき） ディアンくん

東京都 都立 豊島高校 卒
柔道部　高3・6月引退

人や社会のために働きたい

Q どのような高校生でしたか？　中央大学を志望した理由は？

高校時代は色々なことに挑戦しました。部活では部長を務め、文化祭の実行委員会にも所属して高校を盛り上げることにも貢献していました。また、アルバイトにも挑戦し、自分で働いて得たお金で買い物をするなど、様々な経験を積んで人生観を育成することを大切にしていました。その際に注意していたことは、全部中途半端にならないことです。やると決めたことは抜かりなく徹底してやることを心がけていました。そのような高校生活の中で一番思い出に残っているのは、高3の体育祭です。実行委員会の幹部に立候補しました。私の高校は、生徒主体で行事を創り上げる伝統だったので、プログラム決めや細かい管理作業なども率先して行いました。初めて本格的に大きなものを自分たちの力で創り上げたので達成感もあり、とても思い出に残っています。

志望校については、高校に進学する前から弁護士ドラマを見るのが好きで、弁護士を目指したいと思っていたため、法学部を選びました。中央大学は司法試験の実績が高く、何よりも「炎の塔」という中央大学独自の司法試験対策施設に魅力を感じ、志望しました。

Q どのように受験対策をしましたか？　入試本番はどうでしたか？

もともと定期的に英検を受験していたので英語の成績は標準くらいでした。世界史も好きな科目だったため自分で勉強を進めていましたが、苦手な国語については勉強方法が全くわからず、高3から塾に通い対策を行いました。高3までは部活やアルバイトをしていたため、なかなか勉強する時間を取れませんでしたが、英語や世界史の勉強を自分で進められていたことがかなり大きかったと思います。

高3の夏には、共通テストと中央大学法学部の過去問をそれぞれ10年分ずつ解きました。そこで中央大学の傾向とそれに対する自分の実力を知った上で分析を行い、対策を練りました。夏休み以降はその分析結果をもとに、必要な対策に力を入れました。

●受験スケジュール

月	日	大学・学部学科（試験方式）
1	15	法政　法－国際政治（共テ利用B方式）
		★ 東洋　法－企業法（共テ前期3教科型 英語重視）
		★ 獨協　法－国際関係法（共テ利用前期2科目型）
2	3	明治学院　法－法律（A日程3教科型）
	9	★ 中央　法－国際企業関係法（6学部共通選抜）
		★ 中央　商（6学部共通選抜）
	12	★ 中央　法－国際企業関係法（学部別選抜一般方式）
		★ 中央　法－政治（学部別選抜一般方式）
	13	中央　商－金融（学部別選抜B一般方式）
	15	★ 中央　経済－国際経済（学部別選抜Ⅱ一般方式）

Q どのような大学生活を送っていますか？

法学を軸に国際社会で必要な能力を身につけられます

茗荷谷キャンパスの法学部図書館

国際企業関係法学科では、憲法や民法、刑法などの六法を軸とした一般的な法学に加え、企業法や経済学、企業論などのビジネスに関する学習や、国際法や国際学の学習を行います。その他にも英語の授業の必修数が法律学科と政治学科の2倍あり、国際社会で必要な能力を培うことができます。1・2年次は法学分野・ビジネス分野・国際学分野の3つを軸に学び、3年次から法学分野を軸に、ビジネス分野か国際学分野のどちらかを専攻することになります。

私はビジネスに関する学問の方に興味があり、ビジネス分野を専攻しようと考えています。2年次からは企業法や企業取引法、現代企業論といった授業が始まり、勉強がより楽しくなりました。新キャンパスの図書館はとても快適で、授業の予習・復習や資格試験の勉強にも活用しています。

国際教育寮のシアタールーム

寮での生活は素晴らしい経験になりました

1年次は多摩キャンパスで通学に時間を要していたため、国際教育寮に所属していました。国際教育寮は大学に隣接しており、各自の個室に加えて、シアタールームや会議室、キッチンなどの共有スペースがあるので、友人と過ごすことができます。住人の半分以上は外国人留学生なので、英語で話す機会も増え、一緒に料理や映画鑑賞をしたり、勉強をしたりなど、充実した時間を過ごしました。英語力も向上し、留学生やバイリンガルの友人ができるなど、貴重な経験になったと思います。国際教育寮は中央大学への進学を考えている受験生にはおすすめです。

Q 将来の夢・目標は何ですか？

もともと弁護士を目指していたので法曹界に進出する予定でしたが、心境の変化がありました。憧れから弁護士を目指したものの、本気で司法試験の勉強をしている方は「外国人の権利をもっとよくするために憲法を改正したい」など、法曹界に進出した先の志まで明確にあり、敵わないと思ってしまったのです。

現在は、「自分のため」だけではなく「人や社会のため」に働くことが大切だと考えています。塾でアルバイトをしているのですが、その中で自分の受験経験が活き、困っている生徒の学力が伸びたり、精神的に成長したりしていくと、とてもやりがいを感じます。残りの大学生活を通じて、自分の経験や能力が他の人や社会に影響するような職業をしっかり探していきたいと考えています。

Q 後輩へのアドバイスをお願いします！

私が中央大学法学部を第一志望として決めた当初は、到底合格には及ばないレベルでした。合格できた一番の要因は、中央大学法学部に対するこだわりが強かったからだと思っています。受験勉強を頑張っている人に最も伝えたいのは、「学力には上には上がいて一番頭が良いということは絶対にない。だからこそ第一志望校へのこだわりでは一番になれ」ということです。私立は複数出願が可能なので、自分より学力の高い人が併願校として自分の第一志望の大学を受験することも多くあります。つまり、全員がその大学に向けて頑張ってきたわけではありません。自分より学力が高い人に勝つためには、志望校対策で上回っていないと勝てません。そのためにも、これから受験勉強を始めるという人は、本当に行きたいと思える、こだわりを持てる大学をぜひ見つけてほしいです。

つだじゅく
津田塾大学

資料請求

経営企画課(小平キャンパス)　TEL (042) 342-5113　〒187-8577 東京都小平市津田町2-1-1

変革を担う女性の育成

大学紹介動画

最新入試情報

創立者・津田梅子の「all-round women」という理想のもと、個性を尊重する少人数教育と高度な英語教育を行う。強い当事者意識と責任感を持ち、より良い社会のために変革を担う女性を育成する。

ハーツホン・ホール（小平キャンパス）

キャンパス 2つ

小平キャンパス
〒187-8577 東京都小平市津田町2-1-1
千駄ヶ谷キャンパス
〒151-0051 東京都渋谷区千駄ヶ谷1-18-24

基本データ

※2023年5月現在（進路・就職は2022年度卒業者データ。学費は2024年度入学者用）

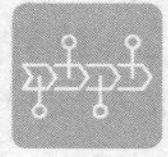

沿革

1900年、津田梅子が「女子英学塾」を開校。1948年、津田塾大学を設立、英文学部を設置。1949年、数学科を増設、学芸学部に改組。1969年、国際関係学科を増設。2006年、情報科学科などを設置。2017年、総合政策学部を設置。2019年、学芸学部に多文化・国際協力学科を設置し、現在に至る。

教育機関 2学部 3研究科

学部　学芸／総合政策

大学院　文学ⓂⒹ／理学ⓂⒹ／国際関係学ⓂⒹ

人数

学部学生数　3,126名

教員1名あたり学生 29名

教員数　105名【理事長】島田精一、【学長】髙橋裕子
（教授62名、准教授29名、講師7名、助教7名）

学費

初年度納入額　1,254,010~1,364,010円

奨学金　〈津田スピリット〉奨学金

進路

学部卒業者　731名
（進学46名［6.3%］、就職607名［83.0%］、その他78名［10.7%］）

主な就職先　NEC、日本アイ・ビー・エム、富士通、野村総合研究所、アクセンチュア、三菱電機、日本銀行、時事通信社、星野リゾート、NHK、NTTデータ、楽天グループ、日本貿易振興機構、NTTドコモ、JAL、アマゾンジャパン

学部学科紹介

※本書掲載内容は、大学公表資料から独自に編集したものです。詳細は大学パンフレットやホームページ等で必ず確認してください（取得可能な免許・資格は任用資格や受験資格などを含む）。

学芸学部

小平キャンパス　定員 580

特色　教養教育を重視。人文科学、社会科学、自然科学の領域に関わる教育を行う。
進路　就職先は公務やサービス業、卸売・小売業など多岐にわたる。
学問分野　文学／言語学／文化学／社会学／国際学／数学／情報学
大学院　文学／理学／国際関係学

学科	定員	内容
英語英文学科	(220)	世界に情報発信できる確かな英語力と専門性を養うため、イギリス文学・文化、アメリカ文学・文化、英語学、英語教育、異文化コミュニケーション、Japan Studies in Englishの6つのコースを設置している。
国際関係学科	(200)	政治、法、経済などの視点に加えて文化や社会の視点からも考察を行う。3年次からグローバル・国際関係、地域・文化、国際日本の3コースに分かれる。1年次から専門分野を意識して学習し、語学力も磨くことで、国際社会で活躍する女性を育成する。
多文化・国際協力学科	(70)	国際社会で通用する実践的な語学力とコミュニケーション能力を養い、国際的な課題を解決する知識や手法を修得する。2年次に多文化共生、国際協力、国際ウェルネスのいずれかのコースに所属。3・4年次には全員がフィールドワークを実施する。
数学科	(45)	数学の基本から最新の分野に至るまで幅広く学ぶ。1年次より少人数セミナーで学びを深め、問題解決能力と自分の考えを相手に伝えるコミュニケーション能力を身につける。論理的思考法を修得し、実社会で役立つ応用力を備えた人材を育成する。
情報科学科	(45)	情報科学技術の進化に対応できる知識と柔軟な技術力を養う。基本的な概念や知識を学び、プログラミングの基礎から応用までを修得する。情報科学分野で必要とされる「情報科学英語」、システム作成を行う「プロジェクト」などの科目が特色の1つである。
取得可能な免許・資格		登録日本語教員、教員免許（中-数・社・英、高-数・地歴・公・情・英）

総合政策学部

千駄ヶ谷キャンパス　定員 110

特色　グローバル社会における諸問題について語学力と分析力で解決できる人材を育成。
進路　就職先は情報通信業やサービス業、公務など多岐にわたる。
学問分野　法学／政治学／経済学／社会学／国際学／情報学

学科	定員	内容
総合政策学科	(110)	英語、ソーシャル・サイエンス、データ・サイエンスなどの科目で基礎力を培ったのち、公共政策、経済政策、社会情報、人間社会の4つの領域から1つを選択し、課題解決能力を鍛える。インターンシップなどを通じた実践的で主体的な学びを展開している。
取得可能な免許・資格		登録日本語教員

入試要項（2025年度）

※この入試情報は大学発表の2025年度入試（予告）および2024年度募集要項等より編集したものです（2024年1月時点。見方は巻頭の「本書の使い方」参照）。内容には変更が生じる可能性があるため、最新情報はホームページや2025年度募集要項等で必ず確認してください。

「大学入試科目検索システム」のご案内
日程・方式ごとの偏差値や昨年度入試結果（志願者倍率、実質倍率、合格最低点）、基本情報（出願締切日、試験日、二段階選抜、募集人員、総合満点）などは、「大学入試科目検索システム」（https://nyushi.toshin.com/）をご覧ください（利用方法はp.12参照）。

■学芸学部 偏差値 62

一般選抜

◆A方式

[英語英文、国際関係、多文化・国際協力：3科目] 国現古漢 地歴 数歴総・日、歴総・世、数ⅠⅡAB〔列〕C〔ベ〕から1 外英

[数、情報科：2科目] 数数ⅠⅡⅢAB〔列〕C 外英

共通テスト併用入試

◆B方式

[英語英文]〈共3科目〉国現古漢 地歴 公 数全9科目から1 外英〈個1科目〉外英

[国際関係、多文化・国際協力]〈共3科目〉国現古

私立 東京 神奈川 津田塾大学

漢地歴公数地歴全3科目、公共・倫、公共・政経、数ⅠA、数ⅡBCから1外全5科目から1〈個1科目〉論小論文
[数]〈共3科目〉数数ⅠA、数ⅡBC外英〈個1科目〉数数ⅠⅡⅢAB〔列〕C
[情報科]〈共4科目〉国地歴公理情現、地歴公理情全12科目から1数数ⅠA、数ⅡBC外英〈個1科目〉数数ⅠⅡⅢAB〔列〕C

共通テスト利用入試　※個別試験は課さない

◆C方式（3教科型）
[英語英文：3科目] 国現古漢地歴公数理全14科目から1外英
[国際関係：3科目] 国現古漢地歴公数理情全15科目から1外英

◆C方式（4教科型）
[英語英文：4科目] 国現古漢地歴公全6科目から1数理全8科目から1外英
[国際関係、多文化・国際協力：4科目] 国現古漢地歴公地歴全3科目、公共・倫、公共・政経から1数数ⅠA、数ⅡBCから1外英

◆C方式（5科目型）
[英語英文：5科目] 国現古漢地歴公理全11科目から2数全3科目から1外英

◆C方式
[数、情報科：4科目] 国地歴公理情現、地歴公理情全12科目から1数数ⅠA、数ⅡBC外英

■総合政策学部　偏差値 62

一般選抜

◆A方式
[総合政策：2科目] 国現古漢外英

共通テスト利用入試　※個別試験は課さない

◆C方式（3教科型）
[総合政策：3科目] 国現古漢地歴公数理情全15科目から1外英

◆C方式（4教科型）
[総合政策：4科目] 国現古漢地歴公全6科目から1数理情全9科目から1外英

◆C方式（2教科型）
[総合政策：2科目] 国地歴公数理情現古漢、地歴公数理情全15科目から1外英

■特別選抜

[総合型選抜] 総合型選抜
[学校推薦型選抜] 学校推薦型選抜（公募制）
[その他] 特別入試（帰国生・在日外国人学校出身者対象）、社会人入試、UNHCR難民高等教育プログラム推薦

就職支援

津田塾大学では、学生生活課が中心となって進路・就職支援を行います。進路・就職支援では、小規模校ならではのきめ細やかなサポートと、教職員や進路を決めた4年生、OGを含めた大学全体が一丸となってサポートを行うことが特徴です。年間を通じて開催されるガイダンスでは、OGを迎えての企業説明会など様々なガイダンスを実施する他、教員、公務員、進学、留学と就職など、ガイダンスの内容も幅広い進路に対応しています。

国際交流

津田塾大学では、複数の留学プログラムが用意され、希望に合った留学プログラムを選択することができます。協定を結んでいる13カ国・地域30大学に留学する協定校留学や、夏季休暇や春季休暇などを活用して参加する語学研修プログラム、その他に、自分の勉強したい分野、目的に合った留学先を自由に選択できる私費留学や各国で行われるサマースクール等が実施されています。留学や海外活動を行う学生を支援するために大学独自の奨学金制度が用意されています。

帝京大学（ていきょう）

資料請求

入試センター（板橋キャンパス） TEL (0120) 33-5933 〒173-8605 東京都板橋区加賀2-11-1

努力をすべての基（もと）とし「自分流」を会得する

大学紹介動画

最新入試情報

実践を通して論理的思考を身につける「実学」、異文化を理解する「国際性」、偏ることなく幅広く学ぶ「開放性」を指針とする。生まれ持った個性を大いに生かし、結果に責任を持つ「自分流」の生き方を会得する。

ソラティオスクエア

キャンパス **4**つ

板橋キャンパス
〒173-8605 東京都板橋区加賀2-11-1

八王子キャンパス
〒192-0395 東京都八王子市大塚359

宇都宮キャンパス
〒320-8551 栃木県宇都宮市豊郷台1-1

福岡キャンパス
〒836-8505 福岡県大牟田市岬町6-22

基本データ

※2023年5月現在（進路・就職は2022年度卒業者データ。学費は2024年度入学者用）

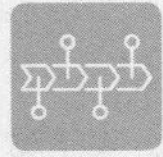

沿革

1966年、帝京大学として文、経済の2つの学部で発足。1967～89年にかけて、法学部、医学部、薬学部、理工学部を設置。2004年、医療技術学部を設置。2005年、福岡医療技術学部を設置。2007年、外国語学部を設置。2012年、教育学部を設置。2022年、外国語学部に国際日本学科を設置し、現在に至る。

教育機関 **10**学部 **11**研究科

学部 医／薬／経済／法／文／外国語／教育／理工／医療技術／福岡医療技術

大学院 医学Ⓓ／薬学Ⓓ／経済学ⓂⒹ／法学ⓂⒹ／文学ⓂⒹ／外国語ⓂⒹ／理工学ⓂⒹ／医療技術学ⓂⒹ／保健学ⓂⒹ／教職Ⓟ／公衆衛生学ⒹⓅ／総合データ応用（研究科等連係課程）Ⓜ／医療データサイエンス（研究科等連係課程）Ⓓ

その他 通信教育部／短期大学部

人数

学部学生数 **22,147**名　教員1名あたり学生 **15**名

教員数 **1,450**名【理事長・学長】冲永佳史

（教授**469**名、准教授**253**名、講師**313**名、助教**242**名、助手・その他**173**名）

学費

初年度納入額 **1,256,660~9,370,140**円

奨学金 奨学特待生（Aコース・Bコース・Cコース）、後援会奨学金

進路

学部卒業者 **4,683**名

（進学**230**名［4.9%］、就職**3,734**名［79.7%］、その他※**719**名［15.4%］）

※臨床研修医108名を含む

主な就職先 東京都庁、警視庁、日本生命保険、伊藤忠テクノソリューションズ、東京消防庁、サントリービバレッジソリューション、帝京大学医学部附属病院、アイリスオーヤマ、伊藤園、星野リゾート

学部学科紹介

※本書掲載内容は、大学公表資料から独自に編集したものです。詳細は大学パンフレットやホームページ等で必ず確認してください（取得可能な免許・資格は任用資格や受験資格などを含む）。

医学部

板橋キャンパス　定員 118

特色　最新の知識や技術とともに、豊かな人間性を身につけた「良き医師」を養成する。
進路　卒業者の多くが臨床研修医として各種医療機関に就く。
学問分野　医学
大学院　医学／公衆衛生学

学科	定員	内容
医学科	(118)	6年制。繰り返し学習する積み上げ方式によって、集中的かつ多角的に知識を身につける。板橋キャンパス内の附属病院で先端医療に精通した専門医の指導のもと早期から臨床実習を行う。少人数のグループ学習も重視し、問題を主体的に捉え解決する能力を養う。
取得可能な免許・資格		医師

薬学部

板橋キャンパス　定員 320

特色　優れた人間性と高度な科学的能力を持つ社会の要請に応えられる薬剤師を養成。
進路　約7割が薬局やドラッグストアに就職。他、病院など医療現場など。
学問分野　薬学
大学院　薬学

学科	定員	内容
薬学科	(320)	6年制。医療の問題点を科学的・倫理的に捉え、薬学的な視点から解決する薬剤師を養成する。4年次に調剤業務の一連の流れを模擬薬局で訓練し、5年次から病院や薬局で実際の業務を学ぶ。薬学教育研究センターが基礎教育から国家試験まで支援している。
取得可能な免許・資格		薬剤師

経済学部

八王子キャンパス（下記以外）
宇都宮キャンパス（地域経済）　定員 1,570

特色　変化の著しい経済社会で活躍できる経済や経営に関する知識や技量を身につける。
進路　就職先はサービス業や卸売・小売業、建設・不動産業などが多い。
学問分野　経済学／経営学／観光学／国際学
大学院　経済学

学科	定員	内容
経済学科	(550)	経済動向から課題を見出し、解決に取り組む能力を身につける。実学重視のカリキュラムのもと、実業界や官界出身の教員スタッフが講義を行う。多様な科目を興味や関心に応じて幅広く履修できる。卒業後の目標を明確に設定するキャリアデザイン関連の講義も充実。
国際経済学科	(200)	世界各国・地域を対象にした国際経済を学ぶ。アジアに滞在経験のある教員や海外協定校の教員による講義から多様性に富んだアジア経済の実態を学ぶことができる。TAEP（帝京大学アジア交流プログラム）協定校を中心にした海外研修プログラムを用意。
地域経済学科	(100)	地域活性化の原動力として地域の再生に貢献できる人材を育成する。地域企業の実務経験者や地方自治体出身である教員スタッフのもと、密度の濃い実践的な授業を展開する。地域企業や行政機関と連携し、フィールドワークを重視したプログラムが用意されている。
経営学科	(550)	理論と実践を結びつけた教育で、企業経営における問題解決能力を養う。経営、企業と会計、スポーツ経営の3つのコースのいずれかを入学後に選択。少人数制で入門、専門基礎、専門発展と段階的に学べる科目もあり、能力や習熟度に合わせて効果的に学習できる。
観光経営学科	(170)	観光地の計画と経営、政策や法制などを学び、地域振興やまちづくりに貢献できる人材を育成する。現代社会の観光の意義を理解し、観光商品の生産、流通、消費のメカニズムを学習する。観光関連産業の実務経験者を教員陣に据え、実習や実務研修などを行う。
取得可能な免許・資格		学芸員、教員免許（中-社、高-地歴・公・情・商業）、社会教育士、社会教育主事、司書教諭、司書

法学部

八王子キャンパス

定員 475

特色	既存の学問の枠を越えた複眼的視野を持ち社会の法的ニーズに応える人材を育成。
進路	卒業者の多くが公務やサービス業、建設・不動産業に就いている。
学問分野	法学／政治学
大学院	法学

法律学科 (375)	実学としての法律を重視し、実社会で活用できる法律知識を持った社会の法的ニーズに応えられる人材を育成する。司法、ビジネス法務、現代社会と法の3つのコースから1つを選択。実務経験豊富な教員による講義や模擬法廷など特色ある授業が開講されている。
政治学科 (100)	公務員志望の学生向けの公共政策コースと、政治やジャーナリズムに関心のある学生向けの政治コースのいずれかを選択し、推奨科目に沿って科目を履修する。政治、法律、経済の幅広い専門知識を身につけられる。
取得可能な免許・資格	学芸員、教員免許(中-社、高-地歴・公)、社会教育士、社会教育主事、司書教諭、司書

文学部

八王子キャンパス

定員 741

特色	国際性や開放性を意識した学びを通し専門知識と幅広い教養を持った人材を育成。
進路	就職先はサービス業や小売・流通業、情報通信業などが多い。
学問分野	文学／心理学／歴史学／地理学／文化学／社会学／国際学／芸術理論
大学院	文学

日本文化学科 (120)	日本の思想・文学・映画や大衆文化など多彩な分野にわたる教員スタッフのもと、日本文化の特質を深く探究する。書写や書道史、書論、書道科教育法などに関する学習活動を支える書道研究所が設置されており、書道の教員免許の取得が可能。
史学科 (213)	日本史、東洋史、西洋史、考古学、地理学、美術史・文化遺産の6つのコースからなり、1年次に全コースの概説を学んだのち、2年次に選択を行う。女性史や家族史など個性的な科目が設けられ、特殊講義、演習、史籍講読・実習などで専門分野の研究を進める。
社会学科 (208)	社会に関する様々な知識や、統計的な分析、社会調査の技法を学習し、論理的思考力や問題解決の実践力も養う。優秀で意欲的な学生は10名以下の少数精鋭による特別授業オナーズ・プログラムに選抜され、より質の高い教育を受けることができる。
心理学科 (200)	心理学の基礎を修得した上で、3年次から基礎心理、社会心理、実践発達、臨床実践の4つの領域に分かれて専門分野を究める。モニタールーム併設の行動観察分析室などの設備や実験室も整備され、資格取得のためのカリキュラムも用意されている。
取得可能な免許・資格	登録日本語教員、認定心理士、学芸員、社会調査士、教員免許(中-国・社、高-国・地歴・公・書)、社会教育士、社会教育主事、司書教諭、司書

外国語学部

八王子キャンパス

定員 400

特色	実践的な言語教育で語学力と交流の力、異文化への理解を持つ真の国際人を育成。
進路	就職先はサービス業や小売・流通業、情報通信業などが多い。
学問分野	言語学／国際学
大学院	外国語

外国語学科 (250)	英語、ドイツ語、フランス語、スペイン語、中国語、コリア語の6コースを設置。集中語学特訓を経たあと、2年次後期に外国語学科の学生全員が留学する「GLOBAL CAMPUS PROGRAM」制度がある。
国際日本学科 (150)	2022年度設置。一部留学生入試での募集を行っている。国際的な視点から日本を捉え、グローバル共生社会に貢献できる人材を育成。学生同士が英語と日本語を共通言語として異文化理解を深める。2年次には海外または国内の協定校での語学・文化研修プログラムを実施。
取得可能な免許・資格	登録日本語教員、学芸員、教員免許(中-英、高-英)、社会教育士、社会教育主事、司書教諭、司書

教育学部

八王子キャンパス
定員 330

特色	理論と実践の学びを通し教育現場や企業など様々な分野で活躍できる人材を育成。
進路	教員の他、公務や一般企業の教育関連職など多彩な分野に進む。
学問分野	子ども学／教員養成／教育学
大学院	教職

教育文化学科 (100)	3年次から生涯学習、中等教育の2つのコースに分かれる。教員や公務員、一般企業の教育関連職など幅広く教育に関わる人材を育成する。現代の教育の課題の発見と解決に自主的に取り組み、専門分野の枠を超えた知識とそれを応用できる思考法を修得する。
初等教育学科 (230)	2つのコースを設置。初等教育コースでは主に小学校教諭と幼稚園教諭を目指す学生が対象で4年間にわたり多くの実習が行われる。こども教育コースでは幼稚園教諭と保育士を目指す学生を対象として、資格取得に関する学習を中心に、教育学や心理学など幅広く学ぶ。
取得可能な免許・資格	認定心理士、学芸員、保育士、教員免許（幼一種、小一種、中-社・保体・英、高-地歴・公・保体・英、特-知的・肢体・病弱）、社会教育士、社会教育主事、司書教諭、司書

理工学部

宇都宮キャンパス
定員 265

特色	実学教育により、創造性や人間味豊かな専門性を持つ人材を育成する。
進路	卒業者はメーカーや情報通信業などのエンジニアとして活躍している。
学問分野	生物学／機械工学／電気・電子工学／船舶・航空宇宙工学／情報学
大学院	理工学

機械・精密システム工学科 (50)	CAD/CAMに基づいたものづくりを学べる機械工学と、実車を用いた実験や実習を通して開発技術者としての能力をみがく自動車工学の2つの専門コースを設置。充実した実習施設を備え、ものづくりの専門知識と技術、感性、独創性を養う。
航空宇宙工学科 (45)	数学、物理、化学、情報リテラシー、語学などの基礎科目を徹底的に学習し、理工学の基礎学力を強化する。航空宇宙工学、ヘリパイロットの2つのコースを設置している。両コースとも実機を用いた実習を行うなど実践的なカリキュラムが組まれている。
情報電子工学科 (85)	2年進級時に、ソフトウェアとしての情報システムを扱う情報科学、幅広いメディア表現技術を扱う情報メディア、ハードウェアとしての電子システムを扱うロボット・メカトロニクスの3つのコースからいずれかを選択する。実習とグループワーク重視のカリキュラムを展開。
バイオサイエンス学科 (85)	生物学や化学といった基礎科目を土台にバイオサイエンスを学び、社会のニーズに応える能力を育む。バイオサイエンスに関する実験と先端技術の教育研究を重視し、実学を通して高い専門性を身につける。
取得可能な免許・資格	学芸員、無線通信士（航空）、特殊無線技士（海上、陸上）、技術士補、臨床工学技士、食品衛生管理者、食品衛生監視員、バイオ技術者、教員免許（中-数・理、高-数・理・情・工業）

医療技術学部

板橋キャンパス（下記以外）
八王子C(スポ医の一部)、宇都宮C(柔道整復)
定員 910

特色	チーム医療を実践的に学ぶことで、即戦力として活躍できる医療技術者を育成。
進路	卒業者の多くが病院・医療機関で活躍。公務や一般企業に就く者もいる。
学問分野	看護学／健康科学
大学院	医療技術学／保健学

視能矯正学科 (100)	目の健康を支える専門家である視能訓練士を養成する。斜視手術に関する豊富な実績を有する医学部附属病院での臨床実習や、実際の現場で使用される診療用検査機器を用いた学内実習が行われ、臨床経験豊富な教員から直接指導を受けることができる。
看護学科 (130)	多様化する人の健康と生活のニーズに対応できる、人間性豊かな看護師を養成する。グループワークや演習、見学などにも力を入れ、病院や地域での臨地実習を実施。「がん看護」や「チームケア」、「災害看護」など、現場で注目されている領域を学ぶ。

診療放射線学科 (100)	臨床現場の高度な要求に応えることのできる診療放射線技師を養成する。医学部附属病院の医師や技師による充実した授業が行われている。病院での実習を通し、診療放射線技師の仕事内容だけでなく、チーム医療における役割や患者への対応能力なども身につける。
臨床検査学科 (100)	専門知識や技術、豊かな人間性や高度な倫理観を養い、世界的規模で流行する感染症への予防医学的な対処など、医療の国際化に向けた臨床検査技師の養成を行う。医療の安全性を確保するためにリスクマネジメント教育にも力を入れている。
スポーツ医療学科 (390)	スポーツと医療に関する幅広い知識や技術の修得を目指す。スポーツ指導者やトレーナーなどを目指す学生を対象とする健康スポーツコース、病院前救護を担う救急救命士を養成する救急救命士コース、スポーツ推薦者専用のトップアスリートコースがある。
柔道整復学科 (90)	医学、生物学、生命倫理を重視した教育を行い、柔道整復学に基づいた治療によって患者の健康をサポートする柔道整復師を養成する。カルテの書き方や機器の種類、効果について学んだ上で附属接骨院で臨床実習を行い、柔道整復師の仕事への理解を深める。
取得可能な免許・資格	社会福祉主事、看護師、保健師、診療放射線技師、臨床検査技師、柔道整復師、救急救命士、視能訓練士、衛生管理者、教員免許（中-保体、高-保体）、養護教諭（一種）

福岡医療技術学部

福岡キャンパス

定員 340

特色　豊かな創造性と人間性を養い、地域医療に貢献できる医療技術者を育成する。

進路　9割以上の卒業者が医療・福祉業へ進む。他、公務に就く者もいる。

学問分野　看護学／健康科学

大学院　医療技術学／保健学

理学療法学科 (80)	医療をはじめ、福祉やスポーツなど幅広い分野からのニーズに応える専門性を持ったリハビリテーションの専門家を育成する。患者の状態を分析することを重視した教育と、長期間の医療実習で現場感覚を養い、協調性やコミュニケーション力も身につける。
作業療法学科 (40)	患者の社会復帰を心と身体の両面から支援する作業療法士を養成する。人間尊重の倫理観を育むセラピスト教育が特色の1つである。2年次から始まる臨床実習は毎回異なる病院や施設で行われ、現場体験を通して、観察力や対応力を身につける。
看護学科 (80)	高度な地域医療の最前線で活躍できる人材を育成する。主体的な学びが実現できるよう、グループワークや演習、見学や実習が数多く用意されている。ジェンダー論、チーム医療などの領域についても学び、現代のニーズの変化に対応した看護能力を養う。
診療放射線学科 (60)	放射線技術に関する高度な知識と技術、高い倫理観、豊かな人間性を兼ね備えた診療放射線技師を養成する。放射線や超音波などを用いた生体画像情報の取得、診断・治療技能、診断支援システムや電子化などに関する高度な実践能力を養う。
医療技術学科 (80)	高度で良好なチーム医療を実践できる医療人を育成する。安全かつ迅速・的確に救命処置を行う実践力を備えた救急救命士を養成する救急救命士コースと、医学と工学の知識を兼ね備え、臨床現場を支える医療機器の専門家を育成する臨床工学コースからなる。
取得可能な免許・資格	臨床工学技士、看護師、助産師、保健師、理学療法士、作業療法士、診療放射線技師、救急救命士、衛生管理者、養護教諭（二種）

入試要項（2024年度）

※この入試情報は2024年度募集要項等より編集したものです（見方は巻頭の「本書の使い方」参照）。
2025年度入試の最新情報は、ホームページや2025年度募集要項等で必ず確認してください。

「大学入試科目検索システム」のご案内
日程・方式ごとの偏差値や昨年度入試結果（志願者倍率、実質倍率、合格最低点）、基本情報（出願締切日、試験日、二段階選抜、募集人員、総合満点）などは、「大学入試科目検索システム」（https://nyushi.toshin.com/）をご覧ください（利用方法はp.12参照）。

■医学部　偏差値 68

一般選抜

◆**一般選抜（一般、福島県特別地域枠、千葉県特別地域枠、静岡県特別地域枠、茨城県特別地域枠、新潟県特別地域枠）**
[医]〈一次：3科目〉国数理現、数ⅠⅡAB、物基・物、化基・化、生基・生から2外英〈二次：2科目〉論課題作文面面接

共通テスト併用入試

◆**共通テスト利用選抜（前期）**
[医]〈一次：共3科目〉国数理現古漢、数Ⅰ、数ⅠA、数Ⅱ、数ⅡB、物、化、生から2▶数2科目選択不可外英〈二次：個3科目〉外英論課題作文面面接

■薬学部　偏差値 55

一般選抜

◆**一般選抜（Ⅰ期、Ⅱ期、Ⅲ期）**
[薬：4科目]数数ⅠⅡAB理化基・化外英面面接

共通テスト併用入試

◆**共通テスト利用選抜（前期）**
[薬]〈一次：共3科目〉数数Ⅰ、数ⅠA、数Ⅱ、数ⅡBから1理化外英〈二次：個1科目〉面面接

■経済学部　偏差値 54

一般選抜

◆**一般選抜（Ⅰ期、Ⅱ期、Ⅲ期）**
[全学科：3科目]国地歴公数現、世B、日B、政経、数ⅠAから2外英、英語外部試験から高得点1

共通テスト利用入試　※個別試験は課さない

◆**共通テスト利用選抜（前期、後期）**
[全学科：3科目]国地歴公数現、世B、日B、地理B、公全4科目、数Ⅰ、数ⅠA、数Ⅱ、数ⅡBから2▶公数各2科目選択不可外英

■法学部　偏差値 56

一般選抜

◆**一般選抜（Ⅰ期、Ⅱ期、Ⅲ期）**
[全学科：3科目]国地歴公数現、世B、日B、政経、数ⅠAから2外英、英語外部試験から高得点1

共通テスト利用入試　※個別試験は課さない

◆**共通テスト利用選抜（前期、後期）**
[全学科：3科目]国地歴公数現、世B、日B、地理B、公全4科目、数Ⅰ、数ⅠA、数Ⅱ、数ⅡBから2▶公数各2科目選択不可外英

■文学部　偏差値 58

一般選抜

◆**一般選抜（Ⅰ期、Ⅱ期、Ⅲ期）**
[日本文化、史：3科目]国現地歴公数世B、日B、政経、数ⅠAから1外英、英語外部試験から高得点1
[社会、心理：3科目]国地歴公数現、世B、日B、政経、数ⅠAから2外英、英語外部試験から高得点1

共通テスト利用入試　※個別試験は課さない

◆**共通テスト利用選抜（前期、後期）**
[日本文化、史：3科目]国現地歴公数世B、日B、地理B、公全4科目、数Ⅰ、数ⅠA、数Ⅱ、数ⅡBから1外英
[社会、心理：3科目]国地歴公数現、世B、日B、地理B、公全4科目、数Ⅰ、数ⅠA、数Ⅱ、数ⅡBから2▶公数各2科目選択不可外英

■外国語学部　偏差値 56

一般選抜

◆**一般選抜（Ⅰ期、Ⅱ期、Ⅲ期）**
[全学科：3科目]国地歴公数現、世B、日B、地理B、政経、数ⅠAから2外英、英語外部試験から高得点1

共通テスト利用入試　※個別試験は課さない

◆**共通テスト利用選抜（前期、後期）**
[全学科：3科目]国地歴公数現、世B、日B、地理B、公全4科目、数Ⅰ、数ⅠA、数Ⅱ、数ⅡBから2▶公数各2科目選択不可外英

■教育学部　偏差値 56

一般選抜

◆**一般選抜（Ⅰ期、Ⅱ期、Ⅲ期）**
[全学科：3科目]国現地歴公数世B、日B、政経、数ⅠAから1外英、英語外部試験から高得点1

共通テスト利用入試　※個別試験は課さない

◆**共通テスト利用選抜（前期、後期）**
[全学科：3科目]国現地歴公数世B、日B、地理B、公全4科目、数Ⅰ、数ⅠA、数Ⅱ、数ⅡBから1外英

■理工学部　偏差値 55

一般選抜

◆**一般選抜（Ⅰ期、Ⅱ期）**
[機械・精密システム工、航空宇宙工－航空宇宙工学、情報電子工：3科目]数数ⅠⅡAB理物基・物、化基・化から1外英、英語外部試験から高得点1

[バイオサイエンス：3科目] 数 理 数ⅠⅡAB、化基・化、生基・生から2 外 英、英語外部試験から高得点1

◆一般選抜（Ⅲ期）

[機械・精密システム工、航空宇宙工－航空宇宙工学、情報電子工：4科目] 数 数ⅠⅡAB 理 総合 物基・物、化基・化、総合問題から1 外 英、英語外部試験から高得点1

[バイオサイエンス：3科目] 数 理 総合 数ⅠⅡAB、化基・化、生基・生、総合問題から2 外 英、英語外部試験から高得点1

◆一般選抜（Ⅰ期、Ⅱ期）※出願資格として英語外部試験が必要

[航空宇宙工－ヘリパイロット]〈一次：3科目〉数 数ⅠⅡAB 理 物基・物、化基・化から1 外 英、英語外部試験から高得点1〈二次：2科目〉面 面接 その他 適性検査

◆一般選抜（Ⅲ期）※出願資格として英語外部試験が必要

[航空宇宙工－ヘリパイロット]〈一次：3科目〉数 数ⅠⅡAB 理 総合 物基・物、化基・化、総合問題から1 外 英、英語外部試験から高得点1〈二次：2科目〉面 面接 その他 適性検査

共通テスト併用入試

◆共通テスト利用選抜（前期、中期、後期）※出願資格として英語外部試験が必要。受験科目により均等配点型・数学重点型・理科重点型にて得点を算出し高得点を合否判定に使用

[航空宇宙工－ヘリパイロット]〈一次：共3～4科目〉国 数 次の①・②から1（①現、数ⅠA、数ⅡBから2、②数ⅠA、数ⅡBから1）理 物、化から1 外 英〈二次：個2科目〉面 面接 その他 適性検査

共通テスト利用入試　※個別試験は課さない

◆共通テスト利用選抜（前期、中期、後期）※受験科目により均等配点型・数学重点型・理科重点型にて得点を算出し高得点を合否判定に使用

[機械・精密システム工、航空宇宙工－航空宇宙工学、情報電子工：3～4科目] 国 数 次の①・②から1（①現、数ⅠA、数ⅡBから2、②数ⅠA、数ⅡBから1）理 物、化から1 外 英

[バイオサイエンス：3～4科目] 国 数 次の①・②から1（①現、数ⅠA、数ⅡBから2、②数ⅠA、数ⅡBから1）理 化、生から1 外 英

■医療技術学部 偏差値 57

一般選抜

◆一般選抜（Ⅰ期、Ⅱ期、Ⅲ期）

[視能矯正、看護、診療放射線、臨床検査、スポーツ医療－救急救命士、柔道整復：4科目] 国 数 理 現、数ⅠA、物基・物、化基・化、生基・生から2 外 英 面 面接

[スポーツ医療－健康スポーツ：4科目] 国 地歴 公 数 理 現、世B、日B、政経、数ⅠA、物基・物、化基・化、生基・生から2 外 英、英語外部試験から高得点1 面 面接

共通テスト併用入試

◆共通テスト利用選抜（前期）

[視能矯正、看護、診療放射線、臨床検査、スポーツ医療－救急救命士、柔道整復]〈一次：共3科目〉国 数 理 現、数Ⅰ、数ⅠA、数Ⅱ、数ⅡB、物、化、生から2▶数2科目選択不可 外 英〈二次：個1科目〉面 面接

[スポーツ医療－健康スポーツ]〈一次：共3科目〉国 地歴 公 数 理 現、世B、日B、地理B、公理全9科目、数Ⅰ、数ⅠA、数Ⅱ、数ⅡBから2▶公数各2科目選択不可 外 英〈二次：個1科目〉面 面接

■福岡医療技術学部 偏差値 55

一般選抜

◆一般選抜（Ⅰ期、Ⅱ期、Ⅲ期）

[全学科：4科目] 国 数 理 現、数ⅠA、物基・物、化基・化、生基・生から2 外 英 面 面接

共通テスト併用入試

◆共通テスト利用選抜（前期）

[全学科]〈一次：共3科目〉国 数 理 現、数Ⅰ、数ⅠA、数Ⅱ、数ⅡB、物、化、生から2▶数2科目選択不可 外 英〈二次：個1科目〉面 面接

■特別選抜

[総合型選抜] 総合型選抜

[学校推薦型選抜] 学校推薦型選抜（公募制、指定校制、全商協会大学特別推薦枠、ジュニアマイスター顕彰特別推薦枠）

[その他] 海外帰国生選抜、社会人選抜、留学生特別選抜、UNHCR難民高等教育プログラム推薦

就職支援

帝京大学では、分野別キャリア・就職支援を行っています。文系学生に対しては、各年次に合わせた多彩な支援プログラムを用意する他、1年次から履修対策可能な公務員試験対策の科目を開講しています。理工系学生に対しては、約180社が参加する学内合同企業セミナーの開催の他、地域に根差したメーカーや地方公共団体、IT関連企業などへの就業体験を実施しています。医療系学生に対しては、国家試験対策として教員による解説や特別講義を行っています。

国際交流

帝京大学では、様々な国の大学と国際交流を行っており、長期休暇を利用した短期留学、協定校へ半年または1年間で留学する交換留学、目的や希望に応じて留学先やプログラムを選択できる認定留学など、様々な期間・派遣先・目的のプログラムが実施されています。また、学部・学科ごとの専門性を意識した様々な海外プログラムが行われています。留学を行う学生への経済的支援として、大学独自の留学支援金・留学奨学金が設けられています。

とうきょうけいざい

東京経済大学

資料請求

入試課(国分寺キャンパス) TEL (042) 328-7747 〒185-8502 東京都国分寺市南町1-7-34

「考え抜く実学。」考え抜き、実践し、未来を切り拓く

大学紹介動画

最新入試情報

深い知識の蓄積という土台のうえに高い専門性を築いていく「アカデミズムに裏打ちされた実学」を重視。真実を追い、深く考え抜き、実践的な知力を身につけ、未来を切り拓く力を培い、グローバルで活躍する人材を育成する。

図書館(正面)と5号館

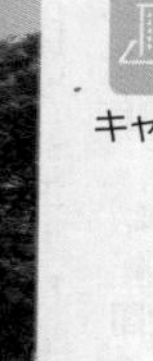
キャンパス **1**つ

国分寺キャンパス
〒185-8502 東京都国分寺市南町1-7-34

基本データ

※2023年5月現在(教員数は非常勤を含む。進路・就職は2022年度卒業者データ。学費は2024年度入学者用)

沿革

1900年、前身となる大倉商業学校を開校し1949年に新制大学へ昇格、経済学部を設置。1964年、経営学部を設置。1970年、大学院を設置。1995年、コミュニケーション学部を設置。2000年、現代法学部を設置。2017年、キャリアデザインプログラムを導入。2022年、コミュニケーション学部がメディア社会学科と国際コミュニケーション学科の2つの学科体制に改組し、現在に至る。

教育機関 4学部 4研究科

学部 経済／経営／コミュニケーション／現代法

大学院 経済学Ⓜ︎Ⓓ／経営学Ⓜ︎Ⓓ／コミュニケーション学Ⓜ︎Ⓓ／現代法学Ⓜ︎

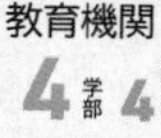
人数

学部学生数 6,739名

教員1名あたり学生 18名

教員数 360名【理事長】菅原寛貴、【学長】岡本英男
(教授94名、准教授51名、講師215名)

学費

初年度納入額 1,243,100~1,349,100円

奨学金 特待生制度、安城記念奨学金

進路

学部卒業者 1,526名
(進学8名 [0.5%]、就職1,314名 [86.1%]、その他204名 [13.4%])

主な就職先 大成建設、清水建設、みずほフィナンシャルグループ、横浜銀行、大和証券、ハウス食品、三菱食品、JTB、JR東日本、EY新日本有限責任監査法人、総務省、内閣府、埼玉県庁

学部学科紹介

※本書掲載内容は、大学公表資料から独自に編集したものです。詳細は大学パンフレットやホームページ等で必ず確認してください（取得可能な免許・資格は任用資格や受験資格などを含む）。

経済学部

国分寺キャンパス　定員 530

- 特色　1年次は経済学の基礎、2年次は応用を学び、3年次から2学科に分かれ専門分野を追究。
- 進路　就職先はサービス業や情報通信業、金融・保険業など多岐にわたる。
- 学問分野　経済学／国際学
- 大学院　経済学

経済学科 (375)	財政や金融、労働や社会保障、環境やコミュニティなど、日々の暮らしに深く関わる分野を経済学の観点から学ぶ。世の中の多岐にわたる経済・社会問題を、理論的、歴史的に理解し、実証的に分析できる能力を養う。
国際経済学科 (155)	欧米諸国や成長著しいアジアの経済を深く学ぶとともに、国際貿易、国際金融、開発協力など日本と世界との深いつながりを経済学の観点から学ぶ。国際社会の多様性を深く理解し、グローバル社会で活躍する人材を育成する。
取得可能な免許・資格	教員免許（中-社、高-地歴・公）

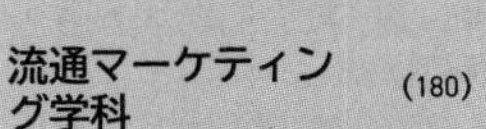

経営学部

国分寺キャンパス　定員 565

- 特色　1年次に基礎を学び2年次に学科を選択。企業実習等で実践力を養う。
- 進路　就職先は情報通信業やサービス業、金融・保険業が多い。
- 学問分野　経営学
- 大学院　経営学

経営学科 (385)	現代経営、経営情報、現代会計、ファイナンスの4つのコースを設置。各コースとも、それぞれのテーマに関する専門知識、および論理的思考能力を習得するとともに、実社会における経営や組織運営の場を想定した知識の応用力、意思決定力、リーダーシップを身につける。
流通マーケティング学科 (180)	今はない市場を作り出し、顧客や取引先、社会との良好な関係を構築するため、流通とマーケティングに関する専門知識と技術を習得。流通論やマーケティング論の理解に加え、企業の具体的事例を研究対象とするケース・メソッドで、実践的な問題解決の力を養う。
取得可能な免許・資格	教員免許（中-社、高-公）

コミュニケーション学部

国分寺キャンパス　定員 240

- 特色　コミュニケーション環境の課題解決のための創造的な構想力を培う。
- 進路　就職先はサービス業や卸売・小売業、情報通信業をはじめ多岐にわたる。
- 学問分野　社会学／メディア学／国際学
- 大学院　コミュニケーション学

メディア社会学科 (150)	「メディア×国際」の専門性をかけ合わせた学びを展開。メディアをめぐって起こりうる環境変化を深く統合的に理解し、表現力を鍛えて国際的な視野から考え、多様な課題を解決する創造的な構想と具体策を示せる人材を育てる。
国際コミュニケーション学科 (90)	人と商品と情報が世界規模で移動する時代。環境の変化を深く理解し、異なる言語・文化圏で育ってきた人たちと協働するための英語運用能力と異文化対応能力を修得。国際的な視野と多様性への理解を基盤に、メディアを活用できる人材を育成。
取得可能な免許・資格	社会調査士、教員免許（中-英、高-英）

現代法学部

国分寺キャンパス 定員 250

特色	現代の様々な課題を発見し、法学の専門知識や思考法で解決する。
進路	就職先はサービス業や情報通信業、卸売・小売業など多岐にわたる。
学問分野	法学
大学院	現代法学

現代法学科 (250)	4年間を通じて少人数授業を展開し、学生の問題意識や理解度に沿って学びを深める。法的アプローチから、社会問題の解決や政策のあり方を考える。また、法律の知識を活かした職業や国家公務員・地方公務員を目指す学生へのサポートも実施。
取得可能な免許・資格	教員免許（中-社、高-公）

その他プログラム等

キャリアデザインプログラム (50)	定員50名は各学部の入学定員に含まれる。1～4年次を通して「キャリアデザイン・ワークショップ」を開講。自らのキャリアについて主体的に考える力を段階的に身につける。1年次に各学部の基礎を学び、2年次より経済、経営、コミュニケーション、現代法の4学部に分属する。

入試要項（2024年度）

※この入試情報は2024年度募集要項等より編集したものです（見方は巻頭の「本書の使い方」参照）。2025年度入試の最新情報は、ホームページや2025年度募集要項等で必ず確認してください。

「大学入試科目検索システム」のご案内

日程・方式ごとの偏差値や昨年度入試結果（志願者倍率、実質倍率、合格最低点）、基本情報（出願締切日、試験日、二段階選抜、募集人員、総合満点）などは、「大学入試科目検索システム」（https://nyushi.toshin.com/）をご覧ください（利用方法はp.12参照）。

■経済学部 偏差値 58

一般選抜

◆**一般選抜前期（2教科型）**

[全学科：2科目] 国数外現、数ⅠⅡA、英から2

◆**一般選抜前期（3教科型）**

[全学科：3科目] 国現 地歴公数世B、日B、政経、数ⅠⅡAから1 外英、英語外部試験から1

◆**一般選抜前期（ベスト2型）** ※高得点2教科で合否判定

[全学科：3科目] 一般選抜前期（3教科型）に同じ

◆**一般選抜後期（2教科型）**

[全学科：2科目] 国現 外英、英語外部試験から1

共通テスト利用入試 ※個別試験は課さない

◆**共通テスト利用選抜前期（2教科型）**

[全学科：2科目] 国現 外英、英語外部試験から1

◆**共通テスト利用選抜前期（3教科型）**

[全学科：3科目] 国現 地歴公数理世B、日B、地理B、公数理全15科目から1 外英、英語外部試験から1

◆**共通テスト利用選抜中期（4教科型）**

[全学科：4科目] 国現 地歴公数理世B、日B、地理B、公数理全15科目から2 外英

◆**共通テスト利用選抜後期（3教科型）**

[全学科：3科目] 国現 地歴公数理世B、日B、地理B、公数理全15科目から1 外英

■経営学部 偏差値 55

一般選抜

◆**一般選抜前期（2教科型）**

[全学科：2科目] 国数外現、数ⅠⅡA、英から2

◆**一般選抜前期（3教科型）**

[全学科：3科目] 国現 地歴公数世B、日B、政経、数ⅠⅡAから1 外英、英語外部試験から1

◆**一般選抜前期（ベスト2型）** ※高得点2教科で合否判定

[全学科：3科目] 一般選抜前期（3教科型）に同じ

◆**一般選抜後期（2教科型）**

[全学科：2科目] 国現 外英、英語外部試験から1

共通テスト利用入試 ※個別試験は課さない

◆**共通テスト利用選抜前期（2教科型）**

[全学科：2科目] 国現 外英、英語外部試験から1

◆**共通テスト利用選抜前期（3教科型）**

[全学科：3科目] 国現 地歴公数理世B、日B、地理B、公数理全15科目から1 外英、英語外部試験から1

◆**共通テスト利用選抜中期（4教科型）**

[全学科：4科目] 国現 地歴公数理世B、日B、地理B、公数理全15科目から2 外英

◆**共通テスト利用選抜後期（3教科型）**

[全学科：3科目] 国現 地歴公数理世B、日B、地理B、公数理全15科目から1 外英

■コミュニケーション学部 偏差値 57

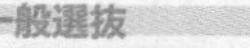

一般選抜

◆**一般選抜前期（2教科型）**

[全学科：2科目] 国数外現、数ⅠⅡA、英から2

◆**一般選抜前期（3教科型）**

[全学科：3科目] 国現 地歴公数世B、日B、政経、数ⅠⅡAから1 外英、英語外部試験から1

◆**一般選抜前期（ベスト2型）** ※高得点2教科で合否判定

[全学科：3科目] 一般選抜前期（3教科型）に同じ

◆**一般選抜後期（2教科型）**

[全学科：2科目] 国現外英、英語外部試験から1

共通テスト利用入試 ※個別試験は課さない

◆**共通テスト利用選抜前期（2教科型）**

[全学科：2科目] 国現外英、英語外部試験から1

◆**共通テスト利用選抜前期（3教科型）**

[全学科：3科目] 国現地歴公数理世B、日B、地理B、公数理全15科目から1外英、英語外部試験から1

◆**共通テスト利用選抜中期（4教科型）**

[全学科：4科目] 国現地歴公数理世B、日B、地理B、公数理全15科目から2外英

◆**共通テスト利用選抜後期（3教科型）**

[全学科：3科目] 国現地歴公数理世B、日B、地理B、公数理全15科目から1外英

■現代法学部 偏差値 56

一般選抜

◆**一般選抜前期（2教科型）**

[現代法：2科目] 国数外現、数ⅠⅡA、英から2

◆**一般選抜前期（3教科型）**

[現代法：3科目] 国現地歴公数世B、日B、政経、数ⅠⅡAから1外英、英語外部試験から1

◆**一般選抜前期（ベスト2型）** ※高得点2教科で合否判定

[現代法：3科目] 一般選抜前期（3教科型）に同じ

◆**一般選抜後期（2教科型）**

[現代法：2科目] 国現外英、英語外部試験から1

共通テスト利用入試 ※個別試験は課さない

◆**共通テスト利用選抜前期（2教科型）**

[現代法：2科目] 国現外英、英語外部試験から1

◆**共通テスト利用選抜前期（3教科型）**

[現代法：3科目] 国現地歴公数理世B、日B、地理B、公数理全15科目から1外英、英語外部試験から1

◆**共通テスト利用選抜中期（4教科型）**

[現代法：4科目] 国現地歴公数理世B、日B、地理B、公数理全15科目から2外英

◆**共通テスト利用選抜後期（3教科型）**

[現代法：3科目] 国現地歴公数理世B、日B、地理B、公数理全15科目から1外英

■キャリアデザインプログラム 偏差値 56

一般選抜

◆**一般選抜前期（2教科型）**

[2科目] 国数外現、数ⅠⅡA、英から2

◆**一般選抜前期（3教科型）**

[3科目] 国現地歴公数世B、日B、政経、数ⅠⅡAから1外英、英語外部試験から1

◆**一般選抜前期（ベスト2型）** ※高得点2教科で合否判定

[3科目] 一般選抜前期（3教科型）に同じ

◆**一般選抜後期（2教科型）**

[2科目] 国現外英、英語外部試験から1

共通テスト利用入試 ※個別試験は課さない

◆**共通テスト利用選抜前期（2教科型）**

[2科目] 国現外英、英語外部試験から1

◆**共通テスト利用選抜前期（3教科型）**

[3科目] 国現地歴公数理世B、日B、地理B、公数理全15科目から1外英、英語外部試験から1

◆**共通テスト利用選抜中期（4教科型）**

[4科目] 国現地歴公数理世B、日B、地理B、公数理全15科目から2外英

◆**共通テスト利用選抜後期（3教科型）**

[3科目] 国現地歴公数理世B、日B、地理B、公数理全15科目から1外英

■特別選抜

[総合型選抜] AO選抜、AO選抜（総合型、英語資格利用型）、自己推薦選抜、（仮称）探究活動評価型選抜

[学校推薦型選抜] 指定校推薦選抜、全商協会特別推薦選抜、法人連携校特別推薦選抜

[その他] 経営学部 簿記資格取得者選抜、資格取得者選抜、スカラシップ選抜、スポーツ実績者選抜、スポーツ特別選抜、外国人留学生選抜、指定日本語学校外国人留学生推薦選抜

就職支援

東京経済大学では、キャリアセンターを設置し、学生のキャリア形成の支援を行っています。インターンシップに関する相談や面接指導、各種講座の開催など就職に関する質問・相談の他、毎月開催される合同企業説明会、年間300件以上の就職ガイダンスや各種支援行事が実施されています。教員志望の学生に対して、自立的に学び授業を企画できる能力を養うことを目的とした「教職ラウンジ」などの支援体制を整え、教員志望学生の採用試験対策をサポートしています。

国際交流

東京経済大学では、15カ国・地域48大学と協定を結んでいます。半年または1年間で協定校に留学する「協定校留学」と自分で留学先を探す「認定留学」、春季・夏季休暇期間を利用し、2～3週間で行う「短期語学研修」と1～2週間でゼミ主催で行う「海外研修」が実施されています。学生への経済的支援として、留学中の生活費をサポートするための大学独自の奨学金制度の他に、語学検定受験料や多言語検定受験料の助成金制度が設けられています。

とうきょうじけいかいいか

東京慈恵会医科大学

資料請求

入試事務室（西新橋キャンパス）　TEL (03) 3433-1111　〒105-8461 東京都港区西新橋3-25-8

「病気を診ずして病人を診よ」の精神を継承する

大学紹介動画

最新入試情報

患者の心の痛みを理解し、全人的な医療を実践すべく、医学への深い理解と豊かな人間性、倫理的で科学的な判断力を養う。「医師と看護師は車の両輪のごとし」との信念のもと、両学科の共修科目を設けている。

西新橋キャンパス

キャンパス　2つ

西新橋キャンパス
〒105-8461 東京都港区西新橋3-25-8

国領キャンパス
〒182-8570 東京都調布市国領町8-3-1

基本データ

※2023年5月現在（学部学生数に留学生は含まない。進路・就職は2022年度卒業者データ。学費は2024年度入学者用〔予定〕）

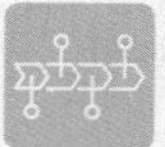

沿革

1881年、高木兼寛が成医会講習所を創立。1907年、社団法人東京慈恵会設立。1921年、東京慈恵会医科大学に昇格。1956年、大学院医学研究科博士課程を設置。1992年、看護学科を設置。2009年に大学院医学研究科看護学専攻修士課程、2019年に同博士前期課程・後期課程を設置し、現在に至る。

教育機関　1 学部　1 研究科

学部　医

大学院　医学ⓂⒹ

人数

学部学生数　890名

教員1名あたり　学生　1名

教員数　1,327名【理事長】栗原敏、【学長】松藤千弥

（教授194名、准教授102名、講師184名、助教847名）

学費

初年度納入額　1,758,000~3,810,000円

奨学金　学校法人慈恵大学奨学金、東京慈恵会医科大学保護者会互助部会奨学金、本多友彦慈恵医学教育奨励基金

進路

学部卒業者　163名

（就職53名［32.5%］、その他※110名［67.5%］）

※臨床研修医107名を含む

主な就職先　大学附属病院、等

学部学科紹介

※本書掲載内容は、大学公表資料から独自に編集したものです。詳細は大学パンフレットやホームページ等で必ず確認してください（取得可能な免許・資格は任用資格や受験資格などを含む）。

医学部

国領キャンパス（医1年、看護）
西新橋キャンパス（医2～6年）

定員 165

特色　現場から学ぶ実践的なカリキュラムを展開。様々な状況に対処できる人材を育成。
進路　主に、医学科生は臨床研修医、看護学科生は看護師や保健師となる。
学問分野　医学／看護学
大学院　医学

医学科 (105)	6年制。3年次には研究室に所属するコースもあり、問題解決能力を磨くことができる。4年次からは器官系別に機能と構造が統合された講義などが行われ、5年次の診療参加型臨床実習では附属病院をはじめとして、学外や海外での臨床実習も認められている。
看護学科 (60)	4年制。知識や技能と豊かな感性、理性を兼ね備えた優れた看護師を育成する。少人数制を軸にしたカリキュラムにより、個性を活かした教育を展開。「医師と看護師は車の両輪のごとし」という考えのもと、医学科との共修科目などを開講している。
取得可能な免許・資格	医師、看護師、保健師

入試要項（2025年度）

※この入試情報は大学発表の2025年度入試（予告）および2024年度募集要項等より編集したものです（2024年1月時点。見方は巻頭の「本書の使い方」参照）。内容には変更が生じる可能性があるため、最新情報はホームページや2025年度募集要項等で必ず確認してください。

「大学入試科目検索システム」のご案内
日程・方式ごとの偏差値や昨年度入試結果（志願者倍率、実質倍率、合格最低点）、基本情報（出願締切日、試験日、二段階選抜、募集人員、総合満点）などは、「大学入試科目検索システム」（https://nyushi.toshin.com/）をご覧ください（利用方法はp.12参照）。

■医学部 医学科 偏差値 70

一般選抜

◆一般選抜（A・B・C・D・E区分を含む）
[医]〈一次：4科目〉数 数ⅠⅡⅢAB〔列〕C 理 物基・物、化基・化、生基・生から2 外 英〈二次：2科目〉論 小論文 面 面接

■医学部 看護学科 偏差値 59

一般選抜

◆一般選抜
[看護]〈一次：4科目〉国 現 数 数ⅠA 理 化基、生基から1 外 英、英語外部試験から1〈二次：1科目〉面 面接

就職支援

東京慈恵会医科大学の医学科では、国家試験合格に向け、自己主導型に学習できるシステムとして国家試験問題などを提供しています。また、グループ学習用に小グループが利用できる専門の勉強部屋が学内に常設されています。看護学科では、就職・進路指導相談室を設け、学生の進路対策に役立つ情報の提供や、卒業後のキャリアイメージを高めることを目的として、4年生を対象に附属病院の説明会を実施しています。

国際交流

東京慈恵会医科大学では、世界各国に14校の海外協力校があります。医学科では、参加型臨床実習における選択実習として、海外の病院や研究機関で実習することが可能です。また、海外実習を行う学生に対する経済的支援として、大学独自の奨学金制度や、選択実習費の補助を行う制度が設けられています。看護学科では、海外の大学の看護学部との交換留学制度や、アメリカでの看護研修などの国際交流プログラムが実施されています。

東京女子大学
とうきょうじょしだいがく

資料請求

教育研究支援部広報課 TEL (03) 5382-6476 〒167-8585 東京都杉並区善福寺2-6-1

大学紹介動画

最新入試情報

挑戦する知性

1918年の創立以来培ってきたキリスト教の精神に基づくリベラルアーツ教育の実績を基盤に、現代教養学部1学部5学科（2025年度より1学部6学科）で、国際性、女性の視点、実践的な学びを重視した教育を全学的に展開している。

本館

キャンパス 1つ

善福寺キャンパス
〒167-8585 東京都杉並区善福寺2-6-1

基本データ

※2023年5月現在（教員数は非常勤を含む。進路・就職は2022年度卒業者データ。学費は2024年度入学者用）

沿革

1918年、開学。1948年、新制大学として発足、文学部を設置。1961年、文理学部を改組設置。1988年、現代文化学部を設置。2009年、2つの学部を統合、現代教養学部を設置。2018年、創立100周年。2024年、情報数理科学専攻を設置。2025年、現代教養学部の学科再編を予定。

教育機関 1学部 2研究科

学部 現代教養
大学院 人間科学ⓂⒹ／理学ⓂⒹ

人数

学部学生数 3,834名
教員1名あたり 学生 8名

教員数 427名【理事長】安田隆二、【学長】森本あんり
（教授78名、准教授26名、講師323名）

学費

初年度納入額 1,260,000~1,340,000円

奨学金 東京女子大学予約型給付奨学金、「挑戦する知性」奨学金、東京女子大学給付奨学金、東京女子大学同窓会奨学金

進路

学部卒業者 871名
（進学43名［4.9%］、就職766名［87.9%］、その他62名［7.2%］）

主な就職先 アクセンチュア、アンダーソン・毛利・友常法律事務所、伊藤忠商事、ANAエアポートサービス、NTTデータ、MS&ADシステムズ、キヤノンITソリューションズ、東京海上日動火災保険、西村あさひ法律事務所、日本アイ・ビー・エム、日本銀行、PwC京都監査法人、三井住友海上火災保険、三井住友信託銀行、リクルート、りそなグループ、学校（教員）、公務

学部学科紹介

※本書掲載内容は、大学公表資料から独自に編集したものです。詳細は大学パンフレットやホームページ等で必ず確認してください（取得可能な免許・資格は任用資格や受験資格などを含む）。

現代教養学部

善福寺キャンパス　定員 790

特色　2025年度再編予定。横断的な学びにより、学際的な考え方を身につける。
進路　情報通信業や金融・保険業、卸売・小売業など多様な分野で活躍。
学問分野　文学／言語学／哲学／心理学／歴史学／文化学／経済学／社会学／国際学／数学／情報学
大学院　人間科学／理学

学科		定員	内容
人文学科	改	(220)	2025年度、国際英語学科と人文学科を再編し設置予定。哲学、日本文学文化、英語圏文化、歴史文化の4つの専攻からなる。学生募集は専攻単位で実施。
国際社会学科	改	(120)	2025年度に従来の4専攻から、国際関係、地域文化の2コースに再編予定（構想中）。日本やアメリカ、そして中国や韓国などのアジア諸地域を中心とした世界の政治、外交、歴史、経済、社会、文化、思想について学ぶ。
経済経営学科	新	(155)	2025年度、開設予定（構想中）。経済学、経営学、地域デザインの3コースを設置。理論と実践を行き来する学びを通じて、未来を拓く志、多様な視点、論理的思考を育む。地域デザインコースではまちづくりや環境、観光など多彩な学びが可能。
心理学科	新	(80)	2025年度、開設予定（構想中）。心理科学コースと発達臨床コースがある。認知心理学、社会心理学、発達心理学、臨床心理学の4つの領域をバランスよく学び、心理学の実証的方法や実践的方法を身につける。
社会コミュニケーション学科	新	(145)	2025年度、開設予定（構想中）。社会学、メディア情報、共生社会の3つのコースからなる。社会理論や社会調査、メディアリテラシーなど社会科学を横断した学びを通じて、必要な情報を取捨選択し自ら発信できる力を身につける。
情報数理科学科	改	(70)	2024年度、数学・情報理学の2専攻を統合し、情報数理科学専攻を開設。情報科学、AI・データサイエンス、数理科学を横断的に学ぶことができる。自然現象の解明や社会現象の分析、膨大なデータを収集して分析する力、数理的知識と論理的思考力を養う。2025年度、数理科学科より名称変更予定（構想中）。
取得可能な免許・資格			登録日本語教員、公認心理師、認定心理士、学芸員、社会調査士、教員免許（中-国・数・社・宗・英、高-国・数・地歴・公・情・宗・英）

入試要項（2025年度）

※この入試情報は大学発表の2025年度入試（予告）より編集したものです（2024年1月時点。見方は巻頭の「本書の使い方」参照）。内容には変更が生じる可能性があるため、最新情報はホームページや2025年度募集要項等で必ず確認してください。

「大学入試科目検索システム」のご案内
日程・方式ごとの偏差値や昨年度入試結果（志願者倍率、実質倍率、合格最低点）、基本情報（出願締切日、試験日、二段階選抜、募集人員、総合満点）などは、「大学入試科目検索システム」（https://nyushi.toshin.com/）をご覧ください（利用方法はp.12参照）。

■現代教養学部 偏差値 58

一般選抜

◆個別学力試験型
[情報数理科以外：3科目]国 現古 地歴 数 歴総・日、歴総・世、数ⅠⅡA〔全〕B〔列〕C〔ベ〕から1 外 英
[情報数理科：3科目]数 理 数ⅠⅡA〔全〕B〔列〕C〔ベ〕必須、数ⅠⅡⅢA〔全〕B〔列〕C、物基・物、化基・化から1 外 英

◆英語外部検定試験利用型※出願要件として英語外部試験が必要
[情報数理科以外：2科目]国 現古 地歴 数 歴総・日、歴総・世、数ⅠⅡA〔全〕B〔列〕C〔ベ〕から1
[情報数理科：2科目]数 理 数ⅠⅡA〔全〕B〔列〕C〔ベ〕必須、数ⅠⅡⅢA〔全〕B〔列〕C、物基・物、化基・化から1

共通テスト併用入試

◆英語Speaking Test利用型
※2025年度入試情報未公表（2024年1月時点）

◆3月期（専攻特色型）
※2025年度入試情報未公表（2024年1月時点）

共通テスト利用入試 ※個別試験は課さない

◆共通テスト3教科型
[情報数理科以外：3科目] 国 現古 地歴 公 数 理 情 地歴理情全12科目、数ⅠA、数ⅡBCから1 外 英
[情報数理科：4科目] 数 数ⅠA、数ⅡBC 理 全5科目から1 外 英

◆共通テスト5科目型
[情報数理科以外：5科目] 国 現古漢 地歴 公 数 理

情数ⅠA必須、地歴公理情全12科目、数ⅡBCから2 外英
［情報数理科：5科目］ 国現古漢 地歴 公 理 情全12科目から1 数数ⅠA、数ⅡBC 外英

◆**3月期（専攻特色型）**

※2025年度入試情報未公表（2024年1月時点）

◆**3月期（国公立併願型）**

※2025年度入試情報未公表（2024年1月時点）

■特別選抜

［総合型選抜］知のかけはし入学試験
［学校推薦型選抜］学校推薦型選抜（指定校制）
［その他］社会人入学試験、帰国生入学試験、外国人留学生入学試験、外国人留学生対象日本語学校指定校制推薦入学

東京女子大学ギャラリー

■チャペル

文化庁登録有形文化財の歴史的建造物。毎朝礼拝が行われている他、パイプオルガンによるコンサートも開催されています。

■図書館

創立80周年記念建築の1つとして、1996年に現在の図書館が開館。学生の社会成長を支援するプログラムを展開しています。

■キャリア・センター

年間150日超の行事の実施、学生一人ひとりを支援する体制、毎日個別相談を受けられる体制など、きめ細やかな就職支援を提供。

■カフェテリア（学生食堂）

栄養バランスのとれた健康に配慮したメニューをリーズナブルな料金で提供。季節のイベントメニューや手作りデザートも人気です。

東京電機大学（とうきょうでんきだいがく）

資料請求

入試センター（東京千住キャンパス） TEL (03) 5284-5151 〒120-8551 東京都足立区千住旭町5

技術を通して社会貢献できる人材を育成する

大学紹介動画

最新入試情報

建学の精神「実学尊重」のもとで充実した実験と実習科目を設置し、学生の創意工夫の力をはぐくむ。「技術は人なり」を理念に掲げ、技術者である前に社会の一員として常に成長し続けることを使命とする。

東京千住キャンパス

キャンパス 2つ

東京千住キャンパス
〒120-8551 東京都足立区千住旭町5

埼玉鳩山キャンパス
〒350-0394 埼玉県比企郡鳩山町石坂

基本データ

※2023年5月現在（進路・就職は2022年度卒業者データ。学費は2024年度入学者用〔予定〕）

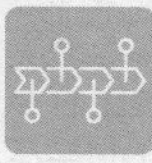

沿革

1949年、東京電機大学を開学、工学部第一部を設置。1958年、日本初の夜間大学院を設置。2007年、未来科学部を設置。2017年、システムデザイン工学部を設置、5学部体制に改組。2024年、理工学部理工学科電子工学系を電子情報・生体医工学系に改称。

教育機関 5学部 5研究科

学部 システムデザイン工／未来科／工／理工／工学部第二

大学院 工学Ⓜ／理工学Ⓜ／未来科学Ⓜ／システムデザイン工学Ⓜ／先端科学技術Ⓓ

人数

学部学生数 9,118名

教員1名あたり学生 26名

教員数 350名【理事長】石塚昌昭、【学長】射場本忠彦
（教授186名、准教授82名、講師38名、助教33名、助手・その他11名）

学費

初年度納入額 1,631,660~1,712,660円

奨学金 エンジニアのたまご奨学金、特別奨学金、学生応急奨学金、学生サポート給付奨学金

進路

学部卒業者 1,920名
（進学511名［26.6%］、就職1,195名［62.2%］、その他214名［11.2%］）

主な就職先 ※院卒者を含む
三菱電機、SUBARU、スズキ、NEC、沖電気工業、TOPPANホールディングス、JR東日本、東京電力ホールディングス、富士通、富士電機、本田技研工業、キヤノン、大成建設、日産自動車、NTTコムウェア、関電工、大和ハウス工業、サイバーエージェント、大日本印刷、JR東海

私立 東京 神奈川 東京電機大学

学部学科紹介

※本書掲載内容は、大学公表資料から独自に編集したものです。詳細は大学パンフレットやホームページ等で必ず確認してください（取得可能な免許・資格は任用資格や受験資格などを含む）。

システムデザイン工学部

東京千住キャンパス　定員 240

特色　環境の変化や技術の発展に対応し、社会に技術革新をもたらす人材を育成。
進路　就職先は情報通信業や専門・技術サービス業、製造業など多岐にわたる。
学問分野　機械工学／デザイン学／情報学
大学院　システムデザイン工学

情報システム工学科 (130)	ネットワーク・コンピュータ、データサイエンス、プログラミングの各分野における最新の知識や技術を修得し、高度な情報システムを構築できる専門的な技術者を育成する。専門知識とともに技術者倫理やグローバル化に対応できる能力も養う。
デザイン工学科 (110)	工学の知識と技術によって効果的なデザインを行う能力を身につける。多様なニーズに応えるために、人間科学や社会科学の知識も幅広く学ぶ。デザイン手法科目、デザイン実践科目によって人間の特性に基づいたデザインの実践を学ぶことができる。
取得可能な免許・資格	技術士補、教員免許（中-数・技、高-数・情・工業）

未来科学部

東京千住キャンパス　定員 350

特色　プロの能力と広い視野、豊かな教養を備えた技術者を育成する。
進路　就職先は情報通信業をはじめ建設業や製造業など多岐にわたる。
学問分野　メディア学／機械工学／土木・建築学／情報学
大学院　未来科学

建築学科 (130)	建築学の幅広い知識と技術を確実に修得する完全習熟教育システムや、学内一級建築士事務所での長期インターンシップ教育など独自のカリキュラムを展開。1年次から実施される設計課題では、全員で発表し講評を受けることで、プレゼンテーション能力も磨く。
情報メディア学科 (110)	5つの分野を進路や興味に応じて自由に履修できるカリキュラムと充実したソフトウェア教育が特徴である。技術の本質を追究する講義と、様々なコンテンツの企画や制作、システムの設計と構築過程を体験的に学ぶ演習で理解を深める。
ロボット・メカトロニクス学科 (110)	未来につながる革新的なシステムを創造できる技術者を育成する。機械、電気・電子、情報、制御の4つの分野の専門知識を修得し、相互の関係を理解するためのカリキュラムを展開する。実験やロボット製作実習、プログラミング教育なども充実している。
取得可能な免許・資格	建築士（一級、二級、木造）、技術士補、施工管理技士（土木、建築、建設機械）、教員免許（中-数、高-数・情・工業）

工学部

東京千住キャンパス　定員 610

特色　実学重視の教育で工学の専門知識や技術を修得し、技術者としての倫理観を学ぶ。
進路　約3割が大学院へ進学。就職先は製造業や情報通信業、製造業など。
学問分野　化学／機械工学／電気・電子工学／エネルギー工学／情報学
大学院　工学

電気電子工学科 (120)	電力・電気機器、電子情報システム、電子デバイスの3つの分野にわたる学びを展開。ワークショップ、実験、演習、ゼミなどの体験型学習で創造力、実践力などを養う。3つの教育分野を設け、その中から自由に科目を選択できる。
電子システム工学科 (90)	身近な製品の基礎となる電子、光、情報に関する技術を修得する。電子システムの知識や技術を基礎から応用まで学び、開発のリーダーを育成する。国内外の技術者などと円滑な意思疎通を行えるようになるためにプレゼンテーションやビジネス英語の科目も設置。
応用化学科 (80)	安全かつ快適で持続可能な社会の構築に、応用化学の観点から貢献できる人材を育成する。「有機化学」「無機・分析化学」「物理化学」「化学工学」の4つの部門からなり、環境と人類の繁栄を両立できるものづくりに適した素材・材料を見抜き、開発する力を育む。

機械工学科 (110)	基礎となる材料・機械・流体・熱の4つの科目と数学や物理の学習を重視し、技術革新の目覚ましい現代において新分野を開拓していける技術者を育成する。卒業研究では問題を発見し、情報を収集するという実社会で求められる力を養う。
先端機械工学科 (100)	機械工学の基礎を学んだ上で電気、電子、情報など他分野も幅広く学べるカリキュラムを展開。1年次のワークショップでアイデア実現の楽しさや難しさを体験することができる。3年次に先端自動車工学、先端医用工学、先端精密機械加工という講義科目を設置。
情報通信工学科 (110)	1年次には確実に基礎が修得できるように習熟度別クラスや補習講座などを設け、上級学年では個人の適性に合わせて能力を伸ばす少人数教育を展開している。ワークショップや実験などの体験学習にも力を入れている。
取得可能な免許・資格	危険物取扱者（甲種）、毒物劇物取扱責任者、ボイラー技士、電気工事士、特殊無線技士（海上、陸上）、陸上無線技術士、技術士補、主任技術者（ボイラー・タービン、電気、電気通信）、施工管理技士（建築、建設機械）、教員免許（中-数・理・技、高-数・理・情・工業）

理工学部

埼玉鳩山キャンパス　定員 600

- 特色　学系に分かれて入学、2年次に主コースと副コースを選択し複合的な領域を学ぶ。
- 進路　2割強が大学院へ進学。就職先は情報通信業や製造業、建設業など。
- 学問分野　数学／物理学／化学／機械工学／電気・電子工学／土木・建築学／応用生物学／環境学／情報学
- 大学院　理工学

理工学科 理学系 (100)	数学、物理学、化学、数理情報学の4つのコースから構成されている。他の学系との連携を取りつつ数理や自然界の法則を追究し、基礎を重視しながら幅広い応用力も身につける。問題の本質を捉えて解決できる創造性や専門性を持つ人材を育成する。
理工学科 生命科学系 (80)	従来の枠組みである理学･工学･医学を越えた新しいアプローチを試みる。2年次に分子生命科学と環境生命工学の2つのコースに分かれ、幅広い知識から実践的なスキルまでを身につける。基礎を重視しつつ高度な専門教育を展開する。
理工学科 情報システムデザイン学系 (180)	コンピュータソフトウェア、情報システム、知能情報デザイン、アミューズメントデザインの4つのコースからなり、2年次に各自の興味や関心、適正に合わせて選択する。所属するコースの専門科目、他コースの多彩な科目を通じて文理複合的な視野を身につける。
理工学科 機械工学系 (80)	設計・解析コースと加工・制御コースからなる。機械工学では広い工学的な専門知識が必要とされるため、材料・機械・熱・流体の4つの力学の基礎教育のあと、各コースで高度な専門技術と、最先端工学に適応するための技術的なセンスを身につける。
理工学科 電子情報・生体医工学系 改 (80)	2024年度、電子工学系より改称。体験型学習を重視。電気電子工学分野と生体医工学分野の高度な専門知識を備えた技術者を育成する。電子情報と電子システムの2つのコースを設置。講義、演習、実験を中心にカリキュラムが組まれ、知識だけでなく理論と実践との差も学ぶ。
理工学科 建築・都市環境学系 (80)	建築、都市環境の2つのコースから構成される。人間と自然が調和する循環型社会の実現に貢献できる技術者を育成する。建築や都市環境に関する様々な分野をフォローする専門科目群が設置されている。カリキュラムは講義と実習からなる。
取得可能な免許・資格	社会調査士、危険物取扱者（甲種）、建築士（一級、二級、木造）、技術士補、測量士補、施工管理技士（土木、建築、電気工事、管工事、造園、建設機械）、教員免許（中-数・理、高-数・理・情・工業）

工学部第二部

東京千住キャンパス 定員 180

特色 夜間開講。実社会で必要とされる能力を備えた技術者を育成する。
進路 就職先は専門・技術サービスや製造業、情報通信業など多岐にわたる。
学問分野 機械工学／電気・電子工学／情報学
大学院 工学

学科		定員	内容
電気電子工学科	夜	(60)	電力・電気機器、電子回路・計測・情報、半導体・デバイスの各分野について学んでいく。昼間部工学部の教授陣をそろえ、カリキュラムも昼間部とほぼ同等のものが設定されている。土曜日も活用することで4年間での卒業を目指せる。
機械工学科	夜	(60)	材料力学や機械加工など材料と加工に関する分野の他、エネルギーと環境、情報と機械システムに関する分野を主軸に修得していく。卒業後の進路は、自動車や航空などの製造業や情報・通信業など。技術職に就く者が多い。
情報通信工学科	夜	(60)	コンピュータシステムやソフトウェアなどの情報系技術分野、光ファイバ通信やワイヤレスシステムなどの通信系技術分野、画像・音響処理などの情報メディア系技術分野について学んでいく。
社会人課程(実践知重点課程)	夜	(ー)	社会人学生が工学分野の学習と並行して実践知を身につけられる教育課程として設置。課程所属は入学後に学生による申請および審査を経て決まる。3つのユニットに大別される科目群それぞれを主に企業出身の教員が担当し、プロ技術者の育成を目指す。
取得可能な免許・資格			ボイラー技士、電気工事士、特殊無線技士（海上、陸上)、陸上無線技術士、技術士補、主任技術者（ボイラー・タービン、電気、電気通信)、施工管理技士（建設機械)、教員免許（高-情・工業)

入試要項(2025年度)

※この入試情報は大学発表の2025年度入試（予告）および2024年度募集要項等より編集したものです（2024年1月時点。見方は巻頭の「本書の使い方」参照)。内容には変更が生じる可能性があるため、最新情報はホームページや2025年度募集要項等で必ず確認してください。

「大学入試科目検索システム」のご案内
日程・方式ごとの偏差値や昨年度入試結果（志願者倍率、実質倍率、合格最低点)、基本情報（出願締切日、試験日、二段階選抜、募集人員、総合満点)などは、「大学入試科目検索システム」(https://nyushi.toshin.com/) をご覧ください（利用方法はp.12参照)。

■システムデザイン工学部 偏差値 63

一般選抜

◆一般選抜（前期）
[全学科：3科目] 国 理 現、物基・物、化基・化から1 数 数ⅠⅡⅢAB〔列〕C 外 英

◆一般選抜（前期・英語外部試験利用） ※出願資格として英語外部試験が必要
[全学科：2科目] 国 理 現、物基・物、化基・化から1 数 数ⅠⅡⅢAB〔列〕C

◆一般選抜（情報系外部試験利用） ※出願資格として情報系外部試験が必要
[全学科：2科目] 数 数ⅠⅡⅢAB〔列〕C 外 英

◆一般選抜（後期）
[全学科：3科目] 数 数ⅠⅡⅢAB〔列〕C 理 物基・物、化基・化から1 外 英

◆一般選抜（後期・英語外部試験利用） ※出願資格として英語外部試験が必要
[全学科：2科目] 数 数ⅠⅡⅢAB〔列〕C 理 物基・物、化基・化から1

共通テスト利用入試 ※個別試験は課さない

◆共通テスト利用選抜（前期3教科方式、後期3教科方式）
[全学科：4科目] 数 数ⅠA、数ⅡBC 理 物、化、生から1 外 英

◆共通テスト利用選抜（前期4教科方式〔国語〕、後期4教科方式〔国語〕）
[全学科：5科目] 国 現 数 数ⅠA、数ⅡBC 理 物、化、生から1 外 英

◆共通テスト利用選抜（前期4教科方式〔情報〕、後期4教科方式〔情報〕）
[全学科：5科目] 数 数ⅠA、数ⅡBC 理 物、化、生から1 外 英 情 情Ⅰ

■未来科学部 偏差値 61

一般選抜

◆一般選抜（前期）
[建築、情報メディア：3科目] 国 理 現、物基・物、化基・化から1 数 数ⅠⅡⅢAB〔列〕C 外 英
[ロボット・メカトロニクス：3科目] 数 数ⅠⅡⅢAB〔列〕C 理 物基・物、化基・化から1 外 英

◆一般選抜（前期・英語外部試験利用） ※出願資格として英語外部試験が必要
[建築、情報メディア：2科目] 国 理 現、物基・物、化基・化から1 数 数ⅠⅡⅢAB〔列〕C

［ロボット・メカトロニクス：2科目］数 数ⅠⅡⅢAB〔列〕C 理 物基・物、化基・化から1
◆**一般選抜（情報系外部試験利用）** ※出願資格として情報系外部試験が必要
［全学科：2科目］数 数ⅠⅡⅢAB〔列〕C 外 英
◆**一般選抜（後期）**
［全学科：3科目］数 数ⅠⅡⅢAB〔列〕C 理 物基・物、化基・化から1 外 英
◆**一般選抜（後期・英語外部試験利用）** ※出願資格として英語外部試験が必要
［全学科：2科目］数 数ⅠⅡⅢA〔全〕B〔列〕C 理 物基・物、化基・化から1

共通テスト利用入試 ※個別試験は課さない
◆**共通テスト利用選抜（前期3教科方式、後期3教科方式）**
［全学科：4科目］数 数ⅠA、数ⅡBC 理 物、化、生から1 外 英
◆**共通テスト利用選抜（前期4教科方式〔国語〕、後期4教科方式〔国語〕）**
［全学科：5科目］国 現 数 数ⅠA、数ⅡBC 理 物、化、生から1 外 英
◆**共通テスト利用選抜（前期4教科方式〔情報〕、後期4教科方式〔情報〕）**
［全学科：5科目］数 数ⅠA、数ⅡBC 理 物、化、生から1 外 英 情 情Ⅰ

■工学部 偏差値 60

一般選抜
◆**一般選抜（前期、後期）**
［全学科：3科目］数 数ⅠⅡⅢAB〔列〕C 理 物基・物、化基・化から1 外 英
◆**一般選抜（前期・英語外部試験利用、後期・英語外部試験利用）** ※出願資格として英語外部試験が必要
［全学科：2科目］数 数ⅠⅡⅢAB〔列〕C 理 物基・物、化基・化から1

共通テスト利用入試 ※個別試験は課さない
◆**共通テスト利用選抜（前期3教科方式、後期3教科方式）**
［全学科：4科目］数 数ⅠA、数ⅡBC 理 物、化、生から1 外 英
◆**共通テスト利用選抜（前期4教科方式〔国語〕、後期4教科方式〔国語〕）**
［全学科：5科目］国 現 数 数ⅠA、数ⅡBC 理 物、化、生から1 外 英
◆**共通テスト利用選抜（前期4教科方式〔情報〕、後期4教科方式〔情報〕）**
［全学科：5科目］数 数ⅠA、数ⅡBC 理 物、化、生から1 外 英 情 情Ⅰ

■理工学部 偏差値 61

一般選抜
◆**一般選抜（前期）**
［理工－理・機械工・電子情報生体医工・建築都市環境：3科目］数 数ⅠⅡAB〔列〕C〔べ〕理 物基・物、化基・化から1 外 英
［理工－生命科：3科目］数 数ⅠⅡAB〔列〕C〔べ〕理 物基・物、化基・化、生基・生から1 外 英
［理工－情報システムデザイン：3科目］国 理 現、物基・物、化基・化から1 数 数ⅠⅡAB〔列〕C〔べ〕外 英
◆**一般選抜（前期・英語外部試験利用）** ※出願資格として英語外部試験が必要
［理工－理・機械工・電子情報生体医工・建築都市環境：2科目］数 数ⅠⅡAB〔列〕C〔べ〕理 物基・物、化基・化から1
［理工－生命科：2科目］数 数ⅠⅡAB〔列〕C〔べ〕理 物基・物、化基・化、生基・生から1
［理工－情報システムデザイン：2科目］国 理 現、物基・物、化基・化から1 数 数ⅠⅡAB〔列〕C〔べ〕
◆**一般選抜（情報系外部試験利用）** ※出願資格として情報系外部試験が必要
［理工：2科目］数 数ⅠⅡAB〔列〕C〔べ〕外 英
◆**一般選抜（後期）**
［理工：3科目］数 数ⅠⅡAB〔列〕C〔べ〕理 物基・物、化基・化から1 外 英
◆**一般選抜（後期・英語外部試験利用）** ※出願資格として英語外部試験が必要
［理工：2科目］数 数ⅠⅡAB〔列〕C〔べ〕理 物基・物、化基・化から1

共通テスト利用入試 ※個別試験は課さない
◆**共通テスト利用選抜（前期3教科方式、後期3教科方式）**
［理工：4科目］数 数ⅠA、数ⅡBC 理 物、化、生から1 外 英
◆**共通テスト利用選抜（前期4教科方式〔国語〕、後期4教科方式〔国語〕）**
［理工：5科目］国 現 数 数ⅠA、数ⅡBC 理 物、化、生から1 外 英
◆**共通テスト利用選抜（前期4教科方式〔情報〕、後期4教科方式〔情報〕）**
［理工：5科目］数 数ⅠA、数ⅡBC 理 物、化、生から1 外 英 情 情Ⅰ

■工学部第二部 偏差値 54

一般選抜
◆**一般選抜（工学部第二部）**
［全学科【夜】：2科目］数 数ⅠⅡAB〔列〕C〔べ〕理 外 物基・物、英から1

共通テスト利用入試 ※個別試験は課さない
◆**共通テスト利用選抜（工学部第二部）**
［全学科【夜】：2科目］国 理 外 現、物基・化基、物、化、英から1 数 数ⅠA、数ⅡBCから1

■特別選抜

［総合型選抜］総合型選抜（AO、はたらく学生）
［学校推薦型選抜］学校推薦型選抜（指定校、公募）
［その他］特別選抜（社会人、留学生・外国政府派遣等留学生）

とうきょうとし
東京都市大学

資料請求

入試課（世田谷キャンパス）　TEL（03）6809-7590　〒158-8557 東京都世田谷区玉堤1-28-1

創立時の情熱を継承し、持続可能な社会発展に貢献

大学紹介動画

最新入試情報

「公正」「自由」「自治」という建学の精神を受け継ぎ、時代と社会の要請に応えるべく、地球を多角的かつ総合的に見ながら持続可能な社会発展に寄与するための人材育成と学術研究に取り組む。

世田谷キャンパス

キャンパス 2つ

世田谷キャンパス
〒158-8557 東京都世田谷区玉堤1-28-1
横浜キャンパス
〒224-8551 神奈川県横浜市都筑区牛久保西3-3-1

基本データ

※2023年5月現在（教員数は非常勤を含む。進路・就職は2022年度卒業者データ。学費は2024年度入学者用）

沿革

1929年、武蔵高等工科学校を創設。1949年、武蔵工業大学に昇格。1997年に環境情報、2007年に知識工学部を設置。2009年、東京都市大学に改称、都市生活、人間科学部を設置。2013年に環境情報、2020年に工、知識工学部を改組、建築都市デザイン学部を設置。2022年、世田谷キャンパスに都市生活学部と人間科学部が移転。2023年、横浜キャンパスにデザイン・データ科学部を設置し、現在に至る。

教育機関 8学部 2研究科

学部　理工／建築都市デザイン／情報工／環境／メディア情報／デザイン・データ科／都市生活／人間科

大学院　総合理工学Ⓜ︎Ⓓ／環境情報学Ⓜ︎Ⓓ

人数

学部学生数　7,144名　　教員1名あたり学生 12名

教員数　592名【学長】野城智也、【理事長】泉康幸
（教授143名、准教授104名、講師313名、助手・その他32名）

学費

初年度納入額　1,522,000～1,822,000円

奨学金　特待生制度、東京都市大学留学プログラム（TAP）奨学生制度、五島育英基金奨学金、東京都市大学黒澤敦・淑子奨学金

進路

学部卒業者　1,641名
（進学352名［21.5%］、就職1,209名［73.7%］、その他80名［4.8%］）

主な就職先　いすゞ自動車、京セラコミュニケーションシステム、NEC、富士通、TOPPANホールディングス、SUBARU、三菱電機、JR東日本、東京電力ホールディングス、大成建設、清水建設、東急建設、日立製作所、東京都（職員）、神奈川県（職員）、横浜市（職員）

学部学科紹介

※本書掲載内容は、大学公表資料から独自に編集したものです。詳細は大学パンフレットやホームページ等で必ず確認してください（取得可能な免許・資格は任用資格や受験資格などを含む）。

理工学部

世田谷キャンパス　定員 620

特色 理論と実践という教育理念に基づき技術力と思考力を養う。
進路 大学院へ進学の他、製造業や情報通信業などに就職する者もいる。
学問分野 化学／地学／応用物理学／機械工学／電気・電子工学／材料工学／船舶・航空宇宙工学／エネルギー工学／医療工学／その他工学／応用生物学／情報学
大学院 総合理工学

機械工学科 （120）	1・2年次に機械工学の基礎を修得した上で、3・4年次に6つの領域から各自が興味や関心のある分野を選んでスキルアップを目指す。実験、実習、工場見学などの体験を通じて、創造力や開発力、技術的な感性を身につけていく。
機械システム工学科 （110）	機械工学、計測・制御工学、電気電子工学などの多分野を横断的に学ぶ教育を展開。2年次前期までに工学分野の基礎を修得し、2年次後期からは専門的な機械システム工学を学ぶ。3・4年次では機械システム工学を構成する6つの領域から選択し専門性を深める。
電気電子通信工学科 （150）	電気・電子技術と情報通信技術が融合した最先端の研究を進める。1年次後期から専門科目を学び、電気・電子・通信の演習や実験に関しては少人数で取り組む。3年次後期からは研究室に所属し最先端の研究に触れながら応用力を高めていくことができる。
医用工学科 （60）	医療機器分野の発展に寄与する人材を育成する。1・2年次に機械工学や電子工学の基礎を学び、2年次から医学系の科目も履修。3年次からは適性や希望を踏まえ臨床器械工学、知覚システム工学、生体計測工学、生体認知工学の4つの分野から専門分野を選択する。
応用化学科 （75）	2021年度改称。エネルギーや環境問題の解決を目指す人材を育成する。1年次に工学の基礎となる考え方を修得する。2年次からは応用化学の基礎知識の学習の他、専門への橋わたしとなる実験や実習を通じて「生きた技術」を学ぶ。
原子力安全工学科 （45）	原子力の安全な運用を担う技術者を育成する。機械、電気、電子など原子力工学の基礎となる知識と技術者倫理を身につけたのち、原子力の安全性や放射線領域などを幅広く学ぶ。原子力関連機関と連携した実習により、安全な運用のための高度な実務能力を養う。
自然科学科 （60）	自然科学の幅広い知識を修得し、持続可能な社会と福祉の実現に寄与する人材を育成する。自然科学の基礎と情報処理や科学技術史を学び、本格的なフィールドワークを行う。自然コースと数理コースを選択することができる。
取得可能な免許・資格	学芸員、危険物取扱者（甲種）、毒物劇物取扱責任者、電気工事士、技術士補、主任技術者（電気、原子炉）、施工管理技士（電気工事）、臨床工学技士、教員免許（中-数・理・技、高-数・理・工業）

建築都市デザイン学部

世田谷キャンパス　定員 220

特色 現実的なアイデアと理論的なデザイン力を持つ人材を養成。
進路 卒業者の多くは建設業や学術研究・専門技術サービス業、公務に就く。
学問分野 土木・建築学／環境学
大学院 総合理工学

建築学科 （120）	工学の専門知識や技術と芸術的感性や表現力を身につけた建築家を育成する。3年次より建築計画・設計、建築構造、建築環境設備、建築生産・材料の4つの領域に分かれる。実際の建築業務をもとにした実践的なカリキュラムを展開。

都市工学科 (100)	自然と共生できる都市環境の実現に貢献する技術者を育成する。力学や情報処理科目で都市工学の土台を身につけ、設計や実験・演習を通して問題意識や目的意識を育む。都市デザイン、都市防災、都市環境の3つの専門領域を総合的に学ぶ。
取得可能な免許・資格	建築士（一級、二級）、技術士補、測量士補

情報工学部

世田谷キャンパス　定員 180

- 特色　情報社会の進化・発展に貢献できる技術者を育成。
- 進路　一般企業や研究・教育機関、官公庁、自治体など多彩な分野に進む。
- 学問分野　社会・安全工学／その他工学／情報学
- 大学院　総合理工学

情報科学科 (100)	1・2年次で情報科学の基礎技術と専門性を身につける。3年次からは計算機アーキテクチャ、計算機ソフトウェア、知識情報処理、画像工学、応用数理、制御システムの6つの専門領域が設けられ、事例研究を行いながら段階的に確かな技術と柔軟な応用力を育む。
知能情報工学科 (80)	情報通信技術（ICT）の活用とデータ分析で新たな価値を生み出す技術者を育成する。コンピュータ環境が充実しており、演習や実験などが豊富に用意されている。特にプログラミング実習では、PythonやJavaの他、R言語などの応用的な言語も学ぶことができる。
取得可能な免許・資格	技術士補、教員免許（中-数、高-数・情）

環境学部

横浜キャンパス　定員 180

- 特色　文理の枠を超えた実践的な教育で、環境問題の解決に寄与できる人材を育成。
- 進路　就職先は建設業や製造業が多い。他、サービス業や卸売・小売業など。
- 学問分野　生物学／環境学
- 大学院　環境情報学

環境創生学科 (90)	生態環境と都市環境の理解に基づき、持続可能な共存を目指す人材を育成する。知識の土台として基礎教養と基礎理論を修得したのち、実習や演習などの体験を通して研究活動のスキルを修得する。海外環境研修プログラムなど海外経験を積む機会も用意している。
環境経営システム学科 (90)	経営や経済などの社会科学と、地球科学やエネルギーなど理工学の知識を学び、人や社会、組織を巻き込んで持続可能な社会の発展を目指す。企業や自治体などと協働した教育により環境コミュニケーション能力を養う。環境経営と環境政策の2つの分野を設置。
取得可能な免許・資格	技術士補、測量士補、施工管理技士（造園）、自然再生士補、樹木医補、ビオトープ管理士

メディア情報学部

横浜キャンパス　定員 190

- 特色　各分野で活躍する研究者などが教員スタッフとして実践的な教育を展開。
- 進路　卒業者の多くが情報サービス業に就く。他、卸売・小売業や製造業など。
- 学問分野　社会学／メディア学／情報学
- 大学院　環境情報学

社会メディア学科 (90)	様々なコミュニケーションを学術的視点で学習する。メディアやシステムのデザインを通し情報発見能力を養う。新たなコミュニケーションの場を提案するソーシャルデザインと、社会問題の解決を目指すメディア・コミュニケーションの2つの分野からなる。
情報システム学科 (100)	誰もが安心して快適に使うことのできる情報システムを実現する人材を育成する。幅広い知識と技術をもとに情報システムを作成するシステムデザインと、利用者のニーズを分析しビジネスとしてプロデュースする力を養うICTアセスメントの2つの分野からなる。
取得可能な免許・資格	社会調査士、教員免許（高-情）

デザイン・データ科学部

横浜キャンパス　定員 100

特色　2023年度開設。データサイエンスを活かした分析力を基盤に創造力を磨く。
進路　2023年度開設。大学院進学や就職、起業など様々な進路を想定。
学問分野　国際学／情報学

デザイン・データ科学科 (100)	2023年度開設。1・2年次に分析力・国際力を身につけ、デザインとマネジメントの基本を学ぶ。文理を問わず、「もの」や「こと」を分析・デザイン・マネジメントする力と国際的に通用するコミュニケーション力を養い、新たなイノベーションを起こせる人材を育成する。
取得可能な免許・資格	技術士補

都市生活学部

世田谷キャンパス　定員 160

特色　生活者のニーズに合わせた事業を推進、持続可能な生活を創造できる人材を育成。
進路　卒業者の多くは不動産総合開発や建設業、情報通信業などに就職する。
学問分野　経営学／社会学
大学院　環境情報学

都市生活学科 (160)	多岐にわたる専門分野の学習やプロジェクト演習などにより、魅力的な生活空間や文化、商品、サービスを構想し、実現させる能力を身につける。都市のライフスタイル、都市のマネジメント、都市のデザイン、都市のしくみの4つの分野について学びを深める。
取得可能な免許・資格	建築士（一級、二級、木造）、施工管理技士（建築）

人間科学部

世田谷キャンパス　定員 100

特色　人間、地域を理解し、理論と実践を修得した質の高い保育ができる保育者を養成。
進路　卒業者の多くは私立保育所や幼稚園に勤める。他、公務や一般企業など。
学問分野　子ども学／教員養成／教育学

人間科学科 (100)	2023年度、児童学科から改称。子どもにとっての最善を見極められる人材を育成する。子育て支援センターなどでの実習に力を入れている他、いのちや自然の大切さと食育の基本を学ぶ農業体験や国際感覚を磨く異文化理解体験、児童文化・自己表現体験など独自の体験プログラムを展開している。
取得可能な免許・資格	社会福祉主事、保育士、教員免許（幼一種）

入試要項（2024年度）

※この入試情報は2024年度募集要項等より編集したものです（見方は巻頭の「本書の使い方」参照）。2025年度入試の最新情報は、ホームページや2025年度募集要項等で必ず確認してください。

「大学入試科目検索システム」のご案内
日程・方式ごとの偏差値や昨年度入試結果（志願者倍率、実質倍率、合格最低点）、基本情報（出願締切日、試験日、二段階選抜、募集人員、総合満点）などは、「大学入試科目検索システム」（https://nyushi.toshin.com/）をご覧ください（利用方法はp.12参照）。

■理工学部　偏差値 61

一般選抜

◆**一般選抜（前期3教科型）**
[全学科：3〜5科目] 数 数ⅠⅡⅢAB 理 物基・物、化基・化、生基・生から選択▶各3題の計9題から3題任意選択 外 英、英語外部試験から1

◆**一般選抜（中期3教科型）**
[全学科：3〜4科目] 数 数ⅠⅡⅢAB 理 物基・物、化基・化から選択▶各3題の計6題から3題任意選択 外 英、英語外部試験から1

◆**一般選抜（後期2教科型）**
[全学科：2〜3科目] 数 数ⅠⅡⅢAB 理 外 次の①・②から1（①物基・物、化基・化から選択▶各3題の計6題から3題任意選択、②英）

共通テスト併用入試

◆**一般選抜（前期理工系探究型）**
[全学科]〈共3科目〉国 地歴 公 理 外 現、地歴公全10科目、物、化、生、地、英から1 数 数ⅠA、数ⅡB〈個1科目〉総合 探究総合問題

◆**共通テスト利用入試（後期3教科小論文型〔理系重点方式〕）**
[全学科]〈共4科目〉国 地歴 公 外 現、地歴公全10科目、英から1 数 数ⅠA、数ⅡB 理 物、化、生、地から1〈個2科目〉書類審 調査書 論 小論文

共通テスト利用入試　※個別試験は課さない

◆**共通テスト利用入試（前期3教科型〔理系重点方式〕）**

私立　東京　神奈川　東京都市大学

[全学科：4科目] 国 地歴 公 外 現、地歴公全10科目、英から1 数 数ⅠA、数ⅡB 理 物、化、生、地から1

◆共通テスト利用入試（前期5教科基準点型〔理系重点方式〕）

[全学科：6科目] 国 現 地歴 公 全10科目から1 数 数ⅠA、数ⅡB 理 物、化、生、地から1 外 英

■建築都市デザイン学部 偏差値 61

一般選抜

◆一般選抜（前期3教科型）

[全学科：3〜5科目] 数 数ⅠⅡⅢAB 理 物基・物、化基・化、生基・生から選択▶各3題の計9題から3題任意選択 外 英、英語外部試験から1

◆一般選抜（中期3教科型）

[全学科：3〜4科目] 数 数ⅠⅡⅢAB 理 物基・物、化基・化から選択▶各3題の計6題から3題任意選択 外 英、英語外部試験から1

◆一般選抜（後期2教科型）

[全学科：2〜3科目] 数 数ⅠⅡⅢAB 理 外 次の①・②から1（①物基・物、化基・化から選択▶各3題の計6題から3題任意選択、②英）

共通テスト併用入試

◆共通テスト利用入試（後期3教科小論文型〔理系重点方式〕）

[全学科]〈共4科目〉 国 地歴 公 外 現、地歴公全10科目、英から1 数 数ⅠA、数ⅡB 理 物、化、生、地から1〈個2科目〉 書類審 調査書 論 小論文

共通テスト利用入試 ※個別試験は課さない

◆共通テスト利用入試（前期3教科型〔理系重点方式〕）

[全学科：4科目] 国 地歴 公 外 現、地歴公全10科目、英から1 数 数ⅠA、数ⅡB 理 物、化、生、地から1

◆共通テスト利用入試（前期5教科基準点型〔理系重点方式〕）

[全学科：6科目] 国 現 地歴 公 全10科目から1 数 数ⅠA、数ⅡB 理 物、化、生、地から1 外 英

■情報工学部 偏差値 63

一般選抜

◆一般選抜（前期3教科型）

[全学科：3〜5科目] 数 数ⅠⅡⅢAB 理 物基・物、化基・化、生基・生から選択▶各3題の計9題から3題任意選択 外 英、英語外部試験から1

◆一般選抜（中期3教科型）

[全学科：3〜4科目] 数 数ⅠⅡⅢAB 理 物基・物、化基・化から選択▶各3題の計6題から3題任意選択 外 英、英語外部試験から1

◆一般選抜（後期2教科型）

[全学科：2〜3科目] 数 数ⅠⅡⅢAB 理 外 次の①・②から1（①物基・物、化基・化から選択▶各3題の計6題から3題任意選択、②英）

共通テスト併用入試

◆共通テスト利用入試（後期3教科小論文型〔理系重点方式〕）

[全学科]〈共4科目〉 国 地歴 公 理 外 現、地歴公全10科目、物、化、生、地、英から2教科2▶地歴と公は1教科扱い 数 数ⅠA、数ⅡB〈個2科目〉 書類審 調査書 論 小論文

共通テスト利用入試 ※個別試験は課さない

◆共通テスト利用入試（前期3教科型〔理系重点方式〕）

[全学科：4科目] 国 地歴 公 理 外 現、地歴公全10科目、物、化、生、地、英から2教科2▶地歴と公は1教科扱い 数 数ⅠA、数ⅡB

◆共通テスト利用入試（前期5教科基準点型〔理系重点方式〕）

[全学科：6科目] 国 現 地歴 公 全10科目から1 数 数ⅠA、数ⅡB 理 物、化、生、地から1 外 英

■環境学部 偏差値 60

一般選抜

◆一般選抜（前期3教科型）

[全学科：3〜5科目] 国 数 現、数ⅠⅡABから1 地歴 理 次の①・②から1（①世B、日Bから1、②物基・物、化基・化、生基・生から選択▶各3題の計9題から3題任意選択） 外 英、英語外部試験から1

◆一般選抜（中期2教科型）

[全学科：2科目] 国 数 現、数ⅠⅡABから1 外 英、英語外部試験から1

◆一般選抜（後期2教科型）

[全学科：2科目] 国 数 現、数ⅠⅡABから1 外 英

共通テスト併用入試

◆共通テスト利用入試（後期3教科小論文型〔理系重点方式〕）

[環境創生]〈共4科目〉 国 地歴 公 理 外 現、地歴公全10科目、物、化、生、地、英から2教科2▶地歴と公は1教科扱い 数 数ⅠA、数ⅡB〈個2科目〉 書類審 調査書 論 小論文

◆共通テスト利用入試（後期3教科小論文型〔文系重点方式〕）

[環境経営システム]〈共3〜4科目〉 国 地歴 公 数 理 現、地歴公理全15科目、数Ⅰ、数ⅠA、数Ⅱ、数ⅡBから2教科2▶地歴と公は1教科扱い 外 英〈個2科目〉 書類審 調査書 論 小論文

共通テスト利用入試 ※個別試験は課さない。理科基礎は2科目扱い

◆共通テスト利用入試（前期3教科型〔理系重点方式〕）

[環境創生：4科目] 国 地歴 公 理 外 現、地歴公全10科目、物、化、生、地、英から2教科2▶地歴と公は1教科扱い 数 数ⅠA、数ⅡB

◆共通テスト利用入試（前期3教科型〔文系重点方式〕）

[環境経営システム：3〜4科目] 国 地歴 公 数 理 現、地歴公理全15科目、数Ⅰ、数ⅠA、数Ⅱ、数ⅡBから2教科2▶地歴と公は1教科扱い 外 英

◆共通テスト利用入試（前期5教科基準点型〔理系重点方式〕）

[環境創生：6科目] 国 現 地歴 公 全10科目から1 数 数ⅠA、数ⅡB 理 物、化、生、地から1 外 英

◆共通テスト利用入試（前期5教科基準点型〔文系

重点方式〕）
[環境経営システム：5～6科目] 国現地歴公全10科目から1数数Ⅰ、数ⅠA、数Ⅱ、数ⅡBから1理全5科目から1外英

■メディア情報学部 偏差値 63

一般選抜

◆**一般選抜（前期3教科型）**
[社会メディア：3～5科目] 国数現、数ⅠⅡABから1地歴理次の①・②から1（①世B、日Bから1、②物基・物、化基・化、生基・生から選択▶各3題の計9題から3題任意選択）外英、英語外部試験から1
◆**一般選抜（前期2教科型）**
[情報システム：2科目] 数数ⅠⅡAB外英、英語外部試験から1
◆**一般選抜（中期2教科型）**
[社会メディア：2科目] 国数現、数ⅠⅡABから1外英、英語外部試験から1
[情報システム：2科目]一般選抜（前期2教科型）に同じ
◆**一般選抜（後期2教科型）**
[社会メディア：2科目] 国数現、数ⅠⅡABから1外英
[情報システム：2科目] 数数ⅠⅡAB外英

共通テスト併用入試

◆**共通テスト利用入試（後期3教科小論文型〔理系重点方式〕）**
[情報システム]〈共4科目〉国地歴公理外現、地歴公全10科目、物、化、生、地、英から2教科2▶地歴と公は1教科扱い数数ⅠA、数ⅡB〈個2科目〉書類審調査書論小論文
◆**共通テスト利用入試（後期3教科小論文型〔文系重点方式〕）**
[社会メディア]〈共3～4科目〉国地歴公数理現、地歴公理全15科目、数Ⅰ、数ⅠA、数Ⅱ、数ⅡBから2教科2▶地歴と公は1教科扱い外英〈個2科目〉書類審調査書論小論文

共通テスト利用入試 ※個別試験は課さない。理科基礎は2科目扱い

◆**共通テスト利用入試（前期3教科型〔理系重点方式〕）**
[情報システム：4科目] 国地歴公理現、地歴公全10科目、物、化、生、地、英から2教科2▶地歴と公は1教科扱い数数ⅠA、数ⅡB
◆**共通テスト利用入試（前期3教科型〔文系重点方式〕）**
[社会メディア：3～4科目] 国地歴公数理現、地歴公理全15科目、数Ⅰ、数ⅠA、数Ⅱ、数ⅡBから2教科2▶地歴と公は1教科扱い外英
◆**共通テスト利用入試（前期5教科基準点型〔理系重点方式〕）**
[情報システム：6科目] 国現地歴公全10科目から1数数ⅠA、数ⅡB理物、化、生、地から1外英
◆**共通テスト利用入試（前期5教科基準点型〔文系重点方式〕）**
[社会メディア：5～6科目] 国現地歴公全10科目から1数数Ⅰ、数ⅠA、数Ⅱ、数ⅡBから1理全5科目から1外英

■デザイン・データ科学部 偏差値 61

一般選抜

◆**一般選抜（前期3教科型）**
[デザイン・データ科：3～5科目] 国数現、数ⅠⅡABから1地歴理次の①・②から1（①世B、日Bから1、②物基・物、化基・化、生基・生から選択▶各3題の計9題から3題任意選択）外英、英語外部試験から1
◆**一般選抜（中期2教科型）**
[デザイン・データ科：2科目] 国数現、数ⅠⅡABから1外英、英語外部試験から1
◆**一般選抜（後期2教科型）**
[デザイン・データ科：2科目] 国数現、数ⅠⅡABから1外英

共通テスト併用入試

◆**共通テスト利用入試（後期3教科小論文型〔文系重点方式〕）**
[デザイン・データ科]〈共3～4科目〉国地歴公数理現、地歴公理全15科目、数Ⅰ、数ⅠA、数Ⅱ、数ⅡBから2教科2▶地歴と公は1教科扱い外英〈個2科目〉書類審調査書論小論文

共通テスト利用入試 ※個別試験は課さない。理科基礎は2科目扱い

◆**共通テスト利用入試（前期3教科型〔文系重点方式〕）**
[デザイン・データ科：3～4科目] 国地歴公数理現、地歴公理全15科目、数Ⅰ、数ⅠA、数Ⅱ、数ⅡBから2教科2▶地歴と公は1教科扱い外英
◆**共通テスト利用入試（前期5教科基準点型〔文系重点方式〕）**
[デザイン・データ科：5～6科目] 国現地歴公全10科目から1数数Ⅰ、数ⅠA、数Ⅱ、数ⅡBから1理全5科目から1外英

■都市生活学部 偏差値 64

一般選抜

◆**一般選抜（前期3教科型）**
[都市生活：3～5科目] 国数現、数ⅠⅡABから1地歴理次の①・②から1（①世B、日Bから1、②物基・物、化基・化、生基・生から選択▶各3題の計9題から3題任意選択）外英、英語外部試験から1
◆**一般選抜（中期2教科型）**
[都市生活：2科目] 国数現、数ⅠⅡABから1外英、英語外部試験から1
◆**一般選抜（後期2教科型）**
[都市生活：2科目] 国数現、数ⅠⅡABから1外英

共通テスト併用入試

◆**共通テスト利用入試（後期3教科小論文型〔文系重点方式〕）**
[都市生活]〈共3～4科目〉国地歴公数理現、地歴

公理全15科目、数Ⅰ、数ⅠA、数Ⅱ、数ⅡBから2教科2▶地歴と公は1教科扱い 外 英〈個2科目〉書類審 調査書 論 小論文

共通テスト利用入試 ※個別試験は課さない。理科基礎は2科目扱い

◆共通テスト利用入試（前期3教科型〔文系重点方式〕）
［都市生活：3～4科目］国 地歴 公 数 理 現、地歴公全理15科目、数Ⅰ、数ⅠA、数Ⅱ、数ⅡBから2教科2▶地歴と公は1教科扱い 外 英

◆共通テスト利用入試（前期5教科基準点型〔文系重点方式〕）
［都市生活：5～6科目］国 現 地歴 公 全10科目から1 数 数Ⅰ、数ⅠA、数Ⅱ、数ⅡBから1 理 全5科目から1 外 英

■人間科学部 偏差値 64

一般選抜

◆一般選抜（前期2教科型、中期2教科型）
［人間科：2科目］国 数 現、数ⅠⅡABから1 外 英、英語外部試験から1

◆一般選抜（後期2教科型）
［人間科：2科目］国 数 現、数ⅠⅡABから1 外 英

共通テスト併用入試

◆共通テスト利用入試（後期3教科小論文型〔文系重点方式〕）
［人間科］〈共3～4科目〉国 地歴 公 数 理 現、地歴公理全15科目、数Ⅰ、数ⅠA、数Ⅱ、数ⅡBから2教科2▶地歴と公は1教科扱い 外 英〈個2科目〉書類審 調査書 論 小論文

共通テスト利用入試 ※個別試験は課さない。理科基礎は2科目扱い

◆共通テスト利用入試（前期3教科型〔文系重点方式〕）
［人間科：3～4科目］国 地歴 公 数 理 現、地歴公理全15科目、数Ⅰ、数ⅠA、数Ⅱ、数ⅡBから2教科2▶地歴と公は1教科扱い 外 英

◆共通テスト利用入試（前期5教科基準点型〔文系重点方式〕）
［人間科：5～6科目］国 現 地歴 公 全10科目から1 数 数Ⅰ、数ⅠA、数Ⅱ、数ⅡBから1 理 全5科目から1 外 英

■特別選抜

［総合型選抜］総合型選抜（1段階選抜制〔学際探求入試、原子力人材入試、創作ソフトウェア入試、創造デザイン入試、人間科学探求総合入試〕、2段階選抜制）
［学校推薦型選抜］学校推薦型選抜（指定校制、公募制）
［その他］帰国生徒特別入試、国際バカロレア特別入試、社会人特別入試、外国人留学生特別入試

就職支援

東京都市大学では、キャリア形成支援として、専門性を活かしたキャリア形成と夢や希望を実現する就職活動のための徹底した支援が行われています。また、キャリア支援センターが設置され、面接指導や履歴書添削、個別相談が行われる他、年に数回延べ300社以上の企業が参加する学内企業研究会が開催されています。公務員志望の学生に対し、国家公務員・地方公務員などへの就職支援として、公務員対策講座や個別カウンセリングなどが実施されています。

国際交流

東京都市大学では、世界各国に海外協定校を設け、協定校へ半年～1年で留学する交換留学や、全学の学生を対象とした3週間で行われる海外語学研修プログラムが実施されています。また、海外の研究機関などと共同で実施するフィールドワーク研修や、共同による遠隔教育プログラムなどの様々な取り組みが行われています。さらに、留学プログラム以外にもグローバル社会で活躍するための実力を身に付けられる学部・学科独自のプログラムやコースが用意されています。

東京都市大学ギャラリー

■横浜キャンパス

環境学部やメディア情報学部など文理融合学部がそろう横浜キャンパスは、最先端の情報ネットワークやIT施設を有しています。

■「大人のお子様ランチ」

世田谷キャンパスの学生食堂で提供されている「大人のお子様ランチ」。「レストラン大宮」の大宮勝雄シェフ考案メニューです。

東京農業大学

とうきょうのうぎょう

資料請求

入学センター（世田谷キャンパス） TEL (03) 5477-2226 〒156-8502 東京都世田谷区桜丘1-1-1

「体験型カリキュラム」で実践的な技術を修得する

大学紹介動画

最新入試情報

「実学主義」を理念に掲げ、実社会で即戦力となるだけでなく、現場で見聞きした課題の解決に取り組むための知恵を導き出す教育を目指し、実験や実習、演習など体験型のカリキュラムを展開している。

農大アカデミアセンター

キャンパス 3つ

世田谷キャンパス
〒156-8502 東京都世田谷区桜丘1-1-1
厚木キャンパス
〒243-0034 神奈川県厚木市船子1737
北海道オホーツクキャンパス
〒099-2493 北海道網走市八坂196

基本データ

※2023年5月現在（進路・就職は2022年度卒業者データ。学費は2024年度入学者用〔予定〕）

沿革

1891年、徳川育英会育英黌農業科を創立。1893年、東京農学校を創立。1925年、東京農業大学を創立、農学部を設置。1949年、新制大学に移行。1998年、農学部を改組し、農、応用生物科、地域環境科、国際食料情報、生物産業学部の5学部体制に。2017年、生命科学部を設置し、現在に至る。

教育機関 6 学部 6 研究科

学部 農／応用生物科／生命科／地域環境科／国際食料情報／生物産業

大学院 農学MD／応用生物科学MD／生命科学MD／地域環境科学MD／国際食料農業科学MD／生物産業学MD

人数

学部学生数 12,676名

教員1名あたり学生 31名

教員数 408名【理事長・学長】江口文陽

（教授220名、准教授105名、助教77名、助手・その他6名）

学費

初年度納入額 1,396,800~1,643,800円

奨学金 特待生制度、外国人留学生奨学生制度、大日本農会奨学金

進路

学部卒業者 2,920名

（進学411名［14.1%］、就職2,273名［77.8%］、その他236名［8.1%］）

主な就職先 久光製薬、キリンホールディングス、味の素コミュニケーションズ、明治、富士フイルム和光純薬、ノダ、不二家、アドバンテック、マルハニチロ、ニチレイフーズ、日産車体、JA全農、JAホクレン、東京都庁、千葉県庁、国土交通省、経済産業省

学部学科紹介

※本書掲載内容は、大学公表資料から独自に編集したものです。詳細は大学パンフレットやホームページ等で必ず確認してください（取得可能な免許・資格は任用資格や受験資格などを含む）。

農学部

厚木キャンパス　定員 558

特色　講義、実験、実習、演習を一体化した教育で持続可能な社会をつくる人材を育成。
進路　就職先は卸売・小売業やサービス業、製造業などが多い。
学問分野　農学／獣医・畜産学／環境学
大学院　農学

学科	定員	内容
農学科	(170)	植物生産の技術開発からバイオテクノロジーを活用した苗づくり、最新の流通システムまでを研究し、持続可能な次世代型の農業の創造に貢献できる人材を育成する。栽培技術や農作物の特性を学ぶための演習や実験が多く、実学的な知識を身につけることができる。
動物科学科	(140)	動物の能力や生きる仕組みを多面的な視点から研究する。生命・制御分野には動物生殖学、動物遺伝学、動物生理学、機能・生産分野には動物栄養学、動物衛生学、動物行動学のそれぞれ3つの研究室を設置。産業動物から愛玩動物まで多様な生き物を飼育している。
生物資源開発学科	(125)	生物多様性をキーワードに植物、動物、昆虫という3つの分野を幅広く学ぶ。研究室内での活動にとどまらず、希少動植物の生息域内外での保全や新種の昆虫の探索などの実践的なフィールドワークを通して、優れた判断力や問題解決力を備えた人材を育成する。
デザイン農学科	(123)	環境や食料をはじめとする様々な地球規模の問題を、農学的発想で解決できる人材を育成する。生物や食が持つ機能をものづくりに活かすイノベーション農学と、食農システムの開発など社会づくりに活かすサスティナビリティ農学の2つの分野から構成されている。
取得可能な免許・資格		学芸員、危険物取扱者（甲種）、自然再生士補、家畜人工授精師、教員免許（中-理、高-理・農）、ビオトープ管理士、司書

応用生物科学部

世田谷キャンパス　定員 570

特色　生物学と化学により生命現象を探究、人類の生活の向上と環境問題の解決に貢献。
進路　就職先は製造業や卸売・小売業、サービス業などが多い。
学問分野　農学／食物学
大学院　応用生物科学

学科	定員	内容
農芸化学科	(150)	生物と化学に関わるあらゆる分野を横断的に学び、生物学的・化学的アプローチによって、農業、食料、医療、環境などの分野の様々な課題の解決に取り組む。生命現象を基礎から理解し、研究成果を社会の発展や人類の福祉に役立てることを目指している。
醸造科学科	(150)	発酵現象や発酵に関わる微生物の性質を最先端の科学で明らかにし、人類の豊かな生活の実現を目指す。醸造科学特別実習では、教育研究に賛同する醸造・食品関連企業で実務を体験できる。醸造微生物学、醸造技術、醸造環境学の3つの研究分野からなる。
食品安全健康学科	(150)	化学や生物学を基盤とした様々な科学的手法による研究を通して、食品が人体に及ぼす影響について考察する。「食の安全・安心」と「食の機能と健康」に対して科学的なアプローチを試みるとともに、食品を適切に取り扱うために必要な知識を身につける。
栄養科学科	(120)	食品が人体に及ぼす影響を理解し、調理・加工から提供までに応用される理論や技術を修得すること、また、健康維持や生活習慣病予防のための栄養学の実践的な理論や技術を身につけることを目指す。管理栄養士として現場で活用できる知的行動力や学習意欲を養う。
取得可能な免許・資格		学芸員、危険物取扱者（甲種）、毒物劇物取扱責任者、食品衛生管理者、食品衛生監視員、管理栄養士、栄養士、栄養教諭（一種）、HACCP管理者、教員免許（中-理、高-理・農）、ビオトープ管理士、司書

生命科学部

世田谷キャンパス　定員 410

特色	生命現象を統合的に捉え、知識や技術をもとに社会に貢献する人材を育成。
進路	就職先はサービス業や卸売・小売業、製造業などが多い。
学問分野	生物学／農学／応用生物学
大学院	生命科学

バイオサイエンス学科 (150)	生命現象を遺伝子レベルで解き明かし、遺伝子が持つ潜在的な可能性を最大限に引き出して農学の枠を超えた様々な分野への応用を試みる。1・2年次には生命科学の基礎となる化学と生物学を学びつつ研究活動の基礎を身につけ、3年次から研究室に所属する。
分子生命化学科 (130)	原子や分子の機能を化学的に解明し、生命科学の可能性を見いだす。化学の幅広い知識を修得し、農場実習や化学実験で理解を深め、課題解決力を養う。大学院進学を視野に、3年次までを基礎教育、4年次と大学院の2年間を専門教育とする教育体制を整えている。
分子微生物学科 (130)	まだ見つかっていない有用な微生物を発見し、その能力を研究することで、食品、化粧品、医薬品、環境浄化、科学情報産業など様々な産業に役立てることを目指す。微生物についての最新の研究成果を社会に還元する微生物学のエキスパートを育成する。
取得可能な免許・資格	学芸員、危険物取扱者（甲種）、毒物劇物取扱責任者、食品衛生管理者、食品衛生監視員、教員免許（中-理、高-理・農）、ビオトープ管理士、司書

地域環境科学部

世田谷キャンパス　定員 490

特色	人間と自然が調和し共生できる循環型社会を目指して知識と技術を身につける。
進路	就職先は公務をはじめ建設業やサービス業が多い。
学問分野	農学／森林科学／環境学
大学院	地域環境科学

森林総合科学科 (130)	森林の機能や利用について科学的に研究し、人と森が共生できる社会のあり方を探る。森林資源保全学、森林環境工学、森林資源利用学、森林社会科学の4つの分野のそれぞれ2つの研究室からなる。奥多摩演習林で集中実習を行い、森林の機能について理解を深める。
生産環境工学科 (130)	環境負荷の少ない生産技術の開発と環境保全を目指し、国内外の資源利用や情報技術の活用について研究している。地域資源利用、環境情報利用、環境基盤創成、機械システム創成の4つの研究分野からなる。日本技術者教育認定機構認定の養成コースを設置している。
造園科学科 (130)	山村から都市空間まで、人と自然が共生する快適で美しい環境をデザインするために必要な知識と技術を身につける。環境計画・設計、ランドスケープ資源・植物、景観建設・技術の3つの分野からなり、専門分野の科目を実習や演習と並行して体系的に学ぶ。
地域創成科学科 (100)	地域で受け継がれてきた文化や知恵と最新の技術を組み合わせ、持続可能な地域づくりに貢献する。物理学や化学、地球科学、社会科学などの幅広い知識を活用し、自然再生と地域マネジメントの2つの分野から、地域社会の持続的な発展を可能にするシステムを学ぶ。
取得可能な免許・資格	学芸員、危険物取扱者(甲種)、技術士補、測量士補、施工管理技士(土木、建築、電気工事、管工事、造園、建設機械)、自然再生士補、樹木医補、森林情報士、教員免許（中-理・技、高-理・農)、ビオトープ管理士、司書

国際食料情報学部

世田谷キャンパス　定員 600

特色	国内外の食料や農業、農村などの問題解決に実践的に取り組む人材を育成。
進路	就職先は卸売・小売業やサービス業、製造業が多い。
学問分野	農学／環境学
大学院	国際食料農業科学

国際農業開発学科 (150)	開発途上国の文化や特性を踏まえて農業生産技術の向上を図るなど、社会科学と自然科学の両面から国際農業を研究し、国内外での農業実習を通して国際的な農業開発の専門家を目指す。熱帯生物生産、熱帯農業環境、農業農村開発の3つの分野で構成されている。

食料環境経済学科　(190)	経済学をはじめ社会科学の手法で、農業や食料、環境が抱える問題を見いだし、豊かな食を支える社会の仕組みや、自然と人間が共生できる持続的な循環型社会の構築に貢献する人材を育成する。農家実習や国内外の企業調査などで実社会に即した問題意識を育む。
アグリビジネス学科　(150)	2023年度、国際バイオビジネス学科より改称。農林水産業、食料関連産業をアグリビジネスとして捉え、農学系の知識だけでなく、食料の生産や加工、流通などに関わる経営管理やマーケティング、財務管理といった経営学系の知識も修得する。
国際食農科学科　(110)	生産科学、食品科学、食農文化、食農政策、食農教育といった分野からの複眼的なアプローチで食農の伝統と発展の可能性を学ぶ。知識の修得に加え、農場実習や食品加工実習など実践的なカリキュラムで日本の食農技術や文化を広く世界に発信する人材を育成する。
取得可能な免許・資格	学芸員、危険物取扱者（甲種）、教員免許（中-理・社、高-理・地歴・公・農）、ビオトープ管理士、司書

生物産業学部

北海道オホーツクキャンパス　定員 363

- 特色　生命や食料、資源、環境問題に関わる知識と技術を学び社会貢献を目指す。
- 進路　卸売・小売業やサービス業の他、農業関連職に就く者もいる。
- 学問分野　農学／獣医・畜産学／水産学
- 大学院　生物産業学

北方圏農学科　(91)	北海道の恵まれた環境で、農学や畜産学、生態学、生命科学などの幅広いテーマに取り組む。学内外の様々なフィールドで実習を行い、生態系の保全や再生について研究する。植物生産、動物生産、フィールド生物資源保全の3つの研究分野を設けている。
海洋水産学科　(91)	環オホーツク地域の水圏における産業や食料問題、環境問題に関して探究する。水産物の生産、加工や流通などに関しても知識を深める。水圏環境の保全、水産資源の増養殖や開発、解析、管理の他、漁獲物の加工と流通などにも貢献できる人材を育成する。
食香粧化学科　(91)	素材の原料特性や機能性、生化学的特性、品質管理のための微生物学といった幅広い学習と研究を行い、天然の素材や農水畜産物の食品や化粧品としての可能性を探る。正規の授業の他、ビールやワイン、化粧品など様々なものづくりに参加する特別プログラムもある。
自然資源経営学科　(90)	経営学や経済学、情報学を基礎から応用まで学び、自然資源や地域資源を有効活用するための着眼力、企画立案力、調整力を養う。少人数のゼミ形式で議論を積み重ねることで、客観的に思考する力や自分の言葉でコミュニケーションする力を身につける。
取得可能な免許・資格	学芸員、危険物取扱者（甲種）、毒物劇物取扱責任者、食品衛生管理者、食品衛生監視員、家畜人工授精師、教員免許（中-理・社、高-理・公・農）、ビオトープ管理士

入試要項（2024年度）

※この入試情報は2024年度募集要項等より編集したものです（見方は巻頭の「本書の使い方」参照）。
2025年度入試の最新情報は、ホームページや2025年度募集要項等で必ず確認してください。

「大学入試科目検索システム」のご案内
日程・方式ごとの偏差値や昨年度入試結果（志願者倍率、実質倍率、合格最低点）、基本情報（出願締切日、試験日、二段階選抜、募集人員、総合満点）などは、「大学入試科目検索システム」（https://nyushi.toshin.com/）をご覧ください（利用方法はp.12参照）。

■農学部　偏差値 57

一般選抜

◆一般選抜（A日程、B日程）

［農、生物資源開発：3科目］国数現、数ⅠⅡABから1理化基・化、生基・生から1外英

［動物科：3科目］国数現、数ⅠⅡABから1理物基・物、化基・化、生基・生から1外英

［デザイン農：3科目］国数現、数ⅠⅡABから1地歴公理世B、日B、地理B、現社、物基・物、

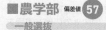

化基・化、生基・生から1外英

共通テスト利用入試 ※個別試験は課さない

◆**共通テスト利用選抜（前期4科目型）**

［農：4科目］国数現、数ⅠA、数ⅡBから1理物、化、生、地から2外英

［動物科、生物資源開発：4科目］国現数数ⅠA、数ⅡBから1理物、化、生から1外英

［デザイン農：4科目］国地歴公数理外現、世B、日B、地理B、公全4科目、数ⅠA、数ⅡB、物、化、生、地、英から4

◆**共通テスト利用選抜（前期3科目型、後期3科目型）**

［農：3科目］国数現、数ⅠA、数ⅡBから1理物、化、生、地から1外英

［動物科、生物資源開発：3科目］国数現、数ⅠA、数ⅡBから1理物、化、生から1外英

［デザイン農：3科目］国地歴公数理外現、世B、日B、地理B、公全4科目、数ⅠA、数ⅡB、物、化、生、地、英から3

◆**共通テスト利用選抜（前期2科目型）**

［農：2科目］国理現、物、化、生、地から2

［動物科：2科目］国数理外現、数ⅠA、数ⅡB、物、化、生、英から2

［生物資源開発：2科目］国理現、物、化、生から2

［デザイン農：2科目］国数理外現、数ⅠA、数ⅡB、物、化、生、地、英から2

■応用生物科学部 偏差値 57

一般選抜

◆**一般選抜（A日程、B日程）**

［食品安全健康以外：3科目］国数現、数ⅠⅡABから1理物基・物、化基・化、生基・生から1外英

［食品安全健康：3科目］国数現、数ⅠⅡABから1理化基・化、生基・生から1外英

共通テスト利用入試 ※個別試験は課さない

◆**共通テスト利用選抜（前期4科目型）**

［食品安全健康以外：4科目］国数現、数ⅠA、数ⅡBから1理物、化、生から2外英

［食品安全健康：4科目］国数現、数ⅠA、数ⅡBから1理化、生外英

◆**共通テスト利用選抜（前期3科目型、後期3科目型）**

［食品安全健康以外：3科目］国数現、数ⅠA、数ⅡBから1理物、化、生から1外英

［食品安全健康：3科目］国数現、数ⅠA、数ⅡBから1理化、生から1外英

◆**共通テスト利用選抜（前期2科目型）**

［農芸化：2科目］理外物、化、生、英から2

［食品安全健康：2科目］数理数ⅠA、数ⅡB、化、生から2

［栄養科：2科目］国外現、英から1理物、化、生から1

■生命科学部 偏差値 58

一般選抜

◆**一般選抜（A日程、B日程）**

［全学科：3科目］国数現、数ⅠⅡABから1理物基・物、化基・化、生基・生から1外英

共通テスト利用入試 ※個別試験は課さない

◆**共通テスト利用選抜（前期4科目型）**

［バイオサイエンス、分子微生物：4科目］国数現、数ⅠA、数ⅡBから1理物、化、生から2外英

［分子生命化：4科目］数数ⅠA、数ⅡBから1理化必須、物、生から1外英

◆**共通テスト利用選抜（前期3科目型、後期3科目型）**

［バイオサイエンス、分子微生物：3科目］国数理現、数ⅠA、数ⅡB、物、化、生から2外英

［分子生命化：3科目］数数ⅠA、数ⅡBから1理物、化、生から1外英

◆**共通テスト利用選抜（前期2科目型）**

［バイオサイエンス：2科目］数理外数ⅠA、数ⅡB、物、化、生、英から2

［分子生命化：2科目］数理数ⅠA、数ⅡB、物、化から2

［分子微生物：2科目］国数理外現、数ⅠA、数ⅡB、物、化、生、英から2

■地域環境科学部 偏差値 55

一般選抜

◆**一般選抜（A日程、B日程）**

［全学科：3科目］国数現、数ⅠⅡABから1地歴公理世B、日B、地理B、現社、物基・物、化基・化、生基・生から1外英

共通テスト利用入試 ※個別試験は課さない

◆**共通テスト利用選抜（前期4科目型）**

［森林総合科、生産環境工：4科目］国現地歴公理世B、日B、地理B、公全4科目、物、化、生、地から1数数ⅠA、数ⅡBから1外英

［造園科：4科目］国現地歴公数理世B、日B、地理B、公全4科目、数ⅠA、数ⅡB、物、化、生、地から2外英

［地域創成科：4科目］国数現、数ⅠA、数ⅡBから1地歴公理世B、日B、地理B、公全4科目、物、化、生、地から2外英

◆**共通テスト利用選抜（前期3科目型、後期3科目型）**

［地域創成科以外：3科目］国数現、数ⅠA、数ⅡBから1地歴公理世B、日B、地理B、公全4科目、物、化、生、地から1外英

［地域創成科：3科目］国地歴公数理現、世B、日B、地理B、公全4科目、数ⅠA、数ⅡB、物、化、生、地から2外英

◆**共通テスト利用選抜（前期2科目型）**

［全学科：2科目］国地歴公数理現、世B、日B、地理B、公全4科目、数ⅠA、数ⅡB、物、化、生、地から2

■国際食料情報学部 偏差値 52

一般選抜

◆**一般選抜（A日程、B日程）**

［食料環境経済以外：3科目］国数現、数ⅠⅡABから1地歴公理世B、日B、地理B、現社、化基・化、生基・生から1外英

［食料環境経済：3科目］国数現、数ⅠⅡABから1地歴公理世B、日B、地理B、現社、物基・物、化基・化、生基・生から1外英

共通テスト利用入試 ※個別試験は課さない

◆**共通テスト利用選抜（前期4科目型）**

［国際食農科以外：4科目］国数現、数ⅠA、数ⅡBから1地歴公理世B、日B、地理B、公全4科目、物、化、生、地から2外英

［国際食農科：4科目］国地歴公数現、世B、日B、地理B、公全4科目、数ⅠA、数ⅡBから2理化、生から1外英

◆**共通テスト利用選抜（前期3科目型、後期3科目型）**

［国際食農科以外：3科目］国地歴公数理現、世B、日B、地理B、公全4科目、数ⅠA、数ⅡB、物、化、生、地から2外英

［国際食農科：3科目］国地歴公数現、世B、日B、地理B、公全4科目、数ⅠA、数ⅡBから1理化、生から1外英

◆**共通テスト利用選抜（前期2科目型）**

［国際農業開発：2科目］国地歴公理外現、世B、日B、地理B、公全4科目、化、生、英から2

［食料環境経済：2科目］国地歴公数外現、世B、日B、地理B、公全4科目、数ⅠA、数ⅡB、英から2

［アグリビジネス：2科目］国公数外現、現社、政経、倫政、数ⅠA、数ⅡB、英から2

［国際食農科：2科目］国地歴公理現、世B、日B、地理B、公全4科目、化、生から2

■生物産業学部 偏差値 56

一般選抜

◆**一般選抜（A日程、B日程）**

［北方圏農、海洋水産：3科目］国数現、数ⅠⅡABから1理物基・物、化基・化、生基・生から1外英

［食香粧化：3科目］国数現、数ⅠⅡABから1地歴公理世B、日B、地理B、現社、物基・物、化基・化、生基・生から1外英

［自然資源経営：3科目］国数現、数ⅠⅡABから1地歴公理世B、日B、地理B、現社、化基・化、生基・生から1外英

共通テスト利用入試 ※個別試験は課さない

◆**共通テスト利用選抜（前期4科目型）**

［北方圏農：4科目］国数現、数ⅠA、数ⅡBから1理物、化、生、地から2外英

［海洋水産：4科目］国数現、数ⅠA、数ⅡBから1理物、化、生から2外英

［食香粧化：4科目］国数現、数ⅠA、数ⅡBから1理化必須、物、生、地から1外英

［自然資源経営：4科目］国現地歴公数理世B、日B、地理B、公全4科目、数ⅠA、数ⅡB、簿、情、物、化、生、地から2外英

◆**共通テスト利用選抜（前期3科目型、後期3科目型）**

［北方圏農、食香粧化：3科目］国数現、数ⅠA、数ⅡBから1理物、化、生、地から1外英

［海洋水産：3科目］国数現、数ⅠA、数ⅡBから1理物、化、生から1外英

［自然資源経営：3科目］国地歴公数理現、世B、日B、地理B、公全4科目、数ⅠA、数ⅡB、簿、情、物、化、生、地から2外英

◆**共通テスト利用選抜（前期2科目型）**

［北方圏農：2科目］国理現、物、化、生、地から2

［海洋水産：2科目］国数理外現、数ⅠA、数ⅡB、物、化、生、英から2

［食香粧化：2科目］国地歴公数外現、世B、日B、地理B、公全4科目、数ⅠA、数ⅡB、物、化、生、地、英から2

［自然資源経営：2科目］国地歴公数理現、世B、日B、地理B、公全4科目、数ⅠA、数ⅡB、簿、情、化、生から2

■特別選抜

［総合型選抜］自己推薦型 キャリアデザイン総合型選抜、自己推薦型 大自然に学ぶ北海道総合型選抜、自己推薦型 高校で学んだ実践スキル総合型選抜、自己推薦型 東京農大ファミリー総合型選抜、自己推薦型“私の夢”北海道総合型選抜、併設高校併願総合型選抜、外国人留学生指定日本語学校総合型選抜

［学校推薦型選抜］一般学校推薦型選抜、指定校学校推薦型選抜、運動選手学校推薦型選抜、併設高校学校推薦型選抜、併設高校運動選手学校推薦型選抜

［その他］社会人選抜、外国人選抜・帰国生選抜

就職支援

東京農業大学では、キャリアセンター、学科、研究室の三位一体での就職支援が実施されています。学科ごとに進路サポートが行われ、学部学科主催で実施される業界セミナーやガイダンスなどが開催されています。キャリア形成に向けた取り組みとして、業界トップ企業による業界研究会や、大学独自の北海道地域連携インターンシップなど様々な業界へのインターンシップ情報の提供、U・Iターンの強力なバックアップなどが実施されています。

国際交流

東京農業大学では、32カ国・地域に44の海外協定校があり、特色ある海外留学・実習プログラムなどが行われています。留学プログラムとして、協定校で6カ月または1年間、授業履修や研究活動を行う長期交換留学や、海外での農業・農学分野に関連した体験的学修を行う長期海外学修活動、夏休み・春休み中に2～4週間、海外協定校を中心として現地農場や研究施設等を視察する短期海外実学研修などが実施されています。

東京農業大学ギャラリー

■伊勢原農場実習風景

神奈川県伊勢原市に位置する伊勢原農場では、園芸作物の野菜・造園・農業機械等の各部門で実習教育と試験・研究を行っています。

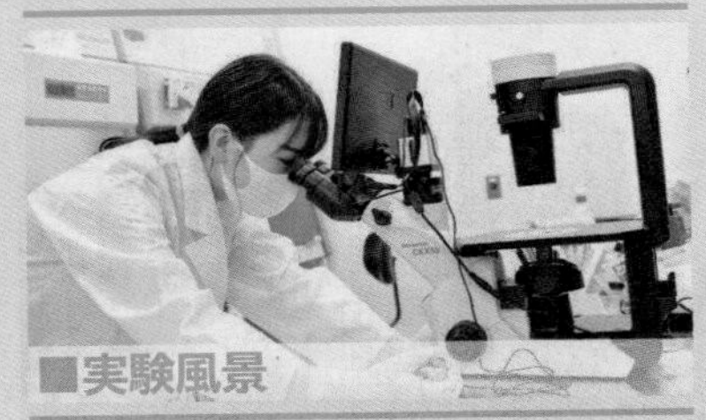

■実験風景

分子生命化学科では、化学の概念や理論の理解を深めるため実際に手を動かし実験する「学生実験」に重点を置いて教育しています。

■授業風景

東京農業大学は、「実学主義」の教育理念のもと、動植物すべてに関わる総合科学を扱う大学として発展を続けています。

■アカデミアセンター[illegible]

世田谷キャンパスのシンボル的な施設である農大アカデミアセンターでは、図書館、展示室、学生サービス等が運営されています。

東京理科大学

とうきょうりか

資料請求

入試センター（神楽坂キャンパス）　TEL（0120）188-139　〒162-8601 東京都新宿区神楽坂1-3

理学の普及を以て国運発展の基礎とする

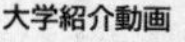

大学紹介動画　最新入試情報

「自然と人間の調和的かつ永続的な繁栄への貢献」を目標に、真に実力を身につけた学生のみを卒業させる「実力主義」を伝統とする。実用英語教育や教養教育にも力を入れる。

神楽坂キャンパス

校歌

校歌音声

東京理科大学校歌
作詞／佐治巌　作曲／大和憲史

一、新生のいぶきも高ら若人よ
かたき故蹤のいしずえを
守りて更に栄えゆく
理学の精華かぐわしき
たかき鵠志の根とならん
浩洋の行く手輝く
おお若き若き血は躍る
我らが学園

基本データ

※2023年5月現在（進路・就職は2022年度卒業者データ。学費は2024年度入学者用）

沿革

1881年、東京物理学講習所を創立。1883年、東京物理学校と改称。1949年、東京理科大学と改称。理学部第一部、第二部の2学部制に。1960年に薬学部、1962年に工学部、1967年に理工学部、1987年に基礎工学部、1993年に経営学部を新設。2021年、基礎工学部を先進工学部に、名称変更。2023年、理工学部を創域理工学部に名称変更、先進工学部に物理工学科と機能デザイン工学科を設置。2025年、薬学部が葛飾キャンパスへ移転予定。

キャンパス

4つ

キャンパスマップ

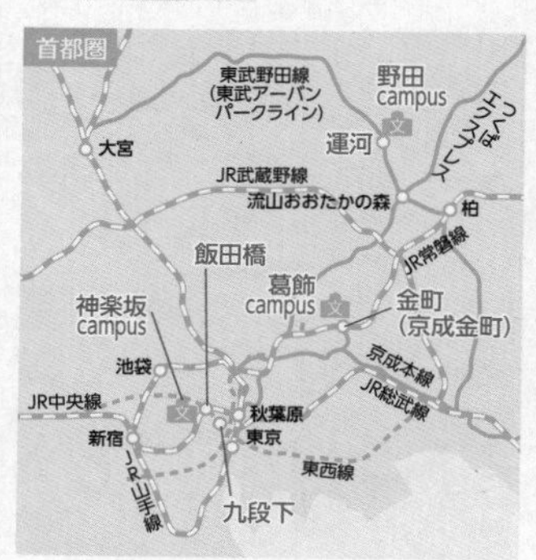

所在地・交通アクセス

神楽坂キャンパス（本部）

【神楽坂校舎】〒162-8601 東京都新宿区神楽坂1-3

【富士見校舎】〒102-0071 東京都千代田区富士見1-11-2

アクセス【神楽坂校舎】JR・地下鉄「飯田橋駅」から徒歩約5分、【富士見校舎】①地下鉄「九段下駅」から徒歩約8分、②JR・地下鉄「飯田橋駅」から徒歩約10分

野田キャンパス

〒278-8510 千葉県野田市山崎2641

アクセス　東武野田線（東武アーバンパークライン）「運河駅」から徒歩約5分

葛飾キャンパス

〒125-8585 東京都葛飾区新宿6-3-1

アクセス　JR「金町駅」または京成金町線「京成金町駅」から徒歩約8分

北海道・長万部キャンパス

〒049-3514 北海道山越郡長万部町字富野102-1

アクセス　JR「長万部駅」から徒歩約15分または車5分

教育機関
7学部 7研究科

学部 理学部第一／理学部第二／薬／工／創域理工／先進工／経営

大学院 理学ⓂⒹ／薬学ⓂⒹ／工学ⓂⒹ／創域理工学ⓂⒹ／先進工学ⓂⒹ／経営学ⓂⒹⓅ／生命科学ⓂⒹ

人数

学部学生数 16,335名　教員1名あたり学生 20名

教員数 795名【理事長】浜本隆之、【学長】石川正俊
（教授340名、准教授173名、講師83名、助教199名）

学費

初年度納入額 1,396,740~2,487,740円

奨学金 新生のいぶき奨学金、乾坤の真理奨学金

進路

学部卒業者 3,490名（進学1,803名、就職1,518名、その他169名）

進学 51.7%　就職 43.5%　その他 4.8%

主な就職先

理学部第一部
学校（教員）、日立製作所、野村総合研究所、富士通、キオクシア、SCSK、アクセンチュア、経済産業省、TOPPANホールディングス、本田技研工業

理学部第二部
学校（教員）、ニッセイ情報テクノロジー、富士ソフト、JR東日本、コムチュア、サイゼリヤ、NTTロジスコ、NECネッツエスアイ、ニュー・オータニ、TIS

薬学部
アインホールディングス、日本調剤、IQVIAサービシーズジャパン、中外製薬、大塚製薬、クオール、ツムラ、メディサイエンスプラニング、第一三共、協和キリン

工学部
アクセンチュア、住友林業、三菱電機、竹中工務店、富士通、タカラスタンダード、日立製作所、パナソニック、清水建設、大和ハウス工業

創域理工学部
学校（教員）、東京電力ホールディングス、清水建設、NTTデータ、日立システムズ、NTTコムウェア、鹿島建設、日本総合研究所、NEC、東京都庁

先進工学部
NECソリューションイノベータ、SCSK、本田技研工業、コナミグループ、日立製作所、野村総合研究所、三菱重工業、ANA、NTT東日本、NTTデータ

経営学部
NTTデータ、日本生命保険、みずほ証券、SCSK、富士通Japan、PwCコンサルティング／PwCアドバイザリー、損害保険ジャパン、日本アイ・ビー・エム、リクルート、三井住友銀行

学部学科紹介

※本書掲載内容は、大学公表資料から独自に編集したものです。詳細は大学パンフレットやホームページ等で必ず確認してください（取得可能な免許・資格は任用資格や受験資格などを含む）。

「大学入試科目検索システム」のご案内

入試要項のうち、日程・方式ごとの偏差値や昨年度入試結果（志願者倍率、実質倍率、合格最低点）、基本情報（出願締切日、試験日、二段階選抜、募集人員、総合満点）などは、「大学入試科目検索システム」（https://nyushi.toshin.com/）をご覧ください（利用方法はp.12参照）。

理学部第一部

神楽坂キャンパス

定員 585

入試科目検索

特色　これからの科学技術の創造を支える力の源泉として、多方面に多くの人材を輩出。

進路　卒業者の約5割が大学院へ進学。就職先は情報通信業が多い。

学問分野　数学／物理学／化学／地学

大学院　理学

学科紹介

数学科 (115)	伝統的に数多くの教員を社会に送り出してきており、教員志向の学生の要望に応える教員養成カリキュラムを提供している。また、コンピュータ関連産業や情報産業のニーズにも応じ、実業界において臨機応変に活躍できるよう、教育内容をより一層充実させている。
物理学科 (115)	宇宙や地球（大気）、物性（物質）、原子核、および物理教育と、様々な領域を専門とする教員がそろい、理論、実験の両面から活発な研究を行っている。実力主義の伝統に立脚した教育に定評があり、物理教員の育成にも力を入れている。
化学科 (115)	時代の要請に応えるため、幅広い基礎学力の養成と同時に境界領域の基礎も学べるカリキュラムを構築している。生命科学や物質科学などの幅広い分野に対応できる、学際的な能力を備えた研究者・技術者・教育者の育成に尽力している。
応用数学科 (120)	理論と応用の両面を志向する数理学系学科。データサイエンス、人工知能、IoTなど、幅広い分野に数学を応用するために必要な対象を分析・理解し、抽出した問題を解決する数理的な能力を備えた研究者・技術者・教員・公務員の育成に努めている。
応用化学科 (120)	有機化学、無機化学、物理化学の3分野に分かれて教育・研究を行っている。バイオ、医薬、環境、エネルギーなどの各分野で役立つ応用化学を目指し、化学の基礎科目に加えて多彩な選択科目も用意。時代のニーズに応じた研究を行う優秀な研究者、技術者を育成する。
取得可能な免許・資格	測量士補、教員免許（中-数・理、高-数・理・情）

入試要項（2025年度）

※この入試情報は大学発表の2025年度入試（予告）および2024年度募集要項等より編集したものです（2024年1月時点。見方は巻頭の「本書の使い方」参照）。内容には変更が生じる可能性があるため、最新情報はホームページや2025年度募集要項等で必ず確認してください。

■理学部第一部 偏差値 68

一般選抜

◆**B方式**

[数、応用数：3科目（300点）] 数 数ⅠⅡⅢABC、数ⅠⅡⅢABC（計200）▶計2回の試験を行う 外 英（100）

[物理：3科目（300点）] 数 数ⅠⅡⅢABC（100） 理 物基・物（100） 外 英（100）

[化、応用化：3科目（350点）] 数 数ⅠⅡⅢABC（100） 理 化基・化（150） 外 英（100）

◆**グローバル方式**※出願資格として英語外部試験が必要。英語外部試験のスコアにより加点

[数、応用数：1科目（300点）] 数 数ⅠⅡⅢABC（300）

[物理：2科目（300点）] 数 数ⅠⅡⅢABC（150） 理 物基・物（150）

[化、応用化：2科目（300点）] 数 数ⅠⅡⅢABC（150） 理 化基・化（150）

共通テスト併用入試

◆**C方式**

[数]〈共2科目（400点→200点）〉 国 現古漢（200→100） 外 全5科目から1（200→100）〈個1～2科目（150～300点→300点）〉 数 理 次の①・②から1（①数ⅠⅡⅢABC（150→300）、②数ⅠⅡⅢABC必須、物基・物、化基・化、生基・生から1（計300））▶②は数理計300点と数150→300点のいずれか高得点を合否判定に使用

[数以外]〈共2科目（400点→200点）〉 国 現古漢（200→100） 外 全5科目から1（200→100）〈個2科目（300点）〉 数 数ⅠⅡⅢABC（150） 理 物基・物、化基・化、生基・生から1（150）

共通テスト利用入試 ※個別試験は課さない

◆**A方式**

[全学科：5科目（600～700点→700点）] 国 情 現古漢、情Ⅰから1（100～200→100）▶国は200→100点とする 数 数ⅠA、数ⅡBC（計200） 理 物、化、生、地から1（100→200） 外 全5科目から1（200）

その他入試

[学校推薦型選抜] 学校推薦型選抜（指定校制、公募制）

[その他] 外国人留学生入学試験、帰国生入学者選抜

理学部第二部

定員 360

入試科目検索

神楽坂キャンパス

特色　基礎学力の上に高度な専門知識を修得し倫理観と豊かな人間性を持った人材を育成。
進路　卒業者の約3割が大学院へ進学。就職先は情報通信業が多い。
学問分野　数学／物理学／化学
大学院　理学

学科紹介

数学科　夜　(120)	社会の様々な分野で、直接的または間接的に数学的素養が必要とされる現代において、それらの要求に応えることができる人材の育成を目指している。また、多数の中学校・高等学校教員を社会に送り出してきた伝統を踏まえ、教員育成にも力を注いでいる。
物理学科　夜　(120)	物理学は科学技術の発展という枠組みの中で、時代を切り拓くために大きな役割を担ってきた。その感銘的な自然の美しさと壮大さを享受するためには独学での修得が簡単ではないため、より有効な教育を学生に提供している。
化学科　夜　(120)	化学は物質の本質を探究し成果を応用して新たな有用物質を創製する学問で、生命科学の基盤でもある。化学の幅広い知識の獲得と深い探究の両面からアプローチし、限りある空間の中で豊かに生き続けるために、グローバルな視点に立ったより良い物質作りを考えていく。
取得可能な免許・資格	測量士補、教員免許（中-数・理、高-数・理・情）

入試要項（2025年度）

※この入試情報は大学発表の2025年度入試（予告）および2024年度募集要項等より編集したものです（2024年1月時点。見方は巻頭の「本書の使い方」参照）。内容には変更が生じる可能性があるため、最新情報はホームページや2025年度募集要項等で必ず確認してください。

■理学部第二部　偏差値 61

一般選抜

◆B方式

[数【夜】：3科目（300点）] 数数ⅠⅡⅢABC、数ⅠⅡⅢABC（計200）▶計2回の試験を行う 外英（100）

[物理【夜】：3科目（300点）] 数数ⅠⅡⅢABC（100）理物基・物（100）外英（100）

[化【夜】：3科目(300点)] 数数ⅠⅡⅢABC(100) 理化基・化（100）外英（100）

共通テスト利用入試　※個別試験は課さない

◆A方式

[数【夜】：3科目（300～400点→600点）] 国理外情現古漢、物、化、生、地、外情全6科目から1（100～200→200）▶理情は100→200点とする 数数ⅠA、数ⅡBC（計200→400）

[物理【夜】、化【夜】：4科目（500点→600点）] 数情数ⅡB必須、数ⅠA、情Ⅰから1（計200）理物、化、生、地から1（100→200）外全5科目から1（200）

その他入試

[学校推薦型選抜] 学校推薦型選抜（指定校制、公募制）

[その他] 社会人特別選抜（1年次入学）、帰国生入学者選抜

薬学部

定員 200

葛飾キャンパス

入試科目検索

特色 ヒューマニティと研究心にあふれた薬剤師と先端創薬科学を担う研究者を育成。
進路 薬：多くが卸売・小売業や製薬会社に就職。生命創薬科：約9割が大学院へ進学。
学問分野 薬学
大学院 薬学

学科紹介

薬学科 (100)	6年制。薬学全般にわたる幅広い知識と技能を備え、問題解決能力、高度化する医療に適切に対応できる研究心、豊かなヒューマニティを併せ持った薬剤師の育成に努めている。徹底した基礎教育、薬学専門教育を行うとともに、充実した施設と医療機関との連携による実践的薬剤師職能教育を行う。
生命創薬科学科 (100)	4年制。高度な専門知識と技能を備え、世界をリードできるような先端創薬科学を担う研究者を育成している。新薬を創ることを目指す「創薬科学」、より優れた薬を開発する「生命薬学」の2つの分野で研究活動を行い、薬学の発展に寄与することを目指している。
取得可能な免許・資格	薬剤師

入試要項(2025年度)

※この入試情報は大学発表の2025年度入試（予告）および2024年度募集要項等より編集したものです（2024年1月時点。見方は巻頭の「本書の使い方」参照）。内容には変更が生じる可能性があるため、最新情報はホームページや2025年度募集要項等で必ず確認してください。

■薬学部 偏差値 67

一般選抜

◆**B方式**
[全学科：3科目(300点)] 数 数ⅠⅡⅢABC(100) 理 化基・化(100) 外 英(100)

◆**グローバル方式**※出願資格として英語外部試験が必要。英語外部試験のスコアにより加点
[全学科：2科目(300点)] 数 数ⅠⅡⅢABC(150) 理 化基・化(150)

共通テスト併用入試

◆**C方式**
[全学科]〈共2科目（400点→200点）〉国 現古漢(200→100) 外 全5科目から1(200→100)
〈個2科目（300点）〉数 数ⅠⅡⅢABC(150) 理 物基・物、化基・化、生基・生から1(150)

共通テスト利用入試 ※個別試験は課さない

◆**A方式**
[全学科：5科目(600～700点→700点)] 国 情 現古漢、情Ⅰから1(100～200→100) ▶国は200→100点とする 数 数ⅠA、数ⅡB(計200) 理 物、化、生、地から1(100→200) 外 全5科目から1(200)

その他入試

[学校推薦型選抜] 学校推薦型選抜(指定校制、公募制)
[その他] 外国人留学生入学試験、帰国生入学者選抜

工学部

葛飾キャンパス

定員 550

入試科目検索

特色　国際的な視野や基礎力と応用力を持ち自ら課題を発見・解決していく人材を育成。
進路　約6割が大学院へ進学。就職先は建設業や情報通信業など。
学問分野　化学／機械工学／電気・電子工学／土木・建築学／情報学
大学院　工学

学科紹介

学科	定員	紹介
建築学科 昼	(110)	計画、環境、構造の3つの分野で学びを深める。住宅をはじめ、学校、事務所、工場といった各種施設の計画、建設ばかりでなく、都市や地球環境の保全においても重要な役割を果たしている建築学を通して、社会に貢献できる人間を育てる。
工業化学科	(110)	工業化学は「もの」のライフサイクルやエネルギー・環境技術のすべてに関わる。有機化学、無機化学、物理化学、化学工学の4本を柱に、基礎から応用までの教育を幅広く行い、化学に基づいた「ものづくり」を実現できる人材を養成するとともに活発な研究活動も行っている。
電気工学科	(110)	通信、情報、制御、計測、電力、エネルギーなどの様々な分野に、それを支える材料・デバイスを加えた幅広い分野の教育・研究を行っている。企画・計画、研究・開発、設計・製造、運用の各段階におけるソフト・ハードの両面で活躍できる人材を育てることを目標としている。
情報工学科	(110)	現代社会に存在する大量の情報を処理するために必要な高度なセキュリティ技術についての課題を解決することで、安全安心な社会を作り、自然・人間・社会の調和的発展に寄与することを目指している。
機械工学科	(110)	機械工学の基礎に基づき先端の機械技術を駆使して自ら問題を発見し、それを解決できるエンジニアリングセンスを養い信頼ある機械技術者を育成することを目標としている。社会のあらゆる産業と深く関わり最先端の技術開発においても、機械技術者がその多くを担っている。
建築学科 夜	(20)	社会人対象の夜間主。2年次編入試験で入学。建築設計だけでなく、構造・設備の設計、施工および防災に至るまで、総合的エンジニアリングが学べるカリキュラムが用意されている。
取得可能な免許・資格		危険物取扱者（甲種）、特殊無線技士（海上、陸上）、建築士（一級、二級）、主任技術者（電気、電気通信）

入試要項（2025年度）

※この入試情報は大学発表の2025年度入試（予告）および2024年度募集要項等より編集したものです（2024年1月時点。見方は巻頭の「本書の使い方」参照）。内容には変更が生じる可能性があるため、最新情報はホームページや2025年度募集要項等で必ず確認してください。

■工学部 偏差値 67

一般選抜

◆**B方式**

[建築【昼】、電気工、情報工、機械工：3科目(300点)] 数数ⅠⅡⅢABC（100）理物基・物（100）外英（100）

[工業化：3科目(300点)] 数数ⅠⅡⅢABC(100) 理化基・化（100）外英（100）

◆**グローバル方式**※出願資格として英語外部試験が必要。英語外部試験のスコアにより加点

[建築【昼】、電気工、情報工、機械工：2科目(300点)] 数数ⅠⅡⅢABC（150）理物基・物（150）

[工業化：2科目(300点)] 数数ⅠⅡⅢABC(150) 理化基・化（150）

共通テスト併用入試

◆**C方式**

[建築【夜】以外]〈共2科目（400点→200点）〉国現古漢（200→100）外全5科目から1（200→100）〈個2科目（300点）〉数数ⅠⅡⅢABC（150）理物基・物、化基・化、生基・生から1（150）

共通テスト利用入試　※個別試験は課さない

◆**A方式**

[建築【夜】以外：5科目(600～700点→700点)]
国情 現古漢、情Ⅰから1（100～200→100）▶国は200→100点とする 数 数ⅠA、数ⅡBC（計200）理 物、化、生、地から1（100→200）外 全5科目から1（200）

その他入試

[総合型選抜] 総合型選抜（女子）
[学校推薦型選抜] 学校推薦型選抜（指定校制、公募制）
[その他] 外国人留学生入学試験、帰国生入学者選抜

東京理科大学ギャラリー

■野田キャンパス

多領域に及ぶ多くの研究施設が集結するキャンパスでは、落ち着いた雰囲気の中で学修・研究活動に専念することができます。

■セミナーハウス

様々な教育・研究に利用することを目的とした本施設内には、談話室や宿泊室などが整備され、学び・集い・泊まることができます。

■葛飾キャンパス

2013年に開設された葛飾キャンパスは、先端融合分野を研究するイノベーションキャンパスとして整備されています。

■図書館

キャンパスのシンボルである図書館には、豊富な蔵書やゆとりある自習スペース、研究などを思索できる黙考書院を設けています。

東京理科大学についてもっと知りたい方はコチラ

東京理科大学は、7学部33学科を有する理工系総合大学の強みを活かし、様々な分野で最先端の研究を行っています。理系の研究と聞くと難しく感じるかもしれませんが、身近なものから世界の社会問題まで、幅広い分野を網羅しています。特設サイトでは入試関連イベントや最新情報をお届けします！ぜひご覧ください。

創域理工学部

定員 1,160

野田キャンパス

入試科目検索

特色 2023年度理工学部より名称変更。横断的・融合的な教育・研究を通じ人間社会に貢献できる人材を育成。
進路 卒業者の多くが大学院へ進学。他、情報通信業や建設業など。
学問分野 数学／物理学／化学／生物学／機械工学／電気・電子工学／土木・建築学／船舶・航空宇宙工学／社会・安全工学／応用生物学／環境学／情報学
大学院 創域理工学

学科紹介

学科	定員	紹介
数理科学科	(90)	2023年度、数学科から名称変更。自然科学、社会科学両面にわたって応用できる数学概念の明確な把握と、理論の正確な運用を目指す。数学で培った頭脳はこれからの時代において各分野で活躍が期待されている。
先端物理学科	(100)	2023年度、物理学科より名称変更。純粋物理学から応用物理学にわたる幅広い分野を含んだ構成で、理論物理学と実験物理学に大別できる。実力ある研究者・技術者を育成するため、物理学の基礎知識と物理的なものの考え方を修得するように指導している。
情報計算科学科	(120)	2023年度、情報科学科より名称変更。情報をどのように数理的に扱うのかを対象とする「基礎数理情報」、情報数理の応用を対象とする「応用数理情報」、情報を処理するシステムを対象とする「計算機科学」の3つの分野をバランス良く扱う。
生命生物科学科	(110)	2023年度、応用生物科学科より名称変更。生物科学の各分野や領域を統合した研究・教育を目指し、生命現象の解明や科学技術の発展を見据えた研究・教育を展開する。確かな基礎力と高い専門性を身につけ、世界の様々な分野で社会を牽引できるバイオロジストを育成する。
建築学科	(120)	21世紀に活躍する創造性豊かな建築専門家を育てることを目標としている。高度な知識と技術を基盤とし、様々な問題を解決しながら、新しい環境を創出していく提案や企画を立案・遂行できる人材を育成することに力点を置いている。
先端化学科	(120)	技術革新時代に対応するため、専門分野の基礎と最先端の研究成果を教育し、創造性豊かな研究者・技術者を育てることを目標としている。基礎化学の学習に重点を置きながら専門分野を教授し、新物質や新プロセス、新材料の開発を目指す人材を育成する。
電気電子情報工学科	(150)	情報通信工学コース(通信・情報)、電気工学コース(エネルギー・環境)、電子工学コース（エレクトロニクスデバイス)、および3分野の基礎知識の修得に重点を置いた電気電子情報工学コースの4コースに分かれ、技術者や研究者を育成している。
経営システム工学科	(110)	2023年度、経営工学科より名称変更。グローバル社会において、企業や官公庁での製品生産とサービス提供のシステムの管理・運営のための科学技術を修得することを重視し、情報工学、応用数学・統計学、システム工学、経営科学の基礎を学ぶ。
機械航空宇宙工学科	(130)	2023年度、機械工学科より名称変更。機械工学の基礎教育を、豊富な実習・演習とともに重点的に実施。材料力学分野や熱力学分野をはじめとする応用力学と機械情報学の基礎教育を中心とした上で、原子(ナノ)から航空、宇宙まで幅広い分野で活躍できる礎を学ぶ。

社会基盤工学科 (110)	2023年度、土木工学科より名称変更。土木構造物の計画・設計・施工・維持管理に関する知識・技術の修得の他、自然災害の防止対策に関する技術開発にも取り組む。多分野において、研究者・技術者として社会に貢献する人材の育成を目指す。
取得可能な免許・資格	危険物取扱者（甲種）、特殊無線技士（海上、陸上）、陸上無線技術士、建築士（一級、二級）、技術士補、測量士補、主任技術者（電気、電気通信）、教員免許（中-数・理、高-数・理・情）

入試要項（2025年度）

※この入試情報は大学発表の2025年度入試（予告）および2024年度募集要項等より編集したものです（2024年1月時点。見方は巻頭の「本書の使い方」参照）。内容には変更が生じる可能性があるため、最新情報はホームページや2025年度募集要項等で必ず確認してください。

■創域理工学部 偏差値 66

一般選抜

◆B方式

[数理科：3科目(400点)] 数 数ⅠⅡⅢABC(200) 理 物基・物、化基・化、生基・生から1（100）外 英（100）

[情報計算科、生命生物科、経営システム工：3科目(300点)] 数 数ⅠⅡⅢABC(100) 理 物基・物、化基・化、生基・生から1（100）外 英（100）

[先端物理、建築、電気電子情報工、機械航空宇宙工：3科目(300点)] 数 数ⅠⅡⅢABC(100) 理 物基・物（100）外 英（100）

[先端化：3科目(300点)] 数 数ⅠⅡⅢABC(100) 理 化基・化（100）外 英（100）

[社会基盤工：3科目（300点）] 数 数ⅠⅡⅢABC（100）理 物基・物、化基・化から1（100）外 英（100）

◆S方式

[数理科：2科目(400点)] 数 数ⅠⅡⅢABC(300) 外 英（100）

[電気電子情報工：3科目（400点）] 数 数ⅠⅡⅢABC（100）理 物基・物（200）外 英（100）

◆グローバル方式※出願資格として英語外部試験が必要。英語外部試験のスコアにより加点

[数理科：1科目（150点→300点）] 数 数ⅠⅡⅢABC（150→300）

[先端物理、建築、電気電子情報工、機械航空宇宙工：2科目(300点)] 数 数ⅠⅡⅢABC(150) 理 物基・物（150）

[情報計算科、生命生物科、経営システム工：2科目(300点)] 数 数ⅠⅡⅢABC(150) 理 物基・物、化基・化、生基・生から1（150）

[先端化：2科目(300点)] 数 数ⅠⅡⅢABC(150) 理 化基・化（150）

[社会基盤工：2科目（300点）] 数 数ⅠⅡⅢABC（150）理 物基・物、化基・化から1（150）

共通テスト併用入試

◆C方式

[数理科]〈共2科目（400点→200点）〉国 現古漢（200→100）外 全5科目から1（200→100）〈個1～2科目（150～300点→300点）〉数 理 次の①・②から1（①数ⅠⅡⅢABC（150→300）、②数ⅠⅡⅢABC必須、物基・物、化基・化、生基・生から1（計300））▶②は数理計300点と数150→300点のいずれか高得点を合否判定に使用

[数理科以外]〈共2科目（400点→200点）〉国 現古漢（200→100）外 全5科目から1（200→100）〈個2科目（300点）〉数 数ⅠⅡⅢABC（150）理 物基・物、化基・化、生基・生から1（150）

共通テスト利用入試 ※個別試験は課さない

◆A方式

[全学科：5科目（600～700点→700点）] 国 情 現古漢、情Ⅰから1（100～200→100）▶国は200→100点とする 数 数ⅠA、数ⅡBC（計200）理 物、化、生、地から1（100→200）外 全5科目から1（200）

その他入試

[総合型選抜] 総合型選抜（女子）

[学校推薦型選抜] 学校推薦型選抜（指定校制、公募制）

[その他] 外国人留学生入学試験、帰国生入学者選抜

先進工学部

葛飾キャンパス

定員 575

入試科目検索

特色 既存の工学分野を超えて、新しいイノベーションを創出できる人材を育成する。
進路 約7割が大学院へ進学。情報通信業などの一般企業へ就職する者もいる。
学問分野 物理学／生物学／応用物理学／電気・電子工学／材料工学／医療工学
大学院 先進工学

学科紹介

学科	定員	内容
電子システム工学科	(115)	情報工学、計測・制御工学、デバイス工学などエレクトロニクスのベースとなる工学全般の基礎学力と応用力を養いながら、ICTシステム、電子デバイス、知能制御システムなどの先進工学分野を研究する。
マテリアル創成工学科	(115)	イノベーションを創出するマテリアルの研究創成を目指す。物理、化学、力学をベースとして理学と工学の成果を結集し材料工学に関する研究・教育を横断的に展開。人類の未来につながる研究フィールドが広がる。
生命システム工学科	(115)	生物学に関する様々な分野の教育・研究を通じて、境界や融合領域にまたがる新たなブレークスルーの創出を目指す。分子生物工学、環境生物工学、メディカル生物工学の3系統を研究フィールドとする。
物理工学科	(115)	2023年度、理学部第一部応用物理学科を改組。物質科学、複雑科学、エネルギー科学、ナノデバイスの4分野と学際系を設置。現代物理学を応用することで、物理学からの社会イノベーション創成を目指す。
機能デザイン工学科	(115)	2023年度開設。人口減少社会の問題に応える「ヒトのカラダを助ける工学」を、ナノ医療とロボット工学とデザイン思考を組み合わせて創出。未来のイノベーションの担い手を社会に送り出すことを目指す。
取得可能な免許・資格		危険物取扱者（甲種）

入試要項（2025年度）

※この入試情報は大学発表の2025年度入試（予告）および2024年度募集要項等より編集したものです（2024年1月時点。見方は巻頭の「本書の使い方」参照）。内容には変更が生じる可能性があるため、最新情報はホームページや2025年度募集要項等で必ず確認してください。

■先進工学部 偏差値 67

一般選抜

◆**B方式**

[電子システム工、物理工：3科目（300点）] 数 数ⅠⅡⅢABC（100） 理 物基・物（100） 外 英（100）

[マテリアル創成工：3科目（300点）] 数 数ⅠⅡⅢABC（100） 理 物基・物、化基・化から1（100） 外 英（100）

[生命システム工、機能デザイン工：3科目（300点）] 数 数ⅠⅡⅢABC（100） 理 物基・物、化基・化、生基・生から1（100） 外 英（100）

◆**グローバル方式**※出願資格として英語外部試験が必要。英語外部試験のスコアにより加点

[電子システム工、物理工：2科目（300点）] 数 数ⅠⅡⅢABC（150） 理 物基・物（150）

[マテリアル創成工：2科目（300点）] 数 数ⅠⅡⅢABC（150） 理 物基・物、化基・化から1（150）

[生命システム工、機能デザイン工：2科目（300点）] 数 数ⅠⅡⅢABC（150） 理 物基・物、化基・化、生基・生から1（150）

共通テスト併用入試

◆**C方式**

[全学科]〈共2科目（400点→200点）〉 国 現古漢（200→100） 外 全5科目から1（200→100）〈個2科目（300点）〉 数 数ⅠⅡⅢABC（150） 理 物基・物、化基・化、生基・生から1（150）

共通テスト利用入試 ※個別試験は課さない

◆**A方式**

[全学科：5科目（600～700点→700点）] 国 情 現古漢、情Ⅰから1（100～200→100）▶国は200→100点とする 数 数ⅠA、数ⅡBC（計200） 理 物、化、生、地から1（100→200） 外 全5科目から1（200）

その他入試

[総合型選抜] 総合型選抜（女子）

[学校推薦型選抜] 学校推薦型選抜（指定校制、公募制）

[その他] 外国人留学生入学試験、帰国生入学者選抜

経営学部

定員 480

入試科目検索

神楽坂キャンパス、北海道・長万部キャンパス（国際デザイン経営1年）

特色 理系・文系の枠組みを超えた視点から実用的な経営の理論と技法を教育し研究する。
進路 卒業者は情報通信業や金融・保険業、専門・技術サービス業など幅広い業種に就職している。
学問分野 経済学／経営学／国際学
大学院 経営学

学科紹介

学科	定員	内容
経営学科	(180)	経営学科では、経営問題についてグローバルな視点に立ち、主体的に行動できる人材を育成することを目標としている。経営学の知識の集積にとどまらず、問題を発見・解析して、解決に導くことができる豊かなシステムデザイン能力を開発することを目指す。
ビジネスエコノミクス学科	(180)	経済学、経営学、金融工学、統計学、データ科学を幅広くかつ専門的に学び、ビジネス分析に関する先端的教育を行い、数理・数量的思考力と創造力、高い倫理性を養うことで、グローバル経営時代に活躍する高度な専門性を持った人材を育成する。
国際デザイン経営学科	(120)	これからの経営に必須となるデジタル技術に関する知識を培いながら、先を見通すことが難しい時代を切り拓くデザイン力を備え、創造性と国際性の豊かなイノベーションリーダーの育成を目指す。

入試要項（2025年度）

※この入試情報は大学発表の2025年度入試（予告）および2024年度募集要項等より編集したものです（2024年1月時点。見方は巻頭の「本書の使い方」参照）。内容には変更が生じる可能性があるため、最新情報はホームページや2025年度募集要項等で必ず確認してください。

■経営学部 偏差値 65

一般選抜

◆**B方式**
[経営：3科目（400点）] 国 現古漢（100） 数 数ⅠⅡABC〔ベ〕（100） 外 英（100） ▶高得点の2科目は得点を1.5倍に換算し400点満点とする
[ビジネスエコノミクス：3科目（300点）] 国 数 数ⅠⅡABC〔ベ〕必須、現古漢、数ⅠⅡⅢABCから1（計200） 外 英（100）
[国際デザイン経営：3科目（400点）] 国 現古漢（100） 数 数ⅠⅡABC〔ベ〕（100） 外 英（200）

◆**グローバル方式**※出願資格として英語外部試験が必要。
英語外部試験のスコアにより加点
[全学科：1科目（150点→300点）] 数 数ⅠⅡⅢABC（150→300）

共通テスト併用入試

◆**C方式**
[全学科]〈共 2科目（400点→200点）〉国 現古漢（200→100） 外 全5科目から1（200→100）〈個 1～2科目（150～300点→300点）〉数 理 次の①・②から1（①数ⅠⅡⅢABC（150→300）、②数ⅠⅡⅢABC必須、物基・物、化基・化、生基・生から1（計300））▶②は数理計300点と数150→300点のいずれか高得点を合否判定に使用

共通テスト利用入試 ※個別試験は課さない

◆**A方式**
[全学科：5科目（700点→800点）] 国 現古漢（200） 地歴 公 理 情 地歴公情全7科目、物、化、生、地から1（100→200） 数 数ⅠA、数ⅡBC（計200） 外 全5科目から1（200）

その他入試

[学校推薦型選抜] 学校推薦型選抜（指定校制、公募制）
[その他] 外国人留学生入学試験、帰国生入学者選抜、国際バカロレア入学者選抜

募集人員等一覧表

※本書掲載内容は、大学のホームページ及び入学案内や募集要項などの公開データから独自に編集したものです（2024年度入試※1）。詳細は募集要項かホームページで必ず確認してください。

学部	学科	募集人員	一般選抜			共通テスト併用入試	共通テスト利用入試	特別選抜※2
			B方式	グローバル方式	S方式	C方式	A方式	
理(第一部)	数	115名	46名	5名		9名	19名	①24名 ②12名 ④⑥若干名
	物理	115名	46名	5名		9名	19名	①24名 ②12名 ④⑥若干名
	化	115名	46名	5名	—	9名	19名	①24名 ②12名 ④⑥若干名
	応用数	120名	49名	5名		10名	20名	①24名 ②12名 ④⑥若干名
	応用化	120名	49名	5名		10名	20名	①24名 ②12名 ④⑥若干名
理(第二部)	数	120名	70名				15名	①5名 ②15名 ⑤15名 ⑥若干名
	物理	120名	64名	—	—	—	20名	①6名 ②15名 ⑤15名 ⑥若干名
	化	120名	69名				15名	①6名 ②15名 ⑤15名 ⑥若干名
薬	薬	100名	40名	5名	—	10名	15名	①20名 ②10名 ④⑥若干名
	生命創薬科	100名	40名	5名		10名	15名	①20名 ②10名 ④⑥若干名
工	建築	110名	46名	5名		10名	16名	①22名 ②8名 ③3名 ④⑥若干名
	工業化	110名	46名	5名		10名	16名	①22名 ②8名 ③3名 ④⑥若干名
	電気工	110名	46名	5名	—	10名	16名	①22名 ②8名 ③3名 ④⑥若干名
	情報工	110名	46名	5名		10名	16名	①22名 ②8名 ③3名 ④⑥若干名
	機械工	110名	46名	5名		10名	16名	①22名 ②8名 ③3名 ④⑥若干名
創域理工	数理科	90名	20名	6名	20名	4名	10名	①20名 ②10名 ④⑥若干名
	先端物理	100名	40名	5名		10名	15名	①20名 ②10名 ④⑥若干名
	情報計算科	120名	49名	5名	—	10名	20名	①24名 ②12名 ④⑥若干名
	生命生物科	110名	46名	5名		10名	16名	①22名 ②11名 ④⑥若干名

学部	学科	募集人員	一般選抜			共通テスト併用入試	共通テスト利用入試	特別選抜※2
			B方式	グローバル方式	S方式	C方式	A方式	
創域理工	建築	120名	49名	5名	—	10名	20名	①24名 ②9名 ③3名 ④⑥若干名
	先端化	120名	49名	5名		10名	20名	①24名 ②9名 ③3名 ④⑥若干名
	電気電子情報工	150名	40名	5名	20名	10名	25名	①30名 ②17名 ③3名 ④⑥若干名
	経営システム工	110名	46名	5名	—	10名	16名	①22名 ②8名 ③3名 ④⑥若干名
	機械航空宇宙工	130名	53名	5名		10名	21名	①27名 ②11名 ③3名 ④⑥若干名
	社会基盤工	110名	46名	5名		10名	16名	①22名 ②8名 ③3名 ④⑥若干名
先進工	電子システム工	115名	46名	5名	—	9名	19名	①24名 ②9名 ③3名 ④⑥若干名
	マテリアル創成工	115名	46名	5名		9名	19名	①24名 ②9名 ③3名 ④⑥若干名
	生命システム工	115名	46名	5名		9名	19名	①24名 ②9名 ③3名 ④⑥若干名
	物理工	115名	46名	5名		9名	19名	①24名 ②9名 ③3名 ④⑥若干名
	機能デザイン工	115名	46名	5名		9名	19名	①24名 ②9名 ③3名 ④⑥若干名
経営	経営	180名	72名	12名	—	12名	37名	①36名 ②11名 ④⑥若干名
	ビジネスエコノミクス	180名	73名	8名		15名	37名	①36名 ②11名 ④⑥若干名
	国際デザイン経営	120名	32名	15名		5名	20名	①24名 ②24名 ④⑥⑦若干名

※1　2024年度入試実績。2025年度入試の概要は、大学ホームページに公表予定

※2　［学校推薦型選抜］①学校推薦型選抜（指定校制〔詳細は在籍高等学校に問い合わせてください〕）、共課さない：②学校推薦型選抜（公募制）
［総合型選抜］共課さない：③総合型選抜（女子）
［その他］共課さない：④外国人留学生入学試験、⑤社会人特別選抜（1年次入学）、⑥帰国生入学者試験、⑦国際バカロレア入学者選抜

Student's Voice

理工学部(創域理工学部)

先端化学科 2年

はやし りょうむ
林 遼夢くん

東京都 私立 明星学園高校 卒
サッカー部　高3・10月引退

将来は化学で商品開発に携わりたい

Q どのような高校生でしたか？　東京理科大学を志望した理由は？

私は高校にサッカー推薦で入学しました。高1・2のときは部活動ばかりで、受験を意識した勉強などはしたことがなく、テスト前に少し勉強するだけでした。週6日部活動があり、大会前などはテスト期間でも活動していたため、部活中心の2年間でした。高3になるタイミングで受験を意識するようになり、本格的な勉強を始めました。最後の1年間は、部活との両立が本当に大変だった記憶があります。

東京理科大学を志望した理由は2つあります。1つ目は、化学系の職に就き、開発などに携わりたいというぼんやりとした夢があり、就職率の高さに惹かれたからです。2つ目は、部活の引退時期の遅さからまわりと比べて勉強時間の確保が難しく、理科1科目で受験できる大学にしたいと考えたからです。高校時代、化学を勉強しているときが一番楽しく、高校化学を超えて専門的な知識を身につけ、自分の好きなものを仕事にできたら楽しいだろうなと思い、化学科を志望しました。

Q どのように受験対策をしましたか？　入試本番はどうでしたか？

高3の秋まで部活が週6日あり、受験勉強に充てられる時間がとにかく少なかったので、隙間時間の活用を一番意識していました。通学時間が1時間ほどあったので、電車の中では単語の暗記や前日の復習をして、机に向かって勉強できる時間は問題演習をするなど、なるべくペンを持って勉強をすることを意識しました。

部活で緊張感のある場所には慣れていたので、入試本番はリラックスして挑むことができました。これは部活生の最大のメリットだと思います。また、第一志望校の受験日程がどうしても3日連続になってしまったので、3日連続の試験に慣れるために併願校で同様の試験日程を組みました。出題傾向を把握することが一番大切だと考えていたので、どんなに良い判定が出ている大学でも最低でも1年分の過去問を解いて、試験直前には大問数の確認や時間配分を特に意識していました。

●受験スケジュール

月	日	大学・学部学科（試験方式）
1	15・16	★日本　理工－物質応用化（C共テ利用 第1期）
		★東洋　理工－応用化（共テ前期3教科型 均等配点）
2	1	★東邦　理－化（一般入試A）
	2	★日本　生産工－応用分子化（A個別方式 第1期）
	3	★東京都市　理工－応用化（前期3教科型）
	6	★東京理科　理工－先端化（B方式）
	7	明治　理工－応用化（学部別）
	8	東京理科　理学部第一部－化（B方式）
	10	★青山学院　理工－化学・生命科学（個別学部日程 A方式）
	14	★法政　理工－電気電子工（A方式 Ⅱ日程）
	15	★中央　理工－応用化（学部別 一般方式）

Q どのような大学生活を送っていますか？

化学について理解を深めています

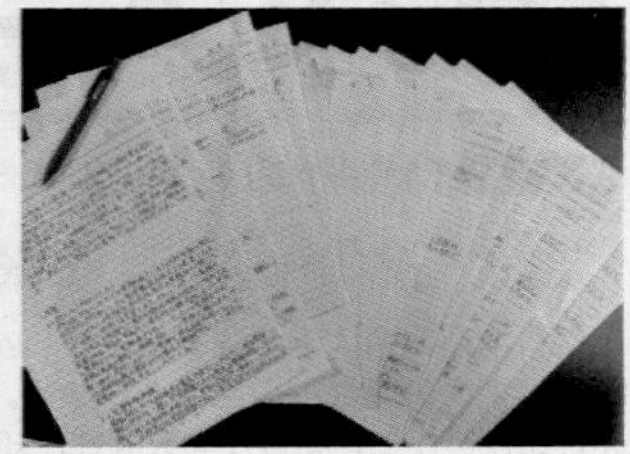
取り組んだレポート

2年次になり、化学の勉強が本格化しました。1年次までは物理や数学の授業がありましたが、2年次はほとんどすべて化学の授業です。受験で暗記に頼っていた有機化学の物質の性質や反応、原子の性質などを、有機化学や量子化学の授業で学び、理論的に理解を深めています。

世間では忙しいと言われている大学ですが、他大学の理工系とあまり変わらないと思います。強いて言うなら、毎週課される実験の予習ノートとレポートの作成は3～4時間ほどかかります。どちらも手書きであるため大変ですが、将来、論文を書いたり、企業で研究の報告書を書くときの体裁と同じであるため、在学中に社会で必要な力を身につけることができます。

創域理工学部のある野田キャンパス

大学院との連携で一貫した学びや研究が可能です

先端化学科では、大学院に進学する人が約8割という統計があります。そのため、3年次から研究室に所属できる6年一貫教育コースがあります。早いうちから研究室に所属することで、大学院のゼミに出席し、修士課程の人たちの研究進捗や現場での様子や、どのようにして研究を進めているかを知ることができます。卒業研究の準備やゼミでわからない化学用語を調べることで、実践的な化学の知識を早いうちから身につけることもできます。

Q 将来の夢・目標は何ですか？

将来の夢は、企業の開発部門に携わり商品開発などをすることです。「化学が好き」というなんとなくの気持ちで志望しましたが、その好きなことで将来仕事をすることが夢です。化学を本格的に勉強し始めて2年が経ち、物理化学の研究をしたいと思うようになりました。物理化学とは、大学受験の熱力学や反応速度論、量子化学など様々な分野を指し、定量的に物事を考えていく分野です。これを応用して日常生活に役立つようなものを開発していきたいと考えています。

現在は、研究室で充実した研究が行えるように、専攻する化学の学習に励んでいます。また、大学院では海外で研究発表する機会もあるそうなので、英語の学習にも力を入れています。大学と大学院を通じて得た知識を、社会に出て活かしたいです。

Q 後輩へのアドバイスをお願いします！

受験が終わってから思ったのは、志望大学の出題傾向を知り、そこから逆算して受験勉強を始めた方がよかったなということです。どの大学にも、出題傾向があると思います。自分の経験で言えば、数学に関しては微分と積分の問題が毎年必ず大問1題分、似たような問題が出題されて、次に数列とベクトルが挙げられます。したがって、特にその3つの単元は典型問題を押さえて演習を繰り返す必要があると考えていました。英語は内容一致の問題が多く、文法は長文中の並び替え問題のみの出題でした。この問題が難しいので、主に読解の演習量にこだわっていました。化学は問題数が多く、時間内に解き切るのが難しいと感じていました。そのため典型問題や基礎知識の整理が必要だと考えていました。このように志望校に対しての分析と、苦手対策をしていけば、時間のない方でも最短で合格に近づいていくと思います。

東邦大学（とうほう）

資料請求

入試事務室（大森キャンパス）　TEL (03) 5763-6598　〒143-8540 東京都大田区大森西5-21-16

「自然・生命・人間」を根底にした教育理念の実現

大学紹介動画

最新入試情報

自然科学系総合大学の強みを活かした教育を展開。自然に対する畏敬の念を養い、生命の尊厳への自覚を深める。人間の謙虚さに立ち返り、自然と人間を守ることができる豊かな人間性と知識、技能を養う。

医学部本館

キャンパス **2**つ

大森キャンパス
〒143-8540 東京都大田区大森西5-21-16
習志野キャンパス
〒274-8510 千葉県船橋市三山2-2-1

基本データ

※2023年5月現在（進路・就職は2022年度卒業者データ。学費は2024年度入学者用）

沿革

1925年、帝国女子医学専門学校として創立。1950年、新制東邦大学が発足、医、薬、理学部を設置。1952年、医学部医学科を設置。2006年、薬学部薬学科（6年制）を設置。2011年、医学部看護学科を改組、看護学部看護学科を設置。2017年、健康科学部を設置。2025年に創立100周年を迎える。

教育機関　5学部 4研究科

学部　医／看護／薬／理／健康科

大学院　医学MD／薬学MD／理学MD／看護学MD

人数

学部学生数　**4,844**名　　教員1名あたり 学生 **3**名

教員数　**1,426**名【理事長】炭山嘉伸、【学長】高松研
（教授**185**名、准教授**134**名、講師**170**名、助教**937**名）

学費

初年度納入額　**1,696,660~5,297,800**円

奨学金　入学時の教育充実費減免制度（薬学部）、スカラシップ制度（理学部）、授業料減免制度（看護学部）、入学時納付金の減免制度（健康科学部）

進路

学部卒業者　**1,007**名
（進学**147**名［14.6%］、就職**675**名［67.0%］、その他※**185**名［18.4%］）
※臨床研修医99名を含む

主な就職先　東邦大学医療センター大森病院、東邦大学医療センター大橋病院、東邦大学医療センター佐倉病院、虎の門病院、慶應義塾大学病院、国立がん研究センター東病院、日本医科大学付属病院、千葉県がんセンター、日本調剤、ウエルシア薬局、マツモトキヨシ、資生堂、キオクシア、太田胃散、大王製紙、JR東日本、大塚商会、大日本印刷、横浜銀行、官公庁、中学校、高等学校

学部学科紹介

※本書掲載内容は、大学公表資料から独自に編集したものです。詳細は大学パンフレットやホームページ等で必ず確認してください（取得可能な免許・資格は任用資格や受験資格などを含む）。

医学部

大森キャンパス　定員 123

特色　付属病院と国内外の様々な病院・施設での臨床実習で「より良き臨床医」を育成。
進路　大半は臨床研修医として3つの付属病院を含めた病院に勤務する。
学問分野　医学
大学院　医学

医学科 (123)	6年制。患者さんの視点に立てる良き臨床医を育成する。自主学修を行うFT（フレキシブルタイム）や医学界の流れを反映したカリキュラムを導入している。「全人的医療人教育」という科目を設置し、患者さんが置かれている状況に配慮した適切な医療を行える医師を目指す。
取得可能な免許・資格	医師

看護学部

大森キャンパス　定員 102

特色　心の交流を重視。専門領域ごとの実習と付属病院での臨床実習で実践能力を養う。
進路　卒業者の多くは付属病院に勤務する。他、大学院に進学する者もいる。
学問分野　看護学
大学院　看護学

看護学科 (102)	看護に関する幅広い知識を身につけるだけでなく、広い視野や患者さんの思いを受け止める感性、豊かな人間性を養うことも重視している。芸術科目や考える力を養う科目等、多彩な教養科目を配置し、英語に加えて第二外国語も学べる語学科目や海外研修なども充実している。
取得可能な免許・資格	看護師

薬学部

習志野キャンパス　定員 245

特色　4年次から所属する研究室では担当教員が学習から就職までサポートする。
進路　半数以上が病院や薬局に勤める。他、ドラッグストアや製薬会社など。
学問分野　薬学
大学院　薬学

薬学科 (245)	6年制。チーム医療に貢献できる実力のある薬剤師を育成する。専任教員や付属病院などの現役薬剤師の指導のもと、充実した設備と機器を利用して学内で質の高い実習に取り組むことができる。3時限を連続して実習の時間に充てるなど授業環境を整えている。
取得可能な免許・資格	食品衛生管理者、薬剤師、衛生管理者

理学部

習志野キャンパス　定員 470

特色　科学的思考力や課題解決能力を持つ人材を育成。教養科目を幅広く開講。
進路　大学院へ進学する他、情報通信業や医療・福祉業に就く者も多い。
学問分野　物理学／化学／生物学／地学／応用生物学／環境学／情報学
大学院　理学

化学科 (80)	講義、演習と豊富な実験を繰り返して知識を定着させ、問題解決能力を強化する。少人数の演習科目では、理解度を確認しながら授業が進められる。4年次には4つの系列のうち8つの研究室のいずれかを選択し、卒業研究に取り組む。国内外の大学や研究機関との共同研究も行っている。
生物学科 (80)	生物学の進展と社会のニーズに対応した教育を展開し、分子から生態まで幅広い視野で生命現象を探究する。1～3年次には自然への深い理解を得られるよう、少人数の合宿形式で野外実習が行われる。教員1名が学生6名程度を担当するクラス担任制を導入している。
生物分子科学科 (80)	化学の手法や知識で生命現象を探究する。生物と化学の基礎を学び、最先端の研究で用いる設備で実験や実習を行う。4年次には分子科学、分子生物学、分子医学・生理学の3つの分野から専門分野を選び、各自のテーマで卒業研究に取り組む。

物理学科 (70)	物理学の基礎から研究の最先端までを体系的に学ぶ。3年次からはJABEE（日本技術者教育認定機構）の認定を受けた物理エンジニア、科目の選択自由度が高い物理ベーシックの2つのコースに分かれる。4年次には研究室に所属し卒業研究に取り組む。
情報科学科 (100)	基礎科目を学んだのち、2つのコースから1つを選択し、学びを深める。数理知能科学コースでは数理的な手法をもとに自然や社会、人間の知的活動を解析する。メディア生命科学コースではコンピュータ技術をメディアや医療、生命などの分野へ応用する方法を学ぶ。
生命圏環境科学科 (60)	文理を融合した視点から環境問題にアプローチする。1・2年次で人文科学、社会科学を含めた幅広い領域の知識を学び、3年次から環境化学、環境生態学、地球環境科学、環境管理・創成科学の4つのコースに分かれる。体験型学習を重視し、自然環境に触れる機会を設けている。
取得可能な免許・資格	社会調査士、危険物取扱者（甲種）、技術士補、バイオ技術者、臨床検査技師、教員免許（中-数・理、高-数・理・情）

健康科学部

習志野キャンパス　定員 60

特色　健康科学の知識と技術を学び、医療、福祉、政策の分野で活躍できる人材を育成。
進路　ほとんどの卒業者が3つの付属病院を含めた病院で勤務する。
学問分野　看護学

看護学科 (60)	科学的思考力と倫理観、実践力を身につけるために、トランスレーショナル（知識・技術の移転、連携）の考えのもと、科目間連携を図った独自の教育方法を展開している。1学年60名の少人数教育により、優れた看護実践力と豊かな人間性を育成する。また、保健師養成の課程を選択履修できる（選抜制20名）。
取得可能な免許・資格	看護師、保健師、衛生管理者、養護教諭（二種）

入試要項（2024年度）

※この入試情報は2024年度募集要項等より編集したものです（見方は巻頭の「本書の使い方」参照）。
2025年度入試の最新情報は、ホームページや2025年度募集要項等で必ず確認してください。

「大学入試科目検索システム」のご案内
日程・方式ごとの偏差値や昨年度入試結果（志願者倍率、実質倍率、合格最低点）、基本情報（出願締切日、試験日、二段階選抜、募集人員、総合満点）などは、「大学入試科目検索システム」（https://nyushi.toshin.com/）をご覧ください（利用方法はp.12参照）。

■医学部 偏差値 68

一般選抜

◆一般入試（千葉県地域枠・新潟県地域枠含む）
[医]〈一次：5科目〉数数ⅠⅡⅢAB 理物基・物、化基・化、生基・生から2 外英 その他基礎学力〈二次：1科目〉面面接

■看護学部 偏差値 56

一般選抜

◆一般入試
[看護]〈一次：2科目〉数 理数ⅠA、化基、生基から1 外英〈二次：1科目〉面個人面接

■薬学部 偏差値 57

一般選抜

◆一般入試
[薬：3科目] 数数ⅠⅡAB 理化基・化 外英

共通テスト併用入試

◆一般入試（共通テスト併用）※一般入試と共通テスト利用入試の受験必須
[薬]〈共2科目〉数数Ⅰ、数ⅠA、数Ⅱ、数ⅡBから1 外英（×L）〈個3科目〉一般入試の成績を利用▶理を合否判定に使用

共通テスト利用入試　※個別試験は課さない

◆共通テスト利用入試
[薬：3科目] 数数Ⅰ、数ⅠA、数Ⅱ、数ⅡBから1 理理科基礎、物、化、生から1 外英（×L）

■理学部 偏差値 56

一般選抜

◆一般入試（A）
[化：3科目] 数数ⅠⅡAB 理化基・化 外英
[生物、生物分子科、物理、生命圏環境科：3～5科目] 数数ⅠⅡAB 理物基・物、化基・化、生基・生から選択▶各3題の計9題から3題任意選択 外英
[情報科：3～5科目] 数数ⅠⅡAB 理物基・物、化

基・化、生基・生から選択▶各3題の計9題から3題任意選択 外 英▶理外から高得点1科目と数で合否判定

◆一般入試（B）

[化：3科目] 数 外 数ⅠⅡAB必須、数Ⅲ、英から1 理 化基・化

[生物：3～5科目] 一般入試（A）に同じ▶数外から高得点1科目と理で合否判定

[生物分子科：3～5科目] 国 数 外 現、数ⅠⅡABから1、数Ⅲ、英から1 理 物基・物、化基・化、生基・生から選択▶各3題の計9題から3題任意選択。国数外から高得点1科目と理で合否判定

[物理：3～5科目] 数 外 数ⅠⅡAB必須、数Ⅲ、英から1 理 物基・物、化基・化、生基・生から選択▶各3題の計9題から3題任意選択。高得点2教科で合否判定

[情報科：2科目] 数 外 数ⅠⅡAB必須、数Ⅲ、英から1

[生命圏環境科：3～5科目] 国 数 外 現、数ⅠⅡABから1、数Ⅲ、英から1 理 物基・物、化基・化、生基・生から選択▶各3題の計9題から3題任意選択

◆一般入試（C）

[全学科：2科目] 数 数ⅠⅡAB 理 物基・物、化基・化、生基・生から1

共通テスト利用入試 ※個別試験は課さない

◆共通テスト利用入試（前期）

[化：3科目] 数 数Ⅰ、数ⅠA、数Ⅱ、数ⅡBから1 理 化 外 英、英（×L）から1

[生物：3科目] 数 理 生必須、数Ⅰ、数ⅠA、数Ⅱ、数ⅡB、理科基礎、物、化、地から1 外 英、英(×L)から1

[生物分子科：2科目] 国 数 外 現、数Ⅰ、数ⅠA、数Ⅱ、数ⅡB、英、英（×L）から1 理 物、化、生から1

[物理：3科目] 数 数ⅠA、数ⅡB 理 外 物、化、生、地、英、英（×L）から1

[情報科：2科目] 数 理 外 数ⅠA、数ⅡB、理全5科目、英、英（×L）から2▶理外各2科目選択不可

[生命圏環境科：3科目] 国 地歴 公 数 現、地歴公全10科目、数Ⅰ、数ⅠA、数Ⅱ、数ⅡBから1 理 全5科目から1 外 英、英（×L）から1

◆共通テスト利用入試（前期＋）※共通テスト利用入試（前期）との同時出願必須

[化：2科目] 数 外 数Ⅰ、数ⅠA、数Ⅱ、数ⅡB、英、英（×L）から1 理 化

[生物：2科目] 数 外 数Ⅰ、数ⅠA、数Ⅱ、数ⅡB、英、英（×L）から1 理 物、化、生から1

[生物分子科：3科目] 国 数 現、数Ⅰ、数ⅠA、数Ⅱ、数ⅡBから1 理 物、化、生から1 外 英、英（×L）から1

[物理：2科目] 数 数ⅡB 理 物

◆共通テスト利用入試（後期）

[化：3科目] 共通テスト利用入試（前期）に同じ

[生物：2科目] 共通テスト利用入試（前期＋）に同じ

[生物分子科：2科目] 理 物、化、生から1 外 英、英（×L）から1

[物理：2科目] 数 理 数ⅠA、数ⅡB、物基・化基、物、化から2

[情報科：2科目] 数 数ⅠA、数ⅡB

[生命圏環境科：2科目] 数 理 数ⅠA、数ⅡB、物、化、生、地から2

■健康科学部 偏差値 56

一般選抜

◆一般入試（A）

[看護：4科目] 国 現 数 理 数ⅠA、化基、生基から1 外 英 面 面接

◆一般入試（B）

[看護：3科目] 国 外 現、英から1 数 理 数ⅠA、化基、生基から1 面 面接

共通テスト併用入試

◆共通テスト利用入試

[看護]〈共3科目〉国 現 数 理 数Ⅰ、数ⅠA、数Ⅱ、数ⅡB、理科基礎、化、生から1▶地基選択不可 外 英（×L）〈個1科目〉面 面接

◆共通テスト利用入試＋※共通テスト利用入試との同時出願必須

[看護]〈共2科目〉国 外 現、英（×L）から1 数 理 数Ⅰ、数ⅠA、数Ⅱ、数ⅡB、理科基礎、化、生から1▶地基選択不可〈個1科目〉面 面接

■特別選抜

[総合型選抜]総合入試、総合入試（専願制、A、B）

[学校推薦型選抜]推薦入試（付属校制、指定校制、公募併願制、公募制）

[その他]同窓生子女入試、社会人入試

就職支援

東邦大学の医学部では、国家試験対策として6年次に統合型社会医学演習を行っています。薬学部では、4年次から所属する研究室の教員が日々の勉学や就職活動について指導を実施しています。理学部では、キャリアセンターの職員と各学科の教員が徹底した個人指導や、各種講座、企業合同説明会など就職関連イベントを多数開催しています。看護学部では、担任制度が導入され就職活動等の相談に対応できる体制が整っている他、学内で模擬面接対策などを実施しています。健康科学部では、国家試験対策として少人数制教育を行い一人ひとりに手厚い支援を行っています。

国際交流

東邦大学の医学部では、海外の学術交流協定を結んだ大学から臨床実習先を選択できます。薬学部では、海外での薬剤師のあり方や役割を現地での体験を通して学ぶことができる海外実務実習が実施されています。理学部では、夏季休暇中に全学科を対象に様々な海外体験プログラムや、学科に特化したプログラムが設けられています。看護学部では、春休みにヨーロッパを訪問する海外研修や夏休みに4週間の「夏期英語集中講座」を実施しています。

東洋大学（とうようだいがく）

資料請求

入試部入試課(白山キャンパス)　TEL (03) 3945-7272　〒112-8606 東京都文京区白山5-28-20

哲学を教育の根幹とし、自ら考える姿勢を育む

大学紹介動画　最新入試情報

長きにわたる歴史と伝統を背景に「諸学の基礎は哲学にあり」を建学の精神に掲げ、論理的かつ体系的に考え、行動できる力を養う。国際化やキャリア教育に取り組むことで、国内外で活躍できる人材を育成する。

8号館（白山キャンパス）

キャンパス 4つ

白山キャンパス
〒112-8606 東京都文京区白山5-28-20
赤羽台キャンパス
〒115-8650 東京都北区赤羽台1-7-11
川越キャンパス
〒350-8585 埼玉県川越市鯨井2100
朝霞キャンパス
〒351-8510 埼玉県朝霞市岡48-1

基本データ

※2023年5月現在（教員数は非常勤を含む。進路・就職は2022年度卒業者データ。学費は2024年度入学者用〔予定〕）

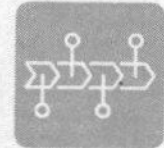
沿革

1887年、哲学者の井上円了が私立哲学館を創設。1949年、東洋大学と改称し、文学部を設置。2023年、福祉社会デザイン学部、健康スポーツ科学部を東京・北区赤羽台キャンパスに設置。2024年には生命科学部、食環境科学部を再編し、埼玉・朝霞キャンパスに集約。

教育機関 14学部 15研究科

学部　文／経済／経営／法／社会／国際／国際観光／情報連携／健康スポーツ科／理工／総合情報／生命科／食環境科／福祉社会デザイン

大学院　文学ⓂⒹ／社会学ⓂⒹ／法学ⓂⒹ／経営学ⓂⒹ／理工学ⓂⒹ／経済学ⓂⒹ／国際学ⓂⒹ／国際観光学ⓂⒹ／生命科学ⓂⒹ／社会福祉学ⓂⒹ／ライフデザイン学ⓂⒹ／総合情報学ⓂⒹ／食環境科学ⓂⒹ／情報連携学ⓂⒹ／健康スポーツ科学ⓂⒹ

人数

学部学生数　30,153名　　教員1名あたり学生 39名

教員数　758名【総長】福川伸次、【理事長】安齋隆、【学長】矢口悦子
（教授420名、准教授205名、講師55名、助教67名、助手・その他11名）

学費

初年度納入額　1,190,000~1,720,000円

奨学金　東洋大学 経済的困難者奨学金「エール」、東洋大学 生計維持者の逝去に伴う奨学金、東洋大学 特別被災奨学金

進路

学部卒業者　6,811名
（進学321名［4.7%］、就職5,494名［80.7%］、その他996名［14.6%］）

主な就職先　東京都教育委員会、カルビー、NTTドコモ、集英社、警察庁、日本年金機構、JAL、さいたま市役所、星野リゾート、みずほ証券、資生堂

学部学科紹介

※本書掲載内容は、大学公表資料から独自に編集したものです。詳細は大学パンフレットやホームページ等で必ず確認してください（取得可能な免許・資格は任用資格や受験資格などを含む）。

文学部

白山キャンパス　定員 969

特色　少人数でのゼミなどの細やかな教育を通じ、幅広い教養と深い知識を養う。
進路　就職先は卸売・小売業や教育・学習支援業、情報通信業などが多い。
学問分野　文学／言語学／哲学／心理学／歴史学／文化学／社会学／国際学／教員養成／教育学
大学院　文学

学科		定員	内容
哲学科		(100)	講義と演習を通して、哲学の知識と考える力、物事の本質を見抜く力を養う。哲学書の原典を読むための語学教育を重視し、英語、ドイツ語、フランス語から2カ国語を選択して高度な語学力を身につける。少人数制の演習では徹底的な対話と討論で哲学を実践する。
東洋思想文化学科	昼	(100)	インド、中国などの思想や文化を学ぶことで、自己の姿を見つめ直し探究する。2年次からはインド思想、中国語・中国哲学文学、仏教思想、東洋芸術文化の4つのコースに分かれ、専門分野に関する知見を深めていく。
日本文学文化学科	昼	(133)	日本語学、古典文学文化、近現代文学文化、比較文学文化の4つの専門分野からなる。履修科目は専門分野に合わせて選択するが、専門分野間を横断することもできる。自分の専門分野を深く学ぶだけでなく、日本の文学や文化全般について総合的に学修する。
英米文学科		(133)	英語文学や英語学を学び、英語の運用能力や英語による思考力を高める。1年次のフレッシャーズ講読セミナーをはじめ、充実した少人数の学習体制が整えられている。4年次の卒論セミナーでは、卒業論文の執筆にあたりゼミ生同士で活発な議論が行われる。
史学科		(133)	歴史的事実から人類の知恵を理解し、現代や未来へ役立てる術を学ぶ。日本史学、東洋史学、西洋史学の3つの専攻を設置。実証を重視し、原典の解読方法についても学ぶ。博物館を利用し、所蔵されている古文書を用いて学習を行うこともある。
教育学科	昼	(150)	2つの専攻からなる。人間発達専攻では生涯にわたる発達という視点から教育を捉え、従来の学校教育にとどまらない教育について学ぶ。初等教育専攻では、高い授業力を持つとともに、学校に関する諸問題や社会的諸課題にも柔軟に対応できる小学校教員を養成する。
国際文化コミュニケーション学科		(100)	多文化の共生を図りながら幅広い視野で自ら情報を発信する力を養う。1年次には学科による語学教育と国際教育センターなどが行う各種のプログラムで、網羅的な学習計画を立てて学びを進めていく。セメスター制度を設けるなど海外留学も積極的に支援している。
【夜間主】	夜	(120)	イブニングコース（第2部）として東洋思想文化、日本文学文化、教育の3学科を設置。カリキュラムは第1部とほぼ同様。東洋思想文化学科では4つのコース、日本文学文化学科では4つの専門分野が用意されている。教育学科は幅広い5つの学問領域から関心に沿って科目を選択する。
取得可能な免許・資格			学芸員、社会福祉主事、教員免許（小一種、中-国・社・英、高-国・地歴・公・書・英、特-知的・肢体・病弱）、社会教育士、社会教育主事、司書教諭、司書

経済学部

白山キャンパス　定員 766

特色 3つの学科とイブニングコースを設け、学生が興味や関心に応じて経済学を学ぶ。
進路 就職先は卸売・小売業や金融・保険業、情報通信業などが多い。
学問分野 政治学／経済学／国際学
大学院 経済学

経済学科 昼 (250)	経済の理論や実証を重視し、総合的に経済を分析し問題を解決する能力を養う。1年次から4年次まで能動的な学習を促すゼミを実施している。学部共通の選択科目を設け、さらに一般教養として歴史や文化についても学ぶことで多様な関心や問題意識を醸成する。
国際経済学科 (183)	経済学の知識、語学力、情報処理能力を養い、国際的に活躍できる人材を育成する。経済理論に基づいて世界経済の仕組みを学ぶとともに、世界各地の経済状況や貿易などを具体的に学ぶ。英語の他、中国語、ドイツ語、フランス語から1つを学び、国際理解を深める。
総合政策学科 (183)	経済を様々な視点から学び、各学生が自ら決めたテーマに従って社会問題に対する政策立案を行うべく学習と研究を進める。1～4年次にわたって少人数制のゼミが必修とされている。自ら問題を発見、解決し、新たな社会経済をデザインする能力を身につける。
経済学科 夜 (150)	イブニングコース（第2部)。第1部と異なり、経済学科のみならず国際経済学科と総合政策学科の内容もあわせて学べることが特徴。
取得可能な免許・資格	社会福祉主事、教員免許（中-社、高-地歴・公・商業）

経営学部

白山キャンパス　定員 792

特色 論理・戦略的思考を身につけ、急速に変化する経済や社会で活躍する人材を育成。
進路 就職先は卸売・小売業や金融・保険業、情報通信業などが多い。
学問分野 経営学／国際学
大学院 経営学

経営学科 昼 (316)	マネジメントのプロフェッショナルとして活躍できる高い能力を持った専門家を育成する。経営組織・経営管理、経営戦略、経営情報・分析メソッド、財務・会計・マーケティングという4つの分野で経営学を体系的に学ぶことができる。
マーケティング学科 (150)	マーケティング戦略、マーケティング・サイエンス、流通・サービスマーケティングの3つのコースを設置。マーケティングの科学的な分析力と優れた感性を兼ね備え、戦略的に企画、立案、実行できる人材を育成する。
会計ファイナンス学科 (216)	企業の資金の流れを管理する会計、効率良く資金を運用するファイナンスの2つの分野から社会の構造を理解する。ビジネス会計、公認会計士・税理士、国際ビジネス、ビジネス金融、ファイナンス・プロフェッショナルの5つのコースが設置されている。
経営学科 夜 (110)	イブニングコース（第2部)。経営学、マーケティング、会計学などの専門分野のみならず、法学や経済学など幅広い教養を身につけることができる。
取得可能な免許・資格	社会福祉主事、教員免許（高-商業）

法学部

白山キャンパス　定員 620

特色 リーガルマインドと、深い教養、高い能力、豊かな人間性を持つ人材を育成。
進路 就職先は情報通信業や卸売・小売業、公務が多い。
学問分野 法学／政治学／経営学
大学院 法学

法律学科 昼 (250)	法に関する知識とリーガルマインドを培い、柔軟な思考で活躍できる人材を育成する。六法を中心に法律系科目を基本から体系的に学修。法律系科目の他に関連周辺領域の科目を多数設置し、幅広い教養と法的問題を解決に導く能力を身につけていく。

企業法学科 (250)	企業社会の中で必要となる法知識や管理能力を身につけた人材を育成する。企業人として必要とされる法知識とビジネス知識をバランス良く学ぶため、企業活動に関わる法知識の科目だけでなく、経営学への理解を深めるための科目も配置している。
法律学科 夜 (120)	イブニングコース（第2部）。夜間の2限しかない中でも集中して学べるようカリキュラムを工夫している。グローバル社会に対応できる人材の育成を重視し、欧米など諸外国の法律や国際法も学べる。
取得可能な免許・資格	社会福祉主事、教員免許（中-社、高-地歴・公）

社会学部

白山キャンパス

定員 730

- 特色 学理追究とその応用実践を柱に、社会調査や実習を重視したカリキュラムを編成。
- 進路 就職先は情報通信業や卸売・小売業、医療・福祉業が多い。
- 学問分野 心理学／社会学／メディア学／社会福祉学／国際学／情報学
- 大学院 社会学／社会福祉学

社会学科 昼 (150)	社会学とその周辺学問を学ぶ上で「自分で動いて理解する」ことに重点をおき、自ら考え、発言する能動性と主体性を身につける。1年次から演習科目を開講し、最新の研究成果に触れながら学ぶことができる。卒業論文では、独自の視点で社会的課題をまとめる。
国際社会学科 (150)	グローバル・シティズンシップ教育などを通し、多文化共生を実践的に担う地球市民（グローバル・シティズン）を育成。4年間を通して行う演習（ゼミナール）には、英語で卒業論文やレポートを執筆する英語コースを設けている。
メディアコミュニケーション学科 (150)	高度情報化社会におけるメディアと情報そのものについて研究や教育を行い、メディア業界やIT業界など多彩な分野で活躍できる人材を育成する。学習内容は情報学、社会情報学、マスコミ学の3つの領域にわたる。実社会で役立つ専門的で高度な技能を身につける。
社会心理学科 (150)	社会現象と人間関係を心理学的に解析する。講義科目の多くが半期で完結するため自己の学習プランに応じて自由に学べる。実験演習の授業や卒業論文などに活用すべく学科専用の実験室が設けられている。
社会学科 夜 (130)	イブニングコース（第2部）。社会で起こる多様な問題を解決できる人材の育成を目標とする。第1部全学科の専門分野を各人の関心に合わせて学習するため、社会学だけでなく幅広い知識を身につけることができる。
取得可能な免許・資格	公認心理師、認定心理士、学芸員、社会調査士、社会福祉主事、教員免許（中-社、高-地歴・公）

国際学部

白山キャンパス

定員 390

- 特色 多様化・複雑化するグローバル社会で重要な課題を認識し解決できる人材を育成。
- 進路 卸売・小売業や情報通信業、製造業に就くことが多い。
- 学問分野 文化学／経済学／国際学／環境学
- 大学院 国際学

グローバル・イノベーション学科 (100)	グローバル・アントレプレナーシップ、グローバル・ビジネス、グローバルコラボレーションの3つの専門領域がある。海外留学やプロジェクト学習科目などの実践的な科目も、カリキュラムに含まれている。
国際地域学科 昼 (210)	国際地域専攻を設置。国際的な視野で地域の人々と協力し、課題解決に貢献する人材を育成。専攻内に、国際関係・開発政策、比較文化、コミュニティ・地域政策、環境・情報・インフラの4つの専門領域を設置。
国際地域学科 夜 (80)	イブニングコース（第2部）。地域総合専攻を設置。「地域づくり」を主眼に、国際開発、比較文化、地域デザイン、環境や防災など幅広く学ぶ。多様な学生が集う特性を活かし、授業では身の回りの問題などについて解決策を探る議論を展開、課題解決能力を身につける。
取得可能な免許・資格	社会福祉主事

国際観光学部
白山キャンパス
定員 366

特色　日本の観光の持続可能な発展に貢献するグローバルに活躍できる人材を育成する。
進路　卸売・小売業やサービス業、情報通信業に就くことが多い。
学問分野　観光学／国際学
大学院　国際観光学

国際観光学科 (366)	観光を企画・デザイン、計画・管理していく観光政策・ツーリズム系領域と、消費者に対して実際にサービスを提供していくホスピタリティ系領域がある。3年次からは各領域からさらに特化した学修を行う。
取得可能な免許・資格	社会福祉主事

情報連携学部
赤羽台キャンパス
定員 300

特色　人々とシステムを連携させる技術を駆使し、改革を起こす人材を育成。
進路　情報科学技術と連携能力を活かし、情報通信業などで活躍する。
学問分野　経済学／情報学
大学院　情報連携学

情報連携学科 (300)	情報通信技術を活用して連携し、アイデアを実現する能力を育成する。1年次はプログラミングやコミュニケーション力を修得。2年次からは、5つの情報科目群および2つの連携科目から2つを選択し、専門知識やチームワークを身につける。

健康スポーツ科学部
赤羽台キャンパス
定員 330

特色　2023年度、ライフデザイン学部、食環境科学部を改組し開設。
進路　2023年度開設。健康やスポーツ、栄養に関する分野で活躍を期待。
学問分野　社会福祉学／健康科学／生活科学／食物学
大学院　ライフデザイン学／健康スポーツ科学

健康スポーツ科学科 (230)	2023年度、ライフデザイン学部健康スポーツ学科を改組し開設。身体活動を通して人々の健康づくりを指導できる人材を育成する。解剖学やスポーツ医学などの他、歴史学の視点から健康スポーツを学ぶなど多彩な科目を開講。
栄養科学科 (100)	2023年度、食環境科学部食環境科学科スポーツ・食品機能専攻を改組し開設。生命科学の見地からアスリートの食事や栄養を管理する能力を養う。食・栄養の観点からスポーツパフォーマンス向上や健康づくり、QOL向上に貢献する人材を目指す。
取得可能な免許・資格	食品衛生管理者、公認パラスポーツ指導者、公認スポーツ指導者、栄養士、教員免許（中-保体・保健、高-保体・保健）、養護教諭（一種）

理工学部
川越キャンパス
定員 698

特色　豊かな人間性と哲学を備え次世代のものづくりを主導する研究者や技術者を育成。
進路　製造業や建設業、情報通信業に就職する卒業者が多い。
学問分野　化学／機械工学／電気・電子工学／土木・建築学／エネルギー工学／環境学／情報学
大学院　理工学

機械工学科 (180)	豊かな創造力を持つエンジニアの育成を目標とし、熱力学、材料力学、制御工学、計測工学などの基幹科目とその関連科目を体系づけて学ぶ。バイオ・ナノサイエンス融合コースやロボティクスコースなどを副専攻として選択できる。
電気電子情報工学科 (113)	新技術を生み出すための最先端の知識を修得する。電気工学と電子情報工学を基盤に、専門分野への導入科目を早期から開講し電気、電子、情報通信工学の3つの分野を系統的に学ぶ。
応用化学科 (146)	化学に関して幅広い能力を持ち、急速に発展する先端分野で活躍できる研究者や技術者を育成する。化学の基礎を深く学び、応用化学の先端的な専門知識を幅広く修得する。専門科目は先端材料化学、バイオ・健康化学、環境化学の3つのコースに分けられている。

学科	定員	内容
都市環境デザイン学科	(113)	安全で健康な生活を支える都市を実現し、継続的な発展のために自然と共生するシステムを創造できる人材を育成する。進路に応じて都市環境、都市創造、都市経営の3つのコースから選択し、実験や演習を通して実践力を養う。副専攻に地域学コースの選択も可能。
建築学科	(146)	デザインの楽しさや責任を学び、実践的な知識やマネジメント力を修得する。計画・意匠、構造・材料、環境・設備、生産・マネジメント、まちづくりの5つのコースを用意。地域に住む人々と連携して課題に取り組む演習もある。副専攻として地域学コースを選択可能。
取得可能な免許・資格		危険物取扱者（甲種）、毒物劇物取扱責任者、電気工事士、特殊無線技士（海上、陸上）、建築士（一級、二級、木造）、技術士補、測量士補、主任技術者（電気、電気通信）、施工管理技士（土木、建築、電気工事、管工事、建設機械）、教員免許（中-数・理、高-数・理・工業）

総合情報学部

川越キャンパス　定員 260

- 特色　文理の枠を超えた幅広い教育を展開し、第一級の情報の創り手と使い手を育成。
- 進路　情報通信業や卸売・小売業、教育・学習支援業に就職する卒業者が多い。
- 学問分野　経営学／メディア学／健康科学／環境学／情報学
- 大学院　総合情報学

学科	定員	内容
総合情報学科	(260)	情報科学と経営学をバランス良く学ぶシステム情報、スポーツをする身体と心理を知るための理論とスキルを学ぶ心理・スポーツ情報、多様なメディアコンテンツに関する理論と制作技法を学ぶメディア文化の3つのコースからなる。
取得可能な免許・資格		公認心理師、認定心理士、社会調査士、技術士補、教員免許（高-情）

生命科学部

朝霞キャンパス　定員 339

- 特色　2024年度、2学科を改組し、朝霞キャンパスに移転予定。
- 進路　製造業や卸売・小売業、教育・学習支援業に就職する卒業者が多い。
- 学問分野　生物学／医療工学／応用生物学／環境学
- 大学院　生命科学

学科	定員	内容
生命科学科	(113)	地球上の生物の生命現象を分子、細胞、個体、さらには地球環境レベルで研究する。バイオ分子科学、動物・人間科学、植物科学、微生物科学の4つの専攻分野がある。
生体医工学科 新	(113)	2024年度、理工学部生体医工学科を改組し開設。生物「バイオ」、医学「メディカル」そして工学「エンジニアリング」を理解し、医療・福祉の現場で必要なものづくりを学び、医学と工学の架け橋となる人材を育成する。
生物資源学科 改	(113)	2024年度、生命科学部応用生物科学科を改組し開設。生物の生命現象、生物資源の持続的活用、さらには生命を支える地球環境に関する総合的探究を通して人類が直面する課題の解決と持続可能な発展に貢献できる人材を育成する。
取得可能な免許・資格		危険物取扱者（甲種）、技術士補、臨床工学技士、食品衛生管理者、食品衛生監視員、バイオ技術者、教員免許（中-理、高-理）、ビオトープ管理士

食環境科学部

朝霞キャンパス　定員 339

- 特色　2024年度改組、朝霞キャンパスに移転。 総合的・科学的に「食」を学ぶ。
- 進路　製造業や卸売・小売業、サービス業に就職する卒業者が多い。
- 学問分野　食物学／環境学
- 大学院　食環境科学

学科	定員	内容
食環境科学科 改	(126)	2024年度改組し、朝霞キャンパスに移転。食品の機能科学・栄養、健康科学に関する知識を身につけることで、健康の視点から食をコーディネートする総合力を養う。最新の食品成分分析や品質管理の技術を習得できる。
フードデータサイエンス学科 新	(113)	2024年度、食環境科学部食環境科学科フードサイエンス専攻を改組し開設。食に関する専門的知識を身につけ、実践的データを分析し、食を取り巻く多様な問題を紐解き、人々が健康に共生できる「食の未来」を創造する人材を育成する。

健康栄養学科 (100)	2024年度、朝霞キャンパスに移転。管理栄養士資格だけでなく、研究に活かせる実践的な能力を育む。医療とも関わる「食と健康」について専門性の高い知識を身につける。講義で学ぶ知識を学外施設での実習で技術と結合させ、実践力を養う。
取得可能な免許・資格	社会調査士、危険物取扱者（甲種）、食品衛生管理者、食品衛生監視員、バイオ技術者、管理栄養士、栄養士、栄養教諭（一種）、教員免許（中-理、高-理）

福祉社会デザイン学部
赤羽台キャンパス　定員 476

特色　2023年度、ライフデザイン学部、社会学部を改組し開設。
進路　2023年度開設。福祉や教育関連産業、建設業で活躍が期待される。
学問分野　社会福祉学／土木・建築学／生活科学／子ども学／デザイン学
大学院　社会福祉学／ライフデザイン学

社会福祉学科 (216)	2023年度、社会学部社会福祉学科を改組し開設。「共生社会」の実現に向けてリーダーシップを発揮できる人材を育成する。社会福祉の理論や制度を学ぶだけでなく、実習や演習の機会を数多く設けることで、現場での実践力を養う。
子ども支援学科 (100)	2023年度、ライフデザイン学部生活支援学科生活支援学専攻・子ども支援学専攻を改組し開設。国内外の多文化共生社会実現に貢献する、子ども支援のプロフェッショナルを育成する。保育学などを基礎に、社会的課題を協働して解決する力を養う。
人間環境デザイン学科 (160)	2023年度、ライフデザイン学部人間環境デザイン学科を改組し開設。ユニバーサルデザインをコンセプトに様々なデザインを総合的に学ぶ。3年次から空間デザイン、生活環境デザイン、プロダクトデザインの3コースに分かれて専門性を高める。
取得可能な免許・資格	社会調査士、社会福祉士、介護福祉士、精神保健福祉士、社会福祉主事、建築士（一級、二級、木造）、保育士、教員免許（幼一種、高-工芸・工業）

入試要項（2024年度）

※この入試情報は2024年度募集要項等より編集したものです（見方は巻頭の「本書の使い方」参照）。
2025年度入試の最新情報は、ホームページや2025年度募集要項等で必ず確認してください。

「大学入試科目検索システム」のご案内
日程・方式ごとの偏差値や昨年度入試結果（志願者倍率、実質倍率、合格最低点）、基本情報（出願締切日、試験日、二段階選抜、募集人員、総合満点）などは、「大学入試科目検索システム」（https://nyushi.toshin.com/）をご覧ください（利用方法はp.12参照）。

■文学部 偏差値 62

一般選抜

◆**前期4教科型（均等配点）**
［哲、東洋思想文化【昼】、日本文学文化【昼】、英米文、史、教育【昼】、国際文化コミュニケーション：4科目］国現古 地歴 公 世B、日B、地理B、政経から1 数 数ⅠⅡA 外 英、英語外部試験から1

◆**前期3教科型（均等配点）**
［哲、東洋思想文化【昼】、日本文学文化、英米文、史、教育【昼】－人間発達、国際文化コミュニケーション、教育【夜】：3～4科目］国現古 地歴 公 数 次の①・②から1（①世B、日B、地理B、政経、数ⅠⅡAから1、②数ⅠⅡA必須、世B、日B、地理B、政経から1▶高得点1科目を合否判定に使用）外 英、英語外部試験から1

◆**前期3教科型（均等配点〔英・国・数〕）**
［教育【昼】－初等教育：3科目］国現古 数 数ⅠⅡA 外 英、英語外部試験から1

◆**前期3教科型（均等配点〔英・国・地公〕）**
［教育【昼】－初等教育：3科目］国現古 地歴 公 世B、日B、地理B、政経から1 外 英、英語外部試験から1

◆**前期3教科型（英語重視）**
［哲、東洋思想文化【昼】、英米文、教育【昼】－人間発達、国際文化コミュニケーション：3～4科目］前期3教科型（均等配点）に同じ

◆**前期3教科型（国語重視）**
［日本文学文化【昼】：3～4科目］前期3教科型（均等配点）に同じ

◆**前期3教科ベスト2型（均等配点）** ※高得点2科目で合否判定
［東洋思想文化【夜】、日本文学文化【夜】、教育【夜】：3～4科目］国現古 地歴 公 数 次の①・②から1（①世B、日B、地理B、政経、数ⅠⅡAから1、②数ⅠⅡA必須、世B、日B、地理B、政経から1▶高得点1科目を合否判定に使用）外 英、英語外部試験から1

◆**中期3教科型（均等配点）**

[哲、東洋思想文化【昼】、日本文学文化【昼】、英米文、史、教育【昼】、国際文化コミュニケーション：3科目] 国現古 地歴 公 数 世B、日B、政経、数ⅠⅡAから1 外英

◆**中期3教科型（英語重視）**

[哲、英米文：3科目] 中期3教科型（均等配点）に同じ

◆**中期3教科型（国語重視）**

[教育【昼】－人間発達：3科目] 中期3教科型（均等配点）に同じ

◆**中期3教科ベスト2型（均等配点）** ※高得点2科目で合否判定

[東洋思想文化【夜】、日本文学文化【夜】、教育【夜】：3科目] 国現古 地歴 公 数 世B、日B、政経、数ⅠⅡAから1 外英

◆**後期2教科型（均等配点〔英・国〕）**

[哲、東洋思想文化、教育【昼】－初等教育：2科目] 国現古 外英

◆**後期2教科型（均等配点〔英・筆記〕）**

[哲、東洋思想文化：2科目] 外英 論論文

[教育【昼】－初等教育：2科目] 外英 論小論文

◆**後期2教科型（均等配点）**

[英米文、教育【昼】－人間発達、教育【夜】：2科目] 国現古 外英

◆**後期2教科型（国語重視）**

[日本文学文化：2科目] 国現古 外英

◆**後期2教科型（英語重視）**

[国際文化コミュニケーション：2科目] 国現古 外英

共通テスト併用入試

◆**一般後期2教科＋共通テスト1教科**

[史]〈共1科目〉地歴 世B、日Bから1〈個2科目〉国現古 外英

共通テスト利用入試 ※個別試験は課さない

◆**共通テスト前期5教科型（均等配点）** ※英選択の場合は英、英語外部試験から1

[哲、東洋思想文化【昼】、日本文学文化【昼】、英米文、史、教育【昼】、国際文化コミュニケーション：5科目] 国現古漢 地歴 公全10科目から1 数全6科目から1 理全5科目から1 外英、独、仏から1

◆**共通テスト前期4教科型（均等配点）** ※英選択の場合は英、英語外部試験から1

[哲、英米文、国際文化コミュニケーション：4科目] 国現古漢 地歴 公 数 理全21科目から2教科2▶地歴と公は1教科扱い 外英、独、仏から1

[東洋思想文化【昼】：4科目] 国現古漢 地歴 公 理全15科目から1 数全6科目から1 外全5科目から1

[日本文学文化【昼】：4科目] 国現古漢 地歴 公 数 理全21科目から2教科2▶地歴と公は1教科扱い 外全5科目から1

[史：4科目] 国現古漢 地歴 公 数 理世B、日Bから1、公数理全15科目から1 外英、独、仏、中から1

[教育【昼】：4科目] 国現古漢 地歴 公 数 理全21科目から2教科2▶地歴と公は1教科扱い 外全5科目から1

◆**共通テスト前期4教科型（外国語重視）** ※英選択の場合は英、英語外部試験から1

[哲、国際文化コミュニケーション：4科目] 共通テスト前期4教科型（均等配点）に同じ

◆**共通テスト前期4教科型（歴史重視）** ※英選択の場合は英、英語外部試験から1

[史：4科目] 共通テスト前期4教科型（均等配点）に同じ

◆**共通テスト前期4教科型（英語重視）** ※英選択の場合は英、英語外部試験から1

[教育【昼】－人間発達：4科目] 国現古漢 地歴 公 数 理全21科目から2教科2▶地歴と公は1教科扱い 外英

◆**共通テスト前期3教科型（均等配点）** ※英選択の場合は英、英語外部試験から1

[哲、国際文化コミュニケーション：3科目] 国現古漢 地歴 公 数 理全21科目から1 外英、独、仏から1

[東洋思想文化、日本文学文化、教育：3科目] 国現古漢 地歴 公 数 理全21科目から1 外全5科目から1

[英米文：3科目] 国現古漢 地歴 公 数全16科目から1 外英

[史：3科目] 国現古漢 地歴 世B、日Bから1 外全5科目から1

◆**共通テスト前期3教科型（外国語重視）** ※英選択の場合は英、英語外部試験から1

[哲、国際文化コミュニケーション：3科目] 共通テスト前期3教科型（均等配点）に同じ

◆**共通テスト前期3教科型（英語重視）** ※英選択の場合は英、英語外部試験から1

[東洋思想文化【昼】、教育【昼】：3科目] 国現古漢 地歴 公 数 理全21科目から1 外英

[英米文：3科目] 共通テスト前期3教科型（均等配点）に同じ

◆**共通テスト前期3教科型（漢文重視）** ※英選択の場合は英、英語外部試験から1

[東洋思想文化【昼】：3科目] 国現漢 地歴 公 数 理全21科目から1 外全5科目から1

◆**共通テスト前期3教科型（国語重視）** ※英選択の場合は英、英語外部試験から1

[日本文学文化【昼】：3科目] 共通テスト前期3教科型（均等配点）に同じ

◆**共通テスト前期3教科型（歴史重視）** ※英選択の場合は英、英語外部試験から1

[史：3科目] 共通テスト前期3教科型（均等配点）に同じ

◆**共通テスト前期3教科ベスト2型（均等配点）** ※英選択の場合は英、英語外部試験から1

[東洋思想文化【夜】：3科目] 共通テスト前期3教科型（均等配点）に同じ▶高得点2科目で合否判定

[日本文学文化【夜】：3科目] 国現古漢 地歴 公 数 理 外全26科目から2教科2▶地歴と公は1教科扱い。選択科目から高得点1科目と国で合否判定

[教育【夜】：3科目] 国現古漢 地歴 公 数 理地歴公理全15科目、数Ⅰ、数ⅠA、数Ⅱ、数ⅡBから

1外全5科目から1▶高得点2科目で合否判定

◆**共通テスト中期3教科型（均等配点）**
［哲、東洋思想文化【昼】、英米文、教育【昼】：3科目］国現古漢地歴公数理全21科目から1外全5科目から1

◆**共通テスト中期3教科型（国語重視）**
［日本文学文化【昼】：3科目］国現古漢地歴公数理全21科目から1外全5科目から1

◆**共通テスト中期3教科型（歴史重視）**
［史：3科目］国現古漢地歴世B、日Bから1外全5科目から1

◆**共通テスト中期3教科型（外国語重視）**
［国際文化コミュニケーション：3科目］国現古漢地歴公数理全21科目から1外英、独、仏から1

◆**共通テスト後期3教科ベスト2型（均等配点）**
［東洋思想文化：3科目］国現古漢地歴公数理全21科目から1外全5科目から1▶高得点2科目で合否判定
［日本文学文化【夜】：3科目］国現古漢地歴公数理外全26科目から2教科2▶地歴と公は1教科扱い。選択科目から高得点1科目と国で合否判定
［教育【夜】：3科目］国現古漢地歴公数理地歴公理全15科目、数Ⅰ、数ⅠA、数Ⅱ、数ⅡBから1外全5科目から1▶高得点2科目で合否判定

■経済学部 偏差値 61

一般選抜

◆**前期4教科型（均等配点）**
［全学科【昼】：4科目］国現古地歴公世B、日B、地理B、政経から1数数ⅠⅡA外英、英語外部試験から1

◆**前期3教科型（均等配点）**
［国際経済、総合政策、経済【夜】：3～4科目］国現古地歴公数次の①・②から1（①世B、日B、地理B、政経、数ⅠⅡAから1、②数ⅠⅡA必須、世B、日B、地理B、政経から1▶高得点1科目を合否判定に使用）外英、英語外部試験から1

◆**前期3教科型（均等配点〔英・国・数〕）**
［経済【昼】：3科目］国現古数数ⅠⅡA外英、英語外部試験から1

◆**前期3教科型（均等配点〔英・国・地公〕）**
［経済【昼】：3科目］国現古地歴公世B、日B、地理B、政経から1外英、英語外部試験から1

◆**前期3教科型（最高得点重視）**
［経済【昼】：3～4科目］国現古地歴公数次の①・②から1（①世B、日B、地理B、政経、数ⅠⅡAから1、②数ⅠⅡA必須、世B、日B、地理B、政経から1▶高得点1科目を合否判定に使用）外英、英語外部試験から1

◆**前期3教科（英語重視）**
［国際経済、総合政策：3～4科目］前期3教科型（均等配点）に同じ

◆**前期3教科型（数学重視）**
［総合政策：3科目］国現古数数ⅠⅡA外英、英語外部試験から1

◆**前期3教科ベスト2型（均等配点）**※高得点2科目で合否判定
［経済【夜】：3～4科目］前期3教科型（均等配点）に同じ

◆**中期3教科型（均等配点）**
［国際経済、総合政策：3科目］国現古地歴公数世B、日B、政経、数ⅠⅡAから1外英

◆**中期3教科型（数学重視）**
［経済【昼】、総合政策：3科目］国現古数数ⅠⅡA外英

◆**中期3教科型（英語重視）**
［国際経済：3科目］中期3教科型（均等配点）に同じ

◆**中期3教科ベスト2型（均等配点）**※高得点2科目で合否判定
［経済【夜】：3科目］国現古地歴公数世B、日B、政経、数ⅠⅡAから1外英

◆**後期2教科型（均等配点）**
［国際経済、総合政策：2科目］国現古外英

◆**後期2教科型（均等配点〔英・国〕）**
［経済：2科目］国現古外英

◆**後期2教科型（均等配点〔英・数〕）**
［経済：2科目］数数ⅠⅡAB外英

共通テスト利用入試 ※個別試験は課さない

◆**共通テスト前期5教科型（均等配点）**
［国際経済：5科目］国現地歴公全10科目から1数全6科目から1理全5科目から1外英、英語外部試験から1

◆**共通テスト前期5科目型（均等配点）**
［経済【昼】：5科目］国現地歴公数理数Ⅰ、数ⅠAから1、地歴公理全15科目、数Ⅱ、数ⅡB、簿、情から2教科2▶地歴と公は1教科扱い外英、英語外部試験から1
［総合政策：5科目］国地歴公数理外現、地歴公数理全21科目、英から5▶英選択の場合は英、英語外部試験から1

◆**共通テスト前期4教科型（均等配点、英語重視）**
［国際経済：4科目］国現地歴公数理全21科目から2教科2▶地歴と公は1教科扱い外英、英語外部試験から1

◆**共通テスト前期4科目型（均等配点）**
［経済【昼】：4科目］国現地歴公数理数Ⅰ、数ⅠAから1、地歴公理全15科目、数Ⅱ、数ⅡB、簿、情から1外英、英語外部試験から1
［総合政策：4科目］国地歴公数理外現、地歴公数理全21科目、英から4▶英選択の場合は英、英語外部試験から1

◆**共通テスト前期4科目型（数学重視）**
［総合政策：4科目］国現地歴公理外地歴公理全15科目、英から2教科2▶地歴と公は1教科扱い。英選択の場合は英、英語外部試験から1数全6科目から1

◆**共通テスト前期3教科型（均等配点）**
［経済【昼】、国際経済：3科目］国現地歴公数理全21科目から1外英、英語外部試験から1

◆**共通テスト前期3教科型（均等配点〔英・国・地公数〕）**

[総合政策、経済【夜】：3科目] 国現 地歴 公 数全16科目から1 外英、英語外部試験から1
◆共通テスト前期3教科型(均等配点〔英・数・理〕)
[総合政策：3科目] 数全6科目から1 理全5科目から1 外英、英語外部試験から1
◆共通テスト前期3教科型（数学重視）
[経済【昼】：3科目] 国 地歴 公 理現、地歴公理全15科目から1 数全6科目から1 外英、英語外部試験から1
◆共通テスト前期3教科型（英語重視）
[国際経済：3科目] 共通テスト前期3教科型（均等配点）に同じ
◆共通テスト前期3教科ベスト2型（均等配点）※高得点2科目で合否判定
[経済【夜】：3科目] 国現 地歴 公 数 理全21科目から1 外英、英語外部試験から1
◆共通テスト中期3教科型（均等配点）
[国際経済：3科目] 国現 地歴 公 数 理全21科目から1 外英
◆共通テスト中期2教科型（均等配点）
[総合政策：2科目] 国 地歴 公 数 理 外現、地歴公数理全21科目、英から2教科2▶地歴と公は1教科扱い
◆共通テスト後期3教科ベスト2型（均等配点）※高得点2科目で合否判定
[経済【夜】：3科目] 国現 地歴 公 数 理全21科目から1 外英

■経営学部 偏差値 59

一般選抜

◆前期3教科型（均等配点）
[経営【昼】以外：3～4科目] 国現古 地歴 公 数次の①・②から1（①世B、日B、地理B、政経、数ⅠⅡAから1、②数ⅠⅡA必須、世B、日B、地理B、政経から1▶高得点1科目を合否判定に使用) 外英、英語外部試験から1
◆前期3教科型（均等配点〔英・国・数〕）
[経営【昼】：3科目] 国現古 数数ⅠⅡA 外英、英語外部試験から1
◆前期3教科型（均等配点〔英・国・地公〕）
[経営【昼】：3科目] 国現古 地歴 公世B、日B、地理B、政経から1 外英、英語外部試験から1
◆前期3教科型（英語重視）
[経営【昼】、会計ファイナンス：3～4科目] 国現古 地歴 公 数次の①・②から1（①世B、日B、地理B、政経、数ⅠⅡAから1、②数ⅠⅡA必須、世B、日B、地理B、政経から1▶高得点1科目を合否判定に使用) 外英、英語外部試験から1
◆前期3教科型（最高得点重視）
[マーケティング：3～4科目] 前期3教科型（均等配点）に同じ
◆前期3教科型（数学重視）
[会計ファイナンス：3科目] 国現古 数数ⅠⅡA 外英、英語外部試験から1
◆前期3教科ベスト2型（均等配点）※高得点2科目で合否判定
[経営【夜】：3～4科目] 前期3教科型（均等配点）に同じ
◆中期3教科型（均等配点）
[経営【昼】、マーケティング：3科目] 国現古 地歴 公 数世B、日B、政経、数ⅠⅡAから1 外英
◆中期3教科型（英語重視）
[経営【昼】：3科目] 中期3教科型（均等配点）に同じ
◆中期3教科型（最高得点重視）
[会計ファイナンス：3科目] 国現古 地歴 公 数世B、日B、政経、数ⅠⅡAから1 外英
◆中期3教科ベスト2型（均等配点）※高得点2科目で合否判定
[マーケティング、経営【夜】：3科目] 国現古 地歴 公 数世B、日B、政経、数ⅠⅡAから1 外英
◆後期2教科型（均等配点）
[会計ファイナンス以外：2科目] 国現古 外英
◆後期2教科型（均等配点〔英・国〕）
[会計ファイナンス：2科目] 国現古 外英
◆後期2教科型（均等配点〔英・数〕）
[会計ファイナンス：2科目] 数数ⅠⅡAB 外英

共通テスト利用入試 ※個別試験は課さない

◆共通テスト前期5教科型（均等配点）
[経営【夜】以外：5科目] 国現 地歴 公全10科目から1 数全6科目から1 理全5科目から1 外英、英語外部試験から1
◆共通テスト前期4教科型（均等配点）
[経営【昼】：4科目] 国現 地歴 公 理全15科目から1 数全6科目から1 外英、英語外部試験から1
[マーケティング：4科目] 国現 地歴 公 数 理全21科目から2教科2▶地歴と公は1教科扱い 外英、英語外部試験から1
[会計ファイナンス：4科目] 国 地歴 公 数 理現、地歴公数理全21科目から3教科3▶地歴と公は1教科扱い 外英、英語外部試験から1
◆共通テスト前期3教科型（均等配点、英語重視）
[経営【夜】以外：3科目] 国現 地歴 公 数 理全21科目から1 外英、英語外部試験から1
◆共通テスト前期3教科型（最高得点重視）
[経営【昼】、マーケティング：3科目] 共通テスト前期3教科型（均等配点）に同じ
◆共通テスト前期3教科型（数学重視）
[会計ファイナンス：3科目] 国 地歴 公 理現、地歴公理全15科目から1 数数Ⅰ、数ⅠA、数Ⅱ、数ⅡBから1 外英、英語外部試験から1
◆共通テスト前期3教科ベスト2型（均等配点）※高得点2科目で合否判定
[経営【夜】：3科目] 国現 地歴 公 数 理全21科目から1 外英、英語外部試験から1
◆共通テスト後期3教科ベスト2型（均等配点）※高得点2科目で合否判定
[経営【夜】：3科目] 国現 地歴 公 数 理全21科目から1 外英

■法学部 偏差値 60

一般選抜

◆前期4教型（均等配点）
［法律【昼】、企業法：4科目］国現古 地歴 公 世B、日B、地理B、政経から1 数 数ⅠⅡA 外 英、英語外部試験から1

◆前期3教科型（均等配点）
［全学科：3〜4科目］国現古 地歴 公 数 次の①・②から1（①世B、日B、地理B、政経、数ⅠⅡAから1、②数ⅠⅡA必須、世B、日B、地理B、政経から1▶高得点1科目を合否判定に使用）外 英、英語外部試験から1

◆前期3教科型（国語重視、英語重視）
［法律【昼】、企業法：3〜4科目］前期3教科型（均等配点）に同じ

◆中期3教科型（均等配点、最高得点重視）
［法律【昼】、企業法：3科目］国現古 地歴 公 数 世B、日B、政経、数ⅠⅡAから1 外 英

◆中期3教科ベスト2型（均等配点）※高得点2科目で合否判定
［法律【夜】：3科目］国現古 地歴 公 数 世B、日B、政経、数ⅠⅡAから1 外 英

◆後期2教科型（均等配点）
［全学科：2科目］国現古 外 英

共通テスト利用入試 ※個別試験は課さない

◆共通テスト前期5教科型（均等配点）
［法律【昼】、企業法：5科目］国現 地歴 公 全10科目から1 数 全6科目から1 理 全5科目から1 外 英、英語外部試験から1

◆共通テスト前期4教科型（均等配点、英語重視、国語重視）
［法律【昼】、企業法：4科目］国現 地歴 公 数 理 全21科目から2教科2▶地歴と公は1教科扱い 外 英、英語外部試験から1

◆共通テスト前期3教科型（均等配点）
［全学科：3科目］国現 地歴 公 数 理 全21科目から1 外 英、英語外部試験から1

◆共通テスト前期3教科型（英語重視、国語重視）
［法律【昼】、企業法：3科目］共通テスト前期3教科型（均等配点）に同じ

◆共通テスト中期3教科型（均等配点）
［法律【昼】、企業法：3科目］国現 地歴 公 数 理 全21科目から1 外 英

◆共通テスト後期3教科型（均等配点）
［法律【夜】：3科目］国現 地歴 公 数 理 全21科目から1 外 英

■社会学部 偏差値 63

一般選抜

◆前期4教科型（均等配点）
［社会【夜】以外：4科目］国現古 地歴 公 世B、日B、地理B、政経から1 数 数ⅠⅡA 外 英、英語外部試験から1

◆前期3教科型（均等配点）
［全学科：3〜4科目］国現古 地歴 公 数 次の①・②から1（①世B、日B、地理B、政経、数ⅠⅡAから1、②数ⅠⅡA必須、世B、日B、地理B、政経から1▶高得点1科目を合否判定に使用）外 英、英語外部試験から1

◆前期3教科型（英語重視）
［国際社会：3〜4科目］前期3教科型（均等配点）に同じ

◆前期3教科ベスト2型（均等配点）※高得点2科目で合否判定
［社会【夜】：3〜4科目］前期3教科型（均等配点）に同じ

◆中期3教科型（均等配点）
［全学科：3科目］国現古 地歴 公 数 世B、日B、政経、数ⅠⅡAから1 外 英

◆中期3教科型（国語重視）
［社会【昼】、メディアコミュニケーション：3科目］中期3教科型（均等配点）に同じ

◆中期3教科型（英語重視）
［国際社会：3科目］中期3教科型（均等配点）に同じ

◆中期3教科型（数学重視型）
［社会心理：3科目］国現古 数 数ⅠⅡA 外 英

◆中期3教科ベスト2型（均等配点）※高得点2科目で合否判定
［社会【夜】：3科目］中期3教科型（均等配点）に同じ

◆後期2教科型（均等配点）
［全学科：2科目］国現古 外 英

共通テスト利用入試 ※個別試験は課さない

◆共通テスト前期5教科型（均等配点）※英選択の場合は英、英語外部試験から1
［社会【夜】以外：5科目］国現 地歴 公 全10科目から1 数 全6科目から1 理 全5科目から1 外 全5科目から1

◆共通テスト前期4教科型（均等配点）※英選択の場合は英、英語外部試験から1
［社会【夜】以外：4科目］国現 地歴 公 数 理 全21科目から2教科2▶地歴と公は1教科扱い 外 全5科目から1

◆共通テスト前期3教科型（均等配点）※英選択の場合は英、英語外部試験から1
［全学科：3科目］国現 地歴 公 数 理 全21科目から1 外 全5科目から1

◆共通テスト前期3教科型（数学重視）※英選択の場合は英、英語外部試験から1
［社会、社会心理：3科目］国 地歴 公 理 現、地歴公理全15科目から1 数 全6科目から1 外 全5科目から1

◆共通テスト前期3教科型（英語重視）
［国際社会：3科目］国現 地歴 公 数 理 全21科目から1 外 英、英語外部験から1

◆共通テスト前期3教科ベスト2型（均等配点）※高得点2科目で合否判定
［社会【夜】：3科目］共通テスト前期3教科型（均等配点）に同じ

◆共通テスト中期3教科型（均等配点）
［国際社会、メディアコミュニケーション、社会心

理：3科目］国現地歴公数理全21科目から1外全5科目から1

◆共通テスト中期3教科型（国語重視）

［社会【昼】：3科目］国現地歴公数理全21科目から1外全5科目から1

◆共通テスト後期3教科ベスト2型（均等配点）※高得点2科目で合否判定

［社会【夜】：3科目］国現地歴公数理全21科目から1外全5科目から1

■国際学部 偏差値 63

一般選抜

◆前期4教科型（均等配点）

［国際地域－国際地域：4科目］国現古地歴公世B、日B、地理B、政経から1数数ⅠⅡA外英、英語外部試験から1

◆前期3教科型（均等配点）

［全学科：3～4科目］国現古地歴公数次の①・②から1（①世B、日B、地理B、政経、数ⅠⅡAから1、②数ⅠⅡA必須、世B、日B、地理B、政経から1▶高得点1科目を合否判定に使用）外英、英語外部試験から1

◆前期3教科型（英語重視）

［グローバル・イノベーション：3～4科目］前期3教科型（均等配点）に同じ

◆前期3教科ベスト2型（均等配点）※高得点2科目で合否判定

［国際地域－地域総合【夜】：3～4科目］前期3教科型（均等配点）に同じ

◆中期3教科型（均等配点）

［国際地域－国際地域：3科目］国現古地歴公数世B、日B、政経、数ⅠⅡAから1外英

◆中期3教科型（英語重視）

［グローバル・イノベーション、国際地域－国際地域：3科目］国現古地歴公数世B、日B、政経、数ⅠⅡAから1外英

◆中期3教科ベスト2型（均等配点）※高得点2科目で合否判定

［国際地域－地域総合【夜】：3科目］国現古地歴公数世B、日B、政経、数ⅠⅡAから1外英

◆後期2教科型（均等配点）

［グローバル・イノベーション、国際地域－地域総合【夜】：2科目］国現古外英

◆後期2教科型（英語重視）

［国際地域－国際地域：2科目］国数現古、数ⅠⅡABから1外英

共通テスト利用入試 ※個別試験は課さない

◆共通テスト前期5教科型（均等配点）

［グローバル・イノベーション：4科目］国現地歴公全10科目から1数全6科目から1理全5科目から1外英、英語外部試験から1

［国際地域－国際地域：4科目］国現地歴公全10科目から1数全6科目から1理全5科目から1外全5科目から1▶英選択の場合は英、英語外部試験から1

◆共通テスト前期4教科型（均等配点）

［グローバル・イノベーション、国際地域－国際地域：4科目］国現地歴公数理全21科目から2教科2▶地歴と公は1教科扱い外英、英語外部試験から1

◆共通テスト前期3教科型（均等配点）

［グローバル・イノベーション：3科目］国現地歴公数理全21科目から1外英、英語外部試験から1

［国際地域－国際地域：3科目］国現地歴公数理全21科目から1外全5科目から1▶英選択の場合は英、英語外部試験から1

◆共通テスト前期3教科型（英語重視）

［グローバル・イノベーション、国際地域－国際地域：3科目］国現地歴公数理全21科目から1外英、英語外部試験から1

◆共通テスト前期3教科型（最高得点重視）

［国際地域－国際地域：3科目］共通テスト前期3教科型（英語重視）に同じ

◆共通テスト前期3教科ベスト2型（均等配点）※高得点2科目で合否判定

［国際地域－地域総合【夜】：3科目］国地歴公数理現、地歴公数理全21科目から2教科2▶地歴と公は1教科扱い外英、英語外部試験から1

◆共通テスト中期3教科型（均等配点）

［国際地域－国際地域：3科目］国現地歴公数理全21科目から1外全5科目から1

◆共通テスト中・後期3教科ベスト2型（均等配点）※高得点2科目で合否判定

［国際地域－地域総合【夜】：3科目］国地歴公数理現、地歴公数理全21科目から2教科2▶地歴と公は1教科扱い外全5科目から1

■国際観光学部 偏差値 61

一般選抜

◆前期4教科型（均等配点）

［国際観光：4科目］国現古地歴公世B、日B、地理B、政経から1数数ⅠⅡA外英、英語外部試験から1

◆前期3教科（均等配点、英語重視、最高得点重視）

［国際観光：3～4科目］国現古地歴公数次の①・②から1（①世B、日B、地理B、政経、数ⅠⅡAから1、②数ⅠⅡA必須、世B、日B、地理B、政経から1▶高得点1科目を合否判定に使用）外英、英語外部試験から1

◆中期3教科型（均等配点、最高得点重視）

［国際観光：3科目］国現古地歴公数世B、日B、政経、数ⅠⅡAから1外英

◆中期3教科型（数学重視）

［国際観光：3科目］国現古数数ⅠⅡA外英

◆後期2教科型（均等配点）

［国際観光：2科目］国現古外英

共通テスト利用入試 ※個別試験は課さない

◆共通テスト前期5科目型（均等配点）※英選択の場合は英、英語外部試験から1

［国際観光：5科目］国地歴公数理現、地歴公数理全21科目から4外全5科目から1

◆**共通テスト前期4科目型（均等配点）** ※英選択の場合は英、英語外部試験から1
［国際観光：4科目］国地歴公数理現、地歴公数理全21科目から3外全5科目から1
◆**共通テスト前期3教科型（均等配点、最高得点重視）** ※英選択の場合は英、英語外部試験から1
［国際観光：3科目］国地歴公数理現、地歴公数理全21科目から2教科2▶地歴と公は1教科扱い外全5科目から1
◆**共通テスト前期3教科型（英語重視）**
［国際観光：3科目］国地歴公数理現、地歴公数理全21科目から2教科2▶地歴と公は1教科扱い外英、英語外部試験から1
◆**共通テスト中・後期3教科型（均等配点）**
［国際観光：3科目］国地歴公数理現、地歴公数理全21科目から2教科2▶地歴と公は1教科扱い外全5科目から1

■情報連携学部 偏差値 59

一般選抜

◆**前期4教科型（均等配点）**
［情報連携：4科目］国現古地歴公世B、日B、地理B、政経から1数数ⅠⅡA外英、英語外部試験から1
◆**前期3教科型（均等配点〔文系〕、最高得点重視〔文系〕）**
［情報連携：3～4科目］国現古地歴公数次の①・②から1（①世B、日B、地理B、政経、数ⅠⅡAから1、②数ⅠⅡA必須、世B、日B、地理B、政経から1▶高得点1科目を合否判定に使用）外英、英語外部試験から1
◆**前期3教科（均等配点〔理系〕、最高得点重視〔理系〕、数学重視〔理系〕）**
［情報連携：3科目］数数ⅠⅡAB、数ⅠⅡⅢABから1理物基・物、化基・化、生基・生から1外英、英語外部試験から1
◆**前期3教科型（均等配点〔英・国・数〕）**
［情報連携：3科目］国現古数数ⅠⅡA外英、英語外部試験から1
◆**中期3教科型（均等配点〔文系〕）**
［情報連携：3科目］国現古地歴公数世B、日B、政経、数ⅠⅡAから1外英
◆**中期3教科型（均等配点〔理系〕）**
［情報連携：3科目］数数ⅠⅡAB、数ⅠⅡⅢABから1理物基・物、化基・化から1外英
◆**中期3教科型（均等配点〔英・国・数〕）**
［情報連携：3科目］国現古数数ⅠⅡA外英
◆**後期2教科型（均等配点〔理系〕）**
［情報連携：2科目］数数ⅠⅡAB外英
◆**後期3教科型（均等配点）**
［情報連携：3科目］数情報連携のための数学外情報連携のための英語情情報
◆**後期2教科型（均等配点〔英・数＋面接〕）**
［情報連携：3科目］数情報連携のための数学外情報連携のための英語面面接
◆**後期2教科型（均等配点〔数・情報＋面接〕）**
［情報連携：3科目］数情報連携のための数学情情報面面接

共通テスト利用入試 ※個別試験は課さない

◆**共通テスト前期5科目型**
［情報連携：5科目］国地歴公数理現、地歴公数理全21科目から4外英、英語外部試験から1
◆**共通テスト前期4科目型（均等配点）**
［情報連携：4科目］国地歴公数理現、地歴公数理全21科目から3外英、英語外部試験から1
◆**共通テスト前期4科目型（数学重視）**
［情報連携：4科目］国地歴公理現、地歴公理全15科目から2数数ⅠA、数ⅡBから1外英、英語外部試験から1
◆**共通テスト前期3教科型（均等配点〔文系〕）**
［情報連携：3科目］国現地歴公数全16科目から1外英、英語外部試験から1
◆**共通テスト前期3教科型（均等配点〔理系〕）**
［情報連携：3科目］数全6科目から1理全5科目から1外英、英語外部試験から1
◆**共通テスト前期3教科型（均等配点〔英・国・数〕）**
［情報連携：3科目］国現数全6科目から1外英、英語外部試験から1
◆**共通テスト前期3教科型（数学重視）**
［情報連携：3科目］国地歴公理現、地歴公理全15科目から1数数ⅠA、数ⅡBから1外英、英語外部試験から1
◆**共通テスト中・後期3教科型（均等配点〔文系〕）**
［情報連携：3科目］国現地歴公数全16科目から1外英
◆**共通テスト中・後期3教科型（均等配点〔理系〕）**
［情報連携：3科目］数全6科目から1理全5科目から1外英
◆**共通テスト後期3教科型（均等配点〔英・国・数〕）**
［情報連携：3科目］国現数全6科目から1外英

■健康スポーツ科学部 偏差値 57

一般選抜

◆**前期4教科型（均等配点）**
［健康スポーツ科：4科目］国現古地歴公理世B、日B、地理B、政経、生基・生から1数数ⅠⅡA外英、英語外部試験から1
◆**前期3教科型（均等配点〔文系〕、英語重視）**
［全学科：3～4科目］国現古地歴公数次の①・②から1（①世B、日B、地理B、政経、数ⅠⅡAから1、②数ⅠⅡA必須、世B、日B、地理B、政経から1▶高得点1科目を合否判定に使用）外英、英語外部試験から1
◆**前期3教科型（均等配点〔理系〕）**
［健康スポーツ科：3科目］数数ⅠⅡAB、数ⅠⅡⅢABから1理物基・物、化基・化、生基・生から1外英、英語外部試験から1
［栄養科：3科目］数数ⅠⅡAB、数ⅠⅡⅢABから1理化基・化、生基・生から1外英、英語外部試験から1
◆**中期3教科型（均等配点）**
［栄養科：3科目］国現古地歴公数世B、日B、政経、

数ⅠⅡAから1 外 英

◆中期3教科型（均等配点〔文系〕）

［健康スポーツ科：3科目］国 現古 地歴 公 数 世B、日B、政経、数ⅠⅡAから1 外 英

◆中期3教科型（均等配点〔理系〕）

［健康スポーツ科：3科目］数 数ⅠⅡAB、数ⅠⅡⅢABから1 理 物基・物、化基・化から1 外 英

◆後期2教科型（均等配点）

［全学科：2科目］国 数 現古、数ⅠⅡABから1 外 英

共通テスト利用入試 ※個別試験は課さない

◆共通テスト前期5教科型（均等配点）※英選択の場合は英、英語外部試験から1

［栄養科：5科目］国 現 地歴 公 全10科目から1 数 全6科目から1 理 全5科目から1 外 全5科目から1

◆共通テスト前期5科目型（均等配点）※英選択の場合は英、英語外部試験から1

［健康スポーツ科：5科目］国 地歴 公 数 理 現、地歴公数理全21科目から4 外 全5科目から1

◆共通テスト前期4科目型（均等配点）※英選択の場合は英、英語外部試験から1

［健康スポーツ科：4科目］国 地歴 公 数 理 現、地歴公数理全21科目から3 外 全5科目から1

［栄養科：4科目］国 地歴 公 数 理 現、地歴公数理全21科目から3 外 全5科目から1

◆共通テスト前期3教科型（均等配点）※英選択の場合は英、英語外部試験から1

［全学科：3科目］国 地歴 公 数 理 現、地歴公数理全21科目から2教科2▶地歴と公は1教科扱い 外 全5科目から1

◆共通テスト後期3教科型（均等配点）

［全学科：3科目］国 地歴 公 数 理 現、地歴公数理全21科目から2教科2▶地歴と公は1教科扱い 外 全5科目から1

■理工学部 偏差値 55

一般選抜

◆前期3教科型（均等配点）

［機械工、都市環境デザイン：3科目］数 数ⅠⅡAB、数ⅠⅡⅢABから1 理 物基・物、化基・化から1 外 英、英語外部試験から1

［電気電子情報工：3科目］数 数ⅠⅡAB、数ⅠⅡⅢABから1▶数ⅠⅡABは試験日により選択可 理 物基・物、化基・化から1 外 英、英語外部試験から1

［応用化：3科目］数 数ⅠⅡAB、数ⅠⅡⅢABから1 理 物基・物、化基・化から1▶物基・物は試験日により選択可 外 英、英語外部試験から1

［建築：3科目］数 数ⅠⅡAB、数ⅠⅡⅢABから1 理 物基・物、化基・化、生基・生から1 外 英、英語外部試験から1

◆前期3教科型（数学重視）

［機械工、都市環境デザイン、建築：3科目］前期3教科型（均等配点）に同じ

［電気電子情報工：3科目］数 数ⅠⅡⅢAB 理 物基・物、化基・化から1 外 英、英語外部試験から1

◆前期3教科型（理科重視）

［機械工、応用化、建築：3科目］前期3教科型（均等配点）に同じ

◆前期3教科型（英語重視）

［建築：3科目］前期3教科型（均等配点）に同じ

◆中期3教科型（均等配点）

［応用化以外：3科目］数 数ⅠⅡAB、数ⅠⅡⅢABから1 理 物基・物、化基・化から1 外 英

［応用化：3科目］数 数ⅠⅡAB、数ⅠⅡⅢABから1 理 化基・化 外 英

◆後期2教科型

［全学科：2科目］数 数ⅠⅡAB 外 英

共通テスト利用入試 ※個別試験は課さない

◆共通テスト前期5教科型（均等配点）

［機械工：6科目］国 現 地歴 公 世B、日B、地理B、現社、政経から1 数 数ⅠA、数ⅡB 理 物、化から1 外 英、英語外部試験から1

［建築：6科目］国 現 地歴 公 世B、日B、地理B、現社、政経から1 数 数ⅠA、数ⅡB 理 物基・化基、物、化から1 外 英、英語外部試験から1

◆共通テスト前期5科目型（均等配点）

［応用化：6科目］国 地歴 公 理 化必須、現、世B、日B、地理B、現社、政経、物基・化基から2教科2▶地歴と公は1教科扱い 数 数ⅠA、数ⅡB 外 英、英語外部試験から1

◆共通テスト前期4教科型（均等配点）

［都市環境デザイン：5科目］国 地歴 公 理 現、地理B、政経、理全5科目から2教科2▶地歴と公は1教科扱い 数 数ⅠA、数ⅡB 外 英、英語外部試験から1

［建築：5科目］国 地歴 公 理 外 現、世B、日B、地理B、現社、政経、物基・化基、物、化、英から3教科3▶地歴と公は1教科扱い。英選択の場合は英、英語外部試験から1 数 数ⅠA、数ⅡB

◆共通テスト前期4科目型（均等配点）

［機械工、電気電子情報工、応用化：5科目］国 理 現、物基・化基、物、化から2 数 数ⅠA、数ⅡB 外 英、英語外部試験から1

◆共通テスト前期3教科型（均等配点）

［機械工、電気電子情報工、建築：4科目］数 数ⅠA、数ⅡB 理 物基・化基、物、化から1 外 英、英語外部試験から1

［応用化：3～4科目］国 数 理 外 次の①～④から3（①現、②数ⅠA、数ⅡB、③物基・化基、物、化から1、④英、英語外部試験から1）

［都市環境デザイン：4科目］数 数ⅠA、数ⅡB 理 全5科目から1 外 英、英語外部試験から1

◆共通テスト前期3教科型（理科重視）

［機械工、応用化：4科目］数 数ⅠA、数ⅡB 理 物基・化基、物、化から1 外 英、英語外部試験から1

◆共通テスト前期3教科型（数学重視）

［電気電子情報工、都市環境デザイン：4科目］共通テスト前期3科目型（均等配点）に同じ

◆共通テスト中期3教科型（均等配点）

［機械工、電気電子情報工、建築：4科目］数 数ⅠA、数ⅡB 理 物基・化基、物、化から1 外 英

[応用化：4科目] 数 数ⅠA、数ⅡB 理 化 外 英
[都市環境デザイン：4科目] 数 数ⅠA、数ⅡB 理 全5科目から1 外 英

■総合情報学部 偏差値 59

一般選抜

◆**前期4教科型（均等配点〔文系）**
[総合情報：4科目] 国 現古 地歴 公 世B、日B、地理B、政経から1 数 数ⅠⅡA 外 英、英語外部試験から1
◆**前期3教科型（均等配点〔文系〕、英語重視〔文系〕）**
[総合情報：3～4科目] 国 現古 地歴 公 数 次の①・②から1（①世B、日B、地理B、政経、数ⅠⅡAから1、②数ⅠⅡA必須、世B、日B、地理B、政経から1▶高得点1科目を合否判定に使用）外 英、英語外部試験から1
◆**前期3教科型（均等配点〔理系〕、数学重視〔理系〕）**
[総合情報：3科目] 数 数ⅠⅡAB、数ⅠⅡⅢABから1 理 物基・物、化基・化、生基・生から1 外 英、英語外部試験から1
◆**中期3教科型（均等配点〔文系〕、英語重視〔文系〕）**
[総合情報：3科目] 国 現古 地歴 公 数 世B、日B、政経、数ⅠⅡAから1 外 英
◆**中期3教科型（均等配点〔理系〕、数学重視〔理系〕）**
[総合情報：3科目] 数 数ⅠⅡAB、数ⅠⅡⅢABから1 理 物基・物、化基・化から1 外 英
◆**後期2教科型（均等配点）**
[総合情報：2科目] 国 数 現古、数ⅠⅡABから1 外 英

共通テスト利用入試　※個別試験は課さない

◆**共通テスト前期5科目型（均等配点）**
[総合情報：5科目] 国 地歴 公 数 理 現、地歴公数理全21科目から4 外 英、英語外部試験から1
◆**共通テスト前期4科目型（均等配点）**
[総合情報：4科目] 国 地歴 公 数 理 現、地歴公数理全21科目から3 外 英、英語外部試験から1
◆**共通テスト前期3教科型（均等配点〔文系〕）**
[総合情報：3科目] 国 現 地歴 公 数 全16科目から1 外 英、英語外部試験から1
◆**共通テスト前期3教科型（均等配点〔理系〕、数学重視〔理系〕）**
[総合情報：3科目] 数 数ⅠA、数ⅡBから1 理 全5科目から1 外 英、英語外部試験から1
◆**共通テスト前期3教科型（英語重視〔文系〕）**
[総合情報：3科目] 国 地歴 公 数 現、地歴公数全16科目から2教科2▶地歴と公は1教科扱い 外 英、英語外部試験から1
◆**共通テスト中期3教科型（均等配点）**
[総合情報：3科目] 国 地歴 公 数 理 現、地歴公数理全21科目から2教科2▶地歴と公は1教科扱い 外 英

■生命科学部 偏差値 53

一般選抜

◆**前期3教科型（均等配点）**
[生命科、生物資源：3科目] 国 数 理 ①～③から1（①数ⅠⅡA必須、現古、化基・化、生基・生から1、②現古、数ⅠⅡABから1、物基・物、化基・化、生基・生から1、③数ⅠⅡAB必須、現古、物基・物、化基・化、生基・生から1）▶試験日により選択可 外 英、英語外部試験から1
[生体医工：3科目] 国 理 現古、物基・物、化基・化、生基・生から1▶現古は試験日により選択可 数 数ⅠⅡAB、数ⅠⅡⅢABから1 外 英、英語外部試験から1
◆**前期3教科型（理科重視）**
[生命科、生物資源：3科目] 国 数 理 ①～③から1（①数ⅠⅡA必須、化基・化、生基・生から1、②現古、数ⅠⅡABから1、物基・物、化基・化、生基・生から1、③数ⅠⅡAB必須、物基・物、化基・化、生基・生から1）▶試験日により選択可 外 英、英語外部試験から1
[生体医工：3科目] 数 数ⅠⅡAB、数ⅠⅡⅢABから1 理 物基・物、化基・化、生基・生から1 外 英、英語外部試験から1
◆**中期3教科型（均等配点）**
[生体医工：3科目] 国 理 現古、物基・物、化基・化から1 数 数ⅠⅡAB、数ⅠⅡⅢABから1 外 英
◆**中期3教科ベスト2型（均等配点）**※国数理から高得点1科目と外で合否判定
[生命科、生物資源：3科目] 国 理 現古、物基・物、化基・化から1 数 数ⅠⅡAB 外 英
◆**後期2教科型（均等配点）**
[生命科、生物資源：2科目] 国 数 現古、数ⅠⅡABから1 外 英
[生体医工：2科目] 数 数ⅠⅡAB 外 英

共通テスト利用入試　※個別試験は課さない

◆**共通テスト前期5科目型（均等配点）**※英選択の場合は英、英語外部試験から1
[全学科：5科目] 国 現 数 数Ⅰ、数ⅠA、数Ⅱ、数ⅡBから1 理 全5科目から2 外 英、独、仏から1
◆**共通テスト前期4科目型（均等配点）**※英選択の場合は英、英語外部試験から1
[全学科：4科目] 国 数 現、数Ⅰ、数ⅠA、数Ⅱ、数ⅡBから1 理 全5科目から2 外 英、独、仏から1
◆**共通テスト前期3教科型（均等配点、理科重視）**
※英選択の場合は英、英語外部試験から1
[全学科：3科目] 国 数 現、数Ⅰ、数ⅠA、数Ⅱ、数ⅡBから1 理 全5科目から1 外 英、独、仏から1
◆**共通テスト中期3教科型（均等配点）**
[生体医工：3科目] 国 数 理 外 現、数Ⅰ、数ⅠA、数Ⅱ、数ⅡB、理全5科目、英、独、仏から3教科3
◆**共通テスト中期3教科型（最高得点重視）**
[生命科、生物資源：3科目] 国 数 理 外 現、数Ⅰ、数ⅠA、数Ⅱ、数ⅡB、理全5科目、英、独、仏から3教科3

■食環境科学部 偏差値 52

一般選抜

◆**前期3教科型（均等配点〔文系）**
[全学科：3～4科目] 国 現古 地歴 公 数 次の①・②

から1（①世B、日B、地理B、政経、数ⅠⅡAから1、②数ⅠⅡA必須、世B、日B、地理B、政経から1▶高得点1科目を合否判定に使用）外英、英語外部試験から1

◆前期3教科型（均等配点〔理系〕）
［食環境科、健康栄養：3科目］数数ⅠⅡAB理化基・化、生基・生から1外英、英語外部試験から1
［フードデータサイエンス：3科目］数数ⅠⅡAB、数ⅠⅡⅢABから1理物基・物、化基・化、生基・生から1外英、英語外部試験から1

◆前期3教科型（理科重視）
［食環境科、健康栄養：3科目］前期3教科型（均等配点〔理系〕）に同じ

◆前期3教科型（数学重視）
［フードデータサイエンス：3科目］前期3教科型（均等配点〔理系〕）に同じ

◆中期3教科型（均等配点）
［食環境科、フードデータサイエンス：3科目］国現古地歴公数世B、日B、政経、数ⅠⅡAから1外英
［健康栄養：3科目］国理現古、化基・化から1地歴公数世B、日B、政経、数ⅠⅡAから1外英

◆後期2教科型（均等配点）
［全学科：2科目］国数現古、数ⅠⅡABから1外英

共通テスト利用入試　※個別試験は課さない

◆共通テスト前期5科目型（均等配点）※英選択の場合は英、英語外部試験から1
［食環境科、フードデータサイエンス：5科目］国地歴公数理現、地歴公数理全21科目から4外英、独、仏から1

◆共通テスト前期4科目型（均等配点）※英選択の場合は英、英語外部試験から1
［全学科：4科目］国地歴公数理現、地歴公数理全21科目から3▶地歴公2科目選択不可外英、独、仏から1

◆共通テスト前期3教科型（均等配点）※英選択の場合は英、英語外部試験から1
［全学科：3科目］国地歴公数理現、地歴公数理全21科目から2教科2▶地歴と公は1教科扱い外英、独、仏から1

◆共通テスト前期3教科型（最高得点重視）
［食環境科、フードデータサイエンス：3科目］共通テスト前期3教科型（均等配点）に同じ

◆共通テスト前期3教科型（理科重視）※英選択の場合は英、英語外部試験から1
［健康栄養：3科目］国地歴公数現、地歴公数全16科目から1理全5科目から1外英、独、仏から1

◆共通テスト後期3教科型（均等配点）
［全学科：3科目］国地歴公数理現、地歴公数理全21科目から2教科2▶地歴と公は1教科扱い外英、独、仏から1

■福祉社会デザイン学部　偏差値58

一般選抜

◆多面的評価前期3科目型（均等配点）※出願資格として英語外部試験が必要
［子ども支援：3科目］外英語外部試験論小論文その他グループディスカッション

◆実技前期2科目型（均等配点）
［人間環境デザイン：2科目］実技平面構成・解説文、立体構成・解説文

◆前期4教科型（均等配点）
［全学科：4科目］国現古地歴公世B、日B、地理B、政経から1数数ⅠⅡA外英、英語外部試験から1

◆前期3教科型（均等配点、国語重視）
［社会福祉、子ども支援：3～4科目］国現古地歴公数次の①・②から1（①世B、日B、地理B、政経、数ⅠⅡAから1、②数ⅠⅡA必須、世B、日B、地理B、政経から1▶高得点1科目を合否判定に使用）外英、英語外部試験から1

◆前期3教科型（英語重視）
［社会福祉：3～4科目］前期3教科型（均等配点）に同じ

◆前期3教科型（均等配点〔英・国・地公数〕）
［人間環境デザイン：3～4科目］国現古地歴公数次の①・②から1（①世B、日B、地理B、政経、数ⅠⅡAから1、②数ⅠⅡA必須、世B、日B、地理B、政経から1▶高得点1科目を合否判定に使用）外英、英語外部試験から1

◆前期3教科型（均等配点〔英・数・理〕）
［人間環境デザイン：3科目］数数ⅠⅡAB理物基・物、化基・化、生基・生から1外英、英語外部試験から1

◆中期3教科型（均等配点）
［全学科：3科目］国現古地歴公数世B、日B、政経、数ⅠⅡAから1外英

◆中期3教科型（国語重視）
［社会福祉：3科目］中期3教科型（均等配点）に同じ

◆後期2教科型（均等配点）
［社会福祉、子ども支援：2科目］国現古外英
［人間環境デザイン：2科目］国数現古、数ⅠⅡABから1外英

共通テスト利用入試　※個別試験は課さない

◆共通テスト前期5教科型（均等配点）※英選択の場合は英、英語外部試験から1
［社会福祉：5科目］国現地歴公全10科目から1数全6科目から1理全5科目から1外全5科目から1

◆共通テスト前期4教科型（均等配点）※英選択の場合は英、英語外部試験から1
［全学科：4科目］国現地歴公数理全21科目から2教科2▶地歴と公は1教科扱い外全5科目から1

◆共通テスト前期3教科型（均等配点）※英選択の場合は英、英語外部試験から1
［社会福祉、子ども支援：3科目］国現地歴公数理全21科目から1外全5科目から1

◆共通テスト前期3教科型（国語重視）

[社会福祉：3科目] 前期3教科型（均等配点）に同じ

◆**共通テスト前期3教科型（均等配点〔英・国・地公数〕）** ※英選択の場合は英、英語外部試験から1

[人間環境デザイン：3科目] 国現 地歴 公 数全16科目から1 外全5科目から1

◆**共通テスト前期3教科型（均等配点〔英・数・理〕）**

※英選択の場合は英、英語外部試験から1

[人間環境デザイン：3科目] 数数ⅠA、数ⅡBから1 理全5科目から1 外全5科目から1

◆**共通テスト中期3教科型（均等配点）**

[社会福祉：3科目] 国現 地歴 公 数 理全21科目から1 外全5科目から1

◆**共通テスト後期3教科型（均等配点）**

[社会福祉、子ども支援：3科目] 国現 地歴 公 数 理全21科目から1 外全5科目から1

■特別選抜

[総合型選抜] AO型推薦入試、自己推薦入試

[学校推薦型選抜] 学校推薦入試、「独立自活」支援推薦入試、指定校推薦入試、附属高等学校推薦入試、協定校推薦入試、運動部優秀選手推薦入試、外国人留学生日本語学校指定校推薦入試

[その他] 海外帰国生入試、社会人特別選抜入試、国際バカロレアAO入試、外国にルーツを持つ生徒対象入試、外国人留学生入試

就職支援

東洋大学では、1・2年生を対象としたキャリア形成支援プログラム、3・4年生に対しては、民間や公務員といった就職に重点を置き、その年ごとの採用スケジュールや求人状況に応じた支援プログラムが実施されています。4年生を対象にしたプログラムとして、学内企業説明会やマッチング企業説明会、志望動機対策講座などの他、就職・キャリア支援室にて書類の添削や企業紹介など、学生の進み具合に応じたサポートが行われています。

国際交流

東洋大学では、様々な国・地域の大学・機関と海外交流協定を結んでいます。半年または1年で学位授与権のある大学・大学院の正規課程を履修する長期留学や、約3～6カ月間で協定校が運営する附属語学学校に語学留学する協定校語学留学、夏季・春季休暇期間中に実施される2～4週間の海外インターンシップ・ボランティアプログラムなどが実施されています。留学参加決定者の経済的負担を軽減する目的で、大学独自の奨学金制度が設けられています。

東洋大学ギャラリー

■キャンパス内の様子

デジタル技術を活用していたり、日本最大規模のイブニングコースを設けていたりと、東洋大学には様々な特長があります。

■白山キャンパス

JR山手線の内側に位置する、アクセス良好なメインキャンパスです。文学部をはじめ、多くの学生が通っています。

■川越キャンパス

理工学部と総合情報学部の学生が通う川越キャンパスの7号館には、スタジオやミニシアター、物創り工房などが完備されています。

■教職支援の様子

すべてのキャンパスに「教職支援室」を設置しています。試験対策から情報提供までトータルにサポートしています。

日本大学（にほん）

資料請求

学務部入学課　TEL (03) 5275-8001　〒102-8275 東京都千代田区九段南4-8-24

「自主創造」の精神で、自ら学び、新しい道を切り開く

大学紹介動画　最新入試情報

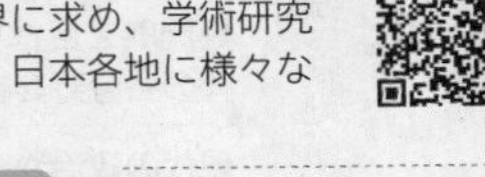

世界の平和と人類の福祉に寄与すべく、幅広く知識を世界に求め、学術研究を進めていくことで、心身共に健全な文化人を育成する。日本各地に様々な学部を設置し、数多くの人材を輩出している。

神田三崎町キャンパス

キャンパス 17つ

神田三崎町キャンパス
〒101-8375 東京都千代田区神田三崎町2-3-1
江古田キャンパス
〒176-8525 東京都練馬区旭丘2-42-1
駿河台キャンパス
〒101-8308 東京都千代田区神田駿河台1-8-14
津田沼キャンパス
〒275-8575 千葉県習志野市泉町1-2-1
三軒茶屋、船橋、実籾キャンパスなど

基本データ

※2023年5月現在（教員数は非常勤を含む。進路・就職は2022年度卒業者データ。学費は2024年度入学者用）

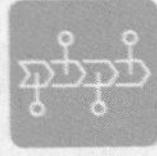

沿革

1889年、日本法律学校として創立。1949年、新制日本大学に移行し、7つの学部を設置。1978年、国際関係学部を設置。1987年、薬学部を設置。1995年、農獣医学部を生物資源科学部に改称。2016年、危機管理、スポーツ科学の2つの学部を設置。2023年、生物資源科学部を改組、現在に至る。

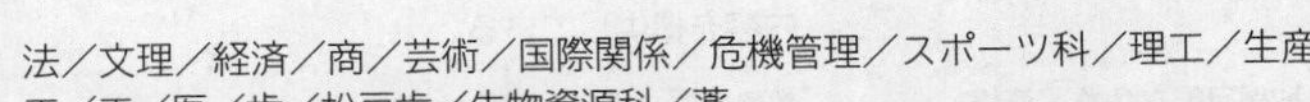

教育機関 16学部 20研究科

学部　法／文理／経済／商／芸術／国際関係／危機管理／スポーツ科／理工／生産工／工／医／歯／松戸歯／生物資源科／薬

大学院　法学ⓂⒹ／新聞学ⓂⒹ／文学ⓂⒹ／総合基礎科学ⓂⒹ／経済学ⓂⒹ／商学ⓂⒹ／芸術学ⓂⒹ／国際関係ⓂⒹ／理工学ⓂⒹ／生産工学ⓂⒹ／工学ⓂⒹ／医学Ⓓ／歯学Ⓓ／松戸歯学Ⓓ／生物資源科学ⓂⒹ／獣医学Ⓓ／薬学Ⓓ／法務Ⓟ／危機管理学Ⓜ／スポーツ科学Ⓜ

その他　通信教育部／短期大学部

人数

学部学生数　65,996名　　教員1名あたり学生 26名

教員数　2,469名【理事長】林真理子、【学長】大貫進一郎
（教授1,037名、准教授559名、講師257名、助教379名、助手・その他237名）

学費

初年度納入額　1,280,000~7,040,000円

奨学金　日本大学創立130周年記念奨学金（第2種）、日本大学古田奨学金

進路

学部卒業者　14,494名
（進学1,400名[9.7%]、就職11,295名[77.9%]、その他※1,799名[12.4%]）
※臨床研修医215名を含む

主な就職先（※院卒者を含む）　大和ハウス工業、関電工、伊藤園、NEC、スズキ、富士ソフト、JR東日本、大塚商会、イオンリテール、ヨドバシカメラ、千葉銀行、かんぽ生命保険、東京都教育委員会、ベネッセスタイルケア、東京都庁、警視庁、東京消防庁

学部学科紹介

※本書掲載内容は、大学公表資料から独自に編集したものです。詳細は大学パンフレットやホームページ等で必ず確認してください（取得可能な免許・資格は任用資格や受験資格などを含む）。

法学部

神田三崎町キャンパス　定員 1,733

特色　弁理士、税理士、公認会計士などの国家資格取得を支援する学生研究室を設置。
進路　就職先は公務をはじめ情報通信業やサービス業など。
学問分野　法学／政治学／経済学／経営学／メディア学／国際学
大学院　法学／新聞学／法務

法律学科 昼 (533)	専門的かつ応用的に法律を学び、社会の様々な問題を解決できるリーガルマインドを持った人材を育成する。弁護士や裁判官、検察官など法律専門職を目指す学生や難易度の高い試験合格を支援する法曹コース、法律の各分野を幅広く学ぶ総合法コースの2つを設置。
政治経済学科 (350)	現代の政治や経済を総合的に学んでいく。政治史や政治論、行政学といった社会科学に必要な基本的な知識を身につけたのち、2年次から国際政治経済、日本政治経済、地方行財政、政治経済理論の4つのコースに分かれて専門的な学びと研究を行う。
新聞学科 (200)	ジャーナリズムやメディア業界で活躍する人材を育成する。2年次から、ジャーナリズムや広報広告、メディアコンテンツ、ネットメディア、出版メディアといった多様な履修モデルに沿って学修を進め、専門性を深めていく。
経営法学科 (200)	法学と経営学をともに学び、実社会で即戦力となる企業人を育成する。2年次から、企業法務やマーケティングなどを扱うビジネス法、国際的な取引や契約などを学ぶ国際法務、特許や著作権などについて学ぶ知的財産の3つのコースに分かれる。
公共政策学科 (250)	法的知識を基盤に、変容し多様化する公共分野で活躍できる人材を育成する。1年次から、行政職課程、公安・自治体コース、公共・公益マネジメントコースの3つのコースに分かれ、専門的な知識を修得する。
法律学科 夜 (200)	第二部（夜間部）法律学科には、総合法コースが設置されている。主に夕方からの時間帯を使い、第一部法律学科と同様のカリキュラムや授業内容を提供している。
取得可能な免許・資格	教員免許（中-社、高-地歴・公）

文理学部

文理学部キャンパス　定員 1,900

特色　学科の垣根を越えて学ぶ「総合教育科目」など特色あるカリキュラムを展開。
進路　卸売・小売業やサービス業、情報通信業など幅広い業種に就職している。
学問分野　文学／言語学／哲学／心理学／歴史学／地理学／社会学／社会福祉学／数学／物理学／化学／地学／応用生物学／健康科学／教員養成／教育学／情報学
大学院　文学／総合基礎科学

哲学科 (88)	人類の普遍的な問いを追究し、論理的思考力を修得する。哲学、倫理学だけでなく、美学や宗教学も学べることが特徴である。真・善・美・聖という4大価値の基礎を理解したのち、2年次からは課題研究（ゼミナール）、演習などを通じ各分野の専門性を高める。
史学科 (133)	充実した教育環境のもと、歴史学とその研究法を身につけ、現代社会の諸問題の解決策を探る。史学の基本を修得した上で、日本史、東洋史、西洋史、考古学、文化財学の中から研究分野を設定する。3年次よりゼミでさらに専門性を深め、卒業論文に取り組む。
国文学科 (133)	古典から近現代までの日本文学を多角的に学ぶ日本文学、日本語の歴史やあり方を学ぶ日本語学の2つの分野を通して社会のあり方を見つめ直す。3・4年次には2つの分野のいずれかのゼミを選択し、4年次には卒業論文を執筆する。

学科	定員	内容
中国語中国文化学科	(70)	1年次に実践的な中国語と中国の文化や歴史に関する基礎知識を身につけ、2年次には中国語の運用能力を高める。さらには中国の文学や社会など専門分野の学修にも取り組む。ネイティブスピーカーによる少人数の中国語の講義など実践的な教育を行っている。
英文学科	(133)	英語圏の文学を学び、作品の背後にある文化や人間に対する深い洞察力を養うことで、異文化を柔軟に理解し世界を舞台に活躍する真の国際人を育成する。読む、書く、聞く、話すという英語の4技能を高め、英語の感覚を磨くことも目標として掲げる。
ドイツ文学科	(80)	ドイツ語圏の文学、語学、文化を組み合わせて学び、国際的な視点を身につける。ネイティブスピーカーによる授業や、2年次から参加できる海外語学研修を通じて、ドイツ語の運用能力を養うとともに、ドイツの文学や文化などについても学ぶ。
社会学科	(210)	社会学の理論に基づく構想力と企画力を兼ね備え、様々な問題を抱える現代社会を的確かつ柔軟に捉えることができる人材を育成する。3年次以降は多岐にわたる分野から研究テーマを設定し、学びの集大成として卒業論文や共同研究に取り組む。
社会福祉学科	(60)	様々な社会福祉の実践を学び、福祉行政、産業福祉、ソーシャルワークといった各自の将来の進路に応じた学びを進める。専門的な知識を修得するのはもちろん、演習や実習、フィールドワーク、インターンシップなどを行い、実践力を養う。
教育学科	(120)	社会学や心理学、医学、哲学、歴史学など様々な学問に教育の視点から迫る。学校教育の教員として活躍するだけでなく、企業の人事部門や人材派遣業などを中心に人的サービスに関わる幅広い職業で活躍できる力を身につける。
体育学科	(200)	体育やスポーツ、健康に関するデータを収集・分析・考察して得る「科学的な知」と、技能やコツをつかむことで得る「実践的な知」を兼ね備えた指導者や研究者などを育成する。
心理学科	(130)	実習や実験を通して心のメカニズムを科学的に解明する。環境心理学や健康心理学、社会心理学など幅広い領域を学修できるカリキュラムを用意している。少人数制の演習や実習などを通じて、心理学を体験的に学ぶことができる。
地理学科	(80)	地域の自然環境の成り立ちや人間の生活を総合的に考察し、課題の解決に貢献できる地理学のスペシャリストを育成する。自然科学・人文・社会など地理学の幅広い知識や地理情報システムの活用、地図の作成方法などを学ぶ。
地球科学科	(80)	気候変動や自然災害などの地球の諸現象とメカニズムを研究対象とし、地球科学を幅広く学ぶ。富士山周辺で行う野外実習などの体験を通して地球科学の調査法を修得し、地球と人間の未来を見通す力を身につける。
数学科	(73)	純粋数学から応用数学までを幅広く学ぶ。1年次には線形代数、微分積分といった専門的な数学の基礎を学修し、2年次以降は1年次に学んだ基礎を活かして演習に取り組む。論理力と数学の運用力を身につけ、社会の課題解決に貢献できる力を養う。
情報科学科	(80)	プログラミング言語と論理的・数理的思考力、自主性を身につけ、IT（情報技術）の力で社会を良くする技術者を育成する。定式化した社会問題を最新技術で解決できるよう専門的な知識と理論を学び、新たな技術を生み出す創造的思考や問題解決技術を修得する。

物理学科 (70)	観測や測定による実験物理学と、結果を予測する理論物理学の両面から物理学を幅広く研究する。1・2年次は数学や力学といった古典物理学を学び、相対性理論や量子力学といった現代物理学、そして物理学の先駆的な研究へと段階的に学びを深める。
生命科学科 (70)	生命科学の発展に貢献する人材を育成する。1・2年次は生命科学の概略をはじめ遺伝学や生態学など多彩な科目を学び、分子レベルから生態系にいたるまで様々な生命現象を理解。3年次以降は生命科学をより深く専門的に学び、4年次の卒業研究へと結実させる。
化学科 (90)	1・2年次は、無機、有機、物理、分析、生物化学の5分野を広く学び、3年次からは専門的に研究する分野を選択する。専門性の高い実験と講義を履修し、物質系から生命系までの化学の領域に深く踏み込める専門知識と力量を身につける。
取得可能な免許・資格	公認心理師、認定心理士、地域調査士、学芸員、社会調査士、社会福祉士、スクールソーシャルワーカー、社会福祉主事、児童福祉司、児童指導員、危険物取扱者（甲種）、毒物劇物取扱責任者、技術士補、測量士補、公認スポーツ指導者、教員免許(小二種、中-国・数・理・社・保体・宗・英・中国語・ドイツ語、高-国・数・理・地歴・公・情・保体・書・宗・英・中国語・ドイツ語、特-知的・肢体・病弱)、社会教育士、社会教育主事、作業環境測定士、司書教諭、司書

経済学部

経済学部キャンパス　定員 1,566

- 特色　学科別のプログラム制やゼミなどで、理論から実証までを系統的に学ぶ。
- 進路　情報通信業やサービス業、卸売・小売業などに就職する者が多い。
- 学問分野　経済学／経営学／国際学
- 大学院　経済学

経済学科 (916)	経済学的思考を身につけ、2年次より理論・政策、産業・生活、国際経済・地域経済の3つのプログラムに分かれて専門的に学修する。国際的なビジネスの場で活躍できる語学力を養うことを主眼とした国際コースも設置されている。
産業経営学科 (450)	産業の実態や企業戦略を学び、経営に必要な実践的スキルを修得する。2年次より経営・マーケティングを中心とした専門知識を修得し実践的な計画立案のスキルを身につける経営・マーケティングと、会計・金融の知識をもとに監査やリスクマネジメントなどの専門力を高める会計・ファイナンスの2つのプログラムに分かれる。
金融公共経済学科 (200)	経済学の現状を学修しながら、公共政策や金融システムの専門家を育成する。2つのプログラムを設置。公共経済プログラムでは公共部門の財政学や福祉政策などについて学び、公務員などを目指す。金融プログラムでは金融商品やリスクマネジメントなどを学ぶ。
取得可能な免許・資格	教員免許（中-社、高-地歴・公・商業）

商学部

商学部キャンパス　定員 1,266

- 特色　所属学科の枠を越え、将来像に合わせて自由に選択できる7つのコースを設置。
- 進路　就職先は情報通信業や卸売・小売業、学術研究・専門技術サービス業など。
- 学問分野　経済学／経営学／国際学
- 大学院　商学

商業学科 (666)	グローバル化やIT化の急速に進むビジネス社会において、流通の仕組みや金融、保険、証券、マーケティングなど幅広い分野を研究対象とし、実際の市場環境で必要とされる実践的な問題解決能力を身につける。
経営学科 (350)	事業組織の創設や組織化、ビジネスモデルや運営について専門的に学修し、ヒト、モノ、カネ、情報という経営資源を有効に管理運営するために欠かせない専門知識を身につけ、経営力を育む。ベンチャービジネスの事例研究なども行っている。

会計学科 (250)	財務会計や管理会計、監査など、会計の専門知識と実践的スキル、理論を修得する。株主などに対し、企業や組織の経営活動を財務的側面から可視化する役割を担う、公認会計士や税理士といった会計部門のスペシャリストを育成する。
取得可能な免許・資格	社会調査士、教員免許（高-商業）

芸術学部

江古田キャンパス　定員 866

特色　学科、コース、専攻の枠を超え、合同で作品を制作するプロジェクトなどを実施。
進路　就職先は情報通信業やサービス業、学術研究・専門技術サービス業など。
学問分野　文学／メディア学／芸術・表現／デザイン学
大学院　芸術学

写真学科 (100)	写真表現の技術だけでなく、幅広い芸術的教養と専門知識を兼ね備えた写真家を育成する。実習、技術理論、表現理論の3つを柱に写真表現の専門性を深め、写真の本質を追究する。第一線で活躍する写真家や編集者による特別講義を開講している。
映画学科 (150)	映画業界や放送業界など、映像に携わる人材を育成する。映像表現・理論、監督、撮影・録音、演技の4つのコースを設置。1年次から専門的な実習に取り組む。年次が上がるにつれ、各分野で高度な専門知識と技術を養う。
美術学科 (60)	絵画と彫刻の2つのコースを設置。人間の本質を探り、豊かな創造力と高い表現技術、実践的な専門知識を駆使して、芸術を創造する美術家を育成する。また、古美術研究や美術作品研究を通して芸術の知識の充実を図る。
音楽学科 (90)	音楽の基礎理論を学び、演奏で基礎技術を磨き、作曲・理論、音楽教育、声楽、ピアノ、弦管打楽、情報音楽の6つのコースに分かれて表現技術を高める。豊かな人間性を育む個別指導を重視し、確かな表現技術を備えた一流の音楽人を育成する。
文芸学科 (120)	詩や小説から批評、ジャーナリズムまで幅広い領域を対象に、文芸的な創造力と表現力を養う。企画から印刷までの出版行程を体験するゼミ雑誌の制作など実践的な演習が特徴。卒業制作として、小説やシナリオ、エッセイ、詩歌、マンガなどの執筆に取り組む。
演劇学科 (126)	舞台構想、演技、舞台美術、舞踊の4つのコースに分かれ、理論と歴史、表現方法と技術の2つの分野で構成されたカリキュラムで学び、創造的表現力を修得する。各コースからキャストとスタッフが集まって舞台をつくる総合実習では年間約10本の公演を行う。
放送学科 (120)	映像制作演習と音響制作演習を通して基本的な考え方や制作過程を理解する。1年次後期よりテレビ制作、ラジオ制作、映像技術、音響技術、脚本、CM、アナウンスの7分野に分かれ実践的で専門的な知識と技術を学ぶ。
デザイン学科 (100)	豊かな感性と鋭い洞察力を兼ね備えたデザイナーを育成する。基礎理論や基礎実習で造形の基礎を学ぶ他、ベーシックデザインワークショップなどの科目を通してデザインの領域を横断的に学ぶことが可能。3年次以降は各自の専門性を高め、問題解決能力を修得する。
取得可能な免許・資格	学芸員、建築士（一級、二級、木造）、教員免許（中-国・音・美、高-国・音・美・工芸）、司書教諭、司書

国際関係学部

国際関係学部キャンパス 定員 666

特色 13言語から複数を選択して学ぶ外国語教育や、国際交流プログラムが充実。
進路 観光関連企業などのサービス業の他、卸売・小売業などに就く者もいる。
学問分野 文化学／政治学／経済学／経営学／観光学／国際学
大学院 国際関係

国際総合政策学科 (383)	世界規模の問題に取り組むことができる人材を育成する。2年次から国際協力の基礎などを研究する国際関係、グローバル化する経済や経営の知識を学ぶ国際ビジネス、学科横断型のグローバルスタディ、グローバル観光の4つのコースに分かれる。
国際教養学科 (283)	多文化共生社会で活躍できる人材を育成する。国際文化コースでは異文化と自国文化の理解を深めることに主眼をおく。国際コミュニケーションコースでは高度なコミュニケーション能力を養う。グローバルスタディ、グローバル観光の学科横断型コースも選択可能。
取得可能な免許・資格	登録日本語教員、教員免許（小二種、中-英、高-英）

危機管理学部

三軒茶屋キャンパス 定員 300

特色 様々な危機から命と生活を守るための法的思考と危機管理能力を持つ人材を育成。
進路 卒業者の多くは公務やサービス業などに就く。
学問分野 法学／政治学
大学院 危機管理学

危機管理学科 (300)	多様化する現代の危機から社会を守る危機管理学の総合的な理解を目指す。リーガルマインドとリスクリテラシーを兼ね備えた人材を育成すべく、基礎的な法学系科目に、4つの領域から構成される危機管理系科目とを関連づけて学んでいく。

スポーツ科学部

三軒茶屋キャンパス 定員 300

特色 コーチング学を中心に専門教育を行い、優秀なアスリートやコーチを育成する。
進路 卒業者の多くはサービス業や製造業などに就く。
学問分野 健康科学
大学院 スポーツ科学

競技スポーツ学科 (300)	スポーツ選手や指導者の育成とともに、競技スポーツに関する科学的研究を行う。2つのコースを設置。アスリートコースでは専門学習とともに自らの競技力向上を目指す。スポーツサポートコースではスポーツ選手を取り巻く環境を含めた総合的なサポート方法を学ぶ。
取得可能な免許・資格	公認パラスポーツ指導者

理工学部

駿河台キャンパス
船橋キャンパス
定員 2,030

特色 科学・技術・工学・芸術・数学にデザインを加えた教育プログラムを展開。
進路 建設業や情報通信業、製造業など幅広い業種に就職している。
学問分野 観光学／数学／物理学／化学／地学／機械工学／電気・電子工学／材料工学／土木・建築学／船舶・航空宇宙工学／エネルギー工学／環境学／情報学
大学院 理工学

土木工学科 (220)	インフラなどの事業に携わるシビルエンジニアを育成する。土木の歴史や役割、魅力、力学や測量などを学んだあと、土木工学の中核となる構造・材料・地盤・水理・計画・環境の6分野の専門的な科目を学ぶ。
交通システム工学科 (120)	交通システムの最先端技術を学習する。2年次から2つのコースに分かれる。エンジニアリングコースでは、建設材料実験などで実践力を身につける。マネジメントコースでは会計学や社会調査分野からまちづくりに迫る。
建築学科 (250)	1・2年次は設計や法規、設備、材料など建築について様々な視点から学び、立体空間の表現法や設計製図法、構造力学など工学技術の基礎を修得する。4年次の「建築学の実践」では、各専門分野を横断したカリキュラムで建築学を総合的かつ実践的に学ぶ。

海洋建築工学科 (120)	海や沿岸地域の環境について学び、防災に優れ安全で環境に適した建築や、自然や景観に配慮した地域づくりを計画・設計するための専門知識を身につける。3年次から始まるゼミナールでは、調査・研究・議論・発表を通じて専門性を高める。
まちづくり工学科 (100)	美しく、安心安全で、楽しいまちづくりに貢献できる専門家を育成する。建築学などの既存の建築系分野と、景観学や環境学といった必要不可欠な新領域分野を学ぶことで、まちづくりを実現するための教養や知識を多角的に身につける。
機械工学科 (160)	機械工学の基礎となる機械力学、材料力学、流体力学、熱力学の知識と、材料・加工系、制御・電気系の分野にわたる素養を身につけ、創造性に富んだ技術者を育成する。実習や実験などの実技科目を通して、機械工学的センスを磨く。
精密機械工学科 (140)	機械、情報、電気・電子の各分野を融合したメカトロニクスの知識と技術を修得し、従来の機械分野だけでは実現しえなかった「ものごとづくり」に挑戦する最新の知識を持った技術者を育成する。力学や電磁気学、電気回路などを分野の垣根を越えて幅広く学ぶ。
航空宇宙工学科 (120)	航空機や人工衛星、ロケットエンジンなど最先端の技術を用いたシステムの開発や研究を行う。数学と物理の基礎力をつけたのち、工業力学や流体力学、材料力学、熱力学の重要な4力学を中心に専門的な学習を展開し研究能力の向上を図る。
電気工学科 (160)	エネルギー・電力、エレクトロニクス、情報・通信、物性・材料、計測・制御、音響、光学などの幅広い分野を横断的に学ぶ。電気工学を必要とする様々な業界で、豊かな感性と自由な発想力を活かし社会を支えるエンジニアとしての活躍を目指す。
電子工学科 (100)	回路設計や電子デバイスなどを基礎から学んだのち、電気電子回路／センサー系、情報処理／計算科学系、新素材／応用物理系、通信ネットワーク系の4つの分野の専門知識を修得。電子回路の制作や測定機器の活用を通して実践的スキルも身につける。
応用情報工学科 (100)	情報工学の知識を修得し、「ソフトウェアのものづくり」を実践する。情報工学の基礎となる情報処理、情報を安全かつ確実に伝えるネットワークシステム、電子機器などを制御するのに必要な組込みシステムの3分野を中心に段階的に学びを深める。
物質応用化学科 (200)	有機化学、無機化学、物理化学、生命科学の4つの領域を中心に、材料や生命、資源、環境など幅広い分野にわたる化学の専門知識を身につける。講義と実験を通して先端技術を学び、広い視野と柔軟な発想力で新しい物質や技術を開発する技術者を目指す。
物理学科 (140)	力学、量子力学、電磁気学、統計物理学などの科目を少人数制で学ぶ。実験や観測の技術、誤差の概念などを身につけたのち、現代物理へとつながる光学や相対論などを学び、専門性を高める。物理的な思考力と技術を持つ研究者・エンジニアを育成する。
数学科 (100)	解析学、代数学、幾何学といった純粋数学と、数理論理学、人工知能などの情報数学を同時に学べるカリキュラムを展開している。数学独自の考え方を身につけ、純粋数学と情報数学の両方を使いこなせる人材を育成する。
取得可能な免許・資格	学芸員、危険物取扱者（甲種）、毒物劇物取扱責任者、ボイラー技士、電気工事士、特殊無線技士（海上、陸上）、陸上無線技術士、建築士（一級、二級、木造）、技術士補、測量士補、主任技術者（電気、電気通信、ダム管理、ダム水路）、施工管理技士（土木、建築、電気工事、管工事、造園、建設機械）、衛生管理者、教員免許（中-数・理・技、高-数・理・情・工業）、作業環境測定士

生産工学部

津田沼キャンパス（1～4年）
実籾キャンパス（1年）

定員 1,540

特色 全学科必修で就業体験を行う生産実習や学科横断型の人材育成プログラムを展開。
進路 建設業や製造業、情報通信業などに就職する者が多い。
学問分野 物理学／化学／機械工学／電気・電子工学／土木・建築学／エネルギー工学／社会・安全工学／環境学／情報学
大学院 生産工学

学科	定員	内容
機械工学科	(198)	ものづくりのセンスと実践力を身につけた技術者を育成する。実習系科目でものづくりの過程を体験し、専門性を深める。2年次から自動車、航空宇宙、ロボット・機械創造の3つのコースに分かれる。2年次に機械系メーカーの工場を見学する学外オリエンテーションを行う。
電気電子工学科	(176)	技術革新に柔軟に対応できる豊かな創造性を備えた技術者を育成する。経営・管理工学系の科目および実験や実習にも力を入れ、急速に発展する電気電子工学の最新の分野も学べる。エネルギーシステム、eコミュニケーションの2つのコースを設置している。
土木工学科	(198)	土木と経営を学び、安全で快適な生活環境を提供する土木技術者を育成する。1年次から環境・都市、マネジメントの2つのコースに分かれる。環境・都市コースでは環境と調和した都市開発を学び、マネジメントコースでは建設を総合的に管理できる人材を育成する。
建築工学科	(198)	設計から施工・維持まで総合的に学ぶ建築総合、様々な建築物を探究する建築デザイン、家具や照明など住まいと環境に関わるデザインを学ぶ居住空間デザインの3つのコースを設置。建築技術から社会科学、人文科学まで多彩な領域を横断して思考する力を養う。
応用分子化学科	(176)	環境負荷が少なく持続可能なグリーンケミストリーの考え方を備えた化学技術者を育成する。化学の知識・技術でSDGs達成に貢献する技術者を養成する応用化学システムと、自然科学の知識と情報処理技術を身につけ、国際的に活躍できる技術者を養成する国際化学技術者の2コースを設置。
マネジメント工学科	(176)	工学的な視点を持ち、企業経営などの実務を行える技術者を育成する。経営資源や知的財産などについて学ぶビジネスマネジメント、組織が直面する経営管理面の課題解決を目指す経営システム、フードビジネスを対象にするフードマネジメントからコースを選択する。
数理情報工学科	(154)	高度情報化社会の中核を担う能力を身につける。シミュレーション・データサイエンス、メディアデザイン、コンピュータサイエンスの3つのコースに分かれ、各種の情報処理技術を理論・実務の両面から学ぶ。
環境安全工学科	(132)	環境と科学技術のより良い関係を作る専門家を育成する。事故を未然に防ぐために必要な知識や技術を修得し、成果を世界に発信する力を養う環境安全コース、自然と調和する持続可能な新しいエネルギーを研究する環境エネルギーコースの2つが設置されている。
創生デザイン学科	(132)	工学知識と技術、芸術感覚や技法を兼ね備えたデザイナーを育成する。2年次後期からモノとヒトとの関係を対象にしたデザイン技術を学ぶプロダクトデザイン、空間とヒトとの関係を対象にしたデザイン技術を学ぶ空間デザインからコースを選択する。
取得可能な免許・資格		危険物取扱者（甲種）、毒物劇物取扱責任者、電気工事士、陸上無線技術士、建築士(一級、二級、木造)、技術士補、測量士補、主任技術者(ボイラー・タービン、電気、電気通信)、施工管理技士（土木、建築、電気工事、管工事、造園、建設機械)、教員免許（中-数・理、高-数・理・情・工業）

工学部

工学部キャンパス　定員 1,030

特色	ロハス工学をテーマに、実社会でも活用される様々なプロジェクトを展開。
進路	建設業や製造業、情報通信業などに就く他、大学院に進学する者もいる。
学問分野	化学／機械工学／電気・電子工学／材料工学／土木・建築学／エネルギー工学／環境学／情報学
大学院	工学

土木工学科 (160)	環境破壊や自然災害などの対策を意識した社会基盤を担う土木技術者を育成する。2年次から2つのコースに分かれる。社会基盤デザインコースでは持続可能な社会づくりについて学ぶ。環境デザインコースでは環境保全や資源循環を学び、人間と自然の共生を目指す。
建築学科 (190)	建築学に関する幅広い専門知識と技術、芸術性を身につける。構造、材料、施工系科目を中心に学ぶ建築エンジニアリング、計画、環境、設備、意匠系科目を中心に学ぶ建築デザイン、主に建築家を目指すアーキテクトの3つから2年次後学期にコースを選択する。
機械工学科 (180)	あらゆる産業の基盤となる機械工学の素養を持った技術者を育成する。力学や制御を対象にするシステムダイナミクス系、熱や流れを学ぶエネルギーシステム系、機械の設計や加工を修得するシステムインテグレーション系の3つから進路に合わせて履修モデルを選択。
電気電子工学科 (180)	電気電子工学の知識と現代社会への柔軟な対応力を兼ね備えた人材を育成する。2年次に2つのコースに分かれる。電子情報通信コースでは電子工学や情報工学、通信工学に関する知識を修得する。電気エネルギーコースでは電子エネルギーや制御工学について学ぶ。
生命応用化学科 (130)	生命、材料、環境に関わる化学の力で社会に貢献する人材を育成する。環境に優しく機能性を備えた材料開発を目指す応用化学系、環境負荷の少ない産業プロセスを研究する環境化学系、医薬品、農薬、食品、バイオ材料を扱う生命化学系の3つの履修モデルがある。
情報工学科 (190)	論理的思考力と実務処理能力を養い、情報工学の知識と技術を総合的・実践的に修得する。3・4年次は、コンピュータシステムとプログラミング科目が中心の情報システム、メディアヒューマン系の科目も学ぶ情報デザインの2つのコースに特化して専門性を高める。
取得可能な免許・資格	危険物取扱者（甲種）、毒物劇物取扱責任者、ボイラー技士、電気工事士、特殊無線技士（海上、陸上）、建築士（一級、二級、木造）、技術士補、測量士補、主任技術者（電気、電気通信、ダム水路）、施工管理技士（土木、建築、電気工事、管工事、造園、建設機械）、臨床工学技士、衛生管理者、教員免許(中-数・理・技、高-数・理・情・工業)、作業環境測定士

医学部

医学部キャンパス　定員 135

特色	4年次後半からの臨床実習では、活動を通して患者本位の医療の実践を学ぶ。
進路	卒業者の大半が臨床研修医として関連病院や大学病院、市中病院に就く。
学問分野	医学
大学院	医学

医学科 (135)	6年制。一般教育、基礎医学、臨床医学、社会医学の各分野を総合的に学ぶ。日本大学病院などでの臨床実習や医師として学びを生涯にわたり継続する姿勢を身につけるPBLテュートリアルでの学び、興味や関心に応じて自主的に学びを展開する自由選択学習などが用意されている。
取得可能な免許・資格	食品衛生管理者、医師

歯学部

歯学部キャンパス 定員 128

特色	大学院生のサポートやクラス担任制、歯科学統合演習などで国家試験合格を支援。
進路	臨床研修医を経て歯科医師や臨床医、研究者などを目指す。
学問分野	歯学
大学院	歯学

歯学科 (128)	6年制。人間科学、基礎科学、生命科学、口腔科学、総合科学の5つの系統を扱い、医療人としての知識や自覚、豊かな人間性も身につけた歯科医師を養成する。5年次から附属病院で臨床実習を行う中で、実際の医療に参加し、患者本位の医療のあり方を学ぶ。
取得可能な免許・資格	食品衛生管理者、歯科医師

松戸歯学部

松戸歯学部キャンパス 定員 128

特色	集積した成績データから苦手分野をカバーするなど、きめ細かい教育体制を整備。
進路	卒業者の多くは臨床研修医として研鑽を積み、歯科医師への道に進む。
学問分野	歯学
大学院	松戸歯学

歯学科 (128)	6年制。口腔の健康と全身の健康を結びつけて考えるというメディコデンタルサイエンスを教育理念に、知識や技術だけでなく豊かな人間性も兼ね備えた歯科医師を育成する。学年ごとに段階的に知識や技術を獲得できる歯科医学総合講義を開講している。
取得可能な免許・資格	食品衛生管理者、歯科医師

生物資源科学部

生物資源科学部キャンパス 定員 1,520

特色	2023年改組。SDGsやOne Healthの意識で対応できる人材を育成。
進路	就職先はサービス業や公務、製造業など多岐にわたる。
学問分野	経済学／生物学／農学／森林科学／獣医・畜産学／水産学／応用生物学／食物学／環境学
大学院	生物資源科学／獣医学

バイオサイエンス学科 (210)	人間をはじめ動物・植物・微生物の様々な“はたらき”や“メカニズム”を、先端的バイオテクノロジーで解明し、社会に還元することで新たな産業を生み出すことを目的とする。健康で持続可能な快適な暮らしを実現する技術の発展と創生をコンセプトとした教育を行う。
動物学科 (136)	多様な動物種を対象として、それぞれの動物が有する特徴的な機能・かたちから、動物が示す行動や自然界での生態を学び、さらには進化の様相を探求する。その学びにより、自然環境や人間社会への対応を考え、実践できる人材の育成を目指す。
海洋生物学科 (146)	水圏生命、資源生産・利用、海洋環境の3分野から、自身の興味と進路に合わせた学びを選択できる。実際に多様な海洋生物に触れるフィールド研究を重視。水族館の最前線を学べる科目もある。
森林学科 (120)	森林生態系の仕組みや人間社会との関わりを理解し、持続可能な社会の実現のため、森林の有効活用や自然環境の保全に関する課題と向き合う知識と技術を身につける。
環境学科 (130)	国際社会の大きな課題となっている環境問題について学ぶ。その内容は、地球環境や自然環境から食料生産、資源循環、都市・住居環境まで広範囲に及ぶ。広い視野とグローバルな視点も備えた、人と自然の共生環境を保全・修復・創造できる「確かな人材」を育成する。
アグリサイエンス学科 (140)	生命科学の様々な理論を学び、キャンパス内のフィールドでは作物生産や動物飼育などの技術を修得。理論→実践→検証の相互循環型学習から、価値の高い植物・動物性食資源を生産し、安定的に供給するしくみの構築や、多様化する消費者ニーズに対応する能力を育む。
食品開発学科 (146)	食品開発に必要な知識を「食品科学」「食品加工学」「食品安全」「食品機能」の視点から専門的に学ぶ。食の安全・健康志向の高まる現代において最先端の食品製造や食品の栄養・機能に触れ、理解を深め、人々の豊かな食生活に貢献できる技術や知識を修得する。

食品ビジネス学科 (146)	日常的なものから地球規模の課題まで食に関する様々な問題に社会学的アプローチで迫り、食をプロデュースする人材を育成する。食品産業、農業、流通、消費、食品科学など幅広い視点からフードシステムを学び、実践的に「食」を創造し、「食」の未来を追究していく。
国際共生学科 (146)	グローバル化・多様化の時代に不可欠な「多角的な視点から、国際的な共生を図ることができる知識と思考力の養成」をコンセプトに、教養と専門の両面から学際的な学修を提供。コミュニケーション能力や共生力を持って、生物資源をマネジメントしていける人材を育成する。
獣医保健看護学科 (80)	動物の健康管理や看護に必要な専門知識と技術を幅広く学び、動物の診療補助や適正な飼養、疾病の予防からリハビリ、公衆衛生まで、動物管理における実践的な対応力の修得を目指す。また附属の動物病院と連携した実習を通じ、高い技術力を持った「愛玩動物看護師」を養成する。
獣医学科 (120)	6年制。生命活動の仕組みや公衆衛生、野生動物の保護など動物医療を軸に、幅広い分野に貢献する人材を育成する。健康な状態の動物の仕組みと、病気を引き起こす原因について学んだのち、専門的な診断技術や実践的な治療法など、高度な獣医療を学修する。
取得可能な免許・資格	学芸員、社会調査士、危険物取扱者（甲種）、測量士補、施工管理技士（土木、造園）、食品衛生管理者、食品衛生監視員、自然再生士補、樹木医補、森林情報士、獣医師、愛玩動物看護師、家畜人工授精師、バイオ技術者、教員免許(中-理・社、高-理・地歴・公・農・水)、ビオトープ管理士

薬学部

薬学部キャンパス　定員 244

特色	1年次に医療や介護の現場を体験する早期臨床体験など、現場実習が充実。
進路	薬局や病院、製薬企業などに就職する者が多い。
学問分野	薬学
大学院	薬学

薬学科 (244)	6年制。知識や技術、薬剤師に不可欠なコミュニケーション能力を養い、人の健康の増進と医療や福祉の向上に貢献できる人材を育成する。医学部、歯学部、松戸歯学部、各附属病院などと連携した実習や、模擬病棟、模擬薬局など医療現場に近い環境での実習を展開。
取得可能な免許・資格	危険物取扱者（甲種）、毒物劇物取扱責任者、食品衛生管理者、食品衛生監視員、薬剤師

入試要項（2025年度）

※この入試情報は大学発表の2025年度入試（予告）および2024年度募集要項等より編集したものです（2024年1月時点。見方は巻頭の「本書の使い方」参照）。内容には変更が生じる可能性があるため、最新情報はホームページや2025年度募集要項等で必ず確認してください。

「大学入試科目検索システム」のご案内
日程・方式ごとの偏差値や昨年度入試結果（志願者倍率、実質倍率、合格最低点）、基本情報（出願締切日、試験日、二段階選抜、募集人員、総合満点）などは、「大学入試科目検索システム」（https://nyushi.toshin.com/）をご覧ください（利用方法はp.12参照）。

■法学部 偏差値 58

一般選抜

◆A個別方式（第1期、第2期）
［全学科：3科目］国 現古 地歴 公 数 歴総・日、歴総・世、公共・政経、数ⅠⅡAB〔列〕C〔べ〕から1 外 英

◆N全学統一方式（第1期、第2期）
［全学科：3科目］国 現古 地歴 公 数 地歴全3科目、公共・政経、数ⅠⅡAB〔列〕C〔べ〕から1 外 英

共通テスト利用入試 ※個別試験は課さない

◆C共通テスト利用方式（3教科型）
［全学科：3科目］国 現古 地歴 公 数 理 情 全15科目から1 外 英

◆C共通テスト利用方式（4教科型）
［全学科：4科目］国 現古 地歴 公 数 理 情 全15科目から2教科2 外 英

■文理学部 偏差値 58

一般選抜

◆A個別方式
［哲、史、中国語中国文化、英文、ドイツ文、社会、社会福祉、教育、体育、心理、地理：3科目］国 現、現古から1 地歴 公 数 情 地歴全3科目、公共・倫、公共・政経、数ⅠⅡAB〔列〕C〔べ〕、情Ⅰから1 外 英、英語外部試験から1
［国文：3科目］国 現古 地歴 公 数 情 地歴全3科目、

公共・倫、公共・政経、数ⅠⅡAB〔列〕C〔ベ〕、情Ⅰから1 外英、英語外部試験から1
[地球科、生命科、化：3科目] 数数ⅠⅡAB〔列〕C〔ベ〕、数ⅠⅡⅢAB〔列〕Cから1 理情物基・物、化基・化、生基・生、地基・地、情Ⅰから1 外英、英語外部試験から1
[数、情報科、物理：3科目] 数数ⅠⅡⅢAB〔列〕C 理情物基・物、化基・化、生基・生、地基・地、情Ⅰから1 外英、英語外部試験から1

◆N全学統一方式（第1期、第2期）
[哲、史、国文、英文、ドイツ文、社会、社会福祉、教育：3科目] 国現古 地歴公数地歴全3科目、公共・政経、数ⅠⅡAB〔列〕C〔ベ〕から1 外英
[中国語中国文化、体育、心理、地理：3科目] 国数現古、数ⅠⅡAB〔列〕C〔ベ〕、数ⅠⅡⅢAB〔列〕Cから1 地歴公理地歴全3科目、公共・政経、物基・物、化基・化、生基・生から1 外英
[地球科、数、情報科、物理、生命科、化：3科目] 数数ⅠⅡⅢAB〔列〕C 理物基・物、化基・化、生基・生から1 外英

共通テスト利用入試 ※個別試験は課さない

◆C共通テスト利用方式
[哲、史、国文、英文、ドイツ文、社会福祉、教育：3科目] 国現古漢 地歴公数理情全15科目から1 外英
[社会：4科目] 国現古漢 地歴公数理全14科目から1 外英 情情Ⅰ
[中国語中国文化、体育、心理、地理：3科目] 国数現、数全3科目から1 地歴公理情全12科目から1 外英
[地球科、生命科、化：3科目] 数数ⅠA、数ⅡBCから1 理情物、化、生、地、情Ⅰから1 外英
[数、情報科、物理：4科目] 数数ⅠA、数ⅡBC 理情物、化、生、地、情Ⅰから1 外英

■経済学部 偏差値 58

一般選抜

◆A個別方式（第1期、第2期）
[全学科：3科目] 国現古 地歴公数地歴全3科目、公共・政経、数ⅠⅡAB〔列〕C〔ベ〕から1 外英、英語外部試験から1

◆N全学統一方式（第1期）
[全学科：3科目] 国現古 地歴公数地歴全3科目、公共・政経、数ⅠⅡAB〔列〕C〔ベ〕から1 外英

◆N全学統一方式（第2期）
[経済－国際以外、産業経営、金融公共経済：2科目] 国数現古、数ⅠⅡAB〔列〕C〔ベ〕から1 外英

共通テスト利用入試 ※個別試験は課さない

◆C共通テスト利用方式（第1期〔3教科型〕）
[経済－国際以外、産業経営、金融公共経済：3科目] 国現古漢 地歴公数理情全15科目から1 外全5科目から1
[経済－国際：3科目] 国現古漢 地歴公数理情全15科目から1 外英

◆C共通テスト利用方式（第1期〔3科目数学得意型〕）
[経済－国際以外、産業経営、金融公共経済：3科目] 国数理情現古漢、数ⅡBC、理情全6科目から1、数Ⅰ、数ⅠAから1 外全5科目から1
[経済－国際：3科目] 国数理情現古漢、数ⅡBC、理情全6科目から1、数Ⅰ、数ⅠAから1 外英

◆C共通テスト利用方式（第2期）
[経済－国際以外、産業経営、金融公共経済：2科目] 国 地歴公数情現古漢、地歴公数理情全15科目から1 外英、独、仏から1

■商学部 偏差値 57

一般選抜

◆A個別方式（第1期、第2期）
[全学科：3科目] 国現古 地歴公数地歴全3科目、公共・政経、数ⅠⅡAB〔列〕C〔ベ〕から1 外英、英語外部試験から1

◆N全学統一方式（第1期）
[全学科：3科目] 国現古 地歴公数地歴全3科目、公共・政経、数ⅠⅡAB〔列〕C〔ベ〕から1 外英

◆N全学統一方式（第2期）
[全学科：2科目] 国 地歴公数現古、地歴全3科目、公共・政経、数ⅠⅡAB〔列〕C〔ベ〕から1 外英

共通テスト利用入試 ※個別試験は課さない

◆C共通テスト利用方式（第1期）
[全学科：3科目] 国現古 地歴公数理情地歴数理情全12科目、公共・倫、公共・政経から1 外英

◆C共通テスト利用方式（第2期）
[全学科：2科目] 国 地歴公数理情現古、地歴公数理情全15科目から1 外英

■芸術学部 偏差値 54

一般選抜

◆N全学統一方式（第1期〔学力検査型〕）
[写真、音楽：2科目] 国現古 外英
[映画、文芸、演劇、放送：3科目] 国現古 地歴公数理地歴全3科目、公共・政経、数ⅠⅡAB〔列〕C〔ベ〕、物基・物、化基・化、生基・生から1 外英
[美術：2科目] 国 地歴公数理外次の①～④から2（①現古、数ⅠⅡⅢAB〔列〕Cから1、②地歴全3科目、公共・政経、数ⅠⅡAB〔列〕C〔ベ〕から1、③物基・物、化基・化、生基・生から1、④英）
[デザイン：2科目] 国 地歴公数理外次の①～④から2（①現古、数ⅠⅡⅢAB〔列〕Cから1、②地歴全3科目、公共・政経、数ⅠⅡAB〔列〕C〔ベ〕から1、③物基・物、化基・化、生基・生から1）外英

◆N全学統一方式（第1期〔専門試験併用型〕）
[全学科：3科目] 国現古 外英 その他学科別専門試験

◆N全学統一方式（第2期）
[写真、デザイン：2科目] 国 地歴公数理外次の①～④から2（①現古、数ⅠⅡⅢAB〔列〕Cから1、②地歴全3科目、公共・政経、数ⅠⅡAB〔列〕C〔ベ〕から1、③物基・物、化基・化、生基・生から1、

④英)
[映画、文芸、演劇、放送：3科目]N全学統一方式(第1期〔学力検査型〕)に同じ
[美術、音楽：2科目]N全学統一方式(第1期〔学力検査型〕)に同じ

■国際関係学部 偏差値 57

一般選抜

◆A個別方式(第1期、第2期)
[全学科：3科目]国 現古 地歴 公 数 歴総・日、歴総・世、公共・政経、数ⅠⅡAB〔列〕C〔べ〕から1 外 英、英語外部試験から1

◆A個別方式(第3期)
[全学科：2科目]国 現古 外 英

◆N全学統一方式(第1期)
[全学科：3科目]国 地歴 公 数 理 外 次の①～③から2(①現古、数ⅠⅡⅢAB〔列〕Cから1、②地歴全3科目、公共・政経、数ⅠⅡAB〔列〕C〔べ〕から1、③物基・物、化基・化、生基・生から1)外 英

共通テスト利用入試 ※個別試験は課さない

◆C共通テスト利用方式(第1期)
[全学科：3科目]国 現古漢 地歴 公 数 理 情 全15科目から1 外 全5科目から1

◆C共通テスト利用方式(第2期)
[全学科：2科目]国 地歴 公 数 理 情 現古漢、地歴公数理情全15科目から1 外 全5科目から1

■危機管理学部 偏差値 58

一般選抜

◆A個別方式
[危機管理：3科目]国 現古 地歴 公 数 地歴全3科目、公共・政経、数ⅠⅡAB〔列〕C〔べ〕から1 外 英

◆N全学統一方式(第1期、第2期)
[危機管理：2科目]国 地歴 公 数 現古、地歴全3科目、公共・政経、数ⅠⅡAB〔列〕C〔べ〕から1 外 英

■スポーツ科学部 偏差値 57

一般選抜

◆A個別方式
[競技スポーツ：3科目]国 現古 地歴 公 数 地歴全3科目、公共・政経、数ⅠⅡAB〔列〕C〔べ〕から1 外 英

◆N全学統一方式(第1期、第2期)
[競技スポーツ：2科目]国 地歴 公 数 現古、地歴全3科目、公共・政経、数ⅠⅡAB〔列〕C〔べ〕から1 外 英

■理工学部 偏差値 59

一般選抜

◆A個別方式
[全学科：3～4科目]数 数ⅠⅡⅢAB〔列〕C 理 物基・物、化基・化から選択▶各3題の計6題から3題任意選択 外 英

◆N全学統一方式(第1期、第2期)
[全学科：3科目]数 数ⅠⅡⅢAB〔列〕C 理 物基・物、化基・化、生基・生から1 外 英

共通テスト利用入試 ※個別試験は課さない

◆C共通テスト利用方式(第1期)
[土木工、建築、機械工、航空宇宙工、電気工、電子工、応用情報工、物理：3科目]数 数ⅠA、数ⅡBC 理 外 物、化、英から1
[交通システム工、海洋建築工、まちづくり工、精密機械工：2～3科目]国 数 理 外 次の①～④から2(①現古漢、②数ⅠA、数ⅡBC、③物、化、生、地から1、④英)
[物質応用化：2～3科目]数 外 次の①・②から1(①数ⅠA、数ⅡBC、②英)理 物、化、生から1
[数：3科目]数 数ⅠA、数ⅡBC 外 英

◆C共通テスト利用方式(第2期)
[土木工、建築、機械工、電気工、電子工、応用情報工、物質応用化：4科目]数 数ⅠA、数ⅡBC 理 物、化から1 外 英
[交通システム工、海洋建築工、まちづくり工、精密機械工、数：4科目]数 数ⅠA、数ⅡBC 理 物、化、生、地から1 外 英
[航空宇宙工、物理：4科目]数 数ⅠA、数ⅡBC 理 物 外 英

■生産工学部 偏差値 51

一般選抜

◆A個別方式(第1期、第2期)
[機械工、電気電子工、建築工、数理情報工：3科目]数 数ⅠⅡⅢAB〔列〕C 理 物基・物、化基・化から1 外 英
[土木工、応用分子化：3科目]数 数ⅠⅡAB〔列〕C〔べ〕、数ⅠⅡⅢAB〔列〕Cから1 理 物基・物、化基・化、生基・生から1 外 英
[マネジメント工、環境安全工、創生デザイン：3科目]国 理 現、物基・物、化基・化、生基・生から1 数 数ⅠⅡAB〔列〕C〔べ〕、数ⅠⅡⅢAB〔列〕Cから1 外 英

◆N全学統一方式(第1期、第2期)
[機械工、電気電子工、建築工、数理情報工：3科目]数 数ⅠⅡⅢAB〔列〕C 理 物基・物、化基・化から1 外 英
[土木工、マネジメント工、環境安全工、創生デザイン：3科目]国 理 現古、物基・物、化基・化から1 数 数ⅠⅡAB〔列〕C〔べ〕、数ⅠⅡⅢAB〔列〕Cから1 外 英
[応用分子化：3科目]数 数ⅠⅡAB〔列〕C〔べ〕、数ⅠⅡⅢAB〔列〕Cから1 理 物基・物、化基・化、生基・生から1 外 英

共通テスト利用入試 ※個別試験は課さない

◆C共通テスト利用方式(第1期、第2期)
[機械工、電気電子工：3科目]数 数ⅡBC 理 情 物基・化基、物、化、情Ⅰから1 外 英
[土木工、建築工、応用分子化、マネジメント工、数理情報工、環境安全工、創生デザイン：3科目]国 地歴 理 情 現、地歴公理情全12科目から1 数 全3科目から1 外 英

■工学部 偏差値 51

一般選抜

◆**A個別方式**

[全学科：3科目] 数数ⅠⅡAB〔列〕C〔ベ〕理物基・物、化基・化、生基・生から1 外英

◆**N全学統一方式（第1期）**

[全学科：3科目] 数数ⅠⅡⅢAB〔列〕C 理物基・物、化基・化、生基・生から1 外英

◆**N全学統一方式（第2期）**

[全学科：3科目] 数数ⅠⅡAB〔列〕C〔ベ〕、数ⅠⅡⅢAB〔列〕Cから1 理物基・物、化基・化、生基・生から1 外英

共通テスト併用入試

◆**CA共通テスト併用方式**

[全学科]〈共1科目〉国理外現古漢、理全5科目、英から1〈個1科目〉数数ⅠⅡAB〔列〕C〔ベ〕

共通テスト利用入試　※個別試験は課さない

◆**C共通テスト利用方式（2教科型）**

[全学科：2科目] 国理外現古漢、理全5科目、英から1 数全3科目から1

◆**C共通テスト利用方式（4教科型）**

[全学科：5科目] 国地歴公現古漢、地歴公全6科目から1 数全3科目から2 理全5科目から1 外英

■医学部 偏差値 68

一般選抜

◆**N全学統一方式（第1期、第2期）**

[医]〈一次：4科目〉数数ⅠⅡⅢAB〔列〕C 理物基・物、化基・化、生基・生から2 外英〈二次：3科目〉数数ⅠⅡⅢAB〔列〕C 外英 面面接

■歯学部 偏差値 55

一般選抜

◆**A個別方式、N全学統一方式（第1期、第2期）**

[歯：3科目] 数数ⅠⅡAB〔列〕C〔ベ〕理物基・物、化基・化、生基・生から1 外英

共通テスト利用入試　※個別試験は課さない

◆**C共通テスト利用方式（第1期）**

[歯：3科目] 国現 理物、化、生から1 外英（×L）

◆**C共通テスト利用方式（第2期）**

[歯：2科目] 理物、化、生から1 外英（×L）

■松戸歯学部 偏差値 49

一般選抜

◆**A個別方式（第1期、第2期）**

[歯：2科目] 数理数ⅠⅡ、物基・物、化基・化、生基・生から1 外英

◆**N全学統一方式（第1期、第2期）**

[歯：2科目] 数理数ⅠⅡAB〔列〕C〔ベ〕、物基・物、化基・化、生基・生から1 外英

共通テスト利用入試　※個別試験は課さない

◆**C共通テスト利用方式（第1期）**

[歯：3科目] 数全3科目から1 理物、化、生から1 外英（×L）

◆**C共通テスト利用方式（第2期）**

[歯：2科目] 国数理現、数全3科目、理科基礎、物、化、生から1▶地基選択不可 外英（×L）

■生物資源科学部 偏差値 49

一般選抜

◆**A個別方式（第1期、第2期）**

[バイオサイエンス、動物、海洋生物、森林、環境、アグリサイエンス、食品開発、獣医保健看護：3科目] 国数現古、数ⅠⅡAB〔列〕C〔ベ〕から1 理物基・物、化基・化、生基・生から1 外英

[食品ビジネス、国際共生：3科目] 国地歴公数理現古、地歴全3科目、公共・政経、数ⅠⅡAB〔列〕C〔ベ〕、物基・物、化基・化、生基・生から2教科2▶地歴と公は1教科扱い 外英

[獣医：3科目] 数数ⅠⅡAB〔列〕C〔ベ〕理物基・物、化基・化、生基・生から1 外英

◆**N全学統一方式（第1期）**

[バイオサイエンス、動物、海洋生物、森林、環境、アグリサイエンス、食品開発、獣医保健看護、獣医：3科目] A個別方式（第1期）に同じ

[食品ビジネス、国際共生：3科目] 国地歴公数理現古、地歴全3科目、公共・政経、数ⅠⅡAB〔列〕C〔ベ〕、物基・物、化基・化、生基・生から2教科2▶国理から1必須 外英

◆**N全学統一方式（第2期）**

[バイオサイエンス、動物、海洋生物、森林、環境、アグリサイエンス、食品開発、獣医保健看護：2科目] 理物基・物、化基・化、生基・生から1 外英

[食品ビジネス、国際共生：2科目] 国地歴公数理現古、地歴全3科目、公共・政経、数ⅠⅡAB〔列〕C〔ベ〕、物基・物、化基・化、生基・生から1 外英

[獣医：3科目] N全学統一方式（第1期）に同じ

■薬学部 偏差値 54

一般選抜

◆**A個別方式**

[薬：3科目] 数数ⅠⅡAB〔列〕C〔ベ〕理化基・化 外英

◆**N全学統一方式（第1期、第2期）**

[薬：3科目] 数数ⅠⅡAB〔列〕C〔ベ〕理化基・化、生基・生から1 外英

共通テスト利用入試　※個別試験は課さない

◆**C共通テスト利用方式**

[薬：4科目] 数数ⅠA、数ⅡBC 理化 外英

■特別選抜

[総合型選抜] 総合型選抜、総合型選抜（プレゼン型、資格取得型、第1期、第2期、第3期）

[学校推薦型選抜] 学校推薦型選抜（指定校制、公募制、提携校、事業継承者等）

[その他] 社会人選抜、外国人留学生選抜・入試、校友子女選抜

日本医科大学

資料請求

アドミッションセンター（千駄木キャンパス） TEL (03) 3822-2131 〒113-8602 東京都文京区千駄木1-1-5

「済生救民」を掲げ、医療教育と研究に取り組む

大学紹介動画  最新入試情報 

貧しく病気で苦しむ人々を救うのが医師の最も大切な道であるとする「済生救民」の精神を受け継ぐ。愛と研究心を持ち、自分を犠牲にしてでも広く人々のために尽くせる質の高い医師と医学者の育成を行う。

千駄木キャンパス

キャンパス 2つ

千駄木キャンパス
〒113-8602 東京都文京区千駄木1-1-5
武蔵境キャンパス
〒180-0023 東京都武蔵野市境南町1-7-1

基本データ

※2023年5月現在（学部学生数に留学生は含まない。進路・就職は2022年度卒業者データ。学費は2024年度入学者用）

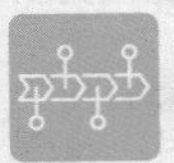
沿革
1876年、済生学舎を設立。1904年、私立日本医学校を創設。廃校となった済生学舎を継承。1926年、日本医科大学に昇格。1952年、新制日本医科大学へ移行。1970年、6年制に移行。2014年、新丸子キャンパスが武蔵境キャンパスに移転し、現在に至る。

教育機関 1学部 1研究科
学部 医
大学院 医学Ⓓ

人数
学部学生数 757名
教員数 1,050名【理事長】坂本篤裕、【学長】弦間昭彦
（教授88名、准教授131名、講師145名、助教686名）
教員1名あたり 学生 1名

学費
初年度納入額 4,797,800円
奨学金 日本医科大学新入生奨学金

進路
学部卒業者 114名
（その他※114名［100.0%］）
※臨床研修医112名を含む
主な就職先【医】臨床研修医95.6%

私立 東京 神奈川 日本医科大学

学部学科紹介

※本書掲載内容は、大学公表資料から独自に編集したものです。詳細は大学パンフレットやホームページ等で必ず確認してください（取得可能な免許・資格は任用資格や受験資格などを含む）。

医学部

千駄木キャンパス（2～6年）
武蔵境キャンパス（1年）
定員 125

特色　基礎から積み上げる6年一貫教育を実施。少人数のグループワークにも取り組む。
進路　卒業者の多くは医師国家試験に合格後、卒後臨床研修に進む。
学問分野　医学
大学院　医学

医学科 （125）	6年制。1年次後半から「基礎医学」で人体の構造や病気のメカニズムなどを学び、3年次後半から「臨床医学」で医療技術などの専門知識を身につける。4年次後半から始まる「臨床実習」では実際の診療に参加し、実践的に技術や知識を修得する。
取得可能な免許・資格	医師

入試要項（2024年度）

※この入試情報は2024年度募集要項等より編集したものです（見方は巻頭の「本書の使い方」参照）。2025年度入試の最新情報は、ホームページや2025年度募集要項等で必ず確認してください。

「大学入試科目検索システム」のご案内
日程・方式ごとの偏差値や昨年度入試結果（志願者倍率、実質倍率、合格最低点）、基本情報（出願締切日、試験日、二段階選抜、募集人員、総合満点）などは、「大学入試科目検索システム」（https://nyushi.toshin.com/）をご覧ください（利用方法はp.12参照）。

■医学部　偏差値 70

一般選抜

◆**一般選抜（前期、後期、地域枠〔千葉県地域枠、埼玉県地域枠、静岡県地域枠、新潟県地域枠〕）**
[医]〈一次：4科目〉数数ⅠⅡⅢAB理物基・物、化基・化、生基・生から2外英〈二次：2科目〉論小論文面面接

◆**一般選抜（地域枠〔東京都地域枠〕）**
[医]〈一次：4科目〉数数ⅠⅡⅢAB理物基・物、化基・化、生基・生から2外英〈二次：3科目〉論小論文面面接、面接

共通テスト併用入試

◆**グローバル特別選抜（前期）** ※出願資格として英語外部試験が必要
[医]〈一次：共1科目〉国現古漢〈一次：個4科目〉一般選抜（前期）に同じ〈二次：個2科目〉一般選抜（前期）に同じ

就職支援

日本医科大学では、しあわせキャリア支援センターを設け、キャリア教育を支援しています。特別プログラムにて、実際にあった医師のキャリアの上での問題をモデュファイしたシナリオを使い、各グループでディスカッションや発表を行っています。学生たちは、提示されたケースについて、解決に必要な施策や支援などを調べながら、できるだけ前向きな結論を出すべく討議します。学生は在学中に臨床実習を行い、卒後臨床研修へと進みます。また、女性医師・研究者の仕事と育児の両立を支援するため、ベビーシッター派遣病児保育支援事業を実施しています。

国際交流

日本医科大学の国際交流センターでは、学生の国外留学の支援活動に力を入れています。6年次の選択臨床実習（クリニカル・クラークシップ）では、提携大学であるジョージワシントン大学や南カリフォルニア大学などで実習を行えます。また、夏休み中にアメリカでボランティア活動を行う「夏期研究留学（サマースチューデント）」も用意しています。また、タイを中心に様々なアジアの国々で医療活動や国際交流をしています。

日本医科大学ギャラリー

■日本医科大学付属病院

1910年開設。日本初の救命救急センターの設置や地域がん診療連携拠点病院の指定などを通じて、高度医療を提供しています。

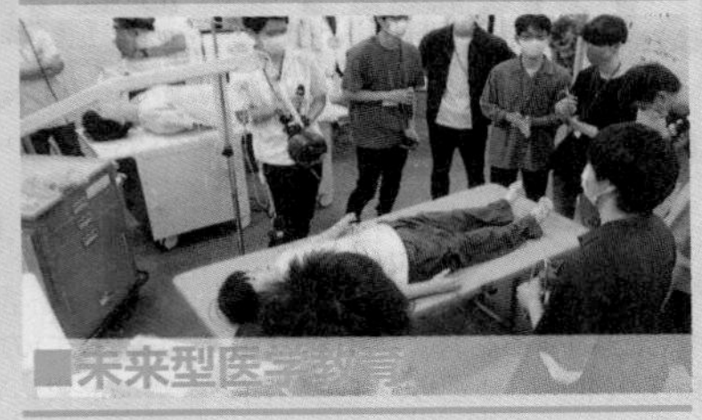

■未来型医学教育

日本医科大学では、eラーニング学修支援システムや学生用電子カルテ等のICTを駆使した未来型医学教育を推進しています。

■VR講義

日本医科大学付属病院は「現場に強い医師」を育成するため、五感を使って救命現場を学ぶVRシステムを開発しました。

■医獣祭

11月初旬に3日間の日程で開催される大学祭。研究発表、音楽系サークルライブ、模擬店企画など様々なイベントが行われます。

にほんじゅういせいめいかがく
日本獣医生命科学大学

資料請求

入試課　TEL（0422）31-4151　〒180-8602 東京都武蔵野市境南町1-7-1

生命とひたむきに向き合う「愛と科学の聖業を培う」

大学紹介動画

最新入試情報

「敬譲相和」を学是とし、生命科学、環境科学、食品科学の開拓者となる専門職や獣医師などを育成する。武蔵野地域の5つの大学が連携する「武蔵野地域自由大学」に参画し、生涯学習の機会を提供している。

本館

キャンパス
1つ

日本獣医生命科学大学キャンパス
〒180-8602 東京都武蔵野市境南町1-7-1

基本データ

※2023年5月現在（学部学生数に留学生は含まない。進路・就職は2022年度卒業者データ。学費は2024年度入学者用）

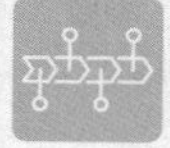
沿革

1881年、私立獣医学校として開校。1949年、日本獣医畜産大学に昇格し、獣医、畜産学科を設置。2000年、食品科学科を改称設置。2001年、動物科学科を改称設置。2003年、獣医、応用生命科の2つの学部を改組設置。2006年、日本獣医生命科学大学に改称し、現在に至る。

教育機関
2 学部 1 研究科

学部　獣医／応用生命科

大学院　獣医生命科学Ⓜ︎Ⓓ

人数

学部学生数　1,518名

教員1名あたり学生　12名

教員数　126名【理事長】坂本篤裕、【学長】鈴木浩悦
（教授46名、准教授39名、講師26名、助教12名、助手・その他3名）

学費

初年度納入額　1,475,000~2,431,000円

奨学金　日本獣医生命科学大学奨学金、入学特待生制度

進路

学部卒業者　378名
（進学39名［10.3%］、就職315名［83.3%］、その他24名［6.4%］）

主な就職先　イオンペット、日本動物医療センター、苅谷動物病院グループ、日本動物高度医療センター、新日本科学、FOR、農林水産省、NOSAI北海道、全国酪農業協同組合連合会、フィード・ワン、ミート・コンパニオン、亀屋万年堂、ヴイ・ディー・エフ・サンロイヤル

学部学科紹介

※本書掲載内容は、大学公表資料から独自に編集したものです。詳細は大学パンフレットやホームページ等で必ず確認してください（取得可能な免許・資格は任用資格や受験資格などを含む）。

獣医学部

日本獣医生命科学大学キャンパス　定員 180

特色　生命倫理と慈愛の心に基づいて誠実・公正な判断と対応ができる人材を育成。
進路　卒業者の多くが動物病院に勤める。他、農業関連の職に就く者もいる。
学問分野　獣医・畜産学
大学院　獣医生命科学

獣医学科（80）	6年制。1年次から4年次までは基礎専門科目を皮切りに、基礎獣医学、臨床・応用獣医学を学び、実習で具体的な治療法や公衆衛生を学ぶ。5年次からは付属動物医療センターを活用し、臨床力を高めるカリキュラムを展開している。
獣医保健看護学科（100）	動物看護師など実践能力の高い獣医療技術専門職を育成する。獣医師との連携を重視し獣医学科と連動したカリキュラムを展開している。3年次から基礎、応用、臨床の3つの部門に分かれて研究に取り組む。付属動物医療センターにおいて最前線での臨床実習を行う。
取得可能な免許・資格	学芸員、食品衛生管理者、食品衛生監視員、獣医師、愛玩動物看護師、家畜人工授精師、バイオ技術者、教員免許（中-理、高-理・農）

応用生命科学部

日本獣医生命科学大学キャンパス　定員 170

特色　食資源動物や食品の研究を進め、人類と動物の福祉に貢献する専門職を育成する。
進路　食品・飼料製造業や畜産業、農業などに就く者が多い。
学問分野　農学／獣医・畜産学／応用生物学／食物学
大学院　獣医生命科学

動物科学科（100）	畜産資源科学、応用動物科学、動物社会科学の3つの領域から動物の生命活動や人間との関わりについて科学的に探究する。学内施設の他、動物園や国内外の民間牧場等での実習を通して、講義で身につけた知識を再確認し、技術を修得する。
食品科学科（70）	食のおいしさ、安全性、機能性を科学し、食品の製造・加工・保存に関する知識を獲得した食のスペシャリストを育成する。食品の生産から食卓まで、食に関するあらゆるテーマを扱い、実践力を重視したカリキュラムのもとで、実習や工場見学が盛んに行われる。
取得可能な免許・資格	学芸員、危険物取扱者（甲種）、食品衛生管理者、食品衛生監視員、家畜人工授精師、バイオ技術者、HACCP管理者、教員免許（中-理、高-理・農）

入試要項（2025年度）

※この入試情報は大学発表の2025年度入試（予告）および2024年度募集要項等より編集したものです（2024年1月時点。見方は巻頭の「本書の使い方」参照）。内容には変更が生じる可能性があるため、最新情報はホームページや2025年度募集要項等で必ず確認してください。

「大学入試科目検索システム」のご案内
日程・方式ごとの偏差値や昨年度入試結果（志願者倍率、実質倍率、合格最低点）、基本情報（出願締切日、試験日、二段階選抜、募集人員、総合満点）などは、「大学入試科目検索システム」（https://nyushi.toshin.com/）をご覧ください（利用方法はp.12参照）。

■獣医学部　偏差値 60

一般選抜

◆**一般選抜（第1回〔独自試験方式〕、第3回〔独自試験方式〕）**
［獣医：3科目］数 数ⅠⅡAB〔列〕C〔べ〕理 化基・化、生基・生から1 外 英
［獣医保健看護：2科目］数 理 数ⅠⅡAB〔列〕C〔べ〕、化基・化、生基・生から1 外 英

共通テスト併用入試

◆**一般選抜（第2回〔共通テスト併用方式〕）**
［全学科］〈共3科目〉数 数ⅠA、数ⅡBC 外 英〈個1科目〉理 化基・化、生基・生から1

共通テスト利用入試　※個別試験は課さない

◆**共通テスト利用選抜（第1回〔3教科3科目方式〕）**
［獣医：4科目］数 数ⅠA、数ⅡBC 理 物、化、生から1 外 英
◆**共通テスト利用選抜（第1回〔4教科5科目方式〕）**
［獣医：6科目］国 現 数 数ⅠA、数ⅡBC 理 物、化、生から2 外 英
◆**共通テスト利用選抜（第1回）**
［獣医保健看護：3科目］数 数ⅠA 理 化、生から1 外 英

私立 東京 神奈川 日本獣医生命科学大学

■応用生命科学部 偏差値 44

一般選抜

◆**一般選抜（第1回〔独自試験方式〕、第3回〔独自試験方式〕）**

[動物科：2科目] 数 理 数ⅠⅡAB〔列〕C〔ベ〕、化基・化、生基・生から1 外 英

[食品科：2科目] 数 理 外 数ⅠⅡAB〔列〕C〔ベ〕、化基・化、生基・生、英から2▶数外から1必須

共通テスト併用入試

◆**一般選抜（第2回〔共通テスト併用方式〕）**

[全学科]〈共1科目〉国 数 外 現、数ⅠA、数ⅡBC、英から1〈個1科目〉理 化基・化、生基・生から1

共通テスト利用入試　※個別試験は課さない

◆**共通テスト利用選抜（第1回、第2回）**

[全学科：2科目] 国 外 現、英から1 数 理 数ⅠA、化基・生基、化、生から1

■特別選抜

[総合型選抜] 総合型選抜

[学校推薦型選抜] 学校推薦型選抜（一般公募推薦、専門〔職業〕学科・総合学科指定、普通科指定）、指定校推薦

[その他] 特別選抜（社会人、帰国生及びIB取得者、獣医師後継者育成及び地域獣医療支援）

就職支援

日本獣医生命科学大学では「就職の率から就職の質へ！」を合言葉に、学生一人ひとりが満足のできる進路を決定し、精神的にも経済的にも立派な社会人として自立していけるよう、教職員が協働し全学をあげて様々なバックアップを行っています。獣医学科では、5年次に「獣医師国家試験対策委員会」を設け、獣医師国家試験に向けて教員と相談しながら少人数でグループ勉強を行います。獣医保健看護学科でも国家資格である「愛玩動物看護師」の全員取得を目指して取り組んでいます。

国際交流

日本獣医生命科学大学では、夏休みや春休みを利用し、タイ、オーストラリアなどの各協定校と協力して、それぞれの国や地域に特化した獣医療や動物科学、食品科学、酪農スタイルを学ぶ短期海外実習を実施しています。また、上記の実習とは別に、個人で協定校での短期研修プログラム等へ参加する学生に対する奨学金給付制度があります。

日本獣医生命科学大学ギャラリー

■動物科学科

動物と人との関わりについての学びを通して、動物・食料生産に深く関わり人間と動物を支える人材を育成しています。

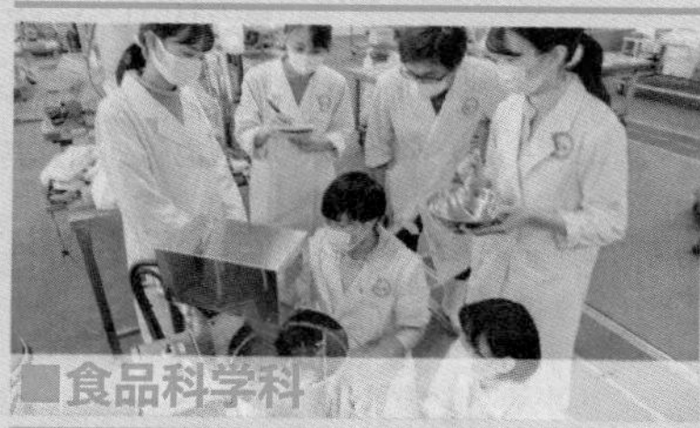

■食品科学科

食品科学科では、「講義」→「実習」→「工場見学」→「講義」のカリキュラムを通して、実践力のある人材養成を実施しています。

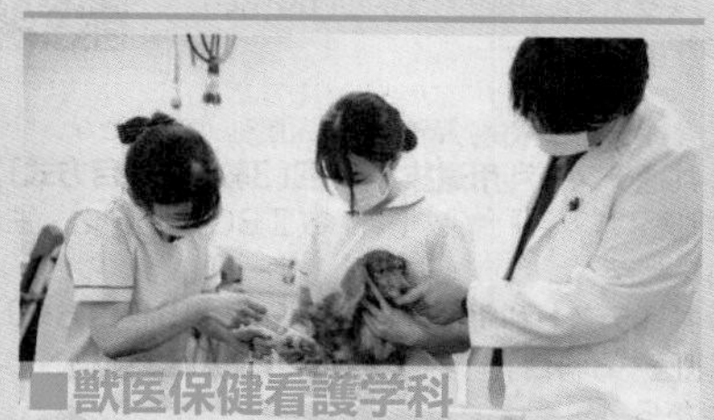

■獣医保健看護学科

付属動物医療センターにおいて臨床実習を行うことができる他、動物のグルーミングやトレーニングについても学ぶことができます。

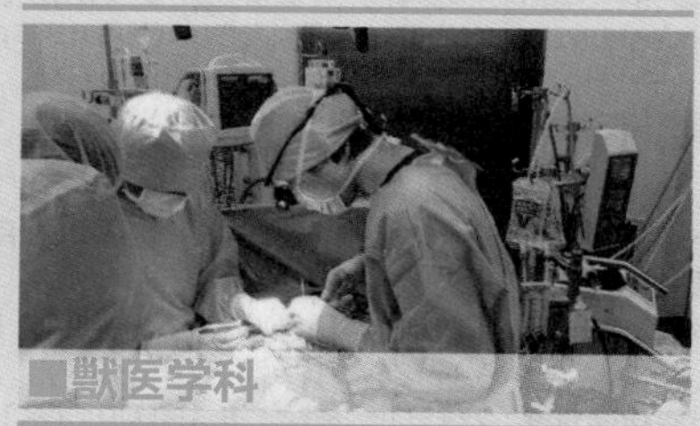

■獣医学科

看護、栄養、薬剤などの幅広い分野の知識を養うため、獣医学科では基礎から臨床応用まで網羅したカリキュラムを構成しています。

にほんじょし
日本女子大学

資料請求

入学部入試課 TEL (03) 5981-3786 〒112-8681 東京都文京区目白台2-8-1

文理融合の多様な教育を推進する

大学紹介動画  最新入試情報 

「信念徹底」「自発創生」「共同奉仕」を理念に、リーダーシップと独創性を兼ね備えた女性を育成する。女子総合大学として高い専門的能力と時代の変化や多様な価値観に対応できる新しい明日をともに創る人材を育てている。

百二十年館（手前）

キャンパス **1**つ

目白キャンパス
〒112-8681 東京都文京区目白台2-8-1

基本データ

※2023年5月現在（進路・就職は2022年度卒業者データ。学費は2024年度入学者用）

沿革

1901年、日本女子大学校として開校。新制大学に移行後、1948年に家政学部・文学部、1990年に人間社会学部、1992年に私立女子大学で唯一の理学部を設置した。2021年、目白キャンパスに全学部を統合。2023年に国際文化学部、2024年に建築デザイン学部を設置。2025年に食科学部を開設予定（仮称、構想中）。文理融合の多様な教育を推進している。

教育機関 7学部 6研究科

学部 家政／文／人間社会／理／国際文化／建築デザイン／食科※
※2025年4月設置構想中

大学院 家政学Ⓜ／人間社会ⓂⒹ／文学ⓂⒹ／人間生活学Ⓓ／建築デザインⓂ／理学ⓂⒹ

その他 通信教育部

人数

学部学生数 **6,197**名

教員1名あたり学生 **24**名

教員数 **257**名【理事長】今市涼子、【学長】篠原聡子
（教授**132**名、准教授**56**名、講師**16**名、助教**35**名、助手・その他**18**名）

学費

初年度納入額 **1,290,860~1,606,860**円

奨学金 桜楓会新入生奨学金、日本女子大学泉会spring新入生奨励金

進路

学部卒業者 **1,506**名
（進学**144**名［9.6%］、就職**1,271**名［84.4%］、その他**91**名［6.0%］）

主な就職先 東京エレクトロン、ソニー、富士電機、カルビー、日清オイリオグループ、キリンホールディングス、清水建設、イトーキ、福助、NTT東日本、国立印刷局、日本銀行、国際協力銀行、キーエンス、PwCコンサルティング、三井倉庫、旺文社、読売新聞社、タカラトミーアーツ、バンダイナムコフィルムワークス、松竹、日本ヒルトン、国家公務、地方公務、幼保・小中高教員

学部学科紹介

※本書掲載内容は、大学公表資料から独自に編集したものです。詳細は大学パンフレットやホームページ等で必ず確認してください（取得可能な免許・資格は任用資格や受験資格などを含む）。

家政学部

目白キャンパス　定員 267

特色　日常生活を科学し、人類の豊かな幸福に貢献する力を育成。
進路　製造、卸・小売、サービス、教育など、学科の専門性によって幅広い。
学問分野　経済学／経営学／生活科学／被服学／子ども学／デザイン学
大学院　家政学／人間生活学

児童学科 (97)	子どもに関する諸問題を解決できる児童学の専門家を育成する。児童学をベースに子どもについて幅広く学び、重点的にフィールドワークを行い実践的な経験や知識を修得する。3年次からは少人数制のゼミで文献を読み重ね、各自の専門を深める。
被服学科 (85)	現代生活に適した被服のあり方を探究し、繊維・ファッション業界をはじめ多彩な分野で活躍できる人材を育成する。衣服の素材やデザインから、文化や流通、消費に至るまで総合的に学ぶ。繊維製品品質管理士などの資格取得もサポートしている。
家政経済学科 (85)	経済学を基礎に家政学や社会科学を取り入れながら生活問題を幅広く追究する。2年次に経済学や経営学を学ぶ経済・経営コースと家庭生活や公共問題を中心に学ぶ公共・生活コースに分かれる。3年次からの少人数ゼミで分析手法などを修得する。
取得可能な免許・資格	登録日本語教員、学芸員、社会福祉主事、児童福祉司、児童指導員、衣料管理士、保育士、教員免許（幼一種、中-社・家、高-公・家）、司書教諭、司書

文学部

目白キャンパス　定員 369

特色　言葉を深く学ぶことで柔軟な思考と精神を養い、明日を拓く力を育成。
進路　印刷・製造、金融・保険、各種メディア、旅行・運輸業など。
学問分野　文学／言語学／歴史学／文化学／メディア学
大学院　文学

日本文学科 (126)	日本文学、日本語学を中心に、中国文学、図書館情報学、マスメディア論、日本語教育など様々な科目を学ぶことで日本の文学や言語、文化の研究に多様な視点で取り組む。少人数制の発表演習を重視し、思考力やプレゼンテーション能力などを養う。
英文学科 (146)	英語による高いコミュニケーション能力と英語圏の文化理解を兼ね備えた国際人を育成する。イギリス文学、イギリス文化研究、アメリカ文学、アメリカ研究、言語・英語研究、英語教育の6つの分野から興味や関心のある領域を選び専門的に学ぶ。
史学科 (97)	様々な地域、時代における人類の活動を学修し、歴史的な視点で現代を再認識する能力を身につける。少人数制のゼミでは史料の扱い方や古文書の解読法など歴史の研究に必要な技術を学ぶ。日本史、東洋史、西洋史の3つのコースを設置している。
取得可能な免許・資格	登録日本語教員、学芸員、社会福祉主事、教員免許(中-国・社・英、高-国・地歴・英)、司書教諭、司書

人間社会学部

目白キャンパス　定員 364

特色　人間と社会を総合的に学び、より良い社会環境を生み出す力を育成。
進路　金融・保険、情報サービス、公務、学校教育、福祉など。
学問分野　心理学／社会学／社会福祉学／教員養成／教育学
大学院　人間社会

現代社会学科 (97)	身近な事柄から国際問題に至るまでの諸社会問題を解決する能力を養う。社会学、経済学、文化人類学、歴史学などの授業において、知識だけでなくデータ収集やその分析方法も身につける。3年次からは少人数制の演習で専門分野の研究を深める。

社会福祉学科 (97)	国家に限定しない公共のあり方を考える公共政策分野、福祉の視点から生活環境や文化の創造を考える福祉文化分野、互いに尊重し承認する人間関係の実現を考える人間関係分野など既存の枠組みにとらわれない幅広い視点で福祉にアプローチする。
教育学科 (97)	資格関連科目だけでなく、心理学や社会学分野の科目も設置され、人間の発達形成について理解を深めることができる。生涯学習や国際協力・多文化共生・地域活動など教育と現代社会の関わりについても学修する。1年次から少人数のゼミも行われる。
心理学科 (73)	現代社会での心の問題を科学的、実践的アプローチを通して探究する。1・2年次は心理学の基礎知識と研究手法を学び、3年次からはより体験的で実践性のある心理学を学修する。少人数での演習、実験科目が必修。大学院へ進学する学生も多い。
取得可能な免許・資格	登録日本語教員、公認心理師、認定心理士、学芸員、社会調査士、社会福祉士、社会福祉主事、児童福祉司、児童指導員、教員免許(小一種、中-社、高-地歴・公)、社会教育士、社会教育主事、司書教諭、司書

理学部

目白キャンパス

定員 189

特色 自然界の真理を探究し、人類・地球・社会が抱える問題を解決する力を育成。

進路 印刷・製造、情報サービス、技術サービスなど。

学問分野 数学／物理学／化学／生物学／情報学

大学院 理学

数物情報科学科 (92)	数学、物理学、情報科学とそれらの横断分野を学び、柔軟で論理的な思考力や問題を発見し解決する力を修得する。3年次以降は数学／物理／情報科学コースのいずれかを選択し、専門分野を追究する。丁寧な少人数教育と実験重視の教育体制が特徴。
化学生命科学科 (97)	自然科学を理解し、時代のニーズに応えられる人材を育成。興味や関心、志望によって自由に科目を履修でき、化学と生物学を中心に、環境問題やバイオテクノロジー領域も学ぶことが可能。実験も重視しているため最高水準の実験設備を有している。
取得可能な免許・資格	登録日本語教員、学芸員、社会福祉主事、教員免許(中-数・理、高-数・理・情)、司書教諭、司書

国際文化学部

目白キャンパス

定員 121

特色 国・言語・時代・ジェンダー等の境界を越え新たな文化を創造する力を育成。

進路 2023年度開設。国際分野・観光・メディア関連等の進路を想定。

学問分野 言語学／文化学／メディア学／国際学／芸術理論

大学院 人間社会

国際文化学科 (121)	2023年度開設。「実践・体験・発信」をコンセプトに、"脱教室・脱キャンパス型"のカリキュラムを設定している。多様な言語を修得し複合的に学び、国・言語の境界を越え、ICTを活用した「実践的な発信スキル」を身につける。
取得可能な免許・資格	登録日本語教員、学芸員、社会福祉主事、社会教育士、社会教育主事、司書

建築デザイン学部

目白キャンパス

定員 100

特色 2024年度、家政学部住居学科を母体として開設。

進路 2024年度開設。建設業界等への就職の他、大学院進学も想定。

学問分野 土木・建築学／住居学／芸術理論／デザイン学

大学院 建築デザイン

建築デザイン学科 新 (100)	2024年度開設。人文、理工、芸術を融合した総合学問として「住まう」人のための「建築デザイン」を学ぶ。住居学および建築学の視点から、住居から都市までの生活環境を総合的に理解し、住生活を包含する豊かな環境をデザインできる専門性の高い人材を養成する。
取得可能な免許・資格	学芸員、建築士(一級、二級、木造)、施工管理技士(建築)

食科学部
目白キャンパス　定員 88

特色	2025年度、家政学部食物学科を母体として開設予定（構想中）。
進路	2025年度開設予定(構想中)。食品開発・研究、管理栄養士等を想定。
学問分野	生活科学／食物学

食科学科 新 (38)	2025年度開設予定。「生活者」の視点を重視して「食」を科学的に学んだプロフェッショナルを育成する。食品学系・調理学系・栄養学系の他食品会社での商品開発を学ぶ科目も多数開講。食品開発・研究、品質管理、家庭科教諭などで社会貢献できる人材を目指す。
栄養学科 新 (50)	2025年度開設予定。栄養領域で科学的な視点を持つ管理栄養士を養成する。基礎科学を土台に、医科学的視点で学ぶ栄養学の他、医学・保健学、調理学、食品学を学修。管理栄養士として社会貢献できる基礎力・実践力・統合力を備えた専門性の高い人材を目指す。
取得可能な免許・資格	登録日本語教員、学芸員、社会福祉主事、食品衛生管理者、食品衛生監視員、管理栄養士、栄養士、栄養教諭（一種）、教員免許（中-家、高-家）、司書教諭、司書

入試要項（2025年度）

※この入試情報は大学発表の2025年度入試（予告）および2024年度募集要項等より編集したものです（2024年1月時点。見方は巻頭の「本書の使い方」参照）。内容には変更が生じる可能性があるため、最新情報はホームページや2025年度募集要項等で必ず確認してください。

「大学入試科目検索システム」のご案内
日程・方式ごとの偏差値や昨年度入試結果（志願者倍率、実質倍率、合格最低点）、基本情報（出願締切日、試験日、二段階選抜、募集人員、総合満点）などは、「大学入試科目検索システム」(https://nyushi.toshin.com/) をご覧ください（利用方法はp.12参照）。

■家政学部 偏差値 62

一般選抜

◆**個別選抜型（2科目入試）**
[児童、家政経済：2科目] 国 数 現古、数ⅠⅡAB〔列〕C〔ベ〕から1 外 英
[被服：2科目] 国 数 理 現古、数ⅠⅡAB〔列〕C〔ベ〕、物基・物、化基・化、生基・生から1 外 英

◆**個別選抜型（3科目入試）**
[児童：3科目] 国 現古 数 理 数ⅠⅡAB〔列〕C〔ベ〕、物基・物、化基・化、生基・生から1 外 英
[被服：3科目] 国 数 理 現古、数ⅠⅡAB〔列〕C〔ベ〕、物基・物、化基・化、生基・生から2 外 英
[家政経済：3科目] 国 現古 数 数ⅠⅡAB〔列〕C〔ベ〕 外 英

◆**英語外部試験利用型**※出願要件として英語外部試験が必要。スコアによる加点あり
[児童、家政経済：2科目] 国 現古 数 数ⅠⅡAB〔列〕C〔ベ〕
[被服：2科目] 国 数 理 現古、数ⅠⅡAB〔列〕C〔ベ〕、物基・物、化基・化、生基・生から2

共通テスト利用入試 ※個別試験は課さない

◆**共通テスト利用型（前期5科目型）**
[児童：5科目] 国 現 地歴 公 数 理 全14科目から3 外 英
[被服：5科目] 国 現 地歴 公 理 情 歴総・日、歴総・世、地総・歴総・公共、公共・倫、公共・政経、物、化、生、情Ⅰから1 数 数ⅠA、数ⅡBCから1 外 英、仏から1
[家政経済：5科目] 国 現 地歴 公 全6科目から1 数 全3科目から1 理 全5科目から1 外 全5科目から1

◆**共通テスト利用型（前期3、4科目型）**
[児童：3科目] 国 現 地歴 公 数 理 全14科目から1 外 英
[被服：3科目] 国 数 現、数ⅠA、数ⅡBCから1 理 物、化、生から1 外 英
[家政経済：3科目] 国 現 地歴 公 数 全9科目から1 外 全5科目から1

◆**共通テスト利用型（後期）**
[児童、被服：3科目] 共通テスト利用型（前期3、4科目型）
[家政経済：3科目] 国 地歴 公 数 現、地歴公数全9科目から2教科2▶地歴と公は1教科扱い 外 全5科目から1

■文学部 偏差値 59

一般選抜

◆**個別選抜型（3科目入試）**
[全学科：3科目] 国 現古漢 地歴 歴総・日、歴総・世から1 外 英

◆**英語外部試験利用型**※出願要件として英語外部試験が必要。スコアによる加点あり
[全学科：2科目] 国 現古漢 地歴 歴総・日、歴総・世から1

共通テスト利用入試 ※個別試験は課さない

◆**共通テスト利用型（前期5科目型）**
[日本文：5科目] 国 現古漢 地歴 公 理 地歴理全8科目、公共・倫、公共・政経から2 数 情 全4科目から1 外 全5科目から1
[英文：5科目] 国 現古漢 地歴 公 理 地歴理全8科目、公共・倫、公共・政経から2 数 情 全4科目から1 外 英
[史：5科目] 国 現古漢 地歴 公 全6科目から1 数 情 全4科目から1 理 全5科目から1 外 全5科目から1

◆共通テスト利用型（前期3、4科目型）
［日本文：4科目］国現古漢 地歴 公 数 理 情全15科目から2 外全5科目から1
［英文：3科目］国現古漢 地歴 公 数 理 情全15科目から1 外英
［史：3科目］国現古漢 地歴歴総・日、歴総・世から1 外全5科目から1
◆共通テスト利用型（後期）
［日本文：3科目］国現古漢 地歴 公 数 理 情全15科目から1 外全5科目から1
［英文、史：3科目］共通テスト利用型（前期3、4科目型）に同じ

■人間社会学部 偏差値 59

一般選抜
◆個別選抜型（3科目入試）
［全学科：3科目］国現古 地歴 数日、世、数ⅠⅡAB〔列〕C〔ベ〕から1 外英
◆英語外部試験利用型※出願要件として英語外部試験が必要。スコアによる加点あり
［全学科：2科目］国現古 地歴 数日、世、数ⅠⅡAB〔列〕C〔ベ〕から1
共通テスト利用入試 ※個別試験は課さない
◆共通テスト利用型（前期5科目型）
［現代社会：5科目］国現 地歴 公 数 理 情全15科目から3教科3 外全5科目から1
［社会福祉：5科目］国現 地歴 公全6科目から2 数 理全8科目から1 外全5科目から1
［教育：5科目］国現 地歴 公 数 理 情全15科目から3 外全5科目から1
［心理：5科目］国 地歴 公 数 理 情現、地歴公数理情全15科目から4教科4▶地歴と公は1教科扱い 外英
◆共通テスト利用型（前期3、4科目型）
［現代社会、教育：3科目］国現 地歴 公 数 理 情全15科目から1 外全5科目から1
［社会福祉：3科目］国現 地歴 公 数 理全14科目から1 外全5科目から1
［心理：3科目］国 地歴 公 数 理 情現、地歴公数理情全15科目から2教科2▶地歴と公は1教科扱い 外英
◆共通テスト利用型（後期）
［全学科：3科目］共通テスト利用型（前期3、4科目型）に同じ

■理学部 偏差値 53

一般選抜
◆個別選抜型（2科目入試）
［数物情報科：2科目］数数ⅠⅡⅢAB〔列〕C 理 外物基・物、化基・化、英から1
［化学生命科：2科目］数 理数ⅠⅡⅢAB〔列〕C、化基・化、生基・生から1 外英
◆個別選抜型（3科目入試）
［数物情報科：3科目］数数ⅠⅡⅢAB〔列〕C 理物基・物、化基・化から1 外英
［化学生命科：3科目］数 理数ⅠⅡⅢAB〔列〕C、化基・化、生基・生から2 外英
◆英語外部試験利用型※出願要件として英語外部試験が必要。スコアによる加点あり
［数物情報科：2科目］数数ⅠⅡⅢAB〔列〕C 理物基・物、化基・化から1
［化学生命科：2科目］数 理数ⅠⅡⅢAB〔列〕C、化基・化、生基・生から2
共通テスト利用入試 ※個別試験は課さない
◆共通テスト利用型（前期5科目型）
［数物情報科：5科目］国現 数数ⅠA、数ⅡBC 理 情全6科目から1 外英
［化学生命科：5科目］国 数現、数全3科目から1 理 情全6科目から2 外英
◆共通テスト利用型（前期3、4科目型）
［数物情報科：4科目］国 理 情現、理情全6科目から1 数数ⅠA、数ⅡBC 外英
［化学生命科：3科目］国 数現、数全3科目から1 理全5科目から1 外英
◆共通テスト利用型（後期）
［数物情報科：3科目］国 数 理 情現、数ⅠA、数ⅡBC、理科基礎、物、化、地、情Ⅰから2 外英
［化学生命科：3科目］共通テスト利用型（前期3、4科目型）に同じ

■国際文化学部 偏差値 57

一般選抜
◆個別選抜型（3科目入試）
［国際文化：3科目］国現古 地歴 数日、世、数ⅠⅡAB〔列〕C〔ベ〕から1 外英
◆英語外部試験利用型※出願要件として英語外部試験が必要。スコアによる加点あり
［国際文化：2科目］国現古 地歴 数日、世、数ⅠⅡAB〔列〕C〔ベ〕から1
共通テスト利用入試 ※個別試験は課さない
◆共通テスト利用型（前期5科目型）
［国際文化：5科目］国現古漢 地歴 公全6科目から1 数全3科目から1 理 情全6科目から1 外全5科目から1
◆共通テスト利用型（前期3、4科目型、後期）
［国際文化：3科目］国現古漢 地歴 公 数全9科目から1 外全5科目から1

■建築デザイン学部 偏差値 62

一般選抜
◆個別選抜型（2科目入試）
［建築デザイン：2科目］国 数 理現古、数ⅠⅡAB〔列〕C〔ベ〕、物基・物から1 外英
◆個別選抜型（3科目入試）
［建築デザイン：3科目］国 数 理現古、数ⅠⅡAB〔列〕C〔ベ〕、物基・物から2 外英
◆英語外部試験利用型※出願要件として英語外部試験が必要。スコアによる加点あり
［建築デザイン：2科目］国 数 理現古、数ⅠⅡAB〔列〕C〔ベ〕、物基・物から2
共通テスト利用入試 ※個別試験は課さない
◆共通テスト利用型（前期5科目型）

私立 東京 神奈川 日本女子大学

[建築デザイン：5科目] 国 現 地歴 公 全6科目から1 数 数ⅠA、数ⅡBCから1 理 物、化、生、地から1 外 全5科目から1

◆共通テスト利用型（前期3、4科目型）

[建築デザイン：3科目] 国 地歴 公 数 理 現、地歴公全6科目、数ⅠA、数ⅡBC、物、化、生、地から2教科2▶数理から1必須 外 全5科目から1

◆共通テスト利用型（後期）

[建築デザイン：2科目] 数 理 外 数ⅠA、数ⅡBC、物、化、生、地、外全5科目から2教科2▶数理から1必須

■食科学部 偏差値 62

一般選抜

◆個別選抜型（2科目入試）

[全学科：2科目] 数 理 数ⅠⅡAB〔列〕C〔ベ〕、化基・化、生基・生から1 外 英

◆個別選抜型（3科目入試）

[全学科：3科目] 数 理 数ⅠⅡAB〔列〕C〔ベ〕、化基・化、生基・生から2 外 英

◆英語外部試験利用型 ※出願要件として英語外部試験が必要。スコアによる加点あり

[全学科：2科目] 数 理 数ⅠⅡAB〔列〕C〔ベ〕、化基・化、生基・生から2

共通テスト利用入試 ※個別試験は課さない

◆共通テスト利用型（前期5科目型）

[全学科：5科目] 国 現 数 数ⅠA、数ⅡBCから1 理 理科基礎、物、化、生から2 外 英

◆共通テスト利用型（前期3、4科目型）

[全学科：4科目] 国 現 数 数ⅠA、数ⅡBCから1 理 理科基礎、物、化、生から1 外 英

■特別選抜

[総合型選抜] 総合型選抜

[学校推薦型選抜] 学校推薦型選抜（附属校、指定校、公募制）

[その他] 外国人留学生入試、社会人入試

就職支援

日本女子大学では、学生一人ひとりに応じたきめ細かなサポートが行われています。年間を通じてガイダンスや各種講座を開催する他に、随時アンケートを行い、学生の声を反映させた個別支援を実施しています。また、教員採用試験や公務員試験の各種対策、職業興味検査など多彩な講座・セミナーの開催や、3年次より「業界研究」「企業研究」など就職活動をする上で必要な内容を押さえたガイダンスを開催しています。

国際交流

日本女子大学は、各国・地域の名門大学と大学間または箇所間の学生交流協定を締結し、協定校へ半年から1年間留学する協定大学留学と、協定校以外で志望する大学で専門分野を学ぶ認定留学を実施しています。また、夏季や春季などの長期休暇に海外で語学・専門領域の学びや、異文化体験を目的とした海外短期研修が行われています。協定・認定大学に留学する学生に対する経済的支援として、大学独自の給付型奨学金制度が用意されています。

日本女子大学ギャラリー

■百二十年館

創立120周年記念事業の一環として、2021年に竣工。地下のパティオは、学生が発表する際のイベントスペースにもなります。

■図書館

2019年開館。設計は本学卒業生の建築家・妹島和世氏。地上4階・地下1階建てで、利用者は全書架に直接アプローチできます。

■成瀬記念館

1984年竣工。赤煉瓦を使用したロマネスク調の建物で、創立者成瀬仁蔵の生涯を紹介するとともにゆかりの品々を展示しています。

■泉の[illegible]ートガーデン

百年館低層棟の屋上に設けられた庭園。ハーブや季節の花々を目にすることができ、学生たちの憩いの場となっています。

法政大学（ほうせい）

資料請求

入学センター(市ケ谷キャンパス)　TEL (03) 3264-9300　〒102-8160 東京都千代田区富士見2-17-1

「自由と進歩」を掲げ、新時代を構築する市民を育てる

大学紹介動画

最新入試情報

「実践知」を創出する能力を育み、自立的な人材を育成する。学問の自由に基づき真理の探究を行い、学術の発展に寄与することで、激動する21世紀の多様な問題を解決し、持続可能な社会の構築を目指す。

市ケ谷キャンパス

校歌

校歌音声

法政大学校歌
作詞／佐藤春夫　作曲／近衛秀麿

一、若きわれらが命のかぎり
ここに捧げて（ああ）愛する母校
見はるかす窓（の）富士が峯の雪
蛍集めむ門の外濠
よき師よき友つどひ結べり
法政　おお　わが母校
法政　おお　わが母校

基本データ

※2023年5月現在（進路・就職は2022年度卒業者データ。学費は2024年度入学者用）

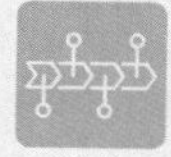
沿革

1880年、東京法学社として設立。1903年、専門学校令により法政大学と改称。1920年、大学令により、財団法人法政大学となる。法、経済学部を設置。1949年、新制大学に。1952年、社会学部を設置。1959年、経営学部を設置。1984年、多摩キャンパスを開設。2009年、スポーツ健康学部を設置。以後、15学部体制となり、現在に至る。

キャンパス
3つ

キャンパスマップ

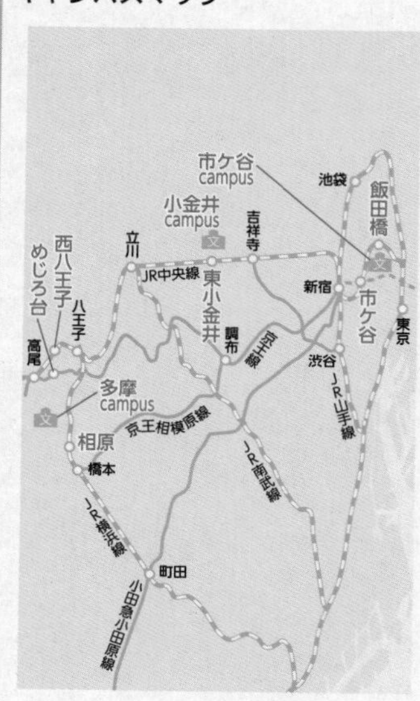

所在地・交通アクセス

市ケ谷キャンパス（本部）
〒102-8160 東京都千代田区富士見2-17-1
アクセス JR・地下鉄「市ケ谷駅」「飯田橋駅」から徒歩約7分

多摩キャンパス
〒194-0298 東京都町田市相原町4342
アクセス 京王線「めじろ台駅」またはJR「相原駅」「西八王子駅」からバス約10～22分、「法政大学」下車

小金井キャンパス
〒184-8584 東京都小金井市梶野町3-7-2
アクセス JR「東小金井駅」から徒歩約15分またはバス約5分、「法政大学」下車

教育機関
15学部 17研究科

学部 法／文／経済／社会／経営／国際文化／人間環境／現代福祉／キャリアデザイン／GIS／スポーツ健康／情報科／理工／デザイン工／生命科

大学院 人文科学ⓂⒹ／国際文化ⓂⒹ／経済学ⓂⒹ／法学ⓂⒹ／政治学ⓂⒹ／社会学ⓂⒹ／経営学ⓂⒹ／キャリアデザイン学Ⓜ／公共政策ⓂⒹ／連帯社会（インスティテュート）Ⓜ／政策創造ⓂⒹ／人間社会ⓂⒹ／スポーツ健康学ⓂⒹ／理工学ⓂⒹ／情報科学ⓂⒹ／デザイン工学ⓂⒹ／総合理工学（インスティテュート）ⓂⒹ／法務Ⓟ／イノベーション・マネジメントⓅ

その他 通信教育部

人数

学部学生数 27,925名　教員1名あたり学生 36名

教員数 769名【総長】廣瀬克哉
（教授581名、准教授116名、講師28名、助教13名、助手・その他31名）

学費

初年度納入額 1,299,000~2,210,000円

奨学金 新・法政大学100周年記念奨学金、チャレンジ法政奨学金、法政大学「開かれた法政21」奨学・奨励金

進路

学部卒業者 6,179名（進学498名、就職5,134名、その他547名）

進学 8.1%　就職 83.1%　その他 8.8%

主な就職先

法学部
ロッテ、シャープ、三菱UFJ銀行、講談社、読売新聞東京本社、時事通信社、東宝、富士通、国土交通省、防衛省、東京高等裁判所、東京地方裁判所、東京地方検察庁

文学部
TOPPANホールディングス、SMBC日興証券、日本政策金融公庫、野村不動産、京成電鉄、KADOKAWA、小学館、KDDI、キリンホールディングス、外務省、文部科学省

経済学部
TOTO、トヨタ自動車、みずほ銀行、三井住友銀行、野村證券、日本生命保険、京王電鉄、電通、野村総合研究所、アクセンチュア、経済産業省、関東信越国税局

社会学部
アサヒ飲料、日立製作所、任天堂、住友生命保険、JAL、朝日新聞社、テレビ朝日、NHK、JCOM、東映、博報堂、ヤフー、農林水産省、衆議院事務局

経営学部
森永製菓、丸紅、三井住友信託銀行、ソフトバンク、あずさ監査法人、監査法人トーマツ、関東財務局、東京家庭裁判所

国際文化学部
ワコール、三菱電機、マツダ、第一生命保険、ジェーシービー、ソラシドエア、JALスカイ、神奈川新聞社、JTB、防衛省

人間環境学部
大和ハウス工業、ライオン、東芝、いすゞ自動車、りそな銀行、NTT東日本、楽天グループ、厚生労働省、横浜地方検察庁

現代福祉学部
伊藤園、ADKホールディングス、IMSグループ、日本年金機構、SOMPOケア、ベネッセスタイルケア、外務省、東京国税局

キャリアデザイン学部
サッポロビール、ファーストリテイリング、横浜銀行、静岡放送、NTTデータ、アビームコンサルティング、関東経済産業局

GIS（グローバル教養学部）
日産自動車、本田技研工業、ソニー、スターバックスコーヒージャパン、エミレーツ航空会社、KDDI、日本アイ・ビー・エム

スポーツ健康学部
積水ハウス、モルテン、ミズノ、アルペン、明治安田生命保険、横浜スタジアム、ルネサンス、日本スポーツ協会、皇宮警察本部

情報科学部
セイコーエプソン、NEC、Sky、TIS、富士ソフト、NTTコムウェア、日立システムズ、富士通、NTTドコモ、アクセンチュア

理工学部
コニカミノルタ、カシオ計算機、パナソニック、NEC、本田技研工業、東北電力、JR東海、ANA、Sky、NTTドコモ、厚生労働省

デザイン工学部
熊谷組、五洋建設、住友林業、一条工務店、JR東日本コンサルタンツ、LIXIL、オリンパス、バンダイ、大和総研、国土交通省

生命科学部
日清食品、山崎製パン、旭化成ファーマ、デンカ、エステー、三菱UFJ銀行、博報堂プロダクツ、関東地方整備局、海上保安庁

学部学科紹介

※本書掲載内容は、大学公表資料から独自に編集したものです。詳細は大学パンフレットやホームページ等で必ず確認してください（取得可能な免許・資格は任用資格や受験資格などを含む）。

「大学入試科目検索システム」のご案内
入試要項のうち、日程・方式ごとの偏差値や昨年度入試結果（志願者倍率、実質倍率、合格最低点）、基本情報（出願締切日、試験日、二段階選抜、募集人員、総合満点）などは、「大学入試科目検索システム」（https://nyushi.toshin.com/）をご覧ください（利用方法はp.12参照）。

法学部

市ケ谷キャンパス

定員 821

入試科目検索

特色　140年余りの伝統を継承し、現代の諸問題の解決に取り組む。
進路　サービス業や情報通信業、公務などを中心に幅広い業種に就職。
学問分野　法学／政治学／国際学
大学院　法学／政治学／法務

学科紹介

法律学科 (493)	法学の原理を学び、柔軟な思考力を身につけることでリーガルマインドを養う。2年次に、裁判と法、行政・公共政策と法、企業・経営と法（商法中心）、企業・経営と法（労働法中心）、国際社会と法、文化・社会と法の6つのコースから1つを選択し、学びを深める。
政治学科 (176)	1年次から多くの専門科目を学べる。講義科目は現代政治、歴史・思想や行政・地方自治などの科目群で構成されている。伝統的な政治学だけでなくジェンダーや公共政策、コミュニティ政策、メディア論も学び、実社会の政治問題に対応できる人材を育成する。
国際政治学科 (152)	2年次から2つのコースを設置。アジア国際政治コースではアジア各国の政治や外交について幅広い知識と分析力を身につける。グローバル・ガバナンスコースでは紛争や軍事問題、国際人権、NGOなど、地球規模の課題に理論と政策でアプローチする。法や政治に関する科目を英語で受講できる。
取得可能な免許・資格	学芸員、教員免許(中-社、高-地歴・公)、社会教育士、社会教育主事、司書教諭、司書

入試要項(2025年度)

※この入試情報は大学発表の2025年度入試（予告）および2024年度募集要項等より編集したものです（2024年1月時点。見方は巻頭の「本書の使い方」参照）。内容には変更が生じる可能性があるため、最新情報はホームページや2025年度募集要項等で必ず確認してください。

■法学部　偏差値 66

一般選抜

※配点未公表（2024年1月時点）

◆T日程入試

[全学科：2科目] 国 数 現古漢、数ⅠⅡAB〔列〕C〔べ〕から1▶古文・漢文の独立問題は出題しない 外 英

◆英語外部試験利用入試※出願資格として英語外部試験が必要

[全学科：1科目] 国 数 現古漢、数ⅠⅡAB〔列〕C〔べ〕から1▶古文・漢文の独立問題は出題しない

◆A方式入試（Ⅰ日程）

[国際政治：3科目] 国 現古漢▶漢文の独立問題は出題しない 地歴 公 数 地歴全3科目、公共・政経、数ⅠⅡAB〔列〕C〔べ〕から1 外 英

◆A方式入試（Ⅱ日程）

[法律、政治：3科目] 国 現古漢▶漢文の独立問題は出題しない 地歴 公 数 地歴全3科目、公共・政経、数ⅠⅡAB〔列〕C〔べ〕から1 外 英

共通テスト利用入試　※個別試験は課さない

◆B方式（3教科型）

[法律、政治：3科目（455点→350点）] 国 現古（155→100） 地歴 公 数 理 情 地歴公理情全12科目、数ⅠA、数ⅡBCから1（100） 外 全5科目から1（200→150）

[国際政治：3科目（410点→400点）] 国 現（110→100） 地歴 公 数 理 情 地歴公理情全12科目、数ⅠA、数ⅡBCから1（100） 外 全5科目から1（200）

◆C方式（5教科・6科目型）

[全学科：6科目（800点）] 国 現古漢（200） 地歴 公 全6科目から1（100） 数 数ⅠA、数ⅡBC（計200） 理 全5科目から1（100） 外 全5科目から1（200）

特別選抜

[総合型選抜] 英語外部試験利用自己推薦入試
[学校推薦型選抜] 学校推薦型選抜
[その他] 外国人留学生入試（前期日程、後期日程）

文学部

市ケ谷キャンパス

定員
670

入試科目検索

特色 現代社会で生きる力や良識を培う「現代のコモンセンス」などの共通科目を開講。
進路 情報通信業や卸売・小売業、サービス業など幅広い業種に就職。
学問分野 文学／言語学／哲学／心理学／歴史学／地理学
大学院 人文科学

学科紹介

学科	定員	紹介
哲学科	(79)	哲学や思想、宗教や美学・芸術学、文化史や心理学・社会学などの多彩な学問分野をカバーする教師陣のもと、人間や社会への理解を深める。定員制のゼミでの議論や共同学習の場を通して自己表現能力や論理的な思考方法を身につける。サブゼミやゼミ合宿といった授業外での指導の機会も充実している。
日本文学科	(191)	「言葉」に着目し、日本の文学や文化への理解を深める。2年次から文学、言語、文芸の3つのコースに分かれて専門領域を深める。ゼミでは卒業論文の執筆まで一貫した少人数教育の環境で学んでいく。文芸創作、出版、編集などのカリキュラムも設けられている。
英文学科	(129)	英語力を伸ばすだけでなく、人文科学、社会科学、自然科学的な要素を踏まえたカリキュラムが特徴的である。1年次から専門の講義科目を受講し、2年次からは演習に取り組む。アイルランドやアメリカに留学する学科独自の海外留学プログラムが用意されている。
史学科	(102)	日本史、東洋史、西洋史の3つの専攻を設置。2年次からはゼミに所属し、卒業論文執筆まで一貫した指導を受ける。遺物や古文書などの貴重な実物をテキストに学ぶ機会もある。学生の自主的な活動として「サブゼミ」が実施され、学生主体で研究に取り組んでいる。
地理学科	(101)	文化・歴史、社会・経済、自然・環境の3つの領域の研究を行う。1年次から専門科目が始まるカリキュラムで、講義と並行して実習や演習があり、教員と学生が数日間フィールドワークに取り組み、ディスカッションを通して地域の実態への認識を深める。
心理学科	(68)	認知系科目群と発達系科目群から興味や関心に応じて履修する。認知系科目群では脳科学、言語学、哲学、情報科学の知見を取り入れつつ心理学を学際的に発展させる。発達系科目群では発達に関わる臨床心理などを扱う。病院や学校などの現場で子どもと触れ合う機会も設けている。
取得可能な免許・資格		認定心理士、准学校心理士、地域調査士、学芸員、測量士補、教員免許（中-国・理・社・英、高-国・理・地歴・公・英）、社会教育士、社会教育主事、司書教諭、司書

入試要項（2025年度）

※この入試情報は大学発表の2025年度入試（予告）および2024年度募集要項等より編集したものです（2024年1月時点。見方は巻頭の「本書の使い方」参照）。内容には変更が生じる可能性があるため、最新情報はホームページや2025年度募集要項等で必ず確認してください。

■文学部 偏差値 66

一般選抜

※配点未公表（2024年1月時点）

◆T日程入試

[哲、英文、史、心理：2科目] 国 数 現古漢、数ⅠⅡAB〔列〕C〔べ〕から1▶古文・漢文の独立問題は出題しない 外 英

[日本文：2科目] 国 現古漢 論 小論文▶課題図書あり

[地理：2科目] 地歴 地総・地理 外 英

◆英語外部試験利用入試※出願資格として英語外部試験が必要

[英文：1科目] 国 数 現古漢、数ⅠⅡAB〔列〕C〔べ〕から1▶古文・漢文の独立問題は出題しない

◆A方式入試（Ⅰ日程）

[哲、日本文、史：3科目] 国 現古漢 地歴 公 数 地歴全3科目、公共・政経、数ⅠⅡAB〔列〕C〔べ〕から1 外 英

◆A方式入試（Ⅱ日程）

[英文、地理、心理：3科目] 国 現古漢▶漢文の独立問題は出題しない 地歴 公 数 地歴全3科目、公共・政経、数ⅠⅡAB〔列〕C〔べ〕から1 外 英

共通テスト利用入試 ※個別試験は課さない

◆B方式（3教科型）

[哲：3科目（455点→300点）] 国 現古（155→100） 地歴 公 数 理 情 地歴公理情全12科目、数ⅠA、数ⅡBCから1（100） 外 英、独、仏から1（200→100）

[日本文：3科目（500点→300点）] 国 現古漢（200→100） 地歴 公 数 理 情 地歴公理情全12科目、数ⅠA、数ⅡBCから1（100） 外 全5科目から1（200→100）

[英文：3科目（400〜410点→300点）] 国 地歴 公 数 理 情 現、地歴公理情全12科目、数ⅠA、数ⅡBCから2教科2（計200〜210→200）▶地歴と公は1教科扱い。国は110→100点とする 外 英（200→100）

[史：3科目（500点→300点）] 国 現古漢（200→100） 地歴 歴総・日、歴総・世から1（100） 外 全5科目から1（200→100）

[地理：3科目（310〜410点→300点）] 国 数 外 現、数ⅠA、数ⅡBC、外全5科目から2教科2（計210〜310→200）▶外は200→100点、国は110→100点とする 地歴 理 地総・地理、理科基礎、地から1（100）

[心理：3科目（410点→300点）] 国 現（110→100） 地歴 公 数 理 情 地歴公理情全12科目、数ⅠA、数ⅡBCから1（100） 外 英（200→100）

◆C方式（5教科・6科目型）

[全学科：6科目（800点）] 国 現古漢（200） 地歴 公 全6科目から1（100） 数 数ⅠA、数ⅡBC（計200） 理 全5科目から1（100） 外 全5科目から1（200）

特別選抜

[総合型選抜] 自己推薦入試、グローバル体験公募推薦入試、国際バカロレア利用自己推薦入試

[学校推薦型選抜] 学校推薦型選抜

[その他] 社会人入試、帰国生入試、外国人留学生入試（前期日程）

経済学部

定員 894

多摩キャンパス

入試科目検索

特色　すべての科目を英語で開講し英語で経済学を学ぶプログラムが設置されている。
進路　情報通信業や金融・保険業、卸売・小売業など幅広い業種に就職。
学問分野　経済学／経営学／国際学
大学院　経済学

学科紹介

経済学科 (492)	幅広い経済学の学びを通して複雑化する現代社会の経済の動向を把握する。3・4年次には、現代経済分析、社会経済・歴史、文化・思想、環境、政策、金融・国際、産業・企業の7つの分野から主専攻と副専攻を選び履修する。情報処理教育にも力を入れている。
国際経済学科 (249)	英語の重点教育、英語での経済学の講義、国際経済に関わる科目群が充実している。3・4年次の専門主要科目は国際投資・開発と地域経済研究の2つの科目群からなり、経済をグローバルに捉えるための知識を修得する。
現代ビジネス学科 (153)	経済学を基本に、起業家や経営管理者を育成するビジネスプロフェッショナル、大学院研究者やリサーチ・コンサルタント、公認会計士や税理士などの専門資格取得者の3つの分野の人材育成を目指したカリキュラムを構成。資格取得をサポートする様々な課外講座も設置されている。
取得可能な免許・資格	学芸員、教員免許（中-社、高-地歴・公・情）、社会教育士、社会教育主事、司書教諭、司書

入試要項（2025年度）

※この入試情報は大学発表の2025年度入試（予告）および2024年度募集要項等より編集したものです（2024年1月時点。見方は巻頭の「本書の使い方」参照）。内容には変更が生じる可能性があるため、最新情報はホームページや2025年度募集要項等で必ず確認してください。

■経済学部　偏差値 63

一般選抜

※配点未公表（2024年1月時点）

◆**T日程入試**

［全学科：2科目］国数現古漢、数ⅠⅡAB〔列〕C〔ベ〕から1▶古文・漢文の独立問題は出題しない 外英

◆**英語外部試験利用入試**※出願資格として英語外部試験が必要

［国際経済：1科目］国数現古漢、数ⅠⅡAB〔列〕C〔ベ〕から1▶古文・漢文の独立問題は出題しない

◆**A方式入試（Ⅰ日程）**

［国際経済、現代ビジネス：3科目］国現古漢▶古文・漢文の独立問題は出題しない 地歴公数地歴全3科目、公共・政経、数ⅠⅡAB〔列〕C〔ベ〕から1 外英

◆**A方式入試（Ⅱ日程）**

［経済：3科目］国現古漢▶古文・漢文の独立問題は出題しない 地歴公数地歴全3科目、公共・政経、数ⅠⅡAB〔列〕C〔ベ〕から1 外英

共通テスト利用入試　※個別試験は課さない

◆**B方式（3教科型）**

［全学科：3科目（455点→350点）］国現古（155→100）地歴公数情地歴公情全7科目、数ⅠA、数ⅡBCから1（100）外全5科目から1（200→150）

◆**C方式（5教科・6科目型）**

［全学科：6科目（800点）］国現古漢（200）地歴公全6科目から1（100）数数ⅠA、数ⅡBC（計200）理全5科目から1（100）外全5科目から1（200）

特別選抜

［総合型選抜］英語外部試験利用自己推薦入試、国際バカロレア利用自己推薦入試

［学校推薦型選抜］学校推薦型選抜

［その他］外国人留学生入試（前期日程、後期日程）、秋学期入学入試

社会学部

定員 759

入試科目検索

多摩キャンパス

特色 映像作品やデジタルコンテンツなど研究の成果を作品として、メディアを通じて外部に発信。
進路 情報通信業やサービス業、卸売・小売業など幅広い業種に就職。
学問分野 文化学／政治学／社会学／メディア学／国際学／環境学／人間科学
大学院 社会学／公共政策

学科紹介

社会政策科学科 (221)	市民的な視点と総合的な視点を兼ね備え、社会諸科学の知識を応用し社会問題を発見・分析し解決策を提言できる人材を育成する。企業と社会、サステイナビリティ、グローバル市民社会の3つのコースを設置。社会問題の現場における実習も重視している。
社会学科 (323)	社会科学の理論と方法をベースに、社会の成り立ちやありようを広く学ぶ。社会調査実習やゼミなどを通して実際の調査手法も学ぶ。人間・社会、地域・社会、文化・社会、国際・社会の4つのコースが設置され、社会への洞察力と批判的思考力を培う。
メディア社会学科 (215)	メディア表現、メディア分析、メディア設計の3つのコースを設置。メディアを取り巻く環境の変化が激しい現代社会の中で、その変化に対応できる多角的思考と先見性を兼ね備えた人材を育成する。実践科目では映像、ウェブ、広告コンテンツなどの制作を行う。
取得可能な免許・資格	学芸員、社会調査士、教員免許（中-社、高-地歴・公・情）、社会教育士、社会教育主事、司書教諭、司書

入試要項（2025年度）

※この入試情報は大学発表の2025年度入試（予告）および2024年度募集要項等より編集したものです（2024年1月時点。見方は巻頭の「本書の使い方」参照）。内容には変更が生じる可能性があるため、最新情報はホームページや2025年度募集要項等で必ず確認してください。

■社会学部 偏差値 64

一般選抜

※配点未公表（2024年1月時点）

◆**T日程入試**

[全学科：2科目] 国 数 現古漢、数ⅠⅡAB〔列〕C〔ベ〕から1▶古文・漢文の独立問題は出題しない 外 英

◆**英語外部試験利用入試**※出願資格として英語外部試験が必要

[全学科：1科目] 国 数 現古漢、数ⅠⅡAB〔列〕C〔ベ〕から1▶古文・漢文の独立問題は出題しない

◆**A方式入試（Ⅰ日程）**

[社会政策科、メディア社会：3科目] 国 現古漢▶古文・漢文の独立問題は出題しない 地歴 公 数 地歴全3科目、公共・政経、数ⅠⅡAB〔列〕C〔ベ〕から1 外 英

◆**A方式入試（Ⅱ日程）**

[社会：3科目] 国 現古漢▶古文・漢文の独立問題は出題しない 地歴 公 数 地歴全3科目、公共・政経、数ⅠⅡAB〔列〕C〔ベ〕から1 外 英

共通テスト利用入試 ※個別試験は課さない

◆**B方式（3教科型）**

[全学科：3科目（410点→350点）] 国 現（110→100） 地歴 公 数 理 情 地歴公理情全12科目、数ⅠA、数ⅡBCから1（100） 外 全5科目から1（200→150）

◆**C方式（5教科・6科目型）**

[全学科：6科目（800点）] 国 現古漢（200） 地歴 公 全6科目から1（100） 数 数ⅠA、数ⅡBC（計200） 理 全5科目から1（100） 外 全5科目から1（200）

特別選抜

[学校推薦型選抜] 学校推薦型選抜

[その他] 外国人留学生入試（前期日程、後期日程）

経営学部

市ケ谷キャンパス

定員 781

入試科目検索

特色 主要科目を英語で開講する「グローバル・ビジネス／GBP科目」を設けている。
進路 卒業者の多くは情報通信業やサービス業、金融・保険業などに就職している。
学問分野 経営学／国際学
大学院 経営学

学科紹介

経営学科 (326)	企業組織の実態を学ぶ組織分野、企業経営上の人的資源の効率的な活用法を学ぶ人材分野、組織における金銭の流れの仕組みを体系的に学ぶ会計分野の3つの学修領域がある。企業の管理に欠かせない分野を重点的に学び、マネジメントに関する知識を身につける。
経営戦略学科 (237)	海外での企業活動について学ぶ国際経営戦略、長期的視野から今と未来の経営課題を考える経営史、財務情報を理解し経営戦略の分析を行う経営分析の3つの学修領域がある。日本企業のグローバル戦略の立ち遅れや創業の停滞などの問題に新たな戦略でリードする。
市場経営学科 (218)	効率的な販売について考察するマーケティング、現代のビジネスに必須のIT技術を学ぶ情報・技術、証券市場や企業の財務行動について学ぶファイナンスの3つの学修領域を軸に、市場と企業の関わりを分析する。新たなマーケットの創造を担う人材を育成する。
取得可能な免許・資格	学芸員、教員免許(中-社、高-公・商業)、社会教育士、社会教育主事、司書教諭、司書

入試要項(2025年度)

※この入試情報は大学発表の2025年度入試（予告）および2024年度募集要項等より編集したものです（2024年1月時点。見方は巻頭の「本書の使い方」参照）。内容には変更が生じる可能性があるため、最新情報はホームページや2025年度募集要項等で必ず確認してください。

■経営学部 偏差値  64

一般選抜

※配点未公表（2024年1月時点）

◆**T日程入試**

[全学科：2科目] 国数現古漢、数ⅠⅡAB〔列〕C〔べ〕から1▶古文・漢文の独立問題は出題しない 外英

◆**英語外部試験利用入試**※出願資格として英語外部試験が必要

[全学科：1科目] 国数現古漢、数ⅠⅡAB〔列〕C〔べ〕から1▶古文・漢文の独立問題は出題しない

◆**A方式入試（Ⅰ日程）**

[経営：3科目] 国現古漢▶漢文の独立問題は出題しない 地歴公数地歴全3科目、公共・政経、数ⅠⅡAB〔列〕C〔べ〕から1 外英

◆**A方式入試（Ⅱ日程）**

[経営戦略、市場経営：3科目] 国現古漢▶漢文の独立問題は出題しない 地歴公数地歴全3科目、公共・政経、数ⅠⅡAB〔列〕C〔べ〕から1 外英

共通テスト利用入試 ※個別試験は課さない

◆**B方式（3教科型）**

[全学科：3科目(455点→350点)] 国現古(155→100) 地歴公数理情地歴公理情全12科目、数ⅠA、数ⅡBCから1(100) 外英、独、仏から1(200→150)

◆**C方式（5教科・6科目型）**

[全学科：6科目(800点)] 国現古漢(200) 地歴公全6科目から1(100) 数数ⅠA、数ⅡBC(計200) 理全5科目から1(100) 外全5科目から1(200)

特別選抜

[総合型選抜] グローバル体験公募推薦入試
[学校推薦型選抜] 学校推薦型選抜
[その他] 帰国生入試、外国人留学生入試（前期日程、後期日程)、秋学期入学入試

国際文化学部

定員 254

市ケ谷キャンパス

入試科目検索

特色 2年次にすべての学生が海外留学に参加。留学先は7つの言語圏から選択する。
進路 卒業者の多くは卸売・小売業や情報通信業、サービス業などに就職している。
学問分野 文化学／メディア学／国際学／芸術理論／情報学
大学院 国際文化

学科紹介

国際文化学科 (254)	急速に進むグローバル化の中で、寛容で共感的な他者理解を通して自らを客観視し、考えや感性を様々なかたちで表現・発信できる「国際社会人」の育成に取り組む。7言語での語学教育、全員が参加する留学、情報コミュニケーション技術（ICT）の修得などを行う。
取得可能な免許・資格	学芸員、教員免許(中-英・中国語、高-英・中国語)、社会教育士、社会教育主事、司書教諭、司書

入試要項（2025年度）

※この入試情報は大学発表の2025年度入試（予告）および2024年度募集要項等より編集したものです（2024年1月時点。見方は巻頭の「本書の使い方」参照）。内容には変更が生じる可能性があるため、最新情報はホームページや2025年度募集要項等で必ず確認してください。

■国際文化学部 偏差値 67

一般選抜

※配点未公表（2024年1月時点）

◆T日程入試

［国際文化：2科目］国数 現古漢、数ⅠⅡAB〔列〕C〔べ〕から1▶古文・漢文の独立問題は出題しない 外 英

◆英語外部試験利用入試※出願資格として英語外部試験が必要

［国際文化：1科目］国数 現古漢、数ⅠⅡAB〔列〕C〔べ〕から1▶古文・漢文の独立問題は出題しない

◆A方式入試

［国際文化：3科目］国 現古漢▶漢文の独立問題は出題しない 地歴 公 数 地歴全3科目、公共・政経、数ⅠⅡAB〔列〕C〔べ〕から1 外 英

共通テスト利用入試 ※個別試験は課さない

◆B方式（3教科型）

［国際文化：3科目（455点→350点）］国 現古（155→100）地歴 公 数 理 情 地歴公理情全12科目、数ⅠA、数ⅡBCから1（100）外 全5科目から1（200→150）

特別選抜

［総合型選抜］分野優秀者入試、SA自己推薦入試
［学校推薦型選抜］学校推薦型選抜
［その他］外国人留学生入試（前期日程）

人間環境学部

市ケ谷キャンパス

定員 343

入試科目検索

特色　持続可能な社会構築に貢献できる人材を育成する英語学位プログラムを設置。
進路　卒業者の多くは情報通信業や卸売・小売業、サービス業などに就職している。
学問分野　文化学／経済学／国際学／環境学／人間科学
大学院　公共政策

学科紹介

人間環境学科 (343)	文系の立場からグローバルかつローカルに持続可能な社会の構築を目指し、サステイナブル経済・経営コース、ローカル・サステイナビリティコース、グローバル・サステイナビリティコース、人間文化コース、環境サイエンスコースを設置。「つながり」を見いだせる幅広い知識と視野、柔軟な思考力を身につけるための学びを実施している。
取得可能な免許・資格	学芸員、教員免許(中-社、高-地歴・公)、社会教育士、社会教育主事、司書教諭、司書

入試要項(2025年度)

※この入試情報は大学発表の2025年度入試（予告）および2024年度募集要項等より編集したものです（2024年1月時点。見方は巻頭の「本書の使い方」参照）。内容には変更が生じる可能性があるため、最新情報はホームページや2025年度募集要項等で必ず確認してください。

■人間環境学部 偏差値 64

一般選抜

※配点未公表（2024年1月時点）

◆T日程入試

[人間環境：2科目] 国 数 現古漢、数ⅠⅡAB〔列〕C〔べ〕から1▶古文・漢文の独立問題は出題しない 外 英

◆英語外部試験利用入試※出願資格として英語外部試験が必要

[人間環境：1科目] 国 数 現古漢、数ⅠⅡAB〔列〕C〔べ〕から1▶古文・漢文の独立問題は出題しない

◆A方式入試

[人間環境：3科目] 国 現古漢▶漢文の独立問題は出題しない 地歴 公 数 地歴全3科目、公共・政経、数ⅠⅡAB〔列〕C〔べ〕から1 外 英

共通テスト利用入試　※個別試験は課さない

◆B方式（3教科型）

[人間環境：3科目（400～410点→300点）] 国 地歴 公 数 理 情 現、地歴公理情全12科目、数ⅠA、数ⅡBCから2教科2（計200～210→200）▶地歴と公は1教科扱い。国は110→100点とする 外 英、独、仏、中から1（200→100）

◆C方式（5教科・6科目型）

[人間環境：6科目（800点）] 国 現古漢（200） 地歴 公 全6科目から1（100） 数 数ⅠA、数ⅡBC（計200） 理 全5科目から1（100） 外 全5科目から1（200）

特別選抜

[総合型選抜] 自己推薦入試、国際バカロレア利用自己推薦入試

[学校推薦型選抜] 学校推薦型選抜

[その他] 社会人リフレッシュ・ステージ・プログラム入試、外国人留学生入試（前期日程、後期日程）、秋学期入学入試

現代福祉学部

定員 236

多摩キャンパス

入試科目検索

特色 国際的な機関や企業で働くことを希望する学生を対象とした英語講義を実施。
進路 卒業者の多くは医療・福祉業やサービス業などに就く。他、大学院へ進学する者もいる。
学問分野 心理学／社会福祉学
大学院 人間社会

学科紹介

学科	定員	内容
福祉コミュニティ学科	(150)	地域社会の福祉部門で指導的役割を果たすことができる人材を育成する。座学で学んだ知識や技術を実践の中で活かすことを重視し、ソーシャルワーク実習、コミュニティマネジメント・インターンシップなど将来の希望に合わせた様々な現場での実習が用意されている。
臨床心理学科	(86)	心の問題を臨床の現場でサポートできる人材を育成する。様々な領域の専門家のもとで臨床心理学を幅広く学ぶ。臨床心理現場見学や臨床心理フィールド実習など、充実した実習が用意されている。臨床心理士を目指し、大学院までの一貫教育を受けることもできる。
取得可能な免許・資格		公認心理師、認定心理士、学芸員、社会福祉士、精神保健福祉士、スクールソーシャルワーカー、社会福祉主事、教員免許（中-社、高-公）、社会教育士、社会教育主事、司書教諭、司書

入試要項（2025年度）

※この入試情報は大学発表の2025年度入試（予告）および2024年度募集要項等より編集したものです（2024年1月時点。見方は巻頭の「本書の使い方」参照）。内容には変更が生じる可能性があるため、最新情報はホームページや2025年度募集要項等で必ず確認してください。

■現代福祉学部 偏差値 

一般選抜

※配点未公表（2024年1月時点）

◆T日程入試

[全学科：2科目] 国数 現古漢、数ⅠⅡAB〔列〕C〔べ〕から1▶古文・漢文の独立問題は出題しない 外 英

◆英語外部試験利用入試※出願資格として英語外部試験が必要

[全学科：1科目] 国数 現古漢、数ⅠⅡAB〔列〕C〔べ〕から1▶古文・漢文の独立問題は出題しない

◆A方式入試

[全学科：3科目] 国 現古漢▶古文・漢文の独立問題は出題しない 地歴 公 数 地歴全3科目、公共・政経、数ⅠⅡAB〔列〕C〔べ〕から1 外 英

共通テスト利用入試 ※個別試験は課さない

◆B方式（3教科型）

[全学科：3科目（410点→300点）] 国 現（110→100） 地歴 公 数 理 情 地歴公理情全12科目、数ⅠA、数ⅡBCから1（100） 外 英（200→100）

◆C方式（5教科・6科目型）

[全学科：6科目（800点）] 国 現古漢（200） 地歴 公 全6科目から1（100） 数 数ⅠA、数ⅡBC（計200） 理 全5科目から1（100） 外 全5科目から1（200）

特別選抜

[総合型選抜] まちづくりチャレンジ自己推薦入試、グローバル体験公募推薦入試
[学校推薦型選抜] 学校推薦型選抜
[その他] 外国人留学生入試（前期日程）

キャリアデザイン学部

市ケ谷キャンパス

定員 300

入試科目検索

特色 働く現場から学ぶ「キャリア体験学習」が必修。学部独自の海外留学制度もある。
進路 約1割が大学院へ進学。医療・福祉業やサービス業に就く者が多い。
学問分野 経営学／社会学／教育学
大学院 キャリアデザイン学

学科紹介

キャリアデザイン学科	(300)	発達・教育キャリア、ビジネスキャリア、ライフキャリアの3つの領域を設定。学び方、働き方、生き方を学び、自分の人生のデザインに加えて他者のキャリア形成を支援する力を養う。体験型学習や学部独自のアドバイザーによる支援制度も充実している。
取得可能な免許・資格		学芸員、教員免許(中-社、高-地歴・公)、社会教育士、社会教育主事、司書教諭、司書

入試要項(2025年度)

※この入試情報は大学発表の2025年度入試（予告）および2024年度募集要項等より編集したものです（2024年1月時点。見方は巻頭の「本書の使い方」参照)。内容には変更が生じる可能性があるため、最新情報はホームページや2025年度募集要項等で必ず確認してください。

■キャリアデザイン学部 偏差値 65

一般選抜

※配点未公表（2024年1月時点）

◆**T日程入試**

[キャリアデザイン：2科目] 国 数 現古漢、数ⅠⅡAB〔列〕C〔ベ〕から1▶古文・漢文の独立問題は出題しない 外 英

◆**英語外部試験利用入試**※出願資格として英語外部試験が必要

[キャリアデザイン：1科目] 国 数 現古漢、数ⅠⅡAB〔列〕C〔ベ〕から1▶古文・漢文の独立問題は出題しない

◆**A方式入試**

[キャリアデザイン：3科目] 国 現古漢▶漢文の独立問題は出題しない 地歴 公 数 地歴全3科目、公共・政経、数ⅠⅡAB〔列〕C〔ベ〕から1 外 英

共通テスト利用入試 ※個別試験は課さない

◆**B方式（3教科型）**

[キャリアデザイン：3科目（455点→300点)] 国 現古（155→100) 地歴 公 数 理 情 地歴公理情全12科目、数ⅠA、数ⅡBCから1（100) 外 英（200→100)

◆**C方式（5教科・6科目型)**

[キャリアデザイン：6科目（800点)] 国 現古漢（200) 地歴 公 全6科目から1（100) 数 数ⅠA、数ⅡBC（計200) 理 全5科目から1（100) 外 全5科目から1(200)

特別選抜

[総合型選抜] キャリア体験自己推薦入試、商業学科等対象公募推薦入試、グローバル体験公募推薦入試、国際バカロレア利用自己推薦入試

[学校推薦型選抜] 学校推薦型選抜

[その他] 外国人留学生入試(前期日程、後期日程)

GIS（グローバル教養学部）

定員 102

市ケ谷キャンパス

入試科目検索

特色 授業はすべて英語。各自の興味に合わせ学修を進める。
進路 卒業者の多くが卸売・小売業や情報通信業、サービス業に就職する。
学問分野 言語学／経済学／社会学／国際学

学科紹介

グローバル教養学科 （102）	独自のリベラルアーツ教育を行う。従来の一般教養科目は設置せず、人文、社会科学、ビジネスを中心に学際的に専門科目を学ぶ。英語圏の大学へ最長10カ月間留学し現地で正規の学部授業を履修する本格的な留学制度では、参加者全員に奨学金が支給される。
取得可能な免許・資格	学芸員、社会教育士、社会教育主事、司書

入試要項（2025年度）

※この入試情報は大学発表の2025年度入試（予告）および2024年度募集要項等より編集したものです（2024年1月時点。見方は巻頭の「本書の使い方」参照）。内容には変更が生じる可能性があるため、最新情報はホームページや2025年度募集要項等で必ず確認してください。

■GIS（グローバル教養学部） 偏差値 66

一般選抜

※配点未公表（2024年1月時点）

◆**英語外部試験利用入試**

［グローバル教養：2科目］国数現古漢、数ⅠⅡAB〔列〕C〔ベ〕から1▶古文・漢文の独立問題は出題しない外英語外部試験

◆**A方式入試**

［グローバル教養：3科目］国現古漢▶漢文の独立問題は出題しない地歴公数地歴全3科目、公共・政経、数ⅠⅡAB〔列〕C〔ベ〕から1外英語外部試験

共通テスト利用入試 ※個別試験は課さない

◆**B方式（3教科型）** ※出願資格として英語外部試験が必要

［グローバル教養：2科目（255点→200点）］国現古（155→100）地歴公数地歴公全6科目、数ⅠA、数ⅡBCから1（100）

特別選抜

［総合型選抜］自己推薦入試（春入試）
［学校推薦型選抜］学校推薦型選抜
［その他］秋学期入学入試

スポーツ健康学部

定員 185

多摩キャンパス

入試科目検索

特色 専門資格の取得をサポートしている他、学生食堂を学びと連動させている。
進路 サービス業や卸売・小売業、製造業など幅広い業種に就職。
学問分野 経営学／健康科学
大学院 スポーツ健康学

学科紹介

スポーツ健康学科 (185)	身体機能に関する分野を学ぶヘルスデザイン、スポーツ振興政策や事業経営などを学ぶスポーツビジネス、スポーツ指導のノウハウを学ぶスポーツコーチングの3つのコースを設置。最先端の研究を学ぶ海外課外研修も実施している。
取得可能な免許・資格	学芸員、教員免許（中-保体、高-保体）、社会教育士、社会教育主事、司書教諭、司書

入試要項（2025年度）

※この入試情報は大学発表の2025年度入試（予告）および2024年度募集要項等より編集したものです（2024年1月時点。見方は巻頭の「本書の使い方」参照）。内容には変更が生じる可能性があるため、最新情報はホームページや2025年度募集要項等で必ず確認してください。

■スポーツ健康学部 偏差値 62

一般選抜

※配点未公表（2024年1月時点）

◆T日程入試

[スポーツ健康：2科目] 国数現古漢、数ⅠⅡAB〔列〕C〔ベ〕から1▶古文・漢文の独立問題は出題しない 外英

◆英語外部試験利用入試※出願資格として英語外部試験が必要

[スポーツ健康：1科目] 国数現古漢、数ⅠⅡAB〔列〕C〔ベ〕から1▶古文・漢文の独立問題は出題しない

◆A方式入試

[スポーツ健康：3科目] 国現古漢▶古文・漢文の独立問題は出題しない 地歴公数地歴全3科目、公共・政経、数ⅠⅡAB〔列〕C〔ベ〕から1 外英

共通テスト利用入試 ※個別試験は課さない

◆B方式（3教科型）

[スポーツ健康：3科目(400～410点→300点)] 国数現、数ⅠA、数ⅡBCから1（100～110→100）▶国は110→100点とする 地歴公理情全12科目から1（100）外英(200→100)

◆C方式（5教科・6科目型）

[スポーツ健康：6科目(800点)] 国現古漢(200) 地歴公全6科目から1(100) 数数ⅠA、数ⅡBC(計200) 理全5科目から1（100）外全5科目から1(200)

特別選抜

[総合型選抜] 自己推薦入試（理数系、アスリート・トップアスリート系）
[学校推薦型選抜] 学校推薦型選抜
[その他] 外国人留学生入試（前期日程）

情報科学部

定員 160

入試科目検索

小金井キャンパス

特色 学生の希望や提案に応えた題材で授業を行う「リクエスト集中講義」を開講。
進路 約1割が大学院へ進学。卒業者の多くが情報通信業に就く。
学問分野 情報学
大学院 情報科学

学科紹介

コンピュータ科学科 (80)	コンピュータによる計算や検索の高速化、伝達の効率化など情報化社会を支えるコンピュータ技術の進化を追究する。コンピュータの仕組みからプログラミング言語、並列分散処理、AI（人工知能）、セキュリティなど情報科学に関する専門知識と技術を修得する。
ディジタルメディア学科 (80)	音声、画像、センサなどの新たな形態の情報を追究し実社会に応用する技術を修得する。物理計算、画像認識、音声情報処理などのコンピュータシステム分野を学び、CG作成の理論と方法、顔や音声の認識と識別、認識が困難な現象の可視化などの技術を研究する。
取得可能な免許・資格	学芸員、教員免許（高-情）、社会教育士、社会教育主事、司書教諭、司書

入試要項（2025年度）

※この入試情報は大学発表の2025年度入試（予告）および2024年度募集要項等より編集したものです（2024年1月時点。見方は巻頭の「本書の使い方」参照）。内容には変更が生じる可能性があるため、最新情報はホームページや2025年度募集要項等で必ず確認してください。

■情報科学部 偏差値 65

一般選抜

※配点未公表（2024年1月時点）

◆**T日程入試**
[全学科：2科目] 数 数ⅠⅡⅢAB〔列〕C 外 英

◆**英語外部試験利用入試**※出願資格として英語外部試験が必要
[全学科：1科目] 数 数ⅠⅡⅢAB〔列〕C

◆**A方式入試（Ⅰ日程）**
[ディジタルメディア：3科目] 数 数ⅠⅡⅢAB〔列〕C 理 物基・物 外 英

◆**A方式入試（Ⅱ日程）**
[コンピュータ科：3科目] 数 数ⅠⅡⅢAB〔列〕C 理 物基・物 外 英

共通テスト利用入試 ※個別試験は課さない

◆**B方式（3教科型）**
[コンピュータ科：4科目（500点）] 数 数ⅠA、数ⅡBC（計200） 理 情 物、情Ⅰから1（100） 外 英（200）
[ディジタルメディア：4科目（500点）] 数 数ⅠA、数ⅡBC（計200） 理 物（100） 外 英（200）

◆**C方式（5教科・6科目型）**
[全学科：6科目（800点）] 国 現古漢（200） 地歴 公 全6科目から1（100） 数 数ⅠA、数ⅡBC（計200） 理 物、化、生、地から1（100） 外 全5科目から1（200）

特別選抜

[総合型選抜] 公募推薦入試
[学校推薦型選抜] 学校推薦型選抜
[その他] 外国人留学生入試（前期日程、後期日程）

理工学部

小金井キャンパス

定員 565

入試科目検索

特色 語学など創造力の土台となる教養科目が充実している。他学科の科目も履修可能。
進路 約3割が大学院へ進学。製造業や情報通信業に就く者が多い。
学問分野 数学／物理学／地学／機械工学／電気・電子工学／船舶・航空宇宙工学／社会・安全工学／情報学
大学院 理工学

学科紹介

学科	定員	紹介
機械工学科 機械工学専修	(116)	ヒューマンロボティクス、エアロダイナミックデザイン、環境・エネルギー、エアロスペースマテリアル、材料物性・強度、デジタルエンジニアリングの6つの履修コースがある。熱力学・機械力学・流体力学・材料力学を基礎に、技術開発の可能性を追究し続けている。
機械工学科 航空操縦学専修	(30)	航空会社や航空局、自衛隊での実績を持つ教授陣のもと、航空機の操縦やそのために必要な機械工学を学ぶ。現在、世界的に不足傾向にあるパイロットと、高度な機械工学の知識を身につけた航空エンジニアの育成を目指す。1年次から認定施設での操縦実習を行う。
電気電子工学科	(113)	広い視野で最先端の技術を学ぶために、電気エネルギーエンジニアリングコース、マイクロ・ナノエレクトロニクスコース、回路デザインコース、通信システムコース、知能ロボットコースを設置。「共創」により知識の幅を広めることで、自らの課題を発見し、解決できる人材の育成を目指す。
応用情報工学科	(113)	情報化社会でのキャリアを形成するため、情報ネットワークコース、人間環境・生体情報コース、社会情報コース、ユビキタス情報コース、基礎情報コースを設置し、多様化を続ける現代社会の中で発生する様々な問題に対処し、前例のない新しい価値を創造・提言できる優秀なエンジニアや研究者の育成を目指す。
経営システム工学科	(80)	希望する進路に合わせ、数理システム、企業システム、社会システム、生産システムの4つの分野を設けている。経営を数理的に理解し経営イノベーションに取り組む人材を育成する。
創生科学科	(113)	自然、人間、知能の3つのフィールドを設定。グローバルなプロジェクトなど総合的なマネジメント力を求められる場面で文理の枠にとらわれない統合的問題解決能力や判断力を発揮できる「理系ジェネラリスト」を育成する。
取得可能な免許・資格		学芸員、特殊無線技士（海上、陸上）、陸上無線技術士、主任技術者（電気）、教員免許（中-数・理、高-数・理・情）、社会教育士、社会教育主事、司書教諭、司書

入試要項（2025年度）

※この入試情報は大学発表の2025年度入試（予告）および2024年度募集要項等より編集したものです（2024年1月時点。見方は巻頭の「本書の使い方」参照）。内容には変更が生じる可能性があるため、最新情報はホームページや2025年度募集要項等で必ず確認してください。

■理工学部 偏差値 64

一般選抜

※配点未公表（2024年1月時点）

◆**T日程入試**

[機械工－航空操縦学以外：2科目] 数 数ⅠⅡⅢAB〔列〕C 外 英

◆**英語外部試験利用入試**※出願資格として英語外部試験が必要

[機械工－航空操縦学以外：1科目] 数 数ⅠⅡⅢAB〔列〕C

◆**A方式入試（Ⅰ日程）**

[機械工－機械工学、応用情報工：3科目] 数 数ⅠⅡⅢAB〔列〕C 理 物基・物、化基・化から1 外 英

◆**A方式入試（Ⅱ日程）**

[電気電子工、経営システム工、創生科：3科目] 数 数ⅠⅡⅢAB〔列〕C 理 物基・物、化基・化から1 外 英

共通テスト併用入試

◆**一般選抜**※二次選考の詳細未公表（2024年1月時点）

[機械工－航空操縦学]〈一次：共4科目（500～510点→400点）〉国 理 現、物、化、生、地から1（100～110→100）数 数ⅠA、数ⅡBC（計200）外 英（200→100）〈二次〉未公表

共通テスト利用入試 ※個別試験は課さない

◆**B方式（3教科型）**

[機械工－航空操縦学以外：4科目（500点→400点）] 数 数ⅠA、数ⅡBC（計200）理 情 物、化、情Ⅰから1（100）外 英（200→100）

◆**C方式（5教科・6科目型）**

[機械工－航空操縦学以外：6科目（800点）] 国 現古漢（200）地歴 公 全6科目から1（100）数 数ⅠA、数ⅡBC（計200）理 物、化、生、地から1（100）外 全5科目から1（200）

特別選抜

[総合型選抜] 自己推薦入試

[学校推薦型選抜] 学校推薦型選抜

[その他] 帰国生入試、外国人留学生入試（前期日程、後期日程）

デザイン工学部

定員 299

市ケ谷キャンパス

入試科目検索

特色 工学の専門知識とともに他の幅広い分野の知識も修得するためクォーター制を導入。
進路 約4割が大学院へ進学。建設業や情報通信業に就く者が多い。
学問分野 機械工学／土木・建築学／デザイン学／環境学／情報学
大学院 デザイン工学

学科紹介

建築学科 (135)	アーキテクトマインドと総合的なデザイン力を備えた人材を育成する。設計製図の基本から建築デザイン、空間や機能、環境、設備のデザイン、工法、表現力に至るまで、スタジオ実習で実践的に学ぶ。
都市環境デザイン工学科 (82)	都市プランニング、環境システム、施設デザインの3つの系で構成。社会基盤を設計・整備する手法や防災技術を学び、自然との調和を図り環境を保全する知恵を創造する。
システムデザイン学科 (82)	クリエーション系、テクノロジー系、マネジメント系の3つの領域からものづくりを総合的に捉え、多角的なデザイン思考力を養う。1年次から少人数でチームを組み、現代社会のニーズを意識した製品を企画・制作する実習系科目が用意されている。
取得可能な免許・資格	学芸員、建築士(一級、二級、木造)、技術士補、測量士補、施工管理技士(土木、建築、管工事、造園)、社会教育士、社会教育主事、司書

入試要項(2025年度)

※この入試情報は大学発表の2025年度入試（予告）および2024年度募集要項等より編集したものです（2024年1月時点。見方は巻頭の「本書の使い方」参照)。内容には変更が生じる可能性があるため、最新情報はホームページや2025年度募集要項等で必ず確認してください。

■デザイン工学部 偏差値 64

一般選抜

※配点未公表（2024年1月時点）

◆T日程入試

［建築、都市環境デザインエ：2科目］数数ⅠⅡⅢAB〔列〕C 外英

［システムデザイン：2科目］数数ⅠⅡAB〔列〕C〔ベ〕外英

◆英語外部試験利用入試※出願資格として英語外部試験が必要

［建築、都市環境デザインエ：1科目］数数ⅠⅡⅢAB〔列〕C

［システムデザイン:1科目］数数ⅠⅡAB〔列〕C〔ベ〕

◆A方式入試（Ⅰ日程）

［都市環境デザインエ:3科目］数数ⅠⅡⅢAB〔列〕C 理物基・物、化基・化から1 外英

［システムデザイン：3科目］数数ⅠⅡAB〔列〕C〔ベ〕理物基・物、化基・化から1 外英▶高得点2教科を合否判定に使用

◆A方式入試（Ⅱ日程）

［建築：3科目］数数ⅠⅡⅢAB〔列〕C 理物基・物、化基・化から1 外英

共通テスト利用入試 ※個別試験は課さない

◆B方式（3教科型）

［建築：4科目(500〜510点→500点)］国理現、物、化、生、地から1（100〜110→100）▶国は110→100点とする 数数ⅠA、数ⅡBC（計200）外英（200）

［都市環境デザインエ：4科目（410〜500点→600点)］国外現、英から1（110〜200→200）▶国は110→200点とする 数数ⅠA、数ⅡBC（計200）理物、化、生、地から1（100→200）

［システムデザイン：3科目（300〜400点→300点)］国数理外現、数ⅠA、数ⅡBC、物、化、生、地、英から3（計300〜410→300）▶理2科目選択不可。国は110→100点、外は200→100点とする

◆C方式（5教科・6科目型）

［全学科：6科目（800点)］国現古漢（200）地歴公全6科目から1(100) 数数ⅠA、数ⅡBC(計200）理物、化、生、地から1（100）外全5科目から1（200）

特別選抜

［学校推薦型選抜］学校推薦型選抜

［その他］帰国生入試、外国人留学生入試（前期日程、後期日程）

生命科学部

定員 236

入試科目検索

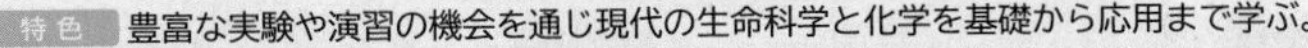

小金井キャンパス

特色 豊富な実験や演習の機会を通じ現代の生命科学と化学を基礎から応用まで学ぶ。

進路 約4割が大学院へ進学。製造業や情報通信業など幅広い業種に就職している。

学問分野 化学／生物学／応用生物学／環境学

大学院 理工学

学科紹介

生命機能学科 (74)	ゲノムの全遺伝子の機能解明を目指すゲノム機能、タンパク質の折りたたみ構造が持つ機能を学ぶ蛋白質機能、細胞の一つひとつが持つ個性を解明する細胞機能の3つのコースを設置。新分野「生命機能科学」を提唱し学問創成と最先端の生命科学教育を展開する。
環境応用化学科 (82)	グリーンケミストリ(人間･環境に優しく持続可能な社会を目指す化学)、機能性物質の研究や開発を行う物質創製化学、化学工学的プロセス設計などを学ぶ環境化学工学の3つのコースを設置。グリーンケミストリ教育を推進し、環境保全に貢献する技術者と研究者を育成する。
応用植物科学科 (80)	植物クリニカル、グリーンテクノロジー、グリーンマネジメントの3つのコースで構成。植物の病気の仕組みや予防法などを学ぶ植物医科学を中心に学ぶ。1年次からの実際に植物を用いた植物病の診断実習などの実践教育を通じて「植物の医者」を育成する。
取得可能な免許・資格	学芸員、危険物取扱者(甲種)、毒物劇物取扱責任者、技術士補、食品衛生管理者、自然再生士補、樹木医補、バイオ技術者、教員免許(中-理、高-理)、社会教育士、社会教育主事、作業環境測定士、司書教諭、司書

入試要項(2025年度)

※この入試情報は大学発表の2025年度入試（予告）および2024年度募集要項等より編集したものです（2024年1月時点。見方は巻頭の「本書の使い方」参照)。内容には変更が生じる可能性があるため、最新情報はホームページや2025年度募集要項等で必ず確認してください。

■生命科学部 偏差値 62

一般選抜

※配点未公表（2024年1月時点）

◆T日程入試

[全学科：2科目] 数 数ⅠⅡAB〔列〕C〔ベ〕外 英

◆英語外部試験利用入試 ※出願資格として英語外部試験が必要

[全学科：1科目] 数 数ⅠⅡAB〔列〕C〔ベ〕

◆A方式入試（Ⅰ日程）

[生命機能：3科目] 数 数ⅠⅡAB〔列〕C〔ベ〕理 物基・物、化基・化、生基・生から1 外 英

◆A方式入試（Ⅱ日程）

[環境応用化：3科目] 数 数ⅠⅡⅢAB〔列〕C 理 物基・物、化基・化、生基・生から1 外 英

[応用植物科：3科目] 数 数ⅠⅡAB〔列〕C〔ベ〕理 物基・物、化基・化、生基・生から1 外 英

共通テスト利用入試 ※個別試験は課さない

◆B方式（3教科型）

[全学科：4科目（500点→600点)] 数 数ⅠA、数ⅡBC(計200) 理 物、化、生から1(100→200) 外 英(200)

◆C方式（5教科・6科目型）

[全学科：6科目（800点)] 国 現古漢（200）地歴 公 全6科目から1(100) 数 数ⅠA、数ⅡBC(計200) 理 物、化、生、地から1（100）外 全5科目から1(200)

特別選抜

[学校推薦型選抜] 学校推薦型選抜

[その他] 帰国生入試、外国人留学生入試（前期日程、後期日程)

募集人員等一覧表

※本書掲載内容は、大学のホームページ及び入学案内や募集要項などの公開データから独自に編集したものです（2024年度入試[※1]）。詳細は募集要項かホームページで必ず確認してください。

学部	学科－専修	募集人員※2	一般選抜			共通テスト併用入試	共通テスト利用入試		特別選抜※3
			T日程	A方式	英語外部試験利用	航空操縦学専修一般選抜	B方式	C方式	
法	法律	493名	45名	198名	5名	—	35名	10名	⑳+㉒15名※4
	政治	176名	20名	54名	5名		20名	5名	⑳+㉒15名※4
	国際政治	152名	14名	57名	5名		15名	5名	③5名 ⑳+㉒15名※4
文	哲	79名	10名	40名	—	—	8名	3名	⑪⑫若干名 ⑯若干名※4 ⑳10名※5 ㉑2名
	日本文	191名	25名	75名	—		10名	5名	①15名 ⑪⑫⑬若干名 ⑯若干名※4 ⑳10名 ㉑4名
	英文	129名	12名	63名	2名		10名	3名	⑪⑫若干名 ⑯若干名※4 ⑳10名※5 ㉑3名
	史	102名	8名	54名	—		5名	3名	⑯若干名※4 ⑳10名※5 ㉑2名
	地理	101名	10名	44名	—		10名	3名	①10名 ⑯若干名※4 ⑳10名※5 ㉑2名
	心理	68名	8名	31名	—		5名	2名	⑯若干名※4 ⑳10名※5 ㉑2名
経済	経済	492名	33名	227名	—	—	27名	8名	③2名 ⑫若干名 ⑲30名 ⑳+㉒28名※4
	国際経済	249名	25名	116名	5名		15名	5名	③6名 ⑫若干名 ⑳+㉒28名※4
	現代ビジネス	153名	14名	58名	—		9名	5名	③2名 ⑫若干名 ⑳+㉒28名※4
社会	社会政策科	221名	15名	88名	5名	—	15名	5名	⑳+㉒7名
	社会	323名	20名	152名	7名		20名	5名	⑳+㉒11名
	メディア社会	215名	15名	93名	5名		15名	5名	⑳+㉒7名
経営	経営	326名	30名	152名	8名	—	20名	8名	⑯若干名※4 ⑰20名 ⑳+㉒7名
	経営戦略	237名	25名	106名	5名		15名	5名	⑪若干名 ⑯若干名※4 ⑳+㉒4名
	市場経営	218名	20名	98名	5名		15名	5名	⑯若干名※4 ⑳+㉒4名
国際文化	国際文化	254名	22名	112名	5名	—	5名	—	②25名 ⑩10名 ⑳5名
人間環境	人間環境	343名	30名	135名	5名	—	15名	3名	①20名 ⑫若干名 ⑭7名 ⑱20名 ⑳+㉒5名

学部	学科−専修	募集人員※2	一般選抜			共通テスト併用入試	共通テスト利用入試		特別選抜※3
			T日程	A方式	英語外部試験利用	航空操縦学専修一般選抜	B方式	C方式	
現代福祉	福祉コミュニティ	150名	14名	60名	2名	—	7名	2名	⑤10名 ⑪2名 ⑳5名※4
	臨床心理	86名	10名	40名	2名		7名	3名	⑪2名 ⑳5名※4
キャリアデザイン	キャリアデザイン	300名	25名	115名	5名	—	15名	5名	④20名 ⑨2名 ⑪10名 ⑫若干名 ⑳+㉒10名
GIS（グローバル教養）	グローバル教養	102名	—	13名	12名	—	5名	—	⑥7名 ⑦33名 ⑮10名
スポーツ健康	スポーツ健康	185名	22名	72名	5名	—	15名	5名	①21名※6 ⑳5名
情報科	コンピュータ科	80名	5名	35名	2名	—	10名	5名	⑧5名 ⑳+㉒1名
	ディジタルメディア	80名	5名	35名	2名		10名	5名	⑧5名 ⑳+㉒1名
理工	機械工−機械工学	116名	14名	40名	2名	—	17名	5名	⑯若干名※4 ⑳+㉒1名
	機械工−航空操縦学	30名	—	—	—	25名	—	—	①5名
	電気電子工	113名	14名	50名	2名	—	15名	5名	⑯若干名※4 ⑳+㉒1名
	応用情報工	113名	14名	50名	2名	—	15名	5名	⑯若干名※4 ⑳+㉒1名
	経営システム工	80名	12名	26名	2名	—	15名	5名	⑯若干名※4 ⑳+㉒1名
	創生科	113名	14名	50名	2名	—	15名	5名	⑯若干名※4 ⑳+㉒1名
デザイン工	建築	135名	15名	63名	2名		17名	3名	⑯若干名※4 ⑳+㉒7名
	都市環境デザイン工	82名	8名	40名	2名	—	13名	3名	⑯若干名※4 ⑳+㉒2名
	システムデザイン	82名	8名	40名	2名		13名	3名	⑯若干名※4 ⑳+㉒2名
生命科	生命機能	74名	5名	36名	1名		7名	3名	⑯若干名※4 ⑳+㉒2名
	環境応用化	82名	8名	40名	1名	—	12名	3名	⑯若干名※4 ⑳+㉒2名
	応用植物科	80名	5名	40名	2名		12名	3名	⑯若干名※4 ⑳+㉒1名

※1　2024年度入試実績。2025年度入試の概要は、大学ホームページに公表予定

※2　特別選抜、内部進学等の人数を含む

※3　［総合型選抜］㊒課さない：①自己推薦入試、②SA自己推薦入試、③英語外部試験利用自己推薦入試、④キャリア体験自己推薦入試、⑤まちづくりチャレンジ自己推薦入試、⑥自己推薦入試（春入学S基準）、⑦自己推薦入試（春入学A基準）、⑧公募推薦入試、⑨商業学科等対象公募推薦入試、⑩分野優秀者入試、⑪グローバル体験公募推薦入試、⑫国際バカロレア利用自己推薦入試、⑬社会人入試、⑭社会人リフレッシュ・ステージ・プログラム入試、⑮秋学期入学入試（自己推薦）
［学校推薦型選抜］指定校推薦入試、指定校推薦入試（日本語学校）、指定校推薦入試（海外高等学校）、スポーツ推薦入試、商業高校等推薦入試、付属校推薦入学（各詳細は在籍高等学校に問い合わせてください）、社会人推薦入試（キャリアデザイン学部・スポーツ健康学部）
［その他］㊒課さない：⑯帰国生入試、⑰秋学期入学入試(GBP〔Ⅰ期・Ⅱ期〕)、⑱秋学期入学入試(SCOPE〔Ⅰ期・Ⅱ期〕)、⑲秋学期入学入試（IGESS〔Ⅰ期・Ⅱ期〕)、⑳外国人留学生入試（前期日程〔面接型〕)、㉑外国人留学生入試（前期日程〔小論文・面接型〕)、㉒外国人留学生入試（後期日程）

※4　学部全体の募集人員

※5　哲、英文、史、地理、心理学科の合計人数

※6　理数系（7名）、アスリート・トップアスリート系（14名）

Student's Voice

キャリアデザイン学部

キャリアデザイン学科 1年

小出（こいで） あすかさん

千葉県 県立 柏の葉高校 卒
女子サッカー部　高1・3月引退

実用的な英語を身につけ、興味を追求したい

Q どんな高校時代でしたか？　法政大学を志望した理由は？

私は高2になるタイミングで部活動をやめ、受験勉強を始めました。憧れの大学に出会ったことがきっかけでした。それまでは全く勉強習慣がなく、正直、当時の自分と第一志望校のレベルはかけ離れており現実的ではありませんでした。しかし、まわりが背中を押してくれたため、本気で目指すことができました。「この大学に絶対行きたい！」という思いが勉強のエネルギーになりました。平日は放課後、土日や長期休みは1日中、塾に行って勉強しました。やる気が出ない日は、部活を頑張る友達や兄弟を想像し、私も負けないぐらい頑張ろうと気持ちを切り替えていました。

志望校決定については、将来やりたいことは明確にはなかったのですが、英語が大好きだったので、英語に力を入れつつ大学での学びを通して視野を広げられるような学部を探しました。その際に紹介してもらったのが、現在通っている法政大学キャリアデザイン学部でした。

Q どのように受験対策をしましたか？　入試本番はどうでしたか？

私は、主に予備校での学習と参考書で対策をしました。受験勉強を初めた頃は、成績が良い人を見て難しい参考書を使っていましたが、成績は上がりませんでした。基礎が不安定なまま難しい学習に進んでも必ず土台が崩れます。そのため、基礎固めの時期はとにかく焦らず基礎を徹底し、レベルが上がっても基礎の復習は怠らずに行うとよいと思います。また、私は英検準1級の対策を高3の12月までしていたため、過去問や英語以外の教科にあまり時間を割けませんでした。様々なことを見越して勉強計画を立てるべきだと思います。

試験本番は自分を信じてとにかく強気で挑むことを意識しました。最後まで諦めないことが大切です。実際、私は受験最終日に合格校が1校しかない状態だったのでとても焦りましたが、どんなに不安で心が折れそうでも本番だけは気持ちを前向きに切り替えていました。諦めなければ必ず努力は実ります！

●受験スケジュール

月	日	大学・学部学科（試験方式）
1	14	★神田外語　外国語－国際コミュニケーション－国際コミュニケーション（共テ利用2月選考3科目型）
		獨協　外国語－英語（共テ利用前期3科目型）
		法政　キャリアデザイン（B方式）
2	2	日本女子　国際文化（個別選抜型）
	4	武蔵　国際教養－国際教養－グローバルスタディーズ（個別学部併願型）
	9	明治　国際日本（学部別）
	11	学習院　国際社会科（コア試験）
	13	早稲田　国際教養（一般）
	16	★法政　キャリアデザイン（A方式）
	19	早稲田　教育－英語英文（一般）

どのような大学生活を送っていますか？

キャリアに関する授業で日々新しい視点を得ています

大学の講義で使っている教科書

キャリアデザイン学部には「ライフキャリア」「発達・教育キャリア」「ビジネスキャリア」の3領域があり、私は主にライフキャリア領域と発達・教育キャリア領域を学んでいます。ライフキャリア領域の授業の中には、講師として企業の社長や有名人が自己のキャリアについて話すといったものがあります。発達・教育キャリア領域の授業では、教育と社会構造の関係に着目し、格差や不平等問題について学んでいます。どの講義も高校や他の学部では学ぶことのできない内容です。また、学部専門の授業以外にも「ILAC」という様々な分野の教養を学べる講義も受講しています。日々新しい視点を得ることができ、とても楽しいです。

法政大学市ヶ谷キャンパス

留学に向けて英語の勉強に取り組んでいます

私はサークルに所属していないため、放課後は友達と美味しいご飯屋さんに行ったり、ショッピングを楽しんだりしています。キャンパスは都心にありとても便利です。また、大学生になってアルバイトを始めました。慣れないことが多く大変ですが、やりがいのある仕事なので楽しく続けることができています。そして、現在は英語の勉強にも力を入れています。法政大学キャリアデザイン学部を選んだ理由の1つに、充実した留学制度があります。SAプログラムというホームステイ先で生活しながら、ニュージーランドかオーストラリアの提携大学で15週間の英語講座を受講できるプログラムへの参加を目指し、英語の勉強を頑張っています！

将来の夢・目標は何ですか？

まだ将来の夢はありませんが、大学での学びやアルバイトを通して、教育の分野に興味を持ちました。そのため、まずは大学の教養科目や発達・教育キャリア領域での学習で学びを深め、これからさらに自分の進みたい道を明確にしていきたいと思います。

また、大学4年間の間に英語圏の国に留学することを高校時代から目標としていたため、実現に向けて頑張りたいです。留学を通して実用的な英語力を身につけながら様々なことを吸収し、自分の興味を追求していきたいと考えています。憧れていた大学生活がより有意義なものになるよう、学びに対して受け身になることなく自分から探求し、実りある4年間にしたいです。

後輩へのアドバイスをお願いします！

私は受験を通して日々の積み重ねを大切にしていました。誰しもやる気が出ない日や、切り替えられないときがあると思います。そういったときは、SNSをログアウトしたり、塾や図書館に行って好きな科目から勉強してみるとよいと思います。そうした小さな努力の積み重ねが最後には大きな力になります。実際、私も不安で勉強が手につかず、うまくいかない日もありましたが、現状から逃げずに努力し続けたからこそ、最後には合格することができました。受験本番、信じられるのは今まで努力し続けた自分自身だけです。そのため、残された時間を妥協せず全力で過ごしてほしいです。また、まわりと比べても良いことはないので、自分自身と闘ってください。最後に、受験ができることや塾に通えることは家族や周囲の人のおかげなので、感謝の気持ちも忘れずに受験勉強に向き合ってほしいです！

ほしやっか
星薬科大学

資料請求

アドミッションオフィス　TEL (03) 5498-5821　〒142-8501 東京都品川区荏原2-4-41

110年以上の歴史を持ち「親切」の心を軸とする

大学紹介動画　最新入試情報

薬剤師や創薬を担う研究者の養成へ向け、専門的教育を展開する。あわせて「親切第一」の教育理念のもと、人と向き合い思いやりをもつ医療人の養成を重んじることで、薬学を通し世界に奉仕する人材を育成することを目指す。

星薬科大学　本館

キャンパス **1**つ

星薬科大学キャンパス
〒142-8501 東京都品川区荏原2-4-41

基本データ

※2023年5月現在（進路・就職は2022年度卒業者データ。学費は2024年度入学者用）

沿革

1911年創立。1911年、前身となる星製薬株式会社を設立、社内に教育部門が設けられる。1921年、星製薬商業学校、1941年、星薬学専門学校を経て、1950年、現在の星薬科大学が設立。2006年、薬学部薬学科（6年制）および創薬科学科（4年制）が設置され、現在に至る。

教育機関
1 学部　1 研究科

学部　薬

大学院　薬学Ⓜ Ⓓ

人数

学部学生数　**1,785**名

教員1名あたり学生　**18**名

教員数　**95**名【理事長】大谷卓男、【学長】牛島俊和
（教授**24**名、准教授**27**名、講師**18**名、助教**22**名、助手・その他**4**名）

学費

初年度納入額　**2,100,650~2,401,850**円

奨学金　星薬科大学奨学金

進路

学部卒業者　**250**名
（進学**19**名［7.6%］、就職**228**名［91.2%］、その他**3**名［1.2%］）

主な就職先　※院卒者を含む
ウエルシア薬局、クオール、トモズ、日本調剤、アイングループ、亀田総合病院、聖路加国際病院、がん研究会 有明病院、東京大学医学部附属病院、東北大学病院、小林製薬、塩野義製薬、中外製薬、第一三共

学部学科紹介

※本書掲載内容は、大学公表資料から独自に編集したものです。詳細は大学パンフレットやホームページ等で必ず確認してください（取得可能な免許・資格は任用資格や受験資格などを含む）。

薬学部

星薬科大学キャンパス　定員 280

特色	未来の多彩な選択肢を可能とする薬学スペシャリスト育成カリキュラム。
進路	薬局、病院、製薬企業、公務員など。大学院へ進学する者もいる。
学問分野	薬学
大学院	薬学

薬学科 (260)	6年制。1・2年次の早期臨床体験学修では、臨床の現場で必要な心構えを学ぶ。4年次には、調剤・製剤・服薬指導などの薬剤師業務を実践的に学び、5年次の病院・薬局実務実習に備える。研究室には3年次より配属される。
創薬科学科 (20)	4年制。1年次には薬学の基礎を学ぶ講義に加え、実習が行われる。3年次に研究室に配属され、マンツーマンの指導のもと卒業研究に取り組む。実験に必要な手技を現場から学び、修得した技術や知識の活用について深く理解する。
取得可能な免許・資格	薬剤師

入試要項（2025年度）

※この入試情報は大学発表の2025年度入試（予告）より編集したものです（2024年1月時点。見方は巻頭の「本書の使い方」参照）。内容には変更が生じる可能性があるため、最新情報はホームページや2025年度募集要項等で必ず確認してください。

「大学入試科目検索システム」のご案内
日程・方式ごとの偏差値や昨年度入試結果（志願者倍率、実質倍率、合格最低点）、基本情報（出願締切日、試験日、二段階選抜、募集人員、総合満点）などは、「大学入試科目検索システム」（https://nyushi.toshin.com/）をご覧ください（利用方法はp.12参照）。

■薬学部 偏差値 62

一般選抜

◆**B方式（個別試験）**
[全学科：3科目] 数 数ⅠⅡAB〔列〕C〔ベ〕 理 化基・化 外 英

共通テスト併用入試

◆**S方式（共通テスト・個別試験併用入試）**
[全学科]〈共3科目〉数 数ⅠA、数ⅡBC 外 英(×L)〈個1科目〉理 化基・化

共通テスト利用入試 ※個別試験は課さない

◆**A方式（共通テスト利用）**
[薬：4科目] 数 数ⅠA、数ⅡBC 理 化 外 英
[創薬科：4科目] 数 数ⅠA、数ⅡBC 理 物、化、生から1 外 英

■特別選抜

[学校推薦型選抜] 学校推薦型選抜

星薬科大学ギャラリー

■本館メインホール

メインホールでは入学式や卒業式などの式典が行われます。シンボル的建物である本館は、2024年に100周年を迎えました。

■薬草園

キャンパス内に付設されている薬草園は東京23区内で随一の広さを有しています。薬のもととなる重要な植物の見学が可能です。

武蔵大学（むさしだいがく）

資料請求

アドミッションセンター　TEL (03) 5984-3715　〒176-8534 東京都練馬区豊玉上1-26-1

ゼミの武蔵ーゼミで磨く 世界を生き抜く力ー

大学紹介動画

最新入試情報

「自ら調べ自ら考える」力を育む場として、創立時より徹底した「少人数のゼミ（ゼミナール）」教育を行う。ゼミでは学生同士が対話を通じて物事の本質を見極め、討論や発表を通して専門的な知識を深める。

大講堂

キャンパス **1**つ

江古田キャンパス
〒176-8534 東京都練馬区豊玉上1-26-1

基本データ

※2023年5月現在（学部学生数に留学生は含まない。教員数は非常勤を含む。進路・就職は2022年度卒業者データ。学費は2024年度入学者用）

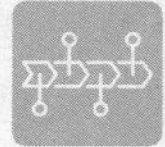
沿革

1922年、ルーツである旧制武蔵高等学校が開校。1949年、新制武蔵大学が発足、経済学部を設置。1969年、人文学部、大学院経済学研究科を設置。1973年、大学院人文科学研究科を設置。1998年、社会学部を改組設置。2011年、人文学部を大幅に改組。2022年、国際教養学部を設置し、現在に至る。

教育機関 4学部 2研究科

学部　経済／人文／社会／国際教養

大学院　経済学Ⓜ︎Ⓓ︎／人文科学Ⓜ︎Ⓓ︎

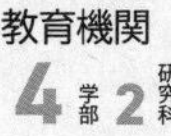
人数

学部学生数　**4,662**名　　教員1名あたり学生 **10**名

教員数　**435**名【理事長】根津公一、【学長】高橋徳行
（教授**89**名、准教授**20**名、講師**319**名、助教**7**名）

学費

初年度納入額　**1,389,100~1,589,100**円

奨学金　給付奨学金、特別奨学金、学生国外留学奨学金、課外活動奨励奨学金

進路

学部卒業者　**979**名
（進学**15**名［1.5%］、就職**878**名［89.7%］、その他**86**名［8.8%］）

主な就職先　大東建託、雪印メグミルク、小林製薬、ユニ・チャーム、パナソニック、日立製作所、アイリスオーヤマ、ファーストリテイリング、ニトリ、日本生命保険、NTTデータ・アイ、マクロミル、LINE、楽天グループ、ソフトバンク、アクセンチュア、リクルート、経済産業省、国土交通省、東京都庁

学部学科紹介

※本書掲載内容は、大学公表資料から独自に編集したものです。詳細は大学パンフレットやホームページ等で必ず確認してください（取得可能な免許・資格は任用資格や受験資格などを含む）。

経済学部

江古田キャンパス　定員 380

特色　ゼミと連動したコース制を導入し、学科にとらわれず幅広く学ぶことが可能。
進路　就職先は情報通信業や金融・保険業、サービス業をはじめ多岐にわたる。
学問分野　経済学／経営学／国際学
大学院　経済学

経済学科 (140)	経済学の理論や実証、歴史を学び、世界経済を理解するのに必要な知識を身につける。また、世界各地域の動向を捉えながら国際貿易や金融、多国籍企業の理論と実際を体系的に学び、国際社会で通用する人材を育成する。
経営学科 (140)	経営学の理論を体系的に学びながら、事例研究やビジネス・プランの提案などを行い、企業経営の実践力を養う。経営戦略や会計学、マーケティングなど、幅広い分野の学びを通じて、多方面で活躍できる人材を育成する。
金融学科 (100)	金融の仕組み、金利や株価の決定といった金融の基礎から、新しい金融商品を作り出す金融工学の分野まで幅広く学ぶ。専用テキストを使用し、1年次に金融の基礎をしっかりと身につける。証券アナリストの資格取得を目指すコースも設置している。
取得可能な免許・資格	学芸員、教員免許（中-社、高-地歴・公・商業）

人文学部

江古田キャンパス　定員 290

特色　「言葉の力」と「世界を見る眼」を磨く2つのグローバルプログラムを用意。
進路　就職先はサービス業や情報通信業、卸売・小売業をはじめ多岐にわたる。
学問分野　文学／文化学／国際学
大学院　人文科学

英語英米文化学科 (100)	4技能の向上を目的とした英語クラス、プレゼンテーションの基礎を学ぶ授業など系統的かつ多様なカリキュラムを通して、実践的な英語運用能力を身につける。また、英米をはじめ英語圏の文化や歴史を幅広く学び、グローバル社会におけるコミュニケーションの質を高める。
ヨーロッパ文化学科 (95)	フランスやドイツを中心に、ヨーロッパ世界の文化や現象を近年の動向も視野に入れて学ぶ。言語と文学、芸術と生活、歴史と思想、環境と社会といった研究領域を設定。ドイツ語もしくはフランス語を第一外国語とし、語学力の向上を図るとともに国際人となる素養を磨く。
日本・東アジア文化学科 (95)	日本および東アジア諸国の文化を多角的に学ぶ。2年次からは日本文化、東アジア文化、比較・交流文化の3つのコースに分かれるが、どのコースに所属しても学科内すべての講義・ゼミナール科目を履修できる。
取得可能な免許・資格	登録日本語教員、学芸員、教員免許（中-国・社・英、高-国・地歴・公・英）

社会学部

江古田キャンパス　定員 229

特色　多様な社会分析の方法を学び、絶えず変化する現代社会の実態を探究する。
進路　就職先は情報通信業やサービス業、製造業をはじめ多岐にわたる。
学問分野　社会学／メディア学／情報学
大学院　人文科学

社会学科 (124)	社会学の理論とデータの収集・分析法を学ぶとともに、物事を多角的に捉える視野・思考を育てる。幅広い社会学のジャンルから、問題意識や関心に応じて科目選択ができる自由度の高さが特長。疑問に感じたことを学問的に解き明かし、論理的な言葉や文章にする力を磨く。
メディア社会学科 (105)	調査レポートや出版物、ドキュメンタリーなどの制作を行い、制作者の立場に立つことで、メディアを理解する。メディアが伝えるべき内容とその方法を学び、現代社会が抱える問題について考え、メディアを活用する力を育てる。
取得可能な免許・資格	学芸員、社会調査士、教員免許（中-社、高-地歴・公）

国際教養学部

江古田キャンパス 定員 100

特色 2022年度開設。世界水準の語学力と高い専門性を身につける。
進路 高い語学力を活かし、IT関連企業や商社などで活躍が期待される。
学問分野 言語学／経済学／経営学／国際学

国際教養学科 (100)
武蔵大学の学位に加え、ロンドン大学の学位取得が可能となる「パラレル・ディグリー・プログラム（PDP）」を提供する経済経営学と、国境や地域を越えた地球規模の課題に取り組むグローバルスタディーズの2専攻制。高度な英語運用能力を身につけながら、世界水準の学びを実現。

入試要項（2025年度）

※この入試情報は大学発表の2025年度入試（予告）および2024年度募集要項等より編集したものです（2024年1月時点。見方は巻頭の「本書の使い方」参照）。内容には変更が生じる可能性があるため、最新情報はホームページや2025年度募集要項等で必ず確認してください。

「大学入試科目検索システム」のご案内
日程・方式ごとの偏差値や昨年度入試結果（志願者倍率、実質倍率、合格最低点）、基本情報（出願締切日、試験日、二段階選抜、募集人員、総合満点）などは、「大学入試科目検索システム」（https://nyushi.toshin.com/）をご覧ください（利用方法はp.12参照）。

■経済学部 偏差値 64

一般選抜
◆一般方式（全学部統一型）
[全学科：2科目] 国 地歴 公 数 外 次の①～③から2（①現、現古から1、②日、世、政経、数ⅠⅡAB〔列〕C〔べ〕から1、③英）
◆一般方式（全学部統一グローバル型）
[全学科：2科目] 国 地歴 公 数 現、現古、日、世、政経、数ⅠⅡAB〔列〕C〔べ〕から1 外 英語外部試験
◆一般方式（個別学部併願型）
[全学科：3科目] 国 現、現古から1 地歴 公 数 日、世、政経、数ⅠⅡAB〔列〕C〔べ〕から1 外 英
共通テスト利用入試 ※個別試験は課さない
◆共通テスト方式（前期日程）
[全学科：3科目] 国 現古 地歴 公 数 理 情 地歴公理情全12科目、数ⅠA、数ⅡBCから1 外 英
◆共通テスト方式（後期日程）
[全学科：2科目] 国 地歴 公 数 理 情 現古、地歴公理情全12科目、数ⅠA、数ⅡBCから1 外 英

■人文学部 偏差値 63

一般選抜
◆一般方式（全学部統一型）
[全学科：2科目] 国 地歴 公 数 外 次の①～③から2（①現、現古から1、②日、世、政経、数ⅠⅡAB〔列〕C〔べ〕から1、③英）
◆一般方式（全学部統一グローバル型）
[全学科：2科目] 国 地歴 公 数 現、現古、日、世、政経、数ⅠⅡAB〔列〕C〔べ〕から1 外 英語外部試験
◆一般方式（個別学部併願型）
[全学科：3科目] 国 現、現古から1 地歴 公 数 日、世、政経、数ⅠⅡAB〔列〕C〔べ〕から1 外 英
共通テスト利用入試 ※個別試験は課さない
◆共通テスト方式（前期日程）
[英語英米文化：3科目] 国 現古 地歴 公 数 理 情 全15科目から1 外 英
[ヨーロッパ文化：3科目] 国 現古 地歴 公 数 理 情 全15科目から1 外 英、独、仏から1
[日本・東アジア文化：3科目] 国 現古、現漢から1 地歴 公 数 理 情 全15科目から1 外 英、中、韓から1
◆共通テスト方式（後期日程）
[英語英米文化：2科目] 国 地歴 公 数 理 情 現古、地歴公数理情全15科目から1 外 英
[ヨーロッパ文化：2科目] 国 地歴 公 数 理 情 現古、地歴公数理情全15科目から1 外 英、独、仏から1
[日本・東アジア文化：2科目] 国 現古、現漢から1 地歴 公 数 理 外 情 地歴公数理情全15科目、英、中、韓から1

■社会学部 偏差値 64

一般選抜
◆一般方式（全学部統一型）
[全学科：2科目] 国 地歴 公 数 外 次の①～③から2（①現、現古から1、②日、世、政経、数ⅠⅡAB〔列〕C〔べ〕から1、③英）
◆一般方式（全学部統一グローバル型）
[全学科：2科目] 国 地歴 公 数 現、現古、日、世、政経、数ⅠⅡAB〔列〕C〔べ〕から1 外 英語外部試験
◆一般方式（個別学部併願型）
[全学科：3科目] 国 現、現古から1 地歴 公 数 日、世、政経、数ⅠⅡAB〔列〕C〔べ〕から1 外 英
共通テスト利用入試 ※個別試験は課さない
◆共通テスト方式（前期日程）
[全学科：3科目] 国 現古 地歴 公 数 理 情 全15科目から1 外 英
◆共通テスト方式（後期日程）
[全学科：2科目] 国 地歴 公 数 理 情 現古、地歴公数理情全15科目から1 外 英

■国際教養学部 偏差値 64

一般選抜
◆一般方式（全学部統一型）

[国際教養－経済経営学：3科目] 国 地歴 公 数 数ⅠⅡA〔確活〕B必須、現、現古、日、世、政経、数ⅠⅡAB〔列〕C〔べ〕から1 外 英
[国際教養－グローバルスタディーズ：2科目] 国 地歴 公 数 現、現古、日、世、政経、数ⅠⅡAB〔列〕C〔べ〕から1 外 英
◆一般方式（全学部統一グローバル型）
[国際教養－経済経営学：3科目] 国 地歴 公 数 数ⅠⅡA〔確活〕B必須、現、現古、日、世、政経、数ⅠⅡAB〔列〕C〔べ〕から1 外 英語外部試験
[国際教養－グローバルスタディーズ：2科目] 国 地歴 公 数 現、現古、日、世、政経、数ⅠⅡAB〔列〕C〔べ〕から1 外 英語外部試験
◆一般方式（個別学部併願型）
[国際教養－経済経営学：3科目] 一般方式（全学部統一型）に同じ
[国際教養－グローバルスタディーズ：3科目] 国 現、現古から1 地歴 公 数 日、世、政経、数ⅠⅡAB〔列〕C〔べ〕から1 外 英

共通テスト利用入試 ※個別試験は課さない
◆共通テスト方式（前期日程）
[国際教養－経済経営学：3科目] 国 地歴 公 数 理 情 数ⅠA必須、現古、地歴公理情全12科目、数ⅡBCから1 外 英
[国際教養－グローバルスタディーズ：3科目] 国 地歴 公 数 理 情 現古、地歴公数理情全15科目から2 外 英
◆共通テスト方式（後期日程）
[国際教養－経済経営学：2科目] 数 数ⅠA 外 英
[国際教養－グローバルスタディーズ：2科目] 国 地歴 公 数 理 情 現古、地歴公数理情全15科目から1 外 英

■特別選抜
[総合型選抜] AO入試
[学校推薦型選抜] 指定校制推薦入学
[その他] 帰国生徒対象入試、社会人入試、外国人学生特別入試

武蔵大学ギャラリー

■ゼミ風景

武蔵大学では400種類以上の多種多様なゼミが開講しているため、学生一人ひとりの興味に合わせた受講が可能です。

■グローバル教育センター

グローバル教育センターでは、様々な留学や国際交流の機会を提供するとともに、外国語学習を多角的にサポートしています。

■江古田キャンパス

4つの学部が集まる江古田キャンパスは、歴史ある建物と最新の施設・設備が共存する緑豊かな居心地の良い場所となっています。

■キャリア支援センター

キャリア支援センターでは個別・グループ相談の他に、資料や情報の提供など、就職活動全般に関する支援を行っています。

むさしの
武蔵野大学

資料請求

入試センター（有明キャンパス） TEL (03) 5530-7300　〒135-8181 東京都江東区有明3-3-3

伝統と革新を兼ね備えた13学部21学科の総合大学

大学紹介動画

最新入試情報

2024年に創立100周年を迎える武蔵野大学。「世界の幸せをカタチにする。」のブランドステートメントのもと、学識、情操、品性ともに優れた人格を養い、一人ひとりの幸せ、世界の幸せに貢献していく。

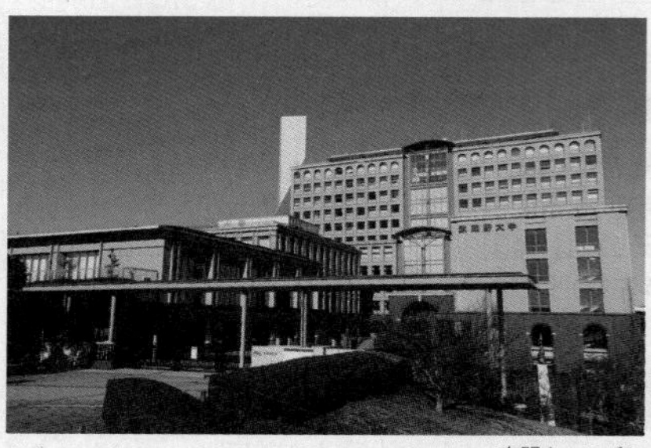
有明キャンパス

キャンパス **2**つ

有明キャンパス
〒135-8181 東京都江東区有明3-3-3
武蔵野キャンパス
〒202-8585 東京都西東京市新町1-1-20

基本データ

※2023年5月現在（進路・就職は2022年度卒業者データ。学費は2024年度入学者用）

沿革

1924年に武蔵野女子学院を創設。2003年に武蔵野大学に改名後、2004年に男女共学化。2019年データサイエンス学部、2021年アントレプレナーシップ学部、2023年工学部にサステナビリティ学科を設置。2024年、ウェルビーイング学部を設置。

教育機関 13学部 13研究科

学部　ウェルビーイング／工／データサイエンス／アントレプレナーシップ／法／経済／経営／グローバル／薬／看護／教育／文／人間科

大学院　文学Ⓜ︎Ⓓ／言語文化ⓂⒹ／法学ⓂⒹ／政治経済学ⓂⒹ／経営学Ⓜ／データサイエンスⓂⒹ／人間社会ⓂⒹ／仏教学ⓂⒹ／工学ⓂⒹ／環境学ⓂⒹ／教育学Ⓜ／薬科学ⓂⒹ／看護学ⓂⒹ

その他　通信教育部

人数

学部学生数　**9,986**名

教員1名あたり学生 **27**名

教員数　**369**名【理事長】長野了法、【学長】西本照真
（教授**187**名、准教授**73**名、講師**70**名、助教**31**名、助手・その他**8**名）

学費

初年度納入額　**1,172,600~2,122,600**円

奨学金　武蔵野大学予約型奨学金「2,050年のあなたへ。奨学金」

進路

学部卒業者　**2,096**名
（進学**107**名［5.1%］、就職**1,734**名［82.7%］、その他**255**名［12.2%］）

主な就職先　三井住友銀行、SMBC日興証券、NTT東日本、富士通、テレビ朝日、シャープ、コクヨ、JR東日本、日本郵便、JAL、星野リゾート、アシックス、武田薬品工業、大成建設、東京大学医学部附属病院、法務省、財務省、文部科学省

学部学科紹介

※本書掲載内容は、大学公表資料から独自に編集したものです。詳細は大学パンフレットやホームページ等で必ず確認してください（取得可能な免許・資格は任用資格や受験資格などを含む）。

ウェルビーイング学部

武蔵野キャンパス　定員 80

特色　今後のあるべきウェルビーイング社会の創造に主体的に取り組む。
進路　2024年度開設。卒業後はウェルビーイングを専門とした分野を想定。
学問分野　哲学／心理学／社会学／生物学／環境学

ウェルビーイング学科 新 (80)	心理学、環境学、イノベーション学等を学び、自然、地域、企業、世界での実習を通して一人ひとりの多様な幸せと世界全体の幸せをデザインしカタチにしていく。

工学部

有明キャンパス（サステナビリティ、数理工）
武蔵野キャンパス（建築デザイン）　定員 200

特色　工学の知識や技術を活用し、創意工夫によって問題を解決できる人材を育成する。
進路　卒業者の多くは建設・不動産業、情報通信業、サービス業などに就く。
学問分野　数学／土木・建築学／デザイン学／環境学／情報学
大学院　工学／環境学

サステナビリティ学科 (70)	2023年度開設。文理融合型のカリキュラムを採用し、ソーシャルデザインコースと環境エンジニアリングコースで、人間社会と地球環境のサステナビリティを実現する力を身につけ、企業や行政、NPOなどで具体的に推進できる人材を育てる。
数理工学科 (60)	数理工学の専門能力を活かして技術革新に柔軟に対応できる人材を育成する。学生が主体的に企画や運営に携わり、数理工学的手法を用いて課題を解決する「プロジェクト」活動が特色の1つ。社会で必要とされる傾聴力、チームワーク、実行力などを身につける。
建築デザイン学科 (70)	環境と人間を深く理解し、建築学の知識や技術を活用して様々な問題の解決策を見出せる人材を育成する。図面や模型などの表現方法を修得したのち、多様な条件つきの設計課題に取り組む。学年を越えたチームでコンペなどにチャレンジするプロジェクト科目が特徴。
取得可能な免許・資格	建築士（一級、二級、木造）、技術士補、施工管理技士（建築）、教員免許（中-数、高-数）、ビオトープ管理士

データサイエンス学部

有明キャンパス　定員 90

特色　ビッグデータから新たなビジネスを生み出すデータサイエンティストを育成する。
進路　情報通信業やコンサルティング会社をはじめ多岐にわたる。
学問分野　数学／情報学
大学院　データサイエンス

データサイエンス学科 (90)	人工知能（AI）に関する最先端の知識と技術を修得し、データ分析力、データから価値を生む創造力、革新を起こすビジネス力を育成。ソーシャルイノベーション、AIクリエーション、AIアルゴリズムデザインの3つのコースから2つを選択する。

アントレプレナーシップ学部

武蔵野キャンパス　定員 60

特色　新たな価値を創造していく起業家精神を持った人材を育成する。
進路　2021年度開設。企業や行政機関に就く他、起業などの進路を想定。
学問分野　経営学

アントレプレナーシップ学科 (60)	起業家精神を身につけることを目標に、1年次は全員が寮で学び、現役の実務家によるアクティブラーニングや、3年次には実際に起業を経験する。マインド、事業推進、実践を3つの柱とし、社会に新しい価値を生み出す人材を育てる。

法学部

有明キャンパス　定員 290

特色　幸福な社会の実現に貢献できる能力を持った社会をリードする人材を育成。
進路　就職先は卸売・小売業やサービス業、情報通信業をはじめ多岐にわたる。
学問分野　法学／政治学
大学院　法学

法律学科　(190)	法律の解釈論のみならず世の中の様々なルールのあり方を学び、社会を幸せにするルールを創る力を身につける。2年次までの集中学習で民法を修了してから商法、会社法、労働法などの各法律を学ぶカリキュラムで、早期から資格試験対策に取り組むことができる。
政治学科　(100)	選挙啓発事業への参加や市役所への訪問調査などを通して現代社会の課題や政治のあり方を実践的に学び、政治や行政に関わる能力を身につける。夏休みを含め3カ月半を海外留学にあてられるよう、必修となる科目をなるべく2学期に配置しないカリキュラムを採用。
取得可能な免許・資格	司書

経済学部

有明キャンパス　定員 175

特色　経済学や経営学の視点から現代社会の諸問題を捉え、解決できる人材を育成。
進路　就職先は情報通信業や卸売・小売業、サービス業をはじめ多岐にわたる。
学問分野　経済学
大学院　政治経済学

経済学科　(175)	経済現象を理論的、歴史的、実証的に分析し、考察する力を身につけ、国内外の幅広い分野で活躍し、社会に貢献できる人材を育成する。経済学入門や統計学といった経済学の基本的理論を学ぶ科目から応用分野へと進む段階的なカリキュラムを導入している。
取得可能な免許・資格	司書

経営学部

有明キャンパス　定員 310

特色　経営や会計についての専門性を発揮し、様々な組織で活躍する人材を育成。
進路　就職先はサービス業や情報通信業、卸売・小売業をはじめ多岐にわたる。
学問分野　経営学
大学院　経営学

経営学科　(220)	経営学と社会科学の知識や技能を修得し、高い倫理観と広い視野を持って活躍できる人材を育成する。経営戦略、経営組織、マーケティングという経営学の中核をなす3つの領域を中心にマネジメントを学び、効率的で効果的な組織運営を目指す。
会計ガバナンス学科　(90)	国際化する会計基準や複雑化する税法など最新動向を捉え、即戦力となる人材を育成する。会計学を軸に様々な組織の会計や金融理論を学ぶ。公認会計士や税理士の資格取得に向けた支援や会計現場でのインターンシップの機会を用意している。

グローバル学部

有明キャンパス　定員 300

特色　留学生とともに学ぶことで多様な文化を理解し、国際的に活躍する人材を育成。
進路　卒業者の多くはサービス業や卸売・小売業、建設・不動産業に就く。
学問分野　言語学／文化学／経済学／経営学／社会学／国際学
大学院　言語文化

グローバルコミュニケーション学科　(165)	英語と中国語を修得し、高い言語能力と国際的な教養を兼ね備えたグローバル人材を育成する。2年次にアメリカ留学を行い、実用的なコミュニケーション能力や幅広い視野を培う。イギリスや中国の地域研究や文化研究にも取り組み、異文化理解を深める。
日本語コミュニケーション学科　(80)	ビジネスやサブカルチャーを含めた日本文化と日本語について留学生とともに学び、世界に日本の文化を発信できる人材を育成する。日本語教員養成課程を設置。国内での日本語教育実習の他、海外の協定大学で行う日本語教育インターンシップの機会も充実している。

グローバルビジネス学科 (55)	世界各国から集まった留学生とともに、すべて英語で行われる授業でビジネスを実践的に学び、英語で考え、話し、討論する力を養う。国際的な活躍を見据え、国境を越えた世界規模の課題に目を向け、グループワークなどでの調査研究を通して見識を深める。
取得可能な免許・資格	登録日本語教員、司書

薬学部

武蔵野キャンパス　定員 145

- 特色　専門的な薬学知識と医療人としての倫理観を備えた、実践力のある薬剤師を育成。
- 進路　製薬企業や病院、保険薬局などに就職する卒業者が多い。
- 学問分野　薬学
- 大学院　薬科学

薬学科 (145)	6年制。物理系、化学系、生物系、法規・制度、製薬・産業といった多数の分野から薬学と薬剤師に必要な資質と能力を系統的に修得する。薬学キャリア教育研究センター、臨床薬学センターを設置し、薬剤師国家試験などに臨む学生を強力にサポートしている。
取得可能な免許・資格	薬剤師

看護学部

有明キャンパス　定員 125

- 特色　豊かな人間性と倫理観を備え、慈悲の心で生老病死に向き合う看護師を育成。
- 進路　卒業者は医療機関や保健所、市町村保健センターなどで活躍している。
- 学問分野　看護学
- 大学院　看護学

看護学科 (125)	看護学の専門的基礎知識を学ぶ「専門基礎科目」をはじめ、「看護学・看護実践の基礎」「健康段階における看護」など6つの分野からなる統合カリキュラムを展開し、実践力を高める。国家試験対策講座なども別途開講され、サポート体制を整えている。
取得可能な免許・資格	認定心理士、看護師、保健師、養護教諭（一種）

教育学部

武蔵野キャンパス　定員 220

- 特色　豊かな教養と幅広い視野を養いつつ、普遍的な教育、変わりゆく教育を探究する。
- 進路　卒業者の多くは教員となる。他、公務や医療・福祉業に就く者もいる。
- 学問分野　子ども学／教員養成／教育学
- 大学院　教育学

教育学科 (120)	児童・生徒の好奇心を育み、様々な問題に柔軟に対応しながら成長を長い目で見守れる教員を育成する。4年間の一貫ゼミ教育で、専任教員のもと最新の教育学を学ぶ。グローバル教員養成コースが設置され、教育の国際化に対応した知識やスキルを修得できる。
幼児教育学科 (100)	発達の状況に細やかに配慮しながら、幼児教育・保育を実践する幼稚園教諭と保育士を育成する。4年間を通したゼミと実習による学修で理論と実践を結びつけながら学びを深める。海外研修やインターンシップなどで広い視野と人間性を身につける。
取得可能な免許・資格	社会福祉主事、児童指導員、保育士、教員免許(幼一種、小一種、中-国・理・英、高-国・理・書・英)、司書教諭

文学部

武蔵野キャンパス　定員 200

- 特色　日本文学や文化、日本語の学びを通して、豊かな感性や読解力、表現力を備える。
- 進路　就職先はサービス業や卸売・小売業、情報通信業など多岐にわたる。
- 学問分野　文学／言語学
- 大学院　文学

日本文学文化学科 (200)	文学・語学と文化・創作・芸術の2つの分野で日本文学・文化を研究する。小説家や評論家、詩人、俳人など幅広い分野の教員が指導を行い、創作の授業ではプロの作家から直接、添削を受けることもできる。教育現場の見学など、教職を目指す学生向けの支援も用意。
取得可能な免許・資格	教員免許（中-国、高-国・書)、司書教諭、司書

人間科学部

有明キャンパス（人間科）
武蔵野キャンパス（社会福祉）
定員 360

特色　科学的で論理的な思考力と総合的・多面的に人間を理解する力を育む。
進路　就職先は医療・福祉業やサービス業、卸売・小売業など多岐にわたる。
学問分野　哲学／心理学／社会学／社会福祉学／人間科学
大学院　人間社会

人間科学科 (215)	心理学や社会学、生命・健康科学など総合的な視点で人間の心理や生命、社会行動を見つめ、科学的方法論に基づいて分析・研究し、人類が直面する諸問題を解決できる人材を育成する。公認心理師や臨床心理士、言語聴覚士を目指し大学院や専攻科へ進む道もある。
社会福祉学科 (145)	社会的弱者の声なき声に耳を傾け、様々な原因が複雑に絡み合う現代社会の問題解決に積極的に取り組むソーシャルワーカーを育成する。2年次後期から3年次後期までソーシャルワーク実習で一貫した指導を行い、社会で通用する洞察力と積極性を養う。
取得可能な免許・資格	公認心理師、認定心理士、社会福祉士、精神保健福祉士、スクールソーシャルワーカー、社会福祉主事、児童指導員、言語聴覚士、司書

入試要項（2024年度）

※この入試情報は2024年度募集要項等より編集したものです（見方は巻頭の「本書の使い方」参照）。2025年度入試の最新情報は、ホームページや2025年度募集要項等で必ず確認してください。

「大学入試科目検索システム」のご案内
日程・方式ごとの偏差値や昨年度入試結果（志願者倍率、実質倍率、合格最低点）、基本情報（出願締切日、試験日、二段階選抜、募集人員、総合満点）などは、「大学入試科目検索システム」（https://nyushi.toshin.com/）をご覧ください（利用方法はp.12参照）。

■ウェルビーイング学部　偏差値 59

一般選抜

◆**ムサシノスカラシップ選抜**
［ウェルビーイング］〈一次：2～3科目〉国数次の①・②から1（①現、現古、数ⅠA、数ⅠⅡABから1、②数ⅠA必須、現、現古から1▶高得点1科目を合否判定に使用）外英、英語外部試験から1〈二次：1科目〉面面接・口頭試問

◆**全学部統一選抜**
［ウェルビーイング：2～3科目］国地歴公数理情次の①・②から1（①現、現古、世B、日B、政経、数ⅠA、数ⅠⅡAB、物基・物、化基・化、生基・生、社会と情報及び情報の科学から1、②現、現古、数ⅠⅡABから1、世B、日B、政経、数ⅠA、物基・物、化基・化、生基・生、社会と情報及び情報の科学から1▶数2科目選択不可。高得点1科目を合否判定に使用）外英、英語外部試験から1

◆**一般選抜A日程（文系）**
［ウェルビーイング：3科目］国現、現古から1地歴公数理世B、日B、政経、数ⅠA、生基・生から1外英、英語外部試験から1

◆**一般選抜A日程（理系）**
［ウェルビーイング：3科目］数数ⅠⅡAB理情物基・物、化基・化、社会と情報及び情報の科学から1外英、英語外部試験から1

◆**一般選抜B日程**
［ウェルビーイング：3科目］国現、現古から1地歴公数理世B、日B、政経、数ⅠA、化基・化、生基・生から1外英、英語外部試験から1

◆**一般選抜C日程**
［ウェルビーイング：2～3科目］国地歴公数理外次の①～④から1（①現、現古、数ⅠⅡABから1、世B、日B、政経、数ⅠA、物基・物、化基・化、生基・生から1、②現、現古、数ⅠⅡABから1、英、英語外部試験から1、③世B、日B、政経、数ⅠA、物基・物、化基・化、生基・生から1、英、英語外部試験から1、④現、現古、数ⅠⅡABから1、世B、日B、政経、数ⅠA、物基・物、化基・化、生基・生から1、英、英語外部試験から1▶高得点2科目を合否判定に使用）▶数2科目選択不可

共通テスト併用入試

◆**共通テスト併用型（全学部統一選抜＋共通テスト）**※全学部統一選抜の出願必須
［ウェルビーイング］〈共2科目〉国地歴公数理外現、地歴公数理全21科目、英から2〈個2～3科目〉全学部統一選抜の成績を利用▶国外から高得点1科目を合否判定に使用

◆**共通テスト併用型（一般選抜A日程〔文系〕＋共通テスト）**※一般選抜A日程（文系）の出願必須
［ウェルビーイング］〈共2科目〉共通テスト併用型（全学部統一選抜＋共通テスト）に同じ〈個3科目〉一般選抜A日程（文系）の成績を利用▶国外から高得点1科目を合否判定に使用

◆**共通テスト併用型（一般選抜A日程〔理系〕＋共通テスト）**※一般選抜A日程（理系）の出願必須
［ウェルビーイング］〈共2科目〉理全5科目から1外英〈個3科目〉一般選抜A日程（理系）の成績を利用▶数を合否判定に使用

◆**共通テスト併用型（一般選抜B日程〔理系〕＋共通テスト）**※一般選抜B日程の出願必須
［ウェルビーイング］〈共2科目〉共通テスト併用型（全学部統一選抜＋共通テスト）に同じ〈個3科目〉一般選抜B日程の成績を利用▶外を合否判定に使

用

共通テスト利用入試 ※個別試験は課さない

◆**共通テスト利用 前・中・後期選抜(2科目)**
[ウェルビーイング:2科目] 国 地歴 公 数 理 現、地歴公数理全21科目から1 外 英、英語外部試験から1

◆**共通テスト利用 前期選抜(3科目最高得点重視型)**
[ウェルビーイング:3科目] 国 地歴 公 数 理 現、地歴公数理全21科目から2 外 英

◆**共通テスト利用 前期選抜(3科目均等配点型)、共通テスト利用 中・後期選抜(3科目)**
[ウェルビーイング:3科目] 国 地歴 公 数 理 現、地歴公数理全21科目から2 外 英、英語外部試験から1

◆**共通テスト利用 前期選抜(4科目)**
[ウェルビーイング:4科目] 国 地歴 公 数 理 現、地歴公数理全21科目から3 外 英、英語外部試験から1

◆**共通テスト利用 前・中・後期選抜(5科目)**
[ウェルビーイング:5科目] 国 地歴 公 数 理 現、地歴公数理全21科目から4 外 英、英語外部試験から1

■工学部 偏差値 56

一般選抜

◆**ムサシノスカラシップ選抜**
[サステナビリティ、建築デザイン]〈一次:2〜3科目〉国 数 次の①・②から1(①現、現古、数ⅠA、数ⅠⅡABから1、②数ⅠA必須、現、現古から1▶高得点1科目を合否判定に使用) 外 英、英語外部試験から1〈二次:1科目〉面 面接・口頭試問
[数理工]〈一次:2科目〉数 数ⅠⅡAB 外 英、英語外部試験から1〈二次:1科目〉面 面接・口頭試問

◆**全学部統一選抜**
[サステナビリティ:2〜3科目] 国 地歴 公 数 理 情 次の①・②から1(①現、現古、世B、日B、政経、数ⅠA、数ⅠⅡAB、物基・物、化基・化、生基・生、社会と情報及び情報の科学から1、②現、現古、数ⅠⅡABから1、世B、日B、政経、数ⅠA、物基・物、化基・化、生基・生、社会と情報及び情報の科学から1▶数2科目選択不可。高得点1科目を合否判定に使用) 外 英、英語外部試験から1
[数理工:3科目] 数 数ⅠⅡAB、数ⅠⅡⅢABから1 理 情 物基・物、化基・化、生基・生、社会と情報及び情報の科学から1 外 英、英語外部試験から1
[建築デザイン:3科目] 国 数 理 情 現、現古、数ⅠⅡABから1、数ⅠA、物基・物、化基・化、生基・生、社会と情報及び情報の科学から1▶数2科目選択不可 外 英、英語外部試験から1

◆**一般選抜A日程(文系)**
[サステナビリティ:3科目] 国 現、現古から1 地歴 公 数 理 世B、日B、政経、数ⅠA、生基・生から1 外 英、英語外部試験から1

◆**一般選抜A日程(理系)**
[サステナビリティ、建築デザイン:3科目] 数 数ⅠⅡAB 理 情 物基・物、化基・化、社会と情報及び情報の科学から1 外 英、英語外部試験から1
[数理工:3科目] 数 数ⅠⅡAB、数ⅠⅡⅢABから1 理 情 物基・物、化基・化、社会と情報及び情報の科学から1 外 英、英語外部試験から1

◆**一般選抜B日程**
[サステナビリティ:3科目] 国 現、現古から1 地歴 公 数 理 世B、日B、政経、数ⅠA、化基・化、生基・生から1 外 英、英語外部試験から1

◆**一般選抜C日程**
[サステナビリティ:2〜3科目] 国 地歴 公 数 理 外 次の①〜④から1(①現、現古、数ⅠⅡABから1、世B、日B、政経、数ⅠA、物基・物、化基・化、生基・生から1、②現、現古、数ⅠⅡABから1、英、英語外部試験から1、③世B、日B、政経、数ⅠA、物基・物、化基・化、生基・生から1、英、英語外部試験から1、④現、現古、数ⅠⅡABから1、世B、日B、政経、数ⅠA、物基・物、化基・化、生基・生から1、英、英語外部試験から1▶高得点2科目を合否判定に使用)▶数2科目選択不可
[数理工:2〜3科目] 数 数ⅠⅡAB 理 外 次の①・②から1(①物基・物、化基・化、英から1▶英選択の場合は英、英語外部試験から1、②物基・物、化基・化から1、英、英語外部試験から1▶高得点1科目を合否判定に使用)
[建築デザイン:2〜3科目] 国 数 理 外 次の①〜④から1(①現、現古、数ⅠⅡABから1、数ⅠA、物基・物、化基・化、生基・生から1、②現、現古、数ⅠⅡABから1、英、英語外部試験から1、③数ⅠA、物基・物、化基・化、生基・生から1、英、英語外部試験から1、④現、現古、数ⅠⅡABから1、数ⅠA、物基・物、化基・化、生基・生から1、英、英語外部試験から1▶高得点2科目を合否判定に使用)▶数2科目選択不可

共通テスト併用入試

◆**共通テスト併用型(全学部統一選抜+共通テスト)** ※全学部統一選抜の出願必須
[サステナビリティ]〈共2科目〉国 地歴 公 数 理 外 現、地歴公数理全21科目、英から2〈個2〜3科目〉全学部統一選抜の成績を利用▶国数から高得点1科目を合否判定に使用
[数理工]〈共3科目〉国 理 外 現、理全5科目、英から1 数 数ⅠA、数ⅡB〈個3科目〉全学部統一選抜の成績を利用▶数を合否判定に使用
[建築デザイン]〈共2科目〉数 理 外 数理全11科目、英から2〈個3科目〉全学部統一選抜の成績を利用▶数を合否判定に使用

◆**共通テスト併用型(一般選抜A日程〔文系〕+共通テスト)** ※一般選抜A日程(文系)の出願必須
[サステナビリティ]〈共2科目〉共通テスト併用型(全学部統一選抜+共通テスト)に同じ〈個3科目〉一般選抜A日程(文系)の成績を利用▶国外から高得点1科目を合否判定に使用

◆**共通テスト併用型(一般選抜A日程〔理系〕+共通テスト)** ※一般選抜A日程(理系)の出願必須

[サステナビリティ、建築デザイン]〈共2科目〉理全5科目から1外英〈個3科目〉一般選抜A日程(理系)の成績を利用▶数を合否判定に使用
[数理工]〈共3科目〉国理外現、理全5科目、英から1数数ⅠA、数ⅡB〈個3科目〉一般選抜A日程(理系)の成績を利用▶数を合否判定に使用

◆**共通テスト併用型(一般選抜B日程〔理系〕+共通テスト)** ※一般選抜B日程の出願必須
[サステナビリティ]〈共2科目〉共通テスト併用型(全学部統一選抜+共通テスト)に同じ〈個3科目〉一般選抜B日程の成績を利用▶外を合否判定に使用

共通テスト利用入試 ※個別試験は課さない

◆**共通テスト利用 前・中・後期選抜(2科目)**
[サステナビリティ、建築デザイン:2科目]国地歴公数理現、地歴公数理全21科目から1外英、英語外部試験から1
[数理工:3科目]国地歴公理外現、地歴公理全15科目、英から1▶英選択の場合は英、英語外部試験から1数数ⅠA、数ⅡB

◆**共通テスト利用 前期選抜(3科目最高得点重視型)**
[サステナビリティ、建築デザイン:3科目]国地歴公数理現、地歴公数理全21科目から2外英

◆**共通テスト利用 前期選抜(3科目均等配点型)**
[サステナビリティ、建築デザイン:3科目]国地歴公数理現、地歴公数理全21科目から2外英、英語外部試験から1

◆**共通テスト利用 前期選抜(3科目)**
[数理工:4科目]国地歴公理外現、地歴公理全15科目、英から2▶英選択の場合は英、英語外部試験から1数数ⅠA、数ⅡB

◆**共通テスト利用 中・後期選抜(3科目)**
[サステナビリティ、建築デザイン:3科目]共通テスト利用 前期選抜(3科目均等配点型)に同じ
[数理工:4科目]共通テスト利用 前期選抜(3科目)に同じ

◆**共通テスト利用 前期選抜(4科目)**
[サステナビリティ、建築デザイン:4科目]国地歴公数理現、地歴公数理全21科目から3外英、英語外部試験から1
[数理工:5科目]国地歴公理外現、地歴公理全15科目、英から3▶英選択の場合は英、英語外部試験から1数数ⅠA、数ⅡB

◆**共通テスト利用 前・中・後期選抜(5科目)**
[サステナビリティ、建築デザイン:5科目]国地歴公数理現、地歴公数理全21科目から4外英、英語外部試験から1
[数理工:6科目]国地歴公理外現、地歴公理全15科目、英から4▶英選択の場合は英、英語外部試験から1数数ⅠA、数ⅡB

■データサイエンス学部 偏差値 60

一般選抜

◆**ムサシノスカラシップ選抜**
[データサイエンス]〈一次:2~3科目〉国数次の①・②から1(①現、現古、数ⅠA、数ⅠⅡABから1、②数ⅠA必須、現、現古から1▶高得点1科目を合否判定に使用)外英、英語外部試験から1〈二次:1科目〉面面接・口頭試問

◆**全学部統一選抜**
[データサイエンス:3科目]数数ⅠⅡAB理情物基・物、化基・化、生基・生、社会と情報及び情報の科学から1外英、英語外部試験から1

◆**一般選抜A日程(文系)**
[データサイエンス:3科目]国現、現古から1地歴公数理世B、日B、政経、数ⅠA、生基・生から1外英、英語外部試験から1

◆**一般選抜A日程(理系)**
[データサイエンス:3科目]数数ⅠⅡAB理情物基・物、化基・化、社会と情報及び情報の科学から1外英、英語外部試験から1

◆**一般選抜B日程**
[データサイエンス:3科目]国現、現古から1地歴公数理世B、日B、政経、数ⅠA、化基・化、生基・生から1外英、英語外部試験から1

◆**一般選抜C日程**
[データサイエンス:3科目]国地歴公数理現、現古、数ⅠⅡABから1、世B、日B、政経、数ⅠA、物基・物、化基・化、生基・生から1▶数2科目選択不可外英、英語外部試験から1

共通テスト併用入試

◆**共通テスト併用型(全学部統一選抜+共通テスト)** ※全学部統一選抜の出願必須
[データサイエンス]〈共2科目〉理全5科目から1外英〈個3科目〉全学部統一選抜の成績を利用▶数を合否判定に使用

◆**共通テスト併用型(一般選抜A日程〔文系〕+共通テスト)** ※一般選抜A日程(文系)の出願必須
[データサイエンス]〈共2科目〉国地歴公数理外現、地歴公数理全21科目、英から2〈個3科目〉一般選抜A日程(文系)の成績を利用▶国外から高得点1科目を合否判定に使用

◆**共通テスト併用型(一般選抜A日程〔理系〕+共通テスト)** ※一般選抜A日程(理系)の出願必須
[データサイエンス]〈共2科目〉理全5科目から1外英〈個3科目〉一般選抜A日程(理系)の成績を利用▶数を合否判定に使用

◆**共通テスト併用型(一般選抜B日程〔理系〕+共通テスト)** ※一般選抜B日程の出願必須
[データサイエンス]〈共2科目〉共通テスト併用型(一般選抜A日程〔文系〕+共通テスト)に同じ〈個3科目〉一般選抜B日程の成績を利用▶外を合否判定に使用

共通テスト利用入試 ※個別試験は課さない

◆**共通テスト利用 前・中・後期選抜(2科目)**
[データサイエンス:3科目]数数ⅠA、数ⅡB外英、英語外部試験から1

◆**共通テスト利用 前・中・後期選抜(3科目)**
[データサイエンス:4科目]国地歴公理現、地歴公理全15科目から1数数ⅠA、数ⅡB外英、英語外部試験から1

◆共通テスト利用 前期選抜（4科目）
[データサイエンス：5科目] 国 地歴 公 理 現、地歴公理全15科目から2 数 数ⅠA、数ⅡB 外 英、英語外部試験から1

◆共通テスト利用 前・中・後期選抜（5科目）
[データサイエンス：6科目] 国 地歴 公 理 現、地歴公理全15科目から3 数 数ⅠA、数ⅡB 外 英、英語外部試験から1

■アントレプレナーシップ学部 偏差値61

一般選抜

◆ムサシノスカラシップ選抜
[アントレプレナーシップ]〈一次：2～3科目〉 国 数 次の①・②から1（①現、現古、数ⅠAから1、②数ⅠA必須、現、現古から1▶高得点1科目を合否判定に使用） 外 英、英語外部試験から1〈二次：1科目〉 面 面接・口頭試問

◆全学部統一選抜
[アントレプレナーシップ：2～3科目] 国 地歴 公 数 情 次の①・②から1（①現、現古、世B、日B、政経、数ⅠA、社会と情報及び情報の科学から1、②現、現古から1、世B、日B、政経、数ⅠA、社会と情報及び情報の科学から1▶高得点1科目を合否判定に使用） 外 英、英語外部試験から1

◆一般選抜A日程（文系）、一般選抜B日程
[アントレプレナーシップ：3科目] 国 現、現古から1 地歴 公 数 世B、日B、政経、数ⅠAから1 外 英、英語外部試験から1

◆一般選抜C日程
[アントレプレナーシップ：2～3科目] 国 地歴 公 数 外 次の①・②から1（①現、現古、世B、日B、政経、数ⅠA、英から2▶地歴公数から2科目選択不可。英選択の場合は、英、英語外部試験から1、②現、現古から1、世B、日B、政経、数ⅠAから1、英、英語外部試験から1▶高得点2科目を合否判定に使用）

共通テスト併用入試

◆共通テスト併用型（全学部統一選抜＋共通テスト）※全学部統一選抜の出願必須
[アントレプレナーシップ]〈共2科目〉 国 地歴 公 数 理 外 現、地歴公数理全21科目、英から2〈個2～3科目〉全学部統一選抜の成績を利用▶国外から高得点1科目を合否判定に使用

◆共通テスト併用型（一般選抜A日程〔文系〕＋共通テスト）※一般選抜A日程（文系）の出願必須
[アントレプレナーシップ]〈共2科目〉共通テスト併用型（全学部統一選抜＋共通テスト）に同じ〈個3科目〉一般選抜A日程（文系）の成績を利用▶国外から高得点1科目を合否判定に使用

◆共通テスト併用型（一般選抜B日程〔理系〕＋共通テスト）※一般選抜B日程の出願必須
[アントレプレナーシップ]〈共2科目〉共通テスト併用型（全学部統一選抜＋共通テスト）に同じ〈個3科目〉一般選抜B日程の成績を利用▶外を合否判定に使用

共通テスト利用入試 ※個別試験は課さない

◆共通テスト利用 前・中・後期選抜（2科目）
[アントレプレナーシップ：2科目] 国 地歴 公 数 理 現、地歴公数理全21科目から1 外 英、英語外部試験から1

◆共通テスト利用 前期選抜（3科目最高得点重視型）
[アントレプレナーシップ：3科目] 国 地歴 公 数 理 現、地歴公数理全21科目から2 外 英

◆共通テスト利用 前期選抜（3科目均等配点型）、共通テスト利用 中・後期選抜（3科目）
[アントレプレナーシップ：3科目] 国 地歴 公 数 理 現、地歴公数理全21科目から2 外 英、英語外部試験から1

◆共通テスト利用 前期選抜（4科目）
[アントレプレナーシップ：4科目] 国 地歴 公 数 理 現、地歴公数理全21科目から3 外 英、英語外部試験から1

◆共通テスト利用 前・中・後期選抜（5科目）
[アントレプレナーシップ：5科目] 国 地歴 公 数 理 現、地歴公数理全21科目から4 外 英、英語外部試験から1

■法学部 偏差値61

一般選抜

◆ムサシノスカラシップ選抜
[全学科]〈一次：2～3科目〉 国 数 次の①・②から1（①現、現古、数ⅠAから1、②数ⅠA必須、現、現古から1▶高得点1科目を合否判定に使用） 外 英、英語外部試験から1〈二次：1科目〉 面 面接・口頭試問

◆全学部統一選抜
[全学科：2～3科目] 国 地歴 公 数 情 次の①・②から1（①現、現古、世B、日B、政経、数ⅠA、社会と情報及び情報の科学から1、②現、現古から1、世B、日B、政経、数ⅠA、社会と情報及び情報の科学から1▶高得点1科目を合否判定に使用） 外 英、英語外部試験から1

◆一般選抜A日程（文系）、一般選抜B日程
[全学科：3科目] 国 現、現古から1 地歴 公 数 世B、日B、政経、数ⅠAから1 外 英、英語外部試験から1

◆一般選抜C日程
[全学科：2～3科目] 国 地歴 公 数 外 次の①・②から1（①現、現古、世B、日B、政経、数ⅠA、英から2▶地歴公数から2科目選択不可。英選択の場合は英、英語外部試験から1、②現、現古から1、世B、日B、政経、数ⅠAから1、英、英語外部試験から1▶高得点2科目を合否判定に使用）

共通テスト併用入試

◆共通テスト併用型（全学部統一選抜＋共通テスト）※全学部統一選抜の出願必須
[法律]〈共3科目〉 国 現 地歴 公 全10科目から1 外 英〈個2～3科目〉全学部統一選抜の成績を利用▶国を合否判定に使用
[政治]〈共2科目〉 国 地歴 公 数 理 外 現、地歴公数理全21科目、英から2〈個2～3科目〉全学部統一

選抜の成績を利用▶国外から高得点1科目を合否判定に使用

◆**共通テスト併用型（一般選抜A日程〔文系〕＋共通テスト）**※一般選抜A日程（文系）の出願必須

[法律]〈共3科目〉共通テスト併用型（全学部統一選抜＋共通テスト）に同じ〈個3科目〉一般選抜A日程（文系）の成績を利用▶国を合否判定に使用

[政治]〈共2科目〉共通テスト併用型（全学部統一選抜＋共通テスト）に同じ〈個3科目〉一般選抜A日程（文系）の成績を利用▶国外から高得点1科目を合否判定に使用

◆**共通テスト併用型（一般選抜B日程〔理系〕＋共通テスト）**※一般選抜B日程の出願必須

[全学科]〈共2科目〉国地歴公数理外現、地歴公数理全21科目、英から2〈個3科目〉一般選抜B日程の成績を利用▶外を合否判定に使用

共通テスト利用入試 ※個別試験は課さない

◆**共通テスト利用 前・中・後期選抜（2科目）**

[全学科：2科目] 国地歴公数理現、地歴公数理全21科目から1外英、英語外部試験から1

◆**共通テスト利用 前期選抜（3科目最高得点重視型）**

[全学科：3科目] 国地歴公数理現、地歴公数理全21科目から2外英

◆**共通テスト利用 前期選抜（3科目均等配点型）、共通テスト利用 中・後期選抜（3科目）**

[全学科：3科目] 国地歴公数理現、地歴公数理全21科目から2外英、英語外部試験から1

◆**共通テスト利用 前期選抜（4科目）**

[全学科：4科目] 国地歴公数理現、地歴公数理全21科目から3外英、英語外部試験から1

◆**共通テスト利用 前・中・後期選抜（5科目）**

[全学科：5科目] 国地歴公数理現、地歴公数理全21科目から4外英、英語外部試験から1

■経済学部 偏差値 62

一般選抜

◆**ムサシノスカラシップ選抜**

[経済]〈一次：2〜3科目〉国数次の①・②から1（①現、現古、数ⅠA、数ⅠⅡABから1、②数ⅠA必須、現、現古から1▶高得点1科目を合否判定に使用）外英、英語外部試験から1〈二次：1科目〉面面接・口頭試問

◆**全学部統一選抜（Ⅰ型）**

[経済：2〜3科目] 国地歴公数情次の①・②から1（①現、現古、世B、日B、政経、数ⅠA、社会と情報及び情報の科学から1、②現、現古から1、世B、日B、政経、数ⅠA、社会と情報及び情報の科学から1▶高得点1科目を合否判定に使用）外英、英語外部試験から1

◆**全学部統一選抜（Ⅱ型）**

[経済：2科目] 数数ⅠⅡAB外英、英語外部試験から1

◆**一般選抜A日程（文系）、一般選抜B日程**

[経済：3科目] 国現、現古から1地歴公数世B、日B、政経、数ⅠAから1外英、英語外部試験から1

◆**一般選抜C日程**

[経済：2〜3科目] 国地歴公数外次の①〜④から1（①現、現古、数ⅠⅡABから1、世B、日B、政経、数ⅠAから1、②現、現古、数ⅠⅡABから1、英、英語外部試験から1、③世B、日B、政経、数ⅠAから1、英、英語外部試験から1、④現、現古、数ⅠⅡABから1、世B、日B、政経、数ⅠAから1、英、英語外部試験から1▶高得点2科目を合否判定に使用）▶数2科目選択不可

共通テスト併用入試

◆**共通テスト併用型（全学部統一選抜〔Ⅰ型〕＋共通テスト）**※全学部統一選抜（Ⅰ型）の出願必須

[経済]〈共2科目〉国地歴公数理外現、地歴公数理全21科目、英から2〈個2〜3科目〉全学部統一選抜の成績を利用▶国外から高得点1科目を合否判定に使用

◆**共通テスト併用型（全学部統一選抜〔Ⅱ型〕＋共通テスト）**※全学部統一選抜（Ⅱ型）の出願必須

[経済]〈共3科目〉共通テスト併用型（全学部統一選抜〔Ⅰ型〕＋共通テスト）に同じ〈個2科目〉全学部統一選抜の成績を利用▶数を合否判定に使用

◆**共通テスト併用型（一般選抜A日程〔文系〕＋共通テスト）**※一般選抜A日程（文系）の出願必須

[経済]〈共2科目〉共通テスト併用型（全学部統一選抜〔Ⅰ型〕＋共通テスト）に同じ〈個3科目〉一般選抜A日程（文系）の成績を利用▶国外から高得点1科目を合否判定に使用

◆**共通テスト併用型（一般選抜B日程〔理系〕＋共通テスト）**※一般選抜B日程の出願必須

[経済]〈共2科目〉共通テスト併用型（全学部統一選抜〔Ⅰ型〕＋共通テスト）に同じ〈個3科目〉一般選抜B日程の成績を利用▶外を合否判定に使用

共通テスト利用入試 ※個別試験は課さない

◆**共通テスト利用 前・中・後期選抜（2科目）**

[経済：2科目] 国地歴公数理現、地歴公数理全21科目から1外英、英語外部試験から1

◆**共通テスト利用 前期選抜（3科目最高得点重視型）**

[経済：3科目] 国地歴公数理現、地歴公数理全21科目から2外英

◆**共通テスト利用 前期選抜（3科目均等配点型）、共通テスト利用 中・後期選抜（3科目）**

[経済：3科目] 国地歴公数理現、地歴公数理全21科目から2外英、英語外部試験から1

◆**共通テスト利用 前期選抜（4科目）**

[経済：4科目] 国地歴公数理現、地歴公数理全21科目から3外英、英語外部試験から1

◆**共通テスト利用 前・中・後期選抜（5科目）**

[経済：5科目] 国地歴公数理現、地歴公数理全21科目から4外英、英語外部試験から1

■経営学部 偏差値 61

一般選抜

◆**ムサシノスカラシップ選抜**

[全学科]〈一次：2〜3科目〉国数次の①・②から

1（①現、現古、数ⅠAから1、②数ⅠA必須、現、現古から1▶高得点1科目を合否判定に使用）外 英、英語外部試験から1〈二次：1科目〉面 面接・口頭試問

◆**全学部統一選抜**

[全学科：2〜3科目] 国 地歴 公 数 情 次の①・②から1（①現、現古、世B、日B、政経、数ⅠA、社会と情報及び情報の科学から1、②現、現古から1、世B、日B、政経、数ⅠA、社会と情報及び情報の科学から1▶高得点1科目を合否判定に使用）外 英、英語外部試験から1

◆**一般選抜A日程（文系）、一般選抜B日程**

[全学科：3科目] 国 現、現古から1 地歴 公 数 世B、日B、政経、数ⅠAから1 外 英、英語外部試験から1

◆**一般選抜C日程**

[全学科：2〜3科目] 国 地歴 公 数 外 次の①・②から1（①現、現古、世B、日B、政経、数ⅠA、英から2▶地歴公数から2科目選択不可。英選択の場合は英、英語外部試験から1、②現、現古から1、世B、日B、政経、数ⅠAから1、英、英語外部試験から1▶高得点2科目を合否判定に使用）

共通テスト併用入試

◆**共通テスト併用型（全学部統一選抜＋共通テスト）**※全学部統一選抜の出願必須

[全学科]〈共2科目〉国 地歴 公 数 理 外 現、地歴公数理全21科目、英から2〈個2〜3科目〉全学部統一選抜の成績を利用▶国外から高得点1科目を合否判定に使用

◆**共通テスト併用型（一般選抜A日程〔文系〕＋共通テスト）**※一般選抜A日程（文系）の出願必須

[全学科]〈共2科目〉共通テスト併用型（全学部統一選抜＋共通テスト）に同じ〈個3科目〉一般選抜A日程（文系）の成績を利用▶国外から高得点1科目を合否判定に使用

◆**共通テスト併用型（一般選抜B日程〔理系〕＋共通テスト）**※一般選抜B日程の出願必須

[全学科]〈共2科目〉共通テスト併用型（全学部統一選抜＋共通テスト）に同じ〈個3科目〉一般選抜B日程の成績を利用▶外を合否判定に使用

共通テスト利用入試 ※個別試験は課さない

◆**共通テスト利用 前・中・後期選抜（2科目）**

[全学科：2科目] 国 地歴 公 数 理 現、地歴公数理全21科目から1 外 英、英語外部試験から1修正しました。

◆**共通テスト利用 前期選抜（3科目最高得点重視型）**

[全学科：3科目] 国 地歴 公 数 理 現、地歴公数理全21科目から2 外 英

◆**共通テスト利用 前期選抜（3科目均等配点型）、共通テスト利用 中・後期選抜（3科目）**

[全学科：3科目] 国 地歴 公 数 理 現、地歴公数理全21科目から2 外 英、英語外部試験から1

◆**共通テスト利用 前期選抜（4科目）**

[全学科：4科目] 国 地歴 公 数 理 現、地歴公数理全21科目から3 外 英、英語外部試験から1

◆**共通テスト利用 前・中・後期選抜（5科目）**

[全学科：5科目] 国 地歴 公 数 理 現、地歴公数理全21科目から4 外 英、英語外部試験から1

■グローバル学部 偏差値 62

一般選抜

◆**ムサシノスカラシップ選抜**

[全学科]〈一次：2〜3科目〉国 数 次の①・②から1（①現、現古、数ⅠAから1、②数ⅠA必須、現、現古から1▶高得点1科目を合否判定に使用）外 英、英語外部試験から1〈二次：1科目〉面 面接・口頭試問

◆**全学部統一選抜**

[全学科：2〜3科目] 国 地歴 公 数 情 次の①・②から1（①現、現古、世B、日B、政経、数ⅠA、社会と情報及び情報の科学から1、②現、現古から1、世B、日B、政経、数ⅠA、社会と情報及び情報の科学から1▶高得点1科目を合否判定に使用）外 英、英語外部試験から1

◆**一般選抜A日程（文系）、一般選抜B日程**

[全学科：3科目] 国 現、現古から1 地歴 公 数 世B、日B、政経、数ⅠAから1 外 英、英語外部試験から1

◆**一般選抜C日程**

[全学科：2〜3科目] 国 地歴 公 数 次の①〜③から1（①現、現古、世B、日B、政経、数ⅠAから1、②現、現古から1、世B、日B、政経、数ⅠAから1▶高得点1科目を合否判定に使用）外 英、英語外部試験から1

共通テスト併用入試

◆**共通テスト併用型（全学部統一選抜＋共通テスト）**※全学部統一選抜の出願必須

[グローバルコミュニケーション]〈共2科目〉国 地歴 公 外 現、地歴公全10科目、英から2〈個2〜3科目〉全学部統一選抜の成績を利用▶外を合否判定に使用

[日本語コミュニケーション]〈共2科目〉国 地歴 公 数 理 外 現、地歴公数理全21科目、英から2〈個2〜3科目〉全学部統一選抜の成績を利用▶国外から高得点1科目を合否判定に使用

[グローバルビジネス]〈共1科目〉外 英〈個2〜3科目〉全学部統一選抜の成績を利用▶外を合否判定に使用

◆**共通テスト併用型（一般選抜A日程〔文系〕＋共通テスト）**※一般選抜A日程（文系）の出願必須

[グローバルコミュニケーション]〈共2科目〉共通テスト併用型（全学部統一選抜＋共通テスト）に同じ〈個3科目〉一般選抜A日程（文系）の成績を利用▶外を合否判定に使用

[日本語コミュニケーション]〈共2科目〉共通テスト併用型（全学部統一選抜＋共通テスト）に同じ〈個3科目〉一般選抜A日程（文系）の成績を利用▶国外から高得点1科目を合否判定に使用

[グローバルビジネス]〈共1科目〉外 英〈個3科目〉一般選抜A日程（文系）の成績を利用▶外を合否判定に使用

◆共通テスト併用型（一般選抜B日程〔理系〕＋共通テスト）※一般選抜B日程の出願必須
［グローバルコミュニケーション］〈共2科目〉共通テスト併用型（全学部統一選抜＋共通テスト）に同じ〈個3科目〉一般選抜B日程の成績を利用▶外を合否判定に使用
［日本語コミュニケーション］〈共2科目〉国現 外英〈個3科目〉一般選抜B日程の成績を利用▶国外から高得点1科目を合否判定に使用
［グローバルビジネス］〈共1科目〉外英〈個3科目〉一般選抜B日程の成績を利用▶外を合否判定に使用

共通テスト利用入試 ※個別試験は課さない

◆共通テスト利用 前・中期選抜（2科目）
［グローバルコミュニケーション、日本語コミュニケーション：2科目］国 地歴 公 数現、地歴公数全16科目から1 外英、英語外部試験から1
［グローバルビジネス：2科目］国 地歴 公 数現、地歴公数全16科目から1 外英

◆共通テスト利用 前・中期選抜（3科目）
［グローバルコミュニケーション、日本語コミュニケーション：3科目］国 地歴 公 数現、地歴公数全16科目から2 外英、英語外部試験から1
［グローバルビジネス：3科目］国 地歴 公 数現、地歴公数全16科目から2 外英

◆共通テスト利用 前期選抜（4科目）
［グローバルコミュニケーション、日本語コミュニケーション：4科目］国 地歴 公 数現、地歴公数全16科目から3 外英、英語外部試験から1
［グローバルビジネス：4科目］国 地歴 公 数現、地歴公数全16科目から3 外英

◆共通テスト利用 前・中期選抜（5科目）
［グローバルコミュニケーション、日本語コミュニケーション：5科目］国 地歴 公 数現、地歴公数全16科目から4 外英、英語外部試験から1
［グローバルビジネス：5科目］国 地歴 公 数現、地歴公数全16科目から4 外英

◆共通テスト利用 後期選抜（2科目）
［グローバルコミュニケーション、グローバルビジネス：2科目］共通テスト利用 前期選抜（2科目）に同じ

◆共通テスト利用 後期選抜（3科目）
［グローバルコミュニケーション、グローバルビジネス：3科目］共通テスト利用 前期選抜（3科目）に同じ

◆共通テスト利用 後期選抜（5科目）
［グローバルコミュニケーション、グローバルビジネス：5科目］共通テスト利用 前期選抜（5科目）に同じ

■薬学部 偏差値 60

一般選抜

◆ムサシノスカラシップ選抜
［薬］〈一次：3科目〉数数ⅠⅡAB 理化基・化 外英、英語外部試験から1〈二次：1科目〉面面接・口頭試問

◆全学部統一選抜、一般選抜A日程（理系）
［薬：3科目］数数ⅠⅡAB 理化基・化 外英、英語外部試験から1

共通テスト併用入試

◆共通テスト併用型（全学部統一選抜＋共通テスト）※全学部統一選抜の出願必須
［薬］〈共3科目〉数数ⅠA、数ⅡB 外英〈個3科目〉全学部統一選抜の成績を利用▶理を合否判定に使用

◆共通テスト併用型（一般選抜A日程〔理系〕＋共通テスト）※一般選抜A日程（理系）の出願必須
［薬］〈共3科目〉数数ⅠA、数ⅡB 外英〈個3科目〉一般選抜A日程（理系）の成績を利用▶理を合否判定に使用

共通テスト利用入試 ※個別試験は課さない

◆共通テスト利用 前・中期選抜（3科目）
［薬：4科目］数数ⅠA、数ⅡB 理物、化、生から1 外英、英語外部試験から1

◆共通テスト利用 前・中期選抜（5科目）
［薬：6科目］国 地歴 公 理現、地歴公理全15科目から3▶物、化、生から1必須 数数ⅠA、数ⅡB 外英、英語外部試験から1

■看護学部 偏差値 60

一般選抜

◆ムサシノスカラシップ選抜
［看護］〈一次：2〜3科目〉国 数次の①・②から1（①現、現古、数ⅠAから1、②数ⅠA必須、現、現古から1▶高得点1科目を合否判定に使用）外英、英語外部試験から1〈二次：1科目〉面面接・口頭試問

◆全学部統一選抜
［看護：2〜3科目］国 数 理次の①・②から1（①現、現古、数ⅠA、数ⅠⅡAB、化基・化、生基・生から1、②現、現古、数ⅠⅡABから1、数ⅠA、化基・化、生基・生から1▶数2科目選択不可。高得点1科目を合否判定に使用）外英、英語外部試験から1

◆一般選抜A日程（文系）
［看護：3科目］国現、現古から1 数 理数ⅠA、生基・生から1 外英、英語外部試験から1

◆一般選抜B日程、一般選抜C日程
［看護：3科目］国現、現古から1 数 理数ⅠA、化基・化、生基・生から1 外英、英語外部試験から1

共通テスト併用入試

◆共通テスト併用型（全学部統一選抜＋共通テスト）※全学部統一選抜の出願必須
［看護］〈共2科目〉国 数 理現、数ⅠA、数ⅡB、理全5科目から2〈個2〜3科目〉全学部統一選抜の成績を利用▶外を合否判定に使用

◆共通テスト併用型（一般選抜A日程〔文系〕＋共通テスト）※一般選抜A日程（文系）の出願必須
［看護］〈共3科目〉国現 数数ⅠA、数ⅡBから1 理全5科目から1〈個3科目〉一般選抜A日程（文系）の成績を利用▶外を合否判定に使用

◆共通テスト併用型（一般選抜B日程〔理系〕＋共

通テスト）※一般選抜B日程の出願必須
[看護]〈共3科目〉国現数数ⅠA、数ⅡBから1理全5科目から1〈個3科目〉一般選抜B日程の成績を利用▶外を合否判定に使用

共通テスト利用入試　※個別試験は課さない

◆共通テスト利用 前・中期選抜（3科目）
[看護：3科目]国数理現、数ⅠA、数ⅡB、理全5科目から2外英、英語外部試験から1

◆共通テスト利用 前・中期選抜（5科目）
[看護：5科目]国地歴公数理現、地歴公数理全21科目から4外英、英語外部試験から1

■教育学部 偏差値 60

一般選抜

◆ムサシノスカラシップ選抜
[全学科]〈一次：2～3科目〉国数次の①・②から1（①現、現古、数ⅠAから1、②数ⅠA必須、現、現古から1▶高得点1科目を合否判定に使用）外英、英語外部試験から1〈二次：1科目〉面面接・口頭試問

◆全学部統一選抜
[全学科：2～3科目]国地歴公数理情次の①・②から1（①現、現古、世B、日B、政経、数ⅠA、数ⅠⅡAB、物基・物、化基・化、生基・生、社会と情報及び情報の科学から1、②現、現古、数ⅠⅡABから1、世B、日B、政経、数ⅠA、物基・物、化基・化、生基・生、社会と情報及び情報の科学から1▶数2科目選択不可。高得点1科目を合否判定に使用）外英、英語外部試験から1

◆一般選抜A日程（文系）
[全学科：3科目]国現、現古から1地歴公数理世B、日B、政経、数ⅠA、生基・生から1外英、英語外部試験から1

◆一般選抜A日程（理系）
[教育：3科目]数数ⅠⅡAB理情物基・物、化基・化、社会と情報及び情報の科学から1外英、英語外部試験から1

◆一般選抜B日程
[全学科：3科目]国現、現古から1地歴公数理世B、日B、政経、数ⅠA、化基・化、生基・生から1外英、英語外部試験から1

◆一般選抜C日程
[教育：3科目]国地歴公数理現、現古、数ⅠⅡABから1、世B、日B、政経、数ⅠA、物基・物、化基・化、生基・生から1▶数2科目選択不可外英、英語外部試験から1
[幼児教育：2～3科目]国地歴公数理外次の①～④から1（①現、現古、数ⅠⅡABから1、世B、日B、政経、数ⅠA、物基・物、化基・化、生基・生から1、②現、現古、数ⅠⅡABから1、英、英語外部試験から1、③世B、日B、政経、数ⅠA、物基・物、化基・化、生基・生から1、英、英語外部試験から1、④現、現古、数ⅠⅡABから1、世B、日B、政経、数ⅠA、物基・物、化基・化、生基・生から1、英、英語外部試験から1▶高得点2科目を合否判定に使用）▶数2科目選択不可

共通テスト併用入試

◆共通テスト併用型（全学部統一選抜＋共通テスト）※全学部統一選抜の出願必須
[教育]〈共3科目〉国地歴公数理外現、地歴公数理全21科目、英から3〈個2～3科目〉全学部統一選抜の成績を利用▶国数外から高得点1科目を合否判定に使用
[幼児教育]〈共2科目〉国地歴公数理外現、地歴公数理全21科目、英から2〈個2～3科目〉全学部統一選抜の成績を利用▶国外から高得点1科目を合否判定に使用

◆共通テスト併用型（一般選抜A日程〔文系〕＋共通テスト）※一般選抜A日程（文系）の出願必須
[教育]〈共3科目〉共通テスト併用型（全学部統一選抜＋共通テスト）に同じ〈個3科目〉一般選抜A日程（文系）の成績を利用▶国外から高得点1科目を合否判定に使用
[幼児教育]〈共2科目〉共通テスト併用型（全学部統一選抜＋共通テスト）に同じ〈個3科目〉一般選抜A日程（文系）の成績を利用▶国外から高得点1科目を合否判定に使用

◆共通テスト併用型（一般選抜A日程〔理系〕＋共通テスト）※一般選抜A日程（理系）の出願必須
[教育]〈共3科目〉国現理全5科目から1外英〈個3科目〉一般選抜A日程（理系）の成績を利用▶数を合否判定に使用

◆共通テスト併用型（一般選抜B日程〔理系〕＋共通テスト）※一般選抜B日程の出願必須
[全学科]〈共2科目〉国地歴公数理外現、地歴公数理全21科目、英から2〈個3科目〉一般選抜B日程の成績を利用▶外を合否判定に使用

共通テスト利用入試　※個別試験は課さない

◆共通テスト利用 前・中・後期選抜（2科目）
[全学科：2科目]国地歴公数理現、地歴公数理全21科目から1外英、英語外部試験から1

◆共通テスト利用 前期選抜（3科目最高得点重視型）
[全学科：3科目]国地歴公数理現、地歴公数理全21科目から2外英

◆共通テスト利用 前期選抜（3科目均等配点型）、共通テスト利用 中・後期選抜（3科目）
[全学科：3科目]国地歴公数理現、地歴公数理全21科目から2外英、英語外部試験から1

◆共通テスト利用 前期選抜（4科目）
[全学科：4科目]国地歴公数理現、地歴公数理全21科目から3外英、英語外部試験から1

◆共通テスト利用 前・中・後期選抜（5科目）
[全学科：5科目]国地歴公数理現、地歴公数理全21科目から4外英、英語外部試験から1

■文学部 偏差値 61

一般選抜

◆ムサシノスカラシップ選抜
[日本文学文化]〈一次：2科目〉国現、現古から1外英、英語外部試験から1〈二次：1科目〉面面接・口頭試問

◆全学部統一選抜
[日本文学文化：2科目] 国現、現古から1 外英、英語外部試験から1

◆一般選抜A日程(文系)、一般選抜B日程
[日本文学文化：3科目] 国現、現古から1 地歴 公 数世B、日B、政経、数ⅠAから1 外英、英語外部試験から1

◆一般選抜C日程
[日本文学文化：2〜3科目] 国現、現古から1 地歴 公 数 外次の①・②から1(①世B、日B、政経、数ⅠA、英から1▶英選択の場合は英、英語外部試験から1、②世B、日B、政経、数ⅠAから1、英、英語外部試験から1▶高得点1科目を合否判定に使用)

共通テスト併用入試

◆共通テスト併用型(全学部統一選抜＋共通テスト)※全学部統一選抜の出願必須
[日本文学文化]〈共2科目〉国 地歴 公 数 理 外現古漢、地歴公数理全21科目、英から2〈個2科目〉全学部統一選抜の成績を利用▶国を合否判定に使用

◆共通テスト併用型(一般選抜A日程〔文系〕＋共通テスト)※一般選抜A日程(文系)の出願必須
[日本文学文化]〈共2科目〉共通テスト併用型(全学部統一選抜＋共通テスト)に同じ〈個3科目〉一般選抜A日程(文系)の成績を利用▶国を合否判定に使用

◆共通テスト併用型(一般選抜B日程〔理系〕＋共通テスト)※一般選抜B日程の出願必須
[日本文学文化]〈共2科目〉国現古漢 地歴 公 数 理 外地歴公数理全21科目、英から1〈個3科目〉一般選抜B日程の成績を利用▶国を合否判定に使用

共通テスト利用入試 ※個別試験は課さない

◆共通テスト利用 前・中・後期選抜(2科目)
[日本文学文化：2科目] 国現古漢 外英、英語外部試験から1

◆共通テスト利用　前期選抜(3科目最高得点重視型)
[日本文学文化：3科目] 国現古漢 地歴 公 数全16科目から1 外英

◆共通テスト利用 前期選抜(3科目均等配点型)、共通テスト利用 中・後期選抜(3科目)
[日本文学文化：3科目] 国現古漢 地歴 公 数全16科目から1 外英、英語外部試験から1

◆共通テスト利用 前期選抜(4科目)
[日本文学文化：4科目] 国現古漢 地歴 公 数全16科目から2 外英、英語外部試験から1

◆共通テスト利用 前・中・後期選抜(5科目)
[日本文学文化：5科目] 国現古漢 地歴 公 数全16科目から3 外英、英語外部試験から1

■人間科学部 偏差値 62

一般選抜

◆ムサシノスカラシップ選抜
[全学科]〈一次：2〜3科目〉国 数次の①・②から1(①現、現古、数ⅠAから1、②数ⅠA必須、現、現古から1▶高得点1科目を合否判定に使用) 外英、英語外部試験から1〈二次：1科目〉画面接・口頭試問

◆全学部統一選抜
[人間科：2〜3科目] 国 地歴 公 数 理 情次の①・②から1(①現、現古、世B、日B、政経、数ⅠA、数ⅠⅡAB、物基・物、化基・化、生基・生、社会と情報及び情報の科学から1、②現、現古、数ⅠⅡABから1、世B、日B、政経、数ⅠA、物基・物、化基・化、生基・生、社会と情報及び情報の科学から1▶数2科目選択不可。高得点1科目を合否判定に使用) 外英、英語外部試験から1
[社会福祉：2〜3科目] 国 地歴 公 数 情次の①・②から1(①現、現古、世B、日B、政経、数ⅠA、社会と情報及び情報の科学から1、②現、現古から1、世B、日B、政経、数ⅠA、社会と情報及び情報の科学から1▶高得点1科目を合否判定に使用) 外英、英語外部試験から1

◆一般選抜A日程(文系)
[人間科：3科目] 国現、現古から1 地歴 公 数 理世B、日B、政経、数ⅠA、生基・生から1 外英、英語外部試験から1
[社会福祉：3科目] 国現、現古から1 地歴 公 数世B、日B、政経、数ⅠAから1 外英、英語外部試験から1

◆一般選抜B日程
[人間科：3科目] 国現、現古から1 地歴 公 数 理世B、日B、政経、数ⅠA、化基・化、生基・生から1 外英、英語外部試験から1
[社会福祉：3科目] 一般選抜A日程(文系)に同じ

◆一般選抜C日程
[人間科：2〜3科目] 国 地歴 公 数 理 外次の①〜④から1(①現、現古、数ⅠⅡABから1、世B、日B、政経、数ⅠA、物基・物、化基・化、生基・生から1、②現、現古、数ⅠⅡABから1、英、英語外部試験から1、③世B、日B、政経、数ⅠA、物基・物、化基・化、生基・生から1、英、英語外部試験から1、④現、現古、数ⅠⅡABから1、世B、日B、政経、数ⅠA、物基・物、化基・化、生基・生から1、英、英語外部試験から1▶高得点2科目を合否判定に使用)▶数2科目選択不可
[社会福祉：2〜3科目] 国 地歴 公 数 外次の①〜④から1(①現、現古から1、世B、日B、政経、数ⅠAから1、②現、現古から1、英、英語外部試験から1、③世B、日B、政経、数ⅠAから1、英、英語外部試験から1、④現、現古から1、世B、日B、政経、数ⅠAから1、英、英語外部試験から1▶高得点2科目を合否判定に使用)

共通テスト併用入試

◆共通テスト併用型(全学部統一選抜＋共通テスト)※全学部統一選抜の出願必須
[全学科]〈共2科目〉国 地歴 公 数 理 外現、地歴公数理全21科目、英から2〈個2〜3科目〉全学部統一選抜の成績を利用▶国外から高得点1科目を合否判定に使用

◆共通テスト併用型(一般選抜A日程〔文系〕＋共

通テスト）※一般選抜A日程（文系）の出願必須
［全学科］〈共2科目〉共通テスト併用型（全学部統一選抜＋共通テスト）に同じ〈個3科目〉一般選抜A日程（文系）の成績を利用▶国外から高得点1科目を合否判定に使用

◆**共通テスト併用型（一般選抜B日程〔理系〕＋共通テスト）**※一般選抜B日程の出願必須
［人間科］〈共2科目〉共通テスト併用型（全学部統一選抜＋共通テスト）に同じ〈個3科目〉一般選抜B日程の成績を利用▶外を合否判定に使用
［社会福祉］〈共2科目〉共通テスト併用型（全学部統一選抜＋共通テスト）に同じ〈個3科目〉一般選抜B日程の成績を利用▶国を合否判定に使用

共通テスト利用入試　※個別試験は課さない

◆**共通テスト利用 前・中・後期選抜（2科目）**
［全学科：2科目］国地歴公数理現、地歴公数理全21科目から1外英、英語外部試験から1

◆**共通テスト利用 前期選抜（3科目最高得点重視型）**
［全学科：3科目］国地歴公数理現、地歴公数理全21科目から2外英

◆**共通テスト利用 前期選抜（3科目均等配点型）、共通テスト利用 中・後期選抜（3科目）**
［全学科：3科目］国地歴公数理現、地歴公数理全21科目から2外英、英語外部試験から1

◆**共通テスト利用 前期選抜（4科目）**
［全学科：4科目］国地歴公数理現、地歴公数理全21科目から3外英、英語外部試験から1

◆**共通テスト利用 前・中・後期選抜（5科目）**
［全学科：5科目］国地歴公数理現、地歴公数理全21科目から4外英、英語外部試験から1

■特別選抜

［総合型選抜］総合型選抜
［学校推薦型選抜］指定校学校推薦型選抜、系列校学校推薦型選抜、日本語学校指定校推薦選抜、同窓会推薦選抜
［その他］帰国生選抜、社会人選抜、国際バカロレア特別選抜、外国人留学生選抜

武蔵野大学ギャラリー

■武蔵野キャンパス

落ち着いた教育環境と充実した実験実習設備のもと、豊かな人間性と実践的専門能力の高い人材を育成しています。

■ロハスカフェ

有明キャンパスのおしゃれな学食「ロハスカフェ」では、自家製のサルサソースを用いた「雑穀米のタコライス」が人気です。

■サステナビリティ学科

日本で初めて創設されたサステナビリティ学科には、社会課題解決のために統合的な学びを実現できる環境が整っています。

■薬学科

薬学共用試験や薬剤師国家試験の合格に向けて対策プログラムを実施するなど、充実したサポート体制が整っています。

明治大学

めいじ

資料請求

入試広報事務室（駿河台キャンパス）　TEL（03）3296-4139　〒101-8301 東京都千代田区神田駿河台1-1

時代の変化をリードする、強い「個」を育てる大学

「権利自由」「独立自治」の精神のもと、幅広い視野と確立した「個」を兼ね備えたグローバル人材を育成する。各専門分野を牽引する独創的な研究を推進し、学際的かつ国際的な連携を進め知の創造に貢献する。

大学紹介動画

最新入試情報

駿河台キャンパス・リバティタワー

校歌

明治大学校歌
作詞／児玉花外　作曲／山田耕筰

一、白雲なびく駿河台
眉秀でたる若人が
撞くや時代の暁の鐘
文化の潮みちびきて
遂げし維新の栄になふ
明治その名ぞ吾等が母校
明治その名ぞ吾等が母校

校歌音声

基本データ

※2023年5月現在（進路・就職は2022年度卒業者データ。学費は2024年度入学者用）

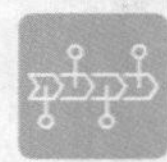

沿革

1881年、明治法律学校として設立。1920年、大学令により明治大学となる。1949年、新制に移行。法、商、政治経済、文、工、農学部を設置。1953年、経営学部を設置。1989年、工学部を理工学部に改組。2004年、情報コミュニケーション学部を設置。2008年、国際日本学部を設置。2013年、総合数理学部を設置し、現在に至る。

キャンパス

4つ

キャンパスマップ

所在地・交通アクセス

駿河台キャンパス（本部）

〒101-8301 東京都千代田区神田駿河台1-1
アクセス ①JR・地下鉄「御茶ノ水駅」から徒歩約3分、②地下鉄「新御茶ノ水駅」から徒歩約5分、③地下鉄「神保町駅」から徒歩約5分

和泉キャンパス

〒168-8555 東京都杉並区永福1-9-1
アクセス 京王線・京王井の頭線「明大前駅」から徒歩約5分

生田キャンパス

〒214-8571 神奈川県川崎市多摩区東三田1-1-1
アクセス 小田急小田原線「生田駅」から徒歩約10分

中野キャンパス

〒164-8525 東京都中野区中野4-21-1
アクセス JR・地下鉄「中野駅」から徒歩約8分

教育機関
10学部 16研究科

学部 法／政治経済／経営／商／理工／農／文／情報コミュニケーション／国際日本／総合数理

大学院 法学ⓂⒹ／商学ⓂⒹ／政治経済学ⓂⒹ／経営学ⓂⒹ／文学ⓂⒹ／情報コミュニケーションⓂⒹ／理工学ⓂⒹ／農学ⓂⒹ／教養デザインⓂⒹ／先端数理科学ⓂⒹ／国際日本学ⓂⒹ／グローバル・ガバナンスⒹ／ガバナンスⓅ／グローバル・ビジネスⓅ／会計専門職Ⓟ／法務Ⓟ

人数

学部学生数  **32,261**名　教員1名あたり学生**30**名

教員数 **1,067**名【理事長】柳谷孝、【学長】上野正雄
（教授**596**名、准教授**229**名、講師**117**名、助教**36**名、助手・その他**89**名）

学費

初年度納入額 **1,321,000~1,821,000**円

奨学金 明治大学給費奨学金「おゝ明治奨学金」、明治大学給費奨学金、明治大学連合父母会一般給付奨学金、明治大学校友会奨学金「前へ！」

進路

学部卒業者 **7,162**名（進学**922**名、就職**5,574**名、その他**666**名）

進学 **12.9**%　就職 **77.8**%　その他 **9.3**%

主な就職先 ※理工、農、総合数理学部は院卒者を含む

法学部
国家公務（一般職）、東京都特別区、国税庁（国税専門官）、東京都庁、神奈川県庁、三井住友信託銀行、千葉銀行、伊藤忠テクノソリューションズ、埼玉県庁、日本アイ・ビー・エム、みずほフィナンシャルグループ、りそなグループ

政治経済学部
東京都特別区、国家公務（一般職）、みずほフィナンシャルグループ、SMBC日興証券、東京都庁、三井住友信託銀行、楽天グループ、りそなグループ、千葉銀行、国税庁（国税専門官）、東京海上日動火災保険、三井住友銀行、富士通

経営学部
みずほフィナンシャルグループ、デジタル・アドバタイジング・コンソーシアム、明治安田生命保険、アマゾンジャパン、NTTドコモ、富士通、TIS、監査法人トーマツ、SMBC日興証券、東京都特別区、NEC、楽天グループ

商学部
NECソリューションイノベータ、楽天グループ、NEC、東京都特別区、三井住友信託銀行、NTTドコモ、キーエンス、みずほフィナンシャルグループ、横浜銀行、損害保険ジャパン、監査法人トーマツ、NTT東日本

理工学部
SCSK、日立製作所、三菱電機、NECソリューションイノベータ、大林組、いすゞ自動車、鹿島建設、TIS、野村総合研究所、富士通、日産自動車、東京電力ホールディングス、伊藤忠テクノソリューションズ、小松製作所

農学部
NECソリューションイノベータ、国家公務（一般職）、JA全農本所、JT、TIS、東京都庁、日本食研グループ、三菱食品、国家公務（総合職）、日清オイリオグループ、富士通、横浜市役所

文学部
NEC、SMBC日興証券、国家公務（一般職）、埼玉県教育委員会、東京都教育委員会、東京都特別区、ヨドバシカメラ、イオンリテール、トーハン、日本生命保険、富士ソフト、楽天グループ、りそなグループ、パーソルキャリア

情報コミュニケーション学部
東京都特別区、電通デジタル、NEC、楽天グループ、ADKホールディングス、コムチュア、メンバーズ、NTTコムウェア、埼玉県庁、サイバーエージェント、TIS、日本タタ・コンサルタンシー・サービシズ、富士通

国際日本学部
楽天グループ、NTTドコモ、東京都特別区、アクセンチュア、丸井グループ、日本タタ・コンサルタンシー・サービシズ、JAL、ニトリ、ロート製薬、アマゾンジャパン、NTTデータ、JTB、千葉銀行、千葉県庁

総合数理学部
日立製作所、NTTコムウェア、NECソリューションイノベータ、SCSK、富士通、KDDI、TIS、リコー、ヤフー、楽天グループ、日本アイ・ビー・エム、インターネットイニシアティブ、ソフトバンク、日産自動車

学部学科紹介

※本書掲載内容は、大学公表資料から独自に編集したものです。詳細は大学パンフレットやホームページ等で必ず確認してください（取得可能な免許・資格は任用資格や受験資格などを含む）。

「大学入試科目検索システム」のご案内
入試要項のうち、日程・方式ごとの偏差値や昨年度入試結果（志願者倍率、実質倍率、合格最低点）、基本情報（出願締切日、試験日、二段階選抜、募集人員、総合満点）などは、「大学入試科目検索システム」（https://nyushi.toshin.com/）をご覧ください（利用方法はp.12参照）。

法学部

和泉キャンパス（1・2年）、駿河台キャンパス（3・4年）

定員 920

入試科目検索

特色 2年次から5つのコースに分かれる。外国語による法律の授業も行われている。
進路 卒業者の多くは一般企業や公務に就く。他、法曹を目指し進学する者もいる。
学問分野 法学／国際学／情報学
大学院 法学／法務

学科紹介

法律学科

ビジネスローコース	リーガルマインドを身につけ、現代ビジネス社会で活躍できる人材を育成。基本六法の科目の他、会社法、知的財産法など企業や社会と関わる法律科目を配置している。海外への進学を視野に英語での講義もある。
国際関係法コース	国家間の共通ルールである国際法と外交に関わる各国の国内法の両面から、国際的な活動に関する法律を学ぶ。様々な国や地域の文化に関する科目も設置し、国際社会への理解をより深める。
法と情報コース	現代情報社会の構造や問題点、情報関連の法制度、情報セキュリティなどに関する知識を身につけ、高度情報化社会での様々な法的問題に対応できる人材を育成。一般企業などへの就職を想定した情報関連科目もある。
公共法務コース	国家・地方公務員、国会職員などの公務員や、労働基準監督官など法律関連の専門職に必要な知識や教養を身につける。法律科目に加え、各種試験準備に役立つカリキュラムを展開している。
法曹コース	裁判官、検察官、弁護士などの法律実務家を育成。法科大学院への進学や司法試験予備試験に向け、法律の基礎知識と法的思考能力を身につける。法律基本科目の他、租税法や医事法など専門分野も学ぶ。
取得可能な免許・資格	学芸員、教員免許(中-社、高-地歴・公)、社会教育士、社会教育主事、司書教諭、司書

入試要項（2025年度）

※この入試情報は大学発表の2025年度入試（予告）および2024年度募集要項等より編集したものです（2024年1月時点。見方は巻頭の「本書の使い方」参照）。内容には変更が生じる可能性があるため、最新情報はホームページや2025年度募集要項等で必ず確認してください。

■法学部 偏差値 67

一般選抜

◆学部別入学試験
[法律：3科目（350点）] 国現古漢（100）地歴公歴総・日、歴総・世、公共・政経から1（100）外英、独、仏から1（150）

◆全学部統一入学試験
[法律：3科目（300点）] 国現古（100）地歴公数理地歴全3科目、公共・政経、数ⅠⅡAB〔列〕C〔ベ〕、物基・物、化基・化、生基・生から1(100) 外英、独、仏から1（100）

共通テスト利用入試 ※個別試験は課さない

◆共通テスト利用入学試験（前期日程〔3科目方式〕）
[法律：3科目（500点）] 国現古漢（200）地歴公数理情地歴理情全9科目、公共・倫、公共・政経、数ⅠA、数ⅡBCから1（100）外英、独、仏、中から1（200）

◆共通テスト利用入学試験（前期日程〔4科目方式〕）
[法律：4科目(600点→800点)] 国現古漢(200) 地歴公地歴全3科目、公共・倫、公共・政経から1（100→200）数理情数ⅠA、数ⅡBC、理情全

6科目から1（100→200）外英、独、仏、中から1（200）

◆共通テスト利用入学試験（前期日程〔5科目方式〕）

［法律：5科目（700点→1000点）］国現古漢（200）地歴 公 情地歴情全4科目、公共・倫、公共・政経から1（100→200）数数ⅠA、数ⅡBCから1（100→200）理全5科目から1（100→200）外英、独、仏、中から1（200）

特別選抜

［総合型選抜］スポーツ特別入学試験

［学校推薦型選抜］指定校推薦入学試験、付属高からの推薦入学試験

［その他］海外就学者特別入学試験、外国人留学生入学試験、UNHCR難民高等教育プログラム特別入学試験

政治経済学部

定員 1,150

入試科目検索

和泉キャンパス（1・2年）、駿河台キャンパス（3・4年）

特色　少人数の演習を重視。グローバルキャリア形成プログラムも展開。
進路　卒業者の多くが情報通信業や製造業、金融・保険業などに就職している。
学問分野　政治学／経済学
大学院　政治経済学／ガバナンス

学科紹介

政治学科（290）	政治現象を分析しその仕組みや成り立ちを理解する力とともに、社会構造を把握し自立した判断ができる力を、事実と理論の双方の観点から磨いていく。政治学を中心に関連分野まで網羅したカリキュラムを通して、社会や人間の行動について包括的に理解する。
経済学科（695）	富の再分配を通して幸福で快適な社会を実現する方法を考察する。他学科に設置されている政治学、行政学、社会学系科目やその他の学際的な科目も合わせて履修し、総合的な視点から学ぶ。経済事象を多角的に分析し、政策立案能力と教養を兼ね備えた人材を育成する。
地域行政学科（165）	「地域」を「地方」ではなく人々が生活する圏域として捉え、企業、家計、公共のあり方を学ぶ。理論と実践の両方を重視し、地域運営や産業・社会の活性化に貢献できる専門家を育成する。3年次には「地域研究インターンシップ」で地域の現場を体験する。
取得可能な免許・資格	学芸員、教員免許（中-社、高-地歴・公）、社会教育士、社会教育主事、司書教諭、司書

入試要項（2025年度）

※この入試情報は大学発表の2025年度入試（予告）および2024年度募集要項等より編集したものです（2024年1月時点。見方は巻頭の「本書の使い方」参照）。内容には変更が生じる可能性があるため、最新情報はホームページや2025年度募集要項等で必ず確認してください。

■政治経済学部 偏差値 67

一般選抜

◆学部別入学試験

［全学科：3科目（350点）］国現古漢（100）地歴公数地歴全3科目、公共・政経、数ⅠⅡAB〔列〕C〔ベ〕から1（100）外英、独、仏から1（150）

◆全学部統一入学試験

［全学科：3科目（350点）］国地歴公数理現古、数ⅠⅡⅢAB〔列〕Cから1、地歴全3科目、公共・政経、数ⅠⅡAB〔列〕C〔ベ〕、物基・物、化基・化、生基・生から1（計200）外英、独、仏から1（150）

共通テスト利用入試　※個別試験は課さない

◆共通テスト利用入学試験（前期日程〔3科目方式〕）

［政治、経済：3科目（500点→700点）］国現古漢（200）地歴公数理地歴理全8科目、公共・倫、公共・政経、数ⅠA、数ⅡBCから1（100→200）外英、独、仏、中から1（200→300）

◆共通テスト利用入学試験（前期日程〔7科目方式〕）

［全学科：7科目（900点）］国現古漢（200）地歴公情地歴情全4科目、公共・倫、公共・政経から2（計200）数数ⅠA、数ⅡBC（計200）理全5科目から1（100）外英、独、仏、中から1（200）

特別選抜

［総合型選抜］グローバル型特別入学試験、スポーツ特別入学試験
［学校推薦型選抜］指定校推薦入学試験、付属高からの推薦入学試験
［その他］外国人留学生入学試験、UNHCR難民高等教育プログラム特別入学試験

経営学部

定員 745

和泉キャンパス（1・2年）、駿河台キャンパス（3・4年）

入試科目検索

特色　学部一括入試で2年次から学科に所属する。2つの人材育成トラックを用意。
進路　就職先は情報通信業や金融・保険業、学術研究・専門技術サービス業をはじめ多岐にわたる。
学問分野　経営学／国際学
大学院　経営学／グローバル・ビジネス／会計専門職

学科紹介

経営学科	現代企業の経営環境の変化を機敏に予測し、対応できる人材を育成する。国際経営戦略に関わる科目の他、働き方や雇用問題など人的資源のマネジメント、情報と技術のマネジメントに関する科目を配置。専門に特化したゼミで企業経営に対する理解を深めていく。
会計学科	あらゆる組織の状況を詳細に把握できる、会計に精通したスペシャリストを育成する。1年次に会計学、2年次に財務会計総論と管理会計総論を中心に学ぶことで会計の基礎的能力を養う。公認会計士や税理士などを育成する「高度職業会計人養成トラック」も設置されている。
公共経営学科	NPOやNGO、行政、パブリック・ビジネスの3つの進路を想定したカリキュラムを展開し、地域連携や産学連携のもと、人材育成を行う。公共組織のマーケティングや経営戦略、財務に加え、医療、福祉、公的施設・スポーツ組織の運営など多岐にわたる分野を専門的に学ぶ。
取得可能な免許・資格	学芸員、教員免許（中-社、高-地歴・公・商業）、社会教育士、社会教育主事、司書教諭、司書

入試要項（2025年度）

※この入試情報は大学発表の2025年度入試（予告）および2024年度募集要項等より編集したものです（2024年1月時点。見方は巻頭の「本書の使い方」参照）。内容には変更が生じる可能性があるため、最新情報はホームページや2025年度募集要項等で必ず確認してください。

■経営学部 偏差値 66

一般選抜

◆**学部別入学試験（学部別3科目方式）**
[全学科：3科目（350点）] 国 現古（100） 地歴 公 数 歴総・日、歴総・世、公共・政経、数ⅠⅡA〔全〕B〔列〕C〔べ〕から1（100） 外 英、独、仏から1（150）

◆**学部別入学試験（英語4技能試験活用方式）** ※出願資格として英語外部試験が必要
[全学科：3科目（230点）] 国 現古（100） 地歴 公 数 歴総・日、歴総・世、公共・政経、数ⅠⅡAB〔列〕C〔べ〕から1（100） 外 英語外部試験（30）

◆**全学部統一入学試験（3科目方式）**
[全学科：3科目（350点）] 国 現古（100） 地歴 公 数 地歴全3科目、公共・政経、数ⅠⅡAB〔列〕C〔べ〕から1（100） 外 英、独、仏から1（150）

◆**全学部統一入学試験（英語4技能3科目方式）** ※出願資格として英語外部試験が必要
[全学科：3科目（350点）] 国 現古（100） 地歴 公 数 地歴全3科目、公共・政経、数ⅠⅡAB〔列〕C〔べ〕から1（100） 外 英語外部試験（150）

共通テスト利用入試 ※個別試験は課さない

◆**共通テスト利用入学試験（前期日程〔3科目方式〕）**
[全学科：3科目（500点→600点）] 国 現古漢（200） 地歴 公 数 理 全15科目から1（100→150） 外 英、独、仏から1（200→250）

◆**共通テスト利用入学試験（前期日程〔4科目方式〕）**
[全学科：4科目（600点→650点）] 国 現古漢（200） 地歴 公 数 理 全15科目から2（計200） 外 英、独、仏から1（200→250）

特別選抜

[総合型選抜] スポーツ特別入学試験
[学校推薦型選抜] 指定校推薦入学試験、付属高からの推薦入学試験
[その他] 外国人留学生入学試験、UNHCR難民高等教育プログラム特別入学試験

商学部

定員
1,150

入試科目検索

和泉キャンパス（1・2年)、駿河台キャンパス（3・4年)

特色 3年次からコースに分かれる。2つのゼミを同時に学べるカリキュラムを用意。
進路 就職先は情報通信業や製造業、金融・保険業をはじめ多岐にわたる。
学問分野 経済学／経営学／国際学
大学院 商学／グローバル・ビジネス

学科紹介

商学科

アプライド・エコノミクスコース	市場経済の現実を的確に把握し、経済問題とその解決策を理論的かつ歴史的な視点で考察する。経済を巡る諸問題について経済学や経済史、統計学等の基礎的学習を応用して分析・考察し、国際的視野を含むマクロ・ミクロ的対応策を検討できる能力を養う。
マーケティングコース	商取引に焦点をあてるマーケティングの理論を学ぶ。2つの部門に分かれる。流通・マーケティング部門では製品開発から消費者の購買心理までについて学ぶ。交通部門では物流の効率化やサプライチェーンの構築、宅配便会社の経営問題などについて考察する。
ファイナンス&インシュアランスコース	国際ビジネス社会における金融・証券・保険の仕組みを理解する。2つの部門を設置。金融・証券部門ではファイナンスの基礎を学び、知識と実体経済とのつながりを理解する。保険部門では保険学、生命保険論、損害保険論、社会保障論などの専門分野を学ぶ。
グローバル・ビジネスコース	世界と日本の貿易、経済関係を学び、世界的視野から企業活動や経営を追究する。2つのサブコースを設置。理論中心のサブコースでは貿易のシステムや制度を学び、日本経済の将来を展望する。ビジネス中心のサブコースでは日本企業の貿易活動や国際経営活動を幅広く学習する。
マネジメントコース	国際化、高度情報化社会における企業活動の実態を学び、企業人や起業家、公務員などとして様々な分野で独自の視点を持って活躍できる人材を育成する。経営戦略論や生産管理論、経営哲学などの基礎科目の他、経営情報システム論のような現代的なテーマも扱う。
アカウンティングコース	経理のスペシャリストを数多く輩出してきた伝統と実績を背景に、アカウンティング（会計）を多面的に分析できる知識を修得した会計専門職、ビジネスリーダー、財務・経理・広報担当者などを養成する。各種会計資格の取得にも対応したカリキュラムを組んでいる。
クリエイティブ・ビジネスコース	ビジネスの創造を目標に、最新かつ斬新な科目群を用意している。現場密着型の実践的少人数教育で、新しいビジネスを的確に把握できる起業家精神を持った人材を育成する。実務家を含む多彩な講師陣との交流を通じ、より効果的な学修が可能なコースとなっている。
取得可能な免許・資格	学芸員、教員免許（中-社、高-地歴・公・商業)、社会教育士、社会教育主事、司書教諭、司書

入試要項(2025年度)

※この入試情報は大学発表の2025年度入試(予告)および2024年度募集要項等より編集したものです(2024年1月時点。見方は巻頭の「本書の使い方」参照)。内容には変更が生じる可能性があるため、最新情報はホームページや2025年度募集要項等で必ず確認してください。

■商学部 偏差値 68

一般選抜

◆学部別入学試験(学部別方式)

[商:3科目(350点)] 国現古漢(100) 地歴公数地歴全3科目、公共・政経、数ⅠⅡAB〔列〕から1(100) 外英、独、仏から1(150)

◆学部別入学試験(英語4技能試験利用方式) ※出願資格として英語外部試験が必要

[商:3科目(550点)] 国現古漢(150) 地歴公数地歴全3科目、公共・政経、数ⅠⅡAB〔列〕から1(100) 外英(300)

◆全学部統一入学試験

[商:3科目(450点)] 国現古(150) 地歴公数地歴全3科目、公共・政経、数ⅠⅡAB〔列〕C〔べ〕から1(100) 外英、独、仏から1(200)

共通テスト利用入試 ※個別試験は課さない

◆共通テスト利用入学試験(前期日程〔4科目方式〕、後期日程)

[商:4科目(600点→800点)] 国現古漢(200) 地歴公理情地歴理情全9科目、公共・倫、公共・政経から1(100→200) 数数ⅠA、数ⅡBCから1(100→200) 外英、独、仏、韓から1(200)

◆共通テスト利用入学試験(前期日程〔5科目方式〕)

[商:5科目(700点→800点)] 国現古漢(200) 地歴公理情地歴理情全9科目、公共・倫、公共・政経から2(計200) 数数ⅠA、数ⅡBCから1(100→200) 外英、独、仏、韓から1(200)

◆共通テスト利用入学試験(前期日程〔6科目方式〕)

[商:6科目(800点)] 国現古漢(200) 地歴公情地歴情全4科目、公共・倫、公共・政経から1(100) 数数ⅠA、数ⅡBC(計200) 理全5科目から1(100) 外英、独、仏、韓から1(200)

特別選抜

[総合型選抜] 公募制特別入学試験(大学入学共通テスト利用〔商業部門、留学部門、TOEFL利用部門、国際バカロレア認定部門〕)共、公募制特別入学試験(全国商業高等学校長協会会員校対象)、スポーツ特別入学試験

[学校推薦型選抜] 指定校推薦入学試験、付属高からの推薦入学試験

[その他] 外国人留学生入学試験、UNHCR難民高等教育プログラム特別入学試験

理工学部

生田キャンパス

定員 1,065

入試科目検索

特色 「全人教育」のもと、混合クラスを通じ学科の垣根を超えたカリキュラムを展開。
進路 46%が大学院へ進学。就職先は情報通信業や製造業、建設業など多岐にわたる。
学問分野 数学／物理学／化学／応用化学／機械工学／電気・電子工学／土木・建築学／応用生物学／情報学
大学院 理工学

学科紹介

学科	定員	内容
電気電子生命学科	(236)	電気電子工学と生命理工学の2つの専攻を設置。環境・エネルギー、新素材・デバイス・ナノテクノロジー、通信ネットワーク、情報制御システムの4つの分野を研究対象とする。生命科学などの領域も学ぶことで、多様化が進む社会に対応できる技術者を育成する。
機械工学科	(138)	幅広い機械工学の知識と倫理観を兼ね備えた、産業機械、自動車、航空機、ロボットなどの機械製品を生み出す機械工学の分野で活躍できる技術者を育成する。材料力学、流体力学、熱力学、機械力学を中心とする領域を基礎から応用まで段階的に学んでいく。
機械情報工学科	(138)	機械工学に加え、電気および情報技術についても学ぶ。従来の考え方を超える新しい発想の具現化を目指し、医用システム開発やロボットなどハードとソフトを組み合わせ技術革新を実現できる技術者を育成する。技術者としての社会的責任や倫理教育にも重点を置く。
建築学科	(173)	工学でありながら芸術的側面も持つ建築学を学ぶ。建築の基礎に加え、社会、経済、文化に関わる広範な知識と、技術を生み出す創造力、企画力、実行力、表現力などを養う。快適な居住空間を設計し、人間と自然が共生する環境を創出できる建築家を育成する。
応用化学科	(127)	理学と工学の双方を幅広く学ぶ。実験科目に重点を置いたカリキュラム構成で、「フラスコからコンピュータまでを操れる研究者・技術者の育成」をテーマに掲げる。バイオマテリアルや太陽電池、高分子機能膜など次世代の化学材料の研究にも取り組む。
情報科学科	(127)	コンピュータのみならず、人間の知的活動の解明までを含む多様な問題を扱う。情報に関する基礎理論、コンピュータのソフト・ハードウェア、情報システム領域だけでなく、他分野との境界領域も学ぶ。コンピュータを活用した演習・実習で実践的な力を身につける。
数学科	(63)	原理に立ち返って物事を考え、諸科学の基礎である数学的思考を身につける。1・2年次には比較的平易な基礎知識を修得し、3年次から代数学、幾何学、解析学、確立・統計・情報数学の各分野でより専門的な内容を学ぶ。教育・情報通信・金融等の様々な分野で思考力を活かして活躍できる人材を育成する。
物理学科	(63)	科学技術の基礎となる物理学を学び、様々な問題に自然の基本法則を応用し取り組むことで、社会に貢献する人材を育成する。低学年次から授業と演習、実験によって物理学的なものの見方や考え方を徹底的に身につけ、4年次は卒業研究で最先端の研究に触れる。
取得可能な免許・資格		学芸員、危険物取扱者(甲種)、ボイラー技士、電気工事士、建築士(一級、二級、木造)、技術士補、測量士補、主任技術者（電気)、施工管理技士（土木、建築)、教員免許（中-数・理、高-数・理・情)、社会教育士、社会教育主事、司書教諭、司書

入試要項（2025年度）

※この入試情報は大学発表の2025年度入試（予告）および2024年度募集要項等より編集したものです（2024年1月時点。見方は巻頭の「本書の使い方」参照）。内容には変更が生じる可能性があるため、最新情報はホームページや2025年度募集要項等で必ず確認してください。

■理工学部 偏差値 66

一般選抜

◆学部別入学試験

［全学科：3科目（360点）］数 数ⅠⅡⅢAB〔列〕C（120）理 物基・物、化基・化から選択（120）▶各3題の計6題から3題任意選択 外 英、独、仏から1（120）

◆全学部統一入学試験

［電気電子生命、機械情報工、建築、情報科、数：4科目（400点）］数 数ⅠⅡAB〔列〕C〔べ〕、数ⅠⅡⅢAB〔列〕C（計200）理 物基・物、化基・化、生基・生から1（100）外 英、独、仏から1（100）

［機械工、物理：4科目（400点）］数 数ⅠⅡAB〔列〕C〔べ〕、数ⅠⅡⅢAB〔列〕C（計200）理 物基・物（100）外 英、独、仏から1（100）

［応用化：4科目（400点）］数 数ⅠⅡAB〔列〕C〔べ〕、数ⅠⅡⅢAB〔列〕C（計200）理 化基・化（100）外 英、独、仏から1（100）

共通テスト利用入試 ※個別試験は課さない

◆共通テスト利用入学試験（前期日程〔3教科方式〕）

［電気電子生命、機械工、機械情報工、情報科：4科目（500点→600点）］数 数ⅠA、数ⅡBC（計200）理 物、化、生、地から1（100→200）外 英、独、仏から1（200）

◆共通テスト利用入学試験（前期日程〔4教科方式〕）

［機械情報工以外：5科目（700点→600点）］国 現古漢（200→100）数 数ⅠA、数ⅡBC（計200）理 物、化、生、地から1（100）外 英、独、仏から1（200）

◆共通テスト利用入学試験（後期日程）

［機械工以外：4科目（500点→600点）］数 数ⅠA、数ⅡBC（計200）理 物、化、生、地から1（100→200）外 英、独、仏から1（200）

特別選抜

［総合型選抜］アドミッションズ・オフィス（AO）入学試験、スポーツ特別入学試験

［学校推薦型選抜］指定校推薦入学試験、付属高からの推薦入学試験

［その他］外国人留学生入学試験、UNHCR難民高等教育プログラム特別入学試験

農学部

生田キャンパス

定員 600

入試科目検索

特色　最先端の研究を行う高度な研究機器を整備。明治大学黒川農場などでの実習も。
進路　約2割が大学院へ進学。就職先は製造業や情報通信業、教育・学習支援業など多岐にわたる。
学問分野　農学／応用生物学／食物学／環境学
大学院　農学

学科紹介

農学科 (150)	高度文明社会と自然の調和を目指し、食料と環境の観点から国内外で活躍できる人材を育成する。人類の持続的発展、農学に関する諸問題の解決に貢献するため、幅広い分野を系統的に学んでいく。3年次から食糧生産・環境と総合農学の2つのコースに分かれる。
農芸化学科 (150)	人間生活に関わりの深い食品や環境分野の課題を、バイオテクノロジーと最先端の科学によって解決することを目指す。微生物を用いた環境技術の開発や生物由来の有用物質の探索など幅広い研究テーマが用意されている。3・4年次は研究室に所属し、卒業研究に取り組む。
生命科学科 (150)	生命の仕組みを分子レベルや遺伝子レベルから解明し、食糧問題や環境問題などの諸問題の解決を目指す。基礎から専門分野まで体系的に学び、授業と実験を組み合わせて行うカリキュラムを組んでいる。生命科学の素養と幅広い視野、総合的な判断力を養う。
食料環境政策学科 (150)	食料と環境に関する諸問題に対し、政策学、経済学、社会学、開発学など社会科学の側面からアプローチする。生物資源や自然資源の研究と利用について、人間との関わりから探究し、持続的社会の実現を目指す。農場実習やファームステイ実習なども行っている。
取得可能な免許・資格	学芸員、危険物取扱者(甲種)、毒物劇物取扱責任者、測量士補、食品衛生管理者、食品衛生監視員、教員免許（中-理・社、高-理・地歴・公・農)、社会教育士、社会教育主事、司書教諭、司書

入試要項（2025年度）

※この入試情報は大学発表の2025年度入試（予告）および2024年度募集要項等より編集したものです（2024年1月時点。見方は巻頭の「本書の使い方」参照)。内容には変更が生じる可能性があるため、最新情報はホームページや2025年度募集要項等で必ず確認してください。

■農学部　偏差値 66

一般選抜

◆学部別入学試験

[食料環境政策以外：3科目(450点)] 国 数 理 現古、数ⅠⅡAB〔列〕C〔べ〕、化基・化、生基・生から2(計300) 外 英、独、仏から1(150)

[食料環境政策：3科目(450点)] 国 現古(150) 地歴 公 数 理 地歴全3科目、公共・政経、数ⅠⅡAB〔列〕C〔べ〕、化基・化、生基・生から1(150) 外 英、独、仏から1(150)

◆全学部統一入学試験（3科目方式）

[食料環境政策以外：3科目(300点)] 国 数 現古、数ⅠⅡAB〔列〕C〔べ〕から1(100) 理 物基・物、化基・化、生基・生から1(100) 外 英、独、仏から1(100)

[食料環境政策：3科目(300点)] 国 地歴 公 数 理 現古、地歴全3科目、公共・政経、数ⅠⅡAB〔列〕C〔べ〕、物基・物、化基・化、生基・生から2(計200) ▶国数から1必須 外 英、独、仏から1(100)

◆全学部統一入学試験（英語4技能3科目方式）※出願資格として英語外部試験が必要

[食料環境政策以外：3科目(300点)] 国 数 現古、数ⅠⅡAB〔列〕C〔べ〕から1(100) 理 物基・物、化基・化、生基・生から1(100) 外 英語外部試験(100)

[食料環境政策：3科目(300点)] 国 地歴 公 数 理 現古、地歴全3科目、公共・政経、数ⅠⅡAB〔列〕C〔べ〕、物基・物、化基・化、生基・生から2(計200) ▶国数から1必須 外 英語外部試験(100)

共通テスト利用入試　※個別試験は課さない

◆共通テスト利用入学試験（前期日程）

[食料環境政策以外：4科目(600点→800点)] 国 現古漢(200) 数 理 数ⅠA、数ⅡBC、物、化、生、地から2(計200→400) ▶理から1必須 外 英、独、仏から1(200)

[食料環境政策：3科目(500点→600点)] 国 現

古漢（200）地歴 公 数 理 地歴全3科目、公共・倫、公共・政経、数ⅠA、数ⅡBC、物、化、生、地から1（100→200）外 英、独、仏から1（200）

特別選抜

［総合型選抜］自己推薦特別入学試験（公募生A、公募生B）、地域農業振興特別入学試験、スポーツ特別入学試験

［学校推薦型選抜］指定校推薦入学試験、付属高からの推薦入学試験

［その他］外国人留学生入学試験、UNHCR難民高等教育プログラム特別入学試験

Column コラム

就職支援

明治大学では、3・4年次を対象とする就職支援とは別に、1・2年次に向けたキャリア支援プログラムも豊富に用意しています。「Career Design Program」では、社会人へのインタビューを通して、学生と社会とのつながりを創出します。「Meiji Job Trial」は1・2年次限定の就業体験プログラム。参加後の振り返り面談など、丁寧なフォローを行っています。「MEIJI Challenge Program」では、企業や自治体から出題された課題にPBL（課題解決型学習）で取り組み、ビジネスのリアルな視点を養います。

3年次以上を対象とする就職支援も充実しており、グループディスカッション講座や模擬面接会をはじめとする選考対策をサポートしています。明治大学は学生に寄り添う就職支援を大切にしており、全キャンパスに設置されている就職キャリア支援センターでは、年間2万件を超える個別相談が実施されています。

また、難関試験合格・内定のサポートを行う国家試験指導センターも設置しています。法制研究所では、法曹を目指す学生向けに、基礎から専門までの学修を支援しています。公認会計士や税理士を目指す学生向けの経理研究所は、明治大学の教員と先輩会計士が協力して運営しています。その他にも、国家・地方公務員を目指す学生のための行政研究所や、マスコミ業界を目指す学生向けの「メディア表現ラボ」も設置しています。

国際交流

留学制度は「短期留学」と「中期・長期留学」に分かれています。

短期留学は夏季・春季休暇期間を利用して約1カ月間留学するもので、語学研修や異文化理解がメインですが、フィールドワークやボランティア、インターンシップを伴うプログラムも設置されています。

中期・長期留学は、主に1学期〜1学年間にわたる留学で、明治大学に在籍したまま留学ができ、留学先で修得した単位が明治大学の卒業要件単位として認定される可能性があります。さらに、単位の修得状況によっては、4年間での卒業が可能となる場合もあります。

中期・長期留学は、「協定留学」と「認定留学」の2種類に分かれます。協定留学は、海外の協定校に留学するもので、明治大学が協定を結ぶ46カ国・地域269大学・学部が対象です（2023年1月現在）。対象者が特定の学部に限定されたプログラムもあります。また、協定の種類によっては、留学先の学費を負担する必要があるケースもあります。

一方、認定留学の留学先は協定校に限りません。学生が自分で留学希望先の大学に出願手続きをして「留学願」を明治大学に提出し、所属の学部・研究科に認定留学として承認された上で留学する制度です。この場合、明治大学の学費のみならず留学先の大学にも学費を払う必要がありますが、明治大学に納付する授業料相当額を上限とする助成金制度の申請ができます。

明治大学では留学支援に力を入れており、中には1学期につき最大400万円の助成金（返還不要）も存在します。

文学部

和泉キャンパス（1・2年）、駿河台キャンパス（3・4年）

定員 910

入試科目検索

特色　1年次から少人数ゼミが行われる。教員や学芸員などの資格取得をサポートする。
進路　就職先は情報通信業や卸売・小売業、建築・製造業をはじめ多岐にわたる。
学問分野　文学／言語学／哲学／心理学／歴史学／地理学／社会学／メディア学／芸術・表現
大学院　文学

学科紹介

文学科 (465)	日本文学、英米文学、ドイツ文学、フランス文学、演劇学、文芸メディアの6つの専攻を設置。高校までの学校教育で受動的に得た知識の断片を総合的な知識に発展させ、自らのメッセージとして発信するとともに、主体的に学ぶ能力と国際的視野の獲得を目指す。
史学地理学科 (290)	日本史学、アジア史、西洋史学、考古学、地理学の5つの専攻を設置。人間社会の歴史を探究し、世界各地域に対する歴史的・地理的理解を深める。人間社会を複眼的に把握する思考力を養い、人類と地域環境の調和を意識できる国際感覚豊かな教養人を育成する。
心理社会学科 (155)	臨床心理学、現代社会学、哲学の3つの専攻を設置。人間の「心の問題」を探究する。多様化する現代において、個人の心の内面を社会との関わりで捉えることを試みる。人間学的な教養を持ち、総合的なヒューマンサービスを担える人材を育成する。
取得可能な免許・資格	学芸員、教員免許（中-国・社・英・フランス語・ドイツ語、高-国・地歴・公・英・フランス語・ドイツ語）、社会教育士、社会教育主事、司書教諭、司書

入試要項（2025年度）

※この入試情報は大学発表の2025年度入試（予告）および2024年度募集要項等より編集したものです（2024年1月時点。見方は巻頭の「本書の使い方」参照）。内容には変更が生じる可能性があるため、最新情報はホームページや2025年度募集要項等で必ず確認してください。

■文学部 偏差値 67

一般選抜

◆**学部別入学試験**
［全学科：3科目（300点）］国現古漢（100）地歴全3科目から1（100）外英、独、仏から1（100）

◆**全学部統一入学試験**
［全学科：3科目（300点）］国現古（100）地歴公数理地歴全3科目、公共・政経、数ⅠⅡAB〔列〕C〔ベ〕、物基・物、化基・化、生基・生から1（100）外英、独、仏から1（100）

共通テスト利用入試　※個別試験は課さない

◆**共通テスト利用入学試験（前期日程〔3科目方式〕）**
［全学科：3科目（500点→600点）］国現古漢（200）地歴公数理地歴数理全11科目、公共・倫、公共・政経から1（100→200）外全5科目から1（200）

◆**共通テスト利用入学試験（前期日程〔5科目方式〕）**
［全学科：5科目（700点→800点）］国現古漢（200）地歴全3科目から1（100→200）公数理公共・倫、公共・政経、数ⅠA、数ⅡBC、理全5科目から2教科2（計200）外全5科目から1（200）

特別選抜

［総合型選抜］自己推薦特別入学試験、スポーツ特別入学試験
［学校推薦型選抜］指定校推薦入学試験、付属高からの推薦入学試験
［その他］社会人特別入学試験、外国人留学生入学試験、UNHCR難民高等教育プログラム特別入学試験

情報コミュニケーション学部

定員 520

和泉キャンパス（1・2年）、駿河台キャンパス（3・4年）

入試科目検索

特色 4年間にわたるゼミ教育や自由なカリキュラムのもと、創造的な人材を育成。
進路 就職先は情報通信業やサービス業、製造業をはじめ多岐にわたる。
学問分野 社会学／情報学
大学院 情報コミュニケーション

学科紹介

情報コミュニケーション学科 (520)	1・2年次に社会科学、人文科学、自然科学の3つの科目群から、3・4年次に社会システム、文化と表象、人間と環境の3つの科目群から、それぞれの興味や関心に応じて自由に履修する。高度情報化、かつ複雑化した現代社会の様々な問題にアプローチする。
取得可能な免許・資格	学芸員、社会調査士、教員免許（中-社・英、高-公・情・英）、社会教育士、社会教育主事、司書教諭、司書

入試要項（2025年度）

※この入試情報は大学発表の2025年度入試（予告）および2024年度募集要項等より編集したものです（2024年1月時点。見方は巻頭の「本書の使い方」参照）。内容には変更が生じる可能性があるため、最新情報はホームページや2025年度募集要項等で必ず確認してください。

■情報コミュニケーション学部 偏差値 66

一般選抜

◆学部別入学試験

［情報コミュニケーション：3科目（300点）］国現古（100）地歴 公 数 歴総・日、歴総・世、公共・政経、数ⅠⅡAB〔列〕C〔べ〕から1（100）外英（100）

◆全学部統一入学試験

［情報コミュニケーション：3科目（350点）］国 地歴 公 数 理 現古、地歴全3科目、公共・政経、数ⅠⅡAB〔列〕C〔べ〕、物基・物、化基・化、生基・生から2（計200）▶国数から1必須 外英、独、仏から1（150）

共通テスト利用入試 ※個別試験は課さない

◆共通テスト利用入学試験（前期日程〔3科目方式〕）

［情報コミュニケーション：3科目（400〜500点→600点）］国 数 現古漢、数ⅠA、数ⅡBCから1（100〜200→200）▶数は100→200点とする 地歴 公 理 情 地歴理情全9科目、公共・倫、公共・政経から1（100→200）外全5科目から1（200）

◆共通テスト利用入学試験（前期日程〔6科目方式〕）

［情報コミュニケーション：6科目（800点）］国現古漢（200）数 数ⅠA、数ⅡBC（計200）地歴 公 理 情 地歴理情全9科目、公共・倫、公共・政経から2（計200）外全5科目から1（200）

特別選抜

［総合型選抜］スポーツ特別入学試験
［学校推薦型選抜］指定校推薦入学試験、付属高からの推薦入学試験
［その他］外国人留学生入学試験、UNHCR難民高等教育プログラム特別入学試験

国際日本学部

中野キャンパス

定員 400

入試科目検索

特色　少人数制の英語教育や海外留学制度が充実。英語で学位を取得できる制度も設置。
進路　卒業者の多くは情報通信業や卸売・小売業、製造業などに就職している。
学問分野　言語学／文化学／社会学／メディア学／国際学
大学院　国際日本学

学科紹介

国際日本学科　(400)	ポップカルチャー、社会システム・メディア、グローバル共生社会、国際文化・思想、日本文化・思想、日本語、英語の7つの研究領域を通して、異文化理解力と国際性を養う。日本文化への深い理解と優れた語学力を兼ね備えた人材を育成する。
取得可能な免許・資格	学芸員、教員免許（中-社・英、高-地歴・公・英）、社会教育士、社会教育主事、司書教諭、司書

入試要項（2025年度）

※この入試情報は大学発表の2025年度入試（予告）および2024年度募集要項等より編集したものです（2024年1月時点。見方は巻頭の「本書の使い方」参照）。内容には変更が生じる可能性があるため、最新情報はホームページや2025年度募集要項等で必ず確認してください。

■国際日本学部　偏差値 68

一般選抜

◆**学部別入学試験（2科目方式）**
［国際日本：2科目（350点）］国現古漢（150）外英（200）

◆**学部別入学試験（英語4技能試験活用方式）**※出願資格として英語外部試験が必要
［国際日本：1科目（150点）］国現古漢（150）

◆**全学部統一入学試験（3科目方式）**
［国際日本：3科目（400点）］国現古（100）地歴公数理地歴全3科目、公共・政経、数ⅠⅡAB〔列〕C〔ベ〕、物基・物、化基・化、生基・生から1（100）外英（200）

◆**全学部統一入学試験（英語4技能3科目方式）**※出願資格として英語外部試験が必要
［国際日本：3科目（400点）］国現古（100）地歴公数理地歴全3科目、公共・政経、数ⅠⅡAB〔列〕C〔ベ〕、物基・物、化基・化、生基・生から1（100）外英語外部試験（200）

共通テスト併用入試

◆**学部別入学試験（共通テスト併用型3科目方式）**
［国際日本］〈共1科目（100点）〉地歴歴総・日、歴総・世から1（100）〈個2科目（350点）〉国現古漢（150）外英（200）

◆**学部別入学試験（共通テスト併用型英語4技能試験活用方式）**※出願資格として英語外部試験が必要
［国際日本］〈共1科目（100点）〉地歴歴総・日、歴総・世から1（100）〈個1科目（150点）〉国現古漢（150）

共通テスト利用入試　※個別試験は課さない

◆**共通テスト利用入学試験（前期日程〔3科目方式〕）**
［国際日本：3科目（500点→600点）］国現古漢（200）地歴公数理情地歴理情全9科目、公共・倫、公共・政経、数ⅠA、数ⅡBCから1（100→200）外英（200）

◆**共通テスト利用入学試験（前期日程〔5科目方式〕）**
［国際日本：5科目（700点→1000点）］国現古漢（200）地歴公数理情数ⅠA必須、地歴理情全9科目、公共・倫、公共・政経、数ⅡBCから2（計300→600）外英（200）

特別選抜

［総合型選抜］自己推薦特別入学試験、スポーツ特別入学試験
［学校推薦型選抜］指定校推薦入学試験、付属高からの推薦入学試験
［その他］イングリッシュ・トラック入学試験、外国人留学生入学試験、UNHCR難民高等教育プログラム特別入学試験

総合数理学部

定員 300

中野キャンパス

入試科目検索

特色 教員との距離が近い「対話型教育」を展開し、基礎力・応用力・実践力を養う。
進路 約3割が大学院へ進学。就職先は情報通信業や教育・学習支援業が多い。
学問分野 数学／電気・電子工学／情報学
大学院 先端数理科学

学科紹介

現象数理学科 (90)	現象数理学に特化した国内でも数少ない学科である。生物学、物理学の他、経済学、医療、メディアにおいても求められる現象数理学を学ぶ。あらゆる「現象」を数学を用いて解明することを目指し、モデリング、シミュレーション、数理解析の3つの力を身につける。
先端メディアサイエンス学科 (120)	数理科学的な思考を基盤に、社会・文化の発展に貢献できる発想力と技術力を兼ね備えた人材を育成する。人の心理や感性を解明する数理モデルの構築や、人間に合わせた情報環境を築くための情報メディアシステム、人の心を豊かにする文化的コンテンツの創出を目指す。
ネットワークデザイン学科 (90)	人と環境の双方に最適かつ安全なネットワークを構築し、スマートな社会を創造する。ネットワークを設計、運用するための基礎工学技術やコンピュータ技術の他、ネットワークデザインの技術や知能数理システムについても学び、社会基盤を支える人材を育成する。
取得可能な免許・資格	学芸員、教員免許（中-数、高-数・情）、社会教育士、社会教育主事、司書教諭、司書

入試要項（2025年度）

※この入試情報は大学発表の2025年度入試（予告）および2024年度募集要項等より編集したものです（2024年1月時点。見方は巻頭の「本書の使い方」参照）。内容には変更が生じる可能性があるため、最新情報はホームページや2025年度募集要項等で必ず確認してください。

■総合数理学部 偏差値 68

一般選抜

◆**学部別入学試験**
[全学科：2科目（320点）] 数 数ⅠⅡⅢAB〔列〕C（200）外 英（120）

◆**全学部統一入学試験（3科目方式）**
[現象数理：3科目（400点）] 国 現古（100）数 数ⅠⅡAB〔列〕C〔べ〕（200）外 英（100）

◆**全学部統一入学試験（4科目方式）**
[全学科：4科目(500点)] 数 数ⅠⅡAB〔列〕C〔べ〕、数ⅠⅡⅢAB〔列〕C（計200）理 物基・物、化基・化、生基・生から1（150）外 英（150）

◆**全学部統一入学試験（英語4技能4科目方式）**※出願資格として英語外部試験が必要
[全学科：4科目(400点)] 数 数ⅠⅡAB〔列〕C〔べ〕、数ⅠⅡⅢAB〔列〕C（計200）理 物基・物、化基・化、生基・生から1（150）外 英語外部試験（50）

共通テスト利用入試 ※個別試験は課さない

◆**共通テスト利用入学試験（前期日程）**
[全学科：5科目（700点→600点）] 国 現古漢（200→100）数 数ⅠA、数ⅡBC（計200）理 物、化、生、地から1（100）外 英（200）

◆**共通テスト利用入学試験（後期日程）**
[全学科：4科目（500点）] 数 数ⅠA、数ⅡBC（計200）理 物、化、生、地から1（100）外 英（200）

特別選抜

[総合型選抜] 自己推薦特別入学試験、スポーツ特別入学試験
[学校推薦型選抜] 指定校推薦入学試験、付属高からの推薦入学試験
[その他] 外国人留学生入学試験、UNHCR難民高等教育プログラム特別入学試験

募集人員等一覧表

※本書掲載内容は、大学のホームページ及び入学案内や募集要項などの公開データから独自に編集したものです（2024年度入試※1）。詳細は募集要項かホームページで必ず確認してください。

学部	学科－専攻	募集人員	一般選抜				共通テスト利用入試		特別選抜※2
			学部別入試		全学部統一入試		前期日程	後期日程	
				英語4技能試験利用・活用方式		英語4技能試験利用方式			
法	法律	920名	315名	—	115名	—	3科目方式 60名 4科目方式 40名 5科目方式 40名	—	⑩35名 ⑪135名 ⑫150名 ⑬10名 ⑯20名
政治経済	政治	290名	105名		20名		3科目方式 8名 7科目方式 15名		⑨10名 ⑩18名 ⑪49名 ⑫60名 ⑯5名
	経済	695名	290名	—	50名	—	3科目方式 15名 7科目方式 50名	—	⑨20名 ⑩45名 ⑪93名 ⑫122名 ⑯10名
	地域行政	165名	70名		20名		7科目方式 12名		⑨⑯5名 ⑩7名 ⑪21名 ⑫25名
経営		745名	3科目方式 342名	40名	3科目方式 27名	3科目方式 3名	3科目方式 25名 4科目方式 25名	—	⑩30名 ⑪113名 ⑫100名 ⑯40名
商	商	1150名	485名	15名	80名	—	4科目方式 50名 5科目方式 45名 6科目方式 30名	30名	①15名 ②8名 ③12名 ④5名 ⑥25名 ⑩44名 ⑪165名 ⑫111名 ⑯30名
理工	電気電子生命－電気電子工学	173名	80名		20名		3教科方式 9名 4教科方式 5名	3名	⑧7名 ⑩7名※3 ⑪98名※3 ⑫27名 ⑯20名※3
	電気電子生命－生命理工学	63名	27名		10名		3教科方式 3名 4教科方式 2名	2名	⑧2名 ⑩7名※3 ⑪98名※3 ⑫9名 ⑯20名※3
	機械工	138名	75名	—	12名	—	3教科方式 5名 4教科方式 7名	—	⑩7名※3 ⑪98名※3 ⑫22名 ⑯20名※3
	機械情報工	138名	66名		17名		3教科方式 6名	3名	⑧4名 ⑩7名※3 ⑪98名※3 ⑫25名 ⑯20名※3
	建築	173名	88名		19名		4教科方式 12名	2名	⑧5名 ⑩7名※3 ⑪98名※3 ⑫29名 ⑯20名※3

学部	学科－専攻	募集人員	一般選抜				共通テスト利用入試		特別選抜※2
			学部別入試		全学部統一入試		前期日程	後期日程	
				英語4技能試験利用・活用方式		英語4技能試験利用方式			
理工	応用化	127名	60名		12名		4教科方式 7名	2名	⑧4名 ⑩7名※3 ⑪98名※3 ⑫26名 ⑯20名※3
	情報科	127名	65名		12名		3教科方式 7名 4教科方式 7名	2名	⑩7名※3 ⑪98名※3 ⑫19名 ⑯20名※3
	数	63名	32名		10名		4教科方式 6名	2名	⑩7名※3 ⑪98名※3 ⑫7名 ⑯20名※3
	物理	63名	35名		5名		4教科方式 6名	2名	⑩7名※3 ⑪98名※3 ⑫9名 ⑯20名※3
農	農	150名	90名	—	3科目方式 15名	3科目方式 5名	12名	—	⑤10名 ⑩13名※3 ⑪12名 ⑯12名※3
	農芸化	150名	84名		3科目方式 15名	3科目方式 5名	12名		⑤10名 ⑩13名※3 ⑪13名 ⑫5名 ⑯12名※3
	生命科	150名	92名		3科目方式 10名	3科目方式 5名	15名		⑤10名 ⑩13名※3 ⑪12名 ⑯12名※3
	食料環境政策	150名	79名		3科目方式 5名	3科目方式 3名	16名		⑤10名 ⑦9名 ⑩13名※3 ⑪13名 ⑫8名 ⑯12名※3
文	文－日本文学	120名	70名	—	16名	—	3科目方式 7名 5科目方式 3名	—	⑤3名 ⑩13名※3 ⑪38名※3 ⑫5名 ⑭若干名 ⑯7名※3
	文－英米文学	120名	68名		18名		3科目方式 6名 5科目方式 3名		⑤4名 ⑩13名※3 ⑪38名※3 ⑫5名 ⑭若干名 ⑯7名※3
	文－ドイツ文学	50名	23名		7名		3科目方式 3名 5科目方式 2名		⑤2名 ⑩13名※3 ⑪38名※3 ⑫8名 ⑭若干名 ⑯7名※3
	文－フランス文学	50名	24名		8名		3科目方式 2名 5科目方式 1名		⑤5名 ⑩13名※3 ⑪38名※3 ⑫4名 ⑭若干名 ⑯7名※3
	文－演劇学	55名	29名		8名		3科目方式 3名 5科目方式 1名		⑤5名 ⑩13名※3 ⑪38名※3 ⑫2名 ⑭若干名 ⑯7名※3

学部	学科－専攻	募集人員	一般選抜				共通テスト利用入試		特別選抜※2
			学部別入試		全学部統一入試		前期日程	後期日程	
				英語4技能試験利用・活用方式		英語4技能試験利用方式			
文	文－文芸メディア	70名	43名		7名		3科目方式 5名 5科目方式 2名		⑤3名 ⑩13名※3 ⑪38名※3 ⑫2名 ⑭若干名 ⑯7名※3
	史学地理－日本史学	90名	51名		15名		3科目方式 6名 5科目方式 4名		⑤3名 ⑩9名※3 ⑪20名※3 ⑫1名 ⑭若干名 ⑯6名※3
	史学地理－アジア史	45名	20名		6名		3科目方式 3名 5科目方式 2名		⑤2名 ⑩9名※3 ⑪20名※3 ⑫7名 ⑭若干名 ⑯6名※3
	史学地理－西洋史学	55名	32名		8名		3科目方式 4名 5科目方式 1名		⑤2名 ⑩9名※3 ⑪20名※3 ⑫1名 ⑭若干名 ⑯6名※3
	史学地理－考古学	45名	24名		7名		3科目方式 4名 5科目方式 1名		⑤2名 ⑩9名※3 ⑪20名※3 ⑫1名 ⑭若干名 ⑯6名※3
	史学地理－地理学	55名	27名		11名		3科目方式 4名 5科目方式 1名		⑤2名 ⑩9名※3 ⑪20名※3 ⑫3名 ⑭若干名 ⑯6名※3
	心理社会－臨床心理学	55名	24名		11名		3科目方式 4名 5科目方式 2名		⑤2名 ⑩⑯3名※3 ⑪18名※3 ⑫3名 ⑭若干名
	心理社会－現代社会学	55名	26名		10名		3科目方式 3名 5科目方式 2名		⑤2名 ⑩⑯3名※3 ⑪18名※3 ⑫3名 ⑭若干名
	心理社会－哲学	45名	20名		8名		3科目方式 4名 5科目方式 2名		⑤2名 ⑩⑯3名※3 ⑪18名※3 ⑫3名 ⑭若干名
情報コミュニケーション	情報コミュニケーション	520名	357名	—	25名	—	3科目方式 30名 6科目方式 10名	—	⑩8名 ⑪55名 ⑫15名 ⑯20名
国際日本	国際日本	400名	3科目方式 130名	100名	3科目方式 10名	3科目方式 18名	3科目方式 20名 5科目方式 10名	—	⑤⑩6名 ⑪30名 ⑫10名 ⑮20名※4 ⑯40名

学部	学科−専攻	募集人員	一般選抜				共通テスト利用入試		特別選抜※2
			学部別入試		全学部統一入試		前期日程	後期日程	
				英語4技能試験利用・活用方式		英語4技能試験利用方式			
総合数理	現象数理	90名	35名	—	3科目方式4名 4科目方式12名	4科目方式1名	7名	1名	⑤⑯3名 ⑩1名 ⑪11名 ⑫12名
	先端メディアサイエンス	120名	51名	—	3科目方式2名 4科目方式15名	4科目方式2名	10名	1名	⑤5名 ⑩1名 ⑪14名 ⑫15名 ⑯4名
	ネットワークデザイン	90名	27名	—	4科目方式26名	4科目方式1名	4名	1名	⑩1名 ⑪9名 ⑫18名 ⑯3名

※1　2024年度入試実績。2025年度の概要については、明治大学ガイドブック（2024年5月発行予定）をご確認ください

※2　[総合型選抜] 共課す：①公募制特別入試（商業）、②公募制特別入試（留学）、③公募制特別入試（TOEFL利用）、④公募制特別入試（国際バカロレア認定）、共課さない：⑤自己推薦特別入試、⑥公募制特別入試（全国商業高等学校長協会会員校対象）、⑦地域農業振興特別入試、⑧アドミッションズ・オフィス（AO）入試、⑨グローバル型特別入試、⑩スポーツ特別入試

[学校推薦型選抜] ⑪付属校からの推薦入試、⑫指定校推薦入試（各詳細は在籍高等学校に問い合わせてください）

[その他] UNHCR難民高等教育プログラム特別入学試験（全学部から合計で2名募集）、共課さない：⑬海外就学者特別入試、⑭社会人特別入試、⑮イングリッシュ・トラック入試、⑯外国人留学生入試

※3　文学部は学科ごとの募集人員。理工学部、農学部は学部全体の募集人員

※4　4月入学（10名）、9月入学（10名）

明治大学ギャラリー

■駿河台キャンパス

地上23階建のリバティタワーは、文系学部生用フロアや教室、研究所の他、図書館や食堂などが入る複合施設です。

■和泉キャンパス

2022年に開館したラーニングスクエアは、多様な学修空間が配置され、自習やプレゼンテーションの場などがあります。

■生田キャンパス

2026年4月、教育施設の充実などを目的に、教室、図書館、ラーニングコモンズを複合した施設「第二中央校舎」が開設予定です。

■中野キャンパス

ラーニング・ラウンジではグループ学習や自習などができ、ラウンジ内では語学やITに関する教材などの貸出も行っています。

Student's Voice

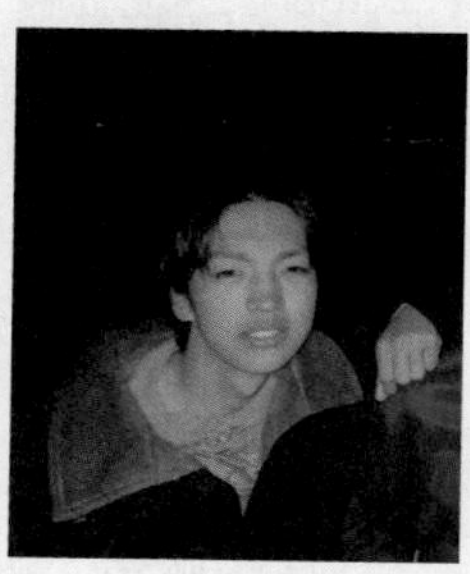

農学部

農学科 2年

ふるかわ りょう
古川 涼くん

神奈川県 私立 麻布大学附属高校 卒
バレーボール部　高3・6月引退

環境保護につながる街づくりを学びたい

Q どのような高校生でしたか？　明治大学を志望した理由は？

高3の夏までバレーボール部に所属していました。練習は週に5日で、それほどハードではない部活動でした。高2の冬までは大学受験を意識しておらず、将来のことは考えずに学校生活を楽しんでいました。しかし、自分の好きなことで仕事をすることができなかったら、この高校生活のような満ち足りた日々は送れないだろうと考え、小さい頃から好きだった生き物を守る職業に就きたいと思うようになりました。そして、自然保護官という国立公園などで自然保護を行う公務員の職に就くため、環境問題やランドスケープを学べる明治大学農学部を目指して大学受験に挑むことに決めました。当時の自分からすると、明治大学農学部は高い目標でしたが、1回きりの大学受験を精いっぱい頑張ろうと思い、志望校に設定しました。他の人より出遅れていると感じていたので、これからは誰よりも努力すると決め、受験勉強を始めました。

Q どのように受験対策をしましたか？　入試本番はどうでしたか？

部活を引退して夏休みに入ると、数学と英語は過去問演習に入りました。苦手だった化学に関しては、もう一度最初から勉強をやり直し、インプットしたものをすぐに演習でアウトプットし、間違えたらまたインプットというサイクルを繰り返しました。12月頃からは第一志望校の明治大学の過去問をとにかく研究し、数学ならどの単元がどのレベルで出てくるのか、どんな解法がよく出るのかなどを確認し、普段の勉強では第一志望校に合格するために必要のない問題の演習は省くようにしました。また、科目ごとに目標点を決め、一番目標点に遠い科目の伸びしろ部分を最優先でやらなければならないところと考え、演習をしました。

入試本番について、私は緊張しやすい性格だったので、第一志望校の前に受験校を多めに入れました。そうすることで受験慣れができ、第一志望校の受験でも落ち着いて問題を解くことができました。

●受験スケジュール

月	日		大学・学部学科（試験方式）
1	15・16	★	東京農業　地域環境科－森林総合科（共テ利用 前期4科目型）
		★	東京農業　地域環境科－地域創成科（共テ利用 前期4科目型）
			法政　生命科－環境応用化（B方式）
	29	★	麻布　生命・環境科－環境科（第Ⅰ期2科目選択型）
	30		武蔵野　工－環境システム（全学部統一）
2	2	★	日本　生物資源－生物環境工（A個別方式 第1期）
	4	★	東京農業　地域環境科－森林総合科（A日程）
	5		法政　生命科－環境応用化（T日程）
	15	★	明治　農－農（学部別）

どのような大学生活を送っていますか？

応用的な学びで理解を深めています

実習で訪れた牧場

農業、環境、生物学など様々なことが学べる明治大学農学部農学科ですが、1年次はこれらの基礎を学んでいました。週に一度ある農場実習では実際に農業を体験し、その過酷さや現状を理解すると同時にたくさんの人と仲良くなることができました。

2年次になると基礎から応用に変わり、どの分野も深い部分まで学ぶことができます。また、農学実験では、各自好きな分野を選択して、大学院や研究室で研究しているようなことの一部を学びます。実際に牧場に行ったりラットの観察をしたりしています。環境、ランドスケープの農学実験では、植物の種子の飛び方を観察したり公園の設計を考えたりしました。

新施設のイメージ

緑の多いキャンパスです

明治大学の生田キャンパスというと、都内から少し離れていることや農学部があることから、古い施設・土臭いといった印象を持つ人もいると思います。実際は、緑が多く、2025年には新施設も設立されることで、より学びやすい環境になります。また、農学科の教授が行っているボランティア活動などもあり、環境問題や生物多様性保護に興味がある人は、実際に活動に参加して学んだことを行動に移すこともできます。

将来の夢・目標は何ですか？

進学する前は自然保護官になることを夢見ていましたが、大学の教授に私の考えや理想とする職業を伝えたり、自然保護官がどのような職業かをうかがったりした結果、考えが変わりました。今は野生動物が車に轢かれない街づくりや、生き物の大切さや尊さがわかるような公園など、自分の考えを目に見える形で表していきたいと考えています。そのために、大学では環境保全に対して広く理解しながら、動物保護につながる街づくりを学んでいこうと思います。時間のある今は、国立公園や他国の動物保護対策について、実際に訪れて肌で体感しようと思っています。動物保護や環境保護の今の世界の現状・問題点を早いうちから理解し、解決策を広い視点で考えられるようにしていきたいです。

後輩へのアドバイスをお願いします！

受験は長距離走です。焦って基礎をおろそかにして応用問題を解くのは非効率的です。着実に基礎を定着させた状態で応用問題に取り組み、途中で気力を無くしたり勉強時間を減らすことのないよう、必ず最後の最後まで諦めないことが重要です。受かるのかどうか不安な人もいると思います。ですがそれはどの受験生も同じです。不安だからと言って勉強の手を止めることのないようにしましょう。とにかく自分を信じることが大切です。「絶対に受かってやる」という決意があるのとないのとでは本当に大きな差があります。効率的な勉強方法がわからず勉強法ばかりを考えて，実際に手が動いている時間が短くなってしまっている人もいると思います。しかし、絶対に質より量だと私は考えています。量をこなすうちに効率の良い方法がわかってきます。つらいこと苦しいことも山ほどあるのが大学受験ですが、この経験は必ずその人の力になり、支えになります。最後まで諦めずに頑張ってください。

めいじがくいん
明治学院大学

資料請求

入学インフォメーション(白金キャンパス)　TEL (03) 5421-5151　〒108-8636 東京都港区白金台1-2-37

“Do for Others（他者への貢献）”を掲げて

大学紹介動画　最新入試情報

創設者ヘボン博士が唱えた“Do for Others（他者への貢献）”を教育理念とし、他者への理解、分析力、構想力、高いコミュニケーション能力、キャリアデザイン力を備えた共生社会の担い手を育成する。

白金キャンパス

キャンパス **2**つ

白金キャンパス
〒108-8636 東京都港区白金台1-2-37
横浜キャンパス
〒244-8539 神奈川県横浜市戸塚区上倉田町1518

基本データ

※2023年5月現在（進路・就職は2022年度卒業者データ。学費は2024年度入学者用〔予定〕）

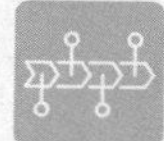

沿革

1863年、ヘボン塾として創立。1886年、明治学院と改称。1949年、明治学院大学が文経学部を設置して発足。1965年、社会学部を設置。1966年、法学部を設置。1986年、国際学部を設置。2018年、法学部グローバル法学科を設置。2024年、情報数理学部を設置。

教育機関 7学部 7研究科

学部　文／経済／社会／法／国際／心理／情報数理

大学院　文学Ⓜ Ⓓ／経済学Ⓜ Ⓓ／社会学Ⓜ Ⓓ／法学Ⓓ／国際学Ⓜ Ⓓ／心理学Ⓜ Ⓓ／法と経営学Ⓜ

人数

学部学生数　**12,035**名

教員1名あたり学生 **39**名

教員数　**304**名【理事長】山﨑雅男、【学院長】鵜殿博喜、【学長】今尾真
（教授**177**名、准教授**83**名、講師**13**名、助教**17**名、助手・その他**14**名）

学費

初年度納入額　**1,327,660~1,667,590**円

奨学金　ヘボン給付奨学金、明治学院大学認定留学（長期）奨学金

進路

学部卒業者　**2,708**名
（進学**87**名［3.2%］、就職**2,300**名［84.9%］、その他**321**名［11.9%］）

主な就職先　Apple Japan、NTTデータ、楽天グループ、日本アイ・ビー・エム、アクセンチュア、日本経済新聞社、小学館、東京海上日動火災保険、日本生命保険、三井住友銀行、日本政策金融公庫、日本銀行、サッポロビール、資生堂、三菱電機、P&Gジャパン、清水建設、NTTドコモ、東京電力ホールディングス、文部科学省、国土交通省、防衛省、東京都庁、東京都教育委員会

学部学科紹介

※本書掲載内容は、大学公表資料から独自に編集したものです。詳細は大学パンフレットやホームページ等で必ず確認してください（取得可能な免許・資格は任用資格や受験資格などを含む）。

文学部

横浜キャンパス（1・2年）
白金キャンパス（3・4年）
定員 505

特色 他者を理解し己を知る力を養い、多様化する世界に対応する力を伸ばす。
進路 サービス業や卸売・小売業、情報通信業などに就職する者が多い。
学問分野 文学／言語学／歴史学／メディア学／芸術・表現
大学院 文学

英文学科 (225)	1・2年次に文学や英語学の基礎を修得し、3・4年次はイギリス文学、アメリカ文学、英語学の3つのコースに分かれて専門的に学ぶ。ネイティブスピーカーの教員による授業やオンラインによる英語学習プログラム、海外インターンシップや各種留学制度も充実。
フランス文学科 (115)	1年次でフランス語の基礎を学び、2年次は興味のあるテーマについて掘り下げる。3年次からはことばと文学、思想と社会、芸術と文化の3つの科目群を参考に各自の学びを進め、ゼミに所属して研究を深める。フランス語圏への留学制度を設けている。
芸術学科 (165)	芸術に関する理論や歴史、コミュニケーションのあり方などを学ぶ。1年次に様々な芸術分野を幅広く学んだのち、2年次以降は音楽学、美術史学、映像芸術学、芸術メディア論、総合芸術学、演劇身体表現の6つのコースから専攻を選び、専門的に学修する。
取得可能な免許・資格	学芸員、社会福祉主事、教員免許（中-英・フランス語、高-英・フランス語）

経済学部

横浜キャンパス（1・2年）
白金キャンパス（2～4年）
定員 690

特色 健全な倫理観と経済学の知識を備え、バランス感覚を持つ良識ある経済人を育成。
進路 金融・保険業や情報通信業、卸売・小売業に就職する者が多い。
学問分野 経済学／経営学／国際学
大学院 経済学／法と経営学

経済学科 (325)	世界を動かす経済の仕組みを正しく認識できる人材を育成する。基礎を固めたのち、2年次からポリシー・アナリシス、企業・制度デザイン、グローバル・スタディーズの3つのコースに分かれる。海外への調査訪問やフィールドワークが特色の1つである。
経営学科 (210)	経営学、マーケティング、会計学の各分野を導入、基礎、応用と段階的に理解し、自ら問題を発見し、解決できる人材を育成する。「学術的理論と企業実務の橋渡し」や「少人数でのディスカッション」という観点を重視した授業を充実させている。
国際経営学科 (155)	経済学と経営学を融合した3つの分野、マネジメント＆ストラテジー、アカウンティング＆ファイナンス、トレード＆インダストリーで構成。3年次にコースに所属する。国際的なビジネスシーンで活躍すべく、海外で学ぶプログラムを整備。2年次には留学を行う。
取得可能な免許・資格	社会福祉主事、教員免許（中-社、高-地歴・公・商業）

社会学部

横浜キャンパス（1・2年）
白金キャンパス（2～4年）
定員 490

特色 広い視点で社会における他者を認識し、より良い社会の実現に努める人材を育成。
進路 情報通信業やサービス業、医療・福祉業に就く者が多い。
学問分野 文化学／社会学／メディア学／社会福祉学／国際学／環境学／人間科学
大学院 社会学

社会学科 (245)	1年次に社会学の基礎を学び、2年次から文化とメディア、生命とアイデンティティ、環境とコミュニティの3つのコースに分かれる。社会の中における人間や集団のつながり、ルール、メディアなど多様な事物や現象について様々な角度から検証する。
社会福祉学科 (245)	新たな時代の福祉を学び、より良い社会を創造できる人材を育成する。2年次以降は社会福祉分野の専門職を目指すソーシャルワーク、幅広い視野で福祉を学ぶ福祉開発の2つのコースに分かれる。実習やフィールドワークなどの体験的な学修で実践力を磨く。

取得可能な免許・資格	社会調査士、社会福祉士、精神保健福祉士、社会福祉主事、児童福祉司、児童指導員、教員免許（中-社、高-地歴・公、特-知的・肢体・病弱）、社会教育士、社会教育主事

法学部

横浜キャンパス（1・2年）
白金キャンパス（3・4年）
定員 645

特色　法学や政治学を通じて社会制度を学び、それを使いこなす人材を育成。
進路　金融・保険業や情報通信業、公務などに就職する者が多い。
学問分野　法学／政治学／国際学
大学院　法と経営学

法律学科　(200)	現代社会が抱える諸問題を客観的に分析し、公正な視点で論理的に解決するリーガルマインドを身につける。140を超える専門科目が用意されており、目的意識を持って学修できるよう、法曹界から一般企業まで希望する進路に合わせた履修モデルを設置している。
消費情報環境法学科　(225)	情報処理、発信のスキルを身につけながら、消費者法、企業活動法、環境法の3つの実践的な法律科目群を学ぶ。7つの履修モデルを用意し、多様な進路に幅広く対応。学科独自のインターンシップを設けている他、実務家を招いた演習の機会も充実している。
グローバル法学科　(65)	法的解決能力とコミュニケーション能力、国際社会で通用する英語力、異文化理解力を身につける。2年次に全員が英語圏の大学に約5カ月間にわたって留学し、語学力を鍛えながら現地の法や文化を学ぶ。日本法を英語で学ぶなど学科独自の英語科目を設置している。
政治学科　(155)	総合的な判断力と批判力を兼ね備え、他者への想像力を持って政治的問題に取り組む人材を育成する。公共政策や地方政治を扱うガヴァナンス、国際関係や外交がテーマの国際政治、計量政治・マスコミを扱うメディア・ポリティクスの3つの分野から自由に学修する。
取得可能な免許・資格	社会福祉主事、教員免許（中-社、高-地歴・公・情）

国際学部

横浜キャンパス
定員 300

特色　国際社会の諸相を理解し、世界平和と福祉に貢献する人材を育成する。
進路　サービス業や情報通信業、卸売・小売業に就職する者が多い。
学問分野　文化学／政治学／経済学／国際学／環境学
大学院　国際学

国際学科　(245)	文化、経済、政治など幅広い分野を学び、2年次以降は平和研究、環境問題、多文化社会、比較文化、国際・比較経済、比較法政の6つの分野のいずれかを専攻する。4年次には卒業論文に取り組む。専門科目が英語で開講されているのも特色の1つである。
国際キャリア学科　(55)	英語を基盤とする高い異文化コミュニケーション能力や現代社会を正確に理解する学際的視点を身につけ、問題解決につながる実践力を養成する。徹底した英語教育ののち、原則として全授業を英語で行う。国際社会で働く能力を養うインターンシップも特色の1つ。
取得可能な免許・資格	社会福祉主事、教員免許（中-社、高-地歴・公）

心理学部

横浜キャンパス（1・2年）
白金キャンパス（3・4年）
定員 320

特色　Do for Othersの精神から、心理支援力を持つ人材の育成を目指す。
進路　情報通信業やサービス業、教育・学習支援業に就く者が多い。
学問分野　心理学／社会福祉学／国際学／子ども学／教員養成／教育学
大学院　心理学

心理学科　(175)	心を科学的に理解し、心理学的な分析力や実践力を兼ね備えた人材を育成する。企業・ビジネス、心理専門職、公務員・教員、研究者の4つの履修モデルを設置。充実した実験設備や観測機器を使って実験や実習、演習を通して実践的に心理学を学ぶ。

教育発達学科 (145)	子どもの心を理解し成長を助ける教員、学校教育の課題解決に関与できる人材を育成する。2年次から児童発達、特別支援、国際教育の3つのコースに分かれて学修する。3年次から子どもの発達支援に向けた具体的な理論・方法を演習を通して実践的に学ぶ。
取得可能な免許・資格	公認心理師、社会福祉主事、児童福祉司、児童指導員、教員免許（幼一種、小一種、中-社・英、高-公、特-知的・肢体・病弱）、社会教育士、社会教育主事、司書教諭

情報数理学部

横浜キャンパス　定員 80

特色　2024年度開設。数理的理解に基づき情報科学を学んでいく。
進路　2024年度開設。卒業者は情報通信分野で活躍することが期待される。
学問分野　数学／情報学

情報数理学科 新 (80)	大学初の理系学部として2024年度開設。情報数理の知見を高度ICTの利活用に活かせるよう教育を展開。3年次に数理・量子情報、AI・データサイエンス、情報システム・セキュリティの3コースの中からコース選択をし、4年次には卒業研究に取り組む。

入試要項（2025年度）

※この入試情報は大学発表の2025年度入試（予告）および2024年度募集要項等より編集したものです（2024年1月時点。見方は巻頭の「本書の使い方」参照）。内容には変更が生じる可能性があるため、最新情報はホームページや2025年度募集要項等で必ず確認してください。

「大学入試科目検索システム」のご案内
日程・方式ごとの偏差値や昨年度入試結果（志願者倍率、実質倍率、合格最低点）、基本情報（出願締切日、試験日、二段階選抜、募集人員、総合満点）などは、「大学入試科目検索システム」（https://nyushi.toshin.com/）をご覧ください（利用方法はp.12参照）。

■文学部 偏差値 62

一般選抜

◆**全学部日程（3教科型）**
[英文：3科目] 国現古 地歴 公 数 地歴全3科目、公共・政経、数ⅠⅡAB〔列〕C〔べ〕から1 外英
[フランス文：3科目] 国現古 地歴 公 数 地歴全3科目、公共・政経、数ⅠⅡAB〔列〕C〔べ〕から1 外英、仏から1
[芸術：3科目] 国現古 地歴 公 数 地歴全3科目、公共・政経、数ⅠⅡAB〔列〕C〔べ〕から1 外英
◆**全学部日程（英語外部検定試験利用型）** ※出願資格として英語外部試験が必要
[フランス文：2科目] 国現古 地歴 公 数 地歴全3科目、公共・政経、数ⅠⅡAB〔列〕C〔べ〕から1
◆**A日程（3教科型）**
[英文、芸術：3科目] 国現古 地歴 公 数 地歴全3科目、公共・政経、数ⅠⅡAB〔列〕C〔べ〕から1 外英
[フランス文：3科目] 国現古 地歴 公 数 地歴全3科目、公共・政経、数ⅠⅡAB〔列〕C〔べ〕から1 外英、仏、中から1
◆**A日程（英語外部検定試験利用型）** ※出願資格として英語外部試験が必要
[英文、フランス文：3科目] 国現古 地歴 公 数 地歴全3科目、公共・政経、数ⅠⅡAB〔列〕C〔べ〕から1 外英、英語外部試験から1

共通テスト利用入試 ※個別試験は課さない

◆**共通テスト利用入試（前期〔3教科型〕）**
[英文：3科目] 国現古 地歴 公 数 情 地歴情全4科目、公共・倫、公共・政経、数ⅠA、数ⅡBCから1 外英
[フランス文：3科目] 国現古 地歴 公 数 情 地歴情全4科目、公共・倫、公共・政経、数ⅠA、数ⅡBCから1 外全5科目から1
[芸術：3科目] 国現古 地歴 公 数 地歴全3科目、公共・倫、公共・政経、数ⅠA、数ⅡBCから1 外全5科目から1
◆**共通テスト利用入試（後期）**
[英文：3科目] 共通テスト利用入試（前期〔3教科型〕）に同じ

■経済学部 偏差値 62

一般選抜

◆**全学部日程（3教科型）**
[全学科：3科目] 国現古 地歴 公 数 地歴全3科目、公共・政経、数ⅠⅡAB〔列〕C〔べ〕から1 外英
◆**全学部日程（英語外部検定試験利用型）** ※出願資格として英語外部試験が必要
[全学科：2科目] 国現古 地歴 公 数 地歴全3科目、公共・政経、数ⅠⅡAB〔列〕C〔べ〕から1
◆**A日程（3教科型）**
[経済：3科目] 国現古 地歴 公 数 地歴全3科目、公共・政経、数ⅠⅡAB〔列〕C〔べ〕から1 外英、仏、中から1
[経営：3科目] 全学部日程（3教科型）に同じ
[国際経営：3科目] 国現古 地歴 公 数 地歴全3科目、公共・政経、数ⅠⅡAB〔列〕C〔べ〕から1 外英、中から1

共通テスト利用入試 ※個別試験は課さない

◆**共通テスト利用入試（前期〔3教科型〕）**

[全学科：3科目] 国現古 地歴 公 数 情 地歴情全4科目、公共・倫、公共・政経、数ⅠA、数ⅡBCから1 外全5科目から1

◆共通テスト利用入試（後期）

[経済：3科目] 前期に同じ

[国際経営：2科目] 国現古 外全5科目から1

■社会学部 偏差値 63

一般選抜

◆全学部日程（3教科型）、A日程（3教科型）

[全学科：3科目] 国現古 地歴 公 数 地歴全3科目、公共・政経、数ⅠⅡAB〔列〕C〔ベ〕から1 外英

◆全学部日程（英語外部検定試験利用型）※出願資格として英語外部試験が必要

[全学科：2科目] 国現古 地歴 公 数 地歴全3科目、公共・政経、数ⅠⅡAB〔列〕C〔ベ〕から1

◆A日程（英語外部検定試験利用型）※出願資格として英語外部試験が必要

[全学科：3科目] 国現古 地歴 公 数 地歴全3科目、公共・政経、数ⅠⅡAB〔列〕C〔ベ〕から1 外英、英語外部試験から1

◆B日程

[社会福祉：2科目] 外英 論論文

共通テスト利用入試 ※個別試験は課さない

◆共通テスト利用入試（前期〔3教科型〕）

[全学科：3科目] 国現古 地歴 公 数 情 地歴情全4科目、公共・倫、公共・政経、数ⅠA、数ⅡBCから1 外英

◆共通テスト利用入試（後期）

[社会：3科目] 共通テスト利用入試（前期〔3教科型〕）に同じ

■法学部 偏差値 65

一般選抜

◆全学部日程（3教科型）、A日程（3教科型）

[全学科：3科目] 国現古 地歴 公 数 地歴全3科目、公共・政経、数ⅠⅡAB〔列〕C〔ベ〕から1 外英

◆全学部日程（英語外部検定試験利用型）※出願資格として英語外部試験が必要

[全学科：2科目] 国現古 地歴 公 数 地歴全3科目、公共・政経、数ⅠⅡAB〔列〕C〔ベ〕から1

◆A日程（英語外部検定試験利用型）※出願資格として英語外部試験が必要

[全学科：3科目] 国現古 地歴 公 数 地歴全3科目、公共・政経、数ⅠⅡAB〔列〕C〔ベ〕から1 外英、英語外部試験から1

◆B日程

[政治以外：2科目] 外英 論論述重点

[政治：2科目] 外英 その他講義理解力▶講義受講あり

共通テスト利用入試 ※個別試験は課さない

◆共通テスト利用入試（前期〔3教科型〕）

[法律、政治：3科目] 国現古 地歴 公 数 情 地歴情全4科目、公共・倫、公共・政経、数ⅠA、数ⅡBCから1 外全5科目から1

[消費情報環境法：3科目] 国現古 地歴 公 数 理 情 地歴理情全9科目、公共・倫、公共・政経、数ⅠA、数ⅡBCから1 外全5科目から1

■国際学部 偏差値 63

一般選抜

◆全学部日程（3教科型）、A日程（3教科型）

[全学科：3科目] 国現古 地歴 公 数 地歴全3科目、公共・政経、数ⅠⅡAB〔列〕C〔ベ〕から1 外英

◆全学部日程（英語外部検定試験利用型）※出願資格として英語外部試験が必要

[国際：2科目] 国現古 地歴 公 数 地歴全3科目、公共・政経、数ⅠⅡAB〔列〕C〔ベ〕から1

共通テスト利用入試 ※個別試験は課さない

◆共通テスト利用入試（前期〔3教科型〕）

[国際：3科目] 国現古 地歴 公 数 理 情 地歴理情全9科目、公共・倫、公共・政経、数ⅠA、数ⅡBCから1 外全5科目から1

■心理学部 偏差値 65

一般選抜

◆全学部日程（3教科型）

[心理：3科目] 国現古 地歴 公 数 地歴全3科目、公共・政経、数ⅠⅡAB〔列〕C〔ベ〕から1 外英

[教育発達：3科目] 国現古 地歴 公 数 地歴全3科目、公共・政経、数ⅠⅡAB〔列〕C〔ベ〕から1 外英

◆全学部日程（英語外部検定試験利用型）※出願資格として英語外部試験が必要

[全学科：2科目] 国現古 地歴 公 数 地歴全3科目、公共・政経、数ⅠⅡAB〔列〕C〔ベ〕から1

◆A日程（3教科型）

[全学科：3科目] 国現古 地歴 公 数 地歴全3科目、公共・政経、数ⅠⅡAB〔列〕C〔ベ〕から1 外英

◆A日程（英語外部検定試験利用型）※出願資格として英語外部試験が必要

[全学科：3科目] 国現古 地歴 公 数 地歴全3科目、公共・政経、数ⅠⅡAB〔列〕C〔ベ〕から1 外英、英語外部試験から1

共通テスト利用入試 ※個別試験は課さない

◆共通テスト利用入試（前期〔3教科型〕）

[全学科：3科目] 国現古 地歴 公 数 理 情 地歴理情全9科目、公共・倫、公共・政経、数ⅠA、数ⅡBCから1 外英

◆共通テスト利用入試（前期〔5教科型〕）

[心理：5科目] 国現古 地歴 公 数 理 情 地歴理情全9科目、公共・倫、公共・政経、数ⅠA、数ⅡBCから3教科3▶地歴と公は1教科扱い 外英

■情報数理学部 偏差値 63

一般選抜

◆全学部日程（3教科型）、A日程（3教科型）

[情報数理：3科目] 国現 数数ⅠⅡAB〔列〕C〔ベ〕 外英

◆全学部日程（英語外部検定試験利用型）※出願資格として英語外部試験が必要

[情報数理：2科目] 国現 数数ⅠⅡAB〔列〕C〔ベ〕

◆**A日程（英語外部検定試験利用型）** ※出願資格として英語外部試験が必要

［情報数理：3科目］国 現 数 数ⅠⅡAB〔列〕C〔ベ〕外 英、英語外部試験から1

共通テスト利用入試 ※個別試験は課さない

◆**共通テスト利用入試（前期〔3教科型〕）**

［情報数理：4科目］数 数ⅠA、数ⅡBC 理 情 全6科目から1 外 英

■特別選抜

［総合型選抜］自己推薦AO入学試験、国際キャリア学科AO

［その他］社会人入学試験、A私費外国人留学生入学試験、B私費外国人留学生入学試験（4月入学、9月入学）、UNHCR難民高等教育プログラム推薦

就職支援

明治学院大学は教育目標の1つとして、「キャリアをデザインできる人間の育成」を掲げています。自己理解・社会理解を重視した教育・支援プログラムの充実、相談体制の充実により学生の社会的および職業的自立を図るとともに、キャリアをデザインできる力を育みます。キャリア支援プログラムとして、3年次に受講できる「就活ステップアップ講座」、エアライン、広告・メディア、ホテルの3分野に就職を希望する学生のための「MGキャリア講座」、「公務員セミナー」、「教員志望者へのキャリア支援」などがあります。

国際交流

明治学院大学では豊富な留学プログラムをご用意しています。長期留学（半年～1年間）ではカリフォルニア大学をはじめ世界各国のパートナー大学で現地学生とともに授業を受け、語学や専門分野の学修を行う交換留学が代表的です。また、フロリダのWalt Disney World® Resortのキャストとなり世界最高峰のホスピタリティを修得するプログラムや、開発途上国の国連組織やNPO/NGOで就業して社会問題解決に貢献するプログラムなど、長期海外インターンシップにも力を入れています。また、夏・春休みには語学力の向上を主な目的とした短期留学を通じ、多くの学生が世界中の大学で学んでいます。

明治学院大学ギャラリー

■白金キャンパス

礼拝堂やインブリー館、記念館など文化財に指定された歴史ある建物と最新の設備を備えた建物が融和するキャンパスです。

■横浜キャンパス

ラウンジやワークショップスペース、演習室、情報数理学部の研究室などが設置された新校舎が2025年秋に誕生します。

■クリスマスツリー

白金・横浜キャンパスともにクリスマスツリーが設置されており、毎年行われる点灯式は学生たちから人気があります。

■ヘボンフィールド

2017年にリニューアルされた横浜キャンパスのヘボンフィールドには日本屈指の性能を誇る国内産人工芝を採用しています。

明治薬科大学
めいじやっか

資料請求

入試課 TEL (042) 495-5061 〒204-8588 東京都清瀬市野塩2-522-1

創学以来の伝統と成果を活かした薬学研究を展開

大学紹介動画

最新入試情報

創学から120年を超える歴史を誇る薬学研究の成果をもとに、時代の先頭をゆく薬学教育・研究を行い薬学の未来を拓く。発想力や人間性が豊かで薬物治療に対する強い責任を抱ける人材の育成を目指す。

清瀬キャンパス外観

キャンパス 1つ

清瀬キャンパス
〒204-8588 東京都清瀬市野塩2-522-1

基本データ

※2023年5月現在（学部学生数に留学生は含まない。進路・就職は2022年度卒業者データ。学費は2024年度入学者用）

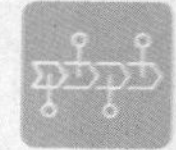

沿革

1902年創立。1902年、東京薬学専門学校を設立。1923年、明治薬学専門学校を設立。1949年、明治薬科大学となる。2006年、薬学部薬学科（6年制）および生命創薬科学科（4年制）が設置され、現在に至る。

教育機関 1学部 1研究科

学部　薬

大学院　薬学 M D

人数

学部学生数 2,206名

教員1名あたり学生 23名

教員数 94名【理事長】佐川賢一、【学長】越前宏俊
（教授40名、准教授19名、講師20名、助教12名、助手・その他3名）

学費

初年度納入額 2,037,500~2,357,500円

奨学金 入学特待生制度、地域枠奨学金、明治薬科大学奨学金、めざせ明薬・予約型奨学金

進路

学部卒業者 369名
（進学48名［13.0%］、就職312名［84.6%］、その他9名［2.4%］）

主な就職先 アストラゼネカ、大塚製薬、協和キリン、第一三共、ファイザー、IQVIAジャパン、パレクセル・インターナショナル、ミルボン、メディセオ、聖路加国際病院、筑波大学附属病院、長野赤十字病院、医薬品医療機器総合機構、アインホールディングス、ウエルシアホールディングス、スギ薬局、マツモトキヨシ

学部学科紹介

※本書掲載内容は、大学公表資料から独自に編集したものです。詳細は大学パンフレットやホームページ等で必ず確認してください（取得可能な免許・資格は任用資格や受験資格などを含む）。

薬学部

清瀬キャンパス　定員 420

特色　質の高い医療薬学教育と充実した研究設備が可能にする高度な研究。
進路　薬：薬剤師として医療機関など活躍。生命創薬科：多くが大学院に進学。
学問分野　薬学
大学院　薬学

薬学科 (360)	低学年から多職種連携教育（IPE）などに取り組み、チーム医療の重要性を理解するとともにコミュニケーション力を養う。5年次には独自の研修プログラムにより長期実習が可能となっており、高度な専門性と実践力を身につけることができる。
生命創薬科学科 (60)	1年次から少人数制の演習で生命科学や薬学の基礎を学習する。3年次の前期に4つの研究室をローテーションし、後期は1つの研究室で半年間のプレ卒業研究に取り組む。4年次から大学院にかけて密度の濃い教育で研究能力を養成する。
取得可能な免許・資格	食品衛生管理者、食品衛生監視員、薬剤師、臨床検査技師

入試要項（2025年度）

※この入試情報は大学発表の2025年度入試（予告）および2024年度募集要項等より編集したものです（2024年1月時点。見方は巻頭の「本書の使い方」参照）。内容には変更が生じる可能性があるため、最新情報はホームページや2025年度募集要項等で必ず確認してください。

「大学入試科目検索システム」のご案内
日程・方式ごとの偏差値や昨年度入試結果（志願者倍率、実質倍率、合格最低点）、基本情報（出願締切日、試験日、二段階選抜、募集人員、総合満点）などは、「大学入試科目検索システム」（https://nyushi.toshin.com/）をご覧ください（利用方法はp.12参照）。

■薬学部　偏差値 59

一般選抜

◆**B方式前期**
[全学科：3科目] 数 数ⅠⅡAB〔列〕C〔ベ〕 理 化基・化 外 英

◆**B方式後期**
[全学科：3科目] 数 数ⅠⅡAB〔列〕C〔ベ〕 理 化基・化、生基・生から1 外 英

共通テスト併用入試

◆**C方式**
[全学科]〈共3科目〉国 外 現、英から1 数 理 数ⅠA必須、数ⅡBC、物、化、生から1〈個1科目〉理 化基・化

共通テスト利用入試

◆**A方式**
[全学科：4科目] 数 数ⅠA、数ⅡBC 理 物、化、生から1 外 英

◆**地域枠選抜**
[薬：4科目] A方式に同じ

■特別選抜

[学校推薦型選抜] 公募制推薦（専願制、併願制）、学校推薦型選抜（指定校制）
[その他] 社会人入学者選抜、帰国子女入学者選抜

就職支援

明治薬科大学は10年連続96%以上の高い就職率を誇り、「教職員の親身な支援」「就職支援プログラム」「卒業生との強い信頼関係」の3つの柱が一体となった支援が、就職実績につながっています。進路就職支援委員会が各学年に応じた様々な就職支援プログラムを企画し、入学時より就職活動をサポートしています。また、4年制の学科および6年制の学科では4年次に全員が研究室に配属となるので、研究室所属の教員、大学院生、研究室のOB・OG等、多方面から就職関連情報の収集とサポートが受けられます。

国際交流

明治薬科大学では、カナダのアルバータ大学、イギリスのハートフォードシャー大学、タイのチュラロンコーン大学、マヒドン大学、中華人民共和国の瀋陽薬科大学、吉林大学など、海外の大学との学術交流を通じて、学生の派遣や教員の招聘などの交流活動を行っています。これからの薬剤師や研究者に必要な語学力を養うとともに、異文化に触れる機会を多く設け、国際感覚に溢れる人材の育成を行っています。

立教大学（りっきょうだいがく）

資料請求

入学センター（池袋キャンパス）　TEL (03) 3985-2660　〒171-8501 東京都豊島区西池袋3-34-1

「自由の学府」としてリベラルアーツ教育の伝統に立つ

大学紹介動画

最新入試情報

創始者・ウィリアムズ主教の「道を伝えて己を伝えず」を教育理念とする。単一の価値観では解決できない諸問題に直面する現代、専門知に加え多層的・複眼的な視点を持った「専門性に立つ教養人」を育成する。

本館（モリス館）

校歌

立教大学校歌　「栄光の立教」
作詞／諸星寅一　作曲／島崎赤太郎

一、芙蓉（ふよう）の高嶺（たかね）を雲井（くもい）に望み
紫（むらさき）匂える武蔵野原に
いかしくそばだつ我等が母校
見よ見よ立教　自由の学府

校歌音声

基本データ

※2023年5月現在（教員数は非常勤を含む。進路・就職は2022年度卒業者データ。学費は2024年度入学者用）

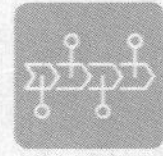
沿革

1874年、私塾として開校後、立教学校と称する。1907年、立教大学と改称。1922年、大学に昇格。1949年、新制大学へ移行。1998年、新座キャンパスに観光、コミュニティ福祉学部を設置。2006年、経営、現代心理学部を設置。2008年、異文化コミュニケーション学部を設置。2023年、コミュニティ福祉学部を改編、スポーツウエルネス学部を設置、現在に至る。

キャンパス
2つ

キャンパスマップ

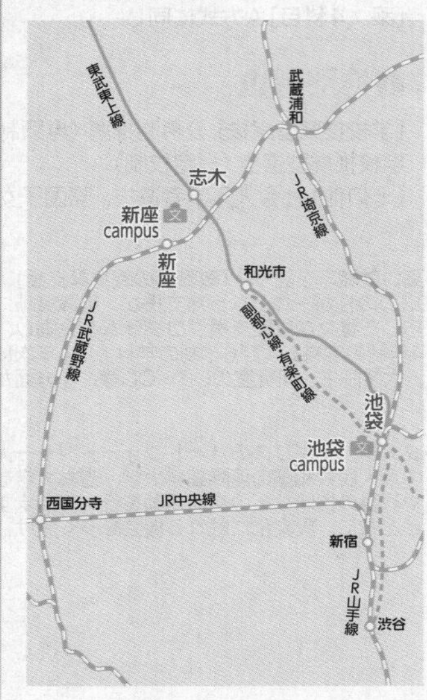

所在地・交通アクセス

池袋キャンパス（本部）
〒171-8501 東京都豊島区西池袋3-34-1
アクセス JR・地下鉄・東武東上線・西武池袋線「池袋駅」から徒歩約7分

新座キャンパス
〒352-8558 埼玉県新座市北野1-2-26
アクセス JR「新座駅」または東武東上線「志木駅」からバス約10分、「立教前」下車

教育機関
11学部15研究科

学部 文／異文化コミュニケーション／経済／経営／社会／理／法／観光／コミュニティ福祉／スポーツウエルネス／現代心理

大学院 キリスト教学ⓂⒹ／文学ⓂⒹ／異文化コミュニケーションⓂⒹ／経済学ⓂⒹ／経営学ⓂⒹ／理学ⓂⒹ／社会学ⓂⒹ／法学ⓂⒹ／観光学ⓂⒹ／コミュニティ福祉学ⓂⒹ／現代心理学ⓂⒹ／スポーツウエルネス学ⓂⒹ／ビジネスデザインⓂⒹ／社会デザインⓂⒹ／人工知能科学ⓂⒹ

人数

学部学生数 19,256名　　教員1名あたり学生 7名

教員数 2,637名【理事長】福田裕昭、【院長・総長】西原廉太

（教授334名、准教授139名、講師1,991名、助教108名、助手・その他65名）

学費

初年度納入額 1,374,500~2,103,500円

奨学金 立教大学自由の学府奨学金、立教大学学部給与奨学金、立教大学学業奨励奨学金、立教大学校友会奨学金

進路

学部卒業者 4,317名（進学249名、就職3,526名、その他542名）

進学 5.8%　就職 81.7%　その他 12.5%

主な就職先

文学部
東京都内学校(教員)、東京都特別区、ニトリ、東京海上日動火災保険、かんぽ生命保険、TIS、ベネッセスタイルケア、埼玉県内学校(教員)、国家公務（一般職）、横浜市役所

異文化コミュニケーション学部
アマゾンジャパン、楽天グループ、野村證券、郵船ロジスティクス、シンプレクス、JAL、川崎汽船、三井物産、丸紅、三菱重工業

経済学部
みずほフィナンシャルグループ、三井住友信託銀行、三井住友海上火災保険、三井住友銀行、東京都特別区、りそなグループ、商工組合中央金庫、野村證券、SMBC日興証券、明治安田生命保険

経営学部
アマゾンジャパン、三井住友銀行、アクセンチュア、楽天グループ、PwCコンサルティング／PwCアドバイザリー、デロイト トーマツ コンサルティング、リクルート、サイバーエージェント、日本タタ・コンサルタンシー・サービシズ、みずほフィナンシャルグループ

社会学部
東京都特別区、三菱UFJ銀行、アイレップ、NHK、電通デジタル、横浜市役所、双日、デジタル・アドバタイジング・コンソーシアム、みずほフィナンシャルグループ、りそなグループ

理学部
NECソリューションイノベータ、シンプレクス、りそなグループ、東京都内学校(教員)、国家公務（一般職）、みずほフィナンシャルグループ、NTTデータ、SCSK、MUS情報システム、東京海上日動システムズ

法学部
東京都特別区、国家公務(一般職)、裁判所(事務官)、みずほフィナンシャルグループ、りそなグループ、日立製作所、東京海上日動火災保険、三井住友海上火災保険、三井住友信託銀行、横浜銀行

観光学部
JTB、東武トップツアーズ、国家公務（一般職)、JALスカイ、アパホテル、りそなグループ、東急リゾーツ＆ステイ、ANA X、クイック、都市再生機構

コミュニティ福祉学部
東京都特別区、SOMPOケア、日本生命保険、ファーストリテイリング、みずほフィナンシャルグループ、東京海上日動火災保険、中央労働金庫、横浜市役所、JALスカイ、デジタル・アドバタイジング・コンソーシアム

スポーツウエルネス学部
2023年度新設のため卒業者情報なし

現代心理学部
オリエンタルランド、四季、博報堂プロダクツ、パーソルキャリア、JAL、JCOM、富士通、システナ、山崎製パン、東京都庁

学部学科紹介

※本書掲載内容は、大学公表資料から独自に編集したものです。詳細は大学パンフレットやホームページ等で必ず確認してください（取得可能な免許・資格は任用資格や受験資格などを含む）。

「大学入試科目検索システム」のご案内
入試要項のうち、日程・方式ごとの偏差値や昨年度入試結果（志願者倍率、実質倍率、合格最低点）、基本情報（出願締切日、試験日、二段階選抜、募集人員、総合満点）などは、「大学入試科目検索システム」（https://nyushi.toshin.com/）をご覧ください（利用方法はp.12参照）。

文学部

池袋キャンパス

定員 888

入試科目検索

特色 学部独自の海外プログラムが充実している他、キャリアサポートも行われている。
進路 就職先は情報通信業やサービス業、製造業をはじめ多岐にわたる。
学問分野 文学／言語学／哲学／心理学／歴史学／地理学／文化学／国際学／教員養成／教育学／芸術理論
大学院 キリスト教学／文学

学科紹介

キリスト教学科 (50)	キリスト教を学問研究の対象として捉え宗教の歴史的展開を考察する。キリスト教の文化、思想、芸術を多角的に学び、世界をより深く理解するための素養と感性を培う。資料収集や原典の緻密な読解と分析、外国語文献の読み込みを通じて論理的思考力を養う。
文学科 (522)	英米文学、ドイツ文学、フランス文学、日本文学、文芸・思想の5つの専修を設置。あらゆる時代の文学や音楽、舞台、サブカルチャーなどを通して自己と他者について理解を深める。他専修の科目も履修できる他、文学の域を越えた多彩な科目群を設置している。
史学科 (215)	世界史学、日本史学、超域文化学の3つの専修を設置。1年次の入門演習を経て専修を選択し、2年次から専門的に学ぶ。学生自身が自発的に研究計画を立てられるよう、専門教員が丁寧な指導を行っている。所属する専修以外の専修の科目も履修が可能である。
教育学科 (101)	3年次から教育を総合人間学的に研究する教育学、小学校教員免許の取得を卒業要件とする初等教育の2つの専攻に分属。教育に関わる多様な問題の解決を目指し学校教育、生涯教育、国際教育などの様々な学問領域や哲学、社会学、心理学などの理論を幅広く学ぶ。
取得可能な免許・資格	学芸員、教員免許（小一種、中-国・社・宗・英・フランス語・ドイツ語、高-国・地歴・公・宗・英・フランス語・ドイツ語）、社会教育士、社会教育主事、司書教諭、司書

入試要項（2025年度）

※この入試情報は大学発表の2025年度入試（予告）および2024年度募集要項等より編集したものです（2024年1月時点。見方は巻頭の「本書の使い方」参照）。内容には変更が生じる可能性があるため、最新情報はホームページや2025年度募集要項等で必ず確認してください。

■文学部 偏差値 67

一般選抜

◆一般入試（本学独自の英語試験を課さない日程）
［史以外：3科目（550点）］国現古（200）地歴数地歴全3科目、数ⅠⅡAB〔列〕C〔べ〕から1（150）▶試験日により選択可 外次の①・②から1（①共英、②個英語外部試験）（200）
［史：3科目（600点）］国現古（200）地歴数地歴全3科目、数ⅠⅡAB〔列〕C〔べ〕から1（200）▶試験日により選択可 外次の①・②から1（①共英、②個英語外部試験）（200）

◆一般入試（本学独自の英語試験を課す日程）
［史以外：3科目（550点）］国現古漢（200）地歴歴総・日、歴総・世から1（150）外英（200）
［史：3科目（600点）］国現古漢（200）地歴歴総・日、歴総・世から1（200）外英（200）

共通テスト利用入試 ※個別試験は課さない

◆共通テスト利用入試（3科目型）
［キリスト教、文－ドイツ文学・フランス文学・日本文学・文芸思想、教育：3科目（500点→600点）］国現古漢（200）地歴公数理地歴公理全11科目、

数ⅠA、数ⅡBCから1（100→200）外全5科目、英語外部試験から1（200）
[文－英米文学：3科目（500点→800点）] 国現古漢（200）地歴公数理地歴公理全11科目、数ⅠA、数ⅡBCから1（100→200）外英、英語外部試験から1（200→400）
[史：3科目(500点→600点)] 国現古漢(200) 地歴公数理情地歴公理情全12科目、数ⅠA、数ⅡBCから1（100→200）外全5科目、英語外部試験から1（200）

◆**共通テスト利用入試（6科目型）**
[キリスト教、文－ドイツ文学・フランス文学・日本文学・文芸思想、教育：6科目（800点）] 国現古漢(200) 地歴公数理情地歴公理情全12科目、数ⅠA、数ⅡBから4（計400）外全5科目、英語外部試験から1（200）
[文－英米文学：6科目(800点)] 国現古漢(200) 地歴公数理情地歴公理情全12科目、数ⅠA、数ⅡBから4（計400）▶地歴公から1必須外英、英語外部試験から1（200）
[史：6科目(800点→900点)] 国現古漢(200) 地歴公数理情地歴公理情全12科目、数ⅠA、数ⅡBから4（計400→500）▶地歴公から1必須。必須選択科目は100→200点とする外全5科目、英語外部試験から1（200）

特別選抜
[学校推薦型選抜] 指定校推薦入学
[その他] 自由選抜入試、アスリート選抜入試、外国人留学生入試

立教大学「グローバル・リベラルアーツ・プログラム（GLAP）」

グローバル・リベラルアーツ・プログラム（GLAP）とは、自ら考え、世界と共に生きるグローバルリーダーを養成するプログラムです。入学時から特定の学部に所属せず、原則すべてが英語で行われる授業で「リベラルアーツ」を学びます。
1学年約20名の少人数教育のため、学生一人ひとりがきめ細かい指導を受けることができます。プレゼンテーションやグループワークなどで論理的思考やリーダーシップスキルを身につけ、課題解決能力を養います。また、２年次秋学期から３年次春学期までの１年間に全員が協定校に留学します。留学先や履修科目などについてはアカデミックアドバイザーと連携して履修状況などを考慮しながら検討します。
立教大学には国際交流寮があり、多様なバックグラウンドを持つ留学生と一緒に生活することができます。国籍・文化・価値観が異なる人々と共同生活を行うことで国際性を養い、グローバルな感性を磨きます。これは２年次秋学期からの留学にも役立ちます。GLAPに入学するには特別入試（国際コース選抜入試）を受験します。また、GLAPに出願するにはケンブリッジ英語検定、英検®、IELTS、TOEFL®テストなどといった外部試験のいずれかで一定の成績を取得する必要があります。

異文化コミュニケーション学部

定員 210

入試科目検索

池袋キャンパス

特色 「複言語・複文化」能力を獲得。大学院と連携したプログラムを設置。
進路 就職先は情報通信業やサービス業、卸売・小売業をはじめ多岐にわたる。
学問分野 言語学／社会学／国際学
大学院 異文化コミュニケーション

学科紹介

学科	定員	内容
異文化コミュニケーション学科	(210)	英語に加え、ドイツ語、フランス語、スペイン語、中国語、朝鮮語、ロシア語から1つを選択し第二外国語として学ぶ。専門科目を英語で学ぶコース「Dual Language Pathway」を設置している他、通訳や翻訳者、日本語教員などを養成するプログラムもある。
取得可能な免許・資格		登録日本語教員、学芸員、教員免許(中-英、高-英)、社会教育士、社会教育主事、司書教諭、司書

入試要項(2025年度)

※この入試情報は大学発表の2025年度入試（予告）および2024年度募集要項等より編集したものです（2024年1月時点。見方は巻頭の「本書の使い方」参照）。内容には変更が生じる可能性があるため、最新情報はホームページや2025年度募集要項等で必ず確認してください。

■異文化コミュニケーション学部 偏差値 

一般選抜

◆**一般入試（本学独自の英語試験を課さない日程）**
［異文化コミュニケーション：3科目（550点）］国現古(200) 地歴 公 数 地歴全3科目、公共・政経、数ⅠⅡAB〔列〕C〔べ〕から1（150）▶試験日により選択可 外 次の①・②から1（①共英、②個英語外部試験）(200)

共通テスト利用入試 ※個別試験は課さない

◆**共通テスト利用入試（3科目型）**
［異文化コミュニケーション：3科目（455点→450点）］国現古（155→150）地歴 公 数 理 情 地歴公理情全12科目、数ⅠA、数ⅡBCから1（100）外 英、英語外部試験から1（200）

◆**共通テスト利用入試（6科目型）**
［異文化コミュニケーション：6科目（800点）］国現古漢（200）地歴 公 数 理 情 数ⅠA必須、地歴公理情全12科目、数ⅡBCから3（計400）▶地歴公と理から各1必須 外 英、英語外部試験から1(200)

特別選抜

［学校推薦型選抜］指定校推薦入学
［その他］自由選抜入試、アスリート選抜入試、国際コース選抜入試、外国人留学生入試

経済学部

定員 684

池袋キャンパス

入試科目検索

特色 短期留学プログラムを展開。経済学とともに英語や現地の経済事情などを学ぶ。
進路 就職先は情報通信業や金融・保険業、サービス業をはじめ多岐にわたる。
学問分野 経済学／経営学
大学院 経済学

学科紹介

経済学科 (332)	基礎となる経済理論と歴史的展開を理解し、先端的な経済理論や数量的手法、政策的課題、外国の経済史などを学ぶ。企業経営者などを招き、現場の課題を議論する企画講座などを設けている。4年次には社会で活きるスキルを磨きつつ卒業論文に取り組む。
経済政策学科 (176)	経済学の知識を応用し、現代社会が直面する諸問題に対する具体的な政策を分析、立案できる人材を育成する。財政、社会保障、労働などの領域と応用分野などを学び、政策の中心が国民であるという原則のもと、変容する経済システムに対応する政策立案能力を培う。
会計ファイナンス学科 (176)	会計とファイナンスを有機的に結びつけ基礎的理論を体系的に学ぶ。基礎科目と応用科目を段階的かつ系統的に学び、企業の経営状態や資金調達などについて具体的に考え実践力を養う。公認会計士などの各種資格の取得を支援するカリキュラムを設置している。
取得可能な免許・資格	学芸員、社会調査士、教員免許（中-社、高-地歴・公・商業）、社会教育士、社会教育主事、司書教諭、司書

入試要項（2025年度）

※この入試情報は大学発表の2025年度入試（予告）および2024年度募集要項等より編集したものです（2024年1月時点。見方は巻頭の「本書の使い方」参照）。内容には変更が生じる可能性があるため、最新情報はホームページや2025年度募集要項等で必ず確認してください。

■経済学部 偏差値 67

一般選抜

◆一般入試（本学独自の英語試験を課さない日程）
［全学科：3科目（400〜450点→400点）］国現古（150）地歴 公 数 歴総・日、歴総・世、公共・政経、数ⅠⅡAB〔列〕C〔ベ〕から1（100）▶試験日により選択可 外 次の①・②から1（①共英（200→150）、②個英語外部試験（150））

共通テスト利用入試 ※個別試験は課さない

◆共通テスト利用入試（3科目型）
［全学科：3科目（455点→400点）］国現古（155→150）地歴 公 数 理 情 地歴公理情全12科目、数ⅠA、数ⅡBCから1（100）外 全5科目、英語外部試験から1（200→150）

◆共通テスト利用入試（6科目型）
［全学科：6科目（800点）］国現古漢（200）地歴 公 全6科目から1（100）数 数ⅠA、数ⅡBC（計200）理 情 全6科目から1（100）外 全5科目、英語外部試験から1（200）

特別選抜

［学校推薦型選抜］指定校推薦入学
［その他］自由選抜入試、アスリート選抜入試、外国人留学生入試

経営学部

池袋キャンパス

定員 385

入試科目検索

特色 「リーダーシップ入門」は、企業に対してグループで企画提案を行う。
進路 卒業者の多くはサービス業、情報通信業、製造業などに就職する。
学問分野 言語学／経済学／経営学／国際学
大学院 経営学

学科紹介

経営学科 (230)	演習と講義を両輪とし、企業や組織を機能させながら事業を管理するための知識と能力を養う。協力企業の課題にチームで取り組む「ビジネス・リーダーシップ・プログラム（BLP）」は学年を追うごとに高度化し、3・4年次には自ら提案したプランを実践する。
国際経営学科 (155)	英語力を伸ばし、国際的な環境でリーダーシップを発揮できる人材を育成する。「バイリンガル・ビジネスリーダー・プログラム（BBL）」では英語で経営学を学ぶ。専門科目の約7割が英語で開講されている他、学生のほぼ全員が卒業までに短期留学を経験する。
取得可能な免許・資格	学芸員、社会調査士、社会教育士、社会教育主事、司書

入試要項（2025年度）

※この入試情報は大学発表の2025年度入試（予告）および2024年度募集要項等より編集したものです（2024年1月時点。見方は巻頭の「本書の使い方」参照）。内容には変更が生じる可能性があるため、最新情報はホームページや2025年度募集要項等で必ず確認してください。

■経営学部 偏差値 67

一般選抜

◆一般入試（本学独自の英語試験を課さない日程）
[全学科：3科目（350〜400点→350点）] 国現古（100） 地歴 公 数 歴総・日、歴総・世、公共・政経、数ⅠⅡAB〔列〕C〔ベ〕から1（100）▶試験日により選択可 外 次の①・②から1（① 共 英（200→150）、② 個 英語外部試験（150））

共通テスト利用入試 ※個別試験は課さない

◆共通テスト利用入試（3科目型）
[全学科：3科目（410点→400点）] 国 現（110→100） 地歴 公 数 情 地歴公情全7科目、数ⅠA、数ⅡBCから1（100） 外 英、英語外部試験から1（200）

◆共通テスト利用入試（6科目型）
[全学科：6科目（710点→700点）] 国 現（110→100） 地歴 公 数 理 情 数ⅠA必須、地歴公理情全12科目、数ⅡBCから3（計400）▶地歴公から1必須。必須選択以外で2教科2必須 外 英、英語外部試験から1（200）

特別選抜

[学校推薦型選抜] 指定校推薦入学
[その他] 自由選抜入試、アスリート選抜入試、帰国生入試、外国人留学生入試

社会学部

定員 519

池袋キャンパス

入試科目検索

特色 専門科目を英語で学ぶコースを設置。卒業生との交流プログラムも実施。
進路 就職先は情報通信業やサービス業、金融・保険業をはじめ多岐にわたる。
学問分野 文化学／社会学／メディア学／社会福祉学／環境学／情報学／人間科学
大学院 社会学

学科紹介

学科	定員	内容
社会学科	(173)	社会学の幅広い領域を横断的に学び「社会学的思考」を養う。1年次には課題を「発見」する感性を磨き、2年次には多様な現象を「分析」し主体的に考える力を養う。4年次には卒業論文に取り組み、より良い社会の構築に向けた「提言」を行うことを目指す。
現代文化学科	(173)	複眼的な思考力を修得し、現代社会と文化の関係を理解し、多文化共生社会の構想を目指す。フィールド実習などを通じて、グローバルとローカルの双方から社会や文化を様々な角度で考察する。4年次の卒業論文・研究ではテーマを設定し実践的な提言につなげる。
メディア社会学科	(173)	専門科目は社会システムとテクノロジー、生活世界の経験と歴史、ジャーナリズムと公共性の3つの領域に分かれる。メディアに関連する様々な事象を分析できる人材を育成。調査、討論、インターンシップなどを通して応用力を養う実習・実践科目も用意されている。
取得可能な免許・資格		学芸員、社会調査士、教員免許（中-社、高-公）、社会教育士、社会教育主事、司書教諭、司書

入試要項（2025年度）

※この入試情報は大学発表の2025年度入試（予告）および2024年度募集要項等より編集したものです（2024年1月時点。見方は巻頭の「本書の使い方」参照）。内容には変更が生じる可能性があるため、最新情報はホームページや2025年度募集要項等で必ず確認してください。

■社会学部 偏差値 67

一般選抜

◆一般入試（本学独自の英語試験を課さない日程）

[全学科：3科目（300～400点→300点）] 国 現古（100） 地歴 公 数 地歴全3科目、公共・政経、数ⅠⅡAB〔列〕C〔べ〕から1（100）▶試験日により選択可 外 次の①・②から1（① 共 英（200→100）、② 個 英語外部試験（100））

共通テスト利用入試 ※個別試験は課さない

◆共通テスト利用入試（3科目型）

[全学科：3科目（455点→350点）] 国 現古（155→100） 地歴 公 数 理 情 地歴公理情全12科目、数ⅠA、数ⅡBCから1（100） 外 全5科目、英語外部試験から1（200→150）

◆共通テスト利用入試（6科目型）

[全学科：6科目（800点）] 国 現古漢（200） 地歴 公 数 理 情 数ⅠA必須、地歴公理情全12科目、数ⅡBCから3（計400）▶地歴公と理から各1必須 外 全5科目、英語外部試験から1（200）

特別選抜

[学校推薦型選抜] 指定校推薦入学

[その他] 自由選抜入試、アスリート選抜入試、国際コース選抜入試、外国人留学生入試

理学部

池袋キャンパス

定員 292

入試科目検索

特色 科学英語を学ぶ海外での英語研修や現地企業の見学に参加する企業体感プログラムを展開。
進路 約3割が大学院へ進学。就職先は情報通信業や製造業、教育・学習支援業が多い。
学問分野 数学／物理学／化学／生物学／地学／応用生物学／環境学／情報学
大学院 理学

学科紹介

数学科 (66)	代数学や幾何学、解析学から計算機科学、数理物理学まで、数学の幅広い分野の実践的教育を行う。3年次から専門分野の学習が始まる。演習や少人数ゼミでは数学を学ぶ上で重要な粘り強く考える力を身につける。数学と情報の教員免許を取得することができる。
物理学科 (77)	素粒子論、宇宙論などの理論的研究、原子分子物理などの実験的研究を通して、幅広く応用できる知識を学ぶ。理論物理学、原子核・放射線物理学、宇宙地球系物理学の3つの専門分野を設置。4年次には大学院生と共通で履修できる科目も設置されている。
化学科 (77)	物質の反応や機能の化学的原因を探究する。1年次秋学期に実験の授業が始まり、2年次以降は専門分野を学び、高難度の実験に取り組む。3年次より研究室に所属し、4年次には最先端分野の研究に触れながら卒業研究を進める。約4割の学生が大学院へ進学する。
生命理学科 (72)	分子生物学、生物化学、分子細胞生物学の3つを柱に生命現象を理解していく。1年次より実験を重視するカリキュラムで、2年次には多彩な実験手法やコンピュータ処理の手法を学ぶ。4年次から所属する少人数制の研究室では1年をかけて1つのテーマを追究する。
取得可能な免許・資格	学芸員、教員免許（中-数・理、高-数・理・情）、社会教育士、社会教育主事、司書教諭、司書

入試要項（2025年度）

※この入試情報は大学発表の2025年度入試（予告）および2024年度募集要項等より編集したものです（2024年1月時点。見方は巻頭の「本書の使い方」参照）。内容には変更が生じる可能性があるため、最新情報はホームページや2025年度募集要項等で必ず確認してください。

■理学部 偏差値 67

一般選抜

◆**一般入試（本学独自の英語試験を課さない日程）**
[数：3科目（400〜500点→400点）] 数 数ⅠⅡⅢABC（200） 理 物基・物、化基・化、生基・生から1（100） 外 次の①・②から1（① 共 英（200→100）、② 個 英語外部試験（100））
[物理：3科目（400〜500点→400点）] 数 数ⅠⅡⅢABC（150） 理 物基・物（150） 外 次の①・②から1（① 共 英（200→100）、② 個 英語外部試験（100））
[化：3科目（350〜450点→350点）] 数 数ⅠⅡⅢABC（100） 理 化基・化（150） 外 次の①・②から1（① 共 英（200→100）、② 個 英語外部試験（100））
[生命理：3科目（350〜450点→350点）] 数 数ⅠⅡⅢABC（100） 理 物基・物、化基・化、生基・生から1（150） 外 次の①・②から1（① 共 英（200→100）、② 個 英語外部試験（100））

共通テスト利用入試 ※個別試験は課さない

◆**共通テスト利用入試（4科目型）**
[数、生命理：4科目（500点→600点）] 数 数ⅠA、数ⅡBC（計200） 理 物、化、生から1（100→200） 外 全5科目、英語外部試験から1（200）
[物理：4科目（500点→600点）] 数 数ⅠA、数ⅡBC（計200） 理 物（100→200） 外 全5科目、英語外部試験から1（200）
[化：4科目（500点→600点）] 数 数ⅠA、数ⅡBC（計200） 理 化（100→200） 外 全5科目、英語外部試験から1（200）

◆**共通テスト利用入試（6科目型）**
[数：6科目（710点→800点）] 国 現（110→200） 数 数ⅠA、数ⅡBC（計200） 理 情 物、化、生、情Ⅰから2（計200） 外 全5科目、英語外部試験から1（200）
[物理：6科目（710点→700点）] 国 現（110→100） 数 数ⅠA、数ⅡBC（計200） 理 情 物必須、化、生、地、情Ⅰから1（計200） 外 全5

科目、英語外部試験から1(200)
[化:6科目(710点→800点)] 国 現(110→100) 数 数ⅠA、数ⅡBC(計200) 理 情 化必須(100→200)、物、生、地、情Ⅰから1(100) 外 全5科目、英語外部試験から1(200)
[生命理:6科目(710点→750点)] 国 現(110→150) 数 数ⅠA、数ⅡBC(計200) 理 情 物、化、生、情Ⅰから2(計200) 外 全5科目、英語外部試験から1(200)

特別選抜

[学校推薦型選抜] 指定校推薦入学
[その他] 自由選抜入試、アスリート選抜入試、外国人留学生入試

法学部

池袋キャンパス

定員 585

入試科目検索

特色　必修科目がなく、他学科の講義も履修できるなど自由度の高いカリキュラム。

進路　就職先は金融・保険業や情報通信業、サービス業をはじめ多岐にわたる。

学問分野　法学／政治学／国際学

大学院　法学

学科紹介

法学科 (360)	法の視点から社会を捉える能力や、より良い社会秩序を創造する力を養う。裁判官、検察官、弁護士など法曹を目指す学生向けに「法曹コース」を導入。法科大学院（ロースクール）への進学を目指す学生には3年間で卒業できる「早期卒業制度」が用意されている。
国際ビジネス法学科 (115)	グローバル化する企業社会に必要な法的知識とセンスを身につけ、企業紛争の予防や解決などの場面で法の観点から活躍できる人材を育成する。1年次から演習の中で議論する力を養う。英語による授業や国際的なプログラムも展開し、海外留学を推奨している。
政治学科 (110)	政治の仕組み、思想、歴史などを幅広く学び、情報を正しく分析する力と問題を考え抜く思考力を養う。2年次以降に数多くの専門科目が設置され、興味や関心に合わせて履修計画を立てる。複数の視座から政治に対する理解を深め、4年次には演習論文に取り組む。
取得可能な免許・資格	学芸員、教員免許(中-社、高-地歴・公)、社会教育士、社会教育主事、司書教諭、司書

入試要項(2025年度)

※この入試情報は大学発表の2025年度入試（予告）および2024年度募集要項等より編集したものです（2024年1月時点。見方は巻頭の「本書の使い方」参照）。内容には変更が生じる可能性があるため、最新情報はホームページや2025年度募集要項等で必ず確認してください。

■法学部　偏差値 67

一般選抜

◆**一般入試（本学独自の英語試験を課さない日程）**

［全学科：3科目（500点）］国 現古（200）地歴 公 数 歴総・日、歴総・世、公共・政経、数ⅠⅡAB〔列〕C〔べ〕から1（100）▶試験日により選択可 外 次の①・②から1（①共 英、②個 英語外部試験）(200)

共通テスト利用入試　※個別試験は課さない

◆**共通テスト利用入試（3科目型）**

［全学科：3科目（455点→400点）］国 現古（155→150）地歴 公 数 理 地歴公理全11科目、数ⅠA、数ⅡBCから1（100）外 全5科目、英語外部試験から1（200→150）

◆**共通テスト利用入試（6科目型）**

［全学科：6科目（755点→800点）］国 現古（155→200）地歴 公 数 理 情 数ⅠA必須、地歴公理情全12科目、数ⅡBCから3（計400）▶地歴公と理から各1必須 外 全5科目、英語外部試験から1（200）

特別選抜

［学校推薦型選抜］指定校推薦入学

［その他］自由選抜入試、アスリート選抜入試、国際コース選抜入試、外国人留学生入試

観光学部

定員 370

新座キャンパス

入試科目検索

特色 海外の大学と連携した学習機会を数多く設置。実体験を重視した教育を行う。
進路 観光関連産業をはじめとしたサービス業の他、情報通信業などに就く者も多い。
学問分野 文化学／経営学／観光学／国際学
大学院 観光学

学科紹介

観光学科 (195)	観光産業の経営と地域活性化の2つの視点から、観光サービスのあり方や事業化のための方策などを考え、観光産業と地域振興に寄与する人材を育成する。文献研究や現地調査などを通して現実の問題解決に取り組む。ホテル業界の経営者などを招く講座などもある。
交流文化学科 (175)	国際親善や文化交流など観光の持つ交流的側面に注目し、観光が地域に与える文化的影響について考察する。国内外での様々な体験型学習が行われ、地域研究を基盤に多文化への視点を養う。高学年次には異文化交流を分析し、英語で論理的に考える力を身につける。
取得可能な免許・資格	学芸員、教員免許（中-社、高-地歴）、社会教育士、社会教育主事、司書教諭、司書

入試要項（2025年度）

※この入試情報は大学発表の2025年度入試（予告）および2024年度募集要項等より編集したものです（2024年1月時点。見方は巻頭の「本書の使い方」参照）。内容には変更が生じる可能性があるため、最新情報はホームページや2025年度募集要項等で必ず確認してください。

■観光学部 偏差値 67

一般選抜

◆**一般入試（本学独自の英語試験を課さない日程）**
［全学科：3科目（550点）］国現古（200）地歴公数地歴全3科目、公共・政経、数ⅠⅡAB〔列〕C〔ベ〕から1（150）▶試験日により選択可 外次の①・②から1（①共英、②個英語外部試験）（200）

共通テスト利用入試 ※個別試験は課さない

◆**共通テスト利用入試（3科目型）**
［全学科：3科目（455点→500点）］国現古（155→200）地歴公数理情地歴公理情全12科目、数ⅠA、数ⅡBCから1（100）外全5科目、英語外部試験から1（200）

◆**共通テスト利用入試（6科目型）**
［全学科：6科目（755点→800点）］国現古（155→200）地歴公数理情数ⅠA必須、地歴公理情全12科目、数ⅡBCから3（計400）▶地歴公から1必須。必須選択以外で2教科2必須 外全5科目、英語外部試験から1（200）

特別選抜

［学校推薦型選抜］指定校推薦入学
［その他］自由選抜入試、アスリート選抜入試、外国人留学生入試

コミュニティ福祉学部

新座キャンパス

定員 350

入試科目検索

特色　フィールド型科目やコミュニティとの連携により現場体験に基づく学習を行う。
進路　就職先はサービス業や情報通信業、金融・保険業をはじめ多岐にわたる。
学問分野　心理学／社会学／社会福祉学／人間科学
大学院　コミュニティ福祉学

学科紹介

学科	定員	内容
コミュニティ政策学科	(220)	政策学専修とコミュニティ学専修の2専修制。コミュニティの現状と課題を多面的に学び、コミュニティ政策の基本理念を理解する。国際NGO・NPOの訪問やボランティアなどの活動を通じ福祉社会を構築するためのアプローチを学ぶ。社会に潜む課題を発見する力や論理を組み立てる能力を養う。
福祉学科	(130)	社会福祉の骨格となる法律や制度の他、社会学や心理学などの関連分野も学修し総合学としての福祉を学ぶ。2年次の「福祉ワークショップ」では実際の福祉の現場を体験しソーシャルワーカーの業務を理解する。3年次には1カ月間をかけて現場実習を体験する。
取得可能な免許・資格		学芸員、社会調査士、社会福祉士、公認パラスポーツ指導者、教員免許（中-社、高-公）、社会教育士、社会教育主事、司書教諭、司書

入試要項（2025年度）

※この入試情報は大学発表の2025年度入試（予告）および2024年度募集要項等より編集したものです（2024年1月時点。見方は巻頭の「本書の使い方」参照）。内容には変更が生じる可能性があるため、最新情報はホームページや2025年度募集要項等で必ず確認してください。

■コミュニティ福祉学部 偏差値 

一般選抜

◆一般入試（本学独自の英語試験を課さない日程）
［全学科：3科目（500点）］国 現古（200） 地歴 公 数 地歴全3科目、公共・政経、数ⅠⅡAB〔列〕C〔べ〕から1（100）▶試験日により選択可 外 次の①・②から1（①共英、②個英語外部試験）（200）

共通テスト利用入試　※個別試験は課さない

◆共通テスト利用入試（3科目型）
［全学科：3科目（410点→350点）］国 現（110→100） 地歴 公 数 理 情 地歴公理情全12科目、数ⅠA、数ⅡBCから1（100） 外 全5科目、英語外部試験から1（200→150）

◆共通テスト利用入試（6科目型）
［全学科：6科目（710点→700点）］国 現（110→100） 地歴 公 数 理 情 数ⅠA必須、地歴公理情全12科目、数ⅡBCから3（計400）▶地歴公と理から各1必須 外 全5科目、英語外部試験から1（200）

特別選抜

［学校推薦型選抜］指定校推薦入学
［その他］自由選抜入試、アスリート選抜入試、外国人留学生入試

入試科目検索

スポーツウエルネス学部

定員 230

新座キャンパス

特色 コミュニティ福祉学部スポーツウエルネス学科を改編し、2023年度より開設。
進路 2023年度新設。国際スポーツ関係機関やスポーツ関連の技術者、大学院進学などの進路を想定。
学問分野 健康科学
大学院 スポーツウエルネス学

学科紹介

スポーツウエルネス学科 (230)	豊かな人間性を基盤として、あらゆる人々が健康で楽しく生活できるウエルネス社会の構築に寄与する人材を育成する。アスリートパフォーマンス、ウエルネススポーツ、環境・スポーツ教育の3つの領域を設け、目的に合った専門的学習を深めることができる。
取得可能な免許・資格	学芸員、公認パラスポーツ指導者、教員免許（中-保体、高-保体）、司書教諭、司書

入試要項（2025年度）

※この入試情報は大学発表の2025年度入試（予告）および2024年度募集要項等より編集したものです（2024年1月時点。見方は巻頭の「本書の使い方」参照）。内容には変更が生じる可能性があるため、最新情報はホームページや2025年度募集要項等で必ず確認してください。

■スポーツウエルネス学部 偏差値 65

一般選抜

◆一般入試（本学独自の英語試験を課さない日程）
[スポーツウエルネス：3科目（350～400点→350点）] 国現古（100） 地歴 公 数 地歴全3科目、公共・政経、数ⅠⅡAB〔列〕C〔ベ〕から1（100）▶試験日により選択可 外 次の①・②から1（①共英（200→150）、②個英語外部試験（150））

共通テスト利用入試 ※個別試験は課さない

◆共通テスト利用入試（3科目型）
[スポーツウエルネス：3科目（410点→350点）] 国現（110→100） 地歴 公 数 理 情 地歴公理情全12科目、数ⅠA、数ⅡBCから1（100） 外 全5科目、英語外部試験から1（200→150）

◆共通テスト利用入試（6科目型）
[スポーツウエルネス：6科目（710点→700点）] 国現（110→100） 地歴 公 数 理 情 数ⅠA必須、地歴公理情全12科目、数ⅡBから3（計400）▶地歴公と理から各1必須 外 全5科目、英語外部試験から1（200）

特別選抜

[学校推薦型選抜] 指定校推薦入学
[その他] 自由選抜入試、アスリート選抜入試、社会人入試、外国人留学生入試

現代心理学部

定員 319

新座キャンパス

入試科目検索

特色　学部共通の学部統合科目を設置し融合領域、認知行動領域、表現思考領域を学ぶ。
進路　就職先はサービス業や情報通信業が多い。資格取得を目指し大学院へ進学する者もいる。
学問分野　哲学／心理学／芸術・表現
大学院　現代心理学

学科紹介

学科	定員	内容
心理学科	(143)	実験を中心に心の法則を研究する基礎心理学、産業心理学など現実社会の課題を考える応用心理学、心身の健康促進の方法を考える臨床心理学の3つの領域で構成。全員が認定心理士の資格を取得できる。公認心理師を養成するカリキュラムも設置されている。
映像身体学科	(176)	映像と身体を融合的に扱い新しい思考や表現を探究する。シアター型教室などの映像設備を活用し、映像表現と身体表現の源となる人間の思考行為や表現行為を解明する。3・4年次の「専門演習」では文献調査からダンス、演劇などの映像作成まで多様なテーマに取り組む。
取得可能な免許・資格		公認心理師、学芸員、社会調査士、社会教育士、社会教育主事、司書

入試要項（2025年度）

※この入試情報は大学発表の2025年度入試（予告）および2024年度募集要項等より編集したものです（2024年1月時点。見方は巻頭の「本書の使い方」参照）。内容には変更が生じる可能性があるため、最新情報はホームページや2025年度募集要項等で必ず確認してください。

■現代心理学部　偏差値 67

一般選抜

◆一般入試（本学独自の英語試験を課さない日程）

[全学科：3科目（400～450点→400点）] 国現古（150） 地歴 公 数 地歴全3科目、公共・政経、数ⅠⅡAB〔列〕C〔ベ〕から1（100）▶試験日により選択可 外 次の①・②から1（① 共 英（200→150）、② 個 英語外部試験（150））

共通テスト利用入試　※個別試験は課さない

◆共通テスト利用入試（3科目型）

[心理：3科目（410点→450点）] 国現（110→150） 地歴 公 数 理 情 地歴公理情全12科目、数ⅠA、数ⅡBCから1（100） 外 英、英語外部試験から1（200）

[映像身体：3科目（455点→450点）] 国現古（155→150） 地歴 公 数 理 情 地歴公理情全12科目、数ⅠA、数ⅡBから1（100） 外 全5科目、英語外部試験から1（200）

◆共通テスト利用入試（6科目型）

[心理：6科目（800点）] 国現古漢（200） 地歴 公 全6科目から1（100） 数 数ⅠA、数ⅡBC（計200） 理 情 全6科目から1（100） 外 英、英語外部試験から1（200）

[映像身体：6科目（800点）] 国現古漢（200） 地歴 公 数 理 情 数ⅠA必須、地歴公理情全12科目、数ⅡBCから3（計400）▶地歴公と理から各1必須 外 全5科目、英語外部試験から1（200）

特別選抜

[学校推薦型選抜] 指定校推薦入学

[その他] 自由選抜入試、アスリート選抜入試、社会人入試、外国人留学生入試

募集人員等一覧表

※本書掲載内容は、大学のホームページ及び入学案内や募集要項などの公開データから独自に編集したものです（2024年度入試※1）。詳細は募集要項かホームページで必ず確認してください。

学部	学科ー専修	募集人員※2	一般選抜	共通テスト利用入試	特別選抜※3
文	キリスト教	50名	29名	7名	①③若干名 ⑥18名程度※4
	文ー英米文学	522名	80名	27名	①10名程度 ③若干名 ⑥18名程度※4
	文ードイツ文学		45名	9名	①③若干名 ⑥18名程度※4
	文ーフランス文学		45名	9名	①③若干名 ⑥18名程度※4
	文ー日本文学		71名	15名	①③若干名 ⑥18名程度※4
	文ー文芸・思想		57名	6名	①③若干名 ⑥18名程度※4
	史	215名	91名	22名	①10名程度 ③若干名 ⑥18名程度※4
	教育	101名	63名	9名	①③若干名 ⑥18名程度※4
異文化コミュニケーション	異文化コミュニケーション	210名	95名	13名	①方式A 10名程度 方式B 5名程度 ②15名程度 ③若干名 ⑥12名程度※5
経済	経済	332名	184名	45名	①20名程度※4 ③若干名 ⑥14名程度※4
	経済政策	176名	95名	25名	①20名程度※4 ③若干名 ⑥14名程度※4
	会計ファイナンス	176名	95名	25名	①20名程度※4 ③若干名 ⑥14名程度※4
経営	経営	230名	128名	25名	①方式A 資格Ⅰ 10名程度 方式A 資格Ⅱ 10名程度 方式A 資格Ⅲ 20名程度※6 方式B 若干名※6 ③④若干名 ⑥6名程度※4
	国際経営	155名	78名	20名	①方式A 資格Ⅲ 20名程度※6 方式B 若干名※6 ③④若干名 ⑥6名程度※4
社会	社会	173名	97名	24名	①②5名程度 ③若干名 ⑥10名程度※4
	現代文化	173名	97名	24名	①②5名程度 ③若干名 ⑥10名程度※4
	メディア社会	173名	97名	24名	①②5名程度 ③若干名 ⑥10名程度※4

学部	学科－専修	募集人員※2	一般選抜	共通テスト利用入試	特別選抜※3
理	数	66名	40名	11名	①2名程度 ③若干名 ⑥6名程度※4
	物理	77名	45名	14名	①2名程度 ③若干名 ⑥6名程度※4
	化	77名	47名	10名	①4名程度 ③若干名 ⑥6名程度※4
	生命理	72名	42名	14名	①4名程度 ③若干名 ⑥6名程度※4
法	法	360名	183名	32名	①8名程度※4 ③若干名 ⑥12名程度※4
	国際ビジネス法	115名	40名	7名	①8名程度※4 ②15名程度 ③若干名 ⑥グローバルコース 若干名 グローバルコース以外 12名程度※4
	政治	110名	58名	9名	①8名程度※4 ③若干名 ⑥12名程度※4
観光	観光	195名	125名	20名	①5名程度 ③若干名 ⑥8名程度※4
	交流文化	175名	100名	20名	①5名程度 ③若干名 ⑥8名程度※4
コミュニティ福祉	コミュニティ政策	220名	130名	26名	①20名程度 ③若干名 ⑥9名程度※4
	福祉	130名	76名	17名	①8名程度 ③若干名 ⑥9名程度※4
スポーツウエルネス	スポーツウエルネス	230名	108名	30名	①30名程度 ③⑤若干名 ⑥4名程度
現代心理	心理	143名	63名	23名	①10名程度 ③⑤若干名 ⑥6名程度※4
	映像身体	176名	82名	31名	①20名程度 ③⑤若干名 ⑥6名程度※4

※1　2024年度入試実績。2025年度入試の概要は、大学ホームページに公表予定
※2　特別選抜、内部進学等の人数を含む
※3［総合型選抜］共課さない：①自由選抜入試、②国際コース選抜入試、③アスリート選抜入試
［学校推薦型選抜］指定校推薦入学、学校長推薦による募集制度（NEXUS、PEACE）（各詳細は在籍高等学校に問い合わせてください）
［その他］共課さない：④帰国生入試、⑤社会人入試、⑥外国人留学生入試
※4　各学部内募集学科を合わせた募集人員
※5　書類選考による募集制度5名程度、筆記試験および面接による募集制度7名程度
※6　方式A資格Ⅲと方式Bについては経営学科と国際経営学科を合わせた募集人員

立教大学ギャラリー

■クリスマスのモリス館

立教大学のシンボルであるモリス館では、クリスマスの時期になるとヒマラヤ杉を用いたイルミネーションを見ることができます。

■第一食堂

美しいレンガ造りの外観が特徴的な学生食堂。キケロの言葉をもじった“食欲は理性に従うべし”という言葉が書かれています。

■グローバルラウンジ

池袋・新座両キャンパスに設置され、留学生と交流できるイベントが開催されています。留学に関する相談も行うことができます。

■チャペル

1963年に建てられたこのチャペルでは、誰でも礼拝が可能です。チャペル周辺を上空から見ると「立」の字の形になっています。

立教大学についてもっと知りたい方はコチラ

立教大学は11学部27学科1コースそれぞれが独自性のある学びで知的好奇心の赴くままに、専門分野を深く追求できます。学部や枠組みにとらわれず、知の世界を自在に横断する「自由の精神」と、あらゆる個性を尊重する「人間教育」を基盤に、時代が求めるリベラルアーツ教育を展開、2024年に創立150周年を迎えます。

Student's Voice

経営学部

国際経営学科 2年

小池 宙大（こいけ そら）くん

東京都 私立 玉川学園高等部 卒
サッカー部　高3・10月引退

何事にもチャレンジする精神を大切に

Q どのような高校生でしたか？　立教大学を志望した理由は？

高校時代はサッカーに明け暮れる毎日で、月曜日以外は毎日部活がありました。部活がない日は友達と遊びに行ったり、家でゴロゴロしたり、あまり勉強に向き合っていませんでした。

しかし、高1の冬、新型コロナのパンデミックで学校や部活がなくなってから、普段以上に時間を持て余すことが多くなり、そこで初めて将来のことについて考えました。自分が何をしたいのかを考え、真っ先に浮かんだのが、「世界中の人と話せるようになりたい」「リーダーになりたい」という思いでした。調べていくうちに、自分の夢を叶えられそうなのは「国際経営」だということを知りましたが、当時の僕は理系だったので、高3で文転が必要になりました。不安はあったものの、背に腹は代えられないと思い、この学部を軸に大学を探していこうと決心しました。そして、立教大学経営学部の国際経営学科に、企業プロジェクトを考える授業や経営学を英語で行う授業があることを知り、この大学を志望しました。

Q どのように受験対策をしましたか？　入試本番はどうでしたか？

部活を引退したのが高3の10月頃だったので、受験勉強と部活の両立にはとても苦労しました。予備校に行って机に向かえるときは、机でしかできないことをしていました。例えば、過去問などの問題演習や、時間を取っての知識の補完などです。それ以外の電車に乗っている時間などは、単語帳やテキスト、参考書を見て、勉強時間をできるだけ増やすことを意識していました。

試験本番はメンタル面を大事にしました。一度ネガティブになると引きずってしまうタイプなので、ずっとポジティブに考えることを意識していました。例えば、試験日直前の問題演習で間違えてしまったときには気づけてよかったと考えるようにしました。また、試験会場では「自分が一番できる」と考えていました。このメンタルのおかげで自信が持てましたし、最大級のパフォーマンスを発揮できたと思います。

●受験スケジュール

月	日	大学・学部学科（試験方式）
1	15・16	★明治学院　経済－国際経営（共テ利用 前期）
		★中央　国際経営－国際経営（共テ利用 単独方式）
		★法政　経営－経営（共テ利用B方式）
		★立教　経営－国際経営（共テ利用3科目型）
2	10	★中央　国際経営－国際経営（学部別選抜 一般方式）
	12	立教　経営－国際経営（一般）
	15	★青山学院　経営－経営（個別学部日程A方式）
	21	早稲田　商（一般 地歴・公民型）

どのような大学生活を送っていますか？

グループワークが活発です！

大会準備の休憩時間での一枚

立教大学経営学部は、グループワークが多いことが特徴です。1年次は、クライアントに対してグループでビジネスプランを提供するビジネス・リーダーシップ・プロジェクト(BLP)という授業を中心とした大学生活を送っていました。2年次からはゼミに所属していて、ゼミ中心の大学生活に変化しています。僕はブランドマーケティングを学ぶゼミに所属しており、大会や産学連携プロジェクトに参加しています。春学期の大会は、企業から「〇〇を解決できるようなマーケティング施策を考えてほしい」というテーマが出され、プレゼンテーションを行いました。秋学期の大会は、様々な関東の大学の経営学部のゼミが実務に関するテーマを考え、論文を作成、プレゼンテーションをするという内容でした。どちらも実践的な経営学を学べるだけではなく、プレゼン力と思考力が身につくので、勉強になりますし、ゼミの仲間とも最高に仲良くなれます！

留学先でのプレゼンテーションの様子

英語力に自信がつきました

国際経営学科では、留学の機会が用意されています。僕はオーストラリアに留学し、現地で行われている経営活動について調査、プレゼンテーションを行いました。プログラムはすべて英語で実施され、宿泊先もホームステイだったので、英語に自信のなかった当初は不安でした。しかし、留学を終えて自分の英語力に自信を持てるようになりました。また、文化の違いや経営活動の違いなども学ぶことができました。

将来の夢・目標は何ですか？

僕の目標は、起業して会社を経営することです。具体的にどんな分野で会社を経営したいかなどは、まだ思いついていません。ただ、漠然と高校生の頃から「出身国関係なく色々な人と会話したい」「会社を経営したい」と考えていたため、それを軸に将来のことを決めていきたいと考えています。そのために、大学在学中は、やらなくて後悔するよりもやってから後悔する精神を大事にしていきたいと思っています。要は、迷ったら何でも挑戦していこうということです。この意識で、自分の限界を超える力を得ただけでなく、知識や経験の幅も大きく広げることができました。このような経験をたくさんして、将来、本当にやりたいことを見つけていきたいと思っています。

後輩へのアドバイスをお願いします！

受験勉強に臨む上で大事なことは「ポジティブであり続けること」です。僕は受験生活を通じてメンタルが一番大事だと感じました。なぜなら僕自身、物事をネガティブに考えてしまった期間があり、その間すべての過去問演習の点数が低くなり、さらにやる気をなくしてしまうという負のスパイラルに陥ったことがあるからです。この経験から、ポジティブに物事を考えることが大事だと思うようになりました。

具体的にどうすればよいのかというと、例えば、模試の点数が低かったら「低いからダメだ」と考えるのではなく、「改善点がたくさん見つかってよかった」と発想を良い方向に転換させていました。根拠もなくポジティブになるのではなく、何か理由を見つけて「次はもっとこうしよう」と考えることによって、メンタルも安定しますし、今後の学習の指針にもなります。何かあったときは「ポジティブであり続けること」をキーワードにして頑張ってください！！

立正大学（りっしょう）

資料請求

入試センター（品川キャンパス）　TEL (03) 3492-6649　〒141-8602 東京都品川区大崎4-2-16

「モラリスト×エキスパート」を育む

立正大学は、9学部16学科で1万人が学ぶ総合大学である。「モラリスト×エキスパート」をブランドビジョンに掲げ、人間性と高い専門性を備えた社会に貢献できる人材を育成していく。

大学紹介動画

最新入試情報

品川キャンパス正門

キャンパス　2つ

品川キャンパス
〒141-8602 東京都品川区大崎4-2-16

熊谷キャンパス
〒360-0194 埼玉県熊谷市万吉1700

基本データ

※2023年5月現在（進路・就職は2022年度卒業者データ。学費は2024年度入学者用〔予定〕）

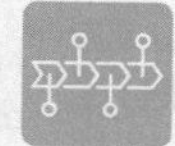

沿革

1872年、日蓮宗の壇林を源流とする小教院として創立。1949年、新制大学に移行。仏教、文の2つの学部を設置。1950年、経済学部を設置。1981年、法学部を設置。1996年、社会福祉学部を設置。1998年、地球環境科学部を設置。2021年、データサイエンス学部を設置し、現在に至る。

教育機関　9学部　7研究科

学部　心理／法／経営／経済／文／仏教／データサイエンス／地球環境科／社会福祉

大学院　文学Ⓜ︎Ⓓ／経済学ⓂⒹ／法学Ⓜ／経営学Ⓜ／社会福祉学ⓂⒹ／地球環境科学ⓂⒹ／心理学ⓂⒹ

人数

学部学生数　10,215名

教員1名あたり学生　34名

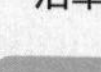

教員数　293名【理事長】望月兼雄、【学長】寺尾英智

（教授167名、准教授70名、講師38名、助教17名、助手・その他1名）

学費

初年度納入額　1,278,000~1,540,000円

奨学金　立正大学チャレンジ奨学生、立正大学特別奨学生TOP150、立正大学学部橘経済支援奨学生、立正大学学業継続支援奨学生

進路

学部卒業者　2,189名

（進学68名［3.1%］、就職1,863名［85.1%］、その他258名［11.8%］）

主な就職先　東京国税局、地方公務（行政職）、国立病院機構 関東信越グループ、朝日生命保険、JR東日本、国際航業、トヨタモビリティ東京、ウエルシア薬局、アイリスオーヤマ、ツツミ、星野リゾート・マネジメント、日本通運、博報堂プロダクツ、マンパワーグループ、マイナビ、アパホテル、ヨドバシカメラ

学部学科紹介

※本書掲載内容は、大学公表資料から独自に編集したものです。詳細は大学パンフレットやホームページ等で必ず確認してください（取得可能な免許・資格は任用資格や受験資格などを含む）。

心理学部

品川キャンパス　定員 285

特色	社会のニーズに対応したカリキュラムで心の世界を科学し、生活に役立てる。
進路	就職先は卸売・小売業やサービス業、医療・福祉業など多岐にわたる。
学問分野	心理学
大学院	心理学

臨床心理学科 (170)	心理臨床センターや心理学実験室など施設が充実し、演習やグループワークといった実践的な学習を展開。教育や福祉、医療、危機支援などの分野で活躍する教員の現場経験に基づき、子どもや犯罪・災害の被害者の精神ケアなど、現代社会に沿った学びを得られる。
対人・社会心理学科 (115)	「自己」「対人」「集団」「文化」の4つの領域を軸に心理学を学び、対人コミュニケーション能力を高める。ボランティア団体と協働し、少年少女の立ち直りや自立支援といった育成支援活動に取り組む。恋愛心理学やステレオタイプの心理学など多彩な科目を開講。
取得可能な免許・資格	公認心理師、認定心理士、学芸員、社会調査士、社会福祉主事、児童福祉司、児童指導員、教員免許（中-社、高-公）、社会教育士、社会教育主事、司書教諭、司書

法学部

品川キャンパス　定員 340

特色	2023年度より新カリキュラムを展開。1年次より少人数制ゼミを開講。
進路	就職先は卸売・小売業、サービス業、建設業、製造業など多岐にわたる。
学問分野	法学
大学院	法学

法学科 (340)	法学の知識や論理を入門・専門・応用講義の順に段階的に学び、実社会で役立てられる人材を育成。公的機関等での職務に要する法的知識を修得する社会公共コース、ビジネスシーンでの実務的な法を学ぶビジネス法コース、難関国家試験や公務員試験などを想定し教育を行う特修コースがある。
取得可能な免許・資格	学芸員、社会福祉主事、教員免許（中-社、高-地歴・公）、社会教育士、社会教育主事、司書教諭、司書

経営学部

品川キャンパス　定員 330

特色	座学にとどまらない理論と実践のカリキュラムで、実践力と応用力を身につける。
進路	就職先は卸売・小売業や情報通信業、サービズ業をはじめ多岐にわたる。
学問分野	経営学
大学院	経営学

経営学科 (330)	戦略経営、マーケティング、会計、情報システム学の4つの領域で構成。ゼミ活動を通して、自分の考えを培い、他者と協力して物事の創造や解決を行う「共創力」を養う。経営者や実務家を講師に招き、生きた経営学を学ぶ特別講義「経営総合持論」が開講される。
取得可能な免許・資格	学芸員、社会福祉主事、教員免許（高-商業）、社会教育士、社会教育主事、司書教諭、司書

経済学部

品川キャンパス　定員 400

特色	社会の変動要因を読み解き、課題を発見・解決する力を備えた経済の専門家を育成。
進路	就職先は卸売・小売業やサービス業、情報通信業など多岐にわたる。
学問分野	経済学／経営学／国際学
大学院	経済学

経済学科 (400)	3つのコースを設置。経済学コースでは経済学を基礎から体系的に学ぶ。国際コースではビジネスシーンで必要な実践的な英語力を修得し、国際的な視野で経済学を学ぶ。金融コースでは資格取得を念頭に置き、金融機関や企業財務に必要な知識とスキルを身につける。
取得可能な免許・資格	学芸員、社会福祉主事、教員免許（中-社、高-地歴・公・商業）、社会教育士、社会教育主事、司書教諭、司書

文学部

品川キャンパス 定員 560

特色 思想や歴史、社会的・文化的事象や言語、文学を通して人間とは何かを考察する。
進路 就職先は卸売・小売業や情報通信業、サービス業をはじめ多岐にわたる。
学問分野 文学／言語学／哲学／歴史学／文化学／社会学／メディア学
大学院 文学

学科	定員	内容
哲学科	(95)	現代的課題も視野に入れ、徹底的に考え抜く力を養う。対話や討論を通して学ぶことを重視し、1年次の基礎演習から専門的に哲学を学ぶ上級演習まで全学年に演習科目を開講している。難病を抱える人たちとの対話など特色ある授業が設置されている。
史学科	(155)	自らの目で歴史資料を読み解く力を修得し、体験的かつ実証的な歴史学研究に取り組む。日本史、東洋史、西洋史、考古学の4つの分野の演習をバランス良く履修し、3年次から専攻に分かれる。博物館巡りなどを実施し、史料や遺跡に触れる機会を設けている。
社会学科	(155)	メディア・ジャーナリズム、都市・地域・犯罪、環境・家族、社会心理・比較文化の4つの学びの領域を幅広く学ぶ。1・2年次に社会学の基礎と一般教養、専門知識を修得し、3年次には商店街の活動に参加するなど、学外でのフィールドワークを体験する。
文学科	(155)	日本語日本文学専攻コースでは日本語と日本文学を基礎から学び、自らテーマを選んで学びを深めていく。英語英米文学専攻コースでは言語学としての英語と、英語圏の文学や文化、社会的背景を学ぶ。
取得可能な免許・資格		学芸員、社会調査士、社会福祉主事、児童福祉司、児童指導員、教員免許(中-国・社・英、高-国・地歴・公・書・英)、社会教育士、社会教育主事、司書教諭、司書

仏教学部

品川キャンパス 定員 105

特色 柔軟な思考と慈悲心を培う。3年進級時に学科・コースに分かれる。
進路 卒業者の多くは宗教団体に就く。他、サービス業や製造業など。
学問分野 哲学／歴史学／文化学／芸術理論
大学院 文学

仏教学科	2つのコースを設置。思想・歴史コースでは仏教の思想や仏教発展の歴史に加えてサンスクリット語や中国語、チベット語など様々な言語を学ぶ。文化・芸術コースでは宗教を基盤としたアジア諸国の様々な文化の成り立ちと仏教美術のアジア諸国での展開を学ぶ。
宗学科	2つのコースを設置。法華仏教コースでは日蓮聖人の思想を研究し、実践を通じてその教えを継承する人材を育成する。日本仏教コースでは日本における仏教の受容と展開について研究しつつ、仏教の叡智を現代社会の諸問題に応用できる発想と能力を身につける。
取得可能な免許・資格	学芸員、社会福祉主事、教員免許 (中-社・宗、高-地歴・公・宗)、社会教育士、社会教育主事、司書教諭、司書

データサイエンス学部

熊谷キャンパス 定員 240

特色 社会で即戦力となるデータサイエンティストを育成する。
進路 2021年度開設。情報通信業や観光サービス業などの進路を想定。
学問分野 数学／情報学

学科	定員	内容
データサイエンス学科	(240)	1年次は情報科学やプログラミングなどの専門基礎科目群を学び、補習授業や習熟度別クラスで数学が苦手でも無理なく学べる環境を整えている。2年次以降はフィールドワークやインターンシップといった実践的な学習に取り組む。
取得可能な免許・資格		学芸員、社会調査士、社会福祉主事、教員免許 (高-情)、社会教育士、社会教育主事、司書教諭、司書

地球環境科学部

熊谷キャンパス　定員 230

特色　フィールドワークを通し、自然科学や社会・人文科学的側面から地球環境を考察。
進路　情報通信業や学術研究・専門技術サービス業に就く者が多い。
学問分野　地理学／地学／環境学
大学院　地球環境科学

環境システム学科 (115)	生物・地球コースでは生物圏、地圏、環境情報を研究対象とする。気象・水文コースでは気圏、水圏、環境情報について取り扱う。リモートセンシングやGISなど環境科学に欠かせない情報処理技術も身につける。
地理学科 (115)	人文地理学、自然地理学、地図・GIS・測量という人文社会と自然を融合させた3つの領域を学ぶ。授業や研究には90年以上にわたって収集された豊富な図書資料や地図資料などが利用される。海外調査法およびフィールドワークという科目で世界各国を訪問できる。
取得可能な免許・資格	地域調査士、学芸員、社会福祉主事、技術士補、測量士補、自然再生士補、教員免許（中-理・社、高-理・地歴・情）、社会教育士、社会教育主事、司書教諭、司書

社会福祉学部

熊谷キャンパス　定員 275

特色　豊かな人間性を持って福祉課題に取り組む実践力を備えた福祉人を育成。
進路　卒業者の多くは医療・福祉業や卸売・小売業、公務に就く。
学問分野　心理学／社会福祉学／子ども学／教員養成／教育学
大学院　社会福祉学

社会福祉学科 (175)	2つのコースを設置。ソーシャルワークコースでは社会福祉専門職に必要な知識や技術と価値観を身につける。教育福祉・社会デザインコースでは福祉を基盤に教育現場で活躍できる人材を育成する。海外の最先端の福祉事情を体験するプログラムが用意されている。
子ども教育福祉学科 (100)	教育、福祉、心理の3つの学びの領域を軸に、乳幼児や児童の発達とその家族の支援などの問題にアプローチし、専門知識や技術を磨く。体育や音楽などの実践的な実技科目や保育所や幼稚園などでの施設見学、実習などの体験学習、少人数ゼミ教育を重視している。
取得可能な免許・資格	認定心理士、学芸員、社会福祉士、精神保健福祉士、社会福祉主事、児童福祉司、児童指導員、保育士、教員免許（幼一種、小一種、中-社、高-公、特-知的・肢体・病弱）、社会教育士、社会教育主事、司書教諭、司書

入試要項（2024年度）

※この入試情報は2024年度募集要項等より編集したものです（見方は巻頭の「本書の使い方」参照）。
2025年度入試の最新情報は、ホームページや2025年度募集要項等で必ず確認してください。

「大学入試科目検索システム」のご案内
日程・方式ごとの偏差値や昨年度入試結果（志願者倍率、実質倍率、合格最低点）、基本情報（出願締切日、試験日、二段階選抜、募集人員、総合満点）などは、「大学入試科目検索システム」（https://nyushi.toshin.com/）をご覧ください（利用方法はp.12参照）。

■心理学部　偏差値 59

一般選抜

◆全学部一般選抜入学試験（R方式）
[全学科：3科目] 国現 地歴 公 世B、日B、地理B、政経から1 外 英、英語外部試験から高得点1

◆全学部一般選抜入学試験（2月試験〔前期、後期〕、3月試験）
[全学科：3科目] 国 現、現古、現漢から1 地歴 公 世B、日B、地理B、政経から1 外 英

共通テスト利用入試　※個別試験は課さない

◆共通テスト利用選抜（前期）
[全学科：3科目] 国 地歴 公 数 理 外 現古漢、世B、日B、地理B、公理外全14科目、数ⅠA、数ⅡBから3教科3▶地歴と公は1教科扱い

■法学部　偏差値 59

一般選抜

◆全学部一般選抜入学試験（R方式）
[法：3科目] 国 現 地歴 公 世B、日B、地理B、政経から1 外 英、英語外部試験から高得点1

◆全学部一般選抜入学試験（2月試験〔前期、後期〕、3月試験） ※高得点2科目で合否判定
[法：3科目] 国 現、現古、現漢から1 地歴 公 世B、日B、地理B、政経から1 外 英

共通テスト利用入試　※個別試験は課さない

◆共通テスト利用選抜（前期、後期）
[法：2科目] 国 地歴 公 数 理 外 現、世B、日B、地理B、公理外全14科目、数ⅠA、数ⅡBから2教科2▶地歴と公は1教科扱い

■経営学部 偏差値 59

一般選抜

◆**全学部一般選抜入学試験（R方式）**
[経営：3科目] 国現 地歴 公 世B、日B、地理B、政経から1 外 英、英語外部試験から高得点1
◆**全学部一般選抜入学試験（2月試験〔前期〕）**
[経営：3科目] 国現、現古、現漢から1 地歴 公 世B、日B、地理B、政経から1 外 英
◆**全学部一般選抜入学試験（3月試験）** ※高得点2科目で合否判定
[経営：3科目] 全学部一般選抜入学試験（2月試験〔前期〕）に同じ

共通テスト利用入試 ※個別試験は課さない

◆**共通テスト利用選抜（前期、後期）**
[経営：2科目] 国 現 地歴 公 数 理 外 世B、日B、地理B、公理外全14科目、数ⅠA、数ⅡB、簿、情から1

■経済学部 偏差値 59

一般選抜

◆**全学部一般選抜入学試験（R方式）**
[経済：3科目] 国 現 地歴 公 世B、日B、地理B、政経から1 外 英、英語外部試験から高得点1
◆**全学部一般選抜入学試験（2月試験〔前期 3教科判定〕）**
[経済－国際・金融：3科目] 国 現、現古、現漢から1 地歴 公 数 世B、日B、地理B、政経、数ⅠⅡABから1▶数ⅠⅡABは試験日により選択可 外 英
◆**全学部一般選抜入学試験（2月試験〔前期 高得点2教科判定〕）** ※高得点2科目で合否判定
[経済－経済学：3科目] 国 現、現古、現漢から1 地歴 公 数 世B、日B、地理B、政経、数ⅠⅡABから1▶数ⅠⅡABは試験日により選択可 外 英
[経済－国際：3科目] 全学部一般選抜入学試験（2月試験〔前期 3教科判定〕）に同じ▶国地歴公数から高得点1科目と外で合否判定
◆**全学部一般選抜入学試験（2月試験〔後期 3教科判定〕、3月試験〔3教科判定〕）**
[経済－国際・金融：3科目] 国 現、現古、現漢から1 地歴 公 世B、日B、地理B、政経から1 外 英
◆**全学部一般選抜入学試験（2月試験〔後期 高得点2教科判定〕、3月試験〔高得点2教科判定〕）** ※高得点2科目で合否判定
[経済－経済学：3科目] 国 現、現古、現漢から1 地歴 公 世B、日B、地理B、政経から1 外 英

共通テスト利用入試 ※個別試験は課さない

◆**共通テスト利用選抜（前期、後期）**
[経済－経済学・金融：2科目] 国 地歴 公 数 理 外 現、世B、日B、地理B、公理外全14科目、数ⅠA、数ⅡBから2教科2▶地歴と公は1教科扱い
[経済－国際：2科目] 国 地歴 公 数 理 現、世B、日B、地理B、公理全9科目、数ⅠA、数ⅡBから1 外 英

■文学部 偏差値 59

一般選抜

◆**全学部一般選抜入学試験（R方式）**
[全学科：3科目] 国 現 地歴 公 世B、日B、地理B、政経から1 外 英、英語外部試験から高得点1
◆**全学部一般選抜入学試験（2月試験〔前期 3教科判定〕）**
[哲、社会、文－英語英米文学：3科目] 国 現、現古、現漢から1 地歴 公 世B、日B、地理B、政経から1 外 英
[史、文－日本語日本文学：3科目] 国 現古、現漢から1 地歴 公 世B、日B、地理B、政経から1 外 英
◆**全学部一般選抜入学試験（2月試験〔前期 高得点2教科判定、後期〕、3月試験）** ※高得点2科目で合否判定
[文－英語英米文学以外：3科目] 国 現、現古、現漢から1 地歴 公 世B、日B、地理B、政経から1 外 英
[文－英語英米文学：3科目] 国 現、現古、現漢から1 地歴 公 世B、日B、地理B、政経から1 外 英▶国地歴公から高得点1科目と外で合否判定

共通テスト利用入試 ※個別試験は課さない

◆**共通テスト利用選抜（前期）**
[哲、史：3科目] 国 地歴 公 数 理 外 現古漢、世B、日B、地理B、公理外全14科目、数ⅠA、数ⅡBから3教科3▶地歴と公は1教科扱い
[社会：3科目] 国 地歴 公 数 理 現古漢、世B、日B、地理B、公理全9科目、数ⅠA、数ⅡBから2教科2▶地歴と公は1教科扱い 外 英
[文－日本語日本文学：3科目] 国 現古漢 地歴 公 数 理 外 世B、日B、地理B、公理外全14科目、数ⅠA、数ⅡBから2教科2▶地歴と公は1教科扱い
[文－英語英米文学：2科目] 国 地歴 公 数 理 現古漢、世B、日B、地理B、公理全9科目、数ⅠA、数ⅡBから1 外 英
◆**共通テスト利用選抜（後期）**
[哲：2科目] 国 外 現古漢、英から1 地歴 公 世B、日B、地理B、公全4科目から1
[文－日本語日本文学：2科目] 国 現古漢 地歴 公 外 世B、日B、地理B、公全4科目、英から1
[文－英語英米文学：2科目] 国 現古漢 外 英

■仏教学部 偏差値 59

一般選抜

◆**全学部一般選抜入学試験（R方式）**
[全学科：3科目] 国 現 地歴 公 世B、日B、地理B、政経から1 外 英、英語外部試験から高得点1
◆**全学部一般選抜入学試験（2月試験〔前期、後期〕、3月試験）** ※高得点2科目で合否判定
[全学科：3科目] 国 現、現古、現漢から1 地歴 公 世B、日B、地理B、政経から1 外 英

共通テスト利用入試 ※個別試験は課さない

◆**共通テスト利用選抜（前期）**
[全学科：2科目] 国 地歴 公 数 理 外 現古漢、世B、日B、地理B、公理外全14科目、数ⅠA、数ⅡBから2教科2▶地歴と公は1教科扱い
◆**共通テスト利用選抜（後期）**
[全学科：2科目] 国 地歴 公 数 理 外 現古漢、世B、

日B、地理B、公理全9科目、数ⅠA、数ⅡB、英から2教科2▶地歴と公は1教科扱い

■データサイエンス学部 偏差値42

一般選抜

◆全学部一般選抜入学試験（R方式）

[データサイエンス：3科目] 国現 数数ⅠⅡAB 外英、英語外部試験から高得点1

◆全学部一般選抜入学試験（2月試験〔前期〕）

[データサイエンス：3科目] 国 地歴 公 数 理 次の①～③から1（①現、現古、現漢から1、世B、日B、地理B、政経から1、②現、現古、現漢、数ⅠⅡABから1、物基・物、化基・化、生基・生、地基・地から1、③数ⅠⅡAB必須、現、現古、現漢から1）▶試験日により選択 外英

◆全学部一般選抜入学試験（2月試験〔後期〕）

[データサイエンス：3科目] 国現、現古、現漢から1 地歴 公 世B、日B、地理B、政経から1 外英

◆全学部一般選抜入学試験（3月試験）

[データサイエンス：3科目] 国 数 現、現古、現漢、数ⅠⅡABから1 理 物基・物、化基・化、生基・生、地基・地から1 外英

共通テスト併用入試

◆全学部一般選抜入学試験（2月試験〔前期 共通テスト併用型）※全学部一般選抜入学試験（2月試験〔前期〕）の受験必須

[データサイエンス]〈共1科目〉数 数ⅠA、数ⅡBから1〈個3科目〉全学部一般選抜入学試験（2月試験〔前期〕）の成績を利用

共通テスト利用入試 ※個別試験は課さない

◆共通テスト利用選抜（前期、後期）

[データサイエンス：3科目] 国 地歴 公 理 外 現、世B、日B、地理B、公理外全14科目から2教科2▶地歴と公は1教科扱い 数 数ⅠA、数ⅡBから1

■地球環境科学部 偏差値57

一般選抜

◆全学部一般選抜入学試験（R方式）

[環境システム：3科目] 国現 数 数ⅠⅡAB 外英、英語外部試験から高得点1

[地理：3科目] 国現 地歴 公 世B、日B、地理B、政経から1 外英、英語外部試験から高得点1

◆全学部一般選抜入学試験（2月試験〔前期 3教科判定〕）

[環境システム：3科目] 国 数 現、現古、現漢、数ⅠⅡABから1 理 物基・物、化基・化、生基・生、地基・地から1 外英

[地理：3科目] 国現、現古、現漢から1 地歴 公 数 世B、日B、地理B、政経、数ⅠⅡABから1 外英

◆全学部一般選抜入学試験（2月試験〔前期 高得点2教科判定〕）※高得点2科目で合否判定

[環境システム－生物地球：3科目] 国 数 理 次の①・②から1（①現、現古、現漢、数ⅠⅡABから1、物基・物、化基・化、生基・生、地基・地から1、②数ⅠⅡAB必須、現、現古、現漢から1）外英

[環境システム－気象水文：3科目] 国 数 理 次の①・②から1（①現、現古、現漢、数ⅠⅡABから1、物基・物、化基・化、生基・生、地基・地から1、②数ⅠⅡAB必須、現、現古、現漢から1）外英▶②は国外から高得点1科目と数で合否判定

[地理：3科目] 国 地歴 公 数 理 次の①・②から1（①現、現古、現漢、数ⅠⅡABから1、物基・物、化基・化、生基・生、地基・地から1、②現、現古、現漢から1、世B、日B、地理B、政経から1）外英

◆全学部一般選抜入学試験（2月試験〔後期〕）※高得点2科目で合否判定

[全学科：3科目] 国現、現古、現漢から1 地歴 公 世B、日B、地理B、政経から1 外英

◆全学部一般選抜入学試験（3月試験）※高得点2科目で合否判定

[環境システム：3科目] 全学部一般選抜入学試験（2月試験〔前期 3教科判定〕）に同じ

[地理：3科目] 全学部一般選抜入学試験（2月試験〔前期 高得点2教科判定〕）に同じ

共通テスト利用入試 ※個別試験は課さない

◆共通テスト利用選抜（前期）

[全学科：3科目] 国 地歴 公 数 理 外 現、世B、日B、地理B、公理外全14科目、数ⅡB、情から3教科3▶地歴と公は1教科扱い

◆共通テスト利用選抜（後期）

[環境システム：3科目] 国 地歴 公 数 現、世B、日B、地理B、公全4科目、数ⅡB、情から1 理 全5科目から1 外 全5科目から1

[地理：2科目] 国 地歴 公 数 理 外 現、世B、日B、地理B、公理外全14科目、数ⅠA、数ⅡBから2教科2▶地歴と公は1教科扱い

■社会福祉学部 偏差値57

一般選抜

◆全学部一般選抜入学試験（R方式）

[全学科：3科目] 国現 地歴 公 世B、日B、地理B、政経から1 外英、英語外部試験から高得点1

◆全学部一般選抜入学試験（2月試験〔前期、後期〕、3月試験）※高得点2科目で合否判定

[全学科：3科目] 国現、現古、現漢から1 地歴 公 世B、日B、地理B、政経から1 外英

共通テスト利用入試 ※個別試験は課さない

◆共通テスト利用選抜（前期、後期）

[全学科：2科目] 国 地歴 公 数 理 外 現、世B、日B、地理B、公理外全14科目、数ⅠA、数ⅡBから2教科2▶地歴と公は1教科扱い

■特別選抜

[総合型選抜] 総合型選抜（総合評価型〔前期、中期、後期、トップアスリート選抜〕、ゼミナール型、文化・スポーツ型）

[学校推薦型選抜] 指定校制推薦選抜、公募制推薦選抜、付属・準付属校対象推薦選抜

[その他] 専門高校（学科）・総合学科生徒対象選抜、海外帰国生徒対象選抜、社会人対象選抜、外国人留学生対象選抜

早稲田大学

わせだ

資料請求

入学センター（早稲田キャンパス）　TEL (03) 3203-4331　〒169-8050 東京都新宿区西早稲田1-6-1

学びの先に、想像を遥かに超えた自分と出会う場所

大学紹介動画

最新入試情報

「学問の独立」「学問の活用」「模範国民の造就」という三大教旨のもと、自由と多様性を重んじる。グローバルな視点で課題の理解と解決に取り組む真のリーダーとなるべく、建学の理念を現代社会にふさわしい形で実現することを目指す。

大隈記念講堂

校歌

校歌音声

早稲田大学校歌
作詞／相馬御風　作曲／東儀鉄笛
一、都の西北　早稲田の森に
聳ゆる甍は　われらが母校
われらが日ごろの　抱負を知るや
進取の精神　学の独立
現世を忘れぬ　久遠の理想
かがやくわれらが　行手を見よや
わせだ　わせだ　わせだ　わせだ
わせだ　わせだ　わせだ

基本データ

※2023年5月現在（教員数は同年8月現在、非常勤を含む。進路・就職は2022年度卒業者データ。学費は2024年度入学者用）

沿革

1882年、東京専門学校として創立。1902年、早稲田大学と改称。1904年、専門学校令で大学に。1920年、政治経済、法、文、商、理工学部を設置。1949年に教育学部、1966年に社会科学部、1987年に人間科学部、2003年にスポーツ科学部、2004年に国際教養学部を設置。2007年、文化構想、文、基幹理工、創造理工、先進理工学部を改組設置し、現在に至る。

キャンパス
4つ

キャンパスマップ

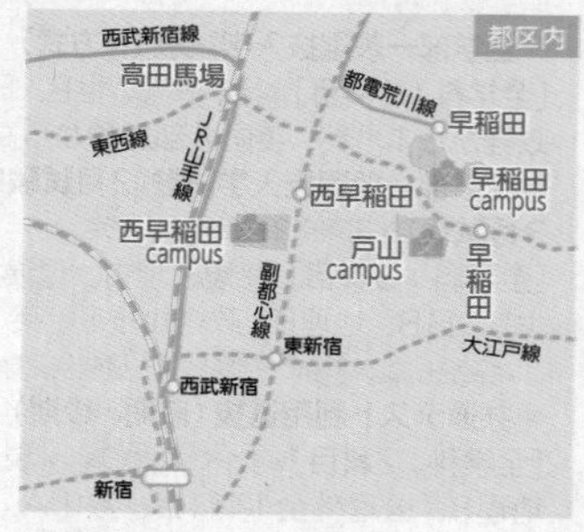

所在地・交通アクセス

早稲田キャンパス（本部）
〒169-8050 東京都新宿区西早稲田1-6-1
アクセス ①JR・地下鉄・西武新宿線「高田馬場駅」から徒歩約20分または都営バス約8分「早大正門」下車、②地下鉄・都電荒川線「早稲田駅」から徒歩約5分

戸山キャンパス
〒162-8644 東京都新宿区戸山1-24-1
アクセス ①JR・地下鉄・西武新宿線「高田馬場駅」から徒歩約20分または都営バス約6分「馬場下町」下車、②地下鉄「早稲田駅」から徒歩約3分、③地下鉄「西早稲田駅」から徒歩約12分

西早稲田キャンパス
〒169-8555 東京都新宿区大久保3-4-1
アクセス ①JR・地下鉄・西武新宿線「高田馬場駅」から徒歩約15分または都営バス「早大理工前」下車、②地下鉄「西早稲田駅」直結

所沢キャンパス
〒359-1192 埼玉県所沢市三ケ島2-579-15
アクセス 西武池袋線「小手指駅」からスクールバス（無料）約20分、「早稲田大学」下車

教育機関
13学部 19研究科

学部 政治経済／法／教育／商／国際教養／社会科／文／文化構想／人間科／基幹理工／創造理工／先進理工／スポーツ科

大学院 政治学ⓂⒹ／経済学ⓂⒹ／法学ⓂⒹ／文学ⓂⒹ／商学ⓂⒹ／基幹理工学ⓂⒹ／創造理工学ⓂⒹ／先進理工学ⓂⒹ／教育学ⓂⒹⓅ／人間科学ⓂⒹ／社会科学ⓂⒹ／スポーツ科学ⓂⒹ／アジア太平洋ⓂⒹ／日本語教育ⓂⒹ／情報生産システムⓂⒹ／会計Ⓟ／環境・エネルギーⓂⒹ／国際コミュニケーションⓂⒹ／経営管理Ⓟ

その他 通信教育部

人数

学部学生数 37,827名

教員1名あたり 学生 7名

教員数 5,080名【総長】田中愛治
（教授1,196名、准教授275名、講師2,889名、助教93名、助手・その他627名）

学費

初年度納入額 1,248,300~1,887,000円

奨学金 めざせ！都の西北奨学金、大隈記念奨学金、小野梓記念奨学金、校友会給付奨学金

進路

学部卒業者 8,676名（進学1,851名、就職5,927名、その他898名）

進学 21.3%　就職 68.3%　その他 10.4%

主な就職先

政治経済学部
国家公務（一般職・総合職）、NTTデータ、東京海上日動火災保険、三菱商事、三菱UFJ銀行、PwCコンサルティング、アクセンチュア、日本経済新聞社

法学部
国家公務（一般職・総合職）、東京都（都職員Ⅰ類）、裁判所（事務官）、三井住友銀行、富士通、三菱UFJ信託銀行、野村證券、NTTデータ

教育学部
NTTデータ、楽天グループ、三井住友銀行、富士通、ソフトバンク、りそなグループ、キーエンス、東京都（職員）、大塚商会、日立製作所

商学部
NTTデータ、あずさ監査法人、三井住友銀行、東京海上日動火災保険、ベイカレント・コンサルティング、大和証券、富士通、日本生命保険

国際教養学部
アクセンチュア、楽天グループ、アマゾンジャパン、東京海上日動火災保険、ニトリ、サントリーホールディングス、丸紅

社会科学部
楽天グループ、みずほフィナンシャルグループ、富士通、リクルート、日本アイ・ビー・エム、国家公務（一般職）、キーエンス、アマゾンジャパン

文学部
国家公務（一般職）、東京都特別区、楽天グループ、大和証券、NTTデータ、TOPPANホールディングス、NHK、富士通、損害保険ジャパン

文化構想学部
PwCコンサルティング、NTTデータ、富士通、国家公務（一般職）、TOPPANホールディングス、アクセンチュア、楽天グループ、KDDI、電通デジタル

人間科学部
損害保険ジャパン、東京海上日動火災保険、アビームコンサルティング、国家公務（一般職）、富士通

基幹理工学部
富士通、大和証券、パナソニック、京セラ、川崎汽船、TBSテレビ、ヤフー

創造理工学部
アクセンチュア、清水建設、東京電力ホールディングス、東日本高速道路、竹中工務店

先進理工学部
富士フイルム、NTTデータ、旭化成、ソフトバンク、三菱ケミカル、中外製薬、東レ、AGC、大日本印刷

スポーツ科学部
リクルート、みずほフィナンシャルグループ、アサヒビール、東京海上日動火災保険、楽天グループ、サントリーホールディングス

学部学科紹介

※本書掲載内容は、大学公表資料から独自に編集したものです。詳細は大学パンフレットやホームページ等で必ず確認してください（取得可能な免許・資格は任用資格や受験資格などを含む）。

「大学入試科目検索システム」のご案内
入試要項のうち、日程・方式ごとの偏差値や昨年度入試結果（志願者倍率、実質倍率、合格最低点）、基本情報（出願締切日、試験日、二段階選抜、募集人員、総合満点）などは、「大学入試科目検索システム」（https://nyushi.toshin.com/）をご覧ください（利用方法はp.12参照）。

政治経済学部

定員 900

早稲田キャンパス

入試科目検索

特色　公共哲学を中心に政治学と経済学を融合し、グローバル社会をリードできる人材を育成。
進路　卒業後は、政・財・官、ジャーナリズム、国際関係機関やNGOなど幅広い分野で活躍している。
学問分野　政治学／経済学／国際学
大学院　政治学／経済学

学科紹介

政治学科（300）	生きた政治現象を分析し、政治学を究める。政治学を制度や理論、歴史や思想、地域や国際関係などにまたがる複合的な学問領域と捉え学んでいく。建設的な批判精神を持ち、国際、政治、経済、言論、公務など諸分野で国際的に活躍できるリーダーを育成する。
経済学科（400）	経済の専門知識を持ち、社会の発展に貢献できる人材を育成。複雑化、多様化する経済に合わせ発達してきた経済学を基礎から学ぶカリキュラムを展開。政治学など隣接する分野との協働を目指す。主体的に議論し、考えをまとめ上げることのできる人材を育成する。
国際政治経済学科（200）	公共哲学、政治学、経済学をバランス良く配置し、それらの視点から社会が直面する問題を分析する。政治学と経済学の体系的な知識に立脚し、時代や国境を超えるグローバリゼーションの中で政治経済制度の刷新や改善のための政策提言を行える人材を育成する。
取得可能な免許・資格	学芸員、社会福祉主事、教員免許（中-社、高-地歴・公）、社会教育士、社会教育主事、司書教諭、司書

入試要項（2025年度）

※この入試情報は大学発表の2025年度入試（予告）および2024年度募集要項等より編集したものです（2024年1月時点。見方は巻頭の「本書の使い方」参照）。内容には変更が生じる可能性があるため、最新情報はホームページや2025年度募集要項等で必ず確認してください。

■政治経済学部　偏差値 69

一般選抜

共通テスト併用入試

◆一般選抜
[全学科]〈共4科目（600点→100点）〉国現古漢（200→25）地歴公数理情数ⅠA必須、地歴理情全9科目、公共・倫、公共・政経、数ⅡBCから1（計200→50）外英、独、仏から1（200→25）〈個1科目（100点）〉総合総合問題（100）▶日本語と英語の長文を課す。記述問題含む

共通テスト利用入試　※個別試験は課さない

◆共通テスト利用入試
[全学科：6科目（800点）]国現古漢（200）地歴公理情地歴理情全9科目、公共・倫、公共・政経から2教科2（計200）▶地歴と公は1教科扱い数数ⅠA、数ⅡBC（計200）外英（200）

特別選抜
[総合型選抜] 英語学位取得プログラム特別入学試験
[学校推薦型選抜] 指定校推薦入学試験、グローバル（海外就学経験者）入学試験
[その他] 外国学生入学試験、グローバル（社会人）入学試験、附属／系属高校からの進学

法学部

定員 740

入試科目検索

早稲田キャンパス

特色 進路や目標に合わせた法律主専攻と副専攻の履修モデルを設定している。
進路 法曹界・公務員を目指す者が多い。他、金融・保険業を中心とする一般企業に就職している。
学問分野 法学／国際学
大学院 法学

学科紹介

法律主専攻

司法・法律専門職	裁判官、検察官、弁護士など法律専門職を目指す学生を対象とする。基礎的な法律科目を網羅的に学び、関心に合わせて特定の分野を専門的に学習する。憲法や民法などの基幹科目、消費者法や環境法などの応用・発展科目、法哲学、法思想史などの関連科目がある。
企業・渉外法務	企業、渉外法務を専門とする弁護士や、企業において様々な法的問題に対処する企業内実務家を目指す学生を対象とする。日常的な業務に必要とされる正確な法律知識を養い、外国法や国際私法などを理解し、国境を超えた商取引や金融に対応できる能力を身につける。
国際・公共政策	外交官、公務員、ジャーナリスト、NPO職員などを目指す学生を対象とする。憲法と行政法上の普遍的な原則に基づいて思考し実行する力を養うことで、公共的課題の解決を目指す。国際法関連科目もあり、国際機関での勤務を志望する学生にも対応する。
取得可能な免許・資格	学芸員、社会福祉主事、教員免許（中-社、高-地歴・公）、社会教育士、社会教育主事、司書教諭、司書

入試要項（2025年度）

※この入試情報は大学発表の2025年度入試（予告）および2024年度募集要項等より編集したものです（2024年1月時点。見方は巻頭の「本書の使い方」参照）。内容には変更が生じる可能性があるため、最新情報はホームページや2025年度募集要項等で必ず確認してください。

■法学部 偏差値 70

一般選抜

◆一般選抜
[3〜4科目（150〜450点→150点）] 国 現古漢（50） 地歴 公 数 次の①・②から1（①共 数ⅠA、数ⅡBC（計200→40）、②個 日、世、政経から1（40）） 外 次の①・②から1（①共 独、仏、中から1（200→60）、②個 英（60））

共通テスト利用入試 ※個別試験は課さない

◆共通テスト利用入試
[6科目（800点）] 国 現古漢（200） 地歴 公 数 理 数ⅠA必須、地歴理全8科目、公共・倫、公共・政経、数ⅡBCから3（計400）▶地歴公と理から各1必須 外 英、独、仏、中から1（200）

特別選抜

[総合型選抜] 地域探究・貢献入学試験 共
[学校推薦型選抜] 指定校推薦入学試験
[その他] 外国学生入学試験、附属／系属高校からの進学

教育学部

早稲田キャンパス

定員 960

入試科目検索

特色 1年次から学科や専攻に分かれた少人数の演習を開講し、専門教育を行う。

進路 教育業界をはじめ情報通信業や金融・保険業、製造業に就職する者が多い。

学問分野 文学／言語学／心理学／歴史学／地理学／文化学／政治学／経済学／社会学／数学／生物学／地学／教員養成／教育学

大学院 教育学

学科紹介

学科	定員	内容
教育学科	(210)	教育学、初等教育学の2つの専攻を設置。教育学専攻では教育学、生涯教育学、教育心理学の3つの専修に分かれて学ぶ。初等教育学専攻では初等教育や児童理解の原理や方法、各教科の指導内容と指導法、初等教育に関する様々な課題など幅広い分野を学習する。
国語国文学科	(135)	国語科教員の養成に限らず、国語国文学の知識を備えた人間味あふれる人材を育成する。上代から現代に至る日本の文学や言語を幅広く学習し、中国古典文学や日本語教育も学べる。書道や朗読に関する授業、日本の伝統芸能に関する授業も履修することができる。
英語英文学科	(135)	英語運用能力を伸ばし文学・文化・言語学・応用言語学を学ぶことで、学術研究に求められる英語力と専門性を身につける。英語で開講する科目も多く設けており、グローバル化が進む社会で活躍できる人材を育てる。
社会科	(255)	地理歴史、公共市民学の2つの専修を設置。地理歴史専修では地理学と歴史学の全般的な学習によりどちらの科目も担当できる教員を養成する。公共市民学専修では政治学、経済学、法律学に加え社会学なども学習し、公共市民学における高度な知識を身につける。
理学科	(80)	生物学、地球科学の2つの専修を設置。生物学専修では生物学全般について学習し、基礎研究能力を養う。地球科学専修では地質学、岩石学、惑星科学などの地球科学の諸分野を学ぶ。大学院との一貫教育も行われており、高度な専門学識や技術を身につけていく。
数学科	(75)	現代数学の幅広い学習と研究を行う。数学教員をはじめとして、純粋数学・応用数学の研究者や産業界の諸分野で活躍できる優れた数学的素養を備えた人材の育成に重点を置く。
複合文化学科	(70)	人間に関わる事象全般を「文化」と捉え、多元的かつ多面的に考察する力を養う。都市やアート、スポーツなどの文化現象を多角的に分析し、社会で要求される学際的な視野の獲得を目指す。情報通信ネットワーク技術や外国語の学習にも力を入れている。
取得可能な免許・資格		学芸員、社会福祉主事、教員免許(小一種、中-国・数・理・社・英・中国語・フランス語・ドイツ語・スペイン語、高-国・数・理・地歴・公・情・英・中国語・フランス語・ドイツ語・スペイン語、特-知的・肢体・病弱)、社会教育士、社会教育主事、司書教諭、司書

入試要項（2025年度）

※この入試情報は大学発表の2025年度入試（予告）および2024年度募集要項等より編集したものです（2024年1月時点。見方は巻頭の「本書の使い方」参照）。内容には変更が生じる可能性があるため、最新情報はホームページや2025年度募集要項等で必ず確認してください。

■教育学部 偏差値69

一般選抜

◆一般選抜（A方式）

[教育、国語国文、社会、複合文化：3科目（150～300点→150点）] 国 現古漢（50） 地歴 地総・地理、日、世から1（50） 外 次の①・②から1（① 共 独、仏から1（200→50）、② 個 英（50））

[英語英文：3科目（150点）] 国 現古漢（50） 地歴 地総・地理、日、世から1（50） 外 英（50）

◆一般選抜（B方式）

[理－地球科学、数、複合文化：3科目（150～300点→150点）] 数 数ⅠⅡⅢABC（50） 理 物基・物、化基・化から1（50） 外 次の①・②から1（① 共 独、仏から1（200→50）、② 個 英（50））

共通テスト併用入試

◆一般選抜（C方式）

[教育、社会]〈共 7科目（900点→90点）〉国 現古漢（200→20） 地歴 公 地歴全3科目、公共・倫、公共・政経から2（計200→20） 数 数ⅠA、数ⅡBC（計200→20） 理 全5科目から1（100→10） 外 全5科目から1（200→20）〈個 1科目（150点）〉総合 総合問題（150）

[国語国文]〈共 7科目（900点→90点）〉国 現古漢（200→20） 地歴 公 地歴全3科目、公共・倫、公共・政経から2（計200→20） 数 数ⅠA、数ⅡBC（計200→20） 理 全5科目から1（100→10） 外 全5科目から1（200→20）〈個 1科目（150点）〉国 現古漢（150）

[英語英文]〈共 7科目（900点→90点）〉国 現古漢（200→20） 地歴 公 地歴全3科目、公共・倫、公共・政経から2（計200→20） 数 数ⅠA、数ⅡBC（計200→20） 理 全5科目から1（100→10） 外 英（200→20）〈個 1科目（150点）〉外 英（150）

[理]〈共 7科目（900点→90点）〉国 現古漢（200→20） 地歴 公 地歴全3科目、公共・倫、公共・政経から1（100→10） 数 数ⅠA、数ⅡBC（計200→20） 理 物、化、生、地から2（計200→20） 外 全5科目から1（200→20）〈個 1科目（150点）〉筆記 個別試験（150）

[数]〈共 7科目（900点→90点）〉国 現古漢（200→20） 地歴 公 地歴全3科目、公共・倫、公共・政経から1（100→10） 数 数ⅠA、数ⅡBC（計200→20） 理 物、化、生、地から2（計200→20） 外 全5科目から1（200→20）〈個 1科目（150点）〉数 数ⅠⅡⅢABC（150）

[複合文化]〈共 7科目（900点→90点）〉国 現古漢（200→20） 地歴 公 理 地歴理全8科目、公共・倫、公共・政経から3（計300→30） 数 数ⅠA、数ⅡBC（計200→20） 外 全5科目から1（200→20）〈個 1科目（150点）〉総合 総合問題（150）

◆一般選抜（D方式）

[理－生物学]〈共 5科目（600点→90点）〉数 数ⅠA、数ⅡBC（計200→30） 理 物、化、生、地から2（計200→30） 外 英、独、仏から1（200→30）〈個 1科目（150点）〉筆記 個別試験（150）

特別選抜

[総合型選抜] 地域探究・貢献入学試験 共

[学校推薦型選抜] 指定校推薦入学試験

[その他] 帰国生入学試験、外国学生入学試験、附属／系属高校からの進学

商学部

早稲田キャンパス

定員 900

入試科目検索

特色　学科組織を設けず、専門知識を深めるための6つのトラックを設置。3年次からゼミが始まる。
進路　金融・保険業や情報通信業、製造業に就職する者が多い。
学問分野　経済学／経営学／国際学
大学院　商学／会計／経営管理

学科紹介

経営トラック	企業行動や経営現象を説明する理論の理解、分析ツールの取得を通じ、経営組織が抱える問題を発見、解決する力を高める。企業としての意思決定や組織のメンバーやチームのマネジメントなど多様な側面から企業の経営を学ぶ。
会計トラック	企業の経済活動を記録、計算し、経営活動の結果を外部に報告する分野である財務会計と、会計データを企業の経営管理に活用する分野である管理会計を中心に学ぶ。
マーケティングトラック	企業、顧客、さらには社会全体の利益に資する製品やサービスの創造・提供を探究し、健全な社会経済の実現を目指す学問分野。営利、非営利を問わず組織に求められるマーケティングの理論と実践を学ぶ。
ファイナンストラック	企業の活動に伴うおカネの流れ、企業を取り巻く金融環境について学ぶ。具体的には、コーポレートファイナンス、アセットプライシング（株価の決定理論）、銀行、金融市場などを学習する。
保健・リスクマネジメントトラック	リスクマネジメントについて学ぶことによってリスク・リテラシーを高め、各種リスクへの対応可能性を高める。また、伝統的なリスクマネジメント手段である保険制度および保険産業について学ぶ。
ビジネスエコノミクストラック	企業や家計など個別の経済主体の行動や全般的な経済環境を理解するためのツールとして、経済学の理論と定量分析の手法、および歴史や政策を学び、それらを用いてビジネスの諸問題を分析する。
取得可能な免許・資格	学芸員、社会福祉主事、教員免許（中-社、高-地歴・公・商業）、社会教育士、社会教育主事、司書教諭、司書

入試要項（2025年度）

※この入試情報は大学発表の2025年度入試（予告）および2024年度募集要項等より編集したものです（2024年1月時点。見方は巻頭の「本書の使い方」参照）。内容には変更が生じる可能性があるため、最新情報はホームページや2025年度募集要項等で必ず確認してください。

■商学部　偏差値 69

一般選抜

◆一般選抜（地歴・公民型）
[3科目(200～320点→200点)] 国現古漢(60) 地歴 公日、世、政経から1（60）外次の①・②から1(①共独、仏、中、韓から1(200→80)、②個英（80))

◆一般選抜（数学型）
[3科目(180～320点→180点)] 国現古漢(60) 数数ⅠⅡABC〔ベ〕(60) 外次の①・②から1（共独、仏、中、韓から1(200→60)、②個英(60))

特別選抜

[学校推薦型選抜] 指定校推薦入学試験
[その他] 外国学生入学試験、附属／系属高校からの進学

国際教養学部

定員 600

早稲田キャンパス

入試科目検索

特色 1年間の海外留学が必修である。留学先は700以上の協定校から選択可能。

進路 情報通信業や製造業、サービス業に就職する者が多い。

学問分野 国際学

大学院 アジア太平洋／国際コミュニケーション

学科紹介

国際教養学科 (600)	ほとんどの授業を英語で行う。人文・社会・自然科学領域にわたる7つのクラスターを設置。幅広い分野の基礎的な教養を磨き、ディスカッションに重点を置いた授業を展開している。学生と教員の比率が20：1程度の少人数教育である。
取得可能な免許・資格	学芸員、社会福祉主事、教員免許（中-英、高-英）、社会教育士、社会教育主事、司書教諭、司書

入試要項（2025年度）

※この入試情報は大学発表の2025年度入試（予告）および2024年度募集要項等より編集したものです（2024年1月時点。見方は巻頭の「本書の使い方」参照）。内容には変更が生じる可能性があるため、最新情報はホームページや2025年度募集要項等で必ず確認してください。

■国際教養学部 偏差値 69

一般選抜

共通テスト併用入試

◆一般選抜

[国際教養]〈共2科目（300点→100点）〉国 現古漢（200→50）地歴 数 理 情 地歴情全4科目、数Ⅰ A、数ⅡBC、物、化、生、地から1（100→50）〈個2科目（100））外 英（80）その他 英語外部試験（20）

特別選抜

[総合型選抜] AO入学試験（4月入学・国内選考、4月入学・国外選考、9月入学）

[学校推薦型選抜] 指定校推薦入学試験

[その他] 附属／系属高校からの進学

社会科学部

早稲田キャンパス

定員
630

入試科目検索

特色　2年次秋学期から始まる専門分野のゼミは約60のテーマから選択可能。
進路　金融・保険業や情報通信業、サービス業に就く者が多い。
学問分野　経済学／社会学／情報学
大学院　社会科学

学科紹介

社会科学科

平和・国際協力コース	効果的かつ公正な平和・国際協力を巡る研究・実践について、総合的に学び、実習する。今日の社会空間の越層性（glocality）、多様な公共問題の交差性（intersectionality）、公共、市場、市民社会等異なるセクターを架橋する協働（governance）軸として、cross-disciplinaryな知見とスキルを涵養する。
多文化社会・共生コース	世界各地域の多様な歴史・宗教・文化・社会を人文科学の学知として学び、政治・法律・経済などの社会科学の学知を融合させ、多文化共生社会に生きる地球市民としての豊かな専門性とグローバルな教養を身につける。言語的・文化的背景を異にする人々と対話する知性と協働する実践力を合わせ持つ人材を世界に送り出す。
サスティナビリティコース	将来世代に良好な自然環境を承継しつつ、社会経済の発展を実現することについて、構造的な理解を得る。地球温暖化を緩和するための脱炭素社会の実現、森林・里山・海域の適切な管理による生態系と地域環境の保全、食料・エネルギー・資源の保全など持続可能な発展の問題について、政治、経済、社会、制度などの視点で分析する。
コミュニティ・社会デザインコース	都市・農村地域などコミュニティにおける社会・経済・文化・環境の複雑な課題について、コミュニケーション・メディア、計画・開発、政策過程論を基礎としながら、市民の相互理解と主体性、企業の社会的責任、公民協働をベースとしたデザイン思考アプローチから、課題解決および未来創造の専門知とスキルを修得する。
組織・社会イノベーションコース	企業に競争力強化と持続的な成長・発展をもたらすとともに、顧客や様々なステークホルダーに対する価値を高め、社会経済的な変革と進化をも生み出すイノベーションに、経済学、経営学、社会学などの理論や分析枠組みを用いてアプローチし、その効果的な創出法と経済社会へのインパクトを洞察する能力を身につける。
取得可能な免許・資格	学芸員、社会調査士、社会福祉主事、教員免許（中-社、高-地歴・公・情・商業）、社会教育士、社会教育主事、司書教諭、司書

入試要項（2025年度）

※この入試情報は大学発表の2025年度入試（予告）および2024年度募集要項等より編集したものです（2024年1月時点。見方は巻頭の「本書の使い方」参照）。内容には変更が生じる可能性があるため、最新情報はホームページや2025年度募集要項等で必ず確認してください。

■社会科学部 偏差値 70

一般選抜

共通テスト併用入試

◆一般選抜（総合問題型）

[社会科]〈共3科目（500点→120点）〉国 現古漢（200→40）地歴 公 数 理 地歴全3科目、公共・政経、数ＩＡ、数ⅡBC、物、化、生、地から1（100→40）外 全5科目から1（200→40）〈個2科目（120点）〉外 英（60）総合 総合問題（60）▶社会における諸課題に関する文章を読み解く問題を課す。論理的思考力・表現力を評価する

◆一般選抜（数学型）

[社会科]〈共3科目（500点→120点）〉一般選抜（総合問題型）に同じ〈個2科目（120点）〉外 英（60）数 数ⅠⅡABC〔ベ〕（60）

共通テスト利用入試

※個別試験は課さない

◆共通テスト利用入試

[社会科：6科目（800点→625点）] 国 現古漢（200→100）地歴 公 数 理 数ⅠA必須、地歴理全8科目、公共・倫、公共・政、数ⅡBCから3（計400）▶地歴公と理から各1必須 外 全5科目から1（200→125）

特別選抜

[総合型選抜] 全国自己推薦入学試験、TAISI AO入試

[その他] 外国学生入学試験、附属／系属高校からの進学

私立 東京 神奈川 早稲田大学

文学部

戸山キャンパス

定員 660

入試科目検索

特色 学術研究に必要な方法論や基礎学力を身につけたのち、18のコースに分かれる。
進路 情報通信業やサービス業、製造業など多彩な分野に就職している。
学問分野 文学／言語学／哲学／心理学／歴史学／文化学／社会学／国際学／教育学／芸術・表現
大学院 文学

学科紹介

文学科

哲学コース	世界を全体として考察し、自己にとって世界が持つ意味や世界における自己の生き方を探究する。現代哲学と古代から現代に至る哲学の諸領域を、演習で議論しながら学習する。思想史、宗教学、倫理学、美学など哲学に関連する学問も幅広く学ぶことができる。
東洋哲学コース	インド、中国、日本などアジア各地の思想、宗教、文化を総合的に学ぶ。仏教や儒教など国家の枠を超えた思想の複合的な分野の学習も可能であり、東洋独特の世界観や人間観を深く、幅広く学ぶ。仏教概論、インド思想史、漢文講読などの科目が設置されている。
心理学コース	社会心理学、神経心理学、生理心理学、犯罪心理学、臨床心理学など多岐にわたる心理学の諸分野において、社会的動物である人間を研究する。実験実習を行うとともにデータ処理技術を身につけ、背景要因や事象間の関係性を探究し、一般性、法則性を見いだす。
社会学コース	人が家族、地域、組織などの一員として他の人々とコミュニケーションをとる社会のあり方を、産業階層、政治、宗教など広範な制度と関連した学習を通じて探究する。過去の社会学的営為を振り返り、実証的な調査研究を通じて社会構造の理論化を目指す。
教育学コース	人間形成に必要とされる学校教育について幅広い見識を養う。現在の学校教育の抱える諸問題や生涯教育、社会教育にも目を向け、教育学を多様な観点から学ぶ。フィールドワークに重点を置いた演習や国際的な視点から教育問題を考察する科目も設置している。
日本語日本文学コース	日本語とその歴史を研究し、多面的に考察する。上代から現代までのあらゆる韻文、散文の文学分野や古語から現代語までの音韻、文字、語彙、文法、方言など多岐にわたり日本語学を学ぶ。比較文学的な研究や文化研究、社会研究などについても丁寧な指導を行う。
中国語中国文学コース	インターネットを用いたオンデマンド型の語学授業を導入し、中国語の基礎を徹底する。歴史・文化に関する多様な科目を通して中国の文化的風土や中国人のメンタリティについても学ぶ。
英文学コース	英語と英文学作品を中心に評論、舞台芸術、ジャーナリズム、歴史の叙述など様々な題材を扱う。英文学が世界でどのように教育、研究されているかを踏まえ、体系的なカリキュラムを構成する。英語の運用能力の向上と英文学の方法論や背景知識の修得を目指す。
フランス語フランス文学コース	フランス語圏の言語や文化、歴史や社会のすべてを研究対象とする。中世から現代までのフランス文学、文化の概要を学んでいく。フランス語圏への交換留学にも参加できる。

ドイツ語ドイツ文学コース	ドイツ、オーストリア、スイスなどドイツ語圏の文化を学ぶ。文学、言語、思想の学習を基盤に芸術や文化などの観点からも考察。ドイツ語の運用能力の養成に加え総合的な異文化コミュニケーション能力を修得する。
ロシア語ロシア文学コース	ロシア語の運用能力を身につけ、歴史の転変を経験してきたロシアに時代を超えて生き続けた民謡、民話や中世文学、巨匠たちの芸術作品について学ぶ。その上で、現在のロシア文化や文学も研究する。世界各地の文化や芸術を理解できる柔軟で幅広い視野を養う。
演劇映像コース	演劇系と映像系の2つの系からなる。日本の古典演劇から現代演劇、デジタルコンテンツを含む映像まで扱う範囲は幅広い。文献を用いた戯曲研究や歴史的探究、言語分析や精神分析など新しいアプローチを取り入れ、身体・映像に関わる文化表象を考察する。
美術史コース	歴史学や宗教学、文化人類学、社会学、考古学などの学術成果を踏まえ、美術史を捉える。広告やデザイン、写真、アニメから漫画や落書きに至る幅広い題材をテーマに「生きる学問」としての美術史を学ぶ。
日本史コース	民衆や在野の視座や生活者の視点で歴史を捉えつつ、国家や社会など大きな枠組みについて学ぶ。文字史料の他、民俗資料・物質資料を駆使し、古代～現代の歴史を多面的に研究する。
アジア史コース	中国を中心に、朝鮮半島も含めた東アジア地域の歴史と文化を学習する。特に古代史では新たに出土した木簡、竹簡、石碑などの資料を活用し研究を進める。中国史では社会史や文化史など様々な視点から、朝鮮史では中国大陸や日本列島との関係に注目して学ぶ。
西洋史コース	アメリカやロシアなどを含む幅広い西洋世界を対象に、古代から近現代に至る西洋史を研究。西洋史の基礎知識や語学力を身につけるとともに、特定の地域や時代に関する専門的学習を行う。文化構想学部との連携により、これまでにない歴史学の観点を見いだしていく。
考古学コース	文献による学習に加え、遺跡や遺物の物質調査による研究と学習も重視する。発掘作業を中心に測量、撮影、資料採取などの調査技術や遺物、記録類の整理などの基礎技術を修得する。旧石器時代から近代までの考古学分野や世界各地の考古学を学ぶことができる。
中東・イスラーム研究コース	中東やイスラーム世界について本格的かつ学術的に学ぶ。同地域内の非イスラーム教徒や世界中に展開するイスラーム関連の事象も研究対象とする。中東地域や欧米の研究教育機関との重層的な研究・教育体制を構築しており、留学の支援や語学教育も行っている。
取得可能な免許・資格	公認心理師、学芸員、社会調査士、社会福祉主事、教員免許（中-国・社・英・中国語・フランス語・ドイツ語・ロシア語、高-国・地歴・公・英・中国語・フランス語・ドイツ語・ロシア語）、社会教育士、社会教育主事、司書教諭、司書

入試要項（2025年度）

※この入試情報は大学発表の2025年度入試（予告）および2024年度募集要項等より編集したものです（2024年1月時点。見方は巻頭の「本書の使い方」参照）。内容には変更が生じる可能性があるため、最新情報はホームページや2025年度募集要項等で必ず確認してください。

■文学部 偏差値 70

一般選抜

◆一般選抜

[文：3科目（200点）] 国 現古漢（75）地歴 日、世から1（50）外 英（75）

◆一般選抜（英語4技能テスト利用方式） ※出願資格として英語外部試験が必要

[文：2科目（125点）] 国 現古漢（75）地歴 日、世から1（50）

共通テスト併用入試

◆一般選抜（共通テスト利用方式）

[文]〈共1科目（100点→50点）〉地歴 公 数 理 情 地総・地理、公共・倫、公共・政経、数ⅠA、数ⅡBC、理情全6科目から1（100→50）〈個2科目（150点）〉国 現古漢（75）外 英（75）

特別選抜

[総合型選抜] 地域探究・貢献入学試験 共

[学校推薦型選抜] 指定校推薦入学試験

[その他] 外国学生入学試験、附属／系属高校からの進学

文化構想学部

戸山キャンパス

定員 860

入試科目検索

特色 すべての講義、外国語科目を「ブリッジ科目」として文学部と共有している。
進路 情報通信業や製造業、サービス業、マスコミなどに就職する者が多い。
学問分野 文学／言語学／哲学／文化学／社会学／メディア学／国際学／人間科学
大学院 文学

学科紹介

文化構想学科

多元文化論系	英語圏文化、ヨーロッパ文化、アジア文化、中東・イスラーム文化、国際日本文化論の5つのプログラムで構成。関心を持った地域文化とその文化圏の言語について学ぶ。
複合文化論系	言語文化、人間文化、超域文化、感性文化の4つのプログラムで構成。時代や地域の枠を超えて、社会や文化の様々な現象を総合的に学んでいく。衣食住、言語、文学、芸術、宗教や政治、経済、思想、美意識、医療など多岐にわたる人間文化の側面を探究する。
表象・メディア論系	人間が生み出した芸術文化活動をメディア、身体、イメージの3つの側面から複眼的に分析。芸術文化を政治、経済の諸問題や技術の進化など現代社会の状況と結びつけて捉える。
文芸・ジャーナリズム論系	小説、詩歌、戯曲など文学諸ジャンルの実作を学び、高度な日本語力を持った翻訳者や、方法論に習熟した研究者、批評家を育成する。美術や音楽といった一般的な文学評論の枠組みを超えた領域を学ぶこともでき、活字によらない文芸の可能性について模索する。
現代人間論系	発達を生きる人間論、心身を生きる人間論、関係を生きる人間論、多様性を生きる人間論の4つのプログラムで構成。現代人の精神構造や倫理を巡る問題など、人間にまつわる様々なテーマを探究する。学問的な枠組みを超えた発想で現代の諸課題に取り組む。
社会構築論系	国家－ダイナミクス、コミュニティー創造、グローバル社会－共生の3つのプログラムで構成。現代社会の構造を歴史的、文化的観点から分析し、社会の抱える問題を発見し解決策を提案する。
取得可能な免許・資格	学芸員、社会福祉主事、教員免許（中-国・社・英、高-国・地歴・公・英）、社会教育士、社会教育主事、司書教諭、司書

入試要項（2025年度）

※この入試情報は大学発表の2025年度入試（予告）および2024年度募集要項等より編集したものです（2024年1月時点。見方は巻頭の「本書の使い方」参照）。内容には変更が生じる可能性があるため、最新情報はホームページや2025年度募集要項等で必ず確認してください。

■文化構想学部 偏差値 70

一般選抜

◆**一般選抜**

［文化構想：3科目（200点）］国現古漢（75）地歴日、世から1（50）外英（75）

◆**一般選抜（英語4技能テスト利用方式）** ※出願資格として英語外部試験が必要

［文化構想：2科目（125点）］国現古漢（75）地歴日、世から1（50）

共通テスト併用入試

◆**一般選抜（共通テスト利用方式）**

［文化構想］〈共1科目（100点→50点）〉地歴公数理情地総・地理、公共・倫、公共・政経、数ⅠA、数ⅡBC、理情全6科目から1（100→50）〈個2科目（150点）〉国現古漢（75）外英（75）

特別選抜

［総合型選抜］地域探究・貢献入学試験共、Global Studies in Japanese Cultures Program（国際日本文化論プログラム）

［学校推薦型選抜］指定校推薦入学試験

［その他］外国学生入学試験、附属／系属高校からの進学

人間科学部

定員 560

所沢キャンパス

入試科目検索

特色 人間をテーマに心理学や社会学、医学、情報科学などを扱う文理融合教育を展開。
進路 情報通信業や福祉、医療関連などを中心に多様な業種に進んでいる。
学問分野 心理学／文化学／社会学／健康科学／環境学／情報学／人間科学
大学院 人間科学

学科紹介

人間環境科学科 (200)	生物・環境、社会、文化、心理・行動の4つの学系で構成される。人間の発達と生活をとりまく様々な環境について学際的かつ複合領域的に考察する。環境に関わる多彩なテーマから自由に履修することで、多角的で複合的な学びの中から総合的な知識を身につける。
健康福祉科学科 (200)	健康・生命、保健福祉、医工人間学、臨床心理の4つの学系で構成され、様々な視点から健康福祉について考える。健康福祉に関する理工学、臨床心理学、相談援助、医療福祉のシステムや産業など人文科学、社会科学、自然科学を横断する幅広い学びを展開する。
人間情報科学科 (160)	情報科学、認知科学、人間工学、教育工学、コミュニケーション学の5つの学系で構成。人間がどのように情報を取り入れ、活用し、応用するか、情報という視点から人間の科学的な理解と考察を行う。講義の他、実験やロボット・アプリの開発などの実習も重視する。
取得可能な免許・資格	公認心理師、認定心理士、学芸員、社会調査士、社会福祉士、社会福祉主事、衛生管理者、教員免許（中-社・英、高-地歴・公・情・英・福）、社会教育士、社会教育主事、司書教諭、司書

入試要項（2025年度）

※この入試情報は大学発表の2025年度入試（予告）および2024年度募集要項等より編集したものです（2024年1月時点。見方は巻頭の「本書の使い方」参照）。内容には変更が生じる可能性があるため、最新情報はホームページや2025年度募集要項等で必ず確認してください。

■人間科学部 偏差値 68

一般選抜

共通テスト併用入試

◆**一般選抜（国英型）**

[全学科]〈共2科目（300点→60点）〉国現古漢（200→20）地歴 公 数 理 情 地歴情全4科目、公共・倫、公共・政経、数ⅠA、数ⅡBC、物、化、生、地から1（100→40）〈個2科目（90点）〉国現古漢（40）外英（50）

◆**一般選抜（数英型）**

[全学科]〈共3科目（300〜400点→60点）〉国 地歴 公 理 情 現古漢、地歴情全4科目、公共・倫、公共・政経、物、化、生、地から1（100〜200→40）▶国は200→40点、地歴公理情は100→40点とする 数 数ⅠA、数ⅡBC（計200→20）〈個2科目（90点）〉数 数ⅠⅡⅢABC（40）外英（50）

◆**一般選抜（数学選抜方式）**

[全学科]〈共6科目（800点→140点）〉国現古漢（200→20）地歴 公 地歴全3科目、公共・倫、公共・政経から1（100→20）数 数ⅠA、数ⅡBC（計200→40点）理全5科目から1（100→20）外全5科目から1（200→40）〈個1科目（360点）〉数 数ⅠⅡⅢABC（360）▶数Ⅲを除く解答も可

※個別試験は課さない

共通テスト利用入試

◆**共通テスト利用入試**

[全学科：6科目（800点→500点）] 国現古漢（200→100）地歴 公 地歴全3科目、公共・倫、公共・政経から1（100）数 数ⅠA、数ⅡBC（計200→100）理全5科目から1（100）外全5科目から1（200→100）

特別選抜

[総合型選抜] 地域探究・貢献入学試験共、FACT選抜入学試験

[学校推薦型選抜] 指定校推薦入学試験

[その他] 外国学生入学試験、附属／系属高校からの進学

基幹理工学部

定員 595

西早稲田キャンパス

入試科目検索

特色 2年進級時に学科を選択。副専攻制度により主専攻以外の分野も履修可能。

進路 約7割が大学院へ進学。情報通信業や製造業などの一般企業に就職する者もいる。

学問分野 数学／機械工学／電気・電子工学／材料工学／船舶・航空宇宙工学／その他工学／情報学

大学院 基幹理工学

学科紹介

学科	定員	紹介
数学科	(55)	学系1から進級する（学系は受験時に選択）。代数、幾何、解析、応用数学の4つの分野を中心に学習する。物事の本質的な構造を見抜き、解析を行う数理的思考力を備えた人材を育成。数学を学ぶだけでなく、自然科学や工学、社会科学などにおける数理現象を理解する上で必要な専門知識と数理感覚を養う。
応用数理学科	(70)	学系1、2、3から進級する。数学の他、自然科学や社会科学、情報、通信など幅広い分野を学習し、諸現象を数学的に解明する創造性豊かな人材を育成する。学部と大学院の一貫教育を前提に、先端科学の実験などを通して産業分野において最先端の研究を行うことのできる能力を身につける。
機械科学・航空宇宙学科	(140)	学系2から進級する。力学を中心に学び、多様な産業分野で活きる知識を身につける。機械工学と、機械工学を基礎とした航空宇宙工学を学ぶカリキュラムで科学的知識と論理的かつ創造的な思考能力を磨く。卒業生の約8割が大学院へ進学することが特徴的である。
電子物理システム学科	(80)	学系2から進級する。高度情報化社会を支えるエレクトロニクス、光エレクトロニクスを中心に扱う。物理学の基礎知識のうえにエレクトロニクス分野、フォトニクス分野、情報システム分野などの基幹技術を理解する。電子物理システムの基礎から応用までを学び、最先端の研究を行う。
情報理工学科	(95)	学系3、4から進級する。情報技術の急速な進展に伴い、コンピュータなどの高度化に貢献する力を養う。高効率な情報処理や情報分析について研究する情報科学と情報工学を中心に扱う。3年次より研究室で学べる科目がある他、英語による授業のみで学位を取得できる英語学位プログラムが設置されている。
情報通信学科	(95)	学系3、4から進級する。インターネットやスマートフォンなどを支える情報通信技術の研究を行う。情報通信システムの仕組みやアプリケーション技術を理解し活用できる人材を育成する。次世代ネットワークやデータマイニング、人工知能などに関する専門科目が数多く用意されている。
表現工学科	(60)	学系4から進級する。科学技術と芸術表現を融合し、次世代のメディアを活用したライフスタイルや社会システムを展望するために、新しい表現を模索する。「芸術を理解する科学者」と「科学を理解する芸術家」、またそれらを統括する「メディアマネージメント」のための人材を養成する。
取得可能な免許・資格		ボイラー技士、陸上無線技術士、教員免許（中-数、高-数・情）

入試要項(2025年度)

※この入試情報は大学発表の2025年度入試(予告)および2024年度募集要項等より編集したものです(2024年1月時点。見方は巻頭の「本書の使い方」参照)。内容には変更が生じる可能性があるため、最新情報はホームページや2025年度募集要項等で必ず確認してください。

■基幹理工学部 偏差値 70

一般選抜

◆一般選抜

[学系1、学系4:4科目(360点)] 数 数ⅠⅡⅢABC(120) 理 物基・物、化基・化、生基・生から2(計120) 外 英(120)

[学系2、学系3:4科目(360点)] 数 数ⅠⅡⅢABC(120) 理 物基・物、化基・化(計120) 外 英(120)

特別選抜

[総合型選抜] 英語学位取得プログラム特別入学試験(9月入学)

[学校推薦型選抜] 指定校推薦入学試験、地域探究・貢献入学試験(北九州地域連携型推薦入試)

[その他] 外国学生入学試験、附属/系属高校からの進学

Column コラム

就職支援

早稲田大学では、キャリアセンターを設置し、就職活動に必要な情報の提供や入学後の早い段階からセミナー、インターンシップ、個別相談などの機会を豊富に用意しています。

キャリアセンターでは主体的な将来設計を行うためのサポートとして、低学年次から参加可能なイベントやプログラム等の開催の他、経験とノウハウと情報を持ったスタッフがキャリアや就職活動について、ともに考えてくれるキャリア・就活個別相談などを実施しています。その他、大学が仲介・紹介するインターンシップが行われており、国際協力・マスメディア・ビジネスの3コースからなる公認プログラムWINや行政機関・企業・団体など提携先で就業体験ができる提携プログラム、国際機関に関心がある学生に向けて大学包括協定を締結している機関などでインターンシップに参加するプログラムなどが開催されています。また、教員を志望する学生に向けて教員就職指導室が設置され、全国47都道府県の公立・私立学校教員への応募・受験のサポート、教員志望者への就職相談、採用試験の勉強方法など、教員就職に関することを様々な角度から支援しています。

早稲田大学の大きな特長である校友(卒業者)による在学生支援では、学生と若手校友が交流し、大学での過ごし方や就職などの将来について、気軽に相談できるイベント「先輩と語ろう!」が開催され、世代を超えた交流が行われています。

国際交流

早稲田大学では、91の国や地域に広がる848の大学・機関とのネットワークがあり、英語圏のみならず非英語圏とも協定を結んでいます。多彩なニーズに応える留学プログラムが用意されており、海外留学の「はじめの1歩」に最適な短期留学プログラム、留学先大学で現地学生と同じ科目を履修することができるCS-Rプログラム、留学先大学で外国語学習を中心としながら、語学レベルに応じてテーマに基づいた科目を履修可能なCS-Lプログラム、語学力初級でも可能な交換留学のEX-Lプログラム、早稲田大学の学位に加え、海外名門大学の学位が取得可能であるDDプログラム、海外で専門分野を磨くEX-Rプログラムなどを実施しています。

また、留学センターが設置されており、語学能力検定試験対策講座や留学先での授業に備えたアカデミック英語講座などを行う留学準備講座の開講の他、海外留学に関する情報提供や相談・手続きなどを行う「Waseda Global Gate」、学生留学アドバイザーによる相談ウィークなどを開催しています。その他、経済的な理由で留学への参加が困難である学生を対象にした大学独自の学内留学奨学金が設けられており、経済的支援を見込んだ留学計画が可能となっています。

創造理工学部

西早稲田キャンパス

定員 595

入試科目検索

特色　学科を横断する社会文化領域を設置。分野横断的な研究に取り組める環境を整備。

進路　6割強が大学院へ進学。情報通信業やサービス業などの一般企業に就職する者もいる。

学問分野　機械工学／土木・建築学／エネルギー工学／社会・安全工学／環境学

大学院　創造理工学

学科紹介

建築学科 (160)	人類が営んできた建築の歴史、建築や都市のデザイン、人間を取り巻く環境、建築設備や構造、先進的な材料や工法など広範な分野を網羅する。設計演習や設計製図などの授業では実践的な建築思考のトレーニングを行う。大学院との一貫カリキュラムである。
総合機械工学科 (160)	環境、エネルギー、医療福祉などの現代社会が抱える諸問題を解決するための機械の設計原理、研究開発法、社会的評価法について教育を行う。多くの工作機械や製図設備などを備え、技術職員の指導のもと機械の設計・製作に取り組むことができる。
経営システム工学科 (120)	3つの分野からなる。生産システム分野では質の高い製品やサービスの創造を考える。経営管理システム分野では企業経営の分析と評価を行う。数理情報システム分野ではコンピュータを利用した経営数理技法を学ぶ。実験や演習に重点を置いた教育を行っている。
社会環境工学科 (90)	市民の視点からこれまでの社会基盤整備を見直し、持続的な社会の発展に貢献できる人材を育成する。構造力学、コンクリート工学、水理学、計画基礎手法などを学び、環境と防災、地域や都市の計画やその遂行管理などについて具体的に学んでいく。
環境資源工学科 (65)	3つの系に分かれる。地球・資源系では地下資源の探査や開発に取り組む。素材・循環系では未利用の鉱物資源や廃棄物の資源循環を目指す。人間・環境系では環境計測を行い健康・環境リスクの低減を考える。自然環境と調和した資源循環システムの実現を目指す。
取得可能な免許・資格	危険物取扱者（甲種）、建築士（一級、二級、木造）、技術士補、測量士補、施工管理技士（土木、建築）、教員免許（中-理、高-理）

入試要項（2025年度）

※この入試情報は大学発表の2025年度入試（予告）および2024年度募集要項等より編集したものです（2024年1月時点。見方は巻頭の「本書の使い方」参照）。内容には変更が生じる可能性があるため、最新情報はホームページや2025年度募集要項等で必ず確認してください。

■創造理工学部　偏差値 69

一般選抜

◆一般選抜

[建築：5科目(400点)] 数 数ⅠⅡⅢABC(120) 理 物基・物、化基・化（計120）外 英（120）その他 空間表現（40）▶鉛筆デッサンなどを課す

[建築以外：4科目（360点）] 数 数ⅠⅡⅢABC(120) 理 物基・物、化基・化(計120) 外 英(120)

特別選抜

[総合型選抜] 早稲田建築AO入学試験（創成入試）、英語学位取得プログラム特別入学試験（9月入学）

[学校推薦型選抜] 指定校推薦入学試験

[その他] 外国学生入学試験、附属／系属高校からの進学

先進理工学部

定員 540

西早稲田キャンパス

入試科目検索

特色 学科ごとに専門教育を行う。研究と教育を統合し基礎と応用を実践的に養う。

進路 約8割が大学院へ進学。就職先はサービス業や情報通信業などの一般企業など。

学問分野 物理学／化学／地学／応用物理学／応用化学／電気・電子工学／医療工学／その他工学／応用生物学

大学院 先進理工学

学科紹介

学科	定員	内容
物理学科	(50)	ミクロからマクロまであらゆる自然現象を理解するために必要な物理法則を学習する。素粒子・宇宙物理、物性（凝縮系）物理、生物物理の3つの分野を柱に理論と実験の両面から現象の本質を研究する。
応用物理学科	(90)	物理学を活用し新時代の科学技術を創造する人材を育成。デバイスやシステム制御を扱う計測・情報工学、レーザーなどの応用を扱う光工学などの工学分野の他、物性物理学、複雑系の物理学・統計力学、数理物理などの理学分野やナノテクノロジーまで幅広く学ぶ。
化学・生命化学科	(60)	原子・分子レベルで物質の構造や性質、化学反応などを解明する。新たな法則や化学反応の開発を行い、新機能性物質や環境調和型物質の創製を目指す。医薬品、生理活性物質、金属材料、セラミックス、電子材料などの新物質を創出できる創造的化学者を育成する。
応用化学科	(135)	「役立つ化学」と「役立てる化学」の進展を目指し、最先端の研究に取り組む。最新の知識や実験技術を修得する中で反応や分析法を熟知し、問題を発見、解決できる能力を養い研究者として自立できる力を身につける。
生命医科学科	(60)	物理学、化学、生物学、工学、基礎医学を体系的に学び、生命現象を科学的に理解する。少人数教育により、複雑な生命現象を多面的かつ正確に捉え基礎的な実験手技を身につける。学部と大学院の6年一貫教育を基本とし、世界で活躍する研究リーダーを育成する。
電気・情報生命工学科	(145)	医学系・理学系の生命科学分野と電気・電子・情報系を融合したカリキュラム構成となっており、学科独自の専門教育科目は基礎、専門、先端科目の3つに区分され設置。複数の領域にまたがる学びを通じて最先端の研究・技術を修得する。
取得可能な免許・資格		危険物取扱者（甲種）、毒劇物取扱責任者、陸上無線技術士、主任技術者（電気）、教員免許（中-数・理、高-数・理）

入試要項（2025年度）

※この入試情報は大学発表の2025年度入試（予告）および2024年度募集要項等より編集したものです（2024年1月時点。見方は巻頭の「本書の使い方」参照）。内容には変更が生じる可能性があるため、最新情報はホームページや2025年度募集要項等で必ず確認してください。

■先進理工学部 偏差値 70

一般選抜

◆一般選抜

[物理、応用物理：4科目（360点）] 数 数ⅠⅡⅢABC（120） 理 物基・物（80）、化基・化（40） 外 英（120）

[化学・生命化：4科目（360点）] 数 数ⅠⅡⅢABC（120） 理 物基・物（40）、化基・化（80） 外 英（120）

[応用化：4科目（360点）] 数 数ⅠⅡⅢABC（120） 理 化基・化必須（80）、物基・物、生基・生から1（40） 外 英（120）

[生命医科、電気・情報生命工：4科目（360点）] 数 数ⅠⅡⅢABC（120） 理 物基・物、化基・化、生基・生から2（計120） 外 英（120）

特別選抜

[総合型選抜] 特別選抜入学試験

[学校推薦型選抜] 指定校推薦入学試験

[その他] 外国学生入学試験、附属／系属高校からの進学

スポーツ科学部

所沢キャンパス

定員 400

入試科目検索

特色　導入教育ののち2年次にコースを選択。「スポーツ英語」の科目も設置している。
進路　スポーツ分野をはじめ製造業やサービス業など社会の様々な分野で活躍している。
学問分野　健康科学
大学院　スポーツ科学

学科紹介

スポーツ科学科

スポーツ医科学コース	スポーツ科学における自然科学系領域を学習する。スポーツ医学、スポーツ生理学、運動生化学、バイオメカニクス、スポーツ心理学、スポーツ栄養学、トレーニング科学など理論的学習に加え、運動時の生体反応やメカニズムを解明するための研究技法を修得する。
健康スポーツコース	健康運動指導士など運動やスポーツ指導の専門家や、様々な仕事に携わりながら健康づくりを通じた豊かな社会の実現に貢献する人材を育成する。人々が活動的で健康に暮らすための様々な知識を学ぶ。フィットネス産業論やスポーツ政策論などの選択科目がある。
トレーナーコース	競技者や発育期の子ども、高齢者まで各年代の人々の健康体力づくりをサポートできるトレーナーを育成する。スポーツ障害の予防策や受傷後のリコンディショニングを実践的に学ぶ。コンディショニングデザイン論、スポーツ傷害評価論などの選択科目がある。
スポーツコーチングコース	愛好者からアスリートまで様々な段階の運動者に対応するスポーツ指導者を育成する。指導技術を自らの競技力向上に応用、実践できるアスリートも育成する。あらゆるレベルのスポーツ技能向上策やコーチングの理論と方法を身につけるためのカリキュラムを構成。
スポーツビジネスコース	経済や産業、組織経営についての基礎知識とスポーツに関する幅広い知識を身につけ、実習などの経験を積み、様々なスポーツビジネスの場で活躍できる人材を育成する。スポーツツーリズム論、地域スポーツクラブマネジメント、会計実務論などの選択科目がある。
スポーツ文化コース	スポーツを人文社会科学的視点から学び、スポーツの本質や意義、現代社会におけるスポーツ文化のあり方について考察する。スポーツジャーナリストの育成にも取り組んでいる。アジア身体文化論、比較舞踊論、フットボール文化論などの選択科目がある。
取得可能な免許・資格	学芸員、社会福祉主事、公認パラスポーツ指導者、教員免許(中-保体、高-保体)、社会教育士、社会教育主事、司書教諭、司書

入試要項（2025年度）

※この入試情報は大学発表の2025年度入試（予告）および2024年度募集要項等より編集したものです（2024年1月時点。見方は巻頭の「本書の使い方」参照）。内容には変更が生じる可能性があるため、最新情報はホームページや2025年度募集要項等で必ず確認してください。

■スポーツ科学部 偏差値 65

一般選抜

共通テスト併用入試

◆一般選抜

[スポーツ科]〈共2科目（300～400点→200点）〉国数現古漢、数ⅠAから1（100～200→100）▶国は200→100点とする外英（200→100）〈個1科目（100点）〉総合総合問題（100）▶データの読み取りや小論文含む

◆共通テスト利用入試（共通テスト＋競技歴方式）

[スポーツ科]〈共3科目（400～500点→400点）〉国地歴公数理情現古漢、地歴数理情全12科目、公共・倫、公共・政経から2（計200～300→200）▶現古漢、数ⅠAから1必須。国は200→100点とする外英（200）〈個1科目（150点）〉書類審スポーツ競技歴調査書（150）

共通テスト利用入試 ※個別試験は課さない

◆共通テスト利用入試（共通テストのみ方式）

[スポーツ科：4科目（500～600点→400点）]

国地歴公数理情現古漢、地歴数理情全12科目、公共・倫、公共・政経から3（計300～400→300）▶数理から2必須。国は200→100点とする外英（200→100）

特別選抜

[総合型選抜] 地域探究・貢献入学試験共、総合型選抜（Ⅰ群〔トップアスリート入学試験〕、Ⅱ群〔アスリート選抜入学試験〕、Ⅲ群〔スポーツ自己推薦入学試験〕）、スポーツサポート歴入学試験

[その他] 外国学生入学試験、附属／系属高校からの進学

早稲田大学についてもっと知りたい方はコチラ

早稲田大学ではオープンキャンパスや24時間365日オンデマンドで動画を視聴できる「大学体験WEBサイト」の他、全国での進学相談会、高校・予備校での大学説明会を行っています。また各キャンパスでは在学生によるキャンパスツアーも実施していますので、詳細は入学センターウェブサイト内イベントページをご参照ください。

募集人員等一覧表

※本書掲載内容は、大学のホームページ及び入学案内や募集要項などの公開データから独自に編集したものです。
詳細は募集要項かホームページで必ず確認してください。

学部	学科ー専攻・専修	募集人員※1	一般選抜								共通テスト併用入試	共通テスト利用入試	特別選抜※2・3・4
				A方式	B方式	C方式	D方式	地歴・公民型	数学型	英語4技能テスト利用型・方式			
政治経済	政治	300名									100名	15名	
	経済	400名	—	—	—	—	—	—	—	—	140名	25名	⑧100名 ⑮約90名
	国際政治経済	200名									60名	10名	
法		740名	350名	—	—	—	—	—	—	—	—	100名	①若干名 ⑮155名
教育	教育ー教育学	180名		95名	—	20名	—						
	教育ー初等教育学	30名		20名	—	5名	—						
	国語国文	135名		80名	—	15名	—						
	英語英文	135名		80名	—	15名	—						
	社会	255名	—	140名	—	25名	—	—	—	—	—	—	①若干名※5 ⑮約130名
	理ー生物学	80名		—	—	15名	10名						
	理ー地球科学				20名	5名	—						
	数	75名		—	45名	10名	—						
	複合文化	70名		40名		10名	—						
商		900名	—	—	—	—	—	390名	150名	—	—	—	⑮200名
国際教養	国際教養	600名	—	—	—	—	—	—	—	—	175名	—	⑩100名 ⑪150名 ⑰約25名
社会科	社会科	630名	—	—	—	—	—	—	—	—	総合問題型 270名 数学型 100名	50名	③35名 ⑨60名
文	文	660名	260名	—	—	—	—	—	—	85名	25名	—	①若干名 ⑮約130名
文化構想	文化構想	860名	330名	—	—	—	—	—	—	110名	35名	—	①若干名 ⑫15名 ⑮約225名
人間科	人間環境科	200名	—								国英型 80名 数英型 40名	5名	
	健康福祉科	200名	—	—	—	—	—	—	—	—	国英型 80名 数英型 40名	5名	①⑬若干名 ⑮約130名
	人間情報科	160名	—								国英型 60名 数英型 40名	5名	

学部	学科－専攻・専修	募集人員※1	一般選抜								共通テスト併用入試	共通テスト利用入試	特別選抜※2・3・4
				A方式	B方式	C方式	D方式	地歴・公民型	数学型	英語4技能テスト利用型・方式			
基幹理工	学系1（数、応用数理）	595名	45名	—	—	—	—	—	—	—	—	—	⑧30名※6 ⑮約135名※6
	学系2（応用数理、機械科学・航空宇宙、電子物理システム）		140名										⑧30名※6 ⑮約135名※6 ⑯若干名※7
	学系3（応用数理、情報理工、情報通信）		90名										⑧30名※6 ⑮約135名※6
	学系4（情報理工、情報通信、表現工）		45名										⑧30名※6 ⑮約135名※6
創造理工	建築	160名	80名	—	—	—	—	—	—	—	—	—	②約25名 ⑧30名※6 ⑮約130名※6
	総合機械工	160名	80名										⑧30名※6 ⑮約130名※6
	経営システム工	120名	70名										⑧30名※6 ⑮約130名※6
	社会環境工	90名	50名										⑧30名※6 ⑮約130名※6
	環境資源工	65名	35名										⑧30名※6 ⑮約130名※6
先進理工	物理	50名	30名	—	—	—	—	—	—	—	—	—	⑮約130名※6
	応用物理	90名	55名										⑮約130名※6
	化学・生命化※8	60名	35名										⑮約130名※6
	応用化	135名	75名										④若干名 ⑮約130名※6
	生命医科	60名	30名										④若干名 ⑮約130名※6
	電気・情報生命工	145名	75名										④若干名 ⑮約130名※6
スポーツ科	スポーツ科	400名	—	—	—	—	—	—	—	—	150名	共通テストのみ方式 20名 共通テスト＋競技歴方式 75名	①⑤⑥若干名 ⑦60名 ⑭若干名※9

※1　特別選抜、内部進学等の人数を含む
※2　日本国内の中等教育機関修了者対象の入試制度のみ記載
※3　特別選抜は2024年度入試の実績。2025年度入試の概要は、大学ホームページに公表予定
［総合型選抜］ 共課す：①地域探究・貢献入試、共課さない：②早稲田建築AO入試（創成入試）、③全国自己推薦入試、④特別選抜入試、⑤総合型選抜Ⅰ群（トップアスリート入試）、⑥総合型選抜Ⅱ群（アスリート選抜入学試験）、⑦総合型選抜Ⅲ群（スポーツ自己推薦入試）、⑧英語学位取得プログラム特別入試（9月入学）、⑨TAISI AO入試、⑩国際教養学部AO入試（4月入学・国内選考）、⑪国際教養学部AO入試（9月入学）、⑫Global Studies in Japanese Cultures Program（国際日本文化論プログラム）日本学生入試、⑬FACT選抜入試、⑭スポーツサポート歴入試
［学校推薦型選抜］ 共課す：⑮指定校推薦入試（詳細は在籍高等学校に問い合わせてください）、共課さない：⑯地域探究・貢献入試（北九州地域連携型推薦入試）、⑰指定校推薦入試（国際教養学部）
※4　他、帰国生入試、社会人入試、外国学生のための学部入試などあり
※5　2025年度より募集を開始。生涯教育学専修、教育心理学専修、初等教育学専攻、国語国文学科、地理歴史専修、地球科学専修でのみ実施
※6　学部全体の募集人員
※7　2024年度、学系Ⅱ（工学系）での募集実績
※8　2025年度より特別選抜入試募集停止
※9　2025年度より募集を開始

Student's Voice

文化構想学部

文化構想学科 多元文化論系 2年

伊藤(いとう) 未羽(みう)さん

千葉県 県立 東葛飾高校 卒
サッカー部 高3・10月引退

視野を広く持ってスポーツに関わりたい

Q どのような高校生でしたか？ 早稲田大学を志望した理由は？

高校入学後、初めての定期テストでまわりとのレベルの差を実感したこと、部活の引退が周囲の人よりも遅いことがわかっていたことから、高1の夏に入塾し、コツコツと勉強をしていました。高2の初めは新型コロナの影響で学校は休校だったのですが、高1のときに勉強習慣を身につけていたおかげで、毎日勉強に取り組むことができました。この高1・2の学習の積み重ねが土台となり、志望校合格につながったと思っています。徐々に日常が戻り始めた高3の1年は、思う存分高校生活を楽しみたかったので、行事にも部活にも全力で取り組みました。特に、部活動に最後まで全力で向き合った経験は進路選択の理由にもなりました。「レベルの高い環境で部活を続けたい」と思い、早稲田大学を志望しました。そして、漠然と興味があった「文化」について学べること、英語以外の外国語も深く学ぶことができるという点から、文化構想学部を第一志望にしました。

Q どのように受験対策をしましたか？ 入試本番はどうでしたか？

部活が週6日あったので、朝の授業前の時間を有効活用すること、疲れていても毎日塾に行って机に向かうことを心がけていました。具体的な受験対策は、高3の夏前までは徹底的に基礎を固めて苦手をなくし、夏以降は過去問をはじめとした実践的な演習の数をこなすことを軸としていました。基礎が固まっていなければ演習を重ねても効果は半減すると感じていたため、まずは単語や英語や古典の文法、漢文の句法など地固めをしました。日本史は、教科書を繰り返し読み、単語単体で覚えるのではなく、流れをつかむことを意識しました。夏以降は過去問を解き、第一志望校の過去問は10年分を2周、苦手な問題は何度も復習しました。その他にも受験校の過去問は何年も解き、受験しない学部の過去問も解くことで演習量を増やしました。

受験期間は、試験日と同じ起床時間で1日を始め、夜は早く寝ることでリズムを作りました。直前の追い込みも大切ですが、何よりも体調管理が重要です。

●受験スケジュール

月	日	大学・学部学科（試験方式）
1	15	★ 国際医療福祉 成田保健医療－理学療法（共テ利用）
		★ 立教 コミュニティ福祉－スポーツウエルネス（共テ利用3科目型）
2	8	★ 明治 情報コミュニケーション（学部別）
	9	★ 立教 社会－現代文化（一般）
	12	★ 早稲田 文化構想（一般）
		★ 早稲田 文化構想（一般〔英語4技能テスト利用方式〕）
	19	早稲田 教育－複合文化（一般A方式）
	23	★ 早稲田 スポーツ科（一般）

Q どのような大学生活を送っていますか？

世界各国の文化について学んでいます

授業で訪れた美術館

文化構想学部は、名前のとおり文化に関することを幅広く学ぶことができます。私は6つある論系のうちの、多元文化論系に所属しており、主に日本に限らず世界各国、各地域の文化について学んでいます。各論系には「演習科目」という授業があり、個人やグループで調査・研究に取り組み発表を行うこともあります。また、早稲田大学は所属学部以外の授業も受けることができるため、興味のあるスポーツに関連した授業を複数取っています。3年次からは「ヨーロッパ文化論ゼミ」に所属する予定で、その中でも自身の興味に合ったスポーツ文化について研究したいと考えています。

人生において役立つ経験やスキルが得られます

全国大会優勝時の一枚

「ア式蹴球部」（サッカー部）にマネージャーとして所属しています。活動は週6日で、平日は夕方に練習、休日は公式戦や練習試合を行っています。「日本一」を目指す組織での学びは多く、部員数も100人を超える大所帯なので、様々な価値観を持った仲間との日々はとても刺激的です。また、チームや試合の運営、広報活動など、裏方の仕事も学生が担うのは大学スポーツならではです。特に「早慶戦」は事前準備・運営から試合当日まで、部員全員がプライドを懸けて臨んでいます。部活に多くの時間を費やしていますが、文化構想学部は授業の自由度が高いため、時間割を工夫して、空いた時間をアルバイトや課題に使っています。

Q 将来の夢・目標は何ですか？

将来の夢は「スポーツに関わること」です。漠然としていますが、今はあえて広く考えています。もともと高校時代の部活をきっかけにこの夢を抱き、大学も部活動を含めて夢の実現のために選びました。しかし、大学での学びや部活動、多くの人との出会いを通して「選択肢は自分の想像よりもたくさんある、視野を狭くするのはもったいない」と感じるようになりました。そのため、現時点では具体的な目標を宣言することはできませんが、最終的に自分の納得いく形で夢を実現したいです。そして、選択肢を多く持ち続けるために、今は語学力を上げること、常に視野を広く客観的に物事を見つめることが大切だと考えています。大学生だからこそ得られる貴重な感覚と学びを噛みしめて日々を歩みたいです。

Q 後輩へのアドバイスをお願いします！

「なぜその大学に行きたいのか」「なぜ大学受験をするのか」の答えを常に自分の軸として持っておくことが大切です。壮大な目標や夢でなくても、大学進学後の楽しみややりたいことなど、小さなことでも揺るぎないものなら大丈夫です。「なんとなく良い大学に行きたいから」「周囲に勉強しろと言われるから」といった理由だけでは、苦しいときに自分を見失いかねません。自分の中の軸が、苦しいときにもうひと踏ん張りする力をくれます。その「もうひと踏ん張り」を繰り返した人が、最後に勝つ人だと思います。受験勉強をする期間は長い人生で見れば、一瞬です。この瞬間を妥協せずに向き合えば、その先の未来は明るいものになるはずです。輝かしい未来と充実した大学生活を、ぜひ自分自身の努力で手繰り寄せてください。

麻布大学

あざぶ

資料請求

入試広報課　TEL (042) 769-2032　〒252-5201 神奈川県相模原市中央区淵野辺1-17-71

人と動物と環境の共生をめざす

大学紹介動画　最新入試情報

「地球共生系」の大学として、人や動物、それらを取り囲む生態系や環境に関する諸問題の解決をめざし、2学部6学科それぞれの分野で学びを深め、誠実に実践する人材を育成する。

8号館麻布大学ロゴ

キャンパス **1**つ

淵野辺キャンパス
〒252-5201 神奈川県相模原市中央区淵野辺1-17-71

基本データ

※2023年5月現在（学部学生数に留学生は含まない。進路・就職は2022年度卒業者データ。学費は2024年度入学者用）

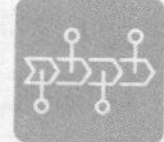

沿革

1890年、東京獣医講習所として創立。1950年、麻布獣医科大学が改組発足。1960年、大学院獣医学研究科を設置。1978年、環境保健学部を設置。1980年、麻布大学に改称。2008年、環境保健学部を改組し、生命・環境科学部を設置。2024年、獣医学部を改組し、獣医保健看護学科を設置。

教育機関 2学部 2研究科

学部　獣医／生命・環境科

大学院　獣医学Ⓜ︎Ⓓ／環境保健学Ⓜ︎Ⓓ

人数

学部学生数　**2,373**名　教員1名あたり学生 **15**名

教員数　**149**名【理事長】小倉弘明、【学長】川上泰
（教授**52**名、准教授**33**名、講師**30**名、助教**10**名、助手・その他**24**名）

学費

初年度納入額　**1,666,660~2,569,740**円

奨学金　麻布大学奨学金、麻布大学父母会奨学金、日本学生支援機構奨学金

進路

学部卒業者　**484**名
（進学**56**名［11.6%］、就職**372**名［76.9%］、その他**56**名［11.5%］）

主な就職先　日本中央競馬会、地方競馬全国協会、アステラス製薬、共立製薬、東京動物園協会、野毛山動物園、日本ハム食品、保健科学研究所、亀田製菓、味の素冷凍食品、JA全農ミートフーズ、いであ、アース環境サービス、農林水産省、環境省、各動物病院・病院・農業共済組合及び連合会・地方公務員等

学部学科紹介

※本書掲載内容は、大学公表資料から独自に編集したものです。詳細は大学パンフレットやホームページ等で必ず確認してください（取得可能な免許・資格は任用資格や受験資格などを含む）。

獣医学部

淵野辺キャンパス　定員 310

特色	科学者としての責任感に基づき、社会的使命を遂行する専門的な人材を育成。
進路	大半が動物病院に就職する。他、大学院へ進学する者もいる。
学問分野	獣医・畜産学／応用生物学
大学院	獣医学

獣医学科 (120)	6年制。基礎獣医学、病態獣医学、生産獣医学、臨床獣医学、環境獣医学の5つの系統から多角的かつ総合的に学ぶ。3年次から研究室に所属し、専門性を身につける。獣医臨床センターや産業動物臨床教育センターと連携し、実践的な学修を行う。
動物応用科学科 (120)	1・2年次に生物学などの基礎を身につける。3年次から動物生命科学の知識を幅広く学ぶ動物生命科学、人と動物の関係を探究する動物人間関係学、動物生命科学と動物人間関係学に共通する専門共通系科目の3つの系統から専門知識を多角的に学ぶ。
獣医保健看護学科 新 (70)	2024年度開設。全国で最長の130年以上におよぶ獣医学教育のノウハウを活かし、患者（伴侶動物）に寄り添い、飼い主に信頼される「獣医療チームの要＝愛玩動物看護師」を養成する。
取得可能な免許・資格	危険物取扱者（甲種）、食品衛生管理者、食品衛生監視員、獣医師、愛玩動物看護師、家畜人工授精師、バイオ技術者、教員免許（中-理、高-理・農）、作業環境測定士

生命・環境科学部

淵野辺キャンパス　定員 180

特色	人の健康の維持増進や環境の安全、保全に貢献する専門的な人材を育成する。
進路	医療・福祉業、食料品製造業、サービス業などに就く者が多い。
学問分野	応用生物学／健康科学／食物学／環境学
大学院	環境保健学

臨床検査技術学科 (80)	最新の臨床検査の理論や技術を修得し、疾病と臨床検査成績との関係について理解を深める。3年次後期には病院で8週間の臨床実習を集中的に行い、実践力を養う。3・4年次には臨床検査技師の国家資格取得のための対策科目が開講されている。
食品生命科学科 (40)	人の健康づくりに貢献する食品科学のスペシャリストを育成する。食の機能、食の安全、食の情報の3つの分野から食の知識を身につけ、人の健康に応用する体系的な学びを行う。充実した実習教育を通じて、食品科学の幅広い知識と実践力を修得する。
環境科学科 (60)	基礎科目から専門科目へと段階的に学修し、衛生、分析、評価を軸に科学的手法によって環境問題に取り組む能力を養う。実社会で求められる法学や語学の学習にも取り組み、多様化・高度化する社会ニーズに応える環境のエキスパートを育成する。
取得可能な免許・資格	社会調査士、危険物取扱者（甲種）、食品衛生管理者、食品衛生監視員、バイオ技術者、臨床検査技師、衛生管理者、教員免許（中-理、高-理）

入試要項（2025年度）

※この入試情報は大学発表の2025年度入試（予告）および2024年度募集要項等より編集したものです（2024年1月時点。見方は巻頭の「本書の使い方」参照）。内容には変更が生じる可能性があるため、最新情報はホームページや2025年度募集要項等で必ず確認してください。

「大学入試科目検索システム」のご案内

日程・方式ごとの偏差値や昨年度入試結果（志願者倍率、実質倍率、合格最低点）、基本情報（出願締切日、試験日、二段階選抜、募集人員、総合満点）などは、「大学入試科目検索システム」（https://nyushi.toshin.com/）をご覧ください（利用方法はp.12参照）。

■獣医学部 偏差値 63

一般選抜

◆一般入学試験（第Ⅰ期〔3科目型〕、第Ⅱ期〔3科目型〕）

[獣医：3科目] 数 理 外 数ⅠⅡA〔全〕B〔列〕C〔ベ〕、化基・化、生基・生、英から3

◆一般入学試験（第Ⅰ期〔3科目選択型〕）

[獣医：3科目] 数 理 外 数ⅠⅡA〔全〕、化基・化、

生基・生、英から3

◆一般入学試験（第Ⅰ期〔2科目選択型〕、第Ⅱ期〔2科目選択型〕）

［動物応用科、獣医保健看護：2科目］[数][理][外]数ⅠⅡA〔全〕、化基・化、生基・生、英から2

◆一般入学試験（第Ⅰ期〔総合問題型〕）

［動物応用科、獣医保健看護：1科目］[総合]総合問題

共通テスト利用入試　※個別試験は課さない

◆共通テスト利用入学試験（第Ⅰ期、第Ⅱ期）

［獣医：4科目］[数]数ⅠA、数ⅡBC[理]理科基礎、物、化、生から1▶地基選択不可[外]英

［動物応用科、獣医保健看護：3科目］[数]数ⅠA、数ⅡBCから1[理]理科基礎、物、化、生から1▶地基選択不可[外]英

■生命・環境科学部　偏差値 53

一般選抜

◆一般入学試験（第Ⅰ期〔2科目選択型〕、第Ⅱ期〔2科目選択型〕）

［全学科：2科目］[数][理][外]数ⅠⅡA〔全〕、化基・化、生基・生、英から2

◆一般入学試験（第Ⅰ期〔総合問題型〕）

［全学科：1科目］[総合]総合問題

共通テスト利用入試　※個別試験は課さない

◆共通テスト利用入学試験（第Ⅰ期、第Ⅱ期）

［全学科：4科目］[数][理][外]数ⅠA、数ⅡBC、理全5科目、英（×L）から2教科2

■特別選抜

［総合型選抜］総合型選抜入学試験

［学校推薦型選抜］推薦入学試験、指定校推薦特別入学試験、麻布大学附属高等学校生特別入学試験

［その他］獣医学科 卒業生後継者特別入学試験、卒業生子女等特別入学試験、縁結び入学試験（島根県特別入学試験）、地域枠産業動物獣医師育成特別入学試験、外国人特別入学試験、帰国生特別入学試験、社会人特別入学試験

麻布大学ギャラリー

■獣医学部棟

獣医学部の学びの拠点である獣医学部棟は、獣医臨床センターと渡り廊下で接続しており、実践的な教育・研究を展開しています。

■附属動物病院

附属動物病院は獣医臨床センター内に設置されており、国内の獣医学系大学の動物病院としてはトップクラスの規模を誇っています。

■Wind Chimes

ペット同伴可能なラウンジ兼セミナー施設で、犬のしつけ教室や乗馬体験などのイベントや大学の実習・ゼミが行われています。

■馬場

麻布大学には自然木を残した外観が特徴的な馬場がキャンパス内に設置されており、乗馬を行う際に用いられています。

神奈川大学

かながわ

資料請求

入試センター（横浜キャンパス） TEL（045）481-5857 〒221-8624 神奈川県横浜市神奈川区六角橋3-26-1

新たな価値を創造する「中正堅実」な人材を育成

大学紹介動画

最新入試情報

「質実剛健・積極進取・中正堅実」の建学の精神のもと、時代と社会の課題や使命を深く自覚するとともに、真理を希求する姿勢を持ち続け、自律の精神と共生の視点から主体的に新たな価値を創造する人材を育成する。

2023年4月、すべての学部が横浜エリアに集結

キャンパス 2つ

横浜キャンパス
〒221-8686 神奈川県横浜市神奈川区六角橋3-27-1

みなとみらいキャンパス
〒220-8739 神奈川県横浜市西区みなとみらい4-5-3

私立 東京 神奈川 神奈川大学

基本データ

※2023年5月現在（教員数は非常勤を含む。進路・就職は2022年度卒業者データ。学費は2024年度入学者用）

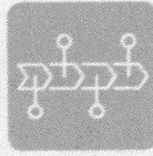

沿革

1928年、横浜学院として創立。法学・経済学科を改編後、1933年給費生試験を開始。1939年工学科設置。1949年新制大学に移行。それ以降外国語、経営、理学、人間科学部を、2020年には国際日本学部を設置。2021年みなとみらいキャンパスを開設。2022年に建築学部を設置し、2023年に理、工学部が4学部に改編され文理11学部の総合大学となる。

教育機関 11学部 8研究科

学部 法／経済／経営／外国語／国際日本／人間科／理／工／化学生命／情報／建築

大学院 法学Ⓜ︎Ⓓ／経済学Ⓜ︎Ⓓ／経営学Ⓜ︎Ⓓ／人文学Ⓜ︎Ⓓ／人間科学Ⓜ︎Ⓓ／理学Ⓜ︎Ⓓ／工学Ⓜ︎Ⓓ／歴史民俗資料学Ⓜ︎Ⓓ

人数

学部学生数 18,553名

教員1名あたり学生 12名

教員数 1,478名【理事長】石渡卓、【学長】小熊誠
（教授268名、准教授149名、講師967名、助教82名、助手・その他12名）

学費

初年度納入額 1,175,800~1,626,300円

奨学金 給費生制度、神奈川大学予約型奨学金、新入生奨学金

進路

学部卒業者 3,505名
（進学164名［4.7%］、就職2,875名［82.0%］、その他466名［13.3%］）

主な就職先 厚生労働省、財務省、東京都庁、神奈川県庁、警視庁、横浜銀行、静岡銀行、日本生命保険、ニトリ、山崎製パン、JR東日本、東京電力ホールディングス、任天堂、スズキ、リコージャパン、竹中工務店、東急建設

学部学科紹介

※本書掲載内容は、大学公表資料から独自に編集したものです。詳細は大学パンフレットやホームページ等で必ず確認してください（取得可能な免許・資格は任用資格や受験資格などを含む）。

法学部

横浜キャンパス　定員 600

特色	正規授業に加え、公務員養成プログラムを開講。
進路	卒業者の多くはサービス業や卸売・小売業、公務に就く。
学問分野	法学／政治学
大学院	法学

法律学科 (400)	専門的な知識だけでなく、法的な思考能力と正義感を養う。憲法、民法、刑法を基礎から学び、2年次からは法律職、ビジネス法、現代社会の3つのコースに分かれ、専門性を高める。大学院特別科目等履修生制度を利用し、大学院の高度な授業を受けることもできる。
自治行政学科 (200)	法律に加えて福祉や環境の知識も有し、新しい地方創成に貢献する人材を育成する。環境法政型、まちづくり型、社会保障型の3つの履修モデルを用意。実際に地方自治体の行政に携わってきた教員による講義を開講するなど実践的なカリキュラムを展開している。
取得可能な免許・資格	登録日本語教員、学芸員、教員免許（中-社、高-公）、社会教育士、社会教育主事

経済学部

横浜キャンパス　定員 950

特色	約50のゼミが設けられ、興味や関心に従って多彩な研究に取り組むことが可能。
進路	卒業者の多くは卸売・小売業やサービス業、情報通信業に就職している。
学問分野	経済学／経営学／国際学
大学院	経済学

経済学科 (650)	経済学を網羅的に学ぶ現代経済専攻と、政策やデータ処理を中心に学ぶ経済分析専攻の2つの専攻からなる。2年進級時には5コースに分かれ、卒業後の進路を意識して専門性を高めていく。情報教育にも力を入れ、社会で活かせる情報分析力を身につける。
現代ビジネス学科 (300)	国際ビジネスの理論と実践力を修得する。貿易、ビジネス、マーケティング、会計などのビジネスや世界各地域の経済事情を学ぶ科目を用意。2年次から貿易・国際ビジネス、経営・マーケティング、企業・会計の3つのコースに分かれて専門性を高めていく。
取得可能な免許・資格	登録日本語教員、学芸員、教員免許（中-社、高-地歴・公・商業）、社会教育士、社会教育主事

経営学部

みなとみらいキャンパス　定員 530

特色	学部独自の留学制度などを実施。高い語学力と国際感覚を兼ね備えた人材を育成。
進路	卒業者の多くは卸売・小売業やサービス業、情報通信業に就職している。
学問分野	経営学／社会学／国際学
大学院	経営学

国際経営学科 (530)	各自のキャリアイメージ実現に必要な専門科目を効率的に履修できるキャリア・ショップシステムを展開。加えて、専門知識をより高めるためのX-Business、国際ビジネスコミュニケーション（IBC）、マネジメント体験の3つの特別プログラムも選択できる。
取得可能な免許・資格	登録日本語教員、学芸員、教員免許（中-社、高-公・情）、社会教育士、社会教育主事

外国語学部

みなとみらいキャンパス　定員 350

特色	複数の言語と異文化を学び、「外国語＋α」の国際人としての実践力を備える。
進路	就職先は卸売・小売業やサービス業、製造業をはじめ多岐にわたる。
学問分野	文学／言語学／文化学／国際学
大学院	人文学

英語英文学科 (200)	英語によるコミュニケーション能力と教養を兼ね備えた国際人を育成する。言語コミュニケーション・英語教育、英語圏文学・文化の2コースを設けるIES、英語のみで授業を行い、2年次に留学を行うGECの2つのプログラムを設置。発信力と実践力を鍛える。

スペイン語学科 (90)	スペイン語の修得に加え、スペイン語圏の文化や歴史、地域事情などを学ぶ。基礎文法からスタートし、3年次には言語文化と地域文化の2つのコースに分かれ、専門的に学んでいく。スペイン語による演劇上演やスピーチコンテストなどの体験学習も用意している。
中国語学科 (60)	中国の言語、歴史、社会、文化を学び、日中間の経済活動や文化交流に貢献できる人材を育成する。中国語の授業はレベル別に初習と既習の2つのクラスを設ける。中国語の高い運用能力獲得を目指す言語と、社会や文化を中心に学ぶ社会文化の2コースを設置。
取得可能な免許・資格	登録日本語教員、学芸員、教員免許(中-英・中国語、高-英・中国語)、社会教育士、社会教育主事

国際日本学部

みなとみらいキャンパス　定員 300

- 特色　文化・価値観を理解し、世界・日本・地域をつなぐ人材を育成。
- 進路　2020年度開設。サービス業やマスコミ、研究者などの進路を想定。
- 学問分野　文学／言語学／歴史学／文化学／観光学／メディア学／国際学
- 大学院　歴史民俗資料学

国際文化交流学科 (170)	アジアや欧米、中東、ロシア、アフリカなど世界の文化と日本文化を比較考察し、多様性への理解を深める。文化交流、観光文化、言語・メディア、国際日本学の4つのコースを設け専門的に学べる他、英語に加え1言語を選択し、2言語の運用能力の修得を目指す。
日本文化学科 (60)	日本語を仕組みや成り立ちから学習し、シナリオライターや日本語教員など日本語のプロとして活躍するための表現力や伝達力、運用能力を高める。歌舞伎や茶道、華道といった伝統文化からマンガやアニメなどの現代文化まで幅広く学び、日本の文化を究める。
歴史民俗学科 (70)	古代から現代まで日本の歴史、地域の信仰や儀礼などの民俗、文化資源を活用する文化創生の3つの分野から学びを深める。歴史学と民俗学を本格的に学修し、地域の歴史文化を守り、伝え、活かす、地方振興や地域活性化の中心となって活躍できる人材を育成する。
取得可能な免許・資格	登録日本語教員、学芸員、教員免許 (中-国・社、高-国・地歴)、社会教育士、社会教育主事

人間科学部

横浜キャンパス　定員 300

- 特色　社会および人間の心身について学び、心豊かな社会づくりに貢献する人材を育成。
- 進路　就職先はサービス業や卸売・小売業、情報サービス・調査業など。
- 学問分野　心理学／社会学／健康科学／人間科学
- 大学院　人間科学

人間科学科 (300)	人間の心身と人間の作る社会について多角的な理解を深めることで、現代社会の諸問題を解決できる人材を育成する。2年次から心理発達、スポーツ健康、人間社会の3つのコースに分かれて専門分野を学修していく。実験や社会調査などを行い、真の人間像に迫る。
取得可能な免許・資格	登録日本語教員、公認心理師、認定心理士、学芸員、社会調査士、教員免許 (中-社・保体、高-地歴・公・保体)、社会教育士、社会教育主事

理学部

横浜キャンパス　定員 275

- 特色　2023年度改組。1学科6コース制で数学から地学まで広く学ぶ。
- 進路　情報通信業やサービス業の他、教員や公務に就く者もいる。
- 学問分野　数学／物理学／化学／生物学／地学／環境学
- 大学院　理学

理学科 (275)	2023年度改組。1学科制となり、「数学」「物理」「化学」「生物」「地球環境科学 (地学)」、すべての分野を幅広く学ぶ「総合理学」の計6つのコースを用意。1学科となることで、分野領域を超えて自分の興味・関心に応じた科目をより自由に幅広く履修できる。
取得可能な免許・資格	登録日本語教員、学芸員、教員免許 (中-数・理、高-数・理)、社会教育士、社会教育主事

工学部

横浜キャンパス　定員 440

特色　2023年度改組。未来社会を切り拓くグローバル工学人材を育成。
進路　卒業者の多くが技術者をはじめ、研究者や教員として活躍している。
学問分野　物理学／機械工学／電気・電子工学／材料工学／ナノテクノロジー／船舶・航空宇宙工学／エネルギー工学／社会・安全工学／その他工学／情報学
大学院　工学

機械工学科 (145)	機械工学科では、伝統的な科目と同時に機械解剖、メカトロデザインなど、機械に触れる科目を学んだ上でロボット・AI、宇宙エレベーター、ビークル、ロケット、複合材料、精密加工・工作機械、金属材料、燃焼、熱・流体機械などの研究に取り組む。
電気電子情報工学科 (145)	電気、電子、情報を総合的に学び、複数技術の融合が求められる現代社会に通用する技術者を育成する。少人数のグループで行う学生実験を通して直感力や問題解決力、工学的センスを養う。11の研究室を設けて、電気、電子、情報工学の最前線の研究に取り組む。
経営工学科 (90)	ものづくりの技術能力に加え、現場を効率的に稼働させるための管理技術能力やマネジメント能力、情報システム能力を養う。1年次には工学の基礎や科学的思考力、コミュニケーション能力を身につける。工業英語や工業中国語科目が設置されている。
応用物理学科 (60)	2023年度開設。現代物理学の知識を基盤とし、その応用として様々な科学技術を身につける。「宇宙観測」と「ナノサイエンス」の2つを大きなテーマとして掲げ、学科を超えた分野横断教育では、機械工学科とともに「宇宙理工学」の分野を学ぶことができる。
取得可能な免許・資格	登録日本語教員、学芸員、危険物取扱者（甲種）、毒物劇物取扱責任者、電気工事士、特殊無線技士（海上、陸上）、陸上無線技術士、技術士補、主任技術者（電気、電気通信）、施工管理技士（建築、電気工事、管工事、建設機械）、衛生管理者、教員免許（中-数、高-数・情・工業）、社会教育士、社会教育主事、作業環境測定士

化学生命学部

横浜キャンパス　定員 190

特色　2023年度開設。化学・生物学の分野を融合的に学び、実践力を培う。
進路　2023年度開設。メーカー研究室の技術者など幅広い進路を想定。
学問分野　化学／生物学／地学／応用化学／応用生物学／生活科学
大学院　理学／工学

応用化学科 (110)	現代社会に役立つ化学技術を身につけ、社会に貢献する能力を備えた人材を養成する。電池や燃料電池などのエネルギー化学、触媒化学、固体化学、セラミックス・高分子といった材料化学などを扱う「応用化学」を中心に学ぶ。応用化学コースまたは環境生活科学コースに進級する。
生命機能学科 (80)	生化学、分子生物学、細胞生物学、遺伝学、タンパク質工学などを扱う「生命機能学」を中心に学ぶ。進級先として生命機能学コースと環境生活科学コースが用意され、より実践的な学びを通して高度専門職業人や環境分析技術者を養成する。
取得可能な免許・資格	登録日本語教員、学芸員、毒物劇物取扱責任者、食品衛生管理者、食品衛生監視員、教員免許（中-理、高-理）、社会教育士、社会教育主事、作業環境測定士

情報学部

横浜キャンパス　定員 200

特色　多様な視点から情報技術を学び、次代のニーズに応える人材を育成する。
進路　2023年度開設。情報通信産業やシンクタンクなどの進路を想定。
学問分野　数学／情報学
大学院　工学

計算機科学科 (80)	世界標準の情報教育カリキュラム（CS2013）に準じたカリキュラムが組まれており、情報処理の基礎を理解しながら、情報技術のめまぐるしい変化に右往左往することなく長期的に通用する知識と技能を修得する。

システム数理学科 (80)	情報に関わる幅広い専門知識を持ち、コミュニケーション能力と技術力に裏づけられた真の問題解決能力を兼ね備えた人材を育成。問題解決思考、対象とするデータの種類、さらにモデリングにおける視点について、講義と多くの例題をもとに理解を深める。
先端情報領域プログラム (40)	データに関わる「生成」、「分析」、「処理」の観点からデータの利活用をひも解くデータセントリック的方法論を学ぶ。計算機・システム動作、セキュリティログ、社会現象（自然災害、流行、疫病他）などの幅広いデータを対象に、データを扱える人材を育成する。
取得可能な免許・資格	登録日本語教員、学芸員、教員免許（中-数、高-数・情）、社会教育士、社会教育主事

建築学部

横浜キャンパス　定員 200

- 特色　2022年度、工学部建築学科を改組し、文系にも開かれた学部として開設。
- 進路　卒業者の多くが建設業やサービス業、不動産業に就職している。
- 学問分野　土木・建築学／生活科学／住居学／デザイン学／環境学
- 大学院　工学

建築学科 (200)	入学後は建築学系または都市生活学系に所属し、2年次前期までは学部の必修科目などを通して幅広く学ぶ。建築学系は2年次後期より構造、環境、デザイン、都市生活学系はデザイン、住生活創造、まち再生の各3つのコースのいずれかに進む。
取得可能な免許・資格	登録日本語教員、学芸員、建築士（一級、二級）、施工管理技士（造園、建設機械）、教員免許（高-工業）、社会教育士、社会教育主事、作業環境測定士

入試要項（2024年度）

※この入試情報は2024年度募集要項等より編集したものです（見方は巻頭の「本書の使い方」参照）。
2025年度入試の最新情報は、ホームページや2025年度募集要項等で必ず確認してください。

「大学入試科目検索システム」のご案内

日程・方式ごとの偏差値や昨年度入試結果（志願者倍率、実質倍率、合格最低点）、基本情報（出願締切日、試験日、二段階選抜、募集人員、総合満点）などは、「大学入試科目検索システム」（https://nyushi.toshin.com/）をご覧ください（利用方法はp.12参照）。

■法学部　偏差値 54

一般選抜

◆**給費生試験、一般入学試験（後期3科目型〔A方式〕）**
［全学科：3科目］国 現古 地歴 公 世B、日B、地理B、政経から1 外 英

◆**一般入学試験（前期3科目型〔A方式〕）**
［全学科：3科目］給費生試験に同じ▶地理Bは試験日により選択可

共通テスト併用入試

◆**一般入学試験（前期共通テスト併用型〔C方式〕）**
［全学科］〈共2科目〉国 数 現、数ⅠA、数ⅡBから1 外 英〈個1科目〉国 地歴 公 現古、世B、日B、政経から1

共通テスト利用入試　※個別試験は課さない

◆**共通テスト利用入学試験（前・後期〔3教科型〕）**
［全学科：3科目］国 現 地歴 公 数 理 世B、日B、地理B、公理全9科目、数Ⅰ、数ⅠAから1 外 全5科目から1

■経済学部　偏差値 55

一般選抜

◆**給費生試験（地歴公民型）、一般入学試験（後期3科目型〔A方式 地歴公民型〕）**
［経済－現代経済：3科目］国 現古 地歴 公 世B、日B、地理B、政経から1 外 英

◆**給費生試験（数学型）、一般入学試験（前・後期3科目型〔A方式 数学型〕）**
［経済：3科目］国 現古 数 数ⅠⅡA 外 英

◆**給費生試験、一般入学試験（後期3科目型〔A方式〕）**
［現代ビジネス：3科目］国 現古 地歴 公 数 世B、日B、地理B、政経、数ⅠⅡAから1 外 英

◆**一般入学試験（前期3科目型〔A方式 地歴公民型〕）**
［経済－現代経済：3科目］給費生試験（地歴公民型）に同じ▶地理Bは試験日により選択可

◆**一般入学試験（前期3科目型〔A方式〕）**
［現代ビジネス：3科目］給費生試験に同じ▶地理Bは試験日により選択可

◆**一般入学試験（前期得意科目型〔B方式〕）**
［経済－経済分析：2科目］国 外 現古、英から1 数 数ⅠⅡA
［現代ビジネス：2科目］国 地歴 公 数 外 現古、世B、日B、政経、数ⅠⅡA、英から2▶国外から1必須

共通テスト併用入試

◆**一般入学試験（前期共通テスト併用型〔C方式〕）**
［経済－現代経済、現代ビジネス］〈共2科目〉国 理 現、理全5科目から1 外 全5科目から1〈個1科目〉地歴 公 数 世B、日B、政経、数ⅠⅡAから1

[経済－経済分析]〈共2科目〉国地歴公理現、世B、日B、地理B、公理全9科目から1 外全5科目から1〈個1科目〉数数ⅠⅡA

共通テスト利用入試 ※個別試験は課さない

◆**共通テスト利用入学試験（前・後期〔3教科型 地歴公民型〕）**

[経済－現代経済：3科目] 国現 地歴公世B、日B、地理B、公全4科目から1 外全5科目から1

◆**共通テスト利用入学試験（前・後期〔3教科型 数学型〕）**

[経済－現代経済：3科目] 国地歴公理現、世B、日B、地理B、公理全9科目から1 数全6科目から1 外全5科目から1

[経済－経済分析：3科目] 国地歴公理現、世B、日B、地理B、公理全9科目から1 数数ⅠA、数ⅡBから1 外全5科目から1

◆**共通テスト利用入学試験（前・後期〔3教科型〕）**

[現代ビジネス：3科目] 国現 地歴公数理世B、日B、地理B、公数理全15科目から1 外全5科目から1

◆**共通テスト利用入学試験（前・後期〔4教科型 数学型〕）**

[経済－現代経済：4科目] 国現 地歴公理世B、日B、地理B、公理全9科目から1 数全6科目から1 外全5科目から1

[経済－経済分析：4科目] 国現 地歴公理世B、日B、地理B、公理全9科目から1 数数ⅠA、数ⅡBから1 外全5科目から1

◆**共通テスト利用入学試験（前・後期〔4教科型〕）**

[現代ビジネス：4科目] 国現 地歴公理世B、日B、地理B、公理全9科目から1 数全6科目から1 外全5科目から1

■経営学部 偏差値 54

一般選抜

◆**給費生試験、一般入学試験（後期3科目型〔A方式〕）**

[国際経営：3科目] 国現古 地歴公数世B、日B、地理B、政経、数ⅠⅡAから1 外英

◆**一般入学試験（前期3科目型〔A方式〕）**

[国際経営：3科目] 給費生試験に同じ▶地理Bは試験日により選択可

◆**一般入学試験（前期得意科目型〔B方式〕）**

[国際経営：2科目] 国地歴公数外現古、世B、日B、政経、数ⅠⅡA、英から2▶国外から1必須

共通テスト併用入試

◆**一般入学試験（前期共通テスト併用型〔C方式〕）**

[国際経営]〈共1科目〉国地歴公数理現、世B、日B、地理B、公数理全15科目から1〈個1科目〉外英

共通テスト利用入試 ※個別試験は課さない

◆**共通テスト利用入学試験（前・後期〔3教科型〕）**

[国際経営：3科目] 国現 地歴公数理全21科目から1 外全5科目から1

◆**共通テスト利用入学試験（前・後期〔4教科型〕）**

[国際経営：4科目] 国現 地歴公全10科目から1 数理全11科目から1 外全5科目から1

■外国語学部 偏差値 56

一般選抜

◆**給費生試験**

[全学科：3科目] 国現古 地歴公世B、日B、地理B、政経から1 外英

◆**一般入学試験（前期3科目型〔A方式〕）**

[全学科：3科目] 給費生試験に同じ▶地理Bは試験日により選択可

◆**一般入学試験（前期得意科目型〔B方式〕）**

[英語英文：2科目] 国現古 外英

[スペイン語：2科目] 国地歴公現古、世B、日B、政経から1 外英

◆**一般入学試験（後期3科目型〔A方式〕）**

[英語英文－GEC以外：3科目] 給費生試験に同じ

共通テスト併用入試

◆**一般入学試験（前期共通テスト併用型〔C方式〕）**

[英語英文－IES]〈共2科目〉国地歴公数理外現、世B、日B、地理B、公数理全15科目、英から2教科2▶地歴と公は1教科扱い〈個1科目〉外英

[スペイン語]〈共1科目〉国地歴公数理外現、世B、日B、地理B、公数理全15科目、英から1〈個1科目〉外英

[中国語]〈共2科目〉国地歴公数理外現、世B、日B、地理B、公数理外全20科目から2教科2▶地歴と公は1教科扱い〈個1科目〉外英

共通テスト利用入試 ※個別試験は課さない

◆**共通テスト利用入学試験（前期〔3教科型〕）**

[英語英文－IES、スペイン語：3科目] 国現 地歴公世B、日B、地理B、公全4科目から1 外英

[中国語：3科目] 国現 地歴公数世B、日B、地理B、公全4科目、数Ⅰ、数ⅠAから1 外全5科目から1

◆**共通テスト利用入学試験（後期〔3教科型〕）**

[英語英文－IES、スペイン語：3科目] 共通テスト利用入学試験（前期〔3教科型〕）に同じ

■国際日本学部 偏差値 

一般選抜

◆**給費生試験、一般入学試験（後期3科目型〔A方式〕）**

[全学科：3科目] 国現古 地歴公世B、日B、地理B、政経から1 外英

◆**一般入学試験（前期3科目型〔A方式〕）**

[全学科：3科目] 給費生試験に同じ▶地理Bは試験日により選択可

◆**一般入学試験（前期得意科目型〔B方式〕）**

[国際文化交流：2科目] 国地歴公現古、世B、日B、政経から1 外英

[日本文化：2科目] 国現古 地歴日B

[歴史民俗：2科目] 国地歴公外現古、世B、日B、政経、英から2教科2▶地歴と公は1教科扱い

共通テスト併用入試

◆**一般入学試験（前期共通テスト併用型〔C方式〕）**

[国際文化交流]〈共2科目〉国地歴公数理外現、世B、日B、地理B、公数理全15科目、英から2教科2▶地歴と公は1教科扱い〈個1科目〉外英

[日本文化]〈共2科目〉地歴公世B、日B、地理B、公全4科目から1 外全5科目から1〈個1科目〉国

現古
[歴史民俗]〈共2科目〉国数理外現古漢、数理外全16科目から2教科2〈個1科目〉地歴公世B、日B、政経から1

共通テスト利用入試 ※個別試験は課さない

◆共通テスト利用入学試験(前・後期〔3教科型〕)
[国際文化交流:3科目]国現地歴公世B、日B、地理B、公全4科目から1外英
[日本文化:3科目]国現古漢地歴公世B、日B、地理B、公全4科目から1外全5科目から1
[歴史民俗:3科目]国地歴公数理外現古漢、世B、日B、地理B、公数理外全20科目から3教科3▶地歴と公は1教科扱い

◆共通テスト利用入学試験(前・後期〔4教科型〕)
[歴史民俗:4科目]国地歴公数理外現古漢、世B、日B、地理B、公数理外全20科目から4教科4▶地歴と公は1教科扱い

■人間科学部 偏差値 55

一般選抜

◆給費生試験、一般入学試験(後期3科目型〔A方式〕)
[人間科:3科目]国現古地歴公数世B、日B、地理B、政経、数ⅠⅡAから1外英

◆一般入学試験(前期3科目型〔A方式〕)
[人間科:3科目]給費生試験に同じ▶地理Bは試験日により選択可

共通テスト併用入試

◆一般入学試験(前期共通テスト併用型〔C方式〕)
[人間科]〈共2科目〉国地歴公数理外現、世B、日B、地理B、公数理外全20科目から2教科2▶地歴と公は1教科扱い〈個1科目〉国外現古、英から1

共通テスト利用入試 ※個別試験は課さない

◆共通テスト利用入学試験(前・後期〔3教科型〕)
[人間科:3科目]国現地歴公数理世B、日B、地理B、公数理全15科目から1外全5科目から1

■理学部 偏差値 52

一般選抜

◆給費生試験、一般入学試験(後期3科目型〔A方式〕)
[理−生物以外:3科目]数数ⅠⅡⅢAB理物基・物、化基・化、生基・生から1外英
[理−生物:3科目]国数現古、数ⅠⅡⅢABから1理物基・物、化基・化、生基・生から1外英

◆一般入学試験(前期3科目型〔A方式〕)
[理:3科目]給費生試験に同じ▶生基・生は試験日により選択可

◆一般入学試験(前期得意科目型〔B方式〕)
[理−数学:2科目]数数ⅠⅡⅢAB理物基・物、化基・化、生基・生から1
[理−物理:2科目]数数ⅠⅡⅢAB理物基・物
[理−化学:2科目]数外数ⅠⅡAB、英から1理化基・化
[理−生物:2科目]数外数ⅠⅡAB、英から1理生基・生
[理−地球環境科学:2科目]数外数ⅠⅡAB、英から1理物基・物、化基・化、生基・生、地基・地から1
[理−総合理学:2科目]国数理外次の①～③から2(①現古、数ⅠⅡⅢABから1、②物基・物、化基・化、生基・生から1、③英)▶国と外の組み合わせ不可

共通テスト併用入試

◆一般入学試験(前期共通テスト併用型〔C方式〕)
[理−数学・物理]〈共2科目〉数数ⅠA、数ⅡBから1理外物、化、生、地、英から1〈個1科目〉数理数ⅠⅡⅢAB、物基・物から1
[理−化学]〈共2科目〉数外数ⅠA、数ⅡB、英から1理物、化、生、地から1〈個1科目〉理化基・化
[理−生物]〈共2科目〉国数理現、数ⅠA、数ⅡB、物、化、生、地から1外英〈個1科目〉理生基・生
[理−地球環境科学]〈共2科目〉数外数ⅠA、数ⅡB、英から1理物、化、生、地から1〈個1科目〉理物基・物、化基・化、生基・生、地基・地から1
[理−総合理学]〈共2科目〉数理数ⅠA、数ⅡB、理全5科目から1外英〈個1科目〉数理数ⅠⅡⅢAB、物基・物、化基・化、生基・生から1

共通テスト利用入試 ※個別試験は課さない

◆共通テスト利用入学試験(前・後期〔3教科型〕)
[理−数学・物理・化学・地球環境科学:4科目]数数ⅠA、数ⅡB理物、化、生、地から1外英
[理−生物:3～4科目]国数次の①・②から1(①現、②数ⅠA、数ⅡB)理物、化、生、地から1外英
[理−総合理学:3～4科目]国数理外次の①～④から3(①現、②数ⅠA、数ⅡB、③物、化、生、地から1、④英)

■工学部 偏差値 54

一般選抜

◆給費生試験、一般入学試験(前・後期3科目型〔A方式〕)
[全学科:3科目]数数ⅠⅡⅢAB理物基・物、化基・化から1外英

◆一般入学試験(前期得意科目型〔B方式〕)
[応用物理以外:2科目]数数ⅠⅡⅢAB理外物基・物、英から1
[応用物理:2科目]数数ⅠⅡⅢAB理物基・物

共通テスト併用入試

◆一般入学試験(前期共通テスト併用型〔C方式〕)
[機械工、電気電子情報工]〈共2科目〉国理外現、物基・化基、物、化、英から2教科2〈個1科目〉数数ⅠⅡⅢAB
[経営工]〈共1科目〉国理外現、理全5科目、英から1〈個1科目〉数数ⅠⅡⅢAB
[応用物理]〈共2科目〉国外現、英から1理物基・化基、物、化から1〈個1科目〉数数ⅠⅡⅢAB

共通テスト利用入試 ※個別試験は課さない

◆共通テスト利用入学試験(前・後期〔3教科型〕)
[全学科:4科目]国理外現、物、化、生、地、英

私立 東京 神奈川 神奈川大学

から2教科2 数 数ⅠA、数ⅡB

■化学生命学部 偏差値 -

一般選抜

◆給費生試験

[応用化：3科目] 数 数ⅠⅡⅢAB 理 物基・物、化基・化、生基・生から1 外 英

[生命機能：3科目] 国 数 現古、数ⅠⅡⅢABから1 理 物基・物、化基・化、生基・生から1 外 英

◆一般入学試験（前・後期3科目型〔A方式〕）

[全学科：3科目] 国 数 現古、数ⅠⅡABから1 理 物基・物、化基・化、生基・生から1▶生基・生は試験日により選択可 外 英

◆一般入学試験（前期得意科目型〔B方式〕）

[応用化：2科目] 国 数 外 現古、数ⅠⅡAB、英から1 理 化基・化

[生命機能：2科目] 国 数 外 現古、数ⅠⅡAB、英から1 理 化基・化、生基・生から1

共通テスト併用入試

◆一般入学試験（前期共通テスト併用型〔C方式〕）

[全学科]〈共2科目〉国 数 理 外 現、数ⅠA、数ⅡB、理全5科目、英から2教科2〈個1科目〉理 化基・化、生基・生から1

共通テスト利用入試 ※個別試験は課さない

◆共通テスト利用入学試験（前・後期〔3教科型〕）

[全学科：3科目] 国 数 理 外 現、数ⅠA、数ⅡB、理全5科目、英から3教科3

■情報学部 偏差値 52

一般選抜

◆給費生試験、一般入学試験（後期3科目型〔A方式〕）

[計算機科：3科目] 数 数ⅠⅡⅢAB 理 物基・物、化基・化、生基・生から1 外 英

[システム数理、先端情報領域：3科目] 数 数ⅠⅡⅢAB 理 物基・物、化基・化から1 外 英

◆一般入学試験（前期3科目型〔A方式〕）

[計算機科：3科目] 給費生試験に同じ▶生基・生は試験日により選択可

[システム数理、先端情報領域：3科目] 給費生試験に同じ

◆一般入学試験（前期得意科目型〔B方式〕）

[計算機科：2科目] 数 数ⅠⅡAB 理 外 物基・物、化基・化、生基・生、英から1

共通テスト併用入試

◆一般入学試験（前期共通テスト併用型〔C方式〕）

[計算機科]〈共1科目〉国 理 外 現、物、化、生、地、英から1〈個1科目〉数 数ⅠⅡⅢAB

[システム数理、先端情報領域]〈共1科目〉国 理 現、物基・化基、物、化から1〈個2科目〉数 数ⅠⅡAB 外 英

共通テスト利用入試 ※個別試験は課さない

◆共通テスト利用入学試験（前・後期〔3教科型〕）

[全学科・プログラム：4科目] 国 理 現、物、化、生、地から1 数 数ⅠA必須、数ⅡB、情から1 外 英

■建築学部 偏差値 54

一般選抜

◆給費生試験、一般入学試験（前・後期3科目型〔A方式〕）

[建築−建築：3科目] 数 数ⅠⅡⅢAB 理 物基・物、化基・化から1 外 英

◆給費生試験（理系型）、一般入学試験（前・後期3科目型〔A方式 理系型〕）

[建築−都市生活：3科目] 数 数ⅠⅡⅢAB 理 物基・物、化基・化から1 外 英

◆給費生試験（文系型）、一般入学試験（後期3科目型〔A方式 文系型〕）

[建築−都市生活：3科目] 国 現古 地歴 公 数 世B、日B、地理B、政経、数ⅠⅡAから1 外 英

◆一般入学試験（前期3科目型〔A方式 文系型〕）

[建築−都市生活：3科目] 給費生試験（文系型）に同じ▶地理Bは試験日により選択可

共通テスト併用入試

◆一般入学試験（前期共通テスト併用型〔C方式〕）

[建築−建築]〈共2科目〉国 理 外 現、理全5科目、英から2教科2〈個1科目〉数 数ⅠⅡⅢAB

◆一般入学試験（前期共通テスト併用型〔C方式 理系型〕）

[建築−都市生活]〈共2科目〉国 理 外 現、理全5科目、英から2教科2〈個1科目〉数 数ⅠⅡⅢAB

◆一般入学試験（前期共通テスト併用型〔C方式 文系型〕）

[建築−都市生活]〈共2科目〉国 理 外 現、理全5科目、英から2教科2〈個1科目〉地歴 公 世B、日B、政経から1

共通テスト利用入試 ※個別試験は課さない

◆共通テスト利用入学試験（前・後期〔3教科型〕）

[建築−建築：4科目] 数 数ⅠA、数ⅡB 理 物、化、生、地から1 外 英

[建築−都市生活：3科目] 国 地歴 公 数 理 現、世B、日B、地理B、公数理全15科目から2教科2▶地歴と公は1教科扱い 外 英

■特別選抜

[総合型選抜] AO入学試験

[学校推薦型選抜] 公募制自己推薦入学試験（社会活動等実践者、経済学部、出願部門別、英語検定有資格者、英語プレゼンテーション課題、日本文化学科、理学部、工学部、女子特別推薦、建築学部、化学生命学部、情報学部）、スポーツ・音楽推薦（公募制）入学試験、指定校制推薦入学試験

[その他] 卒業生子弟・子女入学試験、社会人入学試験、外国高等学校在学経験者（帰国生徒等）入学試験、外国人留学生入学試験、スポーツ重点強化部推薦入学試験、UNHCR難民高等教育プログラムによる難民を対象とする推薦入学試験

きたさと
北里大学

資料請求

入学センター（相模原キャンパス）　TEL (042) 778-9760　〒252-0373 神奈川県相模原市南区北里1-15-1

生命の謎を解明し、地球の明日に貢献する

大学紹介動画

最新入試情報

学祖・北里柴三郎が唱えた「開拓、報恩、叡知と実践、不撓不屈」の精神のもと、生命科学の最先端を担う教育研究機関を目指す。生命科学を牽引する研究者や教育者、専門知識と技術を兼ね備えた人材を育成する。

学祖 北里柴三郎博士之像

キャンパス **4**つ

相模原キャンパス
〒252-0373 神奈川県相模原市南区北里1-15-1
白金キャンパス
〒108-8641 東京都港区白金5-9-1
十和田キャンパス
〒034-8628 青森県十和田市東二十三番町35-1
新潟キャンパス
〒949-7241 新潟県南魚沼市黒土新田500

私立
東京
神奈川
北里大学

基本データ

※2023年8月現在（進路・就職は2022年度卒業者データ。学費は2024年度入学者用）

沿革

1962年、北里研究所創立50周年記念事業の一環として北里大学を設立し、衛生学部を設置。1964年、薬学部を設置。1970年、医学部を設置。1986年、看護学部を設置。1994年、理、医療衛生の2つの学部を改組設置。2008年、水産学部を海洋生命科学部に改称。2023年に未来工学部を、2024年に健康科学部を設置。2025年、獣医学部に新学科を開設予定。

教育機関
9 学部 8 研究科

学部　未来工／理／獣医／海洋生命科／薬／医／看護／医療衛生／健康科

大学院　未来工学Ⓜ／理学ⓂⒹ／獣医学系ⓂⒹ／海洋生命科学ⓂⒹ／薬学ⓂⒹ／看護学ⓂⒹ／医療系ⓂⒹ／感染制御科学ⓂⒹ

人数

学部学生数　**8,022**名　　教員1名あたり 学生**4**名

教員数　**1,731**名【理事長】小林弘祐、【学長】島袋香子
（教授**227**名、准教授**151**名、講師**298**名、助教**1,051**名、助手・その他**4**名）

学費

初年度納入額　**1,354,000~9,128,000**円

奨学金　北里大学学生表彰による奨学金（北島賞）、北里大学給付奨学金、北里大学PPA給付奨学金

進路

学部卒業者　**1,627**名
（進学**259**名［15.9%］、就職**1,159**名［71.2%］、その他※**209**名［12.9%］）
※臨床研修医110名を含む

主な就職先　北里大学病院、北里大学北里研究所病院、北里大学メディカルセンター、慶應義塾大学病院、東京大学医学部附属病院、神奈川県立病院機構、国立成育医療研究センター、大塚製薬、第一三共、エーザイ、厚生労働省、農林水産省、東京都庁、地方公務、動物病院、家畜改良センター、エイツーヘルスケア、京葉銀行、日本ハム、伊藤ハム、雪印メグミルク、キユーピー

学部学科紹介

※本書掲載内容は、大学公表資料から独自に編集したものです。詳細は大学パンフレットやホームページ等で必ず確認してください（取得可能な免許・資格は任用資格や受験資格などを含む）。

未来工学部

相模原キャンパス　定員 120

特色　2023年度開設。データを使い、幅広い分野で新しい価値を創造する人材を育成。

進路　2023年度開設。医療や製薬、食品など幅広い業界で活躍を期待。

学問分野　応用生物学／情報学

大学院　未来工学

データサイエンス学科	(120)	自ら現場に飛び込み問題を探し出し、解決に向けて協働できる攻めのデータサイエンティストを育てる。講義や演習では医学、薬学、生物学など、生命科学研究の最前線のデータを扱いながら基盤となるプログラミングや数理の素養を統合的に修得する。
取得可能な免許・資格		教員免許（高-情）

理学部

相模原キャンパス　定員 213

特色　基礎科学の幅広い分野を研究。卒業研究を集大成として、知識や能力を体系的に修得する。

進路　約半数が大学院へ進学。製造業や情報通信業の他、教員となる者もいる。

学問分野　物理学／化学／生物学／応用生物学

大学院　理学

物理学科	(53)	宇宙から生命まで、様々な自然現象を物理の視点で解明する。3年次より宇宙物理学、光物理学、物性物理学、生命物理学の4つの領域から興味に応じて集中的に専門科目を履修する。4年次には教員とマンツーマンでゼミや実験の指導を受け、卒業研究として最先端の研究に取り組む。
化学科	(80)	原子や分子のレベルから物質の構造、反応、性質、合成に基づいて自然現象を解明する。1年次から物理学や生物学など自然科学の基礎科目とともに化学の専門科目を学び、学年が進むに従って高度な学際分野の学修を進める。4年次は卒業研究として、最先端のテーマに取り組む。
生物科学科	(80)	複雑な生命活動を分子レベルで研究する。分子生物学、幹細胞学、細胞生物学、免疫学の4つの講座で構成される。2年次から専門的な講義・実習が始まり、3年次には専門を深めるとともに英語で書かれた最新の論文を読み最先端の研究に触れる演習も用意されている。
取得可能な免許・資格		危険物取扱者(甲種)、毒物劇物取扱責任者、測量士補、衛生管理者、教員免許(中-理、高-理)、作業環境測定士

獣医学部

相模原C(1年、新学科は全学年)
十和田C(獣医、動資源2～4(6)年)　定員 320

特色　相模原・十和田キャンパスの豊かな自然の中で動物生命科学を学ぶ。

進路　獣医：多くが動物病院に勤務。その他：多くが一般企業や公務に就職。

学問分野　生物学／農学／獣医・畜産学／環境学

大学院　獣医学系

獣医学科	(120)	6年制。実践力を持った獣医師を養成する。生体機構、予防衛生、臨床の3つの系統のもと20の研究室が設置されており、4年次後期にいずれかの研究室に所属し専門研究を始める。2つの附属動物病院で臨床実習ができる他、外国語教育にも力を入れている。
動物資源科学科	(100※)	4年制。人と動物の関係や食と健康のつながりを実践的に学ぶ。3年次後期にアニマルサイエンスとバイオサイエンスの2つの系統の中の9つの研究室のいずれかに所属する。農学と医学の複眼的視野を培う農医連携教育プログラムは、希望者を対象に1年次から始まる。※入学定員予定
グリーン環境創成科学科 新	(100)	4年制。2025年度開設予定(仮称、設置構想中)。2050年のカーボンニュートラルに向けた生物多様性の保全、グリーンバイオテクノロジーとデータサイエンスを連携活用した持続可能な食糧生産の基盤および温室効果ガスの排出削減に貢献する専門分野を学ぶ。※生物環境科学科は2025年度より募集停止予定
取得可能な免許・資格		食品衛生管理者、食品衛生監視員、獣医師、家畜人工授精師、教員免許（中-理、高-理）

海洋生命科学部

相模原キャンパス　定員 180

特色	生命科学の視点から海洋生物を研究し、資源の持続的かつ有効な活用方法を探求。
進路	就職先は卸売・小売業、水産、食品、水族館など多岐にわたる。
学問分野	生物学／水産学／応用生物学
大学院	海洋生命科学

海洋生命科学科 (180)	増殖生物学、環境生物学、応用生物化学の3つの講座のもとに、13の研究室が設置されている。学部附属の三陸臨海教育研究センターで実習船に乗り海洋観測などを体験する。分子レベルの実験やフィールドワークなどあらゆる手法を駆使して卒業研究に取り組む。
取得可能な免許・資格	学芸員、技術士補、食品衛生管理者、食品衛生監視員、自然再生士補、教員免許(中-理、高-理)

薬学部

相模原キャンパス（1年）
白金キャンパス（2～4（6）年）　定員 295

特色	臨床薬学と基礎研究を教育の軸とし、医療や研究の分野で活躍できる人材を育成。
進路	薬：多くが薬剤師として就職。生命創薬科：約9割が大学院へ進学。
学問分野	薬学
大学院	薬学

薬学科 (260)	6年制。3つの大学附属病院と連携した臨床教育により、幅広い分野で活躍できる薬剤師を養成する。5年次からは所属研究室での卒業研究と並行して病院・薬局実習に取り組み、病院や地域の保険薬局など臨床の現場で求められる知識や技術を実践的に修得する。
生命創薬科学科 (35)	4年制。創薬科学や生命創薬科学、薬事行政など幅広い専門知識を備えた研究者を育成する。1年次の早期体験プログラムで国公立および企業の研究所や研究機関を訪問し、創薬の現場を体験する。3年次後期からは研究室に所属し、研究に取り組む。
取得可能な免許・資格	危険物取扱者（甲種）、毒物劇物取扱責任者、食品衛生管理者、食品衛生監視員、薬剤師

医学部

相模原キャンパス　定員 110

特色	1年次に行われる病院体験当直などを通して現場を知り、医師の心を育む。
進路	医師免許取得後2年間は、多くが大学病院などで初期研修を受ける。
学問分野	医学
大学院	医療系

医学科 (110)	6年制。現場の医師の姿から医療のあり方を学び、豊かな人間性を持つ医師を育成する。独自の器官系別総合教育を導入し疾患を総合的に捉える能力を養う。総合大学のメリットを活かし、大学附属病院で医療系学部と連携したチーム医療教育を実践している。
取得可能な免許・資格	医師

看護学部

相模原キャンパス　定員 125

特色	看護実践能力に加え、豊かな人間性や教養などを身につけた人材を養成。
進路	多くが看護師として北里大学病院や各種医療機関に就職。
学問分野	看護学
大学院	看護学

看護学科 (125)	医療系学部と連携したチーム医療教育や、附属の大学病院などと連携した臨地実習など実践的な教育を重視し、医療現場の最前線で活躍できる看護師を養成する。また、保健師・助産師・養護教諭一種養成の課程を選択履修できる（人数制限あり）。
取得可能な免許・資格	看護師、助産師、保健師、養護教諭（一種）

医療衛生学部

相模原キャンパス　定員 405

特色　広域かつ高度な教育を通して、医療現場においてチーム医療を支える人材を養成。
進路　多くは病院など各種医療機関で活躍。他、一般企業に就職する者も多い。
学問分野　心理学／医療工学／健康科学／環境学
大学院　医療系／感染制御科学

学科	定員	内容
保健衛生学科	(40)	環境保健学と臨床心理学の2つのコースを設置。臨床心理学コースは国家資格「公認心理師」を目指す。どちらのコースも卒業と同時に国家資格「第一種衛生管理者」を取得できる。
医療検査学科	(105)	バイオサイエンスなど専門性の高い知識や技術を兼ね備え、高度化する医療機器や医療現場で活躍できる臨床検査技師を養成する。海外の大学との交換留学や国際チーム医療演習などが行われる。4年次は卒業論文の作成と並行して、国家試験対策を重点的に行う。
医療工学科	(115)	臨床工学、診療放射線技術科学の2つの専攻を設置。前者は、医学と工学の基礎知識を修得し医療機器を操作・保守する臨床工学技士を養成する。後者は、放射線の安全な運用を学び、先端装置での画像検査や放射線治療の技術を修得した診療放射線技師を養成する。
リハビリテーション学科	(145)	理学療法学、作業療法学、言語聴覚療法学、視覚機能療法学の4つの専攻を設置。各専攻において理学療法士、作業療法士、言語聴覚士、視能訓練士の医療専門職を養成する。大学病院での実習が充実し、他の医療系学部と合同で実践的なチーム医療を学ぶ。
取得可能な免許・資格		公認心理師、危険物取扱者（甲種）、技術士補、臨床工学技士、食品衛生管理者、食品衛生監視員、理学療法士、作業療法士、診療放射線技師、臨床検査技師、言語聴覚士、視能訓練士、衛生管理者

健康科学部

新潟キャンパス　定員 160

特色　2024年度開設。高度医療から地域医療まで幅広く展開できる医療者を育成。
進路　高度な実践能力、ICTスキルを備えた看護専門職、臨床検査技師として病院や在宅医療等での活躍を想定。
学問分野　看護学／健康科学

学科	定員	内容
看護学科 新	(80)	2024年度開設。附属病院等との連携により、高度医療から地域包括医療まで幅広い分野で社会に貢献できる看護専門職の育成を目指す。高度な実践能力を備えた看護師として、がんや救命救急などの高度医療を提供する大学病院や、地域の中核病院での活躍、保健師や訪問看護師といった職種に就くことも可能。
医療検査学科 新	(80)	2024年度開設。幅広い教養と確固たる倫理観を身につけ、臨床検査技師として専門的な知識・技術を習得し、チーム医療に貢献できる能力を養成。近年の医療体制の変革、AIの導入など、大きな環境変化の中でも柔軟に対応できる現状分析と問題解決能力の修得を目指す。
取得可能な免許・資格		看護師、保健師、臨床検査技師、養護教諭（二種）

入試要項（2025年度）

※この入試情報は大学発表の2025年度入試（予告）より編集したものです（2024年1月時点。見方は巻頭の「本書の使い方」参照）。内容には変更が生じる可能性があるため、最新情報はホームページや2025年度募集要項等で必ず確認してください。

「大学入試科目検索システム」のご案内
日程・方式ごとの偏差値や昨年度入試結果（志願者倍率、実質倍率、合格最低点）、基本情報（出願締切日、試験日、二段階選抜、募集人員、総合満点）などは、「大学入試科目検索システム」（https://nyushi.toshin.com/）をご覧ください（利用方法はp.12参照）。

■未来工学部　偏差値 -

一般選抜
◆**一般選抜**
[データサイエンス：2科目] 数 数ⅠⅡA〔全〕B〔全〕C〔全〕 外 英

共通テスト利用入試　※個別試験は課さない
◆**共通テスト利用選抜（前期）**
[データサイエンス：4科目] 数 数ⅠA、数ⅡBC 理 理科基礎、物、化、生から1▶地基選択不可 外 英

■理学部　偏差値 59

一般選抜
◆**一般選抜**
[物理、化：2〜4科目] 数 外 数ⅠⅡA〔全〕B〔全〕

C〔べ表〕、英から1理物基・物、化基・化、生基・生から選択▶各3題の計9題から3題任意選択

[生物科：2～3科目]数外数ⅠⅡA〔全〕B〔全〕C〔べ表〕、英から1理化基・化、生基・生から選択▶各3題の計6題から3題任意選択

共通テスト併用入試

◆共通テスト利用選抜（後期）

[物理、化]〈共2科目〉国数外現、数ⅠA、数ⅡBC、英から1理理科基礎、物、化、生から1▶地基選択不可〈個1科目〉面面接

[生物科]〈共2科目〉国数外現、数ⅠA、英から1理理科基礎、化、生から1▶物基、地基選択不可〈個1科目〉面面接

共通テスト利用入試　※個別試験は課さない

◆共通テスト利用選抜（前期）

[物理、化：3科目]数数ⅠA理理科基礎、物、化、生から1▶地基選択不可外英

[生物科：3科目]数数ⅠA理理科基礎、化、生から1▶物基、地基選択不可外英

■獣医学部 偏差値 52

※グリーン環境創成科学科：入試情報未公表（2024年1月時点）

一般選抜

◆一般選抜（前期）

[獣医：3科目]数数ⅠⅡA〔全〕B〔全〕C〔全〕理物基・物、化基・化、生基・生から1外英

[動物資源科：2科目]国数外現、数ⅠⅡA〔全〕、英から1理物基・物、化基・化、生基・生から1

◆一般選抜（中期）※高得点2教科で合否判定

[動物資源科：3科目]国数現、数ⅠⅡA〔全〕から1理物基・物、化基・化、生基・生から1外英

◆一般選抜（後期）

[獣医：3科目]一般選抜（前期）に同じ

[動物資源科：3科目]一般選抜（中期）に同じ▶高得点2教科で合否判定

共通テスト利用入試　※個別試験は課さない

◆共通テスト利用選抜（前期〔3教科方式〕）

[獣医：4科目]数数ⅠA、数ⅡBC理理科基礎、物、化、生から1▶地基選択不可外英

[動物資源科：3科目]数数ⅠA、数ⅡBCから1理理科基礎、物、化、生から1▶地基選択不可外英

◆共通テスト利用選抜（前期〔5教科方式〕）

[獣医：7科目]国現古漢地歴公全6科目から1数数ⅠA、数ⅡBC理物、化、生から2外英

◆共通テスト利用選抜（前期〔2教科方式〕）

[動物資源科：2科目]国地歴公数外情現、地歴公情全7科目、数ⅠA、数ⅡBC、英から1理理科基礎、物、化、生から1▶地基選択不可

◆共通テスト利用選抜（後期）

[獣医：4科目]数数ⅠA、数ⅡBC理物、化、生から1外英

[動物資源科：2科目]共通テスト利用選抜（前期〔2教科方式〕）に同じ

■海洋生命科学部 偏差値 59

一般選抜

◆一般選抜（前期、中期、後期）

[海洋生命科：3科目]数数ⅠⅡA〔全〕理物基・物、化基・化、生基・生から1外英

共通テスト利用入試　※個別試験は課さない

◆共通テスト利用選抜

[海洋生命科：3科目]数数ⅠA理理科基礎、物、化、生から1▶地基選択不可外英（×L）

■薬学部 偏差値 64

一般選抜

◆一般選抜

[全学科：3科目]数数ⅠⅡA〔全〕B〔列〕C〔べ〕理化基・化外英

■医学部 偏差値 68

一般選抜

◆一般選抜

[医]〈一次：4科目〉数数ⅠⅡⅢA〔全〕B〔列〕C理物基・物、化基・化、生基・生から2外英〈二次：2科目〉論論文面個人面接・グループ面接

■看護学部 偏差値 62

一般選抜

◆一般選抜

[看護：3科目]数理数ⅠA、化基、生基から1外英論小論文

■医療衛生学部 偏差値 54

一般選抜

◆一般選抜

[保健衛生：2科目]数理数ⅠⅡA〔全〕、物基・物、化基・化、生基・生から1外英

[医療検査、医療工：3科目]数理数ⅠⅡA〔全〕、物基・物、化基・化、生基・生から2外英

[リハビリテーション：3科目]国数理現、数ⅠⅡA〔全〕、物基・物、化基・化、生基・生から2外英

■健康科学部 偏差値 60

一般選抜

◆一般選抜（前期、後期）

[看護：3科目]数理数ⅠA〔全〕、化基、生基から1外英論小論文

[医療検査：3科目]数理数ⅠA〔全〕、化基、生基から2外英

■特別選抜

[総合型選抜]総合型選抜

[学校推薦型選抜]学校推薦型選抜（指定校、公募制）

[その他]地域枠特別選抜試験、帰国生徒特別選抜試験、社会人特別選抜試験

就職支援

北里大学では、就職を目指す学生のために、充実した就職活動の実現と、そのための多彩なプログラムを用意して、各学部の就職担当教員・職員とも連携し就職支援を行っています。就職センターでは、キャリアカウンセラーとともに進路・就職活動に関する皆さんの不安や疑問に親身になってアドバイスを行っています。臨床実習や国家試験の対策はもちろんのこと、一般企業へ就職する学生に向けてのインターンシップ支援や、進路就職相談・模擬面接・応募書類の添削などを行っています。

国際交流

北里大学では、世界18カ国・46の学術機関と学術交流協定を結び、学生や教職員の相互派遣、共同研究などを展開しています。薬学部では、6年次の希望者を対象にケンタッキー大学やアイオワ大学にて約2週間の海外研修を行っています。獣医学部でも、アメリカなどの大学に5年次の学生を派遣しています。医学部ではクリニカルクラークシップの一環として、5～6年次に最長15週間の海外実習を選択することができます。その他の学部でも、海外との学術交流を積極的に行っています。

北里大学ギャラリー

■チーム医療演習

医療系学部と専門学校の学生が集い、2日間にわたるチーム医療演習を通して多業種協働の在り方を具体的に学びます。

■アクアリウムラボ

海洋生命科学部の学生が運営・企画を行っている、キャンパス内にある水族館。事前に申し込めば誰でも見学することができます。

■薬用植物園

約900種類の薬用植物を展示している薬学部附属の施設。ドーム型の温室があり、亜熱帯～熱帯地域の植物が栽培されています。

■学生食堂

相模原キャンパスL1号館にある学生食堂では、「北里ランチ」などの定食メニューが豊富。

東海大学

とうかい

資料請求

入試広報担当(湘南キャンパス)　TEL (0463) 50-2440　〒259-1292 神奈川県平塚市北金目4-1-1

「調和のとれた文明社会を建設する」ことを目指して

大学紹介動画

最新入試情報

人、社会、文明、歴史、世界などに対する幅広い視野と知識を養い、明日の歴史を担う人材を育成するという強い使命感のもと、全国各地のキャンパスにおいて、学生一人ひとりの素質を伸ばす教育を行う。

12号館から見た19号館

キャンパス **7**つ

湘南キャンパス
〒259-1292 神奈川県平塚市北金目4-1-1
伊勢原キャンパス
〒259-1193 神奈川県伊勢原市下糟屋143
品川キャンパス
〒108-8619 東京都港区高輪2-3-23
静岡キャンパス
〒424-8610 静岡県静岡市清水区折戸3-20-1
札幌キャンパス、熊本キャンパス、阿蘇くまもと臨空キャンパス

私立　東京 神奈川　東海大学

基本データ

※2023年5月現在（進路・就職は2022年度卒業者データ。学費は2024年度入学者用〔予定〕）

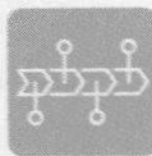

沿革

1942年、学園創立。1950年、新制東海大学が工、文学部で発足。1962年に海洋学部、以降複数の学部を設置。2008年、九州東海大学、北海道東海大学と統合。2022年、全学的な改組改編を実施。23学部62学科・専攻となる。2023年、大学院健康学研究科を設置し、現在に至る。

教育機関 23学部 17研究科

学部　文／文化社会／教養／児童教育／体育／健康／法／政治経済／経営／国際／観光／情報通信／理／情報理工／建築都市／工／医／海洋／人文／文理融合／農／国際文化／生物

大学院　総合理工学Ⓓ／生物科学Ⓓ／文学ⓂⒹ／政治学ⓂⒹ／経済学ⓂⒹ／法学ⓂⒹ／人間環境学Ⓜ／芸術学Ⓜ／体育学ⓂⒹ／健康学Ⓜ／理学Ⓜ／工学Ⓜ／情報通信学Ⓜ／海洋学Ⓜ／医学ⓂⒹ／農学Ⓜ／生物学Ⓜ

人数

学部学生数　**27,839**名　教員1名あたり学生 **18**名

教員数　**1,534**名【総長】松前達郎、【理事長・副総長・学長】松前義昭
（教授**591**名、准教授**361**名、講師**275**名、助教**284**名、助手・その他**23**名）

学費

初年度納入額　**1,209,200~6,673,200**円

奨学金　松前重義記念基金：学部奨学金(2種)、松前重義記念基金：学部奨学金(1種)、キャンパス間留学奨学金

進路

学部卒業者　**6,079**名
（進学**626**名［10.3%］、就職**4,768**名［78.4%］、その他※**685**名［11.3%］）
※臨床研修医89名を含む

主な就職先　ANAエアポートサービス、伊藤忠テクノソリューションズ、越後製菓、果実堂、極洋、紀文食品、JR東日本ビルテック、積水ハウス、中野区社会福祉協議会、ニトリ、日本年金機構、日本電子、NEC、本田技研工業、丸三証券、三井ホーム、ヤマダイ物産、ユナイテッドアローズ

学部学科紹介

※本書掲載内容は、大学公表資料から独自に編集したものです。詳細は大学パンフレットやホームページ等で必ず確認してください（取得可能な免許・資格は任用資格や受験資格などを含む）。

文学部

湘南キャンパス　定員 370

特色　実践的なプログラムのもと文明、歴史、言語などの観点から「人間」を読み解く。
進路　就職先は卸売・小売業やサービス業、製造業、情報通信業など。
学問分野　文学／言語学／歴史学／社会学
大学院　文学

学科	定員	内容
文明学科	(60)	様々な文明の学修を通して、国際的な視野と文明論的な見方を修得する。専門科目は社会、思想、民俗、環境、都市、ジェンダーと幅広く、「広く浅く」から「狭く深く」学びを進める。演習やフィールドワークなど実践的な授業も行われている。
歴史学科	(130)	日本史、西洋史、考古学の3つの専攻に分かれている。日本史専攻では、日本の歴史の流れを理解する。西洋史専攻では、語学力を身につけると同時に西欧や地中海世界の歴史を学修する。考古学専攻では、遺跡の発掘調査や測量などを通して人類の歩みを研究する。
日本文学科	(90)	日本文学の普遍性や日本語の歴史を学び、伝統を活かした思考力を持って日本文学を世界に発信する人材を育成する。作家の出身地や作品の背景である地域での調査・研究、日本文学にゆかりのある古都を巡る研修旅行など、体験を重視した研究活動が充実している。
英語文化コミュニケーション学科	(90)	実践的な英語運用能力と英語圏の文化に関する教養を身につける。コミュニケーション学、英語教育学、英語学、英米文学の4つの専門分野を設置。英語によるコミュニケーションに触れる定期的な海外語学研修やディベート大会への出場などの機会がある。
取得可能な免許・資格		学芸員、教員免許（中-国・社・英、高-国・地歴・公・英）、社会教育士、社会教育主事、司書教諭、司書

文化社会学部

湘南キャンパス　定員 450

特色　実践的な学びを通して世界の文化を理解し、現代社会の問題にアプローチする。
進路　就職先はサービス業や流通業、製造業など多岐にわたる。
学問分野　文学／心理学／文化学／社会学／メディア学
大学院　文学

学科	定員	内容
アジア学科	(70)	歴史と文明、文化と社会、アジア各国の言語の3つの観点からアジアについての知識を深め、現代の問題を解決すべく行動する力を身につける。多様なアジアの言語を学ぶ授業の他、「アジア海外研修」などのフィールドワークでアジアを体験する授業が展開されている。
ヨーロッパ・アメリカ学科	(70)	文学・芸術、宗教・思想、歴史・社会の3つの分野の学びを通し、欧米への理解を深める。国際人としての知識と共生の精神を身につける。短期、中期、長期の留学の他、現地を実際に訪問し、貴重な体験を得られる「実地研修」という授業も開講されている。
北欧学科	(60)	北欧の神話や文学、歴史などの科目を通して、福祉や男女平等、教育などの面で世界をリードする北欧諸国について多角的に学ぶ。北欧の言語を修得する授業の他、北欧の文化や生活について触れることのできる北欧現地研修が用意されている。
文芸創作学科	(60)	小説や詩、映画や演劇などの文芸作品から、広い視野で情報を読み取る力、考えを分かりやすく表現し伝える力、文芸や社会を読み解く力を養う。現役の作家や批評家を講師として、実践的な表現力と思考力を育む。自らの創作や論考を卒業制作として表現する。
広報メディア学科	(100)	新聞や放送、ネット、広告など様々なジャンルのメディアについて学ぶ。広報やメディアに関する知識や技術を修得し、制作活動も行うことで、情報の持つ社会的価値について探究する。多彩なメディアを正確に読み解き、価値の高いメッセージを発信する力を養う。

心理・社会学科 (90)	心理学と社会学の両方を学び、現代社会の仕組みと人間に対する考察力を養う。実践的なスキルの獲得を重視し、カウンセリングやディスカッション、インタビュー調査などの実習を行う。コミュニケーション能力と社会構想力で人々や地域をつなぐ主導性を育む。
取得可能な免許・資格	学芸員、教員免許(中-社、高-地歴・公)、社会教育士、社会教育主事、司書教諭、司書

教養学部

湘南キャンパス　定員 190

- 特色　実践的な学びを重視し「人間とは何か」を深く研究する。
- 進路　主に卸売・小売業やサービス業、製造業などの一般企業に就職する。
- 学問分野　芸術・表現／デザイン学／環境学／人間科学
- 大学院　人間環境学／芸術学

人間環境学科 (120)	SDGs（持続可能な開発目標）をはじめ人間の生活に存在する様々な問題に着目し、自然環境や社会環境、生活文化についての研究を行う。体験実習や実験、調査といった実践的な学びを通して、人間を取り巻く環境全般について理解を深める。
芸術学科 (70)	美術、デザイン、音楽といった表現の垣根を越えて、新たな視点から芸術を学び、多様化する芸術的役割を担うクリエイターを育成する。社会連携型のプロジェクトに取り組み、クリエイターに求められる知識や技術を修得する。
取得可能な免許・資格	学芸員、社会教育士、社会教育主事、司書

児童教育学部

湘南キャンパス　定員 150

- 特色　現代の教育・保育の課題に対応できる人材を育成する。
- 進路　2022年度開設。子どもに関わる様々な仕事に就くことが期待される。
- 学問分野　子ども学／教員養成／教育学

児童教育学科 (150)	2022年度開設。1・2年次に児童教育の基礎的なカリキュラムを学び、小学校、幼稚園、保育園の現場で短期実習を行う。保幼小連携、地域子育て支援、障がい児支援、国際理解教育の4つから興味・関心に合わせてプログラムを選択し、実践的に学びを深める。
取得可能な免許・資格	保育士、教員免許（幼一種、小一種）

体育学部

湘南キャンパス　定員 540

- 特色　トップアスリートの養成のみならず、社会で活躍する指導者を育成。
- 進路　就職先はサービス業、卸売・小売業、教育・学習支援業、公務など。
- 学問分野　健康科学
- 大学院　体育学

体育学科 (120)	スポーツを論理的・科学的に捉え、社会貢献できる教員や指導者、研究者を育成。人文社会科学、保健体育科教育学、自然科学の3つの研究分野を往還しながら学ぶ。実験や実習、模擬授業を通して実践力や指導力向上を図る。
競技スポーツ学科 (170)	国内有数のスポーツ施設が充実した環境のもと、実戦を重視した授業を多く取り入れたカリキュラムにより、アスリートとしての競技力、コーチとしての指導力、トレーナーとしてのコンディショニングを身につける。
武道学科 (60)	心・技・体のバランスのとれた人間教育を目標に掲げ、柔道や剣道を専門的に扱う。科学的な側面と伝統文化としての側面から武道を学ぶとともに、高度な競技力と豊かな人間性を養う。海外実習や国際大会に積極的に参加し、異文化理解や語学力向上にも取り組む。
生涯スポーツ学科 (120)	人と環境の関わりを理解し、生涯スポーツ活動を支援するスペシャリストを育成する。レクリエーショナルスポーツ、体力づくり、健康科学などに関する知識や技能を修得する。講義だけでなく、学内外での調査や運動指導などを通して実践力を高める。

スポーツ・レジャーマネジメント学科 (70)	スポーツ・レジャーを文化として広めるための知識や技術、思想を学ぶ。マネジメントするための専門能力を養うとともに、スポーツ・レジャーの国際化に対応するため、語学教育を重視するだけでなく、試合観戦やテーマパークの舞台裏を見学する海外実習なども行う。
取得可能な免許・資格	衛生管理者、公認スポーツ指導者、教員免許（中-保体、高-保体）、社会教育士、社会教育主事、司書教諭、司書

健康学部

湘南キャンパス　定員 200

特色　健康を多角的、総合的に学び、マネジメント力を育成。
進路　就職先は公務をはじめ医療機関、一般企業など多岐にわたる。
学問分野　健康科学
大学院　健康学

健康マネジメント学科 (200)	食・栄養、運動、メンタルヘルス、コミュニティ福祉の専門知識をもとに、健康についての知識や技能を修得する。医療や福祉に対するニーズが多様化している現代の日本において、地域や企業と連携し、課題解決に導くマネジメント能力を養成する。
取得可能な免許・資格	社会調査士、社会福祉士、精神保健福祉士、社会福祉主事

法学部

湘南キャンパス　定員 300

特色　将来の目標や興味に合わせて履修科目を自由に選択可能。
進路　就職先は公務や金融・保険業など。他、大学院へ進学する者もいる。
学問分野　法学
大学院　法学

法律学科 (300)	法的な知識と思考力、国際的な視野を兼ね備えて国内外で活躍する法律の専門家を育成する。法職／公務員、企業法務という2つの分野を設け、将来の目標や興味に合わせて選択科目を履修し、専門知識を身につける。問題を分析し、解決の糸口を見つけ出す力を培う。
取得可能な免許・資格	司書

政治経済学部

湘南キャンパス（1・2年）
品川キャンパス（3・4年）　定員 400

特色　自治体でのインターンシップなど実学を重視している。
進路　就職先は金融・保険業や情報通信業が多い。他、公務に就く者もいる。
学問分野　政治学／経済学／国際学
大学院　政治学／経済学

政治学科 (200)	政治、行政、国際の3つのコースを設ける。政治コースでは政治学の理論や関連する諸科学の基礎知識を学ぶ。行政コースでは地方の政治・行政の理論と実際の制度について学ぶ。国際コースでは国際社会の基礎知識に加え、国際関係の理論と現実を学ぶ。
経済学科 (200)	経済現象を多角的に分析し、問題解決に向けて政策を提言できる能力を培う。日本だけでなく世界の経済にも目を向け、メカニズムや問題点などを体系的に学ぶ。また、数量的・歴史的側面から経済現象を捉え、経済の動きを読み取る力を身につける。
取得可能な免許・資格	社会教育士、社会教育主事、司書

経営学部

湘南キャンパス（1・2年）
品川キャンパス（3・4年）　定員 230

特色　企業の課題解決に貢献する人材を育成する。
進路　2022年度開設。卒業後の進路は製造業や情報通信業などを想定。
学問分野　経営学
大学院　経済学

経営学科 (230)	2022年度開設。戦略／組織、会計／財務、マーケティング、IT・データ分析、デザインの5つの分野をバランス良く学んだ上で、生きた経営学と実践力を身につける。デザイン思考力や実践力を養う科目や、起業家を招いた講演会なども開講する。
取得可能な免許・資格	司書

国際学部

湘南キャンパス（1・2年）
品川キャンパス（3・4年）

定員 200

特色　国際社会を多面的に捉える視点を養う。
進路　2022年度開設。進路は航空・旅行業界をはじめ公共機関などを想定。
学問分野　国際学

国際学科 (200)	2022年度開設。中国や韓国、欧米で実施される海外研修や海外のテーマパークで行われるインターンシップなどを通して、語学力とコミュニケーション能力を養う。大使館や国連PKOでの勤務経験など、様々なキャリアを持つ多彩な教授陣も特徴。
取得可能な免許・資格	司書

観光学部

湘南キャンパス（1・2年）
品川キャンパス（3・4年）

定員 200

特色　実践的な語学教育と観光に関する授業を通して、観光産業に従事する人材を育成。
進路　運輸・郵便業やサービス業、公務などに就く者が多い。
学問分野　観光学
大学院　文学

観光学科 (200)	宿泊業や交通・運輸業、旅行業などを学ぶホスピタリティ＆ツーリズム科目と地域の観光を学ぶ地域マネジメント科目の2つの科目群から、進路に合わせてカリキュラムを組んで学修する。フィールドワークや実習を通じて文化や社会、人間、歴史に関する教養も身につける。
取得可能な免許・資格	司書

情報通信学部

湘南キャンパス（1・2年）
品川キャンパス（3・4年）

定員 240

特色　国際標準のカリキュラムで情報通信技術を身につける。
進路　2022年度改組。進路は情報通信業や技術サービス業などを想定。
学問分野　情報学
大学院　情報通信学

情報通信学科 (240)	2022年度改組。先端的データ処理、プラットフォームデザイン、総合情報システム、マネジメントシステムの4つの視点で「集める、つなぐ、加工する、分析する」を学び、幅広い知識を身につける。最新の設備を備えたVR実験室やIoTラボで実践的に学ぶことができる。

理学部

湘南キャンパス

定員 320

特色　自由度の高いカリキュラムと実験、実習科目で、柔軟な思考と創造力を修得する。
進路　就職先は情報通信業が多い。他、製造業、教育・学習支援業など。
学問分野　数学／物理学／化学／情報学
大学院　理学

数学科 (80)	現代数学の諸分野（代数学、幾何学、解析学、統計学）の基礎を固め、様々な分野の入門を学び、個々の興味・適性に応じた専門科目を選択。論理的・抽象的思考力、図形的・直観的発想力、高度で正確な計算力を身につける。
情報数理学科 (80)	数理的感性と情報分析力、応用力を養い、変化への柔軟な対応力を備えた社会をリードする人材を育成する。代数、解析などの伝統的な数学と、コンピュータとともに発展した新しい数学の2つを中心にしながら、実践的なITスキルも学ぶ。
物理学科 (80)	素粒子から宇宙まで、あらゆる分野の最先端物理学を学ぶことで、物事の本質を探究する。最新の物理学の話題に触れ、興味や関心を高め、測定機器の使い方やレポート作成、プレゼンテーションの方法も修得した上で、宇宙、原子核など発展的な専門科目を学ぶ。
化学科 (80)	物理化学、分析化学、無機化学、有機化学といった専門的な化学の分野について、基礎から応用へと段階的かつ効率的に学ぶことができる。3年次からは新しい物質の創造や、最先端の化学などより発展的に学ぶ。
取得可能な免許・資格	学芸員、危険物取扱者（甲種）、毒物劇物取扱責任者、技術士補、教員免許（中-数・理、高-数・理・情）、作業環境測定士、司書教諭、司書

情報理工学部

湘南キャンパス 定員 300

- 特色 幅広い情報関連分野の科学と技術を学ぶ。
- 進路 情報通信業に就職する者が大半を占める。
- 学問分野 メディア学／電気・電子工学／その他工学／情報学
- 大学院 工学／情報通信学

学科	定員	内容
情報科学科	(100)	脳で行われる高度で緻密な情報処理をはじめ、生体や自然界の情報処理の仕組みに迫るなど、科学的な視野を持って情報科学の幅広い知識を学び、情報の本質を探究する。情報処理技術者を養成するカリキュラムが充実。
コンピュータ応用工学科	(100)	知能ロボティクスとコンピュータ工学の2つの分野を中心に、ハードウェアとソフトウェアの知識をバランス良く身につける。ロボットや電子回路の開発、モバイルロボットの制作といった実践的な学びが特徴。
情報メディア学科	(100)	2022年度改組。CGやVR/AR、ゲームなどのメディアコンテンツ分野と、ソーシャルメディアやネットモラルといったメディアコミュニケーション分野について学びを深める。実験や実習を通して、時代の最先端を行く情報メディアの研究を行う。
取得可能な免許・資格		教員免許（高-情・工業）、司書教諭、司書

建築都市学部

湘南キャンパス 定員 340

- 特色 ハードとソフトの両面から建築や都市を学ぶ。
- 進路 2022年度開設。建設業や公務など幅広い進路が想定される。
- 学問分野 土木・建築学
- 大学院 工学

学科	定員	内容
建築学科	(240)	2022年度開設。建築・都市の諸課題に多角的に取り組むため建築工学、建築計画、地域デザインに関する3つの専門力を修得。文系科目のカリキュラムや活躍する建築家によるデザインの授業や宇宙空間での建築を考える宇宙建築学などが特徴。
土木工学科	(100)	2022年度開設。防災と環境を柱とし、構造・設計や材料、水工、地盤工学、施工、計画、測量といった分野を学ぶ。1年次に数学や物理、情報などの土木の基礎と測量の基礎を学び、2年次から専門性を深める。津波や液状化の実験や測量実習など、体験的な学びも用意されている。
取得可能な免許・資格		学芸員、建築士(一級、二級、木造)、技術士補、測量士補、施工管理技士(土木、管工事、造園)、司書

工学部

湘南キャンパス(医工3·4年以外)
伊勢原キャンパス(医工3·4年) 定員 820

- 特色 工学全般の知識と技術を自在に活用できる人材を育成する。
- 進路 製造業をはじめとした一般企業に就く他、大学院へ進学する者もいる。
- 学問分野 化学／生物学／応用化学／機械工学／電気・電子工学／船舶・航空宇宙工学／医療工学／応用生物学／健康科学
- 大学院 工学

学科	定員	内容
航空宇宙学科	(140)	航空宇宙学専攻は航空工学、宇宙工学、宇宙環境科学を学び、航空宇宙関連の現場で活躍する力を養う。航空操縦学専攻では全日空の協力と国土交通省の支援を受け、アメリカ・ノースダコタ大学航空宇宙学部との留学協定を活用して操縦士免許の取得を目指す。
機械工学科	(140)	ものづくりに触れ、新技術を生み出す創造力と応用力を備えた国際レベルの機械エンジニアを育成する。ロボットや医療・介護、環境、スポーツなど様々な分野と関連づけて最先端の専門知識と実社会で役立つ高度な機械工学を学ぶ。
機械システム工学科	(140)	2022年度改組。自動車や鉄道、航空機などを扱うモビリティと、アシストスーツや人間型ロボット、知能ロボットなどを扱うロボティクスの2つのコースを設置。快適で豊かな生活を実現するための機械システムについて学ぶ。

電気電子工学科 (120)	ハード、ソフト、IT/ICTをバランス良く学び、現代社会のあらゆる場面で活用されている電気電子技術を修得した技術者を育成する。情報システムと電気電子システムの2つからコースを選択し、専門性を高める。
医工学科 (80)	2022年度改組。先端医療を支える医療技術、医療機器・医療システムに関する専門知識、工学と医学を融合させた専門分野の知識と医療機器を使いこなす技術を身につける。実力のある臨床工学技士や広い視野で社会に貢献する工学技術者を養成する。
生物工学科 (100)	2022年度改組。基礎から実践に至るまでの生物学を学び、病気や薬、食品や飲料、化粧品についての広範な知識を修得する。生命科学や生化学など生物学の基本や脳科学、遺伝子工学を学修した上で、食品工学、コスメティック科学といった社会への応用を学ぶ。
応用化学科 (100)	応用化学とエネルギーの2コースを設置。物理化学、有機化学、無機化学といった化学の基礎分野と、産業界で用いられる化学工学の専門知識を身につけ、化学の応用により社会や人々が豊かになることを学ぶ。
取得可能な免許・資格	危険物取扱者（甲種）、毒物劇物取扱責任者、電気工事士、特殊無線技士（海上、陸上）、陸上無線技術士、主任技術者（電気、電気通信）、臨床工学技士、教員免許（中-理、高-理）、作業環境測定士、司書教諭、司書

医学部

伊勢原キャンパス　定員 213

- 特色　付属病院で医療の最先端に触れながら、人間性、技術、知識を持つ医療人を育成。
- 進路　医：医療機関で臨床研修を受ける。看護：医療・福祉業に就く。
- 学問分野　医学／看護学
- 大学院　医学

医学科 (118)	2022年度改組。6年制。幅広い知識と正確な技術の修得に加え、豊かな人間性と国際的な視点の獲得を目指す。世界に通じる「良医」の育成のため、ハワイ医学教育プログラムや海外留学制度、診療参加型の臨床実習などを用意している。
看護学科 (95)	4年制。温もりある人間性と謙虚さ、教養を兼ね備えた看護と保健の専門職を目指す。国際性豊かな看護職者を育成するため、デンマークやアメリカでの短期海外研修プログラムを設置し、看護ケアへの参加や学生交流の機会を用意している。
取得可能な免許・資格	医師、看護師、保健師、衛生管理者、養護教諭（一種）

海洋学部

静岡キャンパス　定員 350

- 特色　駿河湾を実験・実習の場として、海の知識と技術を実践的に学ぶ。
- 進路　卒業後の進路は海洋関連の企業や水族館の職員など。
- 学問分野　生物学／機械工学／船舶・航空宇宙工学／水産学／食物学
- 大学院　海洋学

海洋理工学科 (150)	物理学、化学、生物学、地学の自然環境の基礎から海洋学を学ぶ海洋理工学と、船の管理から運航までの船舶運航能力を学ぶ航海学の2つの専攻からなる。また、望星丸や小型船を使った実習や実験・研究など実践的な学びも展開。
水産学科 (120)	水生生物の増養殖や利活用、保全技術など、海洋生物を産業に応用するための知識と技術を学ぶ。1年次に海についての基礎知識と自然科学、2年次に水生生物と水産学についての基礎知識を学び、2年次後期に生物生産学と食品科学のいずれかの分野を選択する。
海洋生物学科 (80)	イルカやクジラをはじめとした海洋生物の行動や生態に迫る行動科学、海洋生物の生態系レベルでの現象を学び、人間との共生を考える海洋生態学などから、保全や有効利用を含めた海洋生物についての知識・技術と多様性についての知識を深める。
取得可能な免許・資格	学芸員、特殊無線技士（海上）、測量士補、海技士（航海）、食品衛生管理者、食品衛生監視員、HACCP管理者、教員免許（中-理、高-理）

人文学部

静岡キャンパス　定員 180

特色　3つの領域の専門分野を自由に学び、発想力を養う。
進路　2022年度開設。地方自治体をはじめ地元の基幹企業で活躍を期待。
学問分野　文化学／観光学／人間科学

人文学科 (180)	2022年度開設。地域マネジメント、グローバル・コミュニケーション、クリエイティブ・カルチャーの3つの領域で構成される。これからの社会で必要とされる多面的なリベラルアーツ（教養）を展開し、社会に貢献できる人材を育成。
取得可能な免許・資格	学芸員

文理融合学部

熊本キャンパス　定員 300

特色　文理に偏らない知識や能力を身につける。
進路　2022年度開設。金融・保険業やサービス業など多様な進路を想定。
学問分野　心理学／経営学／観光学／メディア学／国際学／医療工学／情報学

経営学科 (130)	2022年度開設。企業経営、スポーツビジネス、アグリビジネスの3分野に関する専門科目を設置。1・2年次に企業経営の基礎から発展を学修。3年次には各専門分野における学びを深め、4年次の卒業研究へと結実させる。
地域社会学科 (100)	2022年度開設。心理・広報メディア、地域観光の2分野に関する専門科目を設置。国内外での研修や観光地での現地調査、地域活動への参加などを通して学ぶ実践的な授業を展開し、観光業界や地域貢献の分野で活躍する人材を育成する。
人間情報工学科 (70)	2022年度開設。1・2年次には人間情報工学の基礎から発展を学修する。3年次以降は情報工学分野や医用工学分野などの視点から専門性を高め、生活の質の向上や健康維持・増進に寄与するものづくりの知識や技術を学ぶ。
取得可能な免許・資格	社会調査士、臨床工学技士、教員免許（高-工業）

農学部

熊本キャンパス
阿蘇くまもと臨空キャンパス　定員 230

特色　植物、動物、バイオという農学の主要な3領域を学ぶ。
進路　卒業者は製造業、卸売・小売業の他、農業・林業従事者となる者も多い。
学問分野　農学／獣医・畜産学／環境学
大学院　農学

農学科 (80)	環境に配慮し、安心・安全に安定して食料を生産する技術や、食料危機を回避するための品種改良、DNA解析といった植物バイオテクノロジーについて学ぶ。また、砂漠化や温暖化の防止、都市の緑化など、先端技術を応用した自然環境の保全についても学びを深める。
動物科学科 (80)	遺伝や繁殖といった動物の生理現象を理解し、適切な飼育や畜産物の生産についての知識と技術を身につける。人間と動物のより良い関係や豊かな自然・環境づくりに寄与する人材を育成する。
食生命科学科 (70)	食品のおいしさや機能性を追究し、健康に与える影響について考え、分子レベルで生命現象を解き明かす。植物や発酵食品の成分や生理作用を分析し、機能性食品や医薬品として応用する方法や、食品による予防医学を学ぶ。
取得可能な免許・資格	食品衛生管理者、食品衛生監視員、家畜人工授精師、バイオ技術者、教員免許(中-理、高-理・農)

国際文化学部

札幌キャンパス　定員 190

特色　国内外でのフィールドワークを重視した実践的な学びを展開している。
進路　就職先は卸売・小売業やサービス業、建設業など多岐にわたる。
学問分野　社会学／国際学
大学院　文学

地域創造学科 (110)	スポーツや経済振興を通じて地域を活性化する方法を学び、地域に貢献する実践力を養う。学内外の現場の視察や、地域で行われるイベントの支援、企画・運営といったフィールドワークを重視した実践的なカリキュラムで必要な知識と幅広い視野を養う。
国際コミュニケーション学科 (80)	外国語の運用能力を高めるとともに、主にアジアや欧米の歴史や文化、社会の成り立ちを学び、海外の文化や経済、社会への理解力を養う。海外フィールドワークや海外留学を実施し、国際社会で通用するコミュニケーション能力を培う。
取得可能な免許・資格	学芸員、建築士（二級、木造）、公認スポーツ指導者、教員免許（中-保体・英、高-公・保体・英）

生物学部

札幌キャンパス　定員 150

特色　北海道全域、沖縄県西表島を舞台にフィールドワークを行う。進路指導も充実。
進路　就職先は卸売・小売業や情報通信業、製造業など多岐にわたる。
学問分野　生物学／水産学／応用生物学／環境学
大学院　生物学

生物学科 (75)	生命科学系では生物化学や細胞生物学などの基礎をもとにバイオ技術を修得する。自然生態系では動植物の採集や小動物の調査などを行いつつ野生生態調査や行動分析などの技術を身につける。最新機器を用いた実験やフィールドワークを行う。
海洋生物科学科 (75)	海の生態系や環境など海についての理解を深める環境・生態科学系と、水生生物のからだの構造や繁殖方法など海を活かす技術を身につける水産科学系の2つの系からなる。ダイビングやホエールウォッチング、釣りなどの野外実習や調査実習など充実した科目を用意。
取得可能な免許・資格	学芸員、自然再生士補、教員免許（中-理、高-理）

入試要項（2025年度）

※この入試情報は大学発表の2025年度入試（予告）および2024年度募集要項等より編集したものです（2024年1月時点。見方は巻頭の「本書の使い方」参照）。内容には変更が生じる可能性があるため、最新情報はホームページや2025年度募集要項等で必ず確認してください。

「大学入試科目検索システム」のご案内
日程・方式ごとの偏差値や昨年度入試結果（志願者倍率、実質倍率、合格最低点）、基本情報（出願締切日、試験日、二段階選抜、募集人員、総合満点）などは、「大学入試科目検索システム」（https://nyushi.toshin.com/）をご覧ください（利用方法はp.12参照）。

■文学部　偏差値 58

一般選抜

◆文系・理系学部統一選抜（前期、後期）※高得点2科目で合否判定
[全学科：3科目] 国現 地歴 公地総・地理、日、世、公共・政経から1 外英、英語外部試験から高得点1

◆一般選抜
[全学科：3科目] 国現、現古漢から1 地歴 公 数日、世、公共・政経、数ⅠⅡAから1 外英、英語外部試験から高得点1

共通テスト利用入試　※個別試験は課さない

◆共通テスト利用選抜（前期、後期）
[全学科：3科目] 国現古漢 地歴 公全6科目から1 外全5科目から1

■文化社会学部　偏差値 61

一般選抜

◆文系・理系学部統一選抜（前期、後期）※高得点2科目で合否判定
[全学科：3科目] 国現 地歴 公地総・地理、日、世、公共・政経から1 外英、英語外部試験から高得点1

◆一般選抜
[全学科：3科目] 国現、現古漢から1 地歴 公 数日、世、公共・政経、数ⅠⅡAから1 外英、英語外部試験から高得点1

共通テスト利用入試　※個別試験は課さない

◆共通テスト利用選抜（前期、後期）
[全学科：3科目] 国現 地歴 公全6科目から1 外全5科目から1

■教養学部 偏差値 62

一般選抜

◆文系・理系学部統一選抜（前期、後期）※高得点2科目で合否判定

[全学科：3科目] 国 地歴 公 数 理 次の①・②から1（①現必須、地総・地理、日、世、公共・政経から1、②数ⅠⅡAB〔列〕C〔ベ〕必須、物基・物、化基・化、生基・生から1） 外 英、英語外部試験から高得点1

◆一般選抜

[人間環境：3科目] 国 数 現、現古漢、数ⅠⅡAB〔列〕C〔ベ〕から1 地歴 理 日、世、物基・物、化基・化、生基・生から1 外 英、英語外部試験から高得点1

◆一般選抜（筆記試験型）

[芸術：3科目] 国 数 現、現古漢、数ⅠⅡAB〔列〕C〔ベ〕から1 地歴 理 日、世、物基・物、化基・化、生基・生から1 外 英、英語外部試験から高得点1

◆一般選抜（専門試験型）

[芸術：3科目] 国 数 現、現古漢、数ⅠAから1 外 英、英語外部試験から高得点1 その他 専門試験

共通テスト利用入試 ※個別試験は課さない

◆共通テスト利用選抜（前期、後期）

[全学科：3科目] 国 現 地歴 公 数 理 情 全15科目から1 外 英

■児童教育学部 偏差値 62

一般選抜

◆文系・理系学部統一選抜（前期、後期）※高得点2科目で合否判定

[児童教育：3科目] 国 地歴 公 数 理 次の①・②から1（①現必須、地総・地理、日、世、公共・政経から1、②数ⅠⅡAB〔列〕C〔ベ〕必須、物基・物、化基・化、生基・生から1） 外 英、英語外部試験から高得点1

◆一般選抜

[児童教育：3科目] 国 数 現、現古漢、数ⅠⅡAB〔列〕C〔ベ〕から1 地歴 理 日、世、物基・物、化基・化、生基・生から1 外 英、英語外部試験から高得点1

共通テスト利用入試 ※個別試験は課さない

◆共通テスト利用選抜（前期、後期）

[児童教育：3科目] 国 現 地歴 公 数 理 全14科目から1 外 英

■体育学部 偏差値 55

一般選抜

◆文系・理系学部統一選抜（前期、後期）※高得点2科目で合否判定

[全学科：3科目] 国 地歴 公 数 理 次の①・②から1（①現必須、地総・地理、日、世、公共・政経から1、②数ⅠⅡAB〔列〕C〔ベ〕必須、物基・物、化基・化、生基・生から1） 外 英、英語外部試験から高得点1

◆一般選抜（筆記試験型）

[全学科：3科目] 国 数 現、現古漢、数ⅠⅡAB〔列〕C〔ベ〕から1 地歴 理 日、世、物基・物、化基・化、生基・生から1 外 英、英語外部試験から高得点1

◆一般選抜（実技試験型）

[全学科：3科目] 国 数 現、現古漢、数ⅠAから1 外 英、英語外部試験から高得点1 実技 体育実技

共通テスト利用入試 ※個別試験は課さない

◆共通テスト利用選抜（前期、後期）

[全学科：3科目] 国 現 地歴 公 数 理 全14科目から1 外 全5科目から1

■健康学部 偏差値 62

一般選抜

◆文系・理系学部統一選抜（前期、後期）※高得点2科目で合否判定

[健康マネジメント：3科目] 国 地歴 公 数 理 次の①・②から1（①現必須、地総・地理、日、世、公共・政経から1、②数ⅠⅡAB〔列〕C〔ベ〕必須、物基・物、化基・化、生基・生から1） 外 英、英語外部試験から高得点1

◆一般選抜

[健康マネジメント：3科目] 国 数 現、現古漢、数ⅠⅡAB〔列〕C〔ベ〕から1 地歴 理 日、世、物基・物、化基・化、生基・生から1 外 英、英語外部試験から高得点1

共通テスト利用入試 ※個別試験は課さない

◆共通テスト利用選抜（前期、後期）

[健康マネジメント：3科目] 国 現 地歴 公 数 理 情 全15科目から1 外 英

■法学部 偏差値 55

一般選抜

◆文系・理系学部統一選抜（前期、後期）※高得点2科目で合否判定

[法律：3科目] 国 現 地歴 公 地総・地理、日、世、公共・政経から1 外 英、英語外部試験から高得点1

◆一般選抜

[法律：3科目] 国 現、現古漢から1 地歴 公 数 日、世、公共・政経、数ⅠⅡAから1 外 英、英語外部試験から高得点1

共通テスト利用入試 ※個別試験は課さない

◆共通テスト利用選抜（前期、後期）

[法律：3科目] 国 現 地歴 公 数 理 情 全15科目から1 外 全5科目から1

■政治経済学部 偏差値 59

一般選抜

◆文系・理系学部統一選抜（前期、後期）※高得点2科目で合否判定

[全学科：3科目] 国 地歴 公 数 理 次の①・②から1（①現必須、地総・地理、日、世、公共・政経から1、②数ⅠⅡAB〔列〕C〔ベ〕必須、物基・物、化基・化、生基・生から1） 外 英、英語外部試験から高得点1

◆一般選抜

[全学科：3科目] 国 現、現古漢から1 地歴 公 数 日、世、公共・政経、数ⅠⅡAから1 外 英、英語外部試験から高得点1

共通テスト利用入試 ※個別試験は課さない

◆共通テスト利用選抜（前期、後期）
[全学科：3科目] 国現 地歴 公 数 理 情全15科目から1 外全5科目から1

■経営学部 偏差値 62

一般選抜

◆文系・理系学部統一選抜（前期、後期）※高得点2科目で合否判定
[経営：3科目] 国 地歴 公 数 理次の①・②から1（①現必須、地総・地理、日、世、公共・政経から1、②数ⅠⅡAB〔列〕C〔ベ〕必須、物基・物、化基・化、生基・生から1）外英、英語外部試験から高得点1

◆一般選抜
[経営：3科目] 国現、現古漢から1 地歴 公 数日、世、公共・政経、数ⅠⅡAから1 外英、英語外部試験から高得点1

共通テスト利用入試 ※個別試験は課さない

◆共通テスト利用選抜（前期、後期）
[経営：3科目] 国現 地歴 公 数 理 情全15科目から1 外全5科目から1

■国際学部 偏差値 62

一般選抜

◆文系・理系学部統一選抜（前期、後期）※高得点2科目で合否判定
[国際：3科目] 国現 地歴 公地総・地理、日、世、公共・政経から1 外英、英語外部試験から高得点1

◆一般選抜
[国際：3科目] 国現、現古漢から1 地歴 公 数日、世、公共・政経、数ⅠⅡAから1 外英、英語外部試験から高得点1

共通テスト利用入試 ※個別試験は課さない

◆共通テスト利用選抜（前期、後期）
[国際：3科目] 国現 地歴 公 数 理 情全15科目から1 外全5科目から1

■観光学部 偏差値 58

一般選抜

◆文系・理系学部統一選抜（前期、後期）※高得点2科目で合否判定
[観光：3科目] 国現 地歴 公地総・地理、日、世、公共・政経から1 外英、英語外部試験から高得点1

◆一般選抜
[観光：3科目] 国現、現古漢から1 地歴 公 数日、世、公共・政経、数ⅠⅡAから1 外英、英語外部試験から高得点1

共通テスト利用入試 ※個別試験は課さない

◆共通テスト利用選抜（前期、後期）
[観光：3科目] 国現 地歴 公 数 理 情全15科目から1 外全5科目から1

■情報通信学部 偏差値 62

一般選抜

◆文系・理系学部統一選抜（前期、後期）※高得点2科目で合否判定
[情報通信：3科目] 数数ⅠⅡAB〔列〕C〔ベ〕理物基・物、化基・化、生基・生から1 外英、英語外部試験から高得点1

◆一般選抜
[情報通信：3科目] 数数ⅠⅡAB〔列〕C〔ベ〕理物基・物、化基・化、生基・生から1 外英、英語外部試験から高得点1

共通テスト利用入試 ※個別試験は課さない

◆共通テスト利用選抜（前期、後期）
[情報通信：4科目] 数全3科目から2 理理科基礎、物、化、生から1 外英

■理学部 偏差値 54

一般選抜

◆文系・理系学部統一選抜（前期、後期）※高得点2科目で合否判定
[全学科：3科目] 数数ⅠⅡAB〔列〕C〔ベ〕理物基・物、化基・化、生基・生から1 外英、英語外部試験から高得点1

◆一般選抜
[全学科：3科目] 数数ⅠⅡⅢAB〔列〕C 理物基・物、化基・化、生基・生から1 外英、英語外部試験から高得点1

共通テスト利用入試 ※個別試験は課さない

◆共通テスト利用選抜（前期、後期）
[数、情報数理：4科目] 数数ⅠA、数ⅡBC 理物、化、生、地から1 外英
[物理、化：4科目] 数全3科目から2 理物、化、生、地から1 外英

■情報理工学部 偏差値 58

一般選抜

◆文系・理系学部統一選抜（前期、後期）※高得点2科目で合否判定
[全学科：3科目] 数数ⅠⅡAB〔列〕C〔ベ〕理物基・物、化基・化、生基・生から1 外英、英語外部試験から高得点1

◆一般選抜
[情報科：3科目] 数数ⅠⅡⅢAB〔列〕C 理物基・物、化基・化、生基・生から1 外英、英語外部試験から高得点1
[コンピュータ応用工、情報メディア：3科目] 数数ⅠⅡAB〔列〕C〔ベ〕理物基・物、化基・化、生基・生から1 外英、英語外部試験から高得点1

共通テスト利用入試 ※個別試験は課さない

◆共通テスト利用選抜（前期、後期）
[全学科：4科目] 数全3科目から2 理理科基礎、物、化、生から1 外英

■建築都市学部 偏差値 62

一般選抜

◆文系・理系学部統一選抜（前期、後期）※高得点2科目で合否判定

［建築：3科目］国 地歴 公 数 理 次の①・②から1（①現必須、地総・地理、日、世、公共・政経から1、②数ⅠⅡAB〔列〕C〔ベ〕必須、物基・物、化基・化、生基・生から1）外 英、英語外部試験から高得点1

［土木工：3科目］数 数ⅠⅡAB〔列〕C〔ベ〕理 物基・物、化基・化、生基・生から1 外 英、英語外部試験から高得点1

◆一般選抜

［建築：3科目］国 数 現、現古漢、数ⅠⅡAB〔列〕C〔ベ〕から1 地歴 理 日、世、物基・物、化基・化、生基・生から1 外 英、英語外部試験から高得点1

［土木工：3科目］数 数ⅠⅡⅢAB〔列〕C 理 物基・物、化基・化、生基・生から1 外 英、英語外部試験から高得点1

共通テスト利用入試 ※個別試験は課さない

◆共通テスト利用選抜（前期、後期）

［建築：3科目］国 数 現、数全3科目から1 地歴 公 理 全11科目から1 外 英

［土木工：4科目］数 全3科目から2 理 物、化、生から1 外 英

■工学部 偏差値 55

一般選抜

◆文系・理系学部統一選抜（前期、後期）※高得点2科目で合否判定

［航空宇宙－航空操縦学以外：3科目］数 数ⅠⅡAB〔列〕C〔ベ〕理 物基・物、化基・化、生基・生から1 外 英、英語外部試験から高得点1

◆一般選抜

［航空宇宙－航空操縦学以外：3科目］数 数ⅠⅡⅢAB〔列〕C 理 物基・物、化基・化、生基・生から1 外 英、英語外部試験から高得点1

共通テスト併用入試

◆工学部航空宇宙学科航空操縦学専攻選抜（共通テスト利用型）※二次選考の詳細未公表（2024年1月時点）

［航空宇宙－航空操縦学］〈一次：4科目〉国 地歴 公 理 現、地歴公理全11科目から1 数 全3科目から1 外 英 書類審 書類審査 その他 英語外部試験〈二次〉未公表

共通テスト利用入試 ※個別試験は課さない

◆共通テスト利用選抜（前期、後期）

［航空宇宙－航空宇宙学、機械工、機械システム工、電気電子工、医工、応用化：4科目］数 全3科目から2 理 情 物、化、生、情Ⅰから1 外 英

［生物工：3科目］国 数 現、数全3科目から1 理 情 理科基礎、物、化、生、情Ⅰから1 外 英

■医学部 医学科 偏差値 68

一般選抜

◆一般選抜

［医］〈一次：3科目〉数 数ⅠⅡAB〔列〕C〔ベ〕理 物基・物、化基・化、生基・生から1 外 英〈二次：2科目〉論 小論文 面 面接

共通テスト併用入試

◆共通テスト利用選抜

［医］〈一次：共5科目〉数 数ⅠA、数ⅡBC 理 物、化、生から2 外 英〈二次：個2科目〉論 小論文 面 面接

■医学部 看護学科 偏差値 61

一般選抜

◆文系・理系学部統一選抜（後期）※高得点2科目で合否判定

［看護：3科目］国 地歴 公 数 理 次の①・②から1（①現必須、地総・地理、日、世、公共・政経から1、②数ⅠⅡAB〔列〕C〔ベ〕必須、物基・物、化基・化、生基・生から1）外 英、英語外部試験から高得点1

◆一般選抜

［看護：3科目］国 数 現、現古漢、数ⅠAから1 理 化基・化、生基・生から1 外 英、英語外部試験から高得点1

共通テスト利用入試 ※個別試験は課さない

◆共通テスト利用選抜（前期、後期）

［看護：3科目］数 数Ⅰ、数ⅠAから1 理 全5科目から1 外 英

■海洋学部 偏差値 60

一般選抜

◆文系・理系学部統一選抜（前期、後期）※高得点2科目で合否判定

［全学科：3科目］数 数ⅠⅡAB〔列〕C〔ベ〕理 物基・物、化基・化、生基・生から1 外 英、英語外部試験から高得点1

◆一般選抜

［海洋理工、海洋生物：3科目］数 数ⅠⅡAB〔列〕C〔ベ〕理 物基・物、化基・化、生基・生から1 外 英、英語外部試験から高得点1

［水産：3科目］国 数 現、現古漢、数ⅠⅡAB〔列〕C〔ベ〕から1 理 物基・物、化基・化、生基・生から1 外 英、英語外部試験から高得点1

共通テスト利用入試 ※個別試験は課さない

◆共通テスト利用選抜（前期、後期）

［全学科：3科目］数 全3科目から1 理 全5科目から1 外 英

■人文学部 偏差値 62

一般選抜

◆文系・理系学部統一選抜（前期、後期）※高得点2科目で合否判定

［人文：3科目］国 現 地歴 公 地総・地理、日、世、公共・政経から1 外 英、英語外部試験から高得点1

◆一般選抜

［人文：3科目］国 現、現古漢から1 地歴 公 数 日、世、公共・政経、数ⅠⅡAから1 外 英、英語外部試験から高得点1

共通テスト利用入試 ※個別試験は課さない

◆共通テスト利用選抜（前期、後期）
［人文：3科目］国現 地歴 公 数 理 情全15科目から1 外全5科目から1

■文理融合学部 偏差値 62

一般選抜

◆文系・理系学部統一選抜（前期、後期）※高得点2科目で合否判定
［全学科：3科目］国 地歴 公 数 理次の①・②から1（①現必須、地総・地理、日、世、公共・政経から1、②数ⅠⅡAB〔列〕C〔べ〕必須、物基・物、化基・化、生基・生から1）外英、英語外部試験から高得点1

◆一般選抜
［経営、地域社会：3科目］国現、現古漢から1 地歴 公 数日、世、公共・政経、数ⅠⅡAから1 外英、英語外部試験から高得点1
［人間情報工：3科目］数数ⅠⅡAB〔列〕C〔べ〕理物基・物、化基・化、生基・生から1 外英、英語外部試験から高得点1

共通テスト利用入試 ※個別試験は課さない

◆共通テスト利用選抜（前期、後期）
［経営、地域社会：3科目］国 数現、数全3科目から1 地歴 公 情全7科目から1 外英
［人間情報工：3科目］国 数現、数全3科目から1 理 情全6科目から1 外英

■農学部 偏差値 62

一般選抜

◆文系・理系学部統一選抜（前期、後期）※高得点2科目で合否判定
［全学科：3科目］数数ⅠⅡAB〔列〕C〔べ〕理物基・物、化基・化、生基・生から1 外英、英語外部試験から高得点1

◆一般選抜
［全学科：3科目］国 数現、現古漢、数ⅠⅡAB〔列〕C〔べ〕から1 理物基・物、化基・化、生基・生から1 外英、英語外部試験から高得点1

共通テスト利用入試 ※個別試験は課さない

◆共通テスト利用選抜（前期、後期）
［全学科：3科目］国 数 理 外 情現、数理情全9科目、英から3教科3

■国際文化学部 偏差値 53

一般入試

◆文系・理系学部統一選抜（前期、後期）※高得点2科目で合否判定
［全学科：3科目］国現 地歴 公地総・地理、日、世、公共・政経から1 外英、英語外部試験から高得点1

◆一般選抜
［全学科：3科目］国現、現古漢から1 地歴 公 数日、世、公共・政経、数ⅠⅡAから1 外英、英語外部試験から高得点1

共通テスト利用入試 ※個別試験は課さない

◆共通テスト利用選抜（前期、後期）
［全学科：3科目］国現 地歴 公全6科目から1 外全5科目から1

■生物学部 偏差値 55

一般選抜

◆文系・理系学部統一選抜（前期、後期）※高得点2科目で合否判定
［全学科：3科目］数数ⅠⅡAB〔列〕C〔べ〕理物基・物、化基・化、生基・生から1 外英、英語外部試験から高得点1

◆一般選抜
［全学科：3科目］国 数現、現古漢、数ⅠⅡAB〔列〕C〔べ〕から1 理物基・物、化基・化、生基・生から1 外英、英語外部試験から高得点1

共通テスト利用入試 ※個別試験は課さない

◆共通テスト利用選抜（前期、後期）
［全学科：3科目］国 数 理 外現、数理全8科目、英から3教科3

■特別選抜

［総合型選抜］総合型選抜（学科課題型、スポーツ・音楽自己推薦型、指定クラブ型、適性面接型、同窓会型）、総合型選抜 医学部医学科（希望の星育成）共
［学校推薦型選抜］公募制学校推薦型選抜、指定学校推薦型選抜
［その他］医学部医学科特別選抜（展学のすすめ）、留学生一般選抜（一期、二期）

就職支援

東海大学のキャリア支援プログラムは、入学時から実践的なキャリア教育を展開。不況や就職難の時代にも負けない力を身につけます。全学部に設置されたPWM（ポリシーワーキングミーティング）、教務担当、校友会、父母で構成される後援会、同窓会と連携し、学生の希望する進路が実現できるよう、様々なプログラムを用意しています。具体的には、キャリア教育プログラム、専門スタッフによる個別進路および就職相談、東海JOB－LEAGUEなどの独自のインターンシップ・体験プログラム、就職ガイダンス、資格取得などの就職活動支援講座、実学講座などを学内で開催しています。

国際交流

東海大学の短期、中期、長期留学のプログラムは、世界20カ国38大学に69コースを用意しています。中期＆長期のコースによっては、授業料が免除または大学負担となり、条件を満たせば奨学金も付与されます。単位の認定、振替や留学中のサポート体制もしっかりしているので安心して留学できます。また、海外の大学で語学学修を2～4週間行う短期留学も用意しています。その他、インターンシップや各種研修プログラムがあり、専門的な知識や経験を積むことができます。また、学内には世界52カ国からの留学生が在籍しています。国際交流のチャンスはキャンパスのあちらこちらに広がっています。

かなざわこうぎょう
金沢工業大学

資料請求

入試センター　TEL（076）248-0365　〒921-8501 石川県野々市市扇が丘7-1

教育付加価値日本一の大学を目指して

大学紹介動画

最新入試情報

「人間形成」「技術革新」「産学協同」を建学綱領に掲げる。「自ら考え行動する技術者」の育成に取り組むべく、目的意識を持って自ら学ぼうとする学生と教員が共に学び合う姿勢を大切にしている。

ライブラリーセンター

キャンパス **1**つ

扇が丘キャンパス
〒921-8501 石川県野々市市扇が丘7-1

基本データ

※2023年5月現在（学部学生数に留学生は含まない。進路・就職は2022年度卒業者データ。学費は2024年度入学者用）

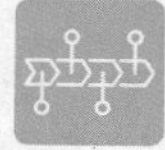
沿革

1957年、北陸電波学校として開校。1965年、金沢工業大学が開学、工学部を設置。1978年、大学院を設置。2004年、環境・建築、情報フロンティア学部を設置。2008年、バイオ・化学部を設置。2018年、工学、環境・建築学部を改組、建築学部を設置。2025年、メディア情報、情報デザイン、情報理工学部を開設、工、建築学部を改組予定。

教育機関
6 学部 **3** 研究科

学部　メディア情報※／情報デザイン※／情報理工※／工／バイオ・化／建築
※2025年4月設置構想中

大学院　工学Ⓜ︎Ⓓ︎／心理科学Ⓜ︎／イノベーションマネジメントⓂ︎

人数

学部学生数　**6,218**名　　教員1名あたり学生 **19**名

教員数　**319**名【理事長】泉屋吉郎、【学長】大澤敏
（教授**216**名、准教授**57**名、講師**43**名、助教**3**名）

学費

初年度納入額　**1,744,700**円

奨学金　特別奨学生制度（スカラーシップフェロー）、特別奨学生制度（スカラーシップメンバー）

進路

学部卒業者　**1,394**名
（進学**255**名［18.3%］、就職**1,109**名［79.6%］、その他**30**名［2.1%］）

主な就職先　アイシン、大林組、カシオ計算機、鹿島建設、京セラ、クラレ、小松製作所、清水建設、スズキ、SUBARU、セイコーエプソン、積水ハウス、ソフトバンク、大成建設、大日本印刷、大和ハウス工業、竹中工務店、テルモ、JR東海、TOTO、TOPPANホールディングス、ニコン、NTT西日本、JR西日本、ニデック、NEC、東日本高速道路、日立Astemo、日立建機、北陸電力

学部学科紹介

※本書掲載内容は、大学公表資料から独自に編集したものです。詳細は大学パンフレットやホームページ等で必ず確認してください（取得可能な免許・資格は任用資格や受験資格などを含む）。

メディア情報学部

扇が丘キャンパス　定員 200

特色　2025年度開設予定。メディア情報技術とデザイン・芸術の融合を探究。
進路　2025年度開設予定。情報通信業、流通関連、心理職などを想定。
学問分野　心理学／メディア学／デザイン学／情報学／人間科学
大学院　工学／心理科学

学科		定員	内容
メディア情報学科	新	(140)	2025年度開設予定（設置構想中）。最新の情報テクノロジーと映像・音楽・Web・XRなどのコンテンツ制作のための感性やデザインを修得し、それらを実践的に統合することで先端メディアコンテンツ、サービス、システムを企画・開発できる人材を育成する。
心理情報デザイン学科	新	(60)	2025年度開設予定（設置構想中）。心と脳のメカニズムを学び、生活を豊かにデザインできる人材を育成する。心や脳・神経の仕組みと働き、それらを測定・評価するための技能を学び、産業・社会・臨床場面で活用するための手法を身につける。
取得可能な免許・資格			教員免許（高-情・工業）

情報デザイン学部

扇が丘キャンパス　定員 100

特色　2025年度開設予定。持続可能な社会や環境をデザインできる人材を育成。
進路　2025年度開設予定。金融・製造・サービス業などを想定。
学問分野　経営学／社会学／環境学／情報学
大学院　工学

学科		定員	内容
経営情報学科	新	(60)	2025年度開設予定（設置構想中）。経営情報におけるマネジメント・マーケティング・金融・ITの4分野を融合的に学び、ビジネスを通じてSDGs／持続的な社会を実現するために種々の社会課題の解決ができる人材を育成する。
環境デザイン創成学科	新	(40)	2025年度開設予定（設置構想中）。工学、技術、経営、文化、芸術を広く学ぶ。文理融合の視点で地球環境問題を探究し、持続可能な新しいビジネスや社会システムをプロジェクトを通して創造できる人材を育成。
取得可能な免許・資格			教員免許（高-情・工業）

情報理工学部

扇が丘キャンパス　定員 320

特色　2025年度開設予定。コンピュータサイエンス、AI、ロボティクスを融合。
進路　2025年度開設予定。情報通信業や製造業を想定。
学問分野　機械工学／その他工学／情報学
大学院　工学

学科		定員	内容
情報工学科	新	(120)	2025年度開設予定（設置構想中）。コンピュータサイエンスを深く学び、コンピュータアーキテクチャや組込みシステム、ブロックチェーンを背景としたWeb3の関連技術、情報セキュリティ技術、クラウドシステムなど幅広く修得する。
知能情報システム学科	新	(120)	2025年度開設予定（設置構想中）。学習理論、生成AI、自然言語処理など人工知能やデータサイエンスに関する技術、XRや量子コンピューティングなどの先端技術を活用し、新たな社会を創造できる人材を育成する。
ロボティクス学科	新	(80)	2025年度開設予定（設置構想中）。情報技術からものづくり技術まで総合的に修得し、制御技術やAI技術を活用できるロボティクス技術者として、分野横断的に活躍できる人材を養成する。
取得可能な免許・資格			教員免許（中-数、高-数・情・工業）

工学部

扇が丘キャンパス　定員 520

特色　2025年度改組予定。未来のものづくりに貢献できる技術者を目指す。。
進路　卒業後は製造業、建設関連の企業や公務など。
学問分野　機械工学／電気・電子工学／土木・建築学／船舶・航空宇宙工学／エネルギー工学
大学院　工学

学科		定員	内容
機械工学科	改	(120)	2025年度改組予定。機械工学とともに最新のデジタル技術を活用した「ものづくり」のための設計・応用技術、新材料とその加工法、環境・エネルギー等に関する技術を修得し、グリーンテクノロジーに対応できる機械技術者を育成する。

先進機械システム工学科 新 (60)	2025年度、既存の学科を改組し開設予定（設置構想中）。機械工学とともに最新のものづくりに必要な設計・応用技術、新材料と加工技術、生産システム等に関する技術を学び、デジタルを活用して持続可能な次世代スマートマニュファクチャリングを構築できる技術者を育成する。
航空宇宙工学科 (60)	2025年度、航空システム工学科より名称変更予定。航空機の飛ぶ仕組みや材料、安全運行、さらに宇宙推進の原理や宇宙機の製造プロセスを学ぶ。現代および次代の航空機に必要な新技術の研究、ロケットエンジンや惑星探査航空機に関する研究が行われている。
電気エネルギーシステム工学科 新 (100)	2025年度、既存の学科を改組し開設予定（設置構想中）。グリーン社会に貢献できる最新の電気エネルギー発生技術、変換技術、制御・貯蔵技術、電気材料技術を体系的に学ぶ。電気エネルギーの活用・変換について理解し、システムとして統合できる人材を育成する。
電子情報システム工学科 新 (100)	2025年度、既存の学科を改組し開設予定（設置構想中）。スマート社会実現に向けて、「仮想空間と現実空間の融合」の基盤技術である半導体エレクトロニクス、通信・電波および音響・映像の技術を学び、便利で快適な生活に貢献できる技術者を育成する。
環境土木工学科 (80)	土木工学の基礎知識を身につけ、土木技術を応用して環境を創造できる人材を育成する。社会インフラに関わる土木設計・施工・メンテナンス、GNNSなど高度情報化社会を構築する地理空間情報、自然を活用する技術を学ぶ防災と自然環境の活用の3領域を設置。
取得可能な免許・資格	危険物取扱者（甲種）、ボイラー技士、電気工事士、特殊無線技士（海上、陸上）、技術士補、測量士補、主任技術者（電気、電気通信）、施工管理技士（土木、電気工事、管工事、造園、電気通信工事）、教員免許（高-工業）

バイオ・化学部

扇が丘キャンパス　定員 140

- **特色**　生命や環境、資源、エネルギーなどの問題を解決に導く人材を育成する。
- **進路**　化学系や食品関係の製造業、医薬品関係の企業に就く者が多い。
- **学問分野**　化学／生物学／応用化学／応用生物学
- **大学院**　工学

環境・応用化学科 (70)	2025年度、応用化学科より名称変更予定。水や大気、地球資源に関する環境化学、エネルギーや機能物質に関するエネルギー機能化学、有機・無機機能化学と生命・生物機能物質化学が融合したバイオ機能化学などを学ぶ。
生命・応用バイオ学科 (70)	2025年度、応用バイオ学科より名称変更予定。生命科学の観点から生命・細胞・健康・食品・美容に関わる課題にアプローチする。バイオ工学やバイオ情報学、生命科学の技術、機能性食品開発技術等を学ぶ。
取得可能な免許・資格	危険物取扱者（甲種）、毒物劇物取扱責任者、バイオ技術者、教員免許（中-理、高-理・工業）

建築学部

扇が丘キャンパス　定員 200

- **特色**　2025年度改組予定。デザインから都市環境まで建築を幅広く学ぶ。
- **進路**　建設関連の企業に就職する者が多い。他、公務に就く者もいる。
- **学問分野**　土木・建築学／デザイン学
- **大学院**　工学

建築デザイン学科 新 (100)	2025年度開設予定（設置構想中）。建築や都市の美しさや機能性の観点から、ライフスタイルの多様化、伝統文化の活用、社会のデジタル化に対応した次世代の建築・まちづくりに関する知識・技術を修得し、持続可能な社会と環境に貢献できる人材を育成する。
建築学科 改 (100)	2025年度改組予定。建築エンジニアリングを学び、安全で快適な建築・都市を計画できる人材を育成する。さらには急激な気候変動や多発する自然災害、ウェルビーイングなどに対応した次世代の建築・まちづくりに関する知識・技術も修得する。
取得可能な免許・資格	建築士（一級、二級）、施工管理技士（建築、管工事）、教員免許（高-工業）

入試要項（2024年度）

※この入試情報は2024年度募集要項等より編集したものです（見方は巻頭の「本書の使い方」参照）。
2025年度入試の最新情報は、ホームページや2025年度募集要項等で必ず確認してください。

「大学入試科目検索システム」のご案内
日程・方式ごとの偏差値や昨年度入試結果（志願者倍率、実質倍率、合格最低点）、基本情報（出願締切日、試験日、二段階選抜、募集人員、総合満点）などは、「大学入試科目検索システム」（https://nyushi.toshin.com/）をご覧ください（利用方法はp.12参照）。

■工学部 偏差値 54

一般選抜

◆**一般試験A**
[全学科：3科目] 国 理現、物基・物、化基・化、生基・生から1 数数ⅠⅡAB 外英

◆**一般試験B**
[全学科：3科目] 国 理現、物基・物、化基・化から1 数数ⅠⅡAB 外英

共通テスト併用入試

◆**一般試験B・共通テストプラス**※一般試験Bの受験必須
[全学科]〈共3科目〉国 地歴 公 数 理 外現、地歴公理全15科目、数Ⅰ、数ⅠA、数Ⅱ、数ⅡB、英から3〈個3科目〉一般試験Bの成績を利用

共通テスト利用入試 ※個別試験は課さない

◆**共通テスト利用A**
[全学科：4科目] 国 地歴 公 理現、地歴公理全15科目から1 数数Ⅰ、数ⅠAから1、数Ⅱ、数ⅡB、情から1 外英

◆**共通テスト利用B**
[全学科：5科目] 国 地歴 公 理現、地歴公理全15科目から2 数数Ⅰ、数ⅠAから1、数Ⅱ、数ⅡB、情から1 外英

◆**共通テスト利用C**
[全学科：3科目] 国 地歴 公 数 理 外現、地歴公理全15科目、数Ⅰ、数ⅠA、数Ⅱ、数ⅡB、英から3

■情報フロンティア学部 偏差値 56

一般選抜

◆**一般試験A**
[全学科：3科目] 国 理現、物基・物、化基・化、生基・生から1 数数ⅠⅡAB 外英

◆**一般試験B**
[全学科：3科目] 国 理現、物基・物、化基・化から1 数数ⅠⅡAB 外英

共通テスト併用入試

◆**一般試験B・共通テストプラス**※一般試験Bの受験必須
[全学科]〈共3科目〉国 地歴 公 数 理 外現、地歴公理全15科目、数Ⅰ、数ⅠA、数Ⅱ、数ⅡB、英から3〈個3科目〉一般試験Bの成績を利用

共通テスト利用入試 ※個別試験は課さない

◆**共通テスト利用A**
[全学科：4科目] 国 地歴 公 理現、地歴公理全15科目から1 数数Ⅰ、数ⅠAから1、数Ⅱ、数ⅡB、情から1 外英

◆**共通テスト利用B**
[全学科：5科目] 国 地歴 公 理現、地歴公理全15科目から2 数数Ⅰ、数ⅠAから1、数Ⅱ、数ⅡB、情から1 外英

◆**共通テスト利用C**
[全学科：3科目] 国 地歴 公 数 理 外現、地歴公理全15科目、数Ⅰ、数ⅠA、数Ⅱ、数ⅡB、英から3

■建築学部 偏差値 56

一般選抜

◆**一般試験A**
[建築：3科目] 国 理現、物基・物、化基・化、生基・生から1 数数ⅠⅡAB 外英

◆**一般試験B**
[建築：3科目] 国 理現、物基・物、化基・化から1 数数ⅠⅡAB 外英

共通テスト併用入試

◆**一般試験B・共通テストプラス**※一般試験Bの受験必須
[建築]〈共3科目〉国 地歴 公 数 理 外現、地歴公理全15科目、数Ⅰ、数ⅠA、数Ⅱ、数ⅡB、英から3〈個3科目〉一般試験Bの成績を利用

共通テスト利用入試 ※個別試験は課さない

◆**共通テスト利用A**
[建築：4科目] 国 地歴 公 理現、地歴公理全15科目から1 数数Ⅰ、数ⅠAから1、数Ⅱ、数ⅡB、情から1 外英

◆**共通テスト利用B**
[建築：5科目] 国 地歴 公 理現、地歴公理全15科目から2 数数Ⅰ、数ⅠAから1、数Ⅱ、数ⅡB、情から1 外英

◆**共通テスト利用C**
[建築：3科目] 国 地歴 公 数 理 外現、地歴公理全15科目、数Ⅰ、数ⅠA、数Ⅱ、数ⅡB、英から3

■バイオ・化学部 偏差値 53

一般選抜

◆**一般試験A**
[全学科：3科目] 国 理現、物基・物、化基・化、生基・生から1 数数ⅠⅡAB 外英

◆**一般試験B**
[全学科：3科目] 国 理現、物基・物、化基・化から1 数数ⅠⅡAB 外英

共通テスト併用入試

◆**一般試験B・共通テストプラス**※一般試験Bの受験必須
[全学科]〈共3科目〉国 地歴 公 数 理 外現、地歴公理全15科目、数Ⅰ、数ⅠA、数Ⅱ、数ⅡB、英から3〈個3科目〉一般試験Bの成績を利用

共通テスト利用入試 ※個別試験は課さない

◆共通テスト利用A
[全学科：4科目] 国地歴公理現、地歴公理全15科目から1数数Ⅰ、数ⅠAから1、数Ⅱ、数ⅡB、情から1外英
◆共通テスト利用B
[全学科：5科目] 国地歴公理現、地歴公理全15科目から2数数Ⅰ、数ⅠAから1、数Ⅱ、数ⅡB、情から1外英
◆共通テスト利用C
[全学科：3科目] 国地歴公数理外現、地歴公理全15科目、数Ⅰ、数ⅠA、数Ⅱ、数ⅡB、英から3

■特別選抜

[総合型選抜] 目的志向型入学（AO入学）
[学校推薦型選抜] 専門高校特別選抜（公募制、指定校制）、推薦試験A（公募制、指定校制）、推薦試験B（公募制）共
[その他] 自己推薦試験、併設校学校長推薦試験

就職支援

金沢工業大学の就職内定率は、ほぼ100%。進路開発センターを設け、入学時から将来の進路について取り組み始めるカリキュラムと充実した支援を行っています。大学独自の企業情報データベースに登録された企業数は22,500社を超え、キャンパス内に設置された6,000箇所の情報コンセントや無線LANを通じて簡単に検索できます。金沢工業大学に直接、インターンシップ情報を送った企業で学生が研修する「KITサマーインターンシップ」もあり、課外学修の一環として夏季休暇期間中に実施されます。

国際交流

金沢工業大学には、アメリカ・イギリス・ニュージーランドなどへの留学制度、東南アジアの学生とチームを組んで問題発見・解決に取り組むプログラムなど、多彩な国際留学プログラムがあります。協定を締結している大学へ4～9カ月派遣される「交換留学プログラム」、海外の企業で働く産学連携教育プログラムである4カ月の「海外コーオプ留学」、3～4週間の短期語学研修の「イギリス英語研修」「ニュージーランド英語研修」、海外の学生とプロジェクトデザインの手法を用いたチームラーニングなどを実施するプログラム「グローバルPD」などがあります。

金沢工業大学ギャラリー

■夢考房

学生たちのものづくりの拠点である「夢考房」。ロボットやソーラーカーなど12のプロジェクトが活動しています。

■Challenge Lab

「Challenge Lab」は、学部学科の垣根を越えて社会課題の解決に挑むクラスター研究室の拠点となっています。

■自習室

個人利用の自習室に加え、チームでも使用可能な220席を有する365日24時間オープンの自習室があります。

■扇が丘キャンパス

学生同士で教え合い、議論し、アイデアを形にして実験・検証・評価できる充実した教育研究環境が整っています。

愛知大学（あいちだいがく）

資料請求

企画部入試課(車道キャンパス) TEL (052) 937-8112・8113 〒461-8641 愛知県名古屋市東区筒井2-10-31

国際的な教養と視野を兼ね備えた人材を育成する

大学紹介動画

最新入試情報

「世界文化と平和への貢献」「国際的教養と視野を持った人材の育成」「地域社会への貢献」を建学の精神とする。問題解決や相互理解、生涯学習の基礎力を重視する。異文化交流の機会づくりにも力を入れている。

名古屋キャンパス

キャンパス 3つ

車道キャンパス
〒461-8641 愛知県名古屋市東区筒井2-10-31

名古屋キャンパス
〒453-8777 愛知県名古屋市中村区平池町4-60-6

豊橋キャンパス
〒441-8522 愛知県豊橋市町畑町1-1

基本データ

※2023年5月現在（進路・就職は2022年度卒業者データ。学費は2024年度入学者用）

沿革

1901年、上海（中国）で東亜同文書院設立。1946年、旧大学令により愛知大学を創立。1949年、新制大学として法経、文の2つの学部を設置。1989年の学部改組で法、経営、経済の3つの学部を設置。2018年、文学部心理学科、地域政策学部に食農環境コースをそれぞれ設置。2021年、文学部を再編、歴史地理学科および日本語日本文学科を設置。2022年、地域政策学部を再編し、現在に至る。

教育機関 7学部 7研究科

学部 法／経済／経営／現代中国／国際コミュニケーション／文／地域政策

大学院 法学Ⓓ／経済学ⓂⒹ／経営学ⓂⒹ／中国ⓂⒹ／文学ⓂⒹ／国際コミュニケーションⓂ／法務Ⓟ

その他 短期大学部

人数

学部学生数 9,565名

教員1名あたり学生 41名

教員数 232名【理事長・学長】広瀬裕樹

（教授152名、准教授54名、助教23名、助手・その他3名）

学費

初年度納入額 1,120,000~1,270,000円

奨学金 愛知大学スカラシップ、学業奨励金、応急奨学金、愛知大学スポーツ奨学金

進路

学部卒業者 2,188名

（進学25名［1.1%］、就職1,986名［90.8%］、その他177名［8.1%］）

主な就職先 トヨタ自動車、スズキ、ヤマハ発動機、日本アイ・ビー・エム、アイシン、サントリーホールディングス、中部電力、TOPPANホールディングス、東邦ガス、JR東海、LIXIL、日本通運、中部経済産業局、名古屋税関、愛知県庁、名古屋市役所

私立 中部 北陸 愛知大学

学部学科紹介

※本書掲載内容は、大学公表資料から独自に編集したものです。詳細は大学パンフレットやホームページ等で必ず確認してください（取得可能な免許・資格は任用資格や受験資格などを含む）。

法学部

名古屋キャンパス　定員 315

- 特色　法知識の修得とともに実社会での法の運用を学び、論理的思考能力を育む。
- 進路　約3割が公務に就く。他、サービス業や卸売・小売業など。
- 学問分野　法学／政治学
- 大学院　法学／法務

法学科 (315)	司法コース、企業コース、行政コース、法科大学院連携コースの4つの履修モデルで法的な思考や視点を体系的に育み、学生の多様な進路に応える。模擬裁判を通してプレゼンテーション能力やコミュニケーション能力を養う。
取得可能な免許・資格	学芸員、教員免許（小一種、中-社、高-地歴・公）、社会教育士、社会教育主事、司書教諭、司書

経済学部

名古屋キャンパス　定員 330

- 特色　基礎から応用、実践まで幅広く学び、国際社会で活躍できる人材を育成。
- 進路　製造業、卸売・商社、金融・保険業、公務に就く者が多い。
- 学問分野　経済学／国際学
- 大学院　経済学

経済学科 (330)	2年次から3つのコースに分かれる。経済分析コースは現代の経済・社会問題を考察する力を養う。政策・地域コースは現実社会の諸問題を分析し、合理的な政策を立案する力を身につける。世界経済コースは経済動向を比較し、幅広い視野で問題解決に取り組む。
取得可能な免許・資格	学芸員、教員免許（小一種、中-社、高-地歴・公・商業）、社会教育士、社会教育主事、司書教諭、司書

経営学部

名古屋キャンパス　定員 375

- 特色　ビジネスの基礎と柔軟な発想を備え、解決力や提案力を持つ人材を育成。
- 進路　製造業、卸売・商社、金融・保険業、サービス業など幅広い分野で活躍。
- 学問分野　経営学／国際学
- 大学院　経営学

経営学科 (250)	2年次に企業の管理、経営を学ぶビジネス・マネジメント、企業と市場、消費者の連関を学ぶ流通・マーケティング、企業における情報処理のリーダーを育成する情報システム、国際的企業人を育てる国際ビジネスの4つのコースに分かれる。
会計ファイナンス学科 (125)	会計の専門性を備えた人材を育成する。2年次から企業の会計・税務の専門家を育成するアカウンティング、企業の資金管理・運用の専門家を育成するファイナンス、会計とファイナンスの知見を軸に企業経営全般を学ぶビジネスデザインの3つのコースに分かれる。
取得可能な免許・資格	学芸員、教員免許（小一種、中-社、高-地歴・公・情・商業）、社会教育士、社会教育主事、司書教諭、司書

現代中国学部

名古屋キャンパス　定員 180

- 特色　現代中国と東アジアへの総合的な理解と、国際的な視点を持つ人材を育成。
- 進路　製造業、卸売・商社、小売・物流業、サービス業に就職する者が多い。
- 学問分野　言語学／国際学
- 大学院　中国

現代中国学科 (180)	1年次は中国語の修得に集中し、2年次からビジネス、言語文化、国際関係の3つのコースに分かれる。現地体験を重視し、中国、台湾、マレーシアのいずれかに全員が留学する現地プログラムをはじめ、研究調査やインターンシップなどが用意されている。
取得可能な免許・資格	学芸員、教員免許（小一種、中-社・中国語、高-地歴・公・中国語）、社会教育士、社会教育主事、司書教諭、司書

国際コミュニケーション学部

名古屋キャンパス 定員 230

特色	高い語学力と異文化および自文化への理解を兼ね備えた、国際的な日本人を育成。
進路	就職先は製造業やサービス業など。他、英語教員となる者もいる。
学問分野	言語学／文化学／経営学／観光学／国際学／教員養成
大学院	国際コミュニケーション

英語学科 (115)	2年次から3つのコースに分かれる。Language Studiesコースでは英語コミュニケーション能力の向上、Businessコースでは国際ビジネスでの活躍を目指す。Educationコースでは主に英語教員を養成する。
国際教養学科 (115)	アメリカ研究、日本・アジア研究、ヨーロッパ研究の3つのコースおよび、グローバルスタディーズ、カルチュラルスタディーズ、国際観光学の3つの専門理論研究領野を柱とした学習を行う。国際フィールドワークも充実している。
取得可能な免許・資格	学芸員、教員免許（小一種、中-社・英、高-地歴・公・英）、社会教育士、社会教育主事、司書教諭、司書

文学部

豊橋キャンパス 定員 345

特色	幅広い分野の学修とともに、フィールドワークなど実践的な学びも充実。
進路	就職先は公務や教員、サービス業など多彩な業種に就職。
学問分野	文学／言語学／哲学／心理学／歴史学／地理学／文化学／社会学／情報学
大学院	文学

歴史地理学科 (70)	「時間」と「空間」を軸に、歴史学と地理学を学ぶ。1年次には講義や史料の講読で基礎知識を蓄え、2年次以降は専門的な演習を行う。また、フィールドワークを通して現場主義と実証主義を磨く。
日本語日本文学科 (48)	日本語の成り立ちを学び、それをもとに日本文学や日本語表現について探究する。また、日本にルーツを持たない人々との共生という、現代社会の課題の一つに取り組み、次世代を生き抜く力を養う。
人文社会学科 (172)	1年次には人文社会科学の基礎を幅広く学修し、2年次から8の専攻に分かれ、専門知識と教養を伴う洞察力や論理的な思考力、正確な表現力を養う。現代文化、社会学、欧米言語文化の3つのコースを設けている。
心理学科 (55)	1年次に基礎を学び、2年次からは豊富な実験や実践などを通し、認知心理学、行動心理学、発達・教育心理学などの様々な領域で心理学を専門的に学ぶ。単位と成績状況により、2年次以降に人文社会学科のコースを選択することもできる。
取得可能な免許・資格	公認心理師、認定心理士、学芸員、社会調査士、教員免許(小一種、中-国・社・英、高-国・地歴・公・英)、社会教育士、社会教育主事、司書教諭、司書

地域政策学部

豊橋キャンパス 定員 220

特色	「地域を見つめ、地域を活かす」をモットーに、地域に貢献する人材を育成。
進路	就職先はサービス業、公務、教員、製造業など多岐にわたる。
学問分野	文化学／経済学／国際学／環境学

地域政策学科 (220)	公共政策、経済産業、まちづくり・文化、健康・スポーツ、食農環境の5つのコースに分かれて研究を行う。少人数教育やフィールドワークなどのアクティブラーニングによる地域との関わりを重視したカリキュラムが展開されている。
取得可能な免許・資格	学芸員、教員免許（小一種、中-社、高-地歴・公）、社会教育士、社会教育主事、司書教諭、司書

入試要項（2025年度）

※この入試情報は大学発表の2025年度入試（予告）および2024年度募集要項等より編集したものです（2024年1月時点。見方は巻頭の「本書の使い方」参照）。内容には変更が生じる可能性があるため、最新情報はホームページや2025年度募集要項等で必ず確認してください。

「大学入試科目検索システム」のご案内
日程・方式ごとの偏差値や昨年度入試結果（志願者倍率、実質倍率、合格最低点）、基本情報（出願締切日、試験日、二段階選抜、募集人員、総合満点）などは、「大学入試科目検索システム」（https://nyushi.toshin.com/）をご覧ください（利用方法はp.12参照）。

■法学部 偏差値 60

一般選抜

◆M方式入試
［法：3科目］国現古、現漢から1 地歴 公 数 地歴全3科目、公共・政経、数ⅠⅡAから1 外 英

◆前期入試
［法：3科目］M方式入試に同じ▶地総・地理、公共・政経は試験日により選択可

◆数学重視型入試
［法：3科目］国現古、現漢から1 数 数ⅠⅡA 外 英

◆後期入試
［法：3科目］国現 地歴 数 地歴全3科目、数ⅠⅡAから1 外 英

共通テスト併用入試

◆共通テストプラス方式入試※共通テストは個別試験で受験する教科の選択不可
［法］〈共2科目〉国 地歴 公 数 理 外 情 現、地歴公数理情全15科目、英から2教科2〈個1科目〉国 数 外 現古、現漢、数ⅠⅡA、英から1

共通テスト利用入試　※個別試験は課さない

◆共通テスト利用入試（前期〔5教科型〕）
［法：5科目］国現 地歴 公 数 理 情 全15科目から3教科3▶地歴と公は1教科扱い 外 全5科目から1

◆共通テスト利用入試（前期〔3教科型〕）
［法：3科目］国現 地歴 公 数 理 情 全15科目から1 外 全5科目から1

◆共通テスト利用入試（後期）
［法：3科目］国 地歴 公 数 理 情 現、地歴公数理情全15科目から2教科2 外 全5科目から1

■経済学部 偏差値 59

一般選抜

◆M方式入試
［経済：3科目］国現古、現漢から1 地歴 公 数 地歴全3科目、公共・政経、数ⅠⅡAから1 外 英

◆前期入試
［経済：3科目］M方式入試に同じ▶地総・地理、公共・政経は試験日により選択可

◆数学重視型入試
［経済：3科目］国現古、現漢から1 数 数ⅠⅡA 外 英

◆後期入試
［経済：3科目］国現 地歴 数 地歴全3科目、数ⅠⅡAから1 外 英

共通テスト併用入試

◆共通テストプラス方式入試※共通テストは個別試験で受験する教科の選択不可
［経済］〈共2科目〉国 地歴 公 数 理 外 情 現、地歴公数理情全15科目、英から2教科2▶国数外から1必須〈個1科目〉国 数 外 現古、現漢、数ⅠⅡA、英から1

共通テスト利用入試　※個別試験は課さない

◆共通テスト利用入試（前期〔5教科型〕）
［経済：5科目］国現 地歴 公 数 理 情 全15科目から3教科3▶地歴と公は1教科扱い 外 全5科目から1

◆共通テスト利用入試（前期〔3教科型〕）
［経済：3科目］国 地歴 公 数 理 情 現、地歴公数理情全15科目から2 外 全5科目から1

◆共通テスト利用入試（後期）
［経済：3科目］国 地歴 公 数 理 情 現、地歴公数理情全15科目から2教科2 外 全5科目から1

■経営学部 偏差値 60

一般選抜

◆M方式入試
［全学科：3科目］国現古、現漢から1 地歴 公 数 地歴全3科目、公共・政経、数ⅠⅡAから1 外 英

◆前期入試
［全学科：3科目］M方式入試に同じ▶地総・地理、公共・政経は試験日により選択可

◆数学重視型入試
［全学科：3科目］国現古、現漢から1 数 数ⅠⅡA 外 英

◆後期入試
［全学科：3科目］国現 地歴 数 地歴全3科目、数ⅠⅡAから1 外 英

共通テスト併用入試

◆共通テストプラス方式入試※共通テストは個別試験で受験する教科の選択不可
［全学科］〈共2科目〉国 外 現、英から1 地歴 公 数 理 情 全15科目から1〈個1科目〉国 数 外 現古、現漢、数ⅠⅡA、英から1

共通テスト利用入試　※個別試験は課さない

◆共通テスト利用入試（前期〔5教科型〕）
［全学科：5科目］国現 地歴 公 数 理 情 全15科目から3教科3▶地歴と公は1教科扱い 外 全5科目から1

◆共通テスト利用入試（前期〔3教科型〕）
［全学科：3科目］国現 地歴 公 数 理 情 全15科目から1 外 全5科目から1

◆共通テスト利用入試（後期）
［全学科：3科目］国 地歴 公 数 理 情 現、地歴公数理情全15科目から2教科2 外 全5科目から1

■現代中国学部 偏差値 60

一般選抜

◆**M方式入試**

[現代中国：3科目] [国]現古、現漢から1[地歴][公][数]地歴全3科目、公共・政経、数ⅠⅡAから1[外]英

◆**前期入試**

[現代中国：3科目]M方式入試に同じ▶地総・地理、公共・政経は試験日により選択可

◆**後期入試**

[現代中国：3科目] [国]現[地歴][数]地歴全3科目、数ⅠⅡAから1[外]英

共通テスト併用入試

◆**共通テストプラス方式入試**※共通テストは個別試験で受験する教科の選択不可

[現代中国]〈[共]2科目〉[国][地歴][公][数][理][外][情]現、地歴公数理情全15科目、英、中から2教科2〈[個]1科目〉[国][数][外]現古、現漢、数ⅠⅡA、英から1

共通テスト利用入試 ※個別試験は課さない

◆**共通テスト利用入試（前期〔5教科型〕）**

[現代中国：5科目] [国]現[地歴][公][数][理][情]全15科目から3教科3▶地歴と公は1教科扱い[外]全5科目から1

◆**共通テスト利用入試（前期〔3教科型〕）**

[現代中国：3科目] [国]現[地歴][公][数][理][情]全15科目から1[外]全5科目から1

◆**共通テスト利用入試（後期）**

[現代中国：3科目] [国][地歴][公][数][理][情]現、地歴公数理情全15科目から2教科2[外]全5科目から1

■国際コミュニケーション学部 

一般選抜

◆**M方式入試**

[全学科：3科目] [国]現古、現漢から1[地歴][公][数]地歴全3科目、公共・政経、数ⅠⅡAから1[外]英

◆**前期入試**

[全学科：3科目]M方式入試に同じ▶地総・地理、公共・政経は試験日により選択可

◆**後期入試**

[全学科：3科目] [国]現[地歴][数]地歴全3科目、数ⅠⅡAから1[外]英

共通テスト併用入試

◆**共通テストプラス方式入試**

[全学科]〈[共]2科目〉[国]現[地歴][公][数][理][情]全15科目から1〈[個]1科目〉[外]英

共通テスト利用入試 ※個別試験は課さない

◆**共通テスト利用入試（前期〔5教科型〕）**

[全学科：5科目] [国]現[地歴][公][数][理][情]全15科目から3教科3▶地歴と公は1教科扱い[外]英

◆**共通テスト利用入試（前期〔3教科型〕）**

[全学科：3科目] [国]現[地歴][公][数][理][情]全15科目から1[外]全5科目から1

◆**共通テスト利用入試（後期）**

[全学科：3科目] [国][地歴][公][数][理][情]現、地歴公数理情全15科目から2教科2[外]全5科目から1

■文学部 偏差値 59

一般選抜

◆**M方式入試**

[全学科：3科目] [国]現古、現漢から1[地歴][公][数]地歴全3科目、公共・政経、数ⅠⅡAから1[外]英

◆**前期入試**

[全学科：3科目]M方式入試に同じ▶地総・地理、公共・政経は試験日により選択可

◆**数学重視型入試**

[心理：3科目] [国]現古、現漢から1[数]数ⅠⅡA[外]英

◆**後期入試**

[全学科：3科目] [国]現[地歴][数]地歴全3科目、数ⅠⅡAから1[外]英

共通テスト併用入試

◆**共通テストプラス方式入試**※共通テストは個別試験で受験する教科の選択不可

[全学科]〈[共]2科目〉[国][外]現古、現漢、英、独、仏、中から1[地歴][公][数][理][情]全15科目から1〈[個]1科目〉[国][数][外]現古、現漢、数ⅠⅡA、英から1

共通テスト利用入試 ※個別試験は課さない

◆**共通テスト利用入試（前期〔5教科型〕）**

[全学科：5科目] [国]現古、現漢から1[地歴][公][数][理][情]全15科目から3教科3▶地歴と公は1教科扱い[外]全5科目から1

◆**共通テスト利用入試（前期〔3教科型〕）**

[全学科：3科目] [国]現古、現漢から1[地歴][公][数][理][情]全15科目から1[外]全5科目から1

◆**共通テスト利用入試（後期）**

[全学科：3科目] [国][地歴][公][数][理][情]現、地歴公数理情全15科目から2教科2[外]全5科目から1

■地域政策学部 偏差値 57

一般選抜

◆**M方式入試**

[地域政策：3科目] [国]現古、現漢から1[地歴][公][数]地歴全3科目、公共・政経、数ⅠⅡAから1[外]英

◆**前期入試**

[地域政策：3科目]M方式入試に同じ▶地総・地理、公共・政経は試験日により選択可

◆**数学重視型入試**

[地域政策－食農環境：3科目] [国]現古、現漢から1[数]数ⅠⅡA[外]英

◆**後期入試**

[地域政策：3科目] [国]現[地歴][数]地歴全3科目、数ⅠⅡAから1[外]英

共通テスト併用入試

◆**共通テストプラス方式入試**※共通テストは個別試験で受験する教科の選択不可

[地域政策－食農環境以外]〈[共]2科目〉[国][外]現、英から1[地歴][公][数][理][情]全15科目から1〈[個]1科目〉[国][数][外]現古、現漢、数ⅠⅡA、英から1

[地域政策－食農環境]〈[共]2科目〉[国][地歴][公][数][理][外][情]現、地歴公数理情全15科目、英から2教科2▶数理から1必須〈[個]1科目〉[国][数][外]現古、現漢、数ⅠⅡA、英から1

共通テスト利用入試　※個別試験は課さない

◆**共通テスト利用入試（前期〔5教科型〕）**

［地域政策－食農環境以外：5科目］ 国現 地歴 公 数 理 情全15科目から3教科3▶地歴と公は1教科扱い 外全5科目から1

［地域政策－食農環境：5科目］ 国 地歴 公 数 理 情現、地歴公数理情全15科目から4▶数理から各1必須 外全5科目から1

◆**共通テスト利用入試（前期〔3教科型〕）**

［地域政策－食農環境以外：3科目］ 国現 地歴 公 数 理 情全15科目から1 外全5科目から1

［地域政策－食農環境：3科目］ 国 地歴 公 数 理 情現、地歴公数理情全15科目から2▶数理から1必須 外全5科目から1

◆**共通テスト利用入試（後期）**

［地域政策：3科目］ 国 地歴 公 数 理 情現、地歴公数理情全15科目から2教科2 外全5科目から1

■特別選抜

［総合型選抜］ 現代中国学部グローバル人材特別入試、国際コミュニケーション学部英語学科特別入試、地域政策学部プレゼンテーション入試、スポーツ特別入試、海外帰国生選抜入試、社会人入試

［学校推薦型選抜］ 公募制推薦入試（一般推薦〔専願制、併願制〕、情報・簿記会計推薦）

就職支援

愛知大学ではキャリア支援センターを設け、「低年次キャリアデザインプログラム」を展開し、1・2年次から学びの機会を提供しています。企業や官公庁と連携したオリジナルの課題解決型プログラムで社会と積極的に関わり、将来のキャリアビジョンを考えるきっかけとなることが狙いです。また、公務員採用試験対策プログラムが充実しており、2022年度の公務員合格実績は453人（教員除く）、教員合格実績は80人。その他の資格取得のための講座も開講しています。

国際交流

愛知大学では海外協定校ネットワークを世界中に広げ、多様な留学制度を整えて、学生の希望にきめ細かく応えています。海外協定校は14カ国・地域の47大学。協定校へ学生を派遣する「交換留学」、正規課程に留学する学生自身が所定の手続きをする「認定留学」、春学期または秋学期の1セメスターで英語を中心に学習する「1セメスター認定留学プログラム」も人気です。春・夏季休暇を利用した約4週間の「海外短期語学セミナー」もあります。また、本学で学ぶ外国人留学生と交流することで、キャンパスの中でも生きた外国語や外国文化に接することができます。

愛知大学ギャラリー

■名古屋キャンパス図書館

名古屋校舎厚生棟1～3階に位置している名古屋図書館は、図書の貸し出しの他に、様々な企画展示を行っています。

■豊橋キャンパスの食堂

逍遥館2階にある生協の食堂は520もの座席数を有しており、好きなメニューを自分で選べるカフェテリア方式を採用しています。

■キャリア支援

企業・団体の担当者と話せる学内企業セミナーや、内定者との懇談会などを実施するキャリア支援センターを設置しています。

■Global Lounge

名古屋キャンパス厚生棟5階に設置されたGlobal Loungeでは、交流イベントや講演会などが行われています。

愛知淑徳大学（あいちしゅくとくだいがく）

資料請求

アドミッションセンター（星が丘キャンパス） TEL（052）781-7084 〒464-8671 愛知県名古屋市千種区桜が丘23

「違いを共に生きる」を理念に、自分らしさを育む

大学紹介動画 最新入試情報

地域や世界の人々とともに学び合うことができる環境の中で、自分らしさを見出し、次代を生き抜く力を養う。人間として社会で自立する基礎となる、たくましさや優しさを育む教育を重視している。

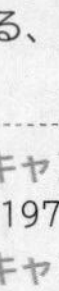

長久手キャンパス

キャンパス 2つ

長久手キャンパス
〒480-1197 愛知県長久手市片平2-9

星が丘キャンパス
〒464-8671 愛知県名古屋市千種区桜が丘23

基本データ

※2023年5月現在（学部学生数に留学生は含まない。教員数は非常勤を含む。進路・就職は2022年度卒業者データ。学費は2024年度入学者用）

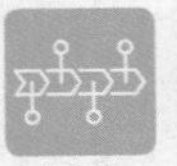

沿革

1905年、愛知淑徳女学校を開校。1975年、愛知淑徳大学を開学、文学部を設置。1995年、男女共学化し、現代社会学部を設置し、総合大学化。2000年、コミュニケーション、文化創造学部を設置。2010年、大幅な学部再編を行い8学部体制となる。2016年にグローバル・コミュニケーション学部を、2018年に文学部総合英語学科を、2024年に食健康科学部を設置。2025年、教育、建築学部を開設予定。

教育機関 12学部 6研究科

学部（※2025年4月設置構想中）
文／人間情報／心理／創造表現／健康医療科／食健康科／福祉貢献／交流文化／ビジネス／グローバル・コミュニケーション／教育※／建築※

大学院
文化創造Ⓜ Ⓓ／教育学Ⓜ／心理医療科学Ⓜ Ⓓ／グローバルカルチャー・コミュニケーションⓂ Ⓓ／ビジネスⓂ Ⓓ／健康栄養科学Ⓜ

人数

学部学生数 8,372名　教員1名あたり学生 8名

教員数 964名【理事長・学園長】小林素文、【学長】島田修三
（教授153名、准教授53名、講師720名、助教33名、助手・その他5名）

学費

初年度納入額 1,345,000~1,615,000円

奨学金 奨励給付奨学金、特別給付奨学金1（緊急支援）（災害支援）、特別給付奨学金2（留学生支援）、愛知淑徳大学同窓会奨学金

進路

学部卒業者 1,931名
（進学28名［1.5%］、就職1,670名［86.5%］、その他233名［12.0%］）

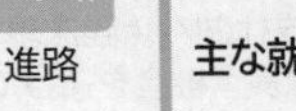

主な就職先 愛知県内公立学校、保育園、幼稚園、名古屋市役所、トヨタ自動車、愛知県警察本部、藤田医科大学病院、JA愛知県厚生連 安城更生病院、名古屋市社会福祉協議会、岡崎信用金庫、マイナビ、東陽倉庫、興和、トヨタホーム愛知、瀧定名古屋、愛知県庁、十六銀行、NDSソリューション、セガ、リゾートトラスト、名古屋銀行、ANA中部空港、JAL、財務省、JR東海、マキタ

学部学科紹介

※本書掲載内容は、大学公表資料から独自に編集したものです。詳細は大学パンフレットやホームページ等で必ず確認してください（取得可能な免許・資格は任用資格や受験資格などを含む）。

文学部

長久手キャンパス　定員 95

特色	「人間探究」の理念のもと、創造的思考力と教養力を養う。
進路	就職先は教育・学習支援業や公務、卸売・小売業など多岐にわたる。
学問分野	文学／言語学／教員養成
大学院	文化創造／教育学

国文学科 (95)	古典文学、近・現代文学、国語学、中国文学という幅広い分野の学修を通して、論理性と表現力を兼ね備えた課題解決型の人材を育成する。3・4年次開講の少人数ゼミでレポート作成やディスカッションを行い、その成果を卒業論文に活かしていく。
取得可能な免許・資格	学芸員、教員免許（中-国、高-国）、司書

人間情報学部

長久手キャンパス　定員 200

特色	人の心に寄り添いながら、AI時代の情報社会に貢献できる力を養う。
進路	就職先は卸売·小売業や情報通信業、サービス業をはじめ多岐にわたる。
学問分野	心理学／情報学
大学院	文化創造

人間情報学科 (200)	感性工学とデータサイエンスの2専攻を設置。文理融合型教育プログラムにより、持続可能なデザイン的発想とものづくりの力、AI時代の社会的価値創造に貢献できる力、各種データの科学的分析・評価に基づくデータ戦略を立案し実行する力を養う。
取得可能な免許・資格	学芸員、教員免許（中-数、高-数·情）、司書

心理学部

長久手キャンパス　定員 180

特色	科学として広く深く心理学を学び、実社会の様々な分野で活かせる力を修得する。
進路	就職先は卸売・小売業やサービス業、大学院進学など多岐にわたる。
学問分野	心理学
大学院	心理医療科学

心理学科 (180)	生理・認知、社会、発達、臨床の4領域を総合的に学修することで多様な視点から人の心の仕組みにアプローチし、幅広い専門知識と論理的思考力等を身につける。豊富な機材を用いた実験や実習、研究を通して発表力や問題解決能力を育むことで、実社会で活かせる力も修得する。
取得可能な免許・資格	公認心理師、認定心理士

創造表現学部

長久手キャンパス　定員 225

特色	専門的な知識やスキルを修得し、豊かな自己表現ができる力を身につける。
進路	就職先は卸売・小売業やサービス業、建設業をはじめ多岐にわたる。
学問分野	文学／メディア学／芸術・表現
大学院	文化創造

創造表現学科 改 (225)	多彩な学部共通科目を通し創造表現の基礎を固める。独創的な言語・視聴覚表現を培う創作表現、メディアを活用した情報発信能力を養うメディアプロデュースの2つの専攻に分かれて専門性を磨く。※建築・インテリアデザイン専攻は2025年度より建築学部として開設予定
取得可能な免許・資格	学芸員、司書

健康医療科学部

長久手キャンパス　定員 290

特色	「生涯健康」社会を目指し、人々の健康の維持と増進を支援できる人材を育成。
進路	卒業者の多くは医療・福祉業や卸売・小売業、サービス業に就いている。
学問分野	健康科学
大学院	心理医療科学

医療貢献学科 改 (160)	2024年度、医療貢献学科に理学療法学専攻、臨床検査学専攻を新たに開設。言語聴覚学専攻、視覚科学専攻と合わせ4専攻体制へ。臨床現場と同様の環境で行う学内実習や学外実習などの豊富な実習機会を通して、高度な知識と技術、豊かな人間性を養う。

スポーツ・健康医科学科 (130)	スポーツ・健康科学、救急救命学の2つの専攻を設置している。スポーツ・健康科学専攻では、各分野を体系的に学び、ライフステージに応じた健康支援方法を学ぶ。救急救命学専攻では救急救命士国家試験受験資格が取得可能で、高度な専門知識と技能を修得する。
取得可能な免許・資格	理学療法士、臨床検査技師、救急救命士、言語聴覚士、視能訓練士、公認スポーツ指導者、教員免許（中-保体、高-保体）

食健康科学部

長久手キャンパス

定員 200

特色	健康とおいしさを追究し、豊かな食生活を社会に提案できる人材を育成。
進路	2024年度開設。医療・福祉や食産業など多分野での活躍を想定。
学問分野	食物学
大学院	健康栄養科学

健康栄養学科 新 (80)	2024年度開設。食と栄養に関する幅広い知識と高度な実践力を備え、生涯にわたる健康の維持・増進に貢献する管理栄養士を育成。愛知淑徳大学クリニックやその他の医療機関などでの実習を通じ、チーム医療・多職種連携を視野に入れた栄養管理・栄養指導の実践力を磨く。
食創造科学科 新 (120)	2024年度開設。生活科学分野の食健康科学を土台にして、食品や調理、健康と栄養、世界の食文化、新たな食の創造などに加え、分析から食品開発までを実践的に学ぶ。豊かな食文化や健康社会に貢献できる人材の育成を目指す。
取得可能な免許・資格	学芸員、食品衛生管理者、食品衛生監視員、管理栄養士、栄養士、栄養教諭（一種）

福祉貢献学部

長久手キャンパス

定員 120

特色	人々が自分らしく生きる社会を目指し、福祉の精神と実践力を備えた人材を育成。
進路	就職先は医療・福祉業や教育・学習支援業、公務をはじめ多岐にわたる。
学問分野	社会福祉学／子ども学
大学院	心理医療科学

福祉貢献学科 (120)	実践的な知識や技能を修得し、豊かな人生を送る社会の実現に取り組む人材を育成する。社会福祉専攻では社会福祉士や精神保健福祉士の資格取得が可能。子ども福祉専攻では専門知識と実践力、社会に対する視点を兼ね備えた幼稚園教諭や保育士を育成する。
取得可能な免許・資格	社会福祉士、精神保健福祉士、社会福祉主事、児童指導員、保育士、教員免許（幼一種）

交流文化学部

星が丘キャンパス

定員 260

特色	多文化共生社会の実現に貢献する人材を育成。海外研修などの体験学習が充実。
進路	就職先は卸売・小売業やサービス業、製造業をはじめ多岐にわたる。
学問分野	言語学／文化学／社会学／観光学／国際学
大学院	グローバルカルチャー・コミュニケーション

交流文化学科 (260)	ランゲージと国際交流・観光の2つの専攻からなる。国際交流・観光は、2年次より国際交流と観光の2つの専攻プログラムに分かれる。英語、中国語、韓国・朝鮮語、国際貢献、観光などの科目群から専攻にとらわれず、個々の興味に合わせて履修できる。
取得可能な免許・資格	登録日本語教員、教員免許（中-社・英、高-地歴・英）

ビジネス学部

星が丘キャンパス

定員 230

特色	ビジネスの現場で活きる知識やスキルを理論と実践の両面から修得する。
進路	卒業者の多くは卸売・小売業やサービス業、製造業などに就職している。
学問分野	経済学／経営学／国際学
大学院	ビジネス

ビジネス学科 (230)	経営学・商学・会計学・経済学といった伝統的な学問の枠組みを活かしつつ、ビジネスの現場で必要な力を実践的な科目から学ぶ。 企業・団体との協働によるアクティブラーニングを積極的に取り入れ、ビジネスの各分野に対応できる人材を育成する。
取得可能な免許・資格	教員免許（高-商業）

グローバル・コミュニケーション学部 星が丘キャンパス　定員 80	特色　学部専門教育科目をすべて英語で開講。2年次に全員が海外留学を行う。 進路　就職先は卸売・小売業やサービス業、製造業をはじめ多岐にわたる。 学問分野　言語学／社会学／国際学 大学院　グローバルカルチャー・コミュニケーション
グローバル・コミュニケーション学科 (80)	1年次から始まる少人数制の短期集中・反復型の学修システムで、高度な英語運用能力を修得し、2年次には全員が海外留学に参加。ALL ENGLISHの環境で幅広い国際教養と英語対話力を備えた人、地域、世界の架け橋となる人材を育成する。
取得可能な免許・資格	学芸員、教員免許（中-英、高-英）、司書

教育学部 長久手キャンパス　定員 140	特色　2025年度開設予定。小・中・高と特別支援学校の教員免許が取得可能。 進路　2025年度開設予定。教育・学習支援業をはじめとする分野で活躍を想定。 学問分野　教員養成／教育学 大学院　教育学
教育学科 新 (140)	2025年度、文学部教育学科と総合英語学科の学びを融合し、開設予定(仮称・設置構想中)。2年次から学校教育コース、英語教育コース、特別支援教育コースの3つのゆるやかなコース制を導入し、自分に合った進路を目指せる。
取得可能な免許・資格	教員免許（小一種、中-英、高-英、特-知的・肢体・病弱）

建築学部 長久手キャンパス　定員 130	特色　2025年度開設予定。幅広い視点で人と環境との関わりを考える。 進路　就職先は卸売・小売業から建築業まで多岐にわたる。 学問分野　土木・建築学／住居学 大学院　文化創造
建築学科 新 (130)	2025年度、創造表現学部創造表現学科建築・インテリアデザイン専攻が独立し開設予定。建築・まちづくり専攻と住居・インテリアデザイン専攻の2専攻制へ（仮称・設置構想中）。建築実験棟を新設し、建築学を広く深く学ぶための環境も整備。
取得可能な免許・資格	建築士（一級、二級、木造）、施工管理技士（建築）

入試要項（2024年度）

※この入試情報は2024年度募集要項等より編集したものです（見方は巻頭の「本書の使い方」参照）。2025年度入試の最新情報は、ホームページや2025年度募集要項等で必ず確認してください。

「大学入試科目検索システム」のご案内

日程・方式ごとの偏差値や昨年度入試結果（志願者倍率、実質倍率、合格最低点）、基本情報（出願締切日、試験日、二段階選抜、募集人員、総合満点）などは、「大学入試科目検索システム」（https://nyushi.toshin.com/）をご覧ください（利用方法はp.12参照）。

■文学部 偏差値 51

一般選抜

◆**一般入試（前期3教科型）**

[国文、教育：3科目] 国現古 地歴 数 理世B、日B、数ⅠⅡA、化基、生基から1 外英、英語外部試験から1

[総合英語：3科目] 国 地歴 数 理現古、世B、日B、数ⅠⅡA、化基、生基から2教科2▶地歴と理の組み合わせ不可 外英、英語外部試験から1

◆**一般入試（前期2教科型）**

[国文：2科目] 国現古 地歴 数 理 外世B、日B、数ⅠⅡA、化基、生基、英、英語外部試験から1

[総合英語：2科目] 国 地歴 数 理現古、世B、日B、数ⅠⅡA、化基、生基から1 外英、英語外部試験から1

[教育：2科目] 国 地歴 数 理 外現古、世B、日B、数ⅠⅡA、化基、生基、英、英語外部試験から2教科2▶地歴と理の組み合わせ不可

◆**一般入試（後期）**

[国文：1科目] 国現古

[総合英語：1科目] 外英

[教育：1科目] 国 数 外現古、数ⅠⅡA、英から1

共通テスト併用入試　※理科基礎は2科目扱い

◆**一般入試（共通テストプラス型）** ※一般入試（前期3教科型・前期2教科型）の受験必須

[国文]〈共2～3科目〉国 地歴 公 数 理 外現古漢、地歴公理外全20科目、数Ⅰ、数ⅠA、数Ⅱ、数ⅡBから2教科2▶地歴と公は1教科扱い〈個2～3科目〉一般入試（前期3教科型・前期2教科型）の成績を利用▶国を合否判定に使用

[総合英語]〈共2～3科目〉国 地歴 公 数 理 外現、地歴公理全15科目、数Ⅰ、数ⅠA、数Ⅱ、数ⅡB、

英から2教科2▶地歴と公は1教科扱い〈個2～3科目〉一般入試（前期3教科型・前期2教科型）の成績を利用▶外を合否判定に使用
[教育]〈共2～3科目〉国地歴公数理外現、地歴公全理外20科目、数Ⅰ、数ⅠA、数Ⅱ、数ⅡBから2教科2▶地歴と公は1教科扱い〈個2～3科目〉一般入試（前期3教科型・前期2教科型）の成績を利用▶高得点1科目を合否判定に使用

共通テスト利用入試 ※個別試験は課さない。理科基礎は2科目扱い

◆**共通テスト利用入試（前期3教科型）**
[国文：3～4科目] 国現古漢地歴公数理外地歴公理外全20科目、数Ⅰ、数ⅠA、数Ⅱ、数ⅡBから2教科2▶地歴と公は1教科扱い
[総合英語：3～4科目] 国地歴公数理現、地歴公理全15科目、数Ⅰ、数ⅠA、数Ⅱ、数ⅡBから2教科2▶地歴と公は1教科扱い外英
[教育：3～4科目] 国地歴公数理外現、地歴公理外全20科目、数Ⅰ、数ⅠA、数Ⅱ、数ⅡBから3教科3▶国外から1必須。地歴と公は1教科扱い

◆**共通テスト利用入試（前期4教科型）**
[国文：4～5科目] 国現古漢地歴公数理外地歴公理外全20科目、数Ⅰ、数ⅠA、数Ⅱ、数ⅡBから3教科3▶地歴と公は1教科扱い
[総合英語：4～5科目] 国地歴公数理現、地歴公理全15科目、数Ⅰ、数ⅠA、数Ⅱ、数ⅡBから3教科3▶地歴と公は1教科扱い外英
[教育：4～5科目] 国地歴公数理外現、地歴公理外全20科目、数Ⅰ、数ⅠA、数Ⅱ、数ⅡBから4教科4▶地歴と公は1教科扱い

◆**共通テスト利用入試（後期）**
[国文：2～3科目] 国現古漢地歴公数理外地歴公理外全20科目、数Ⅰ、数ⅠA、数Ⅱ、数ⅡBから1
[総合英語：2～3科目] 国地歴公数理現、地歴公理全15科目、数Ⅰ、数ⅠA、数Ⅱ、数ⅡBから1外英
[教育：2～3科目] 国地歴公数理外現、地歴公理外全20科目、数Ⅰ、数ⅠA、数Ⅱ、数ⅡBから2教科2▶国外から1必須

■人間情報学部 偏差値 49

一般選抜

◆**一般入試（前期3教科型）**
[人間情報：3科目] 国地歴数理外現古、世B、日B、数ⅠⅡA、化基、生基、英、英語外部試験から3教科3▶地歴と理の組み合わせ不可

◆**一般入試（前期2教科型）**
[人間情報：2科目] 国地歴数理外現古、世B、日B、数ⅠⅡA、化基、生基、英、英語外部試験から2教科2▶地歴と理の組み合わせ不可

◆**一般入試（後期）**
[人間情報：1科目] 国数外現古、数ⅠⅡA、英から1

共通テスト併用入試 ※理科基礎は2科目扱い

◆**一般入試（共通テストプラス型）** ※一般入試（前期3教科型・前期2教科型）の受験必須
[人間情報]〈共2～3科目〉国地歴公数理外現、地歴公理外全20科目、数Ⅰ、数ⅠA、数Ⅱ、数ⅡBから2教科2▶地歴と公は1教科扱い〈個2～3科目〉一般入試（前期3教科型・前期2教科型）の成績を利用▶高得点1科目を合否判定に使用

共通テスト利用入試 ※個別試験は課さない。理科基礎は2科目扱い

◆**共通テスト利用入試（前期3教科型）**
[人間情報：3～4科目] 国地歴公数理外現、地歴公理外全20科目、数Ⅰ、数ⅠA、数Ⅱ、数ⅡBから3教科3▶国外から1必須。地歴と公は1教科扱い

◆**共通テスト利用入試（前期4教科型）**
[人間情報：4～5科目] 国地歴公数理外現、地歴公理外全20科目、数Ⅰ、数ⅠA、数Ⅱ、数ⅡBから4教科4▶地歴と公は1教科扱い

◆**共通テスト利用入試（後期）**
[人間情報：2～3科目] 国地歴公数理外現、地歴公理外全20科目、数Ⅰ、数ⅠA、数Ⅱ、数ⅡBから2教科2▶国外から1必須

■心理学部 偏差値 51

一般選抜

◆**一般入試（前期3教科型）**
[心理：3科目] 国地歴数理外現古、世B、日B、数ⅠⅡA、化基、生基、英、英語外部試験から3教科3▶地歴と理の組み合わせ不可

◆**一般入試（前期2教科型）**
[心理：2科目] 国地歴数理外現古、世B、日B、数ⅠⅡA、化基、生基、英、英語外部試験から2教科2▶地歴と理の組み合わせ不可

◆**一般入試（後期）**
[心理：1科目] 国数外現古、数ⅠⅡA、英から1

共通テスト併用入試 ※理科基礎は2科目扱い

◆**一般入試（共通テストプラス型）** ※一般入試（前期3教科型・前期2教科型）の受験必須
[心理]〈共2～3科目〉国地歴公数理外現、地歴公理外全20科目、数Ⅰ、数ⅠA、数Ⅱ、数ⅡBから2教科2▶地歴と公は1教科扱い〈個2～3科目〉一般入試（前期3教科型・前期2教科型）の成績を利用▶高得点1科目を合否判定に使用

共通テスト利用入試 ※個別試験は課さない。理科基礎は2科目扱い

◆**共通テスト利用入試（前期3教科型）**
[心理：3～4科目] 国地歴公数理外現、地歴公理外全20科目、数Ⅰ、数ⅠA、数Ⅱ、数ⅡBから3教科3▶国外から1必須。地歴と公は1教科扱い

◆**共通テスト利用入試（前期4教科型）**
[心理：4～5科目] 国地歴公数理外現、地歴公理外全20科目、数Ⅰ、数ⅠA、数Ⅱ、数ⅡBから4教科4▶地歴と公は1教科扱い

◆**共通テスト利用入試（後期）**
[心理：2～3科目] 国地歴公数理外現、地歴公理外全20科目、数Ⅰ、数ⅠA、数Ⅱ、数ⅡBから2教科2▶国外から1必須

■創造表現学部 偏差値 51

一般選抜

◆一般入試（前期3教科型）

［創造表現－創作表現：3科目］国現古地歴数理外世B、日B、数ⅠⅡA、化基、生基、英、英語外部試験から2教科2▶地歴と理の組み合わせ不可

［創造表現－メディアプロデュース・建築インテリアデザイン：3科目］国地歴数理外現古、世B、日B、数ⅠⅡA、化基、生基、英、英語外部試験から3教科3▶地歴と理の組み合わせ不可

◆一般入試（前期2教科型）

［創造表現：2科目］国地歴数理外現古、世B、日B、数ⅠⅡA、化基、生基、英、英語外部試験から2教科2▶地歴と理の組み合わせ不可

◆一般入試（後期）

［創造表現：1科目］国数外現古、数ⅠⅡA、英から1

共通テスト併用入試　※理科基礎は2科目扱い

◆一般入試（共通テストプラス型）※一般入試（前期3教科型・前期2教科型）の受験必須

［創造表現］〈共2～3科目〉国地歴公数理外現、地歴公理外全20科目、数Ⅰ、数ⅠA、数Ⅱ、数ⅡBから2教科2▶地歴と公は1教科扱い〈個2～3科目〉一般入試（前期3教科型・前期2教科型）の成績を利用▶高得点1科目を合否判定に使用

共通テスト利用入試　※個別試験は課さない。理科基礎は2科目扱い

◆共通テスト利用入試（前期3教科型）

［創造表現：3～4科目］国地歴公数理外現、地歴公理外全20科目、数Ⅰ、数ⅠA、数Ⅱ、数ⅡBから3教科3▶国外から1必須。地歴と公は1教科扱い

◆共通テスト利用入試（前期4教科型）

［創造表現：4～5科目］国地歴公数理外現、地歴公理外全20科目、数Ⅰ、数ⅠA、数Ⅱ、数ⅡBから4教科4▶地歴と公は1教科扱い

◆共通テスト利用入試（後期）

［創造表現：2～3科目］国地歴公数理外現、地歴公理外全20科目、数Ⅰ、数ⅠA、数Ⅱ、数ⅡBから2教科2▶国外から1必須

■健康医療科学部 偏差値 55

一般選抜

◆一般入試（前期3教科型）

［全学科：3科目］国地歴数理外現古、世B、日B、数ⅠⅡA、化基、生基、英、英語外部試験から3教科3▶地歴と理の組み合わせ不可

◆一般入試（前期2教科型）

［全学科：2科目］国地歴数理外現古、世B、日B、数ⅠⅡA、化基、生基、英、英語外部試験から2教科2▶地歴と理の組み合わせ不可

◆一般入試（後期）

［全学科：1科目］国数外現古、数ⅠⅡA、英から1

共通テスト併用入試　※理科基礎は2科目扱い

◆一般入試（共通テストプラス型）※一般入試（前期3教科型・前期2教科型）の受験必須

［全学科］〈共2～3科目〉国地歴公数理外現、地歴公理外全20科目、数Ⅰ、数ⅠA、数Ⅱ、数ⅡBから2教科2▶地歴と公は1教科扱い〈個2～3科目〉一般入試（前期3教科型・前期2教科型）の成績を利用▶高得点1科目を合否判定に使用

共通テスト利用入試　※個別試験は課さない。理科基礎は2科目扱い

◆共通テスト利用入試（前期3教科型）

［全学科：3～4科目］国地歴公数理外現、地歴公理外全20科目、数Ⅰ、数ⅠA、数Ⅱ、数ⅡBから3教科3▶国外から1必須。地歴と公は1教科扱い

◆共通テスト利用入試（前期4教科型）

［全学科：4～5科目］国地歴公数理外現、地歴公理外全20科目、数Ⅰ、数ⅠA、数Ⅱ、数ⅡBから4教科4▶地歴と公は1教科扱い

◆共通テスト利用入試（後期）

［全学科：2～3科目］国地歴公数理外現、地歴公理外全20科目、数Ⅰ、数ⅠA、数Ⅱ、数ⅡBから2教科2▶国外から1必須

■食健康科学部 偏差値 51

一般選抜

◆一般入試（前期3教科型）

［健康栄養：3科目］国数外現古、数ⅠⅡA、英、英語外部試験から2教科2理化基、生基から1

［食創造科：3科目］国地歴数理外現古、世B、日B、数ⅠⅡA、化基、生基、英、英語外部試験から3教科3▶地歴と理の組み合わせ不可

◆一般入試（前期2教科型）

［健康栄養：2科目］国数外現古、数ⅠⅡA、英、英語外部試験から1理化基、生基から1

［食創造科：2科目］国地歴数理外現古、世B、日B、数ⅠⅡA、化基、生基、英、英語外部試験から2教科2▶地歴と理の組み合わせ不可

◆一般入試（後期）

［全学科：1科目］国数外現古、数ⅠⅡA、英から1

共通テスト併用入試　※理科基礎は2科目扱い

◆一般入試（共通テストプラス型）※一般入試（前期3教科型・前期2教科型）の受験必須

［健康栄養］〈共2～3科目〉国地歴公数理外現、地歴公理外全20科目、数Ⅰ、数ⅠA、数Ⅱ、数ⅡBから2教科2▶地歴と公は1教科扱い〈個2～3科目〉一般入試（前期3教科型・前期2教科型）の成績を利用▶理を合否判定に使用

［食創造科］〈共2～3科目〉国地歴公数理外現、地歴公理外全20科目、数Ⅰ、数ⅠA、数Ⅱ、数ⅡBから2教科2▶地歴と公は1教科扱い〈個2～3科目〉一般入試（前期3教科型・前期2教科型）の成績を利用▶高得点1科目を合否判定に使用

共通テスト利用入試　※個別試験は課さない。理科基礎は2科目扱い

◆共通テスト利用入試（前期3教科型）

［健康栄養：3～4科目］国地歴公数外現、地歴公外全15科目、数Ⅰ、数ⅠA、数Ⅱ、数ⅡBから2

教科2▶地歴と公は1教科扱い理全5科目から1
[食創造科：3～4科目] 国地歴公数理外現、地歴公理外全20科目、数Ⅰ、数ⅠA、数Ⅱ、数ⅡBから3教科3▶国外から1必須。地歴と公は1教科扱い

◆共通テスト利用入試（前期4教科型）
[健康栄養：4～5科目] 国地歴公数外現、地歴公外全15科目、数Ⅰ、数ⅠA、数Ⅱ、数ⅡBから3教科3▶地歴と公は1教科扱い理全5科目から1
[食創造科：4～5科目] 国地歴公数理外現、地歴公理外全20科目、数Ⅰ、数ⅠA、数Ⅱ、数ⅡBから4教科4▶地歴と公は1教科扱い

◆共通テスト利用入試（後期）
[全学科：2～3科目] 国地歴公数理外現、地歴公理外全20科目、数Ⅰ、数ⅠA、数Ⅱ、数ⅡBから2教科2▶国外から1必須

■福祉貢献学部 偏差値51

一般選抜

◆一般入試（前期3教科型）
[福祉貢献：3科目]国地歴数理外現古、世B、日B、数ⅠⅡA、化基、生基、英、英語外部試験から3教科3▶地歴と理の組み合わせ不可

◆一般入試（前期2教科型）
[福祉貢献：2科目]国地歴数理外現古、世B、日B、数ⅠⅡA、化基、生基、英、英語外部試験から2教科2▶地歴と理の組み合わせ不可

◆一般入試（後期）
[福祉貢献：1科目] 国数外現古、数ⅠⅡA、英から1

共通テスト併用入試 ※理科基礎は2科目扱い

◆一般入試（共通テストプラス型）※一般入試（前期3教科型・前期2教科型）の受験必須
[福祉貢献]〈共2～3科目〉国地歴公数理外現、地歴公理外全20科目、数Ⅰ、数ⅠA、数Ⅱ、数ⅡBから2教科2▶地歴と公は1教科扱い〈個2～3科目〉一般選抜（前期3教科型・前期2教科型）の成績を利用▶高得点1科目を合否判定に使用

共通テスト利用入試 ※個別試験は課さない。理科基礎は2科目扱い

◆共通テスト利用入試（前期3教科型）
[福祉貢献：3～4科目] 国地歴公数理外現、地歴公理外全20科目、数Ⅰ、数ⅠA、数Ⅱ、数ⅡBから3教科3▶国外から1必須。地歴と公は1教科扱い

◆共通テスト利用入試（前期4教科型）
[福祉貢献：4～5科目] 国地歴公数理外現、地歴公理外全20科目、数Ⅰ、数ⅠA、数Ⅱ、数ⅡBから4教科4▶地歴と公は1教科扱い

◆共通テスト利用入試（後期）
[福祉貢献：2～3科目] 国地歴公数理外現、地歴公理外全20科目、数Ⅰ、数ⅠA、数Ⅱ、数ⅡBから2教科2▶国外から1必須

■交流文化学部 偏差値51

一般選抜

◆一般入試（前期3教科型）
[交流文化：3科目]国地歴数理現古、世B、日B、数ⅠⅡA、化基、生基から2教科2▶地歴と理の組み合わせ不可外英、英語外部試験から1

◆一般入試（前期2教科型）
[交流文化：2科目]国地歴数理外現古、世B、日B、数ⅠⅡA、化基、生基、英、英語外部試験から2教科2▶地歴と理の組み合わせ不可

◆一般入試（後期）
[交流文化：1科目] 国数外現古、数ⅠⅡA、英から1

共通テスト併用入試 ※理科基礎は2科目扱い

◆一般入試（共通テストプラス型）※一般入試（前期3教科型・前期2教科型）の受験必須
[交流文化]〈共2～3科目〉国地歴公数理外現、地歴公理外全20科目、数Ⅰ、数ⅠA、数Ⅱ、数ⅡBから2教科2▶地歴と公は1教科扱い〈個2～3科目〉一般試験（前期3教科型・前期2教科型）の成績を利用▶高得点1科目を合否判定に使用

共通テスト利用入試 ※個別試験は課さない。理科基礎は2科目扱い

◆共通テスト利用入試（前期3教科型）
[交流文化：3～4科目] 国地歴公数理外現、地歴公理外全20科目、数Ⅰ、数ⅠA、数Ⅱ、数ⅡBから3教科3▶国外から1必須。地歴と公は1教科扱い

◆共通テスト利用入試（前期4教科型）
[交流文化：4～5科目] 国地歴公数理外現、地歴公理外全20科目、数Ⅰ、数ⅠA、数Ⅱ、数ⅡBから4教科4▶地歴と公は1教科扱い

◆共通テスト利用入試（後期）
[交流文化：2～3科目] 国地歴公数理外現、地歴公理外全20科目、数Ⅰ、数ⅠA、数Ⅱ、数ⅡBから2教科2▶国外から1必須

■ビジネス学部 偏差値49

一般選抜

◆一般入試（前期3教科型）
[ビジネス：3科目]国地歴数理外現古、世B、日B、数ⅠⅡA、化基、生基、英、英語外部試験から3教科3▶地歴と理の組み合わせ不可

◆一般入試（前期2教科型）
[ビジネス：2科目]国地歴数理外現古、世B、日B、数ⅠⅡA、化基、生基、英、英語外部試験から2教科2▶地歴と理の組み合わせ不可

◆一般入試（後期）
[ビジネス：1科目] 国数外現古、数ⅠⅡA、英から1

共通テスト併用入試 ※理科基礎は2科目扱い

◆一般入試（共通テストプラス型）※一般入試（前期3教科型・前期2教科型）の受験必須
[ビジネス]〈共2～3科目〉国地歴公数理外現、地歴公理外全20科目、数Ⅰ、数ⅠA、数Ⅱ、数ⅡB、簿から2教科2▶地歴と公は1教科扱い〈個2～3

科目〉一般入試（前期3教科型・前期2教科型）の成績を利用▶高得点1科目を合否判定に使用

共通テスト利用入試　※個別試験は課さない。理科基礎は2科目扱い

◆共通テスト利用入試（前期3教科型）
［ビジネス：3～4科目］国地歴公数理外現、地歴公理外全20科目、数Ⅰ、数ⅠA、数Ⅱ、数ⅡB、簿から3教科3▶国外から1必須。地歴と公は1教科扱い

◆共通テスト利用入試（前期4教科型）
［ビジネス：4～5科目］国地歴公数理外現、地歴公理外全20科目、数Ⅰ、数ⅠA、数Ⅱ、数ⅡB、簿から4教科4▶地歴と公は1教科扱い

◆共通テスト利用入試（後期）
［ビジネス：2～3科目］国地歴公数理外現、地歴公理外全20科目、数Ⅰ、数ⅠA、数Ⅱ、数ⅡB、簿から2教科2▶国外から1必須

■グローバル・コミュニケーション学部　偏差値 51

一般選抜

◆一般入試（前期3教科型）
［グローバル・コミュニケーション：3科目］国地歴数理現古、世B、日B、数ⅠⅡA、化基、生基から2教科2▶地歴と理の組み合わせ不可外英、英語外部試験から1

◆一般入試（前期2教科型）
［グローバル・コミュニケーション：2科目］国地歴数理現古、世B、日B、数ⅠⅡA、化基、生基から1外英、英語外部試験から1

◆一般入試（後期）
［グローバル・コミュニケーション：1科目］外英

共通テスト併用入試　※理科基礎は2科目扱い

◆一般入試（共通テストプラス型）※一般入試（前期3教科型・前期2教科型）の受験必須
［グローバル・コミュニケーション］〈共2～3科目〉国地歴公数理外現、地歴公理全15科目、数Ⅰ、数ⅠA、数Ⅱ、数ⅡB、英から2教科2▶地歴と公は1教科扱い〈個2～3科目〉一般入試（前期3教科型・前期2教科型）の成績を利用▶外を合否判定に使用

共通テスト利用入試　※個別試験は課さない。理科基礎は2科目扱い

◆共通テスト利用入試（前期3教科型）
［グローバル・コミュニケーション：3～4科目］国地歴公数理現、地歴公理全15科目、数Ⅰ、数ⅠA、数Ⅱ、数ⅡBから2教科2▶地歴と公は1教科扱い外英

◆共通テスト利用入試（前期4教科型）
［グローバル・コミュニケーション：4～5科目］国地歴公数理現、地歴公理全15科目、数Ⅰ、数ⅠA、数Ⅱ、数ⅡBから3教科3▶地歴と公は1教科扱い外英

◆共通テスト利用入試（後期）
［グローバル・コミュニケーション：2～3科目］国地歴公数理現、地歴公理全15科目、数Ⅰ、数ⅠA、数Ⅱ、数ⅡBから1外英

■特別選抜

［総合型選抜］大学理念・違いを共に生きる入試、活動実績入試、学科・専攻適性重視入試
［学校推薦型選抜］公募制推薦入試
［その他］特別選抜入試（社会人、外国人留学生、海外帰国生）

愛知淑徳大学ギャラリー

■キャリアセンター

学内企業説明会や保護者向けセミナーなどを実施することで、学生が自ら希望する道を歩めるよう支援をしています。

■Global Lounge

「学内に居ながら多様性と出会う場所」をコンセプトに、多言語の漫画や雑誌、ボードゲームなどを常備しています。

資料請求

ちゅうきょう
中京大学

入試センター（名古屋キャンパス） TEL (052) 835-7170 〒466-8666 愛知県名古屋市昭和区八事本町101-2

「学術とスポーツの真剣味の殿堂たれ」をモットーに

大学紹介動画

最新入試情報

学術の場では学術の研鑽と共に人格を陶冶することを、スポーツの場では健康増強、心技の練成と共にスポーツマンシップを体得することを目指す。その方針のもと、学術とスポーツの調和の取れた教育を行う。

センタービル

キャンパス 2つ

名古屋キャンパス
〒466-8666 愛知県名古屋市昭和区八事本町101-2

豊田キャンパス
〒470-0393 愛知県豊田市貝津町床立101

基本データ

※2023年5月現在（進路・就職は2022年度卒業者データ。学費は2024年度入学者用）

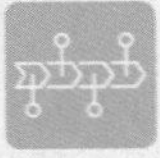

沿革

1923年、中京商業学校を開校。1956年、中京大学を開学。2011年、体育学部を改組し、スポーツ科学部を設置。2013年、情報理工学部を改組し、工学部を設置。2020年、国際英語学部と国際教養学部を改組し、国際学部を設置。2021年、スポーツ科学部に2つの学科を増設。2024年、人文社会科学研究科を設置。

教育機関 10学部 9研究科

学部 国際／文／心理／法／経済／経営／総合政策／現代社会／工／スポーツ科

大学院 人文社会科学Ⓜ／文学Ⓓ／心理学ⓂⒹ／社会学Ⓓ／法学Ⓓ／経済学Ⓓ／経営学Ⓓ／工学ⓂⒹ／スポーツ科学ⓂⒹ

人数

学部学生数 13,097名

教員1名あたり学生 35名

教員数 368名【総長・理事長・学長】梅村清英

（教授196名、准教授86名、講師80名、助教4名、助手・その他2名）

学費

初年度納入額 950,000~1,630,000円

奨学金 入試成績優秀者給付奨学金、中京大学学術・文化・スポーツ奨学金、教育資金融資援助奨学金

進路

学部卒業者 2,761名

（進学157名［5.7%］、就職2,383名［86.3%］、その他221名［8.0%］）

主な就職先 厚生労働省（労働基準監督官）、国税庁（国税専門官）、愛知県庁、名古屋市役所、小学校（教員）、中学校（教員）、高等学校（教員）、JR東海、トヨタ自動車、三井住友銀行、東京海上日動火災保険、山崎製パン、NTTドコモ、キーエンス、アマゾンジャパン

学部学科紹介

※本書掲載内容は、大学公表資料から独自に編集したものです。詳細は大学パンフレットやホームページ等で必ず確認してください（取得可能な免許・資格は任用資格や受験資格などを含む）。

国際学部

名古屋キャンパス　定員 290

- 特色　国際社会で活躍するための知識と能力を持つ人材の育成。
- 進路　2020年度開設。商社や観光など国際的な舞台で活躍を期待。
- 学問分野　言語学／文化学／政治学／経済学／国際学
- 大学院　人文社会科学

国際学科 (150)	国際人間学、国際政治学、国際経済学、GLSの4つの専攻を設置。将来の目標に応じて分かれる。複数の学問領域を追究するHonors Programも採用。言語文化学科との間で横断的な学びができる。
言語文化学科 (140)	複言語・複文化学、英米学の2専攻を設置。言語文化の専門家として、確かな語学運用能力のみならず、確かな知識と幅広い教養を活かし、多様性に満ちた世界で共生を実現させる「真のグローバル人材」を育成する。
取得可能な免許・資格	学芸員、教員免許（中-英、高-英）、社会教育士、社会教育主事、司書教諭、司書

文学部

名古屋キャンパス　定員 210

- 特色　各学科の連携により、広範かつ専門的な研究および教育を展開している。
- 進路　卒業者は公務員や学校教員、一般企業など多岐にわたる業界で活躍。
- 学問分野　文学／言語学／歴史学／文化学
- 大学院　人文社会科学

歴史文化学科 (70)	文献を読み解く力や歴史文化に対する幅広い知識を獲得し、多角的な視点を身につける。体験型研究として現地調査を重視し、史実と向き合う姿勢を修得する。研究だけでなく実社会でも役立つスキルを磨く。
日本文学科 (68)	古代から近現代まで日本文学史の全時代に専任教員を配置。歴史資料の検索や研究活動で重要となるコンピュータスキルの修得や、物語の舞台を訪れるフィールドワークなどにも力を入れている。
言語表現学科 (72)	日本語の様々な表現を研究対象とし、自らの考えを的確に表現する能力を養成する。現役アナウンサーや構成作家など言語表現の最前線で活躍する教員スタッフのもと、実務的な日本語を扱う力を身につける。
取得可能な免許・資格	学芸員、教員免許（小二種、中-国・社、高-国・地歴・公・書）、社会教育士、社会教育主事、司書教諭、司書

心理学部

名古屋キャンパス　定員 175

- 特色　実験、応用、臨床、発達の4つの領域から、心理学が対象とする「心」に迫る。
- 進路　公務や一般企業への就職の他、大学院進学を目指す者もいる。
- 学問分野　心理学
- 大学院　心理学

心理学科 (175)	1・2年次では心理学の基礎を身につけ、3年次からは実験心理学、応用心理学、臨床心理学、発達心理学の4つの領域から1つを中心に学習する。国内外での学外実習も充実。
取得可能な免許・資格	公認心理師、認定心理士、学芸員、教員免許（小二種、中-社、高-公、特-知的・肢体・病弱）、社会教育士、社会教育主事、司書教諭、司書

法学部

名古屋キャンパス　定員 320

- 特色　実務家と連携した教育プログラムで、知識と素養を社会で活かせる人材を育成。
- 進路　卒業者は公務や製造業、卸売・小売業といった幅広い業種に就職。
- 学問分野　法学／政治学
- 大学院　人文社会科学

法律学科 (320)	「法学の基礎」「民法入門」「政治学入門」などの入門科目を学び、基礎知識を修得する。また、公務員や法律家などの実務家と専任教員による講義で、現代社会の課題を考察する選抜制のLPP（法実践プログラム）を実施。
取得可能な免許・資格	学芸員、教員免許（小二種、中-社、高-公、特-知的・肢体・病弱）、社会教育士、社会教育主事、司書教諭、司書

経済学部

名古屋キャンパス　定員 320

特色	リーダーに必要な能力を修得するエグゼクティブ・プログラム(EXP)を設置。
進路	就職先は金融・保険業や公務、製造業をはじめ多岐にわたる。
学問分野	政治学／経済学／国際学
大学院	人文社会科学

経済学科 (320)	基礎科目、基幹科目、展開科目と段階的に専門的な学習を行うカリキュラムのもと、経済分析、政策、国際経済の3つの系統に分けられた専門科目を学ぶ。将来の進路や学習領域に応じた効果的な学習に取り組む。
取得可能な免許・資格	学芸員、教員免許(中-社、高-地歴・公・商業、特-知的・肢体・病弱)、社会教育士、社会教育主事、司書教諭、司書

経営学部

名古屋キャンパス　定員 325

特色	グローバル化が進む経営の現場で活躍できる、実践力を備えた人材を育成する。
進路	就職先は情報通信業や製造業、金融・保険業をはじめ多岐にわたる。
学問分野	経営学
大学院	人文社会科学

経営学科 (325)	1年次の夏休みに行われる海外ビジネス研修など様々な経験を通して将来像を描く。必要な専門性を効率的に身につけられるよう企業・戦略、会計・財務、組織・管理の3つの分野で履修モデルを設定する。
取得可能な免許・資格	学芸員、教員免許(中-社、高-地歴・公・商業、特-知的・肢体・病弱)、社会教育士、社会教育主事、司書教諭、司書

総合政策学部

名古屋キャンパス　定員 220

特色	基礎理解に徹した後、2年次から公共政策とビジネス戦略を軸に専門性を高める。
進路	就職先は公務や情報通信業、製造業をはじめ多岐にわたる。
学問分野	法学／政治学／経済学／経営学
大学院	経済学（博士課程後期のみ）

総合政策学科 (220)	1年次は基礎科目で幅広く学び、2年次から公共政策、ビジネス戦略の2分野に分かれる。2年次からの総合政策プロジェクト研究では学生自らが研究テーマを設定し主体的に問題解決に向けて取り組む。
取得可能な免許・資格	学芸員、教員免許（中-社、高-地歴・公、特-知的・肢体・病弱)、社会教育士、社会教育主事、司書教諭、司書

現代社会学部

豊田キャンパス　定員 265

特色	フィールドワークやプロジェクトを通し、新しいつながりのあり方を模索する。
進路	就職先は医療・福祉業、金融・保険業、公務など多岐にわたる。
学問分野	文化学／社会学／社会福祉学／国際学
大学院	社会学

現代社会学科 (265)	社会学、コミュニティ学、社会福祉学、国際文化の4つの専攻を設置。1年次より各専攻の基礎を学び、現代社会が抱える課題の原因と背景を探る。実践型研究を通して、課題解決能力、情報発信力などを身につける。
取得可能な免許・資格	学芸員、社会調査士、社会福祉士、公認パラスポーツ指導者、教員免許(小二種、中-社、高-公)、社会教育士、社会教育主事、司書教諭、司書

工学部

名古屋キャンパス(機械シ、電気電子)
豊田キャンパス(情報工、メディア)　定員 320

特色	先端研究施設が集まる八事地区と、多様な企業がある豊田市に学科を分散配置。
進路	就職先は情報通信業や製造業、サービスをはじめ多岐にわたる。
学問分野	メディア学／機械工学／電気・電子工学／その他工学／情報学
大学院	工学

機械システム工学科 (86)	機械工学をITと融合させた新しい分野で、体験型学習を通じて機械のメカニズムを学ぶ。学科専門教育科目からメカトロニクス、ロボティクス、知能システムの3つの履修モデルを選択する。
電気電子工学科 (86)	制御・メカトロニクス、エレクトロニクス、通信の3つのモデルが用意されている。多彩な実験や研究を通じて豊かなコミュニケーション能力を身につけ、ものづくりを支える基盤技術の発展に貢献する。

情報工学科 (86)	1・2年次にプログラミング技術を修得し、コンピュータシステムに関する基本・応用技術を学ぶ。コンピュータエンジニアリング、人工知能・データサイエンス、ウエブネットワークの3つの履修モデルがある。
メディア工学科 (62)	人間の創造活動を支えるエンジニアを育成。メディアの表現手法や活用法を活かし、人とコンピュータ、人とマシーンをつなぐメディアの新たな可能性を探る。メディア技術、メディアデザインの2つの履修モデルがある。
取得可能な免許・資格	陸上無線技術士、主任技術者（電気通信）、教員免許（高-工業）

スポーツ科学部

豊田キャンパス　定員 740

特色　スポーツで「持続可能な社会づくり」を実現する人材を育成。
進路　医療・福祉業を中心にスポーツ関連企業をはじめ多彩な分野で活躍。
学問分野　法学／経済学／経営学／健康科学／教員養成／教育学
大学院　スポーツ科学

スポーツマネジメント学科 (80)	スポーツの観点から、経済学や経営学、法学を学ぶ。組織や施設の運営・管理について学ぶスポーツマネジメントと、スポーツ普及振興や地域活性化などを学ぶスポーツプロモーションの2つの履修モデルを設置。
スポーツ健康科学科 (110)	2つの履修モデルを設置。健康づくりスポーツモデルでは健康づくりの指導者を育成する。子どもスポーツモデルでは子どもの体力向上やスポーツ機会の充実に関して学び、企画・運営・実施能力を備えた人材を育成する。
トレーナー学科 (80)	知識や科学的根拠に基づくトレーニング・健康管理法を学ぶアスレティックトレーナーと、体力要素の向上のための計画・実践・指導能力を備えるストレングス＆コンディショニングトレーナーの2つの履修モデルを設置。
スポーツ教育学科 (160)	体育を通じて子どもの成長を支えることができる体育教員を養成する保健体育科教員の養成に特化したカリキュラムを展開しており、文部科学省が定める主要17競技の実技実習がすべて受講可能。
競技スポーツ科学科 (310)	最先端の理論に基づいたトレーニング方法・指導方法を学び、国際的に活躍できるアスリート、ならびに競技スポーツ指導者を目指す。競技スポーツモデルとスポーツコーチングモデルの2つの履修モデルを設置。
取得可能な免許・資格	学芸員、衛生管理者、公認パラスポーツ指導者、公認スポーツ指導者、教員免許（小二種、中-保体、高-保体、特-知的・肢体・病弱）、社会教育士、社会教育主事、司書教諭、司書

入試要項（2024年度）

※この入試情報は2024年度募集要項等より編集したものです（見方は巻頭の「本書の使い方」参照）。2025年度入試の最新情報は、ホームページや2025年度募集要項等で必ず確認してください。

「大学入試科目検索システム」のご案内
日程・方式ごとの偏差値や昨年度入試結果（志願者倍率、実質倍率、合格最低点）、基本情報（出願締切日、試験日、二段階選抜、募集人員、総合満点）などは、「大学入試科目検索システム」（https://nyushi.toshin.com/）をご覧ください（利用方法はp.12参照）。

■国際学部 偏差値 64

一般選抜

◆A方式（3教科型）
[全学科：3科目] 国現古、現古漢から1 地歴 公 数 世B、日B、政経、数ⅠⅡAから1 外英、英語外部試験から高得点1

◆A方式（2教科型）
[全学科：2科目] 国 地歴 公 数現古、現古漢、世B、日B、政経、数ⅠⅡAから1 外英

◆全問マークシートM方式（3教科型）
[全学科：3科目] 国現古、現古漢から1 地歴 公 数 世B、日B、政経、数ⅠⅡAから1▶政経は試験日により選択可 外英

◆全問マークシートM方式（2教科型）
[全学科：2科目] A方式（2教科型）に同じ▶政経は試験日により選択可

◆全問マークシートF方式（文系2教科型）
[全学科：2科目] 国 数現、数ⅠⅡAから1 外英

共通テスト併用入試

◆得意科目重視型共通テストプラス方式（英語重視型）
[全学科]〈共2科目〉国地歴公数理現、世B、日B、地理B、公理全9科目、数Ⅰ、数ⅠA、数Ⅱ、数ⅡBから1外英〈個1科目〉外英

共通テスト利用入試 ※個別試験は課さない

◆共通テスト利用方式（前・後期日程〔2科目型〕）
[全学科：2科目] 国地歴公数理現、世B、日B、地理B、公理全9科目、数Ⅰ、数ⅠA、数Ⅱ、数ⅡBから1外英

◆共通テスト利用方式（前・後期日程〔3科目型〕）
[全学科：3科目] 国地歴公数理現、世B、日B、地理B、公理全9科目、数Ⅰ、数ⅠA、数Ⅱ、数ⅡBから2▶数理各2科目選択不可外英

◆共通テスト利用方式（前・後期日程〔4科目型〕）
[全学科：4科目] 国地歴公数理現、世B、日B、地理B、公理全9科目、数Ⅰ、数ⅠA、数Ⅱ、数ⅡBから3▶数理各2科目選択不可外英

◆共通テスト利用方式（前・後期日程〔5科目型〕）
[全学科：5科目] 国地歴公数理現、世B、日B、地理B、公理全9科目、数Ⅰ、数ⅠA、数Ⅱ、数ⅡBから4▶数理各2科目選択不可外英

■文学部 偏差値 65

一般選抜

◆A方式（3教科型）
[全学科：3科目] 国現古、現古漢から1地歴公数世B、日B、政経、数ⅠⅡAから1外英、英語外部試験から高得点1

◆A方式（2教科型）
[全学科：2科目] 国現古、現古漢から1地歴公数外世B、日B、政経、数ⅠⅡA、英から1

◆全問マークシートM方式（3教科型）
[全学科：3科目] 国現古、現古漢から1地歴公数世B、日B、政経、数ⅠⅡAから1▶政経は試験日により選択可外英

◆全問マークシートM方式（2教科型）
[全学科：2科目] A方式（2教科型）に同じ▶政経は試験日により選択可

◆全問マークシートF方式（文系2教科型）
[全学科：2科目] 国現古、現古漢から1数外数ⅠⅡA、英から1

共通テスト併用入試

◆得意科目重視型共通テストプラス方式（国語重視型）
[全学科]〈共2科目〉国現古漢地歴公数理外世B、日B、地理B、公理全9科目、数Ⅰ、数ⅠA、数Ⅱ、数ⅡB、英から1〈個1科目〉国現古、現古漢から1

共通テスト利用入試 ※個別試験は課さない

◆共通テスト利用方式（前・後期日程〔2科目型〕）
[全学科：2科目] 国現古漢地歴公数理外世B、日B、地理B、公理全9科目、数Ⅰ、数ⅠA、数Ⅱ、数ⅡB、英から1

◆共通テスト利用方式（前・後期日程〔3科目型〕）
[全学科：3科目] 国現古漢地歴公数理外世B、日B、地理B、公理全9科目、数Ⅰ、数ⅠA、数Ⅱ、数ⅡB、英から2▶数理各2科目選択不可

◆共通テスト利用方式（前・後期日程〔4科目型〕）
[全学科：4科目] 国現古漢地歴公数理外世B、日B、地理B、公理全9科目、数Ⅰ、数ⅠA、数Ⅱ、数ⅡB、英から3▶数理各2科目選択不可

◆共通テスト利用方式（前・後期日程〔5科目型〕）
[全学科：5科目] 国現古漢地歴公数理外世B、日B、地理B、公理全9科目、数Ⅰ、数ⅠA、数Ⅱ、数ⅡB、英から4▶数理各2科目選択不可

■心理学部 偏差値 65

一般選抜

◆A方式（3教科型）
[心理：3科目] 国現古、現古漢から1地歴公数世B、日B、政経、数ⅠⅡAから1外英、英語外部試験から高得点1

◆A方式（2教科型）
[心理：2科目] 国地歴公数現古、現古漢、世B、日B、政経、数ⅠⅡAから1外英

◆全問マークシートM方式（3教科型）
[心理：3科目] 国現古、現古漢から1地歴公数世B、日B、政経、数ⅠⅡAから1▶政経は試験日により選択可外英

◆全問マークシートM方式（2教科型）
[心理：2科目] A方式（2教科型）に同じ▶政経は試験日により選択可

◆全問マークシートF方式（文系2教科型）
[心理：2科目] 国数現、数ⅠⅡAから1外英

共通テスト併用入試

◆得意科目重視型共通テストプラス方式（英語重視型）
[心理]〈共2科目〉国地歴公数理現、世B、日B、地理B、公理全9科目、数Ⅰ、数ⅠA、数Ⅱ、数ⅡBから1外英〈個1科目〉外英

◆得意科目重視型共通テストプラス方式（国語重視型）
[心理]〈共2科目〉国現地歴公数理外世B、日B、地理B、公理全9科目、数Ⅰ、数ⅠA、数Ⅱ、数ⅡB、英から1〈個1科目〉国現古、現古漢から1

◆得意科目重視型共通テストプラス方式（数学重視型）
[心理]〈共2科目〉国地歴公理外現、世B、日B、地理B、公理全9科目、英から1数数Ⅰ、数ⅠA、数Ⅱ、数ⅡBから1〈個1科目〉数数ⅠⅡA

共通テスト利用入試 ※個別試験は課さない

◆共通テスト利用方式（前・後期日程〔2科目型〕）
[心理：2科目] 国地歴公数理現、世B、日B、地理B、公理全9科目、数Ⅰ、数ⅠA、数Ⅱ、数ⅡBから1外英

◆共通テスト利用方式（前・後期日程〔3科目型〕）
[心理：3科目] 国地歴公数理現、世B、日B、地理B、公理全9科目、数Ⅰ、数ⅠA、数Ⅱ、数ⅡBから2▶数理各2科目選択不可外英

◆共通テスト利用方式（前・後期日程〔4科目型〕）
[心理：4科目] 国地歴公数理現、世B、日B、地

理B、公理全9科目、数Ⅰ、数ⅠA、数Ⅱ、数ⅡBから3▶数理各2科目選択不可 外英

◆共通テスト利用方式（前・後期日程〔5科目型〕）
［心理：5科目］国 地歴 公 数 理 現、世B、日B、地理B、公理全9科目、数Ⅰ、数ⅠA、数Ⅱ、数ⅡBから4▶数理各2科目選択不可 外英

■法学部 偏差値 65

一般選抜

◆A方式（3教科型）
［法律：3科目］国 現古、現古漢から1 地歴 公 数 世B、日B、政経、数ⅠⅡAから1 外英、英語外部試験から高得点1

◆A方式（2教科型）
［法律：2科目］国 地歴 公 数 現古、現古漢、世B、日B、政経、数ⅠⅡAから1 外英

◆全問マークシートM方式（3教科型）
［法律：3科目］国 現古、現古漢から1 地歴 公 数 世B、日B、政経、数ⅠⅡAから1▶政経は試験日により選択可 外英

◆全問マークシートM方式（2教科型）
［法律：2科目］A方式（2教科型）に同じ▶政経は試験日により選択可

◆全問マークシートF方式（文系2教科型）
［法律：2科目］国 数 現、数ⅠⅡAから1 外英

共通テスト併用入試

◆得意科目重視型共通テストプラス方式（英語重視型）
［法律］〈共2科目〉国 地歴 公 数 理 現、世B、日B、地理B、公理全9科目、数Ⅰ、数ⅠA、数Ⅱ、数ⅡBから1 外英〈個1科目〉外英

◆得意科目重視型共通テストプラス方式（国語重視型）
［法律］〈共2科目〉国 現 地歴 公 数 理 外 世B、日B、地理B、公理全9科目、数Ⅰ、数ⅠA、数Ⅱ、数ⅡB、英から1〈個1科目〉国 現古、現古漢から1

◆得意科目重視型共通テストプラス方式（数学重視型）
［法律］〈共2科目〉国 地歴 公 理 外 現、世B、日B、地理B、公理全9科目、英から1 数 数Ⅰ、数ⅠA、数Ⅱ、数ⅡBから1〈個1科目〉数 数ⅠⅡA

共通テスト利用入試 ※個別試験は課さない

◆共通テスト利用方式（前・後期日程〔2科目型〕）
［法律：2科目］国 地歴 公 数 理 現、世B、日B、地理B、公理全9科目、数Ⅰ、数ⅠA、数Ⅱ、数ⅡBから1 外英

◆共通テスト利用方式（前・後期日程〔3科目型〕）
［法律：3科目］国 地歴 公 数 理 現、世B、日B、地理B、公理全9科目、数Ⅰ、数ⅠA、数Ⅱ、数ⅡBから2▶数理各2科目選択不可 外英

◆共通テスト利用方式（前・後期日程〔4科目型〕）
［法律：4科目］国 地歴 公 数 理 現、世B、日B、地理B、公理全9科目、数Ⅰ、数ⅠA、数Ⅱ、数ⅡBから3▶数理各2科目選択不可 外英

◆共通テスト利用方式（前・後期日程〔5科目型〕）
［法律：5科目］国 地歴 公 数 理 現、世B、日B、地理B、公理全9科目、数Ⅰ、数ⅠA、数Ⅱ、数ⅡBから4▶数理各2科目選択不可 外英

■経済学部 偏差値 64

一般選抜

◆A方式（3教科型）
［経済：3科目］国 現古、現古漢から1 地歴 公 数 世B、日B、政経、数ⅠⅡAから1 外英、英語外部試験から高得点1

◆A方式（2教科型）
［経済：2科目］国 地歴 公 数 現古、現古漢、世B、日B、政経、数ⅠⅡAから1 外英

◆全問マークシートM方式（3教科型）
［経済：3科目］国 現古、現古漢から1 地歴 公 数 世B、日B、政経、数ⅠⅡAから1▶政経は試験日により選択可 外英

◆全問マークシートM方式（2教科型）
［経済：2科目］A方式（2教科型）に同じ▶政経は試験日により選択可

◆全問マークシートF方式（文系2教科型）
［経済：2科目］国 数 現、数ⅠⅡAから1 外英

◆全問マークシートF方式（理系2教科型）
［経済：2科目］数 数ⅠⅡⅢAB 外英

共通テスト併用入試

◆得意科目重視型共通テストプラス方式（英語重視型）
［経済］〈共2科目〉国 地歴 公 数 理 現、世B、日B、地理B、公理全9科目、数Ⅰ、数ⅠA、数Ⅱ、数ⅡBから1 外英〈個1科目〉外英

◆得意科目重視型共通テストプラス方式（国語重視型）
［経済］〈共2科目〉国 現 地歴 公 数 理 外 世B、日B、地理B、公理全9科目、数Ⅰ、数ⅠA、数Ⅱ、数ⅡB、英から1〈個1科目〉国 現古、現古漢から1

◆得意科目重視型共通テストプラス方式（数学重視型）
［経済］〈共2科目〉国 地歴 公 理 外 現、世B、日B、地理B、公理全9科目、英から1 数 数Ⅰ、数ⅠA、数Ⅱ、数ⅡBから1〈個1科目〉数 数ⅠⅡA

共通テスト利用入試 ※個別試験は課さない

◆共通テスト利用方式（前・後期日程〔2科目型〕）
［経済：2科目］国 地歴 公 数 理 現、世B、日B、地理B、公理全9科目、数Ⅰ、数ⅠA、数Ⅱ、数ⅡBから1 外英

◆共通テスト利用方式（前・後期日程〔3科目型〕）
［経済：3科目］国 地歴 公 数 理 現、世B、日B、地理B、公理全9科目、数Ⅰ、数ⅠA、数Ⅱ、数ⅡBから2▶数理各2科目選択不可 外英

◆共通テスト利用方式（前・後期日程〔4科目型〕）
［経済：4科目］国 地歴 公 数 理 現、世B、日B、地理B、公理全9科目、数Ⅰ、数ⅠA、数Ⅱ、数ⅡBから3▶数理各2科目選択不可 外英

◆共通テスト利用方式（前・後期日程〔5科目型〕）
［経済：5科目］国 地歴 公 数 理 現、世B、日B、地理B、公理全9科目、数Ⅰ、数ⅠA、数Ⅱ、数ⅡBから4▶数理各2科目選択不可 外英

■経営学部 偏差値 65

一般選抜

◆**A方式（3教科型）**
［経営：3科目］国現古、現古漢から1 地歴 公 数世B、日B、政経、数ⅠⅡAから1 外英、英語外部試験から高得点1

◆**A方式（2教科型）**
［経営：2科目］国 地歴 公 数現古、現古漢、世B、日B、政経、数ⅠⅡAから1 外英

◆**全問マークシートM方式（3教科型）**
［経営：3科目］国現古、現古漢から1 地歴 公 数世B、日B、政経、数ⅠⅡAから1▶政経は試験日により選択可 外英

◆**全問マークシートM方式（2教科型）**
［経営：2科目］A方式（2教科型）に同じ▶政経は試験日により選択可

◆**全問マークシートF方式（文系2教科型）**
［経営：2科目］国 数現、数ⅠⅡAから1 外英

共通テスト併用入試

◆**得意科目重視型共通テストプラス方式（英語重視型）**
［経営］〈共2科目〉国 地歴 公 数 理現、世B、日B、地理B、公理全9科目、数Ⅰ、数ⅠA、数Ⅱ、数ⅡBから1 外英〈個1科目〉外英

◆**得意科目重視型共通テストプラス方式（国語重視型）**
［経営］〈共2科目〉国現 地歴 公 数 理 外世B、日B、地理B、公理全9科目、数Ⅰ、数ⅠA、数Ⅱ、数ⅡB、英から1〈個1科目〉国現古、現古漢から1

◆**得意科目重視型共通テストプラス方式（数学重視型）**
［経営］〈共2科目〉国 地歴 公 理 外現、世B、日B、地理B、公理全9科目、英から1 数数Ⅰ、数ⅠA、数Ⅱ、数ⅡBから1〈個1科目〉数数ⅠⅡA

共通テスト利用入試 ※個別試験は課さない

◆**共通テスト利用方式（前・後期日程〔2科目型〕）**
［経営：2科目］国 地歴 公 数 理現、世B、日B、地理B、公理全9科目、数Ⅰ、数ⅠA、数Ⅱ、数ⅡBから1 外英

◆**共通テスト利用方式（前・後期日程〔3科目型〕）**
［経営：3科目］国 地歴 公 数 理現、世B、日B、地理B、公理全9科目、数Ⅰ、数ⅠA、数Ⅱ、数ⅡBから2▶数理各2科目選択不可 外英

◆**共通テスト利用方式（前・後期日程〔4科目型〕）**
［経営：4科目］国 地歴 公 数 理現、世B、日B、地理B、公理全9科目、数Ⅰ、数ⅠA、数Ⅱ、数ⅡBから3▶数理各2科目選択不可 外英

◆**共通テスト利用方式（前・後期日程〔5科目型〕）**
［経営：5科目］国 地歴 公 数 理現、世B、日B、地理B、公理全9科目、数Ⅰ、数ⅠA、数Ⅱ、数ⅡBから4▶数理各2科目選択不可 外英

■総合政策学部 偏差値 

一般選抜

◆**A方式（3教科型）**
［総合政策：3科目］国現古、現古漢から1 地歴 公 数世B、日B、政経、数ⅠⅡAから1 外英、英語外部試験から高得点1

◆**A方式（2教科型）**
［総合政策：2科目］国 地歴 公 数現古、現古漢、世B、日B、政経、数ⅠⅡAから1 外英

◆**全問マークシートM方式（3教科型）**
［総合政策：3科目］国現古、現古漢から1 地歴 公 数世B、日B、政経、数ⅠⅡAから1▶政経は試験日により選択可 外英

◆**全問マークシートM方式（2教科型）**
［総合政策：2科目］A方式（2教科型）に同じ▶政経は試験日により選択可

◆**全問マークシートF方式（文系2教科型）**
［総合政策：2科目］国 数現、数ⅠⅡAから1 外英

共通テスト併用入試

◆**得意科目重視型共通テストプラス方式（英語重視型）**
［総合政策］〈共2科目〉国 地歴 公 数 理現、世B、日B、地理B、公理全9科目、数Ⅰ、数ⅠA、数Ⅱ、数ⅡBから1 外英〈個1科目〉外英

◆**得意科目重視型共通テストプラス方式（国語重視型）**
［総合政策］〈共2科目〉国現 地歴 公 数 理 外世B、日B、地理B、公理全9科目、数Ⅰ、数ⅠA、数Ⅱ、数ⅡB、英から1〈個1科目〉国現古、現古漢から1

◆**得意科目重視型共通テストプラス方式（数学重視型）**
［総合政策］〈共2科目〉国 地歴 公 理 外現、世B、日B、地理B、公理全9科目、英から1 数数Ⅰ、数ⅠA、数Ⅱ、数ⅡBから1〈個1科目〉数数ⅠⅡA

共通テスト利用入試 ※個別試験は課さない

◆**共通テスト利用方式（前・後期日程〔2科目型〕）**
［総合政策：2科目］国 地歴 公 数 理現、世B、日B、地理B、公理全9科目、数Ⅰ、数ⅠA、数Ⅱ、数ⅡBから1 外英

◆**共通テスト利用方式（前・後期日程〔3科目型〕）**
［総合政策：3科目］国 地歴 公 数 理現、世B、日B、地理B、公理全9科目、数Ⅰ、数ⅠA、数Ⅱ、数ⅡBから2▶数理各2科目選択不可 外英

◆**共通テスト利用方式（前・後期日程〔4科目型〕）**
［総合政策：4科目］国 地歴 公 数 理現、世B、日B、地理B、公理全9科目、数Ⅰ、数ⅠA、数Ⅱ、数ⅡBから3▶数理各2科目選択不可 外英

◆**共通テスト利用方式（前・後期日程〔5科目型〕）**
［総合政策：5科目］国 地歴 公 数 理現、世B、日B、地理B、公理全9科目、数Ⅰ、数ⅠA、数Ⅱ、数ⅡBから4▶数理各2科目選択不可 外英

■現代社会学部 偏差値 61

一般選抜

◆**A方式（3教科型）**
［現代社会：3科目］国現古、現古漢から1 地歴 公 数世B、日B、政経、数ⅠⅡAから1 外英、英語外部試験から高得点1

◆**A方式（2教科型）**

[現代社会：2科目] 国 地歴 公 数 現古、現古漢、世B、日B、政経、数ⅠⅡAから1 外 英

◆全問マークシートM方式（3教科型）

[現代社会：3科目] 国 現古、現古漢から1 地歴 公 数 世B、日B、政経、数ⅠⅡAから1▶政経は試験日により選択可 外 英

◆全問マークシートM方式（2教科型）

[現代社会：2科目] A方式（2教科型）に同じ▶政経は試験日により選択可

◆全問マークシートF方式（文系2教科型）

[現代社会－国際文化以外：2科目] 国 数 外 現、数ⅠⅡA、英から2

[現代社会－国際文化：2科目] 国 数 現、数ⅠⅡAから1 外 英

共通テスト併用入試

◆得意科目重視型共通テストプラス方式（英語重視型）

[現代社会]〈共2科目〉国 地歴 公 数 理 現、世B、日B、地理B、公理全9科目、数Ⅰ、数ⅠA、数Ⅱ、数ⅡBから1 外 英〈個1科目〉外 英

◆得意科目重視型共通テストプラス方式（国語重視型）

[現代社会]〈共2科目〉国 現 地歴 公 数 理 外 世B、日B、地理B、公理全9科目、数Ⅰ、数ⅠA、数Ⅱ、数ⅡB、英から1〈個1科目〉国 現古、現古漢から1

◆得意科目重視型共通テストプラス方式（数学重視型）

[現代社会]〈共2科目〉国 地歴 公 理 外 現、世B、日B、地理B、公理全9科目、英から1 数 数Ⅰ、数ⅠA、数Ⅱ、数ⅡBから1〈個1科目〉数 数ⅠⅡA

共通テスト利用入試　※個別試験は課さない

◆共通テスト利用方式（前・後期日程〔2科目型〕）

[現代社会：2科目] 国 地歴 公 数 理 外 現、世B、日B、地理B、公理全9科目、数Ⅰ、数ⅠA、数Ⅱ、数ⅡB、英から2教科2▶国数外から1必須

◆共通テスト利用方式（前・後期日程〔3科目型〕）

[現代社会：3科目] 国 地歴 公 数 理 外 現、世B、日B、地理B、公理全9科目、数Ⅰ、数ⅠA、数Ⅱ、数ⅡB、英から3教科3▶国数外から2教科必須

◆共通テスト利用方式（前・後期日程〔4科目型〕）

[現代社会：4科目] 国 地歴 公 数 理 外 現、世B、日B、地理B、公理全9科目、数Ⅰ、数ⅠA、数Ⅱ、数ⅡB、英から4▶数理各2科目選択不可

◆共通テスト利用方式（前・後期日程〔5科目型〕）

[現代社会：5科目] 国 地歴 公 数 理 外 現、世B、日B、地理B、公理全9科目、数Ⅰ、数ⅠA、数Ⅱ、数ⅡB、英から5▶数理各2科目選択不可

■工学部　偏差値 61

一般選抜

◆A方式（3教科型）

[全学科：3科目] 数 数ⅠⅡⅢAB 理 物基・物、化基・化から1▶化基・化は試験日により選択可 外 英、英語外部試験から高得点1

◆A方式（2教科型）、全問マークシートM方式M方式（2教科型）

[全学科：2科目] 数 数ⅠⅡⅢAB 理 外 物基・物、化基・化、英から1▶化基・化は試験日により選択可

◆全問マークシートM方式（3教科型）

[全学科：3科目] 数 数ⅠⅡⅢAB 理 物基・物、化基・化から1▶化基・化は試験日により選択可 外 英

◆全問マークシートF方式（理系2教科型）

[全学科：2科目] 数 数ⅠⅡⅢAB 外 英

共通テスト併用入試

◆得意科目重視型共通テストプラス方式（数学重視型）

[全学科]〈共3科目〉数 数ⅠA必須、数ⅡB、情から1 理 外 物、化、生、英から1〈個1科目〉数 数ⅠⅡⅢAB

共通テスト利用入試　※個別試験は課さない

◆共通テスト利用方式（前・後期日程〔2科目型〕）

[全学科：3科目] 数 数ⅠA必須、数ⅡB、情から1 理 物、化、生から1

◆共通テスト利用方式（前・後期日程〔3科目型〕）

[全学科：4科目] 国 地歴 公 外 現、地歴公全10科目、英から1 数 数ⅠA必須、数ⅡB、情から1 理 物、化、生から1

◆共通テスト利用方式（前・後期日程〔4科目型〕）

[全学科：5科目] 国 地歴 公 理 外 現、地歴公全10科目、物、化、生、英から3▶地歴公各2科目選択不可 数 数ⅠA必須、数ⅡB、情から1

◆共通テスト利用方式（前・後期日程〔5科目型〕）

[全学科：6科目] 国 地歴 公 理 外 現、地歴公全10科目、物、化、生、英から4▶地歴公各2科目選択不可 数 数ⅠA必須、数ⅡB、情から1

■スポーツ科学部　偏差値 65

一般選抜

◆A方式（3教科型）

[全学科：3科目] 国 現古、現古漢から1 地歴 公 数 世B、日B、政経、数ⅠⅡAから1 外 英、英語外部試験から高得点1

◆A方式（2教科型）

[全学科：2科目] 国 地歴 公 数 現古、現古漢、世B、日B、政経、数ⅠⅡAから1 外 英

◆全問マークシートM方式（3教科型）

[全学科：3科目] 国 現古、現古漢から1 地歴 公 数 世B、日B、政経、数ⅠⅡAから1▶政経は試験日により選択可 外 英

◆全問マークシートM方式（2教科型）

[全学科：2科目] A方式（2教科型）に同じ▶政経は試験日により選択可

◆全問マークシートF方式（文系2教科型）

[全学科：2科目] 国 数 現、数ⅠⅡAから1 外 英

共通テスト併用入試

◆得意科目重視型共通テストプラス方式（英語重視型）

[全学科]〈共2科目〉国 地歴 公 数 理 現、世B、日B、地理B、公理全9科目、数Ⅰ、数ⅠA、数Ⅱ、数ⅡBから1 外 英〈個1科目〉外 英

◆**得意科目重視型共通テストプラス方式（国語重視型）**
[全学科]〈共2科目〉国現 地歴 公 数 理 外 世B、日B、地理B、公理全9科目、数Ⅰ、数ⅠA、数Ⅱ、数ⅡB、英から1〈個1科目〉国現古、現古漢から1

◆**得意科目重視型共通テストプラス方式（数学重視型）**
[全学科]〈共2科目〉国 地歴 公 理 外現、世B、日B、地理B、公理全9科目、英から1 数数Ⅰ、数ⅠA、数Ⅱ、数ⅡBから1〈個1科目〉数数ⅠⅡA

共通テスト利用入試 ※個別試験は課さない

◆**共通テスト利用方式（前・後期日程〔2科目型〕）**
[全学科：2科目] 国 地歴 公 数 理現、世B、日B、地理B、公理全9科目、数Ⅰ、数ⅠA、数Ⅱ、数ⅡBから1 外英

◆**共通テスト利用方式（前・後期日程〔3科目型〕）**
[全学科：3科目] 国 地歴 公 数 理現、世B、日B、地理B、公理全9科目、数Ⅰ、数ⅠA、数Ⅱ、数ⅡBから2▶数理各2科目選択不可 外英

◆**共通テスト利用方式（前・後期日程〔4科目型〕）**
[全学科：4科目] 国 地歴 公 数 理現、世B、日B、地理B、公理全9科目、数Ⅰ、数ⅠA、数Ⅱ、数ⅡBから3▶数理各2科目選択不可 外英

◆**共通テスト利用方式（前・後期日程〔5科目型〕）**
[全学科：5科目] 国 地歴 公 数 理現、世B、日B、地理B、公理全9科目、数Ⅰ、数ⅠA、数Ⅱ、数ⅡBから4▶数理各2科目選択不可 外英

◆**共通テスト利用方式（前・後期日程〔競技実績2科目型〕）**
[全学科：3科目] 国 地歴 公 数 理現、世B、日B、地理B、公理全9科目、数Ⅰ、数ⅠA、数Ⅱ、数ⅡBから1 外英 その他競技実績

■特別選抜

[総合型選抜] 高大接続入試（事前体験型、単位認定型、国際思考型、事前課題型、基礎力評価型）、高大接続入試（事前体験共通テスト利用型、単位認定共通テスト利用型）共、グローバル特別入試、英語プレゼンテーション特別入試、スポーツ活動評価特別入試
[学校推薦型選抜] 公募制一般推薦（基礎学力型、競技実績プラス型）、一芸一能（特Ⅰ）推薦、専門高校特別（特Ⅲ）推薦、指定校（特Ⅱ）推薦
[その他] 外国人留学生入試、帰国生徒入試、社会人入試

中京大学ギャラリー

■ガレリア
名古屋キャンパスセンタービルG階に位置するガレリアは、吹き抜けで開放感があり、読書やランチを楽しむ学生で賑わっています。

■異文化交流スペース
アネックス棟の異文化交流スペースであるPorta Linguarumには、ラウンジや学習スペースが備えられています。

中京大学生専用の合同企業説明会「Chukyo企業研究EXPO」。例年、多数の企業が参加する巨大イベントです。

■アイスアリーナ
豊田キャンパスにあるオリンピック公式アイススケートリンク。授業をはじめ、高校・大学スケート部の練習でも使用されています。

なんざん
南山大学

資料請求

入試課　TEL (052) 832-3013　〒466-8673 愛知県名古屋市昭和区山里町18

「人間の尊厳のために」を教育モットーに掲げて

大学紹介動画

最新入試情報

キリスト教世界観に基づき、「Hominis Dignitati」(人間の尊厳のために)を教育モットーに掲げる。「絶えざる自己改革」として、より良い大学教育の体制づくりを行う中で、人間の尊厳を尊重かつ推進する人材を育成する。

キャンパス風景

キャンパス **1**つ

南山大学キャンパス
〒466-8673 愛知県名古屋市昭和区山里町18

基本データ

※2023年5月現在（学部学生数に留学生は含まない。進路・就職は2022年度卒業者データ。学費は2024年度入学者用）

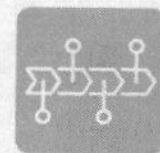
沿革

1946年、南山外国語専門学校を開設。1949年、南山大学を開学、文学部を設置。1952年、社会科学部を設置。1963年、外国語学部を設置。1968年、経営学部を設置。1977年、法学部を設置。2014年、情報理工学部を理工学部に改組。2017年、国際教養学部を設置し、現在に至る。

教育機関
8 学部 **6** 研究科

学部　人文／外国語／経済／経営／法／総合政策／理工／国際教養

大学院　人間文化ⓂⒹ／国際地域文化ⓂⒹ／社会科学ⓂⒹ／法学ⓂⒹ／理工学ⓂⒹ／法務Ⓟ

人数

学部学生数　**9,410**名

教員1名あたり学生 **27**名

教員数　**347**名【理事長】市瀬英昭、【学長】ロバート・キサラ
(教授**197**名、准教授**90**名、講師**54**名、助教**6**名)

学費

初年度納入額　**1,240,000~1,340,000**円

奨学金　南山大学奨励奨学金、南山大学給付奨学金、南山大学友の会給付奨学金、南山大学随時奨学金

進路

学部卒業者　**1,915**名
(進学**68**名 [3.6%]、就職**1,668**名 [87.1%]、その他**179**名 [9.3%])

主な就職先　竹中工務店、三井ホーム、三菱電機、トヨタ自動車、デンソー、シャープ、資生堂、マキタ、双日、岡谷鋼機、イオンリテール、キーエンス、日本銀行、三菱UFJ銀行、野村證券、日本生命保険、ジェイアール東海髙島屋、キリンホールディングス、アマゾンジャパン、中部電力パワーグリッド、JR東海、NTTドコモ、中日新聞社、愛知県教育委員会、民事局、東京地方検察庁

学部学科紹介

※本書掲載内容は、大学公表資料から独自に編集したものです。詳細は大学パンフレットやホームページ等で必ず確認してください（取得可能な免許・資格は任用資格や受験資格などを含む）。

人文学部

南山大学キャンパス　定員 340

特色　各学科の専門分野を追究するとともに、人間に関する幅広く深い洞察力を養う。
進路　就職先は卸売・小売業やサービス業、金融・保険業など多岐にわたる。
学問分野　文学／言語学／哲学／心理学／歴史学／文化学／人間科学
大学院　人間文化

学科	定員	内容
キリスト教学科	(20)	キリスト教と様々な宗教との対語や比較、歴史・思想の探究、いのちや環境への倫理的な問いかけを通して、現代に生きる人々の多様な問題を解決へと導く力を養う。
人類文化学科	(110)	哲学人間学、文化人類学、考古学・文化史の3つのコースがある。フィールドワークや文献資料講読など少人数制の演習科目を数多く設置。キャンパス内に人類学博物館を設置し、収蔵している豊富な資料に実際に触れながら学ぶことができる。
心理人間学科	(110)	理論と体験の両面から人間を多角的に学ぶ独自のカリキュラムを展開。人間関係フィールドワークや心理学実験、カウンセリング実践トレーニングなど豊かな体験学習を通した深い学びが可能である。人間関係論、心理学、教育学の3つの学びの体系を設けている。
日本文化学科	(100)	日本文化・日本文学、日本語学・日本語教育の2つのコースを設置。多岐にわたる科目を総合的に学んだあと、専門分野の研究や他言語・文化との比較研究を行うことができる。正しい日本語の運用力を磨き、日本文化に関する幅広い教養と論理的な思考力を磨く。
取得可能な免許・資格		学芸員、教員免許（中-国・社・宗、高-国・地歴・公・宗）、司書教諭、司書

外国語学部

南山大学キャンパス　定員 390

特色　言語修得と地域研究を重視したカリキュラムで、国際社会で活躍する人材を育成。
進路　就職先は製造業や卸売・小売業、サービス業をはじめ多岐にわたる。
学問分野　言語学／文化学／社会学／国際学
大学院　人間文化／国際地域文化

学科	定員	内容
英米学科	(150)	英語の能力や異文化理解により、世界で活躍できる人材を育成する。1・2年次は英語を徹底的に学び、3・4年次は修得した語学能力を活かして英米圏の社会学や政治学、文学などを学ぶ。一定数の専門科目を英語で受講することで、英語で考え討論する力を養う。
スペイン・ラテンアメリカ学科	(60)	2年次にスペインとラテンアメリカの2つの専攻に分かれ、言語、文化、社会などの専門知識を身につける。スペイン語だけでなくポルトガル語も学ぶことができる。スペイン語圏の大学で言語や現地の文化などについて学ぶ海外フィールドワークを用意している。
フランス学科	(60)	2年次にフランス文化とフランス社会の2つの専攻に分かれる。フランスの文学、思想、政治、社会などについて学び、自らの考えを発信できる能力を持ち、国際社会で活躍できる人材を育成する。2年次にはフランスの大学に短期留学する海外フィールドワークが行われる。
ドイツ学科	(60)	2年次にドイツ文化とドイツ社会の2つの専攻に分かれる。日本と世界の架け橋となる人材を育成する。2年次までに基本的なドイツ語の運用ができることを目標としたカリキュラムである。ドイツ語の演劇作品を実際に上演するドイツ語演劇研究など多彩な学びを展開。
アジア学科	(60)	2つの専攻に分かれている。東アジア専攻では中国、台湾、韓国を中心とする漢字や儒教などの文化を共有する東アジアの地域研究を行う。東南アジア専攻ではインドネシアを中心にインド、ヨーロッパ、イスラム文明が入り混じった東南アジアの地域研究を行う。
取得可能な免許・資格		学芸員、教員免許（中-英・中国語・フランス語・ドイツ語・スペイン語、高-英・中国語・フランス語・ドイツ語・スペイン語）、司書教諭、司書

経済学部
南山大学キャンパス
定員 275

特色	現代の経済社会が抱える諸課題の解決に向け、データを解読し判断する力を養う。
進路	就職先は金融・保険業、サービス業、情報通信業、マスコミなど。
学問分野	経済学／経営学
大学院	社会科学

経済学科 (275)	1年次から経済の基本となるミクロ経済学やマクロ経済学などの講義を設け、2年次以降はこれらの知識を基礎に専門科目の体系的な理解を目指す。1年次から必修のゼミが始まり、発表や議論の場を通して主体的に考え、発信する力を身につける。
取得可能な免許・資格	学芸員、教員免許（中-社、高-公・商業）、司書教諭、司書

経営学部
南山大学キャンパス
定員 270

特色	複雑化した問題の本質を理解し、対応できるビジネスのジェネラリストを育成。
進路	就職先は製造業や卸売・小売業、金融・保険業をはじめ多岐にわたる。
学問分野	経営学
大学院	社会科学

経営学科 (270)	現代の国際社会におけるビジネスシーンに対応できる人材を育成する。組織・労務、財務・ファイナンス、マーケティング・流通、会計の4つのコア科目群をバランス良く学ぶ。実践的なスキルを磨くビジネス英語や簿記、情報・解析関連の科目も充実している。
取得可能な免許・資格	学芸員、教員免許（高-商業）、司書教諭、司書

法学部
南山大学キャンパス
定員 275

特色	少人数のゼミを全学年に設置し、主体的かつ双方向的な学習を進める。
進路	卒業者は一般企業の他、公務や教員など多種多様な職種で活躍している。
学問分野	法学／政治学
大学院	法学／法務

法律学科 (275)	現代社会を見据えて、論理的思考力、表現力などに優れた人材を育成する。全学年で少人数ゼミが設置され、学生自らが問題を提起し、資料を調べ、内容を論理的に構成し、発表をすることから、より深い考察力や問題解決力など実践的なスキルを身につける。
取得可能な免許・資格	学芸員、教員免許（中-社、高-公）、司書教諭、司書

総合政策学部
南山大学キャンパス
定員 275

特色	文明論をもとに、社会の諸問題に対して効果的な政策を立案する能力を養う。
進路	就職先は製造業や卸売・小売業、金融・保険業をはじめ多岐にわたる。
学問分野	政治学／社会学／国際学
大学院	社会科学

総合政策学科 (275)	3年次から、国際関係やアジアを中心とした地域に焦点をあてて研究する国際政策、国や地方自治体、企業を対象として政策立案能力を養う公共政策、エネルギー政策やゴミ問題などの環境問題を扱う環境政策の3つのコースに分かれる。
取得可能な免許・資格	学芸員、教員免許（中-社、高-地歴・公）、司書教諭、司書

理工学部
南山大学キャンパス
定員 270

特色	副専攻制を導入し、2つの専門性を備えた技術者を育成。
進路	約2割が大学院に進学。他、情報通信業や製造業に就く者が多い。
学問分野	数学／電気・電子工学／情報学
大学院	理工学

ソフトウェア工学科 (70)	プログラミング技術の修得にとどまらず、利用者のニーズを的確に反映する方法や、無駄のない開発手順の構築法などソフトウェアの開発スキルを総合的に学習。ソフトウェアのあり方を考え、その企画・開発・研究・活用について深く学ぶ。

データサイエンス学科 (70)	数学と情報科学の基礎を学び、数理技術からなるデータサイエンスを修める。ビッグデータの分析や機械学習などを活用した学びや、企業と共同で研究を行うことで、問題発見から解決までを支援できる応用力を備えた人材を育成する。
電子情報工学科 (65)	電子工学と情報工学を学んだ上で、電子デバイスの動作原理から大規模情報システムの運用技術までを幅広く系統立てて学習することができる。また、副専攻制により、技術的課題を他の分野の方法論を組み合わせて解決する力が身につく。
機械システム工学科 (65)	ものづくりの基盤となる理学の基礎と、それに対し社会に役立つ知能を与える工学知識、製品を正確かつ効率的に作動させる情報技術を学ぶ。幅広い分野で活躍できる、機械システム工学を熟知した技術者を育成する。
取得可能な免許・資格	学芸員、教員免許（中-数、高-数・情)、司書教諭、司書

国際教養学部

南山大学キャンパス　定員 150

- 特色　地球規模の視点を持って国際問題の解決のために行動できる人材を育成。
- 進路　就職先はサービス業や製造業、商社・流通業など多岐にわたる。
- 学問分野　言語学／国際学
- 大学院　国際地域文化

国際教養学科 (150)	国際社会の諸問題についてグループディスカッションを行い、議論に積極的に参加し自らの考えを表明する能力を養う。英語運用能力を高めるために、英語による授業や短期留学なども行う。3年次には幅広い演習科目が開講され、豊かな国際教養を身につけていく。

入試要項（2025年度）

※この入試情報は大学発表の2025年度入試（予告）および2024年度募集要項等より編集したものです（2024年1月時点。見方は巻頭の「本書の使い方」参照)。内容には変更が生じる可能性があるため、最新情報はホームページや2025年度募集要項等で必ず確認してください。

「大学入試科目検索システム」のご案内

日程・方式ごとの偏差値や昨年度入試結果（志願者倍率、実質倍率、合格最低点)、基本情報（出願締切日、試験日、二段階選抜、募集人員、総合満点）などは、「大学入試科目検索システム」(https://nyushi.toshin.com/) をご覧ください（利用方法はp.12参照)。

■人文学部 偏差値 62

一般選抜

◆一般入試

[キリスト教、人類文化：3科目] 国現古、現漢から1 地歴 歴総・日、歴総・世から1 外 英

[心理人間、日本文化：3科目] 国現古、現漢から1 地歴 数 歴総・日、歴総・世、数ⅠⅡAから1 外 英

◆全学統一入試（個別学力試験型〔文系型〕)

[全学科：3科目] 国現古、現漢から1 地歴 数 歴総・日、歴総・世、数ⅠⅡAから1 外 英

共通テスト併用入試

◆全学統一入試（共通テスト併用型〔文系型〕)

[心理人間以外]〈共3科目〉国 地歴 公 数 理 外 現古漢、地歴数理外全16科目、公共・倫、公共・政経から3〈個2科目〉国現古、現漢から1 外 英

[心理人間]〈共3科目〉国 地歴 公 数 理 外 現古漢、地歴数理外全16科目、公共・倫、公共・政経から3〈個2科目〉国 地歴 数 外 現古、現漢、歴総・日、歴総・世、数ⅠⅡA、英から2教科2▶地歴と数の組み合わせ不可

共通テスト利用入試 ※個別試験は課さない

◆共通テスト利用入試（前期3教科型）

[全学科：3科目] 国 地歴 公 数 理 現古漢、地歴数理全11科目、公共・倫、公共・政経から2教科2 外 全5科目から1

◆共通テスト利用入試（前期5教科型）

[人類文化：5科目] 国現古漢 地歴 公 数 理 地歴数理全11科目、公共・倫、公共・政経から3 外 全5科目から1

[心理人間、日本文化：5科目] 国現古漢 地歴 公 地歴全3科目、公共・倫、公共・政経から1 数 全3科目から1 理 全5科目から1 外 全5科目から1

◆共通テスト利用入試（後期）

[キリスト教以外：3科目] 共通テスト利用入試（前期3教科型）に同じ

■外国語学部 偏差値 62

一般選抜

◆一般入試

[全学科：3科目] 国現古、現漢から1 地歴 数 歴総・日、歴総・世、数ⅠⅡAから1 外 英▶リスニング含む

◆全学統一入試（個別学力試験型〔文系型〕)

[全学科：3科目] 国現古、現漢から1 地歴 数 歴総・日、歴総・世、数ⅠⅡAから1 外 英

共通テスト併用入試

◆**全学統一入試（共通テスト併用型〔文系型〕）**
［全学科］〈共2科目〉国外現古漢、外全5科目から1地歴公数地歴数全6科目、公共・倫、公共・政経から1〈個2科目〉国現古、現漢から1外英

共通テスト利用入試 ※個別試験は課さない

◆**共通テスト利用入試（前期3教科型、後期）**
［全学科：3科目］国地歴公数現古漢、地歴数全6科目、公共・倫、公共・政経から2教科2▶地歴と公は1教科扱い外全5科目から1

◆**共通テスト利用入試（前期5教科型）**
［全学科：5科目］国現古漢地歴公地歴全3科目、公共・倫、公共・政経から1数全3科目から1理全5科目から1外全5科目から1

■経済学部 偏差値 61

一般選抜

◆**一般入試（A方式）**
［経済：3科目］国現古、現漢から1地歴数歴総・日、歴総・世、数ⅠⅡAから1外英

◆**一般入試（B方式）**
［経済：2科目］数数ⅠⅡAB〔列〕C〔ベ〕外英

◆**全学統一入試（個別学力試験型〔文系型〕）**
［経済：3科目］国現古、現漢から1地歴数歴総・日、歴総・世、数ⅠⅡAから1外英

共通テスト併用入試

◆**全学統一入試（共通テスト併用型〔文系型〕）**
［経済］〈共2科目〉国地歴公数理外現古漢、地歴数理外全16科目、公共・倫、公共・政経から2教科2▶数外から1必須〈個2科目〉国地歴数外現古、現漢、歴総・日、歴総・世、数ⅠⅡA、英から2教科2▶地歴と数の組み合わせ不可

◆**全学統一入試（共通テスト併用型〔理系型〕）**
［経済］〈共2科目〉全学統一入試（共通テスト併用型〔文系型〕）に同じ〈個2科目〉数数ⅠⅡⅢAB〔列〕C外英

共通テスト利用入試 ※個別試験は課さない

◆**共通テスト利用入試（前期3教科型、後期）**
［経済：3科目］国地歴公理現古漢、地歴理全8科目、公共・倫、公共・政経から1数全3科目から1外全5科目から1

◆**共通テスト利用入試（前期5教科型）**
［経済：5科目］国現古漢地歴公数理地歴数理全11科目、公共・倫、公共・政経から3▶数から1必須。地歴と公は1教科扱い外全5科目から1

■経営学部 偏差値 61

一般選抜

◆**一般入試（A方式）**
［経営：3科目］国現古、現漢から1地歴数歴総・日、歴総・世、数ⅠⅡAから1外英

◆**一般入試（B方式）**
［経営：2科目］数数ⅠⅡAB〔列〕C〔ベ〕外英

◆**全学統一入試（個別学力試験型〔文系型〕）**
［経営：3科目］国現古、現漢から1地歴数歴総・日、歴総・世、数ⅠⅡAから1外英

共通テスト併用入試

◆**全学統一入試（共通テスト併用型〔文系型〕）**
［経営］〈共2科目〉国地歴公数理外現古漢、地歴数理外全16科目、公共・倫、公共・政経から2教科2▶数外から1必須〈個2科目〉国地歴数外現古、現漢、歴総・日、歴総・世、数ⅠⅡA、英から2教科2▶地歴と数の組み合わせ不可

◆**全学統一入試（共通テスト併用型〔理系型〕）**
［経営］〈共2科目〉全学統一入試（共通テスト併用型〔文系型〕）に同じ〈個2科目〉数数ⅠⅡⅢAB〔列〕C外英

共通テスト利用入試 ※個別試験は課さない

◆**共通テスト利用入試（前期3教科型）**
［経営：3科目］国現古漢地歴公数理地歴数理全11科目、公共・倫、公共・政経から1外全5科目から1

◆**共通テスト利用入試（前期5教科型）**
［経営：5科目］国現古漢地歴公地歴全3科目、公共・倫、公共・政経から1数全3科目から1理全5科目から1外全5科目から1

◆**共通テスト利用入試（後期）**
［経営：3科目］国地歴公数理現古漢、地歴数理全11科目、公共・倫、公共・政経から2教科2▶地歴と公は1教科扱い外全5科目から1

■法学部 偏差値 61

一般選抜

◆**一般入試**
［法律：3科目］国現古、現漢から1地歴数歴総・日、歴総・世、数ⅠⅡAから1外英

◆**全学統一入試（個別学力試験型〔文系型〕）**
［法律：3科目］国現古、現漢から1地歴数歴総・日、歴総・世、数ⅠⅡAから1外英

共通テスト併用入試

◆**全学統一入試（共通テスト併用型〔文系型〕）**
［法律］〈共2科目〉国地歴公数理外現古漢、地歴数理外全16科目、公共・倫、公共・政経から2教科2▶地歴と公は1教科扱い〈個2科目〉国地歴数現古、現漢、歴総・日、歴総・世、数ⅠⅡAから1外英

◆**全学統一入試（共通テスト併用型〔理系型〕）**
［法律］〈共2科目〉全学統一入試（共通テスト併用型〔文系型〕）に同じ〈個2科目〉数数ⅠⅡⅢAB〔列〕C外英

共通テスト利用入試 ※個別試験は課さない

◆**共通テスト利用入試（前期3教科型）**
［法律：3科目］国地歴公数理外現古漢、地歴数理外全16科目、公共・倫、公共・政経から3教科3▶国外から1必須。地歴と公は1教科扱い

◆**共通テスト利用入試（前期5教科型）**
［法律：5科目］国現古漢地歴公地歴全3科目、公共・倫、公共・政経から1数全3科目から1理全5科目から1外全5科目から1

◆**共通テスト利用入試（後期）**
［法律：3科目］国現古漢地歴公数理地歴数理全11科目、公共・倫、公共・政経から1外全5科目

から1

■総合政策学部 偏差値 62

一般選抜

◆**一般入試**

[総合政策：3科目]国現古、現漢から1 地歴 数 歴総・日、歴総・世、数ⅠⅡAから1 外 英

◆**全学統一入試（個別学力試験型〔文系型〕）**

[総合政策：3科目]国現古、現漢から1 地歴 数 歴総・日、歴総・世、数ⅠⅡAから1 外 英

共通テスト併用入試

◆**全学統一入試（共通テスト併用型〔文系型〕）**

[総合政策]〈共2科目〉国 数 外 現古漢、数外全8科目から1 地歴 公 理 地歴理全8科目、公共・倫、公共・政経から1〈個2科目〉国 地歴 数 外 現古、現漢、歴総・日、歴総・世、数ⅠⅡA、英から2教科2▶地歴と数の組み合わせ不可

◆**全学統一入試（共通テスト併用型〔理系型〕）**

[総合政策]〈共2科目〉全学統一入試（共通テスト併用型〔文系型〕）に同じ〈個2科目〉数 数ⅠⅡⅢAB〔列〕C 外 英

共通テスト利用入試 ※個別試験は課さない

◆**共通テスト利用入試（前期3教科型）**

[総合政策：3科目] 国 数 外 現古漢、数外全8科目から2教科2 地歴 公 理 地歴理全8科目、公共・倫、公共・政経から1

◆**共通テスト利用入試（前期5教科型）**

[総合政策：5科目]国 現古漢 地歴 公 地歴全3科目、公共・倫、公共・政経から1 数 全3科目から1 理 全5科目から1 外 全5科目から1

◆**共通テスト利用入試（後期）**

[総合政策：3科目] 国 現古漢 地歴 公 数 理 地歴数理全11科目、公共・倫、公共・政経から1 外 全5科目から1

■理工学部 偏差値 58

一般選抜

◆**一般入試**

[全学科：3～4科目]数 数ⅠⅡⅢAB〔列〕C 理 物基・物、化基・化から選択▶大問毎に選択 外 英

◆**全学統一入試（個別学力試験型〔理系型〕）**

[全学科：3～5科目] 数 数ⅠⅡⅢAB〔列〕C 理 情 物基・物、化基・化、情Ⅰから選択▶大問毎に選択 外 英

共通テスト併用入試

◆**全学統一入試（共通テスト併用型〔理系型〕）**

[全学科]〈共2科目〉理 理科基礎、物、化から1 外 全5科目から1〈個1科目〉数 数ⅠⅡⅢAB〔列〕C

共通テスト利用入試 ※個別試験は課さない

◆**共通テスト利用入試（前期3教科型、後期）**

[全学科：4科目] 数 数ⅠA、数ⅡBC 理 物、化から1 外 全5科目から1

◆**共通テスト利用入試（前期6教科型）**

[全学科：7科目] 国 現古漢 地歴 公 地歴全3科目、公共・倫、公共・政経から1 数 数ⅠA、数ⅡBC 理 物、化から1 外 全5科目から1 情 情Ⅰ

■国際教養学部 偏差値 62

一般選抜

◆**一般入試**

[国際教養：3科目]国 現古、現漢から1 地歴 数 歴総・日、歴総・世、数ⅠⅡAから1 外 英▶リスニング含む

◆**全学統一入試（個別学力試験型〔文系型〕）**

[国際教養：3科目]国 現古、現漢から1 地歴 数 歴総・日、歴総・世、数ⅠⅡAから1 外 英

共通テスト併用入試

◆**全学統一入試（共通テスト併用型〔文系型〕）**

[国際教養]〈共3科目〉国 外 現古漢、外全5科目から1 地歴 公 数 理 情 地歴数理情全12科目、公共・倫、公共・政経から2〈個2科目〉国 地歴 数 現古、現漢、歴総・日、歴総・世、数ⅠⅡAから1 外 英

◆**全学統一入試（共通テスト併用型〔理系型〕）**

[国際教養]〈共3科目〉全学統一入試（共通テスト併用型〔文系型〕）に同じ〈個2科目〉数 数ⅠⅡⅢAB〔列〕C 外 英

共通テスト利用入試 ※個別試験は課さない

◆**共通テスト利用入試（前期5教科型）**

[国際教養：5科目]国 現古漢 地歴 公 地歴全3科目、公共・倫、公共・政経から1 数 理 情 全9科目から2教科2 外 全5科目から1

■特別選抜

[総合型選抜]総合型入試（資格・検定試験活用型、プレゼンテーション型）、総合型入試（共通テスト利用型）共

[学校推薦型選抜] 学校推薦型選抜（長期留学経験者対象）

[その他] 外国高等学校卒業者等入学試験、外国人留学生入学審査（本学受験型、EJU利用型）、社会人入学審査、推薦入学審査（指定校推薦、学園内推薦、特別協定校）、特別入学審査（カトリック系高等学校等対象）、帰国生徒推薦入学審査（指定校、指定在外教育施設）

就職支援

南山大学では、ビジョン・キーフレーズである「個の力を、世界の力に」を具現化すべく、社会の期待に応え得る人材の育成に取り組んでいます。万全のバックアップ体制で中部地区トップクラスの就職実績を誇ります。主に1・2年次を対象とした、キャリアサポートプログラムでは、型にはまったキャリア教育ではなく、「自らが選択すること」をベースとした自己形成の場を提供。「学生が在学中に、自らの専攻、キャリアに関連した就業体験を行う教育プログラム」であるインターンシップの参加をサポートしています。3年次から始まる「就職支援プログラム」では、ガイダンスや企業説明会、各種講座など充実した内容で学生の就職活動をバックアップしています。

<ruby>藤田医科大学</ruby>

ふじたいかだいがく

資料請求

入試係　TEL (0562) 93-2493 (医)、9959 (医以外)　〒470-1192 愛知県豊明市沓掛町田楽ケ窪1-98

「独創一理」の下、人々のために創造力を活かす

大学紹介動画

最新入試情報

時代を越えて通用する大学のコンセプト「独創一理」(一人ひとりの創造力が、新しい時代を切り拓く力となる) を掲げ、一つひとつの問題に真摯に取り組み解決を図る医療人を育成する。

藤田医科大学全景

キャンパス　1つ

豊明キャンパス
〒470-1192 愛知県豊明市沓掛町田楽ケ窪1-98

基本データ

※2023年5月現在（学部学生数に留学生は含まない。進路・就職は2022年度卒業者データ。学費は2024年度入学者用）

沿革

1964年、藤田学園を設立。1968年、名古屋保健衛生大学を開学、衛生学部を設置。1972年、医学部を設置。1984年、藤田学園保健衛生大学に改称。1991年、藤田保健衛生大学に改称。2018年、藤田医科大学に改称。2019年、保健衛生学部を設置。2024年、保健衛生学部リハビリテーション学科を改組、医療科学研究科を設置。

教育機関　3学部　3研究科

学部　医／医療科／保健衛生

大学院　医学Ⓜ︎Ⓓ︎Ⓟ︎／医療科学Ⓜ︎Ⓓ︎／保健学Ⓜ︎Ⓓ︎

人数

学部学生数　2,763名

教員1名あたり　学生 2名

教員数　1,219名【理事長】星長清隆、【学長】湯澤由紀夫
(教授201名、准教授153名、講師244名、助教443名、助手・その他178名)

学費

初年度納入額　1,796,000~6,596,000円

奨学金　医学部成績優秀者奨学金制度、日本学生支援機構奨学金

進路

学部卒業者　576名
(進学43名 [7.5%]、就職413名 [71.7%]、その他※120名 [20.8%])
※臨床研修医110名を含む

主な就職先　岡崎市民病院、国立長寿医療研究センター、藤田医科大学病院、藤田医科大学ばんたね病院、藤田医科大学岡崎医療センター、名古屋市立大学病院、名古屋大学医学部附属病院、岐阜大学医学部附属病院、慶應義塾大学病院、日赤愛知医療センター名古屋第一病院、岡崎市民病院、国立長寿医療研究センター、トヨタ記念病院、愛知県庁

学部学科紹介

※本書掲載内容は、大学公表資料から独自に編集したものです。詳細は大学パンフレットやホームページ等で必ず確認してください（取得可能な免許・資格は任用資格や受験資格などを含む）。

医学部

豊明キャンパス　定員 120

特色　徹底した少人数教育を行い、藤田式PBLやアセンブリ教育ではチームで学ぶ。
進路　卒業者は全国各地の大学病院や一般病院で臨床研修医として研鑽を積む。
学問分野　医学
大学院　医学

医学科 (120)	6年制。入学直後に早期臨床体験を行うことで医療人としての自覚を促す。3年次から基礎医学の知識を活用して臨床医学を学ぶ。さらに、6年次の留学で幅広い視野を得る。隣接する附属の大学病院において、先端医療や多様な疾患について実践的に学んでいく。
取得可能な免許・資格	医師

医療科学部

豊明キャンパス　定員 230

特色　倫理観と人間性を養い、専門的な知識と技術を修得して科学的な探究心を育む。
進路　大学病院や一般病院の他、一般企業でも活躍。大学院進学者も多数いる。
学問分野　健康科学
大学院　医療科学

医療検査学科 (140)	2年次後期から2つのプログラムに分属する。臨床検査学プログラムでは臨床病態学などの基礎演習と臨地実習などを経て、4年次に卒業研究を行う。臨床工学プログラムでは大学病院などでの実習を通して臨床力を鍛える。
放射線学科 (90)	1年次に医学だけでなく、数学や物理などの科学的思考の基礎を学ぶ。3年次からの臨床実習で座学で身につけた高度な専門知識を実践し、臨床に活かすことのできる能力を培う。最新鋭の医療機器を用いてレベルの高い学修を行う。国際学会に参加する学生も少なくない。
取得可能な免許・資格	社会福祉主事、臨床工学技士、食品衛生管理者、食品衛生監視員、診療放射線技師、臨床検査技師、衛生管理者、作業環境測定士

保健衛生学部

豊明キャンパス　定員 250

特色　倫理観と人間性、専門的な知識と技術、課題探求能力を身につけた人材を育成。
進路　卒業者の多くが大学病院や一般病院などで活躍している。
学問分野　看護学／健康科学
大学院　保健学

看護学科 (135)	高い実践能力のあるチームの一員として能力を発揮できる看護職者を育成する。実際に医療の現場で働く看護師を招き、専門家による指導を行う。3年次の訪問看護の実習や患者のセルフケアサポートの実習などを通して、実践的に学ぶ。
リハビリテーション学科 改 (115)	2024年度改組。総合型選抜および一般公募制推薦以外の入試方式によって入学した学生は、2年次前期まで共通科目を履修後、先進理学療法コースと先進作業療法コースのどちらか一方を選択する。適切なコース選択を支援するために、大学独自のプログラムが用意されている。
取得可能な免許・資格	看護師、保健師、理学療法士、作業療法士、衛生管理者、養護教諭（二種）

入試要項（2024年度）

※この入試情報は2024年度募集要項等より編集したものです（見方は巻頭の「本書の使い方」参照）。2025年度入試の最新情報は、ホームページや2025年度募集要項等で必ず確認してください。

「大学入試科目検索システム」のご案内
日程・方式ごとの偏差値や昨年度入試結果（志願者倍率、実質倍率、合格最低点）、基本情報（出願締切日、試験日、二段階選抜、募集人員、総合満点）などは、「大学入試科目検索システム」（https://nyushi.toshin.com/）をご覧ください（利用方法はp.12参照）。

■医学部 偏差値 69

一般選抜

◆**一般入試（愛知県地域枠を含む〔前期、後期〕）**
[医]〈一次：4科目〉数数ⅠⅡⅢAB理物基・物、化基・化、生基・生から2外英〈二次：1科目〉面

私立　中部 北陸　藤田医科大学

面接

共通テスト併用入試

◆共通テスト利用入学試験（前期）

[医]〈一次：共6科目〉国現数数ⅠA、数ⅡB理物、化、生から2外英〈二次：個1科目〉面面接

◆共通テスト利用入学試験（後期）

[医]〈一次：共6科目〉国現数数ⅠA、数ⅡB理物、化、生から2外英、英語外部試験から高得点1〈二次：個3科目〉面面接、口頭試問総合総合問題

■医療科学部 偏差値 59

一般選抜

◆一般前期入学試験（A日程、B日程）

[全学科：4科目]数理数ⅠⅡA、物基・物、化基・化、生基・生から2外英書類審調査書

◆一般後期入学試験

[全学科：5科目] 数理数ⅠⅡA、物基、化基、生基から2外英書類審調査書、活動実績表

共通テスト併用入試

◆共通テストプラス入試※一般前期入学試験と共通テスト利用前期入学試験の両方に出願必須

[医療検査]〈共4～5科目〉共通テスト利用前期入学試験の成績を利用▶高得点2科目を合否判定に使用〈個3科目〉一般前期入学試験の成績を利用▶受験科目から高得点2科目を合否判定に使用

[放射線]〈共5～6科目〉共通テスト利用前期入学試験の成績を利用▶高得点2科目を合否判定に使用〈個3科目〉一般前期入学試験の成績を利用▶受験科目から高得点2科目を合否判定に使用

共通テスト利用入試 ※個別試験は課さない。理科基礎は2科目扱い

◆共通テスト利用前期入学試験

[医療検査：4～5科目]国数理現、数ⅠA、数ⅡB、理科基礎、物、化、生から3▶地基選択不可外英

[放射線：5～6科目]数数ⅠA、数ⅡB理理科基礎、物、化、生から2▶地基選択不可外英

◆共通テスト利用後期入学試験

[医療検査：6～7科目]国数理現、数ⅠA、数ⅡB、理科基礎、物、化、生から3▶地基選択不可外英、英語外部試験から高得点1書類審調査書、活動実績表

[放射線：7～8科目]数数ⅠA、数ⅡB理理科基礎、物、化、生から2▶地基選択不可外英、英語外部試験から高得点1書類審調査書、活動実績表

■保健衛生学部 偏差値 58

一般選抜

◆一般前期入学試験（A日程、B日程）

[全学科：4科目]国数理現、数ⅠⅡA、物基、化基、生基から2外英書類審調査書

◆一般後期入学試験

[全学科：5科目]国数理現、数ⅠⅡA、物基、化基、生基から2外英書類審調査書、活動実績表

共通テスト併用入試

◆共通テストプラス入試※一般前期入学試験と共通テスト利用前期入学試験の両方に出願必須

[全学科]〈共3～4科目〉共通テスト利用前期入学試験の成績を利用▶高得点2科目を合否判定に使用〈個3科目〉一般前期入学試験の成績を利用▶受験科目から高得点2科目を合否判定に使用

共通テスト利用入試 ※個別試験は課さない。理科基礎は2科目扱い

◆共通テスト利用前期入学試験

[全学科：3～4科目]国数理現、数ⅠA、数ⅡB、理科基礎、物、化、生から2▶地基選択不可。物、化、生から2科目選択不可外英

◆共通テスト利用後期入学試験

[全学科：3～4科目]国数理現、数ⅠA、数ⅡB、理科基礎、物、化、生から2▶地基選択不可。物、化、生から2科目選択不可外英、英語外部試験から高得点1

■特別選抜

[総合型選抜] ふじた未来入試（高3一般枠、独創一理枠）、藤田フロンティア入試、ふじた独創入試（A、B）

[学校推薦型選抜] 一般公募制推薦（専願、併願）、専門高校（看護）推薦、指定校推薦

[その他] 社会人自己推薦、MOU指定校

就職支援

藤田医科大学では、キャリア支援室を設け、本学で学んだ専門知識や修得した技術を活かせるように、学生一人ひとりの個性や適性にあった就職支援ができるよう取り組んでいます。医学部の医師国家試験合格率（新卒）は98.2%（2022年度）と高く、多くが病院へと進路を進めています。医療科学部では国家資格取得サポートや資格取得支援を行い、在学中の資格取得をバックアップしています。保健衛生学部でも、看護師、保健師、理学療法士ともに国家試験合格率100%（2022年度）で、全員が合格を勝ち取るためのプログラムを実施しています。

国際交流

藤田医科大学では、留学生を相互に受け入れるMOU（大学間学術交流協定）を、19カ国32大学と締結しています。医学部では、6年次の初期に行われる留学プログラムで、MOUを締結している海外の大学から1校を選択し、4～8週間留学することができます。医療科学部や保健衛生学部では、タイのコンケン大学と短期交換留学を行っています。また、保健衛生学部では、春休み期間を利用し、2週間オーストラリアで、語学研修を受けながら、現地の看護学部および医療施設での見学やプレゼンテーションを行う短期プログラムもあります。

めいじょう
名城大学

資料請求

入学センター(天白キャンパス) TEL(052)838-2018 〒468-8502 愛知県名古屋市天白区塩釜口1-501

穏健中正で、国家と社会の信頼に値する人材を育成する

大学紹介動画

最新入試情報

文理融合型大学として、「生涯学びを楽しむ」を掲げ、主体的に学び続ける「実行力のある教養人」の育成に取り組む。学問の探究と理論の応用を通して成果を社会に還元し、地域の活性化にも貢献している。

天白キャンパス外観

キャンパス 3つ

天白キャンパス
〒468-8502 愛知県名古屋市天白区塩釜口1-501
八事キャンパス
〒468-8503 愛知県名古屋市天白区八事山150
ナゴヤドーム前キャンパス
〒461-8534 愛知県名古屋市東区矢田南4-102-9

基本データ

※2023年5月現在(進路・就職は2022年度卒業者データ。学費は2024年度入学者用〔予定〕)

沿革

1928年、名古屋高等理工科学校を設置。1949年、名城大学を開学、商学部を設置。1950年に法商、理工、農の3つの学部を設置。1954年、薬学部などを設置。1967年、法商学部を法、商学部に改組。2022年、理工学部情報工学科を情報工学部に改組し、現在に至る。

教育機関 10学部 9研究科

学部 法/経営/経済/外国語/人間/都市情報/情報工/理工/農/薬

大学院 法学Ⓜ︎Ⓓ/経営学ⓂⒹ/経済学ⓂⒹ/理工学ⓂⒹ/農学ⓂⒹ/薬学Ⓓ/都市情報学ⓂⒹ/人間学Ⓜ/総合学術ⓂⒹ

人数

学部学生数 14,979名　教員1名あたり 学生 30名

教員数 497名【理事長】立花貞司、【学長】小原章裕
(教授277名、准教授150名、講師1名、助教42名、助手・その他27名)

学費

初年度納入額 1,144,000~2,646,000円

奨学金 入試成績優秀奨学生、学業優秀奨励制度、学業優秀奨学生、修学援助B奨学生

進路

学部卒業者 3,092名
(進学331名［10.7%］、就職2,666名［86.2%］、その他95名［3.1%］)

主な就職先 ※院卒者を含む
第一生命保険、豊田合成、パイロットインキ、住友不動産販売、アイリスオーヤマ、三菱UFJ銀行、三井住友海上火災保険、ルイ・ヴィトンジャパン、中部電力、日本年金機構、東邦ガス、アルフレッサ、リコージャパン、NTTドコモ、JR東海、トヨタ自動車、アイシン、日立システムズ、山崎製パン、日本食品分析センター、名古屋大学医学部附属病院、藤田医科大学病院

学部学科紹介

※本書掲載内容は、大学公表資料から独自に編集したものです。詳細は大学パンフレットやホームページ等で必ず確認してください（取得可能な免許・資格は任用資格や受験資格などを含む）。

法学部
天白キャンパス　定員 400

- 特色　法の精神と知識を学び、社会の幅広い分野で活躍できる人材を育成する。
- 進路　卒業者の多くは卸売・小売業やサービス業、公務などに就職している。
- 学問分野　法学
- 大学院　法学

法学科 (400)	3つのコースを設置。行政専門コースでは国家公務員一般職および総合職、地方上級などの公務員を目指す。法専門コースでは司法書士や行政書士など専門職を目指す。法総合コースでは一般企業や警察官、消防士などを目指す。
取得可能な免許・資格	学芸員、教員免許（中-社、高-地歴・公）

経営学部
天白キャンパス　定員 310

- 特色　生活と国際社会の関係を理解し、豊かな創造性と人間性を備えた人材を育成。
- 進路　卒業者の多くは卸売・小売業やサービス業、製造業などに就職している。
- 学問分野　経営学／国際学
- 大学院　経営学

経営学科 (215)	企業の現場を意識したマネジメント、会計と財務について学ぶ会計・ファイナンス、商品の企画、販売について総合的に学習するマーケティングの3つのコースを設置している。グローバル化などの情勢を踏まえて今日的な経営課題の解決法を多面的に検討する。
国際経営学科 (95)	あらゆる業界のグローバル化が進展する中で高い語学力とともに企業経営の本質理解を持った人材を育成する。アメリカ、ヨーロッパ、アジアなどで現地企業を見学するフィールドワークなど、語学力や国際感覚、異文化理解力を養うプログラムが多数用意されている。
取得可能な免許・資格	学芸員、教員免許（高-商業）

経済学部
天白キャンパス　定員 310

- 特色　理論と現実を学び、グローバル化の進む現代社会に対応できる人材を育成。
- 進路　就職先は卸売・小売業やサービス業、情報通信業など多岐にわたる。
- 学問分野　経済学／社会学
- 大学院　経済学

経済学科 (210)	現代社会の諸問題を経済学の理論に基づき多面的に分析し、解決・提案する能力を養う。歴史・政策・金融部門を設置し、生産、分配、消費などの社会構造の学習を通じて、経済の本質をつかむ。国際フィールドワークや交換留学などの体験型授業も充実している。
産業社会学科 (100)	現代社会の基盤となる産業経済の仕組みから最新の動向までを学ぶ。授業やゼミを通して経済学の知識と思考を身につけるとともに、国際フィールドワークや社会フィールドワークを通じて構想力や実行力を身につける。現代社会部門を設置。実社会での応用力を培う。
取得可能な免許・資格	学芸員、教員免許（中-社、高-地歴・公・商業）

外国語学部
ナゴヤドーム前キャンパス　定員 130

- 特色　自らの言葉で世界と日本をつなぎ、新たな価値を創造する「世界人材」を育成。
- 進路　就職先は卸売・小売業やサービス業、製造業をはじめ多岐にわたる。
- 学問分野　言語学／国際学

国際英語学科 (130)	日常的な英語学習環境、少人数でのオールイングリッシュの授業や充実した留学支援などが特徴的。英語圏やアジア、日本の多様な価値観を学び、国際理解を促す。学部独自の留学や国際フィールドワークの機会も用意され、学習意欲に応えられる環境を整えている。
取得可能な免許・資格	学芸員、教員免許（中-英、高-英）

人間学部

ナゴヤドーム前キャンパス 定員 220

特色 心理や教育、国際分野の幅広い知見を備え、国際社会で活躍する人材を育成。
進路 卒業者の多くは卸売・小売業やサービス業、建設業などに就職している。
学問分野 心理学／社会学／国際学／教育学／人間科学
大学院 人間学

人間学科 (220)	カリキュラムは、基礎的な教養の修得を目指す教養教育部門と、心理、社会・教育、国際・コミュニケーションの3つの領域を柱とする専門教育部門で構成される。フィールドワークやボランティア、インターンシップ、海外研修といった体験科目も充実している。
取得可能な免許・資格	公認心理師、学芸員、教員免許（中-社・英、高-地歴・公・英）

都市情報学部

ナゴヤドーム前キャンパス 定員 235

特色 都市問題の解決に貢献する人材育成のため、文理それぞれに合うコースを設置。
進路 卒業者の多くは情報通信業や卸売・小売業、サービス業などで活躍。
学問分野 経済学／環境学／情報学
大学院 都市情報学

都市情報学科 (235)	行政や企業が提供する都市を動かす様々なサービスについて研究する。1・2年次で情報処理の基礎的能力を養い、3年次から数理解析や情報処理能力を養う理系向けのアナリストコースと、事業の企画、立案能力を高める文系向けのプランナーコースに分かれる。
取得可能な免許・資格	学芸員、教員免許（高-公・情）

情報工学部

天白キャンパス 定員 180

特色 2つのコースと4つのプログラムで、次世代を担う情報エンジニアを育成。
進路 卒業者の多くは情報通信業やサービス業、製造業などに就職している。
学問分野 その他工学／情報学
大学院 理工学

情報工学科 (180)	2022年度、理工学部情報工学科を改組し開設。プログラミングなど情報分野の基礎を身につけた上で、一人ひとりの興味や適性、目指す将来に応じて志向の異なる2つのコースと情報工学の広い領域にまたがる4つのプログラムの選択を通じて、将来の進路を模索できる。
取得可能な免許・資格	学芸員、教員免許（高-情・工業）

理工学部

天白キャンパス 定員 1,035

特色 1年次から専門分野を学び、4年間を通じて興味や関心のある分野を掘り下げる。
進路 約2割が大学院へ進学。就職先は製造業や建設業が多い。
学問分野 数学／化学／機械工学／電気・電子工学／材料工学／土木・建築学／船舶・航空宇宙工学／エネルギー工学／その他工学／環境学
大学院 理工学

数学科 (90)	代数学、解析学、幾何学、数理情報、計算機科学の5つの科目を柱とし、基礎的な計算技術の修得とともに数学的な感性と論理的な思考力を養うことで、数学的視点からの問題解決能力を身につける。プログラミングの基礎を学ぶ授業や教員採用試験対策の講義も開講。
電気電子工学科 (150)	2年次から、電気エネルギーやナノテクの分野を研究領域として扱う電気工学、AIや組込システム関連分野を研究領域として扱う電子システムの2つのコースに分かれ、早い段階から将来の進路に応じた学びを展開できるカリキュラムになっている。
材料機能工学科 (80)	発光ダイオードやカーボンナノチューブなど新材料をはじめ、様々な材料を中心に工学を広範囲に学ぶ。実験などを通じて幅広く学ぶことで専門的な知識と技術を修得し、自動車や航空機などの機器、電子部品や医療機器、ファインセラミックスなど様々な分野を扱う。
応用化学科 (70)	化学に基盤をおき、原子・分子レベルでの新物質の開発に貢献できる人材を育成する。新物質・素材の設計・合成能力を身につける合成化学、新物質の評価を精密に行う物質・材料化学、新物質を実際に人間生活に応用する環境・エネルギー材料の3つの領域で学ぶ。

学科	定員	内容
機械工学科	(125)	機械工学の本質を会得した国内基幹産業をリードする技術者を育成する。熱・流体、材料・強度、運動力学・制御、設計・生産の4つの研究分野を軸とするカリキュラムのもと、機械工学の基礎や技術を体系的に学ぶ。3年次にグループで小型機械を設計・製作する。
交通機械工学科	(125)	機械工学をはじめとした様々な技術分野が複合した交通機械や、電気分野と情報分野が融合した高度道路交通システムについて学ぶ。実験実習を積極的に取り入れている。交通関連産業に関わらずあらゆる機械産業で社会に貢献できる人材を育成する。
メカトロニクス工学科	(80)	機械と電気を融合させた領域を専門的に学習する。メカトロニクス工学の基礎となる、現象を数式で表現する機能モデリング能力を養う。機械システムの設計思考力を高めつつ、機械系、電気系、医療系の3つの分野深耕プログラムで基礎学力と課題解決能力を養う。
社会基盤デザイン工学科	(90)	自然との調和、安全性などを兼ね備えた「まちづくり」のために、社会基盤の企画、調査、設計、施工の手法や、情報技術、防災・減災、環境・景観などの幅広い分野の知識を修得する。就職支援や国際的エンジニア養成のための教育が充実している。
環境創造工学科	(80)	気圏、水圏、地圏、住環境、都市環境の専門分野を設けるカリキュラムで、人間が自然と共生できる新たなシステムの構築を担う人材を育成する。幅広い分野の知識を駆使し、人間活動、大気、水、大地、公共施設に関わる環境とその課題に取り組む。
建築学科	(145)	工学、技術、芸術の総合的学習、および建築技術者や建築家として不可欠な知識や技術の学習を通じて、安全性、機能性、経済性を重視した空間を構築する。実地震波を忠実に再現し、地震のメカニズムの検証と分析に役立つ3次元振動台を用いた防災研究を推進。
取得可能な免許・資格		学芸員、危険物取扱者(甲種)、毒物劇物取扱責任者、建築士(一級、二級、木造)、技術士補、測量士補、主任技術者（ボイラー・タービン、電気、電気通信、ダム水路)、施工管理技士（土木、建築、電気工事、管工事、造園、建設機械)、衛生管理者、教員免許（中-数・理、高-数・理・情・工業)

農学部

天白キャンパス

定員 330

- 特色　生命や食料、環境、自然に対する洞察力と問題解決力を兼ね備えた人材を育成。
- 進路　約2割が大学院へ進学。就職先は製造業や卸売・小売業が多い。
- 学問分野　生物学／農学／食物学／環境学
- 大学院　農学

学科	定員	内容
生物資源学科	(110)	栽培の技術を学ぶ生物生産学、品種改良について学ぶ遺伝育種学、病害虫などへの対処を学ぶ生物保護学、農業の流通や経営を学ぶ経営・経済学の4つの専門分野のもと、総合的に学ぶ。講義で理論を学びつつ、自ら栽培、飼育した生物を試料として実験を行う。
応用生物化学科	(110)	生命現象、食品機能、生物制御機構について、化学を基盤に分子レベルでその機能を解明し、生活をより健康で豊かにするような新物質の探索や製品の開発といった応用分野にも挑戦する。社会人として必要な倫理観や法の知識も修得する。
生物環境科学科	(110)	里山や農場での多様な実習体験と生態保全学、緑地創造学、生物機能調節化学、環境化学の4つの系の下での理論修得を通じて、生物環境の評価や保全、緑地環境の創造に関する総合的な知識と技術を持ち、環境問題を多角的に捉えられる能力を養う。
取得可能な免許・資格		学芸員、危険物取扱者(甲種)、毒物劇物取扱責任者、技術士補、食品衛生管理者、食品衛生監視員、自然再生士補、教員免許(中-理、高-理・農)、作業環境測定士、ビオトープ管理士

薬学部

八事キャンパス　定員 265

特色　高度な臨床薬学教育とバイオ研究で優れた薬剤師や医療人、薬学研究者を養成。
進路　薬剤師として調剤薬局やドラッグストア、病院などに就く者が多い。
学問分野　薬学
大学院　薬学

薬学科 (265)	6年制。実践力を備えた薬剤師や薬学研究者を育成する。1年次から4年次まで医療人に求められる倫理観や教養、薬学の総合的な知識を修得し、5年次から病院や薬局での実務実習を行う。協定を結ぶ他大学や病院での臨床研究や海外での臨床薬学研修に取り組む。
取得可能な免許・資格	薬剤師

入試要項(2025年度)

※この入試情報は大学発表の2025年度入試（予告）および2024年度募集要項等より編集したものです（2024年1月時点。見方は巻頭の「本書の使い方」参照）。内容には変更が生じる可能性があるため、最新情報はホームページや2025年度募集要項等で必ず確認してください。

「大学入試科目検索システム」のご案内
日程・方式ごとの偏差値や昨年度入試結果（志願者倍率、実質倍率、合格最低点）、基本情報（出願締切日、試験日、二段階選抜、募集人員、総合満点）などは、「大学入試科目検索システム」（https://nyushi.toshin.com/）をご覧ください（利用方法はp.12参照）。

■法学部 偏差値 53

一般選抜

◆3教科型A方式、傾斜配点型K方式
[法：3科目] 国 現古 地歴 公 数 日、世、政経、数ⅠⅡAから1 外 英、英語外部試験から1

◆2教科型B方式
[法：2科目] 国 地歴 数 現古、日、世、数ⅠⅡAから1 外 英

共通テスト併用入試

◆共通テストプラス型F方式
[法]〈共3科目〉国 地歴 公 数 外 現古、地歴公数全9科目、英から3教科3▶地歴と公は1教科扱い〈個1～3科目〉3教科型A方式の成績を利用▶高得点1科目を合否判定に使用

共通テスト利用入試　※個別試験は課さない

◆共通テスト利用型C方式(3教科3科目型〔前期、後期〕)
[法：3科目] 国 地歴 公 数 外 現古、地歴公数全9科目、英から3教科3▶地歴と公は1教科扱い

■経営学部 偏差値 57

一般選抜

◆3教科型A方式、傾斜配点型K方式
[全学科：3科目] 国 現古 地歴 公 数 日、世、政経、数ⅠⅡAから1 外 英

◆2教科型B方式
[全学科：2科目] 国 地歴 数 現古、日、世、数ⅠⅡAから1 外 英

共通テスト併用入試

◆共通テストプラス型F方式※3教科型A方式の出願必須
[全学科]〈共3科目〉国 地歴 公 数 外 現古、地歴公数全9科目、英から3教科3▶地歴と公は1教科扱い〈個1～3科目〉3教科型A方式の成績を利用▶高得点1科目を合否判定に使用

共通テスト利用入試　※個別試験は課さない。理科基礎は2科目扱い

◆共通テスト利用型C方式(3教科3科目型〔前期、後期〕)
[全学科：3科目] 国 現古 地歴 公 数 全9科目から1 外 英

◆共通テスト利用型C方式(5教科5科目型〔前期〕)
[全学科：5～6科目] 国 現古 地歴 公 全6科目から1 数 全3科目から1 理 全5科目から1 外 英

■経済学部 偏差値 56

一般選抜

◆3教科型A方式、傾斜配点型K方式
[全学科：3科目] 国 現古 地歴 公 数 日、世、政経、数ⅠⅡAから1 外 英

◆2教科型B方式
[全学科：2科目] 国 地歴 数 現古、日、世、数ⅠⅡAから1 外 英

共通テスト併用入試

◆共通テストプラス型F方式※3教科型A方式の出願必須
[全学科]〈共3科目〉国 地歴 公 数 外 現古、地歴公数全9科目、英から3教科3▶地歴と公は1教科扱い〈個1～3科目〉3教科型A方式の成績を利用▶高得点1科目を合否判定に使用

共通テスト利用入試　※個別試験は課さない。理科基礎は2科目扱い

◆共通テスト利用型C方式(3教科3科目型〔前期、後期〕)
[全学科：3科目] 国 現古 地歴 公 数 全9科目から1 外 英

◆共通テスト利用型C方式(5教科5科目型〔前期〕)
[全学科：5～6科目] 国 現古 地歴 公 全6科目から1 数 全3科目から1 理 全5科目から1 外 英

■外国語学部 偏差値 56

一般選抜

◆**3教科型A方式、傾斜配点型K方式**

[国際英語：3科目] 国現古 地歴 公 数日、世、政経、数ⅠⅡAから1 外英▶英語外部試験のスコアにより加点

◆**2教科型B方式**

[国際英語：2科目] 国 地歴 数現古、日、世、数ⅠⅡAから1 外英

共通テスト併用入試

◆**共通テストプラス型F方式**※3教科型A方式の出願必須

[国際英語]〈共3科目〉国 地歴 公 数現古、地歴公数全9科目から2教科2▶地歴と公は1教科扱い 外英〈個1～3科目〉3教科型A方式の成績を利用▶高得点1科目を合否判定に使用

共通テスト利用入試 ※個別試験は課さない。理科基礎は2科目扱い

◆**共通テスト利用型C方式(3教科3科目型〔前期、後期〕)**

[国際英語：3科目] 国現古 地歴 公 数全9科目から1 外英

◆**共通テスト利用型C方式(5教科5科目型〔前期〕)**

[国際英語：5～6科目] 国現古 地歴 公全6科目から1 数全3科目から1 理全5科目から1 外英

■人間学部 偏差値 54

一般選抜

◆**3教科型A方式、傾斜配点型K方式**

[人間：3科目] 国現古 地歴 公 数日、世、政経、数ⅠⅡAから1 外英、英語外部試験から1

◆**2教科型B方式**

[人間：2科目] 国 地歴 数現古、日、世、数ⅠⅡAから1 外英

共通テスト併用入試

◆**共通テストプラス型F方式**※3教科型A方式の出願必須

[人間]〈共3科目〉国 地歴 公 数 外現古、地歴公数全9科目、英から3教科3▶地歴と公は1教科扱い〈個1～3科目〉3教科型A方式の成績を利用▶高得点1科目を合否判定に使用

共通テスト利用入試 ※個別試験は課さない。理科基礎は2科目扱い

◆**共通テスト利用型C方式(3教科3科目型〔前期、後期〕)**

[人間：3科目] 国 地歴 公 数 外現古、地歴公数全9科目、英から3教科3▶地歴と公は1教科扱い

◆**共通テスト利用型C方式(5教科5科目型〔前期〕)**

[人間：5～6科目] 国現古 地歴 公全6科目から1 数全3科目から1 理全5科目から1 外英

■都市情報学部 偏差値 56

一般選抜

◆**3教科型A方式、傾斜配点型K方式**

[都市情報：3～4科目] 国 理次の①・②から1(①現古、②物基・物、化基・化、生基・生から選択▶各2題の計6題から2題任意選択) 地歴 公 数地理、日、世、政経、数ⅠⅡAから1 外英、英語外部試験から1

◆**2教科型B方式**

[都市情報：2～3科目] 国 数 外 地歴 公 理次の①～③から1(①現古、数ⅠⅡA、英から2、①現古、数ⅠⅡA、英から1、日、世から1、②現古、数ⅠⅡA、英から1、物基・物、化基・化、生基・生から選択▶各2題の計6題から2題任意選択)

共通テスト併用入試 ※理科基礎は2科目扱い

◆**共通テストプラス型F方式**※3教科型A方式の出願必須

[都市情報]〈共3～4科目〉国 地歴 公 数 理 外 情現古、地歴公数理情全15科目、英から3教科3▶地歴と公は1教科扱い〈個1～3科目〉3教科型A方式の成績を利用▶高得点1教科を合否判定に使用

共通テスト利用入試 ※個別試験は課さない。理科基礎は2科目扱い

◆**共通テスト利用型C方式(3教科3科目型〔前期、後期〕)**

[都市情報：3～4科目] 国 地歴 公 数 理 外 情現古、地歴公数理情全15科目、英から3教科3▶地歴と公は1教科扱い

◆**共通テスト利用型C方式(3教科3科目型〔前期〕)**

[都市情報：5～6科目] 国 地歴 公 数 理 外 情現古、地歴公数理情全15科目、英から5教科5▶地歴と公は1教科扱い

■情報工学部 偏差値 58

一般選抜

◆**3教科型A方式、傾斜配点型K方式**

[情報工：3科目] 数数ⅠⅡⅢAB〔列〕C 理物基・物、化基・化から1 外英

◆**3教科型B方式**

[情報工：3～4科目] 数数ⅠⅡⅢAB〔列〕C 理物基・物、化基・化から選択▶指定解答数任意選択 外英

共通テスト併用入試 ※理科基礎は2科目扱い

◆**共通テストプラス型F方式**※3教科型A方式の出願必須

[情報工]〈共3～4科目〉数数ⅠA、数ⅡBCから1 理物基・化基、物、化から1 外英〈個1～3科目〉3教科型A方式の成績を利用▶高得点1科目を合否判定に使用

共通テスト利用入試 ※個別試験は課さない。理科基礎は2科目扱い

◆**共通テスト利用型C方式(3教科4科目型〔前期、後期〕)**

[情報工：4～5科目] 数数ⅠA、数ⅡBC 理物基・化基、物、化から1 外英

◆**共通テスト利用型C方式(5教科6科目型〔前期〕)**

[情報工：6～7科目] 国 地歴 公 情現古、地歴公情全7科目から2教科2▶地歴と公は1教科扱い 数数ⅠA、数ⅡBC 理物基・化基、物、化から1 外英

■理工学部 偏差値 58

一般選抜

◆3教科型A方式、傾斜配点型K方式

[全学科：3科目]数数ⅠⅡⅢAB〔列〕C理物基・物、化基・化から1外英

◆3教科型B方式

[全学科：3〜4科目]数数ⅠⅡⅢAB〔列〕C理物基・物、化基・化から選択▶指定解答数任意選択外英

共通テスト併用入試 ※理科基礎は2科目扱い

◆共通テストプラス型F方式※3教科型A方式の出願必須

[数]〈共3〜4科目〉数数ⅠA、数ⅡBCから1理物基・化基、物、化から1外英〈個1〜3科目〉3教科型A方式の成績を利用▶数を合否判定に使用

[数以外]〈共3〜4科目〉数数ⅠA、数ⅡBCから1理物基・化基、物、化から高得点1外英〈個1〜3科目〉3教科型A方式の成績を利用▶高得点1科目を合否判定に使用

共通テスト利用入試 ※個別試験は課さない。理科基礎は2科目扱い

◆共通テスト利用型C方式(3教科4科目型〔前期、後期〕)

[全学科：4〜5科目]数数ⅠA、数ⅡBC理物基・化基、物、化から1外英

◆共通テスト利用型C方式(5教科6科目型〔前期〕)

[全学科：6〜7科目]国地歴公情現古、地歴公情全7科目から2教科2▶地歴と公は1教科扱い数数ⅠA、数ⅡBC理物基・化基、物、化から1外英

■農学部 偏差値 57

一般選抜

◆3教科型A方式、傾斜配点型K方式

[全学科：3科目]国数現古、数ⅠⅡAから1理物基・物、化基・化、生基・生から1外英、英語外部試験から1

◆2教科型B方式

[全学科：2科目]国外現古、英から1理物基・物、化基・化、生基・生から1

共通テスト併用入試 ※理科基礎は2科目扱い

◆共通テストプラス型F方式※3教科型A方式の出願必須

[全学科]〈共3〜4科目〉国数現古、数全3科目から1理理科基礎、物、化、生から1▶地基選択不可外英〈個1〜3科目〉3教科型A方式の成績を利用▶高得点1科目を合否判定に使用

共通テスト利用入試 ※個別試験は課さない。理科基礎は2科目扱い

◆共通テスト利用型C方式(4教科4科目型〔前期〕)

[全学科：4〜5科目]国現古数全3科目から1理理科基礎、物、化、生から1▶地基選択不可外英

◆共通テスト利用型C方式(2教科2科目型〔後期〕)

[全学科：2〜3科目]国外現古、英から1数理数全3科目、理科基礎、物、化、生から1▶地基選択不可

■薬学部 偏差値 60

一般選抜

◆3教科型A方式

[薬：3科目]数数ⅠⅡAB〔列〕C〔ベ〕理化基・化外英、英語外部試験から1

◆3科目型B方式

[薬：3科目]数理外化基・化必須、数ⅠⅡAB〔列〕C〔ベ〕、生基・生、英から2

共通テスト併用入試

◆共通テストプラス型F方式※3教科型A方式の出願必須

[薬]〈共5科目〉数全3科目から2▶高得点1科目を合否判定に使用理化必須、物、生から1外英〈個3科目〉3教科型A方式の成績を利用

共通テスト利用入試 ※個別試験は課さない

◆共通テスト利用型C方式(3教科5科目型〔前期、後期〕)

[薬：5科目]数全3科目から2理化必須、物、生から1外英

■特別選抜

[総合型選抜]英語ディスカッション入試、プログラミング実績評価入試、スポーツ入試、チアリーダー入試

[学校推薦型選抜]公募制推薦入試、専門高校等推薦入試、学校推薦型選抜(指定校、附属高校)

[その他]簿記・会計特別入試、英語資格取得者特別入試、まちづくり特別入試、帰国子女・海外留学経験者特別入試、外国人留学生特別入試、社会人特別入試、総合数理プログラム入学試験(飛び入学試験)

就職支援

名城大学では、キャリアセンターを設け、1年次から一貫したキャリア支援プログラムを組み、社会に貢献できる人材の育成を目指しています。就職支援最大の特徴は1年次から実施される「指導担当制」による進路・就職支援。学生一人ひとりに合ったキャリア形成を行います。「エアライン就職サポート【M-CAP】」といった、エアライン業界に特化したプログラムも用意しています。

国際交流

名城大学では、2年次に「セカハジ留学」、3年次に「セカトモ留学」が用意されています。「セカハジ留学」は参加資格審査に合格すれば、原則として希望者全員が海外留学できる制度です。1年次より語学教育を徹底している名城大学では、「いつでも英語に触れられる環境」を用意しており、マンツーマン英会話プログラム「さくっとONLINE英会話」を全学の学生を対象に提供しています。語学力はもちろんのこと費用面でも学生を十分にサポートしているので、安心して渡航することができます。

京都産業大学

きょうとさんぎょう

資料請求

入学センター　TEL (075) 705-1437　〒603-8555 京都府京都市北区上賀茂本山

文系・理系合わせて10学部18学科が集う一拠点総合大学

大学紹介動画　最新入試情報

文理合わせて10学部18学科、約15,000名が1つのキャンパスで学ぶ一拠点総合大学。実社会で生きる高度な専門知識とスキルを養うと共に、学部を越えた知の交流により総合的かつ柔軟な学びを展開している。

活気が溢れる大広場、ピロティ

キャンパス 1つ

京都産業大学キャンパス
〒603-8555 京都府京都市北区上賀茂本山

基本データ

※2023年5月現在（教員数は非常勤を含む。進路・就職は2022年度卒業者データ。学費は2024年度入学者用）

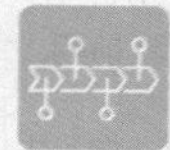

沿革

1965年、京都産業大学を開学。経済、理の2学部を設置。1967年、経営、法、外国語の3学部を設置。1969年、大学院を設置。2000年、文化学部、2017年、現代社会学部、2018年、情報理工学部を設置。2019年、経営学部を再編、国際関係、生命科学部を設置し、現在に至る。

教育機関 10学部 9研究科

学部　経済／経営／法／現代社会／国際関係／外国語／文化／理／情報理工／生命科

大学院　経済学ⓂⒹ／マネジメントⓂⒹ／法学ⓂⒹ／現代社会学Ⓜ／外国語学Ⓜ／理学ⓂⒹ／先端情報学ⓂⒹ／生命科学ⓂⒹ／連合教職実践Ⓟ

人数

学部学生数　15,323名　　教員1名あたり学生 19名

教員数　793名【理事長】大城光正、【学長】黒坂光

（教授251名、准教授111名、講師50名、助教17名、助手・その他364名）

学費

初年度納入額　1,092,500～1,619,500円

奨学金　入学試験成績優秀者奨学金、京のまち下宿支援奨学金、外国留学支援金

進路

学部卒業者　3,238名

（進学137名［4.2%］、就職2,791名［86.2%］、その他310名［9.6%］）

主な就職先　アサヒ飲料、ヤクルト本社、京セラ、三菱重工業、雪印メグミルク、村田製作所、大塚製薬、東芝、TOPPANホールディングス、任天堂、JR西日本、関西電力、大阪ガス、サイバーエージェント、産業経済新聞社、日立システムズ、富士通Japan、京都銀行、日本郵便、日本年金機構、京都府教育委員会、大阪府教育委員会、京都府警察本部、京都府庁、警視庁、国家公務（一般職）

学部学科紹介

※本書掲載内容は、大学公表資料から独自に編集したものです。詳細は大学パンフレットやホームページ等で必ず確認してください（取得可能な免許・資格は任用資格や受験資格などを含む）。

経済学部
京都産業大学キャンパス　定員 625

特色　2年次から現代経済、ビジネス経済、地域経済、グローバル経済コースに分属。
進路　卒業者の多くは金融・保険業や卸売・小売業、サービス業で活躍。
学問分野　経済学
大学院　経済学

経済学科 (625)	社会を見通す力を育み、国際的に活躍する経済人を育成する。英語によるプレゼンテーションやレポート作成といった英語教育の他、企業および組織で先導的な役割を担う経済人による「経済人特別講義」などが用意されている。
取得可能な免許・資格	学芸員、教員免許（中-社、高-地歴・公・商業）、司書教諭、司書

経営学部
京都産業大学キャンパス　定員 670

特色　マネジメントを学際的に学び、正確な情報収集力や状況判断力などを身につける。
進路　卒業生の多くは卸売・小売業やサービス業、製造業、金融、SEで活躍。
学問分野　経営学
大学院　マネジメント

マネジメント学科 (670)	戦略と組織、マーケティングとイノベーション、アカウンタビリティとガバナンスという3つの学びの領域（ドメイン）を編成。1・2年次にはこれらを横断的に学び、3年次以降は主となる領域を中心にしながら、ゼミや演習で専門性を高める。
取得可能な免許・資格	学芸員、教員免許（高-商業）、司書教諭、司書

法学部
京都産業大学キャンパス　定員 595

特色　アクティブ・ラーニングや、学生が主体的に学習する少人数制の授業が充実。
進路　就職先は公務、卸売・小売業やサービス業を中心とした企業など。
学問分野　法学／政治学／国際学
大学院　法学

法律学科 (410)	紛争が不可避的に発生する社会において、ルールに従って構築された論理で説得力のある解決策を示し、公正な手続を踏んで紛争の予防や解決に取り組む人材を育成する。2年次から法律総合、社会安全、政治・国際の3つのコースのうち1つを選択する。
法政策学科 (185)	安心・安全な社会を築くため、法学や政策学を学ぶ。実務の現場を訪問・調査し、そこでの課題や発見を通じて学ぶリサーチ科目なども充実。法律学・政治学の知を問題解決に活かす「政策実践力」を備えた人材を育成。
取得可能な免許・資格	学芸員、教員免許（中-社、高-公）、司書教諭、司書

現代社会学部
京都産業大学キャンパス　定員 450

特色　常識にとらわれない発想で、現代社会の諸問題を解決できるリーダーを育成する。
進路　卒業生の多くは卸売・小売業をはじめサービス業、製造業で活躍。
学問分野　社会学／メディア学／健康科学
大学院　現代社会学

現代社会学科 (300)	地域社会学コースでは地域の歴史や経済、世界とのつながりから、広い視野で地域の課題を考察する。人間社会学コースでは現代社会の人と人との関係を家族や教育、ジェンダーなどの面から考察する。メディア社会学コースでは、メディアの本質と将来を考察する。
健康スポーツ社会学科 (150)	社会学と健康スポーツ科学を学び、健康・スポーツの持つ可能性と価値を探る。1年次には社会学の基礎知識を修得、併せてスポーツ実習を履修。2年次からは現代社会学分野、健康スポーツ社会分野、健康スポーツ科学分野を横断して専門知識を学修。
取得可能な免許・資格	学芸員、社会調査士、児童指導員、公認スポーツ指導者、教員免許（中-社・保体、高-公・保体）、司書教諭、司書

国際関係学部

京都産業大学キャンパス　定員 200

特色　各国の諸事情を把握・理解できる知識を修得し、世界平和に寄与する人材を育成。
進路　卒業生の多くは卸売・小売業をはじめサービス業、製造業で活躍。
学問分野　言語学／政治学／経済学／国際学

国際関係学科 (200)	国際関係・政治コースでは世界の主権国家がいかに国益を追究しながら他国との協調を保っているのかを考察する。国際関係・経済コースではグローバル経済と国内の産業構造の変化を捉える。国際関係・共生コースでは国際的な課題の解決策を共生の観点から探る。
取得可能な免許・資格	学芸員、司書教諭、司書

外国語学部

京都産業大学キャンパス　定員 425

特色　私立大学屈指の10言語が学べる3学科12専攻を設置。
進路　卸売・小売業やサービス業、製造業の他、航空業界等でも活躍。
学問分野　言語学
大学院　外国語学

英語学科 (120)	2つの専攻を設置。英語専攻では「読む、書く、話す、聞く」能力を基礎から鍛え、海外の大学での実習などを通じて英語力を養う。イングリッシュ・キャリア専攻では英語を用いた実務経験者による実践的な講義を通じて将来の進路に直結する語学力を獲得する。
ヨーロッパ言語学科 (175)	ドイツ、フランス、スペイン、イタリア、ロシア語の各専攻にメディア・コミュニケーションを加えた6専攻で構成。各国の言語だけでなく、歴史や文化、思想、経済、メディア技術などについても横断的に学ぶことで、その多様性に触れる。
アジア言語学科 (130)	中国語、韓国語、インドネシア語の各専攻と、日本について世界に発信できる人材を育成する日本語・コミュニケーション専攻の合わせて4つの専攻を設置。世界の経済をリードするアジアについて、言語だけでなく歴史、文化、政治、経済などを幅広く学ぶ。
取得可能な免許・資格	学芸員、教員免許(中-国・英・中国語・フランス語・ドイツ語、高-国・英・中国語・フランス語・ドイツ語)、司書教諭、司書

文化学部

京都産業大学キャンパス　定員 320

特色　国内外の多様な文化を学ぶことで、多面的な視点とグローバルな感覚を養成。
進路　卸売・小売業やサービス業、製造業の他、観光・旅行業でも活躍。
学問分野　言語学／文化学／観光学／国際学

京都文化学科 (150)	京都文化の核心にアプローチする「京都文化」、持続可能な観光文化の創出・構築に向けて現代的課題に取り組む「観光文化」、世界へ京都文化の発信を目指す「英語コミュニケーション」の3つのコースを展開。体験型演習を重視し、高度な専門性と幅広い教養を身につける。
国際文化学科 (170)	思想、文学・芸術、歴史の切り口から文化を学ぶ「総合文化コース」とアジア・アメリカ・ヨーロッパの地域を軸に文化を学ぶ「地域文化コース」を設置。多様な視点から学ぶことで異文化を理解する力を身につけ、多文化共生社会の推進に貢献できる人材を育成する。
取得可能な免許・資格	学芸員、教員免許（中-社・英、高-地歴・英)、司書教諭、司書

理学部

京都産業大学キャンパス　定員 135

特色　少人数教育の下、理論を踏まえて実践で学ぶ。教員志望者への支援が手厚い。
進路　約3割が大学院へ進学。就職先はサービス業、教育・学習支援業が多い。
学問分野　数学／物理学／地学
大学院　理学

数理科学科 (55)	マーケティングやWebの検索エンジン、感染症流行予測など、幅広く応用され社会の役に立つ“生きた数学”を身につける。教員志望の学生のための数学教育コースと、ビジネスで数学を活用することを視野に入れたBizMath（ビズマス）コースを設置している。

物理科学科　(40)	実験や演習を中心としたカリキュラムで物理学を基礎から最先端まで段階的に学び、未知の問題に取り組める柔軟性や判断力、創造力を備えた人材を育成する。理論と実験の両分野で発揮できる高度な専門性を身につける「スペシャリスト支援プログラム」を設置。
宇宙物理・気象学科　(40)	1・2年次に数学や物理学の基礎を学び、天文学、地球惑星環境観測学などの各専門分野に発展させる。大学の施設である神山天文台の望遠鏡、最先端の観測装置などの研究環境や、NASA（アメリカ航空宇宙局）などの世界各国の研究者の協力体制も充実。
取得可能な免許・資格	学芸員、教員免許（中-数・理、高-数・理・情）、司書教諭、司書

情報理工学部
京都産業大学キャンパス　定員 160

特色　情報科学を扱うプロフェッショナルとして活躍する人材を育成する。
進路　約2割が大学院へ進学。就職先は情報通信業やサービス業が多い。
学問分野　電気・電子工学／情報学
大学院　先端情報学

情報理工学科　(160)	ネットワークシステム、情報セキュリティ、データサイエンス、ロボットインタラクション、コンピュータ基盤設計、組込みシステム、デジタルファブリケーション、脳科学、メディア処理技術、情報システムの10コースを設置。関心に応じて複数のコースを選択可能。
取得可能な免許・資格	学芸員、司書教諭、司書

生命科学部
京都産業大学キャンパス　定員 150

特色　社会科学の視点を持ち、生命科学を社会に応用できる人材を育成する。
進路　約3割が大学院へ進学。就職先は卸売・小売業、製造業が多い。
学問分野　生物学／応用生物学／環境学
大学院　生命科学

先端生命科学科　(100)	実験と講義を連携させたカリキュラムで、高度な専門性と実験技術を身につけ、豊かな倫理観を兼ね備えた生命科学の研究者を育成する。生命医科学、食料資源学、環境・生態学の3つのコースを設置している。
産業生命科学科　(50)	社会科学の視点から生命科学を実社会で活かす能力を養う。医療と健康、食と農、環境と社会の3コースを設置。専門分野の学びを深め、最先端の研究成果を社会で活かせる人材を育成する。
取得可能な免許・資格	学芸員、食品衛生管理者、食品衛生監視員、教員免許(中-理、高-理)、司書教諭、司書

入試要項(2024年度)

※この入試情報は2024年度募集要項等より編集したものです（見方は巻頭の「本書の使い方」参照）。
2025年度入試の最新情報は、ホームページや2025年度募集要項等で必ず確認してください。

「大学入試科目検索システム」のご案内
日程・方式ごとの偏差値や昨年度入試結果（志願者倍率、実質倍率、合格最低点）、基本情報（出願締切日、試験日、二段階選抜、募集人員、総合満点）などは、「大学入試科目検索システム」(https://nyushi.toshin.com/) をご覧ください（利用方法はp.12参照）。

■経済学部　偏差値 55

一般選抜

◆**一般選抜入試（前・中期日程〔スタンダード3科目型、高得点科目重視3科目型〕）**
[経済：3科目] 国現古 地歴 公 数 世B、日B、現社・政経、数ⅠⅡABから1▶現社・政経で1科目扱い 外英

◆**一般選抜入試(前期日程〔スタンダード2科目型、高得点科目重視2科目型〕)**
[経済：2科目] 国 数 現、数ⅠⅡABから1 外英

◆**一般選抜入試(後期日程〔スタンダード2科目型〕)**
[経済：2科目] 国 地歴 数 現、世B、日B、数ⅠⅡABから1 外英

共通テスト併用入試

◆**一般選抜入試（前期日程〔共通テストプラス〕）**※
一般選抜入試（前期日程〔スタンダード型〕）の受験必須
[経済]〈共2科目〉国現古 地歴 公 数 理 全21科目から1〈個2～3科目〉一般選抜入試（前期日程〔スタンダード型〕）の成績を利用▶外を合否判定に使用

◆**一般選抜入試（中期日程〔共通テストプラス〕）**※
一般選抜入試（中期日程〔スタンダード型〕）の受験必須
[経済]〈共2科目〉一般選抜入試（前期日程〔共通

テストプラス〕)に同じ〈個3科目〉一般選抜入試(中期日程〔スタンダード型〕)の成績を利用▶外を合否判定に使用

共通テスト利用入試 ※個別試験は課さない

◆共通テスト利用入試(前・後期〔3科目型〕)

[経済:3科目] 国 数 現、数Ⅰ、数ⅠA、数Ⅱ、数ⅡBから1 地歴 公 理 全15科目から1 外 全5科目から1▶英選択の場合は英、英語外部試験から1

◆共通テスト利用入試(前期〔4科目型〕)

[経済:4科目] 国 地歴 公 理 現古漢、地歴公理全15科目から2▶理は同一名称含む組み合わせ不可 数 数Ⅰ、数ⅠA、数Ⅱ、数ⅡBから1 外 全5科目から1▶英選択の場合は英、英語外部試験から1

■経営学部 偏差値 55

一般選抜

◆一般選抜入試(前・中期日程〔スタンダード3科目型、高得点科目重視3科目型〕)

[マネジメント:3科目] 国 現古 地歴 公 数 世B、日B、現社・政経、数ⅠⅡABから1▶現社・政経で1科目扱い 外 英

◆一般選抜入試(前期日程〔スタンダード2科目型、高得点科目重視2科目型〕)

[マネジメント:2科目] 国 数 現、数ⅠⅡABから1 外 英

◆一般選抜入試(後期日程〔スタンダード2科目型〕)

[マネジメント:2科目] 国 地歴 数 現、世B、日B、数ⅠⅡABから1 外 英

共通テスト併用入試

◆一般選抜入試(前期日程〔共通テストプラス〕)※一般選抜入試(前期日程〔スタンダード型〕)の受験必須

[マネジメント]〈共2科目〉国 現古 地歴 公 数 理 全21科目から1〈個2~3科目〉一般選抜入試(前期日程〔スタンダード型〕)の成績を利用▶外を合否判定に使用

◆一般選抜入試(中期日程〔共通テストプラス〕)※一般選抜入試(中期日程〔スタンダード型〕)の受験必須

[マネジメント]〈共2科目〉一般選抜入試(前期日程〔共通テストプラス〕)に同じ〈個3科目〉一般選抜入試(中期日程〔スタンダード型〕)の成績を利用▶外を合否判定に使用

共通テスト利用入試 ※個別試験は課さない

◆共通テスト利用入試(前・後期日程〔3科目型〕)

[マネジメント:3科目] 国 現 地歴 公 数 理 全21科目から1 外 全5科目から1▶英選択の場合は英、英語外部試験から1

◆共通テスト利用入試(前期日程〔4科目型〕)

[マネジメント:4科目] 国 地歴 公 数 理 現古漢、地歴公数理全21科目から3▶数理各2科目選択不可 外 全5科目から1▶英選択の場合は英、英語外部試験から1

■法学部 偏差値 53

一般選抜

◆一般選抜入試(前・中期日程〔スタンダード3科目型、高得点科目重視3科目型〕)

[全学科:3科目] 国 現古 地歴 公 数 世B、日B、現社・政経、数ⅠⅡABから1▶現社・政経で1科目扱い 外 英

◆一般選抜入試(前期日程〔スタンダード2科目型、高得点科目重視2科目型〕)

[全学科:2科目] 国 数 現、数ⅠⅡABから1 外 英

◆一般選抜入試(後期日程〔スタンダード2科目型〕)

[全学科:2科目] 国 地歴 数 現、世B、日B、数ⅠⅡABから1 外 英

共通テスト併用入試

◆一般選抜入試(前期日程〔共通テストプラス〕)※一般選抜入試(前期日程〔スタンダード型〕)の受験必須

[全学科]〈共2科目〉国 現古 地歴 公 数 理 全21科目から1〈個2~3科目〉一般選抜入試(前期日程〔スタンダード型〕)の成績を利用▶外を合否判定に使用

◆一般選抜入試(中期日程〔共通テストプラス〕)※一般選抜入試(中期日程〔スタンダード型〕)の受験必須

[全学科]〈共2科目〉一般選抜入試(前期日程〔共通テストプラス〕)に同じ〈個3科目〉一般選抜入試(中期日程〔スタンダード型〕)の成績を利用▶外を合否判定に使用

共通テスト利用入試 ※個別試験は課さない

◆共通テスト利用入試(前・後期〔3科目型〕)

[全学科:3科目] 国 現 地歴 公 数 理 地歴公理全15科目、数Ⅰ、数ⅠA、数Ⅱ、数ⅡBから1 外 全5科目から1▶英選択の場合は英、英語外部試験から1

◆共通テスト利用入試(前期〔4科目型〕)

[全学科:4科目] 国 現古漢 地歴 公 数 理 地歴公理全15科目、数Ⅰ、数ⅠA、数Ⅱ、数ⅡBから2▶数理各2科目選択不可 外 全5科目から1▶英選択の場合は英、英語外部試験から1

■現代社会学部 偏差値 55

一般選抜

◆一般選抜入試(前・中期日程〔スタンダード3科目型、高得点科目重視3科目型〕)

[全学科:3科目] 国 現古 地歴 公 数 世B、日B、現社・政経、数ⅠⅡABから1▶現社・政経で1科目扱い 外 英

◆一般選抜入試(前期日程〔スタンダード2科目型、高得点科目重視2科目型〕)

[全学科:2科目] 国 数 現、数ⅠⅡABから1 外 英

◆一般選抜入試(後期日程〔スタンダード2科目型〕)

[全学科:2科目] 国 地歴 数 現、世B、日B、数ⅠⅡABから1 外 英

共通テスト併用入試

◆一般選抜入試(前期日程〔共通テストプラス〕)※一般選抜入試(前期日程〔スタンダード型〕)の受験必須

[全学科]〈共2科目〉国 現古 地歴 公 数 理 全21科目から1〈個2~3科目〉一般選抜入試(前期日程〔スタンダード型〕)の成績を利用▶外を合否判定に使用

◆一般選抜入試(中期日程〔共通テストプラス〕)※一般選抜入試(中期日程〔スタンダード型〕)の受験必須

[全学科]〈共2科目〉一般選抜入試（前期日程〔共通テストプラス〕）に同じ〈個3科目〉一般選抜入試（中期日程〔スタンダード型〕）の成績を利用▶外を合否判定に使用

共通テスト利用入試　※個別試験は課さない

◆共通テスト利用入試（前・後期〔3科目型〕）

[全学科：3科目] 国 地歴 公 数 理 現、地歴公数理全21科目から2▶理は同一名称含む組み合わせ不可 外 全5科目から1▶英選択の場合は英、英語外部試験から1

◆共通テスト利用入試（前期〔4科目型〕）

[全学科：4科目] 国 地歴 公 数 理 現古漢、地歴公数理全21科目から3▶数理各2科目選択不可 外 全5科目から1▶英選択の場合は英、英語外部試験から1

■国際関係学部　偏差値 56

一般選抜

◆一般選抜入試（前・中期日程〔スタンダード3科目型、高得点科目重視3科目型〕）

[国際関係：3科目] 国 現古 地歴 公 数 世B、日B、現社・政経、数ⅠⅡABから1▶現社・政経で1科目扱い 外 英

◆一般選抜入試（前期日程〔スタンダード2科目型、高得点科目重視2科目型〕）

[国際関係：2科目] 国 数 現、数ⅠⅡABから1 外 英

◆一般選抜入試（後期日程〔スタンダード2科目型〕）

[国際関係：2科目] 国 地歴 数 現、世B、日B、数ⅠⅡABから1 外 英

共通テスト併用入試

◆一般選抜入試（前期日程〔共通テストプラス〕）※一般選抜入試（前期日程〔スタンダード型〕）の受験必須

[国際関係]〈共2科目〉国 現古 地歴 公 数 理 全21科目から1〈個2～3科目〉一般選抜入試（前期日程〔スタンダード型〕）の成績を利用▶外を合否判定に使用

◆一般選抜入試（中期日程〔共通テストプラス〕）※一般選抜入試（中期日程〔スタンダード型〕）の受験必須

[国際関係]〈共2科目〉一般選抜入試（前期日程〔共通テストプラス〕）に同じ〈個3科目〉一般選抜入試（中期日程〔スタンダード型〕）の成績を利用▶外を合否判定に使用

共通テスト利用入試　※個別試験は課さない

◆共通テスト利用入試（前・後期〔3科目型〕）

[国際関係：3科目] 国 地歴 公 数 理 現、地歴公数理全21科目から2▶理は同一名称含む組み合わせ不可 外 全5科目から1▶英選択の場合は英、英語外部試験から1

◆共通テスト利用入試（前期〔4科目型〕）

[国際関係：4科目] 国 地歴 公 数 理 現古漢、地歴公数理全21科目から3▶数理各2科目選択不可 外 全5科目から1▶英選択の場合は英、英語外部試験から1

■外国語学部　偏差値 55

一般選抜

◆一般選抜入試（前・中期日程〔スタンダード3科目型、高得点科目重視3科目型〕）

[全学科：3科目] 国 現古 地歴 公 数 世B、日B、現社・政経、数ⅠⅡABから1▶現社・政経で1科目扱い 外 英

◆一般選抜入試（前期日程〔スタンダード2科目型、高得点科目重視2科目型〕）

[全学科：2科目] 国 数 現、数ⅠⅡABから1 外 英

◆一般選抜入試（後期日程〔スタンダード2科目型〕）

[全学科：2科目] 国 地歴 数 現、世B、日B、数ⅠⅡABから1 外 英

共通テスト併用入試

◆一般選抜入試（前期日程〔共通テストプラス〕）※一般選抜入試（前期日程〔スタンダード型〕）の受験必須

[全学科]〈共2科目〉国 現古 地歴 公 数 理 全21科目から1〈個2～3科目〉一般選抜入試（前期日程〔スタンダード型〕）の成績を利用▶外を合否判定に使用

◆一般選抜入試（中期日程〔共通テストプラス〕）※一般選抜入試（中期日程〔スタンダード型〕）の受験必須

[全学科]〈共2科目〉一般選抜入試（前期日程〔共通テストプラス〕）に同じ〈個3科目〉一般選抜入試（中期日程〔スタンダード型〕）の成績を利用▶外を合否判定に使用

共通テスト利用入試　※個別試験は課さない

◆共通テスト利用入試（前・後期〔2科目型〕）

[全学科：2科目] 国 地歴 公 数 現、世B、日B、地理B、公全4科目、数Ⅰ、数ⅠA、数Ⅱ、数ⅡBから1 外 全5科目から1▶英選択の場合は英、英語外部試験から1

◆共通テスト利用入試（前期〔3科目型〕）

[全学科：3科目] 国 現古漢 地歴 公 数 世B、日B、地理B、公全4科目、数Ⅰ、数ⅠA、数Ⅱ、数ⅡBから1 外 全5科目から1▶英選択の場合は英、英語外部試験から1

■文化学部　偏差値 55

一般選抜

◆一般選抜入試（前・中期日程〔スタンダード3科目型、高得点科目重視3科目型〕）

[全学科：3科目] 国 現古 地歴 公 数 世B、日B、現社・政経、数ⅠⅡABから1▶現社・政経で1科目扱い 外 英

◆一般選抜入試（前期日程〔スタンダード2科目型、高得点科目重視2科目型〕）

[全学科：2科目] 国 数 現、数ⅠⅡABから1 外 英

◆一般選抜入試（後期日程〔スタンダード2科目型〕）

[全学科：2科目] 国 地歴 数 現、世B、日B、数ⅠⅡABから1 外 英

共通テスト併用入試

◆一般選抜入試（前期日程〔共通テストプラス〕）※一般選抜入試（前期日程〔スタンダード型〕）の受験必須

[全学科]〈共2科目〉国 現古 地歴 公 数 理 全21科目から1〈個2～3科目〉一般選抜入試（前期日程〔ス

タンダード型〕）の成績を利用▶外を合否判定に使用

◆一般選抜入試（中期日程〔共通テストプラス〕）※
一般選抜入試（中期日程〔スタンダード型〕）の受験必須
［全学科］〈共2科目〉一般選抜入試（前期日程〔共通テストプラス〕）に同じ〈個3科目〉一般選抜入試（中期日程〔スタンダード型〕）の成績を利用▶外を合否判定に使用

共通テスト利用入試 ※個別試験は課さない

◆共通テスト利用入試（前・後期〔2科目型〕）
［全学科：2科目］国地歴公数理現、地歴公数理全21科目から1外全5科目から1▶英選択の場合は英、英語外部試験から1

◆共通テスト利用入試（前期〔3科目型〕）
［全学科：3科目］国現古漢地歴公数理全21科目から1外全5科目から1▶英選択の場合は英、英語外部試験から1

■理学部 偏差値 56

一般選抜

◆一般選抜入試（前・中期日程〔スタンダード3科目型、高得点科目重視3科目型〕）
［数理科、物理科：3科目］数数ⅠⅡⅢAB理物基・物、化基・化から1外英
［宇宙物理・気象：3科目］数数ⅠⅡⅢAB理物基・物外英

◆一般選抜入試（前期日程〔スタンダード2科目型、高得点科目重視2科目型〕、後期日程〔スタンダード2科目型〕）
［全学科：2科目］数数ⅠⅡⅢAB外英

共通テスト併用入試

◆一般選抜入試（前期日程〔共通テストプラス〕）※
一般選抜入試（前期日程〔スタンダード型〕）の受験必須
［数理科］〈共3科目〉数数ⅠA、数ⅡB理物、化、生から1〈個2～3科目〉一般選抜入試（前期日程〔スタンダード型〕）の成績を利用▶外を合否判定に使用
［物理科］〈共3科目〉数数ⅠA、数ⅡB理物、化から1〈個2～3科目〉一般選抜入試（前期日程〔スタンダード型〕）の成績を利用▶外を合否判定に使用
［宇宙物理・気象］〈共3科目〉数数ⅠA、数ⅡB理物〈個2～3科目〉一般選抜入試（前期日程〔スタンダード型〕）の成績を利用▶外を合否判定に使用

◆一般選抜入試（中期日程〔共通テストプラス〕）※
一般選抜入試（中期日程〔スタンダード型〕）の受験必須
［全学科］〈共3科目〉一般選抜入試（前期日程〔共通テストプラス〕）に同じ〈個3科目〉一般選抜入試（中期日程〔スタンダード型〕）の成績を利用▶外を合否判定に使用

共通テスト利用入試 ※個別試験は課さない

◆共通テスト利用入試（前・後期〔4科目型〕）
［数理科、物理科：4科目］数数ⅠA、数ⅡB理物、化、地から1外英、独、仏から1▶英選択の場合は英、英語外部試験から1
［宇宙物理・気象：4科目］数数ⅠA、数ⅡB理物外英、独、仏から1▶英選択の場合は英、英語外部試験から1

◆共通テスト利用入試（前期〔5科目型〕）
［数理科、物理科：5科目］国現数数ⅠA、数ⅡB理物、化、地から1外英、独、仏から1▶英選択の場合は英、英語外部試験から1
［宇宙物理・気象：5科目］国現数数ⅠA、数ⅡB理物外英、独、仏から1▶英選択の場合は英、英語外部試験から1

■情報理工学部 偏差値 56

一般選抜

◆一般選抜入試（前・中期日程〔スタンダード3科目型、高得点科目重視3科目型〕）
［情報理工：3科目］数数ⅠⅡⅢAB理物基・物、化基・化、生基・生から1外英

◆一般選抜入試（前・後期日程〔スタンダード2科目型、高得点科目重視2科目型〕）
［情報理工：2科目］数数ⅠⅡⅢAB外英

共通テスト併用入試

◆一般選抜入試（前期日程〔共通テストプラス〕）※
一般選抜入試（前期日程〔スタンダード型〕）の受験必須
［情報理工］〈共3科目〉数数ⅠA、数ⅡB理物、化、生、地から1〈個2～3科目〉一般選抜入試（前期日程〔スタンダード型〕）の成績を利用▶外を合否判定に使用

◆一般選抜入試（中期日程〔共通テストプラス〕）※
一般選抜入試（中期日程〔スタンダード型〕）の受験必須
［情報理工］〈共3科目〉一般選抜入試（前期日程〔共通テストプラス〕）に同じ〈個3科目〉一般選抜入試（中期日程〔スタンダード型〕）の成績を利用▶外を合否判定に使用

共通テスト利用入試 ※個別試験は課さない

◆共通テスト利用入試（前・後期〔4科目型〕）
［情報理工：4科目］数数ⅠA、数ⅡB理物、化、生、地から1外英、英語外部試験から1

◆共通テスト利用入試（前期〔5科目型〕）
［情報理工：5科目］国現数数ⅠA、数ⅡB理物、化、生、地から1外英、英語外部試験から1

■生命科学部 偏差値 56

一般選抜

◆一般選抜入試（前期日程〔スタンダード3科目型、高得点科目重視3科目型〕）
［先端生命科：3科目］数数ⅠⅡAB理物基・物、化基・化、生基・生から1外英

◆一般選抜入試（前期日程〔スタンダード3科目型理系選択、高得点科目重視3科目型 理系選択〕）
［産業生命科：3科目］数数ⅠⅡAB理物基・物、化基・化、生基・生から1外英

◆一般選抜入試（前期日程〔スタンダード3科目型文系選択、高得点科目重視3科目型 文系選択〕）
［産業生命科：3科目］国現古地歴公数世B、日B、政経・現社、数ⅠⅡABから1▶現社・政経で1科目扱い外英

◆一般選抜入試（前期日程〔スタンダード2科目型、高得点科目重視2科目型〕、後期日程〔スタンダー

ド2科目型〕)
[全学科：2科目]数 数ⅠⅡAB 外 英
◆一般選抜入試(中期日程〔スタンダード3科目型、高得点科目重視3科目型〕)
[全学科：3科目]数 数ⅠⅡAB 理 物基・物、化基・化、生基・生から1 外 英
共通テスト併用入試
◆一般選抜入試（前期日程〔共通テストプラス〕）※一般選抜入試（前期日程〔スタンダード型〕）の受験必須
[先端生命科]〈共2科目〉数 理 数ⅠA、数ⅡB、理科基礎、物、化、生から2▶理は同一名称含む組み合わせ不可〈個2～3科目〉一般選抜入試（前期日程〔スタンダード型〕）の成績を利用▶外を合否判定に使用
[産業生命科]〈共2科目〉国 地歴 公 数 理 現古、地歴公数理全21科目から2▶理は同一名称含む組み合わせ不可〈個2～3科目〉一般選抜入試（前期日程〔スタンダード型〕）の成績を利用▶外を合否判定に使用
◆一般選抜入試（中期日程〔共通テストプラス〕）※一般選抜入試（中期日程〔スタンダード型〕）の受験必須
[全学科]〈共2科目〉数 理 数ⅠA、数ⅡB、理科基礎、物、化、生から2▶理は同一名称含む組み合わせ不可〈個3科目〉一般選抜入試（中期日程〔スタンダード型〕）の成績を利用▶外を合否判定に使用
共通テスト利用入試　※個別試験は課さない
◆共通テスト利用入試（前・後期〔4科目型〕）
[全学科：4科目]数 数ⅠA、数ⅡB 理 物、化、生から1 外 英、英語外部試験から1
◆共通テスト利用入試（前期〔5科目型〕）
[全学科：5科目]国 現 数 数ⅠA、数ⅡB 理 物、化、生から1 外 英、英語外部試験から1

■特別選抜

[総合型選抜]AO入試、マネジメント力選抜入試、次世代型リーダー選抜入試
[学校推薦型選抜]公募推薦入試（総合評価型、基礎評価型）
[その他]専門学科等対象公募推薦入試、社会人入試、帰国生徒入試、外国人留学生入試(前期、後期)、スポーツ推薦入試、附属高等学校推薦入試、指定校推薦入試、経営学部高大連携校推薦入試

京都産業大学ギャラリー

■グローバルコモンズ
グローバルコモンズは、留学生との交流イベントや英語を中心とした外国語を喋る機会など様々なアクティビティを提供しています。

■神山天文台
国内私立大学最大の望遠鏡を備えている天文台。天文に関する事象を科学的に探究する機会の提供を目的に公開活動も行っています。

■ファブスペース
ファブスペースには、3Dプリンタをはじめ、最新の電子機器が多数配置されており、電子工作やものづくりを日常的に行えます。

■クラブ・サークル
京都産業大学では150以上の個性的なクラブやサークルが活動しており、全国・世界レベルで活躍しているクラブも多数あります。

きょうとじょし
京都女子大学

資料請求

入試広報課 TEL（075）531-7054 〒605-8501 京都府京都市東山区今熊野北日吉町35

しなやかに、切り拓け。

大学紹介動画

最新入試情報

親鸞聖人の体せられた仏教精神に基づき、歴史と伝統の下、すべての命を等しく大切にする豊かな心を育む「心の教育」を行う。対話を重視した少人数教育などから、豊かな心と自立心を持った女性を育成する。

新校舎（E校舎）

キャンパス 1つ

東山キャンパス
〒605-8501 京都府京都市東山区今熊野北日吉町35

基本データ

※2023年5月現在（進路・就職は2022年度卒業者データ。学費は2024年度入学者用）

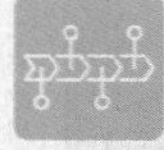
沿革

1899年、顕道女学院を創立。1949年、京都女子大学を開学し、文、家政の2つの学部を設置。2000年、現代社会学部を設置。2004年、発達教育学部を改組設置。2011年、法学部を設置。2015年、法学研究科を設置。2023年、データサイエンス学部を設置。2024年、文学部英文学科を英語文化コミュニケーション学科に名称変更、発達教育学部を改組し、心理共生学部を設置。

教育機関 7学部 6研究科

学部 文／発達教育／心理共生／家政／現代社会／法／データサイエンス

大学院 文学Ⓜ︎Ⓓ／発達教育学ⓂⒹ／家政学ⓂⒹ／現代社会ⓂⒹ／法学Ⓜ／連合教職実践Ⓟ

人数

学部学生数 6,016名

教員1名あたり学生 29名

教員数 203名【理事長・学園長】芝原玄記、【学長】竹安栄子
（教授133名、准教授49名、講師14名、助教7名）

学費

初年度納入額 1,290,000~1,463,000円

奨学金 京都女子大学奨学金、京都女子大学育友会奨学金

進路

学部卒業者 1,349名
（進学84名［6.2%］、就職1,183名［87.7%］、その他82名［6.1%］）

主な就職先 アダストリア、一条工務店、大阪府（職員）、京セラ、京都銀行、京都市内小学校、京都中央信用金庫、国立病院機構、コスモス薬品、国家公務（専門職）、ジェイアール西日本ホテル開発、島津製作所、JALスカイ大阪、スズキ、積水ハウス、セコム、高見、TOPPANホールディングス、日本生命保険、日本ハム、日本郵便、任天堂、ネットワンシステムズ、村田製作所、明治安田生命保険

学部学科紹介

※本書掲載内容は、大学公表資料から独自に編集したものです。詳細は大学パンフレットやホームページ等で必ず確認してください（取得可能な免許・資格は任用資格や受験資格などを含む）。

文学部

東山キャンパス　定員 385

特色　各学科で複数の学びの領域を設定。京都という立地を活かした教育に力を入れる。
進路　就職先はサービス業や卸売・小売業、情報通信業をはじめ多岐にわたる。
学問分野　文学／言語学／歴史学／文化学
大学院　文学

国文学科 (130)	国文学や国語学の専門研究に取り組む。作品の舞台となった名所や旧跡の見学、古典芸能の鑑賞会などのフィールドワークを行う。1年次から少人数ゼミを開講し、2年次以降のゼミでは中世文学や国語学など各時代やテーマから2つの分野を選択し、研究を進める。
英語文化コミュニケーション学科 (125)	2024年度、英文学科より名称変更。少人数クラスでの学習で「聴く、話す、読む、書く」の英語運用能力を身につける。1年次から行われる少人数ゼミでは映画や演劇を含む文学や言語学などに関わるテーマで学びを深める。学科独自の半期留学プログラムを2年次後期に実施。
史学科 (130)	資料や文献を読み解くことで新たな視点を手に入れる。2年次からは日本史、東洋史、西洋史の3つのコースに分かれ、各分野の専門的な学びを深めていく。京都という立地の利を活かした学外フィールドワークも積極的に実施している。
取得可能な免許・資格	登録日本語教員、学芸員、教員免許(中-国・社・英、高-国・地歴・英)、司書教諭、司書

発達教育学部

東山キャンパス　定員 195

特色　2024年度改組。学科内で複数の免許・資格を組み合わせて取得できる。
進路　学校教員や保育士として活躍する他、医療・福祉業に就く者も多い。
学問分野　子ども学／教員養成／教育学／芸術・表現
大学院　発達教育学

教育学科 改 (195)	2024年度改組。子どもから大人まで、人間の成長に寄り添える人材を育成する。保育探究、児童文化、教育探究、授業探究、音楽探究、インクルーシブ教育、生涯教育の7つのプログラムを設置し、複数の選択が可能。学生一人ひとりの「学びたい教育」を実現する。
取得可能な免許・資格	登録日本語教員、保育士、教員免許（幼一種、小一種、中-音、高-音、特-知的・肢体・病弱)、社会教育士、社会教育主事、司書教諭、司書

心理共生学部

東山キャンパス　定員 155

特色　2024年度開設。心理、社会福祉、養護・保健の3つの専門領域を設定。
進路　2024年度開設。企業や学校、福祉などの分野で活躍することを想定。
学問分野　心理学／社会福祉学／健康科学／教員養成／教育学

心理共生学科 新 (155)	2024年度開設。対人援助を通じて心と身体、生き方や働き方まで、個々の抱える悩みや課題を支援し、経済的な豊かさだけでない一人ひとりの「ウェルビーイング」実現を担う人材を養成。自分らしい人生を送ることができる共生社会への貢献を目指す。
取得可能な免許・資格	登録日本語教員、公認心理師、認定心理士、社会福祉士、スクールソーシャルワーカー、社会福祉主事、教員免許（中-保健、高-保健)、養護教諭（一種)、司書教諭、司書

家政学部

東山キャンパス　定員 240

特色　衣食住の専門知識や理論と技術を学び、実践力を身につける。
進路　卒業者の多くは卸売・小売業や建設業、製造業に就職している。
学問分野　生活科学／食物学／デザイン学
大学院　家政学

食物栄養学科 (120)	管理栄養士の資格取得に向けた学びを進めながら、食と栄養、健康についての専門性を高め、3年次から臨床栄養、健康教育、研究開発の3つの系列に分かれて学びを深める。給食運営校外実習や臨地実習などの実習を通じて、確かな実践力を身につける。

生活造形学科 (120)	造形意匠、アパレル造形、空間造形の3つの領域を横断的に学習する。教員の指導の下で学生が社会貢献のためのデザイン活動を行う生活デザイン研究所での学びや、学内でのファッションショーといった実践的な取り組みなどの機会が充実している。
取得可能な免許・資格	登録日本語教員、学芸員、建築士（一級、二級、木造）、食品衛生管理者、食品衛生監視員、管理栄養士、栄養士、栄養教諭（一種）、衣料管理士、教員免許（中-家、高-家）、司書教諭、司書

現代社会学部

東山キャンパス 定員 250

- 特色 学生一人ひとりの興味・関心に合わせた幅広い学びの実現。
- 進路 就職先は情報通信業や卸売・小売業、金融・保険業など多岐にわたる。
- 学問分野 哲学／心理学／法学／政治学／経済学／経営学／社会学／環境学／情報学
- 大学院 現代社会

現代社会学科 (250)	複雑に絡み合った現代社会の諸問題を解決するには、あらゆる学問分野を横断した視点が欠かせない。法学、政治学、心理学、社会学、経済学などの社会科学に情報科学や自然科学をクロスオーバーさせた新しい視点で、諸課題を読み解き、解決するための方策を探る。
取得可能な免許・資格	登録日本語教員、学芸員、社会調査士、教員免許（中-社、高-公）、司書教諭、司書

法学部

東山キャンパス 定員 120

- 特色 女子大初かつ唯一の法学部として、女性の自立を目指した学びを展開。
- 進路 金融・保険業や公務、学術研究・専門技術サービス業への就職者が多い。
- 学問分野 法学
- 大学院 法学

法学科 (120)	六法や行政法などの法律科目をベースに、女性特有の社会問題や実生活にも有用となる科目を学んでいく。1年次から開講される少人数ゼミでは丁寧な指導の下で専門性を深め、プレゼンテーションやディスカッションを重ねてコミュニケーション力を養う。
取得可能な免許・資格	登録日本語教員、教員免許（中-社、高-公）、司書教諭、司書

データサイエンス学部

東山キャンパス 定員 95

- 特色 課題解決に向けて適切なデータを収集・分析・活用するスキルを身につける。
- 進路 2023年度開設。情報通信業や医療などあらゆる分野での活躍を期待。
- 学問分野 経済学／数学／情報学

データサイエンス学科 (95)	データサイエンスの基盤となる統計学や情報学を体系的に学ぶ。経済学、経営学、社会学など幅広い知見と、課題を発見する感性・情報収集力を磨くカリキュラムで、社会の課題を洞察し解決する力を身につける。
取得可能な免許・資格	登録日本語教員、教員免許（中-数、高-数・情）、司書教諭、司書

入試要項（2025年度）

※この入試情報は大学発表の2025年度入試（予告）および2024年度募集要項等より編集したものです（2024年1月時点。見方は巻頭の「本書の使い方」参照）。内容には変更が生じる可能性があるため、最新情報はホームページや2025年度募集要項等で必ず確認してください。

「大学入試科目検索システム」のご案内
日程・方式ごとの偏差値や昨年度入試結果（志願者倍率、実質倍率、合格最低点）、基本情報（出願締切日、試験日、二段階選抜、募集人員、総合満点）などは、「大学入試科目検索システム」（https://nyushi.toshin.com/）をご覧ください（利用方法はp.12参照）。

■文学部 偏差値 60

一般選抜

◆一般選抜前期（A方式）

[国文、史：3科目] 国現古漢 地歴日、世から1 外英

[英語文化コミュニケーション：2科目] 国 地歴 数 理現古漢、日、世、数ⅠⅡA、化基・化、生基・生から1 外英

◆一般選抜前期（B方式）

[国文：2科目] 国現古漢 地歴 数 理 外日、世、数ⅠⅡA、化基・化、生基・生、英から1

[英語文化コミュニケーション：2科目] 国 地歴 数 理 現、現古漢、日、世、数ⅠⅡA、化基・化、生基・生から1 外 英

[史：2科目] 国 地歴 数 理 外 現、現古漢、日、世、数ⅠⅡA、化基・化、生基・生、英から2▶地歴から1必須

◆一般選抜前期（D方式）※出願資格として英語外部試験が必要。一般選抜前期（B方式）の受験必須

[全学科：3科目] 一般選抜前期（B方式）の成績を利用 その他 英語外部試験

◆一般選抜後期

[全学科：2科目] 国 現古漢 外 英

共通テスト併用入試

◆一般選抜前期（C方式）※一般選抜前期（B方式）の受験必須

[国文]〈共2科目〉国 地歴 公 数 理 外 情 現古漢、地歴数理情全12科目、公共・倫、公共・政経、英から2〈個2科目〉一般選抜前期（B方式）の成績を利用

[英語文化コミュニケーション]〈共2科目〉国 地歴 公 数 理 外 情 現、地歴数理情全12科目、公共・倫、公共・政経、英から2〈個2科目〉一般選抜前期（B方式）の成績を利用

[史]〈共2科目〉国 地歴 公 数 理 外 情 現古漢、地歴数理外情全17科目、公共・倫、公共・政経から2〈個2科目〉一般選抜前期（B方式）の成績を利用

共通テスト利用入試 ※個別試験は課さない

◆共通テスト利用型選抜（前・後期〔3教科型〕）

[国文：3科目] 国 現古漢 地歴 公 数 理 情 地歴数理情全12科目、公共・倫、公共・政経から1 外 英

[英語文化コミュニケーション：3科目] 国 現 地歴 公 数 理 情 地歴数理情全12科目、公共・倫、公共・政経から1 外 英

[史：3科目] 国 現古漢 地歴 公 地歴全3科目、公共・倫、公共・政経から1 外 全5科目から1

◆共通テスト利用型選抜（前期〔5科目型〕）

[国文：5科目] 国 現古漢 地歴 公 数 理 情 地歴数理情全12科目、公共・倫、公共・政経から3 外 英

[英語文化コミュニケーション：5科目] 国 現 地歴 公 数 理 情 地歴数理情全12科目、公共・倫、公共・政経から3 外 英

[史：5科目] 国 現古漢 地歴 全3科目から1 公 数 理 情 公共・倫、公共・政経、数理情全9科目から2 外 全5科目から1

■発達教育学部 偏差値 63

一般選抜

◆一般選抜前期（A方式）

[教育：3科目] 国 現古漢 地歴 数 理 日、世、数ⅠⅡA、化基・化、生基・生から1 外 英

◆一般選抜前期（B方式）

[教育：2科目] 国 地歴 数 理 外 現、現古漢、日、世、数ⅠⅡA、化基・化、生基・生、英から2▶国2科目選択不可

◆一般選抜前期（D方式）※出願資格として英語外部試験が必要。一般選抜前期（B方式）の受験必須

[教育：3科目] 一般選抜前期（B方式）の成績を利用 その他 英語外部試験

◆一般選抜後期

[教育：2科目] 国 現古漢 外 英

共通テスト併用入試

◆一般選抜前期（C方式）※一般選抜前期（B方式）の受験必須

[教育]〈共2科目〉国 地歴 公 数 理 外 情 現、地歴数理情全12科目、公共・倫、公共・政経、英から2〈個2科目〉一般選抜前期（B方式）の成績を利用

共通テスト利用入試 ※個別試験は課さない

◆共通テスト利用型選抜（前・後期〔3教科型〕）

[教育：3科目] 国 現 地歴 公 数 理 情 地歴数理情全12科目、公共・倫、公共・政経から1 外 英

◆共通テスト利用型選抜（前期〔5科目型〕）

[教育：5科目] 国 現 地歴 公 数 理 情 地歴数理情全12科目、公共・倫、公共・政経から3 外 英

■心理共生学部 偏差値 63

一般選抜

◆一般選抜前期（A方式）

[心理共生：3科目] 国 現古漢 地歴 数 理 日、世、数ⅠⅡA、化基・化、生基・生から1 外 英

◆一般選抜前期（B方式）

[心理共生：2科目] 国 地歴 数 理 外 現、現古漢、日、世、数ⅠⅡA、化基・化、生基・生、英から2▶国2科目選択不可

◆一般選抜前期（D方式）※出願資格として英語外部試験が必要。一般選抜前期（B方式）の受験必須

[心理共生：3科目] 一般選抜前期（B方式）の成績を利用 その他 英語外部試験

◆一般選抜後期

[心理共生：2科目] 国 現古漢 外 英

共通テスト併用入試

◆一般選抜前期（C方式）※一般選抜前期（B方式）の受験必須

[心理共生]〈共2科目〉国 地歴 公 数 理 外 情 現、地歴数理情全12科目、公共・倫、公共・政経、英から2〈個2科目〉一般選抜前期（B方式）の成績を利用

共通テスト利用入試 ※個別試験は課さない

◆共通テスト利用型選抜（前・後期〔3教科型〕）

[心理共生：3科目] 国 現 地歴 公 数 理 情 地歴数理情全12科目、公共・倫、公共・政経から1 外 英

◆共通テスト利用型選抜（前期〔5科目型〕）

[心理共生：5科目] 国 現 地歴 公 数 理 情 地歴数理情全12科目、公共・倫、公共・政経から3 外 英

■家政学部 偏差値 62

一般選抜

◆一般選抜前期（A方式）

[食物栄養：3科目] 国 現古漢 理 化基・化、生基・生から1 外 英

[生活造形：3科目] 国 現古漢 地歴 数 理 日、世、数ⅠⅡA、化基・化、生基・生から1 外 英

◆一般選抜前期（B方式）

[食物栄養：2科目] 国 地歴 数 外 現、現古漢、日、世、数ⅠⅡA、英から1 理 化基・化、生基・生から1
[生活造形：2科目] 国 地歴 数 理 外 現、現古漢、日、世、数ⅠⅡA、化基・化、生基・生、英から2▶国2科目選択不可

◆**一般選抜前期（D方式）** ※出願資格として英語外部試験が必要。一般選抜前期（B方式）の受験必須
[全学科：3科目] 一般選抜前期（B方式）の成績を利用 その他 英語外部試験

◆**一般選抜後期**
[生活造形：2科目] 国 現古漢 外 英

共通テスト併用入試

◆**一般選抜前期（C方式）** ※一般選抜前期（B方式）の受験必須
[食物栄養]〈共2科目〉 国 地歴 公 数 理 外 情 現、地歴数情全7科目、公共・倫、公共・政経、化基・生基、化、生、英から2〈個2科目〉一般選抜前期（B方式）の成績を利用
[生活造形]〈共2科目〉 国 地歴 公 数 理 外 情 現、地歴数理情全12科目、公共・倫、公共・政経、英から2〈個2科目〉一般選抜前期（B方式）の成績を利用

◆**一般選抜後期**
[食物栄養]〈共1科目〉 理 化基・生基、化、生から1〈個2科目〉 国 現古漢 外 英

共通テスト利用入試 ※個別試験は課さない

◆**共通テスト利用型選抜（前・後期〔3教科型〕）**
[食物栄養：3科目] 国 現 理 化基・生基、化、生から1 外 英
[生活造形：3科目] 国 現 地歴 公 数 理 情 地歴数理情全12科目、公共・倫、公共・政経から1 外 英

◆**共通テスト利用型選抜（前期〔5科目型〕）**
[食物栄養：5科目] 国 現 地歴 公 数 地歴数情全7科目、公共・倫、公共・政経から2 理 化基・生基、化、生から1 外 英
[生活造形：5科目] 国 現 地歴 公 数 理 情 地歴数理情全12科目、公共・倫、公共・政経から3 外 英

■現代社会学部 偏差値 60

一般選抜

◆**一般選抜前期（A方式）**
[現代社会：3科目] 国 現古漢 地歴 数 理 日、世、数ⅠⅡA、化基・化、生基・生から1 外 英

◆**一般選抜前期（B方式）**
[現代社会：2科目] 国 地歴 数 理 外 現、現古漢、日、世、数ⅠⅡA、化基・化、生基・生、英から2▶国2科目選択不可

◆**一般選抜前期（D方式）** ※出願資格として英語外部試験が必要。一般選抜前期（B方式）の受験必須
[現代社会：3科目] 一般選抜前期（B方式）の成績を利用 その他 英語外部試験

◆**一般選抜後期**
[現代社会：2科目] 国 現古漢 外 英

共通テスト併用入試

◆**一般選抜前期（C方式）** ※一般選抜前期（B方式）の受験必須
[現代社会]〈共2科目〉 国 地歴 公 数 理 外 情 現、地歴数理外情全17科目、公共・倫、公共・政経から2〈個2科目〉一般選抜前期（B方式）の成績を利用

共通テスト利用入試 ※個別試験は課さない

◆**共通テスト利用型選抜（前・後期〔3教科型〕）**
[現代社会：3科目] 国 地歴 公 数 理 情 現、地歴数理情全12科目、公共・倫、公共・政経から2教科2 外 全5科目から1

◆**共通テスト利用型選抜（前期〔5科目型〕）**
[現代社会：5科目] 国 地歴 公 数 理 情 現、地歴数理情全12科目、公共・倫、公共・政経から4 外 全5科目から1

■法学部 偏差値 60

一般選抜

◆**一般選抜前期（A方式）**
[法：3科目] 国 現古漢 地歴 数 理 日、世、数ⅠⅡA、化基・化、生基・生から1 外 英

◆**一般選抜前期（B方式）**
[法：2科目] 国 地歴 数 理 現、現古漢、日、世、数ⅠⅡA、化基・化、生基・生から1 外 英

◆**一般選抜前期（D方式）** ※出願資格として英語外部試験が必要。一般選抜前期（B方式）の受験必須
[法：3科目] 一般選抜前期（B方式）の成績を利用 その他 英語外部試験

◆**一般選抜後期**
[法：2科目] 国 現古漢 外 英

共通テスト併用入試

◆**一般選抜前期（C方式）** ※一般選抜前期（B方式）の受験必須
[法]〈共2科目〉 国 地歴 公 数 理 外 情 現、地歴数理外情全17科目、公共・倫、公共・政経から2〈個2科目〉一般選抜前期（B方式）の成績を利用

共通テスト利用入試 ※個別試験は課さない

◆**共通テスト利用型選抜（前・後期〔3教科型〕）**
[法：3科目] 国 現 地歴 公 数 理 情 地歴数理情全12科目、公共・倫、公共・政経から1 外 全5科目から1

◆**共通テスト利用型選抜（前期〔5科目型〕）**
[法：5科目] 国 現 地歴 公 数 理 外 情 地歴数理外情全17科目、公共・倫、公共・政経から4

■データサイエンス学部 偏差値 

一般選抜

◆**一般選抜前期（A方式 2科目型〔数学重視型〕）**
[データサイエンス：2科目] 国 外 現古漢、英から1 数 数ⅠⅡABC〔ベ〕

◆**一般選抜前期（A方式 3科目型〔スタンダード型〕）**
[データサイエンス：3科目] 国 現古漢 数 数ⅠⅡA、数ⅠⅡABC〔ベ〕から1 外 英

◆**一般選抜前期（B方式）**
[データサイエンス：2科目] 国 地歴 理 外 現、現古漢、日、世、化基・化、生基・生、英から1 数 数ⅠⅡABC〔ベ〕

◆**一般選抜前期（D方式）** ※出願資格として英語外部試験が必要。一般選抜前期（B方式）の受験必須

[データサイエンス：3科目]一般選抜前期（B方式）の成績を利用 その他 英語外部試験

共通テスト併用入試

◆**一般選抜前期（C方式）**※一般選抜前期（B方式）の受験必須

[データサイエンス：4科目]〈共2科目〉国 地歴 公 数 理 外 情 現、地歴理情全9科目、公共・倫、公共・政経、数ⅠA、数ⅡBC、英から2〈個2科目〉一般選抜前期（B方式）の成績を利用

◆**一般選抜後期**

[データサイエンス：3科目]〈共1科目〉数 数ⅠA、数ⅡBCから1〈個2科目〉国 現古漢 外 英

共通テスト利用入試　※個別試験は課さない

◆**共通テスト利用型選抜（前・後期〔3教科型〕）**

[データサイエンス：4科目] 国 現 数 数ⅠA、数ⅡBC 外 英

◆**共通テスト利用型選抜（前期〔5科目型〕）**

[データサイエンス：5科目] 国 現 地歴 公 理 情 地歴理情全9科目、公共・倫、公共・政経から2 数 数ⅠA、数ⅡBCから1 外 英

■特別選抜

[総合型選抜] 総合型選抜

[学校推薦型選抜] 公募型学校推薦選抜（基礎評価型、総合評価型、音楽重視型）、京都女子高等学校推薦選抜、指定校推薦型選抜

[その他] 社会人特別選抜、帰国子女入試、外国人留学生入試

京都女子大学ギャラリー

■図書館

開架・閲覧スペースを中心とした「知恵の蔵」と、アクティブラーニングスペースを設けた「交流の床」がある滞在型図書館です。

■E校舎カフェテリア

E校舎のカフェテリアは、おしゃれなカフェご飯、食べごたえのあるがっつり系からスイーツまで、メニューが充実しています。

■授業風景

京都女子大学では、新入生全員に一人一台のPCを無償貸与しており、授業で得た学びを存分に深めることができます。

■就職支援

就職活動に立ち向かう力や社会人として必要な力を身につけるため、様々な就職支援イベントを行っています。

京都薬科大学（きょうとやっかだいがく）

資料請求

入試課　TEL (075) 595-4678　〒607-8414 京都府京都市山科区御陵中内町5

社会を動かす薬学へ

大学紹介動画　最新入試情報

6年間の一貫した教育プログラムを通じて専門知識・高度な研究能力・豊かな心を兼ね備えた薬学のプロフェッショナルを育成。病院・薬局、グローバル化が進む製薬企業、行政・その他関係機関等に活力ある人材を輩出。

キャンパス正門

キャンパス 1つ

本校地
〒607-8414 京都府京都市山科区御陵中内町5

基本データ

※2023年5月現在（学部学生数に留学生は含まない。進路・就職は2022年度卒業者データ。学費は2025年度入学者用）

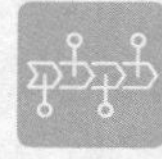

沿革

1884年創立。1884年、京都私立独逸学校が設立。1892年、私立京都薬学校が設立。1919年、京都薬学専門学校が設立。1949年、京都薬科大学へ昇格。2006年、薬学部6年制課程が設置され、6年制の薬学教育を開始。2025年には創立140周年を迎える。

教育機関 1学部 1研究科

学部　薬

大学院　薬学

人数

学部学生数　2,331名

教員1名あたり学生 24名

教員数　94名【理事長】木曽誠一、【学長】赤路健一
（教授36名、准教授19名、講師10名、助教28名、助手・その他1名）

学費

初年度納入額　2,265,000円

奨学金　学部特待生給付型奨学金、遠隔地出身学生給付型奨学金、学部在学生給付型奨学金（成績優秀）、学部生貸与型奨学金

進路

学部卒業者　341名
（進学11名［3.2%］、就職316名［92.7%］、その他14名［4.1%］）

主な就職先　エーザイ、大塚製薬、第一三共、武田薬品工業、中外製薬、日本イーライリリー、ライオン、シミック、アインファーマシーズ、スギ薬局、大阪公立大学医学部附属病院、京都大学医学部附属病院、京都府立医科大学附属病院、京都第二赤十字病院、大阪市（職員）、京都市（職員）、医薬品医療機器総合機構

学部学科紹介

※本書掲載内容は、大学公表資料から独自に編集したものです。詳細は大学パンフレットやホームページ等で必ず確認してください（取得可能な免許・資格は任用資格や受験資格などを含む）。

薬学部

本校地　定員 360

特色	最先端の薬学研究を反映した6年間の高度な薬学教育が特徴。
進路	卒業者の多くが薬剤師となる。製薬企業や公務に就く者もいる。
学問分野	薬学
大学院	薬学

薬学科 (360)	豊かな人間性を育みながら高度な知識・技術・態度を修得するための体系的カリキュラムを設けている。3年次後期から始まる課題探究型の研究活動では、科学を基盤とした問題発見・解決能力を培うことによって、あらゆる分野の最前線で活躍するための土台を築く。
取得可能な免許・資格	毒物劇物取扱責任者、食品衛生管理者、食品衛生監視員、薬剤師

入試要項（2025年度）

※この入試情報は大学発表の2025年度入試（予告）より編集したものです（2024年1月時点。見方は巻頭の「本書の使い方」参照）。内容には変更が生じる可能性があるため、最新情報はホームページや2025年度募集要項等で必ず確認してください。

「大学入試科目検索システム」のご案内
日程・方式ごとの偏差値や昨年度入試結果（志願者倍率、実質倍率、合格最低点）、基本情報（出願締切日、試験日、二段階選抜、募集人員、総合満点）などは、「大学入試科目検索システム」（https://nyushi.toshin.com/）をご覧ください（利用方法はp.12参照）。

■薬学部　偏差値 60

一般選抜

◆**一般選抜前期（3教科型）**
[薬：3科目] 数 数ⅠⅡABC〔べ〕理 化基・化 外 英

◆**一般選抜後期（2教科型）**
[薬：2科目] 数 理 外 数ⅠⅡABC〔べ〕、化基・化、英から2

共通テスト利用入試　※個別試験は課さない

◆**共通テスト利用前期**
[薬：6科目] 国 現 数 数ⅠA、数ⅡBC 理 化必須、物、生から1 外 英

◆**共通テスト利用後期**
[薬：3科目] 数 数ⅠA、数ⅡBC 理 化

■特別選抜

[学校推薦型選抜] 学校推薦型選抜（指定校制、一般公募制）

京都薬科大学ギャラリー

■プラタディテラス

学園祭やイベント等にも利用できる円形の半屋外ステージ。内側にはホワイトボードが埋め込まれ、屋外セミナー等も行われます。

■薬用植物御陵園

薬用植物の特徴を学ぶための見本園です。約2,700平方メートルの敷地に圃場・温室・池・庭園があります。

同志社大学

どうししゃ

資料請求

入学センター（今出川キャンパス）　TEL（075）251-3210　〒602-8580 京都府京都市上京区今出川通烏丸東入

「良心を手腕に運用する人物」を育成する

大学紹介動画

最新入試情報

創立者・新島襄の精神に則り、良心教育のもと、キリスト教主義、自由主義、国際主義を教育理念に掲げる。建学の志を受け継ぎ、時代に流されることなく確かな理念で勉学に励み、独創的な教育・研究を進める。

クラーク記念館

校歌

校歌音声

同志社のうた「Doshisha College Song」
Words by W.M. Vories/Music by Carl Wilhelm

1. One purpose, Doshisha, thy name
Doth signify; one lofty aim;
To train thy sons in heart and hand
To live for God and Native Land.
Dear Alma Mater, sons of thine
Shall be as branches to the vine;
Tho' through the world we wander
far and wide, Still in our hearts
thy precepts shall abide!

基本データ

※2023年5月現在（進路・就職は2022年度卒業者データ。学費は2024年度入学者用）

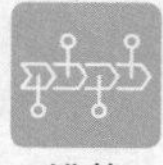
沿革

1875年、官許同志社英学校を設立。1920年、同志社大学を開校。1948年に新制移行し神、文、法、経済学部を設置。1949年に商、工学部、2005年に社会、文化情報学部、2008年に生命医科、スポーツ健康科学部を設置し工学部を理工学部に改組。2009年に心理学部、2011年にグローバル・コミュニケーション学部、2013年にグローバル地域文化学部を設置し、現在に至る。

キャンパス
6つ

キャンパスマップ

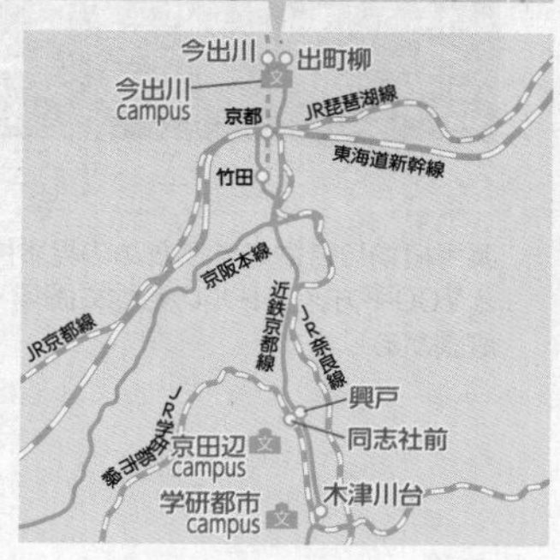

所在地・交通アクセス

今出川校地（本部）

【今出川キャンパス】〒602-8580 京都府京都市上京区今出川通烏丸東入
【烏丸キャンパス】〒602-0898 京都府京都市上京区烏丸通上立売上ル相国寺門前町647-20
【新町キャンパス】〒602-0047 京都府京都市上京区新町通今出川上ル近達殿表町159-1
【室町キャンパス（学部以外設置）】〒602-0023 京都府京都市上京区烏丸通上立売下ル御所八幡町103
アクセス ①京都市営地下鉄烏丸線「今出川駅」から徒歩約1分、②京阪電車・叡山電車「出町柳駅」から徒歩約15分

京田辺校地

【京田辺キャンパス】〒610-0394 京都府京田辺市多々羅都谷1-3
①近鉄京都線「興戸駅」から徒歩約15分、②JR「同志社前駅」から徒歩約10分

学研都市キャンパス（学部以外設置）

〒619-0225 京都府木津川市木津川台4-1-1

教育機関
14学部 16研究科

学部 神／文／社会／法／経済／商／政策／文化情報／理工／生命医科／スポーツ健康科／心理／グローバル・コミュニケーション／グローバル地域文化

大学院 神学ⓂⒹ／文学ⓂⒹ／社会学ⓂⒹ／法学ⓂⒹ／経済学ⓂⒹ／商学ⓂⒹ／総合政策科学ⓂⒹ／文化情報学ⓂⒹ／理工学ⓂⒹ／生命医科学ⓂⒹ／スポーツ健康科学ⓂⒹ／心理学ⓂⒹ／グローバル・スタディーズⓂⒹ／脳科学Ⓓ／司法Ⓟ／ビジネスⓂⓅ

人数

学部学生数 26,166名

教員1名あたり学生 36名 

教員数 726名【総長・理事長】八田英二、【学長】小原克博

（教授482名、准教授151名、助教85名、助手・その他8名）

学費

初年度納入額 1,128,000~1,719,000円

奨学金 同志社大学奨学金、同志社大学修学特別支援奨学金、同志社大学育英奨学金、同志社大学寄付奨学金

進路

学部卒業者 5,926名（進学830名、就職4,560名、その他536名）

進学 14.0% 就職 76.9% その他 9.1%

主な就職先

神学部
国家公務（一般職・総合職）、滋賀県警察、大阪市（職員）、高槻市（職員）、関西電力、JR東日本、三井物産アグロビジネス、楽天グループ、富士通

文学部
学校（教員）、地方公務、三菱UFJ銀行、京都銀行、野村證券、日本生命保険、東京海上日動火災保険、NTTドコモ、楽天グループ、関西電力、JR東海、読売新聞東京本社

社会学部
京都銀行、第一生命保険、東京海上日動火災保険、TIS、三井住友銀行、京都府警察、大阪市（職員）、TOTO、りそなグループ、滋賀銀行、小松製作所、日本政策金融公庫

法学部
国家公務、地方公務、三井住友銀行、三菱UFJ銀行、東京海上日動火災保険、日本生命保険、野村證券、NTTドコモ、ソフトバンク、楽天グループ、ソニーグループ

経済学部
三井住友信託銀行、明治安田生命保険、みずほフィナンシャルグループ、三井住友銀行、大和ハウス工業、日本政策金融公庫、TIS、りそなグループ、NTTドコモ

商学部
京都銀行、サイバーエージェント、三井住友銀行、NEC、楽天グループ、オービック、住友生命保険、三井住友信託銀行

政策学部
国家公務（一般職）、京都中央信用金庫、京都市（職員）、日本生命保険、日本政策金融公庫、パナソニック、NTT西日本

文化情報学部
アクセンチュア、NTTデータ、京セラ、京都銀行、Sky、ソフトバンク、大和ハウス工業、中部電力、東京海上日動火災保険、トヨタ自動車、西日本シティ銀行、JT、NEC

理工学部
NTTドコモ、NTTデータ、日立製作所、関西電力、きんでん、SUBARU、トヨタ自動車、日産自動車、帝人、DIC、中部電力、JR東日本、三菱UFJ銀行、りそなグループ

生命医科学部
トヨタ自動車、パナソニック、日立製作所、川崎重工業、京セラ、旭化成、NTTデータ、オリンパス、野村総合研究所、武田薬品工業、塩野義製薬、小林製薬、タカラバイオ

スポーツ健康科学部
アシックスジャパン、デサントジャパン、ミズノ、ヨネックス、ワコール、大塚製薬、ジョンソン・エンド・ジョンソン、カゴメ、キリンホールディングス

心理学部
国家公務（総合職）、法務省（専門職員）、日本アイ・ビー・エム、大和ハウス工業、味の素、地方公務、明治安田生命保険、京阪ホールディングス、学校（教員）

グローバル・コミュニケーション学部
トヨタ自動車、パナソニック、任天堂、村田製作所、京セラ、ダイキン工業、サントリーホールディングス、ニトリ、ユニクロ

グローバル地域文化学部
三菱電機、パナソニック、ローム、村田製作所、ダイキン工業、京セラ、住友化学、味の素、サントリーホールディングス

学部学科紹介

※本書掲載内容は、大学公表資料から独自に編集したものです。詳細は大学パンフレットやホームページ等で必ず確認してください（取得可能な免許・資格は任用資格や受験資格などを含む）。

「大学入試科目検索システム」のご案内

入試要項のうち、日程・方式ごとの偏差値や昨年度入試結果（志願者倍率、実質倍率、合格最低点）、基本情報（出願締切日、試験日、二段階選抜、募集人員、総合満点）などは、「大学入試科目検索システム」（https://nyushi.toshin.com/）をご覧ください（利用方法はp.12参照）。

神学部

定員 63

今出川キャンパス

入試科目検索

特色　必修単位は2単位のみの自由なカリキュラムである。複数のゼミを履修可能。
進路　製造業、情報通信業、サービス業など幅広い業種に就職している。
学問分野　哲学
大学院　神学

学科紹介

神学科 （63）	ユダヤ教、キリスト教、イスラームの3つの一神教について幅広く学ぶことも、いずれかを選択して深く学ぶこともできる。宗教を学ぶ上で必要な外国語のカリキュラムを整備し、英語やドイツ語などの現代語の他に聖書ヘブライ語や神学ドイツ語などの科目もある。
取得可能な免許・資格	学芸員、教員免許（小一種、中-宗、高-宗）、司書教諭、司書

入試要項（2025年度）

※この入試情報は大学発表の2025年度入試（予告）および2024年度募集要項等より編集したものです（2024年1月時点。見方は巻頭の「本書の使い方」参照）。内容には変更が生じる可能性があるため、最新情報はホームページや2025年度募集要項等で必ず確認してください。

■神学部 偏差値 65

一般選抜

※配点未公表（2024年1月時点）

◆全学部日程（文系）、学部個別日程

［神：3科目］国現古漢 地歴 公 数日、世、政経、数ⅠⅡAB〔列〕C〔べ〕から1 外英

共通テスト併用入試

◆共通テストを利用する入学試験

［神］〈共1科目（200点）〉外英（200）〈個1科目（200点）〉論小論文（200）

特別選抜

［総合型選抜］自己推薦入学試験
［学校推薦型選抜］推薦選抜入学試験

文学部

定員 705

今出川キャンパス

入試科目検索

特色　少人数教育を重視。所属学科以外の分野を学べる副専攻制度も導入している。

進路　就職先は情報通信業、製造業、サービス業など多岐にわたる。

学問分野　文学／哲学／歴史学／芸術理論／芸術・表現

大学院　文学

学科紹介

英文学科 (315)	英米文学・英米文化、英語学・英語教育の2領域を設置。大学創立期からの伝統を背景に、英語を駆使して世界で活躍できる人材を育成する。少人数の技能別クラスのもと英語の実践力を高める英語コミュニケーション能力養成プログラムが特色の1つである。
哲学科 (70)	哲学や倫理学の古典を学び、社会の諸問題を捉える「ものの見方」を確立し人間や世界の本質を明らかにする。哲学・倫理学、現代倫理・現代社会、宗教・文化などの分野と社会との関係を学ぶ。
美学芸術学科 (70)	美学、芸術学、芸術史学の3領域を中心に学ぶ。少人数教育で発表や議論の方法などの基礎を学び、3年次から卒業論文作成に向けた演習が始まる。現代的な芸術を学ぶこともできる。
文化史学科 (125)	政治・外交、芸術、経済・産業、日常生活、宗教など人間活動の所産を「広義の文化」として捉え、多様な視点から分析し把握する。豊富な文化財に囲まれた京都という立地を活かした文化史に関する学びを展開。
国文学科 (125)	日本文学と日本語学に関する学習を通して自文化への理解を深め、世界と対話できる人間力を養う。古代～近現代の文学研究や日本語研究、芸能、思想、歴史など対象とする領域は幅広い。
取得可能な免許・資格	学芸員、教員免許（小一種、中-国・社・英、高-国・地歴・公・英）、司書教諭、司書

入試要項（2025年度）

※この入試情報は大学発表の2025年度入試（予告）および2024年度募集要項等より編集したものです（2024年1月時点。見方は巻頭の「本書の使い方」参照）。内容には変更が生じる可能性があるため、最新情報はホームページや2025年度募集要項等で必ず確認してください。

■文学部 偏差値 64

一般選抜

※配点未公表（2024年1月時点）

◆全学部日程（文系）、学部個別日程

[全学科：3科目] 国現古漢 地歴 公 数日、世、政経、数ⅠⅡAB〔列〕C〔ベ〕から1 外英

共通テスト併用入試

◆共通テストを利用する入学試験（A方式）

[英文]〈共1科目（200点）〉外英（200）〈個1科目（100点）〉面口頭試問（100）▶英語と日本語で行う

共通テスト利用入試　※個別試験は課さない

◆共通テストを利用する入学試験（B方式）

[英文：3科目（500点）] 国現古漢（200）地歴 公 数 理全14科目から1（100）外英（200）

◆共通テストを利用する入学試験

[哲：5科目（700点）] 国現古漢（200）地歴 公全6科目から1（100）数全3科目から1（100）理全5科目から1（100）外英（200）

[美学芸術：3科目（400～500点→600点）] 国 地歴 公 数 理現古漢、地歴公数理全14科目から2教科2（計200～300→400）▶地歴と公は1教科扱い。地歴公数理は100→200点とする 外英（200）

[文化史：4科目（600点）] 国現古漢（200）地歴 公 数 理地歴全3科目から1、地総・歴総・公共、公共・倫、公共・政経、数理全8科目から1（計200）外英（200）

[国文：3科目（300～500点→600点）] 国 地歴 公 数 理 外現古漢、地歴公数理外全19科目から3教科3（計300～500→600）▶地歴と公は1教科扱い。地歴公数理は100→200点とする

特別選抜

[学校推薦型選抜] 推薦選抜入学試験

[その他] 伝統文化継承者特別入学試験、国際教育インスティテュート入学試験

私立 近畿 同志社大学

社会学部

定員 442

入試科目検索

新町キャンパス

特色　少人数教育の他、学科の枠を越えた学習ができる多様な副専攻も設置。
進路　就職先は製造業やサービス業の他、情報通信業など多岐にわたる。
学問分野　社会学／メディア学／社会福祉学／教育学
大学院　社会学

学科紹介

学科	定員	内容
社会学科	(90)	社会の秩序と調和を保つためのルールやメカニズムとその変化を捉え、人間と社会の幸せなあり方を追究する。社会学の理論や方法論に加え、現在注目されている社会問題なども扱う。
社会福祉学科	(98)	社会福祉問題の原因や背景を探究し、生活上の問題に直面する人々に適切な援助ができる人材を育成する。政策・制度のマクロ面と実際の援助のミクロ面から理論と実践法を学ぶ。福祉施設や公的機関での実習で社会福祉の専門家に必要な知識と技能を身につける。
メディア学科	(88)	メディアとジャーナリズム、情報と社会、コミュニケーションと文化の3つの領域からなる。メディアに起因する社会現象を考察し、情報読解に必要な感受性と批判力を身につける。人文科学や社会科学まで含めた選択科目で、各自の課題に対応した学びを行う。
産業関係学科	(87)	雇用のメカニズムを解明し雇用問題の解決策を考えることを通して、人が幸せに働くための仕組みを考察する。理論と実践の両面を重視したカリキュラムで「地に足の着いた骨太なものの考え方」を養う。
教育文化学科	(79)	教育を人間の成長や発達を促す文化現象として捉え、専門領域の異なる教員の協働により新しい教育文化を創造する。国内外の教育現場で知的技能や感覚を獲得するEBL科目が用意され、学際的な学びを展開している。
取得可能な免許・資格		学芸員、社会調査士、社会福祉士、精神保健福祉士、教員免許（小一種、中-社、高-地歴・公・福）、司書教諭、司書

入試要項（2025年度）

※この入試情報は大学発表の2025年度入試（予告）および2024年度募集要項等より編集したものです（2024年1月時点。見方は巻頭の「本書の使い方」参照）。内容には変更が生じる可能性があるため、最新情報はホームページや2025年度募集要項等で必ず確認してください。

■社会学部　偏差値 65

一般選抜

※配点未公表（2024年1月時点）

◆**全学部日程（文系）、学部個別日程**

[全学科：3科目] 国 現古漢 地歴 公 数 日、世、政経、数ⅠⅡAB〔列〕C〔ベ〕から1 外 英

共通テスト併用入試

◆**共通テストを利用する入学試験**

[社会福祉]〈共3科目（300～500点→600点）〉国 地歴 公 数 理 外 情 現古漢、地歴公数理外情全20科目から3教科3（計300～500→600）▶地歴と公は1教科扱い。地歴公数理情は100→200点とする〈個1科目（200点）〉論 小論文（200）

[産業関係]〈共3科目（500点→600点）〉国 現古漢（200）数 数ⅠA、数ⅡBCから1（100→200）外 英（200）〈個1科目（200点）〉論 小論文（200）

共通テスト利用入試　※個別試験は課さない

◆**共通テストを利用する入学試験**

[社会：4科目（600点→800点）] 国 現古漢（200）地歴 公 全6科目から1（100→200）数 情 数ⅠA、数ⅡBC、情Ⅰから1（100→200）外 英（200）

[メディア：4科目（600点→800点）] 国 現古漢（200）地歴 公 数 情 地歴公情全7科目、数ⅠA、数ⅡBCから2教科2（計200→400）▶地歴と公は1教科扱い 外 英（200）

[教育文化：3科目（500点→800点）] 国 現古漢（200）地歴 公 数 理 情 全15科目から1（100）外 英（200→500）

特別選抜

[総合型選抜] 自己推薦（スポーツ）入学試験、自己推薦（教育と文化に関するグローバル／ローカルな活動の経験者）入学試験

[学校推薦型選抜] 推薦選抜入学試験

[その他] 国際教育インスティテュート入学試験

法学部

今出川キャンパス

定員 893

入試科目検索

特色 キャリア設計を重視している他、大学院との連携や企業法務を学ぶこともできる。
進路 製造業や金融・保険業を中心に活躍している。他、公務員になる者も多い。
学問分野 法学／政治学
大学院 法学／司法

学科紹介

法律学科 (683)	法曹、公務員、企業法務、基礎法学の4つの履修モデルから学生のキャリアプランに応じて履修できる展開科目を設置している。法曹志望者のための「法曹養成プログラム」も用意されている。専門知識を身につけながら進路を検討できるようなカリキュラムを構成。
政治学科 (210)	国際関係、現代政治、歴史・思想の3つのコースを設置。事象を冷静に分析する力と新しい視点で社会の枠組みを考える力を兼ね備えた人材を育成する。入門から発展まで体系的なカリキュラムを展開。実務家による講義を通してキャリア選択をサポートしている。
取得可能な免許・資格	学芸員、教員免許（小一種、中-社、高-地歴・公）、司書教諭、司書

入試要項(2025年度)

※この入試情報は大学発表の2025年度入試（予告）および2024年度募集要項等より編集したものです（2024年1月時点。見方は巻頭の「本書の使い方」参照）。内容には変更が生じる可能性があるため、最新情報はホームページや2025年度募集要項等で必ず確認してください。

■法学部 偏差値 65

一般選抜

※配点未公表（2024年1月時点）

◆全学部日程（文系）、学部個別日程

[全学科：3科目] 国 現古漢 地歴 公 数 日、世、政経、数ⅠⅡAB〔列〕C〔べ〕から1 外 英

共通テスト利用入試 ※個別試験は課さない

◆共通テストを利用する入学試験

[全学科：5科目（700点）] 国 現古漢（200） 地歴 公 理 全11科目から1（100） 数 全3科目から2（計200） 外 全5科目から1（200）

特別選抜

[総合型選抜] 自己推薦入学試験

[その他] 国際教育インスティテュート入学試験

私立 近畿 同志社大学

経済学部

今出川キャンパス

定員 893

入試科目検索

特色　情報系科目を20以上開講。ITリテラシー教育や実践的ITスキル教育なども。
進路　金融・保険業や製造業、情報通信業などに就職する者が多い。
学問分野　経済学／情報学
大学院　経済学

学科紹介

経済学科 (893)	理論経済学、応用経済学、経済政策・環境経済、経済統計学、経済学説・経済思想、グローバル経済・経済史、経済情報・情報システム学の7つの基幹科目で構成。チームで1年以上をかけて取り組む「学生プロジェクト」など実践的な学びの多いカリキュラムである。
取得可能な免許・資格	学芸員、教員免許（小一種、中-社、高-地歴・公）、司書教諭、司書

入試要項（2025年度）

※この入試情報は大学発表の2025年度入試（予告）および2024年度募集要項等より編集したものです（2024年1月時点。見方は巻頭の「本書の使い方」参照）。内容には変更が生じる可能性があるため、最新情報はホームページや2025年度募集要項等で必ず確認してください。

■経済学部 偏差値 64

一般選抜

※配点未公表（2024年1月時点）

◆**全学部日程（文系）、学部個別日程**

［経済：3科目］国現古漢 地歴 公 数 日、世、政経、数ⅠⅡAB〔列〕C〔ベ〕から1 外英

共通テスト利用入試　※個別試験は課さない

◆**共通テストを利用する入学試験**

［経済：4科目（600点）］国現古漢（200）地歴 公 数 理 数ⅠA必須、地歴理全8科目、公共・倫、公共・政経、数ⅡBCから1（計200）外英（200）

特別選抜

［総合型選抜］自己推薦入学試験
［その他］国際教育インスティテュート入学試験

同志社大学ギャラリー

■彰栄館

現在、国の重要文化財にも指定されている彰栄館。レンガ造の洋風な外観に対して、内部の構造形式は純和風になっています。

■同志社礼拝堂（チャペル）

国の重要文化財に指定されている同志社大学のチャペルは、レンガ造チャペルとして日本に現存する最古の建物です。

商学部

定員 893

今出川キャンパス

入試科目検索

特色 独自の海外研修プログラムが充実。資格取得をサポートする科目も多数開講。

進路 就職先は製造業や金融・保険業、情報通信業など多岐にわたる。

学問分野 経済学／経営学

大学院 商学

学科紹介

商学科

商学総合コース	経済・歴史、商業・金融、貿易・国際、企業・経営、簿記・会計の5つの学系から、専門領域としての主学系と周辺領域としての副学系を選択する。企業の経営者や実務家を招いて企業やビジネスについて学ぶリレー式の講義やインターンシップも行われている。
フレックス複合コース	経済・歴史、商業・金融、貿易・国際、企業・経営、簿記・会計の5つの学系から一つを選択する。その上で、商学の専門を深める「専門特化型」と、他領域への関心にも対応した「副専攻型」に分かれる。「副専攻型」では法学や社会学などの周辺領域も選択可能。
取得可能な免許・資格	学芸員、教員免許（小一種、中-社、高-地歴・公・商業）、司書教諭、司書

入試要項（2025年度）

※この入試情報は大学発表の2025年度入試（予告）および2024年度募集要項等より編集したものです（2024年1月時点。見方は巻頭の「本書の使い方」参照）。内容には変更が生じる可能性があるため、最新情報はホームページや2025年度募集要項等で必ず確認してください。

■商学部 偏差値 66

一般選抜

※配点未公表（2024年1月時点）

◆全学部日程（文系）、学部個別日程

[商：3科目] 国現古漢 地歴 公 数日、世、政経、数ⅠⅡAB〔列〕C〔ベ〕から1 外英

共通テスト利用入試 ※個別試験は課さない

◆共通テストを利用する入学試験

[商－商学総合：5科目(700点)] 国現古漢(200) 地歴 公 理全11科目から1（100）数全3科目から2（計200）外全5科目から1（200）

特別選抜

[総合型選抜] アドミッションズオフィス方式による入学者選抜（AO入試）

[その他] 国際教育インスティテュート入学試験

同志社大学ギャラリー

■良心館地下食堂

同志社教育の原点ともいえる「良心」の名を冠する良心館。その地下には食堂があり、多くの学生が利用しています。

■国際交流

同志社大学の国際主義をさらに加速させるべく、海外フィールド科目など大学の特色を活かした様々な取り組みを行っています。

政策学部

新町キャンパス

定員 420

入試科目検索

特色　フィールド学習を通じ社会を学ぶ。卒業研究プロジェクトは2年次秋学期から。
進路　製造業や金融・保険業、情報通信業などを中心に就職している。
学問分野　政治学／経済学／国際学
大学院　総合政策科学

学科紹介

政策学科 (420)	1年次に自らの興味や関心、将来の進路を考える機会としてオリエンテーション科目を設置。2年次からは関心に応じて最適な履修となるよう「政策レファレンス」を指針とし、政治・行政、経済、組織、国際社会など広範な専門分野の科目を効率的に学ぶ。
取得可能な免許・資格	学芸員、教員免許（小一種、中-社、高-公）、司書教諭、司書

入試要項（2025年度）

※この入試情報は大学発表の2025年度入試（予告）および2024年度募集要項等より編集したものです（2024年1月時点。見方は巻頭の「本書の使い方」参照）。内容には変更が生じる可能性があるため、最新情報はホームページや2025年度募集要項等で必ず確認してください。

■政策学部 偏差値 63

一般選抜

※配点未公表（2024年1月時点）

◆全学部日程（文系）、学部個別日程

［政策：3科目］国現古漢 地歴 公 数 日、世、政経、数ⅠⅡAB〔列〕C〔ベ〕から1 外 英

共通テスト利用入試　※個別試験は課さない

◆共通テストを利用する入学試験（3科目方式）

［政策：3科目(500点→600点)］国現古漢(200) 地歴 公 数 全9科目から1(100→200) 外 英(200)

◆共通テストを利用する入学試験（4科目方式）

［政策：4科目(600点→650点)］国現古漢(200) 地歴 公 数 理 情 地歴公理情全12科目、数ⅡBから1、数Ⅰ、数ⅠAから1(計200) 外 英(200→250)

特別選抜

［その他］国際教育インスティテュート入学試験

文化情報学部

京田辺キャンパス

定員 294

入試科目検索

特色 文学部と連携したプログラムを開発し、論理的思考力を養う教育を行う。
進路 情報通信業や金融・保険業、製造業などへの就職が目立つ。
学問分野 文化学／情報学
大学院 文化情報学

学科紹介

文化情報学科 (294)	文理融合的な学びを実現するため、文化情報学専門科目として文化科学系、データ科学系、先端・融合系の3つの科目群を設置。芸術から経済活動などの社会の動きまで人間の営みすべてを「文化」と捉え、文化をデータサイエンスの手法で探究していく。
取得可能な免許・資格	学芸員、社会調査士、教員免許（小一種、高-情）、司書教諭、司書

入試要項（2025年度）

※この入試情報は大学発表の2025年度入試（予告）および2024年度募集要項等より編集したものです（2024年1月時点。見方は巻頭の「本書の使い方」参照）。内容には変更が生じる可能性があるため、最新情報はホームページや2025年度募集要項等で必ず確認してください。

■文化情報学部 偏差値 67

一般選抜

※配点未公表（2024年1月時点）

◆全学部日程（理系）、学部個別日程（理系型）

［文化情報：3科目］数 数ⅠⅡⅢAB〔列〕C 理 物基・物、化基・化、生基・生から1 外 英

◆全学部日程（文系）、学部個別日程（文系型）

［文化情報：3科目］国 現古漢 地歴 公 数 日、世、政経、数ⅠⅡAB〔列〕C〔ベ〕から1 外 英

共通テスト併用入試

◆共通テストを利用する入学試験（A方式）

［文化情報］〈共2科目（300点→200点）〉国 現古漢（200→100）地歴 公 理 情 全12科目から1（100）〈個2科目（300点）〉数 数ⅠⅡAB〔列〕C〔ベ〕（150）外 英（150）

共通テスト利用入試 ※個別試験は課さない

◆共通テストを利用する入学試験（B方式）

［文化情報：5科目（700点）］国 現古漢（200）地歴 公 理 情 全12科目から1（100）数 数ⅠA、数ⅡBC（計200）外 英（200）

特別選抜

［総合型選抜］アドミッションズオフィス方式による入学者選抜（AO入試）

［学校推薦型選抜］推薦選抜入学試験

理工学部

京田辺キャンパス

定員 756

入試科目検索

特色 国外の研究施設と交流協定を結ぶなど研究環境が充実している。
進路 約5割が大学院へ進学。就職先では製造業や情報通信業が大半を占める。
学問分野 数学／化学／機械工学／電気・電子工学／エネルギー工学／環境学／情報学
大学院 理工学

学科紹介

学科	定員	内容
インテリジェント情報工学科	(83)	ロボットや産業用機械などの制御用コンピュータや無線通信技術など様々なインテリジェントシステムの実現に寄与する情報処理技術を社会に役立てる技術者を育成する。演習を通じ、工学や情報処理の基礎、プログラミング、知的メカニズムの応用方法などを学ぶ。
情報システムデザイン学科	(83)	理工学基礎、情報科学・情報工学、情報システムの3つの科目群を設置。時代のニーズに合わせ社会に求められる情報システムの設計や開発に携わる情報技術者を育成する。情報産業の最前線の実情や、各専門分野の技術的な位置づけ、社会との関わりなどについても学ぶ。
電気工学科	(80)	インフラストラクチャ、パワーエレクトロニクス、情報システムの3つの分野で構成。ライフラインなどに必要な電気エネルギーに関して基礎知識や技術、最先端技術にも対応できる能力と研究資質を修得し、独創的で高度な研究開発力を持つエンジニアを育成する。
電子工学科	(86)	情報通信、光・電子デバイスの2つの分野で構成。電子工学の広範な領域を学ぶとともに、ニーズの変化に対応できる能力を養い、情報通信技術の最先端で活躍できる人材を育成する。業界トップの開発者を招いた特別講義やインターンシップなどを交えて学習を行う。
機械システム工学科	(96)	専門科目は材料、熱・流体、機力・制御、理工学の4つのコースで構成。材料工学や高度生産システム、ロボットなどの分野を対象にものづくりの基礎を身につける。先端材料や環境に配慮した素材、インテリジェント化を実現する生産システムなどについて学ぶ。
機械理工学科	(70)	材料、熱・流体、機力・制御、理工学の4つのコースを設置。人と環境の観点から機械工学を捉え、産業に関わる機械の設計や開発を行う。次世代ゼロエミッションを目指し「エネルギー変換研究センター」では高度な研究環境を整備している。
機能分子・生命化学科	(83)	機能分子の化学と生命化学を2つの柱とし、基礎化学の学習に力を入れ、かつ思考力・応用力を身につける教育を行う。実験を重視するとともに、工学と理学それぞれの専門科目でカリキュラムを構成し、工学や薬学、医学の発展に貢献できる人材を育成する。
化学システム創成工学科	(83)	化学と化学工学を基盤に人間と環境に優しい持続可能な化学システムの構築を目指す。数理分野、化学分野の基礎やエネルギーの移動など化学システム工学の基礎、生物・生体システムへの化学システムの応用など、技術・研究に関する思考を段階的に学ぶ。
環境システム学科	(51)	理工学・環境科学の基礎、環境システム学共通科目、環境システム学展開科目、実験・実習科目の4つの科目群で構成。地球と人間、社会の環境システムを理解し、様々な環境問題の本質を追究する。資源を有効活用し環境問題に解決策を提示できる専門家を育成する。

数理システム学科 (41)	専門分野は数理、データサイエンス、応用数理の3つで構成される。純粋数学と応用数学をバランス良くカリキュラムに組み込み、講義と演習を通じて高度な問題発見能力と問題解決能力を身につける。演習では一人ひとりの得手不得手に合わせ丁寧な指導を行う。
取得可能な免許・資格	学芸員、電気工事士、陸上無線技術士、主任技術者（電気）、教員免許（小一種、中-数・理、高-数・理・情）、司書教諭、司書

入試要項（2025年度）

※この入試情報は大学発表の2025年度入試（予告）および2024年度募集要項等より編集したものです（2024年1月時点。見方は巻頭の「本書の使い方」参照）。内容には変更が生じる可能性があるため、最新情報はホームページや2025年度募集要項等で必ず確認してください。

■理工学部 偏差値 66

一般選抜

※配点未公表（2024年1月時点）

◆全学部日程（理系〔英・数・理 総合型〕）、学部個別日程（数・理 重視型）

［インテリジェント情報工、情報システムデザイン、機能分子・生命化、化学システム創成工、環境システム、数理システム：3科目］数数ⅠⅡⅢAB〔列〕C理物基・物、化基・化、生基・生から1外英

［電気工、電子工、機械理工：3科目］数数ⅠⅡⅢAB〔列〕C理物基・物、化基・化から1外英

［機械システム工：3科目］数数ⅠⅡⅢAB〔列〕C理物基・物外英

共通テスト利用入試 ※個別試験は課さない

◆共通テストを利用する入学試験

［インテリジェント情報工、情報システムデザイン：5科目（600点）］数全3科目から2（計200）理情物、化、生、情Ⅰから2(計200)外英(200)

［電気工、電子工、機械システム工：5科目（600点）］数全3科目から2（計200）理物、化（計200）外英(200)

［機械理工：6科目（710点→800点）］国現(110→200)数全3科目から2（計200）理物、化（計200）外英(200)

［機能分子・生命化、化学システム創成工：5科目(600点)］数全3科目から2（計200）理物、化、生から2（計200）外英(200)

［環境システム、数理システム：5科目(600点)］数全3科目から2（計200）理物、化、生、地から2（計200）外英(200)

特別選抜

［学校推薦型選抜］推薦選抜入学試験（工業高等学校等）

生命医科学部

京田辺キャンパス

定員 265

入試科目検索

特色	他学部や最先端の研究機関と連携し基礎科学や生命医科学の知識、技術を修得。
進路	7割近くが大学院へ進学。製造業や情報通信業などの一般企業に就職する者も。
学問分野	生物学／機械工学／電気・電子工学／医療工学／応用生物学／医学／情報学
大学院	生命医科学

学科紹介

学科	定員	内容
医工学科	(100)	医学と機械工学の2つの専門分野を学ぶ。医学と工学の融合により医工学の可能性を探究し、最先端のものづくり分野で活躍できる人材を育成する。医師免許を持つ教員と工学系の教員が教鞭を取り、医学と工学の融合領域に不可欠な知識について学びを深める。
医情報学科	(100)	人間や生物の持つ生体情報や脳・神経の情報伝達機能を情報、電子工学の視点から理解し、先端工業技術に応用できる技術者を育成する。電子・情報工学科目や医学系科目をバランス良く学び、実験などを通して思考力や考察力を養うことを重視している。
医生命システム学科	(65)	人々の健康を基礎医学から支える人材を育成。医師や薬剤師免許を持つ教員が多数在籍し、基礎科目から応用専門科目、体験的な実験実習を通じて積み上げ式の学習を行う。3年次からは研究現場での活用を想定した専門性の高い講義が始まり、卒業研究につなげる。
取得可能な免許・資格		学芸員、教員免許（小一種、中-数・理、高-数・理）、司書教諭、司書

入試要項（2025年度）

※この入試情報は大学発表の2025年度入試（予告）および2024年度募集要項等より編集したものです（2024年1月時点。見方は巻頭の「本書の使い方」参照）。内容には変更が生じる可能性があるため、最新情報はホームページや2025年度募集要項等で必ず確認してください。

■生命医科学部 偏差値 

一般選抜

※配点未公表（2024年1月時点）

◆全学部日程（理系〔英・数・理 総合型〕）、学部個別日程（数・理 重視型）

［全学科：3科目］[数]数ⅠⅡⅢAB〔列〕C [理]物基・物、化基・化、生基・生から1 [外]英

共通テスト利用入試 ※個別試験は課さない

◆共通テストを利用する入学試験

［医工、医生命システム：5科目（600点）］[数]数ⅠA、数ⅡBC（計200）[理]物、化、生から2（計200）[外]英（200）

［医情報：5科目（600点）］[数]数ⅠA、数ⅡBC（計200）[理][情]物、化、生、情Ⅰから2（計200）[外]英（200）

特別選抜

［総合型選抜］アドミッションズオフィス方式による入学者選抜（AO入試）

スポーツ健康科学部

定員 221

京田辺キャンパス

入試科目検索

特色 少人数制のゼミを設置。他学部と連携したカリキュラムも特徴的である。
進路 製造業や金融・保険業の他、スポーツ、健康関連企業などに就職する者も多い。
学問分野 健康科学
大学院 スポーツ健康科学

学科紹介

スポーツ健康科学科 (221)	健康科学、トレーニング科学、スポーツ・マネジメントの3つの領域を設置し、各自の適性や進路に応じた履修の目安とする。1年次のファースト・イヤー・セミナーを通して大学での学習に必要なスキルを身につける。4年次には全員が卒業論文を作成し発表する。
取得可能な免許・資格	学芸員、公認パラスポーツ指導者、教員免許（小一種、中-保体、高-保体）、司書教諭、司書

入試要項(2025年度)

※この入試情報は大学発表の2025年度入試（予告）および2024年度募集要項等より編集したものです（2024年1月時点。見方は巻頭の「本書の使い方」参照）。内容には変更が生じる可能性があるため、最新情報はホームページや2025年度募集要項等で必ず確認してください。

■スポーツ健康科学部 偏差値 63

一般選抜

※配点未公表（2024年1月時点）

◆全学部日程（理系）、学部個別日程（理系型）

[スポーツ健康科：3科目] 数 数ⅠⅡⅢAB〔列〕C 理 物基・物、化基・化、生基・生から1 外 英

◆全学部日程（文系）、学部個別日程（文系型）

[スポーツ健康科：3科目] 国 現古漢 地歴 公 数 日、世、政経、数ⅠⅡAB〔列〕C〔ベ〕から1 外 英

共通テスト利用入試 ※個別試験は課さない

◆共通テストを利用する入学試験（3科目方式）

[スポーツ健康科：3科目（400〜500点→400点）] 国 地歴 公 数 理 情 現古漢、地歴公数理情全15科目から2教科2（計200〜300→200）▶地歴と公は1教科扱い。国は200→100点とする 外 英(200)

◆共通テストを利用する入学試験（5科目方式）

[スポーツ健康科：5科目（700点→600点）] 国 現古漢（200→100） 地歴 公 数 理 情 全15科目から3教科3（計300）▶地歴と公は1教科扱い 外 英(200)

◆共通テスト利用入試（スポーツ競技力加点方式）

[スポーツ健康科：4科目（600〜700点→600点）] 国 地歴 公 数 理 情 現古漢、地歴公数理情全15科目から2教科2（計200〜300→200）▶地歴と公は1教科扱い。国は200→100点とする 外 英(200) 書類審 スポーツ競技成績書（200）

特別選抜

[総合型選抜] アドミッションズオフィス方式による入学者選抜（AO入試）、自己推薦（スポーツ）入学試験

[その他] 社会人特別選抜入学試験、海外修学経験者（帰国生）入学試験

心理学部

京田辺キャンパス

定員 158

入試科目検索

特色 1年次から実験や実習が行われ、4年間を通じて段階的に学びを深める。
進路 就職先は製造業や金融・保険業、情報通信業など多岐にわたる。
学問分野 心理学
大学院 心理学

学科紹介

心理学科 (158)	神経・行動心理学、臨床・社会心理学、発達・教育心理学の3つのコースを設置。心理学を幅広く体系的に学ぶ。基礎知識や技能を身につけ、2年次から関心に応じた専門性の高い学習を行う。少人数教育を徹底し、現場での実習などを通して総合的な人間力を養う。
取得可能な免許・資格	公認心理師、認定心理士、学芸員、教員免許(小一種、中-社、高-公)、司書教諭、司書

入試要項(2025年度)

※この入試情報は大学発表の2025年度入試（予告）および2024年度募集要項等より編集したものです（2024年1月時点。見方は巻頭の「本書の使い方」参照）。内容には変更が生じる可能性があるため、最新情報はホームページや2025年度募集要項等で必ず確認してください。

■心理学部 偏差値 67

一般選抜

※配点未公表（2024年1月時点）

◆全学部日程（理系）

[心理：3科目]数数Ⅰ Ⅱ Ⅲ AB〔列〕C理物基・物、化基・化、生基・生から1外英

◆全学部日程（文系）、学部個別日程

[心理：3科目] 国現古漢地歴公数日、世、政経、数Ⅰ Ⅱ AB〔列〕C〔べ〕から1外英

共通テスト利用入試 ※個別試験は課さない

◆共通テストを利用する入学試験

[心理：3科目(500点→600点)]国現古漢(200)地歴公数理全14科目から1（100→200）外英(200)

特別選抜

[総合型選抜] 自己推薦入学試験

グローバル・コミュニケーション学部

定員 158

入試科目検索

京田辺キャンパス

特色 4年次に国際会議や文化交流を共同で企画・運営するプロジェクトがある。
進路 就職先は製造業やサービス業、情報通信業など多岐にわたる。
学問分野 言語学／国際学

学科紹介

グローバル・コミュニケーション学科

英語コース (85)	2年次に1年間の留学「Study Abroad」を必修とする。1年次には「Study Abroad」の準備をしながらコミュニケーション理論や世界での英語使用について学ぶ。3・4年次では海外での学習内容を発展させ、さらに高度なコミュニケーション技能を身につける。
中国語コース (43)	2年次に必修の留学「Study Abroad」で中国に1年間留学し、中国語話者の価値観や論理展開を現地で学ぶ。古くから地球規模で展開してきた華人社会への架け橋となるべく、高度な中国語の運用能力と中国語を通して世界を捉える力を身につける。
日本語コース (30)	外国人留学生を対象としたコース。実践的な日本語能力と日本の社会や文化に対する深い理解を兼ね備えた人材を育成。課題解決型のワークショップなど実践的な教育が行われ、国際化が進展する日本社会の中でコミュニケーションに起因する様々な問題に対処する。
取得可能な免許・資格	学芸員、教員免許（小一種、中-英、高-英）、司書教諭、司書

入試要項（2025年度）

※この入試情報は大学発表の2025年度入試（予告）および2024年度募集要項等より編集したものです（2024年1月時点。見方は巻頭の「本書の使い方」参照）。内容には変更が生じる可能性があるため、最新情報はホームページや2025年度募集要項等で必ず確認してください。

■グローバル・コミュニケーション学部 偏差値 67

一般選抜

※配点未公表（2024年1月時点）

◆全学部日程（文系）、学部個別日程

［グローバル・コミュニケーション－中国語：3科目］国 現古漢 地歴 公 数 日、世、政経、数ⅠⅡAB〔列〕C〔ベ〕から1 外 英

◆全学部日程（文系〔英語重視型〕）、学部個別日程（英語重視型）

［グローバル・コミュニケーション－英語：3科目］国 現古漢 地歴 公 数 日、世、政経、数ⅠⅡAB〔列〕C〔ベ〕から1 外 英

共通テスト利用入試 ※個別試験は課さない

◆共通テストを利用する入学試験

［グローバル・コミュニケーション：4科目（600点）］国 現古漢（200）地歴 公 全6科目から1（100）数 理 全8科目から1（100）外 英（200）

特別選抜

［総合型選抜］自己推薦入学試験

グローバル地域文化学部

定員 190

入試科目検索

烏丸キャンパス

特色 12の言語に関する学びを用意。海外プログラムで異文化を深く理解する。
進路 製造業やサービス業、卸売・小売業などに就職する者が多い。
学問分野 言語学／文化学／国際学

学科紹介

グローバル地域文化学科

ヨーロッパコース (74)	英語、ドイツ語、フランス語、スペイン語、ロシア語を駆使してグローバルな視点からヨーロッパへの理解を深める。歴史、文化、現代の諸問題を協調、対立、摩擦、調和など様々な関係から把握するとともに、宗教や移民、植民地主義などについても学んでいく。
アジア・太平洋コース (63)	アジア・太平洋地域を一体的に捉えて学び、現代社会における諸問題の解決法を模索する。中国語、コリア語、英語の高度な運用能力を身につけ、それぞれの国や地域、民族の歴史を学ぶ。文化衝突や民族移動、環境、ジェンダーなど時代に即した知見を得る。
アメリカコース (53)	南北アメリカ大陸とその周辺部を「アメリカス（The Americas）」と捉え、その全体を視野に入れた学習を行う。各専攻地域に関する知識を身につけ、人種や民族、人口移動などについて学び、「アメリカス」の多様性や国際的な関係性について考察を深める。
取得可能な免許・資格	学芸員、教員免許（小一種、中-社、高-地歴）、司書教諭、司書

入試要項（2025年度）

※この入試情報は大学発表の2025年度入試（予告）および2024年度募集要項等より編集したものです（2024年1月時点。見方は巻頭の「本書の使い方」参照）。内容には変更が生じる可能性があるため、最新情報はホームページや2025年度募集要項等で必ず確認してください。

■グローバル地域文化学部 偏差値 66

一般選抜

※配点未公表（2024年1月時点）

◆全学部日程（文系）、学部個別日程

［グローバル地域文化：3科目］ 国 現古漢 地歴 公 数 日、世、政経、数ⅠⅡAB〔列〕C〔べ〕から1 外 英

共通テスト利用入試 ※個別試験は課さない

◆共通テストを利用する入学試験

［グローバル地域文化：3科目（600点）］ 国 現古漢（200） 地歴 公 地歴全3科目、公共・倫、公共・政経から1（100） 数 理 数ⅠA、数ⅡBC、理全5科目から1（100） 外 全5科目から1（200）

特別選抜

［学校推薦型選抜］推薦選抜入学試験

募集人員等一覧表

※本書掲載内容は、大学のホームページ及び入学案内や募集要項などの公開データから独自に編集したものです。
詳細は募集要項かホームページで必ず確認してください。

学部	学科ーコース	募集人員※1	一般選抜		共通テスト利用入試		特別選抜※2
			全学部日程	学部個別日程		(個別学力検査あり)	
神	神	63名	31名		—	2名	20名
文	英文	315名	185名		B方式 10名	A方式 25名	10名
	哲	70名	48名		3名	—	—
	美学芸術	70名	49名		3名	—	6名
	文化史	125名	76名		5名	—	—
	国文	125名	79名		4名	—	2名
社会	社会	90名	51名		5名	—	—
	社会福祉	98名	54名		—	5名	15名
	メディア	88名	53名		5名	—	5名
	産業関係	87名	47名		—	5名	5名
	教育文化	79名	42名		5名	—	8名
法	法律	683名	380名		20名	—	15名
	政治	210名	104名		10名	—	5名
経済	経済	893名	510名		27名	—	10名
商	商ー商学総合	893名	344名		25名	—	—
	商ーフレックス複合		75名		—		10名
政策	政策	420名	204名		3科目方式 30名 4科目方式 5名	—	—
文化情報	文化情報	294名	130名		B方式 10名	A方式 20名	25名
理工	インテリジェント情報工	83名	23名	23名	5名	—	1名
	情報システムデザイン	83名	23名	23名	5名		1名
	電気工	80名	27名	27名	5名		1名
	電子工	86名	29名	29名	5名		1名
	機械システム工	96名	37名	32名	2名		1名
	機械理工	70名	27名	23名	2名		1名
	機能分子・生命化	83名	26名	27名	5名		1名
	化学システム創成工	83名	26名	27名	5名		1名
	環境システム	51名	16名	17名	2名		1名
	数理システム	41名	11名	13名	2名		1名
生命医科	医工	100名	30名	36名	5名	—	—
	医情報	100名	30名	36名	3名		2名
	医生命システム	65名	17名	24名	2名		—
スポーツ健康科	スポーツ健康科	221名	90名		3科目方式 5名 5科目方式 10名 スポーツ競技力加点方式 15名※3	—	24名
心理	心理	158名	79名		5名	—	4名
グローバル・コミュニケーション	グローバル・コミュニケーションー英語	85名	50名		※4	—	13名
	グローバル・コミュニケーションー中国語	43名	26名				7名
	グローバル・コミュニケーションー日本語	30名	—				—
グローバル地域文化	グローバル地域文化ーヨーロッパ	74名	46名		2名	—	8名
	グローバル地域文化ーアジア・太平洋	63名	37名		2名		8名
	グローバル地域文化ーアメリカ	53名	31名		2名		7名

※1　すべての選抜方法の募集人員の合計
※2　その他の選抜方法による募集人員
※3　スポーツ競技力加点方式は書類審査あり
※4　募集人員未公表

Student's Voice

社会学部

社会学科 2年

小林（こばやし） 真凛（まりん）さん

奈良県 奈良市立 一条高校 卒
少林寺拳法部　高3・8月引退

常に人の理解者でありたい

Q どのような高校生でしたか？　同志社大学を志望した理由は？

高校時代は少林寺拳法部に所属していました。全国大会の補欠兼サポーターを務め、最終的に黒帯も取り、充実した部活生活でした。生徒会にも所属しており、コロナ禍で活動を制限される中での全校生徒に向けての発信活動や、全国の高校生との地域おこしのディスカッション交流は自分にとって大きな価値のある経験となりました。

受験勉強を本格的に始めたのは高2の冬で、志望校を同志社大学に決めたあとは必死に努力を続けました。社会学部社会学科を志望したのは、環境問題や地域問題に興味があったことに加え、コロナ禍のシングルマザーの貧困についてのドキュメンタリーを見たことがきっかけです。自分の見えている世界の小ささを痛感し、学んだことが直接人の役に立つのならこれ以上のことはないと思いました。自分が大事にしていた人とのつながりが、志望学部を決める上でも影響したように思います。

Q どのように受験対策をしましたか？入試本番はどうでしたか？

部活が忙しいときでも、とにかく毎日必ず塾に寄って勉強するようにして、部活を引退するまでにある程度の受験勉強の習慣をつけました。夏に部活を引退してからは、主に過去問を進めて自分の学力とのギャップを知った上で、すべての勉強が入試の点数につながるように意識して勉強していました。英語がかなり得意で、世界史がとことん苦手だったので、英語はさらに伸ばすために基礎から応用まで網羅し、世界史は得意範囲を作るのではなく苦手範囲をなくすことを心がけました。過去問は全部で49年分解きました。傾向を知りつくす意図と、点数を安定して取れる訓練の意図がありました。

本番はかなり緊張して、問題も難化していましたが、自分の実力を最大限出し切った上で、わからない問題は過去問演習で養われた傾向感覚で解いていきました。受験した学部はほぼ合格したので、報われる思いでした。

●受験スケジュール

月	日	大学・学部学科（試験方式）
11	14	★ 同志社女子　学芸－国際教養（推薦入学試験S）
2	1	★ 関西　外国語－外国語（全学日程 3教科型）
	2	★ 関西　外国語－外国語（全学日程 3教科型）
	5	同志社　社会－社会（全学部日程）
	6	★ 同志社　経済－経済（学部個別日程）
	7	★ 同志社　政策－政策（学部個別日程）
	9	★ 同志社　グローバル地域文化－グローバル地域文化－アジア・太平洋（学部個別日程）
	10	★ 同志社　社会－社会（学部個別日程）

Q どのような大学生活を送っていますか？

社会学には様々な魅力があります

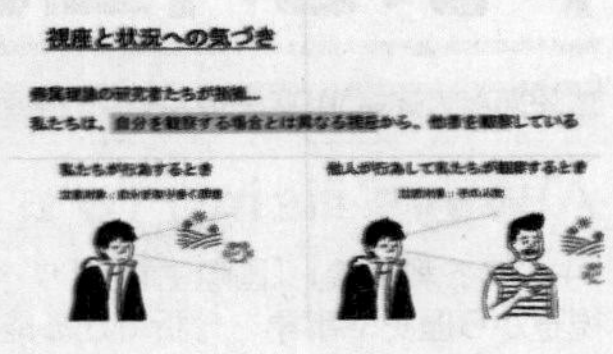

社会的信念と判断について発表したスライド

社会学科では、様々な事象について社会学的な視点で考察します。社会学の魅力は、考えようともしなかったことに目を向けていく点にあると思います。例えば、家族社会学の授業では、良い関係の家族・関係性の良くない家族にはそれぞれ規則性があるということや、うまくいっていない家族関係の理論上の修復方法を学んでいます。家族といった身近なテーマで構造部分にある課題や規則性を考えることが新鮮で面白いです。他にも、ダイバーシティの授業ではマイノリティだけでなくマジョリティの優位性や特質について考えています。常識や規範に切り込みをいれることができるのも社会学の魅力だと思います。今年度はこれらに加え、災害やジェンダー、心理についても学んでいます。2年次で取れるようになる科目が多いので、1年次から受けたかった授業を受講できて楽しいです。

老人ホームでキャンドルを並べたときの写真

キャンドルを用いた地域おこしの活動をしています

私の所属するボランティア団体は、キャンドルを使った町おこしを行っています。依頼をいただいた地域の福祉施設に訪問してキャンドルを並べたり、学園祭で地域の施設や店舗と協力して展示物を作成するなど、地域と交流できる点が最大の魅力です。

サークル内ではいくつかの部署に分かれており、昨年は企業から協賛金を集める営業部署に所属していました。今年は地域施設部署に所属し、担当する幼稚園の子どもたちと学園祭に展示する展示物を一緒に作成するためのアポ取りを進めています。夏にはサークル活動の一環で京都の祇園祭の清掃活動に参加しました。活動範囲が広く色々なことに挑戦でき、なによりサークル員同士とても仲が良いので、私の大好きな居場所です。

Q 将来の夢・目標は何ですか？

私の人生の目標として、常に人の理解者でありたいと思っています。こんな人が居てくれたらいいなと思える人に、自分がなりたいです。将来の職業など具体的な部分はまだ決まっていませんが、誰からも理解されない、支援されない、と独り取り残される人たちが生まれないような社会の仕組みを作るか、その仕組みを実現するお手伝いをしたいと思っています。今までまわりの人にいただいた、たくさんの愛や期待を人に渡していける人間になりたいです。そのためにも、大学では常に様々な視点で考えられるように多くのことに挑戦しながら、社会学を深堀りしていきます。また、人とのつながりを大切にしながら、コミュニティを増やし、様々な出会いを経験していきたいです。

Q 後輩へのアドバイスをお願いします！

受験勉強は紛れもなく自分のためにするものだと思います。合格して一番得をするのは、学校の先生でも塾の先生でも家族でも友達でもなく、自分です。受験勉強・受験期は、自分とまわりの人達が一斉に同じ方向を向いてひたむきに走れる、人生最大で一度きりの特別な時間です。受験を頑張れた人は、今後も絶対に頑張れる。大学受験を人生を分ける絶好のチャンスだと受けとめ、打ち勝ってほしいです。もしこの大学受験が自分も知らなかった底力を知る機会になったら、きっと今よりもっと自分や自分の将来に自信と期待を持てると思います。頑張ってください。

同志社女子大学

どうししゃじょし

資料請求

広報部高大連携課（京田辺キャンパス）　TEL（0774）65-8712　〒610-0395 京都府京田辺市興戸

Always rising to a new challenge

大学紹介動画

最新入試情報

「キリスト教主義」「国際主義」「リベラル・アーツ」を教育理念に、国際的な視野から歴史や事象を分析できる能力を培う。キリスト教の教えのもと、自由かつ主体的に他者への愛を実践できる人材を育成する。

京田辺キャンパス

キャンパス 2つ

京田辺キャンパス
〒610-0395 京都府京田辺市興戸

今出川キャンパス
〒602-0893 京都府京都市上京区今出川通寺町西入

基本データ

※2023年5月現在（学部学生数に留学生は含まない。進路・就職は2022年度卒業者データ。学費は2024年度入学者用）

沿革

1876年、女子塾として創立。1877年、同志社女学校となる。1949年、同志社女子大学と改称、学芸学部を設置。1967年、家政学部を設置し1995年に生活科学部と改称。2000年、現代社会学部、2005年、薬学部、2009年、表象文化学部、2015年、看護学部を設置し、現在に至る。

教育機関 6学部 6研究科

学部　学芸／現代社会／薬／看護／表象文化／生活科

大学院　文学Ⓜ︎Ⓓ／国際社会システムⓂ︎／薬学Ⓓ／看護学ⓂⒹ／生活科学Ⓜ／連合教職実践Ⓟ

人数

学部学生数　6,346名

教員1名あたり学生 31名

教員数　200名【総長・理事長】八田英二、【学長】小﨑眞

（教授109名、准教授48名、講師1名、助教37名、助手・その他5名）

学費

初年度納入額　1,223,000~2,257,000円

奨学金　同志社女子大学奨学金、同志社女子大学サポーターズ募金“ぶどうの樹”奨学金、同志社女子大学新島賞、松下紀美子記念奨学金

進路

学部卒業者　1,264名

（進学58名［4.6%］、就職1,095名［86.6%］、その他111名［8.8%］）

主な就職先　京セラ、島津製作所、ローム、村田製作所、日本通運、JAL、ANAエアポートサービス、小川珈琲、ヤンマーエネルギーシステム、アイリスオーヤマ、イオンリテール、アイングループ、日本調剤、京都銀行、三井住友信託銀行、SMBC日興証券、日本生命保険、ホテルグランヴィア京都、公立学校、京都大学医学部附属病院、大阪市立総合医療センター

学部学科紹介

※本書掲載内容は、大学公表資料から独自に編集したものです。詳細は大学パンフレットやホームページ等で必ず確認してください（取得可能な免許・資格は任用資格や受験資格などを含む）。

学芸学部

京田辺キャンパス　定員 325

特色　多様な学習機会が提供され、新しい文化を創造し発信できる能力を育む。
進路　就職先は教育・学習支援業や卸売・小売業、情報通信業など幅広い。
学問分野　言語学／メディア学／国際学／芸術・表現／デザイン学／情報学
大学院　文学

音楽学科 (115)	2つの専攻を設置。演奏専攻では声楽、鍵盤楽器、管弦打楽器の3つのコースを設置している。音楽文化専攻は音楽学、音楽療法、音楽創作の3つの科目群で構成されている。どちらの専攻でも音楽教育を含めた幅広い学問領域を設定し、音楽の専門家を育成する。
メディア創造学科 (125)	アートとデザイン、マスメディアとカルチャー、エンターテインメントとビジネス、メディアとテクノロジーの4つの分野で構成。専門知識のみならず創造性や表現力を養うために、機材が整備された演習室やクリエイターによる指導などの学習環境が充実している。
国際教養学科 (85)	英語圏の大学に1年間留学することがカリキュラムに組み込まれている。留学先では現地の学生と議論や発表を行うことで、語学力やコミュニケーション能力を磨く。言語研究、日本研究、地域研究、国際関係学といった分野の国際教養科目が用意されている。
取得可能な免許・資格	学芸員、社会福祉主事、教員免許（小一種、中-音、高-情・音）、司書教諭、司書

現代社会学部

京田辺キャンパス　定員 410

特色　国際化や情報化、少子高齢化などが進む現代社会の諸課題を解決する人材を育成。
進路　就職先は卸売・小売業、金融・保険業、教育・学習支援業など。
学問分野　文化学／政治学／経済学／経営学／社会学／観光学／国際学／子ども学／教員養成／教育学／人間科学
大学院　国際社会システム

社会システム学科 (310)	2年次に興味や関心に応じて自由にカリキュラムを設定。3年次から多文化共生、京都学・観光学、ライフデザイン、ビジネスマネジメント、公共政策と法の5つからコースを選択し、専門的に学んでいく。地域や企業と連携した実践的な学びも展開している。
現代こども学科 (100)	子どもを取り巻く問題の探究を通じて、現場で求められる問題解決能力やコミュニケーション能力、発信能力などを養う。相手の考えをイメージする「想像力」と新しいものを生み出す「創造力」を鍛える。幼稚園と小学校の教員免許や保育士の資格取得が可能である。
取得可能な免許・資格	学芸員、社会福祉主事、保育士、教員免許(幼一種、小一種、中-社・英、高-地歴・公・英)、司書教諭、司書

薬学部

京田辺キャンパス　定員 125

特色　倫理観と人間性を持った医療や創薬、医療行政などで活躍できる人材を育成。
進路　薬剤師として病院・薬局で活躍する他、製薬会社などに就く者もいる。
学問分野　薬学
大学院　薬学

医療薬学科 (125)	6年制。医療人に求められる豊かな人間性を持った薬剤師を育成する。リベラル・アーツ教育を活かし、世界で活躍できる優れた医療人を育成すべく、語学教育や教養教育、コミュニケーション能力の養成などに力を入れている。国家試験対策のサポートも充実。
取得可能な免許・資格	薬剤師

看護学部

京田辺キャンパス　定員 90

- 特色　多様な交流や学びを活かし高度な知識や技術、心豊かな人格を持つ医療者を育成。
- 進路　看護師や保健師、養護教諭として病院や自治体、学校などで活躍。
- 学問分野　看護学
- 大学院　看護学

看護学科　(90)	看護職者に必要不可欠な他者に接する際の思いやりの気持ちを、キリスト教の精神に基づき養う。シミュレーション学習や臨地実習などの豊富な実習によって実践力を鍛え、看護技術を徹底して演習できる設備のもと、実践的かつ主体的に学ぶことができる。
取得可能な免許・資格	社会福祉主事、看護師、保健師、養護教諭（一種）

表象文化学部

今出川キャンパス　定員 270

- 特色　言語などの知識を身につけ多文化共生社会における諸問題に取り組む人材を育成。
- 進路　就職先は製造業、卸売・小売業、金融・保険業、教育・学習支援業など。
- 学問分野　文学／言語学／文化学
- 大学院　文学

英語英文学科　(150)	文学、文化、言語、コミュニケーションの4つの領域を軸に、高度な英語力を鍛える。ネイティブスピーカーが中心となって講義を展開するAESコースは、国際社会で活躍するための英語運用能力を養う。イギリスやアメリカなど異文化を多角的に学ぶ科目も設置。
日本語日本文学科　(120)	日本語を教えるための指導技術などについて実践的に学ぶ日本語教育、近現代の日本文学に触れ、芸術作品の味わい方を学ぶ近現代文学、さらには日本語学、古典文学、日本文化という合わせて5つの領域を中心に、日本語・日本文学の本質について探究する。
取得可能な免許・資格	登録日本語教員、学芸員、社会福祉主事、教員免許（小一種、中-国・英、高-国・英）、司書教諭、司書

生活科学部

今出川キャンパス　定員 230

- 特色　あらゆる生活場面とその背景を分析し、社会に貢献できる人材を育成する。
- 進路　就職先は製造業や医療・福祉業、卸売・小売業など幅広い。
- 学問分野　生活科学／食物学／被服学／住居学
- 大学院　生活科学

人間生活学科　(90)	すまい、よそおい、つながりの3つの分野に関わる住居や家族、福祉などの多彩なテーマから生活にアプローチする。真に豊かな生活を実現するために必要な知識とセンスを養う。質の高い少人数授業と自由度の高いカリキュラムが特色の1つである。
食物栄養科学科　(140)	「食」の可能性を追究し、人々の健康的な生活に貢献できる人材を育成する。実習や実験を通じて「食」を科学的に考察する食物科学と、臨床栄養学を重点的に学ぶ管理栄養士の2つの専攻からなる。京料理や京菓子などの伝統文化を体験する学びも充実している。
取得可能な免許・資格	学芸員、社会福祉主事、食品衛生管理者、食品衛生監視員、管理栄養士、栄養士、栄養教諭（一種）、教員免許（小一種、中-家、高-家）、司書教諭、司書

入試要項(2024年度)

※この入試情報は2024年度募集要項等より編集したものです（見方は巻頭の「本書の使い方」参照）。
2025年度入試の最新情報は、ホームページや2025年度募集要項等で必ず確認してください。

「大学入試科目検索システム」のご案内
日程・方式ごとの偏差値や昨年度入試結果（志願者倍率、実質倍率、合格最低点）、基本情報（出願締切日、試験日、二段階選抜、募集人員、総合満点）などは、「大学入試科目検索システム」（https://nyushi.toshin.com/）をご覧ください（利用方法はp.12参照）。

■学芸学部 偏差値 56

一般選抜

◆一般入学試験（前期日程〔3教科入試〕）
[音楽－演奏以外：3科目] 国数現古、数ⅠAから1 地歴公世B、日B、現社から1 外英

◆一般入学試験（前期日程〔2教科入試〕）
[音楽－演奏以外：2科目] 国地歴公数現古、世B、日B、現社、数ⅠAから1 外英

◆一般入学試験（前期日程〔音楽実技方式〕）
[音楽－演奏：4科目] 外英 音楽典 実技コールユーブンゲン、音楽実技

◆一般入学試験（後期日程）
[音楽－演奏以外：2科目] 国現古 外英

◆一般入学試験（後期日程〔音楽実技方式〕）
[音楽－演奏：2科目] 実技コールユーブンゲン、音楽実技

共通テスト利用入試 ※個別試験は課さない

◆共通テストを利用する入学試験（前・後期〔3教科型〕）
[メディア創造：3科目] 国現古 地歴公数地歴公全10科目、数Ⅰ、数ⅠAから1 外英
[国際教養：3科目] 国現古 地歴公数地歴公全10科目、数Ⅰ、数ⅠAから1 外英、英語外部試験から高得点1

◆共通テストを利用する入学試験（前期〔5教科型〕）
[メディア創造：5科目] 国現古 地歴公全10科目から1 数数Ⅰ、数ⅠA、数Ⅱ、数ⅡBから1 理全5科目から1 外英
[国際教養：5科目] 国現古 地歴公全10科目から1 数数Ⅰ、数ⅠA、数Ⅱ、数ⅡBから1 理全5科目から1 外英、英語外部試験から高得点1

■現代社会学部 偏差値 56

一般選抜

◆一般入学試験（前期日程〔3教科入試〕）
[全学科：3科目] 国数現古、数ⅠAから1 地歴公世B、日B、現社から1 外英

◆一般入学試験（前期日程〔2教科入試〕）
[全学科：2科目] 国地歴公数現古、世B、日B、現社、数ⅠAから1 外英

◆一般入学試験（後期日程）
[全学科：2科目] 国現古 外英

共通テスト利用入試 ※個別試験は課さない

◆共通テストを利用する入学試験（前・後期〔3教科型〕）
[全学科：3科目] 国現古 地歴公数地歴公全10科目、数Ⅰ、数ⅠAから1 外英

◆共通テストを利用する入学試験（前期〔5教科型〕）
[全学科：5科目] 国現古 地歴公全10科目から1 数数Ⅰ、数ⅠA、数Ⅱ、数ⅡBから1 理全5科目から1 外英

■薬学部 偏差値 59

一般選抜

◆一般入学試験（前期日程〔3教科入試〕）
[医療薬：3科目] 数数ⅠⅡAB 理化基・化 外英

◆一般入学試験（後期日程）
[医療薬：2科目] 理化基・化 外英

共通テスト併用入試

◆一般入学試験（前期日程〔共通テスト併用方式〕）
[医療薬]〈共2科目〉数数ⅡB 理物、化、生から1〈個2科目〉数数ⅠA 外英

共通テスト利用入試 ※個別試験は課さない

◆共通テストを利用する入学試験（前期〔3教科型〕）
[医療薬：5科目] 数数ⅠA、数ⅡB 理化必須、物、生から1 外英

■看護学部 偏差値 59

一般選抜

◆一般入学試験（前期日程〔3教科入試〕）
[看護：3科目] 国数現、数ⅠAから1 理化基・化、生基・生から1 外英

◆一般入学試験（前期日程〔2教科入試〕）
[看護：2科目] 国数現、数ⅠAから1 外英

◆一般入学試験（後期日程）
[看護：2科目] 国理現、化基・化、生基・生から1 外英

共通テスト利用入試 ※個別試験は課さない

◆共通テストを利用する入学試験（前期〔3教科型〕）
[看護：3科目] 国数理現、数Ⅰ、数ⅠA、数Ⅱ、数ⅡB、化基・生基、化、生から2教科2 外英

■表象文化学部 偏差値 58

一般選抜

◆一般入学試験（前期日程〔3教科入試〕）
[英語英文：3科目] 国数現古、数ⅠAから1 地歴公世B、日B、現社から1 外英
[日本語日本文：3科目] 国現古 地歴公世B、日B、現社から1 外英

◆一般入学試験（前期日程〔2教科入試〕）
[英語英文：2科目] 国地歴公数現古、世B、日B、現社、数ⅠAから1 外英
[日本語日本文：2科目] 国現古 外英

◆一般入学試験（後期日程）
[全学科：2科目] 国現古 外英

共通テスト利用入試 ※個別試験は課さない

◆共通テストを利用する入学試験（前・後期〔3教科型〕）
[英語英文：3科目] 国現古 地歴 公 数地歴公全10科目、数Ⅰ、数ⅠAから1 外英
[日本語日本文：3科目] 国現古漢 地歴 公全10科目から1 外英
◆共通テストを利用する入学試験（前期〔5教科型〕）
[英語英文：5科目] 国現古 地歴 公全10科目から1 数数Ⅰ、数ⅠA、数Ⅱ、数ⅡBから1 理全5科目から1 外英
[日本語日本文：5科目] 国現古漢 地歴 公全10科目から1 数数Ⅰ、数ⅠA、数Ⅱ、数ⅡBから1 理全5科目から1 外英

■生活科学部 偏差値 59

一般選抜

◆一般入学試験（前期日程〔3教科入試〕）
[人間生活：3科目] 国 数現古、数ⅠAから1 地歴 公世B、日B、現社から1 外英
[食物栄養科：3科目] 国 数現古、数ⅠAから1 理化基・化、生基・生から1 外英
◆一般入学試験（前期日程〔2教科入試〕）
[人間生活：2科目] 国 地歴 公 数現古、世B、日B、現社、数ⅠAから1 外英
◆一般入学試験（後期日程）
[人間生活：2科目] 国現古 外英
[食物栄養科：2科目] 理化基・化、生基・生から1 外英

共通テスト併用入試

◆一般入学試験（前期日程〔共通テスト併用方式〕）
[食物栄養科]〈共1科目〉理化基・生基、化、生から1〈個2科目〉国 数現古、数ⅠAから1 外英

共通テスト利用入試　※個別試験は課さない

◆共通テストを利用する入学試験（前期〔3教科型〕）
[人間生活：3科目] 国現 地歴 公 数 理地歴公全10科目、数Ⅰ、数ⅠA、生基・地基、生、地から1 外英
[食物栄養科：3科目] 国 数 外現、数Ⅰ、数ⅠA、数Ⅱ、数ⅡB、英から2教科2 理化基・生基、化、生から1
◆共通テストを利用する入学試験（前期〔5教科型〕）
[人間生活：5科目] 国現 地歴 公全10科目から1 数数Ⅰ、数ⅠA、数Ⅱ、数ⅡBから1 理全5科目から1 外英
[食物栄養科：6科目] 国現 地歴 公全10科目から1 数数Ⅰ、数ⅠA、数Ⅱ、数ⅡBから1 理化基・生基、物、化、生から2 外英
◆共通テストを利用する入学試験（後期〔3教科型〕）
[人間生活：3科目] 国現 地歴 公 数 理地歴公全10科目、数Ⅰ、数ⅠA、生基・地基、生、地から1 外英

■特別選抜

[総合型選抜] AO方式入学者選抜（第Ⅰ項、第Ⅱ項）、推薦入学試験S、推薦入学試験C、推薦入学試験M、推薦入学試験L
[学校推薦型選抜] 推薦入学試験B
[その他] 帰国生入学試験、社会人入学試験、外国人留学生入学試験

就職支援

同志社女子大学では、就職活動のサポートとともに、大学生活を通じて学生自身が望む生き方について考えキャリアアップできるよう、キャリア支援部を設けてきめ細やかな支援を行っています。様々な分野で活躍中のキャリアアドバイザーによる個別面談や、気軽に就職相談や業界研究が行える「キャリアカフェ」なども実施しています。また、国内外のインターンシッププログラムや、キャリア・資格取得支援講座も充実しています。

国際交流

同志社女子大学の海外留学プログラムは、短期研修・実習と中・長期留学を用意しています。短期研修・実習には、夏・春季休暇中に8日間～4週間で実施する海外研修プログラムと、海外で日本語指導または日本語教師のアシスタントをする日本語指導実習プログラムがあります。中・長期留学は、1セメスターもしくは1年間のプログラムがあり、セメスター語学留学、協定大学留学、海外大学認定留学、国際教養留学があります。13カ国66大学と交流協定を結んでいます。

同志社女子大学ギャラリー

■Vinculumの庭

京田辺キャンパスにあるVinculumの庭では季節によって様々な花が咲いており、学生の憩いの場となっています。

■交換留学生との交流

主に英語圏やアジア圏の協定大学などから交換留学生を迎えており、学生同士の交流を図るためのイベントを盛んに行っています。

■クリスマスツリー点灯式

京田辺・今出川の両キャンパスで行われるクリスマスツリー点灯式は、在学生、教職員の他に一般の方も参加することができます。

■ラーニング・コモンズ

学生や卒業生などの学修活動を支援するための施設です。パソコンやスクリーンなど、学修に必要な機器類の貸出も行っています。

佛教大学

ぶっきょう

資料請求

入学部(紫野キャンパス) TEL (075) 366-5550 〒603-8301 京都府京都市北区紫野北花ノ坊町96

一人ひとりの可能性を広げる教育環境を実現

大学紹介動画

最新入試情報

「専門を究める」「教員免許・資格を取得する」など、一人ひとりの希望に応じた学び方が可能。仏教精神を根底に、自分を大切にし、他者も大切にできる人材を育成する。

紫野キャンパス

キャンパス 2つ

紫野キャンパス
〒603-8301 京都府京都市北区紫野北花ノ坊町96

二条キャンパス
〒604-8418 京都府京都市中京区西ノ京東栂尾町7

基本データ

※2023年5月現在（進路・就職は2022年度卒業者データ。学費は2025年度入学者用〔予定〕）

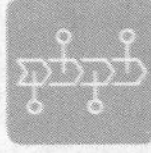

沿革

1949年、知恩院山内の仏教講究機関を起源とし、佛教大学を開校。1965年、仏教学部を文学部に改組。2004年、社会福祉学部を改組設置。2006年、保健医療技術学部を設置。2010年、仏教、歴史学部を設置。2012年、保健医療技術学部看護学科を設置。2022年、教育学部に幼児教育学科を設置し、現在に至る。

教育機関 7学部 5研究科

学部 仏教／文／歴史／教育／社会／社会福祉／保健医療技術

大学院 文学ⓂⒹ／教育学ⓂⒹ／社会学ⓂⒹ／社会福祉学ⓂⒹ／連合教職実践Ⓟ

その他 通信教育部

人数

学部学生数 6,127名

教員1名あたり 学生 26名

教員数 232名【理事長】田中典彦、【学長】伊藤真宏

（教授107名、准教授63名、講師46名、助教16名）

学費

初年度納入額 1,295,500~1,975,500円

奨学金 佛教大学入学試験成績優秀者奨学金、佛教大学教育後援会奨学金、佛教大学同窓会奨学金、佛教大学教職員互助会奨学金

進路

学部卒業者 1,467名

（進学56名［3.8%］、就職1,306名［89.0%］、その他105名［7.2%］）

主な就職先 伊藤園、三菱電機、ローム、創味食品、ユニクロ、ANA関西空港、村田製作所、JR西日本、阪急電鉄、ワコール、エイベックス、積水ハウス、イオンリテール、京都銀行、京都生活協同組合、GSユアサ、サントリービバレッジソリューション、野村證券、サクラクレパス、資生堂、花王、リクルート、京都府立医科大学附属病院、京都武田病院、東京大学医学部附属病院

学部学科紹介

※本書掲載内容は、大学公表資料から独自に編集したものです。詳細は大学パンフレットやホームページ等で必ず確認してください（取得可能な免許・資格は任用資格や受験資格などを含む）。

仏教学部

紫野キャンパス　定員 60

特色　仏教研究を通し、その英知を社会課題の解決に応用する。
進路　約5割が卸売・小売業などの一般企業に、約2割が宗教関係に就職する。
学問分野　哲学
大学院　文学

仏教学科（60）	豊富な領域にわたって「仏教」を研究し、知識を活用することを目指す。1年次に入門ゼミで仏教の学問領域と研究方法を学び、2年次には基礎ゼミで論文などを扱う。また、フィールドワークや語学科目にも力を入れており、体験学習の機会も豊富に用意されている。
取得可能な免許・資格	学芸員、教員免許（中-社・宗、高-地歴・公・宗、特-知的・肢体・病弱）、社会教育士、社会教育主事、司書教諭、司書

文学部

紫野キャンパス　定員 240

特色　言語、文学、文化、思想を様々な視点から学び、理解を深め、視野を広げる。
進路　卸売・小売業や教育・学習支援業、サービス業など幅広い業種に就く。
学問分野　文学／言語学
大学院　文学

日本文学科（120）	国語科教員系、文芸創作系、書道創作系、日本語教員系、出版情報系の5つのキャリアプログラムを設置。進路に応じて現役の作家や教員経験者による実践的な指導を受けることができる。書道に関する理論と技術を学び、書道教員の資格を取得可能である。
中国学科（50）	3年次に中国語の運用能力を身につける中国語コミュニケーション系と、古典から近現代の文献までを学ぶ文献系の2つのコースに分かれる。中国語検定合格のための対策科目も設置し、半年間または1年間の中国留学の機会もある。
英米学科（70）	1・2年次に英語の基礎を固めたあと、全員が2年次の秋学期にアメリカ、カナダ、イギリスなどの英語圏で英語研修に参加する。また、学科専攻科目は英語コミュニケーション系、英語文化系、研究演習・海外研修、英語教職系の4つに分かれている。
取得可能な免許・資格	登録日本語教員、学芸員、教員免許（中-国・英・中国語、高-国・書・英・中国語、特-知的・肢体・病弱）、社会教育士、社会教育主事、司書教諭、司書

歴史学部

紫野キャンパス　定員 180

特色　史料や資料をもとに歴史的な文化や社会と向き合い、洞察力や判断力を備える。
進路　就職先はサービス業や卸売・小売業など。公務員を目指す者もいる。
学問分野　歴史学／地理学／文化学
大学院　文学

歴史学科（110）	2年次より日本史、東洋史、西洋史の3つの領域に分かれて専門性を高める。専攻外のコースの科目も積極的に受講しながら、地域や時代を越えて歴史を学ぶ。史料の扱い方や解釈の手法などを、教員から丁寧に教わることができる。
歴史文化学科（70）	現場でのフィールドワークを中心に、遺跡や祭礼など有形の資料や神話や伝承などの無形の資料を参考に歴史を読み解く。2年次より地域文化、芸術文化、民俗文化の3領域に分かれ、各自の興味や関心に基づき研究に取り組む。
取得可能な免許・資格	学芸員、教員免許（中-社、高-地歴・公、特-知的・肢体・病弱）、社会教育士、社会教育主事、司書教諭、司書

教育学部

紫野キャンパス　定員 290

特色	現場体験を通して、理論と実践力を兼ね備えた人材を育成。
進路	教育・学習支援業への就職が多い。臨床心理学科は大学院進学者も多い。
学問分野	心理学／子ども学／教員養成／教育学
大学院	教育学

教育学科 (130)	初等教育、中等教育、特別支援教育、教育学の4つの領域から進路に合わせて履修する。学内での講義と演習で修得した知識などを、教育職インターンシップなどの実践力を磨くためのプログラムの場で活かし、学習効果を高めていく。
幼児教育学科 (80)	理論的な知識と実践的な知識をバランスよく学ぶカリキュラムを通して、現場が必要とする保育力、保育技術、コミュニケーション力を持った幼稚園教諭、保育士を養成する。本学附属こども園や地域の幼児教育施設と連携した、豊富な現場体験も用意。
臨床心理学科 (80)	基礎心理学、臨床心理学、心理学研究法、心理臨床実践の4つの基礎を学び、心理学を学ぶ土台づくりから段階的に取り組む。専任教員には臨床心理士や医師の有資格者を迎え、臨床経験を活かした学びを行う。将来に必要な力を身につけられるようにカリキュラムを編成。
取得可能な免許・資格	公認心理師、学芸員、保育士、教員免許(幼一種、小一種、中-数・社、高-数・公、特-知的・肢体・病弱)、社会教育士、社会教育主事、司書教諭、司書

社会学部

紫野キャンパス　定員 320

特色	現代社会の課題を読み解き、広い視野と多様な考え方を身につける。
進路	卸売・小売業やサービス業、公務員への就職も多い。
学問分野	文化学／法学／政治学／経済学／社会学／メディア学／環境学／情報学
大学院	社会学

現代社会学科 (200)	歴史や文化などから国際問題を考える文化・国際、少子高齢化や格差問題を扱う共生・臨床社会、ポップカルチャーなどを扱う情報・メディアの3つのコースから専攻を選ぶ。選択したコース以外の科目も履修できる。ゼミを通して段階的に知識を修得していく。
公共政策学科 (120)	2年次から政治学や法学、地域政策論などを扱う地域政治と、経済学や地域経済論などを扱う地域経済の2つのコースにより、興味や関心のある科目を中心に理解を深める。公共政策学フィールドワーク実習やプロジェクト演習など、現場に即した学びの機会も多い。
取得可能な免許・資格	学芸員、社会調査士、教員免許(中-社、高-地歴・公・情、特-知的・肢体・病弱)、社会教育士、社会教育主事、司書教諭、司書

社会福祉学部

紫野キャンパス　定員 220

特色	「福祉マインド」を持ち、社会に貢献できる人材を育成。
進路	約半数が医療・福祉業に就く。他、一般企業・医療事務に就く者もいる。
学問分野	社会福祉学／子ども学
大学院	社会福祉学

社会福祉学科 (220)	1年次の入門ゼミを経たあと、2年次にはそれぞれの希望する進路に合わせて、保育・福祉・精神系と教職・一般企業系の2つに分かれて学ぶ。フィールドワークなど多様な実践の機会があり、実習を有意義なものとするための情報提供などのサポートも充実。
取得可能な免許・資格	学芸員、社会福祉士、精神保健福祉士、社会福祉主事、保育士、教員免許(中-社、高-地歴・公・福、特-知的・肢体・病弱)、社会教育士、社会教育主事、司書教諭、司書

保健医療技術学部

二条キャンパス　定員 145

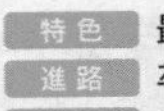

特色　最先端の知識を学び、患者の立場で考える力や、周囲と連携する能力を備える。
進路　卒業者のほとんどが医療・福祉関連施設で活躍している。
学問分野　看護学／健康科学

理学療法学科 (40)	1年次には基礎医学を学び、それらの知識を2年次から始まる臨床実習で活かしながら専門的な理学療法の知識や技術を身につける。少人数制を重視し、臨床経験豊富な教員が講義から実習指導まできめ細かい指導を行う。国家試験対策やキャリアサポートも充実。
作業療法学科 (40)	1年次から臨床現場を体験できる実習科目を開講。実習は学年ごとに発展的な内容となり、4年次には地域での医療や福祉の役割を学べるよう医療施設以外での実習も行う。実習先の約9割は近畿圏内にあり、教員が実習中の学生を様々にサポートしている。
看護学科 (65)	少人数制によるきめ細やかな教育と実習が特徴的で、1年次から実習を行い、実習前後の指導も含めて実践力を養う。国家試験を見据えた計画的なカリキュラムが用意され、キャリア教育支援も手厚い。保健師や養護教諭の資格・免許を取得することもできる。
取得可能な免許・資格	看護師、保健師、理学療法士、作業療法士、養護教諭（二種）

入試要項（2024年度）

※この入試情報は2024年度募集要項等より編集したものです（見方は巻頭の「本書の使い方」参照）。2025年度入試の最新情報は、ホームページや2025年度募集要項等で必ず確認してください。

「大学入試科目検索システム」のご案内
日程・方式ごとの偏差値や昨年度入試結果（志願者倍率、実質倍率、合格最低点）、基本情報（出願締切日、試験日、二段階選抜、募集人員、総合満点）などは、「大学入試科目検索システム」（https://nyushi.toshin.com/）をご覧ください（利用方法はp.12参照）。

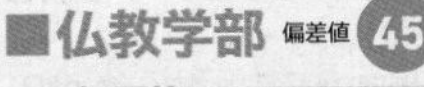

■仏教学部 偏差値 45

一般選抜

◆一般選抜（A日程3科目型〔スタンダード3科目方式、高得点科目重視方式〕）

［仏教：3科目］国現、現古から1 地歴 公 数 世B、日B、現社・政経、数ⅠAから1▶現社・政経で1科目扱い 外英

◆一般選抜（A日程2科目型、B日程〔スタンダード2科目方式〕）

［仏教：2科目］国 数 現、数ⅠAから1 外英

共通テスト併用入試

◆一般選抜（B日程〔共通テスト併用方式〕）※一般選抜（B日程〔スタンダード2科目方式〕）の出願必須

［仏教］〈共1科目〉国 地歴 公 数 理 外 現古、地歴公数理全21科目、英から1〈個2科目〉一般選抜（B日程〔スタンダード2科目方式〕）の成績を利用

共通テスト利用入試　※個別試験は課さない

◆共通テスト利用選抜（前期）

［仏教：3科目］国現古 地歴 公 数 理 全21科目から1 外英

◆共通テスト利用選抜（後期）

［仏教：2科目］国 外 現古、英から1▶英選択の場合は英、英語外部試験から高得点1 地歴 公 数 理 全21科目から1

■文学部 偏差値 50

一般選抜

◆一般選抜（A日程3科目型〔スタンダード3科目方式、高得点科目重視方式〕）

［全学科：3科目］国現、現古から1 地歴 公 数 世B、日B、現社・政経、数ⅠAから1▶現社・政経で1科目扱い 外英

◆一般選抜（A日程2科目型、B日程〔スタンダード2科目方式〕）

［全学科：2科目］国 数 現、数ⅠAから1 外英

共通テスト併用入試

◆一般選抜（B日程〔共通テスト併用方式〕）※一般選抜（B日程〔スタンダード2科目方式〕）の出願必須

［日本文、中国］〈共1科目〉国 地歴 公 数 理 外 現古、地歴公数理全21科目、英、中から1〈個2科目〉一般選抜（B日程〔スタンダード2科目方式〕）の成績を利用

［英米］〈共1科目〉国 地歴 公 数 理 外 現古、地歴公数理全21科目、英から1〈個2科目〉一般選抜（B日程〔スタンダード2科目方式〕）の成績を利用

共通テスト利用入試　※個別試験は課さない

◆共通テスト利用選抜（前期）

［日本文、中国：3科目］国現古 地歴 公 数 理 全21科目から1 外英、中から1

［英米：3科目］国現古 地歴 公 数 理 全21科目から1 外英

◆共通テスト利用選抜（後期）

[日本文、中国：2科目] 国外現古、英、中から1▶英選択の場合は英、英語外部試験から高得点1地歴公数理全21科目から1
[英米：2科目] 地歴公数理全21科目から1外英、英語外部試験から1

■歴史学部 偏差値 50

一般選抜

◆一般選抜（A日程3科目型〔スタンダード3科目方式、高得点科目重視方式〕）
[全学科：3科目] 国現、現古から1地歴公数世B、日B、現社・政経、数ⅠAから1▶現社・政経で1科目扱い外英
◆一般選抜（A日程2科目型、B日程〔スタンダード2科目方式〕）
[全学科：2科目] 国数現、数ⅠAから1外英

共通テスト併用入試

◆一般選抜（B日程〔共通テスト併用方式〕）※一般選抜（B日程〔スタンダード2科目方式〕）の出願必須
[全学科]〈共1科目〉国地歴公数理外現古、地歴公数理全21科目、英から1〈個2科目〉一般選抜（B日程〔スタンダード2科目方式〕）の成績を利用

共通テスト利用入試 ※個別試験は課さない

◆共通テスト利用選抜（前期）
[全学科：3科目] 国現古地歴公数理全21科目から1外英
◆共通テスト利用選抜（後期）
[全学科：2科目] 国外現古、英から1▶英選択の場合は英、英語外部試験から高得点1地歴公数理全21科目から1

■教育学部 偏差値 53

一般選抜

◆一般選抜（A日程3科目型〔スタンダード3科目方式、高得点科目重視方式〕）
[全学科：3科目] 国現、現古から1地歴公数理世B、日B、現社・政経、数ⅠA、化基から1▶現社・政経で1科目扱い外英
◆一般選抜（A日程2科目型、B日程〔スタンダード2科目方式〕）
[全学科：2科目] 国数現、数ⅠAから1外英

共通テスト併用入試

◆一般選抜（B日程〔共通テスト併用方式〕）※一般選抜（B日程〔スタンダード2科目方式〕）の出願必須
[全学科]〈共1科目〉国地歴公数理外現古、地歴公数理全21科目、英から1〈個2科目〉一般選抜（B日程〔スタンダード2科目方式〕）の成績を利用

共通テスト利用入試 ※個別試験は課さない

◆共通テスト利用選抜（前期）
[全学科：3科目] 国地歴公数理現古、地歴公数理全21科目から2教科2▶地歴と公は1教科扱い外英
◆共通テスト利用選抜（後期）
[全学科：2科目] 国外現古、英から1▶英選択の場合は英、英語外部試験から高得点1地歴公数理全21科目から1

■社会学部 偏差値 50

一般選抜

◆一般選抜（A日程3科目型〔スタンダード3科目方式、高得点科目重視方式〕）
[全学科：3科目] 国現、現古から1地歴公数世B、日B、現社・政経、数ⅠAから1▶現社・政経で1科目扱い外英
◆一般選抜（A日程2科目型、B日程〔スタンダード2科目方式〕）
[全学科：2科目] 国数現、数ⅠAから1外英

共通テスト併用入試

◆一般選抜（B日程〔共通テスト併用方式〕）※一般選抜（B日程〔スタンダード2科目方式〕）の出願必須
[全学科]〈共1科目〉国地歴公数理外現古、地歴公数理全21科目、英から1〈個2科目〉一般選抜（B日程〔スタンダード2科目方式〕）の成績を利用

共通テスト利用入試 ※個別試験は課さない

◆共通テスト利用選抜（前期）
[全学科：3科目] 国現古地歴公数理全21科目から1外英
◆共通テスト利用選抜（後期）
[全学科：2科目] 国外現古、英から1▶英選択の場合は英、英語外部試験から高得点1地歴公数理全21科目から1

■社会福祉学部 偏差値 44

一般選抜

◆一般選抜（A日程3科目型〔スタンダード3科目方式、高得点科目重視方式〕）
[社会福祉：3科目] 国現、現古から1地歴公数世B、日B、現社・政経、数ⅠAから1▶現社・政経で1科目扱い外英
◆一般選抜（A日程2科目型、B日程〔スタンダード2科目方式〕）
[社会福祉：2科目] 国数現、数ⅠAから1外英

共通テスト併用入試

◆一般選抜（B日程〔共通テスト併用方式〕）※一般選抜（B日程〔スタンダード2科目方式〕）の出願必須
[社会福祉]〈共1科目〉国地歴公数理外現古、地歴公数理全21科目、英から1〈個2科目〉一般選抜（B日程〔スタンダード2科目方式〕）の成績を利用

共通テスト利用入試 ※個別試験は課さない

◆共通テスト利用選抜（前期）
[社会福祉：3科目] 国現古地歴公数理全21科目から1外英
◆共通テスト利用選抜（後期）
[社会福祉：2科目] 国外現古、英から1▶英選択の場合は英、英語外部試験から高得点1地歴公数理全21科目から1

■保健医療技術学部 偏差値 55

一般選抜

◆一般選抜（A日程3科目型〔スタンダード3科目方式、高得点科目重視方式〕）

[全学科：3科目] 国現、現古 数 理数ⅠA、化基、生基から1 外英

◆**一般選抜（A日程2科目型、B日程〔スタンダード2科目方式〕）**

[全学科：2科目] 国 数現、数ⅠAから1 外英

共通テスト併用入試

◆**一般選抜（B日程〔共通テスト併用方式〕）**※一般選抜（B日程〔スタンダード2科目方式〕）の出願必須

[全学科]〈共1科目〉国 数 理 外現古、数理全11科目、英から1〈個2科目〉一般選抜（B日程〔スタンダード2科目方式〕）の成績を利用

共通テスト利用入試 ※個別試験は課さない

◆**共通テスト利用選抜（前期）**

[全学科：3科目] 国 数 理現古、数理全11科目から2教科2 外英

◆**共通テスト利用選抜（後期）**

[全学科：2科目] 国 数 理現古、数理全11科目から1 外英、英語外部試験から1

■特別選抜

[総合型選抜] 総合型選抜（自己推薦制）

[学校推薦型選抜] 学校推薦型選抜（公募制）

[その他] 同窓選抜、宗門後継者選抜、帰国・外国人生徒選抜、課外活動選抜、スポーツ強化枠選抜、指定校MU選抜、指定校高大連携選抜、社会人1年次選抜、留学生1年次選抜

就職支援

佛教大学では、キャリアを「個人の生涯に通じた職業選択に関する活動・心構え、または、個人の生涯に通じた仕事に関する生き方のプロセス」とし、「私たち一人ひとりが生涯にわたり向き合っていくものであり、自らが育てていくもの」としています。1年次の早い段階から学生一人ひとりのキャリア形成を支援しており、専門職キャリアサポートセンターでは専任講師が資格取得をサポートします。

国際交流

佛教大学では、派遣先・期間ともに多様な海外留学・語学研修制度を設けています。春季・夏季休暇を利用して行う「短期海外語学研修」や、アジア・アメリカの学術交流協定校を中心とした大学で学ぶ「交換留学・派遣留学」があります。また、オンライン英会話を営む企業と提携を結び、数多くの教材から毎回自分で選択したテーマ・それぞれのレベルに応じた英会話ができます。学内の国際交流センターでは、海外留学・海外語学研修を目指す学生や外国からの留学生へのサポート、日本人学生と留学生との交流の促進、国際学術交流事業を推進しています。

佛教大学ギャラリー

■紫野キャンパス図書館

成徳常照館に設置された図書館には、110万冊以上の図書が収蔵されており、学びや研究の支援が充実しています。

■二条キャンパス

保健医療技術学部の学びの拠点である二条キャンパスには、専門知識と技術の習得を促進させるための実習施設が整っています。

■体験授業

「地域活動1」の受講生が「綾傘鉾」の運営にボランティアスタッフとして参加し、運営の立場で祇園祭を学びました。

■学園祭の様子

課外活動団体を中心とした模擬店や企画の他に、豪華ゲストを招いてのイベントやイルミネーション等が開催されています。

りつめいかん
立命館大学

資料請求

入学センター（衣笠キャンパス）　TEL（075）465-8351　〒603-8577 京都府京都市北区等持院北町56-1

学問を通して、自らの人生を切り開く「修養の場」

大学紹介動画

最新入試情報

「自由と清新」を建学の精神として、「平和と民主主義」を教学理念として掲げる。確かな学力と個性、正義と倫理を兼ね備えた、世界と日本の平和的、民主的、持続的な発展に貢献する「地球市民」を育成する。

存心館

校歌

校歌音声

立命館大学学園歌
作詞／明本京静　作曲／近衛秀麿
編曲／外山雄三

あかき血潮　胸に満ちて
若人真理（まこと）の泉を汲みつ
仰げば比叡　千古のみどり
伏す目に清しや　鴨の流れの
かがみもとうとし　天の明命
見よ　わが母校
立命　立命

基本データ

※2023年5月現在（進路・就職は2022年度卒業者データ。学費は2024年度入学者用）

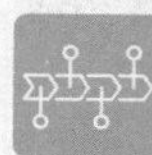

沿革

1869年、私塾立命館を創設。1900年、私立京都法政学校を設立。1922年、立命館大学へ昇格。法学部、研究科、予科を設置。1948年、法、経済、文学部を設置。1949年、理工学部を設置。1981年、衣笠キャンパスに移転。1994年、びわこ・くさつキャンパスを開設。政策科学部を設置。2015年、大阪いばらきキャンパスを開設。2016年に総合心理学部、2018年に食マネジメント学部、2019年にグローバル教養学部を設置し、現在に至る。

キャンパス

4つ

キャンパスマップ

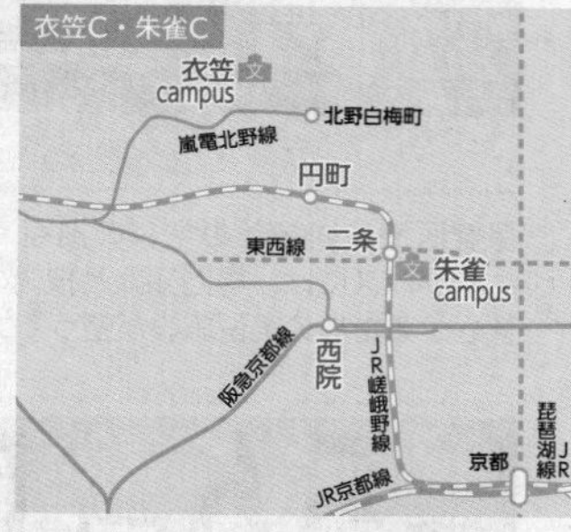

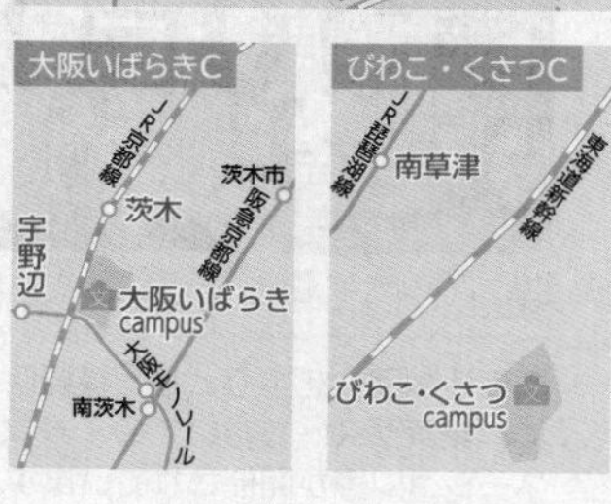

所在地・交通アクセス

衣笠キャンパス（本部）
〒603-8577 京都府京都市北区等持院北町56-1
アクセス ①JR「円町駅」からバス約10分「立命館大学前」下車、②阪急京都線「西院駅」からバス約15分「立命館大学前」下車

大阪いばらきキャンパス
〒567-8570 大阪府茨木市岩倉町2-150
アクセス ①JR「茨木駅」から徒歩約5分、②大阪モノレール「宇野辺駅」から徒歩約7分

びわこ・くさつキャンパス
〒525-8577 滋賀県草津市野路東1-1-1
アクセス JR「南草津駅」からバス約20分、「立命館大学」下車

朱雀キャンパス（学部以外設置）
〒604-8520 京都府京都市中京区西ノ京朱雀町1

教育機関
16学部21研究科

学部 法／経済／経営／産業社会／文／理工／国際関係／政策科／情報理工／映像／薬／生命科／スポーツ健康科／総合心理／食マネジメント／グローバル教養

大学院 法学ⓂⒹ／経済学ⓂⒹ／経営学ⓂⒹ／社会学ⓂⒹ／文学ⓂⒹ／理工学ⓂⒹ／国際関係ⓂⒹ／政策科学ⓂⒹ／言語教育情報Ⓜ／テクノロジー・マネジメントⓂⒹ／スポーツ健康科学ⓂⒹ／映像Ⓜ／情報理工学ⓂⒹ／生命科学ⓂⒹ／先端総合学術Ⓓ／薬学ⓂⒹ／人間科学ⓂⒹ／食マネジメントⓂⒹ／法務Ⓟ／経営管理Ⓟ／教職Ⓟ

人数

学部学生数 **34,092**名　　教員1名あたり学生 **24**名

教員数 **1,399**名【理事長】森島朋三、【総長・学長】仲谷善雄
（教授**817**名、准教授**261**名、講師**163**名、助教**150**名、助手・その他**8**名）

学費

初年度納入額 **1,286,800~2,523,000**円

奨学金 近畿圏外からの入学者を支援する奨学金、立命館大学学費減免、立命館大学家計急変学費減免、西園寺記念奨学金

進路

学部卒業者 **7,051**名（進学**1,250**名、就職**5,059**名、その他**742**名）

進学 **17.7**%　就職 **71.7**%　その他 **10.6**%

主な就職先

法学部
アサヒビール、川崎重工業、京セラ、塩野義製薬、積水化学工業、TDK、TOPPANホールディングス、南海電気鉄道

経済学部
NHK、花王、関西電力、京セラ、監査法人トーマツ、豊田通商、NTT西日本、日本郵政、日本アイ・ビー・エム、野村證券

経営学部
アイリスオーヤマ、アクセンチュア、イシダ、エン・ジャパン、京都銀行、大和ハウス工業、東京海上日動火災保険、日本政策金融公庫

産業社会学部
NHK、NTTドコモ、カプコン、関西テレビ放送、京都銀行、サイバーエージェント、積水ハウス、東京海上日動火災保険

文学部
関西電力、京セラ、共同通信社、JTB、シスメックス、ソフトバンク、帝人、JAL、TOPPANホールディングス

理工学部
みずほフィナンシャルグループ、三菱UFJトラスト投資工学研究所、NTTデータ、トヨタ自動車、パナソニック、クボタ

国際関係学部
アクセンチュア、アマゾンジャパン、NTTデータ、オリックス、関西電力、京セラ

政策科学部
アクセンチュア、NTTドコモ、大塚製薬、川崎重工業、JTB、島津製作所、積水ハウス、日本アイ・ビー・エム、日本生命保険

情報理工学部
NTTデータ、花王、川崎重工業、関西電力、京セラ、島津製作所、デンソー、東洋紡、東レ、NEC、パナソニック

映像学部
AOI Pro.、伊藤忠テクノソリューションズ、IMAGICAエンタテインメントメディアサービス、カプコン、キーエンス

薬学部
大阪大学医学部附属病院、アステラス製薬、花王、中外製薬、テルモ、アイングループ、大塚製薬、キーエンス、協和キリン

生命科学部
パナソニック、ライオン、小林製薬、トヨタ自動車、日清食品ホールディングス、日本マイクロソフト、P&Gジャパン

スポーツ健康科学部
アルペン、エレコム、大阪ガス、大塚製薬、キーエンス、京セラ、京都銀行、キリンホールディングス、ジェーシービー

総合心理学部
池田泉州銀行、沖電気工業、京都中央信用金庫、住友生命保険、住友電気工業、ソニーネットワークコミュニケーションズ

食マネジメント学部
味の素、イオンリテール、伊藤園、キリンホールディングス、サイバーエージェント、滋賀銀行、東京海上日動あんしん生命保険

グローバル教養学部
アマゾンジャパン、クボタ、テルモ、電通、プログリット

学部学科紹介

※本書掲載内容は、大学公表資料から独自に編集したものです。詳細は大学パンフレットやホームページ等で必ず確認してください（取得可能な免許・資格は任用資格や受験資格などを含む）。

「大学入試科目検索システム」のご案内
入試要項のうち、日程・方式ごとの偏差値や昨年度入試結果（志願者倍率、実質倍率、合格最低点）、基本情報（出願締切日、試験日、二段階選抜、募集人員、総合満点）などは、「大学入試科目検索システム」（https://nyushi.toshin.com/）をご覧ください（利用方法はp.12参照）。

法学部

定員 720

入試科目検索

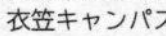
衣笠キャンパス

特色　キャリアプランに合わせて特修・プログラムを選択。法曹を目指すプログラムもある。
進路　約1割が大学院へ進学。就職先はサービス業や公務が多い。
学問分野　法学／政治学
大学院　法学／法務

学科紹介

法学科

法政展開	法学と政治学の学びをベースに現代社会の諸問題の公平な解決を目指す。グローバル・ロー、ビジネス・金融、生活・環境、自由・人権、歴史・文化、政治・市民社会の6つの専門化プログラムを設置。
司法特修	法科大学院（ロースクール）への進学を目指す学生を対象とした特修である。2年次に選択できる「法曹進路プログラム（法曹コース）」では、早期卒業制度を利用して5年間で司法試験を受験できる。
公務行政特修	公共政策関連の大学院への進学や公務員を目指す学生を対象とする。政治や行政の様々な問題に対応する法律の知識や政策立案能力を育む。公務員試験に向けた公務行政学演習や市役所などでのインターンシップも実施。
取得可能な免許・資格	教員免許（中-社、高-地歴・公）

入試要項（2024年度）

※この入試情報は2024年度募集要項等より編集したものです（見方は巻頭の「本書の使い方」参照）。2025年度入試の最新情報は、ホームページや2025年度募集要項等で必ず確認してください。

■法学部　偏差値 64

一般選抜

◆全学統一方式（文系）
[法：3科目（320点）] 国 現古漢（100）▶漢文の独立問題は出題しない 地歴 公 数 世B、日B、地理B、政経、数ⅠⅡABから1（100）外 英（120）

◆学部個別配点方式（文系型）
[法：3科目（400点）] 国 現古漢（150）▶漢文の独立問題は出題しない 地歴 公 数 世B、日B、地理B、政経、数ⅠⅡABから1（100）外 英（150）

共通テスト併用入試

◆共通テスト併用方式（3教科型）
[法]〈共2科目（200点）〉国 現（100）地歴 公 数 世B、日B、地理B、公全4科目、数ⅠA、数ⅡBから1（100）〈個2科目（200点）〉国 現（100）外 英（100）

◆後期分割方式（共通テスト併用3教科型）
[法]〈共1科目（100点）〉地歴 公 数 世B、日B、地理B、公全4科目、数ⅠA、数ⅡBから1（100）〈個2科目（200点）〉国 現（100）外 英（100）

共通テスト利用入試　※個別試験は課さない。
英選択の場合は英、英語外部試験から高得点1

◆共通テスト方式（2月選考〔7科目型〕）
[法：7科目（800点→900点）] 国 現（100→200）地歴 公 理 世B、日B、地理B、公理全9科目から3（計300）▶公2科目選択不可 数 数ⅠA、数ⅡB（計200）外 英、独、仏、中から1（200）

◆共通テスト方式（2月選考〔5教科型〕、3月選考〔5教科型〕）
[法：5科目（600点→700点）] 国 現（100→200）地歴 公 数 理 世B、日B、地理B、公理全9科目、数ⅠA、数ⅡBから3（計300）▶公数理各2科目選択不可 外 英、独、仏、中から1（200）

◆共通テスト方式（2月選考〔3教科型〕、3月選考〔3教科型〕）

[法：3科目(400点→600点)] 国 現(100→200) 地歴 公 数 理 世B、日B、地理B、公理全9科目、数ⅠA、数ⅡBから1(100→200) 外 英、独、仏、中から1(200)

◆**共通テスト方式(3月選考〔4教科型〕)**

[法：4科目(500点→600点)] 国 現(100→200) 地歴 公 数 理 世B、日B、地理B、公理全9科目、数ⅠA、数ⅡBから2(計200) ▶公数理各2科目選択不可 外 英、独、仏、中から1(200)

特別選抜

[その他] 文化・芸術活動に優れた者の特別選抜入学試験、スポーツ能力に優れた者の特別選抜入学試験、外国人留学生入学試験、推薦入学試験(指定校制)、高大連携特別推薦入学試験(協定校)、附属校推薦入学試験(学内推薦)、提携校推薦入学試験

経済学部

びわこ・くさつキャンパス

定員 760

入試科目検索

特色 独自の留学プログラムの他、財務・会計、公務・行政のプログラムを設置。
進路 就職先は金融・保険業やサービス業、製造業をはじめ多岐にわたる。
学問分野 経済学／国際学
大学院 経済学

学科紹介

経済学科

国際専攻 (125)	経済に関する知識だけでなく国際的視野と高い語学力を兼ね備えた人材を育成する。独自の外国語プログラムを設けている他、英語と中国語を集中的に学べるコースや海外留学、海外フィールドワークも展開している。
経済専攻 (635)	社会の基盤となっている経済活動のメカニズムや市場システムを解き明かし、個人や企業、政府がとるべき戦略や豊かな社会を創造する能力を養う。少人数での学習の機会を増やし、経済学のみならず法律や経営をはじめとする幅広い教養を総合的に学習する。
取得可能な免許・資格	教員免許（中-社、高-地歴・公）

入試要項（2024年度）

※この入試情報は2024年度募集要項等より編集したものです（見方は巻頭の「本書の使い方」参照）。
2025年度入試の最新情報は、ホームページや2025年度募集要項等で必ず確認してください。

■経済学部 偏差値 62

一般選抜

◆**全学統一方式（文系）**
[経済：3科目（320点）] 国現古漢（100）▶漢文の独立問題は出題しない 地歴 公 数 世B、日B、地理B、政経、数ⅠⅡABから1（100）外英（120）

◆**学部個別配点方式（文系型）**
[経済－経済：3科目（350点）] 国現古漢（100）▶漢文の独立問題は出題しない 数 数ⅠⅡAB（150）外英（100）

共通テスト併用入試

◆**共通テスト併用方式（5教科型）**
[経済]〈共4科目（400点→200点）〉地歴 公 理 世B、日B、地理B、公理全9科目から2（計200→100）▶公理各2科目選択不可 数 数ⅠA、数ⅡB（計200→100）〈個2科目（200点）〉国現（100）外英（100）

◆**後期分割方式（共通テスト併用3教科型）**
[経済]〈共1科目（100点）〉地歴 公 数 理 世B、日B、地理B、公理全9科目、数ⅠA、数ⅡBから1（100）〈個2科目（200点）〉国現（100）外英（100）

共通テスト利用入試 ※個別試験は課さない。

英選択の場合は英、英語外部試験から高得点1

◆**共通テスト方式（2月選考〔7科目型〕）**
[経済－経済：7科目（900点）] 国現古漢（200）地歴 公 理 世B、日B、地理B、公理全9科目から3（計300）▶公2科目選択不可 数 数ⅠA、数ⅡB（計200）外英、独、仏、中から1（200）

◆**共通テスト方式（2月選考〔5教科型〕、3月選考〔5教科型〕）**
[経済－経済：6科目（700点→1000点）] 国現（100→200）地歴 公 理 世B、日B、地理B、公理全9科目から2（計200→400）▶公理各2科目選択不可 数 数ⅠA、数ⅡB（計200）外英、独、仏、中から1（200）

◆**共通テスト方式（2月選考〔3教科型〕、3月選考〔3教科型〕）**
[経済－経済：3科目（400点→600点）] 国 地歴 公 数 理 現、世B、日B、地理B、公理全9科目、数ⅠA、数ⅡBから2（計200→400）▶公数理各2科目選択不可 外英、独、仏、中から1（200）

◆**共通テスト方式（3月選考〔4教科型〕）**
[経済－経済：5科目（600点）] 国 地歴 公 理 現、世B、日B、地理B、公理全9科目から2（計200）▶公理各2科目選択不可 数 数ⅠA、数ⅡB（計200）外英、独、仏、中から1（200）

特別選抜

[総合型選抜] AO選抜入学試験（英語重視方式、数学重視方式）

[その他] 文化・芸術活動に優れた者の特別選抜入学試験、スポーツ能力に優れた者の特別選抜入学試験、外国人留学生入学試験、推薦入学試験（指定校制）、附属校推薦入学試験（学内推薦）、提携校推薦入学試験

経営学部

定員 795

大阪いばらきキャンパス

入試科目検索

特色 ビジネスに特化して学ぶ留学プログラムや専門性を広げるプログラムがある。
進路 サービス業や製造業などに就く者が多く、卒業者は多彩な環境で活躍している。
学問分野 経営学／国際学
大学院 経営学

学科紹介

国際経営学科 (145)	外国語運用能力と国際ビジネスの創造力を身につけ、グローバル化社会で活躍できる人材を育成する。英語コミュニケーション能力を徹底して養成するカリキュラムを展開し、英語資格取得をサポートする。海外留学の機会も多く、英語で経営学を理解する力を養う。
経営学科 (650)	経営理論を系統的に学び、新たなビジネスを創造し成功に導く人材を育成する。2年次より戦略、マーケティング、組織、会計・ファイナンスの4コースに分かれ、専門性を高めていく。

入試要項（2024年度）

※この入試情報は2024年度募集要項等より編集したものです（見方は巻頭の「本書の使い方」参照）。2025年度入試の最新情報は、ホームページや2025年度募集要項等で必ず確認してください。

■経営学部 偏差値 65

一般選抜

◆全学統一方式（文系）
[全学科：3科目（320点）] 国現古漢（100）▶漢文の独立問題は出題しない 地歴 公 数 世B、日B、地理B、政経、数ⅠⅡABから1（100）外英（120）

◆学部個別配点方式（文系型）
[国際経営：3科目（400点）] 国現古漢（100）▶漢文の独立問題は出題しない 地歴 公 数 世B、日B、地理B、政経、数ⅠⅡABから1（100）外英（200）
[経営：3科目（370点）] 国現古漢（100）▶漢文の独立問題は出題しない 地歴 公 数 世B、日B、地理B、政経、数ⅠⅡABから1（150）外英（120）

◆後期分割方式（2教科型〔英語、国語〕）
[全学科：2科目（220点）] 国現（100）外英（120）

共通テスト併用入試

◆共通テスト併用方式（3教科型）
[全学科]〈共1科目（100点）〉地歴 公 数 理 世B、日B、地理B、公理全9科目、数ⅠA、数ⅡB、簿から1（100）〈個2科目（200点）〉国現（100）外英（100）

◆「経営学部で学ぶ感性＋共通テスト」方式
[経営]〈共3科目（400点→600点）〉国 地歴 公 数 理 現、世B、日B、地理B、公理全9科目、数ⅠA、数ⅡB、簿から2（計200→400）▶公数理各2科目選択不可 外英、独、仏、中から1（200）〈個1科目（100点）〉その他「経営学部で学ぶ感性」問題（100）▶発想力・構想力・文章表現力等を通じ感性を評価する

共通テスト利用入試 ※個別試験は課さない。

英選択の場合は英、英語外部試験から高得点1

◆共通テスト方式（2月選考〔7科目型〕）
[全学科：7科目（800点→900点）] 国現（100→200）地歴 公 理 世B、日B、地理B、公理全9科目から3（計300）▶公2科目選択不可 数 数ⅠA必須、数ⅡB、簿から1（計200）外英、独、仏、中から1（200）

◆共通テスト方式（2月選考〔5教科型〕、3月選考〔5教科型〕）
[全学科：5科目（600点→700点）] 国現（100→200）地歴 公 数 理 世B、日B、地理B、公理全9科目、数ⅠA、数ⅡB、簿から3（計300）▶公数理各2科目選択不可 外英、独、仏、中から1（200）

◆共通テスト方式（2月選考〔3教科型〕、3月選考〔3教科型〕）
[経営：3科目（400点→600点）] 国 地歴 公 数 理 現、世B、日B、地理B、公理全9科目、数ⅠA、数ⅡB、簿から2（計200→400）▶公数理各2科目選択不可 外英、独、仏、中から1（200）

◆共通テスト方式（3月選考〔4教科型〕）
[経営：4科目（500点→600点）] 国現（100→200）地歴 公 数 理 世B、日B、地理B、公理全9科目、数ⅠA、数ⅡB、簿から2（計200）▶公数理各2科目選択不可 外英、独、仏、中から1（200）

特別選抜

[総合型選抜] AO選抜入学試験（英語重視方式）
[その他] 文化・芸術活動に優れた者の特別選抜入学試験、スポーツ能力に優れた者の特別選抜入学試験、外国人留学生入学試験、推薦入学試験（指定校制）、附属校推薦入学試験（学内推薦）、提携校推薦入学試験

産業社会学部

衣笠キャンパス

定員 810

入試科目検索

特色　ダブルメジャー制度を導入。社会学を英語で学ぶ英語副専攻も履修可能。
進路　卒業者の多くはサービス業や製造業、卸売・小売業などに就職している。
学問分野　社会学／メディア学／社会福祉学／健康科学／子ども学／教員養成
大学院　社会学

学科紹介

現代社会学科

専攻	定員	内容
現代社会専攻	(330)	持続可能な社会の創造や公共空間の再生など、現代社会が抱える様々な問題に取り組み、真に豊かな未来を探究する。社会形成、社会文化、環境社会の3つの領域からなる。住民自治論、資源エネルギー論、社会階層論、家族社会学などの専門展開科目がある。
メディア社会専攻	(180)	社会とメディアの関わりやメディアが果たすべき役割と責任について考える。メディア社会、市民メディア、メディア文化の3つの領域を設置。新聞や放送、インターネットなどの発展と歴史を学ぶ。映画と社会、子どもとメディアなどの専門展開科目がある。
スポーツ社会専攻	(100)	余暇の過ごし方や健康管理の観点から注目の集まるスポーツを産業としての成長にも着目しつつ、公的機関や一般企業などの様々な立場から考察する。スポーツの役割を外国で学ぶ海外研修も用意されているなど現地調査を取り入れた実践的な学習に取り組む。
子ども社会専攻	(50)	小学校教員養成課程を設けており、全員が小学校教員の教職課程を履修する。教職科目だけではなく、子どもの育ちや心を理解したり、子どもをとりまく社会環境についても学ぶ。確かな実践力と専門的な知見を有した「子どものスペシャリスト」を育成する。
人間福祉専攻	(150)	政治、経済、社会などのマクロな視点と、個人の生活や内面という人間的な視点の両面から福祉にアプローチし、福祉マインドを培う。制度・システム系とソーシャルワーク・対人心理系の2つの領域から社会福祉を掘り下げ、人と制度について専門的な学びを深める。
取得可能な免許・資格		社会調査士、社会福祉士、社会福祉主事、教員免許（小一種、中-社・保体、高-地歴・公・保体、特-知的・肢体・病弱）

入試要項（2024年度）

※この入試情報は2024年度募集要項等より編集したものです（見方は巻頭の「本書の使い方」参照）。2025年度入試の最新情報は、ホームページや2025年度募集要項等で必ず確認してください。

■産業社会学部　偏差値 62

一般選抜

◆**全学統一方式（文系）**
[現代社会：3科目（320点）] 国 現古漢（100）▶漢文の独立問題は出題しない 地歴 公 数 世B、日B、地理B、政経、数ⅠⅡABから1（100）外 英（120）

◆**学部個別配点方式（文系型）**
[現代社会：3科目（500点）] 国 現古漢（150）▶漢文の独立問題は出題しない 地歴 公 数 世B、日B、地理B、政経、数ⅠⅡABから1（200）外 英（150）

◆**後期分割方式（2教科型〔英語、国語〕）**
[現代社会：2科目（220点）] 国 現（100）外 英（120）

共通テスト併用入試

◆**共通テスト併用方式（3教科型）**
[現代社会]〈共2科目（200点）〉国 現（100）地歴 公 数 世B、日B、地理B、公全4科目、数ⅠA、数ⅡB、簿、情から1（100）〈個2科目（200点）〉国 現（100）外 英（100）

共通テスト利用入試　※個別試験は課さない。

英選択の場合は英、英語外部試験から高得点1

◆**共通テスト方式（2月選考〔7科目型〕）**
[現代社会：7科目（800点→900点）] 国 現（100→200）地歴 公 理 世B、日B、地理B、公理全9科目、数ⅠA、数ⅡB、簿、情から5（計500）▶公2科目選択不可 外 全5科目から1（200）

◆**共通テスト方式（2月選考〔5教科型〕、3月選考〔5教科型〕）**

［現代社会：5科目（600点→700点）］ 国 現（100→200） 地歴 公 数 理 世B、日B、地理B、公理全9科目、数ⅠA、数ⅡB、簿、情から3（計300）▶公数理各2科目選択不可 外 全5科目から1（200）

◆**共通テスト方式（2月選考〔3教科型〕、3月選考〔3教科型〕）**

［現代社会：3科目（400点→500点）］ 国 現（100→200） 地歴 公 数 理 世B、日B、地理B、公理全9科目、数ⅠA、数ⅡB、簿、情から1（100） 外 全5科目から1（200）

◆**共通テスト方式（3月選考〔4教科型〕）**

［現代社会：4科目（500点→600点）］ 国 現（100→200） 地歴 公 数 理 世B、日B、地理B、公理全9科目、数ⅠA、数ⅡB、簿、情から2（計200）▶公数理各2科目選択不可 外 全5科目から1（200）

特別選抜

［総合型選抜］ AO選抜入学試験（産業社会小論文方式）

［その他］ 文化・芸術活動に優れた者の特別選抜入学試験、スポーツ能力に優れた者の特別選抜入学試験、外国人留学生入学試験、推薦入学試験（指定校制）、附属校推薦入学試験（学内推薦）、提携校推薦入学試験

文学部

定員 1,035

衣笠キャンパス

特色 京都の文学、歴史、地理、言語をテーマに英語で人文学を学ぶ科目を設けている。
進路 約1割が大学院へ進学。就職先はサービス業や卸売・小売業が多い。
学問分野 文学／言語学／哲学／歴史学／地理学／文化学／社会学／観光学／国際学／教育学／芸術理論
大学院 文学

学科紹介

人文学科

学域	定員	内容
人間研究学域	(120)	2つの専攻を設置。哲学・倫理学専攻では人間の根源的な問題に立ち返り、哲学や現代思想、倫理学や応用倫理学を系統的に学ぶ。教育人間学専攻では教育、人間、心の3つの領域から現代社会の問題を考察する。体験を重視し、実習の機会が数多く設けられている。
日本文学研究学域	(125)	日本文学や日本文化の持つ新たな意義を考察する。2つの専攻で構成。日本文学専攻では『古事記』や『万葉集』などの古典から近現代文学まで多様な日本文学の意味を解明する。日本語情報学専攻では日本語の多様性を考察するとともに図書館の役割を探究する。
日本史研究学域	(140)	2つの専攻で構成。日本史学専攻では絵画史料などを含む文献を読み解き日本の歴史を幅広く研究する。考古学・文化遺産専攻では日本列島のみならず周辺地域にも目を向け、日本に関する客観的で多元的な理解を目指す。実践的な調査や自然科学的研究も行う。
東アジア研究学域	(100)	中国、韓国を中心に東アジアの歴史や言語、文化までを幅広く研究する。中国文学・思想、東洋史学、現代東アジア言語・文化の3つの専攻を設置。文学や思想から豊かな知識を学びアジアの未来を考えるとともに、アジアの「今」を理解できる国際人を育成する。
国際文化学域	(220)	世界の成り立ちを歴史的に理解し、多様な文化と向き合う態度を養う。英米文学、ヨーロッパ・イスラーム史、文化芸術の3つの専攻で構成。世界の文化を多角的に理解し、英語圏だけでなくヨーロッパやイスラームの歴史からグローバル社会の未来を構想する。
地域研究学域	(130)	地域的な視点から人間を考察し、現代の多様な問題に取り組む力を育む。2つの専攻を設置。地理学専攻では自然現象から経済、文化までを対象に研究する。地域観光学専攻では観光を多様な側面から考察し、フィールドワークを通じ観光現象を分析する。
国際コミュニケーション学域	(120)	2つの専攻を設置。英語圏文化専攻では世界の動きと密接に関わる英語圏の文化を多面的に学び世界市民としての素養を磨く。国際英語専攻では英語リテラシーを身につけ、グローバル時代の英語教育を牽引できる英語教員を養成する。
言語コミュニケーション学域	(80)	2つの専攻を設置。コミュニケーション表現専攻ではグローバル化や変化の著しいメディア環境に対応できる人材を育成する。言語学・日本語教育専攻では言語研究と外国語としての日本語教育を結びつけ、価値観の相違を客観的に理解する。
取得可能な免許・資格		登録日本語教員、地域調査士、学芸員、測量士補、教員免許（中-国・社・英、高-国・地歴・公・英）、司書教諭、司書

入試要項（2024年度）

※この入試情報は2024年度募集要項等より編集したものです（見方は巻頭の「本書の使い方」参照）。2025年度入試の最新情報は、ホームページや2025年度募集要項等で必ず確認してください。

■文学部 偏差値 65

一般選抜

◆全学統一方式（文系）

［人文－人間研究・日本文学研究・日本史研究・東アジア研究・地域研究・言語コミュニケーション：3科目（320点）］国現古漢（100）▶漢文の独立問題を出題する。現代文1題と漢文から任意選択 地歴 公 数 世B、日B、地理B、政経、数ⅠⅡABから1（100）外英（120）

［人文－国際文化・国際コミュニケーション：3科目（350点）］国現古漢（100）▶漢文の独立問題を出題する。現代文1題と漢文から任意選択 地歴 公 数 世B、日B、地理B、政経、数ⅠⅡABから1（100）外英（150）

◆学部個別配点方式（文系型）

［人文－人間研究・日本文学研究・東アジア研究・言語コミュニケーション：3科目（400点）］国現古漢（200）▶漢文の独立問題を出題する。現代文1題と漢文から任意選択 地歴 公 数 世B、日B、地理B、政経、数ⅠⅡABから1（100）外英（100）

［人文－日本史研究・国際文化・地域研究：3科目（400点）］国現古漢（100）▶漢文の独立問題を出題する。現代文1題と漢文から任意選択 地歴 公 数 世B、日B、地理B、政経、数ⅠⅡABから1（200）外英（100）

［人文－国際コミュニケーション：3科目（400点）］国現古漢（100）▶漢文の独立問題を出題する。現代文1題と漢文から任意選択 地歴 公 数 世B、日B、地理B、政経、数ⅠⅡABから1（100）外英（200）

◆後期分割方式（2教科型〔英語、国語〕）

［人文：2科目（220点）］国現（100）外英（120）

共通テスト併用入試

◆共通テスト併用方式（3教科型）

［人文］〈共2科目（200点→130点）〉国古漢（100→30）地歴 公 数 理 世B、日B、地理B、公理全9科目、数ⅠA、数ⅡBから1（100）〈個2科目（170点）〉国現（70）外英（100）

共通テスト利用入試 ※個別試験は課さない。

英選択の場合は英、英語外部試験から高得点1

◆共通テスト方式（2月選考〔7科目型〕）

［人文：7科目（900点）］国現古漢（200）地歴 公 数 理 世B、日B、地理B、公理全9科目、数ⅠA、数ⅡBから5（計500）▶公2科目選択不可 外全5科目から1（200）

◆共通テスト方式（2月選考〔5教科型〕、3月選考〔5教科型〕）

［人文：5科目（700点）］国現古漢（200）地歴 公 数 理 世B、日B、地理B、公理全9科目、数ⅠA、数ⅡBから3（計300）▶公数理各2科目選択不可 外全5科目から1（200）

◆共通テスト方式（2月選考〔3教科型〕、3月選考〔3教科型〕）

［人文：3科目（500点→600点）］国現古漢（200）地歴 公 数 理 世B、日B、地理B、公理全9科目、数ⅠA、数ⅡBから1（100→200）外全5科目から1（200）

◆共通テスト方式（3月選考〔4教科型〕）

［人文：4科目（600点）］国現古漢（200）地歴 公 数 理 世B、日B、地理B、公理全9科目、数ⅠA、数ⅡBから2（計200）▶公数理各2科目選択不可 外全5科目から1（200）

特別選抜

［総合型選抜］AO選抜入試（国際方式〔英語・ドイツ語・フランス語・スペイン語・イタリア語・中国語・朝鮮語〕、人文学プロポーズ方式）

［その他］文化・芸術活動に優れた者の特別選抜入学試験、スポーツ能力に優れた者の特別選抜入学試験、外国人留学生入学試験、学内特別選抜入学試験、推薦入学試験（指定校制）、高大連携特別推薦入学試験（協定校）、附属校推薦入学試験（学内推薦）、提携校推薦入学試験

理工学部

びわこ・くさつキャンパス

定員 959

入試科目検索

特色 大学院への進学を視野に、4年次から所属する研究室では大学院生と研究を行う。
進路 約5割が大学院へ進学。卒業者の多くは製造業やサービス業に就職している。
学問分野 数学／物理学／機械工学／電気・電子工学／エネルギー工学／環境学／情報学
大学院 理工学

学科紹介

数学物理系 数理科学科 (97)	2つのコースを設置。数学コースでは隣接分野である物理学を学ぶ数理物理プログラムを設けている。データサイエンスコースでは確率や数理ファイナンス分野を中心に扱う。どちらのコースも現代数学を軸にカリキュラムが構成されている。
数学物理系 物理科学科 (86)	自然科学の根幹となる力学、電磁気学、熱統計物理学、量子力学に関する理解をもとに新領域や境界領域の物理学を開拓する。低学年次には物理の基礎を固め物理学実験やセミナーを通して研究能力を培い、高学年次にはより専門的な領域や応用分野を体系的に学ぶ。
電子システム系 電気電子工学科 (154)	電気電子工学の基礎的知識と技法を修得し、電気電子工学の技術の進歩に貢献できるグローバルリーダーを育成する。光システム、電子システム、電子デバイス、通信システムなどの専門科目群により電子工学の先端的技術に迫るカリキュラムが用意されている。
電子システム系 電子情報工学科 (102)	エレクトロニクス、コンピュータ、情報通信の3つの分野を中心に、数学や物理の基礎知識、電気・電子回路、コンピュータなどの専門知識を学ぶ。電子回路設計やプログラミングなどの高い技術を獲得するとともに、ネットワーク通信などの応用知識も修得する。
機械システム系 機械工学科 (173)	材料、設計・生産、制御・システム、環境・エネルギー、ナノテクノロジーなどを軸に、幅広い知識を身につける。材料・構造・加工、マイクロ機械、熱・流体・制御分野などの科目を系統的に学び、機械工学やその学際領域の専門知識と実践的なスキルを修得する。
機械システム系 ロボティクス学科 (90)	様々な先端テクノロジーへの理解を深め、それらを統合して新しいロボット開発に取り組む。機械工学や電気・電子工学に加え、重要性を増す人間支援技術の基礎も学ぶ。産業用の製造ロボットから原子炉内で動くことのできるロボットまで研究対象は幅広い。
都市システム系 環境都市工学科 (166)	環境問題や都市の再構築、防災などに対応できる技術者を育成する。2年次より環境システム工学、都市システム工学の2つのコースのいずれかを選択する。環境科学や計画理論の基礎知識を身につけ、環境および歴史文化の保全と快適な暮らしとの両立を目指す。
都市システム系 建築都市デザイン学科 (91)	建築や都市に関する歴史的、文化的背景を理解し、建築やデザインへの新たな需要や複合的な課題に応える能力を備えた人材を育成する。地域の個性を活かした建築および都市文化を継承し創造する理論と方法を学ぶ。1年次より各専門領域の選択必修科目を履修する。
取得可能な免許・資格	ボイラー技士、電気工事士、特殊無線技士（海上、陸上）、陸上無線技術士、建築士（一級、二級、木造）、技術士補、測量士補、主任技術者（電気、電気通信）、施工管理技士（土木、建築、電気工事、管工事、造園、建設機械）、教員免許（中-数・理、高-数・理・情・工業）

入試要項（2024年度）

※この入試情報は2024年度募集要項等より編集したものです（見方は巻頭の「本書の使い方」参照）。
2025年度入試の最新情報は、ホームページや2025年度募集要項等で必ず確認してください。

■理工学部 偏差値 62

一般選抜

◆**全学統一方式（理系）**

[数学物理－物理科以外：3科目（300点）] 数数ⅠⅡⅢAB（100）理物基・物、化基・化から1（100）外英（100）

[数学物理－物理科：3科目（300点）] 数数ⅠⅡⅢAB（100）理物基・物（100）外英（100）

◆**学部個別配点方式（理科1科目型）**

[数学物理－数理科：3科目（400点）] 数数ⅠⅡⅢAB（200）理物基・物、化基・化から1（100）外英（100）

[数学物理－物理科：3科目（400点）] 数数ⅠⅡⅢAB（100）理物基・物（200）外英（100）

[電子システム、機械システム：3科目（400点）] 数数ⅠⅡⅢAB（150）理物基・物（150）外英（100）

[都市システム：3科目（400点）] 数数ⅠⅡⅢAB（150）理物基・物、化基・化から1（150）外英（100）

◆**学部個別配点方式（理科2科目型）**

[数学物理－数理科：4科目（450点）] 数数ⅠⅡⅢAB（150）理物基・物、化基・化、生基・生から2（計200）外英（100）

[数学物理－物理科、電子システム、機械システム：4科目（450点）] 数数ⅠⅡⅢAB（150）理物基・物、化基・化（計200）外英（100）

[都市システム：4科目（450点）] 数数ⅠⅡⅢAB（150）理物基・物必須、化基・化、生基・生から1（計200）外英（100）

◆**後期分割方式（2教科型〔理科、数学〕）**

[数学物理－物理科以外：2科目（200点）] 数数ⅠⅡⅢAB（100）理物基・物、化基・化から1（100）

[数学物理－物理科：2科目（200点）] 数数ⅠⅡⅢAB（100）理物基・物（100）

共通テスト併用入試

◆**共通テスト併用方式（数学重視型）**

[数学物理－物理科以外]〈共3科目（300点→200点）〉数数ⅠA、数ⅡB（計200→100）理物、化から1（100）〈個2科目（200点）〉数数ⅠⅡⅢAB（100）外英（100）

[数学物理－物理科]〈共3科目（300点→200点）〉数数ⅠA、数ⅡB（計200→100）理物（100）〈個2科目（200点）〉数数ⅠⅡⅢAB（100）外英（100）

共通テスト利用入試 ※個別試験は課さない。

英選択の場合は英、英語外部試験から高得点1

◆**共通テスト方式（2月選考〔7科目型〕）**

[全系：7科目（800点）] 国現（100）地歴公世B、日B、地理B、公全4科目から1（100）数数ⅠA、数ⅡB（計200）理物（100→200）、化（100）外英、独、仏、中から1（200→100）

◆**共通テスト方式（2月選考〔5教科型〕、3月選考〔5教科型〕）**

[数学物理－物理科以外：6科目（700点）] 国現（100）地歴公理世B、日B、地理B、公全4科目、物、化、生から2（計200→300）▶物化から1必須。必須科目は100→200点とする数数ⅠA、数ⅡB（計200）外英、独、仏、中から1（200→100）

[数学物理－物理科：6科目（700点）] 国現（100）地歴公理物必須（100→200）、世B、日B、地理B、公全4科目、化、生から1（100）数数ⅠA、数ⅡB（計200）外英、独、仏、中から1（200→100）

◆**共通テスト方式（2月選考〔3教科型〕、3月選考〔3教科型〕）**

[数学物理－物理科以外：4科目（400～500点→500点）] 国地歴公外現、世B、日B、地理B、公全4科目、英、独、仏、中から1（100～200→100）▶外は200→100点とする数数ⅠA、数ⅡB（計200）理物、化から1（100→200）

[数学物理－物理科：4科目（400～500点→500点）] 国地歴公外現、世B、日B、地理B、公全4科目、英、独、仏、中から1（100～200→100）▶外は200→100点とする数数ⅠA、数ⅡB（計200）理物（100→200）

◆**共通テスト方式（3月選考〔4教科型〕）**

[数学物理－物理科以外：5科目（600点→500点）] 国現（100）数数ⅠA、数ⅡB（計200）理物、化から1（100）外英、独、仏、中から1（200→100）

[数学物理－物理科：5科目（600点→500点）] 国現（100）数数ⅠA、数ⅡB（計200）理物（100）外英、独、仏、中から1（200→100）

特別選抜

[総合型選抜] AO選抜入学試験（理工セミナー方式）

[その他] 文化・芸術活動に優れた者の特別選抜入学試験、スポーツ能力に優れた者の特別選抜入学試験、外国人留学生入学試験、推薦入学試験（指定校制）、高大連携特別推薦入学試験（協定校）、附属校推薦入学試験（学内推薦）、提携校推薦入学試験

国際関係学部

衣笠キャンパス

定員 360

入試科目検索

特色 英語の他にも、アラビア語やロシア語などを含む6つの国連公用語を学習可能。
進路 国家公務や商社、メーカーなど多彩な分野に進む者が多い。他、大学院へ進学する者もいる。
学問分野 国際学
大学院 国際関係

学科紹介

国際関係学科 (335)	2つの専攻を設置。国際関係学専攻には国際秩序平和、国際協力開発、国際文化理解、国際公務の4つのプログラムが設けられている。グローバル・スタディーズ専攻では英語で授業が行われ、高度な語学力や国際感覚に裏打ちされたコミュニケーション能力を養う。
アメリカン大学・立命館大学国際連携学科 (25)	アメリカン大学と共同で開設された国際連携学科（ジョイント・ディグリー・プログラム）。グローバル国際関係学の習得を目指して京都とワシントンD.C.で2年ずつ学び、単一の共同学位を取得する。

入試要項（2024年度）

※この入試情報は2024年度募集要項等より編集したものです（見方は巻頭の「本書の使い方」参照）。2025年度入試の最新情報は、ホームページや2025年度募集要項等で必ず確認してください。

■国際関係学部 偏差値 

一般選抜

◆全学統一方式（文系）
[国際関係－国際関係学：3科目（350点）] [国]現古漢（100）▶漢文の独立問題は出題しない [地歴][公][数]世B、日B、地理B、政経、数ⅠⅡABから1（100）[外]英（150）

◆学部個別配点方式（文系型）
[国際関係－国際関係学：3科目（300点）] [国]現古漢（100）▶漢文の独立問題は出題しない [地歴][公][数]世B、日B、地理B、政経、数ⅠⅡABから1（100）[外]英（100）

◆IR方式※出願要件として英語外部試験が必要
[国際関係：3科目（300点）] [外]英（100）、国際関係に関する英文読解（100）[その他]英語外部試験（100）

◆後期分割方式（2教科型〔英語、国語〕）
[国際関係－国際関係学：2科目（220点）] [国]現（100）[外]英（120）

共通テスト併用入試

◆共通テスト併用方式（3教科型）
[国際関係－国際関係学]〈[共]1科目（100点）〉[地歴][公][数]世B、日B、地理B、公全4科目、数ⅠA、数ⅡBから1（100）〈[個]2科目（250点）〉[国]現（100）[外]英（150）

共通テスト利用入試　※個別試験は課さない。

英選択の場合は英、英語外部試験から高得点1

◆共通テスト方式（2月選考〔7科目型〕）
[国際関係－国際関係学：7科目（900点）] [国]現古漢（200）[地歴][公][数][理]世B、日B、地理B、公理全9科目、数ⅠA、数ⅡBから5（計500）▶公2科目選択不可[外]全5科目から1（200）

◆共通テスト方式（2月選考〔5教科型〕、3月選考〔5教科型〕）
[国際関係－国際関係学：5科目（600点→700点）] [国]現（100→200）[地歴][公][数][理]世B、日B、地理B、公理全9科目、数ⅠA、数ⅡBから3（計300）▶公数理各2科目選択不可[外]全5科目から1（200）

◆共通テスト方式（2月選考〔3教科型〕、3月選考〔3教科型〕）
[国際関係－国際関係学：3科目（400点→600点）] [国][地歴][公][数][理]現、世B、日B、地理B、公理全9科目、数ⅠA、数ⅡBから2（計200→400）▶公数理各2科目選択不可[外]全5科目から1（200）

◆共通テスト方式（3月選考〔4教科型〕）
[国際関係－国際関係学：4科目（500点→800点）] [国][地歴][公][数][理]現、世B、日B、地理B、公理全9科目、数ⅠA、数ⅡBから3（計300→600）▶公数理各2科目選択不可[外]全5科目から1（200）

特別選抜

[総合型選抜] AO選抜入学試験（国際関係学専攻講義選抜方式、グローバル・スタディーズ専攻総合評価方式、ジョイント・ディグリー・プログラム総合評価方式）

[その他] 文化・芸術活動に優れた者の特別選抜入学試験、スポーツ能力に優れた者の特別選抜入学試験、帰国生徒（外国学校就学経験者）入学試験、外国人留学生入学試験、学内特別選抜入学試験、推薦入学試験（指定校制）、附属校推薦入学試験（学内推薦）、提携校推薦入学試験、AO英語基準入学試験（4月・9月入学）、推薦英語基準入学試験（4月・9月入学）

政策科学部

定員 410

大阪いばらきキャンパス

入試科目検索

特色 英語で政策科学を学ぶ科目を設置。海外フィールドワークを実施している。

進路 卒業者の多くはサービス業や製造業、公務などに就職している。

学問分野 政治学／社会学／環境学

大学院 政策科学

学科紹介

政策科学科

政策科学専攻 (370)	社会の諸問題の原因を探究し、利害関係者の立場を考慮した最善の解決策を提案する。公共政策系、環境開発系、社会マネジメント系の3つの学系に分かれ、現代社会の抱える課題にアプローチする。現場での実践で得た知見と理論を活かし政策構想力を身につける。
Community and Regional Policy Studies専攻 (40)	9月入学（AO英語基準入試）。様々な国や地域からの学生が集まる環境の中で、英語で政策科学を学ぶ。英語のみで卒業可能なカリキュラムを構成。グローバルな視点と政策の実践力や構想力を兼ね備えた人材を育成する。一定水準の英語力があれば政策科学専攻所属の学生も履修が可能である。
取得可能な免許・資格	社会調査士

入試要項（2024年度）

※この入試情報は2024年度募集要項等より編集したものです（見方は巻頭の「本書の使い方」参照）。2025年度入試の最新情報は、ホームページや2025年度募集要項等で必ず確認してください。

■政策科学部 偏差値 64

一般選抜

◆**全学統一方式（文系）**

［政策科：3科目（320点）］国 現古漢（100）▶漢文の独立問題は出題しない 地歴 公 数 世B、日B、地理B、政経、数ⅠⅡABから1（100）外 英（120）

◆**学部個別配点方式（文系型）**

［政策科：3科目（350点）］国 現古漢（100）▶漢文の独立問題は出題しない 地歴 公 数 世B、日B、地理B、政経、数ⅠⅡABから1（150）外 英（100）

◆**後期分割方式（2教科型〔英語、国語〕）**

［政策科：2科目（220点）］国 現（100）外 英（120）

共通テスト併用入試

◆**共通テスト併用方式（3教科型）**

［政策科］〈共1科目（100点）〉地歴 公 数 理 世B、日B、地理B、公理全9科目、数ⅠA、数ⅡBから1（100）〈個2科目（200点）〉国 現（100）外 英（100）

共通テスト利用入試　※個別試験は課さない。

英選択の場合は英、英語外部試験から高得点1

◆**共通テスト方式（2月選考〔7科目型〕）**

［政策科：7科目（800点→900点）］国 現（100→200）地歴 公 数 理 世B、日B、地理B、公理全9科目、数ⅠA、数ⅡBから5（計500）▶公2科目選択不可 外 全5科目から1（200）

◆**共通テスト方式（2月選考〔5教科型〕、3月選考〔5教科型〕）**

［政策科：5科目（600点→700点）］国 現（100→200）地歴 公 数 理 世B、日B、地理B、公理全9科目、数ⅠA、数ⅡBから3（計300）▶公数理各2科目選択不可 外 全5科目から1（200）

◆**共通テスト方式（2月選考〔3教科型〕、3月選考〔3教科型〕）**

［政策科：3科目（400点→600点）］国 現（100→200）地歴 公 数 理 世B、日B、地理B、公理全9科目、数ⅠA、数ⅡBから1（100→200）外 全5科目から1（200）

◆**共通テスト方式（3月選考〔4教科型〕）**

［政策科：4科目（500点→600点）］国 現（100→200）地歴 公 数 理 世B、日B、地理B、公理全9科目、数ⅠA、数ⅡBから2（計200）▶公数理各2科目選択不可 外 全5科目から1（200）

特別選抜

［総合型選抜］AO選抜入学試験（政策科学セミナー方式）

［その他］文化・芸術活動に優れた者の特別選抜入学試験、スポーツ能力に優れた者の特別選抜入学試験、外国人留学生入学試験、推薦入学試験（指定校制）、附属校推薦入学試験（学内推薦）、提携校推薦入学試験、AO英語基準入学試験（9月入学）、推薦英語基準入学試験（9月入学）

情報理工学部

大阪いばらきキャンパス

定員 475

入試科目検索

特色　情報通信技術（ICT）を英語で学ぶ独自の海外研修がある。2024年、一部のコース名称変更。
進路　約4割が大学院へ進学。就職先は情報通信業や製造業などが多い。
学問分野　メディア学／情報学
大学院　情報理工学

学科紹介

情報理工学科

システムアーキテクトコース 改	今まで誰も作ったことのない情報システムを構築できる「建築家（アーキテクト）」を目指し、ハード、ソフトの基礎的な技術から、ビッグデータ解析、IoTまで情報システム技術全般を学び、システム開発・運用のための実践的能力を獲得する。
セキュリティ・ネットワークコース 改	現実世界と仮想世界が高度に融合する現代社会、その礎となる情報インフラの重要性は日々高まっている。情報インフラを構成するセキュリティ、ソフトウェア、ネットワークの知識や、安心・安全な情報システムの構築技術を身につける。
社会システムデザインコース 改	膨大なデータの分析とモデル化を行う技術、具体的な社会システム・サービスを設計・実装する技術、人々と社会・システムを高度に交流させる技術を学び、人間とICTが共生する未来の社会・システムを創造・実現する実践的能力を身につける。
実世界情報コース	ICTで人間と外界を結ぶヒューマンインターフェース、臨場感の高い仮想世界を体感するバーチャルリアリティ技術やミクストリアリティ技術、身のまわりのモノをネットワークにつなぐIoT、機械システムの知能化を実現するロボット技術を学ぶ。
メディア情報コース 改	画像や音などの多様なメディアデータを活用する情報処理手法を学ぶ。特に、CG、情報可視化、VR/AR、画像処理・認識、音声認識・合成、音響情報処理、信号処理などの分野で最先端AI技術も駆使した研究に携わることができる。
知能情報コース 改	自然現象や社会現象の計測データの解析をはじめ、数理モデル、シミュレーションやAIなどを運用する総合的な知識と技術を体系的に学ぶ。生体情報などの実データの取得と情報の抽出を通じ、知能情報システムを工学的に実現する能力を修得する。
Information Systems Science and Engineering Course 改	情報工学分野に精通し、多種多様なコミュニティにおけるチームの一員として、グローバルに活躍できる人材を育成。授業はすべて英語で実施されており、学生が自ら問題を発見し解決していく課題解決型学習が根幹となっている。
取得可能な免許・資格	教員免許（高-情）

入試要項（2024年度）

※この入試情報は2024年度募集要項等より編集したものです（見方は巻頭の「本書の使い方」参照）。2025年度入試の最新情報は、ホームページや2025年度募集要項等で必ず確認してください。

■情報理工学部 偏差値 63

一般選抜

◆全学統一方式（理系）

［情報理工－Information Systems Science and Engineering Course以外：3科目（300点）］数 数ⅠⅡⅢAB（100）理 物基・物、化基・化、生基・生から1（100）外 英（100）

◆学部個別配点方式（理科1科目型）

［情報理工－Information Systems Science and Engineering Course以外：3科目（400点）］数 数ⅠⅡⅢAB（150）理 物基・物、化基・化、生基・生から1（100）外 英（150）

◆後期分割方式（2教科型〔理科、数学〕）

［情報理工－Information Systems Science and Engineering Course以外：2科目（200点）］数 数ⅠⅡⅢAB（100）理 物基・物、化基・化から1（100）

共通テスト併用入試

◆共通テスト併用方式（情報理工学部型）

［情報理工－Information Systems Science and Engineering Course以外］〈共1～2科目（100～200点→100点）〉国 数 次の①・②から1（①現（100）、②数ⅠA、数ⅡB（計200→100））〈個2科目（300点）〉数 数ⅠⅡⅢAB（200）外 英（100）

◆「共通テスト＋面接」ISSE方式

［情報理工－Information Systems Science and Engineering Course］〈共3科目（400点→300点）〉数 数ⅠA、数ⅡB（計200→100）外 英、英語外部試験から高得点1（200）〈個1科目（100点）〉面 面接（100）▶英語による個人面接を課す。情報科学・情報技術に関する理解・関心や情報理工学部への興味関心・入学後の学修計画・論理的思考力および説明能力を問う

共通テスト利用入試 ※個別試験は課さない

◆共通テスト方式（2月選考〔7科目型〕）

［情報理工－Information Systems Science and Engineering Course以外：7科目（800点→900点）］国 現（100）地歴 公 理 世B、日B、地理B、公全4科目、物、化、生から3（計300→400）▶理から1必須。必須科目は100→200点とする。公2科目選択不可 数 数ⅠA、数ⅡB（計200）外 英、英語外部試験から高得点1（200）

◆共通テスト方式（2月選考〔5教科型〕、3月選考〔5教科型〕）

［情報理工－Information Systems Science and Engineering Course以外：6科目（700点→800点）］国 現（100）地歴 公 理 世B、日B、地理B、公全4科目、物、化、生から2（計200→300）▶理から1必須。必須科目は100→200点とする 数 数ⅠA、数ⅡB（計200）外 英、英語外部試験から高得点1（200）

◆共通テスト方式（2月選考〔3教科型〕、3月選考〔3教科型〕）

［情報理工－Information Systems Science and Engineering Course以外：4科目（500点→600点）］数 数ⅠA、数ⅡB（計200）理 物、化、生から1（100→200）外 英、英語外部試験から高得点1（200）

◆共通テスト方式（3月選考〔4教科型〕）

［情報理工－Information Systems Science and Engineering Course以外：5科目（600点）］国 現（100）数 数ⅠA、数ⅡB（計200）理 物、化、生から1（100）外 英、英語外部試験から高得点1（200）

特別選抜

［総合型選抜］AO選抜入学試験（ISSE方式）

［その他］文化・芸術活動に優れた者の特別選抜入学試験、スポーツ能力に優れた者の特別選抜入学試験、外国人留学生入学試験、学内特別選抜入学試験、推薦入学試験（指定校制）、附属校推薦入学試験（学内推薦）、提携校推薦入学試験、AO英語基準入学試験（4月入学）、推薦英語基準入学試験（4月入学）

映像学部

大阪いばらきキャンパス

定員 240

入試科目検索

- 特色 卒業制作の作品は民間のシアターとホールを貸し切って一般公開される。
- 進路 専門性を活かすマスコミやサービスへの就職が際立っている。
- 学問分野 メディア学／芸術・表現
- 大学院 映像

学科紹介

映像学科 (240)	映像文化を開拓し、映像を通じて人類社会に貢献できる人材を育成する。映画芸術、ゲーム・エンターテインメント、クリエイティブ・テクノロジー、映像マネジメント、社会映像の5つの学びのゾーンに分かれており、これらのゾーンを自由かつ横断的に履修する。
取得可能な免許・資格	学芸員、司書

入試要項（2024年度）

※この入試情報は2024年度募集要項等より編集したものです（見方は巻頭の「本書の使い方」参照）。2025年度入試の最新情報は、ホームページや2025年度募集要項等で必ず確認してください。

■映像学部 偏差値 63

一般選抜

◆全学統一方式（文系）

［映像：3科目（320点）］国現古漢（100）▶漢文の独立問題は出題しない 地歴 公 数世B、日B、地理B、政経、数ⅠⅡABから1（100）外英（120）

◆学部個別配点方式（文系型）

［映像：3科目（350点）］国現古漢（100）▶漢文の独立問題は出題しない 地歴 公 数世B、日B、地理B、政経、数ⅠⅡABから1（150）外英（100）

◆学部個別配点方式（理科1科目型）

［映像：3科目（400点）］数数ⅠⅡⅢAB（150）理物基・物、化基・化、生基・生から1（100）外英（150）

◆後期分割方式（2教科型〔英語、国語〕）

［映像：2科目（220点）］国現（100）外英（120）

共通テスト併用入試

◆共通テスト併用方式（3教科型）

［映像］〈共1科目（100点）〉地歴 公 数 理世B、日B、地理B、公理全9科目、数ⅠA、数ⅡB、情から1（100）〈個2科目（200点）〉国現（100）外英（100）

共通テスト利用入試 ※個別試験は課さない。

英選択の場合は英、英語外部試験から高得点1

◆共通テスト方式（2月選考〔7科目型〕）

［映像：7科目（800点）］国現（100）地歴 公 数 理数ⅠA必須、世B、日B、地理B、公理全9科目、数ⅡB、情から4（計500）外全5科目から1（200）

◆共通テスト方式（2月選考〔5教科型〕、3月選考〔5教科型〕）

［映像：5科目（600点）］国 地歴 公 数 理数ⅠA必須、現、世B、日B、地理B、公理全9科目、数ⅡB、情から3（計400）▶公理各2科目選択不可 外全5科目から1（200）

◆共通テスト方式（2月選考〔3教科型〕、3月選考〔3教科型〕）

［映像：3科目（400点→600点）］国 地歴 公 数 理現、世B、日B、地理B、公理全9科目、数ⅠA、数ⅡB、情から2（計200→400）▶公数理各2科目選択不可 外全5科目から1（200）

◆共通テスト方式（3月選考〔4教科型〕）

［映像：4科目（500点→800点）］国 地歴 公 数 理現、世B、日B、地理B、公理全9科目、数ⅠA、数ⅡB、情から3（計300→600）▶公数理各2科目選択不可 外全5科目から1（200）

特別選抜

［総合型選抜］AO選抜入学試験（プレゼンテーション方式〔映像撮影型、絵コンテ作画型〕）

［その他］文化・芸術活動に優れた者の特別選抜入学試験、スポーツ能力に優れた者の特別選抜入学試験、外国人留学生入学試験、推薦入学試験（指定校制）、附属校推薦入学試験（学内推薦）、提携校推薦入学試験

入試科目検索

薬学部

定員 160

びわこ・くさつキャンパス

特色 薬効の理解、薬の正しい利用法、創薬を自身の進路に合わせて学習する。
進路 薬科：約6割が大学院へ進学。薬：病院薬剤師として活躍する者が多い。
学問分野 薬学
大学院 薬学

学科紹介

薬学科 (100)	6年制。1・2年次には病院や薬局を訪問してキャリア形成の意識を養うとともに、演習を通じて薬剤師に必要なコミュニケーション力や倫理観を身につける。4年次には学内の模擬薬局で、5年次には実際の病院や薬局で実習を行い、実践的な知識や技術を学ぶ。
創薬科学科 (60)	4年制。進路に合わせて化学系創薬研究者、生物系創薬研究者、臨床開発・医薬情報担当者の3つの履修モデルが用意されている。3年次から創薬に関する専門的な実習が始まるとともに、研究室に所属し各自の関心に応じて設定したテーマで卒業研究を進める。
取得可能な免許・資格	危険物取扱者（甲種）、毒物劇物取扱責任者、食品衛生管理者、薬剤師、作業環境測定士

入試要項（2024年度）

※この入試情報は2024年度募集要項等より編集したものです（見方は巻頭の「本書の使い方」参照）。2025年度入試の最新情報は、ホームページや2025年度募集要項等で必ず確認してください。

■薬学部 偏差値 61

一般選抜

◆**薬学方式**
[全学科：3科目（300点）] 数 数ⅠⅡAB（100）理 物基・物、化基・化、生基・生から1（100）外 英（100）

◆**全学統一方式（理系）**
[全学科：3科目（300点）] 数 数ⅠⅡⅢAB（100）理 物基・物、化基・化、生基・生から1（100）外 英（100）

◆**学部個別配点方式（理科1科目型）**
[全学科：3科目（350点）] 数 数ⅠⅡⅢAB（100）理 物基・物、化基・化、生基・生から1（150）外 英（100）

◆**学部個別配点方式（理科2科目型）**
[全学科：4科目（400点）] 数 数ⅠⅡⅢAB（100）理 物基・物、化基・化、生基・生から2（計200）外 英（100）

◆**後期分割方式（2教科型〔理科、数学〕）**
[全学科：2科目（200点）] 数 数ⅠⅡⅢAB（100）理 物基・物、化基・化から1（100）

共通テスト利用入試 ※個別試験は課さない

◆**共通テスト方式（2月選考〔7科目型〕）**
[全学科：7科目（800点→900点）] 国 現（100）地歴 公 世B、日B、地理B、公全4科目から1（100）数 数ⅠA、数ⅡB（計200）理 物、化、生から2（計200→300）外 英、英語外部試験から高得点1（200）

◆**共通テスト方式（2月選考〔3教科型〕、3月選考〔3教科型〕）**
[全学科：4科目（500点）] 数 数ⅠA、数ⅡB（計200）理 物、化、生から1（100→200）外 英、英語外部試験から高得点1（200→100）

特別選抜

[総合型選抜] AO選抜入学試験（課題探究型方式）
[その他] 文化・芸術活動に優れた者の特別選抜入学試験、スポーツ能力に優れた者の特別選抜入学試験、外国人留学生入学試験、推薦入学試験（指定校制）、附属校推薦入学試験（学内推薦）、提携校推薦入学試験

生命科学部

定員 325

入試科目検索

びわこ・くさつキャンパス

特色　機能的な英語運用能力を養う学部独自のプログラムを開設している。
進路　約6割が大学院へ進学。就職先は製造業やサービス業が多い。
学問分野　化学／生物学／応用生物学
大学院　生命科学

学科紹介

学科	定員	内容
応用化学科	(111)	2つのコースを設置。応用化学コースでは材料やエネルギーなどをテーマに扱う。生命化学コースでは生体物質などをテーマに扱う。化学の理論と技術を駆使し原子、分子レベルで物質の構造や性質を理解した上で、新しい物質や化学反応を発見することを目指す。
生物工学科	(86)	バイオテクノロジーの研究を通じ、人類の持続的発展に貢献する人材を育成。化学や生物学、生化学などの専門知識をベースに、環境や食糧、医療、バイオエネルギーなどの分野を学習する。生物の多様性や相互作用、人間社会との関わりについての理解を深める。
生命情報学科	(64)	微生物や動植物の実験データからゲノム、タンパク質、細胞のビッグデータを収集し、それらの機能について研究する。生命現象の情報を解析し生命活動の仕組みを探ることで、より収量の多い植物の栽培研究や、副作用の少ない新薬や治療法の開発などにつなげる。
生命医科学科	(64)	病気の早期発見や疾病予防などの予防医学を中心に生命システムと医科学の研究を行い、人類の福祉に貢献する。細胞の働きや身体の仕組みなど医学の根本を学ぶ基礎医学と予防健康医学の他、ゲノム医科学や先端医療技術の開発までを視野に入れて学んでいく。
取得可能な免許・資格		危険物取扱者(甲種)、毒物劇物取扱責任者、技術士補、教員免許(中-理、高-理)、作業環境測定士

入試要項(2024年度)

※この入試情報は2024年度募集要項等より編集したものです（見方は巻頭の「本書の使い方」参照）。2025年度入試の最新情報は、ホームページや2025年度募集要項等で必ず確認してください。

■生命科学部 偏差値 63

一般選抜

◆**全学統一方式（理系）**
[全学科：3科目(300点)] 数数ⅠⅡⅢAB(100) 理物基・物、化基・化、生基・生から1（100） 外英（100）

◆**学部個別配点方式（理系1科目型）**
[全学科：3科目(350点)] 数数ⅠⅡⅢAB(100) 理物基・物、化基・化、生基・生から1（150） 外英（100）

◆**学部個別配点方式（理系2科目型）**
[全学科：4科目(400点)] 数数ⅠⅡⅢAB(100) 理物基・物、化基・化、生基・生から2（計200） 外英（100）

◆**後期分割方式（2教科型〔理科、数学〕）**
[全学科：2科目(200点)] 数数ⅠⅡⅢAB(100) 理物基・物、化基・化から1（100）

共通テスト併用入試

◆**共通テスト併用方式（数学重視型）**
[全学科]〈共3科目(300点→200点)〉数数ⅠA、数ⅡB(計200→100) 理物、化、生から1(100)〈個2科目（200点)〉数数ⅠⅡⅢAB（100）外英(100)

共通テスト利用入試　※個別試験は課さない。

英選択の場合は英、英語外部試験から高得点1

◆**共通テスト方式（2月選考〔7科目型〕）**
[全学科：7科目(800点→900点)] 国現(100) 地歴公理世B、日B、地理B、公全4科目、物、化、生から3（計300→400）▶理から1必須。必須科目は100→200点とする。公2科目選択不可 数数ⅠA、数ⅡB(計200) 外英、独、仏、中から1(200)

◆**共通テスト方式(2月選考〔5教科型〕、3月選考〔5教科型〕)**
[全学科：6科目(700点→800点)] 国現(100) 地歴公理世B、日B、地理B、公全4科目、物、化、生から2（計200→300）▶理から1必須。必須科目は100→200点とする 数数ⅠA、数ⅡB（計200）外英、独、仏、中から1（200）

◆**共通テスト方式(2月選考〔3教科型〕、3月選考〔3教科型〕)**
[全学科：4科目(400～500点→500点)] 国 地歴 公 外 現、世B、日B、地理B、公全4科目、英、独、仏、中から1(100～200→100) ▶外は200→100点とする 数 数ⅠA、数ⅡB(計200) 理 物、化、生から1(100→200)
◆**共通テスト方式(3月選考〔4教科型〕)**
[全学科：5科目(600点→500点)] 国 現(100) 数 数ⅠA、数ⅡB(計200) 理 物、化、生から1(100) 外 英、独、仏、中から1(200→100)

特別選抜

[総合型選抜] AO選抜入学試験(探究活動評価方式)
[その他] 文化・芸術活動に優れた者の特別選抜入学試験、スポーツ能力に優れた者の特別選抜入学試験、外国人留学生入学試験、推薦入学試験(指定校制)、高大連携特別推薦入学試験(協定校)、附属校推薦入学試験(学内推薦)、提携校推薦入学試験

スポーツ健康科学部

びわこ・くさつキャンパス

定員 235

入試科目検索

特色	4年間を通じ、小集団演習やPBL（課題解決型学習）科目を展開している。
進路	卒業者はサービス業や製造業、卸売・小売業など多彩な進路に進んでいる。
学問分野	健康科学／教員養成
大学院	スポーツ健康科学

学科紹介

スポーツ健康科学科 (235)	スポーツサイエンス、健康運動科学、スポーツ教育学、スポーツマネジメントの4つの領域を融合しスポーツ健康科学分野を幅広く学ぶ。海外インターンシップや米国におけるアスレティックトレーナーの資格取得を目指す独自の留学プログラムも設けている。
取得可能な免許・資格	公認スポーツ指導者、教員免許（中-保体、高-保体）

入試要項（2024年度）

※この入試情報は2024年度募集要項等より編集したものです（見方は巻頭の「本書の使い方」参照）。2025年度入試の最新情報は、ホームページや2025年度募集要項等で必ず確認してください。

■スポーツ健康科学部 偏差値 62

一般選抜

◆全学統一方式（文系）

[スポーツ健康科：3科目（320点）] [国]現古漢（100）▶漢文の独立問題は出題しない [地歴][公][数]世B、日B、地理B、政経、数ⅠⅡABから1（100）[外]英（120）

◆理系型3教科方式

[スポーツ健康科：3科目（400点）] [数]数ⅠⅡAB（150）[理]物基・物、化基・化、生基・生から1（100）[外]英（150）

◆学部個別配点方式（文系型）

[スポーツ健康科：3科目（400点）] [国]現古漢（150）▶漢文の独立問題は出題しない [地歴][公][数]世B、日B、地理B、政経、数ⅠⅡABから1（100）[外]英（150）

共通テスト併用入試

◆共通テスト併用方式（3教科型）、後期分割方式（共通テスト併用3教科型）

[スポーツ健康科]〈[共]1科目（100点）〉[地歴][公][数][理]世B、日B、地理B、公理全9科目、数ⅠA、数ⅡBから1（100）〈[個]2科目（200点）〉[国]現（100）[外]英（100）

共通テスト利用入試 ※個別試験は課さない英選択の場合は英、英語外部試験から高得点1

◆共通テスト方式（2月選考〔7科目型〕）

[スポーツ健康科：7科目（800点→900点）] [国]現（100→200）[地歴][公][理]世B、日B、地理B、公理全9科目から3（計300）▶公2科目選択不可 [数]数ⅠA、数ⅡB（計200）[外]英、独、仏、中から1（200）

◆共通テスト方式（2月選考〔5教科型〕、3月選考〔5教科型〕）

[スポーツ健康科：5科目（600点→700点）] [国]現（100→200）[地歴][公][数][理]世B、日B、地理B、公理全9科目、数ⅠA、数ⅡBから3（計300）▶公数理各2科目選択不可 [外]英、独、仏、中から1（200）

◆共通テスト方式（2月選考〔3教科型〕、3月選考〔3教科型〕）

[スポーツ健康科：3科目（400点→600点）] [国][地歴][公][数][理]現、世B、日B、地理B、公理全9科目、数ⅠA、数ⅡBから2（計200→400）▶公数理各2科目選択不可 [外]英、独、仏、中から1（200）

◆共通テスト方式（3月選考〔4教科型〕）

[スポーツ健康科：4科目（500点→600点）] [国]現（100→200）[地歴][公][数][理]世B、日B、地理B、公理全9科目、数ⅠA、数ⅡBから2（計200）▶公数理各2科目選択不可 [外]英、独、仏、中から1（200）

特別選抜

[総合型選抜] AO選抜入学試験（CREA方式〔グローバル・アスレティックトレーニング型、教員熱望型、課題発見・解決型、数学的素養型〕）

[その他] 文化・芸術活動に優れた者の特別選抜入学試験、スポーツ能力に優れた者の特別選抜入学試験、外国人留学生入学試験、推薦入学試験（指定校制）、附属校推薦入学試験（学内推薦）、提携校推薦入学試験

総合心理学部

定員 280

大阪いばらきキャンパス

入試科目検索

特色 全国有数規模の実験・実習施設を持つ。2021年度よりカリキュラムを改変。

進路 約2割が大学院へ進学。卒業者は一般企業や行政など様々な業界・職種に就いている。

学問分野 心理学

大学院 人間科学

学科紹介

総合心理学科 (280)	基礎・応用・臨床といった心理学の基本的分野を総合的に学修。専門科目では、心のはたらきと行動の仕組みを実証科学で探求する「認知・行動」、乳幼児から高齢期まで各発達段階を捉える「発達・キャリア」、社会の現代的な対立や問題を心理学から解決する方法を学ぶ「社会・文化」の3ユニットで心理学の専門分野を系統的に学ぶ。
取得可能な免許・資格	公認心理師、認定心理士

入試要項（2024年度）

※この入試情報は2024年度募集要項等より編集したものです（見方は巻頭の「本書の使い方」参照）。2025年度入試の最新情報は、ホームページや2025年度募集要項等で必ず確認してください。

■総合心理学部 偏差値 64

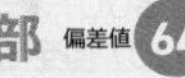

一般選抜

◆全学統一方式（文系）

[総合心理：3科目（320点）] 国 現古漢（100）▶漢文の独立問題は出題しない 地歴 公 数 世B、日B、地理B、政経、数ⅠⅡABから1（100） 外 英（120）

◆理系型3教科方式

[総合心理：3科目（400点）] 数 数ⅠⅡAB（150） 理 物基・物、化基・化、生基・生から1（100） 外 英（150）

◆学部個別配点方式（文系型）

[総合心理：3科目（400点）] 国 現古漢（150）▶漢文の独立問題は出題しない 地歴 公 数 世B、日B、地理B、政経、数ⅠⅡABから1（100） 外 英（150）

◆後期分割方式（2教科型〔英語、国語〕）

[総合心理：2科目（220点）] 国 現（100） 外 英（120）

共通テスト併用入試

◆共通テスト併用方式（3教科型）

[総合心理]〈共1科目（100点）〉 地歴 公 数 理 世B、日B、地理B、公理全9科目、数ⅠA、数ⅡBから1（100）〈個2科目（200点）〉 国 現（100） 外 英（100）

共通テスト利用入試 ※個別試験は課さない。

英選択の場合は英、英語外部試験から高得点1

◆共通テスト方式（2月選考〔7科目型〕）

[総合心理：7科目（800点→900点）] 国 現（100→200） 地歴 公 理 世B、日B、地理B、公理全9科目から3（計300）▶公2科目選択不可 数 数ⅠA、数ⅡB（計200） 外 全5科目から1（200）

◆共通テスト方式（2月選考〔5教科型〕、3月選考〔5教科型〕）

[総合心理：5科目（600点→700点）] 国 現（100→200） 地歴 公 数 理 世B、日B、地理B、公理全9科目、数ⅠA、数ⅡBから3（計300）▶公理各2科目選択不可 外 全5科目から1（200）

◆共通テスト方式（2月選考〔3教科型〕、3月選考〔3教科型〕）

[総合心理：3科目（400点→600点）] 国 現（100→200） 地歴 公 数 理 世B、日B、地理B、公理全9科目、数ⅠA、数ⅡBから1（100→200） 外 全5科目から1（200）

◆共通テスト方式（3月選考〔4教科型〕）

[総合心理：4科目（500点→600点）] 国 現（100→200） 地歴 公 数 理 世B、日B、地理B、公理全9科目、数ⅠA、数ⅡBから2（計200）▶公理各2科目選択不可 外 全5科目から1（200）

特別選抜

[総合型選抜] AO選抜入学試験（総合心理学部課題論文方式）

[その他] 文化・芸術活動に優れた者の特別選抜入学試験、スポーツ能力に優れた者の特別選抜入学試験、外国人留学生入学試験、推薦入学試験（指定校制）、附属校推薦入学試験（学内推薦）、提携校推薦入学試験

食マネジメント学部

定員 320

入試科目検索

びわこ・くさつキャンパス

特色 ル・コルドン・ブルー（フランス）と連携した国際的なプログラムを用意。
進路 卒業後はサービス業や卸売・小売業、製造業に就く者が多い。
学問分野 文化学／経営学／食物学
大学院 食マネジメント

学科紹介

学科	定員	内容
食マネジメント学科	(320)	フードマネジメント、フードカルチャー、フードテクノロジーの3つの領域を学ぶ。調理学実習室や官能評価実習室など学部独自の施設が充実している。1カ月程度海外に滞在し、現地の食文化や食産業について学ぶ海外プログラムも実施される。

入試要項（2024年度）

※この入試情報は2024年度募集要項等より編集したものです（見方は巻頭の「本書の使い方」参照）。
2025年度入試の最新情報は、ホームページや2025年度募集要項等で必ず確認してください。

■食マネジメント学部 偏差値 63

一般選抜

◆全学統一方式（文系）
［食マネジメント：3科目（320点）］国現古漢（100）▶漢文の独立問題は出題しない 地歴 公 数 世B、日B、地理B、政経、数ⅠⅡABから1（100）外英（120）

◆理系型3教科方式
［食マネジメント：3科目（320点）］数数ⅠⅡAB（100）理物基・物、化基・化、生基・生から1（100）外英（120）

◆学部個別配点方式（文系型）
［食マネジメント：3科目（400点）］国現古漢（100）▶漢文の独立問題は出題しない 地歴 公 数 世B、日B、地理B、政経、数ⅠⅡABから1（150）外英（150）

◆後期分割方式（2教科型〔英語、国語〕）
［食マネジメント：2科目（200点）］国現（100）外英（100）

共通テスト併用入試

◆共通テスト併用方式（3教科型）
［食マネジメント］〈共1科目（100点）〉地歴 公 数 世B、日B、地理B、公全4科目、数ⅠA、数ⅡBから1（100）〈個2科目（200点）〉国現（100）外英（100）

共通テスト利用入試 ※個別試験は課さない。

英選択の場合は英、英語外部試験から高得点1

◆共通テスト方式（2月選考〔7科目型〕）
［食マネジメント：7科目（800点→900点）］国現（100→200）地歴 公 理 世B、日B、地理B、公理全9科目から3（計300）▶公2科目選択不可 数 数ⅠA、数ⅡB（計200）外全5科目から1（200）

◆共通テスト方式（2月選考〔5教科型〕、3月選考〔5教科型〕）
［食マネジメント：5科目（600点→700点）］国現（100→200）地歴 公 数 理 世B、日B、地理B、公理全9科目、数ⅠA、数ⅡBから3（計300）▶公数理各2科目選択不可 外全5科目から1（200）

◆共通テスト方式（2月選考〔3教科型〕、3月選考〔3教科型〕）
［食マネジメント：3科目（400点→600点）］国現（100→200）地歴 公 数 理 世B、日B、地理B、公理全9科目、数ⅠA、数ⅡBから1（100→200）外全5科目から1（200）

◆共通テスト方式（3月選考〔4教科型〕）
［食マネジメント：4科目（500点→600点）］国現（100→200）地歴 公 数 理 世B、日B、地理B、理全9科目、数ⅠA、数ⅡBから2（計200）▶公数理各2科目選択不可 外全5科目から1（200）

特別選抜

［総合型選抜］AO選抜入学試験（プレゼンテーション方式〔課題論文型、基礎数学型〕）
［その他］文化・芸術活動に優れた者の特別選抜入学試験、スポーツ能力に優れた者の特別選抜入学試験、外国人留学生入学試験、推薦入学試験（指定校制）、附属校推薦入学試験（学内推薦）、提携校推薦入学試験

グローバル教養学部

定員 100

入試科目検索

大阪いばらきキャンパス

特色 すべての授業を英語で行う。オーストラリアの大学と提携したプログラムがある。
進路 グローバル企業への就職の他、政策や外交などに関わる大学院へ進学する者もいる。
学問分野 国際学

学科紹介

グローバル教養学科 (100)	オーストラリア国立大学(ANU、オーストラリア)へ1年間留学する。2・4年次にはグローバル教養学部とANUの教員による授業を両方受講する。両大学が定めた条件と単位をクリアすることで、卒業時に双方の大学の学士を取得することができる。

入試要項(2024年度)

※この入試情報は2024年度募集要項等より編集したものです（見方は巻頭の「本書の使い方」参照）。
2025年度入試の最新情報は、ホームページや2025年度募集要項等で必ず確認してください。

■グローバル教養学部 偏差値

特別選抜

[総合型選抜] AO選抜入学試験（4月入学総合評価方式〔10月選考／12月選考〕)

[その他] 帰国生徒（外国学校就学経験者）入学試験、外国人留学生入学試験、学内特別選抜入学試験、推薦入学試験（指定校制）、附属校推薦入学試験（学内推薦）、AO英語基準入学試験（4月・9月入学）、推薦英語基準入学試験（4月・9月入学）

募集人員等一覧表

※本書掲載内容は、大学のホームページ及び入学案内や募集要項などの公開データから独自に編集したものです（2024年度入試※1）。詳細は募集要項かホームページで必ず確認してください。

学部	学科－専攻・学域・コース	募集人員※2	一般選抜			共通テスト併用入試				共通テスト利用入試						特別選抜※4
										2月選考			3月選考（後期型）			
			全学統一方式	学部個別配点方式※3 理系型3教科方式 IR方式 薬学方式	後期分割方式	共通テスト併用方式（3教科型・5教科型）	後期分割方式	「経営学部で学ぶ感性＋共通テスト」方式	数学重視型 情報理工学部型 ISSE方式	7科目型	5教科型	3教科型	5教科型	4教科型	3教科型	
法	法	720名	200名	文系型70名	—	3教科型40名	20名	—	—	120名			10名			㉑1名 ㉒14名 ㉔12名 ㉕5名
経済	経済－国際	125名	40名	—		5教科型5名	5名			—			—			①10名 ㉔㉕1名
	経済－経済	635名	220名	文系型30名	—	5教科型15名	20名	—	—	150名			15名			②10名 ㉑2名 ㉒30名 ㉔13名 ㉕9名
経営	国際経営	145名	41名	文系型8名	2名	3教科型2名		—		14名		—	若干名	—	—	①17名 ㉔6名
	経営	650名	188名	文系型43名	4名	3教科型12名	—	23名	—	65名			3名			㉑3名 ㉒25名 ㉔24名 ㉕18名
産業社会	現代社会－現代社会	330名	133名	文系型19名	15名	3教科型23名				26名			2名			③18名 ㉑㉔㉕3名 ㉒7名
	現代社会－メディア社会	180名	75名	文系型10名	7名	3教科型13名				16名			2名			③8名 ㉑2名 ㉒4名 ㉔㉕5名
	現代社会－スポーツ社会	100名	35名	文系型5名	3名	3教科型4名	—	—	—	8名			2名			③5名 ㉑1名 ㉒14名 ㉔㉕2名
	現代社会－子ども社会	50名	20名	文系型3名	2名	3教科型2名				3名			2名			③2名 ㉑1名 ㉒3名
	現代社会－人間福祉	150名	47名	文系型9名	3名	3教科型8名				6名			2名			③11名 ㉑㉔㉕1名 ㉒4名
文	人文－人間研究	120名	44名	文系型11名	4名	3教科型5名				11名			2名			④5名 ㉑8名※5 ㉒16名※5 ㉔13名※5 ㉕12名※5
	人文－日本文学研究	125名	43名	文系型16名	4名	3教科型5名	—	—	—	11名			2名			⑤5名 ㉑8名※5 ㉒16名※5 ㉔13名※5 ㉕12名※5
	人文－日本史研究	140名	50名	文系型19名	4名	3教科型5名				11名			2名			⑤5名 ㉑8名※5 ㉒16名※5 ㉔13名※5 ㉕12名※5
	人文－東アジア研究	100名	31名	文系型12名	4名	3教科型4名				8名			2名			④⑤5名 ㉑8名※5 ㉒16名※5 ㉔13名※5 ㉕12名※5

学部	学科－専攻・学域・コース	募集人員※2	一般選抜			共通テスト併用入試				共通テスト利用入試						特別選抜※4
			全学統一方式	学部個別配点方式※3 理系型3教科方式 IR方式 薬学方式	後期分割方式	共通テスト併用方式(3教科型・5教科型)	後期分割方式	「経営学部で学ぶ感性＋共通テスト」方式	数学重視型 情報理工学部型 ISSE方式	2月選考			3月選考(後期型)			
										7科目型	5教科型	3教科型	5教科型	4教科型	3教科型	
	人文－国際文化	220名	83名	文系型27名	8名	3教科型11名					19名			2名		④11名 ⑤10名 ㉑8名※5 ㉒16名※5 ㉔13名※5 ㉕12名※5
	人文－地域研究	130名	45名	文系型18名	4名	3教科型5名					11名			2名		⑤9名 ㉑8名※5 ㉒16名※5 ㉔13名※5 ㉕12名※5
	人文－国際コミュニケーション	120名	37名	文系型16名	4名	3教科型4名					9名			2名		④6名 ⑤5名 ㉑8名※5 ㉒16名※5 ㉔13名※5 ㉕12名※5
	人文－言語コミュニケーション	80名	24名	文系型10名	4名	3教科型2名					5名			2名		⑤5名 ㉑8名※5 ㉒16名※5 ㉔13名※5 ㉕12名※5
理工	数理科－数学	45名	14名	理科1、2科目型8名	2名		—		数学重視型1名		5名			1名		⑥5名※6 ㉑2名※7 ㉒㉔㉕1名※6
	数理科－データサイエンス	52名	15名	理科1、2科目型8名	3名		—		数学重視型1名		5名			1名		⑥5名※6 ㉑2名※7 ㉒㉔㉕1名※6
	物理科	86名	29名	理科1、2科目型14名	5名		—		数学重視型2名		10名			1名		⑥10名 ㉑2名※7 ㉒㉔㉕1名
	電気電子工	154名	63名	理科1、2科目型21名	8名		—		数学重視型2名		15名			1名		⑥6名 ㉑2名※7 ㉒1名 ㉔㉕2名
	電子情報工	102名	41名	理科1、2科目型14名	5名		—		数学重視型2名		10名			1名		⑥3名 ㉑2名※7 ㉒1名 ㉔㉕1名
	機械工	173名	76名	理科1、2科目型25名	8名		—		数学重視型2名		15名			1名		⑥6名 ㉑2名※7 ㉒1名 ㉔㉕2名
	ロボティクス	90名	33名	理科1、2科目型11名	5名		—		数学重視型2名		10名			1名		⑥3名 ㉑2名※7 ㉒1名 ㉔㉕2名
	環境都市工	166名	70名	理科1、2科目型20名	8名		—		数学重視型2名		15名			1名		⑥3名 ㉑2名※7 ㉒1名 ㉔㉕2名
	建築都市デザイン	91名	41名	理科1、2科目型13名	5名		—		数学重視型2名		10名			1名		㉑2名※7 ㉒㉔㉕1名

学部	学科－専攻・学域・コース	募集人員※2	一般選抜			共通テスト併用入試				共通テスト利用入試						特別選抜※4
			全学統一方式	学部個別配点方式※3 理系型3教科方式 IR方式 薬学方式	後期分割方式	共通テスト併用方式（3教科型・5教科型）	後期分割方式	「経営学部で学ぶ感性＋共通テスト」方式	数学重視型 情報理工学部型 ISSE方式	2月選考 7科目型	2月選考 5教科型	2月選考 3教科型	3月選考（後期型） 5教科型	3月選考（後期型） 4教科型	3月選考（後期型） 3教科型	
国際関係※8	国際関係－国際関係学	235名	76名	文系型10名 IR方式12名	4名	3教科型3名	—	—	—	10名			3名			⑦㉕10名 ㉑1名 ㉒4名 ㉔12名
	国際関係－グローバル・スタディーズ	100名	—	IR方式15名	—	—				—			—			⑧13名 ⑲12名 ⑳34名
	アメリカン大学・立命館大学国際連携	25名	—	—	—	—				—			—			⑨6名 ⑲5名 ㉓4名
政策科	政策科－政策科学	370名	130名	文系型20名	10名	3教科型20名	—	—	—	55名			5名			⑩11名 ㉑㉔2名 ㉒8名 ㉕3名
	政策科－CRPS	40名	—	—	—	—				—			—			⑳30名
情報理工	情報理工－ISSE以外	425名	174名	理科1科目型18名	15名	—	—	—	情報理工学部型23名	53名			3名			㉑2名 ㉒7名 ㉔15名 ㉕10名
	情報理工－ISSE	50名	—						ISSE方式5名	—			—			⑪10名 ⑲24名
映像	映像	240名	83名	文系型15名 理科1科目型15名	3名	3教科型11名	—	—	—	15名			1名			⑫25名※9 ㉑3名 ㉒1名 ㉔16名 ㉕10名
薬	薬	100名	16名	理科1、2科目型14名 薬学方式28名	3名	—				7科目型 3教科型 5名			—	—	若干名	⑬4名
	創薬科	60名	12名	理科1、2科目型8名 薬学方式17名	2名	—				7科目型 3教科型 3名						⑬2名 ㉑㉒㉔㉕1名
生命科	応用化	111名	41名	理科1、2科目型15名	4名	—	—	—	数学重視型3名	11名			2名			⑭3名 ㉑1名※7 ㉒㉔㉕1名
	生物工	86名	30名	理科1、2科目型12名	3名				数学重視型2名	9名			2名			⑭2名 ㉑1名※7 ㉒㉔㉕1名
	生命情報	64名	22名	理科1、2科目型9名	2名				数学重視型2名	7名			1名			⑭2名 ㉑1名※7 ㉒㉔㉕1名
	生命医科	64名	22名	理科1、2科目型9名	2名				数学重視型2名	7名			1名			⑭2名 ㉑1名※7 ㉒㉔㉕1名
スポーツ健康科	スポーツ健康科	235名	95名	文系型8名 理系型3教科方式5名	—	3教科型5名	5名	—	—	25名			4名			⑮15名 ㉑㉔㉕2名 ㉒32名

学部	学科―専攻・学域・コース	募集人員※2	一般選抜			共通テスト併用入試				共通テスト利用入試						特別選抜※4
										2月選考			3月選考（後期型）			
			全学統一方式	学部個別配点方式※3 理系型3教科方式 IR方式 薬学方式	後期分割方式	共通テスト併用方式（3教科型・5教科型）	後期分割方式	「経営学部で学ぶ感性＋共通テスト」方式	数学重視型 情報理工学部型 ISSE方式	7科目型	5教科型	3教科型	5教科型	4教科型	3教科型	
総合心理	総合心理	280名	90名	文系型 15名 理系型 3教科方式 15名	8名	3教科型 5名	—	—	—	10名			2名			⑯14名 ㉑5名 ㉒4名 ㉔㉕6名
食マネジメント	食マネジメント	320名	105名	文系型 20名 理系型 3教科方式 10名	10名	3教科型 15名	—	—	—	30名			5名			⑰20名 ㉑2名 ㉒15名 ㉔㉕6名
グローバル教養	グローバル教養	100名 ※10	—			—				—			—			⑱12名 ※11 ⑲7名 ⑳30名 ㉓10名

※1　2024年度入試実績。2025年度入試の概要は、大学ホームページに公表予定
※2　特別選抜、内部進学等の人数を含む
※3　学部個別配点方式には文系型、理科1科目型、理科2科目型の3つの型がある
※4　［総合型選抜］㊡課さない：①英語重視方式、②数学重視方式、③産業社会小論文方式、④国際方式（英語・ドイツ語・フランス語・スペイン語・イタリア語・中国語・朝鮮語）、⑤人文学プロポーズ方式、⑥理工セミナー方式、⑦国際関係学専攻講義選抜方式、⑧グローバル・スタディーズ専攻総合評価方式、⑨ジョイント・ディグリー・プログラム総合評価方式、⑩政策科学セミナー方式、⑪ISSE方式、⑫プレゼンテーション方式（映像撮影型、絵コンテ作画型）、⑬課題探究型方式、⑭探究活動評価方式、⑮CREA方式（グローバル・アスレティックトレーニング型、教員熱望型、課題発見・解決型、数学的素養型）、⑯総合心理学部課題論文方式、⑰プレゼンテーション方式（課題論文型、基礎数学型）、⑱4月入学総合評価方式（10月選考／12月選考）、⑲AO英語基準入試（4月入学）、⑳AO英語基準入試（9月入学）、㉑文化・芸術活動に優れた者の特別選抜入試、㉒スポーツ能力に優れた者の特別選抜入試
［学校推薦型選抜］推薦入試（指定校制）、高大連携特別推薦入試（協定校）、提携校推薦入試（各詳細は在籍高等学校に問い合わせてください）、附属校推薦入試（学内推薦）
［その他］推薦英語基準入試（4月入学）、推薦英語基準入試（9月入学）、学内特別選抜入試（国際関係学部、文学部、グローバル教養学部、情報理工学部）、㊡課さない：㉓帰国生徒（外国学校就学経験者）入試、㉔外国人留学生入試（前期実施）、㉕外国人留学生入試（後期実施）
※5　全学域を合わせた募集人員
※6　数理科学科全コースを合わせた募集人員
※7　学部全体の募集人員
※8　募集人員にアメリカン大学・立命館大学国際連携学科のアメリカン大学で出願を受け付ける5名を含む
※9　映像撮影型（15名）、絵コンテ作画型（10名）
※10　オーストラリア国立大学で出願を受け付ける募集人数10名を含む
※11　10月選考（7名）、12月選考（5名）

Student's Voice

食マネジメント学部

食マネジメント学科 3年

井村 咲希（いむら さき）さん

滋賀県 県立 守山高校 卒
吹奏楽部　高3・7月引退

食の力で地域を活性化したい

Q どのような高校生でしたか？　立命館大学を志望した理由は？

私が所属していた吹奏楽部は忙しい部活だったので、毎日練習に打ち込んでおり、高2までは学校の課題で精いっぱいでした。ただ、新型コロナによる休校が高2の3月から高3の5月まで続いたことをきっかけに、高校の課題と両立して本格的な受験勉強が始まりました。高3の7月に部活を引退したので、夏休み期間からは毎日塾に通って受験勉強を行っていました。

私は高校に入学した頃から商品開発に興味があったので、経営学部に決めて大学を探していました。そのときに塾長に教えてもらったのが立命館大学食マネジメント学部でした。私自身食べることが好きであること、大学の学部HPを見ると商品開発を学生が行っている記事がいくつかあったこと、経営学部で学ぶマーケティング等の勉強もできることなどの理由から、受験することを決めました。実際に入学してみて、商品開発を行うことができたので、この学部を選んでよかったと思います。

Q どのように受験対策をしましたか？　入試本番はどうでしたか？

私が受験した年は新型コロナの影響が大きく、休校が続いていたので、家でモチベーションを保ちながら勉強するのが課題でした。そのため、塾で1週間の目標を宣言して計画的に勉強に取り組むようにしていました。

私は英語が苦手だったので、毎日1つ長文を解くと決めて演習しました。最初は時間を計らずに精読を意識し、満点が取れるようになってからは、時間を計って速読を意識して解きました。その勉強法のおかげで、夏休み最後の共通テスト模試では30点アップしました。さらに、文法力を身につけるために、英語の参考書を使って、問題の答えが正しい理由を人に説明できるくらい何度も解き直しました。今思い返すと、このときに文法の知識を固めたことが合格につながったと思います。また、模試や試験本番ではビターチョコやカフェインの入ったコーヒーなどを持参して、自分が一番集中できる環境を整えていました。

●受験スケジュール

月	日	大学・学部学科（試験方式）
1	16・17	★龍谷　経営（共テ利用前期日程3科目方式）
		★龍谷　経済（共テ利用前期日程3科目方式）
		★京都産業　経営（共テ利用前期3科目型）
	27	★京都産業　経営（前期日程スタンダード3科目型）
	29	★龍谷　経営（前期日程スタンダード方式）
2	2	★立命館　食マネジメントー食マネジメント（全学統一方式文系）
	3	立命館　経営ー経営（全学統一方式文系）
	7	★立命館　食マネジメントー食マネジメント（学部個別配点方式）
	8	★立命館　食マネジメントー食マネジメント（共通テスト併用方式）
	25	滋賀県立　人間文化ー人間関係（前期）

Q どのような大学生活を送っていますか？

様々な角度から食について学んでいます

オリター団での集合写真

食マネジメント学部は、食について様々な角度から学びます。例えば、持参した食べ物にどのくらいお肉の成分が入っているのか実験を行う授業や、スーパーやレストランの社長をゲストに招き会社の経営戦略について紹介していただく授業があります。特に私が興味を持ったのは、観光まちづくりに関する授業です。生徒自身で町を選び、観光計画や総合計画を調べながらその町を活性化するための提案をプレゼン発表しました。

授業以外では、オリター団という2年次の学生が新入生をサポートする団体に在籍していました。不安が多い新入生同士が仲を深められるような企画をしたり、履修登録の相談を受けたり活動内容は様々です。この活動を通じてコミュニケーション能力が鍛えられました。

滋賀県産アドベリーを使用した「アドベリーヌ」

商品開発したお菓子が実際に販売されました！

私は高校時代からの夢であった商品開発を行う学生団体に所属しており、代表を務めています。大学が滋賀県にあるので、滋賀県の魅力を伝えるために企業の方とコラボして滋賀県の特産品を用いたお土産を作りました。開発するにあたって大人の方と話す機会が多く、普通の大学生活ではできないような経験をたくさんすることができました。

無事に販売を開始してからは、メディアに多く取り上げていただいたり、購入者の方からとても美味しかったですとお声をいただいたり、滋賀県の方から盛り上げてくれて感謝しているとお褒めのお言葉をいただいたりして、とても達成感を感じたので挑戦してよかったと思います。

Q 将来の夢・目標は何ですか？

大学で食について学んだり、お土産を作るにあたって滋賀県の特産品を学んだりする中で、地域活性化に興味を持つようになりました。まだ具体的な職種は決まっていませんが、日本各地にある過疎地域や廃れかけている自治体を食の力で活性化できる事業を行いたいと考えています。また、海外にも興味があり、大学のプログラムでカナダのトロントに短期留学する予定です。その留学で得た知見や価値観を最大限活用して、海外にも視野を広げて活動できるような食に関する仕事に就きたいと考えています。最終的には、日本人だけではなく世界中の人が訪れたくなるような街をたくさん作るのが私の目標です。

Q 後輩へのアドバイスをお願いします！

立命館大学の入試では英語の文法力が大きく問われます。過去問ばかりではなく、焦らずに基礎から知識をしっかり身につけることが大切です。また、受験方法が様々なので、出願前に作戦を練ることが重要だと思います。

立命館大学は、学生のやってみたい！という向上心と行動力さえあれば、教授や大学がサポートしてくれるので何事にも挑戦しやすい雰囲気があります。また、農業やマーケティングなど様々な視点から学習できるため、学びながら将来の夢を見つける学生が多いです。食マネジメント学部では、食べることが大好きな学生ならきっと楽しい大学生活を送れるでしょう。皆さんが食マネジメント学部に来てくれることを楽しみに待っています。

りゅうこく
龍谷大学

資料請求

入試部（深草キャンパス）　TEL（0570）017887　〒612-8577 京都府京都市伏見区深草塚本町67

Less Me More We

大学紹介動画

最新入試情報

浄土真宗の精神に基づき、豊かな人間性と共生の精神を兼ね備えた人材を育成する。海外拠点の整備や海外大学との協定締結を進める他、留学サポートなどを展開し、国際化への対応に取り組んでいる。

瀬田キャンパス1号館

キャンパス
3つ

深草キャンパス
〒612-8577 京都府京都市伏見区深草塚本町67
大宮キャンパス
〒600-8268 京都府京都市下京区七条通大宮東入大工町125-1
瀬田キャンパス
〒520-2194 滋賀県大津市瀬田大江町横谷1-5

基本データ

※2023年5月現在（進路・就職は2022年度卒業者データ。学費は2024年度入学者用）

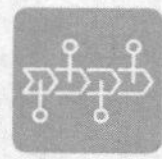
沿革

1639年、西本願寺内に設置された学寮が起源。1922年、龍谷大学に改称。1949～96年にかけて文、経済、経営、法、理工、社会、国際文化学部を設置。2011年、政策学部を設置。2020年、理工学部を先端理工学部に改組。2023年、心理学部を設置。2025年、社会学部が深草キャンパスへ移転予定。同年、心理学研究科、経営学部商学科開設予定（仮称、設置構想中）。

教育機関
10学部 12研究科

学部　文／心理／経済／経営／法／政策／国際／先端理工／社会／農

大学院（※2025年4月設置構想中）　文学Ⓜ︎Ⓓ／法学ⓂⒹ／経済学ⓂⒹ／経営学ⓂⒹ／社会学ⓂⒹ／先端理工学ⓂⒹ／実践真宗学Ⓜ／政策学ⓂⒹ／農学ⓂⒹ／国際学ⓂⒹ／心理学※ⓂⒹ／連合教職実践Ⓟ

人数

学部学生数　20,723名

教員1名あたり学生 37名

教員数　551名【理事長】池田行信、【学長】入澤崇
（教授334名、准教授146名、講師65名、助教6名）

学費

初年度納入額　1,092,000～1,663,600円

奨学金　アカデミック・スカラシップ奨学金（在学採用型）、優秀スポーツ選手奨学金、課外活動等奨学金

進路

学部卒業者　4,446名
（進学271名［6.1%］、就職3,675名［82.7%］、その他500名［11.2%］）

主な就職先　京都銀行、滋賀銀行、京都中央信用金庫、明治安田生命保険、システナ、因幡電機産業、リコージャパン、富士ソフト、マイナビ、関西電力、山崎製パン、平和堂、イオンリテール、日本マクドナルド、コスモス薬品、京都生活協同組合、大和ハウス工業、積水ハウス、日本年金機構、国土交通省、国税庁、京都府庁、京都府警察、大阪市役所、京都府教育委員会、大阪府教育委員会

学部学科紹介

※本書掲載内容は、大学公表資料から独自に編集したものです。詳細は大学パンフレットやホームページ等で必ず確認してください（取得可能な免許・資格は任用資格や受験資格などを含む）。

文学部

深草キャンパス（1・2年）
大宮キャンパス（3・4年）
定員 880

特色	1年次から少人数制ゼミを開講。貴重な文化財や歴史資料を多数所蔵している。
進路	卸売・小売業やサービス業、製造業などに就職する者が多い。
学問分野	文学／言語学／哲学／歴史学／文化学／教育学
大学院	文学

真宗学科（145）	「人間とは何か」「生きるとはどういうことか」という命題を探究する。親鸞の教えそのものを学ぶ教義学、親鸞思想を歴史学の視点から捉える教理史、親鸞思想の展開を考察する教学史、思想を現代に活かす方法を考える伝道学の4つのコースが設置されている。
仏教学科（118）	仏教を思想面と文化面から総合的に学ぶ。2年次から始まる普通講義では仏教聖典学概論、インド仏教教学史などを履修し、3年次にアジアの仏教と文化、日本の仏教と文化の2つのコースに分かれる。仏像制作や坐禅、香道、茶道などの体験実習も充実している。
哲学科（148）	哲学専攻では、過去の哲学者に学ぶことで、論理的思考力や表現力を身につける。教育学専攻では教育の理念や方法論、経営などを学ぶ教育学分野と、教育心理および発達心理を学ぶ教育心理学分野にさらに分かれて、総合的人間学の視点から教育を追究する。
歴史学科（267）	日本史学専攻では古代、中世、近世、近代、現代の5つの分野から選択する。東洋史学専攻では東アジアからイスラーム文化圏までの歴史を研究する。仏教史学専攻では仏教を多彩な視点から研究する。文化遺産学専攻では文化遺産の保存や活用のための技術を学ぶ。
日本語日本文学科（101）	3年次から、江戸時代までの文学を研究する古典文学、明治から現代までを対象にした近代文学、日本の出版文化や情報文化について研究する情報出版学、古代から現代までを通して日本語そのものを探究する日本語学の4つのコースに分かれて学習していく。
英語英米文学科（101）	実践的な英語力を養うためにネイティブスピーカーによる講義が行われている。コンピュータによるコーパス研究など、最先端の英語学を学ぶことができる。3年次から英文学、米文学、英語学、英米文化の4つのコースに分かれて専門性を深める。
取得可能な免許・資格	学芸員、社会福祉主事、児童指導員、教員免許（中-国・社・宗・英、高-国・地歴・公・宗・英）、司書教諭、司書

心理学部

深草キャンパス（1・2年）
大宮キャンパス（3・4年）
定員 255

特色	心理学を基礎とした対人支援のための力を養う。
進路	卸売・小売業やサービス業などに就職する者が多い。
学問分野	心理学
大学院	心理学

心理学科（255）	文学部臨床心理学科を改組し、2023年度に開設。生涯発達カウンセリング、関係支援とコミュニケーションの2つプログラムを設け、心理学の専門的な教育の充実を図る。データサイエンスやキャリア啓発に関する科目も取り入れ、現代社会に通用する実践力を身につける。
取得可能な免許・資格	公認心理師、認定心理士、児童指導員、教員免許（高-公）

経済学部

深草キャンパス
定員 600

特色	入試は学部一括。1年次は基礎を学び、2年次前期に2学科のいずれかを選択。
進路	卸売・小売業や金融・保険業、サービス業などに就職する者が多い。
学問分野	経済学／国際学
大学院	経済学

現代経済学科	豊富な発想力と人間や環境に対する優しさを身につけ、快適な生活への提言を目指し専門的な知識を修得。2年次後期から経済理論、産業経済、応用政策、経済データサイエンスの4つのプログラムなどを学ぶ。

国際経済学科	世界経済の動向を把握し的確に説明できることを目標に、経済学の諸分野を学習していく。2年次後期から国際経済、開発経済、経済史の3つのプログラムを中心に学びを展開し、このプログラム以外にも現代経済学科の科目も履修することができる。
取得可能な免許・資格	教員免許（中-社、高-地歴・公・商業）、司書教諭、司書

経営学部

深草キャンパス　定員 540

- 特色　企業経営の現場に触れる機会を通して、即戦力となる経営者を育成する。
- 進路　卸売・小売業やサービス業、金融・保険業などに就職する者が多い。
- 学問分野　経営学
- 大学院　経営学

経営学科　(380)	マネジメント、会計、経営情報の3つのコースからなる。マネジメントコースは経営管理や組織行動などについて学び、会計コースは会計実務に必要な知識を身につける。経営情報コースは経営情報の収集・分析やその情報の活用方法について学修する。
商学科　新　(160)	2025年度開設予定。経営学科がスケールアップ志向型の人間育成を重視するのに対し、商学科はスタートアップ志向型の人間育成を目指す。事業創造コースでは事業に関する知識や実践力を、マーケティングコースでは流通などに関する知識や実践力を養う。
取得可能な免許・資格	教員免許（中-社、高-地歴・公・商業）、司書

法学部

深草キャンパス　定員 445

- 特色　クラスサポーター制度やチューター制度といった演習や学習へのサポートが充実。
- 進路　卸売・小売業や公務、金融・保険業などに就職する者が多い。
- 学問分野　法学／政治学
- 大学院　法学

法律学科　(445)	高度な人権感覚を持って批判的かつ論理的に問題を分析・解決できる人材を育成する。1年次から段階的に学習を進め、2年次後期から司法、現代国家と法、市民生活と法、犯罪・刑罰と法、国際政治と法の5つのコースおよび学部共通コースに分かれる。
取得可能な免許・資格	教員免許（中-社、高-地歴・公）

政策学部

深草キャンパス　定員 308

- 特色　持続可能な社会を実現するための政策を立案し、実行できる人材を育成する。
- 進路　卸売・小売業やサービス業、情報通信業などに就職する者が多い。
- 学問分野　政治学／環境学
- 大学院　政策学

政策学科　(308)	2年次後期に、政策構想、環境創造、地域公共人材の3つのコースおよび学部共通コースから所属コースを選択する。「政策実践・探究演習」では、様々なプロジェクトの下でフィールドワークを行い、課題発見能力や調査の技法、問題解決能力などを養う。
取得可能な免許・資格	教員免許（中-社、高-公）

国際学部

深草キャンパス　定員 507

- 特色　英語を中心に語学の高い運用能力とコミュニケーション能力、幅広い教養を修得。
- 進路　卸売・小売業やサービス業、製造業などに就職する者が多い。
- 学問分野　文化学／社会学／観光学／メディア学／国際学／芸術理論
- 大学院　国際学

グローバルスタディーズ学科　(135)	専門科目の多くは英語または英語と日本語による授業で、高度な英語コミュニケーション能力や国際的な視点での思考力、倫理観を養う。1セメスター以上の英語圏への留学を必修とし、本物の英語や異文化に触れながら実践的な英語力と国際感覚を身につける。

国際文化学科 (372)	世界の様々な社会問題を自分自身と関連づけて理解できる人材を育成する。2年次からは学生の興味関心に応じて、比較宗教、地域研究、人間と共生、メディアと社会、芸術・表現の5つの科目群から選択して学修を進める。
取得可能な免許・資格	学芸員、教員免許（中-英、高-英）

先端理工学部

瀬田キャンパス　定員 628

特色　6つの課程と25の「先端プログラム」を設置している。
進路　2020年度開設。サービス業をはじめ情報通信業などの進路を想定。
学問分野　メディア学／数学／化学／機械工学／電気・電子工学／環境学／情報学
大学院　先端理工学

数理・情報科学課程 (103)	数理科学と情報科学を融合した幅広い科目を学ぶことができる。物事を論理的に考え適切に表現する力、数理的分析力と論理的思考力、IT社会に対応する情報処理の能力を身につけ、少人数での演習や実習を通じて応用力を強化していく。
知能情報メディア課程 (103)	ものの本質や原理を探究する理学と、それを活用する工学を融合させた各分野における専門性を養う。少人数での実習などの実践的学習を通して、物事を論理的に考え適切に表現する力を養い、社会に必要とされる情報メディア技術の専門家を育成する。
電子情報通信課程 (103)	メディアの新しい時代を創造する技術者や研究者を育成する。最新の設備を活かした実験や実習、少人数教育を通して、実践力とコミュニケーション能力の向上を図る。電子・情報・通信の3つの分野について、基礎から実践的応用までを系統的に学ぶ。
機械工学・ロボティクス課程 (113)	機械力学、機構学、流体力学、熱力学、制御工学など機械工学・ロボティクスの幅広い知識や技術を身につけ、それを実際に応用できる能力を養う。講義だけでなく、CADによる設計やデジタル加工などの授業を行うことで、実践的なものづくりを学ぶ。
応用化学課程 (103)	自然の仕組みを理解し、自然環境に対する負荷や持続可能性など人類が直面する様々な課題に化学の立場から対応し、サスティナブルな社会を築くことに貢献できる人材を育成する。学生の進路や興味、関心に合わせて4つの分野のコースから選択が可能である。
環境生態工学課程 (103)	工学系の知識や技術と自然環境や生態学の知識の両方を身につけ、環境問題に対して創造的に課題解決を提案する力を身につける。最新の研究設備やフィールドワークでの実践的な学びによって、創造的な視野や分析力を養う。
取得可能な免許・資格	学芸員、教員免許（中-数・理、高-数・理・情・工業）

社会学部

深草キャンパス（2025年度より）　定員 450

特色　2025年度改組予定。地域と連携した「大津エンパワねっと」を実施。
進路　卸売・小売業やサービス業、医療・福祉業などに就職する者が多い。
学問分野　文化学／社会学／メディア学／社会福祉学／健康科学
大学院　社会学

総合社会学科 新 (450)	2025年度、従来の3学科を1学科4コースに再編予定。受験時に現代社会、文化・メディア、健康・スポーツ、現代福祉の4つのコースから1つを選択。入学後は学部共通の学修を進めつつ、各コースに設定されている専門的な学修を深めていく。
取得可能な免許・資格	社会調査士、社会福祉士、精神保健福祉士、教員免許（中-社、高-公）

農学部

瀬田キャンパス 定員 438

特色	文理の枠組みを越えて、食と農について多角的に学ぶ。
進路	卸売・小売業や製造業、サービス業などに就職する者が多い。
学問分野	生物学／農学／食物学
大学院	農学

学科	定員	内容
生命科学科	(90)	最先端の生命科学の知識と技術を学び、多彩な生命現象を題材とした研究に取り組むことで、「食」を支える「生命のしくみ」を分子レベルで理解し、幅広く応用できる人材を育成する。
農学科	(134)	土壌・作物・収穫物などの管理技術や高度な分析技術など、環境に配慮した作物栽培の技術を学び、食や農に関わる現場において高い問題解決能力を持つ人材を育成する。
食品栄養学科	(80)	栄養や健康の観点から農作物を捉え、人が健やかに生きるための「食」について学び、食べ物の生産から流通までを理解した管理栄養士を育成する。
食料農業システム学科	(134)	「食」や「農」を支える生産・流通の社会的な仕組みを学び、食や農の問題を「社会や経済のしくみの問題」として捉え、その解決の糸口を探る。
取得可能な免許・資格		学芸員、食品衛生管理者、食品衛生監視員、管理栄養士、栄養士、栄養教諭（一種）、教員免許（中-理、高-理・農）

入試要項（2024年度）

※この入試情報は2024年度募集要項等より編集したものです（見方は巻頭の「本書の使い方」参照）。
2025年度入試の最新情報は、ホームページや2025年度募集要項等で必ず確認してください。

「大学入試科目検索システム」のご案内
日程・方式ごとの偏差値や昨年度入試結果（志願者倍率、実質倍率、合格最低点）、基本情報（出願締切日、試験日、二段階選抜、募集人員、総合満点）などは、「大学入試科目検索システム」（https://nyushi.toshin.com/）をご覧ください（利用方法はp.12参照）。

■文学部 偏差値 60

一般選抜

◆**一般選抜入試（前期日程〔スタンダード方式、高得点科目重視方式〕）**
[全学科：3科目] 国現古 地歴 公 数 世B、日B、政経、数ⅠⅡABから1 外英

◆**一般選抜入試（前期日程〔英語重視方式〕）**
[英語英米文：3科目] 一般選抜入試（前期日程〔スタンダード方式〕）に同じ▶国地歴公数から高得点1科目と外で合否判定

◆**一般選抜入試（中期日程〔スタンダード方式、高得点科目重視方式〕）**
[全学科：3科目] 国現古 地歴 数 世B、日B、数ⅠⅡABから1 外英

◆**一般選抜入試（中期日程〔英語重視方式〕）**
[英語英米文：3科目] 一般選抜入試（中期日程〔スタンダード方式〕）に同じ▶国地歴数から高得点1科目と外で合否判定

◆**一般選抜入試（後期日程〔スタンダード方式、高得点科目重視方式〕）**
[全学科：2科目] 国現古 外英

共通テスト併用入試 ※共通テストで英選択の場合は英、英語外部試験から高得点1

◆**一般選抜入試（前期日程〔共通テスト併用2科目方式〕）**
[全学科]〈共2科目〉国 地歴 公 数 理 外 現古、現漢、地歴公数理外全26科目から2▶国地歴公各2科目選択不可〈個3科目〉一般選抜入試（前期日程〔スタンダード方式〕）に同じ▶高得点1科目を合否判定に使用

◆**一般選抜入試（前期日程〔共通テスト併用リスニング方式〕）**
[英語英米文]〈共1科目〉外英（リスニング）〈個1科目〉外英

◆**一般選抜入試（中期日程〔共通テスト併用2科目方式〕）**
[全学科]〈共2科目〉地歴 公 数 理 全21科目から2▶地歴公各2科目選択不可〈個2科目〉国現古 外英

◆**一般選抜入試（中期日程〔共通テスト併用3科目方式〕）**
[全学科]〈共3科目〉国 地歴 公 数 理 外 現古、現漢、地歴公数理外全26科目から3▶国地歴公各2科目選択不可〈個1科目〉外英

◆**一般選抜入試（中期日程〔共通テスト併用外国語方式〕）**
[英語英米文]〈共1科目〉外英〈個1科目〉外英

◆**一般選抜入試（後期日程〔共通テスト併用1科目方式〕）**
[全学科]〈共1科目〉国 地歴 公 数 理 外 現古、現漢、地歴公数理外全26科目から1〈個2科目〉国現古 外英▶高得点1科目を合否判定に使用

共通テスト利用入試 ※個別試験は課さない。英選択の場合は英、英語外部試験から高得点1

◆**共通テスト利用入試(前・中期日程〔2科目方式〕)**
[全学科：2科目] 国地歴公数理現古、現漢、地歴公数理全21科目から1外全5科目から1

◆**共通テスト利用入試(前・中期日程〔3科目方式〕)**
[全学科：3科目] 国現古、現漢から1地歴公数理全21科目から1外全5科目から1

◆**共通テスト利用入試 (前期日程〔4科目方式〕)**
[全学科：4科目] 国現古、現漢から1地歴公数理全21科目から2▶地歴公各2科目選択不可外全5科目から1

◆**共通テスト利用入試 (後期日程〔3科目方式〕)**
[全学科：3科目] 国地歴公数理外現古、現漢、地歴公数理外全26科目から3▶国地歴公各2科目選択不可

◆**共通テスト利用入試 (後期日程〔外国語1教科方式〕)**
[英語英米文：1科目] 外全5科目から1

■心理学部 偏差値 55

一般選抜

◆**一般選抜入試 (前期日程〔スタンダード方式、高得点科目重視方式〕)**
[心理：3科目]国現古地歴公数世B、日B、政経、数ⅠⅡABから1外英

◆**一般選抜入試 (中期日程〔スタンダード方式、高得点科目重視方式〕)**
[心理：3科目] 国現古地歴数世B、日B、数ⅠⅡABから1外英

◆**一般選抜入試 (後期日程〔スタンダード方式、高得点科目重視方式〕)**
[心理：2科目] 国現古外英

共通テスト併用入試 ※共通テストで英選択の場合は英、英語外部試験から高得点1

◆**一般選抜入試 (前期日程〔共通テスト併用2科目方式〕)**
[心理]〈共2科目〉国地歴公数理外現古、現漢、地歴公数理外全26科目から2▶国地歴公各2科目選択不可〈個3科目〉一般選抜入試 (前期日程〔スタンダード方式〕) に同じ▶高得点1科目を合否判定に使用

◆**一般選抜入試 (前期日程〔共通テスト併用数学方式〕)**
[心理]〈共2科目〉数数Ⅰ、数ⅠAから1、数Ⅱ、数ⅡB、簿、情から1〈個2科目〉数数ⅠⅡAB外英

◆**一般選抜入試 (中期日程〔共通テスト併用2科目方式〕)**
[心理]〈共2科目〉地歴公数理全21科目から2▶地歴公各2科目選択不可〈個2科目〉国現古外英

◆**一般選抜入試 (中期日程〔共通テスト併用3科目方式〕)**
[心理]〈共3科目〉国地歴公数理外現古、現漢、地歴公数理外全26科目から3▶国地歴公各2科目選択不可〈個1科目〉外英

◆**一般選抜入試 (後期日程〔共通テスト併用1科目方式〕)**
[心理]〈共1科目〉国地歴公数理外現古、現漢、地歴公数理外全26科目から1〈個2科目〉国現古外英▶高得点1科目を合否判定に使用

共通テスト利用入試 ※個別試験は課さない。英選択の場合は英、英語外部試験から高得点1

◆**共通テスト利用入試(前・中期日程〔2科目方式〕)**
[心理：2科目] 国地歴公数理現古、現漢、地歴公数理全21科目から1外全5科目から1

◆**共通テスト利用入試(前・中期日程〔3科目方式〕)**
[心理：3科目] 国地歴公数理現古、現漢、地歴公数理全21科目から2▶国地歴公各2科目選択不可外全5科目から1

◆**共通テスト利用入試 (前期日程〔4科目方式〕)**
[心理：4科目] 国現古、現漢から1地歴公数理全21科目から2▶地歴公各2科目選択不可外全5科目から1

◆**共通テスト利用入試(中期日程〔数学1教科方式〕)**
[心理：2科目] 数数Ⅰ、数ⅠAから1、数Ⅱ、数ⅡB、簿、情から1

◆**共通テスト利用入試 (後期日程〔3科目方式〕)**
[心理：3科目] 国地歴公数理外現古、現漢、地歴公数理外全26科目から3▶国地歴公各2科目選択不可

■経済学部 偏差値 55

一般選抜

◆**一般選抜入試 (前期日程〔スタンダード方式、高得点科目重視方式〕)**
[全学科：3科目]国現古地歴公数世B、日B、政経、数ⅠⅡABから1外英

◆**一般選抜入試 (中期日程〔スタンダード方式、高得点科目重視方式〕)**
[全学科：3科目] 国現古地歴数世B、日B、数ⅠⅡABから1外英

◆**一般選抜入試 (後期日程〔スタンダード方式、高得点科目重視方式〕)**
[全学科：2科目] 国現古外英

共通テスト併用入試 ※共通テストで英選択の場合は英、英語外部試験から高得点1

◆**一般選抜入試 (前期日程〔共通テスト併用2科目方式〕)**
[全学科]〈共2科目〉国地歴公数理外現古、現漢、地歴公数理外全26科目から2▶国地歴公各2科目選択不可〈個3科目〉一般選抜入試 (前期日程〔スタンダード方式〕) に同じ▶高得点1科目を合否判定に使用

◆**一般選抜入試 (前期日程〔共通テスト併用数学方式〕)**
[全学科]〈共2科目〉数数Ⅰ、数ⅠAから1、数Ⅱ、数ⅡB、簿、情から1〈個2科目〉数数ⅠⅡAB外英

◆**一般選抜入試 (中期日程〔共通テスト併用2科目方式〕)**
[全学科]〈共2科目〉地歴公数理全21科目から2▶地歴公各2科目選択不可〈個2科目〉国現古外英

◆**一般選抜入試（中期日程〔共通テスト併用3科目方式〕）**
[全学科]〈共3科目〉国地歴公数理外現古、現漢、地歴公数理外全26科目から3▶国地歴公各2科目選択不可〈個1科目〉外英
◆**一般選抜入試（後期日程〔共通テスト併用1科目方式〕）**
[全学科]〈共1科目〉国地歴公数理外現古、現漢、地歴公数理外全26科目から1〈個2科目〉国現古外英▶高得点1科目を合否判定に使用
共通テスト利用入試　※個別試験は課さない。英選択の場合は英、英語外部試験から高得点1
◆**共通テスト利用入試(前・中期日程〔2科目方式〕)**
[全学科：2科目] 国地歴公数理現古、現漢、地歴公数理全21科目から1外全5科目から1
◆**共通テスト利用入試(前・中期日程〔3科目方式〕)**
[全学科：3科目] 国地歴公数理現古、現漢、地歴公数理全21科目から2▶国地歴公各2科目選択不可外全5科目から1
◆**共通テスト利用入試（前期日程〔4科目方式〕）**
[全学科：4科目] 国現古、現漢から1地歴公数理全21科目から2▶地歴公各2科目選択不可外全5科目から1
◆**共通テスト利用入試(中期日程〔数学1教科方式〕)**
[全学科：2科目] 数数Ⅰ、数ⅠAから1、数Ⅱ、数ⅡB、簿、情から1
◆**共通テスト利用入試（後期日程〔3科目方式〕）**
[全学科：3科目] 国地歴公数理外現古、現漢、地歴公数理外全26科目から3▶国地歴公各2科目選択不可

■経営学部 偏差値 58

一般選抜
◆**一般選抜入試（前期日程〔スタンダード方式、高得点科目重視方式〕）**
[経営：3科目]国現古地歴公数世B、日B、政経、数ⅠⅡABから1外英
◆**一般選抜入試（中期日程〔スタンダード方式、高得点科目重視方式〕）**
[経営：3科目] 国現古地歴数世B、日B、数ⅠⅡABから1外英
◆**一般選抜入試（後期日程〔スタンダード方式、高得点科目重視方式〕）**
[経営：2科目] 国現古外英
共通テスト併用入試　※共通テストで英選択の場合は英、英語外部試験から高得点1
◆**一般選抜入試（前期日程〔共通テスト併用2科目方式〕）**
[経営]〈共2科目〉国地歴公数理外現古、現漢、地歴公数理外全26科目から2▶国地歴公各2科目選択不可〈個3科目〉一般選抜入試（前期日程〔スタンダード方式〕）に同じ▶高得点1科目を合否判定に使用
◆**一般選抜入試（中期日程〔共通テスト併用2科目方式〕）**
[経営]〈共2科目〉地歴公数理全21科目から2▶地歴公各2科目選択不可〈個2科目〉国現古外英
◆**一般選抜入試（中期日程〔共通テスト併用3科目方式〕）**
[経営]〈共3科目〉国地歴公数理外現古、現漢、地歴公数理外全26科目から3▶国地歴公各2科目選択不可〈個1科目〉外英
◆**一般選抜入試（後期日程〔共通テスト併用1科目方式〕）**
[経営]〈共1科目〉国地歴公数理外現古、現漢、地歴公数理外全26科目から1〈個2科目〉国現古外英▶高得点1科目を合否判定に使用
共通テスト利用入試　※個別試験は課さない。英選択の場合は英、英語外部試験から高得点1
◆**共通テスト利用入試(前・中期日程〔2科目方式〕)**
[経営：2科目] 国地歴公数理現古、現漢、地歴公数理全21科目から1外全5科目から1
◆**共通テスト利用入試(前・中期日程〔3科目方式〕)**
[経営：3科目] 国地歴公数理現古、現漢、地歴公数理全21科目から2▶国地歴公各2科目選択不可外全5科目から1
◆**共通テスト利用入試（前期日程〔4科目方式〕）**
[経営：4科目] 国現古、現漢から1地歴公数理全21科目から2▶地歴公各2科目選択不可外全5科目から1
◆**共通テスト利用入試（後期日程〔3科目方式〕）**
[経営：3科目] 国地歴公数理外現古、現漢、地歴公数理外全26科目から3▶国地歴公各2科目選択不可

■法学部 偏差値 55

一般選抜
◆**一般選抜入試（前期日程〔スタンダード方式、高得点科目重視方式〕）**
[法律：3科目]国現古地歴公数世B、日B、政経、数ⅠⅡABから1外英
◆**一般選抜入試（中期日程〔スタンダード方式、高得点科目重視方式〕）**
[法律：3科目] 国現古地歴数世B、日B、数ⅠⅡABから1外英
◆**一般選抜入試（後期日程〔スタンダード方式、高得点科目重視方式〕）**
[法律：2科目] 国現古外英
共通テスト併用入試　※共通テストで英選択の場合は英、英語外部試験から高得点1
◆**一般選抜入試（前期日程〔共通テスト併用2科目方式〕）**
[法律]〈共2科目〉国地歴公数理外現古、現漢、地歴公数理外全26科目から2▶国地歴公各2科目選択不可〈個3科目〉一般選抜入試（前期日程〔スタンダード方式〕）に同じ▶高得点1科目を合否判定に使用
◆**一般選抜入試（中期日程〔共通テスト併用2科目方式〕）**
[法律]〈共2科目〉地歴公数理全21科目から2▶地歴公各2科目選択不可〈個2科目〉国現古外英
◆**一般選抜入試（中期日程〔共通テスト併用3科目**

方式〕）
[法律]〈共3科目〉国地歴公数理外現古、現漢、地歴公数理外全26科目から3▶国地歴公各2科目選択不可〈個1科目〉外英

◆一般選抜入試（後期日程〔共通テスト併用1科目方式〕）
[法律]〈共1科目〉国地歴公数理外現古、現漢、地歴公数理外全26科目から1〈個2科目〉国現古外英▶高得点1科目を合否判定に使用

共通テスト利用入試 ※個別試験は課さない。英選択の場合は英、英語外部試験から高得点1

◆共通テスト利用入試（前・中期日程〔2科目方式〕）
[法律：2科目]国地歴公数理現古、現漢、地歴公数理全21科目から1外全5科目から1

◆共通テスト利用入試（前・中期日程〔3科目方式〕）
[法律：3科目]国地歴公数理現古、現漢、地歴公数理全21科目から2▶国地歴公各2科目選択不可外全5科目から1

◆共通テスト利用入試（前期日程〔4科目方式〕）
[法律：4科目]国現古、現漢から1地歴公数理全21科目から2▶地歴公各2科目選択不可外全5科目から1

◆共通テスト利用入試（後期日程〔3科目方式〕）
[法律：3科目]国地歴公数理外現古、現漢、地歴公数理外全26科目から3▶国地歴公各2科目選択不可

■政策学部 偏差値 56

一般選抜

◆一般選抜入試（前期日程〔スタンダード方式、高得点科目重視方式〕）
[政策：3科目]国現古地歴公数世B、日B、政経、数ⅠⅡABから1外英

◆一般選抜入試（中期日程〔スタンダード方式、高得点科目重視方式〕）
[政策：3科目]国現古地歴数世B、日B、数ⅠⅡABから1外英

◆一般選抜入試（後期日程〔スタンダード方式、高得点科目重視方式〕）
[政策：2科目]国現古外英

共通テスト併用入試 ※共通テストで英選択の場合は英、英語外部試験から高得点1

◆一般選抜入試（前期日程〔共通テスト併用2科目方式〕）
[政策]〈共2科目〉国地歴公数理外現古、現漢、地歴公数理外全26科目から2▶国地歴公各2科目選択不可〈個3科目〉一般選抜入試（前期日程〔スタンダード方式〕）に同じ▶高得点1科目を合否判定に使用

◆一般選抜入試（中期日程〔共通テスト併用2科目方式〕）
[政策]〈共2科目〉地歴公数理全21科目から2▶地歴公各2科目選択不可〈個2科目〉国現古外英

◆一般選抜入試（中期日程〔共通テスト併用3科目方式〕）
[政策]〈共3科目〉国地歴公数理外現古、現漢、地歴公数理外全26科目から3▶国地歴公各2科目選択不可〈個1科目〉外英

◆一般選抜入試（後期日程〔共通テスト併用1科目方式〕）
[政策]〈共1科目〉国地歴公数理外現古、現漢、地歴公数理外全26科目から1〈個2科目〉国現古外英▶高得点1科目を合否判定に使用

共通テスト利用入試 ※個別試験は課さない。英選択の場合は英、英語外部試験から高得点1

◆共通テスト利用入試（前・中期日程〔2科目方式〕）
[政策：2科目]国地歴公数理現古、現漢、地歴公数理全21科目から1外全5科目から1

◆共通テスト利用入試（前・中期日程〔3科目方式〕）
[政策：3科目]国地歴公数理現古、現漢、地歴公数理全21科目から2▶国地歴公各2科目選択不可外全5科目から1

◆共通テスト利用入試（前期日程〔4科目方式〕）
[政策：4科目]国現古、現漢から1地歴公数理全21科目から2▶地歴公各2科目選択不可外全5科目から1

◆共通テスト利用入試（後期日程〔3科目方式〕）
[政策：3科目]国地歴公数理外現古、現漢、地歴公数理外全26科目から3▶国地歴公各2科目選択不可

■国際学部 偏差値 55

一般選抜

◆一般選抜入試（前期日程〔スタンダード方式、高得点科目重視方式〕）
[全学科：3科目]国現古地歴公数世B、日B、政経、数ⅠⅡABから1外英

◆一般選抜入試（前期日程〔英語重視方式〕）
[全学科：3科目]一般選抜入試（前期日程〔スタンダード方式〕）に同じ▶国地歴公数から高得点1科目と外で合否判定

◆一般選抜入試（中期日程〔スタンダード方式、高得点科目重視方式〕）
[全学科：3科目]国現古地歴数世B、日B、数ⅠⅡABから1外英

◆一般選抜入試（中期日程〔英語重視方式〕）
[全学科：3科目]一般選抜入試（中期日程〔スタンダード方式〕）に同じ▶国地歴数から高得点1科目と外で合否判定

◆一般選抜入試（後期日程〔スタンダード方式、高得点科目重視方式〕）
[全学科：2科目]国現古外英

共通テスト併用入試 ※共通テストで英選択の場合は英、英語外部試験から高得点1

◆一般選抜入試（前期日程〔共通テスト併用2科目方式〕）
[全学科]〈共2科目〉国地歴公数理外現古、現漢、地歴公数理外全26科目から2▶国地歴公各2科目選択不可〈個3科目〉一般選抜入試（前期日程〔スタンダード方式〕）に同じ▶高得点1科目を合否判定に使用

◆一般選抜入試（前期日程〔共通テスト併用リス

ニング方式〕)
[全学科]〈共1科目〉外英(リスニング)〈個1科目〉外英
◆一般選抜入試(中期日程〔共通テスト併用2科目方式〕)
[全学科]〈共2科目〉地歴公数理全21科目から2▶地歴公各2科目選択不可〈個2科目〉国現古外英
◆一般選抜入試(中期日程〔共通テスト併用3科目方式〕)
[全学科]〈共3科目〉国地歴公数理外現古、現漢、地歴公数理外全26科目から3▶国地歴公各2科目選択不可〈個1科目〉外英
◆一般選抜入試(中期日程〔共通テスト併用外国語方式〕)
[全学科]〈共1科目〉外英〈個1科目〉外英
◆一般選抜入試(後期日程〔共通テスト併用1科目方式〕)
[全学科]〈共1科目〉国地歴公数理外現古、現漢、地歴公数理外全26科目から1〈個2科目〉国現古外英▶高得点1科目を合否判定に使用

共通テスト利用入試　※個別試験は課さない。英選択の場合は英、英語外部試験から高得点1
◆共通テスト利用入試(前・中期日程〔2科目方式〕)
[全学科:2科目] 国地歴公数理現古、現漢、地歴公数理全21科目から1外全5科目から1
◆共通テスト利用入試(前・中期日程〔3科目方式〕)
[全学科:3科目] 国地歴公数理現古、現漢、地歴公数理全21科目から2▶国地歴公各2科目選択不可外全5科目から1
◆共通テスト利用入試(前期日程〔4科目方式〕)
[全学科:4科目] 国現古、現漢から1地歴公数理全21科目から2▶地歴公各2科目選択不可外全5科目から1
◆共通テスト利用入試(後期日程〔3科目方式〕)
[全学科:3科目] 国地歴公数理外現古、現漢、地歴公数理外全26科目から3▶国地歴公各2科目選択不可
◆共通テスト利用入試(後期日程〔外国語1教科方式〕)
[全学科:1科目] 外全5科目から1

■先端理工学部　偏差値 54

一般選抜
◆一般選抜入試(前・中期日程〔スタンダード方式、高得点科目重視方式〕)
[数理・情報科学、知能情報メディア、電子情報通信、機械工学・ロボティクス:3科目] 数数ⅠⅡⅢAB理物基・物、化基・化から1外英
[応用化学:3科目] 数数ⅠⅡAB、数ⅠⅡⅢABから1理物基・物、化基・化から1外英
[環境生態工学:3科目] 数数ⅠⅡAB、数ⅠⅡⅢABから1理物基・物、化基・化、生基・生から1外英
◆一般選抜入試(後期日程〔スタンダード方式、高得点科目重視方式〕)
[数理・情報科学、知能情報メディア、電子情報通信、機械工学・ロボティクス:2科目] 数数ⅠⅡⅢAB外英
[応用化学:2科目] 数理数ⅠⅡAB、数ⅠⅡⅢABから1外英
[環境生態工学:2科目] 数理数ⅠⅡAB、数ⅠⅡⅢAB、生基・生から1外英

共通テスト併用入試　※共通テストで英選択の場合は英、英語外部試験から高得点1
◆一般選抜入試(前・後期日程〔共通テスト併用理工2科目方式〕)
[全課程]〈共2科目〉数数ⅠA、数ⅡBから1理物、化、生、地から1〈個1科目〉外英
◆一般選抜入試(前期日程〔共通テスト併用理工3科目方式〕)
[全課程]〈共3科目〉数理数ⅠA、数ⅡB、物、化、生、地から3〈個3科目〉一般選抜入試(前期日程〔スタンダード方式〕)に同じ
◆一般選抜入試(中期日程〔共通テスト併用理工3科目方式〕)
[数理・情報科学、知能情報メディア、電子情報通信、機械工学・ロボティクス]〈共3科目〉数数ⅠA、数ⅡBから1理物、化、生、地から1外全5科目から1〈個2科目〉数数ⅠⅡⅢAB理物基・物、化基・化から1
[応用化学]〈共3科目〉数数ⅠA、数ⅡBから1理物、化、生、地から1外全5科目から1〈個2科目〉数数ⅠⅡAB、数ⅠⅡⅢABから1理物基・物、化基・化から1
[環境生態工学]〈共3科目〉数数ⅠA、数ⅡBから1理物、化、生、地から1外全5科目から1〈個2科目〉数数ⅠⅡAB、数ⅠⅡⅢABから1理物基・物、化基・化、生基・生から1

共通テスト利用入試　※個別試験は課さない
◆共通テスト利用入試(前期日程〔5科目方式〕)
[全課程:5科目] 国地歴公現、地歴公全10科目から1数数ⅠA、数ⅡB理物、化、生、地から1外全5科目から1▶英選択の場合は英、英語外部試験から高得点1
◆共通テスト利用入試(前・中・後期日程〔数学重視方式〕)
[全課程:3科目] 数数ⅠA、数ⅡB理物、化、生、地から1
◆共通テスト利用入試(前・中期日程〔理科重視方式〕)
[全課程:3科目] 数数ⅠA、数ⅡBから1理物、化、生、地から2

■社会学部　偏差値 57

一般選抜
◆一般選抜入試(前期日程〔スタンダード方式、高得点科目重視方式〕)
[全学科:3科目] 国現古地歴公数世B、日B、政経、数ⅠⅡABから1外英
◆一般選抜入試(中期日程〔スタンダード方式、高得点科目重視方式〕)

[全学科：3科目] 国現古 地歴 数世B、日B、数ⅠⅡABから1 外英
◆一般選抜入試（後期日程〔スタンダード方式、高得点科目重視方式〕）
[全学科：2科目] 国現古 外英
共通テスト併用入試 ※共通テストで英選択の場合は英、英語外部試験から高得点1
◆一般選抜入試（前期日程〔共通テスト併用2科目方式〕）
[全学科]〈共2科目〉国 地歴 公 数 理 外現古、現漢、地歴公数理外全26科目から2▶国地歴公各2科目選択不可〈個3科目〉一般選抜入試（前期日程〔スタンダード方式〕）に同じ▶高得点1科目を合否判定に使用
◆一般選抜入試（中期日程〔共通テスト併用2科目方式〕）
[全学科]〈共2科目〉地歴 公 数 理全21科目から2▶地歴公各2科目選択不可〈個2科目〉国現古 外英
◆一般選抜入試（中期日程〔共通テスト併用3科目方式〕）
[全学科]〈共3科目〉国 地歴 公 数 理 外現古、現漢、地歴公数理外全26科目から3▶国地歴公各2科目選択不可〈個1科目〉外英
◆一般選抜入試（後期日程〔共通テスト併用1科目方式〕）
[全学科]〈共1科目〉国 地歴 公 数 理 外現古、現漢、地歴公数理外全26科目から1〈個2科目〉国現古 外英▶高得点1科目を合否判定に使用
共通テスト利用入試 ※個別試験は課さない。英選択の場合は英、英語外部試験から高得点1
◆共通テスト利用入試(前・中期日程〔2科目方式〕)
[全学科：2科目] 国 地歴 公 数 理現古、現漢、地歴公数理全21科目から1 外全5科目から1
◆共通テスト利用入試(前・中期日程〔3科目方式〕)
[全学科：3科目] 国 地歴 公 数 理現古、現漢、地歴公数理全21科目から2▶国地歴公各2科目選択不可 外全5科目から1
◆共通テスト利用入試（前期日程〔4科目方式〕）
[全学科：4科目] 国現古、現漢から1 地歴 公 数 理全21科目から2▶地歴公各2科目選択不可 外全5科目から1
◆共通テスト利用入試（後期日程〔3科目方式〕）
[全学科：3科目] 国 地歴 公 数 理 外現古、現漢、地歴公数理外全26科目から3▶国地歴公各2科目選択不可

■農学部 偏差値 53

一般選抜
◆一般選抜入試（前期日程 文系型〔スタンダード方式、高得点科目重視方式〕）
[食料農業システム：3科目] 国現古 地歴 公 数世B、日B、政経、数ⅠⅡABから1 外英
◆一般選抜入試（前・中期日程 理系型〔スタンダード方式、高得点科目重視方式〕）
[全学科：3科目] 国 数現古、数ⅠⅡAB、数ⅠⅡⅢABから1 理物基・物、化基・化、生基・生から1 外英
◆一般選抜入試（中期日程 文系型〔スタンダード方式、高得点科目重視方式〕）
[食料農業システム：3科目] 国現古 地歴 数世B、日B、数ⅠⅡABから1 外英
◆一般選抜入試（後期日程 文系型〔スタンダード方式、高得点科目重視方式〕）
[食料農業システム：2科目] 国現古 外英
◆一般選抜入試（後期日程 理系型〔スタンダード方式、高得点科目重視方式〕）
[全学科：2科目] 数 理数ⅠⅡAB、数ⅠⅡⅢAB、化基・化、生基・生から1 外英
共通テスト併用入試 ※共通テストで英選択の場合は英、英語外部試験から高得点1
◆一般選抜入試（前期日程〔共通テスト併用2科目方式〕）
[食料農業システム]〈共2科目〉国 地歴 公 数 理 外現、地歴公数理外全26科目から2▶地歴公各2科目選択不可〈個3科目〉一般選抜入試（前期日程 文系型〔スタンダード方式〕）に同じ▶高得点1科目を合否判定に使用
◆一般選抜入試（前期日程〔共通テスト併用農学2科目方式〕）
[全学科]〈共2科目〉国 数 理 外現、数理外全16科目から2〈個1科目〉外英
◆一般選抜入試（中期日程 文系型〔共通テスト併用2科目方式〕）
[食料農業システム]〈共2科目〉地歴 公 数 理全21科目から2▶地歴公各2科目選択不可〈個2科目〉国現古 外英
◆一般選抜入試（中期日程〔共通テスト併用3科目方式〕）
[食料農業システム]〈共3科目〉国 地歴 公 数 理 外現、地歴公数理外全26科目から3▶国地歴公各2科目選択不可〈個1科目〉外英
◆一般選抜入試（中期日程〔共通テスト併用農学2科目方式〕）
[全学科]〈共2科目〉国 数 理 外現、数理外全16科目から2〈個2科目〉理物基・物、化基・化、生基・生から1 外英▶高得点1科目を合否判定に使用
◆一般選抜入試（後期日程〔共通テスト併用1科目方式〕）
[食料農業システム]〈共1科目〉国 地歴 公 数 理 外現、地歴公数理外全26科目から1〈個2科目〉国現古 外英▶高得点1科目を合否判定に使用
◆一般選抜入試（後期日程〔共通テスト併用農学1科目方式〕）
[全学科]〈共1科目〉国 数 理 外現、数理外全16科目から1〈個2科目〉数 理数ⅠⅡAB、数ⅠⅡⅢAB、化基・化、生基・生から1 外英▶高得点1科目を合否判定に使用
共通テスト利用入試 ※個別試験は課さない。英選択の場合は英、英語外部試験から高得点1
◆共通テスト利用入試(前・中期日程〔2科目方式〕)
[食料農業システム：2科目] 国 地歴 公 数 理現、地

歴公数理全21科目から1 外 全5科目から1

◆共通テスト利用入試（前・中期日程〔3科目方式〕）
［全学科：3科目］国 地歴 公 数 理 現、地歴公数理全21科目から2▶地歴公各2科目選択不可 外 全5科目から1

◆共通テスト利用入試（前期日程〔4科目方式〕）
［食料農業システム：4科目］国 現 地歴 公 数 理 全21科目から2▶地歴公各2科目選択不可 外 全5科目から1

◆共通テスト利用入試（前期日程〔5科目方式〕）
［食料農業システム以外：5科目］国 地歴 公 現、地歴公全10科目から1 数 数Ⅰ、数ⅠAから1、数Ⅱ、数ⅡB、簿、情から1 理 全5科目から1 外 全5科目から1

◆共通テスト利用入試（前・中期日程〔数理方式〕）
［全学科：3科目］数 数Ⅰ、数ⅠAから1、数Ⅱ、数ⅡB、簿、情から1 理 全5科目から1

◆共通テスト利用入試（後期日程〔3科目方式〕）
［食料農業システム以外：3科目］数 理 全11科目から2 外 全5科目から1
［食料農業システム：3科目］国 地歴 公 数 理 外 現、地歴公数理外全26科目から3▶国地歴公各2科目選択不可

■特別選抜

［総合型選抜］総合型選抜入試（学部独自方式、検定試験利用型、英語型、伝道者推薦型）、スポーツ活動選抜入試、文化・芸術・社会活動選抜入試
［学校推薦型選抜］公募推薦入試（2教科型、専門高校、専門学科・総合学科対象、小論文型）、指定校推薦入試、付属校推薦入試、教育連携校推薦入試、関係校推薦入試
［その他］帰国生徒特別入試、中国引揚者等子女特別入試、社会人推薦入試、外国人留学生入試

就職支援

龍谷大学のキャリアセンターでは、万全の体制で就職活動に臨めるよう、筆記試験やエントリーシート、面接等の対策で学生たちの実力を高め、就職活動中もきめ細かく丁寧なサポートを行っています。また、地域経済を支える人材の育成・確保に向けて、18府県と連携し、U・Iターンの促進を図ることを目的とした就職支援協定を締結しています。大阪梅田キャンパスや東京オフィスなど、学外での就職活動拠点も充実しています。

国際交流

龍谷大学の学生交換協定校数は45カ国・地域136大学・機関あり、多くの学生を派遣しています。留学先の学費免除だけでなく龍谷大学の学費も免除（ただし、一部を除き留学在籍料の納入が必要）となります。日本人学生や海外からの留学生が集うグローバルコモンズでは、スピーキングブースやランゲージスタディエリアなど、多様な学びに対応しています。他にも、スピーキングパートナープログラムなど留学生との交流の機会を多数提供しています。

大阪医科薬科大学

（おおさかいかやっかだいがく）

資料請求

アドミッションセンター（本部キャンパス〔医・看護〕） TEL (072) 684-7117 〒569-8686 大阪府高槻市大学町2-7
アドミッションセンター（阿武山キャンパス〔薬〕） TEL(072)690-1019 〒569-1094 大阪府高槻市奈佐原4-20-1

医・薬・看3学部の連携を重んずる医療系総合大学

各学部相互の理解・交流をはかる教育・研究機会の中でチーム医療に要する誠実性や人間性を育む。また、それらの医療への実践的活用を使命とし、多職種連携教育や学内外と連携した研究を通じ医療現場・社会への貢献を目指す。

大学紹介動画

最新入試情報

本部キャンパス

キャンパス **3**つ

本部キャンパス
〒569-8686 大阪府高槻市大学町2-7
本部北キャンパス
〒569-0095 大阪府高槻市八丁西町7-6
阿武山キャンパス
〒569-1094 大阪府高槻市奈佐原4-20-1

基本データ

※2023年5月現在（学部学生数に留学生は含まない。教員数は非常勤を含む。進路・就職は2022年度卒業者データ。学費は2024年度入学者用）

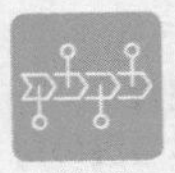

沿革

1904年、大阪薬科大学の発祥である大阪道修薬学校が発足。1927年、大阪医科大学の発祥である大阪高等医学専門学校が発足。1950年、大阪薬科大学が設立。1952年、大阪医科大学（新制大学）が設立。2021年、大阪医科大学と大阪薬科大学を統合し、大阪医科薬科大学が設立され、現在に至る。

教育機関 **3** 学部 **3** 研究科

学部 医／薬／看護

大学院 医学ⓂⒹ／看護学ⓂⒹ／薬学ⓂⒹ

人数

学部学生数 **2,884**名

教員1名あたり 学生**4**名

教員数 **584**名【理事長】植木實、【学長】佐野浩一
（教授**113**名、准教授**68**名、講師**128**名、助教**273**名、助手・その他**2**名）

学費

初年度納入額 **1,935,000~6,100,000**円

奨学金 大阪医科薬科大学薬学部入学時特待生制度、大阪医科薬科大学看護学部入学時特待生制度

進路

学部卒業者 **492**名
（進学**10**名［2.0%］、就職**355**名［72.2%］、その他※**127**名［25.8%］）
※臨床研修医101名を含む

主な就職先 日本イーライリリー、IQVIAサービシーズジャパン、大塚製薬、大阪医科薬科大学病院、大阪市民病院機構、国立病院機構 近畿グループ、キリン堂、アインファーマシーズ、厚生労働省、大阪市（職員）、大阪公立大学医学部附属病院、兵庫県（職員）、愛仁会、京都大学医学部附属病院

学部学科紹介

※本書掲載内容は、大学公表資料から独自に編集したものです。詳細は大学パンフレットやホームページ等で必ず確認してください（取得可能な免許・資格は任用資格や受験資格などを含む）。

医学部

本部キャンパス 定員 112

- 特色 計64週に及ぶ充実した臨床実習の機会を提供。
- 進路 卒業者のほとんどが臨床研修医となる。
- 学問分野 医学
- 大学院 医学

医学科 (112)	6年制。グローバルスタンダードに準拠した新カリキュラムをもとに、プロフェッショナリズムを有する医師の育成を目指す。1・2年次に医学の基礎を学び、3・4年次では、臨床医学の学習により専門的な領域へ。臨床実習では医療チームの一員として臨床を学ぶ。
取得可能な免許・資格	医師

薬学部

阿武山キャンパス 定員 294

- 特色 卒業後に即戦力となれる薬剤師養成を見据えたカリキュラム。
- 進路 卒業者は薬業関連企業や病院、薬局、研究機関など多彩な分野で活躍。
- 学問分野 薬学
- 大学院 薬学

薬学科 (294)	6年制。現場で活躍し社会に貢献する薬剤師の養成を目指す。1・2年次では薬学を学ぶ上での基礎や医療人としての心構えを、3年次ではそれらを土台により専門的な知識を学修する。4年次からは研究室に所属。5年次以降は、病院・薬局での実習や卒業研究を行う。
取得可能な免許・資格	毒物劇物取扱責任者、食品衛生管理者、食品衛生監視員、薬剤師、衛生管理者

看護学部

本部北キャンパス 定員 85

- 特色 実践的教育と豊富な実習経験から現場適応力を培う。
- 進路 卒業者は看護師や助産師、保健師として活躍する。
- 学問分野 看護学
- 大学院 看護学

看護学科 (85)	4年制。他学部と連携した多職種連携教育や多様な実習経験を糧に、社会に適応し看護実践能力を有す人材の育成を目指す。1年次は看護の対象となる人間についての理解を深める。2年次以降、専門基礎科目の履修へとシフトし、4年次では実習を通し専門性を究める。
取得可能な免許・資格	看護師、助産師、保健師

入試要項(2025年度)

※この入試情報は大学発表の2025年度入試（予告）および2024年度募集要項等より編集したものです（2024年1月時点。見方は巻頭の「本書の使い方」参照）。内容には変更が生じる可能性があるため、最新情報はホームページや2025年度募集要項等で必ず確認してください。

「大学入試科目検索システム」のご案内
日程・方式ごとの偏差値や昨年度入試結果（志願者倍率、実質倍率、合格最低点）、基本情報（出願締切日、試験日、二段階選抜、募集人員、総合満点）などは、「大学入試科目検索システム」（https://nyushi.toshin.com/）をご覧ください（利用方法はp.12参照）。

■医学部 偏差値 69

一般選抜

◆**一般選抜（前期、後期）**
[医]〈一次：5科目〉数 数ⅠⅡⅢAB〔列〕C 理 物基・物、化基・化、生基・生から2 外 英 論 小論文▶二次選考の評価に使用〈二次：1科目〉面 面接

共通テスト利用入試 ※個別試験は課さない

◆**共通テスト利用選抜**
[医：6科目] 国 現 数 数ⅠA、数ⅡBC 理 物、化、生から2 外 英

■薬学部 偏差値 58

一般選抜

◆**一般入試A**
[薬：3科目] 数 数ⅠⅡABC〔ベ〕理 化基・化、生基・生から1 外 英

◆**一般入試B**
[薬：2科目] 数 数ⅠⅡABC〔ベ〕理 化基・化

共通テスト利用入試 ※個別試験は課さない

◆**共通テスト利用入試（前期、後期）**
[薬：4科目] 数 数ⅠA、数ⅡBC 理 化 外 英

■看護学部 偏差値 58

一般選抜

◆一般選抜（2科目入試）

[看護：2科目] 国数現、数ⅠAから1 外英

◆一般選抜（3科目入試）

[看護：3科目] 国現 数 理数ⅠA、化基・生基から1 外英

共通テスト利用入試 ※個別試験は課さない

◆共通テスト利用選抜（前期、後期）

[看護：3科目] 国現古漢 数全3科目から1 外英（×L）

■特別選抜

[総合型選抜]「至誠仁術」入試（併願制）共、「至誠仁術」入試（専願制）

[学校推薦型選抜] 公募制推薦入試（専願制、併願制）、公募制推薦入試、指定校制推薦入試、指定校制推薦入試（専願制）

[その他] 帰国生徒特別選抜入試

就職支援

大阪医科薬科大学では各学部ごとに最適なキャリア形成を行っています。医学部では卒後研修として、初期臨床研修と専門研修に至る一貫した研修制度を構築しています。薬学部では6年次より国家試験の集中学習を実施しており、薬剤師国家試験合格率(新卒)は87.3%（2023年度）となっています。看護学部ではキャリアサポートルームを設け、全国の病院のパンフレットや募集情報を掲示しています。また、チューターの教員が随時個別の相談や履歴書の添削、模擬面接などの指導を行います。1年次から「就職ガイダンス」を定期的に開催しており、4年次には公務員試験や各種国家試験を徹底的にサポートしています。

国際交流

大阪医科薬科大学では、学生の主体的な活動により様々な国際交流が行われています。国際的なクイズ大会への参加や、学内での留学生との交流、単位の互換や世界トップレベルの11校の協定校へ留学制度が整っています。また、教員が活発に海外の研究機関などの研修に参加し、研究水準の向上に努めています。またグローバルな視野を持つ医療人の育成を目的に、基金を設け若手の教員・大学院生の海外留学を支援しています。

関西大学

かんさい

資料請求

入試センター（千里山キャンパス） TEL（06）6368-1121 〒564-8680 大阪府吹田市山手町3-3-35

「学の実化」のもと、未来へと挑戦を続ける大学

大学紹介動画

最新入試情報

学問における真理追究のみならず、社会のあるべき姿を模索し「学理と実際との調和」を目指す。異文化を尊重し共存する多様性の時代に「考動力」と「革新力」で主体的、協働的かつ公正に行動できる人材を育成。

千里山キャンパス正門

校歌

校歌音声

関西大学学歌
作詞／服部嘉香　作曲／山田耕筰

一、自然の秀麗　人の親和
たぐいなき　此の学園
我等立つ　人生の曙に
燦たる理想　仰ぎつつ
学ぶは一途　純正の
若き心に　讃えなん
関西大学　関西大学
関西大学　長き歴史

基本データ

※2023年5月現在（教員数は非常勤を含む。進路・就職は2022年度卒業者データ。学費は2024年度入学者用）

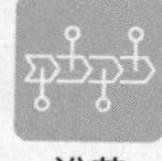

沿革

1886年、関西法律学校として設立。1905年、私立関西大学と改称。1922年、大学令により大学に昇格。1948年、新制大学に移行。2007年、政策創造学部を設置。工学部をシステム理工、環境都市工、化学生命工学部に改組。2009年に外国語学部、2010年に人間健康、社会安全学部を設置。2023年、吹田みらいキャンパスを設置。2025年4月にビジネスデータサイエンス学部（仮称）を設置構想中。

キャンパス

5つ

キャンパスマップ

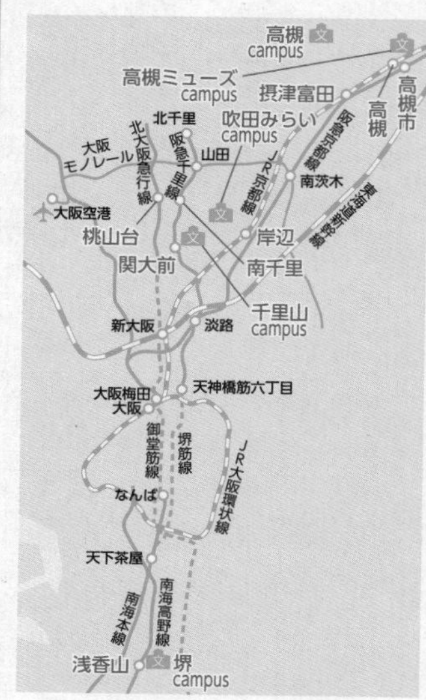

所在地・交通アクセス

千里山キャンパス（本部）
〒564-8680 大阪府吹田市山手町3-3-35
アクセス 阪急千里線「関大前駅」から徒歩約5分

高槻キャンパス
〒569-1095 大阪府高槻市霊仙寺町2-1-1
アクセス JR「高槻駅」「摂津富田駅」からバス約20分、「関西大学」下車

高槻ミューズキャンパス
〒569-1098 大阪府高槻市白梅町7-1
アクセス ①JR「高槻駅」から徒歩約7分、②阪急京都線「高槻市駅」から徒歩約10分

堺キャンパス
〒590-8515 大阪府堺市堺区香ヶ丘町1-11-1
アクセス 南海高野線「浅香山駅」から徒歩約1分

吹田みらいキャンパス
〒565-0823 大阪府吹田市山田南50-2
アクセス JR「岸部駅」阪急千里線「南千里駅」北大阪急行「桃山台駅」から阪急バスに乗り換え「七尾西」下車、徒歩3分

教育機関
14学部16研究科

学部 ※2025年4月設置構想中
法／文／商／経済／社会／政策創造／外国語／総合情報／人間健康／ビジネスデータサイエンス※／社会安全／システム理工／環境都市工／化学生命工

大学院
法学MD／文学MD／経済学MD／商学MD／社会学MD／総合情報学MD／理工学MD／外国語教育学MD／心理学MD／社会安全MD／東アジア文化MD／ガバナンスMD／人間健康MD／法務P／会計P／連合教職実践P

人数

学部学生数 27,722名　教員1名あたり学生 12名

教員数 2,158名【理事長】芝井敬司、【学長】前田裕
（教授563名、准教授161名、講師1,419名、助教15名）

学費

初年度納入額 1,217,000~1,780,000円

奨学金 関西大学「学の実化」入学前予約採用型給付奨学金、関西大学新入生給付奨学金、関西大学学部給付奨学金

進路

学部卒業者 6,436名（進学679名、就職5,252名、その他505名）

進学 10.6%　就職 81.6%　その他 7.8%

主な就職先

法学部
関西みらい銀行、キヤノン、積水ハウス、JR東海、阪和興業、富士通、ローム、国家公務（一般職）、裁判所（事務官）、大阪市（職員）

文学部
兼松、JCOM、JTB、ダイハツ工業、大和ハウス工業、帝国データバンク、TOTO、JAL、ミキハウスグループ、山崎製パン、大阪府内学校（教員）

商学部
アサヒビール、味の素、岩谷産業、オービック、監査法人トーマツ、任天堂、パナソニックグループ、山善、読売新聞東京本社、りそなグループ

経済学部
オムロン、花王、関西電力、住友商事、日本通運、NEC、日本生命保険、野村證券、阪急阪神百貨店、三井住友銀行

社会学部
京セラ、クボタ、サイバーエージェント、サントリーホールディングス、ANA、双日、野村総合研究所、毎日放送、村田製作所、LIXIL、大阪府（職員）

政策創造学部
NTTドコモ、オリエンタルランド、加藤産業、川崎重工業、京都銀行、JERA、商船三井、トヨタ自動車、日立製作所、兵庫県（職員）、大阪市（職員）

外国語学部
ANAエアポートサービス、JFE商事、シスメックス、スズキ、センコー、大丸松坂屋百貨店、蝶理、西日本鉄道、みずほ証券

総合情報学部
SCSK、京セラコミュニケーションシステム、住友電気工業、大日本印刷、ダイワボウ情報システム、DMM.com、東映、NTT西日本、博報堂プロダクツ

人間健康学部
アルペン、江崎グリコ、デロイト トーマツ コンサルティング、ナイキジャパン、三菱UFJ銀行、ミネベアミツミ、堺市（職員）、大阪府内学校（教員）、大阪府警察

ビジネスデータサイエンス学部
2025年度新設のため卒業者情報なし

社会安全学部
岩谷産業、キユーピー、近畿日本鉄道、西日本高速道路、日産自動車、能美防災、富士通Japan、三菱電機、安川電機、高槻市（職員）、大阪市（消防吏員）

システム理工学部
川崎重工業、関西電力、ソニーグループ、ダイキン工業、ダイハツ工業、トヨタ自動車、NEC、パナソニックグループ、富士通、ローム、大阪府内学校（教員）

環境都市工学部
SCSK、NTTドコモ、大林組、鹿島建設、関西電力、京セラ、五洋建設、竹中工務店、JR東海、JR西日本、日立製作所、明治、LIXIL

化学生命工学部
アステラス製薬、クボタ、グンゼ、神戸製鋼所、サラヤ、住友化学、ダイハツ工業、日清製粉グループ本社、三菱重工業、村田製作所、ローム、大阪府内学校（教員）

学部学科紹介

※本書掲載内容は、大学公表資料から独自に編集したものです。詳細は大学パンフレットやホームページ等で必ず確認してください（取得可能な免許・資格は任用資格や受験資格などを含む）。

「大学入試科目検索システム」のご案内

入試要項のうち、日程・方式ごとの偏差値や昨年度入試結果（志願者倍率、実質倍率、合格最低点）、基本情報（出願締切日、試験日、二段階選抜、募集人員、総合満点）などは、「大学入試科目検索システム」（https://nyushi.toshin.com/）をご覧ください（利用方法はp.12参照）。

法学部

千里山キャンパス

定員 715

入試科目検索

特色　法学と政治学の両分野を柱に、社会の枠組みを理解するカリキュラム編成である。
進路　卒業者は法曹、公務から一般企業まで多彩な分野で活躍している。
学問分野　法学／政治学
大学院　法学／法務

学科紹介

法学政治学科　(715)	法職、ビジネス法、公共政策、法政史・法政理論、国際関係、政治学の6つの科目群から関心に応じて履修する。1・2年次に法曹、英語で発信する政治学、ビジネス法、公務員の4つの特修プログラムを開講。
取得可能な免許・資格	学芸員、教員免許（中-社、高-地歴・公）、司書

入試要項（2024年度）

※この入試情報は2024年度募集要項等より編集したものです（見方は巻頭の「本書の使い方」参照）。2025年度入試の最新情報は、ホームページや2025年度募集要項等で必ず確認してください。

■法学部 偏差値 62

一般選抜

◆全学日程1・2（3教科型）
[法学政治：3科目（450点）] 国現古（150） 地歴 公 数世B、日B、地理B、政経、数ⅠⅡABから1（100） 外英（200）

◆全学日程1（2教科型〔英語外部試験利用方式〕）
※出願資格として英語外部試験が必要
[法学政治：2科目（250点）] 国現古（150） 地歴 公 数世B、日B、地理B、政経、数ⅠⅡABから1（100）

◆全学日程2（3教科型〔同一配点方式〕）
[法学政治：3科目（450点）] 国現古（150） 地歴 公 数世B、日B、地理B、政経、数ⅠⅡABから1（150） 外英（150）

共通テスト併用入試

◆共通テスト利用入試（併用2科目型〔英語〕）
[法学政治]〈共2科目（200点）〉 国 地歴 公 数 理数ⅠA必須、現、世B、日B、地理B、公理全9科目、数ⅡBから1（計200）〈個1科目（200点）〉 外英（200）

◆共通テスト利用入試（併用2科目型〔小論文〕）
[法学政治]〈共2科目（200～300点→300点）〉 国 数 理 外数ⅠA必須、現、数ⅡB、理全5科目、英から1（計200～300→300）▶国数理は100→150点、外は200→150点とする〈個1科目（150点）〉 論小論文（150）▶現代社会と政治・経済を題材として出題する

共通テスト利用入試

※個別試験は課さない

◆共通テスト利用入試（前期3科目型）
[法学政治：3科目（300～400点→300点）] 国現（100） 地歴 公 数 理 外数ⅠA必須、世B、日B、地理B、公理全9科目、数ⅡB、英から1（計200～300→200）▶外は200→100点とする

◆共通テスト利用入試（前期4科目型）
[法学政治：4科目（600点→800点）] 国現古漢（200） 地歴 公 数 理世B、日B、地理B、公理全9科目、数ⅠA、数ⅡBから2教科2（計200→400）▶地歴と公は1教科扱い 外英（200）

◆共通テスト利用入試（前期6科目型）
[法学政治：6科目（700点→800点）] 国現（100→200） 地歴 公世B、日B、地理B、公全4科目から1（100） 数数ⅠA、数ⅡB（計200） 理全5科目から1（100） 外英（200）

◆共通テスト利用入試（後期3科目型〔ベスト3科目傾斜配点方式〕）
[法学政治：3科目（400～500点→800点）] 国 地歴 公 数 理 外次の①～④から3（①現古漢、②世B、日B、地理B、公全4科目から1、③数ⅠA、数ⅡB、理全5科目から1、④外全5科目から1）（計400～500→800）▶地歴公数理は100→200点とする。3科目のうち最高得点科目を200→400点とする

特別選抜

[総合型選抜] AO（アドミッション・オフィス）入試、SF（スポーツ・フロンティア）入試
[その他] 社会人入試（9月募集）、外国人学部留学生入試（9月募集）、UNHCR難民高等教育プログラム推薦入試

関西大学ギャラリー

■キャンパスライフ

関西圏の志願したい大学で16年間連続1位を獲得する関西大学は、全国から約3万人の学生が集まる活気あふれる大学です。

■総合図書館

地上3階・地下2階建ての総合図書館は、220万冊以上の蔵書数を誇り、学習用図書館と研究用図書館の両機能を兼ね備えています。

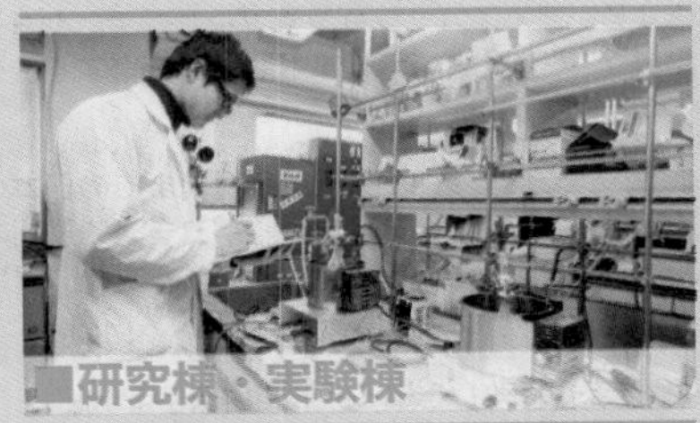

■研究棟・実験棟

専門的な実験装置が充実する本施設は、大型の受託実験や企業との共同研究の場など研究活動の拠点として幅広く利用されています。

■Mi-Room

異文化や国際交流を実体験できるMi-Roomは、キャンパス内の他、オンラインで語学力向上や国際感覚を培うことができます。

文学部

千里山キャンパス

定員
770

入試科目検索

特色　入学後1年間は各専修に触れて自己の方向性を見極め、2年次より16の多彩な専修に分属する。
進路　教員や公務員の他、サービス業や情報通信業などに就く者が多い。
学問分野　文学／言語学／哲学／心理学／歴史学／地理学／文化学／メディア学／地学／教員養成／教育学／芸術理論／芸術・表現
大学院　文学／心理学／東アジア文化

学科紹介

総合人文学科

英米文学英語学専修	文化的背景研究、映画研究などを扱う英米文学系と、日英語対照、音声学・音韻論、翻訳論などを扱う英語学系の2つの領域からなる。高度な英語運用能力と英語圏に関する豊かな教養を培う。ネイティブ教員による指導が充実したカリキュラム構成である。
英米文化専修	英語圏の文化を比較文化論、映画研究、ジェンダー論などの様々な視点から総合的、学際的に学修する。ディスカッションやプレゼンテーションなどの意思発信の手法とともに、実用的な英語運用能力を修得する。外国人の専任教員がスタッフの半数を占めている。
国語国文学専修	2つのコースに分かれる。国文学コースでは古代から現代までの日本の文学作品と文学者について時代ごとに研究する。国語学コースでは日本語の音韻、語彙、文法などについて研究する。日本の文学や文化、言葉のすべてが研究対象であり、多様な角度から考察する。
哲学倫理学専修	文献やインターネットを用いて「宗教」を巡る多様な「知」に触れ、フィールドワークによってひとと関わるための「技」を磨く。世界に多様に現れている宗教現象を多角的な視点から考察し、グローバル社会に通用する柔軟性と対応力を養う。
比較宗教学専修	世界三大宗教の他、世界の多様な神話や民間信仰についてフィールドワークを交えながら学修を深め、「宗教とは何か」を探究する。グローバル化時代に必要な宗教理解を目指し様々な宗教に対する考察を深め、各民族の習俗や価値観を理解し、現代社会を把握する。
芸術学美術史専修	人間の芸術活動を考える芸術学と、美術作品を歴史的に考察する美術史学を2つの柱とする。展覧会や社寺での作品鑑賞や大学の「総合図書館」が所蔵する貴重なコレクション、美術標本を用いた授業も行われる。博物館や画廊、デザイン関係で活躍する卒業生が多い。
ヨーロッパ文化専修	ドイツ言語文化とフランス言語文化の2つのコースを設け、ドイツ・フランスを中心にヨーロッパの豊かな文化を学ぶ。ネイティブの教員による授業を多く設置し、両言語の運用能力を向上させるとともに、交換派遣留学を後押しする。
日本史・文化遺産学専修	2つのコースを設置。日本史学コースは主に文献を扱う分野と出土遺物・遺跡や伝統儀礼・習俗を調査研究する分野からなる。文化遺産学コースでは日本を中心に文化遺産や世界遺産など地域に残る有形無形の文化財について学ぶ。フィールドワークも実施している。
世界史専修	アジア、イスラーム世界、古代エジプト、ヨーロッパなど多様な研究テーマを持つ教員のもと世界各地の歴史を複合的、複眼的に学修する。関心に応じて研究テーマを選ぶ。単独の地域や時代にこだわらず横断的な研究を行うことができ、読書力や発信力も身につける。

地理学・地域環境学専修	人文地理学、地誌学、自然地理学の諸分野と、その隣接分野を実践的に学ぶ。生活・風土・地域を対象に、環境とその変容に関する多様な現象をも分析・考察を行う。3年次には4泊5日で日本各地の実習調査がある他、統計分析など実践力を養う科目も多い。
教育文化専修	学校教育に限らず、家庭や社会、職場での教育方法や教育制度を総合的に学ぶ。人間形成に関わる現象を教育・学修と捉え、マスメディア、若者文化、恋愛、そして情報機器の発展や情報環境の変化など価値観や生活に与える影響についての考察を深める。
初等教育学専修	低学年次から継続的な学校現場での体験学習や実習がある。知的な創造力と豊かな人間性、教科教育における高度な指導力を培う。1年次から30名が、2年次から20名が専修に分属する独自の制度を採用。フィールドワークを通じて学校現場での課題を学んでいく。
心理学専修	思考、行動、感情を科学的に捉え、人間の発達や芸術、文化などへの深い理解を目指す。実験や調査、フィールドワークやインタビューなどの心理学研究法を学ぶ。心理学の専門科目に加え他専修の科目も履修し、人間の複雑性と心の働きについて探究する。
映像文化専修	世界各国の映画の内容分析や文化的・歴史的背景の探究を行う映画研究の他、メディア論・視覚文化論を柱に置く。映画や写真だけでなく、ゲームやインターネット上の動画など日常生活における様々な映像を研究対象とし、映像文化に関する専門的な知識を幅広い観点から修得する。
文化共生学専修	異文化理解と共生を軸に、様々な文化事情を横断的かつ柔軟に把握する。独善的なナショナリズムや資本の論理、排他性ではなく多様な文化を容認し創造的共生を図る道筋を模索する。異文化共生論、ジェンダー論、マイノリティ論などまで視点を広げて学修する。
アジア文化専修	2つのコースを設置。アジア文化コースでは文献資料や民衆文化などを軸に朝鮮半島、東南アジア、内陸アジアなどについて学ぶ。中国言語文化コースでは中国語の学修や、思想、文学などの探究を通じ中国語圏文化への理解を深めていく。
取得可能な免許・資格	登録日本語教員、地域調査士、学芸員、教員免許(小一種、中-国・社・英・中国語・フランス語・ドイツ語、高-国・地歴・公・英・中国語・フランス語・ドイツ語)、社会教育士、社会教育主事、司書教諭、司書

入試要項(2024年度)

※この入試情報は2024年度募集要項等より編集したものです（見方は巻頭の「本書の使い方」参照)。
2025年度入試の最新情報は、ホームページや2025年度募集要項等で必ず確認してください。

■文学部 偏差値 64

一般選抜

◆**全学日程1・2（3教科型)**

[総合人文：3科目（450点)] 国 現古（150）地歴 公 数 世B、日B、地理B、政経、数ⅠⅡABから1（100）外 英（200）

◆**全学日程1（2教科型〔英語外部試験利用方式〕)**

※出願資格として英語外部試験が必要

[総合人文－初等教育学以外：2科目（250点)] 国 現古（150）地歴 公 数 世B、日B、地理B、政経、数ⅠⅡABから1（100）

◆**全学日程2（3教科型〔同一配点方式〕)**

[総合人文－初等教育学以外：3科目（450点)] 国 現古（150）地歴 公 数 世B、日B、地理B、政経、数ⅠⅡABから1（150）外 英（150）

共通テスト併用入試

◆**共通テスト利用入試（併用2科目型〔2月4日〕)**

[総合人文]〈共 2科目（300点)〉国 現古漢（200）地歴 公 数 理 世B、日B、地理B、公理全9科目、数ⅠA、数ⅡBから1（100）〈個 1科目（300点)〉外 英（300）

◆**共通テスト利用入試（併用2科目型〔2月5日・6日・7日〕)**

[総合人文]〈共 2科目（400点)〉国 地歴 公 数 理 現古漢、世B、日B、地理B、公理全9科目、数ⅠA、数ⅡBから2教科2（計200～300→400）▶地歴と公は1教科扱い。地歴公数理は100→200点とする〈個 1科目（150点)〉外 英（150）

共通テスト利用入試 ※個別試験は課さない

◆**共通テスト利用入試（前期2科目型〔英語外部試験重視方式〕)** ※出願資格として英語外部試験が必要

[総合人文：3科目（500点→400点)] 国 現古漢（200→100）地歴 公 数 理 世B、日B、地理B、公

理全9科目、数ⅠA、数ⅡBから1（100）その他英語外部試験（200）

◆**共通テスト利用入試（前・後期3科目型〔ベスト3科目傾斜配点方式〕）**

［総合人文：3科目（400～500点→800点）］国 地歴 公 数 理 外 次の①～④から3（①現古漢、②世B、日B、地理B、公全4科目から1、③数ⅠA、数ⅡB、理全5科目から1、④外全5科目から1）（計400～500→800）▶地歴公数理は100→200点とする。3科目のうち最高得点科目を200→400点とする

◆**共通テスト利用入試（前期4科目型）**

［総合人文：4科目（600点）］国現古漢（200）地歴 公 世B、日B、地理B、公全4科目から1（100）数 理 数ⅠA、数ⅡB、理全5科目から1（100）外全5科目から1（200）

◆**共通テスト利用入試（前期6科目型）**

［総合人文：6科目（800点）］国現古漢（200）地歴 公 世B、日B、地理B、公全4科目から1（100）数 数ⅠA、数ⅡB（計200）理 全5科目から1（100）外 全5科目から1（200）

特別選抜

［総合型選抜］AO（アドミッション・オフィス）、SF（スポーツ・フロンティア）入試、国際バカロレア入試

［その他］社会人入試（9月募集）、外国人学部留学生入試（9月・11月募集）、UNHCR難民高等教育プログラム推薦入試

商学部

千里山キャンパス

定員 726

入試科目検索

特色 ビジネスニーズに対応するための専門知識と実践力を養う。3年次より5つのコースに分属する。
進路 就職先は卸売・小売業や製造業、情報通信業をはじめ多岐にわたる。
学問分野 経済学／経営学／国際学
大学院 商学／会計

学科紹介

商学科

流通専修	流通の役割とは、生産と消費をつなぐこと。メーカー、卸売・小売業者、物流業者、消費者など、様々な立場から、ヒト・モノ・カネ・情報の流れに関する知識を学び、社会・経済・経営の仕組みを追究する。
ファイナンス専修	お金の流れから経済の仕組みや実態を学ぶ。預金、資金調達、代金決済など、企業や家計、政府・地方公共団体の運営に大きく関連する金融機関の仕組みや役割を、金融・銀行・証券・保険など様々な視点から解明する。
国際ビジネス専修	「ヒト・モノ・カネが国境を超えるとき、何が起こるのか」という疑問を出発点にして国際ビジネスとその環境について学ぶ。国際ビジネスに不可欠な英語力を高めるとともに、貿易、外国為替、国際売買取引の仕組みや国際物流などの理解を深める。
マネジメント専修	ビジネスに関する意思決定の理論、歴史、政策を学ぶ。企業経営、組織運営の実際を、管理、労務、情報処理、戦略などの面から多角的に分析・理解し、経営者としてのマネジメント能力の修得を目指す。
会計専修	会計情報は、社会を方向づけ、支える仕組みとして、企業の経営者や従業員、投資家や銀行にとっての羅針盤。会計情報の作り方や会計情報を読み解く力を養うことで、理論と実践力をそなえた「数字に強い社会人」を目指す。
取得可能な免許・資格	学芸員、教員免許（中-社、高-地歴・公・商業）、司書

入試要項（2024年度）

※この入試情報は2024年度募集要項等より編集したものです（見方は巻頭の「本書の使い方」参照）。2025年度入試の最新情報は、ホームページや2025年度募集要項等で必ず確認してください。

■商学部 偏差値 64

一般選抜

◆**全学日程1・2（3教科型）**
[商：3科目（450点）] 国現古（150） 地歴 公 数 世B、日B、地理B、政経、数ⅠⅡABから1（100） 外英（200）

共通テスト併用入試

◆**共通テスト利用入試（併用2科目型〔英語力重視方式〕）**
[商]〈共2科目（300点）〉 地歴 公 数 世B、日B、地理B、公全4科目、数ⅠA、数ⅡB、簿、情から1（100） 外英（200）〈個2科目（300点）〉 国現古（100） 外英（200）

共通テスト利用入試 ※個別試験は課さない

◆**共通テスト利用入試（前期3科目型）**
[商：3科目（400点→600点）] 国現（100→200） 地歴 公 数 理 世B、日B、地理B、公理全9科目、数ⅠA、数ⅡB、簿から1（100→200） 外英（200）

特別選抜

[総合型選抜] AO（アドミッション・オフィス）入試、SF（スポーツ・フロンティア）入試
[学校推薦型選抜] 公募制推薦入試、商学部全国商業高等学校長協会特別推薦入学
[その他] 外国人学部留学生入試（11月募集）、UNHCR難民高等教育プログラム推薦入試

経済学部

千里山キャンパス

定員 726

入試科目検索

特色　1・2年次で経済学の基礎を修得した上で、3年次からは4つのコースに分属し専門性を追究する。
進路　メーカーをはじめ金融・保険業や情報通信業、公務など多彩な分野に就職している。
学問分野　経済学／経営学／国際学／環境学
大学院　経済学

学科紹介

経済学科

経済政策コース	財政、社会保障、雇用、地方創生など政府の活動に関する問題を考察。経済全体に大きな影響を与える消費税、年金、東京一極集中や環境問題など、市場だけでは解決が困難な問題について、政府の果たすべき役割と経済政策について学修する。
歴史・思想コース	経済や社会思想の発展の過程を歴史の視点から考察する。現代の経済社会は過去の歴史の上に成り立っているという切り口から、過去を知ることで現代経済の問題を解決する糸口を探る。
産業・企業経済コース	企業の行動原理やビジネスデータを分析・活用し、ビジネスの現場で起きている多種多様な現象の本質を読み解く。組織の経済学、中小企業論、ビジネス・エコノミクス、人事経済学、会計学原理、財務諸表論などの展開科目がある。
国際経済コース	ヒト・モノ・サービス・カネが国を越えて移動するグローバル社会について考察する。モノの移動について考える国際貿易や、カネの動きを考える国際金融など、世界経済の仕組みを理解し、中国やインドなど成長著しい国々の経済事情も学ぶ。
取得可能な免許・資格	学芸員、教員免許(中-社、高-地歴・公)、社会教育士、社会教育主事、司書教諭、司書

入試要項(2024年度)

※この入試情報は2024年度募集要項等より編集したものです（見方は巻頭の「本書の使い方」参照）。
2025年度入試の最新情報は、ホームページや2025年度募集要項等で必ず確認してください。

■経済学部　偏差値 63

一般選抜

◆全学日程1・2(3教科型)
[経済：3科目(450点)] 国現古(150) 地歴 公 数 世B、日B、地理B、政経、数ⅠⅡABから1(100) 外英(200)

◆全学日程1(2教科型〔英語外部試験利用方式〕)
※出願資格として英語外部試験が必要
[経済：2科目(250点)] 国現古(150) 地歴 公 数 世B、日B、地理B、政経、数ⅠⅡABから1(100)

◆全学日程2(3教科型〔同一配点方式〕)
[経済：3科目(450点)] 国現古(150) 地歴 公 数 世B、日B、地理B、政経、数ⅠⅡABから1(150) 外英(150)

共通テスト併用入試

◆共通テスト利用入試(併用2科目型〔英語〕)
[経済]〈共2科目(200点→300点)〉国現(100→200) 地歴 公 数 理 世B、日B、地理B、公理全9科目、数ⅠA、数ⅡBから1(100)〈個1科目(300点)〉外英(300)

◆共通テスト利用入試(併用2科目型〔小論文〕)
[経済]〈共2科目(200〜300点→300点)〉国 数 理 外 数ⅠA必須、現、数ⅡB、理全5科目、英から1(計200〜300→300)▶国数理は100→150点、外は200→150点とする〈個1科目(150点)〉論小論文(150)▶現代社会と政治・経済を題材として出題する

共通テスト利用入試　※個別試験は課さない

◆共通テスト利用入試(前期3科目型)
[経済：3科目(300〜400→800点)] 国 地歴 公 数 理 外 現、世B、日B、地理B、公理外全14科目、数ⅠA、数ⅡBから3(計300〜400→800)▶数から1必須。地歴公理各2科目選択不可。国地歴公数理は100→200点とする。3科目のうち最高得点科目を200→400点とする

◆共通テスト利用入試(前期4科目型)
[経済：4科目(500点→600点)] 国現

(100→200) 地歴 公 世B、日B、地理B、公全4科目から1(100) 数 理 数ⅠA、数ⅡB、理全5科目から1(100) 外 全5科目から1(200)

◆共通テスト利用入試(前期6科目型)

[経済:6科目(700点→800点)] 国 現(100→200) 地歴 公 世B、日B、地理B、公全4科目から1(100) 数 数ⅠA、数ⅡB(計200) 理 全5科目から1(100) 外 全5科目から1(200)

◆共通テスト利用入試(後期3科目型〔ベスト3科目傾斜配点方式〕)

[経済:3科目(300~400→800点)] 国 地歴 公 数 理 外 次の①~④から3(①現、②世B、日B、地理B、公全4科目から1、③数ⅠA、数ⅡB、理全5科目から1、④外全5科目から1)(計300~400→800) ▶国地歴公数理は100→200点とする。3科目のうち最高得点科目を200→400点とする

特別選抜

[総合型選抜] AO(アドミッション・オフィス)入試、SF(スポーツ・フロンティア)入試、国際バカロレア入試

[その他] 外国人留学生入試(9月・11月募集)、UNHCR難民高等教育プログラム推薦入試

Column コラム

就職支援

関西大学では、キャリアデザインに必要な力を育むために、様々な行事やプログラムを通して支援をしています。全キャンパスにはキャリアセンターが設置され、学生の就職・進路に関して多彩なサポートを展開している他、東京と大阪にもキャリアセンターを設置し、都心での就職活動をサポートしています。また、1・2年次からキャリア形成、就職活動支援プログラムが用意されており、1・2年生限定webツールのハタチのトビラ(関大版)や、1・2年次から"キャリア開発能力"を育むことを目的とした企業連携型キャリアスタートプログラムを実施しています。3年次からは就職ガイダンスや企業(業界)研究セミナーなどの各種講座やガイダンスを開催しており、本格的な就職活動の対策を進めています。その他、U・Iターン就職に関するガイダンスも実施しており、地方自治体担当者と直接会えるイベントなども開催し、学生のU・Iターン就職をサポートしています。

国際交流

関西大学では、留学の目標や外国語習熟度が異なるすべての学生に対応したグローバル環境を整えています。1学期間または2学期間で学生交換協定を結んでいる36カ国・地域の144の協定校に留学し、専門分野を学ぶ交換派遣留学や、海外大学附属の語学学校で学べる認定留学といった中長期留学の他、夏休みおよび春休みの期間中に、海外の様々な国で外国語を学ぶことができる短期留学プログラムも実施されています。その他、外国語運用能力の向上だけでなく、学部ごとの専門的な学びに応じた独自の留学プログラムも多数展開されています。留学を行う学生を対象とした奨学金は制度によって支援の形は異なりますが、長期留学(交換派遣留学・認定留学)についてはすべての学生に経済支援があり、短期留学でも対象のプログラムによっては最大12万円の経済支援があります。

社会学部

千里山キャンパス

定員 792

入試科目検索

特色 1年次から専攻に分属。他専攻の科目も受講できる横断的なカリキュラムを実施。
進路 卒業者の多くはサービス業や卸売・小売業、製造業などに就職している。
学問分野 心理学／社会学／メディア学
大学院 社会学／心理学

学科紹介

社会学科

社会学専攻 (198)	社会現象や人間関係を様々な角度から見つめ直し、多様な切り口で分析。問題解決への検討を通して、既成の概念にとらわれることなく様々な視点から物事を考え抜く思考力を養う。
心理学専攻 (198)	個人 - 集団 - 社会に焦点をあて、「仮説の提示」と「事実による検証」によって、人間の心と行動の仕組みについて科学的に解明していく。コンピュータを用いた高度な情報処理技術を学修し、解明のための科学的プロセスを身につける。
メディア専攻 (198)	多彩な講義と実習によって「メディアを読み解く知、メディアで伝える技法、メディアを生かす新たな想像力」の3要素からなる「メディア・マインド」を修得し、現代社会で新しい価値を創造する能力を育む。
社会システムデザイン専攻 (198)	社会の問題を発見し解決策を考えることを通して、新しい社会像をデザインすることを目指す。経済学や経営学、科学・技術に関する知識を学修し、地域社会の課題や国際的な問題に取り組む力を身につける。
取得可能な免許・資格	公認心理師、認定心理士、学芸員、社会調査士、社会福祉主事、教員免許(中-社、高-地歴・公)、社会教育士、社会教育主事、司書教諭、司書

入試要項(2024年度)

※この入試情報は2024年度募集要項等より編集したものです（見方は巻頭の「本書の使い方」参照）。
2025年度入試の最新情報は、ホームページや2025年度募集要項等で必ず確認してください。

■社会学部 偏差値 64

一般選抜

◆**全学日程1・2（3教科型）**
[社会：3科目（450点）] 国現古（150）地歴公数世B、日B、地理B、政経、数ⅠⅡABから1(100) 外英（200）

◆**全学日程2（3教科型〔同一配点方式〕）**
[社会：3科目（450点）] 国現古（150）地歴公数世B、日B、地理B、政経、数ⅠⅡABから1(150) 外英（150）

共通テスト併用入試

◆**共通テスト利用入試（併用1科目型）**
[社会]〈共1科目（100点→200点）〉数理数ⅠA、数ⅡB、理全5科目から1（100→200）〈個1科目（200点）〉外英（200）

◆**共通テスト利用入試（併用2科目型）**
[社会]〈共2科目（250点）〉国現古（150）地歴公数理世B、日B、地理B、公理全9科目、数ⅠA、数ⅡBから1（100）〈個1科目（200点）〉外英（200）

共通テスト利用入試 ※個別試験は課さない

◆**共通テスト利用入試（前期3科目型）**
[社会：3科目（400～450点→600点）] 国地歴公数理現古、世B、日B、地理B、公理全9科目、数ⅠA、数ⅡBから2教科2（計200～250→400）▶地歴と公は1教科扱い。国は150→200点、地歴公数理は100→200点とする 外英（200）

特別選抜

[総合型選抜] AO（アドミッション・オフィス）入試、SF（スポーツ・フロンティア）入試
[その他] 外国人学部留学生入試（9月募集）、UNHCR難民高等教育プログラム推薦入試

政策創造学部

定員 350

千里山キャンパス

入試科目検索

特色 社会科学諸分野を中心に学び、問題を自ら発見し多様な視点から解決策の立案・実行ができる能力を磨く。
進路 就職先はサービス業や卸売・小売業、製造業をはじめ多岐にわたる。
学問分野 法学／政治学／経済学／経営学／国際学
大学院 ガバナンス

学科紹介

政策学科 (250)	多岐にわたる分野の学びを通して、国内外の社会問題に対し、解決のための政策を柔軟かつ総合的に判断・提案する能力を養う。2年次に政治経済専修と地域経営専修に分属され、より専門性の高い知識を身につける。
国際アジア学科 (100)	政治、経済、法律の基礎を身につけ、アジアをはじめとした世界各国・地域と比較して、それぞれの特徴を理解する。今後、世界がどのような問題に直面するのか考え、対応するために必要な考える力と行動力＝考動力を養う。
取得可能な免許・資格	学芸員、教員免許（中-社、高-地歴・公）、社会教育士、社会教育主事

入試要項（2024年度）

※この入試情報は2024年度募集要項等より編集したものです（見方は巻頭の「本書の使い方」参照）。2025年度入試の最新情報は、ホームページや2025年度募集要項等で必ず確認してください。

■政策創造学部 偏差値 63

一般選抜

◆**全学日程1・2（3教科型）**
[全学科：3科目（450点）] 国 現古（150） 地歴 公 数 世B、日B、地理B、政経、数ⅠⅡABから1（100） 外 英（200）

◆**全学日程1（2教科型〔英語外部試験利用方式〕）**
※出願資格として英語外部試験が必要
[全学科：2科目（250点）] 国 現古（150） 地歴 公 数 世B、日B、地理B、政経、数ⅠⅡABから1（100）

◆**全学日程2（3教科型〔同一配点方式〕）**
[全学科：3科目（450点）] 国 現古（150） 地歴 公 数 世B、日B、地理B、政経、数ⅠⅡABから1（150） 外 英（150）

共通テスト併用入試

◆**共通テスト利用入試（併用2科目型）**
[全学科]〈共 2科目（300点→400点）〉 国 現古漢（200） 数 理 数ⅠA、数ⅡB、理全5科目から1（100→200）〈個 1科目（200点）〉 外 英（200）

共通テスト利用入試 ※個別試験は課さない

◆**共通テスト利用入試（前期3科目型〔ベスト3科目傾斜配点方式〕）**
[全学科：3科目（400～500点→800点）] 国 地歴 公 数 理 外 次の①～④から3（①現古漢、②世B、日B、地理B、公全4科目から1、③数ⅠA、数ⅡB、理全5科目から1、④英）（計400～500→800）▶地歴公数理は100→200点とする。3科目のうち最高得点科目を200→400点とする

◆**共通テスト利用入試（前期4科目型）**
[全学科：4科目（600点）] 国 現古漢（200） 地歴 公 世B、日B、地理B、公全4科目から1（100） 数 理 数ⅠA、数ⅡB、理全5科目から1（100） 外 英（200）

◆**共通テスト利用入試（前期6科目型）**
[全学科：6科目（800点）] 国 現古漢（200） 地歴 公 世B、日B、地理B、公全4科目から1（100） 数 数ⅠA、数ⅡB（計200） 理 全5科目から1（100） 外 英（200）

◆**共通テスト利用入試（後期4科目型〔ベスト4科目傾斜配点方式〕）**
[全学科：4科目（400～600点→1000点）] 国 地歴 公 数 理 外 現古漢、世B、日B、地理B、公理全9科目、数ⅠA、数ⅡB、英から4（計400～600→1000）▶地歴公数理は100→200点とする。4科目のうち最高得点科目を200→400点とする

特別選抜

[総合型選抜] AO（アドミッション・オフィス）入試
[その他] 外国人学部留学生入試（11月募集）、UNHCR難民高等教育プログラム推薦入試

外国語学部

千里山キャンパス

定員 165

入試科目検索

特色 2年次には1年間海外の大学へ。国際社会で生き抜く外国語運用能力を身につける。
進路 就職先はサービス業や製造業、情報通信業をはじめ多岐にわたる。
学問分野 言語学
大学院 外国語教育学

学科紹介

外国語学科 (165)	英語または中国語を主専攻言語とし選択する。2年次には1年間の留学「スタディ・アブロード・プログラム」を実施。帰国後、3年次から自らの興味・関心に応じて選択可能な5つのプログラムを通じて、専門分野の深化を目指す。
取得可能な免許・資格	登録日本語教員、学芸員、教員免許（中-英・中国語、高-英・中国語）、司書

入試要項（2024年度）

※この入試情報は2024年度募集要項等より編集したものです（見方は巻頭の「本書の使い方」参照）。2025年度入試の最新情報は、ホームページや2025年度募集要項等で必ず確認してください。

■外国語学部 偏差値 66

一般選抜

◆**全学日程1（3教科型）**
[外国語：3科目（450点）] 国現古（150）地歴 公 数 世B、日B、地理B、政経、数ⅠⅡABから1（100）外英（200）

◆**全学日程2（2教科型〔英語＋1教科選択方式〕）**
[外国語：2科目（250点）] 国 地歴 公 数 現古、世B、日B、地理B、政経、数ⅠⅡABから1（100）外英、英語外部試験から高得点1（150）

共通テスト併用入試

◆**共通テスト利用入試（併用3科目型）**
[外国語]〈共3科目（400点→300点）〉国 地歴 公 数 現、世B、日B、地理B、公全4科目、数ⅠA、数ⅡBから2教科2（計200）▶地歴と公は1教科扱い 外英（200→100）〈個1科目（200点）〉外英（200）

共通テスト利用入試 ※個別試験は課さない

◆**共通テスト利用入試（前期4科目型）**
[外国語：4科目（500点）] 国現（100）地歴 公 数 理 世B、日B、地理B、公理全9科目、数ⅠA、数ⅡBから2教科2（計200）▶地歴と公は1教科扱い 外英（200）

◆**共通テスト利用入試（後期3科目型）**
[外国語：3科目（400～500点→400点）] 国 地歴 公 数 現古漢、世B、日B、地理B、公全4科目、数ⅠA、数ⅡBから2教科2（計200～300→200）▶地歴と公は1教科扱い。国は200→100点とする 外英（200）

特別選抜

[総合型選抜] AO（アドミッション・オフィス）入試、SF（スポーツ・フロンティア）入試
[その他] UNHCR難民高等教育プログラム推薦入試

総合情報学部

高槻キャンパス

定員 500

入試科目検索

特色 文理の枠組みにとらわれず、あらゆる領域の問題を"情報"の視点から学ぶ。
進路 IT関連企業の他、マスコミ関連や製造業、公務員など多彩な分野で活躍している。
学問分野 メディア学／情報学
大学院 総合情報学

学科紹介

総合情報学科 (500)	メディア情報、社会情報システム、コンピューティングの3つの系で構成されるカリキュラムから自由に科目を履修する。放送局に匹敵する機器を備えたスタジオや400台を超えるパソコンを備えたスタジオ棟などを完備し、充実した情報環境のもとで実践的に学ぶ。
取得可能な免許・資格	社会調査士、教員免許（高-数・公・情）

入試要項（2024年度）

※この入試情報は2024年度募集要項等より編集したものです（見方は巻頭の「本書の使い方」参照）。2025年度入試の最新情報は、ホームページや2025年度募集要項等で必ず確認してください。

■総合情報学部 偏差値 62

一般選抜

◆**全学日程1（2教科型〔英国方式〕）**
［総合情報：2科目（350点）］国現古（150）外英（200）

◆**全学日程1（2教科型〔英数方式 2月1日〕）**
［総合情報：2科目(350点)］数数ⅠⅡAB(175) 外英（175）

◆**全学日程1（2教科型〔英数方式 2月3日〕）、学部独自日程（2教科型〔英数方式〕）、全学日程2（2教科型〔英数方式〕）**
［総合情報：2科目(400点)］数数ⅠⅡAB(200) 外英（200）

◆**全学日程1（2教科型〔国数方式〕）**
［総合情報：2科目（350点）］国現古（150）数数ⅠⅡAB（200）

◆**全学日程1・2（3教科型）**
［総合情報：3科目（450点）］国現古（150）地歴公数世B、日B、地理B、政経、数ⅠⅡABから1（100）外英（200）

共通テスト併用入試

◆**共通テスト利用入試（併用2科目型〔英語〕）**
［総合情報］〈共2科目（200～300点→300点）〉国地歴公数理外現、世B、日B、地理B、公理全9科目、数ⅠA、数ⅡB、情、英から2（計200～300→300）▶国地歴公数理は100→150点、外は200→150点とする〈個1科目（200点）〉外英（200）

◆**共通テスト利用入試（併用2科目型〔英語または数学〕）**
［総合情報］〈共2科目（200～300点→300点）〉国地歴公数理外現、世B、日B、地理B、公理全9科目、数ⅠA、数ⅡB、情、英から2（計200～300→300）▶国地歴公数理は100→150点、外は200→150点とする〈個1～2科目（200点）〉数外次の①・②から1（①数ⅠⅡAB、英から1、②数ⅠⅡAB、英▶高得点1科目を合否判定に使用）（200）

共通テスト利用入試 ※個別試験は課さない

◆**共通テスト利用入試（前期4科目〔総合〕型）**
［総合情報：4科目（500点）］国現（100）地歴公数理数ⅠA必須、世B、日B、地理B、公理全9科目、数ⅡB、情から1（計200）外英（200）

◆**共通テスト利用入試（前期3科目〔文系〕型）**
［総合情報：3科目（500点）］国現古漢（200）地歴公世B、日B、地理B、公全4科目から1(100) 外英（200）

◆**共通テスト利用入試（前期4科目〔理系〕型）**
［総合情報：4科目(500点)］数数ⅠA、数ⅡB（計200）理全5科目から1（100）外英（200）

◆**共通テスト利用入試（後期4科目型）**
［総合情報：4科目（400～500点→800点）］国地歴公数理外現、世B、日B、地理B、公理全9科目、数ⅠA、数ⅡB、情、英から4（計400～500→800）▶国地歴公数理は100→200点とする

特別選抜

［総合型選抜］AO（アドミッション・オフィス）入試、SF（スポーツ・フロンティア）入試
［その他］社会人入試（6月募集）、帰国生徒入試（秋学期入学、春学期入学）、外国人学部留学生入試（秋学期入学、9月募集）、UNHCR難民高等教育プログラム推薦入試

人間健康学部

定員 330

堺キャンパス

入試科目検索

特色 スポーツと福祉を軸に健康に関する幅広い知識を学ぶ。2年次より2つのコースへ分属。
進路 教員や公務員の他、サービス業や製造業などに就く者が多い。
学問分野 社会福祉学／健康科学／人間科学
大学院 人間健康

学科紹介

人間健康学科

スポーツと健康コース	生涯スポーツを通した人間形成やコミュニティの再生、スポーツ教育を通した新たな人間の健康のあり方を探究。身体に関わる文化的・科学的な基本知識と、健康に関する幅広い知識を持つスポーツ指導者などを育成。また市民の健康増進等についても考える。
福祉と健康コース	人間の健康のあり方や社会福祉に関する知識と実践的アプローチを学び、福祉社会を支える力を養成。福祉専門職としての倫理と価値観を兼ねそなえたソーシャルワーカーなどを育成する。
取得可能な免許・資格	社会福祉士、社会福祉主事、児童福祉司、公認パラスポーツ指導者、公認スポーツ指導者、教員免許（中-保体、高-保体）、司書教諭

入試要項（2024年度）

※この入試情報は2024年度募集要項等より編集したものです（見方は巻頭の「本書の使い方」参照）。
2025年度入試の最新情報は、ホームページや2025年度募集要項等で必ず確認してください。

■人間健康学部 偏差値 61

一般選抜

◆全学日程1・2（3教科型）
［人間健康：3科目（450点）］国現古（150）地歴公数世B、日B、地理B、政経、数ⅠⅡABから1（100）外英（200）

◆全学日程1（2教科型〔英語外部試験利用方式〕）
※出願資格として英語外部試験が必要
［人間健康：2科目（250点）］国現古（150）地歴公数世B、日B、地理B、政経、数ⅠⅡABから1（100）

◆全学日程2（3教科型〔同一配点方式〕）
［人間健康：3科目（450点）］国現古（150）地歴公数世B、日B、地理B、政経、数ⅠⅡABから1（150）外英（150）

共通テスト併用入試

◆共通テスト利用入試（併用1科目型）
［人間健康］〈共1科目（100～200点→200点）〉国地歴公数理外現、世B、日B、地理B、公理全9科目、数ⅠA、数ⅡB、英から1（100～200→200）▶国地歴公数理は100→200点とする〈個2科目（400点）〉国現古（200）外英（200）

◆共通テスト利用入試（併用2科目型〔国語〕）
［人間健康］〈共2科目（200～300点→200点）〉国地歴公数理外現、世B、日B、地理B、公理全9科目、数ⅠA、数ⅡB、英から2教科2（計200～300→200）▶外は200→100点とする〈個1科目（200点）〉国現古（200）

◆共通テスト利用入試（併用2科目型〔英語 2月4日〕）
［人間健康］〈共2科目（200点）〉国現（100）地歴公数理世B、日B、地理B、公理全9科目、数ⅠA、数ⅡBから1（100）〈個1科目（200点）〉外英（200）

◆共通テスト利用入試（併用2科目型〔英語 2月7日〕）
［人間健康］〈共2科目（200～300点→200点）〉国地歴公数理外現、世B、日B、地理B、公理全9科目、数ⅠA、数ⅡB、英から2教科2（計200～300→200）▶外は200→100点とする〈個1科目（200点）〉外英（200）

共通テスト利用入試 ※個別試験は課さない

◆共通テスト利用入試（前期3科目型〔ベスト3科目傾斜配点方式〕）
［人間健康：3科目（300～400点→800点）］国地歴公数理外次の①～④から3（①現、②世B、日B、地理B、公全4科目から1、③数ⅠA、数ⅡB、理全5科目から1、④外全5科目から1）（計300～400→800）▶国地歴公数理は100→200点とする。3科目のうち最高得点科目を200→400点とする

◆共通テスト利用入試（前期4科目型）
［人間健康：4科目（600点）］国現古漢（200）地歴公世B、日B、地理B、公全4科目から1（100）数理数ⅠA、数ⅡB、理全5科目から1（100）外

全5科目から1（200）

◆共通テスト利用入試（後期3科目型）

［人間健康：3科目（300～400点→600点）］ 国 地歴 公 数 理 外 次の①～④から3（①現、②世B、日B、地理B、公全4科目から1、③数ⅠA、数ⅡB、理全5科目から1、④外全5科目から1）（計300～400→600）▶国地歴公数理は100→200点とする

特別選抜

［総合型選抜］ AO（アドミッション・オフィス）入試、SF（スポーツ・フロンティア）入試

［その他］ 社会人入試（9月募集）、外国人学部留学生入試（11月募集）、UNHCR難民高等教育プログラム推薦入試

ビジネスデータサイエンス学部

吹田みらいキャンパス

定員 350

入試科目検索

特色 2025年度開設予定。ビジネスとデータサイエンスを体系的に学び、生きたスキルを身につける。

進路 情報通信業や製造業、金融業などを中心に、データサイエンティストなどの職種で活躍することを想定。

学問分野 経済学／経営学／情報学

学科紹介

ビジネスデータサイエンス学科 新 (350)	2025年度開設予定（仮称、設置構想中）。ビジネスとデータサイエンスの2つの面からのアプローチでビジネス力、データサイエンス力、人間力を備えたビジネスデータサイエンティストを養成する。

入試要項（2024年度）

※この入試情報は2024年度募集要項等より編集したものです（見方は巻頭の「本書の使い方」参照）。
2025年度入試の最新情報は、ホームページや2025年度募集要項等で必ず確認してください。

■ビジネスデータサイエンス学部　偏差値 -

※2025年度設置構想中。2024年度入試情報なし

社会安全学部

定員 275

高槻ミューズキャンパス

入試科目検索

特色 防災・事故防止・危機管理などの問題を文系・理系を超えた様々な学問領域から探究する。

進路 就職先は製造業やサービス業、卸売・小売業をはじめ多岐にわたる。

学問分野 心理学／法学／政治学／経済学／経営学／社会学／社会・安全工学／環境学／情報学／人間科学

大学院 社会安全

学科紹介

安全マネジメント学科 (275)	社会、人間、自然の3つのフィールドから社会の安全・安心を多面的に捉える。安全のための法システムなどを扱う社会災害マネジメント科目と、自然災害のメカニズムを分析し被災者支援、復旧・復興計画、危機管理体制などを扱う自然災害マネジメント科目を設置。
取得可能な免許・資格	学芸員、社会調査士、教員免許（中-社、高-公）、社会教育士、社会教育主事、司書教諭、司書

入試要項（2024年度）

※この入試情報は2024年度募集要項等より編集したものです（見方は巻頭の「本書の使い方」参照）。2025年度入試の最新情報は、ホームページや2025年度募集要項等で必ず確認してください。

■社会安全学部 偏差値 64

一般選抜

◆全学日程1・2（3教科型）
[安全マネジメント：3科目（450点）] 国現古（150） 地歴 公 数 世B、日B、地理B、政経、数ⅠⅡABから1（100） 外 英（200）

◆全学日程1（2教科型〔英語外部試験利用方式〕）
※出願資格として英語外部試験が必要
[安全マネジメント：2科目（250点）] 国 現古（150） 地歴 公 数 世B、日B、地理B、政経、数ⅠⅡABから1（100）

◆全学日程1・2（2教科型〔英数方式〕）
[安全マネジメント：2科目（350点）] 数 数ⅠⅡAB（150） 外 英（200）

◆全学日程2（2教科型〔英数方式 数学重視〕）
[安全マネジメント：2科目（400点）] 数 数ⅠⅡⅢAB（300） 外 英（100）

共通テスト併用入試

◆共通テスト利用入試（併用3科目型）
[安全マネジメント]〈共 2科目（300点）〉 数 数ⅠA、数ⅡB（計200） 理 全5科目から1（100）〈個 1科目（200点）〉 外 英（200）

共通テスト利用入試 ※個別試験は課さない

◆共通テスト利用入試（前期3科目型）
[安全マネジメント：3科目（300点）] 数 数ⅠA、数ⅡB（計200） 理 全5科目から1（100）

◆共通テスト利用入試（前期6科目型）
[安全マネジメント：6科目（800点）] 国 現古漢（200） 地歴 公 世B、日B、地理B、公全4科目から1（100） 数 数ⅠA、数ⅡB（計200） 理 全5科目から1（100） 外 全5科目から1（200）

◆共通テスト利用入試（後期2科目型）
[安全マネジメント：2科目（200～300点→200点）] 数 理 外 数ⅠA、数ⅡB、理外全10科目から2（計200～300→200） ▶外は200→100点とする

特別選抜

[総合型選抜] AO（アドミッション・オフィス）入試、SF（スポーツ・フロンティア）入試
[その他] 外国人学部留学生入試（11月募集）、UNHCR難民高等教育プログラム推薦入試

システム理工学部

定員 501

千里山キャンパス

入試科目検索

特色 仕組み作りに必要なシステムの原理「理学」と応用する力「工学」を学ぶ。
進路 約4割が大学院へ進学。就職先は製造業や情報通信業が多い。
学問分野 数学／物理学／応用物理学／機械工学／電気・電子工学／情報学
大学院 理工学

学科紹介

数学科 (33)	代数学、幾何学、解析学、統計学など、純粋数学から応用数学まで、少人数クラスで数学の幅広い知識を修得できるような学修プログラムを採用している。計算だけでなく数学の論理的構造をじっくり学び、様々な事象に内在する本質を見抜く洞察力を養成する。
物理・応用物理学科 (66)	「力学」「電磁気学」「統計力学」「量子力学」などの物理学の基礎力を身につけて、電気、機械、IT、化学、教育など様々な分野に活かす。3年次より「基礎・計算物理コース」と「応用物理コース」に分属する。
機械工学科 (220)	機械装置には、物質的・エネルギー的・情報処理的機能が必要であり、この3つの機能それぞれの基本原理の理解と、応用技術の修得を目指す。多くの実験・実習を配し、自ら考えて問題を解決する力を養い、卒業研究や大学院での研究に取り組むことができる。
電気電子情報工学科 (182)	数学や物理学をベースとする共通科目から基礎知識を学び、電気・電子回路の仕組みを理解する実験やプログラミングの演習を通じて実践的な能力を養う。3年次より「電気電子工学コース」「情報通信工学コース」「応用情報工学コース」に分属する。
取得可能な免許・資格	学芸員、危険物取扱者（甲種）、電気工事士、特殊無線技士（海上、陸上）、陸上無線技術士、測量士補、主任技術者（電気、電気通信）、教員免許（中-数・理、高-数・理・情・工業）、司書教諭、司書

入試要項（2024年度）

※この入試情報は2024年度募集要項等より編集したものです（見方は巻頭の「本書の使い方」参照）。
2025年度入試の最新情報は、ホームページや2025年度募集要項等で必ず確認してください。

■システム理工学部 偏差値 62

一般選抜

◆**全学日程１（３教科型〔理科１科目選択方式〕）**
[全学科：3科目(550点)] 数 数ⅠⅡⅢAB(200) 理 物基・物、化基・化から１(150) 外 英(200)

◆**全学日程１（３教科型〔理科設問選択方式 ２科目型〕）**
[数：4科目（550点）] 数 数ⅠⅡⅢAB（200）理 物基・物、化基・化、生基・生から２(計200) ▶各3題の計6題から4題任意選択 外 英（150）
[数以外：4科目(550点)] 数 数ⅠⅡⅢAB(200) 理 物基・物、化基・化（計200）▶各3題の計6題から4題任意選択 外 英（150）

◆**全学日程２（３教科型〔理科設問選択方式〕）**
[全学科：3～4科目（550点）] 数 数ⅠⅡⅢAB（200）理 物基・物、化基・化から選択（計200）▶各3題の計6題から3題任意選択 外 英（150）

◆**全学日程２（３教科型〔理科設問選択方式 理数重視〕）**
[全学科：3～4科目（550点）] 数 数ⅠⅡⅢAB（225）理 物基・物必須、化基・化、生基・生から1(225) ▶各3題の計6題から物基・物2題必須。残り1題任意選択 外 英（100）

共通テスト併用入試

◆**共通テスト利用入試（併用３科目型〔語学力重視方式〕）**
[数]〈共3科目（400点）〉数 数ⅠA、数ⅡB（計200→300）外 英（200→100）〈個1科目（200点）〉外 英（200）

◆**共通テスト利用入試（併用４科目型〔語学力重視方式〕）**
[数以外]〈共4科目(500点)〉数 数ⅠA、数ⅡB(計200) 理 物(100→200) 外 英(200→100)〈個1科目（200点）〉外 英（200）

◆**共通テスト利用入試（併用３科目型〔総合力重視方式〕）**
[数]〈共3科目（300点→400点）〉国 地歴 公 現、世B、日B、地理B、公全4科目から1(100→200)

数数ⅠA、数ⅡB（計200）〈個1科目（200点）〉外英（200）

◆**共通テスト利用入試（併用4科目型〔総合力重視方式〕）**

［数以外］〈共4科目（400点→600点）〉国地歴公現、世B、日B、地理B、公全4科目から1（100→200）数数ⅠA、数ⅡB（計200）理物（100→200）〈個1科目（200点）〉外英（200）

◆**共通テスト利用入試（併用4科目型〔数学力／理科力重視方式〕）** ※全学日程と併願する場合は個別試験で数理受験必須。理科の選択科目が異なる場合は数のみ

［全学科］〈共4科目（500点→300点）〉数数ⅠA、数ⅡB（計200→100）理物（100）外英（200→100）〈個1～3科目（200点）〉数理次の①～③から1（①数ⅠⅡⅢAB、②物基・物必須、化基・化、生基・生から1、③数ⅠⅡⅢAB、物基・物必須、化基・化、生基・生から1▶高得点1教科を合否判定に使用）（200）▶理は各3題の計6題から物基・物2題必須。残り1題任意選択

共通テスト利用入試 ※個別試験は課さない

◆**共通テスト利用入試（前期4科目型）**

［全学科：4科目（500点→700点）］数数ⅠA、数ⅡB（計200→250）理物（100→250）外英（200）

◆**共通テスト利用入試（後期3科目型〔英語外部試験利用方式〕）** ※出願資格として英語外部試験が必要

［全学科：3科目（300点→500点）］数数ⅠA、数ⅡB（計200→400）理物（100）

◆**共通テスト利用入試（後期3科目型）**

［数：3科目（400点）］数外数ⅠA、数ⅡB、英（計400）▶外は200→100点とする。3科目のうち最高得点科目を100→200点とする

◆**共通テスト利用入試（後期4科目型）**

［数以外：4科目（500点）］数理外数ⅠA、数ⅡB、物、英（計500）▶外は200→100点とする。4科目のうち最高得点科目を100→200点とする

特別選抜

［総合型選抜］AO（アドミッション・オフィス）入試、SF（スポーツ・フロンティア）入試

［学校推薦型選抜］公募制推薦入試

［その他］外国人学部留学生入試（11月募集）、UNHCR難民高等教育プログラム推薦入試

環境都市工学部

定員 325

入試科目検索

千里山キャンパス

特色　自然と都市の調和を目指し、都市が抱える問題を多様な観点から考察する。
進路　約3割が大学院へ進学。就職先は建設業やサービス業が多い。
学問分野　土木・建築学／エネルギー工学
大学院　理工学

学科紹介

建築学科 (105)	人間の心理や自然現象、歴史・文化に関わる領域まで、理系・文系、両方の知識をバランス良く学ぶ。建築構造や室内環境のシミュレーション、構造材料試験、歴史的建造物の実測などの実践的な科目もあり、また設計演習では、デザインや色彩など美的感覚も磨く。
都市システム工学科 (132)	人口の過密、交通混雑、環境汚染などの問題を幅広い観点から捉え直し、都市システムを計画・設計および維持管理するために必要な知識と技術を修得する。3年次より「都市インフラ設計コース」「社会システム計画コース」に分属する。
エネルギー環境・化学工学科 (88)	環境負荷の少ない新システム構築のため、省エネルギー・バイオマスなど、環境に優しいエネルギーの開発や利用法について学ぶ。また、環境汚染物質を出さない技術やすでに排出された環境汚染物質を除去・無害化する技術などを工学的な立場から学ぶ。
取得可能な免許・資格	学芸員、危険物取扱者(甲種)、毒物劇物取扱責任者、建築士(一級、二級、木造)、技術士補、測量士補、施工管理技士(土木、建築、造園)、教員免許(中-数・理、高-数・理・情・工業)、司書教諭、司書

入試要項(2024年度)

※この入試情報は2024年度募集要項等より編集したものです(見方は巻頭の「本書の使い方」参照)。
2025年度入試の最新情報は、ホームページや2025年度募集要項等で必ず確認してください。

■環境都市工学部 偏差値 61

一般選抜

◆全学日程1(3教科型〔理科1科目選択方式〕)
[全学科：3科目(550点)] 数 数ⅠⅡⅢAB(200) 理 物基・物、化基・化から1(150) 外 英(200)

◆全学日程1(3教科型〔理科設問選択方式 2科目型〕)
[全学科：4科目(550点)] 数 数ⅠⅡⅢAB(200) 理 物基・物、化基・化(計200) ▶各3題の計6題から4題任意選択 外 英(150)

◆全学日程2(3教科型〔理科設問選択方式〕)
[全学科：3～4科目(550点)] 数 数ⅠⅡⅢAB(200) 理 物基・物、化基・化から選択(計200) ▶各3題の計6題から3題任意選択 外 英(150)

◆全学日程2(3教科型〔理科設問選択方式 理数重視〕)
[全学科：3～4科目(550点)] 数 数ⅠⅡⅢAB(225) 理 物基・物、化基・化から選択(計225) ▶各3題の計6題から3題任意選択 外 英(100)

共通テスト併用入試

◆共通テスト利用入試(併用4科目型〔数学力重視方式〕)
[全学科]〈共4科目(500点→300点)〉数 数ⅠA、数ⅡB(計200→100) 理 物、化から1(100) 外 英(200→100)〈個1科目(200点)〉数 数ⅠⅡⅢAB(200)

◆共通テスト利用入試(併用5科目型〔語学力重視方式〕)
[建築、都市システム工]〈共5科目(600点→500点)〉数 数ⅠA、数ⅡB(計200) 理 物必須、化、生から1(計200) 外 英(200→100)〈個1科目(200点)〉外 英(200)
[エネルギー環境・化学工]〈共5科目(600点→500点)〉数 数ⅠA、数ⅡB(計200) 理 物、化(計200) 外 英(200→100)〈個1科目(200点)〉外 英(200)

◆共通テスト利用入試(併用5科目型〔総合力重視方式〕)
[建築、都市システム工]〈共5科目(500点→600点)〉国 地歴 公 現、世B、日B、地理B、公全4科目から1(100→200) 数 数ⅠA、数ⅡB(計200) 理 物必須、化、生から1(計200)〈個1科目(200点)〉外 英(200)
[エネルギー環境・化学工]〈共5科目(500点→600点)〉国 地歴 公 現、世B、日B、地理B、公

全4科目から1(100→200) 数 数ⅠA、数ⅡB(計200) 理 物、化 (計200)〈個 1科目 (200点)〉外 英 (200)

◆**共通テスト利用入試(併用4科目型〔数学力/理科力重視方式〕)** ※全学日程と併願する場合は個別試験で数理受験必須。理科の選択科目が異なる場合は数のみ

[全学科]〈共 4科目(500点→300点)〉数 数ⅠA、数ⅡB(計200→100) 理 物、化から1 (100) 外 英 (200→100)〈個 1～3科目 (200点)〉数 理 次の①～③から1(①数ⅠⅡⅢAB、②物基・物、化基・化から選択、③数ⅠⅡⅢAB必須、物基・物、化基・化から選択▶高得点1教科を合否判定に使用)(200) ▶理は各3題の計6題から3題任意選択

共通テスト利用入試 ※個別試験は課さない

◆**共通テスト利用入試(前期4科目型〔数学・理科〕)**

[建築、都市システム工:4科目 (400点)] 数 数ⅠA、数ⅡB (計200) 理 物必須、化、生から1 (計200)

[エネルギー環境・化学工:4科目 (400点)] 数 数ⅠA、数ⅡB (計200) 理 物、化 (計200)

◆**共通テスト利用入試(前期4科目型)**

[建築、都市システム工:4科目(500点→400点)] 数 数ⅠA、数ⅡB (計200) 理 物 (100) 外 英 (200→100)

[エネルギー環境・化学工:4科目 (500点→400点)] 数 数ⅠA、数ⅡB (計200) 理 物、化から1 (100) 外 英 (200→100)

◆**共通テスト利用入試(後期4科目型)**

[建築:4科目 (500点)] 数 理 外 数ⅠA、数ⅡB、物、英 (計500) ▶外は200→100点とする。4科目のうち最高得点科目を100→200点とする

[都市システム工:4科目 (500点)] 数 数ⅠA、数ⅡB(計200) 理 物 (100) 外 英 (200)

[エネルギー環境・化学工:4科目 (500点)] 数 理 数ⅠA、数ⅡB、化 (計400) ▶最高得点科目を100→200点とする 外 英 (200→100)

特別選抜

[総合型選抜] AO (アドミッション・オフィス) 入試、SF (スポーツ・フロンティア) 入試

[学校推薦型選抜] 公募制推薦入試

[その他] 外国人学部留学生入試 (11月募集)、UNHCR難民高等教育プログラム推薦入試

化学生命工学部

千里山キャンパス

定員 347

入試科目検索

特色　「化学」の力で、最先端技術を支える新しい素材や、“いのち”に関わる物質を研究する。
進路　約4割が大学院へ進学。就職先は製造業や卸売・小売業が多い。
学問分野　化学／生物学／応用化学／材料工学／医療工学／応用生物学
大学院　理工学

学科紹介

化学・物質工学科　(242)	化合物や合成・反応に対する化学知識を深めながら、物質・材料の構造や機能解析・機能評価に関する基礎物理学や生物学的知識も修得する。2年次より「マテリアル科学コース」「応用化学コース」「バイオ分子化学コース」に分属する。
生命・生物工学科　(105)	DNAやタンパク質の構造・機能を理解し、それらの相互作用に基づく生命現象について学修することで、食品・化粧品・医薬品開発や基礎研究、植物の育種など へ幅広く応用できる能力を身につける。3年次より「ライフサイエンスコース」「バイオテクノロジーコース」に分属する。
取得可能な免許・資格	学芸員、危険物取扱者（甲種）、毒物劇物取扱責任者、食品衛生管理者、バイオ技術者、教員免許（中-理、高-理・工業）、司書教諭、司書

入試要項（2024年度）

※この入試情報は2024年度募集要項等より編集したものです（見方は巻頭の「本書の使い方」参照）。
2025年度入試の最新情報は、ホームページや2025年度募集要項等で必ず確認してください。

■化学生命工学部　偏差値 60

一般選抜

◆全学日程1（3教科型〔理科1科目選択方式〕）
［化学・物質工：3科目（550点）］数 数ⅠⅡⅢAB（200）理 物基・物、化基・化から1（150）外 英（200）
［生命・生物工：3科目（550点）］数 数ⅠⅡⅢAB（200）理 物基・物、化基・化、生基・生から1（150）外 英（200）

◆全学日程1（3教科型〔理科設問選択方式 2科目型〕）
［化学・物質工：4科目（550点）］数 数ⅠⅡⅢAB（200）理 物基・物、化基・化（計200）▶各3題の計6題から4題任意選択 外 英（150）
［生命・生物工：4科目（550点）］数 数ⅠⅡⅢAB（200）理 物基・物、化基・化、生基・生から2（計200）▶各3題の計6題から4題任意選択 外 英（150）

◆全学日程2（3教科型〔理科設問選択方式〕）
［全学科：3～4科目（550点）］数 数ⅠⅡⅢAB（200）理 物基・物、化基・化から選択（計200）▶各3題の計6題から3題任意選択 外 英（150）

◆全学日程2（3教科型〔理科設問選択方式 理数重視〕）
［化学・物質工：3～4科目（550点）］数 数ⅠⅡⅢAB（225）理 物基・物、化基・化（計225）▶各3題の計6題から3題任意選択 外 英（100）
［生命・生物工：3～4科目（550点）］数 数ⅠⅡⅢAB（225）理 物基・物、化基・化、生基・生から2（計225）▶各3題の計6題から3題任意選択 外 英（100）

共通テスト併用入試

◆共通テスト利用入試（併用5科目型〔語学力重視方式〕）
［化学・物質工］〈共 5科目（600点→500点）〉数 数ⅠA、数ⅡB（計200）理 物、化（計200）外 英（200→100）〈個 1科目（200点）〉外 英（200）
［生命・生物工］〈共 5科目（600点→500点）〉数 数ⅠA、数ⅡB（計200）理 物、化、生から2（計200）外 英（200→100）〈個 1科目（200点）〉外 英（200）

◆共通テスト利用入試（併用5科目型〔総合力重視方式〕）
［化学・物質工］〈共 5科目（500点→600点）〉国 地歴 公 現、世B、日B、地理B、公全4科目から1（100→200）数 数ⅠA、数ⅡB（計200）理 物、化（計200）〈個 1科目（200点）〉外 英（200）
［生命・生物工］〈共 5科目（500点→600点）〉国 地歴 公 現、世B、日B、地理B、公全4科目から1（100→200）数 数ⅠA、数ⅡB（計200）理 物、化、生から2（計200）〈個 1科目（200点）〉外 英（200）

◆共通テスト利用入試（併用4科目型〔数学力／理科力重視方式〕） ※全学日程と併願する場合は個別試験で数理受験必須。理科の選択科目が異なる場合は数のみ
［化学・物質工］〈共 4科目（500点→300点）〉数

数ⅠA、数ⅡB（計200→100）理物、化から1（100）外英（200→100）〈個1～3科目（200点）〉数理次の①～③から1（①数ⅠⅡⅢAB、②物基・物、化基・化、③数ⅠⅡⅢAB必須、物基・物、化基・化▶高得点1教科を合否判定に使用）（200）▶理は各3題の計6題から3題任意選択

[生命・生物工]〈共4科目（500点→300点）〉数数ⅠA、数ⅡB（計200→100）理物、化、生から1（100）外英（200→100）〈個1～3科目（200点）〉数理次の①～③から1（①数ⅠⅡⅢAB、②物基・物、化基・化、生基・生から2、③数ⅠⅡⅢAB必須、物基・物、化基・化、生基・生から2▶高得点1教科を合否判定に使用）（200）▶理は各3題の計6題から3題任意選択

共通テスト利用入試 ※個別試験は課さない

◆**共通テスト利用入試（前期6科目型）**

[化学・物質工：6科目（700点）] 国地歴公現、世B、日B、地理B、公全4科目から1（100）数数ⅠA、数ⅡB（計200）理物、化（計200）外英（200）

[生命・生物工：6科目（700点）] 国地歴公現、世B、日B、地理B、公全4科目から1（100）数数ⅠA、数ⅡB（計200）理物、化、生から2（計200）外英（200）

◆**共通テスト利用入試（後期4科目型）**

[化学・物質工：5科目（500点）] 数数ⅠA、数ⅡB（計200）理物、化から1（100→200）外英（200→100）

[生命・生物工：5科目（500点）] 数数ⅠA、数ⅡB（計200）理物、化、生から1（100→200）外英（200→100）

特別選抜

[総合型選抜] AO（アドミッション・オフィス）入試、SF（スポーツ・フロンティア）入試

[学校推薦型選抜] 公募制推薦入試

[その他] 外国人学部留学生入試（11月募集）、UNHCR難民高等教育プログラム推薦入試

募集人員等一覧表

※本書掲載内容は、大学のホームページ及び入学案内や募集要項などの公開データから独自に編集したものです（2024年度入試※1）。詳細は募集要項かホームページで必ず確認してください。

学部	学科	募集人員	一般選抜 全学日程1		一般選抜 全学日程2		一般選抜 学部独自日程	共通テスト併用入試	共通テスト利用入試 前期	共通テスト利用入試 後期	特別選抜※2
法	法学政治	715名	2教科型【英語外部試験利用方式】30名	3教科型270名（同一配点方式を含む）			—	【英語】30名【小論文】10名	50名	15名	①Ⅰ～Ⅲ型合計25名 ②10名 ⑦⑨若干名
文	総合人文	770名	2教科型【英語外部試験利用方式】10名	3教科型350名（同一配点方式を含む）			—	25名	45名	10名	①10名※3 ②13名※4 ④⑦若干名 ⑨+⑩12名
商	商	726名	335名				—	15名	15名	—	①5名 ②10名 ③15名 ⑩20名
経済	経済	726名	2教科型【英語外部試験利用方式】20名	3教科型315名（同一配点方式を含む）			—	【英語】26名【小論文】5名	24名	10名	①④5名 ②10名 ⑨+⑩20名
社会	社会	792名	3教科型320名			3教科型【同一配点方式】60名	—	40名	40名	—	①②10名 ⑨5名
政策創造	政策	250名	2教科型【英語外部試験利用方式】10名	3教科型92名	3教科型70名（同一配点方式を含む）		—	15名	30名	18名	①5名※5 ⑩若干名
	国際アジア	100名									
外国語	外国語	165名	67名		40名		—	5名	5名	8名	①10名 ②3名
人間健康	人間健康	330名	2教科型【英語外部試験利用方式】10名	3教科型60名	3教科型60名（同一配点方式を含む）		—	15名	15名	5名	①10名 ②30名※6 ⑦⑩若干名
総合情報	総合情報	500名	235名					20名	15名	10名	①20名※7 ②10名 ⑤秋学期5名 春学期5名 ⑥⑧⑨5名
社会安全	安全マネジメント	275名	3教科型80名				—	5名	10名	5名	①②5名 ⑩若干名
			2教科型【英語外部試験利用方式】5名	2教科型【英数方式】25名		2教科型【英数方式（数学重視）】5名					
システム理工	数	33名	3教科型【理科1科目選択方式】3教科型【理科設問選択方式（2科目型）】105名		3教科型【理科設問選択方式】95名	3教科型【理科設問選択方式（理数重視）】47名	—	55名	20名	7名	①10名※8 ②1名 ③2名 ⑩若干名※12
	物理・応用物理	66名									①10名※8 ②1名 ③4名 ⑩若干名※12
	機械工	220名									①10名※8 ②1～2名 ③5名 ⑩若干名※12
	電気電子情報工	182名									①10名※8・9 ②1～2名 ③4名 ⑩若干名※12

学部	学科	募集人員	一般選抜				共通テスト併用入試	共通テスト利用入試		特別選抜※2
			全学日程１	全学日程２		学部独自日程		前期	後期	
環境都市工	建築	105名	3教科型 【理科1科目選択方式】 3教科型 【理科設問選択方式（2科目型）】 60名	3教科型 【理科設問選択方式】 52名	3教科型 【理科設問選択方式（理数重視）】 30名	—	30名	18名	7名	①3名※10 ②1名 ⑩若干名※12
	都市システム工	132名								①3名※10 ②1～2名 ③6名 ⑩若干名※12
	エネルギー環境・化学工	88名								①2名※10 ②1名 ③5名 ⑩若干名※12
化学生命工	化学・物質工	242名	3教科型 【理科1科目選択方式】 3教科型 【理科設問選択方式（2科目型）】 66名	3教科型 【理科設問選択方式】 52名	3教科型 【理科設問選択方式（理数重視）】 30名	—	18名	12名	10名	①8名※8・11 ②1～2名 ③専願20名 併願5名 ⑩若干名※12
	生命・生物工	105名								①8名※8 ②1名 ③5名 ⑩若干名※12
ビジネスデータサイエンス	ビジネスデータサイエンス	350名	※13							

※１　2024年度入試実績。2025年度入試の概要は、2024年6月発刊の入試ガイドにて公表予定

※２　［総合型選抜］㊡課さない：①AO（アドミッション・オフィス）入試、②SF（スポーツ・フロンティア）入試
［学校推薦型選抜］商学部全国商業高等学校長協会特別推薦入学（詳細は在籍高等学校に問い合わせてください）、㊡課さない：③公募制推薦入試
［その他］UNHCR難民高等教育プログラム推薦入試（全学部から合計で1名を選考）、㊡課さない：④国際バカロレア入試、⑤帰国生徒入試（秋学期入学、春学期入学）、⑥社会人入試（6月募集）、⑦社会人入試（9月募集）、⑧外国人学部留学生入試（秋学期入学）、⑨外国人学部留学生入試（春学期入学〔9月募集〕）、⑩外国人学部留学生入試（春学期入学〔11月募集〕）

※３　自己推薦型、外国語能力重視型、論文評価型の合計

※４　9月募集、12月募集の合計

※５　地域活動志向型、国際活動志向型、ビジネスリーダー志向型の合計

※６　9月募集（30名）、12月募集（若干名）

※７　活動実績評価型（10名）、情報リテラシー評価型（10名）

※８　活動実績評価型。学部内募集学科を合わせた募集人員

※９　データサイエンス型を含める

※10　活動実績評価型、SDGs型の合計

※11　関大メディカルポリマー（KUMP）型3名を含める

※12　学部全体の募集人員

※13　詳細は未公表。2025年度入試の詳細は2024年6月発刊の入試ガイドにて公表予定

Student's Voice

総合情報学部

総合情報学科 1年

ふじむら　じゅんぺい
藤村 純平くん

奈良県 奈良市立 一条高校 卒
ソフトテニス部　高3・6月引退

情報技術で人々を楽しませたい

Q どのような高校生でしたか？　関西大学を志望した理由は？

僕が通っていた奈良市立一条高等学校は、部活動やイベントなどに力を入れている学校でした。僕は、ソフトテニス部に所属し、キャプテンも務め活動に没頭していたことから、高2の冬までは大学受験に向けた勉強はほとんどしていませんでした。大学受験を意識し始めたきっかけは、高2の冬に友達の誘いで共通テスト模試を受験したことです。そして、高3になってから周囲が受験勉強に真剣に取り組んでいる姿を見て焦りを感じ、本格的に大学受験の勉強を始めました。

進路については、小さい頃から何かを作ることが好きだったこと、パソコンやカメラが好きだったことから、CGや映像系の世界に進みたいと考えていました。変化の激しい世の中でも、娯楽を生み出す仕事は機械に取って代わられない、人間だからこそできる仕事だろうと思い、情報系の道を選びました。関西大学は、関西圏でありながら全国的に有名で、情報系の道以外にも色々なことに挑戦できると考え、志望しました。

Q どのように受験対策をしましたか？　入試本番はどうでしたか？

部活が週に5日あり、土日も練習試合や公式試合がある日が多かったため、勉強時間を確保することが難しかったです。そのため、塾に通い始めた高2の冬からは、どんなに部活が長引いてもできるだけ塾に行くようにしていました。また、通学の電車やお風呂、寝る前などの隙間時間に暗記や音読を行い、勉強時間を確保していました。暗記が苦手だったため、国語や地理は学校の授業中に覚えられるよう集中して聞いていました。その際、話を聞くだけでなく、授業後に教科書や単語帳、文法書、資料集などを熟読することで、知識を定着させました。英単語は、単語帳を使って同義語や反義語、間違えやすい単語などを確認していました。学校のテスト勉強も、特定の単元を深堀りでき、実力を確認する良い機会だと考え、大切にしていました。塾で知識を身につけて実力を伸ばし、学校の演習で実力を確認するようなかたちで、対策を行いました。

●受験スケジュール

月	日		大学・学部学科（試験方式）
11	19		近畿　情報（推薦入試〔一般公募〕）
1	14・15	★	大阪工業　情報科学－情報メディア（前期C日程）
			近畿　情報（共テ利用）
	27	★	大阪工業　情報科学－情報メディア（前期A日程）
	28	★	近畿　情報（前期A日程〔スタンダード方式、情報学部独自方式〕）
	29	★	近畿　情報（前期A日程〔スタンダード方式、情報学部独自方式〕）
2	1	★	関西　総合情報（全学日程2教科型〔英数方式〕）
	25・26		京都工芸繊維　デザイン科（前期〔一般プログラム〕）
3	12		京都工芸繊維　設計工（後期）

Q どのような大学生活を送っていますか？

学習環境や設備が整っています！

授業風景

関西大学総合情報学部は、文理融合の学部で、主に情報学やプログラミング、グラフィック、CGなどを学んでいます。必修の授業では、プログラミングや情報学について学び、プログラミングの課題が出ることもあります。しっかり取り組めば、確実に実力が身につくと思います。

総合情報学部ということもあり、キャンパスのPC環境はとても充実しています。ハイスペックなパソコンが約300台設備されており、授業で使用されていなければ、自由に使うことができます。その他に、スタジオなどもあるので、プログラミング以外の道を歩みたい人でも興味のあることを見つけ、取り組むことができる環境だと思います。

サークルでの様子

バレーボールサークルで活動をしています

僕が通っている高槻キャンパスは、総合情報学部のみが所属しています。キャンパス自体もほどよい広さなので、友達と偶然出会うことも多く、深い関係が築きやすいと思います。僕はバレーボールサークルに所属していて、空きコマの時間を活用して練習に参加しています。乗馬部やアイスホッケー部といった変わった部活動もあります。もっと交流を広げたい！という人には、多くの学部が所属する千里山キャンパスで活動しているサークルがおすすめです。

Q 将来の夢・目標は何ですか？

将来の夢は「情報技術を使って人々にイマジネーションを与える」です。具体的には、プログラミング技術を使って、システムやゲームを作ったり、CGや演出技術を使って映画を創作・編集したり、現実と仮想空間を一体化して、新しいテーマパークのアトラクションを作ったりすることなどです。現時点では、1つに絞れておらず、何をしたいかによって研究分野も就職先も異なってきますが、PCで制作したもので人を楽しませたいという思いは一貫しています。そのため、PC関係の知識や技術を身につけようと日々勉強に取り組んでいます。今後は、映像やプログラミング関係のインターンを通じて、現場での実践を増やしてきたいと思っています。実際の社会に出たときに活躍できる人財になるべく、挑戦していきたいです。

Q 後輩へのアドバイスをお願いします！

僕は、勉強は本来受験で合格を勝ち取るためのものではなく、その学問について探求し知識を深めて新しい発見を生み出すものだと考えています。与えられたものだけでなく自分で考えて勉強していくことで、記憶にも強く残ります。そのため、勉強は自主的に取り組むと、圧倒的に力が伸びます。受験勉強でも、演習の量と時間をしっかり確保し、自分で本質を理解して、自分の力だけで問題を完答できるようにすることが大切だと思っています。

受験勉強において、努力し、踏ん張ることは難しいと思いますが、踏ん張り方を覚えた人は社会でも重宝されます。踏ん張り方を知らない人はその先にある大きな成功をつかめず、目の前にある小さな成功しか手にできません。受験勉強はその人に大きな価値を与えます。諦めず最後まで頑張ってください。

かんさいがいこくごだいがく
関西外国語大学

資料請求

入試部(中宮キャンパス)　TEL (072) 805-2850　〒573-1001 大阪府枚方市中宮東之町16-1

国際人の育成と実学重視を行動原理として

大学紹介動画

最新入試情報

実学を重視し、国際社会に貢献する豊かな教養を備えた人材を育成する。55カ国・地域の395大学と協定を結び、世界に広がるネットワークを活用して、多彩な留学プログラムを展開している。

中宮キャンパス

キャンパス 2つ

中宮キャンパス
〒573-1001 大阪府枚方市中宮東之町16-1
御殿山キャンパス・グローバルタウン
〒573-1008 大阪府枚方市御殿山南町6-1

基本データ

※2023年5月現在（学部学生数に留学生は含まない。教員数は非常勤を含む。進路・就職は2022年度卒業者データ。学費は2024年度入学者用）

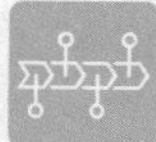
沿革

1945年、谷本英学院を創立。1947年、関西外国語学校を開設。1953年、関西外国語短期大学開設。1966年、関西外国語大学を開設、外国語学部を設置。1996年、国際言語学部を設置。2011年、英語キャリア学部を設置。2014年、国際言語学部を改組、英語国際学部を設置。2023年、国際共生学部を設置。2024年、外国語学部に国際日本学科を設置。2025年、英語国際学部にアジア共創学科を開設予定。

教育機関 4学部 1研究科

学部　外国語／英語国際／英語キャリア／国際共生

大学院　外国語学Ⓜ Ⓓ

その他　短期大学部

人数

学部学生数　10,216名

教員1名あたり学生 21名

教員数　475名【理事長】谷本榮子、【学長】大庭幸男
（教授125名、准教授81名、講師255名、助教14名）

学費

初年度納入額　1,420,300円

奨学金　関西外国語大学グローバル人材育成特待生奨学金、関西外国語大学谷本入学時支援奨学金、関西外国語大学谷本国際交流奨学金、関西外国語大学同窓会奨学金

進路

学部卒業者　2,532名
（進学101名［4.0%］、就職1,910名［75.4%］、その他521名［20.6%］）

主な就職先　NTN、小松製作所、京セラ、キーエンス、ヤマハ発動機、コクヨ、アサヒ飲料、久光製薬、日本銀行、三井住友銀行、帝国ホテル、ロイヤルホテル、星野リゾート、Apple Japan、セブン - イレブン・ジャパン、ニトリ、JR西日本、JAL、ANA、シンガポール航空、マイナビ、大和ハウス工業、三菱地所、学校（教員）、東京都（職員）、大阪府（職員）、福岡県（職員）、大阪国税局

学部学科紹介

※本書掲載内容は、大学公表資料から独自に編集したものです。詳細は大学パンフレットやホームページ等で必ず確認してください（取得可能な免許・資格は任用資格や受験資格などを含む）。

外国語学部

中宮キャンパス
御殿山キャンパス・グローバルタウン
定員 1,380

特色 2024年度新学科開設。「語学＋α」の学びで次世代の国際人を育成。
進路 就職先は商業をはじめサービス業など多岐にわたる。
学問分野 言語学／文化学／国際学／情報学
大学院 外国語学

英米語学科 (730)	高度な英語力と「＋α」の専門知識や教養を備えた次世代国際人を育成。英語力の強化に加え、将来の進路を見据えて3つの専門コースを用意。多彩な留学プログラムで幅広い教養と専門知識を修得する。
スペイン語学科 (250)	スペイン語圏の協定校で学ぶ1年間の留学プログラムを実施。ネイティブスピーカーの教員と日本人の教員の双方を活用した指導体制で、英語、スペイン語、日本語のトライリンガルを目指すことも可能である。
英語・デジタルコミュニケーション学科 (200)	2023年度開設。高度で実践的な英語運用能力の向上と、諸外国・地域の歴史や文化に関する理解を深め、数理・データサイエンスなどデジタル分野の基礎を学ぶ。英語とデジタルという2つの実力を備えた、国際社会で活躍できる人材を育成する。
国際日本学科 新 (200)	2024年度開設。高度で実践的な英語能力を身につけるとともに、日本語・日本語教育および日本文化・社会に関わる専門的知識を養成。日本と世界をつなぐ、「言語、文化、社会に精通した国際人」を育成する。
取得可能な免許・資格	教員免許（中-英・スペイン語、高-英・スペイン語）、司書教諭、司書

英語国際学部

中宮キャンパス
御殿山キャンパス・グローバルタウン
定員 900

特色 AI時代に対応すべく、新たな価値を生み出す未来創造型グローバル人材を育成。
進路 2023年度開設。就職先はグローバル企業や商社などを想定。
学問分野 言語学／経済学／国際学
大学院 外国語学

英語国際学科 (700)	英語と中国語の修得をベースに、5つのFields（学修領域）を設け、AIやデジタル、イノベーションなどに対応できるユニバーサル能力を養う。産学連携による課題解決型授業で即戦力となるスキルを育む。
アジア共創学科 新 (200)	2025年度開設予定。英語をはじめ、アジア言語の実践的な運用能力を身につけるとともに、多様性を認め合い柔軟に対応できる国際感覚を備えた人材を育成。アジアを起点に世界の持続的発展に貢献できるグローバル人材の育成を目指す。
取得可能な免許・資格	登録日本語教員、教員免許（中-英、高-英）、司書教諭、司書

英語キャリア学部

中宮キャンパス
御殿山キャンパス・グローバルタウン
定員 170

特色 英語学と社会科学を融合したカリキュラムでグローバルリーダーを育成。
進路 就職先はサービス業や商業などの一般企業の他、小学校教員と幅広い。
学問分野 言語学／経営学／国際学／教員養成
大学院 外国語学

英語キャリア学科 (170)	高度な語学力とともに社会科学の専門知識を修得。3年次に原則全員が専門留学をし、英語力を高め専門分野の学びを深める。小学校教員コースでは、英語力と国際感覚を備えた小学校教員を育成する。
取得可能な免許・資格	登録日本語教員、教員免許（小一種、中-英、高-英）、司書教諭、司書

国際共生学部

中宮キャンパス
御殿山キャンパス・グローバルタウン
定員 70

特色 全科目英語で学び、多文化共生社会で新たな価値を創造できる人材へ。
進路 2023年度開設。グローバル企業や国際協力機関などでの活躍を期待。
学問分野 言語学／経済学／経営学／社会学／国際学

国際共生学科 (70)	2023年度開設。Experiential Learningを教育の基盤とし留学生と全科目を英語で学ぶ。高度な英語実践力、異文化理解力など地球市民としての資質や能力を養い、多文化共生時代の新たな価値を創造する人材を育成する。

入試要項（2024年度）

※この入試情報は2024年度募集要項等より編集したものです（見方は巻頭の「本書の使い方」参照）。
2025年度入試の最新情報は、ホームページや2025年度募集要項等で必ず確認してください。

「大学入試科目検索システム」のご案内
日程・方式ごとの偏差値や昨年度入試結果（志願者倍率、実質倍率、合格最低点）、基本情報（出願締切日、試験日、二段階選抜、募集人員、総合満点）などは、「大学入試科目検索システム」（https://nyushi.toshin.com/）をご覧ください（利用方法はp.12参照）。

■外国語学部　偏差値 55

一般選抜

◆**一般入試（前期日程〔S方式〕）**
［全学科：1科目］外英▶英語外部試験のスコアにより加点

◆**一般入試（前期日程〔A方式〕）**
［全学科：2科目］国現古外英▶リスニング含む

◆**一般入試（後期日程）**
［全学科：1科目］外英▶リスニング含む

共通テスト併用入試

◆**一般入試（前期日程〔共通テストプラス方式〕）**
［全学科］〈共2科目〉国現古漢地歴公数理地歴公理全15科目、数Ⅰ、数ⅠA、数Ⅱ、数ⅡBから1〈個1科目〉外英

共通テスト利用入試　※個別試験は課さない

◆**共通テスト利用入試（前期日程〔3科目型〕、後期日程）**
［全学科：3科目］国現古漢地歴公数理地歴公理全15科目、数Ⅰ、数ⅠA、数Ⅱ、数ⅡBから1外英

◆**共通テスト利用入試（前期日程〔5科目型〕）**
［全学科：5科目］国現古漢地歴公全10科目から1数数Ⅰ、数ⅠA、数Ⅱ、数ⅡBから1理全5科目から1外英

■英語国際学部　偏差値 57

一般選抜

◆**一般入試（前期日程〔S方式〕）**
［英語国際：1科目］外英▶英語外部試験のスコアにより加点

◆**一般入試（前期日程〔A方式〕）**
［英語国際：2科目］国現古外英▶リスニング含む

◆**一般入試（後期日程）**
［英語国際：1科目］外英▶リスニング含む

共通テスト併用入試

◆**一般入試（前期日程〔共通テストプラス方式〕）**
［英語国際］〈共2科目〉国現古漢地歴公数理地歴公理全15科目、数Ⅰ、数ⅠA、数Ⅱ、数ⅡBから1〈個1科目〉外英

共通テスト利用入試　※個別試験は課さない

◆**共通テスト利用入試（前期日程〔3科目型〕、後期日程）**
［英語国際：3科目］国現古漢地歴公数理地歴公理全15科目、数Ⅰ、数ⅠA、数Ⅱ、数ⅡBから1外英

◆**共通テスト利用入試（前期日程〔5科目型〕）**
［英語国際：5科目］国現古漢地歴公全10科目から1数数Ⅰ、数ⅠA、数Ⅱ、数ⅡBから1理全5科目から1外英

■英語キャリア学部　偏差値 58

一般選抜

◆**一般入試（前期日程〔S方式〕）**
［英語キャリア：1科目］外英▶英語外部試験のスコアにより加点

◆**一般入試（前期日程〔A方式〕）**
［英語キャリア、英語キャリア－小学校教員：2科目］国現古外英▶リスニング含む

◆**一般入試（後期日程）**
［英語キャリア、英語キャリア－小学校教員：1科目］外英▶リスニング含む

共通テスト併用入試

◆**一般入試（前期日程〔共通テストプラス方式〕）**
［英語キャリア、英語キャリア－小学校教員］〈共2科目〉国現古漢地歴公数理地歴公理全15科目、数Ⅰ、数ⅠA、数Ⅱ、数ⅡBから1〈個1科目〉外英

共通テスト利用入試　※個別試験は課さない

◆**共通テスト利用入試（前期日程〔3科目型〕、後期日程）**
［英語キャリア、英語キャリア－小学校教員：3科目］国現古漢地歴公数理地歴公理全15科目、数Ⅰ、数ⅠA、数Ⅱ、数ⅡBから1外英

◆**共通テスト利用入試（前期日程〔5科目型〕）**
［英語キャリア、英語キャリア－小学校教員：5科目］国現古漢地歴公全10科目から1数数Ⅰ、数ⅠA、数Ⅱ、数ⅡBから1理全5科目から1外英

■国際共生学部　偏差値 56

一般選抜

◆**一般入試（前期日程〔S方式〕）**
［国際共生：1科目］外英▶英語外部試験のスコアにより加点

◆**一般入試（前期日程〔A方式〕）**
［国際共生：2科目］国現古外英▶リスニング含む

◆**一般入試（後期日程）**
［国際共生：1科目］外英▶リスニングを含む

共通テスト併用入試

◆**一般入試（前期日程〔共通テストプラス方式〕）**
［国際共生］〈共2科目〉国現古漢地歴公数地歴公理全15科目、数Ⅰ、数ⅠA、数Ⅱ、数ⅡBから1〈個1科目〉外英

共通テスト利用入試　※個別試験は課さない

◆**共通テスト利用入試（前期日程〔3科目型〕、後期日程）**
［国際共生：3科目］国現古漢地歴公数理地歴公

理全15科目、数Ⅰ、数ⅠA、数Ⅱ、数ⅡBから1 外 英

◆**共通テスト利用入試（前期日程〔5科目型〕）**

［国際共生：5科目］国 現古漢 地歴 公 全10科目から1 数 数Ⅰ、数ⅠA、数Ⅱ、数ⅡBから1 理 全5科目から1 外 英

■特別選抜

［学校推薦型選抜］公募制推薦入試、指定校制推薦入試

［その他］特別型選抜（グローバルチャレンジ入試、2カ年留学チャレンジ入試、特技入試〔S・A・B・C・D方式〕、社会人入試〔A・B方式〕、帰国生徒入試）

就職支援

関西外国語大学では、キャリアセンターを設け、大学入学から卒業までの4年間、学生個々人が何をつかみ、どう夢を実現させていくかをサポートし、アドバイスします。様々な業界から講師を招いた「キャリア講座」や、「産学連携 課題解決型授業PBL」など就職支援の授業や講座も開講。インターンシップには学校推薦派遣先企業があり、ホテルや旅行代理店など多岐にわたります。「旅行業務取扱管理者」「通関士」など仕事に活かせる知識・スキルを身につけるための資格講座も充実しています。

国際交流

関西外国語大学は留学制度が充実しており、55カ国・地域の395大学（2023年3月現在）に広がるネットワークを活用して、4週間の語学研修から、海外の学位を取得する2～3年の長期留学、カリキュラム上の留学まで多彩な留学プログラムを展開しています。年間海外派遣学生数は約2,000人と非常に多く、コロナ禍で一時中断していた派遣も2022年春から再開しました。留学費用の自己負担を軽減できる給付型留学奨学金があり、留学先大学の授業料を免除する「スカラシップ」制度と、留学先大学の授業料免除に加え、学期中の住居費・食費を奨学金として支給する「フルスカラシップ」制度があります。

関西外国語大学ギャラリー

■グローバルタウン

「世界の縮図」がコンセプトの御殿山キャンパス・グローバルタウン。ヨーロッパの街を想起させる外観が特徴です。

■異文化体験

「GLOBAL COMMONS 結-YUI-」では、留学生との共同生活を通して、異文化理解を深めることができます。

■Hello, World.

文系大学では全国初の本格的なVR演習室。授業を受けたり、海外のスピーカーの講演を聴いたりすることができます。

■エアライン演習室

キャビンアテンダント採用数日本一の関西外国語大学が誇る、実践型教室。より現場に近い環境で学ぶことができます。

近畿(きんき)大学

資料請求

入学センター(東大阪キャンパス)　TEL (06) 6730-1124　〒577-8502 大阪府東大阪市小若江3-4-1

医学から芸術まで学べる国内屈指の総合大学

大学紹介動画

最新入試情報

「実学教育」と「人格の陶冶」を建学の精神に掲げ、大学の常識にとらわれない改革力の高さで注目されている。世界をリードする産学連携の研究が盛んに行われ、国内最大級の規模を誇る総合大学として成長を続ける。

実学教育の拠点「アカデミックシアター」

キャンパス 7つ

東大阪キャンパス
〒577-8502 大阪府東大阪市小若江3-4-1
奈良キャンパス
〒631-8505 奈良県奈良市中町3327-204
大阪狭山キャンパス
〒589-8511 大阪府大阪狭山市大野東377-2
和歌山キャンパス、広島キャンパス、福岡キャンパス、医学部・病院新キャンパス(仮称、2025年11月開設予定)

基本データ

※2023年5月現在（進路・就職は2022年度卒業者データ。学費は2024年度入学者用）

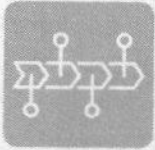

沿革

1925年創立の大阪理工科大学、1943年創立の大阪専門学校を母体として、1949年に近畿大学を設立。2022年、情報学部を設置。2025年11月に、医学部・近畿大学病院を大阪府堺市に移転予定。

教育機関 15学部 13研究科

学部 法／経済／経営／理工／建築／薬／文芸／総合社会／国際／情報／農／医／生物理工／工／産業理工

大学院 法学Ⓜ︎Ⓓ／商学Ⓜ︎Ⓓ／経済学Ⓜ︎Ⓓ／総合理工学Ⓜ︎Ⓓ／薬学Ⓜ︎Ⓓ／総合文化Ⓜ︎／農学Ⓜ︎Ⓓ／医学Ⓓ／生物理工学Ⓜ︎Ⓓ／システム工学Ⓜ︎Ⓓ／産業理工学Ⓜ︎Ⓓ／実学社会起業イノベーション学位プログラムⓂ︎／連合教職実践Ⓟ

その他 通信教育部／短期大学部

人数

学部学生数 34,578名　教員1名あたり学生 21名

教員数 1,646名【理事長】世耕弘成、【学長】松村到
(教授581名、准教授392名、講師379名、助教282名、助手・その他12名)

学費

初年度納入額 1,143,500~6,804,500円

奨学金 近畿大学給付奨学金、近畿大学予約採用型給付奨学金、近畿大学奨学金、近畿大学応急奨学金

進路

学部卒業者 7,245名
(進学868名 [12.0%]、就職5,821名 [80.3%]、その他※556名 [7.7%])
※臨床研修医60名を含む

主な就職先 シャープ、アマゾンジャパン、NHK、住友商事、ソフトバンク、JTB (JTBグループ)、関西電力、日本通運、大和ハウス工業、JR東海、明治安田生命保険、三菱自動車工業、国土交通省、農林水産省、近畿大学病院

学部学科紹介

※本書掲載内容は、大学公表資料から独自に編集したものです。詳細は大学パンフレットやホームページ等で必ず確認してください（取得可能な免許・資格は任用資格や受験資格などを含む）。

法学部

東大阪キャンパス　定員 500

特色	法律の視点から社会の規範や諸問題への対処を考える。資格取得サポートも充実。
進路	約2割が公務に就く。他、卸売・小売業やサービス業に就く者が多い。
学問分野	法学／国際学
大学院	法学

法律学科 (500)	進路に応じてコースや専攻プログラムを選択する。明確な目標を持つ学生は、法曹、国際、行政の3つのコースから専攻を選択する。犯罪・非行と法、経済生活と法、会計・税務と法、まちづくりと法の4つの専攻プログラムから幅広い知識を得ることもできる。
取得可能な免許・資格	教員免許（中-社・英、高-地歴・公・英）、司書

経済学部

東大阪キャンパス　定員 760

特色	論理的思考や分析力、IT、語学を身につけ、世界で通用する経済学を学ぶ。
進路	就職先は卸売・小売業や金融・保険業、サービス業など多岐にわたる。
学問分野	心理学／政治学／経済学／国際学
大学院	経済学

経済学科 (420)	経済学と経済心理学の2つのコースを設置。経済学コースではさらに理論・計量、財政・金融、産業・情報、歴史・社会の4つの分野に分かれて学ぶ。経済心理学コースでは、心理学や神経科学（脳科学）の経済学への応用（行動経済学とも呼ばれる）について学ぶ。
国際経済学科 (170)	貿易や国際金融、投資、労働移動や援助まで国境を越えた経済活動について学ぶ国際産業・金融と、経済理論を基盤に日本との関わりが深いアジア地域などの経済について理解を深める国際地域経済の2つの分野を設置。英語の他、中国語の授業にも力を入れている。
総合経済政策学科 (170)	国や地方自治体の経済政策や公共政策、および企業の経営戦略を研究対象にし、企画立案能力を養う。学問領域は公共政策と企業戦略の2つの分野に分かれる。実際に社会の現場を体験し、その問題点を議論するフィールドワークなどの実習科目を設けている。
取得可能な免許・資格	教員免許（中-社・英、高-地歴・公・英・商業）、司書

経営学部

東大阪キャンパス　定員 1,340

特色	フィールドワークやインターンシップが充実。将来に活きる学びが多い。
進路	就職先は卸売・小売業や金融・保険業、サービス業など多岐にわたる。
学問分野	経営学／観光学／情報学
大学院	商学

経営学科 (585)	3つのコースを設置。企業経営コースでは企業経営者および管理者を育成する。ITビジネスコースでは高度なシステム設計などの能力を持つITビジネスの専門家を育成する。スポーツマネジメントコースではスポーツや健康分野のビジネスの専門家を育成する。
商学科 (405)	専門知識と実践スキルを組み合わせ、ビジネスの仕組みを学ぶ。3年次からはマーケティング戦略、観光・サービス、貿易・ファイナンスの3つのコースに分かれて専門性を深めていく。
会計学科 (175)	公認会計士、税理士、中小企業診断士やファイナンシャルプランナーなどに求められる会計情報を理解し活用する方法を学ぶ。各種資格試験に対応したカリキュラムを組み、会計の専門職を目指す学生向けに「集中的学習プログラム（IAP）」を開設している。
キャリア・マネジメント学科 (175)	企業経営における適切な人材マネジメントの専門家を育成する。総合大学の利点を活かし、経営学に加えて法律学や社会学、心理学など人間に関する多様な学問領域をカバーする。
取得可能な免許・資格	教員免許（中-社、高-公・商業）、司書

理工学部

東大阪キャンパス 定員 1,040

特色 官・民や国内外の研究者との連携により、世界最先端の研究を行っている。
進路 約3割が大学院へ進学。就職先は製造業やサービス業が多い。
学問分野 数学／物理学／化学／生物学／機械工学／電気・電子工学／土木・建築学／エネルギー工学／その他工学／応用生物学／環境学／情報学
大学院 総合理工学

学科	定員	内容
理学科	(225)	3つのコースを設置。数学コースでは純粋数学から応用数学までを対話式の講義やゼミで学ぶ。物理学コースでは様々な自然現象を理論的、実践的に学ぶ。化学コースでは知識や技術を実践的に活かす技術者や中・高生に化学の魅力を伝える教員の育成を目指す。
生命科学科	(95)	研究領域は遺伝子、機能分子、細胞組織、環境倫理の4つの系に分かれる。ヒトに主眼をおき、生命の仕組みや生命を取り巻く環境について総合的に学習し、知識や技術を倫理的に応用できる人材を育成する。4年次の卒業研究では生命科学の最先端研究に携わる。
応用化学科	(130)	物理化学、無機化学、有機化学、高分子化学などに加え、医学、薬学、農学、食品化学などの融合領域まで扱う。1年次には環境問題や知的所有権問題を、3年次には技術士や弁理士などを迎え応用化学の諸問題を扱い、高い倫理観を備えた科学技術者を育成する。
機械工学科	(200)	材料力学、機械力学、熱力学、流体力学、材料工学、制御工学の6つの基幹分野を演習・実験・実習を組み合わせて学ぶ。2年次に機械工学、知能機械システムの2つのコースに分かれる。プレゼンテーション技術やチームワーク、英語教育にも力を入れている。
電気電子通信工学科	(170)	2022年度名称変更。2年次に2つのコースに分かれる。講義と実験・実習を連動させたカリキュラムでレーダーやAI、光通信等エレクトロニクス技術を幅広く学ぶ。英語教育に力を入れており、外国人教員による授業や科学技術英語を学び、世界で活躍する技術者の育成を目指す。
社会環境工学科	(100)	共通領域、構造・材料領域、土質領域、水理系領域、都市計画領域、環境系領域の6つの専門科目群で構成される。安全な社会基盤の整備と維持管理を通じ社会貢献できる建設技術者を育成する。福祉の視点もカバーし、倫理観や公共意識をはぐくむ。
エネルギー物質学科	(120)	2022年度開設。物理学・化学・生物学の基礎の修得から各種エネルギー工学への応用を通じて、持続可能社会、健康長寿社会のためのエネルギー技術や、それを支えるマテリアルについて学ぶ。SDGs達成とその先を見据え、エネルギー技術の発展を支える実践力を養う。
取得可能な免許・資格		危険物取扱者（甲種）、毒物劇物取扱責任者、特殊無線技士（海上、陸上）、技術士補、主任技術者（電気）、食品衛生管理者、食品衛生監視員、教員免許（中-数・理・技、高-数・理・情・工業）、司書

建築学部

東大阪キャンパス 定員 280

特色 「使われ続け、愛され続ける建築」をテーマに社会における建築のあり方を探究。
進路 約2割が大学院へ進学。就職先は建築関連企業や住宅関連企業など。
学問分野 土木・建築学／デザイン学
大学院 総合理工学

学科	定員	内容
建築学科	(280)	4つの専攻を設置。建築工学専攻では計画、構造、環境の3つの分野を学ぶ。建築デザイン専攻では次世代建築を構想する専門家を育成する。住宅建築専攻では住環境を総合的に考える。企画マネジメント専攻では多様化する建築産業で活躍できる人材を育成する。
取得可能な免許・資格		建築士（一級、二級、木造）、技術士補、施工管理技士（建築）

薬学部

東大阪キャンパス

定員 190

特色	医学部と総合病院を持つメリットを活かし、チーム医療に貢献できる能力を養う。
進路	創薬科：多くが大学院へ進学。医療薬：医療機関で薬剤師として活躍。
学問分野	薬学
大学院	薬学

医療薬学科 (150)	6年制。薬学を総合的に学び、薬剤師として病院や薬局でチーム医療に貢献できる知識と技術を身につける。教養教育科目の外国語に加え、医療英語と薬学英語の科目を設置し国際化に対応できる薬剤師を育成する。充実した卒業研究でリサーチマインドを培う。
創薬科学科 (40)	4年制。最先端の薬学分野に精通し、医薬品開発において活躍できる薬学研究者や技術者を育成する。基礎から発展まで幅広い創薬・生命科学研究に対応する知識と論理的思考力を伸ばすため、最先端の講義と実習を導入。化学や生物の専門英語科目も設けている。
取得可能な免許・資格	危険物取扱者（甲種）、薬剤師、臨床検査技師、教員免許（中-理、高-理）

文芸学部

東大阪キャンパス

定員 515

特色	文学、歴史、文化、思想、芸術、コミュニケーションの知識や技術を身につける。
進路	就職先は卸売・小売業やサービス業、医療・教育業など多岐にわたる。
学問分野	文学／言語学／心理学／歴史学／文化学／社会学／メディア学／芸術・表現／デザイン学
大学院	総合文化

文学科 (180)	日本文学と英語英米文学の2つの専攻を設置。日本文学専攻は小説や雑誌などの制作を通じ文学の創作技術を学ぶ創作・評論と、言語やコミュニケーションを学ぶ言語・文学の2つのコースに分かれる。英語英米文学専攻では高度な英語力とともに日本語力も強化する。
芸術学科 (115)	2つの専攻を設置。舞台芸術専攻は演劇創作、舞踊創作、戯曲創作、TOP（Theatre Organization Planning）の4つの系に分かれる。造形芸術専攻では2年次まで制作系ゼミと研究系ゼミから複数を選択履修し自身に合った芸術の表現を模索する。
文化・歴史学科 (140)	古代文明から現代におけるサブカルチャーまで様々な文化と歴史を探究していくことで、深い教養のみならず現代社会に対応する力を身につける。日本史、世界史、現代文化・倫理、文化資源学の4つの系から自由に授業を選択できるカリキュラムを展開している。
文化デザイン学科 (80)	感性学、デザイン、プロデュースの3つの系から科目を横断的に履修するカリキュラムである。現代社会において「文化デザイン」の持つ意味と役割を理解し、専門能力を社会に還元する方法を学ぶ。学外の企業や団体とも協働し、実践的なタスクワークを行う。
取得可能な免許・資格	登録日本語教員、学芸員、教員免許（中-国・社・美・英、高-国・地歴・公・美・工芸・英）、司書

総合社会学部

東大阪キャンパス

定員 510

特色	複雑化する現代社会を心理学、社会学、環境学の3つの視点で総合的に解明する。
進路	就職先は卸売・小売業やサービス業、情報通信業をはじめ多岐にわたる。
学問分野	心理学／社会学／メディア学／環境学
大学院	総合文化

総合社会学科 (510)	分析力と伝達力を磨く社会・マスメディア系、心や行動を科学的に理解する心理系、持続可能な社会環境づくりを目指す環境・まちづくり系の3つの専攻からなる。社会・マスメディア系専攻では3年次に現代社会とマスメディアの2つのコースに分かれる。
取得可能な免許・資格	公認心理師、認定心理士、地域調査士、社会調査士、測量士補、教員免許（中-社、高-地歴・公）、司書

国際学部

東大阪キャンパス
定員 500

特色 1年次に約1年間の留学プログラム（アメリカ・中国・台湾・韓国）に参加。
進路 就職先は卸売・小売業やサービス業など。海外の大学院へ進む者もいる。
学問分野 言語学／文化学／国際学

国際学科 (500)	2つの専攻を設置。実用的な英語能力の獲得を目指すグローバル専攻は、コミュニケーション・実践、言語文化、国際関係、人文社会の4領域で構成。東アジア専攻では中国語と韓国語の2つのコースに分かれ、アジア地域に関して学ぶ。
取得可能な免許・資格	教員免許（中-英、高-英）

情報学部

東大阪キャンパス
定員 330

特色 新たな価値を創出するクリエイティブな先端IT人材を育成。
進路 2022年度開設。大学院進学の他、情報通信業などに進むことを想定。
学問分野 情報学

情報学科 (330)	2022年度開設。2年次より知能システム、サイバーセキュリティ、実世界コンピューティングコースに分かれる。Society5.0実現に向けたクリエイティブな情報技術者を育成するカリキュラムと、実社会と結びついた教育（産官学連携）で、先端IT人材を育成する。
取得可能な免許・資格	教員免許（高-情）、司書

農学部

奈良キャンパス
定員 680

特色 水産学や生命科学など農学に留まらない視点で、世界へ貢献する研究に取り組む。
進路 約2割が大学院へ進学。就職先は製造業や卸売・小売業など。
学問分野 化学／生物学／農学／水産学／応用生物学／食物学／環境学
大学院 農学

農業生産科学科 (120)	「生物現象の探究（探る）」「農産物の生産（作る）」「アグリビジネスへの展開（儲ける）」「先端農業への挑戦（尖る）」の4つの視点から持続可能な農業生産に取り組む人材を育成する。専門分野の英語論文を理解できるレベルの英語力も身につける。
水産学科 (120)	水産資源の増殖や養殖、水産加工などの食料生産から水域生態系の保護、改善、共生などの環境保全まで幅広い分野を多角的に学習し、水産学の専門家を育成する。具体的な研究活動として、クロマグロの完全養殖に世界で初めて成功するなどの実績を残している。
応用生命化学科 (120)	生物系と化学系で構成される。生命、資源、食糧、環境の4つを軸とした研究を行い、生物を化学的な視点から理解することで、人類が直面する地球規模の諸問題に取り組む力を養う。未利用植物資源の活用や医薬品の開発など、社会に貢献する研究も盛んである。
食品栄養学科 (80)	食の観点から人間の健康を維持し、管理栄養士として地域、福祉、医療などの現場で活躍できる人材を育成する。総合大学のメリットを活かし、医学部や薬学部と連携した実習で実践力を磨く。管理栄養士国家試験合格を目指した対策講座も開講している。
環境管理学科 (120)	絶滅危惧種の保全や水生生物の調査、森林管理などの分野で研究を展開している。自然豊かな奈良キャンパスでの体験的学習を通して、生態学を基礎に環境の評価、利用、保全や修復、政策立案などに関わることのできる環境マネジメント能力を育む。
生物機能科学科 (120)	生命工学の研究分野の下で生物資源を活用し人類の未来に貢献するものづくりを行う。医療、創薬、エネルギーなどに関連した再生医療やクローン、耐性植物、バイオ燃料など最先端の研究に触れる。専門英語の科目も設置し国際社会で活躍できる能力を修得する。
取得可能な免許・資格	学芸員、危険物取扱者（甲種）、技術士補、食品衛生管理者、食品衛生監視員、自然再生士補、樹木医補、バイオ技術者、管理栄養士、栄養士、栄養教諭（一種）、教員免許（中-理、高-理・農・水）、ビオトープ管理士

医学部

大阪狭山キャンパス
医学部・病院新キャンパス(2025年11月開設予定)
定員 112

特色	総合病院と連携した臨床実習で最先端医療から救急医療や地域医療までを実践。
進路	卒業後臨床研修医として2年間病院などで勤務。大学院に進学する者。
学問分野	医学
大学院	医学

医学科 (112)	6年制。低学年から病院実習や多職種連携授業を通じて医療現場でのコミュニケーション能力を培う。2〜4年次には少人数のチュートリアルや、臓器や器官ごとに分けられた専門科目を学び、4年次からは臨床実習が始まる。海外の大学へ短期留学できる制度も用意されている。
取得可能な免許・資格	医師

生物理工学部

和歌山キャンパス
定員 485

特色	理、工、農、医の融合領域を研究し現代社会のニーズに即した技術開発を目指す。
進路	医薬品業界や食品業界、IT・情報通信業界など多彩な分野で活躍。
学問分野	化学／生物学／医療工学／農学／応用生物学／食物学／デザイン学／環境学／人間科学
大学院	生物理工学

生物工学科 (90)	生命科学のみならず、情報科学や情報工学との融合分野の手法を利用し、微生物と植物の持つ優れた性質を食料問題や環境問題、エネルギー問題などの解決に応用する。3年次より7つある研究室のいずれかに所属し、演習や卒業研究を通じ包括的な知識を深める。
遺伝子工学科 (90)	生命現象を遺伝子、タンパク質、細胞、個体などの様々なレベルから多角的かつ包括的に理解する。演習や実験では遺伝子操作技術を原理から学び、遺伝子工学や体外受精などの技術を修得する。専門分野の情報を英語で理解し国際的視野を得ることも目指す。
食品安全工学科 (90)	専門科目を食生産環境、食品管理評価、応用生命工学、食品機能工学の4つのブロックに分け、生命科学、生命工学、社会科学の広い分野で教育を進める。入学後のスムーズな学習のため、入学前に基礎学力を補完するe-ラーニング学修プログラムを受講できる。
生命情報工学科 (80)	シミュレーション技術や信号解析などの専門的な情報技術を駆使することで、複雑な生命情報や生体現象をシステムとして把握し、医療や福祉などの面から生活システムの構築に貢献できる人材を育成する。実験や実習、先端技術に関する講義なども充実している。
人間環境デザイン工学科 (80)	生活において誰もが利用できるユニバーサルデザインを、利用する者の視点に立って設計する能力を養う。機械科学、人間科学、住環境科学、ユニバーサルデザインの4つの科目群を履修し、人間工学と環境デザインを融合させ社会に還元できる人材を育成する。
医用工学科 (55)	人工心肺や血液浄化装置のような先端医療機器や医療情報システムのようなソフトウェアなどを設計開発するエンジニアを育成する。病院や企業への見学会や医療現場でのインターンシップも実施される。医療英語の科目も履修し、医学・医療の国際化に対応する。
取得可能な免許・資格	危険物取扱者（甲種）、毒物劇物取扱責任者、建築士（二級）、技術士補、臨床工学技士、食品衛生管理者、食品衛生監視員、自然再生士補、HACCP管理者、教員免許（中-数・理、高-数・理・情）

工学部

広島キャンパス
定員 545

特色	地元企業などと連携し、教育・研究を実践。就職満足度が高い。
進路	約1割が大学院へ進学。就職先は製造業や建設業をはじめ多岐にわたる。
学問分野	化学／生物学／機械工学／電気・電子工学／土木・建築学／応用生物学／食物学／情報学
大学院	システム工学

化学生命工学科 (75)	3年次から3つのコースに分かれる。化学・生命工学コースでは、化学と生物工学の融合領域を学ぶ。環境・情報化学コースでは、化学や生物学を土台とし、情報処理技術を学ぶ。医・食・住化学コースでは、より生活に身近な化学を複合的に学ぶ。

機械工学科 (100)	2つのコースに分かれて、ものづくりに必要な機械の設計や開発について学ぶ。機械設計コースでは設計技術だけでなく自ら問題を発見し解決できる能力を養う。エネルギー機械コースでは機械の運動に必要なエネルギーについて学び持続可能な社会に貢献する技術者を育成する。
ロボティクス学科 (75)	2つのコースを設置。ロボット設計コースではロボット開発の基礎を重点的に学び、ロボット制御コースではロボットの知能化を実現するための技術を学ぶ。機械や情報、電気電子の複合技術を修得し、機械システムの製作に携わるメカトロニクス技術者を育成する。
電子情報工学科 (95)	2つのコースを設置。電気電子コースではハードウェアについて幅広く学び技術発展に対応する力を身につける。情報通信コースではネットワークの構築、運用のための知識や情報技術を修得し、情報化社会を支えるICTスペシャリストを育成する。
情報学科 (100)	2つのコースを設置。情報システムコースでは社会の実情に合った情報システムの企画や設計、運用までを学ぶ。情報メディアコースでは映像や音響、情報メディア処理など情報処理技術について学び、社会を支える情報システムや情報メディアを扱う技術者を育成する。
建築学科 (100)	2つのコースを設置。建築学コースでは建築の意味や目的を学び、実践的な知識と技術を修得する。インテリアデザインコースではインテリアの歴史などを学び、照明や家具による空間表現技術を修得する。設計や歴史、構造などの建築の知識と技術を学び一級建築士を目指す。
取得可能な免許・資格	危険物取扱者（甲種）、毒物劇物取扱責任者、建築士（一級、二級、木造）、技術士補、主任技術者(ボイラー・タービン、電気、電気通信)、施工管理技士(建築)、食品衛生管理者、食品衛生監視員、教員免許(中-数・理・技、高-数・理・情・工業)

産業理工学部

福岡キャンパス　定員 420

- 特色　文理横断型の専門教育の下、多様な技術の修得を通じ、実践力と人間力を養う。
- 進路　就職先は建設業やサービス業、製造業をはじめ多岐にわたる。
- 学問分野　経営学／社会学／化学／生物学／電気・電子工学／土木・建築学／デザイン学／環境学／情報学
- 大学院　産業理工学

生物環境化学科 (65)	生物、環境、化学を幅広く学習し、様々な分野で社会に貢献できる専門家を育成する。2年次にバイオサイエンス、食品生物資源、エネルギー・環境の3つの分野からコースを選択する。
電気電子工学科 (65)	エネルギー・環境、情報通信、応用エレクトロニクスの3つのコースを設置。人々の暮らしに密接に関わるエレクトロニクス技術に精通し、電力・電気設備業や電気情報サービス業などの分野で活躍できる人材を育成する。1年次から専門的な学びに入っていく。
建築・デザイン学科 (95)	建築工学コースでは、建築の専門知識や技術を学び、免震装置、力学を利用した建築デザインなどについて研究する。建築・デザインコースでは、建築物だけでなく家具、インテリア、CGなどを学ぶ。
情報学科 (75)	情報エンジニアリングコースでは情報インフラを支えるエンジニアを育成する。メディア情報コースではWebコンテンツの企画や制作など総合的に手がける能力を養う。データサイエンスコースでは情報処理の視点で人間の心の動きを考える。
経営ビジネス学科 (120)	企業や自治体、市民団体など様々な組織をマネジメントする能力を養う文系の学科である。経営学、会計学、マーケティング、人間工学、外国文化などの専門分野を学習する。経営マネジメントとグローバル経営の2つのコースを設置している。
取得可能な免許・資格	危険物取扱者（甲種）、毒物劇物取扱責任者、電気工事士、特殊無線技士（海上、陸上)、建築士（一級、二級、木造）、技術士補、主任技術者（電気、電気通信)、施工管理技士（建築)、食品衛生管理者、食品衛生監視員、教員免許（高-理・情・工業・商業)

入試要項（2024年度）

※この入試情報は2024年度募集要項等より編集したものです（見方は巻頭の「本書の使い方」参照）。2025年度入試の最新情報は、ホームページや2025年度募集要項等で必ず確認してください。

「大学入試科目検索システム」のご案内
日程・方式ごとの偏差値や昨年度入試結果（志願者倍率、実質倍率、合格最低点）、基本情報（出願締切日、試験日、二段階選抜、募集人員、総合満点）などは、「大学入試科目検索システム」（https://nyushi.toshin.com/）をご覧ください（利用方法はp.12参照）。

■法学部 偏差値58

一般選抜

◆**一般入試・前期（A・B日程〔スタンダード方式、高得点科目重視方式〕、A日程〔文系学部他学部併願方式〕）**
［法律：3科目］国 現古 地歴 公 数 世B、日B、地理B、政経、数ⅠⅡABから1 外 英

◆**一般入試・後期（高得点判定方式、文系学部他学部併願方式）**※高得点2科目で合否判定
［法律：3科目］一般入試・前期（A日程〔スタンダード方式〕）に同じ

共通テスト併用入試

◆**共通テスト併用方式（A・B日程）**※一般入試・前期（A・B日程〔スタンダード方式〕）の受験必須
［法律］〈共2科目〉国 地歴 公 数 理 外 現古、地歴公数理外全26科目から2〈個3科目〉一般入試・前期（A・B日程〔スタンダード方式〕）の成績を利用▶高得点1科目を合否判定に使用

◆**共通テスト併用方式（後期）**※一般入試・後期（高得点判定方式）の受験必須
［法律］〈共1科目〉国 地歴 公 数 理 外 現古、地歴公数理外全26科目から1〈個3科目〉一般入試・後期（高得点判定方式）の成績を利用▶高得点1科目を合否判定に使用

共通テスト利用入試 ※個別試験は課さない

◆**共通テスト利用方式（前期〔3教科3科目型〕）**
［法律：3科目］国 地歴 公 数 理 現古、地歴公数理全21科目から2教科2 外 全5科目から1

◆**共通テスト利用方式（前期〔5教科7科目型〕）**
［法律：7科目］国 現古 地歴 公 全10科目から2 数 全6科目から2 理 全5科目から1 外 全5科目から1

◆**共通テスト利用方式（中期）**
［法律：3科目］国 地歴 公 数 理 外 現古、地歴公数理外全26科目から3

◆**共通テスト利用方式（後期）**
［法律：2科目］国 地歴 公 数 理 外 現古、地歴公数理外全26科目から2

■経済学部 偏差値58

一般選抜

◆**一般入試・前期（A・B日程〔スタンダード方式、高得点科目重視方式、文系学部学部内併願方式〕、A日程〔文系学部他学部併願方式〕）**
［全学科：3科目］国 現古 地歴 公 数 世B、日B、地理B、政経、数ⅠⅡABから1 外 英

◆**一般入試・後期（高得点判定方式、文系学部学部内併願方式、文系学部他学部併願方式）**※高得点2科目で合否判定
［全学科：3科目］一般入試・前期（A日程〔スタンダード方式〕）に同じ

共通テスト併用入試

◆**共通テスト併用方式（A・B日程）**※一般入試・前期（A・B日程〔スタンダード方式〕）の受験必須
［全学科］〈共2科目〉国 地歴 公 数 理 外 現古、地歴公数理外全26科目から2〈個3科目〉一般入試・前期（A・B日程〔スタンダード方式〕）の成績を利用▶高得点1科目を合否判定に使用

◆**共通テスト併用方式（後期）**※一般入試・後期（高得点判定方式）の受験必須
［全学科］〈共1科目〉国 地歴 公 数 理 外 現古、地歴公数理外全26科目から1〈個3科目〉一般入試・後期（高得点判定方式）の成績を利用▶高得点1科目を合否判定に使用

共通テスト利用入試 ※個別試験は課さない

◆**共通テスト利用方式（前期〔3教科3科目型〕）**
［全学科：3科目］国 地歴 公 数 理 現古、地歴公数理全21科目から2教科2 外 全5科目から1

◆**共通テスト利用方式（前期〔5教科7科目型〕）**
［全学科：7科目］国 現古 地歴 公 全10科目から2 数 全6科目から2 理 全5科目から1 外 全5科目から1

◆**共通テスト利用方式（中期）**
［全学科：3科目］国 地歴 公 数 理 外 現古、地歴公数理外全26科目から3

◆**共通テスト利用方式（後期）**
［全学科：2科目］国 地歴 公 数 理 外 現古、地歴公数理外全26科目から2

■経営学部 偏差値59

一般選抜

◆**一般入試・前期（A・B日程〔スタンダード方式、高得点科目重視方式、文系学部学部内併願方式、経営学部他学部併願方式〕、A日程〔文系学部他学部併願方式〕）**
［全学科：3科目］国 現古 地歴 公 数 世B、日B、地理B、政経、数ⅠⅡABから1 外 英

◆**一般入試・後期（高得点判定方式、文系学部学部内併願方式、文系学部他学部併願方式、経営学部他学部併願方式）**※高得点2科目で合否判定
［全学科：3科目］一般入試・前期（A日程〔スタンダード方式〕）に同じ

共通テスト併用入試

◆**共通テスト併用方式（A・B日程）**※一般入試・前期（A・B日程〔スタンダード方式〕）の受験必須
［全学科］〈共2科目〉国 地歴 公 数 理 外 現古、地歴公数理外全26科目から2〈個3科目〉一般入試・

前期（A・B日程〔スタンダード方式〕）の成績を利用▶高得点1科目を合否判定に使用

◆**共通テスト併用方式（後期）** ※一般入試・後期（高得点判定方式）の受験必須

［全学科］〈共1科目〉国地歴公数理外現古、地歴公数理外全26科目から1〈個3科目〉一般入試・後期（高得点判定方式）の成績を利用▶高得点1科目を合否判定に使用

共通テスト利用入試 ※個別試験は課さない

◆**共通テスト利用方式（前期〔3教科3科目型〕）**

［全学科：3科目］国地歴公数理現古、地歴公数理全21科目から2教科2外全5科目から1

◆**共通テスト利用方式（前期〔5教科7科目型〕）**

［全学科：7科目］国現古地歴公全10科目から2数全6科目から2理全5科目から1外全5科目から1

◆**共通テスト利用方式（中期）**

［全学科：3科目］国現古地歴公数理全21科目から1外全5科目から1

◆**共通テスト利用方式（後期）**

［全学科：2科目］国地歴公数理外現古、地歴公数理外全26科目から2

■理工学部 偏差値 56

一般選抜

◆**一般入試・前期（A・B日程〔スタンダード方式、高得点科目重視方式、理系学部学部内併願方式〕、A日程〔理系学部他学部併願方式〕、B日程〔理工学部他学部併願方式〕）**

［理－数学・物理学、応用化、機械工、電気電子通信工、社会環境工、エネルギー物質：3科目］数数ⅠⅡⅢAB理物基・物、化基・化、生基・生から1外英

［理－化学、生命科：3科目］数数ⅠⅡAB、数ⅠⅡⅢABから1理物基・物、化基・化、生基・生から1外英

◆**一般入試・後期（高得点判定方式、理系学部学部内併願方式、理工学部他学部併願方式）** ※高得点2科目で合否判定

［全学科：3科目］一般入試・前期（A日程〔スタンダード方式〕）に同じ

共通テスト併用入試

◆**共通テスト併用方式（A日程）** ※一般入試・前期（A日程〔スタンダード方式〕）の受験必須

［全学科］〈共3科目〉国理外現、物、化、生、英から2教科2数数ⅡB〈個3科目〉一般入試・前期（A日程〔スタンダード方式〕）の成績を利用▶高得点2科目を合否判定に使用

◆**共通テスト併用方式（B日程）** ※一般入試・前期（B日程〔スタンダード方式〕）の受験必須

［全学科］〈共2科目〉国数理外現、数ⅠA、数ⅡB、物、化、生、英から2〈個3科目〉一般入試・前期（B日程〔スタンダード方式〕）の成績を利用▶高得点2科目を合否判定に使用

◆**共通テスト併用方式（後期）** ※一般入試・後期（高得点判定方式）の受験必須

［全学科］〈共1科目〉国数理外現、数ⅠA、数ⅡB、物、化、生、英から1〈個3科目〉一般入試・後期（高得点判定方式）の成績を利用▶高得点1科目を合否判定に使用

共通テスト利用入試 ※個別試験は課さない

◆**共通テスト利用方式（前期〔3教科3科目型〕）**

［全学科：3科目］国理外現、物、化、生、英から2教科2数数ⅡB

◆**共通テスト利用方式（前期〔5教科5科目型〕）**

［全学科：5科目］国現地歴全6科目から1数数ⅡB理物、化、生から1外英

◆**共通テスト利用方式（中期）**

［全学科：3科目］国数理外現、数ⅠA、数ⅡB、物、化、生、英から3

◆**共通テスト利用方式（後期）**

［全学科：2科目］国数理外現、数ⅠA、数ⅡB、物、化、生、英から2教科2

■建築学部 偏差値 58

一般選抜

◆**一般入試・前期（A日程〔スタンダード方式、高得点科目重視方式、理系学部他学部併願方式〕）**

［建築：3科目］数数ⅠⅡAB、数ⅠⅡⅢABから1理物基・物、化基・化、生基・生から1外英

◆**一般入試・前期（B日程〔スタンダード方式、高得点科目重視方式、建築学部他学部併願方式〕）**

［建築：3科目］国数現古、数ⅠⅡABから1地歴理世B、日B、地理B、物基・物、化基・化、生基・生から1外英

◆**一般入試・後期（高得点判定方式、建築学部他学部併願方式）** ※高得点2科目で合否判定

［建築：3科目］一般入試・前期（B日程〔スタンダード方式〕）に同じ

共通テスト併用入試

◆**共通テスト併用方式（A日程）** ※一般入試・前期（A日程〔スタンダード方式〕）の受験必須

［建築］〈共2科目〉国地歴公数理外現、地歴公外全15科目、数Ⅰ、数ⅠA、数Ⅱ、数ⅡB、物、化、生、地から2〈個3科目〉一般入試・前期（A日程〔スタンダード方式〕）の成績を利用▶高得点2科目を合否判定に使用

◆**共通テスト併用方式（B日程）** ※一般入試・前期（B日程〔スタンダード方式〕）の受験必須

［建築］〈共2科目〉共通テスト併用方式（A日程）に同じ〈個3科目〉一般入試・前期（B日程〔スタンダード方式〕）の成績を利用▶高得点1科目を合否判定に使用

◆**共通テスト併用方式（後期）** ※一般入試・後期（高得点判定方式）の受験必須

［建築］〈共1科目〉国数理外現、数Ⅰ、数ⅠA、数Ⅱ、数ⅡB、物、化、生、地、英から1〈個3科目〉一般入試・後期（高得点判定方式）の成績を利用▶高得点1科目を合否判定に使用

共通テスト利用入試 ※個別試験は課さない

◆**共通テスト利用方式（前期〔3教科4科目型〕）**

［建築：4科目］国理外現、物、化、生、英から2

教科2数 数ⅠA、数ⅡB
◆共通テスト利用方式（前期〔5教科7科目型〕）
［建築：7科目］国 現 地歴 公 全10科目から1 数 数ⅠA、数ⅡB 理 物、化、生から2 外 英
◆共通テスト利用方式（中期）
［建築：3科目］国 地歴 公 数 理 外 現、地歴公全10科目、数ⅠA、数ⅡB、物、化、生、英から3教科3▶地歴と公は1教科扱い
◆共通テスト利用方式（後期）
［建築：2科目］国 数 理 外 現、数ⅠA、数ⅡB、物、化、生、英から2教科2

■薬学部 偏差値 60

一般選抜

◆一般入試・前期（A日程〔スタンダード方式、高得点科目重視方式、理系学部他学部併願方式〕）
［全学科：3科目］数 数ⅠⅡAB、数ⅠⅡⅢABから1 理 物基・物、化基・化、生基・生から1 外 英
◆一般入試・前期（B日程〔スタンダード方式、高得点科目重視方式、薬学部他学部併願方式〕）
［全学科：3科目］数 数ⅠⅡAB 理 物基・物、化基・化、生基・生から1 外 英
◆一般入試・後期（高得点判定方式、薬学部他学部併願方式）※数外から高得点1科目と理で合否判定
［全学科：3科目］一般入試・前期（A日程〔スタンダード方式〕）に同じ

共通テスト利用入試 ※個別試験は課さない

◆共通テスト利用方式（前期〔3教科3科目型〕、中期）
［全学科：3科目］数 数ⅠA、数ⅡBから1 理 物、化、生から1 外 英
◆共通テスト利用方式（前期〔5教科7科目型〕）
［全学科：7科目］国 現 地歴 公 全10科目から1 数 数ⅠA、数ⅡB 理 物、化、生から2 外 英
◆共通テスト利用方式（後期）
［全学科：3科目］国 数 現、数ⅠA、数ⅡBから1 理 物、化、生から1 外 英

■文芸学部 偏差値 61

一般選抜

◆一般入試・前期（A日程〔スタンダード方式 スタンダード型、高得点科目重視方式、文系学部学部内併願方式、文系学部他学部併願方式〕）
［全学科：3科目］国 現古 地歴 公 数 世B、日B、地理B、政経、数ⅠⅡABから1 外 英
◆一般入試・前期（B日程〔スタンダード方式 スタンダード型、高得点科目重視方式、文系学部学部内併願方式〕）
［芸術－舞台芸術以外：3科目］一般入試・前期（A日程〔スタンダード方式 スタンダード型〕）に同じ
［芸術－舞台芸術：3科目］国 現古 外 英 論 実技 小論文、実技から1▶実技は事前課題含む
◆一般入試・前期（B日程〔スタンダード方式 実技試験判定型〕）、一般入試・後期（スタンダード方式〔実技試験判定型〕）
［芸術－造形芸術：1科目］実技 美術実技
◆一般入試・後期（高得点判定方式、文系学部学部内併願方式、文系学部他学部併願方式）※高得点2科目で合否判定
［全学科：3科目］一般入試・前期（A日程〔スタンダード方式 スタンダード型〕）に同じ

共通テスト併用入試

◆共通テスト併用方式（A日程）※一般入試・前期（A日程〔スタンダード方式 スタンダード型〕）の受験必須
［芸術－造形芸術以外］〈共2科目〉国 地歴 公 数 理 外 現古、現漢、地歴公数理外全26科目から2▶国2科目選択不可〈個3科目〉一般入試・前期（A日程〔スタンダード方式 スタンダード型〕）の成績を利用▶高得点1科目を合否判定に使用
◆共通テスト併用方式（B日程）※一般入試・前期（B日程〔スタンダード方式 スタンダード型〕）の受験必須
［芸術以外］〈共2科目〉共通テスト併用方式（A日程）に同じ〈個3科目〉一般入試・前期（B日程〔スタンダード方式 スタンダード型〕）の成績を利用▶高得点1科目を合否判定に使用

共通テスト利用入試 ※個別試験は課さない

◆共通テスト利用方式（前期〔3教科3科目型〕）
［全学科：3科目］国 地歴 公 数 理 現古、現漢、地歴公数理全21科目から2教科2 外 全5科目から1
◆共通テスト利用方式（前期〔5教科7科目型〕）
［全学科：7科目］国 現古、現漢から1 地歴 公 全10科目から2 数 全6科目から2 理 全5科目から1 外 全5科目から1
◆共通テスト利用方式（中期）
［全学科：3科目］国 地歴 公 数 理 外 現古、現漢、地歴公数理外全26科目から3▶国2科目選択不可
◆共通テスト利用方式（後期）
［全学科：2科目］国 地歴 公 数 理 外 現古、現漢、地歴公数理外全26科目から2教科2

■総合社会学部 偏差値 61

一般選抜

◆一般入試・前期（A・B日程〔スタンダード方式、高得点科目重視方式、文系学部学部内併願方式〕、A日程〔文系学部他学部併願方式〕）
［総合社会：3科目］国 現古 地歴 公 数 世B、日B、地理B、政経、数ⅠⅡABから1 外 英
◆一般入試・後期（高得点判定方式、文系学部学部内併願方式、文系学部他学部併願方式）※高得点2科目で合否判定
［総合社会：3科目］一般入試・前期（A日程〔スタンダード方式〕）に同じ

共通テスト併用入試

◆共通テスト併用方式（A日程）※一般入試・前期（A日程〔スタンダード方式〕）の受験必須
［総合社会］〈共2科目〉国 地歴 公 数 理 外 現古、地歴公数理外全26科目から2教科2〈個3科目〉一般入試・前期（A日程〔スタンダード方式〕）の成績を利用▶高得点1科目を合否判定に使用
◆共通テスト併用方式（B日程）※一般入試・前期（B日程〔スタンダード方式〕）の受験必須
［総合社会］〈共1科目〉国 地歴 公 数 理 外 現古、地

私立 近畿 近畿大学

歴公数理外全26科目から1〈個3科目〉一般入試・前期（B日程〔スタンダード方式〕）の成績を利用▶高得点2科目を合否判定に使用

◆**共通テスト併用方式（後期）** ※一般入試・後期（高得点判定方式）の受験必須

［総合社会］〈共1科目〉共通テスト併用方式（B日程）に同じ〈個3科目〉一般入試・後期（高得点判定方式）の成績を利用▶高得点1科目を合否判定に使用

共通テスト利用入試 ※個別試験は課さない

◆**共通テスト利用方式（前期〔3教科3科目型〕）**

［総合社会：3科目］国地歴公数理外現古、地歴公数理外全26科目から3教科3

◆**共通テスト利用方式（前期〔5教科7科目型〕）**

［総合社会：7科目］国現古地歴公全10科目から2数全6科目から2理全5科目から1外全5科目から1

◆**共通テスト利用方式（中期）**

［総合社会：3科目］国地歴公数理現古、地歴公数理全21科目から2教科2外全5科目から1

◆**共通テスト利用方式（後期）**

［総合社会：2科目］国地歴公数理外現古、地歴公数理外全26科目から2教科2

■国際学部 偏差値 58

一般選抜

◆**一般入試・前期（A・B日程〔スタンダード方式、高得点科目重視方式、文系学部学部内併願方式〕）**

［国際：3科目］国現古地歴公数世B、日B、地理B、政経、数ⅠⅡABから1外英、英語外部試験から高得点1

◆**一般入試・前期（A日程〔文系学部他学部併願方式〕）**

［国際：3科目］国現古地歴公数世B、日B、地理B、政経、数ⅠⅡABから1外英

◆**一般入試・前期（A日程〔国際学部独自方式〕）**

［国際－グローバル：3科目］一般入試・前期（A日程〔スタンダード方式〕）に同じ▶国地歴公数から高得点1科目と外で合否判定

◆**一般入試・前期（A日程〔国際学部独自方式 併願〕）** ※一般入試・前期（A日程〔スタンダード方式〕）の受験必須

［国際－グローバル：3科目］一般入試・前期（A日程〔スタンダード方式〕）の成績を利用▶国地歴公数から高得点1科目と外で合否判定

◆**一般入試・前期（B日程〔国際学部独自方式〕）、一般入試・後期（国際学部独自方式）**

［国際－グローバル：1科目］外

◆**一般入試・前期（B日程〔国際学部独自方式 併願〕）** ※一般入試・前期（B日程〔スタンダード方式〕）の受験必須

［国際－グローバル：3科目］一般入試・前期（B日程〔スタンダード方式〕）の成績を利用▶外を合否判定に使用

◆**一般入試・後期（高得点判定方式、文系学部学部内併願方式、文系学部他学部併願方式）**

［国際：3科目］一般入試・前期（A日程〔スタンダード方式〕）に同じ▶国地歴公数から高得点1科目と外で合否判定

◆**一般入試・後期（国際学部独自方式 併願）** ※一般入試・後期（高得点判定方式）の受験必須

［国際－グローバル：3科目］一般入試・後期（高得点判定方式）の成績を利用▶外を合否判定に使用

共通テスト併用入試

◆**共通テスト併用方式（A・B日程）** ※一般入試・前期（A・B日程〔スタンダード方式〕）の受験必須。英語外部試験の利用不可

［国際－グローバル］〈共2科目〉国地歴公数理現古、地歴公数理全21科目から1外英〈個3科目〉一般入試・前期（A・B日程〔スタンダード方式〕）の成績を利用▶高得点1科目を合否判定に使用

◆**共通テスト併用方式（後期）** ※一般入試・後期（高得点判定方式）の受験必須。英語外部試験の利用不可

［国際－グローバル］〈共1科目〉外英〈個3科目〉一般入試・後期（高得点判定方式）の成績を利用▶高得点1科目を合否判定に使用

共通テスト利用入試 ※個別試験は課さない

◆**共通テスト利用方式（前期〔1教科1科目型〕）**

［国際：1科目］外英

◆**共通テスト利用方式（前期〔3教科3科目型〕）**

［国際：3科目］国地歴公数理現古、地歴公数理全21科目から2教科2外英

◆**共通テスト利用方式（前期〔5教科5科目型〕）**

［国際：5科目］国現古地歴公全10科目から1数全6科目から1理全5科目から1外英

◆**共通テスト利用方式（中期）**

［国際：3科目］国地歴公数理外現古、地歴公数理全21科目、英から3教科3

◆**共通テスト利用方式（後期）**

［国際：2科目］国地歴公数理現古、地歴公数理全21科目から1外英

■情報学部 偏差値 56

一般選抜

◆**一般入試・前期（A日程〔英・数・理型 スタンダード方式、高得点科目重視方式、理系学部他学部併願方式〕）**

［情報：3科目］数数ⅠⅡⅢAB理物基・物、化基・化、生基・生から1外英

◆**一般入試・前期（B日程〔英・数・理型 スタンダード方式、高得点科目重視方式、情報学部他学部併願方式〕）**

［情報：3科目］数数ⅠⅡAB理物基・物、化基・化、生基・生から1外英

◆**一般入試・前期（A・B日程〔英・国・数型 スタンダード方式、高得点科目重視方式〕、A日程〔英・国・数型 文系学部他学部併願方式〕）**

［情報：3科目］国現古数数ⅠⅡAB外英

◆**一般入試・前期（A・B日程〔英・数・理型 情報学部独自方式〕）** ※一般入試・前期（A・B日程〔英・数・理型 スタンダード方式〕）の受験必須

[情報：3科目]一般入試・前期(A・B日程〔英・数・理型 スタンダード方式〕)の成績を利用▶数外を合否判定に使用

◆**一般入試・前期(A・B日程〔英・国・数型 情報学部独自方式〕)** ※一般入試・前期(A・B日程〔英・国・数型 スタンダード方式〕)の受験必須

[情報：3科目]一般入試・前期(A・B日程〔英・国・数型 スタンダード方式〕)の成績を利用▶数外を合否判定に使用

◆**一般入試・後期(高得点判定方式、文系学部他学部併願方式)** ※高得点2科目で合否判定

[情報：3科目]一般入試・前期(A日程〔英・国・数型 スタンダード方式〕)に同じ

◆**一般入試・後期(情報学部独自方式 併願)** ※一般入試・後期(高得点判定方式)の受験必須

[情報：3科目]一般入試・後期(高得点判定方式)の成績を利用▶数を合否判定に使用

◆**一般入試・後期(情報学部独自方式)**

[情報：1科目]数 数ⅠⅡAB

共通テスト併用入試

◆**共通テスト併用方式(A日程〔英・数・理型〕)** ※一般入試・前期(A日程〔英・数・理型 スタンダード方式〕)の受験必須

[情報]〈共4科目〉国 地歴 公 理 外 現、地歴公外全15科目、物、化、生から2教科2▶地歴と公は1教科扱い 数 数ⅠA必須、数ⅡB、情から1〈個3科目〉一般入試・前期(A日程〔英・数・理型 スタンダード方式〕)の成績を利用▶高得点1科目を合否判定に使用

◆**共通テスト併用方式(A日程〔英・国・数型〕)** ※一般入試・前期(A日程〔英・国・数型 スタンダード方式〕)の受験必須

[情報]〈共4科目〉共通テスト併用方式(A日程〔英・数・理型〕)に同じ〈個3科目〉一般入試・前期(A日程〔英・国・数型 スタンダード方式〕)の成績を利用▶高得点1科目を合否判定に使用

◆**共通テスト併用方式(B日程〔英・数・理型〕)** ※一般入試・前期(B日程〔英・数・理型 スタンダード方式〕)の受験必須

[情報]〈共3科目〉国 地歴 公 数 理 外 現、地歴公外全15科目、数ⅠA、数ⅡB、情、物、化、生から3教科3▶地歴と公は1教科扱い〈個3科目〉一般入試・前期(B日程〔英・数・理型 スタンダード方式〕)の成績を利用▶高得点1科目を合否判定に使用

◆**共通テスト併用方式(B日程〔英・国・数型〕)** ※一般入試・前期(B日程〔英・国・数型 スタンダード方式〕の受験必須

[情報]〈共3科目〉共通テスト併用方式(B日程〔英・数・理型〕)に同じ〈個3科目〉一般入試・前期(B日程〔英・国・数型 スタンダード方式〕の成績を利用▶高得点1科目を合否判定に使用

◆**共通テスト併用方式(後期)** ※一般入試・後期(高得点判定方式)の受験必須

[情報]〈共2科目〉国 地歴 公 数 理 外 現、地歴公外全15科目、数ⅠA、数ⅡB、情、物、化、生から2教科2▶地歴と公は1教科扱い〈個3科目〉一般入試・後期(高得点判定方式)の成績を利用▶高得点1科目を合否判定に使用

共通テスト利用入試 ※個別試験は課さない

◆**共通テスト利用方式(前期〔3教科4科目型〕)**

[情報：4科目]国 地歴 公 理 外 現、地歴公外全15科目、物、化、生から2教科2▶地歴と公は1教科扱い 数 数ⅠA必須、数ⅡB、情から1

◆**共通テスト利用方式(前期〔5教科6科目型〕)**

[情報：6科目]国 現 地歴 公 理 地歴公全10科目、物、化、生から2▶理から1必須 数 数ⅠA必須、数ⅡB、情から1 外 外全5科目から1

◆**共通テスト利用方式(中期)**

[情報：3科目]国 地歴 公 数 理 外 現、地歴公外全15科目、数ⅠA、数ⅡB、情、物、化、生から3教科3▶地歴と公は1教科扱い

◆**共通テスト利用方式(後期)**

[情報：2科目]国 地歴 公 数 理 外 現、地歴公外全15科目、数ⅠA、数ⅡB、情、物、化、生から2教科2▶地歴と公は1教科扱い

■農学部 偏差値 59

一般選抜

◆**一般入試・前期(A・B日程〔スタンダード方式、高得点科目重視方式、理系学部学部内併願方式〕、A日程〔理系学部他学部併願方式〕)**

[農業生産科、水産、環境管理、生物機能科：3科目]国 数 現古、数ⅠⅡAB、数ⅠⅡⅢABから1 地歴 理 世B、日B、地理B、物基・物、化基・化、生基・生から1 外 英

[応用生命化、食品栄養：3科目]国 数 現古、数ⅠⅡAB、数ⅠⅡⅢABから1 理 物基・物、化基・化、生基・生から1 外 英

◆**一般入試・後期(高得点判定方式、理系学部学部内併願方式、農学部他学部併願方式)** ※高得点2科目で合否判定

[全学科：3科目]一般入試・前期(A日程〔スタンダード方式〕)に同じ

共通テスト併用入試

◆**共通テスト併用方式(A日程)** ※一般入試・前期(A日程〔スタンダード方式〕)の受験必須

[全学科]〈共2科目〉国 数 理 外 現、数Ⅰ、数ⅠA、数Ⅱ、数ⅡB、物、化、生、地、外全5科目から2教科2〈個3科目〉一般入試・前期(A日程〔スタンダード方式〕)の成績を利用▶高得点2科目を合否判定に使用

◆**共通テスト併用方式(B日程)** ※一般入試・前期(B日程〔スタンダード方式〕)の受験必須

[全学科]〈共2科目〉共通テスト併用方式(A日程)に同じ〈個3科目〉一般入試・前期(B日程〔スタンダード方式〕)の成績を利用▶高得点1科目を合否判定に使用

◆**共通テスト併用方式(後期)** ※一般入試・後期(高得点判定方式)の受験必須

[全学科]〈共1科目〉国 数 理 外 現、数Ⅰ、数ⅠA、数Ⅱ、数ⅡB、物、化、生、地、英から1〈個3科目〉一般入試・後期(高得点判定方式)の成績を利用▶

高得点1科目を合否判定に使用

共通テスト利用入試　※個別試験は課さない

◆共通テスト利用方式（前期〔3教科3科目型〕）
［全学科：3科目］国数現、数Ⅰ、数ⅠA、数Ⅱ、数ⅡBから1理物、化、生、地から1外全5科目から1

◆共通テスト利用方式（前期〔4教科4科目型〕）
［全学科：4科目］国地歴数理外現、地歴外全11科目、数Ⅰ、数ⅠA、数Ⅱ、数ⅡB、物、化、生、地から4教科4

◆共通テスト利用方式（前期〔5教科5科目型〕）
［全学科：5科目］国現地歴全6科目から1数数Ⅰ、数ⅠA、数Ⅱ、数ⅡBから1理物、化、生、地から1外全5科目から1

◆共通テスト利用方式（中期）
［全学科：2科目］国数外現、数Ⅰ、数ⅠA、数Ⅱ、数ⅡB、英から1理物、化、生、地から1

◆共通テスト利用方式（後期）
［全学科：2科目］国数理外現、数Ⅰ、数ⅠA、数Ⅱ、数ⅡB、物、化、生、地、英から2教科2

■医学部　偏差値68

一般選抜

◆一般入試・前期（A日程〔スタンダード方式〕）、一般入試・後期（スタンダード方式）
［医］〈一次：4科目〉数数ⅠⅡAB理物基・物、化基・化、生基・生から2外英〈二次：2科目〉論小論文面個人面接

共通テスト併用入試

◆共通テスト利用方式（前期）
［医］〈一次：共5科目〉数数ⅠA、数ⅡB理物、化、生から2外英〈二次：個2科目〉論小論文面個人面接

◆共通テスト利用方式（中期）
［医］〈一次：共4科目〉国数現、数ⅠAから1理物、化、生から2外英〈二次：個2科目〉論小論文面個人面接

◆共通テスト利用方式（後期）
［医］〈一次：共3科目〉国数理現、数ⅠA、物、化、生から2外英〈二次：個2科目〉論小論文面個人面接

■生物理工学部　偏差値56

一般選抜

◆一般入試・前期（A日程〔スタンダード方式、高得点科目重視方式、理系学部学部内併願方式、理系学部他学部併願方式〕）
［全学科：3科目］国数現古、数ⅠⅡAB、数ⅠⅡⅢABから1理物基・物、化基・化、生基・生から1外英

◆一般入試・前期（B日程〔スタンダード方式、高得点科目重視方式、理系学部学部内併願方式〕）
［全学科：3科目］国数現古、数ⅠⅡABから1理物基・物、化基・化、生基・生から1外英

◆一般入試・前期（B日程〔生物理工学部独自方式併願〕）※一般入試・前期（B日程〔スタンダード方式〕）の受験必須
［全学科：3科目］一般入試・前期（B日程〔スタンダード方式〕）の成績を利用▶数理を合否判定に使用

◆一般入試・後期（高得点判定方式、理系学部学部内併願方式）※高得点2科目で合否判定
［全学科：3科目］一般入試・前期（A日程〔スタンダード方式〕）に同じ

共通テスト併用入試

◆共通テスト併用方式（A日程）※一般入試・前期（A日程〔スタンダード方式〕）の受験必須
［全学科］〈共3科目〉国数理外現、数Ⅰ、数ⅠA、数Ⅱ、数ⅡB、物、化、生、英から3〈個3科目〉一般入試・前期（A日程〔スタンダード方式〕）の成績を利用

◆共通テスト併用方式（B日程）※一般入試・前期（B日程〔スタンダード方式〕）の受験必須
［全学科］〈共2科目〉国数理外現、数Ⅰ、数ⅠA、数Ⅱ、数ⅡB、物、化、生、英から2〈個3科目〉一般入試・前期（B日程〔スタンダード方式〕）の成績を利用▶高得点1科目を合否判定に使用

◆共通テスト併用方式（後期）※一般入試・後期（高得点判定方式）の受験必須
［全学科］〈共1科目〉国数理外現、数Ⅰ、数ⅠA、数Ⅱ、数ⅡB、物、化、生、英から1〈個3科目〉一般入試・後期（高得点判定方式）の成績を利用▶高得点1科目を合否判定に使用

共通テスト利用入試　※個別試験は課さない

◆共通テスト利用方式（前期〔2教科2科目型〕）
［全学科：2科目］国外現、英から1数理数Ⅰ、数ⅠA、数Ⅱ、数ⅡB、物、化、生から1

◆共通テスト利用方式（前期〔5教科5科目型〕）
［全学科：5科目］国現地歴公全10科目から1数数Ⅰ、数ⅠA、数Ⅱ、数ⅡBから1理物、化、生、地から1外英

◆共通テスト利用方式（中期）
［全学科：3科目］国数外現、数Ⅰ、数ⅠA、数Ⅱ、数ⅡB、英から2教科2理物、化、生から1

◆共通テスト利用方式（後期）
［全学科：2科目］国数理外現、数Ⅰ、数ⅠA、数Ⅱ、数ⅡB、物、化、生、英から2教科2

■工学部　偏差値54

一般選抜

◆一般入試・前期（A日程〔スタンダード方式、高得点科目重視方式、理系学部学部内併願方式〕）
［化学生命工：3科目］国数現古、数ⅠⅡAB、数ⅠⅡⅢABから1理物基・物、化基・化、生基・生から1外英
［化学生命工以外：3科目］数数ⅠⅡAB、数ⅠⅡⅢABから1理物基・物、化基・化、生基・生から1外英

◆一般入試・前期（B日程〔スタンダード方式、高得点科目重視方式、理系学部学部内併願方式〕）
［化学生命工：3科目］国数現古、数ⅠⅡABから1理物基・物、化基・化、生基・生から1外英

[機械工、ロボティクス、電子情報工、情報：3科目] 数数ⅠⅡAB理物基・物、化基・化、生基・生から1外英

[建築：3科目] 国数現古、数ⅠⅡABから1地歴理世B、日B、地理B、物基・物、化基・化、生基・生から1外英

◆**一般入試・後期（高得点判定方式、理系学部学部内併願方式）** ※高得点2科目で合否判定

[全学科：3科目] 数数ⅠⅡAB、数ⅠⅡⅢABから1理物基・物、化基・化、生基・生から1外英

共通テスト併用入試

◆**共通テスト併用方式（A日程）** ※一般入試・前期（A日程〔スタンダード方式〕）の受験必須

[全学科]〈共2科目〉国地歴公数理外現、地歴公数外全21科目、物、化、生、地から2教科2▶地歴と公は1教科扱い〈個3科目〉一般入試・前期（A日程〔スタンダード方式〕）の成績を利用▶高得点2科目を合否判定に使用

◆**共通テスト併用方式（B日程）** ※一般入試・前期（B日程〔スタンダード方式〕）の受験必須

[全学科]〈共2科目〉共通テスト併用方式（A日程）に同じ〈個3科目〉一般入試・前期（B日程〔スタンダード方式〕）の成績を利用▶高得点1科目を合否判定に使用

◆**共通テスト併用方式（後期）** ※一般入試・後期（高得点判定方式）の受験必須

[全学科]〈共1科目〉国地歴公数理外現、地歴公数外全21科目、物、化、生、地から1〈個3科目〉一般入試・後期（高得点判定方式）の成績を利用▶高得点1科目を合否判定に使用

共通テスト利用入試 ※個別試験は課さない

◆**共通テスト利用方式（前期〔3教科3科目型〕）**

[全学科：3科目] 国地歴公数理外現、地歴公数外全16科目、物、化、生、地から3教科3▶地歴と公は1教科扱い

◆**共通テスト利用方式（前期〔5教科5科目型〕）**

[全学科：5科目] 国現地歴公全10科目から1数全6科目から1理物、化、生、地から1外全5科目から1

◆**共通テスト利用方式（中期）**

[全学科：4科目] 国地歴公数理外現、地歴公数外全21科目、物、化、生、地から4教科4▶地歴と公は1教科扱い

◆**共通テスト利用方式（後期）**

[全学科：2科目] 国地歴公理外現、地歴公外全15科目、物、化、生、地から1数全6科目から1

■産業理工学部 偏差値57

一般選抜

◆**一般入試・前期（A・B日程〔スタンダード方式、高得点科目重視方式、理系学部学部内併願方式〕）**

[全学科：3科目] 国数現古、数ⅠⅡAB、数ⅠⅡⅢABから1地歴理世B、日B、地理B、物基・物、化基・化、生基・生から1外英

◆**一般入試・後期（高得点判定方式、理系学部学部内併願方式）** ※高得点2科目で合否判定

[全学科：3科目] 一般入試・前期（A日程〔スタンダード方式〕）に同じ

共通テスト併用入試

◆**共通テスト併用方式（A・B日程）** ※一般入試・前期（A・B日程〔スタンダード方式〕）の受験必須

[全学科]〈共2科目〉国地歴公数理外現、地歴公数外全21科目、物、化、生、地から2〈個3科目〉一般入試・前期（A・B日程〔スタンダード方式〕）の成績を利用▶高得点2科目を合否判定に使用

共通テスト利用入試 ※個別試験は課さない

◆**共通テスト利用方式（前期〔3教科3科目型〕）**

[全学科：3科目] 国地歴公数理外現、地歴公数外全21科目、物、化、生、地から3教科3▶地歴と公は1教科扱い

◆**共通テスト利用方式（前期〔5教科5科目型〕）**

[全学科：5科目] 国地歴公数理外現、地歴公数外全21科目、物、化、生、地から5教科5▶地歴と公は1教科扱い

◆**共通テスト利用方式（中期）**

[全学科：3科目] 国地歴公数理現、地歴公数全16科目、物、化、生、地から2教科2▶地歴と公は1教科扱い外全5科目から1

◆**共通テスト利用方式（後期）**

[全学科：2科目] 国地歴公数理現、地歴公数全16科目、物、化、生、地から1外全5科目から1

■特別選抜

[総合型選抜] 総合型選抜（AO入試）

[学校推薦型選抜] 推薦入試（一般公募）、専門高校・専門学科・総合学科等を対象とする推薦入試、指定校推薦入試

[その他] 医学部地域枠入試、スポーツ推薦入試、文化活動推薦入試、帰国生入試、外国人留学生入試、社会人入試

就職支援

近畿大学では97.9%（2022年度卒業生）と、高い就職率を誇っています。キャリアセンターを設け、1年次より将来の進路についての質問から就職活動時の履歴書の相談や面接練習まで幅広く対応するとともに、「キャリアアシスタント制度」を実施し、全学をあげて学生の進路を支援しています。また、教員を目指す学生への支援にも力を入れており、西日本の私立大学での教員採用数はトップを誇ります。

国際交流

近畿大学では様々な留学プログラムを用意しています。長期留学として1学期間〜2学期間の交換・派遣留学や認定留学、短期留学として約1ヵ月の短期語学研修、その他、各学部の留学プログラムがあります。学内でもネイティブ教員による講義や国際交流イベントが盛んで「生きた英語」が学べます。キャンパスにいながら英語に触れられる施設「英語村E3［e-cube］」があり、異文化交流ができる貴重な場となっています。グローバルエデュケーションセンターでは英語、ドイツ語、韓国語などの無料講座を多数開講しています。

資料請求

関西学院大学

かんせいがくいん

入学センター（西宮上ケ原キャンパス）TEL（0798）54-6135　〒662-8501 兵庫県西宮市上ケ原一番町1-155

創造的な「世界市民」を育成する

大学紹介動画

最新入試情報

「Mastery for Service（奉仕のための練達）」をスクールモットーとし、社会に奉仕する人材を育成する。キャンパスの再編と拡充を行い、国境や文理、学問分野、大学と社会など様々な枠を越えた教育を目指す。

西宮上ケ原キャンパス時計台

校歌

校歌音声

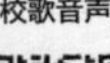

関西学院大学校歌　「空の翼」
作詞／北原白秋　作曲／山田耕筰
一、風に思う空の翼
　輝く自由　Mastery for Service
　清明ここに道あり我が丘
　関西　関西　関西　関西学院
　ポプラは羽ばたくいざ響け我等
　風　光　力　若きは力ぞ
　いざ　いざ　いざ　上ケ原ふるえ
　いざ　いざ　いざ　いざ上ケ原ふるえ

基本データ

※2023年5月現在（進路・就職は2022年度卒業者データ。学費は2024年度入学者用）

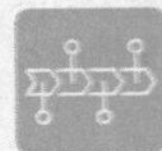

沿革

1889年、関西学院を設立。1932年、大学令により大学へ昇格。関西学院大学に改称。1946年、文、法、経済学部の3学部体制に。1951年に商学部、1952年に神学部、1960年に社会学部、1961年に理学部、1995年に総合政策学部、2008年に人間福祉学部を設置。2009年、聖和大学と合併し、教育学部を設置。2010年、千里国際学園と合併し、国際学部を設置。2021年、理工学部を再編、理、工、生命環境、建築学部を設置し、現在に至る。

キャンパス

5つ

キャンパスマップ

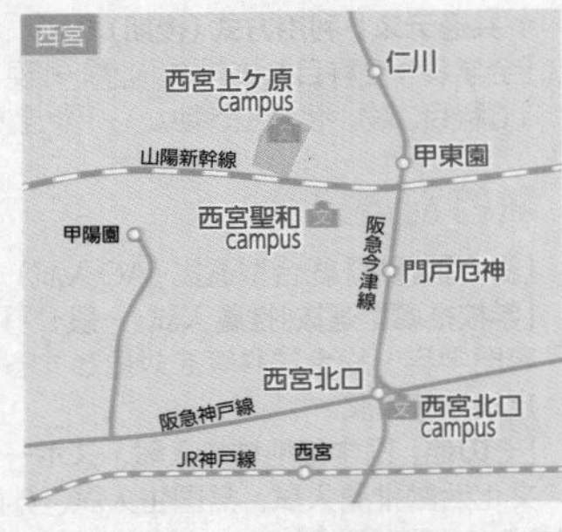

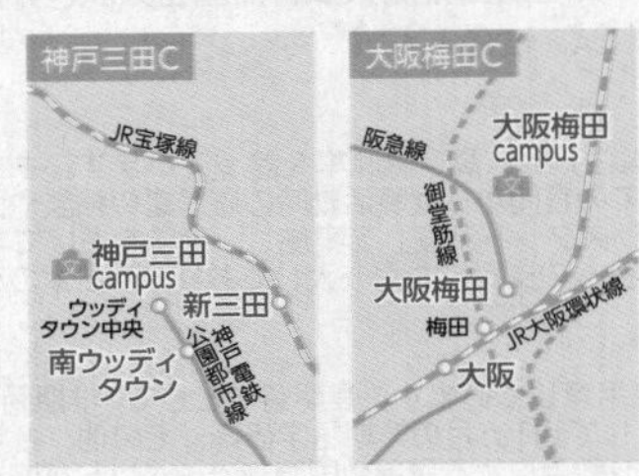

所在地・交通アクセス

西宮上ケ原キャンパス（本部）

〒662-8501 兵庫県西宮市上ケ原一番町1-155
①阪急今津線「甲東園駅」「仁川駅」から徒歩約12分、②阪急今津線「甲東園駅」からバス約5分「関西学院前」下車

西宮聖和キャンパス

〒662-0827 兵庫県西宮市岡田山7-54
アクセス 阪急今津線「門戸厄神駅」から徒歩約13分

神戸三田キャンパス

〒669-1337 兵庫県三田市学園上ケ原1
アクセス JR「新三田駅」からバス約15分または神戸電鉄公園都市線「南ウッディタウン駅」からバス約10分、「関西学院前」下車

西宮北口キャンパス（学部以外設置）

〒663-8204 兵庫県西宮市高松町5-22

大阪梅田キャンパス（学部以外設置）

〒530-0013 大阪府大阪市北区茶屋町19-19

教育機関
14学部14研究科

学部 神／文／社会／経済／法／商／総合政策／人間福祉／教育／国際／理／工／生命環境／建築

大学院 神学ⓂⒹ／文学ⓂⒹ／社会学ⓂⒹ／法学ⓂⒹ／経済学ⓂⒹ／商学ⓂⒹ／理工学ⓂⒹ／総合政策ⓂⒹ／言語コミュニケーション文化ⓂⒹ／人間福祉ⓂⒹ／教育学ⓂⒹ／国際学ⓂⒹ／司法Ⓟ／経営戦略ⒹⓅ

その他 短期大学部

人数

学部学生数 24,314名　教員1名あたり学生32名

教員数 737名【理事長】村上一平、【院長】中道基夫、【学長】森康俊
（教授473名、准教授102名、講師101名、助教41名、助手・その他20名）

学費

初年度納入額 1,179,000~1,754,000円

奨学金 就学奨励奨学金、経済支援奨学金、ランバス支給奨学金、産学合同育英奨学金

進路

学部卒業者 5,227名（進学467名、就職4,301名、その他459名）

進学8.9%　就職82.3%　その他8.8%

主な就職先 ※院卒者を含む

神学部
KKS、TIS、クラフト、グリーンロジスティクス、キムズカンパニー、JFE商事鋼管管材、メモリー、ニトリ、ファーストリテイリング、メットライフ生命保険

文学部
兵庫県教育委員会、国家公務、明治安田生命保険、きんでん、コベルコシステム、サイバーエージェント、システナ、シティ・コム、マイナビ、日本生命保険、みずほフィナンシャルグループ

社会学部
キーエンス、国家公務、ニトリ、明治安田生命保険、パーソルキャリア、神戸市(職員)、一条工務店、神戸製鋼所、富士フイルム、関西電力、伊藤忠テクノソリューションズ、サイバーエージェント

経済学部
キーエンス、三井住友銀行、りそなグループ、東京海上日動火災保険、みずほフィナンシャルグループ、大和ハウス工業、ファーストリテイリング、損害保険ジャパン、野村證券、国家公務、京セラ、積水化学工業

法学部
国家公務、日本生命保険、大阪市（職員)、兵庫県(職員)、NTT西日本、楽天グループ、三井住友信託銀行、りそなグループ、裁判所、三菱電機ビルソリューションズ、コベルコシステム、マイナビ

商学部
あずさ監査法人、三井住友信託銀行、東京海上日動火災保険、積水ハウス、キーエンス、アイリスオーヤマ、三井住友銀行、EY新日本有限責任監査法人、住友電気工業、日清食品ホールディングス、日本触媒

総合政策学部
大和ハウス工業、キーエンス、TOTO、三菱電機、ANAエアポートサービス、アデコ、国家公務、味の素、コカ・コーラ ボトラーズジャパン、積水化学工業、キヤノンITソリューションズ、ソフトバンク

人間福祉学部
積水ハウス、阪急阪神百貨店、東京海上日動火災保険、伊藤ハム、ディップ、ジョンソン・エンド・ジョンソン、セブン - イレブン・ジャパン、ニトリ、かんぽ生命保険、明治安田生命保険、加古川市民病院機構

教育学部
兵庫県教育委員会、神戸市教育委員会、大阪市教育委員会、愛媛県教育委員会、横浜市教育委員会、和歌山県教育委員会、大阪府豊能地区教職員人事協議会、三井住友信託銀行、大阪府教育委員会、滋賀県教育委員会、サントリーホールディングス

国際学部
楽天グループ、三菱電機、東京海上日動火災保険、アクセンチュア、パソナグループ、日立製作所、キンドリルジャパン、クイック、ビジョン・コンサルティング、国家公務

旧理工学部（現理学部、工学部、生命環境学部、建築学部)
日本アイ・ビー・エム、楽天グループ、三菱電機、NECソリューションイノベータ、TIS、NEC、富士通エフサス、兵庫県教育委員会、国家公務、荏原製作所、キユーピー、デンソーテン（以上、旧理工学部）

学部学科紹介

※本書掲載内容は、大学公表資料から独自に編集したものです。詳細は大学パンフレットやホームページ等で必ず確認してください（取得可能な免許・資格は任用資格や受験資格などを含む）。

「大学入試科目検索システム」のご案内
入試要項のうち、日程・方式ごとの偏差値や昨年度入試結果（志願者倍率、実質倍率、合格最低点）、基本情報（出願締切日、試験日、二段階選抜、募集人員、総合満点）などは、「大学入試科目検索システム」（https://nyushi.toshin.com/）をご覧ください（利用方法はp.12参照）。

神学部

定員 30

西宮上ケ原キャンパス

入試科目検索

特色 1年次にキリスト教神学の基礎を学び、2年次より各自の専門研究を行う。
進路 卒業後は教会関係者や宗教科の教師になる。他、一般企業に就職する者も多い。
学問分野 哲学　大学院 神学

学科紹介

キリスト教伝道者コース	知識と実践能力を持った伝道者を育成するため、学術研究と実戦能力を養う授業計画を展開。『新約聖書』の原文であるギリシア語が必修の他、古代語科目も設置。礼拝や教会活動などの具体的方法論についても学ぶ。
キリスト教思想・文化コース	領域横断的に学べる総合大学のシステムを活かしてキリスト教思想の本質を追究し、現代社会におけるキリスト教の役割や可能性を探る。
取得可能な免許・資格	教員免許（中-宗、高-公・宗）、司書教諭

入試要項（2024年度）

※この入試情報は2024年度募集要項等より編集したものです（見方は巻頭の「本書の使い方」参照）。2025年度入試の最新情報は、ホームページや2025年度募集要項等で必ず確認してください。

■神学部 偏差値 61

一般選抜

◆全学部日程
［3科目(550点)］国現古(200) 地歴 数世B、日B、地理B、数ⅠⅡABから1(150) 外英(200)

◆学部個別日程（傾斜配点型）
［3科目(600点)］国現古(200) 地歴 数世B、日B、数ⅠⅡABから1(150) 外英(250)

◆学部個別日程（均等配点型）
［3科目(600点)］国現古(200) 地歴 数世B、日B、数ⅠⅡABから1(200) 外英(200)

共通テスト併用入試

◆共通テスト併用日程（英語）
〈共2科目（200〜350点→200点）〉国 地歴 公 数 理 外現古、現漢、世B、日B、地理B、公理全9科目、数ⅠA、数ⅡB、英から2(計200〜350→200)▶国2科目選択不可。国は150→100点、外は200→100点とする〈個1科目(200点)〉外英(200)

共通テスト利用入試　※個別試験は課さない

◆1月出願（7科目型）
［7科目（900点)］国現古漢(200) 地歴 公世B、日B、地理B、公全4科目から2(計200) 数数ⅠA必須、数ⅡB、簿、情から1(計200) 理全5科目から1(100) 外全5科目から1(200)

◆1月出願（5科目型）
［5科目(700点)］国現古漢(200) 地歴 公世B、日B、地理B、公全4科目から1(100) 数 理数Ⅰ、数ⅠAから1、数Ⅱ、数ⅡB、理全5科目から1(計200) 外英(200)

◆1月出願（3科目型）
［3科目（500点→650点)］国現古漢(200) 地歴 公 数世B、日B、地理B、公全4科目、数Ⅰ、数ⅠA、数Ⅱ、数ⅡBから1(100→200) 外英(200→250)

◆1月出願（3科目型〔英語資格・検定試験利用〕）
※出願資格として英語外部試験が必要
［3科目（500点)］国現古漢(200→100) 地歴 公 数世B、日B、地理B、公全4科目、数Ⅰ、数ⅠA、数Ⅱ、数ⅡBから1(100) 外英(200→300)

◆3月出願（4科目型）
［4科目（500〜600点→550点)］国 地歴 公 数 理現古漢、世B、日B、地理B、公理全9科目、数Ⅰ、数ⅠA、数Ⅱ、数ⅡBから3(計300〜400→300)▶国は200→100点とする 外英(200→250)

特別選抜

［総合型選抜］探究評価型入学試験、グローバル入学試験Ⅰ(国際的な活躍を志す者を対象とした入学試験)、グローバル入学試験Ⅱ(インターナショナル・バカロレア入学試験)、学部特色入学試験、スポーツ選抜入学試験

［その他］UNHCR難民高等教育プログラムによる推薦入学試験

文学部

定員 770

西宮上ケ原キャンパス

入試科目検索

特色 副専攻制度や関心に応じて転科や転専修ができる制度を整備。
進路 卒業後はサービス業をはじめとして卸売・小売業や製造業に就職する者が多い。
学問分野 文学／言語学／哲学／心理学／歴史学／地理学／文化学／芸術理論
大学院 文学

学科紹介

文化歴史学科 (275)	専修は哲学倫理学、美学芸術学、地理学地域文化学、日本史学、アジア史学、西洋史学の6つに分かれ、人間の本質を幅広い分野から考察する。
総合心理科学科 (175)	複雑な人間の心を探り、行動のメカニズムを解明する。1・2年次から実習が必修であり、「心理科学実践センター」をはじめ、最先端の機器を完備した環境で学びを深めていく。
文学言語学科 (320)	入学時より日本文学日本語学、英米文学英語学、フランス文学フランス語学、ドイツ文学ドイツ語学の4つの専修に分かれる。文学や言語、文化、社会を総合的に捉え、人間の存在意義や営みの本質を探究する。
取得可能な免許・資格	公認心理師、学芸員、教員免許（中-国・社・英・フランス語・ドイツ語、高-国・地歴・公・英・フランス語・ドイツ語）、司書教諭

入試要項（2024年度）

※この入試情報は2024年度募集要項等より編集したものです（見方は巻頭の「本書の使い方」参照）。2025年度入試の最新情報は、ホームページや2025年度募集要項等で必ず確認してください。

■文学部 偏差値 62

一般選抜

◆全学部日程
[全学科：3科目（550点）] 国現古（200） 地歴 数 世B、日B、地理B、数ⅠⅡABから1（150） 外英（200）

◆学部個別日程（傾斜配点型）
[全学科：3科目（600点）] 国現古漢（250） 地歴 数 世B、日B、地理B、数ⅠⅡABから1（150） 外英（200）

◆学部個別日程（均等配点型）
[全学科：3科目（600点）] 国現古（200） 地歴 数 世B、日B、数ⅠⅡABから1（200） 外英（200）

共通テスト併用入試

◆共通テスト併用日程（英語）
[全学科]〈共2科目（200～400点→200点）〉 国 地歴 公 数 理 外 現古漢、世B、日B、地理B、公理外全14科目、数ⅠA、数ⅡBから2（計200～400→200）▶国外は200→100点とする〈個1科目（200点）〉 外英（200）

共通テスト利用入試 ※個別試験は課さない

◆1月出願（7科目型）
[全学科：7科目（900点）] 国現古漢（200） 地歴 公 世B、日B、地理B、公全4科目から2（計200） 数 数ⅠA必須、数ⅡB、簿、情から1（計200） 理全5科目から1（100） 外全5科目から1（200）

◆1月出願（5科目型）
[全学科：5科目（700点）] 国現古漢（200） 地歴 公 理 世B、日B、地理B、公理全9科目から1（100） 数数Ⅰ、数ⅠAから1、数Ⅱ、数ⅡBから1（計200） 外全5科目から1（200）

◆1月出願（3科目型）
[全学科：3科目（500点→600点）] 国現古漢（200） 地歴 公 数 理 世B、日B、地理B、公理全9科目、数Ⅰ、数ⅠA、数Ⅱ、数ⅡBから1（100→200） 外英（200）

◆1月出願（3科目型〔英語資格・検定試験利用〕）
※出願資格として英語外部試験が必要
[全学科：3科目（500点→700点）] 国現古漢（200） 地歴 公 数 理 世B、日B、地理B、公理全9科目、数Ⅰ、数ⅠA、数Ⅱ、数ⅡBから1（100→200） 外英（200→300）

◆3月出願（4科目型）
[全学科：4科目（500～600点→500点）] 国 地歴 公 数 理 現古漢、世B、日B、地理B、公理全9科目、数Ⅰ、数ⅠA、数Ⅱ、数ⅡBから3（計300～400→300）▶国は200→100点とする 外英（200）

特別選抜

[総合型選抜] 探究評価型入学試験、グローバル入学試験Ⅰ（国際的な活躍を志す者を対象とした入学試験）、グローバル入学試験Ⅱ（インターナショナル・バカロレア入学試験）、グローバル入学試験Ⅲ（帰国生徒入学試験）、学部特色入学試験、スポーツ選抜入学試験
[その他] 外国人留学生入学試験（第Ⅰ期試験）、UNHCR難民高等教育プログラムによる推薦入学試験

社会学部

定員 650

西宮上ケ原キャンパス

入試科目検索

特色 カナダの大学の学位を取得できるダブルディグリー留学制度を利用できる。
進路 就職先は製造業やサービス業、卸売・小売業を中心に多岐にわたる。
学問分野 心理学／文化学／社会学／メディア学
大学院 社会学

学科紹介

社会学科 (650)	2年次から現代社会学、データ社会学、フィールド社会学、フィールド文化学、メディア・コミュニケーション学、社会心理学の6つの専攻分野に分かれる。演習科目や調査方法の基礎を学ぶ科目を通じて、専門知識に加えて実社会で役に立つ実践力を身につける。
取得可能な免許・資格	認定心理士、学芸員、社会調査士、教員免許（中-社、高-地歴・公）、司書教諭

入試要項（2024年度）

※この入試情報は2024年度募集要項等より編集したものです（見方は巻頭の「本書の使い方」参照）。2025年度入試の最新情報は、ホームページや2025年度募集要項等で必ず確認してください。

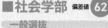

■社会学部 偏差値 62

一般選抜

◆**全学部日程**
［社会：3科目（550点）］国現古（200）地歴数世B、日B、地理B、数ⅠⅡABから1（150）外英（200）

◆**学部個別日程（傾斜配点型）**
［社会：3科目（600点）］国現古（100）地歴数世B、日B、数ⅠⅡABから1（300）外英（200）

◆**学部個別日程（均等配点型）**
［社会：3科目（600点）］国現古（200）地歴数世B、日B、数ⅠⅡABから1（200）外英（200）

共通テスト併用入試

◆**共通テスト併用日程（数学）**
［社会］〈共2科目（200～350点→200点）〉国地歴公数理外現古、現漢、世B、日B、地理B、公理全9科目、数ⅠA、数ⅡB、英から2（計200～350→200）▶国2科目選択不可。国は150→100点、外は200→100点とする〈個1科目（200点）〉数数ⅠⅡAB（200）

◆**共通テスト併用日程（英語）**
［社会］〈共2科目（200～350点→200点）〉共通テスト併用日程（数学）に同じ〈個1科目（200点）〉外英（200）

共通テスト利用入試 ※個別試験は課さない

◆**1月出願（7科目型）**
［社会：7科目（900点）］国現古漢（200）地歴公世B、日B、地理B、公全4科目から2（計200）数数ⅠA必須、数ⅡB、簿、情から1（計200）理全5科目から1（100）外全5科目から1（200）

◆**1月出願（5科目型）**
［社会：5科目（650点→550点）］国現古、現漢から1（150→100）地歴公数理世B、日B、地理B、公理全9科目、数Ⅱ、数ⅡBから2、数Ⅰ、数ⅠAから1（計300）外英（200→150）

◆**1月出願（3科目型）**
［社会：3科目（450点→650点）］国現古、現漢から1（150→200）地歴公数理世B、日B、地理B、公理全9科目、数Ⅰ、数ⅠA、数Ⅱ、数ⅡBから1（100→200）外英（200→250）

◆**1月出願（3科目型〔英語資格・検定試験利用〕）**
※出願資格として英語外部試験が必要
［社会：3科目（450点→500点）］国現古、現漢から1（150→100）地歴公数理世B、日B、地理B、公理全9科目、数Ⅰ、数ⅠA、数Ⅱ、数ⅡBから1（100）外英（200→300）

◆**3月出願（4科目型）**
［社会：4科目（500～550点→450点）］国地歴公数理現古、現漢、世B、日B、地理B、公理全9科目、数Ⅰ、数ⅠA、数Ⅱ、数ⅡBから3（計300～350→300）▶国2科目選択不可。国は150→100点とする外英（200→150）

◆**3月出願（3科目型）**
［社会：3科目（400～450点→300点）］国地歴公数理現古、現漢、世B、日B、地理B、公理全9科目、数Ⅰ、数ⅠA、数Ⅱ、数ⅡBから2（計200～250→200）▶国2科目選択不可。国は150→100点とする外英（200→100）

特別選抜

［総合型選抜］探究評価型入学試験、グローバル入学試験Ⅰ（国際的な活躍を志す者を対象とした入学試験）、グローバル入学試験Ⅱ（インターナショナル・バカロレア入学試験）、グローバル入学試験Ⅲ（帰国生徒入学試験）、スポーツ選抜入学試験
［その他］外国人留学生入学試験（第Ⅰ期試験）、UNHCR難民高等教育プログラムによる推薦入学試験

経済学部

定員 680

西宮上ケ原キャンパス

入試科目検索

特色 3・4年次には少人数制のゼミで学ぶ。2年次にはゼミを見据えた「プレ演習」を履修する。
進路 就職先は製造業、金融・保険業や卸売・小売業など多岐にわたる。
学問分野 経済学
大学院 経済学

学部紹介

経済学部 (680)	様々な情報から問題点やその背景を見つけ、論理的に結論まで導く力やデータ分析を通して検証する力、発表する力を養う。他大学との交流や語学学修にも長けたカリキュラム構成になっている。
取得可能な免許・資格	教員免許（中-社・英、高-地歴・公・英）、司書教諭

入試要項（2024年度）

※この入試情報は2024年度募集要項等より編集したものです（見方は巻頭の「本書の使い方」参照）。2025年度入試の最新情報は、ホームページや2025年度募集要項等で必ず確認してください。

■経済学部 偏差値 61

一般選抜

◆全学部日程
[3科目(550点)] 国現古(200) 地歴 数世B、日B、地理B、数ⅠⅡABから1(150) 外英(200)

◆学部個別日程（傾斜配点型）
[3科目(600点)] 国現古(100) 地歴 数世B、日B、数ⅠⅡABから1(200) 外英(300)

◆英数日程
[2科目(400点)] 数数ⅠⅡAB(200) 外英(200)

◆学部個別日程（均等配点型）
[3科目(600点)] 国現古(200) 地歴 数世B、日B、数ⅠⅡABから1(200) 外英(200)

◆全学部日程（理系型）
[3科目(550点)] 数数ⅠⅡⅢAB(200) 理物基・物、化基・化、生基・生から1(150) 外英(200)

共通テスト併用入試

◆共通テスト併用日程（数学）
〈共2科目（300～350点→250点）〉 国 地歴 公 数 理現古、現漢、世B、日B、地理B、公理全9科目、数ⅠA、数ⅡBから1（100～150→100）▶国は150→100点とする 外英（200→150）〈個1科目（200点）〉数数ⅠⅡAB（200）

◆共通テスト併用日程（英語）
〈共2科目（250点）〉国現古、現漢から1（150） 地歴 公 数 理世B、日B、地理B、公理全9科目、数ⅠA、数ⅡBから1(100)〈個1科目(200点)〉外英(200)

共通テスト利用入試 ※個別試験は課さない

◆1月出願（7科目型）
[7科目（900点）] 国現古漢（200） 地歴 公世B、日B、地理B、公全4科目から2（計200） 数数ⅠA必須、数ⅡB、簿、情から1（計200） 理全5科目から1（100） 外全5科目から1（200）

◆1月出願（5科目型）
[5科目（650点→700点）] 国現古、現漢から1（150→200） 地歴 公 理全15科目から1（100） 数数Ⅰ、数ⅠAから1、数Ⅱ、数ⅡBから1（計200） 外全5科目から1（200）

◆1月出願（3科目型）
[3科目（450点→600点）] 国現古、現漢から1（150→200） 地歴 公 数 理地歴公理全15科目、数Ⅰ、数ⅠA、数Ⅱ、数ⅡBから1(100→200) 外英(200)

◆1月出願（3科目型〔英語資格・検定試験利用〕）
※出願資格として英語外部試験が必要
[3科目（450点→500点）] 国現古、現漢から1（150→100） 地歴 公 数 理地歴公理全15科目、数Ⅰ、数ⅠA、数Ⅱ、数ⅡBから1(100) 外英(200→300)

◆3月出願（4科目型）
[4科目（500～600点→500点）] 国 地歴 公 数 理現古漢、世B、日B、地理B、公理全9科目、数Ⅰ、数ⅠA、数Ⅱ、数ⅡBから3(計300～400→300) ▶国は200→100点とする 外英（200）

◆3月出願（英数3科目型）
[3科目(400点→300点)] 数数Ⅰ、数ⅠAから1、数Ⅱ、数ⅡBから1（計200） 外英(200→100)

◆3月出願（3科目型）
[3科目(400～450点→300点)] 国 地歴 公 数 理現古、現漢、世B、日B、地理B、公理全9科目、数Ⅰ、数ⅠA、数Ⅱ、数ⅡBから2（計200～250→200） ▶国2科目選択不可。国は150→100点とする 外英（200→100）

特別選抜

[総合型選抜] 探究評価型入学試験、グローバル入学試験Ⅰ（国際的な活躍を志す者を対象とした入学試験）、グローバル入学試験Ⅱ（インターナショナル・バカロレア入学試験）、学部特色入学試験、スポーツ選抜入学試験
[その他] 外国人留学生入学試験（第Ⅰ期試験）、UNHCR難民高等教育プログラムによる推薦入学試験

法学部

西宮上ケ原キャンパス

定員 680

入試科目検索

特色　進路に合わせたコース制を採用。経済学部と連携したコースもある。
進路　就職先は製造業や金融・保険業など。他、公務に就く者も多い。
学問分野　法学／政治学
大学院　法学／司法

学科紹介

法律学科 (520)	2年次秋学期より司法・ビジネス、公共政策、グローバル法政、法政社会歴史の4つのコースまたは1年次秋学期出願の法曹、企業法務、公務の3つの分野からなる選抜制の特修コースに分かれる。特修コース（法曹）では最短5年で司法試験受験可能。
政治学科 (160)	2年次秋学期より公共政策、グローバル法政、法政社会歴史の3つのコースまたは法曹、企業法務、公務の3つの分野からなる選抜制の特修コースに分属。国内外に山積する様々な社会的課題に政治を関連づけて学び、解決に導く方法を考え実行する力を身につける。
取得可能な免許・資格	教員免許（中-社・英、高-地歴・公・英）、司書教諭

入試要項（2024年度）

※この入試情報は2024年度募集要項等より編集したものです（見方は巻頭の「本書の使い方」参照）。2025年度入試の最新情報は、ホームページや2025年度募集要項等で必ず確認してください。

■法学部 偏差値 62

一般選抜

◆全学部日程
[全学科：3科目（550点）] 国現古（200）地歴 数世B、日B、地理B、数ⅠⅡABから1（150）外英（200）

◆学部個別日程（傾斜配点型）
[全学科：3科目（600点）] 国現古漢（150）地歴 数世B、日B、地理B、数ⅠⅡABから1（200）外英（250）

◆英数日程
[全学科：2科目（400点）] 数数ⅠⅡAB（200）外英（200）

◆学部個別日程（均等配点型）
[全学科：3科目（600点）] 国現古（200）地歴 数世B、日B、数ⅠⅡABから1（200）外英（200）

共通テスト併用入試

◆共通テスト併用日程（数学）
[全学科]〈共2科目（200～350点→200点）〉国 地歴 公 数 理 外現古、現漢、世B、日B、地理B、公理全9科目、数ⅠA、数ⅡB、英から2（計200～350→200）▶国2科目選択不可。国は150→100点、外は200→100点とする〈個1科目（200点）〉数数ⅠⅡAB（200）

◆共通テスト併用日程（英語）
[全学科]〈共2科目（200～350点→200点）〉共通テスト併用日程（数学）に同じ〈個1科目（200点）〉外英（200）

共通テスト利用入試　※個別試験は課さない

◆1月出願（7科目型）
[全学科：7科目（900点）] 国現古漢（200）地歴 公世B、日B、地理B、公全4科目から2（計200）数数ⅠA必須、数ⅡB、簿、情から1（計200）理全5科目から1（100）外全5科目から1（200）

◆1月出願（5科目型）
[全学科：5科目（700点）] 国現古漢（200）地歴 公世B、日B、地理B、公全4科目から1（100）数 理数Ⅰ、数ⅠAから1、数Ⅱ、数ⅡB、理全5科目から1（計200）外英（200）

◆1月出願（3科目型）
[全学科：3科目（500点→600点）] 国現古漢（200）地歴 公 数 理世B、日B、地理B、公理全9科目、数Ⅰ、数ⅠA、数Ⅱ、数ⅡBから1（100→200）外英（200）

◆1月出願（3科目型〔英語資格・検定試験利用〕）
※出願資格として英語外部試験が必要
[全学科：3科目（500点）] 国現古漢（200→100）地歴 公 数 理世B、日B、地理B、公理全9科目、数Ⅰ、数ⅠA、数Ⅱ、数ⅡBから1（100）外英（200→300）

◆3月出願（4科目型）
[全学科：4科目（500～600点→500点）] 国 地歴 公 数 理現古漢、世B、日B、地理B、公理全9科目、数Ⅰ、数ⅠA、数Ⅱ、数ⅡBから3（計300～400→300）▶国は200→100点とする外英（200）

◆3月出願（3科目型）

[全学科：3科目（400～500点→600点）] 国 地歴 公 数 理 現古漢、世B、日B、地理B、公理全9科目、数Ⅰ、数ⅠA、数Ⅱ、数ⅡBから2（計200～300→400）▶地歴公数理は100→200点とする 外 英（200）

特別選抜

[総合型選抜] 探究評価型入学試験、グローバル入学試験Ⅰ（国際的な活躍を志す者を対象とした入学試験）、グローバル入学試験Ⅱ（インターナショナル・バカロレア入学試験）、グローバル入学試験Ⅲ（帰国生徒入学試験）、スポーツ選抜入学試験

[その他] 外国人留学生入学試験（第Ⅰ期試験、第Ⅱ期試験）、UNHCR難民高等教育プログラムによる推薦入学試験

商学部

定員 650

入試科目検索

西宮上ケ原キャンパス

特色 3年次に6つのコースに分属。カナダの大学とのダブルディグリー制度を導入。
進路 就職先は金融・保険業や製造業、サービス業などが多い。
学問分野 経営学／国際学
大学院 商学

学科紹介

経営コース	経営学の概念や歴史の学びを通じて調達、生産、販売、財務、管理など企業の基本的な活動について学ぶ。経済学だけでなく、社会学、心理学、法学、工学など他の学問分野の研究成果も踏まえた多角的な視点から、企業の仕組みや行動について学びを深めていく。
会計コース	国際社会で活躍できる「会計人」を育成する。企業の実体を第三者が正しく把握するために欠かせない会計について学習する。会計学の基礎となる商業簿記を修得し、会計学の意義や基礎理論を学び、情報化や国際化も視野に入れた会計の分析能力を高めていく。
マーケティングコース	マーケティング活動について、戦略策定からマーケティング調査、消費者行動の理解まで幅広く学習し、マーケティングの最先端を担う人材を育成する。卸売や小売、交通、物流などの流通システムや企業間システム・ネットワークの問題を学ぶ科目も設置している。
ファイナンスコース	銀行からの資金調達や株式の売買取引、家計の資金繰りの仕組みや日本銀行の金融政策が景気に与える影響など金融を基礎から学ぶ。多種多様な金融ビジネスを理解し、リスクマネジメントなど戦略的な分野に対応できる人材を育成する。金融史や国際通貨論も学ぶ。
ビジネス情報コース	企業行動と戦略を的確に分析する情報処理技法を身につける。大局的な視点で情報を読み取り、現状に対する分析能力と解決能力をあわせ持つ人材を育成する。企業間競争、産業システム、将来の産業社会が向かう発展の方向について総合的に分析できる能力を養う。
国際ビジネスコース	外国語運用能力を伸ばし、国際的な視野と異文化への理解力を養う。生産、販売、金融、経営が地球全体に拡大し、国境を越えて経済活動が行われている現在において、国家間の文化や制度が異なることで生じる新たな問題に対応できるビジネスパーソンを育成する。
取得可能な免許・資格	教員免許（中-社・英、高-地歴・公・英・商業）、司書教諭

入試要項（2024年度）

※この入試情報は2024年度募集要項等より編集したものです（見方は巻頭の「本書の使い方」参照）。
2025年度入試の最新情報は、ホームページや2025年度募集要項等で必ず確認してください。

■商学部 偏差値 62

一般選抜

◆全学部日程
[3科目(550点)] 国 現古(200) 地歴 数 世B、日B、地理B、数ⅠⅡABから1(150) 外 英(200)

◆学部個別日程（傾斜配点型）
[3科目（600点）] 国 現古漢（150） 地歴 数 世B、日B、地理B、数ⅠⅡABから1(150) 外 英(300)

◆英数日程
[2科目(400点)] 数 数ⅠⅡAB(200) 外 英(200)

◆学部個別日程（均等配点型）
[3科目(600点)] 国 現古(200) 地歴 数 世B、日B、数ⅠⅡABから1（200） 外 英（200）

共通テスト併用入試

◆共通テスト併用日程（数学）
〈共 2科目（200〜350点→200点）〉 国 地歴 公 数 理 外 現古、現漢、世B、日B、地理B、公理全9科目、数ⅠA、数ⅡB、英から2（計200〜350→200） ▶国2科目選択不可。国は150→100点、外は200→100点とする〈個 1科目（200点）〉 数 数ⅠⅡAB（200）

◆**共通テスト併用日程（英語）**
〈共2科目（200～350点→200点）〉共通テスト併用日程（数学）に同じ〈個1科目（200点）〉外英（200）

共通テスト利用入試　※個別試験は課さない

◆**1月出願（7科目型）**
[7科目（900点）] 国現古漢（200）地歴 公世B、日B、地理B、公全4科目から2（計200）数数ⅠA必須、数ⅡB、簿、情から1（計200）理全5科目から1（100）外全5科目から1（200）

◆**1月出願（5科目型）**
[5科目（650点→750点）] 国現古、現漢から1（150→200）地歴 公 理全15科目から1（100）数数Ⅰ、数ⅠAから1、数Ⅱ、数ⅡB、簿、情から1（計200）外英（200→250）

◆**1月出願（3科目型）**
[3科目（450点→650点）] 国現古、現漢から1（150→200）地歴 公 数 理全21科目から1（100→200）外英（200→250）

◆**1月出願（3科目型〔英語資格・検定試験利用〕）**
※出願資格として英語外部試験が必要
[3科目（450点→500点）] 国現古、現漢から1（150→100）地歴 公 数 理全21科目から1（100）外英（200→300）

◆**3月出願（4科目型）**
[4科目（500～600点→550点）] 国 地歴 公 数 理現古漢、世B、日B、地理B、公理全9科目、数Ⅰ、数ⅠA、数Ⅱ、数ⅡBから3（計300～400→300）▶国は200→100点とする外英（200→250）

◆**3月出願（英数3科目型）**
[3科目（400点→300点）] 数数Ⅰ、数ⅠAから1、数Ⅱ、数ⅡBから1（計200）外英（200→100）

◆**3月出願（3科目型）**
[3科目（400～500点→300点）] 国 地歴 公 数 理現古漢、世B、日B、地理B、公理全9科目、数Ⅰ、数ⅠA、数Ⅱ、数ⅡBから2（計200～300→200）▶国は200→100点とする外英（200→100）

特別選抜

[総合型選抜] 探究評価型入学試験、グローバル入学試験Ⅰ（国際的な活躍を志す者を対象とした入学試験）、グローバル入学試験Ⅱ（インターナショナル・バカロレア入学試験）、グローバル入学試験Ⅲ（帰国生徒入学試験）、学部特色入学試験、スポーツ選抜入学試験

[その他] 外国人留学生入学試験（第Ⅰ期試験）、UNHCR難民高等教育プログラムによる推薦入学試験

総合政策学部

神戸三田キャンパス

定員 495

入試科目検索

特色 2021年度、カリキュラムを刷新。2年次から学科に、3年次からゼミに分属。

進路 就職先は卸売・小売業やサービス業、製造業など多岐にわたる。

学問分野 政治学／国際学／環境学／情報学

大学院 総合政策

学科紹介

学科	定員	内容
総合政策学科	(150)	共生をテーマに、自然環境、社会・経済・技術システム、言語・文化・思想の3つの領域から様々な科目を履修する。環境や食料、貧困、人権、都市などを巡る現代の課題に対し、既存の学問領域を越えた教育や調査研究、議論を行い、政策立案能力を身につける。
メディア情報学科	(95)	社会の問題をデジタルメディアで表現する科目群、ICT社会を創造する科目群、科学的経営管理法を学ぶ科目群を設置。人間を中心に据えた情報技術や情報と社会の関係について総合的に考える。PythonやVBなどの言語を学ぶプログラミング実習科目を設けている。
都市政策学科	(130)	行政、交通、環境、市民意識など都市のデータを最新の手法で可視化、統計処理し、政策やマネジメントに活用する。政治学・経済学・経営学・都市科学を駆使し、未来都市の構築を視野に政策を提言する。卒業生の起業家によるベンチャービジネス演習も開講。
国際政策学科	(120)	国際機関や官公庁などで実務経験を積んだ国際問題の専門家や、国際的に活躍する国際法・国際政治・国際経済・国際言語文化などの研究者が教員として指導している。海外での実習やフィールドワークなどを多数実施し、国際政策の理論と実践について研究する。
取得可能な免許・資格		教員免許（中-社・英、高-地歴・公・情・英）、司書教諭

入試要項（2024年度）

※この入試情報は2024年度募集要項等より編集したものです（見方は巻頭の「本書の使い方」参照）。
2025年度入試の最新情報は、ホームページや2025年度募集要項等で必ず確認してください。

■総合政策学部 偏差値 60

一般選抜

◆全学部日程

[全学科：3科目（550点）] 国現古（200） 地歴 数世B、日B、地理B、数ⅠⅡABから1（150） 外英（200）

◆学部個別日程（傾斜配点型）

[全学科：3科目（600点）] 国現古漢（100） 地歴 数世B、日B、数ⅠⅡABから1（200） 外英（300）

◆英数日程

[全学科：2科目（400点）] 数数ⅠⅡAB（200） 外英（200）

◆学部個別日程（均等配点型）

[全学科：3科目（600点）] 国現古（200） 地歴 数世B、日B、数ⅠⅡABから1（200） 外英（200）

◆全学部日程（理系型）

[全学科：3科目(500点)] 数数ⅠⅡⅢAB(150) 理物基・物、化基・化、生基・生から1（150） 外英（200）

共通テスト併用入試

◆共通テスト併用日程（数学）

[全学科]〈共2科目（200～350点→200点）〉国 地歴 公 数 理 外現古、現漢、世B、日B、地理B、公理全9科目、数ⅠA、数ⅡB、英から2（計200～350→200） ▶国2科目選択不可。国は150→100点、外は200→100点とする〈個1科目（200点）〉数数ⅠⅡAB（200）

◆共通テスト併用日程（英語）

[全学科]〈共2科目（200～350点→200点）〉共通テスト併用日程（数学）に同じ〈個1科目（200点）〉外英（200）

共通テスト利用入試 ※個別試験は課さない

◆1月出願（7科目型）

[全学科：7科目（900点）] 国現古漢（200） 地歴 公世B、日B、地理B、公全4科目から2（計200） 数数ⅠA必須、数ⅡB、簿、情から1（計200） 理全5科目から1（100） 外全5科目から1（200）

◆**1月出願（5科目型）**
[全学科：5科目（650点→700点）] 国現古、現漢から1（150→200）地歴 公世B、日B、地理B、公全4科目から1（100）数 理数Ⅰ、数ⅠAから1、数Ⅱ、数ⅡB、情、理全5科目から1（計200）外英（200）

◆**1月出願（3科目英国型）**
[全学科：3科目（450点→500点）] 国現古、現漢から1（150→200）地歴 公 数 理世B、日B、地理B、公理全9科目、数ⅠA、数ⅡB、情から1（100）外英（200）

◆**1月出願（3科目英数型）**
[全学科：3科目（400～450点→500点）] 国 地歴 公 数 理数ⅡB必須（100→200）、現古、現漢、世B、日B、地理B、公理全9科目、数ⅠAから1（100～150→100）▶国は150→100点とする 外英（200）

◆**1月出願（3科目型〔英語資格・検定試験利用〕）**
※出願資格として英語外部試験が必要
[全学科：3科目（450点→750点）] 国現古、現漢から1（150→200）地歴 公 数 理世B、日B、地理B、公理全9科目、数ⅠA、数ⅡB、情から1（100）外英（200→450）

◆**3月出願（4科目型）**
[全学科：4科目（500～600点→500点）] 国 地歴 公 数 理現古漢、世B、日B、地理B、公理全9科目、数Ⅰ、数ⅠA、数Ⅱ、数ⅡBから3（計300～400→300）▶国は200→100点とする 外英（200）

特別選抜

[総合型選抜] 探究評価型入学試験、グローバル入学試験Ⅰ（国際的な活躍を志す者を対象とした入学試験）、グローバル入学試験Ⅱ（インターナショナル・バカロレア入学試験）、グローバル入学試験Ⅲ（帰国生徒入学試験）、学部特色入学試験、スポーツ選抜入学試験

[その他] 外国人留学生入学試験（第Ⅰ期試験、第Ⅱ期試験）、UNHCR難民高等教育プログラムによる推薦入学試験

人間福祉学部

西宮上ケ原キャンパス

定員 300

入試科目検索

特色 実践力を重視し、国内外の実習やフィールドスタディ、インターンシップを実施。
進路 就職先はサービス業や卸売・小売業、製造業など多岐にわたる。
学問分野 社会福祉学／健康科学／人間科学
大学院 人間福祉

学科紹介

社会福祉学科 (110)	人権意識と実践的な知識、技術を兼ね備えた社会福祉専門職を育成する。多彩な分野の学習を通して福祉の実情を把握し、キャンパス内外で実践力を高める実習や演習を重視したカリキュラムを展開。
社会起業学科 (90)	人間の福祉やより良い社会の構築に多元的・国際的に貢献できる社会起業家を育成。途上国でのフィールドワークや社会起業英語中期留学など独自の海外プログラムが充実。
人間科学科 (100)	死生学、悲嘆学、生命倫理学などを中心とした領域と、身体運動科学、身体パフォーマンスを中心とした領域の2分野を統合的に学習。こころと身体の両面から人々の健康向上に寄与できる人材を育成する。
取得可能な免許・資格	社会福祉士、精神保健福祉士、スクールソーシャルワーカー、教員免許(中-保体、高-公・保体)、司書教諭

入試要項（2024年度）

※この入試情報は2024年度募集要項等より編集したものです（見方は巻頭の「本書の使い方」参照）。
2025年度入試の最新情報は、ホームページや2025年度募集要項等で必ず確認してください。

■人間福祉学部 偏差値 60

一般選抜

◆全学部日程
[全学科：3科目（550点）] 国現古（200）地歴数世B、日B、地理B、数ⅠⅡABから1（150）外英（200）

◆学部個別日程（英語・国語型）
[全学科：2科目（350点）] 国現古漢（150）外英（200）

◆英数日程
[全学科：2科目（350点）] 数数ⅠⅡAB（150）外英（200）

◆学部個別日程（均等配点型）
[全学科：3科目（600点）] 国現古（200）地歴数世B、日B、数ⅠⅡABから1（200）外英（200）

共通テスト併用入試

◆共通テスト併用日程（英語）
[全学科]〈共2科目（200～350点→200点）〉国地歴公数理外現古、現漢、世B、日B、地理B、公理全9科目、数ⅠA、数ⅡB、英から2（計200～350→200）▶国2科目選択不可。国は150→100点、外は200→100点とする〈個1科目（200点）〉外英（200）

共通テスト利用入試 ※個別試験は課さない

◆1月出願（7科目型）
[全学科：7科目（900点）] 国現古漢（200）地歴公世B、日B、地理B、公全4科目から2（計200）数数ⅠA必須、数ⅡB、簿、情から1（計200）理全5科目から1（100）外全5科目から1（200）

◆1月出願（5科目型）
[全学科：5科目（650点→700点）] 国現古、現漢から1（150→200）地歴公理全15科目から1（100）数数Ⅰ、数ⅠAから1、数Ⅱ、数ⅡB、簿、情から1（計200）外英（200）

◆1月出願（3科目型）
[全学科：3科目（450点→600点）] 国現古、現漢から1（150→200）地歴公数理全21科目から1（100→200）外英（200）

◆1月出願（3科目型〔英語資格・検定試験利用〕）
※出願資格として英語外部試験が必要
[全学科：3科目（450点→500点）] 国現古、現漢から1（150→100）地歴公数理全21科目から1（100）外英（200→300）

◆3月出願（4科目型）
[全学科：4科目（500～600点→500点）] 国地歴公数理現古漢、世B、日B、地理B、公数理全15科目から3（計300～400→300）▶国は200→100点とする外英（200）

◆3月出願（3科目型）
[全学科：3科目（400～450点→600点）] 国地歴公数理現古、現漢、世B、日B、地理B、公数理全15科目から2（計200～250→400）▶国2

科目選択不可。国は150→200点、地歴公数理は100→200点とする 外 英（200）

特別選抜

[総合型選抜] 探究評価型入学試験、グローバル入学試験Ⅰ（国際的な活躍を志す者を対象とした入学試験）、グローバル入学試験Ⅱ（インターナショナル・バカロレア入学試験）、グローバル入学試験Ⅲ（帰国生徒入学試験）、学部特色入学試験、スポーツ選抜入学試験

[その他] 外国人留学生入学試験（第Ⅰ期試験）、UNHCR難民高等教育プログラムによる推薦入学試験

教育学部

入試科目検索

定員 350

西宮聖和キャンパス

特色　2021年度、「国際共生」を学びの基礎にカリキュラムを刷新。
進路　一般企業に就職する他、教員や保育士として活躍する者も多い。
学問分野　子ども学／教員養成／教育学
大学院　教育学

学科紹介

教育学科

幼児教育学コース (140)	乳幼児期の子どもを導く高度な教育理論と実践力を修得する。子どもの目線に立って子どもの成長を見守り援助する力と豊かな人間性を兼ね備えた教育者を育成する。幼稚園教諭や保育士、特別支援学校教諭などの進路が想定される。
初等教育学コース (140)	他の2つのコースと連携し、乳幼児期と児童期、青年期という子どもの発達過程の全体を学ぶ。幅広い教養と高い専門性を身につけるとともに教科の高度な指導法を追究する。充実した英語教育や国際共生のカリキュラムによって現場で活躍できる教育者を育成する。
教育科学コース (70)	いじめや不登校、子どもの貧困、学力格差などの問題を抱える現代において、教育学を理論と実践の両面から捉え「教育とは何か」「人間とは何か」という根本的な問いに立ち返る。多分野にわたる教育で教職にとどまらない多様な分野で活躍できる人材を育成する。
取得可能な免許・資格	保育士、教員免許(幼一種、小一種、中-社・英、高-地歴・公・英、特-知的・肢体・病弱)、司書教諭

入試要項(2024年度)

※この入試情報は2024年度募集要項等より編集したものです（見方は巻頭の「本書の使い方」参照）。2025年度入試の最新情報は、ホームページや2025年度募集要項等で必ず確認してください。

■教育学部 偏差値 61

一般選抜

◆**全学部日程**
[教育：3科目（550点）] 国現古（200）地歴 数世B、日B、地理B、数ⅠⅡABから1（150）外英（200）

◆**学部個別日程（傾斜配点型）**
[教育：3科目（600点）] 国現古（100）地歴 数世B、日B、数ⅠⅡABから1（250）外英（250）

◆**学部個別日程（均等配点型）**
[教育：3科目（600点）] 国現古（200）地歴 数世B、日B、数ⅠⅡABから1（200）外英（200）

◆**全学部日程（理系型）**
[教育：3科目（450点）] 数数ⅠⅡⅢAB（150）理物基・物、化基・化、生基・生から1（150）外英（150）

共通テスト併用入試

◆**共通テスト併用日程（数学）**
[教育]〈共2科目（200～350点→200点）〉国 地歴 公 数 理 外現古、現漢、世B、日B、地理B、公理全9科目、数ⅠA、数ⅡB、英から2（計200～350→200）▶国2科目選択不可。国は150→100点、外は200→100点とする〈個1科目（200点）〉数数ⅠⅡAB（200）

◆**共通テスト併用日程（英語）**
[教育]〈共2科目（200～350点→200点）〉共通テスト併用日程(数学)に同じ〈個1科目(200点)〉外英（200）

共通テスト利用入試　※個別試験は課さない

◆**1月出願（7科目型）**
[教育：7科目（900点）] 国現古漢（200）地歴 公世B、日B、地理B、公全4科目から2（計200）数数ⅠA、数ⅡB(計200)理全5科目から1（100）外英（200）

◆**1月出願（5科目型）**
[教育：5科目（700点）] 国現古漢（200）地歴 公世B、日B、地理B、公全4科目から1（100）数 理数Ⅰ、数ⅠAから1、数Ⅱ、数ⅡB、理全5科目から1（計200）外英（200）

◆**1月出願（3科目型）**
[教育：3科目（450点→600点）] 国現古、現漢から1（150→200）地歴 公 数 理世B、日B、地理B、公理全9科目、数Ⅰ、数ⅠA、数Ⅱ、数ⅡBから1（100→200）外英（200）

◆**1月出願（3科目型〔英語資格・検定試験利用〕）**

※出願資格として英語外部試験が必要

[教育：3科目（450点→500点）] 国現古、現漢から1（150→100）地歴 公 数 理世B、日B、地理B、公理全9科目、数Ⅰ、数ⅠA、数Ⅱ、数ⅡBから1（100）外英（200→300）

◆3月出願（4科目型）

[教育：4科目（500～600点→500点）] 国 地歴 公 数 理現古漢、世B、日B、地理B、公理全9科目、数Ⅰ、数ⅠA、数Ⅱ、数ⅡBから3（計300～400→300）▶国は200→100点とする 外英（200）

特別選抜

[総合型選抜] 探究評価型入学試験、グローバル入学試験Ⅰ（国際的な活躍を志す者を対象とした入学試験）、グローバル入学試験Ⅱ（インターナショナル・バカロレア入学試験）、グローバル入学試験Ⅲ（帰国生徒入学試験）、学部特色入学試験、スポーツ選抜入学試験

[その他] 外国人留学生入学試験（第Ⅰ期試験）、UNHCR難民高等教育プログラムによる推薦入学試験

国際学部

西宮上ケ原キャンパス

定員 300

入試科目検索

特色	全員参加の留学制度や英語で行う授業科目など、充実した言語教育を展開。
進路	卒業後はサービス業や製造業、卸売・小売業に就く者が多い。
学問分野	言語学／経済学／経営学／社会学／国際学
大学院	国際学

学科紹介

国際学科　(300)	グローバル、北米、アジア、ヨーロッパの地域研究科目群と「文化・言語」「社会・ガバナンス」「経済・経営」3つの学問領域を組み合わせ、興味関心に応じた科目を学ぶ。英語で履修する100以上の科目や留学生との交流イベントなど、高い外国語運用能力を修得するための環境も充実。
取得可能な免許・資格	教員免許（中-英、高-英)、司書教諭

入試要項（2024年度）

※この入試情報は2024年度募集要項等より編集したものです（見方は巻頭の「本書の使い方」参照)。
2025年度入試の最新情報は、ホームページや2025年度募集要項等で必ず確認してください。

■国際学部 偏差値 68

一般選抜

◆全学部日程

[国際：3科目（550点)] 国現古（200）地歴数世B、日B、地理B、数ⅠⅡABから1（150）外英（200）

◆全学部日程（英語1科目〔英・英〕型）

[国際：2科目（400点)] 外英（200)、英（200）

◆学部個別日程（傾斜配点型）

[国際：3科目（600点)] 国現古（150）地歴数世B、日B、数ⅠⅡABから1（150）外英（300）

◆英数日程

[国際：2科目（400点)] 数数ⅠⅡAB（150）外英（250）

◆学部個別日程（均等配点型）

[国際：3科目（600点)] 国現古（200）地歴数世B、日B、数ⅠⅡABから1（200）外英（200）

共通テスト併用入試

◆共通テスト併用日程（数学）

[国際]〈共2科目（200～350点→200点)〉国地歴公数理外現古、現漢、世B、日B、地理B、公理全9科目、数ⅠA、数ⅡB、英から2（計200～350→200）▶国2科目選択不可。国は150→100点、外は200→100点とする〈個1科目（200点)〉数数ⅠⅡAB（200）

◆共通テスト併用日程（英語）

[国際]〈共2科目（200～350点→200点)〉共通テスト併用日程(数学)に同じ〈個1科目(200点)〉外英（200）

◆共通テスト併用日程（英語〔英語重視型〕）

[国際]〈共1科目(100点)〉外英(100)▶リスニングのみ〈個1科目（200点)〉外英（200）

共通テスト利用入試　※個別試験は課さない

◆1月出願（7科目型）

[国際：7科目（900点)] 国現古漢（200）地歴公世B、日B、地理B、公全4科目から2（計200）数数ⅠA必須、数ⅡB、簿、情から1（計200）理全5科目から1（100）外全5科目から1（200）

◆1月出願（5科目型）

[国際：5科目（650点→750点)] 国現古、現漢から1（150→200）地歴公世B、日B、地理B、公全4科目から1(100)数理数Ⅰ、数ⅠAから1、数Ⅱ、数ⅡB、理全5科目から1(計200)外英、中、韓から1（200→250）

◆1月出願（3科目型）

[国際：3科目（450点→650点)] 国現古、現漢から1（150→200）地歴公数理世B、日B、地理B、公理全9科目、数Ⅰ、数ⅠA、数Ⅱ、数ⅡBから1（100→200）外英（200→250）

◆1月出願（3科目型〔英語資格・検定試験利用〕）

※出願資格として英語外部試験が必要

[国際：3科目（450点→500点)] 国現古、現漢から1（150→100）地歴公数理世B、日B、地理B、公理全9科目、数Ⅰ、数ⅠA、数Ⅱ、数ⅡBから1（100）外英（200→300）

◆3月出願（4科目型）

[国際：4科目（500～550点→550点)] 国地歴公数理現古、現漢、世B、日B、地理B、公理全9科目、数Ⅰ、数ⅠA、数Ⅱ、数ⅡBから3（計300～350→300）▶国2科目選択不可。国は150→100点とする外英（200→250）

◆3月出願（3科目型）

[国際：3科目（400～450点→600点)] 国地歴公数理現古、現漢、世B、日B、地理B、公理全9科目、数Ⅰ、数ⅠA、数Ⅱ、数ⅡBから2（計200～250→200）▶国2科目選択不可。国は150→100点とする外英（200→400）

特別選抜

[総合型選抜] 探究評価型入学試験、グローバル入学試験Ⅰ（国際的な活躍を志す者を対象とした入学試験）、グローバル入学試験Ⅱ（インターナショナル・バカロレア入学試験）、グローバル入学試験Ⅲ（帰国生徒入学試験）、学部特色入学試験、スポーツ選抜入学試験

[その他] 外国人留学生入学試験（第Ⅰ期試験、第Ⅱ期試験）、UNHCR難民高等教育プログラムによる推薦入学試験

理学部

神戸三田キャンパス

定員 180

入試科目検索

特色 2021年度改組設置。宇宙をテーマに学ぶ物理・宇宙学科を新たに設置。
進路 2021年度改組。大学院進学の他、IT企業や宇宙・航空関連産業などでの活躍が期待される。
学問分野 数学／物理学／化学／地学
大学院 理工学

学科紹介

数理科学科 (54)	2021年度改組設置。数学的手法を活用して自然科学や社会科学などの領域に迫り、世の中の様々な現象の解明を目指す。論理的思考力とともにコンピュータを思考の道具として駆使するための教育を行う。4年次より研究室に所属し、創造的な思考力を育む。
物理・宇宙学科 (60)	2021年度改組設置。電波天文学、赤外線天文学、X線天文学の宇宙物理学における主要な3つの分野がそろった研究体制を整備。3年次には関心に応じて物理学分野と宇宙物理学分野の講義を履修する。4年次には研究室に所属し専門分野を探究する。
化学科 (66)	2021年度改組設置。分析・物理化学系と無機・有機化学系の2つの分野を中心に研究を行う。無機分析化学、有機化学、物理化学の知識を講義で身につけ、実験にてさらに理解を深める。社会を支える多様な産業に変革をもたらす研究者を育成する。
取得可能な免許・資格	教員免許（中-数・理、高-数・理）、司書教諭

入試要項（2024年度）

※この入試情報は2024年度募集要項等より編集したものです（見方は巻頭の「本書の使い方」参照）。
2025年度入試の最新情報は、ホームページや2025年度募集要項等で必ず確認してください。

■理学部 偏差値 59

一般選抜

◆**全学部日程（均等配点型）**

[数理科：3科目(450点)] 数 数ⅠⅡⅢAB(150) 理 物基・物、化基・化、生基・生から1（150） 外 英(150)

[物理・宇宙、化：3科目（450点）] 数 数ⅠⅡⅢAB（150） 理 物基・物、化基・化から1（150） 外 英(150)

◆**全学部日程（数学・理科重視型）**

[数理科：3科目(450点)] 数 数ⅠⅡⅢAB(200) 理 物基・物、化基・化、生基・生から1（150） 外 英(100)

[物理・宇宙、化：3科目（450点）] 数 数ⅠⅡⅢAB（200） 理 物基・物、化基・化から1（150） 外 英(100)

◆**英数日程**

[全学科：2科目(400点)] 数 数ⅠⅡⅢAB(200) 外 英(200)

共通テスト併用入試

◆**共通テスト併用日程（数学）**

[数理科]〈共 2科目（200～300点→200点）〉国 数 理 外 現、数ⅠA、数ⅡB、物、化、生、地、英から2（計200～300→200）▶外は200→100点とする〈個 1科目(200点)〉数 数ⅠⅡⅢAB(200)

[物理・宇宙]〈共 2科目(200～300点→200点)〉国 数 理 外 現、数ⅠA、数ⅡB、物、化、生、地、英から2（計200～300→200）▶物必須。外は200→100点とする〈個 1科目（200点）〉数 数ⅠⅡⅢAB(200)

[化]〈共 2科目（200～300点→200点)〉国 数 理 外 現、数ⅠA、数ⅡB、物、化、生、地、英から2（計200～300→200）▶化必須。外は200→100点とする〈個 1科目（200点）〉数 数ⅠⅡⅢAB(200)

共通テスト利用入試　※個別試験は課さない

◆**1月出願（7科目型）**

[数理科：7科目（800点）] 国 現（100） 地歴 公 世B、日B、地理B、公全4科目から1(100) 数 数ⅠA、数ⅡB（計200） 理 物、化、生、地から2（計200） 外 英(200)

[物理・宇宙：7科目（800点）] 国 現（100） 地歴 公 世B、日B、地理B、公全4科目から1(100) 数 数ⅠA、数ⅡB（計200） 理 物必須、化、生、地から1(計200) 外 英(200)

[化：7科目（800点）] 国 現（100） 地歴 公 世B、日B、地理B、公全4科目から1(100) 数 数ⅠA、数ⅡB(計200) 理 物、化（計200） 外 英(200)

◆1月出願（5科目型〔理科2科目〕）
［数理科：5科目（600点→700点）］数 数ⅠA、数ⅡB(計200→400) 理 物、化、生、地から2(計200) 外 英（200→100）
［物理・宇宙：5科目(600点→700点)］数 数ⅠA、数ⅡB（計200→400）理 物必須、化、生、地から1（計200）外 英（200→100）
［化：5科目（600点→700点）］数 数ⅠA、数ⅡB（計 200 → 400）理 物、 化（計 200）外 英（200→100）

◆1月出願（5科目型〔理科1科目〕）
［数理科：5科目(600点→700点)］国 地歴 公 現、世B、日B、地理B、公全4科目から1（100）数 数ⅠA、数ⅡB（計200）理 物、化、生、地から1（100→200）外 英（200）
［物 理・ 宇 宙：5 科 目（600 点 → 700 点）］国 地歴 公 現、世B、日B、地理B、公全4科目から1（100）数 数 Ⅰ A、 数 Ⅱ B（計 200）理 物（100→200）外 英（200）
［化：5科目(600点→700点)］国 地歴 公 現、世B、日B、地理B、公全4科目から1(100) 数 数ⅠA、数ⅡB(計200) 理 化(100→200) 外 英(200)

◆1月出願（5科目型〔英語資格・検定試験利用〕）
※出願資格として英語外部試験が必要
［数理科：5科目（600点→800点）］数 数ⅠA、数ⅡB（計200）理 物、化、生、地から2（計200）外 英（200→400）
［物理・宇宙：5科目(600点→800点)］数 数ⅠA、数ⅡB（計200）理 物必須、化、生、地から1（計200）外 英（200→400）
［化：5科目（600点→800点）］数 数ⅠA、数ⅡB（計200）理 物、化（計200）外 英（200→400）

◆3月出願（4科目型）
［数理科：4科目（500点→400点）］数 数ⅠA、数ⅡB（計200）理 物、化、生、地から1（100）外 英（200→100）
［物理・宇宙：4科目(500点→400点)］数 数ⅠA、数ⅡB（計200）理 物（100）外 英（200→100）
［化：4科目（500点→400点）］数 数ⅠA、数ⅡB（計200）理 化（100）外 英（200→100）

特別選抜

［総合型選抜］探究評価型入学試験、グローバル入学試験Ⅰ（国際的な活躍を志す者を対象とした入学試験）、グローバル入学試験Ⅱ（インターナショナル・バカロレア入学試験）、グローバル入学試験Ⅲ（帰国生徒入学試験）、学部特色入学試験、スポーツ選抜入学試験
［その他］外国人留学生入学試験（第Ⅰ期試験、第Ⅱ期試験）、UNHCR難民高等教育プログラムによる推薦入学試験

工学部

神戸三田キャンパス

定員 265

入試科目検索

特色 2021年度改組設置。分野融合型カリキュラムや複専攻制により幅広く学ぶ。

進路 2021年度改組。大学院進学の他、製造業やエネルギー関連企業などでの活躍が期待される。

学問分野 応用物理学／機械工学／電気・電子工学／エネルギー工学／情報学

大学院 理工学

学科紹介

課程	定員	内容
物質工学課程	(55)	創エネ、蓄エネ、省エネの3つの観点から物質科学を捉え、新物質創生を目指す。物理と化学の両面から分野横断的に学びを進め、基礎知識と最先端技術を体系的に修得する。
電気電子応用工学課程	(60)	次世代の電気電子工学を学び、電気エネルギーを利活用した持続可能な社会を構築する人材を育成する。3年次より本格的かつ高度な物理学の科目が配置されたカリキュラムである。
情報工学課程	(90)	ハードウェアやソフトウェア、ネットワークなどの専門知識を学び、AIやデータマイニング、CGなど最先端技術を修得する。ヒューマンインタフェースや感性工学など人間に関わるITも学ぶ。
知能・機械工学課程	(60)	人工知能をはじめ、機械システムの知能化のための多彩な知識や技術を学び、異分野統合型の機械システムの設計・開発技術を身につける。知能ロボティクスなどの機械と知能の双方にまたがる最先端分野の研究を行う。
取得可能な免許・資格		教員免許（中-数・理、高-数・理・情）、司書教諭

入試要項（2024年度）

※この入試情報は2024年度募集要項等より編集したものです（見方は巻頭の「本書の使い方」参照）。2025年度入試の最新情報は、ホームページや2025年度募集要項等で必ず確認してください。

■工学部 偏差値 62

一般選抜

◆全学部日程（均等配点型）
［全学科：3科目（450点）］数数ⅠⅡⅢAB（150）理物基・物、化基・化、生基・生から1（150）外英（150）

◆全学部日程（数学・理科重視型）
［全学科：3科目（450点）］数数ⅠⅡⅢAB（200）理物基・物、化基・化、生基・生から1（150）外英（100）

◆英数日程
［全学科：2科目（400点）］数数ⅠⅡⅢAB（200）外英（200）

共通テスト併用入試

◆共通テスト併用日程（数学）
［全学科］〈共2科目（200～300点→200点）〉国数理外現、数ⅠA、数ⅡB、物、化、生、地、英から2（計200～300→200）▶外は200→100点とする〈個1科目（200点）〉数数ⅠⅡⅢAB（200）

共通テスト利用入試　※個別試験は課さない

◆1月出願（7科目型）
［全学科：7科目（800点）］国現（100）地歴公世B、日B、地理B、公全4科目から1（100）数数ⅠA、数ⅡB（計200）理物、化、生、地から2（計200）外英（200）

◆1月出願（5科目型〔理科2科目〕）
［全学科：5科目（600点→500点）］数数ⅠA、数ⅡB（計200）理物、化、生、地から2（計200）外英（200→100）

◆1月出願（5科目型〔理科1科目〕）
［全学科：5科目（600点→700点）］国地歴公現、世B、日B、地理B、公全4科目から1（100）数数ⅠA、数ⅡB（計200）理物、化、生、地から1（100→200）外英（200）

◆1月出願（5科目型〔英語資格・検定試験利用〕）
※出願資格として英語外部試験が必要
［全課程：5科目（600点→800点）］数数ⅠA、数ⅡB（計200）理物、化、生、地から2（計200）外英（200→400）

◆3月出願（4科目型）
［全学科：4科目（500点→400点）］数数ⅠA、数ⅡB（計200）理物、化、生、地から1（100）外英（200→100）

特別選抜

［総合型選抜］探究評価型入学試験、グローバル入

学試験Ⅰ（国際的な活躍を志す者を対象とした入学試験）、グローバル入学試験Ⅱ（インターナショナル・バカロレア入学試験）、グローバル入学試験Ⅲ（帰国生徒入学試験）、学部特色入学試験、スポーツ選抜入学試験

［その他］ 外国人留学生入学試験（第Ⅰ期試験、第Ⅱ期試験）、UNHCR難民高等教育プログラムによる推薦入学試験

生命環境学部

定員 228

入試科目検索

神戸三田キャンパス

特色　2021年度改組設置。実験科学とデータサイエンスによる先進的な教育を展開。
進路　2021年度改組。卒業後は医療・製薬関連企業や環境コンサルタントなどの進路が想定される。
学問分野　化学／生物学／医療工学／応用生物学／環境学
大学院　理工学

学科紹介

生物科学科 (61)	3年次より植物昆虫科学、応用微生物学、計算生物学の3つの専攻を設置。データサイエンスの手法でデータを解析し、生物機能を分子レベルで分析する。4年次には研究室に所属し各自のテーマで研究を行う。
生命医科学科 (84)	哺乳類の生命現象を研究し先端的な医療・環境問題に取り組む人材を育成。1年次より生命医科学、発生再生医科学、医工学の3専攻に分かれ、3年次より先端医科学実験を履修、4年次には研究室に所属する。
環境応用化学科 (83)	化学の基礎を十分に学び、地球環境と物質の関係の専門的な知識を身につける。3年次より環境応用化学実験を履修し、物質の計測・分析・機能探索・創生に関する知識や技術を学び、環境問題の解決を考察する。
取得可能な免許・資格	教員免許（中-理、高-理）、司書教諭

入試要項（2024年度）

※この入試情報は2024年度募集要項等より編集したものです（見方は巻頭の「本書の使い方」参照）。
2025年度入試の最新情報は、ホームページや2025年度募集要項等で必ず確認してください。

■生命環境学部 偏差値 60

一般選抜

◆**全学部日程（均等配点型）**
[全学科：3科目(450点)] 数 数ⅠⅡⅢAB(150) 理 物基・物、化基・化、生基・生から1（150） 外 英（150）

◆**全学部日程（数学・理科重視型）**
[全学科：3科目(450点)] 数 数ⅠⅡⅢAB(200) 理 物基・物、化基・化、生基・生から1（150） 外 英（100）

◆**英数日程**
[全学科：2科目(400点)] 数 数ⅠⅡⅢAB(200) 外 英（200）

共通テスト併用入試

◆**共通テスト併用日程（数学）**
[全学科]〈共 2科目（200～300点→200点）〉 国 数 理 外 現、数ⅠA、数ⅡB、物、化、生、地、英から2（計200～300→200）▶外は200→100点とする〈個 1科目(200点)〉 数 数ⅠⅡⅢAB(200)

共通テスト利用入試　※個別試験は課さない

◆**1月出願（7科目型）**
[全学科：7科目（800点）] 国 現（100） 地歴 公 世B、日B、地理B、公全4科目から1（100） 数 数ⅠA、数ⅡB（計200） 理 物、化、生、地から2（計200） 外 英（200）

◆**1月出願（5科目型〔理科2科目〕）**
[全学科：5科目（600点→500点）] 数 数ⅠA、数ⅡB（計200） 理 物、化、生、地から2（計200） 外 英（200→100）

◆**1月出願（5科目型〔理科1科目〕）**
[全学科：5科目(600点→700点)] 国 地歴 公 現、世B、日B、地理B、公全4科目から1（100） 数 数ⅠA、数ⅡB（計200） 理 物、化、生、地から1（100→200） 外 英（200）

◆**1月出願（5科目型〔英語資格・検定試験利用〕）**
※出願資格として英語外部試験が必要
[全学科：5科目（600点→800点）] 数 数ⅠA、数ⅡB（計200） 理 物、化、生、地から2（計200） 外 英（200→400）

◆**3月出願（4科目型）**
[全学科：4科目（500点→400点）] 数 数ⅠA、数ⅡB（計200） 理 物、化、生、地から1（100） 外 英（200→100）

特別選抜

[総合型選抜] 探究評価型入学試験、グローバル入学試験Ⅰ（国際的な活躍を志す者を対象とした入学試験）、グローバル入学試験Ⅱ（インターナショナル・バカロレア入学試験）、グローバル入学試験Ⅲ（帰国生徒入学試験）、学部特色入学試験、スポーツ選抜入学試験

[その他] 外国人留学生入学試験（第Ⅰ期試験、第Ⅱ期試験）、UNHCR難民高等教育プログラムによる推薦入学試験

建築学部

定員 132

入試科目検索

神戸三田キャンパス

特色 2021年度設置。デザイン、工学、人文社会科学などの観点から建築と都市を学ぶ。
進路 2021年度改組。卒業後は設計事務所や建設会社、建設コンサルタントなどでの活躍が期待される。
学問分野 土木・建築学
大学院 総合政策

学科紹介

建築学科 (132)	デザイン+マネジメント、工学+人文社会科学、グローバル+フィールドのいずれかの分野に軸足をおいて学ぶ。都市と建築をテーマに多彩なカリキュラムを構成し、自治体や企業、NPOなどとの連携の中でPBL（課題解決型）学習を行う。
取得可能な免許・資格	建築士（一級、二級、木造）、施工管理技士（建築）

入試要項（2024年度）

※この入試情報は2024年度募集要項等より編集したものです（見方は巻頭の「本書の使い方」参照）。2025年度入試の最新情報は、ホームページや2025年度募集要項等で必ず確認してください。

■建築学部 偏差値 62

一般選抜

◆全学部日程（均等配点型）
[建築：3科目（450点）] 数 数ⅠⅡⅢAB（150） 理 物基・物、化基・化、生基・生から1（150） 外 英（150）

◆全学部日程（数学・理科重視型）
[建築：3科目（450点）] 数 数ⅠⅡⅢAB（200） 理 物基・物、化基・化、生基・生から1（150） 外 英（100）

◆英数日程
[建築：2科目（400点）] 数 数ⅠⅡⅢAB（200） 外 英（200）

共通テスト併用入試

◆共通テスト併用日程（数学）
[建築]〈共2科目（200～300点→200点）〉国 数 理 外 現、数ⅠA、数ⅡB、物、化、生、地、英から2（計200～300→200）▶外は200→100点とする〈個1科目（200点）〉数 数ⅠⅡⅢAB（200）

共通テスト利用入試 ※個別試験は課さない

◆1月出願（7科目型）
[建築：7科目（800点）] 国 現（100） 地歴 公 世B、日B、地理B、公全4科目から1（100） 数 数ⅠA、数ⅡB（計200） 理 物、化、生、地から2（計200） 外 英（200）

◆1月出願（5科目型〔理科2科目〕）
[建築：5科目（600点）] 数 数ⅠA、数ⅡB（計200→300） 理 物、化、生、地から2（計200） 外 英（200→100）

◆1月出願（5科目型〔理科1科目〕）
[建築：5科目（600点→700点）] 国 地歴 公 現、世B、日B、地理B、公全4科目から1（100） 数 数ⅠA、数ⅡB（計200） 理 物、化、生、地から1（100→200） 外 英（200）

◆1月出願（5科目型〔英語資格・検定試験利用〕）
※出願資格として英語外部試験が必要
[建築：5科目（600点→500点）] 数 数ⅠA、数ⅡB（計200→150） 理 物、化、生、地から2（計200→100） 外 英（200→250）

◆3月出願（4科目型）
[建築：4科目（500点→400点）] 数 数ⅠA、数ⅡB（計200） 理 物、化、生、地から1（100） 外 英（200→100）

特別選抜

[総合型選抜] 探究評価型入学試験、グローバル入学試験Ⅰ（国際的な活躍を志す者を対象とした入学試験）、グローバル入学試験Ⅱ（インターナショナル・バカロレア入学試験）、グローバル入学試験Ⅲ（帰国生徒入学試験）、学部特色入学試験、スポーツ選抜入学試験
[その他] 外国人留学生入学試験（第Ⅰ期試験）、UNHCR難民高等教育プログラムによる推薦入学試験

募集人員等一覧表

※本書掲載内容は、大学のホームページ及び入学案内や募集要項などの公開データから独自に編集したものです（2024年度入試[※1]）。詳細は募集要項かホームページで必ず確認してください。

学部	学科・課程ー専修・コース・専攻	募集人員	一般選抜			共通テスト併用入試		共通テスト利用入試		特別選抜※2
			全学部日程	学部個別日程	英数日程	共通テスト併用日程（英語）	共通テスト併用日程（数学）	1月出願	3月出願	
神		30名	7名	6名	—	3名	—	2名	2名	①若干名※3 ②+③若干名※3 ⑤10名※4 ⑥若干名※3
文	文化歴史ー哲学倫理学	51名	12名	11名	—	3名	—	3名	2名	①10名 ②+③+④10名 ⑤⑦若干名 ⑥15名
	文化歴史ー美学芸術学	52名	12名	11名		3名		3名	2名	
	文化歴史ー地理学地域文化学	43名	12名	9名		2名		3名	2名	
	文化歴史ー日本史学	43名	12名	9名		2名		3名	2名	
	文化歴史ーアジア史学	43名	12名	9名		2名		3名	2名	
	文化歴史ー西洋史学	43名	12名	9名		2名		3名	2名	
	総合心理科ー心理科学	175名	44名	38名		8名		15名	3名	
	文字言語ー日本文学日本語学	75名	18名	18名		4名		5名	2名	
	文字言語ー英米文学英語学	128名	30名	30名		7名		9名	2名	
	文字言語ーフランス文学フランス語学	64名	16名	13名		3名		5名	2名	
	文字言語ードイツ文学ドイツ語学	53名	14名	11名		3名		3名	2名	
社会	社会	650名	160名	140名	—	30名		60名	10名	①5名 ②+③+④5名 ⑥30名※5 ⑦若干名
経済		680名	文系・理系140名	120名	65名			40名	22名	①5名 ②+③5名 ⑤10名 ⑥30名※5 ⑦15名
法	法律	520名	110名	110名	35名			40名	15名	①5名※6 ②+③+④10名※6 ⑥20名※5 ⑦+⑧若干名※6
	政治	160名	35名	35名	15名			20名	5名	①5名※6 ②+③+④10名※6 ⑥10名※5 ⑦+⑧若干名※6
商		650名	135名	130名	50名			45名	10名	①5名 ②+③+④5名 ⑤15名 ⑥30名※5 ⑦若干名

学部	学科・課程－専修・コース・専攻	募集人員	一般選抜			共通テスト併用入試		共通テスト利用入試		特別選抜※2
			全学部日程	学部個別日程	英数日程	共通テスト併用日程（英語）	共通テスト併用日程（数学）	1月出願	3月出願	
	総合政策	495名	文系・理系100名	95名	50名			35名	5名	①⑥5名 ②+③+④15名 ⑤15名 ⑦+⑧30名
人間福祉	社会福祉	110名	22名	20名	17名		—	15名	3名	①⑦若干名※6 ②+③+④3名 ⑤4名 ⑥3名
	社会起業	90名	21名	20名	8名			10名	2名	①⑦若干名※6 ②+③+④3名 ⑤3名 ⑥2名
	人間科	100名	20名	20名	9名			9名	2名	①⑦若干名※6 ②+③+④2名 ⑤3名 ⑥20名
教育	教育－幼児教育学	140名	文系・理系29名	20名	—	5名		10名	2名	①若干名 ②+③+④若干名※6 ⑤20名 ⑥4名 ⑦若干名※6
	教育－初等教育学	140名	文系・理系37名	27名		10名		20名	3名	①若干名 ②+③+④若干名※6 ⑤10名 ⑥8名 ⑦若干名※6
	教育－教育科学	70名	文系・理系17名	13名		5名		9名	2名	①若干名 ②+③+④若干名※6 ⑤10名 ⑥3名 ⑦若干名※6
国際	国際	300名	3科目型30名 英語1科目（英・英）型20名	35名	25名			20名	5名	①10名 ②+③+④25名 ⑤5名 ⑥15名※5 ⑦+⑧15名
理	数理科	54名	26名	—	3名※7	—	3名※7	5名	若干名	①⑥若干名※6 ②+③+④若干名※6 ⑤3名 ⑦+⑧若干名※6
	物理・宇宙	60名	30名		3名※7		3名※7	5名	若干名	①⑥若干名※6 ②+③+④若干名※6 ⑤3名 ⑦+⑧若干名※6
	化	66名	33名		3名※7		3名※7	5名	若干名	①⑥若干名※6 ②+③+④若干名※6 ⑤5名 ⑦+⑧若干名※6

私立 近畿 関西学院大学

学部	学科・課程ー専修・コース・専攻	募集人員	一般選抜			共通テスト併用入試		共通テスト利用入試		特別選抜※2
			全学部日程	学部個別日程	英数日程	共通テスト併用日程（英語）	共通テスト併用日程（数学）	1月出願	3月出願	
工	物質工学	55名	26名	—	3名※7	—	3名※7	5名	若干名	①⑥若干名※6 ②+③+④若干名※6 ⑤5名 ⑦+⑧若干名※6
	電気電子応用工学	60名	30名		3名※7		3名※7	5名	若干名	①⑥若干名※6 ②+③+④若干名※6 ⑤3名 ⑦+⑧若干名※6
	情報工学	90名	47名		4名※7		4名※7	5名	若干名	①⑥若干名※6 ②+③+④若干名※6 ⑤5名 ⑦+⑧若干名※6
	知能・機械工学	60名	30名		3名※7		3名※7	5名	若干名	①⑥若干名※6 ②+③+④若干名※6 ⑤3名 ⑦+⑧若干名※6
生命環境	生物科	61名	30名	—	4名※7	—	4名※7	5名	若干名	①⑥若干名※6 ②+③+④若干名※6 ⑤5名 ⑦+⑧若干名※6
	生命医科ー生命医科学	28名	13名		3名※7		3名※7	2名	若干名	①⑥若干名※6 ②+③+④若干名※6 ⑤若干名※8 ⑦+⑧若干名※6
	生命医科ー発生再生医科学	28名	13名		3名※7		3名※7	2名	若干名	①⑥若干名※6 ②+③+④若干名※6 ⑤若干名※8 ⑦+⑧若干名※6
	生命医科ー医工学	28名	13名		3名※7		3名※7	2名	若干名	①⑥若干名※6 ②+③+④若干名※6 ⑤若干名※8 ⑦+⑧若干名※6
	環境応用化	83名	42名		4名※7		4名※7	5名	若干名	①⑥若干名※6 ②+③+④若干名※6 ⑤5名 ⑦+⑧若干名※6
建築	建築	132名	60名	—	10名※7	—	10名※7	10名	若干名	①⑥⑦若干名 ②+③+④若干名 ⑤7名

※1　2024年度入試実績。2025年度入試の概要は、大学ホームページにて公表予定
※2　[総合型選抜]共課さない：①探究評価型入学試験、②グローバル入学試験Ⅰ（国際的な活躍を志す者を対象とした入学試験）、③グローバル入学試験Ⅱ（インターナショナル・バカロレア入学試験）、④グローバル入学試験Ⅲ（帰国生徒入学試験）、⑤学部特色入学試験、⑥スポーツ選抜入学試験
[その他] UNHCR難民高等教育プログラムによる推薦入学試験（全学部から合計で2名以内を選考）、共課さない：⑦外国人留学生入学試験（第Ⅰ期試験）、⑧外国人留学生入学試験（第Ⅱ期試験）
※3　キリスト教思想・文化コースのみの募集
※4　キリスト教伝道者コースのみの募集
※5　各種目ごとに募集人員の制限あり
※6　各学部内募集学科等を合わせた募集人員
※7　英数日程と共通テスト併用日程（数学）を合わせた募集人員
※8　各専攻を合わせた募集人員

Column コラム

就職支援

関西学院大学では、西宮上ケ原・西宮聖和・神戸三田・大阪梅田の各キャンパスに「キャリアセンター」を設け、年間を通じてキャリア支援・就職支援・インターンシップなどのサポートプログラムを実施しています。

有資格者や企業の人事担当経験者などによるキャリア・アドバイザーによる個人面談（オンラインで実施）はもちろん、オンラインライブ形式で3年生・大学院1年生を対象に、文系・理工系別に基礎から実践までの「キャリアガイダンス」を複数回開催しています。ガイダンスでは、就職活動のスケジュール、インターンシップへの参加方法から、履歴書・エントリーシートの書き方、面接・筆記試験対策といった実践段階までの必要な情報をタイムリーに提供しています。

その他、実際の面接現場を想定した「模擬面接」、専門講師の説明やオンライン教材での「筆記試験（Webテスト・テストセンター・ペーパーテスト）対策」、4年生内定者が後輩にアドバイスする「SR（Student Reporters）」、企業1000社超が参加する「学内企業セミナー」、公務員志望者へのサポートや、全国U・Iターン就職希望者へのサポートも行っています。

就活準備講座、業界・仕事研究セミナーを視聴できる在学生専用のコンテンツ「K.G.キャリアチャンネル」はエントリーシートや面接対策にも活用でき、ライブセミナー実施時には、チャットを通じて質問ができます。AIアプリ「KGキャリアChatbot」では、最新のAI技術を活用したチャットボット導入により、進路や就職に関する学生の質問に、時間・場所を問わず対応できる体制を整えています。在学生専用のポータルサイト「kwic」内「キャリア・就職・進学」メニューでは、大学に届いた求人票や、インターンシップ情報、企業情報、先輩の就職活動体験記、学内外のセミナー・イベントなど、さまざまな情報を閲覧することができます。

国際交流

関西学院大学では多様な留学プログラムを完備するとともに、留学希望者向けの奨学金制度など、支援策も充実しています。2014年から文部科学省スーパーグローバル大学創成支援事業による国からの支援もあり、2018年度は海外協定大学への派遣者数が国内第1位の1,833名になりました。協定校は57か国・地域の280を超える大学・国際機関があり、多くのインターナショナルプログラムを用意しています。

関西学院大学と海外の協定大学の2つの学位を取得して卒業できる「ダブルディグリー留学」、現地の学生と同じ教室で学び自分の専門分野を深めていく「交換留学」、外国語を集中的に学修しながら国際感覚を身に着ける「中期留学」、春季・夏季の休暇を利用した2～6週間にわたって現地で外国語を学ぶ短期集中型の「外国語研修」など、様々な留学制度があります。

その他、関西学院大学では、アジア初の国連・国際機関と連携した副専攻プログラムを設けており、ニューヨークの国連本部で実施する学生研修「国連セミナー」、国連機関・外交機関・NGOなどを対象フィールドとする仮説検証型フィールド・リサーチプログラム「国連・外交フィールドワーク」など、開発途上国を取り巻く課題について実際に貢献しながら学ぶこともできます。

ビジネス面でも、カナダ名門大学の学生と協働して企業の課題に取り組む「Cross-Cultural College」や、アメリカ・ベトナムにある現地の日系企業で就労体験を行う「海外インターンシッププログラム」があります。

2022年に新たにオープンした混住型の国際教育寮「有光寮」では、関西学院大学の学生から採用されたレジデント・アシスタント（RA）と外国人留学生がともに生活しています。日本にいながら国籍・文化・宗教・習慣・考え方など多様な価値観を学ぶことができ、密度の高い国際交流が可能です。

関西学院大学についてもっと知りたい方はコチラ

関西学院大学のことを知るサイトとして学部に関することだけではなく、就職や資格、留学、研究などを幅広くご紹介しています。ぜひご確認ください。

Student's Voice

商学部
2年

西田 蒼平さん（にしだ そうへい）

兵庫県 県立 鳴尾高校 卒
バドミントン部　高3・5月引退

周囲に良い影響を与える人になりたい

Q どのような高校生でしたか？　関西学院大学を志望した理由は？

高校時代はバドミントン部に所属していて、引退するまでは、勉強よりも部活動に力を入れていました。引退前最後の大会では、個人（ダブルス）で県大会に出場でき、充実した部活動生活だったと思います。勉強面については、高校入学当初はあまり力を入れられていませんでしたが、高2の冬頃からは塾へ行く頻度を増やし、勉強の習慣を身につけていきました。高3になってからは、自分なりに全力を出して受験勉強ができたと感じています。受験を通して、何事にも一生懸命取り組むことの大切さを学びました。

進路については、受験生として本格的に勉強するようになってから決めました。現在の大学は、自宅から近く幼少期から憧れていたことや、卒業後のキャリアを考慮して志望しました。中でも商学部は、マーケティングやファイナンスなど様々な分野を学べ、3年次にコース選択をするため、1・2年次でじっくりと学びたいことを見極められると思い、志望しました。成績で志望校を決めるのではなく、自分が何を学びたいかをしっかりと考えることが大事だと思います。

Q どのように受験対策をしましたか？　入試本番はどうでしたか？

僕は国語が苦手だったため、得意な英語と日本史を伸ばそうと考えていました。高3の夏までに関西学院大学の過去問を解き、合格最低点と見比べ、そこから逆算して対策をしていました。受験勉強で最も大切にしていたことは復習です。特に過去問の復習は時間をかけて取り組み、次に解くことを想定して対策をしていました。

入試本番では緊張はしましたが、いつもどおり取り組むことを意識しました。1月頃から本番を想定し、本番どおりの時間で解いていたことがプラスに働いたと思います。僕は2月1日、2日、4日、6日、7日に試験を受けたのですが、前日の結果を気にしすぎて後半から集中できないことがあったため、切り替えが大切だと思います。また連日受験すると疲れがたまるため、受験する日数はしっかり考えた方がいいと思います。

●受験スケジュール

月	日	大学・学部学科（試験方式）
2	1	★関西学院　商（全学部日程3科目型）
	2	★関西学院　商（全学部日程3科目型）
	4	★関西学院　総合政策（学部個別日程3科目型）
	6	★関西学院　商（学部個別日程3科目型）
	7	★関西学院　社会－社会（学部個別日程3科目型）

Q どのような大学生活を送っていますか？

投資や株について深く学びたいと思っています

友人とドライブに行った時の一枚

大学では主に経済、経営について学んでいます。1年次は経済学基礎や簿記基礎、経営学基礎など様々なことを学びました。特に簿記基礎の授業では学べることが多く、とてもためになりました。2年次からは選択する授業が多くなり、僕は主に経営コースの授業を履修しています。1・2年次は言語の授業もあるので、経済・経営以外のことも学べます。

3年次からはファイナンスコースに進む予定なので、より深く学んでいきたいと考えています。3年次から始まるゼミでは、株式や投資のことなどについて学んでいきます。関西学院大学商学部では、自分のコースの授業だけでなく色々なコースの授業を履修できる点が魅力だと思います。

サークルの夏合宿の様子

サークルやアルバイトにも力を入れています

スポーツサークルに所属し、副会長として旅行やイベントの計画、活動の広報などを行っています。不慣れなことも多いですが、周りと協力しながら精いっぱい取り組んでいます。アルバイトでは塾講師をしており、生徒指導をはじめ、様々な業務を行っています。その他にも、TOEICの勉強をしています。高校生の頃から、英語は得意な方だったので、大学生になっても継続していきたいと思っています。就職活動のためにもしっかり目標点数を決めて日々頑張っています。

Q 将来の夢・目標は何ですか？

現在の目標は、大学生活を充実させることです。ゼミやサークル、アルバイトなど、どれも手を抜かないように全力で頑張りたいと思っています。特にサークル活動では、幹部として自分がサークルを引っ張りたいと考えています。同期や後輩たちが、このサークルに入って良かったなと思えるようなサークルにしていきたいです。そしてその経験を、大学卒業後も活かしたいと考えています。

将来の目標は、具体的に就きたい業種などは決まっていませんが、何事も全力で取り組み、まわりの人に良い影響を与えられるようになりたいと思っています。そのためにも、今は自分がしたいと思える仕事ができるように努力していきたいです。また、自分は周囲の人に支えられてここまできたため、その人たちに恩返しができるような社会人になることを目指しています。

Q 後輩へのアドバイスをお願いします！

勉強を頑張るには目標を持つこと、勉強する意味を明確にすることが大事だと考えています。目標を決めることによって、達成するためにやらなければならないことを逆算して考えられるため、必要な勉強が見えてくると思います。また、この大学に合格したいという気持ちだけでなく、勉強を通して何を得たいか、何を成長させたいかなど、勉強する意味を明確にすることも大切だと思います。

特に高1・2の頃は勉強がつらいと思ったり、まだ入試は遠いし大丈夫だろうと思うことがあると思います。しかし、高1・2のうちにどれだけ勉強して、どれだけ知識を身につけられるかが勝負だと思います。部活などで大変なときもあると思いますが、少しずつでよいので頑張ってほしいです。

甲南大学

こうなん

資料請求

アドミッションセンター（岡本キャンパス）　TEL (078) 435-2319　〒658-8501 兵庫県神戸市東灘区岡本8-9-1

学生の才能を引き出す「人物教育」を行う

大学紹介動画

最新入試情報

「世界に通用する紳士・淑女たれ」という建学の理念のもと、教養と専門とのバランスを大切にしながら人物重視の教育を行う。社会の要請と期待に応えるべく、自ら率先して社会に貢献していく力を養う。

岡本キャンパス10号館

キャンパス **3つ**

岡本キャンパス
〒658-8501 兵庫県神戸市東灘区岡本8-9-1
西宮キャンパス
〒663-8204 兵庫県西宮市高松町8-33
ポートアイランドキャンパス
〒650-0047 兵庫県神戸市中央区港島南町7-1-20

基本データ

※2023年5月現在（進路・就職は2022年度卒業者データ。学費は2024年度入学者用）

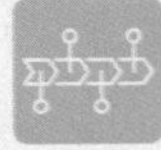

沿革

1919年創設の甲南学園甲南中学校を起源とし、1951年に開学。1952年、経済学部を設置。1957年、文、理学部を改組設置。1960年、法、経営学部を設置、2001年、理工学部を改組設置、2008年、知能情報学部を設置、2009年、マネジメント創造、フロンティアサイエンス学部を設置、2024年、グローバル教養学環を設置。

教育機関
9 学部 **4** 研究科

学部　文／経済／法／経営／マネジメント創造／グローバル教養／理工／知能情報／フロンティアサイエンス

大学院　人文科学ⓂⒹ／自然科学ⓂⒹ／社会科学ⓂⒹ／フロンティアサイエンスⓂⒹ

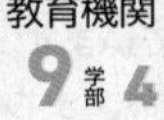

人数

学部学生数　**8,851**名

教員1名あたり学生 **31**名

教員数　**279**名【理事長】長坂悦敬、【学長】中井伊都子
（教授**197**名、准教授**54**名、講師**23**名、助教**5**名）

学費

初年度納入額　**1,221,000~1,781,000**円

奨学金　甲南大学“わがくるま星につなぐ”甲南の星奨学金、甲南大学立野純三奨学金、高等教育の修学支援新制度（日本学生支援機構）

進路

学部卒業者　**1,959**名
（進学**84**名［4.3%］、就職**1,687**名［86.1%］、その他**188**名［9.6%］）

主な就職先　アイリスオーヤマ、尼崎信用金庫、池田泉州銀行、一条工務店、国税庁大阪国税局、気象庁、神戸市教育委員会、神戸信用金庫、生活協同組合コープこうべ、JALスカイ大阪、積水ハウス、日本年金機構、姫路信用金庫、兵庫県教育委員会、兵庫県庁、兵庫県警察本部、富士フイルムビジネスイノベーションジャパン、三菱電機ソフトウエア、みなと銀行、明治安田生命保険

学部学科紹介

※本書掲載内容は、大学公表資料から独自に編集したものです。詳細は大学パンフレットやホームページ等で必ず確認してください（取得可能な免許・資格は任用資格や受験資格などを含む）。

文学部

岡本キャンパス　定員 405

特色　ことば、文学、文化、社会、心と表現、歴史などの視点で人間を探究する。
進路　就職先は卸売・小売業やサービス業、メーカーをはじめ多岐にわたる。
学問分野　文学／言語学／哲学／心理学／歴史学／地理学／文化学／社会学／メディア学／芸術理論／人間科学
大学院　人文科学

日本語日本文学科 (70)	2年次より、日本語の音声や文法、方言などを扱う日本語、古代から今に至るまでの文学を取り扱う日本文学の2つのコースを設けている。言語としての日本語と、日本文学を深く学ぶことで、日本語による理解力や表現力を磨く。教職試験のバックアップも充実。
英語英米文学科 (90)	歴史や文化も合わせて学ぶことで実践的な英語を身につける。世界中で英語を活かして活躍できる人材育成に力を入れている。語学の資格試験対策や留学に対する充実した支援体制を整えている。
社会学科 (90)	ライフスタイルと政策、文化と共生、メディアコミュニケーションと表現、組織とネットワーク、くらしと地域の5つの応用領域を設定している。調査データから社会や文化の意味を紐解き、発信する能力を養う。2年次からゼミを開講、各自のテーマを研究する。
人間科学科 (95)	哲学、芸術学、心理学の3領域を横断的に学ぶ。これらの学びを融合させ、理論と実践を経て「人間とは何か」を探究し、社会問題を多角的に捉えて解決に導くことのできる人材を育成する。認定心理士や博物館学芸員などの資格取得に向けたカリキュラムも充実。
歴史文化学科 (60)	歴史という時間の流れを軸に、その背景にある地域や文化へと学びを展開していく。日本史、東洋史、西洋史、地理学、民俗学と多岐にわたる領域を学ぶことができる。
取得可能な免許・資格	登録日本語教員、公認心理師、認定心理士、学芸員、社会調査士、教員免許（中-国・社・英、高-国・地歴・公・英）、司書教諭、司書

経済学部

岡本キャンパス　定員 345

特色　社会の問題を発見・分析し、豊かで幸せな社会を実現するための解決法を考える。
進路　就職先は卸売・小売業や金融・保険業など多岐にわたる。
学問分野　経済学／国際学
大学院　社会科学

経済学科 (345)	理論・情報、財政・金融、公共経済、国際経済、産業・企業、歴史・思想の6つの科目群を設定し、段階的に学んでいく。1年次の基礎科目では全教員が順番に担当する1クラス約20名の少人数ゼミなど、教員とのコミュニケーションの機会が充実している。
取得可能な免許・資格	教員免許（中-社、高-地歴・公）、司書教諭、司書

法学部

岡本キャンパス　定員 330

特色　社会の共通ルールである法を学び、社会を担う人材を育成する。
進路　就職先は金融・保険業、サービス業、製造業、公務など。
学問分野　法学／政治学

法学科 (330)	1年次から2年次までに公法、民法、刑法、政治学の基礎を修得し、3年次はゼミなどを通して専門領域を深める。京都地方裁判所の大法廷を再現した法廷教室での模擬裁判や少年院を訪問し法務教官や職員など現場の声に触れるなど、実践的な学びを展開。
取得可能な免許・資格	教員免許（中-社、高-地歴・公）、司書教諭、司書

経営学部
岡本キャンパス
定員 345

特色　経営学、商学、会計学を学び、企業経営を深く理解したビジネスリーダーを育成。
進路　卒業後は主に金融・保険業や卸売・小売業に就職している。
学問分野　経営学
大学院　社会科学

経営学科 (345)	組織や労務などに関わる経営学系統、財務会計や簿記といった金と情報に関わる会計学系統、マーケティングなど市場に関わる商学系統の3つの分野でカリキュラムを展開している。各分野での学びを深めつつ、分野横断的な学習で各分野を幅広く学ぶこともできる。
取得可能な免許・資格	教員免許（中-社、高-公・商業）、司書教諭、司書

マネジメント創造学部
西宮キャンパス
定員 170

特色　様々なプロジェクトに参加し、問題解決に取り組む学習スタイルが展開される。
進路　卒業後はサービス業や金融・保険業、製造業などに就職する者が多い。
学問分野　言語学／経済学／経営学

マネジメント創造学科 (170)	少人数で取り組むプロジェクト型の学習を中心に、自ら学ぶ力、ともに学ぶ力、自ら考え行動する力を強化する。英語教育を重視し、ネイティブ教員による英語の授業や、ディスカッションやプレゼンテーションも行う。

グローバル教養学環
岡本キャンパス
定員 25

特色　2024年度開設。グローバル社会で活躍する人材を育成する。
進路　2024年度開設。卒業後は商社・卸売や金融業など民間企業への就職を想定。
学問分野　言語学／法学／政治学／経済学／経営学／国際学／情報学

グローバル教養学位プログラム(STAGE) 新 (25)	2024年度開設。複数言語圏への「ダブル留学」や少人数ゼミなどを通して、価値観の違いに起因する様々な問題解決のための能力を育てる。文化や言語の壁を越えて世界の人々と協働し、様々な課題解決に取り組む人物の育成を目指す。

理工学部
岡本キャンパス
定員 155

特色　理学と工学の枠を越えて分析・考察し、本質を捉える探究心や応用力を育む。
進路　就職先は製造業や情報通信業など。大学院に進学する者も多い。
学問分野　物理学／化学／生物学／地学／応用物理学
大学院　自然科学

物理学科 (50)	幅広い視点とともに自然界における物理法則を理解する。1・2年次から実習や演習で基礎的な知識と技術を修得し、3年次より宇宙や原子核について学ぶ宇宙理学、半導体や磁性体などの特性を解明するといった研究を行う物理工学の2つのコースに分かれる。
生物学科 (45)	遺伝子、細胞、生態、進化など生物学の幅広い領域を学ぶ。1年次から現代生物学を中心に生物学の基礎から最先端まで着実に学べるカリキュラムのもと、3・4年次の実験や研究に備える。4年次の少人数制の研究教育で学びの集大成となる卒業研究に取り組む。
機能分子化学科 (60)	新素材を創り出すことでエネルギーや資源、環境など諸問題の解決を目指す。1年次後期より実験科目を開講、2年次以降は様々な実験に取り組む。自然科学の基盤や工学的応用力を活かし、化学技術系基幹産業を中心とした各分野で活躍する人材を育成する。
取得可能な免許・資格	学芸員、危険物取扱者（甲種）、毒物劇物取扱責任者、教員免許（中-理、高-理）、司書教諭、司書

知能情報学部 岡本キャンパス　定員 120	特色	体験型・双方向型の授業で、情報技術の基礎から応用までを備えた人材を育成。
	進路	卒業後は情報通信業やサービス業、製造業に就く者が多い。
	学問分野	情報学
	大学院	自然科学

知能情報学科 (120)	クラウドシステム、AIデータサイエンス、知能ロボット、メディアデザイン、ヒューマンセンシング、数理情報の6つのコースから、個人の興味や将来に合わせて選択する。また、学生との距離が近いインタラクティブ教育を重視し、少人数教育を行っている。
取得可能な免許・資格	教員免許（中-数、高-数・情）、司書教諭、司書

フロンティアサイエンス学部 ポートアイランドキャンパス　定員 45	特色	「バイオ」・「ナノ」テクノロジーを融合したナノバイオテクノロジーを学ぶ。
	進路	大学院進学の他、製造業やサービス業などに就職する者が多い。
	学問分野	ナノテクノロジー／応用生物学
	大学院	フロンティアサイエンス

生命化学科 (45)	生命、医療、食品、環境、新素材など幅広い分野で活用が期待されている「ナノバイオテクノロジー」を実践的に学ぶ。学生には専用のデスクとロッカーを支給し、1年次から専門的な講義や実験に取り組む。3年次から研究室に所属し、最先端の研究を行う。

入試要項（2024年度）

※この入試情報は2024年度募集要項等より編集したものです（見方は巻頭の「本書の使い方」参照）。2025年度入試の最新情報は、ホームページや2025年度募集要項等で必ず確認してください。

「大学入試科目検索システム」のご案内

日程・方式ごとの偏差値や昨年度入試結果（志願者倍率、実質倍率、合格最低点）、基本情報（出願締切日、試験日、二段階選抜、募集人員、総合満点）などは、「大学入試科目検索システム」（https://nyushi.toshin.com/）をご覧ください（利用方法はp.12参照）。

■文学部　偏差値 59

一般選抜

◆**一般選抜 前期日程（3教科型〔一般方式〕）**
[全学科：3科目] 国 現古 地歴 数 世B、日B、数ⅠⅡABから1 外 英

◆**一般選抜 前期日程（3教科型〔外部英語試験活用方式〕）** ※出願資格として英語外部試験が必要
[全学科：3科目] 国 現古 地歴 数 世B、日B、数ⅠⅡABから1 外 英語外部試験

◆**一般選抜 前期日程（2教科型〔一般方式〕）**
[全学科：2科目] 国 現古 外 英

◆**一般選抜 前期日程（2教科型〔外部英語試験活用方式〕）** ※出願資格として英語外部試験が必要
[全学科：2科目] 国 現古 外 英語外部試験

◆**一般選抜 中期日程（3教科型〔一般方式〕）**
[全学科：3科目] 国 現 地歴 数 世B、日B、地理B、数ⅠⅡABから1 外 英

◆**一般選抜 中期日程（3教科型〔外部英語試験活用方式〕）** ※出願資格として英語外部試験が必要
[全学科：3科目] 国 現 地歴 数 世B、日B、地理B、数ⅠⅡABから1 外 英語外部試験

共通テスト併用入試

◆**共通テスト併用型（前期日程〔3教科型〕）** ※一般選抜 前期日程（3教科型〔一般方式〕）の受験必須
[日本語日本文]〈共2科目〉地歴 公 数 世B、日B、地理B、公全4科目、数Ⅰ、数ⅠA、数Ⅱ、数ⅡBから1 外 英〈個3科目〉一般選抜 前期日程（3教科型〔一般方式〕）の成績を利用▶国を合否判定に使用
[英語英米文]〈共2科目〉国 地歴 公 数 理 外 現、世B、日B、地理B、公外全9科目、数Ⅰ、数ⅠA、数Ⅱ、数ⅡB、物、化、生、地から2教科2〈個3科目〉一般選抜 前期日程（3教科型〔一般方式〕）の成績を利用▶外を合否判定に使用
[社会]〈共2科目〉地歴 公 数 世B、日B、地理B、公全4科目、数Ⅰ、数ⅠA、数Ⅱ、数ⅡB、情から1 外 英〈個3科目〉一般選抜 前期日程（3教科型〔一般方式〕）の成績を利用▶国を合否判定に使用
[人間科]〈共2科目〉国 地歴 公 数 現古、現漢、地歴公数全16科目から2教科2〈個3科目〉一般選抜 前期日程（3教科型〔一般方式〕）の成績を利用▶外を合否判定に使用
[歴史文化]〈共2科目〉国 地歴 公 数 理 外 現古、現漢、世B、日B、地理B、倫政、数Ⅰ、数ⅠA、数Ⅱ、数ⅡB、理全5科目、英から2教科2〈個3科目〉一般選抜 前期日程（3教科型〔一般方式〕）の成績を利用▶選択科目を合否判定に使用

共通テスト利用入試 ※個別試験は課さない

◆**共通テスト利用型（前期日程〔一般方式〕）**
[日本語日本文、英語英米文：3科目] 国 現古、現漢から1 地歴 公 数 世B、日B、地理B、公全4科目、数Ⅰ、数ⅠA、数Ⅱ、数ⅡBから1 外 英
[社会：3科目] 国 現 地歴 公 世B、日B、地理B、公全4科目から1 外 英

[人間科：3科目] 国現古、現漢から1 地歴 公 数全16科目から1 外英、独、仏から1
[歴史文化：3科目] 国現古、現漢から1 地歴 公全10科目から1 外全5科目から1
◆共通テスト利用型（前期日程〔外部英語試験活用方式〕）※出願資格として英語外部試験が必要
[日本語日本文、英語英米文：3科目] 国現古、現漢から1 地歴 公 数世B、日B、地理B、公全4科目、数Ⅰ、数ⅠA、数Ⅱ、数ⅡBから1 その他英語外部試験
[社会：3科目] 国現 地歴 公世B、日B、地理B、公全4科目から1 その他英語外部試験
[人間科：3科目] 国現古、現漢から1 地歴 公 数全16科目から1 その他英語外部試験
[歴史文化：2科目] 国現古、現漢から1 地歴 公全10科目から1

■経済学部 偏差値 57

一般選抜

◆**一般選抜 前期日程（3教科型〔一般方式〕）**
[経済：3科目] 国現古 地歴 数世B、日B、数ⅠⅡABから1 外英
◆**一般選抜 前期日程（3教科型〔外部英語試験活用方式〕）**※出願資格として英語外部試験が必要
[経済：3科目] 国現古 地歴 数世B、日B、数ⅠⅡABから1 外英語外部試験
◆**一般選抜 前期日程（2教科型〔一般方式〕）**
[経済：2科目] 国現古 外英
◆**一般選抜 前期日程（2教科型〔外部英語試験活用方式〕）**※出願資格として英語外部試験が必要
[経済：2科目] 国現古 外英語外部試験
◆**一般選抜 中期日程（3教科型〔一般方式〕）**
[経済：3科目] 国現 地歴 数世B、日B、地理B、数ⅠⅡABから1 外英
◆**一般選抜 中期日程（3教科型〔外部英語試験活用方式〕）**※出願資格として英語外部試験が必要
[経済：3科目] 国現 地歴 数世B、日B、地理B、数ⅠⅡABから1 外英語外部試験
◆**一般選抜 後期日程**
[経済：1科目] 外英

共通テスト併用入試

◆**共通テスト併用型（前期日程〔3教科型〕）**※一般選抜 前期日程（3教科型〔一般方式〕）の受験必須
[経済]〈共2科目〉国現 地歴 公 数地歴公全10科目、数ⅠA、数ⅡB、簿から1〈個3科目〉一般選抜 前期日程（3教科型〔一般方式〕）の成績を利用▶外を合否判定に使用
◆**共通テスト併用型（前期日程〔2教科型〕）**※一般選抜 前期日程（2教科型〔一般方式〕）の受験必須
[経済]〈共1科目〉国 地歴 公 数現、地歴公全10科目、数ⅠA、数ⅡB、簿から1〈個3科目〉一般選抜 前期日程（2教科型〔一般方式〕）の成績を利用▶外を合否判定に使用

共通テスト利用入試 ※個別試験は課さない

◆**共通テスト利用型（前期日程〔一般方式〕）**
[経済：3科目] 国現古、現漢から1 地歴 公 数世B、日B、地理B、公全4科目、数Ⅰ、数ⅠA、数Ⅱ、数ⅡBから1 外英
◆**共通テスト利用型（前期日程〔外部英語試験活用方式〕）**※出願資格として英語外部試験が必要
[経済：3科目] 国現古、現漢から1 地歴 公 数世B、日B、地理B、公全4科目、数Ⅰ、数ⅠA、数Ⅱ、数ⅡBから1 その他英語外部試験
◆**共通テスト利用型（後期日程）**
[経済：4科目] 国現古、現漢から1 地歴 公 数 理世B、日B、地理B、公理全9科目、数Ⅰ、数ⅠA、数Ⅱ、数ⅡBから2教科2 外英

■法学部 偏差値 56

一般選抜

◆**一般選抜 前期日程（3教科型〔一般方式〕）**
[法：3科目] 国現古 地歴 数世B、日B、数ⅠⅡABから1 外英
◆**一般選抜 前期日程（3教科型〔外部英語試験活用方式〕）**※出願資格として英語外部試験が必要
[法：3科目] 国現古 地歴 数世B、日B、数ⅠⅡABから1 外英語外部試験
◆**一般選抜 前期日程（2教科型〔一般方式〕）**
[法：2科目] 国現古 外英
◆**一般選抜 前期日程（2教科型〔外部英語試験活用方式〕）**※出願資格として英語外部試験が必要
[法：2科目] 国現古 外英語外部試験
◆**一般選抜 中期日程（3教科型〔一般方式〕）**
[法：3科目] 国現 地歴 数世B、日B、地理B、数ⅠⅡABから1 外英
◆**一般選抜 中期日程（3教科型〔外部英語試験活用方式〕）**※出願資格として英語外部試験が必要
[法：3科目] 国現 地歴 数世B、日B、地理B、数ⅠⅡABから1 外英語外部試験
◆**一般選抜 後期日程**
[法：1科目] 外英

共通テスト併用入試

◆**共通テスト併用型（前期日程〔3教科型〕）**※一般選抜 前期日程（3教科型〔一般方式〕）の受験必須
[法]〈共2科目〉国 地歴 公 数現、地歴公全10科目、数Ⅰ、数ⅠA、数Ⅱ、数ⅡBから2教科2〈個3科目〉一般選抜 前期日程（3教科型〔一般方式〕）の成績を利用▶外を合否判定に使用
◆**共通テスト併用型（前期日程〔2教科型〕）**※一般選抜 前期日程（2教科型〔一般方式〕）の受験必須
[法]〈共1科目〉地歴 公 数 外地歴公全10科目、数Ⅰ、数ⅠA、数Ⅱ、数ⅡB、英から1〈個2科目〉一般選抜 前期日程（2教科型〔一般方式〕）の成績を利用▶国を合否判定に使用
◆**共通テスト併用型（後期日程）**※一般選抜 後期日程の受験必須
[法]〈共2科目〉共通テスト併用型（前期日程〔3教科型〕）に同じ〈個1科目〉一般選抜 後期日程の成績を利用

共通テスト利用入試 ※個別試験は課さない

◆**共通テスト利用型（前期日程〔一般方式 3教科3科目〕、後期日程〔3教科3科目〕）**

[法：3科目] 国現古、現漢から1 地歴 公 数 地歴公全10科目、数Ⅰ、数ⅠA、数Ⅱ、数ⅡBから1 外 英、独、仏から1

◆共通テスト利用型（前期日程〔一般方式 4教科4科目〕、後期日程〔4教科4科目〕）

[法：4科目] 国 地歴 公 数 理 外 現古、現漢、地歴公理全15科目、数Ⅰ、数ⅠA、数Ⅱ、数ⅡB、英、独、仏から4教科4

◆共通テスト利用型（前期日程〔外部英語試験活用方式〕） ※出願資格として英語外部試験が必要

[法：3科目] 国 地歴 公 数 現古、現漢、地歴公全10科目、数Ⅰ、数ⅠA、数Ⅱ、数ⅡBから2教科2 その他 英語外部試験

■経営学部 偏差値 55

一般選抜

◆一般選抜 前期日程（3教科型〔一般方式〕）

[経営：3科目] 国現古 地歴 数 世B、日B、数ⅠⅡABから1 外 英

◆一般選抜 前期日程（3教科型〔外部英語試験活用方式〕） ※出願資格として英語外部試験が必要

[経営：3科目] 国現古 地歴 数 世B、日B、数ⅠⅡABから1 外 英語外部試験

◆一般選抜 前期日程（2教科型〔一般方式〕）

[経営：2科目] 国現古 外 英

◆一般選抜 前期日程（2教科型〔外部英語試験活用方式〕） ※出願資格として英語外部試験が必要

[経営：2科目] 国現古 外 英語外部試験

◆一般選抜 中期日程（3教科型〔一般方式〕）

[経営：3科目] 国現 地歴 数 世B、日B、地理B、数ⅠⅡABから1 外 英

◆一般選抜 中期日程（3教科型〔外部英語試験活用方式〕） ※出願資格として英語外部試験が必要

[経営：3科目] 国現 地歴 数 世B、日B、地理B、数ⅠⅡABから1 外 英語外部試験

◆一般選抜 後期日程

[経営：1科目] 外 英

共通テスト併用入試

◆共通テスト併用型（前期日程〔3教科型〕） ※一般選抜 前期日程（3教科型〔一般方式〕）の受験必須

[経営]〈共2科目〉国現 地歴 公 数 地歴公全10科目、数ⅠA、数ⅡB、簿から1〈個3科目〉一般選抜 前期日程（3教科型〔一般方式〕）の成績を利用▶外を合否判定に使用

◆共通テスト併用型（前期日程〔2教科型〕） ※一般選抜 前期日程（2教科型〔一般方式〕）の受験必須

[経営]〈共1科目〉国現〈個2科目〉一般選抜 前期日程（2教科型〔一般方式〕）の成績を利用▶外を合否判定に使用

◆共通テスト併用型（後期日程） ※一般選抜 後期日程の受験必須

[経営]〈共2科目〉共通テスト併用型（前期日程〔3教科型〕）に同じ〈個1科目〉一般選抜 後期日程の成績を利用

共通テスト利用入試 ※個別試験は課さない

◆共通テスト利用型（前期日程〔一般方式〕、後期日程）

[経営：3科目] 国現古、現漢から1 地歴 公 数 地歴公全10科目、数Ⅰ、数ⅠA、数Ⅱ、数ⅡB、簿から1 外 英

◆共通テスト利用型（前期日程〔外部英語試験活用方式〕） ※出願資格として英語外部試験が必要

[経営：3科目] 国現古、現漢から1 地歴 公 数 地歴公全10科目、数Ⅰ、数ⅠA、数Ⅱ、数ⅡB、簿から1 その他 英語外部試験

■マネジメント創造学部 偏差値 57

一般選抜

◆一般選抜 前期日程（3教科型〔一般方式〕）

[マネジメント創造：3科目] 国現古 地歴 数 世B、日B、数ⅠⅡABから1 外 英

◆一般選抜 前期日程（3教科型〔外部英語試験活用方式〕） ※出願資格として英語外部試験が必要

[マネジメント創造：3科目] 国現古 地歴 数 世B、日B、数ⅠⅡABから1 外 英語外部試験

◆一般選抜 前期日程（2教科型〔一般方式〕）

[マネジメント創造：2科目] 国現古 外 英

◆一般選抜 前期日程（2教科型〔外部英語試験活用方式〕） ※出願資格として英語外部試験が必要

[マネジメント創造：2科目] 国現古 外 英語外部試験

◆一般選抜 中期日程（3教科型〔一般方式〕）

[マネジメント創造：3科目] 国現 地歴 数 世B、日B、地理B、数ⅠⅡABから1 外 英

◆一般選抜 中期日程（3教科型〔外部英語試験活用方式〕） ※出願資格として英語外部試験が必要

[マネジメント創造：3科目] 国現 地歴 数 世B、日B、地理B、数ⅠⅡABから1 外 英語外部試験

◆一般選抜 後期日程

[マネジメント創造：2科目] 外 英 面 個人面接または集団面接

共通テスト併用入試

◆共通テスト併用型（前期日程〔3教科型〕） ※一般選抜 前期日程（3教科型〔一般方式〕）の受験必須

[マネジメント創造]〈共2科目〉国現古、現漢から1 地歴 公 数 世B、日B、地理B、公全4科目、数ⅠA、数ⅡBから1〈個3科目〉一般選抜 前期日程（3教科型〔一般方式〕）の成績を利用▶外を合否判定に使用

◆共通テスト併用型（前期日程〔2教科型〕） ※一般選抜 前期日程（2教科型〔一般方式〕）の受験必須

[マネジメント創造]〈共1科目〉数 数ⅠA、数ⅡBから1〈個2科目〉一般選抜 前期日程（2教科型〔一般方式〕）の成績を利用▶外を合否判定に使用

共通テスト利用入試 ※個別試験は課さない

◆共通テスト利用型（前期日程〔一般方式 英語重視型、一般方式 バランス型〕）

[マネジメント創造：3科目] 国現古、現漢から1 地歴 公 数 世B、日B、地理B、公全4科目、数ⅠA、数ⅡBから1 外 英

◆共通テスト利用型（前期日程〔外部英語試験活用方式〕） ※出願資格として英語外部試験が必要

[マネジメント創造：2科目] 国現古、現漢から1 地歴 公 数世B、日B、地理B、公全4科目、数ⅠA、数ⅡBから1

■グローバル教養学環 偏差値 -

一般選抜

◆**一般選抜 前期日程（3教科型〔一般方式〕）**
[3科目] 国現古 地歴 数世B、日B、数ⅠⅡABから1 外英

◆**一般選抜 前期日程（3教科型〔外部英語試験活用方式〕）** ※出願資格として英語外部試験が必要
[3科目] 国現古 地歴 数世B、日B、数ⅠⅡABから1 外英語外部試験

■理工学部 偏差値 55

一般選抜

◆**一般選抜 前・中期日程（3教科型〔一般方式〕）**
[物理：3科目] 数数ⅠⅡⅢAB 理物基・物、化基・化、生基・生から1 外英
[生物：3科目] 数数ⅠⅡAB 理物基・物、化基・化、生基・生から1 外英
[機能分子化：3科目] 数数ⅠⅡAB、数ⅠⅡⅢABから1 理物基・物、化基・化、生基・生から1 外英

◆**一般選抜 前期日程（3教科型〔2教科判定方式〕）**
※一般選抜 前期日程（3教科型〔一般方式〕）の受験必須
[物理、機能分子化：3科目] 一般選抜 前期日程（3教科型〔一般方式〕）の成績を利用▶数理を合否判定に使用
[生物：3科目] 一般選抜 前期日程（3教科型〔一般方式〕）の成績を利用▶理外を合否判定に使用

◆**一般選抜 前・中期日程（3教科型〔外部英語試験活用方式〕）** ※出願資格として英語外部試験が必要
[物理：3科目] 数数ⅠⅡⅢAB 理物基・物、化基・化、生基・生から1 外英語外部試験
[生物：3科目] 数数ⅠⅡAB 理物基・物、化基・化、生基・生から1 外英語外部試験
[機能分子化：3科目] 数数ⅠⅡAB、数ⅠⅡⅢABから1 理物基・物、化基・化、生基・生から1 外英語外部試験

◆**一般選抜 前期日程（3教科型〔外部英語試験活用方式 2教科判定方式〕）** ※出願資格として英語外部試験が必要。一般選抜 前期日程（3教科型〔外部英語試験活用方式〕の受験必須
[生物：3科目] 一般選抜 前期日程（3教科型〔外部英語試験活用方式〕）の成績を利用▶理外を合否判定に使用

◆**一般選抜 中期日程（3教科型〔2教科判定方式〕）**
※一般選抜 中期日程（3教科型〔一般方式〕）の受験必須
[物理、機能分子化：3科目] 一般選抜 中期日程（3教科型〔一般方式〕）の成績を利用▶数理を合否判定に使用
[生物：3科目] 一般選抜 中期日程（3教科型〔一般方式〕）の成績を利用▶理外を合否判定に使用

◆**一般選抜 中期日程（3教科型〔外部英語試験活用方式 2教科判定方式〕）** ※出願資格として英語外部試験が必要。一般選抜 中期日程（3教科型〔外部英語試験活用方式〕の受験必須
[生物：3科目] 一般選抜 中期日程（3教科型〔外部英語試験活用方式〕）の成績を利用▶理外を合否判定に使用

◆**一般選抜 後期日程**
[物理：2科目] 数数ⅠⅡⅢAB 外英
[機能分子化：2科目] 外英 論小論文

共通テスト併用入試

◆**共通テスト併用型（前期日程〔3教科型〕）** ※一般選抜 前期日程（3教科型〔一般方式〕）の受験必須
[物理]〈共3科目〉数数ⅠA、数ⅡB 理物〈個3科目〉一般選抜 前期日程（3教科型〔一般方式〕）の成績を利用▶外を合否判定に使用
[生物、機能分子化]〈共3科目〉数数ⅠA、数ⅡB 外英〈個3科目〉一般選抜 前期日程（3教科型〔一般方式〕）の成績を利用▶理を合否判定に使用

◆**共通テスト併用型（後期日程）** ※一般選抜 後期日程の受験必須
[機能分子化]〈共2科目〉国現 理物、化、生から1〈個2科目〉一般選抜 後期日程の成績を利用▶外を合否判定に使用

共通テスト利用入試 ※個別試験は課さない

◆**共通テスト利用型（前期日程〔一般方式〕）**
[物理：4科目] 数数ⅠA、数ⅡB 理物、化、生から1 外英
[生物、機能分子化：5科目] 国現 数数ⅠA、数ⅡB 理物、化、生から1 外英

◆**共通テスト利用型（前期日程〔外部英語試験活用方式〕）** ※出願資格として英語外部試験が必要
[物理：3科目] 数数ⅠA、数ⅡB 理物、化、生から1
[生物、機能分子化：4科目] 国現 数数ⅠA、数ⅡB 理物、化、生から1

◆**共通テスト利用型（後期日程）**
[機能分子化：5科目] 共通テスト利用型（前期日程〔一般方式〕）に同じ

■知能情報学部 偏差値 55

一般選抜

◆**一般選抜 前・中期日程（3教科型〔一般方式〕）**
[知能情報：3科目] 数数ⅠⅡAB、数ⅠⅡⅢABから1 理物基・物、化基・化、生基・生から1 外英

◆**一般選抜 前・中期日程（3教科型〔外部英語試験活用方式〕）** ※出願資格として英語外部試験が必要
[知能情報：3科目] 数数ⅠⅡAB、数ⅠⅡⅢABから1 理物基・物、化基・化、生基・生から1 外英語外部試験

◆**一般選抜 前期日程（2教科型〔一般方式〕）**
[知能情報：2科目] 数数ⅠⅡⅢAB 外英

◆**一般選抜 前期日程（2教科型〔外部英語試験活用方式〕）** ※出願資格として英語外部試験が必要
[知能情報：2科目] 数数ⅠⅡⅢAB 外英語外部試験

共通テスト併用入試

◆**共通テスト併用型（前期日程〔3教科型〕）** ※一般選

抜 前期日程（3教科型〔一般方式〕）の受験必須
［知能情報］〈共2科目〉理物、化、生から1 外英〈個3科目〉一般選抜 前期日程（3教科型〔一般方式〕）の成績を利用▶数を合否判定に使用
◆共通テスト併用型（前期日程〔2教科型〕）※一般選抜 前期日程（2教科型〔一般方式〕）の受験必須
［知能情報］〈共1科目〉外英〈個2科目〉一般選抜 前期日程（2教科型〔一般方式〕）の成績を利用▶数を合否判定に使用
共通テスト利用入試 ※個別試験は課さない
◆共通テスト利用型（前期日程〔一般方式〕、後期日程）
［知能情報：4科目］数数ⅠA、数ⅡB 理物、化、生から1 外英
◆共通テスト利用型（前期日程〔外部英語試験活用方式〕）※出願資格として英語外部試験が必要
［知能情報：4科目］数数ⅠA、数ⅡB 理物、化、生から1 その他英語外部試験

■フロンティアサイエンス学部 偏差値 54

一般選抜
◆一般選抜 前・中期日程（3教科型〔一般方式〕）
［生命化：3科目］数数ⅠⅡAB、数ⅠⅡⅢABから1 理物基・物、化基・化、生基・生から1 外英
◆一般選抜 前・中期日程（3教科型〔外部英語試験活用方式〕）※出願資格として英語外部試験が必要
［生命化：3科目］数数ⅠⅡAB、数ⅠⅡⅢABから1 理物基・物、化基・化、生基・生から1 外英語外部試験
◆一般選抜 前期日程（2教科型〔一般方式〕）
［生命化：2科目］理化基・化、生基・生から1 外英
◆一般選抜 前期日程（2教科型〔外部英語試験活用方式〕）※出願資格として英語外部試験が必要
［生命化：2科目］理化基・化、生基・生から1 外英語外部試験
◆一般選抜 中期日程（3教科型〔2教科判定方式〕）※一般選抜 中期日程（3教科型〔一般方式〕）の受験必須
［生命化：3科目］一般選抜 中期日程（3教科型〔一般方式〕）の成績を利用▶数外から高得点1と理を合否判定に使用
◆一般選抜 中期日程（3教科型〔外部英語試験活用方式 2教科判定方式〕）※出願資格として英語外部試験が必要。一般選抜 中期日程（3教科型〔外部英語試験活用方式〕の受験必須
［生命化：3科目］一般選抜 中期日程（3教科型〔外部英語試験活用方式〕）の成績を利用▶理外を合否判定に使用
共通テスト併用入試
◆共通テスト併用型（前期日程〔3教科型〕）※一般選抜 前期日程（3教科型〔一般方式〕）の受験必須
［生命化］〈共2科目〉数 理 外数ⅠA、数ⅡB、物、化、生、英から2〈個3科目〉一般選抜 前期日程（3教科型〔一般方式〕）の成績を利用▶理を合否判定に使用
◆共通テスト併用型（前期日程〔2教科型〕）※一般選抜 前期日程（2教科型〔一般方式〕）の受験必須
［生命化］〈共1科目〉数 理数ⅠA、数ⅡB、物、化、生から1〈個2科目〉一般選抜 前期日程（2教科型〔一般方式〕）の成績を利用▶理を合否判定に使用
共通テスト利用入試 ※個別試験は課さない
◆共通テスト利用型（前期日程〔一般方式〕）
［生命化：4科目］数数ⅠA、数ⅡB 理物、化、生から1 外英
◆共通テスト利用型（前期日程〔外部英語試験活用方式〕）※出願資格として英語外部試験が必要
［生命化：1科目］理物、化、生から1
◆共通テスト利用型（後期日程）
［生命化：4科目］数数ⅠA、数ⅡB 理物、化、生から2

■特別選抜

［総合型選抜］公募型推薦入学試験（個性重視型、教科科目型〔一般方式、外部英語試験活用方式、面接方式〕）
［その他］経営学部高等学校商業科推薦入学試験、理工学部高等学校工業科推薦入学試験、帰国生選抜入学試験、社会人選抜入学試験、外国人留学生（正規留学生）入学試験、スポーツ能力に優れた者の推薦入学試験

就職支援

甲南大学ではキャリアセンターを設け、教員や職員だけでなく社会の第一線で活躍中の卒業生たちも、強力に在学生をバックアップしています。キャリア支援プログラムやキャリア教育も充実しており、1年次から4年次まで継続したキャリアデザインサポートを実施しています。

国際交流

甲南大学には、世界21カ国・地域、143校の海外協定校・認定校があり、1週間からの短期留学から、3カ月～2年間の中長期留学など多彩な留学プログラムを用意しています。また、学内には世界各国からの多くの留学生が在籍しています。学期はじめには、SPRING / FALL International Weekが開催され、留学生との交流を行います。他にも「Tomodachi プログラム」、「あじさいイベント」、「ランゲージパートナー」、「日本語サポーター」など国際交流も盛んです。

こうべがくいん
神戸学院大学

資料請求

入学・高大接続センター（有瀬キャンパス）　TEL（078）974-1972　〒651-2180 兵庫県神戸市西区伊川谷町有瀬518

学びと知の探究を通して、学問の英知に触れる

大学紹介動画

最新入試情報

「真理愛好・個性尊重」を建学の精神に、自主的で個性豊かな良識ある社会人を育成する。存在価値のある「後世に残る大学」を目指し、グローバルな視野を持ち、高度かつ実践的な教育と研究に取り組んでいる。

ポートアイランド第1キャンパス

キャンパス 2つ

ポートアイランド第1キャンパス
〒650-8586 兵庫県神戸市中央区港島1-1-3
有瀬キャンパス
〒651-2180 兵庫県神戸市西区伊川谷町有瀬518

基本データ

※2023年5月現在（教員数は非常勤を含む。進路・就職は2022年度卒業者データ。学費は2024年度入学者用）

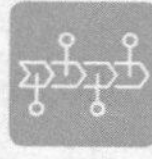
沿革

1966年、栄養学部を設置し開学。2004年、経営学部、2005年、総合リハビリテーション学部、2014年、現代社会学部、2015年、グローバル・コミュニケーション学部、2018年、心理学部を設置。2023年、経営学部に経営・会計専攻とデータサイエンス専攻を設置し、現在に至る。

教育機関
10学部 8研究科

学部　法／経済／経営／人文／心理／現代社会／グローバル・コミュニケーション／総合リハビリテーション／栄養／薬

大学院　法学Ⓜ︎Ⓓ／経済学Ⓜ︎Ⓓ／人間文化学Ⓜ︎Ⓓ／心理学Ⓜ︎Ⓓ／総合リハビリテーション学Ⓜ︎Ⓓ／栄養学Ⓜ︎／薬学Ⓓ／食品薬品総合科学Ⓓ

人数

学部学生数　11,249名

教員1名あたり学生 13名

教員数　812名【理事長】西本誠實、【学長】中村恵
（教授221名、准教授85名、講師477名、助教25名、助手・その他4名）

学費

初年度納入額　1,264,300~2,147,700円

奨学金　神戸学院大学支給奨学金、神戸学院大学同窓会支給奨学金、学校法人神戸学院溝口奨学金、特待生未来サポート制度

進路

学部卒業者　2,382名
（進学76名［3.2%］、就職1,965名［82.5%］、その他341名［14.3%］）

主な就職先　キーエンス、不二化学薬品、良品計画、富士薬品、日本生命保険、野村不動産ソリューションズ、ANA関西空港、国立病院機構、監査法人トーマツ、日本郵便、星野リゾート、兵庫県教育委員会、財務省、海上保安庁、国税庁大阪国税局、兵庫県庁、東京都特別区、兵庫県警察本部

学部学科紹介

※本書掲載内容は、大学公表資料から独自に編集したものです。詳細は大学パンフレットやホームページ等で必ず確認してください（取得可能な免許・資格は任用資格や受験資格などを含む）。

法学部

ポートアイランド第1キャンパス　定員 450

特色　本質的な課題を突き止め、解決策を導き出すリーガルマインドを身につける。
進路　就職先は卸売・小売業やサービス業、公務をはじめ多岐にわたる。
学問分野　法学
大学院　法学

法律学科（450）
現代社会を成り立たせている法律とその仕組みについて専門的な指導を行い、法曹界はもちろん、官・公・民の様々な場面で法の知識を活かせる人材を育成。法律を武器に国際社会をリードしていく力を養う。

取得可能な免許・資格　社会福祉主事、教員免許（中-社、高-地歴・公）

経済学部

有瀬キャンパス　定員 340

特色　自分だけの学びをデザインできるカリキュラムで主体的に学ぶ。
進路　就職先はサービス業や卸売・小売業、金融・保険業など多岐にわたる。
学問分野　経済学
大学院　経済学

経済学科（340）
3つの専門コースは現代社会のニーズに合わせて構成。経済の基本的な理論や日々変化する経済を捉えた最新の知識を学びながら、将来進みたい分野に合わせて専門性を高める。1年次から、7つのプログラムの中から興味のある分野や進路に合わせて選択できる。

取得可能な免許・資格　学芸員、教員免許（中-社、高-地歴・公）

経営学部

ポートアイランド第1キャンパス　定員 340

特色　企業や自治体のプロジェクトに参加して学ぶアクティブ・ラーニングを重視。
進路　金融・保険業や卸売・小売業、サービス業など多彩な進路に進んでいる。
学問分野　経営学／情報学
大学院　経済学

経営学科（340）
2023年度、経営・会計専攻とデータサイエンス専攻を開設。「より実践的な経営学」をコンセプトにヒト・モノ・カネ・データの動きを把握。身近な企業の経営事例から現代のビジネスシーンにおいて発揮できる知識や実践力を養成する。

取得可能な免許・資格　教員免許（中-社、高-公）

人文学部

有瀬キャンパス　定員 300

特色　必修科目の少ないフレキシブルなカリキュラム。3つの科目群から自由に履修。
進路　就職先はサービス業や卸売・小売業、製造業をはじめ多岐にわたる。
学問分野　文学／言語学／哲学／歴史学／文化学／社会学／教育学／芸術・表現／環境学／人間科学
大学院　人間文化学

人文学科（300）
学びの分野は人間との関わりを持つ広い分野におよび、環境、社会、教育、歴史、文化など多種多様。幅広い分野の学修を、アクティブ・ラーニングの機会も活かしながら、人間や世界に関する見識を深める。

取得可能な免許・資格　学芸員、教員免許（中-国・社・英、高-国・地歴・公・英）

心理学部

有瀬キャンパス　定員 150

特色　資格を持つ教員が国家試験をサポート。公認心理師のカリキュラムに対応。
進路　就職先は卸売・小売業やマスコミ・サービス業など。他、大学院進学も。
学問分野　心理学／人間科学
大学院　心理学

心理学科（150）
「社会に生きる心理学」をテーマに、様々なフィールドにおける「こころ」を総合的に学修。公認心理師を育てるカリキュラムのもと、合格までサポートする。充実した施設と地域ネットワークを活用した実験・実習など、心理学の知識を実践的に身につける。

取得可能な免許・資格　公認心理師、認定心理士、社会福祉主事、教員免許（高-公）

現代社会学部

ポートアイランド第1キャンパス　定員 220

特色　街が抱える様々な課題の解決策を考え、社会を動かしていく力を育てる。
進路　就職先はマスコミ・サービス業や公務、卸売・小売業など多岐にわたる。
学問分野　社会学

学科	定員	内容
現代社会学科	(130)	私たちの日常の中にある、ふとした疑問のすべてが探究のテーマ。「市民と生活」「仕事と産業」「地域と文化」の3つの分野を柱に、地域社会、行政、政治、経済、文化、福祉などを幅広く学び、多角的な視野で課題を発見・解決する力を養う。
社会防災学科	(90)	被災地・神戸というロケーションを活かして、未来の安全な暮らしを実現していくために、防災や国際協力、ボランティア、社会貢献について学ぶことができる、全国でも少ない特長ある学科。
取得可能な免許・資格		社会調査士、教員免許（中-社、高-公）

グローバル・コミュニケーション学部

ポートアイランド第1キャンパス　定員 180

特色　2年で720時間以上外国語に触れる環境で確かな語学力を得る。
進路　就職先は旅行やホテルなどのサービス業や卸売・小売業など幅広い。
学問分野　言語学

学科	定員	内容
グローバル・コミュニケーション学科	(180)	英語コース、中国語コースと外国人留学生対象の日本語コースを設置。異文化間で意思疎通する能力を実践的に鍛え、世界で活躍できる人を育むために、豊富な語学学習時間の確保や全員留学による実践機会の提供など、特色ある学びを用意している。
取得可能な免許・資格		教員免許（中-英、高-英）

総合リハビリテーション学部

有瀬キャンパス　定員 170

特色　人に優しい社会を実現するために支援の専門家としての知識を身につける。
進路　卒業者の多くが医療・福祉業に就く。他、一般企業などに就く者もいる。
学問分野　社会福祉学／健康科学
大学院　総合リハビリテーション学

学科	定員	内容
理学療法学科	(40)	理学療法の現場や研究領域で活躍する教員をそろえ、少人数制を採用し、最先端の専門知識を学べる万全の環境を整備。さらに設備面ではリハビリテーション専用の実習室や演習室を設け、人体の仕組みや動き、状態などを測定・分析する最先端の設備・機器を設置。
作業療法学科	(40)	国内有数の最新設備と、作業療法の現場や研究領域で活躍する教員を配置。充実した環境で疾病について学び、医療現場を意識した講義で評価法と治療法を修得。臨床実習により現場で経験を積み、対象者の心身の状態や生活を理解して様々なニーズに応える実践力・応用力を養う。
社会リハビリテーション学科	(90)	医療現場から地域社会の生活支援まで社会福祉の広い分野を学び、多面的な福祉支援をデザインできる人材を育成。社会福祉士および精神保健福祉士を目指す社会福祉士コースと、社会福祉の基礎知識を備えた企業・起業人を育てる生活福祉デザインコースを採用。
取得可能な免許・資格		社会福祉士、精神保健福祉士、社会福祉主事、理学療法士、作業療法士、教員免許（中-社、高-公・福）

栄養学部

有瀬キャンパス　定員 160

特色	高齢化が進む社会の活力を支えていく健康維持のプロフェッショナルを目指す。
進路	医療・福祉業に就く者が多い。他、サービス業や公務など。
学問分野	食物学
大学院	栄養学

栄養学科 (160)	管理栄養学専攻と臨床検査技師専攻を設置。「人を健康に導く」学びをもとに高度な現代医療に応じたカリキュラムを編成。各領域を深く学ぶことはもちろん、互いに関連する科目も組み入れた独自のカリキュラムのもと、スペシャリストを養成する。
取得可能な免許・資格	食品衛生管理者、食品衛生監視員、臨床検査技師、管理栄養士、栄養士、栄養教諭（一種）

薬学部

ポートアイランド第1キャンパス　定員 250

特色	演習・実習中心のアドバンスト教育を通じて医療人を育成。
進路	卒業者の多くは病院や薬局に就く。他、製薬メーカーや公務など。
学問分野	薬学
大学院	薬学

薬学科 (250)	先端医療技術の研究開発拠点である神戸医療産業都市があるポートアイランドの恵まれた環境を活かし、病院や薬局など医療現場での長期実務実習を通して、地域や企業から求められている高度な専門知識と実践力を修得し、医療に貢献できる薬剤師を養成。
取得可能な免許・資格	薬剤師

入試要項（2024年度）

※この入試情報は2024年度募集要項等より編集したものです（見方は巻頭の「本書の使い方」参照）。
2025年度入試の最新情報は、ホームページや2025年度募集要項等で必ず確認してください。

「大学入試科目検索システム」のご案内
日程・方式ごとの偏差値や昨年度入試結果（志願者倍率、実質倍率、合格最低点）、基本情報（出願締切日、試験日、二段階選抜、募集人員、総合満点）などは、「大学入試科目検索システム」（https://nyushi.toshin.com/）をご覧ください（利用方法はp.12参照）。

■法学部　偏差値 55

一般選抜

◆**一般選抜入試（前期日程〔スタンダード型、高得点科目重視型〕）**
[法律：3科目] 国現古 地歴 数 世B、日B、数ⅠⅡAから1 外英

◆**一般選抜入試（中・後期日程〔スタンダード型、高得点科目重視型〕）**
[法律：2科目] 国 数 現古、数ⅠⅡAから1 外英

◆**一般選抜入試（後期日程〔調査書併用型〕）** ※一般選抜入試（後期日程〔スタンダード型〕）の受験必須
[法律：3科目] 一般選抜入試（後期日程〔スタンダード型〕）の成績を利用 書類審 調査書

共通テスト併用入試

◆**一般選抜入試（前期日程〔共通テストプラス型〕）**
※一般選抜入試（前期日程〔スタンダード型〕）の受験必須
[法律]〈共2科目〉国 地歴 公 数 理 外 現古、現漢、地歴公数理全21科目、英から2教科2▶地歴と公は1教科扱い〈個3科目〉一般選抜入試（前期日程〔スタンダード型〕）の成績を利用

◆**一般選抜入試（中期日程〔共通テストプラス型〕）**
※一般選抜入試（中期日程〔スタンダード型〕）の受験必須
[法律]〈共2科目〉国 外 現古、現漢、英から1 地歴 公 数 理 全21科目から1〈個2科目〉一般選抜入試（中期日程〔スタンダード型〕）の成績を利用

共通テスト利用入試　※個別試験は課さない

◆**共通テスト利用入試（前・後期日程〔A方式〕）**
[法律：1科目] 外英

◆**共通テスト利用入試（前期日程〔B方式〕）**
[法律：3科目] 国現古、現漢から1 地歴 公 数 理 地歴公理全15科目、数ⅠA、数ⅡBから1 外全5科目から1

◆**共通テスト利用入試（前・後期日程〔C方式〕）**
[法律：4科目] 国 地歴 公 数 理 現古、現漢、地歴公理全15科目、数ⅠA、数ⅡBから3 外全5科目から1

◆**共通テスト利用入試（後期日程〔B方式〕）**
[法律：2科目] 国 地歴 公 数 理 現古、現漢、地歴公理全15科目、数ⅠA、数ⅡBから1 外全5科目から1

■経済学部　偏差値 54

一般選抜

◆**一般選抜入試（前期日程〔スタンダード型、高得点科目重視型〕）**
[経済：3科目] 国現古 地歴 数 世B、日B、数ⅠⅡAから1 外英

◆**一般選抜入試（中・後期日程〔スタンダード型、高得点科目重視型〕）**
[経済：2科目] 国 数 現古、数ⅠⅡAから1 外英

私立　近畿　神戸学院大学

◆**一般選抜入試（後期日程〔調査書併用型〕）**※一般選抜入試（後期日程〔スタンダード型〕）の受験必須
［経済：3科目］一般選抜入試（後期日程〔スタンダード型〕）の成績を利用 書類審 調査書

共通テスト併用入試

◆**一般選抜入試（前期日程〔共通テストプラス型〕）**
※一般選抜入試（前期日程〔スタンダード型〕）の受験必須
［経済］〈共2科目〉国 地歴 公 数 理 外 現古、現漢、地歴公数理全21科目、英から2教科2▶地歴と公は1教科扱い〈個3科目〉一般選抜入試（前期日程〔スタンダード型〕）の成績を利用

◆**一般選抜入試（中期日程〔共通テストプラス型〕）**
※一般選抜入試（中期日程〔スタンダード型〕）の受験必須
［経済］〈共2科目〉国 外 現古、現漢、英から1 地歴 公 数 理 全21科目から1〈個2科目〉一般選抜入試（中期日程〔スタンダード型〕）の成績を利用

共通テスト利用入試 ※個別試験は課さない

◆**共通テスト利用入試（前期日程）**
［経済：3科目］国 現古、現漢から1 地歴 公 数 理 全21科目から1 外 英、独、仏、中から1

◆**共通テスト利用入試（後期日程）**
［経済：2科目］国 地歴 公 数 理 現古、現漢、地歴公数理全21科目から1 外 英、独、仏、中から1

■経営学部 偏差値 52

一般選抜

◆**一般選抜入試（前期日程〔スタンダード型、高得点科目重視型〕）**
［経営：3科目］国 現古 地歴 数 世B、日B、数ⅠⅡAから1 外 英

◆**一般選抜入試（中・後期日程〔スタンダード型、高得点科目重視型〕）**
［経営：2科目］国 数 現古、数ⅠⅡAから1 外 英

◆**一般選抜入試（後期日程〔調査書併用型〕）**※一般選抜入試（後期日程〔スタンダード型〕）の受験必須
［経営：3科目］一般選抜入試（後期日程〔スタンダード型〕）の成績を利用 書類審 調査書

共通テスト併用入試

◆**一般選抜入試（前期日程〔共通テストプラス型〕）**
※一般選抜入試（前期日程〔スタンダード型〕）の受験必須
［経営］〈共2科目〉国 地歴 公 数 理 外 現古、現漢、地歴公数理全21科目、英から2教科2▶地歴と公は1教科扱い〈個3科目〉一般選抜入試（前期日程〔スタンダード型〕）の成績を利用

◆**一般選抜入試（中期日程〔共通テストプラス型〕）**
※一般選抜入試（中期日程〔スタンダード型〕）の受験必須
［経営］〈共2科目〉国 外 現古、現漢、英から1 地歴 公 数 理 全21科目から1〈個2科目〉一般選抜入試（中期日程〔スタンダード型〕）の成績を利用

共通テスト利用入試 ※個別試験は課さない

◆**共通テスト利用入試（前期日程）**
［経営：3科目］国 現古、現漢から1 地歴 公 数 理 全21科目から1 外 英、独、仏、中から1

◆**共通テスト利用入試（後期日程）**
［経営：2科目］国 地歴 公 数 理 現古、現漢、地歴公数理全21科目から1 外 英、独、仏、中から1

■人文学部 偏差値 52

一般選抜

◆**一般選抜入試（前期日程〔スタンダード型、高得点科目重視型〕）**
［人文：3科目］国 現古 地歴 数 世B、日B、数ⅠⅡAから1 外 英

◆**一般選抜入試（中・後期日程〔スタンダード型、高得点科目重視型〕）**
［人文：2科目］国 数 現古、数ⅠⅡAから1 外 英

◆**一般選抜入試（後期日程〔調査書併用型〕）**※一般選抜入試（後期日程〔スタンダード型〕）の受験必須
［人文：3科目］一般選抜入試（後期日程〔スタンダード型〕）の成績を利用 書類審 調査書

共通テスト併用入試

◆**一般選抜入試（前期日程〔共通テストプラス型〕）**
※一般選抜入試（前期日程〔スタンダード型〕）の受験必須
［人文］〈共2科目〉国 地歴 公 数 理 外 現古、現漢、地歴公数理全21科目、英から2教科2▶地歴と公は1教科扱い〈個3科目〉一般選抜入試（前期日程〔スタンダード型〕）の成績を利用

◆**一般選抜入試（中期日程〔共通テストプラス型〕）**
※一般選抜入試（中期日程〔スタンダード型〕）の受験必須
［人文］〈共2科目〉国 外 現古、現漢、英から1 地歴 公 数 理 全21科目から1〈個2科目〉一般選抜入試（中期日程〔スタンダード型〕）の成績を利用

◆**一般選抜入試（後期日程〔共通テストプラス型〕）**
※一般選抜入試（後期日程〔スタンダード型〕）の受験必須
［人文］〈共1科目〉国 地歴 公 数 理 外 現古、現漢、地歴公数理全21科目、英から1〈個2科目〉一般選抜入試（後期日程〔スタンダード型〕）の成績を利用▶高得点1科目を合否判定に使用

共通テスト利用入試 ※個別試験は課さない

◆**共通テスト利用入試（前・後期日程〔A方式〕）**
［人文：1科目］外 英

◆**共通テスト利用入試（前・後期日程〔B方式〕）**
［人文：2科目］国 地歴 公 数 理 現古、現漢、地歴公理全15科目、数ⅠAから1 外 英

◆**共通テスト利用入試（前・後期日程〔C方式〕）**
［人文：4科目］国 地歴 公 数 理 現古、現漢、地歴公理全15科目、数ⅠAから3教科3▶地歴と公は1教科扱い 外 英

■心理学部 偏差値 57

一般選抜

◆**一般選抜入試（前期日程〔スタンダード型、高得点科目重視型〕）**
［心理：3科目］国 現古 地歴 数 世B、日B、数ⅠⅡAから1 外 英

◆**一般選抜入試（中・後期日程〔スタンダード型、高得点科目重視型〕）**
［心理：2科目］国 数 現古、数ⅠⅡAから1 外 英

◆**一般選抜入試（後期日程〔調査書併用型〕）**※一般選抜入試（後期日程〔スタンダード型〕）の受験必須
［心理：3科目］一般選抜入試（後期日程〔スタンダード型〕）の成績を利用 書類審 調査書

共通テスト併用入試

◆一般選抜入試（前期日程〔共通テストプラス型〕）
※一般選抜入試（前期日程〔スタンダード型〕）の受験必須
［心理］〈共2科目〉国地歴公数理外現古、現漢、地歴公数理全21科目、英から2教科2▶地歴と公は1教科扱い〈個3科目〉一般選抜入試（前期日程〔スタンダード型〕）の成績を利用
◆一般選抜入試（中期日程〔共通テストプラス型〕）
※一般選抜入試（中期日程〔スタンダード型〕）の受験必須
［心理］〈共2科目〉国外現古、現漢、英から1地歴公数理全21科目から1〈個2科目〉一般選抜入試（中期日程〔スタンダード型〕）の成績を利用
◆一般選抜入試（後期日程〔共通テストプラス型〕）
※一般選抜入試（後期日程〔スタンダード型〕）の受験必須
［心理］〈共1科目〉国地歴公数理外現古、現漢、地歴公数理全21科目、英から1〈個2科目〉一般選抜入試（後期日程〔スタンダード型〕）の成績を利用▶高得点1科目を合否判定に使用

共通テスト利用入試 ※個別試験は課さない

◆共通テスト利用入試（前・後期日程〔A方式〕）
［心理：1科目］外英
◆共通テスト利用入試（前・後期日程〔B方式〕）
［心理：2科目］国地歴公数理現古、現漢、地歴公数理全21科目から1外英
◆共通テスト利用入試（前・後期日程〔C方式〕）
［心理：4科目］国地歴公数理現古、現漢、地歴公数理全21科目から3教科3▶地歴と公は1教科扱い外英

■現代社会学部 偏差値 56

一般選抜

◆一般選抜入試（前期日程〔スタンダード型、高得点科目重視型〕）
［全学科：3科目］国現古地歴数世B、日B、数ⅠⅡAから1外英
◆一般選抜入試（中・後期日程〔スタンダード型、高得点科目重視型〕）
［全学科：2科目］国数現古、数ⅠⅡAから1外英
◆一般選抜入試（後期日程〔調査書併用型〕）※一般選抜入試（後期日程〔スタンダード型〕）の受験必須
［全学科：3科目］一般選抜入試（後期日程〔スタンダード型〕）の成績を利用書類審調査書

共通テスト併用入試

◆一般選抜入試（前期日程〔共通テストプラス型〕）
※一般選抜入試（前期日程〔スタンダード型〕）の受験必須
［全学科］〈共2科目〉国地歴公数理外現古、現漢、地歴公数理全21科目、英から2教科2▶地歴と公は1教科扱い〈個3科目〉一般選抜入試（前期日程〔スタンダード型〕）の成績を利用
◆一般選抜入試（中期日程〔共通テストプラス型〕）
※一般選抜入試（中期日程〔スタンダード型〕）の受験必須
［全学科］〈共2科目〉国外現古、現漢、英から1地歴公数理全21科目から1〈個2科目〉一般選抜入試（中期日程〔スタンダード型〕）の成績を利用

共通テスト利用入試 ※個別試験は課さない

◆共通テスト利用入試（前期日程）
［全学科：3科目］国現古、現漢から1地歴公数理全21科目から1外英、独、仏、中から1
◆共通テスト利用入試（後期日程）
［全学科：2科目］国地歴公数理現古、現漢、地歴公数理全21科目から1外英、独、仏、中から1

■グローバル・コミュニケーション学部 偏差値 51

一般選抜

◆一般選抜入試（前期日程〔スタンダード型、高得点科目重視型〕）
［グローバル・コミュニケーション－英語・中国：3科目］国現古地歴数世B、日B、数ⅠⅡAから1外英
◆一般選抜入試（中・後期日程〔スタンダード型、高得点科目重視型〕、後期日程〔英語重視型〕）
［グローバル・コミュニケーション－英語・中国：2科目］国数現古、数ⅠⅡAから1外英
◆一般選抜入試（後期日程〔調査書併用型〕）※一般選抜入試（後期日程〔スタンダード型〕）の受験必須
［グローバル・コミュニケーション－英語・中国：3科目］一般選抜入試（後期日程〔スタンダード型〕）の成績を利用書類審調査書

共通テスト併用入試

◆一般選抜入試（前期日程〔共通テストプラス型〕）
※一般選抜入試（前期日程〔スタンダード型〕）の受験必須
［グローバル・コミュニケーション－英語・中国］〈共2科目〉国地歴公数理外現古、現漢、地歴公数理全21科目、英から2教科2▶地歴と公は1教科扱い〈個3科目〉一般選抜入試（前期日程〔スタンダード型〕）の成績を利用
◆一般選抜入試（中期日程〔共通テストプラス型〕）
※一般選抜入試（中期日程〔スタンダード型〕）の受験必須
［グローバル・コミュニケーション－英語・中国］〈共2科目〉国外現古、現漢、英から1地歴公数理全21科目から1〈個2科目〉一般選抜入試（中期日程〔スタンダード型〕）の成績を利用

共通テスト利用入試 ※個別試験は課さない

◆共通テスト利用入試（前・後期日程〔A方式〕）
［グローバル・コミュニケーション－英語・中国：1科目］外全5科目から1
◆共通テスト利用入試（前期日程〔B方式〕）
［グローバル・コミュニケーション－英語・中国：4科目］国現古、現漢から1地歴公全10科目から1数理全11科目から1外全5科目から1
◆共通テスト利用入試（後期日程〔B方式〕）
［グローバル・コミュニケーション－英語・中国：4科目］国現古、現漢から1地歴公数理全21科目から2外全5科目から1

■総合リハビリテーション学部 偏差値 57

一般選抜

◆一般選抜入試（前期日程〔スタンダード型、高得点科目重視型〕）
［社会リハビリテーション：3科目］国現古地歴数世B、日B、数ⅠⅡAから1外英
◆一般選抜入試（前期日程〔3科目スタンダード型〕）

［理学療法、作業療法：3科目］国理現古、化基・化、生基・生から1数数ⅠⅡA外英
◆一般選抜入試（前期日程〔2科目スタンダード型〕）
［理学療法、作業療法：2科目］国数理外現古、数ⅠⅡA、化基・化、生基・生、英から2教科2▶国と理の組み合わせ不可
◆一般選抜入試（中期日程〔スタンダード型、高得点科目重視型〕）
［理学療法、作業療法：2科目］国数理現古、数ⅠⅡA、化基・化、生基・生から1外英
［社会リハビリテーション：2科目］国数現古、数ⅠⅡAから1外英
◆一般選抜入試（後期日程〔スタンダード型、高得点科目重視型〕）
［理学療法：2科目］理化基・化、生基・生から1外英
［作業療法：2科目］国理現古、化基・化、生基・生から1外英
［社会リハビリテーション：2科目］一般選抜入試（中期日程〔スタンダード型〕）に同じ
◆一般選抜入試（後期日程〔調査書併用型〕）※一般選抜入試（後期日程〔スタンダード型〕）の受験必須
［全学科：3科目］一般選抜入試（後期日程〔スタンダード型〕）の成績を利用書類審調査書

共通テスト併用入試

◆一般選抜入試（前期日程〔共通テストプラス型〕）
※一般選抜入試（前期日程〔スタンダード型〕）の受験必須
［社会リハビリテーション］〈共2科目〉国地歴公数理外現古、現漢、地歴公数理全21科目、英から2教科2▶地歴と公は1教科扱い〈個3科目〉一般選抜入試（前期日程〔スタンダード型〕）の成績を利用
◆一般選抜入試（前期日程〔共通テストプラス型 3科目型〕）※一般選抜入試（前期日程〔3科目スタンダード型〕）の受験必須
［理学療法、作業療法］〈共1科目〉国数理外現古、現漢、数Ⅰ、数ⅠA、数Ⅱ、数ⅡB、理科基礎、物、化、生、英から1▶地基選択不可〈個3科目〉一般選抜入試（前期日程〔3科目スタンダード型〕）の成績を利用
◆一般選抜入試（前期日程〔共通テストプラス型 2科目型〕）※一般選抜入試（前期日程〔2科目スタンダード型〕）の受験必須
［理学療法、作業療法］〈共1科目〉一般選抜入試（前期日程〔共通テストプラス型 3科目型〕）に同じ〈個2科目〉一般選抜入試（前期日程〔2科目スタンダード型〕）の成績を利用
◆一般選抜入試（中期日程〔共通テストプラス型〕）
※一般選抜入試（中期日程〔スタンダード型〕）の受験必須
［理学療法、作業療法］〈共1科目〉一般選抜入試（前期日程〔共通テストプラス型 3科目型〕）に同じ〈個2科目〉一般選抜入試（中期日程〔スタンダード型〕）の成績を利用
［社会リハビリテーション］〈共2科目〉国外現古、現漢、英から1地歴公数理全21科目から1〈個2科目〉一般選抜入試（中期日程〔スタンダード型〕）の成績を利用

共通テスト利用入試 ※個別試験は課さない

◆共通テスト利用入試（前・後期日程〔A方式〕）
［社会リハビリテーション：1科目］外英
◆共通テスト利用入試（前・後期日程〔B方式〕）
［社会リハビリテーション：2科目］国地歴公数理現古、現漢、地歴公数理全21科目から1外英
◆共通テスト利用入試（前・後期日程〔C方式〕）
［社会リハビリテーション：4科目］国地歴公数理現古、現漢、地歴公数理全21科目から3教科3▶地歴と公は1教科扱い外英
◆共通テスト利用入試（前期日程）
［理学療法、作業療法：3科目］国数理外現古、現漢、数Ⅰ、数ⅠA、数Ⅱ、数ⅡB、理科基礎、物、化、生、英から3教科3▶地基選択不可

■栄養学部 偏差値 58

一般選抜

◆一般選抜入試（前期日程〔3科目スタンダード型、3科目高得点科目重視型〕）
［栄養：3科目］数数ⅠⅡA理化基・化、生基・生から1外英
◆一般選抜入試（前期日程〔2科目スタンダード型、2科目高得点科目重視型〕、後期日程〔スタンダード型〕）
［栄養：2科目］理化基・化、生基・生から1外英
◆一般選抜入試（中期日程〔スタンダード型、高得点科目重視型〕）
［栄養：2科目］国数理現古、数ⅠⅡA、化基・化、生基・生から1外英
◆一般選抜入試（後期日程〔調査書併用型〕）※一般選抜入試（後期日程〔スタンダード型〕）の受験必須
［栄養：3科目］一般選抜入試（後期日程〔スタンダード型〕）の成績を利用書類審調査書

共通テスト併用入試

◆一般選抜入試（前期日程〔共通テストプラス型 3科目型〕）※一般選抜入試（前期日程〔3科目スタンダード型〕）の受験必須
［栄養］〈共1科目〉国数理外現古、現漢、数Ⅰ、数ⅠA、数Ⅱ、数ⅡB、理科基礎、物、化、生、英から1▶地基選択不可〈個3科目〉一般選抜入試（前期日程〔3科目スタンダード型〕）の成績を利用
◆一般選抜入試（前期日程〔共通テストプラス型 2科目型〕）※一般選抜入試（前期日程〔2科目スタンダード型〕）の受験必須
［栄養］〈共1科目〉一般選抜入試（前期日程〔共通テストプラス型 3科目型〕）に同じ〈個2科目〉一般選抜入試（前期日程〔2科目スタンダード型〕）の成績を利用
◆一般選抜入試（中期日程〔共通テストプラス型〕）
※一般選抜入試（中期日程〔スタンダード型〕）の受験必須
［栄養］〈共1科目〉一般選抜入試（前期日程〔共通テストプラス型 3科目型〕）に同じ〈個2科目〉一般選抜入試（中期日程〔スタンダード型〕）の成績を利用

共通テスト利用入試 ※個別試験は課さない

◆**共通テスト利用入試（前期日程）**
［栄養：2～3科目］数理次の①・②から1（①数Ⅰ、数ⅠAから1、数Ⅱ、数ⅡBから1、②理科基礎、物、化、生から1▶地基選択不可）外英
◆**共通テスト利用入試（後期日程）**
［栄養：3～4科目］国地歴公数次の①・②から1（①現古、現漢、地歴公全10科目から1、②数Ⅰ、数ⅠAから1、数Ⅱ、数ⅡBから1）理理科基礎、物、化、生から1▶地基選択不可外英

■薬学部 偏差値 50

一般選抜

◆**一般選抜入試（前期日程〔スタンダード型、化学重視型〕）**
［薬：3科目］数数ⅠⅡA理化基・化外英
◆**一般選抜入試（中期日程〔スタンダード型〕）**
［薬：3科目］理化基・化、生基・生から1外英書類審調査書
◆**一般選抜入試（中期日程〔理科重視型〕）**
［薬：2科目］理化基・化、生基・生から1外英
◆**一般選抜入試（後期日程〔スタンダード型、化学重視型〕）**
［薬：2科目］理化基・化外英
◆**一般選抜入試（後期日程〔調査書併用型〕）**※一般選抜入試（後期日程〔スタンダード型〕）の受験必須
［薬：3科目］一般選抜入試（後期日程〔スタンダード型〕）の成績を利用書類審調査書

共通テスト併用入試

◆**一般選抜入試（前期日程〔共通テストプラス型〕）**
※一般選抜入試（前期日程〔スタンダード型〕）の受験必須
［薬］〈共2科目〉数数ⅠA、数ⅡBから1理物、化、生から1〈個3科目〉一般選抜入試（前期日程〔スタンダード型〕）の成績を利用
◆**一般選抜入試（中期日程〔共通テストプラス型〕）**
※一般選抜入試（中期日程〔スタンダード型〕）の受験必須
［薬］〈共2科目〉一般選抜入試（前期日程〔共通テストプラス型〕）に同じ〈個3科目〉一般選抜入試（中期日程〔スタンダード型〕）の成績を利用

共通テスト利用入試 ※個別試験は課さない

◆**共通テスト利用入試（前・後期日程）**
［薬：3科目］数数ⅠA、数ⅡBから1理物、化、生から1外英

■特別選抜

［総合型選抜］AO入試、AO入試（自己表現評価入試、吹奏楽・オーケストラ、コミュニケーション力入試）、理学療法学科適性評価入試、作業療法学科適性評価入試、指定クラブ強化特別入試
［学校推薦型選抜］公募制推薦入試（スタンダード型、適性調査重視型、英語重視型、外部試験併用型、理科重視型）、附属高等学校接続型入試、指定校推薦入試
［その他］外国人留学生入試、帰国生入試、社会人入試

就職支援

神戸学院大学では、キャリアセンターを設け、学生一人ひとりが個性を伸ばし、キャリアビジョンをじっくり見極め、自己実現を達成することを大切にしています。就職ガイダンス、各種セミナー、インターンシップなど、学生のキャリア形成を支援するプログラムを多数実施しています。独自の「神戸学院キャリアナビ」というWebシステムでは、学部生や院生対象に届いた求人票や、先輩の就職活動体験記の閲覧ができます。その他、「就活塾プログラム」として、大手・有力企業への入社など、高い目標を描く挑戦心にあふれた学生をバックアップしています。

国際交流

神戸学院大学では8カ国14大学との長期留学制度が設けられており、半年から1年間の「学部留学」や、留学期間の前半は語学を集中して勉強する「語学＋学部留学などがあります。また、2週間～1ヶ月間、交流協定校で語学研修を行う「短期海外研修」もあります。

神戸学院大学ギャラリー

■大時計

有瀬キャンパス4号館横には、阪神・淡路大震災の記憶を風化させないためのメモリアルとして大時計が設置されています。

■トレーニングルーム

有瀬、ポートアイランドの両キャンパスには、すべての学生が無料で利用できるトレーニングルームが設置されています。

武庫川女子大学

むこがわじょし

資料請求

入試センター（中央キャンパス） TEL（0798）45-3500 〒663-8558 兵庫県西宮市池開町6-46

一生を描ききる女性力を

大学紹介動画

最新入試情報

武庫川女子大学は文系から理系、スポーツ、芸術系まで幅広い領域の学部を有する女子総合大学。大学・短大を合わせて約1万人の学生数は女子大最多。自らの意志と行動力で新たな時代を切り拓く女性を育成している。

中央キャンパス

キャンパス 3つ

中央キャンパス
〒663-8558 兵庫県西宮市池開町6-46

浜甲子園キャンパス
〒663-8179 兵庫県西宮市甲子園九番町11-68

上甲子園キャンパス
〒663-8121 兵庫県西宮市戸崎町1-13

基本データ

※2023年5月現在（進路・就職は2022年度卒業者データ。学費は2024年度入学者用）

沿革

1939年、武庫川学院を創立。1949年、武庫川学院女子大学を開学。1958年、武庫川女子大学に改称。2015年に看護学部、2019年に教育学部を設置。2020年、食物栄養科、建築、経営学部を設置。2023年、心理・社会福祉学部、社会情報学部、健康・スポーツ科学部スポーツマネジメント学科の2学部1学科を設置。2024年、文学部に歴史文化学科を設置。2025年、環境共生学部を開設予定。

教育機関 13学部 8研究科

学部（※※2025年4月設置構想中） 文／教育／心理・社会福祉／健康・スポーツ科／生活環境／社会情報／食物栄養科／建築／音楽／薬／看護／経営／環境共生※

大学院 文学Ⓜ︎Ⓓ／臨床教育学Ⓜ︎Ⓓ／健康・スポーツ科学Ⓜ︎／生活環境学Ⓜ︎Ⓓ／食物栄養科学Ⓜ︎Ⓓ／建築学Ⓜ︎Ⓓ／薬学Ⓜ︎Ⓓ／看護学Ⓜ︎Ⓓ

人数

学部学生数 9,245名

教員1名あたり学生 19名

教員数 470名【学院長】大河原量、【学長】瀬口和義
（教授222名、准教授99名、講師49名、助教37名、助手・その他63名）

学費

初年度納入額 1,214,700~2,078,700円

奨学金 武庫川学院奨学、武庫川学院創立80周年記念特別奨学、武庫川学院鳴松会奨学、新1年生対象自宅外通学応援奨学

進路

学部卒業者 2,028名
（進学86名［4.2%］、就職1,827名［90.1%］、その他115名［5.7%］）

主な就職先 JR西日本、一条工務店、JAL、日本銀行、住友電気工業、アニエスベージャパン、パナソニック、NTTデータ関西、ウエルシア薬局、ニトリ、宝塚舞台、尼崎信用金庫、ファイザー、医誠会病院、住友病院、公立学校（教員）、国土交通省

学部学科紹介

※本書掲載内容は、大学公表資料から独自に編集したものです。詳細は大学パンフレットやホームページ等で必ず確認してください（取得可能な免許・資格は任用資格や受験資格などを含む）。

文学部

中央キャンパス　定員 430

特色　人間の本質や文学などの文化的所産を、人文科学の様々な視点から探究する。
進路　一般企業に就職する他、教員や保育士として活躍する者も多い。
学問分野　文学／言語学／歴史学／文化学／国際学
大学院　文学

日本語日本文学科 （150）	日本語と日本文学、文化を深く学び、美しく整った日本語を扱う技術を修得する。音の響きや意味の広がりといった普段は意識されない日本語の様々な面をはじめ、日本語を母語としない人に日本語を教えるためのスキル、日本文化など多面的に学ぶことができる。
歴史文化学科 新 （80）	2024年度開設。日本史を究明し、過去をヒントにして現代的課題に挑み、未来を展望できる人材を育成。権力の側でなく生活者の視点から歴史を捉える。近畿を拠点にフィールドワークを展開し、地域振興や地産地消など様々なテーマに取り組む。
英語グローバル学科 改 （200）	2024年度改組。英語文化専攻、グローバル・コミュニケーション専攻の2専攻体制となる。入学時から専攻に分かれ、4カ月間のアメリカ分校留学など専門性の高い英語教育でグローバルに活躍できる女性を育成する。
取得可能な免許・資格	登録日本語教員、学芸員、教員免許（中-国・英、高-国・書・英）、司書教諭、司書

教育学部

中央キャンパス　定員 240

特色　教育や保育をリードする使命感を持った教育者を育成する。
進路　卒業者の多くは小学校・幼稚園・保育所などで活躍している。
学問分野　子ども学／教員養成／教育学
大学院　臨床教育学

教育学科 （240）	2年次より小学校教育、小学校・中学校教育、幼児教育・保育、国際教育の4つのコースに分かれて専門性を高める。国際感覚を身につけるため、アメリカ分校への留学やアメリカにある協定校への研修プログラムを設けている。
取得可能な免許・資格	保育士、教員免許(幼一種、小一種、中-国・英、特-知的・肢体・病弱)、司書教諭、司書

心理・社会福祉学部

中央キャンパス　定員 220

特色　クライアントの「こころ」に寄り添える人材の育成を目指す。
進路　2023年度開設。社会福祉士をはじめ専門分野での活躍が期待される。
学問分野　心理学／社会福祉学
大学院　文学

心理学科 （150）	基礎領域と臨床領域の科目をバランス良く学び、支援を必要とする人のための力を身につけ、認定心理士・公認心理師資格の取得を目指す。カウンセラーにとどまらず、リスクマネジメントなど心の理解をビジネスや暮らしに活かす実践的な学びを提供する。
社会福祉学科 （70）	生活問題を抱える個人、家族、地域・コミュニティ、社会に対して支援活動を行う福祉の専門家であるソーシャルワーカー（社会福祉士および精神保健福祉士）を養成する。対人援助のフィールドを広げ、地域貢献や国際協力、多文化共生を目指す。
取得可能な免許・資格	公認心理師、認定心理士、社会調査士、社会福祉士、精神保健福祉士、司書

健康・スポーツ科学部

中央キャンパス　定員 280

特色	全世代の健康・スポーツを支えるスペシャリストの育成を目指す。
進路	教員や公務、一般企業に就く卒業者が多い。大学院へ進学する者もいる。
学問分野	健康科学／教員養成
大学院	健康・スポーツ科学

健康・スポーツ科学科 (180)	最新のスポーツ科学に適応した設備が整えられ、スポーツ心理学や運動生理学、バイオメカニクスといった最新のスポーツテクノロジーや科学的理論を学ぶことができる。スポーツ教育、スポーツパフォーマンス、健康スポーツの3つの学びの領域を設置。
スポーツマネジメント学科 (100)	2023年度開設。スポーツの発展を通してより豊かなスポーツライフと社会づくりに貢献するために、専門知識や競技経験を活かし、成長を続けるスポーツビジネスの現場で活躍できるマネジメント人材を育成する。
取得可能な免許・資格	学芸員、公認パラスポーツ指導者、教員免許（中-保体、高-保体）、司書教諭、司書

生活環境学部

中央キャンパス　定員 195

特色	衣、住、街・都市の観点から人間の生活を取り巻く環境について深く考察。
進路	建築技術者などの専門的・技術的職業に就く者が多い。
学問分野	生活科学／被服学／住居学／デザイン学／環境学
大学院	生活環境学

生活環境学科 (195)	暮らしを取り巻く衣服や生活用品などについて、人との関係性を総合的に捉え直し、優れた生活環境を創造する。2年次から被服学、アパレル、生活デザイン、環境デザイン、建築デザイン、まちづくりの6つの専門のコースに分かれ、文理両面からも考察する。
取得可能な免許・資格	学芸員、建築士（一級、二級、木造）、施工管理技士（建築）、衣料管理士、教員免許（中-家、高-家）、司書教諭、司書

社会情報学部

中央キャンパス　定員 180

特色	社会科学、情報科学、データサイエンスの学びを通じ多角的な視点を育む。
進路	2023年度開設。IT・Web関連企業など専門分野での活躍を想定。
学問分野	メディア学／情報学
大学院	生活環境学

社会情報学科 (180)	メディア、マーケティング、情報科学について多様な実践を通して学び、「情報メディア」「情報サイエンス」の2つの専攻で専門力を磨く。情報社会の様々なフィールドで活躍できることを目指す。
取得可能な免許・資格	学芸員、社会調査士、教員免許（高-情）、司書教諭、司書

食物栄養科学部

中央キャンパス　定員 280

特色	食と健康に着目し最新設備を利用して高度な専門教育を行う。
進路	2020年度開設。栄養教諭やメーカーの開発者などの進路を想定。
学問分野	食物学
大学院	食物栄養科学

食物栄養学科 (200)	高校から大学教育への導入から管理栄養士になるための専門教育科目、その学びを深化させるサポート科目・教職関連科目と段階的に学んでいく。管理栄養士の国家試験に向けたサポートも1年次からあり、希望者には海外研修も実施される。
食創造科学科 (80)	1年次から食の基礎知識を学び、3年次にはフードマネジメントスタディーズとフードイノベーションスタディーズの2つのコースに分かれ、専門性を高めると同時に全員参加のインターンシップで現場への理解を深める。希望者には海外研修も実施される。
取得可能な免許・資格	食品衛生管理者、食品衛生監視員、管理栄養士、栄養士、栄養教諭（一種）、HACCP管理者

建築学部

上甲子園キャンパス　定員 85

特色	建築家になるための充実した環境や教育体制を整備している。
進路	約9割が大学院へ進学。他、建築技術者として活躍。
学問分野	土木・建築学／環境学
大学院	建築学

建築学科　(45)	学部4年間と大学院2年間の6年一貫教育を行う。演習科目・理論科目とフィールドワークで知識を深めるとともに、絵画や木工などの造形演習を通じ、感性と創造力を磨く。修士課程終了時には一級建築士試験受験の必要条件を満たせる。
景観建築学科　(40)	学部4年間と大学院2年間の6年一貫教育を行う。演習科目・講義科目で基礎知識を補うとともに、景観建築設計に必要な植物知識を植物・緑化実習やフィールドワーク調査で身につける。修士課程修了時には一級建築士試験受験の必要条件を満たす。
取得可能な免許・資格	建築士（一級、二級、木造）、測量士補、施工管理技士（建築）

音楽学部

中央キャンパス　定員 50

特色	音楽を基礎から学ぶとともに、幅広い教養を身につける。
進路	卒業者は音楽療法士や公立学校教員の他、一般企業で活躍している。
学問分野	芸術・表現

演奏学科　(30)	高い専門的な知識と技術を兼ね備えた社会で活躍する演奏家や教育者などの人材を育成する。実技指導はすべてマンツーマンで行われる。レッスン室など専用の設備や楽器、国内外の演奏家によるレッスン、海外研修など充実した学習環境が整えられている。
応用音楽学科　(20)	音楽の専門知識と演奏技術を修得し、その専門性から社会に貢献する人材を育成する。3年次から音楽が人間の心身に与える影響について学習する音楽療法、音楽やアートマネジメントを学び、音楽の持つ力を積極的に社会で活かす音楽活用の2つの専修に分かれる。
取得可能な免許・資格	学芸員、教員免許（中-音、高-音）、司書教諭、司書

薬学部

浜甲子園キャンパス　定員 165

特色	実践的な教育により、薬剤師や健康関連分野の専門家を育成する。
進路	薬：薬剤師として活躍。健康生命薬科：就職先は製薬・化学工業になど。
学問分野	薬学
大学院	薬学

薬学科　(105)	6年制。基礎力を補う入学前教育やリメディアル教育を行い、高度な専門知識の学修に際して万全のサポート体制を整備。薬学教育推進センターの教員による習熟度別授業を経て、5年次以降は臨床実習を行い、薬剤師として現場に出るための技量を仕上げていく。
健康生命薬科学科　(60)	4年制。美と健康のサイエンスを学び、社会に貢献できる薬科学者を目指す。4つの履修モデルコースを軸に専門科目を選択。薬学とその周辺分野を幅広く学べる。アメリカ分校でのプログラムや中国の大学での研修などを通して国際感覚を磨く。
取得可能な免許・資格	バイオ技術者、薬剤師、教員免許（中-理、高-理）、司書教諭、司書

看護学部

中央キャンパス　定員 80

特色	幅広い教養と豊かな人間性、グローバルな視野を兼ね備えた看護師を育成する。
進路	卒業者は大学病院や国公立病院で活躍。他、大学院へ進学する者もいる。
学問分野	看護学
大学院	看護学

看護学科　(80)	豊かな人間性を育む共通教育科目や語学関連科目、留学などを通して、幅広い教養を持った看護師を育成する。保健、医療、福祉など他学科とのコラボレート授業を通じて、様々な視点から看護を捉える。
取得可能な免許・資格	看護師

経営学部

中央キャンパス　定員 200

特色　目指すキャリアに応じて 3つの学びを設定。
進路　2020年度開設。製造業や旅行会社、公務などの就職先が想定される。
学問分野　経営学

経営学科　(200)	実践学習を重視し、課題解決力と実践力を養成する。ビジネス・デザイン・スタディーズ、グローバル・マネジメント・スタディーズ、パブリック・マネジメント・スタディーズの3つの領域が相互補完的な役割を果たし、経営学を幅広く学ぶ。

環境共生学部

浜甲子園キャンパス　定員 120

特色　2025年度開設予定(仮称、設置構想中)。文理の枠にとらわれない人物を育成。
進路　2025年度開設予定。環境にまつわる研究職や技術職に就くことを想定。
学問分野　化学／生物学／社会・安全工学／環境学

環境共生学科　新　(120)	2025年度開設予定(仮称、設置構想中)。女性の理系人材育成とともに、文理の枠にとらわれず、新しい発想で社会に貢献できる人材を育成。フィールドワークを重視し、産官学のコラボレーションで地域との連携を深める。
取得可能な免許・資格	学芸員、危険物取扱者（甲種）、教員免許（中-理、高-理）

入試要項(2024年度)

※この入試情報は2024年度募集要項等より編集したものです（見方は巻頭の「本書の使い方」参照）。
2025年度入試の最新情報は、ホームページや2025年度募集要項等で必ず確認してください。

「大学入試科目検索システム」のご案内
日程・方式ごとの偏差値や昨年度入試結果（志願者倍率、実質倍率、合格最低点)、基本情報（出願締切日、試験日、二段階選抜、募集人員、総合満点)などは、「大学入試科目検索システム」(https://nyushi.toshin.com/) をご覧ください（利用方法はp.12参照)。

■文学部　偏差値 57

一般選抜

◆一般選抜A（前期3科目型〔同一配点方式、傾斜配点方式〕）
[日本語日本文、歴史文化：3科目] 国 現古 地歴 数 理 世B、日B、数ⅠA、数ⅠⅡAB、化基・化、生基・生から1 外 英
[英語グローバル：3科目] 国 地歴 数 理 現、現古、世B、日B、数ⅠA、数ⅠⅡAB、化基・化、生基・生から2教科2▶地歴と数の組み合わせ不可 外 英

◆一般選抜A（前期2科目型〔同一配点方式〕)、一般選抜B（中期2科目〔同一配点型、傾斜配点型〕）
[日本語日本文、歴史文化：2科目] 国 現古 地歴 数 理 外 世B、日B、数ⅠA、数ⅠⅡAB、化基・化、生基・生、英から1
[英語グローバル：2科目] 国 地歴 理 現、現古、世B、日B、化基・化、生基・生から1 外 英

◆一般選抜C（後期）
[日本語日本文、歴史文化：2科目] 国 現 数 理 外 数ⅠⅡAB、化基・化、生基・生、英から1
[英語グローバル：2科目] 国 数 理 現、数ⅠⅡAB、化基・化、生基・生から1 外 英

共通テスト利用入試　※個別試験は課さない。理科基礎は2科目扱い

◆一般選抜D（共通テスト利用型）
[日本語日本文、歴史文化：3〜4科目] 国 現古漢 地歴 公 数 理 外 地歴公数理全21科目、英から2教科2
[英語グローバル：3〜4科目] 国 地歴 公 数 理 現、地歴公数理全21科目から2教科2 外 英

■教育学部　偏差値 57

一般選抜

◆一般選抜A（前期3科目型〔同一配点方式、傾斜配点方式〕）
[教育：3科目] 国 地歴 数 理 外 現古、世B、日B、数ⅠA、数ⅠⅡAB、化基・化、生基・生、英から3教科3▶国外から1必須。地歴と数の組み合わせ不可

◆一般選抜A（前期2科目型〔同一配点方式〕）
[教育：2科目] 国 地歴 数 理 外 現、現古、世B、日B、数ⅠA、数ⅠⅡAB、化基・化、生基・生、英から2教科2▶地歴と数の組み合わせ不可

◆一般選抜B（中期2科目〔同一配点型、傾斜配点型〕）
[教育：2科目] 国 地歴 数 理 外 現、現古、世B、日B、数ⅠA、数ⅠⅡAB、化基・化、生基・生、英から2教科2

◆一般選抜C（後期）
[教育：2科目] 国 数 理 外 現、数ⅠⅡAB、化基・化、生基・生、英から2▶国外から1必須

共通テスト利用入試　※個別試験は課さない。理科基礎は2科目扱い

◆一般選抜D（共通テスト利用型）
[教育：3〜4科目] 国 現 地歴 公 数 理 全21科目から1 外 英

■心理・社会福祉学部 偏差値 55

一般選抜

◆一般選抜A（前期3科目型〔同一配点方式、傾斜配点方式〕）

[全学科：3科目] 国 地歴 数 理 現、現古、世B、日B、数ⅠA、数ⅠⅡAB、化基・化、生基・生から2教科2▶地歴と数の組み合わせ不可 外 英

◆一般選抜A（前期2科目型〔同一配点方式〕）

[全学科：2科目] 国 地歴 数 理 外 現、現古、世B、日B、数ⅠA、数ⅠⅡAB、化基・化、生基・生、英から2教科2▶地歴と数の組み合わせ不可

◆一般選抜B（中期2科目〔同一配点型、傾斜配点型〕）

[全学科：2科目] 国 地歴 数 理 外 現、現古、世B、日B、数ⅠA、数ⅠⅡAB、化基・化、生基・生、英から2▶国数各2科目選択不可

◆一般選抜C（後期）

[心理：2科目] 国 数 理 外 現、数ⅠⅡAB、化基・化、生基・生、英から2▶国外から1必須

[社会福祉：2科目] 国 数 理 外 現、数ⅠⅡAB、化基・化、生基・生、英から2

共通テスト利用入試 ※個別試験は課さない。理科基礎は2科目扱い

◆一般選抜D（共通テスト利用型）

[全学科：3～4科目] 国 地歴 公 数 理 外 現、地歴公数理全21科目、英から3教科3

■健康・スポーツ科学部 偏差値 57

一般選抜

◆一般選抜A（前期3科目型〔同一配点方式、傾斜配点方式〕）

[全学科：3科目] 国 地歴 数 理 現、現古、世B、日B、数ⅠA、数ⅠⅡAB、数ⅠⅡⅢAB、物基・物、化基・化、生基・生から2教科2▶地歴と数の組み合わせ不可 外 英

◆一般選抜A（前期2科目型〔同一配点方式〕）

[全学科：2科目] 国 地歴 数 理 外 現、現古、世B、日B、数ⅠA、数ⅠⅡAB、数ⅠⅡⅢAB、物基・物、化基・化、生基・生、英から2教科2▶地歴と数の組み合わせ不可

◆一般選抜B（中期2科目〔同一配点型、傾斜配点型〕）

[全学科：2科目] 国 地歴 数 理 外 現、現古、世B、日B、数ⅠA、数ⅠⅡAB、化基・化、生基・生、英から2▶国数各2科目選択不可

◆一般選抜C（後期）

[全学科：2科目] 国 数 理 外 現、数ⅠⅡAB、化基・化、生基・生、英から2

共通テスト利用入試 ※個別試験は課さない。理科基礎は2科目扱い

◆一般選抜D（共通テスト利用型）

[全学科：3～4科目] 国 地歴 公 数 理 外 現、地歴公数理全21科目、英から3教科3

■生活環境学部 偏差値 57

一般選抜

◆一般選抜A（前期3科目型〔同一配点方式、傾斜配点方式〕）

[生活環境：3科目] 国 地歴 数 理 現、現古、世B、日B、数ⅠA、数ⅠⅡAB、化基・化、生基・生から2教科2▶地歴と数の組み合わせ不可 外 英

◆一般選抜A（前期2科目型〔同一配点方式〕）

[生活環境：2科目] 国 地歴 数 理 外 現、現古、世B、日B、数ⅠA、数ⅠⅡAB、化基・化、生基・生、英から2教科2▶地歴と数の組み合わせ不可

◆一般選抜B（中期2科目〔同一配点型、傾斜配点型〕）

[生活環境：2科目] 国 地歴 数 理 外 現、現古、世B、日B、数ⅠA、数ⅠⅡAB、化基・化、生基・生、英から2▶国数各2科目選択不可

◆一般選抜C（後期）

[生活環境：2科目] 国 数 理 外 現、数ⅠⅡAB、化基・化、生基・生、英から2

共通テスト利用入試 ※個別試験は課さない。理科基礎は2科目扱い

◆一般選抜D（共通テスト利用型）

[生活環境：3～4科目] 国 現 地歴 公 数 理 全21科目から1 外 英

■社会情報学部 偏差値 55

一般選抜

◆一般選抜A（前期3科目型〔同一配点方式、傾斜配点方式〕）

[社会情報－情報メディア：3科目] 国 地歴 数 理 現、現古、世B、日B、数ⅠA、数ⅠⅡAB、化基・化、生基・生から2教科2▶地歴と数の組み合わせ不可 外 英

◆一般選抜A（前期2科目型〔同一配点方式〕）

[社会情報：2科目] 国 地歴 数 理 外 現、現古、世B、日B、数ⅠA、数ⅠⅡAB、化基・化、生基・生、英から2教科2▶地歴と数の組み合わせ不可

◆一般選抜B（中期2科目〔同一配点型、傾斜配点型〕）

[社会情報－情報メディア：2科目] 国 地歴 数 理 外 現、現古、世B、日B、数ⅠA、数ⅠⅡAB、化基・化、生基・生、英から2▶国数各2科目選択不可

[社会情報－情報サイエンス：2科目] 国 地歴 数 理 外 現、現古、世B、日B、数ⅠA、数ⅠⅡAB、化基・化、生基・生、英から2▶国2科目選択不可

◆一般選抜C（後期）

[社会情報：2科目] 国 数 理 外 現、数ⅠⅡAB、化基・化、生基・生、英から2教科2

共通テスト利用入試 ※個別試験は課さない。理科基礎は2科目扱い

◆一般選抜D（共通テスト利用型）

[社会情報－情報メディア：3～4科目] 国 地歴 公 数 理 外 現、地歴公理全15科目、数Ⅰ、数ⅠA、数Ⅱ、数ⅡB、情、英から3教科3

[社会情報－情報サイエンス：3～4科目] 国 地歴 公 数 理 外 現、地歴公数理全21科目、英から3教科3

■食物栄養科学部 偏差値 57

一般選抜

◆一般選抜A（前期3科目型〔同一配点方式、傾斜

配点方式〕）
［食物栄養：3科目］国 数 現、現古、数ⅠA、数ⅠⅡAB から1 理 化基・化、生基・生から1 外 英
［食創造科：3科目］国 地歴 数 理 現、現古、世B、日B、数ⅠA、数ⅠⅡAB、化基・化、生基・生から2教科2▶数理から1必須 外 英

◆一般選抜A（前期2科目型〔同一配点方式〕）
［食物栄養：2科目］国 数 外 現、現古、数ⅠA、数ⅠⅡAB、英から1 理 化基・化、生基・生から1
［食創造科：2科目］国 地歴 数 理 外 現、現古、世B、日B、数ⅠA、数ⅠⅡAB、化基・化、生基・生、英から2教科2▶数理から1必須

◆一般選抜B（中期2科目〔同一配点型、傾斜配点型〕）
［食物栄養：2科目］国 数 理 外 現、現古、数ⅠA、数ⅠⅡAB、化基・化、生基・生、英から2▶理から1必須
［食創造科：2科目］国 地歴 数 理 外 現、現古、世B、日B、数ⅠA、数ⅠⅡAB、化基・化、生基・生、英から2▶数理から1必須。数2科目選択不可

◆一般選抜C（後期）
［食物栄養：2科目］国 数 理 外 現、数ⅠⅡAB、化基・化、生基・生、英から2▶理から1必須
［食創造科：2科目］国 数 理 外 現、数ⅠⅡAB、化基・化、生基・生、英から2▶数理から1必須

共通テスト利用入試　※個別試験は課さない。理科基礎は2科目扱い

◆一般選抜D（共通テスト利用型）
［食物栄養：3～4科目］国 数 理 現、数Ⅰ、数ⅠA、数Ⅱ、数ⅡB、情、化基・生基、化、生から2▶理から1必須 外 英
［食創造科：3～4科目］国 数 理 現、数全6科目、化基・生基、化、生から2▶理から1必須 外 英

■建築学部　偏差値 55

一般選抜

◆一般選抜A（前期3科目型〔同一配点方式、傾斜配点方式〕）
［建築：3科目］数 数ⅠⅡⅢAB 理 物基・物、化基・化から1 外 英
［景観建築：3科目］数 数ⅠⅡⅢAB 理 物基・物、化基・化、生基・生から1 外 英

◆一般選抜B（中期2科目〔同一配点型、傾斜配点型〕）
［建築：2科目］国 理 外 現、物基・物、化基・化、英から1 数 数ⅠⅡAB
［景観建築：2科目］国 理 外 現、物基・物、化基・化、生基・生、英から1 数 数ⅠⅡAB

◆一般選抜C（後期）
［建築：2科目］国 外 現、英から1 数 数ⅠⅡAB
［景観建築：2科目］国 理 外 現、生基・生、英から1 数 数ⅠⅡAB

共通テスト利用入試　※個別試験は課さない

◆一般選抜D（共通テスト利用型）
［全学科：4科目］国 地歴 公 理 外 現、世B、日B、地理B、公全4科目、物、化、生、地、英から2教科2 数 数ⅠA、数ⅡB

■音楽学部　偏差値 -

一般選抜

◆一般選抜A（前期3科目型）
［応用音楽：3科目］国 地歴 数 外 音 実技 次の①～③から2（①現、楽典から1、②世B、日B、数ⅠAから1、③英、音楽実技から1）実技 音楽実技

◆一般選抜A（前期2科目型）
［演奏：2科目］国 地歴 数 外 音 実技 音楽実技必須、現、世B、日B、数ⅠA、英、楽典、音楽実技から1

◆一般選抜B（中期2科目〔同一配点型〕）
［演奏：2科目］一般選抜A（前期2科目型）に同じ
［応用音楽：2科目］国 地歴 数 外 音 現、世B、日B、数ⅠA、英、楽典から1 実技 音楽実技

◆一般選抜C（後期）
［全学科：2科目］国 数 外 現、数ⅠⅡAB、英から1 実技 音楽実技

■薬学部　偏差値 55

一般選抜

◆一般選抜A（前期3科目型〔同一配点方式、傾斜配点方式〕）
［薬：3科目］国 数 外 現、現古、数ⅠA、数ⅠⅡAB、英から2教科2 理 化基・化、生基・生から1

◆一般選抜A（前期2科目型〔同一配点方式〕）
［全学科：2科目］国 数 外 現、現古、数ⅠA、数ⅠⅡAB、英から1 理 化基・化、生基・生から1

◆一般選抜B（中期2科目〔同一配点型、傾斜配点型〕）
［全学科：2科目］国 数 理 外 現、現古、数ⅠA、数ⅠⅡAB、化基・化、生基・生、英から2▶理から1必須

◆一般選抜C（後期）
［全学科：2科目］国 数 理 外 現、数ⅠⅡAB、化基・化、生基・生、英から2▶理から1必須

共通テスト利用入試　※個別試験は課さない

◆一般選抜D（共通テスト利用型）
［薬：3科目］数 理 数ⅠA、数ⅡB、物、化、生から2▶化、生から1必須 外 英
［健康生命薬科：3科目］数 理 外 数ⅠA、数ⅡB、物、化、生、英から3▶化、生から1必須。数2科目選択不可

■看護学部　偏差値 55

一般選抜

◆一般選抜A（前期3科目型〔同一配点方式、傾斜配点方式〕）
［看護：3科目］国 数 理 現、現古、数ⅠA、数ⅠⅡAB、化基・化、生基・生から2教科2 外 英

◆一般選抜A（前期2科目型〔同一配点方式〕）
［看護：2科目］国 数 理 外 現、現古、数ⅠA、数ⅠⅡAB、化基・化、生基・生、英から2教科2

◆一般選抜B（中期2科目〔同一配点型、傾斜配点型〕）
［看護：2科目］国 数 理 外 現、現古、数ⅠA、数ⅠⅡAB、化基・化、生基・生、英から2▶国数各2科目選択不可

◆**一般選抜C（後期）**
［看護：2科目］国数理外現、数ⅠⅡAB、化基・化、生基・生、英から2

共通テスト利用入試 ※個別試験は課さない。理科基礎は2科目扱い

◆**一般選抜D（共通テスト利用型）**
［看護：3〜4科目］国数理現、数Ⅰ、数ⅠA、数Ⅱ、数ⅡB、理科基礎、物、化、生から2教科2▶地基選択不可外英

■経営学部 偏差値 57

一般選抜

◆**一般選抜A（前期3科目型〔同一配点方式、傾斜配点方式〕）**
［経営：3科目］国地歴数理現、現古、世B、日B、数ⅠA、数ⅠⅡAB、化基・化、生基・生から2教科2▶地歴と数の組み合わせ不可外英

◆**一般選抜A（前期2科目型〔同一配点方式〕）**
［経営：2科目］国地歴数理外現、現古、世B、日B、数ⅠA、数ⅠⅡAB、化基・化、生基・生、英から2教科2▶地歴と数の組み合わせ不可

◆**一般選抜B（中期2科目〔同一配点型、傾斜配点型〕）**
［経営：2科目］国地歴数理外現、現古、世B、日B、数ⅠA、数ⅠⅡAB、化基・化、生基・生、英から2▶国数各2科目選択不可

◆**一般選抜C（後期）**
［経営：2科目］国数理外現、数ⅠⅡAB、化基・化、生基・生、英から2教科2

共通テスト利用入試 ※個別試験は課さない。理科基礎は2科目扱い

◆**一般選抜D（共通テスト利用型）**
［経営：3〜4科目］国地歴公数理外現、地歴公数理全21科目、英から3教科3

■特別選抜

［総合型選抜］公募制推薦入試（前・後期〔大学スタンダード型、高得点科目重視型〕）、MUKOJO未来教育総合型選抜、演奏奨学生入試
［その他］指定校推薦入試、スポーツ推薦入試、併設附属高等学校からの推薦入試

武庫川女子大学ギャラリー

■中央キャンパス

レンガ色の建物と緑が調和するメインキャンパス。施設や設備が充実しており、様々な分野の学習に対応した環境が整っています。

■浜甲子園キャンパス

薬と健康を学び、研究するための最良の環境を追求した薬学部のキャンパス。実験・研究設備なども充実しています。

■上甲子園キャンパス

建築学部の学生が通っており、キャンパス内にある歴史的建造物や最先端の技術を用いた現代建築などを生きた教材として学べます。

■アメリカ分校

アメリカのワシントン州スポケーンにあるもう一つのキャンパス。緑豊かなキャンパスで異文化に触れることができます。

ひろしましゅうどう
広島修道大学

資料請求

入学センター　TEL (082) 830-1100　〒731-3195 広島県広島市安佐南区大塚東1-1-1

地球的な視野から、地域社会の発展に貢献する

大学紹介動画　最新入試情報

「道を修める」を建学の精神に、知識と技能、思考力、判断力、表現力、協創する態度などを養う。海外の教育機関と連携した海外体験プログラムや、留学生とともに学ぶ「グローバル科目」を設けている。

キャンパス構内

キャンパス **1**つ

広島修道大学キャンパス
〒731-3195 広島県広島市安佐南区大塚東1-1-1

基本データ

※2023年5月現在（進路・就職は2022年度卒業者データ。学費は2024年度入学者用）

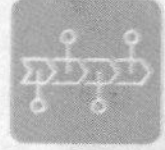
沿革

1725年、広島藩校講学所を開所。1887年、私立修道学校を設立。1960年、広島商科大学に昇格し、商学部を設置。1973年、人文学部を設置し、広島修道大学に改称。1976年、法学部を設置。2017年、健康科学部を設置。2018年、国際コミュニティ学部を設置。2024年、人文学部社会学科を設置。

教育機関 **7** 学部 **4** 研究科

学部　商／人文／法／経済科／人間環境／健康科／国際コミュニティ

大学院　商学ⓂⒹ／経済科学ⓂⒹ／人文科学ⓂⒹ／法学Ⓜ

人数

学部学生数　**6,223**名

教員1名あたり学生 **31**名

教員数　**195**名【理事長】林正夫、【学長】矢野泉
（教授**129**名、准教授**41**名、講師**10**名、助教**13**名、助手・その他**2**名）

学費

初年度納入額　**1,231,000~1,351,000**円

奨学金　広島修道大学修学奨学金、広島修道大学同窓会奨学金、広島修道大学経済支援奨学金

進路

学部卒業者　**1,384**名
（進学**30**名［2.2%］、就職**1,213**名［87.6%］、その他**141**名［10.2%］）

主な就職先　国家公務（一般職）、広島市（職員）、広島県内公立学校、広島市内公立学校、広島県警察、日本年金機構、広島銀行、楽天銀行、中国電力、広島ガス、東京海上日動火災保険、三菱自動車工業、TOPPANホールディングス、大創産業

学部学科紹介

※本書掲載内容は、大学公表資料から独自に編集したものです。詳細は大学パンフレットやホームページ等で必ず確認してください（取得可能な免許・資格は任用資格や受験資格などを含む）。

商学部

広島修道大学キャンパス　定員 295

特色	理論と実践の両分野を学び、社会の諸問題を解決する能力を身につける。
進路	就職先は卸売・小売業をはじめ製造業、サービス業など。
学問分野	経営学／観光学
大学院	商学

商学科 (155)	1年次に商学の基礎を学び、2年次より流通・マーケティング、地域・観光、金融ビジネスの3つのコースに分かれて学ぶ。少人数制ゼミを設置するなど学生のサポート体制も充実。金融のプロを目指すための金融特別プログラムも設けている。
経営学科 (140)	2年次よりビジネス・マネジメント、会計、起業・事業承継の3つのコースから専門とする分野を選択し、専門家として通用する力を育む。会計のエキスパートを目指すための会計特別プログラムを設置し、難易度の高い資格にも挑戦できる能力を鍛える。
取得可能な免許・資格	教員免許（高-商業）

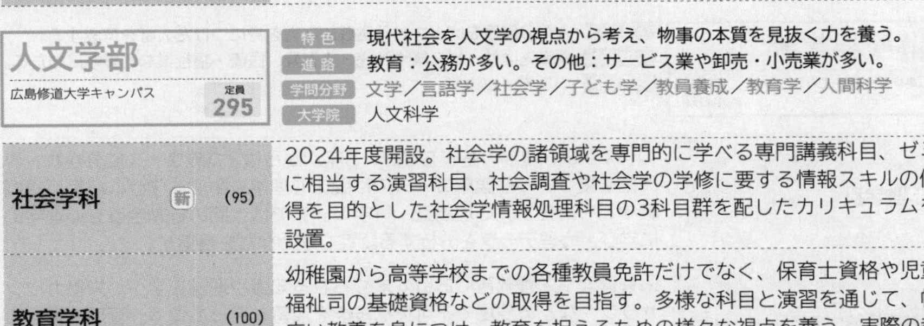

人文学部

広島修道大学キャンパス　定員 295

特色	現代社会を人文学の視点から考え、物事の本質を見抜く力を養う。
進路	教育：公務が多い。その他：サービス業や卸売・小売業が多い。
学問分野	文学／言語学／社会学／子ども学／教員養成／教育学／人間科学
大学院	人文科学

社会学科 新 (95)	2024年度開設。社会学の諸領域を専門的に学べる専門講義科目、ゼミに相当する演習科目、社会調査や社会学の学修に要する情報スキルの修得を目的とした社会学情報処理科目の3科目群を配したカリキュラムを設置。
教育学科 (100)	幼稚園から高等学校までの各種教員免許だけでなく、保育士資格や児童福祉司の基礎資格などの取得を目指す。多様な科目と演習を通じて、幅広い教養を身につけ、教育を捉えるための様々な視点を養う。実際の教育現場で実践力を身につける機会も充実している。
英語英文学科 (100)	2年次からは2つのコースのいずれかを選択。英米文化・文学コースでは演劇や詩などを通して異文化への理解を深める。英語学・英語教育学コースでは英語の発音や文の仕組み、構造などを専門的に学ぶ。両コースとも実践的な科目に特化した通訳翻訳プログラムも履修可能。
取得可能な免許・資格	社会調査士、児童福祉司、保育士、教員免許（幼一種、小一種、中-社・英、高-地歴・公・英、特-知的・肢体・病弱）、社会教育士、社会教育主事

法学部

広島修道大学キャンパス　定員 195

特色	社会の新たな問題を、法の知識や論理的思考力を活かして解決する能力を養う。
進路	就職先は卸売・小売業やサービス業など。他、公務に就く者も多い。
学問分野	法学
大学院	法学

法律学科 (195)	幅広い分野の科目が履修できるカリキュラムを設置。ルールに基づいた合理的な考え方（リーガルマインド）を身につける。裁判の傍聴や公務職場でのインターンシップなど現場で学ぶ機会が充実している。
取得可能な免許・資格	教員免許（中-社、高-地歴・公）

経済科学部

広島修道大学キャンパス　定員 230

特色	現代の経済社会に必要な知識と技術を、現代的な技法を用いた学びで修得。
進路	就職先は卸売・小売業や情報通信業、金融業など多岐にわたる。
学問分野	経済学／情報学
大学院	経済科学

現代経済学科 (115)	「ミクロ経済学」などの現代経済の理解に必要な基礎科目が充実。3年次よりゼミが始まり、4年次に卒業研究や論文作成を行う。丁寧な指導のもと、少人数ゼミなどを通じて専門性の高い知識を修得する。

経済情報学科 (115)	経済学やシステム科学、情報科学の基礎を固めた上で、より高度な経済学の知識やコンピュータのスキルを養う。3年次以降の少人数ゼミでは、多くが専門的な研究をコンピュータを駆使して行うため、高度なITスキルが身につく。
取得可能な免許・資格	教員免許（中-社、高-公・情・商業）

人間環境学部

広島修道大学キャンパス　定員 115

特色　多様な学問領域を総合し、環境問題の解決策を見いだすことのできる専門家を養成。
進路　就職先は卸売・小売業を中心にサービス業、製造業など多岐にわたる。
学問分野　環境学／人間科学

人間環境学科 (115)	自然科学、人文科学、社会科学などの多様な分野を学びながら、様々な角度から環境問題を検討する力を育む。その上で地域社会と協力したフィールドワークや少人数のゼミに取り組み知識を実践に活かしながら、専門性を高めていく。
取得可能な免許・資格	教員免許（中-社、高-公）

健康科学部

広島修道大学キャンパス　定員 160

特色　人々の健康を向上させる実践的な力を身につけた人材を育成する。
進路　就職先はサービス業や卸売・小売業、医療・福祉業など多岐にわたる。
学問分野　心理学／食物学

心理学科 (80)	1年次では心理学の基礎を学び、3年次からは2つのコースに分かれ、専門性を養う。心理臨床コースでは臨床心理学を中心に学び、心理系専門職などを目指す。心理調査・科学コースでは人間の行動全般を心理学的に学び、心理データを分析する認定心理士などを目指す。
健康栄養学科 (80)	栄養管理や栄養教育において求められる知識や理論を学ぶ。栄養カウンセリングなどの現場で不可欠な技能を演習を通して養う。管理栄養士の資格取得に関して力を入れ、様々な専門領域を学べるカリキュラムを展開。様々な食に関する資格の取得も可能である。
取得可能な免許・資格	公認心理師、認定心理士、児童心理司、児童福祉司、食品衛生管理者、食品衛生監視員、管理栄養士、栄養士、栄養教諭（一種）

国際コミュニティ学部

広島修道大学キャンパス　定員 150

特色　世界と地域の両方の視点から社会を捉えることのできる人材を育成する。
進路　就職先は卸売・小売業やサービス業、公務など多岐にわたる。
学問分野　政治学／国際学

国際政治学科 (75)	現代世界の諸問題を理解し、その解決方法を探究していく。世界の各地域の文化を学ぶことによって国際社会への対応力を身につける。海外への留学や語学研修、海外からの訪問者との交流といった実践的な経験を積むことのできる機会も豊富に用意されている。
地域行政学科 (75)	地域の人々と協働し、地域社会の価値や課題を見いだす実習科目が充実。地域活動で経験したことを体系的に整理することで、地域社会の課題の解決法を探究する。地域に関する発見や考察を通じて行政に求められる構想力や実行力を養う。
取得可能な免許・資格	教員免許（中-社、高-公）、社会教育士、社会教育主事

入試要項（2024年度）

※この入試情報は2024年度募集要項等より編集したものです（見方は巻頭の「本書の使い方」参照）。
2025年度入試の最新情報は、ホームページや2025年度募集要項等で必ず確認してください。

「大学入試科目検索システム」のご案内
日程・方式ごとの偏差値や昨年度入試結果（志願者倍率、実質倍率、合格最低点）、基本情報（出願締切日、試験日、二段階選抜、募集人員、総合満点）などは、「大学入試科目検索システム」（https://nyushi.toshin.com/）をご覧ください（利用方法はp.12参照）。

■商学部 偏差値 54

一般選抜

◆**一般選抜（前期日程〔スタンダード方式〕）**
[全学科：3科目] 国現古 地歴 公 数 理 世B、日B、地理B、政経、数ⅠⅡA、化基・生基、生基・生から1▶生基・生は試験日により選択可 外 英

◆**一般選抜（前期日程〔高得点科目重視方式〕）**※一般選抜（前期日程〔スタンダード方式〕）の受験必須
[全学科：3科目] 一般選抜（前期日程〔スタンダード方式〕）の成績を利用▶高得点2科目を合否判定に使用

◆**一般選抜（後期日程）**※合否ライン上の受験者のみ主体性を評価する
[全学科：2科目] 国現 外 英

共通テスト併用入試

◆**一般選抜（前期日程〔共通テストプラス方式〕）**※一般選抜（前期日程〔スタンダード方式〕）の受験必須
[全学科]〈共2科目〉国 地歴 公 数 理 外 現古漢、地歴公数理全21科目、英から2▶英選択の場合は英、英語外部試験から高得点1〈個3科目〉一般選抜（前期日程〔スタンダード方式〕）の成績を利用▶高得点2科目を合否判定に使用

共通テスト利用入試　※個別試験は課さない

◆**共通テスト利用選抜（前期日程）**
[全学科：3科目] 国現古漢 地歴 公 数 理 全21科目から1 外 英、英語外部試験から高得点1

◆**共通テスト利用選抜（後期日程）**
[全学科：3科目] 共通テスト利用選抜（前期日程）に同じ▶国地歴公数理から高得点1科目と外で合否判定

■人文学部 偏差値 53

一般選抜

◆**一般選抜（前期日程〔スタンダード方式〕）**
[全学科：3科目] 国現古 地歴 公 数 理 世B、日B、地理B、政経、数ⅠⅡA、化基・生基、生基・生から1▶生基・生は試験日により選択可 外 英

◆**一般選抜（前期日程〔高得点科目重視方式〕）**※一般選抜（前期日程〔スタンダード方式〕）の受験必須
[社会、英語英文：3科目] 一般選抜（前期日程〔スタンダード方式〕）の成績を利用▶国地歴公数理から高得点1科目と外を合否判定に使用
[教育：3科目] 一般選抜（前期日程〔スタンダード方式〕）の成績を利用▶高得点2科目を合否判定に使用

◆**一般選抜（後期日程）**※合否ライン上の受験者のみ主体性を評価する
[全学科：2科目] 国現 外 英

共通テスト併用入試

◆**一般選抜（前期日程〔共通テストプラス方式〕）**※一般選抜（前期日程〔スタンダード方式〕）の受験必須
[社会、英語英文]〈共2科目〉国 地歴 公 数 理 現古漢、地歴公数理全21科目から1 外 英、英語外部試験から高得点1〈個3科目〉一般選抜（前期日程〔スタンダード方式〕）の成績を利用▶国地歴公数理から高得点1科目と外を合否判定に使用
[教育]〈共2科目〉国 地歴 公 数 理 外 現古漢、地歴公数理全21科目、英から2▶英選択の場合は英、英語外部試験から高得点1〈個3科目〉一般選抜（前期日程〔スタンダード方式〕）の成績を利用▶高得点2科目を合否判定に使用

共通テスト利用入試　※個別試験は課さない

◆**共通テスト利用選抜（前期日程）**
[全学科：3科目] 国現古漢 地歴 公 数 理 全21科目から1 外 英、英語外部試験から高得点1

◆**共通テスト利用選抜（後期日程）**
[全学科：3科目] 共通テスト利用選抜（前期日程）に同じ▶国地歴公数理から高得点1科目と外で合否判定

■法学部 偏差値 54

一般選抜

◆**一般選抜（前期日程〔スタンダード方式〕）**
[法律：3科目] 国現古 地歴 公 数 理 世B、日B、地理B、政経、数ⅠⅡA、化基・生基、生基・生から1▶生基・生は試験日により選択可 外 英

◆**一般選抜（前期日程〔高得点科目重視方式〕）**※一般選抜（前期日程〔スタンダード方式〕）の受験必須
[法律：3科目] 一般選抜（前期日程〔スタンダード方式〕）の成績を利用▶高得点2科目を合否判定に使用

◆**一般選抜（後期日程）**※合否ライン上の受験者のみ主体性を評価する
[法律：2科目] 国現 外 英

共通テスト併用入試

◆**一般選抜（前期日程〔共通テストプラス方式〕）**※一般選抜（前期日程〔スタンダード方式〕）の受験必須
[法律]〈共2科目〉国 地歴 公 数 理 外 現古漢、地歴公数理全21科目、英から2▶英選択の場合は英、英語外部試験から高得点1〈個3科目〉一般選抜（前期日程〔スタンダード方式〕）の成績を利用▶高得点2科目を合否判定に使用

共通テスト利用入試　※個別試験は課さない

◆**共通テスト利用選抜（前期日程）**
[法律：3科目] 国現古漢 地歴 公 数 理 全21科目から1 外 英、英語外部試験から高得点1

◆共通テスト利用選抜（後期日程）
［法律：3科目］共通テスト利用選抜（前期日程）に同じ▶国外から高得点1科目と選択科目で合否判定

■経済科学部 偏差値 54

一般選抜

◆一般選抜（前期日程〔スタンダード方式〕）
［全学科：3科目］国現古 地歴 公 数 理世B、日B、地理B、政経、数ⅠⅡA、化基・生基、生基・生から1▶生基・生は試験日により選択可 外英

◆一般選抜（前期日程〔高得点科目重視方式〕）※一般選抜（前期日程〔スタンダード方式〕）の受験必須
［全学科：3科目］一般選抜（前期日程〔スタンダード方式〕）の成績を利用▶高得点2科目を合否判定に使用

◆一般選抜（後期日程）※合否ライン上の受験者のみ主体性を評価する
［全学科：2科目］国現 外英

共通テスト併用入試

◆一般選抜（前期日程〔共通テストプラス方式〕）※一般選抜（前期日程〔スタンダード方式〕）の受験必須
［全学科］〈共2科目〉国 地歴 公 数 理 外現古漢、地歴公数理全21科目、英から2▶英選択の場合は英、英語外部試験から高得点1〈個3科目〉一般選抜（前期日程〔スタンダード方式〕）の成績を利用▶高得点2科目を合否判定に使用

共通テスト利用入試　※個別試験は課さない

◆共通テスト利用選抜（前期日程）
［現代経済：3科目］国現古漢 地歴 公 数 理全21科目から1 外英、英語外部試験から高得点1
［経済情報：3科目］国現古漢 数全6科目から1 外英、英語外部試験から高得点1▶高得点2科目で合否判定

◆共通テスト利用選抜（後期日程）
［現代経済：3科目］共通テスト利用選抜（前期日程）に同じ▶国外から高得点1科目と選択科目で合否判定
［経済情報：3科目］共通テスト利用選抜（前期日程）に同じ▶国地歴公数理から高得点1科目と外で合否判定

■人間環境学部 偏差値 52

一般選抜

◆一般選抜（前期日程〔スタンダード方式〕）
［人間環境：3科目］国現古 地歴 公 数 理世B、日B、地理B、政経、数ⅠⅡA、化基・生基、生基・生から1▶生基・生は試験日により選択可 外英

◆一般選抜（前期日程〔高得点科目重視方式〕）※一般選抜（前期日程〔スタンダード方式〕）の受験必須
［人間環境：3科目］一般選抜（前期日程〔スタンダード方式〕）の成績を利用▶高得点2科目を合否判定に使用

◆一般選抜（後期日程）※合否ライン上の受験者のみ主体性を評価する
［人間環境：2科目］国現 外英

共通テスト併用入試

◆一般選抜（前期日程〔共通テストプラス方式〕）※一般選抜（前期日程〔スタンダード方式〕）の受験必須
［人間環境］〈共2科目〉国 地歴 公 数 理 外現古漢、地歴公数理全21科目、英から2▶英選択の場合は英、英語外部試験から高得点1〈個3科目〉一般選抜（前期日程〔スタンダード方式〕）の成績を利用▶高得点2科目を合否判定に使用

共通テスト利用入試　※個別試験は課さない

◆共通テスト利用選抜（前期日程）
［人間環境：3科目］国現 地歴 公 数 理全21科目から1 外英、英語外部試験から高得点1

◆共通テスト利用選抜（後期日程）
［人間環境：3科目］共通テスト利用選抜（前期日程）に同じ▶高得点2科目で合否判定

■健康科学部 偏差値 49

一般選抜

◆一般選抜（前期日程〔スタンダード方式〕）
［全学科：3科目］国現古 地歴 公 数 理世B、日B、地理B、政経、数ⅠⅡA、化基・生基、生基・生から1▶生基・生は試験日により選択可 外英

◆一般選抜（前期日程〔高得点科目重視方式〕）※一般選抜（前期日程〔スタンダード方式〕）の受験必須
［全学科：3科目］一般選抜（前期日程〔スタンダード方式〕）の成績を利用▶高得点2科目を合否判定に使用

◆一般選抜（後期日程）※合否ライン上の受験者のみ主体性を評価する
［全学科：2科目］国現 外英

共通テスト併用入試

◆一般選抜（前期日程〔共通テストプラス方式〕）※一般選抜（前期日程〔スタンダード方式〕）の受験必須
［全学科］〈共2科目〉国 地歴 公 数 理 外現古漢、地歴公数理全21科目、英から2▶英選択の場合は英、英語外部試験から高得点1〈個3科目〉一般選抜（前期日程〔スタンダード方式〕）の成績を利用▶高得点2科目を合否判定に使用

共通テスト利用入試　※個別試験は課さない

◆共通テスト利用選抜（前期日程）
［心理：3科目］国現 地歴 公 数 理全21科目から1 外英、英語外部試験から高得点1
［健康栄養：4科目］国 数現必須、数全6科目から1▶高得点1科目を合否判定に使用 理化基・生基、化、生から1 外英

◆共通テスト利用選抜（後期日程）
［心理：4科目］国 地歴 公 理現、地歴公理全15科目から1 数数Ⅰ、数ⅠAから1、数Ⅱ、数ⅡBから1 外英
［健康栄養：4科目］共通テスト利用選抜（前期日程）に同じ

■国際コミュニティ学部 偏差値 

一般選抜

◆一般選抜（前期日程〔スタンダード方式〕）
［全学科：3科目］国現古 地歴 公 数 理世B、日B、

地理B、政経、数ⅠⅡA、化基・生基、生基・生から1▶生基・生は試験日により選択可[外]英

◆**一般選抜（前期日程〔高得点科目重視方式〕）**※一般選抜（前期日程〔スタンダード方式〕）の受験必須

[全学科：3科目] 一般選抜（前期日程〔スタンダード方式〕）の成績を利用▶国地歴公数理から高得点1科目と外を合否判定に使用

◆**一般選抜（後期日程）**※合否ライン上の受験者のみ主体性を評価する

[全学科：2科目] [国]現[外]英

共通テスト併用入試

◆**一般選抜（前期日程〔共通テストプラス方式〕）**※一般選抜（前期日程〔スタンダード方式〕）の受験必須

[全学科]〈[共]2科目〉[国][地歴][公][数][理]現古漢、地歴公数理全21科目から1[外]英、英語外部試験から高得点1〈[個]3科目〉一般選抜（前期日程〔スタンダード方式〕）の成績を利用▶国地歴公数理から高得点1科目と外を合否判定に使用

共通テスト利用入試 ※個別試験は課さない

◆**共通テスト利用選抜（前・後期日程）**

[全学科：3科目] [国]現古漢[地歴][公][数][理]全21科目から1[外]英

■特別選抜

[総合型選抜] 総合型選抜、総合型選抜（活動実績重視方式、小論文重視方式、ゼミナール方式、スポーツ実績方式、芸術・文化実績方式、レポート方式、プレゼンテーション方式、活動実績方式、課題図書方式）

[学校推薦型選抜] 学校推薦型選抜（公募〔英語方式、指定資格方式、英語資格方式、小論文方式、数学資格方式、課題探求方式〕、公募、指定校、附属校）

[その他] 帰国生選抜、社会人選抜、外国人留学生選抜

広島修道大学ギャラリー

■協創館

「国際センター」や「こころLAB」等の施設が配置されており、教育・研究の他に、社会貢献活動を行う拠点にもなっています。

■国際交流

16の国と地域の35大学と協定を結ぶ広島修道大学では、国際平和文化都市ヒロシマから世界へ羽ばたく人を育成しています。

■修大祭

修大祭では、屋台の出店やステージ上でのパフォーマンスの他に、キャンドルやイルミネーションの点灯も行われました。

■図書館

閲覧室の他に、喫茶コーナーのコーヒーラウンジや、ゼミやサークル活動の展示に利用できる展示ギャラリーなどが備わっています。

きゅうしゅうさんぎょう
九州産業大学

資料請求

入試部入試課　TEL (092) 673-5550　〒813-8503 福岡県福岡市東区松香台2-3-1

市民的自覚と中道精神の振興、実践的な学風を確立

大学紹介動画

最新入試情報

産業と大学が一体となって社会のニーズを満たすべきという「産学一如」の理想を掲げ、実践力や熱意、豊かな人間性を兼ね備えた人材を育成する。AIリテラシー教育の導入など、たゆまぬ教育改革に取り組む。

陸上競技場

キャンパス 1つ

九州産業大学キャンパス
〒813-8503 福岡県福岡市東区松香台2-3-1

基本データ

※2023年5月現在（教員数は非常勤を含む。進路・就職は2021年度卒業者データ。学費は2024年度入学者用）

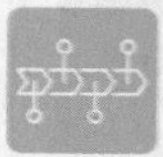

沿革

1960年、九州商科大学を開学。商学部を設置。1963年、九州産業大学に改称。1966年に芸術、1993年に経済、1994年に国際文化、2017年に理工、生命科学、建築都市工学、2018年に地域共創、人間科学の各学部を設置し、現在に至る。

教育機関 9学部 5研究科

学部　国際文化／人間科／経済／商／地域共創／理工／生命科／建築都市工／芸術

大学院　経済・ビジネスMD／工学MD／芸術MD／国際文化MD／情報科学MD

その他　短期大学部

人数

学部学生数　10,194名

教員1名あたり学生 10名

教員数　941名【理事長】津上賢治、【学長】北島己佐吉
（教授171名、准教授81名、講師645名、助教12名、助手・その他32名）

学費

初年度納入額　1,105,900~1,635,900円

奨学金　中村治四郎奨学金、遠隔地学生予約型奨学金、日本学生支援機構奨学金

進路

学部卒業者　2,161名
（進学51名［2.4%］、就職1,872名［86.6%］、その他238名［11.0%］）

主な就職先　大分県庁、北九州市役所、九電工、九州電力、積水ハウス、ソフトバンク、福岡ソフトバンクホークス、大和ハウス工業、トランス・コスモス、西日本シティ銀行、NTT西日本、日本郵政、ファーストリテイリング、福岡県内学校、福岡銀行、富士通ゼネラル、富士ソフト、マツダ、日本製鉄、ふくれん、LINEヤフーコミュニケーションズ、楽天銀行、レベルファイブ、横浜冷凍

学部学科紹介

※本書掲載内容は、大学公表資料から独自に編集したものです。詳細は大学パンフレットやホームページ等で必ず確認してください（取得可能な免許・資格は任用資格や受験資格などを含む）。

国際文化学部

九州産業大学キャンパス　定員 140

特色　多様な文化を学び、国内外の社会で通用する力を持ったグローバルな人材を育成。
進路　卒業者の多くはサービス業や卸売・小売業などに就く。
学問分野　文学／言語学／文化学／国際学
大学院　国際文化

国際文化学科 (80)	他学部と比べ英語の必修科目数が1.5倍程度に設定されている。海外で活躍する日本人から国際感覚を学ぶ海外フィールドスタディがある他、全員が4年間を通じゼミに所属する。
日本文化学科 (60)	日本語と日本文化の専門家を育成する。全員が4年間を通じゼミに所属し、ゼミでの学びから専門知識を深める。文学作品の舞台となった地を訪れるフィールドワーク「文学実地踏査」が特徴的である。日本語教員養成課程ではベトナムや中国での教育実習を行う。
取得可能な免許・資格	登録日本語教員、学芸員、社会福祉主事、教員免許（中-国・英、高-国・英）、社会教育士、社会教育主事、司書

人間科学部

九州産業大学キャンパス　定員 250

特色　学科横断型の学びを展開。地域に貢献できる、人を支える人材を育成。
進路　卒業者は公認心理師や健康運動指導士などの専門家として活躍。
学問分野　心理学／健康科学／子ども学／教員養成／教育学
大学院　国際文化／経済・ビジネス

臨床心理学科 (70)	心理学全般を学修することで人間と社会を理解し、心に対する深い理解と援助ができる専門職を育成する。公認心理師、精神保健福祉士、臨床心理福祉の3つのコースに分かれ、実践的な授業を通して、対人援助の技術を活かし地域に貢献できる人材を育成する。
子ども教育学科 (80)	幼稚園教諭や保育士のみならず、特別支援学校教諭一種（知・肢・病）の資格取得が可能。体験型学習の反復や表現活動を通じて保育者としての基礎力や感性を養う。学内併設の子育て支援室を活用し実践的な教育の中で専門知識と技術を修得していく。
スポーツ健康科学科 (100)	2つの専門領域がある。健康・マネジメント系では、経営視点でスポーツを分析し産業の現場に還元する他、地域の豊かなコミュニティ形成を目指す。教育・コーチング系では、心身のトレーニング法などを学び、パフォーマンスの向上を実現できる人材を育成する。
取得可能な免許・資格	公認心理師、認定心理士、准学校心理士、学芸員、精神保健福祉士、社会福祉主事、保育士、教員免許（幼一種、中-保体、高-保体、特-知的・肢体・病弱）、社会教育士、社会教育主事、司書

経済学部

九州産業大学キャンパス　定員 400

特色　身近な経済現象から世界の諸問題を研究し経済や社会発展に寄与する人材を育成。
進路　卒業者の多くは卸売・小売業や金融業、サービス業などに就く。
学問分野　経済学／国際学
大学院　経済・ビジネス

経済学科 (400)	将来の職業を見据えた効果的な履修モデルを通して、個人に合った知識と能力を身につける。1年次後期から地域、国際、金融、公共の4つのクラスターのいずれかに所属し、理論分析、比較経済、政策、実践力の各モジュール（大科目群）から履修を進めていく。
取得可能な免許・資格	学芸員、社会調査士、教員免許（中-社、高-地歴・公）、社会教育士、社会教育主事、司書

商学部

九州産業大学キャンパス　定員 470

特色　実践的なキャリア教育を通し変化する時代に対応できる人材を育成する。
進路　卒業後は卸売・小売業やサービス業への就職が多い。
学問分野　経営学／国際学
大学院　経済・ビジネス

経営・流通学科 (470)	企業経営、ファイナンス、会計の3つのコースからなる経営管理学系と、マーケティング、国際ビジネス、社会情報の3つのコースからなる流通マーケティング学系で構成される。台湾や韓国などアジアの企業や大学との共同プロジェクトも実施されている。
取得可能な免許・資格	学芸員、社会調査士、教員免許（高-商業）、社会教育士、社会教育主事、司書

地域共創学部

九州産業大学キャンパス　定員 290

特色　実践教育重視のカリキュラム。地域活性化や観光振興への専門性を身につける。
進路　就職先は観光業をはじめとしたサービス業や卸売・小売業など。
学問分野　社会学／観光学
大学院　経済・ビジネス

観光学科 (150)	2つのコースを設置。ホスピタリティ・ビジネスコースではおもてなしの意義と実践力を学び、実務に活かせる力を養う。観光地域デザインコースでは多様な実践教育で、地域が求める観光人材を育てる。
地域づくり学科 (140)	2つのコースを設置。地域行政コースでは公共の視点を持ち、地域活性化に貢献できる公務員を養成する。地域マネジメントコースでは地域の未来をプロデュースする地域リーダーを育てる。
取得可能な免許・資格	学芸員、社会調査士、社会福祉主事、教員免許（中-社、高-公）、社会教育士、社会教育主事、司書

理工学部

九州産業大学キャンパス　定員 370

特色　情報メカトロニクスを幅広く学修し、社会で活躍できる技術者を育成する。
進路　就職先は技術系サービス業や建設業、情報通信業が多い。
学問分野　機械工学／電気・電子工学／情報学
大学院　工学／情報科学

情報科学科 (140)	企業などで活躍する現役のエンジニアによるシステム開発演習を実施し、設計・開発から進捗・予算管理までシステム開発の工程を体験できる。1年次より情報技術を実践的に学ぶ情報技術コースと、情報科学を理論的に学ぶ情報数理コースに分かれる。
機械工学科 (130)	福祉ロボットやリハビリ機器の開発、AI（人工知能）研究などが行われている。3年次からロボット、機械、生産技術の3つのコースに分かれ、専門性を身につける。学部学科を横断する様々な学生主導プロジェクトへの参加を通じ、ものづくりの実践力を養う。
電気工学科 (100)	クリーンエネルギーを実現する電力技術や災害に強いスマート社会などについて研究が行われている。3年次以降は電気エネルギー、通信システムの2つのコースに分かれて専門分野の学修を進めていく。学内の発電所や変電所を利用した実習などが実施される。
取得可能な免許・資格	学芸員、社会福祉主事、電気工事士、特殊無線技士（陸上）、技術士補、主任技術者（ボイラー・タービン、電気、電気通信）、施工管理技士（建築、電気工事、建設機械）、教員免許（中-数、高-数・情・工業）、社会教育士、社会教育主事、作業環境測定士、司書

生命科学部

九州産業大学キャンパス　定員 110

特色	学生参加型プロジェクトの他、地場食品メーカーとの共同開発などを行っている。
進路	卒業者の多くは製造業や卸売・小売業、サービス業などに就く。
学問分野	化学／生物学／応用化学／応用生物学／食物学
大学院	工学

生命科学科 (110)	新素材、医薬品や化粧品、食品系の分野の専門家を育成する3つのコースを設置。応用科学コースでは化学分野に関して学ぶ。生命科学コースでは美容や健康学分野に関して学ぶ。食品科学コースでは食品の開発や生存、食品衛生について学ぶ。
取得可能な免許・資格	学芸員、危険物取扱者（甲種）、毒物劇物取扱責任者、食品衛生管理者、HACCP管理者、教員免許(中-理、高-理)、社会教育士、社会教育主事、作業環境測定士、司書

建築都市工学部

九州産業大学キャンパス　定員 200

特色	まちづくり、空き家問題、災害に強い建築など実社会に即した課題を扱う。
進路	卒業者の多くは建設業や技術系サービス業などで活躍。
学問分野	土木・建築学／住居学／環境学
大学院	工学

建築学科 (75)	計画・歴史、構造・生産、環境・設備の3つの分野を総合的に学ぶ。建築を学ぶためのサークル「ABC建築道場」や国内外のワークショップへの参加などを通じ、設計力や個性を磨く。4年次には卒業設計に取り組む。
住居・インテリア学科 (65)	生活の豊かさに直結する、人々を包み込む基本的な空間、人々が住まう住居、オフィスやショップなど業務系施設のインテリア、住居系複合施設のインテリアの4つに特化し、設計するスペシャリストを育てる。
都市デザイン工学科 (60)	安全で美しく、自然にも優しい都市を造ることのできる技術者を育成する。土木デザイン、都市防災、まちづくり、環境緑化の4つの分野を軸に、実践的な技能を身につける。特に都市防災に関するカリキュラムが充実。
取得可能な免許・資格	学芸員、建築士(一級、二級、木造)、技術士補、測量士補、施工管理技士(土木、建築)、教員免許（高-工業)、社会教育士、社会教育主事、作業環境測定士、ビオトープ管理士、司書

芸術学部

九州産業大学キャンパス　定員 300

特色	芸術の知識と技能、感性を兼ね備え、社会や文化の発展に寄与する人材を育成。
進路	学術研究・専門技術サービス業(デザイン関連)や情報通信業などに就く。
学問分野	メディア学／生活科学／芸術・表現／デザイン学
大学院	芸術

芸術表現学科 (65)	絵画、立体造形、メディア芸術の3つの専攻を設置している。絵画アトリエ、立体造形工房に加え、国内屈指のコンピュータ実習室を完備する。伝統的な技法や作品と先端的なメディア芸術を融合した充実のカリキュラムで、優れた審美眼と技術を養い理論を学ぶ。
写真・映像メディア学科 (50)	写真専攻と映像メディア専攻の2つの専攻を設置している。写真、映画、テレビ、3DCGなど幅広い領域を網羅したカリキュラムで最新の撮影技術や映像制作を学ぶ。現役の映画監督や映像クリエイターから映像メディア制作の技術を修得できる機会を設けている。
ビジュアルデザイン学科 (75)	グラフィックデザインとイラストレーションデザインの2つの専攻を設置している。印刷、映像、SNSなど様々なメディアを活用し視覚情報伝達の手法を学ぶ。世界へ向けた作品の発信を視野に、海外でも通用するビジュアルコミュニケーション手法を実践的に学ぶ。
生活環境デザイン学科 (70)	工芸デザイン、プロダクトデザイン、空間演出デザインの3つの専攻を設置している。新商品の開発や商業施設の空間演出など産学連携プロジェクトに参加できる。木、金属、布、陶磁器などの工房や本格的な薪窯を完備し、充実の環境で作品の制作に取り組む。

ソーシャルデザイン学科 (40)	芸術的感性と情報通信技術で新たなアイデアを生み出す情報デザインと、地域活性化に向けブランド作りを提案する地域ブランド企画の2つの専攻がある。環境、社会、生活、地域再生、文化伝承など様々な課題を解決すべく、総合的にデザインを学ぶ。
取得可能な免許・資格	学芸員、社会福祉主事、建築士（二級）、教員免許（中-美、高-美・工芸）、社会教育士、社会教育主事、司書

その他プログラム等

グローバル・フードビジネス・プログラム (約30)	2023年度開設、通称GFB。国内外の食ビジネスで活躍できるグローバル人材を育成する。国際文化、商、地域共創、生命科、芸術の各学部に所属しながら、それぞれの専門と「食」や「ビジネス」に関する科目、語学、ITスキルなどを幅広く学ぶ。出願の際、募集する学部・学科のGFBを選択。

入試要項（2024年度）

※この入試情報は2024年度募集要項等より編集したものです（見方は巻頭の「本書の使い方」参照）。2025年度入試の最新情報は、ホームページや2025年度募集要項等で必ず確認してください。

「大学入試科目検索システム」のご案内
日程・方式ごとの偏差値や昨年度入試結果（志願者倍率、実質倍率、合格最低点）、基本情報（出願締切日、試験日、二段階選抜、募集人員、総合満点）などは、「大学入試科目検索システム」（https://nyushi.toshin.com/）をご覧ください（利用方法はp.12参照）。

■国際文化学部 偏差値 50

一般選抜

◆**前期日程（A・B方式）**
［全学科：3科目］国現古 地歴 公 数世B、日B、地理B、政経、数ⅠAから1 外英、英語外部試験から高得点1

◆**後期日程**
［全学科：2科目］国現古 外英

共通テスト併用入試

◆**一般選抜・共通テスト併用型選抜（A方式）**※前期日程(A方式)の受験必須。高得点3科目で合否判定。共通テスト・個別試験から少なくとも1教科ずつを採用
［全学科］〈共3科目〉国現古漢 地歴 公 数 理地歴公理全15科目、数Ⅰ、数ⅠA、数Ⅱ、数ⅡB、情から1 外全5科目から1〈個3科目〉前期日程(A方式)の成績を利用

◆**一般選抜・共通テスト併用型選抜（B方式）**※前期日程（B方式）の受験必須。共通テストから高得点1科目と個別試験から高得点1科目で合否判定
［全学科］〈共3科目〉一般選抜・共通テスト併用型選抜(A方式)に同じ〈個3科目〉前期日程(B方式)の成績を利用

共通テスト利用入試 ※個別試験は課さない

◆**共通テスト利用選抜（前・後期日程）**
［全学科：3科目］国現古漢 地歴 公 数 理地歴公理全15科目、数Ⅰ、数ⅠA、数Ⅱ、数ⅡB、情から1 外全5科目から1

◆**共通テスト利用選抜（中期日程）**
［全学科：4科目］国 地歴 公 数 理 外現古漢、地歴公理外全20科目、数Ⅰ、数ⅠA、数Ⅱ、数ⅡB、情から4教科4▶地歴と公は1教科扱い

■人間科学部 偏差値 49

一般選抜

◆**実技選抜（前期日程）**
［スポーツ健康科：2科目］実技体育実技 面面接▶口頭試問含む

◆**前期日程（A・B方式）**
［全学科：3科目］国現古 地歴 公 数世B、日B、地理B、政経、数ⅠAから1 外英、英語外部試験から高得点1

◆**後期日程**
［全学科：2科目］国現古 外英

共通テスト併用入試

◆**一般選抜・共通テスト併用型選抜（A方式）**※前期日程(A方式)の受験必須。高得点3科目で合否判定。共通テスト・個別試験から少なくとも1教科ずつを採用
［全学科］〈共3科目〉国現古漢 地歴 公 数 理地歴公理全15科目、数Ⅰ、数ⅠA、数Ⅱ、数ⅡB、情から1 外全5科目から1〈個3科目〉前期日程(A方式)の成績を利用

◆**一般選抜・共通テスト併用型選抜（B方式）**※前期日程（B方式）の受験必須。共通テストから高得点1科目と個別試験から高得点1科目で合否判定
［全学科］〈共3科目〉一般選抜・共通テスト併用型選抜(A方式)に同じ〈個3科目〉前期日程(B方式)の成績を利用

共通テスト利用入試 ※個別試験は課さない

◆**共通テスト利用選抜（前・後期日程）**
［全学科：3科目］国現古漢 地歴 公 数 理地歴公理全15科目、数Ⅰ、数ⅠA、数Ⅱ、数ⅡB、情から1 外全5科目から1

◆**共通テスト利用選抜（中期日程）**
［全学科：4科目］国 地歴 公 数 理 外現古漢、地歴公

理外全20科目、数Ⅰ、数ⅠA、数Ⅱ、数ⅡB、情から4教科4▶地歴と公は1教科扱い

■経済学部 偏差値50

一般選抜

◆前期日程（A・B方式）

[経済：3科目]国現古地歴公数世B、日B、地理B、政経、数ⅠAから1外英、英語外部試験から高得点1

◆前期日程（C方式）

[経済：3科目]国理現古、物基・物、化基・化、生基・生から1数数ⅠⅡAB、数ⅠⅡⅢAから1外英、英語外部試験から高得点1

◆後期日程

[経済：2科目]国数現古、数ⅠⅡAB、数ⅠⅡⅢAから1外英

共通テスト併用入試

◆一般選抜・共通テスト併用型選抜（A方式）※前期日程(A方式)の受験必須。高得点3科目で合否判定。共通テスト・個別試験から少なくとも1教科ずつを採用

[経済]〈共3科目〉国数現古漢、数Ⅰ、数ⅠA、数Ⅱ、数ⅡB、情から1地歴公理全15科目から1外全5科目から1〈個3科目〉前期日程（A方式）の成績を利用

◆一般選抜・共通テスト併用型選抜（B方式）※前期日程（B方式）の受験必須。共通テストから高得点1科目と個別試験から高得点1科目で合否判定

[経済]〈共3科目〉一般選抜・共通テスト併用型選抜（A方式）に同じ〈個3科目〉前期日程（B方式）の成績を利用

共通テスト利用入試 ※個別試験は課さない

◆共通テスト利用選抜（前・後期日程）

[経済：3科目]国数現古漢、数Ⅰ、数ⅠA、数Ⅱ、数ⅡB、情から1地歴公理全15科目から1外全5科目から1

◆共通テスト利用選抜（中期日程）

[経済：4科目]国地歴公数理外現古漢、地歴公理外全20科目、数Ⅰ、数ⅠA、数Ⅱ、数ⅡB、情から4教科4▶地歴と公は1教科扱い

■商学部 偏差値50

一般選抜

◆前期日程（A・B方式）

[経営・流通：3科目]国現古地歴公数世B、日B、地理B、政経、数ⅠAから1外英、英語外部試験から高得点1

◆後期日程

[経営・流通：2科目]国現古外英

共通テスト併用入試

◆一般選抜・共通テスト併用型選抜（A方式）※前期日程(A方式)の受験必須。高得点3科目で合否判定。共通テスト・個別試験から少なくとも1教科ずつを採用

[経営・流通]〈共3科目〉国現古漢地歴公数理地歴公理全15科目、数Ⅰ、数ⅠA、数Ⅱ、数ⅡB、情から1外全5科目から1〈個3科目〉前期日程（A方式）の成績を利用

◆一般選抜・共通テスト併用型選抜（B方式）※前期日程（B方式）の受験必須。共通テストから高得点1科目と個別試験から高得点1科目で合否判定

[経営・流通]〈共3科目〉一般選抜・共通テスト併用型選抜（A方式）に同じ〈個3科目〉前期日程（B方式）の成績を利用

共通テスト利用入試 ※個別試験は課さない

◆共通テスト利用選抜（前・後期日程）

[経営・流通：3科目]国現古漢地歴公数理地歴公理全15科目、数Ⅰ、数ⅠA、数Ⅱ、数ⅡB、情から1外全5科目から1

◆共通テスト利用選抜（中期日程）

[経営・流通：4科目]国地歴公数理外現古漢、地歴公理外全20科目、数Ⅰ、数ⅠA、数Ⅱ、数ⅡB、情から4教科4▶地歴と公は1教科扱い

■地域共創学部 偏差値50

一般選抜

◆前期日程（A・B方式）

[全学科：3科目]国現古地歴公数世B、日B、地理B、政経、数ⅠAから1外英、英語外部試験から高得点1

◆後期日程

[全学科：2科目]国現古外英

共通テスト併用入試

◆一般選抜・共通テスト併用型選抜（A方式）※前期日程(A方式)の受験必須。高得点3科目で合否判定。共通テスト・個別試験から少なくとも1教科ずつを採用

[全学科]〈共3科目〉国現古漢地歴公数理地歴公理全15科目、数Ⅰ、数ⅠA、数Ⅱ、数ⅡB、情から1外全5科目から1〈個3科目〉前期日程(A方式)の成績を利用

◆一般選抜・共通テスト併用型選抜（B方式）※前期日程（B方式）の受験必須。共通テストから高得点1科目と個別試験から高得点1科目で合否判定

[全学科]〈共3科目〉一般選抜・共通テスト併用型選抜(A方式)に同じ〈個3科目〉前期日程(B方式)の成績を利用

共通テスト利用入試 ※個別試験は課さない

◆共通テスト利用選抜（前・後期日程）

[全学科：3科目]国現古漢地歴公数理地歴公理全15科目、数Ⅰ、数ⅠA、数Ⅱ、数ⅡB、情から1外全5科目から1

◆共通テスト利用選抜（中期日程）

[全学科：4科目]国地歴公数理外現古漢、地歴公理外全20科目、数Ⅰ、数ⅠA、数Ⅱ、数ⅡB、情から4教科4▶地歴と公は1教科扱い

■理工学部 偏差値50

一般選抜

◆前期日程（A・B方式）

[全学科：3科目]国理現古、物基・物、化基・化から1数数ⅠⅡAB、数ⅠⅡⅢAから1外英、英語外部試験から高得点1

◆後期日程

[全学科：2科目]数数ⅠⅡAB、数ⅠⅡⅢAから

1外英

共通テスト併用入試

◆一般選抜・共通テスト併用型選抜（A方式）※前期日程(A方式)の受験必須。高得点3科目で合否判定。共通テスト・個別試験から少なくとも1教科ずつを採用

[全学科]〈共3科目〉国地歴公理現古漢、地歴公理全15科目から1数数Ⅰ、数ⅠA、数Ⅱ、数ⅡB、情から1外英〈個3科目〉前期日程（A方式）の成績を利用

◆一般選抜・共通テスト併用型選抜（B方式）※前期日程（B方式）の受験必須。共通テストから高得点1科目と個別試験から高得点1科目で合否判定

[全学科]〈共3科目〉一般選抜・共通テスト併用型選抜(A方式)に同じ〈個3科目〉前期日程(B方式)の成績を利用

共通テスト利用入試 ※個別試験は課さない

◆共通テスト利用選抜（前・後期日程）

[全学科：3科目] 国地歴公理現古漢、地歴公理全15科目から1数数Ⅰ、数ⅠA、数Ⅱ、数ⅡB、情から1外英

◆共通テスト利用選抜（中期日程）

[全学科：4科目] 国地歴公数理外現古漢、地歴公理外全20科目、数Ⅰ、数ⅠA、数Ⅱ、数ⅡB、情から4教科4▶地歴と公は1教科扱い

■生命科学部 偏差値 50

一般選抜

◆前期日程（A方式）

[生命科：3科目]国理現古、物基・物、化基・化、生基・生から1数数ⅠⅡAB、数ⅠⅡⅢAから1外英、英語外部試験から高得点1

◆前期日程（B方式）

[生命科：3科目]国現古地歴公数世B、日B、地B、政経、数ⅠAから1外英、英語外部試験から高得点1

◆後期日程

[生命科：2科目] 国数現古、数ⅠⅡAB、数ⅠⅡⅢAから1外英

共通テスト併用入試

◆一般選抜・共通テスト併用型選抜（A方式）※前期日程(A方式)の受験必須。高得点3科目で合否判定。共通テスト・個別試験から少なくとも1教科ずつを採用

[生命科]〈共3科目〉国数現古漢、数Ⅰ、数ⅠA、数Ⅱ、数ⅡB、情から1地歴公理全15科目から1外全5科目から1〈個3科目〉前期日程（A方式）の成績を利用

◆一般選抜・共通テスト併用型選抜（B方式）※前期日程（B方式）の受験必須。共通テストから高得点1科目と個別試験から高得点1科目で合否判定

[生命科]〈共3科目〉一般選抜・共通テスト併用型選抜(A方式)に同じ〈個3科目〉前期日程(B方式)の成績を利用

共通テスト利用入試 ※個別試験は課さない

◆共通テスト利用選抜（前・後期日程）

[生命科：3科目]国数現古漢、数Ⅰ、数ⅠA、数Ⅱ、数ⅡB、情から1地歴公理全15科目から1外全5科目から1

◆共通テスト利用選抜（中期日程）

[生命科：4科目] 国地歴公数理外現古漢、地歴公理外全20科目、数Ⅰ、数ⅠA、数Ⅱ、数ⅡB、情から4教科4▶地歴と公は1教科扱い

■建築都市工学部 偏差値 50

一般選抜

◆前期日程（A・B方式）

[全学科：3科目]国理現古、物基・物、化基・化、生基・生から1数数ⅠⅡAB、数ⅠⅡⅢAから1外英、英語外部試験から高得点1

◆後期日程

[全学科：2科目] 数数ⅠⅡAB、数ⅠⅡⅢAから1外英

共通テスト併用入試

◆一般選抜・共通テスト併用型選抜（A方式）※前期日程(A方式)の受験必須。高得点3科目で合否判定。共通テスト・個別試験から少なくとも1教科ずつを採用

[全学科]〈共3科目〉国地歴公理現古漢、地歴公理全15科目から1数数Ⅰ、数ⅠA、数Ⅱ、数ⅡB、情から1外英〈個3科目〉前期日程（A方式）の成績を利用

◆一般選抜・共通テスト併用型選抜（B方式）※前期日程（B方式）の受験必須。共通テストから高得点1科目と個別試験から高得点1科目で合否判定

[全学科]〈共3科目〉一般選抜・共通テスト併用型選抜(A方式)に同じ〈個3科目〉前期日程(B方式)の成績を利用

共通テスト利用入試 ※個別試験は課さない

◆共通テスト利用選抜（前・後期日程）

[全学科：3科目] 国地歴公理現古漢、地歴公理全15科目から1数数Ⅰ、数ⅠA、数Ⅱ、数ⅡB、情から1外英

◆共通テスト利用選抜（中期日程）

[全学科：4科目] 国地歴公数理外現古漢、地歴公理外全20科目、数Ⅰ、数ⅠA、数Ⅱ、数ⅡB、情から4教科4▶地歴と公は1教科扱い

■芸術学部 偏差値 49

一般選抜

◆実技選抜（前・後期日程）

[全学科：1科目] 論実技小論文、美術実技から1

◆前期日程（A方式）

[全学科：3科目] 国現古地歴公数世B、日B、地理B、政経、数ⅠAから1外英、英語外部試験から高得点1

◆前期日程（B方式〔2月1日〕）※国外から高得点1と実技で合否判定

[全学科：3科目] 国現古外英、英語外部試験から高得点1実技美術実技

◆前期日程（B方式〔2月2日〕）

[全学科：3科目]国理現古、物基・物、化基・化、生基・生から1数数ⅠⅡAB、数ⅠⅡⅢAから1外英、英語外部試験から高得点1

◆前期日程（B方式〔2月3日〕）※国外から高得点1と

数で合否判定
[全学科：3科目] 国現古 数数ⅠA 外英、英語外部試験から高得点1
◆前期日程（B方式〔2月7日・8日〕）※国外から高得点1と選択科目で合否判定
[全学科：3科目] 国現古 数 論 実技数ⅠA、小論文、美術実技から1 外英、英語外部試験から高得点1
◆後期日程
[全学科：2科目] 国 数現古、数ⅠⅡAB、数ⅠⅡⅢAから1 外英
共通テスト併用入試
◆一般選抜・共通テスト併用型選抜（A方式）※前期日程(A方式)の受験必須。高得点3科目で合否判定。共通テスト・個別試験から少なくとも1教科ずつを採用
[全学科]〈共3科目〉国 数現古漢、数Ⅰ、数ⅠA、数Ⅱ、数ⅡB、情から1 地歴 公 理全15科目から1 外全5科目から1〈個3科目〉前期日程（A方式）の成績を利用
◆一般選抜・共通テスト併用型選抜（実技）※実技選抜（前期日程）の受験必須
[全学科]〈共3科目〉国 数一般選抜・共通テスト併用型選抜（A方式）に同じ▶高得点2科目を合否判定に使用〈個1科目〉実技選抜（前期日程）の成績を利用
共通テスト利用入試 ※個別試験は課さない
◆共通テスト利用選抜（前・後期日程）
[全学科：3科目] 国 数現古漢、数Ⅰ、数ⅠA、数Ⅱ、数ⅡB、情から1 地歴 公 理全15科目から1 外全5科目から1
◆共通テスト利用選抜（中期日程）
[全学科：4科目] 国 地歴 公 数 理 外現古漢、地歴公理外全20科目、数Ⅰ、数ⅠA、数Ⅱ、数ⅡB、情から4教科4▶地歴と公は1教科扱い

■特別選抜

[総合型選抜] 総合型選抜（実践型〔課題解決型、資格型〕、育成型）
[学校推薦型選抜] 学校推薦型選抜（公募、課外活動）
[その他] 特別総合推薦選抜、社会人選抜、帰国子女選抜、外国人留学生推薦選抜（指定校、日本語能力重視型）、外国人留学生選抜（前期日程、後期日程）

九州産業大学ギャラリー

■大楠アリーナ2020

創立60周年記念事業の一環として2020年に完成。アリーナと観客席を合わせ5,000名が一堂に会せる大型施設です。

■九州産業大学美術館

九州初の大学美術館として2002年に開館。芸術学部を中心に収集した版画や写真、工芸品など多くの美術作品を展示しています。

■食品科学コース

生命科学部の食品科学コースでは、食品の原料となる生物系分野の学修や、食品開発、食品製造、品質管理の分野の教育内容が充実。

■KSUプロジェクト型教育

学部学科の枠を超え専門性を活かし、企業などと連携して多種多彩なプロジェクトを展開（写真は博多人形リデザインプロジェクト）。

せいなんがくいん
西南学院大学

資料請求

入試課 TEL (092) 823-3366 〒814-8511 福岡県福岡市早良区西新6-2-92

地域社会と国際社会に奉仕する創造的な人材を育成

大学紹介動画

最新入試情報

創立者であるC.K.ドージャーの言葉「西南よ、キリストに忠実なれ」を建学の精神に、キリスト教を基盤とした教育を行う。様々な国際交流プログラムなどを通じて、地域社会と国際社会に貢献する人材を育成する。

大学博物館（ドージャー記念館）

キャンパス 1つ

西新キャンパス
〒814-8511 福岡県福岡市早良区西新6-2-92

基本データ

※2023年5月現在（教員数は同年10月現在。進路・就職は2022年度卒業者データ。学費は2025年度入学者用〔予定〕）

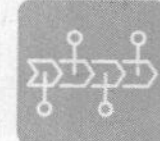

沿革

1916年創立。1949年、大学に移行、学芸学部を設置。1951年、文商学部に改称。1954年、文商学部を文、商学部に分離。1964年、経済学部、1966年、神学部、1967年、法学部、2005年、人間科学部、2006年、国際文化学部、2020年、外国語学部を設置し、現在に至る。

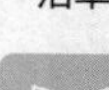

教育機関 7学部 7研究科

学部 神／外国語／商／経済／法／人間科／国際文化

大学院 法学ⓂⒹ／経営学ⓂⒹ／外国語学ⓂⒹ／経済学ⓂⒹ／神学ⓂⒹ／人間科学ⓂⒹ／国際文化ⓂⒹ

人数

学部学生数 8,185名

教員1名あたり学生 38名

教員数 215名【院長・学長】今井尚生

（教授146名、准教授51名、講師7名、助教11名）

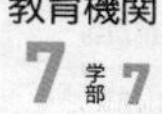

学費

初年度納入額 1,172,050円

奨学金 学院大学成績優秀者奨学金、西南学院大学給付奨学金、西南学院大学教職員による奨学金、西南学院大学入学試験成績優秀者奨学金

進路

学部卒業者 1,935名

（進学39名［2.0%］、就職1,622名［83.8%］、その他274名［14.2%］）

主な就職先 楽天カード、ファーストリテイリング、山口フィナンシャルグループ、第一生命保険、三井住友海上火災保険、西日本シティ銀行、福岡銀行、大塚商会、富士通、TOPPANホールディングス、九州電力、TOTO、三井ハイテック、三菱電機、西日本鉄道、ニトリ、九電工、積水ハウス、厚生労働省、経済産業省、福岡県（職員）、福岡市（職員）、福岡県内公立中学校（教員）

学部学科紹介

※本書掲載内容は、大学公表資料から独自に編集したものです。詳細は大学パンフレットやホームページ等で必ず確認してください（取得可能な免許・資格は任用資格や受験資格などを含む）。

神学部
西新キャンパス
定員 10

特色　聖書とキリスト教を中心に学び､教養をもとに社会貢献を果たす人材を育成する。
進路　神学：教会関係職など。キリスト教人文学：主に一般企業への就職する。
学問分野　哲学
大学院　神学

神学科　(10)	聖書を基本にしてキリスト教の思想や哲学、芸術などを学ぶ。2つのコースを設置している。神学コースではキリスト教界の指導者や教会の伝道者、牧師などを志す学生を対象とする。キリスト教人文学コースでは学問としてのキリスト教に関する教養を幅広く学ぶ。
取得可能な免許・資格	学芸員、教員免許（中-宗、高-宗）、司書教諭

外国語学部
西新キャンパス
定員 300

特色　文学部を改組して開設。豊かな教養や異文化理解の心を養う。
進路　就職先は卸売・小売業や金融・保険業、公務など多岐にわたる。
学問分野　文学／言語学／文化学／国際学
大学院　外国語学

外国語学科　(300)	従来の文学部の学びと研究の蓄積を引き継ぎつつ、実践的な外国語運用能力と専門知識を養う。英語研究、フランス語研究、グローバルコミュニケーションスタディーズの3つの科目群を設置。3年次から選択した科目群で専門知識を深める。
取得可能な免許・資格	登録日本語教員、学芸員、教員免許（中-英、高-英・フランス語）、司書教諭

商学部
西新キャンパス
定員 360

特色　副専攻としてどちらの学科のコースも選択可能｡幅広い効率的な学習ができる。
進路　就職先は卸売・小売業や金融・保険業、情報通信業など多岐にわたる。
学問分野　経営学
大学院　経営学

商学科　(180)	ビジネスシーンで重要な「ヒト、モノ、カネ、情報」のうち、「モノ、カネ」について重点的に学び、2年次に商学、会計学の2つのコースから選ぶ。一般企業や公務員、公認会計士などから講師を招き、リアルな学びの場を提供する課外講座を開講している。
経営学科　(180)	2年次からは経営学、経営情報学の2つのコースに分かれる。コース選択と少人数教育により問題解決能力を養い、将来のビジネスリーダーとなる人材を育成する。実践的な研究への取り組みを通じ、就職後も役立つプレゼンや情報収集の能力も磨くことができる。
取得可能な免許・資格	学芸員、教員免許（中-社、高-地歴・公・商業）、司書教諭

経済学部
西新キャンパス
定員 360

特色　幅広い視野と経済学の理論に基づく分析力に加え､現代を生き抜く人間力を養う。
進路　就職先は金融・保険業や卸売・小売業、情報通信業など多岐にわたる。
学問分野　経済学／国際学
大学院　経済学

経済学科　(240)	経済活動を論理的に分析し、主体的に解決策を打ち出せる人材を育成する。経済学の基礎的な知識を学んだあと、関心に応じた3つのコースで専門的に学びを深めていく。グローバル化に対応し、コミュニケーション力を養う語学教育も充実。
国際経済学科　(120)	世界経済を構造的に把握し、その問題点を理解し、解決する力を養う。少人数教育により、書物や教科書だけでは得られない実践的な思考力や知識を修得する。海外経験の豊富な教員のもと、国際的なコミュニケーション能力を高める語学教育の機会も数多く設けている。
取得可能な免許・資格	学芸員、教員免許（中-社、高-地歴・公）、司書教諭

法学部
西新キャンパス　定員 410

- 特色　法務コースを設置。最短5年間の勉強で司法試験の早期合格を目指せる。
- 進路　就職先は金融・保険業や卸売・小売業、公務など多岐にわたる。
- 学問分野　法学／政治学／国際学
- 大学院　法学

法律学科 (315)	正しい価値判断によって合理的な解決法を導き出すリーガルマインドを養成する。弁護士などの法曹を目指す学生向けの法務コースの他、公共法政策コースとビジネス法コースがあり、所属コースに応じた専門科目を修得して専門性を高める。
国際関係法学科 (95)	国際関係法コース、法務コースを設置。国際化に伴う多様な現象を法的・政治的な視点で捉えていく。国際関係の法・政治を中心とした科目が数多く用意されている他、留学や国際模擬裁判大会への参加によって国際的感覚を養うことができる。
取得可能な免許・資格	学芸員、教員免許（中-社、高-地歴・公）、司書教諭

人間科学部
西新キャンパス　定員 335

- 特色　キリスト教に基づく人間教育から、保育・教育、社会福祉、心理の専門家を育成。
- 進路　就職先は医療・福祉業や卸売・小売業など。学校教員になる者も多い。
- 学問分野　心理学／社会福祉学／子ども学／教員養成／人間科学
- 大学院　人間科学

児童教育学科 (100)	キリスト教の全人教育を基礎にして保育と教育について学び、1年次から専門教育、2年次からは現場での豊富な実習を行う。保育士、幼稚園教諭、小学校教諭などの資格取得に必要な科目が系統的に配置。進路や目標に応じて計画的に履修することができる。
社会福祉学科 (115)	多様化する社会福祉の問題を適切に解決できる専門家を育成する。社会福祉の基礎を学ぶとともに、「子ども家庭福祉」「障がい者福祉」「高齢者福祉」「地域福祉」の専門分野を学習し、高度な技能と知識を修得。学生一人ひとりに応じたカリキュラムを展開する。
心理学科 (120)	ディスカッションや実験、実習を重視した学びのもと、心理学に必要な分析力、思考力、客観性、対人能力を養成する。1年次から人間の基本的な心の動きや行動の仕組み、調査法やデータ分析の基礎などを学び、2年次以降は段階的に高度で実践的な内容を学ぶ。
取得可能な免許・資格	公認心理師、学芸員、社会調査士、社会福祉士、精神保健福祉士、社会福祉主事、保育士、教員免許（幼一種、小一種、高-公・福）、司書教諭

国際文化学部
西新キャンパス　定員 180

- 特色　研究旅行奨励制度や海外語学研修、フィールドワークなどで異文化を肌で学ぶ。
- 進路　卒業者の多くは卸売・小売業や金融・保険業、情報通信業などに就く。
- 学問分野　文化学／国際学
- 大学院　国際文化

国際文化学科 (180)	異文化への理解を通して国際的な視野と思考力を養う。2年次から東洋文化、西洋文化、複合文化の3つの系に分かれ、3年次に所属する系内のいずれかのコースを選択する。語学力を養う科目や世界各地の思想や文化などを学ぶ科目が充実。
取得可能な免許・資格	学芸員、社会調査士、教員免許（中-社、高-地歴・公）、司書教諭

入試要項（2025年度）

※この入試情報は大学発表の2025年度入試（予告）および2024年度募集要項等より編集したものです（2024年1月時点。見方は巻頭の「本書の使い方」参照）。内容には変更が生じる可能性があるため、最新情報はホームページや2025年度募集要項等で必ず確認してください。

「大学入試科目検索システム」のご案内
日程・方式ごとの偏差値や昨年度入試結果（志願者倍率、実質倍率、合格最低点）、基本情報（出願締切日、試験日、二段階選抜、募集人員、総合満点）などは、「大学入試科目検索システム」（https://nyushi.toshin.com/）をご覧ください（利用方法はp.12参照）。

■神学部 偏差値 60

一般選抜

◆**一般入試（A日程、F日程）**
[神：3科目] 国現古 地歴 公 数 地総・地理、日、世、政経、数ⅠⅡAB〔列〕C〔べ〕から1 外英

◆**英語4技能利用型一般入試（A日程、F日程）** ※出願資格として英語外部試験が必要。英語外部試験のスコアにより加点
[神：2科目] 国現古 地歴 公 数 地総・地理、日、世、政経、数ⅠⅡAB〔列〕C〔べ〕から1

■外国語学部 偏差値 60

一般選抜

◆**一般入試（A日程、F日程）**
[外国語：3科目] 国現古 地歴 公 数 地総・地理、日、世、政経、数ⅠⅡAB〔列〕C〔べ〕から1 外英

◆**英語4技能利用型一般入試（A日程、F日程）** ※出願資格として英語外部試験が必要。英語外部試験のスコアにより加点
[外国語：2科目] 国現古 地歴 公 数 地総・地理、日、世、政経、数ⅠⅡAB〔列〕C〔べ〕から1

共通テスト併用入試

◆**一般・共通テスト併用型入試** ※一般入試の出願必須
[外国語]〈共2科目〉国 地歴 公 数 理 外 現古漢、地歴公数理全14科目、英、仏から2▶外から1必須〈個3科目〉一般入試の成績を利用▶外を含む高得点2科目を合否判定に使用

共通テスト利用入試 ※個別試験は課さない

◆**共通テスト利用入試（前期）**
[外国語：4科目] 国現古漢 地歴 公 全6科目から1 数 理 数ⅠA、数ⅡBC、理全5科目から1 外英、仏から1▶英選択の場合は英、英語外部試験から1

◆**共通テスト利用入試（後期）**
[外国語：3科目] 国現古漢 地歴 公 数 理 地歴公理全11科目、数ⅠA、数ⅡBCから1 外英、仏から1▶英選択の場合は英、英語外部試験から1

■商学部 偏差値 60

一般選抜

◆**一般入試（A日程、F日程）**
[全学科：3科目] 国現古 地歴 公 数 地総・地理、日、世、政経、数ⅠⅡAB〔列〕C〔べ〕から1 外英

◆**英語4技能利用型一般入試（A日程、F日程）** ※出願資格として英語外部試験が必要。英語外部試験のスコアにより加点
[全学科：2科目] 国現古 地歴 公 数 地総・地理、日、世、政経、数ⅠⅡAB〔列〕C〔べ〕から1

共通テスト併用入試

◆**一般・共通テスト併用型入試** ※一般入試の出願必須
[全学科]〈共2科目〉国 地歴 公 数 理 外 情 現古漢、地歴公数理外情全20科目から2〈個3科目〉一般入試の成績を利用▶高得点2科目を合否判定に使用

共通テスト利用入試 ※個別試験は課さない

◆**共通テスト利用入試（前期）**
[全学科：4科目] 国現古漢 地歴 公 全6科目から1 数 情 数ⅠA、数ⅡBC、情Ⅰから1 外英、英語外部試験から1

◆**共通テスト利用入試（後期）**
[全学科：3科目] 国現古漢 地歴 公 数 理 情 地歴公理情全12科目、数ⅠA、数ⅡBCから1 外英、英語外部試験から1

■経済学部 偏差値 60

一般選抜

◆**一般入試（A日程、F日程）**
[全学科：3科目] 国現古 地歴 公 数 地総・地理、日、世、政経、数ⅠⅡAB〔列〕C〔べ〕から1 外英

◆**英語4技能利用型一般入試（A日程、F日程）** ※出願資格として英語外部試験が必要。英語外部試験のスコアにより加点
[全学科：2科目] 国現古 地歴 公 数 地総・地理、日、世、政経、数ⅠⅡAB〔列〕C〔べ〕から1

共通テスト併用入試

◆**一般・共通テスト併用型入試** ※一般入試の出願必須
[経済]〈共2科目〉国 地歴 公 数 理 外 現古漢、地歴公数理外全19科目から2▶数から1必須〈個3科目〉一般入試の成績を利用▶高得点2科目を合否判定に使用
[国際経済]〈共2科目〉国 地歴 公 数 理 外 現古漢、地歴公数理外全19科目から2〈個3科目〉一般入試の成績を利用▶外を含む高得点2科目を合否判定に使用

共通テスト利用入試 ※個別試験は課さない

◆**共通テスト利用入試（前期）**
[全学科：4科目] 国現古漢 地歴 公 全6科目から1 数 数ⅠA、数ⅡBCから1 外英、英語外部試験から1

◆**共通テスト利用入試（後期）**
[全学科：3科目] 国現古漢 地歴 公 数 理 情 地歴公理情全12科目、数ⅠA、数ⅡBCから1 外英、英語外部試験から1

■法学部 偏差値 59

一般選抜

◆一般入試（A日程、F日程）

[全学科：3科目] 国現古 地歴 公 数 地総・地理、日、世、政経、数ⅠⅡAB〔列〕C〔ベ〕から1 外 英

◆英語4技能利用型一般入試（A日程、F日程）※出願資格として英語外部試験が必要。英語外部試験のスコアにより加点

[全学科：2科目] 国現古 地歴 公 数 地総・地理、日、世、政経、数ⅠⅡAB〔列〕C〔ベ〕から1

共通テスト併用入試

◆一般・共通テスト併用型入試※一般入試の出願必須

[全学科]〈共3科目〉国 地歴 公 数 理 外 現古漢、地歴公数理外全19科目から3▶数から1必須〈個3科目〉一般入試の成績を利用▶外を含む高得点2科目を合否判定に使用

共通テスト利用入試 ※個別試験は課さない

◆共通テスト利用入試（前期）

[全学科：5科目] 国現古漢 地歴 公 全6科目から1 数 理 数ⅠA、数ⅡBC、理5科目から2 外 英、英語外部試験から1

◆共通テスト利用入試（後期）

[全学科：3科目] 国現古漢 地歴 公 数 理 地歴公理全11科目、数ⅠA、数ⅡBCから1 外 英、英語外部試験から1

■人間科学部 偏差値 58

一般選抜

◆一般入試（A日程、F日程）

[全学科：3科目] 国現古 地歴 公 数 地総・地理、日、世、政経、数ⅠⅡAB〔列〕C〔ベ〕から1 外 英

◆英語4技能利用型一般入試（A日程、F日程）※出願資格として英語外部試験が必要。英語外部試験のスコアにより加点

[全学科：2科目] 国現古 地歴 公 数 地総・地理、日、世、政経、数ⅠⅡAB〔列〕C〔ベ〕から1

共通テスト併用入試

◆一般・共通テスト併用型入試※一般入試の出願必須

[児童教育]〈共2科目〉地歴 公 数 理 地歴公理全11科目、数ⅠA、数ⅡBCから2教科2〈個3科目〉一般入試の成績を利用▶高得点2科目を合否判定に使用

[社会福祉]〈共2科目〉国 地歴 公 数 理 外 現古漢、地歴公数理外全19科目から2〈個3科目〉一般入試の成績を利用▶高得点2科目を合否判定に使用

[心理]〈共2科目〉数 理 外 情 数ⅠA、数ⅡBC、理外情全11科目から2〈個3科目〉一般入試の成績を利用▶高得点2科目を合否判定に使用

共通テスト利用入試 ※個別試験は課さない

◆共通テスト利用入試（前期）

[児童教育：6科目] 国現古漢 地歴 公 全6科目から1 数 数ⅠA、数ⅡBC 理 全5科目から1 外 英、英語外部試験から1

[社会福祉：4科目] 国現古漢 地歴 公 全6科目から1 数 理 数ⅠA、数ⅡBC、理全5科目から1 外 英、英語外部試験から1

[心理：4科目] 国現古漢 地歴 公 数 理 情 地歴公理情全12科目、数ⅠA、数ⅡBCから2▶地歴公理各2科目選択不可 外 英、英語外部試験から1

◆共通テスト利用入試（後期）

[児童教育、社会福祉：3科目] 国現古漢 地歴 公 数 理 地歴公理全11科目、数ⅠA、数ⅡBCから1 外 英、英語外部試験から1

[心理：3科目] 国現古漢 地歴 公 数 理 情 地歴公理情全12科目、数ⅠA、数ⅡBCから1 外 英、英語外部試験から1

■国際文化学部 偏差値 60

一般選抜

◆一般入試（A日程、F日程）

[国際文化：3科目] 国現古 地歴 公 数 地総・地理、日、世、政経、数ⅠⅡAB〔列〕C〔ベ〕から1 外 英

◆英語4技能利用型一般入試（A日程、F日程）※出願資格として英語外部試験が必要。英語外部試験のスコアにより加点

[国際文化：2科目] 国現古 地歴 公 数 地総・地理、日、世、政経、数ⅠⅡAB〔列〕C〔ベ〕から1

共通テスト併用入試

◆一般・共通テスト併用型入試※一般入試の出願必須

[国際文化]〈共2科目〉国 地歴 公 数 理 外 現古漢、地歴公数理外全19科目から2〈個3科目〉一般入試の成績を利用▶高得点2科目を合否判定に使用

共通テスト利用入試 ※個別試験は課さない

◆共通テスト利用入試（前期）

[国際文化：4科目] 国現古漢 地歴 公 全6科目から1 数 理 数ⅠA、数ⅡBC、理全5科目から1 外 英、英語外部試験から1

◆共通テスト利用入試（後期）

[国際文化：3科目] 国現古漢 地歴 公 全6科目から1 外 英、英語外部試験から1

■特別選抜

[総合型選抜] 総合型入試、総合型入試（学びと探究型、活動実績型、社会人対象、多言語能力重視型）

[学校推薦型選抜] 指定校推薦入試、学部独自の指定校推薦入試、西南学院高校からの推薦入試、西南女学院高校からの推薦入試

[その他] 国際バカロレア入試、帰国生入試、外国人入試

福岡大学

ふくおか

資料請求

入学センター TEL (092) 871-6631 〒814-0180 福岡県福岡市城南区七隈8-19-1

地域に密着し、地域と融合した総合大学

大学紹介動画 最新入試情報

「思想堅実」「穏健中正」「質実剛健」「積極進取」を建学の精神とし、自発的で創造性豊かな、社会から信頼される人材を育成する。人材教育と人間教育、学部教育と総合教育、地域性と国際性の共存に取り組む。

七隈キャンパス

キャンパス 1つ

七隈キャンパス
〒814-0180 福岡県福岡市城南区七隈8-19-1

基本データ

※2023年5月現在（進路・就職は2022年度卒業者データ。学費は2024年度入学者用）

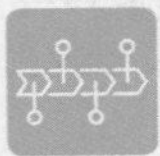

沿革

1934年、福岡高等商業学校として創立。1956年、福岡大学に改称。1959年、法経学部を法、経済学部に分離。1960年、薬学部、1962年、工学部、1969年、人文、体育の2学部、1970年、理学部、1972年、医学部を設置。1998年、スポーツ科学部を改組設置し、現在に至る。

教育機関 10学部 10研究科

学部 人文／法／経済／商／商学部第二／理／工／医／薬／スポーツ科

大学院 人文科学Ⓜ︎Ⓓ／法学Ⓜ︎Ⓓ／経済学Ⓜ︎Ⓓ／商学Ⓜ︎Ⓓ／理学Ⓜ︎Ⓓ／工学Ⓜ︎Ⓓ／医学Ⓜ︎Ⓓ／薬学Ⓜ︎Ⓓ／スポーツ健康科学Ⓜ︎Ⓓ／法曹実務Ⓟ

人数

学部学生数 18,631名

教員1名あたり学生 12名

教員数 1,466名【理事長】貫正義、【学長】永田潔文
（教授388名、准教授200名、講師191名、助教372名、助手・その他315名）

学費

初年度納入額 1,126,710~8,626,710円

奨学金 福岡大学特待生制度、福岡大学有信会奨学金、福岡大学未来サポート募金給費奨学金

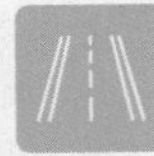

進路

学部卒業者 4,194名
（進学291名［6.9%］、就職3,265名［77.8%］、その他※638名［15.3%］）
※臨床研修医102名を含む

主な就職先 ※院卒者を含む
西日本シティ銀行、福岡銀行、日本生命保険、アステム、ヤマエ久野、良品計画、QTnet、応研、TOPPANホールディングス、JTB、九州電力、TOTO、三井ハイテック、京セラ、日本郵便、博多大丸、九電工、セキスイハイム九州、国立病院機構、福岡県内中学校（教員）、福岡市内中学校（教員）、国家公務（一般職）、福岡県庁、福岡市役所、東京消防庁、福岡県警察本部

学部学科紹介

※本書掲載内容は、大学公表資料から独自に編集したものです。詳細は大学パンフレットやホームページ等で必ず確認してください（取得可能な免許・資格は任用資格や受験資格などを含む）。

人文学部

七隈キャンパス　定員 605

- **特色** 少人数教育や専門性の高いカリキュラムを通じて、人間の文化を多面的に探究する。
- **進路** 就職先はサービス業をはじめ卸売・小売業、教育・学習支援業など。
- **学問分野** 文学／言語学／心理学／歴史学／文化学／教員養成／教育学
- **大学院** 人文科学

学科	定員	内容
文化学科	(100)	文化の多角的理解を目指し、知性と幅広い視野、固定概念にとらわれない柔軟な発想力を育む。1年次は基礎演習で基本的なものの考え方を身につけ、2年次以降は思想文化、社会文化、文化学共通の3つのトラックから自由に科目を選択する。
歴史学科	(70)	学生参加型の授業などで「考える歴史」教育を実践している。2年次以降は、考古学、日本史、東洋史、西洋史の4つの専修に分かれ、1年次の学習で掘り起こした興味や関心を深める。歴史遺産などを巡る、地の利を活かしたフィールドワークも充実している。
日本語日本文学科	(70)	日本語と日本文学を体系的に学ぶ。1年次には日本語や日本文学の基礎を学び、2年次からは少人数のプレゼミを履修し、古今の語学や文学、比較文学の研究方法を学ぶ。3年次からゼミに所属し、4年次には担当教授による1対1の指導の下で卒業論文に取り組む。
教育・臨床心理学科	(110)	自らのキャリア形成について考えつつ、教育と臨床心理の2つの領域を学び、人を支援するための理論と技術を修得する。目指す進路に応じて公認心理師、キャリアデザイン、学校教員の3つのトラックが用意され、それに基づいて専門科目を履修することができる。
英語学科	(90)	英語学とスピーチ・コミュニケーションを学ぶ言語・コミュニケーションと、英米文学と英米文化を学ぶ文化・文学の2つのコースが設置されている。夏季休暇を利用してカナダに約1カ月間短期留学する英語圏文化研修が選択科目として設置されている。
ドイツ語学科	(50)	ドイツ語を軸に多様な価値観の理解と他者との交渉に役立つ力を身につける。フランス語学科との合同コースであるヨーロッパ特別コースとドイツ語圏コースの2つのコースが設置されている。多彩な留学プログラムや留学生との共同プログラムがある。
フランス語学科	(50)	フランス語の修得を通じて、フランスに加えてヨーロッパの文化に触れるとともに自ら考え発言する力を磨く。フランス文化を彩る様々な分野を学ぶフランス語圏コースの他、ドイツ語学科との合同コースであるヨーロッパ特別コースが設置されている。
東アジア地域言語学科	(65)	中国と韓国の言語と文化、地域事情の教育を行う。1年次は中国、朝鮮半島の言語や文化の基礎や特徴を学び、2年次から中国、韓国の2つのコースに分かれる。3・4年次の少人数ゼミでは個別のテーマ研究を行う。交換留学や認定留学などの現地留学制度も充実している。
取得可能な免許・資格		登録日本語教員、公認心理師、学芸員、教員免許（中-国・社・英・中国語・フランス語・ドイツ語・朝鮮語、高-国・地歴・公・英・中国語・フランス語・ドイツ語・朝鮮語）、社会教育士、社会教育主事

法学部

七隈キャンパス　定員 630

- **特色** 少人数クラスで4年間授業が構成され、社会で活躍するための法的思考力を養う。
- **進路** 一般企業や国家公務で活躍する他、大学院へ進学する者もいる。
- **学問分野** 法学／経営学／国際学
- **大学院** 法学／法曹実務

学科	定員	内容
法律学科	(430)	志望別に3つのコースを設置している。法律総合コースでは法科大学院（ロースクール）進学や法律系資格の取得を目指し、公共法務コースでは公務員や外交官などを目指し、総合政策コースでは政策スタッフやマスコミなどを目指す勉強を行う。

経営法学科 (200)	あらゆる業界のリーダーに必要な企業法務の知識を学ぶ。2年次から起業、個人経営などを目指して民法や商法を学ぶ企業法、商社や外資系の企業などへの就職を目指す国際の2つのコースに分かれる。また、インターンシップなどの実践的な学びを奨励している。
取得可能な免許・資格	教員免許（中-社、高-地歴・公）

経済学部

七隈キャンパス

定員 660

- 特色 1年次から少人数ゼミを実施。海外の研究者による講義など国際的な教育に注力。
- 進路 就職先は卸売・小売業をはじめ金融・保険業、サービス業など。
- 学問分野 経済学
- 大学院 経済学

経済学科 (460)	経済、財政、金融の諸問題や最新のコンピュータ解析技術など幅広い領域を扱い、生きた経済を学ぶ。2年次から基礎的な経済能力を修得する実践経済分析、経済理論の応用力を高める応用経済学、国際ビジネス能力を身につける社会経済学の3コースに分かれる。
産業経済学科 (200)	経済理論が実社会の中でどのように活かされているのかを調査、分析、実証する実践的な経済学を学んでいく。起業家育成、地域イノベーションの2つのプログラムを設置している。学外でのフィールドワークやコンピュータを使った情報処理分野の学習も行う。
取得可能な免許・資格	社会調査士、教員免許（中-社、高-地歴・公・情）

商学部

七隈キャンパス

定員 665

- 特色 ニーズに対応したカリキュラムの下、理論と実務能力をバランス良く修得する。
- 進路 就職先は卸売・小売業やサービス業、情報通信業をはじめ多岐にわたる。
- 学問分野 経営学
- 大学院 商学

商学科 (245)	地域経済から経済を率いることのできる人材を育成する。1年次に基礎ゼミなどで土台を固め、2年次より金融・保険、情報・流通・マーケティング、商業史の3つの専門領域から学ぶ。企業からの寄附講座や社会起業家を育成する講義も設けられている。
経営学科 (240)	「ヒト」「モノ」「カネ」「情報」という4つの要素からなる現代の企業について、経営と会計の2つの分野から総合的に学んでいく。起業家や経営者、会計専門職など学生の多様な志望に対応したカリキュラムを展開。資格取得の支援講座なども開講されている。
貿易学科 (180)	新聞記事を用いた講義や貿易の専門家による特別講義を通じて、貿易全般に関する専門知識や能力の活用法を養う。ネイティブスピーカーによるビジネス英語教育で実践的な語学を学ぶ他、4年間を通じて国際経験豊富な教員が在籍する少人数制のゼミに取り組む。
取得可能な免許・資格	教員免許（中-社、高-地歴・公・情・商業）

商学部第二部

七隈キャンパス

定員 165

- 特色 学費は約半額ながら、昼間部と同等以上のカリキュラムで実践力を磨く。
- 進路 就職先は卸売・小売業やサービス業、情報通信業をはじめ多岐にわたる。
- 学問分野 経営学
- 大学院 商学

商学科 夜 (165)	夜間部。通常の学費のみで公認会計士受験対策講座を受講することができ、公認会計士の資格を持つ専任教員から直接指導を受けることができる。公認会計士などの資格取得を目指す「会計専門職プログラム」が昼間部と共同で設置されている。
取得可能な免許・資格	教員免許（中-社、高-地歴・公・情・商業）

理学部

七隈キャンパス　定員 250

特色　自然科学と数理科学の分野の探究を通して社会の健全な発展に貢献する。
進路　就職先は情報通信業やサービス業が多い。大学院へ進学する者もいる。
学問分野　数学／物理学／化学／地学／応用物理学
大学院　理学

応用数学科 (65)	4つの学系を軸に、基礎から応用までを体系的に学ぶことを通じて、数学力のみならず社会で求められる物事を整理し、論理的に考える能力を養う。また、毎年半数以上の卒業生が教員免許を取得。横断的な学びを目的とした社会数理・情報インスティテュートが設置されている。
物理科学科 改 (60)	2024年度より化学科と合同のナノサイエンス・インスティテュートを廃止。基礎物理学、物性物理学、物理情報計測、ナノ物理学の4つの研究領域に分かれ、学びを深める。5年間で修士学位を取得できる大学院への飛び級制度も用意されている。
化学科 改 (65)	2024年度より物理科学科と合同のナノサイエンス・インスティテュートを廃止。物質機能化学、構造物理化学、機能生物化学、有機生物化学、化学教育、典型元素化学、錯体物性化学の7つのグループに分かれて研究を行う。
地球圏科学科 (60)	自然科学を基礎から幅広く学ぶ。1・2年次では豊富な実験を通じて自然を見る目と実証力を養うとともに、自然科学に関する基礎を学ぶ。3年次からは地球科学、地球物理学、生物科学の3つの分野に分かれて専門領域を深める。領域を横断して学ぶこともできる。
社会数理・情報インスティテュート (—)	定員17名（応用数学科の定員に含まれる）。1年次から卒業までの一貫した少人数教育と、数理・情報・社会分析を融合した学びを通して、様々な問題をイノベーションできる人材を育成する。
取得可能な免許・資格	学芸員、教員免許（中-数・理、高-数・理・情）

工学部

七隈キャンパス　定員 700

特色　環境世紀のニーズに応えるものづくりを目指し、共通教育や少人数教育を行う。
進路　2割弱が大学院へ進学。就職先は建設業や製造業など多岐にわたる。
学問分野　化学／応用化学／機械工学／電気・電子工学／土木・建築学／環境学／情報学
大学院　工学

機械工学科 (110)	機械工学の基礎から応用実践までを学び、最先端の設備を活用した実験・実習を通して実践的な情報処理と問題解決の能力を身につけたリーダーエンジニアを育成する。材料力学、流体工学、熱工学、機械設計・工作、機械力学・制御の5つの分野を学ぶ。
電気工学科 (110)	新素材の開発やエネルギーの効率的な制御に寄与できる電気系エンジニアを育成する。情報・通信・計測、電気・電子材料、電気エネルギー・制御の3つの分野を学ぶ。電気系技術の資格取得のための科目も設置し、特定科目の単位を取得し卒業すると、資格試験が一部免除される。
電子情報工学科 (150)	ハードウエア領域である電子工学技術とソフトウエア領域である情報工学技術をともに身につける。2年次から電子通信、情報、情報システムの3つのコース別に科目を選択する。3年次後期から研究室に所属し、「プレ卒論」と呼ばれる特別演習に取り組む。
化学システム工学科 (110)	ものづくりで必要とされる化学工学を学ぶことで、多くの領域で役立つ化学技術者を育成する。2年次より幅広く応用化学の素養を身につける分子工学コースと、日本技術者教育認定機構（JABEE）認定プログラムが用意された化学工学コースの2つのコースに分かれる。
社会デザイン工学科 (110)	安全で快適な社会基盤の計画から維持管理までを行うための理論と技術を学ぶ。実習を重視し、最新機器を用いた教育によって実践的に現場のニーズに合ったスキルを身につける。3年次には希望する企業などで実務研修（インターンシップ）を行う。

建築学科 (110)	建築を基本的なことから徹底的に学び、「強・用・美」のバランスの取れた建築家や建設技術者を育成する。3年次からは総合、設計・計画、構造の3つのコースに分かれる。耐震、免震構造やシックハウスなどの研究を取り入れた先進的な教育を行う。
取得可能な免許・資格	危険物取扱者（甲種）、毒物劇物取扱責任者、ボイラー技士、電気工事士、特殊無線技士（海上、陸上）、陸上無線技術士、建築士（一級、二級）、技術士補、測量士補、主任技術者（電気）、施工管理技士（土木、建築、電気工事、管工事、造園）、衛生管理者、教員免許（高-情・工業）、作業環境測定士

医学部

七隈キャンパス　定員 220

特色	高度な医療の知識と技能に加え、高い倫理観と豊かな人間性を備えた人材を育成。
進路	医師や看護師として医療現場に従事。他、研究者になる者もいる。
学問分野	医学／看護学
大学院	医学

医学科 (110)	6年制。「人が人を治療する」という原点を忘れず、医療技術に加え人間としても質の高い医師を育成する。理解を重視するカリキュラムのもと、実際の患者の診療に学生医師として参加するクリニカルクラークシップ（診療参加型臨床実習）などで実践力を養う。
看護学科 (110)	4年制。地域や国際社会の発展に尽くし、人類の健康や幸せに寄与できる創造力豊かな人材を育成する。共通教育科目では哲学、心理学、社会学、文化人類学なども学ぶ。様々な体験学習や臨地実習を通して、ヒューマンケアリングの思考を徹底的に修得する。
取得可能な免許・資格	医師、看護師、保健師、教員免許（高-看）、養護教諭（一種）

薬学部

七隈キャンパス　定員 230

特色	多種多様の資質を養い、実務実習を経て質の高い信頼される薬剤師を目指す。
進路	卒業者は病院や薬局、製薬業界の他、薬務行政に携わる公務員等で活躍。
学問分野	薬学
大学院	薬学

薬学科 (230)	6年制。優れた人間性と倫理観を身につけた薬剤師を育成する。4年次から化学系、物理学系、生物学・衛生学系、薬理学系、薬剤学系、実務などの研究室に分属し、薬学の先端的研究に接する。5年次には5カ月間、病院や保険調剤薬局での実務実習を行う。
取得可能な免許・資格	薬剤師

スポーツ科学部

七隈キャンパス　定員 295

特色	スポーツと運動の研究を深め、スポーツ界をはじめ様々な分野で社会に貢献。
進路	就職先は卸売・小売業やサービス業、教育・学習支援業など。
学問分野	健康科学
大学院	スポーツ健康科学

スポーツ科学科 (225)	スポーツ科学の専門的な知識を備えた競技者や指導者を育成する。高度なトレーニング理論やコーチング理論を学ぶことができ、専門競技種目に応じた選択科目を多く設定している。保健体育の教員免許などスポーツ関連の資格の取得もサポートしている。
健康運動科学科 (70)	「運動による健康づくり」を重視し、スポーツ医科学などの領域で活躍するハイレベルな指導者や研究者を育成する。1・2年次は基本的な理論、3年次は演習や実習を軸に学び、4年次に卒業研究論文を完成させる。健康運動指導士などの資格も取得できる。
取得可能な免許・資格	教員免許（中-保体、高-保体）、社会教育士、社会教育主事

入試要項（2024年度）

※この入試情報は2024年度募集要項等より編集したものです（見方は巻頭の「本書の使い方」参照）。
2025年度入試の最新情報は、ホームページや2025年度募集要項等で必ず確認してください。

「大学入試科目検索システム」のご案内
日程・方式ごとの偏差値や昨年度入試結果（志願者倍率、実質倍率、合格最低点）、基本情報（出願締切日、試験日、二段階選抜、募集人員、総合満点）などは、「大学入試科目検索システム」（https://nyushi.toshin.com/）をご覧ください（利用方法はp.12参照）。

■人文学部 偏差値 58

一般選抜

◆**系統別日程**
［歴史以外：3科目］国現古 地歴 公 数 世B、日B、地理B、政経、数ⅠⅡABから1 外英
［歴史：3科目］国現古 地歴 世B、日B、地理Bから1 外英

◆**前期日程**
［歴史以外：3科目］国現古 地歴 公 数 世B、日B、地理B、政経、数ⅠⅡAから1 外英
［歴史：3科目］系統別日程に同じ

◆**後期日程**
［文化、教育・臨床心理：2科目］国 数 外 現古、数ⅠⅡA、英から2
［歴史、東アジア地域言語：2科目］国現古 外英
［日本語日本文：2科目］国現古 数 外 数ⅠⅡA、英から1
［英語、ドイツ語、フランス語：2科目］国 数 現古、数ⅠⅡAから1 外英

共通テスト併用入試

※地歴と公は1教科扱い。共通テストの外は英語外部試験のスコアにより加点

◆**前期日程・共通テスト併用型**※前期日程の受験必須
［文化］〈共2科目〉国 地歴 公 数 理 外 現古漢、世B、日B、地理B、公理外全14科目、数ⅠA、数Ⅱ、数ⅡB、簿、情から2教科2〈個3科目〉前期日程の成績を利用▶高得点2科目を合否判定に使用
［歴史］〈共2科目〉国 外 現古漢、外全5科目から1 地歴 公 数 理 世B、日B、地理B、公理全9科目、数ⅠA、数Ⅱ、数ⅡB、簿、情から1〈個3科目〉前期日程の成績を利用▶国外から高得点1科目と選択科目を合否判定に使用
［日本語日本文、ドイツ語、フランス語、東アジア地域言語］〈共2科目〉国 地歴 公 数 理 外 現古漢、世B、日B、地理B、公理外全14科目、数ⅠA、数Ⅱ、数ⅡB、簿、情から2教科2〈個3科目〉前期日程の成績を利用▶国外を合否判定に使用
［教育・臨床心理］〈共2科目〉国 地歴 公 数 理 外 現古漢、世B、日B、地理B、公理全9科目、数ⅠA、数Ⅱ、数ⅡB、簿、情、英から2教科2〈個3科目〉前期日程の成績を利用▶国外を合否判定に使用
［英語］〈共2科目〉国 地歴 公 数 理 現古漢、世B、日B、地理B、公理全9科目、数ⅠA、数Ⅱ、数ⅡB、簿、情から1 外英〈個3科目〉前期日程の成績を利用▶国外を合否判定に使用

共通テスト利用入試

※個別試験は課さない。地歴と公は1教科扱い。外は英語外部試験のスコアにより加点

◆**共通テスト利用型（Ⅰ期）**
［文化、日本語日本文、教育・臨床心理、英語：4科目］国現古漢 地歴 公 数 理 世B、日B、地理B、公理全9科目、数ⅠA、数Ⅱ、数ⅡB、簿、情から2教科2 外英
［歴史：4科目］国現古漢 地歴 公 数 理 世B、日B、地理Bから1、公理全9科目、数ⅠA、数Ⅱ、数ⅡB、簿、情から1 外英
［ドイツ語：4科目］国現古漢 地歴 公 数 理 世B、日B、地理B、公理全9科目、数ⅠA、数Ⅱ、数ⅡB、簿、情から2教科2 外英、独から1
［フランス語：4科目］国現古漢 地歴 公 数 理 世B、日B、地理B、公理全9科目、数ⅠA、数Ⅱ、数ⅡB、簿、情から2教科2 外英、仏から1
［東アジア地域言語：4科目］国現古漢 地歴 公 数 理 世B、日B、地理B、公理全9科目、数ⅠA、数Ⅱ、数ⅡB、簿、情から2教科2 外英、中、韓から1

◆**共通テスト利用型（Ⅱ期）**
［歴史以外：3科目］国現古漢 地歴 公 数 理 世B、日B、地理B、公理全9科目、数ⅠA、数Ⅱ、数ⅡB、簿、情から1 外英
［歴史：3科目］国現古漢 地歴 世B、日B、地理Bから1 外英

■法学部 偏差値 56

一般選抜

◆**系統別日程**
［全学科：3科目］国現古 地歴 公 数 世B、日B、地理B、政経、数ⅠⅡAB、簿から1 外英

◆**前期日程**
［全学科：3科目］国現古 地歴 公 数 世B、日B、地理B、政経、数ⅠⅡA、簿から1 外英

◆**後期日程**
［全学科：2科目］国 数 外 現古、数ⅠⅡA、英から2

共通テスト併用入試

※地歴と公は1教科扱い。共通テストの外は英語外部試験のスコアにより加点

◆**前期日程・共通テスト併用型**※前期日程の受験必須
［全学科］〈共2科目〉国 地歴 公 数 理 外 現古漢、世B、日B、地理B、公理全9科目、数ⅠA、数Ⅱ、数ⅡB、簿、情、英から2教科2〈個3科目〉前期日程の成績を利用▶国地歴公数から高得点1科目と外を合否判定に使用

共通テスト利用入試

※個別試験は課さない。地歴と公は1教科扱い。外は英語外部試験のスコアにより加点

◆**共通テスト利用型（Ⅰ期）**
［全学科：4科目］国現古漢 地歴 公 数 理 世B、日B、地理B、公理全9科目、数ⅠA、数Ⅱ、数ⅡB、簿、情から2教科2 外英

◆**共通テスト利用型（Ⅱ期）**

[全学科：3科目] 国現古漢 地歴 公 数 理 世B、日B、地理B、公理全9科目、数ⅠA、数Ⅱ、数ⅡB、簿、情から1 外 英

■経済学部 偏差値 54

一般選抜

◆系統別日程

[全学科：3科目] 国現古 地歴 公 数 世B、日B、地理B、政経、数ⅠⅡAB、簿から1 外 英

◆前期日程

[全学科：3科目] 国現古 地歴 公 数 世B、日B、地理B、政経、数ⅠⅡA、簿から1 外 英

◆後期日程

[全学科：2科目] 国 数 外 現古、数ⅠⅡA、英から2

共通テスト併用入試 ※地歴と公は1教科扱い。共通テストの外は英語外部試験のスコアにより加点

◆前期日程・共通テスト併用型 ※前期日程の受験必須

[経済]〈共2科目〉国 地歴 公 数 理 外 現古漢、世B、日B、地理B、公理全9科目、数ⅠA、数Ⅱ、数ⅡB、簿、情、英から2教科2〈個3科目〉前期日程の成績を利用▶国外を合否判定に使用

[産業経済]〈共2科目〉国 地歴 公 数 理 外 現古漢、世B、日B、地理B、公理全9科目、数ⅠA、数Ⅱ、数ⅡB、英から2教科2〈個3科目〉前期日程の成績を利用▶国外を合否判定に使用

共通テスト利用入試 ※個別試験は課さない。地歴と公は1教科扱い。外は英語外部試験のスコアにより加点

◆共通テスト利用型（Ⅰ期）

[経済：5科目] 国現古漢 地歴 公 数 理 数ⅠA必須、世B、日B、地理B、公理全9科目、数Ⅱ、数ⅡB、簿、情から2教科2 外 英

[産業経済：4科目] 国 地歴 公 理 現古漢、世B、日B、地理B、公理全9科目から1 数 数ⅠA必須、数Ⅱ、数ⅡBから1 外 英

◆共通テスト利用型（Ⅱ期）

[全学科：3科目] 国現古漢 地歴 公 数 理 世B、日B、地理B、公理全9科目、数ⅠA、数Ⅱ、数ⅡB、簿、情から1 外 英

■商学部 偏差値 53

一般選抜

◆系統別日程

[全学科：3科目] 国現古 地歴 公 数 世B、日B、地理B、政経、数ⅠⅡAB、簿から1 外 英

◆前期日程

[全学科：3科目] 国現古 地歴 公 数 世B、日B、地理B、政経、数ⅠⅡA、簿から1 外 英

[経営－会計専門職：3科目] 国現古 数 数ⅠⅡA、簿から1 外 英

◆後期日程

[全学科：2科目] 国 数 外 現古、数ⅠⅡA、簿、英から2

[経営－会計専門職：2科目] 国 外 現古、英から1 数 数ⅠⅡA、簿から1

共通テスト併用入試 ※地歴と公は1教科扱い。共通テストの外は英語外部試験のスコアにより加点

◆前期日程・共通テスト併用型 ※前期日程の受験必須

[全学科]〈共2科目〉国 地歴 公 数 理 外 現古漢、世B、日B、地理B、公理全9科目、数ⅠA、数Ⅱ、数ⅡB、簿、情、英から2教科2〈個3科目〉前期日程の成績を利用▶国外を合否判定に使用

共通テスト利用入試 ※個別試験は課さない。地歴と公は1教科扱い。外は英語外部試験のスコアにより加点

◆共通テスト利用型（Ⅰ期）

[全学科：4科目] 国現古漢 地歴 公 数 理 世B、日B、地理B、公理全9科目、数ⅠA、数Ⅱ、数ⅡB、簿、情から2教科2 外 英

◆共通テスト利用型（Ⅱ期）

[全学科：3科目] 国現古漢 地歴 公 数 理 世B、日B、地理B、公理全9科目、数ⅠA、数Ⅱ、数ⅡB、簿、情から1 外 英

■商学部第二部 偏差値 56

一般選抜

◆系統別日程

[商【夜】：3科目] 国現古 地歴 公 数 世B、日B、地理B、政経、数ⅠⅡAB、簿から1 外 英

◆前期日程

[商【夜】：3科目] 国現古 地歴 公 数 世B、日B、地理B、政経、数ⅠⅡA、簿から1 外 英

◆後期日程

[商【夜】：2科目] 国 数 外 現古、数ⅠⅡA、簿、英から2

[商【夜】－会計専門職：2科目] 国 外 現古、英から1 数 数ⅠⅡA、簿から1

共通テスト利用入試 ※個別試験は課さない。地歴と公は1教科扱い。外は英語外部試験のスコアにより加点

◆共通テスト利用型（Ⅰ期）

[商【夜】：4科目] 国現古漢 地歴 公 数 理 世B、日B、地理B、公理全9科目、数ⅠA、数Ⅱ、数ⅡB、簿、情から2教科2 外 英

◆共通テスト利用型（Ⅱ期）

[商【夜】：3科目] 国現古漢 地歴 公 数 理 世B、日B、地理B、公理全9科目、数ⅠA、数Ⅱ、数ⅡB、簿、情から1 外 英

■理学部 偏差値 54

一般選抜

◆系統別日程

[応用数、応用数－社会数理情報インスティテュート、地球圏科：3科目] 数 数ⅠⅡⅢAB 理 物基・物、化基・化、生基・生、地基・地から1 外 英

[物理科：3科目] 数 数ⅠⅡⅢAB 理 物基・物 外 英

[化：3科目] 数 数ⅠⅡⅢAB 理 化基・化 外 英

◆前期日程

[応用数、物理科：3科目] 系統別日程に同じ

[応用数－社会数理情報インスティテュート：3科目] 国 地歴 公 理 現古、世B、日B、地理B、政経、物基・物、化基・化、生基・生、地基・地から1▶現古、世B、日B、地理B、政経、生基・生、地基・地は試験日により選択可 数 数ⅠⅡAB 外 英

私立 九州 福岡大学

[化：3科目] 数 数ⅠⅡAB 理 化基・化 外 英
[地球圏科：3科目] 数 数ⅠⅡAB 理 物基・物、化基・化、生基・生、地基・地から1 外 英
◆前期日程（物理重視型）
[物理科：3科目] 系統別日程に同じ
◆前期日程（化学重視型）
[化：3科目] 前期日程に同じ
◆後期日程
[応用数：2科目] 国 外 現古、英から1 数 数ⅠⅡⅢAB
[応用数－社会数理情報インスティテュート：2科目] 国 外 現古、英から1 数 数ⅠⅡAB
[物理科：2科目] 数 数ⅠⅡⅢAB 外 英
[化、地球圏科：2科目] 数 数ⅠⅡAB 外 英
共通テスト併用入試 ※共通テストの外は英語外部試験のスコアにより加点
◆前期日程・共通テスト併用型※前期日程の受験必須
[応用数]〈共2科目〉国 理 外 現古漢、物、化、生、地、英から1 数 数ⅠA、数ⅡBから1〈個3科目〉前期日程の成績を利用▶数理を合否判定に使用
[応用数－社会数理情報インスティテュート]〈共2科目〉国 地歴 公 理 外 現古漢、世B、日B、地理B、公全4科目、物、化、生、地、英から1 数 数ⅠA、数ⅡBから1〈個3科目〉前期日程の成績を利用▶選択科目と数を合否判定に使用
[物理科、化]〈共2科目〉国 数 理 外 現、数ⅠA、数ⅡB、物、化、生、地、英から2教科2〈個3科目〉前期日程の成績を利用▶数理を合否判定に使用
[地球圏科]〈共3科目〉理 物、化、生、地から2 外 英〈個3科目〉前期日程の成績を利用▶数理を合否判定に使用
共通テスト利用入試 ※個別試験は課さない。外は英語外部試験のスコアにより加点
◆共通テスト利用型（Ⅰ期）
[応用数：6科目] 国 現 地歴 公 全10科目から1 数 数ⅠA、数ⅡB 理 物、化、生、地から1 外 英
[応用数－社会数理情報インスティテュート：6科目] 国 現古漢 地歴 公 全10科目から1 数 数ⅠA、数ⅡB 理 物、化、生、地から1 外 英
[物理科：5科目] 国 理 外 物必須、現、化、生、英から2教科2 数 数ⅠA、数ⅡB
[化：5科目] 国 理 化必須、現、物、生から1 数 数ⅠA、数ⅡB 外 英
[地球圏科：6科目] 国 現 数 数ⅠA、数ⅡB 理 物、化、生、地から2 外 英
◆共通テスト利用型（Ⅱ期）
[応用数、応用数－社会数理情報インスティテュート、地球圏科：4科目] 国 地歴 公 外 現、地歴公全10科目、英から1 数 数ⅠA、数ⅡB 理 物、化、生、地から1
[物理科：4科目] 国 地歴 公 外 現、地歴公全10科目、英から1 数 数ⅠA、数ⅡB 理 物
[化：4科目] 国 地歴 公 外 現、地歴公全10科目、英から1 数 数ⅠA、数ⅡB 理 化

■工学部 偏差値 54

一般選抜
◆系統別日程
[機械工：3科目] 数 数ⅠⅡⅢAB 理 物基・物 外 英
[電気工、電子情報工、建築：3科目] 数 数ⅠⅡⅢAB 理 物基・物、化基・化から1 外 英
[化学システム工：3科目] 数 数ⅠⅡⅢAB 理 物基・物、化基・化、生基・生から1 外 英
[社会デザイン工：3科目] 数 数ⅠⅡⅢAB 理 物基・物、化基・化、生基・生、地基・地から1 外 英
◆前期日程
[社会デザイン工以外：3科目] 系統別日程に同じ
[社会デザイン工：3科目] 数 数ⅠⅡⅢAB 理 物基・物、化基・化から1 外 英
◆後期日程
[機械工、電気工：2科目] 数 数ⅠⅡⅢAB 外 英
[電子情報工、化学システム工、社会デザイン工、建築：2科目] 国 外 現古、英から1 数 数ⅠⅡⅢAB
共通テスト併用入試 ※共通テストの外は英語外部試験のスコアにより加点
◆前期日程・共通テスト併用型※前期日程の受験必須
[機械工、電気工、建築]〈共2科目〉国 数 理 外 現、数ⅠA、数ⅡB、物、化、英から2教科2〈個3科目〉前期日程の成績を利用▶数理を合否判定に使用
[電子情報工]〈共2科目〉国 数 理 現、数ⅠA、数ⅡB、物、化から1 外 英〈個3科目〉前期日程の成績を利用▶数理を合否判定に使用
[化学システム工、社会デザイン工]〈共2科目〉国 数 理 外 現、数ⅠA、数ⅡB、物、化、生、英から2教科2〈個3科目〉前期日程の成績を利用▶数理を合否判定に使用
共通テスト利用入試 ※個別試験は課さない。外は英語外部試験のスコアにより加点
◆共通テスト利用型（Ⅰ期）
[機械工、電気工、電子情報工、建築：7科目] 国 現 地歴 公 全10科目から1 数 数ⅠA、数ⅡB 理 物、化 外 英
[化学システム工：7科目] 国 現 地歴 公 全10科目から1 数 数ⅠA、数ⅡB 理 化必須、物、生から1 外 英
[社会デザイン工：7科目] 国 現 地歴 公 全10科目から1 数 数ⅠA、数ⅡB 理 物必須、化、生から1 外 英
◆共通テスト利用型（Ⅱ期）
[機械工、電気工：4科目] 国 地歴 公 外 現、地歴公全10科目、英から1 数 数ⅠA、数ⅡB 理 物
[電子情報工、化学システム工、建築：4科目] 国 地歴 公 外 現、地歴公全10科目、英から1 数 数ⅠA、数ⅡB 理 物、化から1
[社会デザイン工：4科目] 国 地歴 公 外 現、地歴公全10科目、英から1 数 数ⅠA、数ⅡB 理 物、化、生から1

■医学部 医学科 偏差値 67

一般選抜
◆系統別日程

[医]〈一次：5科目〉数数ⅠⅡⅢAB理物基・物、化基・化、生基・生から2外英論小論文▶二次選考の資料とする〈二次：1科目〉面面接

共通テスト併用入試 ※共通テストの外は英語外部試験のスコアにより加点

◆共通テスト利用型（Ⅰ期）

[医]〈一次：共6科目〉国現数数ⅠA、数ⅡB理物、化、生から2外英〈二次：個1科目〉面面接▶調査書含む

■医学部 看護学科 偏差値55

一般選抜

◆系統別日程

[看護：3科目] 数数ⅠⅡAB理化基・化、生基・生から1外英

◆前期日程

[看護：3科目] 国現古理化基・化、生基・生から1外英

◆後期日程

[看護：2科目] 国現古外英

共通テスト併用入試 ※共通テストの外は英語外部試験のスコアにより加点

◆前期日程・共通テスト併用型※前期日程の受験必須

[看護]〈共2科目〉数数ⅠA、数Ⅱ、数ⅡBから1外英〈個3科目〉前期日程の成績を利用▶国理を合否判定に使用

共通テスト利用入試 ※個別試験は課さない。外は英語外部試験のスコアにより加点

◆共通テスト利用型（Ⅰ期）

[看護：4科目] 国現数数ⅠA、数Ⅱ、数ⅡBから1理化、生から1外英

◆共通テスト利用型（Ⅱ期）

[看護：3科目] 国数現、数ⅠA、数Ⅱ、数ⅡBから1理化、生から1外英

■薬学部 偏差値58

一般選抜

◆系統別日程、前期日程

[薬：3科目]数数ⅠⅡAB理物基・物、化基・化、生基・生から1外英

◆前期日程（理科重視型）

[薬：3科目] 理物基・物、化基・化、生基・生から2外英

◆後期日程

[薬：2科目] 理化基・化外英

共通テスト併用入試 ※共通テストの外は英語外部試験のスコアにより加点

◆前期日程・共通テスト併用型※前期日程の受験必須

[薬]〈共3科目〉国外現、英から1数数ⅠA、数ⅡBから1理物、化、生から1〈個3科目〉前期日程の成績を利用▶理外から高得点1科目と数を合否判定に使用

共通テスト利用入試 ※個別試験は課さない。外は英語外部試験のスコアにより加点

◆共通テスト利用型（Ⅰ期）

[薬：6科目]国現数数ⅠA、数ⅡB理化必須、物、生から1外英

◆共通テスト利用型（Ⅱ期）

[薬：4科目] 国外現、英から1数数ⅠA、数ⅡB理物、化、生から1

◆共通テスト利用型（Ⅲ期）

[薬：3科目]国数理外現、数ⅠA、数ⅡB、物、化、生、英から3▶理から1必須

■スポーツ科学部 偏差値55

一般選抜

◆系統別日程

[全学科：3科目] 国現古地歴公数世B、日B、地理B、政経、数ⅠⅡABから1外英

◆前期日程（実技型）

[スポーツ科：3科目] 国現古外英実技体育実技

◆前期日程（小論文型）

[スポーツ科：3科目] 国現古外英論小論文▶調査書含む

◆前期日程

[健康運動科：3科目] 国現古外英論小論文▶調査書含む

◆後期日程

[全学科：3科目] 国現古数外数ⅠⅡA、英から1書類審調査書

共通テスト併用入試 ※地歴と公は1教科扱い。共通テストの外は英語外部試験のスコアにより加点

◆前期日程・共通テスト併用型（実技型）※前期日程（実技型）の受験必須

[スポーツ科]〈共2科目〉国地歴公数理外現、世B、日B、地理B、公数理全15科目、英から2教科2〈個3科目〉前期日程（実技型）の成績を利用▶高得点2科目を合否判定に使用

◆前期日程・共通テスト併用型（小論文型）※前期日程（小論文型）の出願必須

[スポーツ科]〈共2科目〉前期日程・共通テスト併用型（実技型）に同じ〈個3科目〉前期日程（小論文型）の成績を利用▶高得点2科目を合否判定に使用

◆前期日程・共通テスト併用型※前期日程の出願必須

[健康運動科]〈共2科目〉国地歴公数理外現、世B、日B、地理B、公数理全15科目、英から2教科2〈個3科目〉前期日程の成績を利用▶高得点2科目を合否判定に使用

共通テスト利用入試 ※個別試験は課さない。地歴と公は1教科扱い。外は英語外部試験のスコアにより加点

◆共通テスト利用型（Ⅰ期）

[全学科：5科目] 国現古漢地歴公理世B、日B、地理B、公理全9科目から1数全6科目から1外英書類審調査書

◆共通テスト利用型（Ⅱ期）

[全学科：3科目] 国現地歴公数理世B、日B、地理B、公数理全15科目から1外英

■特別選抜

[総合型選抜] 総合型選抜、アスリート特別選抜

[学校推薦型選抜] 学校推薦型選抜（指定校、A方式推薦、地域枠推薦）

[その他] 帰国生徒選抜、社会人選抜、スポーツ科学部特別募集、学部留学生選抜

りつめいかんあじあたいへいよう

立命館アジア太平洋大学

資料請求

アドミッションズ・オフィス　TEL (0977) 78-1120　〒874-8577 大分県別府市十文字原1-1

APUで学んだ人たちが世界を変える

学生の約半数が100を超える国・地域からの留学生という多文化環境のキャンパス。さらに専任教員の約半数も外国籍で、授業の約95%を英語と日本語の両言語で行う。2023年に「サステイナビリティ観光学部」を設置。

大学紹介動画

最新入試情報

標高330mの山の上にある「天空のキャンパス」

キャンパス **1**つ

立命館アジア太平洋大学キャンパス
〒874-8577 大分県別府市十文字原1-1

基本データ

※2023年5月現在（教員数は非常勤を含む。進路・就職は2022年度卒業者データ。学費は2024年度入学者用）

沿革

2000年、大分県別府市に開学。2016年、世界でも最高水準のマネジメント教育を提供する教育機関として、国際経営学部が国際認証AACSBを取得。2018年、アジア太平洋学部も国連世界観光機関(UNWTO)より観光教育認証Ted Qualを取得。2023年、サステイナビリティ観光学部を設置し、現在に至る。

教育機関 3学部 2研究科

学部　アジア太平洋／国際経営／サステイナビリティ観光

大学院　アジア太平洋Ⓜ︎Ⓓ︎／経営管理Ⓜ︎

人数

学部学生数　**5,976**名

教員1名あたり学生 **30**名

教員数　**195**名【理事長】森島朋三、【総長】仲谷善雄、【学長・副総長】米山裕

（教授**70**名、准教授**44**名、講師**67**名、助教**14**名、助手・その他**0**名）

学費

初年度納入額　**1,540,000**円

奨学金　国内学生優秀者育英奨学金、国内学生授業料減免制度、国内学生寮費減免制度

進路

学部卒業者　**1,116**名

（進学**68**名［6.1%］、就職**772**名［69.2%］、その他**276**名［24.7%］）

主な就職先　IHI、JTB、LIXIL、NTTデータ、キーエンス、クボタ、三井住友銀行、JPモルガン証券、アイリスオーヤマ、アクセンチュア、アマゾンジャパン、ソニー、P&Gジャパン、ボッシュ、みずほ証券、モルガン・スタンレー・グループ、ロバート・ウォルターズ・ジャパン、楽天グループ、京セラ、出入国在留管理庁、日本アイ・ビー・エム、サムスン電子ジャパン、富士通、豊田通商

学部学科紹介

※本書掲載内容は、大学公表資料から独自に編集したものです。詳細は大学パンフレットやホームページ等で必ず確認してください（取得可能な免許・資格は任用資格や受験資格などを含む）。

アジア太平洋学部
立命館アジア太平洋大学キャンパス　定員 510

特色　アジア太平洋地域のスペシャリストを育成。
進路　就職先は卸売・小売業や情報通信業、サービス業をはじめ多岐にわたる。
学問分野　文化学／政治学／経済学／社会学／メディア学／国際学
大学院　アジア太平洋

アジア太平洋学科　（510）
国際関係、文化・社会・メディアの学修分野に加え、2023年度よりグローバル経済を新たに設置。政治、経済、文化・社会の3分野から問題解決を図る「アジア太平洋地域のスペシャリスト」を育成。

国際経営学部
立命館アジア太平洋大学キャンパス　定員 610

特色　社会問題をビジネスで解決することができる人材を育成。
進路　就職先は卸売・小売業や情報通信業、学術研究・専門技術サービス業が多い。
学問分野　経営学／国際学
大学院　経営管理

国際経営学科　（610）
経営戦略・リーダーシップ、マーケティング、会計・ファイナンスの学修分野に加え、2023年度よりアントレプレナーシップ・オペレーションマネジメントを設置。様々な社会問題をビジネスで解決できる人材を育成。

サステイナビリティ観光学部
立命館アジア太平洋大学キャンパス　定員 350

特色　2023年度開設。国内外の地域開発を牽引する人材を育成。
進路　2023年度開設。総合商社や公務、観光産業などで活躍を期待。
学問分野　経営学／社会学／観光学／国際学／環境学／情報学

サステイナビリティ観光学科　（350）
地域の資源循環と価値創造から持続可能な社会を目指す、世界を変える人材を育成。環境学、資源マネジメント、国際開発、観光学、観光産業、ホスピタリティ産業、地域づくり、社会起業などの科目群から選択して学ぶ。

入試要項（2025年度）

※この入試情報は大学発表の2025年度入試（予告）および2024年度募集要項等より編集したものです（2024年1月時点。見方は巻頭の「本書の使い方」参照）。内容には変更が生じる可能性があるため、最新情報はホームページや2025年度募集要項等で必ず確認してください。

「大学入試科目検索システム」のご案内
日程・方式ごとの偏差値や昨年度入試結果（志願者倍率、実質倍率、合格最低点）、基本情報（出願締切日、試験日、二段階選抜、募集人員、総合満点）などは、「大学入試科目検索システム」（https://nyushi.toshin.com/）をご覧ください（利用方法はp.12参照）。

■アジア太平洋学部　偏差値 65

一般選抜

◆**前期方式（スタンダード3教科型）**
［アジア太平洋：3科目］国現古漢 地歴 公 数 地総・地理、日、世、公共・政経、数ⅠⅡAB〔列〕C〔ベ〕から1 外英

◆**英語重視方式**※国地歴公数から高得点1と外で合否判定
［アジア太平洋：3科目］国現古漢 地歴 公 数 地総・地理、日、世、公共・政経、数ⅠⅡAB〔列〕C〔ベ〕から1 外英、英語外部試験から高得点1

◆**後期方式**
［アジア太平洋：2科目］国現 外英

共通テスト併用入試

◆**共通テスト併用方式**
［アジア太平洋］〈共1科目〉国 地歴 公 数 理 外 情 現古、現古漢、地歴全3科目、公共・倫、公共・政経、数ⅠA、数ⅡBC、理外情全11科目から1▶外は英語外部試験による特例措置あり〈個2科目〉国現 外英

◆**共通テスト＋面接方式**
［アジア太平洋］〈共3科目〉国現古、現古漢から1 地歴 公 数 理 情 地歴全3科目、公共・倫、公共・政経、数ⅠA、数ⅡBC、理情全6科目から1 外全5科目から1▶英語外部試験による特例措置あり〈個1科目〉面面接

共通テスト利用入試　※個別試験は課さない。外は英語外部試験による特例措置あり

◆**共通テスト方式（7科目型）**
［アジア太平洋：7科目］国現古、現古漢から1 地歴 公 数 理 情 数ⅠA必須、地歴全3科目、公共・倫、公共・政経、数ⅡBC、理情全6科目から4 外全5科目から1

◆**共通テスト方式（5科目型）**
［アジア太平洋：5科目］国現古、現古漢から1 地歴 公 数 理 情 数ⅠA必須、地歴全3科目、公共・倫、公共・政経、数ⅡBC、理情全6科目から2▶理2科目選択不可 外全5科目から1

◆共通テスト方式（3教科型）
［アジア太平洋：3科目］国現古、現古漢から1 地歴 公 数 理 情 地歴全3科目、公共・倫、公共・政経、数ⅠA、数ⅡBC、理情全6科目から1 外全5科目から1
◆共通テスト方式（4科目型）
［アジア太平洋：4科目］国現古、現古漢から1 地歴 公 数 理 情 地歴全3科目、公共・倫、公共・政経、数ⅠA、数ⅡBC、理全6科目から2▶数理各2科目選択不可 外全5科目から1

■国際経営学部 偏差値 

一般選抜
◆前期方式（スタンダード3教科型）
［国際経営：3科目］国現古漢 地歴 公 数 地総・地理、日、世、公共・政経、数ⅠⅡAB〔列〕C〔ベ〕から1 外英
◆英語重視方式※国地歴公数から高得点1と外で合否判定
［国際経営：3科目］国現古漢 地歴 公 数 地総・地理、日、世、公共・政経、数ⅠⅡAB〔列〕C〔ベ〕から1 外英、英語外部試験から高得点1
◆後期方式
［国際経営：2科目］国現 外英
共通テスト併用入試
◆共通テスト併用方式
［国際経営］〈共1科目〉国 地歴 公 数 理 外 情 現古、現古漢、地歴全3科目、公共・倫、公共・政経、数ⅠA、数ⅡBC、理外情全11科目から1▶外は英語外部試験による特例措置あり〈個2科目〉国現 外英
◆共通テスト＋面接方式
［国際経営］〈共3科目〉国現古、現古漢から1 地歴 公 数 理 情 地歴全3科目、公共・倫、公共・政経、数ⅠA、数ⅡBC、理情全6科目から1 外全5科目から1▶英語外部試験による特例措置あり〈個1科目〉面面接
共通テスト利用入試 ※個別試験は課さない。外は英語外部試験による特例措置あり
◆共通テスト方式（7科目型）
［国際経営：7科目］国現古、現古漢から1 地歴 公 数 理 情 数ⅠA必須、地歴全3科目、公共・倫、公共・政経、数ⅡBC、理情全6科目から4 外全5科目から1
◆共通テスト方式（5科目型）
［国際経営：5科目］国現古、現古漢から1 地歴 公 数 理 情 数ⅠA必須、地歴全3科目、公共・倫、公共・政経、数ⅡBC、理情全6科目から2▶理2科目選択不可 外全5科目から1
◆共通テスト方式（3教科型）
［国際経営：3科目］国現古、現古漢から1 地歴 公 数 理 情 地歴全3科目、公共・倫、公共・政経、数ⅠA、数ⅡBC、理情全6科目から1 外全5科目から1
◆共通テスト方式（4科目型）
［国際経営：4科目］国現古、現古漢から1 地歴 公 数 理 情 地歴全3科目、公共・倫、公共・政経、数ⅠA、数ⅡBC、理全6科目から2▶数理各2科目選択不可 外全5科目から1

■サステイナビリティ観光学部 偏差値 

一般選抜
◆前期方式（スタンダード3教科型）
［サステイナビリティ観光：3科目］国現古漢 地歴 公 数 地総・地理、日、世、公共・政経、数ⅠⅡAB〔列〕C〔ベ〕から1 外英
◆英語重視方法※国地歴公数から高得点1と外で合否判定
［サステイナビリティ観光：3科目］国現古漢 地歴 公 数 地総・地理、日、世、公共・政経、数ⅠⅡAB〔列〕C〔ベ〕から1 外英、英語外部試験から高得点1
◆後期方式
［サステイナビリティ観光：2科目］国現 外英
共通テスト併用入試
◆共通テスト併用方式
［サステイナビリティ観光］〈共1科目〉国 地歴 公 数 理 外 情 現古、現古漢、地歴全3科目、公共・倫、公共・政経、数ⅠA、数ⅡBC、理外情全11科目から1▶外は英語外部試験による特例措置あり〈個2科目〉国現 外英
◆共通テスト＋面接方式
［サステイナビリティ観光］〈共3科目〉国現古、現古漢から1 地歴 公 数 理 情 地歴全3科目、公共・倫、公共・政経、数ⅠA、数ⅡBC、理情全6科目から1 外全5科目から1▶英語外部試験による特例措置あり〈個1科目〉面面接
共通テスト利用入試 ※個別試験は課さない。外は英語外部試験による特例措置あり
◆共通テスト方式（7科目型）
［サステイナビリティ観光：7科目］国現古、現古漢から1 地歴 公 数 理 情 数ⅠA必須、地歴全3科目、公共・倫、公共・政経、数ⅡBC、理情全6科目から4 外全5科目から1
◆共通テスト方式（5科目型）
［サステイナビリティ観光：5科目］国現古、現古漢から1 地歴 公 数 理 情 数ⅠA必須、地歴全3科目、公共・倫、公共・政経、数ⅡBC、理情全6科目から2▶理2科目選択不可 外全5科目から1
◆共通テスト方式（3教科型）
［サステイナビリティ観光：3科目］国現古、現古漢から1 地歴 公 数 理 情 地歴全3科目、公共・倫、公共・政経、数ⅠA、数ⅡBC、理情全6科目から1 外全5科目から1
◆共通テスト方式（4科目型）
［サステイナビリティ観光：4科目］国現古、現古漢から1 地歴 公 数 理 情 地歴全3科目、公共・倫、公共・政経、数ⅠA、数ⅡBC、理情全6科目から2▶数理各2科目選択不可 外全5科目から1

■特別選抜

［総合型選抜］総合型選抜（総合評価方式〔探究型～ロジカル・フラワー・チャート型～、論述型〕、活動アピール方式）、秋期入学試験（秋期・総合評

価方式〔論述型〕、秋期・活動アピール方式）
［学校推薦型選抜］学校推薦型選抜（指定校選抜）
［その他］帰国生徒（海外就学経験者）選抜、国際バカロレア（IB）入試、秋期・帰国生徒（海外就学経験者）選抜、秋期・国際バカロレア（IB）選抜、国際学生入試

就職支援

立命館アジア太平洋大学では、キャリア教育科目やインターンシップなどを早い段階から提供する他、「オンキャンパス・リクルーティング」など就職に向けた実践的なガイダンス・セミナーや、起業・進学などの進路を考える機会を用意しています。また、卒業生のもとで在学生がインターンシップを行いキャリア形成意識を醸成する「GAIA」というプログラムもあります。

国際交流

立命館アジア太平洋大学では、在学中に海外大学に2年間留学し、立命館アジア太平洋大学と留学先の2つの学位を取得できる「ダブルディグリー・プログラム」が設けられています。また、中国・韓国に1学期ずつ1年間留学する「キャンパスアジア・プログラム」、企業やNGOの現場で実習し、キャリア選択の視点を養うサービスラーニング、日本人学生が派遣国の教育や異文化・国際理解の促進に寄与するインターンシップである「SEND」など、様々な留学制度があります。

立命館アジア太平洋大学ギャラリー

■イベント

マルチカルチュラル・ウィークは毎年春と秋の2回開催される、数カ国・地域の言語や文化を週替わりで紹介するイベント。

■グリーンコモンズ

棟の中央部分ほぼすべてに大分県産のスギ材が使用されているこの施設は、学生や教職員の憩いの場として用いられています。

■APUカフェテリア

様々な国や地域のメニューを提供しているこのカフェテリアは、ハラール認証を取得しています。人気メニューはタイカレー。

■SALC

レベル別に言語教材を取りそろえている他、個別相談を実施しており、効率的に学習に取り組むための自習学習指導も行っています。

防衛医科大学校
（ぼうえいいか）

資料請求

教務部教務課　TEL (04) 2995-1211　〒359-8513 埼玉県所沢市並木3-2

医師・保健師・看護師である幹部自衛官や技官を育成

大学紹介動画

最新入試情報

国際貢献活動や災害派遣、国際的に脅威となっている感染症の流行に対する対応など、自衛隊の任務の多様化に伴い高まる衛生部門への期待に応える。教育・研究・診療においてさらなるレベルの向上を目指す。

大学附属病院

キャンパス **1**つ

防衛医科大学校キャンパス
〒359-8513 埼玉県所沢市並木3-2

基本データ

※2023年10月現在（学部学生数に留学生は含まない。進路・就職は2022年度卒業者データ。学費は2024年度入学者用）

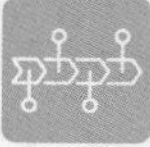
沿革

1973年、防衛庁の施設等機関として設置。1975年、高等看護学院を設置。1977年、防衛医科大学校病院を設置。1987年、医学研究科を設置。2007年、防衛医科大学校病院が災害拠点病院として埼玉県より指定を受ける。2014年、看護学科を設置し、現在に至る。

教育機関　**1** 学部　**1** 研究科

学部　医学教育
大学院　医学Ⓓ

人数

学部学生数　**938**名
教員1名あたり学生 **3**名
教員数　**290**名【校長】四ノ宮成祥
（教授**54**名、准教授**49**名、講師**69**名、助教**118**名）

学費

初年度納入額　**0**円
奨学金　学生手当

進路

学部卒業者　**181**名
（就職**179**名［98.9%］、その他**2**名［1.1%］）
主な就職先　自衛隊、防衛医科大学校病院

学部学科紹介

※本書掲載内容は、大学公表資料から独自に編集したものです。詳細は大学パンフレットやホームページ等で必ず確認してください（取得可能な免許・資格は任用資格や受験資格などを含む）。

医学教育部

防衛医科大学校キャンパス　定員 205

特色　医療による平和貢献を目指し、医師や看護師として国を支えていく人材を育成。
進路　幹部自衛官や技官として緊急援助活動や部隊勤務、災害派遣などで活躍。
学問分野　医学／看護学
大学院　医学

医学科 (85)	6年制。1・2年次にかけて倫理観や教養を身につける進学課程、1年次後半から6年次にわたって医師に必要な専門知識を修得する専門課程、6年間を通して幹部自衛官としての自覚を促す訓練課程でカリキュラムを構成。病院実習は4～6年次に実施される。
看護学科 (120)	4年制。2つのコースを設置。自衛官コースでは保健師および看護師の資格を持つ幹部自衛官を、技官コースでは防衛医科大学病院に勤務する保健師や看護師を養成する。災害看護論、感染症看護論、公衆衛生看護学など特徴ある科目の他、部隊実習なども行われる。
取得可能な免許・資格	医師、看護師、保健師

入試要項（2024年度）

※この入試情報は2024年度募集要項等より編集したものです（見方は巻頭の「本書の使い方」参照）。2025年度入試の最新情報は、ホームページや2025年度募集要項等で必ず確認してください。

「大学入試科目検索システム」のご案内
日程・方式ごとの偏差値や昨年度入試結果（志願者倍率、実質倍率、合格最低点）、基本情報（出願締切日、試験日、二段階選抜、募集人員、総合満点）などは、「大学入試科目検索システム」(https://nyushi.toshin.com/) をご覧ください（利用方法はp.12参照）。

■医学教育部 医学科　偏差値 70

一般試験

[医]〈一次：6科目〉国 現 数 数ⅠⅡⅢAB 理 物基・物、化基・化、生基・生から2 外 英 論 小論文▶二次選考の合否判定で使用〈二次：2科目〉面 口述試験 その他 身体検査

■医学教育部 看護学科　偏差値 62

一般試験

[看護－自衛官]〈一次：5科目〉国 現 数 数ⅠA 理 物基・物、化基・化、生基・生から1 外 英 論 小論文▶二次選考の合否判定で使用〈二次：2科目〉面 口述試験 その他 身体検査

[看護－技官]〈一次：4科目〉国 現 数 数ⅠA 理 物基・物、化基・化、生基・生から1 外 英〈二次：3科目〉論 小論文 面 口述試験 その他 身体検査

就職支援

防衛医科大学校の医学科では卒業後、防衛医科大学校病院および自衛隊中央病院などにおいて臨床研修を行います。その後の進路としては、病院勤務以外にも緊急援助活動や部隊勤務といった幅広いフィールドが用意されています。看護学科では卒業後、自衛官コースでは、各自衛隊の幹部候補生学校にて教育訓練を受けたのち、自衛隊病院、部隊等で勤務をし、看護師である幹部自衛官としての役割を担います。技官コースでは、防衛医科大学校病院にて新人看護職員研修を受けて、高度で専門的な医療を担います。

国際交流

防衛医科大学校では、士官候補生の留学生の受け入れや、短期的な研修生の受け入れを行い国際交流を図っています。これまで、タイ、シンガポール、マレーシア、フィリピン、インドネシア、モンゴル、ベトナム、韓国、ルーマニア、カンボジア、東ティモール、ラオスおよびミャンマーの士官候補生などを留学生として受け入れ、教育訓練を行っています。研修生では、アメリカ、オーストラリア、韓国、シンガポール、タイおよびフランスなどの各士官候補生が毎年数週間または4ヶ月間の研修に来ています。

ぼうえい
防衛大学校

資料請求

教務部入学試験課　TEL (046) 841-3810　〒239-8686 神奈川県横須賀市走水1-10-20

自衛隊の幹部自衛官を養成する教育機関

充実した学習環境と規律ある団体生活のもと、学生の自発的な活動を通して、体力や幅広い視野、科学的な思考力、豊かな人間性、幹部自衛官にふさわしい精神性を養う。国際平和に資する幹部自衛官を養成する。

大学紹介動画

最新入試情報

本部庁舎

キャンパス **1**つ

防衛大学校キャンパス
〒239-8686 神奈川県横須賀市走水1-10-20

基本データ

※2023年9月現在（教員数は同年7月現在。進路・就職は2022年度卒業者データ。学費は2024年度入学者用）

沿革

1952年、保安庁の附属機関として保安大学校を設置。1954年、防衛大学校に改称。1955年、神奈川県横須賀市に移転。1962年、理工学研究科を設置。1997年、総合安全保障研究科を設置。以降、組織改組を経て、4学群14学科体制となり、現在に至る。

教育機関 2学部 2研究科

学部　人文・社会科／理工学

大学院　総合安全保障Ⓜ︎Ⓓ／理工学ⓂⒹ

人数

学部学生数　**1,768**名

教員1名あたり 学生 **5**名

教員数　**308**名【学校長】久保文明

（教授**132**名、准教授**116**名、講師**41**名、助教**19**名）

学費

初年度納入額　**0**円

奨学金　学生手当

進路

学部卒業者　**446**名

（就職**400**名［89.7%］、その他**46**名［10.3%］）

主な就職先　陸上自衛隊、海上自衛隊、航空自衛隊

学部学科紹介

※本書掲載内容は、大学公表資料から独自に編集したものです。詳細は大学パンフレットやホームページ等で必ず確認してください（取得可能な免許・資格は任用資格や受験資格などを含む）。

人文・社会科学専攻

防衛大学校キャンパス　定員 100

- 特色　国際的な場での活動が多い幹部自衛官に必要な幅広い知識と教養を身につける。
- 進路　陸、海、空の各自衛隊で幹部候補生として幹部候補生学校に入校。
- 学問分野　言語学／哲学／心理学／文化学／法学／政治学／経済学／国際学
- 大学院　総合安全保障

人文社会科学群	3つの学科を設置。人間文化学科では哲学や心理学、文化や歴史などを学ぶ。公共政策学科では法学や政治学などから、組織論、安全保障論などの応用科目まで学ぶ。国際関係学科では国際情勢や国際社会における日本の地位を学び、将来の幹部自衛官を育成する。

理工学専攻

防衛大学校キャンパス　定員 380

- 特色　高校レベルの数学や物理、化学を基礎に理工学の多分野に対応できる知識を修得。
- 進路　陸、海、空の各自衛隊で幹部候補生として幹部候補生学校に入校。
- 学問分野　物理学／化学／機械工学／電気・電子工学／材料工学／土木・建築学／船舶・航空宇宙工学／環境学
- 大学院　理工学

応用科学群	3つの学科を設置。応用物理学科では自衛隊の装備や運用に関わる科学的知識などを養う。応用化学科では化学の各分野に加え、バイオテクノロジー技術なども学ぶ。地球海洋学科では自然現象に関する学問を基礎から学び、地球環境を総合的な視野から理解する。
電気情報学群	4つの学科を設置。電気電子工学科ではエレクトロニクスの基礎から最先端までを学ぶ。通信工学科では現代社会の基盤となる通信の各分野を学ぶ。情報工学科では情報工学関連の知識や技術を修得する。機能材料工学科では物質材料の特性について理解する。
システム工学群	4つの学科を設置。機械工学科では力学の基礎から新素材の応用までを学ぶ。機械システム工学科では基礎から最先端技術に関する理論と応用を学ぶ。航空宇宙工学科ではヘリコプタ工学など9つの分野を軸に学ぶ。建設環境工学科では土木工学などについて学ぶ。
取得可能な免許・資格	特殊無線技士（海上、陸上）、陸上無線技術士、主任技術者（電気通信）

入試要項（2025年度）

※この入試情報は大学発表の2025年度入試（予告）および2024年度募集要項等より編集したものです（2024年1月時点。見方は巻頭の「本書の使い方」参照）。内容には変更が生じる可能性があるため、最新情報はホームページや2025年度募集要項等で必ず確認してください。

「大学入試科目検索システム」のご案内

日程・方式ごとの偏差値や昨年度入試結果（志願者倍率、実質倍率、合格最低点）、基本情報（出願締切日、試験日、二段階選抜、募集人員、総合満点）などは、「大学入試科目検索システム」（https://nyushi.toshin.com/）をご覧ください（利用方法はp.12参照）。

■人文・社会科学専攻　偏差値 66

一般採用試験

[全学科]〈一次：4科目〉国 現古漢 地歴 数 歴総・日、歴総・世、数ⅠⅡAB〔列〕C〔べ〕から1 外 英 論 小論文▶二次選考の合否判定で使用〈二次：2科目〉面 個別面接▶口述試験含む その他 身体検査

■理工学専攻　偏差値 62

一般採用試験

[全学科]〈一次：4科目〉数 数ⅠⅡⅢAB〔列〕C 理 物基・物、化基・化から1 外 英 論 小論文▶二次選考の合否判定で使用〈二次：2科目〉面 個別面接▶口述試験含む その他 身体検査

■その他の選抜

総合選抜採用試験、推薦採用試験

海外大学32校

- トロント大学（カナダ）
- ハーバード大学（米国）
- マサチューセッツ工科大学（米国）
- スタンフォード大学（米国）
- オックスフォード大学（イギリス）
- ケンブリッジ大学（イギリス）
- スイス連邦工科大学チューリッヒ校（チューリッヒ工科大学）（スイス）
- 北京大学（中国）
- 清華大学（中国）
- シンガポール国立大学（シンガポール）
- イェール大学（米国）
- コロンビア大学（米国）
- コーネル大学（米国）
- プリンストン大学（米国）
- ペンシルベニア大学（米国）
- カーネギーメロン大学（米国）
- ミシガン大学（米国）
- シカゴ大学（米国）
- ジョンズ・ホプキンス大学（米国）
- デューク大学（米国）
- カリフォルニア工科大学（米国）
- カリフォルニア大学サンディエゴ校（米国）
- カリフォルニア大学サンフランシスコ校（米国）
- カリフォルニア大学ロサンゼルス校（米国）
- ワシントン大学（米国）
- インペリアル・カレッジ・ロンドン（イギリス）
- UCL ユニバーシティ・カレッジ・ロンドン（イギリス）
- エディンバラ大学（イギリス）
- シドニー大学（豪州）
- ニューサウスウェールズ大学（豪州）
- メルボルン大学（豪州）
- パリ＝サクレー大学（フランス）

トロント大学

University of Toronto

所在地 オンタリオ州トロント

1827年創立。教育と研究の両面で世界を先導する世界有数の大学

世界有数の研究機関として、傑出した知を生み出し発明やイノベーションを促すと同時に、あらゆる分野からその道の第一人者を集め、複雑化する世界の課題に取り組む。その一環として最近では“Defy Gravity”と呼ばれる活動を展開し、本学出身者の協力や寄付を通して研究活動を一層充実したものとさせている。

公式HP

入試情報

基本情報

※学生数は、2022年11月現在

■ 学生数（概数）

学部学生数 約76,000名（留学生比率：約30%） **大学院学生数** 約21,600名

■ 設置学部／大学院（研究科）

応用科学・工学、文理学、歯学、情報、法、経営、医学、音楽、看護、薬学などの学部相当機関に多数の学士課程（プログラム）を設置／同様に応用科学・工学、文理学、公衆衛生、歯学、情報、法、経営、医学、音楽、看護、教育などの多数の修士・博士課程（プログラム）を設置

■ 大学・大学生活の特徴

セントジョージ・ミシサガ・スカボロの3地点にキャンパスを構え、学生によるクラブ・団体は合わせて1,100を超える。学部生に提供されるプログラムは700を超え、探求したいどの学問分野の最先端の研究にも触れることが可能である。学内に40を数える図書館の設備はカナダで最大であり、北米全体で見てもトップクラスの規模を誇る。

学問分野紹介

※本書掲載内容は、大学のホームページや関連資料などの公開データから独自に編集したものです（「学び」のテーマを中心に編集、または元の表記のまま掲載）。詳細は募集要項かホームページで必ず確認してください。

「学び」のテーマなど（一部、略）	アフリカ研究、イスラム研究、映像文化、音楽、カナダ研究、カリブ研究、キリスト教と文化、ケルト族研究、言語学、建築学、考古学、古典文学、宗教、人類学、スペイン語、中近東文明、中国語と文化、地理学、哲学、ドイツ研究、ハンガリー研究、東アジア研究、美術史、フィンランド研究、舞台芸術、仏教学、フランス研究、ポルトガル語、ユダヤ研究、ラテンアメリカ研究、ラテン語、歴史学、公共政策、ジャーナリズム、社会学、政治学、法科学、会計学、経営戦略論、経済学、雇用関係、人的資源管理、統計学、教育学、神経科学、心理学、認知科学、運動科学、コンピュータサイエンス、情報、データサイエンス、機械工学、数学、電気工学、土木工学、物理学、化学、環境学、森林保全、生態系と進化、生物学、病理生物学、免疫学、地質学、天文学、看護学、フィジシャンアシスタント、薬理学、グローバルアジア研究、グローバルヘルス、国際開発学、女性とジェンダー研究、栄養学、健康学
提携・交流のある主な日本の大学	東北大学、東京大学、名古屋大学、京都大学、大阪大学、神戸大学、九州大学、青山学院大学、慶應義塾大学、法政大学、明治大学、早稲田大学、関西学院大学など

※部門・部局間を含む

ハーバード大学

Harvard University

所在地　マサチューセッツ州ケンブリッジ

1636年創立。合衆国最古の私立総合大学

校章にも記される“veritas”の語は、ラテン語で「真理」を表す。ハーバード大学はあらゆる学問分野において絶えず真理を追究し、エリート大学の地位を確固としてきた。真理を求める探究心に応えるべく、約2,100万冊の蔵書を有する図書館や、莫大な資金力に裏づけされた研究への支援体制が充実している。

公式HP

入試情報

基本情報

※学生数は、2022年10月現在

■ 学生数（概数）

学部学生数　約7,100名（留学生比率：約16%）　**大学院学生数**　約14,400名

■ 設置学部／大学院（研究科）

ハーバード・カレッジ／文理学、医学、経営、法科、神学、デザイン、工学・応用科学、公衆衛生、教育、歯学などの各大学院（研究科）

■ 大学・大学生活の特徴

入学した学生（学部学生）は、1年次にはハーバードヤードとその周辺に設けられた寮で学生生活を送る。2年次以降、4年次の学部卒業まではハウス（House）と呼ばれる全寮制のもと、学生の大半が寄宿しながら勉学に励む。

学問分野紹介

※本書掲載内容は、大学のホームページや関連資料などの公開データから独自に編集したものです（「学び」のテーマを中心に編集、または元の表記のまま掲載）。詳細は募集要項かホームページで必ず確認してください。

「学び」のテーマなど（一部、略）	古典学、比較文学、英語学、ドイツ語と文学、美術史・建築史、言語学、音楽、近東の言語と文明、哲学、ロマンス語と文学、スラブ諸語と文学、南アジア研究、応用数学、生体工学、コンピュータサイエンス、電気工学、環境科学工学、機械工学、天体物理学、化学、化学と物理学、地球惑星科学、人類進化生物学、数学、分子・細胞生物学、神経科学、物理学、統計学、アフリカ人・アフリカ系アメリカ人の研究、人類学、東アジア研究、経済学、歴史学、歴史と科学、心理学、社会学、女性学・ジェンダー・セクシュアリティ研究
提携・交流のある主な日本の大学	東北大学、東京大学、東京医科歯科大学、一橋大学、名古屋大学、広島大学、帝京大学、北里大学、同志社大学など

※部門・部局間を含む

マサチューセッツ工科大学

Massachusetts Institute of Technology

所在地　マサチューセッツ州ケンブリッジ

1861年創立。合衆国屈指の私立工科大学＝「MIT」

理系大学の世界最高峰として名高いマサチューセッツ工科大学（MIT）では、講義でも進歩的な技術を活用し、オープンコースウェア（OCW）講義をインターネットで全世界に無償で公開している。

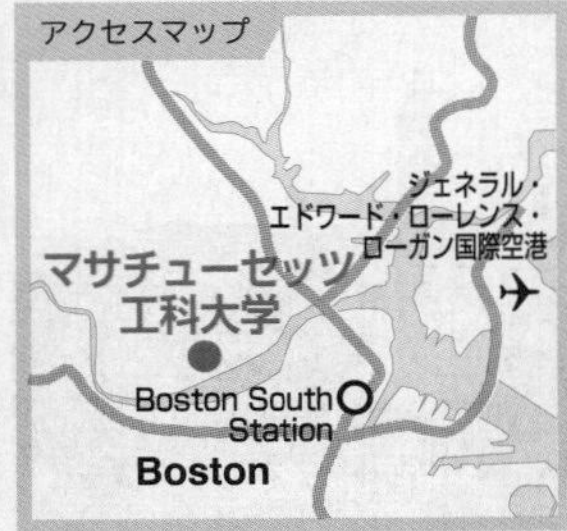

公式HP

入試情報

基本情報

※学生数は、2023年10月現在

■ 学生数（概数）

学部学生数　約4,600名（留学生比率：約11％）　**大学院学生数**　約7,300名

■ 設置学部／大学院（研究科）

経営、工学、人文科学・社会科学、理学、建築・計画学の各学部／経営、工学、人文科学・社会科学、理学、建築・計画学の各大学院（研究科）

■ 大学・大学生活の特徴

学生と教授の間のコミュニケーションが活発で、教わる側も教える側も学問への探究心に満ちている。実践性や実務力を重視したインターンシップも充実。ハーバード大学と同じケンブリッジ市内に位置し、「大学の街」には活気がみなぎる。

学問分野紹介

※本書掲載内容は、大学のホームページや関連資料などの公開データから独自に編集したものです（「学び」のテーマを中心に編集、または元の表記のまま掲載）。詳細は募集要項かホームページで必ず確認してください。

「学び」のテーマなど（一部、略）	建築学、メディアアートと科学、都市研究・計画学、航空学・宇宙航行学、生物工学、化学工学、土木・環境工学、電気工学とコンピュータサイエンス、材料科学工学、機械工学、原子力科学工学、人類学、比較メディア研究／ライティング、経済学、グローバル研究と言語、歴史学、人文学、人文学と工学／科学、言語学、文学、音楽・舞台芸術、哲学、政治科学、科学・技術・社会、経営学、生物学、脳・認知科学、化学、地球・大気・惑星科学、数学、物理学
提携・交流のある主な日本の大学	東北大学、東京大学、東京工業大学、名古屋大学、京都大学、慶應義塾大学など

※部門・部局間を含む

スタンフォード大学

Stanford University

所在地　カリフォルニア州スタンフォード

1891年創立。カリフォルニア州にある合衆国有数の名門校

スタンフォード大学の校風に、“Play well, study well”（よく遊び、よく学べ）というものがある。これは、勉強ができるだけでは十分ではないことを意味する。シリコンバレーの生みの親ともいえるこの大学は、勉強の先に目指すものをはっきりと見つけるために、うってつけの学び場といえよう。

公式HP

入試情報

基本情報

※学生数は、2023年現在

■ 学生数（概数）

学部学生数　約7,800名（留学生比率：約14%）　**大学院学生数**　約9,700名

■ 設置学部／大学院（研究科）

人文・理学、工学、地球・エネルギー・環境科学の各学部／人文・理学、教育、工学、地球・エネルギー・環境科学、法科、医科、経営の各大学院（研究科）

■ 大学・大学生活の特徴

ハイテク企業が林立する「シリコンバレー」のほぼ中心に位置するということもあり、特に工学やビジネス関連の専攻が人気である。卒業生の中にはITを中心に起業する者も少なくない。また、大学での研究については、幅広さと奥深さを兼ね備え、教員の豊富な専門知識や創造性を活かしたリサーチ・プログラムが特徴的である。

学問分野紹介

※本書掲載内容は、大学のホームページや関連資料などの公開データから独自に編集したものです（「学び」のテーマを中心に編集、または元の表記のまま掲載）。詳細は募集要項かホームページで必ず確認してください。

「学び」のテーマなど（一部、略）	航空学・宇宙航行学、考古学、美術史、生物工学、化学工学、化学、土木環境工学、コンピュータサイエンス、地球構造学、電気工学、エネルギー資源工学、地質学、地球物理学、経営科学工学、材料科学工学、数学、機械工学、音楽、社会学、都市研究学
提携・交流のある主な日本の大学	一橋大学、京都大学、慶應義塾大学、順天堂大学、明治大学、同志社大学など

※部門・部局間を含む

オックスフォード大学

University of Oxford

所在地　イングランド　オックスフォードシャー

11世紀に起源を持つともいわれるイギリス最古の大学

世界有数の名門大学の代名詞ともいえる大学。設立の年月は不明だが、11世紀末にはオックスフォードの地で既に学びが展開されていたとされる。今も昔もあらゆる「知」の集まる場所として君臨し、「知」に囲まれた環境が、研究から創作に至るまで、人間の想像力と創造力を引き出している。

公式HP

入試情報

基本情報

※学生数は、2023年12月現在

■ 学生数（概数）

学部学生数　約12,500名（留学生比率：約21%）　**大学院学生数**　約13,900名

■ 設置学部／大学院（研究科）

人文学、数学・物理科学・生命科学、医学、社会科学の4つの「部門」（Divisions）のもとに、考古学人類学、生化学、コンピュータサイエンス、美術など50を超える学部学科などが設置される

■ 大学・大学生活の特徴

オックスフォード大学はケンブリッジ大学と同様にカレッジ（College）で構成され、学部・学科との両面から学生の教育にあたっている。なお、オックスフォード大学では海外からの留学生に対して優先的に学生寮への入寮を許可している。

学問分野紹介

※本書掲載内容は、大学のホームページや関連資料などの公開データから独自に編集したものです（「学び」のテーマを中心に編集、または元の表記のまま掲載）。詳細は募集要項かホームページで必ず確認してください。

「学び」のテーマなど（一部、略）	考古学と人類学、生化学（分子／細胞）、生物学、生体医科学、化学、古典考古学と古代史、古典学、古典と英語、古典と現代語、古典と東洋学、コンピュータサイエンス、コンピュータサイエンスと哲学、地球科学（地質学）、経済学・経営学、工学、英語と文学、英語と現代語、ヨーロッパと中東の言語、美術、地理学、歴史、歴史（古代と現代）、歴史と経済学、歴史と英語、歴史と現代語、歴史と政治学、美術史、人間科学、法律（法学）、物質科学、数学、数学とコンピュータサイエンス、数学と哲学、数学と統計学、薬学、現代語、現代語と言語学、音楽、東洋学、哲学と現代語、哲学・政治学・経済学、哲学と神学、物理学、物理学と哲学、心理学（実験）、心理学・哲学・言語学、宗教と東洋学、神学と宗教
提携・交流のある主な日本の大学	お茶の水女子大学、東京大学、東京工業大学、一橋大学、名古屋大学、京都大学、大阪大学、奈良女子大学、神戸大学、青山学院大学、大妻女子大学、帝京大学、明治大学、早稲田大学など

※部門・部局間を含む

ケンブリッジ大学

University of Cambridge

所在地 イングランド ケンブリッジシャー

13世紀初頭に創立。傑出した学問的実績が世界中に名高い名門校

1209年に創立。かつては宗教改革運動の拠点となり、18世紀以降は数学や自然科学研究の中心地となる。多くのカレッジ（学寮）から構成されていることも特徴の1つ。ケンブリッジ（Cambridge）の地名の由来は、町を流れるケム川（River Cam）と橋（Bridge）を合わせたものとされる。

公式HP

入試情報

基本情報

※学生数は、2023年12月現在

■ 学生数（概数）

学部学生数 約12,900名（留学生比率：約18%） **大学院学生数** 約11,900名

■ 設置学部／大学院（研究科）

6つの学域（人文学、生物科学、臨床医学、人文社会科学、物理科学、工学）などから構成

■ 大学・大学生活の特徴

約30のカレッジ（College）から構成されるカレッジ（学寮）制を導入し、学部学生・大学院生を問わず全学生が1つのカレッジに所属する。学部生の選抜はカレッジごとに実施され、授業の運営は学部・学科を軸にカレッジが少人数教育の点からその役割を担う。

学問分野紹介

※本書掲載内容は、大学のホームページや関連資料などの公開データから独自に編集したものです（「学び」のテーマを中心に編集、または元の表記のまま掲載）。詳細は募集要項かホームページで必ず確認してください。

「学び」のテーマなど（一部、略）	アングロサクソン人・ノルウェー人・ケルト人の研究、建築学、アジア・中東研究、化学工学、古典学、コンピュータサイエンス、経済学、教育学、工学、英語学、地理学、歴史学、美術史、人文科学・社会科学・政治科学、土地経済学、法学、言語学、経営学、製造工学、数学、薬学、近代及び中世の言語、音楽、自然科学、哲学、心理と行動科学、神学・宗教・宗教哲学、獣医学
提携・交流のある主な日本の大学	東京大学、東京工業大学、一橋大学、京都大学、九州大学、慶應義塾大学、成蹊大学、帝京大学、日本大学、明治大学、早稲田大学、同志社大学など

※部門・部局間を含む

スイス連邦工科大学チューリッヒ校

ETH Zurich（チューリッヒ工科大学）

所在地　チューリッヒ州チューリッヒ

自由、自律、起業家精神や進取の精神といった価値観に立脚する大学

1855年、スイスのイノベーションと知の拠点として開学して以来、スイスのみならず世界の技術的発展を支え産業分野を牽引してきた。現在では気候変動や世界の食料需給、都市やエネルギーの持続可能性、新物質の開発など、現実の課題と向き合い未来へ向けた多様な研究に注力している。

公式HP

入試情報

基本情報

※学生数は、2022年現在

■ 学生数（概数）

学部学生数　約10,600名（留学生比率：約25%）　大学院学生数　約13,300名

■ 設置学部／大学院（研究科）

建築・土木工学、工学、自然科学・数学、システム指向自然科学、経営・社会科学の5分野を設けそれらに属する16の学科を設置／大学院に関しても、同様の5分野の中に細分される学位取得プログラムを提供

■ 大学・大学生活の特徴

学部課程は3年間、修士課程は18カ月または2年間である。学部課程と修士課程は連関しており、一貫したテーマで修士課程まで学ぶことができる。なお、学部課程の講義はほとんどがドイツ語で行われるが、修士課程では英語による講義が主である。

学問分野紹介

※本書掲載内容は、大学のホームページや関連資料などの公開データから独自に編集したものです（「学び」のテーマを中心に編集、または元の表記のまま掲載）。詳細は募集要項かホームページで必ず確認してください。

「学び」のテーマなど（一部、略）	建築、土木工学、環境工学、地理空間工学、機械工学、電気工学と情報技術、コンピュータサイエンス、物質科学、数学、物理学、計算科学と工学、化学／化学製品と生物工学、学際科学、薬学、生物学、地球科学、環境科学、農科学、食品科学、健康科学とテクノロジー、人間医学、経営・テクノロジー及び経済学、公共政策、人文科学・社会科学・政治科学
提携・交流のある主な日本の大学	北海道大学、東京大学、東京工業大学、京都大学、大阪大学、慶應義塾大学、法政大学など

※部門・部局間を含む

北京大学
Peking University

所在地 北京市海淀区

中国近代化の歴史と伝統を刻むアジア屈指の国立大学

清朝末の1898年の「京師大学堂」が起源。北京大学がある北京市は、古くから交通の要所として賑わい続けてきた、歴史と伝統のある都市である。紫禁城や頤和園など世界に名だたる文化施設も数多く、都市の存在そのものが歴史の証人であるといえる。

公式HP

入試情報

基本情報

※学生数は、2020年12月現在

■ 学生数（概数）

学部学生数 約16,300名　**大学院学生数** 約29,700名

■ 設置学部／大学院（研究科）

学部教育においては理学、情報・工学、人文学、社会科学、経済・経営学、医学などの6学部及び学際領域を設置／大学院教育においては理学、情報・工学、人文学、社会科学、経済・経営学の各大学院（研究科）などを設置

■ 大学・大学生活の特徴

中国（中華人民共和国）の中心をなす大学であるが、近年は諸外国の大学や研究機関、国際企業との交流・協力関係を重視し、海外からの留学生は10年間で約3倍に増えている。近年では“Study Abroad at Peking University”プログラムの実施に力を入れ、交換留学制度などを通じて様々な国から学生や教員が集まる。

学問分野紹介

※本書掲載内容は、大学のホームページや関連資料などの公開データから独自に編集したものです（「学び」のテーマを中心に編集、または元の表記のまま掲載）。詳細は募集要項かホームページで必ず確認してください。

「学び」のテーマなど（一部、略）	数理科学、物理学、化学工学・分子工学、ジャーナリズムとコミュニケーション、中国語・文学、歴史学、国際関係学、経済学、経営学、法律学、情報管理学、社会学、外国語学、マルクス主義研究、芸術学、電子工学及びコンピュータサイエンス、工学、都市・環境科学、環境科学・工学、医学
提携・交流のある主な日本の大学	北海道大学、東北大学、筑波大学、東京大学、東京外国語大学、東京工業大学、一橋大学、新潟大学、富山大学、金沢大学、京都大学、大阪大学、神戸大学、九州大学、下関市立大学、自治医科大学、文教大学、学習院大学、慶應義塾大学、駒澤大学、成蹊大学、専修大学、創価大学、中央大学、東海大学、日本大学、法政大学、明治大学、早稲田大学、同志社大学、同志社女子大学、近畿大学、関西大学など

※部門・部局間を含む

清華大学
Tsinghua University

所在地　北京市海淀区

1911年設立。北京大学に並ぶ中国屈指の理工系総合大学

日本における東京大学と京都大学のように、現在の中国で北京大学と双璧をなすのが清華大学である。特に理系分野に力を入れ、「エンジニアの揺籃（＝ゆりかご）」とも評されている。現在の国家主席である習近平をはじめとして政界に数多くの出身者を輩出している。

公式HP

入試情報

基本情報

※学生数は、2022年12月現在

■ 学生数（概数）

学部学生数　約16,300名（留学生比率：約6%）　**大学院学生数**　約22,400名

■ 設置学部／大学院（研究科）

21の学部（学院）と59の学科（専攻）のもと、人文学、法学、経済学、経営学、芸術学、歴史学、哲学、教育学、理学、工学、医学など幅広いテーマを扱う

■ 大学・大学生活の特徴

国際教育に力を入れ、グローバリゼーションに対応する人材育成に力を入れている。理系分野のみならず、人文科学や社会科学にも特色のある専攻を設置している。一方、学生生活の面では、スポーツや芸術・科学など6つのカテゴリーに大別される学生の団体が充実し、その数は260を超える。

学問分野紹介

※本書掲載内容は、大学のホームページや関連資料などの公開データから独自に編集したものです（「学び」のテーマを中心に編集、または元の表記のまま掲載）。詳細は募集要項かホームページで必ず確認してください。

「学び」のテーマなど（一部、略）	美術史、工業デザイン、環境芸術デザイン、陶芸、ビジュアルコミュニケーションデザイン、繊維・ファッションデザイン、美術工芸、絵画、彫刻、情報芸術・デザイン、工学メカニックス、航空宇宙工学、建築、都市計画・デザイン、建築科学、景観建築、土木工学、水理工学、建設管理、経営科学・工学、経済学、金融学、会計学、イノベーションと起業、人的資源・組織学、ビジネス戦略・政策、マーケティング、環境工学、環境科学、環境計画・管理、哲学、中国語・文学、外国語・文学、歴史学、電子工学、コンピュータ科学技術、オートメーション、ソフトウェア、ジャーナリズム、法学、生物科学、バイオテクノロジー、材料科学工学、機械工学、精密機器、エネルギー・電力工学、産業工学、医用生体工学、基礎医学、一般行政学、数学、物理学、化学、地球科学、社会学、政治科学、国際関係学、心理学、化学工学と産業生物工学、高分子材料・工学、電気工学とオートメーション、工学物理学、原子力工学・技術
提携・交流のある主な日本の大学	北海道大学、東北大学、筑波大学、千葉大学、東京大学、東京藝術大学、東京工業大学、一橋大学、横浜国立大学、新潟大学、名古屋大学、名古屋工業大学、京都大学、大阪大学、神戸大学、広島大学、九州大学、学習院大学、慶應義塾大学、上智大学、成城大学、創価大学、大東文化大学、中央大学、法政大学、早稲田大学、名城大学、同志社大学など

※部門・部局間を含む

シンガポール国立大学

National University of Singapore

所在地　シンガポール　ケントリッジ

1905年設立。丘の上にそびえるアジア有数の総合大学

4つの公用語を持つ多民族国家であるシンガポールの「国の大学」として世界各地から留学生を受け入れ、互いの文化や価値観を刺激し合っている。学問や研究のみならず、多様な価値観を持つ人々との交流は、グローバル社会を生きる者にとって大きな経験となるであろう。

公式HP

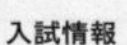

基本情報

※学生数は、2023年9月現在（大学院学生数は、2022年9月現在）

■ 学生数（概数）

学部学生数　約31,800名　　大学院学生数　約18,100名

■ 設置学部／大学院（研究科）

人文社会科学、経営・会計、コンピュータ、歯学、設計・環境、工学、法、医学、音楽、理学などの各学部／公共政策、総合理工学、医学などの各大学院（研究科）　※他大学との共同設置含む

■ 大学・大学生活の特徴

東南アジア諸国をはじめ、中国などの東アジア諸国、遠くはヨーロッパ諸国やアフリカなど100を超える国・地域から留学生が集う。図書館、研究所、学生寮などの各施設が広大なキャンパス内に設置され、学業に集中できる環境を整えている。

学問分野紹介

※本書掲載内容は、大学のホームページや関連資料などの公開データから独自に編集したものです（「学び」のテーマを中心に編集、または元の表記のまま掲載）。詳細は募集要項かホームページで必ず確認してください。

「学び」のテーマなど（一部、略）	中国研究、英語学、歴史学、日本研究、マレー研究、哲学、南アジア研究、演劇研究、コミュニケーションとニューメディア、経済学、地理学、グローバル研究、政治科学、心理学、社会学、経営管理（会計学）、経営管理、コンピュータサイエンス、情報システム、歯学、建築、工業デザイン、プロジェクト・施設管理、不動産学、医用生体工学、化学工学、土木工学、基礎工学、環境工学、電気工学、産業システム工学、材料科学工学、機械工学、法学、医学、看護学、音楽、応用数学、化学、食品科学と技術、生命科学、数学、薬学、物理学、統計学
提携・交流のある主な日本の大学	東北大学、東京大学、東京医科歯科大学、東京外国語大学、東京工業大学、京都大学、京都工芸繊維大学、大阪大学、九州大学、亜細亜大学、慶應義塾大学、明治大学、立教大学、早稲田大学、立命館大学、関西学院大学など

※部門・部局間を含む

その他主要海外大学一覧

国／大学名	所在地	大学の特色／公式HP
米国 **イェール大学** Yale University	コネチカット州 ニューヘイブン	1701年創立。文系・理系を問わず幅広い教育と研究を行う 公式HP https://www.yale.edu/
米国 **コロンビア大学** Columbia University	ニューヨーク州 ニューヨーク	1754年設立の王立大学を起源とする合衆国有数の伝統校 公式HP https://www.columbia.edu/
米国 **コーネル大学** Cornell University	ニューヨーク州 イサカ	1865年設立。あらゆる学問分野での貢献を公的使命とする私立大学 公式HP https://www.cornell.edu/
米国 **プリンストン大学** Princeton University	ニュージャージー州 プリンストン	1746年設立。アイビー・リーグに名を連ねる名門校 公式HP https://www.princeton.edu/
米国 **ペンシルベニア大学** The University of Pennsylvania	ペンシルベニア州 フィラデルフィア	1740年設立。地元都市フィラデルフィアに深く根ざす私立大学 公式HP https://www.upenn.edu/
米国 **カーネギーメロン大学** Carnegie Mellon University	ペンシルベニア州 ピッツバーグ	100年以上の歴史を経て国内外で研究や教育をリードする私立大学 公式HP https://www.cmu.edu/
米国 **ミシガン大学** University of Michigan	ミシガン州 アンアーバー	1817年創立。ミシガン州では最もレベルが高い州立大学 公式HP https://umich.edu/
米国 **シカゴ大学** University of Chicago	イリノイ州 シカゴ	1890年設立。研究と実験・実践を重んじる男女共学の名門校 公式HP https://www.uchicago.edu/
米国 **ジョンズ・ホプキンス大学** Johns Hopkins University	メリーランド州 ボルティモア	1876年設立。医学分野の伝統校 公式HP https://www.jhu.edu/
米国 **デューク大学** Duke University	ノースカロライナ州 ダーラム	1838年創立。歴史ある様式の建物が有名 公式HP https://duke.edu/
米国 **カリフォルニア工科大学** California Institute of Technology	カリフォルニア州 パサデナ	1891年創立。科学技術の研究・教育機関として高い水準を誇る 公式HP https://www.caltech.edu/
米国 **カリフォルニア大学サンディエゴ校** University of California, San,Diego	カリフォルニア州 サンディエゴ	1960年創立。「万人に開かれた大学」を掲げ100カ国以上から留学生を受け入れる 公式HP https://ucsd.edu/
米国 **カリフォルニア大学サンフランシスコ校** University of California, San Francisco	カリフォルニア州 サンフランシスコ	1864年創立。医学や生物学の教育および研究を行う 公式HP https://www.ucsf.edu/
米国 **カリフォルニア大学ロサンゼルス校** University of California, Los Angeles	カリフォルニア州 ロサンゼルス	1919年創立。アメリカ国内で最も志願者数の多い名門校 公式HP https://www.ucla.edu/
米国 **ワシントン大学** University of Washington	ワシントン州 シアトル	1861年創立。西海岸の州立大学として長い歴史を誇っている 公式HP http://www.washington.edu/
イギリス **インペリアル・カレッジ・ロンドン** Imperial College London	イングランド ロンドン	1907年設立。100周年を期に独立した"新進気鋭"の大学 公式HP https://www.imperial.ac.uk/
イギリス **UCL ユニバーシティ・カレッジ・ロンドン** University College London	イングランド ロンドン	1826年創立。初めて女性の入学を受け入れた大学として有名 公式HP https://www.ucl.ac.uk/
イギリス **エディンバラ大学** The University of Edinburgh	スコットランド エディンバラ	1582年創立。英語圏に創設された大学の中で6番目に古い歴史ある大学 公式HP https://www.ed.ac.uk/
豪州 **シドニー大学** The University of Sydney	ニューサウスウェールズ州 シドニー	1852年創立。豪州最古の歴史と伝統ある名門大学 公式HP https://www.sydney.edu.au/
豪州 **ニューサウスウェールズ大学** The University of New South Wales	ニューサウスウェールズ州 シドニー	1949年創立。建築や商学、コンピュータサイエンスで有名 公式HP https://www.unsw.edu.au/
豪州 **メルボルン大学** The University of Melbourne	ビクトリア州 メルボルン	1853年創立。大学独自のカリキュラムにより総合知と専門性の獲得が目指される 公式HP https://www.unimelb.edu.au/
フランス **パリ = サクレー大学** Paris-Saclay University	パリ ベルサイユ	2020年創立。企業との提携や量子科学技術で有名 公式HP https://www.universite-paris-saclay.fr/

巻末付録

- 偏差値一覧
- 合格者成績推移データ一覧
- 学費一覧
- 全国大学一覧
- 全国大学資料請求番号一覧
- 掲載校一覧

■この一覧の見方

過去３年分の共通テスト分析の結果と東進主催・年６回連続模試「共通テスト本番レベル模試」（「全国統一高校生テスト」含む）の受験生得点データの集計結果をもとに、算出、作成した偏差値一覧[※1]です。この一覧は大学間または学部学科コース間の格差を意味するものではありません。

※１：原則として、国公立大は前期日程、私立大は個別入試ならびに共通テスト併用入試のみ掲載。一部、大学・学部学科及び入試方式を集約、割愛、または旧称で表示[※2]。偏差値は合格可能性50％

※２：東京科学大学（2024年10月設立予定）は、統合前の東京工業大学と東京医科歯科大学の名称で表示

■国公立大学

文系

偏差値	区分	日程	大学 - 学部 - 学科
67	国	前	東京大-文科一類、文科二類、文科三類
	国	前	京都大-文
	国	前	京都大-教育（文系）
	国	前	京都大-経済（文系）
	国	前	一橋大-社会
66	国	前	京都大-総合人間（文系）
	国	前	京都大-法
	国	前	一橋大-法
	国	前	東京外大-言語文化-言語／英語、フランス語
	国	前	東京外大-国際社会-国際／西南ヨーロッパ、北西・北アメ
	国	前	東京芸大-美術-芸術
	公	前	横浜市立大-国際教養（B）
	公	前	横浜市立大-国際商（B）
65	国	前	大阪大-文
	国	前	大阪大-人間科
	国	前	大阪大-法
	国	前	大阪大-経済
	国	前	一橋大-商
	国	前	一橋大-経済
	国	前	一橋大-ソーシャル
	国	前	筑波大-人間-心理
	国	前	東京外大-言語文化-言語／ドイツ語、イタリア語、スペイン語、朝鮮語、中央ヨーロッパ
	国	前	東京外大-国際社会-国際／中央ヨーロッパ、東アジア、東南アジア1、アフリカ、オセアニア、イベリア・ラテン
	国	前	東京芸大-音楽-音楽環境創造
	国	前	滋賀大-経済（A国外、A数外）
	公	後	国際教養大-国際教養（A）
	公	前	東京都立大-法
	公	前	京都府立大-文-歴史
64	国	前	名古屋大-文
	国	前	神戸大-経済
	国	前	筑波大-人文・文化-比較文化
	国	前	筑波大-社会・国際-社会
	国	前	筑波大-人間-教育
	国	後	筑波大-情報-知識情報・図書館
	国	前	埼玉大-経済（国際プログラム）
	国	前	お茶の水女子大-生活科-心理
	国	前	東京外大-言語文化-言語／ポルトガル語、ロシア語、東南アジア2、中東
	国	前	東京外大-国際社会-国際／ロシア、中央アジア、東南アジア2、南アジア、中東

偏差値	区分	日程	大学 - 学部 - 学科
64	国	前	東京外大-国際日本
	国	前	横浜国立大-経営-経営
	国	前	横浜国立大-経営-経営／DSEP
	公	中	都留文科大-文-国文、英文(3科目)
	公	前	都留文科大-教養-国際教育
	公	前	神戸市外大-外国語-英米、国際関係
63	国	前	北海道大-文(学部別)
	国	前	北海道大-教育(学部別)
	国	前	北海道大-法(学部別)
	国	前	北海道大-総合入試文系
	国	前	東北大-文
	国	前	東北大-法
	国	前	名古屋大-教育
	国	前	名古屋大-法
	国	前	名古屋大-経済
	国	前	名古屋大-情報-人間・社会情報
	国	前	大阪大-外国語-外／英語
	国	前	九州大-法
	国	前	九州大-経済-経済・経営
	国	前	神戸大-文
	国	前	神戸大-法
	国	前	神戸大-経営
	国	前	神戸大-国際人間-環境共生(理科系)以外
	国	前	筑波大-人文・文化-人文
	国	前	筑波大-社会・国際-国際総合
	国	前	筑波大-人間-障害科
	国	前	筑波大-総合選抜方式(文系)
	国	前	お茶の水女子大-文教育-人文科、人間社会科
	国	前	お茶の水女子大-生活科-人間生活
	国	前	東京外大-言語文化-言語／東南アジア1、南アジア
	国	前	東京学芸大-教育-中等／社会、英語
	国	前	東京芸大-音楽-楽理
	国	前	横浜国立大-経済
	国	前	横浜国立大-都市科-都市社会
	国	前	金沢大-文系-文系一括
	国	前	信州大-人文
	国	前	広島大-総合科-国際共創(文科系)
	公	前	東京都立大-人文社会
	公	中	都留文科大-教養-学校教育(3科目)
	公	前	名古屋市立大-人文社会-現代社会、国際文化
	公	前	京都府立大-文-日本・中国文、国際文化交流
	公	前	神戸市外大-外国語-中国、イスパニア
62	国	前	北海道大-経済(学部別)
	国	前	東北大-教育
	国	前	東北大-経済(文系)
	国	前	大阪大-外国語-外／中国語、ロシア語、デンマー、スウェー、ドイツ語、フランス、イタリア、スペイン、ポルトガ、日本語
	国	前	九州大-文
	国	前	九州大-教育
	国	前	九州大-共創
	国	前	筑波大-芸術
	国	前	千葉大-文-人文／行動科学、歴史学
	国	前	千葉大-国際教養
	国	前	お茶の水女子大-文教育-言語文化
	国	前	東京外大-言語文化-言語／中央アジア
	国	前	東京学芸大-教育-初等／英語
	国	前	東京学芸大-教育-中等／音楽
	国	前	広島大-法
	公	前	東京都立大-都市環境-都市政策科(文系)
	公	前	東京都立大-経済経営
	公	中	都留文科大-教養-地域社会、比較文化
	公	前	名古屋市立大-経済
	公	前	名古屋市立大-人文社会-心理教育
	公	前	大阪公立大-経済
	公	前	大阪公立大-法
	公	前	大阪公立大-文
	公	前	大阪公立大-生活科-人間福祉
	公	前	神戸市外大-外国語-ロシア
61	国	前	大阪大-外国語-外／朝鮮語、インドネ、タイ語、ベトナム、アラビア、トルコ語、ハンガリ

偏差値	区分	日程	大学 - 学部 - 学科
61	国	前	神戸大-海洋政策科(文系)
	国	前	筑波大-体育
	国	前	埼玉大-教養
	国	前	埼玉大-教育-学校／中学校／社会
	国	前	千葉大-文-人文／国際言語
	国	前	千葉大-教育-学校／英語
	国	前	千葉大-法政経
	国	前	東京学芸大-教育-初等／学校心
	国	前	東京学芸大-教育-中等／国語
	国	前	東京学芸大-教育-教育支援／カウンセ
	国	前	横浜国立大-教育-学校／言語・文化・社会
	国	前	横浜国立大-教育-学校／芸術・身体・発達／心理
	国	前	金沢大-人間社会-人文
	国	前	愛知教育大-教育-学校／高等／教科学習／地歴・公民
	国	前	滋賀大-経済(B国外、B数外)
	国	前	滋賀大-経済夜(A、B)
	国	前	大阪教育大-教育-学校／次世代／教育探究
	国	前	大阪教育大-教育-協働／グローバル／多文化
	国	前	岡山大-文
	国	前	広島大-文
	国	前	広島大-教育-人間／教育学、心理学
	国	前	広島大-教育-科学／社会系
	国	前	広島大-教育-言語／英語文
	国	前	長崎大-多文化社会-多文化社会
	公	中	都留文科大-文-英文(5科目)
	公	前	静岡県立大-国際関係
	公	前	京都府立大-公共政策
	公	前	京都府立大-農学食科-和食文化
	公	前	大阪公立大-商
	公	前	大阪公立大-現代システム-心理(英国)
	公	前	広島市立大-国際
	公	前	北九州市立大-外国語-英米
	公	前	北九州市立大-地域創生
60	国	前	大阪大-外国語-外／モンゴル、フィリピ、ビルマ語、ヒンディ、ウルドゥ、ペルシア、スワヒリ
	国	前	茨城大-人文社会-人間文化
	国	前	埼玉大-教育-学校／中学校／国語、英語
	国	前	千葉大-文-人文／日本・ユー
	国	前	千葉大-教育-学校／中学／国語、社会
	国	前	お茶の水女子大-文教育-芸術／音楽表
	国	前	東京学芸大-教育-初等／社会
	国	前	東京学芸大-教育-初等／現代教育／学校教
	国	前	横浜国立大-教育-学校／自然・生活
	国	前	横浜国立大-教育-学校／芸術・身体・発達／特別支
	国	前	金沢大-人間社会-地域創造、国際
	国	前	静岡大-人文社会-社会
	国	前	大阪教育大-教育-学校／教科／社会
	国	前	大阪教育大-教育-協働／スポーツ
	国	前	奈良女子大-文
	国	前	奈良女子大-生活環境-住環境、心身健康
	国	前	岡山大-教育-学校／幼児教、中学校(文系)
	国	前	岡山大-法
	国	前	岡山大-経済
	国	前	広島大-総合科-総合科(文科系)
	国	前	広島大-教育-言語／国語文、日本語
	国	前	広島大-教育-生涯／健康ス
	国	前	広島大-経済
	国	前	愛媛大-社会共-地域／スポ
	国	前	長崎大-多文化社会-多文化社会／オランダ
	国	前	熊本大-文-総合人間、コミュニケー、歴史
	公	前	高崎経大-経済
	公	前	高崎経大-地域政策(3教科3)
	公	前	横浜市立大-国際教養(A)
	公	前	横浜市立大-国際商(A)
	公	前	愛知県立大-日本文化-国語国文、歴史文化
	公	前	滋賀県立大-人間文化-国際コミュ
	公	前	大阪公立大-現代システム-環境社会シス(英国)、教育福祉
	公	前	神戸市外大-外国語2-英米
	公	前	北九州市立大-外国語-国際関係
	公	前	北九州市立大-文-比較文化

偏差値	区分	日程	大学 - 学部 - 学科
60	公	前	北九州市立大-法-法律
	公	前	福岡女子大-国際文理-国際教養
59	国	前	弘前大-医-心理支援科
	国	前	山形大-人文社会-人文／人間文、グロ
	国	前	茨城大-人文社会-現代社会、法律経済
	国	前	宇都宮大-国際
	国	前	群馬大-共同教育-学校／国語
	国	前	埼玉大-教育-学校／小学校／教育、心理、国語、英語、社会
	国	前	埼玉大-経済(一般)
	国	前	千葉大-教育-学校／小学
	国	前	お茶の水女子大-文教育-芸術／舞踊教
	国	前	東京学芸大-教育-初等／国語、国際教、幼児教、保健体
	国	前	東京学芸大-教育-教育支援／ソーシャ、多文化、表現教
	国	前	東京芸大-音楽-作曲
	国	前	金沢大-人間社会-法、経済、学校教育／共同(A)
	国	前	金沢大-融合(文系)
	国	前	信州大-教育-学校／社会科
	国	前	信州大-経法
	国	前	静岡大-人文社会-言語文化、法
	国	前	愛知教育大-教育-学校／義務／教科指導／社会、英語
	国	前	愛知教育大-教育-学校／高等／教科学習／国語・書道
	国	前	三重大-教育-学校／社会科／中等
	国	前	大阪教育大-教育-学校／幼少／小学校
	国	前	大阪教育大-教育-学校／教科／英語
	国	前	大阪教育大-教育-協働／教育
	国	前	大阪教育大-教育-協働／グローバル／英語
	国	前	奈良教育大-教育-学校／教科／社会／中等
	国	前	奈良女子大-生活環境-文化情報
	国	前	岡山大-教育-学校／小学校
	国	前	岡山大-医-保健／看護学(文系)
	国	前	広島大-教育-学校／初等教
	国	前	広島大-教育-生涯／音楽文
	国	前	山口大-教育-学校／教科／社会科、英語

偏差値	区分	日程	大学 - 学部 - 学科
	国	前	福岡教育大-教育-中等／社会科
	国	前	熊本大-文-文学
	国	前	熊本大-法
	公	中	都留文科大-教養-学校教育(5科目)
	公	前	愛知県立大-外国語-英米、国際関係
	公	前	滋賀県立大-人間文化-地域文化、生活デザイン、人間関係
	公	前	兵庫県立大-国際商経-国際商経／グローバルビジ
	公	前	岡山県立大-保健福祉-現代福祉
	公	前	県立広島大-地域創生-地域創生／地域文
	公	中	下関市立大-経済-国際商、公共マネジメント
	公	前	北九州市立大-外国語-中国
	公	前	北九州市立大-文-人間関係
	公	前	北九州市立大-法-政策科
58	国	前	小樽商大-商
	国	前	岩手大-人文社会-人間文化、地域政策
	国	前	茨城大-教育-学校／教科／社会、英語
	国	前	宇都宮大-地域デザ-コミュニティデザ
	国	前	宇都宮大-データ経営
	国	前	群馬大-共同教育-学校／社会、英語
	国	前	埼玉大-教育-学校／小学校／算数、家庭科
	国	前	埼玉大-教育-学校／中学校／保健体育
	国	前	埼玉大-教育-学校／乳幼児
	国	前	千葉大-教育-学校／乳幼児
	国	前	東京学芸大-教育-初等／音楽、保健体
	国	前	東京学芸大-教育-中等／家庭
	国	前	東京学芸大-教育-教育支援／生涯学、生涯ス
	国	前	横浜国立大-教育-学校／芸術・身体・発達／音楽
	国	前	新潟大-人文
	国	前	新潟大-法
	国	前	新潟大-創生(文)
	国	前	富山大-芸術文化(b)
	国	前	山梨大-生命環境-地域社会シス
	国	前	信州大-教育-学校／国語教、英語教、保建体、心理支援
	国	前	岐阜大-教育-学校／心理学

偏差値	区分	日程	大学-学部-学科
58	国	前	岐阜大-地域科
	国	前	静岡大-人文社会-経済
	国	前	静岡大-教育-学校／教科／社会科
	国	前	静岡大-情報-情報社会
	国	前	愛知教育大-教育-学校／義務／教科指導／国語
	国	前	愛知教育大-教育-学校／高等／教科学習／英語
	国	前	三重大-人文-文化、法律経済
	国	前	三重大-教育-学校／国語／中等
	国	前	大阪教育大-教育-学校／幼少／幼児教育
	国	前	大阪教育大-教育-学校／教科／国語
	国	前	大阪教育大-教育-協働／芸術／美術
	国	前	奈良教育大-教育-学校／教科／国語／中等
	国	前	奈良教育大-教育-学校／教科／社会／初等
	国	前	奈良教育大-教育-学校／教科／英語／中等
	国	前	和歌山大-教育-学校／文科系
	国	前	和歌山大-観光
	国	前	島根大-法文-社会文化
	国	前	岡山大-教育-学校／中学校〔実技系〕、特別支
	国	前	広島大-教育-生涯／人間生
	国	前	山口大-人文
	国	前	香川大-教育-学校教育／中学校(A系)
	国	前	香川大-経済
	国	前	香川大-医-臨床心理
	国	前	愛媛大-法文-人文社会
	国	前	福岡教育大-教育-中等／国語
	国	前	熊本大-教育-学校／初・中／国語
	公	前	埼玉県立大-保健医療-社会／福祉子
	公	前	福井県立大-経済
	公	前	静岡県立大-経営情報
	公	前	愛知県立大-外国語-ヨーロッパ
	公	前	愛知県立大-外国語-中国
	公	前	愛知県立大-教育福祉
	公	前	兵庫県立大-環境人間(文系)
	公	前	兵庫県立大-国際商経-国際商経／経済・経営
	公	前	兵庫県立大-社会情報科
	公	中	下関市立大-経済-経済
	公	前	北九州市立大-経済-経済(外国語)
	公	前	熊本県立大-総合管理(B)
57	国	前	小樽商大-商夜
	国	前	北教大札幌校-教育-教員／学校教、言語・社会
	国	前	山形大-人文社会-人文／総合／地域／経済
	国	前	茨城大-教育-学校／教育実
	国	前	茨城大-教育-学校／教科／国語、保健体
	国	前	宇都宮大-共同教育-学校／人文社／国語
	国	前	群馬大-共同教育-学校／特別支
	国	前	埼玉大-教育-学校／中学校／家庭科
	国	前	千葉大-教育-学校／特別支援
	国	前	千葉大-教育-学校／小中／家庭
	国	前	東京学芸大-教育-初等／家庭
	国	前	東京学芸大-教育-特別支援教育
	国	前	東京芸大-美術-先端芸術表現
	国	前	横浜国立大-教育-学校／芸術・身体・発達／美術、保健体
	国	前	新潟大-教育-学校／学校教
	国	前	新潟大-教育-学校／教科／英語
	国	前	新潟大-経済科
	国	前	富山大-人文
	国	前	富山大-教育
	国	前	富山大-経済
	国	前	富山大-芸術文化(a)
	国	前	金沢大-人間社会-学校教育／共同(B)
	国	前	福井大-教育-学校／初等／文系
	国	前	福井大-教育-学校／中等／文系
	国	前	福井大-国際地域
	国	前	山梨大-生命環境-地域社会シス／観光
	国	前	信州大-教育-学校／現代教、野外教
	国	前	岐阜大-教育-学校／国語、社会科、英語
	国	前	岐阜大-社会シス
	国	前	静岡大-教育-学校／発達教

偏差値	区分	日程	大学 - 学部 - 学科
57	国	前	静岡大-教育-学校／初等学
	国	前	静岡大-教育-学校／教科／国語、英語
	国	前	愛知教育大-教育-教育支援／心理
	国	前	愛知教育大-教育-学校／幼児
	国	前	愛知教育大-教育-学校／義務／学校教育
	国	前	三重大-教育-学校／国語／初等
	国	前	三重大-教育-学校／英語
	国	前	三重大-教育-学校／保健体／中等
	国	前	滋賀大-教育-学校教育（文系型）
	国	前	大阪教育大-教育-学校／教科／家政、保健体育、音楽
	国	前	大阪教育大-教育-協働／健康
	国	前	大阪教育大-教育-協働／芸術／音楽
	国	前	奈良教育大-教育-学校／教育発／教育、心理、幼年
	国	前	奈良教育大-教育-学校／教科／国語／初等
	国	前	島根大-法文-法経、言語文化
	国	前	島根大-人間科
	国	前	岡山大-法夜
	国	前	広島大-教育-学校／特別支
	国	前	広島大-教育-生涯／造形芸
	国	前	山口大-教育-学校／小学校／教育学、心理学
	国	前	山口大-教育-学校／教科／国語、保健体
	国	前	香川大-教育-学校教育／中学校（B系）
	国	前	香川大-法
	国	前	高知大-人文社会-人文社会／人文、国際
	国	前	福岡教育大-教育-中等／英語
	国	前	佐賀大-経済-経営
	国	前	佐賀大-芸術-芸術／地域
	国	前	熊本大-教育-学校／初・中／社会、英語
	国	前	熊本大-情報融合（文系型）
	国	前	鹿児島大-法文-人文／心理学
	公	前	岩手県立大-総合政策-総合政策
	公	前	埼玉県立大-保健医療-健康／健康行
	公	前	埼玉県立大-保健医療-社会／社会福
	公	前	福井県立大-看護福祉-社会福祉
	公	前	岡山県立大-保健福祉-子ども
	公	前	県立広島大-地域創生-地域創生／地域産（経営）
	公	前	北九州市立大-経済-経済（数学）、経営情報
	公	前	長崎県立大-国際社会
	公	前	熊本県立大-文
56	国	前	北教大札幌校-教育-教員／特別支、生活創
	国	前	北教大札幌校-教育-教員／芸術／保健体
	国	前	弘前大-教育-学校／初等中等／中学／社会
	国	前	弘前大-人文社会-文化創生、社会経営（国）
	国	前	岩手大-教育-学校／中学校／国語、社会、英語
	国	前	秋田大-教育文化-学校／教育
	国	前	山形大-地域教育文化-地域教育／文化創
	国	前	福島大-人文社会-行政政策、経済経営
	国	前	福島大-人文社会-人間／心理・幼児、人文
	国	前	茨城大-教育-学校／特別支
	国	前	宇都宮大-共同教育-学校／教育人／教育、教育心、特別支
	国	前	宇都宮大-共同教育-学校／人文社／英語
	国	前	群馬大-共同教育-学校／家政、保体、教育、教育心
	国	前	埼玉大-教育-学校／小学校／体育
	国	前	埼玉大-教育-学校／特別支援
	国	前	千葉大-教育-学校／小中／保健体
	国	前	東京学芸大-教育-中等／美術
	国	前	新潟大-教育-学校／教育心
	国	前	新潟大-教育-学校／教科／社会科、国語
	国	前	山梨大-教育-学校／幼小、言語教、生活社
	国	前	信州大-教育-学校／音楽教、特別支
	国	前	岐阜大-教育-学校／家政、教職基礎
	国	前	静岡大-教育-学校／特別支
	国	前	静岡大-教育-学校／教科／家庭科
	国	前	愛知教育大-教育-教育支援／福祉、教育
	国	前	愛知教育大-教育-学校／義務／生活・総合
	国	前	愛知教育大-教育-学校／特別支援
	国	前	三重大-教育-学校／社会科／初等
	国	前	三重大-教育-学校／幼児教

偏差値	区分	日程	大学 - 学部 - 学科
56	国	前	三重大-教育-学校／音楽／中等
	国	前	三重大-教育-学校／学校教／教育心理
	国	前	大阪教育大-教育-学校／特別支援
	国	前	奈良教育大-教育-学校／教育発／特別支
	国	前	奈良教育大-教育-学校／教科／家庭
	国	前	奈良教育大-教育-学校／伝統文化／文化遺産
	国	前	和歌山大-経済
	国	前	和歌山大-社会インフォ
	国	前	鳥取大-地域-地域／地域創、国際地
	国	前	岡山大-経済夜
	国	前	山口大-教育-学校／小学校／小学校、国際理
	国	前	山口大-教育-学校／特別支
	国	前	山口大-経済
	国	前	山口大-国際総合
	国	前	徳島大-総合科
	国	前	香川大-教育-学校教育／幼児、小学校
	国	前	愛媛大-教育-学校／教育発達／幼年、小学
	国	前	愛媛大-社会共-産業マネ
	国	前	高知大-地域協働
	国	前	福岡教育大-教育-中等／保健体
	国	前	福岡教育大-教育-初等／幼児教
	国	前	佐賀大-経済-経済、経済法
	国	前	佐賀大-教育-学校／小中／中等
	国	前	佐賀大-芸術-芸術／表現(3科目)
	国	前	長崎大-教育-学校／中学／文系
	国	前	長崎大-教育-学校／幼児教育
	国	前	長崎大-経済
	国	前	長崎大-環境科(文系)
	国	前	鹿児島大-法文-法経／法学
	国	前	鹿児島大-法文-人文／多元地域文化
	国	前	鹿児島大-教育-学校／中等教育／国語、英語
	国	前	琉球大-教育-学校／中学校／教科／社会科
	国	前	琉球大-人文社会-国際法政、人間社会
	公	前	岩手県立大-社会福祉
	公	前	高崎経大-地域政策(5教科5)
	公	前	県立広島大-保健福祉-保健福祉／人間、コミュ
	公	前	県立広島大-保健福祉-保健福祉(コース)
	公	前	広島市立大-芸術-デザイン工芸
55	国	前	北教大函館校-教育-国際／地域協働／国際協働、地域政策
	国	前	北教大旭川校-教育-教員／社会
	国	前	弘前大-教育-学校／初等中等／小学
	国	前	弘前大-教育-学校／初等中等／中学／国語、英語
	国	前	弘前大-人文社会-社会経営(数)
	国	前	岩手大-教育-学校／小学校、特別支
	国	前	岩手大-教育-学校／中学校／保体
	国	前	秋田大-教育文化-学校／英語、特別支援、こども
	国	前	秋田大-教育文化-地域文化
	国	前	秋田大-国際資源-国際資源／資源政策
	国	前	山形大-地域教育文化-地域教育／児童教
	国	前	福島大-人文社会-人間／スポ
	国	前	茨城大-教育-学校／教科／家庭
	国	前	宇都宮大-共同教育-学校／人文社／社会
	国	前	宇都宮大-共同教育-学校／芸生健／保健体、家政
	国	前	埼玉大-教育-学校／中学校／音楽
	国	前	千葉大-教育-学校／小中／音楽、図工美術
	国	前	東京学芸大-教育-初等／美術
	国	前	東京芸大-美術-工芸、デザイン
	国	前	東京芸大-美術-絵画／油画
	国	前	東京芸大-音楽-指揮、器楽
	国	前	新潟大-教育-学校／特別支援
	国	前	新潟大-教育-学校／教科／家庭科、保健体
	国	前	信州大-教育-学校／家庭科
	国	前	岐阜大-教育-学校／保健体、特別支援
	国	前	静岡大-教育-学校／教科／保健体
	国	前	三重大-教育-学校／家政、特別支
	国	前	三重大-教育-学校／学校教／教育
	国	前	滋賀大-教育-学校教育(面接型、保健体)
	国	前	大阪教育大-教育-学校／小中／美術・書道
	国	前	奈良教育大-教育-学校／教科／保健

偏差値	区分	日程	大学-学部-学科
55	国	前	和歌山大-教育-学校／保健体
	国	前	島根大-教育-学校教育Ⅰ類
	国	前	広島大-法夜
	国	前	山口大-教育-学校／幼児教
	国	前	山口大-教育-学校／教科／家政
	国	前	香川大-教育-学校教育／中学校(C系)
	国	前	愛媛大-教育-学校／初等中等／言語
	国	前	高知大-教育-学校／教育科学、教科教育、特別支援
	国	前	高知大-人文社会-人文社会／社会
	国	前	福岡教育大-教育-初等／小学校、人文社会、芸術実技
	国	前	佐賀大-芸術-芸術／表現(4科目)
	国	前	長崎大-教育-学校／小学校
	国	前	長崎大-情報データ科-情報データ(文系)
	国	前	熊本大-教育-学校／初・中／小学校、実技系
	国	前	熊本大-教育-学校／特別支
	国	前	大分大-経済
	国	前	大分大-福祉健康-福祉／心理
	国	前	鹿児島大-法文-法経／地域・経済
	国	前	鹿児島大-教育-学校／中等教育／社会
	国	前	琉球大-教育-学校／中学校／教科／国語、英語
	国	前	琉球大-国際地域
	公	前	宮城大-事業構想
	公	前	岡山県立大-デザイン-ビジュアルデザ
	公	前	県立広島大-地域創生-地域創生／地域産(応用)
	公	前	広島市立大-芸術-美術／日本画、油絵
	公	前	長崎県立大-経営-国際経営
	公	前	熊本県立大-総合管理(A)
54	国	前	北教大旭川校-教育-教員／教育発、国語、英語
	国	前	北教大函館校-教育-国際／地域教育
	国	前	北教大岩見沢校-教育-芸スポ／芸スポ、美術
	国	前	北教大岩見沢校-教育-芸スポ／スポーツ／スポ・コーチ
	国	前	弘前大-教育-学校／特別支
	国	前	岩手大-教育-学校／中学校／音楽、美術
	国	前	福島大-人文社会-人間／教育
	国	前	茨城大-教育-学校／教科／美術
	国	前	茨城大-地域未来
	国	前	埼玉大-教育-学校／小学校／音楽
	国	前	埼玉大-教育-学校／中学校／美術
	国	前	東京芸大-美術-絵画／日本画
	国	前	東京芸大-音楽-邦楽
	国	前	上越教育大-学校教育-初等教育
	国	前	新潟大-教育-学校／教科／音楽
	国	前	信州大-教育-学校／図工・美術
	国	前	静岡大-教育-学校／教科／音楽
	国	前	愛知教育大-教育-学校／義務／教科指導／保健体育、家庭
	国	前	三重大-教育-学校／音楽／初等
	国	前	三重大-教育-学校／保健体／初等
	国	前	奈良教育大-教育-学校／伝統文化／書道
	国	前	鳥取大-地域-地域／人間形
	国	前	島根大-教育-学校／保健体
	国	前	山口大-教育-学校／教科／音楽
	国	前	愛媛大-法文夜
	国	前	愛媛大-教育-学校／教育発達／特別支援
	国	前	愛媛大-教育-学校／初等中等／生活／体育、音楽、図画
	国	前	高知大-教育-学校／幼児教育、保体教育
	国	前	福岡教育大-教育-特別支援／中等
	国	前	佐賀大-教育-学校／幼小
	国	前	佐賀大-教育-学校／小中／初等
	国	前	長崎大-教育-学校／中学／実技系
	国	前	大分大-福祉健康-福祉／社会福
	国	前	大分大-教育-学校／初等中等
	国	前	宮崎大-教育-学校／小中／中学(2／3+面接)
	国	前	宮崎大-教育-学校／教職実践(2／3+面接)
	国	前	鹿児島大-教育-学校／初等教育(文系)
	国	前	鹿児島大-教育-学校／中等教育／保体
	国	前	琉球大-教育-学校／小学校／学校教育
	国	前	琉球大-人文社会-琉球アジア文化
	公	前	長崎県立大-経営-経営

偏差値	区分	日程	大学-学部-学科
53	国	前	北教大札幌校-教育-教員／芸術／図画工
	国	前	北教大旭川校-教育-教員／生活技、保健体
	国	前	北教大釧路校-教育-教員／地域学校
	国	前	弘前大-教育-学校／初等中等／中学／家庭
	国	前	福島大-人文社会-人間／特別・生活、芸術
	国	前	宇都宮大-共同教育-学校／芸生健／美術
	国	前	群馬大-共同教育-学校／音楽、美術
	国	前	東京学芸大-教育-中等／書道
	国	前	東京芸大-音楽-声楽
	国	前	新潟大-教育-学校／教科／美術
	国	前	山梨大-教育-学校／障害児、芸術身
	国	前	岐阜大-教育-学校／音楽
	国	前	愛知教育大-教育-学校／義務／日本語
	国	前	三重大-教育-学校／美術／中等
	国	前	滋賀大-教育-学校教育(音楽)
	国	前	奈良教育大-教育-学校／教科／音楽／中等
	国	前	島根大-教育-学校／音楽、美術
	国	前	広島大-経済夜
	国	前	山口大-教育-学校／教科／美術
	国	前	福岡教育大-教育-中等／家庭
	国	前	福岡教育大-教育-特別支援／初等
	国	前	大分大-教育-学校／特別支援
	国	前	宮崎大-教育-学校／小中／小学(2／3+面接)
	国	前	宮崎大-教育-学校／発達／子ども(2／3+面接)
	国	前	鹿児島大-教育-学校／特別支援(文系)
	国	前	琉球大-教育-学校／中学校／教科／保健体育、生活科学
	国	前	琉球大-国際地域夜-国際地域創造(国際)
	公	前	長崎県立大-地域創造-実践経済(数)
52	国	前	北教大札幌校-教育-教員／芸術／音楽教
	国	前	茨城大-教育-学校／教科／音楽
	国	前	宇都宮大-共同教育-学校／芸生健／音楽
	国	前	埼玉大-教育-学校／小学校／図画工作
	国	前	東京芸大-美術-彫刻
	国	前	福井大-教育-学校／初等／実技(音楽、体育)
	国	前	福井大-教育-学校／中等／実技(音楽、体育)
	国	前	岐阜大-教育-学校／美術
	国	前	三重大-教育-学校／美術／初等
	国	前	滋賀大-教育-学校教育(美術)
	国	前	大阪教育大-教育夜-初等／小学校
	国	前	奈良教育大-教育-学校／教科／音楽／初等
	国	前	奈良教育大-教育-学校／教科／美術
	国	前	和歌山大-教育-学校／音楽・美術
	国	前	愛媛大-教育-学校／初等中等／生活／家庭
	国	前	長崎大-教育-学校／特別支
	国	前	宮崎大-教育-学校／発達／特別支(2／3+面接)
	国	前	鹿児島大-教育-学校／中等教育／音楽、美術
	国	前	琉球大-教育-学校／小学校／教科教育
	国	前	琉球大-教育-学校／特別支援／特別支援
	国	前	琉球大-国際地域夜-国際地域創造(論理)
	公	前	長崎県立大-地域創造-公共政策、実践経済(英)
51	国	前	北教大岩見沢校-教育-芸スポ／音楽／声楽、管弦打楽器、鍵盤楽器、作曲
	国	前	北教大岩見沢校-教育-芸スポ／スポーツ／アウト・ライフ
	国	前	静岡大-教育-学校／教科／美術
	国	前	愛知教育大-教育-学校／義務／教科指導／音楽
	国	前	高知大-教育-学校／音楽・美術
	国	前	福岡教育大-教育-中等／音楽、美術
	国	前	琉球大-教育-学校／中学校／教科／音楽、美術
50	国	前	北教大旭川校-教育-教員／美術
	国	前	愛知教育大-教育-学校／義務／教科指導／図画・美術
	国	前	福岡教育大-教育-中等／書道
49	国	前	北教大岩見沢校-教育-芸スポ／音楽／音楽教育・音楽文化
	国	前	北教大旭川校-教育-教員／音楽

理系

偏差値	区分	日程	大学-学部-学科
70	国	前	東京大-理科三類
69	国	前	東京大-理科一類
	国	前	京都大-医-医
	国	前	東京医科歯科大-医-医
68	国	前	東京大-理科二類
	国	前	北海道大-獣医-共同獣医学(学部別)
	国	前	名古屋大-医-医
	国	前	大阪大-医-医
	国	前	神戸大-医-医
	国	前	千葉大-医
	国	後	山梨大-医-医
	公	前	横浜市立大-医-医
	公	前	大阪公立大-医-医
67	国	前	京都大-教育(理系)
	国	前	京都大-経済(理系)
	国	前	京都大-理-理
	国	前	京都大-工-物理工、情報
	国	後	北海道大-理-物理(学部別)、地球惑星科(学部別)
	国	前	北海道大-医-医(学部別)
	国	前	東北大-医-医
	国	前	九州大-医-医
	国	前	筑波大-医-医
66	国	前	京都大-薬(一括)
	国	前	京都大-工-地球工、建築、電気電子工
	国	前	京都大-農-資源生物科、応用生命科、食料・環境経、食品生物科
	国	後	北海道大-理-数学(学部別)、化学(学部別)、生物(学部別)
	国	後	北海道大-薬(学部別)
	国	後	北海道大-工-応用理工系(学部別)、情報エレ(学部別)
	国	後	北海道大-農(学部別)
	国	前	大阪大-薬
	国	前	東京工業大-情報理工
	国	前	山形大-医-医(一般枠)
	国	前	東京農工大-農-共同獣医

偏差値	区分	日程	大学-学部-学科
	国	前	新潟大-医-医
	国	前	金沢大-医薬保健-医
	国	前	信州大-医-医
	国	前	浜松医大-医-医
	国	前	岡山大-医-医(一般)
	国	前	広島大-医-医
	国	前	長崎大-医-医
	国	前	鹿児島大-医-医
	公	前	福島県立医大-医
	公	前	名古屋市立大-医
	公	前	京都府立医大-医-医
	公	前	奈良県立医大-医-医
65	国	前	京都大-工-理工化
	国	前	京都大-農-地域環境工、森林科
	国	後	北海道大-工-機械知能工(学部別)、環境社会工(学部別)
	国	前	東北大-理-数学系
	国	前	名古屋大-情報-コンピュータ科
	国	前	大阪大-基礎工-情報科
	国	前	九州大-薬-臨床薬
	国	前	東京工業大-理
	国	前	東京工業大-工
	国	前	東京工業大-生命理工
	国	前	東京工業大-環境・社会
	国	前	旭川医大-医-医
	国	前	弘前大-医-医
	国	前	秋田大-医-医
	国	前	山形大-医-医(地域枠)
	国	前	筑波大-情報-情報メデ創成
	国	前	群馬大-医-医
	国	前	お茶の水女子大-生活科-食物栄養
	国	前	横浜国立大-都市科-建築
	国	前	富山大-医-医
	国	前	福井大-医-医
	国	前	岐阜大-医-医

偏差値	区分	日程	大学 - 学部 - 学科
65	国	前	浜松医大-医-医（地域枠）
	国	前	三重大-医-医
	国	前	滋賀医大-医-医
	国	前	鳥取大-医-医
	国	前	島根大-医-医
	国	前	山口大-医-医
	国	前	徳島大-医-医
	国	前	香川大-医-医
	国	前	香川大-医-医（地域枠）
	国	前	愛媛大-医-医
	国	前	高知大-医-医
	国	前	佐賀大-医-医
	国	前	熊本大-医-医
	国	前	大分大-医-医
	国	前	宮崎大-医-医
	国	前	琉球大-医-医
	公	前	札幌医大-医
	公	前	大阪公立大-獣医
	公	前	和歌山県立医大-医
64	国	前	京都大-総合人間（理系）
	国	前	京都大-医-人間健康科
	国	前	東北大-経済（理系）
	国	前	東北大-理-物理系、化学系、生物系
	国	前	東北大-薬
	国	前	東北大-工-機械知能・航、電気情報物理、材料科学総合、建築・社会環
	国	前	名古屋大-工-電気電子情報工、機械・航空宇宙工
	国	前	名古屋大-情報-自然情報
	国	前	大阪大-理-物理、化学
	国	前	大阪大-理-生物／生物科
	国	前	大阪大-歯
	国	前	大阪大-工
	国	前	大阪大-基礎工-電子物理科、化学応用科、システム科
	国	前	九州大-芸術工-芸術工／音響設計
	国	前	東京工業大-物質理工
	国	前	東京医科歯科大-歯-歯
	国	前	帯広畜産大-畜産-共同獣医学
	国	前	筑波大-理工-工学シス
	国	前	筑波大-情報-情報科
	国	前	千葉大-薬
	国	前	お茶の水女子大-理-化学
	国	前	東京学芸大-教育-中等／数学、情報
	国	前	横浜国立大-理工-数物・電子／情報工
	国	前	横浜国立大-都市科-都市基盤
	国	前	岐阜大-応用生物-共同獣医学
	国	前	岡山大-薬-薬
	公	前	東京都立大-システム-情報科
	公	中	名古屋市立大-薬
63	国	前	北海道大-歯（学部別）
	国	前	北海道大-総合入試理系
	国	前	東北大-理-地球科学系
	国	前	東北大-工-化学・バイオ
	国	前	東北大-農
	国	前	名古屋大-理
	国	前	名古屋大-工-化学生命工、物理工、マテリアル工、環境土木・建築
	国	前	名古屋大-農
	国	前	大阪大-理-数学
	国	前	大阪大-理-生物／生命理
	国	前	大阪大-医-保健／検査技
	国	前	九州大-薬-創薬科
	国	前	九州大-芸術工-芸術工（学科一括）
	国	前	九州大-芸術工-芸術工／メディア
	国	前	東京医科歯科大-医-保健／看護学
	国	前	神戸大-理-物理、化学
	国	前	神戸大-工
	国	前	神戸大-農-食料／食料環
	国	前	神戸大-農-資源
	国	前	神戸大-農-生命／応用生
	国	前	岩手大-農-共同獣医
	国	前	筑波大-生命環境-生物
	国	前	筑波大-理工-物理、化学、応用理工、社会工

偏差値	区分	日程	大学 - 学部 - 学科
63	国	前	筑波大-総合選抜方式(理系Ⅱ)
	国	前	千葉大-情報・データ
	国	前	お茶の水女子大-理-情報科
	国	前	お茶の水女子大-共創工
	国	前	東京農工大-農-応用生物科
	国	前	横浜国立大-理工-化学・生命/バイオ
	国	前	横浜国立大-理工-数物・電子/数理、電子シ
	国	前	横浜国立大-理工-機械・材料・海洋/機械工
	国	前	富山大-薬-薬
	国	前	鳥取大-農-共同獣医
	国	前	広島大-薬-薬
	国	前	山口大-共同獣医
	国	前	長崎大-薬-薬
	国	前	熊本大-薬-薬
	国	前	宮崎大-農-獣医
	国	前	鹿児島大-共同獣医-共同獣医
	公	前	東京都立大-都市環境-建築
	公	前	横浜市立大-データサイエンス
	公	中	静岡県立大-薬-薬
	公	前	京都府立大-環境科-森林
62	国	前	北海道大-医-保健/検査技(学部別)
	国	前	東北大-歯
	国	前	名古屋大-工-エネルギー理工
	国	前	大阪大-医-保健/看護学、放射線
	国	前	九州大-理-物理、化学、地球惑星科、数学
	国	前	九州大-歯
	国	前	九州大-工
	国	前	九州大-農-生物資源環境
	国	前	九州大-芸術工-芸術工/環境設計、インダストリアル
	国	前	神戸大-理-数学、生物、惑星
	国	前	神戸大-医-保健/検査技
	国	前	神戸大-工-市民工
	国	前	神戸大-農-食料/生産環
	国	前	神戸大-農-生命/応用機
	国	前	神戸大-国際人間-環境共生(理科系)

偏差値	区分	日程	大学 - 学部 - 学科
	国	前	筑波大-生命環境-地球
	国	前	筑波大-理工-数学
	国	前	筑波大-総合選抜方式(理系Ⅰ、理系Ⅲ)
	国	前	千葉大-教育-学校/中学/数学
	国	前	千葉大-理-数学・情報数、物理、化学
	国	前	千葉大-工-総合工/建築、医工
	国	前	お茶の水女子大-理-生物
	国	前	電気通信大-情報理工-Ⅰ類
	国	前	東京農工大-農-生物生産
	国	前	東京農工大-工-生命工
	国	前	横浜国立大-理工-化学・生命/化学
	国	前	横浜国立大-理工-数物・電子/物理工
	国	前	横浜国立大-理工-機械・材料・海洋/海洋空間、材料工
	国	前	横浜国立大-都市科-環境リスク
	国	前	金沢大-医薬保健-薬、医薬科
	国	前	金沢大-理系-理系一括
	国	前	名古屋工大-工-高度/情報工
	国	前	京都工芸繊維大-工芸科-設計/情報工(地域創生)
	国	前	岡山大-歯
	国	前	岡山大-薬-創薬科
	国	前	広島大-歯-歯
	国	前	徳島大-歯-歯
	国	前	徳島大-薬
	国	前	鹿児島大-歯
	公	前	東京都立大-都市環境-都市政策科(理系)
	公	前	東京都立大-システム-航空宇宙シス工、インダス
	公	前	東京都立大-理-生命科
	公	後	名古屋市立大-総合生命理
	公	前	名古屋市立大-データサイエンス
	公	前	大阪公立大-理-生物
	公	前	大阪公立大-工-建築、航空宇宙工、情報工
	公	前	大阪公立大-生活科-居住環境
	公	前	大阪公立大-現代システム-心理(理数)
61	国	前	北海道大-医-保健/放射線(学部別)、理学療(学部別)

偏差値	区分	日程	大学-学部-学科
61	国	前	北海道大-水産（学部別）
	国	前	東北大-医-保健／放射線
	国	前	名古屋大-医-保健／放射線、検査技、理学療
	国	前	九州大-経済-経済工
	国	前	九州大-理-生物
	国	前	九州大-医-生命科
	国	前	九州大-医-保健／放射線
	国	前	九州大-芸術工-芸術工／未来構想
	国	前	神戸大-医-保健／看護学、理学療
	国	前	筑波大-生命環境-生物資源
	国	前	筑波大-医-医療科
	国	前	埼玉大-教育-学校／中学校／数学
	国	前	埼玉大-理-基礎化
	国	前	埼玉大-工-情報工
	国	前	千葉大-教育-学校／中学／理科
	国	前	千葉大-理-生物
	国	前	千葉大-工-総合工／都市工、デザイン、機械工、電気電子工、共生応用化
	国	前	お茶の水女子大-理-物理
	国	前	電気通信大-情報理工-Ⅱ類、Ⅲ類
	国	前	東京海洋大-海洋生命-海洋生物資源
	国	前	東京海洋大-海洋資源-海洋環境科
	国	前	東京農工大-農-環境資源科、地域生態シス
	国	前	東京農工大-工-生命工以外
	国	前	新潟大-歯-歯
	国	前	名古屋工大-工-高度／物理工、電気・機械
	国	前	名古屋工大-工-高度／社会工／建築・デザ、環境都市
	国	前	京都工芸繊維大-工芸科-設計／情報工(一般)
	国	前	京都工芸繊維大-工芸科-デザ／デザイ
	国	前	大阪教育大-教育-学校／次世代／ICT
	国	前	奈良女子大-生活環境-食物栄養
	国	前	岡山大-医-保健／検査技
	国	前	広島大-教育-科学／自然系、数理系
	国	前	広島大-薬-薬科
	国	前	広島大-情報科
	国	前	長崎大-歯
	公	前	東京都立大-都市環境-地理環境、都市基盤環境、環境応用化
	公	前	東京都立大-システム-電子シス工、機械シス工
	公	前	東京都立大-健康福祉-理学療法
	公	前	東京都立大-理-物理
	公	前	横浜市立大-理
	公	中	静岡県立大-薬-薬科
	公	前	大阪公立大-理-生物以外
	公	前	大阪公立大-工-機械工、都市、電子物理工、電気電子シス、化学バイオ工
	公	前	大阪公立大-現代システム-環境社会シス(理数)
	公	前	大阪公立大-現代システム（英数）
	公	前	大阪公立大-農-応用生物、生命機能
	公	前	和歌山県立医大-薬
60	国	前	北海道大-医-保健／作業療（学部別）
	国	前	東北大-医-保健／検査技
	国	前	名古屋大-医-保健／看護学、作業療
	国	前	九州大-医-保健／看護学、検査技
	国	前	東京医科歯科大-医-保健／検査技
	国	前	神戸大-海洋政策科（理系）
	国	前	筑波大-医-看護
	国	前	埼玉大-理-数学
	国	前	千葉大-教育-学校／養護教諭
	国	前	千葉大-看護
	国	前	千葉大-工-総合工／物質科学
	国	前	千葉大-園芸-応用生命化、食料資源経済
	国	前	お茶の水女子大-理-数学
	国	前	東京海洋大-海洋生命-食品生産科、海洋政策文化
	国	前	東京学芸大-教育-初等／数学
	国	前	東京学芸大-教育-初等／現代教育／環境教
	国	前	東京学芸大-教育-中等／理科
	国	前	東京学芸大-教育-養護／養護教
	国	前	東京芸大-美術-建築
	国	前	富山大-薬-創薬科

偏差値	区分	日程	大学 - 学部 - 学科
60	国	前	信州大-理-理／生物
	国	前	信州大-医-保健／検査技
	国	前	信州大-工-建築
	国	前	岐阜大-応用生物-応用生命科学、生産環境科学
	国	前	静岡大-情報-情報科
	国	前	名古屋工大-工-高度／生命・応用
	国	前	名古屋工大-工-高度／社会工／経営シス
	国	前	名古屋工大-工-創造／情報・社会
	国	前	滋賀大-データサイエンス
	国	前	京都工芸繊維大-工芸科-設計／機械工、電子シ
	国	前	京都工芸繊維大-工芸科-応用生／応用生
	国	前	岡山大-医-保健／放射線
	国	前	広島大-総合科（理科系）
	国	前	広島大-理-物理
	国	前	広島大-医-保健／理学療
	国	前	広島大-工-建設・環境系、電気電子・シス系
	国	前	熊本大-薬-創薬・生命薬
	公	前	埼玉県立大-保健医療-健康／検査技
	公	前	東京都立大-健康福祉-看護、放射線
	公	前	東京都立大-理-数理科、化学
	公	前	横浜市立大-医-看護
	公	前	名古屋市立大-芸術工-建築都市デザ
	公	前	京都府立大-農学食科-農学生命
	公	前	京都府立大-環境科-環境デザ
	公	前	京都府立医大-医-看護
	公	前	大阪公立大-工-応用化、化学工、マテリアル工
	公	前	大阪公立大-医-リハ／理学療
	公	前	大阪公立大-生活科-食栄養
	公	前	大阪公立大-現代システム-知識情報シス
	公	前	大阪公立大-現代システム（英国、英小論、理数）
	公	前	大阪公立大-農-緑地環境
59	国	前	東北大-医-保健／看護学、作業療
	国	前	岩手大-農-動物科
	国	前	群馬大-情報-情報
	国	前	埼玉大-教育-学校／中学校／理科
	国	前	埼玉大-理-物理、生体制御
	国	前	埼玉大-工-応用化、-機械工・シス、環境社会デザ
	国	前	千葉大-理-地球科
	国	前	千葉大-園芸-園芸
	国	前	東京海洋大-海洋工-流通情報工
	国	前	東京海洋大-海洋資源-海洋資源エネ
	国	前	新潟大-医-保健／放射線
	国	前	新潟大-創生（理）
	国	前	金沢大-理工-数物科、物質化、地球社会、生命理工
	国	前	金沢大-医薬保健-保健／診療放、検査、理学
	国	前	金沢大-融合-観光デザ（理系）
	国	前	信州大-理-理／化学
	国	前	信州大-農-農学生命科／動物資源生命科学
	国	前	岐阜大-工-電気電子・情報工／情報
	国	前	静岡大-教育-学校／養護教
	国	前	静岡大-理-数学、物理、化学
	国	前	静岡大-農-応用生命科
	国	前	静岡大-グローバル共創科
	国	前	浜松医大-医-看護
	国	前	名古屋工大-工-創造／材料・エネ
	国	前	三重大-工-総合工／建築、情報工
	国	前	京都工芸繊維大-工芸科-物質／応用化
	国	前	大阪教育大-教育-学校／小中／数学、理科
	国	前	奈良女子大-理-化学／生物、環境
	国	前	岡山大-教育-学校／中学校（理系）
	国	前	岡山大-教育-養護教諭
	国	前	岡山大-理-地球科以外
	国	前	岡山大-医-保健／看護学
	国	前	岡山大-工-工／化学・生命以外
	国	前	岡山大-農-総合農業科
	国	前	広島大-理-生物科、化学、数学
	国	前	広島大-医-保健／看護学
	国	前	広島大-工-応用化学・生物系、工学特別

偏差値	区分	日程	大学-学部-学科
59	国	前	広島大-生物生産
	国	前	山口大-医-保健／検査技
	国	前	徳島大-医-医科栄養
	国	前	徳島大-医-保健／検査技
	国	前	長崎大-薬-薬科
	国	前	熊本大-医-保健／放射線
	公	前	埼玉県立大-保健医療-理学療法
	公	前	東京都立大-都市環境-観光科
	公	前	愛知県立大-情報科
	公	前	名古屋市立大-芸術工-情報環境デザ、産業イノ
	公	前	名古屋市立大-看護
	公	前	京都府立大-農学食科-栄養
	公	前	京都府立大-生命理工情報
	公	前	大阪公立大-工-海洋シス工
	公	前	大阪公立大-医-リハ／作業療
	公	前	大阪公立大-看護
	公	中	兵庫県立大-理-生命科、物質科
	公	中	下関市立大-データサイ
58	国	前	北海道大-医-保健／看護(学部別)
	国	前	弘前大-医-保健／放射線、検査技
	国	前	茨城大-教育-養護教諭
	国	前	茨城大-理-理／数学・情
	国	前	群馬大-医-保健／検査技
	国	前	埼玉大-教育-学校／小学校／理科、ものづくり
	国	前	埼玉大-教育-養護教諭
	国	前	埼玉大-理-分子生物
	国	前	埼玉大-工-電気電子物理
	国	前	千葉大-園芸-緑地環境
	国	前	東京学芸大-教育-初等／理科
	国	前	新潟大-工(個別重視)
	国	前	金沢大-理工-3一括
	国	前	金沢大-医薬保健-保健／看護、作業
	国	前	金沢大-融合-先導(理系)、スマ創成科(理系)
	国	前	信州大-理-理／物理、地球
	国	前	信州大-理-数学
	国	前	信州大-医-保健／理学療、作業療
	国	前	信州大-工-電子シス工
	国	前	信州大-農-農学生命科／生命機能科学
	国	前	信州大-繊維
	国	前	岐阜大-医-看護
	国	前	岐阜大-工-機械工／機械、知能機械
	国	前	岐阜大-工-化学・生命工／生命化学
	国	前	岐阜大-工-電気電子・情報工／電気電子
	国	前	静岡大-情報-行動情報(A)
	国	前	静岡大-理-生物科、地球科
	国	前	静岡大-工-機械工、電気電子工
	国	前	静岡大-農-生物資源科
	国	前	愛知教育大-教育-学校／義務／教科指導／算数・数学
	国	前	愛知教育大-教育-学校／高等／教科学習／数学
	国	前	三重大-医-看護
	国	前	三重大-生物資源-海洋生物資源
	国	前	滋賀医大-医-看護
	国	前	大阪教育大-教育-養護教諭
	国	前	大阪教育大-教育-協働／理数
	国	前	奈良女子大-理-化学／化学
	国	前	奈良女子大-工
	国	前	岡山大-理-地球科
	国	前	岡山大-工-工／化学・生命
	国	前	広島大-理-地球惑星シス
	国	前	広島大-工-機械・輸送系
	国	前	山口大-理-地球圏システ
	国	前	徳島大-医-保健／放射線
	国	前	愛媛大-教育-学校／初等中等／科学
	国	前	九州工大-工-工学1類、工学2類、工学3類
	国	前	九州工大-情報工-情工1類、情工2類
	国	前	長崎大-医-保健／理学療
	国	前	熊本大-教育-学校／初・中／数学
	国	前	熊本大-理
	国	前	熊本大-医-保健／検査技
	公	前	札幌医大-保健医療-看護、理学療法

偏差値	区分	日程	大学 - 学部 - 学科
58	公	前	**埼玉県立大**-保健医療-看護
	公	前	**東京都立大**-健康福祉-作業療法
	公	前	**福井県立大**-海洋生物資源-海洋生物資源
	公	前	**静岡県立大**-食品栄養-栄養生命科
	公	前	**愛知県立大**-看護
	公	前	**滋賀県立大**-人間文化-生活栄養
	公	前	**兵庫県立大**-環境人間(理系)
	公	前	**兵庫県立大**-環境人間-環境人間／食環境
	公	前	**兵庫県立大**-看護
	公	前	**奈良県立医大**-医-看護
57	国	前	**東京医科歯科大**-歯-口腔
	国	前	**旭川医大**-医-看護
	国	前	**北教大札幌校**-教育-教員／理数教
	国	前	**岩手大**-教育-学校／理数教／数学
	国	前	**岩手大**-農-応用生物化学
	国	前	**山形大**-工-建築・デザ(昼間)
	国	前	**茨城大**-教育-学校／教科／数学
	国	前	**茨城大**-理-理／生物科学、物理学、化学
	国	前	**茨城大**-工-情報工
	国	前	**宇都宮大**-農-農業経済、生物資源科、応用生命化学
	国	前	**宇都宮大**-地域デザ-建築都市デザ
	国	前	**群馬大**-医-保健／理学療
	国	前	**群馬大**-共同教育-学校／数学
	国	前	**東京海洋大**-海洋工-海洋電子機械、海事シス工
	国	前	**東京学芸大**-教育-初等／ものづくり技
	国	前	**東京学芸大**-教育-中等／技術
	国	前	**東京学芸大**-教育-教育支援／情報教
	国	前	**新潟大**-医-保健／検査技
	国	前	**新潟大**-歯-口腔生命福祉
	国	前	**新潟大**-農
	国	前	**富山大**-都市デザ-都市交通デザ
	国	前	**山梨大**-工-工／コンピュータ
	国	前	**信州大**-教育-学校／数学教、理科教
	国	前	**信州大**-医-保健／看護学
	国	前	**信州大**-工-機械シス工、水環境・土木工
	国	前	**信州大**-農-農学生命科／植物資源科学、森林・環境共生
	国	前	**岐阜大**-教育-学校／数学
	国	前	**岐阜大**-工-社会基盤工
	国	前	**岐阜大**-工-化学・生命工／物質化学
	国	前	**岐阜大**-工-電気電子・情報工／応用物理
	国	前	**静岡大**-教育-学校／教科／数学
	国	前	**静岡大**-情報-行動情報(B)
	国	前	**静岡大**-理-創造理学
	国	前	**静岡大**-工-化学バイオ工、数理システム工
	国	前	**愛知教育大**-教育-学校／高等／教科学習／理科
	国	前	**愛知教育大**-教育-学校／養護教育
	国	前	**三重大**-教育-学校／理科／中等
	国	前	**三重大**-教育-学校／数学／中等
	国	前	**三重大**-工-総合工／総合工、機械工、電気電子工
	国	前	**三重大**-生物資源-生物資源、生命化
	国	前	**奈良教育大**-教育-学校／教科／数学／中等
	国	前	**奈良教育大**-教育-学校／教科／理科／中等
	国	前	**奈良女子大**-理-数物科
	国	前	**鳥取大**-医-生命科
	国	前	**広島大**-歯-口腔健康／保健
	国	前	**山口大**-教育-学校／教科／数学
	国	前	**山口大**-医-保健／看護学
	国	前	**香川大**-医-看護
	国	前	**愛媛大**-社会共-環境デザ
	国	前	**愛媛大**-社会共-地域／農山、文化
	国	前	**高知大**-農林海洋-海洋／海洋生物
	国	前	**九州工大**-工-工学４類、工学５類
	国	前	**九州工大**-情報工-情工３類
	国	前	**福岡教育大**-教育-中等／数学
	国	前	**熊本大**-医-保健／看護学
	国	前	**熊本大**-工-土木建築、情報電気工
	国	前	**熊本大**-情報融合(理系型)
	国	前	**鹿児島大**-医-保健／理学療
	公	前	**会津大**-コン理工-コン理工(A)

偏差値	区分	日程	大学-学部-学科
57	公	前	福島県立医大-保健科-診療放射線、臨床検査
	公	前	埼玉県立大-保健医療-作業療法
	公	前	静岡県立大-食品栄養-食品生命科
	公	前	滋賀県立大-人間看護
	公	前	兵庫県立大-工-電気電子情報工
	公	前	和歌山県立医大-保健看護
	公	前	県立広島大-保健福祉-保健福祉／理学
	公	前	福岡女子大-国際文理-食・健康
56	国	前	北教大札幌校-教育-教員／養護教
	国	前	弘前大-医-保健／理学療
	国	前	弘前大-農学生命科-生物
	国	前	岩手大-教育-学校／理数教／理科
	国	前	岩手大-農-植物生命科
	国	前	岩手大-理工-シス創成工／知能・メディア
	国	前	秋田大-医-保健／理学療
	国	前	山形大-医-看護
	国	前	茨城大-教育-学校／教科／理科
	国	前	茨城大-理-理／地球環境、学際理学
	国	前	茨城大-工-都市シス工
	国	前	宇都宮大-農-農業環境工、森林科
	国	前	宇都宮大-地域デザ-社会基盤デザ
	国	前	群馬大-医-保健／看護学
	国	前	群馬大-共同教育-学校／理科
	国	前	新潟大-教育-学校／教科／数学
	国	前	新潟大-理
	国	前	富山大-理
	国	前	富山大-工(b①、b②)
	国	前	富山大-医-看護
	国	前	福井大-工-建築・都市環工
	国	前	福井大-医-看護
	国	前	福井大-教育-学校／初等／理系
	国	前	福井大-教育-学校／中等／理系
	国	前	山梨大-教育-学校／科学教
	国	前	山梨大-工-工／機械工、電気電子工
	国	前	山梨大-医-看護
	国	前	山梨大-生命環境-地域食物
	国	前	山梨大-生命環境-地域食物／ワイン
	国	前	信州大-理-理／物質循環
	国	前	信州大-工-物質化
	国	前	岐阜大-教育-学校／理科
	国	前	静岡大-教育-学校／教科／理科
	国	前	静岡大-工-電子物質科
	国	前	三重大-教育-学校／数学／初等
	国	前	三重大-工-総合工／応用化
	国	前	三重大-生物資源-農林環境
	国	前	滋賀大-教育-学校教育(理系型)
	国	前	大阪教育大-教育-学校／教科／技術
	国	前	奈良教育大-教育-学校／教科／数学／初等
	国	前	奈良教育大-教育-学校／教科／理科／初等
	国	前	和歌山大-教育-学校／理科系
	国	前	和歌山大-シス工
	国	前	鳥取大-医-保健／看護学、検査技
	国	前	島根大-総合理工-知能情報デザ、建築デザイン
	国	前	島根大-医-看護
	国	前	広島大-教育-科学／技術情
	国	前	徳島大-医-保健／看護学
	国	前	香川大-創造工-創造工(B)
	国	前	愛媛大-理-理(数学、物理、化学、生物)
	国	前	愛媛大-工-工／社会デザ(文理型)
	国	前	愛媛大-医-看護
	国	前	愛媛大-農-生命機能
	国	前	高知大-医-看護
	国	前	佐賀大-医-看護
	国	前	長崎大-医-保健／看護学、作業療
	国	前	長崎大-環境科-環境科(理系)
	国	前	長崎大-水産
	国	前	熊本大-教育-学校／初・中／理科
	国	前	熊本大-教育-学校／養護教
	国	前	熊本大-工-機械数理工、材料・応用化、半導体デバイス

偏差値	区分	日程	大学-学部-学科
56	国	前	鹿児島大-医-保健／作業療
	国	前	琉球大-医-保健
	公	前	札幌医大-保健医療-作業療法
	公	前	埼玉県立大-保健医療-健康／口腔保
	公	前	福井県立大-生物資源-生物資源(B)
	公	前	福井県立大-海洋生物資源-先端増養殖科
	公	前	静岡県立大-食品栄養-環境生命科
	公	前	静岡県立大-看護
	公	前	滋賀県立大-環境科-環境政策・計、環境建築デザ
	公	前	兵庫県立大-工-機械・材料工、応用化学工
	公	前	岡山県立大-保健福祉-看護
	公	前	県立広島大-地域創生-地域創生／健康科
	公	前	県立広島大-保健福祉-保健福祉／看護、作業
	公	前	福岡女子大-国際文理-環境科
	公	前	長崎県立大-情報システム-情報システム
55	国	前	弘前大-教育-学校／初等中等／中学／数学
	国	前	弘前大-教育-養護教諭
	国	前	弘前大-医-保健／作業療
	国	前	弘前大-農学生命科-分子生命科
	国	前	岩手大-農-森林科
	国	前	岩手大-農-食生環／水産シス
	国	前	岩手大-理工-化学・生命／生命
	国	前	秋田大-教育文化-学校／理数
	国	前	秋田大-医-保健／作業療
	国	前	秋田大-理工-生命科(a)
	国	前	山形大-理
	国	前	山形大-工-情報・エレ／情報(昼間)
	国	前	茨城大-教育-学校／教科／技術
	国	前	茨城大-農-食生命科
	国	前	茨城大-工-機械シス工、電気電子シス工、物質科学工
	国	前	宇都宮大-工-基盤工
	国	前	群馬大-医-保健／作業療
	国	前	群馬大-理工-電子・機械類
	国	前	千葉大-教育-学校／中学／技術
	国	前	新潟大-教育-学校／教科／理科、技術科
	国	前	新潟大-医-保健／看護学
	国	前	新潟大-工(共テ重視)
	国	前	富山大-都市デザ-地球システム
	国	前	福井大-工-機械・シス工、電気電子情工
	国	前	山梨大-工-工／クリーン、応用化、土木環境工、メカトロ
	国	前	山梨大-工-工(総合工)
	国	前	山梨大-生命環境-生命工、環境科
	国	前	岐阜大-教育-学校／技術
	国	前	静岡大-教育-学校／教科／技術
	国	前	愛知教育大-教育-学校／義務／教科指導／理科
	国	前	三重大-教育-学校／理科／初等
	国	前	鳥取大-医-保健／看護学(鳥取県枠)
	国	前	鳥取大-農-生命環境農
	国	前	島根大-総合理工-数理科(B)
	国	前	広島大-医-保健／作業療
	国	前	広島大-歯-口腔健康／工学
	国	前	山口大-教育-学校／教科／理科
	国	前	山口大-理-数理科、生物、化学
	国	前	山口大-工-感性デザイン
	国	前	山口大-農-生物資源環境、生物機能科
	国	前	徳島大-歯-口腔保健
	国	前	徳島大-理工-理工／知能情報
	国	前	愛媛大-農-食料生産、生物環境
	国	前	愛媛大-社会共-産業イノ
	国	前	高知大-農林海洋-海洋／海洋生命
	国	前	高知大-農林海洋-農林／フィールド、農芸化
	国	前	福岡教育大-教育-初等／理数教育
	国	前	福岡教育大-教育-中等／理科
	国	前	長崎大-教育-学校／中学／理系
	国	前	長崎大-情報データ科-情報データ
	国	前	大分大-医-看護
	国	前	大分大-医-先進医療／生命健康、臨床医工
	国	前	大分大-福祉健康-福祉／理学療法
	国	前	宮崎大-農-海洋生物環境、応用生物科

偏差値	区分	日程	大学 - 学部 - 学科
55	国	前	宮崎大-医-看護
	国	前	宮崎大-教育-学校／小中／中学(理系＋面接)
	国	前	鹿児島大-教育-学校／中等教育／数学、理科
	国	前	鹿児島大-理-理／物理・宇宙
	国	前	鹿児島大-医-保健／看護学
	国	前	鹿児島大-工-建築／建築
	国	前	鹿児島大-農-国際／農学系
	国	前	琉球大-教育-学校／中学校／教科／理科
	国	前	琉球大-理-海洋／生物系
	公	前	宮城大-看護
	公	前	会津大-コン理工-コン理工(B)
	公	前	福島県立医大-保健科-理学療法
	公	前	福井県立大-看護福祉-看護
	公	前	滋賀県立大-環境科-環境生態、生物資源管理
	公	前	滋賀県立大-工-機械シス工、電子シス工
	公	前	岡山県立大-保健福祉-栄養
54	国	前	帯広畜産大-畜産-畜産科学
	国	前	北教大旭川校-教育-教員／数学、理科
	国	前	弘前大-教育-学校／初等中等／中学／理科
	国	前	弘前大-医-保健／看護学
	国	前	弘前大-理工-電子情報工、数物科
	国	前	弘前大-農学生命科-食料資源
	国	前	岩手大-農-食生環／農村地域デザ、食産業シス
	国	前	岩手大-理工-化学・生命／化学
	国	前	岩手大-理工-物理・材料／数理・物理
	国	前	岩手大-理工-シス創成工／機械、社会・環境
	国	前	秋田大-医-保健／看護学
	国	前	秋田大-理工-システム工(a)、数理電気(a)
	国	前	山形大-工-化学・バイオ／バイオ(昼間)
	国	前	福島大-理工-共生システム
	国	前	茨城大-農-地域／農業、地域
	国	前	宇都宮大-共同教育-学校／自然科／数学、理科
	国	前	群馬大-理工-物質・環境類

偏差値	区分	日程	大学 - 学部 - 学科
	国	前	富山大-工(a①、a②)
	国	前	富山大-都市デザ-材料デザイン(a)
	国	前	福井大-工-物質・生命化、応用物理
	国	前	愛知教育大-教育-学校／義務／ICT
	国	前	三重大-教育-学校／技術／中等
	国	前	奈良教育大-教育-学校／教科／技術／中等
	国	前	島根大-総合理工-機械・電気電子工、数理科(A)
	国	前	島根大-生物資源
	国	前	島根大-材料エネ
	国	前	山口大-教育-学校／教科／情報、技術
	国	前	山口大-理-物理・情報科(パターン③、パターン④)
	国	前	山口大-工-機械工、電気電子工、知能情報工
	国	前	徳島大-理工-理工／応用化学、数理科学
	国	前	香川大-農-応用生物科
	国	前	愛媛大-工-工(理型)
	国	前	高知大-農林海洋-海洋／海底資源
	国	前	高知大-理工-情報科、生物科
	国	前	佐賀大-農-生物資源科
	国	前	長崎大-工(a)
	国	前	大分大-理工-理工／建築学
	国	前	宮崎大-農-植物生産環境科、森林緑地環境科、畜産草地科
	国	前	宮崎大-地域資源
	国	前	鹿児島大-教育-学校／初等教育(理系)
	国	前	鹿児島大-理-理／数理情、化学、生物、地球科
	国	前	鹿児島大-工-先進工／機械、電気電子、情報・生体、化学生命
	国	前	鹿児島大-工-先進工(括り)
	国	前	鹿児島大-農-農
	国	前	鹿児島大-水産-水産
	国	前	鹿児島大-水産-国際／水産学系
	国	前	鹿児島大-共同獣医-畜産
	公	前	岩手県立大-ソフトウェア
	公	前	福島県立医大-保健科-作業療法
	公	前	福井県立大-生物資源-生物資源(A)

偏差値	区分	日程	大学 - 学部 - 学科
54	公	前	**滋賀県立大**-工-材料化学
	公	前	**岡山県立大**-情報工-情報通信工、人間情報工
	公	前	**岡山県立大**-デザイン-建築
	公	前	**広島市立大**-情報科
	公	前	**北九州市立大**-国際環境-建築デザイン
	公	前	**長崎県立大**-看護栄養-看護
	公	前	**長崎県立大**-情報システム-情報セキュリ
53	国	前	**弘前大**-教育-学校／初等中等／中学／技術
	国	前	**弘前大**-理工-物質創成化、地球環境防災、機械科、自然エネルギー
	国	前	**弘前大**-農学生命科-地域環境工、国際園芸農
	国	前	**岩手大**-理工-物理・材料／マテリアル
	国	前	**岩手大**-理工-シス創成工／電気電子
	国	前	**秋田大**-理工-生命科(b)、物質科(a)、数理電気(b)
	国	前	**秋田大**-国際資源-国際資源／地球科学
	国	前	**山形大**-工-機械シス工(昼間)、高分子・有機(昼間)
	国	前	**山形大**-工-化学・バイオ／応用化学(昼間)
	国	前	**山形大**-工-情報・エレ／電気(昼間)
	国	前	**山形大**-農-食料生命
	国	前	**福島大**-人文社会-人間／数理
	国	前	**福島大**-農-食農
	国	前	**群馬大**-共同教育-学校／技術
	国	前	**埼玉大**-教育-学校／中学校／技術
	国	前	**信州大**-教育-学校／もの・技術
	国	前	**愛知教育大**-教育-学校／義務／教科指導／もの・技術
	国	前	**三重大**-教育-学校／技術／初等
	国	前	**鳥取大**-工-電気情報
	国	前	**島根大**-総合理工-物理工、物質化学
	国	前	**山口大**-理-物理・情報科(パターン①、パターン②)
	国	前	**山口大**-工-応用化学、社会建設工
	国	前	**徳島大**-理工-理工／社会基盤、機械科学、自然科学
	国	前	**徳島大**-生物資源-生物資源
	国	前	**香川大**-創造工-創造工(A)
	国	前	**愛媛大**-理-理(地学)
	国	前	**高知大**-教育-学校／科学技術
	国	前	**高知大**-理工-数学物理、化学生命理工、地球環境防災
	国	前	**佐賀大**-理工
	国	前	**長崎大**-工(b)
	国	前	**大分大**-理工-理工／知能情報、物理学、機械工学、知能機械
	国	前	**宮崎大**-教育-学校／小中／小学(理系＋面接)
	国	前	**鹿児島大**-教育-学校／中等教育／技術、家政
	国	前	**鹿児島大**-教育-学校／特別支援(理系)
	国	前	**鹿児島大**-工-先進工／化学、海洋土木
	国	前	**琉球大**-教育-学校／中学校／教科／数学
	国	前	**琉球大**-理-数理科
	国	前	**琉球大**-理-海洋／化学系
	国	前	**琉球大**-農-亜熱帯農林環境科
	公	前	**岩手県立大**-看護
	公	前	**宮城大**-食産業
	公	前	**福島県立医大**-看護
	公	前	**福井県立大**-生物資源-創造農
	公	前	**岡山県立大**-情報工-情報シス工
	公	前	**岡山県立大**-デザイン-工芸工業デザ
	公	前	**県立広島大**-生物資源-生命環境／生命科
	公	前	**北九州市立大**-国際環境-機械システム、情報システム、環境生命工学
	公	前	**長崎県立大**-看護栄養-栄養健康
	公	前	**熊本県立大**-環境共生-環境共／環境資、居住
52	国	前	**北教大函館校**-教育-国際／地域協働／地域環境
	国	前	**秋田大**-理工-物質科(b)、システム工(b)
	国	前	**秋田大**-国際資源-国際資源／開発環境
	国	前	**山形大**-工-シス創成工(フレ)
	国	前	**宇都宮大**-共同教育-学校／自然科／技術
	国	前	**富山大**-都市デザ-材料デザイン(b)
	国	前	**鳥取大**-工-機械物理、化学バイオ、社会シス
	国	前	**島根大**-総合理工-地球科
	国	前	**山口大**-工-循環環境工

偏差値	区分	日程	大学 - 学部 - 学科
52	国	前	徳島大-理工-理工／電気電子、光システム、医光医工融合
	国	前	福岡教育大-教育-中等／技術
	国	前	大分大-理工-理工／数理科学、電気電子、生命物質、地域環境
	国	前	宮崎大-工
	国	前	琉球大-教育-学校／中学校／教科／技術
	国	前	琉球大-理-物質
	国	前	琉球大-工
	国	前	琉球大-農-亜熱帯生物資源科
	公	前	県立広島大-生物資源-地域資源
	公	前	北九州市立大-国際環境-環境化学(B)
	公	前	熊本県立大-環境共生-環境共／食健康
51	国	前	徳島大-理工夜-理工／社会基盤、応用化学、知能情報
	国	前	琉球大-農-亜熱帯地域農
	公	前	県立広島大-生物資源-生命環境／環境科
50	国	前	徳島大-理工夜-理工／機械科学、電気電子
	国	前	琉球大-農-地域農業工

私立大学・その他

文系

偏差値	区分	方式	大学 - 学部 - 学科
72	私	共	早稲田大-文化構想（併用）
	私	共	早稲田大-文（併用）
71	私		国際基督教大-教養
70	私		早稲田大-法
	私		早稲田大-教育-教育／教育学（A）、教育心（A）
	私		早稲田大-教育-国語国文（A）
	私		早稲田大-商（地歴・公民）
	私		早稲田大-社会科
	私		早稲田大-文
	私		早稲田大-文化構想
	私		慶応大-法
	私		慶応大-総合政策
69	私	共	早稲田大-政治経済（併用）
	私		早稲田大-教育-教育／初等教（A）
	私		早稲田大-教育-社会／地理歴（A）
	私		早稲田大-教育-複合文化（B）
	私		早稲田大-商（数学）
	私		早稲田大-人間科-健康福祉科（文）
	私	共	早稲田大-国際教養（併用）
	私		慶応大-経済
	私		慶応大-法-政治
	私		慶応大-商（B）
	私	共	上智大-法-法律（4）、地球環境（4）
	私	共	上智大-経済-経済（4）
	私		明治大-商（全学部）
	私		明治大-文-文学／文芸メディア（学部別）
	私		明治大-文-史学地理／日本史（学部別）
	私		明治大-文-心理社会／現代社会（学部別）
68	私		早稲田大-教育-英語英文（A）、複合文化（A）
	私		早稲田大-教育-社会／公共市（A）
	私		早稲田大-人間科-人間環境科（文）
	私		慶応大-文
	私		慶応大-商（A）
	私	共	上智大-法-法律（併用）、国際関係（4）
	私	共	上智大-経済-経営（併用英語、4）
	私	共	上智大-総合人間-社会（併用）
	私		明治大-国際日本（全学部3）
	私		青山学院大-文
	私		青山学院大-国際政経
	私		青山学院大-総合文化
	私		法政大-国際文化（T）
	私		中央大-法-法律（学部共通3）
	私		関西学院大-国際
	私		同志社大-文化情報（学部別・文系）
	私		同志社大-グローバ-グロ／英語（学部別）
	私		獨協大-外国語-交流文化
67	私		早稲田大-人間科-人間情報科（文）
	私	共	早稲田大-スポーツ（一般）
	私	共	上智大-文-哲学（併用）、史学（併用）、国文（併用）、英文（併用）
	私	共	上智大-法-国際関係（併用）
	私	共	上智大-経済-経営（併用数学）
	私	共	上智大-外国語-英語（併用）
	私	共	上智大-総合人間-教育（併用）
	私		明治大-法（全学部）
	私		明治大-商（学部別）
	私		明治大-情報コミ（全学部）
	私		明治大-国際日本（3科目）
	私		明治大-政治経済-政治、経済、地域行政（全学部）
	私		明治大-文-文学／日本文学（全学部）、英米文学（全学部）、ドイツ文学、フランス文学、演劇学、文芸メディア（全学部）
	私		明治大-文-史学地理／日本史（全学部）、アジア史、西洋史、考古学、地理学
	私		明治大-文-心理社会／臨床心理（全学部）、現代社会（全学部）、哲学
	私		青山学院大-経済-経済、現代経済デザ（個別B、全学）

偏差値	区分	方式	大学 - 学部 - 学科
67	私		青山学院大-経営
	私		青山学院大-地球社会共生
	私		青山学院大-コミュニ
	私		立教大-文-キリスト教、史学、教育(2/11以外)
	私		立教大-文-文／英米文学(2/11以外)、ドイツ文、フランス、日本文学、文芸・思
	私		立教大-経済
	私		立教大-社会
	私		立教大-法
	私		立教大-観光
	私		立教大-コミュニ
	私		立教大-経営
	私		立教大-現代心理
	私		立教大-異文化コ
	私		法政大-法-法律(T)
	私		法政大-国際文化(A)
	私		中央大-法-法律(学部共通4、学部別4)、国際企業関係、政治(学部共通3、学部共通4、学部別4)
	私		中央大-経済-経済(学部共通)
	私		中央大-商-フリーメジャー(学部共通)
	私		中央大-国際経営(学部共通3、学部共通4)
	私		関西大-外国語(全学2)
	私		同志社大-社会-社会(学部別)
	私		同志社大-心理(全学部・文系、学部別)
	私		同志社大-グローバ-グロ／英語(全学部・文系)、中国語(全学部・文系、学部別)
	私		同志社大-グローバ地域-グロ地域／ヨーロッパ(学部別)
	私		立命館大-文-人文／言語コミュ
66	私		早稲田大-教育-教育／生涯教(A)
	私	共	上智大-文-フランス文(併用)、新聞(併用)
	私	共	上智大-法-地球環境(併用)
	私	共	上智大-経済-経済(併用)
	私	共	上智大-外国語-ドイツ語(併用)、フランス語(併用)、イスパニア語(併用)
	私	共	上智大-総合人間-心理(併用)
	私	共	上智大-総合グロ(併用)
	私		明治大-法(学部別)
	私		明治大-経営
	私		明治大-政治経済-地域行政(学部別)
	私		明治大-文-文学／英米文学(学部別)
	私		明治大-文-心理社会／臨床心理(学部別)
	私		青山学院大-経済-現代経済デザ(個別A)
	私		青山学院大-法-ヒューマン(全学)
	私		青山学院大-社会情報
	私		青山学院大-教育人間-教育(全学)
	私		立教大-文-教育(2/11)
	私		立教大-文-文／英米文学(2/11)
	私		法政大-法-法律(AⅡ)、政治、国際政治(T)
	私		法政大-文-哲学、日本文(T)、英文(T)、史学(T)、地理、心理
	私		法政大-経済-経済(T)
	私		法政大-社会-メデ社会(T)
	私		法政大-経営-経営(T)
	私		法政大-グローバ
	私		中央大-法-法律(学部別3)
	私		中央大-経済-経済(Ⅰ学部別)、経済情報シス、国際経済(学部共通)、公共・環境
	私		中央大-商-経営／フレ(学部別)、フレP(学部別)
	私		中央大-商-会計／フレ(学部別)、フレP(学部別)
	私		中央大-商-国際マ／フレP(学部別)
	私		中央大-商-金融／フレP(学部別)
	私		中央大-総合政策-政策科、国際政策文化(学部共通)
	私		中央大-国際経営(学部別)
	私		中央大-国際情報(学部別)
	私		同志社大-商-商／商学総合(全学部・文系)、フレ複合
	私		同志社大-文化情報(全学部・文系)
	私		立命館大-文-人文／日本文学、日本史、東アジア
	他		防衛大-人文・社会
65	私	共	早稲田大-スポーツ(小論文)
	私	共	上智大-文-ドイツ文(併用)
	私	共	上智大-外国語-ロシア語(併用)、ポルトガル語(併用)
	私	共	上智大-総合人間-社会福祉(併用)

偏差値	区分	方式	大学 - 学部 - 学科
65	私		東京理大-経営-ビジネス(B)、国際デザ(B)
	私		明治大-情報コミ(学部別)
	私		明治大-文-文学／日本文学(学部別)
	私		青山学院大-法-法(全学)
	私		青山学院大-教育人間-心理(全学)
	私		立教大-スポーツウエ
	私		法政大-法-国際政治(AⅠ)
	私		法政大-文-日本文(AⅠ)、英文(AⅡ)、史学(AⅠ)
	私		法政大-経営-経営(AⅠ)、経営戦略(T)、市場経営(T)
	私		法政大-人間環境(T)
	私		法政大-キャリア(T)
	私		中央大-商-国際マ／フレ(学部別)
	私		中央大-商-金融／フレ(学部別)
	私		中央大-文
	私		中央大-総合政策-国際政策文化(学部別)
	私		学習院大-法(コア)
	私		学習院大-文-哲学、英語英米文化、ドイツ文化、心理、教育
	私		同志社大-神
	私		同志社大-文-哲学、美学芸術、文化史、国文
	私		同志社大-法(全学部・文系)
	私		同志社大-商-商／商学総合(学部別)
	私		同志社大-社会-社会(全学部・文系)、社会福祉、メディア(全学部・文系)、産業関係(全学部・文系)、教育文化
	私		同志社大-グローバ地域-グロ地域／ヨーロッパ(全学部・文系)、アジア・太平洋、アメリカ
	私		立命館大-経営
	私		立命館大-総合心理(文系、学部別文系)
	私		獨協大-外国語-英語
	私		國學院大-文-史(A3教科)
	私		明治学院大-法
	私		明治学院大-心理
	私		中京大-文
	私		中京大-心理
	私		中京大-法
	私		中京大-経営
	私		中京大-スポーツ科
	私		立命館アジア大-太平洋
	私	共	立命館アジア大-サステイナ観光
64	私		東京理大-経営-経営(B)
	私		法政大-社会-社会政策(T)、社会、メデ社会(AⅠ)
	私		法政大-経営-経営戦略(AⅡ)
	私		法政大-現代福祉
	私		法政大-キャリア(A)
	私		中央大-法-政治(学部別3)
	私		学習院大-経済
	私		学習院大-国際社会科(プラス)
	私		関西大-文(全学3、全学3同一配点)
	私		関西大-商
	私		関西大-社会
	私		関西大-総合情報(全学3)
	私		関西大-外国語(全学3)
	私		関西大-政策創造-国際アジア
	私		関西大-社会安全
	私		同志社大-文-英文(全学部・文系)
	私		同志社大-法(学部別)
	私		同志社大-経済
	私		同志社大-政策(学部別)
	私		同志社大-社会-メディア(学部別)
	私		同志社大-スポ健(学部別・文系)
	私		立命館大-法
	私		立命館大-国際関係
	私		立命館大-政策科
	私		立命館大-文-人文／人間研究、国際文化、国際コミュ
	私		成蹊大-経済-経済数理、現代経済(E)
	私		成蹊大-法(E)
	私		成蹊大-経営(E)
	私		津田塾大-学芸-国際関係
	私		東京都市大-都市生活(前期)
	私		東京都市大-人間科(前期)

私立大学・その他　文系

偏差値	区分	方式	大学-学部-学科
64	私		武蔵大-経済
	私		武蔵大-社会-社会(全学部)、メディア社会(個別、全学部)
	私		武蔵大-国際教養-国際教養/グロ
	私		中京大-経済
	私		中京大-総合政策
	私		中京大-国際
63	私		法政大-経済-国際経済(T)、現代ビジネス(T)
	私		法政大-経営-市場経営(AⅡ)
	私		法政大-人間環境(A)
	私		法政大-スポーツ(T)
	私		中央大-経済-国際経済(学部別)
	私		学習院大-法(プラス)
	私		学習院大-文-史学、日本語日本文
	私		学習院大-国際社会科(コア)
	私		関西大-文-総合人文/初等(全学3)
	私		関西大-政策創造-政策(全学3)
	私		関西大-経済(全学3)
	私		関西学院大-法-法律(学部個別3)
	私		同志社大-文-英文(学部別)
	私		同志社大-政策(全学部・文系)
	私		同志社大-社会-産業関係(学部別)
	私		同志社大-スポ健(全学部・文系)
	私		立命館大-産業社会-現社/子ども
	私		立命館大-文-人文/地域研究
	私		立命館大-映像(文系、学部別文系)
	私		立命館大-食マネ(文系、学部別文系)
	私		関西大-総合情報(独自・全学2英数)
	私		獨協大-国際教養
	私		國學院大-文-外国語文化、中国文、哲、日本文、史(A得意)
	私		駒澤大-経済-経済(全学部)
	私		昭和女子大-国際-国際
	私		成蹊大-経済-現代経済(A)
	私		成蹊大-文
	私		成蹊大-経営(A)
	私		東京都市大-メディア情報-社会メディア(前期)
	私		東洋大-社会
	私		東洋大-国際
	私		武蔵大-人文
	私		武蔵大-社会-社会(個別)
	私		武蔵大-国際教養-国際教養/経済
	私		明治学院大-経済-経営(A3)、国際経営(A3)
	私		明治学院大-社会
	私		明治学院大-国際-国際(全学部3)、国際キャリア
	私		南山大-外国語-英米(一般)
	私		京都女子大-発達教育
	私		京都女子大-心理共生
	私		立命館アジア大-国際経営
62	私	共	早稲田大-スポーツ(競技歴)
	私		法政大-経済-経済(AⅡ)、国際経済(AⅠ)、現代ビジネス(AⅠ)
	私		法政大-社会-社会政策(AⅠ)
	私		法政大-スポーツ(A)
	私		関西大-政策創造-政策(全学3同一配点)
	私		関西大-法
	私		関西大-経済(全学3同一配点)
	私		関西学院大-文
	私		関西学院大-社会(全学3)
	私		関西学院大-法-法律(全学3)、政治
	私		関西学院大-商(全学3、学部個別3)
	私		立命館大-経済
	私		立命館大-スポーツ(文系、学部別文系)
	私		國學院大-神道文化
	私		國學院大-法
	私		國學院大-観光まち
	私		駒澤大-文
	私		昭和女子大-人間社会-心理
	私		成城大-経済-経済、経営(S)
	私		成城大-社会イノ-心理社会、政策イノベー(2/4A2、S)
	私		専修大-商

偏差値	区分	方式	大学-学部-学科
62	私		専修大-文
	私		専修大-人間科-心理、社会(全国、前期全学)
	私		専修大-国際コミュ-日本語、異文化(全国、前期C、前期全学)
	私		津田塾大-総合政策
	私		東京女子大-現代教養-人文/日本文
	私		東洋大-文
	私		東洋大-経済-経済(前期3/英国地公/1回目)
	私		日本大-文理-心理
	私		日本女子大-家政
	私		武蔵野大-人間科
	私		武蔵野大-経済
	私		武蔵野大-グローバル
	私	共	武蔵野大-ウェルビ(併用全学)
	私		明治学院大-文
	私		明治学院大-経済-経済(全学部3)、国際経営(全学部3)
	私		東海大-文-歴史/西洋史、考古学
	私		東海大-教養
	私		東海大-経営
	私		東海大-文化社会-アジア、ヨーロッパ・アメリカ、北欧、広報メディア、心理・社会
	私		東海大-健康
	私		東海大-国際
	私		東海大-人文
	私		東海大-児童教育
	私		東海大-文理融合-経営、地域社会
	私		愛知大-文-日本語日本文
	私		南山大-人文-キリスト教、人類文化、心理人間、日本文化(全学個別文)
	私		南山大-経済(全学個別文)
	私		南山大-経営(A)
	私		南山大-総合政策
	私		南山大-国際教養
	私		京都女子大-家政
61	私		関西大-人間健康
	私		関西学院大-神
	私		関西学院大-社会(学部個別3)
	私		関西学院大-経済(全学3、学部個別3)
	私		関西学院大-教育(全学3、学部個別3)
	私		立命館大-産業社会-現社/現社、メディア、スポーツ、人間福祉
	私		獨協大-外国語-ドイツ語
	私		文教大-情報-情報社会、メディア表現
	私		文教大-国際
	私		文教大-教育-学校/国語、社会、音楽、美術、体育、家庭、英語
	私		文教大-教育-発達
	私		文教大-人間科
	私		文教大-文
	私		文教大-経営
	私		亜細亜大-経営-経営、ホスピタリティ
	私		國學院大-経済
	私		駒澤大-仏教
	私		駒澤大-法B(全学部、T2月)
	私		駒澤大-グローバ
	私		昭和女子大-食健康科-食安全マネ
	私		昭和女子大-人間社会-現代教養
	私		成蹊大-法(A)
	私		成城大-経済-経営(2/6A)
	私		成城大-文芸
	私		成城大-法
	私		専修大-法-法律(全国、前期全学)、政治
	私		専修大-国際コミュ-異文化(前期A)
	私		玉川大-文
	私		玉川大-教育
	私		玉川大-芸術
	私		玉川大-リベラル
	私		津田塾大-学芸-英語英文、多文化国際
	私		東京女子大-現代教養-人文/歴史文化
	私		東洋大-国際観光
	私		東洋大-福祉社会デザ-社会福祉
	私		武蔵野大-文
	私		武蔵野大-法

偏差値	区分	方式	大学 - 学部 - 学科
61	私		武蔵野大-経営
	私		武蔵野大-アントレ
	私	共	武蔵野大-ウェルビ（A併用文系）
	私		明治学院大-経済-経済（A3）、経営（全学部3）
	私		明治学院大-国際-国際（A3）
	私		愛知大-経営-経営
	私		愛知大-文-歴史地理
	私		愛知大-国際コミ-英語
	私		中京大-現代社会
	私		南山大-人文-日本文化（一般）
	私		南山大-外国語-英米（全学個別文）、スペイン・ラ、フランス、ドイツ、アジア
	私		南山大-経済（A、B）
	私		南山大-経営（B、全学個別文）
	私		南山大-法
	私		近畿大-総合社会-総合社会／心理、環境・まち
	私		近畿大-文芸
60	私		関西学院大-総合政策（全学3、学部個別3）
	私		関西学院大-人間福祉
	私		獨協大-経済-経済、国際環境経済
	私		獨協大-法-法律、国際関係法
	私		國學院大-人間開発
	私		駒澤大-法
	私		駒澤大-経済-経済（T2月）、商（全学部）、現代応用経済
	私		駒澤大-経営（全学部）
	私		昭和女子大-環境デザ
	私		成城大-社会イノ-政策イノベー（2/4A3）
	私		専修大-経営
	私		専修大-人間科-社会（前期A）
	私		東京女子大-現代教養-人文／哲学
	私		東京女子大-現代教養-国際社／国際関係、経済、社会
	私		東京女子大-現代教養-心理／心理学
	私		東京都市大-環境
	私		東洋大-法-法律
	私		東洋大-経営-マーケティン
	私		東洋大-経済-経済（前期3／英国数／1回目）、国際経済、総合政策
	私		武蔵野大-データサイエンス（A文系）
	私		武蔵野大-教育-教育（全学統一、A文系）、幼児教育
	私		神奈川大-国際日本
	私		東海大-政治経済-経済
	私		愛知大-法
	私		愛知大-現代中国
	私		京都女子大-文
	私		京都女子大-現代社会
	私		京都女子大-法
	私		龍谷大-文
	私		近畿大-総合社会-総合社会／社会
	私		西南学院大-神
	私		西南学院大-商-経営
	私		西南学院大-経済
	私		西南学院大-法-国際関係法
	私		西南学院大-国際文化
	私		西南学院大-外国語
59	私		東北学院大-文-総合人文
	私		獨協大-経済-経営
	私		大妻女子大-文-日本文
	私		駒澤大-経済-商（T2月）
	私		昭和女子大-人間文化-日本語日本文（A）
	私		昭和女子大-人間社会-福祉社会（A）
	私		昭和女子大-グローバルビ
	私		昭和女子大-国際-英語コミュニ
	私		専修大-法-法律（前期A）
	私		東京経大-経済（前期3）
	私		東洋大-法-企業法
	私		東洋大-経営-経営、会計ファイナ
	私		東洋大-総合情報（前期3／文系／1回目）
	私		東洋大-情報連携（前期3／文系／1回目）
	私		日本大-法-法律
	私		日本大-文理-社会、教育
	私		日本大-経済-経済

偏差値	区分	方式	大学-学部-学科
59	私		日本女子大-文
	私		日本女子大-人間社会
	私		立正大-社会福祉-社会福祉
	私		立正大-法
	私		立正大-仏教
	私		立正大-文
	私		立正大-地球環境-地理
	私		立正大-経営
	私		立正大-経済
	私		立正大-心理
	私		東海大-文-歴史／日本史
	私		東海大-文化社会-文芸創作
	私		愛知大-経営-会計ファイナ
	私		愛知大-経済
	私		愛知大-国際コミ-国際教養
	私		同志社女子大-学芸-音楽／音楽文(前期3、前期2)
	私		同志社女子大-学芸-国際教養
	私		同志社女子大-生活科
	私		近畿大-産業理工-経営ビジネス
	私		近畿大-経営
	私		近畿大-国際-国際／グロ
	私		甲南大-文
	私		西南学院大-商-商
58	私		獨協大-法-総合政策
	私		大妻女子大-家政-ライフデザイ
	私		杏林大-保健-臨床心理
	私		駒澤大-経営-経営(T2月)
	私		昭和女子大-人間文化-歴史文化(A)
	私		専修大-経済-現代経済(全国、前期全学)、生活環境(全国、前期全学、前期A)、国際経済(全国、前期全学、前期C)
	私		帝京大-文
	私		東京経大-経済(前期2得意、前期ベスト2)
	私		東京経大-コミュニ(前期ベスト2)
	私		東京女子大-現代教養-国際社／コミュニティ
	私		東京女子大-現代教養-心理／コミュ
	私		日本大-法-政治経済、新聞、経営法、公共政策
	私		日本大-文理-哲学、国文、中国語中国文、英文、ドイツ文、社会福祉、体育、地理
	私		日本大-経済-経済／国際
	私		日本大-経済-金融公共経済
	私		日本大-危機管理
	私		東海大-文-日本文
	私		東海大-政治経済-政治
	私		東海大-体育-体育、武道
	私		東海大-観光
	私		愛知大-文-人文社会／現代、社会
	私		愛知大-文-心理
	私		愛知大-地域政策-地域／公共政策、まち・文化、健康・スポ
	私		名城大-経営-経営(A)
	私		同志社女子大-学芸-メディア創造
	私		同志社女子大-表象文化
	私		龍谷大-経営
	私		関西外大-英語キャリア-英語キャリア(前期A)
	私		関西外大-英語キャリア-英語キャリア／小学校教員(前期A)
	私		関西外大-英語国際(前期A)
	私		近畿大-法
	私		近畿大-経済
	私		神戸学院大-総合リハ-社会リハビリ
	私		神戸学院大-グローバル-グローバル／英語
	私		西南学院大-法-法律
	私		西南学院大-人間科
	私		福岡大-人文
57	私		東北学院大-文-歴史
	私		獨協大-外国語-フランス語
	私		亜細亜大-経済
	私		亜細亜大-国際関係
	私		大妻女子大-家政-児童／児童教
	私		昭和女子大-人間社会-初等教育
	私		専修大-経済-現代経済(前期A)、国際経済(前期A)

偏差値	区分	方式	大学-学部-学科
57	私		専修大-ネットワ(前期A、前期全学)
	私		創価大-経済
	私		創価大-経営
	私		創価大-教育
	私		創価大-国際教養
	私		帝京大-法-政治
	私		東京経大-コミュニ(前期2得意、前期3)
	私		東京農大-農-デザイン農
	私		東洋大-福祉社会デザ-子ども支援、人間環境デザ
	私		東洋大-健康スポ(前期3／文系／1回目)
	私		日本大-文理-史学
	私		日本大-経済-産業経営
	私		日本大-商-経営、会計
	私		日本大-国際関係
	私		日本大-スポーツ科
	私		日本女子大-国際文化
	私	共	武蔵野大-ウェルビ(B併用)
	私		愛知大-文-人文社会／欧米
	私		名城大-経営-経営(B)、国際経営
	私		名城大-経済-経済(A)
	私		龍谷大-社会
	私		龍谷大-国際-国際文化
	私		関西外大-外国語-スペイン語(前期A)
	私		近畿大-国際-国際／東ア
	私		甲南大-経済(前期2教科一般)
	私		甲南大-マネジメ
	私		神戸学院大-心理
	私		武庫川女子大-文
	私		武庫川女子大-生活環境
	私		武庫川女子大-健康・スポーツ
	私		武庫川女子大-教育
	私		武庫川女子大-経営
	私		福岡大-法-法律(前期)
56	私		東北学院大-文-教育
	私		亜細亜大-法
	私		亜細亜大-都市創造
	私		大妻女子大-家政-児童／児童学
	私		大妻女子大-文-コミュニケー
	私		大妻女子大-人間関係
	私		杏林大-外国語
	私		杏林大-総合政策
	私		駒澤大-経営-市場戦略(T2月)
	私		順天堂大-国際教養
	私		専修大-経済-生活環境(前期B)
	私		帝京大-医療技術-スポ／健康ス
	私		帝京大-外国語-外国語
	私		帝京大-教育
	私		東京経大-現代法
	私		東京経大-キャリア
	私		日本大-商-商業
	私		日本大-芸術-音楽以外
	私	共	武蔵野大-ウェルビ(前期3均等、中期2)
	私		神奈川大-経済-経済／現代経済
	私		神奈川大-外国語
	私		東海大-文-文明
	私		愛知大-地域政策-地域／経済産業
	私		名城大-経済-経済(B)、産業社会
	私		名城大-外国語
	私		京都産大-国際関係
	私		同志社女子大-現代社会
	私		龍谷大-法(前期高得点)
	私		龍谷大-政策
	私		関西外大-外国語-英米語(前期A)
	私		関西外大-英語キャリア-英語キャリア(前期S)
	私		関西外大-英語国際(前期S)
	私		関西外大-国際共生
	私		甲南大-経済(前期3教科一般)
	私		甲南大-法
	私		甲南大-経営
	私		神戸学院大-現代社会
	私	共	福岡大-商二
55	私		北海学園大-法

偏差値	区分	方式	大学-学部-学科
55	私		北海学園大-人文
	私		北海学園大-経営
	私		千葉工大-未来変革
	私		亜細亜大-経営-データサイエ
	私		大妻女子大-文-英語英文
	私		大妻女子大-比較文化
	私		順天堂大-スポーツ
	私		専修大-経済-現代経済(前期B)
	私		大東文化大-経済
	私		大東文化大-法
	私		帝京大-法-法律
	私		帝京大-外国語-国際日本
	私		東京経大-経営
	私		神奈川大-人間科
	私		東海大-法
	私		東海大-体育-生涯スポーツ
	私		京都産大-経済
	私		京都産大-経営
	私		京都産大-外国語
	私		京都産大-文化
	私		京都産大-現代社会
	私		龍谷大-経済
	私		龍谷大-法(前期スタ)
	私		龍谷大-心理
	私		関西外大-外国語-スペイン語(前期S)、英語・デジ
	私		神戸学院大-法
	私		武庫川女子大-心理・社会福祉
	私		福岡大-法-法律(系統別)、経営法
	私		福岡大-スポーツ
54	私		北海学園大-経済
	私		東北学院大-文-英文
	私		東北学院大-経済
	私		東北学院大-法
	私		創価大-法
	私		創価大-文
	私		大東文化大-外国語-英語、日本語
	私		大東文化大-国際関係-国際関係、国際文化(前期全学独自)
	私		大東文化大-スポーツ-スポーツ科
	私		大東文化大-社会
	私		玉川大-経営
	私		玉川大-観光
	私		帝京大-経済
	私		立正大-社会福祉-子ども教育福祉
	私		立正大-地球環境-環境シス
	私		神奈川大-法-法律
	私		神奈川大-経済-経済/経済分析
	私		神奈川大-経済-現代ビジネス
	私		神奈川大-経営
	私		名城大-人間
	私		佛教大-教育-教育、幼児教育
	私		龍谷大-国際-グローバル
	私		関西外大-外国語-英米語(前期S)
	私		神戸学院大-経済
	私		広島修道大-商
	私		広島修道大-人文-社会
	私		広島修道大-人文-英語英文
	私		広島修道大-法
	私		広島修道大-経済科
	私		広島修道大-健康科-心理
	私		広島修道大-国際コミ
	私		福岡大-経済
53	私		大東文化大-文-日本文、中国文(前期全学独自)、教育、書道、歴史文化
	私		大東文化大-経営
	私		神奈川大-法-自治行政
	私		東海大-文-英語文化コミ
	私		東海大-体育-スポ・レジャー
	私		東海大-国際文化
	私		名城大-法
	私		京都産大-法
	私		福岡大-商-商、経営(系統別)、貿易
	私		福岡大-商-経営/会計専門(前期)

偏差値	区分	方式	大学 - 学部 - 学科
52	私		東北学院大-地域総合-地域コミュ
	私		東北学院大-人間科
	私		東北学院大-国際
	私		大妻女子大-家政-被服
	私		東海大-体育-競技スポーツ
	私		神戸学院大-人文
	私		神戸学院大-経営
	私		広島修道大-人文-教育
	私		広島修道大-人間環境
	私		福岡大-商-経営(前期)
51	私		東北学院大-経営
	私		北里大-医療衛生-保健／臨床心
	私		愛知淑徳大-文
	私		愛知淑徳大-心理
	私		愛知淑徳大-健康医療-スポーツ／スポーツ
	私		愛知淑徳大-福祉貢献
	私		愛知淑徳大-交流文化
	私		愛知淑徳大-グロ・コミュ
	私		愛知淑徳大-創造表現
	私		愛知淑徳大-食健康-食創造
50	私		駒澤大-法B(T3月)
	私		大東文化大-文-英米文(前期全学独自)、中国文(3教科独自)
	私		佛教大-文-日本文学、中国、英米(A2)
	私		佛教大-教育-臨床心理
	私		佛教大-社会
	私		佛教大-歴史
	私		九州産大-経済
	私		九州産大-国際文化
	私		九州産大-人間科-臨床心理
	私		九州産大-商
	私		九州産大-地域共創
49	私		愛知淑徳大-ビジネス
	私		九州産大-芸術
	私		九州産大-建築都市工-住居・インテリ
	私		九州産大-人間科-子ども教育、スポーツ健康
48	私		大東文化大-外国語-中国語
	私		東京女子大-現代教養-国際英
	私		東洋大-食環境科-食環境／食環境(前期3／文系／1回目)、フードデータ
	私		佛教大-文-英米(Aスタ3)
	私		佛教大-仏教(A2)
46	私		東北学院大-地域総合-政策デザ
	私		日本大-芸術-音楽
45	私		大東文化大-国際関係-国際文化(3教科独自)
	私		佛教大-社会福祉(A2)
44	私		神戸学院大-グローバル-グローバル／中国
43	私		同志社女子大-学芸-音楽／演奏(前期音楽実技)
42	私		大東文化大-文-英米文(3教科独自)
	私		佛教大-仏教(Aスタ3)
	私		佛教大-社会福祉(Aスタ3)

理系

偏差値	区分	方式	大学 - 学部 - 学科
72	私		慶応大-医
71	私		早稲田大-先進理工-物理、応用物理、生命医科
70	私		早稲田大-基幹理工
	私		早稲田大-創造理工-経営シス工
	私		早稲田大-先進理工-応用化、電気・情報生命工
	私		慶応大-理工-学門A、学門B、学門C
	私		慶応大-環境情報
	私		東京理大-理-数学、応用数学
	私		自治医大-医
	私		順天堂大-医
	私		東京慈恵会医大-医-医
	私		日本医大-医
	他		防衛医科大-医
69	私		早稲田大-教育-数
	私		早稲田大-創造理工-社会環境工、環境資源工
	私		早稲田大-先進理工-化学・生命化
	私		慶応大-理工-学門D、学門E
	私		慶応大-薬-薬科
	私	共	上智大-理工-情報理工(4)
	私		東京理大-工-情報工
	私		明治大-農-生命科(全学部3)
	私		明治大-総合数理-現象数理(一般)、先端メデ(一般)
	私		昭和大-医(Ⅰ期)
	私		藤田医大-医
	私		大阪医薬大-医
68	私		早稲田大-教育-理/地球科学
	私		早稲田大-人間科(理)
	私		早稲田大-創造理工-建築、総合機械工
	私		東京理大-理-物理
	私		東京理大-薬-薬
	私		東京理大-創域理工-情報計算
	私		東京理大-先進工-電子シス工、生命シス工
	私		東京理大-工-建築
	私		明治大-理工-情報科
	私		明治大-総合数理-現象数理(全学部3、全学部4)、先端メデ(全学部3、全学部4)、ネットデザ(全学部4、一般)
	私		同志社大-理工-インテリジェ(全学部・理系)、情報システム(全学部・理系)
	私		杏林大-医
	私		帝京大-医
	私		東邦大-医
	私		日本大-医
	私		北里大-医
	私		東海大-医-医
	私		近畿大-医
67	私		東京理大-理-化学、応用化学
	私		東京理大-薬-生命創薬科
	私		東京理大-創域理工-数理科、生命生物、経営シス、機械航空
	私		東京理大-先進工-マテリアル工
	私		東京理大-工-機械工
	私		明治大-理工-機械工(全学部)、物理(一般)
	私		明治大-農-農芸化(全学部3)、食料環境政策(全学部3)
	私		立教大-理
	私		中央大-理工-情報工
	私		同志社大-理工-電子工(全学部・理系)、機械システム(全学部・理系)、機械理工(学部別)、化学システム(全学部・理系)
	私		同志社大-心理(全学部・理系)
	私		立命館大-理工-数理/データ
	私		芝浦工大-工-情報・通信工/情報工
	私		昭和大-医(新潟県枠、静岡県枠、茨城県枠)
	私		福岡大-医-医
66	私		慶応大-薬-薬
	私	共	上智大-理工-物質生命(併用)、情報理工(併用)
	私		東京理大-創域理工-先端物理
	私		東京理大-先進工-物理工
	私		東京理大-工-電気工

偏差値	区分	方式	大学 - 学部 - 学科
66	私		**明治大**-理工-電気電子生／電気電子工(全学部)、生命理工
	私		**明治大**-理工-機械工(一般)、機械情報工(一般)、建築(全学部)、応用化、数学(全学部)、物理(全学部)
	私		**明治大**-農-農、生命科(一般)、食料環境政策(一般)
	私		**青山学院大**-理工-電気電子工(個別A)、情報テクノロ(個別A)
	私		**法政大**-理工-応用情報工(AⅠ)
	私		**中央大**-理工-都市環境、電気電子情報
	私		**同志社大**-理工-インテリジェ(学部別)、情報システム(学部別)、電気工、電子工(学部別)、機能分子・生命化、化学システム(学部別)、環境システム、数理システム
	私		**同志社大**-文化情報(学部別・理系、全学部・理系)
	私		**同志社大**-生命医科-医情報、医生命シス
	私		**芝浦工大**-シス理工-電子情報シス
	私		**東京都市大**-情報工-情報科(前期)
65	私	共	**上智大**-理工-機能創造(併用)
	私	共	**上智大**-総合人間-看護(併用)
	私		**東京理大**-創域理工-建築、先端化学
	私		**東京理大**-工-工業化
	私		**明治大**-理工-機械情報工(全学部)、数学(一般)
	私		**明治大**-理工-電気電子生／電気電子工(一般)
	私		**法政大**-デザイン-都市環境デザ(AⅠ)
	私		**法政大**-情報科-コンピュータ(T)、ディジタルメ
	私		**中央大**-理工-物理、ビジネス、生命科、人間総合理工
	私		**同志社大**-理工-機械システム(学部別)、機械理工(全学部・理系)
	私		**同志社大**-生命医科-医工
	私		**立命館大**-理工-建築都市デザ
	私		**麻布大**-獣医-動物応用科
64	私		**東京理大**-創域理工-電気電子情報
	私		**明治大**-理工-建築(一般)
	私		**青山学院大**-理工-物理科(全学)、数理サイエンス、化学・生命科(全学)、電気電子工(全学)、機械創造工(全学)、経営シス工、情報テクノロ(全学)
	私		**法政大**-デザイン-建築(T)、都市環境デザ(T)、システムデザ
	私		**法政大**-情報科-コンピュータ(AⅡ)
	私		**法政大**-理工-機械、電気電子工、応用情報工(T)、経営シス、創生科(T)
	私		**中央大**-理工-精密機械工、応用化
	私		**関西大**-シス理工-電気電子情報(全学3理1)
	私		**立命館大**-生命科-生命情報
	私		**芝浦工大**-工-機械工／基幹機械
	私		**芝浦工大**-建築
	私		**東京都市大**-メディア情報-情報システム
	私		**北里大**-薬
63	私	共	**東京理大**-理二-数学
	私		**明治大**-農-農芸化(一般)
	私		**青山学院大**-理工-物理科(個別A)、化学・生命科(個別A)
	私		**法政大**-デザイン-建築(AⅡ)
	私		**法政大**-理工-創生科(AⅡ)
	私		**法政大**-生命科-生命、応用植物(T)
	私		**学習院大**-理
	私		**関西大**-シス理工-数学(全学3理1)、物理・応用(全学3理1)
	私		**同志社大**-スポ健(全学部・理系、学部別・理系)
	私		**立命館大**-映像(学部別理科1)
	私		**立命館大**-理工-機械工、電子情報工
	私		**立命館大**-情報理工
	私		**立命館大**-生命科-生物工
	私		**立命館大**-薬-薬
	私		**立命館大**-総合心理(理系3)
	私		**立命館大**-食マネ(理系3)
	私		**工学院大**-工
	私		**工学院大**-建築-建築(A)
	私		**工学院大**-先進工
	私		**芝浦工大**-工-物質化／環境
	私		**芝浦工大**-工-土木工
	私		**芝浦工大**-シス理工-機械制御シス、生命
	私		**芝浦工大**-デザイン工-デザ／生産・プロダクト
	私		**成蹊大**-理工

偏差値	区分	方式	大学-学部-学科
63	私		東京電機大-システム
	私		東京都市大-建築都市デザ-建築
	私		日本大-理工-応用情報工
	私		日本獣医生命科学大-獣医-獣医
	私	共	明治学院大-情報数理
62	私		慶応大-看護医療
	私		青山学院大-理工-機械創造工(個別A)
	私		関西大-シス理工-電気電子情報(全学3理設問理数)
	私		関西大-環境都市-建築(全学3理1)、エネ・化学(全学3理1)
	私		関西大-化学生命-生命・生物(全学3理1)
	私		関西学院大-工
	私		関西学院大-建築
	私		立命館大-生命科-応用化、生命医科
	私		立命館大-スポーツ(理系3)
	私		杏林大-保健-看護／看護
	私		工学院大-情報
	私		工学院大-建築-まちづくり、建築(S)、建築デザイン
	私		工学院大-建築(建築学部総合A)
	私		芝浦工大-工-電気電子／電気ロボ
	私		芝浦工大-デザイン工-デザ／ロボ・情報デザ
	私		東京都市大-理工-応用化学
	私		日本女子大-建築デザ
	私		星薬大-薬
	私		麻布大-生命・環境-臨床検査技術
	私		北里大-看護
	私		北里大-健康科-看護
	私		東海大-情報通信
	私		東海大-農
	私		東海大-建築都市
	私		東海大-文理融合-人間情報工
	私		京都女子大-家政-食物栄養
	他		防衛医科大-看護
	他		防衛大-理工学
61	私		東京理大-創域理工-社会基盤
	私		法政大-生命科-環境応用化学(AⅡ)
	私		中央大-理工-数学
	私		関西大-シス理工-数学(全学3理設問理数)、物理・応用(全学3理設問理数)
	私		関西学院大-経済(全学理系3)
	私		関西学院大-教育(全学理系3)
	私		立命館大-理工-物理科、ロボティクス
	私		立命館大-薬-創薬科(薬学)
	私		文教大-教育-学校／数学、理科
	私		文教大-健康栄養
	私		千葉工大-情報変革-情報工
	私		大妻女子大-家政-食物／管理栄
	私		大妻女子大-社会情報
	私		杏林大-保健-リハ／理学
	私		芝浦工大-工-物質化／化学
	私		芝浦工大-工-情報・通信工／情報通信
	私		芝浦工大-シス理工-数理科
	私		順天堂大-保健医療
	私		順天堂大-医療科
	私	共	順天堂大-薬
	私		昭和女子大-食健康科-健康デザイン
	私		津田塾大-学芸-数学、情報科
	私		東京電機大-工-電子システム工、応用化学、先端機械工、情報通信工
	私		東京電機大-理工
	私		東京電機大-未来科
	私		東京都市大-理工-電気電子通信工、医用工、原子力安全工、自然科
	私		東京都市大-デザインデータ
	私		日本大-理工-建築
	私		日本大-生物資源-獣医
	私	共	武蔵野大-ウェルビ(A併用理系)
	私		麻布大-獣医-獣医
	私		北里大-獣医-獣医
	私		東海大-医-看護
	私		中京大-工
60	私	共	東京理大-理二-物理
	私		法政大-生命科-応用植物(AⅡ)

偏差値	区分	方式	大学 - 学部 - 学科
60	私		関西大-シス理工-機械工（全学3理1）
	私		関西大-環境都市-建築（全学3理設問理数）、都市システム（全学3理1）、エネ・化学（全学3理設問理数）
	私		関西大-化学生命-化学・物質（全学3理1）、生命・生物（全学3理設問理数）
	私		関西学院大-総合政策（全学理系3）
	私		関西学院大-生命環境
	私		立命館大-理工-数理／数学
	私		立命館大-理工-電気電子工、環境都市工
	私		自治医大-看護
	私		芝浦工大-工-電気電子工／先端電子
	私		芝浦工大-シス理工-環境システム
	私		玉川大-工-数学教員養成
	私		東京都市大-理工-機械シス工
	私		東京都市大-情報工-知能情報工
	私		武蔵野大-薬
	私		武蔵野大-看護
	私		武蔵野大-教育-教育（A理系）
	私		明治薬大-薬-生命創薬科
	私		東海大-情報理工-情報科、情報メディア
	私		東海大-海洋-海洋理工、海洋生物
	私		南山大-理工-電子情報工
	私		名城大-理工-電気電子工（A）
	私		名城大-薬（A）
	私		京都薬大-薬
	私		近畿大-薬
59	私	共	東京理大-理二-化学
	私		関西学院大-理
	私		立命館大-薬-創薬科
	私		酪農学園大-獣医-獣医保健看護
	私		文教大-情報-情報システム（全国）
	私		千葉工大-創造工-建築
	私		芝浦工大-工-機械工／先進機械
	私		順天堂大-保健看護
	私		東京慈恵会医大-医-看護
	私		東京電機大-工-機械工
	私		東京都市大-理工-機械工
	私		東京都市大-建築都市デザ-都市工
	私		東京農大-応用生物-農芸化学
	私		東洋大-食環境科-健康栄養
	私		東洋大-総合情報（前期3／理系／1回目）
	私		東洋大-情報連携（前期3／理系／1回目）
	私		日本大-理工-土木工、交通システム工、まちづくり工、精密機械工、航空宇宙工、電気工、電子工、物質応用化、物理、数学
	私		武蔵野大-データサイエンス（全学統一、A理系）
	私		明治薬大-薬-薬
	私		北里大-海洋生命
	私		北里大-理
	私		藤田医大-医療科
	私		名城大-理工-応用化学（A）、建築（A）
	私		名城大-農-応用生物化（A）
	私		名城大-薬（B）
	私		同志社女子大-薬
	私		同志社女子大-看護
	私		近畿大-農
58	私		関西大-シス理工-機械工（全学3理設問理数）
	私		関西大-環境都市-都市システム（全学3理設問理数）
	私		関西大-化学生命-化学・物質（全学3理設問理数）
	私		千葉工大-工-情報通信
	私		杏林大-保健-臨床検査技術、健康福祉、臨床工、救急救命
	私		杏林大-保健-リハ／作業
	私		杏林大-保健-看護／看護養護教育
	私		帝京大-医療技術-看護
	私		東京電機大-工-電気電子工
	私		東京農大-生命科
	私		日本大-文理-地球科、数学、情報科、物理、生命科、化学
	私		北里大-医療衛生-医療検査、医療
	私		北里大-医療衛生-リハ／理学療、言語聴
	私		北里大-健康科-医療検査

偏差値	区分	方式	大学 - 学部 - 学科
58	私		東海大-海洋-水産
	私		金沢工大-工-航空シス工、情報工
	私		南山大-理工-ソフトウェア、データサイエ、機械シス工
	私		藤田医大-保健衛生
	私		名城大-理工-数学、電気電子工(B)、材料機能工(A)、応用化学(B)、機械工(B)、交通機械工(A)、メカトロニクス、社会基盤デザイン(A)、環境創造工(A)、建築(B)
	私		名城大-情報工
	私		大阪医薬大-看護
	私		大阪医薬大-薬
	私		近畿大-生物理工-人間環境
	私		近畿大-建築
	私		神戸学院大-栄養-栄養／管理栄
	私		福岡大-薬
57	私		文教大-情報-情報システム(A)
	私		千葉工大-工-機械工
	私		千葉工大-創造工-都市環境
	私		順天堂大-医療看護
	私		昭和大-歯
	私		昭和大-薬
	私		昭和大-保健医療
	私		昭和女子大-食健康科-管理栄養
	私		創価大-看護
	私		創価大-理工
	私		東京農大-農-農
	私		東京農大-応用生物-醸造科、栄養
	私		東邦大-薬
	私		東洋大-健康スポ(前期3／理系／1回目)
	私		日本獣医生命科学大-獣医-獣医保健看護
	私		東海大-工-航空、機械シス工、医工、生物工
	私		東海大-生物-海洋生物科
	私		金沢工大-情報フロ-メディア情報
	私	共	愛知淑徳大-健康医療-医療／言語聴(プラス)
	私		愛知淑徳大-健康医療-スポーツ／救急
	私		名城大-理工-機械工(A)

偏差値	区分	方式	大学 - 学部 - 学科
	私		名城大-農-生物資源、応用生物化(B)、生物環境科
	私		佛教大-保健医療-作業療法
	私		神戸学院大-栄養-栄養／臨床検
	私		神戸学院大-総合リハ-理学療法、作業療法
	私		武庫川女子大-食物栄養
56	私		千葉工大-工-応用化
	私		駒澤大-医療健康
	私		専修大-ネットワ(全国、前期Ｆ)
	私		帝京大-医療技術-視能矯正、診療放射線、臨床検査、柔道整復
	私		帝京大-医療技術-スポ／救急救
	私		東京農大-農-動物科、生物資源開発
	私		東京農大-生物産業
	私		東邦大-理
	私		東邦大-看護
	私		東邦大-健康科-看護
	私		日本大-理工-機械工
	私		武蔵野大-工-サステナ
	私		東海大-理-数
	私		金沢工大-建築
	私	共	愛知淑徳大-健康医療-医療／理学療(プラス)、臨床検(プラス)、視覚科(プラス)
	私		名城大-都市情報
	私		京都産大-理
	私		京都産大-情報理工
	私		京都産大-生命科
	私		近畿大-理工
	私		近畿大-生物理工-人間環境以外
	私		近畿大-産業理工-生物環境化、電気電子工、建築・デザイ、情報
	私		近畿大-情報
	私		福岡大-工-電子情報工(前期)
55	私		千葉工大-工-機械電子、先端材料
	私		千葉工大-創造工-デザイン
	私		千葉工大-先進工
	私		帝京大-薬
	私		帝京大-理工

私立大学・その他　理系

偏差値	区分	方式	大学 - 学部 - 学科
55	私		帝京大-福岡医療
	私		東京女子大-現代教養-数理
	私	共	東京電機大-工二-情報通信工
	私		東京農大-応用生物-食品安全健康
	私		東京農大-地域環境
	私		東洋大-生命科-生命科、生体医工
	私		東洋大-理工
	私		日本大-歯
	私		武蔵野大-工-数理工、建築デザイン
	私		東海大-情報理工-コンピ応用工
	私		金沢工大-工-ロボティクス
	私		甲南大-理工
	私		甲南大-知能情報
	私		武庫川女子大-薬
	私		武庫川女子大-看護
	私		武庫川女子大-建築
	私		武庫川女子大-社会情報
	私		福岡大-工-建築(前期)
	私		福岡大-医-看護
54	私		東北学院大-工-機械知能工、環境建設工
	私		千葉工大-工-電気電子
	私		千葉工大-情報変革-認知情報、高度応用
	私		大妻女子大-家政-食物／食物学
	私		大東文化大-スポーツ-健康科(3教科A独自)
	私		玉川大-農
	私		玉川大-工-情報通信工、マネジメント、ソフトウェア、デザイン
	私	共	東京電機大-工二-電気電子工
	私		日本大-生物資源-食品ビジネス
	私		日本大-薬
	私		日本女子大-理-数物情報(3教科)、化学生命(2教科)
	私		神奈川大-工-機械工、電気電子情報、経営工
	私		神奈川大-建築
	私		東海大-理-情報数理、物理
	私		東海大-工-機械工
	私		金沢工大-工-電気電子工
	私		佛教大-保健医療-理学療法、看護
	私		龍谷大-先端理工
	私		龍谷大-農-農、食品栄養、食料農業
	私		近畿大-工
	私		甲南大-フロンテ
	私		福岡大-理
53	私		杏林大-保健-診療放射線技術
	私	共	東京電機大-工二-機械工
	私		日本大-生産工-機械工、電気電子工、建築工、数理情報工、環境安全工、創生デザイン
	私		日本大-工-土木工、建築、機械工、情報工
	私		日本女子大-理-数物情報(2教科)
	私		東海大-理-化
	私		東海大-工-電気電子工
	私		東海大-生物-生物
	私		金沢工大-工-機械工
	私		金沢工大-バイオ化-応用化
	私		福岡大-工-機械工、電気工、電子情報工(系統別)、化学シス工、社会デザイン、建築(系統別)
52	私		東北学院大-情報
	私		東京農大-国際食料
	私		日本大-生物資源-海洋生物、国際共生
	私		神奈川大-工-応用物理
	私		神奈川大-理
	私		神奈川大-情報
	私		金沢工大-工-環境土木工
	私		金沢工大-情報フロ-経営情報
	私		金沢工大-バイオ化-応用バイオ
51	私		北海学園大-工-社会環境工／社会環
	私		北海学園大-工-建築、電子情報工、生命工
	私		東北学院大-工-電気電子工
	私		大東文化大-スポーツ-看護
	私		北里大-医療衛生-リハ／作業療
	私		北里大-医療衛生-保健／環境保
	私		東海大-工-応用化(前期文理統一)

偏差値	区分	方式	大学 - 学部 - 学科
51	私		愛知淑徳大-創造表現-創造／建築
	私		愛知淑徳大-食健康-健康栄養
50	私		東洋大-生命科-生物資源
	私		日本女子大-理-化学生命(3教科)
	私		龍谷大-農-生命科
	私		神戸学院大-薬
	私		九州産大-理工
	私		九州産大-生命科
	私		九州産大-建築都市工-建築
49	私		酪農学園大-農食環境-環境共生
	私		日本大-生産工-応用分子化
	私		日本大-松戸歯
	私		愛知淑徳大-人間情報
48	私		東洋大-食環境科-食環境(前期3／理系／1回目)、フードデータ
	私		日本大-生産工-マネジメント
	私		日本大-生物資源-森林、獣医保健看護
	私		麻布大-生命・環境-食品生命、環境科
	私		北里大-医療衛生-リハ／視覚機
47	私		日本大-生産工-土木工
	私		日本大-工-電気電子工、生命応用化
	私		日本大-生物資源-動物
	私		北里大-獣医-動物資源科、生物環境
46	私		酪農学園大-農食環境-循環農
	私		日本大-生物資源-バイオサイエ、アグリサイエ、食品開発
	私		日本獣医生命科学大-応用生命-動物科
43	私		日本大-生物資源-環境
	私		東海大-工-応用化(一般)
	私		広島修道大-健康科-健康栄養
42	私		北海学園大-工-社会環境工／環境情
	私		日本獣医生命科学大-応用生命-食品科
	私		立正大-データサイエンス

東進模試

▶ https://www.toshin.com/exams/

この表の見方

2022年度東進主催「共通テスト同日体験受験」（同日）、「共通テスト本番レベル模試」（2月・4月・6月・8月・10月・12月※6・10月は「全国統一高校生テスト」）の計7回分のデータより、本書掲載の大学・学部（学科・専攻・専修など）ごとに、その合格者の「得点率（%）」を一覧化したものです。合格者がどのような成績推移をたどったのか、いつまでにどれくらいの学力をつけなければならないか、その時に到達すべき「学力の目安」を確認できます（2024・25年度新設・改組の学部学科、及び夜間部、特設コースなどは一部、略。または旧称で表記）。特に、志望校決定の重要なタイミングとなる、

①共通テスト本番の1年前（同日）
②約半年前の夏休み期間（8月）
③約1カ月前の直前期（12月）

以上の3つの時点の成績に着目しつつ、最終的に必要な合格するための学力について、これからの志望校選びと学習計画の参考にしてください。

国立大学　　全5教科（英・国・数・地歴公・理）7科目の「得点率」（%）＝模試の得点（素点）÷900点（満点）×100

大学名	学部(学科等)名	同日	2月	4月	6月	8月	10月	12月
国 旭川医科大	医学部(医学科)	**54.8**	58.6	61.2	55.7	**59.1**	67.5	**71.2**
	医学部(看護学科)	**42.0**	46.8	37.6	39.3	**43.2**	43.9	**54.0**
国 小樽商科大	商学部【昼】	**45.8**	53.5	46.5	48.0	**52.1**	59.7	**60.8**
国 帯広畜産大	畜産学部	**48.8**	50.7	48.0	45.3	**49.8**	53.9	**55.9**
国 北海道大	総合入試(文系)	**53.8**	57.9	55.4	56.9	**62.2**	68.2	**70.0**
	総合入試(理系)	**57.9**	58.4	60.0	57.9	**65.5**	72.1	**69.8**
	文学部	**56.9**	60.7	60.4	60.0	**64.7**	69.8	**70.6**
	教育学部	**62.3**	63.7	63.2	70.7	**66.5**	74.7	**74.0**
	法学部	**58.0**	63.0	59.0	62.0	**63.3**	70.2	**69.3**
	経済学部	**53.1**	57.1	53.4	56.8	**62.3**	68.3	**68.4**
	理学部	**61.0**	65.1	65.6	61.6	**66.8**	70.7	**74.4**
	医学部(医学科)	**66.1**	72.4	66.6	71.2	**72.6**	78.8	**78.0**
	医学部(保健学科)	**48.8**	51.4	50.6	51.2	**55.3**	60.6	**62.5**
	歯学部	**49.9**	57.8	52.6	55.4	**60.6**	64.9	**68.4**
	薬学部	**64.9**	68.2	68.3	64.8	**73.5**	80.1	**79.4**
	工学部	**61.6**	67.0	64.6	65.2	**70.3**	76.9	**76.2**
	農学部	**67.6**	71.1	69.8	68.2	**69.8**	73.8	**76.9**
	獣医学部	**57.8**	63.4	65.3	66.3	**73.1**	70.6	**77.7**
	水産学部	**50.1**	55.0	51.5	53.9	**60.9**	63.9	**68.3**
国 北海道教育大	教育学部(札幌校)	**45.8**	46.8	43.5	44.1	**48.0**	53.6	**56.0**
	教育学部(旭川校)	**37.4**	40.1	37.8	37.6	**40.4**	49.7	**48.4**

全５教科（英・国・数・地歴公・理）７科目の「得点率」（%）＝模試の得点（素点）÷900点（満点）×100

大学名	学部（学科等）名	同日	2月	4月	6月	8月	10月	12月
	教育学部（釧路校）	37.6	39.4	36.6	39.6	37.4	44.5	48.0
	教育学部（函館校）	39.2	44.7	36.3	39.2	41.3	46.7	45.6
	教育学部（岩見沢校）	45.3	45.4	41.4	40.3	45.6	42.9	48.1
国 弘前大	人文社会科学部	42.6	45.8	41.3	44.3	46.4	54.3	54.4
	教育学部	42.5	43.7	43.8	40.8	43.6	53.8	51.1
	医学部（医学科）	57.1	61.0	56.2	57.6	63.3	65.7	68.9
	医学部（保健学科）	46.9	52.0	45.8	45.2	47.4	52.9	55.0
	理工学部	42.7	43.1	40.6	42.8	45.3	50.5	52.9
	農学生命科学部	42.7	41.4	39.7	41.6	44.9	50.3	56.0
国 岩手大	人文社会科学部	43.8	54.8	46.8	37.1	47.2	53.2	57.2
	教育学部	41.6	44.0	40.7	43.0	46.8	50.4	52.3
	理工学部	39.5	42.3	40.3	41.9	44.4	50.5	49.8
	農学部	47.3	53.1	45.3	48.5	47.5	54.7	57.3
国 東北大	文学部	56.1	61.6	54.7	57.7	63.5	70.0	70.0
	教育学部	56.9	58.0	51.4	54.4	64.4	69.2	67.1
	法学部	60.1	63.3	57.3	61.1	65.5	70.5	69.0
	経済学部	54.1	63.2	58.4	59.7	63.8	70.9	71.5
	理学部	59.5	65.6	62.5	62.7	67.5	72.5	74.2
	医学部（医学科）	68.4	71.9	69.8	68.5	72.5	81.0	79.4
	医学部（保健学科）	48.8	53.4	50.2	51.7	53.6	59.0	62.8
	歯学部	50.4	58.8	53.1	57.4	58.9	66.2	64.9
	薬学部	58.6	54.4	56.3	54.2	62.3	73.5	75.7
	工学部	55.4	60.9	58.0	59.3	64.9	70.5	71.2
	農学部	55.2	59.7	57.4	58.7	63.3	68.3	68.4
国 秋田大	教育文化学部	40.8	41.3	30.2	38.0	36.6	50.4	44.5
	医学部（医学科）	58.6	62.0	60.8	59.1	64.0	70.3	69.7
	医学部（保健学科）	40.6	38.7	35.4	38.3	42.3	51.4	52.3
	理工学部	34.7	38.4	37.5	38.7	40.6	46.9	48.3
	国際資源学部	44.9	43.4	39.1	47.1	46.3	49.8	50.8
国 山形大	人文社会科学部	45.9	47.8	44.5	47.1	49.9	57.2	56.2
	地域教育文化学部	46.8	53.1	43.8	49.7	53.3	57.7	59.9
	理学部	45.4	55.3	45.0	45.7	49.4	53.6	55.2
	医学部（医学科）	60.1	66.7	61.2	62.6	69.1	73.4	76.4
	医学部（看護学科）	44.3	44.1	44.4	42.8	50.0	56.1	58.7
	工学部【昼】	44.3	46.5	46.4	44.7	48.3	52.2	55.2
	農学部	41.3	40.6	41.1	39.4	45.8	52.5	53.3
国 福島大	人文社会学群【昼】	44.2	45.7	39.8	42.6	46.5	51.4	51.0
	理工学群	41.3	45.9	39.7	40.6	47.5	51.5	53.3
	農学群	45.7	40.0	38.6	38.8	42.8	50.1	49.8
国 茨城大	人文社会科学部	48.7	49.7	45.4	49.0	51.2	57.4	58.0
	教育学部	39.9	43.6	40.5	41.4	44.3	49.4	52.9

全５教科（英・国・数・地歴公・理）７科目の「得点率」（％）＝模試の得点（素点）÷900点（満点）×100

大学名	学部（学科等）名	同日	2月	4月	6月	8月	10月	12月
	理学部	44.1	49.4	41.9	43.2	46.9	53.7	55.9
	工学部【昼】	42.1	43.0	41.0	41.9	46.1	51.0	52.6
	農学部	41.6	45.4	39.9	39.9	44.0	50.9	52.3
国 筑波大	人文・文化学群	55.9	60.5	57.0	63.3	63.1	71.7	67.4
	社会・国際学群	57.9	60.2	57.6	59.4	65.8	72.5	69.7
	人間学群	53.7	60.5	53.4	56.8	64.3	69.4	69.7
	生命環境学群	58.5	62.3	58.5	59.0	63.0	68.5	70.5
	理工学群	55.5	56.9	55.2	55.1	60.8	68.1	69.4
	情報学群	58.6	74.6	60.5	60.8	64.9	69.1	72.6
	医学群（医学類）	60.4	63.3	63.1	63.4	70.8	74.7	75.4
	医学群（医学類以外）	52.3	53.3	54.4	57.3	58.2	60.7	67.4
	体育専門学群	42.3	39.4	47.9	46.5	50.5	56.3	55.4
	芸術専門学群	57.8	62.4	51.8	60.7	61.0	61.4	64.8
	総合選抜（文系）	50.8	55.9	52.1	56.0	61.5	67.8	67.7
	総合選抜（理系Ⅰ）	54.0	57.8	53.7	53.5	60.8	64.5	65.9
	総合選抜（理系Ⅱ）	56.8	54.1	52.9	55.8	62.4	70.2	66.9
	総合選抜（理系Ⅲ）	51.6	54.3	49.5	52.0	58.3	66.6	68.8
国 宇都宮大	国際学部	46.3	53.7	46.4	48.2	52.8	57.5	59.9
	共同教育学部	35.2	46.4	42.4	52.0	48.2	56.9	54.3
	工学部	41.9	41.8	39.6	41.4	46.0	51.0	53.6
	農学部	44.9	44.6	41.6	45.0	46.0	51.3	53.1
	地域デザイン科学部	45.8	43.0	42.1	45.1	48.6	55.8	57.7
国 群馬大	共同教育学部	40.2	38.8	38.9	38.7	45.5	52.5	52.7
	情報学部	42.5	50.5	46.5	45.9	51.8	55.6	57.2
	医学部（医学科）	60.1	66.4	64.8	63.4	61.7	73.0	69.1
	医学部（保健学科）	50.0	47.5	43.0	41.8	47.0	54.9	55.4
	理工学部【昼】	43.0	47.5	39.3	40.8	47.4	51.5	51.8
国 埼玉大	教養学部	52.9	52.9	54.6	55.2	58.9	66.7	62.7
	経済学部【昼】	47.4	49.7	47.7	48.3	54.0	61.2	58.0
	教育学部	43.8	46.4	43.1	42.7	49.2	55.6	55.7
	理学部	47.7	49.3	48.7	49.3	55.1	59.4	63.2
	工学部	45.2	48.8	45.8	48.0	52.7	58.4	60.6
国 千葉大	国際教養学部	59.7	64.7	51.3	57.1	58.6	63.6	63.0
	文学部	52.6	53.6	50.7	54.3	59.1	66.1	64.1
	法政経学部	53.7	57.9	53.0	55.3	59.4	65.9	64.3
	教育学部	46.4	49.0	45.8	46.7	51.4	58.8	57.3
	理学部	54.0	57.2	52.1	55.5	61.2	65.8	65.8
	工学部	49.3	53.5	51.1	52.3	58.6	64.2	64.9
	園芸学部	49.3	51.9	46.8	48.4	53.7	60.3	61.4
	医学部	68.2	76.7	70.2	72.5	76.1	80.8	81.1
	薬学部	58.6	65.6	61.6	63.8	67.5	71.9	73.0

全５教科（英・国・数・地歴公・理）７科目の「得点率」（%）＝模試の得点（素点）÷900点（満点）×100

大学名	学部（学科等）名	同日	2月	4月	6月	8月	10月	12月
	看護学部	**49.2**	38.3	49.5	49.8	**55.5**	61.3	**62.8**
国 お茶の水女子大	文教育学部	**54.6**	59.8	52.9	58.6	**63.9**	70.2	**67.9**
	理学部	**55.5**	59.4	54.8	56.7	**61.6**	66.9	**66.7**
	生活科学部	**55.3**	61.3	60.4	59.8	**65.0**	69.3	**70.5**
国 電気通信大	情報理工学域【昼】	**51.7**	54.5	52.2	52.6	**58.0**	63.5	**64.8**
国 東京大	文科一類	**71.1**	75.8	73.6	76.3	**77.4**	83.3	**80.4**
	文科二類	**69.9**	75.5	71.0	74.8	**76.8**	83.2	**79.8**
	文科三類	**69.1**	74.5	71.2	72.9	**76.0**	80.2	**79.1**
	理科一類	**72.6**	77.9	75.0	77.8	**80.0**	84.0	**83.2**
	理科二類	**68.9**	75.5	72.1	74.9	**76.7**	81.8	**81.1**
	理科三類	**80.5**	86.2	83.4	85.0	**87.0**	88.1	**87.8**
国 東京医科歯科大	医学部（医学科）	**73.9**	75.9	75.7	76.8	**78.7**	83.2	**82.6**
※ 2024年10月より東京工業大と統合し東京科学大となる予定	医学部（保健衛生学科）	**49.6**	48.2	47.4	52.0	**56.5**	62.5	**64.8**
	歯学部	**51.4**	56.1	50.4	53.3	**55.7**	62.9	**64.3**
国 東京外国語大	言語文化学部	**55.2**	62.5	54.4	59.0	**61.2**	69.2	**67.2**
	国際社会学部	**57.0**	59.1	57.1	58.0	**61.4**	67.7	**68.0**
	国際日本学部	**67.7**	62.1	50.4	60.9	**65.2**	61.7	**70.4**
国 東京海洋大	海洋生命科学部	**43.9**	49.2	45.4	48.4	**53.0**	58.9	**60.1**
	海洋工学部	**46.4**	47.9	42.6	45.3	**50.7**	56.3	**56.5**
	海洋資源環境学部	**45.5**	43.6	45.8	48.0	**48.7**	55.3	**57.8**
国 東京学芸大	教育学部	**49.1**	53.7	48.7	50.1	**54.6**	61.6	**61.1**
国 東京工業大	理学院	**60.2**	64.4	62.1	62.6	**68.4**	70.6	**72.0**
※ 2024年10月より東京工業大と統合し東京科学大となる予定	工学院	**57.7**	65.4	62.9	62.5	**69.4**	74.0	**73.5**
	物質理工学院	**58.9**	62.5	62.0	63.5	**69.2**	72.3	**72.5**
	情報理工学院	**63.7**	68.3	67.4	71.1	**73.2**	79.0	**75.8**
	生命理工学院	**56.6**	61.3	60.9	62.3	**67.4**	73.1	**73.1**
	環境・社会理工学院	**59.5**	63.2	62.8	63.0	**68.2**	72.4	**72.2**
国 東京農工大	農学部	**54.3**	59.6	55.5	55.5	**61.8**	65.6	**67.7**
	工学部	**50.0**	54.1	51.9	53.2	**58.6**	62.9	**65.0**
国 一橋大	商学部	**61.0**	66.1	62.5	65.3	**69.5**	75.8	**73.6**
	経済学部	**62.8**	67.2	64.2	66.0	**70.0**	76.2	**73.8**
	法学部	**63.5**	67.7	65.4	68.1	**71.4**	77.5	**75.8**
	社会学部	**62.9**	66.7	63.5	65.2	**69.8**	75.8	**74.3**
	ソーシャル・データサイエンス学部	**66.7**	71.0	64.4	69.1	**71.0**	76.7	**77.7**
国 横浜国立大	教育学部	**48.3**	49.2	47.4	51.4	**55.6**	64.3	**63.6**
	経済学部	**54.8**	59.9	57.1	57.8	**62.3**	69.1	**68.3**
	経営学部	**53.5**	60.3	57.0	57.1	**61.4**	69.6	**67.7**
	理工学部	**54.1**	58.9	56.4	56.7	**61.2**	67.8	**68.8**
	都市科学部	**52.8**	58.2	54.9	56.7	**62.3**	69.7	**68.9**
国 上越教育大	学校教育学部	**40.1**	46.7	40.9	45.3	**47.6**	53.8	**52.8**
国 新潟大	人文学部	**51.4**	56.1	43.9	46.1	**50.3**	59.8	**59.0**

全５教科（英・国・数・地歴公・理）７科目の「得点率」（%）＝模試の得点（素点）÷900点（満点）×100

大学名	学部（学科等）名	同日	2月	4月	6月	8月	10月	12月
	教育学部	**42.3**	44.9	44.5	44.5	**49.8**	55.0	**55.2**
	法学部	**44.2**	49.9	45.7	48.2	**53.2**	60.2	**60.5**
	経済科学部	**46.8**	46.6	43.4	44.9	**50.4**	56.2	**57.5**
	理学部	**45.0**	50.1	46.7	47.1	**51.9**	56.6	**58.2**
	医学部（医学科）	**58.7**	67.4	60.7	64.3	**68.4**	72.2	**71.3**
	医学部（保健学科）	**47.8**	49.3	53.1	45.0	**52.7**	56.7	**58.7**
	歯学部	**47.2**	51.1	52.1	53.6	**51.6**	60.1	**59.9**
	工学部	**43.0**	45.3	43.8	43.0	**50.7**	55.8	**58.5**
	農学部	**45.2**	48.2	45.0	46.0	**52.0**	55.5	**58.9**
	創生学部	**42.9**	38.6	39.8	44.6	**50.0**	55.9	**55.3**
国 富山大	人文学部	**50.0**	57.2	50.1	51.2	**54.7**	64.5	**63.6**
	教育学部	**41.3**	35.7	42.7	48.3	**46.7**	52.6	**57.5**
	経済学部【昼】	**41.9**	46.6	43.4	42.7	**48.3**	55.8	**55.0**
	理学部	**41.1**	45.6	43.2	42.8	**47.1**	53.0	**55.9**
	医学部（医学科）	**54.1**	72.2	74.8	64.5	**66.5**	70.5	**75.8**
	医学部（看護学科）	**39.4**	45.9	39.2	42.4	**44.8**	49.4	**52.0**
	薬学部	**52.1**	54.1	51.6	53.4	**57.1**	63.3	**61.7**
	工学部	**41.3**	42.3	42.2	42.0	**45.6**	50.3	**52.5**
	芸術文化学部	**44.6**	48.6	39.7	40.3	**47.9**	53.6	**50.1**
	都市デザイン学部	**37.9**	43.1	38.3	38.2	**43.8**	48.1	**48.6**
国 金沢大	融合学域	**42.5**	48.8	45.1	47.0	**51.8**	60.9	**56.8**
	人間社会学域	**47.3**	49.6	48.6	48.1	**54.3**	62.5	**60.2**
	理工学域	**46.7**	48.6	46.0	47.4	**52.0**	58.1	**60.1**
	医薬保健学域（医学類）	**58.4**	67.1	63.1	64.1	**66.9**	75.1	**74.8**
	医薬保健学域（医学類以外）	**45.8**	49.0	47.5	49.9	**53.2**	60.5	**62.7**
	一括入試（文系）	**47.4**	49.7	47.9	53.3	**56.4**	56.2	**59.5**
	一括入試（理系）	**47.5**	44.1	45.3	46.9	**51.9**	56.7	**59.6**
国 福井大	教育学部	**38.3**	44.0	36.3	42.3	**39.7**	47.5	**47.3**
	医学部（医学科）	**58.8**	70.3	68.8	67.3	**64.2**	72.1	**76.6**
	医学部（看護学科）	**47.7**	45.4	46.0	43.3	**38.2**	47.0	**54.2**
	工学部	**39.3**	41.9	39.5	38.2	**44.2**	49.4	**49.2**
	国際地域学部	**42.3**	44.4	44.7	36.7	**49.6**	54.5	**51.5**
国 山梨大	教育学部	**41.8**	44.2	36.2	39.8	**41.0**	52.9	**49.5**
	医学部（医学科）	**63.6**	67.7	61.3	66.1	**67.8**	73.6	**75.5**
	医学部（看護学科）	**36.8**	43.0	41.1	39.7	**48.7**	56.6	**58.3**
	工学部	**42.1**	44.6	41.1	44.4	**46.6**	50.8	**52.5**
	生命環境学部	**39.0**	38.3	36.6	39.7	**40.8**	46.0	**48.7**
国 信州大	人文学部	**55.8**	49.8	49.2	47.2	**57.5**	67.3	**63.2**
	教育学部	**40.9**	38.8	36.1	43.7	**44.2**	51.1	**50.8**
	経法学部	**45.7**	55.3	45.3	48.3	**54.7**	61.2	**61.3**
	理学部	**45.9**	46.4	47.0	46.5	**49.5**	56.3	**59.4**

全5教科(英・国・数・地歴公・理)7科目の「得点率」(%)=模試の得点(素点)÷900点(満点)×100

大学名	学部(学科等)名	同日	2月	4月	6月	8月	10月	12月
	医学部(医学科)	57.4	64.7	64.0	62.7	66.6	71.0	72.2
	医学部(保健学科)	49.2	52.7	46.6	51.7	51.1	59.6	56.3
	工学部	44.8	46.0	44.1	44.4	49.6	55.1	58.8
	農学部	46.9	49.0	49.3	48.8	52.9	57.3	62.1
	繊維学部	44.1	45.2	43.7	44.2	47.5	55.6	56.5
国 岐阜大	教育学部	46.6	51.7	43.7	42.9	46.0	52.7	52.0
	地域科学部	49.4	50.7	45.8	46.8	52.9	58.2	56.3
	医学部(医学科)	58.6	64.1	61.3	60.5	67.9	67.3	73.5
	医学部(看護学科)	47.4	57.0	43.7	46.3	49.1	56.7	59.4
	工学部	43.9	49.7	45.7	46.6	51.4	57.1	59.3
	応用生物科学部	47.6	50.7	50.1	52.0	59.0	61.4	64.3
	社会システム経営学環	40.4	47.4	46.1	45.8	50.0	61.6	59.0
国 静岡大	人文社会科学部【昼】	49.4	49.6	45.0	49.7	54.1	60.3	59.5
	教育学部	41.9	44.8	39.3	41.4	44.6	53.8	55.3
	情報学部	46.1	48.1	48.6	48.5	55.1	60.9	62.6
	理学部	46.6	49.2	47.0	48.7	52.5	57.5	57.9
	工学部	43.7	48.3	45.2	45.3	50.1	56.7	58.5
	農学部	47.2	49.4	46.9	47.6	53.9	60.0	60.9
国 浜松医科大	医学部(医学科)	58.1	64.6	60.6	63.8	67.3	73.7	76.4
	医学部(看護学科)	42.8	50.7	54.0	48.4	52.4	62.1	62.8
国 愛知教育大	教育学部	44.3	47.6	42.9	46.4	49.4	56.0	56.4
国 名古屋大	文学部	57.9	65.7	59.0	60.0	65.8	72.0	69.9
	教育学部	53.2	56.9	53.9	60.3	62.1	65.5	68.5
	法学部	58.5	61.8	55.1	59.9	64.4	71.4	69.1
	経済学部	55.3	61.3	57.2	59.8	63.4	72.1	69.6
	情報学部	57.3	63.0	57.0	60.7	65.0	69.6	70.3
	理学部	56.7	60.5	56.7	59.0	63.9	69.6	71.9
	医学部(医学科)	66.1	71.7	70.0	72.3	77.2	82.3	80.6
	医学部(保健学科)	47.9	51.3	49.3	51.5	56.1	61.2	64.8
	工学部	53.5	58.8	56.2	57.6	63.2	69.8	71.4
	農学部	50.3	55.7	55.8	55.3	62.0	67.7	69.4
国 名古屋工業大	工学部【昼】	48.7	54.9	48.1	51.0	56.4	62.8	64.4
国 三重大	人文学部	46.3	49.6	46.4	48.2	52.7	58.8	58.5
	教育学部	42.6	45.8	40.7	42.8	47.0	54.3	54.5
	医学部(医学科)	56.5	68.9	59.6	64.4	69.4	72.4	74.2
	医学部(看護学科)	42.3	52.1	43.3	45.4	48.8	51.9	53.0
	工学部	44.1	44.1	42.9	44.2	49.2	56.9	57.6
	生物資源学部	45.2	49.5	47.2	48.0	51.0	57.8	58.9
国 滋賀大	教育学部	43.4	46.8	45.2	46.4	50.0	55.3	52.9
	経済学部【昼】	47.8	53.5	45.9	48.6	53.1	61.3	60.1
	データサイエンス学部	51.9	46.3	46.1	46.7	53.2	60.2	58.1

全５教科（英・国・数・地歴公・理）７科目の「得点率」（%）＝模試の得点（素点）÷900点（満点）×100

大学名	学部（学科等）名	同日	2月	4月	6月	8月	10月	12月
国 滋賀医科大	医学部（医学科）	**57.1**	61.0	64.3	60.2	**69.6**	72.0	**75.1**
	医学部（看護学科）	**42.0**	47.9	36.4	33.2	**39.8**	48.6	**57.1**
国 京都大	総合人間学部	**64.0**	71.3	69.8	70.1	**74.9**	77.5	**76.2**
	文学部	**64.8**	69.6	67.5	70.5	**75.0**	80.2	**78.6**
	教育学部	**65.3**	68.7	63.4	68.2	**71.0**	77.5	**78.6**
	法学部	**64.1**	69.3	66.7	68.7	**72.2**	78.4	**76.0**
	経済学部	**63.9**	69.4	65.8	69.1	**72.4**	78.5	**77.3**
	理学部	**68.5**	72.9	70.8	71.2	**77.7**	80.8	**80.6**
	医学部（医学科）	**76.4**	81.5	80.3	80.0	**75.9**	85.2	**85.0**
	医学部（人間健康科学科）	**59.3**	66.1	64.5	63.7	**70.2**	73.7	**75.2**
	薬学部	**64.0**	73.2	68.6	69.2	**72.9**	79.5	**79.6**
	工学部	**63.4**	69.4	67.4	67.7	**71.5**	77.9	**77.7**
	農学部	**64.6**	69.7	69.1	69.6	**73.2**	76.9	**77.1**
国 京都工芸繊維大	工芸科学部	**50.4**	53.6	50.9	51.5	**57.3**	61.0	**64.2**
国 大阪大	文学部	**56.8**	64.2	60.0	62.5	**68.2**	72.4	**74.9**
	人間科学部	**62.1**	64.1	63.6	64.2	**67.0**	72.5	**73.5**
	外国語学部	**54.8**	58.0	54.2	55.8	**59.7**	68.5	**64.8**
	法学部	**58.8**	64.3	61.3	62.9	**67.2**	74.1	**73.1**
	経済学部	**60.3**	63.4	58.8	62.8	**67.7**	74.0	**73.1**
	理学部	**55.4**	61.2	59.1	60.3	**65.7**	71.8	**73.6**
	医学部（医学科）	**73.6**	76.8	76.4	77.3	**79.2**	84.3	**82.6**
	医学部（保健学科）	**54.9**	57.5	55.7	55.0	**61.9**	66.7	**67.8**
	歯学部	**58.2**	64.4	62.8	61.5	**69.3**	77.0	**70.4**
	薬学部	**59.7**	66.0	62.4	65.4	**67.3**	73.9	**74.8**
	工学部	**55.4**	61.1	60.1	61.4	**65.5**	72.2	**72.4**
	基礎工学部	**55.4**	63.3	59.0	59.7	**65.4**	73.2	**74.3**
国 大阪教育大	教育学部【昼】	**43.4**	44.3	43.5	46.3	**49.7**	57.1	**57.8**
国 神戸大	文学部	**55.6**	60.4	58.6	61.4	**61.7**	71.3	**68.4**
	法学部	**58.1**	63.2	59.2	59.7	**66.2**	72.4	**71.0**
	国際人間科学部	**54.0**	58.9	57.1	58.0	**63.7**	71.5	**69.9**
	経済学部	**54.0**	58.4	53.2	56.9	**62.5**	68.6	**67.8**
	経営学部	**56.4**	59.1	56.0	58.1	**64.7**	70.0	**69.5**
	理学部	**56.9**	63.9	60.3	61.5	**65.3**	71.4	**73.2**
	工学部	**52.3**	55.3	54.3	55.3	**61.1**	67.5	**69.5**
	農学部	**55.8**	58.3	58.0	58.7	**62.2**	68.7	**69.6**
	海洋政策科学部	**49.7**	55.1	50.2	54.3	**55.2**	63.8	**64.3**
	医学部（医学科）	**65.6**	70.9	69.6	69.0	**73.0**	76.7	**79.4**
	医学部（保健学科）	**50.3**	53.5	50.6	51.1	**57.2**	63.4	**65.6**
国 奈良教育大	教育学部	**39.6**	41.3	40.2	38.9	**44.9**	51.3	**49.6**
国 奈良女子大	文学部	**49.4**	58.1	51.4	51.9	**58.5**	63.9	**65.4**
	理学部	**45.0**	52.9	48.5	50.7	**55.1**	57.9	**60.7**

全5教科（英・国・数・地歴公・理）7科目の「得点率」(%)＝模試の得点（素点）÷900点（満点）×100

大学名	学部（学科等）名	同日	2月	4月	6月	8月	10月	12月
	生活環境学部	**52.8**	56.0	51.1	52.8	**58.3**	65.3	**63.3**
	工学部	**50.0**	48.2	49.9	52.0	**58.6**	61.8	**64.9**
国 和歌山大	教育学部	**43.4**	48.6	41.4	42.7	**51.2**	53.8	**54.7**
	経済学部	**43.0**	45.6	42.9	43.1	**47.0**	53.6	**52.1**
	システム工学部	**43.2**	46.7	46.4	46.7	**51.5**	57.6	**58.9**
	観光学部	**44.3**	40.0	43.7	42.9	**45.0**	55.2	**52.8**
	社会インフォマティクス学環	**44.4**	45.9	44.3	44.8	**45.0**	52.1	**57.3**
国 鳥取大	地域学部	**43.9**	43.4	38.6	42.3	**45.4**	52.0	**49.6**
	医学部（医学科）	**54.6**	66.0	65.1	61.8	**66.9**	69.9	**72.7**
	医学部（医学科以外）	**43.3**	47.0	43.4	45.6	**49.9**	58.6	**60.4**
	工学部	**36.5**	42.1	37.1	38.8	**43.3**	48.5	**49.7**
	農学部	**42.8**	47.2	43.7	47.3	**50.3**	53.9	**56.9**
国 島根大	法文学部	**43.8**	52.3	42.9	48.2	**56.7**	59.3	**56.7**
	教育学部	**40.1**	47.0	37.3	41.0	**46.4**	53.4	**52.5**
	人間科学部	**43.2**	42.0	42.6	44.3	**44.8**	60.4	**54.4**
	医学部（医学科）	**57.5**	62.5	59.5	58.3	**62.4**	70.0	**66.4**
	医学部（看護学科）	**36.1**	48.6	38.8	33.9	**43.7**	43.9	**44.7**
	総合理工学部	**34.6**	40.7	37.6	40.5	**42.2**	48.1	**50.4**
	材料エネルギー学部	**34.1**	35.2	32.3	33.9	**39.1**	47.1	**48.6**
	生物資源科学部	**40.9**	43.3	42.8	41.6	**48.4**	47.4	**52.5**
国 岡山大	文学部	**45.6**	50.6	46.8	52.4	**57.4**	64.2	**62.9**
	教育学部	**41.3**	46.4	44.1	46.5	**52.4**	60.0	**59.6**
	法学部【昼】	**49.0**	50.3	50.0	51.9	**56.7**	62.9	**62.3**
	経済学部【昼】	**43.9**	49.9	48.4	50.6	**56.6**	63.6	**62.9**
	理学部	**45.0**	39.5	43.1	44.6	**51.4**	59.8	**60.7**
	医学部（医学科）	**63.8**	70.0	69.4	67.0	**72.1**	76.8	**77.6**
	医学部（保健学科）	**43.7**	51.1	49.2	48.7	**52.4**	59.8	**61.5**
	歯学部	**50.8**	49.8	52.4	50.7	**56.0**	61.9	**66.3**
	薬学部	**50.5**	59.1	54.3	54.6	**60.9**	66.6	**67.2**
	工学部	**44.3**	47.6	45.4	47.0	**52.6**	59.2	**60.5**
	農学部	**43.1**	48.2	46.9	47.9	**51.7**	58.7	**61.7**
国 広島大	総合科学部	**51.5**	54.8	51.4	50.8	**57.6**	63.0	**61.4**
	文学部	**54.0**	54.9	52.3	52.4	**59.6**	66.2	**65.1**
	教育学部	**47.8**	51.8	47.9	50.8	**54.4**	62.7	**61.9**
	法学部【昼】	**51.3**	55.5	52.1	51.4	**56.9**	64.8	**65.9**
	経済学部【昼】	**48.7**	51.7	48.8	49.6	**55.0**	63.9	**63.3**
	理学部	**48.5**	56.6	52.3	52.4	**57.0**	61.6	**62.0**
	医学部（医学科）	**59.9**	68.7	67.6	67.2	**73.4**	77.5	**78.5**
	医学部（保健学科）	**46.3**	51.9	42.1	45.7	**50.8**	57.2	**56.8**
	歯学部	**48.6**	53.7	51.0	50.2	**54.7**	60.6	**62.9**
	薬学部	**52.6**	57.8	53.0	51.9	**59.2**	62.4	**64.4**

全５教科（英・国・数・地歴公・理）７科目の「得点率」（％）＝模試の得点（素点）÷900点（満点）×100

大学名	学部（学科等）名	同日	2月	4月	6月	8月	10月	12月
	工学部	47.3	50.5	48.1	49.4	55.1	60.0	62.3
	生物生産学部	46.5	56.0	48.8	48.9	55.4	62.4	63.5
	情報科学部	46.4	53.7	48.4	50.5	56.5	62.6	64.6
国 山口大	人文学部	40.6	47.8	46.8	48.6	52.5	61.0	59.9
	教育学部	42.9	49.9	46.3	48.0	52.1	56.3	54.0
	経済学部	41.3	46.6	43.6	46.0	50.6	58.8	57.8
	理学部	48.0	41.4	42.8	42.7	47.7	52.5	52.9
	医学部（医学科）	59.3	64.2	65.5	62.1	66.0	72.5	72.7
	医学部（保健学科）	43.2	46.0	39.8	44.4	47.8	52.5	50.6
	工学部	40.7	42.2	40.2	41.1	45.0	50.9	52.9
	農学部	42.7	50.1	43.8	43.6	50.5	53.3	55.4
	共同獣医学部	51.4	52.8	59.5	54.3	62.7	66.6	68.8
	国際総合科学部	40.6	41.5	42.0	43.8	44.0	53.9	52.9
国 徳島大	総合科学部	52.7	42.1	40.0	42.9	49.1	56.6	55.9
	医学部（医学科）	59.6	63.9	62.8	63.0	66.1	71.7	71.6
	医学部（医学科以外）	42.2	45.3	44.0	44.2	50.1	56.3	55.7
	歯学部	58.7	61.4	60.0	60.5	59.9	76.8	71.6
	薬学部	53.0	61.1	57.8	60.4	57.8	69.0	69.9
	理工学部【昼】	38.7	41.1	38.4	41.1	43.9	50.2	50.7
	生物資源産業学部	42.4	43.4	42.4	43.4	47.0	50.1	52.9
国 香川大	教育学部	40.2	43.9	43.2	41.8	49.7	54.5	52.8
	法学部【昼】	45.3	42.9	43.5	46.7	52.0	60.6	58.8
	経済学部【昼】	42.6	46.1	41.0	43.7	48.8	54.1	56.0
	医学部（医学科）	56.4	66.2	58.4	61.8	70.4	70.8	69.4
	医学部（医学科以外）	45.9	47.6	45.3	47.2	52.2	61.9	61.5
	創造工学部	42.2	42.0	39.7	41.3	44.3	51.7	52.9
	農学部	43.0	50.0	43.6	41.8	47.9	52.9	52.6
国 愛媛大	法文学部【昼】	45.1	48.0	44.7	45.4	52.1	59.4	58.5
	教育学部	44.5	48.5	42.5	47.3	49.8	56.8	55.6
	理学部	43.9	45.6	44.0	44.9	48.2	55.2	55.3
	医学部（医学科）	56.4	57.9	55.7	55.2	64.3	67.2	73.7
	医学部（看護学科）	40.4	34.2	36.6	32.9	46.3	48.6	56.7
	工学部	39.6	41.5	39.0	40.0	44.9	51.9	53.5
	農学部	42.1	45.1	39.8	43.5	44.3	50.8	54.9
	社会共創学部	27.9	30.2	34.4	40.0	42.1	48.5	49.8
国 高知大	人文社会科学部	38.7	45.6	43.7	44.8	46.5	51.4	52.7
※地域協働学部除く	理工学部	34.1	38.7	36.5	35.7	36.7	45.3	44.6
	医学部（医学科）	54.5	61.0	60.7	62.2	61.7	71.6	68.8
	医学部（看護学科）	40.7	43.4	39.2	43.9	48.4	49.8	48.8
	農林海洋科学部	40.9	36.6	39.6	39.3	42.0	49.0	54.8
	教育学部	38.9	39.6	36.1	44.2	42.4	47.1	47.7

全５教科（英・国・数・地歴公・理）７科目の「得点率」（%）＝模試の得点（素点）÷900点（満点）×100

大学名	学部（学科等）名	同日	2月	4月	6月	8月	10月	12月
国 九州大	文学部	**56.9**	63.5	62.0	61.2	**64.6**	73.2	**69.9**
	教育学部	**49.9**	46.0	51.4	48.4	**62.6**	64.8	**64.1**
	法学部	**55.1**	62.2	59.2	59.7	**61.8**	69.9	**69.9**
	経済学部	**51.7**	58.1	53.9	56.4	**59.9**	66.5	**66.8**
	理学部	**52.3**	58.4	54.5	55.8	**61.3**	66.4	**68.1**
	医学部（医学科）	**71.0**	75.4	74.3	73.8	**79.0**	83.3	**84.0**
	医学部（医学科以外）	**47.4**	52.7	51.4	51.6	**56.3**	62.5	**64.4**
	歯学部	**50.4**	61.6	51.5	54.0	**62.5**	65.1	**66.9**
	薬学部	**56.9**	64.9	63.9	63.6	**67.8**	73.4	**75.8**
	工学部	**54.8**	59.3	56.3	57.2	**62.5**	68.9	**69.4**
	芸術工学部	**50.6**	55.0	52.3	53.6	**61.8**	65.3	**69.6**
	農学部	**50.8**	57.3	55.8	55.9	**59.4**	64.8	**67.0**
	共創学部	**53.9**	60.1	54.5	53.7	**62.4**	64.5	**66.7**
国 九州工業大	工学部	**47.3**	51.1	48.1	48.8	**53.5**	58.8	**60.7**
	情報工学部	**45.5**	51.4	46.4	47.1	**52.6**	58.0	**59.2**
国 福岡教育大	教育学部	**41.1**	43.0	38.7	41.0	**44.0**	50.7	**51.9**
国 佐賀大	教育学部	**35.8**	38.6	34.9	40.0	**43.7**	53.8	**55.4**
	経済学部	**44.5**	45.9	43.1	45.4	**47.4**	56.2	**55.3**
	医学部（医学科）	**60.1**	65.1	63.8	63.7	**69.3**	72.5	**76.8**
	医学部（看護学科）	**47.5**	58.7	47.6	38.3	**48.3**	49.7	**54.7**
	理工学部	**41.6**	45.5	39.9	41.7	**44.8**	50.5	**52.5**
	農学部	**42.6**	42.8	39.1	38.6	**46.5**	50.8	**52.5**
	芸術地域デザイン学部	**46.4**	44.5	41.1	40.3	**43.4**	52.3	**52.3**
国 長崎大	多文化社会学部	**43.5**	54.1	48.8	38.7	**54.9**	59.2	**58.9**
	教育学部	**47.2**	43.9	43.2	40.9	**47.6**	52.7	**56.5**
	経済学部	**43.5**	47.2	41.5	45.4	**48.6**	55.0	**55.7**
	医学部（医学科）	**58.2**	62.1	62.8	62.1	**65.0**	71.2	**75.4**
	医学部（保健学科）	**40.7**	39.8	39.8	41.4	**46.4**	53.1	**55.1**
	歯学部	**45.2**	51.8	43.6	49.8	**55.6**	57.7	**62.6**
	薬学部	**50.3**	53.6	57.2	54.3	**60.1**	63.9	**67.2**
	情報データ科学部	**44.8**	44.0	42.6	45.3	**46.1**	50.1	**52.8**
	工学部	**38.3**	42.5	39.2	41.3	**44.3**	51.6	**52.8**
	環境科学部	**38.1**	43.4	40.0	39.4	**45.3**	50.0	**50.5**
	水産学部	**41.0**	46.6	39.6	41.1	**47.4**	53.0	**53.6**
国 熊本大	文学部	**47.0**	61.1	49.9	50.2	**54.1**	62.1	**61.9**
	教育学部	**43.9**	50.4	44.5	48.5	**52.7**	56.7	**56.7**
	法学部	**48.7**	49.3	49.6	51.9	**55.9**	60.6	**61.5**
	理学部	**47.0**	51.9	47.5	49.9	**53.9**	59.8	**61.9**
	医学部（医学科）	**58.6**	64.7	64.5	67.8	**70.9**	74.8	**75.1**
	医学部（保健学科）	**46.9**	51.4	48.1	49.1	**51.2**	54.2	**57.2**
	薬学部	**46.3**	50.6	45.0	44.9	**54.5**	62.9	**65.8**

全５教科（英・国・数・地歴公・理）７科目の「得点率」（%）＝模試の得点（素点）÷900点（満点）×100

大学名	学部(学科等)名	同日	2月	4月	6月	8月	10月	12月
	工学部	**44.5**	49.8	44.5	45.9	**50.0**	56.3	**57.8**
国 大分大	教育学部	**34.6**	40.0	36.8	42.4	**44.2**	50.6	**54.3**
	経済学部	**40.2**	44.4	43.0	45.2	**46.9**	55.0	**52.9**
	医学部(医学科)	**59.8**	62.2	62.2	63.2	**64.6**	70.2	**71.5**
	医学部(医学科以外)	**43.7**	44.4	44.4	44.1	**46.8**	51.8	**54.2**
	理工学部	**40.3**	44.3	42.5	41.1	**43.4**	49.9	**49.9**
	福祉健康科学部	**40.2**	43.1	38.9	37.7	**44.1**	53.4	**52.1**
国 宮崎大	教育学部	**32.1**	41.1	37.8	39.9	**38.9**	44.9	**47.6**
	医学部(医学科)	**52.3**	66.6	67.1	63.4	**69.2**	72.0	**72.7**
	医学部(看護学科)	**39.5**	44.3	38.7	38.1	**44.3**	51.4	**49.4**
	工学部	**36.2**	44.8	35.9	42.9	**43.8**	48.5	**49.4**
	農学部	**37.7**	44.0	38.7	45.4	**43.4**	51.8	**55.1**
	地域資源創成学部	**46.7**	40.1	40.2	45.0	**41.4**	46.8	**49.6**
国 鹿児島大	法文学部	**46.2**	47.1	44.1	45.7	**52.0**	56.7	**54.4**
	教育学部	**41.0**	43.0	33.1	40.6	**43.6**	53.1	**49.6**
	理学部	**35.1**	40.3	39.6	42.8	**43.7**	50.3	**54.5**
	医学部(医学科)	**59.1**	63.9	62.4	66.7	**68.7**	74.9	**74.5**
	医学部(保健学科)	**44.6**	46.2	41.2	44.0	**47.0**	52.0	**52.9**
	歯学部	**48.1**	62.1	57.2	58.2	**56.9**	62.8	**65.3**
	工学部	**42.6**	49.8	44.9	44.9	**46.3**	51.6	**54.8**
	農学部	**41.0**	48.2	42.0	43.0	**47.1**	51.2	**52.6**
	水産学部	**39.4**	40.9	36.4	37.8	**42.5**	48.9	**49.8**
	共同獣医学部	**50.4**	61.5	52.9	60.0	**61.2**	66.5	**74.3**
国 琉球大	人文社会学部	**41.4**	40.7	36.7	40.5	**44.0**	50.3	**47.0**
	国際地域創造学部【昼】	**41.4**	44.2	38.4	39.3	**48.2**	51.4	**51.7**
	教育学部	**36.7**	35.0	41.8	35.8	**44.0**	54.6	**46.8**
	理学部	**36.8**	43.8	37.8	41.7	**44.1**	49.4	**49.2**
	医学部(医学科)	**60.1**	67.5	67.0	63.6	**67.8**	71.1	**74.0**
	医学部(保健学科)	**48.8**	42.3	39.0	45.6	**50.5**	56.0	**57.5**
	工学部	**41.9**	46.3	37.4	41.2	**42.3**	45.8	**46.7**
	農学部	**34.0**	41.0	36.7	39.0	**41.5**	47.4	**51.7**

公立大学

全５教科（英・国・数・地歴公・理）７科目の「得点率」（%）＝模試の得点（素点）÷900点（満点）×100

大学名	学部(学科等)名	同日	2月	4月	6月	8月	10月	12月
公 札幌医科大	医学部	**57.0**	66.2	60.8	62.8	**67.7**	72.8	**73.8**
	保健医療学部	**43.8**	51.7	38.3	46.0	**48.7**	56.3	**55.1**
公 岩手県立大	看護学部	**32.0**	37.9	33.6	38.9	**37.9**	43.0	**52.2**
	社会福祉学部	**38.6**	42.0	38.6	38.8	**42.9**	41.1	**49.9**
	ソフトウェア情報学部	**37.9**	40.6	37.1	47.0	**50.3**	47.4	**46.4**
	総合政策学部	**46.2**	41.1	39.9	46.3	**45.3**	53.7	**51.7**
公 宮城大	看護学群	**40.7**	39.3	35.5	43.6	**43.9**	52.1	**50.1**
	事業構想学群	**40.6**	44.9	40.3	40.8	**43.8**	50.4	**49.9**

全５教科（英・国・数・地歴公・理）７科目の「得点率」（％）＝模試の得点（素点）÷900点（満点）×100

大学名	学部（学科等）名	同日	2月	4月	6月	8月	10月	12月
	食産業学群	**38.3**	34.1	30.9	37.1	**36.7**	41.2	**43.7**
公 国際教養大	国際教養学部	**61.4**	67.7	63.8	63.2	**66.7**	71.7	**70.5**
公 会津大	コンピュータ理工学部	**39.5**	46.3	42.9	42.5	**45.0**	51.6	**50.3**
公 福島県立医科大	医学部	**58.1**	66.1	66.7	63.6	**67.0**	73.8	**71.7**
	看護学部	**41.6**	44.0	37.2	44.7	**47.6**	53.6	**57.5**
	保健科学部	**43.2**	45.9	53.2	50.9	**51.8**	56.3	**61.3**
公 高崎経済大	経済学部	**44.9**	48.1	44.2	46.9	**48.9**	56.2	**56.0**
	地域政策学部	**42.8**	44.6	40.1	40.5	**46.1**	51.2	**51.5**
公 埼玉県立大	保健医療福祉学部	**40.9**	44.5	39.1	42.0	**47.0**	54.6	**56.2**
公 東京都立大	人文社会学部	**53.4**	57.3	50.0	53.7	**59.7**	64.2	**65.7**
	法学部	**52.6**	56.0	52.0	54.9	**61.4**	67.0	**66.3**
	経済経営学部	**49.6**	55.4	49.4	51.2	**55.9**	63.7	**63.4**
	理学部	**54.9**	49.4	49.5	53.2	**54.9**	62.0	**63.1**
	都市環境学部	**49.7**	55.0	50.5	50.9	**55.7**	62.4	**64.0**
	システムデザイン学部	**46.2**	49.8	48.7	49.4	**55.5**	60.4	**61.9**
	健康福祉学部	**47.5**	48.1	40.3	46.2	**50.6**	58.1	**60.8**
公 横浜市立大	医学部（医学科）	**59.3**	64.6	64.9	63.2	**73.3**	77.7	**75.6**
	医学部（看護学科）	**45.0**	46.9	43.3	46.8	**48.5**	56.8	**55.0**
	データサイエンス学部	**46.4**	51.8	50.0	51.6	**58.7**	62.2	**65.5**
	国際教養学部	**49.7**	55.6	50.8	49.9	**58.9**	64.5	**63.1**
	国際商学部	**48.5**	51.1	47.5	48.5	**54.8**	62.6	**60.8**
	理学部	**44.8**	51.0	48.7	49.8	**54.6**	59.8	**61.0**
公 福井県立大	経済学部	**42.4**	32.3	38.4	39.0	**43.2**	50.1	**50.2**
	生物資源学部	**38.9**	39.1	34.7	34.2	**41.4**	53.0	**51.9**
	海洋生物資源学部	**38.8**	42.7	39.1	41.6	**44.3**	47.6	**47.8**
	看護福祉学部	**40.0**	40.0	37.3	41.9	**39.6**	49.6	**51.4**
公 都留文科大	文学部	**46.1**	50.7	46.1	51.1	**54.0**	58.1	**60.6**
	教養学部	**41.5**	47.2	39.5	40.2	**47.9**	55.6	**55.8**
公 静岡県立大	薬学部	**55.6**	55.2	52.4	54.4	**59.1**	64.2	**66.9**
	食品栄養科学部	**41.3**	46.4	43.1	42.0	**46.7**	53.5	**52.1**
	国際関係学部	**43.7**	56.1	41.4	40.2	**46.9**	52.9	**53.8**
	経営情報学部	**53.0**	52.0	43.9	53.0	**48.9**	67.4	**59.3**
	看護学部	**45.7**	46.2	40.9	43.8	**47.5**	54.2	**52.0**
公 愛知県立大	外国語学部	**43.0**	49.2	47.8	46.0	**50.9**	58.0	**55.4**
	日本文化学部	**53.8**	61.0	48.4	53.0	**57.7**	63.8	**62.1**
	教育福祉学部	**50.1**	43.8	45.9	43.2	**50.5**	56.6	**57.6**
	看護学部	**44.7**	40.7	41.5	42.2	**45.2**	54.2	**58.1**
	情報科学部	**46.1**	43.5	39.6	43.3	**44.5**	53.4	**55.4**
公 名古屋市立大	医学部	**55.1**	63.3	59.7	62.4	**68.1**	72.4	**75.7**
	薬学部	**55.0**	64.6	60.9	63.0	**67.8**	70.2	**73.5**
	経済学部	**48.3**	57.7	51.3	51.5	**58.2**	65.3	**64.3**

全５教科（英・国・数・地歴公・理）７科目の「得点率」（％）＝模試の得点（素点）÷900点（満点）×100

大学名	学部（学科等）名	同日	2月	4月	6月	8月	10月	12月
	人文社会学部	50.9	59.9	50.6	52.9	59.2	66.3	65.1
	芸術工学部	45.4	41.9	44.5	45.1	52.2	57.9	55.1
	看護学部	41.5	40.1	41.1	46.9	51.5	58.4	57.2
	総合生命理学部	48.6	55.8	53.3	52.4	58.0	62.4	63.8
	データサイエンス学部	48.2	62.9	45.0	48.4	55.9	66.1	62.3
公滋賀県立大	環境科学部	41.3	43.4	39.0	42.0	45.2	53.9	53.8
	工学部	36.4	37.2	36.4	41.1	47.8	50.7	52.1
	人間文化学部	50.5	51.8	49.1	49.2	48.2	61.2	62.1
	人間看護学部	37.8	37.9	40.3	44.0	45.7	55.7	51.7
公京都府立大	文学部	50.0	53.5	51.7	52.0	57.5	62.9	61.5
	公共政策学部	46.3	53.7	50.6	55.3	56.6	58.7	61.6
	生命環境学部	48.9	56.3	48.5	50.5	54.3	60.7	62.7
公京都府立医科大	医学部（医学科）	64.6	68.8	68.4	68.3	71.3	73.6	78.8
	医学部（看護学科）	53.3	64.1	54.6	48.5	56.9	67.2	63.2
公大阪公立大	現代システム科学域	49.4	51.0	52.6	52.9	56.6	63.4	63.7
	文学部	56.9	58.9	53.9	55.6	61.8	67.8	66.9
	法学部	51.6	57.3	53.6	55.1	59.9	68.5	65.7
	経済学部	53.0	57.2	53.9	54.7	59.4	66.4	66.3
	商学部	50.6	52.1	49.7	51.0	57.7	65.5	64.4
	理学部	49.6	55.3	51.0	51.7	56.2	65.1	66.1
	工学部	53.1	59.4	56.6	57.4	61.4	68.1	69.0
	農学部	51.2	55.5	53.0	53.6	59.5	64.9	68.3
	獣医学部	54.5	62.4	58.4	61.4	64.4	71.2	71.8
	医学部（医学科）	62.1	74.1	70.0	69.9	72.1	77.2	80.0
	医学部（リハビリテーション学科）	53.9	52.1	44.0	50.1	51.6	63.9	63.6
	看護学部	47.5	50.5	46.2	48.2	53.8	58.8	59.8
	生活科学部	51.2	51.2	49.5	51.6	55.2	62.7	64.0
公神戸市外国語大	外国語学部【昼】	49.5	54.4	48.0	50.5	56.6	62.4	62.2
公兵庫県立大	国際商経学部	45.8	50.6	45.5	46.2	52.9	59.8	60.5
	社会情報科学部	42.6	48.6	46.1	47.3	54.1	59.0	60.8
	工学部	44.1	46.4	44.3	46.3	50.2	56.2	58.5
	理学部	46.7	49.9	47.0	49.1	53.6	59.5	61.4
	環境人間学部	44.8	46.3	46.7	48.7	52.3	61.0	59.8
	看護学部	40.9	43.5	45.5	45.2	46.9	54.7	56.7
公奈良県立医科大	医学部（医学科）	63.0	71.2	66.8	68.7	72.4	74.7	76.7
	医学部（看護学科）	47.4	53.4	47.0	49.6	52.8	60.9	58.4
公和歌山県立医科大	医学部	55.9	60.8	59.4	63.4	68.5	72.8	74.8
	保健看護学部	41.3	45.9	46.2	53.4	55.9	52.4	58.7
	薬学部	50.9	52.7	50.4	55.0	58.1	63.4	65.8
公岡山県立大	保健福祉学部	39.6	41.9	39.5	43.0	48.7	50.7	48.9
	情報工学部	48.0	48.1	42.9	46.5	49.6	54.3	57.9

全５教科（英・国・数・地歴公・理）７科目の「得点率」（%）＝模試の得点（素点）÷900点（満点）×100

大学名	学部（学科等）名	同日	2月	4月	6月	8月	10月	12月
	デザイン学部	**39.7**	44.7	39.6	47.4	**46.4**	52.1	**54.2**
公 県立広島大	地域創生学部	**43.5**	42.9	39.9	41.1	**46.0**	53.9	**54.3**
	生物資源科学部	**42.4**	38.6	39.4	40.6	**42.0**	46.3	**51.0**
	保健福祉学部	**43.0**	43.2	45.1	39.7	**48.2**	55.6	**51.0**
公 広島市立大	国際学部	**52.2**	46.8	45.0	43.3	**52.3**	57.4	**60.6**
	情報科学部	**39.3**	37.0	34.2	35.3	**40.9**	46.1	**50.1**
	芸術学部	**39.3**	41.4	37.9	39.7	**43.8**	50.2	**50.7**
公 下関市立大	経済学部	**42.9**	46.1	42.5	44.5	**48.5**	55.9	**55.4**
公 北九州市立大	外国語学部	**42.5**	44.4	41.3	42.8	**43.9**	51.1	**54.5**
	経済学部	**41.3**	42.5	44.6	41.2	**45.3**	51.7	**51.3**
	文学部	**40.6**	42.3	37.4	40.2	**48.1**	51.5	**54.5**
	法学部	**41.1**	43.4	37.9	42.9	**43.0**	50.7	**52.3**
	地域創生学群	**42.4**	35.8	35.6	31.8	**42.3**	46.2	**46.6**
	国際環境工学部	**42.1**	41.3	38.9	42.1	**45.1**	49.9	**50.3**
公 福岡女子大	国際文理学部	**44.2**	45.1	44.6	47.6	**50.1**	55.1	**57.9**
公 長崎県立大	経営学部	**33.9**	41.7	35.5	36.0	**41.5**	45.9	**48.9**
	国際社会学部	**39.9**	42.1	42.4	39.7	**37.3**	44.9	**44.7**
	看護栄養学部	**39.9**	42.1	37.8	41.0	**47.5**	52.8	**52.4**
	情報システム学部	**37.9**	35.1	42.5	39.1	**47.2**	49.2	**50.8**
	地域創造学部	**36.3**	43.2	36.6	41.4	**39.4**	45.7	**45.5**
公 熊本県立大	文学部	**34.4**	41.9	39.9	35.4	**48.6**	53.7	**53.4**
	環境共生学部	**35.2**	37.7	36.9	39.4	**41.9**	46.8	**49.0**
	総合管理学部	**37.8**	38.7	35.8	36.4	**42.4**	48.5	**49.1**

私立大学・その他

全５教科（英・国・数・地歴公・理）７科目の「得点率」（%）＝模試の得点（素点）÷900点（満点）×100

大学名	学部（学科等）名	同日	2月	4月	6月	8月	10月	12月
私 北海学園大	経済学部【昼】	**40.2**	47.5	42.3	44.2	**47.9**	55.0	**55.9**
	経営学部【昼】	**39.5**	42.7	37.0	38.8	**43.9**	52.7	**52.2**
	法学部【昼】	**41.2**	45.2	38.5	42.7	**45.2**	55.0	**55.6**
	人文学部【昼】	**45.7**	43.1	43.2	47.1	**50.6**	52.3	**53.8**
	工学部	**35.8**	35.7	35.6	34.9	**37.5**	42.9	**46.4**
私 酪農学園大	農食環境学群	**36.0**	37.4	34.4	35.8	**37.0**	42.9	**41.9**
	獣医学群	**47.5**	49.9	50.0	50.4	**52.7**	59.4	**60.9**
私 東北学院大	文学部	**42.3**	40.4	39.2	41.4	**47.3**	52.7	**52.0**
	経済学部	**38.3**	38.1	33.4	38.0	**43.0**	50.8	**51.6**
	経営学部	**36.7**	37.4	34.7	40.2	**42.7**	50.6	**49.8**
	法学部	**43.0**	44.8	41.9	43.1	**47.6**	54.7	**53.7**
	工学部	**38.8**	42.5	38.4	40.5	**44.1**	48.3	**50.2**
	情報学部	**43.2**	49.4	41.3	45.5	**47.8**	51.5	**53.2**
	人間科学部	**46.4**	44.5	41.8	40.0	**45.9**	53.3	**50.6**
	国際学部	**43.1**	44.0	44.3	46.3	**49.6**	56.6	**55.2**
	地域総合学部	**41.6**	40.2	39.3	35.0	**41.7**	50.1	**49.8**

全５教科（英・国・数・地歴公・理）７科目の「得点率」（%）＝模試の得点（素点）÷900点（満点）×100

大学名	学部（学科等）名	同日	2月	4月	6月	8月	10月	12月
私 自治医科大	医学部	**59.4**	65.9	63.6	64.9	**68.1**	75.3	**75.0**
	看護学部	**44.4**	44.0	41.7	41.9	**44.1**	51.7	**61.4**
私 獨協大	外国語学部	**45.8**	52.0	45.0	51.3	**54.5**	58.3	**59.5**
	国際教養学部	**43.8**	44.0	47.5	45.3	**53.9**	60.4	**60.4**
	経済学部	**45.5**	49.6	43.6	44.6	**49.9**	57.0	**55.3**
	法学部	**46.3**	50.5	47.4	50.1	**53.6**	61.1	**60.4**
私 文教大	教育学部	**46.7**	49.4	44.7	43.8	**50.5**	58.7	**56.8**
	人間科学部	**43.7**	45.8	41.4	44.2	**48.9**	54.6	**53.8**
	文学部	**51.2**	48.6	42.2	48.6	**46.7**	56.3	**54.1**
	情報学部	**39.7**	47.6	41.3	41.6	**44.0**	52.0	**49.1**
	国際学部	**42.1**	43.6	38.3	43.7	**50.1**	59.8	**51.3**
	健康栄養学部	**36.7**	38.8	29.2	31.2	**44.7**	46.6	**39.4**
	経営学部	**45.5**	47.9	40.2	35.8	**42.4**	50.0	**50.5**
私 千葉工業大	工学部	**42.8**	43.7	41.5	43.3	**46.9**	52.2	**53.2**
	創造工学部	**43.0**	44.2	42.8	43.8	**49.1**	54.0	**54.9**
	先進工学部	**43.0**	41.8	42.1	44.2	**47.1**	52.8	**52.8**
	情報科学部	**44.7**	43.9	43.5	44.7	**50.5**	54.8	**56.2**
	社会システム科学部	**41.4**	39.0	40.6	42.2	**46.0**	52.3	**52.0**
私 青山学院大	文学部	**54.7**	56.4	55.9	55.0	**61.2**	68.7	**66.5**
	教育人間科学部	**53.8**	61.6	54.7	59.1	**63.1**	68.5	**66.7**
	経済学部	**53.1**	57.3	53.8	57.4	**61.6**	69.3	**67.5**
	法学部	**54.9**	59.4	55.2	57.5	**63.5**	68.5	**66.5**
	経営学部	**52.7**	56.3	53.2	56.2	**59.5**	65.0	**65.2**
	国際政治経済学部	**56.2**	60.6	57.7	60.9	**66.1**	70.3	**70.5**
	総合文化政策学部	**54.1**	58.0	56.4	56.4	**63.1**	69.9	**68.6**
	理工学部	**50.2**	53.2	51.4	52.4	**58.2**	63.5	**65.0**
	社会情報学部	**51.8**	53.6	51.1	56.1	**57.1**	63.6	**64.5**
	地球社会共生学部	**53.1**	54.2	54.9	57.0	**57.8**	63.1	**64.5**
	コミュニティ人間科学部	**49.6**	53.4	50.8	53.6	**61.3**	65.0	**60.5**
私 亜細亜大	経営学部	**41.6**	53.7	44.7	42.3	**46.5**	52.8	**53.2**
	経済学部	**32.6**	29.7	40.2	31.5	**37.8**	51.0	**51.2**
	法学部	**41.9**	39.6	38.5	41.3	**46.0**	53.8	**48.3**
	国際関係学部	**43.7**	46.4	36.7	44.1	**43.9**	50.6	**51.7**
	都市創造学部	**38.2**	40.1	41.0	50.8	**39.7**	44.6	**50.2**
私 大妻女子大	家政学部	**38.0**	49.5	40.5	43.3	**47.4**	54.8	**55.8**
	文学部	**41.9**	44.0	43.3	44.0	**47.1**	51.8	**52.3**
	社会情報学部	**43.0**	42.4	43.2	45.4	**47.1**	53.6	**51.8**
	人間関係学部	**38.7**	40.4	40.2	41.9	**42.6**	49.4	**49.9**
	比較文化学部	**42.4**	53.1	44.1	41.6	**49.8**	55.9	**48.4**
私 学習院大	法学部	**53.8**	57.9	51.3	54.1	**62.3**	69.8	**66.2**
	経済学部	**53.9**	56.0	50.1	55.3	**60.8**	66.4	**64.6**

全５教科（英・国・数・地歴公・理）７科目の「得点率」（%）＝模試の得点（素点）÷900点（満点）×100

大学名	学部（学科等）名	同日	2月	4月	6月	8月	10月	12月
	文学部	**50.6**	55.5	50.0	53.5	**59.6**	65.9	**65.3**
	理学部	**44.5**	52.3	48.5	52.0	**54.2**	60.7	**64.1**
	国際社会科学部	**48.3**	55.9	50.2	55.1	**57.2**	65.5	**63.2**
私 杏林大	外国語学部	**39.9**	42.1	29.6	40.4	**44.4**	50.8	**51.3**
	総合政策学部	**31.6**	42.1	38.6	40.4	**44.4**	50.8	**51.3**
	保健学部	**42.9**	42.9	42.0	42.6	**48.1**	55.1	**57.3**
	医学部	**58.7**	62.5	61.3	61.6	**65.4**	69.5	**70.6**
私 慶應義塾大	文学部	**56.0**	63.8	58.3	60.7	**65.6**	71.4	**70.8**
	経済学部	**62.3**	66.6	63.0	64.9	**69.5**	74.3	**73.7**
	法学部	**62.2**	68.2	66.3	68.6	**69.5**	76.6	**74.0**
	商学部	**61.4**	66.5	62.6	65.5	**69.6**	75.3	**73.6**
	理工学部	**64.0**	68.4	66.6	68.2	**72.7**	77.3	**77.0**
	医学部	**75.3**	82.1	81.3	78.3	**83.3**	87.8	**85.0**
	看護医療学部	**52.5**	57.0	49.7	54.1	**58.9**	63.9	**65.1**
	総合政策学部	**53.8**	56.0	52.4	55.1	**59.2**	65.0	**64.8**
	環境情報学部	**54.6**	56.9	52.8	55.1	**62.6**	64.5	**65.7**
	薬学部	**60.7**	64.6	62.9	64.3	**68.9**	73.4	**73.4**
私 工学院大	工学部	**44.1**	45.8	44.5	45.0	**50.4**	56.1	**57.0**
	建築学部	**48.1**	49.0	46.9	48.6	**53.6**	59.3	**59.5**
	情報学部	**49.4**	50.4	49.3	50.6	**54.9**	59.5	**61.8**
	先進工学部	**46.1**	47.8	47.7	47.1	**51.6**	59.1	**59.6**
私 國學院大	文学部	**48.1**	52.7	50.5	54.0	**57.1**	64.9	**62.8**
	神道文化学部【昼】	**61.2**	57.4	55.4	47.9	**58.1**	70.1	**65.6**
	法学部	**52.4**	48.4	46.6	48.1	**56.8**	62.8	**58.9**
	経済学部	**49.1**	53.0	48.3	52.5	**57.6**	62.5	**60.3**
	観光まちづくり学部	**48.5**	50.7	48.7	44.8	**54.9**	60.1	**60.4**
	人間開発学部	**48.4**	43.8	46.6	47.8	**52.9**	61.2	**60.7**
私 国際基督教大	教養学部	**57.5**	61.5	61.4	60.7	**66.4**	71.0	**69.1**
私 駒澤大	仏教学部	**47.8**	45.4	43.9	57.7	**54.5**	57.2	**58.3**
	文学部	**46.5**	52.6	47.4	50.2	**55.2**	61.1	**60.0**
	経済学部	**40.0**	45.3	43.5	47.4	**50.4**	58.7	**56.4**
	法学部【昼】	**45.5**	51.9	45.3	47.7	**51.9**	57.8	**57.0**
	経営学部	**45.1**	45.7	47.3	49.5	**51.4**	64.2	**62.0**
	医療健康科学部	**41.4**	41.6	43.9	42.2	**45.7**	55.6	**57.0**
	グローバル・メディア・スタディーズ学部	**46.0**	49.2	46.1	43.2	**50.7**	52.8	**54.6**
私 芝浦工業大	工学部	**49.5**	52.4	49.8	51.2	**56.4**	62.2	**63.0**
	システム理工学部	**48.7**	52.2	49.7	50.7	**55.7**	61.5	**61.9**
	デザイン工学部	**50.4**	53.2	50.5	50.7	**55.3**	60.4	**61.9**
	建築学部	**50.2**	55.7	53.2	52.8	**58.3**	65.3	**65.8**
私 順天堂大	医学部	**65.3**	73.4	69.9	71.8	**74.7**	76.6	**78.3**
	スポーツ健康科学部	**46.8**	50.1	44.1	41.7	**45.2**	52.4	**53.4**

全５教科（英・国・数・地歴公・理）７科目の「得点率」（%）＝模試の得点（素点）÷900点（満点）×100

大学名	学部（学科等）名	同日	2月	4月	6月	8月	10月	12月
	医療看護学部	**44.3**	46.9	42.9	46.5	**53.2**	57.4	**59.2**
	保健看護学部	**35.2**	45.6	40.5	49.3	**47.4**	52.7	**52.9**
	国際教養学部	**49.9**	47.1	47.5	46.6	**50.3**	58.4	**53.3**
	保健医療学部	**44.8**	45.5	43.9	48.2	**51.3**	58.9	**61.9**
	医療科学部	**44.8**	46.2	45.1	45.4	**50.9**	55.0	**57.6**
	健康データサイエンス学部	**40.3**	46.3	36.4	40.9	**56.6**	50.9	**59.9**
私 **上智大**	法学部	**61.9**	66.4	62.4	63.8	**69.0**	74.8	**72.8**
※神、国際教養学部を除く	文学部	**59.6**	61.8	60.5	63.9	**67.6**	73.4	**71.6**
	総合人間科学部	**56.9**	62.7	58.0	60.6	**64.0**	69.9	**70.2**
	経済学部	**60.5**	65.1	61.4	63.7	**67.2**	73.7	**72.8**
	総合グローバル学部	**61.4**	64.6	63.3	64.5	**67.8**	73.9	**72.4**
	外国語学部	**60.4**	64.5	60.8	62.3	**68.2**	72.6	**71.9**
	理工学部	**58.3**	62.6	60.3	62.6	**67.5**	72.4	**72.7**
私 **昭和大**	医学部	**59.0**	67.5	62.0	64.9	**64.8**	73.4	**72.7**
	歯学部	**47.7**	52.1	46.3	46.8	**52.8**	57.9	**60.3**
	薬学部	**46.0**	50.1	46.4	43.4	**50.3**	53.6	**58.7**
	保健医療学部	**46.7**	49.9	40.7	42.0	**44.4**	54.3	**53.6**
私 **昭和女子大**	人間文化学部	**44.6**	41.0	45.6	44.3	**56.0**	58.8	**65.4**
	人間社会学部	**48.1**	49.8	45.2	47.7	**50.7**	58.0	**58.0**
	食健康科学部	**43.5**	50.9	41.3	51.1	**52.5**	59.2	**61.8**
	グローバルビジネス学部	**51.8**	41.7	38.2	46.4	**51.0**	57.1	**55.5**
	国際学部	**46.2**	50.0	43.0	48.2	**52.8**	60.1	**56.7**
	環境デザイン学部	**41.3**	42.4	40.6	38.5	**46.8**	52.4	**50.1**
私 **成蹊大**	経済学部	**49.1**	52.6	47.7	50.5	**54.1**	62.1	**59.5**
	法学部	**49.2**	49.6	47.2	50.4	**55.0**	62.7	**60.4**
	文学部	**49.1**	54.0	48.5	51.4	**53.6**	63.4	**60.4**
	理工学部	**44.6**	47.1	47.0	47.0	**50.9**	56.1	**57.8**
	経営学部	**49.4**	52.9	51.1	53.3	**56.2**	66.4	**63.5**
私 **成城大**	経済学部	**47.0**	53.3	49.7	51.3	**56.7**	60.9	**61.7**
	文芸学部	**49.6**	48.3	45.5	48.2	**55.4**	60.5	**63.1**
	法学部	**50.8**	53.2	47.9	50.3	**55.9**	61.3	**60.9**
	社会イノベーション学部	**44.1**	49.8	46.1	51.4	**54.8**	62.5	**61.0**
私 **専修大**	経済学部	**43.5**	44.1	41.7	44.8	**48.6**	54.3	**54.1**
	法学部	**47.6**	53.7	46.2	47.2	**52.7**	59.6	**59.4**
	経営学部	**43.5**	44.8	44.8	45.6	**50.3**	58.4	**55.2**
	商学部	**48.6**	50.3	44.8	47.5	**51.6**	59.6	**57.0**
	文学部	**42.5**	49.2	45.0	48.2	**51.2**	58.3	**55.5**
	人間科学部	**47.6**	52.4	46.1	48.1	**54.1**	61.2	**61.1**
	ネットワーク情報学部	**43.1**	44.2	43.1	44.3	**49.5**	52.9	**53.1**
	国際コミュニケーション学部	**44.7**	48.9	44.1	49.6	**55.9**	59.7	**60.2**
私 **創価大**	経済学部	**44.8**	48.1	38.9	41.8	**51.5**	54.8	**50.0**

全５教科（英・国・数・地歴公・理）７科目の「得点率」（%）＝模試の得点（素点）÷900点（満点）×100

大学名	学部（学科等）名	同日	2月	4月	6月	8月	10月	12月
	経営学部	40.7	43.0	42.0	43.2	45.5	51.8	46.9
	法学部	30.0	40.8	36.3	43.2	45.3	62.1	46.9
	文学部	43.4	47.7	40.6	38.7	41.2	49.2	48.7
	教育学部	43.0	53.6	48.1	49.0	52.3	62.7	55.9
	理工学部	46.6	41.5	41.1	41.3	45.1	48.4	49.9
	看護学部	30.8	34.7	31.9	41.4	43.3	49.0	52.3
	国際教養学部	56.6	57.4	50.7	57.8	62.4	62.5	59.9
私 大東文化大	文学部	39.6	42.8	38.6	42.0	45.0	54.8	53.1
	経済学部	40.8	45.5	41.3	38.3	42.3	49.0	49.1
	外国語学部	39.6	39.3	34.3	34.1	37.4	53.1	52.2
	法学部	39.5	45.9	38.7	36.9	36.0	49.8	48.3
	国際関係学部	32.7	41.7	33.5	42.3	35.7	53.0	47.9
	経営学部	34.0	39.9	44.7	45.1	48.1	56.3	56.3
	スポーツ・健康科学部	36.7	40.1	40.3	32.4	40.2	40.5	47.1
	社会学部	43.3	43.8	39.9	47.1	42.3	56.6	55.4
私 玉川大	文学部	38.8	39.2	33.2	35.8	44.3	56.5	50.6
	農学部	37.9	42.3	37.3	38.7	43.2	49.2	51.5
	工学部	43.1	42.0	42.7	49.5	52.3	53.0	58.4
	経営学部	47.3	46.6	40.6	42.3	51.6	67.0	64.8
	観光学部	41.6	47.9	34.7	38.2	51.8	58.3	64.8
	教育学部	43.7	49.5	44.5	46.5	51.9	57.7	58.6
	芸術学部	40.8	48.6	45.9	46.6	52.3	62.6	54.0
	リベラルアーツ学部	36.7	38.8	29.2	31.2	47.4	52.0	51.8
私 中央大	法学部	59.1	64.6	60.5	62.9	66.9	73.0	71.3
	経済学部	52.5	56.7	53.0	55.4	58.5	67.0	66.5
	商学部	52.4	56.6	52.4	54.7	59.3	66.0	66.1
	総合政策学部	53.0	54.5	50.8	52.8	59.9	65.8	66.0
	理工学部	50.0	54.3	51.1	53.5	58.5	64.3	65.7
	文学部	52.7	56.4	53.0	57.5	60.0	66.1	65.5
	国際経営学部	52.2	56.4	51.2	51.0	57.9	64.6	62.7
	国際情報学部	47.1	50.9	48.9	50.8	55.0	60.3	60.7
私 津田塾大	学芸学部	46.3	49.4	46.9	50.5	52.8	58.6	58.3
	総合政策学部	51.7	55.6	49.8	55.6	61.3	67.7	63.8
私 帝京大	医学部	56.1	65.8	60.1	57.7	63.9	68.6	69.4
	薬学部	42.6	47.6	42.9	46.2	51.8	58.1	59.8
	経済学部	33.4	35.9	33.3	37.9	42.7	50.9	47.9
	法学部	48.8	35.9	39.7	37.3	46.0	47.8	51.6
	文学部	38.6	41.1	37.3	39.8	48.8	54.1	51.4
	外国語学部	39.5	45.0	33.6	36.6	36.8	41.4	42.6
	教育学部	42.4	44.3	38.2	40.8	47.8	55.1	53.3
	理工学部	36.1	37.1	33.7	34.8	38.6	43.0	42.7

全５教科（英・国・数・地歴公・理）７科目の「得点率」（%）＝模試の得点（素点）÷900点（満点）×100

大学名	学部（学科等）名	同日	2月	4月	6月	8月	10月	12月
	医療技術学部	41.3	42.0	38.8	39.7	44.6	46.8	50.2
	福岡医療技術学部	30.9	41.9	36.3	36.7	38.4	43.6	40.2
私 東京経済大	経済学部	48.0	46.2	43.6	42.3	45.8	53.7	57.2
	経営学部	46.3	42.9	45.6	45.5	44.8	53.1	51.3
	コミュニケーション学部	36.9	38.1	43.2	44.9	43.7	44.2	49.1
	現代法学部	43.5	40.7	36.4	39.1	41.6	49.0	48.2
	キャリアデザインプログラム	40.7	43.0	39.6	44.7	47.6	52.4	50.1
私 東京慈恵会医科大	医学部（医学科）	66.4	73.2	73.6	70.9	74.0	79.3	78.9
	医学部（看護学科）	45.5	47.9	51.0	50.1	53.1	64.8	64.6
私 東京女子大	現代教養学部	49.5	52.5	48.7	51.6	55.3	61.6	60.3
私 東京電機大	システムデザイン工学部	49.0	47.9	48.0	47.8	53.3	59.6	59.7
	未来科学部	46.4	48.2	46.9	45.9	51.6	57.4	58.7
	工学部【昼】	43.7	44.6	43.5	44.2	49.2	55.2	56.9
	理工学部	40.1	44.1	43.3	43.2	47.6	53.2	54.9
私 東京都市大	理工学部	45.7	48.3	45.3	45.9	51.4	57.6	58.5
	建築都市デザイン学部	46.9	49.2	48.2	49.9	56.0	60.1	62.0
	情報工学部	48.8	49.7	50.2	49.6	56.4	61.0	62.8
	環境学部	43.8	46.6	44.2	48.8	51.5	55.8	57.7
	メディア情報学部	45.9	46.8	48.0	48.2	52.9	57.9	58.8
	デザイン・データ科学部	46.5	45.9	43.0	45.3	54.2	53.5	54.8
	都市生活学部	45.0	47.4	43.3	45.8	52.9	57.8	58.8
	人間科学部	38.4	35.7	39.0	42.2	46.8	50.3	46.6
私 東京農業大	農学部	45.3	48.4	44.1	44.2	49.0	53.4	55.9
	応用生物科学部	44.7	48.6	47.2	47.6	52.0	58.3	59.5
	地域環境科学部	41.5	42.4	41.9	43.8	45.8	51.5	53.0
	国際食料情報学部	40.4	42.0	38.8	38.7	40.9	47.3	49.9
	生物産業学部	39.8	41.3	37.6	40.2	42.1	48.0	47.6
	生命科学部	45.8	48.3	45.3	46.4	50.7	56.5	58.8
私 東京理科大	理学部第一部	58.6	63.3	61.3	62.5	67.3	72.5	72.6
	工学部	57.0	61.4	58.3	60.4	65.3	70.9	71.3
	薬学部	59.2	62.1	59.2	62.1	65.5	71.5	72.2
	創域理工学部	54.9	58.3	55.2	57.4	62.4	67.4	68.3
	先進工学部	55.4	59.9	57.2	58.3	63.3	69.4	69.7
	経営学部	52.9	56.2	54.6	56.0	61.5	65.8	66.6
私 東邦大	医学部	60.4	69.0	64.8	66.5	71.0	75.4	76.0
	看護学部	39.9	42.0	38.8	37.2	45.3	62.6	61.1
	薬学部	48.9	53.0	48.7	49.9	55.1	59.5	61.3
	理学部	41.1	43.5	41.7	42.7	46.9	53.6	53.4
	健康科学部	37.9	47.9	44.6	38.9	41.1	45.7	55.0
私 東洋大	文学部【昼】	48.2	51.3	48.2	50.1	52.9	61.1	59.8
	経済学部【昼】	47.6	51.3	46.1	48.8	52.8	60.1	58.8

全５教科（英・国・数・地歴公・理）７科目の「得点率」（％）＝模試の得点（素点）÷900点（満点）×100

大学名	学部（学科等）名	同日	2月	4月	6月	8月	10月	12月
	経営学部【昼】	**46.4**	48.1	46.4	48.9	**53.2**	61.6	**59.2**
	法学部【昼】	**48.0**	51.4	44.4	47.8	**54.7**	61.6	**60.2**
	社会学部【昼】	**46.3**	51.1	46.2	50.1	**54.0**	61.2	**59.9**
	国際学部【昼】	**44.4**	52.5	44.9	47.2	**52.4**	62.1	**60.7**
	国際観光学部	**53.0**	51.8	43.7	46.8	**51.8**	60.7	**61.4**
	情報連携学部	**41.5**	41.0	42.9	41.6	**45.5**	53.2	**53.2**
	健康スポーツ科学部	**42.6**	45.8	46.5	39.7	**47.7**	53.5	**52.4**
	理工学部	**41.9**	44.5	42.2	42.2	**46.9**	53.6	**54.1**
	総合情報学部	**42.6**	43.4	46.6	48.3	**50.7**	53.6	**54.4**
	生命科学部	**43.7**	45.9	42.0	42.7	**46.9**	51.5	**54.3**
	食環境科学部	**40.2**	50.9	42.7	43.5	**45.3**	53.0	**53.7**
	福祉社会デザイン学部	**46.5**	48.1	44.9	46.5	**50.5**	57.5	**55.6**
私 日本大	法学部【昼】	**49.4**	52.6	46.2	47.8	**56.0**	61.1	**60.2**
	文理学部	**44.4**	48.3	45.1	47.3	**51.4**	58.3	**58.1**
	経済学部	**45.8**	49.9	45.7	47.6	**53.1**	59.8	**57.9**
	商学部	**45.7**	48.4	44.4	46.5	**53.0**	59.9	**58.4**
	芸術学部	**43.6**	40.9	38.5	40.2	**44.1**	52.8	**52.2**
	国際関係学部	**47.0**	52.3	45.7	48.4	**52.5**	60.0	**60.2**
	危機管理学部	**43.7**	45.9	41.6	41.4	**53.4**	58.1	**56.5**
	スポーツ科学部	**38.2**	40.5	34.5	28.5	**33.9**	34.4	**42.6**
	理工学部	**43.7**	46.4	44.7	45.1	**50.2**	56.0	**57.9**
	生産工学部	**39.9**	42.0	38.9	38.6	**43.6**	47.9	**49.3**
	工学部	**41.0**	42.2	38.7	38.5	**43.4**	49.1	**49.5**
	医学部	**58.6**	62.5	61.5	61.8	**65.9**	71.3	**70.8**
	歯学部	**43.8**	51.8	46.8	45.0	**49.0**	55.4	**61.0**
	松戸歯学部	**37.0**	37.0	34.9	36.6	**41.3**	47.7	**44.2**
	生物資源科学部	**42.4**	45.7	43.0	43.8	**46.1**	51.2	**53.6**
	薬学部	**42.7**	50.7	47.0	47.8	**48.9**	54.7	**57.1**
私 日本医科大	医学部	**61.7**	68.5	66.9	66.5	**70.7**	76.7	**77.3**
私 日本獣医生命科学大	獣医学部	**48.7**	56.1	52.9	56.6	**57.9**	59.6	**64.5**
	応用生命科学部	**41.1**	40.1	41.0	37.7	**43.5**	46.5	**47.4**
私 日本女子大	家政学部	**48.9**	54.2	51.2	53.8	**59.3**	65.6	**67.0**
	文学部	**46.7**	50.6	45.1	49.1	**54.4**	60.4	**59.0**
	理学部	**44.1**	48.2	44.7	47.4	**50.8**	57.0	**58.8**
	人間社会学部	**49.9**	52.7	50.8	56.0	**59.5**	65.6	**62.5**
	国際文化学部	**49.2**	51.1	44.1	43.7	**50.6**	57.8	**61.2**
私 法政大	法学部	**53.4**	58.5	54.7	55.9	**61.9**	68.1	**66.1**
	経済学部	**49.9**	55.0	49.9	52.1	**57.8**	64.7	**64.0**
	文学部	**53.7**	56.6	52.3	56.8	**60.3**	66.8	**65.9**
	社会学部	**51.1**	53.9	50.1	54.1	**58.9**	65.5	**64.2**
	経営学部	**52.1**	54.9	53.3	53.9	**59.8**	66.4	**66.1**

全５教科（英・国・数・地歴公・理）７科目の「得点率」（%）＝模試の得点（素点）÷900点（満点）×100

大学名	学部(学科等)名	同日	2月	4月	6月	8月	10月	12月
	国際文化学部	49.3	57.8	50.3	50.1	58.8	63.2	63.8
	人間環境学部	49.0	57.6	49.4	53.6	56.2	66.1	63.4
	現代福祉学部	47.8	55.1	48.6	49.2	55.0	64.0	60.3
	キャリアデザイン学部	50.8	53.9	49.4	54.4	53.5	63.2	64.8
	GIS(グローバル教養学部)	51.2	60.1	58.3	55.9	58.6	68.0	58.9
	スポーツ健康学部	45.4	46.4	45.4	51.4	45.4	61.5	64.2
	情報科学部	48.8	50.0	49.0	51.0	56.3	63.1	63.6
	デザイン工学部	49.9	53.7	49.8	51.8	57.7	63.7	64.5
	理工学部	48.0	50.1	48.9	50.1	55.5	60.8	61.7
	生命科学部	49.0	52.5	49.4	50.9	56.2	61.6	62.4
私 星薬科大	薬学部	52.4	54.1	51.7	53.2	60.2	65.2	66.4
私 武蔵大	経済学部	46.2	48.5	44.9	46.9	52.8	57.2	56.5
	人文学部	44.2	42.3	39.8	49.4	51.0	57.2	55.6
	社会学部	48.8	47.1	47.4	48.3	56.8	62.6	61.5
	国際教養学部	42.7	52.5	45.8	44.7	56.4	59.7	62.2
私 武蔵野大	薬学部	48.9	50.9	45.2	44.3	51.9	60.8	60.1
	看護学部	43.1	47.6	41.8	45.0	46.0	53.2	54.5
	グローバル学部	45.1	50.3	46.8	42.1	53.6	54.8	56.0
	文学部	48.2	57.0	47.5	50.1	52.8	59.5	55.6
	工学部	43.5	45.1	43.8	44.2	50.5	53.2	56.1
	人間科学部	43.4	50.6	37.7	43.0	50.6	54.9	56.0
	教育学部	44.1	45.5	42.8	43.4	48.0	56.8	54.1
	データサイエンス学部	44.4	46.7	43.9	42.8	47.2	51.4	57.5
	法学部	45.7	48.8	44.9	45.7	53.8	56.3	58.1
	経済学部	45.5	48.7	44.0	47.0	50.5	57.3	56.0
	経営学部	43.1	43.3	37.5	44.5	47.4	55.9	58.4
	アントレプレナーシップ学部	43.4	43.7	40.3	40.1	47.3	54.5	56.7
私 明治大	法学部	56.7	61.6	57.1	60.0	64.2	70.3	68.7
	政治経済学部	58.9	63.3	59.6	62.5	66.6	73.0	71.2
	商学部	56.0	61.6	58.1	60.4	65.1	71.5	70.2
	文学部	58.2	61.6	59.4	61.9	65.8	71.3	70.7
	経営学部	54.0	59.3	55.5	58.0	63.2	69.6	68.6
	理工学部	54.2	58.5	55.9	57.3	62.6	68.4	69.1
	農学部	53.5	56.8	54.3	56.0	60.2	65.7	67.2
	情報コミュニケーション学部	54.1	56.6	55.0	59.3	63.0	68.7	67.7
	国際日本学部	54.1	60.1	56.5	58.8	63.9	67.8	70.1
	総合数理学部	53.6	55.6	52.9	56.0	61.0	66.9	68.6
私 明治学院大	文学部	49.0	54.5	48.4	49.1	55.6	60.9	62.1
	経済学部	49.3	52.6	49.5	53.5	56.8	64.2	63.3
	社会学部	51.5	53.0	45.6	53.2	55.8	63.6	63.6
	法学部	48.8	50.6	48.8	51.0	56.7	62.3	62.8

全５教科（英・国・数・地歴公・理）７科目の「得点率」（%）＝模試の得点（素点）÷900点（満点）×100

大学名	学部（学科等）名	同日	2月	4月	6月	8月	10月	12月
	国際学部	**49.6**	54.0	51.7	50.6	**57.9**	63.6	**61.2**
	心理学部	**47.9**	52.6	48.2	52.3	**57.5**	63.4	**61.4**
私 明治薬科大	薬学部	**48.1**	52.7	48.5	49.7	**53.9**	61.0	**62.5**
私 立教大	文学部	**54.8**	60.7	57.5	59.6	**63.3**	69.6	**68.6**
	異文化コミュニケーション学部	**56.4**	64.7	68.5	69.0	**69.7**	76.9	**75.6**
	経済学部	**52.9**	58.4	54.2	57.8	**62.5**	68.3	**67.6**
	経営学部	**57.4**	63.3	61.8	60.7	**65.7**	71.5	**69.5**
	理学部	**52.6**	55.2	54.3	56.0	**60.4**	65.3	**66.8**
	社会学部	**55.5**	59.5	56.9	59.6	**64.7**	71.6	**69.0**
	法学部	**56.9**	61.7	59.2	60.5	**66.2**	71.2	**69.4**
	観光学部	**48.6**	56.7	53.2	53.8	**60.0**	66.2	**63.5**
	コミュニティ福祉学部	**51.6**	57.8	49.9	52.4	**58.6**	65.8	**62.8**
	スポーツウエルネス学部	**51.2**	55.2	52.0	45.3	**44.9**	59.8	**56.2**
	現代心理学部	**55.8**	59.9	55.8	58.8	**63.3**	68.7	**69.0**
私 立正大 ※仏教学部除く	心理学部	**39.5**	43.6	37.1	43.1	**48.9**	55.6	**58.8**
	経営学部	**45.8**	47.4	38.3	42.8	**46.8**	55.7	**60.1**
	経済学部	**37.7**	45.8	43.2	37.1	**43.3**	52.7	**54.8**
	文学部	**38.5**	42.4	37.0	41.5	**46.6**	50.5	**50.9**
	データサイエンス学部	**45.6**	46.2	42.5	39.0	**44.9**	51.9	**50.5**
	地球環境科学部	**39.1**	38.0	31.1	37.0	**38.8**	50.1	**51.3**
	社会福祉学部	**39.0**	58.1	37.6	51.4	**42.8**	49.8	**50.4**
	法学部	**30.7**	43.9	40.1	45.0	**57.3**	54.3	**49.2**
私 早稲田大	政治経済学部	**67.3**	71.1	68.4	71.2	**74.6**	79.3	**78.1**
	法学部	**67.2**	71.7	69.3	71.0	**74.4**	80.2	**78.2**
	教育学部	**58.9**	61.0	60.3	61.9	**66.3**	71.9	**71.5**
	商学部	**59.8**	65.2	61.3	64.1	**69.0**	74.4	**72.8**
	社会科学部	**63.9**	68.3	67.0	69.7	**72.9**	77.6	**77.6**
	国際教養学部	**60.1**	63.3	65.3	66.2	**70.3**	75.2	**73.6**
	文学部	**62.3**	66.8	64.3	65.4	**71.1**	76.0	**73.7**
	文化構想学部	**61.5**	66.1	65.0	66.2	**70.5**	77.4	**74.8**
	基幹理工学部	**65.2**	71.5	67.8	69.6	**73.9**	78.3	**78.8**
	創造理工学部	**60.6**	64.1	61.5	63.9	**68.9**	73.8	**73.6**
	先進理工学部	**64.1**	68.7	66.7	67.1	**72.6**	76.3	**76.9**
	人間科学部	**60.4**	64.3	61.7	64.0	**68.0**	74.5	**73.3**
	スポーツ科学部	**54.5**	56.0	59.6	58.9	**62.8**	69.0	**69.8**
私 麻布大	獣医学部	**50.3**	54.4	51.2	52.2	**57.4**	60.8	**63.4**
	生命・環境科学部	**38.0**	38.8	36.1	35.3	**38.0**	43.5	**45.7**
私 神奈川大	法学部	**42.3**	53.3	40.2	46.1	**48.0**	49.4	**53.7**
	経済学部	**43.3**	46.5	41.0	42.1	**46.4**	53.2	**52.4**
	経営学部	**43.1**	45.8	44.8	44.8	**49.3**	54.6	**56.8**
	外国語学部	**38.0**	46.5	45.1	42.8	**50.1**	55.7	**55.3**

全５教科（英・国・数・地歴公・理）７科目の「得点率」（%）＝模試の得点（素点）÷900点（満点）×100

大学名	学部（学科等）名	同日	2月	4月	6月	8月	10月	12月
	国際日本学部	**42.6**	51.1	44.2	52.9	**51.6**	58.6	**57.0**
	人間科学部	**42.0**	41.1	41.3	42.6	**47.4**	53.6	**53.6**
	理学部	**46.9**	47.4	45.6	46.8	**50.3**	54.8	**57.2**
	工学部	**44.4**	45.2	42.7	44.9	**48.6**	54.8	**54.6**
	化学生命学部	**52.0**	53.3	48.2	46.8	**53.4**	60.2	**60.7**
	情報学部	**42.5**	46.9	41.7	41.8	**48.7**	52.0	**56.2**
	建築学部	**43.1**	45.2	40.2	46.7	**50.0**	55.8	**56.8**
私 北里大	未来工学部	**40.2**	44.9	42.1	43.0	**50.5**	54.0	**56.2**
	理学部	**46.9**	49.2	45.9	47.2	**51.9**	58.4	**57.6**
	獣医学部	**48.5**	52.4	48.3	46.9	**51.7**	55.9	**57.9**
	海洋生命科学部	**45.3**	45.6	43.1	45.0	**48.9**	54.4	**55.4**
	薬学部	**54.1**	56.7	54.0	56.5	**62.0**	68.1	**69.4**
	医学部	**57.5**	62.0	62.1	62.3	**64.4**	70.3	**73.5**
	看護学部	**49.3**	51.8	48.5	47.8	**52.6**	56.6	**58.3**
	医療衛生学部	**41.0**	42.6	43.1	43.7	**46.2**	54.1	**57.1**
私 東海大	文学部	**37.4**	36.8	37.9	43.7	**44.4**	49.8	**51.6**
	文化社会学部	**42.7**	42.8	37.3	42.5	**46.5**	51.5	**52.8**
	教養学部	**39.1**	48.4	37.2	39.6	**44.9**	46.1	**46.2**
	児童教育学部	**42.1**	50.2	36.0	39.6	**41.7**	44.6	**47.2**
	体育学部	**48.4**	41.7	38.6	37.0	**47.2**	51.7	**51.3**
	健康学部	**35.1**	45.0	41.6	43.3	**30.4**	53.8	**54.2**
	法学部	**41.0**	51.4	45.2	45.4	**44.1**	42.9	**48.7**
	政治経済学部	**38.6**	42.3	40.5	44.4	**46.4**	52.7	**50.8**
	経営学部	**39.6**	40.6	38.4	47.1	**47.6**	54.1	**48.0**
	国際学部	**43.7**	37.9	41.0	45.7	**42.6**	50.6	**51.3**
	観光学部	**44.9**	46.7	38.8	42.6	**47.8**	51.3	**56.2**
	情報通信学部	**44.5**	41.0	41.4	42.2	**47.3**	52.8	**53.0**
	理学部	**39.6**	41.0	40.6	40.1	**43.3**	49.7	**49.7**
	情報理工学部	**39.0**	42.2	38.9	38.2	**44.1**	49.5	**51.5**
	建築都市学部	**39.4**	38.0	39.7	42.7	**42.4**	46.3	**47.6**
	工学部	**39.0**	41.8	38.2	38.9	**42.0**	48.2	**48.3**
	医学部（医学科）	**52.9**	58.9	58.0	61.8	**61.6**	67.3	**71.7**
	医学部（看護学科）	**43.1**	51.4	40.3	43.3	**47.0**	52.7	**49.4**
	海洋学部	**38.6**	41.0	38.4	39.3	**43.0**	49.4	**48.7**
	人文学部	**38.2**	32.9	38.4	38.4	**38.0**	41.4	**45.7**
	文理融合学部	**34.5**	37.0	34.2	37.7	**37.6**	47.1	**41.9**
	農学部	**34.3**	38.3	36.1	36.2	**38.2**	44.0	**44.5**
	国際文化学部	**30.3**	38.6	38.0	31.6	**41.2**	45.4	**49.2**
	生物学部	**37.8**	38.0	35.6	38.2	**39.5**	43.6	**45.2**
私 金沢工業大	工学部	**38.4**	40.5	37.2	35.5	**40.9**	44.9	**46.0**
	情報フロンティア学部	**35.9**	36.8	33.7	33.7	**37.8**	46.6	**44.4**

全５教科（英・国・数・地歴公・理）７科目の「得点率」（%）＝模試の得点（素点）÷900点（満点）×100

大学名	学部（学科等）名	同日	2月	4月	6月	8月	10月	12月
	建築学部	**39.6**	42.8	38.0	43.8	**43.7**	50.4	**50.5**
	バイオ・化学部	**40.5**	36.3	34.9	35.7	**41.1**	46.5	**44.8**
私 **愛知大**	法学部	**40.7**	48.3	42.7	44.8	**47.9**	55.6	**55.0**
	経営学部	**37.8**	42.1	39.1	40.4	**47.6**	53.6	**56.0**
	現代中国学部	**42.4**	45.0	41.6	40.9	**41.0**	53.2	**50.4**
	経済学部	**42.6**	43.8	40.6	42.2	**46.9**	55.6	**52.8**
	文学部	**43.2**	45.9	42.4	42.6	**47.1**	52.2	**54.3**
	国際コミュニケーション学部	**44.1**	43.2	39.3	43.9	**47.7**	55.2	**55.8**
	地域政策学部	**39.9**	38.5	39.1	41.0	**44.9**	49.9	**49.8**
私 **愛知淑徳大**	文学部	**42.4**	41.4	38.5	42.2	**46.6**	53.4	**54.9**
	人間情報学部	**41.7**	39.0	37.6	37.6	**44.7**	48.3	**48.8**
	心理学部	**37.0**	38.4	39.7	39.8	**46.2**	52.6	**50.4**
	創造表現学部	**36.5**	43.7	35.6	36.9	**42.1**	43.1	**47.5**
	健康医療科学部	**43.1**	51.0	37.9	41.5	**43.4**	52.0	**46.0**
	福祉貢献学部	**46.8**	50.1	39.6	40.4	**45.6**	52.1	**55.2**
	交流文化学部	**35.1**	45.9	37.8	41.9	**46.4**	53.0	**51.2**
	ビジネス学部	**38.9**	34.6	35.5	33.8	**37.6**	43.0	**46.5**
	グローバル・コミュニケーション学部	**37.6**	48.4	31.0	37.5	**44.4**	54.6	**54.4**
私 **中京大**	国際学部	**42.4**	38.8	40.4	44.4	**47.5**	53.7	**52.5**
	文学部	**51.4**	56.0	43.2	47.8	**53.9**	61.9	**57.1**
	心理学部	**47.5**	54.2	44.2	48.0	**54.4**	58.5	**58.9**
	法学部	**42.7**	45.1	43.3	44.2	**48.0**	54.8	**55.4**
	経済学部	**42.2**	43.7	42.0	44.0	**48.8**	56.9	**56.9**
	経営学部	**40.6**	46.6	41.4	43.9	**48.8**	59.5	**58.7**
	総合政策学部	**43.2**	45.2	43.9	44.1	**47.9**	53.7	**54.7**
	現代社会学部	**43.7**	50.2	41.7	43.0	**48.6**	54.2	**54.8**
	工学部	**39.5**	37.9	37.8	42.0	**44.7**	50.6	**53.4**
	スポーツ科学部	**39.7**	36.3	42.5	41.5	**42.6**	51.5	**51.7**
私 **南山大**	人文学部	**49.8**	52.4	48.7	51.3	**56.5**	64.1	**61.7**
	外国語学部	**49.2**	53.6	50.2	50.1	**55.4**	62.6	**61.6**
	経済学部	**49.2**	50.1	48.0	50.5	**55.9**	63.3	**62.1**
	経営学部	**47.2**	53.2	47.9	50.2	**55.3**	64.4	**62.9**
	法学部	**51.1**	57.5	49.7	52.1	**57.1**	63.4	**61.7**
	総合政策学部	**46.3**	53.1	44.1	47.1	**54.0**	60.3	**59.7**
	理工学部	**39.9**	44.5	39.9	43.0	**46.6**	51.2	**54.0**
	国際教養学部	**49.6**	55.7	52.0	52.8	**57.9**	64.8	**64.9**
私 **藤田医科大**	医学部	**60.5**	68.6	64.9	65.9	**69.7**	73.5	**73.6**
	医療科学部	**42.4**	50.4	44.5	45.7	**49.1**	54.8	**57.9**
	保健衛生学部	**42.0**	41.7	41.6	43.7	**49.1**	55.5	**57.4**
私 **名城大**	法学部	**39.6**	44.1	38.8	40.7	**45.9**	53.3	**51.1**
	経営学部	**44.4**	52.6	43.2	45.7	**47.2**	57.6	**57.8**

全５教科（英・国・数・地歴公・理）７科目の「得点率」（%）＝模試の得点（素点）÷900点（満点）×100

大学名	学部（学科等）名	同日	2月	4月	6月	8月	10月	12月
	経済学部	**42.8**	45.3	38.5	42.8	**47.0**	53.7	**54.0**
	外国語学部	**40.7**	43.0	41.8	40.8	**47.7**	55.6	**55.6**
	人間学部	**41.2**	41.9	40.1	44.8	**49.1**	55.4	**55.8**
	都市情報学部	**44.2**	36.8	39.7	42.7	**46.7**	52.8	**53.0**
	情報工学部	**46.5**	53.1	46.1	48.5	**54.4**	60.2	**63.1**
	理工学部	**43.8**	47.5	43.6	45.8	**51.2**	57.0	**58.7**
	農学部	**44.0**	47.6	45.9	46.3	**51.5**	56.2	**60.0**
	薬学部	**48.1**	53.8	49.5	50.6	**54.7**	61.3	**63.2**
私 京都産業大	経済学部	**36.3**	40.5	39.4	41.5	**45.8**	52.4	**52.3**
	経営学部	**38.6**	43.8	39.5	41.7	**44.8**	51.6	**52.1**
	法学部	**38.0**	42.5	38.8	42.5	**44.5**	50.6	**49.4**
	外国語学部	**41.7**	41.2	42.4	38.9	**48.8**	51.8	**55.6**
	文化学部	**42.1**	42.4	42.4	46.6	**47.7**	54.1	**57.9**
	理学部	**44.5**	48.3	43.3	40.0	**47.8**	51.6	**50.0**
	情報理工学部	**43.0**	42.9	43.9	41.1	**48.4**	55.0	**56.5**
	生命科学部	**40.5**	44.3	41.2	45.1	**47.9**	54.8	**56.0**
	現代社会学部	**43.2**	44.3	41.1	41.9	**47.2**	55.1	**54.4**
	国際関係学部	**36.4**	40.1	38.0	41.8	**45.6**	54.5	**52.8**
私 京都女子大	文学部	**48.0**	47.1	43.6	45.8	**50.8**	54.3	**52.4**
	発達教育学部	**44.8**	45.5	39.4	43.4	**47.3**	55.7	**54.9**
	家政学部	**41.7**	47.3	46.9	46.8	**50.5**	58.7	**58.5**
	現代社会学部	**42.5**	41.6	41.6	47.0	**50.5**	55.3	**53.4**
	法学部	**42.8**	45.3	43.3	42.8	**49.0**	55.0	**55.6**
	データサイエンス学部	**44.6**	41.4	38.1	38.0	**47.4**	56.8	**56.2**
私 京都薬科大	薬学部	**49.1**	51.6	50.5	53.9	**56.6**	62.1	**64.7**
私 同志社大	法学部	**58.3**	63.2	59.3	61.8	**65.7**	72.9	**71.4**
※神学部を除く	文学部	**55.3**	60.2	57.7	59.3	**62.9**	69.2	**68.7**
	社会学部	**54.9**	60.2	56.3	60.8	**62.9**	70.0	**69.9**
	経済学部	**55.0**	60.1	56.3	58.2	**63.5**	71.0	**70.2**
	商学部	**56.7**	60.5	57.2	58.8	**64.0**	71.4	**70.4**
	政策学部	**52.1**	58.3	53.6	57.7	**63.9**	70.2	**69.2**
	文化情報学部	**52.3**	57.2	54.4	55.3	**59.6**	67.3	**67.1**
	理工学部	**55.4**	60.8	58.0	58.5	**63.3**	70.4	**70.8**
	生命医科学部	**54.2**	59.1	59.9	57.6	**62.7**	69.8	**70.1**
	スポーツ健康科学部	**47.9**	52.2	48.7	52.0	**56.2**	62.3	**64.2**
	心理学部	**57.8**	62.8	58.1	60.9	**67.1**	73.5	**71.3**
	グローバル・コミュニケーション学部	**56.0**	56.5	55.7	58.6	**61.6**	69.3	**67.4**
	グローバル地域文化学部	**55.8**	57.8	58.0	57.5	**63.5**	71.7	**69.7**
私 同志社女子大	学芸学部	**38.9**	42.6	43.5	44.6	**50.8**	56.0	**53.8**
	現代社会学部	**42.1**	43.8	42.6	44.7	**48.4**	56.9	**54.7**
	薬学部	**45.2**	51.0	44.6	46.9	**51.5**	57.1	**60.4**

全５教科（英・国・数・地歴公・理）７科目の「得点率」（%）＝模試の得点（素点）÷900点（満点）×100

大学名	学部(学科等)名	同日	2月	4月	6月	8月	10月	12月
	表象文化学部	42.0	53.2	40.1	43.2	49.6	53.8	54.8
	生活科学部	44.8	48.1	42.9	46.0	50.1	55.5	57.3
	看護学部	47.5	47.7	43.0	46.9	50.5	55.7	57.6
私 佛教大	仏教学部	38.8	37.7	34.1	37.1	39.9	45.9	46.9
	文学部	42.4	44.6	41.3	43.0	41.7	45.9	45.3
	歴史学部	36.2	38.9	39.6	39.7	45.6	51.6	45.9
	教育学部	43.9	39.9	38.7	40.4	46.7	54.2	53.6
	社会学部	37.9	29.8	33.1	35.2	37.6	48.1	49.0
	社会福祉学部	36.8	36.7	34.4	37.1	40.7	50.6	44.0
	保健医療技術学部	42.5	41.2	50.0	40.5	46.1	51.6	64.8
私 立命館大 ※グローバル教養学部を除く	法学部	53.5	57.4	53.5	55.2	59.6	66.6	66.4
	産業社会学部	49.8	53.3	51.0	51.4	56.7	63.3	63.0
	国際関係学部	53.5	56.5	54.1	56.5	61.0	68.2	67.4
	映像学部	55.2	59.6	49.9	53.7	57.7	67.4	69.1
	文学部	52.9	57.4	53.7	55.4	59.6	66.2	65.9
	経営学部	50.5	53.3	51.5	52.8	58.4	66.1	65.0
	政策科学部	50.6	59.0	53.4	52.1	58.7	65.3	63.9
	総合心理学部	53.6	59.3	55.0	57.4	61.4	68.0	67.5
	経済学部	49.0	53.4	50.6	51.5	56.0	63.6	63.0
	スポーツ健康科学部	45.4	46.7	46.2	47.2	54.4	61.0	63.5
	食マネジメント学部	49.7	52.0	48.1	49.2	56.6	64.1	62.7
	生命科学部	49.7	54.4	50.8	52.3	57.3	63.1	65.2
	理工学部	49.2	53.5	50.0	51.2	56.0	61.9	63.7
	情報理工学部	51.2	53.9	49.8	52.2	58.3	63.9	66.5
	薬学部	51.7	57.4	54.0	55.5	58.5	65.1	66.8
私 龍谷大	文学部	44.4	48.2	43.6	44.5	48.8	53.3	53.9
	心理学部	41.0	44.4	38.1	46.4	44.6	54.1	54.8
	経済学部	40.6	41.4	39.6	42.6	45.9	53.2	52.6
	経営学部	39.8	46.5	40.5	43.0	46.3	53.0	54.9
	法学部	41.7	45.3	41.5	47.5	50.8	56.5	54.8
	政策学部	46.5	45.1	43.9	42.2	46.0	50.8	55.0
	国際学部	39.1	43.2	41.8	48.3	51.4	56.6	54.6
	先端理工学部	38.8	41.6	39.3	40.5	43.8	51.9	51.8
	社会学部	38.6	38.5	40.2	47.3	46.8	52.5	53.4
	農学部	38.0	42.0	37.6	39.7	42.2	50.6	49.1
私 大阪医科薬科大	医学部	66.1	71.3	69.8	68.8	70.8	76.1	74.8
	薬学部	47.0	50.4	47.9	50.6	54.4	58.9	62.4
	看護学部	49.0	51.4	47.5	49.8	54.7	58.2	61.3
私 関西大	法学部	49.6	56.3	51.6	52.8	58.2	64.9	64.8
	文学部	49.8	52.4	50.4	51.8	57.6	64.3	63.3
	経済学部	47.7	52.7	49.6	51.1	56.9	63.6	63.5

全５教科（英・国・数・地歴公・理）７科目の「得点率」（%）＝模試の得点（素点）÷900点（満点）×100

大学名	学部（学科等）名	同日	2月	4月	6月	8月	10月	12月
	商学部	**49.1**	52.4	49.1	50.4	**56.7**	64.5	**62.1**
	社会学部	**49.9**	51.2	48.3	51.0	**56.6**	64.2	**63.2**
	政策創造学部	**47.6**	52.9	48.1	49.2	**55.5**	61.5	**60.1**
	外国語学部	**53.6**	58.3	51.7	53.4	**57.7**	64.8	**64.8**
	人間健康学部	**40.5**	43.9	42.6	45.6	**49.9**	56.2	**55.7**
	総合情報学部	**48.1**	47.5	47.2	48.1	**52.9**	60.3	**61.1**
	社会安全学部	**42.8**	44.4	44.2	45.7	**49.4**	55.9	**56.5**
	システム理工学部	**47.1**	50.6	48.9	49.3	**55.5**	61.6	**63.8**
	環境都市工学部	**48.5**	51.3	49.8	49.6	**55.0**	61.3	**62.6**
	化学生命工学部	**47.1**	51.6	48.5	49.4	**54.5**	60.5	**62.8**
私 関西外国語大	外国語学部	**45.7**	45.9	46.0	47.8	**53.2**	58.4	**56.8**
	英語国際学部	**48.5**	51.0	42.6	42.9	**49.1**	53.8	**54.9**
	英語キャリア学部	**49.7**	51.4	44.7	49.1	**52.6**	61.5	**58.7**
	国際共生学部	**52.6**	57.3	51.9	48.7	**59.5**	63.1	**61.9**
私 近畿大	法学部	**47.2**	49.8	45.7	49.8	**54.6**	63.4	**59.7**
	経済学部	**44.7**	47.5	43.2	45.5	**50.5**	58.4	**57.7**
	経営学部	**44.5**	48.2	44.4	46.0	**52.4**	60.3	**60.0**
	理工学部	**43.3**	44.1	41.5	43.5	**47.7**	54.6	**56.4**
	建築学部	**43.5**	45.3	45.7	45.3	**51.7**	57.3	**60.4**
	薬学部	**49.1**	50.6	48.2	51.8	**56.0**	62.0	**63.3**
	文芸学部	**47.3**	48.2	47.1	48.5	**53.3**	58.2	**60.0**
	総合社会学部	**45.8**	47.5	45.1	48.9	**53.0**	59.5	**60.1**
	国際学部	**46.0**	46.6	45.0	48.1	**53.7**	58.5	**60.6**
	情報学部	**43.2**	46.7	45.0	45.9	**50.4**	58.7	**60.3**
	農学部	**44.2**	46.6	43.7	44.6	**49.2**	54.7	**56.4**
	医学部	**57.3**	66.5	64.5	63.9	**69.6**	70.5	**74.1**
	生物理工学部	**41.9**	44.9	42.5	41.3	**45.3**	51.3	**53.0**
	工学部	**41.9**	41.6	39.3	42.3	**45.3**	52.2	**52.8**
	産業理工学部	**38.8**	42.5	38.1	38.0	**43.3**	47.5	**47.3**
私 関西学院大 ※神学部を除く	文学部	**49.7**	55.0	49.3	52.4	**58.2**	63.8	**64.8**
	社会学部	**50.4**	54.8	49.6	54.6	**57.7**	63.6	**63.8**
	法学部	**51.6**	55.4	51.5	53.7	**59.8**	66.3	**64.6**
	経済学部	**50.7**	53.7	49.7	52.1	**56.9**	64.8	**64.2**
	人間福祉学部	**45.7**	49.5	45.5	49.2	**55.6**	61.3	**60.2**
	商学部	**50.2**	54.6	51.0	53.2	**58.8**	66.1	**64.5**
	総合政策学部	**47.0**	47.9	47.5	47.4	**54.8**	60.9	**60.5**
	教育学部	**45.9**	51.7	45.2	49.4	**55.1**	61.9	**61.1**
	国際学部	**52.8**	53.9	53.1	55.0	**62.0**	67.0	**67.0**
	理学部	**48.2**	49.0	47.9	49.3	**54.8**	61.8	**64.2**
	工学部	**48.7**	51.7	49.6	50.6	**56.5**	60.9	**64.3**
	生命環境学部	**49.9**	51.3	50.8	50.0	**54.3**	61.0	**63.4**

全５教科（英・国・数・地歴公・理）７科目の「得点率」（%）＝模試の得点（素点）÷900点（満点）×100

大学名	学部(学科等)名	同日	2月	4月	6月	8月	10月	12月
	建築学部	**48.2**	51.2	49.7	48.6	**55.5**	62.5	**64.1**
私 甲南大	文学部	**46.2**	48.1	45.9	46.0	**53.0**	57.6	**58.2**
	理工学部	**42.2**	41.8	39.6	41.9	**46.6**	51.6	**53.1**
	経済学部	**44.8**	46.1	46.0	46.3	**52.9**	60.8	**58.1**
	法学部	**47.0**	48.6	46.6	46.6	**52.9**	59.3	**57.4**
	経営学部	**46.4**	46.6	44.1	46.7	**50.7**	61.4	**58.7**
	知能情報学部	**42.8**	44.3	41.1	42.9	**47.9**	54.2	**55.6**
	マネジメント創造学部	**37.6**	39.8	40.6	42.9	**48.1**	55.5	**55.5**
	フロンティアサイエンス学部	**42.7**	44.6	41.4	41.0	**47.1**	52.0	**52.9**
私 神戸学院大	法学部	**36.6**	38.2	34.4	38.7	**41.6**	43.1	**45.2**
	経済学部	**39.8**	43.6	36.4	41.0	**40.7**	52.2	**47.9**
	経営学部	**38.1**	41.4	32.3	36.7	**41.4**	45.3	**43.5**
	人文学部	**43.1**	47.4	37.3	41.9	**47.4**	52.3	**49.3**
	総合リハビリテーション学部	**43.4**	41.5	39.7	37.1	**44.0**	49.5	**50.5**
	栄養学部	**39.2**	44.2	40.7	36.7	**44.0**	50.7	**51.3**
	薬学部	**43.5**	39.8	41.9	41.6	**46.6**	51.4	**54.9**
	現代社会学部	**37.8**	41.4	32.7	33.6	**41.0**	42.6	**43.8**
	グローバル・コミュニケーション学部	**40.7**	39.9	32.5	33.1	**38.2**	50.9	**48.3**
	心理学部	**40.7**	43.0	32.2	41.4	**45.5**	51.8	**43.6**
私 武庫川女子大 ※音楽学部除く	文学部	**41.2**	41.6	37.1	42.0	**46.2**	52.5	**51.7**
	教育学部	**38.2**	43.9	37.7	42.5	**44.2**	52.0	**51.4**
	心理・社会福祉学部	**37.1**	40.4	34.8	40.0	**45.4**	45.7	**43.6**
	健康・スポーツ科学部	**43.7**	44.3	44.0	45.6	**49.9**	60.6	**57.2**
	生活環境学部	**39.0**	36.3	40.0	36.3	**43.8**	50.3	**50.2**
	社会情報学部	**45.1**	50.1	41.3	45.4	**48.3**	54.3	**57.3**
	食物栄養科学部	**40.8**	40.4	41.3	43.6	**44.7**	50.8	**54.6**
	建築学部	**37.7**	43.5	41.7	41.8	**48.8**	51.9	**52.2**
	薬学部	**38.1**	40.8	33.1	37.8	**43.5**	54.1	**47.8**
	看護学部	**42.2**	50.0	43.0	42.3	**49.5**	52.7	**58.0**
	経営学部	**42.1**	39.1	41.2	46.9	**49.7**	56.6	**57.4**
私 広島修道大	商学部	**38.9**	41.1	35.3	37.1	**41.8**	50.3	**48.4**
	人文学部	**39.5**	41.9	37.0	40.5	**45.1**	46.8	**49.4**
	法学部	**37.1**	43.7	40.9	42.2	**45.6**	52.2	**52.4**
	経済科学部	**36.2**	39.4	37.7	39.5	**44.9**	52.0	**51.6**
	人間環境学部	**29.8**	38.8	32.4	31.6	**38.0**	47.2	**44.9**
	健康科学部	**38.2**	41.1	38.8	41.7	**44.5**	52.8	**51.5**
	国際コミュニティ学部	**34.6**	39.9	37.4	40.6	**47.3**	49.7	**50.1**
私 九州産業大	国際文化学部	**38.1**	39.3	35.8	37.9	**43.3**	48.3	**41.9**
	経済学部	**32.8**	31.4	34.2	31.4	**36.8**	43.4	**42.8**
	商学部	**29.9**	32.6	29.2	29.7	**33.3**	43.9	**42.9**
	理工学部	**34.1**	36.8	32.5	36.3	**35.0**	37.9	**41.6**

全５教科（英・国・数・地歴公・理）７科目の「得点率」（%）＝模試の得点（素点）÷900点（満点）×100

大学名	学部（学科等）名	同日	2月	4月	6月	8月	10月	12月
	人間科学部	**36.5**	38.2	31.5	29.7	**39.6**	36.1	**43.1**
	生命科学部	**34.4**	32.9	33.7	34.7	**35.0**	42.5	**38.8**
	地域共創学部	**34.6**	37.7	33.5	37.9	**35.4**	45.0	**44.9**
	建築都市工学部	**36.7**	39.1	37.3	34.8	**37.0**	39.2	**44.1**
	芸術学部	**38.0**	29.2	31.1	38.7	**39.4**	40.9	**48.5**
私 **西南学院大** ※神学部除く	外国語学部	**47.8**	45.6	47.2	49.4	**52.7**	57.9	**59.0**
	商学部	**44.0**	48.6	43.5	44.4	**48.9**	54.9	**55.3**
	経済学部	**45.9**	49.9	45.2	47.6	**52.5**	58.4	**58.7**
	法学部	**47.9**	51.4	47.7	49.8	**54.7**	59.7	**60.4**
	人間科学部	**45.6**	45.1	44.8	47.2	**52.1**	57.2	**59.6**
	国際文化学部	**47.8**	49.9	46.6	47.4	**55.3**	58.8	**59.3**
私 **福岡大**	人文学部	**44.4**	47.8	43.1	45.9	**49.0**	55.6	**55.1**
	法学部	**44.1**	46.2	43.9	46.7	**49.6**	54.2	**56.9**
	経済学部	**39.4**	41.7	38.8	40.6	**44.6**	51.8	**51.1**
	商学部【昼】	**40.4**	44.3	41.4	40.9	**45.1**	53.2	**52.6**
	理学部	**39.6**	39.5	39.9	42.0	**46.5**	53.0	**52.8**
	工学部	**40.3**	45.7	41.0	41.7	**46.2**	52.1	**53.2**
	医学部（医学科）	**60.0**	67.8	59.8	64.1	**67.1**	73.3	**74.2**
	医学部（看護学科）	**41.4**	43.4	42.8	42.3	**47.2**	51.9	**56.6**
	薬学部	**47.9**	54.0	49.0	51.6	**55.4**	61.1	**62.7**
	スポーツ科学部	**37.1**	35.9	38.4	41.8	**44.3**	55.2	**46.9**
私 **立命館アジア太平洋大**	アジア太平洋学部	**48.2**	48.7	50.6	51.5	**55.1**	60.7	**60.3**
	国際経営学部	**52.0**	46.6	52.2	49.5	**54.2**	59.6	**62.7**
	サステイナビリティ観光学部	**47.7**	58.7	51.4	49.8	**57.8**	62.0	**64.1**
他 **防衛医科大**	医学教育部（医学科）	**68.3**	75.9	72.3	71.9	**76.7**	80.4	**80.8**
	医学教育部（看護学科）	**48.0**	54.9	48.5	50.2	**52.8**	59.6	**61.8**
他 **防衛大**	人文・社会科学専攻	**56.9**	57.8	54.0	62.5	**62.2**	70.6	**68.1**
	理工学専攻	**45.2**	50.0	45.7	48.0	**51.9**	59.7	**55.6**

この一覧の見方

本書掲載190大学の発表資料に基づいて作成した2024年度入学者用の学費一覧表です。2025年度以降に改組・新設される学部・学科については2024年度までの旧学部・学科のデータを記載しています。詳細は、募集要項か大学ホームページで必ず確認してください。

■国立大学
■公立大学
■私立大学・その他

●学費区分

- ・入学金（①）：入学の際、授業料以外に学校に納入する金額。
- ・授業料（②）：初年度の授業料の金額（年間）。
- ・その他（③）：施設費、在籍料・登録料、諸会費、教育活動費など、授業料の他に納入する金額。
- ・初年度納入額：「入学金」「授業料」「その他」の総額（初年度の年間納入額）。
- ・入学時最低納入額：入学時までに必要な納入金額を表す（「入学時最小限納入金」）。初年度納入額とは異なる。

●入学時の学費納入方法

- ・一括：入学手続時に「入学時最小限納入金」を一括で納入。
- ・２段階：入学手続が１次と２次に分かれ、１次手続では入学金（相当額）を、２次手続で残額（授業料や施設費など）を納入。
- ・延納可：大学が定める所定の期日までに申し出れば、入学金以外の授業料などを延納することができる（延納期限は国公立大学の後期日程試験の合格発表日以降であることが多い）。
- ・その他：上記以外の制度。

●注釈

※１：文部科学省令で定める標準額を初年度納入額として記載しているが、別途、「その他」の費用が必要な場合あり。
※２：「その他」の費用の詳細は大学発行資料で確認すること。教材費、PC・タブレットなどの情報機器、実習費および実習に関わる経費、資格取得に関わる経費などが別途必要な場合あり。

国立大学

（単位：円）

大学名	学部 - 学科等名	入学金（①）	授業料（②）	その他（③）	初年度納入額（①+②+③）	入学時最低納入額	納入方法
国 旭川医科大	医	282,000	535,800	※1	817,800	282,000	一括
国 小樽商科大	商【昼】	282,000	535,800	※1	817,800	282,000	一括
	商【夜】	141,000	267,900	※1	408,900	141,000	一括
国 帯広畜産大	畜産-共同獣医学	282,000	535,800	31,840	849,640	282,000	一括
	畜産-畜産科学	282,000	535,800	24,730	842,530	282,000	一括
国 北海道大	全学部	282,000	535,800	※1	817,800	282,000	一括
国 北海道教育大	教育	282,000	535,800	※1	817,800	282,000	一括
国 弘前大	全学部	282,000	535,800	※1	817,800	282,000	一括
国 岩手大	全学部	282,000	535,800	※1	817,800	282,000	一括
国 東北大	全学部	282,000	535,800	※1	817,800	282,000	一括
国 秋田大	全学部	282,000	535,800	※1	817,800	282,000	一括

(単位:円)

大学名	学部 - 学科等名	入学金(①)	授業料(②)	その他(③)	初年度納入額(①+②+③)	入学時最低納入額	納入方法
国 山形大	人文社会科、地域教育文化、理、医、工【昼】、農	282,000	535,800	※1	817,800	282,000	一括
	工【夜】	141,000	267,900	※1	408,900	141,000	一括
国 福島大※2	人文社会-人間発達文化	282,000	535,800	72,500	890,300	282,000	一括
	人文社会-行政政策【昼】	282,000	535,800	84,000	901,800	282,000	一括
	人文社会-経済経営	282,000	535,800	73,800	891,600	282,000	一括
	理工、農	282,000	535,800	70,500	888,300	282,000	一括
	人文社会-行政政策【夜】	141,000	267,900	77,000	485,900	141,000	一括
国 茨城大※2	人文社会科、教育	282,000	535,800	54,050	871,850	282,000	一括
	理	282,000	535,800	56,050	873,850	282,000	一括
	工	282,000	535,800	71,050	888,850	282,000	一括
	農	282,000	535,800	51,050	868,850	282,000	一括
	地域未来共創	282,000	535,800	34,050	851,850	282,000	一括
国 筑波大	全学群	282,000	535,800	※1	817,800	282,000	一括
国 宇都宮大	全学部	282,000	535,800	24,380	842,180	282,000	一括
国 群馬大※2	共同教育	282,000	535,800	46,660	864,460	282,000	一括
	情報	282,000	535,800	48,660	866,460	282,000	一括
	医-医	282,000	535,800	304,300	1,122,100	282,000	一括
	医-保健	282,000	535,800	94,370	912,170	282,000	一括
	理工	282,000	535,800	88,560	906,360	282,000	一括
国 埼玉大	全学部	282,000	535,800	※1	817,800	282,000	一括
国 千葉大	全学部	282,000	642,960	※1	924,960	282,000	一括
国 お茶の水女子大	全学部	282,000	535,800	※1	817,800	282,000	一括
国 電気通信大※2	情報理工【昼】	282,000	535,800	64,660	882,460	282,000	一括
	情報理工【夜】	141,000	267,900	※1	408,900	141,000	一括
国 東京大	全学部	282,000	535,800	※1	817,800	282,000	一括
国 東京外国語大※2	全学部	282,000	535,800	17,000	834,800	282,000	一括
国 東京海洋大	全学部	282,000	535,800	※1	817,800	282,000	一括
国 東京科学大※2 ※理、工、物質理工、情報理工、生命理工、環境・社会理工:旧東京工業大2024年度学費を掲載	理、工、物質理工、情報理工、生命理工、環境・社会理工※	282,000	635,400	※1	917,400	282,000	一括
	医-医※	282,000	642,960	398,650	1,323,610	282,000	一括
	医-保健衛生/看護学※	282,000	642,960	376,340	1,301,300	282,000	一括

（単位：円）

大学名	学部 - 学科等名	入学金（①）	授業料（②）	その他（③）	初年度納入額（①+②+③）	入学時最低納入額	納入方法
※医、歯：旧東京医科歯科大2024年度学費を掲載	医-保健衛生/検査技術学※	282,000	642,960	403,840	1,328,800	282,000	一括
	歯-歯※	282,000	642,960	405,480	1,330,440	282,000	一括
	歯-口腔保健/口腔保健衛生学※	282,000	642,960	328,280	1,253,240	282,000	一括
	歯-口腔保健/口腔保健工学※	282,000	642,960	323,290	1,248,250	282,000	一括
国 東京学芸大	教育	282,000	535,800	※1	817,800	282,000	一括
国 東京藝術大	全学部	338,400	642,960	※1	981,360	338,400	一括
国 東京農工大	全学部	282,000	642,960	※1	924,960	282,000	一括
国 一橋大	全学部	282,000	642,960	※1	924,960	282,000	一括
国 横浜国立大	全学部	282,000	535,800	※1	817,800	282,000	一括
国 上越教育大	学校教育	282,000	535,800	※1	817,800	282,000	一括
国 新潟大※2	医-医以外	282,000	535,800	35,000～	852,800～	282,000	一括
	医-医	282,000	535,800	149,000	966,800	282,000	一括
国 富山大	全学部	282,000	535,800	※1	817,800	282,000	一括
国 金沢大※2	融合、人間社会、理工、医薬保健-［薬、医薬科］	282,000	535,800	4,660	822,460	282,000	一括
	医薬保健-医	282,000	535,800	7,800	825,600	282,000	一括
	医薬保健-保健	282,000	535,800	5,370	823,170	282,000	一括
国 福井大	全学部	282,000	535,800	※1	817,800	282,000	一括
国 山梨大※2	教育	282,000	535,800	64,000	881,800	282,000	一括
	医-医	282,000	535,800	110,000	927,800	282,000	一括
	医-看護	282,000	535,800	66,600	884,400	282,000	一括
	工	282,000	535,800	50,000	867,800	282,000	一括
	生命環境	282,000	535,800	48,000	865,800	282,000	一括
国 信州大	全学部	282,000	535,800	※1	817,800	282,000	一括
国 岐阜大	全学部	282,000	535,800	※1	817,800	282,000	一括
国 静岡大	人文社会科【昼】、教育、情報、理、工、農、グローバル共創科	282,000	535,800	※1	817,800	282,000	一括
	人文社会科【夜】	141,000	267,900	※1	408,900	141,000	一括
国 浜松医科大※2	医-医	282,000	535,800	257,160	1,074,960	282,000	一括
	医-看護	282,000	535,800	67,270～	885,070	282,000	一括
国 愛知教育大※2	教育	282,000	535,800	54,660	872,460	282,000	一括
国 名古屋大※2	全学部	282,000	535,800	4,660～	822,460～	282,000	一括

（単位：円）

大学名	学部 - 学科等名	入学金（①）	授業料（②）	その他（③）	初年度納入額（①+②+③）	入学時最低納入額	納入方法
国 名古屋工業大	工【昼】	282,000	535,800	※1	817,800	282,000	一括
	工【夜】	141,000	267,900	※1	408,900	141,000	一括
国 三重大	全学部	282,000	535,800	※1	817,800	282,000	一括
国 滋賀大※2	教育	282,000	535,800	63,660	881,460	282,000	一括
	経済【昼】	282,000	535,800	97,300	915,100	282,000	一括
	データサイエンス	282,000	535,800	85,660	903,460	282,000	一括
	経済【夜】	141,000	267,900	1,400	410,300	141,000	一括
国 滋賀医科大※2	医-医	282,000	535,800	202,340	1,020,140	282,000	一括
	医-看護	282,000	535,800	187,340	1,005,140	282,000	一括
国 京都大	全学部	282,000	535,800	※1	817,800	282,000	一括
国 京都工芸繊維大	工芸科	282,000	535,800	※1	817,800	282,000	一括
国 大阪大	全学部	282,000	535,800	※1	817,800	282,000	一括
国 大阪教育大※2	教育【昼】	282,000	535,800	70,000	887,800	282,000	一括
	教育【夜】	141,000	267,900	※1	408,900	141,000	一括
国 神戸大	全学部	282,000	535,800	※1	817,800	282,000	一括
国 奈良教育大	教育	282,000	535,800	※1	817,800	282,000	一括
国 奈良女子大	全学部	282,000	535,800	※1	817,800	282,000	一括
国 和歌山大※2	教育	282,000	535,800	57,500	875,300	282,000	一括
	経済	282,000	535,800	75,500	893,300	282,000	一括
	システム工	282,000	535,800	52,500	870,300	282,000	一括
	観光	282,000	535,800	79,730	897,530	282,000	一括
	社会インフォマティクス	282,000	535,800	※1	817,800	282,000	一括
国 鳥取大※2	地域	282,000	535,800	53,300	871,100	282,000	一括
	医-医	282,000	535,800	136,250	954,050	282,000	一括
	医-生命科	282,000	535,800	101,095	918,895	282,000	一括
	医-保健	282,000	535,800	97,095	914,895	282,000	一括
	工	282,000	535,800	38,300	856,100	282,000	一括
	農-生命環境農	282,000	535,800	84,660	902,460	282,000	一括
	農-共同獣医	282,000	535,800	94,840	912,640	282,000	一括
国 島根大	全学部	282,000	535,800	※1	817,800	282,000	一括
国 岡山大	全学部【昼】	282,000	535,800	※1	817,800	282,000	一括
	法【夜】、経済【夜】	141,000	267,900	※1	408,900	141,000	一括

(単位:円)

大学名	学部 - 学科等名	入学金(①)	授業料(②)	その他(③)	初年度納入額(①+②+③)	入学時最低納入額	納入方法
国 広島大※2	全学部【昼】	282,000	535,800	20,000 ~ 97,000	837,800 ~ 914,800	282,000	一括
	法【夜】、経済【夜】	141,000	267,900	※1	408,900	141,000	一括
国 山口大※2	人文、国際総合科	282,000	535,800	44,660	862,460	282,000	一括
	教育	282,000	535,800	54,660	872,460	282,000	一括
	経済	282,000	535,800	64,660	882,460	282,000	一括
	理、工	282,000	535,800	59,660	877,460	282,000	一括
	医-医	282,000	535,800	217,690	1,035,490	282,000	一括
	医-保健	282,000	535,800	88,000	905,800	282,000	一括
	農	282,000	535,800	64,660	882,460	282,000	一括
	共同獣医	282,000	535,800	91,840	909,640	282,000	一括
国 徳島大※2	総合科	282,000	535,800	82,000	899,800	282,000	一括
	医-医	282,000	535,800	150,000	967,800	282,000	一括
	医-医科栄養	282,000	535,800	117,000	934,800	282,000	一括
	医-保健	282,000	535,800	107,000	924,800	282,000	一括
	歯-歯	282,000	535,800	99,000	916,800	282,000	一括
	歯-口腔保健	282,000	535,800	77,000	894,800	282,000	一括
	薬	282,000	535,800	110,000	927,800	282,000	一括
	理工【昼】、生物資源産業	282,000	535,800	80,000	897,800	282,000	一括
	理工【夜】	282,000	535,800	78,000	895,800	282,000	一括
国 香川大	全学部【昼】	282,000	535,800	※1	817,800	282,000	一括
	法【夜】、経済【夜】	141,000	267,900	※1	408,900	141,000	一括
国 愛媛大※2	法文【昼】	282,000	535,800	71,660	889,460	621,560	一括
	教育、社会共創、理、工	282,000	535,800	64,660	882,460	614,560	一括
	医-医	282,000	535,800	155,800	973,600	705,700	一括
	医-看護	282,000	535,800	86,370	904,170	636,270	一括
	農	282,000	535,800	70,660	888,460	620,560	一括
	法文【夜】	141,000	267,900	62,760	471,660	337,710	一括
国 高知大※2	地域協働以外	282,000	535,800	※1	817,800	282,000	一括
	地域協働	282,000	535,800	100,780	918,580	282,000	一括
国 九州大	全学部	282,000	535,800	※1	817,800	282,000	一括
国 九州工業大※2	全学部	282,000	535,800	82,300	900,100	282,000	一括
国 福岡教育大	教育	282,000	535,800	※1	817,800	282,000	一括

（単位：円）

大学名	学部 - 学科等名	入学金（①）	授業料（②）	その他（③）	初年度納入額（①+②+③）	入学時最低納入額	納入方法
国 佐賀大	全学部	282,000	535,800	※1	817,800	282,000	一括
国 長崎大※2	多文化社会、教育、経済、医-保健	282,000	535,800	70,000	887,800	282,000	一括
	医-医	282,000	535,800	110,000	927,800	282,000	一括
	歯	282,000	535,800	140,000	957,800	282,000	一括
	薬-薬	282,000	535,800	117,000	934,800	282,000	一括
	薬-薬科	282,000	535,800	69,000	886,800	282,000	一括
	情報データ科	282,000	535,800	4,660	822,460	282,000	一括
	工	282,000	535,800	40,000	857,800	282,000	一括
	環境科	282,000	535,800	60,000	877,800	282,000	一括
	水産	282,000	535,800	90,000	907,800	282,000	一括
国 熊本大	全学部	282,000	535,800	※1	817,800	282,000	一括
国 大分大※2	全学部	282,000	535,800	50,000～100,000	867,800～917,800	282,000	一括
国 宮崎大	全学部	282,000	535,800	※1	817,800	282,000	一括
国 鹿児島大	全学部	282,000	535,800	※1	817,800	282,000	一括
国 琉球大	全学部【昼】	282,000	535,800	※1	817,800	282,000	一括
	国際地域創造【夜】	141,000	267,900	※1	408,900	141,000	一括

公立大学

（単位：円）

大学名	学部 - 学科等名	入学金（①）	授業料（②）	その他（③）	初年度納入額（①+②+③）	入学時最低納入額	納入方法
公 札幌医科大※2	医	282,000	535,800	200,000～	1,017,800～	482,000	一括
	保健医療	282,000	535,800	100,000～	917,800～	382,000	一括
公 岩手県立大※2	看護 ※岩手県内	225,600	535,800	80,000	841,400	287,600	一括
	看護 ※岩手県外	338,400	535,800	80,000	954,200	400,400	一括
	社会福祉 ※岩手県内	225,600	535,800	66,080	827,480	287,600	一括
	社会福祉 ※岩手県外	338,400	535,800	66,080	940,280	400,400	一括
	ソフトウェア情報、総合政策 ※岩手県内	225,600	535,800	66,010	827,410	287,600	一括
	ソフトウェア情報、総合政策 ※岩手県外	338,400	535,800	66,010	940,210	400,400	一括
公 宮城大※2	看護 ※宮城県内	282,000	535,800	67,116	884,916	349,116	一括
	看護 ※宮城県外	564,000	535,800	67,116	1,166,916	631,116	一括

(単位:円)

大学名	学部 - 学科等名	入学金(①)	授業料(②)	その他(③)	初年度納入額(①+②+③)	入学時最低納入額	納入方法
	事業構想、食産業 ※宮城県内	282,000	535,800	47,660	865,460	329,660	一括
	事業構想、食産業 ※宮城県外	564,000	535,800	47,660	1,147,460	611,660	一括
公 国際教養大※2	国際教養 ※秋田県内	282,000	696,000	638,260	1,616,260	282,000	一括
	国際教養 ※秋田県外	423,000	696,000	638,260	1,757,260	423,000	一括
公 会津大※2	コンピュータ理工 ※福島県内	282,000	520,800	76,430	879,230	358,430	一括
	コンピュータ理工 ※福島県外	564,000	520,800	76,430	1,161,230	640,430	一括
公 福島県立医科大※2	医 ※福島県内	282,000	535,800	424,000	1,241,800	706,000	一括
	医 ※福島県外	846,000	535,800	424,000	1,805,800	1,270,000	一括
	看護 ※福島県内	282,000	535,800	157,000	974,800	439,000	一括
	看護 ※福島県外	564,000	535,800	157,000	1,256,800	721,000	一括
	保健科 ※福島県内	282,000	535,800	209,000	1,026,800	491,000	一括
	保健科 ※福島県外	564,000	535,800	209,000	1,308,800	773,000	一括
公 高崎経済大※2	全学部 ※高崎市内	141,000	520,800	114,286	776,086	141,000	一括
	全学部 ※高崎市外	282,000	520,800	114,286	917,086	282,000	一括
公 埼玉県立大※2	全学部 ※埼玉県内	211,500	621,000	—	832,500	211,500	一括
	全学部 ※埼玉県外	423,000	621,000	—	1,044,000	423,000	一括
公 東京都立大※2	全学部 ※東京都内	141,000	520,800	—	661,800	141,000	一括
	全学部 ※東京都外	282,000	520,800	—	802,800	282,000	一括
公 横浜市立大※2	国際教養、国際商、理、データサイエンス ※横浜市内	141,000	557,400	97,000	795,400	238,000	一括
	国際教養、国際商、理、データサイエンス ※横浜市外	282,000	557,400	122,000	961,400	404,000	一括
	医-医 ※横浜市内	141,000	573,000	258,000	972,000	399,000	一括
	医-医 ※横浜市外	282,000	573,000	308,000	1,163,000	590,000	一括
	医-看護 ※横浜市内	141,000	557,400	104,000	802,400	238,000	一括
	医-看護 ※横浜市外	282,000	557,400	129,000	968,400	404,000	一括
公 福井県立大※2	全学部 ※福井県内	188,000	535,800	55,000	778,800	188,000	一括
	全学部 ※福井県外	282,000	535,800	55,000	872,800	282,000	一括
公 都留文科大※2	全学部 ※都留市内	141,000	535,800	101,660	778,460	141,000	一括
	全学部 ※都留市外	282,000	535,800	111,160	928,960	282,000	一括

（単位：円）

大学名	学部・学科等名	入学金（①）	授業料（②）	その他（③）	初年度納入額（①+②+③）	入学時最低納入額	納入方法
公 静岡県立大※2	薬-薬科 ※静岡県内	141,000	535,800	116,730	793,530	257,730	一括
	薬-薬科 ※静岡県外	366,600	535,800	116,730	1,019,130	483,330	一括
	薬-薬 ※静岡県内	141,000	535,800	201,971	878,771	283,671	一括
	薬-薬 ※静岡県外	366,600	535,800	201,971	1,104,371	509,271	一括
	食品栄養科 ※静岡県内	141,000	535,800	96,730	773,530	247,730	一括
	食品栄養科 ※静岡県外	366,600	535,800	96,730	999,130	473,330	一括
	国際関係 ※静岡県内	141,000	535,800	92,660	769,460	231,960	一括
	国際関係 ※静岡県外	366,600	535,800	92,660	995,060	457,560	一括
	経営情報 ※静岡県内	141,000	535,800	76,660	753,460	217,660	一括
	経営情報 ※静岡県外	366,600	535,800	76,660	979,060	443,260	一括
	看護 ※静岡県内	141,000	535,800	125,321	802,121	266,321	一括
	看護 ※静岡県外	366,600	535,800	125,321	1,027,721	491,921	一括
公 愛知県立大	看護以外	282,000	535,800	4,660	822,460	286,660	一括
	看護	282,000	535,800	5,370	823,170	287,370	一括
公 名古屋市立大※2 ※看護：2025年度、医学部保健医療学科看護学専攻として新たに開設予定	医-医 ※名古屋市内	232,000	535,800	263,800	1,031,600	495,800	一括
	医-医 ※名古屋市外	332,000	535,800	263,800	1,131,600	595,800	一括
	薬-薬 ※名古屋市内	232,000	535,800	132,840	900,640	364,840	一括
	薬-薬 ※名古屋市外	332,000	535,800	132,840	1,000,640	464,840	一括
	薬-生命薬科、芸術工、総合生命理 ※名古屋市内	232,000	535,800	97,660	865,460	329,660	一括
	薬-生命薬科、芸術工、総合生命理 ※名古屋市外	332,000	535,800	97,660	965,460	429,660	一括
	経済 ※名古屋市内	232,000	535,800	112,300	880,100	344,300	一括
	経済 ※名古屋市外	332,000	535,800	112,300	980,100	444,300	一括
	人文社会 ※名古屋市内	232,000	535,800	92,660	860,460	324,660	一括
	人文社会 ※名古屋市外	332,000	535,800	92,660	960,460	424,660	一括
	データサイエンス ※名古屋市内	232,000	535,800	77,660	845,460	309,660	一括
	データサイエンス ※名古屋市外	332,000	535,800	77,660	945,460	409,660	一括
	看護※ ※名古屋市内（2025年度募集停止）	232,000	535,800	86,370	854,170	318,370	一括
	看護※ ※名古屋市外（2025年度募集停止）	332,000	535,800	86,370	954,170	418,370	一括
公 滋賀県立大※2	全学部 ※滋賀県内	282,000	535,800	50,000	867,800	332,000	一括

（単位：円）

大学名	学部 - 学科等名	入学金（①）	授業料（②）	その他（③）	初年度納入額（①+②+③）	入学時最低納入額	納入方法
	全学部 ※滋賀県外	423,000	535,800	50,000	1,008,800	473,000	一括
公 京都府立大※2	全学部 ※京都府内	169,200	535,800	44,660	749,660	213,860	一括
	全学部 ※京都府外	282,000	535,800	44,660	862,460	326,660	一括
公 京都府立医科大※2	医-医 ※京都府内	282,000	535,800	—	937,800	282,000	一括
	医-医 ※京都府外	493,000	535,800	—	1,148,800	493,000	一括
	医-看護 ※京都府内	169,200	535,800	—	705,000	169,200	一括
	医-看護 ※京都府外	282,000	535,800	—	817,800	282,000	一括
公 大阪公立大※2	獣医以外 ※大阪府内	282,000	535,800	—	817,800	282,000	一括
	獣医以外 ※大阪府外	382,000	535,800	—	917,800	382,000	一括
	獣医 ※大阪府内	282,000	535,800	185,000	1,002,800	282,000	一括
	獣医 ※大阪府外	382,000	535,800	185,000	1,102,800	382,000	一括
公 神戸市外国語大※2	外国語【昼】※神戸市内	282,000	535,800	118,300	936,100	400,300	一括
	外国語【昼】※神戸市外	423,000	535,800	118,300	1,077,100	541,300	一括
	外国語第2【夜】※神戸市内	141,000	267,900	116,400	525,300	257,400	一括
	外国語第2【夜】※神戸市外	211,500	267,900	116,400	595,800	327,900	一括
公 兵庫県立大※2 ※国際商経-グローバルビジネス：寮費、別途必要	国際商経※ ※兵庫県内	282,000	535,800	137,000	954,800	419,000	一括
	国際商経※ ※兵庫県外	423,000	535,800	137,000	1,095,800	560,000	一括
	社会情報科 ※兵庫県内	282,000	535,800	107,000	924,800	389,000	一括
	社会情報科 ※兵庫県外	423,000	535,800	107,000	1,065,800	530,000	一括
	工 ※兵庫県内	282,000	535,800	132,000	949,800	414,000	一括
	工 ※兵庫県外	423,000	535,800	132,000	1,090,800	555,000	一括
	理 ※兵庫県内	282,000	535,800	110,000	927,800	392,000	一括
	理 ※兵庫県外	423,000	535,800	110,000	1,068,800	533,000	一括
	環境人間-環境人間/食環境栄養以外 ※兵庫県内	282,000	535,800	112,000	929,800	394,000	一括
	環境人間-環境人間/食環境栄養以外 ※兵庫県外	423,000	535,800	112,000	1,070,800	535,000	一括
	環境人間-環境人間/食環境栄養 ※兵庫県内	282,000	535,800	172,000	989,800	454,000	一括
	環境人間-環境人間/食環境栄養 ※兵庫県外	423,000	535,800	172,000	1,130,800	595,000	一括
	看護 ※兵庫県内	282,000	535,800	150,000	967,800	382,000	一括

（単位：円）

大学名	学部－学科等名	入学金（①）	授業料（②）	その他（③）	初年度納入額（①＋②＋③）	入学時最低納入額	納入方法
	看護 ※兵庫県外	423,000	535,800	150,000	1,108,800	523,000	一括
公 奈良県立医科大※2	医-医 ※奈良県内	282,000	535,800	85,850	903,650	282,000	一括
	医-医 ※奈良県外	802,000	535,800	85,850	1,423,650	802,000	一括
	医-看護 ※奈良県内	282,000	535,800	28,000	845,800	282,000	一括
	医-看護 ※奈良県外	423,000	535,800	28,000	986,800	423,000	一括
公 和歌山県立医科大※2	全学部 ※和歌山県内	282,000	535,800	—	817,800	282,000	一括
	医 ※和歌山県外	752,000	535,800	—	1,287,800	752,000	一括
	保健看護 ※和歌山県外	423,000	535,800	—	958,800	423,000	一括
	薬 ※和歌山県外	564,000	535,800	—	1,099,800	564,000	一括
公 岡山県立大※2	保健福祉-看護 ※岡山県内	188,000	535,800	79,370	803,170	262,000	一括
	保健福祉-看護 ※岡山県外	282,000	535,800	79,370	897,170	356,000	一括
	保健福祉-看護以外 ※岡山県内	188,000	535,800	78,730	802,530	262,000	一括
	保健福祉-看護以外 ※岡山県外	282,000	535,800	78,730	896,530	356,000	一括
	情報工、デザイン ※岡山県内	188,000	535,800	78,660	802,460	262,000	一括
	情報、デザイン ※岡山県外	282,000	535,800	78,660	896,460	356,000	一括
公 県立広島大※2	地域創生、保健福祉 ※広島県内	282,000	535,800	—	817,800	282,000	一括
	地域創生、保健福祉 ※広島県外	394,800	535,800	—	930,600	394,800	一括
	生物資源科 ※広島県内	282,000	535,800	15,600	833,400	282,000	一括
	生物資源科 ※広島県外	394,800	535,800	15,600	946,200	394,800	一括
公 広島市立大※2	全学部 ※広島市内	282,000	535,800	68,350	886,150	282,000	一括
	全学部 ※広島市外	423,000	535,800	68,350	1,027,150	423,000	一括
公 下関市立大※2	全学部 ※下関市内	141,000	535,800	93,010	769,810	230,000	一括
	全学部 ※下関市外	282,000	535,800	93,010	910,810	371,000	一括
公 北九州市立大※2	外国語、経済、地域創生 ※北九州市内	282,000	535,800	141,260	959,060	423,260	一括
	外国語、経済、地域創生 ※北九州市外	423,000	535,800	141,260	1,100,060	564,260	一括
	文、国際環境工 ※北九州市内	282,000	535,800	131,260	949,060	413,260	一括

(単位:円)

大学名	学部 - 学科等名	入学金（①）	授業料（②）	その他（③）	初年度納入額（①+②+③）	入学時最低納入額	納入方法
	文、国際環境工 ※北九州市外	423,000	535,800	131,260	1,090,060	554,260	一括
	法 ※北九州市内	282,000	535,800	147,260	965,060	429,260	一括
	法 ※北九州市外	423,000	535,800	147,260	1,106,060	570,260	一括
公 福岡女子大[※2] ※寮費、別途必要	国際文理-食・健康以外[※] ※福岡県内	282,000	535,800	263,310	1,081,110	282,000	一括
	国際文理-食・健康以外[※] ※福岡県外	520,000	535,800	263,310	1,319,110	520,000	一括
	国際文理-食・健康[※] ※福岡県内	282,000	535,800	263,380	1,081,180	282,000	一括
	国際文理-食・健康[※] ※福岡県外	520,000	535,800	263,380	1,319,180	520,000	一括
公 長崎県立大[※2]	経営、地域創造 ※長崎県内	176,500	535,800	109,660	821,960	286,160	一括
	経営、地域創造 ※長崎県外	353,000	535,800	109,660	998,460	462,660	一括
	国際社会、情報システム、看護栄養 ※長崎県内	176,500	535,800	94,160	806,460	270,660	一括
	国際社会、情報システム、看護栄養 ※長崎県外	353,000	535,800	94,160	982,960	447,160	一括
公 熊本県立大[※2]	環境共生-環境共生/食健康環境学以外 ※熊本県内	207,000	535,800	79,660	822,460	207,000	一括
	環境共生-環境共生/食健康環境学以外 ※熊本県外	414,000	535,800	79,660	1,029,460	414,000	一括
	環境共生-環境共生/食健康環境学 ※熊本県内	207,000	535,800	79,730	822,530	207,000	一括
	環境共生-環境共生/食健康環境学 ※熊本県外	414,000	535,800	79,730	1,029,530	414,000	一括

私立大学・その他

(単位:円)

大学名	学部 - 学科等名	入学金（①）	授業料（②）	その他（③）	初年度納入額（①+②+③）	入学時最低納入額	納入方法
私 北海学園大	経済【昼】、経営【昼】、法【昼】	200,000	872,000	132,000	1,204,000	718,000	延納可（2段階）
	人文【昼】	200,000	896,000	132,000	1,228,000	730,000	延納可（2段階）
	工	200,000	1,140,000	212,000	1,552,000	892,000	延納可（2段階）
	経済【夜】、経営【夜】、法【夜】	100,000	436,000	73,000	609,000	371,000	延納可（2段階）
	人文【夜】	100,000	448,000	73,000	621,000	377,000	延納可（2段階）

（単位：円）

大学名	学部－学科等名	入学金（①）	授業料（②）	その他（③）	初年度納入額（①+②+③）	入学時最低納入額	納入方法
私 酪農学園大	農食環境	200,000	890,000	394,000	1,484,000	864,000	一括
	獣医-獣医	300,000	1,710,000	554,000	2,564,000	1,469,000	一括
	獣医-獣医保健看護	200,000	920,000	444,000	1,564,000	904,000	一括
私 東北学院大※2	文-教育以外、経済、経営、法	270,000	780,000	259,500	1,309,500	804,500	延納可（2段階）
	文-教育、地域総合、人間科、国際	270,000	874,000	299,500	1,443,500	871,500	延納可（2段階）
	工	270,000	1,078,000	379,500	1,727,500	1,013,500	延納可（2段階）
	情報	270,000	874,000	369,500	1,513,500	906,500	延納可（2段階）
私 自治医科大※2 ※医：修学資金貸与制度により大学が修学資金を貸与	医※	1,000,000	1,800,000	1,800,000	4,600,000	4,600,000	その他
	看護	500,000	850,000	500,000	1,850,000	500,000	一括
私 獨協大	全学部	270,000	760,000	322,800	1,352,800	826,800	延納可（2段階）
私 文教大	教育	280,000	847,000	270,000	1,397,000	973,500	一括／2段
	人間科、文-外国語以外、情報、国際、経営	280,000	772,000	270,000	1,322,000	936,000	一括／2段
	文-外国語	280,000	772,000	430,000	1,482,000	1,016,000	一括／2段
	健康栄養	280,000	842,000	400,000	1,522,000	1,036,000	一括／2段
私 千葉工業大	全学部	250,000	1,390,000	34,500	1,674,500	968,250	延納可（2段階）
私 青山学院大	文-英米文	200,000	833,000	375,200	1,408,200	819,100	延納可（一括）
	文-[フランス文、日本文]	200,000	833,000	376,000	1,409,000	819,500	延納可（一括）
	文-[史、比較芸術]	200,000	833,000	377,000	1,410,000	820,000	延納可（一括）
	教育人間科-教育	200,000	833,000	381,000	1,414,000	822,000	延納可（一括）
	教育人間科-心理	200,000	833,000	397,000	1,430,000	830,000	延納可（一括）
	経済	200,000	833,000	382,000	1,415,000	822,500	延納可（一括）
	法	200,000	833,000	388,000	1,421,000	825,500	延納可（一括）
	経営	200,000	833,000	388,000	1,421,000	825,500	延納可（一括）
	国際政治経済	200,000	843,000	408,000	1,451,000	840,500	延納可（一括）

（単位：円）

大学名	学部 - 学科等名	入学金（①）	授業料（②）	その他（③）	初年度納入額（①+②+③）	入学時最低納入額	納入方法
	理工	200,000	1,181,000	537,000	1,918,000	1,071,000	延納可（一括）
	総合文化政策	200,000	833,000	398,000	1,431,000	830,500	延納可（一括）
	社会情報、地球社会共生	200,000	1,007,000	463,000	1,670,000	950,000	延納可（一括）
	コミュニティ人間科	200,000	917,000	453,000	1,570,000	897,500	延納可（一括）
私 亜細亜大※2	経営、経済、法	230,000	760,000	325,000	1,315,000	771,000	2段階
	国際関係、都市創造	230,000	800,000	325,000	1,355,000	791,000	2段階
私 大妻女子大※2	家政-被服	250,000	775,000	465,250	1,490,250	887,750	一括
	家政-食物/食物学	250,000	775,000	480,750	1,505,750	895,500	一括
	家政-食物/管理栄養士	250,000	775,000	493,250	1,518,250	901,750	一括
	家政-[児童、ライフデザイン]	250,000	765,000	455,250	1,470,250	877,750	一括
	文、人間関係、比較文化	250,000	745,000	455,250	1,450,250	867,750	一括
	社会情報	250,000	755,000	465,250	1,470,250	877,750	一括
私 学習院大	法	200,000	796,000	324,300	1,320,300	982,300	一括／2段
	経済	200,000	796,000	321,800	1,317,800	979,800	一括／2段
	文-[哲、史、日本語日本文、英語英米文化、ドイツ語圏文化、フランス語圏文化]	200,000	870,000	323,800	1,393,800	1,018,800	一括／2段
	文-[心理、教育]	200,000	870,000	353,800	1,423,800	1,048,800	一括／2段
	理-[物理、化、生命科]	200,000	1,209,000	461,800	1,870,800	1,326,300	一括／2段
	理-数	200,000	1,209,000	381,800	1,790,800	1,246,300	一括／2段
	国際社会科	200,000	1,035,000	321,800	1,556,800	1,099,300	一括／2段
私 杏林大※2	外国語、総合政策	250,000	720,000	233,300	1,203,300	743,300	一括
	保健-[臨床検査技術、看護、臨床工、救急救命、リハビリテーション、診療放射線技術]	250,000	1,150,000	588,370	1,988,370	1,163,370	一括
	保健-[健康福祉、臨床心理]	250,000	1,150,000	338,370	1,738,370	1,038,370	一括
	医	1,500,000	3,000,000	5,590,700	10,090,700	6,090,700	一括
私 慶應義塾大	文	200,000	920,000	283,350	1,403,350	801,725	一括／2段
	経済	200,000	920,000	287,350	1,407,350	803,725	一括／2段
	法	200,000	920,000	293,350	1,413,350	806,725	一括／2段

（単位：円）

大学名	学部 - 学科等名	入学金（①）	授業料（②）	その他（③）	初年度納入額（①+②+③）	入学時最低納入額	納入方法
	商	200,000	920,000	289,850	1,409,850	804,975	一括／2段
	理工	200,000	1,340,000	423,350	1,963,350	1,081,725	一括／2段
	医	200,000	3,040,000	663,350	3,903,350	2,051,725	一括／2段
	看護医療	200,000	1,090,000	675,850	1,965,850	1,085,225	一括／2段
	総合政策、環境情報	200,000	1,090,000	381,350	1,671,350	935,725	一括／2段
	薬-薬	200,000	1,770,000	603,350	2,573,350	1,386,725	一括／2段
	薬-薬科	200,000	1,490,000	603,350	2,293,350	1,246,725	一括／2段
私 工学院大	先進工	250,000	1,050,000	451,160	1,751,160	1,021,160	2段階
	工、建築、情報	250,000	1,050,000	431,160	1,731,160	1,011,160	2段階
私 國學院大※2	文、神道文化、経済	240,000	760,000	267,300	1,267,300	782,300	一括／2段
	法	240,000	760,000	268,300	1,268,300	783,300	一括／2段
	人間開発	240,000	800,000	308,300	1,348,300	823,300	一括／2段
	観光まちづくり	240,000	800,000	305,300	1,345,300	820,300	一括／2段
私 国際基督教大※2 ※入学時最低納入額は2024年度入学者用	教養※	300,000	1,137,000	354,000	1,791,000	787,000	延納可（一括）
私 駒澤大	仏教、文-[国文、英米文、社会/社会福祉学]、経済、法【昼】、経営	200,000	759,000	291,000	1,250,000	745,000	2段階
	文-地理	200,000	759,000	306,000	1,265,000	752,500	2段階
	文-歴史/[日本史学、外国史学]	200,000	759,000	315,000	1,274,000	769,000	2段階
	文-歴史/考古学	200,000	759,000	330,000	1,289,000	776,500	2段階
	文-社会/社会学	200,000	759,000	325,000	1,284,000	774,000	2段階
	文-心理	200,000	759,000	321,000	1,280,000	760,000	2段階
	医療健康科	200,000	800,000	782,500	1,782,500	1,011,250	2段階
	グローバル・メディア・スタディーズ	200,000	790,000	291,000	1,281,000	760,500	2段階
	法【夜】	130,000	490,000	177,500	797,500	483,750	2段階
私 芝浦工業大※2	全学部	280,000	1,199,000	315,880	1,794,880	1,021,000	延納可（2段階）
私 順天堂大※2	医	2,000,000	700,000	200,000	2,900,000	2,450,000	一括／2段
	スポーツ健康科	200,000	700,000	673,660	1,573,660	948,660	一括／2段
	医療看護	300,000	900,000	842,000	2,042,000	1,267,000	一括／2段
	保健看護	300,000	900,000	664,000	1,864,000	1,194,000	一括／2段

（単位：円）

大学名	学部 - 学科等名	入学金（①）	授業料（②）	その他（③）	初年度納入額（①+②+③）	入学時最低納入額	納入方法
	国際教養	300,000	1,000,000	389,660	1,689,660	1,064,660	一括／2段
	保健医療	300,000	1,000,000	586,350	1,886,350	1,161,350	一括／2段
	医療科	300,000	1,000,000	501,350	1,801,350	1,076,350	一括／2段
	健康データサイエンス	200,000	1,000,000	449,280	1,649,280	949,280	一括／2段
	薬	300,000	1,400,000	653,020	2,353,020	1,353,020	一括／2段
私 上智大	神、法、文-[哲、史、国文、英文、ドイツ文、フランス文]、総合人間科-[教育、社会、社会福祉]、経済、総合グローバル、外国語	200,000	888,000	272,650	1,360,650	781,650	一括／2段
	文-新聞	200,000	929,000	272,650	1,401,650	802,150	一括／2段
	総合人間科-心理	200,000	967,000	272,650	1,439,650	821,150	一括／2段
	総合人間科-看護	200,000	1,251,000	435,650	1,886,650	1,044,650	一括／2段
	国際教養	200,000	1,112,000	296,650	1,608,650	917,650	一括／2段
	理工	200,000	1,202,000	481,650	1,883,650	1,043,650	一括／2段
私 昭和大	医	1,500,000	3,000,000	922,000	5,422,000	3,095,000	一括／2段
	歯	1,500,000	3,000,000	922,000	5,422,000	3,095,000	一括
	薬	600,000	1,400,000	896,000	2,896,000	1,369,000	一括
	保健医療	500,000	1,050,000	896,000	2,446,000	1,094,000	一括
私 昭和女子大 ※国際-国際教養：2025年度、英語コミュニケーションより名称変更予定	人間文化-日本語日本文	200,000	795,600	375,400	1,371,000	785,500	一括／2段
	人間文化-歴史文化、国際-国際教養※	200,000	825,600	402,400	1,428,000	814,000	一括／2段
	国際-国際	200,000	825,600	432,400	1,458,000	829,000	一括／2段
	グローバルビジネス	200,000	845,600	412,400	1,458,000	829,000	一括／2段
	人間社会-心理	200,000	855,600	422,400	1,478,000	839,000	一括／2段
	人間社会-福祉社会、環境デザイン	200,000	825,600	422,400	1,448,000	824,000	一括／2段
	人間社会-現代教養	200,000	815,600	392,400	1,408,000	804,000	一括／2段
	人間社会-初等教育	200,000	815,600	402,400	1,418,000	809,000	一括／2段
	食健康科-[健康デザイン、食安全マネジメント]	200,000	855,600	432,400	1,488,000	844,000	一括／2段
	食健康科-管理栄養	200,000	855,600	452,400	1,508,000	854,000	一括／2段
私 成蹊大	経済、経営、法、文	200,000	825,000	275,000	1,300,000	750,000	延納可(一括)
	理工	200,000	1,060,000	465,000	1,725,000	962,500	延納可(一括)
私 成城大	経済	200,000	800,000	345,500	1,345,500	820,500	2段階

（単位：円）

大学名	学部 - 学科等名	入学金（①）	授業料（②）	その他（③）	初年度納入額（①+②+③）	入学時最低納入額	納入方法
	文芸	200,000	800,000	342,500	1,342,500	817,500	2段階
	法	200,000	800,000	344,500	1,344,500	819,500	2段階
	社会イノベーション	200,000	800,000	343,500	1,343,500	818,500	2段階
私 専修大	経済、法	200,000	750,000	274,000	1,224,000	477,000	その他
	経営、商	200,000	750,000	276,000	1,226,000	479,000	その他
	文-[日本文学文化、英語英米文]	200,000	750,000	284,000	1,234,000	481,000	その他
	文-哲	200,000	750,000	279,000	1,229,000	479,000	その他
	文-歴史	200,000	750,000	294,000	1,244,000	482,000	その他
	文-環境地理	200,000	750,000	309,000	1,259,000	488,000	その他
	文-ジャーナリズム	200,000	750,000	289,000	1,239,000	483,000	その他
	人間科-心理	200,000	783,000	344,000	1,327,000	505,000	その他
	人間科-社会	200,000	753,000	294,000	1,247,000	482,000	その他
	国際コミュニケーション-日本語	200,000	750,000	306,000	1,256,000	485,000	その他
	国際コミュニケーション-異文化コミュニケーション	200,000	850,000	308,000	1,358,000	512,000	その他
	ネットワーク情報	200,000	926,000	354,000	1,480,000	541,000	その他
私 創価大	経済、経営、法	200,000	950,000	19,000	1,169,000	694,000	2段階
	文、教育	200,000	970,000	19,000	1,189,000	704,000	2段階
	理工	200,000	1,280,000	109,000	1,589,000	904,000	2段階
	看護	200,000	1,240,000	179,000	1,619,000	919,000	2段階
	国際教養	200,000	1,210,000	19,000	1,429,000	824,000	2段階
私 大東文化大	文-[日本文、中国文、英米文、歴史文化]、外国語、国際関係	210,000	733,000	295,900	1,238,900	736,900	2段階
	文-教育	210,000	733,000	318,900	1,261,900	747,900	2段階
	文-書道	210,000	855,000	375,900	1,440,900	837,900	2段階
	経済、経営	210,000	713,000	291,900	1,214,900	722,900	2段階
	法	210,000	713,000	293,900	1,216,900	724,900	2段階
	スポーツ・健康科-スポーツ科	210,000	835,000	400,900	1,445,900	840,400	2段階
	スポーツ・健康科-健康科	210,000	995,000	600,900	1,805,900	1,020,400	2段階
	スポーツ・健康科-看護	250,000	1,000,000	724,900	1,974,900	1,124,900	2段階
	社会	210,000	713,000	295,900	1,218,900	726,900	2段階

（単位：円）

大学名	学部・学科等名	入学金（①）	授業料（②）	その他（③）	初年度納入額（①+②+③）	入学時最低納入額	納入方法
私 玉川大	教育	250,000	1,032,000	508,970	1,790,970	1,052,020	一括
	文-英語教育	250,000	1,032,000	499,630	1,781,630	1,047,680	一括
	文-国語教育	250,000	1,032,000	490,230	1,772,230	1,038,280	一括
	芸術-音楽	250,000	1,202,000	625,230	2,077,230	1,198,280	一括
	芸術-アート・デザイン	250,000	1,202,000	616,230	2,068,230	1,189,280	一括
	芸術-演劇・舞踊	250,000	1,202,000	620,230	2,072,230	1,193,280	一括
	経営	250,000	1,032,000	488,230	1,770,230	1,036,280	一括
	観光	250,000	1,032,000	506,230	1,788,230	1,054,280	一括
	リベラルアーツ	250,000	1,032,000	498,230	1,780,230	1,046,280	一括
	農-生産農	250,000	1,056,000	596,230	1,902,230	1,096,280	一括
	農-環境農	250,000	1,056,000	619,230	1,925,230	1,119,280	一括
	農-先端食農	250,000	1,056,000	606,530	1,912,530	1,101,930	一括
	工-情報通信工、ソフトウェアサイエンス	250,000	1,112,000	628,230	1,990,230	1,146,280	一括
	工-マネジメントサイエンス、デザインサイエンス	250,000	1,112,000	614,230	1,976,230	1,132,280	一括
私 中央大	法	240,000	823,400	283,900	1,347,300	801,150	延納可（一括）
	経済	240,000	823,400	248,900	1,312,300	783,650	延納可（一括）
	商	240,000	823,400	251,900	1,315,300	785,150	延納可（一括）
	理工	240,000	1,175,700	422,300	1,838,000	1,046,500	延納可（一括）
	総合政策	240,000	1,029,800	332,100	1,601,900	928,450	延納可（一括）
	文	240,000	823,400	233,900	1,297,300	776,150	延納可（一括）
	国際経営	240,000	943,600	281,400	1,465,000	860,000	延納可（一括）
	国際情報	240,000	1,016,800	298,200	1,555,000	905,000	延納可（一括）
私 津田塾大※2	学芸-[英語英文、国際関係]	200,000	750,000	304,010	1,254,010	754,010	延納可（一括）
	学芸-[数、情報科]	200,000	830,000	334,010	1,364,010	809,010	延納可（一括）
	学芸-多文化・国際協力、総合政策	200,000	800,000	334,010	1,334,010	794,010	延納可（一括）
私 帝京大	医	1,050,000	3,150,000	5,170,140	9,370,140	6,631,640	2段階

(単位:円)

大学名	学部 - 学科等名	入学金(①)	授業料(②)	その他(③)	初年度納入額(①+②+③)	入学時最低納入額	納入方法
	薬	368,000	1,470,000	672,180	2,510,180	1,442,680	2段階
	経済-[経済、経営、観光経営]、法、文-[日本文化、史、社会]、外国語-[外国語/英語以外、国際日本]、教育-教育文化	263,000	819,000	269,660	1,351,660	812,160	2段階
	経済-国際経済	263,000	819,000	285,660	1,367,660	828,160	2段階
	経済-地域経済	263,000	777,000	216,660	1,256,660	764,660	2段階
	文-心理、教育-初等教育/初等教育	263,000	819,000	290,660	1,372,660	822,660	2段階
	外国語-外国語/英語	263,000	819,000	280,660	1,362,660	817,660	2段階
	教育-初等教育/こども教育	263,000	819,000	311,660	1,393,660	833,160	2段階
	理工-航空宇宙工/ヘリパイロット以外	263,000	956,000	451,660	1,670,660	971,660	2段階
	理工-航空宇宙工/ヘリパイロット	263,000	956,000	2,343,660	3,562,660	1,917,660	2段階
	医療技術-視能矯正	263,000	1,050,000	547,620	1,860,620	1,064,620	2段階
	医療技術-看護	263,000	1,103,000	736,620	2,102,620	1,185,620	2段階
	医療技術-診療放射線	263,000	987,000	631,620	1,881,620	1,075,120	2段階
	医療技術-臨床検査	263,000	1,050,000	631,620	1,944,620	1,106,620	2段階
	医療技術-スポーツ医療/健康スポーツ	263,000	945,000	484,300	1,692,300	982,800	2段階
	医療技術-スポーツ医療/救急救命士	263,000	945,000	681,620	1,889,620	1,079,120	2段階
	医療技術-柔道整復	263,000	1,050,000	643,300	1,956,300	1,114,800	2段階
	福岡医療技術	263,000	945,000	499,370	1,707,370	987,870	2段階
私 東京経済大	経済、経営	150,000	768,000	325,100	1,243,100	716,600	2段階
	コミュニケーション-メディア社会	150,000	844,000	325,100	1,319,100	754,600	2段階
	コミュニケーション-国際コミュニケーション	150,000	874,000	325,100	1,349,100	769,600	2段階
	現代法	150,000	797,000	325,100	1,272,100	731,100	2段階
	キャリアデザインプログラム	150,000	798,000	325,100	1,273,100	731,600	2段階
私 東京慈恵会医科大 ※医-看護:男子はその他(③)251,500円	医-医	1,000,000	2,500,000	310,000	3,810,000	2,250,000	一括
	医-看護※	500,000	1,000,000	258,000	1,758,000	1,000,000	一括

（単位：円）

大学名	学部 - 学科等名	入学金（①）	授業料（②）	その他（③）	初年度納入額（①+②+③）	入学時最低納入額	納入方法
私 東京女子大※2 ※2024年度の学科名称で掲載	現代教養-国際英語※	200,000	786,000	354,000	1,340,000	730,000	延納可（一括）
	現代教養-[人文、国際社会/コミュニティ構想以外]※	200,000	786,000	274,000	1,260,000	730,000	延納可（一括）
	現代教養-[国際社会/コミュニティ構想、心理・コミュ/コミュ、数理科]※	200,000	786,000	294,000	1,280,000	730,000	延納可（一括）
	現代教養-心理・コミュ/心理学※	200,000	786,000	299,000	1,285,000	730,000	延納可（一括）
私 東京電機大※2 ※工【夜】：単位従量制のため、学費モデルの金額を掲載	システムデザイン工、未来科-建築以外、工【昼】	250,000	1,401,000	20,660	1,671,660	971,160	延納可（2段階）
	未来科-建築	250,000	1,442,000	20,660	1,712,660	991,660	延納可（2段階）
	理工	250,000	1,361,000	20,660	1,631,660	951,160	延納可（2段階）
	工【夜】※	130,000	778,500	16,760	925,260	294,810	延納可（2段階）
私 東京都市大※2	理工、建築都市デザイン、情報工	250,000	1,512,000	60,000	1,822,000	1,066,000	延納可（2段階）
	環境、メディア情報、デザイン・データ科	250,000	1,326,000	60,000	1,636,000	973,000	延納可（2段階）
	都市生活	250,000	1,230,000	60,000	1,540,000	925,000	延納可（2段階）
	人間科	250,000	1,212,000	60,000	1,522,000	916,000	延納可（2段階）
私 東京農業大	農-農、国際食料情報-国際農業開発	270,000	760,000	493,800	1,523,800	733,800	一括
	農-農以外、国際食料情報-国際食農科	270,000	760,000	513,800	1,543,800	733,800	一括
	応用生物科-栄養科以外、生命科	270,000	760,000	563,800	1,593,800	733,800	一括
	応用生物科-栄養科	270,000	760,000	613,800	1,643,800	733,800	一括
	地域環境科	270,000	760,000	463,800	1,493,800	733,800	一括
	国際食料情報-[食料環境経済、アグリビジネス]	270,000	760,000	383,800	1,413,800	733,800	一括
	生物産業-北方圏農	270,000	760,000	508,800	1,538,800	733,800	一括
	生物産業-海洋水産	270,000	760,000	543,800	1,573,800	733,800	一括
	生物産業-食香粧化	270,000	760,000	583,800	1,613,800	733,800	一括
	生物産業-自然資源経営	270,000	760,000	366,800	1,396,800	733,800	一括

（単位：円）

大学名	学部 - 学科等名	入学金（①）	授業料（②）	その他（③）	初年度納入額（①+②+③）	入学時最低納入額	納入方法
私 東京理科大※2	理第一【昼】-[数、応用数]、創域理工-数理科	300,000	1,065,000	372,740	1,737,740	1,040,240	延納可(2段階)
	理第一【昼】-物理、創域理工-先端物理	300,000	1,115,000	372,740	1,787,740	1,065,240	延納可(2段階)
	理第一【昼】-[化、応用化]、工【昼】、創域理工-[情報計算科、建築、先端化、電気電子情報工、経営システム工、機械航空宇宙工、社会基盤工]、先進工	300,000	1,130,000	372,740	1,802,740	1,072,740	延納可(2段階)
	薬-薬	300,000	1,595,000	592,740	2,487,740	1,415,240	延納可(2段階)
	薬-生命創薬科	300,000	1,150,000	592,740	2,042,740	1,192,740	延納可(2段階)
	創域理工-生命生物科	300,000	1,147,000	372,740	1,819,740	1,081,240	延納可(2段階)
	経営-[経営、ビジネスエコノミクス]	300,000	754,000	342,740	1,396,740	869,740	延納可(2段階)
	経営-国際デザイン経営	300,000	780,000	342,740	1,422,740	882,740	延納可(2段階)
	理第二【夜】-数	150,000	670,000	202,190	1,022,190	607,190	一括
	理第二【夜】-物理	150,000	719,000	202,190	1,071,190	631,690	一括
	理第二【夜】-化	150,000	730,000	202,190	1,082,190	637,190	一括
私 東邦大	医	1,500,000	2,500,000	1,297,800	5,297,800	5,297,800	一括
	看護	500,000	1,100,000	880,370	2,480,370	1,530,370	一括
	薬	400,000	1,120,000	811,840	2,331,840	1,416,840	一括
	理	250,000	1,062,000	384,660	1,696,660	1,005,660	延納可(一括)
	健康科	300,000	950,000	570,370	1,820,370	995,370	一括
私 東洋大	文-[哲、東洋思想文化【昼】、日本文学文化【昼】、英米文、教育【昼】/人間発達、国際文化コミュニケーション]、経済【昼】、法【昼】、社会-社会【昼】	250,000	710,000	230,000	1,190,000	725,000	一括／2段
	文-史	250,000	710,000	236,000	1,190,000	725,000	一括／2段
	文-教育【昼】/初等教育	250,000	820,000	260,000	1,330,000	795,000	一括／2段
	経営【昼】	250,000	710,000	234,000	1,190,000	725,000	一括／2段
	社会-[国際社会、社会心理]	250,000	710,000	245,000	1,205,000	732,500	一括／2段

（単位：円）

大学名	学部 - 学科等名	入学金（①）	授業料（②）	その他（③）	初年度納入額（①+②+③）	入学時最低納入額	納入方法
	社会-メディアコミュニケーション	250,000	710,000	240,000	1,200,000	730,000	一括／2段
	国際【昼】、国際観光	250,000	780,000	230,000	1,260,000	760,000	一括／2段
	情報連携	250,000	1,100,000	330,000	1,680,000	970,000	一括／2段
	健康スポーツ科-健康スポーツ科	250,000	870,000	390,000	1,510,000	885,000	一括／2段
	健康スポーツ科-栄養科	250,000	920,000	390,000	1,560,000	910,000	一括／2段
	理工	250,000	990,000	355,000	1,595,000	927,500	一括／2段
	総合情報	250,000	930,000	310,000	1,490,000	875,000	一括／2段
	生命科、食環境科	250,000	1,020,000	350,000	1,720,000	990,000	一括／2段
	福祉社会デザイン-[社会福祉、子ども支援]	250,000	830,000	290,000	1,370,000	815,000	一括／2段
	福祉社会デザイン-人間環境デザイン	250,000	890,000	410,000	1,550,000	905,000	一括／2段
	文【夜】、経済【夜】、経営【夜】、法【夜】、社会【夜】、国際【夜】	180,000	430,000	105,000	715,000	450,000	一括／2段
私 日本大	法【昼】	260,000	810,000	220,000	1,290,000	780,000	2段階
	文理-[哲、英文、ドイツ文]	260,000	830,000	240,000	1,330,000	800,000	2段階
	文理-[史、国文]	260,000	830,000	250,000	1,340,000	805,000	2段階
	文理-[中国語中国文化、社会、教育]	260,000	830,000	255,000	1,345,000	807,500	2段階
	文理-社会福祉	260,000	830,000	300,000	1,390,000	830,000	2段階
	文理-体育	260,000	830,000	340,000	1,430,000	850,000	2段階
	文理-心理	260,000	830,000	330,000	1,420,000	845,000	2段階
	文理-地理	260,000	1,060,000	340,000	1,660,000	965,000	2段階
	文理-地球科	260,000	1,100,000	340,000	1,700,000	985,000	2段階
	文理-数	260,000	1,100,000	350,000	1,710,000	990,000	2段階
	文理-情報科	260,000	1,100,000	360,000	1,720,000	995,000	2段階
	文理-物理	260,000	1,100,000	390,000	1,750,000	1,010,000	2段階
	文理-[生命科、化]	260,000	1,100,000	420,000	1,780,000	1,025,000	2段階
	経済、商	260,000	810,000	210,000	1,280,000	775,000	2段階
	芸術-写真	260,000	1,110,000	530,000	1,900,000	1,085,000	2段階
	芸術-[映画/映像表現・理論、放送]	260,000	1,140,000	530,000	1,930,000	1,100,000	2段階

（単位：円）

大学名	学部 - 学科等名	入学金 (①)	授業料 (②)	その他 (③)	初年度納入額 (①+②+③)	入学時最低納入額	納入方法
	芸術-映画/[監督、撮影・録音]	260,000	1,140,000	580,000	1,980,000	1,125,000	2段階
	芸術-映画/演技	260,000	1,140,000	510,000	1,910,000	1,090,000	2段階
	芸術-美術	260,000	1,100,000	550,000	1,910,000	1,090,000	2段階
	芸術-音楽	260,000	1,110,000	550,000	1,920,000	1,095,000	2段階
	芸術-文芸	260,000	1,040,000	480,000	1,780,000	1,025,000	2段階
	芸術-演劇	260,000	1,110,000	500,000	1,870,000	1,070,000	2段階
	芸術-デザイン	260,000	1,100,000	520,000	1,880,000	1,075,000	2段階
	国際関係	260,000	890,000	240,000	1,390,000	830,000	2段階
	危機管理	260,000	860,000	240,000	1,360,000	815,000	2段階
	スポーツ科	260,000	800,000	440,000	1,500,000	885,000	2段階
	理工-数以外	260,000	1,150,000	360,000	1,770,000	1,035,000	2段階
	理工-数	260,000	1,150,000	320,000	1,730,000	1,015,000	2段階
	生産工、工	260,000	1,100,000	340,000	1,700,000	1,000,000	2段階
	医	1,000,000	2,500,000	2,920,000	6,420,000	4,420,000	2段階
	歯、松戸歯	600,000	3,500,000	2,940,000	7,040,000	3,890,000	2段階
	生物資源科-[バイオサイエンス、動物、海洋生物、森林、環境、アグリサイエンス、食品開発、獣医保健看護]	260,000	1,050,000	390,000	1,700,000	985,000	2段階
	生物資源科-[食品ビジネス、国際共生]	260,000	850,000	310,000	1,420,000	845,000	2段階
	生物資源科-獣医	260,000	1,500,000	690,000	2,450,000	1,360,000	2段階
	薬	400,000	1,400,000	700,000	2,500,000	1,455,000	2段階
	法【夜】	160,000	470,000	110,000	740,000	455,000	2段階
私 日本医科大	医	1,000,000	2,500,000	1,297,800	4,797,800	4,797,800	2段階
私 日本獣医生命科学大	獣医-獣医	250,000	1,300,000	881,000	2,431,000	1,421,000	一括/２段
	獣医-獣医保健看護	250,000	750,000	625,000	1,625,000	1,000,000	一括/２段
	応用生命科-動物科	250,000	700,000	625,000	1,575,000	975,000	一括/２段
	応用生命科-食品科	250,000	600,000	625,000	1,475,000	925,000	一括/２段
私 日本女子大 ※家政-食物：2025年度、食科学部として開設予定	家政-児童	200,000	820,000	371,260	1,391,260	812,960	延納可（一括）
	家政-食物/食物学※（2025年度募集停止）	200,000	950,000	383,860	1,533,860	884,260	延納可（一括）
	家政-食物/管理栄養士※（2025年度募集停止）	200,000	950,000	392,930	1,542,930	888,830	延納可（一括）

（単位：円）

大学名	学部 - 学科等名	入学金（①）	授業料（②）	その他（③）	初年度納入額（①+②+③）	入学時最低納入額	納入方法
	家政-被服	200,000	820,000	380,860	1,400,860	817,760	延納可（一括）
	家政-家政経済、文、人間社会-[現代社会、社会福祉、教育]	200,000	720,000	370,860	1,290,860	762,760	延納可（一括）
	人間社会-心理	200,000	720,000	372,260	1,292,260	763,460	延納可（一括）
	理-数物情報科	200,000	1,020,000	372,660	1,592,660	913,660	延納可（一括）
	理-化学生命科	200,000	1,020,000	386,860	1,606,860	920,760	延納可（一括）
	国際文化	200,000	770,000	370,860	1,340,860	787,760	延納可（一括）
	建築デザイン	200,000	900,000	375,860	1,475,860	855,260	延納可（一括）
私 法政大※2	法、文-[哲、日本文、英文、史]、経済、社会、経営、人間環境、現代福祉-福祉コミュニティ	240,000	831,000	228,000	1,299,000	769,500	延納可（一括）
	文-地理	240,000	831,000	250,000	1,321,000	780,500	延納可（一括）
	文-心理、現代福祉-臨床心理	240,000	831,000	270,000	1,341,000	790,500	延納可（一括）
	国際文化	240,000	1,063,000	302,000	1,605,000	922,500	延納可（一括）
	情報科、デザイン工、理工-機械工/航空操縦学以外、生命科-[生命機能、環境応用化]	240,000	1,172,000	399,000	1,811,000	1,025,500	延納可（一括）
	キャリアデザイン	240,000	831,000	249,000	1,320,000	780,000	延納可（一括）
	理工-機械工/航空操縦学	240,000	1,172,000	798,000	2,210,000	1,225,000	延納可（一括）
	GIS（グローバル教養）	240,000	1,097,000	232,000	1,569,000	904,500	延納可（一括）
	スポーツ健康	240,000	933,800	378,000	1,551,800	895,900	延納可（一括）
	生命科-応用植物科	240,000	1,172,000	459,000	1,871,000	1,055,500	延納可（一括）
私 星薬科大※2	薬-薬	400,000	1,300,000	701,850	2,401,850	1,436,850	一括
	薬-創薬科	400,000	1,000,000	700,650	2,100,650	1,285,650	一括
私 武蔵大	経済、人文	240,000	800,000	349,100	1,389,100	829,100	一括／2段
	社会	240,000	820,000	349,100	1,409,100	839,100	一括／2段

（単位：円）

大学名	学部 - 学科等名	入学金（①）	授業料（②）	その他（③）	初年度納入額（①+②+③）	入学時最低納入額	納入方法
	国際教養	240,000	1,000,000	349,100	1,589,100	929,100	一括／2段
私 武蔵野大[※2]	ウェルビーイング	180,000	1,020,000	291,600	1,491,600	838,100	一括／2段
	工-サステナビリティ	180,000	1,051,000	299,600	1,530,600	857,600	一括／2段
	工-数理工	180,000	1,133,000	351,600	1,664,600	924,600	一括／2段
	工-建築デザイン	180,000	1,020,000	356,600	1,556,600	870,600	一括／2段
	データサイエンス	180,000	999,000	354,600	1,533,600	859,100	一括／2段
	アントレプレナーシップ	180,000	793,000	284,600	1,257,600	721,100	一括／2段
	法、人間科	180,000	845,000	199,600	1,224,600	704,600	一括／2段
	経済、経営、文	180,000	793,000	199,600	1,172,600	678,600	一括／2段
	グローバル-グローバルコミュニケーション	180,000	870,000	266,600	1,316,600	750,600	一括／2段
	グローバル-日本語コミュニケーション	180,000	793,000	274,600	1,247,600	716,100	一括／2段
	グローバル-グローバルビジネス	180,000	896,000	274,600	1,350,600	767,600	一括／2段
	薬	180,000	1,442,000	500,600	2,122,600	1,153,600	一括／2段
	看護	180,000	1,257,000	435,600	1,872,600	973,600	一括／2段
	教育-教育	180,000	896,000	245,600	1,321,600	753,100	一括／2段
	教育-幼児教育	180,000	845,000	245,600	1,270,600	727,600	一括／2段
私 明治大	法	200,000	891,000	231,300	1,322,300	769,800	延納可（一括）
	政治経済、経営、情報コミュニケーション	200,000	891,000	233,000	1,324,000	769,500	延納可（一括）
	商	200,000	891,000	230,000	1,321,000	768,000	延納可（一括）
	文	200,000	851,000	273,000	1,324,000	769,500	延納可（一括）
	理工-数以外、農-食料環境政策以外、総合数理-現象数理以外	200,000	1,204,000	417,000	1,821,000	1,018,000	延納可（一括）
	理工-数	200,000	1,204,000	397,000	1,801,000	1,008,000	延納可（一括）
	農-食料環境政策	200,000	1,095,000	367,000	1,662,000	938,500	延納可（一括）
	国際日本	200,000	1,073,000	233,000	1,506,000	860,500	延納可（一括）
	総合数理-現象数理	200,000	1,204,000	377,000	1,781,000	998,000	延納可（一括）
私 明治学院大	文-英文	200,000	866,000	267,590	1,333,590	767,950	2段階

（単位：円）

大学名	学部 - 学科等名	入学金（①）	授業料（②）	その他（③）	初年度納入額（①+②+③）	入学時最低納入額	納入方法
	文-フランス文	200,000	866,000	267,790	1,333,790	775,740	2段階
	文-芸術	200,000	932,000	287,590	1,419,590	818,540	2段階
	経済-[経済、経営]	200,000	866,000	261,660	1,327,660	769,610	2段階
	経済-国際経営	200,000	866,000	481,660	1,547,660	989,610	2段階
	社会	200,000	866,000	269,090	1,335,090	776,290	2段階
	法-[法律、消費情報環境法]	200,000	866,000	280,590	1,346,590	782,040	2段階
	法-グローバル法	200,000	866,000	496,400	1,562,400	997,850	2段階
	法-政治	200,000	866,000	273,090	1,339,090	779,040	2段階
	国際-国際	200,000	916,000	264,400	1,380,400	791,850	2段階
	国際-国際キャリア	200,000	1,036,000	309,400	1,545,400	874,350	2段階
	心理-心理	200,000	896,000	309,590	1,405,590	811,540	2段階
	心理-教育発達	200,000	906,000	379,590	1,485,590	856,540	2段階
	情報数理	200,000	1,020,000	447,590	1,667,590	942,540	2段階
私 明治薬科大	薬-薬	400,000	1,340,000	617,500	2,357,500	1,397,500	延納可（一括）
	薬-生命創薬科	400,000	1,100,000	537,500	2,037,500	1,237,500	延納可（一括）
私 立教大※2	文	200,000	1,178,000	3,500	1,381,500	790,750	延納可（2段階）
	異文化コミュニケーション	200,000	1,178,000	13,500	1,391,500	795,750	延納可（2段階）
	経済	200,000	1,171,000	3,500	1,374,500	787,250	延納可（2段階）
	経営	200,000	1,171,000	43,500	1,414,500	807,250	延納可（2段階）
	理-数	200,000	1,598,000	3,500	1,801,500	1,000,750	延納可（2段階）
	理-物理	200,000	1,598,000	13,500	1,811,500	1,005,750	延納可（2段階）
	理-化	200,000	1,598,000	43,500	1,841,500	1,020,750	延納可（2段階）
	理-生命理	200,000	1,598,000	43,500	1,841,500	1,040,750	延納可（2段階）
	社会	200,000	1,171,000	18,500	1,389,500	794,750	延納可（2段階）
	法、観光	200,000	1,171,000	3,500	1,374,500	787,250	延納可（2段階）
	コミュニティ福祉	200,000	1,178,000	6,500	1,384,500	792,250	延納可（2段階）

（単位：円）

大学名	学部・学科等名	入学金（①）	授業料（②）	その他（③）	初年度納入額（①+②+③）	入学時最低納入額	納入方法
	スポーツウエルネス	200,000	1,240,000	33,500	1,473,500	836,750	延納可（2段階）
	現代心理-心理	200,000	1,215,000	18,500	1,433,500	816,750	延納可（2段階）
	現代心理-映像身体	200,000	1,240,000	18,500	1,458,500	829,250	延納可（2段階）
	グローバル・リベラルアーツ・プログラム	200,000	1,900,000	3,500	2,103,500	1,151,750	一括
私 立正大※2	心理	288,000	738,000	284,000	1,310,000	805,500	延納可（一括）
	法	288,000	738,000	299,000	1,325,000	813,000	延納可（一括）
	経営	288,000	738,000	300,000	1,326,000	815,000	延納可（一括）
	経済	288,000	738,000	279,000	1,305,000	803,000	延納可（一括）
	文-[哲、史、文]	288,000	738,000	252,000	1,278,000	789,500	延納可（一括）
	文-社会	288,000	738,000	269,000	1,295,000	798,000	延納可（一括）
	仏教	288,000	738,000	289,000	1,315,000	813,000	延納可（一括）
	データサイエンス	288,000	738,000	489,000	1,515,000	908,000	延納可（一括）
	地球環境科-環境システム	288,000	738,000	514,000	1,540,000	920,500	延納可（一括）
	地球環境科-地理	288,000	738,000	384,000	1,410,000	855,500	延納可（一括）
	社会福祉-社会福祉	288,000	738,000	304,000	1,330,000	815,500	延納可（一括）
	社会福祉-子ども教育福祉	288,000	738,000	324,000	1,350,000	825,500	延納可（一括）
私 早稲田大	政治経済	200,000	1,081,000	11,900	1,292,900	747,450	2段階
	法	200,000	1,040,000	10,700	1,250,700	727,850	2段階
	教育-教育、国語国文、英語英文、社会、複合文化	200,000	1,040,000	8,300	1,248,300	724,150	2段階
	教育-理、数	200,000	1,544,000	12,050	1,756,050	978,025	2段階
	商	200,000	1,051,000	14,600	1,265,600	732,800	2段階
	社会科	200,000	1,051,000	6,800	1,257,800	729,400	2段階
	国際教養	200,000	1,490,000	3,000	1,693,000	946,500	2段階
	文化構想、文	200,000	1,091,000	4,000	1,295,000	747,500	2段階
	基幹理工	200,000	1,584,000	63,000	1,847,000	1,023,500	2段階

（単位：円）

大学名	学部・学科等名	入学金（①）	授業料（②）	その他（③）	初年度納入額（①＋②＋③）	入学時最低納入額	納入方法
	創造理工	200,000	1,584,000	83,000	1,867,000	1,033,500	2段階
	先進理工	200,000	1,584,000	103,000	1,887,000	1,043,500	2段階
	人間科	200,000	1,465,000	30,000	1,695,000	947,500	2段階
	スポーツ科	200,000	1,490,000	46,000	1,736,000	969,000	2段階
私 麻布大	獣医-獣医	250,000	1,800,000	519,740	2,569,740	1,344,740	一括
	獣医-動物応用科、生命・環境科	250,000	1,200,000	366,660	1,816,660	966,660	一括
	獣医-獣医保健看護	250,000	1,050,000	366,660	1,666,660	891,660	一括
私 神奈川大	法、経済	200,000	690,000	285,800	1,175,800	700,800	2段階
	経営、外国語、国際日本	200,000	790,000	286,300	1,276,300	751,300	2段階
	人間科	200,000	690,000	286,300	1,176,300	701,300	2段階
	理、工、化学生命、情報	200,000	1,080,000	343,300	1,623,300	923,300	2段階
	建築	200,000	1,080,000	346,300	1,626,300	926,300	2段階
私 北里大 ※獣医-生物環境科：2025年度、グリーン環境創成科学科として開設予定	未来工	250,000	950,000	454,000	1,654,000	954,000	2段階
	理-[物理、化]	200,000	1,012,500	454,000	1,666,500	935,250	2段階
	理-生物科	200,000	1,062,500	454,000	1,716,500	960,250	2段階
	獣医-獣医	300,000	1,500,000	534,000	2,334,000	1,319,000	2段階
	獣医-動物資源科	250,000	830,000	274,000	1,354,000	804,000	2段階
	獣医-生物環境科※（2025年度募集停止）	250,000	830,000	274,000	1,354,000	804,000	2段階
	海洋生命科	300,000	900,000	204,000	1,404,000	854,000	2段階
	薬-薬	400,000	1,100,000	854,000	2,354,000	1,379,000	2段階
	薬-生命創薬科	400,000	850,000	824,000	2,074,000	1,239,000	2段階
	医	1,500,000	3,000,000	4,628,000	9,128,000	5,258,000	一括
	看護	400,000	1,200,000	304,000	1,904,000	1,154,000	2段階
	医療衛生	300,000	950,000	554,000	1,804,000	1,054,000	2段階
	健康科-看護	300,000	1,300,000	204,000	1,804,000	1,054,000	2段階
	健康科-医療検査	300,000	1,200,000	204,000	1,704,000	1,004,000	2段階
私 東海大※2	文、文化社会、法、人文	200,000	1,216,000	59,200	1,475,200	848,200	2段階
	教養、児童教育、体育-生涯スポーツ以外、健康	200,000	1,269,000	59,200	1,528,200	874,700	2段階
	体育-生涯スポーツ	200,000	1,269,000	107,200	1,576,200	874,700	2段階
	政治経済、経営、国際、観光	200,000	1,227,000	59,200	1,486,200	853,700	2段階

(単位:円)

大学名	学部・学科等名	入学金(①)	授業料(②)	その他(③)	初年度納入額(①+②+③)	入学時最低納入額	納入方法
	情報通信、理、情報理工、建築都市、工-航空宇宙/航空操縦学以外	200,000	1,354,000	59,200	1,613,200	917,200	2段階
	工-航空宇宙/航空操縦学	200,000	1,655,000	59,200	1,914,200	1,067,700	2段階
	医-医	1,000,000	2,148,000	3,525,200	6,673,200	3,790,200	2段階
	医-看護	200,000	1,379,000	59,200	1,638,200	929,700	2段階
	海洋	200,000	1,354,000	140,200	1,694,200	957,700	2段階
	文理融合	200,000	950,000	59,200	1,209,200	715,200	2段階
	農	200,000	1,345,000	59,200	1,604,200	912,700	2段階
	国際文化	200,000	1,107,000	59,200	1,366,200	793,700	2段階
	生物-生物	200,000	1,234,000	59,200	1,493,200	857,200	2段階
	生物-海洋生物科	200,000	1,234,000	99,200	1,533,200	877,200	2段階
私 金沢工業大	全学部	200,000	1,515,000	29,700	1,744,700	972,350	2段階
私 愛知大	法、経済、経営	200,000	720,000	290,000	1,210,000	745,000	延納可(2段階)
	現代中国、国際コミュニケーション	200,000	780,000	290,000	1,270,000	775,000	延納可(2段階)
	文	200,000	740,000	200,000	1,140,000	710,000	延納可(2段階)
	地域政策	200,000	720,000	200,000	1,120,000	700,000	延納可(2段階)
私 愛知淑徳大	文-[国文、総合英語]、創造表現、交流文化、ビジネス	200,000	760,000	385,000	1,345,000	775,000	2段階
	文-教育、人間情報、心理、健康医療科-スポーツ・健康医科/スポーツ・健康科学、福祉貢献	200,000	760,000	435,000	1,395,000	800,000	2段階
	健康医療科-医療貢献	200,000	860,000	555,000	1,615,000	910,000	2段階
	健康医療科-スポーツ・健康医科/救急救命学	200,000	890,000	435,000	1,525,000	865,000	2段階
	食健康科	200,000	800,000	475,000	1,475,000	840,000	2段階
	グローバル・コミュニケーション	200,000	860,000	385,000	1,445,000	825,000	2段階
私 中京大※2	国際	200,000	498,000	252,000	950,000	950,000	延納可(2段階)
	文	200,000	825,000	328,000	1,353,000	790,500	延納可(2段階)
	心理	200,000	860,000	380,000	1,440,000	830,000	延納可(2段階)

（単位：円）

大学名	学部 - 学科等名	入学金（①）	授業料（②）	その他（③）	初年度納入額（①+②+③）	入学時最低納入額	納入方法
	法、経済、経営、現代社会	200,000	805,000	320,000	1,325,000	772,500	延納可（2段階）
	総合政策	200,000	825,000	320,000	1,345,000	782,500	延納可（2段階）
	工	200,000	935,000	495,000	1,630,000	925,000	延納可（2段階）
	スポーツ科	200,000	890,000	465,000	1,555,000	887,500	延納可（2段階）
私 南山大※2	人文、外国語、経済、経営、法、総合政策、国際教養	250,000	750,000	240,000	1,240,000	745,000	一括／2段
	理工	250,000	750,000	340,000	1,340,000	795,000	一括／2段
私 藤田医科大※2	医	1,500,000	2,500,000	2,596,000	6,596,000	4,196,000	一括／2段
	医療科	300,000	800,000	696,000	1,796,000	1,121,000	一括／2段
	保健衛生	300,000	800,000	746,000	1,846,000	1,146,000	一括／2段
私 名城大	法	200,000	665,000	302,000	1,167,000	622,500	2段階
	経営、経済	200,000	665,000	279,000	1,144,000	622,500	2段階
	外国語	200,000	940,000	339,000	1,479,000	795,000	2段階
	人間	200,000	725,000	259,000	1,184,000	652,500	2段階
	都市情報	200,000	835,000	399,000	1,434,000	772,500	2段階
	情報工	200,000	935,000	409,000	1,544,000	822,500	2段階
	理工	200,000	935,000	442,400	1,577,400	822,500	2段階
	農	200,000	935,000	454,000	1,589,000	842,500	2段階
	薬	200,000	1,380,000	1,066,000	2,646,000	1,150,000	2段階
私 京都産業大※2	経済、経営	200,000	745,000	147,500	1,092,500	652,750	2段階
	法	200,000	745,000	161,500	1,106,500	652,750	2段階
	現代社会	200,000	774,000	181,500	1,155,500	684,250	2段階
	国際関係	200,000	874,000	181,500	1,255,500	734,250	2段階
	外国語、文化	200,000	804,000	181,500	1,185,500	699,250	2段階
	理-数理科	200,000	1,005,000	248,500	1,453,500	833,250	2段階
	理-数理科以外、情報理工、生命科-産業生命科	200,000	1,008,000	315,500	1,523,500	868,250	2段階
	生命科-先端生命科	200,000	1,050,000	369,500	1,619,500	916,250	2段階
私 京都女子大	文-[国文、史]、法	250,000	780,000	260,000	1,290,000	900,000	一括／2段
	文-英語文化コミュニケーション、現代社会	250,000	800,000	260,000	1,310,000	910,000	一括／2段

（単位：円）

大学名	学部・学科等名	入学金（①）	授業料（②）	その他（③）	初年度納入額（①+②+③）	入学時最低納入額	納入方法
	発達教育	250,000	900,000	275,000	1,425,000	975,000	一括／2段
	心理共生	250,000	840,000	260,000	1,350,000	930,000	一括／2段
	家政-食物栄養	250,000	920,000	293,000	1,463,000	1,003,000	一括／2段
	家政-生活造形	250,000	900,000	285,000	1,435,000	985,000	一括／2段
	データサイエンス	250,000	900,000	260,000	1,410,000	960,000	一括／2段
私 京都薬科大	薬	400,000	1,800,000	65,000	2,265,000	1,365,000	2段階
私 同志社大	神	200,000	763,000	165,000	1,128,000	664,000	2段階
	文-英文、社会	200,000	763,000	172,000	1,135,000	667,500	2段階
	文-[哲、美学芸術、文化史]、法	200,000	763,000	171,000	1,134,000	667,000	2段階
	文-国文、商	200,000	763,000	173,000	1,136,000	668,000	2段階
	経済	200,000	763,000	172,500	1,135,500	667,750	2段階
	政策	200,000	763,000	170,000	1,133,000	666,500	2段階
	文化情報	200,000	873,000	178,000	1,251,000	725,500	2段階
	理工-数理システム以外	200,000	1,264,000	248,000	1,712,000	956,000	2段階
	理工-数理システム	200,000	1,187,000	248,000	1,635,000	917,500	2段階
	生命医科	200,000	1,264,000	255,000	1,719,000	959,500	2段階
	スポーツ健康科	200,000	906,000	184,000	1,290,000	745,000	2段階
	心理	200,000	923,000	193,000	1,316,000	758,000	2段階
	グローバル・コミュニケーション	200,000	873,000	189,000	1,262,000	731,000	2段階
	グローバル地域文化	200,000	763,000	168,000	1,131,000	665,500	2段階
私 同志社女子大	学芸-音楽/演奏	260,000	1,159,000	259,000	1,678,000	969,000	2段階
	学芸-音楽/音楽文化	260,000	1,061,000	259,000	1,580,000	920,000	2段階
	学芸-メディア創造	260,000	950,000	257,000	1,467,000	865,000	2段階
	学芸-国際教養	260,000	736,000	257,000	1,253,000	758,000	2段階
	現代社会-社会システム、表象文化-英語英文	260,000	706,000	257,000	1,223,000	743,000	2段階
	現代社会-現代こども、生活科-人間生活	260,000	809,000	257,000	1,326,000	794,000	2段階
	薬	260,000	1,740,000	257,000	2,257,000	1,260,000	2段階
	看護	260,000	1,226,000	257,000	1,743,000	1,003,000	2段階
	表象文化-日本語日本文	260,000	708,000	257,000	1,225,000	744,000	2段階
	生活科-食物栄養科/食物科学	260,000	871,000	257,000	1,388,000	825,000	2段階

（単位：円）

大学名	学部 - 学科等名	入学金（①）	授業料（②）	その他（③）	初年度納入額（①+②+③）	入学時最低納入額	納入方法
	生活科-食物栄養科/管理栄養士	260,000	947,000	257,000	1,464,000	863,000	2段階
私 佛教大[※2]	仏教、文、歴史、社会、社会福祉	200,000	870,000	225,500	1,295,500	760,500	2段階
	教育	200,000	920,000	225,500	1,345,500	785,500	2段階
	保健医療技術	200,000	1,350,000	425,500	1,975,500	1,100,500	2段階
私 立命館大	法、経営-経営	200,000	1,056,800	30,000	1,286,800	754,900	2段階
	経済	200,000	1,092,200	28,000	1,320,200	771,600	2段階
	経営-国際経営	200,000	1,187,400	30,000	1,417,400	820,200	2段階
	産業社会-現代社会/子ども社会以外	200,000	1,238,600	29,000	1,467,600	845,300	2段階
	産業社会-現代社会/子ども社会	200,000	1,309,200	29,000	1,538,200	880,600	2段階
	文-人文/地域研究以外	200,000	1,208,800	29,000	1,437,800	830,400	2段階
	文-人文/地域研究	200,000	1,231,200	29,000	1,460,200	841,600	2段階
	理工-数理科	200,000	1,614,000	23,000	1,837,000	1,030,000	2段階
	理工-数理科以外、情報理工	200,000	1,672,600	23,000	1,895,600	1,059,300	2段階
	国際関係	200,000	1,359,400	31,000	1,590,400	906,700	2段階
	政策科	200,000	1,258,000	31,000	1,489,000	820,200	2段階
	映像	200,000	1,973,000	31,000	2,204,000	1,213,500	2段階
	薬-薬	200,000	2,196,800	23,000	2,419,800	1,221,400	2段階
	薬-創薬科	200,000	1,920,600	23,000	2,143,600	1,183,300	2段階
	生命科	200,000	1,704,600	23,000	1,927,600	1,075,300	2段階
	スポーツ健康科	200,000	1,309,200	31,000	1,540,200	881,600	2段階
	総合心理	200,000	1,296,400	23,000	1,519,400	871,200	2段階
	食マネジメント	200,000	1,306,600	29,000	1,535,600	879,300	2段階
	グローバル教養	200,000	2,300,000	23,000	2,523,000	1,373,000	2段階
私 龍谷大	文-歴史/文化遺産学以外、経済	260,000	801,000	33,000	1,094,000	686,750	延納可（2段階）
	文-歴史/文化遺産学	260,000	836,900	33,000	1,129,900	704,700	延納可（2段階）
	心理	260,000	1,007,000	33,000	1,300,000	789,750	延納可（2段階）
	経営	260,000	801,000	31,000	1,092,000	684,750	延納可（2段階）

(単位:円)

大学名	学部 - 学科等名	入学金(①)	授業料(②)	その他(③)	初年度納入額(①+②+③)	入学時最低納入額	納入方法
	法	260,000	801,000	34,000	1,095,000	687,250	延納可(2段階)
	政策	260,000	801,000	49,000	1,110,000	694,750	延納可(2段階)
	国際-グローバルスタディーズ	260,000	971,000	234,000	1,465,000	872,250	延納可(2段階)
	国際-国際文化	260,000	856,000	34,000	1,150,000	714,750	延納可(2段階)
	先端理工-数理・情報科学	260,000	1,149,000	176,600	1,585,600	932,550	延納可(2段階)
	先端理工-数理・情報科学以外	260,000	1,199,000	176,600	1,635,600	957,550	延納可(2段階)
	社会	260,000	836,900	32,000	1,128,900	703,200	延納可(2段階)
	農-[生命科、農]	260,000	1,149,000	174,600	1,583,600	930,550	延納可(2段階)
	農-食品栄養	260,000	1,179,000	224,600	1,663,600	970,550	延納可(2段階)
	農-食料農業システム	260,000	999,000	66,900	1,325,900	801,700	延納可(2段階)
私 大阪医科薬科大	医	1,000,000	1,880,000	3,220,000	6,100,000	3,557,500	一括
	薬	400,000	1,200,000	644,000	2,244,000	1,332,500	2段階
	看護	200,000	1,200,000	535,000	1,935,000	1,085,000	2段階
私 関西大	法、文、経済、商、社会	260,000	930,000	27,000	1,217,000	752,000	2段階
	政策創造	260,000	950,000	27,000	1,237,000	762,000	2段階
	外国語	260,000	1,256,000	27,000	1,543,000	915,000	2段階
	人間健康	260,000	970,000	27,000	1,257,000	772,000	2段階
	総合情報、社会安全	260,000	1,302,000	27,000	1,589,000	938,000	2段階
	システム理工、環境都市工、化学生命工	260,000	1,493,000	27,000	1,780,000	1,033,500	2段階
私 関西外国語大	全学部	250,000	800,000	370,300	1,420,300	845,300	2段階
私 近畿大※2 ※国際：別途留学費用が必要	法、経済、経営、文芸-芸術以外、総合社会	250,000	1,105,000	6,500	1,361,500	809,000	2段階
	理工、建築、薬-創薬科、文芸-芸術、情報	250,000	1,462,000	6,500	1,718,500	987,500	2段階
	薬-医療薬	250,000	2,052,000	6,500	2,308,500	1,282,500	2段階
	国際※	250,000	650,000	6,500	906,500	906,500	2段階
	農、生物理工	250,000	1,462,000	4,500	1,716,500	985,500	2段階
	医	1,000,000	5,800,000	4,500	6,804,500	3,904,500	2段階

（単位：円）

大学名	学部 - 学科等名	入学金（①）	授業料（②）	その他（③）	初年度納入額（①＋②＋③）	入学時最低納入額	納入方法
	工	250,000	1,398,000	4,500	1,652,500	953,500	2段階
	産業理工-経営ビジネス以外	250,000	1,264,000	4,500	1,518,500	886,500	2段階
	産業理工-経営ビジネス	250,000	889,000	4,500	1,143,500	699,000	2段階
私 関西学院大	神	200,000	773,000	208,000	1,181,000	699,500	2段階
	文-[文化歴史、文学言語]	200,000	773,000	207,000	1,180,000	699,000	2段階
	文-総合心理科	200,000	904,000	257,000	1,361,000	789,500	2段階
	社会、経済	200,000	773,000	206,000	1,179,000	698,500	2段階
	法	200,000	773,000	209,900	1,182,900	700,450	2段階
	商	200,000	773,000	209,000	1,182,000	700,000	2段階
	総合政策	200,000	1,031,000	306,000	1,537,000	877,500	2段階
	人間福祉-[社会福祉、社会起業]	200,000	943,000	254,000	1,397,000	807,500	2段階
	人間福祉-人間科	200,000	943,000	252,000	1,395,000	806,500	2段階
	教育	200,000	1,028,000	265,000	1,493,000	855,500	2段階
	国際	200,000	1,028,000	260,500	1,488,500	853,250	2段階
	理-数理科	200,000	1,162,000	349,000	1,711,000	964,500	2段階
	理-[物理・宇宙、化]、工、生命環境	200,000	1,162,000	389,000	1,751,000	984,500	2段階
	建築	200,000	1,162,000	392,000	1,754,000	986,000	2段階
私 甲南大※2	文-[日本語日本文、英語英米文、社会、歴史文化]	250,000	936,000	35,000	1,221,000	753,000	2段階
	文-人間科	250,000	936,000	45,000	1,231,000	763,000	2段階
	経済	250,000	936,000	55,000	1,241,000	773,000	2段階
	法	250,000	936,000	49,000	1,235,000	767,000	2段階
	経営	250,000	936,000	60,000	1,246,000	778,000	2段階
	マネジメント創造	250,000	972,000	35,000	1,257,000	771,000	2段階
	グローバル教養	250,000	972,000	32,500～57,500	1,254,500～1,279,500	768,500～793,500	2段階
	理工、知能情報	250,000	1,321,000	35,000	1,606,000	945,500	2段階
	フロンティアサイエンス	250,000	1,496,000	35,000	1,781,000	1,033,000	2段階
私 神戸学院大※2	法、経済、経営-経営/経営・会計	200,000	780,000	284,300	1,264,300	759,300	2段階
	経営-経営/データサイエンス	200,000	840,000	284,300	1,324,300	789,300	2段階
	人文	200,000	810,000	286,300	1,296,300	776,300	2段階

(単位:円)

大学名	学部 - 学科等名	入学金(①)	授業料(②)	その他(③)	初年度納入額(①+②+③)	入学時最低納入額	納入方法
	心理	200,000	840,000	323,300	1,363,300	803,300	2段階
	現代社会	200,000	810,000	320,300	1,330,300	795,300	2段階
	グローバル・コミュニケーション-グローバル・コミュ/英語	200,000	860,000	292,385	1,352,385	807,385	2段階
	グローバル・コミュニケーション-グローバル・コミュ/[中国語、日本語]	200,000	860,000	284,300	1,344,300	799,300	2段階
	総合リハビリテーション-[理学療法、作業療法]	250,000	1,320,000	446,300	2,016,300	1,156,300	2段階
	総合リハビリテーション-社会リハビリテーション	200,000	870,000	346,300	1,416,300	831,300	2段階
	栄養-栄養/管理栄養学	250,000	850,000	483,300	1,583,300	938,300	2段階
	栄養-栄養/臨床検査学	250,000	1,050,000	483,300	1,783,300	1,038,300	2段階
	薬	250,000	1,405,000	492,700	2,147,700	1,225,200	2段階
私 武庫川女子大	文	200,000	895,000	214,700	1,309,700	758,700	2段階
	教育、心理・社会福祉	200,000	995,000	244,700	1,439,700	823,700	2段階
	健康・スポーツ科	200,000	995,000	270,700	1,465,700	836,700	2段階
	生活環境	200,000	995,000	264,700	1,459,700	833,700	2段階
	社会情報	200,000	990,000	194,700	1,384,700	796,200	2段階
	食物栄養科	200,000	995,000	315,700	1,510,700	859,200	2段階
	建築	200,000	1,120,000	394,700	1,714,700	961,200	2段階
	音楽-演奏	200,000	1,370,000	344,700	1,914,700	1,061,200	2段階
	音楽-応用音楽	200,000	1,370,000	364,700	1,934,700	1,071,200	2段階
	薬-薬	200,000	1,502,000	376,700	2,078,700	1,143,200	2段階
	薬-健康生命薬科	200,000	1,130,000	384,700	1,714,700	961,200	2段階
	看護	200,000	1,347,000	342,700	1,889,700	1,048,700	2段階
	経営	200,000	800,000	214,700	1,214,700	711,200	2段階
私 広島修道大	商、人文-[社会、英語英文]、法、経済科-[現代経済]、人間環境、国際コミュニティ	220,000	780,000	231,000	1,231,000	731,000	2段階
	人文-教育、経済科-経済情報	220,000	810,000	231,000	1,261,000	746,000	2段階
	健康科-心理	220,000	820,000	231,000	1,271,000	751,000	2段階
	健康科-健康栄養	220,000	900,000	231,000	1,351,000	791,000	2段階

(単位:円)

大学名	学部 - 学科等名	入学金(①)	授業料(②)	その他(③)	初年度納入額(①+②+③)	入学時最低納入額	納入方法
私 九州産業大※2 ※国際文化、商、地域共創、生命科、芸術:グローバル・フードビジネス・プログラム含む	国際文化※、人間科-臨床心理、経済、商※、地域共創※	200,000	720,000	185,900	1,105,900	660,900	2段階
	生命科※	200,000	950,000	455,900	1,605,900	910,900	2段階
	芸術※	200,000	970,000	465,900	1,635,900	925,900	2段階
	人間科-子ども教育	200,000	770,000	285,900	1,255,900	735,900	2段階
	人間科-スポーツ健康科	200,000	820,000	375,900	1,395,900	805,900	2段階
	理工	200,000	950,000	435,900	1,585,900	900,900	2段階
	建築都市工	200,000	950,000	415,900	1,565,900	890,900	2段階
私 西南学院大	全学部	200,000	750,000	222,050	1,172,050	692,050	2段階
私 福岡大※2	人文、法、経済、商【昼】	190,000	730,000	206,710	1,126,710	671,710	延納可(2段階)
	理、工	240,000	1,000,000	406,710	1,646,710	956,710	延納可(2段階)
	医-医	1,000,000	3,912,000	3,714,710	8,626,710	6,326,710	延納可(2段階)
	医-看護	270,000	1,040,000	496,710	1,806,710	1,051,710	延納可(2段階)
	薬	400,000	1,350,000	316,710	2,066,710	1,246,710	延納可(2段階)
	スポーツ科	300,000	800,000	376,710	1,476,710	901,710	延納可(2段階)
	商【夜】	60,000	310,000	102,370	472,370	277,370	延納可(2段階)
私 立命館アジア太平洋大	全学部	200,000	1,300,000	40,000	1,540,000	890,000	2段階
他 防衛医科大	医学教育	※入校後は国家公務員となるため学費不要					
他 防衛大	全専攻	※入校後は国家公務員となるため学費不要					

本書掲載190大学以外の全国大学の一覧表です（2023年12月現在）。
※設置認可申請中や設置構想中、設置計画中のものも含みます。今後変更となる場合もあるため、詳細は各大学のホームページ等で必ず確認してください。

この一覧の見方

①所　在　地：大学のキャンパスや本部が設置されている都道府県名。複数の都道府県にキャンパスがある場合は、そのうちの1つのみ記載。
②大　学　名：大学名冒頭の★は、2025年度以降開設予定を表す。
③問い合わせ先：入試に関する問い合わせ先（電話番号、担当名称）。
④学 問 分 野：その大学で、主に学べる学問分野を●で表示。例えば「人文」の分野に興味があればそこに●がついている大学だけ見ていくなど、興味のある学問分野から大学を検索することができる。

学問分野一覧

- **人文**：文学、言語学、哲学、心理学、歴史学、地理学、文化学
- **法・政治**：法学、政治学
- **経済・経営**：経済学、経営学
- **社会・国際**：社会学、観光学、メディア学、社会福祉学、国際学
- **理**：数学、物理学、化学、生物学、地学
- **工**：応用物理学、応用化学、機械工学、電気・電子工学、材料工学、ナノテクノロジー、土木・建築学、船舶・航空宇宙工学、エネルギー工学、医療工学、社会・安全工学、その他工学
- **農・生命科学**：農学、森林科学、獣医・畜産学、水産学、応用生物学
- **医療・健康科学**：医学、歯学、薬学、看護学、健康科学
- **生活・家政**：生活科学、食物学、被服学、住居学、子ども学
- **教育**：教員養成、教育学
- **芸術**：芸術理論、芸術・表現、デザイン学
- **総合**：環境学、情報学、人間科学

国立大学

所在地	大学名	問い合わせ先	人文	法 政治	経済 経営	社会 国際	理	工	農 生命科学	医療 健康科学	生活 家政	教育	芸術	総合
北海道	国 北見工業大学	0157-26-9167 （教務課入学試験係）					●	●						●
	国 室蘭工業大学	0143-46-5162 （入試戦略課入学試験係）					●	●						●
宮城	国 宮城教育大学	022-214-3334 （入試課入試実施係）										●		
茨城	国 筑波技術大学	029-858-9328 (〔産業技術学部〕聴覚障害系支援課　教務係) 029-858-9508 (〔保健科学部〕視覚障害系支援課　教務係)			●			●		●			●	●
新潟	国 長岡技術科学大学	0258-47-9271・9273 （入試課入学試験第1係）						●	●					●
愛知	国 豊橋技術科学大学	0532-44-6581 （入試課）					●	●						●

所在地	大学名	問い合わせ先	学問分野 人文	法 政治	経済 経営	社会 国際	理	工	農 生命科学	医療 健康科学	生活 家政	教育	芸術	総合
京都	国 京都教育大学	075-644-8161（入試課入試グループ）										●		
兵庫	国 兵庫教育大学	0795-44-2067（入試課）									●	●		
徳島	国 鳴門教育大学	088-687-6133（教務部入試課学部入試係）										●		
鹿児島	国 鹿屋体育大学	0994-46-4869（教務課入試係）								●				

公立大学

所在地	大学名	問い合わせ先	学問分野 人文	法 政治	経済 経営	社会 国際	理	工	農 生命科学	医療 健康科学	生活 家政	教育	芸術	総合
北海道	公 旭川市立大学	0120-48-3124（事務局入試広報課）		●	●	●				●				
	公 釧路公立大学	0154-37-5091（事務局学生課）			●									
	公 公立千歳科学技術大学	0123-27-6011（入試広報課）					●	●						●
	公 公立はこだて未来大学	0138-34-6444（事務局教務課 入試・学生募集担当）												●
	公 札幌市立大学	011-592-2371（学生課 入試担当）								●			●	
	公 名寄市立大学	01654-2-4194（教務課広報入試係）				●				●	●			
青森	公 青森県立保健大学	017-765-2061（教務学生課 入試担当）				●				●	●			
	公 青森公立大学	017-764-1532（事務局 教務学事グループ入試・就職チーム）	●		●									
秋田	公 秋田県立大学	0184-27-2100（〔システム科学技術学部〕アドミッションチーム）018-872-1535（〔生物資源科学部〕アドミッションチーム）			●		●	●	●					●
	公 秋田公立美術大学	018-888-8105（事務局学生課）											●	
山形	公 東北農林専門職大学	023-630-2480（整備推進課）							●					
	公 山形県立保健医療大学	023-686-6688（教務学生課）								●				
	公 山形県立米沢栄養大学	0238-93-2931（教務学生課）									●			
茨城	公 茨城県立医療大学	029-840-2108（教務課）								●				
群馬	公 群馬県立県民健康科学大学	027-235-1244（事務局教務係）								●				
	公 群馬県立女子大学	0270-65-8511（事務局 教務係）	●			●							●	●
	公 前橋工科大学	027-265-7361（学務課入試係）						●						●

所在地	大学名	問い合わせ先	学問分野											
			人文	法 政治	経済 経営	社会 国際	理	工	農 生命科学	医療 健康科学	生活 家政	教育	芸術	総合
千葉	公 千葉県立保健医療大学	043-296-2000 （学生支援課）								●	●			
神奈川	公 神奈川県立保健福祉大学	046-828-2511 （事務局学部入試担当部）				●				●	●			
	公 川崎市立看護大学	044-587-3500								●				
新潟	公 三条市立大学	0256-47-5121 （入試担当）						●						
	公 長岡造形大学	0258-21-3331 （入試広報課）						●					●	●
	公 新潟県立大学	025-270-1311 （入試課）	●		●	●					●			
	公 新潟県立看護大学	025-526-2811 （教務学生課教務係）								●				
富山	公 富山県立大学	0766-56-7500 （〔工・情報工学部〕入学試験実施本部〔事務局教務課学生募集係〕） 076-464-5410 （〔看護学部〕事務部教務学生課 入試・学生募集グループ）					●	●		●				●
石川	公 石川県立大学	076-227-7408 （教務学生課）					●		●		●			●
	公 石川県立看護大学	076-281-8302 （事務局教務学生課）								●				
	公 金沢美術工芸大学	076-262-3531 （事務局）											●	
	公 公立小松大学	0761-23-6610 （学生課入試係）	●			●		●		●				●
福井	公 敦賀市立看護大学	0770-20-5540 （教務学生課）								●				
山梨	公 山梨県立大学	055-253-8901 （アドミッションズ・センター）		●		●				●	●			●
長野	公 公立諏訪東京理科大学	0266-73-1244 （入試・広報係）						●						●
	公 長野大学	0268-39-0020 （教育グループ 広報入試担当）				●								●
	公 長野県看護大学	0265-81-5100 （事務局教務・学生課）								●				
	公 長野県立大学	026-462-1489 （学務課 入試・広報室）		●	●	●					●	●		
岐阜	公 岐阜県立看護大学	058-397-2300 （学務研究部学務課 入試担当）								●				
	公 岐阜薬科大学	058-230-8100 （事務局教務厚生課）								●				
静岡	公 静岡県立農林環境専門職大学	0538-31-7905 （学生課）							●					
	公 静岡文化芸術大学	053-457-6401 （入試室）		●	●	●		●					●	●

所在地	大学名	問い合わせ先	学問分野											
			人文	法 政治	経済 経営	社会 国際	理	工	農 生命科学	医療 健康科学	生活 家政	教育	芸術	総合
愛知	公 愛知県立芸術大学	0561-76-2603 (入試課)											●	
三重	公 三重県立看護大学	059-233-5602 (事務局教務学生課)								●				
京都	公 京都市立芸術大学	075-585-2005 (連携推進課 入試担当)											●	
	公 福知山公立大学	0773-24-7100 (入試係)			●	●								●
兵庫	公 芸術文化観光専門職大学	0796-34-8125 (教育企画部教育企画課)				●							●	
	公 神戸市看護大学	078-794-8085 (教務学生課)								●				
奈良	公 奈良県立大学	0742-93-5261 (教務・学生課)	●		●	●								
鳥取	公 公立鳥取環境大学	0857-38-6720 (入試広報課)			●									●
島根	公 島根県立大学	0852-20-0236 (〔人間文化学部〕学務課) 0855-24-2203 (〔国際関係・地域政策学部〕学務課アドミッション室) 0853-20-0215 (〔看護栄養学部〕学務課教務・入試係)	●			●				●	●	●		
岡山	公 新見公立大学	0867-72-0634 (学生課入試係)				●				●	●	●		
広島	公 叡啓大学	082-225-6224 (教学課 入試係)				●								●
	公 尾道市立大学	0848-22-8381 (入学試験実施本部)	●		●								●	●
	公 福山市立大学	084-999-1113 (事務局学務課入試担当)				●					●	●		●
山口	公 周南公立大学	0834-28-5302 (入試課)			●	●				●				●
	公 山陽小野田市立山口東京理科大学	0836-88-4505 (入試広報課)					●	●	●	●				●
	公 山口県立大学	083-929-6503 (学生部入試部門)				●				●	●			
香川	公 香川県立保健医療大学	087-870-1212 (事務局)								●				
愛媛	公 愛媛県立医療技術大学	089-958-2111 (教務学生グループ)								●				
高知	公 高知県立大学	088-847-8789 (学生支援部 入試課)	●			●				●	●			
	公 高知工科大学	0887-57-2222 (入試課)	●		●	●	●	●	●	●				●
福岡	公 九州歯科大学	093-285-3011 (学務部学生課)								●				
	公 福岡県立大学	0947-42-2118 (アドミッション・オフィス)				●				●				●

所在地	大学名	問い合わせ先	学問分野											
			人文	法 政治	経済 経営	社会 国際	理	工	農 生命科学	医療 健康科学	生活 家政	教育	芸術	総合
大分	公 大分県立看護科学大学	097-586-4303 (教務学生グループ)								●				
宮崎	公 宮崎県立看護大学	0985-59-7705 (事務局総務課教務学生担当)								●				
	公 宮崎公立大学	0985-20-2212 (学務課入試広報係)				●								●
沖縄	公 沖縄県立看護大学	098-833-8800 (学務課)								●				
	公 沖縄県立芸術大学	098-882-5080 (教務学生課)											●	
	公 名桜大学	0980-51-1056 (教務部入試・広報課 入試・広報係)	●		●	●				●				●

私立大学・その他

所在地	大学名	問い合わせ先	学問分野											
			人文	法 政治	経済 経営	社会 国際	理	工	農 生命科学	医療 健康科学	生活 家政	教育	芸術	総合
北海道	私 育英館大学	0162-32-7511 (入試キャリア支援課)	●										●	●
	私 札幌大学	0120-15-3201 (入学センター)	●	●	●					●				●
	私 札幌大谷大学	011-742-1643 (入試広報課)				●							●	
	私 札幌学院大学	0120-816-555 (広報入試課)	●	●	●							●		●
	私 札幌国際大学	011-881-8861 (アドミッションセンター)	●		●	●				●				
	私 札幌保健医療大学	011-792-3350 (事務局〔進路支援課〕)								●	●			
	私 星槎道都大学	0120-870205 (入試広報課)			●	●		●		●	●	●	●	
	私 天使大学	011-741-1052 (入試・広報室)								●	●			
	私 日本医療大学	011-351-6111 (募集グループ)				●				●				
	私 日本赤十字北海道看護大学	0157-66-3311 (事務局入試課)								●				
	私 函館大学	0120-00-1172 (入試課)	●		●	●								
	私 藤女子大学	011-736-5959 (入試課)	●			●					●	●		●
	私 北翔大学	011-387-3906 (アドミッションセンター)	●			●				●	●	●	●	
	私 北星学園大学	011-891-2731 (入試課)	●	●	●	●								●
	私 北洋大学	0120-57-1504 (募集広報係)		●	●	●								●
	私 北海商科大学	0120-733-066 (入試・広報センター入試係)			●	●								
	私 北海道医療大学	0120-068-222 (入試広報課)	●			●				●				

所在地	大学名	問い合わせ先	学問分野											
			人文	法 政治	経済 経営	社会 国際	理	工	農 生命科学	医療 健康科学	生活 家政	教育	芸術	総合
北海道	私 北海道科学大学	0120-248-059 (入試課)			●	●		●		●			●	●
	私 北海道情報大学	011-385-4425 (入試課)			●			●		●			●	●
	私 北海道千歳リハビリテーション大学	0123-28-5331 (入試広報室)								●				
	私 北海道文教大学	0120-240-552 (入試広報課)	●			●				●	●	●		
	私 北海道武蔵女子大学	0120-634-007 (入試広報課)			●									
青森	私 青森大学	017-728-0102 (入試課)			●	●				●				●
	私 青森中央学院大学	017-728-0496 (入試広報センター)		●	●					●				
	私 柴田学園大学	0172-33-2289 (事務局・学務課)									●			
	私 八戸学院大学	0178-30-1700 (キャリア支援課)			●					●				
	私 八戸工業大学	0120-850-276 (入試部)					●	●			●		●	●
	私 弘前医療福祉大学	0172-27-1001 (学務部入試課入試係)								●				
	私 弘前学院大学	0172-34-5211 (アドミッションセンター)	●			●				●				
岩手	私 岩手医科大学	019-651-5110 (内) 5105 (入試・キャリア支援課)								●				
	私 岩手保健医療大学	019-606-7030 (入試係)								●				
	私 富士大学	0198-23-7974 (入試部)		●	●									
	私 盛岡大学	019-688-5560 (入試センター)	●			●				●	●	●		
宮城	私 石巻専修大学	0225-22-7717 (入学試験係)	●		●	●	●	●				●		●
	私 尚絅学院大学	022-381-3311 (入試課〔アドミッションズオフィス〕)	●			●		●			●	●	●	●
	私 仙台大学	0224-55-1017 (入試課)				●				●	●	●		●
	私 仙台青葉学院大学	022-393-6453 (入試センター)								●				
	私 仙台白百合女子大学	022-374-5014 (入試広報課)	●			●					●	●		
	私 東北医科薬科大学	022-234-4181 (学務部入試課)								●				
	私 東北工業大学	022-305-3111 (入試広報課)			●	●	●	●			●		●	●

所在地	大学名	問い合わせ先	学問分野											
			人文	法 政治	経済 経営	社会 国際	理	工	農 生命科学	医療 健康科学	生活 家政	教育	芸術	総合
宮城	私 東北生活文化大学	0120-20-7521 (入試課)									●		●	
	私 東北福祉大学	022-717-3312 (入学センター)	●		●	●				●	●	●		●
	私 東北文化学園大学	022-233-3374 (大学事務局アドミッションセンター入試・広報課)		●	●	●		●		●				●
	私 宮城学院女子大学	022-279-5837 (入試広報課)	●			●				●	●	●	●	●
秋田	私 秋田看護福祉大学	0186-43-6510 (教務部教務課入試係)				●				●				
	私 日本赤十字秋田看護大学	018-829-3759 (入試・広報課)								●				
	私 ノースアジア大学	018-836-1342 (教務部教務課)	●	●	●	●								
山形	私 電動モビリティシステム専門職大学	0238-88-7377 (学務課教務係)						●						
	私 東北芸術工科大学	0120-27-8160 (入試広報課)	●			●		●			●		●	●
	私 東北公益文科大学	0120-41-0207 (入試事務室)		●	●	●								●
	私 東北文教大学	023-688-2296 (入試広報センター)				●					●	●		●
福島	私 医療創生大学	0120-295110 (〔いわきキャンパス〕企画課) 04-7136-0007 (〔柏キャンパス〕)	●							●				
	私 奥羽大学	024-932-9055 (〔歯学部〕学事部入試係) 024-932-8995 (〔薬学部〕学事部入試係)								●				
	私 郡山女子大学	0120-910-488 (入学事務・広報部)				●		●			●	●	●	
	私 東日本国際大学	0246-35-0002 (入試広報課)			●	●								●
	私 福島学院大学	024-553-3253 (入学広報課)	●		●	●					●			●
茨城	私 アール医療専門職大学	029-824-7611 (入試広報課)								●				
	私 茨城キリスト教大学	0120-56-1890 (入試広報部)	●		●	●				●	●	●		
	私 つくば国際大学	029-826-6622 (〔理学療法・看護・保健栄養学科〕医療保健学部事務室) 029-826-6000 (〔診療放射線・臨床検査・医療技術学科〕事務局総務課入試係)								●	●			
	私 常磐大学	029-232-2504 (アドミッションセンター)	●	●	●	●				●	●	●		●
	私 日本ウェルネススポーツ大学	0297-68-6787 (入学事務局)								●				

所在地	大学名	問い合わせ先	学問分野 人文	法 政治	経済 経営	社会 国際	理	工	農 生命科学	医療 健康科学	生活 家政	教育	芸術	総合
茨城	私 日本国際学園大学	029-858-4815 (〔つくばキャンパス〕入試広報担当) 022-222-8659 (〔仙台キャンパス〕入試広報担当)	●		●	●							●	●
	私 流通経済大学	0120-297-141 (〔龍ケ崎キャンパス〕入試センター) 0120-297-141 (〔新松戸キャンパス〕入試センター)		●	●	●				●				●
栃木	私 足利大学	0120-62-9980 (アドミッションセンター)						●		●				●
	私 宇都宮共和大学	0120-15-4161 (〔子ども生活学部〕入試係) 028-650-6611 (〔シティライフ学部〕入試係)	●	●	●	●				●	●	●	●	●
	私 国際医療福祉大学	0476-20-7810 (〔医学部〕入試事務統括センター) 0287-24-3200 (〔保健医療・医療福祉・薬学部〕入試事務室) 0476-20-7810 (〔成田看護・成田保健医療・成田薬学部〕入試事務室) 03-5574-3903 (〔赤坂心理・医療福祉マネジメント学部〕入試事務室) 0465-21-0361 (〔小田原保健医療学部〕入試事務室) 0944-89-2100 (〔福岡保健医療・福岡薬学部〕入試事務室)	●		●	●				●				
	私 作新学院大学	028-670-3655 (入試課)	●		●	●				●		●		
	私 獨協医科大学	0282-87-2108 (学務部入試課)								●				
	私 白鷗大学	0120-890-001 (入試部)	●	●	●	●				●	●	●		
	私 文星芸術大学	028-625-6888 (教務課入試係)											●	
群馬	私 育英大学	0120-86-1981 (入試広報課)								●	●	●		
	私 関東学園大学	0276-32-7915 (広報室)		●	●	●				●				
	私 共愛学園前橋国際大学	0120-5931-37 (アドミッションセンター)	●		●	●					●			
	私 桐生大学	0277-48-9107 (入試広報課)								●	●			
	私 群馬医療福祉大学	0120-870-294 (入試広報センター)				●				●				
	私 群馬パース大学	027-365-3370 (入試広報課)								●				

所在地	大学名	問い合わせ先	学問分野											
			人文	法 政治	経済 経営	社会 国際	理	工	農 生命科学	医療 健康科学	生活 家政	教育	芸術	総合
群馬	私 上武大学	0120-41-0509 （入学センター）			●	●				●				
	私 高崎健康福祉大学	027-352-1290 （入試広報センター）			●	●			●	●	●	●		
	私 高崎商科大学	027-347-3379 （広報・入試室）			●	●								●
	私 東京福祉大学	0270-20-3673 （伊勢崎キャンパス入学課）	●		●	●					●	●		
埼玉	私 浦和大学	048-878-5536 （入試広報課）				●					●	●		
	私 共栄大学	048-755-2490 （入試課）			●	●				●	●	●		
	私 埼玉医科大学	049-295-1000（〔医学部〕入試課） 042-984-4801（〔保健医療学部〕入試事務室）						●		●				
	私 埼玉学園大学	0120-359-259（入試広報課）	●		●	●					●	●		●
	私 埼玉工業大学	0120-604-606（入試課）	●			●	●	●						●
	私 十文字学園女子大学	0120-8164-10（募集入試部）	●		●	●			●	●	●	●	●	●
	私 城西大学	049-271-7711 （入試課）		●	●	●	●			●	●			
	私 尚美学園大学	0120-80-0082 （入試・広報課）		●	●			●		●			●	●
	私 女子栄養大学	049-282-7331 （入試広報課）								●	●	●		
	私 駿河台大学	042-972-1124 （入試広報部）	●	●	●	●				●			●	●
	私 聖学院大学	048-725-6191 （アドミッションセンター）	●	●	●	●					●			●
	私 西武文理大学	04-2954-7575 （入学者選抜本部）			●	●				●				
	私 東京国際大学	049-232-1116 （入学センター）	●		●	●				●				●
	私 東都大学	048-574-2500 （〔深谷キャンパス〕入試広報課） 043-274-1917 （〔幕張キャンパス〕入試広報課） 055-922-6688 （〔沼津キャンパス〕入試広報課）								●	●			
	私 東邦音楽大学	03-3946-9667 （事務本部入学者選抜担当）										●	●	
	私 日本医療科学大学	049-230-5000 （入試課）								●				
	私 日本工業大学	0120-250-267 （入試部入試課）					●	●			●			●

所在地	大学名	問い合わせ先	学問分野											
			人文	法 政治	経済 経営	社会 国際	理	工	農 生命科学	医療 健康科学	生活 家政	教育	芸術	総合
埼玉	私 日本保健医療大学	0480-40-4849 (入試広報担当)								●				
	私 日本薬科大学	0120-71-2293 (アドミッションオフィス)								●				
	私 人間総合科学大学	048-749-6120 (アドミッションセンター)	●							●	●			●
	私 平成国際大学	0480-66-2277 (入試係)		●	●	●				●				
	私 武蔵野学院大学	04-2954-6131 (教務部入試係)				●								
	私 ものつくり大学	048-564-3816 (入試課)						●						●
千葉	私 愛国学園大学	043-424-4410 (アドミッションセンター)												●
	私 植草学園大学	043-239-2600 (入試・広報課)								●	●	●		
	私 江戸川大学	0120-440-661 (入学課)	●		●	●				●	●	●	●	●
	私 開智国際大学	04-7167-8655 (アドミッションセンター)				●						●		
	私 亀田医療大学	04-7099-1211 (管理部学務課)								●				
	私 川村学園女子大学	04-7183-0114 (事務部入試広報)	●			●					●	●		
	私 神田外語大学	043-273-2476 (アドミッション&コミュニケーション部)	●			●								
	私 敬愛大学	0120-878-070 (アドミッションセンター)			●	●						●		
	私 国際武道大学	0120-654-210 (入試・広報センター)								●				
	私 三育学院大学	03-3393-7810 (入試広報課)								●				
	私 秀明大学	047-488-2331 (入試室)	●		●	●				●				
	私 淑徳大学	03-3966-7637 (〔人文・経営学部〕アドミッションセンター東京オフィス) 043-265-6881 (〔総合福祉・コミュニティ政策・看護栄養学部〕アドミッションセンター千葉オフィス) 049-274-1506 (〔教育・地域創生学部〕アドミッションセンター埼玉オフィス)	●		●	●				●	●	●		●
	私 城西国際大学	0475-55-8855 (入試課)	●		●	●				●			●	●
	私 聖徳大学	0120-66-5531 (入学センター)	●			●				●	●	●	●	●
	私 清和大学	0438-30-5566 (入試広報センター)		●	●					●				

所在地	大学名	問い合わせ先	学問分野											
			人文	法 政治	経済 経営	社会 国際	理	工	農 生命科学	医療 健康科学	生活 家政	教育	芸術	総合
千葉	私 千葉科学大学	0120-919-126 （入試広報部）			●	●		●	●	●				●
	私 千葉経済大学	043-253-5524 （入試広報センター）			●									
	私 千葉商科大学	047-373-9701 （入学センター）	●		●	●								●
	私 中央学院大学	04-7183-6516 （入試広報課）		●	●	●								
	私 東京基督教大学	0476-46-1131 （アドミッションセンター）	●											
	私 東京情報大学	043-236-1408 （入試・広報課）			●		●			●				●
	私 放送大学	043-276-5111 （学務部学生課）	●	●	●	●					●	●		●
	私 明海大学	047-355-5116 （〔外国語・経済・不動産・ホスピタリティ・ツーリズム・保健医療学部〕入試事務室） 049-279-2852 （〔歯学部〕入試事務室）	●		●	●		●		●	●		●	
	私 了德寺大学	047-382-2111 （入試課）								●				
	私 麗澤大学	※大学ホームページよりお問い合わせください（大学事務局 大学入試・広報課）	●		●	●		●						●
	私 和洋女子大学	047-371-1127 （入試センター）	●			●				●	●		●	
東京	私 跡見学園女子大学	048-478-3338 （入試課）	●	●	●	●							●	●
	私 桜美林大学	042-797-1583 （入学部インフォメーションセンター）	●		●	●	●	●		●	●	●	●	●
	私 嘉悦大学	0120-970-800 （アドミッションセンター）			●									
	私 学習院女子大学	03-3203-1906 （入試係）	●			●								
	私 共立女子大学	03-3237-5656 （入試課）	●		●	●				●	●		●	●
	私 国立音楽大学	042-535-9536 （入試センター）										●	●	
	私 国際ファッション専門職大学	03-3344-8000 （〔東京キャンパス〕アドミッションセンター〔入学相談室〕） 06-6347-5111 （〔大阪キャンパス〕アドミッションセンター〔入学相談室〕） 052-551-0008 （〔名古屋キャンパス〕アドミッションセンター〔入学相談室〕）									●			
	私 国士舘大学	03-5481-3211 （入試部）	●	●	●	●	●	●		●	●	●		●

所在地	大学名	問い合わせ先	学問分野											
			人文	法政治	経済経営	社会国際	理	工	農生命科学	医療健康科学	生活家政	教育	芸術	総合
東京	私 こども教育宝仙大学	03-3365-0267（入学センター）									●	●		
	私 駒沢女子大学	042-350-7110（入試センター）	●			●				●	●		●	●
	私 産業能率大学	03-3704-1110（入試センター）			●									●
	私 実践女子大学	03-6450-6820（〔文・人間社会・国際学部〕学生総合支援センター入学サポート部）042-585-8820（〔生活科学部〕学生総合支援センター入学サポート部）	●		●	●				●	●	●	●	●
	私 情報経営イノベーション専門職大学	03-5655-1555（イノベーションマネジメント局　アドミッションユニット入試担当）						●						●
	私 昭和薬科大学	042-721-1512（入試課）								●				
	私 女子美術大学	042-778-6123（入試センター）									●		●	●
	私 白梅学園大学	042-346-5618（入学センター）	●			●					●	●		
	私 白百合女子大学	03-3326-8092（入試広報課）	●								●	●		
	私 杉野服飾大学	03-3491-8152（入試広報課）									●		●	
	私 聖心女子大学	03-3407-5076（アドミッションズオフィス）	●			●					●	●	●	●
	私 清泉女子大学	0120-53-5363（入試・広報部入試課）	●			●							●	
	私 聖路加国際大学	03-5550-2347（大学事務部・入試事務室）								●				
	私 大正大学	03-3918-7311（アドミッションセンター）	●	●		●				●			●	
	私 高千穂大学	0120-012-816（入試課）			●							●		●
	私 拓殖大学	03-3947-7159（入学課）	●	●	●	●		●					●	●
	私 多摩大学	0466-83-7911（〔グローバルスタディーズ学部〕湘南キャンパス入試課）042-337-7119（〔経営情報学部〕多摩キャンパス入試課）			●	●								●
	私 多摩美術大学	042-679-5602（教務部入試課）	●					●					●	●
	私 帝京科学大学	0120-248-089（入試・広報課 入試担当）	●			●	●	●	●	●	●	●		●
	私 帝京平成大学	0120-918-392（入試課）	●		●	●			●	●	●	●		●

所在地	大学名	問い合わせ先	学問分野											
			人文	法 政治	経済 経営	社会 国際	理	工	農 生命科学	医療 健康科学	生活 家政	教育	芸術	総合
東京	私 デジタルハリウッド大学	0120-823-422 (入試事務局)				●							●	●
	私 東京有明医療大学	03-6703-7000 (アドミッションセンター)								●				
	私 東京医科大学	03-3351-6141 (アドミッションセンター)								●				
	私 東京医療学院大学	042-400-0834 (入試・広報室)								●				
	私 東京医療保健大学	03-5779-5071 (入試事務部)			●					●	●			●
	私 東京音楽大学	03-6455-2754 (入試課)										●	●	
	私 東京家政大学	03-3961-5228 (アドミッションセンター)	●			●				●	●	●	●	●
	私 東京家政学院大学	042-782-9411 (アドミッションオフィス)								●	●	●		
	私 ★東京経営大学	2025年度、千代田区に開学予定(通信教育課程、設置認可申請中)			●									
	私 東京工科大学	0120-444-903 (〔工・コンピュータサイエンス・メディア・応用生物学部〕広報課) 0120-444-925 (〔デザイン・医療保健学部〕広報課)				●	●	●	●	●	●		●	●
	私 東京工芸大学	03-5371-2676 (〔芸術学部〕入試課) 046-242-9520 (〔工学部〕入試課)					●	●					●	●
	私 東京国際工科専門職大学	03-3344-5555 (アドミッションセンター〔入学相談室〕)											●	●
	私 東京歯科大学	03-6380-9521 (教務課)								●				
	私 東京情報デザイン専門職大学	03-6808-3201 (入試広報部)											●	●
	私 東京純心大学	0120-13-0326 (入試課)								●				●
	私 東京女子医科大学	03-3353-8112 (内) 31121～5 (〔医学部〕医学部学務課) 31132～5 (〔看護学部〕看護学部学務課)								●				
	私 東京女子体育大学	042-505-7334 (入試課)								●				
	私 東京神学大学	0422-32-4185 (教務課入試係)	●											
	私 東京聖栄大学	03-3692-0238 (入試・広報課)									●			

所在地	大学名	問い合わせ先	学問分野											
			人文	法 政治	経済 経営	社会 国際	理	工	農 生命科学	医療 健康科学	生活 家政	教育	芸術	総合
東京	私 東京成徳大学	0120-711-267 (入試広報課)	●		●	●				●	●	●		
	私 東京造形大学	042-637-8111 (進路支援課)											●	
	私 東京通信大学	03-3344-2222 (入学相談室)				●								●
	私 東京富士大学	03-3368-0351 (入試広報課)			●									
	私 東京保健医療専門職大学	03-6659-8623 (入試広報部)								●				
	私 東京未来大学	0800-888-5070 (入試係)	●			●					●	●		
	私 東京薬科大学	0120-50-1089 (入試センター)							●	●				●
	私 桐朋学園大学	03-3307-4122 (事務局入試係)											●	
	私 東洋学園大学	0120-104-108 (入試室)	●		●	●				●		●		●
	私 二松学舎大学	03-3261-7423 (入試課)	●		●	●								
	私 日本歯科大学	03-3261-8400 (〔生命歯学部〕入試課) 025-211-8143 (〔新潟生命歯学部〕入試課)								●				
	私 日本社会事業大学	042-496-3080 (入試広報課)	●	●	●	●					●			
	私 日本女子体育大学	03-3300-2250 (入試・広報課)								●	●	●	●	
	私 日本赤十字看護大学	03-3409-0950 (〔看護学部〕入学課) 048-799-2747 (〔さいたま看護学部〕さいたま事務課)								●				
	私 日本体育大学	03-5706-0910 (アドミッションセンター)								●	●	●		
	私 日本文化大学	042-636-5211 (入学準備課)		●										
	私 ★バリアフリー教養大学	2025年度、武蔵野市に開学予定(通信教育課程、設置認可申請中)	●	●		●							●	
	私 ビジネス・ブレークスルー大学	0120-970-021 (入試係)			●	●								●
	私 文化学園大学	03-3299-2311 (入試広報課)				●		●			●		●	
	私 文京学院大学	03-5684-4870 (〔外国語・経営学部〕入試広報センター入試グループ) 049-261-6488 (〔人間・保健医療技術学部〕入試広報センター入試グループ)	●		●	●				●	●	●	●	●

所在地	大学名	問い合わせ先	学問分野											
			人文	法 政治	経済 経営	社会 国際	理	工	農 生命科学	医療 健康科学	生活 家政	教育	芸術	総合
東京	私 武蔵野音楽大学	03-3992-1119 (入学者選抜事務室)											●	
	私 武蔵野美術大学	042-342-6995 (入学センター)				●		●					●	
	私 明星大学	042-591-5793 (アドミッションセンター)	●		●	●	●	●	●		●	●	●	●
	私 目白大学	03-3952-5115 (入学センター) 03-5996-3117 (〔心理・人間・社会・メディア・経営・外国語学部〕入試広報部) 048-797-2222 (〔保健医療・看護学部〕入試課)	●		●	●				●	●	●		●
	私 ヤマザキ動物看護大学	0120-124979 (入試広報部)							●					
	私 ルーテル学院大学	0422-32-2949 (入試事務局)	●			●					●			●
	私 和光大学	044-988-1434 (入試広報室)	●		●	●				●	●	●	●	●
神奈川	私 神奈川工科大学	046-291-3000 (企画入学課)					●	●	●	●	●			●
	私 神奈川歯科大学	046-822-9580 (教学部入試係)								●				
	私 鎌倉女子大学	0467-44-2117 (入試・広報センター)	●								●	●		
	私 関東学院大学	045-786-7019 (アドミッションズセンター)	●	●	●	●	●	●	●	●	●	●	●	●
	私 グローバルBiz専門職大学	044-589-8777 (入試事務室)			●	●								
	私 相模女子大学	0120-816-332 (大学事務部入試課)	●			●					●		●	●
	私 松蔭大学	046-247-1511 (入試センター入試課)	●	●	●	●				●	●	●		●
	私 湘南医療大学	045-821-0115 (入試事務室)								●				
	私 湘南鎌倉医療大学	0467-38-3106 (管理部 入試担当)								●				
	私 湘南工科大学	0466-30-0200 (入試課)						●		●			●	●
	私 昭和音楽大学	0120-86-6606 (入試広報室)											●	
	私 星槎大学	045-979-0261 (横浜事務局)				●								●
	私 聖マリアンナ医科大学	044-977-9552 (入試課)								●				
	私 ★ZEN大学	2025年度、逗子市に開学予定(通信教育課程、設置認可申請中)	●		●	●	●							●

所在地	大学名	問い合わせ先	学問分野											
			人文	法 政治	経済 経営	社会 国際	理	工	農 生命科学	医療 健康科学	生活 家政	教育	芸術	総合
神奈川	私 洗足学園音楽大学	044-856-2955 (入試センター)										●	●	
	私 鶴見大学	045-580-8219 (入試センター)	●							●			●	●
	私 田園調布学園大学	044-966-6800 (入試・広報課)	●			●					●			
	私 桐蔭横浜大学	045-974-5423 (入試・広報センター)	●	●	●	●		●	●	●		●		●
	私 東洋英和女学院大学	045-922-5512 (入試広報課)				●					●	●		●
	私 日本映画大学	044-951-2511 (入試事務室)											●	
	私 ビューティ&ウェルネス専門職大学	0120-732-151 (入試広報課)			●					●				
	私 フェリス女学院大学	045-812-9183 (入試課)	●			●							●	
	私 八洲学園大学	045-410-0515 (入学支援相談センター)										●		●
	私 横浜商科大学	045-583-9043 (アドミッション・広報部)			●	●								●
	私 横浜創英大学	045-922-6105 (企画入試課)								●	●			
	私 横浜美術大学	045-963-4070 (入試係)											●	
	私 横浜薬科大学	0120-76-8089 (入試広報課)								●				
新潟	私 開志専門職大学	025-250-0203 (入試事務室)			●		●						●	●
	私 敬和学園大学	0120-26-3637 (広報入試課)	●			●								●
	私 長岡大学	0120-248-556 (入学課)			●									
	私 長岡崇徳大学	0258-46-6666 (入試・広報課)								●				
	私 新潟医療福祉大学	025-257-4459 (入試事務室)	●		●	●		●		●	●			●
	私 新潟経営大学	0120-57-7720 (入試広報課)			●					●				●
	私 新潟工科大学	0120-8188-40 (入試広報課)						●						●
	私 新潟国際情報大学	025-264-3777 (入試・広報課)	●		●	●								●
	私 新潟産業大学	0120-787-124 (入試課)			●	●								●
	私 新潟食料農業大学	0254-28-9840 (入試事務室)							●					
	私 新潟青陵大学	025-368-7411 (入試広報課)	●			●				●	●	●		
	私 新潟薬科大学	0120-2189-50 (入試課)							●	●	●	●		●

所在地	大学名	問い合わせ先	学問分野											
			人文	法 政治	経済 経営	社会 国際	理	工	農 生命科学	医療 健康科学	生活 家政	教育	芸術	総合
新潟	私 新潟リハビリテーション大学	0254-56-8290（入試担当）	●							●				
富山	私 高岡法科大学	0766-63-3388（入試課）		●										
	私 富山国際大学	076-483-8001（入試センター）			●	●					●	●		
石川	私 金沢医科大学	076-218-8063（入学センター）								●				
	私 金沢学院大学	0120-367-984（入試広報部）	●		●					●	●	●	●	●
	私 かなざわ食マネジメント専門職大学	076-275-5933（入試事務局）			●									
	私 金沢星稜大学	076-253-3922（入学課）			●	●				●	●			●
	私 金城大学	0120-276-150（入試広報部）			●	●				●	●	●		●
	私 北陸大学	076-229-2840（アドミッションセンター）	●		●	●				●				
	私 北陸学院大学	076-280-3855（アドミッションセンター）				●					●	●		
福井	私 仁愛大学	0120-27-2363（入試事務局）	●			●					●	●		●
	私 福井医療大学	0776-59-2207（入学広報室）								●				
	私 福井工業大学	0120-291-780（入学センター 入試広報課）			●			●		●			●	●
山梨	私 健康科学大学	0555-83-5231（入試学生課）	●			●				●				
	私 身延山大学	0556-62-3700（アドミッション・広報室）	●			●							●	
	私 山梨英和大学	055-223-6022（入試・広報部）												●
	私 山梨学院大学	055-224-1234（入試センター）	●	●	●	●				●	●			
長野	私 佐久大学	0267-68-6680（事務局入試広報課）				●				●				
	私 清泉女学院大学	026-295-1310（入試広報部）	●			●				●				
	私 長野保健医療大学	026-283-6111（入試センター）								●				
	私 松本大学	0120-507-200（入試広報室）			●	●				●	●	●		
	私 松本看護大学	0263-58-4417（事務局入試広報室）								●				
	私 松本歯科大学	0263-54-3210（入試広報室）								●				
岐阜	私 朝日大学	058-329-1088（入試広報課）		●	●					●				

所在地	大学名	問い合わせ先	学問分野											
			人文	法 政治	経済 経営	社会 国際	理	工	農 生命科学	医療 健康科学	生活 家政	教育	芸術	総合
岐阜	私 岐阜医療科学大学	0120-23-4186 (入試広報課)								●				
	私 岐阜協立大学	0584-77-3510 (入試広報課)			●	●				●				●
	私 岐阜聖徳学園大学	058-278-0727 (入学広報課)	●		●					●		●		●
	私 岐阜女子大学	0120-661184 (入試室)	●			●					●	●	●	●
	私 岐阜保健大学	058-274-5001 (入試・広報部)								●				
	私 中京学院大学	0800-200-3278 (アドミッションセンター事務部)			●					●				
	私 中部学院大学	0575-24-2213 (入試広報課)				●				●	●	●		●
	私 東海学院大学	0120-373-072 (入試広報部)	●			●					●	●		
静岡	私 静岡英和学院大学	054-261-9322 (英和入試センター)				●								●
	私 静岡産業大学	054-647-0362 (〔藤枝キャンパス〕入試課) 0538-31-3530 (〔磐田キャンパス〕入試課)			●					●	●	●		
	私 静岡福祉大学	054-623-7451 (入試広報課)	●			●					●			
	私 静岡理工科大学	0538-45-0115 (入試広報推進課)						●	●					●
	私 聖隷クリストファー大学	053-439-1401 (入試・広報センター)				●				●	●	●		
	私 常葉大学	054-263-1126 (入学センター)	●	●	●	●				●	●	●	●	●
	私 浜松学院大学	053-450-7117 (入試・広報グループ)	●			●					●			
愛知	私 愛知医科大学	0561-61-5315 (〔医学部〕事務部入試課) 0561-61-5412 (〔看護学部〕学生支援課入試係)								●				
	私 愛知医療学院大学	052-409-3311 (入学企画運営・広報課)								●				
	私 愛知学院大学	0561-73-1111 (入試センター)	●	●	●	●				●	●			●
	私 愛知学泉大学	0564-34-1215 (学生募集室)									●			
	私 愛知工科大学	0533-68-1135 (入試広報センター)						●						●
	私 愛知工業大学	0120-188-651 (入試センター 入試広報課)			●		●	●			●		●	●

所在地	大学名	問い合わせ先	学問分野											
			人文	法 政治	経済 経営	社会 国際	理	工	農 生命科学	医療 健康科学	生活 家政	教育	芸術	総合
愛知	私 愛知産業大学	0564-48-4804 (入試広報課)			●			●		●	●		●	●
	私 愛知東邦大学	052-782-1600 (入試広報課)	●		●	●				●	●	●		
	私 愛知文教大学	0568-39-6171 (入試広報センター)	●			●						●		
	私 愛知みずほ大学	052-882-1135 (入試広報室)												●
	私 一宮研伸大学	0586-28-8110 (入試広報室)								●				
	私 桜花学園大学	0562-97-6311 (入試広報課)	●			●					●	●		
	私 岡崎女子大学	0120-351-018 (入試広報課)									●			
	私 金城学院大学	0120-331791 (入試広報部)	●	●	●	●				●	●	●	●	●
	私 至学館大学	0562-46-8861 (入試・広報課)								●	●	●		
	私 修文大学	0120-138158 (広報入試課)								●	●			
	私 椙山女学園大学	0120-244-887 (入学センター)	●	●	●	●				●	●	●		●
	私 星城大学	0120-601-009 (入試広報課)			●	●				●				●
	私 大同大学	0120-461-115 (入試・広報室)			●	●		●		●	●		●	●
	私 中部大学	0120-873941 (入学センター)	●		●	●	●	●	●	●	●	●		●
	私 東海学園大学	052-801-1204 (入試広報課)	●		●	●			●	●	●	●		
	私 同朋大学	052-411-1247 (入試・広報センター)	●			●					●			
	私 豊田工業大学	0120-3749-72 (入学試験事務室)						●						
	私 豊橋創造大学	0532-54-9725 (入試センター)			●					●				
	私 名古屋音楽大学	052-411-1545 (入試・広報センター)											●	
	私 名古屋外国語大学	0561-75-1748 (入試課)	●			●						●		
	私 名古屋学院大学	052-678-4088 (入学センター)	●	●	●	●				●				●
	私 名古屋学芸大学	0561-75-1745 (入試課)	●			●				●	●	●	●	
	私 名古屋経済大学	0568-67-0624 (広報センター)		●	●	●					●	●		
	私 名古屋芸術大学	0568-24-0318 (広報部 学生募集チーム)									●	●	●	

所在地	大学名	問い合わせ先	学問分野 人文	法 政治	経済 経営	社会 国際	理	工	農 生命科学	医療 健康科学	生活 家政	教育	芸術	総合
愛知	私 名古屋国際工科専門職大学	052-561-2001（アドミッションセンター〔入学相談室〕）											●	●
	私 名古屋産業大学	0120-546-160（入試広報室）			●									
	私 名古屋商科大学	0120-41-3006（入試広報）	●	●	●	●								●
	私 名古屋女子大学	0120-758-206（入試広報課）								●	●	●		
	私 名古屋造形大学	052-908-1630											●	
	私 名古屋文理大学	0587-23-2400（入試広報課）			●	●					●			●
	私 名古屋柳城女子大学	052-848-8281（アドミッションセンター）									●	●		
	私 日本赤十字豊田看護大学	0565-36-5228（企画・地域交流課）								●				
	私 日本福祉大学	0569-87-2212（入学広報課）	●		●	●				●	●			
	私 人間環境大学	0120-48-7812（入試・広報部）	●			●	●		●	●				●
三重	私 皇學館大学	0596-22-6316（学生支援部 入試担当）	●		●	●				●	●	●	●	●
	私 鈴鹿大学	0120-919-593（入試広報課）	●			●					●	●		
	私 鈴鹿医療科学大学	059-383-9591（入学課）	●			●		●		●	●			●
	私 四日市大学	059-365-6711（入試広報室）		●										●
	私 四日市看護医療大学	059-340-0707（入試広報室）								●				
滋賀	私 成安造形大学	077-574-2119（入学広報センター）											●	
	私 聖泉大学	0749-43-7511（アドミッション室）								●				
	私 長浜バイオ大学	0749-64-8100（入試係）					●		●	●	●			●
	私 びわこ学院大学	0748-35-0006（入学センター）				●				●	●	●		
	私 びわこ成蹊スポーツ大学	077-596-8425（入試部入試課）								●				
	私 びわこリハビリテーション専門職大学	0749-46-2311（入試広報グループ）								●				
京都	私 大谷大学	075-411-8114（入学センター）	●			●					●	●		
	私 京都医療科学大学	0771-63-0186（入試担当）								●				
	私 京都外国語大学	075-322-6035（入試広報部）	●			●								

所在地	大学名	問い合わせ先	学問分野											
			人文	法 政治	経済 経営	社会 国際	理	工	農 生命科学	医療 健康科学	生活 家政	教育	芸術	総合
京都	私 京都華頂大学	075-551-1211 (入学広報課)			●						●	●		●
	私 京都看護大学	075-311-0123 (入試課)								●				
	私 京都芸術大学	0120-591-200 (アドミッション・オフィス)				●		●			●		●	●
	私 京都光華女子大学	075-312-1899 (入学・広報センター)	●			●				●	●	●		●
	私 京都精華大学	075-702-5100 (入学グループ)	●			●		●			●		●	
	私 京都先端科学大学	075-406-9270 (入学センター)	●		●		●	●	●	●				●
	私 京都橘大学	075-574-4116 (入学課)	●	●	●	●		●		●	●	●	●	●
	私 京都ノートルダム女子大学	075-706-3747 (入試・広報課〔入試担当〕)	●			●					●	●		●
	私 京都美術工芸大学	0120-33-3372 (入試・広報課)						●					●	
	私 京都文教大学	0774-25-2488 (入試広報課)	●	●	●	●					●	●		
	私 嵯峨美術大学	075-864-7878 (入学広報グループ)	●			●							●	
	私 種智院大学	075-604-5600 (教務課入試担当)	●			●								
	私 花園大学	075-277-1331 (入試課)	●			●					●			
	私 平安女学院大学	075-414-8108 (入学センター)				●					●	●		
	私 明治国際医療大学	0771-72-1188 (入試事務室)								●				
大阪	私 藍野大学	072-627-1766 (入試広報グループ)								●				
	私 追手門学院大学	072-641-9644 (入試課)	●	●	●	●							●	
	私 大阪青山大学	072-723-4480 (入試部)								●	●			
	私 大阪大谷大学	0721-24-1031 (入試対策課)	●			●				●		●	●	●
	私 大阪音楽大学	0120-414-015 (入試センター)											●	
	私 大阪学院大学	06-6381-8434 (入試広報課)	●	●	●	●				●		●		●
	私 大阪河﨑リハビリテーション大学	072-446-7400 (アドミッション・オフィス)								●				
	私 大阪観光大学	072-453-8222 (入試広報課)				●								
	私 大阪経済大学	06-6328-2003 (入試部)	●	●	●	●				●				●

所在地	大学名	問い合わせ先	学問分野											
			人文	法 政治	経済 経営	社会 国際	理	工	農 生命科学	医療 健康科学	生活 家政	教育	芸術	総合
大阪	私 大阪経済法科大学	0120-24-3729 (入試課)	●	●	●	●								
	私 大阪芸術大学	0721-93-6583 (入試部入試課)	●			●		●			●	●	●	
	私 大阪工業大学	06-6954-4086 (入試部)		●			●	●	●					●
	私 大阪国際大学	0120-585-160 (入試・広報部)	●		●	●				●		●		
	私 大阪国際工科専門職大学	06-6347-0111 (アドミッションセンター〔入学相談室〕)											●	●
	私 大阪産業大学	072-875-3001 (入試センター)	●		●	●	●	●		●			●	●
	私 大阪歯科大学	072-864-5511 (アドミッションセンター)								●				
	私 大阪樟蔭女子大学	06-6723-8274 (入試広報課)	●			●					●	●	●	
	私 大阪商業大学	06-6787-2424 (広報入試課)	●	●	●	●				●				
	私 大阪女学院大学	06-6761-9369 (アドミッションセンター)	●			●								
	私 大阪信愛学院大学	06-6939-4391 (入試広報課)								●	●	●		
	私 大阪成蹊大学	06-6829-2554 (入試統括本部)			●	●	●			●		●	●	●
	私 大阪総合保育大学	06-6702-7603 (入試広報課)									●	●		
	私 大阪体育大学	072-453-7070 (入試部)								●		●		
	私 大阪電気通信大学	072-813-7374 (入試部)				●	●	●		●	●		●	●
	私 大阪人間科学大学	06-6318-2020 (入試広報センター)	●			●				●	●			●
	私 大阪物療大学	072-260-0096 (入試課)								●				
	私 大阪保健医療大学	0120-581-834 (事務局)								●				
	私 大阪行岡医療大学	072-621-0881 (事務局)								●				
	私 関西医科大学	072-804-0101 (入試センター)								●				
	私 関西医療大学	072-453-8284 (入試・広報部)								●				
	私 関西福祉科学大学	072-978-0676 (入試広報部)	●			●				●	●	●		
	私 滋慶医療科学大学	06-6394-1617 (入試事務局)								●				

所在地	大学名	問い合わせ先	学問分野											
			人文	法 政治	経済 経営	社会 国際	理	工	農 生命科学	医療 健康科学	生活 家政	教育	芸術	総合
大阪	私 四條畷学園大学	0120-86-7810 (〔リハビリテーション学部〕リハビリテーション学部事務室) 0120-11-2623 (〔看護学部〕看護学部事務室)								●				
	私 四天王寺大学	072-956-3183 (入試・広報課)	●	●	●	●				●	●	●		●
	私 摂南大学	072-839-9104 (入試部)	●	●	●	●	●	●	●	●	●	●		●
	私 千里金蘭大学	06-6872-0721 (アドミッションセンター)								●	●	●		
	私 相愛大学	06-6612-5905 (入試課)	●							●	●	●	●	●
	私 太成学院大学	0120-623-732 (入試課)	●		●					●	●	●		●
	私 宝塚大学	0120-627-837 (〔東京メディア芸術学部〕入試課) 0120-580-007 (〔看護学部〕入試課)								●			●	
	私 帝塚山学院大学	072-290-0652 (アドミッションセンター)	●			●				●	●			●
	私 常磐会学園大学	06-4302-8881 (入試広報課)				●					●			
	私 梅花女子大学	072-643-6566 (入試センター)	●		●	●			●	●	●	●		●
	私 羽衣国際大学	072-265-7200 (入試広報課)			●	●					●			●
	私 阪南大学	072-332-1224 (入試広報課)	●		●	●								●
	私 東大阪大学	06-6782-2884 (入試広報部)				●					●	●		
	私 桃山学院大学	0725-54-3245 (入試課)	●	●	●	●				●				
	私 桃山学院教育大学	072-247-5605 (入試センター)										●		
	私 森ノ宮医療大学	0120-68-8908 (入試課)						●		●				
	私 大和大学	06-6155-8025 (入試広報本部)	●	●	●	●	●	●		●	●	●		●
兵庫	私 芦屋大学	0120-898-046 (入試広報部)			●	●					●	●		
	私 大手前大学	0798-36-2532 (アドミッションズオフィス)	●		●	●		●		●	●		●	●
	私 関西看護医療大学	0799-60-1200 (事務局入試係)								●				
	私 関西国際大学	078-341-1615 (入試課)	●		●	●				●	●	●		●
	私 関西福祉大学	0791-46-2500 (入試センター)	●			●				●	●	●		

所在地	大学名	問い合わせ先	学問分野											
			人文	法 政治	経済 経営	社会 国際	理	工	農 生命科学	医療 健康科学	生活 家政	教育	芸術	総合
兵庫	私 甲子園大学	0797-87-2493（入試センター事務室）	●						●		●			●
	私 甲南女子大学	078-431-0499・7600（入試課）	●			●				●	●	●		●
	私 神戸医療未来大学	0120-155-123（アドミッションオフィス）	●		●	●				●				
	私 神戸芸術工科大学	0120-514-103（広報入試課）				●		●			●		●	●
	私 神戸国際大学	078-845-3131（入試センター）			●	●				●				
	私 神戸松蔭女子学院大学	078-882-6123（入試・広報課）	●			●					●	●	●	●
	私 神戸女学院大学	0798-51-8543（入学センター・広報室）	●			●			●				●	●
	私 神戸女子大学	078-737-2329（入試広報課）	●			●				●	●	●		
	私 神戸親和大学	0120-864024（アドミッションセンター）	●							●	●	●		●
	私 神戸常盤大学	078-611-1833（入試広報課）								●	●	●		
	私 神戸薬科大学	078-441-7691（入試部入試課）								●				
	私 園田学園女子大学	06-6429-9254（入試課）			●	●				●	●	●		
	私 宝塚医療大学	0120-00-1239（入試課）				●				●				
	私 姫路大学	079-247-7306（入学センター）								●	●	●		
	私 姫路獨協大学	079-223-6515（入試センター）	●	●	●					●				
	私 兵庫大学	079-427-1116（入学部入学課）	●	●	●	●				●	●	●		●
	私 兵庫医科大学	0798-45-6162（〔医学部〕入試センター） 078-304-3030（〔薬・看護・リハビリテーション学部〕入試センター）								●				
	私 流通科学大学	078-794-2231（入試部）	●		●	●				●				●
奈良	私 畿央大学	0745-54-1603（入学センター）	●					●	●	●	●	●	●	
	私 帝塚山大学	0742-48-8821（入試広報課）	●	●	●	●		●			●	●	●	●
	私 天理大学	0743-62-2164（入学課）	●			●				●		●		
	私 奈良大学	0742-41-9502（入学センター）	●		●	●	●						●	●
	私 奈良学園大学	0742-93-9958（入試広報課）								●		●		

所在地	大学名	問い合わせ先	学問分野											
			人文	法 政治	経済 経営	社会 国際	理	工	農 生命科学	医療 健康科学	生活 家政	教育	芸術	総合
和歌山	私 高野山大学	0736-56-2921 (〔高野山キャンパス〕入学願書受付係) 0721-53-1101 (〔河内長野キャンパス〕河内長野キャンパス事務室)	●									●		
	私 和歌山信愛大学	073-488-3120 (教学センターアドミッション・オフィス)									●	●		
	私 和歌山リハビリテーション専門職大学	073-435-4888								●				
鳥取	私 鳥取看護大学	0858-26-9171 (入試広報課)								●				
岡山	私 岡山医療専門職大学	086-233-8020 (入試事務局)								●				
	私 岡山学院大学	086-428-2651 (入試事務室)									●			
	私 岡山商科大学	086-256-6652 (入試部入試課)		●	●	●								
	私 岡山理科大学	0800-888-1124 (入試広報部)			●		●	●	●			●		●
	私 川崎医科大学	086-464-1012 (教務課入試係)								●				
	私 川崎医療福祉大学	086-464-1064 (川崎学園アドミッションセンター)	●		●	●				●	●		●	●
	私 環太平洋大学	086-908-0362 (アドミッションセンター)	●		●	●				●	●	●		
	私 吉備国際大学	0120-25-9944 (入試広報室)	●		●	●			●	●				
	私 倉敷芸術科学大学	086-440-1112 (入試広報部)		●	●				●	●			●	
	私 くらしき作陽大学	0120-911-394 (入試広報室)									●	●	●	
	私 山陽学園大学	086-272-4024 (入試部)	●		●				●	●	●			
	私 就実大学	086-271-8118 (入試課)	●		●					●		●		
	私 中国学園大学	086-293-0541 (入試広報部)	●			●					●	●		
	私 ノートルダム清心女子大学	086-255-5585 (入試広報部)	●			●					●			●
	私 美作大学	0868-22-5570 (学生募集広報室)				●					●	●		
広島	私 エリザベト音楽大学	082-225-8009 (企画・広報)										●	●	
	私 日本赤十字広島看護大学	0829-20-2860 (事務局入試課)								●				
	私 比治山大学	0120-229-145 (入試広報課)	●			●					●	●		

所在地	大学名	問い合わせ先	学問分野											
			人文	法政治	経済経営	社会国際	理	工	農生命科学	医療健康科学	生活家政	教育	芸術	総合
広島	私 広島経済大学	082-871-1313 (入試広報センター)			●	●				●				●
	私 広島工業大学	0120-165215						●	●	●	●			●
	私 広島国際大学	0823-70-4500 (入試センター)	●		●	●				●	●			
	私 広島女学院大学	082-228-8365 (入試・広報課)	●								●	●		
	私 広島都市学園大学	082-250-1133 (〔子ども教育学部・健康科学部看護学科〕入試事務局) 082-849-6883 (〔健康科学部リハビリテーション学科〕)								●		●		
	私 広島文化学園大学	082-884-1001 (〔人間健康学部〕入試室) 0823-74-6000 (〔看護学部〕入試室) 082-239-5171 (〔学芸学部〕入試室)				●				●	●	●	●	
	私 広島文教大学	0120-75-3191 (入試広報課)	●			●					●	●		●
	私 福山大学	084-936-0521 (入試広報室)	●		●	●	●	●	●	●	●			●
	私 福山平成大学	084-972-8200 (入試室)			●	●				●	●			●
	私 安田女子大学	082-878-8557 (入試広報課)	●		●	●				●	●	●	●	
山口	私 宇部フロンティア大学	0120-38-0507 (入試広報課)	●							●				
	私 至誠館大学	0838-24-4012 (学務課〔入試担当〕)			●					●		●		
	私 東亜大学	083-257-5151 (広報・入試室)	●			●		●		●	●	●	●	
	私 梅光学院大学	083-227-1010 (大学事務局 入試担当)	●			●					●	●		
	私 山口学芸大学	083-972-3288 (入試広報課)	●								●	●		
徳島	私 四国大学	088-665-9908 (入試課)	●		●	●				●	●	●	●	●
	私 徳島文理大学	088-602-8025 (〔保健福祉・総合政策・薬・音楽・人間生活学部〕教務課) 087-899-7450 (〔文・理工・香川薬・保健福祉〈診療放射線・臨床工〉学部〕教務課)	●	●	●	●	●	●		●	●	●	●	●
香川	私 四国学院大学	0120-459-433 (入試課)	●			●				●			●	
	私 高松大学	0120-78-5920 (入学センター)			●						●			

所在地	大学名	問い合わせ先	学問分野											
			人文	法 政治	経済 経営	社会 国際	理	工	農 生命科学	医療 健康科学	生活 家政	教育	芸術	総合
愛媛	私 聖カタリナ大学	0120-24-4424 （入試課）	●		●	●				●				
	私 松山大学	0120-459514 （入学広報課）	●	●	●	●				●				
	私 松山東雲女子大学	0120-874044 （入試課）	●								●			
高知	私 高知学園大学	088-840-1664 （学生支援課）								●	●			
	私 高知健康科学大学	088-866-6119 （事務局）								●				
	私 高知リハビリテーション専門職大学	088-850-2311 （事務局）								●				
福岡	私 九州栄養福祉大学	093-561-2060 （教務課入試係）								●	●			
	私 九州共立大学	093-693-3305 （入試広報課）	●		●	●				●		●		
	私 九州国際大学	093-671-8916 （入試・広報室）		●	●	●								
	私 九州情報大学	092-928-4000 （入試広報課）			●									●
	私 九州女子大学	093-693-3277 （入試広報課）	●								●	●		●
	私 久留米大学	0942-44-2160 （入試課）	●	●	●	●				●	●			●
	私 久留米工業大学	0942-65-3488 （入試課）						●				●		●
	私 サイバー大学	0120-948-318 （入試係）			●									●
	私 産業医科大学	093-691-7295 （〔医学部〕入試事務室） 093-691-7380 （〔産業保健学部〕入試事務室）								●				●
	私 純真学園大学	0120-186-451 （入試広報）								●				
	私 西南女学院大学	093-583-5123 （入試課）	●			●				●	●	●		
	私 聖マリア学院大学	0942-35-7271 （入試事務室）								●				
	私 第一薬科大学	0120-542-737 （入試事務室）								●				
	私 筑紫女学園大学	092-925-3591 （連携推進部／入試・広報班）	●			●				●	●	●		●
	私 中村学園大学	092-851-6762 （入試広報部）	●		●						●	●		
	私 西日本工業大学	0120-231491 （入試広報課）						●					●	●

所在地	大学名	問い合わせ先	学問分野											
			人文	法政治	経済経営	社会国際	理	工	農生命科学	医療健康科学	生活家政	教育	芸術	総合
福岡	私 日本経済大学	0120-293-822（〔福岡キャンパス〕入試室）0120-510-490（〔神戸三宮キャンパス〕入試事務局）0120-428-301（〔東京渋谷キャンパス〕アドミッションオフィス）			●					●				
	私 日本赤十字九州国際看護大学	0940-35-7008（入試広報課）								●				
	私 ★博多大学	092-482-3311（博多大学設置準備室）※2025年度、福岡市に開学予定（設置認可申請中）			●									●
	私 福岡看護大学	092-801-0486（学生・入試課）								●				
	私 福岡工業大学	092-606-0634（入試課）			●		●	●						●
	私 福岡国際医療福祉大学	092-832-1200（入試事務室）								●				
	私 福岡歯科大学	092-801-1885（学務課入試係）								●				
	私 福岡女学院大学	092-575-2970（入試広報課）	●			●					●	●	●	●
	私 福岡女学院看護大学	092-943-4174（事務部入試広報係）								●				
	私 令和健康科学大学	092-607-6728（学務課入試係）								●				
佐賀	私 西九州大学	0952-37-9207（入試広報部）	●			●				●	●	●		
長崎	私 活水女子大学	095-820-6015（入試課）	●			●				●	●			
	私 鎮西学院大学	0120-131-057（入試広報課）	●		●	●								
	私 長崎外国語大学	0120-427-001（入試広報課）	●			●								
	私 長崎国際大学	0956-39-2020（入試・募集センター）				●				●	●			
	私 長崎純心大学	095-846-0084（入試広報課）				●					●	●		●
	私 長崎総合科学大学	0120-801-253（入試広報課）			●			●						●
熊本	私 九州看護福祉大学	0968-75-1850（入試広報課）				●				●				
	私 九州ルーテル学院大学	096-343-2095（入試課）	●			●						●		
	私 熊本学園大学	0120-62-4095（入試課）	●	●	●	●				●		●		●
	私 熊本保健科学大学	096-275-2215（入試・広報課）								●				

所在地	大学名	問い合わせ先	学問分野											
			人文	法 政治	経済 経営	社会 国際	理	工	農 生命科学	医療 健康科学	生活 家政	教育	芸術	総合
熊本	私 尚絅大学	096-273-6300 (入試センター)	●			●					●	●		
	私 崇城大学	096-326-6810 (入試課)					●	●	●	●			●	●
	私 平成音楽大学	096-282-0506 (入試広報課)									●		●	
大分	私 日本文理大学	0120-097-593 (アドミッションオフィス担当)			●			●		●	●			●
	私 別府大学	0977-66-9666 (入試広報課)	●		●	●			●	●	●		●	
宮崎	私 九州医療科学大学	0120-24-2447 (入試広報室)	●			●			●	●				
	私 南九州大学	0120-3739-20 (学生支援課)							●		●	●		●
	私 宮崎国際大学	0120-85-5931 (入試広報部)	●			●					●	●		
	私 宮崎産業経営大学	0985-52-3139 (入試広報課)		●	●					●				
鹿児島	私 鹿児島国際大学	099-261-3211 (入試・広報課)	●		●	●				●	●		●	●
	私 鹿児島純心大学	0996-23-5311 (入試広報課)	●							●	●	●		
	私 志學館大学	099-812-8508 (入試広報課)	●	●										●
	私 第一工科大学	0120-580-640 (〔鹿児島キャンパス〕入試課) 0120-353-178 (〔東京上野キャンパス〕入試課)						●						●
沖縄	私 沖縄大学	098-832-3270 (入試広報室)		●	●	●					●	●		
	私 沖縄キリスト教学院大学	098-945-9782 (入試課)	●			●								
	私 沖縄国際大学	098-893-8945 (入試センター)	●	●	●	●						●		●
千葉	他 気象大学校	04-7143-5184 (教務課)					●							
東京	他 国立看護大学校	042-495-2211 (学務課)								●				
	他 職業能力開発総合大学校	042-346-7127 (学生部学生課)						●						
広島	他 海上保安大学校	0823-21-4961 (事務局総務課人事係)					●	●						
山口	他 水産大学校	083-286-5371 (教務課)			●			●	●					

今すぐ！ パンフ・願書を請求しよう！

大学案内パンフ・願書 資料請求番号一覧

テレメールを使った大学案内パンフ・願書などの取り寄せ方

1 テレメール進学サイトにアクセス！

テレメール　https://telemail.jp/shingaku/

2 資料請求番号を入力！

一度に16種類まで入力可能！

※有料の資料もありますので、料金を必ずご確認ください。なお、料金は資料到着後の後払いです。
※テレメールによる二回目以降の資料請求時はお届け先等の登録は不要です。

3 資料は当日発送！

発送開始日前の請求受付分を除きます。
16時以降の受付分は翌日発送となります。

※発送開始日前に請求された資料は予約受付となり、発送開始日に一斉に発送します。
随時表記の資料および発送開始日以降に請求された資料は随時発送します。
※資料は個別に発送されます。複数の資料を請求された場合、お届け日が異なることがあります。

! 本書の大学紹介ページに掲載されているQRコードからも、その大学の案内パンフ・募集要項・願書などをテレメールで請求できます。QRコードの場合、次ページからの資料請求番号一覧で請求できる案内パンフ・募集要項・願書などに加え、学部・学科パンフなどを請求できる大学もあります。なお、QRコードからの資料請求は2025年4月以降もご利用になれます。

資料種別	学校種別	請求受付期間 ※発行部数の都合や入学者選抜の実施状況により、早期に終了する資料もあります。	
大学案内パンフ	国公立大学	2025年3月31日まで随時受付中	
	大学校		
	私立大学		
一般選抜募集要項 入学者選抜要項	国公立大学	2024年7月1日～2025年1月29日（予定）まで	ネット出願を行う一部の大学は、2025年度入学者選抜から募集要項や願書の請求受付を実施しない場合があります。資料請求時に表示される資料名やメッセージをよくご確認の上、ご請求ください。
	大学校	請求受付は2024年7月1日開始、請求受付終了日は学校により異なります。 ※受付終了日は、最終出願締切日の1週間前を目安としています。	
募集要項・願書	私立大学		

※すべての国公立大学（一部の公立大学を除く）と一部の私立大学、大学校は料金が必要です。料金はお届けする資料に同封のご案内に沿って、表示料金をお支払いください。料金が無料となっている資料は、通常、費用はかかりません。なお、国公立大学および大学校の料金は、2024年秋に郵便料金の値上げが実施される場合は、同時期より値上げ予定です。

※私立大学の料金は、一部の大学を除き2024年度入学用の料金を掲載しています。大学の方針などにより、料金が変更になる場合があります。資料請求時に表示される料金を必ずご確認ください。

※国公立大学の一般選抜募集要項（願書を含む）などについては、通常よりも早くお届けできるサービスを追加料金200円でご利用いただける場合があります。その場合、テレメールの資料請求画面には通常料金の資料とそれに200円が加算された資料の両方が表示されますので、どちらかを選択してご請求ください。

「テレメール」による資料請求と個人情報に関するお問合せ・お申し出先

テレメールカスタマーセンター　IP電話 050-8601-0102　受付 9:30～18:00

※テレメールによる資料請求に関して、東進ブックスや各大学へ直接のお問合せはご遠慮ください。
※テレメールの個人情報取扱規定は、資料請求時にWeb画面上でご確認ください。

この資料請求番号一覧の内容に訂正が生じた場合（発送開始日の変更、国公立大学の料金変更を除く）は、訂正内容を次のURLで告知いたします。
https://telemail.jp/shingaku/books/
発送開始日と料金の変更については　https://telemail.jp/shingaku/ からご覧いただけます。

大学案内パンフ 資料請求番号一覧

この資料請求番号一覧からの請求でお届けする資料は大学案内パンフです。
出願書類や募集要項をご希望の場合は、「入試関連資料 資料請求番号一覧」をご覧ください。

国公立大学・大学校　案内パンフ

請求受付期間　2025年3月31日まで随時受付中
※大学により請求受付終了日が早まる場合があります。

国公立大学・大学校は、すべて新年度版（2025年度版）の案内パンフが送付されます。

大学名	資料請求番号	料金（送料含）	発送開始日
北海道			
国 旭川医科大学	**100000**	215円	6月上旬
国 小樽商科大学	**100001**	215円	6月上旬
国 帯広畜産大学	**100002**	215円	7月上旬
国 北見工業大学	**100003**	215円	6月中旬
国 北海道大学	**100004**	215円	7月中旬
国 北海道教育大学	**100005**	215円	6月上旬
国 室蘭工業大学	**100006**	215円	4月上旬
公 旭川市立大学	**100013**	250円	6月下旬
公 釧路公立大学	**100007**	215円	7月上旬
公 公立千歳科学技術大学	**100008**	215円	5月下旬
公 公立はこだて未来大学	**100009**	215円	6月下旬
公 札幌医科大学	**100010**	250円	6月上旬
公 札幌市立大学	**100011**	250円	5月上旬
公 名寄市立大学	**100012**	215円	5月中旬
青森県			
国 弘前大学	**100035**	215円	5月下旬
公 青森県立保健大学	**100036**	180円	5月中旬
公 青森公立大学	**100037**	215円	5月下旬
岩手県			
国 岩手大学	**100043**	250円	5月下旬
公 岩手県立大学	**100044**	250円	5月下旬
宮城県			
国 東北大学	**100049**	250円	5月下旬
国 宮城教育大学	**100050**	180円	6月下旬
公 宮城大学	**100051**	215円	5月下旬
秋田県			
国 秋田大学	**100063**	215円	7月上旬
公 秋田県立大学	**100064**	250円	7月中旬
公 秋田公立美術大学	**100065**	250円	5月上旬
公 国際教養大学	**100066**	215円	5月上旬
山形県			
国 山形大学	**100070**	250円	6月下旬
公 東北農林専門職大学	**100778**	未定	9月中旬
公 山形県立保健医療大学	**100071**	215円	7月下旬
公 山形県立米沢栄養大学	**100072**	180円	5月下旬
福島県			
国 福島大学	**100076**	250円	6月下旬
公 会津大学	**100077**	215円	8月下旬
公 福島県立医科大学	**100078**	215円	6月下旬
茨城県			
国 茨城大学	**100084**	250円	7月上旬
国 筑波大学	**100085**	250円	5月上旬
国 筑波技術大学 産業技術学部 ※1	**100086**	215円	6月上旬
国 筑波技術大学 保健科学部 ※2	**100087**	180円	5月下旬
公 茨城県立医療大学	**100088**	215円	6月下旬
栃木県			
国 宇都宮大学	**100092**	250円	7月中旬
群馬県			
国 群馬大学	**100102**	215円	4月中旬
公 群馬県立県民健康科学大学	**100103**	215円	7月上旬
公 群馬県立女子大学	**100104**	250円	6月上旬
公 高崎経済大学	**100105**	215円	5月下旬
公 前橋工科大学	**100106**	215円	6月中旬
埼玉県			
国 埼玉大学	**100113**	215円	4月下旬
公 埼玉県立大学	**100114**	180円	5月下旬
千葉県			
国 千葉大学	**100136**	250円	6月中旬
公 千葉県立保健医療大学	**100137**	180円	6月上旬
東京都			
国 お茶の水女子大学	**100168**	250円	6月下旬
国 電気通信大学	**100169**	250円	7月中旬
国 東京大学	**100170**	250円	7月上旬
国 東京医科歯科大学 ※3	**100171**	有料	未定
国 東京外国語大学	**100172**	215円	随時
国 東京海洋大学	**100173**	215円	6月下旬
国 東京学芸大学	**100174**	250円	5月下旬
国 東京藝術大学	**100175**	215円	7月上旬
国 東京工業大学 ※4	**100176**	有料	未定
国 東京農工大学	**100177**	215円	5月上旬
国 一橋大学	**100178**	215円	7月上旬
公 東京都立大学	**100179**	215円	6月上旬
神奈川県			
国 横浜国立大学	**100291**	180円	6月上旬
公 神奈川県立保健福祉大学	**100292**	215円	7月上旬
公 川崎市立看護大学	**100755**	180円	4月上旬
公 横浜市立大学	**100293**	250円	5月中旬
新潟県			
国 上越教育大学	**100321**	180円	6月中旬
国 長岡技術科学大学	**100322**	215円	随時
国 新潟大学	**100323**	215円	5月中旬
公 三条市立大学	**100730**	無料	5月上旬
公 長岡造形大学	**100324**	未定	6月上旬
公 新潟県立大学	**100325**	250円	6月下旬
公 新潟県立看護大学	**100326**	180円	5月中旬
富山県			
国 富山大学	**100338**	215円	7月上旬

※1 聴覚障害者を対象とします。　※2 視覚障害者を対象とします。　※3 2024年10月に東京工業大学と統合し新大学（東京科学大学）を設立
※4 2024年10月に東京医科歯科大学と統合し新大学（東京科学大学）を設立
発送開始日前に請求された場合は予約受付となり、発送開始日に一斉に発送します。なお、発送開始日以降に請求された場合は随時発送します。

大学名	資料請求番号	料金(送料含)	発送開始日
公 富山県立大学	100339	215円	5月中旬
石川県			
国 金沢大学	100341	250円	6月中旬
公 石川県立大学	100342	180円	6月中旬
公 石川県立看護大学	100343	180円	7月中旬
公 金沢美術工芸大学	100344	250円	6月中旬
公 公立小松大学	100345	215円	5月中旬
福井県			
国 福井大学	100354	215円	5月上旬
公 敦賀市立看護大学	100355	180円	6月下旬
公 福井県立大学	100356	215円	5月下旬
山梨県			
国 山梨大学	100358	250円	6月上旬
公 都留文科大学	100359	250円	5月中旬
公 山梨県立大学	100360	215円	5月上旬
長野県			
国 信州大学	100363	215円	5月下旬
公 公立諏訪東京理科大学	100364	無料	7月中旬
公 長野大学	100365	215円	6月中旬
公 長野県看護大学	100366	180円	6月下旬
公 長野県立大学	100367	250円	7月上旬
岐阜県			
国 岐阜大学	100372	250円	6月中旬
公 岐阜県立看護大学	100373	180円	5月上旬
公 岐阜薬科大学	100374	180円	7月中旬
静岡県			
国 静岡大学	100384	250円	7月中旬
国 浜松医科大学	100385	180円	5月下旬
公 静岡県立大学	100386	215円	7月上旬
公 静岡県立農林環境専門職大学	100387	215円	7月下旬
公 静岡文化芸術大学	100388	250円	6月中旬
愛知県			
国 愛知教育大学	100395	215円	5月下旬
国 豊橋技術科学大学	100396	215円	随時
国 名古屋工業大学	100398	215円	6月上旬
公 愛知県立大学	100399	215円	5月上旬
公 愛知県立芸術大学	100400	250円	6月上旬
公 名古屋市立大学	100401	180円	6月中旬
三重県			
国 三重大学	100445	180円	7月下旬
公 三重県立看護大学	100446	180円	5月中旬
滋賀県			
国 滋賀大学	100450	215円	6月下旬
国 滋賀医科大学	100451	215円	6月下旬
公 滋賀県立大学	100452	250円	6月下旬
京都府			
国 京都大学	100457	215円	7月上旬
国 京都教育大学	100458	215円	6月中旬
国 京都工芸繊維大学	100459	250円	随時
公 京都市立芸術大学	100460	250円	6月上旬
公 京都府立大学	100461	215円	6月中旬

大学名	資料請求番号	料金(送料含)	発送開始日
公 京都府立医科大学	100462	180円	7月下旬
公 福知山公立大学	100463	無料	4月下旬
大阪府			
国 大阪大学	100485	215円	7月上旬
国 大阪教育大学	100486	215円	9月上旬
公 大阪公立大学	100754	215円	6月下旬
兵庫県			
国 神戸大学	100535	215円	5月下旬
国 兵庫教育大学	100536	180円	5月下旬
公 芸術文化観光専門職大学	100747	無料	6月下旬
公 神戸市外国語大学	100537	180円	6月中旬
公 神戸市看護大学	100538	180円	7月下旬
公 兵庫県立大学	100539	250円	7月下旬
奈良県			
国 奈良教育大学	100566	215円	6月下旬
国 奈良女子大学	100567	215円	8月上旬
公 奈良県立大学	100568	215円	6月下旬
公 奈良県立医科大学	100569	215円	7月下旬
和歌山県			
国 和歌山大学	100575	215円	7月中旬
公 和歌山県立医科大学 医学部	100576	180円	5月下旬
公 和歌山県立医科大学 保健看護学部	100577	215円	7月下旬
公 和歌山県立医科大学 薬学部	100753	180円	5月上旬
鳥取県			
国 鳥取大学	100579	215円	5月下旬
公 公立鳥取環境大学	100580	無料	5月下旬
島根県			
国 島根大学	100582	250円	6月上旬
公 島根県立大学 国際関係学部·地域政策学部	100583	215円	6月下旬
公 島根県立大学 看護栄養学部	100584	215円	6月下旬
公 島根県立大学 人間文化学部	100585	215円	6月下旬
岡山県			
国 岡山大学	100586	215円	5月中旬
公 岡山県立大学	100587	215円	4月下旬
公 新見公立大学	100588	215円	6月下旬
広島県			
国 広島大学	100602	215円	6月中旬
公 叡啓大学	100731	180円	7月上旬
公 尾道市立大学	100603	250円	6月上旬
公 県立広島大学	100604	180円	5月下旬
公 広島市立大学	100605	250円	7月下旬
公 福山市立大学	100606	180円	6月中旬
山口県			
国 山口大学	100622	215円	6月中旬
公 山陽小野田市立山口東京理科大学	100623	未定	5月下旬
公 下関市立大学	100624	215円	6月上旬
公 周南公立大学	100628	未定	5月中旬
公 山口県立大学	100625	215円	6月下旬
徳島県			
国 徳島大学	100631	215円	5月中旬
国 鳴門教育大学	100632	215円	7月上旬

資料の取り寄せ方

テレメール進学サイトにアクセスし、
6桁の資料請求番号を入力

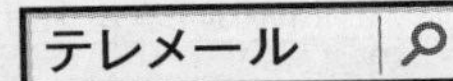

https://telemail.jp/shingaku/

料金・発送開始日は、一部の大学を除き、2024年度入学用の料金・発送開始日を掲載しています。
料金や発送開始日は変更になる場合がありますので、資料請求時に表示される内容をご確認ください。
なお、国公立大学および大学校の料金は、2024年秋に郵便料金の値上げが実施される場合は、同時期より値上げ予定です。

大学名	資料請求番号	料金(送料含)	発送開始日
香川県			
国 香川大学	**100634**	250円	6月上旬
公 香川県立保健医療大学	**100635**	180円	6月中旬
愛媛県			
国 愛媛大学	**100637**	215円	6月下旬
公 愛媛県立医療技術大学	**100638**	180円	随時
高知県			
国 高知大学	**100641**	215円	8月中旬
公 高知県立大学	**100642**	215円	6月中旬
公 高知工科大学	**100643**	250円	5月下旬
福岡県			
国 九州大学	**100644**	250円	7月上旬
国 九州工業大学	**100645**	215円	随時
国 福岡教育大学	**100646**	180円	7月中旬
公 北九州市立大学	**100647**	250円	6月下旬
公 九州歯科大学	**100648**	215円	7月下旬
公 福岡県立大学	**100649**	215円	8月中旬
公 福岡女子大学	**100650**	250円	7月中旬
佐賀県			
国 佐賀大学	**100679**	250円	6月下旬
長崎県			
国 長崎大学	**100681**	250円	6月上旬
公 長崎県立大学	**100682**	250円	7月上旬

大学名	資料請求番号	料金(送料含)	発送開始日
熊本県			
国 熊本大学	**100689**	215円	5月中旬
公 熊本県立大学	**100690**	215円	6月中旬
大分県			
国 大分大学	**100697**	215円	6月下旬
公 大分県立看護科学大学	**100698**	215円	4月中旬
宮崎県			
国 宮崎大学	**100702**	215円	6月中旬
公 宮崎県立看護大学	**100703**	180円	4月上旬
公 宮崎公立大学	**100704**	215円	6月下旬
鹿児島県			
国 鹿児島大学	**100709**	250円	7月中旬
国 鹿屋体育大学	**100710**	215円	7月中旬
沖縄県			
国 琉球大学	**100714**	215円	5月中旬
公 沖縄県立看護大学	**100715**	180円	5月中旬
公 沖縄県立芸術大学	**100716**	215円	4月上旬
公 名桜大学	**100717**	250円	5月上旬
文部科学省所管外 大学校			
国立看護大学校[東京都]	**100719**	180円	4月下旬
職業能力開発総合大学校[東京都]	**100720**	無料	4月中旬
水産大学校[山口県]	**100721**	180円	6月下旬

私立大学　案内パンフ

請求受付期間 **2025年3月31日まで随時受付中**
※大学により請求受付終了日が早まる場合があります。

発送開始日が「随時」表記の私立大学は、学校・請求時期により前年度版(2024年度版)案内パンフが送付される場合があります。

大学名	資料請求番号	料金(送料含)	発送開始日
北海道			
札幌大学	**100014**	無料	随時
札幌大谷大学 芸術学部音楽学科	**100015**	無料	随時
札幌大谷大学 芸術学部美術学科	**100016**	無料	随時
札幌大谷大学 社会学部地域社会学科	**100017**	無料	随時
札幌学院大学	**100018**	無料	随時
札幌国際大学	**100019**	無料	5月下旬
札幌保健医療大学	**100020**	無料	5月中旬
星槎道都大学	**100021**	無料	随時
天使大学	**100022**	無料	随時
日本医療大学	**100023**	無料	随時
藤女子大学	**100025**	無料	5月上旬
北星学園大学	**100026**	無料	随時
北海学園大学	**100027**	無料	5月上旬
北海商科大学	**100028**	無料	4月下旬
北海道医療大学	**100029**	無料	6月中旬
北海道科学大学	**100030**	無料	6月上旬
北海道情報大学	**100031**	無料	随時
北海道千歳リハビリテーション大学	**100032**	無料	随時
北海道文教大学	**100033**	無料	5月下旬
北海道武蔵女子大学	**100766**	無料	随時
酪農学園大学	**100034**	無料	5月上旬
青森県			
青森中央学院大学 経営法学部	**100038**	無料	7月上旬
青森中央学院大学 看護学部	**100039**	無料	7月上旬
八戸学院大学	**100040**	無料	随時

大学名	資料請求番号	料金(送料含)	発送開始日
八戸工業大学	**100041**	無料	6月下旬
岩手県			
岩手医科大学	**100045**	無料	7月上旬
岩手保健医療大学	**100046**	無料	5月下旬
富士大学	**100047**	無料	随時
盛岡大学	**100048**	無料	随時
宮城県			
石巻専修大学	**100052**	無料	5月下旬
尚絅学院大学	**100053**	無料	5月下旬
仙台大学	**100054**	無料	随時
仙台白百合女子大学	**100055**	無料	6月中旬
仙台青葉学院大学	**100767**	無料	5月中旬
東北医科薬科大学	**100056**	無料	6月中旬
東北学院大学	**100057**	無料	4月中旬
東北工業大学	**100058**	無料	4月下旬
東北生活文化大学	**100059**	無料	6月中旬
東北福祉大学	**100060**	無料	5月下旬
東北文化学園大学	**100061**	無料	随時
宮城学院女子大学	**100062**	無料	5月下旬
秋田県			
秋田看護福祉大学	**100067**	無料	随時
日本赤十字秋田看護大学	**100068**	無料	随時
ノースアジア大学	**100069**	無料	6月中旬
山形県			
東北芸術工科大学	**100073**	無料	随時
東北公益文科大学	**100074**	無料	随時

発送開始日前に請求された場合は予約受付となり、発送開始日に一斉に発送します。なお、発送開始日以降に請求された場合は随時発送します。

大学名	資料請求番号	料金（送料含）	発送開始日
東北文教大学	100075	無料	5月下旬
福島県			
医療創生大学	100079	無料	随時
奥羽大学	100080	無料	随時
東日本国際大学	100082	無料	随時
福島学院大学	100083	無料	随時
茨城県			
アール医療専門職大学	100768	無料	随時
茨城キリスト教大学	100089	無料	6月上旬
つくば国際大学	100090	無料	随時
常磐大学	100091	無料	5月下旬
栃木県			
足利大学 工学部	100093	無料	5月下旬
足利大学 看護学部	100094	無料	5月下旬
国際医療福祉大学（大田原キャンパス）※薬学部除く	100095	無料	5月中旬
国際医療福祉大学 薬学部	100732	無料	5月中旬
自治医科大学 医学部	100097	無料	随時
自治医科大学 看護学部	100098	無料	9月上旬
獨協医科大学 医学部	100099	無料	随時
獨協医科大学 看護学部	100100	無料	随時
白鷗大学	100101	無料	5月下旬
群馬県			
共愛学園前橋国際大学	100107	無料	4月上旬
群馬医療福祉大学	100108	無料	随時
群馬パース大学	100109	無料	随時
上武大学	100110	無料	6月中旬
高崎健康福祉大学	100111	無料	随時
高崎商科大学	100112	無料	6月中旬
東京福祉大学	100257	無料	6月下旬
埼玉県			
浦和大学	100115	無料	随時
共栄大学	100116	無料	4月下旬
埼玉医科大学 医学部	100769	無料	6月上旬
埼玉医科大学 保健医療学部	100117	無料	随時
埼玉学園大学	100118	無料	4月下旬
埼玉工業大学	100119	無料	4月下旬
十文字学園女子大学	100120	無料	随時
城西大学	100121	無料	随時
尚美学園大学	100122	無料	随時
女子栄養大学	100123	無料	4月上旬
駿河台大学	100124	無料	随時
聖学院大学	100125	無料	随時
西武文理大学	100126	無料	随時
東都大学	100128	無料	随時
獨協大学	100129	無料	6月中旬
日本工業大学	100130	無料	5月中旬
日本医療科学大学	100131	無料	5月下旬
日本薬科大学	100132	無料	8月上旬
文教大学	100133	無料	5月中旬
平成国際大学	100134	無料	随時
ものつくり大学	100135	無料	随時

大学名	資料請求番号	料金（送料含）	発送開始日
千葉県			
愛国学園大学	100138	無料	随時
植草学園大学	100139	無料	随時
SBC東京医療大学	100165	無料	随時
江戸川大学	100140	無料	随時
亀田医療大学	100141	無料	6月中旬
川村学園女子大学	100142	無料	随時
神田外語大学	100143	無料	随時
敬愛大学	100144	無料	随時
国際医療福祉大学 成田看護学部・成田保健医療学部	100145	無料	5月中旬
国際医療福祉大学 医学部	100146	無料	5月中旬
国際医療福祉大学 成田薬学部	100770	無料	5月中旬
国際武道大学	100147	無料	随時
秀明大学	100148	無料	随時
淑徳大学	100149	無料	随時
順天堂大学 医療科学部	100758	無料	随時
順天堂大学 医療看護学部	100733	無料	随時
順天堂大学 健康データサイエンス学部	100759	無料	随時
順天堂大学 スポーツ健康科学部	100150	無料	随時
順天堂大学 薬学部	100771	無料	4月下旬
城西国際大学	100151	無料	随時
聖徳大学（女子）	100152	無料	随時
清和大学	100153	無料	随時
千葉科学大学	100154	無料	随時
千葉経済大学	100155	無料	4月中旬
千葉工業大学	100156	無料	随時
千葉商科大学	100157	無料	4月中旬
中央学院大学	100158	無料	5月下旬
東京情報大学	100159	無料	5月上旬
東邦大学（習志野キャンパス）	100160	無料	5月下旬
明海大学	100163	無料	随時
流通経済大学	100164	無料	随時
麗澤大学	100166	無料	随時
和洋女子大学	100167	無料	4月上旬
東京都			
青山学院大学	100180	300円	5月下旬
亜細亜大学	100181	無料	6月上旬
跡見学園女子大学	100182	無料	随時
桜美林大学	100183	無料	随時
大妻女子大学	100184	無料	4月下旬
嘉悦大学	100185	無料	4月下旬
学習院大学	100186	無料	5月下旬
学習院女子大学	100187	無料	5月下旬
共立女子大学	100188	無料	随時
杏林大学	100189	無料	5月上旬
慶應義塾大学	100190	200円	5月下旬
工学院大学	100192	無料	随時
國學院大學	100193	無料	随時
国際医療福祉大学（東京赤坂キャンパス）	100194	無料	5月中旬
国際基督教大学（ICU）	100195	200円	5月中旬
国士舘大学	100196	無料	随時

資料の取り寄せ方

テレメール進学サイトにアクセスし、
6桁の資料請求番号を入力

テレメール

https://telemail.jp/shingaku/

料金・発送開始日は、一部の大学を除き、2024年度入学用の料金・発送開始日を掲載しています。
料金や発送開始日は変更になる場合がありますので、資料請求時に表示される内容をご確認ください。
なお、国公立大学および大学校の料金は、2024年秋に郵便料金の値上げが実施される場合は、同時期より値上げ予定です。

大学名	資料請求番号	料金(送料含)	発送開始日
駒澤大学	**100197**	200円	5月上旬
駒沢女子大学	**100198**	無料	随時
産業能率大学	**100199**	無料	随時
実践女子大学	**100200**	無料	随時
芝浦工業大学	**100201**	200円	6月上旬
順天堂大学 国際教養学部	**100202**	無料	随時
順天堂大学 保健医療学部	**100203**	無料	7月中旬
上智大学	**100204**	200円	5月下旬
情報経営イノベーション専門職大学	**100205**	無料	随時
昭和大学	**100206**	無料	随時
昭和女子大学	**100207**	無料	4月下旬
昭和薬科大学	**100208**	無料	随時
女子美術大学	**100209**	無料	随時
白梅学園大学	**100210**	無料	随時
白百合女子大学	**100211**	無料	6月上旬
杉野服飾大学	**100212**	無料	4月中旬
成蹊大学	**100213**	200円	5月上旬
成城大学	**100214**	無料	5月下旬
聖心女子大学	**100215**	無料	随時
清泉女子大学	**100216**	無料	随時
聖路加国際大学	**100217**	無料	6月上旬
専修大学	**100218**	無料	5月中旬
創価大学	**100219**	無料	随時
大正大学	**100220**	無料	随時
大東文化大学	**100221**	無料	随時
高千穂大学	**100222**	無料	5月下旬
宝塚大学 東京メディア芸術学部	**100223**	無料	随時
拓殖大学	**100224**	無料	4月中旬
多摩大学	**100225**	無料	5月下旬
玉川大学	**100226**	無料	5月中旬
多摩美術大学	**100227**	無料	4月中旬
中央大学	**100228**	無料	5月中旬
津田塾大学	**100229**	200円	5月下旬
帝京大学	**100230**	無料	随時
帝京科学大学	**100231**	無料	随時
帝京平成大学	**100232**	無料	随時
デジタルハリウッド大学	**100233**	無料	随時
東京有明医療大学	**100772**	無料	随時
東京医療学院大学	**100237**	無料	4月上旬
東京医療保健大学	**100238**	無料	6月上旬
東京家政大学	**100239**	無料	随時
東京家政学院大学	**100240**	無料	随時
東京経済大学	**100241**	無料	随時
東京工科大学	**100242**	無料	5月上旬
東京工芸大学 芸術学部	**100739**	無料	随時
東京国際大学	**100127**	無料	随時
東京歯科大学	**100243**	無料	9月中旬
東京慈恵会医科大学 医学科	**100244**	無料	7月下旬
東京慈恵会医科大学 看護学科	**100245**	無料	7月下旬
東京純心大学	**100247**	無料	随時
東京女子大学	**100248**	200円	5月下旬
東京女子体育大学	**100249**	無料	4月下旬
東京聖栄大学	**100250**	無料	随時
東京成徳大学	**100251**	無料	4月下旬
東京造形大学	**100253**	無料	4月上旬
東京電機大学	**100254**	無料	4月下旬
東京都市大学	**100255**	無料	随時
東京農業大学	**100256**	無料	5月上旬

大学名	資料請求番号	料金(送料含)	発送開始日
東京富士大学	**100773**	無料	5月上旬
東京保健医療専門職大学	**100252**	無料	随時
東京未来大学	**100258**	無料	随時
東京薬科大学	**100259**	無料	6月上旬
東京理科大学	**100260**	200円	5月下旬
東邦大学(大森キャンパス)	**100261**	無料	5月下旬
東洋学園大学	**100263**	無料	4月上旬
二松学舎大学	**100264**	無料	随時
日本体育大学	**100271**	無料	随時
日本大学	**100265**	200円	5月下旬
日本歯科大学 生命歯学部	**100266**	無料	随時
日本社会事業大学	**100267**	無料	随時
日本獣医生命科学大学	**100268**	無料	随時
日本女子大学	**100269**	無料	随時
日本女子体育大学	**100270**	無料	随時
日本文化大學	**100272**	無料	4月中旬
文化学園大学	**100273**	無料	随時
文京学院大学	**100274**	無料	5月下旬
法政大学	**100275**	200円	5月中旬
星薬科大学	**100276**	無料	5月下旬
武蔵大学	**100277**	無料	随時
武蔵野大学	**100278**	無料	6月上旬
武蔵野美術大学	**100279**	無料	随時
明治大学	**100280**	200円	5月下旬
明治学院大学	**100281**	200円	5月上旬
明治薬科大学	**100282**	無料	随時
明星大学	**100283**	無料	随時
目白大学	**100284**	無料	随時
ヤマザキ動物看護大学	**100285**	無料	4月上旬
立教大学	**100286**	200円	5月中旬
立正大学	**100287**	無料	5月下旬
ルーテル学院大学	**100288**	無料	随時
和光大学	**100289**	無料	5月上旬
早稲田大学	**100290**	300円	5月下旬
神奈川県			
麻布大学	**100294**	無料	随時
神奈川大学	**100296**	200円	5月上旬
神奈川工科大学	**100297**	無料	5月中旬
神奈川歯科大学	**100298**	無料	随時
鎌倉女子大学	**100299**	無料	5月上旬
関東学院大学	**100300**	無料	5月下旬
北里大学	**100301**	無料	5月下旬
国際医療福祉大学(小田原キャンパス)	**100302**	無料	5月中旬
相模女子大学	**100303**	無料	随時
松蔭大学	**100304**	無料	随時
湘南医療大学 保健医療学部	**100305**	無料	随時
湘南医療大学 薬学部	**100741**	無料	随時
湘南鎌倉医療大学	**100306**	無料	随時
湘南工科大学	**100307**	無料	随時
昭和音楽大学	**100308**	無料	随時
聖マリアンナ医科大学	**100309**	無料	7月中旬
洗足学園音楽大学	**100310**	無料	随時
鶴見大学	**100311**	無料	6月上旬
田園調布学園大学	**100312**	無料	随時
桐蔭横浜大学	**100313**	無料	5月中旬
東海大学	**100234**	無料	7月上旬
東京工芸大学 工学部	**100314**	無料	随時
東洋英和女学院大学	**100315**	無料	随時

発送開始日前に請求された場合は予約受付となり、発送開始日に一斉に発送します。なお、発送開始日以降に請求された場合は随時発送します。

大学名	資料請求番号	料金（送料含）	発送開始日
日本映画大学	100316	無料	随時
ビューティ&ウェルネス専門職大学	100760	無料	随時
フェリス女学院大学	100317	無料	随時
横浜美術大学	100319	無料	随時
横浜薬科大学	100320	無料	4月下旬
新潟県			
長岡大学	100328	無料	随時
新潟医療福祉大学	100329	無料	6月上旬
新潟経営大学	100330	無料	随時
新潟工科大学	100331	無料	5月下旬
新潟産業大学	100332	無料	随時
新潟食料農業大学	100334	無料	随時
新潟青陵大学	100333	無料	5月下旬
新潟薬科大学	100335	無料	5月上旬
日本歯科大学 新潟生命歯学部	100337	無料	随時
富山県			
富山国際大学	100340	無料	5月下旬
石川県			
金沢医科大学 医学部	100346	無料	随時
金沢医科大学 看護学部	100347	無料	随時
金沢学院大学	100348	無料	随時
金沢工業大学	100349	無料	随時
金沢星稜大学	100350	無料	6月上旬
金城大学	100351	無料	随時
北陸学院大学	100353	無料	随時
福井県			
福井工業大学	100357	無料	随時
山梨県			
健康科学大学	100361	無料	4月下旬
山梨学院大学	100362	無料	随時
長野県			
清泉女学院大学	100369	無料	4月下旬
松本大学	100370	無料	随時
松本看護大学	100737	無料	6月下旬
松本歯科大学	100371	無料	6月下旬
岐阜県			
朝日大学	100376	無料	随時
岐阜医療科学大学	100379	無料	4月中旬
岐阜協立大学	100774	無料	5月中旬
岐阜聖徳学園大学	100734	無料	随時
岐阜女子大学	100380	無料	随時
岐阜保健大学	100381	無料	随時
中京学院大学	100382	無料	随時
中部学院大学	100383	無料	随時
静岡県			
静岡英和学院大学	100742	無料	随時
静岡産業大学	100389	無料	随時
静岡福祉大学	100390	無料	随時
静岡理工科大学	100391	無料	6月中旬
順天堂大学 保健看護学部	100392	無料	随時
聖隷クリストファー大学	100393	無料	5月上旬

大学名	資料請求番号	料金（送料含）	発送開始日
常葉大学	100394	無料	5月下旬
愛知県			
愛知大学	100402	無料	6月中旬
愛知医科大学 医学部	100403	無料	7月上旬
愛知医科大学 看護学部	100404	無料	5月中旬
愛知医療学院大学	100775	無料	随時
愛知学院大学	100405	無料	4月下旬
愛知学泉大学	100406	無料	5月上旬
愛知工科大学	100407	無料	随時
愛知工業大学	100408	無料	5月下旬
愛知産業大学	100409	無料	5月上旬
愛知淑徳大学	100410	無料	随時
愛知東邦大学	100411	無料	5月上旬
愛知文教大学	100412	無料	随時
一宮研伸大学	100414	無料	6月中旬
桜花学園大学	100415	無料	随時
岡崎女子大学	100416	無料	随時
金城学院大学	100417	無料	4月下旬
至学館大学	100418	無料	随時
修文大学	100419	無料	随時
椙山女学園大学	100420	無料	随時
星城大学	100763	無料	5月下旬
大同大学	100422	無料	随時
中京大学	100423	無料	6月上旬
中部大学	100424	無料	随時
東海学園大学	100425	無料	5月中旬
同朋大学	100426	無料	随時
豊田工業大学	100427	無料	随時
豊橋創造大学	100428	無料	随時
名古屋音楽大学	100429	無料	6月中旬
名古屋外国語大学	100430	無料	5月中旬
名古屋学院大学	100431	無料	5月下旬
名古屋学芸大学	100432	無料	5月中旬
名古屋芸術大学	100433	無料	5月下旬
名古屋商科大学	100434	無料	随時
名古屋女子大学	100435	無料	随時
名古屋造形大学	100436	無料	随時
名古屋文理大学	100437	無料	随時
南山大学	100438	200円	5月上旬
日本赤十字豊田看護大学	100439	無料	4月中旬
日本福祉大学	100440	無料	4月下旬
人間環境大学	100441	無料	随時
藤田医科大学 医学部	100442	無料	随時
藤田医科大学 医療科学部	100443	無料	随時
藤田医科大学 保健衛生学部	100740	無料	随時
名城大学	100444	無料	6月中旬
三重県			
皇學館大学	100447	無料	5月下旬
鈴鹿大学	100743	無料	随時
鈴鹿医療科学大学	100448	無料	随時
四日市大学	100449	無料	5月下旬

資料の取り寄せ方

テレメール進学サイトにアクセスし、
6桁の資料請求番号を入力

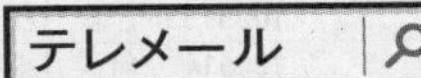

https://telemail.jp/shingaku/

料金・発送開始日は、一部の大学を除き、2024年度入学用の料金・発送開始日を掲載しています。
料金や発送開始日は変更になる場合がありますので、資料請求時に表示される内容をご確認ください。
なお、国公立大学および大学校の料金は、2024年秋に郵便料金の値上げが実施される場合は、同時期より値上げ予定です。

大学名	資料請求番号	料金(送料含)	発送開始日
四日市看護医療大学	**100756**	無料	5月中旬
滋賀県			
聖泉大学	**100453**	無料	随時
長浜バイオ大学	**100454**	無料	随時
びわこ学院大学	**100455**	無料	随時
びわこ成蹊スポーツ大学	**100456**	無料	随時
京都府			
大谷大学	**100464**	無料	6月上旬
京都医療科学大学	**100465**	無料	5月上旬
京都外国語大学	**100466**	無料	随時
京都芸術大学	**100473**	無料	随時
京都光華女子大学	**100468**	無料	6月上旬
京都産業大学	**100469**	無料	4月上旬
京都女子大学	**100470**	無料	随時
京都精華大学	**100471**	無料	随時
京都先端科学大学	**100472**	無料	5月上旬
京都橘大学	**100474**	無料	随時
京都ノートルダム女子大学	**100475**	無料	随時
京都美術工芸大学	**100476**	無料	4月中旬
京都薬科大学	**100477**	無料	随時
嵯峨美術大学	**100478**	無料	随時
同志社女子大学	**100480**	無料	4月中旬
花園大学	**100744**	無料	随時
佛教大学	**100481**	無料	随時
平安女学院大学	**100482**	無料	随時
明治国際医療大学	**100483**	無料	4月下旬
龍谷大学	**100484**	無料	6月中旬
大阪府			
藍野大学	**100489**	無料	6月下旬
追手門学院大学	**100490**	無料	随時
大阪青山大学	**100491**	無料	随時
大阪医科薬科大学 医学部	**100492**	無料	随時
大阪医科薬科大学 薬学部	**100510**	無料	随時
大阪医科薬科大学 看護学部	**100493**	無料	随時
大阪大谷大学	**100494**	無料	随時
大阪学院大学	**100495**	無料	5月中旬
大阪河﨑リハビリテーション大学	**100496**	無料	4月上旬
大阪経済大学	**100757**	無料	7月上旬
大阪経済法科大学	**100497**	無料	随時
大阪芸術大学	**100498**	無料	5月下旬
大阪工業大学	**100499**	無料	6月中旬
大阪国際大学	**100500**	無料	4月上旬
大阪産業大学	**100501**	無料	6月中旬
大阪歯科大学	**100764**	無料	随時
大阪樟蔭女子大学	**100502**	無料	随時
大阪商業大学	**100503**	無料	5月下旬
大阪女学院大学	**100504**	無料	随時
大阪信愛学院大学	**100745**	無料	随時
大阪成蹊大学	**100505**	無料	随時
大阪総合保育大学	**100506**	無料	随時
大阪体育大学	**100507**	無料	5月下旬
大阪電気通信大学	**100508**	無料	5月中旬
大阪人間科学大学	**100509**	無料	随時
関西医科大学 医学部	**100513**	無料	6月下旬
関西医科大学 看護学部	**100514**	無料	4月上旬
関西医科大学 リハビリテーション学部	**100746**	無料	5月中旬
関西医療大学	**100515**	無料	随時
関西外国語大学	**100516**	無料	5月上旬

大学名	資料請求番号	料金(送料含)	発送開始日
関西福祉科学大学	**100517**	無料	随時
滋慶医療科学大学	**100735**	無料	随時
四條畷学園大学	**100519**	無料	随時
四天王寺大学	**100520**	無料	随時
摂南大学	**100521**	無料	6月中旬
千里金蘭大学	**100522**	無料	4月中旬
太成学院大学	**100524**	無料	随時
宝塚大学 看護学部	**100525**	無料	随時
帝塚山学院大学	**100526**	無料	5月中旬
常磐会学園大学	**100738**	無料	随時
梅花女子大学	**100527**	無料	随時
羽衣国際大学	**100528**	無料	随時
阪南大学	**100529**	無料	4月中旬
桃山学院大学 ※	**100531**	無料	6月上旬
森ノ宮医療大学	**100533**	無料	随時
大和大学	**100534**	無料	4月中旬
兵庫県			
大手前大学	**100540**	無料	4月中旬
関西看護医療大学	**100541**	無料	随時
関西国際大学	**100542**	無料	4月上旬
関西福祉大学	**100543**	無料	6月上旬
関西学院大学	**100544**	無料	6月上旬
甲南大学	**100545**	無料	5月上旬
甲南女子大学	**100546**	無料	随時
神戸医療未来大学	**100547**	無料	4月中旬
神戸学院大学	**100549**	無料	5月上旬
神戸芸術工科大学	**100550**	無料	随時
神戸国際大学	**100551**	無料	4月下旬
神戸松蔭女子学院大学	**100552**	無料	随時
神戸女学院大学	**100553**	無料	5月中旬
神戸女子大学	**100554**	無料	随時
神戸親和大学	**100555**	無料	随時
神戸常盤大学	**100556**	無料	随時
神戸薬科大学	**100736**	無料	随時
園田学園女子大学	**100557**	無料	随時
宝塚医療大学 保健医療学部・和歌山保健医療学部	**100558**	無料	随時
宝塚医療大学 観光学部	**100779**	無料	随時
姫路大学	**100765**	無料	4月下旬
姫路獨協大学	**100560**	無料	6月上旬
兵庫大学	**100561**	無料	6月下旬
兵庫医科大学	**100562**	無料	5月下旬
武庫川女子大学	**100564**	無料	6月上旬
流通科学大学	**100565**	無料	随時
奈良県			
畿央大学	**100570**	無料	随時
帝塚山大学	**100571**	無料	5月中旬
天理大学	**100572**	無料	6月上旬
奈良大学	**100573**	無料	随時
奈良学園大学	**100574**	無料	4月中旬
和歌山県			
高野山大学	**100578**	無料	随時
鳥取県			
鳥取看護大学	**100581**	無料	4月下旬
岡山県			
岡山医療専門職大学	**100776**	無料	4月中旬
岡山理科大学	**100591**	無料	6月上旬
川崎医療福祉大学	**100593**	無料	随時
IPU・環太平洋大学	**100594**	無料	随時

※ 2025年4月、桃山学院教育大学は桃山学院大学に合流します。

発送開始日前に請求された場合は予約受付となり、発送開始日に一斉に発送します。なお、発送開始日以降に請求された場合は随時発送します。

大学名	資料請求番号	料金(送料含)	発送開始日
吉備国際大学	100595	無料	随時
倉敷芸術科学大学	100596	無料	随時
くらしき作陽大学	100748	無料	随時
就実大学 文系学部	100597	無料	6月中旬
就実大学 薬学部	100598	無料	6月中旬
ノートルダム清心女子大学	100600	無料	随時
美作大学	100601	無料	随時
広島県			
エリザベト音楽大学	100607	無料	随時
近畿大学 工学部(広島キャンパス)	100608	無料	随時
日本赤十字広島看護大学	100609	無料	5月上旬
比治山大学	100610	無料	5月上旬
広島経済大学	100611	無料	随時
広島工業大学	100612	無料	4月中旬
広島国際大学	100613	無料	4月中旬
広島修道大学	100614	無料	随時
広島女学院大学	100615	無料	随時
広島都市学園大学	100616	無料	6月下旬
広島文化学園大学	100617	無料	5月上旬
広島文教大学	100618	無料	5月下旬
福山大学	100619	無料	6月下旬
福山平成大学	100620	無料	6月下旬
安田女子大学	100621	無料	随時
山口県			
宇部フロンティア大学	100626	無料	随時
梅光学院大学	100629	無料	4月上旬
山口学芸大学	100630	無料	随時
徳島県			
四国大学	100749	無料	随時
徳島文理大学	100633	無料	4月下旬
香川県			
四国学院大学	100636	無料	4月中旬
愛媛県			
聖カタリナ大学	100639	無料	随時
松山大学	100640	無料	随時
福岡県			
九州栄養福祉大学	100651	無料	随時
九州共立大学	100652	無料	7月上旬
九州国際大学	100653	無料	5月下旬
九州産業大学	100654	無料	随時
九州情報大学	100655	無料	6月中旬
九州女子大学	100656	無料	6月下旬
近畿大学 産業理工学部(福岡キャンパス)	100657	無料	6月上旬
久留米大学	100658	無料	7月中旬
久留米工業大学	100659	無料	6月中旬
国際医療福祉大学 福岡保健医療学部	100660	無料	5月中旬
国際医療福祉大学 福岡薬学部	100661	無料	5月中旬
産業医科大学 医学部	100662	無料	随時
産業医科大学 産業保健学部	100663	無料	随時
純真学園大学	100752	無料	随時
西南学院大学	100664	無料	5月下旬

大学名	資料請求番号	料金(送料含)	発送開始日
西南女学院大学	100665	無料	8月下旬
聖マリア学院大学	100666	無料	9月中旬
第一薬科大学	100667	無料	7月上旬
筑紫女学園大学	100668	無料	5月下旬
中村学園大学	100669	無料	5月下旬
西日本工業大学	100670	無料	随時
日本経済大学(福岡キャンパス)	100671	無料	7月上旬
福岡大学	100672	無料	随時
福岡看護大学	100673	無料	随時
福岡工業大学	100674	無料	随時
福岡国際医療福祉大学	100675	無料	随時
福岡歯科大学	100676	無料	随時
福岡女学院大学	100677	無料	5月中旬
福岡女学院看護大学	100678	無料	随時
佐賀県			
西九州大学	100680	無料	6月下旬
長崎県			
活水女子大学	100683	無料	6月下旬
鎮西学院大学	100684	無料	随時
長崎外国語大学	100685	無料	随時
長崎国際大学	100686	無料	随時
長崎純心大学	100687	無料	随時
長崎総合科学大学	100688	無料	6月下旬
熊本県			
九州看護福祉大学	100691	無料	随時
九州ルーテル学院大学	100692	無料	随時
熊本学園大学	100693	無料	6月上旬
熊本保健科学大学	100694	無料	随時
崇城大学	100696	無料	随時
大分県			
日本文理大学	100699	無料	随時
別府大学	100700	無料	随時
立命館アジア太平洋大学	100701	無料	随時
宮崎県			
九州医療科学大学	100705	無料	随時
南九州大学	100706	無料	5月下旬
宮崎国際大学	100707	無料	随時
宮崎産業経営大学	100708	無料	6月下旬
鹿児島県			
鹿児島国際大学	100711	無料	随時
鹿児島純心大学	100712	無料	随時
沖縄県			
沖縄国際大学	100718	無料	6月上旬
通信制大学			
ZEN大学(仮称)※	100777	無料	随時

※ 2025年4月設置構想中

資料の取り寄せ方

テレメール進学サイトにアクセスし、
6桁の資料請求番号を入力

https://telemail.jp/shingaku/

料金・発送開始日は、一部の大学を除き、2024年度入学用の料金・発送開始日を掲載しています。
料金や発送開始日は変更になる場合がありますので、資料請求時に表示される内容をご確認ください。
なお、国公立大学および大学校の料金は、2024年秋に郵便料金の値上げが実施される場合は、同時期より値上げ予定です。

入試関連資料 資料請求番号一覧

国公立大学・大学校　一般選抜募集要項 入学者選抜要項

請求受付期間　国公立大学は、2024年7月1日～2025年1月29日（予定）まで
※大学校の請求受付終了日は学校により異なります。

この資料請求番号一覧は、国公立大学・大学校の一般選抜募集要項や入学者選抜要項などを請求するための一覧です。各校の出願締切日をご確認の上、余裕を持ってご請求ください。なお、大学案内パンフは同封されていませんので、大学案内パンフをご希望の場合は、「大学案内パンフ 資料請求番号一覧」をご覧ください。
一般選抜募集要項は願書が含まれる大学と含まれない大学がありますので、資料請求時に表示される資料名をご確認ください。入学者選抜要項およびネット出願資料に願書は含まれません。

大学名	資料請求番号	料金(送料含)	発送開始日
北海道			
国 旭川医科大学（一般選抜募集要項）	**165000**	215円	11月上旬
国 帯広畜産大学（入学者選抜要項）	**165583**	250円	7月中旬
国 北見工業大学（入学者選抜要項）	**165584**	180円	8月上旬
国 北海道教育大学（一般選抜募集要項）	**165005**	250円	11月下旬
国 室蘭工業大学（入学者選抜要項）	**165662**	180円	7月下旬
公 釧路公立大学（入学者選抜要項）	**165007**	180円	7月中旬
公 公立千歳科学技術大学（入学者選抜要項）	**165585**	180円	7月中旬
公 公立はこだて未来大学（入学者選抜要項）	**165586**	180円	8月上旬
公 札幌医科大学（一般選抜募集要項）	**165009**	215円	10月下旬
公 札幌市立大学（一般選抜募集要項）	**165010**	180円	11月中旬
公 名寄市立大学（一般選抜募集要項）	**165011**	215円	10月中旬

2025年度入学者選抜における国小樽商科大学、国北海道大学、公旭川市立大学の一般選抜募集要項・入学者選抜要項の請求受付は未定です。

大学名	資料請求番号	料金(送料含)	発送開始日
青森県			
国 弘前大学（入学者選抜要項）	**165587**	215円	7月下旬
公 青森県立保健大学（一般選抜募集要項）	**165032**	215円	11月下旬
公 青森公立大学（入学者選抜要項）	**165033**	180円	8月上旬
岩手県			
国 岩手大学（入学者選抜要項）	**165588**	180円	7月下旬
公 岩手県立大学（入学者選抜要項）	**165589**	180円	8月中旬
宮城県			
国 宮城教育大学（入学者選抜要項）	**165044**	180円	7月中旬
公 宮城大学（入学者選抜要項）	**165590**	215円	7月中旬

2025年度入学者選抜における国東北大学の一般選抜募集要項・入学者選抜要項の請求受付は未定です。

大学名	資料請求番号	料金(送料含)	発送開始日
秋田県			
国 秋田大学（入学者選抜要項）	**165591**	215円	8月上旬
公 秋田公立美術大学（入学者選抜要項）	**165055**	180円	8月下旬

2025年度入学者選抜における公秋田県立大学、公国際教養大学の一般選抜募集要項・入学者選抜要項の請求受付は未定です。

大学名	資料請求番号	料金(送料含)	発送開始日
山形県			
国 山形大学（入学者選抜要項）	**165592**	180円	8月上旬
公 東北農林専門職大学（一般選抜募集要項）	**165676**	未定	11月下旬
公 山形県立保健医療大学（一般選抜募集要項）	**165059**	180円	11月下旬
公 山形県立米沢栄養大学（一般選抜募集要項）	**165060**	180円	10月中旬
福島県			
国 福島大学（入学者選抜要項）	**165593**	180円	7月上旬
公 福島県立医科大学（入学者選抜要項）	**165594**	215円	8月上旬

2025年度入学者選抜における公会津大学の一般選抜募集要項・入学者選抜要項の請求受付は未定です。

大学名	資料請求番号	料金(送料含)	発送開始日
茨城県			
国 茨城大学（入学者選抜要項）	**165595**	215円	7月上旬
公 茨城県立医療大学（一般選抜募集要項）	**165073**	215円	9月中旬

2025年度入学者選抜における国筑波大学、国筑波技術大学の一般選抜募集要項・入学者選抜要項の請求受付は未定です。

大学名	資料請求番号	料金(送料含)	発送開始日
栃木県			
国 宇都宮大学（入学者選抜要項）	**165596**	250円	7月下旬

群馬県

2025年度入学者選抜における国群馬大学、公群馬県立県民健康科学大学、公群馬県立女子大学、公高崎経済大学、公前橋工科大学の一般選抜募集要項・入学者選抜要項の請求受付は未定です。

大学名	資料請求番号	料金(送料含)	発送開始日
埼玉県			
国 埼玉大学（入学者選抜要項）	**165663**	215円	7月下旬

2025年度入学者選抜における公埼玉県立大学の一般選抜募集要項・入学者選抜要項の請求受付は未定です。

大学名	資料請求番号	料金(送料含)	発送開始日
千葉県			
国 千葉大学（入学者選抜要項）	**165598**	215円	7月下旬
公 千葉県立保健医療大学（入学者選抜要項）	**165102**	180円	随時
東京都			
国 お茶の水女子大学（入学者選抜要項）	**165599**	215円	7月下旬
国 電気通信大学（入学者選抜要項）	**165600**	180円	7月下旬
国 東京外国語大学（入学者選抜要項）	**165602**	180円	7月中旬
国 東京海洋大学（入学者選抜要項）	**165603**	215円	7月下旬
国 東京学芸大学（入学者選抜要項）	**165126**	215円	7月下旬

2025年度入学者選抜における国東京大学、国東京医科歯科大学※1、国東京藝術大学、国東京工業大学※2、国東京農工大学、国一橋大学、公東京都立大学の一般選抜募集要項・入学者選抜要項の請求受付は未定です。

※1 2024年10月に東京工業大学と統合し新大学（東京科学大学）を設立
※2 2024年10月に東京医科歯科大学と統合し新大学（東京科学大学）を設立

大学名	資料請求番号	料金(送料含)	発送開始日
神奈川県			
公 神奈川県立保健福祉大学（一般選抜募集要項）	**165196**	180円	7月下旬
公 川崎市立看護大学（一般選抜募集要項）	**165567**	215円	7月中旬
公 横浜市立大学（入学者選抜要項）	**165604**	215円	8月下旬

2025年度入学者選抜における国横浜国立大学の一般選抜募集要項・入学者選抜要項の請求受付は未定です。

大学名	資料請求番号	料金(送料含)	発送開始日
新潟県			
国 上越教育大学（一般選抜募集要項）	**165220**	180円	11月上旬
国 長岡技術科学大学（入学者選抜要項）	**165605**	180円	7月下旬
公 三条市立大学（入学者選抜要項）	**165607**	無料	随時
公 新潟県立大学（ネット出願資料）	**165222**	180円	11月下旬
公 新潟県立看護大学（一般選抜募集要項）	**165223**	180円	9月下旬

2025年度入学者選抜における国新潟大学、公長岡造形大学、国富山大学、公富山県立大学の一般選抜募集要項・入学者選抜要項の請求受付は未定です。

発送開始日前に請求された場合は予約受付となり、発送開始日に一斉に発送します。なお、発送開始日以降に請求された場合は随時発送します。

大学名	資料請求番号	料金(送料含)	発送開始日
富山県			
2025年度入学者選抜における国富山大学、公富山県立大学の一般選抜募集要項・入学者選抜要項の請求受付は未定です。			
石川県			
国 金沢大学(入学者選抜要項)	165608	250円	8月中旬
公 石川県立大学(入学者選抜要項)	165609	180円	随時
公 石川県立看護大学(入学者選抜要項)	165610	180円	7月下旬
公 公立小松大学(入学者選抜要項)	165611	180円	7月上旬
2025年度入学者選抜における公金沢美術工芸大学の一般選抜募集要項・入学者選抜要項の請求受付は未定です。			
福井県			
公 敦賀市立看護大学(一般選抜募集要項)	165246	215円	9月下旬
2025年度入学者選抜における国福井大学、公福井県立大学の一般選抜募集要項・入学者選抜要項の請求受付は未定です。			
山梨県			
公 山梨県立大学(一般選抜募集要項)	165613	180円	9月上旬
2025年度入学者選抜における国山梨大学、公都留文科大学の一般選抜募集要項・入学者選抜要項の請求受付は未定です。			
長野県			
国 信州大学(入学者選抜要項)	165614	215円	7月上旬
公 長野大学(入学者選抜要項)	165615	180円	7月下旬
2025年度入学者選抜における公公立諏訪東京理科大学、公長野県看護大学、公長野県立大学の一般選抜募集要項・入学者選抜要項の請求受付は未定です。			
岐阜県			
公 岐阜県立看護大学(一般選抜募集要項)	165253	180円	11月下旬
2025年度入学者選抜における国岐阜大学、公岐阜薬科大学の一般選抜募集要項・入学者選抜要項の請求受付は未定です。			
静岡県			
公 静岡県立大学(入学者選抜要項)	165616	180円	7月中旬
公 静岡県立農林環境専門職大学(入学者選抜要項)	165617	215円	8月上旬
公 静岡文化芸術大学(入学者選抜要項)	165618	180円	7月中旬
2025年度入学者選抜における国静岡大学、国浜松医科大学の一般選抜募集要項・入学者選抜要項の請求受付は未定です。			
愛知県			
国 愛知教育大学(入学者選抜要項)	165619	180円	7月下旬
国 豊橋技術科学大学(一般選抜募集要項)	165273	180円	11月上旬
国 名古屋工業大学(入学者選抜要項)	165620	180円	7月下旬
公 愛知県立芸術大学 美術学部(一般選抜募集要項)	165275	215円	10月上旬
公 愛知県立芸術大学 音楽学部(一般選抜募集要項)	165276	250円	10月中旬
2025年度入学者選抜における公愛知県立大学、公名古屋市立大学の一般選抜募集要項・入学者選抜要項の請求受付は未定です。			
三重県			
国 三重大学(入学者選抜要項)	165621	215円	8月中旬
公 三重県立看護大学(入学者選抜要項)	165622	180円	随時
滋賀県			
国 滋賀大学(入学者選抜要項)	165623	215円	7月下旬
国 滋賀医科大学(一般選抜募集要項)	165320	215円	11月上旬
公 滋賀県立大学(入学者選抜要項)	165624	215円	7月上旬
京都府			
国 京都教育大学(入学者選抜要項)	165625	180円	7月中旬

大学名	資料請求番号	料金(送料含)	発送開始日
公 京都市立芸術大学(入学者選抜要項)	165627	180円	8月上旬
公 京都府立大学(入学者選抜要項)	165628	180円	9月中旬
公 京都府立医科大学 医学科(一般選抜募集要項)	165330	180円	9月下旬
公 京都府立医科大学 看護学科(一般選抜募集要項)	165331	180円	9月下旬
公 福知山公立大学(一般選抜募集要項)	165332	無料	8月中旬
2025年度入学者選抜における国京都大学、国京都工芸繊維大学の一般選抜募集要項・入学者選抜要項の請求受付は未定です。			
大阪府			
国 大阪大学(入学者選抜要項)	165629	215円	7月下旬
国 大阪教育大学(入学者選抜要項)	165630	215円	8月中旬
公 大阪公立大学(入学者選抜要項)	165631	215円	7月下旬
兵庫県			
国 神戸大学(入学者選抜要項)	165632	215円	7月上旬
公 兵庫県立大学(入学者選抜要項)	165634	180円	8月上旬
2025年度入学者選抜における国兵庫教育大学、公芸術文化観光専門職大学、公神戸市外国語大学、公神戸市看護大学の一般選抜募集要項・入学者選抜要項の請求受付は未定です。			
奈良県			
国 奈良女子大学(一般選抜募集要項)	165422	215円	11月上旬
公 奈良県立大学(一般選抜募集要項)	165683	180円	10月上旬
公 奈良県立医科大学 医学科(一般選抜募集要項)	165424	180円	12月上旬
公 奈良県立医科大学 看護学科(一般選抜募集要項)	165425	180円	12月中旬
2025年度入学者選抜における国奈良教育大学の一般選抜募集要項・入学者選抜要項の請求受付は未定です。			
和歌山県			
公 和歌山県立医科大学 医学部(一般選抜募集要項)	165431	180円	11月上旬
公 和歌山県立医科大学 保健看護学部(一般選抜募集要項)	165432	215円	12月中旬
2025年度入学者選抜における国和歌山大学、公和歌山県立医科大学 薬学部の一般選抜募集要項・入学者選抜要項の請求受付は未定です。			
鳥取県			
公 公立鳥取環境大学(入学者選抜要項)	165636	無料	7月中旬
2025年度入学者選抜における国鳥取大学の一般選抜募集要項・入学者選抜要項の請求受付は未定です。			
島根県			
国 島根大学(入学者選抜要項)	165637	215円	7月中旬
公 島根県立大学(入学者選抜要項)	165638	215円	7月下旬
岡山県			
国 岡山大学(入学者選抜要項)	165639	215円	8月上旬
公 岡山県立大学(入学者選抜要項)	165640	180円	7月下旬
公 新見公立大学(入学者選抜要項)	165641	180円	7月下旬
広島県			
公 尾道市立大学(入学者選抜要項)	165642	180円	9月上旬
公 福山市立大学(入学者選抜要項)	165451	180円	随時
2025年度入学者選抜における国広島大学、公叡啓大学、公県立広島大学、公広島市立大学の一般選抜募集要項・入学者選抜要項の請求受付は未定です。			
山口県			
公 山陽小野田市立山口東京理科大学(入学者選抜要項)	165644	未定	7月下旬
公 周南公立大学 経済経営学部(一般選抜募集要項)	165469	未定	8月中旬
公 周南公立大学 人間健康科学部(一般選抜募集要項)	165685	未定	8月中旬
公 周南公立大学 情報科学部(一般選抜募集要項)	165686	未定	8月中旬

資料の取り寄せ方

テレメール進学サイトにアクセスし、
6桁の資料請求番号を入力

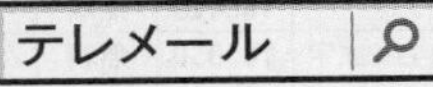

料金・発送開始日は、一部の大学を除き、2024年度入学用の料金・発送開始日を掲載しています。
料金や発送開始日は変更になる場合がありますので、資料請求時に表示される内容をご確認ください。
なお、国公立大学および大学校の料金は、2024年秋に郵便料金の値上げが実施される場合は、同時期より値上げ予定です。

大学名	資料請求番号	料金(送料含)	発送開始日
公 山口県立大学(入学者選抜要項)	165645	180円	7月上旬
2025年度入学者選抜における国山口大学、公下関市立大学の一般選抜募集要項・入学者選抜要項の請求受付は未定です。			
徳島県			
国 鳴門教育大学(一般選抜募集要項)	165472	180円	11月中旬
2025年度入学者選抜における国徳島大学の一般選抜募集要項・入学者選抜要項の請求受付は未定です。			
香川県			
国 香川大学(入学者選抜要項)	165646	215円	7月中旬
公 香川県立保健医療大学(一般選抜募集要項)	165474	215円	11月中旬
愛媛県			
国 愛媛大学(入学者選抜要項)	165647	215円	7月中旬
公 愛媛県立医療技術大学(入学者選抜要項)	165648	180円	8月中旬
高知県			
公 高知県立大学(入学者選抜要項)	165649	180円	7月上旬
公 高知工科大学(ネット出願資料)	165562	310円	随時
2025年度入学者選抜における国高知大学の一般選抜募集要項・入学者選抜要項の請求受付は未定です。			
福岡県			
国 九州大学(入学者選抜要項)	165650	250円	8月上旬
国 九州工業大学(入学者選抜要項)	165651	180円	7月中旬
公 北九州市立大学(入学者選抜要項)	165653	215円	7月中旬
公 九州歯科大学(入学者選抜要項)	165481	180円	8月中旬
公 福岡女子大学(一般選抜募集要項)	165482	215円	7月下旬
2025年度入学者選抜における国福岡教育大学、公福岡県立大学の一般選抜募集要項・入学者選抜要項の請求受付は未定です。			
佐賀県			
国 佐賀大学(入学者選抜要項)	165654	180円	7月中旬
長崎県			
国 長崎大学(入学者選抜要項)	165655	250円	7月上旬
公 長崎県立大学(入学者選抜要項)	165656	215円	7月下旬

大学名	資料請求番号	料金(送料含)	発送開始日
熊本県			
国 熊本大学(入学者選抜要項)	165657	215円	随時
公 熊本県立大学(入学者選抜要項)	165512	180円	随時
大分県			
国 大分大学(入学者選抜要項)	165658	215円	7月下旬
公 大分県立看護科学大学(入学者選抜要項)	165517	180円	随時
宮崎県			
国 宮崎大学(入学者選抜要項)	165672	215円	8月上旬
公 宮崎県立看護大学(一般選抜募集要項)	165521	215円	10月中旬
2025年度入学者選抜における公宮崎公立大学の一般選抜募集要項・入学者選抜要項の請求受付は未定です。			
鹿児島県			
国 鹿児島大学(入学者選抜要項)	165660	250円	7月下旬
国 鹿屋体育大学(一般選抜募集要項)	165527	215円	11月上旬
沖縄県			
国 琉球大学(入学者選抜要項)	165661	250円	7月上旬
2025年度入学者選抜における公沖縄県立看護大学、公沖縄県立芸術大学、公名桜大学の一般選抜募集要項・入学者選抜要項の請求受付は未定です。			

文部科学省所管外 大学校

大学校名	資料請求番号	料金(送料含)	発送開始日
[東京都]職業能力開発総合大学校(一般選抜募集要項)	165536	無料	7月上旬
[山口県]水産大学校(一般選抜募集要項)	165537	180円	7月上旬
2025年度入学者選抜における[東京都]国立看護大学校はネット出願実施のため、一般入試募集要項の請求受付はありません(2024年度入学者選抜時)。			

私立大学　募集要項・願書

請求受付期間　**請求受付は2024年7月1日開始、請求受付終了日は大学により異なります。**
※受付終了日は、最終出願締切日の1週間前を目安としています。

この資料請求番号一覧は、私立大学の一般選抜の募集要項や願書、ネット出願資料を請求するための一覧です。各校の出願締切日をご確認の上、余裕を持ってご請求ください。なお、一部の私立大学を除き、大学案内パンフは同封されていませんので、大学案内パンフをご希望の場合は、「案内パンフ 資料請求番号一覧」をご覧ください。

大学名	資料請求番号	料金(送料含)	発送開始日
北海道			
札幌大学	165013	無料	7月下旬
札幌国際大学	165018	無料	8月上旬
札幌保健医療大学	165019	無料	随時
星槎道都大学	165020	無料	7月上旬
天使大学	165021	無料	7月下旬
日本医療大学	165022	無料	随時
藤女子大学	165024	無料	随時
北海商科大学	165026	無料	8月中旬
北海道医療大学	165027	無料	8月上旬
北海道情報大学	165029	無料	随時
北海道千歳リハビリテーション大学	165030	無料	7月下旬
北海道文教大学	165031	無料	8月上旬
北海道武蔵女子大学	165674	無料	10月中旬

大学名	資料請求番号	料金(送料含)	発送開始日
札幌大谷大学、札幌学院大学、北星学園大学、北海学園大学、北海道科学大学、酪農学園大学はネット出願実施のため、募集要項や願書の請求受付はありません(2024年度入学者選抜時)。			
青森県			
八戸学院大学	165036	無料	8月中旬
青森中央学院大学、八戸工業大学はネット出願実施のため、募集要項や願書の請求受付はありません(2024年度入学者選抜時)。			
岩手県			
岩手保健医療大学	165041	無料	随時
富士大学	165042	無料	随時
盛岡大学	165043	無料	7月上旬
岩手医科大学はネット出願実施のため、募集要項や願書の請求受付はありません(2024年度入学者選抜時)。			
宮城県			
尚絅学院大学	165045	無料	8月上旬

発送開始日前に請求された場合は予約受付となり、発送開始日に一斉に発送します。なお、発送開始日以降に請求された場合は随時発送します。

大学名	資料請求番号	料金（送料含）	発送開始日
仙台白百合女子大学	165047	無料	8月上旬
仙台青葉学院大学	165675	無料	9月下旬
東北医科薬科大学 医学部	165048	無料	9月上旬
東北医科薬科大学 薬学部	165049	無料	9月中旬
東北生活文化大学	165050	無料	随時
東北文化学園大学	165052	無料	随時
宮城学院女子大学	165053	無料	10月下旬

石巻専修大学、仙台大学、東北学院大学、東北工業大学、東北福祉大学、秋田看護福祉大学、日本赤十字秋田看護大学、ノースアジア大学はネット出願実施のため、募集要項や願書の請求受付はありません（2024年度入学者選抜時）。

秋田県

秋田看護福祉大学、日本赤十字秋田看護大学、ノースアジア大学はネット出願実施のため、募集要項や願書の請求受付はありません（2024年度入学者選抜時）。

山形県

大学名	資料請求番号	料金（送料含）	発送開始日
東北公益文科大学	165062	無料	8月中旬

東北芸術工科大学、東北文教大学はネット出願実施のため、募集要項や願書の請求受付はありません（2024年度入学者選抜時）。

福島県

大学名	資料請求番号	料金（送料含）	発送開始日
奥羽大学	165065	無料	9月上旬
東日本国際大学	165067	無料	随時
福島学院大学	165068	無料	8月下旬

医療創生大学はネット出願実施のため、募集要項や願書の請求受付はありません（2024年度入学者選抜時）。

茨城県

大学名	資料請求番号	料金（送料含）	発送開始日
アール医療専門職大学	165677	無料	随時
つくば国際大学	165074	無料	7月上旬

茨城キリスト教大学、常磐大学はネット出願実施のため、募集要項や願書の請求受付はありません（2024年度入学者選抜時）。

栃木県

大学名	資料請求番号	料金（送料含）	発送開始日
自治医科大学 医学部	165078	無料	9月中旬
自治医科大学 看護学部	165079	無料	9月上旬
白鷗大学	165080	無料	8月中旬

足利大学、国際医療福祉大学、獨協医科大学はネット出願実施のため、募集要項や願書の請求受付はありません（2024年度入学者選抜時）。

群馬県

大学名	資料請求番号	料金（送料含）	発送開始日
共愛学園前橋国際大学	165569	無料	7月下旬
群馬医療福祉大学	165083	無料	随時
上武大学	165085	無料	8月上旬
高崎健康福祉大学	165086	無料	随時

群馬パース大学、高崎商科大学、東京福祉大学はネット出願実施のため、募集要項や願書の請求受付はありません（2024年度入学者選抜時）。

埼玉県

大学名	資料請求番号	料金（送料含）	発送開始日
浦和大学	165088	無料	随時
埼玉学園大学	165089	無料	7月中旬
埼玉工業大学	165090	無料	7月下旬
十文字学園女子大学	165570	無料	随時
城西大学	165092	無料	随時
女子栄養大学	165093	無料	7月下旬
駿河台大学	165094	無料	8月中旬
聖学院大学	165095	無料	10月上旬
東都大学	165097	無料	7月下旬
日本医療科学大学	165098	無料	8月下旬
ものつくり大学	165100	無料	8月上旬

共栄大学、埼玉医科大学、尚美学園大学、西武文理大学、獨協大学、日本工業大学、日本薬科大学、文教大学、平成国際大学はネット出願実施のため、募集要項や願書の請求受付はありません（2024年度入学者選抜時）。

千葉県

大学名	資料請求番号	料金（送料含）	発送開始日
愛国学園大学	165103	無料	随時
SBC東京医療大学	165122	無料	7月中旬
江戸川大学	165104	無料	8月中旬
淑徳大学	165111	無料	7月下旬
城西国際大学	165112	無料	7月上旬
聖徳大学（女子）	165113	無料	7月上旬
清和大学	165114	無料	随時
千葉経済大学	165116	無料	8月中旬
千葉工業大学	165117	無料	9月下旬
明海大学（歯学部除く）	165120	無料	随時
明海大学 歯学部	165121	無料	随時

植草学園大学、亀田医療大学、川村学園女子大学、神田外語大学、敬愛大学、国際医療福祉大学、国際武道大学、秀明大学、順天堂大学、千葉科学大学、千葉商科大学、中央学院大学、東京情報大学、東邦大学、流通経済大学、麗澤大学、和洋女子大学はネット出願実施のため、募集要項や願書の請求受付はありません（2024年度入学者選抜時）。

東京都

大学名	資料請求番号	料金（送料含）	発送開始日
工学院大学	165132	無料	11月上旬
國學院大學	165575	無料	11月上旬
駒沢女子大学	165135	無料	9月上旬
情報経営イノベーション専門職大学	165137	無料	7月上旬
昭和女子大学	165139	200円	8月上旬
白梅学園大学	165141	無料	9月中旬
白百合女子大学	165142	無料	9月下旬
成城大学	165145	無料	7月中旬
聖心女子大学	165146	無料	8月中旬
多摩大学	165151	無料	随時
帝京科学大学	165153	無料	8月上旬
デジタルハリウッド大学	165155	無料	7月下旬
東京医療学院大学	165159	無料	随時
東京経済大学	165577	無料	10月上旬
東京工科大学	165162	無料	7月下旬
東京工芸大学 芸術学部	165215	無料	随時
東京女子体育大学	165170	無料	7月中旬
東京成徳大学	165171	無料	8月下旬
東京造形大学	165172	無料	8月下旬
東京都市大学	165174	無料	11月中旬
東京富士大学	165678	無料	随時
東京未来大学	165177	無料	随時
日本歯科大学 生命歯学部	165179	無料	7月下旬
日本獣医生命科学大学	165181	無料	8月上旬
日本文化大學	165183	無料	随時
文京学院大学	165184	無料	8月上旬
武蔵大学	165186	無料	11月中旬
明星大学	165189	無料	8月上旬
ヤマザキ動物看護大学	165191	無料	7月下旬

資料の取り寄せ方

テレメール進学サイトにアクセスし、
6桁の資料請求番号を入力

テレメール

https://telemail.jp/shingaku/

料金・発送開始日は、一部の大学を除き、2024年度入学用の料金・発送開始日を掲載しています。
料金や発送開始日は変更になる場合がありますので、資料請求時に表示される内容をご確認ください。
なお、国公立大学および大学校の料金は、2024年秋に郵便料金の値上げが実施される場合は、同時期より値上げ予定です。

大学名	資料請求番号	料金(送料含)	発送開始日
早稲田大学	**165578**	300円	11月下旬

青山学院大学、亜細亜大学、跡見学園女子大学、桜美林大学、大妻女子大学、嘉悦大学、学習院大学、学習院女子大学、共立女子大学、杏林大学、慶應義塾大学、国際医療福祉大学、国際基督教大学(ICU)、国士舘大学、駒澤大学、産業能率大学、実践女子大学、芝浦工業大学、順天堂大学、上智大学、昭和大学、昭和薬科大学、女子美術大学、杉野服飾大学、成蹊大学、清泉女子大学、聖路加国際大学、専修大学、創価大学、大正大学、大東文化大学、高千穂大学、宝塚大学 東京メディア芸術学部、拓殖大学、玉川大学、多摩美術大学、中央大学、津田塾大学、帝京大学、帝京平成大学、東京有明医療大学、東京医療保健大学、東京家政大学、東京家政学院大学、東京国際大学、東京歯科大学、東京慈恵会医科大学、東京純心大学、東京女子大学、東京聖栄大学、東京電機大学、東京農業大学、東京保健医療専門職大学、東京薬科大学、東京理科大学、東邦大学、東洋学園大学、二松学舎大学、日本体育大学、日本大学、日本社会事業大学、日本女子大学、日本女子体育大学、文化学園大学、法政大学、星薬科大学、武蔵野大学、武蔵野美術大学、明治大学、明治学院大学、明治薬科大学、目白大学、立教大学、立正大学、ルーテル学院大学、和光大学はネット出願実施等のため、募集要項や願書の請求受付はありません(2024年度入学者選抜時)。

神奈川県			
麻布大学	**165200**	無料	7月上旬
神奈川工科大学	**165202**	無料	10月下旬
神奈川歯科大学	**165203**	無料	7月中旬
鎌倉女子大学	**165204**	無料	8月上旬
松蔭大学	**165206**	無料	随時
湘南医療大学 保健医療学部	**165207**	無料	7月下旬
湘南医療大学 薬学部	**165548**	無料	7月下旬
湘南鎌倉医療大学	**165208**	無料	随時
昭和音楽大学	**165209**	無料	随時
洗足学園音楽大学	**165579**	無料	随時
鶴見大学 歯学部	**165213**	無料	7月上旬
日本映画大学	**165217**	無料	随時
ビューティ&ウェルネス専門職大学	**165665**	無料	随時
横浜薬科大学	**165219**	無料	9月中旬

神奈川大学、関東学院大学、北里大学、国際医療福祉大学、相模女子大学、湘南工科大学、聖マリアンナ医科大学、鶴見大学 文学部、田園調布学園大学、桐蔭横浜大学、東海大学、東京工芸大学 工学部、東洋英和女学院大学、フェリス女学院大学、横浜美術大学はネット出願実施のため、募集要項や願書の請求受付はありません(2024年度入学者選抜時)。

新潟県			
長岡大学	**165225**	無料	7月中旬
新潟経営大学	**165227**	無料	7月下旬
新潟工科大学	**165228**	無料	随時
新潟産業大学	**165229**	無料	随時
新潟薬科大学	**165232**	無料	7月下旬
日本歯科大学 新潟生命歯学部	**165234**	無料	7月下旬

新潟医療福祉大学、新潟食料農業大学、新潟青陵大学はネット出願実施のため、募集要項や願書の請求受付はありません(2024年度入学者選抜時)。

富山県			
富山国際大学	**165236**	無料	随時
石川県			
金沢医科大学 医学部	**165238**	無料	7月上旬
金沢医科大学 看護学部	**165239**	無料	7月中旬
金沢学院大学	**165240**	無料	9月上旬
金沢工業大学	**165241**	無料	随時
金沢星稜大学	**165242**	無料	7月上旬
金城大学	**165243**	無料	8月下旬
北陸学院大学	**165245**	無料	7月下旬
福井県			
福井工業大学	**165248**	無料	随時
山梨県			
健康科学大学	**165249**	無料	随時
山梨学院大学	**165250**	無料	7月下旬
長野県			
松本看護大学	**165544**	無料	7月上旬

大学名	資料請求番号	料金(送料含)	発送開始日
松本歯科大学	**165252**	無料	7月上旬

清泉女学院大学、松本大学はネット出願実施のため、募集要項や願書の請求受付はありません(2024年度入学者選抜時)。

岐阜県			
朝日大学	**165255**	無料	8月上旬
岐阜医療科学大学	**165679**	無料	9月中旬
岐阜協立大学	**165680**	無料	8月下旬
岐阜聖徳学園大学	**165550**	無料	7月下旬
岐阜女子大学	**165261**	無料	随時
岐阜保健大学	**165262**	無料	随時
中部学院大学	**165265**	無料	7月中旬

中京学院大学はネット出願実施のため、募集要項や願書の請求受付はありません(2024年度入学者選抜時)。

静岡県			
静岡産業大学	**165269**	無料	随時
静岡福祉大学	**165270**	無料	7月上旬
静岡理工科大学	**165271**	無料	11月上旬

静岡英和学院大学、順天堂大学、聖隷クリストファー大学、常葉大学はネット出願実施のため、募集要項や願書の請求受付はありません(2024年度入学者選抜時)。

愛知県			
愛知大学	**165277**	無料	11月中旬
愛知医科大学 看護学部	**165278**	無料	8月上旬
愛知医療学院大学	**165681**	無料	9月下旬
愛知学院大学	**165279**	無料	10月上旬
愛知工科大学	**897895**	無料	随時
愛知工業大学	**165281**	無料	7月中旬
愛知淑徳大学	**165283**	無料	9月上旬
愛知東邦大学	**165284**	無料	随時
愛知文教大学	**165285**	無料	随時
一宮研伸大学	**165287**	無料	7月下旬
桜花学園大学	**165288**	無料	7月中旬
岡崎女子大学	**165667**	無料	随時
金城学院大学	**165290**	無料	8月下旬
至学館大学	**165291**	無料	7月上旬
修文大学	**165292**	無料	9月中旬
椙山女学園大学	**165294**	無料	10月中旬
星城大学	**165668**	無料	8月中旬
大同大学	**165296**	無料	7月中旬
中京大学	**165297**	無料	10月下旬
中部大学	**165669**	無料	9月下旬
東海学園大学	**165299**	無料	随時
同朋大学	**165300**	無料	随時
豊田工業大学	**165301**	無料	10月中旬
豊橋創造大学	**165302**	無料	9月下旬
名古屋音楽大学	**165303**	無料	随時
名古屋学院大学	**165305**	無料	8月中旬
名古屋商科大学	**165308**	無料	随時
名古屋女子大学	**165309**	無料	9月下旬
名古屋造形大学	**165310**	無料	随時
名古屋文理大学	**165311**	無料	随時
南山大学	**165312**	無料	10月下旬
人間環境大学	**165313**	無料	随時
藤田医科大学 医学部	**165314**	無料	11月上旬
藤田医科大学 医療科学部・保健衛生学部	**165315**	無料	8月上旬
名城大学	**165316**	無料	11月上旬

愛知医科大学 医学部、愛知学泉大学、愛知産業大学、名古屋外国語大学、名古屋学芸大学、名古屋芸術大学、日本赤十字豊田看護大学、日本福祉大学はネット出願実施のため、募集要項や願書の請求受付はありません(2024年度入学者選抜時)。

発送開始日前に請求された場合は予約受付となり、発送開始日に一斉に発送します。なお、発送開始日以降に請求された場合は随時発送します。

大学名	資料請求番号	料金(送料含)	発送開始日
三重県			
皇學館大学	165317	無料	7月上旬
鈴鹿大学	165580	無料	随時
四日市大学	165670	無料	9月中旬

鈴鹿医療科学大学、四日市看護医療大学はネット出願実施のため、募集要項や願書の請求受付はありません(2024年度入学者選抜時)。

大学名	資料請求番号	料金(送料含)	発送開始日
滋賀県			
聖泉大学	165322	無料	7月上旬
長浜バイオ大学	165323	無料	9月中旬
びわこ学院大学	165324	無料	随時
びわこ成蹊スポーツ大学	165325	無料	7月中旬
京都府			
大谷大学	165333	無料	8月上旬
京都医療科学大学	165334	無料	8月上旬
京都外国語大学	165335	無料	9月上旬
京都芸術大学	165341	無料	随時
京都光華女子大学	165337	無料	7月下旬
京都産業大学	165338	無料	9月中旬
京都女子大学	165339	無料	9月上旬
京都先端科学大学	165340	無料	7月下旬
京都橘大学	165342	無料	9月上旬
京都美術工芸大学	165344	無料	随時
京都薬科大学	165345	無料	8月中旬
嵯峨美術大学	165346	無料	随時
同志社女子大学	165347	無料	9月中旬
花園大学	165552	無料	随時
佛教大学	165348	無料	8月中旬
平安女学院大学	165349	無料	7月中旬
明治国際医療大学	165350	無料	随時
龍谷大学	165351	無料	10月中旬

京都精華大学、京都ノートルダム女子大学はネット出願実施のため、募集要項や願書の請求受付はありません(2024年度入学者選抜時)。

大学名	資料請求番号	料金(送料含)	発送開始日
大阪府			
追手門学院大学	165353	無料	9月上旬
大阪青山大学	165354	無料	7月中旬
大阪医科薬科大学 医学部	165355	無料	9月上旬
大阪医科薬科大学 薬学部	165553	無料	9月上旬
大阪医科薬科大学 看護学部	165356	無料	9月中旬
大阪大谷大学	165357	無料	10月中旬
大阪学院大学	165358	無料	9月中旬
大阪河﨑リハビリテーション大学	165359	無料	随時
大阪経済大学	165581	無料	9月中旬
大阪経済法科大学	165360	無料	9月中旬
大阪芸術大学	165361	無料	随時
大阪工業大学	165362	無料	8月上旬
大阪歯科大学	165682	無料	9月中旬
大阪樟蔭女子大学	165365	無料	随時
大阪商業大学	165366	無料	9月上旬
大阪信愛学院大学	165554	無料	随時
大阪成蹊大学	165368	無料	随時
大阪総合保育大学	165369	無料	8月上旬
大阪電気通信大学	165370	無料	9月中旬
大阪人間科学大学	165371	無料	7月中旬
関西医科大学 医学部	165373	無料	7月下旬
関西医科大学 看護学部	165374	無料	7月中旬
関西医科大学 リハビリテーション学部	165555	無料	7月下旬
関西医療大学	165375	無料	7月下旬
関西外国語大学	165376	無料	8月上旬
関西福祉科学大学	165377	無料	随時
四條畷学園大学	165378	無料	随時
摂南大学	165380	無料	9月上旬
太成学院大学	165383	無料	7月下旬
宝塚大学 看護学部	165384	無料	随時
帝塚山学院大学	165385	無料	7月上旬
常磐会学園大学	165543	無料	随時
梅花女子大学	165386	無料	8月中旬
羽衣国際大学	165387	無料	随時
阪南大学	165388	無料	8月中旬
森ノ宮医療大学	165392	無料	7月中旬
大和大学	165393	無料	7月下旬

藍野大学、大阪国際大学、大阪産業大学、大阪女学院大学、大阪体育大学、滋慶医療科学大学、四天王寺大学、千里金蘭大学、桃山学院大学※2025年4月、桃山学院教育大学は桃山学院大学に合流します。はネット出願実施のため、募集要項や願書の請求受付はありません(2024年度入学者選抜時)。

大学名	資料請求番号	料金(送料含)	発送開始日
兵庫県			
大手前大学	165397	無料	随時
関西国際大学	165399	無料	7月下旬
関西福祉大学	165400	無料	7月下旬
関西学院大学	165401	無料	11月上旬
甲南大学	165402	無料	10月下旬
甲南女子大学	165403	無料	随時
神戸学院大学	165406	無料	9月中旬
神戸国際大学	165408	無料	随時
神戸松蔭女子学院大学	165409	無料	7月下旬
神戸親和大学	165411	無料	随時
神戸常盤大学	165582	無料	随時
神戸薬科大学	165557	無料	随時
園田学園女子大学	165413	無料	7月中旬
宝塚医療大学 保健医療学部・和歌山保健医療学部	165414	無料	随時
宝塚医療大学 観光学部	165687	無料	随時
姫路大学	165673	無料	随時
姫路獨協大学	165417	無料	9月上旬
兵庫大学	165418	無料	9月中旬
兵庫医科大学 医学部	165419	無料	7月中旬
兵庫医科大学 薬学部・看護学部・リハビリテーション学部	165420	無料	7月下旬

関西看護医療大学、神戸医療未来大学、神戸芸術工科大学、神戸女学院大学、神戸女子大学、武庫川女子大学、流通科学大学はネット出願実施のため、募集要項や願書の請求受付はありません(2024年度入学者選抜時)。

大学名	資料請求番号	料金(送料含)	発送開始日
奈良県			
畿央大学	165426	無料	9月中旬
奈良大学	165428	無料	8月中旬

資料の取り寄せ方

テレメール進学サイトにアクセスし、**6桁の資料請求番号**を入力

テレメール

https://telemail.jp/shingaku/

料金・発送開始日は、一部の大学を除き、2024年度入学用の料金・発送開始日を掲載しています。
料金や発送開始日は変更になる場合がありますので、資料請求時に表示される内容をご確認ください。
なお、国公立大学および大学校の料金は、2024年秋に郵便料金の値上げが実施される場合は、同時期より値上げ予定です。

大学名	資料請求番号	料金(送料含)	発送開始日
奈良学園大学	165429	無料	7月下旬

帝塚山大学、天理大学はネット出願実施のため、募集要項や願書の請求受付はありません(2024年度入学者選抜時)。

大学名	資料請求番号	料金(送料含)	発送開始日
和歌山県			
高野山大学	165433	無料	7月下旬
鳥取県			
鳥取看護大学	165434	無料	随時
岡山県			
岡山医療専門職大学	165684	無料	随時
岡山理科大学	165440	無料	8月中旬
IPU・環太平洋大学	165442	無料	随時
吉備国際大学	165443	無料	7月下旬
倉敷芸術科学大学	165444	無料	随時
くらしき作陽大学	165559	無料	7月中旬
就実大学 文系学部	165445	無料	随時
就実大学 薬学部	165446	無料	随時
ノートルダム清心女子大学	165448	無料	随時
美作大学	165449	無料	随時

川崎医療福祉大学はネット出願実施のため、募集要項や願書の請求受付はありません(2024年度入学者選抜時)。

大学名	資料請求番号	料金(送料含)	発送開始日
広島県			
エリザベト音楽大学	165452	無料	随時
近畿大学 工学部(広島キャンパス)	165453	無料	9月中旬
比治山大学	165455	無料	7月中旬
広島経済大学	165456	無料	随時
広島工業大学	165427	無料	7月上旬
広島国際大学	165457	無料	8月中旬
広島修道大学	165458	無料	随時
広島都市学園大学	165460	無料	7月上旬
広島文化学園大学	165461	無料	随時
広島文教大学	165462	無料	7月上旬
福山大学	165463	200円	10月上旬
福山平成大学	165464	200円	10月下旬

日本赤十字広島看護大学、広島女学院大学、安田女子大学はネット出願実施のため、募集要項や願書の請求受付はありません(2024年度入学者選抜時)。

大学名	資料請求番号	料金(送料含)	発送開始日
山口県			
宇部フロンティア大学	165467	無料	7月上旬
梅光学院大学	165470	無料	随時
山口学芸大学	165671	無料	8月中旬
徳島県			
四国大学	165560	無料	随時
徳島文理大学	165473	無料	8月上旬
香川県			
四国学院大学	165475	無料	7月中旬
愛媛県			
聖カタリナ大学	165477	無料	随時
松山大学	165478	無料	随時
福岡県			
九州栄養福祉大学	165483	無料	7月下旬
九州国際大学	165485	無料	7月下旬
九州情報大学	165487	無料	随時
近畿大学 産業理工学部(福岡キャンパス)	165488	無料	9月上旬
純真学園大学	165564	無料	7月上旬
西南女学院大学	165492	無料	9月中旬
聖マリア学院大学	165493	無料	9月下旬
第一薬科大学	165494	無料	7月上旬
西日本工業大学	165496	無料	8月中旬
日本経済大学(福岡キャンパス)	165497	無料	8月上旬
福岡看護大学	165499	無料	随時
福岡歯科大学	165502	無料	随時
福岡女学院大学	165503	無料	随時
福岡女学院看護大学	165504	無料	7月上旬

九州共立大学、九州産業大学、九州女子大学、久留米大学、久留米工業大学、国際医療福祉大学、産業医科大学、西南学院大学、筑紫女学園大学、中村学園大学、福岡大学、福岡工業大学、福岡国際医療福祉大学はネット出願実施のため、募集要項や願書の請求受付はありません(2024年度入学者選抜時)。

大学名	資料請求番号	料金(送料含)	発送開始日
佐賀県			
西九州大学	165505	無料	7月中旬
長崎県			
活水女子大学	165506	無料	7月中旬
長崎純心大学	165510	無料	随時
長崎総合科学大学	165511	無料	7月上旬

鎮西学院大学、長崎外国語大学、長崎国際大学はネット出願実施のため、募集要項や願書の請求受付はありません(2024年度入学者選抜時)。

大学名	資料請求番号	料金(送料含)	発送開始日
熊本県			
九州看護福祉大学	165513	無料	8月中旬
崇城大学	165516	無料	随時

九州ルーテル学院大学、熊本学園大学、熊本保健科学大学はネット出願実施のため、募集要項や願書の請求受付はありません(2024年度入学者選抜時)。

大学名	資料請求番号	料金(送料含)	発送開始日
大分県			
日本文理大学	165518	無料	7月中旬
別府大学	165519	無料	8月下旬
立命館アジア太平洋大学	165520	無料	10月下旬
宮崎県			
九州医療科学大学	165523	無料	8月中旬
南九州大学	165524	無料	7月下旬
宮崎国際大学	165525	無料	9月上旬
宮崎産業経営大学	165526	無料	7月中旬
鹿児島県			
鹿児島純心大学	165529	無料	随時

鹿児島国際大学はネット出願実施のため、募集要項や願書の請求受付はありません(2024年度入学者選抜時)。

大学名	資料請求番号	料金(送料含)	発送開始日
沖縄県			
沖縄国際大学	165534	無料	随時
通信制大学			

2025年度入学者選抜におけるZEN大学(仮称)※2025年4月設置構想中の募集要項・願書の請求受付は未定です。

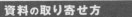

資料の取り寄せ方

テレメール進学サイトにアクセスし、
6桁の資料請求番号を入力

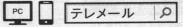

PC

https://telemail.jp/shingaku/

発送開始日までに請求された場合は予約受付となり、発送開始日に一斉に発送します。なお、発送開始日以降に請求された場合は随時発送します。
料金・発送開始日は、一部の大学を除き、2024年度入学用の料金・発送開始日を掲載しています。
料金や発送開始日は変更になる場合がありますので、資料請求時に表示される内容をご確認ください。

掲載校一覧

国立大学

公立大学

◎WRITER&STAFF

加藤 達也
笠原 彩叶
久光 幹太
小林 朱夏
内田 夏音
相田 こころ
清水 健壮
竹田 彩乃
春原 彩乃
太田 涼花
鈴木 恭輔
坂巻 紅葉
〔以上、順不同〕

2025年度版
夢をかなえる大学受験案内

2024年3月31日　初版発行

編・著　東進ハイスクール・東進衛星予備校
発行者　永瀬 昭幸
発行所　株式会社ナガセ　http://www.toshin.com
東京都武蔵野市吉祥寺南町1-29-2　〒180-0003
出版事業部（東進ブックス）　TEL：0422-70-7456　FAX：0422-70-7457
編集担当　中島亜佐子／山鹿愛子
デザイン・DTP・印刷・製本　株式会社ダイヤモンド・グラフィック社
制作協力　株式会社デンショク／株式会社ワード／株式会社ジェオ／株式会社フロムページ
写真協力　株式会社ユニフォトプレスインターナショナル／共同通信社

ISBN 978-4-89085-952-8 C7037